# Diccionario Universal Latino-español

Manuel de Valbuena

**Nabu Public Domain Reprints:**

You are holding a reproduction of an original work published before 1923 that is in the public domain in the United States of America, and possibly other countries. You may freely copy and distribute this work as no entity (individual or corporate) has a copyright on the body of the work. This book may contain prior copyright references, and library stamps (as most of these works were scanned from library copies). These have been scanned and retained as part of the historical artifact.

This book may have occasional imperfections such as missing or blurred pages, poor pictures, errant marks, etc. that were either part of the original artifact, or were introduced by the scanning process. We believe this work is culturally important, and despite the imperfections, have elected to bring it back into print as part of our continuing commitment to the preservation of printed works worldwide. We appreciate your understanding of the imperfections in the preservation process, and hope you enjoy this valuable book.

# DICCIONARIO UNIVERSAL

# LATINO-ESPAÑOL,

## DISPUESTO

### POR D. MANUEL DE VALBUENA,

INDIVIDUO DE LAS REALES ACADEMIAS ESPAÑOLA Y LATINA MATRITENSE.

### QUINTA EDICION.

*CON LICENCIA.*

MADRID EN LA IMPRENTA REAL

AÑO DE 1826.

*Se hallará en la librería de Calleja, calle de las Carretas, con el Español-Latino del mismo Autor.*

# PRÓLOGO.

Siendo cierto que la multiplicacion de gramáticas y diccionarios de cualquiera lengua es una prueba evidente de que se cultiva con cuidado y camina á su perfeccion, no puedo menos de manifestar al público que tengo una cierta esperanza de que han de ser bien recibidos de él mis deseos de contribuir, cuanto alcanzan mis cortas facultades, á la inteligencia de la lengua latina, y al buen uso de la castellana, con el Diccionario Latino-Español que le ofrezco, bien lejos de la presuncion de haber desempeñado una empresa tan difícil cumplidamente. Era ya preciso atreverse á ella, á vista de los cuidados y desvelos que han empleado en esta parte de la literatura los hombres mas doctos y laboriosos, los Seminarios y Academias mas distinguidas de la Europa; y lo que es mas, de la necesidad en que nos hallábamos de un Diccionario mas completo, y formado con mejor método que los que tenemos en castellano. La práctica de enseñar, y la leccion continua de los libros latinos me ha dado á conocer, como á otros muchos, que nuestros diccionarios, proporcionando pocos ausilios, y no muy seguros, para entender con perfeccion los que se leen en las clases de latinidad, de casi nada sirven en lo sucesivo, cuando se trata de otras materias que ellos no comprenden; y que es necesario recurrir á los diccionarios estrangeros. Si el Padre Rubiños, adicionador del Diccionario de Nebrija, hubiera tenido mejor eleccion en muchos ejemplos y sus interpretaciones, si no hubiera dejado un gran número de voces con la esplicacion ó definicion en latin, y si hubiera adoptado un método mas útil y sencillo en la formacion de su Diccionario Latino-Español (porque no hablo del Español-Latino), podria suplir las faltas de los anteriores, por ser mas completo que ellos; pero por razon de los defectos insinuados, la falta de autoridad que compruebe sus voces y frases, y las vulgaridades que adoptó en muchas de sus traducciones, está todavía muy lejos de satisfacer los deseos de los inteligentes. Mas no siendo mi ánimo censurar aqui los trabajos de otros, en especial de aquellos que no han dejado de servirme de algo para la composicion de mi Diccionario, paso á dar razon de los medios de que me he valido para formarle, y del método que me ha parecido mas conveniente á los que hayan de manejarle para su instruccion.

Considerando que ademas de los libros clásicos de la lengua latina, ó del siglo de Augusto, hay otros anteriores y posteriores á este tiempo muy dignos de leerse, asi de los latinos, como de otras naciones acerca de artes, de facultades, y en especial de materias eclesiásticas, he introducido en mi Diccionario las palabras y espresiones de todos tiempos que tengan autoridades con que comprobarse. Y no me ha parecido que esto perjudica á la pureza y propiedad latina, de que al mismo tiempo deseo que tengan conocimiento los que aprendan esta lengua: porque los maestros no pondrán en manos de sus discípulos sino los autores clásicos; porque el autor que da autoridad en el diccionario á las voces, dará tambien á conocer con solo su nombre su pureza; y porque este Diccionario ha de servir, si está bien hecho, á todo género de personas aficionadas á la lectura de los libros latinos. En este supuesto, cuando se hallare alguna voz sin autoridad, que se hallarán algunas, bastará esto para tenerla por sospechosa en cuanto á la pureza, y para estar en la inteligencia de que ningun autor clásico la ha usado: lo cual sucede con especialidad en las voces facultativas de artes y ciencias.

Para hacer el Diccionario lo mas completo que fuese posible, y mas exactas las definiciones y esplicaciones de las palabras y frases, he tomado por modelo el de Forcelini, que es el mejor que conozco, y que añadió al de su maestro Facciolati dos tomos en folio, y cuarenta años de estudio y meditacion. De suerte que á escepcion de algunos ejemplos muy raros, de algunas acepciones y frases, ó no bien comprobadas, ó de uso muy antiguo, y de algunos puntos de erudicion, que me han parecido menos necesarios, viene á ser mi Diccionario el de Forcelini, sin las citas que le hacen tan voluminoso, reducidos los lugares de los autores á las meras frases, y abreviadas lo mas que ha sido posible sus definiciones é interpretaciones; pero de voces no falta ninguna, como no haya sido por descuido.

Reducido asi este escelente Diccionario á un compendio, no por eso dejan de tener todas las voces y frases su autoridad, y las diferentes acepciones en que han sido usadas por los autores latinos con sus equivalentes castellanos, como podrá observarse en cada artículo; y si faltan en algunas, es porque ó no las hay, ó porque la significacion y construccion de la voz no admite en su uso dificultad alguna.

En todas las voces se esplican con abreviaturas sus accidentes y propiedades; se nota la cantidad de sus sílabas, á lo menos las dudosas; se pone en castellano su significado propio; se añaden equivalentes para mayor inteligencia, y aun otras voces que parecen sinónimas; se siguen las diferentes acepciones, y á estas las frases cuando la voz tiene varias construcciones, á las cuales se han añadido en esta edicion muchos refranes latinos con sus equivalentes castellanos, y muchas frases proverbiales. A veces se observará que no hay frases correspondientes á todas las diversas acepciones puestas de la voz; y la razon de esto es, ó por ser claro el uso de ella en aquellas acepciones de que falte ejemplo, ó porque se ha tenido particular cuidado de la brevedad; y asi solo se han puesto los ejemplos en que hay alguna particularidad de régimen ó construccion gramatical.

No solo comprende este Diccionario todos los artículos del de Forcelini, sino otros muchos que no se hallan en él, como son los de Geografía, usados de autores clásicos, de que en él no se forma artículo separado, sino que los comprende en el nombre adjetivo derivado del propio, ó absolutamente no los trae, por carecer de autoridad de autor clásico; los de artes y facultades, usados por autores modernos; los que forman su índice separado del Diccionario, por ser términos bárbaros y de baja latinidad, los cuales se notan en el nuestro con señales que los den á conocer. Ademas se han añadido al de Forcelini, mirando por los principiantes, muchos artículos de irregularidades de nombres y verbos, remitiéndolos á sus raices, que hallándose frecuentemente en los autores, son para los jóvenes unas dificultades insuperables, en que consumen mucho tiempo; porque ignorando la raiz, en vano buscan las voces en los Diccionarios. Y últimamente se pone al fin un índice, bastante completo, de las palabras que se oponen á otras, y de las que parecen sinónimas, esplicando sus diferencias ó contraposicion.

Por razon de la brevedad que se ha procurado observar en todo el Diccionario, y siguiendo en esto el método de Boudot, se pone en abreviatura el nombre de los autores en cada voz y frase, con la advertencia de que cuando se halle *Bibl.* la voz es de la Vulgata, cuando *Ecles.* es de autor eclesiástico, y cuando *Inscr.* es de inscripcion antigua.

En orden á las definiciones se ha tomado un medio término entre el método de Forcelini, que copia las de los autores, y el de Boudot, que no siempre define, sino que se vale de equivalentes. Si la voz es muy conocida, apelativa y del uso comun, se esplica por el equivalente castellano con propiedad, ó con otros semejantes, y tenidos por sinónimos; pero si es voz de arte ó facultad, ó perteneciente á usos, ritos ó ceremonias de la antigüedad, se define, como se halla en el Diccionario de Forcelini, traduciendo sus palabras con la posible propiedad.

En toda la obra se sigue el órden riguroso del alfabeto, cuyo método, ademas de dar mas facilidad al uso del Diccionario, está menos espuesto á equivocaciones, que el de poner los compuestos bajo de los artículos de los simples, y los derivados bajo del de las raices de que se forman, que es uno de los defectos mas considerables y embarazosos de los Diccionarios de Salas y Rubiños. Este método es la causa de que al hacer cotejo entre algunos artículos de mi Diccionario con los que acabo de nombrar, parece á primera vista que estan mas llenos, y bien desempeñados en ellos; pero examinándolos con atencion, quitando las frases enteramente parecidas, y las menos latinas como inútiles, y separando las que no son de aquel lugar, por pertenecer á otro artículo, se hallará que el mio hace mucha ventaja á los anteriores en la abundancia y eleccion de los ejemplos. Pocas veces se hallarán en este frases enteramente parecidas en la construccion gramatical para ilustracion de un mismo artículo, y mas raras veces que no haya entre ellas algun uso de régimen ó construccion que las varíe y distinga notablemente. Y lo mismo puede decirse de los nombres propios, de los de la fábula, y otros en que á veces se hallan en los Diccionarios largas explicaciones: en este solo se ha procurado decir lo necesario para inteligencia de las voces y de las personas, asi de la fábula como de la historia, á escepcion de algunas, que siendo menos comunes, necesitan mayor esplicacion.

El último punto, tocante á la brevedad que se ha procurado en todo el Diccionario, es el de algunas señales que indican las voces griegas y las de baja latinidad. Por voces griegas entiendo solamente las que usadas en latin conservan la inflexion griega, no las tomadas de aquella lengua é introducidas en la latina, de modo que hayan perdido la inflexion ó figura, aunque conserven todo lo demas, porque estas son muchísimas, y embarazaria para el uso la continua repeticion de las señales. Y por voces de baja latinidad entiendo aquellas que no han sido usadas por autores clásicos, sino modernos y de poca autoridad; y que absolutamente carecen de autoridad de autor latino. En estas se comprenden también algunas, que se atribuyen á uno ú otro autor, pero con duda en la verdadera y genuina leccion del testo que se cita; las cuales como dudosas van notadas con la señal que dará á entender el raro ó ningun uso que han hecho de ellas los autores clásicos.

En cuanto á las edades de estos, y cuáles han de ser tenidos por clásicos, me parece que bastará advertir que, segun la opinion mas comun de los que han escrito acerca de esto, la edad de oro de esta empieza desde los años 514 de la fundacion de Roma, y acaba en el 767, que es el 14 de Jesucristo. La de plata empieza en el 14 de Jesucristo, y acaba en el 117. La de cobre empieza en el 117 de Jesucristo, y se estiende hasta el 400. La de hierro comprende todo el tiempo que media desde el 400 hasta el siglo IX. Desde la fundacion de Roma hasta el tiempo en que floreció Livio Andrónico se llama el tiempo antiquísimo, que es 514 años; y tiempo antiguo desde la edad de Livio Andrónico hasta la de Ciceron, que es el espacio de un siglo; pero la Coluna rostrata de C. Duilio, cuyo fragmento se halla en la Coleccion de Grutero, y pasa por el primer monumento que se ha conservado de la lengua latina, es del año 492 de la fundacion de Roma, 260 antes del nacimiento de nuestro Salvador. Entre todos los autores de la lengua latina son los mas sobresalientes Terencio, Catulo, César, Cornelio Nepote, Ciceron, Virgilio, Horacio, Ovidio, Tito Livio, Salustio, aunque á este se censura como inventor de palabras nuevas, y afectador de la antigüedad. Los que se siguen desde el siglo IX ya citado hasta el XIV en la decadencia de la lengua latina, y su restauracion en este tiempo, no entran en el Diccionario, y asi el que los desee conocer puede recurrir á Facciolati.

En esta impresion se ha considerado á la *u* vocal como letra enteramente distinta de la *v* consonante, segun se escribe el latin hace tiempo; y apartándome del orden que observan todos los Diccionarios, he segregado una de otra, que hasta ahora han corrido mezcladas, causando confusion á los principiantes especialmente, y he colocado la combinacion de la primera antes que la de la segunda, haciendo conservar rigurosamente á una y otra el puesto que ocupan en el alfabeto. A esta novedad me ha obligado la colocacion en que constantemente ponen estas letras todos los autores que tratan de prosodia, y la opinion de varios peritos y maestros en la materia que me han favorecido con su dictamen, aprobando esta innovacion, con lo que creo haber conseguido que se encuentren con mayor facilidad los nombres y verbos comprendidos en sus combinaciones.

Esto me ha parecido advertir á los lectores aficionados á la lengua latina, á quienes, con los mayores deseos de facilitar su inteligencia con este Diccionario, quisiera haber proporcionado uno de los medios mas útiles y necesarios para conseguirlo. Conozco mis cortas facultades para desempeñar dignamente una empresa tan dificil, y confieso que á no haber tenido tan buenos maestros en los modelos que he seguido, me hubiera visto precisado á abandonarla. Pero conocia tambien la grande necesidad en que nos hallábamos de un buen Diccionario, y ademas me sentia inflamado de vivísimos deseos de contribuir, cuanto estuviese de mi parte, á la instruccion de la juventud, aliviándola en algo el penoso, y muchas veces inutil trabajo, que á mí me ha costado en otro tiempo entender aquellos libros en que estan depositados tan preciosos tesoros de erudicion y sabiduría, y en que se contienen los principios del buen gusto, asi en el uso de esta y las demas lenguas, como de todas las ciencias y facultades. He corregido con mucho gusto no solo los defectos que he hallado por mí mismo en el Diccionario, sino tambien otros que algunos lectores celosos y bien intencionados se han servido advertirme.

En la ortografía castellana se han hecho algunas variaciones, las cuales se dirigen á conformar del modo posible la escritura con la pronunciacion, siguiendo por lo comun el juicio de la Academia Española. Tales son las siguientes: 1.ª Se han descartado las letras mayúsculas de todos los nombres adjetivos, dejándolas solo en los sustantivos propios de personas, pueblos, islas, montes, rios, mares, y de las artes, facultades y profesiones cuando se habla de ellas expresamente. 2.ª Se han escluido la *k* y la *w*, porque no tenemos tales letras en nuestro abecedario. 3.ª Como la Academia Española ha variado el uso de la *g* en las combinaciones fuertes, se han arreglado á ella en esta impresion. 4.ª Por la misma razon se han quitado á la *z* las combinaciones *ce*, *ci*, pasándolas á la *c*. 5.ª Como las dos *rr* no son para nosotros mas que una consonante doble como la *ll*, no se las separa cuando concurren en fin de una línea. 6.ª Se ha dejado á la *x* solo el sonido suave en todas las combinaciones, como en *examen*, *existencia*; y puesto que asi no se equivoca esta letra con la *g* ni con la *j* en sus sonidos fuertes, se ha quitado á la vocal siguiente la capucha que se ponia sobre ella para denotar el sonido suave de la *x*. Ultimamente, como esta no se expresa sin cierta afectacion antes de las consonantes, se le ha sustituido la *s*, como en *estraño*, *estrangero*, *Estremadura*. Si estas variaciones fueren bien recibidas del público, con pocas mas, y sin separarse demasiado del orígen, del uso culto y de la pronunciacion, se tendria un tratado de ortografia mas sencillo y fijo, que á poco tiempo seria general, asi como lo es ahora la incertidumbre y la arbitrariedad. Ultimamente, habiendo escluido la Academia Española á la *y* del número de las vocales, y colocádola, con mucha razon á mi entender, entre las consonantes, se la ha separado en esta edicion de los diptongos que se formaban con ella, escribiéndolos con *i*, como *rei*, *lei*, *convoi*, por la razon de que no se componen diptongos de letras consonantes.

---

## ADVERTENCIA.

La * puesta delante de algunas voces denota que son tomadas de la lengua griega, y que conservan su inflexion.

La † delante de otras denota que son de raro ó ningun uso en los autores clásicos.

La — colocada entre las frases sirve para suplir la voz que forma el artículo de que se trata.

Las ǁ para indicar diversa acepcion de la palabra ó frase.

La ˘ puesta sobre una vocal denota que es breve.

La ¯ sobre otra denota que es larga.

Las voces anticuadas llevan la abreviatura ant.

Los verbos llevan a. activo, n. neutro, pas. pasivo, dep. deponente, anom. anómalo, impers. impersonal.

Los géneros de los nombres se denotan con m. masculino, f. femenino, n. neutro, com. comun á todos géneros.

# DICCIONARIO UNIVERSAL

## LATINO—ESPAÑOL.

## A

A es la primera letra vocal del alfabeto.

A. Ab. Abs. *Preposiciones de la misma significacion, que rigen ablativo.* A, *se pone antes de las consonantes.* Ab, *antes de las vocales, y antes de la D, J, L, N, R y S.* Abs, *antes de C, Q y S. Sus diferentes significaciones se explican en castellano por*

De. *Doleo à capite. Plaut.* Tengo dolor de cabeza. *Doleo ab oculis. Plaut.* Tengo dolor de ojos: me duele la cabeza, me duelen los ojos.

Por, á causa de. *A spe quam habebat. Liv.* Por, á causa de la esperanza que tenia.

Por, respecto de, en órden á. *A me pudica est. Ter.* Por mí, por lo que á mí toca, en órden, en cuanto á mí es honrada. *A pecunia valet. Gel.* En cuanto al dinero le tiene, no le falta.

Despues. *A jentaculo. Plaut.* Despues del desayuno. *Ab re divina. Plin.* Despues de los divinos oficios.

De, de con. *Discedo ab illo. Ter.* Salgo de con él, de su casa, de estar con él.

Cerca de, para con. *Ab eo gratiam inibo. Ter.* Hallaré favor con él, para con él. *Ab Roma venit. Liv.* Viene de cerca de Roma.

Contra, fuera de. *Ab re. Plaut.* Contra toda razon. *Non abs re est. Suet.* No es fuera de propósito, de tiempo, de sazon, del caso.

En. *Invictus à labore. Cic.* Infatigable, incansable, constante en el trabajo.

De, desde. *A se aliquid promere. Cic.* Producir algo de sí mismo. *A sole calor. Cic.* El calor del sol. *Inops ab amicis. Cic.* Pobre, falto, necesitado, escaso de amigos. *Cujus à morte. Cic.* Desde, despues de cuya muerte, de la muerte del cual. *Ab ostio. Plaut.* Desde la puerta. *A puero. Cic.* Desde niño. *A primo, à principio. Cic.* Desde el principio.

De, de la casa de. *A judice. Ter.* De casa del juez. *Turnus ab Aricia. Liv.* Turno natural de Aricia.

De parte de, del lado, del partido de, en favor de. *A me. Cic.* De mi parte. *Ab Romanis. Liv.* De parte de los romanos, en favor. *Dicere ab reo.* Hablar en favor del reo. Abogar, defender, perorar su causa.

Por, desde. *A Romulo incipiam. Liv.* Comenzaré por desde Rómulo.

Durante. *A liberis impuberibus. Liv.* Durante la tierna la menor edad de sus hijos.

Por. *A Senatu stare. Cic.* Estar por el senado. *Hoc totum est à me.* Todo esto hace por mí, á mi favor. *A fronte, à sinistra parte. Cic.* Por el frente, por el lado, ó á la izquierda. *A re tua. Cic.* Por tu provecho, por tu bien, por tu utilidad, por ti.

Hasta. *A summo primus. Liv.* Lleno hasta arriba.

En comparacion. *Ab illo friget. Gel.* Esto está frio, esto es nada en comparacion de aquello.

De, debajo de. *A matre pulli. Colum.* Polluelos sacados debajo de la madre ó del nido.

*Sirven tambien estas preposiciones para significar los oficios, empleos y cargos cerca de los reyes ó señores, entendiéndose la palabra* servus *ó* minister, *y poniendo en dativo la persona de aquel á quien se sirve: v. gr.* Regi ab epistolis. *Suet.* Secretario del rey. *A pedibus. Cic.* Criado de á pie, lacayo, volante. *A studiis. Suet.* Preceptor.

*De aqui se puede tomar modelo para formar los nombres de otros empleos, en que cuando hay diferentes grados se añade la palabra* primus ó summus, *para señalar el mayor ó el gefe.* A vestiario summus. Gefe de la guardaropa. *A lagena primus.* Gefe de la reposteria, repostero mayor.

Aāron. *indecl. m.* Aaron, *hijo de Amram, hermano de Moises.*

Aāronītae, ārum. m. plur. Bibl. Descendientes de Aaron.

## AB

Ab. V. A. Ab. Abs.

* Aba. *indecl. m.* Padre, *nombre que los hijos segundos daban por respeto á los mayores.*

Aba, ae. f. Plin. Aba, *nombre de algunas ciudades, y de un monte de Armenia.*

† Abaces, is. com. El que no tiene voz.

* Abacion, ó Abacium, ii. V. Abaculus.

Abăcis. genit. de Abax.

Abactor, ōris. m. Apul. El abigeo, ladron de bestias.

Abactus, us. m. Plin. Robo, hurto de hombres ó de ganado. ‖ La accion de echar fuera, de sacar y robar por fuerza. *Abactus hospitum exercere. Plin. Seg.* Echar de su casa á los huéspedes, á los que dan posada ú hospedage.

Abactus, a, um. part. de Abigo. Quitado, robado, tomado, echado fuera por fuerza. ‖ Apartado, sacado. ‖ Privado, desnudo, despojado, desposeido por fuerza, con violencia. *Abactus grex furto. Cic.* Ganado robado por fuerza. — *Amnis. Tac.* Rio llevado por otra parte, al que se hace tomar otro curso. — *Venter. Paul. Jct.* Aborto, malparto procurado con medicinas. — *Epulis. Hor.* Echado del convite. — *Magistratu. Fest.* Despojado, privado del empleo. *Abacta nocte. Virgil.* Pasada la mayor parte de la noche. *Abactum flamen. Stac.* Viento apacible, sosegado. *Abacti oculi. Stac.* Ojos hundidos. ‖ Que no pueden ver.

Abăcŭc. V. Habacuc.

Abăcŭli, ōrum. m. plur. Plin. Los tantos para contar ó jugar. ‖ Damas, piezas.

Abăcŭlus, i. m. dim. de Abacus. Plin. Mesa pequeña, mesita, tablero.

Abăcus, i. m. Cic. Juv. Mesa, aparador, mostrador. ‖ Mesa de cocina. ‖ Tablero, mesa de mercader. ‖ Juv. Plancha, pizarra, tabla, encerado para hacer figuras de geometría. ‖ Plin. Banco, banqueta, poyo. ‖ Vitruv. Abaco. Plancha de mármol ú otra piedra labrada, tablero cuadrado debajo del cimacio del capitel dórico. ‖ Macr. Tablero de damas. ‖ Cels. Disco. *Abacus solis.* Disco ó cuerpo del sol. — *Cantorum.* Atril, facistol.

Abaddon, onis. m. Bibl. Esterminador, destruidor, príncipe de las tinieblas.

Abădir, ĭris. m. Abadir, *piedra que dió á comer á Saturno su muger Ops, en lugar de Jupiter.*

Abae, ārum. f. pl. Ciudad de Licia.

Abaeati, ōrum. m. pl. Pueblos de Arcadia.

† Abaestuo, ās. n. Tert. Abrasarse. ‖ Hervir. *Vitis abaestuat laetis uvis. Id.* La cepa está resplandeciente con el delicioso fruto de las uvas.

Abăgărus, i. m. Ov. Abagaro, *nombre de varios príncipes ó gobernadores de la ciudad de Gedesa en Soría.*

Abăgio, ōnis. f. Varr. Proverbio.

† Abagmenta, ōrum. n. plur. Prisc. Remedios, medicamentos, medicinas.

Abăliēnātio, ōnis. f. Cic. Enagenacion, venta, cesion. ‖ Desunion, division. ‖ Mala inteligencia, disgusto.

Abăliēnātus, a, um. part. de Abalieno. Cic. Enagenado, vendido, cedido. Abalienata membra. Quint. Miembros separados, que no hacen sus funciones, sin vigor ni comunicacion con los demas. Abalienati jure civium. Liv. Privados del derecho de ciudadanos. A nobis. Cic. Separados, indispuestos con nosotros, con quienes no tenemos amistad. Est animo abalienato. Cic. Está abstraido, desviado de nuestra comunicacion, trato, familiaridad.

Abăliēno, ās, āvi, ātum, āre. a. Cic. Enagenar, vender. ‖ Separar, apartar. ‖ Ceder, abandonar, deshacerse, desapropiarse de alguna cosa. ‖ Indisponer, desunir, resfriar, introducir division, enredar, descomponer, embrollar. ‖ Privar, levantar, quitar, arrebatar. Abalienare agros. Cic. Enagenar, vender, empeñar sus tierras. — Aliquem ab altero. Cic. Enemistar, indisponer á uno con otro. — Aliquem à se. Plaut. Apartar, desviar, echar á uno de sí. Nos abalienavit. Ter. Nos ha echado de sí. Nisi mors abs te meum animum abalienaverit. Plaut. Si la muerte no me separa de tí.

Abăliēnor, āris, ātus, sum, āri. pas. de Abalieno. Plaut. Estar enemistado, no estar bien con otro, estar privado, separado, apartado. Crucior à viro me tali abalienarier. Plaut. Tengo gran pena en verme separada de un hombre tal.

Abālio, ōnis. f. Aballo, ciudad de Francia en Borgoña.

† Abambăceustus, a, um. El que no está afeitado.

† Abambŭlantes, ium. com. plur. Fest. Los que se ausentan, se parten, se retiran.

† Abambŭlātio, ōnis. f. Apartamiento, separacion, viage, ausencia. ‖ Paseo.

† Abambŭlo, as, avi, atum, are. n. Fest. Partirse, retirarse, alejarse, irse, ausentarse.

Abāmis, ĭdis. f. V. Abramis.

Abāmĭta, ae. f. Quint. Hermana del tercer abuelo, del padre del bisabuelo.

Abandūnum, i. n. Abendon ó Abington, ciudad de Inglaterra.

* Abanec, Abanes, Abanet ó Abnet. ind. n. Bibl. Ceñidor, banda, faja del sumo Sacerdote de los judíos.

† Abannātio, ó Abbanitio, ōnis. f. Destierro de un año.

† Abannātus ó Abannitus, a, um. Desterrado por un año.

Abantaeus, a, um. Ov. Natural de la isla de Eubea.

Abanteus, a, um. Ov. De Abante, rey de Argos.

Abanciadae, ó Abantides, um. m. plur. Patron. De los reyes de Argos.

Abantias, ădis, ó Abantis, idis. f. Patron. Ov. Danae, nieta de Abante, hija de Acrisio. ‖ Negroponto, isla del Archipiélago.

Abantōnium, ii. n. Aubenton, ciudad de Picardía en Francia.

* Abăphus, a, um. No teñido.

* Abaptistum, i. n. Cels. El trépano, instrumento de cirugía.

* Abaptistus, a, um. Que no se puede hundir en el agua.

* Abar. indec. Especie de pasta ó mazapan.

Abărăces. f. Especie de hojaldre.

Abarceo, ēs, ēre. V. Aberceo.

* Abărea. V. Abazea.

Abāres, um. m. plur. ó Abări, ōrum. Pueblos de Tartaria.

Abări. Abari, monte de Siria en tierra de Canaam, donde está enterrado Moises.

* Abăris, is. m. Habitante de un continente en tierra firme.

† Abarmentātus, a, um. Separado del ganado.

* Abarnăma, ōrum, n. plur. V. Bellaria.

* Abartēnum, i. n. Cosa deshonesta, villana, sucia.

* Abartia, ae, f. Hambre canina, voracidad.

Abartĭcŭlātio, ōnis. f. Articulacion, union de los huesos, donde hay movimiento.

Abas, antis. m. Virg. Abante, capitan de la armada de Eneas. ‖ Hijo de Ixion, y caudillo de los Centauros. ‖ Hijo de Ipotoon y de Melarina, á quien Ceres convirtió en lagarto. ‖ Rei de Argos, hijo de Linceo y Hipermenestra.

* Abas, indec. Epilepsia, gota coral.

† Abasa, ó Abason. Choza, casa cubierta de paja.

* Abăsănistŭs, a, um. Novicio, bisoño en cualquier cosa.

* Abascănus, a, um. Que no tiene envidia.

* Abascantus, i. m. Caracteres mágicos, que falsamente se cree sirven de algo al que los lleva consigo.

* Abascĭtum, i. n. V. Abascantus.

Abassēnia, Abassia, Abassinia, Abassinia y Abyssinia, ae. f. Abisinia, reino de Etiopia en Africa.

Abassīni, Abissēni, ó Abissini, ōrum. m. plur. Plin. Abisinios, etíopes.

* Abăton, i. n. Vitruv. Edificio erigido por los rodios para defender el trofeo de Artemisa. Abata loca. Vitruv. Lugares inaccesibles.

Abātos, i. f. Luc. Abanto, isla cerca del gran Cairo en Egipto. ‖ Peña de Egipto inaccesible, en que fue sepultado el rey Osiris.

Abāvia, ae. f. Cay. Jct. Tatarabuela, tercera abuela.

Abābuncŭlus, i. m. Cay. Jct. Hermano de la tercera abuela.

Abāvus, i. m. Cic. Abuelo del abuelo, tatarabuelo.

Abax, acis. m. V. Abacus.

Abzea, ōrum. n. plur. Cic. Fiestas de Baco, en que se le hacian sacrificios con gran silencio.

Abba. indecl. Bibl. Padre.

Abbas, ātis. m. Bud. Abad, superior de un colegio ó comunidad.

* Abbātia, ae. f. La abadía.

* Abbātialis. m. f. le, n. is. Abacial, propio del abad.

† Abbātissa, ae. f. Abadesa, superiora de un monasterio.

Abbatiavilla, ó Abavilla, ae. f. Abevila, ciudad de Picardia.

† Abbrĕviātor, ōris. m. Abreviador, compendiador. ‖ Ministro de la nunciatura, que manda despachar los breves.

Abbrĕvio, ās, āvi, ātum, āre. a. Vejec. Abreviar, compendiar, acortar, estrechar, reducir á menos. Hebdomades abbreviatae sunt. Bibl. Las semanas se han acortado.

Abdēmĕlech. indec. m. Bibl. Abdemelec, nombre de un eunuco. Criado fiel.

Abdēra, ōrum. n. plur. ó Abdera, ae. f. Liv. Abdera, ciudad de Tracia. ‖ Plin. Adra, ó Abdera, ciudad de España en Andalucía, reino de Granada.

Abdērita, ae. m. ó

Abdērĭtānus, a, um. Marc. y

Abdērītes, ae, y

Abdērĭtĭcus, a, um. Abderita, natural de Abdera en Tracia. ‖ Asperosa, patria de Protágoras y de Demócrito. Dase tambien este nombre á los que tienen poco entendimiento. Abderitica mens. Cic. Tonto, necio, estúpido. Abderitana pectora. Marc. Gente necia, sin espíritu, sin valor.

Abdias, ae. m. Bibl. Abdias, profeta. ‖ Abdías, capitan del rey Acab.

Abdĭcātio, ōnis. f. Quint. Abdicacion, renuncia, desaprobacion, recusacion, dimision, deposicion, con las demas significaciones de Abdico, as.

Abdĭcātīve. adv. Marc. Capel. Negativamente.

Abdĭcātīvus, a, um. Apul. Negativo. Dícese de las proposiciones filosóficas.

Abdĭcātus, a, um. Quint. Desheredado, echado de casa. Abdicato magistratu. Salust. Renunciado el magistrado antes de tiempo. Abdicata veneri. Plin. Renunciados, apartados los deleites. Antra abdicata soli. Prud. Cuevas donde no da el sol, escondidas al sol.

Abdĭco, ās, āvi, ātum, āre. a. Cic. Abdicar, renunciar, dejar, abandonar, desaprobar. ‖ Deponer, deshonorar. ‖ Desheredar, no querer reconocer á un hijo. ‖ Prohibir, poner entredicho. ‖ Abolir una ley. Abdicare se praetura. Cic. Hacer dimision de la pretura. — Alimenta sua. Plin. Renunciar sus alimentos. — Patrem. Curc. Echar de casa á su padre.

Abdīco, is, ixi, ictum, ĕre. a. Cic. Rehusar, denegar, desechar, desaprobar. ‖ Prohibir, estorbar. ‖ Disuadir, impedir, oponerse, contradecir. ‖ Hacer perder el pleito á alguno. Aves abdicunt. Cic. Los agüeros no son favorables. Abdicere vindicias ab aliquo. Pompon. No admitir la fianza dada por alguno.

Abdĭdi. pret. de Abdo.

† Abdĭtămentum, i. n. Apul. Diminucion.

Abdĭte. adv. Cic. Secreta, ocultamente, de oculto, sin

ruido, á hurtadillas, á escondidas, furtivamente.

† Abdĭtīvus, a, um. *Plaut. V.* Abditus.

Abdĭtum, i, n. *Plin.* Lugar escondido, secreto, oculto, retirado, apartado, encubierto; retiro, desierto, soledad.

Abdĭtus, a, um. *part. de* Abdo. *Cic.* Escondido oculto, retirado, encubierto, secreto, apartado. ‖ Sepultado, desconocido, impenetrable. *Abdita rerum, Hor.* Cosas ocultas. — *Terræ. Luc.* Las entrañas de la tierra.

Abdĭxi. *pret. de* Abdico, is.

Abdo, is, abdidi, itum, ĕre. *a. Cic.* Esconder, ocultar, encerrar, guardar. ‖ Poner á cubierto, en seguridad. ‖ Apartar, retirar, desviar. *Abdere, abscondere, abstrusum habere. Plaut.* Ocultar, esconder, tener encerrado. *Abdere se litteris, i.* Darse enteramente á las letras, engolfarse en los estudios. *Aliquem in insulam. Tac.* Desterrar á uno á una isla.

Abdōmen, ĭnis. *n. Cic.* Abdomen, peritoneo, tela que sostiene las tripas. ‖ Ijada, grosura del vientre, barriga. Tetas de una puerca, panza de los animales. ‖ *Gula*, ansia de comer, glotonería. ‖ *Plaut.* Las partes vergonzosas. *Abdomen insaturabile. Cic.* Un gran comedor, y tragon, hombre que no puede verse harto. *Abdomini natus. Cic.* Hombre que solo piensa en comer y beber, dado á comilonas y borracheras.

Abdon, ōnis. *m. Bibl.* Abdon, *juez de Israel.*

Abdūco, is, abduxi, uctum, ĕre. *a. Cic.* Apartar, retirar, quitar, llevar, sacar á uno por fuerza. *Abducere clavem. Plaut.* Quitar la llave. ‖ *Gradum in terga.* Huir, echar á correr. — *Somnos. Ov.* Quitar el sueño. — *Potionem. Escrib.* Beber. — *De foro. Lib.* Echar de la plaza.

Abdūcor, ĕris. uctus sum, ó fui, dūci. *pas. de* Abduco.

† Abductĭo, ōnis. *f.* Apartamiento, separacion, accion de apartar. ‖ Rotura, descoyuntamiento, dislocacion. ‖ Hernia, potra. ‖ *Bibl.* Soledad, retiro. ‖ *En términos de lógica.* Demostracion imperfecta.

Abductus, a, um. *part. de* Abduco. *Plaut.* Apartado, retirado, llevado por fuerza. *Abductum in secretum sic alloquitur. Liv.* Retirado, aparte le habla asi.

Abduxi. *pret. de* Abduco.

Abĕat. *imperat. de* Abeo.

† Abēcēdārĭum, ii, n. *S. Ag.* El abece, abecedario, alfabeto.

† Abēcēdārĭus, a, um. *Cel.* Que está todavia en el abece. ‖ *Bud.* Aprendiz de cualquier cosa. ‖ *Cel.* El que pone una cosa por órden alfabético.

Abēdo, is, ó abes, abēdi, ēsum, ĕre. *a. Tac.* Comer, tragar mucho, consumir.

Abēgi. *pret. de* Abĭgo.

Abejam. *m. Bibl.* Abejan, *juez de Israel, sucesor de Gepté.*

Abel, ēlis. *m. Bibl.* Abel, *segundo hijo de Adan muerto por su hermano Cain.*

Abella, ae, f. *Silv.* Avela ó Avelino, *ciudad de Italia en el reino de Nápoles, de donde se dice haber venido las avellanas.*

Abellinātes in. *m. plur. Plin.* Avelinates, los de Avelino.

Abellīnus, ó Avellānus, a, um. *Plin.* Avelano, de la ciudad de Avela.

† Abellīnae nuces. *f. plur. Plin.* Las avellanas.

Abellīnum, ó Avellīnum, i, n. *Plin.* Avelino, *ciudad del reino de Nápoles.*

Abellio, ōnis. *m. Gruter. Inscrip.* Marte, Sol, *nombre de un dios venerado por los galos.*

† Abēmo, is, abēmi, abemtum, ĕre. *a. Plaut.* Quitar, disminuir, cortar.

Abeo, is, abivi, ó abii, ĭtum, īre. *n. Cic.* Irse, salir, partir, retirarse. ‖ Escaparse, deslizarse, escurrirse, desaparecer. ‖ Disiparse, desvanecerse, perderse de vista. ‖ Pasarse. ‖ Morir. ‖ Mudarse. ‖ Seguir. ‖ Apartarse, separarse, dejar. ‖ Desdecirse. *Abire é medio. Ter.* — *E vita. Cic.* Morir. — *Honore. Tac.* Ser deshonorado. — *In diem. Ter.* Ser retardado, diferido, remitido, señalado para cierto dia. — *Pro ludibrio. Liv.* Venir á ser el juguete. — *In semen. Plin.* Crecer en grano. *Abiit illud tempus. Ter.* Se pasó, se fue aquel tiempo. — *In mores. Ov.* Mudarse, convertirse en, venir á ser costumbre.

Abĕōna, ae. Abeōne, ēs, y Adeōns, ēs. *f. S. Ag.* diosas que presidian á los viages.

Abĕquĭto, ās, āvi, ātum, āre. *n. Liv.* Huir á caballo, correr, escapar á toda rienda, á rienda suelta, á uña de caballo, á carrera abierta.

Abĕram, as, at. *imperf. de* Absum.

Aberceo, ēs, abercui, ĭtum, ēre. *a. Plaut.* Impedir, estorbar, prohibir, negar la entrada, oponerse. ‖ Apartar, desviar, retirar. ‖ Desechar, rechazar.

Aberdōna, ae. *f.* Aberden, *ciudad de Escocia.*

Abĕro, is, it, ĕrunt. *fut. de* Absum.

Aberrātĭo, ōnis. *f. Cic.* Desvio, apartamiento. ‖ Yerro, error. *Se usa con estas voces á dolore, á molestiis,* para significar la accion de divertir la pena, el sentimiento.

Abberro, ās, āvi, ātum, āre. *n.* Errar, apartarse, desviarse, separarse, salir de su camino, perderse, equivocarse. ‖ Discordar, no conformarse, no tener relacion. ‖ Estar distraido, perder el tino, no pensar en lo que se hace. *Aberrare dies scribendo. Cic.* Divertirse, distraerse escribiendo. *Aberrare mentem. Claud.* Estar la imaginacion fuera de sí.

Aberrunco. V. Averrunco.

Abesse. *infinit. de* Absum.

Abēsus, a, um. *part. de* Abedo. *Prud.* Comido, consumido del todo.

Abientia. *genit. de* Abiens.

Abfĕro. V. Affero.

Abfŏre. En lugar de Abesse, ó abfuturum esse. *Virg.* Faltar, estar ausente, distante. ‖ Desfallecer, morir. *Nihil abfore credunt, quin. Virg.* Creen que nada faltará para. *Quod vitium procul abfore chartis. Hor.* Del cual vicio estarán libres mis escritos. V. Absum.

Abfui. *pret. de* Absum.

† Abrēgo, ās, āvi, ātum, āre. *a. Fest.* Entresacar, segregar, escoger, elegir, separar, sacar, apartar del ganado.

Abhiemat, abat. *n. Plin.* Es tiempo de invierno, hace frio.

Abhinc. *adv. de tiempo, que se junta con acusativo y ablativo. Cic.* Desde tal tiempo, ya hace tanto tiempo, tanto tiempo ha. *Abhinc annis quindecim. Cic.* Ya hace quince años, de quince años á esta parte. — *Triennium. Ter.* Tres años hace. *Jam inde abhinc. Pacuv.* Desde ahora en adelante, de hoi mas, de aqui adelante, en adelante.

Abhorrens, tis. *com. Ter.* El que tiene horror, que aborrece, que tiene repugnancia, disgusto, aversion, oposicion. ‖ *Cic.* Estraño, desemejante, distante, diferente, disonante. *Abhorrentes lacrimae. Liv.* Lágrimas fuera de propósito, sin venir al caso. *Abhorrens profectioni. Liv.* Que se opone á la partida.

Abhorreo, ēs, abhorrui, ēre. *a. Cic.* Aborrecer, tener horror, repugnancia, aversion. ‖ Huir, retirarse. ‖ Despreciar, desechar. ‖ Discrepar. *Abhorret parum famam. Liv.* Hace poco caso, se le da poco, cuida poco, le importa poco su reputacion. — *Hoc ab illo. Cic.* No es capaz de esto. — *Auris, et animus á nugis. Cic.* Ni el ánimo, ni el oido se acomodan á frioleras, las simplezas ofenden al oido y al entendimiento. — *Hoc á fide. Liv.* Esto es increible. *Hoc á vero. Tac.* No es verisimil. — *Animo. dat. Cic.* Horrorizarse interiormente.

Abhorresco, is, ĕre. *n. Lact.* Temer, temblar, tener miedo, temor.

† Abhortor, āris, ātus sum, āri. *dep.* Disuadir, desaconsejar. V. Dehortor.

Abi. *imp. de* Abeo. Vete de aqui, salte, retirate, marcha, escapa, corre.

Abjēci. *pret. de* Abjicio.

Abjecte. *adv. Cic.* Abatidamente, con bajeza, con vileza. *Abjecte aliquid facere. Cic.* Hacer, cometer alguna bajeza, caer en ella.

Abjectĭo, ōnis. *f. Cic.* La accion de echar, de arrojar, de apartar de sí. ‖ Abatimiento, bajeza, vileza. *Abjectio animi tui.* La bajeza de tu animo, de tu espíritu.

† Abjecto, ās, āre. *freq.* V. Abjicio.

Abjectus, a, um. *part. de* Abjicio. Arrojado, echado, abandonado. ‖ *Varr.* Abatido, darribado, postrado. ‖ *Cic.* Vil, despreciable, bajo, humilde, humillado, débil, debilitado, quebrantado. *Abjectis nugis. Hor.* Dejando á un lado, aparte frioleras, hablando seriamente. *Abjecta cunctatione. Cic.* Sin tardanza, al instante, al punto, al momento. *Abjectus metu. Cic.* Abatido, aterrado de miedo. *Abjecto Bruto. Nep.* Derrotado Bruto, vencido, deshecho.

Abiēcula, ae. *f. dim.* Abeto pequeño, árbol.

Abiēgineus. *Gruter.* y

Abiegnus, a, um. *Ad. Her.* De abeto.

Abiens, abeuntis. *part. de* Abeo. *Ter.* El que se va, se parte, se ausenta, se retira, marcha. *Abeuntes anni. Est.* Los años que se pasan.

Abiĕram, as, at. *plusq. perf. de* Abeo.

Abies, ĕtis. *f. Cic.* Abeto, árbol. *Virg.* Navío, nave, bajel, vaso. *Plaut. Obsignata abies.* Tabla de abeto barnizada de cera, *en que se escribia antiguamente con un punzon llamado* stilus. || Carta.

Abiĕtārius, ii. *m. Fest.* El que trabaja ó trata en abeto. || *Bibl.* Carpintero, maderero.

Abiĕtārius, a, um. *Fest.* De abeto. *Abietaria negotia. Fest.* Materiales, mercaderías de abeto.

Abiĕtīnus, a, um. *Apul. V.* Abiegnus.

† Abīga, ae. *f. Plin.* Iva muscata, artética, ayuga, pirrillo, yerba que hace abortar á las mugeres. || Un rio de Numidia.

Abigeātor, ōris. *m. Paul.* Abigéo, ladron de bestias.

† Abīgeātus, us. *m. Dig.* Abigeato, hurto, robo de ganado.

Abigeus, i. *m. Ulp.* Abigéo, ladron de ganado.

Abīgo, as, abēgi, abactum, ĕre. *a. Cic.* Ojear, espantar, aventar el ganado. || Echar delante, llevar pasando. || Obligar, hacer huir. *Abigere partum. Cic.* Hacer abortar. — *Pecus. Varr.* Llevar el ganado á pacer. || *Cic.* Hurtarle por fuerza. — *Curas. Hor.* Echar de sí los cuidados. — *Aliquem à cibo. Plaut.* Quitar á uno la comida.

Abii. *pret. de* Abeo.

Abii, ōrum. *m. plur. Curt.* Abios, *pueblos de Tartaria ó de Tracia.*

Abjicio, is, abjēci, ectum, ĕre. *a. Cic.* Echar, desechar, arrojar, echar de sí. || Echar por tierra, derribar, postrar. || Deponer, renunciar, desistir, dejar, deshacerse. || Deprimir, rebajar, abatir, disminuir, despreciar. *Abjicere se. Cic.* Descaecer, desfallecer, desanimarse, desalentarse, faltar de ánimo, de valor, de espíritu. — *Memoriam. Cic.* No querer acordarse. || Olvidarse, trascordarse. — *Auctoritatem. Cic.* Menospreciar la autoridad. *Abjice te dehinc. Plaut.* Quítate de aqui, vete de ahi.

Abīla, ae. *f. Plin.* Avila, *monte de Mauritania en la embocadura del estrecho, frente de Gibraltar.* || Ciudad sobre el Jordan. || Ciudad en la region decapolitana, patria de Diógenes, hoy Bellinas.

Abimēlech. *ind. m. Bibl.* Abimelec, *padre rey. Nombre comun de los reyes filisteos.*

Ab integro. *adv. Cic.* Desde el principio, de nuevo, enteramente, de vuelta, otra vez, aun, todavía.

Abintestato. *adv. Paul. Jct.* Abintestato, sin testamento.

* Abiōtos, i. *f. Dioscor.* Cicuta, yerba venenosa.

Abītio, ōnis. *f. Ter.* Partida, viage, marcha, ida, salida. || Retiro, apartamiento, separacion. || Exito. || Muerte, fin.

Abīto, is. *n. freq. de* Abeo. *Plaut.* Irse, partir.

Abītur. *impers. Plaut.* Se parte, se va, se van.

Abītus, us. *m. Virg.* Lo mismo que Abitio.

Abjudicātus, a, um. *Liv.* Perdido, quitado en tela de juicio, en justicia, por auto ó sentencia de juez. *part. de*

Abjudīco, ās, āvi, ātum, āre. *a. Cic.* Desposeer, privar, quitar en tela de juicio. || Denegar, no conceder, excluir en justicia. || Desechar, rehusar, desaprobar, condenar. *Abjudicare se à vita. Plaut.* Quitarse la vida, darse la muerte. — *Sibi libertatem. Cic.* Quitarse la libertad.

Abjūges, ó injuges, ŭgum. *com. plur.* Animales separados del yugo, ó que no se les ha puesto: y hablando de los caballos los potros.

† Abjūgo, ās, āvi, ātum, āre. *a. Non.* Desuncir, quitar del yugo. || Separar, apartar, desunir.

Abīvi. *pret. de* Abeo.

Abjunctus, a, um. *Prop.* Desunido, separado. *part. de*

Abjungo, is, abjunxi, junctum, gĕre. *a. Virg.* Desuncir, quitar del yugo. || Separar, desunir, dividir, apartar.

† Abjūrasso. *en lugar de* Abjuravero. *Plaut. V.* Abjuro.

Abjūrātio, ōnis. *f. Plaut.* Perjurio, negacion con juramento de una cosa que se debe, juramento de no tenerla.

Abjūrātus, a, um. *part. Virg.* Abjurado, negado con juramento, con perjurio. || Retenido contra todo derecho, razon y justicia. *Abjuratae rapinae. Virg.* Hurtos retenidos contra derecho y justicia.

Abjurgo, ās, āvi, ātum, āre. *a. Higin.* Negar con oprobio, ó en litigio.

Abjūro, ās, āvi, ātum, āre. *a. Cic.* Abjurar, negar, desdecirse, jurar y protestar con juramento. *Mihi autem abjurare certius est, quam dependere. Cic.* Primero negaré con juramento la deuda, que pagarla.

† Ablactātio, ōnis. *f.* El destete, la accion y efecto de destetar á los niños.

Ablactātus, a, um. *part. S. Ger.* Destetado, quitado del pecho, de la teta.

Ablacto, ās, āvi, ātum, āre. *a. Col.* Destetar, despechar, quitar el pecho, la teta, no dejar mamar.

Ablaqueātio, ōnis. *f. Col.* Escava de las viñas ó de los árboles para que se ventilen por el pie.

Ablaqueātus, a, um. *Plin.* Cavado, descalzado: *dícese de los árboles y de las viñas.*

Ablaqueo, ās, āvi, ātum, āre. *a. Col.* Cavar al pie de los árboles, descalzar, limpiar el tronco, cortar las raices inútiles, para que con el sol, el aire y el estiércol prevalezcan.

† Ablātio, ōnis. *f. Tert.* La accion de quitar. || Intermision, intervalo, espacio de tiempo en que un enfermo esta sin calentura.

Ablatīvus, i. *m. Quint.* Ablativo, *caso sexto de la declinacion latina.*

Ablātor, ōris. *m. S. Ag.* El que quita.

Ablātus, a, um. *part. de* Aufero. *Cic.* Quitado, llevado. *Ablatu duce. Fest.* Muerto el general.

Ablectus, a, um. *part. de* Ablicio, que no está en uso. Despreciable, comprado á menos precio. *Ablectas aedes. Plaut.* Casa dada, vendida por un pedazo de pan.

Ablēgātio, ōnis. *f. Cic.* Orden de retirarse, comision de ir á alguna parte.

Ablēgātus, a, um. *part. de* Ablego. *Cic.* Despachado, despedido, vuelto á enviar.

Ablegmĭna, ōrum. *n. plur. Fest.* Partes de las entrañas que se escogian para ofrecer en los sacrificios.

Ablēgo, ās, āvi, ātum, āre. *a. Cic.* Enviar, despachar, despedir, echar fuera á alguno, deshacerse de él. || Impedir, apartar, separar. *Legatio à fratris adventu me ablegat. Cic.* La embajada me impide asistir á la venida de mi hermano. *Foras ablegare. Plaut.* Echar fuera, poner á la puerta.

* Ablepsia, ae. *f. Suet.* Inconsideracion, temeridad, ceguedad del entendimiento, de la razon.

Abligūrio, is, ivi, ītum, īre. *a. Ter.* Disipar, desperdiciar, malbaratar, consumir la hacienda en comilonas.

Abligūritio, ōnis. *f. Jul. Cap.* Disipacion de bienes.

Ablŏco, ās, āvi, ātum, āre. *a. Suet.* Alquilar, dar la casa en alquiler á alguno, arrendarla.

Ablūdo, is, ablūsi, ablūsum, dĕre. *n. Hor.* Ser desemejante, ser diferente, no parecerse, no conformarse con el modelo, con el original, desdecir de él. *Haec à te non multum abludit imago. Hor.* Este retrato se te parece bastante.

Abluo, is, lui, ūtum, ĕre. *a. Cic.* Lavar, limpiar, quitar manchas, purificar, aclarar, espejar. || Regar, rociar, humedecer. || Lavarse, purgarse, justificarse de algun delito. *Abluere agrum. Varr.* Barrer, limpiar el campo. — *Sitim. Lucr.* Apagar la sed. — *Se flumine, Virg.* Lavarse en el rio.

Ablūsi. *pret. de* Abludo.

Ablūtio, ōnis. *f. Macr.* Ablucion, lavatorio, lavadura, la accion de lavar.

Ablūtor, ōris. *m. Tert.* Lavandero, el que lava.

Ablūtus, a, um. *part. de* Abluo. *Virg.* Lavado, limpio, purificado, aclarado, espejado.

† Ablūvium, ii. *n. Gel.* Inundacion, avenida, crecida.

Abmaterterĕra, æ. *f. Cay. Jct.* Hermana de la tercera abuela.

## ABO

†Abmitto, is, abmisi, issum, ĕre. a. Plaut. Enviar, despachar. Admittere dona. Plaut. Regalar.

Abnăto, ās, āvi, ātum, āre. a. Estac. Retirarse, alejarse, libertarse, salvarse á nado, nadando.

Abnĕco, ās, cui, ó cāvi, ātum, āre. a. Plaut. Matar, dar muerte, asesinar.

Abnĕgātio, ōnis. f. Arnob. Negacion, la accion de negar.

Abnĕgātivus, a, um. Prisc. Negativo: dícese de los adverbios y de las conjunciones griegas.

†Abnĕgātor, ōris. m. Tert. El que niega.

Abnĕgo, ās, āvi, ātum, āre. a. Virg. Negar, rehusar, no querer, no conceder.

Abnĕpos, ōtis. m. Suet. Tercer nieto, hijo del biznieto.

Abneptis, is. f. Suet. Tercera nieta, hija de la biznieta.

Abner. m. Bibl. Abner, general de Saul.

Abnĭtor. V. Abnuto.

Abnŭba, ae. f. Plin. Abnoba, monte de Alemania, del cual nace el Danubio.

Abnocto, as, āvi, ātum, are. n. Sen. Dormir, pasar la noche fuera de su casa, pernoctar fuera.

Abnŏdātus, a, um. Colum. Liso, raso, llano, sin nudos.

Abnŏdo, ās, āvi, ātum, āre. a. Colum. Quitar, cortar los nudos. || Podar, limpiar los árboles y plantas.

Abnormis. m. f. me. n. is. Hor. Irregular, desarreglado, desordenado, sin regla, sin órden. Abnormis sapiens. Hor. Sabio, que no está adicto á alguna secta.

Abnuens, tis. com. Tac. El que rehusa, desaprueba, desecha, rechaza, no concede, se niega, no condesciende.

Abnueo, ēs, ui, ēre. n. Diom. Rehusar.

Abnuitio, ōnis. f. Fest. Negacion.

Abnuitūrus, a, um. Salust. part. de Abnuo. El que ha de negar.

Abnŭmĕro, ās, āvi, ātum, āre. a. Gel. Contarlo todo.

Abnuo, is, abnui, ĕre. n. Cic. Menear, sacudir, volver la cabeza en señal de no querer. || No querer, rehusar, negar. || Desaprobar, desechar, repudiar. Nec abnuitur. Liv. Ni se niega. Abnuit spes. Tibul. No queda que esperar, no hay esperanza. Locus abnuit. Tac. No lo permite el sitio. Nisi abnueret duritia. Tac. Si la dureza no lo estorbara.

†Abnŭrus, us. f. Muger del nieto.

†Abnūtīvum, i. n. Paul. Jct. Negacion, denegacion.

Abnūtīvus, a, um. com. Paul. Jct. Negativo, lo que tiene fuerza de negar.

†Abnūto, as, āvi, ātum, āre. a. Cic. freq. de Abnuo. Negar, rehusar frecuentemente, hacer muchas señas de no.

Abŏlĕfăcio, is, fēci, factum, ĕre. a. Tert. Destruir, deshacer, borrar.

Abŏleo, ēs, ēvi, y abŏlui, ĭtum, ēre. a. Liv. Abolir, suprimir, borrar, abrogar. || Consumir, aniquilar, reducir á la nada. || Arruinar. || Desposeer, deponer. Aboleri. Plin. Morir. Abolere accusationem. Marcian. Omitir del todo la acusacion. — Crimen. Id. Borrar el delito.

Abŏlesco, is, lēvi, ĕre. n. Virg. Abolirse, reducirse á la nada, destruirse, aniquilarse, arruinarse, desvanecerse, borrarse, pasarse. || Col. Perecer.

†Abŏlesset. Flor. en lugar de Abolevisset.

Abŏlĭtio, ōnis. f. Tac. Abolicion, extincion, supresion. || Remision, gracia, perdon, amnistía.

Abŏlĭtor, ōris. m. Auson. Abolidor, destruidor.

Abŏlĭtus, a, um. part. de Aboleo. Tac. Abolido, borrado, aniquilado, destruido.

Abolla, ae. f. Varr. Capote doble de dos paños, propio de la milicia: de que usaron tambien alguna vez los filósofos, aunque mas largo y basto. || Marc. Cap. Capote de soldado, saco, sayo, gaban, hopalanda.

Abŏlui. pret. de Aboleo.

*Abŏlus. i. m. Bud. Potro que no tiene todos los dientes.

†Abōmāson, i. n. Herm. Intestino, tripa ciega. Grosura, el redaño.

Abŏmĭnābilis. m. f. lē. ni is. S. Ger. Abominable.

Abŏmĭnāmentum, i. n. Tert. Abominacion, cosa abominable.

Abŏmĭnandus, a, um. Liv. Abominable, detestable, execrable.

Abŏmĭnanter. adv. Casiod. Abominablemente.

## ABR

Abŏmĭnātio, ōnis. f. Lact. Abominacion, execracion. || Tert. Cosa abominable.

Abŏmĭnātus, a, um. Liv. Aborrecido. || Que ha abominado, que ha aborrecido.

Abŏmĭno, ās, āvi, ātum, āre. a. Plaut. y

Abŏmĭnor, āris, ātus sum, āri. dep. Liv. Abominar, detestar, tener horror, execrar, maldecir. Abominor quod ego. Plin. Lo que Dios no quiera (á veces se usa en pasiva.) Saevitia eorum abominabatur ab omnibus. Val. Flac. Su crueldad era abominada de todos.

†Abŏmĭnōsus, a, um. Solin. Abominable. || De mal agüero.

Abŏrigĭnes, um. m. plur. Fest. Aborigenes, antiguos pueblos de Italia. || Los primeros habitantes de un pais. || Ramas superfluas que nacen al pie de los árboles.

Abŏrior, ĕris, ó īris, abortus, y aborsus sum, iri. dep. Gel. Abortar, malparir. || Ser abortado, nacer antes de tiempo. || Morir. Aboritur vox. Lucr. Falta la voz.

†Abŏriscor, ĕris, dep. Lucr. V. Aborior.

†Abresus; a, um. Paul. Jct. Abortado, malparido.

†Aborsus, us. m. Non. V. Abortus, us.

Abortio, ōnis. f. Cic. El acto y efecto de abortar, aborto, malparto.

Abortio, is, īvi, īre. a. Plin. Abortar, malparir.

Abortior, īri. dep. V. Abortio, is, īvi, īre.

Abortium, ii. n. S. Ger. V. Abortus.

Abortius, a, um. Abortivo, lo que hace abortar. || Que nace fuera de tiempo. || Juv. y Plin. le usan como el sustantivo. Aborto.

Aborto, as, āvi, ātum, āre. n. Varr. V. Abortio.

Abortus, a, um. part. de Aborior. Estac. Cosa abortiva, nacida, dada, salida á luz. Abortus est Sol. Ya ha salido el sol.

Abortus, us. m. Plin. Aborto. Abortum facere. Plin. Abortar. — Inferre. Plin. Hacer abortar. Abortus siderum. Ovid. El nacimiento de los astros.

Abpatruus, i. m. Instit. Hermano del tercer abuelo.

*Abra, ae. f. Bibl. Criada, sirvienta.

Abrādo, is, abrāsi, abrāsum, dĕre. a. Cic. Raer, rapar. || Cortar, trasquilar, arrancar, cercenar.

Abraham, ó Abram, ae. m. Bibl. Abrahan, padre ilustre.

Abramēus, y Abrāmius, a, um. Paul. Nol. Perteneciente á Abrahan.

*Abrāmis, ó Abămis, ĭdis. f. Vestido de muger de color de oro, de azafran.

Abrāsi. pret. de Abrado.

Abrāsus, a, um. Cic. Raido, raso, pelado, trasquilado, raspado.

*Abraxas, ae. m. S. Ag. Nombre de Dios inventado por Basílides, con que adoraban al sol él y sus secuaces.

Abrĕlictus, a, um. Tert. Desamparado, abandonado de.

Abreptus, a, um. part. de Abripio. Cic. Arrebatado, quitado, arrastrado, arrancado ó quitado por fuerza.

Abricinus, a, um. V. Abrincensis.

Abrinca, ae. f. Avranches, ciudad episcopal de Normandía.

Abrincensis. m. f. sĕ. n. is. Natural de Avranches.

Abrĭpio, is, abrĭpui, eptum, ĕre. a. Cic. Arrebatar, llevar, arrancar, quitar por fuerza ó con violencia. Ab similitudine abripi. Cic. No ser semejante, no tener semejanza, no parecerse. Abripere se contumeliis. Fedr. Apartarse, quitarse de los insultos, injurias, afrentas.

Abrĭpior, ĕris, ītur. pas. de Abripio.

*Abrodiaetus. Plin. Sobrenombre del pintor Parrasio, que significa elegante y delicado.

Abrōdo, is, abrōsi, ōsum, ĕre. a. Plaut. Roer. || Cortar raspando como la lima.

Abrŏgātio, ōnis. f. Cic. Abrogacion, casacion, anulacion, abolicion, supresion. || Quint. Deposicion.

Abrŏgātor, ōris. m. Arnob. Abrogador, anulador.

Abrŏgātus, a, um. Cic. Abrogado, anulado, abolido.

Abrŏgo, ās, āvi, ātum, āre. a. Cic. Abrogar, anular, abolir, suprimir, aniquilar. || Privar, quitar, desposeer, echar, hacer perder con autoridad pública. Abrogare legem. Cic. — Legi. Dig. Abrogar, anticuar una ley. — Alicui magistratum. Cic. Quitar á uno el empleo con autoridad pública.

**Abrŏnus Silo.** *Sen.* Poeta latino del tiempo de Augusto, que escribió fábulas.

**Abrōsi.** *pret. de* Abrodo.

**Abrōsus, a, um.** *part. de* Abrodo. *Plin.* Roido, corroido.

\* **Abrŏtŏnītes, ae, ó is.** *m. Col.* Hecho de abrotaño ó lombriguera.

**Abrŏtŏnum, i.** *n. Hor.* y

**Abrŏtŏnus, i.** *f. Luc.* Abrotaño, lombriguera yerba.

**Abrumpo, is, ūpi, uptum, ĕre.** *a. Cic.* Romper con fuerza, cortar. ‖ Dividir, separar, desunir. ‖ Interrumpir. ‖ Dejar, cesar, desistir. ‖ Violar, ofender, contravenir. *Abrumpere fas. Virg.* Violar la justicia. — *Simulationem. Tac.* Deponer el disimulo. — *Sermonem. Virg.* Cortar la conversacion. — *Se latrocinio. Cic.* Escaparse de un latrocinio como rompiendo las prisiones.

**Abrupte.** *adv. Quint.* Ex abrupto, sin exordio, sin preámbulo. ‖ De repente, sin preparacion, de improviso, de pronto, de golpe. *Hostes abruptius inundantes. Amian.* Enemigos que entran furiosamente por los campos como inundándolos.

**Abruptio, ōnis.** *f. Cic.* Rompimiento, rotura, separacion, desunion, fractura. ‖ Divorcio.‖*Fest.* Interrupcion.

**Abruptum, i.** *n. Estac.* Precipicio, abismo, estremidad, quebrada.

**Abruptus, a, um.** *part. de* Abrumpo. *Tac.* Áspero, escabroso, escarpado, quebrado, dificultoso. ‖ *Liv.* Dividido, separado, roto, hendido. ‖ Interrumpido. *Abruptum ingenium. Sil. Ital.* Espíritu fogoso, inconsiderado, bullicioso, temerario, alborotado, impetuoso. *Abrupta sermonis genus. Quint.* Estilo conciso, cortado. *Abrupta coeli. Estac.* Las partes mas altas del cielo. *Torrentes abrupti. Flor.* Torrentes precipitados.

**Abs.** *prep.* V. A, Ab, Abs.

**Absălom.** *ind. m. Bibl.* ó **Absălon, onis.** Absalon, hijo de David.

**Abscēdens, tis.** *com. Plin.* El que se aleja ó se parte.

**Abscēdentia, ium.** *n. plur. Vitruv.* Apartamiento, retiros, honduras, lejos: *dicese de las cosas que la pintura representa como lejanas por la virtud de los colores.* ‖ *Cels.* Malos humores de que se forma un abceso ó apostema, abscesos.

**Abscēdi,** *infin. pas. de* Abscedo.

**Abscēdo, is, cessi, cessum, ĕre.** *n. Cic.* Retirarse, irse, apartarse, separarse, partir, dejar un lugar. ‖ Disiparse, pasarse, desvanecerse. ‖ Morir. ‖ *Cels.* Hacerse un tumor, apostema, absceso, atumorarse, apostemarse. *Absceditur. Liv.* Se parten, se van. *Abscedere incepto. Liv.* Desistir de lo empezado. *Ab eo haec ira abscedet. Ter.* Se le irá ó pasará el enojo.

**Abscessio, ōnis.** *f. Cic.* y

**Abscessus, us.** *m. Cic.* Partida, salida, retirada, apartamiento, desvío, separacion. ‖ *Cels.* Abceso, tumor, apostema.

**Abscido, is, ĭdi, ĭsum, ĕre.** *a. Ovid.* Cortar, tajar, cercenar, separar, quitar, apartar del todo. *Abscidit jugulo pectusque, humerumque sinistrum. Ov.* Separó del cuello el pecho y hombro siniestro.

**Abscindo, is, abscidi, abscissum, ere.** *Cic.* V. Abscido.

**Abscise,** ó **abscisse.** *adv. Dig.* Precisa, determinadamente. ‖*Val. Max.* Breve, concisa, compendiosamente.

**Abscissio, ó abscisio, ōnis.** *f. Escrib.* Cortadura, tajo. ‖ Precision. ‖ *Ad Her.* Apócope, figura retórica, interrupcion, reticencia.

**Abscissus, a, um.** *part. de* Abscindo. *Ces.* Cortado, separado, dividido. ‖*Val. Max.* Rígido, severo, duro, riguroso: ‖ *Liv.* Quebrado, precipitado, escarpado, inaccesible. *Abcissa spe. Liv.* Perdida la esperanza. *Res abscissae. Cic.* Cosas lastimosas. ‖ Cortadas, truncadas, inconsecuentes.

† **Abscissus, i.** *m.* Eunuco. Castrado, capon.

**Abscondĭte.** *adv. Cic.* Escondida, oculta, obscuramente.

**Abscondĭtor, ōris.** *m. Jul. Firm.* Ocultador, el que esconde, oculta.

**Abscondĭtus, a, um.** *part. de* Abscondo. *Cic.* Oculto, escondido, cubierto, encubierto, secreto.

**Abscondo, is, abscondi, ĭtum.** y rara vez onsum, ĕre. *a. Cic.* Esconder, cubrir, ocultar, encubrir, quitar de la vista, obscurecer. *Abscondere fugam furto. Virg.* Huir con secreto. — *Pueritiam. Senec.* Pasar, dejar atras la niñez. *Phaeacum abscondimus arces. Virg.* Perdemos de vista los alcázares de los feacios.

**Absconse.** *adv. Higin.* Ocultamente.

**Absconsio, ōnis.** *f. Plin.* La accion de ocultar. ‖ Retiro, lugar secreto, encubierto, propio para esconderse.

† **Absconsor, ōris.** *m. Firmic.* El que oculta, ocultador.

**Absconsus, a, um.** *part. de* Abscondo. Ocultado, escondido.

**Absegmen, ĭnis.** *n. Fest.* Pedazo, trozo de una cosa.

**Absens, tis.** *part. de* Absum. *com. Cic.* Ausente, distante. ‖ *Plaut.* Muerto. *Absente nobis,* en lugar de *absente me, ó absentibus nobis.* Ausente yo.

**Absentans, tis.** *com. Sidon.* V. Absens.

**Absentia, ae.** *f. Cic.* Ausencia, apartamiento.

**Absentīvus, a, um.** *Petron.* Ausente por largo tiempo.

† **Absentio, is, ĭre.** *n.* Disentir, pensar de distinto modo; ser de otra opinion.

**Absento, ās, āvi, ātum, āre.** *a. Claud.* Apartar, echar, desterrar.

**Absĕro, ās, āvi, ātum, āre.** *a. Varr.* Cerrar, encerrar.

**Absĭda, ae.** V. Absis.

**Absĭdātus, a, um.** *Victor.* Encorvado.

**Absĭdis.** *gen. de* Absis.

**Absĭlio, is, īvi, ó ui, ultum, īre.** *a. Estac.* Huir saltando, irse, salir, retirarse, saltar, echarse fuera de golpe, corriendo.

**Absĭmĭlis. m. f. lĕ. n. is.** *Suet.* Desemejante, diferente, que no se asemeja, que no se parece.

**Absinthĭatum, i.** *n. Lampr.* Vino compuesto con agenjos.

**Absinthĭātus, a, um.** *Senec.* Compuesto, mezclado, confeccionado con agenjos.

**Absinthītes, ae.** *m. Plin.* Vino compuesto, aderezado con agenjos.

**Absinthĭum, ii.** *n. Plin.* Agenjo, yerba amarga. ‖ Cosa molesta.

**Absinthius, ii.** *m. Varr.* V. Absinthium.

**Absis. ó Apsis, ĭdis.** *f. Plin.* Toda figura encorvada, en forma de arco. ‖ Encorvadura de un arco ó rueda. ‖ *Plin.* Círculo que describe una estrella con su movimiento, en que cada estrella hace su curso. ‖ *Ulp.* Bóveda. ‖ Plato cóncavo. ‖ *Isid.* Silla de un obispo, tribunal, ó capítulo de las iglesias, recinto del coro.

**Absistens, tis.** *Liv.* El que cesa, el que desiste, cesante.

**Absisto, is, abstĭti, ĕre.** *n. Liv.* Desistir, cesar, dejar, alzar la mano de algo. ‖ *Virg.* Apartarse, estar lejos, separarse, retirarse atras, no acercarse. *Absistere benefacere ingratis. Liv.* Dejar de hacer bien á los ingratos. — *Sequendo. Liv.* Dejar de seguir. — *Labori. Sil.* Dejar el trabajo. *Si non absisteretur bello. Liv.* Si no se desistia de la guerra. *Caede visa miles abstitit. Tac.* Vista la mortandad se contuvo la tropa.

**Absit.** *subj. de* Absum. *Bibl.* No quiera Dios, no permita Dios.

**Absĭtus, a, um.** *Paulin.* Distante, separado.

**Absŏcer, ĕri.** *m. Capitol.* Bisabuelo de la muger ó del marido.

† **Absocrus, us.** *f.* Bisabuela de la muger.

† **Absŏleo, ēs, ēvi, ētum, ĕre.** *n.* y

**Absŏlesco, is.** *n. Tert.* Desusarse, apartarse del uso, del modo ordinario, de la costumbre, pasarse, envejecerse, no ser de moda.

**Absolvo, is, absolvi, ūtum, ĕre.** *a. Cic.* Absolver, declarar libre, libertar, desatar, desempeñar. ‖ Perfeccionar, acabar, llevar al cabo, concluir, finalizar, terminar. Dar la última mano. ‖ *Plaus.* Despachar, desenredar, desembrollar. ‖ Pagar, cumplir, satisfacer. *Absolvere navem. Plaut.* Levar anclas, desancorar, hacerse á la vela. — *Se judicio. Cic.* Justificarse. — *Pondus alvi. Prud.* Descargar, desocupar el vientre. — *Se. Senec.* Matarse, darse muerte.

**Absŏlūte.** *adv. Cic.* Absolutamente, perfecta, entera, cumplidamente. *Absolute doctus. Suet.* Verdaderamente sabio. — *Dicere. Auson.* Hablar brevemente,

Absolūtio, ōnis. f. Cic. Absolucion, libertad, remision, descargo, desempeño. ‖ Cumplimiento, perfeccion, fin, término, última mano.

Absŏlūtōrium. ii. n. Plin. Remedio absoluto, eficaz, que sana absolutamente.

Absŏlūtōrius, a, um. Suet. Perteneciente á la absolucion, al descargo, á la remision. ‖ Plin. Lo que adelanta la cura de un mal. Tabulas absolutoriae. Suet. Letras de remision, de absolucion, de gracia, de perdon.

Absŏlūtus, a, um. part. de Absolvo. Cic. Absuelto, libre, perdonado, suelto, desatado. ‖ Completo, concluido, llevado al cabo, finalizado. ‖ Perfecto. ‖ Simple, absoluto, total. Absoluta causa. Ulp. Causa clara. Absolutus creditor. Plaut. Acreedor pagado, satisfecho. Nomen. Prisc. Nombre que significa por sí. Lo cual se entiende entre los gramáticos de todas las palabras que dicen verba.

Absŏdens, tis. part. V. Absonus.

Absŏne. adv. Gel. Con mal sonido, malamente, de mala manera. ‖ Con desigualdad, con discrepancia.

Absŏnus, a, um. Cic. Disonante, mal sonante, discrepante, que no es conforme, correspondiente. ‖ Que es contra el decoro, la decencia, la verisimilitud. Absonum fidei. Liv. Cosa increible.

Absorbeo, bes, absorbui, y absorsi, ptum, ēre. a. Cic. Absorber, engullir, devorar, tragar, sepultar, consumir. ‖ Beber. Absorbere rupes. Lucan. Cubrir, sumergir las rocas. Hunc absorbuit aestus gloriae. Cic. Se ha dejado arrastrar del deseo de la gloria.

Absorptio, vel absortio, ōnis. f. Suet. Bebida.

† Abspello, ó Aspello, is, üli, ulsum, llēre. a. Plaut. Echar, apartar.

Absque. prep. que rige ablat. Sin. Nam absque te esset, Ter. Porque si no fuera esto, sin esto.

Abstantia, ae. f. Vitruv. Distancia, apartamiento, separacion.

Abstēmius, a, um. Plin. ó

Abstēnius, a, um. Agudo, que no bebe vino, parco, sobrio, moderado, frugal. ‖ Auson. Ayuno, que no se ha desayunado. Abstemium prandium. Gel. Comida sin vino.

Abstentio, ōnis. f. Ulp. Abstinencia, privacion. V. Abstinentia.

Abstentus, a, um. part. de Abstineo. Abstenido, contenido. ‖ Ulp. Detenido, impedido. ‖ Ecles. Separado, apartado, excluido, escomulgado.

Abstergens, tis. com. Abstersivo, que limpia y lava.

Abstergeo, ēs, si, sum, gēre. a. Plaut. Limpiar, enjugar, lavar. ‖ Curc. Quebrantar, quebrar, partir, hacer pedazos, rajas, piezas. ‖ Cic. Quitar, aliviar, ahuyentar. Abstergere molestias. Cic. aliviar, disipar las penas.

Abstergo, is, si, sum, gēre. a. V. Abstergeo.

* Absterium, Absistrium, ii. n. Monasterio, convento.

Absterreo, ēs, ui, ĭtum, ēre. a. Cic. Espantar, amedrentar, intimidar, apartar, echar, impedir, contener con miedo. Absterrere homines a pecuniis capiundis. Cic. Espantar á los hombres de tomar el dinero ageno.

Asterrĭtus, a, um. Liv. part. Espantado, apartado de hacer alguna cosa, de miedo, por temor.

Absterrui. pret. de Absterreo.

Abstersi. pret. de Abstergeo, y de Abstergo.

Abstersio, ōnis. f. Limpiadura, la accion de limpiar.

Abstersivus, a, um. V. Abstergens.

Abstersor, ōris. m. Limpiador, el que limpia ó enjuga.

Abstersus, a, um. part. de Abstergo. Liv. Limpiado, enjugado, lavado, espejado.

Absterti. Catul. en lugar de Abstersisti.

Abstinendus, a, um. Plaut. Cosa, de que uno debe abstenerse, contenerse; que uno debe negarse á sí ó á los otros.

Abstĭnens, tis. com. Cic. Abstinente, templado, contenido, moderado, parco. ‖ Desinteresado. Abstinentes oculi. Cic. Ojos honestos, modestos. Abstinentissimus alieni. El que está muy lejos de tomar ó retener lo ageno. Rebus venereis. Col. Muy templado en la lascivia.

Abstĭnenter. Cic. Moderada, templada, contenidamente, con abstinencia.

Abstinentia, ae. f. Cic. Abstinencia, templanza, continencia, moderacion. ‖ Parsimonia, parquedad, frugalidad, sobriedad, desinterez. ‖ Integridad, desinteres. Abstinentia vitam finivit. Tac. Se mató, se dejó morir de hambre.

Abstineo, ēs, nui, tentum, nēre. a. Cic. Abstenerse, contenerse, negarse, prohibirse, renunciar por sí mismo á alguna cosa, privarse de ella. ‖ Apartarse, dejar. Abstinere publico. Tac. Abstenerse, no dejarse ver en público. Haereditate. Pomp. Rehusar admitir ó aceptar la herencia. Cibo. Sep. Estar á dieta. Se ostreis. Cic. Pasarse sin ostras. Aliquem. Eccles. Escomulgar á alguno.

Abstĭti. pret. de Absisto ó de Absto.

Absto, ās, stĭti, ĭtum, āre. n. Hor. Estar lejos, ausente, separado, apartado, retirado.

† Abstollo, is, tŭli, ablatum, llēre. a. Plaut. Quitar, llevar. V. Aufero.

† Abstorqueo, ēs, torsi, tortum, quēre. a. Arrancar, quitar por fuerza.

Abstractus, a, um. part. de Abstraho. Cic. Separado, apartado, dividido, abstraido, abstracto. ‖ Quitado, arrancado, llevado, sacado por fuerza.

Abstrăho, is, xi, actum, ēre. a. Cic. Abstraer, separar, apartar, dividir. ‖ Quitar, arrancar, llevar, sacar por fuerza. Abstrahere sollicitudine. Cic. Sacar de cuidado.

Abstrictus, a, um. part. de Abstringo. Liv. Desatado, suelto, libre.

Abstringo, is, xi, ictum, gēre. a. Liv. Desatar, desligar, soltar, libertar, aflojar.

Abstrītus, a, um. S. Geron. Gastado, perdido.

Abstrūdo, is, si, sum, ēre. a. Cic. Ocultar, esconder, encubrir, encerrar muy adentro. Abstrudere veritatem in profundo. Cic. Ocultar la verdad en una profunda oscuridad.

Abstruo, is, ĕre. a. Ter. Esconder, meter y poner debajo.

Abstrūse. adv. Amm. Oculta, escondidamente.

Abstrūsio, ōnis. f. Arnob. Ocultamiento.

Abstrūsus, a, um. Cic. Oculto, escondido, recóndito. Abstrusus homo. Tac. Hombre encubierto y disimulado. In abstruso esse. Ammian. Ser, estar, vivir desconocido.

Abstŭli. pret. de Aufero.

Abstŭlo, is, y Abstŭlo. Plaut. en lugar de Aufero.

Absuētūdo, ĭnis. f. Apul. El no uso, falta de uso.

Absum, es, fui, esse. anom. Cic. Estar ausente, lejos, distante, apartado, no hallarse, faltar. Quoniam propriis abes. Cic. Ya que estas menos distante. Tantum abest ut. Está tan lejos, tan distante, dista tanto, que. Praesens abest. Plaut. Está presente, y no atiende á lo que se hace.

Absumēdo, ĭnis. f. Plaut. Consuncion.

Absumo, is, sumsi, sumtum, mĕre. a. Ter. Consumir, acabar, dar fin. Absumere ferro. Virg. Matar. Absumi fame. Tac. Morirse, perecer de hambre.

Absumor, ĕris, mtus, tum esse. mi pas. de Absumo.

† Absumtio, ōnis. f. Ulp. V. Absumedo.

Absumtus, a, um. part. de Absumo. Hor. Consumido, apurado del todo. Absumto fato. Val. Max. Muerto.

Absurde. adv. Cic. Absurda, necia, tonta, impertinente, ridículamente, fuera de tiempo, del caso, de sazon, de razon, de propósito.

Absurdĭtas, ātis. f. Mamert. Absurdo, despropósito, desvario.

Absurdum, i. n. Cic. Absurdo, necedad, tontería, disparate, desvario, despropósito, impertinencia, estravagancia, ridiculez.

Absurdus, a, um. Cic. Absurdo, &c. Absurdus homo. Cic. Hombre inepto. Ingenium haud absurdum, Salust. Talento mediano, no absolutamente inepto.

Absynthium, ii. n. V. Absinthium.

Absyrtĭdes, um. f. Plin. Absirtides. Islas en el mar adriático, así llamadas, por haber sido muerto en ellas Absirto, hermano de Medea.

Absyrtus, i. m. Absirto, hijo de Oetas, rey de Colcos, y hermano de Medea, á quien ella hizo pedazos. ‖ Rio de Colcos, que desagua en el mar adriático.

Abverto, is, ĕre. a. V. Averto.

Abŭla, ae. f. Avila, ciudad de Castilla la Vieja en España.

† Abalae, arum. f. plur. Baños, termas.

† Abulia, ae. f. Temeridad, inconsideracion, falta de juicio, de consejo, de prudencia.

† Abulus, a, um. Temerario, inconsiderado.

Abundans, t's. com. Cic. Abundante, copioso, rico, lleno, fertil. Ex abundanti. Cic. Superabundantemente. Via omnium rerum abundans. Nep. Camino abundante de todas las cosas.

Abundanter, adv. Cic. Abundante, rica, copiosamente.

Abundantia, ae. f. Cic. Abundancia, copia, afluencia, plenitud, fertilidad, riqueza.

Abundatio, ōnis. f. Plin. Abundancia de agua, inundacion.

Abunde. adv. Cic. V. Abundanter. Abundè gloriae adeptus. Sust. Que ha adquirido mucha gloria. Magnus. Salust. Bastante grande. Similis. Quint. Muy semejante. Mihi vit. Plin. Me basta, me contento.

Abundo, as, āvi, ātum, āre. n. Cic. Abundar, haber, tener, poseer gran copia y muchedumbre de alguna cosa. || Ser rico. || Redundar, superabundar, sobrar.

Abundus, a, um. Gel. Abundoso, abundante. V. Abundans.

† Abvŏlo, ās, āvi, ātum, āre. n. Corn. Gal. Irse volando.

† Abūro, is. a. Prud. Quemar, abrasar.

Abūsio, ōnis. f. Cic. Abusion, catacresis, figura retórica, cuando se usa de otras palabras en lugar de las propias. || Abuso, mal uso, corruptela.

Abūsive. adv. Quint. Abusivamente, por la figura abusion, catacresis.

Abūsīvus, a, um. Cosa dicha, puesta por abusion.

Abūsor, ōris. m. El que abusa, abusador, embustero.

Abusque. adv. Virg. Desde, donde, desde donde.

Abūsus, us. m. Cic. Abuso, mal uso. || Ulp. El uso, el gasto y consuncion de una cosa.

Abūtor, ĕris, ūsus, sum, ābūti. dep. Cic. Abusar, usar mal, hacer mal uso. || Usar, servirse, aprovecharse, emplear. || Consumir, gastar. Operam abutitur. Ter. Empleó, gasta su tiempo. Abūti studiis. Cic. Aprovecharse de sus estudios. Patientia alicujus. Cic. Abusar de la paciencia de alguno. Auribus alicujus. Plin. Seg. Abusar de los oidos, de la modestia de alguno, quebrarle, romperle la cabeza.

† Abydēna, ōrum. n. plur. Bagatelas, frioleras, simplezas, niñerías, tonterías.

Abydēni, ōrum. m. plur. Ovid. Los naturales y habitantes de Abidos.

Abydos, i. f. ó Abydum, i. n. Plin. Abidos, ciudad de Asia, ó puerto en el mar llamado el brazo de San Jorge enfrente de Sextos, ciudad de Europa; llámanse las dos ciudades Dardanelas. Aqui fue donde Gerges hizo el famoso puente para juntar la Europa con el Asia.

Abyla, ae. f. Avila, monte de África, opuesto al monte Calpe de España, á los cuales llaman las columnas de Hércules.

Abyssini, ōrum. m. plur. V. Abissini.

Abysinia, ae. f. V. Abassinia.

Abyssus, i. f. Isid. Abismo, profundidad, golfo sin fondo. || Prud. El infierno.

AC

Ac. Conj. que se pone delante de las consonantes, escepto la c y la q, como atque delante de las vocales. Es muy elegante en el principio del período. Se usa despues de los adverbios aeque, aliter, contra, juxta, pariter, perinde, secus, similiter; y significa que, de lo que, como, al contrario, y. Aliter ac putaram. De otra manera de lo que yo pensaba. Faciam hoc ac lubens. Lo haré, y de muy buena gana. Oblitus sum ac volui dicere. Me he olvidado de decir contra lo que pensaba, contra mi intencion. Ac si Rex esset. Nep. Como si él fuera Rey.

Acācia, ae. f. Plin. La acacia, árbol de pequeño tronco, cuyas ramas y hojas estan llenas de espinas.

Acadēmia, ae. f. Cic. Academia, lugar de ejercicio de las artes y ciencias junto á Atenas, en que enseñó Platon, cuyos discípulos se llamaron académicos. || Filosofía, secta académica.

Academĭce, es. adj. f. Cic. Libros académicos.

Academĭci, ōrum. plur. m. Cic. Los académicos, secta de filósofos platónicos.

Academĭcus, a, um. Cic. Académico, lo que pertenece á la academia.

Acadēmus, i. m. Hor. Academo, el que dió nombre á la academia, que algunos dicen fue Cadmo.

Acadīnus, i. m. Fuente de Sicilia, donde se probaba la verdad de los juramentos.

* Acalantis, ĭdis. f. Plin. Acantilidis, ave que algunos creen ser la misma que gilguero ó colorin.

* Acānon, i. m. Plin. Yerba pequeña llena de espinas.

* Acanthĭce, es. f. Plin. El jugo ó zumo de la parietaria.

* Acanthillis, idĭs. f. Apul. Espárrago silvestre.

* Acanthīnus, a, um. adj. Plin. De acanto.

* Acanthĭon, ii. n. Plin. Acancio, yerba.

* Acanthis, ĭdis, f. Virg. El gilguero.

Acanthus, i. m. Virg. Acanto, llamada yerba gigante. || Vel. Paterc. Brancaursina. || Planta de Egipto muy olorosa. || Ciudad de Macedonia. || De la Propóntide.

* Acaphractārius, ii. m. Soldado que lleva una alabarda ó partesana.

Acapnus, a, um. Marc. Lo que no humea, que no echa, no hace humo.

Acar, is. m. V. Acarus.

Acarna, ae. f. Plin. V. Acorna.

Acarnan, ānis. com. Virg. Natural de Acarnania.

Acarnānes, um. m. plur. Liv. Acarnanes, pueblos de Acarnania, hoy Carnia.

Acarnānia, ae. f. Plin. Acarnania, parte del Epiro, hoy Carnia.

Acarnanīcus, a, um. Liv. De Carnia, lo que pertenece á esta region.

Acāron, i. n. Plin. Mirto silvestre, planta.

* Acarus, i. m. Arador, gorgojo, insectos.

Acastus, i. m. Ov. Acasto, rey de Magnesia. || Ov. Hijo de Pelias, rey de Tesalia. || Ov. Padre de Laodamia.

* Acătalectĭcus, y Acătalectus, a, um. Diom. Cosa á que nada falta. Dícese de los versos que estan cabales.

* Acătalepsia, ae. f. Cic. Incomprensibilidad.

* Acătaleptos. Tert. Que no se puede comprender.

Acātium, ii. n. Plin. Navío pequeño de remo. || La vela mayor de un navío.

Acātus, ii. m. Tert. V. Acatium.

Acaunumarga, ae. f. Plin. Especie de tierra arenosa.

* Acaustus. adj. Plin. Que no siente el fuego.

Acca Laurentia. f. Liv. Aca Laurencia, muger de Faustulo, la que crió á Rómulo y Remo.

Accālia, ium. n. Varr. Dias de fiesta de los romanos en honra de Aca Laurencia.

† Accanto, as, āvi, ātum, āre. n. Estac. Cantar con otro, ó despues de él.

Accantus, ó Acantus, us. m. Marc. Cap. La accion de cantar con otro.

Accēdo, is, essi, essum, dēre. n. Cic. Llegarse, venir, acercarse. || Aplicarse, emprender, dedicarse. || Acomodarse, conformarse, asentir, consentir con otro. || Ser conforme, parecido, semejante, parecerse, asemejarse. Accedere ad munus. Cic. Entrar en un empleo. Ad rempublicam. Corn. Nep. Tomar parte en el gobierno, entrar en los negocios de la república. || Ad causam alicujus. Cic. Entremeterse, introducirse, manejar, tratar la causa ó ser agente de alguno. Ad similitudinem. Cic. Parecerse, tener semejanza. Pactionem. Cic. Tratar, convenir, hacer pacto, estipulacion, convencion, trato, contrato con alguno. Accede huc. Plaut. Ven, llégate, acércate acá. Alicui ad aurem accedere. Cic. Hablar, decir algo al oido, hablar bajo, en secreto con alguno. Accedo tibi. Quint. Soy de la misma opinion, del mismo parecer. Accedere, proximus alicui. Cic. Acercarse, igualar, ser comparable con alguno. Accedit eo quod, y accessit eo ut. Cic. Fuera de que, ademas de que, añádese á esto que. Febris accedit. Cels. Entra la calentura. Cassio animus accessit. Cor. Nep. Casio se hizo mas animoso, le creció, se le aumentó, cobró mas ánimo. Accessit pretium agris. Plin. Subieron de precio las tierras.

Accelebro, as, avi, atum, are. n. Marc. Cap. V. Acelero.

Acceleratio, onis. f. Ad Her. Aceleracion, prisa, precipitacion.

Accelero, as, avi, atum, are. a. Cic. Acelerarse, apresurarse, darse prisa. ‖ Hacer con diligencia, con prontitud, con presteza. *Accelerare alicui magistratum.* Tac. Adelantar á alguno el empleo. ‖ Dispensarle el tiempo para obtenerle.

Accendium, ii. n. Solin. Incendio, fuego.

Accendo, is, di, sum, dere. a. Ces. Encender, poner fuego, inflamar, abrasar, quemar. ‖ Ilustrar, iluminar, alumbrar, relumbrar, aclarar, esclarecer. ‖ Incitar, inflamar, irritar, acalorar. ‖ Animar, excitar, mover, alentar. ‖ Aumentar. *Accendere pretium.* Plin. Encarecer, aumentar el precio. *Genus suum.* Plaut. Dar honra, lustre, esplendor á su familia. *Accendit opus artificem.* Senec. La obra da honra, nombre, reputacion al artífice. *Accendi ad dominationem.* Salust. Tener una pasion ardiente, encendidos deseos de dominar.

Accendones. m. plur. Tert. Incitadores, instigadores.

Accenseo, es, ui, sum, y *tal vez* accensitum, ere. a. Senec. Juntar, añadir al número.

Accensibilis. m. f. le. n. is. Bibl. Lo que abrasa, quema.

Accensio, onis. f. Incendio, quema. Sacrificio de alguna cosa que se quema. ‖ Venganza. ‖ Accesion, crecimiento, vuelta de la calentura.

Accensitus, a, um. adj. part. de Accenseo. Añadido al número.

Accensor, oris. m. Val. Max. Llamador, conductor, introductor. ‖ Maestro de ceremonias. ‖ Bedel, macero, pertiguero. ‖ Portero, ministro. ‖ El que pone ó atiza el fuego.

Accensus, a, um. part. de Accendo. Virg. Encendido, puesto fuego. ‖ Conmovido. ‖ Brillante. *Accensa studia in aliquem.* Tac. Grande empeño por alguno.

Accensus, i. m. Cic. Ministro, corchete, alguacil. ‖ Ministro de algun señor ó magistrado, subalterno en cualquiera compañía. ‖ Sustituto. ‖ Macero, pertiguero, bedel. ‖ Soldado supernumerario, voluntario. *Accensi.* Cic. Soldados de recluta.

Accensus, us. m. Plin. Encendimiento, la accion de encender.

Accentiuncula, ae. f. dim. Gel. Acento, vírgula, nota, señal que se pone á las palabras ó sílabas.

Accentor, oris. m. Isidor. El que canta con otro, ó junto á otro.

Accentus, us. m. Quint. Acento, elevacion ó depresion de la voz. ‖ Acento agudo, grave y circunflejo. ‖ *Amian.* El canto. *Accentus hiemis.* Sid. El rigor del invierno.

Accepi. pret. de Accipio.

† Accepeo, en lugar de Accepero.

Accepta, ae. f. Isidor. Especie de navío. ‖ Isidor. Porcion, parte de tierras dadas por suerte ó asignacion. *Manipulus singulas acceptas accipiet.* Cada manipulo recibirá su parte, su porcion.

Acceptabilis. m. f. le. n. is. Bibl. Aceptable, favorable, agradable.

Acceptator, oris. m. Tert. Aceptador, el que acepta.

† Acceptilatio, onis. f. Ulp. Aceptilacion, cesion, fin, pagamento, declaracion del acreedor en favor del deudor de dar por satisfecha la deuda.

Acceptio, onis. f. Cic. Accepcion, aceptacion, recibimiento, la accion de recibir. ‖ Proposicion lógica de aseneo, afirmativa. *Acceptio vocis.* Sic. Flac. Acepcion, sentido de una voz.

Acceptior, ius, oris. comp. de Acceptus.

† Acceptito, as. Lo mismo que

† Accepto, as. freq. de Accipio. Quint. Aceptar, recibir.

† Acceptor, oris. m. Plaut. El que toma, recibe, acepta. ‖ El que aprueba, conviene. *Acceptor fui falsis illorum verbis.* Plaut. Me he dejado engañar de sus falsas palabras. *Deus non est acceptor personarum.* Bibl. Dios no es aceptador de personas.

† Acceptorius, a, um. Front. El que recibe.

† Acceptrica, ae. f. Plaut. y

† Acceptrix, icis. f. Plaut. Muger que recibe.

Acceptum, i. n. Cic. Lo recibido. ‖ Cargo que se opone á la data ó á lo gastado. *Acceptum ferre, referre, habere, facere.* Cic. Cargar, hacerse cargo en la cuenta ó libro de caja. *Accepti, et expensi tabulae.* Cic. Libro de cuenta de caja, registro, cuenta de cargo y data. *Accepto, ó acceptum rogare.* Pedir que se liquide la cuenta. *Accepto liberare.* Cic. Dar descargo, liquidar la cuenta, dar, hacer finiquito.

Acceptus, a, um. part. de Accipio. Cic. Recibido. ‖ Ces. Agradable, acepto, gustoso. ‖ Bien recibido, bien venido, bien tratado, mirado con buenos ojos. *Acceptissimus apud aliquem.* Plaut. El que está en mucha estimacion con alguno.

Accersio, is, ivi, itum, ire. Cic. V. Accerso.

Accersitor, oris. m. Plin. Llamador, el que va á llamar, á buscar, á hacer venir á otro, portero.

Accersitus, a, um. part. de Accerso. Cic. Llamado, enviado á buscar, á llamar. ‖ Prestado, tomado de otra parte, no natural, sobrepuesto.

Accersitus, us. m. Cic. Llamamiento, orden de venir.

Accerso, is, ivi, itum, ire. a. Cic. Enviar á llamar, á buscar, hacer venir. *Accersere aliquem capitis.* Cic. Citar, hacer comparecer en juicio por delito de pena capital. *Orationi splendorem.* Cic. Dar á la oracion esplendor afectado. *Mercede.* Ces. Atraer, ganar con la esperanza de recompensa. *Cupio accersiri.* Ter. Deseo que me busquen, que me llamen, que me envien á llamar.

Accessa, ae, y Recessa, ae. f. Plin. Flujo y reflujo del mar, marea alta y baja.

Accessi. pret. de Accedo.

Accessibilis. m. f. le. n. is. Tert. Accesible, aquello á que se puede llegar.

Accessibilitas, atis. f. Tert. Accesibilidad, facilidad de llegar.

Accessio, onis. f. Cic. La accion de acercarse, llegada, venida, acceso. ‖ Cels. Accesion, crecimiento de la calentura. ‖ Ausmento, aditamento, incremento. ‖ Prenda, seguridad. ‖ Añadidura.

Accessito, as, avi, atum, are. n. freq. de Accedo. Gel. Llegar, venir frecuentemente.

† Accessor, oris. m. Val. Max. El que viene, llega, se acerca.

† Accessorius, a, um. Paul. Jct. Lo que se junta á la materia principal, accesorio.

Accessus, us. m. Cic. Llegada, venida. ‖ Acceso, entrada. *Accessus et recessus maris.* Cic. Flujo y reflujo del mar, mar alta y baja. *Accessus febris.* Cels. Accesion de la calentura. *Accessus, et defectus dierum.* Crecimiento y mengua de los dias. ‖ Suet. Paso, tránsito.

Acci, is. f. Ces. Guadix, ciudad de Andalucía.

Accianus, a, um. Cic. Perteneciente al poeta Accio.

Accidens, entis. com. Quint. Accidente, caso fortuito, acontecimiento, acaecimiento, suceso impensado, inopinado, imprevisto. ‖ Infortunio, desgracia. ‖ Circunstancia, adjunto. *Apenas se usa sino en plural.* ‖ Macr. Adjetivo.

† Accidentalis, m. f. le. n. is. Fab. Pict. Accidental.

† Accidentaliter. adv. Accidentalmente, por acaso, por casualidad, por accidente.

† Accidentia, ae. f. Plin. Accidente, acaso, acaecimiento, acontecimiento, lo que suele suceder.

Accido, dis, di, dere. n. Plin. Acaecer, suceder, ocurrir, acontecer. ‖ Caer cerca. ‖ Ces. Llegar, arribar, *Accidit in te illud verbum.* Ter. A tí te toca, se refiere aquella palabra. *Accidit.* Cic. Sucedió, aconteció, acaeció. *Accidere ad pedes alicujus.* Cic. Echarse á los pies de alguno. *Accidit ad aures ejus.* Cic. Ha llegado á sus oidos, ha sabido, ha tenido noticia, aviso, le han contado, le han venido á decir. *Facultas.* Cic. Se ha presentado, ha venido á las manos la ocasion. *Accidisset si quid pupillo.* Cic. Si hubiese sucedido alguna desgracia al pupilo. Si hubiese muerto. *Accidit ad animum.* Cic. Se le ha puesto, se le ha metido en la cabeza. *Quorsum hoc accidat incertum est.* Ter. No se sabe en que parará esto, cómo saldrá, qué fin tendrá.

Accido, is, idi, isum, dere. a. Liv. Cortar, arrancar.

‖ Pelar, trasquilar. ‖ Enflaquecer, abatir. ‖ Perseguir. ‖ Consumir, destruir, derribar, arruinar enteramente. *Accidit res eorum uno proelio. Liv.* Todo lo perdieron en una accion, quedaron vencidos, desbaratados, deshechos en una sola batalla.

Accieo, ēs, īvi, cītum, ēre. *a. Plaut.* Llamar, enviar á buscar, á llamar.

Accii. *pret. de* Accio.

Accinctus, y Adcinctus, a, um. *part. de* Accingo. *Virg.* Ceñido. ‖ Pronto, prevenido, listo, preparado, armado. ‖ Defendido, fortalecido, cubierto. ‖ Parco, moderado.

Accingo, is, xi, ctum, ĕre. *a. Virg.* Ceñir, atar. ‖ Disponer, preparar, aparejar, poner aldas en cinta. *Accingere se praedae. Virg.* Prevenirse para el pillage. Echar mano de la presa, arrebatarla. *Se alicui homine. Tac.* Prevenirse, armarse de un compañero. *Accingi studio popularium. Tac.* Estar confiado en, defendido del favor del pueblo.

† Accino, y Adcino, is, nui, centum, nĕre. *n. Diom.* Cantar de concierto, cantar con otro.

Accinxi. *pret. de* Accingo.

Accio, is, īvi, ó ii, ītum, īre. *a. Cic.* Llamar, enviar á buscar, mandar, hacer venir. *Accidi properis litteris Tac.* Ser llamado por cartas muy urgentes, con gran prisa.

Accĭpĭo, is, cēpi, ceptum, ĕre. *a. Cic.* Recibir, tomar. ‖ Conseguir, obtener, entrar en goce, en posesion. ‖ Oir. ‖ Aceptar, aprobar, admitir. ‖ Aprender, saber, oir decir. ‖ Interpretar. ‖ Tratar bien ó mal. ‖ Emprender. ‖ Admitir, conceder. *Accipere conditionem. Ces.* Aceptar la condicion, el partido, pasar por lo que se quiere. _Vehementer. Cic._ Reprender severamente. _Experimento. Quint._ Aprender, saber por experiencia. *Accepit fidem fabula. Marc.* El cuento ha pasado por verdad. *Accipere auditione et fama. Cic.* Saber de oidas, por el rumor, fama, voz, por relacion de otro. _Causam. Cic._ Recibir una escusa. ‖ Encargarse de una causa para defenderla. _Fiduciam. Cic._ Recibir, tomar palabra, seguridad._Provinciam. Cic._ Encargarse de, tomar un gobierno, una órden, negocio, comision._Rudem. Plaut._ Recibir, obtener su licencia, retiro de su empleo._Rationes. Cic._ Recibir oir, tomar una cuenta. _Rem publicam. Cic._ Entrar en el manejo de los negocios del estado, de la república._Imperium. Cic._ Recibir el yugo, la ley, obedecer, someterse al imperio. *Nomen accipere. Liv.* Alistar, tomar el nombre, la filiacion. ‖ Pasar, hacer pasar revista.

Accĭpĭter, tris. *m. Cic.* Gavilan, alcon, *ave de rapiña, especie de azor. Accipiter pecuniarum. Plaut.* Codicioso del dinero.

† Accĭpĭtrāre, *a. Nev.* Despedazar.

Accĭpĭtrārius, ii. *m. Juv.* El que cuida ó caza gavilanes, aves de rapiña, alconero.

† Accismus, i. *m.* Negacion disimulada de lo que se desea.

† Accisso, ās, āvi, ātum, āre. *n. Varr.* Tontear, hacerse el bobo, el tonto. ‖ Complacerse neciamente de sí. ‖ Dar muestras de no querer lo que otros desean.

† Accissus, a, um. *part. de* Accido. *Tac.* Cosa cortada, arrancada, pelada. ‖ *Liv.* Cosa disminuida, afligida, extenuada, perdida.

† Accītio, ōnis. *f. Arn.* La accion de llamar.

Accīto, as, āre. *freq. de* Actio. *Lucr.* Llamar muchas veces.

Accītus, a, um. *part. de* Accio. *Salust.* Llamado ó hecho venir.

Accītus, us. *m. Cic.* Llamada, llamamiento, convocacion, mandamiento, órden, señal de venir. *Solo se usa en el ablativo de singular.*

Accīvi. *pret. de* Accieo *y de* Accio.

Accius, ii. *m. Quint.* Accio, poeta célebre por sus tragedias. ‖ *Cic.* Otro historiador. ‖ *Cic.* Accio Pisaurense, orador famoso.

Acclāmātio, ōnis. *f. Liv.* Aclamacion, gritería, aplauso. ‖ *Quint.* Epifonema, figura retórica. ‖ *Cic.* Burla, irrision.

Acclāmĭto, as, āre. *freq. de* Acclamo. *Plaut.* Hacer frecuentes aclamaciones.

Acclāmo, ās, āvi, ātum, āre. *a. Cic.* Aclamar, dar gritos, voces la multitud en aplauso de alguno. ‖ Aplaudir. ‖ Dar baya, mofarse de alguno con gritos.

Acclīnātus, a, um. *part. de* Acclino. *Ovid.* Inclinado, apoyado.

Acclīnis, m. f. ně. n. is. *Virg.* Apoyado, recostado. *Additus leniter acclinis. Ces.* Subida suave. *Acclinis falsis animus. Hor.* Animo adicto á errores.

Acclīno, ās, āvi, ātum, āre. *a. Liv.* Inclinarse, encorvarse, apoyarse, recostarse, reclinarse. ‖ Condescender, favorecer la parte ó causa de alguno. *Acclinare se ad causam Senatus. Liv.* Favorecer la parte, la causa del senado.

Acclīnus, a, um. *V.* Acclinis.

Acclīvis. m. f. vě. n. is. *Cic.* Lo que está cuesta arriba, que va subiendo.

Acclīvĭtas, ātis. *f. Ces.* Subida, pendiente de una cuesta.

Acclīvus, a, um. *V.* Acclivis.

Acco, us. *f.* Aco y Alsito, *dos viejas locas que se deleitaban en hacer posturas delante de un espejo, cuyos nombres ponian miedo á los niños.*

Accŏla, ae. com. y

Accŏlens, tis. *Liv.* El habitador, morador, vecino de algun lugar.

Accŏlo, is, lui, lěre. *a. Cic.* Habitar, morar, vivir cerca de un lugar, ser, estar vecino.

Accommŏdātē. *adv. Cic.* A propósito, acomodadamente, de una manera conveniente, propia, conforme, correspondiente, proporcionada. *Accommodate ad persuadendum. Cic.* A propósito para persuadir.

Accommŏdātio, ōnis. *f. Cic.* Acomodacion, el acto de proporcionar, adaptar y acomodar una cosa á otra. ‖ Proporcion, conformidad, apropiacion, aplicacion, regularidad, relacion, disposicion.

Accommŏdātus, a, um. *part. de* Accommodo. *Cic.* Acomodado, apto, conveniente, oportuno, ajustado.

Accommŏdē. *adv. Quint. V.* Accommodate.

Accommŏdo, ās, āvi, ātum, āre. *a. Cic.* Acomodar, componer, ajustar, distribuir, disponer las cosas con orden y método. ‖ Apropiar, aplicar. ‖ Dar, prestar. ‖ Prevenir, proveer á alguno de lo necesario. *Accommodare curam auribus. Quint.* Prestar, aplicar, tener el oido atento.

Accommŏdus, a, um. *Virg.* Acomodado, apto, conveniente, oportuno.

Accongěro, is, essi, estum, ěre. *a. Plaut.* Amontonar, acumular. ‖ Colmar, llenar. *Accongerere alicui dona. Plaut.* Llenar á uno de presentes, de regalos.

† Accorpŏro y Adcorpŏro, ās, āvi, ātum, āre. *a. Amian.* Incorporar, mezclar.

Accrēdo, is, dĭdi, dĭtum, děre. *a. Corn. Nep.* Creer, dar crédito, fe, fiarse de alguno. ‖ *Plaut.* Sufrir, permitir, consentir, dejar hacer. ‖ *Quisnam istuc accredat tibi? Ter.* ¿Quién será el que te consienta hacer esto?

Accrēduas. *ant. Plaut. en lugar de* Accredas.

Accrēmentum, i, *n. Plin.* Crecimiento, acrecentamiento, aumento de las cosas.

Acresco, is, crēvi, crētum, ěre. *n. Cic.* Acrecer, aumentarse, acrecentarse. ‖ Sobrevenir. *Accrevit caespes pectori. Plin.* Llegó el césped hasta el pecho. *Accrescunt negotia nova. Plin.* Ocurren asuntos nuevos. *Jus accrescendi. Dig.* Derecho de acrecer parte de la herencia ó legado á otro por falta del heredero ó legatario.

Accrētio, ōnis. *f. Cic. V.* Accrementum.

Accrētus y Adcrētus, a, um. *part. de* Accresco. *Plin.* Acrecentado, aumentado, añadido.

Accrēvi. *pret. de* Accresco.

Accŭbātio, ōnis. *f. Cic.* Situacion del que está recostado, sentado ó puesto cerca de alguna cosa, en la cama, en la mesa &c.

Accŭbĭta, ae. *f. Lamprid.* Cama, lecho. ‖ Silla poltrona, canapé.

Accŭbĭtalia, ium. *n. plur. Treb.* Almohada para poner encima de la silla ó banco que servia de asiento en la mesa, cogin.

Accŭbĭtatio y Accubitio. *V.* Accubatio.

† Accŭbĭto, ās, āvi, ātum, āre. *n. freq. de* Accubo. *Sedul.* Sentarse frecuentemente á la mesa, asistir frecuentemente á la mesa de otro.

Accŭbĭtōrius, a, um. *Petron.* Lo que sirve para recostarse en la mesa ó en la cama: almohada, cogin.

Accubĭtum, i. n. *Lampr.* V. Accubita.
Accubĭtus, us. m. *Estac.* V. Accubatio.
Accŭbo, as, bui, bĭtum, āre. n. *Plaut.* Estar echado, recostado, sentado, apoyado, acodado junto á otro. | *Sen.* Estar tendido á la larga, á piérna suelta. *Accubare regie. Plaut.* Estar echado como un rey. — *Apud aliquem. Cic.* Comer en casa de alguno. *Accubant bini custodes. Plaut.* Tiene dos guardas de vista. *Cadus accubit. Hor.* La tinaja está guardada. *Eodem lecto Scipio atque Hasdrubal accubuerunt. Liv.* Escipion y Asdrubal comieron en una mesa.
† Accŭbo. *adv. Plaut.* Continuamente.
Accŭdo, is, ūdi, ūsum, ĕre. a. *Plaut.* Añadir, juntar. ‖ Forjar, acuñar.
Accumbo, is, cŭbui, cŭbĭtum, ĕre. *Cic.* Acodar, estribar sobre el codo al modo que estaban los antiguos en la mesa sobre unos sitiales recostados en almoadas, y la mitad del cuerpo tendido. *Accumbere in summo summus. — supra, superior. Plaut.* Sentarse en el primer lugar de la mesa á la mano izquierda. — *Infra. Plaut.* A la derecha.
Accŭmŭlāte. *adv. Cic. superlat. Accumulatissime.* Colmadamente, ampliamente, con abundancia.
Accŭmŭlātio, ōnis. f. *Plin.* Acumulacion, monton, amontonamiento. ‖ *Colum.* Recalzo de los árboles ó de las viñas.
Accŭmŭlātor, ōris. m. *Tac.* Acumulador, el que acumula y junta muchas cosas.
Accŭmŭlo, as, āvi, ātum, āre. a. *Cic.* Acumular, amontonar, juntar. ‖ *Plin.* Recalzar los árboles y plantas. *Accumulare aliquem donis. Virg.* Llenar á uno de dones, colmarle de ellos uno sobre otros. — *Honorem alicui. Ovid.* Llenar á uno de honras.
Accūrāte. *adv. Cic.* Cuidadoso, diligentemente. *Accuratius, accuratissime. Cic.* Con mas cuidado, mui diligentemente.
Accūrātio, ōnis. f. *Cic.* Cuidado, estudio, diligencia. ‖ Maña, destreza. ‖ Exactitud, puntualidad.
Accūrātor, ōris. m. *Quint.* Procurador, administrador, el que cuida de alguna cosa.
Accūrātus, a, um. part. *Cic.* Hecho con cuidado, estudio, diligencia, arte, maña, destreza. ‖ Limado, estudiado, pulido, trabajado. *Accurata malitia. Plaut.* Malicia fina, engaño malicioso y estudiado. — *Commendatio. Cic.* Recomendacion fuerte, poderosa. *Accuratus corporis cultus. Gel.* Gran cuidado del aseo, del aliño del cuerpo. — *Sermo. Cic.* Oracion, estilo limado, bien trabajado. *Accurato & operato opus est. Plaut.* Se necesita diligencia y presteza. *Accuratae litterae. Cic.* Carta bien formada, bien escrita, bien concebida, bien digerida. *Accuratum habuit. Plaut.* Hizo cuanto pudo.
Accūro, as, āvi, ātum, āre. a. *Cic.* Poner todo cuidado, conato y diligencia. ‖ *Plaut.* Pensar con madurez. *Accurare prandium. Plaut.* Cuidar de disponer la comida. — *Pensum. Plaut.* Cumplir plenamente su obligacion.
Accurro, is, ri, sum, ĕre. n. *Cic.* Correr, venir corriendo, presto, en diligencia, acudir. *Accurrit me. Apul.* Acudió á mí.
Accurritur. *Ter. impers.* Se corre, corren.
Accursiōrum colōnia, ae. f. Grenoble, *ciudad del Delfinado* &c.
Accursus, us. m. *Tac.* Carrera. ‖ El acto de correr. ‖ Concurso, concurrencia.
Accūsābĭlis. m. f. le. n. is. y
Accūsandus, a, um. *Cic.* Lo que es digno de acusarse, reprensible, vituperable.
Accūsātio, ōnis. f. *Cic.* Acusacion, el acto de acusar á otro, delacion. ‖ Oracion con que uno es acusado.
Accūsātīvus, a, um. *Quint.* Lo que sirve para acusar. ‖ Acusativo, cuarto caso de los nombres latinos.
Accūsātor, ōris. m. *Cic.* Acusador. ‖ Delator.
Accūsātōrie. *Cic. adv. de*
Accūsātōrius, a, um. Acusatorio, que acrimina y acusa. *Accusatorius animus. Cic.* Espíritu de acusador.
Accūsātrix, icis. f. *Plin.* Acusadora.
Accūsātus, a, um. *part. de Accuso. Cic.* Acusado. ‖ Reprendido.

Accūsĭto, as, āvi, ātum, āre. freq. *Plaut.* Acusar reprender con frecuencia.
Accūso, as, āvi, ātum, āre. a. *Cic.* Acusar, delatar, manifestar el delito. ‖ Reprender, tachar, vituperar, censurar. ‖ Intentar una accion criminal. *Accusare tabulas. Quint.* Mostrar que son falsos los asientos. — *Aliquem furti. Cic.* Acusar á uno de delito de hurto. (*Se entiende crimine.*) — *De veneficiis. Cic.* Acusar de hechicerías.
Acdestis, is. m. *Arnob.* Acdestis, *hija de Júpiter y de una piedra.*
Acdestius, a, um. *Lo perteneciente á Acdestis, como Acdestius furor. Arnob.* Furor brutal.
Acedaria. V. Acetaria.
† Acēdia, ae. f. *Ecles.* Acedía, desabrimiento, desazon, disgusto, tedio. ‖ Negligencia, indiferencia, pereza, indolencia. ‖ Desfallecimiento, descaecimiento, abatimiento de ánimo, de espíritu, de corazon, languidez. ‖ Tristeza.
† Acēdior, āris, āri. dep. *Ecles.* Estar acedo, poco afable, áspero, desapacible, desabrido, mal acondicionado.
Acelum, i. n. *Plin.* Asolo, *castillo en la Marca Trevisiana.*
* Acentēta, ōrum. n. plur. *Plin. Sin puntos: dícese de los cristales puros y trasparentes, que salen del pulimento sin tropiezos ni agujeros.*
Aceo, es, cui, ēre. n. *Cat.* Acedarse, ponerse agrio ó avinagrado.
* Acĕphălus, a, um. Acéfalo, sin cabeza, sin principio. ‖ Acéphalos, *hereges, cuya autor se ignora, que reconocian en Cristo una sola naturaleza.*
Acer, ĕris. n. *Plin.* El acebuche, árbol.
Acer. m. acris. f. acre. n. is. *Cic.* Acre, áspero, agrio, fuerte, picante, agudo, vehemente, penetrante. ‖ Cruel, fiero. ‖ Severo, rígido. ‖ Valeroso, fuerte. ‖ Diligente, cuidadoso, atento. ‖ Agudo, perspicaz. *Acre acetum. Cels.* Vinagre fuerte. *Acer potor. Hor.* Buen bebedor, gran bebedor. — *Homo. Virg.* Hombre fuerte, valiente. *Ter.* Tosco, rudo. — *Amator. Cic.* Amante, apasionado. — *Cura. Cic.* Cuidado molesto. — *Judicium. Cic.* Juicio sólido, penetrante, profundo. — *Animus. Cic.* Gran valor. — *Canis. Hor.* Perro animoso, atrevido. — *Ministerium. Tac.* Empresa difícil. — *Vultus. Lucr.* Semblante agreste. *Acres imagines. Cic.* Imágenes vivas. *Acerrimi testes. Cic.* Testigos que aprietan mucho. *Acrem sui memoriam relinquere. Tac.* Dejar de sí mala opinion. *Naribus acer. Ov.* El que tiene buenas narices, buen olfato: *dícese del que es muy agudo. Acer belli juvenis. Vel.* Jóven valeroso en la guerra. *Acri memoria esse. Cic.* Ser de una memoria tenaz.
Acerātus, a, um. *Fest.* Mezclado con paja.
† Acerba. *adv. Luc.* Acerbamente, con aspereza, crueldad, amarga y rigurosamente.
Acerbātus, a, um. *Tert.* Acerbo, áspero al gusto, agrio, desabrido, amargo.
Acerbe. *adv. Cic.* bius, bissime. Lo mismo que *Acerba.* ‖ Cruel, ásperamente. *Acerbe tueri. Lucr.* Echar una mirada fiera y espantosa. *Aliquid acerbe ferre. Cic.* Llevar alguna cosa con impaciencia.
Acerbĭtas, ātis. f. *Cic.* Amargura, aspereza, desabrimiento, acerbidad, sabor de las frutas que no están maduras. ‖ Aspereza, dureza. ‖ Calamidad, desgracia, afliccion. ‖ Severidad, rigor, dureza, obstinacion, crueldad.
† Acerbĭtūdo, ĭnis. f. *Gel.* V. Acerbitas.
Acerbo, as, āvi, ātum, āre. a. *Estac.* Poner una cosa agria, áspera. ‖ Irritar, agravar, exasperar, empeorar, provocar. ‖ Exagerar. *Acerbare crimen,* ó *scelus. Virg.* Agravar el delito.
Acerbum, i. n. *Ovid.* Tristeza, pesadumbre.
Acerbus, a, um. *Cic.* Acerbo, áspero, agrio, desabrido, amargo, verde. ‖ Áspero, cruel, terrible, desapacible, riguroso. ‖ Tosco, rudo, inculto. *Acerba virgo. Virg.* Doncella demasiado tierna para casarse. *Acerbum funus. Virg.* Muerte temprana. *Acerbus recitator. Hor.* Recitador impertinente, eterno. *Acerbae facetiae. Tac.* Chanzas picantes. *Acerbum habuimus Curionem. Cic.* Tuvimos muy contrario á Curion.
Acĕris. *genit. de Acus y de Acer.*

**Acernum**, i. n. *Plin.* Acerno, *pequeña ciudad del principado ulterior en Italia.*

**Acernus**, a, um. *Virg.* Lo que está hecho de acebuche. *Acerna mensa. Hor.* Mesa de acebuche.

**Acerōsus**, a, um. *Fest.* Lleno de paja. *Acerosus panis. Fest.* Pan moreno, poco limpio.

**Acerra**, ae, f. *Virg.* Naveta, caja en que se echa el incienso. ‖ Incensario. ‖ Mesa ó altar en que se queman perfumes. *Vestam venerator acerra. Virg.* Hace quemar perfumes en honra de la diosa Vesta.

**Acerrae**, ārum. *plur.* Acerra, *ciudad del reino de Nápoles en tierra de Labor.*

**Acerrāni**, ōrum. m. plur. *Plin.* Naturales, los vecinos de Acerra.

**Acerrānus**, a, um. *Liv.* De la ciudad de Acerra.

**Acerrĭme**. *adv. Cic.* Acérrimamente, con mucha fuerza, empeño, vehemencia, tenacidad.

* **Acersĕcōmes**, ae. m. *Juv.* Sobrenombre de Apolo, que significa de cabello largo.

**Acervālis**. m. f. le. n. is. *Cic.* Lo que es de ó pertenece al monton, amontonado. *Acervalis silogismus. Cic.* Silogismo compuesto de muchas razones, sorites.

**Acervātim**. *adv. Cic.* De monton, confusamente, sin órden. *Acervatim se praecipitare. Liv.* Precipitarse de tropel, unos sobre otros.

**Acervātio**, ōnis. f. *Plin.* Amontonamiento, el acto de amontonar.

**Acervātus**, a, um. *Plin.* Amontonado. *part. a.*

**Acervo**, ās, āvi, ātum, āre. *a. Plin.* Amontonar.

**Acervus**, i. m. *Cic.* Monton, agregado ó junta de muchas cosas. ‖ Sorites, argumento de muchas proposiciones como amontonadas.

**Acescens**, tis. *com.* Lo que se aceda, que se avinagra.

**Acesco**, is, acui, ĕre. n. *Hor.* Acedarse, avinagrarse.

**Acĕsis**, is. f. *Plin.* Especie de atincar, goma de un árbol indiano, que en las boticas llaman borrax, mineral que sirve para soldar los metales.

**Acesta**, ae. f. *Virg.* Acesta, Segesta, *ciudad de Sicilia.*

**Acestaeus ó Acesteus**, a, um. *Plin.* De la ciudad de Acesta.

**Acestei**, ōrum. m. plur. *Plin.* Los moradores, vecinos ó naturales de Acesta.

**Acestes**, ae. m. *Virg.* Acestes, *rey de Sicilia, hijo del rio Criniso, y de Egesta, muger troyana.*

† **Acestĭdes**, um. f. plur. Hornos de hierro, en que se funde la calamina.

**Acetabulārius**, ii. m. *Sen.* El jugador de manos, de cubiletes, de pasa pasa, de maese coral.

**Acetabŭlum**, i. n. *Quint.* Vinagrera, vasija donde se pone el vinagre. ‖ Acetábulo, *parte alta del hueso isquio, en cuya concavidad entra la cabeza del hueso del muslo.* ‖ El cáliz de las flores ó yerbas. ‖ Los cubiletes de los que hacen juegos de manos. ‖ Acetábulo, *medida de líquidos, que hace quince dracmas, ó la cuarta parte de una emina.*

**Acetāria**, ōrum. n. plur. *Plin.* Ensaladas, yerbas ó legumbres compuestas con aceite, vinagre y sal. ‖ Verduras.

**Acetārium**, ii. n. *Plin.* Salsa hecha con vinagre.

† **Acetōsa**, ae. f. Acedera, yerba.

**Acētum**, i. n. *Plin.* Vinagre. *Acetum habere in pectore. Plaut.* Tener talento, sabiduría, prudencia. — *Habere in pectore peracre.* Tener gran corazon, valor, espíritu. *Aceto perfundere aliquem. Hor.* Provocar, mofarse de alguno con sales picantes.

**Achab ó Achābus**, i. m. *Bibl.* Acab, *rey de Israel.*

**Achaei**, ōrum. m. plur. *Cic.* Pueblos de Acaya. ‖ Los griegos ó aqueos.

**Achaeias**, iădos. f. *Ovid.* La muger de Acaya ó Libadia.

**Achaemĕnes**, is. m. *Hor.* Aquemenes, *primer rey de Persia.*

**Achaemĕnia**, ae. f. *Ovid.* Aquemenide, *parte de la Persia.*

**Achaemĕnĭdae**, ārum. m. plur. *Ovid.* Aquemenios, *pueblos de la Persia.* ‖ Tribu ó familia de la sangre real de Persia.

**Achaemĕnides**, ae, y **Achaemĕnii**, orum. m. *Luc.* Los persas ó cosas de Persia.

**Achaemĕnides**, ae. m. *Virg.* Aquemenides, *sobrenombre del traidor Sinon, griego, compañero de Ulises.*

* **Achaemēnis**, ĭdis. f. *Plin.* Yerba de la India, á que Demócrito atribuyó virtudes mágicas.

**Achaemĕnius**, a, um. *Ovid.* Persiano, pérsico, *de Persia ó de su rey Aquemenes.*

**Achaeus**, i. m. *Ovid.* Aqueo, *rey de Lidia.* ‖ Otro hijo de Zuto, que huyendo á Lacedemonia dió nombre á los aqueos. ‖ Otro hijo de Júpiter y Pitia, de quien se dice lo mismo.

**Achaeus**, a, um. *Lucr.* Griego, griega, aqueo, *perteneciente á la Grecia.*

**Achāia**, ae. f. *Plin.* La Acaya, *region del Peloponeso, hoy el ducado de Clarencia.* ‖ La Grecia, hoy Libadia.

**Achāias**, iădis. adj. f. *Ovid.* La muger griega ó de Acaya.

**Achāicus**, a, um. *V.* Achaeus.

**Achāius**, a, um. *V.* Achaeus.

**Achamonthiānus**, a, um. *Tert.* Varon sabio: viene de la palabra Achamoth, que era uno de los dioses inventados por Valentiniano.

**Achar**. f. Nombre de una ciudad que hoy se llama Nisiba.

**Achāres**, is. m. *Bibl.* El que no tiene gracia ni dulzura.

**Acharnae**, ārum. f. plur. *Estac.* Lugar ó ciudad de la Ática. ‖ Barrio de la ciudad de Atenas.

**Acharnānus**, a, um. *Nep.* Cosa de Acarnas ó Carnia.

**Acharne**, es. f. *Gel.* Medida para cosas secas.

**Acharne**, es. f. *Lucil.* Pez marino.

**Acharnides**. *V.* Atarnites.

**Achātes**, is. m. *Virg.* Acates, *amigo y compañero de Eneas.*

* **Achātes**, ae. m. f. *Plin.* Ágata, *piedra preciosa.*

**Achelōiādes**, um. *Ovid.* y

**Achelōides**, um. f. plur. *Ovid.* Las Sirenas, hijas del rio Aqueloo.

**Achelōius**, a, um. *Lo que es del rio Aqueloo.*

**Achelōus**, i. m. *Ovid.* Aqueloo, *rio de Grecia, hoy Aspropotamo.* ‖ Nombre de un rey de Etolia. ‖ El agua en general.

**Achĕron**, tis. m. *Plin.* Aqueronte, *rio del Abruzo en la Calabria citerior, hoy Campániano ó Savuto.* ‖ Rio de Epiro, hoy Veliqui, al cual llaman los poetas rio del infierno. ‖ El infierno. ‖ La muerte. *Acherontis pabulum. Plaut.* Tizon del infierno.

**Acherontaeus**, a, um. *Claud.* Cosa del Aqueronte, del infierno, de la muerte.

**Acherontia**, ae. f. *Plin.* Aqueroncia, Acerenza, *ciudad pequeña de la Apulia en Basilicata.*

**Acherontĭcus**, a, um. *Plaut.* Cosa de Aqueronte, del infierno, de la muerte. *Acheronticus senex. Plaut.* Viejo que está con un pie en la sepultura.

**Acherontini**, orum. m. plur. *Plin.* Los que viven cerca de Aqueroncia, cerca del rio Campaniano en Calabria.

**Acherontis**. *genit. de* Acheron.

**Acherontius**, a, um. *V.* Acheruntius.

* **Acherōs**. *Liv. V.* Acheron.

**Acheruns**, untis. m. *V.* Acheron.

**Acherunticus**, a, um. y **Acheruntius**, a, um. *V.* Acheronticus.

**Acherūsia**, ae. f. *Plin.* Lago de la Colucia entre Miseno y Cumas. ‖ Laguna de Epiro. ‖ Cueva en la Bursia, *por donde dicen que entró Hércules al infierno, y sacó el can Cerbero.*

**Acherūsis**, ĭdis. *V.* Acherusia. *Val. Flac.* Cueva de la Bursia.

**Acherūsius**, a, um. *Liv.* Lo que es de Aquerusia. *Acherusia templa. Lucr.* El infierno. — *Vita. Lucr.* Vida triste, afligida. *Acherusis humor. Sil. Ital.* El agua de Aqueronte.

* **Achēta** ae. f. *Plin.* Cigarra, *insecto con alas, llamado tambien chicharra, que canta fastidiosamente en el rigor del sol.*

**Achetīni**, ōrum. m. plur. *Cic.* Los que habitan en las cercanías del rio Aqueto, hoy Noto de Sicilia.

**Achētus**, i. m. *Sil. Ital.* Aqueta, *rio de Sicilia, hoy Noto.*

**Achilas**, ae. m. *Caes.* Nombre de un esclavo del rey de Egipto, que mató á Pompeyo.

**Achilles**, ae. f. *Plin.* Milefolio, yerba. ‖ Isla del mar Euxino, donde fue enterrado Aquiles. ‖ Otra del mismo nombre junto á Samos.

Achilleae, arum. f. plur. Estatuas desnudas con lanzas.

Achilleïdes, ïdae. m. Ovid. patr. Hijo de Aquiles, Pirro.

Achilleïs, eïdis. f. La Aquileida, poema de Papinio Estacio, de que solo hay dos libros de la vida de Aquiles.

Achilleos, i. f. Plin. V. Achillea.

Achilles, is. m. Virg. Aquiles, heroe griego, hijo de Peleo y de la diosa Tetis.

* Achilleum, i. n. Plin. Especie de esponja muy delicada y unida de que los antiguos hacian los pinceles.

Achilleus, a, um. Virg. Cosa de Aquiles. Achilleus cothurnus. Prop. Estilo épico, trágico, sublime.

Achilleus, ei. m. V. Achilles. Achilleus cursus. Mel. Península distante 75 millas de la isla en que está enterrado Aquiles. V. Achillea.

Achivi, orum. m. plur. Cic. Los griegos.

Achivus, a, um. Ovid. V. Acheus.

Achlis, is. f. Plin. Fiera velocísima y sin junturas en la rodilla de las regiones septentrionales, y tambien de la isla Escandinavia, la que dicen confunde César con el alce que describe en el libre sesto de la guerra de Francia.

Achor, oris. m. Plin. Acor, dios de Africa contra la peste de las moscas.

* Achores, um. m. Emil. Macr. Ulceras de la cabeza, tiña.

* Achradina, ae. f. Liv. Parte de la ciudad de Siracusa.

* Achras, adis. idos. f. Colum. Peral silvestre.

Aci. V. Acus.

† Acia, ae. f. Cels. Hilo, hebra de hilo enhebrada para coser. Ab acia et acu omnia exponere. Petr. (Prover.) Contar una cosa de muy atras.

† Aciarium. ii. n. Fest. Acerico. ‖ Estuche para agujas, alfiletero.

Acicula, ae. f. Aguja pequeña, alfiler. ‖ Clavillo de una hebilla.

Acicularium, ii. n. Alfiletero, acerico.

† Acicularius, ii. m. El que hace ó vende agujas ó alfileres.

Acida, ae. f. Plin. El agua de los baños y fuentes minerales. ‖ Especie de color ó afeite.

* Acidalia, ae. f. Virg. Acidalia, epíteto de la diosa Venus, de la fuente del mismo nombre en Beocia.

Acidalius, a, um. Propio de Venus acidalia.

Acidalius, ii. m. Fuente de Beocia, consagrada á Venus y á las Gracias.

Aciditas, atis. f. Marc. Emp. Acedía, aspereza, agrura, el sabor acedo y acerbo.

* Acidoton, i. n. Plin. Yerba eficaz para curar los ataques de nervios.

Acidula, ae. f. Peral ó pera silvestre. ‖ Especie de acedera.

Acidulus, a, um. Plin. Algo ácido, que tiene punta de agrio.

Acidus, a, um. Plin. Ácido, agrio amargo.

Acieris, is. f. Fest. Segur de los sacerdotes en los sacrificios.

Acies, ei. f. Cic. Punta, filo, corte. ‖ Parte del ejército. ‖ Todo el ejército. ‖ Escuadra, armada. ‖ Batalla, combate, accion. ‖ Campo de batalla. ‖ Fuerza, viveza, perspicacia. ‖ Disputa, contencion, contienda. Acies unguium. Plin. La punta, lo negro de las uñas. — Rostri. Plin. La punta, el cabo del pico. — Fraenata. Sil. Ital. Gente de á caballo. — Pedestris. Gente de á pie. — Prima. Liv. Vanguardia. — Secunda. Liv. Cuerpo de batalla. — Postrema, ac novissima. Liv. Retaguardia. — Transversa. Liv. Flanco del ejército. Excedere acie. Liv. Salir de las líneas, de la formacion. Aciem ferre. Tac. Sostener el choque. Acies vulcania. Virg. La violencia del fuego. In aciem producere, educere. Corn. Nep. Sacar las tropas, salir al campo de batalla. Aciem instruere. Cic. Formar, poner el ejército en forma de batalla.

Acilia, ae. f. Caes. Acilia, ciudad de Africa. ‖ Plin. Ciudad de Arabia.

Acilia gens. Liv. Familia plebeya, oriunda de Troya.

Acilia lex repetundarum. Cic. La ley acilia sobre cohechos, promulgada por M. Acilio Glabrion.

Acilium compitum Romae. Plin. El barrio Acilio de Roma.

Acilius, ii. m. Nombre de una fuente ó rio de Sicilia,

V. Acis. ‖ Acilio, autor de la ley Acilia de repetundis. ‖ Otro que venció á Antioco.

† Acina, ae. f. Catul. Grano de cualquier género de fruta que tenga racimos.

* Acinaces, is. m. Hor. Alfange, sable, espada, cimitarra.

Acinaceus, a, um. V. Acinaticius.

Acinarius, a, um. adj. sacado de Acinus. Varr. Perteneciente á la vendimia, como los cestos &c.

Acinaticius, a, um. Ulp. y Acinatitium, ii. n. Vino de uvas pasas y escogidas.

Acinaticus, a, um. V. Acinaticius, a, um.

* Acinetos. Tertul. Inmoble.

Acinosa, ae. f. Cels. Ubea, la tercera túnica del ojo.

Acinosus, a, um. Plin. Cosa agranujada, llena de granos ó pepitas.

Acinus, i. f. Plin. Basilico silvestre, yerba.

Acinus, i. m. ó

Acinum, i. n. Cic. Grano, pepita de la fruta de racimo.

Acipenser, eris, m. ó

Acipensis, is. m. Marc. Sollo, esturion ó asturion, pescado de mar y de rio.

Acis, is. m. Ovid. Acis, rio de Sicilia, hoy Fredo. ‖ Plin. Una de las islas Cicladas.

Acis, is, ó idis. m. Ovid. Acis, hijo de Fauno y de la ninfa Simétis, muerto por Polifemo su rival en el amor de Galatea, que le transformó despues en el rio de Sicilia del mismo nombre.

Acisculus, i. m. dim. de Ascia. Martillo pequeño.

Acitare. V. Aceto.

† Aclasis, is. f. Fest. Túnica, ropa sin coser, que se ataba á las espaldas.

* Aclis, idis. f. Virg. Especie de dardo que se arrojaba con una cuerda, con amiento.

Acmon, onis. m. Virg. El yunque.

Acmonides. Ovid. Uno de los oficiales de la fragua de Vulcano.

Acmothetum, i. n. Tronco, tajo sobre el cual está puesto el yunque.

Acna ó Acnua ae. f. Colum. Medida de tierras de 120 pies en cuadro.

* Acne, es. f. Berruga, lobanillo.

* Acnestis, is. f. El espinazo.

* Acoetes, ae. m. Ovid. Acetes, un hombre muy pobre de Lidia.

* Acoenonetos. Juv. Pedagogo interesado.

* Acoetus, a, um. Plin. Cosa sin heces, pura, limpia.

Acolastus, i. m. Gel. Pródigo, incorregible, de malas costumbres.

* Acoluthus, Acolytus, y Acolithus, i. m. Irid. Acólito, nombre de ministerio en la Iglesia.

* Acone, es. f. Plin. Piedra de amolar.

* Aconiti. adv. grieg. Sin polvo, y por metáfora, sin trabajo, sin dificultad, sin cansancio.

Aconitum, i. n. Plin. Aconito, yerba venenosa, que algunos llaman centella, y otros uva versa ó uva lupina. ‖ Veneno en general.

* Acontiae, arum. m. plur. Plin. Cometas volantes á manera de saetas.

* Acontias, ae. f. Lucan. Serpiente.

* Acontius, ii. m. Ovid. Aconcio, ceo, natural de Cea, isla del mar Egeo, de quien tenemos en Ovidio cartas á Cidipe, y de Cidipe á él. ‖ Plin. Monte de Magnesia ó Beocia.

Acontizo, as, avi, atum, are. n. Veget. Lanzar, arrojar, tirar saetas, asaetear.

* Acontizomenus, i. m. Título de una comedia de Nevio, que significa herido de un dardo.

* Acopa, orum. n. plur. Plin. Medicamentos, remedios para descansar.

* Acopis, is. f. Plin. Una piedra preciosa.

* Acopus, i. f. Plin. Anagiris, yerba que provoca el vómito. ‖ Piedra preciosa con puntas doradas, semejante al nitro.

Acor, oris. m. Colum. Acedía, acor, el sabor agrio y acerbo, agrura, amargura.

* Acorna ó Acorna, ae. f. Plin. Cardo ó cardon espinoso.

Acorus, i. y Acōrum, i. f. *Plin.* Yerba que se cree ser la que en las oficinas se llama cálamo aromático.

Acosmus, a, um. *Lucr.* Cosa desaliñada, sin adorno, mal ajustada.

Acŏtos, i. f. *Plin.* Galanga, yerba.

† Acquiescentia, ae. f. Aquiescencia, condescendencia, admisión y consentimiento tácito. Es término legal.

Acquiesco, is, ēvi, ētum, ĕre. n. *Cic.* Descansar, reposar. ‖ Aquietarse, contentarse, tomar descanso y placer. ‖ Asentir, dar crédito. *Acquivit. Corn. Nep.* Murió. *Quibus vel maxime acquiescebat. Suet.* Con quienes se deleitaba mucho.

Acquiro, is, sīvi, sītum, ĕre. a. *Cic.* Adquirir, ganar. ‖ Llegar, juntar alguna cosa. ‖ Enriquecerse. *Acquirere odorem vino. Plin.* Procurar dar algún olor al vino.

Acquisītio, ōnis. f. *Bibl.* Adquisición, el acto de adquirir, ganar, juntar ó conseguir alguna cosa.

Acquisītus, a, um. *part. de Acquiro.*

Acquisītus, us. m. *Capel.* El tono mas bajo de la música.

Acra. n. plur. *Apul.* Alturas, cima, cumbre.

† Acra, ae. f. Pértica, *medida de tierra que consta de dos pasos ó de diez pies geométricos.* ‖ *Plin.* Cabo de Santa María de Leuca.

Acrea, ārum. f. plur. *Sil.* Ciudad destruida en los términos de Siracusa.

Acrăgas, ae. m. Nombre de un famoso platero.

Acrăgas, antis. m. *Cic.* Agrigento, hoy Gergenti, monte, rio y ciudad de Sicilia.

* Acratŏphŏrum, i. n. *Cic.* Frasco, limeta, botella.

Acre. adv. *Pers.* Acre, agria, asperamente.

Acrēdo, ĭnis. f. *Palad.* Amargura, sabor amargo.

Acrĕdŭla, ae. f. *Cic.* El ruiseñor, según otros la calandria. ‖ *Cic.* Una especie de rana muy chillona.

Acrēmentum, i. n. *Plin.* Amargura, sabor amargo. ‖ Agraz, zumo de agraces.

Acresco, is. n. *Veget.* Acedarse, avinagrarse.

Acrĭcŭlus, a, um. dim. *Cic.* Lo que tiene punta de agrio, un poco agrio, agrillo.

Acridia ó Acridium, ii. n. *Isidor.* Escidonea, yerba.

Acridophăgi, ōrum. m. plur. *Acridófagos, pueblos de Etiopia, que se alimentan de langostas.*

Acridōthēra, ae. f. Instrumento para coger langostas.

Acrifŏlium, ii. n. *Mart.* Almez ó almezo, árbol. ‖ Alisa, yerba.

Acrimōnia, ae. f. *Plin.* Acrimonia, la calidad acre de algunas cosas. ‖ Severidad, aspereza, rigor. ‖ *Cic.* Viveza, penetración, fuerza, vehemencia del ingenio. ‖ *Cat.* Aspereza, mordacidad en el tacto.

Acrior, crius, ōris. comp. *de Acer. Cic.* Mas, muy acre. ‖ Áspero, severo. *V.* Acer.

Acris genit. *de Acer.*

Acris, idis. f. La langosta.

Acrisionēis, ĭdis. patronim. f. *Virg.* Danae, hija de Acrisio, rei de Argos.

Acrisionēus, a, um. *Ovid.* Lo perteneciente á Acrisio.

Acrisionĭădes, ădis. patron. m. *Ovid.* Perseo, hijo de Danae, nieto de Acrisio.

Acrisius, ii. m. *Ovid.* Acrisio, hijo de Abante, rei de Argos, padre de Danae. ‖ Otro hijo de Júpiter, padre de Laertes.

† Acritas, ātis. f. *Fel. V.* Acor. Acrimonia. ‖ *Mel.* Nombre de dos promontorios, uno en Bitinia, junto al Bósforo de Tracia, hoy cabo Acria, otro en Mesenia, hoy cabo Venético.

Acrĭter. adv. *Cic.* Acremente, con vigor, con vehemencia, con fuerza. ‖ *Cic.* Atenta, perspicaz, agudamente. ‖ Fuerte, animosa, valerosamente. ‖ Severa, cruelmente. ‖ Diligentemente, con estudio y conato. *Acriter viridis. Plin.* Muy verde.

Acrĭtūdo, ĭnis. f. *V.* Acrimonia.

Acrius, adv. *Cic.* Mas áspera, mas fuertemente. *Acrius miser. Hor.* Mas ó muy miserable.

Acrizymus, a, um. *Isidor.* Leve, ligeramente fermentado por encima.

* Acroāma, ătis. n. *Cic.* Cosa agradable, gustosa al oido. ‖ *Cic.* Cuestiones sutiles de filosofía ú otras ciencias. ‖ Cuentos alegres, romances, novelas. ‖ Música, tocata, concierto de música. ‖ Bufón, gracioso. ‖ El que toca y canta con algun instrumento músico.

* Acroāmătĭcus, a, um. *V.* Acroticus.

* Acroăsis, is. f. *Cic.* Auditorio. ‖ *Vitruv.* Escuela. ‖ *Suet.* Discurso. *Acroasim facere. Vitruv.* Hacer un discurso, una oración, una lección en público.

* Acroātĭcus y Acromătĭcus, a, um. *Gel.* Lo que pertenece al oido, lo que se oye. *Acromatici libri. Gel.* Libros que necesitan explicación de viva voz.

Acrŏbātĭcus, a, um. *Vitruv.* Util, apto para subir, como andamios ú otras máquinas que usan á este fin los artífices.

* Acrŏcĕraunia, ōrum. n. plur. *Hor.* Acrocéraunios; montes muy altos de Epiro, que le separan de la Macedonia. Montes del Diablo, de la Quimera.

* Acrŏcĕraunium, ii. n. *Mel.* El cabo de la Quimera ó de la Lengüeta.

* Acrŏcĕraunius, a, um. *Plin.* Lo perteneciente á los montes Acroceraunios.

* Acrŏchordon, ōnis. f. *Cels.* Especie de berruga que nace debajo de la piel.

* Acrŏlŏnae, ārum. m. *Plin.* Pueblos de Tracia.

* Acrŏcŏrinthus, i. m. *Mel.* Monte y ciudadela sobre Corinto.

Acrodrya, ōrum. n. plur. *Bud.* Frutas de corteza dura, como nueces, almendras &c.

Acrolĭthus, a, um. *Treb.* Puesto encima, en la altura de una piedra. ‖ De piedra.

Acron, ontis, ú ōnis. m. *Properc.* Acron, rey de los ceninenses ó ceninentes. ‖ Helenio Acron, *famoso gramático de tiempo incierto, ilustrador de Horacio.* ‖ *Apic.* La cima, la parte superior.

Acronyctae stellae. f. plur. *Jul. Firm.* Estrellas vespertinas que nacen cuando el sol se pone.

* Acropŏdium, ii. n. *Hig.* Basa, pedestal de una estatua.

Acror, ōris. m. *Fulgenc. V.* Acritas.

* Acrostĭchia, ōrum, y Acrostĭchis, ĭdis. f. Acrósticos, *versos cuyas letras iniciales componen un sentido, un nombre.*

Acrostŏlia, ōrum. n. plur. *Diodor. Sicul.* Adornos de los navíos que son de quita y pon.

* Acrŏta, ae. m. *Ov.* Acrotas, hijo de Tiberino, rey de Alba, á quien los historiadores llaman Agripa.

* Acrotĕria, ōrum. *Vitruv.* Almenas de las murallas. ‖ Pedestales de estatuas. ‖ Adornos en lo alto de un edificio.

Acrŏthymium, ii. n. *Cels.* Especie de berruga que aparece de mayor tamaño sobre la piel que debajo.

* Acrozymus panis. m. *Isidor.* Pan poco fermentado, con poca levadura.

Acta, ae. f. *Nep.* Ribera, borde, orilla del mar.

Acta, ōrum. n. plur. *Tac.* Actos, acciones, hechos. ‖ Hazañas, empresas. ‖ Actas. ‖ Autos, decretos. ‖ Procesos, protocolos, instrumentos. ‖ Archivos. *Acta diurna. Tac.* Diario. *Aliquid in acta referre, mittere, mandare actis, Tac.* Registrar, notar, tomar razón en los libros de registro. *Ab actis.* Registrador, secretario, archivero, *aquel á cuyo cargo está el registro y custodia de los privilegios, decretos, cédulas &c.*

Acta, ae, et Acte, es. f. *Ovid.* La Ática, así llamada de Acteon su rey.

* Actae, ae. f. *Plin.* Yezgo, planta. ‖ Sauco, árbol.

* Actaeon, ōnis. m. *Ovid.* Acteon, *hijo de Aristeo y de Autonoe, que habiendo visto casualmente en la caza á Diana bañándose con sus ninfas, fue por ella convertido en ciervo, y despedazado por sus propios perros.*

Actaeus, a, um. *Ov.* Lo que es de la Ática, ateniense. ‖ Litoral, de la orilla ó ribera.

† Actia, ōrum. n. plur. *Virg.* Fiestas instituidas en honra de Apolo, que se celebraban cada cinco años.

- Actĭăcus, a, um. *Ov.* Lo que es de la ciudad ó promontorio de Accio. *Actiaca pugna. Actiacum praelium. Liv.* La batalla de Accio, en que Augusto venció á Marco Antonio y Cleopatra.

Actiănus, a, um. *Cic.* Lo que es de la ciudad de Accio.

Actias, ădis. f. *Virg.* La muger ateniense natural de la Ática. *Actias Cleopatra. Estac.* Cleopatra vencida por Augusto junto al promontorio Accio.

**Actio**, ōnis. *f. Cic.* Accion, acto, operacion. ‖ Discurso, oracion, arenga. ‖ Proceso. ‖ Actiones. *plur.* Procedimientos. En la oratoria, la pronunciacion. *Actoris actio. Cic.* La accion del acusador, del demandante. *Actio injuriarum. Cic.* Instancia, proceso, demanda por razon de injurias. *Actionem postulare. Cic.* Pedir juicio.—*Instituere. Cic.* Poner un pleito.—*Intendere.* Intimarle.—*Inferre. Cic.* Litigar.—*Restituere. Cic.* Dar facultad de tratarle de nuevo. *Cic. Quint. Fabulae actio. Cic.* Representacion de una comedia. ‖ La accion principal de ella.

**Actĭto**, ās, āvi, ātum, āre. *freq. de Ago. Cic.* Hacer, tratar con frecuencia, *dícese de las causas. Actitare mimos. Tac.* Representar continuamente pantomimas.

**Actium**, ii. *n. Plin.* Accio, ciudad y cabo ó promontorio en Epiro, donde Augusto venció á Antonio y Cleopatra, hoy Cabo Figalo.

**Actius Navius.** *m. Liv.* Accio Navio, agorero famoso.

**Actīve.** *adv. Prisc.* Activamente, en significacion activa.

**Actīvus**, a, um. *Sen.* Activo, ágil. ‖ Activo, en términos gramaticales.

**Actor**, ōris. *m. Cic.* Actor, el que hace. ‖ Cómico. *Actor negotii* ó *negotiorum. Cic.* Agente de negocios, procurador. ‖ El que propone ó deduce su accion en juicio, el que pide contra alguno ó le acusa. *Causarum. Hor.* Abogado.—*Belli. Hor.* Autor de la guerra.—*Summarum. Suet.* Registrador, contador.

**Actor**, ōris. *m. Ovid.* Actor, compañero de Hércules en la expedicion contra las Amazonas.

**Actōreus**, a, um. *Tert. V. Activus.*

**Actōrĭdes**, ae. *m. Ovid.* Patroclo, nieto de Actor. ‖ *Ovid.* Erito, uno de los compañeros de Fineo.

**Actrix**, īcis. *f. Dig.* La que demanda en juicio, pone un pleito.

**Actuālis**. *m. f. le. n. is. Macrob.* Activo ‖ Diligente.

**Actuarĭŏlum**, ii. *Cic.* Nave ligera á vela y remo, bergantin, galera, pinaza, corbeta, patacho, galeota, bote, lancha &c.

**Actuarius**, ii. *m. Suet.* Actuario, escribano ó notario.

**Actuarius**, a, um. *Cic.* Ligero, ágil, facil de manejar. *Actuariae naves. Liv.* Navíos muy ligeros, muy veleros.

**Actuŏse.** *adv. Cic.* Con prisa, con ligereza, diligencia, calor, fuego, prontitud, presteza.

**Actuōsus**, a, um. *Cic.* Actuoso, activo, diligente, solícito, cuidadoso, aplicado, laborioso. ‖ Cosa trabajosa, pesada, cansada. ‖ Cómicos, bailarines de teatros. *Actuosa comoedia. Ter.* Comedia de mucha accion, dificil de representar.

**Actus**, us. *m. Cic.* Acto, accion, operacion. ‖ Movimiento, gesto. ‖ Hecho. ‖ Carrera, ímpetu, impulso. ‖ Manejo, administracion, cargo, oficio. *Herculaei actus. Claud.* Los trabajos de Hércules. *Actus hominis. Cic.* Diversas edades del hombre. *Comoediae. Cic.* Acto, jornada de comedia. ‖ *Dig.* Camino, carril, carretera. ‖ *Cic.* El derecho de hacer pasar el carro por la heredad de otro. *Actus quadratus. Colum.* Espacio de tierra de ciento y veinte pies por cada frente de un cuadro.—*Duplicatus.* El doble de *Quadratus.*

**Actus**, a, um. *part. de Ago. Cic.* Hecho, tratado, pasado. *His actis. Cic.* Hecho esto, en este caso, en esta disposicion, concluidas estas cosas. *Actum est de nobis. Ter.* Estamos perdidos. *Acta testudine. Caes.* Hecha, formada la tortuga, que quiere decir yendo cubiertos de sus escudos (que era la manera con que los soldados romanos iban al asalto de una plaza). *Actum agere. Ter.* Trabajar en vano.—*Ne agas. Ter.* No pienses mas en eso, es negocio concluido. *Acta furore Juno. Virg.* Llevada, trasportada Juno del furor.—*Classis in tutum. Virg.* Armada, escuadra, flota puesta en seguro, al abrigo. *Actum habeo. Cic.* Lo apruebo, lo doy por bien hecho. *Actus multis casibus. Virg.* Perseguido de muchas desgracias. *Actus ad sidera. Virg.* Ensalzado hasta las estrellas. *Actum genus per Reges. Virg.* Extraccion sacada de reyes.

**Actūtum.** *adv. Ter.* Al instante, prontamente, al momento, sin dilacion.

**Acuarius**, ii. *m. Inscr.* Fabricante de agujas. ‖ El sastre.

**Acui.** *pret. de Acuo, de Acesco, y de Acuo; ó dativo de singular de Acus.*

**Acūlĕātus**, a, um. *Plin.* Lo que tiene punta ó aguijon, que pica, que tiene espinas. ‖ Que ofende, que hiere. ‖ Que causa remordimiento, inquietud, pesadumbre, pena, pesar.

**Acūlĕŏlus**, li. *m. Marc.* Aguja pequeña.

**Acūlĕus**, i. *m. Virg.* Aguijon, punta, pua que tiene la abeja. ‖ *Cic.* Sutileza, agudeza, dicho, palabra picante. ‖ Pena, pesar, pesadumbre. ‖ Espina, pua punzante. ‖ Sutileza, agudeza, dicho agudo, picante. ‖ Sobrenombre romano de los Furios.

**Acūmen**, ĭnis. *m. Cic.* Punta de cualquiera cosa. ‖ Agudeza, sutileza, delicadeza del filo, del corte. ‖ Fineza, industria, destreza, artificio. *Acumen montis. Liv.* Cumbre de un monte.—*Saporis. Plin.* Buen gusto, buen sabor.—*Ingenii. Cic.* Viveza, sutileza de ingenio. *Mulierum acumina. Hor.* Artificios, trazas, engaños de las mugeres. *Acumina dialecticorum. Cic.* Sutilezas de los dialécticos, de los lógicos. *Sine acumine illo. Cic.* Sin aquella cultura, delicadeza, gracia. *Auspicium ex acuminibus. Cic.* Agüero militar, que se tomaba de las puntas de los dardos y lanzas, si resplandecian, si infundian miedo &c.

**Acūmĭnātus**, a, um. *part. Plin.* Aguzado, puntiagudo, afilado. ‖ Sutil, ingenioso, vivo.

**Acūmĭno**, ās, āvi, ātum, āre. *a. Lact.* Aguzar, afilar, apuntar, sacar la punta.

**Acuo**, is, acui, acūtum, ĕre. *a. Cic.* Aguzar, afilar, amolar, apuntar, sacar la punta.

**Acuo**, is, acui, acūtum, ĕre. *a. Cic.* Aguzar, afilar, amolar, apuntar, sacar la punta, el filo, el corte. ‖ Despertar, dar viveza, animar, excitar, mover, provocar. *Acuere gradum. Estac.* Doblar, apretar el paso.—*Metum. Virg.* Aumentar el temor.—*Ingenium. Cic.* Aguzar el ingenio.—*Syllabam. Quint.* Abreviar una sílaba.

† **Acūpēdātus**, a, um. y

† **Acūpĕdius**, ii. *m. Fest.* Ágil, ligero, corredor, veloz en la carrera.

**Acūpectile**, is. *n. Cod. Leg.* Bordadura, bordado.

**Acūpictor**, ōris. *m.* Bordador.

**Acūpictus**, a, um. *part.* Bordado.

**Acūpingo**, is, inxi, pictum, gĕre. *a. Ovid.* Bordar.

**Acus**, ĕris. *n. Varr.* Las granzas del trigo ó de otra semilla.

**Acus**, i. *m. Marc.* Aguja, pez marino.

**Acus**, us. *f. Virg.* Aguja para coser. *Rem acu tetigisti. Plaut.* Lo has adivinado. *Acus crinalis. Juv.* Aguja para prender el pelo, rodete, rascamoño.

**Acūtālis**. *m. f. le. n. is. Front.* Puntiagudo.

**Acūtātus**, a, um. *Veg.* Aguzado, afilado, amolado, agudo, puntiagudo.

**Acūte.** *adv. Cic.* Agudamente, sutilmente. *Acute sonare. Cic.* Sonar clara, agudamente.

**Acutiānus**, a, um. *Cic.* Perteneciente á Acutilio, nombre propio de un romano.

**Acūtor**, ōris. *m. Salm.* Aguzador, amolador.

**Acūtulus**, a, um. *Cic. dim. de Acutus.* Algo aguzado, agudo, puntiagudo.

**Acūtum.** *adv. Hor. V. Acute.*

**Acūtus**, a, um. *part. de Acuo. Plaut.* Agudo, puntiagudo, afilado, amolado. ‖ Ingenioso, sutil, fino, penetrante, delicado. *Acutus sol. Hor.* Sol picante. *Odor. Plin.* Olor subido. *Acuti oculi. Plaut.* Ojos vivos. *Acutae aures. Hor.* Oidos delicados, finos. *Vir acutae naris. Virg.* Hombre de buenas narices. *Dícese del que tiene buen gusto. Acutum gelu. Hor.* Hielo, helada fuerte. *Acuta febri. Cels.* Fiebre aguda. *Acuta belli. Hor.* Los peligros, los trances de la guerra.

\* **Acylos**, i. *f.* ó **Acylon**, i. *n. Plin.* Bellota de encina hembra.

\* **Acyrŏlŏgīa**, ae. *f.* Impropiedad (figura gramatical) como *sperare dolorem. Virg.* Temer el dolor.

**Acytērium**, ii. *m.* Medicamento para impedir á la muger el concebir.

## AD

**Ad.** Preposicion que rige acusativo, y se explica en sus

diversas acepciones por cerca. *Ad montem Taurum. Cic.* Cerca del monte Tauro. *Ad urbem. Ces.* Cerca de, junto á la ciudad. ‖ Hasta. *Ad flumen. Ces.* Hasta el rio. *Ad satietatem. Liv.* Hasta hartarse.

Hácia, á la parte de. *Ad meridiem spectans. Cic.* Mirando hácia la parte de mediodia.

Contra. *Herbæ ad vulnera. Cic.* Yerbas contra las heridas. *Ad tela. Virg.* Contra las armas arrojadizas.

Segun. *Sapiens ad normam alicujus. Cic.* Sabio segun la regla, la escuela de alguno.

En comparacion. *Ad universi coeli complexum. Cic.* En comparacion de todo el cielo. *Ad nihil ad hanc. Ter.* Pero no vale nada en comparacion, no tiene que ver con esta.

Ademas, fuera de. *Ad cætera vulnera. Cic.* Ademas de las otras heridas.

Respecto de, por lo que toca á. *Vir ad casum fortunamque felix. Cic.* Hombre feliz por lo que toca al acaso y la fortuna.

En. *Ad Apollinis. Cic.* En el templo de Apolo.

Á veces denota el tiempo, y significa hasta, cerca, despues. *Ad mensem Januarium. Cic.* Hasta el mes de Enero. *Ad æquinoctium. Varr.* Cerca del equinoccio. *Ad decem annos. Cic.* Despues de diez años.

Delante. *Ad judicem dicere. Cic.* Hablar delante del juez. ‖ *Ad unguem. Hor.* Con la mayor diligencia, exactitud, perfeccion. ‖ *Ad summum.* Á lo mas.

Con esta preposicion se pueden formar nombres de oficios, como *Ad manum, ad pedes servus. Cic.* Escribiente, secretario; criado de á pie.

Adactio, ōnis. *f. Liv.* El acto de obligar, de forzar.

Adactus, us. *m. Lucr.* V. Adactio. *Dentis adactus. Lucr.* Mordisco, mordedura, la impresion de los dientes.

Adactus, a, um. *Virg.* Empujado, impelido, impreso por fuerza. ‖ Obligado, forzado, constreñido. *Adactus jugo. Estac.* Subyugado, puesto bajo del yugo.— *Legibus. Tac.* Sujeto á las leyes.— *Sacramento. Tac.* Ligado, obligado con juramento.— *Alte vulnus adactum. Virg.* Herida profunda, penetrante.— *In verba Vitellii. Tac.* Obligado á jurar fidelidad á Vitelio.

Adad, ó Adadus, i. *m. Macr.* Adad, el sol, supremo dios de los asirios,, á quien daban tambien una diosa por muger, llamada Atargatis, entendiendo la tierra.

Adadunephros. *f. Plin.* Piedra preciosa, cuyo nombre significa riñones de Adad. V. Adad.

Adæquātio, ōnis. *f. Ulp.* Igualacion, la accion de igualar.

Adæquātus, a, um. *part. Cic.* Igualado.

Adæque. *adv. Liv.* Igualmente, con igualdad, uniformidad, sin distincion ni diferencia.

Adæquo, ās, āvi, ātum, āre. *a. Cic.* Igualar, hacer igual una cosa con otra. *Adæquarunt judices. Cic.* Se empataron los votos de los jueces, la mitad fueron de un parecer y la mitad de otro.

Adærātio, ōnis. *f. Dig.* Tasa, el precio, aprecio, estimacion, valuacion de una cosa.

Adærātus, a, um. *part. Dig.* Valuado, tasado. ‖ Obligado á pagar su deuda en dinero.

Adæro, ās, āvi, ātum, āre. *a. Amian.* Tasar, apreciar, valuar, poner precio. ‖ *Plin.* Ajustar, hacer la cuenta.

Adæstuo, ās, āvi, ātum, āre. *n. Estac.* Hincharse, crecer mucho, salir de madre los rios. ‖ Hervir mucho, rebosar hirviendo. ‖ Acalorarse, conmoverse, agitarse, montar en cólera.

Adaggerātus, a, um. *Plin. part. de*

Adaggero, ās, āvi, ātum, āre. *a. Plin.* Amontonar la tierra.

Adāgio, ōnis. *f.* y Adāgium, ii. *n. Varr.* Adagio, proverbio, refran.

Adagnĭtio, ōnis. *f. Tert.* Conocimiento.

Adalligātus, a, um. *Plin. part. de*

Adalligo, ās, āvi, ātum, āre. *a. Plin.* Atar con otro, unir ó enlazar con cuerda á otra cosa.

Adam. V. Adamus.

Adămanteus, a, um. *Ovid.* y

Adămantĭnus, a, um. *Lucr.* Diamantino, lo que es de diamante. ‖ *Hor.* Muy duro. ‖ Incontrastable, inexpugnable, invencible, inflexible.

Adămantis, ĭdis. *f. Plin.* Yerba asi llamada porque con ninguna fuerza se puede quebrar.

Adămas, antis. *m. Plin.* Diamante, piedra preciosa, sumamente dura.

Adămātor, ōris. *m. Tert.* Amador, amante.

Adămātus, a, um. *part. Suet.* Amado, ó muy amado.

Adambŭlo, ās, āvi, ātum, āre. *n. Plaut.* Andar, caminar, acercarse hácia alguna parte.

Adamiāni, ōrum, ó Adamitæ, ōrum. *m. Plur. Isid.* Hereges denominados de Adan, adamianos, que andaban desnudos, imitando su desnudez antes del pecado.

Adămo, ās, āvi, ātum, āre. *a. Cic.* Amar mucho, con pasion, con ternura. ‖ Enamorarse.

Adampliātus, a, um. *Inscr.* Ampliado, amplificado.

Adamplio, ās, āvi, ātum, āre. *a. Inscr.* Ampliar, amplificar, ensanchar.

Adămus, i. *m.* ó Adam, ae. *m. Isid.* Adan, *nombre del primer hombre.* Significa terreno ó tierra roja.

Adămussim. *adv. Varr.* Con cuidado, exactitud.

Adăpĕrio, is, ui, pertum, rīre. *a. Plin.* Abrir del todo. ‖ Descubrir, poner en claro, manifestar. *Adaperire caput. Sen.* Descubrir la cabeza, quitarse el sombrero &c.

Adăpertĭlis. *m. f.* le. *n. Ovid.* Lo que se puede abrir.

Adăpertio, ōnis. *f. Bibl.* Abertura.

Adăpertus, a, um. *part. Liv.* Abierto. ‖ Descubierto.

Adaptātus, a, um. *part. Suet.* Adaptado, ajustado, acomodado.

Adapto, ās, āvi, ātum, āre. *a. Dig.* Adaptar, acomodar, aplicar, igualar una cosa con otra.

† Adăquātus, us. *m.* Abrevadero, sitio donde hay agua para beber el ganado.

Adăquātus, a, um. *part. Plin.* Abrevado, dado de beber, llevado á beber. ‖ Regado, mojado, remojado.

Adăquo, ās, āvi, ātum, āre. *a. Suet.* Abrevar, dar de beber, llevar al agua el ganado. ‖ Regar, remojar, humedecer, rociar. ‖ *Plin.* Hacer provision, proveerse de agua la tropa.

* Adarca, ae. *f.* y Adarce, es. *f. Plin.* Cierta espuma salada, que cubre las yerbas en lugares humedos y pantanosos, donde hay cañas.

† Adăreo, ēs, ui, ēre. *n. Cat.* y

Adaresco, cis, ēre. *n. Cat.* Secarse.

Adăro, ās, āvi, ātum, āre. *a. Plin.* Arar.

Adassint, ó Adaxint. *Plaut.* En lugar de Adigerint ó Adigant. V. Adigo.

Adaucto. V. Adaugeo.

Adauctus, us. *m. Lucr.* Crecimiento, aumento, multiplicacion.

Adauctus, a, um. *part. Lucr.* Aumentado, crecido, multiplicado.

Adaugeo, ēs, adauxi, ctum, gēre. *a. Cic.* Aumentar, multiplicar añadiendo.

Adaugesco, is, ēre. *n. Cic.* Aumentarse.

Adavia por Abavia.

Adavus por Abavus.

Adauxi, *pret. de* Adaugeo.

Adbĭbo, is, bi, bĭtum, ĕre. *a. Ter.* Beber con otro. *Ubi adbibit plus paulo. Ter.* Despues que ha bebido un poco mas de lo que acostumbra. *Adbibe puro pectore verba puer. Hor.* Graba niño en tu corazon estas palabras.

* Adbĭto, is ó ās, āvi, ātum, āre. *n. Plaut.* Acercarse, adelantarse. *Si adbites propius, as denasabit tibi mordicus. Plaut.* Si te acercas un poco mas, te he de arrancar las narices con los dientes.

Adblandior, īris, ītus, sum, īri. *dep. Hor.* Halagar, acariciar.

Adblatĕro, *en lugar de* Blatero.

† Adcensi, *en lugar de* Accensi.

† Adcĕdo. V. Accido.

Adcognosco, is, ōvi, cognĭtum, ĕre. *a. Quint.* Reconocer, confesar.

Adcommŏdo. V. Accommodo.

Adcrēdo. V. Accredo.

Adcresco. V. Accresco.

Adcŭbo, ās. V. Accubo.

Adcŭcurri y Adcurri, *pret. de* Adcurro. V. Accurro.

* Addax, ācios. m. Plin. Nombre de una fiera de Africa de cuernos derechos y arrugados, llamada por otro nombre strepsiaros.

Addĕcet, Addecuit. imp. Plaut. Conviene, corresponde; es decente, justo, decoroso.

† Addĕcĭmo, as, avi, atum, are. a. Bibl. Diezmar, tomar, cobrar el diezmo, la décima, la décima parte.

Addendus, a, um. part. V. Addo.

Addenseo, ēs, sui, sēre. a. Virg. Espesar, apretar, juntar, estrechar una cosa con otra.

Addenso, as, avi, atum, are. a. Plin. Apretar, espesar, condensar, juntar una cosa con otra.

Addico, is, xi, tum, cĕre. a. Cic. Adjudicar, dar, destinar, entregar por via de sentencia. ‖ Vender, poner en venta, poner precio, poner en precio, entregar al que da mas. ‖ Confiscar. ‖ Sujetar, obligar. ‖ Favorecer, aprobar, autorizar (en la ciencia de los agoreros). Addicere sanguinem alicujus. Cic. Vender la vida de alguno, sacrificarle.— Morti. Condenar á muerte. — Ad jusjurandum. Salust. Exigir juramento. — Sententiam suam. Cic. Vender su voto. — Aliquem rebus necessariis. Cic. Convencer con argumentos irresistibles. — Judicem, ó arbitrum. Dig. Dar juez, ó árbitro. — Se operibus naturae. Val. Max. Darse al estudio de las cosas naturales. — Aedes meas alicui. Cic. Vender, ceder mi casa á alguno muy barata. — Aves non addixerunt. Liv. No anunciaron las aves buen agüero.

Addiste. V. Adducte.

Addictio, ōnis. f. Cic. Adjudicacion, el acto de adjudicar por decreto ú sentencia. ‖ Señalamiento de juez.

Addictus, a, um. part. de Addico. Cic. Adjudicado, entregado. ‖ Obligado, sujeto. ‖ Dado, inclinado, dedicado. Addictum tenes. Plaut. Soy muy tuyo. Addicta provincia vastitati. Cic. Provincia expuesta, abandonada al pillage. Addictus judex. Juez nombrado por el pretor. Addicti. Quint. Sujetos como siervos por deudas á los acreedores.

Addisco, is, dĭdĭci, scĕre. a. Cic. Aprender con aplicacion, añadir á lo aprendido.

Addĭtamentum, i. n. Cic. Aditamento, adicion.

Addĭtio, ōnis. f. Quint. El acto de añadir, accesion, añadidura.

Addĭtĭtius, a, um. Cels. Lo que se añade.

Addĭtīvus, a, um. Prisc. V. Addititius.

Addĭtus, a, um. part. de Addo. Añadido, junto. Addita tempore. Tac. Andando el tiempo, con el tiempo. Addita Juno Trojanis. Virg. Juno molesta, enemiga de los troyanos. Succus additus in cava dentium. Plin. Jugo echado en el hueco de los dientes.

Addivinans, tis. com. Plin. El que adivina, adivino.

Addivino. V. Divino.

Addixi. pret. de Addico.

Addo, as, are. en lugar de Do.

Addo, dis, dĭdi, dĭtum, dĕre. a. Cic. Añadir, aumentar, acrecentar alguna cosa. ‖ Adicionar. ‖ Mezclar. Addere gradum. Liv. Doblar, apretar el paso. — Calcaria equo. Hor. Poner piernas, apretar, arrimar, meter las espuelas á un caballo. — Cornua. Hor. Hacer fiero, insolente, soberbio á uno. — Animum. Cic. Dar, aumentar el ánimo, el valor. — Operam. Plaut. Tomarse el trabajo. — Fidem alicui rei. Liv. Confirmar, hacer creible una cosa. — Multum reipub. Salust. Servir de mucho á la república. — Adde, addas huc, adde iis. Liv. Añádase á esto.

Addoceo. V. Doceo.

† Addormio, is, ivi, itum, ire. n. Cels. Dormir en compañía, ó junto á otro.

† Addormisco, is, mivi, mitum, scĕre. n. Suet. Adormecerse, empezar á dormir, á vencerse del sueño. Otros dicen Obdormisco.

Addua, ó Adduas, ae. m. Claud. Ada, rio que nace en los Alpes, y se junta con el Pó. ‖ Ain, rio de Picardía.

Addŭbĭtatio, ōnis. f. La duda.

Addŭbĭtatus, a, um. Dudoso. part. de

Addŭbĭto, as, avi, atum, are. n. Cic. Dudar mucho, estar en incertidumbre, en desconfianza.

Addūco, is, xi, ductum, cĕre. a. Cic. Conducir, llevar, guiar, traer. ‖ Atraer, reducir, meter, poner. ‖ Mover, inducir, persuadir. Adducere ad concordiam. Cic. Reducir á paz, á concordia. In controversiam. Cic. Poner en disputa. — In judicium. Cic. En tela de juicio, citar en juicio, acusar. Adducere frontem. Ovid. ó vultum. Sen. Arrugar la frente. — Avenas. Virg. Tirar las riendas. Arcum. Virg. Tener el arco tirante. Non adducar ut credam. Cic. No me reduciré, no me puedo persuadir á creer. — In invidiam. Cic. Hacer odioso, exponer al odio, á la envidia. Ostium. Petron. Cerrar hácia sí la puerta. — Aliquid in honorem. Cic. Dar á una cosa reputacion.

Adducte. adv. Tac. Servilmente.

Adductius. adv. Tac. Con mas fuerza, mas severidad.

Adductus, a, um. part. de Adduco. Cic. Llevado, conducido. Sermo adductior. Plin. men. Estilo conciso. Adductus pudore. Cic. Contenido de vergüenza.

Adduis, y Adduit. Fest. En lugar de Addideris y Addiderit.

Addūplĭco. V. Duplico.

Adduxi. pret. de Adduco.

Adeda, ae. f. Amposta, ciudad de España en Cataluña.

Adēdo, is, dēdi, esum, dere. a. Virg. Consumir, comérselo todo.

Adēgi. pret. de Adigo.

Adela, ae. f. Adel, ciudad en la costa de Zanguebar.

Adelberga, ae. f. Ciudad de Alemania en el ducado de Vitemberg.

* Adelphades, dum. f. plur. Hermanas.

Adelphides, dum. f. plur. Plin. Especie de palmas ó dátiles.

Adelphi, ōrum. m. plur. Cic. Los dos hermanos, título de una comedia de Terencio.

Adēmi. pret. de Adimo.

Ademptio, ōnis. f. Cic. Despojo privacion.

Ademsit, en lugar de Ademerit. pret. de Adimo.

Ademptor, ōris. m. S. Ag. El que quita.

Ademptus, ó Ademtus, a, um. part. de Adimo. Cic. Quitado, privado, despojado. ‖ Hor. Muerto.

Adena, ae. f. Adena, ó Adana, ciudad en la Natolia.

* Adenes, um. m. plur. Plin. Los lamparones.

Adenum, i. n. Adem, ciudad de la Arabia feliz.

Adeo. adv. Cic. Tanto, de tal manera, en tanto grado, de suerte, de tal modo. Adeo summa erat observatio. Cic. Tan grande era la circunspeccion. Neque adeo. Plaut. Ciertamente, sin duda, sin embargo, con todo eso. Adeo dum, adeo usque dum. Plaut. Hasta que, hasta tanto que.

Adeo, dis, divi, y dii, ditum, dire. a. Cic. Ir hácia alguna parte ó persona, acercarse, llegarse, venir. Adire aliquem. Tac. ó ad aliquem. Cic. Ir á buscar, á visitar á alguno. Per epistolas. Plaut. Escribir, hablar con alguno por cartas. — Scripto. Tac. Hablar á alguno por escrito, por memorial. — Haereditatem. Cic. Aceptar la herencia, tomar posesion de ella. — Precibus vel armis. Tac. Valerse del ruego ó de las armas, de la dulzura ó de la fuerza. — Si quid velit. Cic. Presentarse á uno por si quiere algo, si tiene que mandar. — In jus. Cic. Comparecer en juicio. — Gaudia. Tibul. Entregarse á la alegría. — Inimicitias. Cic. Acarrearse enemistades. Adeuntur pericula. Cic. Se exponen á los peligros. Adi huc. Plaut. Ven acá. — Manum alicui. Plaut. Engañar, burlar á alguno. — Oppida. Sal. Visitar, recorrer las ciudades. Cum sacco adire. adag. Cuando te dieren la vaquilla ó la cochinilla acude con la soguilla. ref.

Adeona, ae. f. S. Ag. Diosa de los gentiles, que presidia á la vuelta ó llegada.

Adeps, dĭpis. com. Colum. Enjundia, sebo, grasa. ‖ Hombre grueso, obeso.

Adeptio, ōnis. f. y

Adeptus, us. m. Paul. Nol. Cic. Adquisicion, logro, el acto de adquirir, conseguir, ganar ó juntar alguna cosa.

Adeptus, a, um. part. de Adipiscor. Tac. El que ha conseguido, obtenido, adquirido, logrado. Tambien se usa en pasiva.

Adēquĭto, as, avi, atum, are. n. Liv. Ir, pasar á caballo hácia alguna parte. Adequitant portae. Plin. Pasando á caballo delante ó cerca de la puerta. Adequitare nostris. Caes. Adelantarse á caballo hácia los nuestros.

Aderbigiana, ae. f. Aderbigum. *Provincia de Persia.*
Adēro. *fut. de* Adsum.
Aderro, ās, āvi, ātum, āre. *a. Estac.* Pasearse, andar de una parte á otra.
Adescātus, a, um. *Cel. Aur.* Criado, mantenido, alimentado.
Ades. V. Adsum.
Adesdum. *imp. de* Adsum. *Ter.* Ven acá.
Adespŏtus, a, um. *Cic.* Lo que está sin señor, sin dueño, sin autor declarado ó conocido.
Adesse. *infinit. de* Adsum.
Adesūrio, is, ivi, ó ii, itum, *n. Plaut.* Tener mucha hambre.
Adēsus, a, um. *part. de* Adedo. *Cic.* Comido, consumido, concluido. || Corroido. || Malbaratado.
Adfābre, y todas las palabras que empiezan por *a*, *d*, *f*, búsquense con dos ff, menos las que se siguen.
Adfiliātus, a, um. *Dig.* Adoptado por hijo, prohijado.
Adfŏre. *fut. de inf. de* Adsum. El que ha ó tiene de estar, de hallarse en un lugar.
Adfractus, a, um. *pret. de* Adfringo.
Adfrēgi. *pret. de* Adfringo.
Adfrēmo, is, mui, mĕre. *n. Val. Flac.* Murmurar, gruñir, hablar entre dientes, refunfuñar, rezungar.
Adfringo, gis, frēgi, fractum, gĕre. *a. Estac.* Romper, quebrar, estrellar una cosa contra otra. || Quebrantar, cascar.
Adfrio, ās, āvi, ātum, āre. *a. Varr.* Majar, machacar, reducir á polvo.
Adfui. *pret. de* Adsum.
Adfulsi. *Flor. pret. de* Adfulgeo. V. Affulgeo.
Adgarrio, is, īre. *n. Ful.* Charlar con otro.
Adgaudeo, ēs, gavīsus sum, ēre. *n. Lact.* Alegrarse, regocijarse con otros.
Adgĕlo, ās, āvi, ātum, āre. *a. Luc.* Helar, aticsar con el frio.
Adgĕmo, is, mui, ĭtum, ĕre. *n. Ovid.* Gemir, llorar, lamentarse con otro, acompañarle en el llanto.
† Adgĕnicŭlor, āris, ātus sum, āri. *dep. Tert.* Arrodillarse, ponerse de rodillas, hincarlas.
Adgĕro. V. en Agg ó Agn *las palabras que comienzan por Adg. y no se hallan aqui.*
Adgŭberno. *Flor.* V. Guberno.
Adhābĭto, ās, āvi, ātum, āre. *n. Plaut.* Vivir cerca, ser, estar vecino.
Adhaec, ó adhoc. *adv. Cic.* Ademas, ademas de esto, á esto se añade.
Adhaereo, ēs, si, sum, ēre. *Cic.* Adherir, arrimarse, llegarse, pegarse, juntarse á otro. || Seguir la opinion, el partido de otro. || Estar cercano, vecino. *Adhaeserunt in me omnia tela. Cic.* Todos los golpes se han asestado sobre, contra mí, han caido sobre mí.
Adhaeresco, cis, scĕre. *n. Plin.* Pegarse, arrimarse, acercarse. || Quedar impreso, estancado, parado. *Adhaerescere egressibus. Tac.* Ponerse al lado de uno cuando sale.
Adhaese. *adv. Gel.* Con detencion.
Adhaesi. *pret. de* Adhaereo.
Adhaesio, ōnis. *f. Cic.* Adhesion, el acto de adherir ó pegarse.
Adhaesus, us. *m. Lucr.* V. Adhaesio.
Adhaesus, a, um. *part. de* Adhaereo. *Lucr.* Pegado.
Adhalo, ās, āvi, ātum, āre. *n. Plin.* Soplar, echar el aliento.
Adhāmo, ās, āvi, ātum, āre. *a. Cic.* Pescar con anzuelo. || Tener á uno cogido, metido en la red.
Adhibeo, ēs, bui, bĭtum, bēre. *a. Cic.* Usar, emplear, servirse, valerse de algo. || Juntar, arrimar, aplicar, acercar, añadir. || Admitir, tomar, recibir. || Tratar bien ó mal. || Hacer ver, parecer, compareccr, presentar, exhibir. || Llamar, invocar. *Adhibere se. Cic.* Portarse, manejarse, conducirse. — *Se in consilium Cic.* Consultarse á sí mismo. — *Religionem. Cic.* Formar escrúpulo. — *Fidem. Corn. Nep.* Obrar con fidelidad. — *Animum. Cic.* Advertir, atender. — *Motus alicui. Cic.* Imprimir, infundir los afectos en alguno. — *Modum. Cic.* Tener moderacion. *Adhibe huc vultus. Ovid.* Vuelve acá la cara, vuelve, mira hácia acá. — *Memoriam. Nep.* Tener, conservar memoria.
Adhĭbĭtio, ōnis. *f. Marc. Emp.* El uso, la accion de usar.
Adhĭbĭtus, a, um. *part. de* Adhibeo. *Cic.* Usado, juntado, aplicado.
Adhinnio, is, ivi, itum, īre. *n. Plaut.* Relinchar cerca. *Adhinnire ad orationem. Cic.* Aprobar, deleitarse con la plática.
Adhorresco, is, rui, cĕre. *n. Ovid.* Horrorizarse.
Adhortāmen, ĭnis, *n. Apul.* y
Adhortātio, ōnis. *f. Cic.* Exortacion.
Adhortātor, ōris. *m. Liv.* Exortador, el que anima, exorta, mueve, incita.
Adhortātus, a, um. *part. Cic.* El que ha exortado. *Prisc.* Exortado, animado.
Adhortātus, us. *m. Apul.* Exortacion.
Adhortor, āris, ātum sum, āri. *dep. Cic.* Exortar, animar, alentar, excitar, incitar, persuadir, aconsejar.
† Adhospĭto, ās, āre. *a. Dict.* Conciliar, hacer amigo.
Adhuc. *adv. Cic.* Hasta ahora, hasta aqui, hasta el presente. || Todavía, aun.
Adiabēna, y Adiabēne, es *f. Plin.* Pais de Siria, hoy Botan.
Adiabēni, ōrum. *m. Plin.* Los pueblos adiabenes.
Adiabēnĭcus, a, um. *Espare.* Sobrenombre del emperador Severo, por haber conquistado el Botan.
Adiabēnus, a, um. V. Adiabeni.
Adjăcens, tis. *com. Tac.* Adyacente, cercano, vecino.
Adjăceo, ēs, cui, ēre. *n. Liv.* Estar cerca, vecino. || Confinar, estar confinante.
* Adianoētus, a, um. *Quint.* Lo misterioso, oculto, ininteligible.
† Adiantum, i. *n. Plin.* Culantrillo de pozo, yerba.
Adiăphŏria, ae. *f. Cic.* Indiferencia.
* Adiăphŏrus, a, um. *Cic.* Indiferente.
Adjēci. *pret. de* Adjicio.
Adjectio, ōnis. *f. Liv.* Adicion, añadidura, aditamento.
Adjectivos, a, um. *Macr.* Adjetivo, nombre que significa la calidad de la cosa. || Lo que se añade.
Adjectus, us. *m. Vitruv.* V. Adjectio.
Adjectus, a, um. *part. de* Adjicio. *Cic.* Añadido. || *Vitruv.* Hincado, clavado.
Adiens, euntis. *part. de* Adeo.
Adigo, is, ēgi, actum, ĕre. *Plin.* Hincar, clavar. || Compeler, obligar, forzar. || Impeler, llevar, empujar. || Lanzar, arrojar, echar. *Adigere ad insaniam. Ter.* Volver á uno loco. — *Ad ó in jusjurandum. Salust.* — *Sacramento. Tac.* Obligar á prestar juramento.
Adii. *pret. de* Adeo.
Adjĭcĭālis, ó Aditialis. *m. f. lĕ. n.* is. *Varr.* Lo suntuoso, magnífico, profuso. *Adjicialis coena. Varr.* Cena suntuosa, opípara. *Adjiciale epulum. Plin.* Convite magnífico, de cumplimiento, de ceremonia.
Adjicio, is, jēci, jectum, cĕre. *a. Cic.* Echar á algun lugar. || *Cic.* Añadir. || Arrimar, aplicar. *Adjicere album calculum. Plin.* Aprobar. — *Expectationem alicui. Quint.* Aumentar la expectacion de alguno. — *Oculos alique. Cic.* Echar, volver los ojos hácia alguna parte.
Adĭmo, is, ēmi, emptum, ĕre. *a. Cic.* Quitar, tomar, separar, apartar. || Usurpar, robar, privar, despojar. *Adimere alicui compedes. Plaut.* Quitar á uno los grillos. — *Aliquem letho. Hor.* Salvar á uno de la muerte.
Adimpleo, ēs, ēvi, ētum, ēre. *a. Plaut.* Llenar, henchir. || Cumplir, acabar con lo que se debe. *Adimplare vicem. Plin.* Hacer sus funciones.
Adimplētio, ōnis. *f. Ter.* Cumplimiento.
† Adimplētor, ōris. *m. S. Ag.* El que llena, cumple.
Adimplētus, a, um. *part. de* Adimpleo. *Jul. Firm.* Lleno, cumplido.
† Adincresco, cis, crēvi, scĕre. *n. Bibl.* Acrecentarse, aumentarse.
Adindo, is, dĭdi, dĭtum, dĕre. *a. Cat.* Meter adentro, introducir.
Adinstar. *adv. Apul.* V. Instar.
† Adinvĕnio, is, ēni, entum, īre. *a.* Inventar, hallar, imaginar, encontrar.
Adinventio, ōnis. *f. Dig.* Invencion, designio.
Adinventus, a, um. *part. Cic.* Hallado, inventado.

Adinvicem. *V.* Invicem.

Adipālis. m. f. lĕ. n. is Craso, gordo. ‖ Abundante, lleno, fornido.

Adipātum, i. n. *Juv.* Vianda crasa, llena de grasa.

Adipātus, a, um. *Cic.* Cosa llena de grasa. *Adipatum dictionis genus. Cic.* Estilo cargado, hinchado, tosco y redundante.

Adipis. genit. de Adeps.

Adipiscor, ĕris, adeptus sum, pisci. *dep. Cic.* Alcanzar, conseguir, obtener. ‖ Adquirir, conquistar, hacerse dueño, señor. ‖ Entender. *Adipisci quemquam Plaut.* Alcanzar á alguno. *Non aetate, verum ingenio adipiscitur sapientia. Plaut.* No por la edad, sino por el talento se adquiere la ciencia.

Adipōsus, a, um. *Plin.* Lo grueso, craso. ‖ Opulento.

\* Adipsos, i. f. Fruto de una palma, que quita la sed. ‖ *Plin.* Orozuz, regaliz ó regaliza.

Aditiālis. m. f. lĕ. n. is. *Plin. V.* Adjcialis.

Aditĭcŭlum, m. y Aditĭcŭlus, i. m. *Fest.* Entrada estrecha.

Aditio, ōnis. f. *Plaut.* Venida, llegada. *Aditio haereditatis. Dig.* Posesion de la herencia.

Adito, ās, ăvi, ātum, āre. n. *freq.* de Adeo. *Plaut.* Ir á visitar muchas veces.

Aditus, us. m. *Cic.* Entrada, la parte ó lugar por donde se entra. ‖ Facilidad de ver ó hablar á alguno, acceso. *Aditum petentibus non dari. Nep.* No dar audiencia. *Obtinere Regis. Just.* Obtener audiencia del rey. — *Ad multitudinem. Cic.* Medio de conciliarse el favor del pueblo.

Aditus, a, um. *part.* de Adeo.

Adivi. *pret.* de Adeo.

Adjŭbeo. *V.* Jubeo.

Adjūdicātio, ōnis. f. *Ulp.* Adjudicacion, el acto de señalar ó consignar el juez algo.

Adjūdico, ās, ăvi, ātum, āre. a. *Cic.* Adjudicar, señalar, consignar alguna cosa á alguno con autoridad de juez, dar, atribuir. ‖ Deliberar, determinar. *Adjudicare sibi. Hor.* Adjudicarse, hacerse dueño, apropiarse.

† Adjŭgātus, a, um. *Plin.* Atado, unido: dícese de las cabezas de las vides ó ramas. ‖ *Lact.* Uncido, ayuntado, puesto al yugo.

Adjŭgo, ās, ăvi, ātum, āre. a. *Col.* Juntar, unir, atar, ligar, amarrar á otra cosa, ayuntar.

Adjŭmentum, i. n. *Cic.* Ayuda, socorro, auxilio, alivio, asistencia, apoyo.

Adjunctim, adv. Juntamente, unida, enlazadamente.

Adjunctio, ōnis. f. *Cic.* Union, enlace, ligazon, ligamento, ligadura, atadura, juntura, adicion. ‖ Alianza, conformidad, relacion, circunstancia, adjunto, agregado, adorno de alguna cosa. ‖ Figura retórica.

Adjunctiōra, rum. n. plur. *Cic.* Circunstancias, adjuntos, agregados.

Adjunctivus, a, um. *Prisc.* Que se añade, subjuntivo.

Adjunctor, ōris. m. *Cic.* El que une ó añade.

Adjunctōrius, a, um. *Cic.* Lo que toca de cerca, ó que es del fondo de otra cosa.

Adjunctum, i. n. *Cic.* Adjunto, circunstancia de cosa ó persona. ‖ Adicion, añadidura.

Adjunctus, a, um. *Cic.* Añadido, junto con otra cosa. *part.* de

Adjungo, is, unxi, unctum, gĕre. a. *Cic.* Juntar, añadir, aplicar, acoplar, atar, unir, ligar, ayuntar. *Adjungere se. Cic.* Hacerse familiar. — *Ad rationes alicujus. Cic.* Unirse á los intereses de otro. — *Sibi auxilium, benevolentiam. Cic.* Conciliarse el auxilio, la benevolencia.

† Adjūrāmentum, i. n. *Bibl.* y

† Adjūrātio, ōnis. f. Juramento, protesta con juramento. ‖ Conjuro, ruego, súplica, exorcismo.

Adjūrātor, ōris. m. *Alc.* El que invoca ó conjura con encantos.

Adjūrātōrius, a, um. *Dig.* Perteneciente al juramento.

Adjūrātus, a, um. *part.* de Adjuro. *Lact.* Rogado con mucha instancia, conjurado.

† Adjurgium, i. n. *Plaut. V.* Jurgium.

† Adjurgo, ās, ăvi, ātum, āre. a. *Plaut. V.* Objurgo.

Adjūro, ās, ăvi, ātum, āre. a. *Ter.* Jurar, prometer, protestar con juramento. ‖ Conjurar, rogar con instancia. *Per omnes tibi adjuro Deos. Ter.* Te juro por todos los dioses.

† Adjūro, en lugar de Adjuvero. *Enn.*

Adjūtābĭlis. m. f. lĕ. n. is. *Plaut.* Auxiliar, lo que da socorro, ayuda, auxilio, amparo.

Adjūtans, ntis. com. *Ter. V.* Adjutabilis.

Adjūto, ās, ăvi, ātum, āre. *freq.* de Adjuvo. *Ter.* Ayudar, auxiliar, asistir, amparar, favorecer, consolar, socorrer. *Adjutare onus alicui. Ter.* Ayudar á alguno á llevar la carga.

Adjūtor, āris, āri. *dep. Lucr.* Ayudar. ‖ Ser ayudado, socorrido &c.

Adjūtor, ōris. m. *Cic.* Ayudador, favorecedor &c. ‖ *Quint.* Ayudante. ‖ Pasante.

Adjūtōrium, ii. n. *Cic.* Ayuda, auxilio, amparo, asistencia, favor, servicio, socorro.

Adjūtrix, icis. f. *Cic.* La que ayuda, asiste, favorecedora.

Adjūtus, us. m. *Macr. V.* Adjumentum.

Adjūtus, a, um. Ayudado, socorrido. *part.* de

Adjŭvo, ās, jŭvi, jūtum, āre. a. *Cic.* Ayudar, asistir, auxiliar, favorecer, servir, socorrer. *Si litteris adjuvaremur. Cic.* Si las letras nos fueran de algun provecho. *Adjuvare insaniam alicujus. Plaut.* Aumentar la locura de alguno.

Adlăbōro, ās, ăvi, ātum, āre. n. *Cic. V.* Allaboro.

† Adlacrĭmo, ās, ăvi, ātum, āre. n. *Apul.* Llorar con otro, llorar mucho.

Adlatro. *V.* Allatro.

Adlăvo, ās, ăvi, ātum, āre. a. *Plaut.* Lavar bien.

Adlectī, ōrum. m. plur. *Fest.* Elegidos, los que de caballeros romanos eran admitidos al órden senatorio.

Adlectio, ōnis. f. *Jul. Cap.* Eleccion, agregacion, asociacion, el acto de pasar del órden de caballeros al de senadores.

Adlectus, a, um. *Suet.* Escogido, elegido, agregado, asociado, nombrado.

Adlĕgo. *V.* Allego.

Adlēnimentum, i. n. *Amian.* Temperamento, mitigacion, aplacamiento.

Adlĕvātus, a, um. *part.* de Adlevo. *Tac.* Aliviado, sostenido, apoyado, socorrido, favorecido.

Adlĕvo. *V.* Allevo.

Adlĭno. *V.* Allino.

† Adlīvescit. *Fest.* Se pone amoratado.

Adlŏcūtio, ōnis. f. *Cic.* Plática, conversacion, conferencia.

† Adlūceo, ēs, cēre. n. *Plaut.* Aclarar, lucir, resplandecer, alumbrar.

† Admando. *Plaut. V.* Mando.

† Admanum. Usado como adv. Á la mano, al pronto.

Admātūro, ās, ăvi, ātum, āre. a. *Cæs.* Adelantar, apresurar, incitar. *Horum discessu admaturari defectionem existimabat. Cæs.* Creia que con la partida de estos se apresuraria la desercion, la revolucion.

Admensus, a, um. *Cat.* Medido. *part.* de

Admētior, īris, mensus sum, īri. *dep. Cic.* Medir. ‖ Repartir, distribuir con medida.

Admētus, i. m. *Ov.* Admeto, rey de Tesalia, cuyos ganados apacentó Apolo, y le alcanzó de las Parcas la inmortalidad, con tal que alguna se ofreciese á la muerte por él. Dicen que se ofreció su muger.

Admĭgro, ās, ăvi, ātum, āre. n. *Plaut.* Juntarse, arrimarse.

Admĭnĭcŭlātor, ōris. m. *Gel.* Ayudador, sostenedor.

Admĭnĭcŭlātus, a, um. *part.* de

Admĭnĭcŭlo, ās, ó Admĭnĭcŭlor, āris. *dep. Cic.* Apuntalar, sostener, apoyar, rodrigar las vides. ‖ *Varr.* Ayudar, socorrer, asistir.

Admĭnĭcŭlum, i. n. *Cic.* Adminículo, rodrigon, estaca, apoyo. ‖ Ayuda, asistencia, socorro.

Admĭnister, tri. m. *Cic.* El que sirve ó se mezcla en algun empleo, como gobernador, ministro, agente, director, encargado de algun negocio ú oficio, oficial, criado.

♭ Admĭnistra, æ. f. *Cic.* Muger de gobierno, la que sirve, criada, sirvienta. ‖ La que suministra su ayuda ó consejo.

Admĭnistrātio, ōnis. f. *Cic.* Administracion, régimen, gobierno, manejo, cargo, direccion de alguna cosa. ‖ Oficio, ministerio. *Administratio portus. Ces.* El uso del puerto.

**Administrativus**, a, um. *Quint.* Lo que pertenece á la administracion, activo. *Ars administrativa. Quint.* El arte de manejar los negocios, administracion.

**Administrator**, oris. m. *Cic.* Administrador, el que rige, gobierna ó beneficia alguna cosa. || Ministro, siervo, criado.

**Administratus**, a, um. *Tac. part. de*

**Administro**, as, avi, atum, are. a. *Ces.* Administrar, manejar, gobernar, disponer, cuidar de alguna cosa. || Servir. *Administrare bellum. Cic.* Tener el mando y direccion de la guerra. || Hacerla.

**Admirabilior**, ius, oris. *comp. de*

**Admirabilis**, m. f. le. n. is. *Cic.* Admirable, maravilloso, digno de admiracion.

**Admirabilitas**, atis. f. *Cic.* La admiracion y maravilla que resulta de alguna cosa.

**Admirabiliter**. adv. *Cic.* Admirable, maravillosa, perfecta, pasmosamente, con admiracion.

**Admirandus**, a, um. *Nep. V. Admirabilis.*

**Admiratio**, onis. f. *Cic.* Admiracion, maravilla, pasmo, estupor. || *Nep.* Veneracion, reverencia, respeto.

**Admirator**, oris. m. *Sen.* El que admira, admirador. || *Quint.* Apreciador, venerador.

**Admiror**, aris, atus sum, ari. dep. *Cic.* Admirar, admirarse, mirar una cosa con pasmo, suspenderse, pasmarse. || Estimar, apreciar mucho.

**Admisceo**, es, cui, istum, cere. a. *Cic.* Mezclar, juntar, unir, incorporar una cosa con otra. *Ne te admisce. Ter.* No te metas en eso. *Admisceri ad consilium. Cic.* Ser admitido al consejo.

**Admissi**. *pret de Admitto.*

**Admissarius**, a, um. *Cic.* Travieso, disoluto. *Admissarius equus. Plin.* Caballo garañon.

**Admissio**, onis. f. *Plin. men.* Admision, el acto de recibir, de dar lugar, introduccion, libertad, facultad de entrar. *Admissionum magister. Amian.* Introductor, el que da ó niega la entrada.

**Admissionalis**, is. m. *Lampr.* El ugier que introduce á la cámara de palacio. || Portero.

**Admissivus**, a, um. *Fest.* Lo que se puede admitir. *Admissivae aves. Fest.* Aves de buen agüero, que le dan ó le admiten.

**Admissor**, oris. m. *Lact.* El delincuente.

**Admissum**, i. n. *Liv.* Crimen, delito, maldad.

**Admissura**, ae. f. *Varr.* La accion de cubrir, de montar, de echar el macho á la hembra.

**Admissus**, a, um. part. de Admitto. *Suet.* Admitido, introducido, recibido. || Incitado, impelido, cometido. *Admisso equo. Ces.* Á rienda suelta.

**Admistio**, onis. f. *Cic.* y **Amistus**, us. m. *Marc.* Mezcla, mistura, incorporacion, mezclamiento y mezcladura. || Turbacion, desórden, confusion.

**Admistus**, a, um. *part. de* Admisceo. *Cic.* Mezclado, misto. || Poco sencillo, doblado, solapado.

**Admitto**, is, missi, missum, ere. *Cic.* Admitir, recibir, dar lugar, entrada. || Aceptar. || Cometer algun delito. || Conceder, permitir, aprobar. || Echar el macho á la hembra. *Admittere jocos. Marc.* Escuchar chanzas. — *Equum in aliquem. Liv.* Apretar el caballo contra alguno. — *Surculum. Plin.* Ingerir, ingertar un árbol. — *Culpam. Cic.* Cometer una falta. — *In se culpam. Plaut.* Tomar la culpa sobre sí. — *Marem foeminae.* Aplicar, hacer que cubra el macho á la hembra. — *Fidem. Claud.* Creer. — *Viam. Claud.* Abrir el camino.

**Admittier** *por* Admitti. *inf. pas. Virg.* Ser admitido.

**Admixtio** &c. *V. Admistio.*

† **Admoderor**, aris, atus sum, ari. dep. *Plaut.* Moderarse, contenerse. *Neque me risu admoderarier. Plaut.* No puedo contener la risa.

**Admodulor**, aris, atus sum, ari. dep. *Claud.* Cantar con otro.

**Admodum**. adv. *Cic.* Ciertamente, verdaderamente, absolutamente. || Del todo. || Muy.

† **Admoenio**, is, ivi, itum, ire. a. *Plaut.* Cercar, rodear con murallas, poner sitio ó cerco á una plaza.

**Admolior**, iris, itus sum, iri. dep. *Plaut.* Esforzarse, empeñarse, no perdonar fatiga ni trabajo. || Fabricar cerca. *Admoliri manus alicui rei. Plaut.* Poner la mano en una cosa.

**Admoneo**, es, ui, itum, ere. a. *Cic.* Amonestar, aconsejar, rogar, advertir, requerir. *Admonemur multa. Cic.* Se nos dan muchos avisos. *Adversae res admonuerunt religionem. Liv.* Las adversidades nos hicieron acordar de la piedad y devocion.

**Admonitio**, onis. f. *Cic.* Aviso, recuerdo, memoria, advertencia. || Amonestacion, admonicion, requerimiento, consejo. || Exortacion. || Represion, correccion. *Admonitio morbi. Plin.* Resentimiento, reliquias de una enfermedad. — *Debitoris. Ulp.* Recuerdo, peticion de la deuda.

**Admonitor**, oris. m. *Cic.* Amonestador, el que aconseja, advierte y amonesta. || *Ovid.* Exortador.

**Admonitorium**, ii. n. *Dig. V. Admonitio.*

**Admonitrix**, icis. f. *Plaut.* Amonestadora, la que amonesta.

**Admonitum**, i. y **Admonitus**, us. m. *V. Admonitio.*

**Admonitus**, a, um. part. de Admoneo. *Cic.* Aconsejado, advertido, requerido. || Reprendido.

**Admonui**. *pret. de Admoneo.*

**Admordeo**, es, di, sum, ere. a. *Plaut.* Morder, roer. || Comer, consumir la hacienda de otro. *Admordere aliquem, ó aliquid ab aliquo. Plaut.* Morder algo á alguno, quitarle algo con halagos ó astucias, chuparle alguna cosa.

**Admorsus**, us. m. *Simac.* Mordedura, mordisco.

**Admorsus**, a, um. part. de Admordeo. *Virg.* Mordido, sacado, arrancado con los dientes.

**Admorunt**. *Virg. en lugar de* Admoverunt.

**Admotio**, onis. f. *Cic.* y

**Admotus**, us. m. *Plin.* Cercanía, aplicacion, arrimo, avecinamiento.

**Admotus**, a, um. *Plin.* Acercado, arrimado. || Movido, conmovido. || Presentado, ofrecido. *Ad publica munera admotus. Suet.* Promovido á los empleos públicos.

**Admoveo**, es, movi, motum, ere. a. *Cic.* Arrimar, acercar, llegar, poner una cosa junto á otra. || Mover, incitar. *Admovere cruciatus. Cic.* Poner á tormento. — *Aurem. Ter.* Prestar, aplicar el oido. — *Manum operi. Curc.* Poner mano á la obra. — *Manus alicui. Liv.* Echar la mano á alguno. — *Preces. Ov.* Suplicar. — *Calcar. Cic.* Arrimar la espuela, apretar los talones. — *Terrorem. Liv.* Intimidar. — *Blanditias. Ov.* Acariciar. — *Ubera. Virg.* Dar de mamar, dar el pecho. — *Aliquem contubernio. Suet.* Recibir á uno en compañía.

**Admugio**, is, ivi, itum, ire. n. *Ov.* Mugir, bramar al oir otros mugidos, corresponder á ellos.

**Admugitus**, us. m. Mugido, bramido que corresponde á otro.

**Admulceo**, es, mulsi, mulsum, ere. a. *Palad.* Halagar tocando, acariciar.

**Admurmuratio**, onis. f. *Cic.* Murmullo, ruido sordo y confuso de los que hablan bajo. || Zumbido. || Aplauso, aprobacion.

**Admurmuro**, as, avi, atum, are. n. *Cic.* Murmurar, susurrar, rezungar, regañar, refunfuñar. || Aplaudir, aprobar con un murmullo sordo y confuso, por lo bajo. *Admurmuratum est. Cic.* Se levantó un murmullo, un confuso ruido.

**Admutilo**, as, avi, atum, are. a. *Plaut.* Mutilar, cortar, cercenar. || Mutilar, rapar, trasquilar, cortar el pelo. || Quitar, estafar, pelar.

**Adnascor**, eris, natus, sum, sci. dep. *Plin.* Nacer ó crecer ó criarse algo en alguna cosa. V. Agnascor.

**Adnati**. V. Agnati.

**Adnato**, as, are. V. Adno.

**Adnavigo**, as, avi, atum, are. n. *Plin.* Ir embarcado, ir por agua á alguna parte.

**Adnecto**, is, exui, nectum, nectare. a. *Cic.* Anudar, enlazar, atar, unir, ligar.

**Adnepos**, otis. m. *Cay. Jct.* Quinto nieto.

**Adneptis**, ptis. f. *Cay. Jct.* Quinta nieta.

**Adnicto**, as, avi, atum, are. n. *Fest.* Guiñar, hacer señas ó guiños.

Adnīsus, a, um. ó Adnixus. *part. de*

Adnītor, ēris, nixus, ó nisus sum, niti. *dep. Cic.* Apoyarse, arrimarse, estribar junto á otro. ‖ Esforzarse. ‖ Ayudar, socorrer, amparar. *Adniti hastis. Virg.* Descansar sobre las armas.

Adno, as, avi, atum, are. *a. Virg.* Nadar á alguna parte, ir, pasar á nado, llegar, abordar, acercarse nadando. *Adnare terras. Varr.* Nadar por llegar á tierra. *Adnare navibus. Liv. — Naves. Ces.* Nadar por llegar á las naves.

Adnōtātio, ōnis. *f. Quint.* Anotacion, observacion, reparo, censura, nota. ‖ Señal, marca. ‖ Apuntamiento.

Adnōtātor, ōris. *m. Plin.* Anotador, el que hace, pone notas, reparos ó apuntamientos.

Adnōto, as, āvi, ātum, āre. *a. Col.* Anotar, observar, notar, reparar, censurar, apuntar. V. *Annoto.*

Adnōtus, a, um. *Suet.* Muy conocido, sabido. *Adnotum est. Suet.* Es cosa sabida.

Adnūbīlo, as, āvi, ātum, āre. *n. Suet.* Anublar, encubrir, ocultar las nubes la luz del sol. ‖ Empañar, oscurecer, manchar, disminuir lo bueno.

Adnūmero. V. *Annumero.*

Adnuncio. V. *Annuncio.*

Adnūto, as, āvi, ātum, āre. *n. freq. de Adnuo, ó Annuo. Plaut.* Hacer señas de sí con la cabeza con frecuencia.

Adnutrio, ire. V. *Nutrio.*

Adnūtum. *adv.* Al gusto, al arbitrio, á la voluntad, al placer de alguno.

Adobriga, ae. *f.* Villa del Conde en Portugal entre Duero y Miño.

Adobruo, is, ui, ūtum, ĕre. *a. Col.* Enterrar, soterrar, cubrir, meter dentro de la tierra. ‖ Recalzar los árboles.

Adōleo, es, lui, ó lēvi, dultum, ēre. *n. Plaut.* Oler mucho, trascender. ‖ Crecer, aumentarse. ‖ Encender, quemar. ‖ Sacrificar. *Verbenas adolere pingues. Virg.* Quemar verbenas frescas. — *Honores. Virg.* Ofrecer víctimas, perfumes en honra de los dioses.

Adōlescens, tis. *m. f. Cic.* Adolescente, jóven, muchacho, mozo, desde 14 años hasta 25 en los hombres, y desde 12 hasta 21 en las mugeres, aunque Ciceron y Salustio dieron este nombre á personas de 35 y 40 años. *Adolescens maribus. Plaut.* Jóven que aun no tiene bien formadas sus costumbres.

Adōlescentia, ae. *f. Cic.* La adolescencia, juventud. Mocedad.

Adōlescentior, ōris. *m. Cic.* Mas jóven. ‖ Mas nuevo, mas moderno, reciente. *Os adolescentioris academiae. Cic.* La desvergüenza de la nueva academia, ó de los nuevos académicos.

Adōlescentior, āris, ātus sum, āri. *dep. Varr.* Vivir, obrar, hacer, portarse como muchacho, con libertad, con poco reparo, con poco miramiento.

Adōlescentūla, ae. *f. Ter.* Jovencita, muchacha, muchachuela, rapaza.

Adōlescentūlus, li. *m. Cic.* Jovencito, muchacho, muchachuelo, rapaz.

Adōlescentūrio, is, īre. *n. Quint.* V. *Adolescentior, aris.*

Adōlesco, is, lui, ó lēvi, dultum, cĕre. *n. Cic.* Crecer, aumentarse, tomar vigor, mayor pie. ‖ Quemar en sacrificio. *Adolescunt ignibus arae. Virg.* Los altares humean con el fuego de los sacrificios. *Ver adolescit. Tac.* Va entrando la primavera.

Adōnai. *indecl. Bibl.* Nombre de Dios, Señor.

Adonia, y Adōnici, ōrum. *n. plur. Amian.* Fiestas de Grecia en honor de Adonis.

Adoneus, i. *m. Plaut.* y

* Adōnis, nĭdis. *m. Ov.* Adonis, hijo de Cinira, rey de Chipre, querido de Venus, y transformado en Anémona. ‖ *Plin.* Cierto pez marino.

Adonium, ii. *n. Plin.* Yerba, especie de abrotano. *Adonium, y Adonicum carmen.* Verso adónico que consta de un pie dáctilo y otro espondeo, como: *Terruit urbem.*

Adōpĕrio, is, ui, ertum, īre. *a. Lact.* Cubrir, ocultar, oscurecer.

Adōpertus, a, um. *part. de Adoperio.*

Adōpinor, āris, ātus sum, āri. *dep. Lucr.* Opinar, discurrir, juzgar, formar, tener opinion.

Adoptātio, ōnis. *f. Gel. en lugar de Adoptio.* Adopcion, el acto de adoptar, de recibir ó admitir por hijo al que lo es de otro.

Adoptātĭtius, a, um. y Adoptatīvus. V. *Adoptivus.*

Adoptātor, ōris. *m. Gel.* Adoptador, el que adopta, prohijador.

Adoptātus, a, um. *part. Cic.* Adoptado. ‖ *Plin.* Elegido, escogido. ‖ Adquirido, apropiado. *Adventus mihi adoptatissimus.* Venida que ha sido para mí del mayor placer.

Adoptio, ōnis. *f. Cic.* Adopcion, el acto de recibir por adopcion, prohijamiento. *Adoptio ramorum. Plin.* La accion de ingerir ó engertar.

Adoptitius, a, um. y Adoptivus, a, um. *Plaut. Cic.* Adoptado, prohijado, recibido por adopcion.

Adopto, as, āvi, ātum, āre. *a. Cic.* Adoptar, prohijar, tomar ó recibir por adopcion. ‖ Elegir, escoger, apropiarse, adquirir, hacer suyo. ‖ Ingerir, engertar. *Adoptare se alicui ordini. Liv.* Agregarse, asociarse, entrar en una sociedad. *— Aliquid. Plin.* Dar su nombre á alguna cosa.

Ador, ōris. *n. Plin.* Escanda, trigo candeal, farro. ‖ La flor de la harina que se ofrecia en sacrificio.

Adōrābĭlis. *m. f. lē. n. is. Apul.* y

Adōrandus, a, um. *Juv.* Digno de ser adorado y reverenciado, adorable.

Adōratio, ōnis. *f. Liv.* Adoracion, veneracion, el acto de adorar y de rogar á Dios. ‖ Ruego, súplica.

† Adōrātor, ōris. *m. Tert.* Adorador.

Adōrātus, a, um. *part. de Adoro. Tert.* Adorado, venerado, reverenciado. ‖ Rogado, suplicado con devocion.

† Adordior. V. *Adorior.*

Adōrea, ae. *f. Plin. Plaut.* Cosecha de mieses. ‖ Farro. Honra, riqueza, opulencia. ‖ Dádiva de mieses, que se daba á los soldados despues de la victoria. ‖ Medida de trigo. ‖ Victoria.

Adōreum, i. *n. Col.* V. *Ador.*

Adōreus, a, um. *Virg.* De escanda, de trigo candeal. *Adorea liba. Virg.* Tortas de la flor de la harina. *Adoreae falces. Varr.* Hoces para segar las mieses.

Adōrior, īris, ēris, ortus sum, īri. *dep. Cic.* Asaltar, atacar, arremeter, acometer, echarse encima. ‖ Tentar, intentar, esforzarse, empeñarse. ‖ Empezar, emprender, ponerse á hacer. *Adoriri aliquem. Ter.* Acometer á uno para hablarle. — *Gladiis, et fustibus. Cic.* Arremeter á uno á cuchilladas y palos. — *A tergo. Salust.* Acometer á uno, cogerle por detras, á traicion.

Adornāte. *adv.* Adornadamente, con adorno, ornato.

Adornātus, a, um. *Tac.* Adornado, hermoseado, ataviado, engalanado, compuesto. ‖ Puesto en órden. *part. de*

Adorno, as, āvi, ātum, āre. *a. Cic.* Adornar, hermosear, ataviar, engalanar. ‖ Componer, poner en órden, disponer, preparar, equipar. ‖ Honrar. *Adornare fragula. Jam. Plaut.* Maquinar alguna treta.

Adōro, as, āvi, ātum, āre. *a. Tac.* Adorar, reverenciar, venerar. ‖ Saludar con humildad, hacer reverencias. ‖ Postrarse, hincarse de rodillas. ‖ Suplicar, orar, rogar humildemente. ‖ *Estac.* Saludar. *Adorare eorum posterorum. Plin.* Admirar, ser admiradores del trabajo de los antiguos.

Adorsus, a, um. *part. de Adorior, en lugar de Adoritus. Ter.* Asaltado, arremetido, atacado. ‖ *Virg.* El que emprende, comienza.

Adortus, a, um. *part. de Adorior.*

Adoscŭlor, āris. V. *Osculor.*

Adpāreo, ēs, ó Adpāro, ās, y Appario, is, ui, ritum, ĕre. *a. Lucr.* Adquirir. ‖ Prevenir, preparar.

Adplēnum. *adv. Hor.* Á manos llenas.

Adplōro, as, āvi, ātum, āre. *n. Sen.* Llorar con ó cerca de otro.

Adpluo, is, ui, ĕre. *n. Plin.* Llover.

Adporrectus, a, um. *part. de Adporrigo. Ovid.* Tendido, extendido, echado, acostado cerca.

Adposco, is, pŏposci, scĕre. *a. Hor.* Pedir, exigir, requerir, pretender con instancia.

† Adpostŭlo, ās. V. *Postulo.*

Adprĕcātus, a, um. *Hor.* El que ha rogado, invocado.

Adprĕcor, āris, ātus sum, āri. y Apprecor. *dep. Hor.*

Rogar, pedir, invocar con instancia.

Adpréhendo, is, di, sum, děre. a. *Just.* Reprender.

Adprětio V. en App. *las palabras que suelen empezar por a, d, p, que no se hallan aqui.*

Adprōmissor, ōris. m. *Ulp.* Caucionero, fiador, garante, el que se obliga, da caucion, fianza por otro.

Adprōmitto, is, misi, missum, ěre. a. *Cic.* Dar, prestar caucion, salir garante, por fiador, responder, obligarse por otro.

Adpugno, ās, āvi, ātum, āre. n. *Tac.* V. Oppugno.

Adrache, es, f. *Plin.* Árbol pequeño silvestre, semejante al madroño.

Adrăda, ae. m. *Tac.* El Oder, *rio de Alemania.* Se dice tambien Adrana y Adranus.

Adrādo, is, si, sum, ěre. *Col.* Raer, raspar, quitar raspando.

Adramytěnus, a, um. *Cic.* Landramitino, de Landramitis.

Adramytium, ii. n. *Plin.* Landramitis, *ciudad á la falda del monte Ida.*

Adrānum, ó Hadrānum, i. n. *Silv.* Aderno, *castillo en Sicilia á las faldas del Mongibelo.*

Adrastia, ae. f. *Virg.* Adrastia, *hija de Júpiter y de la Necesidad;* se llama tambien Nemesis.

Adrastia, ae. f. *Plin.* Pais corto, y ciudad de la Misia.

Adrastis, idis. f. *Estac.* Hija de Adrasto, Deifile, Argia.

Adrastus, i. m. *Virg.* Adrasto, *rey de Argos, llamado Talaoides, porque era hijo de Talaon.*

Adrāsus, a, um. *part.* del Adrado. *Hor.* Raido, raspado.

Adrēmigo, ās, āvi, ātum, āre. a. *Flor.* Remar hácia alguna parte.

Adrēpo, is, psi, tum, pěre. n. *Plin.* Gatear, arrastrarse. || Trepar hácia alguna parte. || Insinuarse, introducirse.

Adreptans, tis. com. *Plin.* El que gatea, el que va arrastrando.

Adrepto. V. Repto.

Adria, ae. f. Atri, *ciudad del reino de Nápoles.* || *Hor.* El mar adriático, el golfo de Venecia.

Adriăcus, a, um. *Properc.* Adriático, del mar adriático, del golfo de Venecia.

Adriānōpŏlis, eos. f. Andrinópolis, *ciudad de Tracia, de Turquía en Europa.*

Adriānum mare. n. *Hor.* y

Adriātĭcum mare. n. *Cat.* El golfo de Venecia, el mar adriático.

Adriensis. m. f. sě. u. is. El natural ó vecino de Atri.

Adrŏdo. V. Adrrodo.

Adrŏmētum, i. n. *Ces.* Adrumeto, *ciudad de África en Berbería, hoy Mahometa.*

† Adrŭmo, ās, āvi, ātum, āre. n. *Fest.* V. Admurmuro.

Adruo, is, ěre. a. *Varr.* Cubrir de tierra, enterrar con el arado. || Amontonar la tierra.

Adscio, is, ivi, itum, ire. a. *Virg.* Hacer venir, llamar, traer, sacar de otra parte. || Admitir, recibir, aprobar. || Asociar, añadir al número.

Adscisco, cis, ěre. a. *Salust.* V. Adscio. *Adsciscere sibi nomen. Cic.* Tomar el nombre. — *Socios. Ces.* Ganar aliados. — *Oppidam. Cic.* Ganar una ciudad. *Adscisci in civitatem. Liv.* ó *á civitate. Cic.* Ser admitido por ciudadano.

Adscitius. *Plaut.* y Adscitus, a, um. *part. de* Adscio. y de Adscisco. *Cic.* Llamado, sacado, traído de otra parte. *Adscitae dapes. Ov.* Manjares exquisitos. *Lepos non adscitus. Nep.* Gracia natural, no afectada. *Adscita proles. Estac.* Hijo adoptivo.

Adscivi. *pret. de* Adscio.

Adscribo, Adscriptor, y sus derivados. V. Ascribo.

Adsellātus, a, um. *Veget.* El que está sentado en la silla, en la secreta. *part.*

† Adsello, ās, āvi, ātum, āre. n. *Veget.* Ir al sillico, á hacer del cuerpo.

† Adsēnesco, escis, ěnui. n. *Tert.* Envejecerse, hacerse viejo.

Adseptum, ti. n. *Apul.* Seto, cercado de palos ó varas entretejidas.

Adsero, ris. V. Assero; *y todas las palabras que suelen empezar por Ads, y no se hallan aqui, se hallaran en Ass.*

Adsěror, sěrěris, situs sum, sěri. *pas. Cat.* Estar sembrado, plantado cerca.

Adsibĭlo, ās, āvi, ātum, āre. n. *Auson.* Silbar cerca, responder con el silbo.

Adsico, ās, āvi, ātum, āre. a. *Col.* Secar, desecar, extraer, enjugar la humedad.

† Adsidēlae, ārum. f. plur. *Fest.* Mesas en que se sentaban los sacerdotes flamines para hacer los sacrificios.

Adsignĭfĭco, ās, āvi, ātum, āre. a. *Varr.* Significar, mostrar, dar á entender.

Adsigneo, ās, āvi, ātum, āre. a. *Pers.* Signar, firmar, suscribir. || Asignar, destinar, diputar, atribuir.

Adsipěre. *Fest.* Saber mucho.

Adsĭtus, a, um. *part. de* Adsero. *Varr.* Sembrado, plantado cerca.

Adspectābĭlis. V. en Asp. *las palabras que empiezan por Adsp, y no se hallan aqui.*

Adspuo, is, pui, pūtum, puěre. a. *Plin.* Escupir, salivar, gargajear hácia ó contra algun lugar.

Adsterno, nis, strāvi, strātum, něre. a. *Ov.* Tender, extender cerca.

Adstĭtuo, is, tui, tūtum, ěre. a. *Hor.* Poner, colocar, disponer, ordenar cerca.

Adsto. V. en Ast ó en Assu *las palabras que suelen escribirse por Adst ó Adssu, que no se hallan aqui.*

Adsum, ădes, adfui, ădesse. *anom. Cic.* Estar presente, hallarse, parecer, dejarse ver. || Asistir, servir, ayudar, socorrer, defender, amparar. || Llegar, venir. || Acercarse, estar cerca. *Adesse animo ó animis. Cic.* Estar atento, oir con atencion, con gusto, pesar, meditar un negocio. || Tener ánimo, valor, estar sobre sí, no temer. || Tener en su corazon, interesarse. — *Judici. Cic.* Ser asesor de un juez. *Adesdum. Ter.* ó *Huc ades. Plaut.* Ven acá. *Adsis mihi. Virg.* Ampárame. — *Ad judicium. Cic.* Comparecer en juicio.

Ad summum. *Cic.* ó *ad summum. Cic.* En suma, en una palabra, á lo umo, á lo mas.

† Adsuspiro, ās, āvi, ātum, āre. n. *Apul.* Suspirar cerca, con otro.

† Adtāmĭno, ās, āvi, ātum, āre. a. *Isid.* Usurpar, quitar. || Ensuciar, manchar, emporcar.

† Adtěger, gra, grum. *Vitruv.* Gastado, disminuido, usado. || Sucio, manchado.

† Adtěgro, ās, āvi, ātum, āre. a. *Fest.* Gastar, disminuir, usar. || Manchar, echar á perder. || Aumentar el vino en los sacrificios.

Adtexo. V. en Att *las palabras que se escriben con Adt.*

Adtonsus, a, um. *part. Plaut.* Cortado, trasquilado, raspado, afeitado.

Adtrěmo, is, ui, ěre. n. *Estac.* Temblar, tiritar de miedo.

Adtubernālis, is. m. *Fest.* Habitador de un edificio de madera.

Aduăbis, is. m. *Ces.* El Doux, *rio de Borgoña la alta, ó Franco Condado.*

Aduăca, ae. f. Aduatĭca Tungrorum. f. *Ces.* Tongres, *ciudad de Lieja.*

Aduatĭci, ōrum. m. plur. *Ces.* Pueblos de la Galia antigua, donde está hoy el condado de Namur, en el Pais Bajo.

Advectio, ōnis. f. *Plin.* Acarreo, acarreio, tragino, la accion de llevar ó trasportar en carros, carretas ó á lomo.

Advectītius, a, um. *Salust.* Lo que se puede acarrear, acarreadizo.

Advectīto, ó Advecto, ās, āvi, ātum, āre. a. *Tac.* Acarrear, conducir, traginar.

Advector, ōris. m. *Plaut.* Acarreador, arriero, carruagero, traginero.

Advectus, us. m. V. Advectio.

Advectus, a, um. *Tac. part. de*

Advěho, is, vexi, vectum, ěre. a. *Cic.* Acarrear, conducir, atraer de cualquier modo.

Advēlĭtatio, ōnis. f. *Plaut.* Escaramuza, pelea de ginetes. || *Fest.* Escarapela, riña, quimera de palabras.

Advēlo, ās, āvi, ātum, āre. a. *Virg.* Cubrir con un velo, ocultar.

Advěna, ae. com. *Tert.* Advenedizo, forastero, estrangero. *Dicese tambien de las aves que van y vienen en di-

**ADV**

*versas estaciones del año.* || *Estac.* Ignorante, bisoño.

**Advenarius, a, um.** *Cic. V. Advena.*

**Adveneror, aris, atus sum. ari.** *dep. Varr.* Venerar, adorar con mucha reverencia.

**Adveniens, tis.** *com. Plin.* El que viene, llega, sobreviene. *Adveniens mare. Plin.* La marejada, las olas, mares. || Flujo y reflujo del mar.

**Advenio, is, veni, ntum, ire.** *n. Cic.* Llegar, sobrevenir.

**Adventitium, ii.** *n. Cic.* Azar, caso fortuito, casualidad. || Ganancia.

**Adventitius, a, um.** *Cic.* Lo advenaticio, no esperado, por acaso, ó de lejos. *Adventitia bona. Cic.* Bienes adventicios, de fortuna. *Adventitius morbus. Cels.* Enfermedad de accidente. *Adventitia coena. Suet.* Cena de bienvenida. *Adventitiae copiae. Cic.* Tropas extrangeras, auxiliares. *Adventitia dos. Ulp.* Dote que viene á la muger no por su padre, sino por otro camino. bienes parafernales.

**Advento, as, avi, atum, are.** *n. freq. Cic.* Acercarse, estar cerca de llegar. *Adventare Parthis. Tac.* Acercarse á los partos. — *Barbaricos pagos. Am.* Acercarse á los pagos de los bárbaros.

**Adventor, oris.** *m. Plaut.* El que viene cerca. || El que asiste de continuo á una parte. || Parroquiano.

**Adventorius, a, um.** *Marc.* Lo que se ofrece ó se da á cualquiera que llega.

**Adventus, us.** *m. Cic.* y **Adventus, i.** *m. Ter.* Llegada, venida, advenimiento.

**Adverbero.** *V. Verbero.*

**Adverbialiter.** *adv. Diom.* Adverbialmente, á modo de adverbio.

**Adverbium, ii.** *n. Gel.* Adverbio, parte de oracion que se junta á otras para modificar su significacion.

**Adverrunco.** *V. Averrunco.*

**Adversa, orum.** *n. Quid.* Adversidades, infortunios, desgracias, malos sucesos, acontecimientos adversos.

**Adversans, tis.** *com. Cic.* Contrario, que resiste, repugna.

**Adversaria, ae.** *f. Cic.* Adversaria, contraria, la que contradice, se opone.

**Adversaria, orum.** *n. plur. Cic.* Libro de memoria, repertorio, prontuario.

**Adversarius, ii.** *m. Cic.* Adversario, enemigo, contrario, opuesto.

**Adversarius, a, um.** *Cic.* Adversario, contrario, opuesto, enemigo.

**Adversatio, onis.** *f. Ter.* Aversion, oposicion, contrariedad, repugnancia, antipatía, enemistad.

**Adversativus, a, um.** *Prisc.* Adversativo. Dícese de algunas conjunciones.

**Adversator, oris.** *m. Apul.* y **Adversatrix, icis.** *f. Ter.* El adversario y adversaria, contrario, contraria, opuesto, opuesta &c.

**Adverse.** *adv. Gel.* Adversamente, contraria, desgraciadamente, con fortuna y suerte contraria. || Contraria, opuestamente; con repugnancia, contrariedad, oposicion.

**Adversio, onis.** *f. Ulp.* Riesgo, peligro. *Adversione emere.* Comprar á su riesgo.

**Adversitas, atis.** *f. Plin.* Adversidad, contrariedad, oposicion.

**Adversitor, oris.** *m. Ter.* El que sale al encuentro, ó va á encontrar á alguno.

**Adverso, as.** *V. Adverto.*

**Adversor, aris, atus sum, ari.** *dep. Cic.* Oponerse, resistir, contradecir. *Adversante natura. Cic.* Contra el órden ó disposiciones de la naturaleza.

**Adversum, i.** *n. Ter.* Adversidad, desgracia, infortunio, fracaso, desdicha, mal suceso, reves de la fortuna.

**Adversum.** *V. Adversus.*

**Adversus, a, um.** *part. Ter.* Contrario, adverso, opuesto, repugnante, enemigo. || El que está enfrente, opuesto. *Adversa manus. Cic.* La palma de la mano. *Adversi dentes. Cic.* Los dientes de adelante. *Adversus rumor. Tac.* Mala fama. *Adverso flumine. Virg. Caes.* Contra la corriente. — *Vultu.* Cara á cara. *Adversa vulnera. Liv.* Heridas en el pecho. *Valetudo adversa. Lib.* Mala salud. *Adversus Musis. Ov.* Con mala voluntad de las musas, con poco talento. *Adverso animo. Tac.* Con indignacion. *Adversus gra-*

**ADU**

*tiae homo. Quint.* Hombre sin gusto, sin cultura.

**Adversus, y Adversum.** *prep. de acus.* Contra, hácia. || Frente, enfrente. || Delante, por delante, para con.

**Adverto, is, ti, sum, ere.** *a. Ter.* Volver, dirigir, encaminar hácia alguna parte. || *Cic.* Advertir, observar, atender, poner cuidado. || Amonestar, avisar. *Advertere agmen urbi. Virg.* Volver el ejército contra la ciudad. — *Aures, oraque ad se. Tac.* Atraerse la atencion de los ojos y de los oidos. — *Animum alicui rei. Tac.* Aplicarse á alguna cosa. — *Animo. Plin.* Pensar seriamente. — *In aliquem. Tac.* Castigar á alguno.

**Advesperascit.** *prae.* ravit, *futuro* rascet, *inf.* rascere. *def. Cic.* Anochece.

**Advexi.** *pret. de Adveho.*

**Advigilantia, ae.** *f. Estac.* Vigilancia, cuidado grande.

**Advigilo, as, avi, atum, are.** *n. Tibul.* Velar, invigilar sobre alguna cosa, desvelarse.

**Advivo, is, xi, ctum, ere.** *n. Ter.* Vivir, tener aun vida.

**Adulans, tis.** *com. Ov.* El que adula, lisonjea, halaga.

**Adulatio, onis.** *f. Cic.* Adulacion, lisonja, alabanza excesiva. || *Cic.* El halago de los perros.

**Adulator, oris.** *m. Cic.* Adulador, lisonjero.

**Adulatorius, a, um.** *Tac.* Lo que huele á adulacion.

† **Adulatrix, icis.** *f. Treb.* Aduladora.

**Adulatus, a, um.** *part. Cic.* El que adula ó es adulado.

**Adulo, as, avi, atum, are.** *a. Lucr.* y

**Adulor, aris, atus sum, ari.** *dep. Cic.* Adular, lisonjear, alabar con exceso. || *Lucr.* Halagar, acariciar. Tambien le usa Cicerón en pasivo.

**Adulter, a, um.** *Ov.* Lo falso, falsificado. *Adultera clavis.* Llave falsa.

**Adulter, eri.** *m.* y **Adultera, ae.** *f. Cic.* El adúltero y la adúltera; él ó la que viola la fidelidad conyugal.

† **Adulterans, tis.** *com.* Adulterante. || El que disfraza, falsifica, corrompe alguna cosa.

**Adulteratio, onis.** *f. Plin.* Adulteracion, el acto de falsear, contrahacer y adulterar alguna cosa.

**Adulterator, oris.** *m. Dig.* Adulterador, falsario, el que contrahace, adultera alguna cosa. *Monetae adulterator. Dig.* Monedero falso.

**Adulteratus, a, um.** *part. de Adultero. Plin.* Falsificado. || Adulterado.

**Adulterinus, a, um.** *Plin.* Adulterino, na. Se dice de los hijos nacidos de adulterio. || *Cic.* Falso, falseado, contrahecho, adulterado.

**Adulterium, ii.** *n. Cic.* Adulterio. || Falsificacion. *V. Adulteratio. Adulteria arborum. Plin.* Engertos de los árboles. — *Mercis. Plin.* Adulteracion de géneros.

**Adultero, as, avi, atum, are.** *a. Suet.* Adulterar, cometer adulterio. || *Cic.* Corromper, viciar, falsificar.

**Adulteror, aris.** *V. Adultero;* alguna vez se usa pasivo.

**Adultus, a, um.** *part. de Adolesco* ó de *Adoleo. Cic.* Adulto, ta. Crecido, llegado á la edad perfecta, robusta y entera. *Adultus sol. Petr.* El sol en su mayor altura. *Adulta virgo. Cic.* Doncella casadera. *Adultus apud ó inter pastores. Just.* Criado entre los pastores hasta la adolescencia. *Urbs adulta. Cic.* Ciudad floreciente. *Eloquentia adulta. Cic.* Elocuencia formada. *Adulta aestas. Tac.* El rigor del estío. — *Nox. Tac.* La media noche. *Adultior. Plin.* Mas grande, mas fuerte.

**Adumbramentum, i.** *n. Lucr.* Sombra, cubierto. || Oscuridad.

**Adumbratim.** *adv. Lucr.* Tosca, grosera, oscuramente.

**Adumbratio, onis.** *f. Vitruv.* Bosquejo, ensayo, dibujo. || Muestra, semejanza, apariencia.

**Adumbratus, a, um.** *part. de Adumbro. Petr.* Sombreado, adornado, cubierto de sombras. || *Cic.* Bosquejado, delineado, trazado. || Falso. *Adumbratus vir. Cic.* Marido supuesto. *Adumbrata laetitia. Tac.* Alegría fingida. — *Intelligentia. Cic.* Falsa sabiduría, tintura.

**Adumbro, as, avi, atum, are.** *a. Colum.* Sombrear, hacer sombra. || Bosquejar, trazar, delinear, dibujar. || Imitar, contrahacer, falsificar. || Copiar, imitar. || Fingir, disimular, cubrir, encubrir, disfrazar, ocultar. *Adumbrare mores. Quint.* Remedar los modales y las costumbres.

† Adūnātio, ōnis. f. *Diom.* Adunacion, junta, congregacion, union, reunion.

Adūnātus, a, um. *part. de* Aduno. *Plin.* Adunado, junto en uno.

Adūncĭtas, ātis. f. *Cic.* Encorvadura, curvatura.

† Adunco, ās, āvi, ātum, āre. *a.* Encorvar.

Aduncus, a, um. *Cic.* Adunco, corvo, encorvado.

Ad unguem. *Hor.* Con toda perfeccion, con la mayor prolijidad.

Adūno, ās, āvi, ātum, āre. *a. Lact.* Adunar, juntar, congregar, unir en uno.

Ad usum. *Curc.* A una, todos, todos sin excepcion.

Advŏcāmentum, i. n. *Plin.* Distraccion, diversion.

Advŏcātio, ōnis. f. *Cic.* Advocacion, abogacía. ‖ Consulta. ‖ Junta de amigos ó parientes. ‖ Recomendacion, proteccion. ‖ El acto de llamar. ‖ Dilacion, término judicial.

Advŏcātor, ōris. m. Lo mismo que

Advŏcātus, i. m. *Cic.* Abogado. ‖ El que asiste al litigante con su consejo, presencia ó de otro modo, lo que era propio de los jurisconsultos.

Advocātus, a, um. *part. de*

Advŏco, ās, āvi, ātum, āre. *Cic. a.* Avocar, avocar, llamar, atraer ó mover hácia sí. ‖ Abogar. *Advocare in consilium. Cic.* Pedir consejo. — *In auxilium. Tac.* Pedir socorro. — *Artes. Cic.* Valerse de sus mañas. — *Animum ad se ipsum. Cic.* Recobrarse.

Advŏlātus, us. m. *Cic.* El vuelo.

Advŏlo, ās, āvi, ātum, āre. *n. Cic.* Volar á alguna parte ó cerca. ‖ Venir corriendo, en diligencia.

Advolvo, is, volvi, volūtum, ĕre. *a. Virg.* Echar á rodar, revolver, volver de una parte á otra. ‖ Amontonar. *pasiv.* Postrarse, echarse á los pies.

Advŏlūtus, a, um. *part. Plin.* Echado á rodar. *Advolutus genibus. Liv.* Echado á los pies, puesto de rodillas.

Advorsitor, ōris. m. *Plaut.* Page, criado que va delante de su señor.

Advorsum. *V.* Adversum.

Advorto. *V.* Adverto.

Adurgens, tis. *com. Hor.* El que persigue, insta, sigue con fuerza, con vehemencia.

Adurgeo, es, adursi, gĕre. *a. Hor.* Instar, apretar, perseguir, obligar, constreñir, dar caza.

Aduro, is, dussi, dustum, rĕre. *a. Virg.* Quemar, encender, inflamar con vehemencia, ó del todo.

Adurum, i. n. *Aire,* ciudad de Francia en Gascuña.

Adusque. *prep. Virg.* Hasta.

Adustio, ōnis. f. *Senec.* Incendio, fuego, quema, inflamacion. ‖ Sequedad demasiada.

Adustus, a, um. *part. de* Aduro. *Plin.* Quemado. *Adustus color. Liv.* Color tostado, moreno.

Adytum, i. n. *Virg.* Sagrario, parte interior del templo. ‖ Santuario donde solo tenian facultad para llegar los sacerdotes de la ley antigua.

## AE

AE. Diptongo que antiguamente se pronunciaba y escribia *ai,* como *Terrai* en lugar de *Terrae.*

AE, es. f. *Val. Flac.* Satabela, isla y ciudad de Colcos, junto al rio Faso. ‖ Doncella amada de este rio, que no pudiendo huir de su violencia, fue convertida por los dioses en una isla de su nombre, hoy Satabela.

Aeācĭdeius, a, um. *Ov.* Lo perteneciente á Eaco.

Aeācĭdes, Idae. m. patronim. de Aeacus, *Virg.* Aquiles, nieto de Eaco, y Pirro, hijo de Aquiles.

Aeācĭdīnus, a, um. *Plaut.* De Aquiles, de Eaco.

Aeācus, ci. m. *Virg.* Eaco, hijo de Júpiter y de Europa ó Egina, tan famoso por su justicia, que le fingieron juez en el infierno con Minos y Radamanto.

Aeaea, ae. f. *Pomp. Mel.* Isla del mar tirreno, donde dice Homero que vivia Circe; hoy creen algunos ser Civitavequia. ‖ Isla del mar sículo, en que dice Columela que vivia Calipso.

Aeacus, a, um. *Virg.* Lo que es de Colcos. *Aeaeae insulae Virg.* La isla de Circe, de Colcos. — *Artes. Aeaea carmina. Ov.* Encantamientos, hechicerías.

Aeas, antis. m. *Pomp. Mel.* Aoo, *rio de Epiro.* ‖ Or. Vayusa, *rio de Macedonia.*

Aeātium, ii. n. *Plin.* Ciudad de Troade.

Aebūra, ae. f. *Liv.* Talavera, *ciudad de España sobre el Tajo.*

Aebutia lex. *Gel.* La ley ebucia con que corrigió el tribuno Eubucio las de las doce tablas.

Aecastor. *adv.* De jurar por Castor, por el templo de Castor. Ciertamente, con toda verdad.

Aecĕre. *adv.* De jurar por el templo de Ceres.

Aedēppl. *adv.* De jurar por el templo de Polux. ‖ Ciertamente, de verdad.

Aedes, ó Aedis, is. f. *Cic.* Templo, iglesia. ‖ Cuarto, pieza de la casa.

Aedes, ium. f. plur. *Cic.* Casa, habitacion. *Aedes inscribere. Ter.* Poner inscripcion en la casa. — *Venales.* Casa de venta. — *Mercede. Plin.* Casa que se alquila. *Ab aedibus esse. Liv.* Tener á su cargo el cuidado de las obras públicas.

Aedĭcŭla, ae. f. *Cic.* Casita. ‖ Capilla, ermita.

Aedĭfĭcātio, ōnis. f. *Cic.* Edificacion, construccion, fábrica, la accion de edificar.

Aedĭfĭcātiuncŭla, ae. f. *Cic.* Edificio, fábrica pequeña.

Aedĭfĭcātor, ōris. m. *Cic.* Edificador, el maestro, arquitecto, ó la persona que fabrica. — *Aedificator mundi. Cic.* El autor de la paturaleza, Dios.

Aedĭfĭcātus, a, um. *part. Plin.* Edificado, construido, fabricado.

Aedĭfĭcium, ii. n. *Cic.* Edificio, fábrica, obra.

Aedĭfĭco, ās, āvi, ātum, āre. *a. Cic.* Edificar, fabricar, hacer, levantar, construir obras, edificios. ‖ *En términos de moral.* Edificar, dar buen ejemplo.

Aedīlis, is. m. *Cic.* Edil, *el magistrado que cuidaba en Roma de los edificios, de la limpieza, de los incendios, de las fiestas, caminos, entierros, provisiones, pesos, medidas y géneros. Aediles curules. Cic.* Ediles curules, nombrados del cuerpo de la nobleza. *Aediles plebis.* Ediles sacados de entre el pueblo.

Aedīlĭtas, ātis. f. *Cic.* Edilidad, dignidad y empleo de los ediles.

Aedīlĭtius, a, um. *Cic.* Perteneciente al edil.

Aedĭtĭmus, i. m. y Aedituus, ui. m. *Cic.* Guarda del templo. ‖ Sacristan.

* Aedon, ōnis. m. *Virg.* Edon, *monte de Tracia,* f. *Petr.* Ruiseñor, ave. ‖ *Sen.* Edone, *muger de Ceto, que hubiendo muerto por equivocacion á su hijo Itilo, fue convertida por lástima de los dioses en ruiseñor.*

Aedōnis, ĭdis. f. *Ovid.* Muger tracia, de Tracia.

Aedŏnius, a, um. *Ov.* Del ruiseñor. ‖ *Sen.* Tracio, de Tracia. ‖ *Luc.* De Edone.

Aedua civitas. *Ces.* El estado de los eduos, hoy *Borgoña en Francia.*

Aedui, ōrum. m. plur. *Ces.* Los eduos, hoy los pueblos de Autun, de Leon, de Macon, de Nevers, que todos se comprendian bajo el nombre de borgoñones. *Flavia,* ó *Livia Aeduorum.* Autun.

Aeetha, ae, ó Aeetes, ae. m. *Virg.* Eetas, *rey de Colcos, padre de Medea, á quien ella robó el vellocino y echó del reino.*

Aeetias, ădis. patronim. f. *Ov.* Medea, hija de Eetas, llamada tambien Aeëtine, es, y Aeëtis, ĭdos.

Aegae, arum. f. plur. Ciudad de Cicilia.

Aegaeon, ōnis. m. *Virg.* Egeon, Briareo, gigante de cien manos, *hijo de Titan y de la Tierra, amarrado por Júpiter con cien cadenas.*

Aegaeum, mare. n. *Plin.* El mar egeo, hoy el Archipiélago, *parte del mediterráneo entre el Asia, Macedonia y Grecia.*

Aegaeus, a, um. *Estac.* Del Archipiélago.

Aegāthos, um. f. plur. *Sil.* Tres islas en el mar de Sicilia junto al cabo Boco, Levenzo, Maretano y Favoñana.

Aeger, gra, grum. *Cic.* Enfermo, accidentado, doliente. ‖ Triste, melancólico, apesadumbrado. *Aeger consilii. Estac.* Pobre, falto de consejo, dudoso. *Aeger anhelitus. Virg.* Dificultad en la respiracion. *Aegrum animum gentre. Luc.* Morir con gran pena. *Aegris oculis aspicere. Tac.* Mirar con malos ojos.

**Aegeria,** ae. f. *Ov.* Egeria, ninfa adorada en la selva Aricia, con quien fingió Numa que tenia sus coloquios de noche sobre los ritos de la religión, para dar mas autoridad á sus leyes.

**Aegesta.** *V. Segesta.*

**Aegestani.** *V. Segestani.*

**Aegerrīme.** adv. *Ov.* Con mucha dificultad, de muy mala gana.

**Aegeus,** i. m. *Ov.* Egeo, *rey de Atenas, padre de Teseo, que teniendolo por muerto á su hijo, se echó en el mar, le dejó su nombre, y fue venerado de los atenienses como dios marino.*

**Aegiăle,** es, ó **Aegialia,** ae. f. *Estac.* Egiale, muger de Diomedes, repudiada por él por sospecha de adulterio.

**Aegialeus,** i. m. Egialeo, hijo de Eetas, hermano de Medea, llamado tambien Absirto.

**Aegialia,** ae. f. *Plin.* Cerigo, isla en el mar de Candia.

**Aegides,** ae. m. *Ov.* Teseo, hijo de Egeo.

**Aegidius,** ii. m. Gil, nombre de hombre.

**Aegilis,** lipis. m. Sitio escarpado.

**Aegilium,** ii. f. *Plin.* La isla del Gillo en el mar de Toscana.

**Aegilops,** opis. f. *Plin.* Fístola lacrimal. || Especie de avena egilope, que nace entre el trigo y le daña. || Especie de cebolla. || Encina, que da excelentes bellotas.

**Aegimūrus,** i. f. Gallita, isla del África en la costa de Berberia en el reino de Tunez.

**Aegīna,** ae. f. *Ov.* Engia, isla de Grecia en el mar egeo. || Egina, hija del rio Asopo, que preñada de Júpiter convertido en fuego parió á Eaco, que dió á la isla el nombre de la madre.

**Aeginensis.** m. f. sē. n. is. *Val. Flac.* }
**Aeginēta,** ae. m. f. *Cic.*                 } De la isla de
**Aeginētīcus,** a, um. *Plin.*               } Engia.

**Aeginēta,** ae. m. *Cic.* y **Aeginētes,** um. m. El y los eginetos.

**Aeginētes,** ia. m. Egineto, rio y ciudad del Asia menor.

**Aeginium,** ii. n. *Plin.* Eginio, castillo de Tesalia junto al rio Aqueloo.

**Aegipan,** anis, ó anos. m. *Mel.* Sátiro con pies de cabra.

**Aegis,** idis. f. *Virg.* La egida, el escudo de Minerva ó Palas hecho de la piel de la cabra Amaltea; en cuyo centro estaba la cabeza de Gorgona ó Medusa llena de serpientes. || Especie de pino incorruptible.

**Aegisōnus,** a, um. *Val. Flac.* Que suena mucho, á modo de la egida de Palas.

**Aegistus,** i. m. *Cic.* Egisto, hijo de Tiestes y de Pelopeya, hija del mismo Tiestes: mató á Agamemnon, ayudado de su muger Clitemnestra; pero á él le dió muerte Orestes, hijo de Agamemnon.

**Aegle,** es. f. *Virg.* Egle, hija de Júpiter y de la ninfa Neera. || Otra, hija de Espero, rey de Italia, que con sus hermanas Aretusa y Aspretusa habitaban los jardines dichos de las Espérides, donde un dragon velando siempre guardaba las manzanas de oro.

**Aeglōga,** ae. f. *Plin.* Egloga, diálogo entre pastores. V. Egloga.

* **Aegocĕros,** ōtis. m. *Luc.* Capricornio, signo celeste. || *Plin.* Mielga yerba, fenogreco, planta donde se crian las alholbas.

* **Aegoletron,** i. f. *Plin.* Yerba venenosa.

**Aegon,** ōnis. m. *Estac.* El mar egeo. || *Fest.* El monte quirinal de Roma. || *Virg.* Nombre de un pastor. *Aeges flumen. Mel.* Rio de Ego, ciudad en Romania junto al estrecho de Galipoli.

**Aegra.** f. de *Aeger.* adj.

**Aegra,** ae. f. *Eger, ciudad de Bohemia.*

**Aegre.** adv. *Cic.* De mala gana, con dificultad, con trabajo, con impaciencia. *Aegre ferre. Cic.* Llevar con impaciencia. — *Mihi est. Ter.* Me es insufrible. — *Quid tibi est?* ¿ De qué te afliges?

**Aegret.** *Lucr.* en lugar de *Aegrescit.*

**Aegresco,** scis, scĕre. n. *Lucr.* Enfermar, andar malo, quebrar de salud, pasarlo mal. || Afligirse, apesadumbrarse. || Empeorar, venir á peor estado. *Aegrescere rebus lae-*

*tis. Estac.* Contristarse de la felicidad.

**Aegrimonia,** ae. f. *Cic.* Tristeza, melancolía, pesadumbre, afliccion, pasion de ánimo. || Enfermedad, dolor.

**Aegritūdo,** inis. f. *Cic. V. Aegrimonia.*

† **Aegror,** ōris. m. *Lucr.* Enfermedad, indisposicion.

**Aegrotātio,** ōnis. f. *Cic.* Enfermedad, indisposicion, dícese del cuerpo como Aegritudo del ánimo.

**Aegrōto,** as, avi, atum, are. n. *Cic.* Estar, caer enfermo, enfermar. *Aegrotat fama. Lucr.* Decae la reputacion. *Aegrotant artes tuae. Plaut.* Estan apagadas tus astucias.

**Aegrōtus,** a, um. *Cic.* Enfermo, indispuesto, accidentado, doliente, débil, falto de salud. *Aegroto, dum anima est, spes est.* adag. Aun hay sol en las bardas. ref. *Nondum omnium dierum sol occidit. Id.*

**Aegrum,** i. n. *Plaut. V. Aegrimonia.*

**Aegyptiācus,** a, um. y **Aegyptius,** a, um. *Cic. Plin.* Egipciano, egipcio, gitano, de Egipto.

**Aegyptus,** i. f. *Cic.* Egipto, reino de África. || Egipto, hijo de Belo, rey de Babilonia. || Otro hijo de Egipto, hermano de Danao.

**Aelis,** ae. f. Jerusalen, *capital de Judea, asi llamada de su restaurador Elio Adriano.*

* **Aelia lex.** *Cic.* La ley elia sobre los agüeros de los comicios.

* **Aelinon.** *Ov.* El cántico con que Apolo lloró la muerte de su hijo Lino.

**Aelius,** y **Aelianus,** a. um. *Cic.* De Elio romano, eliano.

**Aelio,** us. f. *Ov.* Una de las tres arpías, y uno de los perros de Acteon.

**Aelūrus,** i. m. *Geh.* El gato.

**Aemăthia,** ae. f. *V. Emathia.* La Macedonia, provincia de Grecia.

**Aemĭlia,** ae. f. *Marc.* Emilia, provincia de Italia, hoy Romania.

**Aemiliānus,** i. m. *Juv.* Sobrenombre de Publio Escipion africano, hijo adoptivo de Lucio Paulo Emilio.

**Aemilius,** a, um. *Marc.* Natural de Romania. *Aemilia gens. Lis.* Los Emilios, familia romana nobilísima.

**Aemilius Macer.** *Ov.* Emilio Macro, poeta veronense contemporáneo de Virgilio y Ovidio.

**Aemōnia,** ae. f. *Hor.* La Tesalia, provincia de Macedonia, llamada asi del monte Emo.

**Aemōnius,** a, um. *Ov.* Lo que es de Tesalia, de Aquiles, de la mágia, de Jason.

**Aemŭlandus,** a, um. *Plin.* men. Digno de ser imitado.

**Aemŭlātio,** ōnis. f. *Cic.* Emulacion, imitacion, competencia, rivalidad. || Envidia, oposicion, contrariedad.

**Aemŭlator,** ōris. m. *Cic.* Emulador, imitador, competidor. Émulo, envidioso, rival.

**Aemŭlātus,** us. m. *Tac. V. Aemulatio.*

**Aemŭlor,** aris, atus sum. ari. dep. *Cic.* Emular, imitar, seguir el ejemplo bueno de otros, competir, procurar igualarlos. || Sentir mal de uno, contradecirle, repugnar ó reputar por malas sus acciones, tener envidia. *Aemulari cum aliquo. Lip.* Disputar el premio con alguno.

**Aemŭlus,** i. m. *V. Aemulator.*

**Aemŭlus,** a, um. *Ter.* Emulador, imitador, competidor. Rival, envidioso, contrario, enemigo, denigrador. *V. Aemulator. Aemula labra rosae. Marc.* Labios de rosa, cuyo color compite con la rosa.

**Aemus,** ó **Haemus,** i. m. Hemo, rey de Tracia.

**Aemus,** i. m. *V. Haemus.*

**Aenaria,** ae. f. *Plin.* Isquia, isla junto al golfo de Nápoles.

**Aeneădae,** arum, y **Aeneădes,** dum. m. plur. *Virg.* Los descendientes de Eneas.

**Aeneas,** ae. m. *Virg.* Eneas, hijo de Anquises y de Venus, príncipe troyano, nieto y yerno de Priamo.

**Aeneātor,** ōris. m. *Suet.* Trompetero, trompeta, clarinero.

**Aeneădes,** ó **Aenĭdes,** ae. m. *Virg.* Hijo de Eneas, Ascanio.

**Aeneïs,** idis, y idos. f. *Estac.* la Eneida, poema épico famoso de Virgilio.

**Aeneïus,** a, um. *Virg.* de Eneas.

**Aenobarbus,** i. m. Barbaroja.

Aeneolum, i. n. V. Aenulum.

Aeneus, a, um. *Cic.* De alambre, de cobre, de bronce, de laton, de azofar. *Aeneus ut stes. Hor.* Para que se te levante una estatua de bronce de cuerpo entero.

* Aenigma, atis. n. *Cic.* Enigma, acertijo, quisicosa, pregunta, sentencia, cuestion, proposicion oscura, intrincada, dificil.

* Aenigmaticus, a, um. Enigmático, oscuro, dificil.

* Aenigmatistes, ae. *S. Ag.* El que propone enigmas.

* Aenobarbus, i. V. Aeneobarbus.

Aenos, i. f. *Virg.* Eno ó Enio, *ciudad de la Romania.*

Aenulum, y Aenum, i. n. *Fest.* Caldero, caldera de bronce, de cobre.

† Aenus, a, um. *Plaut.* V. Aeneus, a, um.

Aenus, i. f. *Aur. Vict.* Enus, *ciudad de Tracia fundada por Eneas.* ‖ m. *Tac.* Ina, *rio de los grisones.*

Aeolia, ae. f. *Plin.* Eolia, *hoy la isla de Lipari, pedazo de tierra en Sicilia, que se compone de siete islas, Lipari, Vulcano, Estromboli, Salinas, Panari, Felicur y Ustica.*

Aeolia, ae. f. *Plin.* Eolia, *hoy Sarcina, provincia del Asia menor.*

Aeolicus, um. *Plin.* Eolico, *de Eolia.*

Aeolides, is. m. *Virg.* Hijo de Eolo.

Aeolipila, ae. f. *Vitruv.* Eolipila, *instrumento cóncavo de metal, en forma esférica, con un cuellecillo muy angosto, por el que introducida agua, y puesto despues al fuego, arroja un viento muy impetuoso.*

Aeolis, idis. f. *Ov.* Eolide, *provincia del Asia menor.* ‖ Hija de Eolo.

Aeolius, a, um. *Hor.* Perteneciente á Eolo ó á Eolia. *Aeolia puella. Hor.* La poetisa Safo. *Aeolium carmen. Hor.* Verso lírico.

Aeolus, i. m. *Virg.* Eolo, *hijo de Júpiter, rey ó dios de los vientos.*

* Aeon, onis. m. *Tert.* La eternidad.

Aepi, is. n. *Estac.* Ciudad de los mesenios.

Aequabilis. m. f. le. n. is. *Cic.* Igual, ajustado, conveniente. ‖ Parecido, semejante. ‖ Constante, siempre de una manera.

Aequabilitas, atis. f. *Cic.* Igualdad, semejanza, conformidad, proporcion. ‖ Uniformidad, constancia, inmutabilidad, firmeza.

Aequabiliter. adv. *Cic.* Igualmente, con igualdad, uniformidad, sin distincion ni diferencia. ‖ Con justicia, rectitud, igualdad. ‖ Con firmeza, constancia.

Aequaevus, a, um. *Plin.* De la misma edad, contemporáneo, coetáneo.

Aequalis. f. m. le. n. is. *Cic.* Igual, semejante, parecido. ‖ Contemporáneo, coetáneo. ‖ Llano, sin cuestas.

Aequalitas, atis. f. *Plin.* Igualdad, justa proporcion. *Cic.* Semejanza. *Exuere aequalitatem. Tac.* Ensalzarse sobre los otros.

Aequaliter. adv. *Cic.* Igualmente. ‖ Con igualdad, uniformidad, sin distincion ni diferencia.

Aequamentum, i. n. *Varr.* Equilibrio, peso que iguala á otro peso.

Aequana, ae. f. *Sil.* Vico Sorrento, *ciudad en tierra de Labor.*

† Aequanimis. m. f. me. n. is. V. Aequanimus, a, um.

Aequanimitas, atis. f. *Tert.* Igualdad de ánimo, tranquilidad, moderacion, bondad.

† Aequanimiter. adv. *Macrob.* Con igualdad de ánimo, con moderacion, con tranquilidad.

† Aequanimus, a, um. *Auson.* Igual, sabio, prudente, moderado, tranquilo de ánimo.

Aequatio, onis. f. *Cic.* Igualacion.

Aequator, oris. m. *Varr.* Ecuador, *círculo equinoccial, que divide la esfera en dos partes iguales, una hácia el polo ártico, y otra hácia el antártico.*

Aequatus, a, um. part. de Aequo. *Cic.* Igualado, hecho, puesto igual, allanado. *Aequatis viribus. Liv.* Con iguales fuerzas.

Aeque. adv. *Cic.* Igualmente, del mismo modo. ‖ Justamente, con equidad.

Aeque, ac aeque atque. *Cic.* De la misma manera que, lo mismo que, igualmente que, tambien como.

Aequicolae, arum, Aequi, Aequiculi, y Aequiculani, orum. m. plur. *Virg. Liv.* Los ecuos, *pueblos de Italia.*

Aequi bonique facere. *Apul.* Tener, recibir alguna cosa como justa y buena, tomarla en buena parte. ‖ *Liv.* Llevar con igual ánimo, no recibir pena ni cuidado. *Aequi bonique partem dicere. Ter.* Hablar en razon.

Aequicus, a, um. *Liv.* Lo que es de los ecuos.

Aequidialis m. f. le. n. is *Fest.* Equinoccial.

† Aequidici versus. m. plur. *Diom.* Equídico, *verso de miembros iguales aunque opuestos,* v. g. *Alba ligustra cadunt, vaccinia nigra leguntur. Virg.*

† Aequidies, ei. m. y Aequidium, ii. n. *Fest.* El equinoccio, *cuando los dias y las noches son iguales.*

† Aequilanium, ii. n. V. Aequilatium.

† Aequilatatio, onis. f. *Vitruv.* Longitud, largueza, largura igual.

Aequilateralis. m. f. le. n. is. *Censor.* y Aequilaterus, a, um. *Marc. Cap.* y Aequilatus, eris. n. *Auson.* Equilátero, ra, de lados iguales.

† Aequilatium, Aequilotium, Aequilabium, ó Aequilannium, ii. n. *Fest.* Merma, mengua, disminucion de la mitad.

Aequilibratus, a, um. *Ter.* Equilibrado, puesto en equilibrio.

Aequilibris, m. f. bre. n. is. *Vitruv.* Equilibrado, de igual peso. ‖ Equilibre, de igual movimiento.

Aequilibritas, atis. f. *Cic.* Igualdad en peso y altura.

† Aequilibrium, ii. n. *Senec.* Equilibrio, igualdad de peso, de balanza. ‖ *Gel.* Igualdad, compensacion, talion.

Aequimanus, a, um. *Auson.* Ambidestro, *el que usa igualmente de las dos manos.*

Aequimelium, ii. n. *Cic.* Equimelio, *nombre de una plaza de Roma, donde fue arrasada la casa de Espur. Melio.*

Aequinoctialis. m. f. le. n. is. *Plin.* Equinoccial.

Aequinoctium, ii. n. *Cic.* El equinoccio, *igualdad de dias y noches.*

Aequipar, aris. com. *Auson.* Igual, equiparado.

Aequiparabilis. m. f. le. n. is. *Plaut.* Comparable, que se puede poner en paralelo, en comparacion.

Aequiparantia, ae. f. *Tert.* Igualdad, parangon.

Aequiparatio, onis. f. *Gel.* Equiparacion, comparacion, cotejo, paralelo, parangon, semejanza.

Aequiparo, as, avi, atum, are. a. *Cor. Nep.* Equiparar, igualar. ‖ Comparar, conformar, parangonar.

Aequipedus, a, um. *Apul.* De iguales pies.

Aequipollens, entis. com. *Apul.* Equivalente.

Aequipondium, ii. n. *Vitruv.* Contrapeso, igual peso, romana. ‖ Peso.

Aequitas, atis. *Cic.* Equidad, igualdad, justicia, rectitud. ‖ Moderacion, resignacion, tranquilidad de ánimo.

Aequiter. adv. *Liv.* Igualmente.

Aequiternus, a, um. *Mamert.* Igualmente eterno.

Aequivaleo, es, lui, ere. n. *Ovid.* Equivaler, corresponder en estimacion, en valor, en precio, ser equivalente.

† Aequivocum, i. n. Equívoco, voz ó expresion que puede tener diversos sentidos.

† Aequivocus, a, um. Equívoco, lo que puede tener varios y diversos sentidos.

Aequo, as, avi, atum, are. a. *Cic.* Igualar, allanar. ‖ Comparar, confrontar, parangonar. *Arquare solo. Liv.* Asolar, echar por tierra, arrasar. — *Ludum nocti. Virg.* Jugar toda la noche. — *Animum natalibus. Ov.* Corresponder al nacimiento. — *Formas imitamine. Ov.* Representar, copiar al natural.

Aequor, oris. n. *Cic.* Llano, vega, llanura del mar ó del campo. *Conscendere navibus aequor. Virg.* Embarcarse, hacerse á la vela.

Aequoreus, a, um. *Virg.* Marino, na, del mar. *Aequoreum genus. Virg.* Los peces. *Aequoreus Pater. Colum.* El océano. — *Rex. Ov.* Neptuno. ‖ *Lucan.* Aquiles, hijo de Tetis, diosa marina. *Aequorei populi. Ov.* Pueblos rodeados de mar, isleños. — *Proceres. Claud.* Dioses marinos. *Aequoreae puellae.* Las nereidas, ninfas del mar.

Aequum, i. n. *Virg.* Equidad, justicia, igualdad. ‖ *Ter.* Honestidad, decoro. ‖ *Liv.* Llano, llanura, campo raso.

Aequus, a, um. *Cic.* Igual, justo, ajustado. ‖ Llano ‖

Justo, equitativo. *Praesentibus aequus. Hor.* Contento con su estado. *Ex aequo. Liv.* Igualmente. *Non aequo Senatu. Cic.* No estando de su parte el senado. *Aequis oculis aspicere. Virg.* Mirar con buenos ojos. *Injurias gravius aequo habere. Salust.* Sentir las injurias mas de lo que es razon.

Aër, ëris. *m. Cic.* Aire, aliento, soplo, viento. *In aere piscari. Plaut.* Prov. Gastar el tiempo en balde. *Aer summus arboris. Virg.* La copa del árbol. *Aere septus iter. Val. Flac.* Cubierto el camino con una nube, con niebla. *Aerem, sive nebulam diverberare, cum coryco luctari. Adag.* Azotar el aire.

† Aera, ae. *f. Cel. Rodig.* Era, época. ‖ *Plin.* Cizaña, yerba mala.

Aera, um. *n. plur.* de Aes.

† Aerämentärius, ii. *m.* Calderero.

† Aerämentärius, a, um. Lo concerniente al oficio de calderero.

Aerämentum, i. *n. Plin.* Todo lo que se hace de alambre, de azofar.

Aeräria, ae. *f. Plin.* Mina de cobre, lugar donde se trabaja, calderería.

Aerärium, ii. *n. Cic.* Erario, tesoro público, tesorería. ‖ Dinero público. *Aerarium militare. Suet.* Fondo, tesoro para la guerra. *Aerarii praefectus. Tac.* Cuestor, tesorero.— *Tribunus.* Intendente, tesorero de la milicia.

Aerärius, ii. *m. Plin.* Calderero. ‖ Latonero. ‖ Privado del derecho de ciudadano.

Aerärius, a, um. *Plin.* Lo que es de bronce, de cobre, de azofar, de laton, de alambre. *Plin. Aerarius lapis.* Mina, veta de cobre, calamina.— *Quaestor. Tac.* Intendente, tesorero.— *Mergus. Jul. Cap.* Usurero, el que guarda, sepulta el dinero.

Aerätus, a, um. *part.* de Aero. *Cic.* Bronceado, chapeado, adornado, cubierto de bronce. ‖ Hecho de bronce. ‖ *Prop.* Fuerte, impenetrable. *Aeratus homo. Plaut.* Hombre adinerado. ‖ *Cic.* Cargado de deudas.

Aerëdirütus miles. *m. Varr.* Soldado á quien se detiene la paga por castigo.

Aerënervus, i. *m. Firm.* Cuerda música, de alambre.

Aereölum, i. *n. Juv.* Peso de dos granos, la sexta parte de un óbolo.

Aereölus, i. *m. Juv.* Moneda pequeña de cobre.

Aëreus, a, um. *Virg.* Aereo, cosa del aire, que se hace ó vive en el aire.

Aereus, a, um. *Virg.* Lo que es de bronce, de cobre, de alambre, de laton.

Aeria, ae. *f. Marc. Cap.* La diosa Juno, reina del aire.

† Aerïcölum, ii. *n. Gel. V.* Aerificium.

Aerïfer, a, um. *Ovid.* Que lleva ó produce cobre.

Aerïfícium, ii. *n. Varr.* Obra de cobre, bronce ó laton.

Aerïfödina, ae. *f. Varr.* Mina, veta, mineral de cobre.

Aerïneus, ó Aerïnus, a, um. *Plin.* De cizaña. *Aerina farina.* Harina de cizaña. ‖ *Varr.* De bronce.

Aerïpes, ëdis. *com. Ov.* Que tiene pies de bronce. ‖ Ligero como el viento.

Aëris. *gen.* de *Aër.*

Aëris flos. *f.* Cardenillo, ollin de cobre, verdete.

Aerïsönus, a, um. *Varr.* Que suena como el bronce.

Aërïus, a, um. *Cic.* Aereo, del aire. *Aeriae Alpes. Virg.* Los altos, encumbrados Alpes. *Aerias vias carpere. Ov.* Volar. *Aeriae domus. Hor.* Las casas del cielo, las estrellas. *Aerium mel. Virg.* Miel hecha del rocío que cae del aire. *Aereus mons. Virg.* Miseno, monte en tierra de *Labor sobre Nápoles.*

* Aerïzüsa, ae. *f. Plin.* Especie de jaspe azulado, azul celeste.

† Aero, as, avi, atum, are. *a. Prisc.* Broncear, cubrir, adornar, guarnecer de chapas de cobre, chapear.

Aero, önis. *m. Plin.* Cesto, cesta, canasto, canastillo.

* Aeröides, is. *m. f. Plin.* Berilo, *piedra preciosa de color verde.*

Aeröpe, es. *f. Ov.* Erope, *muger de Atreo, que adulteró con su cuñado Tiestes, y tuvo de él dos hijos, que despues fueron muertos por Atreo, y dados á comer á su hermano.*

* Aeröpetes. *com.* Que vuela por los aires, *título del libro sexto de Apicio del condimento de las aves.*

* Aerophägia, ae. *f. Petr.* Comida, guisado de aves.

* Aerophöbus, i. *com. Cel. Aur.* Temeroso del aire.

Aeröpus, i. *m. Liv.* Eropo, *rio de Macedonia.*

Aerösis, is. *f. Gal.* La parte mas aerea de la sangre.

Aerösus, a, um. *Plin.* Abundante de cobre ó bronce. ‖ Mezclado de él. *Aerosus lapis. Plin.* La cazmia ó calamina de que se hace el cobre. *Aerosa pecunia. Dig.* Dinero de mucha liga, de baja ley.

Aerüca, ae. *f. Vitruv.* Moho, orin, herrumbre, cardenillo. ‖ Color verdegai, que se hace de él. ‖ Gorgojo, insecto que corroe el trigo.

Aerügïnätor, öris. *m. Juv.* El que quita el moho del cobre. ‖ Armero, espadero, el que limpia, acicala y bruñe las armas. ‖ El que hace el color verde gris.

Aerügïno, as, avi, atum, are. *n. Bibl.* Cubrirse de orin, de herrumbre.

Aerügïnösus, a, um. *Sen.* Cubierto de orin, de herrumbre.

Aerügo, ïnis. *f. Cic.* El moho, orin, herrumbre del cobre, bronce &c. ‖ *Plin.* Cardenillo. ‖ *Virg.* Niebla que quema el grano de las mieses. ‖ *Plin.* Gorgojo, que roe el grano. ‖ *Hor.* Ambicion, codicia. ‖ *Hor.* Envidia. ‖ El dinero.

Aerum. *gen. plur.* de Aes.

Aerumna, ae. *f. Cic.* Pena, trabajo, fatiga, dolor, sentimiento, pesadumbre, quebranto, afliccion, pesar. ‖ Calamidad, miseria, desgracia, infortunio.

Aerumnäbïlis. *m. f. lë. n. is. Lucr.* y

Aerumnälis. *m. f. lë. n. is. Apul.* Penoso, trabajoso, miserable, calamitoso, lleno de pena &c.

Aerumnätus, a, um. *Plaut.* y

Aerumnösus, a, um. *Cic.* Trabajoso, oprimido de fatigas, de trabajos, afligido, calamitoso.

Aerumnüla, ae. *f. Fest. dim.* Horca, horquilla inventada por Cayo Mario para llevar atadas á ellas las cargas, de donde vino la expresion *muli Mariani.*

Aeruscans, tis. *com. Gel. V.* Aeruscator.

Aeruscätio, önis. *f. Gel.* Fullería, todo género de industria picaresca para sacar dinero.

Aeruscätor, öris. *m. Gel.* Fullero, bribon, el jugador, holgazan, vagabundo, que estafa con trampas y engaños.

Aerusco, as, avi, atum, are. *n. Fest.* Andar á la briba, sacar dinero, estafar con juegos, fullerías, arengas y otras tretas.

Aes, aeris. *n. Plin.* Alambre, cobre, bronce, laton. ‖ Cualquiera cosa hecha de estos metales. ‖ Moneda. ‖ Armas. ‖ Trompeta. ‖ Yelmo. ‖ Estatua. ‖ Espuela. ‖ Quilla del navío. *Aes grave.* Toda moneda que se da al peso. *Signatum.* Moneda sellada.— *Rude.* En pasta, en barras. *Testamentum per aes, et libram. Dig.* Donacion de sus bienes por acto simulado de venta. *Ex aere aliquem ducere. Virg.* Fundir la estatua de alguno en bronce. *Aes conflare. Plin.* Fundir.— *Domare.* Estac. Forjar.— *Alienum. Liv.* Dinero prestado, deuda. *In aere alieno esse. Plin.* Deber, estar adeudado. *Aes alienum contrahere. Cic.— Facere. Liv.— Cogere. Plaut.— Conflare. Salust.* Cargarse de deudas cada vez mas.— *Alienum dissolvere, persolvere. Cic.* Pagar las deudas.— *Alienum meum. Cic.* Mis deudas.— *Circumforaneum. Dig.* Dinero tomado á interes.— *Alienum alicujus suscipere. Cic.* Tomar sobre sí la deuda de otro.— *Alienum donare. Cic.* Perdonar la deuda á alguno. *Aere in meo est. Cic.* Es cosa mia propia, de mis bienes. *Devovere se pro aere alieno. Cic.* Entregarse á sí mismo por la paga de las deudas. *Aere meo me lacessis. Plaut.* Me acometes con mis propias armas, y te he dado armas para matarme.— *Mutare. Colum.* Vender. ‖ *Textile.* Alambre, hilo tirado de metal.— *Ductile. Plin.* Toda especie de metal batido.— *Coronarium. Plin.* Metal batido, forjado á martillo.— *Corinthium. Plin.* Metal corintio, mezcla de cobre y de los mas preciosos metales. — *Caldarium. Plin.* Cobre, azofar, el metal propio para hacer muebles de cocina.— *Cavum. Virg.* Trompeta. — *Recurvum. Luc.* Clarin, bocina. *en plur.*

Aera, rum. *dat. y ablat. Aeribus. Cic. Virg.* Las trompetas. *Aera micantia. Virg.* Armas brillantes. *Spirantia.*

*Virg.* Estatuas de bronce, que parecen animadas. *Unca. Ov.* Anzuelos. *Corybanthia. Virg.* Timbales. *Legum. Cic.* Tablas de bronce en que estaban grabadas las leyes romanas. *Distant aera lupinis. Hor.* Es muy diferente la moneda buena de la falsa; *esto es, hay mucha diferencia de la gente de bien y de mérito á la canalla.*

Aesăcus, i. *m. Ov.* Esaco, *hijo de Priamo y de la ninfa Alijetoe, ó Alejiroe.*

Aesăron, ŏnis. *m. Suet.* El alcotan, ave.

Aesăpius, ó Aesepius, a, um. *Plin.* Propio de Esapo.

Aesăpus, ó Aesēpus, i. *m. Plin.* Rio de Misia, hoy Espiga.

Aesar, ăris. *m. Suet.* Nombre de Dios en la lengua etrusca. ǁ *Ovid.* Rio de Calabria.

Aeschylēus, a, um. *Prop.* Lo que es de Ésquilo poeta.

Aeschylus, i. *m. Hor.* Ésquilo, *poeta trágico ateniense.*

Aeschynes, is. *m. Cic.* Esquines. *Orador ateniense, discípulo de Isócrates, émulo de Demóstenes.*

† Aeschynŏmĕne, es. *f. Plin.* Sensitiva, *planta.*

Aesculānus, y Argentinus. *S. Ag.* El dios del cobre y el de la plata.

Aesculāpius, ii. *m. Cels.* Esculapio, *dios de la medicina, y adorado en figura de una serpiente. Fue hijo de Apolo y de la ninfa Coronide.*

Aesculātor, ŏris. *m.* Charlatan. *V.* Aeruscator.

Aescŭlētum, i. *n. Hor.* Encinar, *el monte de encinas.*

Aescŭleus, a, um. *Plin.* ó Aescŭlīnus, a, um. *Vitruv.* Lo que es de encina.

Aescŭlus, i. *f. Plin.* Una especie de encina.

Aesēpus, i. *m. Plin.* Rio del Asia menor.

Aesernia, ae. *f. Cic.* Isernia, *ciudad de los samnites ó del Abruzo.*

Aesernīni, ōrum. *m. plur. Plin.* y Aesernīnus, a, um. Habitadores de, ó lo perteneciente á la ciudad de Isernia.

Aesernīnus, i. *m. Cic.* Escrnino, *insigne gladiador, émulo de Pacidiano. Estos dieron lugar al prov. latino:* Aeserninus cum Pacidiano, *para comparar dos artífices excelentes.*

Aesia, ae. *m.* Oise, *rio de Francia.*

Aesis, is. *m. Sil.* Esino, *rio de Italia.*

Aeson, ŏnis. *m. Ov.* Eson, *rey de Tesalia, traisformado en jóven de viejo por Medea.*

Aesŏnĭdes, ae. *m. Ov.* Hijo de Eson, Jason.

Aesŏnius, a, um. *Ov.* De Eson.

Aesŏpĭcus, Aesopēus, y Aesopius, a, um. *Fedr.* De Esopo.

Aesŏpus, i. *m. Fedr.* Esopo, *autor de fábulas.* ǁ Esopo, *cómico amigo de Ciceron.*

Aestas, ătis. *f. Cic.* El estío, *una de las cuatro estaciones del año.* ǁ El año. *Duabus aestatibus gesta. Tac.* Los hechos, los sucesos de dos campañas. *Non semper erit aestas. Ipsa dies modo parens, modo noverca. Fluvius non semper fert secures. adag.* Agosto y vendimia no es cada dia. *refr.*

Aestifer, a, um. *Virg.* Que causa grande calor. ǁ *Luc.* Expuesto á grande calor, que se abrasa de calor.

Aestĭmābĭlis. *m. f. le. n. is. Cic.* Estimable, apreciable, digno de estimacion, de aprecio.

Aestĭmātio, ŏnis. *f. Cic.* Estimacion, precio y valor que se da y en que se tasa una cosa. ǁ Aprecio, estima. *In aestimationem accipere. Cic.* Tomar por la tasa.

Aestĭmātor, ŏris. *m. Cic.* Estimador, apreciador, el que pone precio á las cosas. ǁ El que estima, aprecia, alaba y pondera las prendas de alguno. *Immodicus sui aestimator. Curt.* El presumido, que hace demasiada estimacion, que tiene un concepto vano de sí propio.

Aestĭmātōrius, a, um. *Ulp.* Lo que pertenece á la tasa. *Aestimatoria actio. Ulp.* Accion ó proceso por causa de una tasa.

Aestĭmātus, us. *m. Plin. V.* Aestimatio.

Aestĭmātus, a, um. *part. Plin.* Estimado, apreciado, valuado, tasado.

Aestĭmium, ii. *n. Hig. V.* Aestimatio.

Aestĭmo, ās, āvi, ātum, āre. *a. Cic.* Estimar, apreciar, valuar, tasar. ǁ Considerar, reputar, pensar, discurrir, imaginar, hacer concepto y juicio de una cosa. ǁ Hacer aprecio y estimacion. *Aestimare nomina. Cic.* Hacer un avance, liquidar las cuentas, señalar las partidas de deudas. *Magni aestimare. Cic.* Tener en mucho.

Aestiva, ōrum. *n. plur. Cic.* Sitios, lugares donde se pasa el estío. ǁ Campaña, el tiempo que suelen estar acampados los soldados. ǁ Cuarteles, campamento de verano.

Aestivālis. *m. f. le. n. is. V.* Aestivus.

† Aestivātio, ŏnis. *f.* Campaña, el tiempo, en que un ejército está en campaña, la estancia en un parage.

Aestivē. *adv. Plaut.* Como en verano, á la ligera.

Aestivo, ās, āvi, ātum, āre. *n. Suet.* Pasar el estío en alguna parte.

Aestivus, a, um. *Cic.* Lo que es del estío. *Aestivus locus. Cic.* Lugar fresco, á propósito para pasar el estío. *Confectis aestivis. Cic.* Concluida la campaña. *Aura aestiva. Hor.* Aire fresco.

Aestuans, tis. *com. Cic.* Lo que tiene calor, que hierve. ǁ *Cic.* Turbado, agitado, ansioso.

Aestuārium, ii. *n. Ces.* Estuario, el lugar por donde entra y se retira el mar con su flujo y reflujo. ǁ El estero, albufera, laguna, lago. ǁ *Vitruv.* Respiradero por donde exhalan los vapores.

Aestuātio, ŏnis. *f. Plin.* El efecto del calor. ǁ Agitacion, conmocion, ardor, hervor. ǁ Violencia, pasion.

Aestuo, ās, āvi, ātum, āre. *n. Cic.* Tener calor. ǁ Estar perturbado, dudoso, incierto, solícito, cuidadoso. ǁ Bullir, fluctuar, flotar, agitarse.

Aestuŏse. *adv. Hor.* Con ardor, con inquietud.

Aestuŏsus, a, um. *Hor.* Ardiente, caliente, agitado, conmovido, inquieto.

Aestus, us. *m. Cic.* Calor, ardor, hervor, fogosidad. ǁ Agitacion, conmocion, inquietud, alboroto, perturbacion, irresolucion, impetuosidad. *Aestu secundo procedere. Cic.* Caminar con buen viento, con felicidad. *Aestus exaestuare. Lucr.* Hacer salir, exhalar el calor. — *Marit. Cic. Maritimi accedentes et recedentes. Cic.* Flujo y reflujo del mar, marea. — *Mustulentus. Plaut.* Humo, tufo del vino nuevo. — *Gloriae. Cic.* Pasion ardiente por la gloria. — *Consuetudinis. Cic.* Torrente de la costumbre. — *Ingenii. Cic.* Fuego del ingenio.

Aetas, ătis. *f. Cic.* Edad, los años de vida que uno tiene. ǁ Vida, edad de un hombre. ǁ El tiempo. ǁ El año. ǁ Los hombres. *Aetas firmata, confirmata, constans. Cic. Integrans. Tert.* La virilidad, la edad varonil. — *Bona. Cic.* La adolescencia, la juventud. — *Militaris. Liv.* La edad á propósito para la milicia. — *Ingravescens. Cic.* Edad avanzada. — *Decrepita. Plin.* La edad decrépita. *Se usa tambien en acusativo, como adverbio, y significa un siglo, toda la vida. Id aetatis est. Cic.* Está en una edad. *Aetatem agere. Cic.* Pasar la vida.

Aetātŭla, ae. *f. Cic.* La tierna edad, la niñez, la puericia.

Aeternālis. *m. f. le. n. is. Bibl. V.* Aeternus.

Aeternior, ŏris. *m. f. Plin.* Mas durable, que se conserva mas tiempo.

Aeternĭtas, ātis. *f. Cic.* La eternidad, duracion de tiempo sin principio ni fin. ǁ Larga duracion. ǁ Inmortalidad.

Aeterno. *adv. Plin.* Eterna, perpetuamente.

Aeterno, ās, āvi, ātum, āre. *a. Hor.* Eternizar, perpetuar para siempre, inmortalizar.

Aeternum. *adv. Virg.* Eterna, perpetua, continuamente, sin fin, para siempre jamas.

Aeternus, a, um. *Cic.* Eterno, sin principio ni fin, perpetuo, continuo, inmutable.

Aethāle, es, y Aethalia, ae. *f. Plin.* Elba, *isla del mar tirreno.*

Aethalīdes, ae. *m. Val. Flac.* Hijo de Mercurio y de Eupolemia, Laríseo.

Aether, ĕris. *m. Cic.* Eter, el fuego elementar, la esfera del fuego, la region mas alta del aire, la parte mas sutil de él. ǁ El aire, la region del aire. ǁ El cielo. ǁ La luz, el resplandor. ǁ Júpiter, Dios y padre del aire.

Aethĕreus, a, um. *Virg.* ó Aethĕrius, a, um. *Estac.* Etereo, rea, celestial ó del aire. *Aetherea terra. Macrob.* La luna. *Aethereas sedes sperare. Ovid.* Esperar ir al cielo.

Aethĕria, ae. *f.* Etiopia.

Aethĕri, ōrum. *m. plur.* Los etíopes.

**Aethiopia**, ae. f. *Plin.* La Etiopía, *provincia de África, hoy Abisinia.*

**Aethiopicus**, a, um. *Plin.* Lo que es de Etiopía.

**Aethiopis**, idis. f. *Plin.* La etiópide, *yerba parecida en las hojas al gordolobo.*

**Aethiops**, opis. m. *Plin.* Etiope, abisinio, negro. ‖ Negro. ‖ Feo.

**Aethnici**, orum. m. plur. *Cels.* Aire inflamado, globos de fuego que aparecen en el aire.

**Aethon**, ontis. m. *Ov.* Eton, caballo del sol.

**Aethra**, ae. f. *Ov.* Etra, hija del Océano y de Tetis, muger de Atlante, madre de las Pleyades. ‖ Otra hija del rey Piteo, madre de Teseo.

**Aethra**, ae. f. *Virg.* Buen tiempo, claro y sereno.

**Aethrea**, ae. f. Isla de Rodas.

**Aetia**, n. plur. *Marc.* Título de un poema de Calímaco, al cual llama Propercio *somnia Calimachi.* Contiene las causas de las cosas sagradas al modo de los Fastos de Ovidio.

† **Aetiologia**, ae. f. *Quint.* Etiología, *proposicion para dar razon de otra antecedente.*

† **Aetites**, ae, ó itis. m. *Plin.* Etites, *piedra del águila que al menearla suena otra dentro de ella.*

**Aetna**, ae. y **Aethne**, es. f. *Cic.* Etna, Mongibelo, *monte de Sicilia que arroja fuego.*

**Aetnaeus**, a, um. *Cic.* Del Etna, ó que se le parece. *Aetnaei fratres.* Virg. Los ciclopes que habitaban este monte.

**Aetnensis**. m. f. sě. n. is. *Plin.* Los habitadores ó naturales de las cercanías del monte Etna.

**Aetolia**, ae. f. *Cic.* Etolia, *provincia de Acaya en Grecia, hoy Arthinia, Lepanto, Despotato.*

**Aetoli**, orum. m. plur. *Cic.* Los étolos, lepantinos.

**Aetolicus**, **Aetolius**, y **Aetolus**, a, um. *Cic.* de Etolia.

**Aetolus**, i. m. *Plin.* Etolo, *hijo de Marte, que dió nombre á la Etolia.*

**Aevates**, um. m. plur. *Caes.* Los suizos.

**Aevitas**, atis. f. *Cic.* Edad. ‖ *Gel.* Vejez.

**Aeviternus**, a, um. *Varr.* V. *Aeternus.*

**Aevum**, i. n. *Cic.* Tiempo largo, edad, vida, siglo. ‖ Perpetuidad. *Aevo confectus. Virg.* Consumido de vejez. *Ab aevo condito. Plin. Ab aeterno.* Desde la eternidad.

## AF

**Afer**, fri. m. *Virg.* Africano.

**Afer**, fra, rum. *Hor.* Africano, de África.

**Affaber** y **Adfaber**, bra, um. *Fest.* Hecho con artificio, destreza y maestría. ‖ Ingenioso, artificioso.

**Affabilis**. m. f. lě. n. is. *Cic.* Afable, agradable, amoroso, blando, benigno, cortés en su trato.

**Affabilissime**, adv. *Gel.* Afabilísimamente, con mucha afabilidad y cortesía.

**Affabilitas**, atis. f. *Cic.* Afabilidad, cortesía, agrado, dulzura en el trato.

**Affabiliter**, adv. *Macrob.* Afable, agradable, cortesmente, con apacibilidad en el trato.

**Affabre**, adv. *Cic.* Artificiosa, diestramente, con maestría, con artificio, con delicadeza.

† **Affabulatio**, onis. f. *Cels.* Moralidad, interpretacion, explicacion de una fábula.

† **Affamen**, inis. n. *Apul.* Plática, conversacion, coloquio con alguno, avocamiento, discurso.

† **Affaniae**, arum. f. plur. *Apul.* Charlatanería, paris, cuentos de cosas vanas y frívolas, chanzas.

**Affatim**, adv. *Cic.* Abundante, copiosa, superabundantemente, bastante.

**Affatus**, a, um. part. de *Affor. Hor.* El que ha hablado. ‖ *Apul.* Hablado.

**Affatus**, us. m. *Virg.* Plática, coloquio, conversacion. *Affeci. pret. de Afficio.*

**Affectate**. adv. Afectadamente, con afectacion, con estudio, con diligencia y curiosidad estudiada.

**Affectatio**, onis. f. *Quint.* Afectacion, cuidado, estudio demasiado. ‖ *Plin.* Pasion, ansia, codicia, deseo inmoderado de alguna cosa.

**Affectato**. adv. *Lampr.* Afectadamente.

**Affectator**, oris. m. *Quint.* Afectador, el que pone demasiado cuidado y esmero en sus obras y palabras. ‖ *Flor.* El que desea con ansia alguna cosa.

**Affectatrix**, icis. f. *Ter.* La que afecta ó desea con ansia.

**Affectatus**, a, um. *Suet.* Afectado, deseado, pretendido con pasion, con ansia. ‖ *Plin.* Estudiado, hecho con demasiado y vicioso cuidado.

**Affecte**. adv. *Ter.* Afectuosamente, con afecto ó pasion.

**Affectio**, onis. f. *Cic.* Afeccion, afecto, inclinacion, pasion, movimiento, disposicion, propension del ánimo. ‖ Aficion, amor. ‖ Voluntad. *Affectio firma corporis. Cic.* Buena constitucion, complexion del cuerpo. — *Astrorum. Cic.* Influencia, impresion de los astros.

**Affectiose**. adv. V. *Affectuose.*

**Affectiosus**, a, um. V. *Affectuosus.*

**Affecto**, as, avi, atum, are. a. *Cic.* Afectar, desear, pretender, querer con ansia. ‖ Poner demasiado cuidado, estudio y arte. *Affectare aliquem damnis. Plaut.* Hacer daño á alguno. — *Viam ad aliquem. Ter.* Buscar con ansia el camino de introducirse con alguno. — *Diligentiam. Plin.* Poner toda diligencia.

**Affectuose**. adv. *Cassiod.* Afectuosa, amorosamente, con voluntad y afecto.

**Affectuosus**, a, um. *Macrob.* Afectuoso, amoroso, afable, cariñoso.

**Affectus**, us. m. *Ov.* Afecto, pasion, inclinacion, movimiento del ánimo bueno ó malo. ‖ Deseo, codicia, ansia. ‖ Amor. ‖ Voluntad. ‖ Enfermedad, indisposicion. *Affectu tacite laetari. Ov.* Alegrarse dentro de sí mismo.

**Affectus**, a, um. part. de *Afficio. Cic.* Afecto, movido, agitado, inclinado, dispuesto, animado. ‖ Afligido, indispuesto, maltratado, enfermo. ‖ Multado, castigado. ‖ Debilitado, quebrantado, disminuido. ‖ Casi concluido. *Affectus animus virtutibus. Cic.* Ánimo dotado de buenas prendas, de virtudes. — *Praemiis. Cic.* Premiado, lleno de recompensas. *Affecta aetas. Cic.* Edad muy avanzada. *Affecta aestate. Cic.* Inclinado ya, casi pasado el estío.

**Affectus**, uum. m. plur. *Apul.* Los frutos del amor conyugal, los hijos.

**Affero**, affers, attuli, allatum, afferre. a. *Cic.* Traer, llevar. ‖ Alegar, dar causas, razones. ‖ Anunciar, hacer saber. ‖ Aprovechar, ayudar, favorecer. ‖ Producir, llevar, criar. *Afferre vim. Cic.* Hacer fuerza, obligar. — *Manus sibi. Cic.* Darse muerte. — *Quaestionem. Cic.* Proponer una duda, una cuestion. — *Compertum. Liv.* Contar por seguro. — *In medium. Cic.* Comunicar. *Afferunt, affertur. Cic.* Se dice, dicen. *Attulit aes alienum mihi haec res. Cic.* Este negocio me ha hecho empeñar, contraer deudas. *Nihil afferunt. Cic.* Nada alegan, no sirve lo que dicen.

**Affibula**. V. *Fibulo.*

**Afficio**, is, eci, ectum, icere. a. *Cic.* Mover, hacer impresion, excitar, causar alguna pasion ó alteracion por buena ó por mala parte. ‖ Dar, añadir, aumentar, honrar. ‖ Tratar bien ó mal. *Afficere dolore. Cic.* Dar sentimiento, afligir. — *Delectatione. Cic.* Alegar. — *In diversum. Tac.* Ocasionar diversos sentimientos, afectos. *Labor, fames, sitisque corpora afficiunt. Liv.* El trabajo, el hambre y la sed debilitan los cuerpos, los hacen enfermar.

**Afficticius**, a, um. *Varr.* Añadido, junto, perteneciente. ‖ Fingido ó contrahecho.

**Affictus**, a, um. part. de *Affingo* y de *Affigo. Cic.* Añadido, junto, unido. ‖ Fingido, simulado, imitado.

**Affigo**, is, xi, xum, ó ctum, gěre. a. *Liv.* Afijar, fijar, hincar, clavar. ‖ Imprimir, grabar, inculcar. ‖ Poner, aplicar. *Affigere literam ad caput. Cic.* Imprimir una letra en la frente con un yerro caliente, *castigo de los falsos acusadores.* — *Cruci. Liv.* Ahorcar. ‖ Crucificar.

**Affingo**, is, xi, ctum, gěre. *Cic.* Formar, figurar, añadir. ‖ Fingir, suponer, contrahacer, forjar, inventar á su gusto. ‖ Atribuir, adaptar, dar, poner, añadir. *Affingere crimen. Tac.* Imputar un delito. — *Hominum mores. Cic.* Acomodarse á imitar las costumbres, las maneras de los hombres.

**Affinis**. m. f. ně. n. is. *Salust.* Vecino, confinante, cercano, inmediato. ‖ Compañero, cómplice, participante. ‖ Afin, pariente, deudo por casamiento.

## AFF

Affinĭtas, ātis. *f. Varr.* Vecindad, cercanía, inmediacion. ‖ Afinidad, parentesco, deudo. ‖ Semejanza.

Affinxi. *pret. de* Affingo.

Affirmanter. *adv. Gel.* Lo mismo que

Affirmāte. *adv. Cic.* Afirmativa, cierta, positivamente, con seguridad, con aseveracion.

Affirmātio, ōnis. *f. Cic.* Afirmacion, aseveracion. ‖ Seguridad, certidumbre, protestacion.

Affirmātor, ōris. *m. Ulp.* Afirmador, el que asegura y afirma con esfuerzo.

Affirmātus, a, um. *Cic.* Afirmado, confirmado, asegurado.

Affirmo, ās, āvi, ātum, āre. *a. Cic.* Afirmar, asegurar, confirmar, aseverar, certificar.

Affixi. *pret. de* Affigo.

Affixio, ōnis. *f. Marc. Cap.* La accion de afijar, de unir una cosa con otra.

Affixus, a, um. *part. de* Affigo. *Cic.* Afijado, fijado, hincado.

Afflagrans, antis. *com. Amian.* Perturbado, calamitoso, afligido, lleno de turbacion.

Afflātor, ōris. *m. Tert.* El que sopla.

Afflātus, us. *m. Tert.* El aliento, soplo, viento, exhalacion, respiracion del aire. ‖ Inspiracion, entusiasmo, espíritu.

Afflatus, a, um. *part. de* Afflo. *Suet.* Tocado del soplo, de la respiracion, del viento. ‖ Inspirado. *Afflatus peste. Sil. Ital.* Tocado de la peste.—*Numine. Virg.* Inspirado del cielo.—*Incendio. Liv.* Abrasado.

Affleo, ēs, ēvi, ētum, ēre. *n. Plaut.* Llorar, gemir, suspirar, lamentarse mucho con otro.

Afflictātio, ōnis. *f. Cic.* Afliccion, tormento, trabajo.

Afflictātor, ōris. *m. Ter.* El que aflige y da pena.

Afflictātus, a, um. *Suet.* Afligido, atormentado, molestado.

Afflictio, ōnis. *f. Cic.* Afliccion, desconsuelo, ahogo, pena, opresion, congoja, tormento, angustia, pesadumbre, inquietud, trabajo.

Afflicto, ās, āvi, ātum, āre. *a. freq. Cic.* Afligir, desconsolar, atormentar, dar pena angustia, sentimiento, congoja, &c. ‖ Abatir, deprimir, maltratar, destruir, desolar, arruinar.

Afflictor, ōris. *m. Cic.* El que aflige &c.

Afflictus, us. *m. Apul.* Choque, colision de una cosa con otra. ‖ Postracion, abatimiento.

Afflictus, a, um. *Cic.* Afligido, desconsolado, angustiado, lleno de pena y sentimiento. ‖ Maltratado, agitado, arruinado, perdido. *part. de*

Affligo, is, xi, ctum, gĕre. *a. Cic.* Afligir, desconsolar, atormentar, oprimir, ocasionar angustia, dar pena. ‖ Arruinar, abatir, destruir, romper, estrellar.

Afflo, ās, āvi, ātum, āre. *n. Virg.* Soplar, echar el aliento, la respiracion. ‖ *Plin.* Herir soplando. ‖ *Cic.* Exhalar. ‖ *Tib.* Favorecer. *Afflari Divino spiritu. Cic.* Ser inspirado de Dios.—*A serpentibus. Col.* Ser silvado por las culebras. *Afflat vittas anhelitus oris. Ov.* El aliento marchita los ramilletes de flores.

Affluens, entis. *com. Vitruv.* Afluente, abundante, lleno. *Affluens omni scelere. Cic.* Lleno de todo género de maldad.—*Vestitu. Fedr.* El que lleva el vestido ancho, pomposo.

Affluenter, Affluentius. *adv. Cic.* Abundantemente, con afluencia, copiosamente.

Affluentia, ae. *f. Plin.* Afluencia, copia de materia líquida ‖ *Cic.* Abundancia, copia, concurso, muchedumbre.

Affluo, is, xi, xum, ĕre. *n. Plin.* Correr lo líquido. ‖ *Liv.* Concurrir, acudir, venir, llegar por todas partes. ‖ Abundar.

Affŏdio, is, ōdi, ossum, ĕre. *a. Plin.* Cavar, cerca, ahondar, profundar.

Affor, que no se usa en la primera persona, āris, ātus sum, āri. *dep. Cic.* Hablar, platicar, conversar con alguno.—*Extremum. Virg.* Decir, dar el último adios, el último vale.

Affŏre, *en lugar de* Adfuturum esse, ó adesse. *infin. de* Adsum.

Afformīdo, ās, āvi, ātum, āre. *n. Plaut.* Tener mucho miedo.

## AGA

† Affrango, is, ēgi, actum, ĕre. *a. Estac.* Romper, quebrar, estrellar una cosa contra otra.

† Affrĕmo, is, mui, ĕre. *n. Sil. Ital.* Hacer un ruido como de bramido.

Affrico, ās, āvi, ātum, āre. *a. Plin.* Frotar, fricar, flotar, estregar una cosa con otra.

Affrictio, ōnis. *f.* y

Affrictus, us. *m. Plin.* Flotadura, fricacion, fregacion, friega, el acto de flotar ó estregar.

† Affrio, ās, āvi, ātum, āre. *n. Varr.* Desmenuzar, desmigajar, reducir á muy pequeñas partes, á polvo.

Affudi. *pret. de* Affundo.

Affui, Affuturus. *V.* Adsum.

Affulgeo, ēs, xi, ĕre. *n. Sil. Ital.* Aparecer, resplandeciendo, reluciendo, brillando. ‖ Mostrarse favorable.

Affundo, is, ūdi, ūsum, ĕre. *a. Plin.* Echar, infundir, derramar en otra cosa. ‖ Extender. *Affundere alicui vim. Plin.* Infundir fuerza á alguno.

Affūsio, ōnis. *f. Pal.* Aspersion, la accion de rociar, regar.

Affūsus, a, um. *part. de* Affundo. *Tac.* Infundido, echado, derramado. *Cleopatra affusa genibus Caesaris. Flor.* Cleopatra arrojada á los pies de César.

Afŏris. *adv. en lugar de* A foris. *Plaut.* De fuera.

Afra. *f. de* Afer. *adj.*

Afrania, ae. *f. Val. Max.* Afrania, muger del senador Licinio Bucion, que dejado aparte el pudor femenil trataba por sí las causas, y hablaba á los jueces con tal descaro, que dejó su nombre por proverbio de una muger descarada.

Afranius. *L. m. Cic.* Lucio Afranio, poeta latino, escritor de comedias togadas.

Africa, ae. *f. Plin.* El África, una de las cuatro partes del mundo.

Africānus, a, um. *Cic.* Natural de África, africano.

Africus, i. *m. Ces.* Viento del sudueste en el océano, y lebeche en el mediterráneo.

Africus, a, um. *Hor.* De Africa, africano.

Afrum. *n. de* Afer. *adj.*

## AG

† Agallochum, chi. *n. Diosc.* Aloe, árbol. ‖ Planta llamada zabila.

Agamemno, ōnis. *m. Hor.* Agamemnon, rey de Micenas, supremo gefe de los griegos en el cerco de Troya, que de vuelta fue muerto en su casa por su muger Clitemnestra y el adúltero Egisto.

Agamemnŏnīdes, ae. *m. Juv.* Hijo ó nieto de Agamomnon, Orestes.

Agamemnŏnius, a, um. *Virg.* De Agamemnon.

* Agămus, i. *m. S. Ger.* El celibato, célibe, el que vive sin muger.

Agănippe, ēs. *Virg.* ó

Agănippēus, a, um. *Prop.* Cosa de la fuente Aganipe, de Hipocrene, sobrenombre de las musas.

Agănippia, ĭdis. *f. Ov.* La fuente Aganipe ó Hipocrene, del monte Helicon, consagrada á Apolo y á las musas.

* Agăpe, es. *f. Ter.* Amor, benevolencia. ‖ Convite de amistad entre los cristianos de la primitiva iglesia. ‖ Convite en honor de los mártires y de otras solemnidades.

* Agăpēte, ōrum. *m. plur. S. Ger.* Amados. Llámanse así ciertos clérigos que en lo antiguo vivian en compañía de mugeres con poca honestidad, y con pretexto de piedad y caridad cristiana, condenados por los concilios y los padres.

* Agarĭcum, i. *n. Plin.* Agarico, especie de hongo que nace en el tronco del árbol larice.

* Agarra, ātis. *n. Marc. Cap.* Estatua.

Agāso, ōnis. *m. Liv.* Palafrenero. ‖ Alquilador de caballerías. ‖ Mozo de mulas, de caballos. ‖ Conductor de asnos. ‖ *Hor.* Siervo vil.

Agătha, ae. *f.* Agde, *ciudad de Francia en el bajo Lenguadoc.*

Agătha, ae. *f. Ecles.* Agueda, *nombre de muger.*

Agătha, insula. *f.* Magalona, *isla de Lenguadoc.*

**Agathianas y Agathyrna**, ae. f. *Liv.* Agatirna, *ciudad y promontorio de Sicilia, hoy campo de san Martin y campo de Orleans.*

**Agathŏcles**, is, y eos. m. *Auson.* Agatocles, *tirano de Sicilia.*

**Agathŏclēus**, a, um. *Just.* De Agatocles.

\* **Agathodaemon**, ŏnis. m. *Lampr.* El buen genio, *nombre con que los fenicios y egipcios adoraban las serpientes.*

**Agathŏpŏlis**, is. f. Mompeller, *ciudad del bajo Lenguadoc.*

**Agathyrsi**, orum. m. plur. Agatirsos, *pueblos de la Sarmacia europea en la Moscovia septentrional.*

\* **Agāve**, es. f. *Ov.* Agave, *hija de Cadmo y de Hermione, muger de Equion, que enfurecida despedazó con sus propias manos á su hijo Penteo.* ‖ *Una de las nereidas.* ‖ *De las amazonas.*

**Age**. plur. **Agite**. imp. de Ago. adv. *Ter.* Ea, vaya, vamos, ea pues, ánimo, buen ánimo, y bien, veamos. *Age dum, age nunc, age porro, age sane, age inquam, age vero, age sis.* Ea pues, ya pues, ahora bien, vamos, veamos.

† **Agea**, ae. f. *Fest.* Tilla, la crugía de la nave, el conves, la cubierta, el puente mas alto.

**Agĕlades**, ae. m. *Cic.* Agelades, célebre estatuario.

\* **Agĕlastus**, i. m. *Plin.* El que nunca se rie.

**Agelliŏlus**, i. m. *Cat.* dim. de

**Agellus**, i. m. *Cic.* Campo pequeño, pedazo de tierra.

\* **Agēma**, atis. n. *Liv.* Escuadron, batallon, brigada macedónica. ‖ Gente escogida.

**Agendicum**, i. n. *Sens, ciudad de Champaña en Francia.*

\* **Agĕnealogētus**, vel **Agēnialogītus**, i. m. *Tert.* El que no tiene genealogía conocida, padre ó abuelos conocidos.

\* **Agennētos**. *Tert.* No engendrado.

**Agennum**, i. m. Agen, *ciudad de Guiena en Francia.*

**Agēnor**, oris. m. *Virg.* Agenor, *rey de los fenicios, padre de Cadmo.* ‖ *Otro hijo de Antenor troyano.*

**Agēnŏreus**, a, um. *Ov.* Perteneciente á Agenor. ‖ *Sil. Ital.* Agenorei nepotes. Los Cartagineses.

**Agenōria**, ae. f. *S. Ag.* Diosa de la industria: *llámase tambien* Angerona y Angeronia; *que tuvo templo en el Aventino.*

**Agenŏrĭdes**, ae. m. *Ov.* Hijo de Agenor, Cadmo.

**Agens**, tis. part. de Ago. *Cic.* Agente, eficaz, activo, diligente, oficioso.

**Ager**, gri. m. *Cic.* Campo, heredad, tierra de labor. ‖ Territorio. *Ager exossatus. Pers.* Campo desempedrado. —*Compascuus. Cic.* Pasto comun. *Agrum novare, iterare, terciare. Colum.* Dar la primera, segunda y tercera vuelta á una tierra, barbechar, binar, terciar. *Qui agrum Helveticum á Germanis dividit. Ces.* Que separa el pais de los helvecios de la Alemania. *In agro furculario capras. Sus per rosas.* adag. El fuego junto á la estopa, viene el diablo y sopla. ref.

**Agesilaus**, i. m. *Corn. Nep.* Agesilao, *rey de Esparta.* ‖ *Lact.* Sobrenombre de Pluton.

**Agesis**. en lugar de Age si vis. adv. V. Age.

**Aggĕmo**, is, mui ĕre. n. *Ov.* Gemir con otro, cerca.

**Agger**, ĕris. m. *Cic.* Monton de tierra, Ribazo, calzada, dique. ‖ Terraplen, baluarte. ‖ Trinchera. ‖ Altura, eminencia. ‖ *Am. Marc.* Camino empedrado. *Aggeres alpini. Virg.* Los Alpes, *montes que separan la Italia, Francia y la Alemania.*

† **Aggerātim**. adv. *Apul.* De monton, amontonadamente.

**Aggerātio**, ōnis. f. *Vitruv.* Amontonamiento, congerie, cúmulo. V. Agger.

**Aggerātus**, a, um. *Tac.* part. de

**Aggĕro**, as, avi, atum, are. a. *Cic.* Amontonar, juntar y poner muchas cosas en un lugar. ‖ Hacer un terraplen, un camino, una calzada. ‖ *Virg.* Aumentar, añadir. *Colum.* Calzar, recalzar los árboles.

**Aggĕro**, is, essi, estum, ĕrĕre. *Cic.* V. Aggero, as, are.

**Aggeratio**, ōnis. f. *Palad.* V. Aggeratio.

**Aggestus**, i. m. ó **Aggestum**, i. n. *Am.* Terraplen, obra militar.

**Aggestus**, us. m. *Tac.* Monton, cúmulo.

**Aggestus**, a, um. *Plin.* part. de Aggero.

**Agglŏmĕro**, as, avi, atum, are. a. *Plin.* Envolver una cosa con otra. ‖ Arrimar, juntar, añadir.

**Agglūtĭnāmentum**, i. n. *Plin.* y

**Agglūtĭnātio**, ōnis. f. Engrudo, cola. ‖ Pegadura, jentura, union, consolidacion.

**Agglūtĭno**, as, avi, atum, are. a. *Plin.* Engrudar, encolar, pegar, juntar, unir, soldar una cosa con otra. *Agglutinare se alicui,* ó *ad aliquem. Cic.* Asociarse, acompañarse con alguno.

**Aggrăvātus**, a, um. part. de Aggravo. *Suet.* Agravado, empeorado, cargado.

**Aggravesco**, is, ĕre. n. *Tert.* Agravarse, empeorar, ir de mal en peor.

**Aggrăvo**, as, avi, atum, are. a. *Plin.* Agravar, cargar, sobrecargar, cargar mas peso. ‖ Empeorar, poner peor.

**Aggrĕdior**, ĕris, essus sum, ĕdi. dep. *Cic.* Acercarse, arrimarse á alguno, ó á alguna parte. ‖ Acometer, asaltar. ‖ Emprender, empezar, tomar á su cargo. *Aggredi ad leges singulas. Cic.* Tratar de cada ley en particular. —*Aliquem dictis. Virg.* Reñir á alguno.

**Aggrĕgo**, as, avi, atum, are. a. *Cic.* Agregar, allegar, unir, juntar, amontonar. *Aggregare in comites. Vel.* Recibir por compañeros.

**Aggressio**, ōnis. f. *Cic.* Asalto, acometimiento, abordo, ataque.

**Aggressor**, ōris. m. *Ulp.* Agresor, el que acomete por fuerza. ‖ *Id.* Ladron.

**Aggressūra**, ae. f. *Ulp.* V. Aggressio.

**Aggressus**, a, um. part. de Aggredior. *Virg.* El que ha tentado, empezado, acometido &c.

**Aggressus**, us. m. *Ulp.* V. Aggressio.

**Agilis**. m. f. lĕ. n. is. *Liv.* Ágil, pronto, ligero, fácil, hábil, vivo, activo, que se maneja con facilidad.

**Agilitas**, atis. f. *Liv.* Agilidad, ligereza, prontitud, facilidad.

**Agilĭter**. adv. *Colum.* Ágil, pronta, expedita, ligeramente, con facilidad y presteza.

**Agilius**. adv. *Colum.* Con mas agilidad, prontitud &c.

**Agina**, ae. f. *Fest.* Agugero en que juega la barra de una balanza.

**Aginātor**, ōris. m. *Fest.* El que se mueve á una parte y á otra por pequeño interes, y con la facilidad que una balanza.

**Aginnensis**. m. f. sĕ. n. is. El natural de la ciudad ó condado de Agen.

**Aginnum**, i. n. *Auson.* y **Aginnus**, i. f. Agen, *ciudad de la Guiena en Francia.*

**Aginor**, āris, ari. dep. *Fest.* Vender frioleras, comerciar en cosas de poco valor. ‖ Moverse por corto interes.

\* **Agios**, eros. m. Atos, ó monte santo, *monte de Grecia en Macedonia.*

**Agis**, idis, ó is. m. *Corn. Nep.* Agis, *rey de los lacedemonios, muerto en una prision por sus pueblos, porque queria se observasen las leyes de Licurgo.*

**Agitābilis**. m. f. lĕ. n. is. *Ov.* Lo que se puede mover fácilmente.

**Agitātio**, ōnis. f. *Cic.* Agitacion, el acto de moverse, movimiento. *Agitatio studiorum. Cic.* El ejercicio de los estudios. — *Terrae. Colum.* La cultura de la tierra.

**Agitātor**, ōris. m. *Cic.* Picador de caballos. ‖ Cochero.

**Agitātorius**, a, um. *Quint.* Agitante, el que da movimiento ó cosa que le imprime.

**Agitātrix**, icis. f. *Apul.* La que agita ó conduce. *Agitatrix Diana. Arnob.* Diana cazadora, que persigue las fieras.

**Agitātus**, us. m. *Varr.* V. Agitatio.

**Agitātus**, a, um. *Cic.* part. de

**Agito**, as, avi, atum, are. *Cic.* freq. de Ago. Agitar, mover, conducir. ‖ Echar, perseguir, cazar, dar caza. Turbar, perturbar, alborotar. ‖ Ejercitar, ejercer, hacer con frecuencia. ‖ Atormentar, dar trabajo, pena, inquietud. ‖ Considerar, pensar, reputar, disponer, prevenir, intentar, maquinar, trazar. *Agitare equum calcaribus. Plaut.* Apretar á un caballo las espuelas. —*Choros. Virg.* Danzar, guiar las danzas. — *Moras. Salust.* Diferir, retardar, temporizar. — *Custodiam. Plaut.* Hacer la guardia. —*Inducias. Salust.* Estar en treguas — *Pacem. Salust.*

Estar en paz. *Agitari sermonibus. Liv.* Ser el asunto de la conversacion. *Diversus agitabatur. Sal.* Estaba perplejo.

\* **Aglaia**, ae. *f. Ov.* Aglaya, alegria, una de las tres gracias.

\* **Aglaōpis.** *f.* La que tiene hermosos ojos, nombre de una sirena.

\* **Aglaophōtis**, is. *f. Plin.* Yerba de un color hermoso, de que usan los magos para llamar al demonio.

\* **Aglaspis**, ĭdis. *m. Liv.* El que tiene escudo resplandeciente.

**Aglaurus**, y **Anglauros**, i. *f. Ov.* Aglauro, hija de Cecrope, rey de Atenas, *convertida en piedra por Mercurio.*

**Agmen**, ĭnis. *n. Virg.* Multitud, tropa, junta de hombres ó animales. ‖ Ejército en marcha ó parado. ‖ Manada, rebaño, bandada de bestias ó aves. ‖ El curso, la manera de moverse, de andar. ‖ Ruta. ‖ Marcha, camino. *Agmen primum. Ces.* La vanguardia. *Novissimum. Ces.* La retaguardia. *Gravius. Tac.* Bagage. *Agmina caudae. Virg.* La enroscadura de la cola. *Terna agmina dentis. Estac.* Tres carreras de dientes. *Graniferum agmen. Ov.* Multitud de hormigas. *Agmina fati. Gel.* El órden, el curso del hado.

**Agmĭnālis.** *m. f. lĕ. n. is. Ulp.* Lo perteneciente al ejército. *Agminales equi. Bud.* Caballos del bagage.

**Agmĭnātim.** *adv. Solin.* En tropa, de tropel.

**Agna**, ae. *f. Her.* La cordera. ‖ *Colum.* Medida de tierra de ciento y veinte pies en cuadro. ‖ *Fest.* La espiga.

**Agnālia**, ōrum. *n. plur. Ov.* Fiestas de los romanos en tiempo del esquileo.

**Agnascor**, ĕris, ātus sum, sci. *n. Cic.* Nacer despues del testamento del padre.

**Agnāta**, ae. *f. Cic.* Agnada, *la que desciende de varon por parte de padre.*

**Agnātio**, ōnis. *f. Cic.* Agnacion, el parentesco de parte de padre. ‖ *Apul.* Nacimiento. ‖ Excrescencia natural ó no natural.

**Agnātus**, i. *m. Cic.* Agnado, *pariente por parte del padre, como* cognati *por parte de madre;* afines *por parte de la muger; y el nombre comun á todos es parientes, deudos.*

**Agnātus**, a, um. *part. de* Agnascor: *Cic.* Agnado, pariente, consanguíneo. *Ad agnatos aliquem ducere. Virg.* Poner á uno al cuidado, bajo la conducta de un pariente. ‖ *Plin.* Lo que crece demas en algunas cosas, *como el sexto dedo en la mano.*

**Agnēda**, ae. *f.* Edimbourg, *capital de Escocia.*

**Agnellus**, i. *m. dim. Plaut.* Cabrito, corderillo, lechazo, cabritillo.

**Agnes**, ētis. *f.* Ines, *nombre de muger.*

**Agnetinum**, i. *n.* Agnetino, *ciudad de Transilvania.*

**Agnicŭlus**, i. *m. dim. Arnob. V.* Agnus.

**Agnīna**, ae. *f. Plaut.* y

**Agnīnum**, i. *n. Flor.* Carne de cordero, cordero. *Agnina dupla. Plaut.* Carne de cordero ya grande, de oveja. *Agninae lactes. Plaut.* Tripas de cordero.

**Agnīnus**, a, um. *Plin.* Perteneciente al cordero.

**Agnĭtio**, ōnis. *f. Cic.* Conocimiento, reconocimiento.

**Agnĭtus**, a, um. *part. de* Agnosco. *Tac.* Lo que es reconocido, conocido.

**Agnōmen**, ĭnis. *n. Cic.* Sobrenombre, apellido, nombre de familia adquirido por algun hecho señalado, ó por otra circunstancia: el tercero entre los romanos: v. g. *Marcus* graenomen, *Tullius* nomen, *Cicero* agnomen.

† **Agnōmentum**, i. *n. Apul.* Sobrenombre, renombre.

**Agnōmĭnātio**, ōnis. *f. Ad. Her.* Figura retórica llamada paranomasia.

**Agnoscĭbĭlis.** *m. f. lĕ. n. is. Tert.* Lo que se puede reconocer.

**Agnosco**, cis, nōvi, nĭtum, scĕre. *a. Cic.* Reconocer, conocer. ‖ Confesar. ‖ Aprobar, admitir, consentir. *Agnoscere auribus. Cic.* Oir.

**Agnus**, i. *m. Cic.* El cabrito, el cordero. *Agnus hornus. Prop.* Cordero de un año. *Tunc canent agni, cum tacebunt graculi. adag.* Hablen cartas, y callen barbas. *ref.*

**Ago**, agis, ēgi, actum, ĕre. *a. Cic.* Hacer, tratar, ejecutar, manejar. ‖ Hablar. ‖ Tratar bien ó mal. ‖ Gobernar, llevar, guiar, conducir. ‖ Perseguir, seguir. ‖ Atormentar, apesadumbrar. ‖ Echar, impeler, empujar. ‖ Instar, mover. ‖ Pasar la vida, vivir. *Agere caudam. Col.* Menear la cola. — *Turres. Ces.* Llevar delante las torres, *que era una máquina de la guerra, donde iban los soldados á batir una muralla á cubierto de los tiros de los cercados.* — *Conventus. Ces.* Tener, celebrar el congreso. — *Praecipitem ex alto. Ces.* Precipitar á uno desde lo alto. — *Forum. Cic.* Administrar justicia. — *Stationem. Tac.* Estar de guardia, de centinela. — *In crucem. Cic.* Ahorcar, colgar. — *Rimas. Cic.* Henderse. — *Animam. Cic.* Morir. — *Ambages. Plaut.* Andar en, con rodeos. — *Nugas. Plaut.* Entretenerse en frioleras. — *Diem festum. Cic.* Celebrar la fiesta. — *Ex animo. Ad Her.* Trabajar con intencion. — *Aliud. Cic.* Pensar en otra cosa. — *Potum. Virg.* Llevar á beber. — *Amicum. Plin.* Tratar como amigo. — *Se alique. Cic.* Irse á alguna parte. *Iter age. Ov.* Vete tu camino. *Ago tecum. Plaut.* Contigo hablo. *Agitur bene mecum. Cic.* Mis cosas van bien. — *Male mecum.* Van mal. *Agere rerum cursum. Tac.* Contar lo que ha pasado. *Agitur de capite et fama. Cic.* Se trata de la vida y la fama. — *Annus septimus. Ter.* Este es, va corriendo el año séptimo. — *Senatus. Ter.* Estan en el senado, está junto. *Age quod agis. Ter.* Mira lo que haces, á lo que estás. *¿Unde te agis? Ter.* ¿De dónde vienes? *¿Quo hinc te agis? Plin.* ¿Adónde vas? *Hoccine agis? Ter.* ¿Estás en esto? ¿atiendes? ¿entiendes? *Agendi ratio. Plin.* El proceder, la conducta, la mañera de vida, el método. *Actum est. Cic.* Perdióse todo, se concluyó.

\* **Agōga**, ae. y **Agōge**, es. *f. Plin.* Canal que se hace en las minas para despedir el agua.

† **Agōlum**, i. *n. Fest.* Cayado de pastor.

\* **Agon**, ōnis. *m. Plin.* Certamen, competencia, lucha; juego público en que se compite sobre el premio.

**Agōnālis.** *m. f. lĕ. n. is. Ov.* Lo que pertenece á los certámenes ó juegos públicos.

**Agonalia**, ōrum. *Ov.* Dias de fiesta del mes de Enero, en que se celebraban, y en que el rey de los sacrificios oficiaba la víctima de un carnero.

**Agōnensis.** *m. f lĕ. n. is. Fest. V.* Agonalia. *Agonensis porta. Fest.* La puerta colina y quirinal de Roma, puerta salara.

**Agōnes**, um. *m. plur. Estac.* Los ministres que acogotaban las victimas.

**Agōnia**, ae. *f. Bibl.* La agonia, la congoja, ansia y pena de un moribundo. ‖ *Fest.* Víctima, sacrificio.

\* **Agōnia**, ōrum. *n. plur. Ov.* Fiestas agonales *que se celebraban en honor del dios Jano.*

**Agonista**, ae. *m. S. Ag.* El competidor del certamen. ‖ El que le preside.

**Agōnistĭcus**, a, um. *Tert.* Perteneciente al certamen.

**Agōnius**, ii. *m. Fest.* Agonio, *dios que presidia á los negocios.*

† **Agōnothēra**, ae. *m. Esparc.* El juez ó presidente de los certámenes.

**Agōnothēsia**, ae. *f. Ulp.* El señalamiento del certamen.

**Agōnus**, i. *n. Fest.* El puente quirinal.

\* **Agōranŏmus**, i. *m. Plaut.* Juez de policía *entre los griegos, y que en órden á los víveres tenia el mismo cargo que el Edil romano. V.* Aedilis.

**Agra**, ae. *f.* Agra, *ciudad capital del Indostan.*

**Agragantīnus**, a, um. *Plin.* De la ciudad de Gergenti. **Agrăgas.** *V.* Acragas.

**Agrālis.** *m. f. lĕ. n. is. Front. V.* Agrarius.

\* **Agrammătus**, a, um. *Vitruv.* El ignorante que no sabe leer.

**Agrārius**, a, um. *Cic.* Lo que es del campo, de la agricultura. *Agraria lex. Cic.* Ley agraria sobre el repartimiento de tierras en favor de los pobres y soldados. *Agrarii. Cic.* Aquellos en cuyo favor se hacia esta ley. ‖ Los que desean tierras y repartimiento de ellas. *Agrariae excubiae,* ó *stationes. Virg.* Guardas del campo.

**Agratĭcum**, i. *n. Dig.* Tributo de las rentas del campo.

**Agrēda**, *f.* Agreda, *ciudad en la América meridional.*

**Agrestis.** *m. f. lĕ. n. is. Virg.* Rústico, agreste, campesino, labrador, campestre. ‖ Rudo, inculto, tosco, salvage, incivil, impolítico, ignorante.

**Agrestis**, is. *m. Cic.* Villano, aldeano. ‖ Labrador.

## AHE

Agri. gen. de Ager.

Agria, ae. f. Agria, *ciudad de Hungría.*

Agricŏla, ae. m. *Cic.* Labrador, agricultor, el que labra y cultiva los campos.

Agricŏlāris. m. f. lĕ. n. is. *Pal.* De la labranza.

Agricŏlātio, ōnis. f. *Colum.* y

Agricultio, ōnis. f. *Cic.* La agricultura.

Agricultor, ōris. m. *Liv.* V. Agricola.

Agricultūra, ae. f. *Cic.* Agricultura, labranza, el arte de labrar y cultivar las tierras.

Agrĭgentīni, ōrum. m. plur. *Cic.* Los naturales y habitantes de Gergenti, *agrigentinos.*

Agrĭgentīnus, a, um. *Cic.* Perteneciente á Gergenti ó Agrigento.

Agrĭgentum, i. n. *Plin.* Gergenti, *ciudad de Sicilia.*

Agrĭmensor, ōris. m. *Am.* Agrimensor, medidor de tierras.

Agrĭmensūra, ae. f. *Goes.* El arte de medir las tierras.

† Agrĭmōnia, ae. f. *Cels.* Agrimonia, *planta amarga semejante al eupatorio.*

* Agriŏdōs, ontis. m. *Ov.* De fieros dientes, *nombre de un perro de caza.*

* Agrion, i. n. Especie de rábano silvestre.

* Agriophăgi, ōrum. m. plur. *Plin.* Pueblos de la Etiopia, que se alimentan de carne de fieras, leones, panteras &c.

Agrĭpĕta, ae. com. *Cic.* El que demanda la porcion de tierra que le correspondia por la ley agraria.

Agrippa, ae. m. *Plin.* El que al nacer saca primero los pies, *como dicen que nació un romano, á quien llamaron Agripa.* || *Liv.* Silvio Agripa, *hijo de Tiberino, duodécimo Rey de los latinos.*

Agrippiana septa. *Lampr.* El cercado de Agripa en la nona region de Roma.

Agrippīna, ae. f. *Tac.* Agripina, *hija de Agripa, muger de Germánico, y madre de Calígula.* || *Otra, muger de Domicio Enobarbo, de quien tuvo al emperador Neron.* || Otra, muger de Germánico.

Agrippinensis, m. f. sĕ. n. is. *Tac.* Colonia Agripina, *ciudad de Westfalia.*

Agrius, ii. m. *Ov.* Agrio, *tirano de Etolia, hijo de Ulises y de Circe.* || *Hijo de Partaon, nieto de Marte.*

Agrius, a, um. *Plin.* Fiero, agreste.

Agrostis, is. f. *Plin.* La grama, yerba. || Dientes de perro, yerba.

Agrōsus, a, um. *Varr.* El que tiene muchas tierras.

* Agrypnia, ae. f. Insomnio, vigilia, desvelo.

Agumentum, i. n. *Varr.* Pedazo de la víctima sacrificada, que se añadia al hígado en el sacrificio. || *Arnob.* Especie de salchicha.

Agyeus, i. m. *Hor.* Nombre de Apolo, *como presidente de las calles de la ciudad.*

Agylla, ae. f. *Virg.* Ciudad de Toscana, hoy Cervetere.

Agyllēus, i. m. *Estac.* Agileo, *luchador agigantado, que al fin fue vencido por Tideo.*

* Agyrea, ó Agyrees, ae. m. *Charlatan, jugador de manos.*

Agyllīnus, a, um. *Virg.* De la ciudad de Agila.

Agyrīna urbs. V. Agyrium.

Agyrinenses, ium. m. *Cic.* Agirinenses, *pueblos de Sicilia, y habitantes de*

Agyrium, ii. n. *Plin. Ciudad de Sicilia, hoy san Felipe de Augiron, patria de Diodoro Sículo, historiador.*

## AH

Ah. Interj. que indica varios movimientos del ánimo, como dolor, indignacion, consuelo, alegría, contradiccion, y significa ah, ay, he, ó *Ah; me miseram! Ter.* ¡Ay desdichada de mí! *Ah, ah, ah.* Exclamacion que explica la risa.

Aha. *Plaut.* Interjeccion de reprender. Oh, ea. *Aha tace. Plaut.* Ea, calla. *Aha minime. Plaut.* Oh, no quiero, de ningun modo.

Ahala, ae. m. *Liv.* Aala, *sobrenombre de aquel romano Servilio, que dió muerte al perturbador Espur. Melio.*

Ahēneus, a, um. *Hor.* De metal, de bronce, de cobre, de azofar. || Fuerte, firme, indisoluble.

Ahēnĭpes, ĕdis. com. *Ov.* Que tiene pies de cobre, de bronce.

## ALA

Ahenobarbus, ó Aenobarbus, ó Aeneobarbus, i. m. *Suet.* Enobarbo, sobrenombre de Cn. Domicio, *del color de la barba roja.*

Ahēnum, hēni. n. *Virg.* Vasija de cobre como caldera &c.

Ahēnus, a, um. *Virg.* Lo que es de metal, de cobre, de bronce. *Ahena signa. Hor.* Estatuas de bronce.

* Ahorus, ó Aorus, a, um. *Ter.* El que muere de muerte temprana.

Ahu, ó aheu, ó ah he. *Ter.* Interj. del que se lamenta.

Ahusa, ae. f. Ahus, *ciudad de Suecia.*

## AI

Ai. *Ov.* Interj. del que se lamenta.

Aiax, ācis. m. *Ov.* Ayax, *nombre de dos famosos griegos llamados el uno Telamonio, y el otro Oileo.*

Aichstadium, ii. n. Aichstedt, *ciudad de Alemania en la Franconia.*

Aidunum, i. n. Aiduni, *castillo de Sicilia.*

Aiens, tis. *Cic.* part. de Aio.

Aientia, ae. f. *Marc. Cap.* La afirmacion.

Aiquillōnium, ii. n. Aiquillon, *ciudad de Francia en Guiena.*

Ain? *en lugar de* Ais ne? *Ter.* ¿Dices la verdad? ¿hablas de veras?

Ajo, ais, ait, aiunt, aisti. def. *Cic.* Decir, afirmar, certificar, asegurar. *Vel ai, vel nega. Plaut.* Di sí, ó no, confiesa, ó niega.

Ajus Locutius, ó Loquens. m. *Cic.* Dios, llamado asi del verbo Ajo, *por la voz que se oyó de noche en Roma, que avisaba de la venida de los galos.*

Ajūga, ae. f. *Plin.* V. Abige.

Aizonum, i. n. ó Aizoon, oi. n. *Plin.* Yerba puntera, ó siempreviva.

## AL

Ala, ae. f. *Virg.* El ala. || *Cels.* Sobaco. || *Plin.* Aleta de pescado. || *Vitruv.* Ala de un edificio. || *Tac.* Banda de gente á caballo. || *Virg.* La pluma de una flecha. || *Ces.* El costado de un ejército.||Vela de un navío, remo de una galera. *Alis subnixis se inferre. Plaut.* Andar de asas, con las manos en las caderas. *Alas hominis vellere. Juv.* Arrancar el pelo de los sobacos. *Alae praefectus. Ces.* Comandante de la caballería.

Ala Flaviana, ae. f. ó Alae Flaviae. f. plur. Viena en Austria, *donde está la corte del Emperador.*

Alăbanda, ae. f. *Juv.* Eblebanda, *ciudad de Caria.*

Alăbandēus, a, um. *Cic.* y

Alăbandensis. m. f. sĕ. n. is. *Cic.* y

Alăbandiācus, y Alabandicus, a, um. Lo que es de Eblebanda.

Alăbandus, i. m. *Cic.* Alabando, *hijo de Cares, fundador de Eblebanda, tenido por Dios.*

Alabandus, a, um. *Plin.* Lo que es de Eblebanda.

* Alăbarches, ae. m. *Juv.* El peagero, *el que cobra el tributo ó peage por pasar puente, barco ó calzada.*

Alăbaster, tri. m. *Cic.* Alabastro, bote de alabastro, caja para perfumes.

Alăbastrītes, ae. m. *Plin.* El alabastro, *piedra, especie de mármol blanco, de que se hacian los vasos para los perfumes.* || *Hor.* La piedra llamada ónique, *que es una especie de ágata.*

Alăbastrus, i. m. *Plin.* V. Alabaster.

Alăbastrum, i. n. *Plin.* y

Alăbastrum, i. n. *Plin.* Alabastro, *pueblo junto á Tebas, donde habia mina de topacios.*

Alăbastrus, i. m. *Plin.* Boton de una rosa no abierta. || Rio de la Eolide.

Alabēta, ae. m. *Plin.* Pez del Nilo, *que se sospecha ser la lamprea.*

Alăcer. m. cris. f. crĕ. n. is. *Cic.* y

Alactris. m. f. crĕ. n. is. *Cic.* Alegre, pronto, dispuesto, gozoso, vivo, activo, deliberado. || Ligero, ágil.

Alăcre. adv. *Plaut.* Alegre, pronta, determinadamente.

Alăcrĭtas, atis. f. *Cic.* Prontitud, denuedo, viveza, actividad, gallardía. ‖ Alegría, gozo.

**Alácrĭter.** *adv. Amian.* V. Alacre.

**Alagōnius, ii.** *m.* Alagon, *rio de España.*

**Alălagmus, i.** *m.* Gritería, algazara de los soldados, algarada.

**Alalcomĕnae, ārum.** *f. plur. Estac.* Alalcomena, *pueblo de Beocia, ilustre por el templo de Minerva.*

**Alamanni.** V. Alemanni.

**Alandia, ae.** *f. Plin.* Alandia, *isla del mar báltico.*

**Alāni, ōrum.** *m. plur. Plin.* Pueblos de Escitia descendientes de los getas, lituanios, alanos.

**Alania, ae.** *f. Plin.* Lituania, *pais entre Polonia y Moscovia.*

**Alānus, a, um.** *Claud.* De Lituania.

**Alāpa, ae.** *f. Fedr.* Bofetada, bofeton, sopapo, soplamocos.

**Alāpista, ae.** *m. Arn.* Bufon, arlequin de teatro.

**Alārĭcus, i.** *m. Claud.* Alarico, *rey de los godos.*

**Alāris. m. f. rĕ. n. is.** *Liv.* Perteneciente á las alas de un ejército.

**Alārius, a, um.** *Ces.* Lo mismo que Alaris.

**Alastor, ōris.** *m. Claud.* Uno de los cuatro caballos del carro de Pluton.

**Alaternus, i.** *f. Plin.* Árbol estéril, cuyas hojas son parecidas á las del olivo y de la encina.

**Alātrium, ó Alētrium, ó Alatrum, i.** *n. Liv.* Alatri, *ciudad en la campaña de Roma.*

**Alātus, a, um.** *Virg.* Alado, que tiene alas, ligero.

**Alauda, ae.** *f. Plin.* La alondra, calandria, pájaro semejante á la cogujada. ‖ *Cic.* Nombre de una legion romana.

**Alaudium.** V. Allodium.

† **Alazon, ontis.** *m. Plaut.* Vanaglorioso, jactancioso, baladron.

**Alazon, ŏnis.** *m. Plin.* y

**Alazonia, ae,** *f. Val. Max.* Alazon, *rio de Asia.*

**Alba, ae.** *f.* Salvatierra, *ciudad de España en Vizcaya.* *f. Lampr.* La perla. ‖ Aube, *rio de Francia, que atraviesa la Champaña.* ‖ *f.* Alba, *nombre de muchas ciudades, y de Alba de Tormes, villa de España junto á Salamanca.*—Augusta. *f.* Aubenas, Viviers, *ciudad de Francia.*—Gracca. *f.* Belgrado, *ciudad de Hungría.*—Helviorum ó Helvorum. *f.* Albi ó Viviers, *ciudades de Francia.*—Julia Alba Julia, *ciudad de Transilvania.* Pompeia.—*Liv.* Alba, *en Lombardía.*—Marsorum Albi, *colonia en los confines de los marsos.*—Longa. *f.* Alba Longa, *ciudad del pais latino.*—Regalis. *f.* Alba Real, *ciudad de Hungría.*—Virgo. *f.* Viana, *ciudad del Asia en el Mogol.*

**Albamentum, i.** *n. Apic.* Albura, lo blanco de una cosa.

**Albanensis. m. f. sĕ. n. is.** *Plin.* Albanés, *vizcaino de Salvatierra en Vizcaya.*

**Albania, ae.** *f. Zuiria,* *provincia sobre el mar Caspio.* ‖ Albania, *provincia de Grecia.* ‖ De Escocia.

**Albanŏpŏlis, is.** *f.* Albanópolis, *ciudad de Albania.*

**Albānum, i.** *n.* Albano, *ciudad de Italia.* ‖ Pueblo en la campaña de Roma.

**Albānus, a, um.** Albanés, *el natural ó morador de Albania ó de Alba.*

**Albānus, mons.** *m.* Montalban, *ciudad de Francia.* ‖ Monte Albano en la campaña de Roma.—Lacus. Marc. Lago de Castel Gandolfo.

**Albārium, ii.** *n. Plin.* Jalbegue, enyesadura, blanqueo de las paredes.

**Albārius, ii.** *m. Plin.* Blanqueador, jalbegador, el que blanquea.

**Albārius, a, um.** *Vitruv.* Lo que toca al blanqueo, jalbegue ó enlucimiento.

**Albātus, a, um.** *Cic.* Blanqueado, jalbegado, enjalbegado, enlucido, blanquecido.

**Albēdo, ĭnis.** *f. Apul.* V. Albor.

**Albens, tis.** *part. de* Albeo. *Tac.* Lo que blanquea. *Albente caelo. Ces.* Al alba, al salir la aurora.

† **Albeo, ēs, ui, ēre.** *n. Virg.* Ser, estar blanco.

**Albensium civitas.** V. Alba Augusta.

**Albescens, tis.** *part. de*

**Albesco, cis, cĕre.** *n. Cic.* Emblanquecerse, ponerse blanco. ‖ Encanecer.

**Albesia, ium.** *n. plur. Fest.* Escudos muy grandes, *de que usaban los albenses del Abruzo.*

**Albeus, i.** *m. Plin.* Tablero de damas, de chaquete.

**Albia, ae.** *f.* Albi. El pais de los albigenses en Francia.

**Albiānus, a, um.** *Cic.* Albiano, de Albio, *nombre romano.*

**Albĭcans, tis.** *com. Plin.* Blanquecino, que blanquea.

**Albĭcanter.** *adv. Sol.* Blanqueando.

**Albĭcasco, is, scĕre.** *n. Gel.* Empezar á blanquear, blanquecer.

**Albicēra olea, y Olea albicēris.** *f. Plin.* Aceituna, *llamada así del color blanco y el de la cera.*

**Albicērāta ficus.** *f. Col.* Higo *así llamado del color blanco y semejante al de la cera.*

**Albĭci, ōrum.** *m. plur.* Los albicos, *pueblos cerca de Marsella.*

**Albĭco, ās, āvi, ātum, āre.** *n. Plin.* Ser, estar, irse poniendo blanquecino, blanquear, tirar á blanco.

**Albĭcŏlor, ōris.** *m. Corrip.* Blanco, de color blanco.

**Albĭcŏmus, a, um.** *Venanc.* Del cabello blanco.

**Albĭcor, āris, āri.** *dep. Varr.* V. Albesco.

**Albĭdŭlus, a, um.** *Palad.* dim. de

**Albĭdus, a, um.** *Ov.* Blanquecino, que tira á blanco. ‖ *Plin.* Albidior. ‖ *Cels.* Albidissimus.

**Albĭga, ae.** *f.* Albi, *ciudad de Francia.*

**Albigensis, is.** *m. f.* Albigenses, *de la diócesis de Albi.*

**Albli, ōrum.** *m. plur.* Montañeses de los Alpes, *los de la diócesis de Riez en Provenza.*

**Albīneus, a, um.** *Palad.* V. Albidus.

**Albīnovānus, i.** (*C. Pedo*) *m. Sen.* C. Pedo Albinovano, poeta heroico.

**Albīnus, i.** *m. Dig.* El que blanquea las paredes. ‖ Estuquista. ‖ El emperador Clodio Albino.

**Albion, ii.** *n.* ó **ōnis.** *f. Plin.* La isla de Albion, *hoy Inglaterra y Escocia.* ‖ Albion, *hijo de Neptuno, muerto por Hércules.*

**Albis, is.** *m. Tac.* El Elba, *rio de Alemania.*

**Albĭties, ēi,** ó **Albitio, ōnis.** *f. Apul.* La blancura, el color blanco.

**Albĭtūdo, ĭnis.** *f. Plaut.* La blancura. ‖ Encanecimiento.

**Albius Tibullus, i.** *Hor.* Albio Tibulo, *poeta elegíaco.*

**Albo, ās, āvi, ātum, āre.** *a. Prisc.* Blanquear, poner blanco.

**Albŏgălērus, i.** *m. Fest.* Especie de sombrero ó bonete que llevaban los flámines, sacerdotes de Júpiter.

**Albōna, ae.** *f.* Aubona, *ciudad de la Suiza en el canton de Berna.*

**Albor, ōris.** *m. Plin.* La blancura, el color blanco. ‖ *Palad.* La clara del huevo.

**Albŭcum, i.** *n.* ó **Albŭcus, i.** *f. Plin.* Gamon, planta.

**Albuēlis, is.** *f. Plin.* Especie de uva blanca.

**Albūgo, ĭnis.** *f. Plin.* La clara del huevo. ‖ El blanco del ojo. ‖ Catarata, tela blanca que se cria sobre la niña del ojo. ‖ *Plin.* Nube, tela blanca. ‖ *Plin.* Empeine ó salpullido que se cria en la cabeza.

**Albui. pret. de** Albeo.

**Albula, ae.** *f. Virg.* Albula, *nombre que tuvo el Tiber, rio de Italia.*

**Albŭlae, ārum.** *f. plur.* ó **Albulae aquae.** *Plin.* Los baños de Tivoli, *aguas minerales cerca de Roma.*

**Albŭlātes, is,** ó **Albula, ae.** *m. Plin.* Librafata ó Liberata ó Vibrato, *rio de la Marca de Ancona.*

**Albŭlus, a, um.** *Catul.* dim. Blanquecino. V. Albidus.

**Album, i.** *n. Virg.* La blancura, lo blanco, la parte blanca de una cosa. *Album Praetoris. Paul. Jct.* Una tabla dada de blanco en que escribian los Pretores sus edictos, acciones y fórmulas de ellas y otras cosas pertenecientes al foro. ‖ Registro, lista, catálogo, libro de memoria.

**Album, i.** *n.* Albo, *promontorio en África, y cabo Escandalio, promontorio de Fenicia.*

**Albūmen, ĭnis.** *n. Plin.* La clara del huevo.

**Albūmentum, i.** *n. Veget.* V. Albumen.

**Albuna y Albunea, ae.** *f. Virg.* La fuente Albunea cerca de la ciudad de Tivoli. ‖ *Lact.* La sibila Albunea, que profetizó, y era adorada en Tivoli.

**Alburnum, i.** *n. Plin.* Especie de corteza blanca y tier-

ALC

na, que está entre lo vivo del árbol y la corteza.

Alburnus, i. m. Virg. Alburno, monte de Lucania.

Alburnus, i. m. Auson. Alburno, especie de pescado.

Albus, alba, album. Cic. Blanco. ‖ Marc. Pálido. ‖ Marc. Vestido de blanco. ‖ Fausto, próspero, feliz, favorable. Alba rete aliena oppugnare. Plaut. Echarse sobre los bienes de otro con especiosos pretextos. Notare lapillo. Hor. Señalar con piedra blanca, celebrar con aplauso el dia feliz. Album calculum rei adjicere. Plin. Aprobar una cosa. ‖ Et nigrum novit. Fest. Sabe de todo, de bueno y de malo. Alba per me sint omnia. Pers. Yo cedo á todo lo que se quiera. Album est mare. Varr. El mar está en calma, en leche.

Alcaeus, i. m. Hor. Alceo, poeta lírico natural de Mitilene. ‖ Abuelo de Hércules, de donde viene Alcides.

Alcaïcus, a, um. Sidon. De Alceo, como los versos alcaicos, endecasílabos: v. g. Vides ut alta stet nive candidum.

Alcathoe, es. f. Ov. Megara, ciudad de Acaya en Grecia.

Alcathous, i. m. Virg. Alcatoo, hijo de Pelope. ‖ Troyano, marido de Ipodamia, muerto en el cerco de Troya por Idomeneo.

Alce ó Alces, is. f. Ces. El alce, fiera de la selva Hercinia parecida á la cabra. ‖ Plin. La danta, que se cria en Indias parecida á la ternera.

Alce, es. f. Arcos, ciudad de España en Valencia. ‖ Gel. Una ramera llamada Alce. ‖ m. Plin. Rio de Bitinia.

Alcea, ae. f. Plin. Malva, malvavisco silvestre.

Alcēdo ó Halcēdo, inis, y Alciōnes, es. f. Plin. Alcion, pájaro pequeño y marino.

Alcedonia, orum. n. plur. Plaut. Dias en que el mar está en calma: dicen que es mientras que los alciones hacen sus nidos.

Alcedonida, ae. com. y

Alcedonius, a, um. Plaut. Perteneciente á los alciones, á los dias serenos de mar.

Alces, cis. V. Alce.

Alceste, es, y Alcestis, estis. f. Juv. Alceste, muger de Admeto, rey de Tesalia, que se ofreció á la muerte por su marido.

Alcēus, i. m. Plin. Alceo, padre de Anfitrion, abuelo de Hércules.

Alchimia, ae. f. Firm. La alquimia, arte de trasmutar los metales. La química.

Alcibiades, is. m. Corn. Nep. Alcibiades, ateniense, hombre muy principal.

Alcibiadeus, a, um. Arnob. Perteneciente á Alcibiades.

Alcidāmas, antis. m. Estac. Alcidamante, célebre luchador. ‖ Quint. Filósofo, discípulo de Gorgias leontino.

Alcidāmus, i. m. Cic. Alcidamo, antiguo orador.

Alcīdes, ae. m. Virg. Hércules, asi llamado de su abuelo Alceo.

Alcimēde, es. f. Val. Flac. Alcimede, muger de Eson, madre de Jason.

Alcimēdon, ontis. m. Virg. Alcimedonte, famoso escultor.

Alcīmus, i. m. Aus. Alcimo Edicio Avito, escritor célebre por los años 500 de J. C.

Alcinous, oi, ó Alcinus, i. m. Hor. Alcinoo, hijo de Nausitoo, rey de los feaces en la isla de Corcira, hoy Corfú, donde tenia tan deliciosos jardines, que han quedado por prov. Alcinoi horti.

Alcithoe, es. f. Ov. Muger tebana convertida en murciélago por el dios Baco.

Alcmaeo y Almaeon, onis. m. Ov. Almeon, hijo de Anfiarao y de Erifile, que mató á su madre para vengar la muerte que ella habia dado á su padre. ‖ Filósofo crotoniata, discípulo de Pitágoras.

Alcmaeonius, a, um. Prop. Perteneciente á Almeon.

Alcmānium metrum. Plin. Verso alcmanio, inventado por Alcmanes, poeta lírico griego.

Alcmaria, ae. f. Alcmer, ciudad y universidad de Holanda.

Alcmēna y Alcmēne, es. f. Propr. Almena, muger de Anfitrion, y madre de Hércules. Plauto usa siempre Alcumena en lugar de Alcmena.

ALE 35

Alcon, ōnis. m. Virg. Alcon, flechero cretense muy diestro, que viendo á un hijo suyo rodeado de una sierpe, le tiró una flecha con tal arte, que mató la sierpe sin ofender al hijo.

Alcorānum, i. n. ó

Alcorānus, i. m. Coran ó Alcoran, libro que contiene la ley de Mahoma.

Alcuinus, i. m. Flaco Alcuino ó Albino, escritor del siglo VIII.

Alcyon, ōnis. f. Virg. V. Alcedo.

Alcyon, ōnis, y Alcyōnus, i. m. Claud. Alcion, gigante, hijo de la Tierra.

Alcyone, es. f. Alcione, hija de Eolo y muger de Ceico, rey de Tracia, trasformada en el pájaro de su nombre. ‖ Otra hija de Atlante violada por Neptuno.

Aldemburgum, i. n. Aldembourg, ciudad de Alemania.

Aldernada, ae. f. ó

Aldernaria, f. Hordinarda, ciudad de Flandes.

Aldelmus, ó Anthelmus, i. m. Aldelmo ó Antelmo, escritor célebre ingles en prosa y verso en el siglo VIII de J. C.

Alduābis, ó Alduadūbis, is. f. y

Aldualis, is. f. Ces. El Doux, rio de Borgoña.

Alea, ae. f. Cic. Todo juego de suerte, y especialmente el de los dados. ‖ Suerte, fortuna, riesgo, incertidumbre, peligro á que uno está expuesto. Jacta est alea. Suet. La suerte está echada. Aleam adire. Suet. Probar fortuna. Extra aleam positus. Plin. Que no corre riesgo, que está fuera de toda duda. Emere aleam. Dig. Comprar á la ventura, como una suerte de aves ó peces.

Alearis, m. f. rĕ. n. is. Cel. Aur. V. Aleatorius.

† Alearium, ii. n. Cubilete de cuerno para meter los dados.

Alearius, a, um. Amian. Perteneciente al juego. Amicitia alearia. Amian. Amistad que se contrae en el juego.

Aleātor, ōris. m. Cic. Jugador de dados. ‖ Jugador, taur, garitero.

Aleatōrium, ii. n. Suet. Casa de garito, de juego, donde se juega á los dados.

Aleatōrius, a, um. Cic. Propio del juego ó jugador de dados. Aleatorius ritus. Gel. Regla de este juego.

Alēbas, ó Alēvas, ae. m. Ov. Alebas, tirano de Tesalia.

Alebrētum, i. n. Albret, ciudad de Francia en Gascuña.

Alec. V. Halec.

Alecta, ae. f. Alet, ciudad de Francia.

Alecto, us. f. Virg. Alecto, una de las tres furias.

Alectoria, ae. f. Plin. Piedra cristalina que dicen se halla en el ventrículo ó hígado de los gallos.

Alectōrius, a, um. Plin. Lo perteneciente á esta piedra.

* Alectorolŏphos, i. f. Plin. Cresta de gallo, yerba llamada asi por la figura de sus hojas.

Alecŭla y Halecula, ae. V. Halec.

Aleius, a, um. Cic. De la ciudad de Ale, ó de los campos alcios en Licia, por donde dicen que anduvo errante Belerofonte.

Alēmanni, ōrum. m. plur. Aur. Vict. Los alemanes.

Alemannia, ae. f. Claud. La Alemania.

Alemannĭcus, a, um. Am. De los alemanes, de Alemania, aleman.

Alemōna, ó Alimona, ae. f. Fest. Diosa que preside al alimento del feto en el vientre.

Alenconiensis. m. f. sĕ. n. is. Lo que es de

Alenconium, ii. n. Alenzon, ciudad de Francia en Normandía.

† Aleo, ōnis. Fest. V. Aleator.

Ales, itis. m. Virg. Ave, pájaro, nombre comun á todos los volátiles. ‖ Toda cosa ligera, veloz, ágil. Ales cristatus. Ov. El gallo.— Palladis. Ov. El buo.— Currus. Sen. Carro, coche que va corriendo. Passus. Ov. Paso ligero, violento.— Plumbum. Sil. Ital. Bala que zumba en el aire.

Alesco, scis, scĕre. n. Varr. Alimentarse, crecer.

Alēsiensis. m. f. Natural ó vecino de Ales.

Alēsium, ii. n. Ales, ciudad de Francia en el Lenguadoc.

Alesus, i. m. Sil. Sanguinara, rio de Toscana.

Aletha, ae. f. San Maló, ciudad de Inglaterra. ‖ Alet, ciudad de Francia.

Alēthes, ae. m. Virg. Nombre de un troyano.

E 2

Aletīni, ōrum. m. plur. Plin. Los pueblos salentinos en Apulia.

Aletīnus, a, um. Plin. Salentino, *de los pueblos salentinos*.

Alétium, ii. n. Plin. Alecio, *ciudad de Italia, hoy Lecci en Otranto*.

Aletrīnas, ātis. f. Cic. y

Aletrinensis. m. f. sĕ. n. is. Cic. Natural ó vecino de Alatri, *ciudad de Italia*.

Aletrīnates, um m. plur. Cic. Los naturales y moradores de Alatri, alatrinos.

Aletrium y Alatrium, i. n. Front. Alatri, *ciudad del Lacio*.

† Aletūdo, ĭnis. f. Fest. Robustez, frescura, gordura, buena salud.

Aleus, a, um. Plin. De Belvedere, *ciudad de Acaya*.

Alex, ēcis. f. Plin. Salmuera de pescado, mixto de agua y sal.

Alexander, dri. Q. Cur. Alejandro, *hijo de Filipo, rey de Macedonia, llamado el Grande*.

Alexandria, ae. f. Plin. Alejandría, ciudad de Egipto *fundada por Alejandro*.

Alexandriānus, ó Alexandrinus, a, um. Cæs. Alejandrino, de la ciudad de Alejandría.

Alexandrŏpŏlis, is. f. Plin. Ciudad de los partos, *fundada por Alejandro*.

* Alexēter, ēris. m. Plin. El que defiende, protege y rechaza los males, *epíteto de Júpiter y Apolo*.

Alexia, ae. f. Cæs, Alisa, *ciudad de Borgoña*.

* Alexĭcacus, i. m. Lact. Sobrenombre de Apolo y de Hércules, *el que destierra los males*.

* Alexipharmăcon, i. n. Plin. Antídoto, contraveneno, *medicamento contra los venenos y hechizos*.

Alexirobe, es f. Ov. Alexiroe, *ninfa, hija del rio Gránico, en quien Priamo tuvo á Esaco*.

Alexis, is, ó ĭdis. m. Virg. Alexis, *jóven que regaló Polion á Virgilio, y de su nombre intituló la égloga segunda*.

Alga, ae. f. Virg. Alga, ova, *cierta yerba que se cria en los bordes del mar, y en los rios y arroyos*.|| Musgo, moho. || Cosa vil, despreciable.

Algĕbra, ae. f. Álgebra, aritmética por letras.

Algens, tis. part. Estac. Lleno de frio, yerto, aterido, que se hiela de frio.

Algensis. m. f. sĕ. n. is. Plin. Que se cria ó vive en las ovas.

Algeo, ĕs, alsi, sum, gĕre. n. Cic. Enfriarse mucho, hélarse de frio, tenerle, padecerle. *Probitas laudatur et alget. Juv.* Se alaba la bondad, la virtud, y sin embargo se desprecia, está abatida.

Algesco, scis, scĕre. n. Prud. V. Algeo.

Algiana, ae. f. Col. Especie de aceituna.

Algĭdensis. m. f. sĕ. n. is. Plin. De la ciudad de

Algidum, i. n. Hor. Algido, *ciudad del Lacio, hoy Roca del papa*.

Algĭdus, a, um. Catul. Frio, yerto, aterido de frio.

Algĭficus, a, um. Gel. Lo que causa mucho frio.

Algor, ōris. m. Salust. Frio, hielo, mucho frio.|| Plin. El invierno.

Algōsus, a, um. Plin. Que abunda de algas ú ovas.

Algus, us, ó i. m. V. Algor.

Alia. adv. Ter. Por otra parte, por otro camino.

Aliacmon, ŏnis. m. Cæs. Rio de Macedonia.

Alias. adv. Cic. En otro tiempo, otra vez, en otra parte, algunas veces, por otro término ó nombre. *Alias aliud sentire. Cic.* Ser unas veces de un parecer, y otras de otro. *Animal terrestre, alias terribile. Plin.* Animal terrestre, y ademas terrible.

Alĭbi. adv. Cic. En otra parte, en otro lugar, en otra ocasión, en otra cosa.

Alĭbĭlis. m. f. lĕ, n. is. Varr. Nutritivo, nutrimental, lo que es bueno para, ó tiene fuerza de alimentar. || Que fácilmente se alimenta y crece.

Alĭca, ae. f. Plin. La espelta, *especie de trigo semejante á la escanda*. || Poleada ó puche medicinal hecha de espelta. || Una bebida compuesta de ella.

Alĭcāriae, arum. f. plur. Plaut. Rameras, mugeres de mal vivir, que habitaban cerca de los molinos.

Alĭcārius, a, um. Plaut. Perteneciente á la espelta. || Á las rameras ó mugeres de mal vivir, que estaban cerca de los molinos.

Alĭcarius, ii. m. Fest. El molinero, el que muele ó vende la espelta.

Alĭcastrum, i. n. Col. Especie de trigo parecido á la espelta.

Alĭcŭbi. adv. Cic. En alguna, en cualquiera parte.

Alĭcŭla, ae. f. Marc. Vestido corto de los niños con mangas de ángel á manera de alas.

Alĭcunde. adv. Cic. De cualquiera parte ó persona.

Aliēnatio, ōnis. f. Cic. Enagenacion, venta, cesion. || Division, apartamiento, disgusto, diferencia, enemistad, indisposicion.|| Perturbacion, conmocion del ánimo, delirio.

Aliēnator, ōris. m. Dig. Enagenador, vendedor, el que se deshace ó enagena de algo.

Aliēnātus, a, um. part. de Alieno. Cic. Enagenado, vendido. || Disgustado. || Caido en desgracia.|| Delirante. || Enfermo.

Aliēnĭgĕna, ae. m. Sen y

Aliēnĭgĕnus, a, um. Val. Max. Extrangero de otra ciudad, de otro pais que el que habita.|| Lucr. Engendrado de otros alimentos diversos.

Aliēnior. m. f. ius. n. ōris. Cic. comp. Aliēnissĭmus, a, um. Cic. superl.

Aliēnĭtas, atis. f. Cel. Aur. Cosa estraña ó corrompida en el cuerpo, que le enferma. || Delirio.

Aliēno, ās, āvi, ātum, āre. a. Cic. Enagenar, ceder, vender, despropiarse, deshacerse de algo. || Introducir division, discordia, indisponer á uno con otro. *Alienare quemquam à se. Cic.* Romper con alguno, perder su amistad. — *Aliquem. Ter.* Echar, despedir á uno. — *Mentem alicujus. Liv.* Hacer perder á uno el juicio, sacarle fuera de sí. *Alienantur momento intestina evoluta. Cic.* Los intestinos arrancados, y puestos al aire, se corrompen al instante. *Tu me alienabis nunquam. Plaut.* Nunca harás que yo sea otro del que soy.

Aliēnum, i. n. Salust. Lo ageno, los bienes de otro.

Aliēnus, a, um. Cic. Ageno, lo que no es propio, lo que toca y pertenece á otro. || Extraño, extrangero, que no pertenece á nosotros. || Apartado, remoto. || Fuera de propósito, no conveniente, inútil, inepto. *Alienus homo. Ter.* Hombre extrangero. *Qui genus jactat suum, aliena laudat. Sen.* El que hace vanidad de su nobleza, ensalza la gloria de otros. *Alieno animo esse in aliquem. Ter.* Estar ofendido, de mala voluntad con alguno. *Aliena vivere quadra. Juv.* Vivir de estafa, de mogollon, de petardo. *Alienum dignitatis, dignitate, ó à dignitate. Cic.* No correspondiente á la dignidad.

Alĭfāna, ōrum. n. plur. V. Aliphana.

Alĭfer, a, um. Ov. y

Alĭger, a, um. Virg. Alado, que tiene alas, aligero.

Alĭmentārius, a, um. Cic. Alimentar, que pertenece y es propio para el alimento, que alimenta. *Lex alimentaria. Cic.* La ley que obliga á los hijos á dar alimentos á sus padres.

Alĭmentārius, ii. m. Dig. Aquel á quien se dan alimentos para vivir en fuerza de un testamento. *Alimentarii pueri. Dig.* Los niños sin padres, á quienes alimenta el público.

Alĭmentum, i n. Cic. Alimento, lo que es bueno para comer y sustentar el cuerpo, mantenimiento, nutrimento, sustancia. *Alimenta arcu expedire. Tac.* Mantenerse de la caza. — *Flammae. Ov.* Alimento, materia del fuego.

Alĭmōnia, ae. f. Plaut. y

Alĭmōnium, ii. n. Varr. V. Alimentum.

Alĭmontia mysteria. Arn. Ceremonias con que se celebraba en Grecia la peregrinacion de Baco, que buscaba el camino del infierno.

Alio. adv. Cic. En otra parte, hácia ó á otra parte. || Á otro fin ó uso, *se junta con verbos de movimiento*. *Quo alio nisi ad nos? Cic.* Dónde, á qué otra parte sino á nosotros? *Hoc longe alio spectabat. Nep.* Esto tenia muy diverso fin, otra mira muy distinta.

Alioqui. *adv.* 6

Alioquin. *adv. Cic.* Por lo demas, en cuanto á lo demas de otra manera, en cualquiera otra cosa ó manera.

Aliorsum. *adv.* 6 Aliorsus, 6

Alio versum, ó Alio versus. *adv. Plaut.* Hácia otro lugar, de otra manera, en otro sentido, con otra intencion.

Alipes, ĕdis. *com. Virg.* El que tiene alas en los piés. ‖ El ligero para correr, veloz, alado. *Deus alipes. Ov.* El dios Mercurio.

Alipha, æ. *f.* Alifa, *ciudad de Italia en el país de los samnites.*

Aliphana, ōrum. *Vasa. n. plur. Hor.* Vasos grandes para beber que se hacian en Alifa.

Aliphanus, a, um. *Cic.* Natural ó habitador de Alifa.

Alipilus, i. *m. Sen.* El que cortaba el pelo de los sobacos en el baño.

Alipta, æ; *f.* V. Aliptes.

Alipterium, ii. *m. Col.* Lugar donde se untaba con aceite á los atletas ó luchadores.

Aliptes, æ. *m. Cic.* El que unta, el que tenia el oficio de untar con aceite y ungüentos aromáticos á los que salian del baño ó á los luchadores.

Aliqua. *adv. Cic.* Por algun lugar, de alguna manera, de algun modo, por algun camino ó medio.

Aliquammulti. *adj. plur. Cic.* Algunos, bastantes, un buen número.

Aliquammultum. *adv. Apul.* Bastante, mucho.

Aliquamplūres. V. Aliquammulti.

Aliquandiu. *adv. Cic.* Por algun tiempo, durante algun tiempo.

Aliquando. *adv. Cic.* Alguna vez, algun dia, en algun tiempo.

Aliquantillum. *adv. Plaut.* V. Aliquantulum.

Aliquantisper. *adv. Ter.* Por un poco de tiempo, un rato, un instante, un momento.

Aliquantō. *adv. Cic.* Un poco, algun poco.

Aliquantŭlum. *adv. Cic.* Algun poquito, un poquito.

Aliquantum. *adv. Cic.* Un poco, algun poco.

*Todos estos adverbios de cantidad se juntan con genitivo, v. g.* Aliquantum nummorum. *Cic.* Algun dinero, un poco de dinero.

Aliquantus, a, um. *Salust.* Algo, alguna cosa en número y cantidad poco considerable. *Aliquantus timor. Salust.* Algun temor, un temor ligero.

Aliquatĕnus. *Petron. adv.* Hasta cierto punto.

Aliquid. *n. Cic.* Alguna cosa. ‖ *Adv.* Un poco, algo. *Id aliquid nihil est. Ter.* Este algo no es nada.

Aliquis, qua, quod. *Cic.* Alguno, uno. *Aliquis ex privatis. Plin.* Algun particular. *Si vis esse aliquis. Juv.* Si quieres ser ó valer alguna cosa. *Aliquis, aperite ostium. Ter.* Alguien llama, abrid la puerta. *Tres aliqui, aut quatuor. Cic.* Algunos tres ó cuatro.

Aliquispiam, quapiam, quodpiam. *Cic.* V. Aliquis.

Aliquo. *adv. Ter.* A, hácia alguna parte.

Aliquōmultum. *adv. Apul.* V. Aliquammultum.

Aliquorsum. *adv.* Hácia alguna parte.

Aliquot. *plur. indec. Cic.* Algunos. *Aliquot me adiere. Ter.* Algunos me han venido á hablar.

Aliquotfariam. *adv. Varr.* En algunos lugares, algunas, diferentes veces.

Aliquoties. *adv. Cic.* Algunas veces.

Aliquōversum. *adv. Plaut.* Hácia algun lugar, por un lado y por otro.

Aliquousque. *adv.* Hasta cierto tiempo ó lugar.

Alis. *Lucr.* En lugar de Alius, y Alid por Aliud.

Aliso, ōnis. *m. Tac.* Simbourg, *ciudad cerca de Paderborn.*

Aliter. *adv. Cic.* De otra manera, de distinto modo, de otra arte, de otro género.

Alitis. *genitiv. de* Ales.

Alitta, æ. *f.* Venus entre los árabes.

Alitūra, æ. *f. Gel.* V. Alimentum.

Alitus, a, um. *part. de* Alo. *Curc.* Alimentado, nutrido, criado.

Aliubi *en lugar de* Alibi.

Aliunde. *adv. Cic.* De otra parte, por otra parte, por otro medio. *Aliunde pendet. Cic.* Depende de otro.

Alius, a, ud. *Cic. gen.* Alius. *dat.* Alii. Otro, diverso, diferente, desemejante. *Los poetas dicen en el género masculino y neutro* Alii, *y Cic. en gen. femenino* Aliae. *Nemo, alius. Ter.* Ninguno otro, nadie. *Alius alia via. Liv.* 6, *alio modo. Cic.* Uno de una manera, y otro de otra. *Atque alius. Cic.* Muchos. *Vir erat. Liv.* Era otro hombre muy distinto. *Longe alia est lux solis, ac lichnorum. Cic.* Es muy diferente la luz del sol de la de las lámparas. *Alii* repetido en la misma frase significa estos, aquellos, unos, otros. *Divitias alii praeponunt, bonam alii valetudinem, alii potentiam, alii honores. Cic.* Prefieren unos las riquezas, otros la buena salud, estos el poder, aquellos las honras. *Aliud me quotidie impedit. Cic.* Cada dia me sobreviene, me estorba un asunto nuevo.

Aliusmōdi. *adv. Cic.* De otro modo.

Aliusvis, ăvis, udvis. *Cic.* Cualquiera otro.

† Aliūta. *adv. Fest. en lugar de* Aliter.

Allabor, ĕris, psus, sum, bi. *n. dep. Cic.* Caer, correr cerca, derramarse, extenderse. ‖ *Virg.* Descender, abordar. ‖ *Sen.* Postrarse, arrastrarse. *Allabi genibus. Sen.* Hincarse de rodillas. *Allabimur Cumarum oris. Virg.* Abordamos á, tomamos tierra, saltamos en Cuma.

*Todos los verbos que tienen dos* ll *despues de la* a *son compuestos de su simple y de la preposicion* ad, *aunque el simple no esté en uso.*

Allabōro, ās, āvi, ātum, āre. *a. Hor.* Trabajar, esforzarse, fatigarse, tomar mucho trabajo por alguna cosa. ‖ Juntar, añadir algo con trabajo.

Allaevo, ās, āvi, ātum, āre. *a. Colum.* Alisar, pulir, suavizar, poner una cosa tersa, quitarle los nudos.

Allambo, is, ĕre. *a. Quint.* Lamer. ‖ Tocar ligeramente.

† Allantŏpeus, a, um. ó

† Allantŏpōla, æ. *com.* Tocinero, ra, salchichero. El que vende la carne de puerco.

Allapsus, a, um. *part. de* Allabor. *Cic.*

Allapsus, us. *m. Hor.* Curso, corriente, caida, el acto de correr. ‖ Cercanía. ‖ Acometimiento.

Allason, ontis. *m. Marc.* Vaso de vidrio, de plata ú otra materia de varios colores.

Allātro, ās, āvi, ātum, āre. *n. Aur. Vict.* Ladrar. ‖ Vocear, gritar hácia alguno. ‖ Decir injurias, oprobios. ‖ Bramar, rebramar, hablando del mar. *Cato allatrare Africani magnitudinem solitus erat. Liv.* Caton solia murmurar de la grandeza de Africano.

Allātūrus, a, um. *part. de fut. de* Affero. *Nep.* El que ha ó tiene de llevar.

Allātus, a, um. *part. de* Affero. *Cic.* Traido, llevado, llegado. ‖ Anunciado, referido, contado.

† Allaudābĭlis. *m. f. lĕ. n. is. Plaut.* Muy laudable, muy digno de alabanza.

† Allaudo, ās, āvi, ātum, āre. *a. Plaut.* Alabar mucho.

Allectatio, ōnis. *f. Quint.* Caricia, halago, dulzura.

Allecti, ōrum. *m. plur. Suet.* Los elegidos entre la nobleza para llenar el hueco de los primeros senadores, que se llamaban Conscripti.

Allectio, ōnis. *f. Capitol.* La eleccion, asuncion, elevacion á la dignidad.

Allecto, ās, āvi, ātum, āre. *a. freq. de* Allicio. *Cic.* Convidar, llamar, atraer. *Allectare boves sibilo. Col.* Silbar á los bueyes para que beban con gusto.

Allector, ōris. *m. Colum.* El que atrae. ‖ Añagaza. ‖ El señuelo que el cazador pone para cazar aves. ‖ *Dig.* Enviado á cobrar los tributos del fisco, cobrador. ‖ *Grut.* Elegido, nombrado, admitido en algun órden.

Allectus, a, um. *part. de* Allego *y de* Allicio. Atraido, convidado, llamado. ‖ *Plin.* Escogido, elegido.

Allectus, i. *m. Fest.* El elegido entre los romanos para ocupar la plaza vacante del senado. ‖ *Sid.* Cuestor, tesorero ó cobrador, *que llevaba la cuenta de los gastos públicos, ó salia á las cobranzas de las rentas fiscales.*

Allēgatio, ōnis. *f. Cic.* Legacía, delegacion, diputacion, embajada. ‖ Alegacion. ‖ Citacion. ‖ Razones que se alegan en justicia, alegato.

Allēgatus, us. *m. Plaut.* Orden, mandamiento, citacion, llamamiento.

**Allēgātus, a, um.** *Ter.* Mandado, enviado. ‖ Citado, acusado, hecho comparecer. *part. de*

**Allēgo, ās, āvi, ātum, āre.** *a. Cic.* Enviar, diputar, delegar. ‖ Alegar, producir razones para excusarse, exponer, citar. *Alium ego isti rei allegabo. Plaut.* Yo daré este encargo á otro.

**Allĕgo, is, ēgi, ctum, gĕre.** *a. Liv.* Elegir, escoger, asociar, agregar, añadir al número.

† **Allēgŏrĭa, ae. f.** *Quint.* Alegoría; *figura retórica por la que se esconde un sentido debajo de palabras que aparentemente dicen otra cosa. Continuacion de metáforas.*

**Allēgŏrĭce. adv.** *Arn.* Alegorica, figuradamente.

**Allēgŏrĭco, as, āvi, atum, āre.** *n. Tert.* Hablar alegórica, figuradamente, por alegorías, por figuras.

**Allēgŏrĭcus, a, um.** *Arn.* Alegórico, figurado.

**Allēluia. ind.** *Bibl.* Alabad á Dios, *palabra hebrea.*

**Allĕvāmentum, i. n.** ó

**Allĕvātĭo, ōnis. f.** *Cic.* Levantamiento, el acto de levantar, alivio, consuelo.

**Allĕvātor, ōris. m.** *Tert.* Aliviador, el que alivia, aligera ó quita parte del peso, de la afliccion.

**Allĕvātus, a, um.** *part. de Allevo. Cic.* Levantado, sostenido, aliviado, aligerado, suavizado.

**Allēvi.** *pret. de Allino.*

**Allĕvĭo, as, āvi, atum, are.** *a. Cic.* Aligerar, disminuir, minorar.

**Allĕvo, as, āvi, atum, are.** *a. Tac.* Levantar, alzar. ‖ Aliviar, aligerar, suavizar, mitigar. *Allevare se. Plaut.* Cobrar espíritu. *Allevari. For.* Engreirse. *Allevare supercilia. Quint.* Levantar el entrecejo, tomar un aire serio y amenazador.

**Allex, ĭcis. m.** *Plaut.* V. *Allector.* ‖ *Isid.* El dedo gordo del pie.

**Allexi.** *pret. de Allicio.*

**Allĭa, ae. f.** *Virg.* Alia, *hoy Caminate ó rio de Mozo cerca de Roma, donde Breno, general de los galos, alcanzó una célebre victoria de las tropas romanas, quedando memorable, y como proverbio de un suceso infeliz: Alliensis dies, pugna.*

**Alliānus, a, um.** *Plin.* De la region aliana en Italia, entre los rios Pó y Tesino.

**Alliāria, ae. f.** ó **Alliārium, ii. n.** *Diod.* El ajo, escalonia, especie de ajo. ‖ Aliaria, yerba que da de sí un olor de ajos.

**Alliātum, i. n.** *Plin.* Salsa de ajos.

**Alliātus, a, um.** *Plaut.* Lo que huele á ajos, lo que tiene ajos.

**Allĭcĕfăcĭo, is, ĕre.** *a. Sen.* y

**Allĭcĭo, is, levi, lectum, ĕre.** *a. Cic.* Atraer, convidar, ganar, traer, llamar á sí con caricias. *Allicere somnos. Ov.* Provocar el sueño.

**Allicis.** *genit. de Alex y de Alix.*

**Allīdo, is, lisi, lisum, dĕre.** *a. Ces.* Estrellar, romper, quebrar, quebrantar, hacer pedazos contra alguna cosa. *Allidere virtutem. Sen.* Abandonar la virtud.

**Alliensis dies.** *Cic.* Dia fatal, *como aquel en que los romanos fueron derrotados por Breno sobre el rio Alia.*

**Allifa, ó Allipha, ó Alifa. ae. f.** *Liv.* Alisi, *ciudad de Samnio cerca de Vulturno.*

**Allifānus, a, um.** *Hor.* Lo que es de Alifa ó Alisi.

**Allĭgātĭo, ōnis. f.** *Vitr.* Ligamento, ligadura, aligacion, atadura, el acto de ligar y atar una cosa con otra.

**Allĭgātor, ōris. m.** *Col.* El que liga, aliga ó ata.

**Allĭgātūra, ae. f.** *Col.* V. *Alligatio.*

**Allĭgātus, a, um.** *Liv. part. de*

**Allĭgo, as, āvi, atum, āre.** *a. Col.* Aligar, atar, enlazar una cosa con otra. ‖ Ligar, vendar. ‖ Obligar, empeñar, poner en precision. *Hic furti se alligat. Ter.* Este se hace reo de hurto. — *Se scelere. Cic.* Hacerse reo.

**Allĭno, is, lēvi, ó livi, litum, ĕre.** *a. Cic.* Ungir, untar, frotar con ungüentos. ‖ Borrar, pasar la esponja. *Allinere alteri vitia sua. Sen.* Pegarle á otro sus vicios. — *Sordes sententiae. Cic.* Sospechar, hacer sospechosa una sentencia de corrupcion.

**Allīsi.** *pret. de Allido.*

**Allīsĭo, ōnis. f.** *Esparc.* El acto de estrellar, de romper, de quebrar. *Allisione digitorum conterere. Esp.* Hacer pedazos entre las manos, entre los dedos.

**Allīsus, a, um.** *part. de Allido. Ces.* Estrellado, quebrado, roto, hecho pedazos contra otro ó con otro.

**Allĭum, ii. n.** *Plin.* El ajo, *planta conocida. Allii caput. Pers.* Cabeza, diente de ajos. — *Ne allii quidem caput dedit. adag.* No dar una sed de agua.

**Allis, ĭcis. f.** *Gel.* Vestido con mangas.

**Allŏbrŏge, ae. com.** y

**Allŏbrŏges, um. com. plur.** *Cic.* Los alobroges, los naturales de Saboya y del Delfinado.

**Allŏbrŏgĭcus, a, um.** *Plin.* De Saboya ó del Delfinado, natural, habitante de, perteneciente á este pais.

**Allŏbrox, ŏgis. m. f.** *Hor.* El saboyano, el delfinés.

**Allŏcūtĭo, ōnis. f.** *Plin.* El habla, plática, discurso que se hace á otro. ‖ *Cat.* Consuelo. ‖ Razonamiento de un general á los soldados.

† **Allōdĭalis, m. f. lē. n. is.** Alodial, exento de carga.

† **Allōdĭum, ii. n.** Posesion franca, libre, exenta de toda carga.

**Allŏphylus, a, um.** *Bibl.* Extrangero. *Allophyli.* Los filisteos.

**Alloquium, ii. n.** *Liv.* V. *Allocutio.*

**Allŏquor, ĕris, cūtus sum, lŏqui. dep.** *Cic.* Hablar á alguno, dirigir á él las palabras, el discurso, la conversacion. ‖ Hablar en público. ‖ Consolar. *Parentes alloqui in luctu. Sen.* Consolar á los padres en el llanto.

**Allūbentia, ae. f.** ó

**Allūbescentia, ae. f.** *Apul.* Buena voluntad, condescendencia, deferencia, consentimiento.

**Allūbesco, is, bui, bĭtum, ĕre. n.** *Plaut.* Agradar, deleitar. ‖ *Apul.* Complacer, condescender, consentir.

**Allūcĕo, ēs, alluxi, allūcēre. n.** *Suet.* Lucir, dar luz, alumbrar. *Alluxit nobis bono animo estote. Suet.* Tened buen ánimo, que se nos muestra favorable la fortuna.

**Allūcĭnātĭo, ōnis. f.** *Non.* Alucinacion, error, equivocacion, engaño, desvío de la razon.

**Allūcĭnor, ăris, atus sum, ari. dep.** *Cic.* Errar, engañarse, equivocarse, desviarse del camino recto, de la razon, alucinarse.

**Allūcĭta, ae. f.** *Petron.* El mosquito. ‖ Cínife. ‖ Mariposa que se quema á la luz.

**Allūdens, tis. com.** *Cic.* El que retoza, juega, se burla con otro.

† **Allūdĭo, as, āvi, atum, āre. n.** *Plaut.* Acariciar, halagar.

**Allūdo, is, si, sum, dĕre. n.** *Ter.* Retozar, jugar, enredar con otro. ‖ Aludir, hacer relacion, alusion, referir á otra cosa. ‖ Chancearse. *Alludit tibi vitae prosperitas. Sen.* Se te muestra placentera, risueña la fortuna. *Ubi alludit unda, nascitur. Plin.* Crece en aquel parage donde baten las aguas.

**Allŭo, is, ui, ĕre.** *a. Cic.* Bañar, regar, batir, lavar, correr el agua cerca.

**Allus, i. m.** *Fest.* El dedo grueso del pie.

**Allŭsi.** *pret. de Alludo.*

† **Allūsĭo, ōnis. f.** *Arn.* El juguete, retozo, manoseo.

**Allŭvĭes, ei. f.** *Liv.* y **Allŭvĭo, ōnis. f.** *Cic.* Avenida, crecida, inundacion. ‖ *Cay. Jct.* Lo que va añadiendo el agua con su movimiento á la tierra que baña.

**Allŭvĭus, a, um.** *Varr.* La tierra que cubre el rio, y deja en seco cuando se retira.

† **Allus, ŭcis. m.** El dedo gordo del pie.

**Alluxi.** *pret. de Alluceo.*

**Almĭcĭes, ei. f.** *Fest.* Hermosura, belleza.

**Almo, ōnis. m.** *Ov.* Pequeño rio del campo romano, hoy Daquia, ó rio de Apio. ‖ Dios de este rio.

**Almus, a, um.** *Virg.* Nutritivo, que da alimento. ‖ *Fest.* Hermoso. ‖ Feliz, propicio. ‖ Puro, limpio, sano.

**Alnētum, i. n.** Alameda, sitio poblado de álamos.

**Alneus, a, um.** *Vitruv.* De álamo. ‖ Fértil, abundante.

**Alnus, i. f.** *Plin.* El álamo, árbol, álamo negro. ‖ Nave, barco, *en los poetas.* Cualquier cosa hecha de álamo.

**Alo, is, ălui, ălĭtum, y altum, ălĕre.** *a. Cic.* Alimentar, criar, nutrir, mantener. ‖ Fomentar, aumentar, sos-

## ALT

tener. *Honos alit artes. Cic.* El honor fomenta las artes.

**Aloa, ae.** *f.* Fiesta de los labradores y vendimiadores de Atenas en honor de Ceres y Baco.

**Aloë, ës.** *f. Plin.* Aloe, zabila, planta de que se saca el acibar.

**Aloëus, i. m.** *Luc.* Aloeo gigante, hijo de la tierra y de Titan.

**Alogia, ae.** *f. Sen.* Accion ó estado de un hombre á quien falta la razon. || Despropósito, bestialidad, dicho ó hecho necio. || Bestialidad, brutalidad.

\* **Alogus, a, um.** *S. Ag.* Privado de la razon.

**Aloidae, arum. m. plur.** *Virg.* Los hijos del gigante Aloeo, Oto y Efialtes.

**Alone ó Holone, es.** *f.* Alicante, *ciudad de Valencia en España.*

**Alopecis, ae.** *f. Plin.* Alopecia, *especie de tiña que vulgarmente se llama pelona, porque con ella se cae el cabello.*

† **Alopecias, ae, ó adis.** *f. Plin.* Zorra marina, especie de pescado.

**Alopecis, idis.** *f. Plin.* Especie de uva llamada cola de zorra, porque se le parece.

**Alopecurus, i.** *f. Plin.* Cola de zorra, yerba que tiene esta semejanza.

**Alopex, ecis.** *f.* La zorra.

**Alosa, y Alausa, ae.** *f. Auson.* La alosa, pescado de mar, y tambien de rio: sábalo, trisa, saboga.

**Alpes, ium.** *f. plur. Plin.* Los Alpes, *montes que separan á Italia de Francia y Alemania. Alpes maritimae.* Los Alpes de Provenza.

\* **Alpha.** *f.* Alfa, *primera letra del alfabeto griego. Alpha penulastorum. Marc.* El rey de los mendigos.

**Alphabetum, i. n.** *Ter.* El alfabeto, el abecedario, el abece.

**Alpheias, adis.** *f. Ov.* La ninfa Aretusa *convertida en la fuente Elide.*

**Alphesiboea, ae.** *f.* Alfesibea, Arsinoe, *muger de Alcmeon, que por vengar su muerte mató á sus hermanos.*

**Alphesiboeus, i. m.** *Virg.* Nombre de un pastor.

**Alpheus, i. m.** *Ov.* Rio del Peloponeso, hoy Orfea, Carbon ó Darbon.

**Alpheus, a, um.** *Virg.* Perteneciente al rio Alfeo.

**Alphicus, i. m.** *Marc.* El que cura la lepra blanca ó sarna. || *Gel.* El que padece esta enfermedad.

**Alphus, i. m.** *Cels.* Especie de lepra ó sarna blanca.

**Alpicus, a, um.** *Corn. Nep.* y

**Alpinus, a, um.** *Liv.* De los Alpes.

**Alsatia, ae.** *f.* La Alsacia, *provincia de Alemania.*

**Alsi.** *pret. de Algeo.*

**Alsidena, ae.** *f. Plin.* Especie de cebolla.

**Alsiensis. m. f. sē n. is.** y

**Alsietinus, a, um.** *Cic.* De la ciudad de Alsio en Etruria.

**Alsine, es.** *f. Plin.* Alsine, *yerba llamada orejas de raton y paverina.*

**Alsiosus, a, um.** *Plin.* Friolero, que se enfria con facilidad.

**Alsium, ii. n.** *Plin.* Alsio, *ciudad de la Etruria.*

**Alsius, a, um.** *Lucr.* Frio; que se enfria fácilmente. || *Cic. comp. de Alsus, a, um. Nihil altius. Cic.* No hay cosa mas frio. || *Sil.* De la ciudad de Alsio en la Etruria.

**Altanus, i. m.** *Plin.* El viento de tierra, el ábrego ó el sudoeste.

**Altar, y Altare, is. n.** *Virg.* El altar.

**Altaria, orum. n. plur.** *V.* Altar.

**Altarium, ii.** *Serv. Sulp.* V. Altar.

**Altatus, a, um.** *Sid.* Levantado en alto.

**Alte.** *adv. Cic.* Altamente, en alto. || Profunda, hondamente. *Ferrum haud alte descendit. Liv.* La herida no profundó mucho. *comp.* Altius. *sup.* Altissime.

**Altegradius, vel Altigradius, a, um.** *Ter.* Derecho, el que anda con el cuerpo derecho.

**Altellus, i. m.** *Fest.* Sobrenombre de Rómulo como criado en la tierra.

**Alter, a, um. gen. ius. dat. ri.** *Cic.* Uno de dos, el otro, el segundo. || Distinto, diferente. *Alter ego. Cic.*

## ALT

Otro yo. *Ille. Ter.* Aquel otro. *Altera quaque die. Cic.* Cada segundo dia, cada dos dias. *Altera die quam.* Dos dias despues que, ó de. *Alter annus belli. Plaut.* El segundo año de la guerra. *Altero tanto major. Cic.* Otro tanto mayor. *Auis est altera. Fest.* Los agüeros son opuestos. *Alter ab illo. Virg.* El segundo, ó muy semejante á él.

**Alter, eris. n.** *Marc.* Plancha ó bola de plomo de que usaban los luchadores en los gimnasios.

† **Alteras** en lugar de *Alias. Fest.*

**Alteratio, onis.** *f.* Alteracion, mutacion.

† **Altercabilis, e. ó n. is.** *Arnob.* Lleno de altercacion, de disputa.

**Altercatio, onis.** *f. Cic.* Altercacion, contienda de palabras, disputa, porfía, controversia, contestacion, debate, diferencia.

**Altercator, oris. m.** *Quint.* Vocaador, el que disputa con tenacidad, terco, porfiado.

**Altercor, aris, atus sum, ari.** *dep.* y

**Alterco, as, avi, atum, are. n.** *Ces.* Altercar, disputar, contender, porfiar con tenacidad. || *Cic.* Contender en el foro con preguntas y respuestas.

**Altercum, i. n.** *Plin.* Yerba que priva de los sentidos, llamada apolinar ó alba porcuna.

**Alternamentum, i. n.** *Mamert.* V. Alternatio.

**Alternans, tis. com.** *Prop.* Alternativo, lo que va y viene, ó se hace y sucede por turno, por veces. *Alternante aqua. Prop.* Yendo y viniendo el agua. *Alternantes brachia tollunt. Virg.* Levantan los brazos por turno, á la vez, á compas, uno despues de otro. *Alternanti, potior sententia visa est. Virg.* Estando en estas dudas, vacilante, irresoluto, le pareció el mejor acuerdo.

**Alternatim.** *adv. Non.* Alternada, alternativamente, por turno, á la vez, sucesivamente, por su orden.

**Alternatio, onis.** *f. Fest.* La alternacion, alternativa, el turno, vez y sucesion de unos y otros, de unas cosas á otras.

**Alternatus, a, um.** *part. de Alterno. Plin.* Alternado, hecho, puesto con orden.

**Alterne.** *adv. Plin.* V. Alternatim.

**Alterno, as, avi, atum, are. a.** *Plin.* Alternar, decir ó hacer una cosa con otra, por turno, á veces, interpoladamente. *Alternat hic ager. Plin.* Esta tierra se siembra un año, y descansa otro, es de año y vez.

**Alternus, a, um.** *Cic.* Alterno, lo que se hace ó dice con interposicion de otra cosa, por veces; lo que se pone ó coloca interpoladamente, con orden. *Alternat vice.* Col. ó *Alternis vicibus. Sen.* Cada uno á su vez. *Amant alternae Camoenae. Virg.* Las musas gustan de le alternativa. *Alternis pedibus insistere. Plin.* Mantenerse ya sobre un pie, ya sobre otro. *Alterna Thetis. Claud.* El flujo y reflujo del mar.

**Altero, as, avi, atum, are. a.** *Ov.* Alterar, mudar, variar, hacer novedad.

**Alterorsum.** *adv. Apul.* De otro lado, por otra parte.

† **Alterplex, icis. com.** *Fest.* Doble, artificioso, solapado, redomado, hombre de dos caras.

† **Altertra.** *f. Fest.* en lugar de Alterutra.

**Alteruter, tra, trum.** *Cic.* Uno ú otro, uno de dos. *gen.* trius. *dat.* tri.

**Alteruterque, traque, trumque.** *Plin.* Uno y otro, ambos, entrambos.

**Altea, ae.** *f. Plin.* Malva, malvavisco, altea. || Hija de Tiestes, *muger de Oeneo, rey de Etolia.*

**Alticinctus, a, um.** *Fedr.* El que tiene la ropa regazada, baldas en cinta, hombre pronto, dispuesto para echar mano de alguna cosa.

**Altijugus, a, um.** *Paul. Nol.* De alta cumbre.

**Altilaneus, a, um.** *Serv.* Que tiene largas las lanas.

**Altilia, orum.** *Bibl.* Animales cebados, engordados.

**Altiliarius, ii. m.** *Inscr.* El que cria y ceba las aves.

**Altilis. m. f. lē n. is.** *Plin.* Que se ceba, se cria para engordar. || *Macr.* Nutritivo, que alimenta. || *Plin.* Cebado, gordo. *Altilis dos. Plaut.* Dote rica, considerable. *Altiles asparagi. Plin.* Espárragos gordos.

**Altiloquium, ii. n.** *Mes. Corv.* Estilo sublime.

**Altiloquus, a, um.** *Sidon.* Altilocuo, el que tiene alta la voz. ¶ Elocuente, facundo. ¶ El que habla de cosas grandes.

Altimetria, ae. f. Altimetría, *parte de la geometría práctica que enseña á medir las alturas.*

Altinates, um. m. plur. *Plin.* Habitantes de Altino.

Altinum, i. n. *Marc.* Altino, *ciudad de la república de Venecia.*

Altinus, a, um. *Colum.* De la ciudad de Altino.

Altipeta, ae. m. f. *Paul. Nol.* Que camina, se endereza hácia arriba, á lo alto.

Altipotens, entis. *Marc. Cap.* El poderoso en lo alto, en el cielo.

Altisonus, a, um. *Cic.* Altísono, que suena alto, ó de lugar alto, altisonante. ¶ *Juv.* Sublime.

Altispex, icis. com. *Non.* El que mira desde lo alto.

Altissime. adv. Altísima, muy altamente.

Altisiodorum, i. n. Auxerre, *ciudad de Francia.*

Altithronus, i. m. *Juv.* El que tiene su trono en la altura.

Altitonans, tis. com. *Lucr.* Que truena desde alto.

Altitudo, inis. f. *Cic.* Altura, alteza. ¶ Elevacion, grandeza, sublimidad. ¶ Profundidad, concavidad, hondura. *Altitudo aedium. Cic.* La altura de una casa.—*Maris. Cic.* La profundidad del mar.—*Animi. Cic.* Grandeza de ánimo.—*Ingenii. Salust.* Elevacion del entendimiento.

Altivolans, tis. com. *Lucr.* Que vuela en alto, que se remonta, que vuela muy alto.

Altivolus, a, um. *Plin.* V. Altivolans.

Altius. adv. V. Alte.

Altiuscule. adv. *Apul.* Un poco altamente.

Altiusculus, a, um. *Suet.* Un poco alto.

Alto, as, are. a. *Sid.* Levantar en alto.

Altor, oris. m. y Altrix, icis. f. *Cic.* El ó la que cria, alimenta, educa.

Altrinsecus. adv. *Plaut.* De otra parte, de la otra parte, por otra parte. ¶ *Lact.* Por una y otra parte.

Altrix, icis. f. V. Altor. Plinio la usa como adjetivo.

Altrorsus. adv. *Apul.* ó

Altroversum. adv. *Plaut.* Hácia, por otra parte.

Altum, i. n. *Virg.* Lo alto (*se toma sustantivamente supliendo siempre otro sustantivo: v. gr. altum (somnum) dormire. Juv.* Dormir un profundo sueño. *In altum (mare) abstrahere. Cic.* Llevar á alta mar. *In altum (locum) editus. Cic.* Elevado, levantado en alto. *Ab alto (coelo) demittere. Virg.* Enviar del alto cielo.

Altus, a, um. *Cic.* Alto, elevado, levantado. ¶ Sublime, grande, noble, excelente. ¶ Profundo, hondo. ¶ Cóncavo. ¶ Altivo, altanero, soberbio, fiero, orgulloso. *Altus dolor. Virg.* Dolor vehemente ú oculto.—*Aestus. Plin.* Fuerte calor. *Altae Carthaginis animi. Prop.* Los corazones de la fiera Cartago. *Alta pecunia. Ov.* Suma gruesa de dinero. *Alta mente repostum. Virg.* Depositado muy en el alma, gravado, impreso muy profundamente en la memoria, en el corazon. *Alta quiet. Virg.* Tranquilidad perfecta. *Altissimis radicibus defixa virtus. Cic.* Virtud que ha echado muy hondas raices, arraigada sólidamente en el alma. *Alta voce clamare. Catul.* Gritar en alta voz.

Altus, a, um. part. de Alo. *Cic.* Criado y alimentado educado, crecido. *Nata, et alta. Cic.* Nacida y criada.

Altus, us. m. *Macr.* La cria, crianza, alimento, mantenimiento, cebo, la accion de criar.

Alucinor. V. Allucinor.

Alvear, ó Alveare, is. n. *Colum.* y

Alvearium, ii. n. *Colum.* Colmena, vaso en que las abejas hacen la miel. ¶ Colmenar, el cercado, sitio ó lugar donde estan las colmenas.

Alveatus, a, um. *Cat.* ó

Alveolatus, a, um. *Vitruv.* Ahondado, profundo, cavado, acanalado.

Alveolus, i. m. *Curc.* dim. de Alveus. Pequeña madre del rio. ¶ Vasija en forma de barco. ¶ Tablero para jugar. ¶ Canal, cañuto, caño, conducto pequeño.

† Alveum, i. n. *Fest.* La concavidad de cualquiera cosa honda.

Alveus, i. m. *Virg.* La madre de un rio. ¶ Cañon, cañuto, conducto. ¶ La panza ó barriga de cualquiera cosa cóncava. ¶ Tablero para jugar. ¶ El hueco, el fondo de una nave. ¶ La misma nave. ¶ Vaso en figura de barco. ¶ Vasija para lavarse. ¶ *Plin.* Corcho ó vaso semejante al de la colmena.

Alvi. pret. de Alo.

Alvinus, a, um. *Plin.* El que tiene cursos ó cámaras.

Alum, i. n. *Plin.* Alo, *yerba, consuelda mayor.*

Alumen, inis. n. *Cels.* Alumbre, piedra mineral de naturaleza de sal. *Alumen liquidum.* Alumbre zucarino.—*Scissile.* Alumbre de pluma.—*Catinum.* Alumbre catino ó de soda, yerba.

† Aluminarius, ii. m. *Inscr.* El artífice ó comerciante en alumbre.

Aluminatus, a, um. *Plin.* y

Aluminosus, a, um. Aluminoso, lo que tiene calidad ó mistura de alumbre.

Alumna, ae. f. *Suet.* Alumna, la que se cria como hija. ¶ Ama de leche, nodriza, el ama de criar. ¶ Madre que cria, que alimenta, como la tierra, la patria, &c.

Alumnandus, a, um. *Apul.* Que ha de ser criado, dado para ser criado.

Alumnatus, a, um. *Apul.* Criado, educado. ¶ El que ha criado ó educado.

† Alumno, as, are. a. *Cap.* ó

† Alumnor, aris, ari. dep. *Apul.* V. Alo, is.

Alumnus, i. m. *Hor.* Alumno, el discípulo que uno ha criado desde su niñez. ¶ *Plaut.* El que cria, educa y alimenta.

Aluntium, ii. n. *Plin.* Ciudad de Sicilia.

Aluta, ae. f. *Ces.* Piel ó cuero sutil. ¶ Zapato. ¶ Bota, pellejo. ¶ Bolsa.

Alutamen, inis. n. *Lucil.* y

Alutatius, y Alutarius, a, um. *Marc. Emp.* De piel, de cuero sutil.

† Alutamentarius, ii. m. El que comercia en pieles.

† Alutamentum, i. n. Comercio de pieles para curtir.

Alutarius, ii. m. *Plaut.* El curtidor, zurrador.

Alutarius, a, um. *Plin.* Del curtido de pieles.

Alutatio, onis. f. *Plin.* Alutacion, *la capa de oro en grano que suele hallarse en algunos minerales de este metal: se llama tambien manta.*

Alvus, i. f. *Cic.* El vientre, la barriga. ¶ Colmena. ¶ Utero, matriz. ¶ Correncia. ¶ Escremento. *Alvus liquida, cita, fluens, fusior, soluta. Cels.* Vientre corriente, facil, suelto.—*Coacta, contracta, dura, astricta, suppressa. Id.* Vientre duro, cerrado, estreñido. *Alvi resolutio.* Cursos, correncias.—*Ductio. Id.* Purgacion. *Alvus extrema, nigra, pallida. Cels.* El escremento, la deposicion. *Alvum ducere, liquare. Cels.* Laxar, ablandar el vientre.—*Astringere, supprimere.* Estreñir, detener los cursos. *Reddere cum multo spiritu. Id.* Ventosear mucho, obrar con mucha ventosidad.

Alyattes, is y ei. m. *Plin.* Aliates, *rey de Lidia, padre de Creso.*

Alyatticus, a, um. *Hor.* Propio del rey Aliates.

* Alypon, i. n. *Plin.* Una especie de berza.

* Alysson, i. n. *Plin.* Fruta contra la mordedura de perro rabioso.

† Alytarcha, y Alitarches, ae. m. *Casiod.* Magistrado que presidía á las fiestas que se hacian á los dioses. ¶ El principal de los ministros que servian para apartar la gente y evitar alborotos.

Alytarchia, ae. f. *Dig.* La dignidad y oficio del magistrado llamado Alitarca.

## AM

Ama, ae. f. *Ulp.* La hoz, podadera. ¶ Yerba medicinal.

† Amaad. indec. *Bibl.* Ciudad de la tribu de Aser.

Amabilis, m. f. le. n. is. *Cic.* Amable, digno de ser amado. *comp.* Amabilior. m. f. ius. n. *Cic.* Mas amable. *sup.* Amabilissimus, a, um. *Cic.* Muy amable, amabilísimo.

† Amabilitas, atis. f. *Cic.* Amabilidad, suavidad en el trato, afabilidad, dulzura, atractivo.

Amabiliter. adv. *Ov.* Amablemente, con cariño y suavidad.

Amabo. Interj. de cariño y amistad. *Ter.* Por mi amor, por mi, por tu vida.

**Amagetobrīga,** ae. f. *Cic.* Magetat, *ciudad donde los romanos perdiéron un ejército.*

**Amalēcītae,** ārum. m. plur. *Bibl.* Los amalecitas, *pueblos de Idumea.*

† **Amalgāma,** atis. n. ó **Amalgamātio,** ōnis. f. Amalgamacion, *la calcinacion de un metal que se hace por medio del mercurio.*

**Amalthēa,** ae. f. *Ov.* Amaltea, *hija de Meliso, rey de Creta, que crió á Júpiter con leche de una cabra*: otros dicen que Amaltea era una cabra. ‖ *Cic.* La biblioteca de Atico, asi llamada por su abundancia. *Amaltheae cornu. Ov.* El cuerno de Amaltea ó de la abundancia. ‖ *Tibul.* La sibila Cumea.

**Amam.** indec. *Bibl.* Ciudad de la tribu de Judá.

**Aman,** antis, ó ānis. m. *Bibl.* Aman, *ministro del rey Asuero, condenado á muerte.*

**Amandātio,** ōnis. f. *Cic.* Destierro, apartamiento.

**Amandātus,** a, um. *Cic.* part. de

**Amando,** is, āvi, ātum, āre. a. *Cic.* Desterrar, enviar, echar, apartar lejos á alguno, mandarle ir.

**Amandus,** a, um. *Hor.* Amable, digno de ser amado.

**Amanienses,** ium. m. plur. *Cic.* Amanenses, *habitantes del monte Amano.* V. Amanus.

**Amans,** antis. com. *Cic.* Amante, el que quiere bien, cariñoso, afectuoso. comp. Amantior. sup. Amantissimus. *Amans te sine rivali. Cic.* Unico amante de sí mismo.

**Amanter.** adv. *Cic.* Amorosa, tierna, afectuosamente, con amor &c. comp. Amantius. Con mas amor. sup. Amantissime. *Cic.* Muy tiernamente.

**Amansio,** ae. f. *Plaut.* El amor.

**Amantia,** ae. f. *Caes.* Ciudad de la Macedonia ilírica, hoy Puerto ragusio.

**Amantiāni,** y **Amantīni,** ōrum. m. plur. *Plin.* Habitantes de Puerto raguseo.

**Amanuensis,** is. m. *Suet.* Amanuense, escribiente, copista. ‖ Secretario.

**Amānus,** i. m. *Cic.* El monte Amano que separa la Siria de la Cilicia, hoy de Escanderona.

**Amārăcĭnum,** i. n. *Lucr.* Amaracino, ungüento llamado sansuquino.

**Amārăcĭnus,** a, um. *Plin.* De mejorana.

* **Amārăcus,** i. m. ó

**Amārăcum,** i. n. *Virg.* El amáraco, yerba, lo mismo que mejorana y almoraduz.

**Amārāmis,** n. *Bibl.* Amram, padre de Moises.

**Amārans,** tis. com. *Avien.* Amaricante, que amarga.

* **Amāranthus,** i. m. *Plin.* El amaranto, yerba muy olorosa, que se llama tambien guirnalda, flor de amor, ó cantueso.

**Amāre.** adv. *Virg.* Amarga, acerba, agriamente. ‖ Con pena y sentimiento.

**Amārēfăcio,** is, ēre. a. *Plaut.* Hacer, poner amargo.

**Amārēnus,** i. m. *Virg.* Rio de Lacio y de Sicilia.

**Amāresco,** is, ēre. n. *Palad.* Ponerse amargo.

† **Amāricō,** as, āre. a. *S. Ag.* Poner amargo, causar amargura, provocar la cólera. *Amaricaverunt Deum.* Irritaron á Dios.

**Amārītas,** ātis. f. *Vitruv.* Amargura, gusto amargo y desabrido.

**Amārīter.** adv. *S. Ger.* Amargamente, con pena.

**Amārĭties,** iēi. f. *Catul.* ó

**Amārĭtūdo,** ĭnis. f. *Plin.* y

**Amāror,** ōris. m. *Virg.* Amargor, amargura. ‖ Dolor, sentimiento. ‖ *Quint.* Aspereza.

**Amārŭlentia,** ae. f. Amargura. ‖ Mal humor, mal genio, desagrado.

**Amārŭlentus,** a, um. *Gel.* Amargo, agrio, áspero. ‖ Mordaz, maldiciente.

**Amārus,** a, um. *Cic.* Amargo, áspero. ‖ Ingrato, desapacible, incómodo, ofensivo. ‖ Triste, duro, acerbo, áspero. ‖ Mordaz, maldiciente. ‖ Fastidioso, impertinente. *Amari casus. Plin.* Tierra ingrata, estéril. *Amara tura. Plin.* Tierra ingrata, estéril. *Amariorem me senectus facit. Cic.* La vejez me hace mas impertinente.

**Amāryllis,** ĭdis. f. *Virg.* Amarilis, nombre de una aldeana.

**Amāryntis.** f. *Ev.* Nombre de Diana.

**Amasco,** is, ĕre. n. *Fest.* Empezar á amar.

**Amāsia,** ae. f. *Fest.* Muger enamorada.

**Amāsio,** ōnis. m. *Prud. en lugar de Amasius.* Amante, enamorado.

**Amāsis,** n. m. *Luc.* Amasis, rey de Egipto, cuyo túmulo fue una de las pirámides.

**Amāsiuncŭla,** ae. f. *Petr.* y

**Amāsiuncŭlus,** i. m. Enamorada, enamorado. dim. de

**Amāsius,** ii. m. *Plaut.* Amador, amante, enamorado, amartelado.

**Amastra,** ae. f. *Sil.* Ciudad antigua de Sicilia.

**Amastrĭăcus,** a, um. *Ov.* Perteneciente á la ciudad de Amastris.

**Amastris,** is. f. *Ov.* Amastris, ciudad de Paflagonia.

**Amāta,** ae. f. *Gel.* Nombre de una vírgen vestal. ‖ La muger del rey Latino, madre de Lavinia, con quien casó Eneas.

**Amathuntia,** ae. f. *Catul.* Nombre de Venus, de la ciudad de

**Amāthus,** untis. f. *Virg.* Limiso, ciudad de Chipre consagrada á Venus.

**Amăthūsĭăcus,** a, um. *Ov.* De la ciudad de Limiso.

**Amāthūsius,** a, um. *Plin.* Lo que es de la ciudad de Limiso. ‖ Sobrenombre de la diosa Venus.

**Amātio,** ōnis. f. *Plaut.* Amor, enamoramiento.

**Amātor,** ōris. m. *Cic.* Amador, amante, enamorado. ‖ Amigo.

**Amatorcŭlus,** a, um. ó **Amatorscolus,** i. dim. de Amator. *Plaut.* Enamoradillo, algo enamorado, el que todavia ama poco.

**Amātōrie.** adv. m. *Cic.* Amorosa, tierna, apasionadamente.

**Amātōrium,** ii. n. *Senec.* Lo que inclina ó excita al amor.

**Amātōrius,** a, um. *Cic.* Lo que es del amor, perteneciente al amor, que excita é inclina á él, que trata de él.

**Amātrix,** icis. f. *Plaut.* Amante, enamorada, apasionada.

**Amātūrio,** is, īre. n. *Prisc.* Tener deseo de amar.

**Amātus,** a, um. *Hor.* part. de Amo. Amado.

† **Amaxĭcus,** i. m. Cochero, calesero.

**Amazon,** ŏnis, y **Amazŏnis,** ĭdis. *Virg.* y **Amazŏnĭdes,** dum. Plur. Las Amazonas, mugeres guerreras de Escitia.

**Amazŏnius,** a, um. y **Amazonicus,** a, um. *Ov.* De las Amazonas.

**Ambactus,** i. m. *Caes.* Criado de condicion libre. ‖ Siervo.

**Ambădĕdo,** is, ĕdi, ĕre. a. *Plaut.* Devorar, consumir.

**Ambage.** ablat. sing. Ambāges. nominat. plur. Ambagibus. dat. (solo se usa en estos casos). *Virg.* Rodeo, camino oscuro, dificil, con vueltas y revueltas. ‖ Ambigüedad, sutileza, equivoco, sentido doble. ‖ Rodeo de palabras. *Ambages mittere. Plaut.* Dejarse de rodeos, venir al hecho.

**Ambāgio,** ōnis. f. *Varr.* Lo mismo que Ambage.

**Ambāgiōsus,** a, um. *Gel.* Intrincado, enredado, oscuro, lleno de rodeos y sutilezas.

**Ambāgo,** ĭnis. f. *Man.* Lo mismo que Ambages.

**Amber,** ĕris. n. ó

**Ambărum,** i. n. *Ruel.* El ámbar gris, cierto betun de Indias.

**Ambarri,** ōrum. m. plur. *Cic.* Pueblos de Francia, Chalons sobre el Saona.

**Ambarvālia,** ium. n. plur. *Fest.* Fiestas en que los antiguos paseaban por los campos el animal que habia de ser sacrificado para alcanzar de los dioses la fertilidad de la tierra.

**Ambarvālis.** m. f. lē. n. is. *Fest.* Lo que toca á la procesion al rededor de los campos. *Ambarvalis hostia. Macr.* La víctima que se paseaba por los campos para ser sacrificada.

**Ambasia,** ae. f. Amboise, ciudad de Francia.

**Ambaxioqui,** ōrum. m. plur. *Fest.* Los que llevan ó conducen al rededor.

**Ambĕdo,** dis (bes, best), di, sum, ĕre. a. *Plaut.* Comer al rededor.

† **Ambens,** tis. com. *Lucr.* El que consume, come al rededor, por todas partes.

F

Ambegna, y Ambĭgĕlĭa hostia. *f. Fest.* Víctima, que se llevaba al sacrificio, apompañada de corderos por ambos lados.

Ambēstrix, ĭcis. *f. Apul.* Devoradora, voraz, la que consume.

Ambēsus, a, um. *part. de* Ambedo. *Virg.* Consumido, devorado por todas partes.

Ambianenses, um. *m. plur.* y

Ambĭāni, ōrum. *m. plur. Ces.* Pueblos de Amiens *en Francia.*

Ambĭānum, i. *n. Ces.* Amiens, *ciudad de la Galia bélgica, hoy Picardía.*

Ambĭbărēti, ōrum. *m. plur. Ces.* Pueblos de Viviers, ó de Nevers *en Francia.*

Ambĭbārii, ōrum. *m. plur.* Pueblos de Abranches *en Normandía.*

Ambĭdens, tis. *m. f. Fest.* Oveja que tiene dientes en la mandíbula superior é inferior.

Ambĭdexter, a, um. Ambidextro, *el que usa igualmente de las dos manos.*

Ambĭfărĭam. *adv. Apul.* Por dos partes, de dos modos.

Ambĭfărĭus, a, um. *Arnob.* Lo que es doble, de dos lados, de dos sentidos, ambiguo, falaz.

Ambĭformĭter. *adv. Arn.* Ambiguamente.

Ambīga, ae. *f. Apic.* Vasija de barro ó vidrio en figura de pirámide.

Ambĭgĕna, ae. *m. f.* y

† Ambĭgĕnus, a, um. Lo que es de dos géneros ó dos sexos, como el hermafrodita.

Ambīgo, is, ĕre. *n. Cic.* Dudar, estar entre dos opiniones, estar en duda, estar dudoso, irresoluto. ‖ Disputar, tener contienda, controversia. ‖ Litigar. *Ambigitur, (impers.) Cic.* Se duda, no se sabe. *Ambigere de finibus. Cic.* Tener pleito sobre la division de términos. — *Patriam. Tac.* No saber á su patria.

Ambĭguē. *adv. Cic.* Ambiguamente, dudosa, oscura ó inciertamente. *Ambigue pugnare. Tac.* Pelear con vario suceso.

Ambĭguĭtas, ātis. *f. Cic.* y

Ambĭguum, i. *n. Cic.* Ambigüedad, duda, equívoco, oscuridad, incertidumbre. *Non habui ambiguum. Cic.* No tuve duda. *In ambiguo Britannia fuit. Tac.* Estuvo en peligro la Inglaterra.

Ambĭguus, a, um. *Cic.* Ambiguo, dudoso, equívoco, oscuro, incierto. *Infans ambiguus. Sen.* Criatura que no se sabe si es macho ó hembra. *Vir ambiguae fidei. Liv.* Hombre de dos caras. *Ambiguum ingenium. Plaut.* Ingenio vario. *Ambiguae res. Tac.* Desgracias, calamidades.

Ambiliātes, um. *m. plur. Ces.* Los ambiliates, *pueblos de Lamballe en Bretaña.*

Ambĭo, is, ivi, ó ii, ĭtum, ĭre. *a. Cic.* Ir al rededor, rodear. ‖ Pretender captando la voluntad, pedir, rogar con mucha instancia. ‖ Cercar. *Ambire auro eras vestis. Virg.* Guarnecer de oro un vestido. *Ambire aliquem. Virg.* Solicitar á uno, procurar hacerle suyo.

Ambītĭo, ōnis. *f.* El acto de rodear, de cercar. ‖ Pretension con instancia. ‖ Ambicion, codicia demasiada. ‖ Fausto, vanidad, ostentacion. *Aestimare viros per ambitionem. Tac.* Estimar á las gentes por apariencias. *Ambitionis magna perducere. Cor. Nep.* Conducir á uno con grande aparato. — *Relegata dicere. Hor.* Hablar sin vanidad, con modestia.

Ambītĭōsē. *adv. Cic.* Ambiciosamente, con codicia. ‖ Con vanidad, con afectacion, oficiosidad. *Ambitiose tristis. Marc.* El que por política afecta una seriedad triste. *Ambitiose aliquid facere. Cic.* Hacer alguna cosa por vanidad, con aparato excesivo. *Ambitiosissime petere. Quint.* Pretender con ambicion excesiva.

Ambĭtĭōsus, a, um. *Plin.* El que rodea. ‖ El que visita y cerca á todos para pretender. ‖ El que desea ser rogado. *Ambitiosus amnis. Plin.* Rio que toma largas vueltas. *In aliquem. Cic.* El que desea el favor de otro. *Ambitiosae sententiae. Suet.* Sentencias dadas por favor. *Ambitiosis precibus petere. Tac.* Pedir con importunos ruegos. *Ambitiosa atria. Marc.* Palacios soberbios.

Ambītor, ōris. *m. Lampr.* El que rodea, cerca ó anda al rededor. ‖ El que insta y ruega en sus pretensiones.

† Ambĭtūdo, ĭnis. *f. Apul.* Rodeo, cerco, circuito, ámbito, circunvalacion.

Ambĭtus, us. *m. Cic. V.* Ambitudo. ‖ *Suet.* Círculo, circunferencia, ámbito, giro. ‖ Intriga en las pretensiones. *Verborum ambitus. Cic.* El período, la cláusula. *Relinque ambitum. Sen.* Deja la soberbia, la ostentacion. *Ambitus nominum. Plin.* Diversidad, ostentacion de nombres.

Ambĭtus, a, um. *part. de* Ambio. *Cic.* Rodeado, cercado. ‖ Apetecido, pretendido, solicitado.

Ambĭvărēti, ōrum. *m. plur.* Pueblos de Brabante, *entre el Rin y el Mosa.*

Ambīvi. *pret. de* Ambio.

Ambīvĭum, ii. *n. Varr.* Encrucijada, la travesía *en que se encuentran dos ó mas calles.*

Ambix, ĭcis. *m.* El alambique.

Ambo, bae, bo. *adj. plur. Cic.* Ambos, los dos, entrambos, uno y otro.

† Ambo, ōnis. *m. Eccles.* Tribuna, púlpito. ‖ Facistol, atril.

† Ambŏlagĭum, ii. *n. Amito,* lienzo de que usa el sacerdote para celebrar la misa.

Ambra, ae. *f. V.* Ambar.

Ambrăcĭa, ae. *f. Liv.* Ambracia, *ciudad de Epiro.*

Ambrăcĭensis. *m. f. tē. n. is. Liv.* y

Ambrăcĭenses, ium. *m. plur. Liv.* y

Ambrăcĭōtes, ae. *Plin.* y

Ambrăcĭus, a, um. *Plin.* De Ambracia. *Ambracius sinus. Plin.* El golfo de Larta ó de Ambracia, *en que Augusto venció á Antonio y Cleopatra.*

† Ambrīces, um. *f. plur. Fest.* Latas, palos sin pulir. ‖ Las tejas acanaladas.

† Ambro, ōnis. *m. Fest.* Vagabundo, holgazan, hombre perdido. ‖ Disipador.

Ambrōnes, ōnum. *m. plur. Flor.* Pueblos de la Galia narbonense, *que vivian de robos.*

Ambrŏsĭa, ae. *f. Cic.* Ambrosía, bebida ó comida delicada de los dioses, néctar. ‖ *Plin.* Artemisa, yerba. ‖ *Cic.* La inmortalidad. ‖ *Cels.* Remedio, antídoto.

Ambrŏsĭăcus, a, um. *Plin.* De ó semejante á la ambrosía.

Ambrŏsĭus, a, um. *Plin.* Inmortal, divino, exquisito.

Ambrŏsĭus, ii. *m.* Nombre propio del santo doctor arzobispo de Milan, *que floreció en el siglo IV de J. C.*

Ambŭbaiae, ārum. *f. plur. Hor.* Mugeres siras prostituidas, que tocaban flautas y otros instrumentos.

Ambūbēis, ae. *f. Cels.* La chicoria silvestre.

Ambŭlācrum, i. *n. Plaut.* Paseo, arboleda, alameda para pasear. ‖ Galería cubierta para el mismo fin.

Ambŭlans, tis. *com. Marc.* El que anda ó se pasea. *Ambulans coena. Marc.* Cena ligera en que se ponen y quitan los platos muy de prisa.

Ambŭlătĭlis. *m. f. lē. n. is. Vitruv.* Movible, que va y viene, que se alza y baja, que se quita y se pone. *Ambulatiles funduli.* Los machos de los cañones de las bombas para sacar agua.

Ambŭlătĭo, ōnis. *f. Cic.* Paseo, el acto de pasear, y el lugar donde se pasea. *Ambulatio subdialis. Plin.* Paseo al raso, á cielo descubierto.

Ambŭlătĭuncŭla, ae. *f. Cic.* Paseo breve, corto. ‖ Sitio corto para pasear.

Ambŭlātor, ōris. *m. Colum.* El que se pasea, el que anda de un lado para otro, el holgazan que no para en casa, ambulante.

Ambŭlātōrĭus, a, um. *Hirt.* Que anda ó puede moverse y trasladarse de una parte á otra. ‖ *Ulp.* Lo que sirve para andar ó pasear.

Ambŭlātrix, ĭcis. *f. Cat.* La muger que gusta de pasearse y de estar poco en su casa, andariega.

Ambŭlātūra, ae. *f.* y Ambŭlātus, us. *m. Veg.* El acto de andar.

Ambŭlo, as, avi, atum, are. *n. Cic.* Pasearse, andar yendo y viniendo. *Ambulare in jus. Plaut.* Ir delante del juez. *Bene ambula, et redambula. Plaut.* Ve y vuelve con feliz viage.

Amburbĭālĭa, ium. *n. plur. Fest.* Fiestas en que se paseaba la víctima al rededor de la ciudad antes del sacrificio.

Amburbialis. *m. f. lē. n. is. Fest.* Lo que se lleva al rededor de los términos de la ciudad.

**Amburbium**, ii. n. *Vop.* Sacrificio anual que se hacia en Roma para expiar, lustrar y purgar la ciudad.

**Amburo**, is, ussi, ustum, ĕre. a. *Cic.* Quemar, abrasar, poner fuego al rededor, por todas partes, incendiar.

**Amburvo**, as, āre. *Virg.* Saltar al rededor.

**Ambusta**, orum. n. *plur. Plin.* Quemaduras.

**Ambustio**, ōnis. f. *Plin.* Quemadura, la accion de quemar, incendio, quema, fuego.

**Ambustŭlātus**, a, um. *Plaut.* Medio quemado.

**Ambustum**, i. n. *Plin.* La lesion de algun miembro por fuego ó demasiado frio.

**Ambustus**, a, um. *part.* de Amburo. *Cic.* Quemado, abrasado. *Ambustus incendio sociorum. Cic.* Sepultado en la desgracia de los aliados. *Ambusti arctus vi frigoris. Tac.* Los artejos llenos de grietas, abiertos del frio.

† **Amecus**, a, um. *Fest.* en lugar de Amicus.

**Amella**, ae. f. *Plin.* La manzanilla, yerba.

**Amellus**, i. m. *Virg.* Amelo, planta.

**Amen**. adv. *Prud.* Vocablo hebreo, que significa asi sea, ó ciertamente, en verdad.

**Amenānus**, i. m. *Ov.* Rio de Sicilia.

**Amens**, entis. com. *Virg.* Amente, el que está fuera de sí, demente, mentecato, insensato, loco. comp. Amentior. superl. Amentissimus.

**Amentatio**, ōnis. f. *Tert.* La accion de lanzar un dardo.

**Amentātus**, a, um. *Cic.* Atado á una correa: dícese de las armas arrojadizas.

**Amenter**. adv. Locamente, sin seso. comp. Amentius. superl. Amentissime.

**Amentia**, ae. f. *Cic.* Demencia, locura, enagenacion de la razon. ‖ Perturbacion, consternacion, sorpresa que pone al hombre fuera de sí.

**Amento**, as, are. a. *Lucr.* Amentar, atar con correa, lanzar, disparar un dardo con correa.

**Amentum**, i. n. *Ces.* Amento, la correa con que se ataba el dardo para tirarle. ‖ Dardo, flecha, lanza. ¶ *Fest.* Correa para atar las suelas que usaban en lugar de zapatos.

**Ameria**, ae. f. *Amelia, ciudad de la Hungria.*

**America**, ae. f. La América, una de las cuatro partes del mundo.

**Americānus**, a, um. Americano, natural de América.

**Amerina**, ae. f. *Plin.* Especie de sauce ó de mimbre, de la ciudad de Amelia.

**Amerina**, ōrum. n. plur. Lazos de mimbre.

**Amerīni**, ōrum. m. plur. *Plin.* Los ciudadanos de Amelia.

**Amerīnus**, a, um. *Cic.* De la ciudad de Amelia.

**Ames**, ĭtis. m. *Hor.* Palo ú horquilla para extender las redes en la caza.

**Amēthystĭna**, ōrum. n. plur. *Juv.* Vestidos de color de amatista, de púrpura.

**Amethystĭnātus**, a, um. *Plin.* Lo que es de ó de color de amatista.

**Amethystĭnus**, a, um. *Plin.* De ó de color de amatista, purpúreo.

* **Amethystizon**, tis. m. *Plin.* El carbunclo que tira al color de la amatista.

**Amethystus**, i. f. *Plin.* Amatista, piedra preciosa de color purpúreo (aunque tambien las hay blancas).

* **Ametor**. *Ter.* El que no tiene madre.

**Amfractus**. V. Anfractus.

**Amia**, ae. f. *Plin.* El amia, pescado que comunmente se llama bonito ó biza.

**Amiantus**, i. m. *Plin.* El amianto, piedra que pasa por el alumbre de pluma, que echada en fuego arde, y no se consume.

**Amica**, ae. f. *Ter.* La amiga por buena ó por mala parte.

**Amicabilis**. m. f. lĕ. n. is. *Plaut.* Amigable, lo que conviene y pertenece á la amistad. *Amicabilem operam dare. Plaut.* Hacer servicios de amigo.

**Amicalis**. m. f. lĕ. n. is. *Apul.* V. Amicabilis.

**Amicarius**, ii. m. *Diom.* El rufian ó alcahuete.

**Amice**. adv. *Cic.* Amigable, amistosa, cariñosa, amorosamente, con toda voluntad y afecto. *Amicissime vivere. Cic.* Vivir en una estrechísima amistad.

**Amicīmen**, ĭnis. n. *Apul.* La ropa exterior, como toga, palio, clámide &c.

**Amicīnum**, i. n. *Fest.* El piezgo del pellejo por donde se saca el vino.

**Amicio**, is, ivi, icui, ixi, ctum, ire. a. *Suet.* Cubrir, tapar, vestir. *El pretérito Amicivi carece de ejemplo.*

**Amīciter**. adv. *Plaut.* V. Amice.

**Amicitia**, ae. f. *Cic.* La amistad, amor, benevolencia, cariño, familiaridad y confianza recíproca. ‖ *Suet.* El amigo. *Amicitiam vocare ad calculos. Cic.* Ajustar las cuentas en la amistad, ser amigo por sus intereses. — *Appetere. Cic.* Apetecer, desear la amistad. — *Consequi. Sibi comparare.* — *Conciliare. Cic.* Ganar, adquirir, conciliarse amistad. — *Dirumpere.* — *Divellere.* — *Dissociare. Dissuere.* — *Dissolvere. Cic.* Romper la amistad. — *Multas amicitias silentium dirēmit. Viri infortunati procul amici. Non sunt amici qui degunt procul. adag.* A muertos y á idos no hay amigos. ref.

† **Amicities**, ei. f. *Lucr.* V. Amicitia.

† **Amico**, as, avi, atum, are. a. *Stat.* Amistar, reconciliar los ánimos, volverlos á unir y hacer amigos.

**Amictorium**, ii. n. *Marc.* Lienzo, corbata con que las mugeres cubrian la garganta y el pecho.

**Amictus**, us. m. *Cic.* Todo género de vestido ó ropa exterior, como toga, palio, clámide &c. ‖ El amito de los sacerdotes. ‖ *Quint.* La accion ó modo de vestirse, de componerse.

**Amictus**, a, um. *part.* de Amicio. *Cic.* Cubierto, tapado, vestido.

**Amicŭla**, ae. f. *Cic.* Amiga tierna, amiguita.

† **Amicŭlātus**, a, um. *Solin.* Cubierto, vestido.

**Amicŭlum**, i. n. *Cic.* Vestido corto y ajustado.

**Amicŭlus**, i. m. *Cic.* Amigo tierno, amiguito.

**Amicus**, a, um. com. Amicior. superlat. Amicissimus. Amigo, benévolo, propenso, amicísimo y amiguísimo, confidente. ‖ Aliado, pariente. ‖ Favorable, agradable, oficioso. *Amicae civitates. Ces.* Ciudades unidadas, confederadas. *Amicus ex animo. Cic.* Amigo de veras, de corazon. *Amica quies. Claud.* Reposo agradable. *Amica manus. Ov.* Mano oficiosa, trabajadora, que dá de comer. *Amicum numen. Virg.* Numen, deidad propicia.

**Amicus**, i. m. *Cic.* El amigo. ‖ Confidente, compañero, camarada. *Amicus usque ad aras. adag. Amicus Plato, sed magis amica veritas.* Amigo hasta el altar ó hasta las aras. *Mores amici noveris, non oderis. Quis namque benigno cum hospite pugnat. adag.* Al amigo con su vicio. ref.

**Amilcar**, is. m. *Liv.* Amilcar, general de Cartago.

**Amida**, ae. f. *Am.* Constancia, ciudad de Mesopotamia.

**Aminēus**, a, um. *Macr.* De la region aminea, ó del campo falerno.

**Amisi**. *pret.* de Amitto.

**Amisia**, ae. f. *Plin.* El Ems, rio de Alemania.

**Amissibilis**. m. f. lĕ. n. is. *S. Ag.* Lo que se puede perder.

**Amissio**, ōnis. f. *Cic.* y

**Amissus**, us. m. *Nep.* La pérdida, perdicion, el acto de perder.

**Amissus**, a, um. *part.* de Amitto. *Cic.* Perdido.

**Amita**, ae. f. *Cic.* Tia, hermana de padre.

**Amiternīnus**, a, um. *Colum.* y Amiternini, ōrum. *Plin.* y Amiternus, a, um. *Virg.* De la ciudad de Amiterno ó San Victorino.

**Amiternum**, i. n. *Plin.* Amiterno, ciudad del Abruzo, hoy San Victorino.

**Amithāon**, ōnis. m. *Ov.* Un capitan griego, padre de Melampo.

**Amithaonius**, a, um. *Virg.* De Amitaon.

**Amitīni**, ōrum. m. plur. y Amitinae, ārum. f. plur. *Dig.* Los sobrinos, hijos de hermanos.

**Amitto**, is, amisi, amissum, ĕre. a. *Cic.* Dejar ir, enviar, despachar. ‖ Perder, dejar perder. ‖ Quitar. *Amittere è conspectu. Ter.* Perder de vista. — *Ex animo. Cic.* Olvidar, dejar irse ó escaparse una cosa del pensamiento, de la memoria. — *Alicui vitam. Plaut.* Quitar á uno la vida.

**Amixi**. *pret.* de Amicio.

**Ammi**, ios. y Ammium, ii. n. *Plin.* Ammi, planta que se parece al comino.

F 2

Ammianus Marcellinus. Amiano Marcelino, *soldado natural de Antioquía, historiador inculto que floreció en el siglo IV de Cristo.*

\* Ammochryssus, i. m. *Plin.* Nombre de una piedra preciosa de color de la arena, mezclada con oro.

\* Ammodytes, ó Ammodites, ae. m. *Luc.* La amodite, *especie de sierpe parecida á la víbora, que nace en los arenales.*

Ammon, ōnis. m. *Ov.* Amon, *sobrenombre de Júpiter, venerado en los desiertos de la África en figura de carnero.*

Ammōniăcum, i. n. *Plin.* Armoniaco ó amoniaco, *goma ó licor que destila de la planta llamada agecilis.*

Ammōniăcus, a, um. *Plin.* Sal amoniaco.

Ammonias, adis. f. *Plin.* La nave que conducia los dones y víctimas de los pueblos al templo de Júpiter Amon.

Ammōnītae, ārum. m. plur. *Bibl.* Los amonitas, *pueblos de Palestina.*

Ammōnītrum, i. n. *Plin.* Arena blanca, *masa que consta de arena mezclada con nitro.*

† Ammoveo, ēs, ēre. a. *Val. Flac.* Acercar, arrimar.

Amnacus, i. f. La yerba matricaria.

Amnensis. m. f. sē. n. is. *Fest.* Situado junto á un rio.

Amnistia, ae. f. *Vop.* Silencio, olvido, perdon de las cosas pasadas, amnistía.

Amnĭcŏla, ae. com. *Ov.* El que habita cerca de un rio.

Amnĭcŭlus, i. m. *Liv.* Riachuelo, arroyo, regato, rio pequeño.

Amnĭcus, a, um. *Plin.* De él ó perteneciente al rio.

Amnĭgĕna, ae. m. f. *Val. Flac.* Engendrado en el rio, hijo del rio.

Amnis, is. m. *Cic.* El rio. *Amnis fluminis. Tac.* El agua del rio. — *Oceani. Virg.* Las olas del océano.

Amo, ās, āvi, ātum, āre. a. *Cic.* Amar, querer bien, tener cariño, afecto. ‖ Estar enamorado. ‖ Deleitarse en una cosa, tener gusto ó aficion á ella. *Amare nunc videor, antea dilexisse. Cic.* Ahora me parece que amo, y que antes solo estimaba. *In hoc me valde amo. Cic.* En esto me complazco. *Ita me Dii ament, credo. Ter.* Lo creo, asi Dios me ayude. *Amare ut cum maxime. Ter.* Amar sobremanera. — *Misere. Ter.* Perdidamente. — *Medullitus. Plaut.* Entrañablemente.

Amŏdo. adv. *Bibl.* En adelante, de aqui adelante, de hoy mas.

Amoebaeus, a, um. *Fest.* Alternativo. *Amoebaeum carmen. Fest.* Amebeo, *composicion métrica en que cantan dos alternativamente y con igualdad, como en la écloga tercera de Virg. Amoebaeus pes. Diomed.* Pie de cinco sílabas, dos largas, dos breves, y la última larga, como *incredibiles.*

Amoebaeus. i. m. *Ov.* Un famoso citarista ateniense.

Amoena, ōrum. n. plur. *Tac.* Lugares amenos, deliciosos.

Amoene. adv. *Plaut.* Con amenidad, agradable, deliciosamente. *Amoenissime habitare. Plin.* Vivir con mucha comodidad, en sitio ameno y delicioso.

Amoenĭtas, ātis. f. *Cic.* La amenidad, frondosidad, buena vista, de aguas, yerbas, plantas y flores.

Amoenĭter. adv. *Gel.* V. Amoene.

† Amoeno, ās, āvi, ātum, āre, a. *S. Cipr.* Amenizar, hacer un sitio ameno, apacible y delicioso.

Amoenus, a, um. *Cic.* Ameno, delicioso, apacible, frondoso, divertido, alegre, hermoso. *comp.* Amoenior. *superl.* Amoenissimus. *Cic.*

Amōlior, iris, itus, sum, iri. dep. *Tac.* Apartar, arredrar, desviar. ‖ *Quint.* Rechazar.

Amōlĭtio, ōnis. f. *Gel.* Apartamiento, el acto de desviar ó retirar una cosa.

Amōmis, dis. f. *Plin.* Planta semejante al amomo.

Amōmum, i. n. *Virg.* El amomo, *planta parecida al apio, que da una fruta de excelente olor.* ‖ *Ov.* Ungüento precioso.

Amor, ōris. m. *Cic.* El amor, afecto, benevolencia, cariño. ‖ Cupido, *el dios del amor.* ‖ Cualquier deseo. *Amore esse alicui. Cic.* Ser amado de alguno. *Amor sui. Hor.* El amor propio.

Amōrābundus, a, um. *Gel.* Enamorado.

Amōres. m. plur. *Virg.* Los amores. (Se toma en buena y en mala parte.) ‖ Poesías amatorias, eróticas, amorios.

† Amōrĭfer, a, um. *Ven. Fort.* y

† Amōrĭfĭcus, a, um. *Apul.* Á propósito para hacer enamorar.

Amōtio, ōnis. f. *Cic.* La remocion, apartamiento, el acto de apartar. ‖ Privacion, separacion.

Amōtus, a, um. *Hor.* Apartado. *part. de*

Amŏveo, ēs, ōvi, ōtum, ēre. a. *Cic.* Remover, apartar, desviar, separar, retirar. ‖ Alejar, desterrar. ‖ Robar, hurtar, quitar. *Amovere à se culpam. Liv.* Justificarse. *Amovemini hinc intro vos.* Retiraos, idos de aqui allá dentro. *Amovere aliquem ex officio. Cic.* Desposeer á uno del empleo. — *A foribus. Plaut.* Echar, hacer quitar á uno de la puerta. *Virgas amovet lex Portia. Cic.* La ley porcia prohibe el condenar á pena de azotes.

Ampĕlītis, ĭdis. f. *Plin.* El barro ó tierra negra y pegajosa semejante al betun.

Ampelius (L.) *Sid.* Lucio Ampelio, *escritor del tiempo incierto, que publicó un libro intitulado Memorial de las cosas memorables del mundo.*

\* Ampĕlŏdesmos. *Plin.* Especie de yerba semejante al esparto con que los sicilianos ataban las vides.

Ampĕlŏleuce, es. f. *Plin.* La taragoncia ó dragontea, planta.

Ampĕlŏmĕloena, ae. f. Dragontea, de raiz blanca.

\* Ampĕlŏprason. i. n. *Plin.* y

Ampĕlos, i. f. *Plin.* La mimbre con que se atan las vides. *Ampelos agria. Plin.* La vid silvestre. *Ampeloprason. Plin.* Puerro que nace entre las vides.

† Ampelos, i. m. *Ov.* Jóven hermoso, amado de Baco.

\* Amphemerīnon. *Plin.* Calentura cuotidiana, continua.

Amphiaracus, a, um. *Prop.* Del agorero Anfiarao.

Amphiaraides, idae. m. *Ov.* El hijo de Anfiarao, Alcmeon.

Amphiaraus, i. m. *Cic.* Anfiarao, agorero griego famoso.

Amphĭbălus, ó Amphibalum, i. n. *Sulp. Sev.* La capa ú otra ropa exterior.

Amphĭbia, ōrum. n. *Cic.* y

Amphĭbium, ii. n. *Varr.* y

Amphĭbius, a, um. *Col.* El ó los animales anfibios, que viven igualmente en tierra y en agua.

Amphĭbŏlia, ae. f. *Cic.* y

Amphĭbŏlŏgia, ae. f. *Quint.* Anfibología, *modo de hablar ambiguo, ó con dos sentidos.*

Amphĭbŏlus, a, um. *Marc. Cap.* Anfibológico, ambiguo, equívoco.

Amphĭbrăchys, yos, eos, et Amphĭbrăchus, i. m. *Quint.* Anfibraco, *pie compuesto de una larga entre dos breves: v. g.* ămĭcă.

Amphictyōnes, um. m. *Cic.* Los Anfictiones, *magistrados que arreglaban las casas de la Grecia, enviados de cada ciudad, y congregados dos veces al año en alguna parte.*

Amphictyŏnĭcus, a, um. Lo perteneciente á los Anfictiones. *Amphictyonicum concilium. Dieta*, congreso general de los estados de Grecia. *Amphictyonicae leges.* Las constituciones y decretos de estas asambleas.

\* Amphicyrtos. *Macrob.* La luna cuando está entre su medio y plenitud curva por todas partes.

\* Amphĭdrōmia, ae. f. *Suet.* Fiesta que se hacia en casa de las paridas al quinto dia del parto.

Amphigenia, ae. f. *Estac.* Ciudad de Mesenia en el Peloponeso.

Amphĭlŏchi, ōrum. m. *Liv.* Anfilocos, pueblos de Epiro.

Amphĭlŏchia, ae. f. *Cic.* Anfiloquia, provincia de Epiro. ‖ Una ciudad de esta provincia fundada por Anfiloco, hijo de Anfiarao. *Plin.*

Amphĭlŏchus, i. m. *Plin.* Anfiloco, hijo de Anfiarao.

Amphĭmăcer et Amphĭmăcrus, i. m. *Quint.* Anfimacro, *pie que consta de tres sílabas, larga, breve y larga: v. g.* Cāstĭtās.

Amphĭmallum, i. n. *Plin.* Especie de capa ó manteo de paño igualmente peludo por uno y otro lado.

Amphīon, ōnis. m. *Hor.* Anfion, *rey de Tebas, músico famoso.*

Amphīŏnius, a, um. *Prop.* De Anfion.

Amphĭpŏlis, is. f. *Liv.* Ciudad de Macedonia.

## AMP

Amphĭpŏlĭtānus, a, um. *Just.* Lo que es de Anfipolis.

Amphĭpŏlĭtes, ae. *m. f. Varr.* Natural de Anfipolis.

† Amphĭprostylos. *Vitr.* Fábrica de dos fachadas con columnas.

† Amphĭrrheusis. *f. Vitr.* Rodillo de madera, al que se arrollan las cuerdas para subir cosas de peso.

† Amphisbaena, ae. *f. Luc.* Anfisbena, *serpiente que anda adelante y atras.*

Amphissa, ae. *f. Luc.* Anfisa, *ciudad de la Fócide.*

Amphissius, a, um. *Ov.* De la ciudad de Anfisa.

Amphĭtāne, es. *f. Plin.* Piedra preciosa de color de oro, *que dicen atrae el oro y el hierro.*

† Amphĭtăpa, ae. *f. Varr.* V. Amphimallum.

† Amphĭthălamus, i. *m. Vitr.* El cuarto inmediato al señor, donde duermen las criadas.

Amphĭtheātrālis. *m. f.* lĕ. *n.* is. y Amphitheatricus, a, um. *Plin.* Lo que es del anfiteatro. *Amphitheatrales ludi. Marc.* Las fiestas del anfiteatro.

Amphĭtheātrĭcus, a, um. Lo mismo.

Amphĭtheātrum, i. *n. Marc.* El anfiteatro, *el sitio donde antiguamente se tenian las fiestas y juegos públicos.*

Amphĭthētum, i. *n. Erasm.* Vaso grande para beber. *De donde quedó el proverbio:* Ex amphitheto bibisti. Has bebido mucho.

Amphĭtrīte, es. *f. Claud.* Anfitrite, *diosa del mar.* || *Ov.* El mar.

Amphĭtryōnĭădes, ae. *m. Virg.* El hijo de Anfitrion. Hércules.

Amphŏra, ae. *f. Hor.* La cántara ó cántaro de dos asas. || Medida ó vasija para medir cosas secas y líquidas, capaz de veinte y ocho azumbres. || Botella.

Amphŏrālis. *m. f.* lĕ. *n.* is. *Plin.* Perteneciente el cántaro ó de gran cantidad.

Amphŏrārius, ii. *m.* Alfarero, cantarero, el que hace ó vende cántaros.

Amphrysia vates. *f. Virg.* Sacerdotisa de Apolo.

Amphrysiacus, y Amphrisius, a, um. *Virg.* Perteneciente á Anfriso ó Apolo.

Amphysius, ii. *m. Virg.* Rio de Tesalia *adonde Apolo llevaba á pastar los ganados del rey Admeto.* Pastor ab Amphrysio. *Virg.* Apolo, el pastor de Anfriso, *el que se hizo célebre junto á Anfriso.*

Ample. *adv. Cic.* Amplia, dilatada, extendida, difusamente. || Noble, espléndida, rica, copiosa, magnífica, grande, abundantemente.

Amplector, ĕris, xus sum, cti. *dep. Cic.* (Amplecto se halla en Plaut.) Abrazar, tener, apretar, estrechar entre los brazos, ceñir, rodear. || Aplicarse, darse, dedicarse, entregarse, aficionarse. || Contener, comprender, encerrar. || Amar, favorecer, estimar, apreciar. Amplectitur se. *Hor.* Está lleno de sí mismo, de amor propio. Judex non amplectitur. *Cic.* El juez no entra en esto, no pone buena cara. Amplecti aliquid pluribus verbis. *Cic.* Extenderse, explicar una cosa con extension, difusamente.

Amplexātus, a, um. *part. de* Amplexor. *Cic.* El que ha abrazado.

Amplexor, āris, ātus sum, āri. *dep. Cic.* Abrazar estrechamente. *Se halla tambien* Amplexo *en los antiguos.*

Amplexus, us. *m. Cic.* El abrazo, *la accion de echarse los brazos en señal de cariño.* Serpentis amplexus. *Cic.* El acto de enroscarse una culebra á alguna cosa.

Amplexus, a, um. *part. de* Amplector. *Cic.* El que ha abrazado. || *Petr.* Lo que es abrazado.

Amplĭātio, ōnis. *f. Ascon.* Ampliacion, dilacion, próroga de un juicio.

Amplĭātus, a, um. *part. de* Amplio. *Val. Max.* Lo ampliado, remitido, diferido á mayor informacion.

Amplĭce. *adv. Catul.* Amplia, magníficamente.

Amplĭfĭcātio, ōnis. *f. Cic.* Amplificacion, dilatacion, extension, ampliacion. || Exageracion.

Amplĭfĭcātor, ōris. *m. Cic.* El que amplifica, el que extiende, dilata, aumenta. || Exagerador.

Amplĭfĭcātus, a, um. *part. Cic.* Amplificado, extendido, ampliado. || Adornado, enriquecido, exagerado.

Amplĭfĭce. *adv. Catul.* Adornada, ricamente.

Amplĭfĭco, as, āvi, ātum, āre. *a. Cic.* Amplificar,

## AMT

engrandecer, aumentar, extender, dilatar. || Exagerar. Amplificare rem ornando. *Cic.* Hermosear, enriquecer una cosa con los adornos. Pretium. *Cic.* Encarecer. Virtutem laudibus. *Cic.* Ensalzar la virtud con alabanzas.

† Amplĭfĭcus, a, um. *Cat.* Rico, noble, elevado, magnífico, espléndido.

Amplĭo, as, āvi, ātum, āre. *a. Cic.* V. Amplifico. Ampliare aetatem. *Marc.* Alargar la vida. Urbem. *Liv.* Engrandecer la ciudad. Rem. *Hor.* Aumentar sus bienes. Reum ó causam. *Val. Max.* Remitir un reo ó causa hasta mas plena informacion.

Amplissĭme. *adv. Cic.* Amplísimamente, muy abundante y magníficamente.

Amplĭter. *adv. Plaut.* Amplia, abundante, magníficamente.

Amplĭtūdo, ĭnis. *f. Cic.* Amplitud, la anchura ó extension de alguna cosa. || Dignidad, gravedad, altura, elevacion. Amplitudo animi. *Cic.* Grandeza de alma, de capacidad. Amplitudine summa dignus. *Cic.* Digno de los mas altos empleos.

Amplĭvăgus, a, um. *Ad Her.* Muy extenso.

Amplius, *adv. Cic.* Mas, ademas. *superl.* Amplissime. *Cic.*

Ampliuscŭle. *adv. Sidon. dim. de* Amplius. Algo mas difusamente.

Ampliuscŭlus, a, um. *Apul.* Lo que es algun tanto mayor, mas amplio.

† Amplo. ās, āre. *Non.* V. Amplifico.

Amplocti. *antiq. Prisc.* en lugar de Amplecti.

Amplus, a, um. *Cic.* Lo amplio, grande, vasto, espacioso, extendido, ancho, difuso. || Ilustre, elevado, considerable, honroso, distinguido, magnífico. Amplus homo. *Cic.* Grande hombre, de distinguido mérito. Ampla occasio. *Cic.* Ocasion muy oportuna. Amicitia. *Cic.* Amistad noble y generosa. Amplum funus. *Cic.* Exequias magníficas. Amplissimo loco natus. *Cic.* Hijo, descendiente de una casa muy ilustre. Amplissimus ordo. *Cic.* El órden senatorio.

Ampsanctus. V. Amsanctus.

Ampulla, ae. *f. Plin.* Ampolla, limeta, botella, redoma de vidrio de cuello largo.

Ampullāceus, a, um. *Plin.* Lo que es ampollado, en figura de ampolla. Vestis ampullacea. *Plaut.* Vestido ancho, pomposo.

Ampullae, ārum. *f. plur. Hor.* Palabras hinchadas, palabradas, fanfarronadas.

† Ampullāgium, ii. *n. Cel. Aur.* La flor del granado.

Ampullārius, ii. *m. Plaut.* El que hace las botellas, las ampollas.

Ampullārius, a, um. *Plaut.* Perteneciente á las ampollas ó botellas.

Ampullor, āris, ātus sum, āri. *dep. Hor.* Hablar hinchado, con estilo que afecta magnificencia.

Ampŭtātio, ōnis. *f. Cic.* La accion de cortar, mutilacion, poda de los árboles ó miembros. Amputatio vocis. *Cel. Aur.* La pérdida ó extincion de la voz.

Ampŭtātōrius, a, um. *Prisc.* Lo que tiene fuerza ó virtud de cortar.

Ampŭtātus, a, um. *part. Cic.* Lo cortado. Amputata loqui. *Cic.* Hablar en estilo cortado, sin union de palabras ni pensamientos.

Ampŭto, as, āvi, ātum, āre. *a. Cic.* Cortar, quitar mutilar, podar, amputar. Amputare ramos miseriarum. *Cic.* Cortar el curso á las calamidades.

† Ampycĭdes, ae. *m. patron. Ov.* Mopso, *hijo de Ampico, agorero célebre.*

Ampycus, i. y

Ampyx, ĭcis. *m. Ov.* Ampico, *padre de Mopso.*

Amrĭădes, is. *m.* Sobrenombre de Moises, hijo de Amram.

Amsanctus, i. *m. Cic.* Valle de Fricenti en Italia, pestifero por las aguas pútridas que contiene.

† Amsĕgĕtes, is. *m. Fest.* El campo que está tocando con el camino; por el cual el vecino tiene la servidumbre del camino.

Amstĕlŏdām, dumi. *n.* Amsterdan, *ciudad capital de Holanda.*

† Amtermĭnis. *m. f.* nĕ. *n.* is. y

† **Amterminus**, a, um. *Fest.* Fronterizo, el que está cerca de los términos.

† **Amtruo**, y **Amptruo**, ās, āre. n. *Fest.* Saltar, bailar al rededor, como los sacerdotes salios en sus sacrificios.

**Amŭla**, ae. f. *Sipont.* Vaso para poner agua lustral entre los antiguos, como entre nosotros el agua bendita. ‖ Pila de agua bendita.

**Amŭlētum**, i. n. *Plin.* El amuleto, remedio supersticioso para curar ó preservar de enfermedad.

**Amulius**, ii. m. *Liv.* Amulio, hijo de Procas, rey de Italia.

**Amurca**, ae. f. *Virg.* La amurca ó alpechin, la hez de la aceituna exprimida ó del aceite.

**Amurcărius**, a, um. *Cat.* Lo que es de ó perteneciente á la amurca.

**Amŭsia**, ae. f. *Varr.* Ignorancia.

**Amŭsium**, ii. n. Máquina inventada para conocer la diferencia de los vientos.

† **Amussiātus**, y **Amussĭtātus**, a, um. *Vitruv. Plaut.* Lo bien arreglado, bien trazado y dispuesto.

**Amussim**. adv. *Fest.* Adamussim. adv. *Gel.* Examussim. adv. *Plaut.* Á cordel, á nivel. ‖ Recta y exactamente.

**Amussit**, is. f. *Gel.* Cuerda, regla. ‖ Medida, modelo. ‖ Patron, nivel, escuadra. *Ad amussim aliquid facere. Gel.* Hacer una cosa con exactitud, con perfeccion. *Judicium ad amussim factum. Gel.* Juicio hecho, dado con entero conocimiento. *Amussi alba. Gel.* Sin juicio, sin discernimiento.

**Amussĭtātus**, a, um. *Plaut.* V. Amussiatus.

**Amussium**, ii. n. *Vitruv.* V. Amussis.

* **Amŭsos**, i. m. *Vitruv.* Rudo, ignorante, idiota.

**Amyclae**, ārum. f. plur. *Virg.* Ciudad del Lacio, del Peloponeso, de la Laconia, Amiclas.

**Amyclaeus**, a, um. *Virg.* y

**Amyclānus**, a, um. *Plin.* Lo que es de la ciudad de Amiclas.

**Amyclīdes**, ae. m. patron. *Ov.* Jacinto, *hijo de Amiclas, fundador de la ciudad de su nombre en la Laconia.*

**Amyctĭcus**, a, um. *Cel. Aur.* Perteneciente á los medicamentos que cauterizan.

**Amycus**, i. m. *Ov.* Amico, *hijo de Neptuno, rey de los bebricios.*

**Amydon**, ŏnis. f. *Juv.* Ciudad de Peonia, que favoreció á los troyanos.

**Amygdăla**, ae. f. *Colum.* El almendro. ‖ *Plin.* La almendra, fruta de este árbol. *Amygdalae faucium. Plin.* Las glándulas de la garganta.

**Amygdălăceus**, a, um. *Plin.* Lo que se parece á la almendra ó almendro.

**Amygdăleus**, a, um. y

**Amygdălīnus**, a, um. *Plin.* Lo que pertenece á la almendra ó almendro.

**Amygdălītes**, ae. f. *Plin.* El tártago, planta.

**Amygdălum**, i. n. *Palad.* La almendra, fruto de

**Amygdălus**, i. f. *Colum.* El almendro, árbol.

**Amylātus**, a, um. part. de

**Amylo**, ās, āvi, ātum, āre. a. *Cel. Aur.* Almidonar, mojar, rociar con almidon.

**Amylum**, i. n. *Plin.* El almidon.

**Amymnaei**, ōrum. m. plur. *Serv.* Pueblos de Tracia.

**Amymōne**, es. f. *Propere.* Amimone, *hija de Danao, que acometida de un sátiro, á quien hirió casualmente en la caza, imploró el favor de Neptuno, y sufrió de este la violencia que habia temido del sátiro.*

**Amymŏnius**, a, um. *Hig.* Perteneciente á Amimone. ‖ *Nombre que quedó á una fuente que hizo brotar Neptuno para Amimone en desagravio de su fuerza.*

**Amyntas**, ae. m. *Curc.* Amintas, *jóven que servia á Filipo, rey de Macedonia.* ‖ *El padre de este rey.* ‖ *Virg.* Un pastor.

**Amyntĭădes**, ae. m. patron. *Ov.* Hijo de Amintas, Filipo, rey de Macedonia.

**Amyntor**, ŏris. m. *Ov.* Amintor, rey de los dolopes.

**Amyntorĭdes**, ae. m. patron. *Ov.* Hijo de Amintor, Fenix, preceptor de Aquiles.

**Amyrus**, i. m. *Val. Flac.* Un rio de Tesalia, así llamado de Amiro, hijo de Neptuno.

**Amystis**, ĭdis. f. *Hor.* Modo de beber entre los tracios, que significa beber á gallete ó sin llegar el jarro ó botella á los labios.

**Amythāon**, ōnis. n. *Ov.* Amitaon, padre de Melampo, célebre médico.

## AN

**An**. conj. para preguntar y para dudar, cuya significacion es varia segun las palabras á que se junta. Al principio de una cláusula se le añade con mucha elegancia vero. *An vero tibi Romulus videtur. Cic.* Te parece acaso que Rómulo. *Paucis antequam mortuus est an diebus, an mensibus. Cic.* Pocos, no sé si dias ó meses antes de morir. Cuando no se ha de repetir varias veces, se omite con elegancia en el principio. *Senatus, an populus, an judices. Cic.* Si el senado, si el pueblo ó si los jueces. Á veces se pone antes *ne* ó *utrum* en lugar de *an. Romam ne venio, an hic maneo? Cic.* ¿Paso á Roma, ó me quedo aqui? *An non dixi? Ter.* ¿No lo dije yo? *Jure, an injuria. Liv.* Con razon ó sin ella. *An nondum etiam? Ter.* ¿Que, aun no? *Erravit, an potius insanivit. Cic.* Es yerro este, ó mas bien es una locura.

**Ana**, y **Anas**, ae. m. *Plin.* Guadiana, rio de España.

* **Ana**. Cifra con que los médicos denotan que sean de pesos ó partes iguales los ingredientes de una receta.

**Anăbaptismus**, i. m. *S. Ag.* Bautismo reiterado.

**Anăbaptista**, ae. m. *S. Ag.* Anabaptista, herege de esta secta, que creia se podia reiterar el bautismo.

* **Anăbăsis**, is. f. *Plin.* Cola de caballo, planta.

**Anăbăsius**, ii. m. *S. Ger.* Correo, posta, postillon de á caballo.

**Anăbathmus**, i. m. *Plin.* Escalera por donde subian las furias al teatro, ó de donde precipitaban á los reos en Roma, llamada gemonia.

* **Anăbăthrum**, i. n. *Juv.* Tablado, graderia. ‖ Palco en que se sube á ver las fiestas.

**Anăbŏlĭcus**, a, um. *Vopis.* Perteneciente á mercadurías y géneros para vestir.

**Anăbolium**, ii. n. *Grut.* El palio ó capa.

* **Anăcampsĕros**, ōtis. f. *Plin.* Yerba mágica, que dicen tiene la virtud de renovar el amor.

* **Anăcĕphălacōsis**, is. f. *Quint.* Epilogo, breve recapitulacion de lo que ya se ha dicho.

**Anăces**. m. plur. *Cic.* Epíteto de tres dioses hijos de Júpiter; esto es, *Tritopatreus, Eubuleus y Dionysius.*

* **Anăchītes**, ae. m. *Plin.* El diamante, piedra preciosa, que dicen tiene virtud de antídoto.

* **Anăchŏrēsis**, is, vel eos. f. *Sidon.* Soledad, yermo, retiro.

**Anăchŏrēta**, ae. m. *Sulp. Sev.* El anacoreta, solitario, el que vive en desierto ó soledad.

**Anăchrĭsis**, is. f. *Bud.* Examen de testigos ó de la misma parte; careo, confrontacion.

* **Anăclintērium**, ii. n. *Esparc.* La cabecera de la cama ó la almohada de la cabecera.

* **Anacoeliasmus**, i. m. *Cel. Aur.* Purga, purgante.

* **Anacollēma**, ătis. n. *Vegec.* Cataplasma glutinosa, como de aceite rosado y clara de huevo.

* **Anăcŏlūthum**, i. n. *Serv.* Inconsecuencia, conclusion mal sacada.

**Anacreon**, ontis. m. *Cic.* Anacreonte, poeta griego lírico.

**Anacreonteus**, y **Anacreontius**, y **Anacreonticus**, a, um. *Quint.* Del poeta Anacreonte, como los versos anacreónticos, á que él dió nombre.

**Anactoria**, ae. f. *Plin.* Ciudad de Epiro.

**Anactorium**, ii. n. *Plaut.* Ciudad de Acarnania. ‖ *Apul.* Yerba llamada artemisa.

* **Anadēma**, ătis. n. *Lucr.* Adorno de la cabeza, como mitra ó corona.

* **Anadendromalăche**, es. f. *Apul.* El malvavisco, planta.

**Anadesmus**, i. m. *Prisc.* La ligadura.

**Anădiplōsis**, is. f. *Marc. Cap.* Figura retórica, llamada reduplicacion, como *Me me adsum qui feci. Virg.*

† **Anădiomĕne**, es. f. *Plin.* Lo que sale del agua, hácia arriba; sobrenombre de Venus.

**Anăgallis**, ĭdis. f. *Plin.* Corregüela, yerba. Anagálide, planta silvestre.

## ANA

* Anaglypha, ōrum. n. plur. Marc. V. Anaglyptum.

† Anaglyptes, ae. m. Plin. Cincelador de relieve.

Anaglyptĭce, es. f. Plin. El arte de cincelar, de grabar, ó tallar de relieve.

* Anaglyptĭcus, a, um. V. Anaglyptum.

* Anaglyptum, i. n. Plin. Anaglifos, vasos ú otras obras talladas de relieve tosco.

Anagnia, ae. f. Virg. Anagni, ciudad del Lacio.

Anagnīnus, a, um. Cic. Natural de Anagni, ó lo que es de esta ciudad.

Anagnorizŏmĕne, es. f. Fest. Muger reconocida, cuyos padres y condicion se ignoraban antes.

* Anagnostes, ae. m. Cic. Lector, el que lee á otro.

† Anagōge, es. f. Anagogia, sentido místico de la sagrada Escritura.

Anagōgĭcus, a, um. Místico, misterioso, espiritual, oculto, elevado.

* Anagramma, ătis. n. El anagrama, palabra ó sentencia que resulta de la transposicion de las letras de una palabra ú otras sentencias, la cual ó las cuales se llaman programma, v. g. Laudator, adulator.

* Anagrăphe, es. f. Reportorio, registro, memoria, inventario.

Anagyris, is. f. 6

Anagyron, i. n. 6

Anagyros, i. f. Plin. Anagiris, planta parecida al agnocasto.

Anălecta, ae. m. f. Marc. El siervo que barre las migajas que caen de la mesa.

Anălecta, ōrum. n. plur. Marc. Las migajas que caen de la mesa.

* Analectis, ĭdis. f. Ov. Almohada hecha para disimular la giba, ó para igualar los hombros á quien tiene uno mas alto que otro.

* Anălemma, ătis. n. Vitruv. Analema, proyeccion ortográfica de la esfera sobre el coluro de los solsticios.

Anălōgia, ae. f. Quint. Analogía, relacion, proporcion, ó convenencia de algunas cosas entre sí.

Anălōgĭcus, a, um. Gel. Analógico, lo que tiene relacion, proporcion y correspondencia entre sí.

Anălŏgus, a, um. Varr. Análogo, proporcional, que corresponde á otro.

Anălysis, ĭdis. f. Bud. Análisis, resolucion, reduccion de una cosa á sus principios.

Anancaeum, i. n. Plaut. Lo que sucede precisamente, lo que es inevitable. ∥ Vaso grande que era preciso desocupar en las borracheras. ∥ Vaso de cicuta que hacian beber á los reos en algunas ciudades de Grecia.

Anancītis, ó Ananchītis, ĭdis. f. Plin. Piedra preciosa con que creian los magos que se aparecian las imágenes de los dioses.

Anānia, ae. f. Bibl. Ciudad de la tribu de Benjamin.

Anăpaestĭcus, a, um. Cic. Anapéstico, de pies anapestos.

Anăpaestum, i. n. Cic. Anapesto, verso.

Anăpaestus, i. m. Cic. Anapesto, pie de verso latino compuesto de dos breves y una larga, como vĕniant.

* Anăpavomĕnos. Plin. Ocioso, cesante, que descansa.

Anăphe, es. f. Plin. Nanfio, isla del mar de Creta.

Anaphonēsis, is. f. Cel. Aur. Ejercicio de la voz para conservarla y aumentarla.

Anăphŏra, ae. f. Ascension oblicua de los astros. ∥ Figura retórica en que se repite varias veces una palabra dentro de una cláusula.

Anaphŏrĭcus, a, um. Jul. Firm. Anafórico, que echa esputos de sangre. Anaphoricum horologium. Vitruv. Clepsidro, relox de agua.

Anăphyema, ătis. n. Apul. Evaporacion, esplosion de hálitos ó vapores de la tierra.

Anapis, is. m. 6

Anăplĕrōtĭcus, a, um. Veg. Que llena la herida, y hace crecer la carne.

Anăpŏrĭcus, a, um. Vitruv. Perteneciente á unos reloges de campana, que señalaban las horas con movimiento retrógrado. ∥ Que señalaban en la campana las ascensiones de los astros.

Anapus, i. m. Ov. Anapo, rio de Sicilia. ∥ Sem. Ana-

## ANC

pis y Anfinomo, hermanos sicilianos que sacaron en sus hombros á sus padres de los fuegos del Etna.

Anarchia, ae. f. Anarquía, estado sin cabeza que le gobierne. ∥ Desórden, trastorno, confusion de un estado.

* Anarrinon, i. n. Plin. Yerba semejante á la anagálide.

Anartes, um. m. plur. ó

Anarti, ōrum. m. plur. Ces. Pueblos de la Tartaria en Europa.

Anas, ătis. f. Cic. El ánade, ave. ∥ Fest. Fístula que viene al ano.

Anassum, i. m. Plin. Rio de Menecia, hoy Piave.

Anastăsis, is. f. Lact. La resurreccion.

* Anastomōsis, is. f. Anastomosis, abertura, dilatacion de las venas.

Anastomōtĭcus, a, um. Anastomótico, que laxa, perteneciente á la anastomosis.

Anastrŏphe, es. f. Quint. Anastrofa, figura retórica, trasmutacion, trocamiento del órden de las palabras: v. g. Saxa per, & scopulos. Virg.

Anătārium, ii. n. Plin. Vivero, estanque donde se crian los ánades.

Anătārius, ii. m. Plin. El que cuida de los ánades.

Anătārius, a, um. Plin. De los ánades. Anataria aquila. Plin. Aguila que caza ánades.

Anătes, ae. f. 6

Anătes, is. f. Fest. Fístula, úlcera del ano.

* Anăthēma, ătis. n. Prud. Don, ofrenda, presente, que se cuelga en los templos, ó con ocasion de un voto, ó de despojos de enemigos.

Anathēma, ătis. n. Bibl. Anatema, excomunion, execracion y detestacion de alguno.

Anăthēmatīzo, as, avi, ātum, are. a. Ecles. Anatematizar, excomulgar y separar á uno del cuerpo y gremio de la iglesia.

* Anăthymiăsis, is. f. Petron. Vapor, exalacion, aliento.

Anătĭcŭla, ae. f. dim. Cic. Anadino, na. dim. Anade pequeño.

Anătilia, ae. f. Plin. San Gil, ciudad de la Galia narbonense.

Anătilōrum, i. n. Provins, ciudad de Bria en Francia.

Anătĭnus, a, um. Plaut. V. Anatarius.

* Anătŏcismus, i. m. Cic. Anatocismo, renovacion ó reduplicacion de la usura, usura de usura, interes de interes, llamado vulgarmente alacernina ó gallerin.

* Anătŏle, es. f. Hig. El oriente, nombre de una de las horas.

Anătŏme, es. f. Cels. y

Anătŏmia, y Anatomica, ae. y Anatomice, es. f. La anatomia, diseccion ó examen de las partes de un cuerpo.

Anătŏmĭcus, i. m. Macrob. Anatomista, el profesor de anatomía.

Anătŏmĭcus, a, um. Anatómico, lo que pertenece á la anatomia.

Anătŏnus, a, um. Vitruv. Que se dirige hácia arriba.

* Anatrēsis, is. f. Cel. Aur. El taladro, el trépano que sirve para horadar el casco de la cabeza.

Anaudia, ae. f. Cel. Aur. La pérdida ó extincion de la voz.

Anaurus, y Anauros, i. m. Luc. Rio de Tesalia.

Anaxagoreus, a, um. Plin. Perteneciente á Anaxagoras, filósofo clazomenio.

Anaxarchus, i. m. Val. Max. Filósofo abderita, discípulo de Demócrito, á quien Nicocleonte, tirano de Chipre, hizo machacar en un pilon de piedra.

Anaxerete, es. f. Ov. Doncella de Salamina en Chipre, convertida en piedra.

Ancaesum, i. m. Fest. Vaso ú otra pieza grabada, cincelada, tallada de relieve.

Ancaeus, i. m. Gel. Anceo, hijo de Neptuno. ∥ Otro hijo de Actor. ∥ Otro hijo de Licurgo, uno de los argonautas.

Ancăla, ae. f. y Ancăle, es. f. Cel. Aur. La dobladura interior de la rodilla.

Ancarius, ii. m. Non. El asno. ∥ El que lleva la carga acuestas.

Anceps, ĭpĭtis. com. Ovid. Que tiene dos cabezas, ó por dos partes es una misma. ∥ Incierto, dudoso, peligroso. ∥ Indeterminado, irresoluto, que no sabe que partido tomar. ¶ De dos aspectos ó visos. *Bellum ancipite Marte gestum. Liv.* Guerra con vario suceso de una y otra parte. *Ancipites vestiae. Cic.* Animales anfibios. *Anceps gladius. Hor.* Espada de dos cortes. *Vocabula ancipitia. Gel.* Palabras ambiguas, que pueden tener dos sentidos. — *Tela. Liv.* Dardos disparados por dos partes.

Ancharianus, a, um. *Quint.* De la familia ancariana.

Ancharius, ii. m. ó

Anchiălus, i. m. *Mart.* El asno, ó el dios de los judíos, segun los gentiles, *que pensaban que los judíos adoraban un asno. Per Anchialum jurare. Marc.* Jurar por Dios vivo.

Anchiălus, i. y Anchialos, i. f. *Ov.* Ciudad de Tracia.

Anchisaeus, a, um. *Virg.* De Anquises, *padre de Eneas.*

Anchises, ae. m. *Virg.* Anquises, *padre de Eneas.*

Anchisiădes, ae. m. patron. *Virg.* Eneas, *hijo de Anquises.*

Anchisăites, ae. m. *Cic.* Viento austral, *que sopla de Anquisa, puerto de Epiro.*

Anchistrum, i. n. *Cel. Aurel.* Instrumento de cirugía corvo en figura de anzuelo.

Anchŏmănes, ae. f. *Apul.* Yerba llamada dragontea.

Anchŏra, ae. f. *Virg.* El áncora del navío. ¶ Esperanza, amparo, refugio, auxilio. *Anchora sacra.* La esperanza, áncora muy grande, *de que solo se usa en el mayor peligro. In anchoris stare. Flor.* Estar en áncoras. *Anchoram vellere. Liv.* Levar áncoras. — *Jacere. Suet.* Ancorar, echar áncoras, dar fondo. — *Tollere. Varr.* Partir, hacerse á la vela.

Anchŏrae, arum. f. plur. *Cic.* Los cables ó gúmenas a que se afirman las áncoras.

† Anchŏrago, ĭnis. m. *Casiod.* Especie de pescado, que algunos dicen ser el esturion ó sollo ó salmon.

Anchŏrăle, is. n. *Liv.* El cable del áncora.

Anchŏrālis. m. f. lĕ. n. is. *Liv.* ó

Anchŏrarius, a, um. *Ces.* Del áncora ó perteneciente á ella.

Anchŏrius, ii. m. *Hirc.* El que cuida de las áncoras.

Anchrocŏeis, is. f. *Cels.* Ulcera maligna que sale en los ojos. ¶ Carbunco.

Anchūsa, ae. f. *Plin.* Ancusa, *planta llamada tambien conoclea y alcibiadio.*

Ancile, is. n. *Virg.* y

Ancilia, ōrum. n. plur. *Hor.* Escudos pequeños escotados por ambos lados.

Ancilis, m. f. lĕ. n. is. *Juv.* Perteneciente á los escudos.

Ancilla, ae. f. *Cic.* La sierva, criada, sirvienta. ¶ *Salust.* El hombre siervo de algun deseo ú ocupacion.

Ancillariŏlus, i. m. *Sen.* El que enamora á las criadas. ¶ El que se deja mandar de su muger.

Ancillāris. m. f. rĕ. n. is. *Cic.* Servil, perteneciente á las siervas ó criadas.

Ancillarius, ii. m. *Treb. Pol.* V. Ancillariolus.

Ancillātus, us. m. *Arn.* Servidumbre, esclavitud.

Ancillor, āris, ātus, sum, āri. dep. *Apul.* Servir como esclavo. *Ancillari uxori. Titin.* Dejarse manejar de su muger.

Ancillŭla, ae. f. dim. *Ter.* Sierva pequeña.

Ancĭpes, *Plaut.* En lugar de Anceps.

†Ancisus, a, um. *Varr.* Cortado en redondo, alrededor.

†Ancisus, us. m. *Varr.* Cortadura, talladura en redondo.

Anclabria, ōrum. n. plur. *Fest.* Vasos de bronce usados en los sacrificios.

Anclabris, is. f. *Fest.* Mesa al lado del altar para poner los vasos y otros instrumentos de los sacrificios.

Anclo, as, āre. a. *Liv. Andr.* Sacar y levantar en alto. ¶ Beber. ¶ Suministrar.

* Ancon, ōnis. m. *Vitr.* El doblez del codo, el codo. ¶ Angulo, juntura de una muralla. ¶ Canecillo, adorno de arquitectura *que sostiene una cornisa.* ¶ Ensenada, *seno, puerto abierto.* ¶ Jaula. ¶ El centro de una bóveda de órden jónico. ¶ Escuadra. ¶ Los brazos de una catapulta, *máquina de guerra de los antiguos.*

Ancon, ōnis. y Ancona, ae. f. *Ces.* Ancona, *ciudad de Italia.*

Anconitānus, a, um. *Grut.* De la ciudad de Ancona.

Ancŏra. V. Anchora.

† Anctēres, um. m. plur. Vendas, ligaduras para contener y cerrar las heridas.

Ancŭlae, arum. f. plur. 6

Ancŭli, ōrum. m. plur. *Fest.* Dioses de los siervos y esclavas entre los romanos.

Ancŭnŭlentae. f. plur. *Fest.* Nombre de las mugeres en tiempo del menstruo.

Ancus, i. m. *Fest.* El manco, el que tiene el brazo encogido y doblado.

Ancus, i. m. *Hor.* Anco Marcio, *el cuarto rey de Roma.*

Ancylŏglossum, i. n. El frenillo que impide el uso libre de la lengua.

Ancyra, ae. f. *Claud. Plin.* Anciria, *ciudad de Galacia.* ¶ *De Frigia.*

Ancyrānus, a, um. *Claud.* De la ciudad de Ancira.

Andăbăta, ae. m. *Cic.* Gladiador, que peleaba en Roma á caballo vendados los ojos, ó con una celada sin visera. ¶ Título de una sátira de Varron, *que reprendia la ceguedad y errores de los hombres.*

Andĕgăvensis. m. f. sĕ. n. is. y

Andĕgăvi, ōrum. m. plur. *Plin.* Los naturales de Anjou, *en Francia.*

Andĕgăvia, ae. f. Anjou, *provincia de Francia.*

Andĕgăvum, i. n. Angers, *capital de Anjou en Francia.*

Andĕgăvus, a, um. De Anjou, ó de Angers.

† Andĕla, ae. f. El morillo que se pone al hogar.

Andĕlium, ii. n. Andelis, *ciudad de Francia en Normandía.*

Andĕlus, i. f. Pamplona, *capital del reino de Navarra en España.*

Andĕrĭdensis. m. f. sĕ. n. is. El natural de Albret.

Andĕrĭdum, i. n. Albret, *ciudad de Gascuña en Francia.*

Andernăcum, i. n. Andernac, *ciudad de Alemania.*

Andes, ium. m. plur. *Ces.* V. Andegavensis.

Andes, ium. m. Aldea del campo de Mantua, *patria de Virgilio.*

Andīnus, a, um. *Sil.* El natural de Andes, *cerca de Mantua. Andinus vates.* Virgilio.

Andrachne, es. f. *Plin.* Verdolaga, planta. *Andrachne agria Plin.* Verdolaga silvestre.

Andrĕmas, ătis. f. *Apul.* Yerba. V. Andrachne.

Andria, ae. f. *Plin.* Ciudad de Elide. ¶ De Macedonia. ¶ De Frigia. ¶ La muger de la isla de Andro. ¶ El Andria, *comedia de Terencio.*

Andrius, a, um. *Ter.* De la isla de Andro.

Andrŏdămas, antis. m. *Plin.* Piedra preciosa.

Andrŏdas, y Andrŏclas, ătis. m. *Jul. Firm.* El año 63 de la vida humana, *llamado así por los egipcios, como entre nosotros climatérico.*

Andrŏgeus, y Andrŏgeos, o. m. *Ov.* Androgeo, *hijo de Minos, rey de Creta y de Pasifae.*

Andrŏgyni, ōrum. m. plur. *Plin.* Pueblos de África, *que dicen tener los dos sexos de varon y hembra.* ¶ Androginos, hermafroditas.

Andrŏgynus, i. m. f. *Cic.* Androgino, ó hermafrodita, *que tiene los dos sexos de varon y hembra.*

Andrŏmăche, es. y Andrŏmăca, ae. f. *Virg.* Andromaca, *muger de Hector troyano.*

Andrŏmădūnum, i. n. Langres, *ciudad de Champaña en Francia.*

Andrŏmĕde, es. y Andromeda, ae. *Ov.* Andromeda, *hija de un rey de Egipto.* ¶ Constelacion celeste.

Andron, ōnis. m. *Vitruv.* Sala donde tenian los hombres sus fiestas entre los griegos, y en que no se hallaban las mugeres. ¶ Galería, corredor, paso, pasillo, callejon para otras habitaciones.

Andrŏnĭcus, i. m. *Cic.* Lucio Livio Andrónico, *poeta latino, que floreció el año de 514 de la fundacion de Roma, el primero que representó en ella la comedia.*

Andrŏnītis, ĭdis. f. *Vitruv.* Habitacion ó cuarto de los hombres, sin comunicacion con las mugeres.

Andronium, ii. n. *Cels.* Remedio para curar la enfermedad que sobreviene al galillo ó campanilla.

Andros, i, y Andrus, i. f. *Ov.* Andros, *una de las islas cícladas.*

Andrŏsaces, is. f. *Plin.* Androsaces, *yerba muy amarga.*

Andrŏsaemon, i. n. *Plin.* El androsemo, *planta muy semejante al alciro.*

## ANG

† Andruo, as, avi, atum, are. *Fest.* V. Recuero.

Anecdŏtus, a, um. Lo que no se ha publicado ó divulgado.

Aneclogistus, i. m. *Ulp.* El que no está obligado á dar cuenta de su administracion.

Anellus, i. m. dim. *Cic.* Anillo pequeño, sortija.

Anĕmo, ŏnis. m. Amon, *rio de Italia*.

Anemōna, ae. f. ó

Anemōne, es. f. *Plin.* Anemone, *planta*.

* Anenoctos. *Tert.* Eterno.

Aneo, es, ere. n. *Glos.* Ser vieja.

Anethatus, a, um. *Apic.* Compuesto con eneldo.

Anēthum, i. n. *Virg.* El eneldo, *yerba muy olorosa*.

Anecticus, a, um. *Prisc.* Lenitivo, *que suaviza y aplaca*.

Aneurisma, ătis. n. *Veg.* Aneurisma, *tumor que causa la dilatacion de una vena*.

† Aneuritātus, a, um. El que busca una respuesta ó una escusa.

Anfractum, i. n. *Varr.* El anfracto, *rodeo de camino áspero*.

† Anfractuōsus, a, um. *S. Ag.* Lleno de rodeos.

Anfractus, us. m. *Ces.* V. Anfractum. *Anfractus solis. Cic.* El giro, el curso del sol.— *Maris, aut terrae. Luc.* Los recodos que el mar y la tierra.— *Orationis. Cic.* Rodeo, largo giro de palabras.

Anfractus, a, um. *Am.* Que tiene rodeos, vueltas, recodos.

Angāra, ōrum. n. plur. Casas de postas.

Angāria, ae. f. *Paul. Jct.* Carruage, acarreo ó acarreto público. ‖ Obligacion de dar al príncipe caballerías para las cargas y postas. ‖ Carga concejil.

Angăriālis. m. f. lĕ. n. is. *Cod. Teod.* Perteneciente á la obligacion y servidumbre de las postas ó carruage.

Angăriarius, ii. m. El que cuida de exigir los servicios.

Angărio, as, avi, atum, are. a. *Ulpian.* Obligar por el público á llevar alguna carga. ‖ Alquilar.

Angărius, ii. m. ó

Angărus, i. m. *Lucil.* Aquel á quien se obliga ó se alquila para llevar las cargas, *como ganapan, mozo de cordel.* ‖ Maestro de postas. ‖ Postillon, correo.

Angēla, ae. f. *Ter.* Angela, *nombre de muger*.

† Angělica, ae. f. Angélica, planta.

Angělĭcus, a, um. *Prud.* Angélico, angelical, que pertenece, participa de ó se parece á los ángeles. ‖ Á propósito para anunciar.

† Angelificatus, a, um. *Ter.* Convertido en naturaleza de ángel.

Angělus, i. m. *Senec.* El mensagero. ‖ *Prud.* El ángel, *sustancia criada espiritual é inteligente*.

Angellus, i. m. *Lucr.* dim. de Angulus. Ángulo pequeño, rinconcillo.

Angěrōna, ae. f. *Plin.* Angerona, *diosa que los romanos invocaban contra las anginas ó inflamacion de la garganta.*

Angěronalia, ium, ó orum. n. plur. *Varr.* Fiestas de la diosa Angerona.

Angeriacum, i. n. San Juan de Angely, *ciudad de Santoña en Francia*.

Angěrōna, ae. f. ó Angěrōnia, ae. f. *Macrob.* Angerona, *diosa del silencio, ó la misma que Volupia, diosa de los deleites*.

Angěrōnalia, ium. n. plur. *Varr.* Sacrificios ó fiestas de la diosa Angerona.

Angĭbăth, ae. f. V. Engibata.

Angīna, ae. f. *Cels.* La angina, *esquinencia ó inflamacion de la garganta, que se llama tambien garrotillo. Angina vinaria. Fest.* La sofocacion que proviene del exceso del vino. ‖ Cable de una áncora.

Angiportum, i. n. *Ter.* ó

Angiportus, us. m. *Cic.* Calle angosta ó sin salida, la vuelta de una calle.

Angitia, y Anguitia, ae. f. *Virg.* Hermana de Medea, *venerada por diosa de los marsos, por haberles dado á conocer los contravenenos*.

Anglesĕga, ae. f. Anglesei, *isla de la Mancha*.

Angli, ōrum. m. plur. *Tac.* Los suevos, *que apoderados de Inglaterra le dieron este nombre, los ingleses, los naturales de la gran Bretaña*.

Anglia, ae. f. Inglaterra, *reino de Europa*.

Anglĭcānus, a, um. ó

Anglĭcus, a, um. De la Inglaterra.

Anglus, a, um. Ingles, *el natural de Inglaterra*.

Ango, is, xi, gěre. a. *Virg.* Angustiar, ahogar, sofocar, oprimir, impedir la respiracion. ‖ Afligir, fatigar, acongojar, dar pena, dolor, sentimiento, pesar, afliccion. *Angere sese animi. Plaut. Angi animo. Cic.* Angustiarse. *Angi re aliqua.— De re aliqua. Cic.— Ad rem aliquam. Liv.* Tomar pesadumbre por ó á vista de alguna cosa. *Angor intimis sensibus. Cic.* Estoy traspasado de dolor.

† Angones, um. m. plur. Dardos, lanzas, picas de los francos.

Angor, ōris. m. *Plin.* La esquinencia ó inflamacion de la garganta, que embaraza el tragar, ó ahoga. ‖ Angustia, dolor, sentimiento, congoja, ahogamiento, afliccion, pesadumbre, tristeza; pena. *Angoribus confici.— Implicari. Cic.* Estar muerto de pesadumbre, consumido de tristeza, de pena &c.— *Sese dedere. Cic.* Entregarse, abandonarse á sus penas.

Angrivarii, ōrum. m. plur. Pueblos de Paderborn ó de Osnabruc en Alemania.

Anguesco, is, scĕre. n. *Tert.* Volverse, pasar á la naturaleza de culebra.

Angueus, a, um. *Solin.* V. Anguinus.

Anguicŏmus, a, um. *Ov.* Que tiene culebras por cabellos. ‖ Sobrenombre de Medusa.

Anguicŭlus, i. m. dim. *Cic.* Culebra pequeña.

Anguĭfer, a, um. *Properc.* Que lleva ó produce culebras, serpientes.

Anguĭfer, i. m. *Col.* El serpentario, constelacion celeste.

Anguigěna, ae. com. *Ov.* ó

Anguigěnus, a, um. *Ov.* Hijo nacido de una serpiente ó culebra. ‖ Sobrenombre de los tebanos.

Anguilla, ae. f. *Juv.* La anguila, *pescado conocido*. ‖ *Isidor.* Anguila de cabo ó rebenque, azote. *Anguilla est, elabitur. Plaut.* Se escurre como anguila. *Dícese de los muy astutas, que con engaños y embustes se escapan de sus fechorías. Anguillas captare. In seditione vel Androclides belli ducem aget. adag.* Á rio revuelto ganancia de pescadores. ref.

Anguillārius, a, um. *Dig.* Abundante de anguilas.

Anguimănus, i. m. *Lucr.* El elefante, *llamado así por la agilidad de la trompa, que es como una mano que se mueve á modo de la culebra*.

Anguineus, a, um. Perteneciente á las culebras.

Anguīnum, i. n. *Plin.* Monton de culebras ensortijadas juntamente.

Anguīnus, a, um. *Cic.* De las culebras ó serpientes, serpentino.

Anguĭpes, ĕdis. com. *Ov.* El que tiene los pies retorcidos, *como fingen que los tenian los gigantes*.

Anguis, is. m. f. *Virg.* La culebra ó serpiente. ‖ *Hor.* Cosa abominable. ‖ El dragon, constelacion. ‖ Otra, la hidra.

Anguitěnens, tis. m. *Cic.* El que trae serpientes ó culebras, el serpentario, constelacion.

Angŭlāris. m. f. rĕ. n. is. *Vitruv.* y

Angŭlarius, a, um. y

Angŭlātĭlis. m. f. lĕ. n. is. *Vitruv.* Angular, que pertenece al ángulo, que tiene ángulos.

Angŭlatim. adv. *Apul.* Angularmente, por ángulos.

Angŭlātus, a, um. *Cic.* Que tiene ángulos.

† Angŭlo, as, are. a. *S. Ambr.* Hacer ángulos.

Angŭlōsus, a, um. *Plin.* Angular ó de muchos ángulos.

Angŭlus, i. m. *Cic.* Ángulo, *la inclinacion de dos líneas sobre un plano, que alargadas se cortan y forman el ángulo en el punto de su interseccion.* ‖ Seno, golfo del mar. *Terrarum angulus. Hor.* Rincon de la tierra. *In angulo disserere. Cic.* Discurrir en secreto, en particular.

Angustandus, a, um. *Sen.* Lo que se debe angostar, estrechar.

Angustans, tis. com. *Cat.* El que angosta ó estrecha.

Angustātus, a, um. *Cic.* Angostado, recogido, reducido, estrechado.

Anguste, ius, issime. adv. *Cic.* Estrecha, recogida, reducidamente. *Angustius pabulari. Ces.* Estar reducido á corto terreno para hacer forrage. *Anguste uti aliqua re. Ces.* Tener escasez de alguna cosa. *Angustissime aliquem*

G

*continere. Ces.* Tener á uno reducido á un terreno muy corto._*Dicere. Cic.* Hablar con concision._*Urgere. Cic.* Apretar fuertemeute.

Angustia, ae. *f. Cic.* Angostura, estrechura. *El plural es mas usado. Angustiae. Cic.* Necesidad, circunstancias, términos precisos. *Angustiae loci. Ces.* Estrecho, desfiladero, sitio de corta extension.—*Temporis. Cic.* Brevedad de tiempo, poco tiempo. ‖ Tiempos calamitosos._*Itineris. Cic.* Malos pasos, dificultad de los caminos._*Rei familiaris. Cic.* Indigencia, pobreza._*Rei frumentariae. Ces.* Escasez de víveres.

Angusticlavia, ae. *f.* ó
Angusticlavium, ii. *n.* y
Angusticlavius, ii. *m. Suet.* Caballero romano, *que en señal de su dignidad llevaba una banda estrecha sembrada de nudos ó botones á manera de cabezas de clavos de oro ó de púrpura. Los senadores y nobles se distinguian por la banda y botones mayores, y se ll.maban Laticlavii.*

Angusticlavum, i. *n.* y
Angusticlavus, i. *m.* La banda y dignidad de caballero romano.

Angusto, as, avi, atum, are. *a. Luc.* Angostar, recoger, reducir y estrechar lo que está ancho.

Angustus, a, um, ior, ius, issimus. *Cic.* Angosto, angostado, recogido, reducido, estrecho. *Angusta dies. Estac.* Dia corto._*Mens. Cic.* Espíritu, entendimiento limitado._*Res ó angustae res. Cic.* Pobreza, falta de facultades, de medios. *Angusta viarum. Virg.* Estrechos, desfiladeros. *Angustus animus. Cic.* Corazon, ánimo estrecho, para poco._*Odor rosae. Plin.* Poca fragancia de la rosa. *In angustum adduci._Venire. Cic._Cogi. Ter.* Venir, estar reducido á una suma estrechez._*Concludere. Cic.* Apretar, oprimir, reducir á términos muy estrechos. *Angustis rebus. Hor.* En las adversidades. *Angusta fides. Ces.* Poco crédito.

Anhelans, tis. *part. Tert.* Anhelante, el que respira de prisa, que le falta el aliento. ‖ El que desea con ansia alguna cosa.

Anhelanter. *adv. Am.* Con anhelo, con ansia ó gran deseo.
Anhelatim. *adv. Tib. V.* Anhelanter.
Anhelatio, onis. *f. Plin.* Dificultad de respirar, respiracion fuerte y anelante.

Anhelator, oris. *m. Plin.* El que respira con dificultad, con ansia. ‖ El asmático.

Anhelatus, us. *m. Ov. V.* Anhelitus.
Anhelatus, a, um. *Cic.* Respirado ó alentado con grande esfuerzo, con dificultad. *Anhelata verba. Cic.* Palabras dichas con tanta precipitacion ó esfuerzo, como si faltára el aliento.

Anhelitus, us. *m. Cic.* El anélito, aliento ó respiracion. *Anhelitum reddere. Plin.* Echar el aliento, respirar._*Captare. Ov. Recipere. Plin.* Tomar aliento. *Anhelitus terrae. Cic.* Vapor ventoso de la tierra. *Anhelitum movere. Cic.* Alentar con dificultad, faltar el aliento.

Anhelo, as, avi, atum, are. *a. Ov.* Anelar, faltar el aliento, respirar de prisa, con vehemencia y dificultad. ‖ Exalar, echar, despedir de sí respirando. *Anhelare scelus. Cic.* No respirar sino maldades.

Anhelus, a, um. *Virg.* El que está fuera de aliento, que le pierde, que se sofoca, que está asmático. ‖ Que respira con vehemencia y prisa. *Anhella febris. Ov. Tussis. Virg.* Calentura, tos que impide la respiracion._*Sitis. Lucr.* Sed que no deja respirar, que ahoga.

Anhydros, i. *f. Apul.* Yerba llamada narciso.
Aniatrentus, a, um. *Vitr.* El que sana sin ningun remedio.
Aniatrologetos, i. *m.* ó
Aniatrologicus, i. *m. Vitr.* El ignorante de la medicina.
Anicella, ae. *f. Varr. dim. de Anicula.* La vejezuela, viejecilla.

Anicetum, i. *n. Plin.* El anís, planta.
Anicienus, a, um. *Plin.* Perteneciente á Anicio, nombre de varon.

Anicium, ii. *n.* ó Avicium, ii. *n.* Pui, *ciudad de Lenguadoc en Francia.*

Anicula, ae. *f. Cic.* La viejecilla. *dim. de Anus.* La vieja.
Anicularis. *m. f. re. n. is. S. Ag.* Perteneciente á la vieja.

† Aniculosus, a, um. *V.* Anilis.
Anien, enis. *m. Cic.* El Teveron, *rio de Italia.*
Anienicola, ae. *m. f. Sil.* El que habita en las orillas ó cerca del Teveron.

Aniensis. *m. f. se. n. is. Cic.* y
Anienus, a, um. *Virg.* Del rio Teveron.
Anienus, i. *m. Prop. V.* Anien, enis. ‖ El dios de este rio.
Anigros, i. *m. Ov.* Rio del Peloponeso en la Etolia.
Anilis, *m. f. le. n. is. Cic.* Cosa de viejas. *Aniles fabellae. Hor.* Cuentos de viejas. *Aniles superstitiones. Cic.* Supersticiones, patrañas de viejas.

Anilitas, atis. *f. Cat.* La vejez de la muger.
Aniliter. *adv. Cic.* Á modo de vieja.
Anilitor, aris, ari. *dep. Apul.* Hacerse vieja.
Anima, ae. *f. Cic.* El alma, el espíritu, lo que anima el cuerpo, la vida. ‖ El aliento, la respiracion. ‖ Aire, soplo, viento. ‖ El olor. *Animae Thraciae. Hor.* Vientos del norte. *Anima foetens. Plaut.* Aliento pestífero. *Animam exhalare, expirare. Ov. Efflare. Cic.* Dar, rendir el alma._*Agere._Trahere. Cic.* Estar en la agonía._*Alicui auferre. Virg._Adimere. Plaut._Eripere. Ov.* Extinguere. *Ter.* Matar, dar muerte á alguno. *Vos animae meae. Cic.* Vosotros almas mias. *Animam debet. Ter.* Debe hasta el alma._*Tenere. Ov._Comprimere. Tert.* Detener el aliento, la respiracion._*Attrahere atque reddere. Plin.* Tomar aliento, respirar. *Anima putei. Plaut.* El agua de un pozo. *Animae silentes. Prop.* Las almas de los difuntos.

Animabilis, *m. f. le. n. is. Cic.* Animable, que anima, que da la vida, ó que la tiene, ó es capaz de ella.

Animadversio, onis. *f. Cic.* Observacion, nota, advertencia. ‖ Reprension. ‖ Castigo. *Animadversio peperit artem. Cic.* La observacion ó reflexion es la madre del arte._*In scelerators. Cic.* El castigo de los malos._*Contumelia vacare debet. Cic.* La reprension no se ha de dar envuelta en afrentas.

Animadversor, oris. *m. Cic.* Observador, el que observa, advierte, reflexiona, atiende y considera. ‖ El que castiga. *Animadversor vitiorum. Cic.* El que reprende, nota, castiga los vicios.

† Animadversus, us. *m. Lampr. V.* Animadversio.
Animadversus, a, um. *Cic.* Advertido, notado, observado, reflexionado, atendido. ‖ Reprendido, castigado. *Animadversorum corpora. Dig.* Los cuerpos de los delincuentes.

Animadverto, is, ti, sum, ere. *a. Cic.* Advertir, notar, reflexionar, observar, considerar, poner cuidado, atencion. ‖ Corregir, reprender. ‖ Castigar. *Animadvertere verberibus in aliquem. Liv.* Castigar á alguno con azotes.

† Animaequior, oris. *comp. Bibl.* El valeroso y fuerte.
† Animaequus, a, um. Paciente, firme, igual.
Animal, alis. *n. Cic.* El animal, cuerpo animado, que tiene sentidos y movimiento. ‖ Los brutos, bestias, sabandijas, monstruos, insectos &c. ‖ El hombre grosero, tosco é incapaz.

Animalis. *m. f. le. n. is. Lucr.* Animal, del animal, de la vida. ‖ Que tiene alma, vida, que respira. *Animalia vincula. Cic.* Los nervios. *Animales spiritus. Plin.* Los espíritus animales, que animan._*Res. Quint.* Cosa animada, que vive ó respira._*Intelligentia. Cic.* Inteligencia animal ó del animal._*Sonus. Cic.* Sonido animado._*Hostia. Macrob.* Victima que se sacrificaba para ofrecer su vida á los dioses, á diferencia de aquella en que se consultaban las entrañas para adivinar lo futuro. *Animales dii. Serv.* Dioses hechos de hombres, *como los dioses penates y viales.*

Animans, tis. *com. Cic.* Animante, viviente, que anima. ‖ *Plin.* El que da vida y alma. *Animantes caeteras abjecit ad pastum natura. Cic.* La naturaleza redujo á todo el resto de los animales al pasto.

Animatio, onis. *f. Cic.* La animacion, la accion de animar, de dar vida.

† Animator, oris. *m. Prud.* El que da vida.
Animatorius, a, um. *Virg.* Lo que tiene respiracion. *Animatoria olla. Vitruv.* Olla, puchero *que tiene en la cobertera un cañon para que salga el vapor.*

Anĭmātrix, īcis. f. Tert. La que da vida, alma y ánimo.

† Anĭmātus, us. m. Plin. V. Anima.

Anĭmātus, a, um. part. de Animo. Cic. Animado, que tiene alma, sentidos y movimiento, vivificado. ‖ Apasionado, dispuesto. ‖ Alentado, valeroso, esforzado. Animatus bene, vel male erga. Plaut.—In. Hor. Circa aliquem. Cic. Bien ó mal dispuesto, intencionado para con alguno. Facere. Plaut. Dispuesto, pronto, capaz de hacer cualquiera cosa. Animatae tegulae. Vitruv. Tejas cóncavas en forma de canal.

† Anĭmĭtus. adv. Non. De corazon, de veras.

Anĭmo, as, ăvi, ātum, āre. a. Cic. Animar, dar alma, vivificar, infundir espíritu en el cuerpo para que tenga sentidos y movimiento. ‖ Incitar, alentar, infundir valor. ‖ Animare in anguem. Ov. Transformar en culebra. — Caminum. Sid. Soplar el fuego.

Anĭmōse, ius, issĭme. adv. Cic. Animosa, valerosa, fuerte, constantemente, con espíritu, con intrepidez, con ardimiento, calor, fuego, ardor. Animosissime aliquid comparare. Suet. Comprar alguna cosa sin reparar en el precio.

Anĭmōsĭtas, ātis. f. Am. La animosidad, la osadía, aliento, esfuerzo y valor.

Anĭmōsus, a, um, ior, ius, issĭmus. Virg. Animoso, valeroso, bizarro, alentado, esforzado, valiente. ‖ Prop. Animado. ‖ Que sopla, que respira. ‖ Non. Iracundo, furioso.

Anĭmŭla, ae. f. Sulp. à Cic. Alma pequeña, corazon apocado, lleno de timidez.

Anĭmŭlus, i. m. Plaut. Mi alma, mi vida, mi amor.

Anĭmus, i. m. Cic. El ánimo, el alma, el espíritu que hace discurrir y moverse á los animales. ‖ Valor, corazon, esfuerzo, brio, ardimiento, fortaleza. ‖ Voluntad, deseo, aficion, inclinacion, amor, benevolencia, amistad, buena voluntad. ‖ Pensamiento, designio, sentimiento. ‖ Partido, resolucion. ‖ Memoria, aviso, recuerdo. ‖ Fiereza, altanería, soberbia, orgullo, arrogancia. ‖ Conciencia. ‖ Capricho, humor, genio, fantasía. ‖ Viento, aire, soplo, respiracion, aliento. ‖ Razon natural. ‖ Genio. Animi causa. Cic. Por diversion. Animo meo. Plaut. En mi dictamen.

Anio, ōnis. m. Liv. V. Anien.

Anisiacum, i. n. Ai, ciudad de Francia.

* Anisŏcycla, ōrum. n. plur. Vitruv. y

Anisŏcycli, ōrum. m. plur. Vitruv. Instrumentos pequeños, compuestos de círculos desiguales, para tirar flechas ó impeler alguna otra cosa con el movimiento ó impulso de los mismos círculos.

Anīsum, i. n. Plin. El anis, planta muy semejante al apio.

Anius, ii. m. Virg. Anio, hijo de Apolo, rey y sacerdote de Delos.

Anna, ae. f. Ana, nombre de muger. ‖ La hermana de la reina Dido.

Anna Perenna, ae. f. Ana, hermana de Dido, venerada por diosa como que presidia á los años.

Annāles, ium. m. plur. Gel. Los anales, historias escritas por años, por órden cronológico.

Annālis, is. m. Cic. El libro de los anales.

Annālis. m. f. lē. n. is. Cic. Anual, de un año. Annalis lex. Cic. Ley que señalaba la edad para entrar en la magistratura. — Clavus. Fest. Clavo que se clavaba en una pared de los templos para señalar los años. Annale tempus. Varr. El espacio de un año.

Annārius, a, um. Fest. Anual, de un año. Annaria lex. Fest. Ley que prohibia á los magistrados romanos permanecer mas de año en los empleos.

† Annascor. V. Adnascor.

Annāvi. pret. de Anno.

Annavĭgo. V. Adnavigo.

Anne. V. An.

Annecto. V. Adnecto.

Annellus, i. m. V. Anellus.

Annexus, us. m. Tac. Proximidad, cercanía. ‖ Conexion, enlace, atadura, anexion, la union ó agregacion de una cosa á otra.

Annexus, a, um. Cic. Anejo, unido, agregado, perteneciente y unido á otra cosa.

Annia via, ae. f. Grut. Camino cerca de Roma.

Anniădae, ārum. m. plur. Claud. Los de la familia Annia, ilustre en Roma.

Annĭbal y Hannĭbal, ălis. m. Nep. Anibal, general de los cartagineses.

Annicerii, ōrum. m. plur. Cic. Anicerios, filósofos de la secta de Aristipo cirenaico.

Annĭcŭlus, a, um. Nep. Lo que es de un año.

Annĭfer, a, um. Plin. Que lleva fruto todo el año.

Annĭsūrus, a, um. Liv. El que ha ó tiene de esforzarse.

† Annīsus, y Adnisus, us. m. Sid. Apoyo, la accion de estribar ó de esforzarse.

Annīsus, a, um. Liv. Apoyado, estribado. part. de

Annītor, ēris, nixus ó nisus sum, ti. dep. Cic. Esforzarse, empeñarse. ‖ Arrimarse, apoyarse, estribar.

Anniversārie. adv. S. Ag. Cada año.

Anniversārius, a, um. Cic. Anual, que se hace todos los años. Anniversarius medicus. Varr. Médico para el año. Anniversarii austri. Gel. Vientos que vienen todos los años en la misma estacion. Anniversaria sacra. Cic. Sacrificios, fiestas que se celebraban todos los años.

Annixe. adv. Apul. Con esfuerzo, con empeño.

Anno, y Hanno, ōnis. m. Liv. Anon, nombre de algunos cartagineses.

Anno, as, ăvi, ātum, āre. n. Macrob. Pasar el año. Annare et perennare. Fórmula con que rogaban á la diosa Ana Perena para alcanzar larga vida.

Annōmĭnātio, ōnis. f. Cic. Anominacion, paranomasia, figura retórica, que consiste en el juego y equívoco de las palabras: v. g. Amantes sunt amentes.

Annōna, ae. f. Cic. Vitualla, víveres, bastimento, provision, comestibles para un año. Annona lactis. Colum. Provision de leche para un año. — Cara. Tac. — Arctior. Suet. — Gravis. Vel. Pat. Annonae caritas. Cic. — Gravitas. Tac. — Incendium. Quint. Carestía de víveres. — Difficultas. Cic. Dificultad en las provisiones. — Vilitas. Cic. Buen precio de los víveres. Annonam incendere. — Excandescere. Varr. — Ingravescere. Ces. — Flagellare. Plin. — Vastare. — Vexare. Lampr. Encarecer, subir de precio, ocasionar carestía en los géneros. — Temperare. Suet. — Levare. Cic. Bajar, moderar el precio de los víveres. Annona ingravescit. Cic. Los comestibles se encarecen. — Laxat. Liv. — Convalescit. Suet. Se abaratan los víveres, se modera su precio. — Crescit. Ces. Se aumenta el precio, suben de precio. Annonam comprimere. Liv. Encerrar los víveres para encarecerlos. Annona gravis urit populum. Vel. Pat. La carestía de los víveres tiene abrasado, consumido al pueblo. Ad annonae incendium frumentum supprimere. Quint. Ocultar el trigo para encarecerle, para ponerle por las nubes. Annona dupla Veg. Doble racion, doble paga de un soldado para un año. — Diurna. Am. Marc. La provision diaria.

Annōnārius, ii. m. Veg. El proveedor, asentista.

Annōnārius, a, um. Veg. Concerniente á los víveres ó provisiones. Annonaria lex. Asc. Ped. Ley perteneciente á los víveres ó géneros.

Annōnor, āris, āri. dep. Capitol. Ir á buscar víveres. ‖ Distribuirlos, repartirlos.

† Annōsa, ae. f. Apul. La venganza de los dioses.

Annōsĭtas, ātis. f. S. Ag. La ancianidad, la edad de muchos años.

Annōsus, a, um. Hor. Anciano, viejo, de muchos años.

Annōtāmentum, i. n. Gel. Lo mismo que

Annōtātio, ōnis. f. V. Adnotatio.

Annōtātiuncŭla, ae. f. Gel. Anotacion, observacion, reparo ó nota ligera.

Annotātor, ōris. m. Plin. El anotador, el que hace ó pone notas ó reparos. ‖ Observador malicioso.

Annotātus, us. m. V. Adnotatus.

Annōtīnus, a, um. Colum. De un año, del año, ó que tiene el año. Annotinae naves. Ces. Los navíos que llevan ó traen la provision.

Annua, ōrum. n. plur. Suet. Salarios, sueldos, pagas, gages, rentas, pensiones, réditos, tributos, alcabalas de un año. plur. de Annuum, i.

† Annuālis. m. f. lē. n. is. Arnob. Anual, de un año.

Annui. pret. de Annuo.

Annuĭtūrus, a, um. *Salust.* El que ha ó tiene de conceder.

Annŭlāris. *m. f. rĕ. n. is. Plin.* y

Annŭlārius, a, um. *Vitruv.* Anular, tocante al anillo. *Annulare candidum. Plin. Annularia creta. Vitruv.* Blanco para la pintura hecho con greda. || Cosa del anillo de cristal, que llevaba el pueblo en Roma. *Annulariae scalae. Suet.* Escalera de caracol.

Annŭlārius, ii. *m. Cic.* El que hace anillos, sortijas.

Annŭlātus, a, um. *Plaut.* El que lleva anillo.

Annŭlus, i. *m. Cic.* Anillo, sortija. || *Vitruv.* El collarino que rodea la coluna por la parte extrema superior. || *Marc.* Bucle del cabello. || *Varr.* Círculo pequeño. *Annulus signatorius. Val. Max. — Sigillaris. Cic.* Sello. *Nuptialis. Val. Max. — Pronubus. Ter.* Anillo nupcial. *— Astronomicus.* Anillo astronómico, que sirve para tomar la altura. — *Osseus.* Instrumento del oido de la oreja. *Annuli pala. Cic.* El chaton ó la piedra de un anillo. *Annulo obsignare. — Sigilla imprimere. Cic.* Sellar, cerrar, con sello. *Annulus aureus in naribus suis. adag.* Da Dios habas á quien no tiene quijadas. Da Dios almendras á quien no tiene muelas. ref.

Annŭmĕrātio, ōnis. *f. Modest.* Numeracion, cuenta, el acto de contar.

Annŭmĕrātus, a, um. *Cic.* Numerado, contado. *part. de*

Annŭmĕro, as, avi, ātum, āre. *a. Cic.* Numerar, contar. || Añadir al número, poner en él. *Annumerare aliquid alicui rei. Cic.* Añadir una cosa á otra. *— Se in exemplis. Ov.* Proponerse á sí mismo por ejemplo, por modelo.

Annuntiātio, ōnis. *f. Cic.* La anunciacion, anuncio, la accion de anunciar.

Annuntiātor, ōris. *m. Bibl.* El anunciador, el que lleva nuevas, noticias y mensages de buenos ó malos sucesos.

Annuntio, as, avi, ātum, āre. *a. Plin.* Anunciar, llevar mensages ó nuevas, hacer saber, decir ó pronosticar una noticia. *Annuntiare salutem alicui. Cic.* Saludar á alguno de cerca ó por escrito.

Annuntius, ii. *m. V.* Nuncius.

Annuo, is, nui, ūtum, ĕre. *a. Cic.* Conceder con la cabeza, consentir, convenir, aprobar, permitir, prometer bajando la cabeza. || Favorecer, ayudar. *Annuere toto capite aliquid. Cic.* Conceder algo de muy buena gana. *— Nutum. Liv.* Dar á entender por señas lo que se piensa de alguna cosa. — *Aliquem. Cic.* Señalar á uno por señas. — *Victoriam alicui. Virg.* Conceder ó prometer á alguno la victoria. *Si Deus annuisset. Plin.* Si hubiera querido Dios. El supino Annutum no tiene ejemplo.

Annuōrum. *gen. de* Annua.

Annus, i. *m. Cic.* El año, el espacio de tiempo de 365 dias y seis horas menos 12 minutos. || Edad, serie de años, el tiempo. *Varr.* || Círculo grande. *Labentibus annis. Virg.* Andando el tiempo. *Serpens novus exuit annos. Sil. Ital.* La culebra se despoja de sus años, dejando la piel vieja. *Anni emeriti. Ov.* La vejez. — *Silentes. Claud.* Los cinco años de silencio que guardaban constantemente los discípulos de Pitágoras. *Anni sitientes. Plin.* Año de sequedad. *Annum aperit taurus. Virg.* El año empieza en el signo de Tauro. — *Exigere cum aliquo. Virg.* Pasar el año con alguno. *Annus producit, non ager. adag.* Abril y mayo llave de todo el año. ref.

Annuum, ii. *n. Suet.* Pension, renta, sueldo, paga, salario de un año.

Annuus, a, um. *Cic.* Anuo, anual, que se hace ó se repite cada año. *Annui magistratus. Caes.* Magistrados anuales, que se nombran cada año. *Annuis vicibus. Plin.* Alternativamente, cada año, por años, un año uno, y otro año otro.

* Anŏdўna, ōrum. *n. plur. Cels.* y

Anŏdўnus, a, um. *Cic.* Anodino. Dícese del medicamento que templa los dolores.

* Anŏmālia, ae. *f. Varr.* Anomalía, irregularidad, discrepancia, desigualdad, disparidad.

* Anŏmălus, a, um. *Marc. Cap.* Anómalo ó irregular.

Anŏnis, is. *f. Plin.* Yerba anonide ó bonaga, semejante al fenogreco.

* Anŏnŏmastos, i. *m. Tert.* El que no tiene nombre.

* Anŏnўmus, a, um. *Plin.* Anónimo, *lo que no tiene nombre, ó se ignora.*

Anormis. *m. f. mĕ. n. is. Hor.* Desarreglado, que no tiene regla ni órden.

Anotĕrĭcus, a, um. *Cel. Aur.* Nombre que se da al medicamento que sirve para curar el estómago y vientre superior.

Anquina, ae. *f. V.* Angina. || Maroma de la nave con que se amarra la antena al mástil.

Anquīro, is, sivi, situm, rĕre. *a. Cic.* Inquirir, buscar, investigar, informarse con gran cuidado. *Anquirere aliquem, in aliquem, de aliquo, capitis, capite, de capite. Liv.* Hacer causa á uno de pena capital. — *Pecunia. Liv.* Sobre dinero.

Anquīsite, *adv.* tius. *comp. Gel.* Con cuidado, con viveza, diligente y exactamente.

Anquīsītio, ōnis. *f. Varr.* Investigacion, inquisicion.

Anquīsītus, a, um. *part. Liv.* Acusado de pena capital.

Ansa, ae. *f. Virg.* El asa, puño ó mango de cualquiera cosa. || *Vitruv.* El ramplon de la herradura. || *Tibul.* Corregüela, liga. || Cuenda, cuerda, atadero. || *Val. Flac.* La oreja del zapato. || *Cic.* Motivo, ocasion, materia, asunto. *Ansa gubernaculi. Vitruv.* La barra del timon. — *Rudentis. Vitruv.* El cabo de un cable. — *Auriculae. Plin.* Cabo de la oreja. — *Ferrea. Vitruv.* Madero ó hierro en forma de cola de golondrina, que sirve para unir dos piezas de madera, sobina, clavo de madera. — *Catenae. Plin.* Anillo, malla, eslabon de una cadena. *Ansam quaerere. Plaut.* Buscar motivo, ocasion. *Ansas sermonis dare. Cic.* Dar que hablar, que decir, motivo &c.

Ansāta, ae. *f. En.* Dardo que se tira atado á una correa.

Ansātus, a, um. *Colum.* Que tiene asas. *Ansatus homo. Plaut.* Hombre puesto en asas: señal de orgullo é hinchazon.

Anser, ĕris. *n. Virg.* El ansar, ave doméstica, *lo mismo que* ganso ó pato.

Ansĕrārium, ii. *n. Colum.* Ansarerío. El sitio donde se crian los gansos.

Ansercŭlus, i. *m. Colum.* Ansaron, *dim. de* ansar. Ansar pequeño.

Anserīnus, a, um. *Plin.* Ansarino, del ansar.

Ansŭla, ae. *f. Val. Max.* Asa pequeña, asita.

Antăchātes, ae. *m. Plin.* Piedra preciosa, especie de ágata.

Antae, ārum. *f. Vitruv. plur.* Pilastras, postes, pilares cuadrados al lado de las puertas en las fachadas de los edificios. || Jambas.

Antaeus, i. *m. Ov.* Anteo, *gigante de cuarenta codos de alto de estatura.*

Antagōnista, ae. *m. S. Ger.* Antagonista, el contrario, opuesto, enemigo, competidor en contienda ó lucha.

* Antănaclăsis, is. *f. Quint.* Figura retórica *cuando se repite una palabra de otro en diverso ó contrario significado.*

Antănagōge, es. *f. Quint.* Figura retórica cuando se convierte una razon contra el que la dijo antes.

Antandros, y Antandrus, i. *f. Plin.* Antandro, *ciudad marítima de la Frigia menor.*

* Antăpŏcha, ae. *f. V.* Apocha.

Antăpŏdŏsis, is. *f. Quint.* Figura retórica *cuando corresponde el medio de un período al principio y al fin.*

Antārius, a, um. *Vitruv.* Perteneciente á las antas ó pilastras de un edificio. *Antarium bellum. Fest.* Guerra que se hace delante de las puertas de una ciudad. *Antarii funes. Vitruv.* Maromas que se ponen de ambos lados á la madera ó piedra en una obra, para que suba rectamente, sin torcerse.

Antartĭcus, a, um. *Hig.* Antártico, *epíteto del polo meridional del orbe, opuesto al ártico ó septentrional.*

Ante. *prep. que rige acusativo. Cic.* Ante, delante, en presencia de alguna persona. || Antes. || Mas. *Ante me illum diligo. Cic.* Le amo mas que á mí. — *Alios felix. Virg.* Mas feliz que los otros. — *Diem tertium. Cic.* Tres dias ha. — *Illum Praetorem mortuus. Cic.* Muerto antes que él fuese pretor. *In ante diem quartum differre. Cic.* Diferir hasta el cuarto dia.

Ante. *adv. Cic.* Antes. *Longe ante. Cic. Multo ante.*

*Ter.* Mucho tiempo antes. *Paucis ante diebus.* *Cic.* Pocos dias antes.

**Antea.** *adv.* *Cic.* Antes.

**Anteactus, a, um.** *Cic.* Pasado, hecho de antemano. *Anteacta aetas.* *Lucr.* El tiempo, la vida pasada.

**Anteambŭlo, ōnis.** *m.* *Marc.* El que va delante de su señor, ó de algun cuerpo formado para hacer lugar. El bedel, macero, alguacil.

**Antebăsis, y Antibăsis, is.** *f.* *Vitruv.* Pieza que está antes ó delante de la base.

**Antecănis, is.** *m.* *Colum.* Procion ó el Can menor, constelacion.

**Antecăpio, is, cēpi, ceptum, căpĕre.** *a.* *Tac.* Preocupar, anticiparse, prevenir, ocupar, apoderarse antes que otro. *Antecapere multa.* *Salust.* Prevenirse de muchas cosas. — *Famem. Id.* Prevenir el hambre. — *Pontem. Tac.* Apoderarse antes que otro de un puente.

**Antecaptus, a, um.** *Liv.* Prevenido, previsto, preocupado.

**Antecēdens, tis.** *com.* *Cic.* Antecedente, precedente, anterior.

**Antecēdo, is, cessi, cessum, ĕre.** *a.* *Cic.* Anteceder, preceder, estar ó ir delante. *Antecedere aliquem magnis itineribus.* *Ces.* Adelantarse á alguno con jornadas muy largas. — *Omnibus ingenii gloria.* *Cic.* Tener la gloria de exceder á todos en ingenio. — *Gregem. Colum.* — *Pecudibus. Cic.* Ir delante del ganado. — *Pretio. Plin.* Ser de mas precio.

**Antecēllens, tis.** *com.* *Cic.* Que excede y se aventaja á otro, superior.

**Antecēllo, is, lui, ĕre.** *a.* *Cic.* Exceder, pasar, aventajar, ser superior, mayor. *Antecellere aliquem, ó alicui, aliqua re, ó in aliqua re.* *Cic.* Aventajarse á alguno en alguna cosa.

**Antecēpi.** *pret. de* Antecapio.

† **Anteceptus, a, um.** *V* Antecaptus.

**Antecēssio, ōnis.** *f.* *Cic.* El acto de preceder ó anteceder, la precursion ó precedencia.

† **Antecessīvus, a, um.** *Fest.* Antecedente, precedente.

**Antecessor, ōris.** *m.* *Paul. Jct.* Antecesor, antepasado, predecesor. ‖ Profesor, maestro, catedrático de jurisprudencia. ‖ *Suet.* El que precede ó va delante. ‖ Batidor.

**Antecessōres, um.** *m. plur.* *Ces.* Los batidores, corredores, espias de un ejército.

**Antecessus, us.** *m.* *Sen.* Anticipacion, adelantamiento. *In antecessum dare.* *Sen.* Dar anticipadamente.

**Antecessus, a, um.** *Petr.* Pasado, anterior.

**Antecoena, ae.** *f.* *Macrob.* y

**Antecoenium, ii.** *n.* *Isid.* La merienda que se toma entre la comida y la cena. ‖ *Apul.* El ante ó antes, los platos por donde se comienza á servir la comida ó cena.

**Antecūrrens, tis.** *com.* *Vitruv.* Que va delante, ó precede corriendo.

**Antecūrro, is, cŭcurri, cursum, rĕre.** *a.* *Vitruv.* ó

**Antecūrso, ās, āre.** *a.* Correr delante, preceder.

**Antecūrsor, ōris.** *m.* *Ces. V.* Antecessores. ‖ *Tert.* El precursor San Juan Bautista. *Frugum antecursores. Tert.* Las flores que salen antes de los frutos.

† **Antecursōrius, a, um.** *Apul.* Que va ó pasa adelante. *Antecursoria potio.* *Apul.* El vaso que se bebe al empezar la comida.

**Antedīco, is, xi, tum, ĕre.** *a.* *Cic.* Predecir, pronosticar, anunciar, adivinar, profetizar.

† **Antedictus, a, um.** Predicho, sobredicho.

**Anteo, is, īvi, ĭtum, īre.** *a.* *Cic.* Preceder, anteceder, ir delante. ‖ Exceder, aventajarse. *Antit omnibus virtus. Plaut.* La virtud vale mas que todo. *Anteire aetate aliquem ó alicui.* *Cic.* Ser de mas edad que otro. — *Virtute. Cic.* Exceder en virtud. — *Aetatem honoribus.* Anticiparse á la edad con los empleos. *Ab aliis apud Principem anteire.* Tener mas mano que otro cerca del príncipe.

**Anteexpectātum.** *adv.* *Virg.* Contra, fuera de toda expectacion, inopinada, inesperadamente.

**Antefācta, ōrum.** *n. plur.* *Liv.* Los hechos, las acciones pasadas, anteriores.

**Antefactus, a, um.** *Grl.* Hecho antes, anterior.

**Antefĕro, fers, tŭli, lātum, ferre.** *anom.* *Tac.* Llevar delante. ‖ *Cic.* Preferir, anteponer, estimar mas, dar la preferencia. *Anteferre gressum.* *Virg.* Marchar delante. — *Se honore alicui. Cic.* Preferirse á otro, creerse mas digno de honra y de estimacion que otro.

**Antefīxa, ōrum.** *n. plur.* *Fest.* Cosa saledizo, que sobresale, como las tejas que se ponen al extremo de los tejados para apartar el agua de las paredes. ‖ *Liv.* Estatuas de los dioses y otros adornos de arquitectura. ‖ *Vitruv.* El apoyo que sostiene un plinto.

**Antefīxus, a, um.** *Vitruv.* Prefijado, colocado ó puesto delante.

† **Antegenĭtālis.** *m. f.* *le. n. is.* *Plin.* Perteneciente á lo que ha nacido antes, á los antepasados.

† **Antegenĭtus, a, um.** Engendrado antes.

**Antegrĕdior, ĕris, gressus, sum, di.** *dep.* *Cic.* Ir delante, preceder. *Antegredi debet honestas. Cic.* La honestidad ha de ir por delante.

**Antehăbeo, es, bui, bĭtum, ēre.** *a.* *Tac.* Preferir, anteponer. *Antehabere veris incredibilia. Tac.* Anteponer, dar mas fe ó crédito á las cosas increibles que á las verdaderas.

**Antehac.** *adv.* *Ter.* Antes de ahora, antes, hasta ahora, hasta aquí, antes de estas cosas.

**Anteivi.** *pret. de* Anteeo.

**Antelātus, a, um.** *part. de* Antefero. *Cic.* Preferido, antepuesto.

**Antelius, ii. y Antelii, ōrum.** *m. plur.* *Ter.* Los dioses *Antelios, que se colocaban á las puertas de las casas entre los griegos, como entre los latinos los Janes y Limentinos, dioses tutelares.*

† **Antelŏgium, ii.** *n.* *Plaut.* y

**Antelŏquium, ii.** *n.* *Plaut.* Prólogo, preludio, proemio, exordio. ‖ *Macrob.* La precedencia en el hablar.

**Antelūcanus, a, um.** *Cic.* Cosa que es ó se hace antes de amanecer. *Antelucana coena. Cic.* Cena que dura toda la noche, hasta la mañana. *Antelucanus spiritus. Vitruv.* Viento que sopla antes del dia.

**Antelūcio.** *adv.* *Apul.* Lo mismo que

**Antelūcŭlo.** *adv.* *Apul.* Antes del amanecer.

**Antelūdium, ii.** *n.* *Apul.* Preludio que antecedia á la pompa del sacrificio.

**Antemalōrum.** *Virg.* en lugar de *Praeteritorum malorum.* De los males pasados.

**Antemeridiālis.** *m. f.* *le. n. is.* *Marc. Cap.* Lo mismo que

**Antemeridiānus, a, um.** *Cic.* Antemeridiano, lo que es ó se hace antes de medio dia.

**Antemīssus, a, um.** *Front.* Lo que está al extremo ó término de un campo. *Antemissae arbores. Front.* Árboles plantados para señalar los términos de las tierras.

**Antemītto, is, misi, missum, tĕre.** *a.* *Ces.* Enviar, echar delante.

**Antemnae, ārum.** *f. plur.* *Virg.* Antemnas, *ciudad de los sabinos.*

**Antemnas, ātis.** *m. f.* *Liv.* El natural ó habitador de la ciudad de Antemnas, Antemnate.

† **Antemŏnens, tis.** *m. f.* *Liv. Flac.* El que avisa antes ó de antemano.

**Antemūrāle, is.** *n.* *Bibl.* Antemuro, antemural, falsabraga ó barbacana, muralla baja antes del muro.

**Antemūrānus, a, um.** *Am.* Antemural, fortaleza, montaña ú otro impedimento que defiende el muro.

**Antenna, ae.** *f.* *Virg.* La antena ó entena, verga ó pértiga de madera, pendiente de una garrucha ó moton que cruza al mástil de la nave, y en que prende la vela. *Antennae cornua. Virg.* Los cabos de las vergas.

**Antēnor, ōris.** *m.* *Virg.* Antenor, rey de *Tracia.*

**Antenōreus, a, um.** *Marc.* De Antenor ó de Padua, fundada por él.

**Antenorĭdae, ārum.** *m. plur.* *Virg.* Los hijos de Antenor. ‖ Los paduanos, sus descendientes.

**Antenuptiālis.** *m. f.* *le. n. is.* *Justin.* Lo que es ó se hace antes de la boda.

**Anteoccupātio, ōnis.** *f.* *Cic.* Anticipacion, preocupacion, prevencion. ‖ *Quint.* Figura retórica.

**Anteoccŭpo, ās, āvi, ātum, āre.** *a.* *Cic.* Anticiparse, preocupar, prevenir, ocupar antes que otro. *Anteoccupat*

*quod putat opponi. Cic.* Previene, se anticipa á las objeciones que le pueden hacer.

Antĕpagmentum, i. n. *Vitruv.* Adorno de las puertas de un edificio ó de las colunas que estan delante de él.

Antĕpăro, as, ăvi, ătum, āre. a. *Prop.* Preparar, prevenir, aparejar, aprestar, disponer de antemano.

Antĕpartus, a, um. *part. de* Antepario, *que no está en uso. Plaut.* Adquirido antes.

Antĕpassĭo, ōnis. f. *Bibl.* El primer movimiento de una pasion.

Antĕpĕdes, dum. m. plur. *Casiod.* Los que por cortejo ó ceremonia van delante del superior.

Antĕpendŭlus, a, um. *Apul.* Que pende ó cuelga delante.

Antĕpenultĭmus, a, um. *Marc. Cap.* Antepenúltimo.

Antĕpĕreo, is, ĭvi, ĭtum, ire. n. *Auson.* Perecer antes.

Antĕpĭlāni, ōrum. m. plur. y

Antĕpĭlānus, i. m. *Liv.* La tropa romana mas escogida y mejor armada, que componia la primera y segunda línea del ejército.

Antĕpŏlĕo, ēs, ēre. n. *Apul.* Poder mas que otro.

Antĕpōno, is, sui, sĭtum, nĕre. a. *Plaut.* Anteponer, poner delante ó antes. ‖ Preferir, apreciar, estimar, tener en mas, hacer mas caso. *Quid antepones illi jentaculo? Plaut.* ¿Qué le servirás para desayuno? *Anteponere amicitiam rebus omnibus. Cic.* Preferir la amistad á todas las cosas.

Antĕpŏsĭtus, a, um. *Plaut.* Puesto antes ó delante, antepuesto. ‖ Preferido.

Antĕpŏtens, tis. com. *Plaut.* El que puede mas, ó el que es superior á otro en poder.

Antĕpraedīco, is, ixi, ictum, ĕre. a. *Cic.* Predecir, pronosticar, anunciar.

Antĕpraecursor, ōris. m. *Tert.* Precursor. V. Antecursor.

Antĕquam. adv. *Cic.* Antes que, hasta que, antes de. *Ante quam discedimus. Cic.* Antes de irnos, que nos vayamos. *Venisses. Cic.* Antes que vinieses.

Antĕrĭdes, dum. f. *Vitruv.* Pilastras, contrafuertes, espolones, barbacanas que se ponen exteriormente á las paredes para sostenerlas. ‖ Puntales.

* Antĕrĭdion, ii. n. *Vitr.* Contrafuerte, puntal, apoyo oblicuo de alguna cosa.

Antĕrior. m. f. ius. n. ōris. *Cic.* Anterior, lo que está delante de otra cosa.

Antĕris, ĭdis. f. *Vitr.* Pie derecho, puntal, apoyo, pilar.

Antĕrius. adv. *Sidon.* V. Antehac.

Antermĭni, ōrum. m. plur. *Fest.* Los vecinos confinantes ó fronterizos de una provincia.

* Antĕros, ōtis. m. *Cic.* El tercer Cupido, hijo de Marte y la tercera Venus. ‖ *Plin.* Especie de jaspe ó amatista.

Antes, ium. m. plur. *Virg.* Las órdenes ó cuadros que forman las cepas de una viña.

Anteschŏlānus, i. m. *Petron.* El repetidor ó pasante subalterno del maestro en la escuela.

Antĕsignānus, i. m. *Ces.* El antesignano, el que acompaña ó guarda la bandera. ‖ Tropa que va delante de todas las líneas. ‖ Capitan. ‖ El que anima ó exorta á hacer alguna cosa.

Antestātus, a, um. El que es llamado ó puesto por testigo.

Antesto, as, stĕti, atātum, āre. n. *Cic.* Exceder, adelantarse á otros.

Antestor, āris, ātus, sum, āri. dep. *Hor.* Atestar, testificar, traer, poner á uno por testigo. *Licet ne antestari? Hor.* ¿Puedo ponerte por testigo? *Antestare me. Plaut.* Ponme á mí por testigo.

Antĕtŭli. pret. de Antefero.

Antĕvĕnio, is, ni, entum, ire. a. *Salust.* Anticiparse, preceder, llegar antes ó el primero, adelantarse á otro. Exceder, aventajarse, sobresalir, ser superior. *Insidias hostium antevenire. Salust.* Prevenir las asechanzas de los contrarios. ※ *Exercitum per tramites occultos. Salust.* Adelantar un ejército por caminos ocultos.—*Alicui. Plaut.* Ir delante de alguno.

† Antĕventŭli, ōrum. m. plur. *Apul.* Cabellos que caen sobre la frente.

Antĕversio, ōnis. f. *Am. Marc.* Prevencion, anticipacion.

Antĕverto, is, ti, sum, tĕre. a. *Cic.* Anticiparse, prevenir, adelantarse á otro. ‖ *Pacat.* Anteponer, preferir.

*Antevertere veneno damnationem. Tac.* Prevenir con un veneno la condenacion. *Miror, ubi ego huic anteverterim. Ter.* Me admiro cómo he llegado antes que ella.

† Antĕvĭdens, entis. com. *Val. Flac.* El que antevé, el que ve con anticipacion ó previene alguna cosa.

† Antevio, as, āre. n. *Fortum.* Preceder, ir, andar delante.

Antĕvŏlo, as, ăvi, ătum, āre. a. *Virg.* Preceder volando, volar delante. *Antevolant zephiros pennas. Claud.* Sus alas dejan atras el viento.

Antĕvorta, ae. f. *Ovid.* Diosa de lo pasado, como *Postvorta*. De lo futuro. Llámase tambien Porrima.

Anteurbānus, a, um. *Fest.* Lo que está delante ó cerca de la ciudad.

† Antexpectātum. *Virg.* Antes de lo que se esperaba.

Anthalium, ii. n. *Plin.* Especie de yerba que arroja unos botones como nísperos sin hueso.

Anthēdon, ōnis. f. *Plin.* El níspero, árbol. ‖ *Plin.* Larisa ó Zaron, ciudad de Palestina. ‖ *Ov.* De Beocia. ‖ *Ov.* El golfo de Egina.

Anthēdōnius, a, um. *Estac.* Perteneciente á la ciudad Antedon ó Larisa.

Anthĕmis, ĭdis. f. *Plin.* La manzanilla, yerba.

Anthēra, ae. f. *Plin.* Confeccion que se hace de flores.

Anthiae, ārum. f. plur. *Apul.* Guedejas ó peinado que se ponian las damas sobre la frente.

* Anthias, ae. m. *Plin.* Antia, *pescado que se llama tambien lampuga.*

Anthĭnus, a, um. *Plin.* Hecho ó confeccionado de flores. *Anthinum mel. Plin.* Miel de primavera, *por sacarse de las flores que da esta estacion.*

Anthŏlŏgia, ae. f. ó

Anthŏlŏgĭca, ōrum. n. plur. *Plin.* ó Anthologumena. Tratado ó coleccion de flores, de sentencias. Florilegio.

* Anthrācias, ae. m. V. Antracitis.

Anthrācīnus, a, um. *Varr.* De color negro. *Anthracinae adolescentulae. Varr.* Doncellas vestidas de negro, de luto.

* Anthrācĭtes, ae. m. *Plin.* Lapiz colorado ó rojo.

Anthrācītis, ĭdis. f. *Plin.* El carbunclo, piedra preciosa.

Anthrax, ăcis. m. *Plin.* Carbunclo de color vivo como un carbon encendido. ‖ *Emil. Macr.* Carbunco, úlcera peligrosa.

* Anthrōpōgrăphus, i. m. *Plin.* Pintor de figuras humanas, Dionisio.

* Anthrōpŏlătra, ae. m. *Dig.* El que adora al hombre. *Dícese de los hereges nestorianos, que tenian á Jesucristo solo por hombre.*

* Anthrōpŏmorphītae, ārum. m. plur. *Tert.* Los antropomorfitas, *hereges que decian que Dios tenia figura de hombre.*

† Anthrōpŏphăgia, ae. f. Sustento de carne humana.

Anthrōpŏphăgus. i. m. f. *Plin.* El antropófago ó caribe que come carne humana.

* Anthus, i. m. *Plin.* Un pájaro que imita el relincho del caballo.

Anthypŏphŏra, ae. f. *Quint.* Antipófora, *figura retórica, en que el orador se opone á sí mismo, y responde á las objeciones contrarias.* Anteocupacion.

Antĭădes, dum. Ó

Antiae, ārum. f. plur. *Fest.* Cabellos de la frente de las mugeres. ‖ Guedeja ó penacho de la frente de los animales.

Antia lex f. Ley que prohibia á los romanos cenar fuera de sus casas. Nadie la siguió; fue abrogada por sí misma.

Antiānus, a, um. *Plin.* De la ciudad de Ancio.

Antias, ătis. com. *Liv.* y

Antiătes, ium. plur. *Liv.* Los anciates, *los naturales ó vecinos de la ciudad de Ancio en el Lacio.*

Antiătīnus, a, um. *Suet.* V. Antianus.

Antĭbacchius, i. m. *Diom.* Pie de verso compuesto de dos largas y una breve, como *formósa*.

Antĭbacchus, i. m. *Auss.* V. Antibacchius.

Antĭbăsis, is. f. *Vitr.* La coluna de detras en una catapulta.

* Antĭbŏreus, a, um. *Vitr.* Opuesto al septentrion.

Antĭca (pars f.) *Varr.* La parte meridional del cielo. ‖ *Varr.* La puerta delantera de un edificio.

Anticarie, ae. f. Antequera, *ciudad de España*.

Antĭcătēgŏria, ae. f. *Quint.* Mútua, recíproca acusacion.

Antīcăto, ōnis. m. Juv. Dos libros que escribió Julio Cesar contra Caton el uticense.

† Antichristus, i. m. Lact. El Antecristo, contrario, opuesto á Cristo.

Antichthŏnes, um. m. plur. Mel. Los Antictones. V. Antipodes.

Antĭcĭpātĭo, ōnis. f. Cic. Anticipacion, presentimiento, conocimiento anticipado. || Anteocupacion, figura retórica.

† Antĭcĭpātor, ōris. m. Aus. Anticipador, el que prevé, adelanta y anticipa alguna cosa.

Antĭcĭpātus, a, um. part. Cic. Anticipado, adelantado, prevenido, previsto.

Antĭcĭpo, as, avi, atum, are. a. Cic. Anticipar, adelantar. || Adelantarse, prevenirse con antelacion. Anticipare molestiam. Cic. Anticipar la pesadumbre. Mortem. Suet. Adelantarse la muerte.

Anticum, i. n. Fest. La entrada de la casa.

Anticus, a, um. Varr. Delantero, de adelante, anterior.

Antĭcȳra, ae. f. Ov. Anticira, isla del mar egeo. || Ciudad de la Focida, famosa por el eléboro. Anticyras naviget. Her. Que vaya á buscar el remedio de su locura. Anticyra non egeat. Plin. No necesita del eléboro para sanar de su manía. Anticyris tribus caput insanabile. Her. Cabeza incurable aun con el eléboro de tres Anticiras.

Antidalaei, ōrum. m. plur. Pueblos de la Arabia feliz.

† Antidea. Liv. en lugar de Antea.

† Antideo. Plaut. en lugar de Anteeo.

† Antidea. Plaut. en lugar de Antehac.

Antĭdŏtum, i. n. Ulp. Don, presente que se hace por reconocimiento. || Pan bendito.

Antĭdŏtum, i. n. ó

Antĭdŏtus, i. f. Fedr. Antídoto ó contraveneno, que preserva de la peste y de todo género de ponzoña y veneno.

Antiensis. m. f. sē. n. is. Val. Max. V. Antianus.

Antigĕrio. adv. ant. Fest. en lugar de Valde.

Antigŏne, es. f. Juv. Antigone, hija de Edipo rey de Tebas. || Otra hija de Laomedonte convertida en cigüeña por la diosa Juno.

Antigŏnia, ae. f. Antigone, ciudad de Epiro.

* Antigramma, atis. n. Contraescritura, papel, instrumento por el cual se deroga otro.

* Antigrăphārĭus, ii. m. ó

* Antigrăpheus, i. m. Ministro de hacienda, de rentas.

Antiherio. adv. ant. Fest. en lugar de Statim.

Antĭlēna, ae. f. Sip. El pretal del caballo.

† Antilepsis, is. f. Intercesion ó interjecion, figura retórica.

† Antilexis, is. f. Contumacia, rebeldía, la falta de comparecer ó no responder en juicio.

Antĭlĭbanus, i. m. Cic. Antelibano, monte de Siria ó de Fenicia.

Antĭlŏchus, i. m. Her. Antíloco, el hijo mayor de Nestor, muerto en el cerco de Troya.

Antĭlŏcūtĭo, ōnis. f. ó

* Antĭlŏgia, ae. f. ó

* Antĭlŏgium, ii. n. y

† Antĭlŏquium, ii. n. Contradicion, sofisma.

* Antĭmēlon, i. n. Diosc. La mandrágora, yerba.

Antĭmēria, ae. f. Figura retórica en que se emplea una parte de la oracion por otra.

* Antĭmĕtăbŏle, es. f. ó

* Antĭmĕtălepsis, is. f. y

Antĭmĕtăthĕsis, is. f. Figura retórica, llamada retruécano cuando se repiten las mismas palabras en diverso sentido: v. g. Non, ut edam vivo; sed, ut vivam, edo. Cat. No vivo para comer, sino que como para vivir.

Antĭnŏmia, ae. f. Quint. Antinomia, oposicion de leyes.

Antiochēni, ōrum. m. plur. ó

Antiochenses, ium. m. plur. Gel. Los naturales ó vecinos de Antioquía, antioquenos.

Antiochēnus, a, um. Ven. Fort. Perteneciente á Antioquía. || Del Rey Antioco.

Antiochia, ae. f. Aus. Antioquía, capital de Siria, y otras ciudades.

Antiochiensis. m. f. sē. n. is. Plin. Perteneciente á Antioquía, de Macedonia.

Antiochius, a, um. Cic. De Antioco ó de Antioquía.

Antiŏchus, i. m. Cic. Nombre de muchos reyes de Siria y de un filósofo académico, maestro de Ciceron y de Bruto.

Antĭŏpa, ae. f. Pers. Hija de Nicteo y muger de Lico, rey de Tebas. || Hig. Otra hija de Eolo. || Hig. Otra hija de Marte, una de las amazonas, Antiope.

Antiosa, ae. f. Mare. La danzarina ó bailarina.

Antipagmenta. V. Antepagmenta.

Antĭpāpa, ae. m. El antipapa. El concurrente con el papa, cabeza de partido que mueve cisma en la iglesia.

* Antĭpărastăsis, is. f. Figura retórica, cuando el acusado trae razones para probar que debia ser alabado y no vituperado, si fuera verdad lo que se le opone.

Antĭpastus, i. m. Antipasto, pie de verso que consta de dos sílabas largas entre dos breves, como videns discit.

Antĭpăthes, ae. f. Plin. Piedra de color negro, que dicen resiste á los hechizos.

* Antĭpăthia, ae. f. Plin. La antipatía, contrariedad, oposicion, repugnancia y enemistad natural.

* Antĭpĕristăsis, is. f. La antiperistasis, accion de las cualidades contrarias, una de las cuales excita el vigor de la otra.

Antĭphătes, ae. m. Ov. Antifates, rey de los lestrigones, que mataba y comia á sus huéspedes.

* Antĭpherna, ōrum. n. plur. Dig. Los bienes que da el marido á la muger en lugar de dote.

* Antĭphōna, ae. f. La antífona, que quiere decir voz recíproca; es el versículo que se reza ó canta en el oficio divino antes de empezar el salmo.

* Antĭphōnārium, ii. n. ó

Antĭphōnārius, ii. m. El antifonal ó antifonario, libro de coro en que se contienen las antífonas de todo el año.

* Antĭphrăsis, is. f. Quint. Figura irónica, en que diciendo una cosa se da á entender otra contraria.

Antĭpŏdes, dum. m. plur. Cic. Los antípodas, moradores de un meridiano, pero en puntos diametralmente opuestos.

Antĭpŏlis, is. f. Plin. Antibo, ciudad y puerto de Francia en Provenza. || La parte de Roma de la otra parte del rio. || Ciudad del Lacio.

Antĭpŏlĭtānus, a, um. Marc. El natural de Antibo. De la parte de Roma que está al otro lado del Tiber.

Antiptōsis, is. f. Figura gramatical, en que se pone un caso por otro: v. g. Urbem quam statuo vestra est. Virg.

Antĭquāria, ae. f. Juv. Anticuaria. La muger curiosa ó que afecta tener conocimiento de las cosas antiguas.

Antĭquārius, ii. m. Quint. Anticuario, el que es curioso de la antigüedad. || Cod. Theodos. El que copia, cuida y repara los códices de una biblioteca.

Antĭquārius, a, um. S. Ger. Perteneciente al anticuario.

Antĭquātĭo, ōnis. f. Gel. El acto de abolir, la abolicion ó casacion.

Antĭquātus, a, um. part. Cic. Desusado, ó que no tiene uso mucho tiempo há, anticuado.

Antique. adv. Tac. Á la manera de los antiguos, ancianamente, antiguamente, en otro tiempo, en lo antiguo.

Antiquior, antiquius, ōris. comp. V. Antiquus.

Antĭquĭtas, ātis. f. Cic. La antigüedad, la ancianidad, los tiempos antiguos, los siglos pasados. || Los hombres antiguos y sabios. Antiquitatis multae peritus. Gel. Hombre de singular noticia de toda la antigüedad.

Antiquitus. adv. Caes. Antigua, ancianamente, con larga distancia de tiempo pasado. Non adeo antiquitus. Plin. No mucho tiempo há.

Antīquo, as, avi, atum, are. a. Cic. Anticuar, anular, abolir una ley.

Antīquus, a, um. comp. quior, ius. sup. quissĭmus. Cic. Antiguo, mas antiguo, antiquísimo. Antiqui officii homo. Cic. Hombre de antigua probidad. Nihil habui antiquius. Cic. Nada tuve mas en mi corazon. Antiquior ei fuit laus, quam regnum. Cic. Estimó mas la gloria del reino. Longe antiquissimum. Liv. Lo primero de todo.

* Antirrhetica, ōrum. n. plur. Apologías, escritos en que se responde á lo que se ha dicho contra nosotros.

## ANU

Antiscii, órum. m. plur. Am. Los antiscios, pueblos que habitan en lugares opuestos de esta parte y de la otra de la equinoccial.

Antisŏphista, ae. m. Suet. ó

Antisŏphistes, ae. m. Quint. Antisofista, el que disputa contra los sofistas.

Antispasticus, a, um. Diom. El verso que consta de pies antispastos.

Antispastus, i. V. Antipastus.

\* Antispŏdos, i. m. Plin. El espodio contrahecho, confeccion que hacen los boticarios con diferentes yerbas para suplir la falta de la verdadera yerba espodio.

Antissiŏdŏrensis. m. f. sĕ. n. is. El natural de Auxerre.

Antissiŏdŏrum. i. n. Auxerre, ciudad de Borgoña en Francia.

Antistătus, us. m. Tert. La preeminencia ó excelencia.

Antistes, itis. m. f. Cic. El primero, el que preside á otros, prelado, prior, cura, abad, obispo. Antistes artis. Cic. El mas hábil ó sobresaliente en un arte.__Juris. Quint. Maestro en el derecho.__Ceremoniarum. Cic. Maestro de ceremonias.

\* Antistĭchon, i. n. La mudanza de una letra en otra, como de olli por illi.

Antistĭta, ae. f. Cic. La sacerdotisa. ‖ La abadesa, priora ó superiora.

Antistĭtium, ii. n. Marc. Cap. La dignidad del superior ó prelado.

Antistĭtor, ōris. m. V. Antistor.

Antisto, as, are. Cat. V. Antesto.

Antistor, ōris. m. Intendente, encargado que preside á la conducta de alguna cosa.

Antistrŏphe, es. f. Figura retórica, en que dos veces se conmutan recíprocamente los casos.

Antithălămus, i. m. Varr. La antecámara ó antesala, donde dormian los criados que estaban de guardia.

Antithesis, is. f. ó

\* Antithĕton, i. n. Cic. Antitesis, figura retórica, que quiere decir oposicion.

Antitheus, i. m. Lact. El diablo, el que es contra Dios, ó se quiere tener por tal.

Antium, ii. n. Hor. Ancio, ciudad del antiguo Lacio.

Antlia, ae. f. Marc. Instrumento, máquina ó bomba para sacar agua del profundo. Condemnare aliquem in antliam. Suet. Condenar á uno á las bombas.

Antoeci, órum. m. plur. Los antescos ó antecos, moradores de un mismo meridiano en el globo de la tierra; pero en opuesto paralelo, distando igualmente de la equinoccial, y mirando á diferente polo.

Antōna, ae. m. El Nen, rio de Inglaterra.

Antōna, ae. f. Norzampton, ciudad de Inglaterra.

Antōnianus, a, um. Cic. Perteneciente á alguno de los Antonios romanos.

Antōniaster, tri. m. Cic. dim. de Antonius. Antoñito, Antoñuelo.

Antōninias, ădis. f. Capit. Título del poema de Gordiano el mayor, en que escribió en treinta libros las hazañas de Antonino Pio y M. Antonino el filósofo.

Antōnīnus, i. m. Antonino, nombre de hombre dim. de Antonius.

Antōnīnus, a, um. V. Antonianus.

Antōnius, ii. m. Antonio, nombre de hombre.

Antōnŏmāsia, ae. f. Quint. Antonomasia, figura retórica en que se toma una cosa por el nombre propio: v. g. el filósofo por Aristóteles.

Antōrĭcensis. is. m. f. Natural de Chartres en Francia.

Antōrĭcum, i. n. Chartres, ciudad de Beauce en Francia.

Antrae, árum. f. plur. Fest. Espacios intermedios de unos árboles á otros.

† Antrorsum. adv. Por delante.

Antrum, i. n. Virg. Cueva ó caverna, gruta, antro.

Antuates, um. m. V. Nantuates.

Antuerpia, ae. f. Amberes, ciudad de Brabante.

Antuerpiensis. m. f. sĕ. n. is. El natural de Amberes.

Antumacum, i. n. Andernac, ciudad de Alemania.

Anūbis, i. m. Juv. El Mercurio de los egipcios, á quien representaban con cabeza de perro.

## APA

† Anūbis. m. f. bĕ. n. is. El que no ha llegado á la pubertad. ‖ Lo que está descuidado ó olvidado. ‖ Lo que no está cubierto de nubes.

Anūcŭla, ae. f. Ter. Viejecilla.

Anulāris, Anularius, Anulatus, Anulus. V. Annularis.

Anus, i. m. Cic. El ano, la via para expeler el excremento mayor.

Anus, us. f. Cic. La vieja. Anus hircum redolet. adag. El pajar viejo muy presto se enciende. ref.

Anxi. pret. de Ango.

Anxie. adv. Sal. Angustiada, congojosamente, con afliccion y encogimiento de ánimo.

Anxiĕtas, ătis. f. Cic. Angustia, congoja, afliccion, apretura del corazon, encogimiento de ánimo. ‖ Afan, cuidado, solicitud, inquietud, desasosiego.

Anxiĕtūdo, ĭnis. f. S. Ag. V. Anxietas.

Anxifer, a, um. Cic. El que lleva consigo la congoja, angustia &c.

Anxio, ās, āvi, ātum, are. Apul. Angustiar &c. V. Ango.

Anxĭtūdo, ĭnis. f. Cic. V. Anxietas.

Anxius, a, um. Cic. Angustiado, acongojado, afligido, apesadumbrado. ‖ Cuidadoso, solícito, inquieto. Anxius invidia. Tac. Celoso, envidioso.__Sui. Tac. Desasosegado, inquieto consigo mismo.__Potentiae. Tac. Celoso ó ambicioso del poder.__Pectori. Tac. El que está lleno de pesadumbre.__Alicujus vicem. Liv. Solícito de la suerte ó éxito de alguno.__Curis. Liv. Lleno de cuidados.__Furti. Ov. El que teme que lo roben. Anxia oratio. Gel. Discurso peinado, muy estudiado y compuesto. Anxio animo esse. Cic. Estar apesadumbrado, inquieto, de mal humor.

Anxur, ŭris. m. El que aun no se afeita. ‖ Sobrenombre de Júpiter, como tambien Anxurus. Virg. ‖ Hor. Terracina, ciudad de Italia.

Anytus, i. m. Hor. Nombre de un ateniense que ayudó á la condenacion de Sócrates.

## AO

Aŏnes, um. m. plur. Virg. Montes de Beocia. ‖ Los que viven en estos montes.

Aŏnia, ae. f. Virg. Parte montuosa de Beocia.

Aŏnĭdes, dum. f. plur. Ov. Las musas, asi llamadas del Helicon, monte de Aonia, y de la fuente Hipocrene.

Aŏnius, a, um. Ov. De Aonia, de Beocia. Aoniae sorores. Ov. Las musas.

Aoristus, i. m. Aoristo, tiempo indefinido de la conjugacion griega.

Aornos y Aornus, i. m. Curc. Lago de Epiro, en la Tesprocia. ‖ El Averno, en Campania. ‖ El lago averno. ‖ Peña fragosa é inaccesible aun á las aves entre los indios.

Aorsi, órum. m. plur. Los tártaros vecinos del Tanais.

Aorta, ae. f. Cels. Aorta, la arteria magna del cuerpo humano.

Aŏti, órum. m. plur. Pueblos fronterizos de Tracia.

\* Aotus, a, um. m. El que no tiene orejas.

Aŏtus, i. m. El Vayusa, rio de Macedonia.

## AP

Apăge, ó Apagesis. Interjeccion que denota disgusto, repugnancia y aversion. Apage te á me. Plaut. Apage te. Ter. Quítateme, vete, anda de ahí, quítate delante de mí.__Illud. Plaut. No me hables de eso, dejemos eso, quita eso de ahí.__Me istam salutem. Ter. Bien estaba yo sin esa salutacion, sin ese cumplimiento. Apagesis, nunc videamus. Cic. Dejemos eso: veamos ahora.

Apala, ó Hapala ova. Apic. Huevos frescos.

Apălăre, is. n. Aus. La cuchara con que servian los huevos frescos.

\* Apălestrus, a, um. El que no se ha adiestrado en la palestra, en la gimnástica.

† Apălus, i. m. Delicado, tierno.

Apămēa, ae. f. Liv. Apamea ó Haman, ciudad de Siria.

Apamea, ó Apamia, ae. f. Pamier, ciudad de Francia en Lenguadoc.

Apāmensis, m. f. tē. n. is. y

Apāmeus, a, um. y

Apāmiensis, m. f. tē. n. is. *Cic.* El natural de, ó lo que toca á la ciudad de Haman *en Siria.* ∥ Á la de Pamiers *en Francia.*

† Apanagium, ii. n. Heredamiento, infantazgo, posesiones, fundos ó pensiones que se dan á los hijos segundos de reyes ó grandes señores para su subsistencia.

Aparchae, arum. f. plur. *Suet.* Las entrañas de las víctimas que se ofrecian y quemaban en los altares de los dioses.

\* Aparetias, ae. m. *Plin.* El viento tramontana opuesto al austral.

Aparetius, ii. m. *Plin. V.* Aparetias.

Apărĭne, es. f. *Plin.* El aparine, filantropos, amor de hortelano, planta.

Apathia, ae. f. *Gel.* Insensibilidad, indolencia, privacion de toda pasion.

Apatūria, ae. f. Sobrenombre de Venus y de Minerva. ∥ *Fiestas en Atenas á Baco y á Minerva.*

Apătūrum, i. n. *Plin.* Templo de Venus.

Apēcŭla, ó Apicula, ae. f. *Plin.* Abeja pequeña.

Apēliōtes, ae. m. *Plin.* Viento de levante, *el este.*

Apella, ae. m. *Hor.* Apela, *nombre propio de un judío ó circunciso.*

Apelles, is. m. *Plin.* Apeles, *famoso pintor de la isla de Coo.*

Apelleus, a, um. *Est.* De Apeles.

Apennĭcŏla, ae. m. f. *Virg.* Habitante del Apenino.

Apennīnĭgĕna, ae. m. f. *Ov.* El que ha nacido y vive en ó cerca del Apenino.

Apennīnus, i. m. *Virg.* El monte Apenino ó los Alpes apeninos, *que dividen á Italia por medio.*

Aper, pri. m. *Ov.* El jabalí, *puerco montés.* ∥ *Fedr.* Jabalina, *la hembra del jabalí.*

Apercŭlus, i. m. dim. de Aper.

Apĕrībo en lugar de Aperiam. fut. de Aperio.

Apĕrio, is, rui, ertum, rīre. a. *Cic.* Abrir. ∥ Descubrir, declarar, aclarar, manifestar, explicar, dar á conocer, hacer ver, exponer, advertir. *Aperire caput alicui. Juv.* Abrir, rajar á uno la cabeza. — *Caput. Cic.* Quitarse el sombrero. — *Cuniculos. Ces.* Abrir, romper una mina. — *Futura. Virg.* Desenvolver, explicar lo futuro. — *Occasionem suspicioni. Cic.* Dar lugar á la sospecha. — *Iter ferro. Salust.* Hacerse, abrirse camino con la espada. — *Se. Cic.* Manifestarse, descubrirse. — *Limites. Vel. Pater. Ensanchar los caminos.* — *Litteras. Cic.* Abrir una carta. — *Ænigma. Plaut.* Explicar, descifrar un enigma.

Aperte, ius, issime. adv. *Cic.* Abiertamente, con claridad, con lisura, manifiestamente, sin rebozo. *Apertius dicere. Cic.* Hablar con mas claridad. *Apertissime insanire. Cic.* Dar muy claras señales de locura.

Apertibĭlis. m. f. tē. n. is. *Cel. Aur. V.* Apertivus.

Apertio, ōnis. f. *Varr.* Abertura, la accion de abrir.

Apertivus, a, um. *Cel. Aur.* Aperitivo, lo que tiene fuerza de abrir las ganas ó las vias.

Aperto, as, āre. *Plaut. V.* Aperio.

† Apertor, ōris. m. *Tert.* Abridor, el que abre ó descubre algo.

Apertum, i. n. *Hor.* Llano, campo, plaza.

Apertūra, ae. f. *Vitruv.* Abertura, la entrada ó division de una cosa cerrada.

Apertus, a, um. *Cic.* Abierto, descubierto, patente, claro, manifiesto. ∥ Simple, sencillo, sincero. ∥ Sereno. *Apertus impetus maris. Ces.* Golpes de mar al descubierto, donde no hay abrigo. — *Homo. Cic.* Hombre abierto, sincero, franco. *Aperta navis. Liv.* Nave sin cubierta. *Apertum coelum. Virg.* Buen tiempo, cielo sereno. — *Mare. Liv.* Alta mar. *Apertus omnibus. Cic.* Conocido de todos. *Aperta loca. Ces.* Pais descubierto, raso, sin montes. — *Pericula. Virg.* Peligros evidentes. *Apertissimi campi. Ces.* Campo raso, ancho, llano y descubierto. *In apertum proferre opus. Cic.* Publicar, dar á luz una obra. *In aperto ponere castra. Liv.* Campar, sentar sus reales á descubierto, al raso.

Aperui, pret. de Aperio.

Apes. is. f. plur. de Apis.

Apex, ĭcis. m. *Virg.* La borla de lana ó de seda que los flamines, sacerdotes de Júpiter, llevaban en lo alto del bonete. ∥ *Suet.* El bonete de los flamines. ∥ *Plin.* Cresta ó penacho. ∥ *Virg.* Cumbre, punta, cima, altura de cualquier cosa. ∥ *Cic.* El punto ó grado mas alto de perfeccion. ∥ *Quint.* Acento, nota ó señal que se pone sobre las letras. *Apex senectutis est auctoritas. Cic.* La mayor dignidad de la vejez es la autoridad. *Apices juris. Ulp.* Quisquillas del derecho. *Apex Regum. Hor.* La autoridad suprema de los reyes.

Apexăbo, ōnis. m. *Varr.* Salchicha, chorizo, salchichon, morcon, morcilla, embuchado, obispo, y toda especie de tripa llena de carne de puerco.

Aphāca, ae. f. *Plin.* Afaca, *especie de arveja silvestre.*

Aphăce, es. f. *Plin.* La algarroba, legumbre.

Aphaerĕsis, is. f. Figura en que se quita una sílaba ó letra al principio de la diccion, v. g. *temnere* en lugar de *contemnere.*

Aphannae, arum. f. plur. Un parage despreciable de la Sicilia, que dió lugar al proverbio *ad Aphannas* cuando se desecha ó menosprecia alguna cosa.

Aphara, ae. f. *Plin.* Ciudad de la tribu de Benjamin.

Aphăreus, i. m. *Ov.* Afareo, *rey de los Mesenios.* ∥ *Uno de los centauros.*

Apheca, ae. f. Ciudad de la tribu de Manasés.

Aphĕsas, antos. m. *Estac.* Monte del Peloponeso.

Aphĕtēria, ōrum. n. plur. Barrera, lugar de donde partian los caballos á la carrera en los juegos públicos.

Aphidnae, arum. f. plur. *Senec.* Un barrio de Atenas.

\* Aphŏrismus, i. m. Aforismo, *sentencia que contiene mucha sustancia en pocas palabras.*

\* Aphractum, i. n. ó Afractus, i. m. *Cic.* Galera, barca, galeota sin cubierta.

Aphrŏdes, ae. m. f. *Plin.* Dormidera silvestre.

Aphrŏdisia, ae. f. *Serv.* Ciudad de Apulia, *por otro nombre Venusia.*

\* Aphrŏdisia, ōrum. n. plur. *Plaut.* Fiestas en honor de Venus.

Aphrŏdisiacĕ, es. f. *Plin.* Especie de piedra preciosa de color rojo, consagrada á Venus.

Aphrŏdisias, ădis. f. *Plin.* Isla en el golfo de Persia. ∥ Otra cerca de Cádiz. ∥ Ciudad de Escitia. ∥ Ciudad de Caria.

Aphrŏdisiensis. m. f. tē. n. is. *Plin.* Lo que es de Caria, donde está la ciudad de Afrodisia.

Aphrŏdisium, ii. n. *Plin.* Templo de Venus en el antiguo Lacio.

Aphrodĭta, ae. y Aphrodite, es. f. *Aus.* Venus, *asi llamada de la espuma del mar, de que fingieron algunos habia nacido.*

Aphron, i. n. *Plin. V.* Aphrodes.

Aphrŏnitrum, i. n. *Plin.* Espuma de nitro, mineral salitroso.

\* Aphthae, ārum. f. plur. *Cels.* Llagas, úlceras de la boca.

Aphya, ae. y Aphye, es. f. *Plin.* Anchoa, pescado. *Aphya populi. Cic.* La gente menuda, inferior del pueblo.

Apiăcus, a, um. *Hig.* Hecho ó compuesto con apio.

Apiăcus, a, um. *Plin.* Perteneciente al apio.

Apiănus, a, um. *Plin.* Perteneciente á las abejas. *Apiana uva. Plin.* Uva moscatel. — *Brassica.* Especie de camomila.

Apiārium, ii. n. *Colum.* Colmenas, sitio donde estan las colmenas de las abejas.

Apiārius, ii. m. *Colum.* Colmenero, el que cuida, guarda y castra las colmenas.

Apiastrum, i. n. *Plin.* El apiastro ó toronjil limonado, yerba llamada tambien yerba abegera.

Apiātus, a, um. *Plin.* Mostrado ó sembrado como de pecas ó lunares.

Apĭca, ae. f. *Vatr.* Oveja pelada por la barriga.

Apicātus, a, um. *Ov.* Que tiene punta, borla ó penacho.

Apĭcis. gen. de Apex.

Apiciānus, a, um. *Plin.* Perteneciente á Apicio.

Apicius, ii. m. *Senec.* Apicio, nombre de varon. Se cuentan tres en la antigüedad de este nombre, famosos por su gula, uno de los cuales escribió *de re culinaria.*

Apicius, a, um. *Cat.* Perteneciente á Apicio.

Apicŭla, ae. f. *Plin.* Abeja pequeña, abejuela.

Apĭcŭlum, i. n. 6
Apicŭlus, i. m. *Fest. dim. de* Apex.
Apidănus, i. m. *Ov.* Epideno, *rio de Tesalia.*
Apilascus, ēudis. f. *Plin.* El oro apilado y hecho barras.
Apĭna, ae, ó Apinae, arum. f. plur. y Trica, ae. f. *Plin.* Dos ciudades de Apulia *asoladas por Diomedes*, *tan despreciables que quedaron por proverbio y nombre de las frioleras vanas y ridículas.*
Apinarius, ii. m. *Treb.* El bufon chocarrero que mueve á risa con dichos y gestos ridículos.
* Apirocălus, i. m. *Gel.* El hombre rudo, tosco y necio que no sabe guardar el decoro.
Apis, is. f. *Cic.* La abeja.
Apis, is, ó Ïdis. m. *Plin.* Apis, *el buey que adoraban los egipcios como dios.*
† Apiscor, ěris, eptus sum, sci. dep. *Cic.* Adquirir, conseguir. ǁ Atrapar, coger. *Apisci sine me illum. Plin.* Déjamele atrapar.
Apium, ii. n. *Plin.* Apio, yerba.
† Aplauda. V. Appluda.
Aplustre, is. n. *Lucr.* 6
Aplustra, orum. n. plur. *Cic.* y
Aplustria, ium. n. plur. *Sil. Ital.* Flámula, *banderola que cuelga de lo alto de los mástiles.*
* Aplysiae, ārum. f. plur. *Plin.* Especie de esponjas que no se pueden lavar.
† Apo, is. a. *Fest.* Matar. ǁ Atar.
Apōcălypsis, is. f. *Bibl.* El Apocalipsis, *libro sagrado y canónico de las revelaciones que tuvo y escribió el evangelista san Juan.*
* Apocarterĕsis, is. f. *Tert.* Tolerancia del hambre hasta acabar la vida. *Así murió Licurgo.*
* Apocatastăsis, is. f. *Apul.* Restitucion ó regreso á la primera forma ó estado. *Dícese del curso de los planetas, cuando despues de cierto tiempo vuelven al mismo signo.*
* Apocatastĭcus, a, um. *Sid.* Vuelto, reducido, restituido á su antigua forma ó lugar.
* Apŏcha, ae. f. *Ulpian.* La apoca, finiquito, carta de pago, recibo.
* Apocolocyntŏsis, is. f. Título de un gracioso libro que compuso Séneca de la muerte de Claudio: *quiere decir traslacion ó colocacion entre las calabazas.*
Apocŏpe, es. f. Supresion, *figura gramatical, por la que se suprime una letra ó sílaba en el fin de la diccion.*
* Apocŏpus, a, um. *Jul. Firm.* Castrado, eunuco.
* Apocrisiārius, ó Apocrisiatius, ii. m. *Dig.* Embajador, subdelegado. Procurador.
Apocrŏtus, a, um. *Jul. Firm.* Castigado, apaleado.
* Apocryphus, a, um. *S. Ag.* Apócrifo, lo que no es auténtico, ni merece fé crédito.
Apoculánius orcus. *Petron.* Hombre muy bebedor.
† Apocŭlo, ās, are. *Petron.* Beber mucho.
* Apŏcўnum, i. n. *Plin.* Huesecillo del anca izquierda de la rana, *que dicen tiene la virtud de conciliar el amor, y sosegar la furia y rabia de los perros.*
† Apŏdectae, ārum. m. plur. Recibidores de impuestos ó tributos.
Apŏdes, um. m. *Plin.* Especie de golondrinas que carecen del uso de los pies.
Apodictĭcus, a, um. *Gel.* Demostrativo, que prueba claramente.
* Apŏdixis, is. f. *Quint.* Demostracion, prueba evidente y clara.
Apŏdŏsis, is. f. Figura retórica, repeticion y contraposicion, *cuando á diferentes miembros de una cláusula corresponden con igualdad los que se siguen.* ǁ Apódosis, *segunda parte del período compuesto.*
* Apŏdytērium, ii. n. *Cic.* El sitio donde se dejaban los vestidos en los baños.
* Apŏgaeum, i. n. *Ces.* Apogeo, auge y apsis; *es el punto de la circunferencia del círculo de un planeta que está en la máxima distancia del centro de la tierra.*
Apŏgaeus, i. m. *Plin.* Viento de tierra.
Apŏgrăphum, i. n. *Plin.* Ejemplar, copia, traslado de libro ó pintura.
* Apŏlactizo, ó Apŏlatizo, ās, are. a. *Plaut.* Acocear, patear, pisar. ǁ Despreciar, hacer poco caso.
* Apŏlecti, ōrum. m. plur. *Plin.* Pedazos de atun escogidos para salarlos. ǁ *Liv.* Los magistrados de Etolia, juntos en asamblea.
† Apŏlis, ĭdis. m. f. *Dig.* Desterrado, privado del derecho de ciudadano.
Apōlŏgatio, ōnis. f. *Quint.* Fábula, ficcion, cuento. ǁ Injuria. *Quintiliano dice que no estaba recibida esta voz, aunque la usaban algunos en su tiempo.*
Apŏlŏgetĭcus, a, um. *Tert.* Apologético, perteneciente á la defensa y satisfaccion de otros ó de sí mismo.
Apŏlŏgia, ae. f. *Apul.* Apologia, defensa, escusa, satisfaccion, respuesta á los cargos ó argumentos de otros.
† Apŏlŏgo, ās, āvi, ātum, āre. a. *Sen.* Maltratar de palabras, injuriar. ǁ Echar de sí, desechar.
Apŏlŏgus, i. m. *Cic.* Apólogo, parábola ó fábula moral, *en que se introducen las bestias, las plantas y cosas inanimadas para enseñar deleitando.*
Apollinaria, ae. f. *Apul.* Yerba así llamada.
Apollĭnāris. m. f. rē. n. is. *Cic.* Perteneciente á Apolo, *como la poesía, la música y la medicina.*
Apollĭnāris, is. m. Sidonio Apolinar, *leonés, escritor de cartas y poesías por los años de 440 de Cristo.*
Apollĭneus, a, um. *Ov. V.* Apollinaris.
Apollo, ĭnis. m. *Cic.* Apolo, *dios de la poesía, de la música y de la medicina.*
Apollodōrēus, a, um. *Quint.* Perteneciente á Apolodoro.
Apollodōrus, i. m. Apolodoro, *retórico y preceptor de Augusto César: se cuentan otros cinco de este nombre.*
Apollōnia, ae. f. *Plin.* Apolonia, *nombre de varias ciudades de Epiro, Creta, Siria, Tracia &c.*
Apollōniātes, ae y is. m. *Cic.* El natural de Apolonia.
Apollōniātĭcus, a, um. *Plin.* y
Apollōnidensis, ó Apollōnidiensis. m. f. sē. n. is. *Cic.* El natural de Apolonide, *ciudad de Lidia.*
Apollōniensis. m. f. sē. n. is. *Cic.* De la ciudad de Apolonia.
† Apŏlytĭcae epistolae. Dimisorias, cartas de un obispo á otro para ordenar de clérigo ó presbítero á algun sugeto.
Aponīnus, a, um. *Vopis.* Perteneciente á la fuente de Italia llamada Abano.
Apŏno, is. *V.* Appono.
Apŏnus, i. m. *Plin.* Abano, *fuente de agua caliente cerca de Padua, que ha dado su nombre al pueblo de Abano en Italia.*
* Apophăsis, is. f. *Quint.* Figura retórica, *que vale negacion y repulsa.* ǁ Inventario de bienes.
* Apophētae, ārum. f. plur. Despeñadero en la Laconia, *donde exponian los partos monstruosos.*
Apophlegmatismus, i. m. *Cel. Aur.* Medicamento que se masca para escupir.
Apophlegmatizare. a. *Prisc.* Aplicar medicamento que se masca para escupir.
* Apŏphŏrēta, ōrum. n. plur. *Suet.* Regalos que se hacian en los convites los primeros dias del año ó los de fiesta por postres. ǁ Los que enviaban á sus amigos; los que daban fiestas públicas.
* Apophthegma, ătis. n. *Cic.* Apotegma, *sentencia breve dicha con agudeza.*
* Apŏphĭge, es. f. 6
* Apŏphygis, is. f. *Vitruv.* Anillo, *círculo de hierro puesto en el capitel de las columnas antiguas.*
* Apŏphysis, is. f. *Cels.* La apofisis, *se llama así en la anatomía la eminencia ó salida de un hueso.*
* Apoplanĕsis, is. f. *Cic.* Figura retórica con que se engaña al juez, *como hizo Ciceron en la causa de Cluencio.*
Apoplectĭcus, a, um. *Jul. Firm.* Apoplético, perteneciente á la apoplegía, *como los accidentes y remedios apoplésticos, y los enfermos de este mal.*
Apŏplexia, ae. f. *Cels.* 6
Apoplexis, ĭdis. f. *Cel.* La apoplegía, el pasmo y estupor de los nervios en todo el cuerpo.
* Apŏria, ae. f. *Bibl.* Duda, incertidumbre, perplejidad, irresolucion.
Apŏriātio, ōnis. f. *Bibl. V.* Aporia.
Apŏriātus, a, um. *Bibl.* Destituido, desnudo, paducido

cido á la indigencia y extremidad. *part. de*

† Apŏrio, ās, āvi, ātum, āre. *a. Bibl.* Desnudar, destituir, empobrecer. ‖ Dudar, balancear, estar incierto, irresoluto, dudoso.

Aporrēta, ōrum. *n. plur.* Letrina, secreta, lugar comun.

\* Aposiōpēsis, is. *f. Quint.* Aposiopesis ó reticencia. *Figura retórica; cuando se corta la oracion sin acabarla, v. g. Quos ego.... Sed motos &c. Virg.*

\* Aposphragisma, ātis. *n. Plin.* Sello para sellar ó cerrar.

\* Asplēnos, i. *f. Apul.* El romero, planta olorosa.

\* Apostăsia, ae. *f. Tert.* Apostasía. *La negacion de la fé católica despues de haberla recibido en el bautismo.*

Apostăta, ae. *m. f. Tert.* Apóstata, el que niega la fe católica, pasándose á otra secta. ‖ Desertor, rebelde.

Apostatĭce. *adv. Dig.* Al modo de los apóstatas.

Apostatĭcus, a, um. *Tert.* El que por apostasía se aparta de su religion.

† Apostăto, ās, āvi, ātum, āre. *n. S. Cipr.* Apostatar, negar la fé recibida, y pasarse á otra religion ó secta.

† Apostatrix, ĭcis. *f. Bibl.* La que apostata. *Apostatrices gentes.* Gentes que han abandonado su religion.

Apostēma, ătis. *n. Plin.* La apóstema ó postema, humor acre, que cria materias.

Apostolātus, us. *m. Bibl.* El apostolado, la dignidad ú oficio de los apóstoles.

Apostolĭcus, a, um. *Tert.* Apostólico, perteneciente á los apóstoles.

Apostolĭum, ii. *n.* Templo, iglesia dedicada á Dios bajo la invocacion de un apóstol.

Apostŏlus, i. *m. Bibl.* Apóstol. *Discípulo de Jesucristo enviado á predicar el evangelio.* ‖ *Dig.* Cartas de apelacion. ‖ Dimisorias.

Apostrŏpha, ae. *f. Asc. Ped.* 6

Apostrŏphe, es. *f. Quint.* Apóstrofe. *Figura retórica, por la cual se convierte la oracion á alguna persona ó cosa ausente ó inanimada.*

Apostrŏphos, ó Apostrŏphus, i. *m. Donat.* Apóstrofo, *la nota como virgulilla que cae sobre la sinalefa, y la expresa y manifiesta, v. g.* Ain', *en lugar de* aisne?

Apotamia, ae. *f. Cel. Aur. V.* Apotheca.

Apothēca, ae. *f. Cic.* La despensa *donde se guardan las cosas para comer y beber.* ‖ Apoteca, botica, tienda.

Apothēcarius, ii. *m.* El despensero, el que guarda y distribuye los comestibles. ‖ El apotecario ó boticario.

† Apothēco, ās, āre. *a. Ven.* Guardar en la despensa.

Apotheōsis, is. *f. Suet.* Apoteosis, la deificacion, relacion ó colocacion entre los dioses. ‖ Canonizacion.

\* Apothĕsis, is. *f. V.* Apophygis.

\* Apozēma, ătis. *n. Emil. Macr.* Apócima, ó pócima, bebida, confeccion, cocimiento medicinal de yerbas y otras drogas.

† Apozimāre. *a. Prisc.* Fermentar.

Appactus, a, um. *part. de* Appingo.

Appanagium, ii. *n. V.* Apanagium.

Apparăte, tius, tissĭme. *adv. Cic.* Con aparato, pompa, magnificencia.

Apparātio, ōnis. *f. Cic.* El aparato, preparacion, prevencion. ‖ Magnificencia. *V.* Apparatus.

Apparātor, ōris. *m. Liv.* El que prepara, previene, apresta y dispone.

Apparatōrium, ii. *n. Serv.* Lugar murado junto al sepulcro para la lustracion y cenas aniversarias.

Apparātus, us. *m. Cic.* El aparato, preparacion, prevencion, disposicion, provision. *Apparatus belli. Cic.* Armamentos, preparativos de guerra.

Apparātus, a, um. *part. de* Apparo. *Cic.* Preparado, aparejado, prevenido, dispuesto, provisto. *Apparata oratio. Ad Her.* Discurso preparado, premeditado, estudiado. *Domus rebus omnibus. Cic.* Casa provista, pertrechada de todo. *Apparatus homo. Cic.* Hombre remirado, que pone mucho cuidado en todas sus palabras y maneras. *Apparata verba. Ad Her.* Palabras escogidas, estudiadas. *Apparatissimi ludi. Cic.* Fiestas muy lucidas con gran pompa.

Apparentia, ae. *f. Tert.* Aparicion, aparecimiento, manifestacion de algun objeto. ‖ *Jul. Firm.* Apariencia, exterioridad, aspecto, perspectiva.

Appāreo, ēs, rui, rĭtum, ēre. *n. Cic.* Aparecer, parecer, comparecer, manifestarse, presentarse, descubrirse. ‖ Ser claro, evidente, manifiesto. *Apparet. Ter.* La cosa es clara, se ve. — *Nusquam. Ter.* Es invisible. — *Oratione. Cic.* Se manifiesta en el discurso. — *Ex eo. Cic.* Se conoce de aquí; de aquí se saca. — *Utrum. Cic.* Se conoce, si.... *Apparebo mox domi. Plaut.* Luego voy á casa. *Apparere Regi. Corn. Nep.* Servir al rey en palacio. — *Magistratui. Suet.* Ir delante ó haciendo lugar al magistrado. — *In alicujus nomine. Cic.* Presentarse en nombre de otro ó bajo sus auspicios.

Apparĭtio, ōnis. *f. Cic.* La accion ó empleo del ministro que va delante del magistrado, por dignidad y autoridad de este.

Apparĭtor, ōris. *m. Cic.* Ministro, alguacil ó cualquiera otro que va delante ó acompaña al magistrado.

Apparitōrium, ii. *n. Escrib.* La casa donde viven los ministros ó alguaciles. ‖ Cuartel de guardias de corps.

Apparitūra, ae. *f. Suet. V.* Apparitio. *Apparituram facere. Suet.* Servir el oficio de alguacil.

Appăro, ās, āvi, ātum, āre. *a. Cic.* Preparar, prevenir, aprestar, aparejar, disponer, poner en órden, hacer prevencion. *Apparare fabricam. Plaut.* Maquinar un embuste ó enredo. — *Iter. Cic.* Disponer un viage. — *Crimina. Cic.* Forjar una acusacion. *Apparas dilinere. Plaut.* Andas buscando como ablandarle. *Dum apparatur. Ter.* Mientras se disponen, se preparan las cosas.

Appēgi. *pret. de* Appingo.

Appellātio, ōnis. *f. Cic.* El acto de nombrar. ‖ Apelacion, provocacion, el acto de reclamar la sentencia dada. *Appellatio litterarum. Cic.* La pronunciacion ó el acto de nombrar las letras cuando se aprenden. — *Tribunorum. Cic.* Apelacion al tribunal de los tribunos. — *Ad populum. Plin.* Apelacion al pueblo.

Appellatīvus, a, um. *Asc. Ped.* Apelativo. *Dicese del nombre comun.*

Appellātor, ōris. *m. Cic.* Apelante, la parte que reclama.

Appellatōrius, a, um. *Ulp.* Perteneciente á la apelacion.

Appellātus, a, um. *part. de* Appello, as.

Appellĭto, ās, āvi, ātum, āre. *Gel. freq. de*

Appello, ās, āvi, ātum, āre. *a. Cic.* Llamar, nombrar. ‖ Invocar, pedir auxilio. ‖ Poner por testigo. ‖ Apelar, reclamar. ‖ Incitar, solicitar. ‖ Citar á juicio. *Appellare litteris crebris aliquem. Cic.* Escribir frecuentemente á uno. — *Litteras. Cic.* Aprender á nombrar las letras. — *Aliquem de aliqua re. Cic.* Acusar á uno ó citarle en juicio á dar su descargo. — *De pecunia. Cic.* Poner pleito á uno sobre una deuda. — *Deum. Cic.* Invocar, implorar el auxilio de Dios. — *Aliquem honorificentissime. Cic.* Hablar de alguno con mucha estimacion. — *Legentem. Cic.* Interrumpir al que está leyendo. — *Victorem. Virg.* Aclamar, declarar á uno vencedor. — *Aliquem punice. Plaut.* Llegarse á hablar á alguno en lengua cartaginesa.

Appello, y Adpello, is, pŭli, pulsum, ellĕre. *a. Cic.* Aportar, arribar, llegar, tomar puerto, dar fondo, tomar tierra. ‖ Abordar. *Appellere Siciliae, ó in Siciliam. Front.* Arribar, tomar tierra, desembarcar en Sicilia. — *Ad scopulos. Cic.* Encallar, barar, dar al traves en los escollos. — *Oris. Virg.* Arribar á las costas. — *Ad aliquem. Cic.* Abordar á alguno, acercarse á él. — *Ad aquam animalia. Varr.* Abrevar, llevar el ganado al agua. — *Animum ad aliquid. Cic.* Dedicarse á alguna cosa. — *Animum ad uxorem. Ter.* Pensar en casarse. — *Ferrum. Sen.* Amenazar con la espada. — *Aliquem ad probrum. Plaut.* Inducir á uno á la maldad.

Appendeo, ēs, di, sum, ēre. *a. V.* Appendo.

Appendicŭlum, ii. *n. S. Ger. V.* Appendix.

Appendicŭla, ae. *f. Cic.* Apéndice, breve adicion ó suplemento.

Appendix, ĭcis. *f. Cic.* Apéndice ó apendix, adicion, añadidura ó suplemento de alguna cosa con quien tenga conexion y dependencia. ‖ *Apul.* Todo aquello que depende colgando y está asido á otra cosa. ‖ *Varr.* Lo que está vecino á un campo, como un camino, un prado, un rio &c. *Appendix animi corpus. Cic.* El cuerpo es una dependencia del alma. — *Spina. Plin.* Espina blanca, planta.

*Appendices*. plur. *Liv.* Tropas auxiliares ó de refuerzo.

Appendo, is, di, sum, ĕre. *a. Cic.* Colgar, pesar. ‖ Pesar, dar al peso. *Appendere pecuniam, vel aurum alicui. Cic.* Dar el dinero á uno al peso. __ *Mutuo. Plin.* Dar prestado al peso. __ *Verba. Cic.* Pesar, examinar la fuerza de las palabras. __ *Aliquid ad solem. Plin.* Poner, colgar una cosa al sol.

Appensor, ōris. m. *S. Ag.* El que pesa. ‖ El que examina las cosas.

Appensus, a, um. *Liv.* Pesado, dado al peso. ‖ Colgado.

Appensus, us. m. *Apul.* El peso. ‖ Su misma gravedad. ‖ La accion de pesar.

Appĕtendus, a, um. *Cic.* Apetecible, lo que se puede desear, apetitoso.

Appĕtens, tis. com. *Cic.* Apetente, el que apetece, desea y gusta mucho de una cosa, deseoso. *Appetens gloriae. Cic.* Codicioso de gloria. *Alieni appetens. Sal.* Deseoso de lo ageno. *Appetentius nihil est similium sui. Cic.* No hay cosa que mas desee su semejante. *Appetentissimus alicujus. Cic.* El que tiene una pasion ardiente por alguna cosa.

Appĕtenter. adv. *Cic.* Con gran deseo, apetito, codicia y ambicion.

Appĕtentia, ae. f. *Cic.* La apetencia, apetito, deseo ó pasion.

Appĕtibĭlis. m. f. lĕ. n. is. *Apul.* Apetible ó apetecible, apetitoso.

Appĕtitio, ōnis. f. *Cic.* Apetencia, el acto de apetecer alguna cosa. ‖ Apetito, deseo.

Appĕtitor, ōris. m. *Lampr.* Apetecedor, el que apetece y desea con ansia alguna cosa.

Appĕtitus, us. m. *Cic.* Apetito, movimiento del ánimo, que inclina á querer y apetecer las cosas, inclinacion, deseo, pasion. *Appetitus contrahere. __ Continere. __ Regere. __ Remittere. __ Sedare. Cic.* Reprimir, moderar, sosegar las pasiones. *Barbaricos appetitus reprimere. Am.* Reprimir los asaltos de los bárbaros.

Appĕtitus, a, um. *Cic.* Apetecido, deseado. ‖ Acometido, asaltado. part. de

Appeto, is, ii, ó ivi, ītum, ĕre. *a. Cic.* Apetecer, desear una cosa con ansia. ‖ Acercarse á coger alguna cosa. ‖ Acercarse, venir cerca. ‖ Acometer, asaltar. *Appetere aliquid natura. Cic.* Apetecer, inclinarse á una cosa por naturaleza. __ *Regnum. Ces.* Aspirar al reino. __ *Ob jactationem. Tac.* Desear por vanidad. __ *Europam. Cic.* Desear llegar á la Europa. __ *Vitam alicujus. Cic.* Querer dar muerte á alguno. __ *Alienam sibi laudem. Cic.* Querer atribuirse las alabanzas que merecen otros. __ *Humerum gladio. Ces.* Dar á uno una cuchillada en el hombro. __ *Dextram osculis. Plin.* Tomar á uno la mano para besarla. __ *Aliquem ferro. Ces.* Acometer á uno con la espada, acuchillarle. __ *Unguibus. Plin.* Arañar, desgarrar con las uñas. __ *Lapidibus. Cic.* Apedrear. *Insidiis. Cic.* Asechar, poner asechanzas. __ *Manibus. Cic.* Echar la mano. *Appeti ignominiis. Cic.* Ser cubierto, cargado de oprobios. *Appetit dies septimus. Cic.* Se acerca el dia séptimo. __ *Nox. Liv.* Viene la noche. __ *Meridies. Plaut.* Se acerca el mediodia.

Appia, via. f. *Cic.* La via Apia, *camino de cien leguas de largo, hecho de órden de Apio desde Roma hasta Brindis en el reino de Nápoles.*

Appiana, mala. n. plur. *Plin.* Especie de manzanas.

Appiāni, ōrum. m. plur. *Plin.* Pueblos antiguos de la Frigia mayor.

Appiānum, i. n. *Plin.* Especie de color verde, que toma el nombre de una tierra llamada *Appiana.*

Appiānus, a, um. *Liv.* Perteneciente á Apio.

Appias, ădis. f. *Cic. Patron.* Del nombre de Apio. ‖ *Ov.* El agua apia, asi llamada de Apio. ‖ *Ov.* La diosa Venus, que tenia un templo junto á la fuente Apia. ‖ *Ov.* La ramera ó muger prostituida.

Appiĕtas, ātis. f. *Cic. Nombre inventado por Ciceron para burlarse de la vanidad con que Apolo Claudio ensalzaba su nobleza.*

Appingo, is, pĕgi, pactum, ĕre. *a. Hor.* Añadir pintando, pintar cerca, junto á otra cosa. ‖ Añadir, juntar.

Appingo, is, nxi, pinctum, gĕre. *V. Apingo*, is, pēgi, pactum, gere.

Appius, ii. m. *Suet.* Nombre de la familia Claudia en Roma.

Applaudo, dis, si, sum, dĕre. *a. Cic.* Aplaudir, celebrar, aclamar, aprobar con palmadas, saltos y otras demostraciones.

Applausor, ōris. m. *Plin. men.* El que aplaude, celebra y aclama.

Applausus, us. m. *Cic.* Aplauso, gozo, contento, complacencia, aprobacion, alabanza.

Applausus, a, um. *Ov.* Acariciado, halagado, tocado suavemente con la mano. part. de Applaudo.

Applex, ĭcis, plicior. comp. *Apul.* Conjunto, adherente.

Applĭcātio, ōnis. f. *Cic.* Aplicacion, el acto de llegar, poner, arrimar y aplicar una cosa á otra. *Applicationis jus. Cic.* El derecho que competia á un ciudadano romano sobre los bienes del que moria ab intestato, estando entregado y puesto bajo su proteccion.

Applĭcātus, a, um. *Plin. part. de* Applico. Aplicado, arrimado, acercado, allegado, puesto junto á otra cosa. ‖ Dedicado, atento, diligente, dado, cuidadoso, ocupado. *Applicatae aures. Plin.* Orejas pegadas á la cabeza. __ *Naves ad terram. Ces.* Navíos que han aportado á tierra. *Applicatus ad se diligendum. Cic.* Dedicado, ocupado todo de sí mismo, en el cuidado de su persona. *Applicata urbs colli. Plin.* Ciudad situada á la falda de un monte, arrimada á él.

Applĭcĭtus, a, um. Arrimado, puesto ó pegado junto á otra cosa. *Applicitum cubiculo hypocaustum.* Estufa, hornillo de hierro ó de barro puesto junto á una pieza para calentarla. part. de

Applĭco, as, āvi, ó cui, ātum, ó cĭtum, āre. *a. Cic.* Aplicar, acercar, allegar, arrimar, pegar, poner una cosa junto á otra. *Applicate oscula. Ov.* Besar. __ *Se ad arborem. Ces.* Arrimarse, recostarse junto á un árbol. __ *Castra flumini. Liv.* Campar cerca de un rio. __ *Se ad flammam. Cic.* Acercarse á la lumbre. __ *Navem ad ripam. Cic.* Dar fondo junto á la ribera. __ *Terra. Liv. Ad terram. Ces.* Dar en los escollos. ‖ Sacar una nave á tierra, ponerla en seco. __ *Se ad ductum alterius. Cic.* Ponerse bajo la direccion de alguno. __ *Se ad aliquem. Cic.* Arrimarse al lado, á la amistad de alguno. __ *Se ad fidem alicujus. Cic.* Confiarse de otro, fiarse en la bondad de él. __ *Aliquem alicui officio. Ad aliquod officium. Col.* Poner, aplicar á uno á un oficio. __ *Animum ad frugem. Plaut.* Entregarse á lo bueno. __ *Animum alicujus ad deteriorem partem. Ter.* Inclinar el ánimo de alguno á la peor parte. __ *Unum annum bis senis mensibus. Marc.* Estar cerca de los dos años. __ *Amicas aures votis alicujus. Hor.* Dar, prestar oidos gratos á los ruegos de alguno. *Applicari in terras. Ov.* Arribar á tierra. *Quo me applicem? Cic.* ¿Adónde me volveré? ¿volveré los ojos? ¿dónde hallaré socorro?

Applōdo, is, si, sum, dĕre. *a. Apul.* Dar, tocar, golpear una cosa con otra. *V.* Applaudo.

Applŏro, ās, āvi, ātum, āre. *a. Hor.* Llorar cerca de, ó con otro.

Applōsus, a, um. part. de Applodo. *Esparc.* Tirado, golpeado contra el suelo, estrellado.

Applūda, ae. f. *Plin.* Las aechaduras ó granzas, los residuos de las semillas cuando se acriban ó limpian.

Applumbātūra, ae. f. *Dig.* La soldadura, la union y seguridad de dos piezas ó de una quebrada con plomo derretido.

Applumbātus, a, um. part. de

Applumbo, ās, āvi, ātum, āre. *a. Ulp.* Soldar y asegurar con plomo derretido.

Appluo, is, ŭi, ĕre. *n. Plin.* Llover cerca. *V.* Pluo.

Appōno, is, sui, sĭtum, nĕre. *a. Cic.* Poner, colocar cerca, arrimar, allegar, acercar, aplicar. ‖ Añadir, juntar. *Apponere lumen. Cic.* Poner, traer luz. __ *Manum ad os. Cic. __ Ante os. Plaut.* Llegar la mano á la boca, ponerla delante de la boca. __ *Ad ignem. Plaut.* Arrimar al fuego. __ *Aprum in epulis. Cic.* Poner, servir á la mesa un jabalí. __ *De suo. Plaut.* Añadir de suyo. __ *Custodes alicui. Cic.* Poner guardias á uno. __ *Mensam. Plaut.* Poner la mesa. *Coenam. Ter.* Servir la cena. — *Modum vitiis. Cic.* Poner freno á los vicios. — *Diem et signum. Cic.* Poner la fecha y el sello, cerrar el pliego. — *Lucro. Hor.* Tener, contar por ganancia.

Apporrectus. *V.* Adporrectus.

Apporrigo, gis, rexi, rectum, gĕre. *a. Ov.* Extender hácia alguna parte.

Apportātio, ōnis. *f. Vitruv.* La accion de portear, conducir, llevar, transportar.

Apportātus, a, um. *Cic.* Porteado, conducido, transportado, llevado, traido, conducido. *part. de*

Apporto, ās, āvi, ātum, āre. *a. Cic.* Portear, conducir, acarrear, llevar, traer, transportar. *Anni tempora apportant morbos. Lucr.* Las estaciones del año traen enfermedades.

Apposco. *V.* Adposco.

Appŏsĭte. *adv. Cic.* Apta, oportuna, proporcionada, adecuadamente, con buen método, forma y órden, á propósito.

Appŏsĭtio, ōnis. *f. Cic.* La accion de poner, de arrimar, allegar y poner cerca. ‖ Figura de gramática, *por la que se juntan dos sustantivos en un mismo caso, como Fluvius Iberus.* El rio Ebro.

Appŏsĭtum, i. *n. Quint.* Adjunto, aditamento, lo que está unido y agregado á otra cosa. ‖ Epíteto.

Appŏsĭtus, us. *m. Plin.* La aplicacion, la accion de agregar ó arrimar alguna cosa.

Appŏsĭtus, a, um. *part. de* Appono. *Cic.* Aplicado, acercado, allegado, arrimado, puesto cerca. ‖ Á propósito, apto, conveniente, proporcionado. ‖ *Sen.* Repuesto, separado, guardado. ‖ *Quint.* Inclinado.

Appōtus, a, um. *Plaut.* El que ha bebido mucho.

Apprĕcātus, a, um. *Hor.* El que ha rogado, suplicado, invocado.

Apprĕciātus, a, um. *part. de*

† Apprĕcio, ās, āvi, atum, āre. *a. Bibl.* Apreciar, tasar, valuar, poner precio á las cosas.

Apprĕcor, āris, ātus sum, āri. *dep. Hor.* Rogar, suplicar, pedir, invocar con instancia.

Apprĕhendo, ó Aprendo (entre los poetas) is, di, sum, dĕre. *a. Cic.* Aprender, agarrar, tomar, asir las cosas y traerlas á sí. ‖ *Ter.* Aprender, entender. ‖ Ocupar, apoderarse.

Apprehensĭbĭlis. *m. f. lĕ. n. is. Ter.* Lo que se puede entender, inteligible.

Apprehensio, ōnis. *f. Macr.* Aprehension, la accion de asir ó agarrar las cosas.

Apprehensus, ó Aprensus, a, um. *part. Suet.* Aprehendido, asido, agarrado, tomado.

Apprenso, ās, āre. *a. freq. Hor.* Asir, agarrar frecuentemente.

Appressus, a, um. *part. de* Apprimo. *Plin.* Apretado.

Apprĕtiātus. *V.* Appreciatus.

Apprĕtio. *V.* Apprecio.

Apprīme. *adv. Virg.* y

Apprĭme. *adv. Cic.* Sobre todas las cosas, muy, muy bien, grandemente. *Apprime rectissime. Cic.* Excelentemente, grandísimamente. *Apprime tenax flos. Virg.* Flor que arraiga mucho en la tierra.

Apprīmo, is, essi, pressum, mĕre. *a. Plin.* Apretar, restringir, constreñir, estrechar.

Apprīmus, a, um. *Gel.* De primera clase, de primer órden. *Vir summus apprimus. Liv.* Hombre de un mérito muy singular.

Apprŏbātio, ōnis. *f. Cic.* Aprobacion, calificacion, abono de una persona ó cosa. ‖ Prueba, seguridad, confirmacion. ‖ Inclinacion, voluntad.

Apprŏbātor, ōris. *m. Cic.* El aprobador, el que califica y aprueba.

Apprŏbātus, a, um. *part. Cic.* Aprobado, calificado, consentido. ‖ Probado.

Apprŏbe. *adv. Plaut.* Muy bien, grandemente.

Apprŏbo, ās, āvi, ātum, āre. *a. Cic.* Aprobar, calificar, consentir, autorizar, dar por bueno. ‖ Probar, asegurar con pruebas, hacer ver, poner patente, en claro. *Approbare aliquid auctoritate sua. Cic.* Autorizar una cosa, apoyarla con su autoridad. — *Aliquid alicui. Cic.* Probar, persuadir á uno á alguna cosa. *Approbat in fama. Ter.* Esto lo aprueba todo el mundo, la voz comun.

Apprŏbrāmentum, i. *n. Plaut.* Oprobio, ignominia, afrenta, deshonra, injuria.

Apprŏbus, a, um. *Caecil.* Muy bueno.

Apprōmissor, ōris. *m. Ulp.* El que promete por otro, como el fiador que se obliga por otro.

Apprōmitto, tis, īsi, issum, tĕre. *a. Cic.* Prometer por otro, salir por fiador, obligarse por otro.

Apprōno, ās, āvi, ātum, āre. *a. Apul.* Arrodillarse, hincarse de rodillas ó ponerlas en tierra humillándose.

Apprŏpĕrātus, a, um. *Cic.* Apresurado, hecho de prisa, con demasiado calor y viveza. *Approperatum opus. Liv.* Obra, accion apresurada, precipitada. *part. de*

Apprŏpĕro, ās, āvi, ātum, āre. *a. Cic.* Apresurarse, ir de prisa, obrar con suma presteza, diligencia, viveza y prontitud. *Approperare gradum. Plaut.* Acelerar el paso. — *Ad cogitatum facinus. Cic.* Apresurarse á la ejecucion del delito meditado. — *Mortem. Tac.* Adelantarse la muerte.

Apprŏpiātio, ōnis. *f. Cel. Aur.* La apropiacion, adjudicacion, asignacion y designacion con que á uno se le da y apropia una cosa.

Apprŏpinquātio, ōnis. *f. Cic.* La accion de acercar, allegar ó poner una cosa junto á otra, cercanía, aproximacion.

Apprŏpinquo, ās, āvi, ātum, āre. *n. Cic.* Acercarse, allegarse, estar cercano, vecino.

Apprŏpio. *Bibl. V.* Appropinquo.

Apprŏprio, ās, āvi, ātum, āre. *a. Cel. Aur.* Apropiar, destinar, señalar, asignar, atribuir, adjudicar á uno como propia alguna cosa.

Approxĭmo, ās, āvi, ātum, āre. *n. Tert.* Aproximarse, acercarse. *V.* Appropinquo.

Appŭli. *pret. de* Appello.

Appulsus, us. *m. Liv.* Abordo, arribo, el acto de aportar á tierra. ‖ Llegada.

Appulsus, a, um. *part. de* Appello. *Cic.* Abordado, aportado, arribado, entrado en tierra.

Aprārius, a, um. *Paul. Jct.* Lo que pertenece al jabalí ó la caza de él.

Aprĭcātio, ōnis. *f. Cic.* La accion de ponerse al sol, al abrigo del viento.

Aprĭcĭtas, ātis. *f. Plin.* El abrigaño, lugar de abrigo, defendido del frio. ‖ *Col.* La serenidad, buen temple del dia.

Aprĭco, ās, āvi, ātum, āre. *a. Palad.* Abrigar, arropar, reparar y defender del frio.

Aprīcor, āris, ātus sum, āri. *dep. Cic.* Estar en lugar de abrigo, estar al sol, resguardado del frio, al abrigo de algun edificio.

Aprĭcŭlus, i. *m. Apul.* Pececillo, así llamado por su semejanza con el jabalí terrestre. ‖ Jabalí pequeño.

Aprīcus, a, um. *Cic.* Abrigado, defendido del frio. *Apricus locus. Virg.* Abrigaño, lugar de abrigo ó abrigado. — *Homo. Pers.* Hombre que gusta de ponerse al sol. *Haec in apricum proferet aetas. Hor.* Esto el tiempo lo descubrirá.

Aprīlis, is. *m. Ov.* El mes de abril, *segundo entre los romanos.*

Aprīlis. *m. f. lĕ. n. is. Ov.* Lo que es del mes de abril.

Aprīneus, a, um. *Hig.* y

Aprīnus, a, um. *Plin.* Perteneciente al jabalí.

Apro. *dat. de* Aper.

Aprōnia, ae. *f. Plin.* La taragoncia ó dragontea, yerba.

Aproniānus, a, um. *Cic.* Perteneciente á Apronio romano.

Apros, us. *f. Plin.* Apros, ciudad de Tracia. ‖ Acusativo plur. de Aper.

Aproxis, is. *f. Plin.* La estera ó esparto de que se hace.

Aprugĭneus, a, um. *Solin.* y

Aprugnus, a, um. *Plin.* Carne de jabalí ó cualquiera cosa que le pertenezca.

Aprŭtium, ii. *n.* El Abruzo, *provincia del reino de Nápoles.*

Apsis, idis. *f. Plin. V.* Absis.

† **Apsyctos**, i. *f. Plin.* Piedra preciosa negra y pesada, que guarda mucho el calor.

**Apta Julia**, ae. *f.* Apta, *ciudad de Provenza.*

**Aptātus**, a, um. *Cic. part.* de Apto. Adaptado, apto, ajustado, proporcionado, acomodado, á propósito, conforme. *Aptatus ad delectationem. Quint.* Dispuesto, de propósito para agradar. — *Cic. Plin.* Bueno para comer. *Ferreis clavis aptatus. Am.* Clavado, unido con clavos de hierro.

**Apte**, aptius, aptissime. *adv. Cic.* Apta, adaptada, proporcionada, ajustada, convenientemente, á propósito. *Apte ad tempus dicere. Cic.* Hablar segun el tiempo lo pide.

† **Aptitūdo**, ĭnis. *f.* Aptitud, facilidad, capacidad, buena disposicion, modo y estado ó situacion para hacer alguna cosa.

**Apto**, ās, āvi, ātum, āre. *a. Virg.* Adaptar, ajustar, acomodar, proporcionar, juntar con buena proporcion. ‖ Aprestar, aparejar, prevenir, disponer. *Aptare quaedam ad naturam. Cic.* Pintar algo al natural. — *Navem remigio. Virg.* Pertrechar, armar una galera de remos. — *Classem velis. Virg.* Poner una escuadra á punto de hacerse á la vela. *Aptari virtutibus. Cic.* Adornarse de virtudes. *Danaum insignia nobis aptemus. Virg.* Vistámonos las armas de los griegos.

**Aptōta nomina**. *Diom.* Los nombres que carecen de casos, como *fas, dicis &c.*

**Aptus**, a, um. *Cic.* Apto, adaptado, ajustado, proporcionado, acomodado, á propósito, propio. *Aptus ex isse. Cic.* Proporcionado por sí mismo; *el que en sí mismo tiene facultad y disposicion para alguna cosa sin el auxilio de otro.* — *Ex tribus. Cic.* Compuesto de tres cosas juntas. *Aptus regi. Ov.* Facil de gobernar. *Alicui. Cic.* Que se aviene bien, que congenia con otro. *Aptum pallium ad omne anni tempus. Cic.* Capa útil para todo tiempo, para todas las estaciones del año. *Calcei habiles et apti ad pedem. Cic.* Zapatos que vienen, que ajustan bien al pie. *comp.* Aptior. *superl.* Aptissimus.

**Aptus**, a, um. *Fest. V.* Adeptus.

**Apua**, ae. *f. Liv. V.* Aphya. ‖ Pontrémoli, *ciudad en los confines de Toscana.*

**Apuāni**, ōrum. *m. plur. Liv.* Pueblos de Liguria, los naturales de Pontrémoli.

**Apud**. *prep. de acus. Cic.* Cerca de lugar ó persona, en casa de, junto, delante de, ante. *Apud forum. Ter.* En la plaza. — *Judicem dicere. Cic.* Hablar delante, ante el juez. — *Focum sedere. Cic.* Estar sentado á la lumbre. — *Exercitum esse. Cic.* Estar en el ejército. — *Aliquem ruri esse. Cic.* Estar en la casa de campo ó en el campo, en casa de alguno. — *Juventutem. Cic.* Entre la gente jóven. — *Illum fuit usus juris. Cic.* Era hombre versado, práctico, docto en el derecho civil. — *Majores nostros. Cic.* En tiempo de nuestros abuelos, de nuestros mayores, antepasados. *Te, tecum erat. Cic.* Estaban contigo en tu casa. — *Platonem scriptum est. Cic.* Dice Platon, se lee en Platon. — *Matrem recte est. Cic.* Mi madre está buena. *Sum apud te primus. Ter.* Nadie tiene mas crédito contigo que yo. *Apud se esse. Ter.* Estar en sí, saber lo que se dice, lo que se hace. Se usa esta preposicion con los verbos de quietud y con los de movimiento.

**Apulejus** (L.) ii. *m. Lips.* L. Apuleyo africano, orador, jurisconsulto y filósofo platónico, que floreció en el siglo segundo de Cristo.

**Apulejus**, a, um. *Cic.* Lo que es del trib. Lucio Apuleyo Saturnino, como las leyes que promulgó.

**Apūlia**, ae. *f. Hor.* La Pulla, *provincia del reino de Nápoles.*

**Apulĭcus**, a, um. *Hor.* Lo mismo que

**Apūlus**, a, um. *Hor.* Natural de la Pulla, pullés.

* **Apus**, ŏdis. *V.* Apodes.

* **Apŭsia**, ae. *f. Plaut.* La ausencia. ‖ Pérdida.

**Apyrīna**, ōrum. *m. plur. Plin.* Granadas, frutas *cuyas pepitas son tiernas.*

**Apyrīnus**, a, um. *Marc.* Fruta que tiene el grano ó pepita tierna.

*  **Apyron sulphur**. *Plin.* Azufre que no ha probado el fuego.

**Apyrōtus**, ó **Apyrotos**, i. *m. Plin.* Que no se quema ó consume al fuego. ‖ El carbunclo, piedra preciosa.

## AQ

**Aqua**, ae. *f. Cic.* El agua, uno de los cuatro elementos. *Aqua intercus. Cic.* — *Inter cutem. Cels.* Agua entre cuero y carne, hidropesía. — *Pluvia. Cic.* — *Pluvialis. Ov.* — *Caelestis. Hor.* — *Imbrium. Plin.* Agua llovediza, que cae del cielo, lluvia. *Aquam cedo manibus. Plaut.* Dame aguamanos, agua para lavarme las manos. *Aqua adversa navigare. Plaut.* Ir contra la corriente. *Aquam è pumice postulare. Plaut.* Querer sacar jugo de una piedra, trabajar en balde, perder el tiempo. *Aqua mihi haeret in hac causa. Cic.* No sé qué partido tomar, estoy en un mar de dificultades en esta causa. *In aqua scribere. Cat.* Escribir, hacer una raya en el agua, trabajar en vano. *Aqua et igni interdici. Cic.* Ser desterrado, ser privado de la sociedad.

**Aquae**, ārum. *f. Plur. Cic.* Todo género de aguas minerales, saludables y medicinales.

**Aquae Albenses**. *f. plur.* Ciudad de Mauritania.

**Aquae Augustae**, ārum. *f. plur.* Bayona, *ciudad de Francia en Gascuña.*

**Aquae Burgum**, i. *n.* Veisenbourg, *ciudad del ducado de Baviera.*

**Aquae Convenarum**, *f. plur.* Bañeres, *ciudad de Francia en Bigorra.*

**Aquaeductĭo**, ōnis. *f. Cic.* El acto y modo de conducir las aguas.

**Aquaeductus**, us. *m. Cic.* El acueducto, conducto, arcaduz, canal por donde se conducen las aguas. ‖ El derecho de sacar y conducir las aguas para regar los campos.

**Aquae-grani**, *m.* Aix la Chapelle ó Aquisgran, *ciudad imperial de la baja Alemania.*

**Aquae haustus**, us. *m. Cic.* El derecho de tomar agua de la casa de otro.

**Aquae Helveticae**, ārum. *f. plur.* Baden, *ciudad de la Suiza.*

**Aquaelibrātor**, ōris. *m. Cod. Teod.* El arquitecto que examina el peso de las aguas para hacer los conductos.

**Aquaemanālis**, is. *m. Varr.* ó

**Aquaemanĭle**, is. *n. Paul. Jct.* El aguamanil, jarro con un pico por donde echa el agua.

**Aquae mortuae**, ārum. *f. plur.* Aguasmuertas, *ciudad de la Galia narbonense.*

**Aquae Sextiae**, ārum. *f. plur.* Aix, *ciudad capital de Provenza.*

**Aquae Statiellae**, ārum. *f. plur.* Acqui, *ciudad del Monferrato en Italia.*

**Aquae Tarbellicae, Tarbelliae**, ó **Tarbelliorum**. *f. plur.* Acqs ó Dax, *ciudad de Francia en Gascuña.*

**Aquagium**, ii. *n. Pomp. Jct.* El derecho de hacer un conducto de aguas en tierras de otros.

**Aqualĭcŭlus**, i. *m. Sen.* El ventrículo, la cavidad del estómago. ‖ *Pers.* El dornajo, *artesa pequeña donde beben los cerdos.*

**Aqualĭcus**, i. *m. Apic. V.* Aqualiculus.

**Aqualis**. *m. f. lē. n. is. Varr.* Del agua.

**Aqualis**, is. *m.* El aguamanil ó la cantidad de agua que contiene.

**Aquans**, tis. *com. Col.* El que va por agua.

**Aquanus**, a, um. *Tert.* Lo que es del agua.

* **Aquariŏla**, ae. *f. Fest.* El ó lo que sirve ó acompaña á las malas mugeres.

**Aquariŏlum**, i. *n. Cat.* Pila pequeña ó fregadero de la cocina.

**Aquariŏlus**, i. *m.* y

**Aquarium**, ii. *n. Cat.* El abrevadero, la pila de agua.

**Aquarius**, ii. *m. Cic.* Acuario, uno de los doce signos del zodiaco. ‖ El fontanero, *el que cuida de los conductos de las aguas.* ‖ El aguador.

**Aquarius**, a, um. *Cic.* Lo que pertenece á las aguas. *Aquarius sulcus. Col.* Regato, reguera ó surco pequeño por donde se conduce el agua para regar. *Aquarium vas. Varr.* Aguamanil, jarro para agua.

**Aquātē**. *adv. Cel. Aur.* Desleidamente.

**Aquatĭcus**, a, um. *Plin.* Acuatil; lo que vive en el agua ó cerca de ella. ‖ Lo que abunda de agua. *Aquaticus auster. Ov.* El viento austral ó de mediodia, que trae agua. *Aquatica avis. Plin.* Ave de agua.

**Aquātĭlis**. m. f. lĕ. n. is. *Cic.* Acuatil. Lo que vive en el agua. *Aquatilis musculus. Plin.* Raton de agua. *Aquatile pecus. Col.* Peces, animales que viven en el agua.

**Aquātĭo**, ōnis. f. *Ces.* Aguada, la provision de agua. ‖ *Cic.* El sitio donde se va por ella. ‖ *Pal.* El riego. ‖ El aguacero ó aguaducho, copia de agua llovediza.

**Aquātĭor**, m. f. ius. n. ōris. *comp.* de Aquatus. *Aquatius aestivo vernum lac. Plin.* La leche de la primavera es mas acuosa que la del estio.

**Aquātor**, ōris. m. *Ces.* El aguador, el que trae y va por agua.

**Aquātus**, a, um. *Sen.* Acueo, fluido como el agua, mezclado con ella.

**Aquensi vicus**. *V.* Aquae convenarum.

**Aquicaldenses**, ium. m. plur. Pueblos de Cataluña en España, los naturales de Caldas.

**Aquicĕlus**, i. m. *Plin.* Piñones cocidos en miel.

**Aquidūcus**, a, um. *Col. Aur.* Lo que es desecante.

**Aquifōlia**, ae. f. 6

**Aquifōlium**, ii. n. *Plin.* El acebo, árbol siempre verde.

**Aquifōlius**, a, um. *Plin.* Lo que es de acebo.

**Aquifūga**, ae. m. f. *Col. Aur.* Que huye del agua.

**Aquigĕnus**, a, um. *Tert.* Nacido en las aguas.

**Aquĭla**, ae. f. *Cic.* El águila, ave. ‖ *Hig.* Constelacion. *Luc.* El águila romana, insignia de las tropas romanas. ‖ Especie de pescado.

**Aquila**, ae. f. Aquila, *ciudad de Italia en el reino de Nápoles.*

† **Aquilēgia**, ae. f. Guileña ó pajarilla, planta.

**Aquilēgium**, ii. n. *Plaut.* La cisterna ó algibe donde se recoge agua para beberla sentada. ‖ El modo de recogerla ó guardarla.

**Aquilĕgus**, a, um. *Ter.* El que coge agua.

**Aquileia**, ae. f. *Marc.* Aquilea, *ciudad asolada de Italia en la provincia de Friul.*

**Aquilejensis**. m. f. sĕ. n. is. *Liv.* Perteneciente á la ciudad de Aquilea.

**Aquilentus**, a, um. *Varr.* Que abunda de agua, lleno de agua, de color de agua.

**Aquĭlex**, ēgis, et ĭcis. m. *Col.* El fontanero, el maestro ó artífice que hace y cuida de los conductos de aguas y fuentes.

**Aquiliānus**, a, um. *Cic.* Perteneciente al jurisconsulto Aquilio Galo.

**Aquilĭcia**, ōrum. n. plur. 6

**Aquilĭcium**, ii. n. *Fest.* Fiestas ó sacrificios hechos á Júpiter para alcanzar la lluvia.

**Aquilĭger**, ĕri. m. *Ces.* ó Aquilifer. Aquilefero. El alferez ó antesignano, que llevaba una águila puesta en la punta de un baston en cada legion romana.

**Aquilīnus**, a, um. *Plaut.* Perteneciente al águila.

**Aquĭlo**, ōnis. m. *Virg.* El aquilon, *uno de los cuatro vientos principales, que se llama norte ó cierzo.*

**Aquilōnālis**, m. f. lĕ. n. is. *Cic.* Lo mismo que

**Aquilōnaris**. m. f. rĕ. n. is. *Vitruv.* Aquilonar, lo tocante al aquilon ó septentrion.

**Aquilōnes**, um. m. plur. *Virg.* Tempestades, tormentas, torbellinos.

**Aquilōnigĕna**, ae. m. f. *Aus.* Nacido del aquilon.

**Aquĭlus**, a, um. *Plaut.* Moreno, negrillo, negruzco.

**Aquimānāle**, is. n.
**Aquimānārium**, ii. n.
**Aquimantĭle**, is. n.        } Aguamanil. ‖ Aljofaina,
**Aquimĭnāle**, is. n.           palancana para lavarse las
**Aquimĭnārium**, ii. n.       manos.
**Aquimĭnīle**, is. n.

**Aquīnas**, ātis. com. *Tac.* El natural de la ciudad de Aquino.

**Aquīnum**, i. n. *Plin.* Aquino, *ciudad de Abruzo en el reino de Nápoles.*

**Aquĭpenser**. *V.* Acipenser.

**Aquisextānus**, a, um. El natural de Aix en Provenza.

**Aquisgranum**, i. n. *V.* Aquae grani.

**Aquisgrānus**, a, um. El natural de Aquisgran.

**Aquītānia**, ae. f. *Plin.* La Aquitania, Guiena y Gascuña, *provincia de Francia.*

**Aquītānĭcus**, a, um. *Plin.* 6

**Aquītānus**, a, um. *Tibul.* El natural de Guiena en Francia.

**Aquor**, āris, ātus, sum, ari. *dep. Ces.* Hacer aguada, hacer provision de agua, ir á buscar agua. ‖ *Salust.* Abrevar, llevar á beber el ganado. *Aquabatur ex flumine. Liv.* Se proveia de agua del rio. — *Sub moenibus urbis. Virg.* Se hacia aguada bajo de las mismas murallas de la ciudad. *Aquatum equos egredi. Salust.* Salir á dar agua, á llevar los caballos al agua.

**Aquōsus**, a, um. *Liv.* Lleno, abundante de agua, acuoso, muy húmedo. *Aquosus languor. Hor.* La hidropesía. — *Campus. Liv.* Campo lleno de agua, enaguazado. Donde hay muchas fuentes ó manantiales de agua. *Aquosus Orion. Virg.* La lluviosa constelacion del Orion. *Aquosae nubes. Virg.* Nubes cargadas de agua, que amenazan agua. *Aquosa crystallus. Prop.* Cristal resplandeciente como el agua. — *Hyems. Col.* Invierno lluvioso. *Aquosior ager. Plin.* Campo mas húmedo.

**Aquŭla**, ae. f. *Cic.* Poca agua, un poco de agua, un arroyuelo que lleva poca agua. *Aquulam suffundere. Plaut.* Echar agua en el rostro para que una persona vuelva de un desmayo.

## AR

**Ar**. Lo mismo que Ad entre los antiguos. *Ar me*, en lugar de *ad me. Plaut.*

**Ara**, ae. f. *Cic.* El ara, *altar en forma cuadrada para hacer sacrificios á los dioses.* ‖ *Ov.* Una de las diez y seis constelaciones celestes, llamadas australes. ‖ *Cic.* Asilo, refugio, sagrado, lugar de seguridad. *Arae destinare. Virg.* Destinar al sacrificio. *Ara legum. Cic.* El tribunal de la justicia. *In aram confugere. Cic.* Retirarse á un ara, como á sagrado. *Pro aris et focis certare. Cic.* Combatir por la religion y por la patria. *Non est apud aram consultandum. adg.* Antes que te cases mira lo que haces. *ref.*

**Ara Lugdunensis**. f. Ara de Leon, donde está la abadía de Ainai.

**Ara Ubiorum**. f. Bonn, *ciudad sobre el Rin.*

**Arăba**, ae. f. El nasturcio oriental, planta.

**Arabarches**, ae. m. *Cic.* Cabeza de alcabaleros.

**Arabarchia**, ae. f. *Cod. Theod.* La dignidad ú oficio del intendente ó cabeza de los alcabaleros, que exigian la alcabala de los ganados.

**Arăbia**, ae. *Pomp. Mel.* Arabia, *parte del Asia, dividida en tres. Petraea*, petrea. *Deserta*, desierta. *Felix*, feliz.

**Arăbĭce**. adv. *Plaut.* Á la manera de los árabes, en árabe. *Arabice oleant aedes. Plaut.* Perfuma la casa con perfumes de Arabia.

**Arăbĭcus**, a, um. *Plaut.* Arábigo, árabe, de la Arabia. *Arabicus sinus.* El golfo arábigo, el mar rojo. — *Lapis. V.* Lapis specularis.

**Arăbĭlis**, m. f. lĕ. n. is. *Plin.* Lo que se puede arar.

**Arăbis**. gen. de Araba.

**Arăbissa**, ae. f. *S. Ger.* Muger de Arabia.

**Arăbissus**, i. m. Ciudad de Armenia, bajo la metrópoli de Malta.

**Arăbius**, a, um. *Prop.* Arábigo, árabe.

**Arabo**, ōnis. m. Raab ó Rab, *rio de la Hungria.* ‖ Javarin, *ciudad de la Hungría baja.*

**Arabs**, ăbis. com. *Hor.* Árabe, *el natural de Arabia.*

**Arăbus**, a, um. *Virg. Prop.* Arábigo, árabe, de la Arabia.

**Arache**, ó Arachia, ae. f. Ciudad episcopal de Palestina, sufragánea de Tiro.

**Arachne**, es. f. *Ov.* Doncella lidia, *convertida por Palas en araña.* ‖ Relox de sol.

**Arachnea**, ae. f. *Man. V.* Arachne.

**Arachos**, i. m. *V.* Arachus.

**Arachosia**, ae. f. *Plin.* El Candahar, *pais del gran Mogol.*

Arachosius, a, um. *Justin.* Perteneciente al Candahar, *provincia del gran Mogol.*

Arachus, i. m. La algarroba.

Araciae, arum. f. plur. *Plin.* Higos blancos.

Aracynthus, i. m. *Plin.* Monte de Beocia, de Etolia, de Acarnania y de Acaya.

Aradus, i. m. Ciudad episcopal, sufragánea de Tiro, del patriarcado de Antioquía.

Arae, arum. f. plur. *Virg.* Aras, altares. ‖ Rocas, escollos bajo del agua entre Cerdeña y África.

Arae Flaviae, arum. f. plur. Norlingue, *ciudad imperial de la Suevia en Alemania.*

Araeostylos, i. f. *Vitruv.* Edificio sostenido por colunas muy apartadas unas de otras.

Aragonia, ae. f. Aragon, *reino de España.* V. Arragonia.

Aram. indecl. *Bibl.* Aram, *hijo de Sem, nieto de Noé.*

Aramaei, orum. m. plur. Los tártaros.

Aramus, i. f. Garza real, ave.

Aranea, ae. f. *Plaut.* La araña, *insecto conocido.* ‖ *Ov.* La tela de araña. ‖ *Vitruv.* Relox, *cuadrante de sol, donde las horas estan representadas en figura de las patas de araña.*

Araneola, ae. f. *Cic.* y

Araneolus, i. m. *Virg.* Araña pequeña.

Araneosus, a, um. *Cat.* Lleno de telas de araña. ‖ Parecido á la tela de araña.

Araneum, i. n. *Fedr.* Telaraña. ‖ Arañuela, *especie de araña pequeña, que hace mucho daño á las viñas y olivos, cubriéndolas de una pelusa como la telaraña.*

Araneus, a, um *Plin.* Araña. ‖ *Col.* Musaraña, *especie de raton mas pequeño que el casero, llamado tambien musgaño.* ‖ Pez parecido á la araña, *pequeño y venenoso. Plin.*

Arar, aris. m. ó

Araris, is. m. *Ces.* El Saona, *rio de Francia.*

Ararat. indecl. *Bibl.* Ararat, *monte de Armenia, donde paró el arca de Noé despues del diluvio.*

Arater, eris. m. *Hig.* Nombre de que usaron los antiguos en lugar de Aratrum.

Arateus, a, um. *Cic.* Perteneciente á Arato, *cuyos fenómenos tradujo Ciceron en verso latino.*

Arathia, ae. f. Ciudad episcopal, bajo la metrópoli de Cesaréa en Capadocia.

Aratio, onis. f. *Cic.* La aradura, el acto de arar. ‖ *Plin.* La arada ó tierra rota con el arado, la heredad.

Arationes, um. f. plur. *Cic.* Tierras de labor.

Aratiuncula, ae. f. *Plaut.* Un campo pequeño, un corto espacio de tierra de labor.

Arator, oris. m. *Plin.* El arador, la persona ó animal que ara la tierra. ‖ *Cic. Aratores.* Los labradores, ricos poseedores de tierras.

Arator, oris. m. Arator, poeta cristiano que tradujo los hechos de los apóstoles, en verso exámetro, y floreció en el siglo VI de Cristo.

Aratorius, a, um. *Paul. Jct.* Perteneciente á la labranza.

Aratro, as, avi, atum, are. a. *Plin.* Aricar, arrejacar, binar, dar segunda vuelta á las tierras despues de barbechadas ó aradas la primera vez.

Aratrum, i. n. *Cic.* El arado con que se rompe la tierra para limpiarla y beneficiarla.

Aratura, ae. f. V. Aratio.

Aratus, a, um. *Ov.* Arado, barbechado, cultivado.

Aratus, i. m. *Ov.* Arato, *poeta y astrónomo griego que escribió un poema de los fenómenos.* V. Arateus.

† Aratus, us. m. *Dict. Cret.* V. Aratio.

Araurarıs, is. ó

Araurius, ii. m. El Eraudo, *rio de Lenguadoc.*

Arausica, ae, y V. Arausio.

Arausicanus, a, um. y

Arausensis, y Arausiensis, y Arausionensis. m. f. sé. n. is. De la ciudad ó del principado de Orange.

Arausio, onis. f. *Plin.* Orange, *principado ó ciudad de Francia.*

Arausionensis. m. f. sé. n. is. Lo que es de la ciudad ó principado de Orange.

Araxes, is. m. *Pomp. Mel.* El Araxes, *rio de la Armenia mayor.* ‖ El Peneo, *rio de Tesalia.*

Arexeus, um. *Avien.* Perteneciente al rio Araxes.

Arbe. *Plin.* Arbe, *ciudad en la isla de este nombre, sufragánea del arzobispado de Zara en Croacia.*

Arbella, ae. f. *Curc.* Arbella, *ciudad de Asiria.*

Arbilla, ae. f. *Fest.* La gordura, grasa ó sebo.

Arbiter, tri. m. *Cic.* El árbitro ó arbitrador, *juez que las partes eligen, y en quien se comprometen para ajustar sus diferencias.* ‖ El juez en general. ‖ El dueño, poderoso ó soberano. ‖ Testigo. *Arbiter annonae. Estac.* El juez, el ministro ó regidor que pone precio á los géneros. — *Irae. Ov.* Ministro de la ira. — *Inter aliquos. Cic.* Juez árbitro entre algunas personas. — *De finibus. Cic.* Para señalar, demarcar los términos. — *Litterarum. Tac.* Ministro de los despachos, secretario. *Arbitri jam mihi vicini sunt. Plaut.* Mis vecinos ven y saben todo lo que pasa en mi casa. *Arbitrum cedo quemvis. Ter.* Señálame un juez árbitro cualquiera. *Ab arbitris remota,* ó *libera loca. Cic. Sine arbitris. Lib.* Parage retirado donde está uno sin ser visto, sin registro, sin testigo.

Arbiterium, ii. n. *Dig.* V. Arbitrium.

Arbitra, ae. f. *Hor.* La muger que sirve de testigo.

Arbitralis. m. f. lẽ. n. is. *Marc.* Arbitral, arbitrario, lo que depende de la voluntad y arbitrio de un juez árbitro.

† Arbitramentum, i. n. *Sipont.* V. Arbitrium.

Arbitrario. adv. *Plaut.* Arbitrariamente, libremente, conforme al dictamen y juicio arbitrario. ‖ Cierta, indubitablemente.

Arbitrarius, a, um. *Plaut.* Arbitrario, arbitral, lo que pertenece á la voluntad y arbitrio de uno.

† Arbitratio, onis. f. *Gel.* V. Arbitrium.

Arbitrator, oris. m. *Grut.* Arbitrador, árbitro.

Arbitratrix, icis. f. *Tert.* Arbitra, moderadora, gobernadora.

Arbitratus, us. m. *Plaut.* Arbitrio, albedrío, discrecion, gusto, voluntad. ‖ Juicio arbitrario. *Arbitratu tuo. Cic.* A tu gusto. *In arbitratum victori se dedere. Plaut.* Entregarse á discrecion del vencedor.

Arbitratus, a, um. part. de Arbitror. *Gell.* V. Arbitror.

Arbitrium, ii. n. *Plaut.* Arbitramento, arbitrio, deliberacion, eleccion, disposicion, conocimiento, juicio de juez árbitro. ‖ Cualquier juicio. ‖ Voluntad, facultad, libertad, placer, albedrío. ‖ Testimonio, presencia de alguno. *Arbitrio suo. Vel. Pat. Ad arbitrium tuum. Cic.* A su gusto, á su arbitrio, á su voluntad. *Arbitrii tui homo. Suet.* Hombre libre, que no depende ni se sujeta á otro, que se gobierna por sí solo. — *Vestri non erit. Liv.* No estará en vuestra mano, no sereis el dueño, no se pasará por vuestro dictamen. *Arbitrium tuum sit. Cic.* Quede esto á tu discrecion, á tu prudencia. — *Liberum. Lib.* Libre albedrío. — *Urbis habere. Ov.* Ser el dueño, tener la autoridad suprema en una ciudad, en un estado. *Arbitria belli, pacisque agere, gerere. Liv.* Ser el árbitro de la paz y la guerra. *Arbitrio suo carere. Cic.* No ser dueño de sí. *Ad arbitrium alicujus totum se fingere, et accommodare. Cic.* Seguir en todo, acomodarse al arbitrio y opinion de otro. *Arbitria funeris petere. Cic.* Pedir los derechos del entierro.

Arbitor, as, avi, atum, are. a. *Plaut.* ó

Arbitror, aris, atus, sum, ari. dep. *Cic.* Arbitrar, discurrir, pensar, proponer medios para algun fin. ‖ Juzgar, determinar, decidir arbitrariamente. ‖ Observar, escuchar, espiar. ‖ Considerar, examinar. *Part. pres. Arbitrans, Nep. De fut. Arbitraturus. Apul. De pret. Arbitratus, a, um. Gell. Arbitrari fidem alicui.* Hacer confianza de alguno. *Arbitretur uxor tuo nato. Plaut.* Búsquese muger para tu hijo.

Arbor, oris. f. *Cic.* Árbol. ‖ *Virg.* El árbol ó mástil de un navío. ‖ *Plin.* La viga de un lagar. ‖ Nombre de un pez marino. *Arbor novella. Cic.* Árbol nuevo, arbolillo, arbolico. — *Vetula. Cic.* Árbol viejo. — *Jovis. Ov.* La encina. *Infelix. Liv.* La horca. ‖ *Plin.* El que no da fruto. *Post folia cadunt arbores. adag.* De tales romerías, se traen esas veneras. De tales bodas, tales tortas. *1ef. Arbore dejecta quivis ligna colligit.* id.

Arborarius, a, um. *Plin.* Que pertenece á los árboles.

Arborator, oris. m. *Col.* El arbolista, el que cuida los

ARC ARC

árboles, y conoce cuando se han de beneficiar.

Arbŏtes. *Vitruv.* ó

Arbŏrea falx. *f. Varr.* La podadera para limpiar y podar los árboles.

Arbŏresco, is, ĕre. *n. Plin.* Hacerse árbol, llegar á ser tan grande como un árbol.

Arbŏrētum, i. *n. Gel.* Arboleda, alameda, lugar poblado de muchos árboles, bosque, plantío, arbolado.

Arbŏreus, a, um. *Virg.* Que pertenece á los árboles.

† Arbŏrĭdeus ramus, i. *m. Col.* Rama plantada, ó sarmiento amugronado.

Arborōsa, ae. *f.* Arboes, *ciudad de Borgoña en Francia.*

Arbos, ŏris. *f. Virg.* Arbol frutal.

Arbŏsium, ii. *n. V.* Arborosa.

Arbuscŭla, ae. *f. Col.* Arbusto, mata débil que no llega á ser árbol. ‖ *Vitruv.* Pie de carro, *madero derecho con una cavidad por la parte inferior, donde se le pone una rueda con su exe para llevar los carros y otras máquinas militares de una parte á otra.* ‖ *Hor.* Nombre de una muger pantomima.

Arbustīvus, a, um. *Col.* Plantado de árboles. *Arbustiva vitis. Col.* Vid que se aplica á los árboles para que esté derecha y crezca. *Arbustivus locus. Col.* Arboleda, alameda, soto, bosque.

Arbusto, as, āvi, ātum, are. *a. Plin.* Plantar árboles. *Arbustare agros populo. Plin.* Plantar un campo de álamos.

Arbustum, i. *n. Virg.* Arboleda, alameda, plantío de árboles.

Arbustus, a, um. *Plin.* Plantado de árboles. *Res arbustiores, ó arbustiviores. Tert.* Cosas mas felices, mas abundantes.

Arbŭteus, a, um. *Virg.* Perteneciente al madroño.

Arbŭtum, i. *n. Virg.* El madroño, la fruta del árbol del mismo nombre.

Arbŭtus, i. *f. Virg.* El madroño, árbol.

Arca, ae. *f. Val. Max.* El arca ó caja grande con tapa. ‖ La urna de piedra en que se depositan los cadáveres. ‖ El fisco, la tesorería. *Cat.* Cofre, guardaropa. *In arcas conjici. Cic.* Ser metido en un calabozo. *Arca tecti. Vitruv.* La armazon de una casa.

Arcădes, dum. *m. plur. Virg.* Los arcades, *pueblos de Arcadia.*

Arcădia, ae. *f. Cic.* La Arcadia, *parte de Grecia en medio del Peloponeso. Arcadiam petis, ó me oras. Proverb. Cic.* Me pides un imposible.

Arcădia, ae. *f.* Arcadia, *ciudad de la isla de Creta.*

Arcădicus, um. *Liv.* De Arcadia, arcade. *Arcadicus juvenis. Juv.* Jóven tonto, majadero, *aludiendo á los grandes asnos que se crian en Arcadia.*

Arcădiŏpŏlis, is. *f.* Ciudad arzobispal en otro tiempo, y despues metrópoli bajo el patriarcado de Constantinopla.

Arcădius, a, um. *Ov.* De Arcadia, arcade. *Arcadius galerus. Estac.* El sombrero de Mercurio. *Aliger Arcas. Estac.* El alado dios Mercurio. *Arcadius deus. Prop.* El dios Pan. *Arcadia dea. Ov.* Carmenta, *madre de Evandro.* — *Virg. Ov.* La ninfa Aretusa. — *Virg. Estac.* La vara de Mercurio.

Arcane. *adv. Col.* ó

Arcāno. *adv. Cic.* Secreta, oculta, misteriosa, profunda, recónditamente.

Arcānum, i. *n. Cic.* Casa de campo de Ciceron ó de su hermano Quinto, hoy Arce.

Arcānum, i. *n. Hor.* Arcano, secreto, misterio.

Arcānus, a, um. *Cic.* Arcano, oculto, misterioso, callado, profundo, secreto, recóndito.

Arcārius, ii. *m. Lampr.* Arquero, tesorero, mayordomo. ‖ Carpintero, el que hace arcas.

Arcas, ădos, ó ădis. *m. Hig.* Arcas, *hijo de Júpiter y de la ninfa Calisto.* ‖ Arcade, el que es de Arcadia.

Arcătūra, ae. *f. Casiod.* La fábrica, estructura y figura del arco. *Casiod.* El límite ó término de los campos.

† Arcātus, a, um. *Ov.* Arqueado, encorvado en figura de arco.

Arcella, ae. *f. Fest.* Arquilla, arquita, arqueta, *dim. de* Arca. ‖ *Col.* Emparrado en arcos.

Arcellātus, a, um. *Col.* Doblado, encorvado.

Arcennum, i. *n.* Braciano, *ciudad capital de un ducado en el estado eclesiástico.*

Arceo, ēs, cui, ēre. *a. Cic.* Apartar, rechazar, estorbar el acercarse. ‖ Contener, detener. ‖ Mandar, hacer venir. *Arcere familiam. Fest.* Contener, gobernar bien la familia.

‡ Arcēra, ae. *f. Varr.* Andas, angarillas, camilla, litera.

Arcesius, ii. *m. Ov.* Arcesio, *hijo de Júpiter y padre de Laertes.* ‖ Mercurio.

Arcessĭtor, ōris. *m. Plin. men.* El llamador, convocador, el que va á llamar, á mandar venir. ‖ *Am.* Acusador.

Arcessītus, a, um. *Liv.* Llamado, convocado, enviado á llamar. ‖ Afectado, traido de lejos, buscado con demasiado estudio. *Arcessitus somnus. Prop.* Sueño procurado con remedios, que no es natural. *Arcessitum dictum. Cic.* Dicho, manera de hablar afectada. *Arcessita joca. Suet.* Chanzas frias. *Innatus non arcessitus. Quint.* Natural, no postizo ó afectado.

Arcessītus, us. *m. Cic.* Llamamiento, convocacion, invitacion, mandamiento, órden de venir. *Solo se halla usado en ablativo singular.*

Arcesso, is, ivi, ītum, ĕre. *a. Cic.* Llamar, enviar á llamar, mandar ó hacer venir, convocar. ‖ Acusar, llamar á juicio. *Arcessere usque á capite. Cic.* Tomar desde el principio, desde su orígen, de muy atras, de muy arriba. — *Aliquem pecuniae captae. Salust.* Acusar á uno de haberse dejado sobornar. *Arcessere sibi malum juvento suo. Prov. Plaut.* Acarrearse mal con su propia diligencia.

* Archaĭcus, a, um. *Hor.* Anticuado, sencillo, á la antigua.

* Archaismus, i. *m.* Arcaismo, *figura con que hablamos ó escribimos al modo antiguo.*

* Archangelica, ae. *f.* Angélica la mayor, planta.

† Archangĕlus, i. *m. Bibl.* Arcángel, *el principal de los ángeles.*

* Arche, ae. *f. Tert.* El principio.

Archebulēum, ó Archebulium metrum. *Fortun.* Verso así llamado del poeta griego Arquebuleo, que usó de este solo verso en sus poemas.

Archēta, ó Archiota, ó Archiotes, ae. *m. Dig.* El archivero ó archivista, el que cuida del archivo.

Archerostis, is. *f.* ó

Archesotis, is. *f.* ó Archezostis, is. *f. Plin.* Nueza, planta llamada tambien vizalba silvestre.

* Archĕtўpum, i. *n.* ó Archetypus, i. *m. Plin.* El arquetipo, modelo, traza, dibujo, original, la obra hecha primero por un artífice para muestra ó ejemplar.

* Archĕtўpus, a, um. *Juv.* Original nuevo. *Archetypas nugas. Marc.* Sus epigramas escritos de su mano. *Archetypi amici. Marc.* Amigos que no hacen gasto, y divierten, como las estatuas y pinturas.

* Archĭater, tri. *ó* Archiatrus, ó Archiatros, tri. *m. Cod. Teod.* Protomédico, primer médico. ‖ Médico de cámara del rey. ‖ El médico en general.

* Archĭatria, ae. *f. Cod. Teod.* La dignidad y oficio del protomédico.

Archĭbūlus, i. *m. Plaut. V.* Arcarius.

Archĭdiăcŏnātus, us. *m.* El arcedianato, dignidad eclesiástica.

* Archĭdiăcŏnus, i. *m. S. Ger.* El arcediano, la cabeza, príncipe ó primero de los diáconos.

Archĭdux, ŭcis. *m.* El archiduque, *título de los príncipes de la casa de Austria en Alemania.*

* Archĭepiscŏpātus, us. *m.* El arzobispado, la dignidad de arzobispo.

* Archĭepiscŏpor, āris, āri. *dep.* Ser hecho ó consagrado arzobispo.

* Archĭepiscŏpus, i. *m.* El arzobispo.

* Archĭereus, ei. *m. Lamp.* El príncipe, primero ó principal de los sacerdotes.

* Archĭerosyna, ae. *f. Cod. Teod.* La dignidad del primer sacerdote.

* Archĭgallus, i. *m. Plin.* El gran sacerdote de Cibeles, que era eunuco, como todos los demas de su órden.

Archĭgĕnes, is. *m. Juv.* Arquigenes, *un médico del tiempo del emperador Trajano.*

I

Archigĕron, ontis. *m. Cod. Teod.* El primero ó principal de los ancianos.

Archigŭbernus, i. *m. Dig.* El primer piloto. *Hállase tambien* archigubernulus.

Archilēvīta, ae. *m. Bibl.* Príncipe de los levitas.

Archilŏchius, a, um. Perteneciente al poeta Arquíloco. *Cic.* Satírico, afrentoso, injurioso, *como los versos que escribió Arquíloco contra Licambe, que eran tan picantes que le obligaron á ahorcarse. Hor.*

Archimăgirus, i. *m. Juv.* El gefe de la cocina, el cocinero principal.

Archimandrīta, ae. *m. Sid.* Archimandrita, abad, superior de un monasterio.

Archimēdes, is. *m. Cic.* Arquímedes, siracusano, célebre matemático.

Archimēdeus, y Achimedius, a, um. *Marc. Cap.* Perteneciente á Arquimedes.

Archimima, ae. *f.* y

Archimimus, i. *m. Suet.* El gefe ó maestro de los mimos, *que en las comedias antiguas entretenian al pueblo con visages y ademanes ridículos.*

Archinauta, ae. *m. V.* Archigubernus.

Archineaniscus, i. *m.* Cabeza ó primero entre los jóvenes.

Archipĕlăgus, i. *m.* El Archipiélago, *parte del mar mediterráneo.*

Archipirāta, ae. *m. Cic.* El capitan de los piratas ó corsarios.

* Archippŏcŏmus, i. *m.* Caballerizo mayor: *se dice tambien* Archippus, i.

Archipresbyter, ĕri. *m. S. Ger.* Arcipreste ó dean rural, el primero de los presbíteros.

Archipresbytĕrātus, i. *m.* Arciprestazgo, dignidad del arcipreste.

Archisăcerdos, ōtis. *m. Fortun.* El primero entre los sacerdotes.

Archisynăgōgus, i. *m. Lamp.* Arquisinagogo, el príncipe de la sinagoga.

Architecta, ae. *f. Plin.* La arquitecta. *Asi llama Plinio á la naturaleza.*

† Architectātio, ó Architectio, ōnis. *f. Plin.* La conducta de un arquitecto en la obra.

Architecto, ōnis. ó

Architecton, ōnis. *m. Plaut.* El arquitecto, el maestro de obras.

Architectŏnīce, es. *f. Quint.* La arquitectura.

Architectŏnĭcus, a, um. *Vitruv.* Perteneciente á la arquitectura.

Architector, ōris. *m. Plaut.* El arquitecto, *se cree que se debe leer* Architecton.

Architector, āris, ātus, sum, āri. *dep. Vitruv.* Construir, fabricar, edificar, levantar, hacer, dirigir un edificio. *Architectari voluptates. Cic.* Inventar deleites.

Architectura, ae. *f. Vitruv.* La arquitectura, arte de fabricar con firmeza, conveniencia, hermosura y proporcion.

Architectus, i. *m. Cic.* El arquitecto, maestro de obras. Autor, inventor. *Arquitectus sceleris. Cic.* El principal autor de una maldad. — *Verborum. Cic.* El inventor de palabras nuevas. — *Fallaciarum. Plaut.* Autor ó director de un engaño, de un embuste. *Architectus omnibus Deus. Plaut.* Dios es el autor de todas las cosas. — *Legis. Cic.* Autor de una ley.

* Architĕlōnes, is. *m.* El principal de los arrendadores.

* Archithălassia, ae. *m.* Almirantazgo, empleo militar, con jurisdiccion en las armadas.

* Archithălassus, i. *m.* El almirante.

* Architheōrus, i. *m.* El intendente, director ó gefe de los espectáculos.

Architis, idis. *f.* Nombre de Venus entre los asirios.

Architrīcliniarchus,

Architrīclīnus, i. *m.* ó

Architriclinus, i. *m.* El arquitriclino, mayordomo.

Archium, ó Archivum, i. *n. Ulp.* El archivo, lugar donde se guardan papeles.

Archoleon, ó Argoleon, ó Agrioleon, ontos. *m. Capit.* Especie de leones.

Archon, ontis. *m. Cic.* Arconte, *el presidente de los nueve magistrados que gobernaban el estado de Atenas despues de la muerte de su último rey Codro.*

* Archontŏpŏlus, i. *m.* El que llevaba la espada delante del emperador.

* Archos, i. *m.* 6

Archus, i. *m.* El primero, el principal, el mas poderoso.

Archytas, ae. *m. Hor.* Arquitas, *un filósofo de Tarento.* ‖ *Otro músico de Metelin.* ‖ *Otro escritor de agricultura.*

Arcia, arci. *gen. y dat. de* Arx.

† Arcifinālis. *m. f. lĕ. n. is. Front.* 6

† Arcifinius, a, um. *Varr.* Campo que no tiene mas límite que la voluntad del que se apodera de él, ó que no tiene otro término que un rio, un monte ó cosa semejante.

Arcio, is, īvi, ītum, īre. *Cic. V.* Arcesso.

Arcipŏtens, tis. *com. Val. Flac.* 6

Arcitĕnens, tis. *com. Virg.* El que tiene el arco en la mano. ‖ El sagitario, *uno de los doce signos del zodiaco.* ‖ *Epíteto de Apolo y de Diana.*

Arcīvus, a, um. *Fest.* Que detiene, reprime, estorba, rechaza, impide la entrada.

Arctātio, ōnis. *f. Varr.* El acto de acortar, abreviar, estrechar, restringir.

Arctātus, a, um. *Liv.* Acortado, abreviado, estrechado, compendiado, reducido á menos.

Arcte, ius, issĭme. *adv. Cic.* Estrechamente, apretadamente. ‖ Breve, corta, compendiosamente. *Arcte dormire. Cic.* Dormir un profundo sueño. — *Diligere. Plin.* Amar estrechamente. — *Habere. Plaut.* Tratar á uno con aspereza, atarle corto.

Arctĭcus, a, um. *Hig.* Ártico, *septentrional, del norte.*

Arcto, ās, āvi, ātum, āre. *a. Col.* Estrechar, apretar, restringir, comprimir, oprimir.

Arctŏphylax, ăcis. *m. Cic.* Artofilas, Bootes, el guarda de las osas, constelacion.

Arctos, cti, y Arctus, ti. *f. Ov.* Constelacion llamada osa, *y contenida en el círculo del polo, que de su nombre se llama ártico. Hay osa mayor y menor.*

Arctous, a, um. *Luc.* Ártico, septentrional, del norte.

Arctūrus, i. *m. Virg.* El arcturo, estrella de la primera magnitud, *en la cola de la osa mayor, entre las piernas de Bootes.*

Arctus, a, um. *Cic.* Estrecho, angosto, comprimido, apretado. *Arctum animum solvere. Hor.* Dar algun ensanche ó desahogo al ánimo, al corazon oprimido. *Arctis in rebus opem ferre alicui. Ov.* Socorrer á uno en sus necesidades. *Arcta fames. Sil. Ital.* Hambre estrecha, que aprieta. *Arctae leges. Plin.* Leyes estrechas. *Arctissimum amoris vinculum. Cic.* Vínculo muy estrecho, muy apretado de amor. *Arcta petitio. Liv.* Pretension difícil.

Arcuarius, a, um. *Veget.* Lo que pertenece á los arcos.

Arcuarius, ii. *m. Dig.* El que hace arcos. ‖ Flechero.

Arcuatĭlis, m. f. lĕ. n. is. *Sidon.* Arqueado, doblado, encorvado, en figura de arco.

Arcuatim. *adv. Plin.* En forma, manera de arco, por arcos.

Arcuatio, ōnis. *f. Front.* La arquería, fábrica de arcos.

Arcuatus, a, um. *Plin.* Arqueado, doblado, encorvado, puesto en figura de arco. *Arcuatus morbus. Col.* La tiricia.

Arcŭbălista, ae. *f. Veget.* Especie de ballesta menor.

Arcŭbalistārius, ii. *m. Veget.* El ballestero.

Arcŭbiae, ārum. *f. plur.* ó

Arcŭbii, ōrum. *m. plur. Fest.* Centinela de noche en una fortaleza.

Arcui. *pret. de* Arceo.

Arcŭla, ae. *f. Cic.* Arqueta, arquilla, arquita. *dim. de* Arca. ‖ *Arcula loculata. Varr.* Arca, cofre, caja con varios nichos.

Arcŭlarius, ii. *m. Plaut.* El maderero, cofrero ó carpintero que hace arcas ó cofres.

Arcŭlum, i. *n. Fest.* Corona ó círculo de una rama de granado, *y atada con una cuerda de lana blanca, que se ponia en la cabeza la sacerdotisa flámine durante el sacrificio.*

Arcŭlus, i. *m. Fest.* El dios qué defendia las arcas. ‖ Rodete, rosca de lienzo ó paño que se ponian en la cabeza los que llevaban algo en ella para que hiciese asiento, co-

ARE  ARE 67

mo hacen entre nosotros los que llevan cántaros, cargas de ropa &c. ‖ El arzon de la silla.

Arcŭma, ae. f. Fest. Especie de carro ó carreton, capaz de una persona sola.

Arcuo, as, āvi, ātum, āre. a. Plin. Arquear, doblar, encorvar en figura de arco.

Arcuor, āris, ātus, sum, āri. dep. Arquearse, doblarse, encorvarse, ponerse en figura de arco.

Arcus, us. m. Cic. Arco de arquitectura. ‖ Arma usada en la guerra y en la caza. ‖ Ov. Un corte ó seccion de cilindro ó esfera. ‖ Tac. Arco triunfal. ‖ Virg. El arco iris. Arcum adducere. Virg. Curvare. Stat. Flectere. Id. Intendere. Cic. Lentare. Stat. Lunare. Sinuare. Ovid. Tendere. Hor. Armar un arco. Lapidum compagibus efficere. Ov. Hacer un arco de piedra, ó un ojo de puente. Dicare. Tac. Dedicar un arco triunfal. Porrigere. Ov. Rendir las armas. Tendere alicui. Pers. Apuntar, asestar á alguna parte.

Ardălus, i. m. Ardalo, hijo de Vulcano, inventor de la flecha.

Ardea, ae. f. Ov. La garza, ave conocida.

Ardea, ae. f. Plin. Ardea, ciudad del Lacio.

Ardeas, ātis. com. Cic. Perteneciente á Ardea, ó natural de ella.

Ardeātīnus, a, um. Sen. V. Ardeas.

Ardelio, ōnis. m. Fed. El entrometido, que se mete en todo, que nada hace bien, y de todo le parece que entiende.

Ardens, tis. com. Salust. Ardiente, que arde y abrasa. ‖ Vivo, animoso, lleno de fuego, vehemente. ‖ Indignado, colérico. ‖ Brillante, resplandeciente. ‖ Enamorado, apasionado. Ardens febris. Plin. Calentura ardiente. Studium. Cic. Inclinacion ardiente.

Ardenter, tius, tissĭme. adv. Cic. Ardiente, apasionada, acaloradamente, con fuerza, vehemencia, vigor, violencia, con una fuerte inclinacion, un deseo ardiente.

Ardeo, es, si, sum, ere. n. Virg. Arder, quemarse, encenderse, abrasarse, inflamarse. ‖ Tener viveza, fuego, ardor, calor. ‖ Brillar, resplandecer, relucir. ‖ Tener un deseo ardiente, desear, pretender, solicitar con pasion. Ardebat Alexim. Virg. Tenia una pasion ardiente por Alexis. Ardebant oculi. Cic. Echaba fuego por los ojos. Ardente bello. Liv. Encendiéndose la guerra.

Ardeŏla, ae. f. Plin. Ardeola, garza pequeña, garzota.

Ardesco, is, cere. n. Plin. Encenderse, abrasarse, prenderse fuego. ‖ Enardecerse. Tac. Aguzar, afilar. Ardescit in iras. Ov. Montar en cólera. In nuptias. Tac. Tener un ardiente deseo de casarse. Mucronem. Tac. Aguzar, afilar, amolar un puñal. Pariter, pariter silere. Tac. Agitarse y aquietarse con la misma facilidad. Vino. Sil. Ital. Ponerse caliente con el vino.

Ardĭfer, a, um. Varr. Ardiente.

Ardor, ōris. m. Cic. Ardor, incendio, calor, fuego. ‖ Resplandor. ‖ Impetu, vehemencia, pasion, deseo violento. ‖ Lucr. El dolor. Ardorem dissimulare. Tibul. Disimulas el amor. Ardor edendi. Ov. Hambre horrible.

Arduenna, ae. f. Ces. Ardenas, bosque en las fronteras de Francia y de Lorena.

Arduina, y Ardoina, ae. f. Grut. Diana, venerada en la selva Ardena.

Ardŭĭtas, ātis. f. Varr. Arduidad, dificultad grande. ‖ Altura, elevacion, eminencia de un sitio.

Ardūsia, ae. f. Filandr. sobre Vitr. La pizarra.

Arduum, ii. n. Virg. Arduo, lo escarpado, dificultoso de subir, áspero, fragoso.

Ardŭus, a, um. Cic. Arduo, alto, elevado, escarpado, fragoso. ‖ Dificil, penoso, molesto, trabajoso. Rebus in arduis. Hor. En las adversidades, en la mala fortuna. Ardua cervix. Hor. Cerviz, cuello erguido.

Area, ae. f. Cic. Area, el espacio que ocupa cualquiera superficie. ‖ La era, llanura donde se trilla el grano, y se seca. ‖ Plaza pública. ‖ Sueto, terreno desocupado. ‖ Cuadro de un jardin. ‖ Ov. El círculo resplandeciente, que suele aparecer alrededor de la luna. ‖ Ces. Alopecia, pelona, especie de tiña que hace caer el pelo. ‖ Varr. Espacio de un pie en cuadro. ‖ Marc. Edad del hombre, que es el espacio de 30 años. Area sepulturarum. Tert. El cementerio.

Area, ae. f. Area, sobrenombre de Minerva. ‖ Isla del reino del Ponto. ‖ Fuente de Tebas.

Areălis. m. f. lē. n. is. Serv. Perteneciente á la era. Area ly cribrum. Col. Cribo, criba, arnero para cribar el grano.

Areburgium, ii. n. Arensberg, ciudad de Alemania en la Vesfalia.

Arecŏmĭci, ōrum. m. plur. Plin. Los pueblos de Armañac, provincia de Francia en Gascuña. ‖ Ciudad y pueblos de Aviñon.

Arectēus, ó Araecteus, ó Aracteus, a, um. Tibul. Los campos aracteos cerca de Babilonia.

Arĕfăcĭo, is, fēci, factum, cĕre. a. Gel. Arecer, secar, desecar, enjugar.

Arei, ōrum. m. plur. Los habitantes del reino del Ponto.

Arĕlas, ātis. f. y

Arĕlăte, es. f. Ces. ó

Arĕlătum, i. n. Arles, ciudad de Provenza. ‖ Lints, ciudad de Alemania.

Arĕlătensis. m. f. sē. n. is. Plin. De la ciudad de Arlés.

Arēmĭci, ōrum. m. plur. V. Arecomici.

Aremŏrĭca, ae. f. Ces. Armañac, provincia de la Galia céltica, ó la Bretaña.

Aremŏrĭcus, a, um. Ces. Perteneciente á la provincia de Armañac.

Arēna, ae. f. Virg. Arena, tierra menuda, de naturaleza como de piedra. ‖ Marc. La estacada ó palestra. ‖ Virg. Arenal, tierra arenosa, terreno arenusco. Arena arcurs. Virg. Prohibir la entrada en el puerto. Arenae mandare semina. prov. Ov. Sembrar en la arena. ref. Arentes arenas. Hor. Arenales secos, áridos, estériles. Arena impingere alicui. Lucan. Derribar á alguno, cortarle los pasos.

Arēnāceus, a, um. Plin. Arenoso, lleno de arena.

Arenăcum, i. n. Arnhem, ciudad de Gueldres sobre el Rhin.

Arēnāria, ōrum. m. plur. Vitruv. ó Arēnāriae, ārum. f. plur. Cic. Arenales, lugares donde se saca la arena.

Arenārius, ii. m. Petron. El atleta que lucha en la palestra.

Arēnātio, ōnis. f. Vitruv. La accion de mezclar cal y arena para hacer las paredes ó revocarlas.

Arēnātum, i. n. Vitruv. Argamasa hecha de cal y arena.

Arēnātus, a, um. Vitruv. Argamasado, mezclado de cal, arena y agua, hecho argamasa.

Arēnĭfodīna, ae. f. Ulp. V. Arenariae.

Arēnivăgus, a, um. Virg. Errante, vagabundo por los arenales.

Arēnōsus, a, um. Virg. Arenoso, lleno de arena, árido y seco.

Arens, tis. com. Virg. Árido, seco. ‖ Abrasado, ardiente. Arens rivus. Ov. Rio seco, agotado. Plaga. Sen. Pais seco. Sylva. Virg. Bosque de leña seca cortada. Sitis. Ov. Sed ardiente.

Arenŭla, ae. f. Plin. Arenilla, la arena menuda. dim. de arena.

Areo, es, rui, ere. n. Plaut. Estar árido, seco, sin jugo. ‖ Virg. Estar abrasado de sequedad, del calor. Arere siti. Sen. Abrasarse, arder de sed.

Areŏla, ae. f. Col. dim. de Area.

Areŏpăgīta. m. m. ó

* Areŏpăgītes, ae. m. Cic. Areopagita, juez del areopago, senado ó consejo de Atenas.

Areŏpăgĭtĭcus, a, um. En. Perteneciente al areopago ó á los areopagitas.

Areŏpăgus, i. m. Cic. El areopago, lugar en que se administraba justicia en Atenas. ‖ El templo de Marte, donde se juntaba este tribunal.

Areopŏlis, is. f. Moab, ciudad de Arabia.

Arĕpenna, ae. f. ó

Arepennis, ó Arepensis, is. f. Col. Medida de tierra, que significa media yugada de tierra.

Ares. Varr. En lugar de Arés. ‖ Plaut. El dios Marte.

Aresco, is, arui, scěre. n. Plaut. Secarse, ponerse árido

do y seco. *Arescere calore. Lucr.* Secarse en fuerza del calor.— *In gemmas. Plin.* Petrificarse. *Cito arescit lacryma in alienis malis. Cic.* Presto se enjugan las lágrimas en las desgracias agenas.

Aresta bovis. *f.* Aresta, especie basta y grosera de lino ó cáñamo.

Arētălŏgus, i. *m. Juv.* Bufon, charlatan, hablador. ‖ Escritor de novelas, de caballerías.

Arēthūsa, ae. *f. Ov.* Aretusa, *ciudad episcopal de Siria sufragánea de Apamea.* ‖ Fuente de Sicilia. ‖ Rio de Sicilia. ‖ Siracusa, *capital de Sicilia.*

Arēthūsaeus, a, um. *Claud.* Del rio ó fuente Aretusa.

Arēthūsis, ĭdis. *adj. f. Ov.* De Aretusa.

Arethūsius, a, um. *Sil.* De Aretusa.

Aretīni, ōrum. *plur. Plin.* Naturales y habitantes de Arezo.

Aretīnus, y Arretīnus, a, um. *Marc.* De la ciudad de Arezo en Italia.

Arētium, ii. *n. Plin.* Arezo, *ciudad episcopal de Toscana.*

Arēus, a, um. *Tac.* Perteneciente al dios Marte.

Arferia aqua, ae. *f. Fest.* Agua que se sacrificaba en los infiernos.

Argaeus, i. *m. Claud.* Monte de Capadocia entre Cesarea y Sebaste.

Argaeus, a, um. *Claud.* Perteneciente al monte Argeo.

Arganthōmagnum, i. *n.* Argenton, *ciudad de Francia.*

Arganthōniăcus, a, um. *Plin.* Perteneciente á Argantonio, *rey de España, que dicen vivió 120 años.*

Argēi, ōrum. *m. plur. Varr.* Lugares célebres en Roma por los sepulcros de los argivos que llegaron alli con Hércules.

Argēma, ătis. *n. Plin.* La nube del ojo, tela ó mancha que se cria en el ojo, colorada por los extremos, y blanca por el medio.

Argēmon, ŏnis. *n. Plin.* Yerba llamada filantropos, amor de hortelano y aparine.

Argěmōne, es. *f. Plin.* y

Argěmōnia, ae. *f. Plin.* Argemone, ababól, amapola, *planta útil para curar las nubes y manchas de los ojos.*

† Argennon. *Fest.* Plata muy blanca.

Argentāceus, a, um. *Ap. V.* Argentarius.

Argentānum, i. *n.* San Marcos, *ciudad episcopal de Calabria.*

Argentāria, ae. *f. Cic.* El banco, la casa, parage ó lugar donde se da y recibe dinero á interes. ‖ Cambio. ‖ *Plaut.* Tienda de platero, platería. ‖ *Liv.* Mina de plata. *Argentariam dissolvere. Cic.* Quitar el banco, hacer bancarrota, quiebra, concurso.— *Facere. Cic.* Hacer negocio, ejercitar el cambio, ser banquero, cambiador ó tratante en letras de cambio.

Argentārium, ii. *n. Ulp.* El armario, cofre ó alacena donde se guarda la plata.

Argentārius, ii. *m. Cic.* Banquero, cambiador, tratante en letras de cambio, cambiante.

Argentārius, a, um. *Plin.* Perteneciente á la plata ó al dinero. *Argentaria mensa. Ulp.* Mesa para contar el dinero.— *Cura. Ter.* El cuidado de buscar dinero.— *Creta. Plin.* Greda ó yeso para limpiar la plata.— *Inopia. Plaut.* Falta de dinero.— *Metalla. Plin.* Minerales de plata. *Argentarium auxilium. Plaut.* Socorro de dinero. *Argentarius commeatus. Plaut.* Prevencion de dinero para un viage. *Argentariae tabernae. Liv.* Tiendas, casas de banqueros ó cambistas.

Argentātus, a, um. *Liv.* Argentado, plateado, cubierto, bañado de plata. *Argentata quaerimonia. Plaut.* Queja plateada, acompañada con dinero.

Argenteŏlus, a, um. *Plaut.* dim. de

Argenteus, a, um. *Cic.* De plata, hecho de plata. ‖ De color de plata, parecido á la plata. *Argenteus crinis. Plin.* Cabello blanco, cano.— *Fons. Ov.* Fuente de plata, argentada, de color de plata. *Remittere alicui salutem argenteam. Plaut.* Saludar ó enviar á alguno las saludes acompañadas de dinero.

† Argentiexterebronīdes, is. *m. Plaut.* El fullero y truan que saca el dinero á otros con engaños.

† Argentĭfer, a, um. *ó*

† Argentĭfex, ĭcis. *Varr.* Platero, el que trabaja en plata.

Argentĭfŏdĭna, ae. *f. Plin.* Argentifódina, la mina que lleva la plata.

Argentīna, ae. *f.* ó

Argentōrātum, i. *n. Aur. Vict.* Estrasbourg, *ciudad episcopal y capital de Alsacia en el arzobispado de Maguncia.*

Argentōsus, a, um. *Plin.* Mezclado con plata.

Argentuaria, ae. *f.* Harbourg, *ciudad de Alemania.*

Argentum, i. *n. Cic.* La plata. ‖ El dinero, las riquezas. ‖ Alhaja de plata. *Argentum vivum. Plin.* Argento vivo, el azogue.— *Factum. Cic.* Plata labrada.— *Rasile. Vel. Patere.* Plata bruñida.— *Signatum. Cic.* Plata acuñada, sellada.— *Praesentaneum. Plaut.— Praesens. Cic.* Dinero contante. *Emungere aliquem argento. Ter.* Untar á uno la mano, sobornarle.

Argestes, ae. ó is. *m. Plin.* Viento de occidente, nordeste. ‖ *Serv.* Argestes, hijo de la Aurora.

Argeus, a, um. *Hor. V.* Argivus.

Argia, ae. *Estac.* Argia, hija de Adrasto, *rey de Argos, y muger de Polinices.*

Argilētānus, a, um. *Marc.* Perteneciente al barrio argileto de Roma.

Argilētum, i. *n. Virg.* Argileto, barrio de Roma, en que habia muchas tiendas de artesanos.

Argilla, ae. *f. Cic.* La arcilla ó argilla, tierra blanca y tenaz, llamada greda.

Argillāceus, a, um. *Plin.* ó

Argillōsus, a, um. *Col.* Arcilloso, gredoso, abundante de, hecho de, ó parecido á la greda.

Argiphontes, is. *m. Arnob.* Asesino de Argos, *epíteto de Mercurio, que por mandado de Jove mató á Argos.*

Argītis, is. *f. Col.* Especie de vid, que lleva la uva vitisalba.

Argīvus, a, um. *Liv.* Griego, de Grecia, de Argos, argivo.

Argo, us. *f. Virg.* La nave Argo, *en que fueron los argonautas con Jason á la conquista del vellocino de oro.* ‖ Constelacion.

Argŏlĭcus, a, um. *Virg. V.* Argivus.

Argŏlis, ĭdis. *f. Mel.* Region del Peloponeso, en que estaba la ciudad de Argos, Micenas &c. ‖ *Ov.* La muger griega.

† Argon, i. *m.* Arpista, tocador de arpa.

Argŏnāvis, is. *f. Col.* Argos, constelacion.

Argŏnautae, ārum. *plur. de* Argonauta, ae. *m. Marc.* Los argonautas, los primeros navegantes que fueron con Jason á la isla de Colcos, en la nave llamada Argo.

Argonautica, ōrum. *n. plur.* Título del poema de Valerio Flaco sobre la expedicion de los argonautas; el cual tenemos, aunque imperfecto.

Argos, nomin. n. Argos, acusat. y en plur. Argi, orum. *m. Virg.* Argos, *ciudad del Peloponeso.* ‖ *De Epiro.* ‖ *De Tesalia.* ‖ *De Italia en la Pulla llamada Arpi.*

Argōus, a, um. *Val. Flac.* Perteneciente á la nave Argo ó á los argonautas.

Arguens, tis. *com. Plin.* El que arguye ó reprende.

Argui. *pret. de* Arguo.

Arguĭtūrus, a, um. *Salust.* El que ha de argüir ó reprender.

Argūmentālis. *m. f.* lē *n.* is. *Asc. Ped.* Perteneciente á las pruebas ó argumentos.

Argūmentātĭo, ōnis. *f. Cic.* Argumentacion, la explicacion artificiosa, la forma del argumento.

Argūmentātor, ōris. *m. Ter.* Argumentador, el que arguye mucho.

Argūmentātrix, īcis. *f. Ter.* La muger que disputa mucho.

Argūmentātus, a, um. *Cic.* El que arguye ó argumenta. *part. de*

Argūmentor, āris, ātus, sum, āri. *dep. Cic.* Argumentar, traer, discurrir, alegar, sacar, valerse, usar de argumentos y pruebas. ‖ Argüir, inferir. *Argumentari aliquid. Cic.* Traer por argumento ó prueba.— *De voluntate ali-*

# ARI

*cujus. Cic.* Probar, manifestar con argumentos y conjeturas la voluntad de alguno.

**Argumentōsus**, a, um. *Quint.* Argumentoso, laborioso, artificioso, de mucho trabajo y dificultad.

**Argumentum**, i. n. *Cic.* Argumento, razon, prueba. ‖ Señal, indicio, conjetura. ‖ Materia, asunto, tema. ‖ Sumario. *Argumentum grave et firmum. Cic.* Argumento grave y firme. — *Vanum et frigidum. Cic.* Vano y débil. *Argumenti satis est. Cic.* Bastante prueba es.

**Arguo**, is, ui, utum, ěre. a. *Cic.* Argüir, mostrar, demostrar, probar, afirmar con razones, argumentos. ‖ Acusar, reprender, convencer, hacer ver un delito. *Arguere aliquem ex moribus. Cic.* Juzgar de alguno por sus costumbres. *Id quod arguis. Cic.* Lo que tú me opones.

**Argus**, i. m. Argos, *hijo de Apis y rey de la ciudad de su mismo nombre en la Grecia.* ‖ *El hijo de Frixo, llevado á Colcos en el carnero que tenia los vellones de oro.* ‖ El guarda de los cien ojos ó muchos mas, *que dicen puso Juno á Io convertida en vaca.*

**Argūtātio**, ōnis. f. *Catul.* El ruido, crugido, rechino que hacen las tablas de una cama ó de otra cosa, cuando estan mal unidas y se menean de golpe.

**Argūtātor**, ōris. m. *Gel.* Grande hablador, sutil y agudo, sofista, decidor.

**Argūte**, tius, tissīme. *adv. Cic.* Aguda, sutil, ingeniosa, astutamente, con destreza, delicadeza, arte y maña.

**Argūtia**, ae. f. *Cic.* Argucia, agudeza, sutileza, primor, destreza, artificio. ‖ *Argutiae. plur.* Truanerías, bufonadas, burlas, chocarrerías. *Argutiae digitorum. Cic.* Movimientos ligeros y estraños de los dedos, gestos ridículos. — *Operum. Plin.* Delicadeza, finura de una obra. — *Vultus. Plin.* El aire fino y delicado del rostro. — *Pueri. Sen.* Gracias, agudezas, prontitudes de un niño. *Argutias alicui exhibere. Plaut.* Hacer mofa, burla de alguno con palabras ó indirectas picantes.

**Argūtiŏla**, ae. f. *Gel.* Agudeza ó dicho con poca gracia, frio, frialdad.

**Argūtiŏlus**, a, um. *Gel.* De falsa sutileza, de poca gracia.

**Argūto**, ás, āvi, ātum, āre. a. *Prop.* Charlar, hablar mucho y sin propósito. *Argutare aliquid alicui. Prop.* Repetir muchas veces, machacar sobre una cosa.

**Argūtor**, āris, ātus sum, āri. dep. *Plaut.* Hablar mucho, parlotear, charlar. ‖ Decir agudezas, sutilezas. ‖ *Non.* Saltar, mover los pies aceleradamente.

**Argūtŭlus**, a, um. *Cic.* dim. de

**Argūtus**, a, um. *Cic.* Agudo, ingenioso, sutil, vivo, delicado. ‖ Astuto, diestro, refinado. ‖ Resonante, sonoro. *Arguta sedulitas. Cel. á Cic.* Exactitud menuda, escrupulosa, afectada. *Argutum acumen. Hor.* Ingenio, agudeza sutil. — *Nemus. Virg.* Bosque que resuena. *Argutus civis. Plaut.* Ciudadano hablador, charlatan. *Argutior in sententiis. Cic.* Mas ingenioso en sus pensamientos, en sus sentencias. *Argutissimae litterae. Cic.* Cartas llenas de menudencias y sutilezas.

**Argūtus**, a, um. *part.* de Arguo. *Plaut.* Demostrado, probado, convencido. *Argutus malorum facinorum. Plaut.* Reprendido ó acusado por delitos.

**Argynus**, ó Argynnus, i. m. *Prop.* Jóven beocio muy querido de Agamemnon.

**Argyraspides**, um. m. plur. *Liv.* Soldados que llevan los escudos cubiertos ó chapeados de plata.

**Argyrīpa**, ae. f. *Virg.* Benevento, *ciudad de la Pulla, del reino de Nápoles.*

**Argyrītis**, ĭdis. f. *Plin.* Espuma de la plata, almártaga, mezcla de plomo, tierra y cobre que arroja cuando la afinan. V. Lythargyrium.

**Argyrocŏrinthius**, a, um. *Plin.* Lo que es hecho de metal corintio. ‖ Muy parecido á la plata.

**Argyrŏdămas**, antis. m. *Plin.* Piedra de color de plata muy parecida al diamante.

**Argyrŏtoxus**, i. m. *Macr.* Que tiene arco de plata: epíteto de Apolo.

**Arhusa**, ae. f. Arhuysen, *ciudad episcopal en Dinamarca.*

**Ariadna**, ae. y Ariadne, es. f. *Ov.* Ariadna, *hija de Minos rey de Creta, y de Pasifae, que dió arbitrio á Teseo*

# ARI 69

*para matar al minotauro, y salir del laberinto.*

**Ariadnaeus**, a, um. *Ov.* Lo perteneciente á Ariadna.

**Ariāni**, ōrum. m. plur. *S. Ag.* Arianos ó arrianos, *hereges de la secta de Arrio.*

**Arianis**, ĭdis. f. *Plin.* Yerba de color de fuego, con cuyo tacto creen los magos que se enciende la leña untada con aceite.

**Ariānum**, i. m. Ariano, *ciudad episcopal del reino de Nápoles.*

**Ariānus**, a, um. *S. Ger.* Del herege Arrio y sus secuaces.

**Aricia**, ae. f. *Marc.* Aricia, Ricia, *ciudad de la campaña de Roma.*

**Aricīnus**, a, um. *Marc.* Perteneciente á Aricia.

**Arĭda**, ae. f. *Bibl.* La tierra, porque nada produce por sí misma.

**Arĭde**. *adv. Varr.* Áridamente, secamente.

**Arĭdĭtas**, ātis. f. *Plin.* Aridez, sequedad, falta de jugo, de humedad.

**Arĭdŭlus**, a, um. *Catul.* dim. de Aridus. Algo árido, seco.

**Arĭdum**, i. n. *Ces.* Ribera, borde del agua, arena de la ribera, parage seco.

**Arĭdus**, a, um. *Cic.* Árido, seco, enjuto, sin jugo ni humedad. ‖ Flaco, delgado, magro. ‖ Mezquino, miserable, avariento, ruin. *Arida crura. Ov.* Piernas secas. *In arido consistere. Ces.* Tomar tierra, desembarcar, ponerse en seco. *Arida vita. Cic.* Vida triste, solitaria, pobre, austéra. — *Febris. Virg.* Calentura ardiente. *Aridus sermo. Cic.* Discurso, plática, conversacion seca, descarnada, sin solidez ni adorno. — *Fragor. Vitruv.* Gran ruido, estrépito. — *Victus. Cic.* Vida ó comida miserable. — *Viator. Virg.* Caminante sediento. — *Magister. Quint.* Maestro seco, que no trata con ensahebe y dulzura á sus discípulos. — *Calor. Lucr.* Calor seco, fuerte. — *Cinis. Hor.* Ceniza fria.

**Aries**, ĕtis. m. *Cic.* El carnero, macho de la oveja. ‖ El ariete, *máquina militar de que usaban antiguamente para batir las murallas. Era una viga grande á cuya punta se ponia una cabeza de carnero de hierro.* ‖ *Plin. Aries.* El primer signo del zodiaco, correspondiente al mes de marzo. *Ariete crebo labare. Virg.* Hacer sentimiento á fuerza de golpes del ariete.

**Ariĕtārius**, a, um. *Vitruv.* Perteneciente al ariete.

**Ariĕtātio**, ōnis. f. *Sen.* El choque, el encuentro de una cosa con otra.

**Ariĕtātus**, a, um. *Sen.* Encontrado, tocado con otro.

**Ariĕtīnus**, a, um. *Plin.* Carneruno, carneril, perteneciente al carnero. *Arietinum jecur. Plin.* Hígado de carnero. — *Cic. Col.* El garbanzo. — *Oraculum. Gel.* El oráculo de Júpiter Amon.

**Ariĕto**, ās, āvi, ātum, āre. a. *Cic.* Mochar, dar de cabezadas ó testeradas como hacen los carneros. ‖ Encontrarse, tropezar, tocar uno con otro. *Arietare aliquem in terram. Curc.* Derribar á uno de un encontron. — *In portas. Virg.* Golpear á las puertas.

**Arifĭcus**, a, um. *Cel. Aur.* Desecante, lo que pone ó deja seco.

**Arillator**, ó Arrillator, ōris. m. *Fest.* El que da prenda para que le fien.

**Arimaspi**, ōrum. m. plur. *Plin.* Arimaspos, *los naturales de la Sarmacia asiática en Moscovia, de quienes se finge que tienen un ojo solo en la frente, y que pelean con los grifos.*

**Ariminensis**. m. f. sĕ. n. is. *Hor.* De la ciudad de Rimini en Italia. ‖ *Ariminenses*, ium. *Cic.* Los naturales de Rimini.

**Arimĭnum**, i. n. *Ces.* Rimini, *ciudad episcopal de Italia sufragánea de Ravena.*

**Arinca**, ae. f. *Plin.* Especie de trigo.

**Ariola**. V. Hariola.

**Ariolor**. V. Hariolor.

**Ariolus**. V. Hariolus.

**Arīon**, y Ario, ōnis. m. *Ov.* Arion, *músico y poeta lírico de Metimna, ciudad de Lesbos, inventor de los ditirambos.* ‖ Estac. Nombre del primer caballo que Neptuno hizo salir de la tierra herida con su tridente.

**Arista**, ae. f. *Cic.* La arista, punta de la espiga delgada como una cerda, raspa. ‖ La espiga, la mies, el año, el estío. || *La cerda.* || *Auson.* Espinas de los peces. *Odoratas aristae. Estac.* El espliego. *Post aliquot aristas. Virg.* Despues de algunos años.

Aristaeus, i. m. *Ov.* Aristeo, pastor, *rey de Arcadia, hijo de Apolo y de Cirene, inventor del uso de la oliva, leche cuajada y miel.*

Aristarchus, i. m. *Cic.* Aristarco, *famoso gramático alejandrino y crítico, cuyo nombre ha pasado á proverbio, para denotar un censor riguroso.*

Aristarchus, a, um. *Fest.* Lo que tiene aristas.

Aristides, is. m. *Nept.* Arístides, *ateniense, hijo de Lisímaco, llamado el justo.* || *Plin.* Otro tebano, gran pintor contemporáneo de Apeles. || *Ov.* Otro poeta milesio.

Aristĭfer, a, um. *Prud.* Que lleva aristas.

Aristĭger, a, um. *V.* Aristifer.

Aristippeus, a, um. *Cic.* Perteneciente al filósofo Aristipo.

Aristippus, i. m. *Cic.* Aristipo, *filósofo de Cirene ó de Larisa en África, cabeza de los cirenaicos y anicerios; estableció en el deleite el sumo bien.*

Aristo, ōnis. m. *Cic.* Ariston, *filósofo quio, llamado escéptico ó investigador, fue aborrecido y despreciado porque negó todo el órden de la naturaleza.*

Aristocratia, ae. f. La aristocracia, *gobierno de los nobles solamente, como el de Venecia y Génova.*

Aristolŏquia, ae. f. *Plin.* La aristoloquia, yerba.

Aristonēus, a, um. *Cic.* Perteneciente al filósofo Ariston.

Aristŏphănes, is. m. *Hor.* Famoso poeta cómico griego, *inventor del verso tetrámetro y octómetro.*

Aristophaneus, a, um. *Cic.* Lo perteneciente al poeta Aristófanes.

Aristophŏrum, i. n. *Fest.* Marmita, olla para llevar la comida.

Aristorides, ae. m. *Patron. Ov.* Argos, hijo de Aristor. *V.* Argus.

Aristōsus, a, um. *Venant. Fort.* Abundante de aristas.

Aristŏtĕles, is. m. *Cic.* Aristóteles, *filósofo excelente, natural de Estagira en Macedonia, discípulo de Platon, maestro de Alejandro Magno; es el príncipe de los peripatéticos.*

Aristŏtĕleus, a, um. y
Aristŏtĕlicus, a, um. y
Aristŏtĕlius, a, um. *Cic.* Aristotélico, perteneciente á Aristóteles.

Aristoxēnus, i. m. *Cic.* Filósofo tarentino, *médico y músico, discípulo de Aristóteles.*

Arithmētĭca, ae. f. ó
Arithmētĭce, es. f. *Plin.* La aritmética, *ciencia que trata de los números.*

Arithmētĭcus, a, um. *Cic.* Aritmético, perteneciente á la aritmética.

Arithmus, i. m. *Tert.* El número.

† Arĭtūdo, ĭnis. f. *Plaut.* La aridez, sequedad.

Arius, ii. ó Arrius, ii. m. *Prud.* Ario, *nombre de un herege, cabeza de los arianos.*

✠ Arma, ōrum. n. plur. *Cic.* Las armas, los instrumentos que sirven para el ataque y defensa así de hombres como de animales. || La guerra. || La batalla. || Los instrumentos ó herramientas de las artes. || Las armas, blasones ó timbres de los nobles. *Arma cerealia. Virg.* Los instrumentos para hacer el pan. — *Rusticorum. Virg.* Los aperos de los labradores. — *Navis. Ov.* El equipage de un navío. — *Ad nocendum et ad tegendum. Cic.* Armas ofensivas, y defensivas. — *Canere. Virg.* Cantar en verso los hechos militares. *Armis et castris. Cic.* Con todo poder, con todo empeño.

Armacha, ae. f. Armac, *ciudad arzobispal de Irlanda.*

† Armagēdon, ōnis. m. *Bibl.* El sitio donde se ha de tener el juicio final.

Armamenta, ōrum. n. plur. *Suet.* Armamento, prevencion y coleccion de los instrumentos de un arte. || *Plaut.* Las herramientas, aperos, equipages, instrumentos, aparejos, pertrechos de alguna cosa. *Armamenta eripere. Ces.* — *Demittere. Sen.* Desarmar un navío ó armada.

Armamentarium, ii. n. *Cic.* Arsenal, almacen, lugar donde se fabrican y guardan las armas y municiones de guerra, armería.

Armamentarius, ii. m. El guardaalmacen.

Armariŏlum, ii. n. *Plaut.* Armario, alacena pequeña.

Armarium, ii. n. *Cic.* Armario, alacena.

Armatūra, ae. f. *Cic.* La armadura, las armas. *Armaturae duplices. Veget.* Soldados que tienen doble paga. — *Levis milites. Cic.* Soldados armados á la ligera. — *Gravis, gravioris. Liv.* Soldados armados con armas pesadas.

Armatus, us. m. *Liv.* La armadura.

Armātus, a, um. part. de *Armo. Cic.* Armado, pertrechado, provisto, equipado, vestido de armas. || Fortalecido, defendido, cubierto, fortificado. *Armata urbs muris. Cic.* Ciudad rodeada de muralla. *Armatum pectus fide. Sil.* Pecho armado de fe, de fidelidad. *Armatus audacia. Cic.* Armado, fortalecido de ardimiento, de atrevimiento. — *Contra fortunam. Cic.* Preparado contra los golpes de la fortuna.

Armĕnia, ae. f. *Plin.* Armenia, *region de Asia entre los montes Tauro y Cáucaso.*

Armeniaca. Se extiende *malus* ó *prunus* y

Armĕniăcum, i. n. El albaricoque, fruta, y el árbol.

Armĕniăcum, i. n. El Armagnac, condado de Gascuña.

Armĕniăcus, a, um. *Plin.* Perteneciente á Armenia. || *Capit.* Sobrenombre de Marco Antonio el filósofo, por haber vencido á los partos. || *Armeniacum malum. Col.* El albaricoque. Se dice tambien Armeniacum, i. *y el árbol que lleva esta fruta.* Armeniaca, ae. ó *Armeniaca malus ó prunus.*

Armĕnium, ii. n. *Plin.* ó *Armenius lapis.* Lapislázuli, ultramar, color azul.

Armĕnius, a, um. *Cic.* Armenio, perteneciente á Armenia.

Armenta, ae. f. *Plin.* En lugar de Armentum.

Armentālis. m. f. le. n. is. *Virg.* Perteneciente al ganado.

Armentarius, ii. m. *Virg.* El pastor, guarda de ganado, vaquero, boyerizo.

Armentarius, a, um. *Solin.* Perteneciente al ganado.

Armentīnus, a, um. *Plin.* Del ganado.

Armentitius, a, um. *Varr. V.* Armentalis.

Armentīvus, a, um. *Plin. V.* Armentalis.

Armentōsus, a, um. *Plin.* Abundante, rico de ganados.

Armentum, i. n. *Cic.* El ganado mayor, el ganado vacuno. || *Virg.* Los caballos, todo género de ganado.

Armidoctor, ōris. ó Armiductor. m. *Vegec.* El maestro de esgrima: el que enseña á los soldados el manejo de las armas, el ejercicio. Ayudante, sargento.

Armĭfer, a, um. *Ov.* Armífero, el que lleva armas ó va armado. *Armifera Dea. Ov.* La diosa Minerva. *Armifer campus. Estac.* El campo de batalla. *Armiferi labores. Estac.* Los trabajos de la guerra.

Armĭger, ĕri. m. *Ov.* Page de armas. El que lleva las armas de su amo. || *Curc.* El que va armado. || *Sil.* Inclinado á las armas, guerrero.

Armĭgĕra, ae. f. *Ov.* La que lleva las armas de Diana. *Armigera Jovis. Plin.* El águila.

Armĭlausa, ae. f. *Isid.* Vestido militar ó jubon para encima de la armadura.

Armilla, ae. f. *Plin.* Armila, brazalete, manilla. || *Vitruv.* Anillo, armella de hierro.

Armillārii cursores. m. plur. *Bud.* Correos de gabinete, que llevan un anillo ó medalla por distintivo.

Armillaris sphaera. La esfera armilar, compuesta de los círculos que se fingen en el cielo.

Armillātus, a, um. *Suet.* Adornado de anillos, brazaletes. *Armillatus canis. Prop.* Perro con collar, con carlancas.

Armille, is. m. *Apul.* El almacen de los embustes y engaños.

Armille, is. n. *Apul. V.*

Armillum, i. n. *Lucil.* Vasija, cántaro para vino que llevaban á los sacrificios. *Anus ad armillum redit, prov. Id.* Vuelve la vieja al cántaro; *para significar que uno vuelve á sus primeras inclinaciones.*

Armĭlūdium, ii. n. ó
Armilustrium, ii. n. *Varr.* ó
Armilustrum, i. m. Sacrificio que hacian los soldados

armados al son de las trompetas para lustrar las armas y el ejército.

**Armipŏtens**, tis. *com. Virg.* Armipotente, poderoso en armas.

**Armipŏtentia**, ae. *f. Amian.* Valor en las armas.

**Armisŏnus**, a, um. *Virg.* Que hace ruido, que resuena con las armas.

**Armo**, as, avi, atum, are. *a. Cic.* Armar, equipar, vestir, pertrechar, dar armas. || Fortalecer, fortificar, reparar, guarnecer.

**Amŏracea**, ae. *f.* ó

**Armŏracia**, ae. *f.* ó

**Armŏracium**, ii. *n. Col.* El rábano silvestre.

**Armŏrica**, ae. *f. Ces.* Armórica, *provincia que en lo antiguo comprendia la Bretaña baja, la Normandia baja y la Turena.*

**Armŏricus**, a, um. *Ces.* Los naturales de Armórica. Los bretones.

**Armus**, i. *m. Virg.* La espalda ó la parte superior de ella.

**Armuza**, ae. *f.* ó

**Armuzia**, ae. *f. Ormus*, isla, ciudad y reino en el golfo pérsico.

* **Arna**, ae. *f. Fest.* La oveja. || *Sil.* Ciudad de la Umbría, *cuyos naturales se dicen arnates.*

**Arnacis**, idis. *f. Varr.* Vestido de pieles de oveja, *que se daba en Grecia por premio de unos juegos.*

**Arnaris**, idis. *Varr.* Vestido de las doncellas hecho tal vez de pieles de ovejas.

**Arniensis**: *m. f. sc. n. is. Cic.* Del rio Arno de Toscana. || Nombre de una tribu romana.

**Arnobius**, ii. *m. S. Ger.* Arnobio, *retórico gentil y despues cristiano, que floreció á fines del siglo tercero, maestro de Lactancio Firmiano.*

**Arnus**, i. *m. Plin.* El Arno, rio de Toscana. || *Gel.* El cordero.

**Aro**, as, avi, atum, are. *a. Cic.* Arar, romper la tierra con el arado, labrarla para sembrar. || Cultivar. *Arare littus. Ov. Proverb.* Perder el tiempo. — *In singulis jugis. Cic.* Arar con una yunta. — *Aequor. Virg.* Navegar.

**Aroma**, atis. *n. Col.* Goma olorosa, la especia y todas las drogas de este género, aroma.

**Arōmatarius**, ii. *m Bud.* El que comercia en aromas ó especería, droguero, especiero.

**Arōmaticus**, a, um, y

**Arōmatĭcus**, a, um. *Plin.* Aromático, oloroso.

**Arōmatĭtes**, ae. *m. Plin.* Vino compuesto con cosas olorosas, como el hipocrás. || *Plin.* Piedra preciosa que tiene olor y color de mirra.

† **Arōmatizo**, as, are. *Bibl.* Aromatizar, mezclar, infundir aromas en alguna cosa, llenar de suavidad y fragancia.

**Aroneus**, a, um. *Paul.* Lo perteneciente á Aaron.

**Aron**, i. *f.* Aron, i. ó Arum, i. *n. Plin.* El bulbo, especie de cebolla silvestre.

**Arosia**, ae. *f. Arosen*, ciudad episcopal de Suecia, hoy Vesteras.

**Arotiae**, arum. *m. f. plur.* Criados siracusanos, á quienes la pobreza obligaba á servir como esclavos.

**Arpi**, orum. *m. plur. Plin.* Ciudad de la Pulla en Italia.

**Arpinas**, atis. *com. Cic.* El natural de Abruzo. V.

**Arpinum**, i. *n. Cic.* Abruzo, *ciudad de la provincia de los volscos, patria de Plauto, de Ciceron y de Mario.*

**Arpinus**, a, um. *Marc.* Perteneciente á la ciudad de Arpino.

**Arquātus**, a, um. *Ov.* Arqueado, encorvado, en figura de arco. *Cels. Arquatus ó regius morbus.* La ictericia ó tiricia. || *Cel.* Ictericiado, el que padece este mal.

**Arquitĕnens**, tis. *m. f. Macr.* Epíteto de Apolo, que tiene el arco en la mano. || *Prisc.* El sagitario, signo nono del zodíaco.

**Arquĭtes**, tum. *m. plur. Fest.* Los soldados arqueros ó flecheros.

**Arquus**, i. *m. Lucr.* El arco iris.

**Arra**. V. Arrha.

**Arragonensis**. *m. f. sc. n. is.* El aragonés, el natural del reino de Aragon.

**Arragonia**, ae. *f.* Aragon, *reino de España.*

**Arrectaria**, orum. *n. plur. Vitruv.* Pies derechos de arquitectura.

**Arrectarius**, a, um. *Vitruv.* Derecho, recto. *Arrectarius asser. Varr.* Pie derecho, puntal, apoyo.

**Arrectus**, a, um. *part. de* Arrigo. *Virg.* Derecho, recto, enderezado, levantado. || *Liv.* Atento, despierto, animado, movido, excitado. *Arrectus in digitos. Virg.* Levantado sobre las puntas de los pies. — *Qua trupes. Virg.* Caballo puesto de manos. — *Animus ad bellandum. Liv.* Ánimo inclinado á la guerra. *Arrectae mentes. Virg.* Ánimos atentos. — *Comae. Virg.* Cabellos erizados. — *Aures. Virg.* Orejas tiesas, empinadas, enhiestas, derechas. *Arrectum pectus. Virg.* Pecho levantado.

**Arrepo**, is, ere. *Cic.* V. Adrepo.

**Arreptо**, as, are. *Plin.* V. Adrepto.

**Arreptus**, a, um. *part. de* Arripio. Arrebatado.

**Arrexi**. *pret. de* Arrigo.

**Arrha**, ae. *f. Plin.* ó

**Arrhăbo**, onis. *m. Plaut.* La arra, prenda ó señal dada en seguridad y firmeza del cumplimiento de lo pactado ó debido.

**Arrhēnicum**, ci. *n. Plin.* Arsénico, mineral ó veneno llamado tejalgar, y tambien oropimente y sandaraca.

* **Arrhenogŏnon**, i. *f. Plin.* Satirion, *yerba dulce y sabrosa.*

* **Arrhētos**, i. *com. Tert.* Indecible, que no se puede explicar ni ponderar.

**Arrīdeo**, es, si, sum, ere. *n. Cic.* Reir, sonreirse, aplaudir ó aprobar riendo alguna cosa. || Agradar, gustar. *Arridere ridentibus. Hor.* Reir con los que ríen. *Arridet hoc mihi. Cic.* Esto me agrada mucho.

**Arrĭgo**, is, rexi, rectum, ere. *a. Ter.* Enderezar, levantar, empinar, alzar, poner en pie, recto, derecho. || Excitar, mover, despertar, animar. *Arrigere aures alicui. Plaut.* Hacer aplicar el oido á alguno. — *Aures. Ter.* Aplicar el oido. — *Alicujus animum. Salust.* Animar á uno.

† **Arrĭgo**, as, are. *a.* Arreglar, disponer sus cosas, hacer testamento durante una enfermedad.

**Arrilator**, oris. *m. Fest.* Mercader que quiere le fien sobre prenda.

**Arripio**, is, pui, reptum, ere. *a. Cic.* Arrebatar, tomar, echar mano, agarrar, asirse de alguna cosa con violencia. || Acometer, invadir. || Tomar, coger. *Arripere medium aliquem. Ter.* Agarrar á uno por medio del cuerpo. — *Barba. Plaut.* Tomarle á uno las barbas. — *Sese foras. Plaut.* Echarse fuera apresuradamente. — *Avide litteras. Cic.* Emprender con ahinco las letras. — *Occasionem. Liv.* Aprovecharse de la ocasion, no dejarla pasar. *Arripit somno. Justin.* Cogerle á uno el sueño.

**Arrisi**. *pret. de* Arrideo.

**Arrīsio**, onis. *f. Cic.* Risa, sonrisa.

**Arrīsor**, oris. *m. Sen.* El que se rie alabando ó adulando.

**Arrius**, ii. *m.* V. Arius.

**Arrōdo**, is, si, sum ere. *a. Cic.* Roer, morder al rededor. *Arrodere rempublicam. Cic.* Ir arruinando poco á poco la república.

**Arrŏgans**, tis. *com. Cic.* Arrogante, presuntuoso, soberbio, altanero, vano, altivo, insolente, orgulloso, que se atribuye las virtudes y prendas que no tiene. *Arrogans minoribus. Tac.* Soberbio con los inferiores.

**Arrŏganter**, tius, issime. *adv. Cic.* Arrogantemente &c. V. Arrogans.

**Arrŏgantia**, ae. *f. Cic.* Arrogancia, altanería, altivez, soberbia, insolencia, orgullo, vanidad, presuncion. || Obstinacion, pertinacia.

† **Arrŏgatio**, onis. *f. Aur. Vict.* Adopcion de un hijo, persona libre, con consentimiento de un pueblo ó del príncipe.

**Arrŏgator**, oris. *m. Cay. Jct.* Adoptador, el que recibe y admite por hijo suyo al que no lo es.

**Arrŏgatus**, a, um. *Aur. Vict.* Adoptado, ó adoptivo, recibido en una familia por adopcion.

**Arrŏgo**, as, avi, atum, are. *a. Cic.* Arrogarse atribuirse, usurpar, apropiarse, adjudicarse las prendas que uno no tiene. || *Aur. Vict.* Adoptar, pedir permiso al pueblo para adoptar al que está fuera de la tutela. ‖ Apropiar, adjudicar, atribuir. *Arrugat aunus chartis pretium.* *Hor.* El tiempo de estimacion á los libros, los encarece.

Arrōsi. *pret. de* Arrodo.

Arrōsor, ōris. *m. Sen.* Roedor, el que roe. ‖ El que va gastando y consumiendo á otro su hacienda.

Arrōsus, a, um. *Plin. part. de* Arrodo. Roido, corroido.

Arrūgia, ae. *f. Plin.* Mina subterránea de donde se saca el oro.

Ars, artis. *f. Cic.* El arte, facultad que prescribe reglas para hacer con perfeccion las cosas. ‖ Artificio, primor, perfeccion, delicadeza de una obra. ‖ El libro que enseña las reglas. ‖ La maña, destreza, habilidad, capacidad, sutileza, sagacidad, industria. ‖ Los oficios de manos. ‖ La astucia, ardid, malicia, cautela, estratagema maliciosa. *Ars armorum. Quint.* El arte de la guerra. — *Parasitica. Plaut.* Arte del adulador. — *Pelasga. Virg.* Arte, malicia griega. — *Pecuniosa. Marc.* Arte lucrativa. *Artes tuae antiquae aegrotant. Plaut.* Tus mañas antiguas no son de provecho. *Notatio naturae peperit artem. Cic.* La observacion de la naturaleza engendró el arte. *Artium chorus. Fedr.* El coro de las musas. *Ars medendi. Plin.* La medicina.

Arsăces, is. *m. Justin.* Arsaces, rey de los partos, *cuyo nombre quedó á todos sus sucesores.*

Arsacĭdae, ārum. *m. plur. Tac.* Los sucesores de Arsaces, rey de los partos, arsácidas, los persianos.

Arsacius, a, um. *Marc.* Lo perteneciente á Arsaces ó á los persianos.

Asse versae. *Afr.* Aparta el fuego, *frase prov.*

Arsĕnĭcum, i. *n. Plin.* Arsénico, mineral ó veneno llamado rejalgar, y tambien oropimente y sandaraca.

Arsi. *pret. de* Ardeo.

Arsineum, i. *n. Cat.* Adorno, tocado de las mugeres para la cabeza.

* Arsis, is. *f. Diom.* La elevacion de la voz.

Arsus, a, um. *Plin.* Asado, tostado.

Artăba, ae. *f. Bibl.* Medida de los egipcios para las cosas secas, que hacia tres celemines y la tercera parte de otro.

Artăcie, es. *f. Tibul.* Fuente de los lestrigones.

Artātus, a, um. *Vel. Pat.* El que posee las artes, que tiene conocimiento é inteligencia de ellas.

Artaxāta, ōrum. *n. plur. Juv.* Tauris, Teflis, *ciudad de la Armenia mayor.* ‖ *Ciudad de Capadocia.*

Artĕmis, ĭdis. *f. Plin.* Diana, Luna, Ilitia y Lucina entre los griegos.

Artĕmīsia, ae. *f. Gel.* Artemisia, muger de Mausolo, rey de Caria: *levantó á su marido un sepulcro famoso en Alicarnaso, de donde ha venido la voz* mausoleo.

Artĕmīsia, ae. *f. Plin.* La artemisia, yerba llamada tambien unicaule y marina.

Artĕmon, ōnis, y Artemo. *m. Isid.* Artemon, la vela grande de la galera.

Artēria, ae. *f. Cic.* La arteria, el conducto de los espíritus que dan vida al cuerpo con la sangre mas sutil. *Aspera arteria.* Conducto que sale del pulmon, y llega hasta la raiz de la lengua. Llámase tambien traquearteria y gargüero.

Artēriăce, es. *f. Cels.* Medicamento para curar la arteria.

Artēriăcus, a, um. *Cel. Aur.* δ

Artēriālis. *m. f.* lě. *n.* is. Arterial, de la arteria.

† Artērĭcus, a, um. *Prud.* El que tiene gota, gotoso.

Artēriotomīa, ae. *f. Cel. Aur.* La arteriotomia, seccion, incision, sangría de la arteria.

† Artērium, ii. *n. Lucr. en lugar de* Arteria.

Artesia, ae. *f.* Artois, *provincia de la Flándes francesa.*

Arthrīsis, is. *f. Prud. V.* Arthritis.

Arthrītĭcus, a, um. *Cic.* Gotoso, el que padece gota artética.

Arthrītis, ĭdis. *f. Vitruv.* Gota artética, la que da en los artejos y coyunturas del cuerpo.

† Articŭlamentum, i. *n. Escribon. Larg.* Articulacion, juntura y juego de los miembros.

Articŭlāris. *m. f.* rě. *n.* is. *Plin.* δ

Articŭlārius, a, um. *Plin.* Articular, perteneciente á los artejos. *Articularis,* ó *Articularius morbus. Plin.* La enfermedad articular, la gota.

Articŭlārius, ii. *m. Plaut.* El gotoso.

Articŭlāte. *adv. Cic.* Clara, distintamente, por artículos ó capítulos.

Articŭlātim. *adv. Plaut.* Miembro por miembro, parte por parte. ‖ *Cic.* Clara, distinta y ordenadamente.

Articŭlātio, ōnis. *f. Plin.* La articulacion, coyuntura y juego de los artejos. ‖ Los nudos de los árboles. ‖ La gota.

Articŭlātus, a, um. *Arnob.* Articulado, claro, inteligible. ‖ Con órden, por artículos.

Articŭlo, ās, āvi, ātum, āre. *a. Lucr.* Articular, formar voces claras é inteligibles, pronunciar, hablar clara y distintamente.

Articŭlōsus, a, um. *Plin.* Nudoso, que tiene nudos. *Articulosa partitio. Quint.* Division muy menuda, de muchos miembros ó partes.

Articŭlus, i. *m. Cic.* Artículo, artejo, nudo, juntura de un miembro con otro. ‖ Los dedos. ‖ El nudo de las plantas. ‖ *Quint.* El artículo de los géneros. ‖ Oportunidad. *Articulorum dolores. Cic.* Dolores de la gota. *Articulis supputare. Ov.* Contar por los dedos. — *Distincta oratio. Cic.* Disurso repartido por artículos, por capítulos, por secciones. *In articulis ire. Plin.* Comenzar á echar nudos. (*Se dice de las plantas.*) *Articuli orationis. Ad Her.* Las transiciones, enlaces, conjunciones de una oracion. — *Montium. Plin.* Ribazos, repechos, tesos, cuestas de poca elevacion. *Articulos commoditatis omnes scire. Plaut.* Saber aprovecharse de todas las ocasiones favorables.

Artĭfex, ĭcis. *m. Cic.* El artífice, artista, artesano, menestral, maestro en alguna arte mecánica ó manual.

Artĭfex, ĭcis. *com. Plin.* Artificial, de artificio ó hecho con él, hecho con arte. *Artifex motus. Quint.* Movimiento artificial. — *Vultus. Pers.* Rostro afeitado. — *Sceleris. Sen.* Artífice, inventor de maldades. — *Mundi Deus. Cic.* Dios, criador del mundo. — *Scriptor. Cic.* Autor, escritor que escribe con arte. — *Dicendi. Cic.* Orador, maestro en elocuencia. — *Scenicus. Cic.* Buen cómico. — *Morbi. Prop.* El médico. — *Equus. Ov.* El caballo enseñado, maestro.

Artĭfĭcĭālis. *m. f.* lě. *n.* is. *Quint.* Artificial, artificioso, hecho segun arte.

Artĭfĭcĭālĭter. *adv. Quint.* Artificial, artificiosamente, con artificio, segun reglas del arte.

† Artĭfĭcīna, ae. *f.* El taller, la oficina, obrador, tienda en que se trabajan obras mecánicas.

Artĭfĭcĭōse, ius, issĭme. *adv. Quint.* Artificiosa, artificialmente, con industria, artificio, con primor, con arte.

Artĭfĭcĭōsus, a, um. *Cic.* Artificioso, de artificio, de ingenio, de primor, hecho segun reglas y arte. ‖ Artífice, maestro, el que posee el arte. *Artificiosus ignis. Cic.* Fuego con que se trabaja alguna cosa. *Artificiosis rebus se delectare. Vitruv.* Deleitarse, gustar de obras hechas con arte.

Artĭfĭcĭum, ii. *n. Cic.* Artificio, el arte con que está hecha alguna cosa. ‖ Destreza, industria, ingenio, habilidad, capacidad del artífice. ‖ Fingimiento, cautela, astucia, maña, disimulo. ‖ Disciplina, enseñanza. *Artificium oppugnationis. Ces.* El arte de atacar las plazas. — *Dicendi. Cic.* El arte de hablar bien, de la elocuencia. — *Coquorum. Quint.* El arte de cocina. *Artificii aliquid habere. Cic.* Tener algun oficio. *Artificio simulationis eruditus. Cic.* Gran maestro, diestro en el arte de disimular, de engañar y de remedar. — *Summo artificio factum. Cic.* Hecho con grande arte. *Artificia tueri. Cic.* Ocultar, encubrir sus engaños.

† Artĭgrăphus, i. *m. Serv.* Gramático, el maestro de gramática.

Artĭo, is, īvi, ītum, īre. *a. Cat.* Empujar, echar hácia adentro, apretar estrechamente.

Artītus, a, um. *Fest.* Instruido en las artes. ‖ *Prud.* Apretado. *V.* Artatus.

Artŏcŏpus, i. *m. Liv.* El panadero.

Artocreas, ătis. *n. Pers.* Pastel, manjar de pan y carne.

Artŏlăgănus, i. *m. Cic.* Especie de hojuela, buñuelo, torrija, torta, tortada ó pastel cocido con vino, leche, aceite y pimienta, fruta de sarten.

Artŏmici, ōrum. m. plur. Los naturales del bajo Lenguadoc.

Artopta, ae. f. Plaut. Especie de tortera ó tartera en que se cocia el pan mas delicado.

Artoptitius, a, um. Plin. Pan cocido en tartera.

Artotrōgus, i. m. Plaut. Comedor de pan, *nombre de un bufon en Plauto.*

Artotyrītae, ārum. m. plur. S. Ag. Ciertos hereges que ofrecian pan y queso en el altar.

† Artro, ās, āvi, ātum, āre. a. Plin. V. Aratro.

† Artua, um. n. plur. Plaut. Las junturas ó coyunturas de los miembros.

† Artuātim. adv. Jul. Firm. Miembro por miembro.

† Artuātus, a, um. Jul. Firm. Desmembrado, hecho pedazos, despedazado miembro por miembro.

† Artuo, ās, āre. Matern. Desmembrar, hacer pedazos, despedazar miembro por miembro.

† Artuōsus, a, um. Apul. Membrudo, fornido, fuerte.

† Artus, a, um. en lugar de Arctus. Fed. Estrecho, pequeño, apretado. *Arctum theatrum.* Hor. Teatro lleno de gente.

Artus, uum. gen. ubus. dat. m. plur. Cic. Las junturas de los miembros. || Los miembros. || Cic. Fuerza, fortaleza. *Artus elapsi in pravum.* Tac.— *Moti loco.* Quint. Miembros dislocados, desconcertados.— *Equorum.* Tac. Esqueletos de los caballos. *Artuum dolor.* Cic. Dolor de la gota. *In artus redire.* Plin. Componerse, volver á su lugar el hueso dislocado. *Artubus omnibus contremisco.* Cic. Siento un temblor en todo el cuerpo.

Arui. pret. de Areo, ó de Aresco.

Arŭla, ae. m. El Loire, rio de Francia. || El Aar, rio de la Suiza.

Arŭla, ae. f. Cic. El ara pequeña.

Arulator. V. Arillator.

Arunca, ae. f. Ciudad de Italia.

Aruncus, i. m. Plin. La barba de las cabras.

Arundĭfer, a, um. Ov. Lo que lleva ó cria cañas.

Arundinaceus, a, um. Plin. Lo que tiene figura de caña.

Arundinētum, i. n. Plin. El cañaveral, sitio donde nacen cañas, cañar.

Arundineus, a, um. Virg. Lo que es de caña.

Arundinōsus, a, um. Catul. Abundante, lleno de cañas.

Arundo, ĭnis. f. Liv. La caña. || Virg. La saeta, la flecha. || La flauta, caramillo, churumbela. || Ov. Caña de pescador.

Arundulātio, ōnis. f. Varr. El apoyo de cañas para sostener las ramas de los árboles. || El rodrigar de las vides.

Aruo, ās, āre. a. Col. Enterrar el grano dando una segunda vuelta á la tierra arada.

Arupīnas, ātis. m. Tibul. El natural de la ciudad de Arupeno *en la Japidia.*

Arūra, ae. f. Marc. Emp. La arada, la tierra ó campo arado, labrado.

Aruspex, ĭcis. com. Cic. El agorero, adivino, *el que consultaba las entrañas de las víctimas para sacar los agüeros.*

Aruspicīna, ae. f. Lampr. La ciencia de los agoreros.

† Aruspĭcio, is, ire. n. Agorar, adivinar, pronosticar, vaticinar lo futuro por las entrañas de las víctimas.

Aruspĭcium, ii. n. Cat. La agoreria ó adivinacion.

Arvālia, ium. n. plur. Plin. Fiestas, sacrificios por la fertilidad de los campos.

Arvālis. m. f. le. n. is. Gel. Perteneciente al campo, á las tierras de labor. *Arvales fratres.* Gel. Doce sacerdotes de Ceres y Baco, *que sacrificaban por la fertilidad de los campos.*

Arveho, is, ĕre. Cat. en lugar de Adveho.

Arverna, ae. f. Clermont, *ciudad episcopal de Auvernia en Francia.*

Averni, ōrum. m. plur. Luc. Los naturales de Auvernia.

Arvernia, ae. f. Auvernia, *provincia de Francia.*

† Arvīga, ae. m. Varr. El carnero.

Arvignus, a, um. Varr. Del carnero, carneruno.

Arvīna, ae. f. Virg. Grasa, el gordo del tocino.

Arvisia vina. Virg. Vino del monte Arvisio, *en la isla de Quio.*

Arvisium, ii. n. Monte de la isla de Quio, famoso por sus vinos.

Arvix, ĭgis. f. Varr. El carnero, ó víctima con cuernos.

Arvum, i. n. Col. El campo labrado, cultivado, arado, la arada. || El campo en general.

Arx, arcis. f. Cic. Alcazar, ciudadela, fortaleza, castillo, fuerte. || La ciudad. || La altura. || Refugio, asilo, sagrado. *Arx capitolii.* Tac. La fortaleza del capitolio, el alcazar.— *Minervae.* Cic. El templo de Minerva.— *Causae.* Cic. El punto principal de una causa.— *Legis.* Cic. La fuerza de la ley. — *Omnium gentium Roma.* Cic. Roma, refugio de todas las naciones.— *Coelestis.* Ov. El cielo. *Arces sacrae.* Hor. Los templos. *Arcem musicae possidere.* Prisc. Saber la música á fondo. *Arx corporis.* Sen. La cabeza. *Arcem ex cloaca facere. prov.* Cic. Amplificar demasiado una cosa despreciable, hacer de una hormiga un camello.

Arytēna, ae. f. Lucil. Especie de vaso de que usaban en los sacrificios.

## AS

As, y segun los antiguos assis, assis. m. Varr. El as, libra romana de 12 onzas, que fue la primera moneda de los romanos. *Ex asse haeres.* Plin. Heredero absoluto. *Ad assem redigere.* Hor. Reducir á una estrema pobreza, á la mendicidad, á pedir limosna. *Ad assem omnia perdere.* Hor. Perderlo todo hasta el último maravedí.

*Nombres de las partes del as, siguiendo su antigua division, que hasta la primera guerra púnica fue de 12 onzas como la libra, y se llamaba* aes grave, *porque se daba al peso.*

As ó libra. El as entero de una libra ó 12 onzas. *Deunx.* Once duodécimas, ú 11 onzas. *Dextans.* Cinco seisenas, ó 10 onzas. *Dodrans.* Tres cuarteronos, ó 9 onzas. *Bes.* Dos terceras partes, ú 8 onzas. *Septunx.* Siete duodécimas, ó 7 onzas. *Semis.* Medio as, media libra, ó 6 onzas. *Quincunx.* Cinco duodécimas, ó 5 onzas. *Triens.* Una tercera parte, ó 4 onzas. *Quadrans.* Un cuarteron, ó 3 onzas. *Sextans.* Una seisena, ó 2 onzas. *Sexcunx.* ó *sexquiuncia.* Una octava, ú onza y media. *Uncia.* Una dozava ó duodécima, ó una onza.

*Los compuestos de* Assis *son* Tressis, ó tripondium. Tres ases, ó 3 libras. *Quincussis.* Cinco ases, ó 5 libras. *Octussis.* Ocho ases, ú 8 libras. *Decussis.* Diez ases, ó 10 libras. *Undecim aeris.* Once ases, ú 11 libras. *Duodecim aeris.* Doce ases, ó 12 libras. Y asi hasta *Vigessis.* Veinte ases, ó 20 libras. *Trigessis.* Treinta ases, ó 30 libras. *Centussis.* Cien ases, ó 100 libras. *Aeris ducenti.* Doscientos ases, ó 200 libras. Y asi de los demas. *Aeris deni, viceni, centeni.* Diez, veinte, cien ases, ó libras.

† Asa, ae. f. Gel. V. Ara.

Asarōta, ōrum. n. plur. Varr. 6

Asarōtum, i. n. Plin. El suelo ó pavimento de la casa ó templo: *dícese del que esta solado artificiosamente y con simetría, con piedras de varios colores.*

Asarōtĭcus, a, um. Sidon. De obra mosaica, taraceada de piedras ó tablas de varios colores con simetría.

Asărum, i. n. Plin. Asaro, asarabacar, nardo silvestre, yerba olorosa.

\* Asbestĭnum, i. n. Plin. Asbestino, de asbesto, ó de lienzo asbestino.

\* Asbestĭnus, a, um. Incombustible.

\* Asbestos, i. f. Plin. Piedra llamada amianto, ó asbesto, ó alumbre de pluma, que es de materia fácil, y forma unas hebras incombustibles.

Asbŏlus, i. m. Ov. Un perro de Acteon.

Ascalăbōtes, ae. m. Plin. La tarántula, especie de araña muy venenosa.

Ascalăphus, i. m. Ov. Ascalafo, hijo de Aqueronte y de Orfne convertido en buho por Proserpina. || Otro hijo de Marte.

Ascalia, ae. f. Plin. Especie de cardo.

Ascalōnia, ae. f. Plin. La escaloña, especie de cebolla.

Ascalōnius, a, um. Plin. Perteneciente á Ascalona, *ciudad marítima de Palestina.*

Ascănius, ii. m. Liv. Ascanio, *hijo de Eneas y de Creusa.*

Ascanius, a, um. Plin. *Lacus.* El lago de Nicea en Bitinia. *Ascanius portus.* Plin. En la Troade. || *Ascaniae*

K

*insulae. Plin.* En el mar Egeo ó el Archipiélago.

**Ascaules**, is. m. *Marc.* El que toca el fole ó la gaita.

**Ascendens**, entis. com. *Paul. Jct.* Ascendiente, aquel de quien desciende otro por línea recta. ‖ El que sube y va hácia arriba. *Ascendens machina. Vitruv.* Máquina propia para los asaltos de las murallas, que con oculto artificio y muelles fáciles se levanta de pronto.

**Ascendibĭlis**. m. f. lĕ. n. is. *Pomp.* Que se puede subir.

**Ascendo**, is, di, sum, dĕre. a. *Cic.* Ascender, subir, caminar, ir hácia arriba, trepar, escalar. ‖ Levantarse, llegar arriba. *Ascendere equo adversam ripam. Cic.* Subir al otro lado del rio á caballo. — *In concionem. Cic.* — *In rostra. Liv.* Subir á la tribuna, al púlpito, á la barandilla para hablar al pueblo. — *Navem. Ter.* — *In navem. Hor.* Ir á bordo, embarcarse. — *Equum. Suet.* — *In equum. Liv.* Montar á caballo. — *Thalamum. Val. Flac.* Contraer matrimonio.

**Ascensibĭlis**. m. f. lĕ. n. is. *Cel. Aur.* V. Ascendibilis.

**Ascensio**, ōnis. f. *Plaut.* Ascension, ascenso, exaltacion. *Ascensio oratorum. Cic.* El adelantamiento y progreso de los oradores.

† **Ascensor**, ōris. m. *S. Ger.* El que asciende ó sube.

**Ascensus**, us. m. *Cic.* Ascenso, grado superior, subida. *Ascensus mollis. Caes.* Subida fácil, suave. — *Siderum. Plin.* El nacimiento, el oriente, elevacion de las estrellas, de los astros sobre nuestro horizonte.

**Ascensus**, a, um. *part.* de Ascendo.

**Ascĕsis**, is. f. Ejercicio del espíritu, meditacion, contemplacion.

**Ascēta**, ae. m. Asceta, ascético, el que estudia y ejercita los actos de la perfeccion cristiana. ‖ El monge.

**Ascetēria**, ōrum. n. plur. *Cod. Just.* Lugares adonde se apartan los hombres dados á la contemplacion de las cosas divinas. ‖ Monasterios.

**Ascetriae**, ārum. f. plur. *Cod. Just.* Mugeres dedicadas á Dios y á la contemplacion de las cosas divinas, que viven lejos del trato de los hombres en vida solitaria. ‖ Monjas.

\* **Aschetos**, i. m. *Estac.* Nombre de un caballo.

**Ascia**, ae. f. *Cic.* La hacha, segur, destral, azuéla para labrar, dolar y desbastar la madera. ‖ Escardillo ó almocafre para escardar y limpiar la tierra. ‖ Piquéta, azadon.

**Asciātus**, a, um. *part. Vitruv.* Dolado, acepillado, alisado, pulido, desbastado con la azuela.

**Ascio**, as, avi, atum, āre. a. *Vitruv.* Dolar, acepillar, alisar. V. Asciatus.

**Ascisco**, is, scivi, itum, cĕre. a. *Cic.* Atribuirse, aplicarse, apropiarse, arrogarse, usurpar, adjudicarse. ‖ Tomar, admitir, recibir. ‖ Poner en uso, en práctica. ‖ *Liv.* Llamar, atraer á sí. ‖ Introducir. ‖ Asociar. *Asciscere sibi sapientiam. Cic.* Atribuirse, hacer profesion de la sabiduría. — *Civem, ó in civitatem. Cic.* Admitir por ciudadano, dar el derecho de la ciudad. — *Rogationem. Liv.* Admitir, aprobar una ley. — *Peregrinos ritus. Liv.* Tomar, introducir, admitir costumbres, usos, ceremonias estrangeras. — *Ad spem praedae. Liv.* Atraer á su partido con esperanza de la presa. — *In commilitium. Tac.* Hacer liga, alianza ofensiva y defensiva. — *Sibi oppidum. Cic.* Hacer alianza con una ciudad.

**Ascītes**, ae. m. *Cel. Aur.* Especie de hidropesía.

**Ascititius**, a, um. ó

**Ascītus**, a, um. *part.* de Ascisco. *Ov.* Tomado de fuera, estrangero, añadido, postizo, introducido, recibido, admitido. *Coma ascititia. Plin.* Cabello postizo. *Ascitus superis. Ov.* Colocado en el número de los dioses.

**Ascivi**, *pret.* de Ascisco.

**Ascĭus**, a, um. *Plin.* El lugar donde no hai sombra, que sucede cierto dia á los que habitan en la zona tórrida.

**Asclēpiadaeum carmen**. n. El verso asclepiadeo, inventado por el poeta Asclepiades; consta de un espondeo, dos coriambos, y un pirriquio ó jambo: v. g. Mēcae-nās ătăvīs ĕdĭtĕ rē gĭbŭs. *Hor.* Otros lo miden con medio pentámetro y dos dáctilos.

**Asclepias**, ădis. f. *Plin.* Yerba parecida en las hojas á la yedra.

\* **Asclepiodŏton**, i. n. *Tert.* Remedio escelente, como si fuera aplicado por el mismo Esculapio, inventor de la medicina.

**Asclepius**, ii. m. *Hig.* El mismo que Esculapio. ‖ *San Ag.* Nieto de Esculapio.

**Ascodrogītae**, ārum. m. plur. *S. Ag.* Ciertos hereges que veneraban en sus iglesias un pellejo inflado: se llaman tambien *Ascitae*.

\* **Ascōlia**, ae. f. ó **Ascōlia**, ōrum. n. plur. Fiestas de Baco, en que saltaban con un pie solo sobre vejigas ó pellejos inflados, moviendo la risa del concurso con los porrazos de los que caian, de donde viene.

\* **Ascōliasmus**, i. m. *Estac.* Lo mismo que *Empusae ludus.* Á cascogita, juego de los muchachos en que van saltando con un pie en el aire.

**Asconius Pedianus**. Asconio Pediano, gramático doctísimo de Padua, que escribió comentarios á algunas oraciones de Ciceron.

**Ascōpa**, ae. f. *Bibl.* en lugar de

**Ascŏpēra**, ae. f. *Suet.* Especie de balija ó alforja en que lleva lo que necesita el que camina á pie.

**Ascra**, ae. f. *Ov.* Aldea de Beocia, patria ó lugar donde vivió Hesiodo.

**Ascraeus**, a, um. *Virg.* De Ascra ó de Hesiodo.

**Ascribo**, is, ipsi, ptum, bĕre. a. *Cic.* Añadir escribiendo, suscribir. ‖ Añadir. ‖ Alistar, matricular, empadronar. ‖ Atribuir, imputar. *Adscribere salutem alicui. Cic.* Saludar á uno por escrito. — *Aliquem civitati, in civitatem, in civitate. Cic.* Recibir, admitir, matricular á uno por ciudadano. — *Poenam sceleri. Cic.* Establecer pena al contraventor.

**Ascriptio**, ōnis. f. *Cic.* Adicion á un escrito. ‖ Asociacion, agregacion, recepcion.

**Ascriptitius**, a, um. *Cic.* Elegido, escogido, admitido, añadido. *Ascriptitii dii. Bud.* Dioses inferiores. — *Cives. Cic.* Estrangeros naturalizados. — *Milites. Fest.* Soldados de recluta.

**Ascriptīvus**, a, um. *Varr.* V. Ascriptitius.

**Ascriptor**, ōris. m. *Cic.* El que añade al escrito ó suscribe, suscriptor. ‖ El que aprueba, favorece.

**Ascriptus**, a, um. *part.* de Ascribo. *Cic.* Añadido al escrito. ‖ Elegido, escogido, nombrado. V. Ascribo.

**Ascŭlanensis**. m. f. *Vel. Paterc.* y

**Ascŭlānus**, a, um. *Plin.* Lo perteneciente á la ciudad de Asculo.

**Ascŭlum**, i. n. *Plin.* Asculo, ciudad del campo piceno en Italia.

**Ascyroides**, ae. f. *Plin.* Yerba parecida á la ruda.

**Ascyron**, i. f. *Plin.* La ruda, planta.

**Asdrubaliānus**, a, um. *Sidon.* Perteneciente á Asdrubal, hermano de Anibal.

**Asedoth**. indecl. f. *Bibl.* Asedot, ciudad de los amorreos. ‖ Otra de la tribu de Ruben.

**Asella**, ae. f. *Ov. dim.* de Asina. Borriquita, borriquilla. dim. de borrica.

**Aselli**, ōrum. m. plur. *Plin.* Dos estrellas del cancer, cuarto signo del zodiaco.

**Asellŭlus**, i. m. *Arnob. dim.* de Asellus. El borriquito ó borriquillo. *dim.* de borrico.

**Asellus**, i. m. *Ov. dim.* de Asinus. Borriquillo, borriquito. *dim.* de borrico. ‖ *Plin.* La merluza.

**Asem**. *ind. Bibl.* Asem, ciudad de la tribu de Simeon.

**Asemae tunicae**. f. plur. *Lamp.* Túnicas, vestidos lisos, simples, sin guarnicion ni bordadura.

**Asia**, ae. f. *Hor.* El Asia, una de las tres partes del mundo que conocieron los antiguos. ‖ De las cuatro que se conocen el dia de hoy.

**Asiācus**, a, um. *Ov.* Asiático.

**Asiāne**. *adv. Quint.* Á la asiática.

**Asiānus**, a, um. *Liv.* Asiático, del Asia.

**Asiarcha**, ae. m. *Dig.* Asiarca, el supremo sacerdote entre los asiáticos.

**Asiarchia**, ae. f. *Pitisc.* Asiarquia, la dignidad del supremo sacerdocio del Asia.

**Asiātĭcus**, a, um. *Cic.* Asiático, lo perteneciente al Asia. ‖ Redundante, difuso. *Dícese del estilo.*

**Asīlus**, i. m. *Virg.* El tábano, especie de moscon.

Asīna, ae. f. *Varr.* El asna, borrica, pollina, jumenta, burra.

Asĭnālis. m. f. lĕ. n. is. *Apul. V.* Asinarius, a, um.

Asĭnārius, ii. m. *Varr.* Borriquero. El que cria y cuida de los asnos.

Asĭnārius, a, um. *Cat.* y

Asinĭānus, a, um. *Cic.* Perteneciente á alguno de los Asinios romanos.

Asĭnīnus, a, um. *Varr.* Asnal, asnino, asinino, perteneciente al asno, del asno.

Asinius, ii. m. Nombre gentil romano. *Asinio Polion, Asinio Galo.*

Asĭnus, i. m. *Colum.* El asno, jumento, borrico, pollino, burro. ‖ *Cic.* El hombre necio, rudo, torpe, bestial, brutal. *Ab asinis ad boves transcendere. Proverb. Plaut.* Pasar de una condicion miserable á otra menos mala. *Asinus balneatoris. adag.* El sastre del cantillo, que ponia de su casa el hilo. El alfayate de la encrucijada pone el hilo de su casa. *ref. Asino fabulam narrabat quispiam, et ille movebat aures. adag.* Habló el buey y dijo mu. *ref.*

Asinusca. *Plin.* Especie de uva de poca estimacion.

Asio, onis. m. *Plin.* El asio, ave lo mismo que mochuelo.

Asis, idis. adj. f. *Ov.* La muger asiática, natural de Asia.

Asisiātes, um. m. plur. *Plin.* Lo perteneciente á Asisium, ii. n. 6

Asium, ii. n. Asis, *ciudad de Italia, patria de San Francisco.*

Asius, a, um. *Virg.* de la laguna Asi en Lidia.

Asizia, ōrum. n. plur. Residencias, cuentas que un juez toma á otro en su misma residencia.

Asizīda, ae. m. *Plaut.* El que va caballero en un asno.

* Asma, tis. n. Cancion.

* Asmātium, ii. n. La cancioncilla ó cancioneta.

* Asmătŏcamptae, ārum. m. plur. Poetas ditirámbicos, cuyos versos eran libres, y no sujetos á medida alguna.

Asmātogrăphi, ōrum. m. plur. Poetas, músicos que cantan sus versos acompañándose con algun instrumento.

Asmŏdaeus, i. m. *Bibl.* Asmodeo, demonio de la impureza.

* Asōmătus, a, um. 6

* Asōmus, a, um. *Marc. Cap.* Incorpóreo, sin cuerpo.

* Asōphia, ae. f. Ignorancia, rudeza, brutalidad, estupidez.

* Asōphus, a, um. Ignorante, rudo, brutal.

Asōpiades, ae. m. *Ov.* Eaco, nieto de Asopo.

Asōpis, idis. f. *Ov.* Egina, hija de Asopo. ‖ *Ov.* Evadne, hija del mismo Asopo.

Asōpus, i. m. *Ov.* Rio de Beocia, Tesalia, Macedonia, Acaya y Lidia.

Asōrus, i. m. Rio que pasa por Eraclea al pie del monte Oeta.

* Asōtia, ae. f. *Gel.* El lujo, prodigalidad, profusion. ‖ Disolucion.

* Asōtium, ii. n. Casa, lugar de placer, de diversion, juego, libertad, disolucion.

Asōtus, a, um. *Cic.* Pródigo, desperdiciador, malgastador, maniroto, consumidor de su hacienda, sin órden ni razon. ‖ Disoluto, libertino.

Aspălăthus, i. m. *Plin.* Aspalato, *mata semejante al aloes, que algunos llaman erisisceptro, otros palo del águila y de rosa.*

Aspălax, ācis. f. *Plin.* Especie de planta que tiene mas dentro de la tierra que lo que demuestra fuera.

Aspărăgia, ae. f. *Fest.* El espárrago ó esparraguera, la mata que se forma del espárrago.

Aspărăgus, i. m. *Plin.* El espárrago, planta.

Asparatum, i. n. 6

Asparatus, i. f. *Plin.* Especie de hortaliza.

Aspectābĭlis. m. f. lĕ. n. is. *Cic.* Visible, que puede ser visto. ‖ Que merece, es digno de verse.

Aspectāmen, inis. n. *Claud. Mamert. V.* Aspectus.

Aspectio, ōnis. f. *Fest.* El acto de ver, de mirar.

Aspecto, as, āvi, ātum, āre. *Cic.* Mirar, considerar, fijar los ojos, mirar con atencion. ‖ *Virg.* Mirar de frente. ‖ *Lucr.* Mirar hácia arriba, admirar, mirar con veneracion.

Aspectus, us. m. *Cic.* La mirada, vista, la accion de mirar. ‖ La presencia, el aspecto. ‖ El rostro, el semblante. ‖ La figura. *Aspectu primo.* A primera vista, al primer aspecto. — *Uno. Cic.* De un golpe, de una mirada. *Aspectum alicujus exuere. Tac.* Perder á uno de vista, huir de la vista de alguno, irse. *Pulcher ad aspectum. Cic.* De hermosa vista. — *Definire. Cic.* Fijar, clavar los ojos. *Aspectus morum. Plin.* La idea que se forma de las costumbres. — *Siderum. Plin.* El aspecto ó respecto de un astro á otro. — *Coeli. Plin.* El hemisferio.

Aspectus, a, um. part. de Aspicio. Mirado, visto.

Aspello, is, pŭli, pulsum, ĕre. a. *Plaut.* Echar, rechazar, alejar, separar, apartar de sí. *Aspellit spes metum mihi. Plaut.* Todo el temor me quita la esperanza. *Aspellere à se. Cic.* Echar de sí.

* Aspendios. *Plin.* Especie de vid, cuya libacion estaba prohibida en las aras.

Aspendius, a, um. *Pomp. Mel.* Lo perteneciente á la ciudad de Aspendo en Panfilia.

Aspendius, ii. m. Aspendio, *famoso citarista.* ‖ *Catul.* El ladron famoso.

Asper, a, um, ior, rĭmus. *Cic.* Aspero, escabroso, bronco, desigual, lo que no está liso ó llano. ‖ Desapacible, desagradable, agrio. ‖ Riguroso, duro, intratable, inicuo. ‖ Cruel, fiero. ‖ Acre, mordaz, maldiciente, satírico. ‖ Calamitoso, adverso, trabajoso. ‖ Molesto, enfadoso, fastidioso. *Aspera coena. Plaut.* Mala cena. *Gens aspera cultu. Virg.* Gente grosera, inculta. *Aspera oratio. Cic.* Oracion dura. *Asperum jugum. Ces.* Montaña fragosa. *Aspera tempora. Cic.* Tiempos calamitosos. *Asperiae facetiae. Tac.* Sales picantes. *Asper lapis. Ov.* Piedra en bruto. — *Victus. Plaut.* Vida austera. — *Animus. Liv.* Ánimo fiero, duro. *Asperius nihil est humili cum surgit in altum. Claud.* No hay cosa mas insufrible que un hombre bajo exaltado.

Aspĕrātio, ōnis. f. *Macrob.* La accion de poner áspera, de exasperar una cosa.

Aspĕrātus, a, um. part. de Aspero. *Plin.* Exasperado, irritado, refregado.

Aspĕre, ius, errĭme. adv. *Cic.* Áspera, rigurosa, desapaciblemente, con desagrado, aspereza, dureza.

Aspergillum, i. n. *Sipont.* Aspersorio, hisopo, *el instrumento con que se rocía.*

Aspergo, ĭnis. f. *Virg.* El asperges, aspersion; el acto de rociar con algun licor; rociadura, salpicadura.

Aspergo, is, si, sum, gĕre. a. *Cic.* Rociar, esparcir delicadamente el licor sobre alguna cosa. ‖ Esparcir, arrojar. ‖ Murmurar, zaherir. *Aspersisti aquam. Plaut.* Me has hecho acordar; me has hecho volver en mí. *Labeculam aspergere alicui. Cic.* Denigrar á alguno, oscurecer algo su fama. *Aspergere aliquem. Ov.* Injuriar á alguno, darle una rociada.

Aspĕrĭtas, ātis. f. *Cic.* Aspereza, la desigualdad de alguna cosa. ‖ Dificultad. ‖ Rudeza, dureza, severidad, rigor, austeridad. ‖ Groseria, impolitica, falta de cultura. *Asperitas loci. Ov.* La aspereza del sitio. — *Contentionis. Cic.* Lo agrio de la disputa. — *Vocis. Lucr.* La rudeza, lo tosco de la voz. — *Verborum. Ov.* Duteza de las palabras. — *Viarum. Cic.* Desigualdad de los caminos. — *Rationis. Liv.* La aspereza ó poca politica de las razones. — *Aceti. Plin.* La fuerza del vinagre. — *Aquarum. Plin.* La crudeza de las aguas. — *Animae. Plin.* Dificultad de la respiracion. — *Pomi. Plin.* La aspereza, el agrio de la fruta.

Aspĕrĭter. adv. *Plaut. V.* Aspere.

Aspĕrĭtūdo, ĭnis. f. *Cels. V.* Asperitas.

Aspernābĭlis. m. f. lĕ. n. is. *Gel.* Despreciable, desestimable, contentible.

† Aspernāmentum, i. n. *Tert.* Despreciamiento, desprecio.

Aspernandus, a, um. *Cic. V.* Aspernabilis.

† Aspernanter. adv. *Am.* Con desprecio.

Aspernātio, ōnis. f. *Cic.* Desprecio, desestimacion, desaire, menosprecio.

Aspernātor, ōris. m. *Tert.* Despreciador, el que desprecia.

Aspernātus, a, um. *Cic.* El que ha despreciado, desechado, desestimado, menospreciado. ‖ Despreciado, desechado.

Aspernor, āris, ātus sum, āri. *dep. Cic.* Despreciar, desestimar, menospreciar, tener en poco. ‖ Ser despreciado. *Aspernatur qui pauper est. Cic.* Al pobre se le desprecia. *Minime aspernandus. Cic.* No despreciable.

Aspĕro, ās, āvi, ātum, āre. *a. Colum.* Exasperar, poner una cosa áspera y desigual. ‖ *Tac.* Aguzar, afilar, amolar. ‖ *Val. Flac.* Encender, excitar. ‖ Irritar, ensañar, enojar, enfurecer. *Asperare saxo pugionem. Tac.* Sacar la punta, afilar el puñal en una piedra. — *Sagittas ossibus. Tac.* Armar las flechas con puntas de hueso. — *Crimina. Tac.* Exasperar los delitos, hacerlos mas atroces. — *Undas. Virg.* Alborotar el mar. — *Iram victoris. Tac.* Irritar la ira del vencedor.

Aspersi, *pret. de* Aspergo.

Aspersio, ōnis. *f. Cic.* Aspersion, rociadura, salpicadura.

Aspersus, us. *m. Plin. V.* Aspersio.

Aspersus, a, um. *part. de* Aspergo. *Cic.* Rociado. ‖ Esparcido. ‖ Infamado. *Aspersus luto. Hor.* Salpicado de lodo. — *Oculis liquor. Plin.* Licor, colirio echado en los ojos.

Aspĕrūgo, ĭnis. *f. Plin.* ó

Aspĕrŭla, ae. *f. Plin.* Aspérgula, yerba, amor de hortelano, aparine, filinon, filantropos.

Aspexi, *pret. de* Aspicio.

Asphaltion, ii. *n. Plin.* El asfalto, especie de betun natural, llamado *betumen judaico* ó *babilónico*.

Asphaltites, is. *m. Plin.* El lago Asfalto ó mar muerto de Palestina en Judea.

Asphaltium, ii. *n.* El betun.

Asphŏdĕlus, i. *m. Plin.* El gamon, *planta medicinal*.

Asphyxia, ae. *f.* Debilidad, desfallecimiento del pulso, de la arteria.

Aspĭcio, is, pexi, pectum, cĕre. *a. Cic.* Mirar, ver, poner los ojos en una cosa. ‖ Reconocer. ‖ Visitar. ‖ Considerar, contemplar, observar. ‖ Ayudar, socorrer, amparar, favorecer.

Aspĭcuus, a, um. *Auson.* Visible.

Aspĭdeus, a, um. Lo perteneciente al áspid.

† Aspĭlātes, ae. *m. Plin.* La aspilate, *piedra preciosa de color de fuego, que se cria en Arabia en los nidos de ciertas aves.*

Aspirāmen, ĭnis. *n. Val. Flac.* La aspiracion.

Aspirātio, ōnis. *f. Cic.* La aspiracion, el aliento, la atraccion del aire al respirar. ‖ La fuerza con que se pronuncian las vocales, *denotada por la letra H. Aspiratio caeli. Cic.* La influencia del cielo. — *Terrarum. Cic.* Exhalacion de la tierra.

Aspīro, ās, āvi, ātum, āre. *a. Cic.* Aspirar, respirar, echar el aire, la respiracion, el aliento. ‖ Favorecer, ayudar, proteger. ‖ Inspirar, infundir. ‖ Pretender, desear, solicitar con ansia.

Aspis, ĭdis. *f. Cic.* El áspid, *serpiente pequeña muy venenosa.*

Asplēnium, ii. *n.* y

Asplēnum, i. *n. Plin.* Escolopendra ó aspleno, *planta que crece por las paredes húmedas llamada doradilla.*

† Asplenus, y Asplenius, a, um. Lo que no tiene hígado.

† Asporda, ae. *f.* La blancura.

Asportandus, a, um. *Cic.* Lo que se ha de transportar.

Asportātio, ōnis. *f. Cic.* El transporte, conduccion, acarreo, la accion de llevar de una parte á otra.

Asportātus, a, um. *Cic. part. de*

Asporto, ās, āvi, ātum, āre. *a. Cic.* Transportar, llevar de una parte á otra, acarrear, conducir. *Multa de suis rebus secum apportare. Cic.* Llevar consigo muchos de sus bienes.

Asprātiles pisces. *m. plur. Plin. Valer.* Peces que tienen áspera la escama.

Asprēdo, ĭnis. *f. Cels. V.* Asperitas.

Asprētum, i. *n. Liv.* Lugar áspero, fragoso, difícil, desigual, quebrado.

Asprĭtūdo, ĭnis. *f. Cels.* Asperura, aspereza, fragosidad, desigualdad.

Aspŭli. *pret. de* Aspello.

Aspulsus, a, um. *part. de* Aspello.

Assa, ae. *f. V.* Assus.

Assabinus, i. *m. Plin.* Dios de los etiopes.

Assa dulcis. *f.* Asa olorosa, la goma ó licor que destila el árbol laserpicio, *que comunmente se dice benjui ó menjui.*

Assafoetĭda, ae. *f.* La asafétida, otra especie de asa. *V.* Assa dulcis.

Assāmenta, ōrum. *n. plur. Plin.* Las tablas ó sobradiles fuertes de que se hacen las piezas principales de la carpintería.

Assărăcus, i. *m. Virg.* Asáraco, *troyano, abuelo de Anquises, padre de Eneas.*

Assarātum. *V.* Assirātum.

Assarius, a, um. *Cat.* Asado.

Assārius, ii. *m. Varr.* Lo mismo que

Assātūra, ae. *f. Vopisc.* El asado, la vianda asada.

Assātus, a, um. *part. de* Asso. *Plin.* Asado.

Assĕcla, ae. *m. Cic.* Asecla, el que acompaña y sigue á otro. *Assecla mensarum. Cic.* Pegote, el que anda de mesa en mesa. *Asseclae legatorum. Cic.* El acompañamiento de los embajadores.

Assĕcor, āris, ātus sum, āri. *dep. Plaut.* Desmembrar, despedazar, partir, hacer pedazos.

Assectātio, ōnis. *f. Cic.* El cortejo, acompañamiento, corte que se hace á alguno. ‖ Observacion, nota, adicion. *Assectatio coeli. Plin.* La observacion de los astros.

Assectātor, ōris. *m. Cic.* El que acompaña, sigue, corteja, el que hace la corte á otro. *Assectator dapis. Plin.* El que acompaña á la comida, á la mesa. — *Alicujus ab aliquo. Cic.* Sectario, discípulo, partidario, secuaz, imitador de alguno. — *Sapientiae. Plin.* El que desea alcanzar la sabiduría.

Assectātus, a, um. *Fest. part. de*

Assector, āris, ātus sum, āri. *dep. Cic.* Acompañar, seguir, cortejar, hacer la corte. ‖ Imitar. *Assectari aliquem omnibus beneficiis. Suet.* Servir á uno, desear ganarle con todo género de beneficios. *Se halla usado tambien en pasiva. Assectari omnes se cupiunt. En.* Todos quieren ser seguidos, imitados.

Assecŭla, ae. *m. Juv. V.* Assecla.

Assecūtor, ōris. *m. Marc. Cap.* El que sigue, acompaña á otro.

Assecūtus, a, um. *part. de* Assequor.

Assēdi. *pret. de* Assideo *y de* Assido.

Assefŏlium, ii. *n. Apul.* La grama, yerba muy comun.

Assello, ās, āre. *n. Virg. V.* Adsello.

Assensi, *pret. de* Assentio.

Assensio, ōnis. *f. Cic.* Asenso, consentimiento, aprobacion, confirmacion, el acto de consentir.

Assensor, ōris. *m. Cic.* El que asiente, aprueba, es del mismo dictamen ú opinion.

Assensus, a, um. *part. de* Assentior. *Cic.* El que ha consentido, asentido ó aprobado. ‖ Cosa consentida. *Assensum est de religione Bibulo. Cic.* Se aprobó el parecer de Bibulo en órden á la religion.

Assensus, us. *m. Cic.* Asenso, consentimiento, aprobacion.

Assentātio, ōnis. *f. Cic.* Condescendencia, complacencia, lisonja, adulacion.

Assentātiunŭla, ae. *f. Cic. dim. de* Assentatio.

Assentātor, ōris. *m. Cic.* Adulador, lisonjero. ‖ *Tert.* El que consiente.

Assentātŏrie, *adv. Cic.* Con condescendencia, con lisonja.

Assentātrix, īcis. *f. Plaut.* Muger lisonjera, complaciente.

Assentio, is, sensi, sum, tīre. *a.* y

Assentior, īris, sensus sum, īri. *dep. Cic.* Asentir, convenir con otro, estar de acuerdo, consentir, aprobar, confirmar. *Assentiri ad unum. Cic.* Ser todos del mismo parecer. — *Alicui. Cic.* Asentir á alguno, seguir su opinion.

Assentor, āris, ātus sum, āri. *Cic.* Complacer, condescender, lisonjear, adular. ‖ *Plaut.* Asentir, consentir, aprobar. *Assentari omnia. Ter.* Asentir á todo.

Assĕquor, quĕris, cūtus sum, sĕqui. *dep. Cic.* Llegar á lo que se desea, alcanzar, conseguir, obtener. ‖ Entender, percibir, comprender. *Assequi cogitationem alicujus. Cic.* Adivinar el pensamiento de alguno. — *Prudentiam alicujus. Cic.* Llegar á ser tan prudente como otro. — *Aliquid animo. Curt.* Formar idea de una cosa.

**Asser**, ĕris. m. *Tac.* Viga pequeña, cábrio, madero que forma con otros el techo de la casa, pierna de puerta ó ventana, pieza de madera para serrar, pieza de madera que se taracea y adorna con simetría. *El plur.* Asseres *es mucho mas usado.*

**Assercŭlum**, i. n. *Cat.* y

**Assercŭlus**, i. m. *Colum.* La viga pequeña. *dim. de* Asser. ‖ Maderito, madero pequeño. ‖ Tabla.

**Assĕro**, is. sĕvi, sĭtum, ĕre. *a. Cat.* Sembrar, plantar cerca de, junto á alguna cosa.

**Assĕro**, is, rui, sertum, rĕre. *a. Suet.* Atraer, arrogar, tomar, hacer suyo. ‖ Vindicar, defender, proteger, amparar. ‖ Libertar, sacar. ‖ Afirmar, asegurar. *Asserere manu. Ter.* Echar mano. — *Utraque manu. Marc.* Coger con ambas manos. — *In libertatem. Suet.* Poner en libertad. — *In servitutem. Liv.* Poner en esclavitud. — *Aliquid, vel aliquem alicui rei. Plin.* Asignar, atribuir, adjudicar una cosa á alguno.

**Assertio**, ōnis. f. *Quint.* La vindicacion á la libertad. ‖ *Arnob.* La afirmacion, asercion.

**Assertor**, ōris. m. *Suet.* Libertador, protector, defensor.

**Assertōrius**, a, um. *Cod. Just.* Lo perteneciente al defensor de la libertad.

**Assertum**, i. n. *Marc. Cap.* La afirmacion, aserto, asercion, aseveracion.

**Assertus**, a, um. *part. de* Assero. *Suet.* Puesto en libertad.

**Assĕrui**. *pret. de* Assero.

**Asservātio**, ōnis. f. *Bud.* La guarda, conservacion, defensa y proteccion cuidadosa.

**Asservātus**, a, um. *part. de* Asservo.

**Asservio**, is, vīvi, vītum, īre. *a. Cic.* Servir, sujetarse, someterse. *Asservire studio alicujus. Plaut.* Someterse al capricho de alguno. — *Toto corpore, atque omnibus ungulis vocis contentioni. Cic.* Emplear todas sus fuerzas para esforzar la voz.

**Asservo**, ās, āvi, ātum, āre. *a. Cic.* Guardar, custodiar, encerrar. ‖ *Ces.* Defender, estorbar el paso. ‖ *Plaut.* Observar, velar, espiar. ‖ *Plin.* Conservar, preservar. *Asservare oram maritimam. Ces.* Guardar la costa del mar.

**Assessio**, ōnis. f. *Cic.* La sesion, la accion de estar sentado con alguno, conferencia, conversacion, consulta entre varios.

**Assessor**, ōris. m. *Cic.* Asesor ó asociado, el que asiste con otro, y le aconseja para juzgar las causas.

**Assessōrium**, ii. n. *Ulp.* El lugar donde juzga el asesor.

**Assessōrius**, a, um. *Ulp.* Lo perteneciente al asesor.

**Assessūra**, ae. f. *Ulp.* La asesoría, el oficio del asesor.

**Assessus**, us. m. *Prop.* V. Assessio.

**Assessus**, a, um. *part. de* Assideo *y de* Assido.

**Assestrix**, īcis. f. *Afran.* La que asiste á otra, la comadre ó partera.

**Asseum**, i. n. *Cels.* Aposento recogido y abrigado, sudadero, el lugar en el baño destinado para sudar.

**Assĕvĕranter**, ius, issime. *adv. Cic.* Con aseveracion, con toda certidumbre.

**Assĕvĕrāte**. *adv. Gel.* V. Asseveranter. ‖ Con mucha gracia y destreza.

**Assĕvĕrātio**, ōnis. f. *Cic.* Aseveracion, afirmacion con que se expresa y asegura una cosa por cierta y legítima.

**Assĕvĕro**, ās, āvi, ātum, āre. *a. Cic.* Aseverar, decir con firmeza, afirmar, asegurar con certidumbre. *Asseverare de re aliqua. Cic.* Asegurar una cosa. — *Gravitatem. Tac.* Ostentar gravedad. — *Frontem. Apud.* Arrugar la frente, ponerse severo.

**Assĕvi**. *pret. de* Assero.

**Assibĭlo**, ās, āre. *a. Claud.* Silbar, chiflar.

**Assiccātus**, a, um. *Colum.* Lo que está muy seco.

**Assiccesco**, is, ĕre. *n. Colum.* Secarse enteramente.

**Assicco**, ās, āvi, ātum, āre. *a. Colum.* Secar, desecar. ‖ Enjugar.

**Assicŭlus**, i. m. *Colum.* La tabla pequeña, tablilla, tableta.

† **Assĭdĕla**, ae. f. *Fest.* V. Adsidelae.

**Assĭdeo**, ēs, sēdi, sessum, dēre. *a. Cic.* Estar sentado con ó cerca de otro. ‖ Cercar. ‖ Hacer el oficio de asesor. ‖ Asistir, estar cerca, pronto por causa de oficio ó de custodia. *Assidere in sella apud aliquem. Plaut.* Estar sentado en una silla junto á otro. — *Valetudini. Tac.* Asistir, cuidar de la salud de alguno. — *Litteris. Plin. men.* Estar siempre sobre los libros.— *Gubernaculo. Plin.* Estar á la barra del timon. ‖ Tener en su mano el gobierno del estado. — *Moestae matri. Marc.* Asistir, acompañar, consolar á su madre afligida. — *Ferocissimis populis. Plin. men.* Estar cercano á unas gentes fieras y bárbaras. — *Moenibus. Virg.* Tener cercada una ciudad.

**Assĭdo**, is, sēdi, sessum, dĕre. n. *Cic.* V. Assideo.

**Assĭdue**, issĭme. *adv. Cic.* Continua, perpetua, incesantemente, con frecuencia, con constancia. *Assiduissime mecum fuit. Cic.* Me siguió siempre, jamas me dejó.

**Assĭdŭĭtas**, ātis. f. *Cic.* Continuacion, perseverancia, diligencia continua. ‖ Presencia, asistencia continua. *Assiduitas bellorum. Cic.* La continuacion de las guerras, la duracion. — *Ejusdem litterae. Ad Her.* La repeticion frecuente ó continua de una misma letra. — *Orationis. Cic.* La continuacion de un discurso. — *Exercitationis. Cic.* El continuo ejercicio.

**Assĭduo**. *adv. Plaut.* V. Assidue.

**Assĭduus**, a, um. *Cic.* Asiduo, continuo, frecuente. ‖ Diligente, cuidadoso, exacto, aplicado, activo. *Assiduus fidejussor. Cic.* Fiador bueno y suficiente. — *Est in praediis. Cic.* Está continuamente en el campo. — *Scriptor. Gel.* Escritor diligente. — *Testis. Gel.* Testigos de toda excepcion, de crédito.

**Assignātio**, ōnis. f. *Cic.* Asignacion, destinacion, señalamiento, diputacion de persona ó cosa para algun fin.

**Assignātor**, ōris. m. *Ulp.* El que asigna, señala, determina, destina.

**Assignātus**, a, um. *part. de* Assigno. *Cic.* Asignado, señalado, destinado, determinado, adjudicado, atribuido. *Assignati à praetore apparitores. Cic.* Ministros nombrados por el pretor. *Munus à Deo assignatum. Cic.* La obligacion impuesta, encomendada por Dios.

† **Assignĭfĭco**, ās, āre. *a. Gel.* Significar, dar á entender, declarar á alguno.

**Assigno**, ās, āvi, ātum, āre. *a. Cic.* Asignar, señalar, destinar, dar, atribuir, adjudicar, apropiar, repartir, distribuir. ‖ *Pers.* Sellar, cerrar. ‖ Imputar, acumular, echar la culpa. *Cum est assignatum suo loco. Quint.* Cuando está puesto en su lugar.

**Assĭliens**, tis. *com. Ov.* El que salta de alegría, baila de contento.

**Assĭlio**, is, ſlui ó lli, ultum, īre. n. *Ov.* Saltar hácia alguna parte. ‖ Asaltar, acometer de improviso, escalar. *Neque assiliendum statim est ad. Cic.* Ni se ha de saltar de un golpe, no se ha de pasar de un salto á. *Assilire moenibus. Ov.* Escalar las murallas.

† **Assimĭlanter**. *adv. Non.* Por, con semejanza.

**Assĭmĭlātio**, ōnis. f. *Plin.* Asimilacion, la semejanza de una cosa con otra.

**Assĭmĭlātus**, a, um. *Cic.* Asimilado, semejante, asemejado, parecido.

**Assĭmĭlis**. m. f. lĕ. n. is. *Cic.* Muy semejante, parecido, conforme.

**Assĭmĭlĭter**. *adv. Plaut.* Semejantemente, con semejanza, de la misma manera, lo mismo.

**Assĭmĭlo**, ās, āvi, ātum, āre. *a. Cic.* Asemejar, hacer una cosa parecida á otra, asimilar, semejar. ‖ Comparar, hacer cotejo de una cosa con otra. *Os longius illi assimilat porcum. Claud.* Su boca prolongada se parece á la del puerco.

**Assĭmŭlātio**, ōnis. f. *Plin.* Disimulacion, disimulo, ficcion, fingimiento, cautela, arte de encubrir la intencion ó propiedades.

**Assĭmŭlātus**, a, um. *Cic.* Simulado, disimulado, fingido, encubierto, cauteloso, reservado. *Assimulata virtus. Cic.* Hipocresía, virtud aparente, fingida. *Assimulata littera. Tac.* Carta fingida, contrahecha, falseada. *part. de*

**Assĭmŭlo**, ās, āvi, ātum, āre. *a. Ter.* Simular, fingir, aparentar lo que no es. *Ulyses furere assimulavit. Cic.* Ulises se fingió loco.

**Assĭpondium**, ii. n. *Varr.* El peso de un as ó libra romana, *que es de doce onzas.*

**Assjrātum**, i. *n. Fest.* Bebida, brevage de sangre y vino mezclado.

**Assis**, is. *m. V.* As, Asser, Axis.

**Assisia**, y **Assisa**, ae. *f.* Residencia de un juez superior en la de un subalterno. ‖ Residencia para oir las quejas de los ministros inferiores ó de otros.

**Assistens**, tis. *com. Quint.* Asistente, el que asiste, oyente, espectador.

**Assisto**, is, astĭti, astĭtum, ĕre. *a. Cic.* Asistir, estar presente, delante, cerca, concurrir. ‖ Estar. ‖ Presentarse, parecer, comparecer. ‖ *Plaut.* Amparar, proteger, defender.

**Assistrix**, īcis. *f. Bibl.* Asistenta, la que asiste, criada, la que sirve.

**Assĭtus**, a, um. *part. de* Assero.

**Assius**, a, um. *Plin.* Perteneciente á Asio, *ciudad de la Troade*. *Assius lapis*. *Plin.* Piedra de que se hacian sepulcros, en que se consumian los cadáveres muy pronto.

**Asso**, as, ăvi, ătum, āre. *a. Apul.* Asar. ‖ *Vitruv.* Entarimar. *Tibicines assant*. *Varr.* Las flautas tocan solas, tocan un concierto de flautas.

**Assŏciātus**, a, um. *Dig.* Asociado, junto, acompañado con otro. *part. de*

**Assŏcio**, as, ăvi, ătum āre. *a. Estac.* Asociar, juntar, acompañar. *Associare passus. Estac.* Acompañar, ir andando en compañía. — *Cornua malis. Claud.* Extender las vergas.

**Assŏcius**, a, um. *Casiod.* Asociado, compañero. ‖ Semejante.

**Assŏlet**. *impers. Cic.* Suele, suele suceder, es costumbre, es lo comun.

**Assŏño**, as, nui, nītum, āre. *n. Ov.* Corresponder á la voz, sonar cerca, resonar.

**Assudassit**. *def. Plaut.* Suda mucho.

† **Assŭdesco**, is, ĕre. *n. Varr.* Enjugarse, secarse, desecarse de puro sudar.

† **Assŭdo**, ās, āre. *Plaut. V.* Sudo.

**Assuēfăcio**, is, fēci, factum, făcere. *a. Cic.* Habituar, acostumbrar, enseñar á hacer una cosa, hacerse á ella. *Assuefacere equos eodem vestigio remanere. Ces.* Acostumbrar, enseñar á los caballos á estarse quietos en el mismo puesto. — *Se armis. Cic.* Hacerse á las armas.

**Assuēfactus**, a, um. *Cic.* Acostumbrado, habituado, enseñado, hecho á hacer alguna cosa.

**Assuēfio**, is, factus sum, fiĕri. *ó*

**Assuesco**, is, ēvi, ētum, scĕre. *n. Cic.* Acostumbrarse habituarse, enseñarse, hacerse á.

**Assuētūdo**, ĭnis. *f. Liv.* Costumbre, hábito, uso. *Assuetudinis amor nos ad nova vestimenta traducit. Varr.* El amor al uso ó de la moda nos hace andar mudando de vestido.

**Assuētus**, a, um. *part. de* Assuesco. *Cic. comp.* tior. *Liv.* Acostumbrado, habituado, hecho, enseñado. ‖ Usado, ordinario, comun. *Videre longius assueto. Ov.* Ver mas, ó mas lejos que lo ordinario. *Assuetior montibus. Liv.* Mas hecho, mas acostumbrado á los montes.

**Assuēvi**. *pret. de* Assuesco.

**Assui**. *pret. de* Assuo.

**Assŭla**, ae. *f. Plin.* Pedazo de tabla ó de madero. ‖ *Suet.* Tabla pequeña. ‖ *Plin.* Viruta, acepilladura de carpintero, la broza y hojas que levanta el cepillo cuando se alisa la madera, astillas, *pedazos que se sacan de la madera cuando se labra*.

**Assŭlātim**. *adv. Plaut.* y

**Assŭlōse**. *adv. Plin.* Á pedazos.

**Assultans**, tis. *com. Tac.* El que salta, se abalanza, ataca, asalta.

**Assultim**. *adv. Plin.* Á saltos, saltando.

**Assulto**, ās, āvi, ātum, āre. *a. Plin.* Llegar saltando, á saltos. ‖ *Tac.* Asaltar, atacar, acometer, echarse sobre, arremeter, insultar.

**Assultus**, us. *m. Virg.* Salto, asalto, ataque, arremetida, insulto.

**Assum**, i. *n Varr.* El asado.

**Assum**. *Sen. V.* Adsum.

**Assūmentum**, i. *n. Bibl.* Remiendo, arrapiezo, pedazo para remendar la ropa.

**Assūmo**, is, psi, ptum, ĕre. *a. Cic.* Tomar para sí. Atribuir, apropiar. ‖ Inferir, concluir. *Assumere sibi artem. Cic.* Tomar un oficio. — *Aliquem in nomen*. — *Sibi filium. Plin. menor.* Adoptar á uno.

**Assumptio**, ōnis. *f. Cic.* La accion de tomar. ‖ *Cic.* Asuncion, la menor de un silogismo.

**Assumptīve**. *adv. Marc. Cap.* Por induccion ó asuncion en términos de ret. por prueba tomada de afuera.

**Assumptīvus**, a, um. *Cic.* Asuntivo, término de retórica, lo que se prueba con argumento de fuera de la causa. *Assumptiva pars. Cic.* Proposicion segunda, la menor de un silogismo.

**Assumptus**, a, um. *part. de* Assumo. *Cic.* Tomado. ‖ *Ov.* Fingido, postizo.

**Assŭo**, is, sui, sūtum, ĕre. *a. Hor.* Coser una cosa con otra, remendar.

**Assūra**, ae. *f. Varr.* El cuidado de criar, de alimentar.

**Assurgo**, is. rexi, rectum, gĕre. *a. Cic.* Levantarse, ponerse en pie. ‖ Crecer, alzarse, remontarse. ‖ Nacer, brotar. *Assurgere irae. Virg.* Monta en cólera. *Assurgere strato. Claud.* Levantarse del estrado. — *Ex alique loco. Liv.* Levantarse de algun lugar. ‖ De donde se ha caido. ‖ De un negocio penoso. — *Alicui. Quint.* Levantarse, ponerse en pie por hacer acatamiento á alguno. — *Animo. Estac.* Recobrar el ánimo. — *Quaerelis haud justis. Virg.* Quejarse injustamente. *Assurgit tumor. Cels.* El tumor se inflama. *Assurgi. Cic.* Recibir la honra de que otros se levanten. *Non coeptae assurgunt turres. Virg.* No continua la obra de las torres. *Raro assurgit Hesiodus. Quint.* Rara vez levanta Hesiodo su estilo.

**Assurrexi**. *pret. de* Assurgo.

**Assus**, a, um. *Cels.* Asado. ‖ *Varr.* Solo, sin mezcla alguna. *Assus sol. Cic.* Sol ardiente, seco. — *Ad vitulinum assum fames perducitur. Cic.* El hambre dura hasta la ternera asada (*este era el último plato entre los romanos*). *Assa, et elixa. Cels.* El asado y el cocido. — *Frixa. Cels.* El frito (*se entiende caro*). — *Vox. Cat.* Voz sola, concierto de voces sin instrumentos. *Assa voce cantare. Varr. Per vocem assam canere. Asc. Ped.* Cantar sin acompañamiento de instrumentos, formar un concierto de voces solas. *Assae tibiae.* Concierto de flautas solas. *Assa cithara.* Cítara sola. — *Nutrix.* La aya que no da leche á los niños, sino que pone su cuidado en criarlos.

**Assūtus**, a, um. *part. de* Assuo.

**Assyria**, ae. *f. Plin.* La Asiria, *reino de Asia*.

**Assyrii**, ōrum. *m. plur. Cic.* Los asirios, *pueblos de Asiria*.

**Assyrius**, a, um. *Hor.* Asirio, *el natural de Asiria*, *ó lo que le pertenece*.

**Assyrium pomum**, i. *n. Plin.* La cidra ó limon, *fruta*.

**Ast**. *conj. advers. Cic.* Pero, mas. ‖ *Liv.* Ciertamente.

**Asta**, ae. *f. Plin.* Asti, *ciudad de Liguria*. ‖ *Mel.* Jerez de la Frontera en España. ‖ *Plin. Ast*, *ciudad del Milanès*.

**Astacēnus**, a, um. *Plin.* Perteneciente á Astaco, *ciudad de Bitinia*. *Astacenus sinus. Plin.* El golfo de Comidia.

**Astacĭdes**, ae. *m. Ov.* Menalipo, *hijo de Astaco*.

**Astăcus**, i. *m. Plin.* Especie de cangrejo de mar, semejante al de rio, aunque mayor.

**Astans**, tis. *com. Cic.* El que asiste y está presente. ‖ *Virg.* El que está derecho, en pie. *Astante illo. Plaut.* Á su vista, en su presencia, á la vista, en sus mismos ojos.

* **Astaphis**, ĭdis. *f. Plin.* La pasa, la uva pasa. ‖ *Astaphis agria. Plin.* El albarraz, yerba llamada piojera.

**Astaphium**, ii. *f.* Nombre de una esclava en la comedia de Plauto, intitulada *Truculēntus*. *Al feroz*.

**Astarte**, es, *y* is. *f. Cic.* Diosa de los sirios y sidonios. Venus. ‖ *Varr.* La tierra, *diosa de los fenicios*. ‖ *S. Ag.* Juno, *entre los cartagineses*.

**Astātor**, ōris. *m.* El que está presente. *V.* Adstans.

* **Asteismus**, i. *m. Diom.* Urbanidad, *tropo de mucha extension*, *todo lo que carece de sencillez rústica*, *y se dice con cortesanía y urbanidad*.

**Aster**, eri. *m. Plin.* La estrellada, *flor que con las hojas de su cabeza figura una estrella*. *Aster Samius. Plin.*

Especie de tierra muy blanca de la isla de Samos. ‖ *Macrob.* La estrella.

**Astēria,** ae. y **Asterie,** es. *f. Cic.* Asterie, hija de Apolo y Febe. ‖ *Hig.* Hija de Atlante. ‖ *Ov.* Hija de Titan, trasformada por Júpiter en codorniz. ‖ *Plin.* Una piedra preciosa blanca, que brilla como una estrella.

**Astēriăce,** es. *f. Cels.* Medicamento que parece ser la tierra samia, y sirve para fortificar las carnes.

**Astĕrias,** ae. *m. Plin.* Alcon, garza estrellada.

**Astĕrĭcum,** i. *n. Plin.* La parietaria, planta.

* **Asterion,** ii. *n. Plin.* Especie de araña venenosa. ‖ *Estac.* Nombre de un rio en el Peloponeso. ‖ *Val. Flac.* Uno de los Argonautas.

**Astĕriscus,** i. *m. Isidor.* Asterisco, *estrellita con que en lo escrito se nota alguna cosa, como esta* * *con que aquí se notan las palabras griegas.*

**Asterītes,** ae. *m. Apul.* Especie de basilisco estrellado. ‖ Piedra preciosa. V. Asteria.

**Asterno,** is, astrāvi, astrātum, nĕre. *a. Ov.* Estender cerca de alguna cosa.

* **Asthĕnes,** is. *com.* Inválido, enfermo, imposibilitado.

* **Asthĕnia,** ae. *f.* Impotencia, flaqueza, debilidad.

**Asthma,** ătis. *n. Cels.* Asma, enfermedad del pecho, dificultad de respirar.

**Asthmătĭcus,** a, um. *Cels.* Asmático, el que padece la enfermedad de asma.

**Astiages,** is. *m.* Astiages, *rey de los medos.*

**Astĭpŭlātio,** ōnis. *f. Plin.* Conformidad de pareceres, afirmacion, confirmacion, union de dictámenes.

**Astĭpŭlātor,** ōris. *m. Cic.* El que asiente y se conforma con la opinion de otro. ‖ El garante ó fiador de la promesa de otro. *Astipulator vanae opinionis. Val. Max.* El que apoya, sostiene una opinion ó máxima falsa.

**Astĭpŭlātus,** us. *m. Plin.* V. Astipulatio.

**Astĭpŭlātus,** a, um. *part.* de

**Astĭpŭlor,** āris, ātus sum, āri. *dep. Liv.* Ser del mismo parecer, opinion, dictamen.

**Astĭti.** *pret.* de Asto y de Asisto.

**Astĭtuo,** is, tui, tūtum, ĕre. *a. Plaut.* Poner, colocar cerca. *Astituere aliquid ad aliquid. Ad Her.* Poner una cosa junto á otra.

**Asto,** ās, astĭti, astĭtum, astāre. *n. Cic.* Estar cerca, presente, asistir, concurrir, presentarse. *Astare alicui. In conspectu. Cic.* — *Ante oculos. Virg.* Estar cerca de alguno, estar en pie en su presencia, presentarse á él.— *Alicui contra. Plaut.* Oponerse, resistir á alguno facha á facha.— *Advocatus. Plaut.* Presentarse como abogado.— *In genua. Plaut.* Estar de rodillas.— *Mensae. Marc.* Asistir á la mesa. *Tu subsultas, ego miser vix asto. Plaut.* Tú saltas de contento, yo triste de mí apenas puedo tenerme en pie.

* **Astomachētus,** ■ *Grut.* El que no padece del estómago.

* **Astŏmi,** ōrum. *m. plur. Plin.* Indios que habitan junto al rio Langes, *los cuales dice Plinio que no tienen boca, y que viven solo del aliento y olor que atraen por la nariz.*

**Astrăba,** ae. *f. Isid.* Tabla donde descansan los pies. ‖ *Salm.* El arzon de la silla. ‖ El estribo para montar á caballo.

**Astraea,** ae. *f. Ov.* Astrea, *diosa de la justicia.* ‖ *Luc.* El signo libra, *que es el sesto del zodíaco.*

**Astraeus,** a, um. *Ov.* Perteneciente á Astreo, gigante.

**Astraeus,** i. *m. Avien.* El gigante Astreo, *padre de los vientos, uno de los Titanes.*

* **Astragalizontes.** *m. plur. Plin.* Jugadores de dados.

**Astrăgălus,** i. *m. Vitruv.* Astrágalo, el ornamento del collarino de las colunas. ‖ *Plin.* Mata pequeña, especie de garbanzo silvestre. ‖ El hueso del talon llamado carnicól.

**Astrālis,** m. *f.* lĕ. *n.* is. *S. Ag.* Astral, lo que pertenece á los astros.

**Astrăpe,** es. *f. Plin.* El resplandor del rayo, *llámase así un cuadro en que Apeles pintó los truenos y los rayos.*

* **Astrapias,** ae. *m. Plin.* Especie de piedra preciosa que tiene figurados en el medio como radios del rayo.

* **Astrapoplecta,** ōrum. *n. plur. Sen.* Las cosas heridas del resplandor. ‖ Del rayo.

**Astreans,** tis. *com. Marc. Cap.* Que brilla como un astro.

**Astrĕpo,** is, pui, pĭtum, pĕre. *n. Plin.* Hacer ruido, estrépito, ó juntamente. *Astrepere aures. Plin. men.* Atronar los oidos.— *Alicui. Tac.* Aplaudir á alguno con ruido de voces, manos y pies.

**Astricte,** ius, issime. *adv. Cic.* Apretada, estrechamente.

**Astrictio,** ōnis. *f. Plin.* La accion de apretar, comprimir, estreñir.

**Astrictōrius,** a, um. *Plin.* Astringente, que aprieta y estriñe.

**Astrictus,** a, um. *part.* de Astringo. *Cic.* Astringido, comprimido, apretado. ‖ *Cic.* Astricto, obligado, precisado. ‖ Parco, moderado, sobrio. *Astrictus necessitate. Cic.* Forzado de la necesidad. — *Orator. Cic.* Orador conciso. — *Gustus. Plin.* Gusto, sabor amargo.— *In amore. Lucr.* Enredado en los lazos del amor. *Astricta aqua gelu. Ov.* Agua helada.— *Frons. Marc.* Frente arrugada, semblante fiero.— *Mercede lingua. Cic.* Boca tapada con dinero, el que calla por haberle sobornado. — *Numeris. Hor.* La poesía.

**Astrĭcus,** a, um. *Varr.* Astral, perteneciente á los astros. *Astricus annus.* El año astral, *el curso del sol, desde una estrella fija, hasta que vuelve al mismo punto.*

**Astrĭfer,** a, um. *Estac.* Estrellado, que lleva astros.

**Astrĭfĭcans,** tis. *com. Marc. Cap.* y

**Astrĭfĭcus,** a, um. *Marc. Cap.* Que hace los astros.

**Astrĭger,** ĕra, ĕrum. *Estac.* Estrellado, guarnecido de estrellas.

**Astrĭlŏquus,** a, um. *Marc. Cap.* Que habla de los astros.

**Astrĭlūcus,** a, um. *Marc. Cap.* Que luce como astro.

**Astringo,** is, inxi, ictum, gĕre. *a. Cic.* Astringir, apretar, comprimir, estreñir. ‖ Estrechar, reducir á menos. ‖ Cerrar. *Astringere se in jura sacra. Ov.* — *Se sacris. Cic.* Obligarse con juramento.— *Fidem. Ter.* Dar, empeñar su palabra.— *Alvum. Cels.* Estreñir el vientre.

**Astrios,** y **Astrion,** ii. *f. Plin.* Piedra preciosa parecida al cristal.

**Astrĭsŏnus,** a, um. *Marc. Cap.* Epíteto de Júpiter, que hace ruido con el movimiento de los astros.

* **Astrites,** ae. *m. Marc. Cap.* Piedra preciosa que resplandece como un astro.

* **Astroarche,** es. *f. Marc. Cap.* La diosa Venus, llamada de los fenicios el principal de los astros.

* **Astrŏbŏlos.** *Plin.* Piedra preciosa semejante á los ojos de los pescados, y muy brillante.

**Astrŏītes,** ae. *m. Plin.* Piedra preciosa, muy celebrada de los magos.

**Astrŏlăbium,** ii. *n.* Astrolabio, *instrumento de metal en que se describen geométricamente los círculos celestes.*

**Astrŏlŏgia,** ae. *f. Cic.* Astrología, astronomía, *la ciencia que trata de la naturaleza y movimiento de los astros.*

**Astrŏlŏgus,** i. *m. Cic.* Astrólogo, astrónomo, el que conoce los astros y juzga de su influencia. ‖ Epíteto de Hércules.

**Astronŏmia,** ae. *f. Cic.* La astronomía, la ciencia del curso y movimiento de los astros.

**Astronŏmĭcus,** a, um. *Man.* De la astronomía, astronómico.

**Astronŏmus,** i. *m. Jul. Firm.* Astrónomo, *el que tiene conocimiento del curso y movimiento de los astros.*

**Astructio,** ōnis. *f. Marc. Cap.* Construccion, fábrica. ‖ Invencion, composicion. ‖ Adicion.

**Astructor,** ōris. *m. Ven. Fort.* Constructor, arquitecto. ‖ Inventor, compositor.

**Astructus,** a, um. *Apul. part.* de Astruo.

**Astrum,** i. *n. Virg.* El astro, cuerpo luminoso del cielo, *como sol, luna, otros planetas y estrellas.* ‖ Constelacion, signo que consta de varias estrellas. *Astro malo natus. Petron.* Nacido con mal signo. *Astris cadentibus. Virg.* Al alba.— *Surgentibus. Virg.* Al anochecer. *In astra ferre. Cic.* Levantar hasta el cielo.

**Astruo,** is, xi, ctum, ĕre. *a. Ces.* Fabricar, edificar, construir cerca, junto á. ‖ Añadir. ‖ *Marc.* Atribuir. ‖ *Quint.* Fingir, añadir inventando. ‖ *Plin.* Afirmar, aseverar, asegurar.

Astu. *indecl. n. Cic.* La ciudad de Atenas entre los griegos, como *Urbs* la ciudad de Roma entre los latinos. *An in Astu venit? Ter.* ¿Ha venido á la ciudad?

Astu. *ablat. Tert. V.* Astute.

† Astŭla, ae. *f. Plin.* ó mas bien Assula. La viruta que se saca de la madera cuando se alisa.

† Astŭlosus, a, um. *Marcel. Emp.* Abundante de virutas, ó lo que pertenece á ellas.

Astŭpeo, ēs, pui, ēre. *n. Sen.* Pasmarse, admirarse, quedarse sorprendido. *Astupere divitiis. Sen.* Dejarse llevar como pasmado de admiracion de las riquezas.

Astur, ŭris. *com. Marc.* El asturiano, el natural de Asturias. ‖ *Jul. Firm.* Especie de gavilan ó alcon.

Astŭra, ae. *m. Cic.* Rio, isla y ciudad del Lacio.

Asturco, ōnis. *m. Plin.* Caballo asturiano, *muy estimado de los antiguos.*

Astŭria, ae. *f. Plin.* El principado de Asturias en España.

Astŭrĭca, ae. *f. Plin.* Astorga, *ciudad de España sobre el rio Tera.*

Astŭrĭcus, a, um. *Plin.* Asturiano, de Asturias. ‖ Natural de Astorga ó cosa de esta ciudad.

Astŭrum lucus. *f.* Oviedo, *ciudad capital de Asturias en España.*

Astus, ŭs. *m. Tac.* La astucia, ardid, maña, cautela, malicia, sagacidad, estratagema, arte para engañar.

Astus, a, um. *Plaut.* en lugar de Astutus.

Astŭte, ius, issĭme. *adv. Cic.* Astutamente, astutísimamente, sagazmente, con malicia.

Astŭtia, ae. *f. Cic. V.* Astus. ‖ *Cic.* Agudeza, sagacidad, prudencia sin daño de otro.

Astŭtŭlus, a, um. *Apul. dim. de* Astutus. Maliciosillo, tramposillo.

Astŭtus, a, um, tior, tissĭmus. *Cic.* Astuto, cauteloso, sagaz, malicioso. ‖ Diestro, prudente.

Astyanax, actis. *m. Ov.* Astianacte, *hijo de Andrómaca y Hector, troyanos.*

Astỹcus, a, um. *Suet.* Perteneciente á la ciudad de Atenas.

Astỹlis, idis, ó Astytis. *f. Plin.* Especie de lechuga casi redonda, romana.

Astypalaea, ae. *f. Plin.* Estimpalea, *isla del mar carpacio, una de las Cicladas.*

Astypalaeicus, a, um. *y*

Astypalaeius, a, um. *Ov.* Perteneciente á la isla Estimpalea.

Asỹlia, ae. *f. Bud.* La inmunidad, el privilegio que tienen algunas iglesias para que no se puedan sacar de ellas ciertos reos.

Asỹlum, i. *n. Liv.* El asilo, refugio, sagrado, lugar de seguridad.

\* Asymbŏlus, a, um. *Ter.* El que no paga su escote en el convite.

\* Asyndĕton, y Asynthĕton, i. *n. Cic.* Asínteton, *figura retórica en que se dicen varias cosas sin conjunciones que las unan. v. g. Gere morem parenti, parce cognatis, obsequere amicis, obtempera legibus.*

\* Asynthĕtus, a, um. Lo que va suelto, sin union ni enlace. ‖ Claro, puro, trasparente.

\* Asystătos. *Lact.* Instable, inconstante.

## AT

At. *conjuncion advers.* Pero, mas, con todo, no obstante, sin embargo, á lo menos. *At quem. Cic.* En lugar de *Ad quem. At videte hominis audaciam. Cic.* Pero ved el atrevimiento de este hombre. *At enim. At vero* se juntan con elegancia. *At mihi unus scrupulus restat. Ter.* Sin embargo me queda un escrúpulo. — *Postridie, si non eodem die Cat.* Á lo menos mañana, ya que no sea en el dia.

Atabŭlus, i. *m. Plin.* Viento nordeste, particular de la Pulla, *donde con su mucha frialdad hace grande daño en los campos.*

Atabyria, ae. *f. Plin.* Epíteto de la isla de Rodas, asi llamada de

Atabyrium, ii. *n. Plin.* Un monte de la isla de Rodas. De este mismo se dijo *Atabyrius Jupiter,* por un templo que tenia en este monte. *Estr.* O de un rey de la isla llamada Atabirio.

Atăcĭni, ōrum. *m. plur. Hor.* Los naturales del territorio de Narbona.

Atăcīnus, a, um. *Hor.* Perteneciente al Aude, *rio de Francia en el bajo Lenguadoc. V.* Atax.

Atagen. *V.* Attagen.

Atalanta, ae. *f. Ov.* Atalanta, *hija de Jasio, rey de Arcadia, y muger de Meleagro, rey de Calidonia.*

Atalanta, ae. *f. Hig.* Atalanta, *muger de Hipómenes, que la ganó á correr, arrojándole las tres manzanas de oro.*

Atalantaeus, ó Atalanteus, a, um. *Estac.* De Atalanta.

Atalantiades, ae. *m. Estac.* Partenopeo, *hijo de Atalanta.*

Atanŭvlum, ii. *n. Fest.* Vaso de barro de que usaban en los sacrificios los sacerdotes Poticios.

Atargătis, ĭdis. *f. Plin.* Diosa de los asirios, medio muger y medio pez. Se halla tambien llamada con los nombres Atargata, Atergatis, Adergatis, Adargitis, Adargidis, Derceto y Derce.

Aternĭtes, ae. *m. Ov.* Hermias, *tirano de Atarna, ciudad de Misia.*

Ataroth. *indecl. Bibl.* Ataroth, *ciudad de la tribu de Gad.*

Atăvia, ae. *f. Cay. Jct.* Cuarta abuela.

Atăvīnus, a, um. *Tibul.* El que vive á las orillas del Aude, *rio de Lenguadoc.*

Atăvus, i. *m. Cic.* Cuarto abuelo. ‖ *Hor.* Antepasado, ascendiente.

Atax, ăcis. *m. Luc.* El Aude, *rio del bajo Lenguadoc, en Francia.*

Ataxia, ae. *f.* El desórden, desarreglo, confusion.

Ate. es. *f.* Diosa del mal, *que segun los poetas, solo se ocupa en hacer mal.*

Atechnia, ae. *f. Quint.* Ignorancia, ineptitud, incapacidad.

Atella, ae. *f. Cic.* Ciudad de Campania.

Atellāni, ōrum. *m. plur.* Los habitantes de la ciudad de Atela.

Atellānĭcus, a, um. *Suet.* Perteneciente á las fábulas atelanas, poemas jocosos y ridículos.

Atellānius, a, um. *Cic. V.* Atellanicus.

Atellānus, a, um. *Cic.* De la ciudad de Atela. *Atellana fabula,* y Atellana, ae. *Juv.* Poema ridículo para mover la risa al fin de la comedia ó tragedia, al modo de nuestros entremeses.

Atellānus, i. *m. Cic.* El cómico que representaba estas fábulas.

Ater, atra, atrum. *Cic.* Negro, oscuro. ‖ Feo, torpe. Funesto, infeliz, lúgubre, triste. ‖ Oscuro, difícil, intrincado. ‖ Envidioso, maligno, maldiciente. ‖ Molesto, enfadoso, grave, pesado, trabajoso. *Ater homo. Cat.* Hombre negro, moreno. — *Panis. Ter.* Pan bazo, moreno. — *Odor. Virg.* Mal olor. — *Atra bilis. Cic.* Atrabilis, cólera negra. — *Cura. Hor.* Cuidado enojoso. — *Dies. Virg.* Dia funesto. — *Tempestas. Virg.* Tempestad terrible. — *Tigris. Virg.* Tigre cruel. — *Hiems. Virg.* Invierno crudo. — *Atrum nemus. Virg.* Bosque espeso, sombrío. — *Mare. Hor.* Mar tempestuoso. — *Vinum. Plaut.* Vino cubierto, negro. — *Agmen. Virg.* Tropa de gente, que apenas se puede ver por el polvo que levanta. — *Olus. Colum.* Especie de hortaliza.

Atergătis, ĭdis. *f.* Atergatis. Diosa de los ascalonitas, la mitad muger y la mitad pez, como sirena.

Aternum, i. *n.* Pescara, *ciudad del reino de Nápoles.*

Aternus, i. *m. Plin.* El rio Pescara de Italia.

Ateste, es. *f. Plin.* Este, *ciudad del estado de Venecia.*

Atestīnus, a, um. *Marc.* De la ciudad de Este.

† Athăcus, i. *m. Bibl.* Especie de pájaro de cuatro pies.

Athămanĭa, ae. *f. Liv.* Provincia de Etolia ó de Epiro.

Athămānis, ĭdis. *f. Ov.* La muger de Atamania.

Athămantes, y Athamanes, um. *m. plur. Cic.* Los naturales de Epiro.

Athămantēus, a, um. *Ov.* y Athămantĭcus, a, um. ó Athămantĭădes, um. *com. plur. Ov.* Que trae su orígen de Atamante.

Athămantis, ĭdis. *patr. f. Ov.* Hele hija de Atamante.

Athămănus, a, um. *Prop.* De Atamania.

Athămas, antis. *m. Ov.* Atamante, *rey de Tebas.* ‖ Monte de Tesalia.

Athănasius, ii. m. Atanasio, *nombre de varon.*
*Athănătos, i. m. Bibl.* Inmortal.
Athēra, ae. f. *Plin.* Papilla para los niños. V. Athera.
Atheia, ae. f. y
Atheismus, i. m. Ateismo, *la impiedad que niega la existencia de Dios.*
Athēnae, ārum. f. plur. *Plin.* Atenas, *ciudad de Grecia.*
Athenaei, ōrum. m. plur. Los naturales de Atenas; no de la Ática, sino de otra de las tres que cuenta Varron, y otros añaden hasta nueve.
Athēnaeum, i. n. Templo de Minerva en Atenas *donde ofrecian sus obras los autores griegos, como los poetas romanos en el de Apolo.* || *Lamprid.* Academia, escuela pública, lugar donde se ejercitan las artes y ciencias.
Athēnaeus, a, um. *Lucr.* De Atenas, ateniense.
Athēnĭca, ōrum. n. plur. *Treb. Pol.* Bibliotecas en que se guardan los monumentos literarios.
Athēniensis. m. f. sĕ. n. is. *Cic.* Ateniense, perteneciente á la ciudad de Atenas.
Athēnŏpŏlis, is. f. Marsella, ciudad y puerto en Provenza.
Athĕra, ae. f. *Plin.* Atera, *especie de puches ó polsada, hecha de almidon, de espelta, ó de cualquier género de harina.*
Atherīna lex. f. *Gel.* Ley del cónsul Aterio Fontinal, *que estableció la multa de 10 ases por cada oveja, y 100 por cada buey.*
Atherōma, ătis. n. *Cels.* Absceso, *tumor que sale por lo comun en la cabeza.*
Athēsis, is. m. *Virg.* El Adige, *rio de Venecia.*
Atheus, y Atheos, i. m. *Cic.* Ateo, ateista, el que niega la existencia Dios.
Athlēta, ae. m *Cic.* El atleta, luchador ó competidor en los juegos públicos.
Athlētĭca, ae. ó
Athlētĭce, es. f. *Plin.* El ejercicio ó profesion del atleta.
Athlētĭce. adv. *Plaut.* Al modo de los atletas. *Athletice valere. Plaut.* Tener la salud de un atleta, fuerte, robusta.
Athlētĭcus, a, um. *Cels.* De los atletas.
*Athlon, i. n. *Petr.* El premio de los atletas. || El trabajo de sus certámenes.
*Athlos, i. m. *Hig.* El certámen ó juego de los atletas.
Athlothēta, ae. m. *Suet.* ó
*Athlotētes, ae. m. El juez de los certámenes, el que da el premio, el que los dispone.
Atho, y Athon, ōnis. y Athos, i. m. *Plin.* El monte Atos de Macedonia, *Monte santo.*
*Athrismus, ó Athroesmus, ó Athroismus, i. m. Figura retórica *en que se juntan con brevedad diversos sentidos en una misma cláusula.*
Athyr. indecl. El tercer mes de los egipcios que corresponde á noviembre, *asi llamado de Venus, á quien llamaban Ator.*
Atia lex. *Dion.* Ley promulgada por el tribuno del pueblo Tito Atio Labieno, *para que el pueblo eligiese los sacerdotes.*
†Atigeris. adv. *Fest.* V. Statim.
Atilia lex. *Liv.* Ley promulgada por el tribuno del pueblo Lucio Atilio sobre los rendidos por armas. || Otra sobre dar tutores el pretor y la mayor parte de los tribunos á las mugeres y pupilos que no los tuvieren. || Otra sobre crear el pueblo los diez y seis tribunos militares.
Atiliānus, a. um. *Cic.* De Atilio, *nombre romano.*
Atīna, ae. f. *Virg.* Ciudad y colonia de Lacio. || *Plin.* Otra en Venecia arruinada.
Atīnas, ātis. com. *Cic.* De la ciudad de Atina.
Atinia, ae. f. *Colum.* Especie de olmo. *Atinia lex. Gel.* Ley romana sobre recibir á los tribunos del pueblo en el número de los senadores. || Otra que prohibia la prescripcion de las cosas hurtadas.
Atizōes, ae. f. *Plin.* Especie de piedra preciosa de color de plata.
Atlantes, um. m. plur. *Plin.* Pueblos de Libia que degeneran de todas las costumbres humanas. || *Vitr.* Atlantes ó telamones, *estatuas de hombres que se ponen en lugar de colunas en el órden atlántico.* || Los gigantes.

Atlantēus, a, um. *Hor.* y
Atlantĭăcus, a, um. *Auson.* Atlántico, perteneciente á Atlante.
Atlantiădes, ae. m. f. *Ov. patr.* Mercurio, *nieto de Atlante.*
Atlantias, dis. f. patr. *Sil. Ital.* De Atlante, sus hijas las Pléyades.
Atlantĭcum, i. n. *Cic.* El mar atlántico, el océano.
Atlantĭcus, a, um. *Cic.* Atlántico, de Atlante.
Atlantĭdes, ĭdum. f. plur. *Virg.* Las hijas de Atlante. || Las islas Fortunadas, las Canarias.
Atlantion, ii. n. *Plin.* Nombre de la extrema vertebra del cuello inmediata á la espalda, que sostiene á todas las demas.
Atlantis, ĭdis. f. *Virg.* ó
Atlantius, a, um. *Plin.* Que trae su orígen del monte Atlas. || Perteneciente al mar atlántico. || Sobrenombre de Mercurio, *nieto de Atlante.* || *Atlantides,* nombre de las estrellas Virgilias ó Pléyadas, y de las Hyadas, *hijas de Atlante.*
Atlantius nodus. *Plin.* La nuca, la parte superior del espinazo, *que está entre la primera y segunda vertebra, y le une con la cabeza.*
Atlas, antis. m. *Virg.* Atlas, *monte de África.* || Nombre de un rey de Mauritania, sabio astrónomo, *de quien fingen los poetas que llevaba el cielo sobre sus hombros.*
Atmosphaera, ae. f. La atmósfera, la esfera que se forma al rededor y cerca de la tierra de los vapores que ella misma exala.
Atnĕpos, ōtis. m. Nieto del biznieto ó biznieta.
Atneptis, is. f. Nieta del biznieto ó biznieta.
*Atōcium, ii. n. *Plin.* Medicamento que causa esterilidad en las mugeres.
Atōcius, a, um. *Plin.* Lo que impide la concepcion, que causa esterilidad.
Atŏmus, i. f. *Cic.* El átomo, cuerpo indivisible.
†Atŏpēma, ătis. n. y
†Atŏpia, ae. f. Necedad, tontera de hecho ó de palabra.
Atŏpus, a, um. Necio, simple.
Atque. *Cic.* Y, *conjuncion copulativa que se pone por lo comun delante de las vocales.* || Al instante, al punto, al momento. || Á la verdad, cierto, ciertamente. || Del mismo modo. *Atque illum praeceps rapit. Virg.* Le arrebata, le precipita al instante.—*Ipsis commentum placet. Ter.* Con todo, ellos creen esta mentira. *Nullus atque is est. Cic.* Nadie es como él. *Bellus atque optabam. Plaut.* Hermoso como yo le queria. *Atque ego qui te confirmo. Cic.* Pero yo, que confirmo tu pensamiento.—*Vides. Plaut.* Pero ya ves. *Atque exorta est semel. Plaut.* Una vez que salió. *Aliter, contra,* ó *secus atque ante. Cic.* De otro modo, al contrario que antes. *Atque aliquis dicat. Ter.* Pero, aunque alguno dirá. *Atque id hyemis tempore. Quint.* Y esto especialmente en invierno. *A veces no sirve mas que para adorno; y otras se reduplica para añadir fuerza. Atque, atque ascendit muros romana juventus. Gel.* Se abalanza á porfia á las murallas la tropa romana.
Atqui. conj. advers. *Cic.* Mas, pero, con todo, con todo eso, sin embargo. || Cierto, ciertamente, en verdad, verdaderamente. *Atqui si illam attigerit. Ter.* Pero si él la tocare. *Atqui habeatur necesse est. Cic.* Pues es preciso que le haya. *Sirve con mucha elegancia para continuacion del discurso; como Atqui si, Atqui etiam, Atqui si tempus est ullum. Cic.* Pues si hay algun tiempo. *Y para las asunciones, ilaciones ó pruebas de un silogismo. Atqui pares esse virtutes perspici potest. Cic.* Es así que las virtudes son iguales.
Atquin. *Plaut.* V. Atqui.
Atrăces, acum. m. plur. *Plin.* Pueblos de Etolia junto al rio Atrace. || Pueblos de Tesalia.
Atracīdes, ae. m. *Ov.* Cenio Tésalo, *natural de Atrace, ciudad de Tesalia.*
Atrăcis, ĭdis. f. patron. *Ov.* Hipodamia, *hija de Atrace, ó natural de Tesalia.*
Atrăcius, a, um. *Prop.* Del rio Atrace de Etolia. || *Atracia Virgo. Val. Flac.* Hipodamia.

L

El arte mágica profesada de los tésalos.

**Atractylis**, ctylĭdis. *f. Plin.* El atril, planta espinosa semejante al cartamo, y una de las especies de cardo santo. *Es buena contra la mordedura de animales venenosos.*

†**Atramen**, ĭnis. *n.* La negrura.

†**Atramentarium**, ii. *n.* El tintero.

†**Atramentarius**, a, um. Perteneciente á la tinta.

**Atramentum**, i. *n. Cic.* La tinta, tinte, licor negro. ‖ *Plin.* El licor negro que escupe la gibia, con que enturbia el agua, y se oculta de los pescadores. *Atramentum scriptorium. Cic.* Tinta para escribir.—*Librarium. Vitruv.* Lo mismo que *scriptorium; y ahora se puede llamar así el barniz ó tinta de la imprenta. Sutorium. Plin.* El tinte de los zapateros. *Atramento sutorio absolutus. Cic.* Absuelto con un decreto denigrativo.

**Atramitae**, ārum. *m. plur. Plin.* Pueblos de la Arabia.

**Atramitĭcus**, a, um. *Plin.* De los atramitas, como *el incienso y mirra de su tierra, que es el celebrado.*

**Atrātus**, a, um. *Cic.* Ennegrecido, teñido, puesto, dado de negro. ‖ Enlutado.

**Atrax**, ăcis. *m. Plin.* Rio de Etolia. ‖ Ciudad de Tesalia. ‖ El padre de Hipodamia.

**Atrebas**, ătis. *com. Ces.* El natural de Arras ó de Artois.

**Atrebăte**, is. *f.* ó

**Atrebātes**, um, ó tium. *m. plur. Cic.* Pueblos de la Galia céltica, hoy Artois.

**Atrebatĭcus**, a, um. *Treb. Pol.* De Atras, de Artois.

**Atreus**, i. *m. Sen.* Atreo, *hijo de Pelope é Hipodamia, rey de Micenas, enemigo mortal de su hermano Tiestes.*

**Atrēus**, a, um. *Estac.* Lo perteneciente á Atreo.

**Atria**, ae. *f.* La ciudad de Venecia.

**Atriariōrum paludes**. Los lagos de Venecia en la embocadura del Pó.

**Atriārius**, a, um. *Ulp.* Del zaguan ó portal.

**Atriārius**, ii. *m. Dig.* Siervo que cuida del atrio.

**Atricăpilla**, ae. *f. Plin.* El becafigo, pájaro pequeño de color ceniciento, menos la cabeza, que es negra.

**Atricŏlor**, ōris. *com. Plin.* Negro, de color negro, oscuro.

**Atrīdes**, y **Atrīda**, ae. *m. patron. Ov.* Hijo de Atreo: *dícese comunmente de Agamemnon y Menelao.*

**Atriensis**. *m. f. sē. is. Cic.* Siervo mas distinguido que los demas, como mayordomo de una casa.

†**Atrilĭcium**, ii. *n. Asc. Ped.* El portal donde trabaja el tejedor.

**Atriŏlum**, i. *n. Cic.* Portal, zaguan pequeño.

**Atriplex**, ĭcis. *f. Plin.* El armuelle, *especie de hortaliza.*

**Atriplexum**, i. *n. Fest. V.* Atriplex.

**Atrītas**, ātis. *f. Plin.* La negrura, negror, ó negregura, color negro.

**Atrium**, ii. *n. Varr.* El zaguan, portal. ‖ Corrral, patio.

**Atrōcĭtas**, ātis. *f. Cic.* Atrocidad, inhumanidad, crueldad, maldad, barbaridad, fiereza. *Atrocitas sceleris. Salust.* La enormidad de un delito.—*Temporum. Suet.* La desgracia de los tiempos. *Morum. Tac.* Aspereza de costumbres. *Quomodo atrocitas ista irruperit nescio. Cic.* No sé cómo se introdujo esta dureza, insensibilidad.

**Atrōcĭter**, cius, cisĭme. *adv. Cic.* Atrozmente, de una manera cruel, atroz, enorme, bárbara, fiera, inhumana. *Atrociter aliquid accipere. Tac.* Tomar, llevar una cosa muy á mal. *Atrociter ferre. Cic.* Promulgar una ley muy severa.

*****Atrŏpha**, ōrum. *n. plur.* Miembros entorpecidos que no les aprovecha el alimento.

**Atrŏphia**, ae. *f. Cels.* Atrofia, *enfermedad que impide la nutricion.*

**Atrŏphus**, a, um. *Plin.* Atrófico, el que padece la enfermedad de atrofia.

*****Atrŏpos**, i. *f. Marc.* Atropos, una de las tres parcas; *quiere decir inexorable.*

**Atror**, ōris. *f. Gel. V.* Atritas.

**Atrōtus**, a, um. *Hig.* Invulnerable.

**Atrox**, ōcis. *comp.* cior, cius, cissĭmus. *Cic.* Atroz, cruel, bárbaro, inhumano, terrible, fiero. ‖ Crudo. ‖ Áspero. ‖ Acerbo, infeliz, funesto. *Atrox odii faemina. Tac.* Muger de un odio implacable.—*Spectaculum. Tac.* Espectáculo bárbaro.—*Negotium. Salust.* Negocio difícil.—*Animus Catonis. Hor.* La constancia, el genio severo de Caton. *Genus orationis. Cic.* Estilo duro.—*Facinus. Sen.* Delito atroz.—*Coelum. Plin.* Tiempo crudo. *Atrocior rabies. Tac.* Rabia mas cruel. *Atrocissima suspicio. Cic.* Sospecha muy vehemente.

**Atrusca**, ae. *f. Macrob.* Una especie de uva.

**Atta**, ae. *m. Fest.* Nombre que los niños daban á los ancianos por reverencia. ‖ *Hor.* El que por enfermedad de las piernas ó de los pies los sienta solo de puntas.

**Attăceo**, es, cui, cĭtum, ēre. *a. Cic.* Callar con otros.

**Attactus**, us. *m. Virg.* El tacto, el acto de tocar ó palpar. *No se halla ejemplo mas que del ablativo.*

**Attactus**, a, um. *part. de* Attingo. *Plaut.* Tocado, palpado, tentado.

**Attăcum**, i. *n.* Tarragona, *ciudad arzobispal de España.*

**Attacus**, i. *m. Bibl.* Especie de insecto. *V.* Attelabus.

**Attăgen**, ĕnis. *m. Plin.* ó

**Attăgēna**, ae. *f. Marc.* El francolin, ave.

**Attăgus**, i. *m. Arnob.* El macho cabrío, cabron.

**Attalensis**. *m. f. sē. n. is. Plin.* Perteneciente á la ciudad de Atalia en la Eolide, ó de Misia en el Asia.

**Attalĭcus**, a, um. *Hor.* Perteneciente al rey Átalo.

**Attălus**, i. *m. Plin.* Átalo, *rey de Pérgamo, que poseyó muchas riquezas.*

**Attămen**. *conj. adv. Cic.* Con todo eso, no obstante, sin embargo, con todo, pero, mas.

**Attāmĭno**, as, āvi, ātum, āre. *a. Aur. Vict.* Manchar, contaminar, corromper, echar á perder. ‖ *Capit.* Tomar tocar á lo que no es lícito.

**Attat**. *V.* At, At.

**Attate**. *interj. Plaut.* Tate, ta, *interjeccion con que se significa haber venido á la memoria alguna especie.*

**Attĕger**, gra, grum. *Fest.* Disminuido, reducido á menos.

**Attĕgro**, as, āvi, ātum, āre. *a. Fest.* Disminuir, reducir á menos.

**Attĕhia**, ae. *f. Juv.* La cabaña, choza.

**Attĕlăbus**, i. *m. Plin.* Langosta sin alas, de la especie mas pequeña.

**Attempĕrāte**, ius, issĭme. *adv. Ter.* Atemperada, moderada, blanda, templadamente.

**Attempĕrātus**, a, um. *Vitruv.* Atemperado, acomodado, adecuado.

**Attempĕro**, as, āvi, ātum, āre. *a. Sen.* Atemperar, acomodar, ajustar. *Attemperare sibi gladium. Sen.* Proporcionarse el golpe de la espada, exponerse á él: *como hacian los gladiadores vencidos, si el pueblo lo mandaba.*

**Attendo**, is, di, entum, dĕre. *a. Cic.* Poner atencion, reflexion, cuidado, aplicacion. ‖ Advertir, observar, escuchar. *Attendere aliquem. Cic. Alicui. Plin.* Escuchar, estar atento á lo que uno dice.—*Aliquid, ad aliquid, de aliqua re. Cic. Alicui rei. Plin.* Considerar una cosa con atencion.—*Verba. Cic.* Pesar las palabras.—*Animum. Liv. Animo. Ter. Animum. Cic.* Poner cuidado, atender.

**Attentātio**, ōnis. *f. Simp.* La accion de atentar ó tocar.

**Attentātus**, a, um. *part. de* Attento. *Cic.* Atentado. ‖ Intentado, empezado. *Attentata defectio. Cic.* Tumulto intentado.

**Attente**, ius, issĭme. *Cic.* Atentamente, con atencion, con cuidado, con advertencia, con reflexion, con tiento, atentadamente, con aplicacion, con madurez. *Attentius cogitare. Cic.* Pensar con mas madurez. *Attentissime audire. Cic.* Oir con muchísima atencion.

**Attentio**, ōnis. *f.* Atencion, cuidado, advertencia, aplicacion, quietud, silencio con que se oye. ‖ Vigilancia, reflexion, intension del ánimo.

**Attento**, ās, āvi, ātum, āre. *a. Cic.* Atentar, tentar, intentar, acometer, emprender. ‖ Empezar, probar, sondear. ‖ Atacar, acometer. ‖ Solicitar. ‖ Sonsacar. *Attentare fidem auditoris. Cic.* Procurar sorprender la buena fe del oyente.—*Annonam. Ulp.* Procurar encarecer los víveres.

**Attentus**, a, um. *part. de* Attendo. *Cic.* Atento, aplicado, dedicado, cuidadoso, vigilante, diligente. ‖ *Hig.* Tendido, extendido.

**Attĕnuātē, ius, issĭmē.** *adv. Cic.* Sencilla, bajamente, con estilo humilde.

**Attĕnŭātĭo, ōnis.** *f. Cic.* Atenuacion, estenuacion, la accion de estenuar, comprimir y enflaquecer. ‖ Minoracion, brevedad, concision.

**Attĕnŭātus, a, um.** *Liv.* Atenuado, adelgazado, enflaquecido, disminuido, estenuado, minorado. ‖ *Cic.* Conciso, breve. *part. de*

**Attĕnŭo, ās, āvi, ātum, āre.** *a. Plin.* Atenuar, estenuar, adelgazar, enflaquecer, disminuir, minorar. ‖ Bajar, el estilo. *Lingua felis attenuat cutem hominis. Plin.* La lengua del gato raspa el cútis del hombre.

**Attĕro, is, trīvi, trītum, tĕrĕre.** *a. Plin.* Frotar, flotar, estregar, sobajar con las manos. ‖ Disminuir, debilitar, enflaquecer, gastar. ‖ Trillar, quebrantar, pisar. *Atterere famam, atque pudorem. Salust.* Hacer perder la fama y la vergüenza.—*Opes imperii. Salust.* Consumir las fuerzas del imperio, agotar sus caudales. *Asini atterunt se spinetis. Plin.* Los asnos se rascan contra los matorrales. *Atterere herbas. Virg.* Pisar la yerba.

**Attestans, tis.** *com. Cic.* El que atesta, testifica, da testimonio. *Attestante omnium memoria. Cic.* Segun el testimonio de todo el mundo; segun la voz pública.

**Attestātĭo, ōnis.** *f. Macrob.* Atestacion, deposicion del testigo que testifica y afirma.

**Attestātor, ōris.** *m. Plin.* El testigo que da testimonio, que testifica y afirma.

**Attestātus, a, um.** *Sen.* Atestado, testificado, traido por testigo. ‖ *Plin.* Atestiguado, depuesto, apoyado, asegurado, comprobado con testigos.

**Attestor, āris, ātus sum, āri.** *dep. Cic.* Atestiguar, atestar, deponer, apoyar, declarar, testificar, comprobar como testigo; traer por testigo. *Attestari aliquem. Cic.* Llamar á uno por testigo.

**Attexo, is, xui, textum, xĕre.** *a. Ces.* Tejer juntamente, añadir tejiendo. ‖ Juntar, añadir, unir.

**Atthis, ĭdis.** *f. Marc.* Atis, hija de Cranao, rey de Atenas. ‖ *Marc.* Ateniense ó de la Ática. ‖ *Mel.* La provincia de Ática. ‖ *Marc.* El ruiseñor, ave. ‖ *Marc.* La golondrina, ave.

**Attĭca, ae.** *f. Plin.* La Ática, *provincia de Grecia, el territorio de Atenas.*

**Attĭce, es.** *f. Cels.* El ocre, *tierra amarilla de que usan los pintores.*

**Attĭce.** *adv. Cic.* Al modo de los atenienses. *Attice loqui. Cic.* Hablar culto, áticamente, ó al estilo de Atenas.

**Attĭcismus, i.** *m. Cic.* El aticismo, *la manera de hablar de los atenienses, la mas propia y elegante de los griegos.*

**Attĭcisso, ās, āvi, ātum, āre.** *n. Plaut.* Hablar como los atenienses, afectar su modo de hablar.

**Attĭcurges, is.** *com. Vitruv.* Hecho por orden ático de arquitectura.

**Attĭcus, a, um.** *Plin.* De la Ática ó de Atenas, ateniense, ático.

**Attĭgi.** *pret. de* Attingo.

† **Attigo, is, ĕre.** *V.* Attingo.

**Attiguus, a, um.** *Apul.* Contiguo, vecino, próximo, cercano, inmediato.

**Attilia, lex.** *f.* Ley sobre las tutelas.

**Attilianus,** tutor. Tutor elegido segun la ley atilia.

**Attilus, i.** *m. Plin.* Atilo, *pez del Pó, que llega á crecer mucho, y no se puede sacar sino tirado de bueyes con garruchas de hierro.*

**Attinae, ārum.** *f. plur. Sic. Flac.* Monton de piedras para señalar los términos de los campos.

**Attĭneo, ēs, tĭnuj, tentum, nēre.** *a. Plaut.* Tener, detener, retener. ‖ Ocupar, guardar. ‖ *Impers.* Pertenecer, tocar, mirar. ‖ Importar, ser útil, necesario. *Attinere aliquem custodia. Tac.* Tener á uno en custodia, preso.—*Spe pacis. Salust.* Entretener, detener con esperanza de paz.—*Impetum. Tac.* Detener, cortar el ímpetu. *Attineri domi studiis. Tac.* Quedarse en casa para estudiar. *Attinet ad me, quid istud? Plaut.* ¿Qué me importa esto?—*Quod ad me. Cic.* Por mí, por lo que á mí toca, en orden á mí, en cuanto á mí.—*Quid plura dicere? Cic.* ¿Para qué se ha de decir mas? ¿Para qué, de qué sirve estenderse mas? *Attinuit quia nihil, non venit. Cic.* No vino, porque no era menester. *Scytae ad Tanaim amnem attinent. Curc.* Los escitas llegan hasta el rio Tanais.

**Attingo, is, tĭgi, tactum, tingĕre.** *a. Cic.* Tocar, palpar, llegar con el pie ó la mano á alguna cosa. ‖ Llegar á algun lugar. ‖ Ser confinante. ‖ Pertenecer. *Attingere extremis digitis. Cic.* Tocar con las puntas de los dedos.—*Summas. Nep.* Tocar solo los puntos principales.—*Ciliciam. Cic.* Tocar, llegar á la Cilicia.—*Leviter graecas litteras. Cic.* Tomar una tintura de la lengua griega.—*Cognatione. Cic.* Ser pariente.—*Rem ad verbum. Cic.* Llamar una cosa por su nombre.—*Rempublicam. Cic.* Entrar en el manejo de la república. *Ut seditionem attigit. Tac.* Cuando llegó al punto de la sedicion.

**Attĭnui.** *pret. de* Attineo.

**Attis, ĭdis.** *f. Lucr. V.* Atthis.

**Attollo, is, tollĕre.** *a. Liv.* Levantar, alzar. ‖ Engrandecer, ensalzar, elevar. ‖ Aclamar. ‖ *Pacuv.* Quitar. *Attollere partum. Plin.* Criar el hijo.—*Pallium. Ter.* Arregazar, enfaldar, recoger, arrollar la capa. *Virtutibus res principum attolluntur. Aur. Vict.* Los hechos de los príncipes se ensalzan por sus virtudes.

**Attondeo, ēs, di, sum, dēre.** *a. Virg.* Tundir, trasquilar, cortar, rapar, pelar. ‖ Podar. *Attondere virgulta. Virg.* Pacer la yerba.—*Ulmos. Plaut.* Podar los olmos.—*Aliquem auro doctis dolis. Plaut.* Estafar, sacar el dinero á uno con maña.

**Attŏnĭtē.** *adv. Plin.* Con espanto y admiracion.

**Attŏnĭtus, a, um.** *Cic.* Atónito, pasmado, espantado, admirado. ‖ *Petr.* Furioso, incitado, perturbado, fuera de sí. ‖ *Virg.* Inspirado de una deidad. ‖ *Virg.* Admirable, pasmoso. ‖ *part. de*

**Attŏno, ās, nui, ĭtum, āre.** *a. Sen.* Atronar, aturdir y confundir con el tronido. ‖ *Ov.* Dejar atónito, espantado, suspenso, aturdido, admirado.

**Attonsus, a, um.** *part. de* Attondeo. *Cels.* Trasquilado, rapado, pelado, cortado, tundido al rededor. *Attonsa arva. Luc.* Campos segados, rasos, pacidos. *Attonsa laus. Cic.* Alabanza, gloria oscurecida.

**Attŏnui.** *pret. de* Attono.

**Attorreo, ēs, ui, tostum, rēre.** *a. Apic.* Tostar mucho, asar. *V.* Torreo.

**Attractĭo, ōnis.** *f. Quint.* La atraccion, la accion de atraer y arrastrar hácia sí.

† **Attractōrius, a, um.** *Macrob.* Atractivo, que tiene virtud de atraer á sí.

**Attractus, a, um.** *Cels.* Atraido, traido hácia sí. ‖ *Sen.* Arrugado.

**Attractus, us.** *m. Dict. Cret.* La atraccion, la accion de atraer hácia sí.

**Attrăho, is, xi, ctum, hĕre.** *a. Cic.* Atraer, traer hácia sí. *Attrahere animam. Plin.* Respirar, echar el aliento.—*Aliquem ad se. Cic.* Reducir á uno á su partido, ganarle.—*Aliquem ad aliquid. Cic.* Aficionar, empeñar, meter á uno en una cosa.—*Ad judicis subtelia. Cic.* Traer á uno arrastrando, por fuerza ante el tribunal del juez.

**Attrĕbāti, ōrum.** *m. plur.* Los naturales de Bercshire en Inglaterra.

**Attrectātĭo, ōnis.** *f. Cels.* y

**Attrectātus, us.** *m. Cic.* El tocamiento, la accion de tocar ó llegar con la mano.

**Attrectātus, a, um.** *Gel.* Tocado, manoseado. *part. de*

**Attrecto, ās, āvi, ātum, āre.** *a. Cic.* Tocar, palpar, manosear. ‖ *Tac.* Intentar, emprender.

**Attrĕmo, is, ui, ĕre.** *n. Estac.* Estremecerse, temblar, amedrentarse mucho. *Attremere loquenti. Estac.* Temblar á la voz de alguno.—*Oranti. Estac.* Moverse á los ruegos.

**Attrĕpĭdātē.** *adv. Plaut.* Al modo que andan los niños y los viejos, temblequeando.

**Attrĕpĭdo, ās, āvi, ātum, āre.** *n. Plaut.* Temblequear ó tembletear, moverse perturbadamente, como los niños y los viejos cuando quieren andar de prisa.

**Attrĭbuo, is, bui, būtum, ĕre.** *a. Cic.* Atribuir, dar, aplicar, señalar, asignar. ‖ Imputar, achacar. *Attribuere pecuniam. Cic.* Dar dinero del erario para gastos públicos.

**Attrĭbūtĭo, ōnis.** *f. Cic.* La atribucion, señalamiento, asignacion, aplicacion. ¶ Atributo, adjunto, propiedad, predicado.

**Attrĭbūtum**, i. *n. Varr.* El libramiento que se hacia á los tribunos para las pagas de la tropa.

**Attrĭbūtus**, a, um. *Cic.* Atribuido, asignado, aplicado, dado, señalado. *Attributi. Liv.* Pueblos ó ciudades sin fueros propios, agregados á otras.

**Attrīta**, ōrum. *n. plur.* Desolladuras, rozaduras, despeaduras, heridas que sobrevienen de algun esfuerzo.

**Attrītio**, ōnis. *f. Lamp.* La accion de fregar, frotar, flotar, manosear.

**Attrītus**, us. *m. Plin.* La frotadura, rozadura de una cosa con otra, frotamiento. *Attritus calcetamentorum. Plin.* Mordedura del zapato. *Cibi. Id.* La accion de deshacer y mascar la comida.

**Attrītus**, a, um. *Marc. part. de* Attero. Atenuado, estenuado, consumido, gastado. *Attrita toga. Marc.* Toga, vestido viejo, hecho pedazos.

**Attrīvi**. *pret. de* Attero.

**Attulo**. *Pac. en lugar de* Affero.

**Attŭmŭlo**, ās, āvi, ātum, āre. *a. Plin.* Enterrar juntamente.

**Atturius**, ii. *m.* 6

**Atturus**, ó Attyrus, i. *m. Auson.* El Dour, rio de Aquitania.

**Attypus**, a, um. *Gel.* Tartamudo, balbuciente, el que tiene estorbo ó dificultad para hablar.

**Attys**, is, yos. *m. Ov.* Atis, hijo del rio Sangario, que fue convertido en pino por haber quebrantado el voto de castidad que hizo á la diosa Cibeles. ¶ Hijo de Hércules. De Alba, rey de los albanos. ¶ Otro de quien tuvo origen la gente Acia latina. ¶ Otro indio, compañero de Fineo, en la batalla contra Perseo.

## AU

**Au**. *interj.* del que abomina, de amonestacion, indignacion, y del que llama. *Ter.* Oh.

**Aucella**, y Aucilla, ae. *f. Apul.* Avecilla, ave pequeña.

**Auceps**, cŭpis. *com. Plaut.* El cazador de aves. ¶ *Cic.* El que busca alguna cosa con mucha diligencia, que anda á caza de ella. *Sermoni*, ó *dictis alicujus. Plaut.* El que escudriña y examina con atencion las palabras de otro.

**Aucetus**, y Auceus, a, um. *Fest.* Aumentado, acrecentado.

**Auchētae**, ārum. *m. plur. Plin.* Pueblos de Escitia.

**Aucĭpŭla**, ae. *f.* Red para cazar pájaros.

**Auctārium**, ii. *n. Plaut.* La añadidura, lo que se da de mas del justo peso ó medida.

**Auctĭfer**, ēra, um. *S. Ag.* Fértil, que produce.

**Auctĭfĭco**, ās, āvi, ātum, āre. *a. Arnob.* Aumentar, hacer mayor, hacer crecer.

**Auctĭfĭcus**, a, um. *Lucr.* Que da aumento, que hace crecer y aumentar.

**Auctĭo**, ōnis. *f. Tac.* Aumento, aumentacion, acrecentamiento. ¶ *Cic.* Venta pública, almoneda. ¶ Inventario de la almoneda. *Auctio hastae. Sueton.* La almoneda ó venta de la almoneda. *Regia. Plin. Haereditaria. Cic.* Inventario de bienes de una sucesion, almoneda de los bienes de una herencia. *Auctionem facere. Cic.* Hacer almoneda. *Proponere. Quint.* Publicarla. *Vendere. Cic.* Pregonar los bienes de una almoneda.

**Auctiōnālis**. *m. f. le. n. is. Ulp. V.* Auctionarius.

**Auctiōnans**, tis. *com. Cic.* El que hace, abre almoneda, el que vende sus bienes en ella.

**Auctiōnārius**, ii. *m. Ulp.* El que vende los bienes de una almoneda. ¶ Tasador, apreciador.

**Auctiōnārius**, a, um. *Cic.* De la almoneda ó venta pública. *Auctionariae tabellae. Cic.* Cartel en que se publican los bienes de alguno. *Auctionaria atria. Cic.* Patios en que hacian las almonedas.

**Auctiōnor**, āris, ātus sum, āri. *dep. Cic.* Almonedear, poner en venta pública, pregonar á voz del pregonero los bienes.

**Auctĭto**, ās, āvi, ātum, āre. *freq. Tac.* Aumentar, acrecentar mucho y á menudo. *Auctitare pecunias fornore. Tac.* Acrecentar el dinero con continuas usuras.

**Aucto**, ās, āvi, ātum, āre. *a. Plaut.* Aumentar, acrecentar, engrandecer, añadir. *Auctare aliquem lucro. Plaut.* Aumentar las ganancias á alguno. *Opibus. Catul.* Enriquecer á uno, colmarle de bienes.

**Auctor**, ōris. *m. Cic.* Autor, inventor, el que inventa, discurre, hace, da principio á una cosa. ¶ Escritor. ¶ Aquel por cuya autoridad ó imperio, consejo, obra, impulso, instancia, peligro ó ejemplo se hace alguna cosa. ¶ Medianero. ¶ Testigo. ¶ Fundador. *Te auctore id feci. Ter.* Á instancias tuyas he hecho esto. *Auctores primi. Ulp.* Primeros vendedores. *Secundi. Ulp.* Los que salen por fiadores de la eviccion, saneamiento y seguridad de la cosa vendida. *Auctor tibi sum ut. Cic.* Te aconsejo que.

**Auctōrāmentum**, i. *n. Cic.* Paga, salario, jornal que uno gana con su trabajo. ¶ Obligacion. *Auctoramentum militiae. Sen.* La obligacion del soldado por cierto tiempo. ¶ La paga de sus servicios.

**Auctōrātio**, ōnis. *f.* La venta que hacian los gladiadores de sí mismos.

**Auctōrātus**, a, um. *Hor. part. de* Auctoro. Vendido, obligado, alquilado, sujeto á otro por cierta paga. *Auctoratus miles. Sen.* Soldado alistado que ha hecho el juramento de fidelidad. *Auctoratum sibi ratus est. Liv.* Creyó tenerle bien seguro, bien afianzado.

**Auctōrĭtas**, ātis. *f. Cic.* Autoridad, crédito, estimacion, fe, verdad, aprecio, reputacion. ¶ Poder, potestad, jurisdicion. ¶ Testo, lugar, testimonio, sentencia, dicho, palabras que se citan de libros ó personas. ¶ Escelencia, representacion, peso. ¶ Seguridad, caucion, garantía, fianza. ¶ *Plin.* Precio, valor. ¶ *Vitruv.* Magnificencia, hermosura de un edificio. *Auctoritatem detrahere. Quint.* Desacreditar. *Deferre. Liv.* Dar crédito. *Esse in auctoritate. Plin.* Estar en estimacion. *Alicujus. Liv.* Seguir y obedecer el parecer de otro. *Auctoritatem defugere. Cic.* Negar ó rehusar ser autor de alguna cosa. *Senatus auctoritas. Liv.* Decreto del senado, al cual falta alguna condicion para ser legítimo, para tener fuerza de ley.

**Auctōro**, ās, āvi, ātum, āre. *a. Quint.* Vender, obligar, sujetar á alguno por cierta paga. *Auctorare sibi mortem. Vel. Pat.* Vender su vida, procurarse la muerte por interes.

**Auctrix**, īcis. *f. Tert.* La que aumenta, aumentadora. ¶ La que vende. ¶ La que sale por fiadora.

**Auctum**, i. *n. Gel.* Aumento, acrecentamiento. ¶ *Fest.* Espacio del circo fuera de los límites señalados.

**Auctus**, us. *m. Plin.* Aumento, acrecentamiento, aumentacion.

**Auctus**, a, um. *Salust. part. de* Augeo. Aumentado, añadido, acrecentado, engrandecido. *Auctus animo. Tac.* Aquel á quien se ha aumentado el ánimo. *Damno. Ter.* El que ha recibido un nuevo daño. *Auxilio. Tac.* El que ha recibido nuevo socorro.

**Aŭcŭpābundus**, a, um. *Tert.* El que caza ó coge con mucha atencion.

**Aŭcŭpātio**, ōnis. *f. Quint.* La caza de aves, la cetrería.

**Aŭcŭpātōrius**, a, um. *Plin.* Bueno para cazar aves.

**Aŭcŭpātus**, us. *m. Capit. V.* Aucupium.

**Aŭcŭpātus**, a, um. *Lact.* Cogido, cazado.

**Aŭcŭpium**, ii. *n. Cic.* Cetrería, caza de aves. ¶ *Cels.* La misma caza ó presa. *Aucupium delectationis. Cic.* Afectacion de agradar y divertir á otros. *Verborum. Cic.* Afectacion de palabras sutiles y falaces. ¶ Crítica de las cosas mas menudas. *Auribus facere. Plaut.* Andar escuchando lo que se habla. *Nomenclationis. Colum.* Investigacion escrupulosa para averiguar los nombres de las cosas.

**Aŭcŭpo**, ās, āvi, ātum, āre. *a. Plaut.* Cazar aves. ¶ Observar, acechar, escuchar ocultamente.

**Aŭcŭpor**, āris, ātus, sum, āri. *dep. Varr.* Cazar aves. ¶ Buscar, acechar, estar en observacion, pretender, adquirir, desear. *Este verbo es mas usado que el antecedente.*

**Aŭdācia**, ae. *f. Cic.* Audacia, atrevimiento, arrojo, determinacion, osadía, intrepidez. ¶ Esfuerzo, valentía, superioridad de ánimo. ¶ Valor, ánimo, espíritu.

**Aŭdācĭter**. *adv. Apul.* Lo mismo que

**Aŭdācter**, cius, cissime. *adv. Cic.* Atrevida, osada, intrépida, resuelta, arrojada, inconsiderada, temera-

## AUD

riamente. ¶ Con valor, con esfuerzo, con espíritu. *Audacius verba transferre. Cic.* Usar de metáforas con menos reparo. *Audacissime omnia incipere. Liv.* Emprender todas las cosas con grande ánimo.

Audācŭlus, a, um. *Gel. dim. de* Audax. Atrevidillo, el que es algo arrojado.

Audax, ācis. comp. cior, cissīmus. *Cic.* Audaz, atrevido, arrojado, resuelto, temerario, osado, intrépido, denodado, inconsiderado, audacísimo. ¶ Esforzado, valeroso, animoso, de ánimo y constancia grande, superior. *Audax animi. Claud.* Atrevido. — *Viribus. Virg.* Esforzado, fiado en sus fuerzas. — *Cave sis. Catul.* No seas soberbio. *Omnia perpeti. Hor.* Atrevido para emprenderlo, acometerlo todo.

Audendus, a, um. *Vel. Pat.* Que se debe emprender, acometer, intentar. *Audendi auctor. Virg.* Autor de un hecho arriesgado. *Audendum est. Tib.* Es menester atreverse. Es menester resolucion.

Audens, tis. com. *Virg.* Audaz, el que se atreve, animoso, intrépido, resuelto. V. Audax.

Audenter, tius, tissīme. adv. *Tac.* Atrevida, intrépidamente. *Audentius. Tac.* Con gran valor. V. Audacter.

Audentia, ae. f. *Tac.* Atrevimiento, audacia, arrojo, temeridad. V. Audacia.

Audeo, ēs, sus sum, dēre. n. *Cic.* Atreverse, determinarse, arrojarse, no detenerse en. *Audere capitalia. Liv.* Atreverse, no temer hacer muertes, asesinatos. — *Vim alicui. — In aliquem. Tac.* Maltratar, hacer violencia á alguno. — *Pericula. Tac.* Arrostrar los peligros. — *Ultima. Liv. — Extrema. Virg.* Esponerse á los últimos peligros, arriesgarse á todo. — *Negare. Cic.* Tener el atrevimiento de negar. *Multa dolo audebantur. Liv.* Se emprendian, se acometian muchas cosas por engaños. *Res magno duci audenda. Liv.* Empresa digna de un gran capitan. *Non audeam quin promam omnia. Plaut.* No podré menos de decirlo todo. *Machinas etiam ausi. Tac.* Habiendo intentado tambien usar de las máquinas de guerra.

Audiens, tis. com. *Cic.* Oyente, el que oye, escucha, atiende. ¶ Obediente.

Audientia, ae, f. *Cic.* Atencion, cuidado, advertencia, aplicacion, quietud, silencio para escuchar. *Audientiam sibi facere. Cic.* Conciliarse la atencion. ¶ *Plaut.* Intimar silencio. *Surdis reddere audientiam. Prud.* Volver, dar oido á los sordos. *Audientiam impertiri. — Praebere. Cic. Just. — Tribuere. Apul.* Dar audiencia el que ejerce jurisdiccion.

Audio, is, īvi, ītum, īre. a. *Cic.* Oir, entender, escuchar, percibir por el oido. ¶ Obedecer. ¶ Asentir, consentir, aprobar. ¶ Ser oyente, discípulo. ¶ Oir decir. *Si me Caesar audisset. Cic.* Si Cesar me hubiera creido. *Auaio sero. Cic.* Tarde lo he llegado á saber. *Audiens dicto. — Tibi imperii. Plaut.* Te obedezco. *Bene, et male audire. Cic.* Ser alabado ó vituperado, en buen ó mal concepto. *Minus commode audire. Cic.* No estar en buena opinion. *Audire aliquem. Cic.* Ser discípulo de alguno, seguir sus consejos. — *Causas. Paterc.* Dar audiencia á las partes. *Audite paucis. Ter.* Escuchad un instante, dos palabras, en una palabra. *Audies male. Ter.* Oirás lo que no quisieras.

Auditio, ōnis. f. *Cic.* El acto de oir. *Fictae auditiones. Cic.* Rumores falsos. *Auditione fabularum duci. Cic.* Gustar de oir cuentos. — *Accipere. Cic.* Saber por haberlo oido decir. *Auditiones facere. Gel.* Esplicar la leccion el maestro. — *Obire. Plin.* Ir á oir la esplicacion.

Audītiuncŭla, ae. f. *Gel.* Rumor ligero que se oye. ¶ Doctrina breve que se aprende oyendo.

Auditor, ōris. m. *Cic.* Oyente, el que oye. ¶ Estudiante, discípulo, alumno. ¶ *Varr.* Lector.

† Audītoriālis. m. f. lē. n. is. *S. Ag.* Del auditorio ó de la escuela.

Auditōrium, ii. n. *Plin.* Auditorio, concurrencia, concurso, junta de oyentes. ¶ *Quint.* La escuela, el lugar donde se enseña. ¶ *Paul. Jct.* La audiencia, tribunal donde se habla en público.

† Audītorius, a, um. *Cel. Aur.* Del auditorio.

## AUG

Audītum, i. n. *Tac.* Lo que se ha oido decir. *Ipse audito castellum obsideri. Tac.* Él cuando supo que el castillo era cercado. *Auditum praeter nihil habeo. Cic.* No lo sé sino por haberlo oido decir. *Audito crudelius. Paterc.* Mas cruel de lo que se habia oido decir.

Auditus, us. m. *Cic.* El oido, el sentido de oir. ¶ La accion de oir. *Auditus gravitatem oleum amygdalinum discutis. Plin.* El aceite de almendras quita la sordera.

Audītus, a, um. *Cic. part. de* Audio. Oido. *Audita re ex utraque parte. Cic.* Oidas las partes.

Audŏmărŏpŏlis, is. f. San Amaro, *ciudad del País bajo en la provincia de Artois.*

Audŏmărus, i. m. Amaro, *nombre de hombre.*

Aufeia lex. f. Ley del tribuno Aufeyo *sobre la restitucion de Ariarates á su reino paterno de Capadocia.*

Aufĕro, fers, abstŭli, ablātum, auferre. a. *Cic.* Quitar, llevar á otra parte. *Auferre se. Plaut.* Quitarse, retirarse. *Aufer ista quaeso. Plaut.* Ruégote que dejes esas cosas. *Auferre paucos dies ab aliquo. Cic.* Alcanzar de otro algunos dias de prórroga. — *Litem. Plaut.* Ganar el pleito. *Inultum nunquam auferet. Ter.* No se irá sin castigo. *Ne se auferant aliorum consilia. Cic.* No te dejes llevar, gobernar de los consejos de otros.

Aufĭdēnātes, um. m. plur. *Plin.* Pueblos de Samnio.

Aufĭdia lex. *Cic.* Ley sobre los votos de la plebe adquiridos por soborno.

Aufĭdiānus, a, um. *Cic.* Perteneciente á Aufidio, ciudadano Romano.

Aufĭdus, i. m. *Hor.* El Ofanto, *rio de la Pulla.*

Aufona, ae. m. El Avon, *rio de Inglaterra.*

Aufŭgio, is, fūgi, gĭtum, ĕre. n. *Cic.* Huir, escapar, retirarse, escurrirse á otra parte. *Aufugit aqua. Plaut.* El agua se vierte, se va. *Aufugere ad aliquem. Apul.* Refugiarse. — *Aspectum parentis. Cic.* Huir de la vista del padre.

Augae, ārum. f. plur. *Eu,* ciudad de Normandía. ¶ *Eu, rio de España que separa la Galicia de Asturias.*

Auge, es, y Augea, ae. f. *Ov.* Hija de Aleo, y sacerdotisa de Minerva.

Augeo, ēs, xi, ctum, gēre. a. *Cic.* Aumentar, acrecentar, añadir, multiplicar, adelantar, ampliar. *Augere aliquem. Cic.* Alabar. ¶ Promover, adelantar. — *Aliqua re. Cic.* Engrandecer á uno. — *Aliquid. Cic.* Amplificar. — *Aram. Virg.* Poner sobre el ara como sacrificio. — *Rei atque alere. Lucr.* Engendrar, producir.

Augesco, is, ĕre. n. *Cic.* Aumentarse, crecer, hacerse mayor. *Augesceri tacitis incrementis. Liv.* Aumentarse, crecer insensiblemente. *Illis animi augescunt. Salust.* Les crece el valor.

Augias, y Augeas, ae. m. *Aus.* Augías rey de Elide.

Augĭfĭco, ās, āre. *En.* V. Augeo.

* Augĭnos, i. f. *Apul.* Yerba llamada hisociamo por el resplandor de su flor.

* Augītes, ae. m. *Plin.* Especie de piedra preciosa.

Augmen, ĭnis. n. *Lucr.* Aumento, incremento, acrecentamiento.

Augmentatio, ōnis. f. V. Augmen.

Augmento, ās, āvi, ātum, āre. a. *Jul. Firm.* Dar aumento. V. Augeo.

Augmentum, i. n. *Plin.* V. Augmen. ¶ *Varr.* Nombre de una torta que se añadia en el ara para el sacrificio.

Augumensis. m. f. sē. n. is. El natural del condado de Eu en Normandía.

Augur, ŭris. m. *Cic.* Augur, agorero, el que pronostica los sucesos futuros por el vuelo y canto de las aves, agorador, adivino.

Augurācŭlum, i. n. *Fest.* El lugar donde los augures hacian sus observaciones.

Augurāle, is. n. *Sen.* La insignia del agorero.

Augurālis, is. com. *Virg.* El que ha sido agorero. *Auguralis porta. Tac.* La puerta augural en Roma.

Augurātio, ōnis. f. *Cic.* La accion de agorar, la agorería. ¶ *Lact.* La profesion del agorero.

Augurāto. adv. *Liv.* Habiendo consultado los agüeros, consultado el vuelo y canto de las aves, los auspicios. Tomadas todas las medidas.

Augurātorium, ii. n. V. Auguraculum.

Aŭgŭrātrix, ĭcis. *f. Fest.* La que profesa la agorería, agorera.

Aŭgŭrātus, us. *m. Cic.* La dignidad del agorero. ‖ El arte de adivinar por el canto y vuelo de las aves.

Aŭgŭrātus, a, um. *Cic.* Lo que se ha hecho despues de observados los agüeros.

Aŭgŭriālis. *m. f.* lĕ. *n. is. Plin. V.* Auguralis.

Aŭgŭrium, ii. *n. Cic.* El agüero, pronóstico, adivinacion, vaticinacion, prediccion. ‖ Auspicio favorable. ‖ La interpretacion y ciencia de los agüeros.

Aŭgŭrius, a, um. *Cic. V.* Auguralis.

Aŭgŭro, ās, āvi, ātum, āre. *a. Cic.* ó

Aŭgŭror, āris, ātus sum, āri. *dep. Cic.* Agorar, vaticinar, predecir, pronosticar, anunciar los sucesos futuros por el canto y vuelo de las aves ú otras señales.

Aŭgusta, ae. *f. Tac.* Augusta, la Emperatriz, la muger del Emperador. Tambien se daba este nombre á las madres, hijas y hermanas de los Emperadores.

Aŭgusta, ae. *f.* Sebaste, *ciudad de Cicilia.*

Aŭgusta Auscīorum. *f.* Ausch, *ciudad de la Gascuña en Francia.*

Aŭgusta Caesarea. *f.* Zaragoza, *capital del reino de Aragon en España.*

Aŭgusta Diavocontiorum. *f.* Die, *ciudad del Delfinado.*

Aŭgusta Emerita. *f.* Mérida, *ciudad de España en la provincia de Estremadura.*

Aŭgusta Praetoria. *f.* Aost, *ciudad del Piamonte.*

Aŭgusta Rauracorum. *f.* Ciudad de la Galia, *en otro tiempo famosa, y ahora un lugar pequeño llamado Augst, cerca de Basilea en la Suiza.*

Aŭgusta Romanduorum. *f.* Luxemburgo, *ciudad capital de la provincia del mismo nombre en el Pais bajo.*

Aŭgusta Suessonum. *f.* Soissons, *ciudad capital de la provincia del mismo nombre en Francia.*

Aŭgusta Taurinorum. *f.* Turin, *capital del Piamonte.*

Aŭgusta Tiberii. *f.* Ratisbona, *ciudad imperial en el círculo de Baviera.*

Aŭgusta Treviorum. *f.* Tréveris, *ciudad arzobispal de Alemania.*

Aŭgusta Tricastinorum. *f.* San Pablo de Trescastillos, *ciudad del Delfinado en Francia.*

Aŭgusta Trinobantum. *f.* Lóndres, *capital de Inglaterra.*

Aŭgusta Vagiennorum. *f.* Salusa, *ciudad de Saboya.*

Aŭgusta Valeria. *f.* Valencia, *ciudad capital del reino del mismo nombre en España.*

Aŭgusta Veromanduorum. *f.* San Quintin *en Picardía.*

Aŭgusta Vindelicorum. *f.* Ausbourg, *ciudad de Suevia en Alemania.*

Aŭgustăle, is. *n. Quint.* El pabellon, la tienda de campaña del general.

Aŭgustāles, ium. *m. plur. Veg.* Capitanes establecidos por Augusto *que combatian á la frente de los escuadrones.*

Augustaliānus, y Augustalĭcus, a, um. *Dig.* Lo mismo que

Aŭgustālis. *m. f.* lĕ. *n. is. Tac.* Perteneciente á Augusto. *Augustales ludi,* ó *Augustalia. Tac.* Fiestas en honor de Augusto.—*Sodales. Tac.* Sacerdotes que cuidaban de los sacrificios hechos á Augusto.—*Seviri. Petr.* Seis magistrados establecidos en las colonias y municipios para el mismo fin. *Praefectus Augustalis. Tac.* El proconsul ó prefecto de Egipto.

Aŭgustalĭtas, ātis. *f. Dig.* La dignidad del prefecto de Egipto. ‖ La de los 25 sacerdotes instituidos por Tiberio para celebrar las fiestas en honor de Augusto.

Aŭgustāneus, a, um. y

Aŭgustānius, a, um. *Tac.* Lo perteneciente á Augusto.

Aŭgustātus, a, um. *Macr.* Dedicado, consagrado.

Aŭguste, tius, tissĭme. *adv. Cic.* Augusta, religiosa, santamente. ‖ Grande, ilustre, eminentemente.

Augusteānus, a, um. *Front. V.* Augusteus.

Aŭgustēum, i. *n.* Templo dedicado á Augusto.

Aŭgustēus, a, um. *Suet.* Perteneciente á Augusto.

Aŭgustiāni. *plur.* Caballeros romanos del cuerpo de los senadores.

Aŭgustīnus, a, um. *V.* Augusteus.

Aŭgustīnus, i. *m.* (S. Aurelius) San Agustin, *natural de Tagaste en África, doctor de la iglesia santísimo y elo*cuentísimo, *floreció á fines del siglo IV de Cristo.*

Aŭgusto, ās, āre. *a. Arnob.* Hacer augusto y venerable.

Aŭgustŏdūnum, i. *n.* Autun, *ciudad de Borgoña en Francia.*

Aŭgustŏnĕmĕtum, i. *n.* Clermont, *ciudad capital de Auvernia en Francia.*

Aŭgustŏrĭtum, i. *n.* Potiers, *ciudad capital del Poitou en Francia.*

Aŭgustus, i. *m. Suet.* Augusto, *nombre de un emperador romano.* ‖ De sus sucesores. ‖ El mes de Agosto.

Aŭgustus, a, um. *Cic.* Augusto, grande, magnífico, ilustre. ‖ Venerable, sagrado, respetable. ‖ Magestuoso, suntuoso. ‖ Perteneciente á Augusto ó al emperador.

Aŭla, ae. *f. Vitruv.* El patio de la casa. ‖ Aula, la corte y palacio real de los príncipes. ‖ *Prop.* El cercado, redil, aprisco ó establo del ganado. ‖ *Plaut.* La olla ó puchero grande.

Aŭlaea, ae. *f. Curt. V.* Aulaeum.

Aŭlaedus, i. *m. Cic. V.* Auletes.

Aŭlaeum, i. *n. Cic.* Tapiz, tapicería. ‖ Tapete, cubierta de la mesa.

Aŭlar, āris. *n. Varr.* La tapa de una marmita ó tartera.

* Aŭlax, ăcis. *m. Aus.* El surco que hace el arado.

Aŭlerci Cenomani, ōrum. *m. plur.* Los de la provincia de Mena en Francia.

Aŭlerci Diablintes. *m. plur.* Los naturales de Percha, *provincia de Francia.*

Aŭlerci Eburovices. *m. plur.* Los de la provincia de Evreux en Francia.

Aŭlētes, ae. *m. Cic.* El flautero ó flautista, el que toca la flauta. ‖ Sobrenombre de Tolomeo, padre de Cleopatra.

Aŭlētĭcus, a, um. *Plin.* Perteneciente á la flauta.

Aŭlĭcŏquus, a, um. *Fest.* Cocido en olla.

Aŭlĭcus, a, um. *Suet.* Áulico, de palacio ó de la corte.

Aŭlĭcus, i. *m. Suet.* El cortesano ó palaciego.

Aŭlis, ĭdis. *f. Virg.* Aulide, *provincia de Beocia.*

Aŭlium, ii. *n. Varr.* Olla pequeña, puchero.

Aŭlix, ĭcis. *m. Veg. V.* Aulax.

Aŭloedus, i. *m. Cic. V.* Auletes.

Aŭlon, ōnis. *m.* Monte de Calabria.

Aŭlon, ōnis. *f.* Ciudad de Cilicia, de Candia, de Arcadia, de Macedonia, de Laconia, de Calabria.

Aŭlŭlāria, ae. *f.* Título de una comedia de Plauto, *en que se introduce á un viejo avariento que tenia una olla llena de monedas de oro. Parece haberle dado el nombre de* Aulula, *olla pequeña, pero este no tiene ejemplo.*

Aŭlus, i. *m.* Aulo, *prenombre comun entre los romanos.*

Aŭmārium, ii. *n. Petr.* El lugar comun ó letrina de un parage público, como de un teatro &c.

Aŭra, ae. *f. Plin.* El aire, el viento. ‖ El viento suave, aura. ‖ *Prop.* El eco de la voz. ‖ La respiracion, el aliento. ‖ El olor. ‖ *Fedr.* La reputacion. ‖ El favor, aplauso, el aura popular. *Aura auri. Virg.* El resplandor del oro. *Tenuis famae. Virg.* Un rumor leve.

Aŭrāmentum, i. *n. Plin.* Instrumento propio para sacar ó limpiar el oro.

Aurantia poma. *m. plur. Diosc.* Las naranjas, fruta.

Aŭrāria, ae. *f. Tac.* La mina de oro.

Aŭrārius, ii. *m.* El platero de oro.

Aŭrārius, a, um. *Plaut.* Perteneciente al oro.

Aŭrāta, ae. *f. Cels.* Dorado, dorada ó doradilla, *pescado marino.*

Aŭrātĭlis. *m. f.* lĕ. *n. is. Solin. V.* Aureus.

Aŭrātūra, ae. *f. Quint.* Doradura, el dorado.

Aŭrātus, a, um. *Cic.* Dorado cubierto de oro. ‖ Adornado de oro. ‖ *Plin.* De color de oro.

Aŭrea, ae. *f. Fest.* La cabezada ó el freno.

Aŭreātum, *n.* Aichstet, *ciudad de Alemania.*

Aŭreatus, a, um. *Sidon.* Adornado.

Aŭreax, ăcis. *m. Fest.* El auriga, cochero, el que gobierna los caballos de un coche ó carro.

Aŭrēlia, ae. *f. Sidon.* Orleans, *ciudad de Francia.* ‖ Familia romana.

Aŭrillăcum, i. *n.* Aurillac, *ciudad de Auvernia en Francia.*

**AUR**

Aurelianensis, m. f. sč. n. is. *Sidon.* Lo que es de la ciudad de Orleans.

Aurelianum, i. n. *Lintz, ciudad de Austria.*

Aurelianus, i. m. *Vopisc.* Aureliano, uno de los emperadores romanos.

Aurelius, a, um. *adj.* De Aurelio, *nombre romano.*

Aurelius, ii. m. Sexto Aurelio Victor, africano. Historiador que floreció á la mitad del siglo IV de Cristo.

Aureolus, i. m. *Marc.* Pequeña moneda de oro.

Aureolus, a, um. *Colum.* De color de oro. ‖ *Catul.* De oro. ‖ *Prud.* Dorado. ‖ *Lucil.* Hermoso. ‖ *Cic.* Precioso.

Auresco, is, ere. n. *Varr.* Ponerse de color de oro.

Aureus, i. m. *Plin.* Aureo, moneda de oro. Asi se llamaba una antigua de España, que hoy llamamos escudo.

Aureus, a, um. *Cic.* Aureo, de oro. ‖ Dorado. ‖ Parecido al oro. ‖ Escelente, resplandeciente. *Aurei mores. Hor.* Costumbres doradas, las sencillas y amables. *Aurea regula.* Regla aurea ó de tres en la aritmética. — *Aetas. Ov.* Siglo, edad de oro. — *Caesaries. Virg.* — *Coma. Ov.* Cabello blondo, rubio. — *Nox. Val. Flac.* Noche estrellada. *Aureum dictum. Lucr.* Palabra muy buena. — *Malum. Virg.* La naranja. *Aureus numerus.* Número aureo, ciclo decenoenal, período de 19 años.

Aurichalcum, y Orichalcum, i. n. *Plin.* El oropel, lámina de laton muy batida. ‖ Laton.

Auricilla, y Oricilla, ae. f. *Catul.* dim. de Auricula. Oreja pequeña, el cabo de la oreja, orejilla.

Aurícoctor, oris. m. *Inscr.* Platero que limpia el oro al fuego.

Auricolor, oris. com. *Juvenc.* De color de oro.

Auricomans, tis. com. *Aus.* y

Auricomus, a, um. *Val. Flac.* De cabello dorado ó de color de oro.

Auricula, ae. f. *Cic.* La oreja. ‖ El oido. *Auriculam opponere. Hor.* Presentar la oreja, ceremonia que hacia el que era llamado por testigo para que le tocase el cabo de la oreja el que le llamaba, en señal de aceptarlo. *Auricula infima mollior. prov. Cic.* Mas blando que el cabo de una oreja, hablando de los hombres de buena pasta. *Auriculas dimittere. Hor.* Bajar las orejas, no tener que responder. *Auricula muris.* Oreja de raton, yerba.

Auricularis, m. f. re. n. is. *Cels.* Auricular, lo perteneciente á la oreja ó al oido. *Auricularis verminatio. Cels.* Picazon ó comezon de la oreja.

Auricularium specillum. n. *Cels.* Escarba orejas, instrumento para limpiar las orejas.

Auricularius, a, um. *Cels.* V. Auricularis.

Aurifaber, bri. m. V. Aurifex.

Aurifer, a, um. *Plin.* Aurifero, lo que lleva oro, ó está dorado.

Aurifex, ycis. m. *Cic.* Orifice, el artifice que trabaja en oro, platero de oro. *Aurificem te futurum credebas. adag.* Fue por lana, y volvió trasquilado. *ref.*

Aurifluus, a, um. *Prud.* Lo que corre oro, *como se dice* del rio Tajo que lleva arenas de oro.

Aurifodina, ae. f. *Plin.* Mina de oro.

Aurifur, uris. m. *Plaut.* El que hurta oro.

Auriga, ae. m. *Virg.* Auriga, carretero, cochero, el que conduce, gobierna y guia los caballos ó mulas que tiran del coche ó carro. ‖ El carretero, constelacion celeste. ‖ El piloto.

Aurigarius, ii. m. *Suet.* El que cochea en el circo. ‖ El que tenia cuidado de los carros en los espectáculos.

Aurigatio, onis. f. *Suet.* La accion de cochear, de gobernar y manejar los caballos de un coche.

Aurigator, oris. m. *Plaut.* V. Aurigarius.

Aurigena, ae. com. *Ov.* Engendrado por medio del oro, sobrenombre de Perseo.

Auriger, a, um. *Val. Flac.* V. Aurifer.

Aurigo, as, avi, atum, are. a. *Suet.* y

Aurigor, aris, atus sum, ari. dep. *Varr.* Cochear, guiar, gobernar un coche.

Aurigo, inis. f. *Plaut.* La tiricia ó ictericia.

Aurilegulus, i. m. *Dig.* El que escoge el oro entre las arenas.

Auripigmentum, i. n. *Plin.* El oropimente, especie

**AUS** 87

de arsénico ó sandaraca, *mineral amarillo que se halla en las minas de plata y oro.*

Auris, is. f. *Cic.* La oreja. *Auris ima. Plin.* El cabo de la oreja. — *Patiens culturae. Hor.* Genio docil, que se deja cultivar. — *Rimosa. Hor.* Hombre que no puede guardar secreto. — *Memor. Ov.* Buena memoria. — *Deorum ab illis abhorret. Cic.* Los dioses no los quieren escuchar. *Habere aures teretes. Cic.* Tener el oido fino, delicado. — *Faciles. Cic.* Tener oyentes dóciles, atentos. — *Surdas.* Oidos sordos, orejas de mercader. *Aurem vellere. Virg.* Tirar de la oreja, avisar. — *In utramvis dormire. Ter.* Dormir á pierna suelta.

Auriscalpium, ii. n. *Marc.* V. Auricularium specillum.

Auritulus, a, um. *Fedr. dim. de*

Auritus, a, um. *Ov.* Orejudo, que tiene grandes orejas. ‖ El borrico. ‖ Oyente atento. *Auritus testis. Plaut.* El testigo que depone de oidas.

Aurivomus, a, um. *Silv.* Que despide de sí resplandor como de oro.

Auro, onis. m. *Plin.* El abrotaño ó lombriguera, planta.

Auro, as, a. *Tert.* Dorar.

Auroclavatus, a, um. *Vopisc.* Claveteado, guarnecido y adornado con clavitos de oro.

Aurora, ae. f. *Virg.* La aurora, el alba, la primera luz del dia.

†Auroresco, is, scere. n. Resplandecer como la aurora.

Aurosus, a, um. *Lampr.* De color de oro.

Aurugineus, a, um. *Tert.* De color de ictericia.

Aurugino, as, are. n. *Tert.* Estar ictérico, padecer la ictericia.

Aurugo, iginis. f. *Escrib.* La enfermedad de tericia ó ictericia.

Aurula, ae. f. dim. de Aura. Aire, viento leve, airecillo.

Aurulentus, a, um. *Prud.* De color de oro. ‖ Abundante de oro, rico, opulento.

Aurum, i. n. *Cic.* El oro, metal muy precioso. ‖ El dinero, la riqueza. ‖ Lo que es hecho de oro. ‖ *Val. Flac.* El esplendor ó resplandor como de oro. *Aurum caelatum. Cic.* Alhaja de oro labrada. — *Factum. Virg.* Oro trabajado. — *Infectum. Virg.* — *Grave. Liv.* Oro en barras, barra de oro. — *Textile. Plaut.* Orfebrería, tejido de oro. ‖ Hilo de oro. — *Gymnatum. Estac.* Anillo de oro. — *Lentum. Ovid.* Oro molido. — *Obrizum. Plin.* Oro afinado, refinado. — *Tolosanum. Cic.* Oro funesto á los que le poseen. — *Coronatum. Estac.* Corona de oro. — *Coronarium. Cic.* Coronario, oro puro, oro que servia para hacer coronas. — *Signatum. Cic.* Oro acuñado, moneda de oro. — *Musivum. Pers.* Oro de la pintura. — *Priscum. Hor.* La edad de oro.

Aurunca, ae. f. *Fest.* Ciudad de Campania.

Aurunci, orum. m. plur. *Plin.* Los naturales de Aurunca.

Auruncus, a, um. *Virg.* Perteneciente á esta ciudad.

Auscaripeda, ae. f. *Varr.* La oruga, especie de gusano.

Ausci, orum. m. plur. *Plin.* Los naturales ó moradores de Ausch en Gascuña. ‖ *Ausch*, ciudad del Armañac.

Auscultatio, onis. f. *Plaut.* El acto de oir, obedecer y deferir á la voz de alguno. ‖ *Sen.* La curiosidad, la accion de escuchar lo que se habla en público ó en secreto.

Auscultator, oris. m. *Cic.* Escuchador, el que oye y escucha con atencion. ‖ *Apul.* Obediente, el que obedece.

Auscultatus, us. m. *Apul.* V. Auscultatio.

Ausculto, as, avi, atum, are. a. *Hor.* Escuchar, oir con atencion, atender á lo que se dice. ‖ *Plaut.* acechar lo que se habla en secreto. ‖ Dar crédito, creer, obedecer lo que se oye. *Mihi ausculta. Cic.* Creeme, haz lo que te digo.

Ausim, is, it. pres. subj. de Audeo.

Auson, onis. m. *Virg.* Auson, hijo de Ulises y de la diosa Calipso.

Ausona, ae. f. *Liv.* Ciudad de la antigua Ausonia.

Ausones, um. m. plur. *Liv.* Los naturales de la antigua Ausonia en Italia. ‖ *Plin.* Los de la Grecia magna, llamada Ausonia. ‖ *Estac.* Los italianos.

Ausonia, ae. f. *Virg.* Ausonia, parte de Italia.

Ausonianus, a, um. *Fulg.* Perteneciente á Ausonio.

Ausonidae, arum. m. plur. *Virg.* Los pueblos de Ausonia. || Los latinos, romanos, italianos.

Ausŏnis, ĭdis. f. Ov. La muger natural de Ausonia.

Ausŏnius, a, um. Virg. De Ausonia ó de Italia.

Ausŏnius, ii. m. Décimo Magno Ausonio, gramático, retórico y poeta doctísimo, preceptor de los emperadores Graciano y Valentiniano, fue natural de Burdeos.

Auspex, ĭcis. m. Cic. Augur, agorero, adivino. || Autor, consejero, primer móvil de alguna accion. Auspex legis. Cic. El que observa los agüeros para promulgar una ley. Auspice musa. Hor. Con el favor, proteccion de la musa.

Auspicabĭlis. m. f. lĕ. n. is. Arnob. De buen agüero, de buen auspicio.

Auspicālis. m. f. lĕ. n. is. Plin. Perteneciente á los auspicios ó agüeros.

Auspicalĭter. adv. Hig. ó

Auspicāto. adv. Cic. Segun los agüeros observados de antemano. || Ter. Con buen agüero, con buena estrella, con feliz auspicio.

Auspicātus, a, um. Cic. Lo hecho con consulta de los agüeros. || Feliz. Auspicatior dea. Catul. Diosa mas favorable. Auspicatissimum exordium. Quint. Principio muy feliz.

Auspicātus, us, m. Plin. V. Auspicium.

Auspĭcis. gen. de Auspex.

Auspicium, ii. n. Cic. Auspicio, agüero, presagio, observacion del vuelo, canto y pasto de las aves, y prediccion de lo futuro. || Virg. Derecho, potestad, jurisdiccion, imperio. Auspiciis suis vivere. Virg. Vivir á su libertad, segun su fantasía.

Auspĭco, as, avi, ātum, āre. a. Plaut. y

Auspĭcor, āris, ātus sum, āri. dep. Cic. Observar el canto y vuelo de las aves para pronosticar lo futuro. Plin. Empezar, emprender. Auspicari aliquid. Suet. Consultar las aves para empezar alguna cosa. — Alicui. Hig. Dar presagio á alguno. Auspicatus est cantare. Suet. Empezó á cantar.

Austellus, i. m. Nom. dim. de

Auster, i. m. Cic. El austro, uno de los cuatro vientos cardinales, el del mediodia, el vendabal.

Austerālis, herba. Apul. El sisimbro, yerba.

Austēre, ius issĭme. adv. Cic. Austera, áspera, acerbamente, con rigor.

Austerĭtas, ātis. f. Quint. Austeridad, aspereza, rigidez, estrañeza, dureza de condicion, rigor y fortaleza de genio, poca afabilidad y agrado, sobra de tiesura y severidad. || Col. Aspereza, punta de agrio de la fruta. Austeritas colorum. Plin. Vivacidad de los colores, colores demasiado cargados.

Austerŭlus, a, um. Apul. dim. de

Austērus, a, um. Col. Austero, acerbo, áspero al gusto. || Severo, rígido, áspero, fuerte, poco afable y benigno, desabrido, mal acondicionado. Austerus color. Plin. Color sobrecargado. Austerior gustus. Colum. Gusto, sabor áspero. Austerum vinum. Colum. Vino áspero, fuerte.

Austrālis. m. f. lĕ. n. is. Cic. Austral, meridional, del mediodia, del sud. Australis cingulus. Cic. La zona austral, meridional. — Polus. Sen. Polo antártico, austral.

Austrasia, ae. f. La Austrasia, uno de los cuatro reinos antiguos de la Francia.

Austria, ae. f. ó Istria, ae. f. La Austria, provincia de Alemania.

Austriācus, a, um. Austriaco, el natural de Austria.

Austrĭfer, a, um. Sil. Que trae vientos ó lluvias del mediodia.

Austrīnus, a, um. Colum. V. Australis.

Austro, as, avi, atum, āre. a. Plaut. Mojar, llover.

Austro Africus, i. m. Plin. Austro garbino, viento.

Austronōtus, i. m. Isid. El polo austral, antártico.

Ausum, i. n. Virg. Atentado, atrevimiento, tentativa, empresa arriesgada.

Ausus, a, um. Ov. part. de Audeo. || El que se atreve, que tiene la audacia ó atrevimiento de. || Tac. Acometido, emprendido con atrevimiento.

Ausus, us. m. Val. Flac. V. Ausum.

Aut. conj. diij. Cic. Ó. Ó si no, ó de otra manera.

Autem. conj. Cic. Mas, pues, pero, y. Quid autem ille? Ter. ¿Y él qué decia? Mihi autem. Cic. En cuanto á mí, por lo que á mí toca. Quid autem mea? Ter. ¿Y qué me importa á mí?

*Authenta, y Autenta, ae. m. Fulg. El señor ó autor principal de una cosa.

Authentĭcus, a, um. Ulp. Auténtico, lo autorizado y legalizado, que hace fe. Authenticae testamenti tabulae. Ulp. Original de un testamento. Authenticae rationes. Ulp. Recados justificativos de una cuenta.

*Authepsa, ae. f. Cic. Fornel, especie de marmita con dos suelos, el de abajo para poner la lumbre, el de mas arriba para la chocolatera, puchero ó cazo con agua, ú otra cosa que se haya de calentar.

*Authothŏnes, um. m. plur. Justin. Pueblos nacidos en la misma tierra que habitan, y no venidos de otra parte.

Autogrăphus, a, um. Suet. Original, escrito de propia mano.

Autolŏles, um. m. plur. Luc. Pueblos de Mauritania.

Autolycus, i. m. Marc. Hijo de Mercurio, abuelo materno de Ulises, célebre por la destreza de sus hurtos.

Automăta, y Automatāria, ōrum. n. plur. V. Automaton.

Automatārius, ii. m. Inscr. El que hace autómatas.

Automatārius, a, um. Paul. Jct. Perteneciente á las máquinas que se mueven por sí mismas.

*Automăton, ti. n. Suet. Máquina que se mueve por sí misma como el relox, autómata.

Automĕdon, ontis. m. Virg. Automedonte, el que gobernaba el carro de Aquiles.

Autonŏe, es. f. Ov. Autonoe, madre de Acteon, hija de Cadmo y de Hermione.

Autonŏeius, a, um. Ov. De Autonoe. V. Autonoe.

*Autopyros, i. m. Pers. Pan todo de harina.

Autor, ŏris. m. f. Cic. V. Auctor.

Autoro y otros. V. Auctoro.

Autrĭcum, i. n. Chartres, ciudad de Francia.

Autroniānus, a, um. Cic. De Autronio, nombre romano.

Autumnal, ālis. com. Varr.

Autumnālis. m. f. lĕ. n. is. Liv. Autumnal, del otoño.

Autumnescit, ēbat. n. defect. Marc. Cap. Entra, empieza el otoño.

Autumnĭtas, ātis. f. Cat. El otoño, el tiempo del otoño. || Arnob. La cosecha, los frutos del otoño.

Autumno, as, āre. n. Plin. Hacer tiempo de otoño.

Autumnum, i. n. Varr. y

Autumnus, i. m. Cic. El otoño, uno de los cuatro tiempos del año.

Autumnus, a, um. Ov. Del otoño, propio del otoño.

Autŭmo, as, avi, atum, āre. a. Cic. Creer, imaginar, pensar, opinar, ser de parecer. || Plaut. Decir, contar.

*Auxēsis, is. f. Aumento, incremento, amplificacion.

Auxi. pret. de Augeo.

Auxiliabundus, a, um. Apul. y

Auxiliāris. m. f. rĕ. n. is y

Auxiliārius, a, um. Cic. Auxiliar, que socorre, ayuda, favorece, acompaña.

Auxiliatio, ōnis. f. Liv. V. Auxilium.

Auxiliātor, oris. m. Quint. El que da auxilio, socorro &c.

Auxiliātrix, ĭcis. f. Casiod. La que auxilia, favorece.

Auxiliātus, us. m. Luc. V. Auxilium.

Auxiliātus, a, um. part. de

Auxilio, as, āre. a. Dion. y

Auxilior, āris, atus sum, āri. dep. Cic. Auxiliar, ayudar, socorrer, asistir, favorecer, patrocinar acompañando.

Auxilium, ii. n. Cic. Auxilio, socorro, ayuda, asistencia. V. Adjumentum. Auxilium adversae valetudinis. Cels. Remedio contra una enfermedad. — Viae. Virg. Prevencion de las cosas necesarias para viajar con comodidad.

Auxilla, ae. f. Fest. Olla pequeña, ollita.

Auxim. Marcel. en lugar de Egerim y de Auxerim.

Auximālis ager. Varr. Porcion de tierra asignada por centurias.

Auximātes, y Auxumātes, um. m. plur. Inscr. Los ciudadanos de Oximo en la Marca de Ancona.

Avallōnia, ae. f. Glasembourg, ciudad de Inglaterra. || Otra de la provincia de Sommerset en Inglaterra.

Avalo, ōnis. f. Avalon, ciudad del ducado de Borgoña.

en *Francia.* ‖ *Provincia de la América septentrional.*

**Avalonensis.** m.f. sĕ. n. is. El natural de Avalon.

**Avantĭci,** ōrum. m. plur. Pueblos cercanos á los suizos.

**Avar.** V. Avares.

**Avāre,** ius, issĭme. adv. Cic. Avara, escasa, miserablemente, con avaricia, con amor desordenado de las riquezas, con mezquindad.

**Avāres,** rum. m. plur. Corrip. Pueblos de Escitia.

**Avāri,** ōrum. m. plur. Pueblos de Italia.

**Avarĭcensis.** m.f. sĕ. n. is. Ces. El natural de Burges.

**Avarĭcum,** i. n. Ces. Burges, *ciudad de la provincia de Berri en Francia.*

**Avarĭcus,** a, um. Ces. De la ciudad de Burges.

**Avarĭter.** adv. Plaut. V. Avare.

**Avarĭtia,** ae. f. Cic. ó

**Avarĭties,** ēi. f. Lucr. La avaricia, miseria, codicia, escasez, mezquindad, amor desordenado de las riquezas. *Avaritia gloriae.* Curc. Ambicion de gloria.

**Avārus,** a, um. Cic. Avaro, avariento, el que está poseido de avaricia, miserable, escaso, codicioso, mezquino, interesado, tacaño. *Avarus laudis.* Hor. Ambicioso de alabanza. — *Venter.* Hor. Vientre insaciable. — *Caedis.* Claud. Ansioso, hambriento de sangre.

**Ave.** imp. def. Marc. Buenos dias, Dios te guarde. *Ave alicui dicere.* — *Matutinum portare.* Marc. Dar á uno los buenos dias, saludar á uno, ir á verle por la mañana. *Ave, atque vale.* Catul. Á dios, y mantente bueno.

**Avectus,** a, um. Plaut. Llevado á otra part. ‖ *Virg.* El que ha marchado ó partido. part. de

**Aveho,** is, si, ctum, hĕre. a. Liv. Llevar, conducir, trasportar á otra parte.

**Avella,** ae. f. Sil. Ital. Avella, ciudad del reino de Nápoles, *de donde viene el nombre de*

**Avellāna,** ae. f. Plin. Avellana, fruta.

**Avello,** is, li, ó vulsi, vulsum, lĕre. a. Cic. Arrancar, sacar de su lugar con fuerza. ‖ Quitar. *Avellere se ab aliquo.* Ter. Retirarse de alguno. — *A corpore.* Ter. Sacar, arrancar del cuerpo.

**Avēna,** ae. f. Cic. Avena, especie de grano que crece como la cebada aunque sin espiga. ‖ Flauta, avena, zampoña, caramillo, churumbela. *Avena sterilis.* Virg. Avena silvestre.

**Avenāceus,** a, um. Plin. De avena.

**Avenārius,** a, um. Plin. Perteneciente á la avena.

**Avenĭo,** ōnis. f. Aviñon, *ciudad. de Provenza en Francia.*

**Avenĭonensis.** m.f. sĕ. n. is. El natural de Aviñon.

**Avens,** tis. com. Ov. El que desea con ansia.

**Aventer.** adv. Am. V. Avide.

**Aventĭcum,** i. n. Avenches, *ciudad de la Suiza.*

**Aventinensis.** m.f. sĕ. n. is. Val. Max. Perteneciente al monte Aventino.

**Aventīnum.** n. y **Aventīnus,** i. m. Liv. El monte Aventino, uno de los siete de Roma. ‖ Aventino, *uno de los hijos de Hércules.*

**Aventīnus,** a, um. Ov. Del monte Aventino.

**Avĕo,** ēs, ēre. def. a. Cic. Desear con ansia, con pasion, con ardor, con estremo. *Valde aveo scire quid agas.* Cic. Tengo un grandísimo deseo de saber de tí. *Avere discere.* Cic. Tener ansia por aprender.

**Averna,** ōrum. n. plur. V. Avernus, i.

**Avernālis.** m. f. lĕ. n. is. Prop. y

**Avernus,** a, um. Virg. Del lago Averno, infernal, del infierno.

**Avernus,** i. m. Cic. El lago Averno de Campania. ‖ El infierno.

**Averro,** is, erri, ersum, rĕre. a. Prisc. Apartar barriendo.

**Averruncasso,** is, ĕre. Varr. y

**Averrunco,** as, āvi, ātum, āre. a. Cic. Apartar, quitar, alejar, echar á otra parte. *Averruncent Dii.* Cic. Los dioses no quieran preservar. *Averruncandae Deum irae.* Liv. Para aplacar la ira de los dioses.

**Averruncus,** i. m. Varr. El que quita los males y los aparta, *Dios de los latinos.*

**Aversabĭlis.** m.f. lĕ. n. is. y

**Aversandus,** a, um. Lucr. Abominable, detestable, aborrecible.

**Aversatĭo,** ōnis. f. Quint. Aversion, oposicion, centrariedad, repugnancia que se tiene á alguna cosa.

**Aversātrix,** icis. f. Tert. La que tiene repugnancia ó aborrece.

**Aversātus,** a, um. Aur. Vict. V. Aversus.

**Aversim.** adv. Claud. Al contrario, por la parte contraria.

† **Aversĭo,** ōnis. f. Bibl. Aversion, aborrecimiento. *En este sentido no es latina.* ‖ Quint. Apartamiento, figura retórica en que se aparta ó abstrae al oyente de la cuestion propuesta. *Aversione, ó per aversionem emere, aut vendere.* Ulp. Comprar ó vender en grueso, por junto. *Aversione locare opus.* Paul. Jct. Emprender una obra, tomarla por ajuste, por asiento. *Per aversionem conducere navem.* Ulp. Fletar un navío á su riesgo, por su cuenta.

**Aversor,** ōris. m. Cic. El que aparta ó saca una cosa de su uso regular y debido, el que la emplea mal.

**Aversor,** āris, ātus sum, āri. dep. Cic. Volverse hácia otra parte, mostrando aversion, repugnancia, aborrecimiento, huir, rehusar, abominar. *Aversari honores.* Ov. Huir de las honras.

**Aversus,** a, um. Plin. Vuelto á otra parte. ‖ Averso, opuesto, contrario, repugnante, enemigo. *Aversa pecunia.* Cic. Dinero empleado en lo que no se debe. *Aversissimo animo à me fuit.* Cic. Tuvo el ánimo muy opuesto contra mí. *Aversus hostis.* Cic. Enemigo que vuelve las espaldas. — *A proposito.* Liv. Que muda de resolucion. *Aversa charta.* Marc. La vuelta, la espalda del papel. — *Pars capitis.* Plin. El cogote, la parte posterior de la cabeza.

**Averta,** ae. f. Dig. La maleta ó alforja que se pone á las ancas del caballo.

**Avertarĭus,** ii. m. Se entiende *equus.* Dig. El caballo que lleva en un viage la maleta, la alforja.

**Avertens.** tis. com. Macrob. El que aparta, quita de alguna parte. *Avertentes dii.* Macrob. Dioses que apartan males y desgracias. V. Averruncus.

**Averto,** is, ti, sum, tĕre. a. Cic. Volver á otra parte, apartar, quitar. *Omnium oculos in se avertere.* Liv. Atraerse la atencion, la admiracion de todos. — *Classem in fugam.* Liv. Poner en fuga la escuadra. — *Pecuniam.* Cic. Emplear el dinero en lo que no se debia. — *Aliquem alicui.* Val. Flac. Quitar, arrancar á uno de otro, de su amistad. *Avertens.* Virg. Apartándose, retirándose. *Equus fontes avertitur.* Virg. El caballo no quiere probar el agua. *Galliae animi à se averterentur.* Ces. Se indispondrian con él los ánimos de los franceses.

**Avi,** ōrum. m. plur. Virg. Los abuelos, los antepasados.

**Avia,** ae. f. Cic. Abuela, la madre del padre ó de la madre.

**Avia,** ōrum. n. plur. Tac. Descaminos, lugares quebrados, fragosos, por donde no hay camino.

**Aviarĭa,** ōrum. n. plur. Virg. Nidos de aves en los árboles.

**Aviarĭum,** ii. n. Varr. El lugar donde se guardan y crian las aves, como palomar, gallinero &c. ‖ Col. Los estanques donde se crian ánades y gansos.

**Aviarĭus,** ii. m. Col. Pollero, el que cuida y guarda las aves, la volatería.

**Aviarĭus,** a, um. Varr. Lo que pertenece á las aves.

**Avicenna,** ae. m. Avicena, *filósofo árabe.*

**Avicŭla,** ae. f. Gel. Avecilla, pajarillo, ave pequeña.

**Avicularĭa,** ae. f. Plin. Especie de traquelio, yerba.

**Avĭde,** ius, issĭme. adv. Cic. Ansiosamente, con ansia, con gran deseo, solicitud, anhelo, apetito, codicia, pasion, calor, ardor. *Avide expectare litteras amici.* Cic. Esperar con impaciencia carta de su amigo. — *Sum affectus de fano.* Cic. Tengo un deseo ardentísimo de que se haga el templo. — *Intueri aliquem.* Curc. Mirar á uno de hito en hito.

**Avidĭtas,** ātis. f. Cic. Ansia, codicia, deseo ardiente, anhelo, apetito desordenado. ‖ Plin. Apetito, gana de comer, hambre.

**Avidĭter.** adv. Apul. Ansiosamente, con deseo vehemente.

**Avĭdus,** a, um. Cic. Ansioso, codicioso, deseoso, ava-

M

ricioso. *Novitatis avidus. Plin.* — *In res novas. Liv.* Deseoso, amigo de la novedad. — *Ignis. Ov.* Fuego devorador.

Aviēnus, i. *m.* Rufo Festo Avieno español, *poeta célebre que floreció al principio del siglo V de Cristo.*

Avis, is. *f. Cic.* Ave. ‖ *Ov.* Presagio, agüero. *Avis Diomedea. Apul.* La gabiota. — *Solis.* El fenix ó el gallo. — *Jovis.* El águila. — *Junonis vel medica. Jct.* El pavo real. — *Minervae.* El buho. — *Sinistra. Plaut.* — *Adversa. Cic.* — *Dira. Claud.* Ave de mal agüero. — *Fluminea.* Ave de agua. — *Peregrina. Ov.* Ave de paso. — *Alba. Cic.* Buen agüero. — *Squamosa. Plaut.* Pez alado, volante. *Avibus bonis. Plin.* — *Secundis. Liv.* Con buen agüero, con buen auspicio, con felicidad.

Avisper, ispĭcis. *m. Tert.* El que observa las aves para sacar las señales de buenos ó malos agüeros.

Avĭte. *adv. Tert.* Desde, ó de parte del abuelo.

Avitĭum, ii. *n. Apul.* El averío, copia y junta de muchas aves, como bandada.

Avītus, a, um. *Cic.* Lo que es de los abuelos ó antepasados, cosa antigua, anciana, vieja. *Avita bona. Cic.* Los bienes de una familia. *Avitum malum. Liv.* Vicio de familia, de casta, de raza.

Avĭus, a, um. *Salust.* Escabroso, fragoso, áspero, quebrado, cortado, donde no hay senda ni camino. ‖ *Virg.* Descaminado, perdido, el que ha errado el camino.

Avŏcāmentum, i. *n. Plin.* Diversion, divertimiento, descanso con que nos apartamos de alguna ocupacion.

Avŏcātio, ōnis. *f. Cic.* La distraccion, diversion, recreo, descanso. *Avocatio à cogitanda molestia. Cic.* Divertimiento de pensamientos tristes, melancólicos, de pensar en los trabajos.

Avŏcātor, ōris. *m. Fest.* El que aparta de una cosa y llama á otra.

Avŏcātrix, īcis. *f. Tert.* La que aparta, distrae.

Avŏcātus, a, um. *Liv.* Llamado á otra cosa, á otra parte, divertido, distraido. *part. de*

Avŏco, as, avi, ātum, āre. *a. Cic.* Apartar de una cosa, distraer, divertir. *Avocare se. Arnob.* Divertirse, recrearse. — *Aquam. Paul. Jct.* Echar el agua por otra parte, darle otro curso. — *Concionem à magistratu. Gel.* Estorbar, apartar la junta del magistrado que la convocó.

Avŏlo, as, avi, ātum, āre. *n. Cay. Jct.* Volar á otra parte, huir, escapar volando. ‖ *Cic.* Huir con ligereza.

Avulsi. *pret. de* Avellŏ.

Avulsio, ōnis. *f. Plin.* La accion de arrancar, arrancamiento ó arrancadura.

Avulsor, ōris. *m. Plin.* El que arranca, saca de raiz.

Avulsus, a, um. *Cic.* Arrancado, sacado, quitado, separado por fuerza.

Avuncŭlus, i. *m. Cic.* Tio, hermano de la madre, tio materno. *Avunculus major. Cay. Jct.* Tio, hermano de la bisabuela. — *Magnus.* Hermano de la abuela. — *Maximus.* Hermano de la tercera abuela.

Avus, i. *m. Cic.* Abuelo, padre del padre ó de la madre.

## AX

Axāmenta, ōrum. *n. plur. Fest.* Versos compuestos en alabanza de los dioses, y cantados por los sacerdotes Salios.

Axāre. *Fest.* Llamar, *de donde vino la voz* Axamenta, *y la voz* Axamar, *Fuer. Juz. lib. 8, tít. 1, ley 5. En castellano lo mismo que* llamar, apellidar, invocar.

Axe. *adv. Fest.* V. Confertim.

Axenus Pontus. *m. Ov.* El Ponto euxino, el mar negro.

Axicia, ae. *f. Plaut.* Tijera para cortar el cabello.

Axicŭlus, i. *m. Vitruv.* El eje, pernio pequeño. ‖ Tabla pequeña.

Axilla, ae. *f. Cic.* el sobaco.

† Axim. *Fest. en lugar de* Egerim.

Axinŏmantia, ae. *f. Plin.* Adivinacion que se hacia por hachas y segures.

Axiōma, ătis. *n. Cic.* Axioma, sentencia, principio, proposicion clara y constante.

Axis, is. *m. Vitruv.* El eje, eje de la esfera. ‖ *Cic.* El eje del mundo, *cuyos dos cabos son el polo ártico y antártico.* ‖ Toda línea que atraviesa por el centro de un círculo ó de la esfera. ‖ *Ov.* Quicio de una puerta ó el espigon del quicial. ‖ Carro, coche, carroza. ‖ Tabla para serrarse. ‖ *Virg.* Cielo. ‖ Tronco, palo grueso, cabrio, madero. ‖ *Estac.* Las tierras que estan bajo el polo ártico. *Axis meridianus. Vitruv.* Línea equinoccial. ‖ Piezas de madera ó de hierro que atraviesan, y sobre las cuales andan las ruedas, garruchas, poleas, carrillos, cilindros y demas piezas de máquinas que ruedan. *Sub axe. Virg.* Al aire ó cielo descubierto.

Axit. *Fest.* en lugar de Egerit.

Axītes, um. *f. plur. Fest.* Mugeres supersticiosas que se juntaban para ciertos actos de religion.

Axitia, ae. *f. Plaut.* V. Axicia.

Axitiōsus, a, um. *Fest.* El que obra en compañía de otros supersticiosos.

Axon, ōnis. *m. Vitruv.* Línea que corta un círculo, un globo ú otra figura por el medio. ‖ Línea perpendicular á la equinoccial, colocada en el círculo de un cuadrante de un estremo á otro.

Axōna, ae. *m. Auson.* El Aisne, *rio de Francia.*

Axŏnes, um. *m. plur. Luc.* Gentes que habitan en la ribera del Aisne.

Axŏnes, um. *m. plur. Gel.* Tablas en que estaban grabadas las leyes de Solon.

Axungia, ae. *f. Plin.* Enjundia, la gordura que las aves tienen en la overa. ‖ El unto y gordura de cualquier animal.

Axundiārius, a, um. Lo perteneciente á las enjundias ó menudillos de las aves.

## AZ

Azan, anis. *m. Fest.* Monte de Arcadia consagrado á la diosa Cibeles.

Azānĭae nuces. *Plin.* Piñas, *que si no se cogen en tiempo se abren y se secan en los pinos.*

Azānius fons. Fuente de Arcadia, *cuyas aguas daban al que las bebia horror al vino, otros dicen que al agua.*

* Azimuth. *n. indecl.* Azimut, *círculos verticales que pasan por el cenit, y cortan el horizonte con ángulos rectos.*

Azoni Dii. *m. plur. Marc. Cap.* Dioses que no tienen en los cielos zonas ó esferas ciertas, como Júpiter, Venus, Marte, Saturno &c.

* Azȳmus, a, um. *Gel.* Ázimo, cenceño y sin levadura. *Festum azymorum. Ecles.* Fiesta de la pascua.

## BA

BA. *interj. de repugnancia ó fastidio. Plaut.* Ah, Eh, Oh.

Baal. Palabra hebrea que significa Señor. ‖ Idolo de los asirios, de los fenicios, y algun tiempo de los judíos. Belo.

Baba, ae. *m. Sen.* Hombre de insigne fatuidad que vivia en tiempo de Séneca.

Babae. *interj. de admiracion, aplauso y aprobacion.* Ola.

Babaecŭlus, a, um. *Arnob.* Lujurioso, dado á sus gustos y pasiones desordenadas.

Bābel. *indec. f. Plin.* Babel, Babilonia, *ciudad capital de Caldea, donde hoy está Bagdad.*

Babĭlon, ōnis. *f. Marc. V.* Babel.

Bābylōnia, ae. *f. Plin.* Babilonia, *parte de Mesopotamia y Asiria.*

Bābylōniăcus, a, um. *Man.* y

Bābylōnĭcus, a, um.

Bābylōniensis. *m. f. se. n. is. Plaut.* y

Bābylōnius, us, a, um. *Ov.* Babilonio, Babilónico. Lo que es de Babilonia.

Bābylōnii, ōrum. *m. plur. Cic.* Astrónomos caldeos.

Bacantīvus, a, um. *Lamprid.* Perezoso, holgazan, vagabundo, vago.

Bacar, is. *m. Fest.* Vasija para vino, cántaro, frasco.

Bacca, ae. *f. Cic.* Baca, la fruta pequeña que crian algunos árboles y plantas, como el laurel, el cerezo silvestre, el mirto, la yedra y otros, llamada tambien baya. ‖ *Virg.* Piedra preciosa, perla. ‖ *Prud.* Eslabon de una cadena.

† Baccălāurĕātus, us *m.* El grado de bachiller, bachillerato.

† **Baccalaureus, i.** m. Bachiller, el que está graduado de bachiller.

**Baccalis, ae.** f. *Plin.* Especie de laurel que lleva muchas bacas ó bayas.

**Baccalis.** m. f. le. n. is. *Plin.* Lo que lleva bacas ó bayas.

**Baccans, tis.** com. *Ov.* V. Bacchans.

**Baccatus, a, um.** *Virg.* Adornado de perlas ó de bayas de los árboles.

**Baccelus, i.** m. Nombre de un eunuco de Augusto de mucha estatura y de suma debilidad de cuerpo y espíritu, del cual quedó el nombre de

**Baccelus, a, um.** *Suet.* El que es de grande estatura, pero muy débil de cuerpo y espíritu.

**Baccha, ae.** f. *Ov.* La Bacante, *sacerdotisa de Baco.*

**Bacchabundus, a, um.** *Curc.* Bacante, dado á comilonas y borracheras.

**Bacchae, arum.** f. plur. *Hor.* Las bacantes, *sacerdotisas de Baco.*

**Bacchaeus, a, um.** *Estac.* V. Bacchicus.

**Bacchanal, ó ale, is.** n. *Plaut.* Bacanal, lugar donde las bacantes hacian los sacrificios á Baco.

**Bacchanalia, ium, ó orum.** n. plur. *Liv.* Bacanales, fiestas y sacrificios al dios Baco, en que se entregaban á la borrachera y disolucion. *Bacchanalia facere.* — *Exercere. Plaut.* — *Vivere. Juv.* Vivir en el desórden, en la borrachera y disolucion.

**Bacchanalis.** m. f. le. n. is. *Macrob.* Bacanal, perteneciente á las fiestas bacanales.

**Bacchans, tis.** com. *Cic.* Bacante, furioso, embriagado. *Ventus bacchans. Hor.* Viento furioso.

**Bacchantes, um.** plur. *Curc.* Las Bacantes.

* **Baccher, is.** n. ó

**Baccharis, is.** f. *Virg.* Bacara, yerba olorosa. ‖ *Plin.* La mara baçara, llamada tambien nardo silvestre ó asaro.

**Bacchatim.** adv. *Apul.* Al modo de las bacantes, de una manera loca y libertina.

**Bacchatio, onis.** f. *Cic.* La fiesta de las bacantes, su locura y borrachera.

**Bacchatus, a, um.** part. do *Bacchor. Val. Flac.* El que ha celebrado las fiestas de Baco. ‖ *Virg.* El lugar en que se han celebrado.

**Baccheis, idis, y idos.** com. *Estac.* y

**Baccheius, a, um.** *Virg.* y

**Bacchëus, a, um.** *Ov.* y

**Bacchiadae, arum.** f. plur. *Ov.* Familia de Corinto, que por espacio de 200 años ejerció la tiranía en su patria, y expelida por Cipselo fundó á Siracusa en Sicilia.

**Bacchicus, a, um.** *Marc.* Bacanal, cosa de Baco.

**Bacchilidium metrum.** *Serv.* Verso que consta de un dímetro hipercataléctico.

**Bacchis, idis.** f. *Ov.* Bacante, *sacerdotisa dedicada al templo y culto de Baco.*

**Bachisonus, a, um.** *Paul. Nol.* y

**Bacchius, a, um.** *V.* Bacchicus.

**Bacchius, ii.** m. *Quint.* Baquio, pie de verso compuesto de una breve y dos largas, como *Amantes*.

**Bacchor, aris, atus sum, ari.** dep. *Plin.* Enloquecer, celebrar las fiestas de Baco, correr, andar furioso como las sacerdotisas de Baco. ‖ *Claud.* Encruelecerse. ‖ Alegrarse inmoderadamente. *Bacchari in aliquem.* — *Cum aliquo. Ter.* Encolerizarse contra alguno. — *In voluptate. Cic.* Abandonarse á los placeres. *Bacchatur fama per urbes. Virg.* Se estiende, corre la fama de las ciudades.

**Bacchus, i.** m. Baco, *hijo de Júpiter y de Semele, dios del vino y de la borrachera.*

**Baccifer, a, um.** *Plin.* Lo que lleva bacas ó bayas.

**Baccina, ae.** f. *Apul.* La yerba apolinar.

**Baccula, ae.** f. *Plin.* dim. de Bacca.

**Baccillum, i.** n. *Cic.* y

**Baccillus, i.** m. Baston ó báculo.

**Bacrio, onis.** m. *Fest.* Especie de jarro de que usaban los siervos en los baños.

**Bactra, orum.** n. plur. *Curc.* Bocara, *capital del Baidasan en Escitia.*

**Bactri, orum.** m. plur. *Plin.* Los naturales del Baidasan ó Corazan.

**Bactriana, ae.** f. *Bactriana, hoy Corazan, provincia de Persia.*

**Bactrianus, a, um.** *Curc.* Lo que es del Baidasan ó Corazan, *pais de Escitia ó Persia.*

**Bactrinus, a, um.** *Apul.* V. Bactrianus.

**Bactroperita, ae.** m. *S. Ger.* El que lleva el cayado y la alforja; *dícese de los filósofos cínicos despreciadores del mundo.*

**Bactrum, i.** V. Bactra.

**Bactrus, i.** m. *Luc.* El Buquian ó Bocara, *rio de Escitia.*

**Baculum, i.** n. y **Baculus, i.** m. *Ov.* El báculo, baston, cayado para apoyarse.

**Badius, a, um.** *Varr.* Bayo, color dorado bajo que tira á blanco.

* **Badizo, y Badisso, as, avi, atum, are.** n. *Plaut.* Ir, andar, marchar, caminar.

**Baebius, a, um.** *Liv.* Lo que toca á Bebio, *nombre de un romano.*

**Baetica, ae.** f. *Plin.* La Bética, el reino de Andalucía en España.

**Baeticatus, a, um.** *Marc.* De color dorado ó rojo como las lanas de Andalucía, que eran muy estimadas.

**Baeticola, ae.** com. *Sil.* El que vive en la ribera del Betis ó Guadalquivir.

**Baeticus, a, um.** *Marc.* Lo que es del Andalucía ó del Guadalquivir. Andaluz, bético.

**Baetigena, ae.** com. *Sil.* Nacido en la ribera del Betis.

**Baetirae, arum.** f. plur. Beziers, *ciudad de Languedoc.*

**Baetis, is.** m. *Marc.* El Guadalquivir, *rio de Andalucía.*

**Bigamum, i.** n. Tornai, *ciudad de Flandes.*

**Bagauda, y Bacauda, ae.** f. *Aur. Vict.* Gente agreste que se alimenta de robos.

**Bagaudicus, a, um.** *Eumen.* Perteneciente á los ladrones llamados Bagauda.

**Bagous, i.** y **Bagoas, ae.** m. *Ov.* El eunuco, castrado.

**Bagrada, ae.** m. Bagrada, *rio de Caramania y de África.*

**Baghurin.** indecl. f. Baghurin, *ciudad de la tribu de Benjamín, en Palestina.*

**Baiae, arum.** f. plur. *Estac.* Bayas, *ciudad del reino de Nápoles.*

**Baianus, a, um.** *Plin.* Perteneciente á la ciudad de Bayas. *Baianus sinus. Prop.* El golfo de Bayas, de Nápoles, de Puzol.

**Bajocae, arum.** f. plur. Baco, *ciudad de Francia en Normandía.*

**Bajocasses, ium.** m. plur. Habitantes ó naturales de Baco.

**Bajocassina, ae.** f. V. Bajocae.

**Bajona, ae.** f. Bayona, *ciudad de Francia.*

**Bajulatorius, a, um.** *Cel. Aur.* Portátil, facil de llevar de una parte á otra.

**Bajulo, as, avi, atum, are.** a. *Plaut.* Llevar á cuestas, cargar, llevar un fardo.

**Bajulus, i.** m. *Cic.* Ganapan, mozo del trabajo, mozo de esquina, de cordel, que lleva cargas de una parte á otra.

**Bala, ae.** f. Bala, *ciudad de Galilea.*

**Balaam.** indecl. m. El profeta Balaam.

**Balaena, ae.** f. *Plin.* La ballena, *el cetáceo mayor que produce la mar.*

**Balaenarius, a, um.** *Petron.* y

**Balaenatus, a, um.** *Petron.* Hecho de aletas de ballena. *Balaenata virga. Petron.* Vara de ballena.

**Balanatus, a, um.** *Pers.* Lo que está untado con el ungüento ó aceite de mirobalano.

**Balanitus, a, um.** *Plin.* Lo que es de mirobalano. V. Balanus.

**Balanites, is.** ó **ae.** m. *Plin.* Piedra preciosa, que tira á verde con una veta de color de fuego en el medio.

**Balanitis, idis.** f. *Plin.* Especie de castaña purgante.

**Balans, tis.** com. *Virg.* Balante, la oveja, carnero ó cordero que forma balidos ó que bala.

**Balanus, i.** f. *Plin.* La bellota, fruto de la encina, carrasca y roble. ‖ El mirobalano, bellota semejante en la hoja al heliotropo, que sirve para ungüentos olorosos. ‖ *Plin.* La castaña coretiana, que es la mejor.

**Balari, orum.** m. plur. Pueblos de Cerdeña.

† **Balaris, is.** f. El trebol, planta.

Bălatro, ōnis. m. Hor. El baladron, fanfarron, hablador, que presume de fiero y valiente. ‖ Belitre, pícaro, ruin, bellaco. ‖ Vagabundo.

Bălātus, us. m. Ov. El balido, voz que forman las ovejas y corderos.

Bălaustīnus, a, um. Plin. Lo que es de

Bălaustium, ii. n. Plin. La balaustria, flor del granado.

Balaustrum, i. Plin. El cáliz de esta flor.

Balbe. adv. Lucr. Balbucientemente, articulado, pronunciado con torpeza de la lengua.

Balbus, a, um. Cic. Balbuciente, tartamudo, torpe de lengua, que no pronuncia clara y distintamente.

† Balbūties, ei. f. La torpeza de lengua del balbuciente.

Balbūtio, is, ivi, itum, ire. n. Cic. Tartamudear, tener torpeza en la lengua, no pronunciar con claridad. Balbutire aliquem. Hor. Llamar á uno tartamudeando. — De re aliqua. Cic. Dudar de alguna cosa, hablar de ella sin conocimiento.

† Balea, ae. f. Barca, esquife, chalupa.

Baleāres, ium. f. plur. Plin. Las islas Baleares, Mallorca y Menorca, frente de España en el mediterráneo.

Băleărĭcus, a, um. Ov. ó

Băleārius. m. f. rĕ. n. is. Virg. y

Băleārius, a, um. Lo que pertenece á las islas Baleares.

Baleātus, a, um. Marc. Cap. V. Baliolus.

Baleoca, ae. f. Plaut. y

Baleuca, ae. f. Plin. Oro que no está purificado, que no está acrisolado.

Baligentiacum, i. n. Beaugency, ciudad de Francia.

Bălīneae, arum. f. plur. Plin. Baños públicos ó privados, casas de baños.

Bălĭneum, i. n. Cic. V. Balneum.

† Bălio, ōnis. f. La palma de la mano, la mano.

Băliŏlus, a, um. Plaut. De color moreno.

Bălista, ae. f. Cic. La ballesta, balleston, catapulta, máquina de que se usaba antiguamente para disparar flechas, piedras y otras armas arrojadizas.

Bălistārium, ii. n. Plin. El lugar donde se guardaban las ballestas.

Bălistārius, ii. m. Veg. Ballestero, el que usaba de la ballesta en la guerra.

† Balistea, ōrum. n. plur. Jácaras ó canciones para bailar.

Balista, ae. f. V. Balista.

Bălĭtans, tis. com. freq. de Balans.

Bălĭto, ās, avi, atum, āre. Plaut. freq. de Balo. Balar á menudo.

Ballōte, es. f. Plin. Ballote, marrubio negro, planta.

Balnae, ārum. f. plur. y

Balneāria, ōrum. n. plur. Vitruv. Baños públicos.

Balneāris. m. f. rĕ. n. is. y

Balneārium, ii. Colum. Baño particular.

Balneārius, a, um. Cic. Lo que pertenece á los baños.

Balneārius, ii. m. Plin. y

Balneātor, ōris. m. Cic. El bañero, el que cuida de los baños y asiste á ellos.

Balneātōrius, a, um. Dig. V. Balnearius, a, um.

Balneātrix, īcis. f. Petron. La que cuida ó asiste á los baños, bañera.

Balneŭdum, i. n. Cic. ó

Balneŏlae, ārum. f. plur. Cic. y

Balneŏlum, i. n. Cic. Baño pequeño.

Balneum, i. n. Cic. Baño de casa particular.

Bălo, as, avi, atum, āre. n. Ov. Balar, proferir las ovejas, corderos y carneros su voz natural be. ‖ Arnob. Decir simplezas, desatinos.

¿ Balsămeus, a, um. Lucr. y Balsamicus, y Balsămĭnus, a, um. De bálsamo.

Balsămīta, ae. f. Plin. Yerbabuena, planta olorosa.

Balsămōdes casia. f. Plin. Especie de casia ó canela amarga y útil en la medicina.

Balsămum, i. n. Plin. Bálsamo, árbol que destila un licor precioso llamado bálsamo. ‖ El licor que destila.

Baltĕātus, a, um. Marc. Cap. Ceñido de talabarte, tahalí, ó biricú.

Baltĕŏlus, i. m. Capit. Tahalí pequeño. dim. de Balteus.

Baltĕārius, ii. m. Inscr. El que hace tahalíes ó biricues.

Balteum, i. n. Ces. y

Baltĕus, i. m. Virg. El tahalí, cinturon ó talabarte para poner la espada. ‖ Vitruv. Lista estrecha de alto á bajo de una coluna. ‖ Borde, orla. ‖ Vitruv. Grada del anfiteatro la mas alta y larga, que le ceñia al rededor.

Baltĭcus, a, um. y

Baltius, a, um. Báltico. Balticum mare. Plin. El mar báltico.

Bălūca, ae. f. y

Bălux, ūcis. f. Plin. Arena de oro, grano que se halla en las minas ó rios.

Bambācīnus, a, um. Plin. De algodon.

Bambācion, ii. n. Plin. El algodon.

Bambālio, ōnis. m. Cic. Tartamudo, tartajoso.

Bambātus, a, um. Colum. Empapado, embebido, remojado.

Bamberga, ae. f. Bamberga, ciudad imperial del círculo de Franconia.

Bambȳcius, a, um. Plin. Perteneciente á la ciudad de Hierápolis en Celesiria.

† Bamplus, i. m. Fulg. Barca, esquife, lancha.

* Bănaucon, i. n. Vitr. Polea, garrucha, y toda máquina propia para levantar cosas de mucho peso.

Bannanĭca, ae. f. Plin. Especie de vid que llama Plinio de incierto fruto.

Bantīnus, a, um. Hor. Perteneciente á Bancia ó á los bantinos, pueblos de Lucania.

Baphēus, i. m. Dig. El tintorero, el que da los tintes.

Baphĭa, ōrum. n. plur. Lamprid. El tinte, la tintorería, la casa donde se tiñe.

Baptae, ārum. m. plur. Juv. Sacerdotes viciosos de Cotito, diosa de la deshonestidad, á quien hacian fiestas y sacrificios de noche en Atenas, abandonándose á la disolucion: ahogaron al poeta Eupolis, porque los pintó en una comedia.

Baptes, ae. m. Plin. La baptes, piedra preciosa, tierna, pero de escelente olor.

Baptisma, ătis. n. Prud. El baptismo ó bautismo, el primer sacramento de la Iglesia; significa lavatorio, ablucion.

Baptismum, i. n. Tert. y

Baptismus, i. m. V. Baptisma.

Baptista, ae. m. Sedul. Baptista ó Bautista, el que lava ó bautiza. Llámase asi por escelencia á san Juan, precursor de Cristo.

Baptistērium, ii. n. Sidon. Baptisterio, la pila del bautismo. ‖ Baño propio para lavarse.

Baptizātor, ōris. m. Tert. El que bautiza.

Baptizātus, a, um. S. Aug. Bautizado.

Baptizo, as, avi, atum, āre. a. Lavar, bañar, purgas. ‖ S. Ag. Bautizar, administrar el sacramento del bautismo.

Bărăthro, ōnis. m. Lucr. Hombre insaciable, ansioso, nunca harto de comida.

Bărăthrum, i. n. Virg. Báratro, abismo, profundidad inmensa donde arrojaban en Atenas á los delincuentes. ‖ El infierno. ‖ Plaut. El vientre de un gloton.

Barba, ae. f. Cic. La barba, el pelo que nace al hombre en las megillas y al rededor de la boca, y tambien á algunos animales. Barbam sapientem pascere. Hor. Dejarse crecer la barba para parecer sabio. Barba tenus philosophus. Cic. Filósofo solo en la barba. Barbam alicui vellere. Hor. Burlarse de alguno.

Barba alfugi. f. El eléboro, planta.

Barba jovis. f. La siempreviva ó yerba puntera.

Barbărălexis, is. f. Barbaralexis. Figura retórica, en que se mezclan palabras extrangeras en la lengua en que se habla.

Barbăre. adv. Cic. Bárbara, grosera, toscamente, asi respecto del habla como de las costumbres. Los griegos y los romanos llamaban bárbaros á todos los estrangeros, y asi significa muchas veces esta voz y las de su derivacion al modo de los estrangeros.

Barbări, ōrum. m. plur. Los bárbaros, incultos, groseros, ignorantes, rudos, toscos, salvages. ‖ Todos los estrangeros respecto de los griegos y de los romanos.

Barbāria, ae. f. Cic. Barbaria. Toda la gente fuera de

*Grecia y Roma.* ‖ Barbaridad, la rudeza, incultura y tosquedad en las costumbres y en el habla. ‖ *Hor.* El pais de Frigia. ‖ Berbería.

Barbărĭce, *adv. Cap.* Al modo de los bárbaros.

Barbărĭcārii, ōrum. *m. plur. Dig.* Los frigios. ‖ Bordadores de oro y sedas.

Barbărĭcus, a, um. *Suet.* Bárbaro, barbaresco, de los bárbaros. ‖ Frigio. ‖ *Plin.* Estrangero. *Barbaricae vestes. Inscr.* Vestidos, telas tejidas y bordadas de diversos colores y figuras como los tapices. *Barbarica sylva. Colum.* Bosque donde hay árboles de todas especies.

Barbărĭes, ĕi. *f. V.* Barbaria.

Barbarismus, i. *m. ad. Her.* Barbarismo. *El uso de alguna diccion contra las reglas del puro lenguage, que se comete añadiendo, anteponiendo, quitando ó posponiendo alguna letra.* ‖ Impropiedad.

Barbărŏlexis, is. *f. V.* Barbaralexis.

Barbărus, a, um. *Cic.* Bárbaro, todo estrangero respecto de los griegos y romanos. ‖ Inculto, grosero, ignorante, rudo, tosco, salvage.

Barbăta, ae. *f. Plin.* Especie de águila.

Barbātŏrĭa, ae. *f. Petron.* La rasura, la accion de hacerse la barba, de afeitar.

Barbătŭlus, a, um. *Cic.* Barbiponiente, el que apenas tiene barba, ó le empieza á apuntar el bozo.

Barbātus, a, um. *Cic.* Barbado que tiene barbas. ‖ El filósofo. ‖ El hombre antiguo.

Barbesŭla, ae. *f. Plin.* Marbella, *ciudad de España en la Andalucía.*

Barbĭger, a, um. *Lucr.* El que tiene barbas.

Barbĭtĭum, ii. *n. Apul.* La barba.

Barbĭton, i. *n. Apul.* y

Barbĭtos, i. *f. Ov.* ó

Barbĭtus, i. *m. Hor.* La lira, *instrumento músico de los antiguos, de varias cuerdas.*

Barbo, ōnis. *m. V.* Barbus.

Barbosthĕnes. *Liv.* Monte de Laconia en el Peloponeso.

Barbŭla, ae. *f. Cic.* Barbilla, diminutivo de barba en latin y en castellano.

Barbus, i. *m. Auson.* El barbo, pez de mar y de rio.

†Barca, ae. *f. Paul. Nol.* La barca, esquife, lancha.

Barca, ae. *f.* Barca, reino de Africa. ‖ Nombre de muger.

Barcaei, ōrum. *m. plur. Virg.* Pueblos de África.

Barcaeus, a, um. *Sil.* De los barceos, ó de Barce, ciudad que les dió nombre.

Barce, es. *f. Plin.* Barce, ciudad de África, dicha hoy Tolemaide. ‖ *Virg.* Nombre de muger.

Barcha, ae. *f. Liv.* Nombre de una familia de Cartago, de la cual era Aníbal.

Barchaei, arum. *com. plur. Liv.* Los de esta familia.

Barchīnus, a, um. *Liv.* De la familia barquina, ó de los Barcas en Cartago.

Barcĭno, ōnis. *f. Plin.* Barcelona, ciudad capital de la provincia de Cataluña en España.

Barcĭnŏnensis, e. *m. f. n. is. Auson.* Barcelonés, de Barcelona, ó el natural de ella.

Bardaicus, a, um. *Juv. V.* Bardiacus.

Bardei, ó Bardaei, ōrum. *m. plur. Salmas.* Pueblos del Ilírico.

Bardi, ōrum. *Luc. plur. m.* Los poetas y historiadores de los antiguos galos.

Bardiăcum, i. *n.* y

Bardiăcus, i. *m.* Trage militar de los antiguos galos.

Bardiăcus, a, um. *Juv.* Lo que es de los galos, ó del trage que usaban en la guerra.

Barditus, i ó us. *m. Tac.* Cancion de los bardos ó galos, con que animaban á los suyos refiriendo los hechos de sus mayores.

Bardŏcŭcullus, i. *m. Mars.* Sayo ó capote de paño burdo, con una capucha, capuz.

Bardus, a, um. *Cic.* Burdo, tosco, basto, grosero, rudo, brutal, salvage. *Se aplica á las personas y á las cosas. Bardum se facere. Plaut.* Hacerse el tonto.

Barĭpŭlae, arum. *m. plur. Serv.* Los que buscan los manantiales de las aguas.

Baris, idis. *f. Prop.* Especie de barca muy ligera, propia solo para el Nilo.

Barium, ii. *n.* Bari, ciudad del reino de Nápoles en el golfo de Venecia.

Bar-Jōna, ae. *m. Bibl.* Sobrenombre de san Pedro, hijo de Juan ó de la paloma.

Barnăbas, ae. *m.* Bernabé, nombre de hombre.

†Baro, ōnis. *m.* Baron, señor de dignidad inferior al marques, conde &c.

Bāro, ōnis. *m. Cic.* Tonto, fatuo, majadero, necio. ‖ Siervo de un soldado.

Barometrum, i. *n.* Barómetro, instrumento para medir la pesantez del aire.

†Bărōnātus, us. *m.* y

Barōnia, ae. *f.* Baronía, señoría, territorio de un baron.

Baroptĕnus, i. *f.* Piedra preciosa de color negro con manchas blancas y encarnadas.

Barrīnus, a, um. *Sidon.* Del elefante.

Barrio, is, īre. *n. Fest.* Bramar el elefante.

Barrītus, us. *m. Plin.* El ronquido ó bramido del elefante. ‖ *Veg.* La algarada, vocería y algazara de los soldados al tiempo de acometer.

Barrus, i. *m. Hor.* El elefante.

Bar-sābas, ae. *m. Bibl.* Nombre de hombre. Significa hijo de reposo, de juramento ó de conversion.

Barthŏlŏmaeus, i. *m.* Bartolomé, nombre de hombre.

*Barycus, a, um. y Barycephălus, a, um. *Vitruv.* Edificio que no puede ser muy elevado por tener mucho peso, y pocas colunas que le sostengan.

*Barypicron. *Apul.* Muy amargo, epíteto que se da al agenjo.

Basaltes, ae. *f. Plin.* Mármol basalte del color y dureza del hierro.

Băsănītes, ae. *m. Plin.* La piedra de toque llamada basanite.

Bascauda, ae. *f. Marc.* El barreño, librillo, vaso de barro que sirve para fregar, lavar y otros usos.

Bascontum, y Cascantum municipium. *Plin.* Cascante, ciudad de Navarra en España.

Bascŭli, ōrum. *m. plur. Plin.* Bástulos, antiguos pueblos de España en la Andalucía.

Basella, ae. *f. Pal.* Base pequeña.

Basiătio, ōnis. *f. Catul.* El beso, el acto de besar.

Băsiātor, ōris. *m. Marc.* El que besa.

Basiātus, a, um. *Marc.* Besado.

†Băsĭglossis, is. *m.* Basigloris, músculo que está en la raiz de la lengua.

†Băsĭlāre, is. *n.* El hueso coronal.

Băsĭlēa, ae. *f. Amian.* Basilea, ciudad capital de la Suiza.

Băsĭlēi, ōrum. *m. plur.* Pueblos de la Sarmacia europea.

†Băsĭlia, ōrum. *m. plur.* Perteneciente á los reyes. *V.* Basilica.

Băsĭlĭca, ae. *f. Quint.* Basílica, palacio, casa, edificio real. ‖ *S. Ger.* Iglesia, templo. ‖ Lugar donde se administra justicia. ‖ Casa de contratacion. ‖ Atrio, pórtico espacioso.

Băsĭlĭce, *adv. Plaut.* Real, magníficamente. *Basilice interii. Plaut.* Me he perdido enteramente, sin recurso.

Băsĭlĭcon, ó Basilicum, i. *n. Plin.* Basilicon, ungüento llamado regio y basilicon.

Băsĭlĭcŭla, ae. *f. Paul. Nol.* Iglesia pequeña.

Băsĭlĭcus, a, um. *Plaut.* Real, suntuoso, magnífico, espléndido. ‖ *Plin.* Una especie de vid.

Băsĭlisca, ae. *f. Apul.* Yerba semejante á la ruda.

Basiliscus, i. *m. Plin.* Basilisco, serpiente muy venenosa.

Bāsio, as, avi, atum, āre. *a. Catul.* Besar.

Bāsĭŏlum, i. *n. Apul.* Besito, dim. de beso.

Basis, is. *f. Cic.* La base: en las figuras planas de geometría es la línea sobre que insisten las demas de la figura; y en las sólidas la superficie sobre que estriban las demas.

Băsiatāni, ōrum. *m. plur.* Pueblos de España en Andalucia. *V.* Basculi.

Basium, i. *n. Catul.* El beso.

Bassărĕus, i. *m. Hor.* Sobrenombre de Baco, llamado así de un tejido que se hacia en Basara, pueblo de Lidia.

## BAU

Bassărĭcus, a, um. *Prop.* Perteneciente á Baco.

Bassăris, ĭdis. *f. Pers.* Bacante, sacerdótisa de Baco.

Bassus, a, um. *Grutér.* Sobrenombre de muchas familias romanas.

Bastăga, ó Bastagĭa, ae. *f. Cod. Just.* Porte, trasporte, el acto ú oficio de conducir y trasportar cargas de una parte á otra.

Bastăgarii, ó Bastagiarii, ōrum. *m. plur. Cod. Justin.* Los que cuidan de que se trasporten las cargas.

Bastanaci, ōrum. *m. plur.* Pueblos de la Arabia desierta.

Bastarnae, ó Basternae, ārum. *m. plur. Plin.* Pueblos de la Sarmacia europea.

Bastĕrāni, ōrum. *m. plur.* Pueblos de Egipto.

Basterna, ae. *f. Lampr.* La litera, silla de manos, carruage muy acomodado para caminar propio de las mugeres.

Basternārius, ii. *m. Sim.* La bestia que tira de la litera.

Bastitāni, ōrum. *m. plur. Plin.* Pueblos del reino de Murcia en España.

Bat. *interj. Plaut.* Para burlarse del que pronuncia un sonido semejante al de la diccion bat.

Bata, ōrum. *n. plur.* Bata, puerto de la Sarmacia asiática.

Bătāvi, ōrum. *m. plur. Tac.* Los holandeses.

Bătāvia, ae. *f. Ces.* La Holanda meridional y señorío de Utrech. ‖ Batavia, ciudad fundada por los holandeses en la isla de Java en las Indias orientales.

Bătăvŏdŭrum, i. *n. Tac.* Durostad, *ciudad de la Holanda en el ducado de Güeldres.*

Bătāvus, a, um. *Marc.* Holandes, de Holanda.

Baternae, arum. *m. plur. Val. Flac. V.* Bastarnae.

Bathea Ponti. *n. Plin.* Un parage del mar del Ponto donde no hay fondo.

Bathonĭca, ae. *f. Barth,* ciudad de Inglaterra.

Batĭcŭla, ae. *f. Plin.* Hinojo marino, peregil de la mar, planta.

Batillus, i. *m. Hor.* Batilo, *un jóven samio, querido de Anacreonte.* ‖ *Tac.* Un pantomimo célebre en tiempo de Augusto.

Batillum, ó Batillus, i. *m. Hor.* Badil, badila, paleta para la lumbre. ‖ Pala.

Batĭnus, a, um. *V.* Stultus.

Bătĭnus saltus. *Hor.* El bosque de Batino *en la Pulla*.

Batĭŏcus, i. *m. Plaut.* y

Batĭŏla, ae. *f. Plaut.* Taza, copa, vaso para vino.

Batis, is, y ĭdis. *m. f. Plin.* El batis, *pez marino*. ‖ *Plin.* La yerba batimarina y batihortensiana, llamada de algunos espárrago gálico.

Batrachites, ae. *m. Plin.* Batraquita, *piedra preciosa del color de la rana.*

Batrăchion, y Batrachium, ii. *n. Plin.* La yerba ranúnculo.

Batrăchŏmiŏmăchĭa, ae. *f. Marc.* La batracommomaquia, combate de las ranas y los ratones, *poema atribuido á Homero*.

* Batrăcos, i. *m.* La rana. ‖ *Plin.* Un pez marino semejante á la rana.

Battĭădes, ae. *patron. m. Ov.* Sobrenombre de Calímaco, *poeta griego, que se decia hijo ó descendiente de Bato lacedemonio, fundador de Cirene.*

Battis, ĭdis. *f. Ov.* Batia, *doncella de la isla de Coos, celebrada por Filetas, poeta elegíaco.*

Battŏlŏgia, ae. *f.* Batología, *vicio de la oracion, que es la repeticion de palabras necias y enfadosas.*

Battus, i. *m. Sil.* Bato, *lacedemonio, fundador y rey de Cirene en Africa.* ‖ *Un poeta necio, que con sus himnos dió nombre á la figura batología.* ‖ *Ov.* Un pastor, á quien Mercurio convirtió en piedra.

Batŭlum, i. *n. Virg.* Ciudad de Campania fundada por los samnites.

Bătŭo, is, ui, ĕre. *a. Plaut.* Golpear, sacudir, batir. ‖ *Suet.* Reñir.

Batus, i. *m. Bibl.* Medida hebrea para los líquidos, *que hacia, segun Josefo, setenta y dos cuartillos.* ‖ La yerba batimarina y batihortensia.

Baübor, āris, ātus sum, āri. *Dep. Lucr.* Verbo que explica la voz bau bau de los perros cuando no ladran, sino se quejan. ‖ Ladrar.

## BEL

Baŭcis, ĭdos. *f. Ov.* Baucis, *muger de Filemon, dos ancianos muy pobres, que hospedaron á Júpiter y á Mercurio, quienes hicieron de su casa templo, y al cabo de muchos años los convirtieron en árboles.*

Bauli, ōrum. *m. plur. Sim.* Bauli, Bagola, *un lugar de Campania.*

Bavăria, ae. *f.* Baviera, *provincia de Alemania.*

Bavărus, a, um. Bávaro, *el que es de Baviera.*

Bāvĭus, i. *m. Virg.* Bavio, *un mal poeta, contemporáneo de Virgilio y Horacio.*

Baxae, ārum. *f. plur. Plaut.* Zapatos, calzado de los filósofos, como abarcas.

## BD

Bdellium, i. *n. Plaut.* Bdelio, *árbol de color negro del tamaño del olivo, que suda una goma que se llama tambien bdelio.*

## BE

Bearnia, ae. *f.* Bearne, *provincia de Francia.*

Beāte, tius, tissĭme. *adv. Cic.* Feliz, dichosa, gloriosa, perfectamente.

Beătĭfĭco, ās, āre. *a. S. Ag.* Beatificar, calificar por bueno y santo.

Beătĭfĭcus, a, um. *Apul.* Beatífico, el que hace feliz y bienaventurado.

Beătĭtas, ātis. *f. Cic.* y

Beătĭtūdo, ĭnis. *f. Cic.* Beatitud, bienaventuranza, felicidad, gran dicha, fortuna, contento, gloria.

Beatrix, īcis. *f.* Beatriz, *nombre de muger.*

Beātŭlus, a, um. *Pers.* El que se halla con alguna felicidad, que lo pasa medianamente.

Beātus, a, um. *Cic.* Beato, feliz, dichoso, contento, afortunado. ‖ Rico. ‖ *S. Ger.* Beato, declarado por tal por la Iglesia católica.

Bebiāni, ōrum. *m. plur.* Los habitantes de Liguria.

Bebrĭăcensis, y Bebriacensis. *m. f. æ. n. is. Plin.* Perteneciente á Bebriacum, *lugar de la Italia entre Verona y Cremona.*

Bebrĭăcum, i. *n. Suet.* Lugar en que Vitelio derrotó á Oton. *V.* Bebriacensis.

Bebrĭces, um. *m. plur. Sol.* Pueblos del Asia en Bitinia. ‖ De la Galia narbonense.

Bebriscia, ae. *f. Plin.* Provincia del Asia menor, llamada despues Bitinia.

Bebrycius, a, um. *Virg.* De Bebricia, *provincia de Asia.* ‖ Perteneciente al Rey Bebrice.

Bebryx, ȳcis. *com. Val. Flac.* Natural de Bebricia ó Bitinia. ‖ Amico, rey de esta provincia. ‖ Un rey de la Galia narbonense.

† Beco. *Suet.* Voz gálica, que significa el pico del gallo. Sobrenombre del primer Antonio que derrotó á Vitelio.

† Bachion, ó Bechium, ii. *n. Plin.* La fárfara, llamada tambien uña de caballo, yerba.

Bedella, ae. *f. Marc. Emp. V.* Bdellium.

Bee. *indecl. Varr.* Be, el sonido que forman las ovejas carneros y cabras con su voz.

Beelphĕgor. *indecl. Tert.* Beelfegor, *el ídolo Baal, á quien estaba dedicado el monte Fegon en la region de moabitas.*

Beelzĕbub. *indecl.* y Beelcebud, ulis. *m. Bibl.* Beelcebub, el príncipe de los demonios. ‖ El dios Mosquero, á quien adoraban los ascalonitas para que los libertase de las moscas. ‖ *Tert.* El dios de la casa y del estiercol.

† Bela. *indecl. Varr.* Palabra antigua, que significaba la oveja.

Belătucadrus, i. *m. Grut. V.* Belenus.

Belbus, i. *m. Capit.* La hiena, animal feroz y cruel.

Belēnus, y Belinus, i. *m. Tert.* Dios de la provincia nórica y de los galos, el mismo que Apolo.

Belgae, ārum. *m. plur. Ces.* Flamencos, *pueblos de Francia entre el Océano, el Rin, el Marne y el Sena, belgas.*

Belgĭca, a, um. *Plin.* De la Galia bélgica ó Flandes francesa.

Belgium, ii. *n. Ces.* La provincia de Picardía ó Flandes francesa. ‖ La Galia bélgica.

**Belgradum**, i. n. Belgrado, *ciudad capital de la provincia de Servia en Hungría.* ‖ *De la república de Venecia.*

**Belial**. *indecl.* y **Belia**, ae. m. *Tert.* El que no reconoce superior. ‖ *Isid.* Espíritu maligno, ídolo de los ninivitas.

**Belias**, ādis. *part. f. Sen.* Nieta de Belo, hija de Danao. ‖ *Prud. patr. de* Belial.

**Belīdes**, ae. m. *Virg. patr.* Hijo, nieto, descendiente de Belo.

**Beliocŭlus**, i. m. *Plin.* Ojo de gato, piedra preciosa, *que según algunos es la esmeralda aguacate, y según otros es de diferentes colores, y parecida al ópalo.*

**Bellis**, ĭdis. *patr. f. Ov.* Hija ó nieta de Belo.

**Bellans**, tis. *com. Hor.* Guerrero, combatiente, el que pelea. V. Bellator.

**Bellaria**, ōrum. n. plur. *Suet.* Confitura, fruta ú otra cosa confitada, y todo lo que sirve en las mesas para postres de dulce. ‖ *Gel.* Los licores y vinos dulces.

**Bellator**, ōris. m. *Cic.* Guerrero, combatiente, soldado, el que va á la guerra, el que pelea, el que tiene genio guerrero ó inclinación á las armas.

**Bellatōrius**, a, um. *Plin.* Belicoso, guerrero, propio para pelear.

**Bellatrix**, īcis. f. *Virg.* Guerrera, la que gusta, y es propia para la guerra. *Bellatrix Diva. Ov.* La diosa Palas. — *Carina. Estac.* Nave de guerra. — *Gleba. Val. Flac.* Tierra que produce gente guerrera, que envía gente armada.

**Bellatŭlus**, a, um. *dim. Plaut.* Pulidillo, bonitillo.

**Bellax**, ācis. *Luc.* Guerrero, belicoso.

**Belle**. *adv. Cic.* Bella, hermosa, discretamente. ‖ Muy bien, con primor y elegancia, perfecta, selecta, cabal, admirablemente. *Belle se habere. Cic.* Pasarlo bien. — *Ire. Plaut.* Andar despacito.

**Bellelanda**, ae. f. Biland, *ciudad de la provincia de York en Inglaterra.*

**Bellerŏphon**, ontis. m. *Hig.* Belerofonte, hijo de Neptuno y de Eurinome, que venció á la Quimera en el caballo Pegaso.

**Bellerophontēus**, a, um. *Prop.* De Belerofonte.

**Bellĭca**, ae. f. *Fest.* Coluna erigida delante del templo de Belona contra la cual se lanzaba un dardo en señal de declaración de guerra.

**Bellicōsus**, a, um, sior, sissimis. *Cic.* Belicoso, guerrero, valeroso, bravo, ejercitado en la guerra, de ánimo fuerte y denodado.

**Bellicrĕpa saltatio**. f. *Fest.* Baile instituido por Rómulo con armas.

**Bellĭcum**, i. n. *Liv.* La señal, el sonido de la trompeta. *Bellicum canere. Cic.* Sonar la trompeta, dar la señal de acometer.

**Bellĭcus**, a, um. *Cic.* Bélico, guerrero ó perteneciente á la guerra. ‖ *Ov.* Belicoso.

**Bellĭfer**, a, um. *Claud.* y

**Bellĭger**, a, um. *Ov.* ó

**Belligerātor**, ōris. m. *Liv.* Beligero. V. Bellicosus.

**Belligĕro**, ās, āvi, ātum, āre. n. *Cic.* Guerrear, estar en guerra, hacerla, tenerla, pelear.

**Bellio**, ōnis. m. *Plin.* El heliotropio ó girasol, flor.

**Bellĭpŏtens**, tis. *com. Virg.* Poderoso en guerra. ‖ El que preside á la guerra, *sobrenombre del dios Marte.*

**Bellis**, ĭdis. f. *Plin.* La yerba bellis ó margarita que nace en los prados.

**Bellisŏnus**, a, um. *Paul. Nol.* Que suena ó resuena guerras.

**Bello**, ās, āvi, ātum, āre. n. *Cic.* V. Bellor.

**Bellocassi**, ōrum. m. plur. *Ces.* Pueblos de Verin y de Caux.

**Bellor**, āris, ātus sum, āri. *dep. Virg.* Guerrear, hacer la guerra. ‖ Pelear. *Bellare alicui. Estac.* — *Cum aliquo. Cic.* Pelear, hacer la guerra á alguno. — *Cum diis. Cic.* Violentar la naturaleza, hacer fuerza, oposición á las inclinaciones naturales.

**Bellōna**, ae. f. *Varr.* Belona, diosa de la guerra.

**Bellonāria**, ae. f. *Apul.* La yerba solano, *lo mismo que yerba mora.*

**Bellonārii**, ōrum. m. plur. *Lampr.* Sacerdotes de Belona.

**Bellōsus**, a, um. *Nev.* V. Bellicosus.

**Bellovăci**, ōrum. m. plur. *Ces.* Los naturales ó habitantes de Bovés, *ciudad de Francia.*

**Bellovācum**, i. n. Bovés, *ciudad de Picardía en Francia.*

**Bellovācus**, a, um. Lo que es de Bovés.

**Bellua**, ae. f. *Cic.* La bestia feroz así de mar como de tierra. ‖ Hombre cruel, bárbaro, inhumano.

**Belluālis**, m. f. lĕ. n. is. *Macr.* V. Belluinus.

**Belluātus**, a, um. *Plaut.* Que representa bestias. *Belluata tapetia. Plaut.* Tapicerías que representan bestias.

**Belluīnus**, a, um. *Gel.* Bestial, parecido ó perteneciente á las bestias.

**Bellŭle**. *adv. dim. Apul.* Bonitamente, pulidíllamente.

**Bellŭlus**, a, um. *dim. Plaut.* Bonito, pulidito, graciosito. *dim. de Bellus.*

**Bellum**, i. n. *Cic.* La guerra. ‖ Enemistad. ‖ Batalla, combate. ‖ Refriega. ‖ Oposición natural, antipatía, disensión. *Belli expers. Ov. — Inexpertus — Insolens Tac. — Rudis. Hor.* El que no entiende de la guerra, que no tiene experiencia de ella, nuevo en el arte de la guerra. — *Immunis. Virg.* Esento de ir á la guerra. *Bello durus. Virg.* Endurecido, hecho á los trabajos de la guerra, aguerrido. — *Latinorum. Cic.* En tiempo de la guerra con los latinos. — *Habilis. Ov.* Propio para la guerra. *Bellum deferre ad aliquem.* — *Dare. Cic.* Dar á uno el mando de la guerra. *Belli, domique.* — *Domi belloque. Liv.* En paz y en guerra.

**Bellūosus**, a, um. *Hor.* Que abunda de bestias feroces.

**Bellus**, a, um. *Cic.* Bello, hermoso, bien dispuesto, proporcionado y adornado de especial gracia y primor. ‖ A propósito, cómodo, propio, conveniente.

**Bellūtus**, a, um. *Fest.* V. Belluinus.

**Belūnum**, i. n. *Plin.* Beluno, *ciudad de Venecia.*

**Belus**, i. m. Belo, *primer rey de los asirios, Nembrot. Plin.* Rio de Siria, rio de Tolemaide.

**Benācus**, i. m. *Virg.* Benaco, *lago de Garda en Venecia entre Brixia y Verona.*

**Bĕne**. *adv. Cic.* Bien, buena, recta, justamente. *Bene mane. Cic.* Bien de mañana, muy de mañana. — *Longa oratio. Cic.* Discurso muy largo. — *Putare. Cic.* Pensar rectamente. — *Habet. Plaut.* Lo pasa bien, le va bien. — *Hoc habet illi. Ter.* Le sale, le viene bien, con felicidad. — *Nuntias. Plaut.* Me das buenas noticias. — *Polliceri. Salust.* Prometer con liberalidad. — *Esse alicui. Plaut.* Ser bien tratado de alguno. — *Aut male habere aliquem. Cic.* Tratar bien ó mal á alguno.

**Benĕdic**. *imp. de* Benedico.

**Benĕdice**. *adv. Plaut.* Con palabras suaves y blandas.

**Benĕdīco**, is, ĭxi, ictum, cĕre. a. *Cic.* Decir, hablar bien, usar de buenas palabras. ‖ Alabar. ‖ *Lact.* Bendecir. *Benedicere alicui. Cic.* Hablar bien de alguno. *Benedixisti ; at mihi istud non in mentem venerat. Ter.* Has dicho bien ; mas nunca tal me vino al pensamiento.

**Benĕdictio**, ōnis. f. *Apul.* Alabanza. ‖ *Ecles.* Bendición, el acto de bendecir.

**Benĕdictum**, i. n. *Cic.* Palabra, espresion dicha á propósito. ‖ Alabanza de alguno. *Benedictorum, et benefactorum mater philosophia. Cic.* La filosofía es la madre, la causa, la maestra de todo cuanto se dice y hace bien; ella enseña á decir y á obrar bien. ‖ *Paul. Nol.* La bendición.

**Benĕdictus**, a, um. *S. Ger.* Bendito, santo, consagrado. ‖ Alabado.

**Benĕfăcio**, is, fēci, factum, cĕre. a. *Cic.* Hacer bien, hacer favor, beneficio, placer. *Benefaxit tibi Deus. Ter.* Dios te llene de bienes. *Benefacere ad aliquid. Escr. Larg.* Ser bueno, aprovechar para alguna cosa, hablando de los remedios.

**Benĕfactio**, ōnis. f. *Ter.* Beneficio, la acción de hacer algún bien.

**Benĕfactor**, ōris. m. El bienhechor, el que hace bien.

**Benĕfactum**, i. n. *Cic.* Buena obra, beneficio. ‖ Acción buena.

**Benĕfactus**, a, um. *part. Cic.* Bien hecho, con razón y prudencia.

**Benĕfĭce**. *adv. Gel.* Benéfica, liberalmente.

**Benĕfĭcentia**, ae. f. *Cic.* Beneficencia, el acto de hacer bien á otros, liberalidad.

Bĕnĕfĭcĭārĭus, ii. m. Ces. El beneficiado, el que goza y posee el beneficio recibido. ‖ Veg. El promovido á otro grado en la milicia por el tribuno, pretor ó cónsul. ‖ Ces. El que en premio de sus servicios quedaba esento de la milicia.

Bĕnĕfĭcĭārĭus, a, um. Sen. Perteneciente al beneficio.

Bĕnĕfĭcĭum, ii. n. Cic. Beneficio, el bien que uno hace á otro liberal y gratuitamente. ‖ Pension, recompensa dada por servicios militares. ‖ El privilegio, derecho y accion que á uno le compete por las leyes. ‖ La promocion en la milicia á mayores grados. *Beneficio meo. Cic.* Por beneficio mio, por amor de mí.

Bĕnĕfĭcus, a, um. Cic. Benéfico, que hace bien á otro, bienhechor, liberal, inclinado á hacer bien. *Beneficus oratione. Plaut.* Gran prometedor, liberal en palabras, en promesas. *Beneficentissimus in amicos. Cic.* Muy liberal para con sus amigos. *Se halla en Caton.* Beneficissimus y Beneficior, *pero no se deben imitar.*

Bĕnĕ mĕrens, tis. V. Merens.
Bĕnĕ mĕreor. V. Mereor.
Bĕnĕ mĕrĭtus. V. Meritus.
Bĕnĕŏlens, tis. com. Virg. Que huele bien, de buen olor.
Bĕnĕplăcĕo. Bibl. V. Placeo.
Bĕnĕsuādus, a, um. Apul. Que aconseja bien.
Bĕnĕvălens, tis. com. Gel. Que está bueno y sano.
Bĕnĕventānus, a, um. Cic. De Benevento.
Bĕnĕventum, i. m. Plin. Benevento, *ciudad del reino de Nápoles.*

Bĕnĕvŏlē. adv. Cic. Con benevolencia, con amistad, con buena voluntad, afectuosa, amablemente.

Bĕnĕvŏlens, tis. com. Cic. Amoroso, afectuoso, amigo, amante. *Benevolens alicujus, ó alicui. Plaut.* El que quiere bien á alguno. *Se hallan en Ciceron.* Benevolentior y Benevolentissimus.

Bĕnĕvŏlentĭa, ae. f. Cic. Benevolencia, buena voluntad, afecto, amor, inclinacion, deseo de hacer bien.

† Bĕnĕvŏlentĭus, a, um. Plaut. V. Benevolens.

Bĕnĕvŏlus, a, um. Cic. Benévolo. — *Alicui erga aliquem. Plaut.* Benévolo, deseoso, amigo, propenso á hacer bien á otros.

Bĕnignē. adv. Cic. Benignamente, con benignidad y agrado, blanda, amorosa, grata, afectuosamente. ‖ Liberalmente. ‖ *Benigne dicere. Ter.* Hablar con palabras blandas y suaves. — *Respondere. Hor.* Responder con dulzura. — *Negare. Ter.* Rehusar, negar con cortesía. — *Audire. Cic.* Oir con benignidad. *Benignius operam dare. Plaut.* Servir con galantería, con liberalidad. *Benignissime promittere. Cic.* Prometer con suma liberalidad.

Bĕnignĭtas, ātis. f. Cic. Benignidad, afabilidad, blandura, suavidad, agrado en el trato y comunicacion. ‖ Liberalidad, inclinacion á hacer bien.

† Bĕnignĭter. V. Benigne.

Bĕnignus, a, um. Cic. Benigno, afable, templado, suave, compasivo, blando y amoroso, inclinado á hacer bien. ‖ Liberal. ‖ *Plaut.* Pródigo. ‖ *Hor.* Copioso, abundante. ‖ *Plin.* Fértil, feraz. ‖ *Hor.* Propicio. *Benignus sermo. Hor.* Conversacion agradable, gustosa. — *Dies. Stat.* Dia feliz.

Benna, ae. f. Fest. Voz gálica, que significa una especie de carro hecho de mimbres, cuadrado y con dos ruedas.

Bĕo, ās, āvi, ātum, āre. a. Ter. Hacer feliz, alegre y dichoso. *Beare caelo aliquem. Hor.* Colocar á uno en el cielo, hacerle inmortal. *Hoc me beat saltem. Plaut.* Esto á lo menos me consuela.

Berbĕcŭlus, i. m. Petron. dim. de
Berbex, ĕcis. m. Petron. V. Vervex.

Bĕrĕcynthĭa, ae. f. Ov. Frigia, *sobrenombre de Cibeles, del monte y ciudad de Frigia, Berecinto, donde Cibeles era adorada.*

Bĕrĕcynthĭus, a, um. Virg. Perteneciente á la diosa Cibeles.

Bĕrĕcynthĭus, ii. m. f. ó
Bĕrĕcynthus, ii. m. f. Plin. Berecinto, *monte y ciudad de Frigia.*

Bĕrĕnĭce, es. f. Hig. Berenice, *hija de Tolomeo Filadelfo y de Arsinoe. Berenices coma.* Cabellos de Berenice, *constelacion compuesta de siete estrellas junto á la cola del leon celeste.*

Bĕrĕnīceus, a, um. Catul. Perteneciente á Berenice.

Bĕrĕnīcis, idis. f. Luc. La region pentapolitana de Libia, *así llamada de Berenice, una de sus cinco ciudades.*

Bergĭum, ii. n. Bergio, *ciudad de Italia.*

Bergŏmātes, um. m. plur. Plin. Los naturales de Bérgamo.

Bergŏmum, i. n. Plin. Bérgamo, *ciudad de la república de Venecia.*

Berŏa, ae. f. Beroa, *ciudad de Tesalia. De Siria.*

Berŏea, ae. f. Beroea, *ciudad de Macedonia.*

Bĕrŏe, es. f. Nombre de muger. ‖ Ciudad de Macedonia llamada Boor. ‖ Alepo, *ciudad de Siria.*

Berōnes, um. m. plur. Hirc. Pueblos de España.

Bersăbe, es. f. Bersabé, *ciudad de Judea.* ‖ Nombre de muger.

Bĕryllus, i. m. Plin. El berilo, *piedra preciosa de color verde muy subido y trasparente.*

Berytensis. m. f. sĕ. n. is. Ulp.

Bĕrytĭus, a, um. Plin. Lo perteneciente á Baruti, *ciudad de Fenicia, junto al monte Líbano.*

Bĕrytus, i. f. Plin. Baruti, *ciudad de Fenicia, llamada tambien Felix Julia.*

Bes, bessis. m. Cic. Dos terceras partes de la libra romana, ú ocho onzas, las dos terceras partes de cualquiera especie que se divida en doce. *Bessis usura. Cic.* — *Usurarum.* Ocho por ciento. — *Centesima.* Lo mismo. *Bessem bibere. Marc.* Beber ocho veces. V. As.

Bessālis. m. f. lĕ. n. is. Vitruv. Lo que tiene ocho dedos ú ocho pulgadas.

Bessālum, i. n. Solin. El ladrillo.

Bessi, ōrum. m. plur. Claud. Los besos, *pueblos fieros y bárbaros de Tracia ó de Misia.*

Bessĭcus, a, um. Cic. Perteneciente á los besos, *pueblos de Tracia.*

Bessis, is. m. Vitruv. Cuatro, *las dos terceras partes de seis, primer número matemático perfecto.*

Bestĭa, ae. f. Cic. La bestia fiera, *como el oso, leon, jabalí, tigre &c.* ‖ Plaut. El hombre rudo, ignorante, basto, y semejante en sus operaciones á los brutos.

Bestĭālis. m. f. lĕ. n. is. Prud. Bestial, lo perteneciente á las bestias. ‖ Lo que es ageno de la razon y entendimiento del hombre.

Bestĭārĭus, a, um. Sen. Lo que pertenece á las bestias. *Bestiarius ludus. Sen.* Fiesta donde se lidian bestias.

Bestĭārĭus, ii. m. Cic. El que lidia las bestias en los juegos públicos asalariado. ‖ El delincuente que está condenado á lidiar las fieras.

Bestĭŏla, ae. f. Cic. Bestezuela, dim. de Bestia.

Beta, ae. f. Plin. La acelga, *planta bien conocida.* ‖ La segunda letra del alfabeto griego. *Buta tum hieme, tum aestate bona. adag.* Zamarra mala hácia mí la lana, zamarra buena, la carnaza afuera. ref.

Bĕtācĕus, a, um. Varr. y
Bĕtālis. m. f. lĕ. n. is. Petron. De, ó parecido á la acelga.

Bĕtāsii, ōrum. m. plur. Pueblos de Brabante.

Bĕtĕrōnes, um. m. plur. Antiguos pueblos de España.

Bĕthānĭa, ae. f. Betania, *ciudad de Palestina.*

Bethel. indec. f. Betel, *ciudad de Samaria (casa de Dios).*

Bethlĕhem. indec. y
Bethlĕma, ae. f. Betleen, ó Belen, *ciudad de la tribu de Judá, llamada antes Efrata (casa de pan).*

Bethlehemĭcus y
Bethlehemĭtĭcus, a, um. y
Bethlĕmītis. m. f. tĕ. n. is. S. Ger. Perteneciente á Bethlehen ó Belen.

Bethphăge, es. f. Betfage, *ciudad de Judea.*

Bethsaida, ae. f. Betsaida, *ciudad de Galilea, patria de S. Pedro.*

Bethsămes, is. f. Betsames, *ciudad de Galilea.*

Bethsămītae, ārum. m. plur. Betsamitas, los naturales y habitantes de Betsames.

Bethsūra, ae. f. Betsura, *castillo de Judea.*

Bethunia, ae. f. Betuna, *ciudad del Pais Bajo en la provincia de Artois.*

Bethuria, ae. f. Plin. Estremadura, *provincia de España.*

Betizo, as, are. n. Suet. Estar descaecido, lánguido, como las acelgas.

† Beto, is, ere. n. Varr. Andar, marchar, caminar.

Betonica, ae. f. Plin. Betónica, yerba de muchas virtudes.

Betula, ae. f. Plin. El álamo blanco.

Betulaceus, a, um. De álamo blanco.

Betulo, onis. m. Rio de España que riega el campo de Barcelona, llamado Besos.

Betunica, ae. f. Ciudad de España.

Betylus, i. m. Betilo, *la piedra que tragó Saturno en lugar de Júpiter.*

Beva, ae. f. Ciudad de Macedonia.

## BI

Bienor, oris. m. Virg. Bianor, *nombre de hombre.*

Biarchia, ae. f. Cod. Teod. El cuidado de la provision de víveres para el ejército.

Biarchus, i. m. S. Ger. El asentista ó intendente que cuida de las provisiones del ejército.

Bias, antis. m. Cic. Bias, filósofo, uno de los siete sabios de Grecia.

† Bibacitas, atis. f. Disposicion de un sugeto para beber mucho.

Bibaculus, i. m. Suet. Bebedor, el que bebe mucho vino.

Bibacum, i. n. Bibrac, *ciudad de Alemania.*

Bibax, acis. com. Gel. Gran bebedor, el que bebe mucho vino.

Biber. indec. ant. Cat. La bebida. *Dare alicui biber.* Dar á uno de beber.

Biberius. Suet. Epíteto que por burla dieron al emperador Tiberio Neron porque era muy dado al vino.

Bibesia, ae. f. Plaut. El ansia de beber.

Bibi. pret. de Bibo.

Bibilis. m. f. le. n. is. Cel. Aur. Que se puede beber ó sorber.

Bibio, onis. m. Isid. El mosquito que se cria en el vino.

† Bibitor, oris. m. Sid. Bebedor, el que bebe.

† Bibitus, a, um. Em. Macr. part. de Bibo. Bebido.

Biblia, orum. m. plur. Eccles. Los libros, por escelencia la Biblia, la sagrada escritura, que contiene el antiguo y nuevo testamento.

Biblinus, a, um. S. Ger. Lo que es de papel.

Bibliopola, ae. m. Plin. Librero, mercader de libros.

Bibliotheca, ae. f. Cic. Biblioteca, librería que se junta y guarda en algun parage.

Bibliothecalis. m. f. le. n. is. Sid. Apol. Lo que es de la biblioteca.

Bibliothecarius, ii. m. Bibliotecario, el que cuida de y guarda la biblioteca.

Biblis, idis. f. Ov. Una fuente de Licia.

Biblus, i. m. f. Luc. Un junco de Egipto, ó papiro, *árbol del mismo pais, cuya corteza servia para escribir, y la madera para hacer navíos.* ‖ El libro.

Bibo, is, bibi bibitum, ere. a. Cic. Beber. *Bibere ad numerum.* Ov. Contar las veces que se bebe, beber por cuenta. — *Pro summo.* Plaut. Beber el vaso lleno. — *More graeco.* Cic. Beber á la griega, esto es, mucho y á menudo. — *Gemma.* Virg. En una taza de una piedra preciosa. — *In auro.* Sen. En una copa de oro. — *Morsu, sucatu.* Plin. Beber á sorbos, á chupetones. — *Longum amorem.* Virg. *Ignem ossibus.* Estac. Dejar que se introduzca, que penetre, y se arraigue el amor en el corazon. *Sat prata biberunt.* Virg. Ya estan bien regados los prados; *modo proverbial para dar á entender que ya basta de una cosa.* *Bibere moerorem.* Plaut. Alimentarse de su tristeza, beber el agua de sus lágrimas. *Bibendi arbiter.* Hor. El rey del convite, *el que ponia coto y ordenaba las veces que se habia de beber. Bibere auro.* Hor. Suspensis ai . . . . Prop. Escuchar con gran gusto y atencion. — *Man . . .* Plaut. Olvidarse de los encargos con el demasiado vino. — *Nomen alicujus.* Marc. Brindar al nombre de alguno, bebiendo tantas veces ó vasos cuantas letras tiene el nombre. *Aut bibat, aut abeat.* Cic. Ó beba, ó váyase ; ley de los convites entre los griegos, por la cual estaban obligados á beber todos con igualdad, para dar á entender que ó nos hemos de acomodar al tiempo y lugar, ó hemos de huir del trato de los hombres. *Bibere flumen.* Virg. Vivir cerca de un rio.

Bibo, onis. m. Jul. Firm. V. Bibax.

Biboseus, a, um. Gel. V. Bibax.

Bibracte, es. f. Caes. Autun, *ciudad de Francia.*

Bibracum, i. n. Biberac, *ciudad de Alemania.*

Bibrax, acis. f. Braisne, *ciudad de Champania.*

Bibulus, a, um. Virg. Que embebe, atrae, chupa la humedad. *Bibulus potor.* Hor. Buen bebedor. — *Lapis.* Virg. Piedra pomez, especie de piedra esponjosa, porosa y muy liviana.

Biburgum, i. n. Biborga, *ciudad de Dinamarca.*

Bicameratus, a, um. S. Ger. De dos nichos ó arcos.

Biceps, cipitis. com. Cic. De dos cabezas, de dos puntas; de dos cimas ó cabos. *Biceps civitas.* Varr. Ciudad dividida en dos bandos ó facciones. — *Argumentum.* Apul. Dilema, argumento cornuto.

Bicessis, is. m. Varr. Veinte ases.

Bichordulus, a, um. Apul. De dos cuerdas.

Bicinium, ii. n. Plaut. Comedor, cenador, con dos lechos al rededor de la mesa al modo de los antiguos.

Bicolor, oris. com. Plin. y

Bicoloreus, a, um. y

Bicolorus, a, um. Vop. De dos colores.

Bicomis. m. f. me. n. is. Veg. De dos cabelleras ó crines, ó que las tiene por dos lados.

Bicorniger, a, um. Ov. y

Bicornis. m. f. ne. n. is. Ov. De dos cuernos. ‖ Virg. Dividido en dos puntas ó cabos como horquilla, ó en dos dientes. *Bicornis Rhenus.* Vig. El Rin que se divide en dos brazos. — *Luna.* Hor. La luna en creciente.

Bicorpor, oris. com. Cic. y

Bicorporeus, a, um. Jul. Firm. De dos cuerpos.

Bicubitalis. m. f. le. n. is. Plin. y

Bicubitus, a, um. Apul. De dos codos.

Bidens, tis. com. Virg. De dos dientes. ‖ La oveja de dos años, y á propósito para el sacrificio. ‖ La azada de dos dientes, el azadon.

Bidental, alis. n. Hor. Lugar donde ha caido un rayo, el cual purificaban los arúspices con el sacrificio de una oveja de dos años.

Bidini, orum, ó Bidenses, ium. m. plur. Cic. Pueblos de Sicilia.

Biducessi, orum. m. plur. Pueblos de la Galia leonesa.

Biduum, i. n. Cic. El espacio de dos dias. *Bidui abesse.* Cic. Estar distante dos jornadas. Se entiende la palabra *spatio.*

Biennalis. m. f. le. n. is. Cod. Just. De dos años, que dura dos años, bienal.

Biennis. m. f. ne. n. is. Plin. De dos años, bienal.

Biennium, ii. n. Ter. El espacio de dos años, bienio.

Biennus, i. f. Ciudad de la isla de Candia.

Bifariam. adv. Cic. En dos partes, de dos modos.

Bifarius, a, um. Apul. De dos partes, de dos modos.

Bifer, a, um. Plin. y

Biferus, a, um. Suet. Que lleva fruto dos veces al año.

† Bifestus, a, um. Prud. Dia de doble fiesta; como el dia de S. Pedro y S. Pablo.

Bifidatus, a, um. Plin. y

Bifidus, a, um. Plin. Hendido, partido, dividido en dos partes.

Bifissus, a, um. Solin. V. Bifidus.

Biforis. m. f. re. n. is. Ov. De dos puertas ó de dos hojas. *Bifores valvae.* Ov. Puertas de dos hojas. *Biforis cantus.* Virg. — *Tibia.* Sonido de dos flautas desiguales, discordes.

Biformatus, a, um. Cic. y

Biformis. m. f. me. n. is. Virg. De dos formas ó figuras, como los centauros, medio hombres y medio caballos.

Biforus, a, um. Vitruv. V. Biforis.

Bifrons, ontis. com. Virg. De dos rostros, de dos aspectos ó frentes, como el dios Jano.

Bifurcus, a, um. *Plin.* De dos puntas, de dos cumbres.

Biga, ae. f. y

Bigae, arum. f. plur. *Virg.* Carro, coche tirado de dos caballos.

Bigamia, ae. f. Bigamia, *el segundo matrimonio que se contrae despues de haber muerto uno de los primeros contrayentes.*

Bigamus, a, um. Bigamo, de la bigamia, ó casado dos veces sucesivamente.

Bigarius, ii. m. El que gobierna un coche de dos caballos. ‖ *Arnob.* El maestro de coches.

Bigatus, a, um. *Liv.* Que tiene impresa la señal de un carro tirado de dos caballos, *como algunas monedas antiguas.*

Bigemmis. m. f. mě. n. is. *Treb. Pol.* Que tiene dos piedras preciosas, como un anillo. ‖ Que tiene dos botones ó yemas, como los árboles y flores.

Bigener, a, um. ó

Bigenerus, a, um. *Fest.* De dos géneros ó especies diferentes, *como el leopardo, de leon y onza.*

Bigerri, orum. m. plur. y

Bigerriones, um. m. plur. y

Bigerrones, um. m. plur. Los naturales de Bigorra en la Galia aquitánica.

Bigerronum regio. f. Bigorra, *provincia de Guiena en Francia.*

Bignus, a, um. *Fest.* Gemelo ó mellizo, nacido de un parto con otro.

Bijugis. m. f. gě. n. is. y

Bijugus, a, um. *Virg.* Tirado de dos caballos. *Bijugum certamen. Virg.* Combate, certamen en que se usaban carros tirados de dos caballos. *Bijugi equi. Virg.* Dos caballos que tiran de un carro. Tiro de dos caballos.

Bilanx, cis. f. *Marc. Cap.* La balanza, los platos cóncavos que penden de los brazos del peso. ‖ El peso.

Bilbilis, is. f. Calatayud, *ciudad de España en el reino de Aragon, patria del poeta Marcial.*

Bilbilitanus, a, um. De Calatayud.

Bilibra, ae. f. *Liv.* Dos libras, el peso de dos libras.

Bilibris. m. f. brě. n. is. *Hor.* Que pesa dos libras.

Bili. is. genit. de Bilix.

Bilinguis. m. f. guě. n. is. *Hor.* El que habla dos lenguas. ‖ *Virg.* El engañoso, disimulado, *á quien se dice hombre de dos lenguas, como de dos caras.*

Biliosus, a, um. *Cels.* Bilioso, lleno de bilis, de cólera. ‖ De humor, de temperamento bilioso.

Bilis, is. f. *Cic.* Cólera, bilis, humor bilioso. ‖ *Hor.* Cólera, furor, ira. *Bilis atra. Plin.* Atra bilis, cólera negra. — *Difficilis. Hor.* Cólera que no se puede disimular. — *Libera, splendida. Hor.* Cólera que hace hablar con libertad.

Bilix, icis. com. *Virg.* De dobles lizos, de doble estambre ó hilo. *Bilix lorica. Virg.* Loriga de doble malla.

Bilustris. m. f. trě. n. is. *Ov.* De dos lustros, que dura ó tiene dos lustros.

Bilychnis. m. f. ně. n. is. *Petron.* De dos candeleros, de dos luces, dos mechas, dos mecheros.

Bimammiae vites, f. plur. *Plin.* Vides bimamias, que llevan dos ó tres uvas gordas escondidas entre la hoja sin racimo.

Bimaris. m. f. rě. n. is. *Hor.* Que está entre dos mares, bañado de dos mares.

Bimaritus, i. m. *Cic.* El que tiene dos mugeres.

Bimater, tris. com. *Ov.* Que tiene dos madres, *como se dice de Baco.*

Bimatus, us. m. *Plin.* La edad de dos años.

Bimembris. m. f. brě. n. is. *Juv.* De dos miembros. ‖ *Virg.* De dos especies ó naturalezas como los centauros.

Bimensis, is. m. *Liv.* El tiempo de dos meses.

Bimestris, m. f. trě. n. is. *Cic.* Que dura dos meses.

Bimeter, tra, trum. *Sid.* Compuesto de dos metros, de dos versos de diversa especie.

Bimulus, a, um *Catul.* y

Bimus, a, um. De edad de dos años. *Bima sententia. Cic.* Sentencia, acuerdo en que se establece una cosa para dos años. — *Legio. Plaut.* Legion levantada dos años hace.

Binarius, a, um. *Lampr.* Binario, que contiene el número de dos.

Bini, ae, a. plur. *Cic.* Dos, un par, *se usa en lugar de duo con los nombres que no tienen singular, como castra bina, ludi bini, y á veces tambien con sustantivos que tengan los dos números. Bini boves. Plaut.* Un par de bueyes, una yunta. *Binae litterae. Cic.* Dos cartas, *y no duae; de lo que reprendió Ciceron á su hijo. Foenerari binis centesimis. Cic.* Dar á interes de dos por ciento al mes.

Bino, as, are. a. *Cat.* Juntar en uno.

Binoctium, ii. n. *Tac.* El espacio de dos noches.

Binominia. m. f. ně. n. is. *Ov.* y

Binomius, a, um. *Fest.* Que tiene dos nombres.

Binomium, ii. n. Binchester, *ciudad de Inglaterra.*

Binsitra, ae. f. Bensitra, *ciudad de la Mauritania cesariana.*

Binus, a, um. *Ov.* Doble, ó de dos. *Binus honor.* Doble honra. *Binis annis. Plin.* Cada dos años, de dos en dos años. — *Centesimis foenerari. Cic.* Prestar á dos por ciento al mes.

Bioca, ae. f. Ciudad de Cerdeña.

Bion, onis. m. Bion, *filósofo y sofista, que habló mal de los hombres y de los dioses.*

Bioneus, a, um. *Hor.* Satírico como el filósofo Bion.

Bionia, ae. f. Bionia, *ciudad de Italia.*

* Biothanatus, a, um. *Lampr.* El que muere de muerte violenta.

Bioticus, a, um. *Aur. Vict.* Perteneciente á la vida.

Bipalium, ii. n. *Liv.* El azadon con que se cava la tierra.

Bipalmis. m. f. mě. n. is. *Varr.* De dos palmos.

Bipartior, iris, itus sum, iri. dep. *Colum.* Partir, dividir, separar en dos partes.

Bipartito. adv. *Cic.* En dos partes, de dos modos.

Bipartitus, a, um. *Cic.* Dividido, distribuido en dos

Bipatens, tis. com. *Virg.* Que se abre en dos, de dos entradas, de dos puertas ó ventanas.

Bipeda, ae. f. *Pal.* Losa, baldosa ó ladrillo de dos pies para solar.

Bipedalis. m. f. lě. n. is. *Ces.* y

Bipedaneus, a, um. ó

Bipedanus, a, um. *Colum.* De dos pies.

Bipennella, ae. f. La pimpinela, *planta muy conocida.*

Bipennifer, a, um. *Ov.* El que lleva una hacha de dos cortes.

Bipennis, is. f. *Hor.* El hacha de dos cortes.

Bipennis. m. f. ně. n. is. *Quint.* De dos cortes.

Bipensilis. m. f. lě. n. is. *Varr.* Que tiene dos mangos para colgarse.

Bipes, edis. com. *Cic.* Que tiene dos pies.

Biprora-navis. f. *Plin.* Nave de dos proas para usarse en los estrechos y canales.

Biremis, is. f. *Cic.* Galera de dos órdenes de remos. *Biremis scapha. Hor.* Batel, esquife, chalupa, góndola que se maneja con dos remos.

Birotus, a, um. *Ulp.* Lo que tiene dos ruedas.

Birota, ae. f. *Cod. Teod.* El carro ó coche de dos ruedas.

Birrum, i. ó Birrus, i. m. *S. Ag.* Especie de gaban ó sobretodo para encima del vestido.

Bis. adv. *Cic.* Dos veces. *Bis die. Plin.* Dos veces al dia. — *Tanto quam. Plaut.* Dos veces, dos tantos mas que. — *Stulte facere. Ter.* Hacer dos locuras.

Bisaccium, ii. n. *Petr.* La alforja que tiene dos sacos ó senos.

Bisacutus, a, um. *S. Ag.* De dos cortes, que corta por dos partes.

Bisaltae, arum. m. plur. *Plin.* Pueblos de Macedonia.

Bisaltia, y Bisaltica, ae. f. *Liv.* Provincia de Tracia, junto al rio Estrimon.

Bisaltis, idis. f. *Ov.* Nombre de una doncella amada de Neptuno.

Biselium, ii. n. *Varr.* Silla poltrona, sitial capaz para dos, *concedida por singular honra á algunos varones esclarecidos en las fiestas, en el teatro, en el foro y en el consejo, como la silla curul de los romanos, á los que llamaron* Bisselliarii, *orum.*

Bisēta, ae. *f. Fest.* La puerca de seis meses, cuyas cerdas se dividen en dos partes desde la cerviz.

Bismāga, ae. *f.* La zanaoria.

Bismalva, ae. *f.* La malva fina hortense, ó malvavisco.

Bisōmus locus. *Rein.* Sepulcro de dos nichos.

Bison, ontis. *m. Plin.* El bisonte, *especie de buey salvage.*

Bisontium, ii. *n.* Besanzon, *ciudad del Franco Condado.*

Bisōnus, a, um. *Serv.* De dos sones ó sonidos.

Bispellio onis. *m. Ulp.* Solapado, fraudulento.

Bisquīnus, a, um. *Prud.* Décimo.

Bissēnus, a, um. *Auson.* Doce, duodécimo.

Bissextīlis. *m. f.* lē. *n. is. Macr. Emp.* Que contiene doce.

Bissextus dies, ó Bisaestum. *m. n. Ulp.* Dia intercalar, que se añade cada cuatro años despues del dia 24 de febrero. Bissextus annus. *S. Ag.* El año bisiesto en que se añade el dia intercalar.

Biston, ōnis. *Luc.* Biston, *hijo de Marte y de Caliroe.*

Bistōnes, ōnum. *m. plur. Luc.* Los tracios, gente muy guerrera, así llamados de Biston, hijo de Marte.

Bistōnia, ae. *f. Val. Flac.* Bistonia, *ciudad y comarca de Tracia.*

Bistōnii, ōrum. *m. plur.* Los naturales de esta ciudad.

Bistōnis, īdis. *f. Hor.* Lo que es de Tracia. *Bistonis ales. Sen.* Progne, *hija de Tereo, rey de Tracia, convertida en golondrina.*

Bistōnius, a, um. *Ov.* De los tracios ó bistonios. *Bistonius turbo. Ov.* Torbellino, uracan furioso de Tracia.

Bisulcilingua, ae. *m. Plaut.* El que tiene la lengua hendida, y figuradamente el hombre falso y engañoso.

Bisulcus, a, um. *Ov.* Hendido, dividido en dos.

Bisultor, ōris. *m. Ov.* Dos veces vengador, epiteto de Marte.

Bisurgis, is. *m.* El Veser, *rio de Alemania.* V. Visurgis.

Bisyllăbus, a, um. *Varr.* De dos sílabas, disílabo.

Bitērini, ōrum. *m. plur.* Los de la provincia de Beciers. ‖ Los de la Galia narbonense.

Biterrae, ārum. *f. plur.* Beciers, *ciudad de Lenguadoc.*

Bithymum mel. *n. Plin.* Miel de dos especies de tomillo blanco y negro.

Bithynia, ae. *f. Plin.* Bitinia, *provincia del Asia menor.*

Bithyniacensis. *m. f.* sē. *n. is.* y

Bithynĭcus, a, um. *Cic.* De Bitinia.

Bithynis, idis. *adj. f. Ov.* La muger de Bitinia.

Bithynius, a, um. *Colum.* y

Bithynus, a, um. *Hor.* V. Bithynicus.

Bitiensis. *m. f.* sē. *n. is. Fest.* Vagabundo, el que anda de un lugar en otro sin oficio ni domicilio.

Bitio, is, īre. *Marc.* y

Bito, is, ēre. *Plaut.* ó

Bito, ās, are. *Plin.* V. Beto.

Bitūmen, ĭnis. *n. Plin.* Betun, *especie de barro fluido, tenaz y pegajoso con parte de azufre, que mana del lago Asfaltite de Judea.*

Bitūminātus, a, um. *Plin.* Que tiene cualidades de betun.

Bitūmineus, a, um. *Ov.* Mezclado con betun.

Bitūmināsus, a, um. *Vitruv.* Bituminoso, abundante de betun.

Bitūricae, ārum. *f. plur.* Burges, *ciudad capital de Berri en Francia.*

Bitūriges, gum. *m. plur. Caes.* Los de la provincia de Berri en Francia.

Bitūrigum. *i. n.* V. Bituricae.

Bitūrix, īgis. *com. Luc.* El natural de Burges ó de Berri.

Bivertex, ĭcis. *com. Estac.* De dos cumbres ó cimas, epiteto del monte Parnaso.

Bivīra, ae. *f. Varr.* La muger que ha tenido dos maridos, la viuda que se vuelve á casar.

Bivium, ii. *n. Virg.* Camino que se divide en dos. *Bivium dare ad aliquid. Varr.* Dar dos medios para una cosa.

Bivius, a, um. *Virg.* De dos caminos.

† Bizacium, ii. *n.* El recorte, ripio, descostradura de la piedra que se labra.

Bizantīnus, a, um. *Hor.* Bizantino, de Bizancio.

Bizantium, ii. *n. Cic.* Bizancio, *hoy Constantinopla, ciudad de Tracia.*

Bizarta, ae. *f. Plin.* Biserta, *ciudad del reino de Tunez, en Berbería.*

Bizon, tis. *f. Plin.* Ciudad de Tracia.

Bizona, ae. *f.* Ciudad de Tracia, reino del Ponto.

## BL

Blabia, ae. *f.* Blabet, *puerto de Francia.*

Blachia, ae. *f.* La Valaquia, *principado en Europa.*

Blactēio, ās, āre *n. Ov.* Balar. V. Blatero.

Blaesae, ārum. *f. plur.* y

Blaesia, ae. *f.* Blois, *ciudad de Francia, capital del Blesois.*

Blaesiānus, a, um. *Marc.* Perteneciente á Bleso, *nombre propio de un romano.*

Blaesus, a, um. *Ov.* Balbuciente, tartajoso, el que tiene estorbo en la lengua para hablar.

Blanda, ae. *f.* y

Blande, es. *f.* Blanes, *villa de Cataluña en España.*

Blande, is. *m.* Rio de Cataluña.

Blande, ius, issĭme. *adv. Cic.* Blanda, dulce, suave, amorosa, cariñosa, lisonjeramente, con ternura, halago, suavidad &c.

† Blandĭcella verba. *Fest.* Palabras tiernas, dulces, amorosas.

† Blandĭdĭcus, a, um. *Plaut.* Que habla con palabras blandas, dulce, tierno, suave, lisonjero en sus palabras.

Blandĭfĭcus, a, um. *Marc. Cap.* Que ablanda, que hace y vuelve blando.

Blandifluus, a, um. *Tert.* Que corre blanda, suave, apacible, mansamente.

Blandilŏquens, tis. *com. Macr.* V. Blandidicus.

Blandilŏquentia, ae. *f. Cic.* Modo de hablar blando, suave y amoroso.

Blandilŏquentŭlus, a, um. *Plaut.* y

Blandilŏquium, i. *n. S. Ag.* V. Blandiloquentia.

Blandilŏquus, a, um. *Plaut.* V. Blandidicus.

Blandimentum, i. *n. Cic.* Halago, lisonja, caricia, blandura, suavidad en el modo de hablar y en el trato.

Blandior, iris, itus sum, iri. *dep. Cic.* Acariciar, halagar, lisonjear. ‖ Adular.

Blandĭter. *adv. Plaut.* V. Blande.

Blanditia, ae. *f.* ó

Blanditiae, ārum. *f. plur.* y

Blandities, ēi. *f. Apul.* Caricias, halagos, cariños. ‖ Lisonjas, adulaciones.

Blandiim. *adv. Lucr.* V. Blande.

Blanditus, us. *m. Lucr.* V. Blandities.

Blanditus, a, um. *part. de* Blandior. *Ov.* El que adula, acaricia y lisonjea. ‖ *Prop.* Apacible, agradable, dulce, suave.

Blandŭlus, a, um. *dim. de*

Blandus, a, um. *Cic.* Blando, dulce, suave, tierno, cariñoso, amoroso y lisonjero. ‖ Manso, que no ofende. ‖ Eficaz para persuadir. *Blandi anni. Prop.* Años jóvenes, tiernos, la flor, la primavera de la edad. *Blandus amicus. Cic.* Amigo lisonjero.—*Precum. Estac.* Suave en sus súplicas.—*Ducere quercus canoris fidibus. Hor.* Tan dulce, que llevaba las encinas tras del eco de su lira. *Dicese de Orfeo.*

Blandūsiae fons. *f. Hor.* Blandusia, *fuente de la casa de campo del poeta Horacio.*

Blapsigonia, ae. *f. Plin.* Blapsigonia, *enfermedad de las abejas que las estorba sacar su enjambre con perfeccion.*

Blasius, ii. *m.* Blas, nombre de hombre.

Blasphēmābĭlis. *m. f.* lē. *n. is. Tert.* Vituperable, digno de vituperio y represion.

Blasphēmātio, ōnis. *f. Tert.* Blasfemia, injuria, oprobrio, el acto de blasfemar.

Blasphēmātor, ōris. *m. Tert.* Blasfemador, blasfemo, el que injuria con palabras y desacatos, especialmente á Dios y á sus santos.

Blasphēmia, ae. *f. S. Ag.* Blasfemia, injuria, oprobrio

BOE

en daño de la reputacion y fama de alguno.

**Blasphemo**, ās, āvi, ātum, āre. *a. S. Ag.* Blasfemar, injuriar con palabras, en especial á Dios y á sus santos.

**Blasphēmus**, a, um. *Prud.* Blasfemo, maldiciente.

**Blasphēmus**, i. *m. Prud.* Blasfemo. V. Blasphemator.

**Blasto**, ōnis. *m. Cat.* El hostelero.

**Blatea**, ó Blathea, ae. *f. Fest.* La cazcarria ó salpicadura de lodo que se pega al vestido.

**Blătĕrātus**, us. *m. Sid.* El acto de hablar mucho neciamente, habladuría, charlatanería.

**Blătĕrātus**, a, um. *Apul.* Hablado inútilmente, *part. de*

**Blătĕro**, ās, āvi, ātum, āre. *a. Hor.* Hablar mucho y neciamente, aturdir, atronar los oidos hablando á tontas y á locas.

**Blătĕro**, ōnis. *m. Gel.* El hablador, charlatan, parlanchín.

**Blathea**, ae. V. Blatea.

**Blătio**, is, īre. *Plaut.* V. Blatero.

**Blatta**, ae. *f. Virg.* La cochinilla, *insecto pequeño que se cria en lugares húmedos, parecido al escarabajo.* ‖ *Plin.* El escarabajo. ‖ *Hor.* El arador ó gorgojo, gusano pequeño. ‖ *Sid.* La púrpura, concha del mar. ‖ *Lampr.* Paño de color de púrpura.

**Blattārius**, a, um. *Senec.* Propio del lugar donde se crian cochinillas y escarabajos.

**Blattea**, ae. *f. Fort.* La púrpura, *pescado de concha retorcida, dentro de cuya garganta se halla el precioso licor para tintes llamado púrpura.* ‖ La polilla, gusano que roe y destruye la ropa. ‖ V. Blatea.

**Blatteus**, a, um. *Eutrop.* De púrpura, de su color.

**Blattiārii**, ōrum. *m. plur. Cod. Teod.* Los que tiñen las ropas de color de púrpura.

**Blattĭfer**, a, um. *Sid.* Que lleva púrpura.

**Blattosĕrĭcus**, a, um. *Vopis.* Teñido de color de púrpura y tejido de seda.

**Blemmyae**, ārum. y

**Blemmyes**, ó Blemyes, yum. *m. plur. Plin.* Pueblos fabulosos de Etiopía, *de quienes se dice que no tienen cabeza, y que tienen la boca y los ojos en el pecho.*

**Blendius**, ii. *m. Plin.* Bleno, *pez, cuya ceniza es muy medicinal.*

**Blennus**, a, um. *Plaut.* Necio, tonto, impertinente, majadero. *Dentes blenni. Plaut.* Dientes sucios.

**Blĕphăro**, ōnis. *m. Plaut.* Nombre de un personage introducido por Plauto, *que significa hombre de grandes cejas.*

**Blerāni**, ōrum. *m. plur. Plin.* Pueblos de Toscana, *su capital Blera, hoy Bieda.*

**Blesia**, ae. *f.* Blois, *ciudad episcopal del Blesois en Francia.*

**Blesensis**, ó Blesiensis, m.f. sĕ. n. is. El natural de Blois.

**Blesi**, ōrum. *m. plur.* Los pueblos de la comarca de Blois.

**Bliterae**, ārum. *f. plur.* V. Biterrae.

**Bliteus**, a, um. *Plaut.* Fatuo, insulso, necio.

**Blĭtum**, i. *n. Plaut.* y

**Blĭtus**, i. *m. Plin.* El bledo, *especie de berro silvestre blanco y rojo, yerba muy insípida.*

## BO

**Boa**, ae. *f. Plin.* La serpiente Boa, de estraña grandeza. ‖ El sarampion. ‖ Una enfermedad que da á los bueyes. ‖ *Fest.* La hinchazon de las piernas por haber andado mucho. ‖ Un cántaro ó jarro grande para vino.

**Boälia**, ium. *n. plur.* Fiestas consagradas á los dioses infernales.

**Boanerges**, um. *m. plur.* Hijos del trueno, *sobrenombre dado á Santiago y á San Juan Evangelista.*

**Boārius**, a, um. *Plin.* Perteneciente á los bueyes.

**Boātus**, us. *m. Apul.* El boato, el tono de la voz alto, presuntuoso y arrogante. ‖ Grito, vocería.

**Boccinum**, i. *n.* Buquingham, *ciudad de Inglaterra.*

† **Bodōnes**, um. *m. plur.* Monton de tierra que sirve para término en el campo, cotos.

**Bodotria**, ae. *f. Tac.* Estrecho de Edimburgo en Escocia.

**Boebe**, es. *f. Ov.* Ciudad de Tesalia.

**Boebis**, ó Boebeis, ĭdis. *f. Luc.* Lago de Tesalia á la falda del monte Osa.

BON

**Boebeius**, y Bebitius, a, um. *Luc.* Lo que es de la ciudad de Bebe ó de su lago. ‖ Tesálico.

**Boedrōmia**, ōrum. *n. plur.* Fiestas de Apolo en Atenas.

**Boedrōmium**, ii. *n.* El mes de Abril ó de Junio.

**Boeon**, ōnis. *f.* Ciudad del Querfoneso táurico.

**Boetarches**, ae. *m. Liv.* Nombre del supremo magistrado en Beocia.

**Boeōtia**, ae. *f. Plin.* Beocia, *provincia de Grecia.*

**Boeōtĭcus**, a, um. *Plin.* ó

**Boeōtius**, a, um. ó

**Boeōtius**, a, um. *Ov.* Beocio, de Beocia.

† **Boethi**, ōrum. *m. plur. Cod. Jus.* Ayudantes, escribientes, amanuenses.

**Boethius**, ii. *m.* Anicio Manlio Torcuato Severino Boecio, *natural de Roma, de familia muy noble, cristiano, y muy versado en casi todas las ciencias; floreció al principio del siglo VI de Cristo.*

**Bohēmia**, ae. *f.* Boemia, *reino de Europa.*

**Bohēmius**, y Bohemus, a, um. Lo que es de Boemia, Boemio.

**Boia**, ae. *f. Ces.* Moulins, *ciudad ó region de Baviera.*

**Boiae**, ārum. *f. plur. Plaut.* La argolla, collar de hierro con cadena que se ponia á los delincuentes al cuello.

**Boii**, ōrum. *m. plur. Plin.* Los borboneses, los de la provincia del Borbonés en Francia. ‖ *Tac.* Los de la ciudad de Ravena y su territorio llamado Romania en Italia.

**Boius**, a, um. *Plaut.* Aprisionado, puesto en la argolla.

**Bola**, ó Vola. *f. Virg.* Antigua ciudad de Lacio.

**Bolāni**, ó Volani, ūrum. *m. plur. Liv.* Los pueblos de Bola.

**Bolānus**, ó Volanus, a, um. *Liv.* Perteneciente á la ciudad de Bola.

**Bolbĭton**, i. *n.* El estiercol de buey ó la boñiga.

**Bolentium**, ii. *n.* Rochesbourg, *ciudad de la alta Hungría.*

**Bŏlētar**, ris, *n. Treb.* y

**Bŏlētāre**, is. *n. Juv.* ó

**Bŏlētāria**, ae. *f.* ó

**Bŏlētārium**, ii. *n. Marc.* Plato en que se servian las setas.

**Bŏlētus**, i. *m. Marc.* Boleto, seta, especie de hongo, *fruta silvestre que produce la tierra cuando ha llovido mucho, sin semilla ni raiz.*

* **Bŏlis**, ĭdis. *f. Plin.* Arma arrojadiza, como lanza, dardo, piedra. ‖ La sonda ó plomada con que se esplora la profundidad del mar.

**Bŏlis**, ĭdis. *f. Plin.* Dardo arrojadizo.

**Bolissus**, i. *f.* Ciudad de Eolia.

* **Bolites**, ae. *m. Plin.* La raiz de la yerba licni, *que tiene color y forma de llama, llamada de los asiáticos bolito.*

**Bolōnae**, ārum. *m. plur. Ter.* La pesquería donde los pescadores no solo venden los peces, sino tambien cada redada ó lance de red.

**Bŏlus**, i. *m. Plaut.* El lance de tirar los dados para jugar. ‖ *Suet.* La redada, el lance de echar la red para pescar. ‖ *Plaut.* La ganancia. ‖ *Plaut.* El daño ó pérdida. ‖ *Ter.* El terron de tierra. ‖ Un pedazo, una parte, un bocado de cualquiera cosa.

**Bombax**. *interj. Plaut.* V. Babae.

**Bombĭlātio**, ōnis. *f. Fest.* El zumbido ó murmullo de las abejas.

**Bombĭlo**, ās, āre. *a. Varr.* Zumbar, murmullar como las abejas.

**Bombĭto**, ās, āre. V. Bombilo.

**Bombomachĭdes**, es. *m. Plaut.* El que pelea voceando, nombre de un emperador fingido por risa.

**Bombus**, i. *m. Varr.* El ruido, zumbido. ‖ Murmullo de las abejas.

**Bombycĭnus**, a, um. *Juv.* Lo que es de seda.

**Bombylis**, is. *m. Plin.* Gusano, *de quien trae su origen el gusano de seda.*

**Bombyx**, ycis. *m. Plin.* El gusano de seda. ‖ La seda. ‖ La tela de seda.

**Bŏna**, ōrum. *n. plur. Cic.* Bienes, riquezas, medios, facultades. *Bona omnia dicere. Ter.* Decir mil bienes. *Bo-*

*norum pauperrimus. Hor.* Muy pobre, falto de bienes de fortuna.

Bona Dea. *f. Cic.* La diosa Bona, llamada tambien Fatua y Fauna. || La tierra.

Bōnāsus, i. *m. Plin.* El bonaso, *buey silvestre que tiene los cuernos retorcidos por delante, y crines como el caballo.*

Bone. *Lucr.* en lugar de Bene.

Bonifacia, ae. *f. Plin.* El laurel alejandrino, planta.

Bŏnĭtas, ātis. *f. Cic.* La bondad. *Bonitas causae. Cic.* La justicia de la causa. — *Agri. Ces.* La fertilidad de un campo. — *Ingenii. Cic.* Escelencia de talento.

Bonensis. m. f. sĕ. n. is. *Tac.* Lo que es de Bona, *ciudad de Alemania inferior.*

Bŏnōnia, ae. *f. Mel.* Bolonia, *ciudad de Italia, de Picardía, de Hungría, de Misia.*

Bŏnōniensis. m. f. sĕ. n. is. *Cic.* Boloñés, de la ciudad de Bolonia.

Bŏnum, i. *n. Cic.* El bien, lo que es honesto, útil, agradable, perfecto en su género, y conforme á la naturaleza. *Bonum litterarum. Cic.* Utilidad de las bellas letras. — *Formae. Ov.* Ventajas de la hermosura. — *Ingenitum. Quint.* Buenas cualidades naturales. — *Lucis. Senec.* Felicidad de gozar de la luz. *Bonorum usumfructum uxori legare. Cic.* Legar á su muger el usufructo de sus bienes. *Movilia, et immovilia bona* Bienes muebles é inmuebles.

Bŏnus, a, um. *Cic.* Bueno. || Propicio, favorable. || Docto, sabio, instruido. || Rico. || Propio, conveniente, útil, ventajoso. *Bono animo esse. Cic.* Tener valor, ánimo. — *In aliquem. Ces.* Tener buena voluntad á uno. *Bona tua venia. Cic.* Con tu permiso, licencia. — *Verba quaeso. Ter.* Habla mejor, no te enfades. *Bonus animus in re mala dimidium mali. adag.* Buen corazon quebranta mala ventura. *ref.*

Bŏnuscŭlum, i. *n. Sid.* Pocos bienes, cortas facultades.

Boo, as, āvi, ātum, āre. *n. Ov.* Esclamar, gritar, vociferar.

Boōtes, e. *m. Ov.* Bootes, *una de las veinte y dos constelaciones celestes llamadas boreales. Bootis vaticinium. Hostibus eveniat. adag.* Ariedro vaya Satanás. *ref.*

Borea, ae. ó Boria, ae. *f. Plin.* Borea ó acritusa, *especie de jaspe.*

Bŏrealis. m. f. lĕ. n. ia. *Avien.* Boreal, septentrional, del norte.

* Bŏreas, ae. *m. Virg.* Boreas ó aquilon, viento frio y seco de la parte septentrional.

Boreus, a, um. *Ov.* Boreal, septentrional.

Bormaico, ōnis. *m. Narbona, ciudad de Lenguadoc.*

Borussia, ae. *f.* La Prusia, *provincia de Alemania.*

Bŏrysthĕnes, is. *m. Mel.* El Nieper, *rio de la Sarmacia europea, que entra en Polonia.*

Bŏrysthĕnĭdae, ārum. *m. plur.* y

Bŏrysthĕnītae, ārum. *m. plur. Macrob.* Los que habitan en las riberas del Nieper.

Bŏrysthĕnius, a, um. *Ov.* Perteneciente al Nieper.

Bos, bŏvis. com. *Cic.* El buey, la vaca.

Boscas. ădis. *f.* ó

Boschis, ĭdis. *f. Colum.* y

Boscis, ĭdis. *f.* Ave que se cria en estanque como los gansos.

Bosphŏrānus, a, um. *Cic.* y

Bosphŏreus, a, um. y

Bosphŏricus, a, um. y

Bosphŏrus, a, um. *Ov.* Lo que es del bósforo.

Bosphŏrŏpŏlis, is. *f.* Cafa, *ciudad sobre el bósforo cimerio.* || Otra en la India.

Bosphŏrus, i. *m. Plin.* Bósforo, estrecho, canal y como garganta por donde un mar entra en otro. Hay dos. *Bosphorus thracius.* El bósforo de Tracia, ó estrecho *de Constantinopla, que separa la Europa del Asia, y que junta el mar negro ó Propontide con el Ponto euxino ó mar negro. Bosphorus cimerius.* El bósforo cimerio, *que une el Ponto euxino con la laguna Meotis, estrecho de Cafa.*

* Bostrychītes, ae. *m. Plin.* Piedra preciosa semejante al cabello de las mugeres.

Bostrychus, i. *m. Jul. Firm.* El rizo del cabello.

Botānĭca, ae. *f.* Botánica, el arte de conocer las yerbas.

Botānĭcum, i. *n.* Libro donde se juntan muchos géneros de plantas.

Botānĭcus, i. *m.* Botánico, el que enseña y posee el conocimiento de las yerbas y plantas.

* Botanismus, i. *m. Plin.* La accion de arrancar las yerbas.

Botellus, i. *m. V.* Botulus.

Bothynus, i. *m. Sen.* Especie de cometa en figura de un hoyo.

Botronātum, i. *n. Ter.* Collar ó manillas á modo de racimo de perlas, adorno de las mugeres.

Botruōsus, a, um. *Apul.* Atracimado; en forma de racimos.

Botrus, i. y Botryon, ōnis. *m. Marc.* Racimo de uvas. *Botrus juxta botrum maturescit. adag.* Hágote porque me hagas, que ne eres Dios que me valgas. *ref.*

Botrȳtes, ae. *m. Plin.* Botrites, cierto género de ollin ligero que se pega y cuelga como racimo en la campana de la hornaza, llámase en las boticas *atutia.*

Botrȳtis, ĭdis, é itis. *f. Plin.* Especie de piedra preciosa semejante á la uva cuando empieza á madurar.

Botŭlārius, ii. *m. Sen.* El que hace ó vende salchichas ó morcillas.

Botŭlus, i. *m. Marc.* La salchicha, morcilla ó chorizo.

Bova, ae. *f. V.* Bua. || *Turn.* Frasco ó cántaro para vino.

Bovērum. *Varr.* en lugar de Boum.

Bŏves mortui. *Plaut.* Correas de cuero de buey.

Bŏvĭcidium, ii. *n. Sol.* Muerte, matanza de bueyes.

Bŏvile, is. *n. Fedr.* El boil ó boyera, el corral ó establo donde se encierran bueyes.

Bovillae, ārum. *f. plur. Ov.* Aldea del Lacio en la via Apia.

Bovillānus, a, um. *Cic.* Perteneciente á esta aldea.

Bŏvillus, a, um. *Teod.* Boyuno, bovino, vacuno, de los bueyes ó vacas.

† Bŏvīnātor, ōris. *m. Gel.* Tergiversador, el que por malicia detiene las cosas.

Bŏvīnor, ătis, ātus sum, āri. dep. *Fest.* Injuriar con palabras.

Box, ōcis. *m. Plin.* El buey marino.

# BR

Brăbantia, ae. *f.* Brabante, *provincia de los Paises Bajos.*

Brăbantinus, a, um. De Brabante.

Brăbeium, i. *n.* y

Brăbeum, i. *n. Prud.* Brabio, el premio de la victoria en los juegos públicos.

Brăbeŭta, ó Brabeutes, ae. *m. Suet.* El que preside los juegos públicos y distribuye los premios.

Bravum, ó Bravium, ii. *n. V.* Brabeum.

Brāca, ae. *f.* y

Brācae, ārum. *f. plur. Ov.* Bragas, un género de calzones largos y anchos propio de los persas, medos, sármatas germanos y galos antiguos. || Pantalones.

Brăcăra, ae. *f. Aus.* Braga, *ciudad arzobispal en Portugal.*

Bracar-Augustanus, a, um. Perteneciente á la ciudad de Braga, á la que se añade el epíteto Augusta.

Bracări, ōrum. *m. plur. Plin.* Los pueblos de la comarca de Braga.

Bracārius, ii. *m. Lampr.* El sastre que hace bragas ó calzones anchos.

Brācātus, a, um. *Prop.* El que va vestido con calzones anchos y largos. *Bracata Gallia. Mel.* La Galia bracata ó narbonense. *Asi la llamaban los romanos para distinguirla de la provincia comata y de la togata.*

Bracae, es. *f. Plin.* Voz gálica, el trigo blanco del Delfinado en Francia.

Bracha, ae. *V.* Braca.

Brāchĭāle, is. *n. Plin.* El brazalete ó manilla, adorno que las mugeres se ponen en las muñecas ó en el brazo.

Brāchiālis. m. f. lĕ. n. is. *Plaut.* De los brazos.

Brāchiātus, a, um. *Colum.* Dícese de los árboles que tienen estendidas las ramas á manera de brazos.

Brăchilĕga, ae. *f.* Bracly, *ciudad de Inglaterra.*

Brachiŏlāris. *m. f.* rĕ. *n.* is. *Veg.* V. Brachialis.
Brachiŏlum, i. *n. dim. Catul.* Bracito, brazo pequeño.
Brāchium, ii. *n. Cic.* El brazo. *Brachia arborum. Plin.* Brazos, ramas de los árboles. — *Montium. Plin.* Colinas, cumbres diversas de los montes. — *Piscium. Plin.* Las aletas ó nadaderas de pescados. — *Navis. Virg.* Las antenas ó entenas de la nave. *Muri. Liv.* Línea de comunicación en la muralla. — *Fluminis. Liv.* Brazo de río. — *Maris. Ov.* Brazo de mar. *Moli*, *aut lepi brachio agere. Cic.* Obrar con lentitud. *Brachia praebere sceleri. Ov.* Dar la mano á, favorecer un delito.
Brachmānae, ārum. *m. plur.* y
Brachmānes, um. *Apul.* Bracmanes, *sabios antiguos de la India, sacerdotes y filósofos.*
Brachycatalectum, y Brachycatalecticum metrum. El verso al cual le falta un pie.
Brachylogia, ae. *f. Quint.* La figura asindeton ó disolucion en que faltan las conjunciones.
Brachysyllăbus pes. *Lo mismo que* Tribrachys. Pie que consta de tres sílabas breves como *Lĕgĕrĕ*.
Bractea, ae. *f. Virg.* Hoja, *lata delgada que se hace de los metales ó de la madera.*
Bracteālis. *m. f.* lĕ. *n.* is. *Prud.* De hojas ó latas.
Bracteāmentum, i. *n. Fulg.* Licor fluido, humedad corriente.
Brecteārius, ii. *m.* y
Bracteātor, ōris. *m. Firm.* El batidor de oro ó plata, el que pone el oro ó plata en panes sutiles á fuerza de mazo para dorar ó platear. Tambien se llama batihoja. || El ebanista, el que hace obras de taracea ó embutidos.
Bracteātus, a, um. *Sen.* Cubierto de latas ú hojas, dorado, plateado. *Bracteata felicitas. Sen.* Felicidad aparente, superficial.
Bracteŏla, ae. *f. dim. Juv.* Hoja ó lata pequeña ó sutil de oro ó plata.
Brancae. V. Bracae.
Branchiae, ārum. *f. plur. Plin.* Los oidos ó aletas de los peces.
Branchȳdae, ārum. *m. plur. Plin.* Sacerdotes de Apolo didimeo en la ciudad de Posideo, y promontorio de Jonia, *que se llamó primero oráculo de los Branquides.*
* Branchus, i. *m. Cel. Aur.* La ronquera que proviene de la destilacion de un humor acre á las fauces.
Branchus, i. *m. Est.* Branco, hijo de Simaro, *del cual estando preñada su madre, dicen que la entró el sol por la garganta, y la salió por el vientre, quedando este nombre al hijo, de las fauces. Otros dicen que fue hijo de Apolo.*
Brandeburgum, i. *n.* Brandeburgo, *marquesado y electorado del imperio.* || *Ciudad de este electorado.* || *Ciudad de Polonia.* || *Ciudad de Sajonia.*
Brangōnia, ae. *f.* V. Brannogemum.
Brannŏdunum, i. *n.* Brancester, *ciudad de Inglaterra.*
Brannōgemum, i. *n.* y
Brannōnium, ii. *n.* Vorcester, *ciudad de Inglaterra.*
Brannŏvīces, um. *m. plur.* y
Brannŏvii, ōrum. *m. plur.* Pueblos de la Galia narbonense.
Brasilia, ae. *f.* El Brasil, *reino de América perteneciente á los portugueses.*
Brassĭca, ae. *f. Varr.* La col, berza, planta. *Brassica capitata. Virg.* El repollo, especie de berza recogida y apretada. — *Apiana.* — *Plin. Crispa. Cat.* Berza encrespada ó rizada.
* Brastae, ārum, ó Brasmatiae, ārum. *f. plur. Apul.* Terremoto fuerte.
Brātus, i. *f. Plin.* Fruta ó árbol del paraíso, árbol semejante al cipres.
Brātuspantium, ii. *n.* Bovés, *ciudad de Francia.*
Braunŏdūnum, i. *n.* Branau, *ciudad de Inglaterra.*
Bravōnium, ii. *n.* V. Brannonium.
Bravum, i. *n.* Burgos, *ciudad de España.*
Brema, ae, ó Bremis, ĭdis. *f.* Brema, *ciudad de Sajonia.*
Bremēnium, ii. *n.* Rochester, *ciudad de Inglaterra.*
Brementonācum, i. *n.* Ciudad de Inglaterra.
Brementurācum, i. *n.* Brampton, *ciudad de Inglaterra.*
Brenni, ōrum. *m. plur. Hor.* Los pueblos del Tirol.
Brennaïcus, a, um. *Sid.* Perteneciente á Breno.

Brennus, i. *m. Liv.* Breno, *general de los galos, que derrotó á los romanos junto á Alia, y tomó la ciudad.* V. Allia y Alliensis.
* Brephotrophēum, y Brephotrophium, ii. *n. Cod. Just.* Hospital donde se crian los niños sin padres conocidos, casa de espósitos, la inclusa.
* Brephotrophus, i. *m. Cod. Just.* El que cria los niños que no tienen padres conocidos.
Bressia, ae. *f.* Bresa, *provincia de Francia.*
Brĕve, is. *n. Vop.* Memoria, lista, epítome, sumario.
Brĕvi. *especie de adv. Cic.* Brevemente, en breve.
Brĕvia, ium. *n. plur. Virg.* Bados, *parage donde el agua no está muy profunda.* || Bancos de arena.
Brĕviārium, ii. *n. Sen.* Breviario, epítome, compendio, sumario. *Breviarium rationum. Suet.* Membrete, memoria, cuenta, lista de que se hace pagamento.
Brĕviārius, a, um. *Dig.* Breve, compendioso, sucinto.
Brĕviātio, ōnis. *f. S. Ag.* Abreviacion, contraccion, el acto ó modo de abreviar.
Brĕviātor, ōris. *m. Oros.* Abreviador, compendiador.
Brĕviātus, a, um. *Sid.* Abreviado, acortado, reducido á menos.
Brevĭcŭlum, i. *n.* y Breviculus, i. *m. Dig.* Librito.
Brĕvicŭlus, a, um. *dim. Plaut.* Cortito, brevecito.
Brĕvilŏquens, tis. *com. Cic.* Conciso, breve, compendioso, sucinto, lacónico, que habla, se esplica en pocas palabras.
Brĕvilŏquentia, ae. *f. Cic.* y Breviloquium, ii. *n. Gel.* Modo de hablar breve, conciso, lacónico, sucinto, laconismo.
Brĕvio, as, āvi, ātum, āre. *a. Quint.* Abreviar, acortar, estrechar, reducir á menos.
Brĕvis. *m. f.* vĕ. *n.* is. *Cic.* Breve, corto || Conciso, sucinto, compendioso. *Brevius spe. Ov.* Mas breve de lo que se pensaba. *Coena brevis. Hor.* Poca cena. — *Homo. Cic.* Hombre de estatura pequeña.
Brĕvĭtas, ātis. *f. Cic.* Brevedad. || *Cos.* Pequeñez. *Brevitas diei. Cic.* La poca duracion del dia. — *Syllabae. Cic.* Abreviacion de una sílaba. — *Arboris. Plin.* Pequeñez de un árbol. — *Oratoris. Cic.* La concision, estilo lacónico de un orador.
Brĕvĭter. *adv. Cic.* Brevemente. V. Brevi.
Bria, ae. *f. Arnob.* Especie de vaso para beber. || Bria, *pequeña provincia de Francia.*
Briăreius, a, um. *Claud.* Perteneciente al gigante Briareo.
Briăreus, i. *m. Virg.* Briareo, *gigante que tenia cien brazos y cincuenta vientres.*
Brĭgantes, um. *m. plur. Marc. Emp.* Gusanillos que suelen dañar á los párpados de los ojos. || *Tac.* Pueblos de la Bretaña.
Brĭgantia, ae. *f.* Braganza, *ciudad de Portugal.*
Brigantīnus, a, um. El natural de Braganza.
Brĭgantīnus portus. La Coruña, *ciudad y puerto de Galicia en España.*
Brĭgantīnus y Brigantius lacus. Lago en los Alpes alemanes.
Brĭgantium, ii. *n.* Brianzon, *ciudad del Delfinado* || Yorc, *ciudad de Inglaterra.* || Compostela, *Santiago, ciudad capital del reino de Galicia en España.* || *Otra ciudad en los Alpes alemanes.*
Brillendunum, i. *n.* Bridlington, *ciudad de la provincia de Yorc en Inglaterra.*
Brimo, us. *f. Prop.* Hecate, *sobrenombre de Proserpina, que significa bramido de leon.*
Briŏcae, ārum. *f. plur. Plin.* San Brieu, *ciudad de la Bretaña en Francia.*
Brīsa, ae. *f. Colum.* El borujo, los hollejos de las uvas y de otros frutos esprimidos; llámase tambien orujo.
Brisăcum, i. *n.* Brisac, *ciudad capital de la comarca de Brisgau en Alemania.*
Briseis, ĭdis. *f. Ov.* Hipodamia, *hija de Brisco, fue esclava de Aquiles, y la robó despues Agamemnon.*
Briseus, um. *m. Macrob.* Sobrenombre de Baco.
Brisgovia, ae. *f.* Brisgau, *provincia de Alemania en Suevia.*
Brĭtanni, ōrum. *m. plur. Virg.* Britanos, *los ingleses.*

Britannia, ae. f. Plin. La Inglaterra, la Escocia, la gran Bretaña, isla del océano. ‖ Bretaña, provincia de Francia.
Britanica, ae. f. Plin. Británica, yerba parecida á la romana silvestre, cuyo zumo es medicinal.
Britannĭcāni, ōrum. m. plur. Pueblos de la Galia bélgica.
Britannĭcus, a, um. Cic. Británico, de la gran Bretaña.
Britannĭcus, a, um. De la gran Bretaña, inglés.
Brito, ōnis. m. Juv. Breton, el que es de Bretaña. ‖ Inglés.
Britomartis, is. f. Solin. Sobrenombre que los cretenses dieron á Diana, que significa doncella dulce. ‖ Claud. Doncella cretense, que huyendo de ser violada se precipitó en el mar.
Brīva, ae. ó Brivas, ātis. f. Sidon. Briva la gallarda, ciudad de Lenguadoc.
Briva Isarae. f. Pontoesa, ciudad de la isla de Francia.
Brivas, ātis. f. Briouda, ciudad de la Auvernia inferior.
Brivates, is. f. Brest, ciudad y puerto de Francia en Bretaña.
Brixellānus, a, um. Suet. De Berselo, ciudad de la Galia cisalpina de Italia.
Brixellum, i. n. Plin. Bersello, ciudad de Italia sobre el Po.
Brixia, ae. f. Liv. Brescia, ciudad de Lombardía.
Brixiānus, a, um. Liv. y
Brixiensis. m. f. sĕ. n. is. S. Ag. De la ciudad de Brescia.
Brixilium, ii. n. Bercello, ciudad de Toscana. V. Brixellum.
Brixinio, ōnis. f. Brixen, ciudad del Tirol.
Brizacum, i. n. Brizac, ciudad sobre el Rin.
Broagium, ii. n. Brobaga, ciudad de Santoña.
Brocārum, i. n. Brougham, ciudad de Inglaterra.
Brocchītas, ó Brochītas, ātis. f. Plin. Deformidad, fealdad de sobresalir demasiado los dientes.
Brŏchon, ó Brochum, i. n. La goma ó licor del árbol bdelio.
Brŏchus, a, um. Varr. El que tiene los dientes muy salidos hácia fuera, ó los mismos dientes.
Bromfelda, ae. f. Bromfiel, ciudad de Inglaterra.
Bromia, ó Bromie, es. f. Hig. Nombre de la ninfa que crió á Baco.
Bromius, ii. m. Ov. Uno de los nombres de Baco.
* Bromos, i. f. La avena cultivada, especie de grano que crece en caña parecido á la cebada: es alimento del ganado.
* Bromōsus, a, um. Cel. Aur. Lo que huele mal.
Bronchia, ōrum. n. plur. Concavidades de la áspera arteria.
Bronchiae, ārum. f. plur. Tropiezos, concavidades del pulmon.
Bronchocela, ae. f. ó
Bronchocele, es. f. Cels. Especie de tumor carnoso que suele salir debajo de la barba, y ocupa todo el cuello.
Bronchus, i. m. Colum. Rama de un árbol cortado. ‖ Non. La parte interior de la áspera arteria, el gasguero ó gaznate.
Broncus, a, um. Plaut. V. Brochus.
* Bronte, es. f. Plin. El trueno. ‖ Hig. Uno de los caballos del sol.
Brontes, ae. ó is. m. Virg. Uno de los ciclopes oficiales de Vulcano.
Bronteum, i. n. Fest. Vasija de cobre, en la cual se echaban y meneaban chinas ó guijarros para imitar el ruido del trueno en el teatro.
* Broncia, ae. f. y
Broncias, ădis. f. Plin. Piedra del rayo, broncia, semejante á las cabezas de galápagos: dicen que cae con los truenos y rayos.
Broteas, ae. m. Hijo de Vulcano, ó de Júpiter y Minerva, que despreciado de todos por su fealdad, se echó en una hoguera.
Brūcus, i. m. Prud. El pulgon ú oruga que roe las viñas y demas plantas. ‖ Especie de langosta sin alas.
Bructērius, ii. m. ó
Bructĕri, ōrum. m. plur. Tac. Los bructeros, pueblos de Alemania que habitaban en la selva Hercinia, hoy selva Negra.

Brugae, ārum. f. plur. Plin. Brujas, ciudad de Flandes.
Brūma, ae. f. Cic. El solsticio del invierno, cuando son los dias mas cortos del año. ‖ Virg. El invierno. ‖ Marc. El año.
Brūmālia, ium. n. plur. Fiestas de Baco que celebraban los romanos el 19 de Febrero y el 16 de Agosto.
Brūmālis. m. f. lĕ. n. is. Cic. Lo que es del invierno ó del solsticio del invierno.
Brumāria, ae. f. Apul. Yerba llamada pie de leon.
Brunda, ae. f. Arnob. y
Brundisium, y Brundusium, ii. n. Luc. Brindis, ciudad y puerto de mar en Calabria, reino de Nápoles.
Brundisiānus, y Brundisīnus, y Brundusīnus, a, um. Cic. Lo que es de, ó pertenece á Brindis.
Bruscum, i. n. Plin. y
Bruscus, i. m. La corteza que sobreviene al árbol acer. ‖ El acebo pequeño.
Brūta, ae. f. Plin. V. Bratus.
Brūtiāni, ōrum. m. plur. y
Brūtiarii, ōrum. m. plur. y
Brūtii, ōrum. m. plur. Los pueblos del Abruzo.
Brūtinus, a, um. Cic. Lo que es de, ó pertenece al Abruzo.
Brūtius, a, um. Plin. Del Abruzo ó Calabria.
Brūtus, a, um. Hor. Bruto, bárbaro, bestial, incapaz, estólido; Bruta tellus. Hor. Tierra grosera y bárbara. — Fortuna. Cic. Fortuna ciega. — Pira. Plin. Peras cubiertas de una especie de pelo ó lana. — Fulmina. Plin. Rayos de que no se podia sacar ningun presagio, como de los que caian en los montes y selvas apartadas.
Brūxelae, ārum. f. plur. Bruselas, ciudad capital del ducado de Brabante en el Pais Bajo.
Brya, ae. f. Plin. Tamarisco ó tamariz, árbol.
Bryon, yi. n. Plin. Uva ó baca del álamo blanco.
Bryōnia, ae. f. Plin. Brionia blanca, la vid alba ó vid silvestre llamada ampelomelena, chinonia, ginechante, apronia.

## BU

Bua, ó Buas, ae. f. Varr. Voz con que los niños que no pueden hablar piden agua.
Būbălinus, a, um. Vopisc. Perteneciente al buey.
Būbālis. m. f. lĕ. n. is. Petron. V. Bubalinus.
Būbălus, i. m. Plin. El búfalo, especie de buey.
Bubasis, ĭdis. com. Ov. De Bubaso, ciudad y provincia de Caria.
Bubastis, ĭdis. f. Mel. Ciudad de Egipto donde habia un templo de Diana. ‖ Ov. Diana.
Bubbātio, ōnis. f. y
Bubbātis, is. m. Plin. Piedra que atrae el hierro como el iman.
Bubetii, ōrum. m. plur. Plin. Los que celebraban fiestas por causa de los bueyes.
Bubeum, ó Bubleum, Bublinum, i. n. Fest. Especie de vino.
Būbĭcĭno, ās, āre. a. Colum. Tocar el cuerno el boyerizo, el pastor del ganado vacuno.
Būbĭlis, is. m. Plaut. y
Būbile, is. m. Colum. Establo de bueyes.
Bŭbĭlo, ās, āre. Ov. V. Bubulo.
Bubo, ōnis. m. Ov. El buo, ave nocturna parecida á la lechuza.
Būbo, ās, āre. y
Būbo, is, ĕre. Ov. V. Bubulo.
Būbōnium, ii. n. Plin. Yerba medicinal para los tumores en las ingles.
Bubsĕqua, ae. m. Apul. El boyero, el que guia los bueyes.
Būbŭla, ae. f. Plaut. Carne de buey ó de vaca.
Būbulcio, is, ire. Marc. y
Būbulcĭto, ās, āre. Non. y
Būbulcĭtor, āris, āri. dep. Plaut. Guardar, guiar, conducir bueyes ó vacas.
Bubulcus, i. m. El boyerizo, boyero ó vaquero.
Būbŭlo, ās, āvi, ātum, āre. n. Ov. Chillar, aullar como el buo.
Būbŭlus, a, um. Plaut. De buey ó vaca.

Bucaeda, ae. com. *Plaut.* El que es azotado con correas de cuero de buey.

Bucar, is. n. *Fest.* Búcaro, *especie de barro fino y oloroso.*

Bucardia, ae. f. *Plin.* Especie de turquesa, *piedra preciosa semejante á un corazon de buey.*

Bucca, ae. f. *Cic.* La boca. ‖ Los carrillos hinchados. *Buccas ambas alicui inflare. Hor.* Enojarse con alguno, ponerse airado hinchando los carrillos.

Buccea, ae. f. *Suet.* El bocado de cualquiera cosa de comer.

Buccella, ae. f. *Marc.* El bocadito, *dim. de* Buccea. ‖ Un pan en figura de corazon que los emperadores romanos repartian algunas veces al pueblo.

Buccellāris. m. f. rĕ. n. is. *Plin.* Lo que se da ó se toma por bocados.

Buccellārius, ii. m. *Cod. Just.* El criado ó el que acompaña á otro por comer con él.

Buccellārum, i. n. *Am.* El bizcocho, galleta, pan de municion cocido para durar mucho tiempo.

Buccīna, ae. f. *Cic.* La trompeta ó bocina, el cuerno de caza ó de los pastores.

Buccinator, ōris. m. *Ces.* El trompetero, clarinero. ‖ *Cic.* El que grita y pondera el mérito de otro.

Buccīno, as, āvi, ātum, āre. n. *Apul.* Tocar el cuerno, la trompeta, la bocina ó caracol.

Buccīnum, i. n. *Plin.* El sonido de la trompeta, de la bocina, cuerno ó caracol. ‖ La misma trompeta &c.

Bucco, ōnis. m. *Plaut.* Necio, fátuo, bobo, tonto.

Bucconiatis vitis. f. *Plin.* Vid que no se vendimia hasta que hiela sobre ella.

Buccŭla, ae. f. *dim. Suet.* Boquita, boca pequeña. ‖ *Liv.* La babera ó visera del yelmo. ‖ *Cap.* El escudo ó el centro de él. ‖ *Vitruv.* El labio ó línea saliente en el canal de la catapulta, llamada tambien regla, para que la flecha no se vaya á un lado y á otro.

Buccularius, ii. m. *Dig.* El que hace cascos, yelmos, celadas, baberas y viseras. ‖ Armero.

Bucculentus, a, um. *Plaut.* El que tiene la boca grande. ‖ El hablador y bocachon.

Būcĕphăla, ae. f. Ciudad de la India sobre el Idaspes, *fundada por Alejandro en honra de su caballo.*

Būcĕphălus, i. m. *Plin.* Bucéfalo, *nombre del caballo de Alejandro.*

Bucĕras, ātis, ó atos. f. *Plin.* Fenogreco, la planta donde se crian las alolvas.

Bucĕriae, ārum. f. plur. *Lucr.* Vacada, torada.

Bucĕrius, a, um. *Lucr.* y

Bucĕrus, a, um. *Ov.* Boyuno, vacuno.

Bucētum, i. n. ó Bucitum, i. n. *Gel.* El prado, deesa ú otro parage donde pastan los bueyes.

Bucŏlica, ōrum. n. plur. *Virg.* Bucólico, pastoral, poema en que se tratan cosas de los pastores, égloga.

Bucŏlĭcum, i. n. *Plin.* La panacea silvestre, planta.

Bucŏlĭcus, a, um. *Colum.* Pastoral, perteneciente á los bueyes ó sus pastores.

Bucostenum, i. n. Buston, *ciudad de Inglaterra.*

Bucranium, ii. n. La cabeza del buey cortada. ‖ *Plin.* La correhuela, yerba.

Bucŭla, ae. f. *Virg.* La ternera, vaca nueva.

Bucŭlus, i. m. *Colum.* El ternero, novillo, buey nuevo.

Buda, ae. f. Buda, *ciudad capital de Hungría.*

Budaea, ae. f. Sobrenombre de Minerva. ‖ Ciudad de Magnesia. ‖ De Frigia.

Budeforda, ae. f. Bedford, *ciudad de Inglaterra.*

Budini, ōrum. m. plur. Los tártaros europeos, vecinos del Nieper ó Boristenes.

Budorgis, is. f. Breslaw, *ciudad de Alemania.*

Budŏris, ĭdis. f. Heidelgerb, ó Durlac, *ciudades de Alemania.*

Būfo, ōnis. m. *Virg.* El sapo, *especie de rana terrestre venenosa.*

Būfŏnites, ae. m. y

Būfŏnītis, ĭdis. m. Piedra de sapo, piedra que se halla en la cabeza de algunos sapos.

Buglossa, ae. f. y

Buglossum, i. n. y

Buglossus, i. m. *Plin.* ó

Buglotis, ĭdis. f. Buglosa, *la yerba comunmente llamada lengua de buey.*

Bugōnes, um. f. plur. *Varr.* Las abejas que labran los panales.

Bugōnia, ae. f. *Varr.* La generacion de las abejas.

Bul. indecl. El octavo mes de los hebreos, nuestro mes de octubre.

Bulăpăthum, i. n. *Plin.* La acedera silvestre, diferente de la hortense en ser mas alta.

Bulbāceus, a, um. *V.* Bulbosus.

Bulbīne, es. f. *Plin.* Cierta especie de cebolla.

Bulbōsus, a, um. *Plin.* Lo que tiene cebollas.

Bulbŭlus, i. m. *Palad.* dim. de

Bulbus, i. m. *Colum.* El bulbo, especie de cebolla silvestre. *Llámanse asi tambien otras raices, como las del fodelo, satirion y ciclamino.*

Bule, es. f. *Plin.* El senado, consejo, gobierno, junta de ministros gobernadores.

Bŭleuta, ae. m. *Plin. mm.* El senador, consejero.

Bŭleutērĭon, ii. n. *Cic.* El lugar donde se junta el consejo.

Bulga, ae. f. *Varr.* Todo género de bolsa, saco, costal pequeño ó alforja pendiente del brazo. ‖ *Lucil.* El útero de la muger.

Bulgari, ōrum. m. plur. Los bulgaros, *pueblos de la Europa.*

Bulgaria, ae. f. La Bulgaria, *provincia de Europa.*

Bulimans, tis. com. *Prisc.* Que tiene un hambre horrible.

Bulimia, ae. f. y

Bulimus, i. m. *Fest.* Hambre canina.

Bulis, is. f. Ciudad de la Focide.

Bulla, ae. f. *Ov.* La burbuja, la ampolla ó campanilla que se forma en el agua cuando llueve. ‖ *Claud.* La cabeza del clavo. ‖ *Pers.* Anillo en forma de corazon, que los nobles romanos ponian al cuello á sus hijos hasta la edad de catorce años. ‖ *Macrob.* Cierta insignia de los que triunfaban, dentro de la cual ponian los remedios que tenian por mas eficaces contra la envidia. ‖ *Vitruv.* Bola de bronce, hueca por dentro, de suerte que no se hundiese en el agua, de que se servian para conocer las horas. ‖ *Apul.* Las borlas ó fluecos que cuelgan de las gualdrapas, mantillas y otros jaeces de los caballos. ‖ Bula del papa.

Bullātus, a, um. *Juv.* El que trae al cuello diges á modo de ampollas ó anillos llamados *Bullae.* ‖ Guarnecido de borlas. ‖ Sellado, marcado con sellos ó marcas, como los fardos de las aduanas.

Bullio, is, īvi, ītum, īre. n. *Cels.* Bullir, hervir el agua ó otro licor, y dar borbollones.

Bullītus, us. m. *Vitruv.* El acto de bullir y estar cociendo el agua.

Bullītus, a, um. *Veg.* Cocido, hervido.

Bullo, as, āvi, ātum, āre. n. *Cels.* Burbujear, hacer burbujas ó ampollas en el agua.

Bullŭla, ae. f. *Cels.* La burbujita, ampollita ó campanilla pequeña que se forma en el agua. dim. de bulla.

Būmamma, ae. f. *Varr.* y

Būmammia, ae. f. *Colum.* ó

Būmastus, i. f. *Plin.* Racimo de uvas de teta de vaca.

Bumēlia, ae. f. *Plin.* Especie de fresno muy grande.

Bunias, ădis. f. *Colum.* y

Bunion, ó Bunium, ii. n. *Plin.* Bunio, especie de nabo gordo semejante al rábano.

Būpălus, i. m. *Hor.* Búpalo, escultor y pintor natural de Quio, *que habiendo espuesto á la risa el semblante muy feo del poeta Hiponacte, este con lo satírico de sus versos lo obligó á ahorcarse.*

Buphthalmus, i. m. *Plin.* Ojo de buey, planta que produce el boton de la flor amarillo, grande, parecido á un ojo de buey.

* Bupleuron, i. n. *Plin.* Yerba que cuentan los griegos entre las que nacen por sí mismas.

Buprestis, is. f. *Plin.* El bupreste, gusano semejante al escarabajo, *especie de cantárida, que si el buey le pace entre la yerba, se le inflama el hígado, y muere.* ‖ Especie de hortaliza.

Bura, ae. f. y Buris, is. f. *Virg.* Cama del arado, la en-

**BUX**

corvadura, la parte corva de él, *que por el un estremo está afirmada entre el dental y la esteva, y por el otro unida con el timon.*

Buranĭca, ae. f. *Fest.* Bebida compuesta de leche y vino cocido.

Burdĭgăla, ae. f. Burdeos, *ciudad de Francia, capital de Guiena.*

Burdĭgălensis. m. f. sĕ. n. is. *Sid.* Perteneciente á Burdeos.

Burdo, ŏnis. m. *Ulp.* y

Burduncŭlus, i. m. *Marc. Emp.* Yerba llamada lengua de buey.

Burdus, i. m. El burdégano ó mulo romo, el mulo ó macho engendrado de caballo y borrica.

Burgāri, ōrum. m. plur. *Cod. Teod.* Los que viven en burgos, arrabales, aldeas, lugares, alquerías ó caserías.

Burgi, ōrum. m. plur. Burgos, *ciudad de España.*

Burgundi, ōrum. m. plur. ó

Burgundiōnes, um. m. plur. *Sid.* Los borgoñones, los naturales de Borgoña, *provincia de Francia.*

Burgundia, ae. f. La Borgoña, *provincia de Francia.*

Burgus, i. m. *Veg.* El fuerte ó castillo. ‖ *Sid.* El burgo, arrabal, alquería ó casería.

Burĭcus, i. m. *Veg.* Caballejo, caballo ruin, rocin.

Buris, is. f. *Virg.* V. Bura.

Burrae, ārum. f. plur. *Aus.* Necedades, frioleras, cuentos de viejas, fábulas.

Burrāgo, ĭnis. f. La borraja, yerba bien conocida.

Burranĭcum, i. n. *Fest.* y

Bŭrrhanĭcum, i. n. *Fest.* Una especie de vaso.

Burrhĭnon, i. n. *Apul.* Yerba llamada nariz de buey.

Burrhio, is, īre. n.

Burrio, is, īre. n. *Apul.* Hacer un ruido ó murmullo confuso, como el que hacen las hormigas en el hormiguero.

Burrus, a, um. *Fest.* Rojo. Nombre propio romano.

Buselīnum, i. m. *Plin.* Una especie de apio hortense.

Busīris, ĭdis. m. *Virg.* Busiris, *rey de Egipto muy cruel.*

Bustar, ăris. V. Bustum.

Busteus, a, um. *Plaut.* El que está para ir á ser puesto en la hoguera, *segun la costumbre de los que quemaban los cadáveres.* ‖ Cercano á la muerte, con un pie en la sepultura.

Bustĭcētum, i. n. *Arnob.* El parage donde hay muchos sepulcros, el cementerio, el osario.

Bustĭrăpus, a, um, ó i. *Plaut.* El que hurta lo que puede de las sepulturas á los cadáveres.

Bustuārius, a, um. *Cic.* Perteneciente al lugar donde se queman los cadáveres; á la sepultura. *Bustuarius gladiator. Cic.* Gladiador que solemnizaba las exequias del muerto.

Busturālis. m. f. lĕ. n. is. *Sid.* y

Bustŭlum, i. n. dim. de

Bustum, i. n. *Cic.* Lugar donde se queman y sepultan los cadáveres. ‖ *Cic.* El mismo cadáver quemado. ‖ *Cic.* El sepulcro. ‖ *Cic.* Monumento para memoria del difunto.

Busycum, i. n. *Fest.* Higo muy grueso, pero insípido.

Butaūrus, i. m. *Plin.* El alcaraban, especie de pájaro muy grueso, que vive en cenagales, pantanos y lagunas.

Bŭteo, ŏnis. m. *Plin.* El girifalte, ave de rapiña, especie de alcon.

Butes, ae. m. *Virg.* Hijo de Amico, *rey de los bebricios.*

Buthrotius, a, um. *Cic.* Perteneciente á

Buthrōtum, y Buthrotus, i. f. *Plin.* Butroto, *ciudad de Epiro, hoy Butrinto.*

Buthysia, ae. f. *Suet.* Sacrificio solemne de bueyes, especie de hecatombe.

Butyta, ae. f. *Plaut.* El sacerdote que sacrifica los bueyes.

Bŭtio, ŏnis. m. *Ov.* V. Butaurus.

Bŭtio, is, ĭvi, ĭtum, īre. n. *Ov.* Gritar como el alcaraban, que hace un ruido semejante al mugido del buey, que bebe.

Bŭtyrum, i. n. *Plaut.* La manteca.

Buxa, ōrum. n. plur. *Estac.* Flautas de box, caramillo, flautilla.

Buxans, tis. com. *Apul.* De color de box, parecido al box.

Bexētum, i. m. *Marc.* El bojedal, el sitio plantado de bojes.

Buxeus, a, um. *Colum.* De box, de madera de box. ‖

**CAC** 105

De color de box. *Buxei dentes. Mart.* Dientes pajizos. *Buxea forma. Colum.* Semblante ictérico, de color de tiricia.

Buxĭfer, a, um. *Catul.* Que lleva ó produce bojes.

Buxōsus, a, um. *Plin.* Abundante de bojes, semejante al box.

Buxum, i. n. y

Buxus, i. m. *Virg.* El box, arbusto conocido. ‖ *Estac.* El caramillo ó flauta de box. *Buxum volubile. Virg.* El trompo, peonza con que juegan los muchachos.

Buzygia, ae. f. Familia ateniense, de quien era propio el sacerdocio, en memoria de Buciges, el primero que aró la tierra.

**BY**

Byblis, ĭdis. f. *Ov.* Hija de Mileto, *convertida en fuente en pena del torpe amor que tenia á su hermano Cauno.*

Byrsa, ae. f. *Virg.* Alcazar fundado por Dido en Cartago.

Byrsĭcus, a, um. *Sid.* De Birsa, *fortaleza de Cartago.*

Byssĭcus, a, um. y

Byssĭnus, a, um. *Plin.* De lino finísimo.

Byssus, i. f. *Plin.* Especie de lino finísimo de Acaya.

Bytērus, i. m.

Bytūrus, i. m. *Plin.* Especie de oruga que roe los árboles.

Byzacēnus, a, um. y

Byzācius, a, um. y

Byzantiācus, a, um. y

Byzantīnus, a, um. Lo que es de Bizancio.

Byzantĭum, ii. n. *Plin.* Bizancio, *ciudad de Tracia, hoy Constantinopla, capital de Turquía.*

Byzantius, a, um. *Plin.* De la ciudad de Bizancio ó Constantinopla. ‖ De Bizucio, *region de Africa.*

Byzēres, um. n. plur. *Plin.* Pueblos de Asia entre Capadocia y Colcos.

**CA**

*L*lama Ciceron triste á la letra C, por ser la primera de la palabra Condemno, con que los jueces condenaban á los reos votando por votos secretos.

Caas, ae. m. Monte de Siria.

Căbăla, ó Cabadda, ae. f. Cabala, tradicion, doctrina de los hebreos, ciencia misteriosa.

Căbălista, ae. m. Cabalista, *el profesor de la cabala.*

Căbălisticus, a, um. Cabalisto ó cabalístico, perteneciente á la cabala.

Căballātio, ŏnis. f. *Cod. Teod.* El pasto ó pienso del caballo.

Căballīnus, a, um. *Pers.* Lo que es del caballo. *Fons caballinus.* Hipocrene. Fuente cabalina, *la que dicen los poetas que abrió con el pie el caballo de Belerofonte en el monte Helicon.*

Căballio, ŏnis. f. *Veg.* Caballo marino.

*Căballion, ii. n. *Apul.* Lengua de perro, yerba.

Căballus, i. m. *Hor.* Caballejo, caballo pequeño, de mala figura, de poca estimacion. ‖ Caballo de carga ó de tahona.

Cabarni, ōrum. m. plur. Sacerdotes de Ceres.

Cabellio, ŏnis. f. Cavaillon, *ciudad del condado Venesino.*

Căbēra, ae. f. Cabera, *hija de Proteo, madre de los Curetes y Coribantes.*

Căbillonensis. m. f. sĕ. n. is. *Ces.* De la ciudad de Chalons en Francia.

Cabillōnum, n. *Ces.* Chalons, *ciudad de Borgoña junto al rio Saona.*

Cabīrus, i. m. *Lact.* Dios de los macedonios y samotraces.

Cabliăcum, i. n. Chabli, *ciudad de Francia.*

Cabulus, i. m. El ariete, *máquina de guerra antigua.*

Cabus, i. m. Medida hebrea *de cerca de tres azumbres y media para los líquidos, y media fanega para las cosas secas.*

Caca, ae. f. *Lact.* Hermana de Caco, *adorada por diosa de los gentiles.*

Căcăbaceus, a, um. *Tert.* Perteneciente á la olla ó caldera.

Căcăbātus, a, um. *Paul. Nol.* Ahumado, denegrido, lleno de ollin como las ollas y calderas.

O

Cacabo, as, avi, atum, are. n. Ov. Cantar como la perdiz.

Cacabulus, i. m. ó Cacabulum. n. Tert. El puchero ó marmita, olla pequeña. dim. de

Cacabus, i. m. Varr. Olla, marmita ó caldera de barro ó de metal para poner al fuego.

Cacalia, ae. f. Plin. La chirivia silvestre, planta semejante á la pastinaca.

Cacaturio, is, ivi, itum, ire. n. Marc. Tener gana de hacer del cuerpo.

Cacatus, a, um. part. de Caco. Catul. Cagado, ensuciado.

Caccabus. V. Cacabus.

Cachectes, ó Cachecta, ae. m. Plin. El enfermizo mal complexionado.

Cachecticus, a, um. y

Cachectus, a, um. adj. Plin. El que es de un temperamento débil, mal complexionado, quebrado de salud.

Cachexia, ae. f. Cels. Mala salud, constitucion valetudinaria.

† Cachinnabilis. m. f. le. n. is. Apul. Lo que pertenece á la risa descompasada.

Cachinnatio, onis. f. Cic. V. Cachinnus.

Cachinno, onis. m. Pers. El que se rie á carcajadas.

Cachinno, as, avi, atum, are. a. Lucr. y

Cachinnor, aris, atus, sum, ari. dep. Cic. Reirse á carcajadas.

Cachinnosus, a, um. Cel. Aur. El que es muy risueño y facil en reir á carcajadas.

Cachinnus, i. m. Cic. Carcajada de risa, risa descompasada.

Cachla, ae. f. Plin. V. Buphthalmus.

* Cachrys, yos. f. Plin. La grana ó semilla del romarino. || Plin. Una especie de piñon que se cria en el roble, plátano, pinabete y otros árboles.

Cacillo, as, avi, atum, are. a. Ov. Cacarear como la gallina.

* Cacizotechnos, a, um. Vitruv. El que se engaña á sí mismo. || El que condena su propia arte.

Caco, as, avi, atum, are. a. Fedr. Cagar, descargar el vientre, hacer del cuerpo.

* Cacodaemon, onis. m. Val. Max. Cacodemon, el espíritu malo, el demonio.

* Cacoëtes, is. n. Cels. Úlcera maligna. || Juv. Mala costumbre. || La comezon ó prurito de hacer alguna cosa.

* Cacophaton, i. n. Quint. Cacofaton, escologia ó astirologia, pronunciacion y sonido áspero en las finales, como negligens gens.

* Cacosyntheton, i. n. Quint. Cacosinteton, figura retórica que significa mala colocacion.

* Cacotechnia, ae. f. Quint. Mala arte, depravacion del arte.

* Cacothenos. V. Cacizotechnos.

* Cacozelia, ae. f. Quint. Mala imitacion, afectacion ridícula.

* Cacozelon, i. V. Cacozelia.

Cacozelus, a, um. Suet. Imitador afectado.

Cactos, i. f. Plin. La alcachofa cultivada y comestible.

Cacubalum, i. n. Plin. El cucúbalo ó estrumo, yerba medicinal.

Cacula, ae. m. Plaut. El siervo del soldado.

Caculatus, us. m. Fest. La servidumbre, el oficio del que sirve á un soldado.

Cacumen, inis. n. Ces. Cacumen, la altura ó cima del monte. || Estremidad. || Perfeccion, la última mano.

Cacuminatus, a, um. Plin. Lo que remata en punta, puntiagudo.

Cacumino, as, avi, atum, are. a. Ov. Hacer, acabar en punta.

Cacus, i. m. Liv. Caco, insigne ladron del Lacio, á quien mató Hércules.

Cadaver, eris. n. Cic. Cadáver, el cuerpo muerto, en especial del hombre. || El hombre vil y despreciable. || El hombre flaco y macilento. Oppidorum cadavera. Sulp. á Cic. Las ruinas, las reliquias de las ciudades.

Cadaverinus, a, um. Tert. Del cadáver.

Cadaverosus, a, um. Ter. Cadavérico, cadaveroso, lo parecido al cadáver. Cadaverosa facies. Ter. Semblante desfigurado y pálido, cadavérico.

Caddussi, orum. m. plur. Pueblos de la Media.

Cadens, tis. part. de Cado. Cadentia sidera. Virg. Las estrellas que se van á poner.

Cadetes, um. m. plur. Los naturales de Caux en Normandía.

Cadi, orum. m. plur. Prop. Ciudad de Frigia ó de Misia.

Cadialis. m. f. le. n. is. Perteneciente á la tinaja. V. Cadus.

Cadiscus, i. m. Bud. Cajeta, caja pequeña para echar los votos en las elecciones.

Cadivus, a, um. Plin. Caedizo, lo que es facil de caer, lo que se cae por sí mismo.

Cadmea, ae. f. La fortaleza de Tebas. || Tebas. || Cartago.

Cadmeis, idis. f. ó Cadmeia, ae. f. La Beocia. || Semele, hija de Cadmo. || La muger tebana.

Cadmei, orum m. plur. ó

Cadmeiones, um. m. plur. Los tebanos, los de la comarca de Tebas.

Cadmeius, a, um. y

Cadmeus, a, um. Estac. Lo perteneciente á Tebas, á los tebanos ó á Cadmo. V. Cadmus.

Cadmia, ae. f. Plin. La calamina, especie de piedra mineral artificial, que se hace del ollin que se levanta de la fundicion del cobre.

Cadmus, i. m. Ov. Cadmo, hijo de Agenor, y fundador de Tebas en Beocia.

Cado, is, cecidi, casum, dere. n. Cic. Caer. || Morir, perecer, fenecer. || Acontecer, acaecer, suceder. || Convenir, cuadrar, adaptarse, acomodar. Cadere animis. Cic. Perder el ánimo. —Causa. —Lite. —In judicio. Cic. Perder el pleito. —Sub aspectum. Cic. Presentarse á la vista. —In intelligentiam alicujus. Cic. Ser facil de entender de alguno. —In cursu. Cic. Frustrarse las esperanzas. —Formula. Quint. Declararse que no se debe admitir en justicia. Non cadit in virum bonum mentiri. Cic. No cabe en un hombre de bien el mentir. Quae res cumque cadent. Hor. De cualquier modo que sucedan las cosas.

Cadomensis. m. f. le. n. is. Natural de Caen.

Cadomum, i. n. Caen, ciudad de Normandía.

Cadrema, ae. f. Ciudad de Licia.

Caducarius, a, um. Ulp. Perteneciente á los bienes de que no hay legítimo heredero, que se adjudican al pueblo.

Caduceator, oris. m. Liv. Caduceator, el rey de armas que publica la paz, embajador, enviado á pedir la paz.

Caduceatus, a, um. Inscrip. El que lleva el caduceo.

Caduceus, i. m. ó Caduceum, i. n. Cic. El caduceo, vara lisa rodeada de dos culebras que llevaban los embajadores como insignia de paz.

Caducifer, a, um. ó

Caduciger, a, um. Ov. Epíteto de Mercurio que lleva el caduceo.

Caduciter, adv. Varr. Con precipitacion, aceleradamente.

Caducus, a, um. Cic. Caduco, decrépito, muy anciano. || Poco estable, perecedero, cercano á caerse y acabarse. || Caduco, epiléptico, que padece convulsiones arrobatadas. Caducae preces. Ov. Ruegos inútiles. Caduci. Virg. Muertos en la guerra. Caducae haereditates. Cic. Herencias que por faltar aquel á quien se debian por derecho civil recayeron en otro.

Cadurcaeus, a, um. y

Cadurcensis, is. m. Natural de Cahors ó de Cuerci en Francia.

Cadurci, orum. m. plur. Ces. Los naturales de la provincia de Cuerci en Francia.

Cadurcum, i. n. Ces. Cahors, ciudad capital de la provincia de Cuerci en Francia. || Juv. Tela de lino que se hacia en Cuerci y servia para velos de las mugeres. || Tienda de campaña.

Cadurcus, a, um. Aus. Lo perteneciente á los de la provincia de Cuerci.

Cadus, i. m. Hor. Tinaja, barril, cuba ó carral para vino. || Medida hebrea que hacia tres hanegas y tres cuartas partes de otra. || Medida antigua de setenta y dos sextarios. Cadis parcere. Hor. Ahorrar el vino. Cados sicca-

*re. Hor.* Desocupar las tinajas.

† **Cadūsa**, ae. *f. Bibl.* La muger prostituta.

**Cadūsi**, orum. *m. plur.* Pueblos de Asia, *entre el mar Caspio y el Ponto Euxino.*

**Caea**, ae. *f. Ov.* Isla del mar Egeo.

**Caecātor**, oris. *m. Paulin.* El que ciega, cierra ó cubre pozos &c.

**Caecātus**, a, um. *part. de* Caeco. *Paulin.* Ciego, el que ha cegado. ‖ Confuso, perturbado, apasionado ciegamente.

† **Caecias**, ae. *f. Plin.* El viento que sopla entre el oriente equinocial y el septentrion, el nordeste.

**Caecigĕnus**, a, um. *Lucr.* Ciego de nacimiento.

**Caecilia**, ae. *f. Plin.* Cecilia, *serpiente semejante á la anfisbena, que con dificultad se le conoce la cabeza y los ojos por ser gorda por igual en todo su cuerpo.*

**Caecilianus**, a, um. *Cic.* Perteneciente al poeta Cecilio.

**Caecilius**, ii. *m. Cic.* Estacio Cecilio, *poeta cómico, de nacion galo, de quien solo quedan algunos fragmentos.* ‖ *Suet.* Un gramático antiguo. ‖ *Gel.* Un jurisconsulto.

**Caecilius**, a, um. Propio de Cecilio, *nombre romano.*

**Caecinum**, i. *n.* Ciudad de la provincia de Locros.

**Caecĭtas**, atis. *f. Cic.* La ceguera, privacion de la vista. *Caecitas libidinis. Cic.* Pasion ciega. — *Mentis. Cic.* Cegued del entendimiento.

**Caeco**, as, avi, atum, are. *a. Lucr.* Cegar, quitar la vista. ‖ *Cic.* Deslumbrar, oscurecer. *Caecare mentes largitione. Cic.* Cegar los ánimos con dádivas.

**Caecŭbum**, i. *n. Marc.* Cecubo, *aldea de Campania en Italia, célebre por sus vinos. Hor.* El vino de Cecubo.

**Caecŭbus**, a, um. *Plin.* Perteneciente á la vega de Cecubo.

**Caecultio**, as, avi, itum, are. *n. Plin.* Ser muy corto de vista, ser cegatoso. V. Caecutio.

**Caecŭlus**, a, um. *Plaut.* Cegarrito, cegajoso ó cegatoso, muy corto de vista.

**Caecŭlus**, i. *m. Virg.* Caculo, *hijo del rey Latino y fundador de Preneste.*

**Caecus**, a, um. *Cic.* Ciego privado de la vista. ‖ *Virg.* Oscuro, tenebroso, adonde no entra la luz. ‖ *Hor.* Oculto, incierto, misterioso, encubierto. ‖ *Cic.* Inconsiderado, imprudente. ‖ *Cic.* Cegado, cerrado, lleno de tierra y broza, impedido, embarazado. *Caecum vallum. Fest.* Campo sembrado de abrojos artificiales hechos de hierro, y sembrados de propósito para impedir el paso. *Caeca vox. Cic.* Voz oscura, confusa. *Caecus ignis. Virg.* Amor oculto. *Caecae fores. Virg.* Puerta secreta. *Caeca vada. Virg.* Vados, pasos por donde no se ha abierto camino, insondables. — *Arma. Ov.* Soldados puestos en celada. — *Pectora. Luc.* Gentes imprudentes. — *Vulnera. Liv.* Heridas dadas por detras. *Acervus caecus. Ov.* Monton de cosas confuso, sin órden. *Caeca die emere, vendere oculata. Plaut.* Comprar al fiado, y vender á dinero contante. *Caecus animi.— Animo. Quint.* Ignorante, rudo. *Caecum corpus. Salust.* La espalda. *Caeci morbi. Colum.*— *Dolores. Plin.* Dolores, enfermedades cuyas causas se ignoran.

**Caecus**, i. *m.* El ciego. *Caecus, caeco dux. Caeci praescriptio. Caecus caecum ducit. adag.* Ciego adiestra, y guia al ciego. *ref.*

**Caecūtio**, is, ivi, itum, ire. *n. Varr.* Quedarse casi ciego, no ver casi nada, perder la vista.

**Caedes**, is. *f. Cic.* Muerte violenta, mortandad, carnicería, matanza. ‖ *Cic.* La herida. ‖ La corta de árboles. ‖ *Ter.* Los azotes. ‖ *Ov.* La sangre.

**Caedo**, is, cĕcidi, caesum, dĕre. *a. Ces.* Cortar. ‖ Sacudir, herir, azotar. ‖ Matar. ‖ Sacrificar. *Caedere carmina in marmore. Ov.* Grabar, esculpir versos en mármol. — *Virgis. Plaut.* Azotar con varas, dar baquetas á uno. — *Pugnis.* Dar á uno de puñaladas. — *Calcibus.* De patadas. — *Januam saxis. Cic.* Aporrear la puerta; *Caedi testibus. Cic.* Ser convencido por testigos. *Caedere sermones. Ter.* Conversar, cortar una tela, estar en conversacion. — *Pignora. Lucil.* Vender los bienes en almoneda.

**Caedŭus**, a, um. *Colum.* Lo que se puede cortar, bueno, á propósito para cortarse.

**Caelāmen**, ĭnis. *n. Ov.* El grabado, la obra de cincelar, esculpir y grabar.

**Caelātor**, oris. *m. Cic.* Cincelador, grabador.

**Caelātum**, i. *n. V.* Caelamen.

**Caelatūra**, ae. *f. Quint.* El grabado, la obra de cincelar ó grabar. ‖ El arte del grabado.

**Caelātus**, a, um. *Cic.* Cincelado, labrado, esculpido, grabado.

**Caelebs**, ĭbis. *com. Cic.* Celibato, celibe, el soltero. *Caelebs arbor. Plin.* El plátano, porque en él no se enredan las vides. — *Vita. Ov.* Celibato, el estado del soltero.

**Caeles**, itis. *adj. com. Ov.* Lo mismo que

**Caelestis**, m. f. tĕ. n. is. *Cic.* Celeste, celestial, del cielo ó lo que á él pertenece, divino, de Dios. *Caelestis aqua. Hor.* El agua llovediza que cae del cielo. *Caelestia bella. Ov.* Las guerras de los gigantes con los dioses.

**Caelestis**, is. *f. Tert.* Diosa de los africanos, *que dicen ser Venus, Juno ó Luna.*

**Caelia**, ae. *f. Plin.* La celia, *especie de bebida hecha de trigo, como la cerveza ó la chicha de los indios.*

**Caelibāris**, m. f. tĕ. n. is. *Fest.* Lo perteneciente á la recien casada. *Caelibaris hasta. Fest.* La aguja del rodete de una novia, que se hacia de la flecha que hubiese estado en el cuerpo de un atleta vencido y muerto, para significar la union del matrimonio.

**Caelibātus**, us. *m. Suet.* El celibato, el estado del soltero.

**Caelĭcŏla** y otros. *V.* Coelicola.

**Caelius mons.** *m.* El monte Celio de Roma.

**Caelo**, as, avi, atum, are. *a. Cic.* Cincelar, grabar, labrar, burilar, abrir con el buril.

**Caeltes**, tis. *m.* y

**Caelum**, i. *n. Cic.* El buril, *instrumento de acero con que se graba en los metales.*

**Caementārius**, ii. *m. Vitruv.* Cimentador, el que abre ó echa los cimientos á una fábrica.

**Caementītius**, a, um. *Vitruv.* Cimental, lo que sirve de cimiento ó le pertenece ‖ Hecho de cimientos.

**Caementum**, i. *n. Liv.* Cimiento, la base ó fundamento que mantiene firme y segura la fábrica. *Caementa marmorea. Vitruv.* Pedazos que saltan cuando se labran los mármoles.

**Caeneus**, i. *m. Ov.* Ceneo, *hijo de Elato, que primero fue muger, Neptuno le hizo varon, y despues de su muerte se convirtió en ave.*

**Caenina**, ae. *f. Plin.* Ciudad del Lacio, Cenina.

**Caeninensis**, m. f. sĕ. n. is. y

**Caeninus**, a, um. *Prop.* De Cenina, *ciudad del Lacio.*

**Caepa**, ae. *f. Colum.* y

**Caepe**, indecl. *Plin.* La cebolla.

**Caepāria**, ae. *f. Marc. Emp.* Especie de enfermedad esterna que acude á las ingles.

**Caepārius**, ii. *m. Lucil.* Cebollero, el que vende, gusta de, ó está acostumbrado á comer cebollas.

**Caepētum**, i. *n. Gel.* y

**Caepīna**, ae. *f. Colum.* El cebollar, sitio donde se crian las cebollas.

**Caepītius**, y **Caepicius**, ii. *m.* ó

**Caepītium**, ii. *n. Arnob.* La cebolla ó cabeza de la cebolla.

**Caepŭla**, ae. *f.* ó **Caepulla**, ae. *dim. Pal.* La cebolleta, cebolla pequeña y tierna.

**Caera.** *V.* Ceta.

**Caere.** *V.* Ceres.

**Caere.** *n. indecl.* y **Ceres**, ĭtis, ó ētis. *f. Virg.* Cervetere, ciudad de Toscana.

**Caerefŏlium**, ii. *n. Plin.* El perifollo, *yerba olorosa y sabrosa, parecida al peregil, que se cria en los huertos.*

**Caerĕmōnia**, ae. *f. Cic.* y

**Caeremōniae**, arum. *f. plur.* Ceremonia, rito, costumbre de religion.

**Caeres**, ĕtis, ó ītis. *adj. Liv.* y

**Caerētānus**, a, um. Lo perteneciente á la ciudad de Cervetere.

**Caerites**, um. *m. plur. Liv.* Los naturales de Cervetere.

**Caerĭtes**, um. *m. plur. Tabulae.* Las tablas en que los censores mandaban notar con ignominia los nombres de aquellos á quienes habian de castigar.

**Caerĭmōnia**, *V.* Caeremonia.

Caerĭmōniālis. m. f. lĕ. n. is. Arnob. Ceremonial, perteneciente á ceremonias.

Caerĭmōniōsus, a, um. Am. V. Caerimonialis.

Caerŭla, ōrum. n. plur. Virg. Los mares.

Caerŭlans, antis. com. Fulg. Azulado, parecido al color azul del mar ó del cielo.

Caerŭleātus, a, um. Vel. Teñido, dado de azul. ‖ Vestido de color azul.

Caerŭleum, i. n. Plin. Azul, el color simple que semeja al de los cielos y al zafiro, azul celeste ó verdemar.

Caerŭleus, a, um. Cic. Cerúleo, de color azul, azul celeste ó verdemar.

Caerŭlus, a, um. Ov. V. Caeruleus.

Caesa, ae. f. Veg. El golpe dado con arma de corte.

Caesālis. m. f. lĕ. n. is. Lo que parte ó divide.

Caesar, ăris. m. César, sobrenombre romano de la familia Julia, que se le dió al primero por haber nacido abriendo á su madre después de muerta, y quedó por epíteto de los emperadores.

Caesar Augusta, ae. f. Plin. Zaragoza, ciudad capital del reino de Aragon en España.

Caesar Augustanus, a, um. Lo perteneciente á Zaragoza.

Caesārea, ae. f. Plin. Cesarea, ciudad de Palestina. Otras hay del mismo nombre en Bitinia, en Mauritania, en Cilicia y en Baviera.

Caesārea Magna, ae. f. Ciudad de Capadocia.

Caesārea Philipi. f. Ciudad de Palestina.

Caesāreus, a, um. Ov. Cesareo, de los Césares.

Caesāriānus, a, um. Cic. De César, de los Césares.

Caesāriātus, a, um. Plaut. El que tiene largo el cabello.

Caesāriensis. m. f. sĕ. n. is. Tac. Lo que es de Cesarea.

Caesārĭes, ēi. f. Liv. La cabellera, el cabello, el pelo largo y tendido.

Caesārīnus, a, um. V. Caesarianus.

Caesaris Burgus, i. m. Querburgo, ciudad de Francia en Normandía.

Caesaris Insula, ae. f. Queiservet, ciudad del electorado de Colonia.

Caesaris Mons. m. Caisersverg, ciudad de la alta Alsacia.

Caesaro Bricenus, ium. m. plur. Pueblos de Portugal.

Caesārodūnum, i. n. Tours, ciudad arzobispal de Francia.

Caesaromagus, i. f. Bovés, ciudad episcopal de Francia. V. Bellovacum.

Caesarotium, ii. n. Gisors, ciudad de Normandía.

Caesēna, ae. f. Cesena, ciudad de la Romanía.

Caesēnas, ātis. com. Plin. Lo perteneciente á Cesena.

Caesīcius, a, um. Plaut. Blanco, limpio.

Caesim. adv. Colum. Punctim magis quam caesim. Liv. Mas de punta que de corte. Caesim dicere. Cic. Hablar por incisos ó miembros cortos.

Caesio, ōnis. f. Colum. Corte, cortadura, cuchillada.

Caesĭtium, ii. n. Non. Toda especie de tela blanca, de legía ó colada.

Caesĭtius, a, um. Plaut. V. Caesicius. Caesitium linteolum. Plaut. Lienzo recortado, festonado, deshilado por la orilla.

Caesius, a, um. Cic. De color azul celeste ó verdemar. ‖ Ter. El que tiene los ojos azules.

Caeso, ōnis. m. Plin. El niño que nace abriendo el vientre á su madre. Quedó por propio de la familia de los Fabios.

†Caesor, ōris. m. S. Ger. El que corta, especialmente madera, como el carpintero.

Caespes y sus derivados. V. Cespes.

Caestĭcus, a, um. Tac. Perteneciente á los cestones. V. Caestus.

Caestrum, i. n. Plin. El torno con que trabajan los torneros el marfil, la concha, el cuerno &c.

Caestus, us. m. Virg. El ceston, especie de guante guarnecido de plomo con que combatian los atletas. V. Cestus.

Caesūliae, arum. com. Fest. Los que tienen los ojos azules.

Caesūra, ae. f. Plin. El corte, cortadura, seccion ó incision. ‖ Cesura, la sílaba que queda al fin de una diccion despues de algun pie, que juntandose con otra ú otras de la diccion siguiente forma otro pie.

Caesūrātim. adv. Sid. Por cesuras, comas ó incisos.

Caesus, a, um. part. de Caedo. Plin. Cortado. ‖ Muerto, degollado. ‖ Sacrificado. ‖ Herido. Caesa, et porrecta. Cic. Las entrañas de las víctimas que los sacerdotes ponian al lado del altar despues de haberlas observado y cortado.

Caetĕra. adv. Salust. y

Caetĕro. adv. Cic. En cuanto á lo demas, por lo demas, lo que resta.

Caetĕrŏqui. adv. y

Caetĕrŏquin. adv. Cic. De otra manera, si no.

Caetĕrum. adv. Cic. V. Caetero.

Caetĕrus, a, um. Cic. Lo demas, lo que resta, lo que falta, lo otro. Caeterum omne. Liv. Todo lo demas. Caeterum quid? Plaut. ¿Qué hay ademas?

Caetobrix, igis. f. Setubal ó Sanoves, ciudad y puerto de mar en Portugal.

Caia, ae. f. Nombre propio de muger romana, que significa señora, como Caius, cai, el señor ó amo. Ubi tu caius, et ego caia. Donde tú serás el señor, y yo la señora. Palabras que decia la muger al que hacia con ella un contrato matrimonial, por el que se instituian herederos recíprocamente.

Caīci, ōrum. m. plur. Pueblos de Alemania.

Caicus, i. m. El Caico, rio de Misia.

Caiēta, ae. f. Virg. Gaeta, puerto de mar en el reino de Nápoles, que tomó el nombre de Gaeta, ama de leche de Eneas, enterrada en aquel lugar.

Caiētānus, a, um. Val. Max. Lo que pertenece á Gaeta.

Caino, ōnis. f. Chinon, ciudad de Turena.

†Caio, ās, āre. a. Plaut. Apalear, aporrear, sacudir, dar de palos á uno. ‖ Azotar.

Cairum, i. n. El Cairo, ciudad capital de Egipto.

Caius, ii. m. V. Caia.

†Cala, ae. f. Serv. Especie de baston con que los esclavos acompañaban á sus señores al combate.

†Călăbarriuncŭli, ōrum. m. plur. V. Calaburriones.

Călăber, bri. m. Hor. Calabrés, el natural de Calabria.

Calabrācūria, ae. f. Macrob. El lugar donde el Pontífice convocaba al pueblo para anunciarle las fiestas y los dias que habia entre las calendas y las nonas.

Călăbria, ae. f. Plin. Calabria, provincia del reino de Nápoles.

Calabrīca, ae. f. Plin. La venda.

Calabrīco, ās, āre. a. Plin. Vendar, fajar con vendas ó ligaduras.

Călăbrĭcus, a, um. Colum. Lo que es de Calabria.

Calaburriōnes, um. m. plur. Los pregoneros, los que convocaban al pueblo en el lugar llamado Calabracuria.

Calae, ārum. V. Cala.

Calaegia, ae. f. Vitemberg, ciudad de Alemania.

Călăgurina, ae. f. y

Călăgurĭs, is. f. Plin. Calahorra, ciudad de la España tarraconense.

Călăgurĭtānus, a, um. Lo perteneciente á Calahorra.

Calais, is. m. Ov. Cales, hijo de Boreas, rey de Tracia, y hermano de Cetes, que muertos por Hércules se convirtieron en vientos.

Călais, ĭdis. f. Plin. Especie de zafiro, piedra preciosa.

Călămārius, a, um. Suet. Perteneciente á las plumas para escribir. Calamaria theca. Suet. Vaso, plumero donde se ponen las plumas para escribir, caja de la escribanía.

†Călămenthum, i. n. El calamento, yerba gatera.

Călămētum, i. n. Colum. El pedazo de caña ó rodrigon con que se apoyan las vides.

Călămĭnae, arum. f. plur. Plin. Islas de Lidia.

Călămister, tri. m. V. Calamistrum.

Călămistrātus, a, um. Cic. Rizado, el que lleva peinado y ensortijado el cabello.

Călămistri, ōrum. m. plur. Tac. Discursos afectados, muy estudiados y adornados. Calamistris historiam inurere. Cic. Afear una historia con adornos postizos, afectados.

Călămistro, ās, āre. a. Plaut. Rizar el cabello, peinarle en bucles.

CAL                CAL    109

Calamistrum, i. n. ó Calamistrus, i. m. *Plaut.* La media caña con que se riza el cabello.

Calamita, ae. f. *Plin.* La rana pequeña que se halla en el cañaveral.

Calamitas, atis. f. *Ter.* Tempestad que destruye las cañas del trigo ó la cebada. ‖ Calamidad, desgracia, desdicha, infortunio, desastre, adversidad, trabajo.

Calamites, ae. y

Calamitis, idis. f. *Plin.* Especie de piedra preciosa, *asi llamada porque nacen muchas juntas como las cañas*.

Calamitose, ius, issime. adv. *Cic.* Calamitosa, infeliz, miserable, trabajosamente.

Calamitosus, a, um. *Cic.* Espuesto al mal tiempo, como el hielo, al frio &c. ‖ Dañoso, funesto, perjudicial, pernicioso. ‖ Calamitoso, desdichado, miserable, desgraciado, trabajoso.

Calamochnus, i. f. *Plin.* Calamocno ó adarca, *animal que nace entre la espuma salitrosa y congelada en lugares húmedos, y especialmente junto á los cañaverales*.

Calamus, i. m. *Plin.* La caña, el cálamo ó pluma para escribir. ‖ *Virg.* La flauta pastoril, zampoña, caramillo. ‖ *Her.* La saeta. ‖ *Plin.* La caña de trigo. ‖ *Plin.* La varita delgada del árbol. ‖ *Marc.* La vareta armada con liga para cazar pájaros. *Calamus aromaticus. — Asteroides. — Odoratus. Plin.* El cálamo aromático, caña olorosa que nace en el monte Líbano.

Calantica, ae. f. *Cic.* La cofia, garbín ó redecilla para recoger el pelo las mugeres.

Calaris, idis. f. *Cagliari*, ciudad de Cerdeña.

Calaritanus, a, um. *Plin.* El natural de Cagliari en Cerdeña.

Calasirica, orum. m. plur. y

Calasirii, orum. m. plur. Pueblos de Egipto, ó nobles egipcios, á quienes enseñaban sus padres el arte militar.

Calasis, is. f. *Fest.* Un género de túnica talar que se ataba al cuello. ‖ El nudo de ella.

Calathe, es. f. *Plin.* ó Calathusa, ae. f. *Plin.* Isla del mar Egeo, junto al Querssoneso.

Calathiana, ae. f. *Plin.* Calaciana, violeta sin olor alguno.

Calathiscus, i. dim. y

Calathus, i. m. *Virg.* El canastillo ó canasto, azafate hecho de mimbres.

Calathus, i. m. Calato, *hijo de Júpiter y de Antíope*.

Calatia, ae. f. *Cic.* Cayazo, *ciudad de Italia*.

Calatinus, a, um. *Cic.* De la ciudad de Cayazo.

Calatio, onis. f. *Varr.* Llamada, convocacion.

Calator, oris. m. *Suet.* El llamador, convocador, mandadero, siervo público que servia de este oficio á los sacerdotes.

Calatus, a, um. *Cic.* Llamado, convocado, avisado. *Calata comitia. Gel.* Comicios ó juntas á que se llamaba al pueblo para la creacion de los magistrados y sacerdotes.

Calaurea, ó Calauria, ae. f. *Mel.* Calaurea, *isla del mar mediterráneo*.

Calbeus, i. m. *Fest.* Brazalete, *que se daba en premio á los soldados victoriosos*.

Calcabilis. m. f. is. n. is. *Sid.* Cosa sobre que se puede andar ó pisar.

Calcaneum, i. n. *Virg.* y

† Calcaneus, i. m. El carcañal, calcañal, ó calcaño, la parte posterior del pie.

Calcar, aris. n. *Cic.* La espuela ó aguijón. ‖ El estímulo ó incentivo.

Calcaria, ae. f. *Plin.* Calera, el horno de cal.

Calcarius, ii. m. *Cat.* El calero, el que saca la cal, y la quema en el horno.

Calcarius, a, um. *Plin.* Perteneciente á la cal.

Calcata, ae. f. *Hirc.* La fagina, hacecillo pequeño de ramas delgadas, ó brozas mezcladas con tierra para la fortificacion.

Calcatio, onis. f. La accion de pisar ó apretar.

Calcator, oris. m. *Calpurn.* Pisador, el que pisa ó huella alguna cosa: se toma regularmente por el que pisa la uva, en latin y en castellano.

Calcatorium, ii. n. *Pal.* El lagar, estanque pequeño ó alberca donde se pisa la uva.

Calcatura, ae. f. *Vitruv.* Lo mismo que

Calcatus, us. m. *Pal.* La accion de pisar ó apretar.

Calcatus, a, um. *Ov.* Pisado, apretado. ‖ *Estac.* Ofendido, despreciado. ‖ *Sil.* Habitado, frecuentado.

Calceamen, inis. n. *Plin.* y

Calceamentum, i. n. *Cic.* El calzado, no solo el que ajusta al pie, sino tambien el que cubre y adorna las piernas.

Calcearia officina, ae. f. *Varr.* La zapatería.

Calcearium, ii. n. *Suet.* El gasto del calzado.

Calcearius, ii. m. *Plaut.* El zapatero.

Calceatus, us. m. *Plin.* V. Calceamentum.

Calceatus, a, um. *Cic.* Calzado.

Calcedonius, ii. m. *Plin.* La calcedonia, *piedra preciosa de color de zafiro*.

Calceo, as, avi, atum, are. a. *Plin.* Calzar. *Calceare aliquem soccis. Plin.* Calzar á uno los zuecos. — *Mulas. Suet.* Herrar las mulas.

Calceolarius, ii. m. *Plaut.* El zapatero.

Calceolus, i. m. *Cic.* El zapato pequeño.

Calceus, ii. m. *Cic.* El zapato. *Calceos mutari. Cic.* Mudar de condicion y estado. *Los romanos llevaban zapatos de diferente hechura, segun las diversas clases de personas. Calceos poscere. Plin.* Pedir los zapatos. *Expresion de los convidados que se descalzaban para comer por no manchar con los zapatos el triclinio ó cenador.*

Calchas, antis. m. *Virg.* Calcas, *agorero famoso, que fue con los griegos á la espedicion de Troya*.

Calciaci, orum. m. plur. Los pueblos del ducado de Cleves en Alemania.

Calciarium. V. Calcearium.

Calcifraga, ae. f. *Plin.* La saxifraga, *yerba que nace por los montes y prados salsafras y saxifragia*.

Calcitratus, us. m. *Plin.* Coceadura, la accion de tirar coces.

Calcitratus, a, um. *Colum.* Coceado, el que ha recibido coces.

Calcitro, as, avi, atum, are. n. *Plin.* Cocear, tirar coces. ‖ Resistir, repugnar, no querer convenir.

Calcitro, onis. m. *Plaut.* Coceador, que da ó tira coces.

Calcitrosus, a, um. *Col.* V. Calcitro, onis.

Calco, as, avi, atum, are. a. *Ov.* Pisar, apretar con el pie. ‖ *Her.* Andar, caminar, pasar andando. ‖ *Cat.* Llenar apretando. ‖ *Ov.* Deprimir, abatir, despreciar.

Calcularius, a, um. *Modest.* Pertenecientes al cálculo, cuenta ó cómputo.

Calculatio, onis. f. *Casiod.* Calculacion, la cuenta ó cómputo. ‖ Mal de piedra.

Calculator, oris. m. *Marc.* Calculador, el que hace cuentas ó cómputos.

Calculensis, m. f. is. n. is. *Plin.* La púrpura calculosa, *que se cria en el pedregoso mar, como lutenses las que se sustentan con cieno, algenses las que con ovas, y temiosas las que se pescan en el mar tenaro*.

† Calculo, onis. m. S. Ag. V. Calculator.

Calculo, as, are. a. *Prud.* Calcular, hacer cuentas.

Calculosus, a, um. *Plin.* Pedregoso, abundante de piedras pequeñas. ‖ *Cels.* El que tiene mal de piedra.

Calculus, i. m. *Cic.* Piedrecita, piedra pequeña. ‖ *Cels.* La piedra ó arenillas que se crian en los riñones. ‖ *Isid.* Las piezas del juego de damas ó del algedrez. ‖ El cálculo, cuenta ó cómputo. ‖ *Ov.* La sentencia ó voto, *porque se votaba con piedras blancas y negras. Calculum album adjicere. Plin.* Echar haba blanca; aprobar. *Ad calculos amicitiam vocare. Cic.* Tomar estrecha cuenta á la amistad, esto es, contar hasta el menor servicio que se hace al amigo.

Calda, ae. f. *Sen.* En lugar de *Aqua calida.* Agua caliente. *caldae, los baños de agua caliente.*

Caldamentum, i. n. *Marc. Emp.* El fomento cálido que se aplica al cuerpo.

Caldariola, ae. f. *Juv.* Caldera pequeña.

Caldarium, ii. n. *Vitruv.* La caldera, vaso de hierro, cobre ú otro metal con una asa en medio.

Caldarius, a, um. *Plin.* De caldera ó estufa.

Caldius Biberius Mero. *Suet.* En lugar de *Claudius Tiberius Nero.* Mote que pusieron los soldados al emperador Tiberio por ser muy dado al vino.

Caldŏnia, ae. f. Gel. La muger que tenia cuidado de calentar el agua en los baños.

Caldor, ōris. m. Varr. V. Calor.

Caldŭba, ae. f. Plin. Ciudad antigua de España.

Caldus, a, um. Varr. V. Calidus.

Calĕdŏnia, ae. ó Calidonis. f. Tac. La selva calidonia de Escocia. Region de la Gran Bretaña, en que está esta selva.

Calĕdŏnes, um. m. plur. Eumen. Los pueblos de Calidonia.

Calĕdŏnĭcus, a, um. Solin. y

Calĕdŏnius, a, um. Mart. Perteneciente á la selva calidonia.

Calĕfacio, ó Calfacio, is, feci, factum, cĕre. a. Cic. Calentar, comunicar calor propio ó estraño. || Cic. Alentar, avivar, alterar los ánimos.

Calĕfactio, ōnis. f. Dig. Calentamiento, calenton, la accion de calentar ó calentarse.

Calĕfacto, as, avi, atum, are. freq. de Calefacio. Hor. Calentar á menudo, caldear, poner muy caliente.

Calĕfactōrius, a, um. Plin. Lo que tiene virtud de calentar, el lugar destinado para calentarse.

Calĕfactus, us. m. Plin. V. Calefactio.

Calĕfactus, a, um. Ov. Calentado, caliente, lo que tiene y ha tomado calor. || Virg. Vivo, fuerte, sangriento, encendido.

Calĕfio, i, factus sum, fieri. pas. Cic. Calentarse, tomar ó recibir calor.

Calegia, ae. f. V. Calaegia.

Calena, ae. f. Varr. Cubilete ó vaso de vidrio para beber. || Oxford, ciudad de Inglaterra.

Calendae, arum. f. plur. Cic. Calendas, el primer dia de cada mes. Ad calendas graecas. Suet. Nunca, porque los griegos no contaban calendas. Calendae primae, secundae, tertiae. Cat. Primero, segundo y tercer mes.

Calendāris, is. com. Macrob. Calendar, epíteto de la diosa Juno, á quien eran consagradas las calendas.

Calendarium, ii. n. Senec. El libro de caja de los mercaderes. || El calendario en que está la descripcion de todo el año.

Calendatim. adv. Bud. Cada calendas, cada primer dia del mes.

Calens, tis. com. Cic. Caliente, ardiente.

Calēnum, i. n. Plin. Calvi, ciudad de Campania donde se coge muy buen vino.

Calēnum, i. n. Juv. El vino de Calvi.

Calĕo, es, lui, ere. n. Cic. Calentar, estar caliente. || Tener pasion y deseo ardiente. || Alentarse, avivarse, animarse, ponerse en movimiento. Calere vitio aliquo. Hor. Padecer, tener algun vicio. Cum caletur maxime. Plaut. Cuando hace mucho calor.

Cales, ium. f. plur. Sil. V. Calenum.

Calesco, is, lui, scĕre. n. Cic. Calentarse, ponerse caliente. || Ov. Agitarse, moverse, encenderse.

Calesiensis. m. f. et n. is. El natural de Calés en Francia.

Calēsium, ii. n. Calés, ciudad y puerto de mar en Francia.

Calētae, arum. m. plur. y

Calētes, um. m. plur. Los de la provincia de Caux en Normandía.

Calēti, orum. m. plur. Los naturales de Calés.

Calētum, i. n. V. Calesium.

Calfacio. V. Calefacio.

† Caliĝātus, a, um. Fest. Dado de cal, blanqueado.

Calicis. genit. de Calix.

Calĭcŭlus, i. m. Cels. Copita, copa pequeña para beber, cáliz pequeño.

Calidārium, ii. n. Cels. V. Caldarium.

Calĭde, ius, issime. adv. Plaut. Con calor, con mucho calor. || Plaut. Con prontitud, con viveza.

Calidobecum, i. n. Caudebec, ciudad de Normandía.

Calidus, a, um. Cic. Cálido, caliente, que tiene calor natural ó adquirido. || Precipitado, atrevido, pronto, feroz. || Plaut. Veloz, ligero. Calidum consilium. Cic. Consejo aventurado. || Prudente.

Caliendrum, i. n. Hor. El cairel, peluca, peinado de cabellera postiza, que imita al pelo natural.

Caliga, ae. f. Cic. Caliga, armadura de la pierna, que usaban los romanos desde el pie á la pantorrilla, guarnecida de clavos de hierro, como la media bota entre nosotros. || Sen. La milicia. A caliga ad consulatum. Llegar á cónsul de simple soldado.

Caligans, tis. com. Cic. Caliginoso, oscuro, tenebroso.

Caligāris. m. f. et n. is. Plin. y

Caligārius, a, um. Plin. Perteneciente á las caligas de los romanos.

Caligātio, ōnis. f. Plin. Oscuridad, niebla, impedimento de los sentidos.

Caligātus, a, um. Suet. Ceñido de caligas á la romana.

Caligineus, a, um. V. Caliginosus.

Caligino, as, are. a. Fulg. Oscurecer, cubrir de niebla.

Caliginŏsus, a, um. Cic. Caliginoso, oscuro, pavoroso. || Tupido, impedido.

Caligo, inis. f. Cic. Oscuridad, niebla, impedimento de los sentidos.

Caligo, as, avi, atum, are. n. Cic. Estar oscuro, caliginoso, impedido con niebla ó nube. Caligant oculi. Cels. Tiene malos los ojos, cegajoso.

Caligŭla, ae. f. Tac. Pequeña caliga ó bota de un soldado romano. || Sobrenombre dado por los soldados al emperador Cayo por haberse criado y vestido como un soldado desde niño en el ejército de su padre Germánico.

Calim. Fest. Palabra anticuada en lugar de Clam.

Calisto, us. f. Catul. Calisto, hija de Licaon, rey de Arcadia, convertida en Osa.

Calix, icis. m. Cic. El cáliz, de copa ó vaso para beber. || Vasija para cocer la comida, y plato para servirla. || Front. Cañon de bronce de un acueducto.

Calla, ae. f. Plin. La calla, yerba de dos especies, una que nace en las tierras aradas, la otra se llama anchusa: son medicinales.

Callaecus, a, um. V. Callaicus.

Callaici, orum. m. plur. Gallegos, los pueblos de Galicia en España.

Callaicus, a, um. Gallego, de Galicia.

Callainus, a, um. Marc. Del color de la piedra callais.

Callais, idis. f. Plin. La callais, piedra preciosa semejante al zafiro, que algunos creen la misma que la augites.

Callarias, ae. m. Plin. La merluza ó pescado cecial.

Callens, tis. com. Plin. El docto, diestro, instruido en una arte ó ciencia.

Callenter. adv. Apul. Diestra, prudentemente.

Calleo, es, lui, ere. n. Plaut. Callecer, encallecer, criar callos. || Cic. Saber, entender, penetrar, comprender. Callere dicenda, tacendaque. Pers. Saber lo que se ha de hablar, y lo que se debe callar.

Callesco, is, scĕre. n. Cat. Ponerse calloso, encallecer.

Callētum, i. n. Plin. Callet, ciudad de España, cerca de Cádiz.

Calliblephārum, i. n. Plin. Caliblefara, medicamento para los ojos, y en especial para los párpados y las pestañas pegadas.

Callicia, ae. f. Plin. La yerba calicia, que dicen cuaja y hiela el agua.

Callĭde, ius, issime. adv. Cic. Diestra, sabia, doctamente. || Astuta, sagazmente, con destreza.

Calliditas, atis. f. Cic. Habilidad, destreza, industria, sutileza, viveza. || Dolo, malicia, astucia, maña.

Callĭdŭlus, a, um. Arnob. Maliciosillo. dim. palabra de desprecio.

Callĭdus, a, um. Cic. Hábil, diestro, fino, sutil, vivo, entendido. || Astuto, malicioso, mañoso.

Calliolea, ae. f. Ruel. El olivo hortense ó cultivado.

Calligŏnon, i. n. Plin. La centinodia, corregüela ó sacejo, yerba comun con muchos nudos en sus ramos, de donde tomó el nombre.

Calligrăphia, ae. f. Caligrafia, el arte de escribir. || La belleza, hermosura de la escritura.

Callimăchus, i. m. Ov. Calímaco, hijo de Bato, poeta lírico, célebre entre los griegos.

Callimus, i. m. Plin. Calimo, piedra muy blanca, especie de piedra del águila.

Callion, ōnis. m. Plin. Halicacabo, la yerba mora, que algunos tienen por venenosa.

**Callionymus**, i. m. *Plin.* El callonimo ó uranoscopo, pez que tiene los ojos sobre la cabeza, y cuya hiel es medicinal para los ojos.

**Calliopea**, ae. *f. Ov.* Lo mismo que

**Calliope**, es. *f. Virg.* Caliope, una de las nueve musas que preside á la poesía heroica.

**Calipides**, is. ó ae. com. *Suet.* El que anda corriendo de una parte á otra, sin pasar de la distancia de un codo. Quedó esto por proverbio del nombre del poeta Calípides trágico, que representaba en la escena con demasiada precipitacion.

**Callipolis**, is. *f. Plin.* Galipoli, ciudad del Quersoneso de Tracia, junto al estrecho de su mismo nombre. ‖ Naxa ó Sicilia menor, *isla del mar Egeo.* ‖ Ciudad de Italia en los salentinos. ‖ De Sicilia.

**Calliroe**, es. *f. Ov.* Caliroe, hija del tirano Lico, *que desamparada de Diomedes se ahorcó.* ‖ Otra natural de Calidonia, que se sacrificó por acompañar en la muerte á su amante Coreso, sacerdote de Baco. ‖ Otra hija del rio Escamandro. ‖ Otra muger de Alcmeon, hija de Aqueloo. ‖ Una fuente del Ática. ‖ *Plin.* Otra de agua caliente en Judea. ‖ Otra en la Arabia. Se escribe tambien *Callirhoe.*

**Callis**, is. m. *Cic.* La senda, sendero ó camino estrecho. ‖ *Val. Flac.* La calle.

**Callisco**. *Cat.* en lugar de Calesco.

**Callistruthis**, idis ó

**Callistruthia ficus** *f. Plin.* El higo de Calistrucia de mal sabor, y el mas frio de todos, aunque muy alabado de Ateneo.

**Callithrix**, ichis. *f. Plin.* La yerba calitrique parecida en las hojas á la lenteja: *es medicinal para la cabeza.* ‖ *Plin.* La mona de Etiopia, llamada calitrique, que tiene barba en el rostro.

**Callitrica**, ae. *f.* y

**Callitriche**, es. *f. Plin.* ó

**Callitrichum**, i. n. La yerba culantrillo de pozo.

**Callositas**, atis. *f. Escrib.* Callosidad, la dureza que se parece á los callos.

**Callosus**, a, um. *Cels.* Calloso, lo que tiene callos ó dureza que se les parece.

**Callum**, i. n. y

**Callus**, i. m. *Cic.* El callo, la dureza ó aspereza que se hace en el cuero, ó entre el cuero y la carne. *Callum aprugnum. Plaut.* La espina de un jabalí ó el lomo de él. *Obducere dolori. Cic.* Endurecerse, hacer callo, hacerse insensible al dolor.

**Calo**, onis. n. *Ces.* El leñador, el siervo que en el ejército no va por leña, y á veces tambien por agua. ‖ *Hor.* El siervo que se emplea en los ejercicios del campo.

†**Calo**, as, avi, atum, are. a. *Gel.* Llamar, convocar, citar. ‖ Nombrar. ‖ Invocar.

**Calonesus**, i. *f.* Bella isla, *isla de Francia en el mar de Gascuña.*

**Calonix**, idis. *f.* Cleves, *ciudad capital del ducado del mismo nombre en Alemania.*

**Calophanta**, ae. com. *Plaut.* Burlon, mofador.

*** Calopodium**, ii. n. *Sip.* El marco, la medida de madera con que el zapatero toma el zapato.

**Calor**, oris. m. *Cic.* El calor. ‖ El ardor del sol. ‖ *Tib.* La calentura. ‖ El ímpetu, fervor, vigor del ánimo. ‖ El amor. *Calor animi. Cic.* Ardor, valor.

**Caloratus**, a, um. *Apul.* Acalorado, que ha tomado calor, caliente.

**Calorificus**, a, um. *Gel.* Calorífico, que calienta.

**Calpar**, aris. n. *Varr.* (voz anticuada.) Tinaja grande para guardar vino. ‖ *Fest.* El vino nuevo que se sacaba de la tinaja antes de gustarle para ofrecerle á Júpiter. ‖ *Fest.* Vino de las libaciones que se hacian á los muertos, y la tinaja donde se guardaba.

**Calpe**, es. *f.* y

**Calpe**, es. *f. Mel.* Calpe, *monte de España en el estrecho del mar mediterraneo.*

**Calpetanus**, a, um. y

**Calpetitanus**, a, um. *Avien.* Perteneciente á Calpe.

**Calpurnius**, ii. m. *Vop.* Tito Julio Calpurnio Sículo, *poeta latino, que vivió en tiempo de los emperadores Caro y*

**Numerino**, *escritor de églogas.*

**Caltha**, ae. *f. Plin.* Especie de violeta amarilla, calta.

**Calthula**, ae. *f. Plaut.* El capotillo ó capoton de muger, llamado asi por el color de la violeta calta.

**Calthularius**, ii. m. *Plaut.* El que hace ó tiñe los capotones de amarillo.

**Calva**, ae. *f. Plin.* La calva, el casco de la cabeza que carece de pelo.

**Calvaria**, ae. *f. Cels.* V. Calva.

**Calvaria**, ae. *f. Cels.* El craneo.

**Calvarium**, ii. n. El cementerio, lugar público donde se entierran muertos, el calvario. ‖ El montecillo algo elevado, desnudo y pedregoso.

**Calvaster**, tri. m. Calvete, el que es algo calvo.

**Calvatus**, a, um. *Plin.* Calvo, que no tiene pelo en la mollera ó en la cabeza. *Calvata vinea. Plin.* Viña descepada.

**Calvefio**, is, factus sum, fieri. pas. *Varr.* Encalvecer, caerse el pelo, y quedarse el cuero descubierto.

**Calveo**, es, vi, ere. n. *Plin.* Ser calvo.

**Calvesco**, is, scere. n. *Plin.* Encalvecer, ponerse calvo. *Dícese tambien de los árboles cuando se les cae la hoja.*

†**Calvitas**, atis. *f. Ulp.* El fraude, engaño, astucia, mañia para engañar.

**Calvities**, ei. *f. Suet.* y

**Calvitium**, ii. n. *Cic.* La calvez, falta de cabello en la cabeza. *Dícese tambien del sitio que está sin árboles.*

**Calumnia**, ae. *f. Cic.* La calumnia, acusacion falsa y maliciosa; impostura. ‖ Supercheria, picardía, astucia perjudicial. *Calumniae litium. Cic.* Trampas que se hacen en un pleito para embrollar el derecho de las partes. *Calumniam jurare. Cic.* Prestar juramento de calumnia, justificar el actor con juramento su buena intencion en poner ó seguir el pleito.

**Calumnians**, tis. part. *Cic.* El que usa de calumnia, impostura ó falsa acusacion.

**Calumniatio**, onis. *f. Ascon.* El acto de calumniar, calumnia.

**Calumniator**, oris. m. *Cic.* Calumniador, impostor, falso acusador de otro.

**Calumniatrix**, icis. *f. Ulp.* Calumniadora, impostora, embustera, la que acusa á otro de delitos falsos.

**Calumnior**, aris, atus sum, ari. dep. *Cic.* Calumniar, acusar falsamente, levantar falsos testimonios.

**Calumniose**. adv. *S. Ag.* Calumniosa, falsa é injustamente, con calumnia en lo que se imputa á otro.

**Calumniosus**, a, um. *Arnob.* Calumnioso, injurioso, fraudulento, lo perteneciente á calumnia.

†**Calvo**, is, vi, vere. a. *Pacuv.* y

†**Calvor**, eris. dep. *Plaut.* Engañar, frustrar.

**Calvomontium**, ii. n. Comont, *ciudad de la provincia de Campaña y de la isla de Francia.*

**Calvus**, a, um. *Suet.* Calvo, la persona á quien se ha caido el pelo. ‖ *Plaut.* El que está raso y afeitado.

**Calx**, lcis. m. *Cic.* Talon ó carcañal. ‖ *Ter.* Una coz, una patada. ‖ *Cic.* El fin y término de la carrera ó de otra cosa. ‖ *Vitruv.* El pie ó base. *A calce ad carceres: Cic.* Desde el principio al fin. *A capite usque ad calcem. Plaut.* De pies á cabeza: Desde el principio al fin.

**Calx**, lcis. *f. Cic.* La cal. ‖ *Fest.* La pieza del juego de damas. *Calx viva. Plin.* Cal viva. *Extincta. Vitruv. Macerata. Plin.* Cal muerta.

**Calyba**, ae. *f. Salm.* Choza. ‖ Taberna. ‖ *Salm.* El dormitorio en que hay estatuas y lechos de los dioses, en especial de Cibeles.

**Calyculus**, i. m. *Plin.* El botoncito, cáliz ó campanilla en que está encerrada la flor.

**Calydon**, onis. *f. Plin.* Calidonia, *ciudad de Etolia.*

**Calydonia**, ae. *f. Plin.* Comarca y selva de Etolia.

**Calydoniacus**, a, um. *Man.* y

**Calydonis**, idis. *f. Ov.* y

**Calydonius**, a, um. *Ov.* Perteneciente á Calidonia.

**Calypso**, us, y onis. *f. Mel.* Calipso, *ninfa que reinó en la isla Ogigia.*

**Calyptra**, ae. *f. Fest.* Un género de toca con que las mugeres cubrian la cabeza, al modo de la mantilla.

**Calyx**, ўcis. *m. Plin.* Cáliz, el botón de las flores en que está por lo comun la simiente de ellas. ‖ El erizo de la castaña y bellota, y generalmente en los árboles el boton cerrado de que sale despues la flor y el fruto.

**Camaldulum**, i. *n.* Camaldoli, *ciudad de Italia*.

**Camaldulenses**, ium. *m. plur.* Camaldulenses, los religiosos de la Camáldula.

**Camalodunum**, i. *n.* Colchester, *ciudad de Inglaterra*.

**Camara**, ae. *f. V.* Camera.

**Cămăra**, ae. *f.* Ciudad de la isla de Candia.

**Camaria**, ae. *f.* Isla á la embocadura del Rona, *rio de Francia*. ‖ Ciudad de Italia en la Umbria.

**Camarica**, ae. *f.* Vitoria, *ciudad de Vizcaya en España*.

**Camarina**, ae. *f. Virg.* Camarana, *ciudad de Sicilia con una laguna muy pestifera, de donde vino el proverbio* Camarinam movere, *de los que revuelven cosas que despues les sirven de daño*.

**Cambăla**, ae. *f.* Cambala, *ciudad capital de Tartaria*.

**Camberiensis**. *m. f. sĕ. n. is.* Natural del Chamberi.

**Camberium**, ii. *n.* Chamberi, *ciudad capital de Saboya*.

**Cambio**, is, psi, psum, ire. *a. Apul.* Cambiar, trocar ó permutar una cosa por otra.

† **Cambium**, ii. *n.* Cambio, trueque. ‖ Lonja, bolsa, casa de cambios.

**Cambodunum**, i. *n.* Munic, ó Munchen, *ciudad capital del reino de Baviera*.

**Camboricum**, i. *n.* Cambridge, *ciudad de Inglaterra*.

**Cambria**, ae. *f.* El principado de Gales en Inglaterra.

**Cambyses**, ae. *m. Prop.* Cambises, *rey de Persia, hijo de Ciro*. ‖ Un rio del monte Cáucaso.

**Camelae Virgines**. *Fest.* Diosas á quienes hacian sus votos las doncellas que iban á casarse. Diosas del matrimonio.

**Cămēlăria**, ae. *f. V.* Camelasia.

**Cămēlărius**, ii. *m. Dig.* Camellero, el que cria, domestica camellos y tragina con ellos.

**Cămēlăsia**, ae. *f. Dig.* La camellería, el lugar donde estan y se encierran los camellos, y el cuidado que se tiene de ellos.

**Cămēlăsium**, ii. *n. Am.* El tributo que se paga al fisco por la manutencion de los camellos.

**Cămēlia**, ae. *f. Ov. V.* Camella.

**Cămēlinus**, a, um. *Plin.* Perteneciente al camello.

**Cămella**, ae. *f. Ov.* La camella, *vaso de madera de que usaban en los sacrificios*.

**Camelodunum**, i. *n.* Ducaster, *ciudad de la provincia de Yorc*.

**Cămēlŏpardălis**, is. *f. Varr.* y

**Cămēlŏpardălus**, i. *f. Capit.* El camello pardal ú oveja fiera, especie de camello.

**Camelopodium**, ii. *n. Apul.* Pie de camello, yerba lo mismo que marrubio.

**Cămēlus**, i. *m. Plin.* El camello, animal cuadrúpedo bien conocido.

**Cămēna**, ae. *f. Virg.* La musa. ‖ *Hor.* Los versos.

**Cămēnălis**. *m. f. lĕ. n. is. Avien.* Perteneciente á las musas.

**Cămēra**, ae. *f. Cic.* La bóveda ó arco que sirve para sustentar el edificio. ‖ El techo abovedado.

**Cămērăcensis**. *m. f. sĕ. n. is.* El natural de Cambrai.

**Cămērăcum**, i. *n.* Cambrai, *ciudad arzobispal del Pais Bajo*.

**Cămērărius**, a, um. *Plin.* Perteneciente al arco ó bóveda de un edificio.

**Cămērătio**, ōnis. *f. Esparc.* La fábrica abovedada, hecha en forma de bóveda.

**Cămērătus**, a, um. *Ulp.* Abovedado, lo que tiene bóveda, ó está hecho como bóveda.

**Cameriunm**, i. *n. Plin.* Camerino, *ciudad de la Umbria*.

**Cămērinus**, a, um. *Val. Max.* Lo perteneciente á Camerino.

**Cămēro**, ās, āvi, ātum, āre. *a. Plin.* Abovedar, hacer el cielo ó techo de una sala ó templo en forma de arco cerrado como la bóveda.

**Camers**, ertis. *com. Cic.* y

**Camertes**, ium. *m. plur. Plin.* Los naturales de la Umbria.

**Camertīnus**, a, um. *Cic.* Lo que es de la Umbria. ‖ De Camerino.

**Camilla**, ae. *f. Virg.* Camila, *reina de los volscos, amazona célebre*.

**Camillum**, i. *n. Fest.* Caja ó cofre en que llevaban á las bodas las ropas y adornos de la esposa.

**Cămillus**, i. *m. Ov.* Marco Furio Camilo, *insigne capitan romano*. ‖ *Ministro ó ministra de los dioses en las cosas ó sacrificios mas ocultos*.

**Cămĭnātus**, a, um. *Plin.* Cavado en forma de horno ó chimenea.

**Cămino**, ās, āvi, ātum, āre. *a. Plin.* Hacer chimeneas, hornos ó edificios en esta forma.

**Cămĭnus**, i. *m. Virg.* El horno ú hornilla donde está el fuego. ‖ *Cic.* El mismo fuego de la hornilla. ‖ *Hor.* La chimenea, el hogar ó fogon en que se hace lumbre para guisar ó calentarse. Oleum camino addere. *Hor.* Añadir leña ó yesca al fuego; *prov. de los que añaden fomento al mal para que crezca mas*.

**Camisia**, ae. *f. Fest.* La camisa.

*** Cammăron**, i. *n. Plin.* La yerba aconito, cuya raiz se parece á la cola del camaron.

**Cammărus**, i. *m. Plin.* El camaron, especie de cangrejo de mar.

**Cămoenae**, ārum. *f. plur. Virg.* Las musas.

**Campa**, ae. *f. Colum. V.* Campe.

**Campăgus**, i. *m. Salm.* Zapato propio de los senadores, patricios y emperadores de color rojo ó encarnado, siendo todos los demas negros.

**Campăna**, ae. *f. Marc.* La campana.

**Campănărius**, ii. *m.* El campanero. ‖ El artífice que vacia y funde las campanas. ‖ El que las toca.

**Campania**, ae. *f. Plin.* La Campania, *provincia del reino de Nápoles*. ‖ Champaña, *provincia de Francia*.

**Campănicus**, a, um. *Cat.* y

**Campănus**, a, um. *Cic.* De Campania ó de Capua, *ciudad de esta provincia*. Campanus morbus. *Hor.* Las berrugas ó granos que afean el rostro.

**Campānus**, i. *m.* y

**Campārius**, ii. *m.* y

**Campas**, ae. *m.* El meseguero, el que guarda los campos y las viñas.

**Campas-genus**. *Plaut.* Gente voluptuosa y soberbia, como los de la provincia de Campania.

**Campe**, es. *f. Colum.* La oruga ó cualquier otro insecto *que para andar eleva la espalda en arco*.

**Campensis**. *m. f. sĕ. n. is. Apul.* Del campo.

**Campester**, tris. *n.* y

**Campestris**. *m. f. trĕ. n. is. Cic.* Campestre, campesino, propio del campo, el que vive en el campo.

**Campestrātus**, a, um. *S. Ag.* El que cubre con un paño ó lienzo sus partes vergonzosas estando desnudo.

**Campestre**, is. *n. Hor.* El paño ó lienzo con que cubrian las partes vergonzosas los que trabajaban desnudos en el campo; taparabo.

**Camphōra**, ae. *f.* El alcanfor, goma que produce un árbol de las Indias orientales.

**Campĭcursio**, ōnis. *f. Veg.* Ejercicio de la carrera en que se adiestraban los soldados romanos.

**Campĭdoctor**, ōris. *m. Veg.* ó

**Campĭductor**, ōris. *m. Veg.* El oficial destinado á disciplinar y mandar el ejercicio á los soldados. ‖ El sargento mayor.

**Campidona**, ae. *f.* Quempten, *ciudad de Alemania*.

† **Campso**, ās, āre. *a. Prisc.* Volver, doblar hácia alguna parte. ‖ Cambiar, trocar.

**Camptaula**, ae. *m.* y

**Camptaules**, ae. *m. Vop.* El flautero ó trompetero.

**Campter**, ēris. *m. Pacuv.* El límite ó término de un campo. ‖ La meta ó borde del circo, al rededor de la cual corrian los carros sin tocar en ella.

**Campus**, i. *m. Cic.* El campo, la llanura de tierra ancha y dilatada, la campiña. ‖ *Cic.* El término de un lugar ó ciudad. ‖ El sembrado. ‖ El campo marcio de Roma donde se tenian los comicios para nombrar magistrados. ‖

La palestra, plaza, circo ó anfiteatro para celebrar fiestas. ‖ El campo de batalla. *Campus aquarum. Ov.* El mar. *Campi aequor. Virg. Camporum aequora. Cic.* La llanura de un campo. *Campum relaxare. Sil. Ital.* Hacer campo, apartar el tropel. — *Dare. Cic.* Abrir campo, dar lugar, asunto á. *Campo se inferre. Virg.* — *Se dare. Sil. Ital.* Entrar en campo, en la lid. — *Credere aciem. Virg.* Presentar la batalla, presentarse en el campo de batalla. — *Indulgere. Pers.* Deleitarse en los ejercicios del campo, en los trabajos de la guerra.

Camum, i. n. *Ulp.* Especie de cerveza ó bebida de frutas machacadas y cocidas.

Camūra, ae. f. *Fest.* Cofre ó arca que se tenia abierta en las bodas para enseñar las ropas y adornos de la muger.

Camŭrus, a, um. *Virg.* Encorbado. ‖ Retorcido hácia adentro como los cuernos de los bueyes, cabras y carneros.

Camus, i. m. *Plaut.* El collar de hierro ó la cuerda para castigo de los siervos. ‖ Bocado esterior de hierro para los caballos. ‖ La vasija en que se recogian los votos en figura de cono.

Cana, ae. f. *Cana, ciudad de la Arabia feliz, de Galilea, de Licaonia, de la Locride.* ‖ *Promontorio de Asia.*

Canābis, is. f. V. Cannabis.

Canăce, es. f. *Ov. Canace, hija de Eolo.*

†Canacius. adv. comp. *Apul.* Con mas espresion, con mas sonoridad.

Cănălĭcŏlae, ārum. com. plur. *Fest.* Gente holgazana que se ponia junto á un canal que estaba en una plaza pública de Roma.

Cănălĭcŭla, ae. f. *Gel.* V. Canaliculus.

Cănălĭcŭlātim. adv. *Plin.* Por canales pequeños.

Cănălĭcŭlātus, a, um. *Plin.* Acanalado, á modo de canal.

Cănălĭcŭlus, i. m. *Colum.* Canaleta, canal pequeño, cañoncito. ‖ *Gel.* El esófago. ‖ *Vitruv.* El embudo. *Canaliculus columnarum. Vitruv.* El canal y estria, moldura cóncava que se hace á trechos en la caja de una coluna.

Cănăliensis. m. f. vĕ. n. is. *Plin.* V. Canalitius.

Cănālis, is. m. f. *Vitruv.* El, la canal, la cavidad que se labra para conducir el agua. ‖ *Sen.* La canal de un rio. ‖ *Apul.* Camino estrecho, sendero, senda. *Canalis arundineus. Virg.* El cañon de una caña, la cerbatana. — *Tubae. Sen.* El cañon de un clarin. — *Animae. Plin.* El gargüero ó gorja.

Cănălĭtius, a, um. *Plin.* Perteneciente al canal, hecho á manera de canal. *Canalitium metallum. Plin.* El metal que se saca de las minas, cuyas venas se estienden por ellas á manera de canales.

Canatuvii, ōrum. m. plur. *Montes de Macedonia.*

Cănānaea, ae. f. *Cananea, Palestina, Tierra de Cannaam.* ‖

Cănănaeus, a, um. *Cananeo, el natural de Cananes.*

Cănāria, ae. f. *Plin. Canaria, isla del océano, de cuyo nombre se llamaron Canarias otras que estan al rededor llamadas de los antiguos Fortunatas.* ‖ *Plin.* La yerba canaria ó grama.

Cănăriensis passer. El canario, *pájaro que vino de Canarias á España.*

Cănārium, ii. n. *Fest.* Sacrificio que se hacia por los frutos de la tierra y por causa de la canícula. *Canarium augurium. Plin.* Agüero que se tomaba sacrificando un perro.

Cănārius, a, um. Canario, el que es de las islas Canarias. ‖ Lo que es del perro. V. Caninus.

Cănătim. adv. *Non.* Á manera de perro.

Cancămum, i. n. *Plin.* El cáncamo ó asime copal, *la goma, lágrima ó resina de un árbol de las Indias parecida al incienso y á la mirra.*

Cancellāria, ae. f. *Bud.* La chancillería, audiencia ó tribunal superior.

Cancellāriātus, us. m. *Bud.* La cancellería, el oficio del canciller.

Cancellārius, ii. m. *Casiod.* El portero, el que asiste en la antesala ó á la puerta. ‖ Secretario.

Cancellātim. adv. *Plin.* Á manera de cancel. V. Cancelli.

Cancellātio, ōnis. f. *Front.* Cancelacion, la limitacion ó término de los campos.

Cancellātus, a, um. *Plin.* Cancelado, hecho á manera de cancel, celosía ó zancilla. ‖ *Paul. Jct.* Anulado, borrado, truncado del instrumento público en que lo raya ó corta el signo para inutilizarle.

Cancelli, ōrum. n. plur. *Cic.* La celosía, enrejado de listones de madera. ‖ *Casiod.* Los límites ó términos de los campos. ‖ Estrecho, el corto espacio de cualquiera cosa. ‖ *Plin.* Los huecos ó cavernas cuadradas que forma la piel del elefante.

Cancello, ās, āvi, ātum, āre. a. *Colum.* Poner en forma de cancel ó antipara, celosía, reja ó balaustrada. ‖ *Ulp.* Cancelar, anular, borrar, truncar, quitar la autoridad á un instrumento público, rayando ó cortando el signo.

Cancer, cri. m. *Plin.* El cangrejo que se cria en el mar y en los rios. ‖ *Ov.* El cancer, tumor maligno en el pecho de las mugeres, se llama zaratan. ‖ *Lucr.* Cancer, el cuarto signo del zodiaco.

Cancerātĭcus, a, um. *Veg.* Del cancer ó zaratan.

Cancĕro, ās, āre. n. *Apul.* Cancerarse, cundir el cancer por la parte sana del cuerpo, encancerarse.

Cancerōma, ătis. n. *Apul.* y

Cancrhēma, ătis. n. *Veg.* Lo mismo que cancer.

Candăcus, a, um. *Varr.* Suave, dulce.

Candalia, ae. f. Quendal, *ciudad de Inglaterra.*

Candavia, ae. f. *Cic. Candavia, monte de Epiro ó region de Albania, que separa la Tesalia de la Macedonia.*

Candaŭlus, i. m. *Cel. Rodig.* Guisado hecho de carne cocida, pan, queso de Frigia, encido y caldo gordo.

Candĕfăcio, is, fēci, factum, ĕre. a. *Plaut.* Blanquear, poner blanco. ‖ *Plin.* Blanquecer á fuerza de fuego.

Candĕfactus, a, um. *Gel.* Blanqueado. *Plin.* Encendido, inflamado.

Candĕfīo, is, iĕri. pas. *Plin.* Blanquecerse, ponerse blanco.

Candei, ōrum. m. plur. *Plin.* Pueblos del golfo de Arabia, llamados oñófagos.

Candēla, ae. f. *Juv.* La candela, vela, hacha, mecha.

Candēlabrum, i. n. *Cic.* Candelabro, candelero.

Candēlĭfer, a, um. *Tert.* Que lleva la candela, sobrenombre de Diana.

Candens, tis. com. *Virg.* Candeal, lo que es muy blanco con resplandor. ‖ *Cic.* Ardiente, flamante, candente. ‖ *Colum.* Que cuece, que hierve.

Candentia, ae. f. *Vitruv.* La blancura con resplandor.

Candeo, ēs, dui, ēre. n. *Cat.* Ser blanco, tener una blancura luminosa. ‖ *Hor.* Brillar, resplandecer, relucir. ‖ *Cic.* Estar encendido, ardiente, abrasado. *Candere aestate. Colum.* Abrasarse de calor en verano.

Candesco, is, ĕre. n. *Ov.* Emblanquecer, volverse blanco, con una blancura resplandeciente. ‖ *Vitruv.* Ponerse encendido, inflamado, ardiendo.

Candētum, i. n. *Colum.* Medida de los galos, que en los suelos urbanos abraza el espacio de cien pies, y en los campestres el de ciento y cincuenta.

Candia, ae. f. *Candia, isla y ciudad en el mediterráneo.*

Candĭcans, ntis. com. *Plin.* Blanquecino, que tira á blanco.

Candĭcantia, ae. f. *Plin.* El color blanquecino, que tira á blanco.

Candĭco, ās, āvi, ātum, āre. n. *Plin.* Ser blanquecino, tirar á blanco, blanquear.

Candĭdārius, a, um. *Juv.* El panadero, que hace pan candeal.

Candĭdātōrius, a, um. *Cic.* Lo que concierne á la pretension ó al pretendiente, candidato. *Candidatorium munus. Cic.* Regalo de un pretendiente.

Candĭdātus, a, um. *Plaut.* Vestido de blanco.

Candĭdātus, i. m. *Cic.* Candidato, pretendiente. *Candidati Principis. Suet. Caesaris. id.* Recomendados del príncipe, del Cesar. *Veg.* Los soldados mas sobresalientes que peleaban cerca del emperador.

Candide, ius, issĭme. adv. *Plaut.* De blanco, con blancura. ‖ *Cic.* Cándidamente, con candor, sencillamente, con sinceridad, pureza y candidez, sin rebozo ni dolo, con verdad.

Candĭdo, ās, āre. a. *Fest.* Blanquear, poner blanco. *Apul.* Ser blanco.

Candĭdŭle. adv. dim. *Arnob.* y

**Candidŭlus**, a, um. *Cic.* Algo blanco. *dim. de*

**Candĭdus**, a, um. *Virg.* Blanco, cándido, albo. || Sencillo, sin malicia ni doblez, ingenuo, sincero, abierto. || Cano. || Benigno, benévolo, bueno. || Hermoso. || Sereno. || Puro, claro, distinto. || Brillante, resplandeciente, reluciente. || Próspero, feliz. *Candidum dicendi genus. Cic.* Estilo puro, terso.

**Candifĭco**, ās, āre. a. *S. Ag. V.* Candido.

**Candifĭcus**, a, um. *Apul.* El que blanquea ó pone blanco.

**Candofrēmo**, is, ui, ĭtum, ĕre. n. *Aut. de Fil.* Aullar como un lobo.

**Candor**, ōris. m. *Cic.* Candidez, candor, blancura con resplandor y luz. || Sinceridad, pureza, candidez de ánimo, ingenuidad, franqueza, buena fe. || *Claud.* El calor. || *Ov.* La integridad é inocencia. *Candoris superbia. Vitruv.* La viveza del color blanco.

**Candōsoccus**, i. m. *Colum.* El mugron, sarmiento largo de una vid que sin separarle de ella se entierra para que brote por otra parte, provena, acodo.

**Cănens**, entis. com. *Virg.* El que canta. || Que blanquea. || *Ov. Canente, hija de Jano y de Venilia, diestra en cantar.*

**Căneo**, ēs, ui, ēre. n. *Virg.* Encanecer, estar, ponerse cano, canecer. || Blanquear.

**Cănēphŏra**, ae. f. *Cic.* ó

**Cănēphŏrus**, i. m. *Plin.* El ó la que lleva un canastillo ó cesta en la cabeza. *Canephorae. Cic.* Doncellas atenienses nobles *que llevaban en las fiestas solemnes los aparatos del sacrificio de Palas en canastillos sobre la cabeza.*

**Cănesco**, is, ĕre. n. *Ov.* Encanecer, ponerse blanco el cabello. || Blanquear. *Canescit oratio. Cic.* El estilo se envejece, va cobrando cierta madurez propia de los viejos.

**Căni**, ōrum. m. plur. *Cic.* Las canas, cabellos blancos.

**Cănia**, ae. f. *Plin.* La ortiga, *planta conocida.*

**Cănicăceus**, a, um. *Pates.* De salvado en que queda alguna harina, ó del pan de morena.

**Cănĭcae**, arum. f. plur. *Fest.* El salvado en que queda alguna harina de que se hacen las morenas para los perros.

**Cănĭceps**, cipĭtis. com. *Plin.* Que tiene cabeza de perro.

**Cănĭcŭla**, ae. f. *Plin.* La perrilla ó perrita, perra pequeña. || *Hor.* La canícula, constelacion, estrella fija que está en la boca del can mayor. || El calor excesivo. || *Pers.* Suerte de tres ases, golpe de dado infeliz entre los antiguos. || *Plin.* El can marino, pescado. || *Fest.* Puerta de Roma, donde se sacrificaban perros á la canícula como á enemiga de los frutos de la tierra.

**Cănĭcŭlāris**. m. f. re. n. is. *Palad.* Canicular, de la canícula.

**Cănĭformis**. m. f. me. n. is. *Prud.* Que tiene figura de perro, como Anubis.

**Cănĭnefātes**, um. m. plur. *Tac.* Pueblos de la Germania inferior, *que ocupaban parte del pais de los bátavos.*

**Caninĭanus**, a, um. y

**Caninĭus**, a, um. *Cic.* De Caninio, *nombre propio de un ciudadano romano.*

**Cănĭnus**, a, um. *Ov.* Canino, perruno, lo que es propio del perro, *Canini dentes. Cels.* Dientes caninos ó orejeros, como los de la víbora; colmillos. *Canina eloquentia, Quint.* Elocuencia satírica, mordaz. — *Rosa. Col.* La flor del escaramujo ó gabanco. *Caninum prandium. Plaut.* Comida de perro donde no se bebe mas que agua. *Caninae nuptiae, S. Ger.* Los malos tratos de los que se juntan como los perros.

**Cănis**, is. com. *Cic.* Perro ó perra. || *Ter.* Canalla, bribon, belitre. || *Plaut.* Manilla de hierro, esposa. || *Critico*, satírico. || *Pers.* La suerte de tres ases en los dados. || *Vitruv.* La canícula. *Canis in praesepi. adag.* El perro del hortalano, que ni come las berzas, ni las deja comer al estraño. *ref. Cani pilos, asinae ossa (das.) adag.* A la borracha pasas. *ref. Cum cane simul et lorum. adag.* Allá va la soga tras el caldero. Allá van rocin y manzanas. Bien vengas, mal, si vienes solo. Donde va el mar vayan las ondas ó las arenas. *ref.*

**Cănistellum**, i. n. *Fest.* El canastillito. *dim. de*

**Cănistrum**, i. n. *Cic.* El canastillo ó azafate hecho de

mimbres. *Una cum ipso canistro perdere naulum. adag.* Echar la soga tras el caldero. *ref.*

**Cănĭties**, ēi. f. *Virg.* y

**Cănĭtūdo**, ĭnis. f. *Varr.* La caneza ó canez, la blancura de la cabeza por estar cana.

**Canna**, ae. f. *Varr.* La caña. *V. Calamus.* || *Ov.* La flauta, churumbela. *Canna gutturis. Cel. Rod.* El canal ó conducto de la respiracion.

**Cannabāceus**, a, um. *V. Cannabinus.*

**Cannabētum**, i. n. *Inscr.* El cañamar, el sitio donde se siembra el cáñamo.

**Cannabĭfer**, a, um. *Inscr.* Que lleva cáñamo.

**Cannabĭnus**, a, um. *Colum.* De cáñamo.

**Cannăbis**, is. f. *Varr.* y

**Cannăbum**, i. n. *Palad.* y

**Cannăbus**, i. m. El cáñamo, *planta bien conocida: la hay doméstica y salvage.*

**Cannabius**, a, um. *Grat. V. Cannabinus.*

**Cannae**, ārum. f. plur. *Liv.* Canas, *lugar de la Pulla en Italia, en que Anibal derrotó á los romanos.*

**Cannensis**. m. f. sē. n. is. *Cic.* Canense, de Canas. *Cannensis cursor. Fest.* El fugitivo ó corredor, con alusion á los romanos, que huyeron en la rota de Canas. *Cannensis pugna. Liv.* La batalla de Canas, *en que fueron los romanos deshechos por Anibal.*

**Cannētum**, i. n. *Palad.* El cañaveral, el sitio donde nacen muchas cañas juntas.

**Canneus**, a, um. *Colum.* De caña. *Canneae segetes. Colum.* Esteras de caña ó junco.

†**Cannītius**, a, um. *V. Canneus.*

**Cannŭla**, ae. f. *Apul.* Caña pequeña y delgada, cañita.

**Căno**, is, cĕcĭni, cantum, nĕre. a. *Cic.* Cantar. || Describir, publicar, celebrar, alabar, cantar en verso. || Predecir, profetizar, anunciar. || *Tac.* Decir, hablar. *Canere ad citharam. Quint.* Acompañar su voz con la cítara. — *Tibia. Cic.* Tocar la flauta. — *Bellicum. Ces.* Tocar al arma. — *Classicum. Cet.* — *Signum.* — *Signa. Liv.* Dar la señal de acometer. — *Recessum. Ov.* — *Receptum. Liv.* Tocar la retirada. *Cic.* Retirarse. — *Surdis auribus.* — *Liv.* Hablar á quien no quiere oir. — *Sibi et musis. Cic.* Escribir para sí y para los sabios. — *Super aliquo. Virg.* Escribir de alguno. — *Eandem cantilenam. Ter.* Repetir la misma cancion, la misma cosa. — *Fata. Virg.* Anunciar los hados futuros. — *Ex ore divino. Virg.* Profetizar inspirado de alguna deidad. — *Intus.* ó *sibi intus. Cic.* No ser bueno sino para sí. *Canuntur haec apud Homerum. Cic.* De estas cosas habla Homero. *Canit cornix. Cic.* Grazna la corneja. *Canunt ranae. Virg.* Cantan las ranas.

**Cănon**, ŏnis. m. *Cic.* Cánon, regla, norma, ley. || *Asc.* Rension anual, paga ó tributo. || *Vitruv.* El arca en que se guarda el aire en la máquina hidráulica.

**Cănŏnĭcārii**, ōrum. m. plur. *Cassiod.* Los que exigian de los particulares ciertas cantidades de trigo para la provision de Roma.

†**Cănŏnĭcus**, i. m. El canónigo.

**Cănŏnĭcus**, a, um. *Vitruv.* Regular, medido, proporcionado, exacto, justo, verdadero, conforme á las reglas y perteneciente á ellas. *Canonici libri.* Libros canónicos de la sagrada escritura. *Canonica philosophia.* Filosofía regular ó que da reglas, como la gramática y la lógica. *Ratio. Vitruv.* La regla ó razon de las proporciones. *Jus canonicum.* El derecho canónico. *Horae canonicae.* Horas canónicas.

**Canōpaeus**, a, um. *Catul.* y

**Canōpĭcus**, a, um. *Plin.* y

**Canōpītānus**, a, um. *Solin.* Perteneciente á Canope, isla y ciudad de Egipto, hoy Boquir.

**Canōpītae**, ārum. m. plur. *Cic.* Los naturales de Canope ó Damieta.

**Canōpus**, i. m. *Vitruv.* Estrella fija de la primera magnitud en el timon de la nave Argo, constelacion. || *Virg.* Canope, hoy Boquir, isla y ciudad en el mediterráneo, á la embocadura del Nilo en Egipto.

**Cănor**, ōris. m. *Ov.* El canto acordado, la armonía, melodía de la voz ó de los instrumentos músicos.

**Canōre**. adv. *Apul.* Con canto ó sonoridad.

Cănōrus, a, um. *Cic.* Canoro, sonoro, entonado, que tiene melodía y dulzura en el modo de articular, cantar ó sonar. *Canorae nugae. Hor.* Frioleras, bagatelas canoras. *Canorus ales. Hor.* El cisne.

Canōsus, a, um. *Vop.* Canoso, lleno de canas.

Cantăber, bra, brum. *Claud.* Cántabro, de Cantabria.

Cantăber, bri, m. *Hor.* El cántabro, el natural de Cantabria en España.

Cantabrārius, ii. m. *Cod. Teod.* El que lleva la insignia militar llamada *Cantabrum.*

Cantabria, ae. f. *Plin.* La Cantabria, provincia de España, que comprendía parte de Asturias y la Vizcaya.

Cantabrīcus, a, um. *Plin.* y Cantabrius, a, um. *Plin.* Cántabro, cantábrico, natural de, propio de Cantabria.

Cantabrigia, ae. f. Cambridge, *ciudad y universidad de Inglaterra.*

Cantabrum, i. n. *Min.* Especie de insignia ó estandarte militar de los romanos. ‖ El salvado ó pan moreno.

Cantabundus, a, um. V. Cantans.

Cantāmen, ĭnis. f. *Prop.* Encantamiento, encantacion y encanto, por via de palabras ó cosas para fingir lo que no es, ó maleficiar.

Cantātio, ōnis. f. *Plaut.* V. Cantio. ‖ *Jul. Firm.* El encanto.

Cantātor, ōris. m. *Marc.* Cantor, el que canta con reglas ó sin ellas. *Cantator fidibus. Gel.* El que toca instrumentos de cuerdas.

Cantātrix, ĭcis. f. *Varr.* La cantora, cantarina ó cantatriz. ‖ *Apul.* La encantadora.

Cantātus, a, um. *Gel.* Cantado. ‖ *Ov.* Celebrado en verso. *Cantatae aquae. Ov.* Aguas encantadas. *Cantato carmine. Ov.* Por encantamiento, por mágica.

Canterĭātus, a, um. *Col.* V. Cantheriatus.

Cantharias, ae. f. *Plin.* La cantarias, *piedra preciosa, que ha tomado el nombre del escarabajo al cual se parece.*

Canthărĭda, ae. f. y

Canthăris, ĭdis. f. *Cic.* La cantárida, especie de mosca ó abadejo que aplicado en polvo á cualquiera parte del cuerpo hace llaga inmediatamente.

Canthărītes, ae. m. *Plin.* Especie de vino ultramarino muy especial.

Canthărus, i. m. *Virg.* El cántaro ó cántara para vino. ‖ El jarro de Baco. *Auson.* Figura grutesca que se pone como tubo á las fuentes para que despidan el agua. ‖ *Colum.* Pez marino de mal gusto.

Canthērĭātus, a, um. *Colum.* Sostenido de perchas, apoyos ó rodrigones.

Canthērīnus, a, um. *Plaut.* De caballo capon. *Cantherinum lapathum. Plin.* La acedera silvestre, planta.

Canthērĭŏlum, i. n. *Colum.* Percha pequeña, apoyo, rodrigon.

Canthērium, ii. n. *Sen.* Carro dedicado á Baco.

Canthērius, ii. m. *Cic.* Caballo capon. ‖ *Apul.* El jumento ó cualquier caballería despreciable. ‖ *Colum.* La percha, madero delgado y largo que se atraviesa con otros para sostener las parras ú otra cosa.

Canthus, i. m. *Quint.* El calce, cubierta ó llanta de hierro que se echa á las ruedas de los coches y carros.

Cantĭco, as. V. Cantito.

Cantĭcŭla, ae. f. y

Cantĭcŭlum, i. n. *Sipon.* Cancioncilla, cancion corta.

Cantĭcum, i. n. *Quint.* El cántico, cancion, cantinela, composicion poética para cantar. ‖ *Cic.* El canto del coro en la comedia. *Canticum agere. Liv.* Cantar una cancion, ó cantinela.

Cantĭlēna, ae. f. *Gel.* Cancion, cantinela, cántico. ‖ Tonada, tonadilla. ‖ *Cic.* Rumor, voz que corre.

Cantĭlēnōsus, a, um. *Sid.* Métrico, poético, sonoro como los versos.

Cantillo, as, avi, atum, are. a. *Apul.* Cantar.

Cantĭo, ōnis. f. *Plaut.* Cancion, cantiña, cantinela, cántico. ‖ *Cic.* Encantamiento, encanto.

Cantioebis, is. f. Hamburgo, *ciudad de Alemania.*

Cantĭto, as, avi, atum, are. a. freq. *Cic.* Cantar á menudo.

Cantium, ii. n. El promontorio, cabo de Quent en Inglaterra.

Cantiuncŭla, ae. f. *Cic.* Canzoneta, cancioncilla, cancion corta.

Canto, as, avi, atum, are. a. *Cic.* Cantar. ‖ *Virg.* Encantar con canciones mágicas. *Cantare fidibus alicui. Plaut.* Tocar un instrumento delante de alguno. — *Aliquem. Cic.* Cantar, publicar, celebrar las alabanzas de alguno. — *Carmina. Hor.* Recitar versos ó hacerlos. — *Surdo. Prop.* Dar música á un sordo, hablar á quien no quiere oir. — *Ad chordarum sonum. Nep.* Acompañar con la voz el instrumento.

Cantor, ōris. m. *Hor.* El cantor, músico que canta. ‖ El poeta. ‖ *Hor.* El actor de la ópera, de la comedia ó tragedia cantadas. *Cantor formularum. Cic.* El leguleyo que repite muchas veces una misma cosa.

Cantrix, ĭcis. f. *Plaut.* Cantatriz, cantora, cantarina, la muger que canta por música ó sin ella.

Cantuaria, ae. f. Cantorberi, *ciudad de Inglaterra.*

Cantŭlus, i. m. *Jul. Firm.* dim. de Cantus.

Cantŭrio, is, ire. n. *Preton.* Cantar en voz baja.

Cantus, a, um. *Fest.* V. Cantatus.

Cantus, us. m. *Cic.* El canto de la voz, el tono de ella cuando se canta. ‖ El son de los instrumentos de cuerdas y aire. ‖ *Ov.* Encantamiento, encanto, conjuro. *Cantus avium. Plin.* El canto, el gorgeo de las aves. — *Symphoniae. Cic.* Concierto, coro de música. — *Citharae. Hor.* El sonido de la cítara. — *Nervorum. Cic.* El sonido de los instrumentos. *Cantus gutture fundere. Cic.* Cantar de garganta. — *Aemonii. Val. Flac.* Encantamientos, conjuros.

Canuleius, a, um. *Liv.* Perteneciente al tribuno de la plebe Cayo Canuleyo.

Cānus, a, um. *Plaut.* Cano, blanco, encanecido. ‖ *Virg.* Antiguo, anciano. ‖ *Varr.* Puro, sencillo. ‖ *Virg.* Nevado, cubierto de nieve.

Cănŭsĭnātus, a, um. *Suet.* Vestido con la ropa de lana fina que se hacia en Canosa, *ciudad de Italia.*

Cănŭsīnus, a, um. *Hor.* De Canosa, *ciudad de Italia.*

Cănŭsium, ii. n. *Plin.* Canosa, *ciudad de la Pulla, fundada por Diomedes.*

Căpācĭtas, ātis. f. *Cic.* Capacidad, el ámbito competente para recibir en sí otra cosa. ‖ La estension y dilatacion de alguna cosa. ‖ La aptitud, facultad, inteligencia y pericia del hombre. ‖ *Caj. Jct.* El derecho de recibir la herencia ó el legado.

Căpācĭter. adv. *S. Ag.* Con capacidad, estension, anchura.

Capaneius, a, um. y

Capanēus, a, um. *Estac.* Lo perteneciente á

Capanēus, i. m. *Virg.* Capaneo, *capitan griego que en el sitio de Tebas se dice inventó las escalas.*

Căpax, ācis. com. cior, cissimus. *Cic.* Capaz, lo que tiene en sí capacidad ó ámbito suficiente para contener otra cosa. ‖ Lo que es grande y espacioso en su proporcion y especie. ‖ Inteligente, hábil, ingenioso. ‖ *Paul. Jct.* Proporcionado, habilitado, apto para poseer y adquirir por testamento ó legado.

Căpēdo, ĭnis. f. *Cic.* Cuenco grande, de dos asas que usaban en los sacrificios.

Căpēduncŭla, ae. f. *Cic.* dim. de Capedo. Cuenco pequeño de dos asas.

Căpedunum, i. n. Ciudad de Hungría.

Capella, ae. f. *Virg.* Cabrilla, cabra pequeña. ‖ *Plin.* Cabrilla, estrella de primera magnitud en la constelacion del carretero. ‖ La capilla, fábrica contigua ó separada del cuerpo de la iglesia, que por sí forma una como iglesia aparte.

Capella, ae. m. Marciano Capela, *africano, escritor de prosa y verso acerca de filología ó de las siete artes liberales, de mal estilo: vivió en el siglo v de Cristo.*

† Căpellānus, i. m. El capellan, el que goza renta eclesiástica por capellanía. ‖ El sacerdote que asiste á decir misa en capilla particular ó como doméstico de algun señor.

Căpēna, ae. f. *Juv.* Capena ó Canapina, *ciudad del Lacio, hoy destruida, que dejó nombre á una puerta de la ciudad, que por estar cerca de la iglesia de San Sebastian* se llamó puerta de San Sebastian.

Căpēnas, ātis. *Cic.* Perteneciente á la ciudad de Capena. *V.* Capenus, a, um.

Căpēnātes, um. m. plur. *Liv.* Los naturales de Capena.

Căpēnus, a, um. Lo que es de Capena ó Canapina.

Caper, pri. m. *Virg.* El cabron, el macho cabrio. ‖ *Catul.* El mal olor del sudor de los sobacos. ‖ *Manil.* El capricornio, *décimo signo del zodiaco, constelacion.*

Căpĕrātus, a, um. *Pacuv. part. de*

Căpĕro, as, avi, atum, are. a. *Plaut.* Arrugar, encrespar la frente.

Căpesso, is, ivi, itum, ĕre. a. *Cic.* Tomar, coger. ‖ Emprender, empezar. ‖ Tomar á su cargo. *Capessere cibum dentibus. Cic.* Morder, coger la comida con los dientes. — *Bellum. Liv.* Emprender la guerra. — *Rempublicam. Salust.* Encargarse de los negocios del estado. — *Fugam. Plaut.* Huir. — *Inimicitias. Tac.* Acarrearse enemistades. — *Matrimonium. Gel.* Casarse. — *Jussa. Virg.* Hacer uno lo que le mandan. — *Pugnam. Liv.* Dar la batalla. — *Se domum. Plaut.* Retirarse á su casa.

Caphārĕus, i. m. *Virg.* Cafareo, *monte y promontorio de Eubea.*

Caphārĕus, a, um. *Prop.* Propio del monte Cafareo.

Caphăris, idis. adj. f. *Sen.* Muger perteneciente al monte Cafareo.

Caphàrnaea, ae. f. *Sedul.* Cafarnaum, *ciudad de Palestina en Galilea.*

Caphàrnaeus, a, um. *Sedul.* Perteneciente á Cafarnaum.

Căpĭdŭla, ae. f. *Plin.* Taza ó cuenco pequeño de dos asas.

Căpĭdŭlum, i. n. *Fest.* El capillo para cubrir la cabeza.

Căpillācĕus, a, um. *Plin.* Que se parece al cabello.

Căpillāgo, aginis. f. *Tert.* La cabellera.

Căpillāmentum, i. n. *Tert.* Cabellera natural ó postiza. ‖ *Plin.* Los filamentos de las raices u hojas de las plantas.

Căpillāre, is. n. *Murc.* El tocado ó peinado de las mugeres. ‖ El ungüento ó pomada para el cabello.

Căpillāres, um. f. plur. *Plin.* El culantrillo de pozo, yerba semejante al helecho.

Căpillāris. m. f. rĕ. n. is. *Plin.* Capilar, lo que por su sutileza es como un cabello. *Capillaris arbor. Fest.* Árbol donde colgaban las vestales su cabello al hacer los votos.

Căpillātio, ōnis. f. *Paul. Nol.* El cabello. ‖ Enfermedad de la vegiga cuando salen como ciertos filamentos en la orina.

Căpillātūra, ae. f. *Bibl. V.* Capillitium.

Căpillātus, a, um. *Cic.* Cabelludo, que tiene mucho cabello largo y espeso. ‖ *Plin.* Que tiene muchas fibras ó raices. *Capillati. Vul. Flas.* Los dedicados á los sacrificios de Cibeles y Belona, que se dejaban crecer el cabello.

Căpillītium, ii. n. *Cels.* La cabellera, el pelo largo y tendido que adornaba la cabeza.

Căpillor, āris, atus sum, āri. dep. *Plin.* Echar, tener cabello, ó ponérsele postizo. ‖ Tener, echar raices ó fibras.

Căpillōsus, a, um. *Cel. Aur. V.* Capillatus.

Căpillŭlus, i. m. dim. *Corn. Gal.* El cabellito, cabello pequeño y corto.

Căpillum, i. n. *Plaut.* y

Căpillus, i. m. *Cic.* El cabello, el pelo que nace en la cabeza. ‖ El pelo y barba del cuerpo humano, y del de los demas animales. ‖ El hilo delgado y sutil semejante al cabello. *Capillus veneris. Apul.* El adianto ó culantrillo de pozo. *Capillum comere. Suet.* — Ornare. *Ov.* — *Ferro torquere. Ov.* — Tondere. *Plin.* — Alere. *Plin.* — Crispare. *Plin.* — Frangere. *Sen.* — *Dare legem rudibus capellis. Sen.* Rizarse el cabello.

Căpio, is, cēpi, captum, pĕre. a. *Cic.* Tomar, coger, agarrar. ‖ Recibir. ‖ Comprender, concebir. ‖ Sacar, retirar. ‖ Caber, contener, comprender dentro de sí. *Capere magistratum. Cic.* Entrar en empleo de la magistratura. — *Bello aliquem. Cic.* Hacer á uno prisionero de guerra. — *Multitudinem. Cic.* Caber una multitud, ó contenerla dentro. *Capi pictura. Hor.* Ser apasionado de la pintura. — *Ab aliquo. Cic.* Ser agarrado por alguno. — *Aliquo. Ov.* Estar apasionado de alguno. — *Assentatione. Cic.* Dejarse llevar de la lisonja. — *Altero oculo. Liv.* Ser tuerto. — *Lectione.*

*Cic.* Ser muy aplicado á la lectura. — *Religione. Liv.* Tener, hacer escrúpulo de conciencia. — *Nocte. Ov.* Cogerle á uno la noche. *Generum capere. Ter.* Escoger yerno. — *Desiderium. Cic.* Entristecerse. — *Numerum. Plaut.* Hacer la cuenta. — *Cursum. Suet.* Echar á correr. — *Mente aliquid. Liv.* Entender, comprender una cosa. *Ne capiatur. Cic.* No sea engañado. *In saltu uno duos apros capere. adag.* Con un tiro matar dos pájaros. *ref.*

Căpio, ōnis. f. *Paul. Jct.* El acto de coger ó tomar. ‖ La usucapion.

Căpis, idis. f. *Varr.* Taza ó cuenco de dos asas de que usaban en los sacrificios.

Capistērium, ii. n. *Colum.* Cangilon ó cuenco grande para limpiar el trigo con agua, capisterio. ‖ El cribo ó arnero para acribar y limpiar trigo, cebada, paja ú otras cosas.

Căpistrātus, a, um. *Ov.* Encabestrado. *part. de*

Căpistro, as, avi, atum, are. a. *Plin.* Encabestrar, conducir y llevar el ganado por el cabestro. ‖ *Colum.* Atar con cordeles las vides ó árboles.

Căpistrum, i. n. *Virg.* El cabestro, ramal ó cordel que se ata á la cabezada de la caballería para contenerla ó guiarla.

Căpital, alis. n. *Varr.* Capillo con que los antiguos cubrian la cabeza en los sacrificios. ‖ Delito de pena capital.

Căpĭtālis. m. f. lĕ. n. is. *Cic.* Capital, lo que pertenece á la cabeza, aquello en que va la vida ó la muerte. *Capitalis adversarius. Cic.* Enemigo capital, mortal, irreconciliable. — *Lu us. Fest.* Bosque sagrado, cuya profanacion tenia pena de muerte. — *Morbus. Cels.* Enfermedad mortal. — *Scriptor. Cic.* Escritor compendioso de sumarios ó epítomes. — *Aedes. Plaut.* Casa donde se ha cometido un delito grave. — *Capitales rei quaestiones. Cic.* Materias, causas criminales. *Capitale ingenium. Ov.* Ingenio muy agudo y sutil. — *Judicium. Paul. Jct.* Juicio, sentencia de muerte. *Capitales triumviri. Liv.* Los tres jueces ó triunviros que conocian en Roma de las causas criminales. *Capitale est. Plin.* Va en esto la vida. *Cic.* Es un delito atroz.

Căpĭtāliter. adv. *Plin. men.* Capital, mortalmente.

Căpĭtātio, ōnis. f. *Ulp.* Capitacion, repartimiento de tributos por cabezas.

Căpĭtātus, a, um. *Plin.* Lo que tiene cabeza ó cepa.

Căpĭtĕcensus, a, um. *Gel.* El que no era incluido en la capitacion ó repartimiento de tributos sino por sola su persona. ‖ Pobre, sin bienes.

Căpĭtellum, i. n. *Plin.* Cabecilla, cabeza pequeña. ‖ *Plin.* El capitel de la coluna.

Capitha, ae. f. Medida que contenia doce sestarios.

Căpĭtium, ii. n. *Varr.* El pañuelo que se ponen al cuello las mugeres. ‖ *S. Ger.* El cuello ó tirilla de la túnica talar de los romanos ó camisa.

Căpĭto, ōnis. m. *Cic.* Cabezudo, de cabeza grande, disforme. ‖ *Plaut.* Terco, porfiado, tenaz y asido á su dictamen. ‖ *Cat.* El sargo, *pescado de mar*, el mugil ó mujol, *pescado de mar y de rio. V.* Mugil. ‖ Sobrenombre romano de los Marios y Sestios.

Capĭto, ōnis. m. *Macrob.* Lucio Ateyo Capiton, *escritor antiguo y sabio en el derecho pontificio.*

Capitolinus, i. m. Julio Capitolino, *uno de los seis escritores de la historia augusta, ó de las vidas de los emperadores romanos desde Adriano hasta Carino, todos los cuales florecieron á principios del siglo IV de Cristo.*

Căpĭtōlinus, a, um. *Virg.* Capitolino, del capitolio.

Căpĭtōlium, ii. n. *Plin.* El capitolio, *fortaleza y templo de Júpiter en Roma construida en el monte Capitolino.*

Căpĭtōsus, a, um. *Prud.* Caprichoso, terco, obstinado, fuerte y tenaz en su dictamen.

Căpĭtŭlāria, ium. n. plur. *Colum.* Recapitulacion, coleccion de leyes, estatutos, constituciones, ordenanzas.

Capitulārii, ōrum. m. plur. *Casiod.* Los cobradores de tributos.

Căpĭtŭlātim. adv. *Corn. Nep.* Por capítulos.

Căpĭtŭlātus, a, um. *Cels.* El que tiene la cabeza pequeña.

Căpĭtŭlenses, ium. m. plur. *Paul. Jct.* Pueblos del Lacio *en los confines de los hernicos, cuya ciudad era Capitulum ó Capitolum.*

Căpĭtŭlum, i. n. *Plaut.* Cabecilla, cabeza pequeña. ‖

*Vitrav.* El capitel. ¶ *Tert.* Capítulo, argumento, sumario de un libro. ¶ El capítulo, lugar donde se juntan los canónigos, el cabildo. ¶ Ley ó parte de ella. *Capitulum sarmenti. Colum.* La cabecita de un sarmiento. — *Mali punici. Cels.* Granito de una granada.

Capitum, ó Capecum, i. n. *Vopisc.* El pienso ó pasto de las caballerías.

* Capnias, ae. m. *Plin.* Jaspe oscuro y como ahumado.

* Capnion, i. n. *Plin.* La fumaria, planta llamada palomilla ó palomina, es una yerbecita muy parecida al culantro que nace entre las cebadas.

* Capnites, ae. *Plin.* V. Capnias.

* Capnitis, idis. f. Le capnitis, cierto género de cazmia que se roe de la boca de la hornaza del cobre.

* Capnos, ni. f. *Plin.* V. Capnion.

Capo, ōnis. m. *Marc.* El capon, el que es castrado; dícese tanto de los hombres como de los animales, aunque entre estos se llama así con especialidad al gallo capon.

Cappadocia, ae. f. *Plin.* Capadocia, reino del Asia menor.

Cappadocius, a, um. *Plin.* y

Cappadocus, a, um. *Plin.* ó

Cappadox, ŏcis. com. *Hor.* El, la, lo que es de Capadocia.

Cappadox, ŏcis. m. *Plin.* Rio que dió nombre á la Capadocia.

† Cappar, ăris. m. *Palad.* La alcaparra, mata que produce las alcaparras.

Cappāri. indecl. *Cels.* y

Cappāris, is. f. *Colum.* La alcaparra, fruta de la mata del mismo nombre que las produce.

Capra, ae. f. *Cic.* La cabra. ¶ *Hor.* Estrella fija de la primera magnitud en la espalda izquierda de Erícton. *Capra olida. Hor.* El olor del sudor de los sobacos. *Liberae caprae ab aratro.* adag. El buey suelto bien se lame. ref.

Capraria, ae. f. *Plin.* Isla del mediterráneo, una de las Canarias.

Capriariensis. m. f. se. n. is. *Plin.* Lo que es de esta isla.

Caprarius, a, um. *Varr.* Perteneciente á la cabra.

Caprarius, ii. m. *Varr.* El cabrero, guarda cabras.

Caprea, ae. f. *Plin.* La cabra montés, que es mayor que la ordinaria.

Capreae, ārum. f. plur. *Tac.* La isla de Capri, cerca de Nápoles.

Capreensis. m. f. se. n. is. *Suet.* Natural de la isla de Capri.

Capreida, ae. f. *Plin.* Capreida, la yerba caprifolio, que es medicinal.

Capreolatim. adv. *Apul.* Intrincadamente.

Capreolus, i. m. *Virg.* El cabritillo montés. ¶ *Varr.* El pimpollo ó renuevo con que la vid se enreda, el pámpano. ¶ *Colum.* La escardadera ó escardillo para mover la tierra y limpiarla.

Capricornus, i. m. *Marc.* El capricornio, décimo signo del zodíaco.

Caprificatio, ōnis. f. *Plin.* El modo de hacer á los higos silvestres buenos para comer. V. *Caprificator.*

Caprificialis. m. f. se. n. is. *Plin.* V. Canicularis. *Caprificialis dies. Plin.* Dia dedicado á Vulcano por los atenienses.

Caprificor, āris, ātus sum, āri. dep. *Plin.* Cabrahigar, hacer sartas de higos machos, y colgarlos en la higuera hembra para que lleve el fruto sazonado y dulce.

Caprificus, i. f. *Ter.* El cabrahigo, higuera macho, silvestre.

Caprifolium, ii. n. *Plin.* La madreselva, mata pequeña.

Caprigenus, a, um. *Plaut.* Engendrado de una cabra.

Caprile, is. n. *Vitruv.* El establo de las cabras, el chibitero, chibital ó chibitil, el corral donde se encierran cabras ó chibos.

Caprilis. m. f. se. n. is. *Eutrop.* Cabruno, lo que es ó pertenece á la cabra. *Caprilis casa.* Cabaña, establo de cabras.

Caprimulgus, a, um. *Catul.* El que mama ó ordeña las cabras. ¶ *Plin.* La chotacabras, ave nocturna que de noche mama y chupa las cabras con gran sutileza.

Caprinus, a, um. *Cic.* Caprino, lo mismo que cabruno, de cabra. *Rixari de lana caprina.* adag. *Hor.* Reñir, armar una disputa sobre una friolera.

Capripes, ĕdis. com. *Prop.* El que tiene pies de cabra.

Caprizans pulsus. m. *Ter.* Pulso siempre alterado como el de la cabra.

Caprōnae, ārum. f. plur. *Lucil.* Los cabellos que caen sobre la frente á modo de penacho. ¶ El penacho remolino que cae á algunos animales sobre la frente. V. Antiae.

Caprotina, ae. f. *Varr.* Sobrenombre de la diosa Juno.

Caprotinae nonae. f. plur. *Varr.* Nonas del mes de julio consagradas á Juno. Dia en que las criadas de Roma celebraban un sacrificio debajo de un cabrahigo.

Caprugineus, ó Caprugīnus, a, um. Cabruno, de cabra.

Caprunculum, i. m. *Fest.* Vasija de barro.

Capsa, ae. f. *Cic.* La caja, cesta, arca. ¶ *Juv.* El vade en que los estudiantes llevan sus libros.

* Capsaces, ae. m. *S. Ger.* Vasija para aceite.

Capsarius, ii. m. *Suet.* El siervo ó pedagogo que lleva los libros en el vade al muchacho á quien acompaña á la escuela. ¶ *Paul. Jct.* El capsario, el que en los baños guardaba la ropa á los que entraban á tomarlos.

Capsella, ae. V. Capsula.

Capsis. *Cic.* En lugar de *Cape si vis.* Toma si quieres.

Capso. *Plaut.* En lugar de Cepero.

Capsŭla, ae. f. *Catul.* El vade para poner los libros, papeles ú otras cosas. *Homo totus de capsula.* adag. *Sen.* El que no piensa mas que en su adorno y limpieza.

Capsus, i. m. *Vitruv.* El asiento de los que van en coche. ¶ *Vel.* El sitio cerrado ó aprisco donde se encierran animales.

Captatela, ae. f. *Tert.* V. Captio.

Captatio, ōnis. f. *Plin.* La acción de tomar, ó el deseo, diligencia, cuidado de tomar, desear ó solicitar. *Captatio verborum. Cic.* La afectación ó crítica de ir escogiendo las palabras. — *Testamenti. Plin.* La industria y vigilancia para que uno deje á otro por heredero.

Captator, ōris. m. *Liv.* El que con gran cuidado procura halagar y atraer las voluntades de otros como quien anda á caza de ellas.

Captatorius, a, um. *Paul. Jct.* Perteneciente al cuidado ó industria de hacerse heredero de alguno.

Captatrix, ĭcis. f. *Apul.* La muger intrigante que capta las voluntades.

Captātus, a, um. part. *Ov.* Captado, atraido, halagado. ¶ Dado y recibido mutuamente. ¶ Buscado, amado, seguido, pretendido.

Captenula, ae. f. *Marc. Cap.* Sofisma, falacia, engaño de la dialéctica.

Captio, ōnis. f. *Plaut.* Falacia, engaño, fraude, trampa, artificio para coger á uno y engañarle. ¶ *Gel.* La aprehension ó acción de tomar. ¶ *Cic.* Pérdida, daño, perjuicio. *Captio dialectica. Cic.* Sofisma, paralogismo, sutileza de la dialéctica. — *In verbis. Cic.* Ambigüedad, equívoco, juguete de palabras.

Captiose. adv. *Cic.* Sofísticamente, con designio de coger á uno, de sorprenderle con engaño.

Captiōsus, a, um, ior, issimus. *Cic.* Capcioso, falaz, engañoso, sofístico, artificioso. ¶ Perjudicial, dañoso.

Captito, as, āvi, ātum, āre. *Apul.* freq. de Capto.

† Captivator, ōris. m. *S. Ag.* El que cautiva ó hace cautivo á otro.

Captivĭtas, ātis. f. *Tac.* La cautividad ó cautiverio, privación de la libertad, esclavitud, servidumbre.

Captiuncŭla, ae. f. *Cic.* Agudeza sofística.

Captivo, as, āre. a. *Apul.* Cautivar, aprisionar al enemigo en la guerra.

Captivus, a, um. *Cic.* Cautivo, prisionero, esclavo. ¶ *Ov.* El prisionero de guerra. *Captivae res. Plin.* El botín, los despojos que se han tomado al enemigo.

Capto, as, āvi, ātum, āre. a. *Cic.* Tomar, coger con deseo, ó desear tomar, buscar, pretender, procurar tener. ¶ *Marc.* Captar, atraer con halagos, destreza y palabras suaves la voluntad, atencion y benevolencia de otros.

Captūra, ae. f. *Plin.* La captura, la aprehension, el acto de tomar, de coger. ¶ *Suet.* La misma presa que se coge. ¶ *Suet.* El salario, paga ó ganancia de algun oficio bajo. ¶ *Sen.* La limosna que recogen los mendigos de puerta en puerta.

Captus, us. m. *Plin.* La toma, la accion de tomar. ¶

*Ter.* La capacidad, ingenio, talento natural. ‖ La condición ó estado. ‖ *Fest.* El sitio señalado para sacrificar en él. *Captus trium digitorum. Plin.* Lo que se puede coger con tres dedos. *Pro captu rerum. Am.* Segun el estado de las cosas. *Ut est captus hominum. Cic.* Segun la inteligencia de los hombres.

Captus, a, um. *part. de* Capio. *Cic.* Tomado, cogido. ‖ Privado. ‖ Aprisionado. ‖ Apasionado, enamorado. ‖ Ganado, captado. *Oculis captus. Hor.* Ciego. — *Mente. Cic.* Loco, mentecato.

Capua, ae. *f. Liv.* Capua, *ciudad de Italia en el reino de Nápoles.*

Capuānus, a, um. *Cic.* y

Capuensis. *m. f. sē. n. is.* Capuano, el, lo que es de Capua.

Capŭla, ae. *f. Varr.* Taza ó cuenco de dos asas para beber.

Capŭlāris. *m. f. rē. n. is. Lucil.* Del féretro ó ataud. *Capularis senex. Cecil.* — *Homo. Plaut.* Hombre ó viejo que está con un pie en la sepultura.

Capŭlātor, ōris. *m. Colum.* El que desocupa una tinaja de aceite para echarla en otra. Trasegador.

Capŭlĭca, ae. *f. Gel.* Especie de embarcacion.

Capŭlo, as, avi, atum, are. *a. Plin.* Desocupar una tinaja de aceite con un cuenco, y echarle en otra.

Capŭlum, i. *n. Fest.* y

Capŭlus, i. *m. Fest.* El féretro, ataud ó caja en que se llevan los muertos. ‖ *Cic.* El puño de la espada.

Capus, i. *m. Varr. V.* Capo.

Caput, ĭtis. *n. Cic.* La cabeza, la parte principal del cuerpo. ‖ Orígen, autor, causa. ‖ Punto principal, lo primero, lo mas importante de un negocio. ‖ Capítulo, artículo, sumario, compendio. ‖ Proposiciones, tesis, máximas, conclusiones. ‖ El fin. ‖ Capital, suma principal. ‖ El cabo. ‖ *Ces.* La embocadura. ‖ *Liv.* La gefe. ‖ *Plaut.* Principio. ‖ *Ter.* Conductor. *Audax caput. Virg.* Valiente soldado. *Caput liberum facere. Cic.* Dar á uno libertad. *Carum caput. Hor.* Vida cara, amada. *Capitis causam orare. Cic.* Defender en justicia una causa de pena capital. — *Condemnare. Cic.* Condenar á muerte. — *Minor. Hor.* Degradado, privado del derecho de ciudadano, desterrado. ‖ Esclavo, privado de la libertad. *Capite anquirere. Liv.* Proceder criminalmente contra alguno. — *Damnatus. Cic.* Condenado á muerte. — *Expendere poenas. Tac. Lucret. Liv. Persolvere. Sen.* Pagar con la cabeza, ser condenado á muerte. — *Suo decernere. Cic.* Tomar sobre sí el peligro. *A capite. Cic.* Desde el principio. *Sine capite manare eis dicitur. Cic.* Corre la voz, sin que se sepa el autor de ella. *Capita tignorum. Cic.* Las cabezas, las puntas de las vigas. *Caput alii, Plin.* Cabeza de ajos. — *Vitis. Cat.* El pie ó tronco de la vid. *Capita rerum. Liv.* Las cabezas del gobierno. *Nec caput, nec pedes. Cic.* Sin pies ni cabeza. *Capita aut navim. Plin.* Juego de los muchachos, como entre nosotros el castillo ó leon con la moneda, que hoy podemos llamar cara ó liz, porque los ases romanos tenian por un lado las dos cabezas de Jano, y por otro la proa de una nave.

Capys, yos, &c. is. *m. Virg.* Capitan troyano, compañero de Eneas. ‖ *Ov.* Hijo de Asaraco, padre de Anquises. ‖ *Liv.* El octavo rey de Alba, fundador de Capua.

Car, is. *com. Ov.* El Cario ó natural de Caria.

Carābus, i. *m. Plin.* El cangrejo ó langosta de mar. ‖ *Isid.* La canoa de mimbres ó juncos, y cubierta de cuero.

Caracalla, ae. *f. Aur. Vict.* Casaca, casacon ó capote, que dió renombre de Caracalla al emperador romano *Valerio Antonio Basiano*, por haber repartido muchos de estos casacones entre la plebe, y mandado que se le presentasen con ellos. Era vestidura propia de los galos, con la diferencia de ser mas corto, pues el que mandó usar Caracalla era talar.

* Caragogos, i. *f. Apul. V.* Chamaedaphne.

Carales, is. *m. plur. Liv.* y

Caralis, is. *f. Claud.* Cagliari, *ciudad capital de la isla de Cerdeña.*

Caralitānus, a, um. *Liv.* De la ciudad de Cagliari.

Carambis, is. *f. Plin.* Capopisello, *promontorio de Paflagonia.*

Carantonus, i. *m.* Charento, *rio de Francia.*

Caraxo, as, avi, atum, are. *a. Cat.* Notar, anotar, señalar con alguna figura ó nota. ‖ Borrar, tachar. ‖ Grabar.

Carbas, ae. *m. Vitruv.* El viento ábrego, viento del oriente ó del occidente equinoccial, el nordeste ó su oeste.

Carbāseus, a, um. *Cic.* y

Carbāsĭnus, a, um. *Plaut.* De carbaso, de lino finísimo, que se dice fue hallado primero en España en la ciudad de Tarragona.

Carbāsus, i. *f. y en plur.* Carbāsa, orum. *n. Plin.* El carbaso, género de lino precioso de que se hacian ropas para vestirse. ‖ *Virg.* Este género de ropas. ‖ *Lucr.* El velo. La vela del navio.

Carbatĭna, ae. *f. Catul.* El zapato propio de los rústicos.

Carbo, ōnis. *m. Cic.* El carbon. *Carbone notare. Pers.* Desaprobar, señalar una cosa con carbon, como mala y digna de evitarse.

Carbōnāria, ae. *f. Tert.* La carbonera, el horno donde se hace el carbon. ‖ La carbonería, la tienda ó puesto donde se vende el carbon.

Carbōnārius, ii. *m. Plaut.* El carbonero, el que hace ó vende carbon.

Carbōnārius, a, um. *Aur. Vict.* Del carbon. *Carbonarium negotium exercere.* Tratar en carbon.

Carbōnesco, is, scĕre. *n. Cel. Aur.* Hacerse, volverse carbon.

Carbuncŭlātĭo, ōnis. *f. Plin.* El ahornagamiento, el acto de abrasarse la tierra ó las plantas con el mucho calor ó hielo excesivo.

Carbuncŭlo, as, avi, atum, are. *a. Plin.* y

Carbuncŭlor, aris, atus sum, ari. *dep. Plin.* Ahornagarse, quemarse, abrasarse con el mucho calor, hielo ó viento.

Carbuncŭlōsus, a, um. *Colum.* Abundante de carbon, quemado, abrasado.

Carbuncŭlus, i. *m. ad Hor.* Carboncillo, carbon pequeño. ‖ *Plin.* El carbunclo, piedra preciosa. ‖ *Cels.* El carbunco, tumor ó postema. ‖ *Vitruv.* La tierra negra y quemada con el sol.

Carcassius, a, um. y

Carcassonensis. *m. f. sē. n. is.* El natural de Carcasona.

Carcassum, i. *n. Plin.* Carcasona, *ciudad episcopal de Lenguadoc.*

Carcer, ĕris. *m. Cic.* La cárcel, casa fuerte y pública para custodia y seguridad de los reos. ‖ *Ter.* El hombre malvado y digno de la cárcel. ‖ *Cic.* El encarcelado ó preso. ‖ *Virg.* Cárcel, el sitio de donde arrancaban los caballos para correr en el circo. *A carceribus ad calcem. Cic.* — *Ad metas. Varr. A calce ad carceres. Cic.* Desde el principio al fin, de un cabo á otro. *Ain tandem carcer? Ter. Di,* pues, malvado.

Carcerālis. *m. f. lē. n. is. Prud.* y

Carcerārius, a, um. *Prud.* ó

Carcerārius, a, um. *Plaut.* Lo que pertenece á la carcelería, cárcel ó prision. *Carcerarius quaestus. Plaut.* Ganancia ó derecho del carcelage.

Carcerārius, ii. *m. Plaut.* El carcelero, alcaide de la cárcel.

Carcereus, a, um. *Prud. V.* Carcerarius.

† Carcero, as, are. *a. Mesal. Corv.* Encarcelar, poner, meter en la cárcel.

Charcarus, i. *m. Plin.* Un pez lo mismo que capícula.

Carchēdon, ōnis. *f. Plin.* Cartago, en África.

Carchēdōnius, a, um. *Plin.* Cartaginés, lo que es de Cartago.

Carchēdōnius, ii. *m. Plin.* La calcedonia, *piedra preciosa del color de zafiro.*

Carchēsium, ii. *n. Catul.* La gabia del navio. ‖ *Virg.* Carquesia ó carquesio, vaso con asas ancho de boca, y estrecho por el medio. ‖ *Vitruv.* El cabestran, torno de madera grueso con que se cogen las áncoras y cabos para tirar é izar las velas, subir y bajar cosas de peso en los navíos.

Carchi, ōrum. *m. plur. Plin.* Pueblos cercanos á la Media.

Carcĭnethron, i. *n. Plin.* La yerba sanguinaria, centinodia, corregüela ó sacejo.

Carcĭnias, ae. *m. Plin.* La piedra carcinia, asi llamada porque tiene color de cangrejo marino.

Carcĭnōdes, is. *m. Plin.* El pólipo, dureza ó callo que

se cria en las narices, que estorba la respiracion y el habla.

**Carcinōma**, ătis. *n. Cels.* El cáncer, tumor maligno ó zaratan.

*Carcīnos, i. m. Luc.* El cáncer, cuarto signo del zodiaco.

**Cardămōmum**, i. *n. Cels.* El cardamomo ó grana del paraiso, planta.

**Cardāmum**, i. *n. Apul.* El mastuerzo, yerba.

*Cardiacon, i. n.* y

**Cardiăcus morbus.** *m. Cels.* Flaqueza, debilidad, enfermedad del corazon ó del estómago, dolor cardiáco.

**Cardiăcus**, a, um. *Cic.* Cardiaco, el que padece dolor de estómago ó mal de corazon. || Lo que pertenece al estómago ó al corazon, á sus enfermedades ó remedios.

**Cardinālatus**, us, *m.* El cardenalato, la dignidad del cardenal.

**Cardinālis**, is. *m.* El cardenal, *persona eclesiástica inmediata en dignidad al sumo pontífice.*

**Cardinālis**, m. f. lĕ. n. is. *Vitruv.* Lo que pertenece al quicio. || Cardinal, principal, fundamental. *Cardinales venti.* Los cuatro vientos cardinales.—*Temporum.* Las cuatro estaciones del año.—*Numeri.* Los números cardinales, de los cuales se forman los ordinales y distributivos, como *sex, sextus, seni.*

**Cardinātus**, a, um. *Vitruv.* Metido, ajustado, encajado un palo en otro.

**Cardineus**, a, um. *V. Cardinālis.*

**Cardo**, ĭnis. *m. Virg.* El quicio, la parte de la puerta ó ventana en que entra el espigon del quicial, y en que se mueve y revuelve. || *Vitruv.* La mecha de un madero que encaja en la muesca ó cotana de otro. || *Hor.* El clima, el pais. || *Hig.* Línea de un polo á otro, del mediodia al septentrion. || *Plin.* Senda que corta una tierra, límite. *Cardo rei. Cic.* La dificultad, el punto principal, lo esencial de una cosa.—*Aevi extremus. Sen. Trag.* La estrema vejez, el fin de la vida.

**Carduēlis**, is. *f. Plin.* El ave acantílidis.

**Carduētum**, i. *n. Palad.* El cardizal, el sitio donde nacen muchos cardos.

**Cardŭus**, i. *m. Cap.* Lo mismo que

**Carduus**, i. m. *Virg.* El cardo, legumbre conocida. *Carduus benedictus.* El cardo santo ó bendito, segunda especie de cártamo silvestre, ó cardobusto.—*Fullonum, ó veneris.* La carda, la cabeza de la yerba cardencha.—*Stellatus.* El cardon, cardo grande que nace en los campos.—*Aculeatus.* La alcachofa cultivada y comestible.

**Care**, ius, issĭme. *adv. Cic.* Cara, costosamente, á gran precio, á un precio subido.

**Carectum**, i. *n. Colum.* El carrizal, sitio donde se crian las cañas ó carrizos.

**Carēnaria**, ae. *f. Palad.* El vaso en que se hace el cocimiento de vino.

**Carēnum**, i. *n. Palad.* Vino cocido de manera que de tres partes queden dos.

**Careo**, es, rui, rĭtum, rēre. *n. Cic.* Carecer, tener falta, estar privado, estar necesitado. || Estar ausente ó lejos. || Abstenerse, pasarse sin. *Carere domo. Cic.* Estar ausente, retirado, léjos de su casa, no tener casa ni hogar.—*Fide. Ov.* No ser creible, verisímil.—*Foro.* —— *Senatu.* —— *Publico. Cic.* No presentarse en el tribunal, en el senado, ni en público.—*Honore mortis. Virg.* Carecer de la honra de la sepultura.—*Morte. Hor.* Ser inmortal. *Praeterquam tui carendum quod erat. Ter.* Ademas de que era preciso carecer de tu vista. *Intellectu caret. Quint.* No se puede entender.

**Cares**, um. *m. plur. Virg.* Los naturales de Caría.

**Carĕum**, i. *n. Plin.* La alcarabea, planta.

**Carex**, ĭcis. *m. Virg.* El carrizo, yerba grande que lleva las hojas á modo de caña larga y aguda.

**Caria**, ae. *f. Plin.* La Caria, provincia del Asia menor. Ciudad del Peloponeso.

**Carĭātae**, arum. *m. plur.* Los habitantes de Caría, ciudad de la Morea ó del Peloponeso.

**Caryātides**, um. *f. plur. Vitruv.* Danzas en honra de Diana. || Colunas hechas en figura de mugeres. *V. Caryatia.*

**Caryātis**, ĭdis. *f. Vitruv.* La muger de Carix.

**Carica**, ae. *f. Ov.* La carica, yerba espinosa, ó árbol á manera de higuera, que se cria en la Siria ó Caria. || *Ov.* Higo silvestre.

**Carĭco**, as, āre. *S. Ger.* Cargar.

**Carĭcus**, a, um. *Plin.* De Caria. *Carica ficus. Plin.* Los higos cáricas ó de Siria. *Carica charta.* Esta. || *El pergamino de Caria. Caricum sepulchrum.* Mausoleo, sepulcro magnífico, con alusion á Mausolo, rey de Caria.

**Caries**, ei. *f. Cels.* La putrefaccion ó corrupcion. || *Vitruv.* La carcoma, gusanillo que roe la madera y la reduce á polvo. || El mismo polvo á que el gusano reduce la madera. *Caries vini. Plin.* El moho ó mapa del vino. || *Apul.* La acedia ó corrupcion de los comestibles añejos.

**Carīna**, ae. *f.* La carena, la quilla, parte del buque de la nave que entra debajo del agua. || La nave.

**Carīnae**, arum. *f. plur. Cic.* Cuartel ó barrio de Roma, así llamado de las casas cuyos techos se parecian á las carenas de los navíos.

**Carīnantes.** *V. Carinor.*

**Carīnarius**, a, um. *Plaut.* El que tiñe de color de estera ó amarillo.

**Carīnātus**, a, um. *Plin.* Hecho en forma de quilla de navío. || Carenado, recorrido y calafateado.

**Carīno**, as, avi, ātum, are. *a. Plin.* Carenar, dar carena, recorrer el navío, quitarle la broma, y taparle los agujeros. || Hacer en forma de carena ó quilla.

**Carīnor**, āris, ātus sum. *ari. dep. Fest.* Hacer burla, echar en cara, hacer invectivas y sátiras. De donde viene *Carinantes chartae. Fest.* Sátiras mordaces, invectivas.

**Carinthia**, ae. *f. Plin.* Carintia, provincia de Alemania.

**Carinthius**, a, um. *Plin.* Lo que es de ó pertenece á Carintia.

**Cario**, is, ĕre. *n. Marc. Cap.* Carcomerse, irse consumiendo ó pudriendo.

**Cariōsus**, a, um. *Colum.* Carcomido, podrido, carcocido, lleno de gusanos.

**Caris**, ĭdis. *f. Ov.* Pez marino, que algunos creen ser la esquila.

**Carīseus**, a, um. *Non. V. Rancidus.*

**Carĭtas**, ātis. *f. Cic.* La carestía, el precio subido de las cosas. || La falta y penuria de alguna cosa, y especialmente de los granos. || El amor. *V. Charitas.*

**Carius**, a, um. *Stat.* Perteneciente á, de Caria.

**Carmānia**, ae. *f. Mel.* La Carmania ó Querman, provincia de Persia.

**Carmāni**, ōrum. *Mel.* Los pueblos de la region carmania.

**Carmanum**, i. *n.* Carmain, ciudad de Granada.

**Carmelīta**, ae. *com.* Habitante del monte Carmelo. || Religioso carmelita.

**Carmelitānus**, a, um. y

**Carmelitīus**, a, um. Carmelita, carmelitano, lo que es de ó pertenece al monte Carmelo, á la religion carmelitana.

**Carmēlus**, i. *m. Tac.* Carmelo, *monte de Palestina, de Fenicia, donde habitó el profeta Elías.*

**Carmen**, ĭnis. *n. Cic.* Verso. || Poesía, poema, obra de poesía. || Cancion. || Epitafio. || *Virg.* Encanto, encantamiento. || *Liv.* Vaticinio. || *Virg.* El canto ó cántico. || *Cic.* Las fórmulas concebidas en ciertos términos, como de los jurisconsultos, pretores y fociales.—*Lucr.* La carda con que se suaviza el paño sacándola el pelo. *Carmen alternum. Ov.* Diálogo en verso.—*Exequiale. Ov.* Canto fúnebre.—*Famosum. Hor.* Mordaz. *Ov. Probrosum. Tac.* Sátira contra alguno.—*Operosum. Hor.* Verso trabajoso, que cuesta mucha dificultad.—*Perpetuum. Hor.* Poema épico, que contiene una historia entera.—*Connubiale. Claud.*—*Nuptiale. Catul.*—*Sociale. Ov.* Epitalamio. *Tragicum. Hor.* Tragedia.—*Triviale. Juv.* Cancion ó copla de ciego.—*Vocale. Ov.* Cancion.—*Plenum. Cic.* Verso lleno, armonioso.—*Magicum. Virg.* Encantamiento, encanto.—*Cruciatus. Cic.* Sentencia de un juez criminal.—*Divinum. Virg.*—*Fatidicum. Claud.* Profecía, vaticinio, oráculo.—*Saeculare. Hor.* Poesía cantada por los niños de ámbos sexos en las fiestas seculares. *Carminis arma. Ov.* Todo lo que contribuye á la belleza de la poesía. La fuerza ó virtud de los encantos.—*Ars. Hor.* El arte de la poesía, el arte poética.

Carmenta, ae. f. *Hig.* 6

Carmentis, is. f. *Ov.* Carmenta, profetisa, *madre de Evandro, rey de Italia, que daba sus oráculos en verso.*

Carmentae, arum. f. plur. Sobrenombre de las musas y de las parcas.

Carmentalia, ium. n. plur. Fiestas en honor de la ninfa Carmentis.

Carmentalis, m. f. lě. n. is. *Virg.* Perteneciente á la ninfa Carmenta. *Carmentalis porta. Virg.* La puerta carmental de Roma, llamada despues malvada, por haber salido por ella los trescientos y seis Fabios con un cuerpo de cinco mil hombres á la guerra de los toscanos, y haber muerto todos sin quedar ninguno.

†Carminabundus, a, um. *Sid.* El que hace versos naturales y sencillos.

Carminarius. V. Carminator.

Carminatio, ōnis. f. *Plin.* La cardadura ó carmenadura, la accion de limpiar la lana.

Carminator, ōris. m. *Inscr.* El cardador ó carmenador, el oficial que limpia y quita la borra á la lana.

Carminatrix, icis. f. Cardadora ó carmenadora de lana.

Carminatus, a, um. *Plin.* Cardado, carmenado, peinado, limpio.

Carmino, ās, āvi, ātum, āre. a. *Plin.* Carmenar, cardar, rastrillar, peinar, limpiar la lana, lino, algodon &c.

Carna, ae. f. *Ov.* Carna, *diosa que presidia á los quicios de las puertas y echaba de ellas los malos espíritus.*

Carnales, ium. m. plur. *Varr.* Los ediles que tenian el cargo de asistir á las carnicerías.

Carnalis. m. f. lě. n. is. *Tert.* Carnal, lo que es propio de ó perteneciente á la carne.

Carnalitas, ātis. f. *S. Ag.* Carnalidad, el vicio y deleite venéreo, el apetito sensual.

Carnaliter. adv. *Prud.* Carnalmente, segun la carne ó el cuerpo.

Carnarium, ii. n. *Colum.* El garabato para colgar carne. ǁ *Plin.* La carnicería donde se vende. ǁ *Plaut.* La despensa donde se guarda.

Carnarius, ii. m. *Marc.* El carnicero, el que vende y pesa la carne. ǁ Carnicero, carnívoro, el que come mucha carne. *Carnarius sum, pinguarius non sum. Marc.* Me gusta la mucha carne, pero no la mucha grasa.

Carnarius, a, um. *Marc.* Perteneciente á la carne. *Taberna carnaria. Varr.* La carnicería, la tabla de la carne.

Carnatio, ōnis. f. *Cel. Aur.* La carnosidad, la gordura y abundancia de carne; obesidad.

Carnatus, a, um. *Cel. Aur.* Carnoso ó carnudo, abultado y grueso de carnes.

Carnea, ae. f. V. Carna.

Carneades, is. m. *Cic.* Carneades, *filósofo cirenaico, cabeza de la nueva academia.*

Carneadeus, y Carneadius, a, um. *Cic.* Perteneciente á Carneades.

Carneus, a, um. *S. Ag.* Carnal. Lo que es de carne.

Carni, ōrum. m. plur. *Plin.* Los pueblos de Carniola ó de Friul, *provincia de Venecia.*

Carnifex, ĭcis. m. f. *Cic.* El verdugo. ǁ *Plaut.* El carcelero ó alcaide de la cárcel. ǁ *Marc.* Carnicero, desalmado, cruel y sanguinolento. ǁ *Marc.* El que come mucha carne. *Carnifices pedes. Marc.* Pies gotosos que atormentan. — *Manus. Sil.* Manos sangrientas. — *Epulae. Claud.* Manjares, comidas que arruinan la salud.

Carnificina, ae. f. *Liv.* El cadalso ó suplicio, el lugar donde son ajusticiados los delincuentes. ǁ *Cic.* La crueldad, carnicería, destrozo y matanza de gente. ǁ El tormento, suplicio. ǁ *Plaut.* El ejercicio del verdugo.

Carnificinus, a, um. 6

Carnificius, a, um. *Plaut.* Lo que pertenece al verdugo. *Carnificium ó carnificinum cribrum. Plaut.* Las espaldas de aquel á quien ha azotado el verdugo hasta ponerle como un cribo.

Carnifico, ās, āre. a. *Liv.* 6

Carnificor, āris, ātus sum, āri. dep. *Liv.* Descuartizar, dividir el cuerpo en cuatro partes, hacerle cuartos. ǁ Ser descuartizado.

Carniola, ae. f. *Plin.* Carniola, *pais de Italia.*

Carniolenses, ium. m. plur. Los carniolenses, naturales y habitantes de Carniola.

Carnis. gen. de Caro.

†Carnisprivium, ii. n. Privacion de carnes, abstinencia, cuaresma. ǁ El carnaval.

Carnivŏrus, a, um. *Plin.* Carnívoro, el que come mucha carne. *Dícese principalmente de los animales.*

Carnōsus, a, um. *Plin.* Carnoso, abultado de carnes.

Carnuleatus, a, um. *Solin.* Carnoso, parecido á la carne.

Carnutes, ŭtum. m. plur. *Ces.* y

Carnuti, ōrum. m. plur. Los naturales de la comarca de Chartres.

Carnutum, i. n. Chartres, *ciudad de Francia.*

Caro, is, ĕre. n. *Varr.* Cardar la lana.

Caro, carnis. f. *Cic.* La carne de los animales y de las frutas. ǁ *Sen.* El cuerpo. *Caro putrida. Cic.* Miembro podrido. *Dícese del hombre malo y abominable.*

Caroburgus, i. f. *Querburg, ciudad de Normandía.*

Carolesium, ii. n. El Carolés, *provincia del Franco Condado.*

Carolina, ae. f. La Carolina, *pais de América.* ǁ La yerba carlina ó cardo aljongero blanco.

Carolomontium, ii. Carlemon, *ciudad del Pais Bajo.*

Carolopolis, is. f. Carlovila, *ciudad de Francia en Champaña.*

Caroloregium, ii. n. Carleroe, *ciudad de los Paises Bajos.*

Carolostadium, ii. n. Carlostat, *ciudad de Franconia.*

Carolus, i. m. Cárlos, *nombre de hombre.*

*Caros, i. f. *Plin.* La borrachera, el sueño profundo que causa la embriaguez.

Carota, ae. f. *Plin.* La pastinaca errática ó zanahoria silvestre.

Caroticae venae, ārum. f. plur. Venas carótides, dos arterias que nacen de la arteria grande ascendente, cuya sangre creen los médicos ser la principal causa del sueño.

Carpaea, ae. f. *Cel.* Especie de danza con armas.

Carpathius, a, um. *Hor.* Perteneciente á Escarpanto.

Carpathos, y

Carpathus, i. f. *Mel.* Escarpanto, *isla entre Candia y Rodas en el mar Egeo.*

Carpentarius, ii. m. *Veg.* El carretero. ǁ Maestro de coches.

Carpentarius, a, um. *Plin.* Perteneciente al carro, coche ó carroza. *Carpentarius equus.* Caballo de coche. *Carpentaria fabrica. Plin.* La tienda ó taller del carretero ó maestro de coches.

Carpentoractae, es. f. Carpentras, *ciudad de Provenza en Francia.*

Carpentum, i. n. *Liv.* El coche ó carroza. ǁ *Flor.* El carro, galera ó carreta. ǁ *Cod. Teod.* La silla de posta.

Carpetania, ae. f. *Plin.* La Carpetania ó comarca de Toledo en España.

Carpetani, ōrum. m. plur. *Plin.* Carpetanos, los que vivian en la comarca de los montes de Toledo.

Carpetanus, a, um. *Plin.* Lo que es de los montes de Toledo.

Carpheŏtum, i. n. *Plin.* Incienso blanco, el mas puro y mejor.

*Carpologia, ae. f. *Cel. Aur.* La coleccion de pajas, el andarlas buscando y recogiendo, lo cuál se cuenta entre los síntomas de los frenéticos.

*Carphos, i. n. *Plin.* El fenogreco, la planta en que se crian las alolvas.

Carpi, ōrum. m. plur. *Eutrop.* Pueblos bárbaros y enemigos de los romanos.

Carpineus, a, um. *Colum.* De madera de carpe.

Carpinus, i. f. *Plin.* El carpe, *árbol pequeño.*

Carpisculum, i. n. y

Carpiscŭlus, i. m. *Vopisc.* El calzado ó zapato cortado, picado de varias maneras.

Carpo, is, psi, tum, ĕre. a. *Cic.* Tomar, coger, recoger sin violencia. ǁ Escoger. ǁ Reprender. ǁ Ofender. *Auras vitales carpere. Virg.* Vivir, respirar. *Carpere iter. Marc.* Pasearse, andar. — *Cibum. Varr.* Comer. — *Fugam. Sil.* Huir. — *Gramina. Virg.* Pacer, roer la yerba. — *Opes. Ov.* Quitar, arrebatar los bienes. *Mulier faciem ne carpi-*

## CAR

*ta. Ley de las XII. Tabl.* Que la muger no se arañe el rostro. *Carpitur forma suo spatio. Ov.* Se pasa la hermosura con el tiempo. — *Carco igni. Virg.* Un fuego oculto le consume. — *Pectus auro. Proper.* La avaricia le roe las entrañas. *Carpi. Virg.* Ser acometido, atormentado, cogido, atacado. — *Ad supplicium. Cic.* Ser llevado al suplicio. — *Juventa perpetua. Virg.* Gozar de una juventud perpetua. *Carpere maledico dente. Cic.* Murmurar, morder con diente mordaz.

Carpobalsămum, i. n. *Cels.* El carpobálsamo; la simiente del bálsamo, de color de oro.

* Carpŏphyllon, ó Carpophyllos, i. n. *Plin.* El laurel alejandrino que se cria en los montes.

Carptim. adv. *Salust.* Tomado de aqui y de alli, un poco de uno y otro poco de otro. ‖ *Liv.* Por partes, cada cosa de por sí. ‖ *Plin. men.* De paso; ligera, sumariamente.

Carptor, ōris. m. *Juv.* El trinchante, el que corta, reparte ó hace platos en la mesa. ‖ *Gel.* Murmurador, maldiciente, crítico.

Carptūra, ae. f. *Varr.* La accion de tomar y andar buscando de una parte á otra. ‖ La picadura de los pájaros y de las abejas en las frutas y flores.

Carptus, us. m. *Plin.* Lo que se puede tomar con tres dedos.

Carptus, a, um. *Ov.* Cogido, tomado, recogido, de diversas partes. ‖ *Cels.* Carmenado, cardado, peinado, limpio.

Carpum, i. n. *Colum.* V. Carphos.

Carpus, i. m. *Cels.* El pulso, la parte del brazo que se une con la mano, la muñeca.

Carrāgo, ĭnis. f. *Veg.* El carruage ó bagage de un ejército en marcha.

Carrha, ae. f. Ciudad de Arabia sobre el mar rojo.

Carrhae, y Carrae, ārum. f. plur. *Luc.* Ciudad de Mesopotamia, *donde Craso fue deshecho por los partos.*

Carrobalista, ae. f. *Veg.* Ballestón grande que se llevaba en un carro.

Carrūca, ae, f. *Suet.* La carroza, coche ó silla volante.

Carrucārius, ii. m. *Ulp.* El cochero ó carrocero, el que guia el coche.

Carrucārius, a, um. *Ulp.* Lo que es del coche ó carroza.

Carrŭlus, i. m. *Ulp. dim.* de

Cārrum, i. n. *Hirc.* y

Carrus, i. m. *Ces.* Carro, galera, carreta.

Carseolānus, a, um. *Liv.* De los naturales ó del llano de Carsoli en Italia.

Carteiānus, a, um. *Plin.* De Tarifa, *ciudad de España en Andalucía.*

Carteiensis. m. f. sě. n. is. *Plin.* Lo mismo que Carteianus.

Carthaeus, a, um. *Plin.* y

Carthaeius, a, um. *Ov.* De la ciudad de Carteya, en la isla de Cea en el mar egeo.

Carthăgĭnensis. m. f. sě. n. is. y

Carthăgĭniensis. m. f. sě. n. is. *Liv.* Cartaginés, de Cartago.

Carthāgo, ĭnis. f. Cartago, *ciudad de África.*

Carthāgo nova. f. *Plin.* Cartagena, *ciudad marítima del reino de Granada en España.* ‖ *Otra del nuevo reino de Granada en América.*

Carthūsia, ae. f. Cartuja, monasterio del órden de San Bruno. La órden de los cartujos.

Carthūsiānus, a, um. Lo que pertenece al órden de los cartujos.

Carthūsiānus, i. m. Cartujo, el religioso de la cartuja.

Cartĭbŭlum, i. n. *Varr.* Mesa de piedra mas larga que ancha, sostenida de un pie solo.

Cartĭlăgĭneus, a, um. *Plin.* De cartilagine ó ternilla.

Cartĭlăgĭnōsus, a, um. *Cels.* Cartilaginoso, aternillado, lleno de ternillas.

Cartĭlāgo, ĭnis. f. *Plin.* El cartilagine, la ternilla que ni es hueso ni carne, mas dura que le carne, y menos que el hueso.

Cărunculă, ae. f. *Cic.* La carúncula, la carnosidad que sobresale en alguna parte del cuerpo. ‖ Un pedazo de carne.

Cārus, a, um. *Cic.* Caro, subido de precio. ‖ Caro, amado, estimado, querido. *Carus sibi. Cic.* El amante de

## CAS 121

sí mismo. *Carior me mihi. Ov.* Á quien yo amo mas que á mí. *Carissima lux venit. Ov.* Amaneció, vino el dia deseado.

Carya, ae. f. *Vitruv.* Ciudad del Peloponeso.

Caryātes, ātium. m. plur. *Vitruv.* Los naturales de Caria.

* Caryātĭdes, um. f. plur. *Vitruv.* Cariatides, estatuas en figura de mugeres, que sirven de adorno en los edificios, á las cuales se pone en la cabeza canastillos *de flores ó cogines.*

Caryātis, ĭdis. f. *Vitruv.* La muger natural de Caria, *ciudad del Peloponeto.*

* Carica, ae. f. *Cel. Rodig.* Especie de budin hecho de sangre y varios ingredientes.

* Caryĭnon, y Caryinum, i. n. *Plin.* Aceite de nueces.

Caryĭnus, a, um. V. Caryŭus.

* Caryītes, ae. m. *Plin.* Una de las especies del titímalo, yerba purgante.

Carynus, a, um. *Plin.* Lo que es de nuez.

* Caryon, yi. n. *Plin.* La nuez ó el nogal. *Caryon myristicon.* La nuez moscada, *Carya pontica.* La avellana. — *Basilica.* Nuez, el fruto del nogal.

Caryophillum, i. n. *Plin.* El girofle, *árbol aromático que produce los clavos de especia.*

Căryŏpum, i. n. *Plin.* Arbol de Siria semejante á la canela, que se cria en la isla de Ceilan.

* Caryōta, ae. f. *Plin.* y

* Căryōtis, ĭdis. f. *Marc.* El dátil, el fruto de la palma.

Carystēus, a, um. *Ov.* De la ciudad de Caristo.

Carystius, a, um. *Plin.* V. Carysteus.

Carystos, i. f. *Plin.* Caristo, *ciudad de la isla de Eubea, célebre por el mármol que se sacaba de ella.*

Căsa, ae. f. *Ces.* La cabaña, choza, casa pajiza. ‖ La casa de campo, granja, casería. ‖ *Veg.* La barraca de los soldados en campaña.

Căsăbundus, a, um. *Varr.* Que cae á menudo ó titubea.

Căsăle, is. n. ó

Căsālium, ii. n. El Casal, *ciudad del Monferrato en Italia.*

Căsans, tis. part. *Plaut.* Cadente, lo que cae ó amenaza ruina. *Casanti capite incedere. Plaut.* Andar cabizbajo, como aquel á quien se le cae la cabeza.

Căsāria, ae. f. *Fest.* La muger que guarda la casa ó choza, casera.

Căsārius, a, um. *Fest.* El hombre ó la muger casera, la persona muy asistente á su casa, que cuida mucho de su gobierno y economía.

Căsārius, ii. m. *Cod. Teod.* El guarda, cachican ó mayordomo de una casa de campo.

† Casce. adv. *Gel.* Á la antigua, al modo de los antiguos.

† Cascĭnum forum, et Cascinum oppidum, *Varr.* Plaza vieja, ciudad vieja.

† Cascus, a, um. *Cic.* Cascado, viejo, anciano.

Căseāle, is. n. *Colum.* La quesera, oficina donde se hace ó se guarda el queso.

Căseāria, ae. f. *Ulp.* La tienda donde se vende el queso ó el lugar donde se cura.

Căseārius, a, um. *Ulp.* Perteneciente al queso.

Căseātus, a, um. *Apul.* Mezclado con queso.

Căseŏlus, i. m. dim. Quesito, el queso pequeño.

Căseum, i. n. *Varr.* y

Căseus, i. m. *Cic.* El queso. *Caseus molis, musceus, sive recens. Plin.* Queso reciente, tierno, fresco. — *Oculatus.* — *Puniceus.* — *Fistulosus.* — *Spongiosus. Colum.* Queso con ojos. — *Bubulus. Plin.* De leche de vacas. — *Caprinus.* De leche de cabras. — *Ovilius.* De leche de ovejas. — *Equinus. Plin.* De leche de burra. — *Glaciatus lacte fici. Colum.* Queso hecho con leche de higos.

Căsia, ae. f. *Plin.* La canela, corteza olorosa del árbol del mismo nombre, á quien llaman tambien casia ó cinamomo. ‖ *Virg.* La casia virgiliana, yerba parecida en las hojas al romero. *Casia fistola. Plin.* Lo mismo que caña fístola.

Căsilīna, ae. f. ó

Căsilīnum, i. n. *Plin.* Castelucio, *ciudad antigua, y hoy un lugar en Campania.*

Căsilīnas, ātis. com. *Val. Max.* y

Q

Căsĭlĭnensis. m. f. sĕ. n. is. *Cic.* El natural de Castelucio.

Căsĭlīnus, a, um. *Sil.* Lo que es de Castelucio.

Căsĭlīnus, i. m. *Plin.* El Vulturno, *rio de Italia*.

Casina, ae. f. *Plaut.* Nombre de una comedia de Plauto, que significa ramera.

Casīnas, ātis. com. *Cic.* De la ciudad de Casino.

Casīnum, i. n. *Plin.* Casino, *ciudad de los volscos en el Lacio*.

Casito, ās, āre. n. V. Caso.

Casius mons. *Plin.* Larisa, *monte de Egipto*. ∥ *Plin.* Lizon ó Liza, *monte de Siria*.

Casius, a, um. *Luc.* Del monte Larisa, Casius Júpiter. *Plin.* Júpiter adorado en el monte Larisa.

†Casnar, ăris. m. *Varr.* El viejo.

Căso, ās, āvi, ātum. āre. n. *Plaut.* Caer muchas veces.

Caspērĭa, ae. f. *Virg.* Aspra, *castillo antes, y ahora un lugar de los sabinos*.

Caspiācus, a, um. V. Caspius.

Caspiădae, ārum. m. *Val. Flac.* V. Caspii.

Caspĭāli, ōrum. m. plur. *Mel.* y

Caspii, ōrum. m. plur. *Plin.* Los caspios, *pueblos de Hircania*.

Caspĭnus, a, um. *Avien.* V. Caspius.

Caspium mare. *Plin.* El mar caspio entre la Tartaria desierta y el reino de Persia.

Caspius, a, um. *Estac.* Caspio, de los caspios.

Cassandra, ae. f. *Virg.* Casandra, *hija de Priamo y de Ecuba, amada de Apolo, que pronosticó la ruina de Troya*.

Cassātus, a, um. *Casiod.* Casado, abrogado, anulado ó deshecho.

Casse. adv. *Liv.* En vano.

Cassesco, is, scĕre. n. *Solin.* Desvanecerse, abrogarse, anularse, deshacerse.

Casses, ium. f. plur. *Virg.* Redes, lazos, trampas de cazadores.

Cassiānus, a, um. Perteneciente á Casio, ciudadano romano.

Cassĭcŭlum, i. n. *Fest.* y

Cassĭcŭlus, i. m. *S. Ger.* Redecilla, red pequeña.

Cassĭda, ae. f. *Virg.* El casco ó casquete, celada, armadura de la cabeza.

Cassĭdārius, ii. m. *Inscrip.* El que hace celadas.

Cassilia, ae. f. ó

Cassilium, ii. n. Casel, *ciudad de Irlanda*.

Cassīnum, i. n. *Plin.* Casino, *ciudad de Campania*.

Cassĭodōrus, i. m. Marco Aurelio Casiodoro, natural de Ravena. *Célebre escritor cristiano, que floreció á mitad del siglo VI de Cristo; tuvo los mayores empleos y mucha estimacion con Teodorico y otros reyes godos posteriores de Italia, y acabó sus dias en un monasterio en el territorio de Calabria.*

Cassĭŏpe, es. f. y

Cassĭŏpea, ae. f. ó

Cassĭŏpeia, ae. f. *Prop.* Casiopea, *muger de Cesto, rey de Etiopia, á cuya hija Andrómeda libertó Perseo de una ballena, á quien fue arrojada en pena de la presuncion de su hermosura.* ∥ *Plin.* Casiope, hoy Santa María de Casopo, *ciudad y puerto de Corcira*.

Cassis, ĭdis. f. *Ces.* Casco, casquete, yelmo, celada, morrion, armadura de la cabeza.

Cassis, is. f. *Ov.* La red para cazar. ∥ *Virg.* La tela de araña. Casses alicui tendere. *Tib.* Poner asechanzas á alguno, armársela.

Cassĭta, ae. f. *Gel.* La alondra, ave.

Cassĭtĕrĭdes, um. f. plur. Isla del océano occidental.

Cassiteron, i. n. *Plin.* El estaño, metal semejante al plomo, pero mas blanco.

Cassius, a, um. *Cic.* De Casio, nombre propio romano.

Casso, ās, āre. a. *Sid.* Casar, abrogar, derogar, anular ó deshacer.

Cassovia, ae. f. Cassau, *ciudad de Hungría*.

Cassus, a, um. *Cic.* Vano, inútil, frívolo, de ningun valor. ∥ Vacío. Cassus aer lumine. *Lucr.* Tiempo oscuro, cubierto de nubes. — Labor. *Plin. Juv.* Trabajo inútil, en balde, tiempo perdido. — Lumine. *Virg.* Muerto, difunto. — Luminis, lumine. *Cic.* Ciego. Augur cassa futuri. *Estac.*

Adivina ignorante. Cassa nux. *Hor.* Nuez vana, hueca, que nada tiene dentro. De cassum viene In cassum. adv. *Luc.* En vano, en balde.

Castălia, ae. f. *Virg.* Lo mismo que Castalius mons, vel fons. Nombre de una muger. ∥ Fuente del monte Parnaso consagrada á Apolo y á las musas.

Castălĭdes, um. f. pl. *Marc.* Las musas.

Castălis, ĭdis. com. *Marc.* y

Castălius, a, um. *Ov.* De Castalia ó del monte Parnaso.

Castamola, ae. f. *Fest.* Uno de los sacrificios de las Vestales.

Castănea, ae. f. *Varr.* El castaño, árbol. Castanea nux. *Virg.* La castaña, fruta de este árbol.

Castănētum, i. n. *Colum.* El castañar ó castañal, el sitio donde hay muchos castaños, castañedo.

Castănĕus, a, um. *Sip.* De castañas, de castaño ó del castañar.

Caste, ius, issĭme. adv. *Cic.* Casta, honestamente, con pureza, continencia é integridad.

Castella, ae. f. Castilla, *reino de España*.

Castellamentum, i. n. *Arnob.* Servicio de mesa en forma de pirámide. Deser.

Castellana, ae. f. Castellana, *ciudad de Francia en la Provenza*.

Castellānus, i. m. *Salust.* El que vive en un castillo ó bajo el amparo de él. Castellani agrestes. *Plin.* Los que viven cerca ó en el territorio de un castillo. *Llámase entre nosotros castellano al gobernador ó alcaide de un castillo, castellanía el territorio separado de otros á manera de provincia, en que hay leyes y jurisdiccion particular* V. Castellarius.

Castellānus, a, um. *Cic.* De castillo. ∥ Castellano, el natural del reino de Castilla. Castellanus triumphus. *Cic.* Triunfo por haber ganado un fuerte, un castillo. — Miles. *Liv.* Soldado de guarnicion, destacado en un fuerte.

Castellārius, ii. m. *Front.* Castellano, el que tiene á su cuidado la guarda de las arcas de agua.

Castellātim. adv. *Liv.* Por patrullas, por bandas, piquetes ó pelotones de tropas. ∥ *Plin.* Por montones, con separacion. ∥ De castillo en castillo.

Castellētum, i. n. Chatelet, *ciudad de Picardia*.

Castellio, ōnis. f. Chatillon, *ciudad de Francia en Champaña*.

Castellōdūnum, i. n. Chateaudum, *ciudad de la provincia de Chartrain*.

Castellum, i. n. *Cic.* Castillo, fortaleza, ciudadela, fuerte, alcázar. ∥ *Vitruv.* El depósito ó arca de agua en los conductos. Castellum philosophiae. *Cic.* El fuerte de la filosofía. — Forensis latrocinii. *Cic.* Apoyo, refugio del ladronicio forense.

Castellum Album. n. Castel blanco, *ciudad de Portugal*.

Castellum Aquarum. n. Baden, *ciudad de la Suiza*.

Castellum Arianorum. n. Castel Naudari, *ciudad de Lenguadoc*.

Castellum Hunnorum. n. Castel Nao, *ciudad de Gascuña*.

Castellum Menapiorum. n. Quesel, *ciudad de Brabante*.

Castellum Morinorum. n. Casel, *ciudad de Flandes*.

Castellum, in Vosago. Chatel, sobre el Mosela, *ciudad de Lorena en Francia*.

Castērĭa, ae. f. *Plaut.* El lugar en que se guardan los remos y armamentos de una nave cuando no navega. ∥ El almacen del cordage y jarcia. ∥ Arsenal.

Castĭfĭco, ās, āre. a. *S. Ag.* Castificar, hacer casto y continente.

Castĭfĭcus, a, um. *Sen.* El que hace casto, ó infunde castidad.

Castĭgābĭlis. m. f. lĕ. n. is. *Plaut.* Digno de represion ó de castigo.

Castĭgāte, ius, issĭme. adv. *Sen.* Castigada, pura, correctamente, con estudio y lima de lo vicioso.

Castĭgātio, ōnis. f. *Cic.* Castigo ó correccion. ∥ Enmienda, represion, correccion.

Castĭgātor, ōris. m. *Hor.* Castigador, el que castiga ó es puntual en que se castiguen los vicios. ∥ Censor, crítico, reprendedor, el que corrige ó enmienda.

Castigatōrius, a, um. *Plin. men.* Lo que sirve y es á propósito para castigar, reprender, corregir.

Castigātus, a, um. *Tac.* Reprendido, corregido, enmendado. ‖ Castigado, corregido severa ó rigurosamente por delito ó culpa. ‖ Pulido, muy esmerado, sumamente culto. *Castigatus animi dolor. Cic.* Sentimiento del ánimo suavizado, minorado. *Castigatissimae formae mulier. Cic.* Muger de una hermosura cumplida, perfecta.

Castigo, ās, āvi, ātum, āre. a. *Cic.* Castigar, corregir severa y rigurosamente por culpa ó delito. ‖ Reprender, corregir, enmendar. ‖ *Plin.* Templar, moderar, suavizar. *Castigare se in re aliqua. Cic.* Castigarse, enmendarse, corregirse, reprenderse en algo. — *Verbis aliquem. Cic.* Dar una reprension á alguno. — *Moras. Virg.* Reprender la tardanza, dar prisa. — *Marc.* Castigar la pereza. — *Carmen ad unguem. Hor.* Dar la última mano á los versos, pulirlos con el mayor esmero y lima. — *Dolorem. Luc.* Moderar el dolor.

Castimōnia, ae. *f. Cic.* y
Castimōnium, ii. *n. Apul.* ó
Castĭtas, ātis. *f. Cic.* y
Castitūdo, ĭnis. *f. Acc.* Castidad, honestidad, continencia, pureza, integridad de costumbres.

Castimōniālis. m. f. lĕ. n. is. *Pal.* Lo que pertenece á la castidad.

Castor, ōris. *m. Plin.* El castor, animal anfibio; *parecido en el cuerpo á la nutria.* ‖ Castor, *hermano de Polux y Helena.* ‖ Castor y Polux, *especie de meteoro, llamado de los marineros Santelmo, es un fuego corto, que suele aparecer en tiempo de tempestad en las entenas de los navíos.*

Castōrea, ōrum. *n. plur. Virg.* y
Castōreum, i. *n. Cels.* El castoreo, ungüento de los testículos del castor, que son muy medicinales.

Castōreus, a, um. *Plin.* y
Castorīnātus, a, um. *Sid.* ó
Castorīnus, a, um. *Marc. Emp.* Del ó perteneciente al castor.

Castra, ōrum. *n. plur. Cic.* El campamento, el lugar donde el ejército está acampado, el pabellon, las tiendas, el campo, el cuartel. *Castra hyberna.* Cuarteles de invierno. — *Aestiva.* Campamento de verano. — *Cerea. Claud.* La colmena de las abejas. *Castra movere. Virg.* Levantar el campo. — *Constituere. — Facere. Caes. — Locare. Cic. — Imponere. Sil. Ital. — Metari. Liv. — Ponere. Cic.* Campar, tomar campo el ejército, sentar su real. *Castris conferre. Liv. Convertere. Caes.* Campar á vista del enemigo. *Cingere vallo. Cic.* Hacer líneas de circunvalacion. — *Navalia. Caes. — Nautica. Corn. Nep.* La armada naval ó el muellage de ella, el ancorage. — *Habere ad oppidum. Cic.* Sitiar, poner su campo sobre una ciudad. — *Stativa. Cic.* Campo de detencion, donde se está algun tiempo. — *Adequitare. Tac.* Hacer la ronda, campear, hacer cabalgadas al rededor del campo. *Castrorum metator. Cic.* El mariscal de campo, el que señala el campo al ejército. *Castris exuere. Sil. Ital.* Desalojar á los enemigos, echarlos de sus cuarteles. *Castris insistere. Ov.* Permanecer firme en su campo.

Castra Caecilia. *f. Plin.* Castra Cecilia, *ciudad antigua de España en la comarca de la colonia narbonense ó cetariana.*

Castra Julia. *f. Plin.* Castra Julia, *ciudad de España de la misma colonia que Castra Cecilia.*

Castra Constancia. *f.* Cutance, *ciudad de Normandía.*
Castra Luci. *f.* Calus, *ciudad de Francia.*
Castra Postumiana. *Hirc.* Castillo del rio, *pequeño castillo de Andalucía.*

Castramētans, tis. *m. Liv.* Mariscal de campo, y tambien de logis, *porque van los dos juntos á marcar el campo de dia para apostar las guardias.*

Castramētatio, ōnis. *f. Bud.* El campamento, la accion y forma de campar un ejército.

Castramētator, ōris. *m. Vitruv. V.* Castrametans.

Castramētor, āris, ātus sum, āri. dep. *Liv.* Tomar las dimensiones de un campo, repartir, distribuir el terreno y los puestos, formar un campamento.

Castrata, ae. *f. Plin.* La harina castrada, que es la cernida quitado el salvado.

Castrātio, ōnis. *f. Colum.* La castradura, la accion de castrar ó capar.

Castrātor, ōris. *m. Tert.* El castrador ó capador.

Castratōrius, a, um. *Palad.* Perteneciente á la castradura ó capadura.

Castratūra, ae. *f. Plin.* La castradura, la accion de limpiar el grano.

Castrātus, a, um. *Plin.* Castrado, capado. ‖ Limpio, cernido. *Castrata respublica. Cic.* República consumida; que ha perdido su lustre y gloria. — *Vitis. Plin.* Vid ó rama podada.

Castra Ulpia. *f.* Cleves, *ciudad de Alemania.*

Castrensiānus, a, um. *Lampr.* Ministros del sacro palacio, que tenian varios oficios, como de maestresala, copero, panadero, guardaropa &c.

Castrensiārius, a, um. *Vet. Inscr.* Lo mismo que
Castrensis. m. *f.* lĕ. n. is. *Cic.* Castrense, lo que pertenece al ejército ó campo de guerra. *Castrensis corona. Fest.* Corona con que se premiaba al que entraba primero en el campo enemigo. — *Ratio. Cic.* Las ordenanzas militares, las leyes de la guerra. — *Triumphus. Liv.* Triunfo concedido al que quedaba señor del campo en una accion. — *Cibus. Sparc.* Comida de campaña dispuesta con prontitud. *Castrense verbum. Plin.* El santo de la milicia. — *Peculium. Pomp.* Peculio castrense. — *Stipendium. Plin. men.* El sueldo, la paga del soldado.

Castriciānus, a, um. *Cic.* De Castricio, nombre propio romano.

Castro, ās, āvi, ātum, āre. a. *Varr.* Castrar, capar. *Castrare arbores. Plin.* Limpiar, mondar los árboles, podarlos. — *Alvearia. Colum.* Castrar las colmenas, quitar los panales con la miel, dejando á las abejas el panal suficiente para mantenerse, y criar de nuevo. — *Avaritiam. Claud.* Corregir, templar la avaricia. — *Vites. Catul.* Podar las viñas. — *Vina saccis. Plin.* Colar, pasar el vino por una manga para clarificarle y suavizarla.

Castrum, i. *n. Cic.* Castillo, fuerte, fortaleza, alcázar, ciudadela. ‖ *Plaut.* El real ó sitio, donde está acampado el ejército. *Castris undecimis. Q. Curc.* A once dias de marcha.

Castrum, i. *n.* Chartres, *ciudad de la isla de Francia.* ‖ Castro, *ciudad de Toscana.*

Castrum Albiensium. *n.* Castres, *ciudad de Lenguadoc.*
Castrum Altum, ó Alatum. *n.* Edimburgo, *capital de Escocia.*
Castrum Brientii. *n.* Chateaubrian, *ciudad de Bretaña.*
Castrum Britonum. *n.* Dumbriton, *ciudad de Escocia.*
Castrum Cameracense. *n.* Chateau Cambresis, *ciudad de Flandes.*
Castrum Corvolinum. *n.* Corbella, *ciudad de Francia.*
Castrum Dunum. *n.* Chateaudum, *ciudad de Beauce.*
Castrum Fruentinum. *n. Cic.* La torre de Segura en la Marca de Ancona.
Castrum Gontheri. *n.* Chateagontier, *ciudad de Anjou.*
Castrum Heraldi. *n.* Chatelleraut, *ciudad de Poitou.*
Castrum Iphium. *n.* Chateau d'If, *fortaleza cerca de Marsella.*
Castrum ad Laedum. *n.* Castillo de Loera, *ciudad de Maine.*
Castrum Novum. *n.* Chateau Nef, *ciudad de Francia.*
Castrum Novum Arrii. *n.* Castelnodati, *ciudad de Lenguadoc.*
Castrum Sancti Anemondi. *n.* Sanchamondo, *ciudad de Francia en el Leonés.*
Castrum Theodoricum. *n.* Chateautierri, *ciudad de Bria.*

Castŭla, ae. *f. Varr.* La faja ó ceñidor que se ponian las mugeres por bajo del pecho.

Castŭlo, ōnis. *f. Plin.* Caslona la vieja, *pueblo de Andalucía junto al rio Guadiana.*

Castulonensis. m. *f.* sĕ. n. is. *Plin.* De Caslona ó de su comarca en Andalucía.

Castum, i. *n. Ter.* Tiempo de mortificacion ó de sacrificio á Isis ó Ceres. *In casto Cereris esse. Fest.* Estar en la celebracion de los misterios de Ceres, en cuyo tiempo las mugeres guardaban continencia.

Castus, us. *m. Varr.* Ceremonia de religion. *V. Ritus.*
Castus, a, um. *Cic.* Casto, honesto, puro, continente,

modesto. ‖ Limpio, incorrupto, entero, íntegro. *Castus moribus. Marc.* Hombre de costumbres puras.— *A culpa. Plaut.* Irreprensible, sin tacha. *Castissimus vir. Cic.* Hombre de una rectitud, de una integridad, de una conducta muy pura.

Cāsuālis. *m. f* lě. *n. is. Varr.* Casual. *Casualis declinatio. Diom.* La declinacion de los nombres.

† Casuāliter. *adv. Sidon.* Casualmente, impensadamente, sin premeditacion ni deliberacion.

Cāsŭla, ae. *f. Plin.* Casilla, casita, choza, cabaña.

Cāsurgis, ĭdis. *f.* Ciudad que se cree ser Praga, capital de Boemia.

Cāsus, us. *m. Cic.* Caso, suceso, acontecimiento regular ó casual. ‖ Caida. ‖ Accidente, desastre, desgracia, infortunio. ‖ Daño, peligro, ruina, destruccion. ‖ Caso fortuito, aventura, azar, encuentro inopinado. ‖ Caso ó variacion de un nombre. *Casus latinus. Varr.* El ablativo.— *Urbis. Virg.* Ruina de la ciudad.— *Maris. Tac.* Marini. *Virg.* Los peligros, los riesgos del mar.— *Gravissimus. Cic.* Terrible situacion. *In casum dare. Tac.* Esponer, aventurar. *Casu. Cic.* Por casualidad.

Catābăsis, is. *f. Macrob.* La bajada ó descenso.

* Cătābathmos, i. *m. Salust.* Sitio declive.

Catābolensis. *m. f.* sě. *n. is. Cod. Teod.* El que conduce el grano al molino.

Catabolĭci spiritus. *Tert.* Los genios infaustos ó calumniadores, que ponen furiosos á aquellos de quienes se apoderan.

* Catacecaumēnes, es. *f. Vitruv.* La region ardiente que habitan los misios y lidios, donde no hay mas árboles que viñas.

* Cătăcecaumĕnītes. *m. Vitruv.* El vino generoso que producen los collados de Misia.

Cătăchrēsis, is. *f. Varr.* Catacresis ó abusion, figura retórica. *V.* Abusio.

Cătĕclīsta vestis. *Tert.* Vestido nuevo y flamante, que se tiene guardado, y se saca solo en los dias festivos.

Cătēclistīcus, a, um. *Venanc.* Precioso y muy guardado.

Cataclīta, ōrum. *n. plur. Tert.* La alfombra pintada ó bordada para cubrir el suelo.

Cătăclysmus, i. *m. Varr.* Cataclismo, el diluvio, inundacion ó avenida.

* Cătăcrĭsis, is. *f. Cic.* Decreto, auto, sentencia, condenacion.

Cătădrŏmus, i. *m. Suet.* La cuerda tirada de alto abajo, por la que suben y bajan los que danzan en la maroma en el teatro, y la misma cuerda donde bailan.

* Cătădūpa, ōrum. *n. plur. Cic.* Catadupa del Nilo, *un parage de Etiopía, donde las aguas de este rio caen por una montaña muy fragosa con tanto ruido, que hacen sordas á las gentes de la comarca.*

Cătădūpi, ōrum. *m. plur. Plin.* Los que habitan cerca de Catadupa, ó las cataratas del Nilo en Etiopía.

Cătaegis, ĭdis. *f. Apul.* Viento impetuoso, borrasca. ‖ *Sen.* Viento particular de Panfilia.

Cătăgelasĭmus, i. *m. Plaut.* El mofador, burlon, que hace burla y mofa de otro.

* Cătăgrăpha, ōrum. *n. plur. Plin.* Imágenes, pinturas que solo se ven de medio perfil ó de lado.

Cătăgrăphus, a, um. *Catul.* Pintado, delineado.

Catagūsa, ae. *f. Plin.* Estatua de bronce hecha por Praxíteles, *que representaba á Ceres sacando á su hija Proserpina de los infiernos.*

Cataia, ae. *f.* El Catai, *reino de Tartaria.*

Catalaŭnensis. *m. f.* sě. *n. is.* Catalan ó de Cataluña.

Catalaŭnia, ae. *f.* Cataluña, *reino y principado de España.*

Catalaunīcus, a, um. Natural de Chalons en Champaña.

Catalaunium, ii. *n.* y

· Catalaunum, i. *n.* Chalons, *ciudad de Champaña en Francia sobre el Marne.*

Catalecta, ōrum. *n. plur. Aus.* Coleccion.

Catalectĭcus, a, um. y

Catalectus, a, um. *Diom.* Verso cataléctico ó catalecto, al cual falta una sílaba en el fin.

Cătălŏgus, i. *m. S. Ger.* Catalogo, lista, memoria, inventario de personas, cosas ó sucesos puestos por órden.

Catamidio, ó Catomidio, as, āvi, ātum, āre. *a. Petron.* Azotar en las espaldas. ‖ Esponer á la risa del público ó á la vergüenza.

Cătămītus, i. *m. Apul.* Epíteto de Ganimedes, catamito y copero de Júpiter. ‖ *Cic.* El hombre afeminado.

Catampo, ōnis. *m. Fest.* Un juego desconocido entre dos.

Catăna, ae. *f. Cic.* Catania, *ciudad de Sicilia á la falda del monte Etna.*

Catanance, es. *f.* Catanance, *árbol de que hay dos especies, la segunda de las cuales se llama bistorta, que es como un manzano pequeño.*

Cataphāges, ae. *m. Petr.* El comedor ó tragador, el hombre voraz en comer.

Cătăphracta, ae. *f. Veg.* La coraza ó cota de malla, armadura de hombres y de caballos, jaco, coselete.

Cătăphractārius, a, um. *Lamp.*

Cătăphractus, a, um. *Salust.* Coraza ó coracero, armado de coraza.

Cătăpīrātes, ae. ó

Cătăpīrāter, ēris. *m. Lucil.* La sonda, escandallo ó plomada para saber y medir la profundidad del mar.

Cătăplasma, ătis. *n. Cels.* Cataplasma, emplasto.

Cătăplasmo, as, āre. *a. Col. Aur.* Poner, aplicar un emplasto.

Cătăplasmus, i. *V.* Cataplasma.

Cătăplexis, is *f. Lucr.* Admiracion, pasmo, estupor.

* Cătăplus, i. *m. Marc.* Nave que vuelve al puerto de donde salió. ‖ Escuadra que arriba á un puerto.

Cătăpōtium, ii. *n. Cels.* La catapocia, la píldora que se traga sin mascar por remedio.

Cătăpulta, ae. *f. Cels.* La catapulta, máquina de que usaban los antiguos en la guerra para tirar dardos grandes. ‖ El mismo dardo.

Cătăpultārius, a, um. *Plaut.* Perteneciente á, ó arrojado por la catapulta.

Cătăpultārius, ii. *m. Plaut.* El soldado que manejaba la catapulta.

Cătăracta, ae. *f.* ó Caterrhacta, y Cataractes, ae. *m. Plin.* Lugar estrecho y abierto de donde salen las aguas con ímpetu. ‖ El rastrillo ó compuerta formado á modo de reja. ‖ *Liv.* La represa ó dique de un rio. ‖ La esclusa para detener ó dar elevacion á las aguas en los canales. ‖ La compuerta de la esclusa.

Cătarrhus, rrhi. *m. Marc. Emp.* Catarro, fluxion ó destilacion que cae con esceso de la cabeza á las narices, boca y pecho.

Cătarrytum, i. *n. Ipona, ciudad de Africa.*

* Cătăscŏpium, ii. *n. Gel.* Bergantin, jabeque, fragata ligera, bote para ir á descubrir el mar.

* Cătăscŏpus, *m. Hirc.* Espía, esplorador, atalaya.

Cătasta, ae. *f. Tibul.* La catasta, potro compuesto de maderos atravesados en forma de aspa, con que atormentaban á los reos y á las mártires. ‖ *Suet.* Tablado en la plaza pública adonde vendian los esclavos.

Catastagmus, i. *m. Cels.* La destilacion.

Catastolĭcus, a, um. *Veg.* Que tiene fuerza de contener ó comprimir.

* Cătăstrōma, ătis. *n.* El puente del navío, la tilla, conves, crugía ó cubierta de la nave, el puente mas alto de ella.

* Cătăstrŏphe, es. ó Cătăstrŏpha, ae. *f. Petron.* La catástrofe, *la última parte de la tragedia ó comedia, el desenlace, desenredo ó solucion de la fábula, en que viene á parar la accion en éxito feliz ó infeliz.*

* Cătastus, i. *m. Vitruv.* El esclavo que se vende en un tablado en la plaza.

* Cătătechnos, ó Catatechnus, a, um. *Vitruv.* Artificioso, esmerado, *para cuya perfeccion no se perdona trabajo alguno.*

Cătătŏnus, a, um. *Vitruv.* Inclinado hácia abajo.

* Cătătypōsis, is. *f.* Figura retórica, *que equivale á copia ó imitacion en que se describe la forma ó figura de alguna cosa.*

† Cătax, cis. *com. Lucil.* El cojo.

Cāte. *adv. Plaut.* Ingeniosa, diestra, astutamente.

CAT

* Cătēchēsis, is. f. S. Ger. Catecismo, instruccion de la doctrina cristiana. El libro que la contiene.
Cătēchētĭcus, a, um. Eccles. Perteneciente al catecismo.
Cătēchismus, i. m. S. Ag. El catecismo. V. Catechesis.
Cătēchista, ae. m. S. Ger. Catequista, el que instruye y enseña la doctrina cristiana.
Cătēchizo, ó Catechiso, as, āre. a. S. Ag. Catequizar, instruir en, enseñar la doctrina cristiana.
Cătēchūmĕna, ae. f. S. Ag. y
Cătēchūmĕnus, i. m. S. Ger. Catecúmeno, na, la persona que empieza á instruirse en la doctrina cristiana y sus misterios.
Cătēchuntes, um. m. plur. Vitruv. Lugares que comunmente hacen la voz confusa y sorda.
Cătēgŏrēma, ătis. n. y
Cătēgŏrĭa, ae. f. S. Ger. Acusacion. ‖ Predicamento.
Cătēgŏrĭcus, a, um. Sidon. Categórico, que se aplica á la simple proposicion que afirma ó niega.
Cateia, ae. f. Virg. Dardo arrojadizo, de que usaban los antiguos galos y teutones.
Cătella, ae. f. Juv. La perrilla, perra pequeña. ‖ Liv. La cadenita, manilla ó brazalete.
Cătellŭlus, i. m. Diom. dim. de
Cătellus, i. m. Cic. El cachorrillo, perro pequeño.
Cătēna, ae. f. Cic. La cadena. ‖ Plin. El cíngulo, ceñidor ó cinto. ‖ Gel. El orden y encadenamiento de las cosas.
Cătēnae, ārum, f. plur. Cic. Las cadenas, grillos ó prisiones. Catenarum plena quaestio. Cic. Cuestion, causa llena de embarazos y dificultades. Catenis legum obstrictus. Cic. Reprimido por el rigor de las leyes. Catenarum colonus. Plaut. Siervo que ha estado preso mucho tiempo.
Cătēnārĭus, a, um. Sen. El que está atado á la cadena, como el perro que guarda la puerta, ó el delincuente y forzado.
Cătēnātĭo, ōnis. f. Vitruv. Encadenamiento. Prision. ‖ Union y atadura.
Cătēnātus, a, um. Flor. Encadenado, aprisionado, atado con cadenas. Catenatus hamus. Plin. Anzuelo hecho en forma de cadena. — Janitor. Colum. El perro ó el esclavo atado á una cadena para guardar la puerta. Catenata lagena. Marc. Botella ó frasco esterado, cubierto de mimbres ó juncos. — Equorum lingua. Estac. La lengua del caballo á la que detiene el freno. — Palestra. Estac. La lucha en que se asierran y enlazan los brazos y los piés como con cadenas. Catenati labores. Marc. Trabajos continuos que se suceden unos á otros sin intermision. — Versus. Quint. Versos encadenados, enlazados unos con otros dificiles y oscuros.
Cătēno, as, āvi, ātum, āre. a. Ven. Fortun. Encadenar, aprisionar, cargar de hierro.
* Cătēnōplium, ii. n. Aus. Cancion á la cual danzaban haciendo ruido con las armas.
Cătēnŭla, ae. f. Paul. Nol. Cadenilla, cadena pequeña. dim. de Catena.
Caterva, ae. f. Cic. Caterva, multitud de personas ó animales juntos en algun parage sin orden. ‖ Veg. Cuerpo de tropas de los antiguos galos y celtíberos, compuesto de seis mil hombres. ‖ Nep. Cualquier cuerpo de tropas. Virg. Escuadron de infantería.
Catervārius, a, um. Suet. Gente que va á tropas, bandas, catervas ó pelotones.
Catervātim. adv. Liv. En tropas, por catervas.
* Cathartĭcus, a, um. Cels. Purgante, lo que tiene virtud de purgar.
Cathĕdra, ae. f. Juv. La silla ó asiento. ‖ Hor. La silla poltrona. ‖ Marc. La cátedra desde donde enseña el maestro. Molles cathedrae. Juv. Mugeres delicadas que viven con mucho lujo.
Cathĕdrālĭtĭus, a, um. Marc. Perteneciente á la cátedra ó silla.
Cathĕdrārĭus, a, um. Sen. Perteneciente á la cátedra ó silla. Cathedrarii philosophi. Sen. Filósofos solo en el nombre ó en la cátedra. — Oratores. Sid. Oradores que enseñan la elocuencia en la cátedra, y no se atreven á presentarse en los tribunales.
* Cathemerīnon. gen. de plur. Prud. De los cotidianos,

CAT 125

título que dió á una parte de sus poemas, en que comprendió varios himnos para cantarse en ciertos dias y horas.
Cathĕter, ēris. m. Cel. Aur. La geringa, instrumento de cirugía.
Cathētus, i. m. Vitruv. Cateto, línea perpendicular, plomo ó plomada que se usa en la arquitectura.
Cathŏlĭcē. adv. Tert. En general, universalmente. ‖ S. Ger. Católica, religiosamente, conforme á la doctrina católica.
Cathŏlĭcĭāni, ōrum. m. plur. Cod. Teod. Los oficiales de los católicos. Esta era dignidad y magistratura de África; procuradores del fisco, y administradores de rentas.
Cathŏlĭcus, a, um. Plin. Universal, católico, perteneciente á todos. ‖ Prud. Lo perteneciente á la fe divina y á la religion cristiana, católica.
Cati-fons. Fest. La fuente de que bajaba el agua petronia al rio Tiber, dicha asi por estar en el campo de un ciudadano llamado Cato.
Caticārius vicus. Barrio desconocido de Roma.
Catilīna, ae. m. Lucio Sergio Catilina, patricio romano, que en compañía de otros nobles se conjuró contra la república. Descubrió Ciceron sus designios; y habiéndose él salido voluntariamente desterrado, movió su ejército contra Roma, y presentó batalla al cónsul Cayo Antonio, en la que murió desesperado con todas sus tropas.
Catilīnānus, a, um. Plin. y
Catilīnārius, a, um. Cic. Perteneciente á Catilina.
Cătilla, ae. f. Plaut. La muger golosa.
Cătillātĭo, ōnis. Fest. La accion de lamer los platos, de golosear.
Cătillātus, a, um. Plaut. Lamido ó goloseado.
Cătilli, ōrum. m. plur. Virg. Pueblos de los sabinos junto al monte Catilo.
Cătillo, as, āvi, ātum, āre. a. Plaut. Lamer los platos, golosear.
Cătillo, ōnis. m. Lucil. El lameplatos, el goloso. ‖ Lucil. El pez lobo que se alimentaba de estiércol entre los dos puentes del Nilo.
Cătillus, i. m. ó Catillum, i. n. Colum. El platito ó platillo, plato pequeño ó escudilla.
Cătillus, i. m. Hor. Catilo, hijo de Anfiarao, fundador de la ciudad de Tibur, hoy Tívoli en Italia. ‖ Monte de Tívoli.
Cătīna, ae. f. y
Cătīnē, es. f. Silv. V. Catana.
Cătĭnensis, y Catanensis. m. f. sc. u. i. Cic. De Catania.
Cătĭnienses, ium. m. plur. Cic. Los naturales de Catania.
Cătĭniensis. V. Catinensis.
Cătĭnŭlus, i. m. Varr. V. Catillus.
Cătĭnum, i. n. Varr. y
Cătĭnus, i. m. Hor. El plato ó escudilla.
Catius, ii. m. S. Ag. Cacio, dios de los romanos que presidia á los jóvenes para hacerlos agudos é ingeniosos.
Cătlaster, tri. m. Vitruv. El jóven robusto.
Cato, ōnis. m. Caton, varon romano, ilustre y muy severo, llamado el Uticense, nieto de Caton el Censor. Otro llamado el Censor.
* Cătoblepas, ae. m. Plin. La catoblepa, bestia fiera de Etiopia muy ponzoñosa, asi llamada porque mira hácia abajo.
* Cătochītes, ae. m. Plin. La catoquites, piedra preciosa de Córcega que se pega á la mano como goma.
Cătŏchus, i. m. Paul. Jct. Modorra, especie de letargo, durante el cual estan cerrados los ojos.
Cătōmĭdĭo, as, āre. a. Plaut. Azotar en las espaldas.
† Cătōmĭum, ii. n. Laber. La nuca del cuello.
† Catomum, i. n. V. Catomium.
Cătōnĭānus, a, um. Cic. Perteneciente á Caton.
† Cătōnĭum, ii. n. Cic. El infierno, lugar subterráneo.
Cătoptrĭca, ae. f. y
Cătoptrĭce, es. f. Catoptrica, parte de la matemática, que trata de las propiedades del rayo ó reflejo.
* Cătōpyrītes, ae. m. Plin. La catopirites, piedra preciosa que se cria en Capadocia.
Catorchītes vinum. Plin. El vino hecho de higos, llamado sicites, pazmigrino y catorquite.

Cătorthŏma, atis. n. *Cic.* Accion de virtud perfecta.

Cătorthōsis, is. f. *Cic.* Inclinacion á la virtud.

Catta, ae. f. *Marc.* Cierta ave desconocida de Panonia.

Cattae, ārum. m. plur. y

Catti, ōrum. m. plur. *Tac.* Los naturales de Hesse de Brunsvic.

Cattuāci, ōrum. m. plur. *Ces.* Los habitantes de Dovai y sus contornos.

Cattŭla, ae. f. *Prop.* La perrilla, cachorra, perra nueva.

Cattŭlaria, ae. f. *Fest.* Una de las puertas de Roma, asi llamada porque cerca de ella se hacia un sacrificio de una perra roja á la canícula por la conservacion de los frutos.

Catulaster. V. Catlaster.

Cătŭlastra, ae. f. *Drac.* La doncella robusta y casadera.

Cătŭliānus, a, um. *Plin.* Perteneciente á Catulo, ciudadano romano.

Cătŭlinus, a, um. *Plin.* Perteneciente al cachorro, perro nuevo. *Catulina caro. Fest.* Carne de perro.

Cătŭlio, is, ivi, ītum, ire. a. *Varr.* Andar salidas, se dice de las hembras de algunos animales, y en especial de las perras cuando tienen propension al coito.

Cătŭlitio, ōnis. f. *Plin.* El andar calientes ó salidas las perras.

Cătŭlus, i. m. *Cic.* El cachorro, perro pequeño y nuevo. ‖ El parto de casi todos los animales. ‖ *Fest.* El collar con que tenian presos á los siervos, y el del perro.

Catulliānus, a, um. *Marc.* Del poeta Catulo.

Catullus, i. m. *Suet.* Cayo Valerio Catulo, veronés, poeta lírico, célebre en el tiempo de Julio César.

Cătumeum, i. n. *Arnob.* Torta ó mazapan hecho con carne del cuello del animal sacrificado.

Cătŭriges, um. m. plur. *Plin.* Pueblos de Italia del otro lado del Pó. ‖ *Ces.* Pueblos de la Galia cerca de Ambrum y de Gap.

Cătus, a, um. *Cic.* Avisado, prudente, circunspecto, astuto y recatado. ‖ *Hor.* Ingenioso, hábil, sutil. *Legum catus. Aus.* Jurista sabio.— *Jaculari cervós. Hor.* Diestro para cazar los ciervos. *Cata dicta. Varr.* Dichos agudos.

Cătus, i. m. *Palad.* El gato, animal bien conocido. ‖ *Veg.* Máquina militar, lo mismo que vinea ó pluteus, de la cual cubiertos los soldados, se acercaban á destruir el muro y cegar los fosos de una plaza.

Caŭcalis, lidis. f. *Plin.* La caucalis, yerba semejante al hinojo, y en el sabor y olor á la pastinaca, nace en los sembrados, y algunos la llaman dauco silvestre.

Caŭcăseus, a, um. *Virg.* y

Caŭcāsius, a, um. *Prop.* Del monte Cáucaso. *Caucasiae portae. Plin.* El estrecho entre el monte Cáucaso y el mar Caspio.

Caŭcăsus, i. m. *Plin.* El Cáucaso, monte muy alto de Asia que separa la India de la Escitia.

Caucoliberis, is. f. Colibré, ciudad del condado de Rosellon en Francia.

Caucus, i. m. *Esparc.* Taza ó vaso para beber.

Cauda, ae. f. *Cic.* La cola del animal. ‖ *Hor.* El miembro viril. *Caudam jactare. Pers.* Menear la cola halagando. ‖ *Jactare alicui. Pers.* Lisonjear á uno, acariciarle. *Trahere. Hor.* Llevar cola, espresion proverbial para decir que se burlan de alguno por la costumbre, así antigua como moderna, de coser ó pegar una cola por detras á quien se quiere hacer alguna burla.

Caudea, ae. f. *Plin.* Cesta de juncos ó mimbres delgados.

Caudeus, a, um. *Plaut.* Lo que es hecho de un tronco. ‖ Lo que es de la cola.

Caŭdex, ĭcis. m. *Virg.* El tronco del árbol. ‖ *Ter.* El hombre necio, tonto, majadero. ‖ *Gel.* La union de muchas tablas. ‖ *Juv.* El pedazo de madera que sirve de asiento.

Caŭdĭcālis. m. f. lĕ. n. is. *Plaut.* De tronco ó pie de árbol. *Caudicalis provincia. Plaut.* El oficio de cortar madera.

Caŭdĭcārius, y Codicarius, a, um. *Salust.* Hecho de gruesas piezas de madera. *Caudicaria ó caudicata navis. Varr.* Nave hecha de un tronco de un árbol hueco, canoa.

Caŭdīnae fauces. f. plur. *Liv.* ó Furcae. f. plur. *Val. Max.* ó Caudinum, jugum. n. *Quint.* El estrecho de Arpaya, donde los romanos fueron obligados por los samnites á pasar debajo del yugo; se llama tambien yugo de Santa María de Vallegardane.

Caudinus, a, um. *Lucr.* Hecho de un tronco.

Caŭdis, is. f. y

Caŭdium, ii. n. *Liv.* Arpaya, ciudad del reino de Nápoles.

Caŭdos, i. f. Isla cerca de Candia.

Caŭla, ae. f. *Virg.* El aprisco, parque, establo de las ovejas. *Caulae corporis. Lucr.* Los poros del cuerpo ó sus conductos.

† Caŭlesco, is, ĕre. n. *Plin.* Crecer en tallo.

* Caŭlias, ae. m. *Plin.* El jugo del laserpicio llamado ricia y caulis.

Caŭlĭcŭlātus, a, um. *Apul.* Lo que tiene tallo.

Caŭlĭcŭlus, i. m. *Vitruv.* Hoja encorvada en el capitel de la coluna, que sale como de un tronco que forma cuatro hojas. ‖ *Cels.* dim. de

Caŭlis, is. m. *Plin.* El tallo de las plantas. ‖ *Cic.* La col ó berza. *Caulis pennarum. Plin.* El cañon de la pluma.

Caulīnum vinum. *Plin.* El vino caulino que se coge cerca de Capua.

Caulōdes, is. m. *Plin.* Que tiene gran tallo.

Caulon, ōnis. m. *Virg.* y

Caulum, i. n. *Sil.* Castelvetere, ciudad de la Magna Grecia cerca de Calabria.

Cauneae, ārum. f. plur. Higos de Cauno ó Rosa, ciudad de Caria.

Caūneus, Caūnius, y Caūnaeus, a, um. *Petron.* De *Cauno*, ciudad de Caria.

Caunus, i. f. *Plin.* Cauno, ó la Rosa, ciudad de Caria fundada por Cauno.

Caunus, i. m. *Ov.* Cauno, hijo de Mileto, que huyendo del amor de su hermana Bíblida, fué á Caria, y fundó la ciudad de su nombre.

Caupo, ōnis. m. *Cic.* El tabernero, hostelero, mesonero, abacero.

Caŭpōna, ae. f. *Cic.* La hostería, taberna, abacería donde se vende vino y de comer. ‖ *Apul.* La hostelera ó tabernera.

Caŭpōnans, antis. com. *En.* El que tiene taberna ú hostería. ‖ El que hace alguna cosa por causa de ganancia.

Caŭpōnārius, a, um. *Ulp.* De la taberna ú hostería.

Caŭpŏnia ars. f. *Justin.* El oficio del hostelero ó tabernero.

Caŭpōnius, a, um. *Plaut.* Del oficio del tabernero ú hostelero.

Caŭpōnor, āris, ātus sum, āri. dep. *En.* Comerciar, comprar.

Caŭpōnŭla, ae. f. *Cic.* Tabernilla, hostería ó figoncillo.

Caŭpŭlus, ó Caŭpōlus, i. m. *Gel.* La barca, esquife ó lancha.

Caurīnus, a, um. *Grat.* Del viento nordeste.

Caŭrio, is, ivi, ītum, ire. n. *Aut. de Fil.* Verbo que esplica el bramido de la onza fiera.

Caŭrus, i. ó Corus, i. m. *Virg.* Viento coro, el viento de nordeste opuesto al euro, viento poniente, de la parte donde se pone el sol en el solsticio de Junio.

Caŭsa, ae. f. *Cic.* Causa, principio, fuente, orígen. ‖ Materia, asunto. ‖ Motivo, ocasion, pretesto, razon. ‖ Escusa, color, apariencia. ‖ Partido, faccion, parte, cabala. ‖ Bando. ‖ Estado, condicion, clase, calidad. ‖ Cargo, encargo, comision. ‖ Negocio, proceso, pleito. *Causa haec, ó causa id est, quod sic statuo. Cic.* He aquí, este es el motivo por que me inclino á esto, por que tomo este partido, esta resolucion. *Causa favorabilis.* Causa de la viuda y el pupilo.— *Sentica. Plin. Tib.* Escusa aparente, como una indisposicion &c. *Quid causae est?* ¿Qué tienes que decir? *Causam non dico.* Nada tengo que decir. *Ad causam accedere. Cic.* Mezclarse en, encargarse de un negocio. *In causam se dimittere.— Ingredi.— Incumbere. Cic.— Se deducere. Liv.* Entrar en, seguir el partido. *In causam suam recedere. Prop.* Volver á su primera condicion ó estado. *In causam descendere, ingredi. Cic.* Entrar en materia, á hablar de su asunto. *Per causam legationis. Suet.* Con pretesto de una embajada. *Causa laborare. Quint.* No tener buen derecho.— *Cadere. Cic.* Perder el pleito.— *Mea, tua, vestra, sua. Cic.* Por amor, por respeto de mí, de tí, de vos, de él. *Verbi. Cic.* V. gr. Por ejemplo. — *Indicta damnari. Cic.* Ser condenado sin ser oido. *In causa damnationis esse. Quint.* Estar en estado de ser condenado. — *Eadem esse. Cic.* Estar en, seguir el mismo partido. — *Ces.* Correr la misma fortuna, tener igual suerte ó destino. *In causa morbi esse. Virg.* Estar enfermo. *Gravi de causa. Cic.* Por un motivo grave, por una razon poderosa.

Causālis. m. f. lĕ. n. is. *S. Ag.* Perteneciente á la causa.

Causālĭter. adv. *S. Ag.* Por causas.

Causārĭe. adv. *Marcian.* Con razon, con motivo, con fundamento.

Causārĭus, a, um. *Sen.* Valetudinario, enfermo. *Causarius miles. Liv.* Soldado inválido por enfermedad ó vejez. *Causaria missio. Ulp.* La licencia y esencion del soldado inválido. *Causarius oculorum. Marc. Emp.* Enfermo de los ojos. *Causariae animi partes. Sen.* Enfermedades del ánimo.

Causāte. adv. *Plin.* Con causa.

Causātĭo, ōnis. f. *Gel.* Escusa, protesto. || *Pal.* Enfermedad. || *Marc. Cap.* El estado de la causa ó controversia.

Causātĭus. adv. com. *Plin.* Con mas razon, motivo y fundamento.

Causātīvus, a, um. *Marc. Cap.* Lo que da causa ó motivo, que hace la controversia y constituye el estado de la causa.

Causĭa, ae. f. *Plaut.* Sombrero de grande ala usado de los griegos y de los romanos. || *Veg.* La manta ó mantelete de que usaban en el asalto de las ciudades.

Causīdĭca, ae. f. *Vitruv.* La sala de la audiencia en que se peroran las causas.

Causīdĭcīna, ae. f. *Am.* La abogacía, el arte y oficio del abogado.

Causīdĭcus, i. m. *Cic.* El causídico ó abogado que trata los negocios de los litigantes.

† Causĭfĭcor, āris, ātus sum, āri. dep. V. Causor.

* Causon, ōnis. m. *Cels.* El causon, calentura repentina y muy ardiente.

Causor, āris, ātus sum, āri. dep. *Liv.* Alegar razon, escusa, pretesto. || *Virg.* Diferir, dilatar, poner dificultades. || *Quint.* Intentar una accion, poner una demanda, acusar. *Causari aetatem. Cic.* — *Annos. Marc.* Escusarse con la edad. — *Morbum. Cic.* Con la enfermedad. — *Tempus. Cic.* Con la estacion, con el tiempo. *Causari cum aliquo. Terv.* Quejarse, esponer sus quejas á alguno.

Causticus, a, um. *Marc.* Cáustico, que tiene fuerza de abrasar y quemar. *Caustica spuma. Marc.* Legía muy acre ó fuerte.

Causŭla, ae. f. *Cic.* Pleitecillo, causa pequeña. || *Hirc.* Pretesto, ocasion pequeña.

Caute, ius, issĭme. adv. *Cic.* Cauta, prudente, recatadamente, con prevencion y cuidado.

Cautēla, ae. f. *Apul.* Cautela, diligencia, cuidado, prevencion, precaucion. || *Cay. Jct.* Caucion, seguridad.

Cauter, ēris. m. *Palad.* V. Cauterium.

Cautērĭātus, a, um. *S. Ger.* Cauterizado, quemado con cauterio.

Cautērĭum, ii. n. *Veg.* Cauterio, *instrumento de hierro de que usan los cirujanos hecho ascua para abrir llagas ó quemar alguna parte, restañar la sangre, y castrar la herida.* || El remedio cáustico, y que quema. || La llaga que hace el cauterio. || *Marcian.* Instrumento del pintor ó esmaltador en cera.

Cautērizo, as, avi, atum, are. a. *Veg.* Cauterizar, quemar con hierro encendido ó para abrir llaga, ó para restañar la sangre. || Marcar, notar, señalar con algun signo á alguno, ó alguna cosa para que sea conocida.

Cautes, is. f. *Cic.* Roca, peñasco, escollo.

Cautim. adv. *Ter.* V. Caute.

Cautĭo, ōnis. f. *Cic.* Precaucion, prudencia, circunspeccion, cautela. || Caucion, seguridad, garantía. || Vale, promesa, cédula de obligacion. *Cautio chirographi. Cic.* Cédula, vale de mano propia. — *Est. Ter.* Es menester precaucion. — *Mea, ó mihi. — Tua, ó tibi nec. Cic.* A mí y á tí nos toca tener precaucion. *Cautiones facere. Cic.* Dar seguridades, fianzas. — *Proferre. Sen.* Presentar, ofrecer cauciones. *Cautionem adhibere.* — *Adjungere. Cic.* Precaverse. *A cautione discedere. Cic.* Desviarse de la prudencia y precaucion.

Cautĭonālis. m. f. lĕ. n. is. *Ulp.* De la caucion ó seguridad.

Cautĭuncŭla, ae. f. *Inscr.* Caucion pequeña.

Cautor, ōris. m. *Plaut.* El que provee á su seguridad ó á la agena, que usa y toma precauciones con prudencia.

Cautus, us. m. *Gel.* V. Cautio.

Cautus, a, um. *Cic.* Cauto, prudente, juicioso, avisado, circunspecto, hábil, sutil. || Asegurado, seguro, cierto. *Cautior quae mulieri res esset. Cic.* Para que los bienes de la muger estuviesen mas asegurados.

† Cava, ae. f. *Plin.* El agugero ó nido de pájaros.

Cavaedium, i. n. ó Cavum aedium. n. *Vitruv.* El patio de la casa.

† Cavāmen, ĭnis. n. *Solin.* Agugero, hueco, cóncavo, caverna.

Cavana, ae. f. Ciudad de la Arabia feliz.

Cavāres, ārum. m. plur. y

Cavāres, um. m. plur. *Plin.* Pueblos de la Galia narbonense; hoy el condado de Aviñon.

Cavātĭca, ae. f. *Plin.* El caracol, *gusano muy parecido á la limaza.*

Cavātĭcus, a, um. *Plin.* Que nace y vive en agugeros en la tierra.

Cavātĭo, ōnis. f. *Varr.* La cavidad, hondura, hueco, hoyo ó agugero.

Cavātor, ōris. m. *Plin.* Cavador, el que cava, el que hace un hoyo ó agugero.

Cavātūra, ae. f. *Veg.* Cavadura, la profundidad ú hondura.

Cavātus, a, um. *Virg.* Cavado, ahondado. || Hueco, agugereado. *Cavati oculi. Lucr.* Ojos hundidos.

Cave, es. f. Ciudad de Bitinia.

Cavea, ae. f. *Cic.* Caverna, cueva ó concavidad, hoyo ó profundidad hecha en la tierra. || Jaula de bestia feroz. || La caja. || *Colum.* Cerco de espinos que se hace al rededor de un árbol para estorbar que las bestias se acerquen á él. || *Virg.* El panal. || *Plaut.* la prision. || *Estac.* Lugar cerrado por todas partes. || *Cic.* La planta del teatro. *Ima cavea.* La parte del teatro mas autorizada en que estaba la orquesta, los senadores y caballeros. — *Media.* Otra parte destinada para el pueblo y gente de mediana esfera. — *Summa.* La parte del teatro que ocupa la gente mas inferior. *Verba ad summam caveam spectantia. Senec.* Palabras dirigidas solo al bajo pueblo.

Caveātus, a, um. *Plin.* Hecho, dispuesto en forma de teatro.

Cavĕfăcĭo, is, ĕre. *Fort.* V. Caveo.

Cavendus, a, um. *Cic.* Lo que se debe huir, precaver ó evitar.

Cavĕo, es, cavi, cautum, vere. a. *Cic.* Precaver, precaverse, guardarse, reservarse, sospechar, desconfiar, evitar, prever, no aventurarse. *Cave quid facias. Cic.* Guardate de hacer alguna cosa. *Cavere sibi. Cic.* Precaverse, tomar sus seguridades. || *Ulp.* Dar caucion. — *Aliquem, ó ab aliquo. Cic.* Tomar caucion de alguno. — *Alicui aliquid. Cic.* Guardar, precaver á uno de alguna cosa. — *Aliquem. Cic.* Huir de alguno, tenerle por sospechoso, desconfiar de él. — *Sibi obsidibus ab aliquo. Ces.* Recibir prenda de otro para su seguridad. — *Sibi loco. Ter.* Precaverse en tiempo, ponerse en seguro. — *Cautum est lege. Plin.* Está prohibido, está mandado, prevenido por ley. — *Foedere. Cic.* Se ha acordado, se ha quedado, se ha prevenido en el tratado de paz. — *Mihi praedibus, et praediis. Cic.* Se me han dado cauciones é hipotecas. *Cavere de evictione. Ulp.* Prometer la eviccion de lo que se ha vendido á otros. *Cavebuntur caetera. Cic.* Se verá, se cuidará, se tendrá cuenta con lo demas.

Caverna, ae. f. *Cic.* La caverna, cueva ó concavidad en la tierra. *Cavernae coeli. Lucr.* la convexidad del cielo.

Cavernācŭla, ae. f. *Plin.* dim. de Caverna.

Cavernātim. adv. *Sid.* Por cavernas ó cuevas.

Caverno, as, āre. a. *Cel. Aur.* Socavar, ahondar, hacer cavernas.

Cavernōsus, a, um. *Plin.* Lleno de cuevas, cavernas, hueco y socavado.

## CAE

Căvernŭla, ae. f. Plin. Caverna pequeña, boca, concavidad estrecha.

Căveus, i. m. Treb. El pote ó jarro para beber.

Căviae, ārum. f. plur. y

Căviāres, ium. f. plur. y

Căviāriae, ārum. f. plur. Fest. Las partes de una víctima hasta la cola.

Căvilla, ae. f. Plaut. V. Cavillatio.

Căvillabundus, a, um. Tert. Caviloso, inquieto de genio, maliciosamente discursivo.

Căvillātio, ōnis. f. Quint. Cavilacion, argumento y discurso sofistico. || Imaginativa, discurso, aprension y maquinacion inclinadas por lo comun á enredar, inquietar y engañar. Cavillationes juris. Quint. Escapatorias, cavilaciones, maliciosas interpretaciones del derecho.

Căvillātor, ōris. m. Sen. y trix, īcis. f. Cic. El bufon, burlon, decidor. || Sen. Caviloso, sofista, engañoso.

Căvillātus, a, um. Apul. V. Cavillatio.

Căvillātus, a, um. Apul. part. de

Căvillor, āris, ātus sum, āri. dep. Liv. Cavilar, pensar, inventar, discurrir razones falsas é inciertas para engañar. || Decir chistes, donaires para mover la risa. Cavilari aliquem. — Aliquid. Cic. Burlarse de alguno ó de alguna cosa. — In aliqua re. Cic. Hablar con chiste y gracia sobre algun asunto.

Căvillōsus, a, um. Firm. Caviloso, cauteloso, malicioso, inclinado á sembrar chismes. || Chistoso, gracioso, chocarrero, chancero.

Căvillŭla, ae. f. Plaut. ó

Căvillŭlum, i. n. Plaut. dim. de

Căvillum, i. n. Plin. V. Cavillatus, us.

Căvillus, i. m. Apul. V. Cavillatus, us.

† Căvĭtas, ātis. f. Cavidad, hondura, hueco, hoyo ó agugero.

Cavitionem. Fest. en lugar de Cautionem.

Cavitus, a, um. Plaut. en lugar de Cautus.

Căvo, ās, āvi, ātum, āre. a. Virg. Cavar, ahondar la tierra. Cavare lintres arboribus, ó ex arboribus. Virg. Escavar los árboles para hacer canoas. — Clypeum gladio. Ov. Penetrar, traspasar el escudo con la espada. Cavat luna cornua. Plin. La luna está en menguante.

Cavoda, ae. f. La ciudad de Yorc en Inglaterra.

Cavodium, ii. n. Caban, ciudad de Irlanda en la provincia de Vister.

Cavortium, ii. n. Cabous, castillo de Piamonte.

Căvoĕĭtas, ātis. f. Tert. La concavidad ó cavidad.

Căvum, i. n. Virg. y

Căvus, i. m. Liv. La cavidad, hondura, hueco, hoyo ó agugero. Cavum aedium. Vitruv. El patio de una casa. — Medium servare in structura parietis. Vitruv. Dejar un hueco ó ventana en la fábrica de una pared. — Muri cubitale. Liv. La tronera de un codo de una muralla. — Aes. Virg. Trompa, clarin, trompeta. || Cic. El caldero ó caldera.

Căvus, a, um. Cic. Cóncavo, hueco, ahondado, profundo, cavado. Caba trabs. La canoa de una sola pieza de árbol hueco. — Testudo. Virg. Instrumento músico de cuerdas. — Lumina. Ov. Ojos hundidos. — Luna. Plin. Luna en menguante. — Tempora. Virg. El hueco de las sienes. — Vena. Cic. La vena cava. — Fenestra. Virg. Ventana abierta. — Convallis. Virg. El valle hondo. — Lintea. Val. Flac. Velas hinchadas por el viento. Cavum mare. Ov. El mar profundo.

Caȳci, ōrum. m. plur. Lucr. Pueblos de Alemania.

Cayster, ó Cystros, ó Cystrus, i. m. Ov. Rio de Lidia ó Meonia en el Asia menor, el Caistro.

Caystrius, a, um. Ov. Perteneciente al rio Caistrio. Caystrius ales. Ov. El cisne.

## CE

Ce. Diccion silábica que se junta regularmente al pronombre hic, haec, hoc, y tambien á la partícula sic: pero cuando á los dos se junta la partícula ne, el ce se muda en ci: v. g. hiccine, haeccine, hoccine.

Caea, ae. f. Varr. Cea, isla del mar egeo, una de las Cicladas.

## CED

Ceba, ae. f. Plin. Ceba, ciudad de Liguria.

Cebānus, a, um. Plin. Perteneciente á la ciudad de Ceba.

Cebenna, ae. f. y

Cebennae, ārum. f. plur. Los Cebenos, montes de Francia.

Cĕbes, ētis. m. Cebes, filósofo tebano.

Cebren, ēnis. m. Plin. Cebreno, rio de la Troade.

Cebrēnia, ae. f. Ov. Cebrenia, pais de Troade por donde pasa el rio Cebreno.

Cebrēnis, ĭdis. f. Ov. De Cebrenia.

* Cecaŭmĕnus, a, um. Marc. Cap. Lo que está quemado ó abrasado.

Cĕcĭdi. pret. de Cado y de Caedo.

Cecina, ó Cecinna, ae. m. Plin. Cecina, rio de Toscana.

Cĕcĭni. pret. de Cano.

Cecrŏpia, ae. f. Plin. Cecropia, la fortaleza de Atenas. || Catul. La ciudad de Atenas, asi llamada de su fundador Cecrope. || Epiteto de Minerva.

Cecrŏpĭdae, ārum. ó um. m. plur. Ov. Los atenienses.

Cecrŏpius, a, um. y

Cecrŏpis, ĭdis. com. Ov. Natural de Atenas, ó perteneciente á Cecrope.

Cecrops, ŏpis. m. Plin. Cecrope, primer rey y fundador de Atenas.

Cecrŏpus, i. m. Sen. Cecropo, monte de Atica junto á Atenas.

Cecryphălea, ae. f. Promontorio ó la isla del Peloponeso.

Cecua, ae. f. V. Cicuma.

Cecūbum, i. n. V. Caecubum.

Cĕdar. indecl. Bibl. Cedar, pais de Arabia.

Cĕdans, tis. com. Plin. men. Cadente, lo que se cae ó amenaza ruina; se dice propiamente de los cabellos.

† Cĕdenter. adv. Cel. Aur. Concediendo ó cediendo.

Cĕdo, is, cessi, cessum, dĕre. a. Cic. Ceder, dar, hacer lugar, retirarse. || Huir, escaparse. || Andar, caminar, pasearse. || Rendirse, sujetarse. || Suceder, acontecer, ir, salir bien ó mal las cosas. || Pertenecer, corresponder. Cedit poena in vicem fidei. Liv. Le vino el castigo en lugar de paga. Cedere alicui in re aliqua. Cic. Ceder á alguno, rendirse á él en lo que quiere. — Villa creditoribus. Suet. Abandonar su casa de campo á los acreedores. — Foro. Juv. Quebrar, hacer concurso. — Legibus. Cic. Obedecer á las leyes. — Tempori. Cic. Acomodarse al tiempo. — Religioni. Cic. Someterse á la religion. — Precibus. Cic. Dejarse vencer de ruegos. — Male. Hor. Salir mal. — Vita. Cic. Morir. — In exemplum. Quint. Servir de ejemplo. Cedunt horae, dies, anni. Cic. Se pasan las horas, los dias y los años. — Mores rebus secundis. Lucr. La prosperidad muda las costumbres. Domus, et quae domui cedunt. Ulp. La casa y sus dependencias.

Cĕdo. verbo def. Cic. Dime, habla, dame, nombrame. Cedo unum mihi. Cic. Nómbrame solo uno. — Qui amisistis? Cic. Decidme, ¿cómo perdisteis? — Manum. Plaut. Dame la mano. — Aquam manibus. Plaut. Dame agua manos, ó agua para lavarme las manos.

Cedrātus, a, um. Plin. Frotado con aceite de cedro.

Cedrĕlaeum, i. n. Plin. Aceite de cedro.

Cedrĕlate, es. f. Plin. Cedro de Fenicia, cedro muy grande.

Cedreum, i. n. Vitruv. y

Cedria, ae. f. Plin. Goma que destila el cedro.

Cedrīnus, y Cedreus, a, um. Vitruv. De madera de cedro.

Cedris, ĭdis. f. Plin. El cedris, fruto del cedro, que es una bolita azulada y roja al modo del fruto del enebro.

Cedris, is. m. rio de la isla de Cerdeña.

Cedrium, ii. n. Plin. La cedria, goma, resina ó licor que destila el cedro cuando se quema.

Cedron. indecl. Bibl. Valle y torrente entre Jerusalen y el monte Olivete.

Cĕdrŏpŏlis, is. f. Ciudad de Caria.

Cedrŏpŏlĭtae, ārum. m. plur. Los naturales de la ciudad de Caria.

* Cedros, i. f. Isla de la costa de Alemania.

Cedrōsi, ōrum. m. plur. Pueblos vecinos del mar rojo.

Cedrostis, is f. Plin. La vid alba. V. Ampeloleuce.

Cedrus, i. f. *Plin.* El cedro, árbol muy fragante siempre verde é incorruptible. *Cedro digna. Pers. Carmina digna* de una memoria eterna. *Linenda. Hor.* Digna de la inmortalidad, porque lo que se frota con aceite de cedro nunca se carcome.

Celadusa, ae. f. Isla del mar Egeo cerca de Delos.

Celadusae, ārum. f. plur. Islas pequeñas del mar Adriático.

Celaenae, ārum. f. Ov. Friconia, ciudad de Frigia.

Celaeno, us. f. *Virg.* Celeno, una de las Arpías. ‖ *Ov.* Celeno, hija de Licurgo. Una de las Pléyadas.

Cēlāmen, inis. n. *Apul.* Ocultacion.

Celate. adv. y

† Celatim. adv. *Gel.* Ocultamente, de secreto.

Cēlātor, ōris. m. *Lucr.* El que oculta.

Celatus, a, um. *part. de Celo. Cic.* Celado, oculto, encubierto, escondido. ‖ *Hor.* Secreto. ‖ *Ter.* Disimulado. *Celatus aliquid, ó de aliquo. Cic.* Aquel á quien se oculta ó se hace misterio de una cosa.

Cēlĕber. m. bris. f. brĕ. n. ia. *Ov.* V. Celebris.

Cēlĕberrĭmē. adv. sup. *Suet.* Con gran concurso, con mucho aplauso y celebridad.

Celebrabilis. m. f. le. n. ia. *Am. Marc.* Lo mismo que Celebrandus, a, um. Digno de ser celebrado.

Celebratio, ōnis. f. *Cic.* Celebracion, el acto de celebrar y solemnizar una cosa. ‖ Elogio, panegírico, alabanza. ‖ Concurrencia, frecuentacion, celebridad, concurso. ‖ Aplauso, aclamacion, júbilo, solemnizacion. *Celebritas domus. Cic.* La reputacion de una casa, su alabanza, su concurrencia. *Celebrationem habere. Plin.* Estar en estimacion.

Celebrātor, ōris. m. *Marc.* Celebrador, el que celebra, aplaude ó encarece alguna cosa. ‖ El que festeja, solemniza, celebra.

Celebratus, a, um. *comp.* ior. *sup.* maximus. *Cic.* Celebrado, celebradísimo, alabado, elogiado, solemnizado, aplaudido, ponderado, encarecido. ‖ Conocido, sabido, de que se habla con alabanza. ‖ Frecuentado, concurrido. *Celebrata res omnium sermone. Cic.* Cosa de que todos hablan, que todos saben. *Celebratior nomine, quam pretio. Ov.* Mas famoso por su nombre, que por su verdadera estimacion. *Celebratissimus in rebus versari. Cic.* Emplearse en cosas de grande esplendor.

Celebresco, is, ĕre. n. *Non.* Hacerse célebre, famoso.

Celebris. m. f. brĕ. n. ia. *comp.* ior. *sup.* berrimus. *Cic.* Célebre, celebérrimo, lo que por sus partes, calidades y circunstancias tiene nombre y fama. ‖ Concurrido, frecuentado. ‖ Solemne. *Celeberrima res est tota Sicilia. Cic.* Es cosa muy sabida en toda la Sicilia.

Celebritas, ātis. f. *Cic.* Celebridad, solemnidad. ‖ Concurrencia, concurso, junta de mucha gente. ‖ Estimacion, reputacion, fama, esplendor, aplauso, alabanza. *Celebritas mihi odio est, ó celebritatem odi. Cic.* Yo huyo de los grandes concursos, aborrezco el tropel y confusion de gentes. *Celebritas viae. Cic.* La concurrencia ó frecuencia del pueblo por un camino. *Diei supremi. Cic.* El concurso de un duelo, la solemnidad de un entierro. *Ludorum. Cic.* La solemnidad de las fiestas. *Loci. Cic.* La frecuentacion de un lugar. *Celebritate in maxima vivere. Cic.* Vivir con gran reputacion, con mucho esplendor. *Sua aliquem honestare. Cic.* Hacer la corte á uno.

† Celebriter. adv. Celebremente, con celebridad, solemnidad, alegría, regocijo y aplauso. *Celeberrime. Suet.* Con gran concurso.

Celebro, ās, āvi, ātum, āre. a. *Cic.* Celebrar, festejar, solemnizar. ‖ Concurrir, frecuentar. ‖ Alabar, aplaudir, ponderar, encarecer, magnificar, dar esplendor, lustre, nombre, fama y reputacion. *Celebrare ludos. Cic.* Celebrar las fiestas. *Viam. Dómum. Caetus. Cic.* Frecuentar un camino, una casa, una tertulia ó concurrencia. *Convibium. Cic.* Dar un convite, un banquete. *Seipsum mero. Ov.* Adquirirse fama de buen bebedor. *Diem. Cic.* Celebrar, festejar, solemnizar un día. *Maledictis aliquem. Cic.* Dar á conocer á uno por el mal que se habla de él. *Laudes alicujus, ó laudi aliquem. Cic.* Publicar las

alabanzas de alguno. *Popinas. Varr.* Frecuentar las tabernas.

Cēler, ĕris. m. f. rĕ. n. it. *comp.* ior. *sup.* rrimus. *Cic.* Ligero, pronto, ágil, veloz, diligente, espedito, presto. ‖ *Hor.* Vivo, activo. *Celere consilium. Ter.* Resolucion tomada de repente, aventurada, precipitada. *Celer irasci. Hor.* Pronto, fácil en encolerizarse. *Jaculo. Virg.* Flechero, tirador diestro. *Animus. Virg. Cogitatione. Vel. Pat.* Hombre vivo, de una imaginacion viva. *Celeris mors. Ov.* Muerte repentina. *Nimium operae versus Hor.* Versos hechos muy de prisa. *Celeres Deae. Ov.* Las horas. *Celerrimum appulsu. Tac.* Arribo que será muy pronto.

Celeranter. adv. y

Celeratim. adv. *Gel.* ó

Cēlĕre. adv. *Plaut.* V. Celeriter.

Cēlĕres, um. m. plur. *Liv.* Los Celeres, trescientos soldados de á caballo, que levantó Rómulo para la guarda de su persona. *Tribunus celerum. Liv.* Comandante de la caballería ligera.

Celeripes, ĕdis. com. *Cic.* Ligero de pies.

Celeritas, ātis. f. *Cic.* Celeridad, prontitud, presteza, velocidad, ligereza, diligencia, solicitud, precipitacion. *Celeritas verborum. Cic.* Torrente, flujo de palabras. *In capiendis castris. Caes.* Presteza en apoderarse del real de los enemigos. *Exercitatione. Caes.* Velocidad adquirida por el ejercicio. *Dicendi. Ad dicendum. Cic.* Velocidad en hablar. *Celeritates nimias suscipere. Cic.* Apresurarse mas de lo que es menester, mas de lo necesario. *Celeritate opus est. Cic.* Es menester diligencia, viveza, prontitud; no hay que perder tiempo.

Celeriter. adv. *Cic.* Presto, ligera, velozmente. *Celerrime. Cic.* Prontísimamente, en un instante.

Celeritudo, inis. f. *Varr.* V. Celeritas.

Celeriuscule. adv. *ad Her.* Un poco mas presto.

Cēlĕro, ās, āvi, ātum, āre. a. *Cic.* Acelerar, acelerarse, darse prisa, adelantar, precipitar. *Celerare maximis itineribus. Tac.* Avanzar á grandes jornadas, correr la posta. *Gradum. Virg.* Acelerar el paso, adelantar mucha tierra. *Opus. Virg.* Adelantar, apresurar una obra. *Opem. Val. Flac.* Darse prisa á socorrer, á llevar el socorro.

Cēles, ētis. m. *Plin.* Batel, chalupa, barca, lancha. V. Celox. ‖ *Plin.* El que en los juegos públicos llevaba un solo caballo, ó el mismo caballo.

* Celetizontes, um. m. plur. *Plin.* Los que gobiernan un solo caballo en los juegos públicos.

Celeus, i. m. *Virg.* Celeo, rey de Elusina, que hospedó á Ceres, y esta le enseñó la agricultura.

* Celeusma, ātis. n. *Asc. Ped.* El grito de los marineros ó remeros para animarse á la maniobra. ‖ La señal que se da á los marineros ó remeros, sea de viva voz ó con un silbido para señalarles las diferentes maniobras. *Se halla tambien* Celeuma.

* Celeustes, ae. m. *Bud.* El que hace hacer su deber á los marineros ó remeros, como el cómitre.

Celia, ae. f. *Plin.* La celia, bebida de los antiguos españoles, que se hacia de trigo cocido á modo de la cerveza ó la chicha de los indios.

Celibaris. m. f. re. n. ia. V. Caelibaris.

Celius, ii. m. V. Caelius.

Cella, ae. f. *Cic.* La despensa en que se guardan los comestibles para la casa. ‖ *Colum.* Dormitorio retirado de los siervos. ‖ *Marc.* La choza de los pobres. ‖ *Plin.* La caverna ó hueco de los panales de abejas. ‖ El sagrario del templo, el cuerpo de la iglesia, y tambien la capilla particular. *Cella panaria. Cic.* El granero. *Promptuaria. Plaut.* La despensa. *Olearia. Cic.* La despensa del aceite. *Vinaria. Cic.* La cueva ó bodega para vino. *Caldaria. Vitruv.* El cuarto donde se calentaba el agua para los baños. *Frigidaria. Plin.* El cuarto donde se tenia el agua fria para el mismo efecto. *Aedis templi. Vitruv.* El santuario de un templo. *In cellam emere. Sumere. Cic.* Comprar para la despensa, hacer las provisiones para el año.

Cellaria, ae. f. *Plaut.* La despensera.

R

Cellāriensis. m. f. sĕ. n. is. *Cod. Teod.* De la despensa ó despensero.

Cellariŏlum, i. n. *S. Ger.* La despensa pequeña.

Cellāris. m. f. rĕ n. is. *Colum.* De la despensa. *Cellares columbi. Colum.* Pichones del palomar, caseros.

Cellārium, ii. n. *Plin.* La despensa ó cueva donde se guardan cosas de comer.

Cellārius, a, um. *Plaut.* De la despensa.

Cellarius, ii. m. *Plaut.* Proveedor ó mayordomo, despensero.

Cellātio, ōnis. f. *Petron.* El órden, serie ó situacion de muchas despensas.

Cellio, ōnis. m. *Inscr.* V. Cellarius, ii.

Cellŭla, ae. f. *Ter.* Celula, la despensa pequeña ó alacena. || La celda ó habitacion estrecha.

Cellulānus, i. m. *Sid.* El monge que vive en una celda.

Cēlo, as, ävi, ätum, äre. a. *Cic.* Celar, encubrir, ocultar. *Celare aliquem ó alicui aliquid. Ter.* — *De aliqua re. Cic.* Celar una cosa á uno, hacerle misterio de ella. — *Se tenebris. Virg.* Ocultarse en las tinieblas, sepultarse en la oscuridad. — *Hamos cibis. Ov.* Cubrir con el cebo los anzuelos. *Celari maximis rebus ab aliquo. Cic.* Ignorar cosas de mucha importancia por el misterio de alguno.

Celōnes, um. f. plur. *Isid.* Naves de dos remos muy ligeras.

Celōtium, ii. n. y

Cēlox, ōcis. f. *Liv.* Fragata ligera, bergantin, lancha, esquife, barco. || *Liv.* Nave corsaria. *Celocem onerare. Plaut.* Llenar el vientre, hartarse.

Celse. adv. *Colum.* Alta, elevada, grande, soberana, escelsamente.

Celsiniānus, a, um. *Apic.* De Celsinio, *nombre romano.*

Celsĭtas, ātis. f. *Cic.* y

Celsĭtūdo, ĭnis. f. *Vel. Pat.* Celsitud, elevacion, grandeza, alteza, soberanía. *Celsitas animi. Cic.* Grandeza de alma, de valor, de espíritu, magnanimidad. *Celsitudo corporis. Vel.* La altura del cuerpo, la estatura alta, grave y magestuosa.

Celsus, i. m. Aurelio Cornelio Celso, *retórico famoso, escritor célebre del arte militar y de agricultura, del tiempo de Tiberio, de quien solo nos quedan ocho libros muy elegantes de medicina, por cuya pureza de estilo ha merecido ser llamado el Ciceron médico, y por su ciencia el Hipócrates latino.*

Celsus, a, um, ior, issĭmus. *Cic.* Alto, escelso, sublime, elevado. *Celsus honore. Ov.* De una honra distinguida. *Celsior armis. Val. Flac.* Mas alto de espaldas. *Celsissima sedes. Cic.* Dignidad muy superior, muy elevada.

Celtae, ārum. m. plur. *Ces.* Los celtas, *pueblos de la Galia céltica.*

Celte, is. n. y

Celtes, is. m. ó

Celtis, is. m. *Inscr.* El buril ó cincel para grabar, celar, burilar ó cincelar.

Celtĭbĕri, ōrum. m. plur. *Ces.* Pueblos de la Celtiberia ó Aragon en España.

Celtibĕria, ae. f. *Ces.* La Celtiberia ó Aragon, reino de España.

Celtibĕrĭcus, a, um. *Plin.* y

Celtibĕrus, a, um. *Plin.* ó Celtiber, era, erum. *Mel.* Celtibero, aragones ó lo que es de Aragon.

Celtĭce. adv. *Sulp. Sev.* A la manera de los galos celtas.

Celtĭca, ae. f. *Plin.* La Galia céltica ó el Leones.

Celtĭci, ōrum. m. plur. *Plin.* Los célticos, *pueblos de España cerca de Portugal, ó la provincia de Ebora de este reino.*

Celtĭcus, a, um. *Plin.* Céltico, de los celtas.

Celtis, is. f. *Plin.* El almez ó almezo, árbol.

Celtis, is. m. *Bibl.* El buril para grabar.

Cēna, ae. f. V. Coena con sus derivados.

Cēnaeum, i. n. *Ov.* Ceneo, promontorio en la isla de Negroponto.

Cenaeus, i. m. *Ov.* Epíteto de Júpiter *del promontorio Ceneo, donde Hércules le levantó una ara.*

Cenchraeus, a, um. *Estac.* De Corinto ó Cencres.

Cenchramĭdes, um. m. plur. *Plin.* Los granos de los higos.

Cenchreae, ārum. f. plur. *Ov.* Cencres, puerto de Corinto en el golfo de Engia.

Cenchres, is. m. Cencres, rey de Egipto, que pereció en el mar Rojo.

Cenchris, is. f. *Plin.* El cencro, serpiente que tiene el vientre salpicado de pintas semejantes á los granos del mijo, y es muy venenosa.

Cenchris, ĭdis. f. *Plin.* Una de las especies de gavilan ó alcotan. || La muger de Ciniras, rey de Asiria.

† Cenchaītis, ĭdis. f. y

† Cenchrītes, is. m. *Plin.* La piedra preciosa llamada cencrites, parecida á los granos del mijo.

Cenchrius, ii. m. *Tac.* Cencrio, rio de Asia, que pasa cerca de Efeso.

† Cenchros, i. m. *Plin.* El cencro ó cencron, especie de diamante del tamaño de un grano de mijo.

Cenicenses, ium. m. plur. Pueblos de la Galia narbonense.

Cenigmāni, ōrum. m. plur. Pueblos de Inglaterra.

Cenīna, ae. f. *Plin.* Cenina, ciudad del Lacio.

Ceninensis. m. f. sĕ. n. is. y

Cenīnus, a, um. *Prop.* Lo perteneciente á la ciudad de Cenina.

Cēno, as, āre. V. Coeno.

Cēnŏmănensis. m. f. sĕ. n. is. El natural de Maine en Francia.

Cēnŏmăni, ōrum. m. plur. *Plin.* Los pueblos de Maine ó de la Galia cisalpina. || Lombardía, cuya capital era Bresia ó Brescia.

Cēnŏmănia, ae. f. Maine, provincia de Francia.

Cēnŏmănum, i. n. Mans, ciudad episcopal y capital de Maine.

Cĕnŏtăphiŏlum, i. n. *Inscr.* Pequeño cenotafio, dim. de

Cĕnŏtăphium, ii. n. *Ulp.* Cenotafio, monumento, túmulo, sepulcro vacío en memoria de alguno que está enterrado en otra parte.

† Censa, ōrum. n. plur. *Cic.* V. Census, us.

Censeo, es, sui, sum, ēre. a. *Cic.* Juzgar, pensar, creer, opinar, decir su parecer. || Hacer un estado, un plan, hacer una lista ó enumeracion. || Ordenar, mandar, fallar. *Censeri de fide alicujus. Cic.* Decir lo que se piensa de la probidad de alguno. — *Familias. Cic.* Alistar, empadronar, matricular las familias. *Censet id senatus. Cic.* Esto ordena el senado. *Censesne me te esse? Plaut.* ¿Crees que soy yo como tú? ¿otro tal que tú? *Quinto quoque anno Sicilia censetur* (pass.) *ó Siciliam censor censetur.* (dep.) *Cic.* Cada cinco años se hace el padron de Sicilia. *Censui censendo legem ferre. Cic.* Promulgar una ley para el aprecio y encabezamiento de bienes.

Censio, ōnis. f. *Varr.* Sentencia, arbitrio. || *Gel.* La tasa ó aprecio de los bienes hecha por el Censor. || *Plaut.* La represion ó castigo. *Censio bubula. Plaut.* Sentencia de azotes con correas de cuero de buey. *Censionem facere. Plaut.* Ejercer autoridad, castigar.

Censītio, ōnis. f. *Esparc.* La imposicion de tributo ó gravamen.

† Censĭtor, ōris. m. *Ulp.* V. Censor.

Censītus, a, um. *Cod. Just.* Empadronado, matriculado, encabezado, admitido en el censo. || Tasado, apreciado.

Censor, ōris. m. *Liv.* Censor, la persona que tenia á su cargo entre los romanos la tasa y padron de las haciendas de los ciudadanos, la policía y costumbres, las rentas y sus causas con mucha autoridad, que suprimieron en sí los emperadores. || Censor, crítico.

Censōrīnus, i. m. Censorino, gramático muy célebre en tiempo de los emperadores Alejandro Severo, Maximiano y Gordiano. || Sobrenombre romano de algunos que habian sido censores.

Censōrius, a, um. *Cic.* Censorio, del censor ó reformador. || Grave, severo. || *Quint.* Del crítico ó censurador. *Censorium minime est facere. Cic.* No es cosa para que la haga un censor. — *Opus. Suet.* Accion digna de castigo ó represion. *Censoria nota. Quint.* Nota de infamia. *Censoriae notiones. Gel.* Juicios, conocimiento judicial de los censores. *Censoria virgula notare. Quint.* Criticar, censurar.

**Censuālis**, m. f. lĕ. n. is. *Ulp.* Censual, perteneciente al censo, á la tasa de bienes y padron de los ciudadanos. *Censuales. Capit.* Los escribanos públicos que hacian estos instrumentos.

**Censuārii**, ōrum. m. plur. *Cod. Just.* Los censatarios, los que pagan réditos anuales de un censo.

**Censūra**, ae. f. *Cic.* Censura, la dignidad y oficio del Censor. || Examen, parecer, juicio ó dictamen. || *Treb.* Severidad, gravedad. *Censura columbas vexat. Juv.* No recae la crítica mas que sobre los simples.

**Census**, a, um. *Liv.* Empadronado, aquel de cuya persona y bienes se ha hecho censo, y matriculado su familia. *Censi capite. Cic.* Los que nada tenian que empadronar sino sus personas.

**Census**, us. m. *Cic.* El censo, lista, padron hecho por los Censores de las personas y haciendas que se hallaban en la ciudad de Roma. || Las haciendas, bienes y facultades. || El aprecio y tasa de los bienes á proporcion de los cuales se imponian los tributos: *Censum agere. Tac.*—*Habere. Cic.*—*Censere. Liv.* Hacer la lista ó padron de los ciudadanos y de sus bienes. *Censu major cultus. Hor.* Tren, porte escesivo, mayor, superior á las rentas y facultades. *Censui censenda agri. Cic.* Tierras que podian ser compradas y vendidas por derecho civil. *Census senatorius. Liv.* El patrimonio de un senador. *Censu opimo onerare digitos. Liv.* Llevar llenos, cargados los dedos de anillos de gran precio.

**Censuus**, a, um. *Fest.* Censual, lo perteneciente á censo ó renta.

**Centaurea**, ae. f. *Virg.* y
**Centaureum**, i. n. *Plin.* ó
**Centauria**, ae. f. *Fest.* ó
**Centaurium**, ii. n. *Plin.* La centaurea, *planta de que hay dos especies, mayor y menor.*

**Centaureus**, a, um. *Hor.* De los centauros.

**Centauri**, ōrum. m. plur. Los centauros, *primeros habitadores de Tesalia.*

**Centauricus**, a, um. *Estac.* De los centauros.

**Centauris**, idis. f. *Plin.* La centaura triorques, *yerba que despide de sí un jugo sanguino.*

**Centauromachia**, ae. f. *Plaut.* Voz inventada por chanza para nombre de una provincia de Tesalia *en que habitaron los centauros.*

**Centaurus**, i. m. *Ov.* Centauro, monstruo, la mitad hombre y la mitad caballo. || *Vitruv.* Una de las diez y seis constelaciones australes. || Un rio de Etolia. || *Virg.* Una nave llamada centauro. || *Plin.* La yerba centaura ó centaurea.

**Centenārius**, a, um. *Varr.* Centenario, lo que contiene ciento. *Centenarius lapis. Vitruv.* El peso de cien libras, el quintal. *Centenariae coenae. Fest.* Convites en que ciertos dias no se podian gastar mas que cien ases en las cosas que se habian de comprar por la ley licinia. *Centenarii. Veg.* Los centuriones en la milicia.

**Centēnus**, a, um. *Tac.* Centeno ó centenario. *Centenus judex. Ov.* Los cien jueces. *Centena arbore fluctus verberare. Virg.* Remar, bogar con cien remos.

**Centēsima**, ae. y
**Centēsimae**, arum. f. plur. *Cic.* Centésima, interes de doce por ciento al año, ó de uno por ciento al mes. *Centesima rerum venalium. Tac.* El tributo de uno por ciento en los géneros que estableció Augusto despues de las guerras civiles.

**Centēsimo**, as, avi, atum, are. a. *Capitol.* Sacar uno de ciento ó de las cosas por tributo, ó de los hombres para castigo.

**Centēsimus**, a, um. *Plin.* Centésimo.

**Centĭceps**, cĭpitis. com. *Hor.* De cien cabezas.

**Centies**. adv. *Ter.* Cien veces.

**Centifīdus**, a, um. *Prud.* Divido, partido en cien partes ó muchas.

**Centifōlia** rosa. f. *Plin.* Rosa de cien hojas.

**Centigrānium**, ó *Centigranum triticum. Plin.* Trigo, del cual lleva cien granos cada espiga.

**Centimănus**, i. ó us. m. *Ov.* De cien manos, centimano.

**Centimēter**, tri. m. *Sid.* El que usa de cien metros ó de muchos y varios géneros como Terenciano Mauro.

**Centimētrum**, i. n. *Serv.* La obra de cien metros ó cien diferentes géneros de versos.

**Centinōdia**, ae. f. *Plin.* La centinodia, *yerba que produce muchos ramillos nudosos.*

**Centipĕda**, ae. f. *Plin.* El gusano llamado cientopies ó milpies.

**Centipellio**, ōnis. m. *Plin.* El vientre del ciervo, *del cual dicen que tiene dos, llamados centipelliones.*

**Centipes**, ĕdis. com. *Plin.* De cien pies, como el pez llamado escolopendra.

**Cento**, ōnis. m. *Ces.* Genton, especie de manta burda ó colchado de muchos paños ó remiendos para apagar los fuegos y resistir á las flechas en la guerra. || *Ausn.* La poesía compuesta de palabras y cláusulas agenas. || *Cat.* La capa del pobre compuesta de muchos remiendos. *Centones alicui farcire. Plaut.* Contarle á uno fanfarronadas, mentiras.

**Centobrica**, ae. f. *Val. Max.* Centóbriga, ciudad de la Celtiberia en España.

**Centobrigensis**. m. f. sĕ. n. is. *Val. Max.* Centobrigense, *de Centóbriga.*

**Centocŭlus**, i. m. *S. Ger.* Que tiene cien ojos ó muchos ojos como Argos.

**Centonārii**, ōrum. m. plur. *Cod. Teod.* Remendones, los que hacian centones para la guerra ó los fuegos.

**Centonārius**, a, um. *Tert.* De centones ó poesías hechas de palabras y cláusulas agenas.

**Centonīcum**, i. n. Planta llamada absintio ó agenjo marino.

**Centōres**, um. m. plur. *Val. Max.* Centores, *pueblos de la Tartaria ó de la Escitia europea.*

**Centrālis**. m. f. lĕ. n. is. *Plin.* Central ó centrical, perteneciente al centro.

**Centrātus**, a, um. *Fulg.* Puesto en el centro.

**Centrīnae**, arum. m. plur. *Plin.* Especie de moscas á manera de los zánganos de colmena.

**Centrōnes**, um. m. plur. *Plin.* Los naturales ó habitadores de Contrai, *ciudad de Flandes y de sus alrededores.* || Los de Tarantesa, *comarca de Saboya.*

**Centronĭcus**, a, um. *Plin.* De los centrones ó de Contrai.

**Centrōsus**, a, um. *Plin.* Lleno de nudos ó de callos y durezas á manera de nudos, que se llaman *centra.*

**Centrum**, i. n. *Cic.* El centro, el lugar ó punto que hace el medio en alguna cosa. || *Plin.* El nudo de los árboles, mármoles y de los cristales.

**Centum**. num. indec. *Cic.* Ciento.

**Centumcăpita**, ae. f. *Plin.* El cardo corredor, *cardo pequeño, que en cada uno de sus varios tallos echa una flor azul con puas parecida á una estrella.*

**Centumcellae**, arum. f. plur. *Plin.* Civitavequia, *ciudad y puerto de Toscana.*

**Centumgĕmĭna**, a, um. *Virg.* De cien brazos, como el gigante Briareo. *Centumgemina Thebe. Val. Flac.* La ciudad de Tébas, que tenia cien puertas.

**Centumpondium**, y *Centumpondium*, ii. n. *Plaut.* El peso de cien libras ó cualquiera peso grande.

**Centumvirālis**. m. f. lĕ. n. is. *Cic.* Centunviral, perteneciente á los centunviros.

**Centumvirātus**, us. m. *Plin.* El centunvirato, junta de los centunviros compuesta de ciento y cinco jueces que conocian de las causas privadas, sacando tres de cada una de las treinta y cinco tribus romanas.

**Centumviri**, ōrum. m. plur. *Cic.* Centunviros, *los jueces de las causas civiles privadas.*

**Centuncŭlus**, i. m. *Liv.* Capa de pobre, andrajo, calandrajo, ropa vieja llena de remiendos.

**Centŭplex**, ĭcis. com. *Plaut.* El centuplo, centiplicado ó multiplicado cien veces.

**Centuplicāto**. adv. *Plin.* Centiplicado, cien veces multiplicado.

**Centuplicātus**, a, um. *Prud.* Centiplicado, multiplicado cien veces.

**Centŭplo**. adv. V. *Centuplicato.*

**Centŭplus**, a, um. V. *Centuplex.*

**Centŭpondium**. V. *Centumpondium.*

Centŭria, ae. f. Colum. La centuria, todo lo que se comprende por el número de ciento. ‖ La compañía de cien hombres.

Centŭrialis, m. f, lě. n. is. Fest. De la centuria.

Centŭriatim. adv. Cic. Por centurias, por compañías de cien hombres, por centenares.

Centŭriatio, ōnis. f. Hig. El acto de distribuir por centurias ó centenares.

Centŭriatus, us. m. Liv. La division ó distribucion en centurias. ‖ Cic. Centurionazgo, el oficio y dignidad del centurion.

Centŭriatus, a, um. Cic. Distribuido por centurias. Centuriata comitia. Cic. Juntas en que el pueblo votaba por centurias. Centuriatus ager. Fest. Campo, tierra repartida en cien yugadas.

Centŭrio, as, avi, atum, are. a. Cic. Distribuir en centurias.

Centŭrio, ōnis. m. Cic. Centurion, el capitan que gobernaba una centuria ó una compañía de cien hombres.

Centŭrionatus, us. m. Tac. El centurionazgo, la dignidad del centurion. ‖ La quinta ó la leva hecha por él.

Centŭrionus, i. m. Fest. Palabra anticuada en lugar de centurio, onis.

Centŭripae, arum. f. plur. Plin. Centorbe, ciudad en otro tiempo, y ahora castillo en Sicilia al pie del Mongibelo.

Centŭripini, ōrum. m. plur. Cic. Los naturales de Centorbe, ciudad de Sicilia.

Centŭripinus, a, um. Cic. De la ciudad de Centorbe.

Centussis, is. m. Pers. La suma de cien ases romanos.

Ceos, i. f. Plin. V. Cea.

Cepa, ae. f. Plin. V. Cepe.

Cěpaea, ae. f. Plin. Cepea, planta semejante á la verdolaga.

Cěpārius, ii. m. Lucil. El cebollero, que cultiva cebollas.

Cěpārius, a, um. Lucil. Lo que es de cebolla.

Cěpe, indecl. Pers. V. Coepe.

Cěpētum, i. n. Gel. V. Cepina.

Cěphălaea, ae. f. Plin. La jaqueca, dolor grave de cabeza.

Cěphălcus, a, um. Lucil. V. Cephalicus.

Cěphălalgia, ó Cephalargia, ae. f. Plin. Dolor continuo de cabeza.

Cěphălalgĭcus, a, um. Veg. El que padece dolor continuo de cabeza.

Cěphălĭcus, a, um. Cels. Perteneciente á la cabeza. Cefálico.

Cěphallēnae, es, ó Cephallenia, ae. f. Plin. Cefalonia, isla del mar jonio.

Cěphallēnes, um. m. pl. Sil. Cefalonios, los naturales de Cefalonia.

Cěphălīne, es. f. Plin. La parte de la lengua en que está el gusto.

Cephalōtes, ae. f. Plin. La yerba llamada cunila cabezuda, semejante en las hojas al orégano.

Cěphălus, i. m. Plin. El pez mugil ó mujol.

Cěphălus, i. m. Ov. Céfalo, hijo de Eolo, que mató en la caza á su muger Pocris por equivocacion.

Cěphēis, ĭdis. ó ĭdos, ó Cepheia, ae. f. Ov. Andrómeda, hija de Cefeo, y muger de Perseo.

Cěphēius, a, um. Ov. Perteneciente al rey Cefeo.

Cěphēnes, um. m. plur. Plin. Cefenes, los zánganos de colmena cuando empiezan á tomar forma.

Cepheus, i. m. Ov. Cefeo, rey de Etiopia, padre de Andrómeda. ‖ Virg. Constelacion celeste.

Cěphīsias, y Cephissias, ădis. com. Perteneciente al rio Cefiso.

Cěphīsis, ĭdis. f. Ov. y

Cěphīsius, a, um. Ov. Perteneciente al rio Cefiso.

Cephīsos, ó Cephisus, i. Ov. Cefiso, rio de Beocia.

Cěphus, i. m. Plin. El cefo, animal, especie de mona, muy raro por su color encarnado, por sus tetas de color cerúleo, su vientre blanco, y los pies negros; es llamado tambien cepo, cebo, celfo y chibor.

Cěpi. pret. de Capio.

Cěpidĭnes, um. f. plur. Fest. Piedras de espera, que sobresalen fuera de las fábricas.

Cěpīna, ae. f. Colum. V. Caepina.

Cepitis, ó Cepolatitis, is. f. Plin. La piedra preciosa llamada cepites, que es muy blanca.

Cepitium, ii. n. Gel. Cebollar, sitio plantado de cebollas.

Cepocames, ae. m. Plin. y

Cepocapites, ae. m. Plin. y

Cepocatoprites, ae. m. Plin. y

Ceponides, ó Cepionides, ae. f. Plin. Piedra preciosa, clara como un cristal.

Cepos Aphrodites, ae. m. Apul. Huerto de Venus, nombre de la yerba cotiledon.

Cepotāphium, ii. n. Inscr. Sepulcro en un huerto, ó huerto hecho religioso por contener algun sepulcro.

Cěpŭla, ae. f. Palad. V. Caepula.

Cepurĭcos, ó cus, a, um. Jul. Firm. Hortenses, de huerto ó huerta.

* Cepŭros, i. m. Apic. El hortelano, el que cultiva las huertas.

Cěra, ae. f. Cic. Cera. ‖ Tablas barnizadas de cera. ‖ Ov. Imágen, retrato de cera. ‖ Cualquiera mistura tenaz y parecida á la cera. ‖ Afeite de muger. Cera miniata. — Miniatula. Cic. Cera amarilla. — Sigillaris. Cera para los sellos. — Punica. Cera blanca. — Prima. — Secunda. — Ima. — Ultima. — Extrema. Suet. Principio ó fin de la página de los antiguos.

Cěrae, ārum. f. plur. Ov. Carta, billete. ‖ Retrato de cera. In ceris fingere. Cic. Grabar, hacer retratos de cera.

Cerachātes, ae. m. Plin. Piedra preciosa, especie de ágata de color de cera.

Ceracolips, pis. f. Fest. Especie de mona ó mico.

Ceramĭci, ōrum. m. plur. Cic. Dos parages de Atenas, uno dentro de la ciudad, que era destinado á las rameras, y otro fuera de ella, donde enterraban con gran pompa á costa del público á los que habian muerto en campaña.

Ceramium, ii. n. Cic. Parage de Roma donde tenia su casa Ciceron.

Cěrarium, ii. n. Cic. Impuesto sobre el consumo de la cera para escribir.

Cěrarius, ii. m. Cic. El cerero.

* Ceras. n. Apul. El cuerno, y por su semejanza la zanahoria. Hesperion ceras. Plin. Promontorio de África en el mar atlántico. Ceras Chryseon. Plin. Otro llamado por Plinio Crisoceras.

Cěrasĭnus, a, um. Petron. De cereza, ó de color de cereza.

Cěrasium, ii. n. en lugar de Cerasum.

Cerasta, ae. m. Plin. La cerasta ó cerastes, serpiente con cuernos.

Cerastias, ădis. f. y

Cerastis, ĭdis, ó is. f. Plin. La isla de Chipre.

Cěrasum, i. n. Cels. La cereza, la fruta del cerezo.

Cěrasus, i. f. Plin. El cerezo, árbol.

Cěrasus, untis. f. Plin. Quirisonda, ciudad de Capadocia.

Cěrataulae, ārum. m. plur. Vop. Tocadores de flautas ó cornetas.

Ceratheus, a, um. Virg. Del rio de Creta, llamado Cerato.

Cěratia, ae. f. Plin. Ceracia, yerba de una sola hoja medicinal para la disenteria.

* Cěratias, ae. m. Plin. Cometa que tiene semejanza de cuerno.

Cěratīnae, y Crocodilinae quaestiones. Quint. Sofismas, argumentos falaces.

Cěratītis, is. f. Plin. Ababol, ó amapola silvestre, negra.

Cěratōrium, ii. n. Marc. Emp. y

Cěratum, i. n. Cels. Cerato, ungüento pegajoso á manera de cera.

Cěratūra, ae. f. Colum. Enceradura, la accion de untar con cera.

Cěratus, a, um. Cic. Encerado, dado, untado de cera.

Cěraŭla, ae. m. Apul. V. Cerataulae.

Cěraŭnia, ae. f. Plin. Ceraunia, piedra preciosa, que se dice cae con el rayo.

Cěraŭnia, ōrum. Virg. Montes ceraunios, acroceraunios, ó de la Quimera en Epiro. ‖ Monte de Asia cerca del mar Caspio. ‖ El monte Tauro.

Cěraŭnium, ii. n. Plin. Ceraunio, una de las especies de hongos ó criadillas de tierra.

Cĕraŭnius, a, um. *Colum.* De los montes ceraunios ó del rayo.

\* Ceraŭnobŏlia, ae. *f. Plin.* La accion de arrojar los rayos, *nombre que se dió á una pintura de Apeles.*

Ceraunus, a, um. *Prop.* V. Ceraunius.

Cerbĕreus, a, um. *Ov.* Del Cerbero ó Cancerbero.

Cerbĕrus, i. m. *Ov.* El Cerbero ó Cancerbero, *perro de tres cabezas, guarda del palacio de Pluton.*

Cercēris, is. *f. Varr.* La cerceta, *especie de ánade que se cria en las orillas del mar, rios estanques y lagunas.*

Cercĕtae, arum. m. plur. Los sármatas, *vecinos del Ponto Euxino.*

Cercĕti, orum. m. plur. Los habitantes de Susaco.

Cercius. V. Circius.

Cercŏlips, ipis. *f. Fest.* Especie de mona con cola muy peluda.

Cercŏpa, ae. m. f. El ó la que es muy diestra en buscar sus intereses.

Cercŏpĭthēus, i. m. *Plin.* El cercopiteco, *mona con cola, gato maimon ó mico.*

Cercops, ŏpis. m. *Fest.* V. Cercopa.

Cercōpes. *Ov.* Pueblos de la isla de Pitecusa, *por sus engaños convertidos en monas.* ∥ *Man.* Monas con cola.

Cercūrus, i. m. *Liv.* Galera, nave de carga de Asia.

Cercyŏnēus, a, um. *Ov.* De Cercion, *hijo de Neptuno, ladron insigne de Elusina.*

Cercyra, ae. *f.* Corfú, *isla del mar jonio.*

Cercyros, i. m. *Plin.* El bopgiro, *pez que vive en los peñascos.*

Cerdo, ōnis. m. *Juv.* Artífice de los mas inferiores y bajos. *Sutor cerdo. Marc.* El zapatero de viejo.

Cĕreāles, ium. m. plur. *Ulp.* Los ediles que cuidaban de la provision del trigo.

Cĕreālia, ium. n. plur. *Plin.* Las mieses, los panes. ∥ *Plaut.* Fiesta en honor de Ceres, *en que las matronas celebraban el llanto de la pérdida de su hija.*

Cĕreālis, is. *f.* Ebora, *ciudad de Portugal.*

Cĕreālis. m. f. Ie. n. *Ov.* Lo que pertenece á la diosa Ceres. *Cerealis sapor. Plin.* El sabor del trigo. *— Coena, Plaut.* Cena, convite esplendido como se solia hacer en la fiesta de Ceres. *Cereale papaver. Plin.* La adormidera que se siembra y cultiva como el pan. *Cereales aurae. Plin.* Vientos útiles para los panes. *Cerealia arma. Virg.* Los instrumentos para hacer el pan. *— Dona. Sil. Ital.* El pan, el trigo.

Cĕreārius, ii. V. Cerarius.

Cĕrebellāre, is. n. *Veg.* El casco, morrion, celada, armadura de la cabeza.

Cĕrebellum, i. n. *Cel.* El cerebelo, *la parte posterior de la cabeza, y contigua al cerebro.*

Cĕrebrōsus, a, um. *Plaut.* Cabezudo, encaprichado. ∥ Loco, lunático.

Cĕrebrum, i. n. *Cic.* El celebro. *Cerebrum mihi excutiunt. Plaut.* Me rompen la cabeza. *Cerebri felix. Hor.* Hombre de buena cabeza, que nada le perturba ni molesta. *— Arboris. Plin.* La médula del árbol.

Cĕremōnia. V. Caeremonia.

Cereo. *Fest.* Palabra antigua en lugar de *creo.*

Cĕreŏlus, ó Cereolum, i. n. *Colum.* La cerilla. *dim.* ∥ Candela ó vela muy delgada de cera.

Cĕres, rĕris. *f. Ov.* Ceres, *hija de Saturno y de Opis, venerada como inventora de la agricultura.* ∥ *Cic.* El trigo. ∥ La luna. ∥ La tierra. *Cererem clamore vocare. Virg.* Pedir abundante cosecha de trigo. *Cereris laboratae dona. Virg.* El pan. *Ceres inferna y profunda. Estac.* Proserpina, *hija de Ceres.*

Cĕreus, i. m. *Cic.* El cirio, vela, candela, hacha de cera.

Cĕreus, a, um. *Cic.* De cera. ∥ *Virg.* De color de cera. ∥ *Hor.* Fácil como la cera. *Cerea castra. Plaut.* Los panales de las abejas.

Cĕrĕvisia, ae. *f. Plin.* V. Cervisia.

Cĕrevisiārius, ii. m. V. Cervisiarius.

Cĕria, ae. *f. Plin.* V. Celia y Cervisia.

Cĕrĭfĭco, as, avi, atum, are. a. *Plin.* Hacer la cera.

Cĕrĭmōnia, ae. *f. Marc.* V. Caeremonia.

† Cērĭnārius, a, um. *Plaut.* El que tiñe de color de cera.

Cĕrintha, ae. *f. Virg.* y

Cĕrinthe, es. *f. Plin.* ó

Cĕrinthus, i. m. *Diosc.* La yerba cirinte y la eritace ó hamago, llamada tambien sandaraca y cerinto, *que comen las abejas mientras trabajan la miel.*

Cĕrinum, i. n. *Plaut.* Vestido de muger de color de cera ó amarillo.

Cĕrīnus, a, um. *Plaut.* De color de cera.

Cĕriolāre, ó Cereolare, is. n. *Inscr. ant.* Candelero ó mechero para velas de cera.

Cerion, y Cerium, ii. n. *Plin.* El panal. ∥ *Plin.* La llaga costrosa con agujeros, por donde mana un humor como miel.

Cĕrītes, ae. m. *Plin.* Piedra preciosa de color de cera, llamada cerites.

Cĕrītes, um. m. plur. *Plin.* Pueblos de Toscana.

Cĕrītes tabulae. *Asc.* Las tablas enceradas *en que escribian los Censores los nombres de los que notaban de infamia.*

Cĕrītus, a, um. *Hor.* V. Cerritus.

Cernālus, ó Germalus, i. m. *Fest.* Un parage de Roma asi llamado, *donde fueron hallados los dos hermanos Rómulo y Remo á la orilla del Tiber.*

Cerna, ae. *f.* y

Cerne, es. *f.* Madagascar, *isla de San Lorenzo en el Océano etiópico.* ∥ Madera y Graciosa, *islas del océano atlántico.*

Cernentia, ae. *f. Marc. Cap.* La vista.

Cerno, is, crēvi, crētum, nĕre. a. *Cic.* Decretar, juzgar, deliberar, determinar. ∥ Distinguir, discernir, separar. ∥ Cerner, acribar. ∥ Ver, penetrar, mirar. *Cernere acutum, ó acute. Lucr.* Tener larga vista, mucha penetracion, alcanzar á ver de muy lejos. *— Ultima. Virg.* Penetrar hasta las cosas mas menudas ó recónditas. ∥ Prever el último dia de la vida. *— Ferro. Virg. — Pro patria. Plaut. — Vitam. Cic.* Pelear por la patria, por la vida. *— Obliquis oculis. Plin.* Mirar sobre el hombro, al traves, de medio ojo. *— Falsam haereditatem alienae gloriae. Cic.* Apropiarse, usurpar la gloria de otro. *— Haereditatem. Cic.* Declararse heredero. *— Est. Virg.* Se puede ver. *Crevit senatus. Cic.* El senado ha determinado. *Non cernimus ea, quae videmus. Cic.* No distinguimos las cosas que vemos.

Cernuālia, ium. n. plur. *Varr.* Juegos en que saltaban y volteaban sobre pieles untadas para resbalar en ellas.

Cernuātus, a, um. *Solin. part.* de Cernuo. El que tiene inclinada la cabeza, puesto con la cabeza baja, ó echado en tierra de cabeza.

Cernŭlo, as, avi, atum, are. *Sen.* V. Cernuo.

Cernŭlus, a, um. *Apul.* V. Cernuus.

Cernuo, as, avi, atum, are. a. *Varr.* Voltear, dar volteretas de cabeza. ∥ Humillarse, bajar, inclinar la cabeza.

Cernuus, a, um. *Virg.* Inclinado hácia abajo, de cabeza. ∥ El que da vueltas de cabeza. *Cernuus equus. Virg.* Caballo que cae de cabeza.

Cero, as, avi, atum, are. a. *Colum.* Encerar, untar, dar de cera.

Cĕrōma, ātis. n. *Plin.* El cerato ó cerote mezclado de cera y aceite, *con que se frotaban los atletas antes de combatir.* ∥ El gimnasio ó lugar de la palestra donde se untaban. ∥ *Marc.* La lucha.

Cĕrōmātĭcus, a, um. *Juv.* Frotado ó untado con el cerote de miel y aceite de los atletas.

Ceron, ōnis. m. *Plin.* Fuente que hace volverse negras las ovejas que beben en ella.

Cĕrōnia, ae. *f. Plin.* La siliquia ó cerraunia, *árbol de Siria y Jonia, parecido á la higuera.*

Cĕrostrōtum, i. n. *Vitruv.* Obra de taracea ó de embutido de varios colores.

Cĕrostrōtus, a, um. *Vitruv.* Obra taraceada ó embutida de varios colores.

Cĕrōsus, a, um. *Plin.* Ceroso, perteneciente á cera, de cera, lleno de ella.

Cerretāni, orum. m. plur. *Plin.* Los cerretanos, *pueblos de Cerdania en la España tarraconense.*

Cerretānus, a, um. *Plin.* De cerdania, *provincia de la España tarraconense.*

Cerreus, a, um. y Cerrīnus, a, um. *Plin.* Del cerro ó brezo, *llamado erica ó erice, de que se hace el carbón para los herreros.*

Cerritŭlus, a, um. *Mart. Cap.* dim. de

Cerrītus, a, um. *Plaut.* Loco, furioso, lunático.

Cerrōnes, um. m. plur. *Fest.* Hombres ineptos, estólidos.

Cerrus, i. f. *Plin.* El cerro ó brezo, árbol.

Certabundus, a, um. *Apul.* El que disputa ó contiende.

Certāmen, ĭnis. n. *Cic.* Certámen, combate, disputa, debate, diferencia, controversia, lid. ‖ Juego, fiesta en que se disputa el premio. ‖ La batalla. *Certamine primus equus. Hor.* El caballo ó ginete que ganó el premio en la carrera. *Vario certamine pugnatum est. Ces.* Se peleó con vario suceso, con igual pérdida. *Certamina divitiarum. Hor.* Cuidados, trabajos, desvelos por adquirir riquezas.

Certanter. adv. *Paul.* y

Certātim. adv. *Cic.* Á porfia, con emulacion, con empeño.

Certātio, ōnis. f. *Cic.* El acto de combatir, contender ó contrastar. V. Certamen.

Certātor, ōris. m. *Gel.* Combatidor, competidor.

Certātus, us. m. *Estac.* V. Certamen.

Certātus, a, um. *Tac.* Disputado, contendido, aquello sobre que se ha disputado.

Certe, y Certo, ius, issĭme. adv. *Cic.* Cierta, seguramente, de verdad, en realidad, cierto, sin duda, sí. ‖ Á lo menos. ‖ Con todo. *Certo scio. Cic.* Lo sé de cierto.

Certiōro, as, āvi, ātum, āre. a. *Ulp.* Cerciorar, asegurar, manifestar, hacer saber, dar á conocer.

Certisso, as, āre. n. *Pac.* Ser advertido, hecho sabedor.

Certĭtūdo, ĭnis. f. *Am.* Certeza, conocimiento de alguna cosa, seguridad, ciencia.

Certo. adv. *Cic.* V. Certe.

Certo, as, āvi, ātum, āre. a. *Ces.* Contender, contrastar, combatir, pelear, debatir. ‖ Empeñarse, esforzarse con emulacion. *Certare in omne facinus. Sen. Trag.* Abandonarse á toda especie de delitos. — *Foro. Hor.* Contestar en justicia. — *Honorem. Cic.* Disputar un punto de honra. — *Officiis inter se. Cic.* Disputar, porfiar en ser cada uno mas cortés y servicial. *Certantes aurø crines. Virg.* Cabellos que se las apuestan al oro. — *Cum usuris fructibus praediorum. Cic.* Cargarse tanto de usuras que llegan á igualar á los frutos de su hacienda.

Certus, a, um. *Cic.* Cierto, seguro, manifiesto, claro, verdadero, indubitable, infalible. *Certiorem aliquem facere alicujus rei, ó de aliqua re. Cic.* Cerciorar á uno, hacerle saber alguna cosa. *Certissimus consul. Cic.* Muy seguro de ser Cónsul. *Certus eundi. Virg.* Resuelto á partir. — *Mori. Estac.* Determinado, dispuesto á morir. — *Iaculis. Val. Flac.* Certero, tirador diestro. *Certi homines. Cic.* Hombres de verdad. *Certa verba. Cic.* Términos formales. — *In verba jurare. Liv.* Jurar segun la fórmula prescrita. *Certo certius est. Apul.* Es constante, es cierto y evidente.

Cĕruchus, i. m. *Val. Flac.* Maroma con que se atan las antenas al mástil por las dos puntas, y se vuelven á cualquiera parte cuando es necesario. ‖ Brazo de la antena.

Cerŭla, ae. f. *Cic.* Un poco de cera, la cerilla.

Cerus Manus. *Fest.* Criador bueno, *nombre místico de Jano, palabra antigua de los versos saliares.*

Cerūssa, ae. f. *Plin.* La cerusa, lo mismo que albayalde.

Cerussātus, a, um. *Cic.* Blanqueado con albayalde.

Cerva, ae. f. *Virg.* La cierva, la hembra del ciervo.

Cervārius, a, um. *Plin.* Cervario ó cervino, del ciervo, cerval. *Cervarius lupus. Plin.* Lobo cerval, lo mismo que lince. *Cervaria ovis. Fest.* Oveja que se sacrificaba á Diana á faltas de la cierva, que era su propio sacrificio.

Cervīca, ae. f. *Cat.* El bofeton ó manotazo.

Cervical, is. n. *Plin.* y

Cervicāle, is. n. *Juv.* La almohada ó cabecera.

Cervicātus, a, um. V. Cervicosus.

Cervīcis. gen. de Cervix.

Cervicōsĭtas, ātis. f. *Sid.* Dureza, obstinacion, testarroneria.

† Cervicōsus, a, um. Testarudo, cabezudo, porfiado, testarron.

Cervicŭla, ae. f. *Cic.* dim. de Cervix.

Cervīnus, a, um. *Ov.* Cervino, cerval, cervario, de ciervo.

Cervisia, ae. f. *Plin.* La cerveza, *bebida de cebada ó de trigo, ó de ambas semillas, mezcladas con la flor del lúpulo.*

Cervisiārius, ii. m. Cervezero, el que hace ó vende cerveza.

Cervix, īcis. f. *Cic.* La cerviz, parte posterior del cuello. ‖ El cuello, el pescuezo. ‖ *Vitruv.* El cuello de un cañon largo y estrecho, de una vasija. *Cervix locata. Juv.* El mozo de trabajo que lleva carga por interes. *Bellum in cervicibus erat. Liv.* Nos amenazaba, teniamos sobre nuestros cuellos ó cervices la guerra. *Peloponesi cervix. Plin.* El istmo, que es como el cuello por el que se junta la Grecia con el Peloponeso.

Cervŭla, ae. f. *S. Ag.* La cierva nueva y pequeña.

Cervŭlus, i. m. *Front.* El cervato, ciervo nuevo.

Cervus, i. m. *Cic.* El ciervo, animal velocísimo. ‖ *Virg.* La horca de tronco de árbol que sirve para las cabañas de los rústicos. ‖ *Ces.* Tronco de árbol con ramas á manera de cuerno de ciervo, de que usaban los romanos para las empalizadas. ‖ *Varr.* Clavo de hierro con varias puntas, que clavaban en lo profundo de los fosos cubiertos por encima para impedir el paso á los enemigos.

Cērycia, ōrum. n. plur. *Digest.* El caduceo, la insignia de paz que llevaba el caduceador.

Ceryx, īcis. m. *Sen.* el pregonero. ‖ Caduceador ó legado.

Cesēna, ae. f. Cesena, *ciudad de Italia.*

Cespes, ĭtis. m. *Cic.* El césped, *pedazo de tierra mezclado con la yerba y raices, y cortado con azadon, pala ú otro instrumento.* ‖ Yerba semejante á la grama.

Cespĭtātor, ōris. m. El que tropieza.

Cespĭtĭtius, a, um. *Plin.* De césped.

Cespĭto, as, āvi, ātum, āre. n. Tropezar, dar tropezones.

Cespōsus, a, um. *Colum.* Herboso, abundante de yerba.

Cessans, tis. com. *Virg.* Tardo, perezoso, ocioso, el que está sin hacer nada. *Cessans morbus. Hor.* Enfermedad porfiada, contumaz, intermitente, que da algun reposo. — *Ventus. Sen.* Viento que se echa, se aplaca. — *Amphora. Hor.* Cántaro ocioso, vacío.

Cessāta, ōrum. n. plur. *Ov.* Barbechos, tierras aradas que descansan un año.

Cessātio, ōnis. f. *Cic.* Cesacion, detencion, suspension, intermision de lo que se estaba haciendo, interrupcion, tregua. ‖ Inaccion, ociosidad, pereza, negligencia.

Cessātor, ōris. m. *Cic.* Ocioso, perezoso, el que cesa, interrumpe lo que estaba haciendo, el que está demas y sin hacer nada.

Cessātrix, īcis. f. *Tert.* La que cesa de trabajar.

Cessātūrus, a, um. *Ov.* Lo que está demas, de que no se hace nada, que no se usa.

Cessātus, a, um. *Ov.* Suspendido, interrumpido.

Cessicia tutela. *Ulp.* Tutela concedida en derecho.

Cessĭcius tutor. *Ulp.* Tutor á quien se concede la tutela en justicia, *llamada por esto Cesicia, porque se acaba si este ó el tutor legítimo faltan por muerte ú otra causa.*

Cessim. adv. *Just.* Atras, hácia atras.

Cessio, ōnis. f. *Cic.* Cesion, dejacion, renúncia de posesion, alhaja ó derecho en favor de otro.

Cesso, as, āvi, ātum, āre. n. *Cic.* Cesar, interrumpir, detener, suspender lo que se estaba haciendo. ‖ *Hor.* Pecar, errar, faltar. ‖ Tardar, dilatar. ‖ Vacar, descansar, estar ocioso. ‖ Omitir. *Cessare in officio. Liv.* Descuidarse, no atender á su obligacion. — *A praeliis. Liv.* Dejar la guerra. — *Sibi. Plaut.* Divertirse, descuidarse, detenerse con daño propio. — *De aliquo detrahere. Cic.* Dejar de hablar mal, de murmurar de alguno. — *Si quid potes. Virg.* Si tienes lugar. *Quod cessat ex reditu frugalitate suppletur. Plin.* men. Se suple con la frugalidad lo que falta de renta.

Cessus, a, um. *Liv.* part. de Cedo. Cedido.

Cestĭcillus, i. m. y

Cestīcillus, i. m. *Fest.* ó

Cestillus, i. m. El rodete ó rosca de lienzo ó paño que se pone en la cabeza para llevar cosas de peso.

* Cestros, i. f. *Plin.* La yerba betónica ó serrátula.

* Cestrosphendone, es. f. *Liv.* Dardo de un codo de largo, *usado de las tropas de Perseo en la guerra macedónica contra los romanos.*

Cestrōtus, a, um. V. Cerostrotus.

Cestrum, y Cestron, i. n. *Plin.* El buril.

Cestus, y Cestos, i. m. *Varr.* El ceñidor ó cinto. || *Hor.* El cinto de Venus, en que estaban todas las virtudes y encantos del amor. || *Marc.* El que daba el marido á su muger el dia que se casaban.

Cetaceus, a, um. De ballena ó pescado grande, cetáceo.

Cetāria, ōrum. n. *plur. Hor.* y

Cetariae, ārum. f. *plur. Plin.* Estanques, viveros donde se crian peces grandes.

Cetārius, ii. m. *Ter.* El pescador de peces grandes ó el pescadero que los vende.

Cete. *indecl.* n. *Plin.* V. Cetus.

Cetērus, a, um. V. Caeterus.

Cetobrica, ae. f. y

Cetobrix, icis. f. Setubal, *ciudad marítima de Portugal.*

Cetōsus, a, um. *Avicen.* Lleno de pescados grandes, cetáceos.

Cetra, ae. f. *Liv.* La cetra, *escudo de cuero de que usaron los antiguos españoles en lugar de adarga y broquel.*

Cetrātus, a, um. *Caes.* Cetrado, armado de escudo, adarga ó broquel cubierto de cuero.

Cetus, i. m. *Plin.* El ceto, todo pez grande como ballena y otros.

Ceu. *conj. comp. Virg.* Como, asi como, lo mismo que, del mismo modo que.

Ceus, a, um. Cius y Ceius, a, um. *Lucr.* De la isla de Cea.

Ceus, i. m. *Virg.* Ceo, *hijo de Titan y de la Tierra, padre de Latona y Asteria, rey de la isla de Cea.*

Ceva, ae. f. *Colum.* Vaca pequeña abundante de leche.

Ceveo, es, ēre. n. *Juv.* Halagar meneando la cola. *Se dice de los perros.*

Ceyx, ycis. m. *Ov.* Ceix, *hijo de Lucifero, rey de Tesalia, marido de Alcione, convertido en alcion junto con su muger.*

## CH

Chaerēphyllon, i. n. *Colum.* El perifollo, *yerba parecida al peregil.*

Chaerōnaea, ae. f. *Plin.* Queronea, *ciudad de Beocia.*

Chaerōneus, a, um. y

Chaerōnicus, a, um. ó

Chaerōnis, idis. f. ó

Chaerōnius, a, um. *Plin.* De la ciudad de Queronea, en Beocia.

Chalasticus, a, um. *Cod. Teod.* Emoliente, resolutivo.

Chalastroeus, a, um. y

Chalastricus, a, um. *Plin.* De Calastra, *ciudad de Macedonia.*

Chalatōrius, a, um. *Veg.* Lo que sirve para aflojar ó tirar de algun peso.

* Chalazias, ae. n. *Plin.* Piedra preciosa, *dura como el diamante, del color y figura del granizo.*

Chalazius, a, um. *Plin.* Semejante al granizo en su figura y resplandor.

* Chalbāne, es. f. *Dig.* V. Galbanum.

Chalcanthum, i. n. y

Chalcanthus, i. m. *Plin.* El calcanto, *flor de cobre, lo mismo que caparrosa ó vitriolo.*

Chalcēdon, ōnis. m. y

Chalcedonia, ae. f. *Claud.* Calcedonia, *ciudad de Bitinia.* || *Piedra preciosa de color de zafiro.*

Chalcedōnis, idis. f. y

Chalcedōnius, a, um. *Cic.* De Calcedonia.

Chalcentērus, i. m. *S. Ger.* que tiene intestinos de bronce, *renombre que se dió á Didimo, gramático alejandrino, por lo mucho que leyó y escribió, pues se dice que escribió 3500 volúmenes.*

* Chalceos, i. f. *Plin.* Yerba espinosa, asi llamada.

Chalcētum, i. n. *Plin.* Yerba asi llamada.

Chalceus, a, um. *Marc.* De bronce.

Chalcia, ae. f. *Plin.* Isla del mar Egeo, *una de las Cicladas.*

Chalcia, orum. n. *plur.* Fiestas en honra de Vulcano.

Chalcidice, es. f. *Plin.* La calcides, *pez semejante á la sardina.*

Chalcidicensis. m. f. sē. n. is. De Calcis. || De Cumas.

Chalcidicum, i. n. *Fest.* Sala grande ó pórtico donde se administra justicia.

Chalcidicus, a, um. *Plin.* y

Chalcidene, es. f. *Plin.* Provincia de Siria.

Chalcidensis. m. f. sē. n. is. *Gel.* y

Chalcidix, cis. m. *Plin.* Especie de lagarto.

Chalcioecum, ó Chalcioecus, i. m. *Nep.* Casa de bronce. *Llamábase así al templo que fundaron los espartanos á Minerva.* || *Epíteto y fiestas de Minerva.*

Chalciōpe, es. f. *Hig.* Calciope, *muger de Menesilo ó de Tesalo, y madre de Antifo, el cual se halló en la guerra de Troya.* || *Ov.* Otra hermana de Medea.

Chalcis, idis. f. *Mel.* Negroponte, *ciudad capital de Eubea, de donde se llamó la isla del mismo nombre.* || Otra en Arabia y en Siria. || El pez calcides. || Especie de serpiente venenosa.

Chalcites, ae. m. y Chalcitis, idis. f. *Plin.* Calcites, *piedra preciosa de color de cobre, de la cual cocida se hace el cobre.*

Chalcitis, idis. f. *Plin.* La calcitides, *piedra mineral.*

* Chalcophōnos, i. f. *Plin.* Piedra negra, que herida suena como el metal.

* Chalcophtongos. V. Calcophonos.

* Chalcosmaragdos, i. f. *Plin.* Especie de esmeralda algo turbia con vetas de cobre.

Chalcus, i. m. El bronce. || *Plin.* Peso de la décima parte de un óbolo.

Chaldaea, ae. f. *Plin.* Caldea, hoy Caldar, *provincia de Babilonia.*

Chaldaei, ōrum. m. *plur. Cic.* Los caldeos.

Chaldaeus, a, um. *Cic.* y

Chaldaïcus, a, um. *Cic.* Caldeo, de Caldea.

Chalo, as, āvi, ātum, āre. a. *Vitruv.* Calar, amainar, bajar.

Chalybs, ibis. m. *Virg.* El acero. || *Luc.* La espada. || El corte de la espada. || El hierro.

Chama, ātis, ó ae. m. n. *Plin.* El lobo cerval.

Chamae, ārum. f. *plur. Plin.* especie de pescados que conciben de sí mismos.

Chamaeacte, ó Chamecte, es. m. *Plin.* El yezgo, *planta semejante al sauco.*

Chamaecerăsus, i. f. *Plin.* El cerezo enano.

Chamaecissos, y Chamaeciusus, i. f. *Plin.* La yedra terrestre.

Chamaecypărissus, i. f. *Plin.* La yerba lombriguera.

Chamaedaphne, es. f. *Plin.* Camedafne, *planta parecida á la dafnaide llamada laureola.*

* Chamaedrācon, ontos. *Solin.* Serpiente de África que no se levanta de la tierra.

Chamaedrys, yos. f. *Plin.* El camedros, *mata semejante al teucrio, nace en lugares ásperos y pedregosos: otra hay llamada camedrís de agua ó acuatil parecida á la laureola, y se cria en lugares húmedos y pantanosos.*

* Chameeglycimerīdes, ae. m. *Plin.* Especie de pescado.

Chamaelea, ae f. *Plin.* La camalea, yerba.

Chamaeleon, ontis m. *Plin.* El camaleon, *animal muy tardo, del tamaño del lagarto.*

Chamaeleos, is. m. *Plin.* Especie de cangrejo de mar.

Chamaeleuce, es. f. *Plin.* La cameleuca, *planta del todo verde.*

Chamaelygos, i. f. *Apul.* Yerba parecida á la verbena.

Chamaemēlon, i. n. *Plin.* La manzanilla, *yerba olorosa.*

Chamaemyrsine, es. f. *Plin.* El mirto silvestre.

Chamaemyrsīnus, a, um. *Plin.* De mirto silvestre.

Chamaepelōris, idis. f. *Plin.* Un pez asi llamado.

Chamaepeuce, es. f. *Plin.* Yerba parecida en las hojas al árbol larice.

Chamaepĭtys, yos. f. Plin. La yerba llamada de S. Juan.
Chamaeplatănus, i. f. Plin. El plátano bajo, que crece poco.
Chamaerĕpes, um. f. plur. Especie de palmas bajas y de hojas mas anchas que las otras.
Chamaerops, ŏpis. f. Plin. V. Chamaedrys.
Chamaerrĭpes, um. f. Plin. Especie de palmas bajas que nacen en Candia y en Sicilia.
Chamaesȳce, es. f. Plin. Camesice, planta, especie de geplo, cuyos ramos delgados estan llenos de leche.
Chamaetĕrae, es. f. Plin. y
Chamaetĕris, ĭdis. f. Estatua baja como de criada ó sirvienta, ó figura de ella.
Chamaetrachaea, ae. f. Plin. Especie de pez cerrado en una concha.
Chamaevi, ōrum. m. plur. y
Chamaexylon, i. n. Plin. y
Chamaezelon, i. n. La yerba quinquefolium, lo mismo que cincoenrama.
Chamāni, ōrum. m. plur. ó
Chamāvi, ōrum. m. plur. Tac. Pueblos de Alemania, donde ahora está Camen en Vestfalia.
Chamedosmos, i. f. Apul. La yerba romarino.
Chametaera, ae. f. Plin. La manceba ó amiga que está en el suelo.
Chameunia, ae. f. S. Ger. El acto de dormir en el suelo.
Chamos. m. indecl. Bibl. Ídolo de los tirios y de los amonitas.
Chamulcus, ci. m. Am. La carreta para acarrear cosas de mucho peso.
Chamus, i. m. Bibl. El freno. || El ídolo de Beelfegor.
Chanănea, ae. f. V. Cananea.
Chanănaeus, a, um. Prud. Cananeo, de Canaan.
Chanănĭtis, ĭdis. com. El que es de la tierra de Canaan ó de Palestina.
Channa, ae. f. Plin. ó
Channae, es. f. Ov. y
Channus, i. m. Plin. El pez llamado canna, que concibe de sí mismo.
Chaŏnes, um. m. plur. Plin. Caonios, pueblos de Epiro, hoy Albania.
Chaŏnia, ae. f. Virg. Provincia de Epiro, hoy Canina en Albania.
Chaŏnis, ĭdis. f. La que es de Canina en Albania. Chaonis ales. Ov. La paloma. Chaonis arbos. Ov. La encina.
Chaŏnius, a, um. Virg. De Canonia ó Canina.
Chaos. n. indecl. Virg. El caos, la materia sin forma, confusa y sin distincion. || Prud. Las tinieblas. || Lact. La materia confusa del cielo y de la tierra hecha por Dios de la nada, de la cual recibieron forma todas las cosas del universo. || Profundidad.
Chăra, ae. f. Ces. La alcarabea, yerba.
Chărăcātus, a, um. Colum. Sostenido con cañas.
Chărăce, es. f. Plin. Caracia, ciudad de la Susiana del golfo pérsico.
Chăracĕnus, a. um. Plin. Caraceno, de Caracia.
* Characias, ae. f. Plin. Caña gruesa del lago Orcomeno, de que se hacian rodrigones para las vides.
Chăracter, ĕris. m. Colum. Caracter, señal, figura ó marca. || La forma ó estilo. || S. Ag. La señal, número ú otra especie de caracteres supersticiosos.
Characterismus, i. m. Rut. Lup. Figura retórica, en que se describe la vida, virtudes ó vicios de alguno. Etopeya.
Charadros, i. m. Estac. Rio de la Focide en Acaya.
* Chărax, ăcis. n. Colum. La escala ó escalera. || V. Charace.
Charaxo, ās, āre. a Prud. Arañar.
Chăraxus, i. m. Ov. Caraxo, hermano de la poetisa Safo, que enamorado de una ramera perdió todos sus bienes, y se hizo pirata.
Charentismus, i. m. Diom. Figura retórica, en que por cosas agradables damos á entender otras distintas de las que decimos.
Chărisma, ătis. n. El carisma, merced, don, dádiva graciosa y liberal.
Chăristia, ōrum. n. plur. Ov. Convite solemne de Roma en que se juntaban solos los parientes.

Chăristĭcon, i. n. Dig. Regalo, donativo, presente, dádiva para remunerar á otro.
Chărĭtas, ātis. f. Cic. El amor, amistad, ternura, celo, aficion, benevolencia. || Caridad, la virtud que constituye al hombre justo.
Chărĭtes, um. f. plur. Ov. Las tres gracias, Aglaya, Eufrosine y Talía. Las pintan los poetas desnudas y agarradas de las manos.
* Chărĭtoblĕphăron, i. n. Plin. El árbol caritobléfaro ó del amor.
Charmidātus, a, um. Plaut. El que se ha puesto alegre.
Charmides, is. m. Plaut. Nombre propio de un personage de Plauto que significa alegre.
Charon, ōnis. ó ontis. m. Virg. Caron ó Caronte, barquero del infierno, hijo de Erebo y de la Noche, que transporta las almas de los difuntos por la laguna Estigia. Apul. Oprobrio que se dice al hombre muy feo y cruel. ||
Chărŏneus, a, um. Plin. y
Chărŏnĭăcus, a, um. Perteneciente á Caron, barquero del infierno.
Charta, ae. f. Cic. La carta, el papel. || El libro, escritura ó carta escrita. Charta plumbea. Suet. Plancha de plomo. — Epistolaris. Marc. Papel de cartas. — Docta et laboriosa. Catul. Obra de mucha ciencia y trabajo. — Dentata. Cic. Alisada, batida.
Chartăceus, a, um. Ulp. y
Chartārius, a, um. Plin. De carta ó de papel. Chartarius calamus. Apul. Pluma para escribir. Chartaria officina. Plin. El molino de papel. || Almacen ó tienda donde se vende.
Chartārius, ii. m. Inscr. El fabricante ó comerciante en papel. || El cartero ó correo.
* Chartŏphȳlăcium, ii. n. La papelera, escritorio ó armario, archivo de papeles.
Chartŏphȳlax, ăcis. m. Inscr. Archivero, el que guarda papeles.
Chartoprates, ae. m. Cod. Just. El que vende papel.
Chartŭla, ae. f. dim. de Charta. Cic. Cartita, cartilla, carta pequeña, un pedazo de papel.
Chartŭlārius, ii. m. Cod. Just. El archivero.
Charus, a, um. Cic. V. Carus.
Chărybdis, is. f. Virg. Caribdis, abismo del mar siciliano, cerca de Mesina, enfrente de los peñascos de Escila, hoy Galofaro. Fingen los poetas que fue una muger precipitada por Júpiter en aquel lugar, por haber hurtado los bueyes de Hércules. Charybdis bonorum. Cic. El desperdiciador de su patrimonio. — Sanguinis. Prud. El hombre cruel, ó la fiera que no se harta de sangre.
Chasma, ătis. n. Sen. La abertura de tierra ó de nubes.
* Chasmatias, ae. m. Am. Terremoto con que se abre la tierra.
Chatti, ōrum. m. plur. Pueblos de Alemania.
Chaus, i. m. Plin. V. Chama.
Chelae, ārum. f. plur. Virg. Los brazos ó tenazas del escorpion con puas ó puntas. Signo del zodiaco.
Chele, es. f. Vitruv. Parte de la ballesta hecha á manera de los brazos del cangrejo.
Chelĭdon, ōnis. f. Colum. La golondrina.
Chelĭdŏnes, um. m. plur. Pueblos de Iliria.
Chelĭdŏnia, ae. f. Plin. La celidonia, yerba. || Una piedra preciosa que se halla en el nido de las golondrinas.
Chelĭdŏnias, ae. m. Plin. El viento favonio ó de la primavera.
Chelĭdŏnius, a, um. Plin. De la yerba celidonia. De la golondrina.
Chelo, ōnis. m. Vitruv. La llave de la catapulta.
Chelŏne, es. f. Serv. La tortuga, animal anfibio. || Serv. Doncella, que habiéndose burlado de las bodas de Júpiter y Juno, á que la convidó Mercurio, este la echó su casa encima, y la convirtió en tortuga.
Chelŏnia, ae. f. Plin. Ojo de tortuga de la India, piedra preciosa.
Chelŏnĭtĭdes, um. f. plur. Piedras preciosas parecidas á las tortugas. Batraquites, siderites, crepudina.
Chelŏnium, ii. n. Vitruv. Apoyo ó anillo sobre que es-

triba el perno de cualquiera máquina. ‖ Parte de la catapulta. ‖ La yerba esclamino.

**Chĕlŏnŏpbăgi**, ōrum. m. plur. Plin. Pueblos de Carmania que se alimentan de tortugas solas.

**Chĕlydrus**, m. Virg. El quelidro, serpiente muy venenosa de agua y de tierra.

* **Chelyon**, ўi. n. Plin. La concha de la tortuga.

**Chelys**, yis, yos. m. Ov. La tortuga. ‖ La cítara ó laud. ‖ La lira, signo celeste. Avien.

* **Chĕme**, es. f. Rhem. Medida de líquidos que contiene la duodécima parte de un ciato.

* **Chĕmŏsis**, is. f. Teod. Defecto de los ojos en que lo blanco se sobrepone á lo negro.

**Chĕnălōpes**, ĕcis. f. Plin. y

**Chenelops**, is. f. El quenalopes ó vulpansar, especie de ganso semejante á la zorra.

**Chĕnĕros**, otis. f. Plin. Otra especie de gansos menores.

**Cheniscus**, i. m. Apul. El ansaron ó ansar pequeño.

* **Chenoboscion**, ii. n. Colum. La casa donde se crian los ánsares ó gansos.

* **Chenomўcon**, i. n. Plin. Yerba de que huyen los gansos.

**Chĕnŏpus**, odis. f. Plin. Pie de ganso, planta.

**Cheramĭdes**, ae. m. Plin. Especie de piedra preciosa.

**Chereburgium**, ii. n. V. Caesari Burgus.

**Cherium**, ii. n. Chiers, ciudad del Piamonte.

* **Chernĭtes**, ae. m. Plin. Piedra semejante al marfil, dentro de la cual no se consumen los cadáveres.

**Cheronĕsus**, i. f. Peñíscola, pueblo del reino de Valencia en España.

**Chersĭna**, ae. f. Plin. El caracol ó tortuga terrestre.

**Chersŏnēsus**, i. f. Plin. El Querseneso, península. ‖ La Morea ó el Peloponeso. Chersonesus Tracia. El Querseneso de Tracia. — Taurica. El Querseneso Táurico, la pequeña Tartaria. — Aurea. El Querseneso de oro, la península de Malaca. — Cimbrica. Querseneso cimbrico, Jutland, provincia de Dinamarca. Se halla tambien Cheronessus.

**Chersydrus**, i. m. Plin. Quersidro, serpiente anfibia.

**Chĕrub**. ó

**Chĕrubim**. indecl. m. Bibl. Querub ó Querubin, espíritu angélico de la suprema gerarquía.

**Cherusci**, ōrum. m. plur. Claud. Los queruscos, pueblos de Alemania.

**Chesippus**, a, um. Cic. Puerco, sucio, palabra de oprobio con que Cenon llamaba siempre á Crisipo.

**Chia**, ae. f. ó Chia ficus. Marc. Higo de la isla de Quio.

**Chia terra**. Diosc. Tierra blanca.

**Chiliarcha**, ae. m. ó

**Chiliarches**, ae. m. Curc. ó

**Chiliarcus**, i. m. Corn. Nep. Cabo, gefe ó capitan de mil soldados.

**Chilias**, ădis. f. Macrob. El número de mil, millar.

**Chiliastae**, ărum. m. plur. Hereges milenarios.

**Chiliodynăma**, ae. ó

**Chiliodynăme**, es. f. Plin. La yerba fraginela.

* **Chĭliophyllon**, i. n. Apul. La yerba milefolium.

**Chilo**, ōnis. com. Fest. Belfo, el que tiene el labio inferior grueso y caido. ‖ Nombre de uno de los siete sabios de Grecia.

**Chilonium**, ii. n. Quel, fortaleza de la Alsacia. ‖ Quiel, ciudad del ducado de Holstein.

**Chimaera**, ae. f. Virg. Quimera, montaña de Licia, que arroja fuego, en cuya cima habitan leones, en el medio cabras, y al pie serpientes, de donde nació la fábula de que Quimera era un monstruo que vomitaba llamas, con la cabeza de leon, el vientre de cabra, y la cola de dragon.

**Chimaerĕus**, a, um. Virg. Perteneciente á la montaña Quimera.

**Chimerĭfer**, a, um. Ov. Que produce la Quimera: se dice de la Licia donde está.

**Chimerīnus**, a, um. Marc. Lo que pertenece al trópico de capricornio.

**Chimia**, ae. f. Serv. La Química, la Alquimia.

**China**, ae. f. La China, reino de Asia.

**Chinensis**. m. f. sĕ. n. is. Chinesco, de la China.

**Chiŏne**, es. f. Ov. Quione, ninfa que dió nombre á la isla de Quio.

**Chios**, y **Chius**, ii. f. Cic. Quio, isla del Asia en el Archipiélago.

**Chirāgra**, ae. f. Hor. Quiragra, gota de las manos.

**Chirāgrĭcus**, a, um. Sid. El que tiene gota en las manos.

**Chiramaxium**, ii. n. Petron. Carro capaz de una persona sola, del cual tiraban los siervos.

**Chiridōta tunica** f. Gel. Ropa, especie de sotana con mangas largas.

**Chirogrăphărius**, a, um. Ulp. Quirografario, perteneciente á papel, vale ó escritura de obligacion. Chirographarius creditor. Acreedor que tiene el resguardo de un vale ó recibo. — Debitor. Obligado por recibo ó vale de su mano. Pecunia chirographaria. Pago, libramiento, dinero en letra.

**Chirogrăphum**, i. n. Cic. y

**Chirogrăphus**, i. m. Quint. Quirógrafo, el escrito de propia mano. ‖ El vale, escritura ó papel de obligacion escrito de propia mano.

* **Chirŏmantia**, ae. f. Quiromancia, adivinacion por las rayas de las manos, que fingen las gitanas, y llaman buenaventura.

**Chirŏmantĭcus**, a, um. Quiromántico, lo que pertenece á la Quiromancia.

* **Chiromecta**, ton. n. plur. Vitruv. Obras de manos, título de un libro de Demócrito sobre historia natural.

**Chiron**, y **Chiro**, ōnis. m. Virg. Quiron, centauro, hijo de Saturno y de Filira, medio hombre y medio caballo.

**Chironĭcus**, a, um. Plin. Lo que pertenece al centauro Quiron.

**Chirōnium**, ii. n. Cels. Herida grande de labios callosos ó hinchados.

**Chirŏnŏmia**, ae. f. Quint. El arte de arreglar el gesto y todo el movimiento del cuerpo para hablar en público, danzar, andar &c.

**Chirŏnŏmos**, i. m. Juv. y Chironomon, ōnis, ontis, ó untis. Sid. El que mueve con arte la cabeza, manos, pies y todo su cuerpo. ‖ Maestro de danza.

**Chirŏthēca**, ae. f. La quiroteca, el guante.

**Chirurgia**, ae. f. Cic. La cirugía.

**Chirurgĭcus**, a, um. Cels. Quirúrgico, de cirugía.

**Chirurgūmena**, ōrum. n. plur. Cel. Aur. Libros de cirugía.

**Chirurgus**, i. m. Cels. El cirujano.

**Chius**, ii. f. Luc. V. Chios.

**Chius**, a, um. Marc. De la isla de Quio.

**Chlămyda**, ae. f. Apul. V. Chlamys.

**Chlămydātus**, i. m. Cic. Vestido de clámide.

**Chlămydŭla**, ae, f. Plant. dim. de

**Chlămys**, ўdis. f. Cic. La clámide ó palio para encima de la armadura entre los griegos, que sole cubria la espalda, y se ataba al cuello ó al hombro. Se usaba tambien entre los romanos, y aun fuera de la guerra.

**Chlōreus**, i. m. Plin. El clorio, ave enemiga del cuervo.

**Chlōris**, ўdis. f. Cloris ó Flora, diosa de las flores. Hig. Otra hija de Anfion y de Niobe.

**Chlōrites**, ae. m. Plin. ó

**Chlōritis**, ўdis. f. Plin. Piedra preciosa de color verde, la cual dicen los magos que se cria en el vientre del ave motacila, llamada tambien aguzanieve y mutolita.

**Choa**, ae. f. y **Chus**, ous. m. Fan. Medida de los líquidos entre los áticos capaz de un congio ó una cuartilla de arroba.

**Choscon**, i. n. Cels. Nombre de un emplasto negro que se pone en las heridas.

**Choaspes**, is. m. Plin. El Coaspes, hoy Tiritisi, rio de Persia. ‖ Otro de la India.

**Chŏaspĭtes**, ae. m. Plin. ó

**Chŏaspĭtis**, is. f. Piedra preciosa de color verde, que se halla en el rio Coaspes.

**Choarae**, ārum. m. plur. Lucr. Habitadores cerca de la laguna Meotis, que fueron encantadores célebres.

**Chobar**. indecl. Bibl. Rio de Caldea, ó epíteto dado por los caldeos á los rios Tigris y Eufrates. ‖ Ciudad de la Mauritania cesariana.

S

Chodchod. *indecl. Bibl.* Todo género de telas y ropas preciosas.

Choenĭca, ae. *f. Fest.* V. Choenix.

Choenītium, ii. *n. Cels.* Navaja ó sierra pequeña con que los cirujanos cortan los huesos pequeños.

Choenix, ĭcis. *f. Fan.* Medida capaz de dos sestarios, *que era la porcion diaria que daban los señores á los siervos entre los griegos.* ‖ Medida para las cosas secas capaz de tres cótilos áticos. ‖ Medida de dos libras y un cuarteron. ‖ Media hanega. *Choenix Syria.* Medida de cuatro sestarlos romanos. *Choenici ne insideas.* Frase proverbial para dar á entender que ninguno deje de buscar la comida por flojedad.

Choeradĕs, um. *f. plur. Apul.* Los lamparones ó paperas.

Choerĭlus, ó Cherilus, i. *m. Hor.* Querilo, *poeta de Samos, que escribió la victoria de los atenienses contra Gerges, los hechos de Lisandro, capitan de los lacedemonios, y de Alejandro el Grande.*

Choerogryllus, i. *m. Plin.* El erizo terrestre, animal.

Choicus, a, um. *Tert.* Terreno, de tierra.

Cholas, ae. *m. Plin.* Esmeralda de Arabia.

Chŏlĕra, ae. *f. Cels.* Cólera, *uno de los cuatro humores que hay en el cuerpo humano. Cholera laborare. Cels.* Padecer cólico bilioso ó cólera morbo. *Choleram facere. Plin.* Mover, provocar el vómito de la cólera.

Chŏlĕrĭcus, a, um. *Plin.* Colérico, bilioso, el que padece de la cólera.

Chŏliambi, ōrum. *m. plur. Diom.* Los versos yámbicos, trimetros, senarios, acatalécticos ó escazontes, que tienen yambo en el quinto pie, y en el sesto un espondeo.

Chōma, ătis. *m. Ulp.* El dique, monton de tierra y cascajo para detener las aguas.

Chondrille, es. *f.* y

Chondrillon, y Chondrillum, i. *n. Plin.* Especie de chicoria silvestre.

Chondris, is, ó ĭtis. *f. Plin.* V. Pseudodictamum.

Chondros, i. *f.* V. Cartilago.

Chŏrăgiārius, ii. *m. Inscr.* El que dispone el aparato de la escena.

Chŏrăgium, ii. *n. Plaut.* El aparato ó decoracion de la escena. ‖ *Vitruv.* El fondo del teatro, ó el vestuario en que ponian las cosas necesarias para la decoracion. ‖ *Ad Her.* El aparato ó pompa de cualquiera fiesta.

Chŏrăgus, i. *m. Plaut.* Autor, *el que surtia á los cómicos de los vestidos y adornos para representar, tomándolos de los ediles, que eran los ministros á cuyo cargo estaba la direccion del teatro público.* ‖ *Suet.* El que guia el coro ó la música.

Chŏraula, ae. y

Chŏraules, ae. *m. Marc.* El músico que acompaña al canto ó al baile con la flauta.

Chŏraulistria, ae. *f. Prop.* La muger que danza y canta bien.

Chorchor, ó Chodchod. *indec. Bibl.* Toda especie de mercadurías preciosas ó de ropas bordadas y recamadas.

Chorda, ae. *f. Cic.* Cuerda de un instrumento músico. ‖ *Plaut.* El cordel.

Chordacista, ae. *m. Marc. Cap.* El músico que toca ó canta al instrumento de cuerdas.

Chordapsus. *m.* ó Cordapsum, i. *n. Cels.* Dolor cólico con inflamacion del intestino.

Chordum, i. *n. Colum.* El retoño de la yerba.

Chordus, a, um. *Varr.* Tardío, que nace, viene ó se da tarde: *dícese de los frutos y de los pastos de los animales.*

Chŏrea, ae. *f. Virg.* El baile ó danza con música. ‖ *Varr.* El curso de los astros.

Chŏrepiscŏpus, i. *m. Cod. Just.* Vicario del obispo.

Chŏreus, i. *m. Cic.* Coreo ó troqueo, *pie métrico, disílabo, compuesto de larga y breve, como* armă.

Chŏreŭtes, ae. *m. Petr.* El danzarin ó bailarin.

Chŏriambĭcus, a, um. *Sid.* Perteneciente al pie coriambo, como verso coriámbico.

Chŏriambus, i. *m. Diom.* Coriambo, *pie métrico, que consta de un coreo y un yambo, ó de una sílaba larga, dos breves y otra larga: v. gr.* distūlĕrănt.

Chŏrĭcus, a, um. *Aus.* Córico, perteneciente al coro. ‖ *Jul. Firm.* El que gusta de bailes y músicas.

Chŏrion, ii. *n. Vitruv.* Orden, estructura de piedras de igual grandeza. ‖ Salon de baile. ‖ Duramater, membrana del cerebro.

* Chŏrŏbătes, ae. *m. Vitruv.* Regla de veinte pies, *instrumento para nivelar las aguas.*

* Chŏrŏcythărista, ae. *m.* y

* Chŏrŏcythăristes, ae. *com. Suet.* El que toca instrumento de cuerdas en una orquesta ó en un baile.

Chŏrogrăphia, ae. *f. Vitruv.* La corografia, descripcion de un pais.

Chŏrogrăphus, i. *m. Vitruv.* Corógrafo, el que describe un pais.

Chŏrostātes, ea. *m.* El maestro de capilla, el que guia el coro de música.

Chors, ortis. *f. Colum.* El corral ó cortijo cercado con bardas para criar aves.

Chorsia, ae. *f.* Ciudad de Beocia, Corsia.

Chorsĭci, ōrum. *m. plur.* Los naturales ó habitantes de Corsia.

Chortacana, ae. *f.* Ciudad de Asia.

Chortālis. *m. f.* lĕ. *n.* is. Lo que es del corral.

Chorteus, i. *m. Palad.* ó Chorta, ae. *f.* Vestido tosco de los esclavos para trabajar en el campo.

Chortīnum, i. *n. Plin.* Aceite de heno ó de grama.

Chŏrus, i. *m. Virg.* El coro, multitud de gente junta para cantar y bailar. ‖ La junta y compañía de gente. ‖ El baile y canto. ‖ Compañía del teatro. ‖ Union de las estrellas. *Extra chorum saltare. Extra canticum. Cancre ad Mytum. adag.* Bailar sin son. *ref.*

Chostolŏgia, ae. *f.* La afabilidad y dulzura en el hablar.

Chrestolŏgus, i. *m. Cap.* El que habla bien y obra mal, el que da muchas y buenas palabras, y no corresponden sus obras.

Chreston, ó Chrestum, i. *n. Plin.* Saludable, *nombre que se da á la chicoria.*

Chrestus, i. *m. Suet.* Cristo Señor nuestro, *asi llamado de los romanos por ignorancia de la etimología del nombre.*

Chria, ae. *f. Quint.* Cria, *breve esplicacion de un dicho ó un hecho por ocho partes ó capítulos, que son alabanza, paráfrasis, causa, contrariedad, semejanza, ejemplo, testimonio, epílogo.*

Chrisma, ătis. *n. Tert.* El crisma, *aceite y bálsamo consagrado con que se unge al que se bautiza ó confirma, y tambien á los obispos y sacerdotes cuando se consagran y ordenan.*

Christiāne. *adv. S. Ag.* Cristianamente, con caridad cristiana, religiosa y devotamente.

Christianismus, i. *m. Tert.* El cristianismo ó cristiandad, el gremio y religion de los fieles cristianos.

Christiănĭtas, ātis. *f. Cod. Teod.* La cristiandad. V. Cristianismus.

Christiănizo, as, āre. *n. Tert.* Profesar la religion cristiana, ser, portarse como cristiano.

Christiānus, a, um. *Tac.* Cristiano, perteneciente á Cristo y á la religion cristiana. *Se halla en S. Gerónimo el superlativo* Christianissimus.

Christĭcŏla, ae. *com. Prud.* Cristiano, el que sigue á Cristo y profesa su ley.

Christĭgĕna, ae. *com. Prud.* El pariente de Cristo, el descendiente de David.

Christĭpŏtens, entis. *com. Prud.* El que puede para con Cristo.

Christus, i. *m. Lact.* Ungido con el óleo santo, nuestro Señor Jesucristo.

Chrōma, ătis. *n. Vitruv.* V. Chromaticus.

Chrōmătiārius, ii. *m. Interp. de Pers.* El que despues de untado se ponia al sol para que el aceite se embebiese en el cuerpo.

Chrōmatĭce, es. *f. Vitruv.* Uno de los tres sistemas músicos llamado cromático.

Chrōmătĭcus, a, um. *Vitruv.* El sistema músico cromático, *que procede por dos semitonos, y una tercera menor ó semiditono.*

Chrombus, i. *m. Plin.* El crombo, especie de pez.

Chromis, is. m. Plin. El pez coracina, ó castaño.

Chronica, orum. n. plur. Plin. Crónica, historia ó anales de los reyes y personas ilustres.

Chronicus, a, um. Cel. Crónico. Chronici libri. Las crónicas. — Morbi. Cel. Aur. Enfermedades, cuyo humor se mueve por dias, como quinto, seteno, oneeno, y se llaman dias crónicos.

Chronisso, is, avi, atum, are. m. Lact. Retardar, prolongar, hacer pausas ó paradas.

Chronographia, ae. f. Cronografía, descripcion ó escritura de los tiempos.

Chronographus, i. m. Sid. Cronógrafo, el escritor ú hombre docto en cronografía.

Chronologia, ae. f. Cronología, narracion, historia ó discurso de los tiempos.

Chronologus, i. m. Cronólogo, el que sabe ó escribe de cronología.

Chronostichum, i. n. Especie de poesía en que las letras numerales señalan el año.

Chrysalis, dis. f. Plin. La oruga llamada crisálide, que rompiendo la corteza que ella misma forma, sale de ella volando como mariposa.

Chrysanthemum, i. n. Plin. Crisantemo, yerba tierna y ramosa con flores amarillas en forma de un ojo.

Chrysaopis, idis. f. Plin. Piedra preciosa de color de oro.

Crhyse, es. Ov. Crisa, isla de Asia, hoy el Japon.

Chryseis, idis. f. Ov. Astinome, hija de Crises.

Chryselectrum, i. n. Plin. Especie de ámbar ó eléctro amarillo, dorado. || Plin. Piedra preciosa de color de oro que solo tiene buena vista por la mañana.

Chrysendeta, ó Chrysenteta, orum. n. plur. Marc. Vasos, fuentes ó tarinas con orla de oro.

Chryseos, y Chrysius, a, um. Marc. De oro.

Chryses, ae. m. Ov. Crises, sacerdote de Apolo, padre de Astinome, que de su nombre se llamó Crisis ó Criseida.

Chrysippeus, a, um. Cic. Perteneciente al filósofo Crisipo.

Chrysippus, i. m. Cic. Crisipo, filósofo estoico, discípulo de Cenon y de Cleantes, y cabeza, despues de ellos, de la secta estoica.

*Crhysites, ae. m. Plin. Piedra preciosa de color de oro.

Chrysitis, dis. f. Plin. Piedra de espuma blanca, lustrosa, especie de azogue que se halla en las minas de plata. || La yerba crisitis ó crisocoma, que tiene ramas de color de oro resplandecientes.

Chrysoaspidae, arum. m. plur. Lampr. Soldados que llevan escudos grabados de oro.

Chrysoberyllus, i. m. Plin. Crisoberilo, piedra preciosa, especie de berilo, ó biril, cuyo verdor tira á color de oro.

* Chrysocanthos, i. f. Apul. Especie de yedra que cria unos granos de color de oro: llámase tambien Chrysocarpus.

* Chrysocephalos, i. m. Apul. Especie de basilisco con la cabeza dorada.

Chrysocolla, ae. f. Plin. La crisócola, licor que destila por la vena del oro, y se congela en piedra con el frio del invierno. || Plin. La borra del oro, de que usan los pintores.

* Chrysocome, es. Plin. V. Chrysitis.

* Chrysocomes, ae. m. Marc. Que tiene cabellos de oro, epíteto de Apolo.

Chrysographatus, a, um. Treb. Pol. Pintado ó adornado de oro.

Chrysolachanum, i. n. Plin. El armuelle, yerba.

Chrysolampis, idis. f. Plin. Piedra preciosa, pálida de dia, y por la noche de color de oro.

Chrysolitus, i. m. Plin. El crisólito, piedra preciosa muy parecida al oro en el color.

Chrysomallos, i. m. Hig. Que tiene vellones de oro, como el carnero que fingen los poetas en que Frixo fue á Colcos.

Chrysomelum, i. n. Colum. El crisomelo, membrillo pequeño, amarillo y muy oloroso. Le llaman tambien Chrysomelianum malum.

Chrysopastus, i. m. Solin. Piedra preciosa, especie de crisólito, dorada.

Chrytophis, ó Chrysofis, idis. f. Plin. Piedra preciosa de color de oro.

Chrysophrys, yos. f. Ov. El pez dorada.

Chrysoplysion, ii. n. Bud. El lugar en que se lava el oro.

Chrysopolis, is. f. Ciudad de Bitinia. || Ciudad de Cilicia. || Promontorio de Asia, hoy Escutari.

Chrysoprasius lapis. Plin. y
Chrysoprasus, i. m. Prud. ó

* Chrysopteros, ó Chrysopterus, i. m. Plin. El topacio, piedra preciosa amarilla sobre verde.

Chrysorophus, ó Chrysophus, a, um. Que tiene el techo dorado.

* Chrysorroas, ae. m. Plin. Que corre ó lleva oro en sus aguas: dícese del Pactolo, rio de Siria, de otro en Bitinia, y de otro en el reino del Ponto, y del Tajo en España.

Chrysos, i. m. Plaut. El oro. || Plin. El pez dorada.

Chrysothales, is. adj. Plin. Que crece con flores de color de oro, epíteto de algunas plantas y flores.

Chuni, orum. m. plur. Claud. Los chunos, llamados despues hunos, pueblos mas allá de la laguna Meotis junto al rio Tanais.

Chus. V. Choa.

Chyamus. f. Plin. V. Colocasia.

Chydaea, ae. f. Plin. Especie de palma. || El dátil, su fruto.

Chydaeus, a, um. Marc. Barato, comun, vulgar, de poco precio y estimacion. || Lo que es de palma.

Chylisma, atis. n. Escrib. El jugo que se saca de alguna cosa.

Chymicus, a, um. Marc. Lo que es de química ó alquimia.

Chymus, i. m. Scrib. El jugo ó quilo.

Chytra, ae. f. Cat. El pote ó marmita de barro, la olla.

Chytropodes, ae. f. y

Chytropodium, ii. n. Raiph. Olla con tres pies.

Chytropus, odis. m. Cat. Olla de tres pies. || Las trébedes.

## CI

Cia, ae. f. Nombre de una isla. V. Cea.

Cianus, a, um. Plin. Perteneciente á Cion, que es nombre de un rio y de una ciudad en el Helesponto, de donde viene Ciani, orum. Liv. Los habitantes de esta ciudad.

Cibalis, m. f. le. n. is. Lact. Perteneciente á la comida, al alimento.

Cibaria, orum. n. plur. Cic. Los víveres, viandas, la vitualla, la comida, sustento, mantenimiento, alimento.

Cibarium, ii. n. Sen. La comida, el alimento ó mantenimiento del cuerpo.

Cibatius, a, um. Cic. Perteneciente al sustento, á la comida, al alimento. || Non. Bajo, vil de poco precio. Homo cibarius. Varr. Jornalero miserable, hombre plebeyo. Cibaria res. Plaut. Los víveres, provisiones de boca.

Cibatio, onis. f. Solin. El acto de comer, de alimentarse.

Cibatus, us. m. Plaut. La comida, la vianda, lo que se come y se bebe.

Cibicida, ae. m. Lucil. El comedor, el que no sirve en casa mas que de una boca mas.

Cibilla, ae. f. Varr. La mesa para comer.

Cibinium, ii. n. Hermenstad, ciudad de Alemania.

Cibo, as, avi, atum, are. a. Colum. Cebar, alimentar, mantener, dar de comer.

Ciboria herba. Apul. El haba de Egipto. || Cierto género de manzanas de Alejandría, cuyo árbol tiene las hojas semejantes á las del haba egipcia.

Ciborium, ii. n. Hor. Vaso, taza ó copa grande para beber. || El boton en que se encierra el haba de Egipto por su semejanza con la copa para beber.

Cibus, i. m. Cic. El cebo, la comida, alimento, mantenimiento de los hombres y de los animales. Cibus illiberalis. Plin. Viandas groseras. — Oppressus. Plin. Gravis. Cic. Manjares indigestos. — Summus. Plin. Los postres. Cibum capere. Cic. — Cum aliquo. Ter. Comer con alguno. In cibo est homini. Plin. Es cosa que se come regularmente. Cibi minimi erat, atque vulgaris. Suet. Era de muy poco comer, y viandas comunes.

Cibyra, y Cybira, ae. f. Plin. Ciudad de Cilicia cerca del monte Trago. || Plin. Otra de Frigia en la comarca de Caria.

Cibyratae, y Cybiratae, arum. m. plur. Cic. Pueblos de Frigia, donde estaba la ciudad de Cibira.

Cibyratĭcus, y Cybisatĭcus, a, um. *Hor.* De la ciudad de Cibira. *Cybiratici comes. Cic.* Dos hermanos pintores de esta ciudad, que Verres tenia consigo en Sicilia, y de quienes se valia para sus robos. ‖ Los naturales y habitantes de Cibira, que como en tierra montuosa eran muy dados á la caza.

Cicăda, ae. f. *Virg.* La cigarra, insecto con alas. ‖ *Juv.* El verano. ‖ Insignia de los reyes y ciudadanos atenienses.

Cicatrīcātus, a, um. *Sid.* V. Cicatricosus.

Cicatrīco, as, avi, atum, are. a. *Cel. Aur.* Cicatrizar, cerrar, unir el cútis de una herida ó llaga.

Cicatrīcōsus, a, um. *Colum.* Lleno de cicatrices.

Cicatricŭla, ae. f. *Cels.* Cicatriz pequeña.

Cicātrix, īcis. f. *Cic.* Cicatriz, señal que queda en la piel ó cútis donde ha habido herida ó llaga. ‖ El mal ó daño antiguo que se renueva. *Cicatrice obducta. Cic.* Llaga cerrada enteramente. *Refricare cicatricem. Cic.* Renovar la llaga, la memoria de la desgracia.

Ciccum, ó Cicum, Ciccus, ó Cicus, i. m. y. *Varr.* La membrana ó pellejo delgado que separa los granos de la granada. *Ciccum non interduim. Plaut.* No se me da un bledo, un pito.

Cicer, ĕris. n. *Plin.* El garbanzo, legumbre conocida. *Fricti ciceris emptor. Hor.* La gente baja que compra los tostones y otras golosinas de bajo precio. *Entre los romanos, tambien se usaba vender garbanzos tostados como entre nosotros.*

Cicĕra, ae. f. *Colum.* Tito, *especie de garbanzo menudo desigual y anguloso.*

Cicercŭla, ae. f. *Plin.* Garbanzo menudo. V. Cicera.

Cicerolum, i. n. *Plin.* Especie de tierra roja para pintar, *que viene de África.*

Cicĕro, ōnis. m. *Marco Tulio Ciceron*, príncipe de la elocuencia romana.

Ciceromastrix, īgis. m. *Gel.* Azote de Ciceron, *título de un libro que escribió Largio Licinio contra Ciceron.*

Cicerōniānus, a, um. *Plin.* Ciceroniano, de Ciceron, ó perteneciente á él.

Cicerōnis aquae. f. plur. *Plin.* Las aguas ó baños de Britolino en Italia.

Cicerōnis villa. f. *Suet.* Ciceroniano, *pueblo de Campania, el cual llama Plinio academia.*

Cicerōnis castra. n. plur. *Ces.* Veltsic, *pueblo de Flandes cerca de Gante.*

Cichōreum, i. n. *Hor.* y

Cichōrium, ii. n. *Plin.* La chicoria, *planta, especie de endibia salvage.*

Cici. n. *Plin.* Árbol de Egipto el croton y ricino.

Cicilendrum, i. n. y

Cicimandrum, i. n. *Plaut.* Nombres de dos guisados que puso Plauto por chanza en boca de un cocinero.

Cicindēla, ae. f. *Plin.* Especie de mosca ó gusano de luz.

Cicīnum oleum. n. *Plin.* Aceite de la grana del árbol ricino ó de la planta palmachristi.

* Cicloides, ae. f. Cicloide *figura geométrica.*

Cicōnes, um. m. plur. *Virg.* Pueblos de Tracia. ‖ Habitantes cerca del Ebro.

Cicōnia, ae. f. *Ov.* La cigüeña. ‖ *Colum.* Máquina para sacar agua, y para medir la profundidad de los sulcos en el campo, ó para hacerlos iguales. ‖ *Pers.* Burla que se hace á uno por detras poniendo los dedos retorcidos sobre el índice, á manera de pico de cigüeña.

Cicōnīnus, a, um. *Sid.* Perteneciente á la cigüeña.

Cicŭma, ae. f. *Fest.* La lechuza.

Cicur, ŭris. com. *Cic.* y

Cicŭrātus, a, um. *Cic.* Manso, domesticado, doméstico. ‖ *Varr.* Dulce, suave, tratable, apacible.

Cicurio, is, ire. a. *Aut. de Filom.* Cantar como el gallo.

Cicŭro, as, avi, atum, are. a. *Varr.* Domesticar, amansar.

Cicus, i. m. *Plaut.* V. Ciccum.

Cicūta, ae. f. *Hor.* Cicuta, *planta de un tallo semejante al hinojo, cuyo zumo es venenoso por ser excesivamente frio.* ‖ *Virg.* Cicuta, ó flauta, *instrumento pastoril.* ‖ *Lact.* La caña.

Cidāris, is. f. *Curc.* El bonete, sombrero ó tiara propia de los reyes de Persia. ‖ *S. Ger.* Vestido sacerdotal de los hebreos.

Cidārum, i. n. *Gel.* Especie de embarcacion.

Cieo, es, ciēvi, ciētum, y civi, citum, ēre. a. *Cic.* Mover, provocar, llamar, escitar, animar, incitar. ‖ *Virg.* Llamar, invocar. *Ciere alvum. Colum.* — *Urinam. Plin.* Relajar el vientre, provocar la orina. — *Nomina singulorum. Tac.* Llamas á cada uno por su nombre.

* Cilibantes, um. m. plur. *Cals.* Instrumento de guerra con tres pies, *en que los antiguos ponian los escudos cuando descansaban.*

Cilibantum, i. n. y

Cilibantus, i. m. y

Cilibānum, i. n. *Varr.* Mesa redonda.

Cilicensis, m. f. sē. n. is. V. Ciliciensis.

Cilicia, ae. f. *Plin.* La Cilicia, *provincia del Asia menor.*

Ciliciārius, ii. m. *Inscr.* El que hace ó vende ropas de pelo de cabra ó de castron. V. Cilicium.

Ciliciensis, m. f. sē. n. is. *Cic.* Perteneciente á Cilicia.

Cilicīnus, a, um. *Solin.* Lo que es hecho de cilicio. V. Cilicium.

Ciliciŏlum, li. n. *S. Ger.* dim. de

Cilĭcium, ii. n. *Cic.* Cilicio, manta de cerdas, *de que se hacian varios usos en la milicia.* ‖ La faja de cerdas ó cadenillas de hierro con puas, *que se trae ceñida junto á la carne para mortificacion.*

Cilicius, a, um. *Plin.* y

Cilicus, a, um. *Virg.* Lo que es de Cilicia.

Cillas, ae. ó Cilissus, a, um. *Ov.* De Cilicia.

Cilium, ii. n. *Plin.* La estremidad del párpado en que está la pestaña. ‖ El párpado.

Cilix, īcis. com. *Ov.* Ciliciano, el natural de Cilicia. *Cilices. com. Cic.* Los cilicianos.

† Cillo, ōnis. m. *Cel.* El que toca el violon ú otros instrumentos, para los cuales hace posturas poco decentes.

Cillus, i. m. *Petr.* El asno.

Cilo, ōnis. m. *Fest.* El que tiene la cabeza en punta y la frente sacada.

Cilunculus, i. *Arnob.* dim. de Cilo.

Cima, ae. f. *Plin.* La cima ó cumbre, lo mas alto de los montes, cerros y collados, y tambien de los árboles.

Cimas, adis. f. Isla en la embocadura del Danubio.

Cimbri, ōrum. m. plur. *Flor.* Los cimbros, *pueblos de Germania, habitantes de la Címbrica Querseneso: en la lengua antigua de los Galos quiere decir ladrones.*

Cimbrica Chersonesus. f. La tierra de Judtland.

Cimbrĭcus, a, um. *Claud.* De Judtland, ó de Címbrica Querseneso.

† Cimeliarcha, ae. m. *Cod. Just.* Tesorero eclesiástico.

* Cimeliarchium, ii. n. *Cod. Just.* El tesoro ó el lugar donde se guardan las alhajas y el dinero de la iglesia.

* Cimelium, ii. n. Presente, regalo de alguna cosa muy preciosa.

Cimex, īcis. m. *Plin.* La chinche, *animalejo asqueroso que pica mucho.*

Cimile, is. n. *Cat.* Palancana ó aljofaina para lavarse las manos, ó barreñon para lavar.

Ciminus, i. m. *Plin.* Montaña de Viterbo en la Etruria, *á cuya falda está la ciudad de Viterbo.*

Cimmerii, ōrum. m. plur. *Fest.* Nombre comun de todas las gentes que habitan tierras muy frias, *como los que vivian entre Bayas y Cumas, donde nunca daba el sol.* ‖ *Plin.* Los tártaros, *pueblos de Escitia.*

Cimmerius, a, um. *Ov.* Perteneciente á los cimérios. *Cimmeriae tenebrae. Lact.* Tinieblas densísimas, *que ademas del sentido propio de las cavernas entre Cumas y Bayas, se dice de la ignorancia crasa y absoluta.*

Cimōlis, ĭdis. f. *Mel.* Ciudad de Paflagonia. ‖ Ciudad de Galacia.

Cimōlius, a, um. *Plin.* De greda. ‖ De la isla Cimolia ó Polino.

Cimōlus, i. f. *Ov.* Polino ó Argentiera, *isla del mar de Candia.*

Cinaedia, ae. f. *Plin.* Piedra que se halla en la cabeza del pez cinedo.

Cinaedicus, a, um. *Plaut.* Perteneciente al deshonesto.

Cinaedologus, i. m. *Turn.* Desvergonzado, deshonesto en el hablar.

Cinaedŭlus, i. m. *Macr. dim. de*

Cinaedus, a, um. *Mart.* Deshonesto, desvergonzado, afeminado. *comp.* Cineadior. *Catul.*

Cinamomum. V. Cinnamomum.

Cinăra, y Cynara, ae. f. *Colum.* El cardo hortense.

Cinaeŏnus, i. m. *Fest.* La aguja de rodete.

Cincinnālis. m. f. lĕ. n. is. *Apul.* Rizado.

Cincinnatŭlus, a, um. *S. Ger. dim. de*

Cincinnatus, a, um. *Cic.* Rizado, ensortijado. *Cincinnatae stellae. Cic.* Estrellas ó cometas crinitos.

Cincinnŭlus, li. m. *Varr.* El ricito, rizo pequeño. *dim. de*

Cincinnus, i. m. *Cic.* El rizo del cabello. *Cincinni orationis. Cic.* Adornos afectados de la oracion.

Cinĕris, is. f. *Plin.* Yerba con que dice Plin. que resiste el ciervo á los pastos venenosos. Algunos creen ser lo mismo que cinara.

Cincius, a, um. *Cic.* Lo pertenciente á Cincio romano.

Cincticŭlus, i. m. *Plaut.* Cinturica, cinturilla, cordon, cinta ó pretinilla propia de los niños.

Cinctorium, ii. n. *Mel.* Cintura, cinturon, viricú para traer la espada.

Cinctorius, a, um. *Plin.* Amigo de traer espada.

Cinctūra, ae. f. *Quint.* y

Cinctus, us. m. *Varr.* Especie de faja con que los antiguos se ceñian el cuerpo y las piernas. *Cinctus Gabinus. Virg.* Ropa de los soldados romanos con que se ceñian todo el cuerpo.

Cinctus, a, um. *Plaut.* Ceñido, rodeado. ‖ *Plin.* Soldado pronto para cualquiera empresa. *Alte cincti. Plaut.* Los valientes. ‖ *Fedr.* Los siervos dispuestos y aparejados para cualquier servicio, aldas en cinta.

Cinctūtus, a, um. *Hor.* Ceñido con el ceñidor ó faja, todo el cuerpo en lugar de túnica.

Cinĕfacio, is, fēci, factum, ĕre. a. *Lucr.* Reducir á cenizas.

Cinĕfactus, a, um. *part. Lucr.* Reducido á, hecho cenizas.

Cinĕrăceus, a, um. *Plin.* Cinericio, ceniciento, lo que es y tiene color de ceniza.

Cinĕrarium, ii. n. *Inscr.* Sepulcro ó lugar donde se guardan las cenizas de los muertos.

Cinĕrarius, ii. m. *Varr.* El peluquero, el que riza y empolva el cabello.

Cinĕresco, is. n. *Tert.* Volverse, reducirse á cenizas.

Cinĕreus, a, um. *Colum.* y

Cinĕricus, a, um. *Varr.* Ceniciento ó de ceniza.

Cinĕris, *genit. de* Cinis.

Cinĕrŏsus, a, um. *Ov.* Lleno de cenizas.

Cinga, ae. m. *Caes.* El Cinca, rio de España que separa á Aragon de Cataluña, y desagua en el Ebro.

Cingillum, ó Cingillus, i. n. m. *Petron.* El vestido que servia en lugar de túnica ó camisa. ‖ Faja ó ceñidor.

Cingo, is, xi, ctum, gĕre. a. *Cic.* Ceñir, rodear, ajustar, apretar la cintura ú otra cosa. ‖ Cercar, sitiar. ‖ *Tac.* Acompañar. *Cingere castra vallo. Liv.* Atrincherarse, rodear los reales de trincheras. — *Urbem copiis. Liv.* Cercar, sitiar una plaza. *Cingi odiis. Claud.* Estar aborrecido de todos. — *Venenis. Val. Flac.* Armarse de venenos. *Cinxerunt aethera nimbi. Virg.* Las nubes cubrieron el cielo.

Cingŭla, ae. f. *Ov.* La cincha con que se asegura la silla ó albarda de la caballería. ‖ *Ov.* El cíngulo, ceñidor, faja, cinto, cinturon, pretina ó cintura del hombre.

Cingŭli, ōrum. m. plur. *Cic.* Las zonas celestes.

Cingŭlum, i. n. *Caes.* Cingoli, castillo en la Marca de Ancona.

Cingŭlum, i. n. *Varr.* y

Cingŭlus, i. m. *Cic.* El cinturon, cíngulo, cintura, faja ó ceñidor. ‖ El cíngulo ó cordon de que usaban por insignia los soldados. ‖ Anillo que se pone en el dedo. ‖ Título y dignidad de magistrado. *Cingulo spoliare. Bud.* Privar de la magistratura.

Cinĭfes, um. m. plur. *S. Ag.* Los cínifes, mosquitos de trompetilla que pican cruelmente.

Ciniflo, ōnis. m. *Hor.* El que sopla en la ceniza. ‖ El peluquero.

Cinis, ĕris. m. f. *Cic.* La ceniza. ‖ El sepulcro. ‖ La muerte. ‖ Las reliquias de los funerales. *Cinere alicujus dare poenas. Cic.* Ser castigado por haber violado la sepultura de alguno. — *Fidem servare. Virg.* Ser fiel á alguno aun despues de su muerte. — *Alicujus dolorem inurere. Cic.* Perseguir á uno hasta el sepulcro. — *Suprema ferre. Virg.* Hacer las exequias á un muerto. *Cinis dummodo absolvar. Fedr.* Con tal que yo sea justificado despues de mi muerte. *Dies cinerum.* El miercoles de ceniza.

Ciniscŭlus, i. m. *Plin. dim. de Cinis.* Un poco de ceniza.

Cinnabāri, *indecl.* n. y

Cinnabāris, is. f. *Plin.* El cinabrio, licor muy rojo que destila de un árbol de Africa, de que usan los pintores. ‖ Bermellon: piedra mineral roja con venas de azogue: le hay artificial hecho de azufre y azogue incorporados al fuego.

Cinnameus, a, um. *Auson.* De cinamomo.

Cinnaminus. V. Cinnamomĭnus, a, um.

Cinnamolŏgus, i. m. *Plin.* El que anda cogiendo la canela.

Cinnamomĭnus, a, um. *Plin.* De cinamomo.

Cinnamōmum, i. n. *Plin.* y

Cinnamon, y Cinnamum, i. y Cinnamus, i. n. m. *Mart.* La segunda corteza del árbol, que se llama canela. ‖ El árbol cinamomo.

Cinnātus, a, um. *Nep.* Perteneciente á Cinna. (L. Cornelio,) Romano famoso por sus crueldades.

Cinus, i. m. *Arnob.* Mezcla de muchas cosas.

Cinxi, *pret. de* Cingo.

Cinxia. *Arnob.* Epíteto de Juno, porque presidia á los casamientos, despues de los cuales se desataba el cinturon con que estaba ceñida la esposa.

Cinyphius, a, um. *Virg.* Del rio ó region de Cinipe de Africa. ‖ *Claud.* Líbico, africano.

Cinyphus, i. y Cinyps, ypis. m. *Mel.* El Magra, rio de Africa.

† Cinyra, ae. f. *Bibl.* Instrumento músico usado en los funerales.

Cinyras, ae. m. *Hig.* Ciniras, hijo de Pafo, rey de Asiria, que se dió muerte por el feo pecado que cometió con su hija Esmirna, de quien nació Adonis. ‖ *Ov.* Ciniras, rey de Chipre, padre de Mirra.

Cinyreius, a, um. *Ov.* De Ciniras, rey de Chipre.

Cinyreus, a, um. *Luc.* V. Cinyreius.

Cio, is, ivi, itum, ire. V. Cieo.

Cios, y Cius, ii. m. *Mel.* Rio y ciudad de Bitinia.

Cippus, i. m. *Ces.* Género de fortificacion hecha de troncos de árboles. ‖ *Caes.* Madero con tres ó cuatro ó mas puntas por arriba, hincado en tierra para estorbar el paso á los enemigos. ‖ *Hor.* Coluna cuadrada de un sepulcro con inscripcion ó memoria. ‖ El cepo.

Circa. *preposicion que rige acusativo.* Al rededor, cerca, junto á, en orden á, respecto de, hácia, para con.

Circaea, ae. f. *Plin.* El amaranto, yerba llamada tambien manzanilla bastarda, guirnaldas, flor del amor, y cantueso.

Circaei, ōrum. m. plur. *Plin.* y

Circaeum, i. n. *Cic.* Civitavequia, ciudad en otro tiempo de los Volscos en la campaña de Roma, hoy un lugar corto.

Circaeum, i. n. *Plin.* La mandrágora, yerba.

Circaeum, ó Circaum, i. n. *Mel.* El monte Circelo, cercano á Civitavequia.

Circaeus, a, um. *Prop.* De Circe encantadora. ‖ *Val. Flac.* Del monte Circelo.

Circanea, ae. f. *Fest.* El milano, ave de rapiña.

Crcător, ōris. m. *Veg.* V. Circitor.

Circe, es, y Circa, ae. f. *Cic.* Circe, hija del sol y de la ninfa Pertes, hechicera famosa.

Circeiensis. m. f. sĕ. n. is. *Cic.* Del monte Circelo.

Circeii, ōrum. m. plur. *Plin.* Los naturales ó habitadores de Civitavequia.

Circellus, i. m. *Apic.* Círculo pequeño. *dim. de* Circulus. *Se halla tambien* Circitulus.

Circensis. m. f. sĕ. n. is. *Varr.* Del circo. *Circenses ludi* ó *Circenses. Liv.* Absolutamente todas las fiestas solemnes, que los romanos celebraban en el circo, ó plaza pública con gradas al rededor.

Circeos, itis. *m. Fest.* Círculo, rodaja, anillo de cualquiera materia.

Circinatio, ōnis. *f. Vitruv.* El círculo ó la circunferencia de él hecha con un compás.

Circinato. *adv. m. Plin.* En círculo, en redondo.

Circinatus, a, um. *Plin.* Redondeado, compasado.

Circino, as, avi, atum, are. *a. Plin.* Redondear, compasar al rededor, hacer redonda una cosa. ∥ Tornear. *Circinare auras. Ov.* Volar al rededor. — *In orbem ramos. Plin.* Echar los ramos en copa redonda.

Circinus, i. *m. Vitruv.* El compás.

Circiter. *prepos. que rige acusativo.* Casi, cerca.

Circiter. *adv. Cic.* Cerca de, casi, poco mas ó menos, con corta diferencia.

Circitor, ōris. *m. Ulp.* Buhonero, el que anda por las calles vendiendo cosas de poco momento. ∥ *Front.* Los siervos que andaban registrando los conductos y encañados por si necesitaban componerse. ∥ *Veg.* Los soldados que hacian las rondas á las centinelas de, por la noche.

Circitōres, um. *m. plur.* Dos estrellas fijas en la estremidad de la osa menor.

Circitōrius, a, um. *Cod. Teod.* Perteneciente al grado militar, que se decia *circitoria dignitas*; el grado y dignidad de los soldados que hacian las rondas á las centinelas.

Circius, ii. *m. Plin.* El viento cierzo ó tramontana.

Circius, ii. *m. Virg.* Síncope, *en lugar de* Circulus.

Circos, i. *m. Plin.* Especie de gabilan. ∥ Una piedra preciosa semejante al gabilan en el color.

Circueo, is, ivi, itum, ire. *a. Ces. Virg. V.* Circumeo.

Circuitio, ōnis. *f. Vitruv.* Rodeo, circuito, la accion de andar al rededor, el espacio que se puede andar al rededor. *Circuito verborum. Cic.* Circunlocucion, perífrasis con que se dice en muchas palabras lo que se podia esplicar con pocas. *Nihil circuitione usus es. Ter.* No te has andado por rodeos, has hablado claramente.

Circuitor, ōris. *m. Petron.* El que anda al rededor.

Circuitus, us. *m. Cic.* Circuito, circunferencia, cerco. ∥ Circulacion. *Circuitus febrium. Cels.* El acceso, el período determinado de la terciana ó cuartana.

Circuitus, ó Circumitus, a, um. *part. de* Circumeo. *Cic.* Circuido, rodeado, cercado, andado al rededor.

Circulāris. *m. f. rē. n. is. Marc. Cap.* Circular, perteneciente al círculo.

Circulatim. *adv. m. Suet.* Circularmente, en círculo.

Circulatio, ōnis. *f. Vitruv.* La circulacion, la accion de circular.

Circulator, ōris. *m. Cels.* Charlatan, embaucador, el que anda haciendo corrillos por los pueblos, proponiendo medicamentos, juegos, bailes, adivinaciones y otras cosas á este modo.

Circulatōrius, a, um. *Quint.* Perteneciente al charlatan.

Circulatrix, icis. *f. Marc.* La muger charlatana y embaidora.

Circulatus, a, um. *Cel. Aur.* Circulado. *part. de*

Circulo, as, avi, atum, are. *a. Apul.* Circular, andar de una parte á otra, ó al rededor.

Circulor, āris, ātus sum, āri. *dep. Ces.* Hacer corrillos. ∥ *Sen.* Andar vagando, andar de una parte á otra.

Circulus, i. *m. Cic.* Círculo, figura plana de una sola línea llamada circunferencia, que forma un cerco cerrado perfectamente redondo. ∥ *Cic.* Corro de gente. *Circuli stellarum. Cic.* Los orbes ó zonas de las estrellas.

Circum. *prep. que rige acusativo.* Al rededor, cerca.

Circum. *adv. Virg.* Por una y otra parte, por todas partes.

Circumactio, ōnis. *f. Vitruv.* y

Circumactus, us. *m. Plin.* La accion de circundar, de andar, llevar al rededor, ó cercar.

Circumactus, a, um. *part. Plin.* Llevado, andado, conducido al rededor. *Anno circumacto. Liv.* Pasado el año.

Circumadnītens, entis. *com. Salust. In obsidione morantí frumentum defuit nullo circumadnitente.* Estando cercado le faltó el trigo, no socorriéndole alguno de aquellos que estaban al rededor.

Circumadspicio. *Plin. V.* Circumspicio.

Circumaggerātus, a, um. *Plin.* Cubierto de tierra amontonada.

Circumaggero, as, avi, atum, are. *a. Colum.* Amontonar al rededor.

Circumago, is, ēgi, actum, gěre. *a. Liv.* Llevar, volver al rededor. *Circumagere equum. Liv.* Hacer andar en giros al caballo. — *Legiones. Flor.* Hacer volver la cara á las legiones. — *Navem. Liv.* Revirar de bordo. *Circumegit se annus. Liv.* Sé pasó el año. *Circumagi. Sen.* Ser puesto en libertad. Para esto se llevaba el esclavo delante del pretor, que le hacia dar una vuelta en señal de estar libre para ir donde quisiera.

Circumambulo, as, avi, atum, are. *a. Paul. Jct.* Pasearse al rededor.

Circumamicio, is, are. *a. Plin.* Cubrir con un velo ó capa.

Circumamictus, a, um. *Petr.* Vestido, cubierto todo al rededor.

Circumaperio, is, ire. *a. Celi.* Abrir al rededor.

Circumarens, entis. *com. Am.* Árido, seco al rededor.

Circumaro, as, avi, atum, are. *a. Liv.* Arar al rededor.

Circumaspicio. *V.* Circumspicio.

Circumcaesūra, ae. *f. Lucr.* La estremidad que rodea, como orilla, orla ó borde.

Circumcaesus, a, um. *Lucr.* Cortado al rededor.

Circumcalco, y Circumculco, as, are. *a. Colum.* Acalcar al rededor.

Circumcellio, ōnis. *m. Fest.* Vagabundo, tunante, que no tiene morada fija. ∥ *S. Ag.* Ciertos hombres con hábito de monges, que andaban por las celdas ó grutas en los desiertos sin morada fija. Y tambien ciertos hereges que con necio deseo del martirio se daban muerte á sí mismos. *Se halla tambien* Circelliones.

Circumcidaneus, a, um. *Colum. Circumcidaneum mustum:* El mosto, partidos los racimos despues de pisados y vueltos á pisar.

Circumcido, is, idi, isum, ěre. *a. Cic.* Circuncidar, cortar al rededor. ∥ *Cic.* Quitar, cercenar lo superfluo.

Circumcingens, entis. *com. Cels.* Lo que ciñe en vuelta, al rededor.

Circumcingo, is, nxi, tum, gěre. *a. Sil. Ital.* Rodear, cercar, circundar.

Circumcirca. *adv. Cic.* Al rededor, por todas partes.

Circumcirco, as, are. *a. Am.* Andar al rededor, ó de una parte á otra.

Circumcise. *adv. m. Suet.* Con brevedad, concision, quitando lo superfluo.

Circumcisio, ōnis. *f. Lact.* La circuncision, el acto de circuncidar.

Circumcisitium vinum. *Varr. V.* Circumcidaneus.

Circumcisōrium, ii. *n. Veg.* Instrumento de cirugía para cortar al rededor.

Circumcisōrius, a, um. *Veg.* Lo que es propio para cortar al rededor.

Circumcisūra, ae. *f. Plin.* Incision hecha al rededor. ∥ Circuncision.

Circumcisus, a, um. *part. Plin.* Cortado al rededor. ∥ *Cic.* Cortado, fragoso, quebrado, hablando de una montaña. ∥ *Liv.* Conciso, breve, sin superfluidad. *Circumcisa res libro. Varr.* Lo que se ha quitado de un libro.

Circumclamātus, a, um. *Sid.* Lleno de gritos y clamores por todas partes.

Circumclaudo, y Circumcludo, is, si, sum, děre. *a. Cic.* Cerrar, ceñir, cercar, rodear por todas partes. *Circumcludere cornua ab labris argento. Ces.* Engastar en plata el borde de un cuerno.

Circumclūsus, a, um. *part. Cic.* Encerrado, rodeado, ceñido, cercado por todas partes.

Circumcola, ae. *com. Tert.* El que habita al rededor.

Circumcolens, entis. *com. Ulp. V.* Circumcola.

Circumcolo, is, lui, cultum, lěre. *a. Liv.* Habitar al rededor, cerca, en las cercanías.

Circumcordiālis. *m. f. lě. n. is. Tert.* Que está cerca ó al rededor del corazon.

Circumculco. *V.* Circumcalco.

Circumcurrens, tis. *com. Quint.* Lo que corre al rededor. *Circumcurrens ars. Quint.* Arte que se estiende á, que trata de todo, cuya materia no tiene límites.

Circumcurro, is, cŭcurri, cursum, rĕre. a. Quint. V. Circumcurso.

Circumcursio, ōnis. f. Apul. La accion de correr ó andar de una parte á otra, ó al rededor.

Circumcurso, ās, āvi, ātum, āre. a. Plaut. Correr, andar en diligencia, de aqui para alli, de una parte á otra.

Circumdătio, ōnis. f. Bibl. La accion de circundar, de rodear ó poner un vestido, un adorno.

Circumdătus, a, um. part. Cic. Circundado, rodeado, puesto al rededor. ‖ Ceñido, rodeado, cercado.

Circumdensātus, a, um. Juv. Cercado de espesura.

Circumdo, ās, dĕdi, dătum, āre. a. Cic. Circundar, cercar, rodear.

Circumdŏlātus, a, um. part. Plin. Dolado, pulido al rededor, acepillado. part. de

Circumdŏlo, ās, āvi, ātum, āre. a. Plin. Dolar, acepillar, pulir al rededor.

Circumdūco, is, xi, tum, cĕre. a. Cic. Llevar al rededor. ‖ Plaut. Engañar, entrampar. ‖ Ulp. Borrar, abrogar, cancelar. Circumducere aedes alicuum. Plaut. Conducir á uno por todas las piezas de la casa. — Aliquem per dolos. Plaut. Jugar á uno una pieza, engañarle. — Aliquem argento. Plaut. Sacarle á uno con maña el dinero. — Cognitionem causae. Ulp. Diferir la vista de una causa. — Diem. Suet. Pasar el dia. — Orationem. Quint. Trabajar con cuidado, redondear el estilo, hacer una oracion periódica.

Circumductio, ōnis. f. Vitruv. El acto de llevar al rededor. ‖ Plaut. La astucia y maña para engañar. ‖ Hig. La circunferencia del círculo. ‖ Quint. El orbe ó giro de palabras que forma el período.

Circumductor, ōris. m. Tert. El que lleva al rededor.

Circumductus, us. m. Quint. V. Circumductio.

Circumductus, a, um. part. Ces. Llevado al rededor. ‖ Plaut. Engañado. ‖ Quint. Periódico, armonioso, elegante.

Circumĕo, y Circŭeo, is, ivi, itum, ire. a. Cic. Circundar, andar, ir al rededor, rodear. ‖ Instar pidiendo. ‖ Andar asechando y engañando. Circumire saucios. Tac. Ir visitando los heridos. — Praedia. Cic. Ir á ver sus heredades.

Circumĕquĭto, ās, āvi, ātum, āre. a. Liv. Andar á caballo al rededor.

Circumerro, ās, āvi, ātum, āre. a. Sen. Andar al rededor, de una parte á otra.

Circumfartus, a, um. Plin. Lleno al rededor.

Circunferentia, ae. f. Apul. Circunferencia, la línea que forma el círculo.

Circumfĕro, fers, tŭli, lātum, ferre. a. Cic. Llevar, trasportar de una parte á otra, por todas partes. ‖ Publicar, sembrar, divulgar. ‖ Virg. Purificar, lustrar. Circumferre se. Plaut. Volverse de un lado á otro. — Vinum. Plaut. Dar vino al rededor. — Pura unda aliquem. Virg. Purificar, lustrar á alguno con agua pura. Cincumferri ad nutum alicujus. Curc. Dejarse llevar, gobernar al arbitrio de alguno. — Ad nutum licentium. Curc. Á la voluntad de quien dé mas en una venta.

Circumfīgo, is, xi, ctum, gĕre. a. Cat. Clavar, fijar, hincar al rededor.

Circumfīnio, is, īvi, ītum, īre. a. Solin. Poner términos ó límites al rededor.

Circumfirmo, ās, āvi, ātum, āre. a. Col. Apoyar, sostener, afirmar al rededor.

Circumflans, tis. com. Estac. Que sopla por todas partes.

Circumflecto, is, flexi, xum, ctĕre. a. Virg. Torcer, doblar al rededor, no ir por camino derecho. Entre los gramáticos poner acento circunflejo sobre una sílaba.

Circumflexio, ōnis. f. Macrob. y

Circumflexus, us. m. Plin. El rodeo, ámbito ó circuito.

Circumflexus, a, um. Claud. Lo que da vueltas, ó hace giros ó rodeos. Circumflexa syllaba. Gel. La sílaba que tiene acento circunflejo.

Circumflo, ās, āvi, ātum, āre. a. Cic. Soplar de, por todas partes. Circumflari ab omnibus invidiat ventis. Cic. Ser atacado por todas partes de la envidia.

Circumfluens, tis. com. Plin. Lo que corre al rededor, por todas partes. Circumfluens exercitus. Cic. Ejército que se junta por todas partes. — Gloria. Cic. Gloria que viene, que rodea por todas partes. — Oratio. Cic. Discurso lleno, abundante.

Circumfluo, is, xi, xum, fluĕre. a. Plin. Correr al rededor. ‖ Concurrir de todas partes. ‖ Varr. Rodear, cercar. ‖ Cic. Tener con abundancia. Circumfluit amnis oppidum. Plin. El rio baja alrededor de la ciudad. — Ignis frontem. Claud. Sale el rubor, la vergüenza al rostro. Circumfluunt undique gentes. Plin. Concurren gentes de todas partes. — Rebus omnibus. Cic. — Eos res omnes. Curc. Tienen todos los bienes en abundancia.

Circumfluus, a, um. Plin. Lo que corre al rededor, por todas partes. Circumflua urbs ponto. Ov. Ciudad rodeada de mar. — Mens luxu. Claud. Espíritu poseido del lujo.

Circumfŏdio, is, fŏdi, fossum, dĕre. a. Col. Cavar al rededor.

Circumfŏrāneus, a, um. Cic. El que anda de plaza en plaza, el charlatan ó chamarilero, que anda con géneros inútiles, con embustes y remedios vanos engañando á los incautos.

Circumfŏrātus, a, um. Plin. part. de

Circumfŏro, ās, āvi, ātum, āre. a. Plin. Romper, hacer agujeros al rededor.

Circumfossor, ōris. m. Plin. El que cava al rededor.

Circumfossūra, ae. f. Plin. La escava, fosa, hoyo, reguera hecha al rededor.

Circumfossus, a, um. part. Plin. Cavado, ahondado, socavado al rededor.

Circumfractus, a, um. Am. Roto, quebrantado, quebrado al rededor. part. de Circumfrango.

Cincumfrĕmo, is, ui, ĭtum, ĕre. a. Sen. Bramar, chillar, hacer ruido al rededor.

Circumfrĭco, as, cui, frictum, ó frīcatum, āre. a. Cat. Frotar, fregar, estregar al rededor.

Circumfulcio, is, si, ĕre. a. Tert. Atar, unir, ceñir al rededor.

Circumfulgeo, ēs, si, gēre. a. Plin. Reducir, resplandecer, brillar al rededor, por todas partes.

Circumfundo, is, fŭdi, fūsum, dĕre. a. Plin. Derramar, esparcir al rededor. Circumfundere hostium agmen. Liv. Atacar por todas partes al ejército enemigo. — Amictu nebulae. Virg. Cubrir con una nube. Circumfunditur huic multitudo. Liv. El pueblo se amontona al rededor de este.

Circumfūsio, ōnis. f. Firm. Derramamiento, el acto de derramar, esparcir. ‖ De cercar.

Circumfūsus, a, um. part. Cic. Esparcido. ‖ Rodeado, circundado.

Circumgarriens, tis. com. Claud. Mamert. Que garla ó charla al rededor.

Circumgĕlātus, a, um. part. de

Circumgĕlo, ās, āvi, ātum, āre. a. Tert. ó

Circumgĕlor, āris, ātus sum, āri. dep. Plin. Estar helado al rededor.

Circumgĕmo, is, mui, mĭtum, ĕre. a. Hor. Gemir, bramar, aullar al rededor.

Circumgesto, ās, āvi, ātum, āre. a. Cic. Llevar por todas partes, de un lugar á otro, al rededor.

Circumglŏbātus, a, um. part. Plin. Amontonado al rededor.

Circumglŏbo, ās, āvi, ātum, āre. a. Plin. Amontonar al rededor, por todas partes.

Circumgrĕdior, dĕris, gressus, sum, ĕdi. dep. Tac. Asaltar, acometer, atacar, embestir á la redonda. ‖ Andar al rededor, caminar, pasar por toda una provincia, tierra ó lugar.

Circumgressus, us. m. Am. El giro ó circuito.

Circumhisco, is, ĕre. n. Arnob. Bostezar meneando la cabeza á una parte y á otra en ademan de incierto y pensativo.

Circumhūmātus, a, um. Am. Sepultado, enterrado en el contorno, cercanía ó circuito.

Circumjăceo, ēs, cui, ēre. n. Liv. Estar, estar puesto ó situado al rededor, en la inmediacion ó contorno. Quae gentes circumjacent Europae. Liv. Las gentes que están, ó habitan en los alrededores de la Europa.

Circumjăcio, is, ĕre. a. Liv. V. Circumjicio.

Circumjectio, ōnis. *f. Arnob.* El acto de estar al rededor. *Circumjectio manuum. Cel. Aur.* El acto de menear ó sacudir las manos.

Circumjectus, us. *m. Cic.* Circuito, ámbito, cerco.

Circumjectus, a, um. *part. Ces.* Puesto, situado al rededor. ‖ *Tac.* Rodeado, cercado. *Circumjecta urbi loca. Liv.* Los alrededores, las cercanías de la ciudad. — *Saltibus planities. Tac.* Llanura rodeada de montes.

Circumjicio, is, jēci, jectum, jĭcĕre. *a. Liv.* Echar, arrojar, tirar, lanzar, disparar por todas partes. ‖ *Cic.* Rodear.

Circuminjicio, is, jĭcĕre. *Viv.* V. Circumjicio.

Circuminvolvo, is, olvi, ūtum, ĕre. *a. Vitruv.* Envolver al rededor.

Circumĭtor. V. Circuitor.

Circumĭtus. V. Circuitus.

Circumlābens, entis. *com. Lucan.* Lo que cae en giro, ó al rededor.

Circumlambo, is, bi, bĕre. *a. Plin.* Lamer al rededor.

Circumlāqueo, ās, āvi, ātum, āre. *a. Grac.* Ceñir, atar con lazos.

Circumlātio, ōnis. *f. Tert.* El acto de llevar al rededor.

Circumlātitius, a, um, *Sid.* Portátil, que se puede llevar al rededor.

Circumlātor, ōris. *m. Tert.* El que lleva al rededor.

Circumlātrātus, a, um. *Juv. part. de*

Circumlātro, ās, āvi, ātum, āre. *a. Sen.* Ladrar al rededor. ‖ Alborotar, hacer mucho ruido.

Circumlātus, a, um. *part. de* Circumfero. *Plin.* Llevado al rededor. ‖ *Lucil.* Lustrado. *Circumlata oratio. Quint.* Oracion periódica.

Circumlāvo, ās, lāvi, lāvāvi, lāvātum, et lautum, vāre. *a. Salust.* Lavar al rededor, bañar.

Circumlĕvo, ās, āvi, ātum, āre. *a. Cel. Aur.* Levantar al rededor.

Circumlĭgātus, a, um. *Cic. part. de*

Circumlĭgo, ās, āvi, ātum, āre. *a. Plin.* Ligar, atar al rededor. *Circumligare ulnis aliquem. Estac.* Abrazar á uno estrechamente.

Circumlĭnio, is, īvi, ītum, ó lītum, īre. *a. Colum.* y

Circumlĭno, is, ini, īvi, ēvi, ītum, ĭnĕre. *a. Plin.* Untar al rededor. *Circumlinire vocem. Quint.* Echar la voz mas fuerte y áspera de lo natural.

Circumlĭtio, ōnis. *f. Plin.* El acto de untar al rededor. ‖ *Quint.* El contorno, la delineacion ó perfil esterior en que termina la figura por todas partes.

Circumlĭtus, a, um. *Cic.* Untado por todas partes. ‖ *Cic.* Puesto al rededor. ‖ *Hor.* Circundado. ‖ *Lact.* Adornado. *Circumlita auro pocula. Ov.* Vasos dorados.

Circumlŏcūtio, ōnis. *f. Quint.* Circunlocucion, perífrasis, circunloquio.

Circumlŏquor, ĕris, ūtus sum, qui. *dep. Auson.* Usar de circunlocuciones, de perífrasis para hablar.

Circumlūcens, entis. *com. Sen.* Que luce, brilla, resplandece al rededor.

Circumlŭo, is, lui, ĕre. *a. Tac.* Bañar al rededor.

Circumlŭvio, ōnis. *f. Cic.* El acto de bañar ó inundar por todas partes.

Circumlŭvium, ii. *n. Fest.* El lugar donde la inundacion ha formado isla.

Circummeo, ās, āvi, ātum, āre. *a. Mel.* Andar al rededor, andar vago ó errante.

Circummetior, ĭris, mensus sum, tīri. *dep. Vitruv.* Ser medido al rededor.

Circummingo, is, inxi, mictum, gĕre. *a. Petron.* Orinar al rededor.

Circummissus, a, um. *Liv. part. de*

Circummitto, is, īssi, missum, tĕre. *a. Ces.* Enviar á todas partes, ó al rededor.

Circummoenio. V. Circummunio.

Circummoenītus, a, um. *Plaut.* V. Circummunitus.

Circummulcens, entis. *part. Plin.* El que halaga pasando la mano ó la lengua por todas partes.

Circummulceo, ēs, mulsi, mulsum, cēre. *a. Plin.* Acariciar, halagar pasando la mano por todas partes.

Circummūnio, is, īvi, ītum, īre. *a. Colum.* Fortificar al rededor. ‖ *Ces.* Cercar con obras y fortificaciones.

Circummūnītio, ōnis. *f. Ces.* Circunvalacion, la accion de circunvalar ó fortificar al rededor.

Circummūnītus, a, um. *part. Ces.* Circunvalado, rodeado de fortificacion. *Circummuniti ab hostibus milites. Ces.* Soldados cercados por los enemigos con líneas de circunvalacion.

Circummurānus, a, um. *Am.* Cercano á las murallas.

Circumnascens, entis. *com. Plin.* Lo que nace al rededor.

Circumnascor, ĕris, nātus sum, sci. *dep. Plin.* Nacer, crecer al rededor.

Circumnavĭgo, ās, āvi, ātum, āre. *a. Vel. Pat.* Navegar al rededor.

Circumnecto, is, xui, xum, tĕre. *a. Sen.* Enlazar, unir, atar al rededor.

Circumnexus, a, um. *part. Am.* Ceñido, atado, unido, enlazado al rededor.

Circumnōtātus, a, um. *Apul.* Notado, señalado, distinguido, marcado, adornado al rededor.

Circumobruo, is, brui, brūtum, ruĕre. *a. Plin.* Tapar, cubrir al rededor.

Circumoffīgo, is, ĕre. *a. Cat.* Fijar, clavar, hincar al rededor.

Circumopĕrio, is, īre. *a. Cat.* Cubrir al rededor.

Circumornātus, a, um. *Bibl.* Adornado al rededor.

Circumpactus, a, um. *part. de* Circumpango. *Plin.* Plantado, hincado, fijado al rededor.

Circumpădānus, a, um. *Liv.* El que habita en las orillas del Pó.

Circumpango, is, pēgi, pactum, gĕre. *a. Plin.* Fijar ó plantar al rededor.

Circumpăvio, is, īre. *a. Plin.* Apisonar, apretar, acalcar, macizar al rededor.

Circumpăvītus, a, um. *Plin. part. de* Circumpavio.

Circumpecto, is, ĕre. *a. Petron.* Engañar.

Circumpectus, a, um. *Petron. part. de* Circumpecto.

Circumpēdes, um. *m. plur. Cic.* Criados de á pie, como lacayos.

Circumpēgi. *pret. de* Circumpango.

Circumpendens, entis. *com. Curc.* Pendiente al rededor.

Circumplaudo, is, plausi, plausum, dĕre. *a. Ov.* Aplaudir por todas partes ó al rededor.

Circumplecto, is, ĕre. *Plaut.* y

Circumplector, ĕris, plexus sum, ecti. *dep. Cic.* Abrazar al rededor. ‖ Apoderarse, hacerse señor de. *Circumplectuntur tertii vix arborem. Plin.* Apenas pueden tres personas abrazar este árbol. *Circumplecti patrimonium alicujus. Cic.* Apoderarse del patrimonio de alguno.

Circumplexus, a, um. *part. de* Circumplector. *Hirt.* Que abraza ó rodea. ‖ *Gel.* Abrazado, rodeado.

Circumplexus, us. *m. Plin.* Abrazo, ó el acto de abrazar.

Circumplĭcātus, a, um. *Cic. part. de*

Circumplĭco, ās, āvi, ātum, āre. *a. Cic.* Enrollar, envolver, doblar ó cubrir al rededor.

Circumplumbo, ās, āvi, ātum, āre. *a. Cat.* Emplomar al rededor.

Circumpōno, is, pŏsui, pŏsĭtum, pŏnĕre. *a. Tac.* Poner al rededor. *Circumponere aliquid alteri. Hor.* Colocar, poner, arrimar una cosa ó otra.

Circumpŏsĭtio, ōnis. *f. S. Ag.* El acto de poner ó colocar al rededor.

Circumpŏsĭtus, a, um. *part. Cels.* Puesto al rededor.

Circumpōtatio, ōnis. *f. Cic.* El acto de beber muchos en rueda.

Circumprojicio, is, jēci, jectum, jĭcĕre. *a. Cel. Aur.* Echar, derramar, esparcir al rededor.

Circumpulso, ās, āvi, ātum, āre. *a. Estac.* Batir, golpear, hacer ruido al rededor.

Circumpurgo, ās, āvi, ātum, āre. *a. Cels.* Limpiar al rededor.

Circumquāque. *adv. Aur. Vict.* De todas partes, al rededor.

Circumrādo, is, si, sum, dĕre. *a. Plin.* Raer, raspar, raspar al rededor.

Circumraptus, a, um. *part. Plin.* Arrebatado, arrastrado al rededor.

Circumrasio, ōnis. f. Plin. La accion de raer ó raspar al rededor.

Circumrāsus, a, um. Colum. Raido, raso, raspado al rededor.

Circumrētio, is, īvi, ītum, īre. a. Lucr. Trabar, enredar, envolver á uno en el lazo, en la red, en la trampa.

Circumrētitus, a, um. part. Cic. Enredado, envuelto.

Circumrĭguus, a, um. Prop. Regado al rededor.

Circumrōdo, is, si, sum, dĕre. a. Plin. Roer. ‖ Hor. Murmurar. Circumrodo dudum quod devorandum est. Cic. Tiempo hace que estoy royendo lo que es preciso tragar, (esto es) ya hace mucho tiempo que procuro evitar lo que precisamente me ha de suceder.

Circumrōrans, tis. com. Apul. Que rocia al rededor.

Circumrōto, as, āvi, ātum, āre. a. Apul. Rodar, mover al rededor.

Circumrōtundātio, ōnis. f. Vitruv. La accion de mover al rededor.

Circumsaltans, tis. com. Prud. Que danza ó salta al rededor.

Circumsarrio, is, īre. a. Cat. Escardar al rededor.

Circumscalpo, is, psi, ptum, pĕre. a. Plin. Raspar, limpiar al rededor.

Circumscalptus, a, um. part. Plin. Circumscalpti radice dentes. Dientes limpios enteramente con alguna raiz.

Circumscārĭficātus, a, um. part. Plin. de

Circumscārĭfico, as, āvi, ātum, āre. a. Plin. Descarnar al rededor.

Circumscindo, is, scĭdi, scissum, dĕre. a. Liv. Cortar, hender, dividir, rajar al rededor.

Circumscribo, is, psi, ptum, bĕre. a. Cic. Escribir al rededor. ‖ Definir, describir. ‖ Circunscribir, terminar, limitar. ‖ Reducir á estrechos límites, restringir, disminuir, abreviar, compendiar. ‖ Ceñir, abrazar, rodear. ‖ Comprender, concebir. ‖ Contener, reprimir, refrenar. Circumscribere pupillos. Cic. Engañar á los pupilos.—Vectigalia. Quint. Defraudar las rentas.—Testamentum. Plin. Interpretar maliciosamente, eludir un testamento.

Circumscripte. adv. Cic. Con ciertos límites, con separacion, con brevedad y precision.

Circumscriptio, ōnis. f. Cic. El acto de escribir al rededor. ‖ Límite, limitacion, modificacion, restriccion, medida. ‖ Estension, ámbito, circuito, circunferencia. ‖ Suspension, interdiccion. ‖ Engaño, fraude, dolo. Circumscriptio verborum. Cic. El período. ‖ Quint. Sentencia comprendida en pocas palabras.

Circumscriptor, ōris. m. Cic. Embustero, fraudulento.

Circumscriptus, a, um. part. de Circumscribo. Cic. Circumscriptius nihil est. Plin. men. No hay cosa mas limitada. Circumscriptis captiosis interrogationibus. Cic. Embarazado por preguntas falaces, capciosas.—A senatu, ó senatusconsulto magistratus. Cic. Magistrado suspenso, privado, apartado del senado ó por orden del senado de las funciones de su empleo. Circumscriptis sententiis. Cic. En pocas palabras, ó desechadas las sentencias.

Circumsĕco, as, cui, sectum, cāre. a. Cic. Cortar al rededor.

Circumsectus, a, um. part. Escrib. Cortado al rededor. ‖ Suet. Circunciso, hablando de los judíos.

Circumsĕcus. adv. Apul. Por todas partes.

Circumsĕdeo, ēs, sēdi, sessum, dēre. n. Sen. Estar sentado cerca ó al rededor. ‖ Cic. Asediar, cercar. Se halla tambien. Circumsideo.

Circumsēpio, is, sepsi, septum, pīre. a. Liv. Rodear, circundar, hacer cerco.

Circumseptus, a, um. part. Cic. Circundado, rodeado, cercado.

Circumsĕquens, tis. com. Apul. Que sigue al rededor.

Circumsĕro, is, sēvi, sĭtum, rĕre. a. Plin. Sembrar, plantar al rededor.

Circumsessio, ōnis. f. Cic. El cerco ó bloqueo.

Circumsessus, a, um. Cic. part. de

Circumsideo. Tac. y

Circumsīdo. Liv. V. Circumsedeo.

Circumsigno, as, āvi, ātum, āre. a. Colum. Trazar, notar, señalar al rededor.

Circumsĭlio, is, īi, īre. n. Catul. Saltar al rededor.

Circumsisto, is, stĭti, stĭtum, sistĕre. n. Cic. Estar al rededor, circundar, rodear, cercar.

Circumsĭtus, a, um. Am. Lo que cerca al rededor.

Circumsŏnans, tis. com. Liv. V. Circumsonus.

Circumsŏno, as, ui, ĭtum, āre. a. Cic. Resonar por todas partes.

Circumsŏnus, a, um. Ov. Resonante, que hace ruido por todas partes, al rededor.

Circumspargo. V. Circumspergo.

Circumspectātrix, īcis. f. Plaut. La muger curiosa que mira á todas partes.

Circumspecte, ius, issime. adv. Quint. Con circunspeccion, con cordura, prudencia y reserva. Circumspecte indutus. Am. Vestido con mucha pulcritud y aseo.

Circumspectio, ōnis. f. Macrob. La accion de mirar á todas partes. ‖ Cic. Circunspeccion, atencion, cordura, reflexion, prudencia.

Circumspecto, as, āvi, ātum, āre. a. Cic. Mirar al rededor. ‖ Advertir, considerar, observar. Circumspectare defectionis tempus. Liv. Estar esperando, asechando la ocasion de rebelarse.

Circumspectus, us. m. Cic. La mirada á todas partes. ‖ Ov. La consideracion, atencion. &c.

Circumspectus, a, um. part. de Circumspicio. Tac. Mirado al rededor. ‖ Cic. Considerado, atendido. ‖ Cels. Circunspecto, cauto, prudente, atento. Verba non circumspecta. Ov. Palabras inconsideradas. Circumspectissimus Princeps. Suet. Príncipe muy circunspecto; muy prudente.

Circumspergo, y Circumspargo, is, si, sum, gĕre. a. Colum. Esparcir al rededor.

Circumspĭcientia, ae. f. Gel. Consideracion, circunspeccion.

Circumspĭcio, is, spexi, spectum, cĕre. a. Cic. Mirar al rededor, á todas partes. ‖ Advertir, proveer, considerar, examinar, mirar de cerca, reflexionar, tener cuenta. Circumspicere animo. Cic.—Mentibus. Ces. Poner atencion.—Se magnifice. Cic. Tener grande opinion, estar muy pagado de sí mismo.—Diem bello. Salust. Esperar la ocasion oportuna de hacer la guerra.—Auxilia. Liv. Desear, buscar socorros por todas partes.—Se Cic. Examinarse, entrar en sí mismo.

Circumspīrācŭlum, i. n. Lucr. Respiradero al rededor.

Circumstagno, as, āvi, ātum, āre. a. Tert. Estancar al rededor.

Circumstans, tis. com. Quint. Circunstante, el que está al rededor.

Circumstantia, ae. f. Sen. La accion de estar presente, asistente ó circunstante. ‖ Quint. La circunstancia ó accidente de tiempo, lugar, modo &c.

Circumstātio, ōnis. f. Gel. El acto de estar al rededor ó presente como la guardia.

Circumstĭpātus, a, um. Claud. Rodeado, circundado, cercado de gente, acompañado. part. de

Circumstĭpo, as, āvi, ātum, āre. a. Claud. Rodear, cercar, acompañar al rededor, circundar.

Circumsto, as, stĕti, stātum, āre. a. Cic. Estar, ponerse al rededor, acompañar, cercar, rodear. Circumstant nos fata omnia. Cic. Nos cercan males por todas partes.

Circumstrĕpĭtus, a, um. Apul. Impelido con gran ruido.

Circumstrĕpo, is, pui, pĭtum, pĕre. a. Tac. Hacer estrépito ó mucho ruido al rededor. Circumstrepunt minae humanam vitam. Sen. Por todas partes se ve aturdida de amenazas la vida humana.

Circumstrīdeo, ēs, di, ēre. ó

Circumstrīdo, is, di, ĕre. a. Am. Marc. Rechinar, hacer ruido al rededor.

Circumstructus, a, um. Colum. part. de

Circumstruo, is, xi, ctum, ĕre. a. Suet. Fabricar, construir al rededor.

Circumsūdans, antis. com. Plin. Lo que suda por todas partes.

Circumsūdo, as, āvi, ātum, āre. a. Plin. Sudar por todas partes.

Circumsuo, is, sui, sūtum, ĕre. a. Plin. Coser al rededor, bordar. ‖ Remendar.

T

**Circumsurgens**, entis. com. *Tac.* Lo que se levanta al rededor.

**Circumsurgo**, is, exi, ectum, gĕre. n. *Tac.* Levantarse al rededor.

**Circumsūtus**, a, um. part. *Plin.* Cosido, recosido.

**Circumtectus**, a, um. *Plaut.* part. de

**Circumtĕgo**, is, xi, ctum, gĕre. a. *Lucr.* Cubrir todo al rededor.

**Circumtentus**, a, um. *Plaut.* Estendido al rededor.

**Circumtergeo**, es, si, sum, gĕre. a. *Cat.* Limpiar al rededor.

**Circumtĕro**, is, trĭvi, trītum, tĕrĕre. a. *Tibul.* Trillar al rededor, andar al rededor.

**Circumtexo**, is, xui, textum, xĕre. a. *Virg.* Teger, entrelazar, hacer un tejido ó bordado al rededor.

**Circumtextum**, i. n. *Fest.* Vestido bordado, ó el bordado de un tejido.

**Circumtextūra**, ae. f. *Lucr.* Tejido ó bordado al rededor.

**Circumtinnio**, is, ivi, ītum, īre. n. *Varr.* Resonar al rededor: dícese de los metales cóncavos.

**Circumtollo**, is, tŭli, lātum, lĕre. a. *Cel. Aur.* Quitar ó levantar al rededor.

**Circumtondeo**, es, ēre. a. *Suet.* Trasquilar, cortar el cabello al rededor.

**Circumtŏno**, as, nui, nĭtum, āre. n. *Ov.* Tronar, hacer mucho ruido al rededor. ∥ *Hor.* Aturdir, dejar atónito con el ruido.

**Circumtonsus**, a, um. part. de Circumtondeo. *Suet.* Trasquilado, cortado el cabello al rededor.

**Circumtorqueo**, es, orsi, ortum, quēre. a. *Apul.* Torcer, volver al rededor.

**Circumtraho**, is, axi, tractum, ĕre. a. *Cel. Aur.* Llevar al rededor.

**Circumtrĕmo**, is, mui, mĕre. n. *Lucr.* Temblar, retemblar todo al rededor.

**Circumtueor**, ēris, tuitus sum, ēri. dep. *Apul.* Mirar. ∥ Guardar, defender por todas partes.

**Circumtŭmŭlātus**, a, um. *Petron.* part. de Circumtumulo. Enterrado al rededor.

**Circumvādo**, is, si, sum, dĕre. n. *Plin.* Sorprender, atacar, asaltar por todas partes. *Terror barbaros circumvasit. Liv.* El terror se apoderó de todos los bárbaros.

**Circumvăgor**, āris, āri. dep. V. Circumverro.

**Circumvăgus**, a, um. *Hor.* El que anda al rededor, vago, errabte.

**Circumvallātus**, a, um. *Liv.* part. de

**Circumvallo**, as, āvi, ātum, āre. a. *Cic.* Circunvalar, hacer líneas de circunvalacion, cercar.

**Circumvāsi.** pret. de Circumvado.

**Circumvectio**, ōnis. f. *Cic.* El trasporte ó acarreo de todas partes.

**Circumvecto**, as, āvi, ātum, āre. *Plin.* freq. de Circumveho. V. ∥ Llevar frecuentemente por todas partes.

**Circumvectus**, a, um. *Liv.* part. de

**Circumveho**, is, vexi, vectum, hĕre. a. *Liv.* Llevar, trasportar de todas partes.

**Circumvēlo**, as, āvi, ātum, āre. a. *Ov.* Cubrir al rededor.

**Circumvēniens**, entis. com. *Petron.* Lo que circunda ó rodea.

**Circumvĕnio**, is, vēni, ventum, nīre. a. *Cic.* Rodear, cercar, circundar, abrazar por todas partes. ∥ Cercar, bloquear. ∥ Engañar, sorprender. *Circumvenire à lateribus aciem. Ces.* Atacar á un ejército por los flancos. — *Mœnia urbis vallo, et fossa. Salust.* Hacer fosos y palizadas al rededor de las murallas de una ciudad. *Circumvenire leges. Marcel.* Eludir las leyes.

**Circumventio**, ōnis. f. *Dig.* El acto de engañar ó sorprender á uno.

**Circumventor**, ōris. m. *Lampr.* Fraudulento, engañoso.

**Circumventōrius**, a, um. *S. Ag.* Engañoso, á propósito para engañar.

**Circumventus**, a, um. part. de Circumvenio. *Ces.* Cercado, rodeado, cogido en medio. ∥ *Cic.* Engañado, oprimido por todas partes.

**Circumverro**, is, rrĕre. a. *Cat.* Barrer enteramente, al rededor.

**Circumversio**, ōnis. f. *Quint.* El movimiento circular, el giro ó la accion de rodear por todas partes.

**Circumverso**, as, āvi, ātum, āre. a. *Ov.*

**Circumversor**, āris, ātus sum, āri. dep. *Lucr.* Llevar, volver, mover al rededor. ∥ *Avien.* Ser movido al rededor, en círculo.

**Circumverto**, is, ti, sum, tĕre. a. *Plaut.* Volver, mover al rededor. ∥ Engañar. *Circumvertere aliquem argento. Plaut.* Sacar á uno el dinero con maña. — *Mancipium. Quint.* Manumitir, dar libertad á un esclavo.

**Circumvestio**, is, īvi, ītum, īre. a. *Plin.* Vestir, revestir, cubrir al rededor. *Circumvestire aliquid dictis. Cic.* Envolver en oscuridad lo que se dice.

**Circumvexi.** pret. de Circumveho.

**Circumvincio**, cis, nxi, vinctum, vincīre. a. *Plaut.* Atar, ligar, anudar al rededor. *Circumvincire aliquem virgis. Plaut.* Zurcir á alguno, azotarle con varas.

**Circumvinctus**, a, um. part. *Avien.* Atado al rededor.

**Circumvīso**, is, si, sum, ĕre. a. *Plaut.* Mirar al rededor ó á todas partes.

**Circumvŏlātus**, a, um. *Plin.* part. de Circumvolo.

**Circumvŏlĭtābilis.** m. f. lĕ. n. is. *Marc. Cap.* Que se puede volar al rededor. Hablando del aire.

**Circumvŏlĭto**, as, āvi, ātum, āre. a. freq. de Circumvolo. *Virg.* Volar muchas veces al rededor. *Circumvolitare limina potentiorum. Colum.* Ir haciendo la corte por todas las casas de los poderosos. ∥ *Sen.* Andar corriendo de una parte á otra.

**Circumvŏlo**, as, āvi, ātum, āre. n. *Virg.* Revolotear, volar al rededor. ∥ *Vel.* Andar, correr de una parte á otra.

**Circumvŏlūtor**, āris, ātus sum, āri. dep. *Plin.* Doblarse, envolverse, arrollarse, ensortijarse.

**Circumvŏlūtus**, a, um. *Plin.* Envuelto, doblado, ensortijado, arrollado.

**Circumvolvo**, is, vi, vŏlūtum, ĕre. a. *Plin.* Envolver, arrollar, ceñir al rededor.

**Circuo**, is, īvi, ītum, īre. a. *Estac.* Circuir, rodear, cercar.

**Circus**, i. m. *Plin.* El circo, cerco, círculo. ∥ El circo máximo en que los romanos celebraban sus fiestas. *Circus candens. Cic.* La via láctea.

**Cirencestria**, ae. f. Circester, ciudad de Inglaterra.

**Ciris**, is. f. *Ov.* La cogujada, ave en que dicen los poetas fue convertida Escila, hija de Niso.

**Cirnea**, ae. f. *Plaut.* El jarro ú otra vasija para vino.

**Cirrātus**, a, um. *Pers.* Crespo ó rizado.

**Cirrha**, ae. f. *Marc.* Ciudad marítima de Grecia, consagrada á Apolo cerca del Parnaso.

**Cirrheus**, a, um. *Plin.* Perteneciente á la ciudad de Cirra, á Apolo, ó á sus oráculos.

**Cirrhi**, ōrum. m. plur. *Varr.* Los rizos ó los cabellos crespos. ∥ *Plin.* Los penachos de algunas aves. ∥ *Plin.* Los brazos del pez pólipo. ∥ *Fedr.* Los fluecos ó franjas deshiladas.

† **Cisarea**, ae. f. La mandrágora, yerba.

**Cirsion**, ii. ó Cirsium, ii. n. *Plin.* Cirseo, la yerba buglosa, borraja ó lengua de buey.

**Cis.** prepos. de acusat. De parte, del lado de acá, dentro de. *Cis Euphratem. Cic.* Del Eufrates acá. — *Paucos dies. Plaut.* Dentro de pocos dias. — *Undique. Plaut.* De acá y de allá, de esta y de la otra parte.

**Cisalpīnus**, a, um. *Cic.* Cisalpino, de la parte de acá de los Alpes.

**Cisiārius**, ii. m. *Ulp.* El cochero ó carretero, el que guia un carro ó calesa de dos ruedas.

**Cisibīlītes**, ae. m. *Plin.* Especie de vino dulce de la Galacia.

**Cisium**, ii. n. *Cic.* El carro, calesa ó silla volante de dos ruedas.

**Cismăre.** adv. *Diom.* De la parte de acá del mar.

**Cismontānus**, a, um. *Plin.* Cismontano, de la parte de acá de los montes.

**Cisōrium**, ii. n. *Veg.* El corte de cualquier arma.

Cispello, is, pŭli, pulsum, ĕre. a. Plaut. Empujar, echar de la parte de acá.

Cispius mons. m. Fest. El monte Cispio de Roma, llamado Esquilino.

Cisrhēnānus, a, um. Ces. El que es de la parte de acá del Rin.

Cissanthĕmos, ó Cissanthemus, i. f. Plin. Segunda especie de ciclamen, yerba.

Cisseis, ĭdis. f. Virg. Ecuba, hija de Ciseo, muger de Priamo.

Cisseus, i. m. Hig. Ciseo, rey de Tracia, padre de Ecuba.

Cissites, ae. m. ó Cissitis, is. f. Plin. Piedra preciosa parecida en el color á las hojas de la yedra.

Cissos, ó Cissus, i. f. Plin. La yedra.

Cissybium, ii. n. Macrob. Vaso hecho de yedra.

Cista, ae. f. Plin. La cesta. || Cic. La caja.

Cistella, ae. f. Ter. La cestilla ó cajita para guardar alguna cosa.

Cistellārius, a, um. Plaut. Perteneciente á la cesta ó caja pequeña.

Cistellātrix, ĭcis. f. Plaut. La doncella, criada que cuida de las arcas ó cajas de su ama.

Cistellŭla, ae. f. Plaut. La cestilla, cajita, arquilla, cofrecillo.

Cistercienses, ium. m. plur. Cistercienses, los monges de la órden del Cister, de San Bernardo.

Cisterna, ae. f. Colum. La cisterna ó algibe.

Cisternīnus, a, um. Colum. Perteneciente á la cisterna.

Cisthos, i. m. ó Cisthum, i. n. Plin. Arbolillo que produce el lábdano.

Cistĭberis, is. com. Pomp. Jet. El que está de la parte de acá del Tiber.

Cistĭfer, a, um. Marc.

Cistĭger, a, um. Marc.

Cistŏphŏrus, a, um. El que lleva una cesta ó canastillo.

Cistŏphŏrus, i. m. Cic. Moneda asiática en que estaba esculpida una cesta como que contenia los secretos de Ceres ó de Baco. Valia casi ocho ases.

Cistŭla, ae. f. Plaut. V. Cistella y Cistellula.

Cistus, i. m. Plin. La vegiga. || El hueso de la aceituna. || Cisto, jara, cergazo, cengajo, estepa, planta ramosa.

Citării, ōrum. m. plur. y

Citărīni, ōrum, m. plur. Citarinos, pueblos de Sicilia cerca de Palermo.

Citātim, adv. Quint. Prontamente, aprisa, con ligereza, viveza y prontitud.

Citātōrium, i. n. Cod. Citacion, el despacho ó mandamiento con que se cita ó emplaza á uno para que comparezca en juicio, citote.

Citātōrius, a, um. Cod. Perteneciente á la citacion.

Citātus, a, um, tior, tissĭmus. Liv. Pronto, ligero, apresurado. || Cic. Citado, llamado á juicio. || Estac. Movido, conmovido. Equo citato. Ces. Á rienda suelta. Lapsis citatior astris. Estac. Mas veloz que el curso de las estrellas. Citatissimus. Liv. Rapidísimo.

Citer, Citĕrior, Citĭmus. Cic. Del lado, de la parte de acá. El positivo no se usa.

Citĕria, ae. f. Fest. Estatua que se sacaba en Roma en los dias de gran fiesta, á la cual hacian hablar para divertir al pueblo.

Citĕrior. m. f. ius. n. ōris. Cic. Citerior, mas á la parte de acá.

Citĕrius. adv. Sen. Menos de lo que se debe.

Cithaeron, ōnis. m. Mel. Citeron, monte de Beocia consagrado á Apolo, á las Musas y á Baco.

Cithăra, ae. f. Hor. Cítara, instrumento músico de cuerdas al modo de la guitarra ó arpa.

Cithărĭcen, ĭnis. m. V. Citharista.

Cithăris, ĭdis. f. V. Cidaris.

Cithărisma, ătis. n. Plaut. El sonido ó toque de la cítara.

Cithărista, ae. m. Cic. y

Cithăristria, ae. f. Ter. Citarista, el, la que toca la cítara.

Cithărizo, ās, āvi, ātum, āre. n. Corn. Nep. Citarizar, tocar la cítara.

Cithăraedā, ae. f Vet. Inscr. V. Citharistria.

Cithăraedĭcus, a, um. Suet. Perteneciente á la cítara, ó al que la toca.

Cithăraedus, i. m. Cic. V. Citarista.

Cithărus, i. m. Plin. Pez marino, especie de rombo que sabe muy mal.

Citiaeus, a, um. Cic. y

Citiensis. m. f. sĕ. n. is. Gel y

Citieus, i. m. Cic. De la ciudad de Citio en Chipre.

Citĭmus, a, um. Cic. Lo que está muy cerca de nosotros.

Cito, ius, issĭme. adv. m. Cic. Prontamente, de prisa, ligeramente, al instante, prontisimamente. Citius quam. Cic. Primero que, antes que.

Cito, ās, āvi, ātum, āre. a. Cels. Mover, conmover. || Incitar, impeler. || Llamar. || Citar á juicio. || Acusar. || Recitar. || Nombrar. Citare equum. Ces. Arrimar las espuelas á un caballo. — Gradum. Claud. Doblar, acelerar el paso. — Urinam. Cels. Provocar, escitar, mover la orina. Testem in aliquam rem. In re aliqua. Cic. — Alicujus rei. Liv. Citar, llamar á uno por testigo de, en una cosa.

Citra. prep. de acus. Cic. Del lado de acá. Citra morem. Gel. Contra la costumbre. — Quam debuit. Ov. Menos de lo que debia. — Spem. Flor. Fuera de toda esperanza. — Satietatem. Colum. Sin fastidio. Citra paucis millibus. Liv. Pocas millas á la parte de acá.

Citrāgo, ó Citreāgo, ĭnis. f. Palad. El torongil, cidronela, yerba que echa de sí un olor de toronja ó de cidra.

Citrātus, a, um. V. Citrinus.

Citrea, ae. f. Plin. El cidro, árbol.

Citrētum, i. n. Palad. El cidral, lugar plantado de cidros.

Citreum, i. n. Plin. La cidra, fruto del cidro.

Citreus, a, um. Cic. De cidro.

Citrīnus, a, um. Plin. De color de cedro.

Citrius, ii. f. Palad. V. Citrus.

Citro. adv. Cic. De la parte de acá siempre se usa con ultro. Ultro, citroque. Cic. De una parte y otra.

Citrōsus, a, um. Nev. De ó perteneciente al cidro.

Citrum, i. n. Marc. Madera de cidro.

Citrus, i. f. Plin. El cidro, árbol siempre verde. || Árbol de África, cuya madera huele á cidra; pero sin fruto.

Citŭle. adv. Apul. dim. de Cito.

Cĭtus, a, um. Cic. Veloz, ligero, pronto, apresurado. || Plin. Incitado, conmovido, provocado.

Cius, ii. m. Rio de Tracia. || Ciudad de Bitinia.

Civāro, ōnis. f. Cic. Chamberi, ciudad capital de Saboya.

Civĭcus, a, um. Hor. Del ciudadano ó perteneciente á la ciudad. Civica bella. — Arma. Ov. Guerras civiles. — Corona. Cic. Corona cívica, que se daba al que habia conservado la vida en una batalla á un ciudadano. Civicum jus. Hor. El derecho civil.

Civīlis. m. f. lĕ. n. is. Cic. Civil, perteneciente á la ciudad y sus moradores. || Suet. Civil, sociable, urbano, cortés, atento. || Comun, ordinario, usado en las ciudades. || Quint. Popular, amado del pueblo. || Político.

Civīlĭtas, ātis. f. Quint. La política, el arte de gobernar el estado. || Suet. Civilidad, afabilidad, cortesanía, urbanidad, política.

Civīlĭter. adv. m. Cic. Civilmente, á modo de ciudadanos. || Ulp. Conforme al derecho civil. || Tac. Con cortesanía, afabilidad, política.

Civis, is. m. f. Cic. Ciudadano, el vecino de una ciudad. Civis meus. Cic. Mi compatriota, de la misma ciudad que yo. Civem adsciscere. Cic. Dar el derecho de ciudadano.

Civĭtācŭla, ó Civitatula, ae. f. Sen. Ciudad pequeña.

Civĭtas, ātis. f. Cic. La ciudad. || El derecho de vecindad. || La nacion, pais, tierra. || La política, el gobierno de la república. Civitate aliquem, ó in civitatem, ó civitate adscribere, ó civitatem alicui impertiri, largiri, ó civitate aliquem donare. Cic. Dar á uno el derecho de ciudadano, recibirle, reconocerle, empadronarle por tal. Civitas Helvetia in quatuor partes divisa. Ces. El pais, la tierra de los suizos, la Suiza repartida en cuatro cantones. Magna civitas magna solitudo. adag. Chico pájaro para tan grande jaula. ref.

† Cixius, ii. m. La cigarra ó chicharra, insecto.

## CL

**Clabŭla**, ae. f. *Varr. V.* Clavola.

**Clabŭlāris cursus.** *Am.* Permiso de usar de carruages públicos para las cosas de mucho peso, que se daba á los soldados.

**Clādes**, is. f. *Salust.* Pérdida, daño, calamidad, desgracia. ‖ Rota, destruccion que ocasiona la guerra, desolacion, mortandad, matanza, carnicería.

**Clam.** *prep. que rige acusativo ó ablativo, y adv. cuando le falta el caso. Cic.* A escondidas, de secreto, ocultamente. *Clam vos sunt facinora ejus. Cic.* Vosotros no sabeis, no conoceis sus delitos. — *Patrem. Ter.* Sin saberlo su padre.

**Clāmans**, tis. *com. Ov.* El que grita ó voces.

**Clāmātor**, ōris. m. *Cic.* Gritador, voceador. ‖ *Marc.* Llamador, el que va á llamar ó citar á cada uno por su nombre.

**Clāmātōrius**, a, um. *Plin.* El que grita, vocea, mete mucho ruido.

**Clāmātus**, a, um. *part. de* Clamo, *Ov.* Dicho á voces. ‖ Llamado á voces. ‖ Publicado.

**Clāmĭtātio**, ōnis. f. *Plaut.* La grita, gritería, vocería, clamor repetido.

**Clāmĭto**, ās, āvi, ātum, āre. *a. Cic.* Clamar, gritar, vocear, vociferar con gran ruido y á menudo. *Calliditatem clamitare. Cic.* Vociferar, ostentar la malicia.

**Clāmo**, ās, āvi, ātum, āre. *a. Cic.* Gritar, vocear, decir en alta voz. ‖ Clamar, llamar. ‖ Clamar, quejarse en alta voz y lastimosa. ‖ Publicar, intimar. *Clamari temerarius. Cic.* Ser llamado temerario. *Clamare aliquem nomine. Plaut.* Llamar á uno por su nombre.

**Clamor**, ōris. m. *Cic.* Clamor, grita, vocería. ‖ Injuria, oprobrio. ‖ La aclamacion ó aplauso. ‖ El ruido, estrépito. *Clamor avium. Lucr.* El canto de las aves. — *Montium. Her.* El ruido de los montes.

**Clāmōsē.** *adv. Quint.* Con gritería, voceando.

**Clāmōsus**, a, um. *Quint.* Clamoso, que grita ó vocea. ‖ *Estac.* Lleno de clamor y estrépito.

**Clancŭlārius**, a, um. *Marc.* Que se oculta, se encubre, calla su nombre, no quiere ser conocido, anónimo.

**Clancŭlo.** *adv. Macrob.* y

**Clancŭlum.** *prep. y adv. Ter. V.* Clam.

**Clandestīno.** *adv. Plaut.* Clandestinamente, de oculto, de secreto, á escondidas, sin testigos.

**Clandestīnus**, a, um. *Cic.* Clandestino, secreto, oculto, hecho ó dicho á escondidas.

**Clango**, is., nxi, gĕre. *n. Val. Flac.* Sonar el clarin ó trompeta. ‖ *Liv.* Graznar algunas aves, y hacer ruido al batir las alas.

**Clangor**, ōris. m. *Virg.* El sonido del clarin ó trompeta. ‖ *Colum.* El graznido de algunas aves, y el ruido del batimiento de sus alas.

**Clanis**, is. m. *Plin.* El Chial, *rio de Toscana.*

**Clanius**, ii. m. *Virg.* El Agno, *rio de Campania.* ‖ Rio del Poiteu.

**Clārē.** *adv. Cic.* Claramente, con luz y resplandor. ‖ Abierta, manifiestamente, con franqueza, sin disimulacion, sin fingimiento ni equívoco.

**Clarentia**, ae. f. Clarencia, *ciudad de Inglaterra.*

**Clāreo**, rui, ēre. *n. Cic.* Esclarecer, aclarar, brillar, resplandecer, lucir. ‖ Ser claro, evidente, distinto, visible, inteligible. ‖ Ser ilustre, noble, célebre, famoso. *Claret hoc mihi. Claud.* Lo conozco claramente. *Insula ejus adventu claret. Cic.* La isla ha adquirido reputacion con la venida de él. *Ad aestatis primordia clarent. Cic.* Aparecen al principio del verano.

**Claresco**, is, ĕre. *n. Tac.* Aclarar, aclararse. ‖ *Quint.* Hacerse claro y manifiesto. ‖ *Tac.* Hacerse ilustre, célebre, famoso.

**Clārĭcĭto**, ās, āre. *a. Lucr.* Llamar, citar á voces.

† **Clārĭfĭcātio**, ōnis. f. *S. Ag.* El acto de glorificar.

**Clārĭfĭco**, ās, āvi, ātum, āre. *a. Plin.* Clarificar, aclarar. ‖ *Lact.* Hacer célebre, famoso.

**Clārĭfĭcus**, a, um. *Catul.* Clarífico, que da claridad ó la tiene.

**Clārĭgātio**, ōnis. f. *Liv.* La intimacion de guerra, la accion de pedir satisfaccion á los enemigos de los agravios recibidos. ‖ *Liv.* El derecho de hacer prisionero á un hombre ó cualquiera otra cosa del enemigo por causa del daño ó injuria recibida. ‖ Represalia.

**Clārĭgo**, ās, āvi, ātum, āre. *a. Plin. ant.* Pedir la restitucion ó recompensa del daño recibido del enemigo, y en su defecto intimar la guerra. ‖ Usar de represalias.

**Clārĭsŏnus**, a, um. *Cic.* De un sonido claro, agudo y penetrante.

**Clarissĭmātus**, us. m. *Am.* El estado y dignidad de los senadores y magistrados llamados *Clarissimi.*

**Clārĭtas**, ātis. f. *Plin.* Claridad, resplandor, luz. ‖ Fama, nobleza, reputacion, estimacion, gloria, grandeza. *Claritatem alicui dare. Plin.* Dar á uno crédito, estimacion, ponerle en parage donde la adquiera, ser el instrumento de su gloria. *Claritas oculorum.—Visus. Plin.* Buena vista.

**Clārĭtūdo**, ĭnis. f. *Gel. V.* Claritas.

**Clārius**, ii. m. *Virg.* Clario, epíteto de Apolo. *V.* Claros.

**Clāro**, ās, āvi, ātum, āre. *a. Estac.* Aclarar, iluminar, hacer, poner claro. ‖ *Hor.* Hacer famoso é ilustre. ‖ Declarar, manifestar.

**Clāros**, ōris. m. *Plaut. V.* Claritas.

**Claros**, i. f. *Ov.* Claros, *ciudad de Jonia consagrada á Apolo, de donde le vino el epíteto* Clarius.

**Clārus**, a, um, ior, issĭmus. *Cic.* Claro, lucido, espléndido, luminoso, brillante, resplandeciente, trasparente. ‖ Famoso, ilustre, célebre, nombrado. ‖ Manifiesto, patente. *Clarissimus. Dig.* Título con que se solia honrar á los senadores y cónsules, y aun á sus mugeres. *Clarissimam unimammiam, vel unomammiam. Plaut.* Espresion con que Plauto da á entender la region de las Amazonas, que se cortaban el pecho derecho para poder manejar las armas con mas desembarazo.

**Classiārii**, ōrum. m. plur. *Ces.* Los soldados de marina de una armada. ‖ Los marineros, la tripulacion.

**Classiārius**, a, um. *Corn. Nep.* Lo perteneciente á una armada ó á la marina.

**Classĭcen**, ĭnis. m. *Varr.* El trompetero, clarinero, el trompeta.

**Classĭcŭla**, ae. f. *Cic.* Pequeña flota, escuadra, armada.

**Classĭcum**, i. n. *Varr.* El sonido del clarin ó trompeta. ‖ *Ces.* La señal que se hace con ella. *Classica canere. Ces.* Dar la señal con los clarines ó trompetas.

**Classĭcus**, i. m. *Varr.* El clarin. ‖ *Gel.* Un hombre de la primera clase entre los romanos que estaban divididos en cinco, y de esta se tomaban los testigos para hacer los testamentos. ‖ *Liv.* El que está empleado en la marina, ó que es muy dedicado á ella. ‖ *Curc.* Marinero, remero.

**Classĭcus**, a, um. *Prop.* Naval, lo perteneciente á la marina. *Classicum certamen. Vel Pat.* Combate naval. *Classicus scriptor. Gel.* Escritor, autor clásico de los mas cultos, y que deben servir de ejemplo y de modelo.

**Classis**, is. f. *Cic.* Flota, armada, escuadra. ‖ Clase, órden, grado. ‖ *Gel.* Ejército de tierra. ‖ *Virg.* Tropa de caballería. ‖ Una sola nave. *Classis procincta. Fest.* escuadra puesta en órden de batalla.

**Clathrātus**, a, um. *Cat.* Cerrado con reja.

**Clathro**, ās, āvi, ātum, āre. *Colum.* Cerrar con reja.

**Clathrum**, i. n. *Colum.* y

**Clathrus**, i. m. *Hor.* Reja de hierro. *No se usa en sing.*

**Claudeo**, ēs, ēre. *n. Cecil. V.* Claudico.

**Claudia castra**, ōrum. n. plur. Glocester, *ciudad de Inglaterra.*

**Claudiānus**, i. m. *S. Ag.* Claudio, Claudiano, *natural de Alejandría en Egipto, poeta latino, que floreció en el siglo IV de Cristo.*

**Claudiānus**, a, um. *Sen.* Perteneciente á Claudio, ó á la familia de los Claudios. *Claudiana tonitrua. Fest.* La imitacion de los truenos con piedras, que se hacia en el teatro por invencion de Claudio Pulcro.

**Claudĭcātio**, ōnis. f. *Cic.* Claudicacion, la accion y efecto de claudicar ó cojear.

**Claudĭco**, ās, āvi, ātum, āre. *n. Cic.* Cojear, ser, andar cojo. ‖ Apartarse de la rectitud, faltar, pecar. *Clau-*

*dicare in suo officio. Cic.* No cumplir con su obligacion.

**Claudīgo**, ĭnis. *f. Virg. V.* Clauditas.

**Claudiocestria**, ae. *V.* Claudia castra.

**Clauditas**, ātis. *f. Plin.* La cojera, el defecto de ser cojo.

**Claudius**, ii. *m. Suet.* Nombre propio de muchos célebres romanos y emperadores.

**Claudius**, a, um. *Suet.* Perteneciente á Claudio, nombre propio de muchos romanos.

**Claudo**, is, si, sum, dĕre. *a. Cic.* Cerrar. ‖ Ceñir, rodear, circundar, cercar. ‖ Concluir, finalizar. ‖ Comprimir, detener, contener. *Claudere sententias numeris. Cic.* — *Verba pedibus. Hor.* Hacer versos. — *Aliquid pedibus senis. Hor.* Hacer versos exámetros.

**Claudus**, a, um. *Cic.* Cojo, el que cojea. *Clauda navis. Liv.* Nave que tiene quebrados los remos. — *Fides. Sil.* Fe vacilante, inconstante. — *Carmina. Ov.* Versos desiguales, como los exámetros y pentámetros de la elegía. *Claudus optime virum aget. adag.* Aunque somos negros somos gente somos. *ref. Si juxta claudum habites subclaudire disces. adag.* En casa del alboguero todos son alboguers. *ref.*

**Claustrārius**, a, um. *Lampr.* Lo perteneciente á la cerradura.

**Claustrum**, i. *n. Cic.* Cerradura, cerrojo, pestillo, barra, y cualquiera otra cosa con que se cierra una puerta. ‖ *Marc.* La misma puerta cerrada. ‖ *Estac.* El encierro ó jaula estrecha. ‖ La barrera, oposicion, dique, obstáculo. *Claustra loci. Cic.* — *Mentis. Virg.* — *Viarum. Lucr.* Pasos estrechos, desfiladeros. — *Regni. Liv.* Las llaves, las fronteras ó plazas fronterizas de un reino. — *Annonae. Tac.* La llave de la abundancia. — *Naturae. Lucr.* Los secretos de la naturaleza. — *Daedalea. Sen.* El laberinto de Creta, donde estuvo preso su mismo artífice Dédalo.

**Clausŭla**, ae. *f. Cic.* Conclusion, término, fin de alguna cosa. ‖ El fin del período. ‖ El mismo período, cláusula. ‖ *Dig.* Cláusula de los testamentos, escrituras, edictos &c. *Clausula nervorum ungues existimantur. Plin.* Se cree que las uñas son el término ó el fin de los nervios. *Imponere clausulam vitae. Sen.* Acabar la vida. *Clausula fabulae. Cic.* El fin de la comedia.

**Clausum**, i. *n. Colum.* La clausura ó claustro, el sitio cercado ó cerrado.

**Clausūra**, ó **Clusura**, ae. *f. Casiod. V.* Clausum.

**Clausus**, a, um. *part. de* Claudo. ‖ *Cic.* Cerrado. ‖ Encubierto, oculto. ‖ Cercado, rodeado. *Clausa domus pudori. Cic.* Casa ó familia sin pudor ni honra. — *Habere sua consilia. Cic.* Tener secretos, ocultos, encubiertos sus designios.

**Clava**, ae. *f. Cic.* La clava, palo de mas de vara de largo, que va engruesando desde la empuñadura, y remata en una como cabeza llena de puntas. ‖ *Palad.* La rama que se quita del árbol para plantarla.

**Clavārium**, ii. *n. Tac.* Donativo que se hacia á los soldados romanos para los clavos con que tachonaban las botas.

**Clavātor**, ōris. *m. Plaut.* El que lleva clava ó maza.

**Clavātus**, a, um. *Plin.* Hecho en forma de clava. *Fest.* Clavado, guarnecido de clavos.

**Clavĕcymbălum**, i. *n. Jul. Firm.* El clavicordio, instrumento músico de cuerdas de alambre, y con teclado como el órgano.

**Clavicārius**, ii. *m. Cod.* El llavero, que trae ó lleva las llaves.

**Clavicŭla**, ae. *f. Cic.* El pámpano de la vid. ‖ *Vitruv.* La clavícula, uno de los huesos que en el cuerpo humano salen de los hombros, y se unen por debajo de la garganta encima del pecho. ‖ *Apul.* Llavecita.

**Claviculātim**. *adv. Plin.* En forma de pámpano ó caracol.

**Claviger**, a, um. *Ov.* El llavero, el que lleva las llaves ó una maza.

**Clavis**, is. *f. Cic.* La llave. ‖ *Tib.* El cerrojo. *Clavis laconia. Plaut.* — *Adultera. Ov.* Llave falsa.

† **Clavo**, as, avi, ātum, are. *a. Plaut. Nol.* Clavar.

**Clavŏla**, ae. *f. Varr.* El ramo tierno, cortado por igual de ambos cabos para plantar.

**Clavŭla**. *V.* Clavola.

**Clavŭlus**, i. *m. Varr.* Clavillo ó clavito. *dim. de*

**Clavus**, i. *m. Cic.* El clavo. ‖ El timon de la nave. ‖ El clavo, especie de callo ó grano con punta, que suele salir en los pies. ‖ El nudo de los árboles. ‖ El nudo ó boton de púrpura ó de oro que llevaban en una banda los senadores y caballeros romanos en señal de su dignidad. *Clavus annalis. Fest.* El clavo que los cónsules ó dictadores clavaban cada año al lado derecho del altar de Júpiter el dia 14 de setiembre para denotar el número. — *Muscarius. Vitruv.* Clavo de ala de mosca. — *Trabalis. Hor.* Clavo grande, trabadero. *Clavi majoris munus. Estac. Latus clavus. Plin. men.* Dignidad, empleo de senador. *Latus clavus.* La ropa del senador. — *Augustus.* La de un caballero.

**Clazomĕnae**, arum. *f. plur. Plin.* Clazomene, ciudad de Jonia.

**Clazomĕnii**, ōrum. *m. plur.* y

**Clazomĕnius**, a, um. *Cic.* Clazomenio, lo perteneciente á la ciudad de Clazomene.

**Cleanthes**, is. *m. Sen.* Cleantes, filósofo estoico, natural de Aso en la Troade, discípulo de Crates y de Cenon, y maestro de Crisipo; fue tan pobre, que dice Séneca vivia de lo que le daban por sacar agua en las casas.

**Cleantheus**, a, um. *Pers.* Perteneciente á Cleantes.

**Clema**, ătis. *n. Plin.* Yerba de la especie de la sanguinaria ó polígono.

**Clematis**, ĭdis. *f. Plin.* Clemátide, yerba llamada en las boticas vincapervinca, cuyas hojas son parecidas á las del laurel, aunque menores.

**Clemens**, tis. *com. Cic.* Clemente, el que tiene clemencia, piadoso, benigno, suave, dulce, apacible, humano. *Clementior auster. Estac.* Viento mas moderado. *Clementissimus ab innocentia. Cic.* Muy favorable á los inocentes. *Clemens clivulus. Apul.* Cuestecilla suave.

**Clementer**, ius, issĭme. *adv. Cic.* Clementemente, con clemencia, benigna, suave, moderada, favorablemente. ‖ Quieta, sosegada, apaciblemente.

**Clementia**, ae. *f. Cic.* Clemencia, benignidad, moderacion, suavidad y misericordia, blandura, humanidad, piedad. ‖ Tranquilidad, serenidad, quietud, apacibilidad. *Clementia hiemis. Colum.* La suavidad del invierno.

**Clementīnae**, arum. *f. plur.* (sup. epistolae.) Las clementinas, una de las colecciones del derecho canónico, compuestas de las constituciones de Clemente V, y publicadas por el papa Juan XXII.

**Cleobis**, is. *m. Claud.* Cleobe, hijo de una sacerdotisa de Argos, la cual pidiendo en el templo lo que mas le conviniese á él y á su hermano Biton por el mucho amor y respeto que le tenia, les sobrevino de repente la muerte, como que era la mayor felicidad.

**Cleōne**, ārum. *f. plur. Estac.* Ciudad del Peloponeso.

**Cleonaeus**, a, um. *Plin.* Perteneciente á la ciudad ó á los naturales de Cleone.

**Cleonition**, ó **Cleonicium**, ii. *n. Plin. V.* Clinopodios.

**Cleopatra**, ae. *f. Estac.* Cleopatra, reina de Egipto, hija de Ptolomeo Auletes, que casada con Antonio, al cabo de muy raros sucesos se mató con áspides en la famosa derrota de Accio.

**Cleopatrānus**, a, um. *Treb. Pol.* y

**Cleopatrīcus**, a, um. *Sid.* Perteneciente á Cleopatra.

**Clepo**, is, psi, ptum, pĕre. *a. Cic.* Hurtar á escondidas, robar. ‖ *Sen.* Encubrir, esconder, ocultar.

**Clepo**, ōnis. *m. Petron.* El ladron que hurta á escondidas.

**Clepso**, is, ĕre. *Lucil. V.* Clepo.

**Clepsydra**, ae. *f. Cic.* Relox de agua. ‖ Instrumento matemático para tomar la altura. ‖ Nombre de dos fuentes ó pozos, una en Mesina y otra en Atenas.

**Clepsydrārius**, ii. *m. Inscr.* El relojero, que hace ó vende relojes de agua.

**Clepta**, y **Cleptes**, ae. *m. Plaut.* El ladron.

**Clerĭcalis**, m. *f.* le. *n.* is. *Sid.* Clerical, perteneciente al clérigo ó al clero.

**Clerīcātus**, us. *m. S. Ger.* El clericato, el estado y cargo del clérigo.

**Clerĭcus**, i. *m. S. Ger.* El clérigo, el que mediante las órdenes mayores ó menores está dedicado al culto divino y servicio del altar; el que tiene la primera tonsura.

Clĕrŏmantia, ae. f. Adivinacion por suertes, sortilegio.

* Clĕrŏnomia. ae. f. Herencia ó heredad recibida por suerte.

Clērus, i. m. Ter. El clero secular y regular, la porcion del pueblo cristiano dedicada al culto divino y servicio del altar por medio de las órdenes. || Plin. El aborto de las abejas. || Gusano que las daña.

Clĭbānārius, ii. m. Lampr. El soldado armado de una loriga toda de hierro.

Clĭbănus, i. m. Plin. El horno portátil de hierro ó de bronce para cocer pan y guisar la comida.

Clidion, ii. n. Plin. El cuello del atun, pescado.

Cliduchus, i. m. Plin. El llavero, nombre de dos estatuas de Pluton, una hecha por Fidias, y otra por Eufranor, representando á este dios con las llaves de los infiernos.

Cliens, entis. m. Cic. El cliente, el que está bajo la proteccion, tutela ó patrocinio de otro.

Clienta, ae. f. Hor. Clienta, la muger que está bajo la proteccion, tutela, patrocinio ó dependencia de otro.

Clientēla, ae. f. Cic. Proteccion, patrocinio, defensa que una persona poderosa da á otra. || Nombre de esta misma proteccion y amparo.

Clientŭla, ae. f. Ascon. Clientula dim. de Clienta.

Clientŭlus, i. m. Quint. Clientulo. dim. de Cliens y de Cliente.

Clīma, ătis. n. Colum. Medida para los campos de sesenta pies en cuadro. || Apul. El espacio de cielo ó inclinacion que basta para ocasionar la diferencia de media hora en la duracion de los dias. || El clima.

Clīmăcis, ĭdis. f. Vitruv. Escala pequeña.

Climacter, ēris. m. Plin. La escala ó el año escalar ó decretorio, que llaman los médicos, al cual se llega de siete en siete y de nueve en nueve, y se tiene supersticiosamente por aciago, como el año setenta y tres.

Climactērĭcus, a, um. Cens. Climatérico, lo que se aplica supersticiosamente á los años multiplicados de siete en siete ó de nueve en nueve, á los enfermos y á los tiempos que lo son.

Climatiae, ārum, m. plur. Am. Los terremotos que suelen arrasar las ciudades y los montes.

Clīmax, ăcis. f. Entre los griegos significa la escala: entre los gramáticos y retóricos la figura gradacion.

Clinămen, ĭnis. n. Lucr. La inclinacion, declinacion ó declivio de alguna cosa.

Clīnātus, a, um. Cic. Inclinado, pendiente.

Clingo, is, ĕre. Fest. V. Cingo.

Clīnĭce, es. f. Plin. Clínica. El arte de la medicina, la profesion de visitar á los enfermos y darles remedio para sus males.

Clīnĭcus, i. m. Plin. El médico que visita á los enfermos que guardan cama. || S. Ger. El enfermo que está en cama. || Marc. El sepulturero ó enterrador.

Clīnĭcus, a, um. Plin. El enfermo que hace cama.

Clīno, as, āvi, ātum, āre, a. Cic. Inclinar, declinar hácia alguna parte.

Clīnŏpŏdion, y Clinopodium, ii. n. Plin. Clinopodio, yerba semejante al poleo silvestre.

Clīnŏpus, ŏdis. m. Macr. El pie de la cama.

Clĭo, us, ú on. f. Ov. Clio, una de las nueve musas que preside al canto de los hechos ilustres ó á la historia.

Clipeus, i. m. V. Clypeus.

Clītellae, ārum, f. plur. Fedr. La albarda.

Clītellārius, a, um. Cat. Perteneciente a la albarda ó al asno que la lleva.

Cliternīnus, a, um. Perteneciente á la ciudad de Cliterno en Italia.

Clitor, i. m. y Clitorium, ii. n. Liv. Ciudad de Arcadia.

Clitōrius, a, um. Ov. Perteneciente á Clitorio, ciudad de Arcadia.

Clitumnus, i. m. Virg. Rio de la Umbría, cuya agua dicen que hacia nacer blancas las reses. || Sobrenombre de Júpiter por un templo que tenia sobre este rio.

Clīvensis. m. f. sĕ. n. is. Lo que pertenece á Cleves.

Clīvia, ae. f. Cleves, ciudad de Alemania.

Clīvia, avis. f. Plin. Asi llamaban los agoreros al ave que segun sus observaciones prohibia hacer alguna cosa.

Clīvina, ae. f. Plin. V. Clivia avis.

Clīvius, a, um. Fest. Lo perteneciente al ave que prohibia hacer alguna cosa segun las observaciones de los agoreros.

Clīvōsus, a, um. Colum. Clivoso ó en cuesta.

Clīvŭlus, i. m. Colum. Cuesta, repecho, eminencia corta, pequeña.

Clīvum, i. n. Cat. ó

Clīvus, i. m. Cic. Cuesta, colina, eminencia, repecho, teso ó subida. Clivus sacer. Liv. La cuesta del capitolio. Clivo sudamus in imo. Ov. Estamos al principio del trabajo.

Cloāca, ae. f. Cic. Cloaca, alcantarilla, conducto por donde van las aguas sucias ó las inmundicias.

Cloācālis. m. f. lĕ. n. is. Cat. Perteneciente á la cloaca.

Cloācārium, ii. n. Ulp. El tributo para limpiar y componer las cloacas.

Cloacīna, y Cluacina, ae. f. Lact. Cloacina, la diosa que presidia las cloacas.

Cloāco, as, āre. a. Fest. Ensuciar, emporcar.

Cloācŭla, ae. f. Lampr. Cloaca pequeña.

Clōdĭānus, a, um. Cic. Perteneciente á Clodio. V. Clodius.

Clōdĭco, as, āre. n. Cic. V. Claudico. La usa tambien en el sentido de inclinarse al partido de Clodio.

† Clodo, is, ĕre. Plin. V. Claudo, is ere.

Cloelia, ae. f. Liv. Clelia, noble doncella romana, que dada con otras en rehenes á Porsena, rey de los etruscos, se escapó con las demas al campo de los romanos pasando á nado el Tiber.

Clostellum, i. n. Petron. La cerradura pequeña.

Clostrum, i. n. Cat. V. Claustrum.

Clota, ae. f. Tac. El flujo del mar en la costa de Inglaterra.

Clotho, us, ú on. f. Ov. Cloto, una de las tres Parcas.

Clūden, ĭnis. m. Apul. Espada de encaje propia de la tragedia, cuya hoja se metia dentro del mango cuando el cómico hacia la accion de darse muerte con ella.

Clūdo, is, si, sum, dĕre. Plin. V. Claudo.

Clūdus, a, um. Plaut. V. Claudus.

Cluentia gens. Virg. Familia muy antigua de Roma descendiente de Cloanto, compañero de Eneas.

Clueo, ēs, ĕre, n. Plin. Limpiar. || Plaut. Tener fama, estimacion. || Lucr. Ser, existir.

Cluīnum pecus. Plaut. El ganado que está en el parque ó en el pasto.

Cluis. m. f. ĕ. n. is. Marc. Cap. Noble, ilustre.

Clumae, ārum. f. plur. Fest. La paja menuda de cebada.

Clūna, ae. f Fest. La mona.

Clūnācŭlum, i. n. Fest. El cuchillo para matar ó degollar las víctimas.

Clunālis. m. f. lĕ. n. is. Avien. Propio de las nalgas.

Clūnes, ium. f. plur. V. Clunis.

Clūnĭăcum, i. n. Cluni, ciudad y abadía en Borgoña.

Clūnĭăcensis. m. f. sĕ. n. is. De la ciudad de Cluni.

Clūnĭcŭla, ae. f. Gel. ó

Clūnĭcŭlus, i. m. Gel. dim. de Clunis. La nalguita.

Clunīcum, i. n. V. Cluniacum.

Cluniensis. m. f. sĕ. n. is. Plin. Perteneciente á Clunia, ciudad antigua de la Celtiberia en España sobre el rio Duero.

Clūnis, is. m. f. Cic. Hor. La nalga.

Clunistaridysarchīdes. m. Plaut. Voz compuesta por burla para significar un terrible general de los enemigos, á quien se vanagloria de haber vencido Pirgopolinices (en la comedia del soldado jactancioso) en los campos gurgustidonios.

Cluo, is, ĕre. Plin. V. Clueo.

Clūpea, ae. f. Plin. El sábalo, pez. || Ciudad de África.

Clura, ae. f. V. Cluna.

Clurīnus, a, um. Plaut. Perteneciente á la mona.

Clūsăris. m. f. re. n. is. Hig. Lo que cierra.

Clūsărius, a, um. Hig. Propio, á propósito para cerrar.

Clūsĭlis. m. f. lĕ. n. is. Plin. Que se cierra con facilidad.

Clūsĭni, ōrum. m. plur. Plin. Pueblos de Toscana.

Clūsĭni fontes. Hor. Los baños de S. Casiano en Toscana.

Clūsīnus ager. m. El Cosentino en Toscana.

## COA

Clūsīnus, a, um. *Colum.* De la ciudad de Quiusi en Toscana.

Clūsiŏlum, i. n. *Plin.* Lugar pequeño en Toscana.

Clūsium, ii. n. *Virg.* Quiusi ó Clusino, *ciudad de Toscana.*

Clūsius, ii. m. *Ov.* Clusio, sobrenombre del Dios Jano, *porque en tiempo de paz se cerraban las puertas de su templo.*

Clūsor, ōris. m. *Sid.* El que cierra.

Clūstra. V. Clausura.

Clūsus, a, um. *Marc.* Cerrado.

Clūtus, a, um. *Fest.* Célebre, glorioso.

Cluviānus, a, um. *Liv.* Perteneciente á Cluvia, *ciudad de Samnio.*

Clymĕne, es. f. *Ov.* Climene, *hija del océano y de Tetis, ó de Minio y Eurinaxe, muger de Japeto ó de Merope, madre de Faetonte.*

Clymĕneides, um. f. plur. *Ov.* Las hijas de Climene, *hermanas de Faetonte.*

Clymĕneius, ó Climenēus, a, um. *Ov.* De Climene: *Clymeneia proles. Ov.* Faetonte, *hijo de Climene.*

Clymĕnum, i. n. ó Clymenus, i. f. Planta hallada por Climeno, *rey de Arcadia, buena para las almorranas.*

Clypea, ae. f. V. Clupea.

Clypeatus, a, um. *Virg.* El que va armado de un escudo.

Clypeo, ās, āre. a. *Pac.* Armar, cubrir con un escudo.

Clypeŏlum, i. n. *Hig.* Escudo pequeño.

Clypeum, i. n. *Liv.* ó

Clypeus, i. m. *Cic.* El escudo.

Clysmus, i. m. *Escrib. Larg.* ó

Clyster, ēris. m. *Plin.* La ayuda para limpiar el cuerpo. ∥ El instrumento con que se echa, llamado tambien clyster.

Clystērio, ās, āvi, ātum. are. *Veg.* V. Clysterizo.

Clystērium, ii. n. *Escrib. Larg.* V. Clyster.

Clystērizo, ās, āre. a. *Cel. Aur.* Limpiar el vientre con ayudas.

Clytemnestra, ae. f. *Ov.* Clitemnestra, *hija de Júpiter y de Leda, muger de Agamemnon, á quien dió muerte en un convite ayudada del adúltero Egisto, y ella murió despues á manos de su mismo hijo Orestes.*

Clytie, es. f. Clicie, *ninfa del Océano, amada primero, y despues aborrecida de Apolo, á quien mirando ella siempre, se dejó consumir de hambre y de sentimiento, fue convertida en girasol.*

## CN

Cnaeus, y Cneus, i. m. *Val. Max.* Prenombre de muchos romanos.

Cnasonas, acus. *Fest.* Las agujas con que las mugeres se rascan la cabeza, rascamoño.

Cnedĭnus, a, um. *Plin.* ó Cnecinus, a, um. De ortigas, como el aceite que se saca de ellas.

Cnŏron, i. n. *Plin.* Especie de yerba que muerde la lengua.

Cnophōsus, ó Gnephōsus, a, um. *Fest.* Obscuro, tenebroso.

Cnestron, i. V. Cneoron.

Cnicos, ó Cnicus, i. m. *Plin.* Yerba particular de Egipto, *de que trae Plinio dos especies, y la da por desconocida en Italia.*

Cnide, es. f. *Plin.* La ortiga, *planta que tiene en sus hojas unas dientecillos agudos cubiertos de bello con que pica.*

Cnissa, ae. f. *Arnob.* El humo ó el olor de la grasa ó carne asada.

Cnōdax, ăcis. m. *Vitruv.* El perno ó clavija de hierro.

## CO

Co. indecl. Ciudad de Egipto. ∥ La isla de Co en el mediterráneo, al presente Lango, patria de Ipócrates.

Coa, ae. f. Coa, *ciudad de la Arabia felix. Coa vestis. Hor.* Vestido de gasa, trasparente, por el cual se trasluce todo el cuerpo.

Coaccēdo, is, essi, essum, děre. n. *Plaut.* Acercarse juntamente.

Coacervātim. adv. *Apul.* De montón, juntamente.

Coacervātio, ōnis. f. *Cic.* Coacervacion, amontonamiento. ∥ Suma, recapitulacion.

## COA

Coacervātus, a, um. *Cic.* Coacervado, amontonado.

Coacervo, ās, āvi, ātum, āre. a. *Cic.* Coacervar, juntar, amontonar.

Coacesco, is, ācui, cescĕre. n. *Cic.* Acedarse, avinagrarse, corromperse.

Coacte. adv. *Gel.* En breve tiempo, con presteza. ∥ Apretadamente, con rigor. ∥ *Tert.* Por fuerza.

Coactĭlia, ium. n. plur. *Ulp.* Las arpilleras ó lienzos gruesos con que se cubren los fardos para trasportarlos y librarlos del polvo. ∥ Los fieltros hechos de lana no tejida, sino unida é incorporada con la fuerza de agua caliente, legia ó goma, con que se va tupiendo y apretando.

Coactiliārius, ii. m. *Inscr.* El que hace fieltros de lana por tejer.

Coactiliārius, a, um. *Capit.* Perteneciente á los fieltros, al que los hace ó adonde se venden.

Coactim. adv. *Sid.* V. Coacte.

Coactio, ōnis. f. *Suet.* El acto de recoger las contribuciones. ∥ *Asc.* La recapitulacion ó compendio. ∥ Coaccion, fuerza ó violencia que se hace á alguno.

Coactius. adv. comp. *Gel.* Mas de prisa, mas brevemente.

Coacto, ās, āvi, ātum, āre. a. *Lucr. freq. de* Cogo. Constreñir, obligar, forzar, violentar con mucha vehemencia ó á menudo.

Coactor, ōris. m. *Cat.* El que junta ó recoge el ganado. ∥ *Cic.* El exactor, cobrador, que cobra y recoge las rentas y tributos. ∥ *Sen.* El que obliga, fuerza ó violenta. *Coactores agminis. Tac.* Los soldados que cierran la retaguardia.

Coactūra, ae. f. *Colum.* La recoleccion de cualquiera cosa.

Coactus, us. m. Fuerza, coaccion, violencia. ∥ *Lucr.* Impulso, movimiento.

Coactus, a, um. part. *Cic.* Junto, amontonado, congregado, recogido. ∥ Unido, coligado. ∥ Impelido, forzado, constreñido, obligado por fuerza. *Coacta pecunia. Cic.* Dinero sacado, exigido por fuerza. — *Lactis massa. Ov.* El témpano de leche cuajada. *Multa arte coactum ebur. Val. Flac.* Marfil bien trabajado. *Coactae lachrymae. Virg.* Lágrimas forzadas, fingidas.

Coaddo, is, dĭdi, dĭtum, ĕre. a. *Cat.* Añadir juntamente.

Coadjĭcio, is, jēci, jectum, jĭcĕre. a. *Colum.* Juntar en uno.

Coadolesco, is, ēvi, ētum, ĕre. n. *Tert.* Crecer juntamente.

Coadōro, ās, āvi, ātum, āre. a. *S. Ambr.* Adorar juntamente.

Coadūnatio, ōnis. f. *Cod.* Coadunacion, union, mezcla ó incorporacion de unas cosas con otras.

Coadūnatus, a, um. *Dig.* Coadunado. part. de

Coadūno, ās, āvi, ātum, āre. a. *Dig.* Coadunar, unir, mezclar, incorporar unas cosas con otras.

Coaedĭficatus, a, um. *Cic.* Lleno de fábricas. part. de

Coaedĭfico, ās, āvi, ātum, āre. a. *Cic.* Fabricar junto, al rededor, en todas partes, en cualquiera.

Coaegresco, is, ĕre. n. *Tert.* Enfermar juntamente.

Coaegrōto, ās, āvi, ātum, āre. n. *S. Ger.* Estar enfermo con otro.

Coaequālis. m. f. le. n. is. *Colum.* Igual, coetáneo, contemporáneo.

Coaequālĭtas, ātis. f. *Dig.* La igualdad de unos con otros.

Coaequātus, a, um. *Salust.* part. de

Coaequo, ās, āvi, ātum, āre. a. *Salust.* Igualar, allanar. ∥ *Cic.* Igualar con otro. *Coaequare omnia ad suas injurias. Cic.* No perdonar á nada ni á nadie, hacer injuria á todas las cosas y á todo el mundo. — *Montes. Salust.* Allanar los montes. — *Gratiam omnium. Salust.* Estar bien con todos.

Coaequus, a, um. *Plin.* Igual, semejante, parecido. *Coaequa pars. Plin.* La mitad.

Coaestĭmo, ās, āvi, ātum, āre. a. *Cels.* Estimar juntamente.

Coaetāneo, ās, āre. n. *Tert.* Ser coetáneo, contemporáneo.

Coaetāneus, a, um. *Perc. Latr.* Coetáneo, contemporáneo, del mismo tiempo ó edad.

Coaeternus, a, um. *S. Ag.* Igualmente eterno.

Coaevus, a, um. *S. Ag. V.* Coaetaneus.

Coaggeratus, a, um. *Serv.* Recogido en monton. *part. de*

Coaggero, as, avi, atum, are. *a. Colum.* Amontonar por todas partes.

Coagitatio, onis. *f. Cic.* Movimiento recíproco, agitacion de dos ó mas cosas que se menean.

Coagitatus, a, um. *Marcel. Emp. part. de*

Coagito, as, avi, atum, are. *a. Apic.* Agitar, mover juntamente.

Coagmentatio, onis. *f. Cic.* Conexion, union, concatenacion, conjuncion, union de muchas cosas.

Coagmentatus, a, um. *Cic.* Conexo, unido, concatenado.

Coagmento, as, avi, atum, are. *a. Cic.* Unir, encadenar unas cosas con otras. *Coagmentare pacem. Cic.* Cimentar, fundar, establecer la paz. ‖ *Quasi verba verbis. Cic.* Unir, enlazar, atar, eslabonar, por decirlo asi, unas palabras con otras.

Coagmentum, i. *n. Ces.* La union, conexion, juntura.

Coagulatio, onis. *f. Plin.* Coagulacion, la accion y efecto de cuajarse ó condensarse alguna cosa.

Coagulatus, a, um. *Plin. part. de*

Coagulo, as, avi, atum, are. *a. Plin.* Cuajar ó condensar lo líquido.

Coagulum, i. *n. Plin.* El cuajo de que se usa para cuajar la leche, *que es la sustancia blanca que se halla en el buche ó estómago del lechazo.* ‖ *Plin.* La misma leche cuajada. ‖ Lo que une unas cosas con otras.

Coaleo, es, lui, itum, ere. *n. Plin.* y

Coalesco, is, lui, litum, scere. *n. Colum.* Arraigarse, echar raices, fortificarse, nutrirse con. ‖ *Salust.* Unirse, juntarse, convenir. ‖ Crecer, criar fuerza juntamente. *Vinum minus cito coalescit. Gel.* El vino no se hiela tan presto. *Coalescit vulnus. Plin.* La llaga se cierra, se consolida.

Coalitus, a, um. *part. Gel.* Unido, aumentado, nutrido, fortificado, crecido, arraigado con. *Coalita libertate irreverentia. Tac.* La irreverencia, la falta de respeto, la insolencia, alimentada, fomentada con la libertad.

Coalitus, us. *m. Arnob.* La union, asociacion, ligazon de una cosa con otra.

Coalluo, is, ui, ere. *a. Dig.* Bañar, regar, correr al rededor ó juntamente.

Coamator, oris. *m. Cecil.* El compañero en el amor, el que ama juntamente con otro.

Coambulo, as, avi, atum, are. *a. Claud. Mam.* Andar, pasearse con otro.

Coangustatus, a, um. *Hirc.* Estrecho, reducido al estrecho. *part. de*

Coangusto, as, avi, atum, are. *a. Cels.* Estrechar, coartar, restringir.

Coaptatio, onis. *f. S. Ag.* La proporcion y conveniencia de una cosa con otra.

Coaptatus, a, um. *S. Ag. part. de*

Coapto, as, are. *a. S. Ag.* Adaptar, acomodar, proporcionar, ajustar bien una cosa con otra.

Coarctatio, onis. *f. Liv.* La accion de coartar, limitar ó restringir.

Coarctatus, a, um. *Colum. part. de*

Coarcto, as, avi, atum, are. *a. Colum.* Coartar, limitar, restringir, estrechar. ‖ Abreviar, compendiar.

Coaresco, is, rui, ere. *n. Vitruv.* Secarse, desecarse juntamente.

Coarguo, is, ui, gutum, guere. *a. Cic.* Mostrar, hacer ver, probar. ‖ Objetar, reprender, censurar, acusar. *Coarguere errorem alicujus. Cic.* Reprender á uno de un error, hacerle ver su falta, descubrirle en qué ha pecado. *Reum testibus. Cic.* Convencer á un reo con testigos. *Aliquem avaritiae. Cic.* Acusar á uno de avaricia.

Coarticulo, as, are. *a. Arnob. Ora coarticulare mutorum.* Desatar las lenguas de los mudos, y hacer que hablen articuladamente.

Coaspernans, tis. *com. Tac.* Despreciador, el que desprecia.

Coaspernor, aris, atus sum, ari. *dep. Tac.* Despreciar, menospreciar, desechar, impugnar con desprecio.

Coaspis, idis. *m.* El Coaspis, *rio de la Media.*

Coassatio, onis. *f. Vitruv.* El entarimado ó establado, la union de tablas ó maderos.

Coassatus, a, um. *Vitruv. part. de*

Coasso, as, avi, atum, are. *a. Vitruv.* Entarimar. ‖ Cubrir un techo con vigas.

Coassolet. *imp. Plaut. V.* Assolet.

Coatrae, ó Coastrae, arum. *m. plur. Luc.* Habitadores entre la Asiria y Media, junto al monte Coatra.

Coax. *indec. Serv.* La voz de la rana, *á cuya imitacion se inventó la palabra.*

Coaxatio, onis. *f.* El canto de las ranas.

Coaxo, as, are. *a. Aut. de Filom.* Cantar las ranas ó cantar como ellas.

Cobiamachus, i. *m. Cic.* Cabainag, *pais entre Tolosa y Narbona.*

Cobio, onis. *m. Plin.* El gobio, cadoce ó cadoz, *pescado pequeño.*

Cobion, ó Cobium, ii. *n. Plin.* Planta, *especie de titimalo ó lechetrezna.*

Cocalides, um. *f. plur. Sil.* Las hijas de Cocalo, *rey de Sicilia.*

Cocanicus, i. *m. Plin.* Cocánico, *lago de Sicilia.*

Coccetum, i. *n. Fest.* Manjar hecho de miel y adormideras.

Cocceus, a, um. *Lampr. V.* Coccineus.

Coccinatus, a, um. *Suet.* Vestido de grana ó escarlata.

Coccineus, a, um. *Petron.* De grana ó escarlata.

Coccinum, i. *n. Marc.* Vestido, ropa de color de escarlata.

Coccinus, a, um. *Juv. V.* Coccineus.

Coccum, i. *n. Plin.* La grana para teñir. ‖ Ropa de grana.

Coccyx, ygis. *m. Plin.* El cuclillo, *ave.*

Cochlea, ae. *f. Cic.* El caracol. ‖ *Vitruv.* Coclea, máquina antigua para elevar las aguas.

Cochlear, is. *n. Colum.* y

Cochleare, is. *n. Marc.* La cuchara. ‖ *Colum.* Medida para los líquidos, que hacia la cuarta parte de un ciato.

Cochlearis. *m. f. re. n. is. Plin.* Lo perteneciente á la medida llamada coclear.

Cochlearium, ii. *n. Varr.* El lugar donde se crian caracoles.

Cochleatim. *adv. Sid.* Á manera de caracol.

Cochleatus, a, um. *Pomp.* Retorcido á modo de caracol.

Cochleola, ae. *f. S. Ger.* El caracolejo ó caracolillo.

Cochlis, idis. *f. Plin.* Piedra preciosa de la figura de un caracol.

Coccio, ó Coccio, onis. *m. Fest.* El regaton, el que regatea mucho para comprar ó vender.

Cocionor, aris, atus sum, ari. *dep. Quint.* Regatear para vender, tardar mucho en llegar al justo precio.

Cocles, itis. *m. f. Plin.* El tuerto, el que no tiene mas que un ojo. ‖ *Liv.* Sobrenombre de aquel romano Horacio que detuvo él solo á todo el ejército del rey Porsena peleando en el puente de tablas hasta que sus compañeros derribaron el puente, y él se salvó á nado.

Cocolobis, is. *f. Plin.* Especie de uva de España asi llamada.

Coctana, orum. *n. plur. Plin.* Especie de higos muy pequeños asi llamados de la ciudad Coctana en Siria, de donde se trajeron.

Coctibilis. *m. f. le. n. is. Plin.* Cocedero, cocedizo, lo que es facil de cocer.

Coctilia, ium. *n. plur. Ulp.* La leña seca, de modo que no haga humo, pero aun no convertida en carbon.

Coctilis. *m. f. le. n. is. Plin.* Cosa cocida. *Coctiles muri. Ov.* Murallas de ladrillo.

Coctio, onis. *f. Plin.* La coccion, la digestion, el acto de cocer ó digerir la comida.

Coctito, as, are. *a. Fest.* Cocer á menudo.

Coctivus, a, um. *Plin.* Que se cuece facilmente.

Coctor, oris. *m. Petron.* El cocinero, el que cuece. ‖ *Sen.* El disipador, destruidor de su hacienda.

Coctura, ae. *f. Plin.* La cocedura, la accion ó la manera de cocer, cochura.

Coctus, a, um. *part. de* Coquo. *Plaut.* Cocido. ‖ Ma-

COE

duro, sazonado. *Coctus ager. Prop.* Parapeto hecho de ladrillo. — *Bene sermo. Cic.* Discurso bien digerido, limado, bien trabajado. *Coctor juris. Plaut.* El que sabe mejor el derecho.

Cŏcŭla, ōrum. *n. plur. Varr.* Todos los utensilios de cocina que sirven para cocer algo.

Cocus. *V.* Coquus.

Cŏcȳtius, a, um. *Claud.* Perteneciente al rio Cocito.

Cŏcȳtus, y Cŏcȳtos, i. *m. Hor.* Cocito, rio del infierno.

Coda, ae. *f. Varr. V.* Cauda.

Codānia, ae. *f.* Copenhague, *capital de Dinamarca*.

Codānus sinus. *Mel.* El Sund, *golfo del océano septentrional entre la parte meridional de Escandinavia y Címbrica Quersoneso*. Se toma por el mar báltico.

Codēta. Nombre de dos campos del otro lado del Tíber, en que dice Festo que habia unas plantas á manera de colas de caballos.

Codex, ĭcis. *m. Colum.* Tronco de árbol despojado de sus ramas. ∥ El libro, códice. ∥ Las tablas enceradas para escribir. ∥ *Ulp.* El código, ó coleccion de leyes. *In codicem aliquid referre. Cic.* Apuntar en su libro de memoria ó de cuenta. *Codex robustus. Plaut.* Un leño de gran peso que obligaban á traer atado consigo á los siervos que habian cometido alguna falta, en el cual comian, se sentaban y dormian hasta que los perdonaban.

Cŏdĭcārius, a, um. *Varr.* Hecho de plantas ó de troncos de árboles.

Cŏdĭcillāris. *m. f. rĕ. n. is. Lampr.* Perteneciente á los codicilos.

Cŏdĭcillus, i. *m. Cat.* Un tronco de árbol pequeño. *En plur. Plin.* Las tablas enceradas en que escribian los antiguos, que solian enviarlas en lugar de carta. ∥ *Sen.* Cualquiera género de escrito. ∥ *Tac.* El memorial. ∥ *Suet.* La patente ó nombramiento que da el príncipe de un empleo. ∥ El codicilo ó escritura con que declara uno su última voluntad, añadiendo, quitando ó declarando el testamento.

Cŏdĭcŭla, ae. *f. Apul.* La colilla. *dim. de* Cauda.

Codo, ōnis. *m. Sil.* La piel en crudo de un animal.

Cŏdōnes, um. *m. plur. Cel. Rodig.* Sonajas, cascabeles, campanillas.

† Cŏdōnŏphŏrus, i. *m. Bud.* El que lleva sonajas ó cascabeles.

Codrus, i. *m. Hor.* Codro, *el último rey de Atenas que se metió en los reales de los lacedemonios á morir por la patria*. ∥ *Juv.* Un mal poeta, y muy pobre, que habia en Roma en tiempo de Domiciano.

Coele, es. *f. Plin.* Nombre de Siria, que quiere decir cóncava. ∥ *Liv.* Celesiria, parte de Siria, *dicha así por la profundidad de su situacion, pues está entre los dos altísimos montes Líbano y Antilíbano*.

Coelebs con sus derivados. *V.* Caelebs.

Coelectus, a, um. *Bibl.* Elegido, escogido, juntamente con otro.

Coelementātus, a, um. *Tert.* Compuesto de los elementos.

Coelestis. *m. f. rĕ. n. is. Colum.* Celeste, celestial, del cielo. *Coelestis arcus. Plin.* El arco iris. — *Aqua Plin.* El agua llovediza. — *In dicendo vir. Quint.* Hombre admirable, divino en el decir. — *Aula. Ov.* La corte celestial.

Coelestes, ium. *m. plur. Cic.* Los dioses de la gentilidad. ∥ Los bienaventurados.

Coelesiria, ae. *f. Plin. V.* Caele.

Coeliăcus, a, um. *Cels.* Celiaco, perteneciente á las enfermedades del vientre inferior, como flujo celiaco, humor celiaco.

Coeliānus, a, um. *Cic.* Perteneciente á Celio, *nombre de algunos ciudadanos romanos*.

Coelĭcŏla, ae. *m. f. Cat.* y

Coelĭcŏlae, ārum. ó ium. *m. plur. Virg.* Los habitadores del cielo, los bienaventurados.

Coelĭfer, a, um. *Varr.* Que lleva el cielo, ó le sostiene, como se dice de Atlante.

Coelĭpŏtens, tis. *com. Plaut.* El poderoso en el cielo, Júpiter. ∥ Dios.

Coelĭtes, um. *ó* um. *m. plur. Cic. V.* Coelicola.

Coelĭtus. *adv. Lact.* De, ó desde el cielo.

Coelum, i. *n. Cic.* El cielo. ∥ El aire ó la region del aire. ∥ El clima. ∥ El buril. *Coelum camerae. Vitruv.* La concavidad de una bóveda. — *Capitis. Plin.* El cráneo. — *Discedit. Virg.* El cielo se abre, se descubre. — *Caliginosum. Cic.* Atmósfera nebulosa, oscura. — *Crassum. Cic.* Aire grueso. — *Tenue. Cic.* Aire sutil. — *Mutare. Hor.* Mudar de cielo ó de aires. — *Se digito attingere. Cic.* Creer tocar con un dedo en el cielo, imaginarse en el lleno de la felicidad. *Coeli vertex. Virg.* El cenit, la parte mas elevada del cielo. — *Aspiratio. Cic.* El aire que se respira. — *Gravitas. Cic.* La pesadez ó intemperie del aire. *Toto coelo errare. Macr.* Engañarse gravemente. *De ó è coelo ici, aut tangi. Virg.* Ser herido de un rayo. — *Servare. Cic.* Observar las señales del cielo para tomar los agüeros.

Coementītius, a, um. *Vitruv.* Hecho de cimiento.

Coementum, i. *V.* Cementum.

Coemētērium, ii. *n. Eccles.* El cementerio, el lugar sagrado fuera de los templos, en que se entierran los fieles.

Coemo, is, ēmi, emptum, mĕre. *a. Cic.* Comprar en compañía, ó muchas cosas juntas.

Coemptio, ōnis. *f. Cic.* Compra, el acto ó efecto de comprar. ∥ Cierta manera de matrimonio llamada *coemptio*.

Coemptiōnālis. *m. f. lĕ. n. is. Cic.* Perteneciente al contrato de compra. ∥ *Plaut.* Persona de experiencia, de quien se tomaba consejo para las compras y ventas.

Coemptus, a, um. *part. Suet.* Comprado juntamente.

Coena, ae. *f. Cic.* La cena que usaban los antiguos despues de puesto el sol, y tambien la comida de la mañana. *Coena apponitur. Ter.* Se sirve la cena. — *Prima, altera, tertia. Marc.* El primero, segundo y tercer cubierto. — *Dubia. Ter.* Comida de carne y pescado, donde no se sabe lo que se ha de escoger. — *Recta. Suet.* — *Dialis. Sen.* Convite espléndido, de ceremonia. *Coenam pater. Hor.* — *Magister. Marc.* El que da la comida ó la cena. — *Cereales. Plaut.* Convites suntuosos que se hacian en las fiestas de Ceres. — *Adhibere aliquem. Suet.* — *Ad coenam adducere. Cic.* Traer, convidar á alguno á comer ó á cenar. — *Promittere. Plaut.* Dar palabra de ir. *Coena sine sanguine. Hor.* Cena toda de yerbas y legumbres.

Coenaculāria, ae. *f. Ulp.* El alquiler de un cuarto alto de una casa. *Coenaculariam facere. Ulp.* Alquilar la vivienda alta de una casa.

Coenaculārius, ii. *m. Ulp.* El arrendador de la vivienda alta de una casa.

Coenacŭlum, i. *n. Varr.* Sala, pieza ó cuarto para cenar ó comer. Comedor, cenáculo.

Coenātĭcus, a, um. *Plaut.* Perteneciente á la cena.

Coenātio, ōnis. *f. Plin.* La sala donde se come ó se cena. ∥ El refectorio, comedor. ∥ *Bud.* Sala para convites y festines. ∥ *Suet.* El cenador de un jardin.

Coenātiuncŭla, ae. *f. Plin.* Pieza pequeña para comer.

Coenātōrium, ii. *n. Marc.* El vestido de comer ó de casa.

Coenātōrius, a, um. *Capit.* Propio para cenar.

Coenātūrio, is, ivi, ītum, ire. *a. Marc.* Tener gana de cenar ó comer.

Coenātus, a, um. *Cic.* El que ha cenado. *Coenatae noctes. Plaut.* Noches que se pasan en cenas y comilonas.

Coenĭpĕta, ae. *com. Sil.* El que se anda de mesa en mesa, el que come de mogollon, á espensas de otro.

Coenĭto, as, avi, atum, are. *a. Cic.* Comer á menudo.

Coeno, as, avi, atum, are. *a. Cic.* Comer, cenar. *Coenare alienum. Plaut.* Cenar á costa de otro. — *In odorem culinae. Plaut.* Al olor de las viandas, al humo de la cocina. — *Apparatius apud aliquem. Cic.* — *Cum aliquo. Hor.* Cenar suntuosamente en casa de alguno ó en compañía de alguno. *De sportula coenare. adag.* Buena ave el ave de tuyo. Cada carnero de su pie cuelga. *ref.*

Coenŏbiarcha, ae. *m.* El superior de las personas que viven en comunidad, como abad, prior.

Coenŏbītae, ārum. ó um. *m. plur. S. Ger.* Cenobitas, los monjes ó monjas, religiosos que profesan la vida monástica.

Coenŏbium, ii. *n. S. Ger.* Monasterio, convento, cenobio.

Coenŏmyia, ae. *f. Bibl. Dixit, et venit coenomyia et ciniphes.* Dijo, y vinieron todo género de moscas y mosquitos.

Coenŏsĭtas, ātis. *f. Fulg.* Cenagal, lugar lleno de cieno ó barro hediondo.

**Coenōsus, a, um.** *Juv.* Cenagoso, lleno de cieno ó barro.

**Coenŭla, ae.** *f. Cic. dim. de* Coena.

**Coenum, i. n.** *Cic.* El cieno, lodo, basura. ‖ *Cic.* El hombre vicioso, encenagado.

**Coeo, is, ivi, ĭtum, ire.** *n. Cic.* Ir á unirse, ó juntarse, asociarse, acompañarse, ligarse y conspirar. ‖ *Cels.* Reunirse, apretarse. ‖ *Plin.* Espesarse, cuajarse. *Coire cum aliquo, ó societatem cum aliquo, rei alicujus ó de aliqua. Cic. — In rem aliquam. Paul. Jct.* Formar compañía, liga, alianza, sociedad, union con alguno para alguna cosa. — *In aliquem locum. Cic. — In alique loco. Ter.* Juntarse en algun lugar.

**Coepi, ĭsti, it.** *pret. del verbo antiguo defect. Coepio. Cic.* Empezar, comenzar. *Coepit ruere. Cip.* Empezó á arruinarse. *Coepere urbem novam. Sil.* Empezaron á fundar una ciudad nueva. *Postquam pugnari coepit. Nep.* Despues que se empezó á pelear. *Este verbo solo se usa en el pretérito y sus derivados.*

**Coepiscŏpus, i. m.** *S. Ger.* Coepíscopo, obispo ausiliar, el obispo en compañía de otro de un mismo obispado. ‖ *Paul. Nol.* Coadjutor del obispo.

**Coeptātus, a, um.** *Tac.* Empezado, comenzado.

**Coepto, as, avi, atum, are.** *a. Cic.* Comenzar, empezar, principiar.

**Coeptum, i. n.** *Ov.* y

**Coeptus, us. m.** *Cic.* El principio, orígen, cabeza y raiz de alguna cosa, comienzo.

**Coeptus, a, um.** *part. de* Coepi. *Cic.* Empezado, comenzado.

**Coepŏlōnus, i. m.** *Plaut.* El compañero en la comida.

**Coepŭlor, ăris, ări.** *dep. Plaut.* Comer con otros. Regalarse.

**Coequĭto, as, avi, atum, are.** *a. Liv.* Ir á caballo en compañía de otros.

**Coerāre.** *Gel. ant. en lugar de* Curare.

**Coerator.** *ant. en lugar de* Curator.

**Coerceo, es, cui, cĭtum, ēre.** *a. Cic.* Refrenar, reprimir, contener, moderar, ‖ Abrazar, ceñir, circundar. ‖ Contener, incluir. ‖ Castigar. *Modico se coercere. Sen.* Moderarse, contentarse con poco.

**Coercĭtio, ōnis.** *f. Cels.* El acto de refrenar y contener. ‖ Restriccion. ‖ La facultad de contener y castigar que reside en el magistrado. ‖ El castigo ó pena. *Se halla tambien* Coerctio *en el mismo sentido.*

**Coercĭtor, ōris. m.** *Eutrop.* Contenedor, el que contiene, sujeta y modera.

**Coercĭtus, a, um.** *Tac. part. de* Coerceo.

**Coerro, as, are.** *a. Dig.* Andar paseando ó rondando en compañía de otros.

**Coerŭla, ōrum. n. plur.** *Virg.* El mar, las ondas.

**Coerŭleātus, a, um.** *Vel. Pat.* Azulado, dado de azul.

**Coerŭleus, a, um.** *Cic.* y

**Coerŭlus, a, um.** *Virg.* Cerúleo, de color azul oscuro, como son las aguas del mar, rios y estanques.

**Coesius, a, um.** *V.* Caesius.

**Coetus, us. m.** *Cic.* La union, junta, congregacion en buena y en mala parte. ‖ *Plaut.* El choque de los que pelean. ‖ El congreso. ‖ La bandada de aves. *Miscere coetus. Tac.* Hacer juntas. — *Dimittere. Cic.* Disolverlas.

**Coeus, i. m.** *Virg.* Ceo, gigante, hijo de la tierra.

**Coexercĭtātus, a, um.** *Quint.* Practicado, puesto en uso, en práctica.

**Coggygria, ae. f.** *Plin.* El melocoton, el árbol ingerto de durazno y membrillo.

**Cogĭtabĭlis. m. f. le. n. is.** *Sen.* Lo que se puede pensar.

**Cogĭtabundus, a, um.** *Gel.* Cogitabundo, el que está muy pensativo.

**Cogĭtate.** *adv. Cic.* Considerada, atentamente, con reflexion, meditacion.

**Cogĭtatim.** *adv. Fest. en lugar de* Cogitate.

**Cogĭtatio, ōnis. f.** *Cic.* Pensamiento, meditacion, atencion, consideracion, reflexion. *Cogitatione nulla homo. Cic.* Hombre de ninguna reflexion, que en nada piensa. — *Aliquid fingere. Cic.* Imaginar, figurarse alguna cosa. *Cogitationes alicujus accipere. Cat.* Ser confidente de alguno, ser secretario ó depositario de sus pensamientos ó secretos.

*Cogitationem alicui injicere de re aliqua. Cic.* Inspirar á uno el pensamiento, darle, despertarle la idea de alguna cosa.

**Cogĭtāto.** *adv. Cic. V.* Cogitate.

**Cogĭtatōrium, ii. n.** *Tert.* El receptáculo de los pensamientos.

**Cogĭtātum, i. n.** *Sen.* y

**Cogĭtātus, us. m.** *Sen.* El pensamiento, proyecto, designio ó intencion, lo que se ha pensado.

**Cogĭtātus, a, um.** *Cic.* Pensado, meditado, considerado.

**Cogĭto, as, avi, atum, are.** *a. Varr.* Agitar, revolver muchas cosas en el entendimiento, tomándose tiempo para deliberar, pensar, imaginar, concebir, meditar, reflexionar. ‖ Deliberar, resolverse, determinarse á. *Cogitare secum ó animo. Cic. — In ó cum animo. Ter.* Pensar para consigo, dentro de sí mismo. — *Rem aliquam, ó de re aliqua toto animo, ó toto pectore. Cic.* Tener puesta toda la meditacion, toda la reflexion en una cosa. — *Rus, ó in villam. Cic.* Deliberar, determinarse á ir al campo ó á la casa de campo. — *Aliqui fraudem. Hor.* Pensar en los medios de engañar á uno.

**Cognātio, ōnis.** *f. Cic.* Cognacion, parentesco de consanguinidad por la línea femenina entre los descendientes de un padre comun; y se dice de todos los animales y de las plantas. ‖ La union, semejanza, conveniencia, proporcion y conformidad de una cosa con otra. *Cognatione amplissima vir. Cic.* Hombre de una familia muy ilustre, de muy numerosa parentela. — *Aliquem attingere. Cic.* Ser pariente de alguno, tocarle algo en parentesco. *Cognatio studiorum. Cic.* Conformidad, enlace de parte de los estudios. — *Naturae. Cic.* Conformidad de genio, de inclinacion, simpatía.

**Cognātus, a, um.** *Cic.* Cognado, el pariente por consanguinidad respecto de otro, cuando ambos descienden por hembras de un padre comun, y se dice tambien de los brutos: pariente, deudo consanguíneo. ‖ Semejante, parecido, conforme. *Cognatum illud est mentibus nostris. Cic.* Esto ha nacido con nosotros, en nuestros ánimos. *Cognatae acies. Luc.* Los ejércitos de César y Pompeyo en la guerra civil, *que eran suegro y yerno.*

**Cognĭtio, ōnis.** *f. Cic.* Conocimiento, la accion y efecto de conocer, discernimiento, inteligencia, nocion, penetracion. ‖ El conocimiento de una causa que pertenece al magistrado. *Cognitionis imago. Tac.* Examen fingido. — *Dies. Cic.* Dia de la vista ó conocimiento de un proceso.

**Cognĭtiōnālis. m. f. le. n. is.** *Dig.* Perteneciente al conocimiento judicial.

**Cognĭtiōnālĭter.** *adv. Dig.* Por medio del conocimiento judicial.

**Cognĭtīvus, a, um.** *Cels.* El que conoce, cognitivo.

**Cognĭtor, ōris. m.** *Cic.* El procurador, agente de negocios. ‖ El abogado. ‖ El juez que conoce y sentencia.

**Cognĭtūra, ae.** *f. Suet.* La relacion de un pleito, el oficio de relator.

**Cognĭtus, a, um.** *part. de* Cognosco. *Cic.* Conocido, sabido, comprendido. ‖ *Ulp.* Examinado con conocimiento judicial.

**Cognōmen, ĭnis. n.** *Cic.* y

**Cognōmentum, i. n.** *Cic.* El sobrenombre, nombre inventado que se pone á alguno por su genio ó fortuna, ó por otra parte esterior, *como Cicero, sobrenombre de Marco Tulio por haber tenido uno de sus ascendientes un grano en la nariz á modo de un garbanzo.*

**Cognōmĭnātio, ōnis.** *f. Afr. V.* Cognomen.

**Cognōmĭnātus, a, um.** *Suet.* Aquel á quien se pone un sobrenombre. *Cognominata verba. Cic.* Palabras sinónimas, de una misma significacion.

**Cognōmĭnis. m. f. ne. n. is.** *Nep.* Del mismo nombre. *Cognominis illa fuit mea. Plaut.* Ella tenia el mismo nombre que yo.

**Cognōmĭno, as, avi, atum, are.** *a. Plin.* Poner sobrenombre, llamar por él.

**Cognoscens, tis. m.** *Ad Her.* El que conoce. ‖ *Inscr.* El que examina, sentencia y juzga.

**Cognoscenter.** *adv. Ter.* Con conocimiento.

**Cognosco, is, novi, nĭtum, scĕre.** *a. Cic.* Conocer,

percibir el entendimiento, penetrar, tener idea, conocimiento de alguna cosa. ‖ Oir, saber, entender. ‖ Esperimentar, Reconocer. ‖ Conocer de una causa, ser juez de ella para sentenciarla. *Cognoscere de aliqua re. Cic.* Tener ó tomar conocimiento, informar ó juzgar de alguna cosa. — *Causas alicujus. Cic.* Escusar, atender á las razones de alguno. — *Ex litteris. Cic.* Saber por cartas. — *Humanitatem alicujus. Cic.* Experimentar la honradez de alguno. — *Jus domi. Cic.* Estudiar el derecho en su casa. — *Indicio transfugae. Tac.* Saber por delacion de un desertor. — *Experiendo. Cic.* Conocer, saber por experiencia.

Cōgo, is, coēgi, actum, gere, a. *Cic.* Obligar, constreñir, forzar, violentar. ‖ Juntar, recoger, congregar. ‖ Espesar, hacer tomar ó dar cuerpo á una cosa, incorporarla. ‖ Concluir, sacar una consecuencia. *Cogere aliquem in ordinem. Plin.* Reducir á uno á la razon. — *Senatum. Cic.* Hacer juntar, convocar el senado. — *Copias. Ces.* Levantar tropas. — *In classem. Liv.* Para embarcarlas. — *Medicos. Cic.* Hacer consulta de médicos. — *Ad fiscum bona. Cic.* Confiscar los bienes. — *Agmen. Liv.* Cerrar el ejército, estar, ir en la retaguardia. *Mela cogit hyems. Virg.* El frio condensa, hiela, aprieta la miel. *Aer in nubem cogitur. Virg.* El aire se oscurece. *Ex his cogitur. Cic.* De esto, de aquí, de lo dicho se infiere, se saca, se concluye.

Cŏhăbĭtātĭo, ōnis. f. *S. Ag.* Cohabitacion, el acto de cohabitar.

Cŏhăbĭtātor, ōris. m. *S. Ger.* El que habita ó vive con otro.

Cŏhăbĭto, as, āvi, ātum, āre. a. *S. Ag.* Cohabitar, vivir con otro.

Cŏhaerārĭus, ii. m. *Cic.* El asesor ó asistente, el que ayuda con su consejo á otro en un negocio.

Cŏhaerens, tis. com. *Cic.* Coherente, unido, conforme, adaptado. *Cohaerentia inter se verba. Cic.* Palabras conformes entre sí, que no se contradicen.

Cŏhaerenter. adv. *Flor.* Continuada, unidamente. *Cohaerentius. Gel.* Mas conforme, mas convenientemente.

Cŏhaerentĭa, ae. f. *Cic.* Coherencia, conexion, relacion, union, conveniencia, conformidad, proporcion de unas cosas con otras. *Cohaerentia mortis, et vitae. Gel.* La proximidad entre la vida y la muerte.

Cŏhaereo, es, si, sum, rēre. n. *Cic.* Estar unido, tener relacion, conexion y conformidad una cosa con otra. ‖ Constar, ser compuesto. *Cohaerere inter se. Plin. men.* Estar las cosas bien unidas y conformes entre sí. — *Cum causa. Cic.* Tener conexion, union ó enlace con la causa. — *Alicui. Cic.* Estar unido con alguno. — *Alicui sanguine. Quint.* Tener conexion con otro de parentesco, de sangre.

Cŏhaeres, ēdis. m. *Cic.* Coheredero, el que es heredero juntamente con otro.

Cŏhaeresco, is, ēre. n. *Cic.* Unirse, pegarse.

Cohaesus, a, um. *Gel. V.* Cohaerens.

Cŏhĭbens, tis. com. *Hor.* El que refrena ó reprime.

Cŏhĭbentĭa, ae. f. *Cod. Teod.* La accion de cohibir, refrenar y contener.

Cŏhĭbeo, es, bui, bĭtum, ēre. a. *Cic.* Contener, abrazar dentro de sí. ‖ Detener, parar. ‖ Incluir, ceñir, rodear. ‖ Refrenar, reprimir, cohibir, prohibir. *Cohibere se. Ter.* Moderarse, contenerse. — *Aliquem carcere. Ov. In vinculis. Curc.* Tener á uno preso. — *Nodo crines. Hor.* Atar con un nudo los cabellos. — *Parietibus deos. Tac.* Tener simulacros de los dioses en casa. — *Brachium togae. Cic.* Rodear la toga al brazo. — *Manus, et oculos ab alieno. Cic.* No poner las manos ni aun los ojos en los bienes agenos.

Cŏhĭbĭlis. m. f. lě. n. is. *Gel.* Cohibilis oratio. Discurso seguido, bien unido y coherente.

Cŏhĭbĭlĭter. Adv. *Apul.* Ordenada, unidamente. ‖ Brevemente.

Cŏhĭbĭtĭo, ōnis. f. *Cic.* La accion de refrenar, reprimir y contener, cohibicion.

Cŏhĭbĭtus, a, um. *Plin. part.* de Cohibeo. Reprimido, refrenado, contenido, cohibido. *Cohibitum dicendi genus. Gel.* Modo de decir conciso.

Cŏhĭrcīnātĭo, ōnis. f. *Apul.* El ansia ó voracidad. ‖ La lascivia del macho cabrío.

Cŏhŏnestātus, a, um. part. *Arnob.* Honrado, autorizado, honrado.

Cŏhŏnesto, as, āvi, ātum, āre. a. *Cic.* Honestar, honrar, autorizar. *Cohonestare exequias alicujus. Cic.* Honrar, asistir á las exequias de alguno. — *Laude aliquem. Cic.* Honrar á alguno con alabanzas. — *Res turpes. Arnob.* Disfrazar las cosas torpes de modo que no parezcan tales.

Cŏhŏnōro, as, āvi, ātum, āre. a. *Fest.* Honrar, honestar, autorizar.

Cŏhorreo, es, ui, ēre. n. *Cic.* Ser sobrecogido de horror, temor ó miedo.

Cŏhorresco, is, rui, scēre. n. *Suet. V.* Cohorreo.

Cŏhors, ortis. f. *Varr.* El corral ó corraliza. ‖ *Hor.* Tropa de gentes ó de soldados. ‖ *Cic.* El séquito ó acompañamiento de una persona poderosa. ‖ El ejército. ‖ Cohorte romana, que componiéndose la legion de seis mil hombres, y diez cohortes, constaba cada una de estas de seiscientos, divididos en tres manípulos. ‖ *Gel.* Despues se aumentó el número de la legion, y por consiguiente de las cohortes. *Cohors praetoria. Ces.* La cohorte pretoria, que acompañaba al pretor ó al general para su custodia.

Cŏhortālis. m. f. lě. n. *Colum.* Perteneciente al corral ó corraliza. ‖ *Cod.* Propio de la cohorte militar.

Cŏhortālīnus, a, um. *Cod.* Soldado de una cohorte.

Cŏhortātĭo, ōnis. f. *Cic.* Exhortacion, el acto de inducir, amonestar, mover y escitar á uno con razones.

Cŏhortātĭuncŭla, ae. f. *S. Amb.* Breve exhortacion.

Cŏhortātus, a, um. part. *Ces.* El que ha exhortado. ‖ *Cat.* El que es exhortado.

Cŏhortĭcŭla, ae. f. *Cel. à Cic.* Cohorte pequeña, una corta compañía de soldados.

Cŏhortor, āris, ātum sum, āri. dep. *Cic.* Exhortar, animar, alentar, inducir, mover, escitar con eficacia ó con otros. Se usa con infinitivo y con las partículas *ut* y *ne* en subjuntivo.

Cŏhospes, ĭtis. com. *Paul. Nol.* El huésped en compañía de otro.

Cohum, i. n. *Fest.* La correa con que se ata el yugo de los bueyes. ‖ Entre los poetas el cielo, aunque poco usado.

Cŏhūmĭdo, as, āre. a. *Apul.* Humedecer, bañar dos cosas á un mismo tiempo.

Coiens, euntis. part. de Coeo. Que no se usa en nominativo de singular. *Ov.* Lo que se junta ó se une con otro.

Coĭlĭa, ae. f. *Vitruv.* Elevacion que forman los conductos de las fuentes en un valle.

Coimbĭbo, is, bibi, bĭtum, bibĕre. a. *Arnob.* Embeber juntamente.

Coinquĭnātĭo, ōnis. f. *Bibl.* Mancha, suciedad, porquería, el acto de manchar ó ensuciar.

Coinquĭnātus, a, um. *Colum.* Manchado, emporcado, ensuciado. part. de

Coinquĭno, as, āvi, ātum, āre. a. *Colum.* Manchar, emporcar, ensuciar. ‖ *Colum.* Infestar, corromper por contagio. *Coinquinare se scelere. Val. Max.* Mancharse, disfamarse con alguna maldad.

Coĭtĭo, ōnis. f. *Cic.* El acto de juntarse, la union, asociacion, compañía, liga, conspiracion. ‖ *Ter.* El coloquio ó conversacion. ‖ *Arnob.* El coito.

Coĭtus, us. m. *Cels.* La union de una cosa con otra. ‖ El coito venéreo. *Coitus lunae. Plin.* La conjuncion de la luna con el sol. La luna nueva.

Coĭtus, a, um. part. de Coeo. *Ulp.* Unido, junto, asociado, confederado.

Cŏlăphĭzo, as, āre. a. *Tert.* Dar de puñadas.

Cŏlăphus, i. m. *Ter.* La puñada, el golpe que se da con el puño cerrado, puñete. *Colaphum alicui. ducere. Quint. — Incutere. Juv. — Infligere. Quint. — Infringere. Ter. — Abstrudere. Plaut.* Dar á uno una puñada.

Cōlātūra, ae. f. *Cel. Aur.* La coladura, lo que queda en el colador, cedazo ó manga.

Cōlātus, a, um. part. *Plin.* Colado, pasado por manga, cedazo ó paño.

Cŏlax, ācis. m. *Ter.* El adulador.

Colchi, ōrum. m. plur. *Hor.* Colcos, los naturales ó habitadores de la Cólquide.

Colchĭăcus, a, um. *V.* Colchicus.

Colchĭcum, i. n. *Plin.* Yerba venenosa, como la cicuta.

Colchĭcus, a, um. *Hor.* Lo que es de la Cólquide.

Colchis, ĭdis. f. *Val. Flac.* La Cólquide, *pais de Asia, hoy Mengrelia.* ‖ *Hor.* Nombre gentil, en especial de Medea entre los poetas.

Colchus, a, um. *Hor.* V. Colchicus.

Coleātus, a, um. *Prop.* Cojudo, que tiene testículos. *Coleatus equuleus. Prop.* Caballo entero, no castrado.

Colendus, a, um. *Cic.* Venerable, respetable, reverendo.

Cŏlens, tis. com. *Cic.* El que honra, reverencia, respeta.

Cōles, is. m. *Cels.* V. Mentula.

Coleus, i. m. *Cic.* El testículo ó genital.

Colias, ae. m. *Plin.* Un pez especie de lagarto.

Cŏlĭca, ae. f. y

Cŏlĭce, es. f. *Cels.* El medicamento para los dolores cólicos.

Cŏlĭcŭlus, i. m. *Colum.* El tallo ó tronco pequeño de una planta.

Cŏlĭcus, a, um. *Plin.* El que padece dolor cólico. ‖ Cólico ó dolor cólico. *Colicum medicamentum. Cels.* Medicamento para el cólico.

Coligo, ĭgĭnis. f. *Arnob.* La casa que se habita.

Cŏlĭphium, ii. n. *Juv.* El pan ó el mantenimiento de los atletas, *que unos dicen era una torta de higos secos, otros unas tortas de carnes de puerco y vaca, y otros unos panes ácimos mezclados con queso fresco.*

Cōlis, is. m. *Cat.* El tallo, troncho ó vara de una planta. ‖ *Colum.* La rama ó vara tierna á manera de pámpano. ‖ El miembro viril. Se escribe tambien *Coles.*

* Colla, ae. f. *Sipon.* La cola para pegar. ‖ El pedazo de cuero que se cuece para hacer la cola.

Collăbasco, is, ĕre. n. *Lucr.* Empezar á caer, amenazar ruina. *Amici collabascunt. Plaut.* Los amigos caen de ánimo, desmayan, no tienen firmeza ni constancia.

Collăbĕfactātus, a, um. *Lucr.* Deshecho, destruido.

Collăbĕfacio, ās, ăvi, ătum, ăre. a. *Ov.* Deshacer, destruir, hacer caer, echar por tierra, derribar.

Collăbĕfactus, a, um. *Lucr.* part. de

Collăbĕfio, is, factus sum, fĭĕri. n. *Cels.* Destruirse, arruinarse, deshacerse, derribarse.

Collabello, ās, āre. a. *Laber.* Juntar labios con labios, besar.

Collăbesco, is, ĕre. n. *Lucr.* V. Collabasco.

Collabor, ĕris, lapsus sum, bi. *dep. Tac.* Caer, arruinarse juntamente. *Collabi dolore. Ov.* Desmayar, desfallecer de dolor, de sentimiento. — *Saxo. Plaut.* Dejarse caer sobre un peñasco.

Collăbōro, ās, āvi, ātum, āre. n. *Tert.* Trabajar, tener, estar en trabajo y peligro juntamente.

Collăbus, i. m. *Cels.* La clavija de un instrumento músico de cuerdas.

Collăcĕrātus, a, um. *Tac.* part. de

Collăcĕro, ās, ăvi, ătum, āre. a. *Tac.* Despedazar con ó juntamente.

Collacrymātio, ōnis. f. *Cic.* El llanto de muchos.

Collacrymo, ās, āvi, ātum, āre. a. *Cic.* Llorar, derramar lágrimas ó llanto con otros.

Collacrymor, āris, ātus sum, āri. *dep. Cic.* V. Collacrimo.

Collactāneus, a, um. *Dig.* y

Collacteus, a, um. *Marc. Cap.* y

Collactius, a, um. *Inscr.* Hermano de leche.

Collaetor, āris, ātus sum, āri. *dep. Tert.* Alegrarse juntamente.

Collaevo, y Conlēvo, ās, āvi, ātum, āre. a. *Plin.* Aliviar, suavizar.

Collapsio, ōnis. f. *Jul. Firm.* La caida ó ruina.

Collapsus, a, um. *part. de* Collabor. *Liv.* Caido, arruinado, derribado. *Collapsa membra. Virg.* Miembros desmayados, desfallecidos, pasmados. *Ira in se ipsa collapsa. Val. Max.* Ira apaciguada.

Collare, is. n. *Lucil.* El collar ó argolla para aprisionar. ‖ *Varr.* Las carlancas de los perros.

Collaria, ae. f. *Plaut.* El collar ó argolla para aprisionar.

Collāris. m. f. rĕ. n. is. *Petr.* Perteneciente al cuello.

Collātātus, a, um. *Cic.* Dilatado, ampliado.

Collātensis. m. f. lĕ. n. is. y

Collatĕrālis. m. f. lĕ. n. is. Colateral, que está á los lados, que no viene por linea recta.

Collatĕro, ās, āvi, ātum, āre. a. *Capel.* Estar al lado.

Collātia, ae. f. *Fest.* Colacia, ciudad arruinada del Lacio.

Collātīni, ōrum. *Liv.* Los naturales ó habitantes de Colacia. *Collatinus.* Lucio Tarquinio Colatino, *primer cónsul de Roma con L. Junio Bruto.*

Collātīnus, a, um. *Virg.* Perteneciente á la ciudad de Colacia. *Collatina porta. Fest.* Una de las puertas de Roma. *Collatina Dea. S. Ag.* La diosa Colatina que presidia á los collados.

Collatio, ōnis. f. *Liv.* La contribucion, tributo, subsidio que se impone. ‖ *Cic.* La comparacion, cotejo ó paralelo. ‖ *S. Ag.* La disputa ó conferencia. *Collatio signorum. Cic.* El choque ó reencuentro, de los ejércitos. — *Instrumentorum Cod.* Confrontacion, cotejo de un escrito, de un instrumento ó de una pieza con su original.

Collātītius, a, um. *Quint.* Hecho de la contribucion de muchos. *Collatitia instrumenta. Sen.* Muebles prestados de muchos.

Collatīvum, i. n. *Cod. Teod.* V. Collatio.

Collatīvus, a, um. *Plaut.* Lo que se hace por cierta contribucion de muchos. *Collativus venter. Plaut.* Vientre donde se sepulta gran cantidad de comida. *Collativa coena. Plaut.* Cena á escote.

Collātor, ōris. m. *Plaut.* El que contribuye, que escota ó paga su parte. ‖ *Cod.* El que paga su tributo. ‖ *S. Ag.* El que coteja ó confronta una cosa con otra.

Collātro, ās, ăvi, ātum, āre. a. *Sen.* Ladrar al rededor, juntamente. ‖ Atronar, aturdir los oidos con palabras injuriosas.

Collātus, us. m. *Hirt.* El choque ó reencuentro de los soldados. ‖ La conferencia ó disputa. ‖ Comparacion, paralelo. ‖ Repartimiento, imposicion de tributos.

Collātus, a, um. *part. de* Confero. Contribuido, dado por muchos para algun fin. ‖ Comparado, confrontado, cotejado. ‖ Opuesto para chocar y combatir. ‖ Unido, junto. *Collata vota in unius salutem. Plin. men.* Votos, súplicas unidas por la salud de uno solo. — *Pecunia ad alicujus honores. Cic.* Dinero contribuido, repartido para honra de alguno. *Collatis viribus. Plin. men.* Juntas, unidas las fuerzas. *Collatus cum Democrito Cleantes. Cic.* Cleantes comparado con Demócrito. *Collato pede. Liv. Collatis signis. Collato Marte.* — *Collata dextera pugnare.* Combatir mano á mano, batirse de cerca, estar en la refriega, en el trance de la batalla.

Collaudābilis. m. f. lĕ. n. is, *Prud.* Laudable.

Collaudātio, ōnis. f. *Cic.* Alabanza, elogio, panegírico.

Collaudātor, ōris. m. *S. Ag.* El que alaba.

Collaudātus, a, um. *Ces.* part. de

Collaudo, ās, ăvi, ātum, āre. a. *Cic.* Alabar mucho, ó con otro.

Collaxo, ās, āre. a. *Lucr.* Alargar, soltar.

Collecta, ae. f. *Cic.* El escote, contribucion de muchos para un convite. ‖ *S. Ger.* Colecta, la junta ó congregacion de los fieles en la iglesia para orar.

Collectācŭlum, in. *Insc.* El lugar donde alguna cosa se recoge, receptáculo.

Collectānea, ōrum. i. m. plur. *Gel.* Colectánea. ó coleccion de varios escritos.

Collectāneus, a, um. *Plin.* Recogido de muchas partes.

Collectārius, ii. *Cod.* El que recoge dinero, y por un tanto le trueca. ‖ El cobrador.

Collectim. *adv. Claud. Mam.* En breve, en suma, en pocas palabras.

Collectio, ōnis. f. *Cic.* Coleccion, conjunto de varias cosas por lo comun de una misma clase. ‖ *Sen.* Argumento, por el que supuestas unas cosas se concluyen otras, induccion, silogismo, conclusion. *Collectio spiritus. Petron.* La accion de contener el aliento, la respiracion. — *Humorum. Plin.* Concurso de los humores, postema.

Collectītius, a, um. *Cic.* Colectizio, recogido de diversos parages. *Collectitius exercitus. Cic.* Ejército de gente nueva sin disciplina, recogida apresuradamente.

Collectīvus, a, um. *Sen.* Colectivo, lo que tiene virtud

de recoger. ‖ Fácil de recoger, ó lo que se ha recogido de diversas partes. *Collectiva quaestio. Quint.* Cuestion de donde pueden sacarse consecuencias. *Scripta. Sen.* Colecciones, piezas que merecen recogerse en un cuerpo ó en un libro. *Collectivus humor. Sen.* Humor que se recoge de diversas partes.

Collector, ōris. m. *S. Ag.* El que lee á un mismo tiempo ó revuelve con otros los autores. ‖ Cobrador de tributos.

Collectrix, ĭcis. f. *Plaut.* La que recoge el escote.

Collectum, i. n. *Plin.* Lo que se recoge ó se junta.

Collectus, us. m. *Lucr.* La recoleccion ó cosecha.

Collectus, a, um. *part. Cic.* Recogido, junto. ‖ Breve, compendiado. *Collecto animo. Tac.* Habiendo recogido sus fuerzas, sus espíritus. *Collecto vivere Plin.* Vivir de lo que se ha recogido ó prevenido.

Collēga, ae. m. *Cic.* Colega, compañero en algun colegio, empleo ó comunidad. ‖ Consiervo. ‖ Compañero.

Collēgātārius, ii. m. *Dig.* Aquel á quien se ha legado con otro, legatario junto con otro.

Collēgiālis. m. f. lĕ. n. is. y

Collēgiārius, a, um. *Tert.* Perteneciente al colegio ó gremio.

Collēgiātus, a, um. *Cod.* Colegial, el que tiene plaza en algun colegio.

Collēgium, ii. n. *Cic.* Colegio, cuerpo, gremio de una misma profesion, de un mismo empleo, ó que se junta en un mismo lugar.

Collēma, ătis. n. *Marc. Cap.* La soldadura.

Colleprōsus, a, um. *Siden.* El leproso con otro.

Collēticus, a, um. *Veg.* Lo que tiene virtud de unir y juntar una cosa con otra.

Collēvi. *pret. de* Collino.

Collēvo, ās, āvi, ātum, āre. a. *Plin.* Aliviar, consolar, ayudar con ó juntamente.

Colliānus, i. m. *V.* Publicanus.

Collīberta, ae. f. *Inscr.* y

Collībertus, i. m. *Plaut.* Liberto, ta con otro, de un mismo dueño.

Collībet, uit, ĭtum, ēre. *impers. Cic.* Ser agradable. (*Este verbo no se usa sino en las terceras personas.*) *Collibuit ó collibitum est mihi facere. Cic.* He querido, me ha dado el gusto ó la gana, se me ha puesto en la cabeza, me ha parecido hacer esto.

Collĭciae, ārum. f. *plur. Plin.* Regueras, canales ó tageas que se hacen en las tierras para dar corriente á las aguas. ‖ *Vitruv.* Las tejas ó canales para recoger y despedir las aguas.

Collĭciārĭus. m. f. rĕ. n. is. *Cat.* Perteneciente á los canales ó regueras.

Collĭculus, li. m. *Apul.* La colina ó collado pequeño.

Collīdo, is, līsi, līsum, dĕre. a. *Cic.* Colidir, ludir ó rozar una cosa con otra, frotar, fregar, estregar. ‖ Chocar, herirse, darse, tropezarse una cosa con otra. *Collidere manus. Quint.* Dar palmadas, batir las manos en señal de aplauso. *Collidit fratres gloria. Estac.* La ambicion, el deseo de gloria hace que riñan entre sí los hermanos. *Si collidantur binae consonantes. Quint.* Si se juntan, si se concurren con aspereza dos consonantes. *Duae colliduntur leges. Quint.* Se contradicen, pugnan entre sí dos leyes.

Colligāte. *adv. S. Ag.* Unida, estrechamente.

Colligātio, ōnis. f. *Cic.* Coligacion, union, enlace, conexion, vínculo. ‖ Conexion, simetría.

Colligātus, a, um. Coligado, unido, junto con.

Collĭgo, ās, āvi, ātum, āre. a. *Cic.* Unir, juntar, atar una cosa con otra. *Colligare vulnus. Plin.* Vendar, atar, ligar una llaga. *Se cum aliis. Cic.* Coligarse, confederarse con otros. *Aliquid in fasciculos.* Atar, dividir, repartir alguna cosa en, por paquetes. *Impetum alicujus. Plin.* Contener, detener, refrenar, reprimir el ímpetu, la impetuosidad, los movimientos violentos de alguno. *Aliquid libro. Cic.* Unir, juntar, comprender, abrazar, recoger alguna cosa en un libro.

Collĭgo, is, lēgi, lectum gĕre. a. *Cic.* Recoger, juntar, unir, congregar muchas cosas, ó de muchas partes. ‖ Colegir, concluir, inferir. ‖ Adquirir, preparar, ganar. *Colligere se. Cic.* Recogerse, entrar en sí mismo. *Animos.*

*Liv.* Tomar corage, cobrar ánimo. *Se ex timore. Ces.* Recobrarse, volver del miedo, del temor. *Se in moenia. Sil. Ital.* Retirarse, recogerse, refugiarse, ampararse dentro de las murallas. *Testes. Cic.* Juntar testigos. *Facete dicta. Cic.* Hacer una coleccion, recoger chistes, palabras graciosas. *Vestem. Cic.* Recoger, regazarse la ropa. *Rationes. Plaut.* Amontonar razones. *Ex aliqua re. Cic.* Colegir, concluir, inferir de alguna cosa. *Vitia multa in aliquem. Cic.* Descubrir, hacer presentes muchos defectos de una persona. *Memoriam antiquitatis. Cic.* Repasar la memoria de los tiempos antiguos. *Se ex somno. Lucr.* Despertar. *Invidiam. Cic.* Acarrearse aborrecimiento. *Benevolentiam. Cic.* Conciliarse, ganarse la benevolencia, el amor. *Vasa. Ces.* Recoger su equipage, disponer la marcha. *Usum patiendi. Ov.* Hacerse, acostumbrarse á los trabajos, á padecer, á sufrir. *Omnium laudes ex aliqua re. Cic.* Merecer, disfrutar, gozar de las alabanzas de todo el mundo, del público por alguna cosa. *Iram. Hor.* Montar en cólera. *Ante animo aliquid. Cic.* Prevenir, prever, congeturar, sospechar algo de antemano. *Stipem. Liv.* Pedir, recoger limosna. *Milites. Cic.* Hacer levas de gente, levantar tropas. *Capillos in nodum. Ov.* Recoger, atar el cabello. *Gradum. Sil. Ital.* Detener el paso, pararse. *Annos. Plin.* Contar los años. *Causas. Plaut.* Buscar, alegar escusas. *Sexaginta pedes orbe. Plin.* Coger, tener sesenta pies de circunferencia. *Vires ad agendum. Liv.* Recoger todas sus fuerzas para hacer. *Se ad aciem. Hirc.* Juntarse al grueso del ejército. *Se. Virg.* Estrecharse, apretarse. *Ventos omnes rumorum. Cic.* Dar oidos á todos los rumores, á todo cuanto se dice.

Collīmātus, a, um. *part. Apul.* Mirado, apuntado, aquello hácia donde se ha puesto la mira.

Collīmĭnium, ii. n. *Sol.* Los limites, confines ó fronteras de un pais.

Collīmĭtāneus, a, um. *Sol.* Confinante, rayano, fronterizo, vecino.

Collīmĭtātus, a, um. *Sol.* Limitado, alindado, amojonado con.

Collīmĭtium, ii. n. *Sol. V.* Colliminium.

Collīmĭto, ās, āvi, ātum, āre. a. *Am.* y

Collīmĭtor, āris, ātus sum, āri. *dep. Sol.* Limitar, alindar, amojonar uno con otro.

Collĭmo, ās. *V.* Collineo.

Collīneātus, a, um. *Apul.* Dirigido derechamente.

Collīneo, ās, āvi, ātum, āre. a. *Cic.* Mirar, poner la mira recta, dar en el blanco.

Collīneātus, a, um. *Marc. Cap. en lugar de* Collineatus.

Collīnio, is, īvi, ītum, īre. *V.* Collino.

Collīnītus, a, um. *Colum.* Untado, frotado, engrasado, embetunado con ó de. *Collinitus melle. Colum.* Untado ó con miel.

Collĭno, is, līvi, lini, y lēvi, lītum, nĕre. a. *Hor.* Untar, frotar, engrasar de ó con. *Collinere crines pulvere. Hor.* Manchar, emporcar los cabellos con el polvo.

Collīnus, a, um. *Colum.* Perteneciente al collado.

Colliphium, ii. n. *Plaut. V.* Coliphium.

Collĭquātio, ōnis. f. *Art.* Colicuacion, la accion ó efecto de colicuar ó colicuarse.

Collĭquĕfăcio, is, fēci, factum, cĕre. a. *Cic.* Derretir, deslear, hacer líquida una cosa, colicuar, coliquecer.

Collĭquĕfactus, a, um. *part. Cic.* Derretido, desleido, liquidado, colicuado.

Collĭqueo, ēs, cui, ēre. n. y

Collĭquesco, is, cui, scĕre. n. *Colum.* Derretirse, desleirse, hacerse líquido, resolverse, desatarse con.

Collĭquiae, ārum. f. *plur. V.* Colliciae.

Collis, is. m. *Cic.* La colina, collado ó altura de tierra que no llega á ser montaña.

Collisi. *pret. de* Collido.

Collīsio, ōnis. f. *Just.* y

Collīsus, us. m. *Plin.* El acto de ludir ó rozar una cosa con otra, el choque, encuentro, friccion, colision.

Collīsus, a, um. *part. de* Collido. *Sil. Ital.* Rozado uno con otro, sacudido, herido, dado por casualidad uno con, contra otro.

**Collĭtus, a, um.** *Plaut.* Untado. ‖ Emporcado, manchado con.

**Collŏcātio, ōnis. f.** *Cic.* Colocacion, el acto ó efecto de colocar, posicion, situacion, asiento, disposicion. ‖ Empleo ó destino. *Collocatio filiae. Cic.* Acto ó efecto de poner en estado á una hija, colocacion, casamiento.

**Collŏcātus, a, um.** *Cic.* Colocado, puesto, establecido.

**Collŏco, as, avi, atum, are. a.** *Cic.* Colocar, poner, disponer, ordenar, establecer, situar. *Collocare in bono lumine tabellam. Cic.* Poner una pintura en toda su claridad. — *Praesidium in loco. Ces.* Poner, establecer, apostar una guarnicion en un lugar. — *Castra. Ces.* Sentar su real, su campo, acampar. — *Spem in alique. Cic.* Fundar, poner, colocar su esperanza en alguno. — *Insidias alicui. Ces.* Poner, armar asechanzas, emboscadas á alguno. — *Pecuniam nominibus. — Cic. In nomina. Ulp.* Poner el dinero á ganancia, darle á interes. — *Pecuniam in capita. Liv.* Imponer una contribucion, establecer un impuesto por cabezas. — *In tuto. Cic.* Poner en seguridad. — *Se in studio. Cic.* Aplicarse, darse á las letras, al estudio. — *Male horas. Marc.* Emplear mal las horas, el tiempo. — *Beneficium apud aliquem. Cic.* Hacer favor, beneficio á alguno. — *Dotem in fundo alique. Cic.* Establecer una dote sobre algun fondo, hipotecar cierto fondo para una dote. — *Filiam suam. Catul. — In matrimonium. Cic. — Nuptui. Colum. Nuptum. Ces. Alicui. Ter.* Casar una hija, colocarla, ponerla en estado, darla en matrimonio á alguno. — *Sedem suam Romae. Cic.* Establecer su domicilio en Roma. — *Aliquem ad interficiendum. Cic.* Apostar á uno para un asesinato. — *Se in arborem. Plaut.* Retirarse, refugiarse, ponerse bajo de un árbol. — *Patrimonium in salutem reipublicae. Cic.* Emplear su patrimonio en servicio del estado.

**Collŏcŭplēto, as, avi, atum, are. a.** *Ter.* Enriquecer, hacer á uno rico. ‖ *Ad Her.* Hermosear, adornar, componer.

**Collŏcūtio, ōnis. f.** *Cic.* Coloquio, conferencia, conversacion, plática, ó el acto de tenerla.

**Collŏcūtor, ōris. m.** *Tert.* El que habla con otro.

**Colloquium, ii. n.** *Cic.* Coloquio, avocamiento, plática, conferencia. *Colloquia amicorum absentium. Cic.* El comercio con los amigos por cartas.

**Collŏquior, quĕris, cūtus, sum, qui. dep.** *Cic.* Hablar, razonar, conferenciar, conversar, platicar con alguno. *Colloqui alicui, aliquem. Plaut. — Cum alique. Cic.* Entretenerse en pláticas con alguno. — *Inter se. Ces.* Hablar, tratar, discurrir juntamente, de acuerdo con otro.

**Collŭbet. V. Collibet.**

**Collŭcātio, ōnis. f.** *Varr.* La corta ó poda de las viñas ó de los árboles.

**Collūceo, es, xi, ēre. n.** *Cic.* Resplandecer, relucir, brillar mucho. *Collucent omnia luminibus. Liv.* Todo está iluminado, resplandeciente, brillante. *Agri floribus. Ov.* Estan hermosos los campos, brillantes con las flores.

**Collūco, as, avi, atum, are. a.** *Colum.* Podar, mondar, limpiar, quitar, cortar las ramas superfluas, dar luz á un bosque, á un monte, ponerle claro, abierto.

**Colluctātio, ōnis. f.** *Colum.* Lucha, combate, resistencia, debate, disputa, diferencia, pelea con alguno.

**Colluctātor, ōris. m.** *Lact.* Luchador con otro.

**Colluctor, āris, ātus sum, āri. dep.** *Plin.* Luchar, disputar, debatir con otro.

**Collūdium, ii. n.** *Sol.* El juego ó diversion con otro. ‖ *Am.* El engaño, fraude ó colusion.

**Collūdo, is, lūsi, lūsum, dĕre. a.** *Virg.* Jugar, divertirse, regocijarse con otro. ‖ *Cic.* Entenderse, estar de inteligencia, usar de colusion para engañarse uno á otro.

**Collugeo, es, xi, ctum, gēre. n.** *Cel. Aur.* Llorar con otro.

**Collum, i. n.** *Cic.* El cuello, la parte del cuerpo que sustenta la cabeza. *Colla eripere jugo. Hor.* Libertarse, sacudir el yugo, salir ó sacar de la esclavitud. — *Montis. Estac.* La pendiente de una montaña. *Invadere alicui in collum. Cic.* Echarle á uno los brazos al cuello. — *Aliquem tollere. Plaut.* Cargar con uno acuestas. *Dare collum. Prop.* Ceder, darse por vencido. *Collum lagenae. Fedr.* El cuello de una vasija ó redoma.

**Collūmĭno, as, avi, atum, are. a.** *Apul.* Iluminar con 6 juntamente.

**Colluo, is, lui, lūtum, ĕre. a.** *Plin.* Lavar juntamente.

**Collurcĭnātio, ōnis. f.** *Apul.* El ansia ó voracidad. ‖ La lascivia.

**Collūsi,** pret. de Colludo.

**Collūsio, ōnis. f.** *Cic.* y

**Collūsium, ii. n.** *Ulp.* Colusion, convenio ó contrato fraudulento y secreto hecho entre dos ó mas personas.

**Collūsor, ōris. m.** *Cic.* El que juega, se divierte con otro. ‖ *Cod.* El que trata colusiones en los juicios. *Collusor puerorum. Plin.* El que juega, enreda con los niños.

**Collūsōrie. adv.** *Ulp.* Por colusion, con inteligencia para engañar.

**Collustrātus, a, um.** *Cic.* Brillante, claro, vivo, que tiene lustre. part.

**Collustro, as, avi, atum, are. a.** *Cic.* Ilustrar, iluminar, dar lustre, claridad. ‖ Mirar á todas partes. *Collustrare vias. Ov.* Limpiar las calles.

**Collūtio, ōnis. f.** *Escrib. Larg.* Lavadura, la accion ó efecto de lavar.

**Collŭtŭlātio, ōnis. f.** *Plaut.* La accion de embarrar.

**Collŭtŭlo, as, avi, atum, are. a.** *Plaut.* Embarrar, ensuciar, manchar con barro. ‖ Deshonrar, disfamar.

**Collūtus, a, um.** part. de Colluo.

**Collūvĭālis. V. Colluviaris.**

**Collūviāria, ōrum. n. plur.** *Suet.* Las cloacas, canales, conductos ó alcantarillas por donde van las inmundicias. ‖ *Vitruv.* El respiradero para que entre ó salga el aire.

**Collūviāris. m. f. rĕ. n. is.** *Fest.* Perteneciente al albañal, cloaca ó alcantarilla. *Colluviaris porcus. Fest.* El cerdo que se revuelca en un lodazal, que se alimenta de la inmundicia.

**Collūvies, ēi. f.** *Colum.* El lodazal adonde se juntan las inmundicias. ‖ La confusion ó turbulencia. *Colluvies nationum. Tac.* La hediondez, la podre de las naciones, avenida de gente baja y despreciable. — *Sceleratorum. Cic.* Tropa, gavilla de pícaros, de gente mala, perdida.

**Collūvio, ōnis. f.** *Liv.* La confusion y mezcla de muchas cosas ó gentes. ‖ El desórden, turbulencia.

**Collybiscus, i. m.** *Plaut.* dim. de

**Collybista, ae. m.** y

**Collybistes, ae. m.** *S. Ger.* El cambista, el que daba dinero entre los judíos, recibiendo por la usura no dinero, sino garbanzos tostados, uvas, pasas, peras, y otras cosas á este modo. ‖ El que lleva dinero por el cambio ó giro se llama *Nummularius*, y este es propiamente el cambista ó cambiante.

**Collybistĭcus, a, um.** Lo perteneciente al cambio.

**Collybus, i. m.** *Cic.* El cambio de moneda por dinero ú otra especie. ‖ El interes que lleva el cambista por el cambio ó giro.

**Collyra, ae. f.** *Plaut.* Especie de masa frita ó cocida en figura redonda.

**Collyricus, a, um.** *Plaut.* Perteneciente á este género de masa ó pan. *Collyricum jus. Plaut.* El caldo ó salsa con que se cocian ó freian este género de masas.

**Collyris, idis. f.** *S. Ag.* dim. de Collyra. ‖ *Tert.* Especie de adorno que usaban las mugeres en la cabeza de la figura de esta masa ó pan.

**Collyrium, ii. n.** *Cels.* Medicamento de cosas sólidas, de figura redonda, á manera de clavo de hilas para introducir en las llagas ó fístolas, hecho á manera de cola de raton cortada, que es lo que significa la palabra en griego. ‖ *Hor.* El colirio que sirve para curar ó corregir la fluxion de ojos. ‖ *Colum.* La cerilla ó algalia que se introduce para que salga la orina.

**Cōlo, as, avi, atum, are. a.** *Colum.* Colar, pasar algun licor por manga, cedazo ó paño. *Colare amnes. Man.* Pescar con red. *Calicem colare. adag.* Colar el mosquito y tragar el camello. ref.

**Cŏlo, is, lui, ultum, lĕre. a.** *Cic.* Trabajar, cultivar. ‖ Amar, estimar, querer. ‖ Honrar, respetar, reverenciar, adorar. ‖ Habitar, vivir, residir, morar. *Colere Deum. Cic.* Adorar á Dios. — *Agrum. Cic.* Cultivar una tierra. — *Locum. Cic.* Fijar su morada ó residencia en algun lugar. —

**Fest. Ov.** Solemnizar, celebrar las fiestas. — *Donis aliquem. Liv.* Cultivar á uno, hacerle la corte con regalos. — *Vitam veterum. Virg.* Seguir la manera de vivir de los antiguos, vivir como ellos. — *Se Plaut.* Cuidar de su persona. — *Quaestum. Plaut.* Mirar por sus intereses. — *Inter se. Cic.* Amarse mutuamente. — *Studia. Cic.* Darse á los estudios.

**Cŏlŏbĭcus, a, um.** *Jul. Firm.* El que tiene algun miembro truncado ó pasmado.

**Cŏlŏbium, ii. n.** *Serv.* y

**Cŏlŏbus, i. m.** *Cod.* Camisa sin mangas, de que usaban los romanos antiguos.

**Cŏlŏcāsia, ae. f.** *Plin.* y

**Cŏlŏcāsium, ii. n.** *Virg.* Colocasia, *planta llamada por otro nombre haba de Egipto.*

**Cŏlŏcyntĭdae, arum. f. plur.** *Bibl.* y

**Cŏlŏcynthis, ĭdis. f.** *Plin.* La coloquíntida, *planta que produce un fruto muy amargo y medicinal.*

**Cŏlon, y Colum, i. n.** *Cic.* El intestino colon, que empieza donde acaba el intestino ciego, y finaliza en el recto. El dolor de este se llama cólico. ∥ El miembro del período.

**Cŏlōna, ae. f.** *Ov.* La paisana ó labradora, lugareña.

**Cŏlōnārius, a, um.** *Sid.* pertenecientes á los labradores.

**Cŏlōnātus, us. m.** *Cod. Teod.* El estado ó condicion del labrador.

**Cŏlŏnēus, a, um.** *Cic.* Edipo coloneo, *titulo de una tragedia de Sófocles.*

**Cŏlōnia, ae. f.** *Cic.* Colonia, porcion de gente que se envia de orden del estado á establecerse en otro pais. ∥ *Colum.* Cualquiera tierra de labranza. ∥ El mismo pais poblado por los estrangeros.

**Cŏlōnia Agrippina, ae. f.** *Cic.* Colonia, ciudad, arzobispado y electorado sobre el Rin.

**Cŏlōnia Allobrogum, ae. f.** Ginebra, *ciudad sobre el Rona.*

**Cŏlōnia Brandeburgica, ae. f.** Coln, *ciudad de Alemania.*

**Cŏlōnia Trinobantum, ae. f.** Colchester, *ciudad de Inglaterra.*

**Cŏlōnia Victricensis, ae. f.** Maldon, *ciudad de Inglaterra.*

**Cŏlōnĭcus, a, um.** *Ces.* De ó perteneciente á la colonia. ∥ *Varr.* De la labor ó la labranza. *Colonicae leges, Varr.* Costumbres, usos de los labradores. — *Cohortes. Ces.* Tropas sacadas de las colonias.

**Cŏlōnus, i. m.** *Cic.* Colono, el que habita en alguna colonia. ∥ El labrador que cultiva una heredad y vive en ella. *Colonos deducere. Cic.* Establecer una colonia. *Colonus urbanus. Colum.* El que cultiva un campo con sus criados, y no por sí.

**Cŏlōnus, a, um.** *Cic.* Propio para cultivarse. *Colonus ager. Cic.* Campo que se da á un arrendador, á uno que le cultive.

**Cŏlŏphon, ōnis. f.** *Cic.* Altabosco ó Belvedere, *ciudad de la Jonia entre Esmirna y Efeso.* ∥ *Fest.* El fin ó perfeccion de una obra.

**Cŏlŏphōnia, ae. f.** *Plin.* La colofonia, resina cocida, compuesta de varias gomas y resinas.

**Cŏlŏphōniăcus, a, um.** *Virg.* y

**Cŏlŏphōnius, a, um.** *Plin.* Perteneciente ó natural de Altabosco.

**Cŏlŏphōnii, ŏrum.** *Cic.* Los naturales de esta ciudad.

**Cŏlor, ó Cŏlos, ōris. m.** *Cic.* El color. ∥ Pretesto, motivo, razon aparente. ∥ Adorno, hermosura. *Color vitae. Hor.* La condicion ó estado de vida. — *Civitatis. Cic.* La hermosura de una ciudad, la situacion, el estado de sus intereses. — *Dicendi. Quint.* Pretesto para hablar. *Nullius coloris homo. Plaut.* Hombre del todo desconocido.

**Cŏlŏrātē. adv.** *Quint.* Socolor, con pretesto.

**Cŏlŏrātor, ōris. m.** *Salm.* El que da de color, el pintor.

**Cŏlŏrātus, a, um.** *Cic.* Colorado, dado, teñido de algun color, colorido. ∥ *Ov.* Tostado, rojo del sol. ∥ Adornado, hermoseado. ∥ Coloreado, pretestado, fingido. *Colorati indi. Virg.* Los indios tostados del sol ó que tienen pintado el cuerpo. *Colorata oratio urbanitate. Cic.* Oracion con cierto aire ó colorido de urbanidad. *Qui coloratior factus est. Cels.* El que está mas colorado, mas encendido, mas sano de color.

**Cŏlōreus, y Cŏlōrius, a, um.** *Dig.* De varios colores.

**Cŏlŏrĭfĭcus, a, um.** *Virg.* El que colora ó da color.

**Cŏlōro, ās, āvi, ātum. a.** *Cic.* Colorar, colorir, dar de color, teñir. ∥ Tostar, poner moreno. ∥ Disfrazar, pretestar, fingir, buscar escusas, colorear. *Colorare liberalitatem debiti nomine. Val. Max.* Cubrir, colorear la liberalidad con nombre de deuda.

**Cŏlossēus, a, um.** *Plin. V.* Colossicus.

**Cŏlossĭcŏtĕra opera.** *Vitruv.* Obras colosales, de una grandeza estraordinaria.

**Cŏlossĭcus, a, um.** *Plin.* Colosal. *Dícese de la figura que escede mucho la estatura del natural.*

**Cŏlossĭmus color.** *Plin.* Color de oro ó amarillo, llamado asi de una ciudad de Frigia dicha *Colosis.*

**Cŏlossus, i. m.** *Plin.* Coloso, estatua de una magnitud que escede mucho al natural, como fue la del sol de Rodas que tenia 70 codos.

**Cŏlostra, ae. f.** *Plaut.* Colostro ó calostro, la primera leche de la hembra despues de parida.

**Cŏlostrātio, ōnis. f.** *Plin.* Enfermedad que resulta á los niños, y aun á los animales recien nacidos, por haber mamado la primera leche de sus madres.

**Cŏlostrātus, a, um.** *Plin.* El que tiene esta enfermedad, ó el que ha mamado la primera leche de su madre.

**Colostrum, i. n.** *Serv. V.* Colostra.

**Cŏlŭber, bri. m.** *Virg.* La culebra macho.

**Cŏlŭbra, ae. f.** *Hor.* La culebra hembra. ∥ Cualquiera serpiente.

**Cŏlŭbrāria, ae. f.** *Plin.* La Dragonera, *isla del Mediterráneo cerca de Mallorca.*

**Cŏlŭbrĭfer, a, um.** *Luc.* Que lleva ó produce culebras.

**Cŏlŭbrĭmŏdus, a, um.** *Corrip.* Á modo de culebras.

**Cŏlŭbrīnus, a, um.** *Plaut.* De culebra ó serpiente. *Colubrinum ingenium. Plaut.* Ingenio astuto.

**Cŏlŭbrōsus, a, um.** *Tert.* Tortuoso, retorcido, á manera de culebra.

**Cŏlum, i. m.** *Virg.* Coladera, vasija de mimbres ó cerdas para colar el vino, la leche y otros licores. ∥ *Aus.* La nasa para pescar.

**Cŏlumba, ae. f.** *Cic.* La paloma. ∥ El palomo ó pichon.

**Cŏlumbar, āris. n.** *Plaut.* Collar que se le echa á uno al cuello para prenderle.

**Cŏlumbāris. m. f. rĕ. n. is.** *Colum.* Perteneciente á las palomas.

**Cŏlumbārium, ii. n.** *Colum.* El palomar. ∥ El nido de las palomas. ∥ *Fest.* El agujero de la nave por donde entra el remo en el agua. ∥ *Inscr.* Un hueco que dejaban en los sepulcros para depositar la caja ú olla de las cenizas.

**Cŏlumbārius, ii. m.** *Varr.* El palomero, el que caza ó cuida de las palomas.

**Cŏlumbātim. adv.** *Gel.* Á manera de las palomas.

**Cŏlumbĭnāceus, a, um.** *Cel. Aur.* y

**Cŏlumbīnus, a, um.** *Cic.* Columbino, de paloma. ∥ *Plin.* De color de paloma. *Columbinus pullus. Cic.* El pichon ó palomino.

**Cŏlumbŭlus, i. m.** *Cat.* El palomino ó pichon. *dim. de*

**Cŏlumbus, i. m.** *Varr.* El palomo, el macho de la paloma. ∥ El palomo ó pichon.

**Cŏlŭmella, ae. f.** *Cic.* Columilla, columna. *dim. de* Columna. ∥ *Cat. plur.* Los siervos mayores de una familia.

**Cŏlŭmella, ae. m.** L. Junio Moderato Columela, gaditano, escritor muy culto y puro en tiempo del emperador Claudio. Escribió doce libros *De re rustica*, de los cuales el décimo *De cultu hortorum* está en verso exámetro, y otro *De arboribus*.

**Cŏlŭmellāres dentes.** *Varr.* Los dientes que les nacen á los caballos á los cuatro años.

**Cŏlŭmen, ĭnis. n.** *Cic.* La cima, altura, el techo de un edificio. ∥ *Vitruv.* La viga ó coluna que sostiene un techo. ∥ El apoyo. ∥ El que tiene el primer lugar, lo principal, lo mas importante de una cosa.

**Cŏlŭmis, m. f. mĕ. n. is.** *Plaut.* Libre, salvo.

**Cŏlumna, ae. f.** *Cic.* La coluna, especie de pilar redon-

COM

do, que sirve para sostener ó adornar algun edificio.

Cŏlumnae, arum. f. Cic. Islas del mar rojo.

Columnae Herculis. Plin. Las colunas de Hércules, dos montañas una en España llamada Calpe, y otra en África llamada Abila, que forman el estrecho de Gibraltar.

Cŏlumnāris. m. f. rě. n. is. Prud. Colunario, perteneciente á coluna.

Cŏlumnārium. ii. n. Cic. Impuesto que se pagaba en Roma por cada coluna para moderar la suntuosidad escesiva de los edificios.

Cŏlumnārius, ii. m. Cel. à Cic. El recibidor ó cobrador de este impuesto. Columnarii. Cic. Gentes de mala conducta, que desperdiciando sus bienes, estaban todos los dias ad Columnam Moeniam, que era el tribunal donde los acreedores citaban á sus deudores, y donde los triunviros capitales juzgaban los delitos de la gente baja.

Cŏlumnātio, ōnis. f. Apul. La colunata, serie de colunas que sostienen ó adornan un edificio.

Cŏlumnātus, a, um. Varr. Sustentado de colunas. Columnatum os. Plaut. El rostro apoyado en el brazo como en una coluna, como el que está pensativo.

Cŏlumella, ae. f. V. Columnella.

Cŏlumnĭfer, a, um. Prud. Que lleva una coluna.

Cŏlūri, ōrum. m. plur. Macrob. Coluros, los dos círculos máximos que se consideran en la esfera, los cuales se cortan en ángulos rectos por los polos del mundo, y atraviesan el zodiaco; el uno se llama coluro de los equinoccios, y pasa por los primeros grados de Aries y Libra; el otro por los de Cáncer y Capricornio, y se llama coluro de los solsticios.

Cŏlūria, ōrum. n. plur. Sidon. Las pilastras que se hacen de piedras, y no tienen adornos como las colunas.

Colurnus, a, um. Serv. Del avellano.

Colūrus, a, um. Plaut. Sin cola, rabon.

Cŏlus, i. y Colus, us. f. Cic. La rueca.

Colustra, ae. f. y Colustrum, i. n. V. Colostra.

Coluthea, ōrum. n. plur. Plaut. Confituras.

Cŏluthea, ae. f. Ruel. El espantalobos, árbol.

Cŏlutheum, i. n. Plaut. La vainilla del espantalobos.

Cŏlymbădes olivae. Plin. Aceitunas compuestas, guisadas, aderezadas.

Cŏlymbus, i. m. Lampr. El baño ó pesquera.

Cŏma, ae. f. Cic. El cabello, la cabellera, el pelo compuesto. ‖ La hoja de los árboles. ‖ El penacho. ‖ Las crines de los caballos y la melena de otros animales.

Cŏmăgēna, ae. f. y

Cŏmăgēne, es. f. Plin. Comagene, provincia de Siria cerca del Eufrates.

Cŏmăgēni, ōrum. m. plur. Plin. Los naturales de Comagene.

Cŏmăgēnus, a, um. Juv. Comageno, natural ó habitante de Comagene.

Cŏmăna, ōrum. n. plur. Plin. Ciudad de Capadocia, hoy Armenaca.

Cŏmăni, ōrum. m. plur. Val. Flac. Comanos, siervos consagrados á la diosa Belona, en cuya honra derramaban su sangre dándose de cuchilladas.

Cŏmans, tis. com. Virg. El que tiene largo el cabello. —Comans humus. Estac. Tierra cubierta de yerba; prado.—Pectus. Val. Flac. Pecho velludo.—Galea. Virg. Casco, morrion, yelmo con penacho. Comantes equae. Plin. Yeguas de largas crines.—Silvae. Estac. Jarales, bosques espesos.

Cŏmarcus, i. m. Plaut. El señor de una villa ó lugar.

Cŏmăron, ó Comarum, i. n. Plin. El madroño, fruta del árbol del mismo nombre.

Cŏmātōrius, a, um. Petron. El que sirve para rizar ó componer el cabello.

Cŏmātŭlus, a, um. S. Ger. El jóven acicalado, que pone mucho cuidado en componer el cabello.

Cŏmātus, a, um. Suet. El que tiene el cabello largo y espeso. Comata silva. Cat. Selva espesa, frondosa.—Gallia. Luc. Toda la Galia transalpina, que se dividia en bélgica, céltica y aquitánica, esceptuando la narbonense, que se llamaba bracata.

Combibo, is, bibi, bibitum, ĕre. a. Plin. Beber juntamente. ‖ Agotar, apurar, beberlo todo. Combibere lacrymas suas. Ov. Alimentarse con sus lágrimas, consolarse solo.—Artes. Cic. Aprender á fondo las artes. Combibitur rivus in arvis. Ov. El arroyo se embebe en la tierra.

Combĭbo, ōnis. m. Cic. El que acompaña á otro á beber.

Combĭnāti, ae, a. S. Ag. Combinados, unidos, juntos.

Combĭnātio, ōnis. f. La combinacion.

Combĭno, as, āre. a. Sid. Combinar, unir, ordenar, poner cosas diversas de modo que hagan un compuesto, como combinar las letras, los números &c.

Combrētum, i. n. Plin. Yerba semejante á la asarabacara, aunque algo mas alta.

Combullio, is, ivi, itum, īre. n. Apic. Bullir, hervir, cocer juntamente.

Combūro, is, bussi, bustum, rĕre. a. Cic. Quemar, abrasar, encender del todo ó juntamente. Ubi hunc comburemus diem? Plaut. ¿Dónde pasaremos hoy el dia? Comburere aliquem judicio. Cic. Hacer mal juicio, juzgar temerariamente de alguno.

Combustio, ōnis. f. Firm. Combustion, la accion ó efecto de abrasar ó quemar.

Combustūra, ae. f. Apic. V. Combustio.

Combustus, a, um. part. Cic. Combusto, abrasado quemado.

Cŏme, es. f. Plin. La barba cabruna, yerba, cuyas hojas son semejantes á las del azafran. Liv. El lugar ó aldea.

Cŏmĕdo, dis. ó comes, dit. ó comest, mĕdi, ĕsum, ó estum, esse, ó ĕdĕre. a. Cic. Comer en compañía. ‖ Consumir, disipar, destruir. Comedere beneficia. Cic. Tragarse los beneficios, no tener memoria de ellos, perderla, olvidarlos.—Aliquem. Ter. Comerle á uno su hacienda.—Aliquem oculis. Marc. Comer á uno con los ojos, querérsele tragar, es mirar á uno con ansia clavándole los ojos.

Cŏmĕdo, ōnis. m. Fest. Pródigo, disipador, gastador, desperdiciador en comilonas.

Cŏmes, itis. m. f. Cic. Compañero, ra, el que acompaña yendo ó estando con alguno. Comitem se alicui dare. Liv. Addere. Virg. Praebere. Cic. ó Ire alicui. Virg. Seguir á alguno, acompañarle. Comes imperii. Sen. Asociado al imperio.—Exterior. Ov. El que va á la mano izquierda.—Interior. Ov. El que va al lado derecho. Consiliis alicujus, ó secretorum comes. Plaut. Amigo de confianza, confidente, que sabe sus secretos.—Sacrarum largitionum. Am. El limosnero mayor de un príncipe.—Magistratuum. Cic. Los subdelegados ó ministros subalternos de los magistrados y gobernadores: de donde parece que tuvo principio entre los imperadores la dignidad de los condes.

Cŏmessābundus, a, um. Liv. y

Cŏmessans, tis. com. Liv. El que da ó asiste á grandes comilonas.

Cŏmessātio, ōnis. f. Cic. Comilona, merienda, merendona.

Cŏmessātor, ōris. m. Cic. El que gusta de dar ó asistir á grandes comilonas.

Cŏmessor, āris, ātus sum, āri. dep. Ter. Dar, tener ó asistir á comilonas.

Cŏmestūra, ae. f. Cat. La comida, el acto de comer.

Cŏmestus, a, um. Cat. y

Cŏmēsus, a, um. Juv. Comido, consumido, apurado.

Cŏmēta, ae. m. Sen. y

Cŏmētes, ae. m. Cic. Cometa, estrella crinita.

Cŏmĭce. adv. Cic. Cómicamente, á manera de cómicos, graciosa, alegremente.

Cŏmĭci, ōrum. m. plur. Plaut. Los cómicos, los comediantes.

Cŏmĭcus, a, um. Cic. Cómico, de comedia. Comicus poeta. Cic. Poeta cómico, autor de comedias. Comica res. Hor. Asunto de comedia. Comicum aurum. Plaut. Los altramuces, legumbre de que se usaba en la comedia en lugar de dinero. Comicae personae. Plin. Las máscaras de que usaban los cómicos en la escena. Comici actores. Quint. Los cómicos.

Cŏmĭnus. adv. Cic. De cerca. ‖ Virg. Al instante, al momento. Cominus agere. Cic. Tratar boca á boca, cara á cara, mano á mano, de cerca, tener una conferencia.

Cŏmis. m. f. mĕ. n. is. Comior, issĭmus. Cic. Cortés

político, cortesano, atento, comedido, afable, urbano, civil. ¶ *Plaut.* Liberal. ¶ *Plin.* Limpio, aseado.

Comissabundus, a, um. *Liv.* Dado á comilonas.

Comissatio, onis. f. y

Comissator, oris. m. y

Comissor, aris. *V.* Comessabundus, Comessatio, Comessator, Comessor.

Cōmĭtas, ātis. f. *Cic.* La cortesanía, civilidad, afabilidad, urbanidad, atencion, agrado, comedimiento. *Comitas sermonis. Cic.* Urbanidad, política en la conversacion. *Comitatis exquisitissimae coena. Suet.* Convite muy suntuoso, espléndido y delicado. *Mihi est comitas ad narrandum. Plaut.* Tengo facilidad, estoy pronto y prevenido para contar, esplicar. *Comitati esse alicui. Plaut.* Ser garboso, ejercitar su liberalidad con alguno.

Cōmĭtātensis. m. f. lĕ. n. is. *Cod. Teod.* Perteneciente á la dignidad de conde. *Comitatensis fabrica. Cod. Teod.* Calumnia, delacion calumniosa de los condes de palacio. *Legio. Cod.* Tropa destinada á las fronteras del imperio para su defensa y guarnicion.

Cōmĭtātus, a, um. *part. de* Comitor. *Ces.* El que acompaña. ¶ Acompañado, seguido, el que lleva séquito ó acompañamiento. *Comitatus dolore. Tibul.* Acompañado de su dolor, á quien no se le aparta.—*Militibus. Ov.* Escoltado. *Comitata bellum femina. Estac.* Muger que ha estado, que ha seguido la guerra. *Comitatior. Cic.* Mas acompañado.

Cōmĭtātus, us. m. *Ces.* Acompañamiento, comitiva, séquito, compañía, cortejo. ¶ Escolta, guardia. ¶ *Dig.* El condado.

Cōmĭter. *adv. Cic.* Cortesanamente, con cortesanía, política etc.

Cōmĭtia, orum. n. plur. *Cic.* Comicios, las juntas que tenian los romanos para votar los empleos y negocios públicos. *Comitia centuriata. Cic.* La junta ó asamblea de las centurias del pueblo romano.—*Curiata. Liv.* La junta del pueblo por decurias.—*Tributa. Liv.* Por tribus.—*Colata.* Convocada por pregon ó bando público.—*Edicere. Liv. Indicere. Gel.* Convocar el pueblo, publicar la asamblea.—*Facere. Gerere. Habere. Cic.* Tener, celebrar las juntas del pueblo.

Cōmĭtiālis. m. f. lĕ. n. is. *Cic.* Perteneciente á los comicios. *Comitiales dies. Cic.* Dias de comicios, en los cuales no habia consejo ó senado.—*Homines. Plaut.* Hombres litigiosos, contenciosos. *Comitialis morbus. Plin.* ó *Comitiale vitium. Sen.* La epilepsia, mal caduco ó gota coral.—*Homo. Plin.* Epiléptico, el que padece este mal.

Cōmĭtiālĭter. *adv. Plin.* De la gota coral.

Cōmĭtiārius, a, um. *Liv.* Lo que es á modo de las juntas de los comicios.

Cōmĭtiātus, a, um. *Asc.* Elegido en los comicios.

Cōmĭtio, as, avi, atum, are. n. *Varr.* Intimar el escrutinio ó los votos de los comicios. ¶ *Varr.* Sacrificar en el comicio.

Comitissa, ae. f. La condesa.

Cōmĭtium, ii. n. *Cic.* Comicio, *un parage de Roma donde se examinaban las causas, y se tenian las juntas del pueblo llamadas* Curiata.

Cōmĭtīvus, a, um. *Veg.* Perteneciente á los condes.

Cōmĭto, as, avi, atum, are. a *Ov.* y

Cōmĭtor, aris, atus sum, ari. *dep. Cic.* Acompañar, servir, cortejar. *Quae comitantur huic vitae. Cic.* Las cosas que acompañan esta vida.

Comma, atis. n. *Cic.* Coma ó inciso, la menor parte del período. ¶ *Don.* La nota de esta figura (,) con que se distinguen en lo escrito los incisos. ¶ La cesura en los versos.

Commăcĕro, as, avi, atum, are. a. *Marc. Emp.* Macerar, ablandar, moderar la dureza de alguna cosa. ¶ Machacar, majar.

Commăcesco, is, macui, scěre. n. *Varr.* Enflaquecerse, ponerse magro, enjuto.

Commăcŭlātus, a, um. *Paul. Nol. part. de*

Commăcŭlo, as, avi, atum, are. a. *Tac.* Manchar, ensuciar, emporcar con ó mucho. ¶ Deslustrar, oscurecer la fama y reputacion.

Commădeo, es, dui, ere. n. *Cat.* Estar húmedo ó muy húmedo.

Commălaxo, as, avi, atum, are. a. *Varr.* Macerar, ablandar, maduran.

Commando, is, di, sum, děre. a. *Bibl.* Mascar, tragar ó comer mucho, devorar.

Commanducatio, onis. f. *Escrit.* El acto de mascar, de comer ó tragar.

Commanducatus, a, um. *Plin. part.* de

Commanduco, as, avi, atum, are. a. *Escrit.* Mascar, tragar, comer mucho.

Commaneo, es, ui, ere. n. *S. Ag. V.* Maneo.

Commănĭpŭlāris, is. m. *Tac.* Camarada, soldado del mismo manípulo ó compañía.

Commănĭpŭlātio, onis. f. *Esparc.* La compañía ó sociedad de los soldados de un mismo manípulo.

Commănĭpŭlo, onis. y

Commănĭpŭlus, i. m. *Esparc.* El camarada, soldado del mismo manípulo.

Commansus, a, um. *Marc. Empir. part. de* Commando.

Commarceo, es, ui, ere. n. *Am.* Marchitarse, enflaquecer, debilitarse.

Commargino, as, avi, atum, are. a. *Am.* Poner márgenes, bordes.

Commărītus, i. m. *Plaut.* Marido juntamente con otro.

Commartyr, yris. com. *Ter.* Compañero en el martirio.

Commascŭlo, as, are. a. *Apul.* Corroborar, confortar.

Commastĭco, as, are. a. *Em. Macr.* Masticar.

Commātĭcus, a, um. *Sid.* Breve, por comas ó incisos.

Commĕābĭlis. m. f. lĕ. n. is. *Arnob.* Que pasa, anda ó va de una parte á otra. ¶ Que se puede pasar con facilidad.

Commĕātālis. m. f. lĕ. n. is. *Cod.* Perteneciente al equipage.

Commĕātor, oris. m. *Apul.* El que anda, pasa ó va de viage de una parte á otra.

Commĕātus, us. m. *Cic.* El tránsito ó pasage de una parte á otra. ¶ El convoy, flota, escuadra, armada. ¶ La licencia que se da por tiempo á los soldados. ¶ Los víveres ó provisiones del ejército. *Commeatum hostibus. Ad. Her.* ó *commeatibus hostes intercludere. Ces.* Cortar los víveres á los enemigos. *Commeatibus duobus exercitum reportare. Ces.* Pasar su ejército en dos veces. *In commeatu esse. Liv.* Estar con licencia, ausente del ejército ó del regimiento. *Servitus sine commeatu. Sen.* Servidumbre sin vacacion. *Commeatus argentarius. Plaut.* Provision de dinero.—*Spatium excedere. Paul. Jct.* Pasarse el tiempo de la licencia.

Commĕdĭtor, aris, atus sum, ari. *dep. Ad Her.* Meditar, pensar con atencion, reflexionar seriamente.

Commembratus, a, um. *Paul. Nol.* Compaginado, ordenado, compuesto, unido.

Commĕmĭni, nisse. n. *anom. Cic.* Acordarse.

Commemŏrābĭlis. m. f. lĕ. n. is. *Cic.* Digno de conmemoracion, memorable.

Commemŏrāmentum, i. n. *Cecil. V.* Commemoratio.

Commemŏrandus, a, um. *Cic. V.* Commemorabilis.

Commemŏrātio, onis. f. *Cic.* Conmemoracion, memoria ó recuerdo.

Commemŏrātor, oris. m. *Ter.* El que hace memoria ó conmemoracion.

Commemŏrātus, us. m. *Apul. V.* Commemoratio.

Commemŏrātus, a, um. *Nazar. part.* de

Commemŏro, as, avi, atum, are. a. *Cic.* Conmemorar, contar, hacer memoria ó conmemoracion. ¶ Hacer mencion, contar, citar, recitar. ¶ Alabar, apreciar, engrandecer. *Commemorare aliquem de aliqua,* ó *aliquid de aliqua re. Cic.* Hacer mencion, hablar de alguno ó de alguna cosa.—*Aliquid in alique. Cic.* Alabar alguna cosa en alguno.

Commendābĭlis. m. f. lĕ. n. is. *Liv.* Recomendable, apreciable, digno de recomendacion, aprecio, alabanza y estimacion.

Commendātio, onis. f. *Cic.* Recomendacion, aprobacion, estimacion, elogio ó alabanza de alguno, la accion de recomendarle. *Commendatio in vulgus. Cic.* La reputacion, crédito, fama y estimacion con el público.

Commendātitius, a, um. *Cic.* De recomendacion.

X

**Commendator**, ōris. m. *Plin.* El que alaba ó recomienda.

**Commendatōrius**, a, um. *Sid. V.* Commendatitius.

**Commendatrix**, īcis. f. *Cic.* La que alaba ó recomienda.

**Commendātus**, a, um, ior, issimus. *Cic.* Recomendado, encargado, cometido ó dado al cuidado de otro. ‖ Alabado, estimado, apreciado. *Commendatus sibi homo. Cic.* Hombre que estima mucho su persona. — *Favore alicujus. Ov.* Apoyado en el favor de alguno. *part. de*

**Commendo**, as, avi, atum, are. a. *Cic.* Recomendar, hablar ó empeñarse por alguno. ‖ Encargar, pedir ó dar órden á otro de que tome á su cuidado alguna persona ó cosa. *Commendare nomen, ó nominis memoriam immortalitati. Cic.* Inmortalizar su nombre, consagrarle á la inmortalidad, hacer su memoria eterna. — *Aliquid memoriae. Cic.* Encomendar algo á la memoria, aprender de memoria, decorar. — *Litteris, ó litterarum monumentis. Cic.* Poner por escrito, dejar á la memoria de la posteridad. — *Se fugae. Hirc.* Poner su salud en la fuga. *Marmora commendantur maculis, aut coloribus. Plin.* Los mármoles son estimados por sus manchas ó colores. *Commendare nummos alicui. Dig.* Depositar dinero en alguno.

**Commensus**, us. m. *Vitruv.* La simetría, exactitud, medida, proporcion.

**Commentariensis**. m. f. is. n. is. *Dig.* El que tiene á su cargo los libros ó escrituras públicas, el notario ó escribano. *Los habia tambien en la milicia.*

**Commentariŏlum**, i. n. *Cic.* dim. de

**Commentārium**, ii. n. *Cic.* y

**Commentārius**, ii. m. *Cic.* Memoria, libro de memoria ó registro. ‖ *Gel.* Comentario, comento, esplicacion de alguna obra para entenderla con mas facilidad. ‖ *Cic.* El sumario en que se llevaban escritos los principales capítulos de una acusacion ó defensa.

**Commentātio**, ōnis. f. *Cic.* Meditacion, reflexion, consideracion, contemplacion. ‖ Descripcion, relacion, memoria, comentario.

**Commentātor**, ōris. m. *Apul.* El que piensa, medita, reflexiona ó inventa alguna cosa, inventor.

**Commentātus**, a, um. *Cic.* Pensado, meditado.

**Commentior**, īris, iri. dep. *Apul.* Fingir, mentir.

**Commentitius**, a, um. *Cic.* Inventado, pensado, de nueva invencion. ‖ Fingido.

**Commentor**, āris, ātus sum, ari. dep. *Cic.* Pensar, meditar, considerar, reflexionar, contemplar, revolver en el entendimiento. ‖ Comentar, esplicar, glosar, esponer, hacer comentarios. ‖ Fingir, forjar. ‖ Inventar. *Commentari aliquid.* — *De aliqua re cum aliquo, inter se. Cic.* Tratar algo ó de algo, con alguno, entre sí.

**Commentor**, ōris. m. *Ov.* Inventor. *Uvas commentor, Ov.* Baco, inventor de las viñas.

**Commentum**, i. n. *Cic.* Ficcion, falsedad, invencion, mentira, fábula, cuento.

**Commentātus**, a, um. part. del verbo Comminiscor. *Cic.* Imaginado, inventado, fingido. ‖ El que ha imaginado, inventado ó fingido.

**Commeo**, as, avi, atum, are. n. *Cic.* Ir, andar, volver, tornar, pasar. *Commeare ad locum, à loco, ó in locum. Cic.* Pasar de un lugar á otro. — *Via aliqua. Nep.* — *Viam. Plaut.* Pasar, pasearse por algun camino.

**Commercium**, ii. n. *Cic.* El comercio, negociacion y tráfico que se hace comprando ó vendiendo. ‖ La comunicacion y trato de unos con otros. ‖ El comercio ó trato ilícito con alguna persona. *Commercium illi cum alio nullius rei est. Cic.* No tiene enlace ni comercio alguno de ninguna cosa con otro.

**Commercor**, āris, ātus sum, ari. dep. *Plaut.* Comprar en compañía de otro.

**Commēreo**, es, rui, rītum, ere. a. *Cic.* y

**Commēreor**, reris, ritus sum, eri. dep. *Cic.* Merecer, ser, hacerse digno. ‖ Caer en falta, cometer culpa, delito, faltar, pecar. *Commerere, ó commereri culpam de aliqua re erga alterum. Ter.* Caer en falta respecto de alguno en alguna cosa, tenerle ofendido. *Mereri. Es propiamente merecer en buena parte. Commereri, en mala; aunque tal vez se usa uno por otro.*

**Commĕritus**, a, um. *Ter.* El que es culpado, que ha ofendido, que merece pena.

**Commētior**, īris, ensus sum, īri. dep. *Colum.* Medir con ó juntamente. ‖ Compasar, ajustar, proporcionar. *Commetiri cum tempore negotium. Cic.* Medir las ocupaciones con el tiempo, con el lugar que uno tiene.

**Commēto**, as, are. n. *Nev. freq. de* Commeo. Andar continuamente pasando y repasando de una parte á otra.

**Commictilis**. m. f. le. n. is. *Pomp.* Vil, despreciable, como en que se puede orinar.

**Commictus**, a, um. *Plaut.* Ensuciado por mear en ello: *es oprobio de una persona vil y de mala vida.*

**Commigrātio**, ōnis. f. *Sen.* La accion de transmigrar, de ir á vivir á otra parte.

**Commigro**, as, avi, atum, are. n. *Cic.* Transmigrar juntamente, mudar de habitacion, irse, pasarse á vivir á otra parte. *Commigrare huic viciniae. Ter.* Venir á vivir, tomar casa, cuarto en nuestra vecindad.

**Commiles**, itis. m. *Ces.* Camarada, soldado de una misma compañía.

**Commilitia**, ae. f. *Apul.* y

**Commilitium**, ii. n. *Tac.* La alianza, liga ó union para la guerra. ‖ La compañía en la milicia. *Uti commilitio alicujus. Quint.* Militar juntamente con otro.

**Commilito**, ōnis. m. *Cic.* Conmilitón, compañero, camarada en la milicia.

**Commilito**, as, avi, atum, are. n. *Flor.* Militar, servir, seguir la guerra, la carrera de las armas juntamente.

**Comminābundus**, a, um. *Tert. V.* Comminativus.

**Comminans**, tis. com. *Apul.* Que conmina, apercibe ó amenaza. ‖ *Apul.* El que lleva, conduce ó guia.

**Comminātio**, ōnis. f. *Cic.* Conminacion, apercibimiento, amenaza.

**Comminatīvus**, a, um. *Tert.* Conminatorio, que tiene fuerza de conminar, apercibir y amenazar.

**Comminātor**, ōris. m. *Tert.* El que conmina, apercibe ó amenaza.

**Comminātus**, a, um. part. pas. *Apul.* Conminado, amenazado, apercibido.

**Comminctus**, a, um. *Plaut.* Aquello en que se ha orinado.

**Commingo**, is, nxi, nctum, gere. a. *Hor.* Orinar, mear, rociar meando.

**Comminiscor**, ĕris, mentus sum, nisci. dep. *Cic.* Inventar pensando, imaginar, hallar. ‖ Fingir. ‖ Pensar, meditar, reflexionar, contemplar. ‖ *Plaut.* Hacer á la memoria, repasar en la idea, en el pensamiento. *Phoenices litteras aliasque etiam artes, maria navibus adire, classe confligere, imperitare gentibus commenti sunt. Pom. Mel.* Los fenicios inventaron las letras y otras artes, surcar los mares con navios, dar combates navales, y sujetar otras naciones.

**Comministro**, as, avi, atum, are. a. *Plin.* Ayudar, servir, suministrar juntamente.

**Comminor**, āris, ātus sum, ari. dep. *Liv.* Conminar, amenazar fuertemente. *Comminari impetum. Hirc.* Intimar, amenazar el asalto.

**Comminŭo**, is, nui, nūtum, ĕre. a. *Cic.* Desmenuzar, hacer miajas. ‖ Quebrantar, abatir, humillar. ‖ Dividir en muchas, en menudas partes.

**Comminūtus**, a, um. part. *Cic.* Desmenuzado, hecho miajas. ‖ Quebrantado, abatido, disminuido. *Re familiari comminuti sumus. Cic.* Hemos quedado muy pobres.

**Commis**, is. f. *Plin.* La goma, *licor que destilan algunos árboles y plantas.*

**Commisceo**, ēs, cui, mistum, ó mixtum, cēre. a. *Cic.* Mezclar cosas diversas. *Commiscere consilium cum aliquo. Plaut.* Consultar á alguno, comunicarle sus pensamientos, darle parte de sus designios.

**Commiscibĭlis**. m. f. le. n. is. *Tert.* Lo que se puede mezclar.

**Commiserātio**, ōnis. f. *Cic.* Conmiseracion, compasion, piedad, misericordia.

**Commisĕro**, ōnis. m. *Ter.* El que tiene ó el que merece compasion.

**Commisĕreor**, ēris, ĕritus sum, ēri. dep. *Gel. V.* Commiseror.

**Commisĕresco**, is, ĕre. n. *Ter.* y

**Commisĕror**, āris, ātus sum, āri. *dep. Cic.* Tener conmiseracion, piedad, tomar parte y sentimiento.

**Commisio**, ōnis. *f. Cic.* La accion de chocar una cosa con otra, como *Commisio pugnae*. El trabarse la batalla. — *Ludorum*. El principio de una fiesta. *Commisio poetarum. Suet.* El certamen de los poetas.

**Commissōria**, ae. *f.* y

**Commissōrius**, a, um. *Ulp. Lex commissoria*. Escepcion añadida á un contrato, contra la cual si falta uno de los contrayentes, incurre en la multa que se ha convenido.

**Commissum**, i. n. *Cic.* Crímen, falta, delito, pecado. ‖ *Ulp.* Multa, confiscacion, denuncio, comiso, embargo.

**Comissūra**, ae. *f. Cic.* La comisura, union de dos cosas que se traban entre sí, especialmente de los huesos; juntura, union.

**Commissurālis**, m. f. lĕ. n. is. *Veg.* Perteneciente á, ó propio de la comisura.

**Commissus**, a, um. *part. de* Committo. *Cic.* Cometido, confiado. ‖ Hecho. ‖ Confiscado, denunciado, embargado. *Ludi commissi. Virg.* Fiestas empezadas. *Laetitia commissa. Prop.* Alegría comunicada. — *Dextrae dextra. Ov.* Mano que se junta con otra, que se da á otro en señal de promesa ó amistad.

**Commistio**, ōnis. *f. Apul.* Conmistion, mezcla de cosas diversas. ‖ Union, conjuncion de los planetas.

**Commistūra**, ae. *f. V.* Commistio.

**Commistus**, a, um. *part. de* Commisceo. Commisto, mezclado, unido uno con otro.

**Commītigo**, as, āvi, ātum, āre. a. *Ter.* Mitigar, suavizar, ablandar.

**Committendus**, a, um. *Cic.* Lo que se ha de hacer, que se ha de cometer ó confiar.

**Commītto**, is, missi, missum, tĕre. a. *Cels.* Enviar juntamente. — Unir, juntar. *Committere alicui negotium. Cic.* Cometer, confiar á uno un negocio. — *Aliquos inter se. Marc.* Trabar, poner en disension á algunos entre sí. — *Ovem lupo. Ter.* Entregar la oveja al lobo, el inocente, el pobre al furioso, al ambicioso. — *Litteras alicui. Cic.* Dar á uno una carta para que la lleve. — *Litteris aliquid. Cic.* Escribir, poner una cosa por escrito. — *Multa in Deum. Cic.* Cometer muchas ofensas contra Dios. — *Contra legem. Cic.* Obrar contra la ley, violarla, quebrantarla. — *Vereor ut. Cic.* Temo, recelo hacer por donde, temo dar lugar, ocasion á — *Gnatam suam in uxorem. Ter.* Casar á su hija, establecerla, ponerla en, darle estado, darla en matrimonio á alguno. — *Se itineri. Cic.* Ponerse en camino, emprender, ir á hacer un viage. — *Se nocti. Ov.* Aventurarse á ir, salir por la noche. — *Praelium. Salust.* Dar, empezar la batalla. — *Oras plagae suturis. Cels.* Unir los labios de una llaga con puntadas, con puntos, coserla, tomar puntos en una llaga. — *Ponte fluvium. Flor.* Construir, levantar, hacer, echar un puente en un rio. — *Se in conclave. Cic.* Encerrarse en un cuarto. — *Inter se omnes. Suet.* Poner á todos en discordia. — *Se ponti. Virg.* Empeñarse en el paso del puente, pasarle. — *Aliquid, alicujus arbitrio. Cic.* Poner una cosa en el arbitrio, en el consejo, en manos de otro, comprometerse en su dictámen, hacerle árbitro. — *Vices suas alicui. Sen.* Cometer, dar sus veces á alguno. — *Aliquid. Cic.* Confiscar, embargar, denunciar una cosa. — *Se soli. Cic.* Ponerse, esponerse al sol. — *Se in fidem alicujus. Cic.* Entregarse, abandonarse á la discrecion, á la buena fé de alguno. — *Ludos. Cic.* Comenzar, dar principio á la fiesta, á celebrarla. — *De existimatione sua alteri. Cic.* Poner su crédito en manos de otro. — *Vitem sulco. Virg.* Plantar una viña. — *Curas suas auribus alicujus. Sen. Trag.* Contarle á uno sus cuitas, abrirle su pecho. — *Habenas alicui. Sen. Trag.* Dejar á uno vivir como quiera, soltarle las riendas. — *Se periculo. Cic. In discrimen. Liv.* Esponerse al peligro, ponerse, meterse en riesgo, arriesgarse. — *Mature coenam. Varr.* Cenar temprano. — *Fraudem. Hor.* Hacer una picardía, cometer una vileza. — *Multam. Varr.* Esponerse á una multa, á una pena. *Non committam ut. Cic.* No permitiré yo, no sufriré, no aguantaré, no dejaré, no consentiré que, me guardaré muy bien de, no haré por donde &c. — *Se in conspectum. Cic.* Dejarse ver.

**Commixtim**. *adv. Bibl.* Mezclada, confusamente.

**Commixtio**, ōnis. *f. V.* Commistio.

**Commixtus**, a, um. *V.* Commistus.

**Commōbĭlis**. m. f. lĕ. n. is. *Cel. Aur.* Lo que fácilmente mueve.

**Commŏda**, ōrum. n. plur. *Cic.* Comodidades, bienes, riquezas, facultades.

**Commŏdatārius**, a, um. Comodatario, el que toma prestada alguna cosa con obligacion de restituirla.

**Commŏdātio**, ōnis. *f. Apul.* La accion de prestar, empréstito, préstamo.

**Commŏdātor**, ōris. m. *Dig.* El que presta.

**Commŏdātum**, i. n. *Ulp.* El comodato, contrato por el que se da ó recibe alguna cosa prestada con obligacion de restituirla. ‖ La misma cosa prestada.

**Commŏdātus**, a, um. *Cic.* Prestado, dado para usarlo. *Commodati filii. Sen.* Hijos dados, tomados en adopcion.

**Commŏdē**, dius, dissĭme. *adv. Cic.* Cómodamente, á propósito, justa, cabal, propia, convenientemente. ‖ Oportunamente, á tiempo. ‖ Con cortesanía, afabilidad y suavidad. *Minus commode audire. Nep.* Tener mala opinion, estar en mal concepto. *Commode saltare. Nep.* Bailar, danzar con destreza. — *Cadit. Cic.* Viene muy bien, grandemente.

**Commodiānus**. i. m. Comodiano, africano ó romano, *poeta cristiano, que floreció al principio del siglo IV de Cristo. Escribió* Adversus gentium Deos pro christiana disciplina, *instrucciones en verso, pero sin tener cuenta con la cantidad de las sílabas, y en estilo casi del todo bárbaro*.

**Commodiānus**, a, um. *Lampr.* Perteneciente á Cómodo, *Emperador romano*.

**Commŏdĭtas**, ātis. *f. Suet.* Comodidad, conveniencia, buena disposicion, proporcion. ‖ Utilidad, provecho, interes, cómodo. ‖ Indulgencia, condescendencia, afabilidad, buen genio, dulzura, suavidad. *Commoditas corporis. Suet.* Buena disposicion del cuerpo. — *Vitae. Cic.* Conveniencia, abundancia para vivir.

**Commŏdĭto**, ās, āvi, ātum, āre. a. *freq. Cat.* Prestar frecuentemente.

**Commŏdius**, a, um. *Lampr.* Perteneciente á Cómodo, *Emperador romano*.

**Commŏdō**. *adv. Plaut.* Oportunamente, á tiempo.

**Commŏdo**, ās, āvi, ātum, āre. a. *Cic.* Servir, favorecer, asistir, obligar, hacer un gusto á uno. ‖ Prestar. Acomodar, adaptar, ajustar. *Commodare se alicui omnibus in rebus. Cic.* Servir á uno en todo. — *Patientem aurem culturae. Hor.* Ser dócil á las instrucciones, recibirlas de buena voluntad.

**Commŏdŭlātio**, ōnis. *f. Vitruv.* Proporcion, conveniencia, exactitud en las obras de arquitectura.

**Commŏdŭlē**. *adv. dim. de* Commode. *Plaut.* y

**Commŏdŭlum**. *adv. dim. de* Commodum. *Plaut.* Con alguna conveniencia.

**Commŏdŭlum**, i. n. *Arnob. dim.* Comodidad, conveniencia corta.

**Commŏdum**. *adv. Plaut.* Á tiempo, oportunamente. ‖ Al mismo tiempo. *Commodum discesseras. Cic.* Apenas habias salido, acababas tú de salir.

**Commŏdum**, i. n. *Cic.* Cómodo, utilidad, provecho, interes, emolumento, fruto ‖ El premio que se da á los soldados, ademas del estipendio, como la presa, el vestido, una porcion de tierra, un esclavo &c. ‖ El estipendio, paga ó provision que se da á los siervos públicos. *Cum tuum erit commodum. Cic.* Cuando te venga bien, cuando tengas lugar, comodidad.

**Commŏdus**, a, um, dior, issĭmus. *Virg.* Acomodado, á propósito, propio, bueno, conveniente. ‖ Entero, lleno. ‖ Tratable, humano, moderado, suave. ‖ Oportuno, útil, fácil, cómodo. *Commoda valetudo. Cic.* Buena, perfecta salud. *Simulabat commodiorem esse. Plin.* Fingia estar, ó que estaba mejor. *Terra commoda Baccho. Virg.* Tierra á propósito para vino, para viñas.

**Commŏdus**, i. m. Cómodo, Emperador romano, hijo y sucesor de M. Antonio.

Commoenĭtus, a, um. *Gel.* Cerrado, fortalecido por todas partes.

Commoereo, ēs, ēre. *n. Plaut.* Afligirse, entristecerse.

Commŏlior, īris, mōlĭtus sum, īri. *dep. Cic.* Maquinar, inventar, discurrir con intension cosas nuevas.

Commŏlĭtus, a, um. *Colum.* Molido, machacado, majado.

† Commollio, is, īre. *a. Marc. Emp.* Ablandar.

Commŏlo, is, mŏlui, lĭtum, ĕre. *a. Colum.* Moler, majar, machacar.

Commŏnĕfăcio, is, fēci factum, cĕre. *a. Cic.* Advertir, avisar, recordar, hacer, traer á la memoria. *Commonefacere aliquem alicujus rei, ó de aliqua re. Cic.* Avisar á uno algo ó de algo.

Commŏnĕfio, is, factus sum, fĭĕri. *pas. Cic.* Ser advertido.

Commŏneo, ēs, nui, nĭtum, ēre. *a. Cic.* Amonestar. ‖ Recordar, hacer, traer á la memoria. *Commonere aliquem alicujus rei, ó de aliqua re. Cic.* Amonestar, avisar á uno alguna cosa ó de alguna cosa.

Commŏnĭtio, ōnis. *f. Quint.* Aviso, advertencia.

Commŏnĭtor, ōris. *m. Sim.* El que avisa ó amonesta.

Commŏnĭtōrium, ii. *n. Dig.* El conmonitorio, carta acordada en que se avisa su obligacion á un juez subalterno. ‖ Instruccion al magistrado que se ausenta de oficio.

Commŏnĭtus, a, um. *Liv.* Avisado, advertido. *part. de* Commoneo.

Commonstrātus, a, um. *Cic. part. de*

Commonstro, ās, āvi, ātum, āre. *a. Cic.* Mostrar, enseñar, descubrir, hacer ver. *Commostrare viam erranti. En.* Enseñar el camino al que va errado.

Commŏrātio, ōnis. *f. Cic.* Detencion, demora, tardanza, dilacion. ‖ *Cic.* El acto de morar ó habitar, morada, mansion. ‖ Figura retórica, *cuando el orador se para largo tiempo en un punto principal de la causa, volviendo á hablar y tratar de él muchas veces ó de varias maneras.*

Commordeo, ēs, di, sum, dēre. *a. Sen.* Morder. ‖ Murmurar.

Commŏrientes, ium. *m. plur. Plaut.* Compañeros en la muerte, *especie de alianza entre los egipcios, por la cual no les era permitido sobrevivir al amigo muerto. La misma costumbre refiere César de los galos.*

Commŏrior, ĕris, tuus sum, mŏri. *dep. Plin.* Morir juntamente. *Si multi tibi commorerentur. Sen.* Si muriesen muchos contigo.

Commŏro, ās, āvi, ātum, āre. *a. Plin.* y

Commŏror, ātis, ātus sum, āri. *dep. Cic.* Detenerse, morar con ó juntamente. ‖ Detener, retardar, dilatar.

Commorsĭco, ās, āre. *a. Apul.* Mordiscar, morder frecuente ó ligeramente.

Commorsus, a, um. *part. de* Commordeo. Mordido.

Commortālis. *m. f. lĕ. n. is. Colum.* Mortal, sujeto á corrupcion.

Commōsis, is. *f. Plin.* La materia tenaz y viscosa que sirve de fundamento para la fábrica de la miel.

Commōtācŭlum, is. *n. Fest.* Vara que llevaban en la mano los sacerdotes flámines cuando iban á sacrificar, y les servia para apartar el tropel de las gentes.

Commotiae Nimphae. *f. plur. Varr.* Ninfas del lago Cutilense, hoy Contigliano, en el campo Reatino.

Commōtio, ōnis. *f. Cic.* La conmocion, movimiento, agitacion ó perturbacion violenta del ánimo ó del cuerpo, inquietud, pasion, sentimiento.

Commōtiuncŭla, ae. *f. Cic.* Ligera commocion.

Commōto, ās, āre. *a. Prisc. freq. de* Commoveo.

Commōtus, us. *m. Varr. V.* Commotio. *Solo se halla en ablativo de singular.*

Commōtus, a, um. *part. de*

Commŏveo, ēs, mōvi, mōtum, vēre. *a. Cic.* Conmover, agitar. ‖ Perturbar, inquietar, alterar, irritar, incitar. *Commovere castra ex aliquo loco. Cic.* Levantar el campo de un lugar. — *Aliquem. Cic.* Mover, incitar, inquietar á alguno. — *Se contra rempublicam. Cic.* Levantarse, sublevarse, alborotarse, conmoverse contra el estado. — *Sui expectationem alteri. Cic.* Hacerse desear de alguno. — *Alicui memoriam. Cic.* Hacer acordar á uno, despertarle, hacerle á la memoria. — *Sedibus. Cels.* Mudar de sitio.

Commulceo, ēs, si, sum, cēre. *a. Gel.* Acariciar, halagar, suavizar, mitigar.

Commundātus, a, um. *Ulp. V.* Mundatus.

Commundo, ās, āvi, ātum, āre. *a. Colum.* Limpiar.

Commūne, is. *n. Cic.* Comunidad, cuerpo de ciudad ó de otra especie.

Commūnĭcārius dies. *Fest.* La fiesta de todos los dioses, como entre nosotros la fiesta de todos los santos.

Commūnĭcātio, ōnis. *f. Cic.* Comunicacion, participacion, el acto de comunicar ó de comunicarse. ‖ Figura retórica en que el orador comunica ó consulta con aquellos ante quienes ó contra quienes habla. *Communicatio civitatis. Cic.* La participacion ó concesion del derecho de ciudadano.

Commūnĭcātor, ōris. *m. Arnob.* El que comunica y hace participante á otro. ‖ *Tert.* El participante de la comunion eclesiástica que se opone al que está escomulgado.

Commūnĭcātus, us. *m. Apul. V.* Communicatio.

Commūnĭcātus, a, um. *Liv.* Comunicado, participado.

† Commūnĭceps, icĭpis. *m. f. Inscr.* Natural del mismo municipio.

Commūnĭco, ās, āvi, ātum, āre. *a. Cic.* Comunicar, dar parte, hacer participante á otro, partir, repartir con él. ‖ Tratar, hablar, conversar. ‖ Descubrir, manifestar, publicar. *Cum periculis alicujus sua communicare. Cic.* Arriesgar, aventurar su hacienda con la de otro. — *Cum aliquo inimicitias. Cic.* Entrar, tomar parte en las enemistades de otro. *Communicabo te semper mensa mea. Plaut.* Te tendré siempre á mi mesa.

Commūnio, is, īvi, ītum, īre. *a. Ces.* Fortificar, fortalecer. *Communire auctoritatem. Cic.* Fortificar, afirmar la autoridad.

Commūnio, ōnis. *f. Cic.* Comunion, sociedad, participacion, comunidad, comunicacion, union, participacion mutua. *Communio sanguinis. Cic.* Parentesco, proximidad de sangre. — *Sermonis. Cic.* Conferencia, plática. *In communionem bona referre. Cic.* Poner los bienes en la compañía, en el comun. *Imperatores nostrae communionis. S. Ag.* Emperadores de la Iglesia católica. *Aliquem à communione suspendere. Sulp. Sev.* Escomulgar á uno, privarle de la comunion de los fieles y del uso de los sacramentos.

Commūnis. *m. f. nĕ. n. is. Cic.* Comun, lo que pertenece á muchos. ‖ Corriente, recibido, admitido. ‖ Ordinario, vulgar, frecuente, trivial. ‖ *Bibl.* Inmundo, impuro. ‖ Bajo, inferior, vil, despreciable. *Communis belli mars. Cic.* La victoria ya por una parte, ya por otra. — *Locus. Cic.* Los lugares comunes, las fuentes de los argumentos de la retórica y dialéctica. — *Homo. Cic.* Afable, benigno. *Vocare honores in commune. Liv.* Hacer comunes los empleos, las honras á los padres conscriptos y á la plebe. *Communis in victoria. Cic.* Afable en la victoria.

Commūnĭtas, ātis. *f. Cic.* Comunidad, comunion, sociedad, compañía, union. ‖ La justicia civil que pertenece á la comun utilidad de los hombres. *Communitas quae vobis est cum eo? Cic.* ¿Qué enlace teneis con él?

Commūnĭter. *adv. Cic.* Comunmente, de uso, acuerdo ó consentimiento comun. ‖ En general, en comun, juntamente. ‖ Por lo comun, ordinariamente.

Commūnītio, ōnis. *f. Vitruv.* La fortificacion ó el acto de fortificar.

Commūnītus. *adv. Varr. V.* Communiter.

Commūnītus, a, um. *part. de* Communio. *Cic.* Fortificado, fortalecido. ‖ *Liv.* Edificado, fabricado, construido.

Commurmŭrātio, ōnis. *f. Gel.* El mormullo, el acto de murmurar ó hablar pasito, de modo que no se entienda.

Commurmŭro, ās, āvi, ātum, āre. *a. Plin.* y

Commurmŭror, ĕris, ātus sum, āri. *dep. Plin.* Murmurar, gruñir, hablar entre dientes, de modo que no se entienda lo que se dice. ‖ Murmurar de otros.

Commūtābĭlis. *m. f. lĕ. n. is. Cic.* Conmutable, lo que se puede conmutar, variar ó trocar. ‖ Mudable, ligero, inconstante, variable.

Commūtātē. *adv. Ad Her.* Variada, diversamente.

Commūtātio, ōnis. *f. Cic.* Conmutacion, mutacion, mudanza, variacion, alteracion. ‖ Figura retórica cuando se retrueca la frase: v. gr. *Esse oportet ut vivas, non vivere ut edas.* Debes comer para vivir, y no vivir para comer.

**Commūtātus,** us. *m. Lucr. V.* Commutatio.

**Commŭtātus,** a, um. *Nep. part. de*

**Commŭto,** as, avi, atum, are. *a. Cic.* Conmutar, trocar, cambiar, permutar una cosa por otra. ‖ Mudar, variar, alterar. *Commutare fidem pecuniâ,* ó *cum pecuniâ. Cic.* Dejarse sobornar, vender su fe y palabra por dinero. — *Verba cum aliquo. Ter.* Altercar con alguno. — *Alicujus contumeliam vita. Salust.* Ultrajar á otro, comprar su afrenta con peligro de la propia vida. — *Vitam cum morte. Sulp. à Cic.* Morir. *Commutari animo. Cic.* Mudarse, mudar de parecer.

**Cŏmo,** as, avi, atum, are. *a. Tert.* Cubrir con el cabello.

**Cŏmo,** is, psi, mptum, ó mtum, mĕre. *a. Plaut.* Peinar, adornar el cabello. *Mulieres dum comuntur annus est.* Mientras las mugeres se componen se pasa el año.

**Cŏmoedĭa,** ae. *f. Cic.* Comedia, poema dramático y que imita en verso las acciones populares, representándolas para corregir las costumbres.

**Cŏmoedĭce.** *adv. Plaut.* Cómicamente.

**Cŏmoedĭcus,** a, um. *Apul.* Cómico, perteneciente á la comedia ó al cómico.

**Cŏmoedĭogrăphus,** i. *m.* Poeta cómico, escritor de comedias.

**Cŏmoedus,** i. *m. Cic.* Cómico, comediante, farsante, representante, actor de comedias.

**Cŏmoedus,** a, um. *Juv.* Cómico, propio de la comedia.

**Cŏmōsis,** is. *f. Plin. V.* Commosis.

**Cŏmōsus,** a, um, sior, sissimus. *Fed.* El que tiene pelo, cabelloso, cabelludo, peludo.

**Cŏmotria,** ae. *f. Fest.* La muger que es muy diestra en peinar, la peluquera.

**Compactĭlis.** m. f. lĕ. n. is. *Vitruv.* Bien unido, trabado, compaginado. ‖ Corto, pequeño, y como cuadrado, ó redondo, bien compuesto.

**Compactio,** ōnis. *f. Cic.* Compaginacion, conexion, trabazon, union, el acto de compaginar, compage. ‖ *Vitruv.* La obra compaginada.

**Compactūra,** ae. *f. Vitruv. V.* Compactio.

**Compactus,** a, um. *part. de* Compingo. *Cic.* Compaginado, compuesto, unido, trabado, junto, compacto. *De compacto. Plaut. Ex compacto. Suet.* De concierto, de inteligencia, de comun acuerdo. *Septem compacta cicutis. Virg.* Flauta compuesta de siete cañones unidos á modo de silbato de capados. *Compactum corpus. Plin.* Cuerpo no grande, pero fornido y robusto. *Compactus in carcerem. Plaut.* Preso, metido en la cárcel.

†**Compagānus,** a, um. *Inscr.* Natural del mismo pago, lugar ó territorio, paisano.

**Compāges,** is. *f. Cic.* Compage, compaginamiento, enlace, trabazon, juntura. *Compages humana. Luc.* La union del alma con el cuerpo. — *Corporis. Cic.* La trabazon de las partes del cuerpo.

**Compāgĭnātus,** a, um. *Am.* Compaginado. *part. de*

**Compāgĭno,** as, avi, atum, are. *a. Prud.* Compaginar, unir, enlazar, trabar una cosa con otra.

**Compāgo,** ginis. *f. Ov. V.* Compages.

†**Compaldăgogĭta,** ae. *Inscr.* Siervo pedagogo con otro.

†**Compaldăgogĭus,** ii. *m. Inscr.* El que está con otros bajo de un pedagogo, pupilo.

**Compalpo,** as, avi, atum, are. *a. S. Ag.* Palpar, tocar.

**Compar,** ăris. *com. Liv.* Igual, parecido, semejante. ‖ Compañero, camarada, consorte.

**Compărăbĭlis.** m. f. lĕ. n. is. *Cic.* Comparable, que se puede ó es digno de compararse.

**Compărandus,** a, um. *Ter. V.* Comparabilis.

**Compărāte.** *adv. Cic.* En comparacion, comparativamente.

**Compărātĭo,** ōnis. *f. Cic.* Comparacion, el acto ó efecto de comparar, cotejo, confrontacion. ‖ Analogía, relacion, semejanza, conformidad. ‖ Apresto, preparativo, disposicion, provision, preparacion. ‖ Inquisicion, investigacion. *Comparatio criminis. Cic.* Comparacion de una accion buena con el delito de que se acusa al reo, aparato de la acusacion.

**Compărātĭtĭus,** a, um. *Tert. V.* Comparabilis.

**Compărātĭve.** *adv. Gel.* Comparativamente, por comparacion.

**Compărātīvus,** a, um. *Cic.* Comparativo, lo que compara ó contiene comparacion.

**Compărātor,** ōris. *m. Paul. Jct.* Comprador, proveedor, el que hace provision ó prevencion de una cosa.

**Compărātus,** a, um. *part. Cic.* Prevenido, recogido, dispuesto, aparejado. ‖ Adquirido. ‖ Comprado. ‖ Establecido, fundado. ‖ Comparado, cotejado, confrontado. *Comparatum ita est à natura. Ter.* — *Legibus. Cic.* — *Ut.* Asi está dispuesto, ordenado, por la naturaleza, por las leyes.

**Compărātus,** us. *m. Vitruv.* Prevencion, aparato.

**Comparco,** is, arsi, arsum, ĕre. *n. Ter.* Ahorrar, usar de moderacion, parsimonia y economía.

**Compāreo,** es, rui, ēre. *n. Cic.* Comparecer, parecer, presentarse.

**Compărĭlis.** m. f. lĕ. n. is. *Aus.* Igual, semejante, parecido.

**Compăro,** as, avi, atum, are. *a. Cic.* Comparar, cotejar, confrontar. ‖ Aprestar, prevenir, preparar, disponer, aparejar. ‖ Establecer, fundar, ordenar, arreglar. ‖ Adquirir, juntar, hacer provision. *Comparare provincias. Liv.* Comparar los gobiernos para elegir uno de ellos. — *Se ad dicendum. Cic.* Prepararse, disponerse para hablar en público. — *Se ad iter. Cic.* Disponerse para hacer un viage. — *Vultum ex vultu alterius. Plaut.* Componer, arreglar, conformar su semblante por ó al de otro. *Urere tecta comparare. Ov.* Tratan de, se previenen á poner fuego á las casas. *Carius comparare aliquid. Suet.* Comprar mas caro, á mas caro precio. — *Argentum. Plaut.* Acumular dinero. *Ita comparatum est natura; ita comparatum est; comparati ita sumus à natura; ratio ita comparata est vitae. Cic.* Esta es la condicion de nuestra naturaleza, tal es el órden establecido por la naturaleza.

**Compartior,** iris, titus sum, iri. *dep. Grut.* Dar, comunicar. *V.* Impertior.

**Compasco,** is, pavi, pastum, scĕre. *a. Cic.* Apacentar juntamente. ‖ *Varr.* Pacerlo todo. ‖ Apacentar.

**Compascuus ager,** m. *Cic.* Pasto comun.

**Compassĭbĭlis.** m. f. lĕ. n. is. *Tert.* Compasible, que se compadece ó es digno de compasion, ó que puede padecer juntamente.

**Compassĭo,** ōnis. *f. S. Ger.* La compasion, el sentimiento y lástima del mal de otro.

**Compastĭcae delitiae.** *f. plur. Plaut.* La vanagloria, vanidad, vana complacencia de sí mismo.

**Compastor,** ōris. *m. Hig.* El que apacienta con otro.

**Compastus,** a, um. *part. de* Compasco. *Plin.* Pacido juntamente.

**Compătĭor,** teris, passus sum, ti. *dep. Tert.* Padecer con otro. ‖ *S. Ag.* Compadecerse, tener lástima, sentir la afliccion de otro.

**Compătrōnus,** i. *m. Ulp.* Compatrono, el que es patrono con otro.

**Compauper,** ĕris. *m. f. S. Ag.* Compañero en la pobreza.

**Compăvesco,** is, scĕre. *n. Gel.* Espantarse, tener miedo.

**Compēdes,** um. *f. plur. Hor.* Los grillos con que se aprisionan los pies. ‖ *Varr.* Las esposas. ‖ *Plin.* Adorno que las mugeres llevaban en los pies.

**Compĕdĭo,** is, ivi, itum, ire. *a. Varr.* Poner grillos, aprisionar.

**Compĕdītus,** a, um. *part. Plaut.* Preso con grillos.

**Compēgi.** *pret. de* Compingo.

**Compellātio,** ōnis. *f. Cic.* Apelacion, el acto de llamar ó dirigir la voz á alguno. ‖ Apóstrofe, figura retórica. ‖ Reprension.

**Compello,** as, avi, atum, are. *a. Cic.* Llamar, nombrar, dirigir la voz ó la palabra á alguno. ‖ Reprender, reñir, llamar á uno para reprenderle.

**Compello,** is, pŭli, pulsum, lĕre. *a. Cic.* Juntar, congregar. ‖ Compeler, obligar, forzar, hacer violencia ó fuerza. ‖ Animar, incitar. *Compellere in angustias. Cic.* Reducir á un estremo, á un estrecho. — *Ossa in suam sedem. Cels.* Volver á poner en su lugar los huesos dislocados. *Compulit desistere coepto. Luc.* Le obligó á dejar la empresa.

Compendiaria, ae. f. Patr. El atajo, camino mas corto.

Compendiario, adv. Sen. Por un camino mas corto, por el atajo.

Compendiarius, a, um. Cic. Breve, sucinto, compendioso.

Compendiatus, a, um. Tert. Compendiado, reducido á compendio.

Compendifacio, is, feci, factum, cere. a. Plaut. Acortar el gasto, ahorrar, vivir con economía. ‖ Compendiar, abreviar.

Compendiose. adv. Sid. Compendiosamente, en compendio.

Compendiosus, a, um. Colum. Util, provechoso, fructuoso. ‖ Compendioso, abreviado, reducido.

Compendium, ii. n. Cic. El ahorro de cualquier cosa, ganancia, provecho, utilidad, interes, lucro que produce el ahorro y economía. ‖ Compendio, sumario. *Compendio privato servire*. Ces. Mirar, buscar su propio interes. — *Magno ligni, operae*. Plin. Con mucho ahorro de leña, de trabajo. *Compendii facere*. Plaut. Ahorrar.

Compendo, is, ere. V. Pendo.

Compensatio, onis. f. Cic. Compensacion, resarcimiento, recompensa, remplazo.

Compensato. adv. Ter. Con compensacion.

Compensatus, a, um. Cic. part. de

Compenso, as, avi, atum, are. a. Cic. Compensar, resarcir, igualar, contrapesar. ‖ Sen. Acortar el camino.

Comperendinatio, onis. f. Asc. y

Comperendinatus, us. m. Cic. Dilacion, próroga de tres dias.

Comperendinatus, a, um. Cic. part. de

Comperendino, as, avi, atum, are. a. Cic. Prorogar, dilatar, diferir la sentencia de una causa, por tres dias.

Comperendinus, a, um. Marc. Propio de la próroga, ó dilacion por tres dias.

Comperio, is, peri, pertum, rire. a. Cic. Descubrir, saber, entender, reconocer, hallar de cierto. *Se halla tambien usado como pasivo y deponente. Comperire testibus de aliqua re*. Cic. Estar informado de, saber alguna cosa por testigos.

Compernis. m. f. ne. n. is. Fest. El que tiene muy juntas las rodillas.

Comperpetuus, a, um. Prud. Coeterno, igualmente eterno.

Comperte. adv. Gel. Evidente, patente, ciertamente.

Compertus, a, um. Cic. Cierto, sabido, descubierto, reconocido, entendido claramente. *Compertus alicujus criminis*. Liv. Convencido de algun delito. *Comperto Bitiniam consuli datam*. Salust. Averiguado que se habia dado al cónsul la Bitinia.

Compes. V. Compedes.

Compesco, is, cui, ere. a. Cic. Comprimir, reprimir, contener, refrenar, detener. *Compescere digito labellum*. Juv. Tener, detener la lengua.

Competens, tis. com. Ulp. Competente, correspondiente, legítimo, congruente. *Competentes*. Plin. men. Competidores, concurrentes, coopositores.

Competenter. adv. Ulp. Competente, proporcionada, adecuadamente.

Competentia, ae. f. Gel. Competencia. ‖ Proporcion, conveniencia, simetría. *Nasci ad eamdem competentiam*. Gel. Nacer bajo la misma constelacion.

Competitio, onis. f. Sid. Competencia, disputa, concurrencia de los que compiten ó pretenden una misma cosa.

Competitor, oris. m. Cic. y

Competitrix, icis. f. Cic. Competidor, ra, rival, concurrente, coopositor, pretendiente con otros.

Competo, is, ivi, ó tii, itum, ere. a. Just. Competir, contender, pretender, pedir lo mismo que otro. ‖ Tac. Acaecer, suceder á un tiempo. ‖ Convenir, pertenecer. *Competebat vix ad arma capienda animus*. Plin. Apenas tenia valor pra tomar las armas. *Ei competit haereditas*. Ulp. Le compete, le pertenece, le toca la herencia.

Compilatio, onis. f. Cic. Robo, latrocinio, hurto.

Compilator, oris. m. S. Ger. El ladron.

Compilatus, a, um. Dig. part. de

Compilo, as, avi, atum, are. a. Cic. Robar, pillar, hurtar, quitar. *Compilare sapientiam ab aliis*. Cic. Recoger, juntar en sí la sabiduría de otros.

Compingo, is, pegi, pactum, gere. a. Cic. Echar, impeler. ‖ Compaginar, juntar, unir. *In Apuliam se compegerat*. Cic. Se habia metido, retirado á la Pulla. *Ignominiosas de diis compingitis fabulas*. Arnob. Fingis, forjais fábulas ignominiosas de los dioses.

Compitalaris. m. f. re. n. is. Inscr. Perteneciente á los dioses compitales.

Compitalia, orum. n. plur. Cic. Fiestas celebradas en las encrucijadas en honor de los dioses á quienes estaban dedicadas.

Compitalis. m. f. le. n. is. Suet. Perteneciente á las encrucijadas.

Compitalitius, a, um. Cic. V. Compitalis. *Compitalitius dies*. Cic. Dia de la fiesta dedicada á los dioses de las encrucijadas. *Compitalitiae ambulationes*. Cic. Paseos ó procesiones en el dia de esta fiesta.

Compitum, i. n. Cic. y

Compitus, i. m. Varr. Encrucijada donde se juntan dos ó mas calles ó caminos. *Compita frequentia*. Hor. Encrucijadas llenas de gente. — *Ramosa*. Pers. De donde salen muchas calles. — *Pertusa*. Pers. Desde donde se da vista á muchas calles.

Complaceo, es, ui, itus sum, ere. n. Colum. De este verbo solo se hallan los tiempos siguientes: Complacet, Complacebat, Complacere, Complacuit, Complacuerat, Complacitum est. Complacer, agradar, deleitar, dar gusto ó placer.

Complacitus, a, um. Marc. Cap. Lo que da ó ha dado gusto y placer.

Complaco, as, avi, atum, are. a. Gel. Aplacar, suavizar, sosegar, calmar.

Complanatio, onis. f. Sen. El acto de allanar.

Complanator, oris. m. Apul. El que allana.

Complanatus, a, um. Suet. part. de

Complano, as, avi, atum, are. a. Cat. Allanar, poner llano. ‖ Asolar, destruir, arrasar, derribar, poner, echar por el suelo, por tierra.

Complaudo, is, si, sum, dere. a. Paul. Nol. Aplaudir juntamente.

Complector, eris, plexus sum, plecti. dep. Cic. Abrazar, rodear, ceñir. ‖ Dar los brazos. ‖ Amar, favorecer, amparar, proteger. ‖ Cultivar, aprender. ‖ Comprender. *Complecti aliquem amicitia, benevolentia, caritate*. Cic. Amar á alguno. — *Omnibus studiis*. Cic. Servirle de todas veras, de todo corazon. — *Vitae periculis*. Cic. Aun con peligro ó riesgo de la vida. — *Aliquid animo, mente, cogitatione*. Cic. Concebir, comprender alguna cosa, considerarla. — *Oratione non possum*. Cic. No puedo esplicarlo con palabras.

Complementum, i. n. Cic. Suplemento, para perfeccionar ó completar alguna cosa.

Compleo, es, plevi, pletum, ere. a. Cic. Acabar de llenar, llenar hasta arriba, completar, acabalar, colmar. ‖ Perfeccionar, concluir, acabar del todo. *Me complevit formidine*. Plaut. Me llenó de miedo.

Completio, onis. f. Bibl. V. Complementum.

Completor, oris. m. Ecles. El que completa, cumple, llena, acaba.

† Completorium, ii. n. El completorio ó las completas; la última de las horas canónicas, ó la última parte del rezo.

Completus, a, um. part. Cic. Completo, acabado, perfecto, cumplido, concluido. ‖ Lleno, colmado. Bien nutrido ó complexionado.

Complex, icis. com. Sid. Cómplice en el delito.

Compleximм. adv. m. Plaut. Abrazando.

Complexio, onis. f. Cic. Conexion, union, juntura, enlace, trabazon. ‖ Conclusion, consecuencia. ‖ Dilema. Figura retórica que comprende la repeticion y conversion. ‖ Jul. Firm. Complexion, temperamento y graduacion de los humores del cuerpo. *Complexio verborum*. Cic. El período. — *Cumulata bonorum*. Cic. Plenitud de bienes.

Complexivus, a, um. Gel. Lo que abraza ó une, copulativo.

**Complexus**, a, um. *part. Cic.* Abrazado, contenido, comprendido. ‖ Que abraza, contiene, comprende &c.

**Complexus**, us. m. *Cic.* Complexo, conjunto ó union. ‖ Círculo, circuito, giro, circunferencia. *Complexus personarum. Quint.* Las circunstancias de las personas. *Avellere filium de complexu matris. Cic.* Arrancar á un hijo de los brazos de su madre. *Ad trium hominum complexum. Plin.* Cuanto pueden abrazar tres hombres juntos. *De complexu ejus, ac sinu. Cic.* De sus mas íntimos amigos.

**Complicatio**, ōnis. f. *Cel. Aur.* Dobladura ó plegadura.

**Complicatus**, a, um. *Cic.* Complicado. *part. de*

**Complico**, as, avi, atum, ó itum, are. a. *Cic.* Doblar, plegar. *Complicare vela.* Recoger, izar las velas. — *Rudentem. Plaut.* Arrollar una cuerda. *Se complicuit in dolio. Sen.* Se acurrucó en la tinaja.

**Complōdo**, is, si, sum, dĕre. a. *Quint.* Dar palmadas al que habla ó recita en público.

**Complōratio**, ōnis. f. *Liv.* y

**Complōratus**, us. m. *Liv.* El llanto de muchos.

**Complōratus**, a, um. *Petron. part. de*

**Complōro**, as, avi, atum, are. a. *Cic.* Llorar, gemir, lamentarse con otros. *Comploratum est publice. Flor.* El llanto fue universal.

**Complōsus**, a, um. *part. de* Complodo.

**Compluo**, is, ui, ūtum, ĕre. n. *Varr.* Llover. *Complui. S. Ag.* Mojarse cuando llueve.

**Complūres**, m. f. ra, ó ria. m. plur. rium. gen. *Cic.* Muchos, mucha gente.

**Complūries**. *Adv. Plaut.* Muchas veces, mas veces.

**Complusculē**. adv. *Gel.* Con alguna frecuencia.

**Complusculi**, ōrum. m. *plur. Ter.* Algunos, un mediano número.

**Complutenses**, ium. m. *plur. Plin.* Los alcalainos, naturales de Alcalá de Henares.

**Complutensis**, m. f. sĕ. n. is. *Paul. Nol.* Complutense, alcalaino, *de Alcalá de Henares.*

**Complūtor**, ōris. m. *S. Ag.* El que llueve.

**Complūtum**, i. n. *Plin.* Alcalá de Henares, *ciudad de la España Tarraconense, hoy Castilla la nueva, con famosa universidad.*

**Complūtus**, a, um. *Solin.* Mojado de la lluvia.

**Complūviatus**, a, um. *Plin.* Hecho á manera de patio de una casa. ‖ En cuadro.

**Compluvium**, ii. n. *Vitruv.* Lugar donde se junta ó recoge el agua llovediza, el patio. ‖ Los canalones que despiden el agua que se junta de los tejados.

**Compluvius**, a, um. *Varr.* Que recibe ó recoge el agua llovediza.

**Compondĕro**, as, are. a. *Apul.* Pesar juntamente.

**Compōno**, is, pŏsui, pŏsitum, nĕre. a. *Cic.* Componer, colocar, disponer, ordenar, arreglar. ‖ *Tac.* Enterrar, sepultar. ‖ Construir, formar, edificar, hacer, fabricar. ‖ Ajustar, concordar, concertar, poner en paz, moderar, templar, corregir. ‖ Escribir, inventar. ‖ Comparar, confrontar, cotejar. *Componere amicos aversos. Hor.* Reconciliar los amigos enemistados. — *Vultus. Tibul.* Componer el semblante ó el rostro, mostrar seriedad ó modestia. — *Oculos. Val. Flac.* Bajar los ojos. — *Magna parvis. Virg.* Comparar las cosas grandes con las pequeñas. — *Insidias alicui. Tibul.* Armar, poner asechanzas á alguno. — *Animum ad omnes casus. Quint.* Prevenir, preparar el ánimo á todo acontecimiento. *Omnes composui. Hor.* Ya he enterrado á todos. *Ut domi compositum fuerat. Liv.* Como se habia tratado, dispuesto, quedado acordado en casa.

**Comportātio**, ōnis. f. *Vitruv.* El porte, transporte, conduccion ó acarreo.

**Comportātus**, a, um. *Cic. part. de*

**Comporto**, as, avi, atum, are. a. *Cic.* Comportar, llevar á cuestas juntamente con otro, acarrear, transportar, conducir.

**Compos**, ŏtis. *com. Cic.* El que posee, ha conseguido, tiene en su poder alguna cosa. *Compos sui, ó mentis. Liv.* — *Animi. Ter.* — *Animo. Salust.* El que está en su sano juicio. — *Rationis. Cic.* Dotado de razon. — *Scientia. Cic.* Lleno de sabiduría. — *Lingua. Salust.* Libre de lengua. *Compotem voti aliquem facere. Cic.* Cumplir á uno sus votos, llenarle los deseos, ponerle en posesion de lo que deseaba. *Praeda ingenti compos exercitus. Liv.* Ejército que se ha apoderado de gran presa.

**Compŏsĭte**. adv. *Tac.* Suavemente, con quietud, con sosiego. ‖ *Gel.* Adornadamente, con compostura, compuestamente. ‖ Con órden, con propiedad, elegancia.

**Compŏsĭtio**, ōnis. f. *Plin.* Composicion, la accion y efecto de componer. ‖ Disposicion, coordinacion, arreglo, órden. ‖ Confeccion, mezcla, mistura. ‖ Pacto, convencion, acuerdo. ‖ Reposicion. ‖ Constitucion, institucion, ordenacion. ‖ Colocacion de las palabras. *Compositiones. Vitruv.* Las fábricas.

**Compŏsĭtitius**, a, um. *Tert.* Componible, que se puede componer ó concordar.

† **Compŏsĭtivus**, a, um. Que compone ó es compuesto.

**Compŏsĭto**. adv. *Ter.* De concierto, de inteligencia, de acuerdo.

**Compŏsĭtor**, ōris. m. *Cic.* Componedor, el que compone, arregla ó dispone. ‖ El autor ó inventor, compositor.

**Compŏsĭtūra**, ae. f. *Gel.* La compostura ó composicion. ‖ El acto de componer y ordenar. ‖ *Lucr.* Compage, trabazon.

**Compŏsĭtus**, a, um, tior, tissĭmus. *Cic.* Compuesto, hecho, mezclado de varias cosas. ‖ Establecido, ordenado. ‖ Propio, ajustado, adaptado, conveniente, útil. *Quint.* Tranquilo, apacible, moderado, suave. ‖ *Virg.* Colocado, ordenado. ‖ *Liv.* Concluido, finalizado. ‖ *Tac.* Confrontado. ‖ Bien hecho, elegante, artificioso. ‖ *Ov.* Sepultado. ‖ Maduro, grave. *Composita acies. Tac.* Ejército ordenado, puesto en órden de batalla. — *Oratio. Cic.* Discurso trabajado, bien dispuesto. — *Verba. Salust.* Palabras escogidas, locucion, estilo, términos cultos, propios, estudiados. — *Hora. Hor.* La hora dada, en que se ha convenido. *Compositior nemo ad. Cic.* Nadie mas propio, mas á propósito para. *Compositissimae litterae. Cic.* Carta muy bien escrita, dispuesta, trabajada.

**Compostella**, ae. f. Compostela, hoy Santiago de Galicia, *ciudad del mismo reino en España.*

**Compostus**, a, um. *Virg. sinc. de* Compositus.

**Compŏtātio**, ōnis. f. *Cic.* Convite.

**Compŏtens**, tis. *com. Inscr.* Poderoso con otro.

**Compŏtio**, is, ivi, itum, ire. a. *Plaut.* Dar á uno el goce ó posesion de lo que deseaba. *V. Compos.*

**Compŏto**, as, avi, atum, are. *V. Combibo.*

**Compŏtor**, ōris. m. *Cic.* El que bebe junto con otro, compañero para beber.

**Compŏtrix**, icis. f. *Ter.* La compañera para beber. *Compotrix turba. Sid.* Tropa de bebedores.

**Compraecido**, is, di, sum, dĕre. a. *Hig.* Cortar.

**Compraes**, aedis. m. *Fest.* El que da caucion ó fianza con otro.

**Comprandeo**, es, di, sum, ĕre. a. *Firm.* Comer en compañía.

**Compransor**, ōris. m. *Cic.* El que come con otro.

**Comprĕcātio**, ōnis. f. *Liv.* Ruego, súplica, rogativa pública.

**Comprĕcor**, āris, ātus sum, āri. dep. *Ter.* Rogar en comun ó con mucha instancia.

**Comprĕhendo**, dis, di, sum, dĕre. a. *Cic.* Aprehender, prender, agarrar, coger. ‖ Comprehender, abrazar, ceñir. ‖ Entender, alcanzar, penetrar. ‖ Contener, incluir. ‖ Prender, arraigarse. *Comprehendere multos amicitia. Cic.* Abrazar, favorecer á muchos con la amistad. — *Numero. Virg.* Contar. — *Visu. Sil. Ver.* — *Epistolas. Just.* Interceptar una carta.

**Comprĕhense**, ius, issĭme. adv. *Cic.* Sucinta, brevemente, en pocas palabras.

**Comprĕhensibĭlis**. m. f. lĕ. n. is. *Cic.* Comprensible, fácil, capaz de comprenderse.

**Comprĕhensio**, ōnis. f. *Cic.* La aprehension, el acto de coger, agarrar ó prender. ‖ Comprension, facultad, perspicacia, facilidad para comprender, conocimiento, inteligencia. *Comprehensio verborum. Cic.* El período. — *Sontium. Cic.* La prision de los delincuentes.

**Comprĕhensus**, a, um. *Cic. part. de* Comprehendo. Preso. ‖ Esplicado. ‖ Incluido. ‖ Entendido.

Compresbyter, ĕri. *m. S. Ag.* Compresbítero, el presbítero con otro.

Compressātus, a, um. *Ter.* Oprimido, comprimido.

Compresse, ius, issĭme. *adv. Cic.* Breve, sucintamente, con pocas palabras. *Compressius quaerere. Gel.* Investigar, inquirir con mayor instancia, exactitud.

Compressio, ōnis. *f. Vitruv.* Compresion, la accion y efecto de comprimir. ‖ *Cic.* La concision.

Compressiuncŭla, ae. *f. Plaut.* Compresion ligera.

Compressor, ōris. *m. Plaut.* Estuprador, el que hace violencia á una doncella.

Compressus, us. *m. Cic. V.* Compressio.

Compressus, a, um. *part. de* Comprimo. *Liv.* Comprimido, apretado. ‖ Reprimido, detenido, contenido. *Compressi oculi. Colum.* Ojos hundidos, cerrados. *Compressas manus tenere. Luc. Compressis manibus sedere. Liv.* Estarse con los brazos cruzados, mano sobre mano. *Compressa annona. Liv.* Trigo guardado para hacerle mas caro. *Compressi aut fluentes morbi. Cels.* Enfermedades que estriñen ó sueltan el vientre.

Comprĭmo, is, pressi, pressum, měre. *a. Cic.* Comprimir, oprimir, apretar, estrechar. ‖ Reprimir, detener, contener, refrenar, moderar. ‖ Suprimir, ocultar, callar. ‖ Estuprar. *Comprimere animam. Ter.* Detener el aliento, la respiracion. — *Linguam alicui. Plaut.* Hacer callar á uno.

Comprŏbātio, ōnis. *f. Cic.* Comprobacion, confirmacion, el acto ó efecto de comprobar.

Comprŏbātor, ōris. *m. Cic.* Comprobante, el que aprueba ó confirma.

Comprŏbātus, a, um. *Salust. part. de*

Comprŏbo, as, āvi, ātum, āre. *a. Cic.* Comprobar, aprobar, apoyar, confirmar, verificar.

Comprŏmissārius, a, um. *Dig. Judex compromissarius.* El compromisario, la persona en quien otros se prometen para que decida y juzgue sus diferencias, juez árbitro.

Comprŏmissum, i. *n. Cic.* Compromiso, convenio entre litigantes, *por el que comprometen su litigio en jueces árbitros.*

Comprŏmitto, is, misi, missum, těre. *a. Cic.* Comprometer, comprometerse; ponerse de comun acuerdo en manos de un tercero la decision de un litigio.

Comprŏvinciālis. *m. f. lě. n. is. Sid.* Provincial, el que es de una misma provincia, paisano.

Compsānus, a, um. *Liv.* De Compsa, hoy Conza, *ciudad de Italia.*

Compte. *adv. Gel.* tius, tissĭme. Compuestamente, con compostura, adorno y gala.

Comptŭlus, a, um. *S. Ger. dim. de* Comptus. Compuestito, aseadito.

Comptus, a, um, tior, tissĭmus. *Cic.* Compuesto, aliñado, adornado, pulido, afectado.

Comptus, us. *m. Lucr.* Adorno, gala, compostura.

Compugno, as, āre. *a. S. Ger.* Pelear con otros.

Compŭli. *pret. de* Compello.

Compulsāmentum, i. *n. Fulg.* El choque ó golpe de una cosa con otra. ‖ Exhortacion.

Compulsātio, ōnis. *f. Tert.* La accion de chocar ó dar una cosa con otra. ‖ Contienda, riña.

Compulsio, ōnis. *f. Dig.* Compulsion, apremio ó fuerza que se hace á alguno.

Compulso, as, āre. *a. Apul.* Dar, chocar una cosa con otra.

Compulsor, ōris. *m. Palad.* El que compele, obliga y fuerza á otro.

Compulsus, us. *m. Apul.* El impulso, golpe ó choque de una cosa con otra.

Compulsus, a, um. *part. de* Compello. *Suet.* Compelido, impelido, echado, arrimado á. ‖ Obligado, forzado.

Compunctio, ōnis. *f. Plin.* Picada, picadura. ‖ *Bibl.* Compuncion, sentimiento, dolor del pecado.

Compunctus, a, um. *part. Cic.* Picado, señalado, distinguido con picadas. ‖ Marcado.

Compungo, is nxi, unctum, gěre. *a. Colum.* Picar, aguijonear. ‖ Ofender, hacer mal. *Compungere se suis acuminibus. Cic.* Embarazarse con sus propias sutilezas.

Compŭtabĭlis. *m. f. lě. n. is. Plin.* Fácil de, ó que se puede computar, contar.

Compŭtātio, ōnis. *f. Sen.* Computacion, cálculo ó cuenta. ‖ Moderacion, parsimonia.

Compŭtātor, ōris. *m. Sen.* Computista, calculador, computador.

Compŭto, as, āvi, ātum, āre. *a. Cic.* Computar, calcular, contar. ‖ Poner en cuenta.

Computresco, is, trui, scěre. *n. Colum.* Corromperse, podrirse.

Compŭtum, i. *n.* y

Compŭtus, i. *m. Jul. Firm* El cómputo, cuento ó cálculo.

Comsi. *pret. de* Como.

Comtus. *V.* Comptus.

Comum, i. *n. Catul.* Como, *ciudad en el estado de Milan.*

Comus, i. *m. Varr.* Como, *dios que presidia á las meriendas y fiestas nocturnas.*

Cōnabĭlis. *m. f. lě. n. is. Cel. Aur.* Lo que se hace con esfuerzo.

Cōnabundus, a, um. *Firm.* El que hace sus esfuerzos, que procura esforzarse.

Cōnāmen, ĭnis. *n. Ov.* Esfuerzo, empeño, conato.

Cōnāmentum, i. *n. Plin.* Palo ó palanca, que sirve para arrastrar y tirar cualquiera cosa.

Cōnātio, ōnis. *f. Sen.* y

Cōnātum, i. *n. Ces.* Intento, tentativa, designio, empresa. ‖ Esfuerzo, conato, ímpetu, fuerza.

Cōnātus, us. *m. Ces.* Conato, empeño, intencion, esfuerzo del ánimo ó del cuerpo. ‖ *Cic.* Inclinacion, movimiento, instinto natural. *Conatum habere ad. Cic.* Tener disposicion para.

Concăco, as, āvi, ātum, āre. *a. Sen.* Ensuciar, emporcar con el escremento.

Concaedes, ium. *f. plur. Tac.* Fragmentos de los árboles, ó montones de ramas ó de árboles cortados para estorbar el camino. ‖ Reparo, barda.

Concălĕfăcio, is, fēci, factum, cěre. *a. Cic.* Calentar mucho.

Concălĕfactŏrius, a, um. *Plin.* Calefactorio, que calienta mucho.

Concălĕfactus, a, um. *Cic.* Calentado. *part. de*

Concălĕfio, is, factus sum, fiěri. *pas. Varr.* Calentarse, ponerse caliente juntamente.

Concăleo, ēs, lui, ēre. *n. Plaut.* Calentarse, estar caliente. ‖ Tomar fuego, montar en cólera.

Concălesco, is, lui, scěre. *n. Cic.* Ponerse caliente, muy caliente.

Concalleo, ēs, llui, ēre. *n. Cic.* Encallecer, criar callos, endurecerse.

Concămĕrātio, ōnis. *f. Vitruv.* El arqueo, la accion y efecto de arquear ó bovedar. ‖ La estancia ó pieza abovedada.

Concămĕrātus, a, um. *Suet.* Abovedado, arqueado.

Concămĕro, as, āvi, ātum, āre. *a. Plin.* Arquear, abovedar, fabricar en arco.

Concandeo, ēs, ui, ēre. *n. Manil.* Escandecerse, penetrarse del fuego.

Concāni, ōrum. *m. plur.* Concanos, *pueblos de Cantabria en España, hoy Santillana, ciudad del principado de Asturias.*

Concaptīvus, a, um. *S. Ger.* Compañero en la esclavitud.

Concastīgo, as, āvi, ātum, āre. *a. Plaut.* Castigar.

Concătĕnātio, ōnis. *f. Tert.* Concatenacion, el acto y efecto de concatenar, encadenamiento.

Concătĕnātus, a, um. *Plaut.* Concatenado, enlazado.

Concătĕno, ās, āvi, ātum, āre. *a. Lact.* Concatenar, enlazar, trabar, unir juntamente.

Concătervātus, a, um. *Am.* Amontonado.

Concăva, ōrum. *n. plur. Claud.* Concavidades, profundidades, fondos, fosos profundos, hondonadas.

Concăvātus, a, um. *Colum.* hecho cóncavo.

Concăvĭtas, ātis. *f. Cel. Aur.* Concavidad, cóncavo, profundidad.

Concăvo, as, avi, atum, are. a. Ov. Cavar, ahuecar, hacer cóncava una cosa. ‖ Hacer un arco, abovedar, arquear. *Concavare brachia*. Ov. Ponerse de asas.

Concăvus, a, um. Cic. Cóncavo, hueco, arqueado. *Concava aera*. Ov. Las campanas, las trompetas.

Concēdo, is, cessi, cessum, děre. a. Cic. Conceder, ceder, acordar, dar, consentir, deferir, permitir. ‖ Ceder, retirarse, irse, refugiarse. ‖ Perdonar, remitir. ‖ Tac. Morir. *Concedere biduum*. Ter. Ausentarse por dos dias. — *De jure suo*. Cic. Ceder de su derecho. — *Partem pretii*. Plin. men. Remitir, rebajar, perdonar parte del precio. — *In iram alicujus urbem*. Virg. Abandonar, entregar una ciudad á la ira, á la cólera de alguno. — *Dicto ó facto alicujus*. Cic. Perdonar á uno lo que ha dicho ó hecho mal — *Ludum pueris*. Hor. Dar á los niños libertad de jugar. — *Solio*. Sil. Levantarse de su asiento. — *Fato*. Plin. men. — *In fatum*. Dig. — *Naturae*. Salust. Morir.

Concělěbrātus, a, um. Cic. Frecuentado, cultivado, célebre. part. de

Concělěbro, as, avi, atum, are. a. Plin. Celebrar, publicar, festejar, solemnizar, honrar, hacer célebre, famoso. ‖ Frecuentar, cultivar. *Concelebrare victoriam in litteris*. Ces. Publicar, dar noticia á todo el mundo de la victoria por cartas.

Concēlo, as, avi, atum, are. a. Gel. Ocultar, encubrir.

Concellita, ae. m. Sidon. El que vive en una misma celda con otro.

Concentio, ōnis. f. Cic. Consentimiento, union, concierto de muchos.

Concento, as, are. a. Plaut. Cantar acordes.

Concentricus, a, um. Concéntrico, lo que tiene el mismo centro.

Concenturio, as, avi, atum, are. a. Plaut. Juntar por centurias. *Lo dijo Plauto por chiste en lugar de aumentar.*

Concentus, us. m. Cic. Concento, armonía, canto, música acordada de diversas voces. ‖ Concordia, union, enlace.

Concēpi. pret. de Concipio.

Conceptăcŭlum, i. n. Plin. El lugar donde una cosa se contiene, receptáculo.

Conceptēla, ae. f. Front. V. Conceptaculum.

Conceptio, ōnis. f. Cic. Concepcion, generacion, el acto y efecto de engendrar ó concebir. ‖ Fórmula, modo formal y prescrito de esplicarse en los juicios y actos públicos. ‖ Vitruv. El acto de comprender, abrazar, ceñir.

Conceptivus, a, um. Varr. Que se esplica y declara. *Conceptivae feriae*, ó *conceptae*. Varr. Fiestas movibles que no tenian dias ciertos y determinados, como las latinas, sementivas, paganales y compitales.

Concepto, as, are. a. Arnob. freq. de Concipio, concebir, engendrar frecuentemente. ‖ Am. Pensar, prevenir, disponer.

Conceptor, ōris. m. Arat. *Conceptor peccati*. El que concibe, comete un pecado.

Conceptus, a, um. part. de Concipio. Cic. Concebido, engendrado, producido. ‖ Formado, imaginado, inventado, maquinado. *Concepta alicui ordini infamia*. Cic. Infamia inventada contra algun cuerpo ó comunidad — *Verba*. Cic. Fórmula, términos, palabras formales, prescritas, establecidas para los actos judiciales y públicos. *Conceptum odium continere*. Cic. Ocultar el odio antiguo. *Furtum*. Cod. Hurto, robo cogido entre las manos, interceptado.

Conceptus, us. m. Cic. Concepcion, generacion. ‖ Sen. Receptáculo, reservatorio. ‖ Jul. Firm. Concepto, idea, imaginacion, pensamiento. ‖ La cria de los animales. El fruto y produccion de la tierra, árboles y plantas. *Ex conceptu caminí*. Suet. Por el cañon de la chimenea. *Conceptus aquarum inertium*. Suet. Estanques ó lagunas donde se recogen las aguas paradas, detenidas.

Concerno, is, crēvi, crētum, něre. a. S. Ag. Discernir, ver clara y distintamente, á un tiempo, por todas partes.

Concerpo, is, psi, ptum, pěre. a. Cic. Despedazar, hacer pedazos. ‖ Reñir con palabras ásperas.

Concerptus, a, um. Plin. Despedazado, hecho pedazos. part. de Concerpo.

Concertatio, ōnis. f. Cic. Concertacion, contienda, disputa, debate, contestacion, querella, diferencia.

Concertatīvus, a, um. Quint. Contencioso, perteneciente á la disputa ó certamen.

Concertātor, ōris. m. Tac. Emulo, competidor, antagonista, contrario.

Concertatōrius, a, um. Cic. Contencioso, judicial, forense.

Concertātus, a, um. Cic. part. di

Concerto, as, avi, atum, are. a. Cic. Contestar, debatir, disputar. ‖ Combatir con otro. *Concertare verbis cum aliquo*. Cic. Trabarse de palabras con alguno.

Concessătio, ōnis. f. Col. Interrupcion, reposo, descanso, pausa, cesacion.

Concessio, ōnis. f. Cic. Concesion, permision, permiso, consentimiento, tolerancia ‖ Figura retórica. ‖ Deprecacion del reo, parte de la constitucion judicial.

Concessōrius, a, um. Serv. El que concede.

Concesso, as, avi, atum, are. n. Plaut. Cesar, hacer pausa, interrumpir, tomar reposo.

Concessum, i. n. Cic. y

Concessus, us. m. Cic. Concesion, permiso.

Concessus, a, um. Cic. Concedido, permitido, cedido. part. de Concedo.

Concha, ae. f. Cic. La concha. ‖ Plin. Perla, madre perla. ‖ Hor. Vasija á modo de concha, como escudilla, salero &c. ‖ Plin. La trompeta ó caracol que los poetas atribuyen á los tritones. *Concha caerulea*. Varr. La convexidad azulada del cielo.

Conchātus, a, um. Plin. Hecho á modo de concha.

Concheus, a, um. Varr. De concha. *Bacca conchea*. La perla.

Conchicla faba. f. Apic. y

Conchis, chis. f. Marc. La haba entera con su corteza, dentro de la cual se encierra como en una concha.

Conchisŏnus, a, um. Estac. El que toca la concha ó el caracol: epíteto de los tritones.

Conchŭla, ae. f. dim. Cels. Conchita ó pececito de concha.

Conchyle. V. Conchylium.

Conchyliātus, a, um. Cic. Teñido de color de púrpura. ‖ Sen. Vestido de púrpura.

Conchyliěgŭlus, y Conchyliolegulus, i. m. Dig. V. Conchyta.

Conchylium, ii. n. Colum. La púrpura, pescado de concha, en cuya garganta se halla el licor llamado tambien púrpura. ‖ Juv. Vestido de color de púrpura.

Conchyta, ae. m. Plaut. Pescador de peces de concha, como púrpura, ostras &c.

Concīdo, is, di, sum, děre. a. Colum. Cortar, dividir, separar. ‖ Destruir, arruinar. ‖ Matar. *Concidere aliquem loris*. Juv. Desgarrar, abrir á uno á azotes — *Testamentum*. Dig. Abrogar un testamento.

Concĭdo, is, ěre. n. Cic. Caer, arruinarse, venir á tierra. ‖ Morir, caer muerto. ‖ Desfallecer. *Concidere mente, animo, animis*. Cic. Faltarle á uno el entendimiento, el corazon, el valor. *Concidunt artes*. Cic. Las artes van en decadencia, van decayendo. — *Venti*. Hor. Calman los vientos.

Concieo, es, cīvi, y ciěvi, cĭtum, ēre. a. Liv. Mover, conmover. ‖ Convocar, llamar, congregar, juntar.

Conciliăbŭlum, i. n. Liv. Lugar donde se junta una audiencia fuera de la ciudad. ‖ Conciliábulo, junta de gentes para alguna cosa mala. *Conciliabula martyrum*. S. Ger. Templos ó capillas en que se celebra la memoria de los mártires.

Concilians, tis. com. Ov. El que concilia.

Conciliatio, ōnis. f. Cic. Conciliacion, la accion y efecto de conciliar. ‖ La conveniencia ó semejanza de una cosa con otra. *Conciliatio gratiae*. Cic. Conciliacion del amor ó benevolencia.

Conciliator, ōris. m. Liv. Conciliador, mediánero. *Conciliator furti*. Asc. — *Proditionis*. Liv. — *Nuptiarum*. Suet. El que aconseja un hurto, una traicion; el que ajusta, concilia ó compone una boda.

Conciliatrīcŭla, ae. f. Cic. dim. de

Conciliatrix, icis. f. Cic. Conciliadora, la que concilia, aconseja, ajusta y compone.

Conciliatūra, ae. f. Sen. El arte de introducirse, de insinuarse. || La alcahuetería.

Conciliatus, a, um. part. Cic. Conciliado, atraído, ganado, hecho favorable. || Congregado, unido, mezclado. || Comprado. || Condensado.

Conciliatus, us. m. Lucr. Union, conciliacion.

Conciliciatus, a, um. Tert. Vestido, ceñido de un cilicio.

Concilio, ās, āvi, ātum, āre. a. Cic. Conciliar, grangear, ganar los ánimos, adquirir, atraer la benevolencia. || Unir, juntar. || Adquirir, comprar. Conciliare pacem inter cives. Cic. Ajustar, poner paz entre los ciudadanos. Conciliat nos primum natura diis, parentibus, et patriae. Cic. La naturaleza nos une primeramente con los dioses, con nuestros padres, con la patria.

Concilium, ii. n. Cic. Concilio, junta ó congreso. || Lucr. Enlace, union, conjuncion. || Junta del pueblo. Concilium indicere. Ces. Determinar, publicar el dia de la junta. — Convocare. Ces. — Vocare. Ov. Convocar la asamblea, el congreso, juntarle. — Habere. Cic. Tenerle, celebrarle. — Dimittere. Ces. Despedirle, concluirle.

Concinens, tis. com. Arn. Que canta con otro. || Acorde.

Concinentia, ae. f. Macrob. Concento, armonía. || Simetría, proporcion de las partes.

Concinerātus, a, um. Tert. Encenizado, cubierto de ceniza.

Concinnatio, ōnis. f. Cat. Composicion, confeccion.

Concinnatītius, a, um. Apul. Bien colocado y dispuesto.

Concinnator, ōris. m. Colum. El que adorna, compone y engalana. || Arn. El que tiene arte y maña para engañar y enredar una cosa. || El que tiene para estar bien con todos.

Concinnatōrius, a, um. Dig. Propio para guisar ó componer la comida.

Concinnātus, a, um. Plaut. Ajustado, adornado, propio, acomodado.

Concinne. adv. m. Cic. Propia, elegante, pulidamente.

Concinnis, m. f. ne. n. is. Apul. V. Concinnus.

Concinnitas, ātis. f. Cic. Concinidad, buena armonía, aptitud, conveniencia, elegancia, adorno.

Concinniter. adv. m. Gel. V. Concinne.

Concinnitūdo, ĭnis. f. Cic. V. Concinnitas.

Concinno, ās, āvi, ātum, āre. a. Plaut. Ajustar, poner, disponer, acomodar, colocar con buena gracia y armonía. || Hacer, componer. Concinnare viam tranquillam. Plaut. Desembarazar, dejar la calle libre, limpiarla. — Ingenium. Sen. Adornar el ingenio de buenas artes. — Uxorem lacrymantem. Plaut. Hacer llorar á su muger.

Concinnus, a, um. Cic. Concinno, armonioso, numeroso, elegante, adornado. || Bien dispuesto, bello, agradable. Concinnus ad persuadendum. Cic. Propio para persuadir. — Amicis. Hor. El que se porta, se aviene bien con sus amigos.

Concinno, is, nui, centum, nĕre. a. Cic. Cantar en compañia. || Conformarse, convenir, acordarse. Concinnere ad fores alicujus. Ov. Dar una música á alguno.

Concio, is, civi, cĭtum, īre. a. Liv. V. Concieo.

Concio, ōnis. f. Cic. Concion, sermon, oracion, arenga, discurso público. || Junta del pueblo convocada. || Auditorio, concurso. || El razonamiento introducido en la historia. Concionem advocare. Ces. Vocare. Ter. In 6 ad concionem vocare. Cic. Convocar una junta, citar, convocar para ella. Concionem habere de aliquo. Cic. Hacer una oracion, un discurso público en favor de alguno. In concionem prodire. Cic. — Procedere. Salust. Ascendere. Cic. Subir al púlpito ó á la tribuna, á la cátedra, á hacer un discurso, una oracion. Laudare aliquem pro concione. Salust. Alabar y en un discurso, delante del pueblo.

Concionābundus, a, um. Liv. El que arenga, predica, habla en público.

Concionālis. m. f. le. n. is. Cic. Perteneciente á la junta del pueblo. Concionalis senex. Liv. Viejo muy acostumbrado á hacer discursos al pueblo.

Concionārius, a, um. Cic. El que se suele juntar á una plática ó arenga.

Concionātor, ōris. m. Cic. El que arenga al público, el orador, predicador.

Concionatōrius, a, um. Gel. Perteneciente á la junta del pueblo ó al discurso que se le hace.

Concionor, aris, atus sum, ari. dep. Cic. Arengar al pueblo, predicar.

Concipilo, as, avi, atum, are. a. Plaut. V. Compilo.

Concipio, is, cēpi, ceptum, cipere. a. Cic. Concebir, hacerse preñada la hembra. || Formar idea, hacer concepto, discurrir, comprender. || Recibir, tomar. || Esplicar, pronunciar, proferir. Concipere morbum. Cels. Contraer una enfermedad. — Verba juramenti. Liv. Prescribir la fórmula, los términos precisos de un juramento. — Aquam. Front. Derivar el agua de rio ó lago. — Diem, ferias, sacra, bellum. Liv. Declarar con ciertas palabras los dias, las fiestas, los sacrificios, la guerra. — Arbores. Col. Brotar los árboles. — Summa de aliquo. Quint. Formar grandes esperanzas de alguno.

Concise. adv. Quint. Concisamente, con brevedad y concision.

Concisio, ōnis. f. Cic. Concision, brevedad, precision en las palabras.

Concisōrius, a, um. Veg. Propio para cortar.

Concisūra, ae. f. Sen. Corte, cortadura, incision, division.

Concisus, a, um. Ov. Cortado, partido. || Dividido, separado. || Distinto. || Conciso, breve, dicho en pocas palabras. Concisus exercitus. Cic. Ejército deshecho, destruido. — Orator. Cic. Orador conciso, cuyo estilo es cortado. Concisa itinera. Ces. Caminos cortados, interrumpidos.

Concitamentum, i. n. Sen. Incitamiento, lo que sirve para incitar ó conmover.

Concitāte. adv. m. Quint. Con ímpetu, velocidad, concitadamente. || Con vehemencia, con conmocion.

Concitatio, ōnis. f. Cic. Concitacion, conmocion, ímpetu, movimiento, perturbacion.

Concitātor, ōris. m. Cic. y
Concitatrix, icis. f. Plin. Concitador, concitadora, el ó la que mueve, incita, instiga.

Concitātus, a, um. Cic. tior, tissimus. Liv. Concitado, conmovido, instigado, escitado, sublevado, agitado. Concitatus studio ad philosophiam. Cic. Lleno de un deseo impetuoso de aprender la filosofía. Concitatior cursus. Liv. Carrera mas apresurada. Concitatissimus corporis motus. Quint. Movimiento del cuerpo muy acelerado. Quam concitatissimi equi. Liv. Caballos á toda rienda, á carrera tendida, abierta.

Concĭto, ās, āvi, ātum, āre. a. Ces. Conmover, animar, incitar, provocar, instar, instigar, solicitar, irritar, perturbar, poner en movimiento, mover, agitar con presteza y celeridad. Concitari in aliquem. Cic. Acalorarse contra alguno. Concitare feras. Ov. Andar á caza de fieras, perseguirlas. — Bellum romanis, ó adversus romanos. Liv. Declarar la guerra á los romanos, moverla contra ellos.

Concitor, ōris. m. Tac. V. Concitator.

Concĭtus, a, um. Cic. V. Concitatus.

Concĭtus, a, um. Cic. Llamado, enviado á llamar, á buscar.

Concĭtus, us. m. Mamert. Concitacion, conmocion. V. Concitatio.

Conciuncŭla, ae. f. dim. de Concio. Cic. Arenguita, discurso, razonamiento corto en público.

Concivis, is. com. Cic. Conciudadano, natural ó vecino de la misma ciudad.

Conclamatio, ōnis. f. Tac. Voceria, griteria, grito universal de la multitud. || Ces. Aclamacion, aplauso.

Conclamātus, a, um. part. Ces. Lo que se ha voceado, publicado, proclamado. Non conclamatis vasis abire. Ces. Marchar sin ruido de cajas ni trompetas. Conclamata corpora. Lucr. Cuerpos reconocidos por muertos despues de haber sido llamados en alta voz antes de ponerlos en la pira. Conclamatum frigus. Macr. Frio muy grande, mortal. Conclamatum est. Ter. Se acabó, esto es hecho, todo es perdido. No hay remedio, no hay recurso.

Conclamĭto, as, avi, atum, are. a. Plaut. freq. de Clamo.

Conclamo, ās, āvi, ātum, āre. a. Cic. Gritar, vocear juntamente. Conclamare victoriam. Ces. Cantar, gritar victoria. — Ad arma. Liv. Gritar, llamar á voces á las armas. — Vasa. Ces. Levantar el campo, recoger el bagage.

*Socios. Cic.* Llamar á voces, á gritos á sus compañeros.

Conclaudo, is, si. sum, děre. *a. Colum.* Cerrar con.

Conclausus, a, um. *Colum. part. de* Conclaudo.

Conclavatae res. *Fest.* Las cosas que estan cerradas bajo de una misma llave.

Conclave, is. *n. Cic.* y

Conclavium, ii. *n. Vitruv.* La sala, gabinete ó dormitorio, ó cualquier pieza de la casa que se puede cerrar con llave. || *Ter.* Cuarto separado, retirado.

Concludo, is, si, sum, děre. *a. Ces.* Cerrar, encerrar. || Concluir, acabar, finalizar. || Inferir, deducir, sacar una consecuencia. *Concludere se in cellam. Ter.* Cerrarse en un cuarto. — *Cavia. Plaut. En una cueva. — Versum. Hor.* Acabar un verso. — *Aliquem tot rebus. Ter.* Embarazar, apretar, estrechar á uno con tantas cosas. — *Vitas excellentium virorum uno volumine. Nep.* Abrazar, comprender en un volumen las vidas de los varones ilustres. — *Verba et sententias. Cic.* Concluir, acabar las palabras y sentencias con número y armonía.

Concluse. *adv. m. Cic.* Numerosamente, con armonía.

Conclusio, ōnis. *f. Ces.* El acto de cerrar. || Conclusion, fin, terminación. || El éxito y terminación de una oración, epílogo, peroración. || Consecuencia, deducción, proposición que se infiere ó deduce. || Argumento. *Pestilentia ex diutina conclusione conflictati. Ces.* Afligidos de la peste en fuerza del largo cerco.

Conclusiuncŭla, ae. *f. Cic. dim. de* Conclusio. Conclusion, argumento breve.

Conclusūra, ae. *f. Vitruv.* Nexo, enlace, trabazon, union.

Conclusus, us. *m. Cel. Aur.* El encierro ó encerramiento.

Conclusus, a, um. *part. de* Concludo. *Cir.* Cerrado, encerrado. || Concluido, acabado, terminado, finalizado. || Numeroso, armonioso, concinno. || Probado, inferido, deducido.

Concoctio, ōnis. *f. Cels.* Coccion, digestion.

Concoctus, a, um. *part. Lucr.* Cocido juntamente. || Digerido.

Concoena, ae. *m. Lucr.* Convidado, el que come ó cena con otro.

Concoenātio, ōnis. *f. Cic.* Convite, comida con otros.

Concŏlor, ōris. *com. Plin.* Lo que es del mismo color.

Concŏlōrans, tis. *com. Ter.* Que tiene el mismo color.

Concŏlōrus, a, um. *Capel. V.* Concolor.

Concomitātus, a, um. *Plaut.* Acompañado.

Concomitor, āris, ātus sum, āri. *dep. Quint.* Acompañar, hacer compañía.

Concopŭlo, ās, āvi, ātum, āre. *a. Lucr.* Acoplar, unir, ajustar.

Concŏquens, tis. *com. Plin.* Qué cuece, digiere, digestivo.

Concŏquo, is, oxi, coctum, quěre. *a. Cic.* Cocer, cocer bien, digerir. || Pensar, rumiar, revolver en el pensamiento. || Padecer, sufrir, llevar con resignacion, con valor, con buen ánimo. *Egomet me concoquo. Plaut.* Yo mismo me consumo, me acabo.

Concordabilis. *m. f. lě. n. is. Censor.* Concordable, que se puede concordar con otra cosa.

Concordātus, a, um. *Dig.* Concordado, conforme con.

Concordia, ae. *f. Cic.* Concordia, Diosa. || Concordia, conformidad, union, consentimiento, buena paz. || *Quint.* Armonía, concento, consonancia, concierto.

Concordialis. *m. f. lě. n. is. Jul. Firm.* Perteneciente á la concordia.

Concordiensis. *m. f. sě. n. is. Plin.* Perteneciente á la ciudad de Concordia. Hubo dos de este nombre, una entre Altino y Aquileya en Italia, y otra llamada Julia en la Andalucía. Concordienses, ium. *n. plur. Plin.* Los naturales de esta ciudad.

† Concordis. *m. f. dě. n. is. V.* Concors.

Concorditas, ātis. *f. Pacuv. V.* Concordia.

Concorditer, ius, issime. *adv. Plaut.* Concorde, conformemente, de comun acuerdo.

Concordium, ii. *n. Dig. V.* Concordia.

Concordo, ās, āvi, ātum, āre. *n. Cic.* Concordar, convenir, conformarse, estar unido, de concierto, de inteligencia, de acuerdo con otro. *Concordare cum aliquo. Ter.*

Estar bien, tener buena armonía con alguno, congeniar.

† Concorporalis. *m. f. lě. n. is. Am.* Vecino, compañero, el que es de un mismo cuerpo, de una misma compañía ó vecindad.

† Concorporātio, ōnis. *f. Tert.* Incorporacion, mezcla, junta, union ó agregación de unas cosas á otras.

Concorporātus, a, um. *part. Am.* Incorporado, unido, mezclado con.

† Concorporificātus, a, um. *Tert.* Reducido á un mismo cuerpo, incorporado.

Concorpŏro, ās, āvi, ātum, āre. *a. Plin.* Incorporar, mezclar, unir, juntar, agregar á un mismo cuerpo.

Concors, ordis, ordior, dissimus. *Ter.* Concorde, conforme, uniforme, de un mismo acuerdo, sentir y parecer.

Concoxi. *pret. de* Concoquo.

Concrasso, ās, āvi, ātum, āre. *a. Cel. Aur.* Encrasar, espesar, poner craso, pingüe ó espeso.

Concratītius, a, um. *Dig.* Compuesto de vigas unidas.

Concrebresco, is, brui, scěre. *n. Virg.* Crecer, aumentarse, hacerse mas fuerte con ayuda de otro.

Concrēdo, is, didi, ditum, ěre. *a. Cic.* Confiar, fiar, entregar, dar á guardar. || Atribuir, señalar.

Concreduo, is, ui, ěre. *Plaut. en lugar de* Concredo.

Concremātio, ōnis. *f. Fulg.* El acto ó efecto de quemar, incendio, fuego.

Concremātus, a, um. *part. Sen.* Quemado, abrasado, incendiado juntamente.

Concrementum, i. *n. Apul.* Amontonamiento, coleccion.

Concrěmo, ās, āvi, ātum, āre. *a. Liv.* Quemar, incendiar, poner, dar al fuego, abrasar.

Concreo, ās, āvi, ātum, āre. *a. Gel.* Criar juntamente.

Concrepātio, ōnis. *f. Arnob.* Estrépito, ruido.

Concrepito, ās, āvi, ātum, āre. *Prud. frec. de*

Concrěpo, ās, pui, pitum, āre. *n. Cic.* Hacer estrépito, mucho ruido, rechinar. || *Ov.* Resonar.

Concrescentia, ae. *f. Vitruv. V.* Concretio.

Concresco, is, crēvi, crētum, scěre. *n. Cic.* Conglutinarse, congelarse, cuajarse. || *Colum.* Crecer. *Cum lac concrevit. Colum.* Cuando se ha helado, cuajado la leche.

Concrētio, ōnis. *f. Cic.* Coagulacion, conglutinacion, el acto de cuajarse ó conglutinarse.

Concrētus, a, um. *part. de* Concresco. *Cic.* Condensado, cuajado, conglutinado, coagulado, pingüe, grueso, espeso. || Concreto, compuesto, combinado. *Concretus frigore. Marc. — Glacie. Virg.* Helado, congelado. — *Aer. Cic.* Aire espeso, denso. — *Dolor. Ov.* Dolor ahogado en el pecho. — *Facies. Quint. — Color. Cic.* Color, rostro pálido, cetrino. *Concretus breviter in artus. Prop.* El enano que tiene muy recogidos sus miembros.

Concrētus, us. *m. Plin. V.* Concretio.

Concrībillo, ās, āvi, ātum, āre. *a. Catul.* Acribillar, agujerear como una criba. *Concribillare flagellis nates. Catul.* Desgarrar, abrir el culo á azotes.

Concrimĭnor, āris, ātus sum, āri. *dep. Plaut.* Acriminar, acusar.

Concrispans, tis. *com. Vitruv.* Lo que se levanta en ondas. Habla de los vapores.

Concrispātus, a, um. *Vitruv.* Crespo, encrespado.

Concrispo, ās, āvi, ātum, āre. *a. Vitruv.* Ensortijar, encrespar.

Concrucior, āris, ātus sum, āri. *pas. Lucr.* Ser atormentado, sufrir, padecer.

Concrustātus, a, um. *Am.* Encostrado, cubierto de costras.

Concubātio, ōnis. *f. Cel. Aur.* El acto de acostarse.

Concubia nocte. *Cic.* Al concubio, á la hora de recogerse, de dormir.

Concubīna, ae. *f. Cic.* Concubina, manceba, la que cohabita con alguno como si fuera su marido.

Concubinalis. *m. f. lě. n. is. Sid.* Propio de la concubina.

Concubinātus, us. *m. Plaut.* El concubinato, el trato ilícito de los concubinos.

Concubīnus, i. *m. Quint.* Concubino, el que vive con concubina. || *Marc.* Adúltero.

Concubitālis. *m. f. lě. n. is. Tert.* Propio del concúbito.

Concubitio, ōnis. *f. Hig. V.* Concubitus.

Y 2

Concubĭtor, ōris. m. Tert. V. Concubinus.

Concubĭtus, us. m. Cic. El concúbito, coito, ayuntamiento carnal. Concubitus dentium. Cel. Aur. La estrecha union y cierro de los dientes.

Concubĭum, ii. n. Gel. V. Concubitus. ‖ El concubio, la hora en que suelen recogerse las gentes á dormir.

Concubĭus, a, um. Varr. V. Concubia nocte.

Concŭbo, as, bui, bitum, ăre. n. Plaut. Dormir con compañía.

Conculcātio, ōnis. f. Plin. y

Conculcātus, us. m. Tert. Conculcacion, el acto de hollar ó pisar.

Conculcātus, a, um. part. Firm. Pisado, hollado con los pies, conculcado.

Conculco, as, avi, atum, ăre. a. Cic. Conculcar. ‖ Menospreciar, pisar, hollar con los pies.

Concumbo, is, bui, bitum, bĕre. n. Cic. Dormir con otra. ‖ Con muger.

Concumulātus, a, um. Tert. Acumulado, amontonado.

Concupio, is, ivi, ó ii, pitum, pĕre. a. Cic. Desear ardientemente, con ansia, con pasion.

Concupiscentia, ae. f. Curc. Concupiscencia, apetito, deseo de los bienes sensibles. ‖ Apetito desordenado de lascivia y deshonestidad.

† Concupiscentīvus, a, um. Tert. y

Concupiscibĭlis. m. f. lĕ. n. is. Ecles. Concupiscible.

Concupisco, is, pivi, y pii, pitum, scĕre. a. Cic. V. Concupio.

Concupĭtor, ōris. m. Jul. Firm. El que desea con ansia.

Concupĭtus, a, um. Cic. Deseado, apetecido con ansia.

Concurātor, ōris. m. Ulp. El que cuida con otro.

Concūro, as, avi, atum, ăre. a. Plaut. Cuidar mucho, tener gran cuidado, disponer con cuidado.

Concurrens, tis. com. Ov. Concurrente, el que concurre.

Concurro, is, curri, cursum, rĕre. n. Cic. Correr juntamente, venir, juntarse, acudir con presteza. ‖ Venir á las manos. ‖ Ser del mismo dictámen, concurrir en un mismo voto. Frontibus adversis concurrere. Lucr. Ir á encontrarse unos con otros bajas las cabezas. Concurrit saepe. Cic. Sucede, ocurre muchas veces. Concurritur. Hor. Se viene á las manos, se da la batalla. Concurrere viris. Virg. Pelear con los hombres. Concurrit illinc publica, hinc regis salus. Sen. Concurren, se interesan por una parte la salud pública, por otra la del rey. Concurrunt nomina. Cic. Se juntan á un mismo tiempo las pagas en favor y en contra. Concurrit cum summa. Dig. Es igual á la suma. Concurrere in pignus. — In pignore. Dig. Concurrir, tener derecho con otro á la prenda.

Concursans, tis. com. Plin. El que corre de aquí para allí.

Concursātio, ōnis. f. Cic. El acto de correr, de andar de una parte á otra. ‖ El concurso, encuentro de una cosa con otra.

Concursātor, ōris. m. Liv. El que corre de una parte á otra.

Concursatōrius, a, um. Am. Lo que se hace corriendo de una parte á otra.

Concursio, ōnis. f. Cic. Concurso, encuentro, el acto ó efecto de suceder, concurrir, juntarse á un mismo tiempo ó lugar. Concursio verborum. Cic. El concurso ó enlace áspero de las palabras.

Concurso, as, avi, atum, ăre. a. Cic. Correr, andar, rodar de una parte á otra.

Concursus, us. m. Cic. Concurso, concurrencia, copia de gentes en un mismo lugar. ‖ Choque, encuentro. ‖ Pretension, competencia. Quos concursus facere solebat! ¡Cuánta gente llevaba tras de sí!

Concussibĭlis. m. f. lĕ. n. is. Tert. Lo que se ha de sacudir.

Concussio, ōnis. f. Colum. Concusion, conmocion violenta, sacudimiento.

Concusso, as, avi, atum, ăre. a. Lucr. Conmover, sacudir violentamente.

Concussus, us. m. Plin. Concusion, sacudimiento.

Concussus, a, um. Plin. Conmovido violentamente, sacudido. ‖ Perturbado. Hominum licentia concussa. Cic. Libertad de los hombres refrenada, atemorizada.

Concutio, is, si, usum, tĕre. a. Cels. Conmover, agitar violentamente, sacudir. ‖ Amedrentar, atemorizar.

Condalium, ii. n. Plaut. Nombre de un anillo que llevaban los esclavos.

Condĕcens, tis. com. Am. Condecente, decente, correspondiente, decoroso.

Condĕcenter. adv. Gel. Con decencia, decentemente.

Condĕcentia, ae. f. Cic. Decencia, decoro.

Condĕcet, cui, ēre, n. Plaut. Ser decente, correspondiente, conveniente.

Condĕcorātus, a, um. Varr. Adornado.

Condĕcŏre. adv. Gel. Adornada, convenientemente, correspondientemente.

Condĕcŏro, as, avi, atum, ăre. a. Ter. Condecorar, adornar. Condecorare aliquem suo nomine. Plin. Honrar, condecorar á uno con su nombre.

Condēlector, aris, atus sum, ari. dep. Bibl. Deleitarse en.

Condellyquesco, is, ĕre. n. Cat. Colicuarse, liquidarse.

Condemnabĭlis. m. f. lĕ. n. is. Palad. Condenable, digno de ser condenado.

Condemnātio, ōnis. f. Ulp. Condenacion.

Condemnātor, ōris. m. Tac. Condenador, el que condena, acusador, la parte que hace acusar al reo.

Condemnātus, a, um. Cic. Condenado. Condemnatus furti. Ulp. Condenado por hurto. — Multis criminibus. Cic. Por muchos delitos. — De vi. Cic. Por violencia. — Injuriarium. Cic. Por injurias.

Condemno, as, avi, atum, ăre. a. Cic. Condenar. Hacer el acusador que se condene al reo.

Condensātio, ōnis. f. Cel. Aur. Condensacion, el efecto de condensarse alguna cosa.

Condensātus, a, um. Colum. Condensado, espesado, trabado.

Condenseo, es, ēre. Lucr. V. Condenso.

Condensĭtas, atis. f. Apul. Condensidad, espesura, consistencia, condensacion.

Condenso, as, avi, atum, ăre. a. Colum. Condensar, espesar, trabar, dar consistencia á materias que de suyo son líquidas, y tambien á otras cosas.

Condensus, a, um. Lucr. Condensado, trabado, espeso. ‖ Liv. Apretado. Condensa arboribus vallis. Liv. Valle cubierto de una espesura de árboles.

Condepso, is, sui, psitum, psĕre. a. Cat. Mezclar, amasar, ablandar con.

Condīco, is, xi, ctum, cĕre. a. Cic. Prometerse uno á otro, darse palabra, citarse, quedar de acuerdo, empeñarse, obligarse recíprocamente para. ‖ Plin. Anunciar, significar. ‖ Ulp. Citar á juicio, emplazar, poner por justicia. ‖ Petron. Decir, publicar de comun acuerdo. Condicere alicui coenam. Suet. Prometer á uno ir á comer ó á cenar á su casa. — Locum, tempusque coeundi. Just. Convenir en el tiempo y lugar de juntarse. — Inducias. Just. Hacer, quedar en una tregua de comun consentimiento.

Condictio, ōnis. f. Ulp. Intimacion, denunciacion, accion que se intenta.

Condictitius, a, um. Ulp. Perteneciente á las acciones ó demandas en justicia.

Condictum, i. n. Fest. Acuerdo, consentimiento, palabra mutua.

Condictus, a, um. part. Plaut. Intimado de acuerdo, acordado, establecido, denunciado, convenido, pactado.

Condigne. adv. Plaut. Condignamente, con igualdad y proporcion debida. ‖ Oportunamente.

Condignus, a, um. Plaut. Condigno, proporcionado, conveniente al mérito.

Condimentarius, ii. m. Tert. El guisandero, el que adoba y sazona los manjares, cocinero.

Condimentarius, a, um. Plin. Propio del condimento.

Condimentum, i. n. Plaut. Condimento, lo que sirve para dar gusto y sazon á la comida, guiso, adobo, salsa &c. Condimenta omnium sermonum facetiae. Cic. Las gracias son la salsa, la sal, el sainete de las conversaciones. — Viridia. Colum. Las verduras frescas que se usan en los guisados.

Condĭo, is, ivi, y ii, itum, ire. a. Cic. Sazonar, condimentar, guisar, adobar, dar sabor y gusto á la comida. Condire mortuum. Cic. Embalsamar un cadáver. — Orationem. Cic. Dar gracia á la oracion. — Tristitiam temporum hilaritate. Cic. Mitigar, suavizar la calamidad de los tiempos con la alegría.

Condiscĭpŭla, ae. f. Marc. Condiscípula, compañera en el estudio.

Condiscĭpŭlatus, us. m. Nep. El condiscipulado, compañía, sociedad de los estudios.

Condiscĭpŭlus, i. m. Cic. Condiscípulo, compañero en el estudio.

Condisco, is, dĭdĭci, scĕre. a. Cic. Aprender juntamente, acostumbrarse.

Condītānĕus, a, um. Varr. Lo que se condimenta ó sazona.

Condītārius, a, um. S. Ag. Perteneciente al condimento ó guiso.

Condĭtio, ōnis. f. Cic. El acto de guisar, adobar y sazonar la comida.

Condĭtio, ōnis. f. Bibl. La creacion. || El acto de guardar, de hacer repuesto. || La cualidad, condicion, estado, situacion, disposicion, naturaleza, índole, ingenio, suerte. || Cláusula, artículo, tratado. Conditio vitae. Cic. Condicion, estado, carrera de vida. — Infima. Cic. Baja condicion. — Loci. Ov. Situacion, naturaleza, cualidad de un sitio, de un lugar. Conditiones pacis. Cic. Condiciones, artículos de un tratado de paz. — Ferre. Cic. Ofrecer las condiciones, proponer partidos. Sub ea conditione. Cic. Bajo de, con esta condicion. Accipere conditionem. Ter. Aceptar el partido.

Condĭtiōnābĭlis. m. f. lĕ. n. is. Tert. Lo mismo que.

Condĭtiōnālis. m. f. lĕ. n. is. Dig. Condicional, que incluye y lleva consigo alguna condicion.

Condĭtiōnālĭter. adv. Dig. Condicionalmente, con condicion.

Condĭtītius, a, um. Colum. Guardado, reservado, repuesto. || Guisado, sazonado, condimentado.

Condĭtīvum, i. n. Sen. El sepulcro ó bóveda donde se depositan los cadáveres.

Condĭtīvus, a, um. Varr. Que se puede guardar ó conservarse sin perderse.

Condĭtor, ōris. m. Cic. El cocinero, guisandero, el que guisa y sazona la comida.

Condĭtor, ōris. m. Suet. Hacedor, fundador, autor, escritor, inventor. || Bibl. Criador. Conditor aevi redeuntis Christus. Claud. Nuestro Señor Jesucristo criador, autor de la nueva ley de gracia. — Legum. Cic. Legislador, el que hace, promulga y establece leyes. — Sectae. Colum. Inventor, autor de una secta. — Negotii. Cic. Conductor, agente principal, motor de un negocio. — Disciplinae militaris. Plin. men. Restaurador de la disciplina militar.

Condĭtōrium, ii. n. Marc. El arsenal, almacen. || La caja de los muertos. || El sepulcro.

Condĭtrix, īcis. f. Apul. La que funda, establece.

Condĭtum, i. n. Veg. La panera, horreo donde se guardan los granos. || Vino compuesto con aromas. Condita militaria. Veg. Almacenes donde se tienen de repuesto las provisiones de boca y guerra.

Condĭtūra, ae. f. Colum. El guiso, sazon, modo de componer la comida.

Condĭtus, us. m. Apul. El acto de guisar, sazonar. || De fabricar.

Condĭtus, a, um. part. de Condio Cic. Sazonado, condimentado, guisado, compuesto. Conditus sale, et facetiis Caesar. Cic. César era hombre de mucho chiste y sal, muy sazonado, lleno de donaire y gracia en sus conversaciones. Condita comitate gravitas. Cic. Gravedad mezclada, sazonada con cierto aire de afabilidad. Conditum vinum. Plin. Vino compuesto, dulce.

Condĭtus, a, um. part. de Condo. Cic. Guardado, repuesto, reservado, conservado. || Fundado, fabricado, edificado. || Compuesto, escrito. Conditus sepulcro. Cic. Enterrado. — Domi. Cic. Oculto, encerrado en casa. — Ensis. Hor. Espada metida en la vaina. — In alta caligine. Sen. Oculto, cubierto de una espesa oscuridad. Ab Urbe condita. Desde la fundacion de Roma.

Condo, is, dĭdi, dĭtum, dĕre. a. Cic. Ocultar, cubrir, encubrir. || Cerrar, guardar, reservar. || Contener, tener dentro. || Fundar, fabricar, construir, levantar, edificar. Hacer, componer, inventar, establecer. Condere jura. Ov. Hacer, establecer leyes. — Urbem. Virg. Fundar una ciudad. — Historiam. Plin. Escribir, componer una historia. — Ensem. Hor. Volver á envainar la espada, volver la espada á la vaina. — Lumina. Ov. Cerrar los ojos á un difunto. — Aliquid arca. Cic. In alvo. Virg. In crumenam. Plaut. Poner, meter en el cofre, en el vientre ó en el estómago, en la bolsa. Longos cantando condere soles. Virg. Emplear los dias enteros cantando. Famam ingenio suo. Fedr. Fundar, adquirir una fama eterna con su ingenio.

Condŏcĕfăcio, is, fēci, factum, cĕre. a. Cic. Enseñar, instruir, amaestrar, acostumbrar.

Condŏcĕfactus, a, um. Cic. Enseñado, instruido, amaestrado.

Condŏceo, es, cui, doctum, cēre. a. Hor. Instruir, enseñar.

Condoctor, ōris. m. S. Ag. Doctor juntamente con otro.

Condoctus, a, um. Plaut. Docto, instruido, prevenido.

Condŏleo, ĕs, lui, lēre. n. S. Ger. y

Condŏlesco, is, lui, scĕre. n. Cic. Condolerse, dolerse, sentir algun mal ó dolor. Condoluit mihi caput de vento. Plaut. Me ha hecho mal el viento á la cabeza, me duele la cabeza del aire, del viento. — Si pes, si dens, ferre non possumus. Cic. Si nos duele un pié ó un diente no lo podemos sufrir, no podemos sufrir el dolor de un pie ó de un diente. Condolescunt ulcera ad suspicionem tactus. Sen. Se sienten las heridas cuando se imagina que las tocan, que las van á tocar.

Condŏmo, as, ui, itum, are. a. Prud. Domar, sujetar.

Condōnatio, ōnis. f. Cic. Condonacion, largueza, liberalidad. || Don, donacion. || Perdon, remision de una deuda.

Condōnatus, a, um. Cic. part. de

Condōno, as, avi, atum, are. a. Cic. Condonar, perdonar, remitir alguna pena ó deuda. || Dar, regalar. Condonare alicui munus. Cic. Hacer un presente á alguno. — Pecunias debitoribus. Cic. Perdonar las deudas á sus deudores. — Alicui aliquem. Cic. Perdonar á uno en consideracion, por respeto de otro. — Se et vitam suam reipublicae. Salust. Entregarse á sí y su vida á la república.

Condormio, is, ivi, itum, ire. n. Plaut. y

Condormisco, is, ivi, itum, scĕre. n. Plaut. Dormir, dormirse con otro.

Condrilla, ae. f. y Condrille, es. f. y Condrillon, i. n. Plin. Condrilla, yerba, especie de endivia silvestre muy amarga al gusto.

Condūcenter. adv. m. Gel. Con conducta, con juicio.

Condūcĭbĭlis. m. f. lĕ. n. is. Plaut. Conducente, útil, provechoso, ventajoso, conveniente.

Condūcit. imperf. Conduce, es útil á propósito, provechoso.

Condūco, is, xi, ctum, ĕre. a. Cic. Conducir, llevar, trasportar. || Alquilar, tomar á renta. || Conducir, ser útil, provechoso, conveniente. Conducere lac. Colum. Cuajar la leche. — Vulnera. Val. Flac. Cerrar las llagas. — Exercitum in unum locum. Ces. Juntar un ejército en un lugar. — Homines. Ces. Levantar tropas, gente, hacer levas de gentes. Conducit hoc tibi. Colum. ó tuis rationibus. Cic. In, ó ad rem tuam. Plaut. Te conduce, te es útil, provechoso, conviene á tus intereses. Conducunt, ea maxime quae sunt rectissima. Cic. Las cosas mas justas son las mas provechosas.

Conductio, ōnis. f. Cic. Conduccion, el acto de conducir, llevar ó guiar alguna cosa. || El alquiler. || Cel. Aur. Contraccion ó encogimiento de nervios.

Conductĭtius, a, um. Plaut. Lo que se alquila por cierto precio. Conductitiae operae. Varr. Trabajos de jornaleros.

Conductor, ōris. m. Plaut. El que alquila ó compra por cierto tiempo.

Conductrix, īcis. f. Cod. La que alquila ó compra por cierto tiempo.

Conductum, i. n. Cic. La casa alquilada, el alquiler de ella.

Conductus, us. m. Cel. Aur. La constipacion ó encogimiento de los miembros.

Conductus, a, um. part. Tac. Conducido, llevado, trasportado, dirigido. ‖ Alquilado. Conductus exercitus. Nep. Ejército estrangero que se tiene á sueldo. Conducti nummi. Hor. Dinero á interes. Conducta cutis. Cel. Aur. Cútis, pellejo arrugado, encogido. Conductus dies. Solin. Dia corto, de invierno.

Conduplicabilis. m. f. lē. n. is. Vitruv. Lo que se dobla en dos partes ó piezas. Conduplicabiles fores. Vitruv. Puertas de dos hojas.

Conduplicatio, ōnis. f. Plaut. Reduplicacion, multiplicacion, aumento, repeticion de una misma cosa. ‖ Quint. Figura retórica en que se repite una palabra sobre otra.

Conduplico, as, āvi, ātum, āre. a. Cic. Reduplicar, duplicar, redoblar, aumentar. Conduplicare alicui beneficium. Ter. Hacer á uno un beneficio doblado, al doble.

Condurdum, i. n. Plin. Planta que florece en el solsticio del estío con flores encarnadas, que traida al cuello cura las paperas.

Conduro, as, avi, ātum, āre. a. Lucr. Endurecer, poner duro.

Condus, i. m. Plaut. El mayordomo ó despensero, que cuida de comprar, guardar y dar disposicion de los comestibles.

Condylōma, ātis. n. Cels. Tumor, postema.

Condylus, i. m. Marc. La juntura, nudillo ó artejo.

Cone, es. f. Tac. Cona, isla en la embocadura del Danubio.

Confabulatio, ōnis. f. Tert. Confabulacion, coloquio, conferencia, conversacion.

Confabulatus, us. m. Sid. V. Confabulatio.

Confabulo, as, āre. Plaut. y

Confabulor, āris, ātus sum, āri. dep. Plaut. Confabular, tratar, conferir, hablar entre algunos.

Confacio, is, fēci, factum, cěre. a. Lucr. Hacer con otro.

Confaeta sus. Fest. Marrana que se sacrificaba con toda su cria.

Confarreatio, ōnis. f. Tac. Confarreacion, ceremonia de los casamientos entre los romanos, en que se daba á comer á los esposos un pan hecho de farro.

Confarreatus, a, um. part. Tac. Casado, unido en matrimonio con la libacion del pan de farro.

Confarreo, as, āre. a. Tac. Casar con esta ceremonia.

Confatalis. m. f. lē. n. is. Cic. Lo que tiene el mismo destino, suerte, hado, fatal á muchos.

Confēci. pret. de Conficio.

Confectio, ōnis. f. Cic. Confeccion, composicion, preparacion. ‖ La perfeccion, el acto de hacer, formar, acabar, perfeccionar, dar fin á una cosa. Confectio belli. Cic. El fin de una guerra. — Escarum. Cic. La mascadura ó accion de mascar la comida, digestion. — Tributi. Cic. La accion de levantar un tributo. — Libri. Cic. La composicion de un libro. — Valetudinis. Cic. El desfallecimiento, pérdida de la salud.

Confector, ōris. m. Cic. El que acaba, lleva al cabo, finaliza, concluye, perfecciona, da fin á una cosa. Confector omnium ignis. Cic. El fuego es el destruidor de todas las fieras. — Ferarum. Suet. El cazador que persigue y mata las fieras. — Purpurae. Vop. El tintorero. — Coriorum. Jul. Firm. El curtidor de pieles.

Confectrix, īcis. f. Lact. La que acaba, finaliza, consume.

Confectura, ae. f. Colum. La manifactura, artificio, fábrica. ‖ Plin. Confeccion, composicion, preparacion.

Confectus, a, um. Cic. Hecho. ‖ Trabajado, compuesto. ‖ Finalizado, completo, perfecto, acabado, concluido. ‖ Consumido. ‖ Macerado, cocido, digerido. ‖ Debilitado, quebrantado, acabado, consumido. Confectus cibus. Cic. Vianda digerida. — Senectute. Cic. Agoviado de la vejez. — Frigore. Cic. Aterido, pasmado de frio. — Fame. Cic. Transido de hambre. — Vino. Cic. Borracho perdido. — Gladiator. Cic. Gladiador vencido, derrocado, abatido. Confecta victoria. Cic. Ganada la victoria. — Res. Cic. Negocio concluido. — Civitas ab aliquo. Cic. Ciudad destruida por alguno. — Macie forma. Virg. Belleza perdida por la flaqueza y magrura.

Confercio, is, ersi, ertum, cire. a. Plin. Llenar, amontonar. ‖ Apretar.

Confero, fers, tŭli, lātum, ferre. a. Colum. Llevar muchas cosas, juntar, amontonar en un lugar. ‖ Conferir, conceder, dar. ‖ Contribuir, pagar. ‖ Comunicar, tratar, examinar por via de consulta. ‖ Aplicarse, dedicarse. ‖ Diferir, dilatar, reservar. ‖ Comparar, cotejar. ‖ Mudar, transformar, trocar ‖ Arrimar, juntar, unir. ‖ Llevar. ‖ Ov. Combatir. ‖ Servir, ser útil, provechoso. Conferre se alicui. Cic. Irse, pasar á alguna parte. — Se Roman. Cic. Ir á Roma. — Se in fugam. Cic. Dar á huir, tomar las de villadiego. — Culpam in aliquem. Ter. Echar á alguno la culpa. — In aliquem beneficia. Cic. Hacer favores, beneficios á alguno. — Verba ad rem. Ter. Pasar, llegar de las palabras á los efectos, á las obras. — Capita. Liv. Avocarse, tener, venir, asistir á una plática ó conferencia. — Consilia. Ter. Comunicar los pareceres, deliberar entre. — Castra castris. Cic. Acampar unos enfrente de otros. — Novissima primis. Cic. Cotejar, comparar lo presente con lo pasado. — In quaestum vocem. Cic. Hacer oficio de pregonero para ganar la vida. — Pedem. Cic. Venir, llegar á encontrarse. — Rem ad pauca. Plaut. Reducir, contraer, abreviar un asunto en pocas palabras. Verba si ad rem conferuntur. Ter. Si las palabras sirven de algo, si las promesas tienen su efecto.

Conferrumino, as, āvi, ātum, āre. a. Plin. Unir, juntar, encolar, soldar, pegar.

Conferte. adv. Am. y

Confertim. adv. Liv. Estrecha, apretadamente.

Confertus, a, um. part. Cic. Lleno, atcalcado. ‖ Apretado, unido, espeso. Confertissima acies. Ces. Ejército muy apretado, unido, apiñado.

Conferva, ae. f. Plin. Esponja, planta.

Confervefacio, is, ěre. a. Lucr. Abrasar, inflamar, quemar.

Conferveo, ēs, vui, vēre. n. Palad. Hervir juntamente. ‖ Cels. Componerse, unirse, consolidarse lo que estaba roto ó quebrado.

Confervesco, is, scěre. n. Plin. Cocer, hervir, fermentar. ‖ Inflamarse, ponerse ardiendo.

Confessio, ōnis. f. Cic. Confesion, declaracion. Confessionem imitatur taciturnitas. Cic. El silencio parece confesion; quien calla otorga. Confessione sua indui. Cic. Ser convencido por su propia confesion. Exprimere confessionem cruciatu. Suet. Hacer confesar en el tormento.

Confessor, ōris. m. S. Ger. Confesor, el que confiesa y predica la fe católica.

Confessorius, a, um. Ulp. Perteneciente á la confesion.

Confessus, a, um. Claud. Confeso, el que ha confesado. part. act. de Confiteor. ‖ Claro, manifiesto. Confessas manus tendere. Ov. Tender las manos, darse por vencido. Confessus aeris. Gel. El que confiesa y reconoce la deuda. Ex confesso. Quint. De la propia confesion ó declaracion. Confessa res est. Cic. Confessum venit. Plin. In confesso est. Plin. Es cosa reconocida de todo el mundo, constante, cierta entre todos, es opinion comun.

Confestim. adv. Cic. Al instante, al punto, al momento, incontinenti, sin dilacion, prontamente.

Confibula, ae. f. V. Fibula.

Conficiens, tis. com. Cic. Eficiente.

Conficientissimus, a, um. Cic. Muy exacto.

Conficio, is, fēci, sectum, ficěre. a. Cic. Hacer. ‖ Acabar, concluir, dar fin, perfeccionar. ‖ Adquirir, amontonar, juntar. ‖ Matar, esterminar, hacer morir. ‖ Gastar, consumir, perder, disipar, arruinar, borrar. ‖ Transigir, dar salida, dar vado. ‖ Mascar. ‖ Digerir. Conficere funera justa. Ces. Hacer exequias, el funeral de un difunto. — Longam viam. Cic. Acabar de hacer un largo viage. — Officia sua. Plaut. Cumplir con sus obligaciones. — Bibliothecam. Cic. Formar, hacer biblioteca. — Annos prope centum. Cic. Llegar casi á tener, á cumplir casi cien años. — Rationes. Cic. Liquidar sus cuentas. — Pecuniam ex re aliqua. Cic. Sacar, hacer dinero de alguna cosa. — Peculium grande. Plaut. Juntar, amontonar grandes riquezas. Confecta res est, ó confectum est. Cic. Se acabó, esto es hecho, se perdió, no hay recurso. Com-

*fici fame. Cic.* Morirse de hambre. __ *Lacrymis. Cic.* Deshacerse en lágrimas, en llanto. __ *Curis. Cic.* Estar lleno, afligido de cuidados ó afanes. *Ex quo conficitur ut. Cic.* De donde se infiere, se saca, se concluye que. *Conficere aliquem verbis. Plaut.* Convencer á uno con palabras.

Confictio, ōnis. *f. Cic.* La ficcion, fingimiento, el acto de forjar una mentira.

Confictor, ōris. *m. Paul. Nol.* El que finge ó inventa algun embuste.

Confictus, a, um. *Ter.* Fingido, inventado, forjado, urdido con ficcion.

Confidejussor, ōris. *m. Ulp.* Confiador, compañero en la fianza, fiador con otro.

Confidens, tis. *com. Cic.* Confiado, seguro de sí mismo, presuntuoso, temerario, atrevido. || Animoso, intrépido, que nada le asusta ni acobarda. *Initio confidens in facto timidus. Praemones venatum. Canes timidi vehementius latrant. adag.* Gato maullador nunca buen cazador. Gato que muchas liebres levanta pocas mata. *ref.*

Confidenter. *adv. Plaut.* Confidentemente, con presuncion, confianza y vana opinion de sí mismo. *Confidentius dicere. lic.* Hablar con mas atrevimiento. *Confidentissime resistere ad Her.* Resistir, oponerse temerariamente.

Confidentia, ae. *f. Cic.* Confidencia, confianza, seguridad, esperanza firme. || Temeridad, audacia, imprudencia, vana opinion de sí mismo, presuncion.

Confidentilŏquus, a, um. *Plaut.* El que habla con demasiada confianza y presuncion.

Confĭdo, is, idi, isus sum, dĕre. *n. Cic.* Confiar, esperar con firmeza y seguridad, fiarse, asegurarse, poner su confianza. || Esperar. *Confido rem mihi fore laudi. Cic.* Confio que esto me ha de acarrear alabanzas. *Confido rem ut volumus esse. Cic.* Estoy seguro que la cosa es como nosotros queremos. *Multum natura loci confidunt. Ces.* Estan muy confiados en la naturaleza del sitio. *Arcae nostrae confidit. Cic.* Confia en mi bolsillo, en mi dinero.

Confīgo, is, fixi, xum, gĕre. *a. Cic.* Clavar, traspasar. || Herir. *Configere curas in reipublicae salute. Cic.* Poner, dedicar, emplear todos sus cuidados en la salud pública. __ *Corneum oculos. Cic.* Frase proverbial, que quiere decir engañará los engañados ó, como decimos nosotros, á un pícaro, pícaro y medio.

Configurāte. *adv. Apul.* Con figura, forma ó configuracion.

Configurātio, ōnis. *f. Tert.* Configuracion, conformidad, semejanza.

Configurātus, a, um. *Lact.* Configurado. *part. de*

Configūro, as, āvi, ātum, āre. *a. Colum.* Configurar, dar forma ó figura. *Configurare aliquid ad similitudinem alterius. Colum.* Dar á una cosa la forma, el aire y configuracion de otra.

Confīnalis. *m. f. le. n. is. Varr.* Perteneciente á los confines ó términos.

Confindo, is, fidi, fissum, findĕre. *a. Tibul.* Hender, dividir, separar, abrir. *Confindere tellurem ferro. Tibul.* Abrir la tierra con hierro, ararla.

Confĭne. is. *n. Val. Flac.* Lugar confinante, vecino, cercano. *V.* Confinium.

Connfingo, is, finxi, fictum, gĕre. *a. Plin.* Formar, hacer, fabricar. || Fingir, forjar, inventar. *Confingere dolum inter se. Plaut.* Concertar entre sí una picardía. __ *Crimen in aliquem. Cic.* Imponer, suponer, inventar un delito contra uno, acusarle falsamente, levantar un falso testimonio, una calumnia.

Confīnis. *m. f. ne. n. is. Liv.* Confinante, que confina ó linda con, contiguo, inmediato, cercano, vecino. || Semejante, parecido.

Confīnitĭmus, a, um. *Gel.* Muy cercano, inmediato. || Muy semejante.

Confīnium, ii. *n. Cic.* Confin, término ó raya que divide y señala los términos. || Vecindad, cercanía, proximidad. *In confinio boni, malique posita est mediocritas. Colum.* La mediocridad está en medio del bien y del mal. __ *In arcto salutis, exitiique esse. Vel. Pat.* Verse al borde del precipicio, á punto de perecer, entre la vida y la muerte.

Confīo, is, fĭĕri. *pas. Virg.* (Este verbo solo se halla en los tiempos siguientes.) *Confit res utroque modo. Lucr.* Esto se hace de dos maneras. __ *Quod ex pecudibus stercus. Colum.* El estiercol que se hace de los ganados. *Confit hoc quod volo. Ter.* Se hace lo que yo quiero, se hace lo que yo deseo. *Confieret quo facilius per te res tota. Cic.* Á fin que este negocio se hiciese mas facilmente por tu medio. *Confiet id. Lucr.* Esto se hará, se ejecutará. *Confieri id difficilius animadvertere. Cic.* Advertir, observar que esto se hace con mas, con mucha dificultad. *Ut confiat panis diligenter curare. Colum.* Poner mucho cuidado en que se haga bien el pan.

Confirmāte. *adv. ad Her.* Confirmadamente, con firmeza y seguridad.

Confirmātio, ōnis. *f. Cic.* Confirmacion, revalidacion de alguna cosa hecha ó probada, comprobacion, seguridad. || Apoyo, fuerza, firmeza. || Aseveracion, afirmacion. || Prueba. *Confirmatione non eget virtus tua. Cic.* No necesita tu valor ser alentado.

Confirmātīve. *adv. Ter.* Con confirmacion y seguridad.

Confirmātīvus, a, um. *Prisc.* Confirmativo, confirmatorio, que confirma ó comprueba.

Confirmātor, ōris. *m. Cic.* Confirmador, asegurador.

Confirmātrix, īcis. *f. Tgr.* La que confirma y asegura.

Confirmātus, a, um. *part. Cic.* Confirmado, asegurado, comprobado, corroborado. *Confirmatus animus. Cic.* Ánimo asegurado, alentado. *Confirmata valetudo. Cic.* Salud vigorosa, fortificada. __ *Aetas. Cic.* La fuerza de la edad.

Confirmĭtas, ātis. *f. Plaut.* Firmeza de ánimo, fortaleza, constancia, valor.

Confirmo, ās, āvi, ātum, āre. *a. Cic.* Confirmar, asegurar, autorizar, establecer, probar. || Afirmar, fortificar, apoyar, comprobar. || Alentar, animar, levantar el ánimo, el corazon. || *Eccles.* Confirmar, administrar el sacramento de la confirmación. *Confirmare aliquid alicui. Cic.* Asegurar alguna cosa á alguno. __ *De aliquo. Cic.* Asegurar de alguno. __ *Corpus. Cels.* __ *Se. Cic.* Recobrar sus fuerzas, reponerse, restablecerse. __ *Animos verbis. Ces.* Asegurar el corazon con buenas palabras, alentar, levantar con su plática el corazon de otros. *Hoc tibi confirmo. Cic.* Esto te aseguro.

Confiscārius, ii. *m. Ulp.* Delator.

Confiscātio, ōnis. *f. Flor.* Confiscacion, el acto y efecto de confiscar los bienes.

Confiscātus, a, um. *Suet. part. de*

Confisco, ās, āvi, ātum, āre. *a. Suet.* Confiscar, privar de los bienes á alguno, y aplicarlos al fisco.

Confisio, ōnis. *f. Cic.* Confianza, seguridad, creéncia.

Confīsus, a, um. *part. de* Confido. *Cic.* Confiado, que se fia ó confia.

Confiteor, ēris, fessus sum, tĕri. *dep. Cic.* Confesar, declarar, reconocer, decir ingenuamente. *Confiteri aliquid, ó de re aliqua. Cic.* Confesar una cosa ó acerca de ella. __ *Vultu. Ov.* Confesar con el semblante, mostrar, manifestar la verdad en el rostro. __ *Quaestione adhibita. Cic.* Confesar en el tormento. __ *Pallore timorem. Ov.* Descubrir, manifestar el temor en el color, en la palidez del rostro.

Confixi. *pret. de* Configo.

Confixĭlis. *m. f. le. n. is. Apul.* Compuesto de piezas.

Confixus, a, um. *part. de* Configo. *Cic.* Traspasado, clavado, atravesado.

Conflabello, ās, āvi, ātum, āre. *a. Tert.* Soplar, atizar el fuego.

Conflacceo, ēs, ēre. *n. Firm.* y

Conflaccesco, is, ēre. *n. Gel.* Desfallecer, quedar sin movimiento.

Conflāges, is. *f. Fest.* Lugar espuesto á todos vientos.

Conflăgĭto, ās, āvi, ātum, āre. *a. Plin.* Pedir con mucha instancia, hacer muchas instancias para alcanzar lo que se pide.

Conflagrātio, ōnis. *f. Sen.* Conflagracion, incendio.

Conflagrātus, a, um. *ad Her. part. de*

Conflăgro, ās, āvi, ātum, āre. *n.* Quemar, consumir el fuego, quemarse, arder, consumirse al fuego. *Conflagrare invidia. Cic.* Abrasarse, comerse de envidia. || Ser muy aborrecido.

Conflámmo, ās, āre. a. Apul. Inflamar.

Conflátīlis. m. f. lĕ. n. is. Prud. Conflatil, lo que se puede fundir.

Conflātio, ōnis. f. Sen. Conflacion, la fundicion de los metales.

† Conflātor, ōris. m. El fundidor.

† Conflātōrium, ii. n. El horno. ‖ La fragua. ‖ El lugar en que se funden los metales.

Conflātūra, ae. f. Plin. La fundicion, el arte de fundir los metales.

Conflātus, a, um. Plin. Fundido.‖Cic. Compuesto, hecho, forjado. Conflati testes. Quint. Testigos comprados, sobornados.

Conflecto, is, flexi, flexum, tĕre. a. Plin. Encorvar, doblar.

Conflĕo, ēs, ēre. a. Sen. Llorar con otro.

Conflexus, a, um. part. Plin. Doblado, encorvado.

Conflictātio, ōnis. f. Gel. La colision ó choque de una cosa con otra. ‖ Quint. La altercacion forense. ‖ Gel. Ataque, choque, combate.

Conflictātrix, īcis. f. Tert. La que choca ó tropieza con.

Conflictātus, a, um. Cic. Maltratado, afligido.

Conflictio, ōnis. f. Quint. El choque, colision ó encuentro de dos cuerpos. ‖ Cic. Choque, ataque, combate, oposicion, contrariedad.

Conflicto, as, āvi, ātum, āre. a. Chocar, tropezar, encontrarse una cosa con otra. ‖ Maltratar, afligir, atormentar, inquietar, incomodar. Conflictari, conflictare cum aliquo. Cic. Debatir, reñir con alguno. — Iniquissimis verbis. Cic. Decirse, ultrajarse con injurias muy atroces. Conflictare rempublicam. Tac. Inquietar, alborotar la república.

Conflictor. (pas.) Ser atormentado. Conflictari gravi annona. Ces. Padecer mucha necesidad de viveres.

Conflictus, us. m. Cic. El choque, colision ó encuentro de una cosa con otra. ‖ Conflicto, batalla, lucha, pelea.

Confligium, ii. n. Solin. V. Conflictus.

Confligo, is, ixi, ictum, gĕre. a. Cic. Chocar, pelear, combatir, batirse, venir, llegar á las manos, dar la batalla. ‖ Contender, disputar. Confligere acie. Liv. Armis. Cic. Collatis signis. Claud. Dar la batalla, combatir en campo de batalla.—Manu cum hoste. Cic. Venir á las manos con el enemigo. — De re aliqua. Cic. Disputar, tener contienda, contestacion sobre alguna cosa. Confligitur. Claud. Se pelea.

Conflo, ās, āvi, ātum, āre. a. Plaut. Soplar con ó juntamente. ‖ Lucr. Encender. ‖ Suet. Fundir. ‖ Virg. Forjar. ‖ Cic. Hacer, escitar, suscitar. ‖ Componer, hacer. Conflare alicui bellum. Cic. Mover una guerra contra alguno. — Invidiam alicui novo scelere. Cic. Escitar la envidia, el odio y aborrecimiento contra alguno por un nuevo delito.—Societatem, foedus, amicitiam cum aliquo. Cic. Asociarse, ligarse, contraer, hacer amistad, liga ó compañia con alguno. — Seditionem. Cic. Mover un alboroto, una sedicion. — Judicium. Cic. Forjar, inventar, suponer una acusacion, un delito. — Aes alienum. Cic. Contraer deudas. — Negotium alicui. Cic. Dar que hacer, molestar, enfadar á alguno.

Conflōrens, tis. com. S. Ag. El que florece, que está en la flor de la edad con otro.

Confluctuo, ās, āvi, ātum, āre. n. Sen. trag. y

Confluctuor, āris, atus sum, āri. dep. V. Fluctuo.

Confluens, tis. com. Plin. Que corre juntamente, que viene de tropel.

Confluens, tis. m. Ces. Confluencia, la union de dos rios.

Confluentes, tium. m. plur. Suet. y

Confluentia, ae. f. Coblentz, ciudad de Alemania, donde se junta el rio Rin con el Mosela.

Confluentia, ae. f. Macr. Confluencia, concurso, abundancia. Dicese particularmente de los humores que acuden en demasía á alguna parte del cuerpo.

Conflūges, is. f. Fest. y

Conflugium, ii. n. Solin. Confluencia, union de dos rios.

Conflūito, ās, āre. Nev. V. Confluo.

Conflūmeus, a, um. Apul. y

Conflumineus, a, um. Lo que está sobre el mismo rio.

Confluo, is, xi, xum, fluĕre. n. Cic. Correr juntamente, juntarse, unirse las aguas. ‖ Venir, acudir en tropa.

Confluus, a, um. Prud. Que corre juntamente.

Conflŭviātus, a, um. Liv. Lo que está junto á un rio, colocado á la orilla de un rio.

Confluvium, ii. n. Varr. El lugar donde se juntan las aguas de muchos rios, ó muchas cosas. ‖ La misma concurrencia de las aguas.

Confŏdio, is, fŏdi, fossum, dĕre. a. Colum. Cavar. ‖ Herir. ‖ Traspasar, matar. Confodere hortum apud aliquem. Plaut. Cultivar el jardin, el huerto de alguno. — Aliquem vulneribus. Liv. Coser á uno á puñaladas, cubrirle de heridas.. — Scripta alicujus notis. Plin. men. Criticar, poner notas á las obras de alguno.

Confoedātio, ōnis. f. Pacuv. El acto ó efecto de afear, de borrar.

Confoederātio, ōnis. f. S. Ger. Confederacion, alianza, liga, union.

Confoederātus, a, um. Oros. Confederado, unido, aliado.

Confoedĕro, ās, āvi, ātum, āre. a. Prud. Confederar, hacer alianza, liga ó union, confederarse.

Confoedo, ās, āre. a. Apul. Afear, empeorar, emborrar, ensuciar.

Confoedusti, ōrum. m. plur. Fest. Confederados, aliados.

Confoeto, ās, āre. a. Firm. Parir al mismo tiempo, juntamente.

Confoetūra, ae. f. Firm. El preñado de los animales.

Confoetus, a, um. Fest. Preñada, que tiene el vientre lleno de hijuelos. Dicese de los animales.

Confomo, ās, āre. a. Cat. Mondar, descortezar los árboles.

Confŏre. Ter. V. Fore. Lo que ha ó tiene de se.

Conforio, is, īre. a. Pomp. Manchar, ensuciar.

Conformālis. m. f. lĕ. n. is. Ter. Conforme, semejante.

Conformātio, ōnis. f. Cic. Conformacion, colocacion, disposicion, forma, figura. ‖ Idea, nocion, representacion, imágen, concepto.

Conformātor, ōris. m. Apul. El que forma, arregla, coloca y dispone.

Conformātus, a, um. part. Cic. Conforme, areglado, dispuesto, colocado, proporcionado, formado, figurado.

Conformis. m. f. mĕ. n. is. Sid. Conforme, igual, parecido, correspondiente, semejante.

Conformitas, ātis. f. Sen. Conformidad, semejanza de una cosa con otra.

Conformo, ās, āvi, ātum, āre. a. Ad Her. Formar, dar forma. ‖ Conformar, disponer, ajustar, acomodar, arreglar, perfeccionar. Conformare orationem. Cic. Dar forma á una oracion, arreglarla, ponerla en órden. — Se ad voluntatem alterius. Cic. Conformarse, ajustarse, adaptarse, acomodarse á la voluntad de otro.

Confornico, ās, āvi, ātum, āre. a. Vitruv. Abovedar, fabricar, formar en arco.

Conforto, ās, āre. a. Lact. Confortar, animar, alentar, consolar, dar vigor, espiritu y fuerzas.

Confossus, a, um. part. de Confodio. Cic. Herido, traspasado, muerto. ‖ Cavado, ahondado.

Confŏveo, ēs, fōvi, fōtum, vēre. a. Apul. Fomentar, calentar, abrigar, reparar. V. Foveo.

Confractus, us. m. Cels. Fractura, quebradura.

Confractus, a, um. Plin. Quebrantado, quebrado, roto.

Confrāgōsus, a, um. Liv. Confragoso, fragoso, áspero, intrincado, lleno de malezas, quebradas y breñas. ‖ Quint. Tosco, grosero, áspero. Confragosum illud quaero. Plaut. Busco, quiero saber aquello mas intrincado.

Confrāgus, a, um. Estac. V. Confragosus.

Confrēgi. pret. de Confringo.

Confrĕmo, is, mui, mitum, ĕre. n. Ov. Hacer gran ruido bramando, hacer mucho estrépito. Coelum confremuit. Sil. Ital. El cielo ha retumbado, ha tronado.

Confrĕquento, ās, āvi, ātum, āre. a. Prud. Frecuentar, asistir con frecuencia, con continuacion.

Confrĭcāmentum, i. n. Cel. Aur. Confricacion, estregamiento.

Confrĭcātio, ōnis. f. S. Ag. V. Confricamentum.

Confrĭcātus, a, um. Plin. part. de

Confrĭco, ās, cui, frictum, cāre. a. Colum. Confricar,

**CON**

estregar, frotar contra alguna cosa. ‖ Manosear. ‖ Irritar, enfadar. *Confricare alicui genua. Plaut.* Manosear á uno las rodillas, para dar á entender una cosa con muchas instancias ó continuamente.

Confrĭgefīo, is, ĕri. pas. *Cels.* y

Confrĭgĕo, ēs, ēre. n. *Firm.* Enfriarse.

Confrĭgĕro, ās, āvi, ātum, āre. n. *Apul.* Resfriarse.

Confringo, is, frēgi, fractum, gĕre. a. *Cic.* Hacer pedazos, quebrar, romper. *Confregisti tesseram. Plaut.* Frase proverbial. Rompiste la amistad. *Confregit navem apud Andrum. Ter.* Hizo naufragio junto á la isla de Andro.

Confūdi. *pret. de* Confundo.

Confūga, ae. *com. Dig.* El retraido ó retirado á un asilo.

Confūgĕla, ae. f. *Fest.* V. Confugium.

Confūgĭo, is, fūgi, fūgĭtum, ĕre. n. *Cic.* Huir juntamente, refugiarse, retirarse al refugio ó asilo. ‖ Recurrir, valerse de alguna escusa, medio ó salida.

Confūgĭum, ii. n. *Ov.* Confugio, refugio, amparo, ausilio, asilo. ‖ Recurso.

Confulcĭo, is, si, tum, cīre. a. *Lucr.* Apoyar, sostener, afirmar, servir de apoyo.

Confulgĕo, ēs, si, tum, gēre. n. *Plaut.* Brillar, resplandecer, relucir mucho.

Confultus, a, um. *Lucr. part. de* Confulcio. Apoyado, sostenido.

Confūmo, ās, āre. *Firm.* Ahumar, llenar de humo.

Confundo, is, fūdi, fūsum, ĕre. a. *Cic.* Confundir, mezclar. ‖ Equivocar, perturbar, desórdenar. ‖ Derramar. *Confundere vera cum falsis. Cic.* Confundir lo verdadero con lo falso, la verdad con la mentira.

Confŭnĕro, ās, āvi, ātum, āre. a. *Juv.* Sepultar, enterrar.

Confūsānĕus, a, um. *Gel.* Mezclado, vario, confuso.

Confūse. *adv. m. Cic.* Confusa, perturbada, mezclada, desordenadamente, con confusion.

Confūsim. *adv. m. Varr.* V. Confuse.

Confūsĭo, ōnis. f. *Cic.* Confusion, mezcla. ‖ Desórden, perturbacion, falta de orden, de método.

Confūsus, a, um. *part. de* Confundo. *Cic.* Confuso, mezclado, oscuro. ‖ Derramado, esparcido. ‖ Turbado, temeroso. ‖ Perplejo, incierto, irresoluto.

Confūtātĭo, ōnis. f. *Ad Her.* Confutacion, impugnacion, respuesta á las objeciones.

Confūtātor, ōris. m. *S. Ger.* El que confuta, impugna, convence á otro con razones.

Confūtātus, a, um. *Cic.* Confutado, impugnado, convencido.

Confūto, ās, āvi, ātum, āre. a. *Cic.* Confutar, impugnar, rechazar convenciendo el error ú opinion contraria. ‖ Reprimir, sosegar.

Congaudeo, es, ēre. n. *Tert.* Alegrarse con otro.

Congēlasco, is, ēre. n. *Plin.* Congelarse, helarse.

Congēlātĭo, ōnis. f. *Plin.* Congelacion, congelamiento, la accion y efecto de congelar y congelarse.

Congēlātus, a, um. *Colum.*

Congēlĭdus, a, um. *Cels.* Congelado, helado.

Congēlo, ās, āvi, ātum, āre. a. *Colum.* Congelar, helar. ‖ *Cic.* Congelarse, helarse. *Congelatur humor iste solis calore. Vitruv.* Se espesa este humor con el calor del sol.

Congēmĭnans, tis. com. *Val. Flac.* El que redobla.

Congēmĭnātĭo, ōnis. f. *Plaut.* El acto de doblar, redoblar, duplicar.

Congēmĭnātus, a, um. *Apul. part. de*

Congēmĭno, ās, āvi, ātum, āre. a. *Plaut.* Redoblar, doblar, duplicar.

Congēmisco, is, scĕre. n. *S. Ag.* y

Congēmo, is, mui, mĭtum, ĕre. n. *Cic.* Gemir, afligirse, lamentarse con otro.

Congĕner, ĕris. com. *Plin.* Del mismo género, de la misma especie.

Congĕnĕrātus, a, um. *Varr. part. de*

Congĕnĕro, ās, āvi, ātum, āre. *En.* Engendrar, producir á un mismo tiempo ó juntamente. *Congenerat eum mihi affinitas. En.* El parentesco me le hace mirar como hijo mio.

**CON** 177

Congĕnĭtūra, ae. f. *Firm.* Generacion, produccion hecha á un mismo tiempo.

Congĕnĭtus, a, um. *Plin.* Nacido, producido, engendrado á un mismo tiempo.

Congĕnŭclo, ās, āvi, ātum, āre. n. *Non.* Arrodillarse, postrarse, hincar las rodillas, ponerse de rodillas.

Congĕnŭclātus, a, um. *Non.* El que cae en tierra doblando las rodillas.

Conger, gri. m. *Ter.* El congrio, pescado.

Congĕries, ēi. f. *Ov.* Monton de cosas. ‖ *Ov.* Masa ó materia confusa de cosas, el caos.

Congermānesco, is, scĕre. n. *Apul.* Unirse, asociarse como hermanos.

Congermĭnālis. m. f. lĕ. n. is. *S. Ag.* Del mismo origen ó semilla.

Congermĭnātus, a, um. *Varr.* Crecido, nacido juntamente. ‖ Unido, asociado.

Congermĭno, ās, āvi, ātum, āre. n. *Varr.* Salir, nacer, crecer, brotar juntamente ó á un tiempo.

Congĕro, is, gessi, gestum, rĕre. a. *Cic.* Amontonar, acumular, amasar, poner en, llevar á un monton. *Quæ congessere palumbes. Virg.* Adonde anidaron las palomas. *Congerere plura in sermonem. Cic.* Juntar muchas cosas en un discurso. — *Crimina. Cic.* — *Causas in aliquem. Liv.* Acumular delitos, culpas contra alguno.

Congĕro, ōnis. m. *Plaut.* El que junta, amontona, y todo lo atrae para sí.

Congerra, ae. m. *Varr.* y

Congerro, ōnis. m. *Plaut.* Simple, necio, con quien se pasa el tiempo inutilmente.

Congessi. *pret. de* Congero.

Congeste. *adv. Cap.* y

Congestim. *adv. Apul.* De monton.

Congestĭo, ōnis. f. *Vitruv.* El acto de amontonar, monton, amontonamiento.

Congestītius, a, um. *Colum.* Lo que está hecho ó junto en monton.

Congestus, us. m. *Cic.* El acto de llevar ó trasportar. ‖ *Tac.* El monton, cúmulo.

Congestus, a, um. *Cic. part. de* Congero. Amontonado.

Congĭālis. m. f. lĕ. n. is. *Vitruv.* Que hace ó en que cabe un congio. V. Congius. *Fidelia congialis. Plaut.* Jarro que hace un congio.

Congĭārĭum, ii. n. *Dig.* Congiario, vasija que servia para los liquidos entre los romanos, y hacia un congio. ‖ Donativo de la república, de los emperadores ó de algun gran señor al pueblo.

Congĭārĭus, a, um. *Plin.* Propio del congiario ó donativo.

Congius, ii. m. *Liv.* Congio, *medida romana para los liquidos, capaz de tres azumbres.*

Conglācĭātus, a, um. *Plin. part. de*

Conglācĭo, ās, āvi, ātum, āre. n. *Cic.* Congelarse, helarse. ‖ Estar ocioso.

Conglisco, is, scĕre. n. *Plaut.* V. Glisco.

Conglōbātim. *adv. Liv.* De monton, de tropel, por pelotones ó tropas.

Conglōbātĭo, ōnis. f. *Sen.* Conglobacion, union de cosas ó partes que forman un globo. ‖ *Tac.* Tropa de gente, monton.

Conglōbātus, a, um. *Cic.* Conglobado, unido en figura de globo, en figura redonda. ‖ *Liv.* Unido, amontonado.

Conglōbo, ās, āvi, ātum, āre. a. *Cic.* Conglobar, conglobarse, unir algunas cosas ó partes. ‖ *Liv.* Juntar, amontonar en un lugar, ó amontonarse.

Conglŏmĕrātĭo, ōnis. f. *Dig.* El acto de juntar ó amontonar.

Conglŏmĕrātus, a, um. *Cels. part. de*

Conglŏmĕro, ās, āvi, ātum, āre. a. *Lucr.* Amontonar, juntar, acumular. *Conglomerare mala in aliquem. En.* Amontonar, acumular desgracias sobre alguno.

Conglōrĭfĭcor, āris, ātus sum, āri. dep. *Bibl.* Llenar de gloria con ó juntamente. ‖ Ser glorificado.

Conglūtĭnāmentum, i. n. y

Conglūtĭnātĭo, ōnis. f. *Cic.* Conglutinacion, el efecto de conglutinarse y unirse alguna cosa con otra.

Z

Conglūtĭnātor, ōris. m. *Ter.* El que une ó pega una cosa con otra.

Conglūtĭnātus, a, um. *Cic. part. de*

Conglūtĭno, ās, āvi, ātum, āre. a. *Vitruv.* Conglutinar, unir, pegar, encolar una cosa con otra. ‖ Juntar.

Conglūtĭnōsus, a, um. *Veg.* Conglutinoso, que pega y une una cosa con otra.

Conglūtio, is, īre. a. *Apul.* Pegar con.

Congrădus, a, um. *Avien.* El que está en igual grado, que va ó camina al mismo paso.

Congraeco, ās, āre. n. *Plaut.* y

Congraecor, āris, āri. *dep. Plaut.* Vivir á la griega; *esto es, con lujo y libertinage*.

Congrătŭlātio, ōnis. f. *Cic.* Congratulacion, la accion y efecto de congratular ó congratularse.

Congrătŭlor, āris, ātus sum, āri. *dep. Cic.* Congratular, congratularse, felicitar, dar muestras de alegría á alguno por el bien que le sucede.

Congredio, is, ĕre. n. *Plaut. en lugar de*

Congredĭor, ĕris, gressus sum, ĕdi. *dep. Cic.* Juntarse, hallarse en algun lugar, ir, caminar juntamente. ‖ Acercarse, abordar, ir á buscar, encontrarse, ir á visitar á alguno. ‖ Disputar, pelear.

Congrĕgăbĭlis. m. f. lĕ. n. is. *Cic.* Congregable, que se puede juntar, sociable.

Congrĕgātim. *adv. Prud.* Juntamente.

Congrĕgātio, ōnis. f. *Cic.* Congregacion, sociedad, junta de personas, cuerpo, comunidad.

Congrĕgātīvus, a, um. *Prisc.* Que puede congregar.

Congrĕgātor, ōris. m. *Arnob.* El que congrega, junta.

Congrĕgātus, a, um. *Cic. part. de*

Congrĕgo, ās, āvi, ātum, āre. a. *Cic.* Congregar, unir, juntar, convocar. *Congregare se cum aequalibus. Cic.* Juntarse con sus iguales. *Se ad alterum. Cic.* Arrimarse á otro, juntarse con otro.— *In unum locum turbam. Cic.* Juntar en un lugar mucha gente.

Congressio, ōnis. f. *Cic.* El acto de juntarse ó ir juntamente. ‖ Avocamiento, conversacion, plática. ‖ El choque ó conflicto de la batalla.

Congressus, us. m. *Caes.* El choque, combate, el conflicto de la batalla. ‖ Encuentro, compañía, conversacion, visita.

Congressus, a, um. *part. de* Congredior. *Tac.* El que se ha acercado, ó ha atacado.

Congrex, ĕgis. com. *Apul.* De la misma manada ó rebaño. ‖ *Aus.* De la misma compañía ó tropa.

Congruens, tis. com. *Cic.* Congruente, conveniente, conforme.

Congruenter. *adv. Cic.* Congruentemente, con conveniencia, con conformidad.

Congruentia, ae. f. *Suet.* Congruencia, conveniencia, conformidad, simetría, proporcion.

† Congruĭtas, ātis. f. *V.* Congruentia.

Congruo, is, ĕre. n. *Fest.* Venir juntamente, venir en tropa, en manada. ‖ Acaecer, suceder á un mismo tiempo. ‖ Convenir, cuadrar, corresponder. *Congruere inter se. Ter.* Avenirse, estar bien, de inteligencia, de acuerdo con otro... *Cum natura, et moribus alicujus. Cic.* Congeniar, ser de un mismo genio ó humor, tener las mismas inclinaciones ó natural que otro.— *Decretis alicujus. Cic.* Ceder, rendirse á la opinion de otro, seguir su dictamen.— *Alicui per vitia. Tac.* Parecerse á otro en los vicios.

Congrus, i. m. *Plin. V.* Conger.

Congruus, a, um. *Plaut.* Congruo, conveniente, correspondiente, propio, semejante.

Congўlis, is, ó ĭdis. f. *Colum.* Especie de nabo redondo.

Conīter, a, um. *Virg.* y

Cōnĭfĕrus, a, um. ó

Cōnĭger, a, um. *Cat.* Que lleva frutas en figura de cono ó de piña.

Conīla, ae. f. *Apul.* El orégano, yerba.

Conimbrĭca, ae. f. Coimbra, *ciudad arzobispal de Portugal*.

Conimbrĭcensis. m. f. sĕ. n. is. Conimbricense, el natural de Coimbra.

Cōnisco, ās, āvi, ātum, āre. n. *Quint.* Cabecear, mochar como los carneros. *Se dice mejor* Conisso.

Cōnistērium, ii. s. *Vitruv.* Un lugar donde los luchadores se echaban polvo uno al otro para poder hacer presa en sus cuerpos untados con aceite.

Conītum, ó Coniptum, i. n. *Fest.* Especie de libacion que hacian los antiguos con harina esparcida.

Conium, ii. n. *Conc*, ciudad del *Nivernés*.

Coniza, ae. f. *Plin.* Coniza, *yerba*, la zaragatoña.

Conjēci. *pret. de* Conjicio.

Conjectānea, ōrum. n. *plur. Gel.* Colectánea ó miscelánea; coleccion de diversas opiniones y conjeturas.

Conjectārius, a, um. *Cic.* Conjeturable, lo que se puede saber por conjeturas, se puede conjeturar.

Conjectātio, ōnis. f. *Plin.* Conjetura, juicio, opinion probable.

Conjectātōrie. *adv. Gel.* Conjeturalmente, por conjetura.

Conjectātōrius, a, um. *Gel.* Propio de la conjetura.

Conjectātus, a, um. *Apul.* Conjeturado.

Conjectio, ōnis. f. *Cic.* La accion de arrojar, tirar, echar, disparar, lanzar. ‖ Conjetura, interpretacion, esplicacion por conjetura. *Conjectio causae. Ascon.* Sumario, reduccion en compendio de una causa, de un pleito.— *Somniorum. Cic.* Interpretacion de sueños.

Conjecto, ās, āvi, ātum, āre. a. *freq. de* Conjicio. *Gel.* Echar, arrojar. ‖ Conjeturar, adivinar, juzgar, buscar por conjeturas.

Conjector, ōris. m. *Cic.* Conjeturador, intérprete de sueños, adivino.

Conjectrix, īcis. f. *Plaut.* La adivina, que interpreta y esplica los sueños por conjeturas.

Conjectūra, ae. f. *Cic.* Conjetura, juicio, opinion probable. *Conjectura consequi. Cic.* Acertar, alcanzar por conjeturas. *Conjecturam de se, ex se facere. Cic.* Conjeturar, hacer juicio de sí mismo.

Conjectūrālis. m. f. lĕ. n. is. *Cic.* Conjetural, fundado en conjeturas. *Constitutio, causa, quaestio, controversia, status conjecturalis. Cic.* Estado ó causa conjetural en que se trata de averiguar si una cosa se hizo ó no.

Conjectūrălĭter. *adv. Sidon.* Conjeturalmente, con, por conjetura.

Conjectūrātio, ōnis. f. *Plaut. V.* Conjectura.

Conjectus, a, um. *part. Cic.* Echado, arrojado, lanzado, disparado. ‖ Conjeturado, opinado, interpretado por conjeturas.

Conjectus, us. m. *Cic.* Tiro, la accion de echar, lanzar, disparar. *Conjectus oculorum. Cic.* Ojeada, mirada.— *Lapidum. Lucr.* Monton de piedras.

Conjĭcio, is, jĕci, jĕctum, jĭcĕre. n. *Cic.* Echar, arrojar, disparar, lanzar. ‖ Conjeturar, opinar, hacer juicio, interpretar, sacar consecuencias, hacer conjeturas. *Conjicere causam. Ascon.* Esplicar sumariamente una causa.— *Culpam in aliquem. Caes.* Echar la culpa á otro.— *Se in noctem. Cic.* Aventurarse, esponerse á la noche.— *Aliquem in perturbationes. Cic.* Meter á uno en trabajos.— *In nuptias. Ter.* Empeñarle en una boda, en que se case.— *Oculos in aliquem. Cic.* Fijar, clavar los ojos en alguno, ponerlos, echarlos hácia él. *Conjici in morbum. Plaut.* Caer enfermo, en una enfermedad.

Conjŭbĭlo, ās, āvi, ātum, āre. n. *Caes.* Regocijarse con otros.

Conjŭcundor, āris, āri. *dep. Bibl.* Complacerse, alegrarse juntamente.

Conjŭgālis. m. f. lĕ. n. is. *Sen.* Conyugal, perteneciente á la union entre marido y muger. *Conjugales dii. Sen. Trag.* Dioses que presidian al matrimonio, Júpiter, Juno, Lucina, Venus, Genio é Himeneo.

Conjŭgălĭter. *adv. S. Ag.* Conyugalmente, con union conyugal.

Conjŭgāta, ōrum. n. *plur. Cic.* Cosas que tienen entre sí analogía, como *justitia, justus, juste*.

Conjŭgātio, ōnis. f. *Cic.* Union, coligacion, conjuncion. ‖ Conjugacion, varia inflexion de las terminaciones del verbo por sus modos, tiempos y personas.

Conjŭgātor, ōris. m. *Cat.* El que junta, une, acopla.

Conjŭgātus, a, um. *part. S. Ag.* Unido, junto. ‖ Sacado del mismo origen, derivado. ‖ Conjugado.

Conjŭgĭālis. m. f. lĕ. n. is. *Ov. V.* Conjugalis.

Conjŭgis. m. f. gĕ. n. is. *Apul.* Junto, unido con un mismo yugo.

Conjŭgis. *genit.* de Conjux.

Conjŭgium, ii. n. *Cic.* El matrimonio. ‖ El ayuntamiento de los animales macho y hembra. ‖ Union, conjuncion.

Conjŭgo, as, āvi, ātum, āre. a. *Cic.* Unir, atar, juntar al mismo yugo, uncir. ‖ Casar. *Conjugat amicitiam morum similitudo. Cic.* La semejanza y conformidad de costumbres estrecha la amistad.

Conjŭgŭlus, a, um. *Plin.* Lo que se aplica, arrima, une á.

Conjŭgus, a, um. *Apul.* Lo que se junta, une á. ‖ *Plin.* Casado.

Conjuncte, tius, tissĭme. *adv. Cic.* Conjunta, unidamente. ‖ Estrecha, apretadamente. *Conjunctius amare. Plin.* Amar mas estrechamente. *Conjunctissime vivere. Cic.* Vivir conjuntísimamente, en la mas estrecha amistad.

Conjunctim. *adv. Nep.* V. Conjuncte.

Conjunctio, ōnis. f. *Cic.* Conjuncion, junta, union. ‖ Amistad, parentesco, afinidad. ‖ Alianza. ‖ Conjuncion, partícula conjuntiva.

Conjunctīvus, a, um. *Tert.* Conjuntivo, lo que junta y une una cosa con otra. ‖ El modo subjuntivo.

Conjuncto, as, āre. *Prud. freq.* de Conjungo.

Conjunctrix, icis. f. *S. Ag.* La que une ó junta.

Conjunctum, i. n. *Gel.* Parte de una proposicion condicional que hace relacion á otra.

Conjunctus, a, um. *part. Cic.* Conjunto, unido, conexo. ‖ Aliado, unido á otro por el vínculo de parentesco ó amistad; pariente, deudo. ‖ Contiguo. *Conjunctissimi inter se. Cic.* Muy unidos, unidos con la mas estrecha union ó amistad.

Conjunctus, us. m. *Varr.* V. Conjunctio.

Conjungo, is, nxi, nctum, gĕre. a. *Cic.* Juntar, unir. *Conjungere bellum Reges. Cic.* Juntar los reyes sus fuerzas para la guerra, hacerla de mancomun. — *Abstinentiam sibi. Tac.* Continuar la abstinencia en la comida. — *Boves. Cat.* Uncir los bueyes al yugo, al carro. — *Aliquam secum matrimonio. Curt.* — *Aliquam sibi justo matrimonio.* — *Connubia. Cic. Conjungi alicui. Tac.* Casarse, unirse en matrimonio con alguna.

Conjūrate. *adv.* y

Conjūratim. *adv. m. Plaut.* Con, por conjuracion.

Conjūratio, ōnis. f. *Cic.* Conjuracion, conspiracion, conjura. ‖ Liga secreta.

Conjūrator, ōris. m. *Plaut.* El que jura con otro.

Conjūratus, a, um. *part. Cic.* Conjurado, unido en conjura, ligado. ‖ El que ha jurado con otro.

Conjūro, as, āvi, ātum, āre. n. *Liv.* Conjurar, conspirar, sublevarse. ‖ Obligarse con juramento, conjuramentarse. ‖ *Hor.* Unirse mutuamente en buena parte.

Conjux, ŭgis. m. f. *Cic.* Consorte, el marido ó la muger, el esposo ó la esposa, el casado ó la casada. *Se dice tambien de los animales, y aun de los árboles.*

Conlativus, a, um. *Fest.* V. Collativus.

Conlatro, as, āvi, ātum, āre. a. *Sen.* Ladrar cerca ó juntamente.

Conlaxo, as, āre. *Lucr.* V. Laxo.

Connacum, i. n. Cognac, *ciudad de Francia en el Angumés.*

Connecto, is, nexi, y nexui, nexum, tĕre. a. *Cic.* Enlazar, unir, juntar, trabar, atar, concatenar. *Connectere quaedam oratione. Quint.* Introducir, meter algunas cosas en el discurso.

Connectus, a, um. *Lucr.* en lugar de Connexus, a, um.

Connexe. *adv. Marc. Cap.* Con conexion, enlace, union.

Connexio, ōnis. f. *Quint.* Conexion, enlace, atadura, trabazon, union, concatenacion.

Connexīvus, a, um. *Gel.* Conexivo, lo que puede unir ó juntar una cosa con otra.

Connexum, i. n. *Cic.* Conexion, proposicion en que se unen dos miembros con la partícula si. V. gr. *Si sol oritur, dies est.*

Connexus, a, um. *part. Cic.* Conexo, enlazado, unido con otro, agregado á otro.

Connexus, us. m. *Lucr.* V. Connexio.

Connītor, ĕris, nīsus, ó xus sum, nīti. *dep. Cic.* Esforzarse, procurar, tentar, intentar, trabajar con estuerzo. ‖ Estribar, apoyarse. ‖ *Virg.* Parir, hablando de animales. *Conniti virtute in aliquem locum. Ces.* Hacer todos sus esfuerzos para subir á algun parage.

Connīventia, ae. f. *Asc.* Connivencia, disimulo ó tolerancia.

Connīveo, ēs, nīvi, y nixi, vēre. n. *Cic.* Cerrar los ojos. ‖ Disimular, tolerar, hacer la vista gorda. ‖ *Plin.* Cerrar casi los ojos para ver mejor. *Connivere ad fulgura. Suet.* Cerrar los ojos al resplandor de los relámpagos.

† Connīvo, is, nīvi, y nixi, vēre. *ant. en lugar de* Conniveo.

Connixus, a, um. *Virg. part.* de Connitor.

Connūbiālis. m. f. lĕ. n. is. *Estac.* Conyugal, nupcial, connubial.

Connūbiāliter. *adv. Marc. Cap.* Á modo de matrimonio.

Connūbĭlis. m. f. lĕ. n. is. *Firm.* Casadero, que está en edad de casarse.

Connūbĭlo, as, āre. a. *Firm.* Anublar, oscurecer, cubrir de nubes.

Connūbium, ii. n. *Liv.* El derecho de matrimonio legítimo, la facultad de casarse. ‖ El matrimonio. *Connubium arborum. Plin.* El engerto de árboles.

Connūbius, a, um. *Apul.* Matrimonial, perteneciente al matrimonio.

Connūbo, is, psi, ptum, bĕre. n. *Apul.* Casarse.

Connūdatus, a, um. *Plin.* V. Nudatus.

Connūmero, as, āvi, ātum, āre. a. *Dig.* Conumerar, contar, hacer mencion de alguna cosa entre otras.

Conon, ōnis. m. *Cic.* Conon, *capitan famoso de los atenienses, que vencido por Lisandro lacedemonio, despues con ayuda de Artajerjes, rei de Persia, restituyó la libertad á su patria.* ‖ *Prop.* Astrónomo de Samos, *que escribió siete libros de astronomía.*

Conōpeum, i. n. *Juv.* Mosquitero ó mosquitera, pabellon, colgadura de cama para libertarse de los mosquitos.

* Conopon Diabasis. *Plin.* Lugar frente de la cuarta embocadura del Nilo, al que pasan los mosquitos en cierta estacion del año.

Cōnor, āris, ātus sum, āri. *dep. Cic.* Procurar, tentar, esforzarse, intentar, acometer, emprender, trazar, maquinar, pensar, proponerse. *Conari obviam alicui. Ter.* procurar encontrar á alguno, salirle al encuentro. — *Pedibus, manibusque. Ter.* Hacer todos sus esfuerzos, emplear todo su poder.

Conquădrātus, a, um. *Colum.* Cuadrado, hecho en forma de cuadro.

Conquădro, as, āvi, ātum, āre. a. *Varr.* Cuadrar, formar en cuadro. ‖ *Sid.* Cuadrar, venir bien, ser conforme, correspondiente.

Conquassatio, ōnis. f. *Cic.* Concusion, sacudimiento, conmocion violenta, agitacion, alteracion.

Conquassatus, a, um. *Lucr. part.* de

Conquasso, as, āvi, ātum, āre. a. *Cat.* Quebrar, romper, estrellar, hacer pedazos. ‖ Alterar, agitar, sacudir, mover violentamente. ‖ Asolar, desolar, arruinar.

Conquĕror, ĕris, questus sum, quĕri. *dep. Cic.* Quejarse, dolerse, lamentarse, lastimarse, llorar mucho ó con otro.

Conquestio, ōnis. f. *Cic.* y

Conquestus, us. m. *Liv.* Queja, lamento, dolor, sentimiento, lamentacion, llanto.

Conquexi. *pret.* de Conquinisco.

Conquiesco, is, ēvi, ētum, scĕre. n. *Cic.* Descansar, reposar, parar, cesar. ‖ Dormir. *Conquiescere in studiis. Cic.* Hallar el mayor deleite en los estudios.

Conquīnisco, is, conquexi, conquīniscĕre. n. *Plaut.* Ponerse en cuclillas, acurrucarse. ‖ Bajarse, inclinarse al suelo.

Conquĭno, as, āre. V. Coinquino.

Conquīro, is, sivi, situm, rĕre. a. *Cic.* Buscar, procurar, adquirir con mucha diligencia.

Conquisite. *adv. Ad Her.* Cuidadosamente, con estudio, con mucha diligencia.

Conquisitio, ōnis. f. *Cic.* La accion de buscar ó investi-

Consetrātus, a, um. *Plin.* Dentado, que tiene dientes, hecho á manera de sierra.

Conserte. *adv. Cic.* Unidamente.

Consertio, ōnis. *f. Arnob.* Conjuncion, conexion, union.

Consertor, ōris. *m. Plin.* Combatiente, atleta, lidiador.

Consertus, a, um. *Virg. part. de* Consero. Entretejido, unido. *Consertum tegmen spinis. Virg.* Todo cubierto de espinas. *Unde tu me ex jure manu consertum vocasti, inde ibi ego te revoco. Cic.* De la misma manera que tú me citaste á juicio, te cito yo ahora para venir á disputar nuestro derecho.

Conserva, ae. *f. Ter.* La consierva, esclava con otra, compañera en la esclavitud.

Conservābilis. m. f. lĕ. n. is. *Tert.* Lo que se puede conservar.

Conservātio, ōnis. *f. Cic.* Conservacion, la accion y efecto de conservar, custodia, guardia. ∥ Defensa, amparo, proteccion.

Conservātor, ōris. *m. Cic.* y

Conservātrix, īcis. *f. Cic.* Conservador, ra, el, la que guarda y conserva.

Conservātus, a, um. *Cic. part. de* Conservo. Conservado, guardado, reservado.

Conservĭtium, ii. *n. Plaut.* Servidumbre, servicio, esclavitud comun á muchos.

Conservo, as, āvi, ātum, āre. *a. Cic.* Conservar, guardar, mantener alguna cosa. ∥ Defender, proteger, amparar. *Conservare ordinem. Cic.* Guardar, observar, mantener el orden. — *Simulacra atque aras. Nep.* Conservar, dejar intactas, respetar las aras y simulacros.

Conservŭla, a. *f. Sen. dim. de* Conserva.

Conservus, i. *m. Cic.* Consiervo, compañero en la esclavitud.

Consessor, ōris. *m. Cic.* El que está sentado con otro, junto á otro. ∥ Asesor.

Consessus, us. *m. Cic.* Compañía, junta de personas sentadas, concurso. ∥ El lugar donde se sientan.

Consēvi. *pret. de* Consero.

Consīdeo, ēs, sēdi, sessum, dēre. *a. Cic.* Sentarse, estar sentado cerca de ó con otro. ∥ Detenerse, pararse. ∥ Reposar, descansar. ∥ Acampar. *Ubi ira considit. Liv.* Cuando se apagó, se sosegó, se apaciguó la ira ó la cólera.

Consīderanter. *adv. Val. Max.* V. Considerate.

Consīderantia, ae. *f. Vitruv.* V. Consideratio.

Consīderāte, ius, issĭme. *adv. m. Cic.* Considerablemente, con consideracion, prudente, juiciosa, madura, sabiamente, con circunspeccion, atencion, reflexion, meditacion, precaucion.

Consīderātio, ōnis. *f. Cic.* Consideracion, atencion, reflexion, meditacion, prudencia, circunspeccion.

Consīderātor, ōris. *m. Gel.* El que considera.

Consīderātus, a, um. *part. Cic. Considerata tarditas. Cic.* Lentitud prudente y sabia, conducta juiciosa, sin precipitacion. *Consideratius consilium. Cic.* Consejo mas juicioso. *Consideratissimum verbum. Cic.* Palabra muy prudente, dicha con la mas seria meditacion.

Consīdero, as, āvi, ātum, āre. *a. Cic.* Considerar, pensar, meditar, reflexionar. ∥ Mirar con atencion. *Considerare aliquid secum in animo. Ter.* Meditar, reflexionar consigo mismo. — *De re aliqua cum aliquo. Cic.* Consultar sobre alguna cosa con alguno, á alguno.

Consīdo, is, sēdi, sessum, dēre. *n. Cic.* Sentarse, ponerse, colocarse. ∥ Estar sentado con otro, junto á otro. Pararse, detenerse, morar, establecerse. ∥ Sosegarse, apaciguarse, aplacarse. ∥ Calarse, caer, descender, irse al fondo. *Consedit ardor animi, ira, furor. Cic.* Se sosegó la cólera, la ira, el furor. — *In cinerem regia. Estac.* El palacio del rey fué reducido á cenizas. *Considerare in aliam partem,* ó *in alia parte. Sen.* Ser de contrario parecer.

Consignanter. *adv. Gel.* Espresivamente, con energía.

*Consignantius quid dicere. Gel.* Decir alguna cosa con mas espresion, fuerza y energía.

Consignate. *adv. Gel.* Señalada, particularmente. *Consignatissime factus est versus Eupolidis de id genus hominibus. Gel.* De esta especie de hombres habla particularmente el verso de Eupolis.

Consignatio, ōnis. *f. Quint.* La accion de sellar ó firmar. ∥ El sello ó firma.

Consignātus, a, um. *part. de* Consigno. *Liv.* Firmado, sallado, cerrado.

Consigno, as, āvi, ātum, āre. *a. Cic.* Sellar, cerrar. Firmar. ∥ Escribir, registrar, anotar por escrito, sentar. Notar, advertir, observar. ∥ *Gel.* Manifestar, declarar, mostrar como con alguna señal. *Consignata litteris publicis memoria. Cic.* Suceso memorable, de que se ha hecho mencion en los anales ó memorias públicas. *Consignata in animis notiones. Cic.* Nociones grabadas, impresas en los ánimos. *Consignatum litteris. Cic.* Escrito.

Consĭleo, ēs, ui, ēre. *a. Gel.* y

Consĭlesco, is, ĕre. *n. Plaut.* Callar, estarse callando, guardar silencio. ∥ Estarse quieto.

Consĭlians, tis. *com. Hor.* ó

Consĭliāris. m. f. lĕ. n. is. *Dig.* y

Consĭliārius, ii. *m. Cic.* ó

Consĭliātor, ōris. *m. Fed.* y

Consĭliātrix, īcis. *f. Apul.* El ó la que aconseja, consejero, ra.

Consĭliārius, a, um. *Plaut.* El que aconseja.

Consĭliātus, a, um. *part. de* Consilior.

Consĭlĭgo, ĭnis. *f. Colum.* Pulmonaria, yerba, especie de liquen, que es medicinal para la pulmonía.

Consilinum, i. *n.* Ciudad de la Pulla, en Italia.

Consĭlio, as, āvi, ātum, āre. *a. Cic.* Aconsejar. ∥ Conferir, consultar con otro, dar ó tomar consejo.

† Consĭlio, is, lui, y livi, sultum, ĕre. *a. Tac.* Asaltar, atacar, embestir. *Consilire hostes,* ó *hostibus. Tac.* Atacar á los enemigos.

Consĭlior, āris, ātus sum, āri. *dep. Cic.* Aconsejar, dar consejo. ∥ Comunicar, conferir, consultar con otro.

Consĭliōsus, a, um. *Gel.* Abundante de consejo, de medios ó arbitrios. *Se halla en Sidonio* Consilioior *y* Consiliosissimus.

Consĭlium, ii. *n. Cic.* Consejo, parecer, dictámen que se da ó toma. ∥ Deliberacion, proyecto, resolucion, empresa, designio, intento. ∥ Congreso, tribunal, junta de gentes que deliberan sobre alguna cosa. *Consilium vestrum est, quid sit faciendum. Cic.* Á vosotros toca, qué se ha de hacer. *Consilium est ita facere. Plaut.* Se ha resuelto, se ha determinado hacerlo asi. *Consilio. Liv.* Con consejo, con resolucion, con designio premeditado, espresamente. *In consilium advocare aliquem. Cic.* Tomar parecer de alguno, consultarle, pedirle consejo. *In nocte consilium. adag.* La almoada es buen consejero. Dormireis sobre ello, y tomareis consejo. Echate sobre, en tu cama, y piensa lo de tu casa. *ref.*

Consĭmĭlis. m. f. lĕ. n. is. *Cic.* Muy semejante, parecido.

Consĭmĭlĭter. *adv. m. Gel.* Semejantemente, con semejanza.

Consĭmĭllĭme. *adv. Ter.* Muy semejantemente.

Consĭpio, is, pui, pĕre. *a. Liv.* Tener juicio.

Consisto, is, stĭti, stĭtum, sistĕre. *n. Cic.* Parar, pararse, detenerse, mantenerse. ∥ Estar en sí, mantenerse firme y constante. ∥ Consistir, estribar, estar fundado en. ∥ Existir. *Fluvius frigore consistit. Ov.* El rio está helado. *Neque mente, neque lingua consistere. Cic.* Faltarle á uno el ánimo, el entendimiento y las palabras para defenderse. — *Triduum Romae. Cic.* Detenerse tres dias en Roma. *Consistit utrinque fides. Liv.* Se guarda la palabra de una parte y de otra. *Omnis administratio belli consistit. Ces.* Paran las hostilidades, cesa toda la administracion de la guerra.

Consistōriānus, a, um. *Am.* Consistorial, perteneciente al consistorio.

Consistōrium, ii. *n. Aus.* Consistorio, el consejo que tenian los emperadores para tratar los negocios mas importantes.

Consĭtio, ōnis. *f. Cic.* Plantacion, la accion de plantar ó sembrar.

Consĭtor, ōris. *m. Ov.* Plantador, sembrador.

Consĭtūra, ae. *f. Cic.* La sembradura, plantío, siembra.

Consĭtus, a, um. *part. de* Consero. *Cic.* Plantado, sembrado. *Consitus caeca mentis caligine. Catul.* El que tiene el entendimiento embotado, rudo. — *Senectute*. *Plaut*. Consumido de vejez.

**Consiva**, ae. *f. Fest*. Sobrenombre de Ops, muger de Saturno, como abogada de los plantíos y sementeras.

**Consobrīna**, ae. *f. Cic*. Prima, hija de la hermana de la madre.

**Consobrīnus**, i. *m. Cic*. Primo hermano, hijo de la hermana de la madre.

**Consŏcer**, ĕri. *m. Suet*. Consuegro, el padre del marido y el de la muger. *Dos padres son consuegros, consoceri,* cuando el hijo del uno se casa con la hija del otro.

**Consociatim**. *adv. Am*. Juntamente.

**Consŏciātio**, ōnis. *f. Cic*. Sociedad, union, alianza.

**Consŏciātus**, a, um. *Cic. part. de*

**Consŏcio**, ās, āvi, ātum, āre. *a. Cic*. Unir en sociedad, asociar, hacer liga ó union con otro. *Consociare se cum aliquo. Plaut.* Asociarse, aliarse con alguno.

**Consŏcius**, a, um. *Dig.* V. *Socius*.

**Consŏcrus**, us. *f. Aus*. Consuegra, la madre del marido y de la muger.

**Consŏlabĭlis**. *m. f. lĕ. n. is. Cic*. Consolable, capaz de consolar y dar alivio. ‖ Lo que admite consuelo.

**Consŏlans**, tis. *com. Cic*. Consolante, que consuela.

**Consŏlātio**, ōnis. *f. Cic*. Consuelo, alivio.

**Consŏlātor**, ōris. *m. Cic*. Consolador, confortador, el que consuela.

**Consŏlātōrie**. *adv. Sidon*. Por manera de consuelo.

**Consŏlātōrius**, a, um. *Cic*. Consolativo, consolatorio.

**Consŏlātus**, a, um. *Justin. part. de Consolor*.

**Consŏlĭda**, ae. *f. Apul*. La yerba consolida ó consuelda.

**Consŏlĭdātio**, ōnis. *f. Ulp*. Consolidacion, el acto y efecto de consolidarse el usufructo con la propiedad.

**Consŏlĭdātor**, ōris. *m. Venan*. El que consolida, da firmeza y solidez á alguna cosa.

**Consŏlĭdātus**, a, um. *Cic*. Consolidado, reunido, vuelto á juntar. ‖ Asegurado, afianzado. *Consolidatae rationes. Cic.* Cuentas liquidadas, ajustadas, finalizadas. *Usufructus consolidatus. Ulp.* Usufructo consolidado, confirmado, unido á la propiedad. *part. de*

**Consŏlĭdo**, ās, āvi, ātum, āre. *a. Vitruv*. Consolidar, reunir, volver á juntar lo que estaba quebrado ó roto. ‖ Dar firmeza y solidez á una cosa. ‖ Consolidarse, reunirse el usufructo con la propiedad de la hacienda.

**Consŏlĭdus**, a, um. *Arnob*. Sólido, estable, firme.

**Consŏlo**, ās, āre. *a. Varr*. y

**Consŏlor**, āris, ātus sum, āri. *dep* y tambien *pas. Cic*. Consolar, aliviar, dar alivio y consuelo. ‖ Ser consolado. *Consolari aliquem de morte alicujus. Cic.* Consolar á uno en ó acerca de la muerte de otro. — *Se per litteras. Cic.* Consolarse en ó con los estudios. — *Se in malo. Cic.* Consolarse en un trabajo. — *Se exemplo alterius. Cic.* Consolarse con el ejemplo de otro. *Consolatus, eos consurgere jussit. Caes.* Habiéndolos consolado, quitado el temor, dado esfuerzo, los mandó levantar.

**Consomniātio**, ōnis. *f. Hirc*. Sueño, vision, imaginacion.

**Consomnio**, ās, āvi, ātum, āre. *n. Plaut*. Soñar, revolver en la fantasía imágenes ó visiones.

**Consŏnans**, tis. *com. Cic*. Consonante, que suena juntamente, ó hace armonía con otro. *Consonantes litterae. Quint.* Las consonantes que por sí no suenan, sino unidas con las vocales. *Consonantiora verba. Cic.* Palabras de un sonido mas armonioso. *Consonans sibi per omnia tenor vitae. Sen.* Modo de vivir siempre igual, constante, uniforme.

**Consŏnanter**. *adv. Vitruv*. V. *Consone*.

**Consŏnantia**, ae. *f. Vitruv*. Consonancia, conformidad, correspondencia, relacion. ‖ Armonía, proporcion de voces.

**Consŏnantissĭme**. *adv. Vitruv*. Con la mayor armonía y consonancia, con la mas exacta conformidad y proporcion.

**Consŏne**. *adv. Apul*. Consonantemente, con consonancia.

**Consŏno**, ās, nui, nĭtum, nāre. *n. Cic*. Consonar, tener igualdad, conformidad, relacion y proporcion entre sí. ‖ Sonar con el mismo sonido. ‖ Resonar. *Consonare sibi omnibus rebus. Quint.* — *Per omnia. Sen.* Guardar siempre la misma conducta, no desmentirse, no desemejarse en nada. *Consonat omnibus oratio. Cic.* Corresponden sus palabras á sus costumbres.

**Consŏnus**, a, um. *Ov*. Consono, acorde. ‖ Conforme, conveniente, correspondiente.

**Consōpio**, is, pīvi, pītum, īre. *a. Lucr*. Adormecer, provocar el sueño.

**Consōpītus**, a, um. *part. Cic*. Adormecido.

**Consors**, tis. *com. Cic*. Consorte, partícipe, compañero con otro en su suerte. *Consors generis. Ov.* Pariente. — *Periculi alterius. Plin. men.* — *Periculi cum aliquo*. — *In periculo alterius. Cic.* Compañero en el peligro, que corre los mismos riesgos, la misma fortuna que otro.

**Consortio**, ōnis. *f. Cic*. Consorcio, la participacion y comunicacion de una misma suerte, sociedad, compañía.

**Consortĭtio**, ōnis. *f. Firm*. La accion de sortear ó sacar una suerte con otro.

**Consortĭtor**, ōris. *m. Firm*. El que sortea ó echa suertes con otro.

**Consortium**, ii. *n. Cels*. V. *Consortio*.

**Conspatians**, tis. *com. Petron*. El que pasea ó anda con otro.

**Conspector**, ōris. *m. Tert*. Inspector, el que mira y preside como juez.

**Conspectus**, us. *m. Cic*. Aspecto, vista. ‖ Presencia. *In conspectum alicujus venire, se dare. Cic.* — *Prodire. Plaut.* Presentarse á alguno, ponerse delante de él, venir, llegar á su presencia. *In conspectum non cadere. Cic.* Ser imperceptible, escaparse de la vista. *Uno in conspectu omnia videre. Cic.* Verlo todo de una mirada, de una ojeada.

**Conspectus**, a, um. *part. de Conspicio. Suet*. Visto, mirado. ‖ Famoso, notable, ilustre, distinguido.

**Conspergo**, is, rsi, rsum, gĕre. *a. Cic*. Rociar, regar. Esparcir por encima. ‖ Espolvorear.

**Conspersio**, ōnis. *f. Palad*. Aspersion, el acto de regar ó rociar.

**Conspersus**, a, um. *part. Cic*. Rociado, regado, humedecido. *Conspersa caro sale. Colum.* Carne salada, espolvoreada con sal. — *Verborum floribus quasi conspersa oratio. Cic.* Discurso como sembrado de flores, de palabras floridas.

**Conspexi**. *pret. de Conspicio*.

**Conspĭcābĭlis**. *m. f. lĕ. n. is. Sid*. Visible, notable, insigne, ilustre.

**Conspĭcābundus**, a, um. *Marc. Cap*. Que mira como admirado.

**Conspĭcātus**, a, um. *Vel. Pat*. Visto, apercibido, descubierto. ‖ El que ha visto ó descubierto.

**Conspĭciendus**, a, um. *Ov*. Notable, digno de ser visto, visible.

**Conspĭcĭlium**, ó **Conspicillum**, i. *n. Plaut*. Lugar desde donde se suele ver alguna cosa.

**Conspĭcio**, is, pexi, pectum, pĭcĕre. *a. Cic*. Ver, percibir, mirar. ‖ Considerar, observar, reflexionar. *Conspicere corde. Plaut.* Comprender, alcanzar, penetrar. — *Sibi. Plaut.* Prever, saber para sí. *Conspici. Nep.* Dar en los ojos, ser visible, notable.

**Conspĭcio**, ōnis. *f. Varr*. Voz de los agoreros que significa la observacion del cielo.

**Conspĭco**, ās, āvi, ātum, āre. *a. Varr*. y

**Conspĭcor**, āris, ātum, sum, āri. *pas. Vel. Pat. dep. Caes.* Ver, mirar. *Conspicor cur in his ego te regionibus?* ¿Cómo es que ahora te veo en este país? *Conspicatus ex loco superiore. Caes.* Habiendo visto, descubierto, registrado desde una altura.

**Conspĭcuus**, a, um. *Tac*. Visible, que se ve. ‖ Ilustre, insigne, notable, sobresaliente.

**Conspīrans**, tis. *com. Cic*. El que conspira.

**Conspīrāte**. *adv. Just*. Unánimemente, de comun acuerdo.

**Conspīrātio**, ōnis. *f. Cic*. Conspiracion, concordia, union, consentimiento, liga. ‖ Conjuracion, conjura.

**Conspīrātus**, us. *m. Gel*. V. *Conspiratio*.

**Conspīrātus**, a, um. *part. Macrob*. en lugar de *Conspirans*. Conspirador, conjurado.

**Conspīro**, ās, āvi, ātum, āre. *a. Cic*. Conspirar, unirse, coligarse. ‖ Conjurar, conjurarse. *Conspirare se. Plin. men.* Enredarse, enroscarse como una culebra. *Conspirate nobiscum. Cic.* Uníos con nosotros, ayudad, favoreced nuestro proyecto (tomado en buena parte.)

Conspissātus, a, um. *Colum.* Condensado, espeso.

Conspolium, ii. m. *Arn.* Una especie de torta usada en los sacrificios.

Conspondeo, ēs, spŏpondi, sponsum, dēre. *a. Fest.* Prometerse una fe mútua, empeñar su fe y palabra uno con otro.

Consponsi, ōrum. m. plur. *Fest.* Decíanse antiguamente los que estaban coligados con mútua fe.

Consponsor, ōris. m. *Cic.* El que sale por fiador, y da caucion con otro. ‖ *Fest.* Conspirador, conjurado. ‖ El que solicita en una causa el juramento de la parte contraria prometiendo él el suyo.

Consponsus, a, um. *Varr.* Obligado recíprocamente con juramento. *Consponsa factio. Apul.* Faccion, liga en que se ha prometido la fe mútua con juramento.

Conspŏpondi. *pret. de* Conspondeo.

Conspuo, is, pui, spūtum, ĕre. *a. Plaut.* Escupir, arrojar la saliva.

Conspurcātus, a, um. *Tert. part. de*

Conspurco, ās, āvi, ātum, āre. *a. Colum.* Emporcar, ensuciar, manchar. *Conspurcare aliquid luto. Cic.* Embarrar, manchar de lodo alguna cosa.

Conspūtātor, ōris. m. *Lucr.* Escupidor, el que escupe mucho.

Conspūtātus, a, um. *Tert. part. de* Consputo. Escupido.

Conspūto, ās, āvi, ātum, āre. *a. Cic.* Escupir mucho, gargajear.

Conspūtus, a, um. *part. de* Conspuo. *S. Ger.* Escupido.

Constābilio, is, livi, litum, īre. *a. Ter.* Establecer, afirmar, asegurar. *Constabilire rem suam. Ter.* Establecer su casa, disponer bien sus cosas, sus intereses.— *Subsidiis alicujus. Lucr.* Con el auxilio de alguno.

Constābilītus, a, um. *part. Lucr.* Establecido.

Constābulātio, ōnis. *f. Apul.* Detencion en el establo.

Constābulo, ās, āvi, ātum, āre. *n. Colum.* Quedarse en el establo durante el invierno.

Constans, tis, tior, tissĭmus. *Cic.* Constante, firme, inalterable, igual. *Constans in rebus optimis. Cic.* Dedicado á las cosas buenas.— *Fides. Tac.* El que es firme en su palabra.— *Aetas. Cic.* La edad viril ó madura.— *Animus. Cic.* Ánimo constante, valeroso, resuelto.— *In levitate. Ov.* Siempre mudable. *Inimici constantes. Nep.* Enemigos implacables. *Constantior in vitiis. Hor.* Mas obstinado en los vicios.

Constanter, tius, tissĭme. *adv. Cic.* Constante, uniformemente, firme, igual, grave, fuertemente. ‖ Porfiada, obstinadamente. ‖ Uniformemente. *Constanter dicere. Cic.* Decir, hacer un discurso igual, bien seguido.— *Sibi dicere. Cic.* No desmentirse en las palabras, hablar siempre conforme.— *Se gerere. Cic.* Portarse con constancia, con valor y firmeza. *Constantius manere in aliquo statu. Cic.* Permanecer con obstinacion en cualquier estado. *Omnes constanter nuntiaverunt. Ces.* Todos dijeron uniformemente.

Constantia, ae. f. *Cic.* Constancia, firmeza, gravedad, igualdad, estabilidad, perseverancia. ‖ Fuerza, fortaleza. ‖ Valor, atrevimiento, confianza.

Constantia, ae. *f.* Constanza. *Nombre de muger.*

Constantia Julia, ae. *f. Plin.* Alcalá de Guadaira, *villa de España en Andalucía sobre el Betis.*

Constantia Zilis. *f. Plin.* Arcilla, *ciudad del reino de Fez.*

Constantiăcus, a, um. y

Constantiānus, a, um. y

Constantiensis. m. f. sĕ. n. is. *Am.* Perteneciente á Constancio, emperador romano. ‖ Perteneciente á los naturales ó habitadores de Constancia.

Constantiniānus, a, um. *Am.* Constantiniano. *Perteneciente á Constantino, emperador romano.*

Constantinŏpŏlis, is. *f. Am.* Constantinopla ó Estambul, *capital de Turquía, corte del gran Señor.*

Constantinŏpŏlitānus, a, um. *Cod.* Constantinopolitano, de Constantinopla.

Constat, ābat, stĭtit. *impers. Cic.* Es constante, cierto, se sabe, consta, es notorio, es evidente, manifiesto, claro, seguro.

Constellātio, ōnis. *f. Firm.* Constelacion, conjunto de varias estrellas fijas, su figura y situacion. *Constellatio principis. Am.* El oróscopo del príncipe.

Constellātus, a, um. *Jul. Cap.* Adornado, guarnecido de estrellas. *Constellati balthei. Treb.* Tahalíes bordados de estrellas.

Consternātio, ōnis. *f. Liv.* Consternacion, conturbacion, pavor, confusion, abatimiento del ánimo. ‖ Tumulto, sedicion, sublevacion.

Consternātus, a, um. *Liv. part. de*

Consterno, ās, āvi, ātum, āre. *a. Liv.* Consternar, conturbar, atemorizar, espantar. ‖ Sublevar, atumultuar, conmover. *Consternare animos. Liv.* Consternar, llenar de espanto y abatimiento los ánimos. *Consternari animo. Liv.* Estar consternado, abatido de ánimo.— *In fugam. Liv.* Dar á huir atemorizados.

Consterno, is, strāvi, strātum, nĕre. *a. Cic.* Cubrir estendiendo. *Consternere contabulationem lapidibus, et luto. Ces.* Cubrir el entablado con echarle una capa de piedras y barro. *Tempestas aliquot signa constravit. Liv.* La tempestad derribó, echó por tierra algunas estatuas.

Constipātio, ōnis. *f. Vopisc.* El acto de juntar, cerrar, apretar.

Constipātus, a, um. *Ces. part. de*

Constīpo, ās, āvi, ātum, āre. *a. Cic.* Apretar, unir, apiñar. *Constipare se sub vallo. Ces.* Apretarse, ponerse muy apretados, á cubierto de una trinchera.

Constĭti. *pret. de* Consto *y* Consisto.

Constĭtuendus, a, um. *Gel.* Que se ha de establecer, plantar ó colocar.

Constĭtuo, is, tui, tūtum, ĕre. *a. Ces.* Constituir, formar, disponer, colocar. ‖ Establecer, plantar, fundar. ‖ Arreglar, ordenar. ‖ Fabricar, levantar, hacer, poner. ‖ Determinar, resolver, decidir, deliberar. ‖ Decretar, prescribir. ‖ Dar palabra, prometer. ‖ Preparar. ‖ Imponer. *Constituere aciem intra sylvam. Ces.* Apostar su ejército, acampar en un bosque.— *Rem familiarem. Cic.* Arreglar, establecer su casa.— *Aliquem magna gratia apud regem. Cic.* Colocar, poner á uno en gran favor con el rey. *Constitui non poterant naves nisi in alto. Ces.* No se podia dar fondo sino en alta mar, en una gran rada. *Constituere jura, leges. Cic.* Hacer, establecer leyes.— *Actionem, judicium, controversiam, quaestionem. Cic.* Poner, plantar una demanda ó accion en tela de justicia.

Constĭtūtio, ōnis. *f. Cic.* Constitucion, estado, positura. ‖ Complexion. ‖ Disposicion, ordenacion, reglamento. ‖ Estatuto, ordenanza, derecho, ley. ‖ Fundacion.

Constĭtūtor, ōris. m. *Quint.* El que constituye, establece, arregla, decreta.

Constĭtūtōrius, a, um. *Dig. Constitutoria actio. Ulp.* La accion que compete contra el que ha faltado á pagar al tiempo que habia prometido.

Constĭtūtum, i. n. *Cic.* Convencion, acuerdo entre muchos. ‖ *Dig.* Constitucion, decreto, ley. *Ad constitutum. Cic.* Para el dia señalado. *Ex constituto. Vel. Pat.* De comun acuerdo, consejo, consentimiento.

Constĭtūtus, a, um. *part. de* Constituo. *Cic.* Constituido, puesto, colocado, plantado, establecido. ‖ Ordenado, arreglado, dispuesto. ‖ Establecido, prescrito, decretado. ‖ Fundado, fabricado. *Constitutus bene de rebus domesticis. Cic.* Hombre muy arreglado en sus cosas, en las cosas de su casa.

Constĭtūtus, us. m. *Fest.* La junta ó concurrencia de hombres.

Consto, ās, stĭti, stātum, ó stĭtum, āre. *n. Plaut.* Estar juntamente, ó estar de pie con otro. ‖ Ser, existir, subsistir. ‖ Constar, ser compuesto ó formado. ‖ Ser constante, permanecer, perseverar, mantenerse firme. ‖ Pararse, detenerse. ‖ Costar. ‖ Conformarse. ‖ Consistir, estar de acuerdo. ‖ Constar, ser una cosa cierta y manifiesta. *Constat. Cic.* Es constante, cierto, seguro, evidente, convenimos, quedamos en eso.— *Mihi. Cic.* Estoy seguro, cierto, tengo evidencia.— *Id cum superioribus. Cic.* Esto se conforma, viene bien con las cosas anteriores.— *De hac re. Cic.* La cosa es cierta, segura, constante, evidente.— *Mihi hoc tecum. Ad Her.* Quedamos, estamos convenidos en esto. *Fides tua. Liv.* Cumple su palabra, es hombre de palabra. — *Nec tibi color, nec vultus. Liv.* No mantienes un punto constancia en tu color si en tu semblante, á cada instante mudas de color y semblante. — *Victoria pluximorum morte. Ces.* La victoria nos cuesta mucha sangre, mucha gente, muy cara. — *Magistratibus reverentia. Plin. men.* Se da, se tiene á los magistrados el respeto, la veneracion debida. — *Vita sine crimine. Ov.* Su vida es ejemplar, inocente. *Constabunt mea in te officia non secus, ac si te vidissem. Cic.* Te serviré de la misma manera que si hubieras venido á verme. Se conocerán mis oficios para contigo, lo mismo que si te hubiera visto. *Tibi constitit fructus otii tui. Cic.* Tú has recogido el fruto de tu ocio, de tu retiro. *Constat auri ratio. Cic.* Está bien la cuenta del oro.

Constrātor, ōris. m. *Aus.* El que allana ó el que fabrica en lo llano.

Constrātum, i. n. *Petron.* El suelo entarimado.

Constrātus, a, um. *part.* de Consterno. *Ces.* Cubierto, solado.

Constrāvi. *pret.* de Consterno.

Constrĕpens, tis. *part. Apul.* El que hace estrépito, mucho ruido.

Constrĕpo, is, pui, pĭtum, ĕre. a. *Gel.* Hacer estrépito, mucho ruido, atronar, aturdir la cabeza, los oidos. *Constrepere exemplis. Gel.* Aturdir, romper á uno la cabeza con ejemplos, con citas.

Constricte. *adv. S. Ag.* Constreñidamente, con constriccion ó constreñimiento, estrecha, apretadamente.

Constrictio, ōnis. f. *Palad.* Constriccion, constreñimiento, el acto de apretar, estrechar, constreñir.

Constrictīvus, a, um. *Cels.* Constrictivo, lo que aprieta, constriñe y es astringente.

† Constricto, ās, āre. a. *Tert. freq.* de Constringo.

Constrictus, a, um. *Cic. part.* de Constringo. Constreñido, apretado, cerrado. ‖ Atado, unido con otro estrechamente. *Constricta narratio. Quint.* Narracion concisa, breve. *Psephismata jurejurando constricta. Cic.* Decretos confirmados con juramento. — *Frons. Petron.* Frente arrugada, aire severo, desapacible.

Constringo, is, strinxi, strictum, ĕre. a. *Cic.* Constreñir, apretar, atar. ‖ Reprimir, moderar, sujetar. *Constringi necessitate. Cic.* Verse obligado de la necesidad. *Constringitur religione fidei. Cic.* La fidelidad está fundada en la religion, está atada con el vínculo de la religion. *Tu non constringendus? Cic.* ¿Tú no debes estar atado á la cadena, cargado de prisiones? *Tradunt se libidinibus constringendos. Cic.* Se hacen esclavos de los deleites.

Constructio, ōnis. f. *Cic.* Construccion, fábrica, estructura, arquitectura. *Constructio hominis. Cic.* La composicion, construccion del hombre, la forma y disposicion de sus partes. — *Verborum. Cic.* La colocacion de las palabras. ‖ *Prisc.* La construccion gramatical, la sintáxis.

Constructus, a, um. *Cic. part.* de

Construo, is, xi, ctum, ĕre. a. *Cic.* Construir, edificar, fabricar, hacer, levantar un edificio. ‖ Amontonar, acumular. ‖ Arreglar, colocar, disponer, ajustar, acomodar. *Construuntur apud eum nummorum acervi. Cic.* Se juntan, se acumulan en su casa montones de riquezas.

Constupeo, es, pui, pēre. n. *Juven.* Pasmarse.

Constuprātor, ōris. m. *Liv.* El que comete estupro, estuprador.

Constuprātus, a, um. *Cic. part.* de

Constupro, ās, āvi, ātum, āre. a. *Liv.* Constuprar, forzar, desflorar á una doncella con violencia.

Consuādeo, ēs, asi, āsum, ēre. a. *Plaut.* Persuadir, aconsejar, inducir con instancia.

Consualia, ium, ōrum. n. *plur. Fest.* Fiestas consuales que hacian los romanos al dios Conso, dios del consejo, y se celebraban á 15 de agosto, como las neptunales en el mes de julio.

Consualis. m. f. lē. n. is. *Varr.* Consual, perteneciente al dios Conso. V. Consualia.

Consuāsor, ōris. m. *Cic.* El que persuade, aconseja ó induce junto con otro.

Consubsīdo, is, ĕre. n. *Min. Fel.* Restar, quedar.

Consubstantiālis. m. f. lē. n. is. *Tert.* Consustancial, de una misma y única sustancia, naturaleza y esencia.

Consubstantīvus, a, um. *Tert.* V. Consubstantialis.

Consudāsco, is, ĕre. n. *Colum.* Sudar juntamente.

Consūdo, ās, āvi, ātum, āre. n. *Plaut.* Sudar mucho, estar bañado en, cubierto de sudor.

Consuēfacio, is, fēci, factum, cĕre. a. *Salust.* Acostumbrar, habituar, enseñar, formar, hacer á. *Consuefeci filium, ea ne me celet. Ter.* He enseñado á mi hijo, le he hecho, acostumbrado á, le tengo criado en la costumbre de no ocultarme tales cosas.

Consuesco, is, suēvi, y suētus sum, suētum, scĕre. a. n. *Cic.* Acostumbrar, acostumbrarse, habituarse, hacerse á. *Consuescere alicui rei. Plin.* — *Aliqua re. Cic.* Acostumbrarse á alguna cosa. — *Pronuntiare. Cic.* Hacerse, enseñarse á pronunciar, á hablar en público, formar la pronunciacion. — *Alicui. Ter.* — *Cum aliquo. Plaut.* Hacerse á alguno, con alguno, acostumbrarse á su trato. — *Libero victu. Colum.* Estar acostumbrado á vivir con libertad, libremente.

Consuēto. *adv. m. Am.* Segun costumbre.

† Consuētio, ōnis. f. *Fest.* V. Consuetudo.

Consuetudinārius, a, um. *Sidon.* Consuetudinario, lo que es de costumbre.

Consuetūdo, ĭnis. f. *Cic.* Costumbre, hábito, uso, modo ordinario, práctica. ‖ Trato, comercio, frecuencia, amistad, familiaridad, conversacion. *Consuetudinis meae est. Consuetudo mea fert. Pro mea consuetudine. Cic.* Segun mi costumbre, es mi costumbre. *Consuetudo victus. Cic.* El modo, el régimen, el arreglo de la vida. *In consuetudinem cadere, venire. Cic.* Usarse, ser de moda. ‖ Pasar á proverbio. — *Vetus fori. Cic.* El antiguo uso del foro, de los tribunales. — *Tenuit. Quint.* Esta ha sido la costumbre, se ha usado, acostumbrado. *In consuetudinem alicujus se dare, te immergere, se insinuare, ó consuetudinem cum aliquo jungere, ó consuetudine alicujus se implicare. Cic. Alicui. — Cum aliquo ingredi. Ces.* Darse, dedicarse al trato de alguno, tratar, tener trato, introduccion, comunicacion con él. *Praeter, ó supra consuetudinem. Cic.* Contra, fuera de la costumbre, contra lo comun y ordinario. *Consuetudinem facere alicui cum altero. Cic.* Introducir á alguno con otro, dársele á conocer. *E consuetudine recedere. Cic.* Salir de su costumbre. *Consuetudo natura potentior. Curc.* La costumbre aun es mas poderosa que la naturaleza. *Ad graecorum consuetudinem. Cic.* Al uso, al modo, segun la costumbre de los griegos. *Consuetudinem alicujus rei nancisci. Cic.* Acostumbrarse á una cosa.

Consuētus, a, um. *part.* de Consuesco. *Cic.* Acostumbrado, el que está hecho y acostumbrado á una cosa. ‖ Usado, ordinario, frecuente, familiar. *Consuetissima verba. Ov.* Palabras muy usadas, muy comunes.

Consul, ŭlis. m. *Cic.* Cónsul, supremo magistrado en la república romana despues de echados los reyes; introducida por Junio Bruto el año 245 de la fundacion de Roma. Eran dos, y se elegian todos los años.

Consulāris. m. f. rē. n. is. *Cic.* Consular, perteneciente al oficio y dignidad de cónsul. *Consularis homo. Cic.* Varon consular, que ha sido cónsul. — *Foemina. Cic.* Muger del que ha sido cónsul. — *Aetas. Cic.* Edad necesaria para ser cónsul. No se podia serlo antes de los 42 años. *Consularia comitia. Cic.* Comicios consulares, asamblea por órden de los cónsules, ó para su creacion.

Consulāritas, ātis. f. *Cod.* V. Consulatus.

Consulāriter. *adv. m. Liv.* Á modo de cónsul, de un modo correspondiente á su dignidad.

Consulātus, us. m. *Cic.* El consulado, el oficio y dignidad de cónsul, y el tiempo y duracion de este empleo. *Consulatu functus. Tac. Perfunctus. Liv.* El que ha obtenido el consulado, ha sido cónsul.

Consulco, ās, āre. a. *Plaut. Consulcare frontem.* Arrugar la frente.

Consŭlo, is, lui, ultum, ĕre. a. *Cic.* Consultar, pedir, tomar consejo. ‖ Deliberar, examinar, proponer, ventilar. ‖ Velar, tener cuidado. ‖ Resolver. *Consulere pessime de aliquo. Liv.* Tratar á uno muy mal. — *Apollinem. Nep.*

Consultar el oráculo de Apolo. — *Speculum. Ov.* Mirarse al espejo, consultarle. — *Sibi, suae famas, utilitati, commodis. Cic.* Mirar por sí, por su fama, por su utilidad, por sus intereses. — *Rationibus alicujus. Cic.* Tomar parte, interes, tener cuidado, velar sobre las conveniencias ó intereses de otro. — *In commune, in medium, in publicum. Liv.* Mirar por el público. — *Equi, bonique. Ter.* Tomar en echar á buena parte. — *De se gravius. Cic. Graviter quidquam. Lip.* Tomar alguna resolucion fuerte, violenta, precipitada contra sí. — *In longitudinem. Ter.* — *Longe. Virg.* Tomar las medidas desde lejos, pensar en lo venidero. — *Pessime aliquid in se. Ter.* Tomar el peor partido, el peor medio ó camino; no conocer sus intereses. *Nec te id consulo. Cic.* No te lo aconsejo. *Eam rem deferunt consules ad patres, sed delatam consultere ordine non licuit. Liv.* Esto refirieron los cónsules en el senado, mas no se pudo, aunque ellos dieron parte, discurrir sobre ello, y examinarlo por su órden.

Consultātio, ōnis. *f. Cic.* Consultacion, consulta, conferencia, consejo, deliberacion. || La cuestion, especie ó caso sobre que se delibera.

Consultātor, ōris. *m. Cic.* Consultor, consultante, el que consulta ó pide dictamen.

Consultatōrius, a, um. *Macrob.* Consultive, perteneciente al dictamen ó consulta, á lo que se debe consultar.

Consultātus, i. *m. Sil.* Consultado, deliberado.

Consulte, ius, issĭme. *adv. Plaut.* Prudente, sabia, madura, juiciosamente, con consejo, con deliberacion.

Consulto. *adv. m. Cic.* Espresamente, de propósito, con reflexion, con madurez, con designio premeditado.

Consulto. *ablat. abs. Salust. Consulto, opus est prius quam incipias. Salust.* Es menester pensarlo antes de emprenderlo. *Ex consulto. Ad Her.* De propósito, con premeditado designio.

Consulto, as, avi, atum, are. *a. Cic. freq. de* Consulo. Consultar, pedir consejo. || Tomar resolucion. || Deliberar, tratar, examinar, tener consejo. || Proveer, mirar, velar, cuidar. *Consultare quid agendum. Quint.* Consultar lo que se ha de hacer.

Consultor, ōris. *m. Cic.* Consultor, el que pide y da consejo.

Consultrix, īcis. *f. Cic.* La que da consejo, cuida, mira, vela.

Consultum, i. *n. Cic.* Decreto, constitucion. *Consulta. Cic.* Decretos, deliberaciones, autos, resoluciones, órdenes, estatutos. *Patrum, consultum. Tac. Senatus consulta. Cic.* Decretos, órdenes del senado.

Consultus, a, um. *part. de* Consulo. *Cic.* El que ha sido consultado, á quien se ha pedido consejo, ó de quien se ha tomado. || Establecido, decretado, ordenado, mandado. || Consultado, examinado, conferido, tratado en consejo. || Sabio, docto, hábil, entendido, inteligente. *Consultus eloquentia. Liv.* Docto en, que posee la elocuencia. *Juris, et justitiae. Cic.* Sabio jurisconsulto. — *Disciplinae alicujus. Colum.* Maestro, profesor de alguna ciencia. *Consulta verba. Ov.* Palabras sabias, prudentes, meditadas. *Consultius est. Paul. Jct.* Mejor es, es lo mas acertado. *Consultissima via sapientiae. Petron.* Camino de la sabiduría muy alabado de todos.

Consummābĭlis. *m. f. lĕ. n. is. Sen.* Lo que se puede consumar ó perfeccionar.

Consummātio, ōnis. *f. Quint.* Consumacion, el acto de perfeccionar, dar la última mano, concluir enteramente alguna cosa. || *Colum.* La suma, coleccion ó completo de muchas cosas.

Consummātor, ōris. *m. Tert.* Consumador, el que consuma y perfecciona.

Consummātus, a, um. *Colum. part. de*

Consummo, as, avi, atum, are. *a. Colum.* Consumar, perfeccionar, concluir, acabar, dar la última mano á alguna cosa. || Sumar, reducir á suma. *Consummare dignitatem alicujus. Sen.* Ensalzar hasta el grado mas alto la dignidad de alguno.

Consūmo, is, sumpsi, sumptum, mĕre. *a. Cic.* Consumir, comer, beberlo todo. || Gastar, concluir, destruir, arruinar. *Spes consumere. Salust.* Perder las esperanzas.

*Consumi febri. Cic.* Irse consumiendo, aniquilando con la calentura. *Consumere ignominiam. Tac.* Perder la vergüenza de la infamia. — *Operam in graecis legendis. Cic.* Emplear, pasar, gastar el tiempo en leer autores griegos. *Hispaniae Scipiones consumpserunt. Vel. Pat.* Las Españas acabaron con los dos Escipiones.

Consumptio, ōnis. *f. Cic.* El acto de consumir. || La perfeccion, el acto de consumar.

Consumptor, ōris. *m. Cic.* Consumidor, gastador, devorador, el que consume, malgasta y destruye.

Consumptus, a, um. *Cic. part. de* Consumo. Consumido. || Consumado.

Consŭo, is, sui, sūtum, suĕre. *a. Plin.* Coser conjuntamente. *Consuere alicui os. Sen.* Coserle á uno la boca, no dejarle hablar.

Consurgo, is, rexi, rectum, gĕre. *n. Cic.* Levantarse, alzarse, ponerse en pie juntamente con otro. || Elevarse, crecer, subir. || Levantarse, sublevarse. *Consurgere alicui. Cic. In venerationem. Plin. men.* — *Honorifice. Cic.* Levantarse por respeto de alguno cuando entra ó cuando pasa. *Consurgitur contra eum totis imperii viribus. Flor.* Se levantan, se mueven contra él todas las fuerzas del imperio.

Consurrectio, ōnis. *f. Cic.* El acto de levantarse en pie por cortesía.

Consus, i. *m. Liv.* Conso, Dios de los consejos secretos entre los romanos. || Lo mismo que Neptuno.

Consūsurro, as, avi, atum, are. *a. Tert.* Cuchichear, hablar á otro al oido.

Consūtĭlis. *m. f. lĕ. n. is. Apul.* Cosido juntamente.

Consūtūra, ae. *f. Suet.* La zapatería ú oficio del zapatero.

Consūtus, a, um. *part. de* Consuo. *Plaut.* Cosido juntamente.

Contābeo, ēs, bui, ēre. *n. V.* Contabesco.

Contābefācio, is, fēci, factum, cere. *a. Plaut.* Deshacer, consumir, descarnar, enflaquecer.

Contābesco, is, bui, scĕre. *n. Cic.* Enmagrecer, enflaquecer, secarse, consumirse.

Contābŭlātio, ōnis. *f. Ces.* Entablado, entarimado, suelo, palco de tablas.

Contabŭlātus, a, um. *Liv. part. de*

Contabŭlo, as, avi, atum, are. *a. Ces.* Solar, entarimar, cubrir, hacer suelo de tablas. *Contabulare murum turribus. Ces.* Levantar torres de madera sobre la muralla. *Xerxes Hellespontum contabulavit. Suet.* Gerges hizo palenque del Helesponto, hizo puente de sus naves para pasarle.

Contābundus, a, um. *Apul.* Tardo, lento en el andar.

Contactus, us. *m. Colum.* Contacto, el acto de tocarse dos cuerpos. || El tocamiento.

Contactus, a, um. *part. de* Contingo. *Plin.* Tocado uno con otro. || Inficionado, infecto. *Contactus religione dies. Liv.* Dia desgraciado, en que no era lícito emprender cosa alguna; el dia de la batalla de Alia. — *Societate peculatus. Liv.* Manchado en la complicidad del robo. — *Sale modico. Cels.* Espolvoreado con un poco de sal. — *Fulmine. Ov.* Herido de un rayo.

Contāges, is. *f. Lucr.* Lo mismo que

Contāgio, ōnis. *f. Cic.* El contacto, union ó coherencia de muchos cuerpos que se tocan recíprocamente. || Veneno, peste, infeccion, contagio, enfermedad que se pega ó comunica. || La complicidad, comunicacion, compañía de una accion torpe.

Contagiōsus, a, um. *Cels.* Contagioso. *Se dice de la enfermedad ó vicio que se pega.*

Contagium, ii. *n. Plin. V.* Contagio.

Contāmen, ĭnis. *n. Ter. V.* Contaminatio.

Contāmĭnābĭlis. *m. f. lĕ. n. is. Tert.* Lo que se puede contaminar ó contagiar.

Contāmĭnātio, ōnis. *f. Ulp.* Contaminacion, el acto y efecto de contaminar, contagio, corrupcion.

Contāmĭnātor, ōris. *m. Tert.* Contaminador, el que contamina, mancha, corrompe.

Contāmĭnātus, a, um. *part. Cic.* Contaminado, manchado, infectado, emporcado, ensuciado. || Cómplice en alguna accion torpe. *Contaminatissimus homo. Cic.* Hombre muy perdido y perverso, encenagado.

Contamĭno, as, avi, atum, are. a. Suet. Contaminar, manchar, contagiar, infestar, corromper. *Contaminare fabulas. Ter.* Hacer una comedia de muchas.

Contārii, orum. m. plur. Cap. Soldados armados con pica, piqueros.

Contātio, ōnis. f. Apul. Detencion. ‖ Irresolucion, timidez.

Contātus, a, um. Apul. Armado de pica. ‖ Tímido, irresoluto.

Contechnor, āris, ātus sum, āri. dep. Plaut. Tramar, forjar, inventar, meditar, maquinar una trampa, un fraude, una picardía.

Contectus, a, um. Plin. mas. part. de

Contĕgo, is, texi, tectum, gĕre. a. Cic. Cubrir. ‖ Encubrir, ocultar. *Contegere tumulo. Liv.* Cubrir con un monton de tierra, enterrar. *Pudore libidines. Cic.* Ocultar sus liviandades por ó con vergüenza.

Contĕmĕro, as, avi, atum, are. a. Ov. Manchar, profanar, violar.

Contemnendus, a, um. Plin. Despreciable, digno de desprecio.

Contemno, is, tempsi, temptum, nĕre. a. Cic. Menospreciar, desdeñar, no hacer caso, hacer poca cuenta, no hacer estimacion ni aprecio. *Contemnere Romam prae Capua. Cic.* Despreciar á Roma en comparacion de Capua. *Se. Plaut.* Humillarse.

Contempĕrātus, a, um. Vitruv. Contemperado, part. de

Contempĕro, as, avi, atum, are. a. Apul. Contemperar, templar, mezclar, atemperar.

Contemplābĭlis. m. f. lĕ. n. is. Am. V. Contemplans.

Contemplābĭliter. adv. Am. Contemplativamente.

Contemplabundus, a, um. Apul. V. Contemplativus.

Contemplandus, a, um. Cic. Que puede ó debe contemplarse.

Contemplans, tis. part. Cic. El que contempla.

Contemplātim. adv. Sen. Contemplativamente, con contemplacion.

Contemplātio, ōnis. f. Cic. Contemplacion, atencion, consideracion, meditacion, reflexion, especulacion, vista, mirada fija. ‖ Respeto, consideracion, atencion á alguna persona.

Contemplatīvus, a, um. Sen. Contemplativo, que contempla.

Contemplātor, ōris. m. Cic. y

Contemplātrix, ĭcis. f. Cels. Contemplador, ra, el, la que contempla.

Contemplātus, us. m. Ov. Contemplacion.

Contemplātus, a, um. part. de Contemplor. Petron. El que contempla ó está mirando con cuidado. ‖ Am. Contemplado, examinado, considerado.

Contemplo, as, avi, atum, are. a. Plaut. y

Contemplor, āris, ātus sum, āri. dep. Cic. Contemplar, reflexionar, considerar, especular, meditar, mirar atentamente. *In animo contemplare quod oculis non potes. Cic.* Contempla con el espíritu lo que no puedes ver con los ojos.

Contempŏrālis. m. f. lĕ. n. is. y

Contempŏrāneus, a, um. Gel. Contemporáneo.

Contempŏro, as, are. a. Tert. Hacer del mismo tiempo.

Contempsi, ó Contemsi. pret. de Contemno.

Contemptĭbĭlis. m. f. lĕ. n. is. Ulp. Contentible, despreciable, de ninguna estimacion.

Contemptĭbĭlĭtas, atis. f. Cel. Aur. V. Contemptus.

Contemptim. adv. Liv. Con desprecio.

Contemptio, ōnis. f. Cic. V. Contemptus.

Contemptius. adv. comp. Tac. Con mas desprecio.

Contemptor, ōris. m. Liv. y

Contemptrix, ĭcis. f. Plaut. Menospreciador, ra, el, la que menosprecia, desprecia, hace poco caso.

Contemptus, us. m. Ces. Desprecio, menosprecio. *Contemptu laborare. Liv. Contemptui esse. Suet.* Ser despreciado. *Habere aliquid. Suet.* Despreciar alguna cosa.

Contemptus, a, um. part. de Contemno. Menospreciado, abatido, vil.

Contendo, is, di, nsum ó tum, dĕre. a. Cic. Tirar, es-

tirar. ‖ Tirar, lanzar, arrojar, disparar. ‖ Trabajar, procurar, intentar, esforzarse. ‖ Contender, disputar. ‖ Combatir, pelear. ‖ Afirmar, sostener, mantener, defender. ‖ Marchar, ir, caminar, partir, dirigirse á. *Contendere animum. Ov. ― Animo, omnibus nervis, &c. ― Nervos aetatis, industriaeque. Cic.* Emplear todos sus esfuerzos, todo el vigor de su edad y de su industria. *― Vocem,* 6 *voce. Cic.* Levantar, esforzar la voz. *― Maximis laboribus ad laudem. Cic.* Caminar á la gloria, á la alabanza, aspirar á ella con grandes trabajos. *― Alicui. Hor. Cum aliquo,* ó *contra aliquem. Cic.* Sostener, defender, una cosa contra alguno. *― Cursum. Virg.* Apretar, apresurar la carrera. *― Se aliquo. Cic.* Ir, caminar con diligencia á alguna parte. *― Praelio. Ces.* Dar la batalla, venir á las manos. *― Muneribus cum aliquo. Mart.* Competir sobre quien regala mas. *― Amori alicujus. Prop.* Entrar en competencia de amor, á quien mas ama. *― Pedibus cum aliquo. Ov.* Apostar á quien va mas presto, quien llega primero. *― Oculo. Hor.* Á quien ve mas desde lejos. *― Oculos. Hor.* Fijar, clavar los ojos. *― Aliquid cum re aliqua. Cic.* Comparar una cosa con otra.

Contĕnĕbrat, ābat, āre. imp. Varr. Se hace noche, se oscurece.

Contĕnĕbrātus, a, um. Tert. part. de

Contĕnĕbro, as, avi, atum, are. a. Tert. Cubrir con tinieblas.

Contente, ius, issime. adv. Cic. Con esfuerzo, vehementemente. ‖ Plaut. Estrechamente, con parsimonia.

† Contentim. adv. Lo mismo que Contente.

Contentio, ōnis. f. Cic. Intension, esfuerzo, conato. ‖ Certamen, controversia, contencion, disputa, competencia. ‖ Riña, batalla, guerra. ‖ Confrontacion, comparacion. ‖ Figura de palabras, llamada tambien *antitesis* y *contraposicion*, en que se contraponen las palabras y sentencias unas con otras.

Contentiōse. adv. ius, issime. Quint. Contenciosamente, con esfuerzo, empeño.

Contentiōsus, a, um. Quint. Contencioso, lo que se disputa ó porfia. ‖ El porfiado.

Contentus, a, um. part. de Contineo y de Contendo. Cic. Tirado, estirado. ‖ Concitado, veloz. ‖ Contento, agradado, satisfecho. *Contentus sorte sua. Hor.* Contento con su suerte. *― Equorum suorum. Curc.* Muy pagado, satisfecho de sus caballos. *― De re aliqua. Cic.* Contento de ó con alguna cosa. *Contentis oculis. Suet. Contenta acie oculorum. Lucr.* Fijos los ojos. *Contento poplite. Hor.* Á pie firme.

Contĕrĕbro, as, avi, atum, are. a. Cel. Aur. Taladrar, horadar, agugerear.

Contĕrĕbrōmia, ae. f. Voz inventada por Plauto: *significa toda la tierra que Bromio ó Baco anduvo con su ejército,* ó cualquiera pais abundante de vino.

Contermĭnātio, ōnis. f. Liv. El límite, confin, frontera.

Contermĭnātus, a, um. Liv. part. de

Contermĭno, as, avi, atum, are. n. Am. Ser confinante.

Contermĭnus, a, um. Tac. Confinante, vecino, cercano, inmediato, contiguo, fronterizo, rayano. *Conterminae Indis gentes. Plin.* Gentes confinantes con los indios. *Conterminus alicujus. Apul.* ó *alicui.* Cercano, vecino de alguno.

Conternātio, ōnis. f. Hig. La comparacion ó sorteo de tres números, terna.

Conterno, as, avi, atum, are. a. Hig. Sortear ó combinar tres números. *Conternans vitula. S. Ger.* Una vaca de tres años.

Contĕro, is, trivi, tritum, tĕrĕre. a. Varr. Majar, machacar, reducir á polvo. ‖ Consumir, gastar, aniquilar. *Conterere argumenta epistolarum. Cic.* Consumir, escribiendo en todos los asuntos de cartas. *― Frustra operam. Ter.* Perder el tiempo en vano. *Conteris me tua oratione. Plin.* Me matas con tus palabras.

Conterrāneus, a, um. Plin. Conterráneo, paisano, el que es del mismo pais.

Conterreo, ēs, rui, ritum, rrēre. a. Liv. Amedrentar, aterrar, espantar, atemorizar, dar, poner miedo, terror, espanto. *Conterrere aspectu loquacitatem alicujus.*

*Cic.* Hacer callar á uno, contener su locuacidad con una mirada.

Conterrĭtus, a, um. *part. de* Conterreo. *Suet.* Amedrentado, atemorizado, espantado, aterrado.

Contesserātio, ōnis. *f. Tert.* Comunicacion de la hospitalidad.

Contessĕro, ās, āvi, ātum, āre. *a. Tert.* Cultivar ó comunicar la hospitalidad recíproca.

Contestātio, ōnis. *f. Ulp.* Contestacion, la accion y efecto de contestar, declaracion, testimonio. || Contestacion de la demanda, el acto de responder derechamente á ella. || *Deprecacion*, súplica.

Contestatiuncŭla, ae. *f. Sidon. dim. de* Contestatio. Oracion ó deprecacion breve.

Contestāto. *adv. Ulp.* Por afirmacion, declaracion ó testimonio de testigos.

Contestātus, a, um. *Ulp. part. de* Contestor. El que ha contestado, declarado ó atestiguado con otros. || *Cic.* Declarado, atestiguado, contestado.

Contestifĭcans, tis. *com. Tert.* El que atestigua ó declara juntamente con otro.

Contestor, āris, ātus sum, āri. *dep. Cic.* Poner, llamar por testigos. || *Ulp.* Contestar, declarar, atestiguar lo mismo que otros. || *Cod.* Contestar la demanda ó el pleito. *Contestans deos et homines. Cic.* Poniendo á los dioses y á los hombres por testigos.

Contexo, is, xui, xtum, xĕre. *a. Tac.* Tejer, entretejer, unir, enlazar una cosa con otra. || Componer, juntar, *Contexere negotia nostra cum aliquo. Cic.* Mezclar, enlazar nuestros negocios con los de otros. — *Carmen. Cic.* Componer un poema.—*Crimen. Cic.* Fingir, forjar, componer un delito.

Contexte. *adv. Cic.* y

Contextim. *adv. Plin.* Seguida, unidamente, con enlace y contesto.

Contextio, ōnis. *f. Macr.* y

Contextura, ae. *f. Vitruv.* y

Contextus, us. *m. Cic.* Contesto, contestura, serie del discurso, tejido de la narracion, hilo de la oracion, compaginacion, disposicion y union de las partes.

Contextus, a, um. *part. Cic.* Tejido, entretejido, unido, compaginado con

Conticĕo, ēs, cui, ēre. y

Conticesco, is, ticui, scĕre. *n. Cic.* Callar, guardar silencio, quedarse sin saber que decir. *Conticescere ad casus aliquos. Quint.* Enmudecer, no saber que decir á vista de ciertos casos ó accidentes. *Conticescunt artes. Cic.* Las artes no estan en estimacion, no se premian, no se aplican á ellas. — *Lites forenses. Cic.* No hay negocios en el foro, en los tribunales.

Conticinium, ii. *n. Varr.* El conticinio, la hora de la noche en que está todo en silencio.

Contĭger, a, um. *Paul. Nol.* Armado con una pica.

Contĭgi. *pret. de* Contingo.

Contignātio, ōnis. *f. Ces.* Contignacion, la trabazon de las vigas y cuartones con que se forman los pisos y techos.

Contignātus, a, um. *Varr. part. de*

Contigno, ās, āvi, ātum, āre. *a. Plin.* Trabar, unir las vigas ó cuartones, formar, hacer el techo ó piso de una casa.

Contignum, i. *n. Fest.* Pedazo de carne con siete costillas, como un cuarto de carnero.

Contĭgue. *adv. Marc. Cap.* Contiguamente, con contigüidad ó inmediacion de tiempo ó lugar.

Contigŭus, a, um. *Tac.* Contiguo, lo que está inmediatamente junto ó vecino á otra cosa.

Continctus, a, um. *Lucr.* Teñido.

Continens, tis. *com. Liv.* Contiguo, inmediato, junto ó vecino á otra cosa. || Continuo, continuado. || Continente, que contiene en sí. || Continente, moderado, parco, sobrio, frugal. *Continens terra. Cic.* Tierra firme.—*Febris Cels.* Calentura continua. *Biduo continenti. Suet.* En dos dias seguidos.

Continenter. *adv. Cic.* Continuamente, continuadamente, de contínuo, sin intermision. || Continente, parca, templada, sobria, frugalmente.

Continentia urbis. *Dig.* Edificios, estramuros de una ciudad, pero contiguos á ella. *Continens causae. Quint.* El punto principal de una causa.

Continentia, ae. *f. Cic.* Continencia, el acto de contener ó comprender, el contenido. || La cercanía, inmediacion ó contigüedad. || Continencia, abstinencia de los deleites. || Moderacion, templanza, parsimonia. *Continentia militum. Ces.* La sumision y obediencia de los soldados.

Contĭneo, ēs, nui, tentum, nēre. *a. Cic.* Contener, incluir, encerrar, comprender dentro de sí, abrazar. || Reprimir, moderar, comprimir, refrenar. || Mantener, sostener, hacer subsistir. || Guardar, conservar, ocultar. *Continere se domi, aut ruris. Cic.* Estarse en casa ó en el campo. *Continentur artes cognatione quadam inter se. Cic.* Las artes tienen cierto parentesco entre sí; estan unidas y enlazadas unas con otras, como con cierto víinculo de parentesco. *Quod vero maxime rem, causamque continet. Cic.* Pero lo mas principal ó esencial en el asunto es.

Contingo, is, nxi, nctum, tingĕre. *a. Lucr.* Teñir.

Contingo, is, tĭgi, tactum, ngĕre. *a. Ces.* Tocar, llegar con la mano. || Ser contiguo, vecino, confinante. || Llegar á alguna parte. || Acaecer, suceder. *Contigit cum sors. Vel. Pat.* Le cayó, le tocó la suerte. — *Mihi. Cic.* Me ha sucedido. — *Id plerumque in magnis animis. Cic.* Esto sucede ordinariamente á los grandes ánimos. *Si contigerit mihi vita. Cic.* Si Dios me diere vida, si vivo. *Contingere alicujus familiam. Suet.* Ser pariente de alguno. *Aliquid visu. Salust.* Alcanzar á ver alguna cosa. *Crimine contingi. Ulp.* Ser culpado, delincuente. *Contingere melle pocula circum oras. Lucr.* Untar con miel el borde del vaso. *Contingere sale. Virg.* Echar sal, salar.

Continuanter. *adv.* y

Continuāte. *adv.* y

Continuatim. *adv. S. Ag.* Continuada, continua, seguidamente, sin intermision.

Continuātio, ōnis. *f. Cic.* Continuacion, la accion y efecto de continuar, serie, progreso.

Continuātus, a, um. *Cic.* Continuado, seguido, proseguido. || Contiguo, inmediato.

Continue. *adv. Varr.* Continuamente, de contínuo, sin intermision.

Continuĭtas, atis. *f. Plin.* Continuidad, continuacion, union, conexion, enlace, juntura.

Continŭo. *adv. Cic.* Al instante, al punto, al momento, incontinenti.

Continŭo, ās, āvi, ātum, āre. *a. Liv.* Continuar, seguir, proseguir, durar, permanecer, perseverar. || Unir una cosa á otra, hacerla contigua, inmediata. *Continuare agros. Liv.* Estender, dilatar las posesiones juntándolas á otras. *Continuari alicui. Cic.* Juntarse á otro, seguirse á él inmediatamente.

Continŭus, a, um *Cic.* Continuo, continuado, sin intermision, perpetuo, perene. || *Sen.* Contiguo, inmediato. *Continuus Principis. Tac.* El que acompaña siempre al príncipe. *Continuos dies quinque. Ces.* Cinco dias seguidos. *Continua dies. Ov.* Un dia entero. *Continuo spiritu. Plin.* Con un aliento, sin perder la respiracion.

Contīro, ōnis. *m. Inscr.* Soldado bisoño con otro.

Contŏgātus, a, um. *Am.* Compañero, abogado en el mismo tribunal que otro.

Contollo, is, ĕre. *def. Plaut. Contollam gradum.* Iré, pasaré allí.

Contŏnat, ābat, nuit. *n. impers. Plaut.* Tronar mucho.

Contor, āris, ātus sum, āri. *dep. Cic.* Preguntar, inquirir, averiguar, informarse, investigar. || Sondar, echar la sonda. *Contari ex aliquo de aliqua re. Cic.* Preguntar á alguno alguna cosa, informarse de él acerca de alguna cosa. *Contabat mercatorem Indum de smaragdis. Varr.* Preguntaba á un mercader indiano el precio de las esmeraldas.

Contorqueo, ēs, rsi, rtum, quēre. *a. Cic.* Torcer, doblar, volver con fuerza. || Mover. || Lanzar, disparar, tirar con ímpetu. || Contornear, dar vueltas.

Contorrĕo, ēs, orrui, ortum, ēre. *a. Am.* Tostar, abrasar del todo.

Contorsio, ōnis. *f. V.* Contortio.

Contorte, ius, issime. *adv. Cic.* Torcidamente, obli-

**CON**

cuamente. ‖ *Oscuramente*, de una manera embrollada, irregular.

**Contortio**, ōnis. f. *Ad Her.* Contorsion, el acto de volver, torcer ó revolver dando vuelta. ‖ Rodeo, oscuridad.

**Contortuplicātus**, a, um. *Plaut.* Intrincado, difícil, oscuro, como esta misma voz inventada por Plauto para muestra de las palabras difíciles de pronunciar por la aspereza de su composicion.

**Contortor**, ōris. m. *Ter.* Torcedor, intérprete malicioso. *Legum contortor. Ter.* El que da á las leyes un sentido malicioso.

**Contortŭlus**, a, um. *Cic.* dim. de

**Contortus**, a, um. *Cic.* Torcido, tortuoso, doblado, envuelto. ‖ Lanzado, disparado, arrojado, tirado con ímpetu. ‖ Oscuro, perplejo, embrollado. ‖ Vehemente, incitado, veloz.

**Contra**. prep. de acusat. Contra, enfrente de. *Medicina contra ebrietates. Plin.* Medicina contra, para la embriaguez. *Contra Brundusinum portum. Ces.* Enfrente del puerto de Brindis. *Ferebat humeris contra scalas. Plin.* Llevaba en los hombros por la escalera arriba. *Contra ea. Cic. Liv.* Al contrario, por el, por lo contrario. *Elephanti tanta narratur clementia contra minus validos. Plin.* Cuentan que es tanta la compasion del elefante para con los otros animales de menos fuerzas.

**Contra**. adv. *Cic.* Al contrario, por el, por lo contrario. *Contra ac, atque, quam. Cic.* Al contrario, de otra manera, al reves, diversamente de lo que. *Et ego quid ille, et contra ille videbar, quid sentirem. Cic.* Yo veia lo que él sentia, y él lo que yo recíprocamente. *Contra intueri aliquem. Liv.* Mirar á alguno cara á cara, de frente. *Non carus est auro contra. Plaut.* No es caro aun á precio de oro.

**Contracte**. adv. m. *Sen.* Angosta, estrechamente.

**Contractio**, ōnis. f. *Cic.* Contraccion, encogimiento, la accion de retirarse ó encogerse los nervios. ‖ La brevedad. *Contractio frontis. Cic.* La accion de arrugar la frente, el sobrecejo. — *Sillabae. Cic.* Elision de una sílaba. — *Animi. Cic.* Encogimiento del corazon, del ánimo.

**Contractiuncŭla**, ae. f. *Cic.* dim. de Contractio.

**Contractūra**, ae. f. *Vitruv.* V. Contractio.

**Contractus**, us. m. *Varr.* El encogimiento ó estrechura de alguna cosa. ‖ Contrato, pacto, convencion entre partes arreglado al derecho.

**Contractus**, a, um. part. de Contraho.

**Contradicibĭlis**. m. f. le. n. is. *Quint.* Que se puede contradecir.

**Contrādīco**, is, xi, ctum. a. *Tac.* Contradecir, decir lo contrario que otro, oponerse, negar lo que otro da por cierto.

**Contradictio**, ōnis. f. *Tac.* Contradicion, oposicion, el acto de contradecir ó negar lo que otro afirma. ‖ *Quint.* Objecion, réplica, argumento al contrario.

**Contradictor**, ōris. m. *Ulp.* Contradictor, el que impugna ó se opone á lo que otro dice ó hace.

**Contradictus**, a, um. *Quint.* Contradicho, dicho en contrario.

**Contrādo**, is, dĭdi, dĭtum, dĕre. a. *Lucr.* Dar, prestar. *Contradere fidem dictis.* Dar crédito á lo que se dice.

**Contraeo**, is, ivi, itum, ire. n. *Tac.* Ir al contrario, oponerse, contradecir, tomar el partido opuesto.

**Contrăho**, is, traxi, tractum, ĕre. a. *Cic.* Juntar, congregar, coligar, traer á junta y union. ‖ Contraer, estrechar, restringir, encoger, abreviar. ‖ Endurecer, coagular, cuajar. ‖ Arrugar, encrespar. ‖ Transigir, pactar, negociar, tratar. ‖ Atraer, conciliar. ‖ Levantar. ‖ Producir. *Contrahi incommodis amici. Cic.* Afligirse, angustiarse, entristecerse en las fatalidades de un amigo. *Contrahere morbum. Plin.* Contraer una enfermedad, caer malo, enfermo. — *Vultum. Ov.* Arrugar la frente. — *Cum aliquo. Cic.* Tratar, contratar con alguno. — *Negotium alicui. Cic.* Buscar ú ocasionar alguna molestia. — *Certamen. Cic.* Venir á las manos, dar la batalla. — *Cicatricem. Plin.* Cerrar una llaga, cicatrizarla. — *Vela. Hor.* Amainar las velas. *Frigore contractus. Virg.* Encogido, arrecido de frio.

**Contralicĕor**, ēris, ĭtus sum, ēri. dep. *Ces.* Pujar el precio contra otro, ofrecer mas.

**CON** 189

**Contrāpōno**, is, pŏsui, pŏsĭtum, nĕre. a. *Quint.* Contraponer, oponer.

**Contrapŏsĭtum**, i. n. *Quint.* Contraposicion, antítesis, figura retórica.

**Contrarie**. adv. m. *Cic.* Contrariamente, en contrario.

**Contrariĕtas**, ātis. f. *Macr.* Contrariedad, oposicion.

**Contrario**. adv. m. *Nep.* Al contrario, por el ó por lo contrario.

**Contrarius**, a, um. *Cic.* Contrario, opuesto, repugnante, enemigo. ‖ Lo que está enfrente. ‖ *Plin.* Dañoso, perjudicial. *Contrariae in partes disputare. Cic.* Hablar en pro y en contra. *E, ó ex contrario. Cic.* Al, por el contrario.

**Contrascriptus**, a, um. *Cic.* Escritura, escrito en contrario.

**Contravĕnio**, is, vēni, ventum, nīre. n. *Cel.* Venir, salir al encuentro. *Contravenire de litteris corruptis.* Acusar la falsedad de unas cartas.

**Contraversim**. adv. *Apul.* Por lo contrario.

**Contraversus**, a, um. *Solin.* Vuelto al contrario.

**Contrectabĭlis**. m. f. le. n. is. *Prud.* Lo que se puede tocar y manosear.

**Contrectabĭlĭter**. adv. m. *Lucr.* Sensible, palpablemente.

**Contrectatio**, ōnis. f. *Cic.* Tocamiento ó manoseo. ‖ *Dig.* Hurto.

**Contrectator**, ōris. m. *Ulp.* El ladron que roba y se lleva alguna cosa.

**Contrectātus**, a, um. *Flor.* Tocado, manoseado. part. de

**Contrecto**, as, avi, atum, āre. a. *Colum.* Tocar, manosear. *Contrectare merita voluptates. Cic.* Contemplar en la imaginacion cosas divertidas, los deleites. *Contrectare oculis. Tac.* Mirar con mucha atencion.

**Contremisco**, is, ĕre. n. *Cic.* y

**Contremo**, is, mui, ĕre. n. *Cic.* Temblar de miedo. *Contremiscere omnibus artubus. Cic.* Temblar todo el cuerpo, todos los miembros de miedo.

**Contremŭlus**, a, um. *Varr.* Trémulo.

**Contribŭlatio**, ōnis. f. *Tert.* Tribulacion, afliccion.

**Contribŭlātus**, a, um. *Tert.* Atribulado, afligido.

**Contribŭlis**, is. m. f. *Sid.* El que es de la misma tribu.

**Contribŭlo**, as, avi, atum, āre. a. *Bibl.* Quebrantar, romper. Atribular, afligir.

**Contribŭo**, is, bui, būtum, ĕre. a. *Cic.* Contribuir, dar, atribuir. ‖ Poner en el número, colocar entre. *Contribuere se alicui. Liv.* Estar dedicado, entregado á alguno. *In regna. Liv.* Colocar entre, poner en el número de los reinos. — *Milites in unam cohortem. Just.* Formar los soldados en un escuadron.

**Contribūtio**, ōnis. f. *Dig.* Contribucion.

**Contribūtus**, a, um. *Liv.* Añadido, unido, incorporado. *In unam urbem contribūti. Liv.* Incorporados, unidos en una misma ciudad.

**Contristatio**, ōnis. f. *Tert.* Afliccion, pena, pesadumbre, tristeza, contristacion.

**Contristātus**, a, um. *Colum.* part. de

**Contristo**, as, avi, atum, āre. a. *Cel. á Cic.* Contristar, afligir, entristecer, dar dolor, pena, pesadumbre.

**Contritio**, ōnis. f. *Quint.* El acto de triturar, majar, de machacar y reducir á polvo. ‖ *S. Ag.* Contricion, dolor de haber ofendido á Dios por quien es.

**Contritor**, ōris. m. *Plaut.* Consumidor, gastador.

**Contrītus**, a, um. part. de Contero. *Plin.* Machacado, majado, triturado. ‖ Gastado, consumido. ‖ Usado, comun, vulgar, ordinario. ‖ Contrito. *Contritum vetustate proverbium. Cic.* Proverbio muy antiguo y usado. *Contrita aetas in studio. Cic.* Edad, vida gastada, consumida en el estudio. — *Praecepta. Cic.* Máximas, preceptos comunes.

**Controversia**, ae. f. *Cic.* Controversia, disputa, cuestion. ‖ Pleito, querella, riña, debate, diferencia, causa judicial. ‖ Declamacion retórica. *Sine controversia. Cic.* Sin disputa, sin dificultad, sin contradicion. *Controversiam facere alicui de re aliqua. Sen.* Moverle á uno un pleito sobre alguna cosa. *Controversia mihi cum illo est rei familiaris, ó controversiam habeo cum eo de re familiari. Cic.* Estoy en una diferencia con él, tengo una cuestion con él sobre asuntos domésticos.

Controversālis, m. f. lē. n. is. Sid. Perteneciente á la controversia.

Controversiŏla, ae. f. S. Ger. dim. de Controversia.

Controversiōsus, a, um. Liv. Contencioso, litigioso, sobre que se disputa, que está puesto en tela de juicio.

Controversor, āris, ātus sum, āri. dep. Cic. Controvertir, disputar, altercar sobre alguna materia. ∥ Litigar. Controversari inter se, ó cum aliquo de aliqua re. Cic. Tener diferencia entre sí ó con otro sobre alguna cosa.

Contrōversus, a, um. Cic. Controvertido, litigioso, dudoso. ∥ Macr. Contrario, opuesto. ∥ Pleitista, amante de pleitos.

Contrŭcīdatus, a, um. Cic. part. de

Contrucido, as, āvi, ātum, āre. a. Suet. Matar á puñadas, cruelmente.

Contrūdo, is, trūsi, trūsum, dĕre. a. Cic. Echar, meter dentro, por fuerza, á empujones.

Contrunco, ās, āvi, ātum, āre. a. Plaut. Despedazar, hacer pedazos. ∥ Matar. ∥ Mascar.

Contrūsus, a, um. part. de Contrudo. Lucr. Echado, impelido con violencia.

Contubernālis, m. f. lē. n. is. Cic. Contubernal, el que vive con otro en un mismo alojamiento. ∥ Camarada, compañero. Contubernalis mulier. Colum. La muger de un esclavo. — Alicui in consulatu. Cic. Compañero de alguno en el consulado. — Crucis. Plaut. Compañero en el suplicio, en la horca.

Contubernium, ii. n. Ces. Contubernio, alojamiento, tienda donde viven algunos soldados. ∥ Compañia de diez soldados. ∥ Compañía de gente. ∥ El amancebamiento. ∥ Matrimonio entre esclavos, que no era antiguamente verdaderamente tal.

Contŭdi. pret. de Contundo.

Contueor, ēris, tūtus, y tuĭtus sum, ēri. dep. Cic. Mirar, ver.

Contuĭtus, us. m. Cic. Mirada, vista. ∥ Ojeada, aspecto.

Contumācia, ae. f. Cic. Contumacia, tenacidad, dureza, rebeldía, porfía, soberbia, desobediencia, orgullo, obstinacion. ∥ Cic. Constancia, firmeza, resolucion.

Contumācĭter. adv. Cic. Contumazmente.

Contŭmax, ācis. com. Cic. Contumaz, porfiado, duro, rebelde, desobediente, tenaz, obstinado. ∥ Arrogante, soberbio, atrevido, altanero. ∥ Constante, firme, inalterable. Contumax in superiorem. Cic. Contumaz, que resiste, que no se sujeta á su superior. Contumaces preces. Tac. Súplicas, ruegos arrogantes.

Contumēlia, ae. f. Cic. Contumelia, afrenta, oprobrio, injuria, ofensa, agravio, ultrage.

Contumēliōse, ius, issime. adv. Cic. Contumeliosamente, con contumelia &c. V. Contumelia.

Contumēliōsus, a, um. Cic. Contumelioso, afrentoso, injurioso, ofensivo.

Contŭmŭlo, ās, āvi, ātum, āre. a. Plin. Amontonar. ∥ Ov. Enterrar, sepultar.

Contundo, is, tŭdi, tūsum, dĕre. a. Cic. Contundir, magullar, machucar ó golpear. ∥ Abatir, domar, reprimir. Contundere calumniam. Cic. Rechazar la calumnia. — Iras. Colum. Animos feros. Ov. Reprimir, amansar la ira, los ánimos fieros.

Contuor, ēris, tutus, y tuĭtus sum, ēri, ó ui. dep. Plaut. V. Contueor.

Conturbātio, ōnis. f. Cic. Conturbacion, inquietud, turbacion, perturbacion, alteracion. ∥ Turbacion de la vista.

Conturbātor, ōris. m. Marc. Conturbador. ∥ Disipador.

Conturbātus, a, um. Cic. part. de

Conturbo, ās, āvi, ātum, āre. a. Cic. Conturbar, alterar, turbar, perturbar, confundir. a. Turbar, alterar el ánimo, amedrentar, espantar. ∥ Desbaratar, disipar. Conturbare fortunas. Cic. — Rem. Plaut. Disipar, perder, desperdiciar sus bienes, no tener orden, arreglo, conducta en sus cosas.

Conturmālis. m. f. lē. n. is. Am. De la misma compañía de caballos.

Conturmo, ās, āvi, ātum, āre. a. Am. Disponer por compañías de caballos.

Contus, i. m. Virg. Pica, hasta, lanza. ∥ Dardo, saeta, flecha.

Contūsio, ōnis. f. Colum. Contusion, golpe recibido sin herida, magullacion. ∥ Fractura, rotura.

Contūsus, a, um. part. de Contundo. Cic. Contundido, magullado, machucado, golpeado. ∥ Reprimido, abatido. ∥ Afligido. Contusus sanguis. Plin. Sangre coagulada, recogida de una contusion.

Contūtor, ōris. m. Ulp. Contutor, el que es tutor ó ejerce la tutela con otro.

Conum, i. n. Varr. y

Cōnus, i. m. Cic. Cono, figura en que muchas líneas se elevan de la periferia á un solo punto, como la de los pilones de azúcar. ∥ La piña del pino ó del ciprés por tener la misma figura. ∥ Virg. La cimera del yelmo ó morrion donde se pone el penacho, el capacete. ∥ El penacho.

Convādor, āris, ātus sum, āri. dep. Plaut. Citar á juicio.

Convaleo, ēs, lui, ēre. n. V. Convalesco.

† Convalescentia, ae. f. Sim. Convalecencia, el estado en que se halla el que sale de una enfermedad.

Convălesco, is, lui, scĕre. n. Liv. Convalecer, recobrar fuerzas, reforzarse, mejorarse, rehacerse, recuperarse, ponerse mejor. Iis rebus ita convaluit. Cic. Con esto, así, por estos medios, de esta manera llegó á tanto poder, se hizo tan poderoso. Convaluit fama mortis suae. Curc. Tomó vuelo, cuerpo, creció, se aumentó la noticia de su muerte.

Convallātio, ōnis. f. Tert. Fortificacion con trinchera.

Convallātus, a, um. Gel. Circunvalado, rodeado con trinchera.

Convallis, is. f. Ces. y Convallium, ii. n. Llano, llanada, llanura rodeada de montes por todas partes.

Convallo, ās, āre. a. Tert. Circunvalar, rodear, cerrar con trinchera.

Convārio, ās, āre. a. Apul. Variar, hacer una cosa varia. ∥ Cel. Aur. Variar, ser inconstante.

Convāso, ās, āvi, ātum, āre. a. Tert. Levantar el campo, recoger el bagage. ∥ Quitar algo, hurtar á escondidas.

Convectio, ōnis. f. Am. Conduccion, conducta, porte, transporte.

Convecto, ās, āvi, ātum, āre. a. Tac. freq. de Conveho. Conducir, trasportar con frequencia.

Convector, ōris. m. Cic. Conductor, arriero, carruagero. ∥ Patron, capitan de una nave. ∥ Compañero en la navegacion, en el viage.

Convectus, a, um. Ces. Llevado, conducido. part. de

Conveho, is, vexi, vectum, hĕre. a. Liv. Conducir, llevar, trasportar, acarrear por agua, en carro, á lomo ó de otra manera.

Convelātus, a, um. Plin. Cubierto con un velo.

Convēlo, ās, āvi, ātum, āre. a. Gel. Tapar, cubrir con un velo. ∥ Encubrir, embarazar, oscurecer.

Convello, is, velli, y vulsi, vulsum, lĕre. a. Cic. Arrancar, sacar afuera, desarraigar, mover, quitar por fuerza. ∥ Virg. Abatir, derribar, destruir, asolar, echar por tierra. ∥ Cic. Abolir, anular. Convellere vires. Cels. Abatir las fuerzas. — Gratiam alicujus. Ces. Hacer perder á uno el crédito, quitársele. — Aliquid alicui. Plaut. Arrancar, atrapar, quitar alguna cosa á alguno.

Convĕnae, ārum. com. plur. Cic. Advenedizos, estrangeros, forasteros que vienen de diversas partes á vivir á un lugar.

Convēniens, tis. com. Quint. El que viene ó se junta con otro. ∥ Cic. Conveniente, conforme, concorde. ∥ Util, provechoso, correspondiente. Conveniens tempus operi. Ov. Tiempo propio, á propósito para la obra. — Ad res secundas. Cic. Conveniente á, ó para la prosperidad. Convenientes inter se. Cic. Los que se avienen bien entre sí, que tienen entre sí buena correspondencia.

Convĕnienter. adv. Cic. comp. tius. Plin. sup. tissĭme. Conveniente, útil, oportuna, decentemente.

Convĕnientia, ae. f. Cic. Conveniencia, correlacion, conformidad, proporcion, simetría, correspondencia, union de partes, cosas ó personas y tiempos.

Convĕnio, is, vēni, ventum, nīre. n. Cic. Convenir, concurrir, venir ó ir, ó estar juntamente. ∥ Estar de acuerdo, concordar, conformarse. ∥ Corresponder, pertenecer, tener relacion, conformidad. ∥ Importar, ser á propósito, decente, útil. *Convenit.* (impers.) De facto. *Cic.* ó factum. *Ad Her.* Convenimos, estamos convenidos ó de acuerdo en el hecho. — *Pax. Liv.* Se ha acordado, queda tratada la paz. — *Hoc fratri mecum. Ter.* — *Mihi cum fratre. Cic.* Mi hermano es del mismo parecer que yo, hemos convenido los dos en un mismo dictamen. — *Priori posterius. Cic.* Corresponde, cuadra el fin al principio. *Convenire alicuem. Cic.* Ir á buscar, á hablar á alguno. ∥ *Ulp.* Citar á alguno á juicio, ponerle demanda judicial. *Aetatem aliam aliud factum convenit. Plaut.* Á otra edad, á otros años corresponden otros hechos, otros cuidados.

Conventĭcŭlum, i. n. *Cic.* Conventículo ó conventícula, junta pequeña ó secreta de algunas personas. ∥ *Tac.* El lugar donde se juntan.

Conventio, ōnis. *f. Tac.* Convencion, ajuste, concierto, pacto, trato entre algunos. ∥ *Varr.* Concurso, junta, concurrencia pública. ∥ *Cod.* El acto de citar á juicio ó poner demanda.

Conventionalis. m. f. lĕ. n. is. *Pomp. Jct.* Convencional, perteneciente al pacto, lo pactado ó convenido.

Conventītius, y Conventicius, a, um. *Plaut.* Advenedizo.

Conventiuncŭla, ae. f. *S. Ag.* La junta, concurrencia pequeña ó conventículo.

Convento, as, avi, atum, are. n. *Solin. freq. de* Convenio. Juntarse con frecuencia.

Conventum, i. n. *Cic.* Convencion, ajuste, trato, pacto, contrato, concierto. *Pacta conventa. Cic.* Pactos, tratados, conciertos en que se ha convenido.

Conventus, a, um. part. *de* Convenio. *Cic. Conventus est à me.* Yo he ido á hablarle, á buscarle. *Convento eo opus est. Cic.* Es menester hablarle, buscarle. *Conventus pax. Salust.* Paz concertada, ajustada.

Conventus, us. m. *Cic.* Congregacion, junta, concurrencia, asamblea, concurso público. ∥ Congreso, consejo. ∥ Audiencia, tribunal, convento jurídico. ∥ Pacto, convencion, contrato, concierto. *Conventus agere, peragere. Ces.* — *Celebrare. Cic.* Tener, celebrar el congreso, la asamblea, la audiencia. — *Indicere. Liv.* Publicar, intimar, convocar para cierto dia la asamblea, el congreso, la dieta.

Convenusto, as, avi, atum, are. a. *Sid.* Adornar, hacer, poner hermoso y adornado.

Converbĕrātus, a, um. *Plin.* part. *de*

Converbĕro, as, avi, atum, are. a. *Sen.* Sacudir, golpear, azotar.

Converricŭlum, i. n. *Firm.* La escoba.

Converritor, ōris. m. *Apul.* Barrendero, el que barre.

Converro, is, rri, sum, rĕre. a. *Colum.* Barrer, limpiar con la escoba.

Conversans, tis, com. *Cic.* Lo que vuelve, que hace giros. ∥ *Sen.* Aquel con quien se habla ó trata.

Conversatio, ōnis. f. *Plin.* La accion de estar ó morar en algun lugar. ∥ *Quint.* Conversacion, trato, comercio, comunicacion.

Conversator, ōris. m. *V.* Contubernalis.

Conversio, ōnis. f. *Cic.* Conversion, vuelta, giro. ∥ Mutacion, revolucion, mudanza. ∥ *Plin.* Trastorno. *Conversio verborum. Cic.* El período. ∥ Figura de palabras en que se repite una misma palabra al fin del período.

Converso, as, are. *V.* Verso.

Conversor, āris, ātus sum, āri. *dep. Colum.* Conversar, vivir, habitar en compañía. ∥ *Sen.* Tratar, comunicar, tener amistad con otros.

Conversus, us. m. *Macr. V.* Conversio.

Conversus, a, um. *Cic.* part. *de*

Converto, is, ti, sum, tĕre. a. *Cic.* Volver, llevar, mudar al rededor ó á otra parte. ∥ Convertir, mudar, trasformar una cosa en otra. ∥ Traducir, trasladar, interpretar de una lengua en otra. *Convertere terga. Ces.* — *Iter ad fugam. Cic.* — *Se in fugam. Liv.* Volver la espalda, las espaldas, huir, dar, echar á huir. — *Ad se, in rem suam. Cic.* Apropiarse, traer á su utilidad. — *Animos. Cic.* Mover los ánimos, los corazones. — *Se domum. Ter.* Volverse á casa.

Convescor, ĕris, sci. *dep. S. Ag.* Vivir, comer con otro.

Convestio, is, ivi, itum, ire. a. *Cic.* Vestir, revestir, cubrir con.

Convestītus, a, um. part. *de* Convestio.

Convetĕrānus, i. m. *Dig.* Soldado veterano, compañero de otro.

Convexātus, a, um. part. *de* Convexo. *Veg.* Molestado gravemente.

Convexio, ōnis. f. *Gel.* y

Convexĭtas, ātis. f. *Plin.* Convexidad, la curvatura exterior de un cuerpo convexo. ∥ La concavidad.

Convexo, as, are. *Gel. V.* Vexo.

Convexus, a, um. *Virg.* Convexo, elevado hácia afuera, lo contrario de cóncavo. ∥ *Ov.* Cóncavo.

Convĭbro, as, avi, atum, are. a. *Apul.* Vibrar.

Convīcānus, i. m. *Sidon.* El que es del mismo lugar.

Convici. *pret. de* Convinco.

Conviciator, ōris. m. *Cic.* Injuriador, ultrajador, el que dice palabras injuriosas.

Conviciŏlum, i. n. *Lampr.* dim. *de* Convicium.

Convicior, āris, atus sum, āri. *dep. Quint.* Injuriar, ultrajar con palabras afrentosas.

Convicium, ii. n. *Cic.* Injuria, afrenta, improperio, ultraje de palabras. ∥ Estrépito fastidioso é importuno. ∥ *Marc.* Burla, chanza que se hace ó se dice á alguno. ∥ Grita, vocería, concurso de voces. *Conviciis insectari. Cic.* — *Proscindere aliquem. Suet.* — *Os alicujus verberare. Cic. Convicia ingerere. Hor.* — *Fundere in aliquem. Ov.* — *Facere alicui. Ter.* Ultrajar, injuriar á alguno, decirle, llenarle de improperios, de palabras injuriosas, ofensivas.

Convictio, ōnis. f. *Cic.* El acto de vivir juntamente, conversacion, compañía.

Convictor, ōris. m. *Cic.* Conviviente, convictor, que vive en compañía de otro, que come y trata muy familiarmente con otro.

Convictrix, ĭcis. f. *Inscr.* La muger casada que vive con el marido.

Convictus, us. m. *Cic. V.* Convictio. ∥ *Tac.* El convite.

Convictus, a, um. *Cic.* part. *de*

Convinco, is, vici, victum, vincĕre. a. *Cic.* Convencer, hacer confesar, precisar, persuadir con razones á mudar de dictamen. ∥ Mostrar, probar con evidencia.

Convinctio, ōnis. f. *Quint.* Conjuncion, parte de la oracion que une en ella las otras partes y otras oraciones.

Conviŏlo, as, avi, atum, are. a. *Tert. V.* Violo.

Conviscĕro, as, avi, atum, are. a. *Tert.* Encarnar, mezclarse, unirse enteramente, incorporarse.

Conviso, is, visi, sum, ĕre. a. *Cic.* Visitar, ir á ver.

Convitium, ii. n. *Plaut.* Ruina, perdicion. *Convitium domus reficere. Inscr.* Restablecer las ruinas de una casa. *Familiae filius. Plaut.* Hijo que es la ruina de una casa.

Convīva, ae. m. f. *Cic.* Convidado, él ó la que come en compañía de otro, llamado de él.

Convivālis. m. f. lĕ. n. is. *Liv.* Perteneciente al convite.

Convivator, ōris. m. *Liv.* Convidante. part. El que convida ó da el convite.

Conviviālis. m. f. lĕ. n. is. *Macr. V.* Convivalis.

Convivifĭco, as, avi, atum, are. a. *Bibl.* Resucitar, hacer revivir á alguno.

Convivium, ii. n. *Cic.* Convite, comida ó banquete.

Convivo, is, xi, ctum, vĕre. n. *Quint.* Vivir en compañía, comer y beber juntos.

Convivor, āris, atus sum, āri. *dep. Cic.* Convidar, dar convites. ∥ Asistir á ellos.

Convocatio, ōnis. f. *Cic.* Convocacion.

Convocātus, a, um. *Cic.* Convocado. part. *de*

Convŏco, as, avi, atum, are. a. *Cic.* Convocar, citar, llamar, mandar juntar, congregar á muchos en una parte. *Convocare homines in, ó ad concionem. Cic.* Citar, convocar, llamar, gente á oir una arenga. — *Plebem auxilio. Suet.* Llamar en, ó á su socorro á la plebe.

Convŏlo, as, avi, atum, are. n. *Ter.* Volar juntamente. ∥ Concurrir, juntarse prontamente.

Convŏlūtātus, a, um. *Sen. V.* Volutatus. part. *de*

Convŏlūto, as, avi, atum, are. a. *Sen.* Envolver, revolver con otros.

Convŏlūtus, a, um. *Plin. part. de* Convolvo. Envuelto. ‖ Enroscado.

Convolvo, is, vi, vŏlūtum, vĕre. *a. Cic.* Envolver, arrollar. ‖ *Lucr.* Recoger. ‖ *Sen.* Cerrar. *Convolvere verba. Sen.* Amontonar palabras.

Convolvŭlus, y Convolvŏlus, i. m. *Plin.* Conquillo, gusanillo menor que la oruga, que roe las uvas cuando van madurando. ‖ Campanilla, *planta silvestre que produce una flor en figura de campanilla.*

Convŏmo, is, mui, mitum, ĕre. *a. Cic.* Emporcar, ensuciar vomitando.

Convŏro, ās, āvi, ātum. *a. Tert.* Devorar, tragar.

Convulnĕrātus, a, um. *Plin. part. de*

Convulnĕro, ās, āvi, ātum, āre. *a. Sen.* Herir.

Convulsa, ōrum. *n. plur.* y

Convulsio, ōnis. *f. Cel.* Convulsion, retraccion y encogimiento de nervios.

Convulsŭs, a, um. *part. de* Convello. *Cic.* Arrancado, desarraigado, sacado por fuerza. ‖ Arruinado, destruido, hecho pedazos. ‖ Perturbado, consternado. ‖ *Plin.* Convulso, que padece convulsiones.

Conyza, ae. f. *Plin.* Coniza, *la yerba zaragatona.*

Coŏdibĭlis, m. f. lĕ. n. is. *Tert.* Aborrecible juntamente con otro.

Coŏlesco, is, ui, ĭtum, scĕre. *n. Lucr.* Crecer juntamente, ó conglutinarse.

Coŏnĕro, ās, āvi, ātum, āre. *a. Tac.* Cargar juntamente.

Coŏpĕrātio, ōnis. *f. Quint.* Cooperacion, la accion de cooperar.

Coŏpĕrātor, ōris. m. *Apul.* Cooperador, cooperante, el que ayuda ó coopera con otro.

Coŏpercŭlum, i. n. *Plin.* y

Coŏpĕrimentum, i. n. *Gel.* La cubierta ó cubierto, todo lo que sirve para cubrir.

Coŏpĕrio, is, rui, ertum, rīre. *a. Liv.* Cubrir, tapar.

Coŏpĕror, āris, ātus sum, āri. *dep. Bibl.* Cooperar, obrar juntamente con otro, ayudar.

Coŏpertōrium, ii. n. *Dig.* La cubierta, tapete ó alfombra. ‖ Cualquiera ropa que cubre el cuerpo, y la piel de los animales.

Coŏpertus, a, um. *part. de* Cooperior. *Cic.* Cubierto. ‖ *Salust.* Infamado, deshonrado. *Coopertus famosis versibus. Hor.* Deshonrado con versos satíricos.

Cooptātio, ōnis. *f. Liv.* Agregacion, eleccion, asociacion, recepcion, el acto de colocar ó recibir á uno en una clase, cuerpo ó comunidad. ‖ Adopcion.

Cooptātus, a, um. *Cic. part. de*

Coopto, ās, āvi, ātum, āre. *a. Cic.* Agregar, asociar, elegir, admitir, recibir en un cuerpo ó comunidad.

Coŏrior, rĕris, rīris, ortus sum, rīri. *dep. Ces.* Nacer, levantarse, escitarse, moverse, originarse, y

Coortus, a, um. *part. de* Coorior. *Liv.* Nacido, originado, levantado.

Coortus, us. m. *Lucr.* Nacimiento, orígen.

Coos, y Cous, i, y Cos, o, al presente Lango, *ciudad é isla del mar Egeo, patria de Hipócrates, de Apeles, del poeta Filetas y de Pánfila, muger á quien los griegos atribuyen la invencion del uso de la seda.*

Cōpa, ae. f. *Virg.* Tabernera, *la muger que vende vino.*

Copādia, ōrum. n. plur. *Apul.* Manjares delicados.

Cōphĭnus, i. m. *Col.* Cesto, cuévano grande de mimbres.

Cōpia, ae. f. *Cic.* Abundancia de cualquiera cosa que sea. ‖ Los bienes, haberes, facultades. ‖ Ejército, tropas, fuerzas. ‖ Provision de víveres. ‖ La diósa de la abundancia. *Est mihi copia. Ter. Habeo copiam. Salust.* Puedo hacer, tengo disposicion, facultad para. *Facere, dare copiam. Cic.* Dar facultad, libertad, licencia para, de. *Non est cunctandi copia. Plaut.* No hay que perder tiempo. *Magna mihi copia est memorandi qui reges. Salust.* Fácilmente puedo contar muchos reyes que. *Copiae. Cic.* Tropas, ejército. ‖ Bienes, facultades. ‖ *Vitruv.* Materiales. *Copiae pedestres. Liv.* Tropas de á pie, la infantería. *Copias in aciem educere. Liv.* sacar las tropas á pelear, al campo de batalla.

Cōpiārius, ii. m. *Porph.* Proveedor, *el que suministraba lo necesario á los reyes y embajadores estrangeros.*

Cōpiātae, ārum. m. plur. *Cod. Teod.* Los que asistían antiguamente á enterrar los cadáveres de los cristianos con los clérigos.

Cōpiŏlae, ārum. f. plur. *Brut. à Cic.* Pequeñas tropas, córto número de soldados.

Cōpior, āris, ātus sum, āri. *dep. Gel.* Hacer presa, botin.

Cōpiōse, ius, issĭme. *adv. Cic.* Copiosa, abundantemente. *Copiose aliquo proficisci. Cic.* Partir á alguna parte con grandes prevenciones.

Cōpiōsŭs, a, um. *comp.* sior. *sup.* sissĭmus. *Cic.* Copioso, copiosísimo, abundante, rico, opulento. *Copiosiorem legendo aliquid fieri. Cic.* Enriquecerse de noticias, hacerse mas sabio, adquirir mas sabiduría con la lectura.

Cōpis, ĭdis. f. *Curt.* Cuchillo corvo á manera de hoz.

Copo, ōnis m. *Cic.* V. Caupo. Hostalero ó figonero.

Copōna, ae. f. *Fest.* V. Caupona.

Coppa. *Quint.* Nombre de una letra entre los griegos, que solo quedó por letra numeral, y valia noventa.

Coprea, ae. m. *Suet.* Bufon, *charlatan que mueve á risa porque le den de comer.*

† Copros, i. m. *Varr.* El estiercol.

Cops, copis, ó Copis, copae. *Plaut.* Rico, abundante.

Copta, ae. f. *Marc.* Especie de turron hecho de almendras, piñones y miel. ‖ Pasta medicinal compuesta de varias cosas machacadas.

Coptĭcus, a, um. *Marc.* Perteneciente á la ciudad de Copto, en la Tebaida de Egipto.

Coptoplăcenta, ae. f. *Marc.* V. Copta.

Cōpŭla, ae. f. *Plaut.* Cópula, atadura, ligamiento de una cosa con otra. ‖ *Ov.* La correa ó cordel para atar los perros, trailla.

Cōpŭlabĭlis. m. f. lĕ. n. is. *S. Ag.* Lo que se puede juntar ó unir con otra cosa.

Cōpŭlāte. *adv.* y

Cōpŭlātim. *adv.* m. *Gel.* Copulativa, juntamente.

Cōpŭlātio, ōnis. *f. Cic.* Cópula, union, conjuncion.

Cōpŭlātive. *adv. Macr.* V. Copulate.

Cōpŭlātīvus, a, um. *Marc. Cap.* Copulativo, lo que ata, liga, junta y une.

Cōpŭlātrix, īcis. f. *S. Ag.* La que une ó enlaza.

Cōpŭlātus, us. m. *Arnob.* V. Copulatio.

Cōpŭlātus, a, um. *Cic. part. de* Copulo y de Copulor.

Cōpŭlo, ās, āvi, ātum, āre. *a. Cic.* y

Cōpŭlor, āris, ātus sum, āris *dep. Plaut.* Acoplar, juntar, unir, ligar, atar una cosa con otra.

Cŏqua, ae. f. *Plaut.* La cocinera.

Cŏquibĭlis. m. f. lĕ. n. is. Lo que se cuece con facilidad.

Cŏquīna, ae. f. *Arnob.* La cocina. ‖ *Apul.* El arte de cocina.

Cŏquīnāris. m. f. rĕ. n. is, y

Cŏquīnārius, a, um. *Plin.* y

Cŏquīnātōrius, a, um. *Ulp.* Propio de la cocina.

Cŏquīno, ās, āvi, ātum, āre. *a. Plaut.* y

Cŏquīnor, āris, ātus sum, āri. *dep. Plaut.* Cocinar, andar en la cocina, guisar la comida.

Cŏquīnus, a, um. *Plaut.* De la cocina ó del cocinero. *Coquinum forum. Plaut.* La plaza ó plazuela donde se vendian las cosas de comer cocidas.

Cŏquĭtāre, *por* Coctitare. *Plaut.* Cocer á menudo.

Cŏquo, is, coxi, coctum, quĕre. *a. Cels.* Cocer, guisar, componer la comida, cocinar. ‖ Madurar, sazonar. ‖ Cocer, digerir, hacer la digestion. ‖ Secar, desecar. ‖ Maquinar, trazar, agitar. *Coquere coenam. Plaut.* Disponer, preparar, guisar, componer, aderezar la comida. *Coquit me cura. Cic.* Me consumo, me acaba la pesadumbre.

Cŏquus, y Cocus, i. m. *Cic.* El cocinero.

Cor, dis. n. *Cic.* El corazon. ‖ Ánimo, valor, espíritu, esfuerzo. *Cor illi sapit. Cic.* Es hombre sabio, prudente, sabe lo que se hace. — *Habere. Cic.* Tener ánimo, valor. *Cordi est mihi. Cic.* Lo tengo en el corazon, lo estimo en. *Uterque utrique est cordi. Ter.* Se aman entrañablemente uno y otro. *Fortissima corda. Virg.* Pechos, hombres fortísimos, muy alentados. — *Aspera. Virg.* Ánimos fieros. *Cor longaevum. Claud.* La sabiduría, la prudencia de un viejo.

**Cora**, ae. f. *Aus.* La niña del ojo. || *Cora*, ciudad de Lacio. || La diosa Proserpina.

**Coracicus**, a, um. *S. Ger.* y

**Coracinus**, a, um. *Vitruv.* Perteneciente al cuervo, corvino, negro. *Coracina sacra. S. Ger.* Sacrificios corvinos, en que los egipcios adoraban á los cuervos y otros animales hediondos.

**Coracinus**, i. m. *Plin.* Nombre de un pez del Nilo.

**Coraliticus lapis**. *Plin.* Especie de mármol blanco llamado asi de Coralio ó Sangario, ria de Frigia.

**Coralium**, y **Corallium**, y **Corallum**, y **Curalium**, ii. n. *Plin.* El coral, produccion marina de figura de un arbusto; le hay de varios colores.

**Corallii**, orum. m. plur. *Ov.* Pueblos bárbaros de la Misia inferior.

**Corallis**, idis. f. *Plin.* Piedra preciosa de la India ó Syene.

**Coralloachates**, ae. m. *Plin.* Piedra con manchas de color de coral.

**Coram**. prep. de ablat. y adv. cuando está sin su caso. *Cic.* Delante de, en presencia, á la vista, delante de los ojos. *Coram senatu. Cic.* En presencia, delante del senado. *Coram in eo laudere aliquem. Ter.* Alabar á uno en su cara.

**Corambla**, ae, y **Coramble**, es. f. *Col.* Especie de berza.

**Corax**, acis. m. *Solin.* El cuervo. || *Vitruv.* Máquina militar para demoler y destruir. || *Cic.* Corax, retórico antiquísimo, el primero que se dice inventó y enseñó el arte oratoria en Sicilia.

**Corbicula**, ae. f. *Pal.* dim. de

**Corbis**, is. f. *Cic.* El cesto ó cuévano de mimbres.

**Corbita**, ae. f. *Cic.* Nave mercante y pesada, corbeta.

**Corbito**, as, avi, atum, are. a. *Plaut.* Cargar un navío mercante. || *Plaut.* Llenarse, hartarse como un cesto.

**Corbitor**, oris. m. *Fest.* El bufon ó saltarin.

**Corboliensis**. m. f. se. n. is. El natural ó habitante de Corbeill.

**Corbolium**, ii. n. Corbeill, ciudad de la isla de Francia.

**Corbula**, ae. f. *Varr.* Cesta ó cestillo.

**Corchorus**, i. f. *Plin.* La correhuela, yerba.

**Corculum**, i. n. dim. de *Cor. Plaut.* Corazoncito. || *Cic.* Sobrenombre de Publio Nasica, asi llamado por su prudencia.

**Corculus**, a, um. *Plin.* Prudente, sabio.

**Corcyra**, ae. f. *Mel.* Corfú, isla del mar Jonio, enfrente de Calabria, dicha antiguamente Feacia.

**Corcyraeus**, a, um. *Cic.* Perteneciente á Corfú.

**Cordate**, ius, issime. adv. *Plaut.* Sabia, prudente, juiciosamente.

**Cordatus**, a, um. *Cic.* Cordato, prudente, juicioso, sabio, sensato.

**Cordax**, acis. m. *Cic.* El pie troqueo compuesto de una larga y una breve, como *Lena*. || *Petron.* Baile cómico lascivo.

**Cordicitus**. adv. *Sid.* En el corazon, de corazon, cordialmente.

**Cordolium**, ii. n. *Plaut.* Dolor de corazon, cordojo, afliccion grande.

**Corduba**, ae. f. *Marc.* Córdoba, ciudad de España en el reino del mismo nombre, patria de los dos Sénecas y de Lucano.

**Cordubensis**. m. f. se. n. is. Cordobés, de Córdoba. *Cordubensis conventus. Plin.* Una de las cuatro audiencias ó conventos jurídicos que tuvieron los romanos en Andalucía, las otras tres eran en Cádiz, en Sevilla y en Ecija.

**Cordus**, ó **Chordus**, a, um. *Fest.* Tardío, que viene fuera de tiempo.

**Cordyla**, ó **Cordilla**, ae. f. *Plin.* La cordila, el atun recien nacido.

**Corfiniensis**. m. f. se. n. is. *Plin.* Perteneciente á Corfinio.

**Corfinium**, ii. n. *Cic.* Corfinio, ciudad de los Pelignes cerca del monte Apenino.

† **Coriaceus**, a, um. Lo que es de cuero.

**Coriaginosus**, a, um. *Veg.* El que padece de empeines.

**Coriago**, aginis. f. *Colum.* Enfermedad del cuero, del cútis, empeine.

**Coriandratum**, i. n. *Apul.* El zumo del culantro.

**Coriandrum**, i. n. *Plin.* Coriandro, yerba lo mismo que culantro.

**Coriarius**, ii. m. *Plin.* El curtidor de cueros, zurrador.

**Coriarius**, a, um. *Plin. Coriarius frutex.* El zumaque, planta de muy mal olor, con cuyo zumo y agua se adoban las pieles.

**Coriceum**, i. n. *Vitruv.* Lugar en la palestra en que se ejercitaban las muchachas.

**Corcillum**, ii. n. *Petron.* Corazoncito, término de cariño.

**Corinna**, ae. f. *Marc.* Nombre de tres mugeres célebres en los poetas. La primera tebana ó tanagrea, discípula de Mirtides, de quien se dice que venció cinco veces á Pindaro, príncipe de los poetas líricos, y que publicó cinco libros de epigramas. La segunda lesbia, famosa por las alabanzas de los antiguos. La tercera romana, que floreció en tiempo de Ovidio.

**Corinthia**, orum. n. plur. *Plin.* Los metales, alhajas de Corinto.

**Corinthiacus**, a, um. *Gel.* De Corinto. *Corinthiacus sinus. Liv.* El golfo de Corinto, de Patras ó de Lepanto.

**Corinthiarius**, ii. m. *Suet.* El artífice que trabaja en el metal corintio.

**Corinthiarius**, a, um. y

**Corinthiensis**. m. f. se. n. is. *Fest.* y

**Corinthii**, orum. m. plur. *Liv.* Los naturales de Corinto. *Corinthienses* se llamaron despues los de la colonia que pobló á Corinto, á diferencia de los primeros naturales.

**Corinthius**, a, um. *Liv.* De Corinto. *Corinthium aes. Plin.* El metal corintio que resultó de la mezcla del bronce, plata y oro que se derritió é hizo una masa de las muchas estatuas que había en ella cuando la tomó é incendió Lucio Mumio.

**Corinthus**, i. f. *Cic.* Corinto, ciudad famosa del Peloponeso en la Acaya, hoy el ducado de Clarenza.

**Coriolani**, orum. m. plur. *Plin.* Los naturales ó habitadores de Coriolos.

**Coriolanus**, a, um. *Cic.* Perteneciente á la ciudad de Coriolos.

**Coriolanus**, i. m. *Cic.* Coriolano, ilustre romano, á quien llama Ciceron Temistocles romano.

**Corion**, ii. n. *Plin.* La mata corazoncillo, que es una de las tres especies de la planta hiperico, y es conocida tambien por yerba de S. Juan.

**Corippus**, i. m. Flavio Crescónio Coripo, africano, gramático y poeta, que floreció á la mitad del siglo vi de Cristo.

**Corisopitum**, i. n. Quimper, ciudad de la Bretaña baja.

**Corium**, ii. n. *Cic.* El cuero, la piel de los animales y de los hombres. || *Palad.* La corteza de los árboles, y la cáscara de las frutas.

**Corlinum**, i. n. Corlino, ciudad de Alemania en la Pomerania.

**Cornelia gens**. f. *Cic.* La familia de los Cornelios, célebre entre los romanos.

**Cornelia**, ae. f. *Liv.* Cornelia, famosa matrona romana, hija de Escipion Africano, muger de Tiberio Sempronio Graco, madre de Tiberio y Cayo Graco.

**Cornelianus**, a, um. *Plin.* Perteneciente á Cornelio, nombre romano.

**Cornelius**, a, um. *Cic.* Propio de Cornelio ó de la familia de los Cornelios, que fue muy ilustre.

**Corneolus**, a, um. dim. de *Corneus. Cic.* Cornial, hecho en figura de cuerno.

**Cornesco**, is, ere. n. *Plin.* Endurecerse como un cuerno.

**Cornetum**, i. n. *Vitruv.* El sitio plantado de cerezos silvestres.

**Corneus**, a, um. *Cic.* De cuerno, de madera de cornejo.

**Cornicen**, inis. m. *Salust.* El que toca el cuerno.

**Cornicor**, aris, atus sum, ari. dep. *Pers.* Graznar como la corneja.

**Cornicula**, ae. f. dim. de *Cornix. Hor.* Cornejilla. dim. de *Corneja. Cornicula Aesopica.* adag. El que se viste de lo ageno en concejo es la deanuda. suf.

Bb

Corniculans, tis. com. Sol. Cornial, de figura de cuerno.

Corniculanus, a, um. Plin. Perteneciente á Corniculo, ciudad antigua del Lacio.

Cornicularia. Nombre de una comedia de Plauto, que se ha perdido.

Cornicularius, ii. m. Asc. Nombre de un grado y oficio de la milicia urbana y provincial de la clase de los comisarios ó asentistas del ejército.

Corniculatus, a, um. Apul. Hecho á manera de cuerno.

Corniculum, i. n. Plin. Cuernecillo, cuerno pequeño. ‖ Liv. Especie de adorno del morrion que daban los generales á los soldados por señal de su valor.

Corniculus, i. m. Inscr. El oficio del comisario, asentista.

Cornifer, a, um. Lucr. V. Corniger.

Cornificius, a, um. Cic. Perteneciente á la familia romana de los Cornificios.

Cornificius, ii. m. Cic. Cornificio, amigo y compañero de Ciceron en el augurado; á quien muchos han creido autor de la Retórica ad Herennium. ‖ Quint. Un poeta del mismo nombre, cuya hermana Cornificia fue tambien escelente poetisa.

Cornifrons, ontis. Pacuv. Que tiene cuernos en la frente.

Corniger, a, um. Virg. Cornígero, que tiene cuernos.

Cornipes, ĕdis. com. Ov. Que tiene pies de cuerno como los caballos, las cabras, que tienen el casco duro.

Corniscae, arum. f. plur. Fest. Un sitio del otro lado del Tiber, dedicado á las cornejas, porque se creia que estaban bajo la tutela de Juno.

Cornix, icis. f. Ov. La corneja, ave, especie de cuervo.

Cornu. indecl. en singular, en el plur. Cornua. genit. Cornuum. dat. ablat. Cornibus. n. Cic. El cuerno. ‖ Virg. La corneta, instrumento bélico de la milicia romana. ‖ Ces. El ala de un ejército. Cornua ramosa. Plin.—Cervorum. Virg. Cuernos del ciervo ramosos.—Lunae. Ov. La luna en creciente.—Antennarum. Virg. los dos cabos de las vergas.—Montis. Estac. El pico, la punta de una montaña.—Tribunalis. Tac. El lado, el rincon de un tribunal.—Fluminum. Virg. Las vueltas, recodos de los rios.—Lunae coeunt. Ov. La luna está llena.—Nova reparat Phoebe. Ov. La luna es nueva.—Disputationis. Cic. Puntos de una disputa.—Portus Cic. Los dos lados de un puerto.—Pauperi addere. Hor. Dar insolencia, orgullo á un pobre.—Sonare. Hor. Tocar el cuerno ó la corneta.—Lenta flectere. Ov.—Lentare. Estac. Armar, estirar una ballesta, un arco.

Cornubia, ae. f. V. Cornu Galliae.

Cornucopia, ae. f. Plaut. Cornucopia, cierta especie de vaso de hechura de cuerno de toro, rebosando frutas y flores, con que los gentiles significaban la abundancia, el cual fingen los poetas haber quitado Hércules á Aqueloo.

Cornuarius, ii. m. Dig. El artífice que hacia las cornetas para la guerra.

Cornuatus, a, um. Varr. Encorvado á modo de cuerno.

Cornu Galliae. f. Cornualia, provincia de Inglaterra con título de ducado.

Cornuetum, i. n. Corneto, castillo en Toscana.

Cornulum, i. n. Apic. Cuernecillo, cuernecito.

Cornum, i. n. Virg. La fruta del árbol cornejo.

Cornus, i. f. Plin. El árbol llamado cornejo. Itala cornus Virg. La pica ó asta hecha de cornejo.

Cornutus, a, um. Colum. Cornudo, que tiene cuernos. Cornutus sylogismus. S. Ger. Silogismo cornuto, dilema.

Cornutus, i. m. Gel. Anneo Cornuto africano, docto gramático en tiempo de Neron.

Coroebus, i. m. Virg. Corebo, rei de Migdonia en Frigia, muerto en el templo de Palas la noche que se perdió Troya, á cuyo socorro vino por amor de Casandra, hija de Priamo, que le estaba prometida por esposa.

Corolla, ae. f. Catul. Coronica, coronilla, coronita. dim. de Corona. ‖ Varr. Corona pequeña guarnecida de láminas de plata ó de oropel, que se daba á los cómicos que mas agradaban. Corolla plectilis. Plaut. Corona ó guirnalda de flores y yerbas olorosas.

Corollarium, ii. n. Varr. Lo que se da de mas ó por via de gratificacion. ‖ Plin. Corona de metal ú oropel plateada ó dorada, que se daba á los espectadores en las fiestas, y á los convidados en los banquetes. ‖ Boet. Corolario, proposicion deducida de lo demostrado anteriormente.

Corona, ae. f. Cronstat, ciudad de Transilvania. ‖ Lands Croon, ciudad de la Suiza. ‖ La Coruña, ciudad y puerto de mar en el reino de Galicia en España.

Corona, ae. f. Cic. Corona, guirnalda, diadema. ‖ La concurrencia, círculo, concurso de gente. ‖ Vitruv. La cornisa. ‖ Liv. El cerco de una ciudad. ‖ El cerco que se nota al rededor de la luna y de algunas estrellas. ‖ La constelacion asi llamada. ‖ Otra llamada corona austral ó la rueda de Ixion. ‖ Círculo de circunstantes. Sub corona vendere. Ces.—Venundare. Flor. Vender como se vendian los esclavos coronados de flores.—Venire. Liv. Ser vendidos de esta manera.

Coronaeus, a, um. Plin. Perteneciente á la ciudad de Coron.

Coronalis. m. f. lē. n. is. Apul. Perteneciente á la corona.

Coronamen, inis. n. Apul. y

Coronamentum, i. n. Plin. Todo lo que sirve para hacer coronas, como flores, hojas.

Coronaria, ae. f. Plin. y

Coronarius, a, um. Plin. El ó la que hace coronas.

Coronarius, a, um. Plin. Coronario, perteneciente á la corona. Coronarium opus. Coronamiento, obra hecha en forma de corona.—Aurum. Cic. Oro para hacer coronas ó la contribucion ó presente que hacian los vasallos á los emperadores.

Coronator, ōris. m. S. Ag. Coronador, el que corona.

Coronatus, a, um. part. Cic. Coronado.

Corone, es. f. Plin. Coron, ciudad de la Morea.

Coroneola, ae. f. Plin. La mosqueta, especie de rosa que florece en el otoño.

Coronides, ae. m. Ov. Esculapio, hijo de la ninfa Coronide.

Coronis, idis. f. Ov. Coronide ó Arsinoe, ninfa amada por Apolo, y muerta despues por él, habiéndola acusado un cuervo de haber cometido adulterio con el jóven Hisques. ‖ Marc. El fin ó coronacion de una obra.

Corono, as, avi, atum, are. a. Hor. Coronar, poner ó adornar á uno con la corona. ‖ Lucr. Guarnecer, adornar ‖ Rodear, circundar, cercar. Coronare crateras. Virg. Coronar los vasos ó llenarlos hasta el borde.

Coronopus, odis. f. Plin. La raiz llamada diente de perro, ó la yerba cuerno de ciervo, llamada tambien en latin gramen aculeatum.

Coronula, ae. f. Ulp. Coronita, coronilla, corona pequeña.

Corophium, ii. n. Plin. Especie de cangrejo de mar.

Corporalis. m. f. lē. n. is. Sen. Corpóreo, perteneciente al cuerpo ó que le tiene. Corporalia. Ecles. Los corporales, los lienzos que se ponen en el altar encima del ara para celebrar el santo sacrificio de la misa. ‖ El lienzo que sirve de mantel para recibir la sagrada comunion.

Corporalitas, atis. f. Tert. Corporalidad, la naturaleza del objeto material y corpóreo.

Corporaliter. adv. Tert. Corporal, personalmente, en ó con el cuerpo.

Corporasco, is, ĕre. n. Claud. Mam. Hacerse cuerpo.

Corporatio, ōnis. f. Tert. V. Corporalitas.

Corporativus, a, um. Cel. Aur. Lo que nutre, hace ó forma cuerpo.

Corporatura, ae. f. Vitruv. La corpulencia, la grandeza, estatura del cuerpo.

Corporatus, a, um. Cic. y

Corporeus, a, um. Cic. Corpóreo, corporal, que tiene cuerpo. ‖ Ov. Carnoso, de carne.

Corporo, as, avi, atum, are. a. Plin. Hacer cuerpo, reducir á cuerpo, incorporar. ‖ Dejar el cuerpo sin alma, matar.

Corporosus, a, um. V. Corpulentus.

Corpulentia, ae. f. Plin. Corpulencia, gordura, obesidad.

Corpulentus, a, um. Plaut. Corpulento, grueso, de mucho cuerpo. Corpulentior videris. Plaut. Me pareces mas lleno, mas grueso, mejor.

Corpus, ōris. n. Cic. Cuerpo, sustancia material y esterna. ‖ El cuerpo organizado del hombre y de los animales. ‖ El agregado de personas que forman un cuerpo, república, comunidad, sociedad, colegio, orden, asamblea. ‖ Sustancia, materia, sólido. ‖ Tomo, volumen. Corpus *amittere. Cic.* Perder carnes, perder la salud, enflaquecer.—*Aquae. Lucr.* La sustancia del agua.—*Civitatis, reipublicae. Cic.* El cuerpo de la ciudad, de la república, cuerpo político.—*Arboris. Plin.* Tronco de un árbol.—*Legum, juris. Ulp.* El cuerpo de las leyes, código.—*Homeri. Ulp.* Obras de Homero.—*Neptuni. Lucr.* El mar. *Corpore effugere. Cic.* Huir el cuerpo, evitar el golpe. *Gentilia corpora. Lucr.* Los cuatro elementos. *Corpus facere. Fedr.* Echar cuerpo, engordar.

Corpusculum, i. *n. Cic.* Cuerpecico, cuerpecillo, cuerpecito, corpezuelo. || Átomo.

Corrado, y Conrado, is, si, sum, děre. *a. Ter.* Arrebatar, barrer, quitarlo todo. || *Ter.* Adquirir, buscar con mucha dificultad. *Corrasi omnia. Ter.* Lo he quitado, lo he barrido todo, me he deshecho de todo.

Corrasus, y Conrasus, a, um. *part. Dig.* Quitado, royendo, barriendo ó borrando.

Correctio, ōnis. *f. Cic.* Correccion, enmienda, censura de yerros ó defectos. || Represion. || Correccion, figura retórica de que se usa cuando se corrige ó enmienda la palabra ó espresion con otra que esplica mas el concepto.

Corrector, ōris. *m. Cic.* Corrector, el que corrige, enmienda.

Correctūra, ae. *f. Aur. Vict.* El oficio y encargo de corregir. Se dice propiamente de ciertos subdelegados, que se enviaban como jueces de residencia á las provincias.

Correctūra, ae. *f. Aur. Vict.* El oficio y dignidad del juez comisionado para corregir abusos.

Correctus, a, um. *Cic.* Corregido, reparado, enderezado, rectificado. || Enmendado.

† Correlatīva, ōrum. *n. plur.* Correlativo, lo que tiene entre sí relacion.

Corrēpo, is, epsi, eptum, pěre. *a. Cic.* Introducirse, entremeterse, insinuarse, colarse insensiblemente, ocultamente, poco á poco, y como quien se va arrastrando ó resbalando. *In dumeta correpere. Cic.* Meterse entre las breñas, esto es, en cosas oscuras y difíciles, de donde no se pueda salir.—*Intra muros urbis. Varr.* Meterse, establecerse poco á poco en una ciudad.

Correpte. *adv. Gel.* Brevemente, *hablando de la cuantidad de las sílabas.*

Correptio, ōnis. *f. Gel.* Aprehension, el acto de aprehender, coger, asir alguna cosa. || *Tert.* Represion. *Correptiones aut crescentiae dierum. Vitruv.* Los menguantes ó crecimientos de los dias.—*Syllabarum. Quint.* Abreviaciones de las sílabas.

Correptor, ōris. *m. Sen.* Represor, censor, el que reprende ó censura.

Correptus, a, um. *part. de* Corripio. *Cic.* Aprehendido, cogido, asido, preso. || Reprendido, reñido. || *Varr.* Acortado, abreviado. || *Quint.* Breve, hecho breve.

Corrīdeo, ēs, isi, sum, děre. *a. Lucr.* Reir con otros.

Corrigia, ae. *f. Cic.* La correa, tira larga y delgada de cuero.

Corrigiārius, ii. *m. Suet.* Correero, el que hace correas.

Corrigiātus, a, um. *Val. Max.* Atado, ceñido con correa.

Corrīgo, is, rexi, rectum, ĭgěre. *a. Plin.* Enderezar lo que está torcido. || Corregir, enmendar. || Advertir, amonestar, reprender. || Disminuir, templar, moderar. *Corrigere aliquem ad frugem. Plaut.* Corregir á uno de sus defectos, reducirle á la probidad, á mejores costumbres.

Corrīpio, is, pui, reptum, rĭpere. *a. Cic.* Coger, aprehender, asir, agarrar, tomar con presteza. || Corregir, reprender. || Disminuir, moderar, reprimir. || *Quint.* Abreviar, hacer breve una sílaba. *Corripere corpus è somno, strato. Virg.* Levantarse de dormir de la cama ligeramente.—*Se ad aliquem. Ter.* Ir en diligencia, en busca de alguno.—*Cursum. Liv.—Viam, spatium. Virg. Gradum. Hor.* Dar, echar á correr, meter pies.—*Pecunias. Cic.* Robar dinero.—*Morsu aliquid. Plin.—Dente. Fedr.* Coger agarrando una cosa con los dientes ó bocados. *Corripi dolore, morbo. Cels.* Ser atacado de un dolor, de una enfermedad.

Corrīvalis. *m. f. lĕ. n. is. Quint.* Rival, competidor.

Corrīvalītas, ātis. *f. Plaut.* Rivalidad, competencia, concurrencia.

Corrīvatio, ōnis. *f. Plin.* La obra de conducir y juntar los arroyos en un lugar para hacer caudal de agua.

Corrīvatus, a, um. *Sen. part. de*

Corrivo, ās, āvi, ātum, āre. *a. Plin.* Conducir y juntar arroyos en alguna parte para hacer caudal de agua. *Corrivare flumen. Plin.* Dividir, sangrar los rios por diversas partes.

Corrōborāmentum, i. *n. Lact.* Corroboracion, esfuerzo, vigor, confortacion.

Corrōborātus, a, um. *Cic. part. de*

Corrōboro, ās, āvi, ātum, āre. *a. Cic.* Corroborar, fortificar, dar, añadir fuerza. || Confirmar, esforzar.

Corrōdo, is, rōsi, rōsum, děre. *a. Cic.* Roer, corroer.

Corrōgātus, a, um. *Cic. part. de*

Corrōgo, ās, āvi, ātum, āre. *a. Cic.* Rogar, suplicar con muchos ruegos é instancia.

Corrōsus, a, um. *part. de* Corrodo. *Juv.* Corroido.

Corrōtundātus, a, um. *Petron.* Redondeado. *part. de*

Corrōtundo, ās, āvi, ātum, āre. *a. Petron.* Redondear, hacer, poner redondo.

Corrōtundor, āris, ātus sum, ārj. *pas. Sen.* Redondearse, ponerse, quedar redondo.

Corrūda, ae. *f. Colum.* Espárrago silvestre, de trigo.

Corrūgātus, a, um. *Colum.* Arrugado.

Corrūgis. *m. f. gĕ. n. is. Nemes.* Arrugado, plegado.

Corrūgo, ās, āvi, ātum, āre. *a. Hor.* Arrugar, doblar haciendo pliegues.

Corrūgus, i. *m. Plin.* Acequia hecha en los rios para conducir y subir agua.

Corrumpo, is, rūpi, ruptum, rumpěre. *a. Cic.* Corromper, viciar, depravar, destruir, estragar, pervertir. || *Salust.* Echar á perder. *Corrumpere fontes. Salust.* Corromper, infestar las fuentes, las aguas.—*Ungues dentibus. Prop.* Roer, comerse las uñas con los dientes.—*Litteras. Cic.* Falsear una carta.—*Aliquem pecunia, largitione, praemiis. Cic.* Sobornar, coechar á alguno con dinero, con dádivas.—*Diem. Plaut.* Hacer perder el dia.—*Emptorem arte vafra. Marc.* Engañar con astucias al comprador.

Corruo, is, rui, rŭtum, ěre. *n. Cic.* Caer, arruinarse. || *Lucr.* Arruinar, hacer caer. || *Plaut.* Amontonar. *Corruere risu. Cic.* Caerse, morirse de risa.

Corruptē, ius, issĭme. *adv. Cic.* Corrompida, corrompidísima, corrupta, viciada, siniestramente.

Corruptēla, ae. *f. Cic.* Corruptela, corrupcion, vicio, depravacion, todo lo que tiene fuerza de corromper ó echar á perder.

Corruptĭbĭlis. *m. f. lĕ. n. is. Lact.* Corruptible, lo que puede corromperse.

Corruptĭbĭlĭtas, ātis. *f. Tert.* Corruptibilidad, la facilidad ó sujecion á corromperse.

Corruptio, ōnis. *f. Cic.* Corrupcion, alteracion, depravacion, soborno, el acto de corromper &c.

Corruptīvus, a, um. *Tert.* Corruptivo, lo que tiene virtud para corromper ó destruir.

Corruptor, ōris. *m. Cic.* Corruptor, el que corrompe ó soborna.

Corruptōrius, a, um. *Tert. V.* Corruptibilis.

Corruptrix, īcis. *f. Cic.* La que corrompe, seduce, soborna &c.

Corruptus, a, um. *part. de* Corrumpo. *Cic.* Corrompido, corrupto, alterado, depravado. || Falseado. || Viciado. || Sobornado.

Cors, cortis. *f. Vitruv.* El corral.

Corsa, ae. *f. Vitruv.* La primera faja que corre ó se hace al rededor de las pilastras.

Corsĭca, ae. *f. Plin.* Córcega, isla en el mar de Toscana.

Corsĭcānus, a, um. *Serv.* y

Corsĭcus, a, um. *Ov.* y

Corsus, a, um. *Ov.* Corso, perteneciente á la isla de Córcega ó á sus habitadores llamados por Livio Corsi, ōrum.

Corterĭacenses, ium. *m. plur.* Pueblos de Courtray.

Corterĭācum, i. *n.* Courtray, *ciudad de Flandes.*

Cortex, ĭcis. *m. f. Cic.* La corteza. *Cortex ovi. Vitruv.* La cáscara del huevo.—*Testudinis. Fedr.* La concha de la tortuga.—*Rosae. Plin.* El boton donde está la simiente de la rosa *Levier cortice. Hor. Prov.* del hombre ligero ó inconstante. *Sine cortice nare. Hor.* Nadar sin corcho. *Prov.* del que no necesita de otro para manejarse, *como entre nosotros: No necesitar andadores.*

Corticātus, a, um. *Colum.* Lo que tiene corteza.

Corticeus, a, um. *Plin.* De corteza.

Cortĭco, as, avi, atum, are. *a. Colum.* Descortezar, quitar la corteza.

Corticōsus, a, um. *Plin.* Cortezudo, lo que tiene mucha corteza.

Corticŭla, ae. *f. Colum.* Cortecica, cortecilla, cortecita, corteza sutil, delgada.

Cortīna, ae. *f. Cat.* La caldera ó perol.||*Virg.* La trípode de Apolo en que se daban las respuestas de sus oráculos.

Cortināle, is. *n. Colum.* El lugar donde se guardan los peroles ó calderas.

Cortīnālis. m. f. le. n. is. *Colum.* Perteneciente al perol ó caldera.

Cortinīpŏtens, tis. *com. Lucr.* Epíteto de Apolo, *cuyos oráculos se daban desde la trípode.*

Cortinŭla, ae. *f. Apl.* Caldera ó perol pequeño, calderillo.

Cortōna, ae. *f. Sil.* Cortona, ciudad de Toscana.

Cortōnensis. m. f. se. n. is. *Liv.* Cortonés, perteneciente á la ciudad de Cortona.

Coruncānus, i. *m. Cic.* Coruncano, *el primer pontífice romano creado por la plebe.*

Cōrus, i. *m. Vitruv.* El nordeste, viento de occidente, el viento coro.

Cōrus, i. *m.* Medida de 45 medias anegas.||Medida de 30 medias que hacian la carga de un camello, ó de 41 de Atenas.

Cōruscāmen, ĭnis. *n. Apul.* y

Cōruscātio, ōnis. *f. Sol.* Resplandor.

Cōruscĭfer, a, um. *Marc. Cap.* V. Coruscus.

Cōrusco, as, avi, atum, are. *n. Virg.* Tremolar, vibrar ó vibrarse con movimiento acelerado, blandear.|| Resplandecer, brillar. *Coruscare mucronem. Virg.* Hacer relucir una espada desnuda.

Cōruscus, a, um. *Virg.* Vibrado, trémulo.||Resplandeciente. *Corusca fabulare prae tremore. Plaut.* Hablar temblando, tiritando los dientes y de miedo.

Corvīnus, a, um. *Plin.* Perteneciente al cuervo.||Sobrenombre de la familia romana de los Valerios.

Corvīto, as, avi, atum, are. *a. Plaut.* Hartarse, llenarse de vianda como los cuervos de carne.

Corvītor, ōris. *m. Fest.* Comilon, tragon, que come hasta hartarse, que come con ansia.

Corvus, i. *m. Cic.* El cuervo, *ave muy conocida.*||Máquina militar á semejanza del pico del cuervo para aterrar alguna cosa.||Un signo celeste.||Un pez marino.

Cŏrybantes, tum. *m. plur. Hor.* Los Coribantes, *sacerdotes de la diosa Cibeles.*

Cŏrybantius, a, um. *Virg.* Perteneciente á los Coribantes.

Cŏrycaeus, i. *m. Cic.* El curioso, el que escucha con curiosidad, espía.

Cŏrycis, cĭdis. *f. Ov.* Ninfa que habitaba en la cueva coricia á la falda del Parnaso.

Corycius, a, um. *Estac.* Perteneciente á Corico, *ciudad de Cicilia*, ó al monte Parnaso.

Coryeus, i. *Plin.* Ciudad de Cicilia situada cerca del mar.

Cŏrylētum, i. *n. Ov.* El avellanar, sitio poblado de avellanos.

Cŏrylus, i. *f. Virg.* Avellano, el árbol que da las avellanas.

Cŏrymbia, ae. *f. Plin.* El tallo de la ferula cocido y aderezado con miel.

Cŏrymbiātus, a, um. *Treb.* Hecho ó adornado á modo de racimos de yedra.

Cŏrymbĭfer, a, um. *Ov.* Epíteto de Baco, que lleva la cabeza coronada de racimos de yedra.

* Corymbītes, ae. *m. Plin.* Especie de titímalo, *yerba que mata los peces y aligera el vientre.*

§Corymbium, ii. *n. Petron.* El erizon, *peinado postizo de muger que imita con sus rizos los racimos de la yedra.*

Cŏrymbus, i. *m. Virg.* Racimo de yedra.

Cŏryphaeus, i. *m. Cic.* Corifeo, el que guiaba el coro en las tragedias antiguas.||Príncipe, cabo, cabeza de algun órden ó secta.

Cŏryphasia, ae. *f. Arnob.* Minerva ecuestre, *asi llamada por haber nacido del cerebro de Júpiter armada de lanza y escudo.*

Cŏrythus, i. *f. Serv.* Ciudad de Etruria, Cortona.

Corȳtus, i. *m. Virg.* El carcax ó aljaba para meter las saetas, las flechas.

Coryza, ae. *f. Cel. Aur.* La destilacion ó catarro.

Cos, ōtis. *f. Cic.* Peña roca, peñasco grande.||La piedra de amolar. *Aquariae cotes. Plin.* Las piedras que afilan con agua.— *Oleariae. Plin.* Las que afilan con aceite.

Cosa, ae. *f. Liv.* Cosano, ciudad del reino de Nápoles en Calabria.

Cosaci, ōrum. *m. plur.* Cosacos, pueblos sujetos al rey de Polonia.

Cosae, ārum. *f. plur. Virg.* Cosa, *ciudad arruinada en Toscana cerca de Orbitelo, de cuyas ruinas se fabricó Alsidonia.*

Cosānus, a, um. *Plin.* Perteneciente á Cosa, *donde está hoy Alsidonia.*

Cosfeldia, ae. *f.* Coesfeld, *ciudad de Alemania en la Vestfalia.*

Cosma, ae. *m.* Cosme, nombre de hombre.

Cosmēta, ae. *m. f.* y

Cosmētes, ae. *m. Juv.* Siervo ó sierva que cuida del vestido y peinado de su amo ó de su ama, como ayuda de cámara y camarera.

Cosmiānus, a, um. *Marc.* Perteneciente á Cosmo, *famoso artífice de perfumes.*

Cosmĭcus, a, um. *Marc.* Del mundo, mundano.

Cosmogrāphia, ae. *f.* Cosmografía, descripcion del mundo.

Cosmogrāphĭcus, a, um. Perteneciente á la cosmografía.

Cosmogrāphus, i. *m. Mesal.* Cosmógrafo, el que sabe ó profesa la cosmografía, geógrafo.

Cosmotorinae. *Non.* Título de una de las sátiras Menipeas de Varron.

Cosmus, i. *m. Juv.* Cosmo, nombre de un perfumero célebre.

Cosopa, ae. *f. Cic.* Cosopa, puerto de Corfú.

Cososus deus. *Inscr.* Dios propio de los bituriges, de Berri.

Cossim. *adv. Apul.* Con las ancas.

Cossis, is, y Cossus, i. *m. Plin.* Carcoma, gusano que nace en la madera y la roe.

Cossȳra, ae. *f. Ov.* Pantalarea, *isla del mediterráneo entre Sicilia y Africa.*

Costa, ae. *f. Cels.* La costilla. *Costae navium. Plin.* El costillage de un navío.

Costamōmum, i. *n. Dig.* Planta aromática del género de costo. V. Costum.

Costātus, a, um. *Varr.* Que tiene costillas.

Costum, i. *n. Plin.* y

Costus, i. *f. Ov.* Costo, *raiz olorosa de la India oriental, la hay negra y blanquecina, usada en los perfumes, aderezos del vino y sacrificios.*

Cosyra, ae. *f. Plin.* Pantalarea, *isla pequeña junto á Malta.*

Cosyrsi, ōrum. *m. plur. Plin.* Los naturales y habitantes de Pantalarea.

Cotāria, ae. *f. Ulp.* Cantera de donde se sacan las piedras de afilar.

Cothon, ōnis. *m.* y Cothonum, i. *n. Hirc.* Puerto en el mar no natural, sino hecho con arte.||*Plin.* Isla del Peloponeso.||Otra cerca de Cartago.

Cŏthurnāte. *adv. comp. ius. Am.* Con estilo trágico ó sublime.

Cŏthurnātio, ōnis. *f. Tert.* La representacion de la tragedia.

Cŏthurnātus, a, um. *Ov.* Calzado con coturnos ó borceguíes á modo de los trágicos. *Cothurnatus vates. Ov.* Poeta trágico.||Autor que escribe con estilo sublime.

Cŏthurnus, i. *m. Cic.* Coturno, *calzado alto de que usaban los antiguos, y los que representaban tragedias.*||*Hor.* Estilo trágico, sublime.||La tragedia.

Cotīcŭla, ae. f. Plin. Piedra de toque para ensayar los metales.

Cotīfĭco, as, avi, atum, are. n. Apul. Cortar las piedras de amolar.

Cotīnus, i. f. Plin. Arbusto del Apenino que sirve para dar el color de púrpura.

Cotōnĕa, ae. f. Plin. La cotonea, yerba olorosa.

Cotōnĕum, i. n. Plin. El membrillo, árbol, y la fruta de él, que se llama tambien Cotoneum, y Cotonium malum, Cydonium y Cytonium.

Cotta, ae. m. Cic. Cota, sobrenombre romano de la familia de los Aurelios.

Cottăbus, i. m. Plaut. El ruido que hace el zurriagazo dado con una correa.

Cottăna, orum. n. plur. Plin. Especie de higos secos de Siria muy pequeños.

Cottĭānus, a, um. Tác. Perteneciente á Cocio, rey de los Alpes.

Cottiae Alpes. Plin. Los montes Alpes que separan la Francia de la Italia.

Cottĭus, ii. m. Suet. Cocio, rey ó régulo, amigo de Augusto, que hizo caminos mas cómodos en los Alpes, á los cuales dejó su nombre.

Cotŭla. V. Cotyla.

Cotutnĭum, ii. n. Fest. Vaso para vino, de que usaban en los sacrificios.

Cotūrnix, icis. f. Plin. La codorniz, ave de paso.

Cotyla, ae. f. Gel. Aur. Medida romana la misma que emina, era la mitad de un sextario, y servia tanto para los líquidos como para los granos. Entre nosotros es la tercera parte de una fanega.

Cotylēdon, onis. m. Plin. La planta llamada ombligo de Venus, y tambien oreja de monge y oreja de abad.

Cotys, yos. m. Tac. Cotis, nombre de un rey de Tracia.

Cotytĭa, orum. n. plur. Hor. Fiestas nocturnas que se hacian en Atenas á la diosa Cotito.

*Cotytto, us. f. Prisc. Cotito, diosa de la desvergüenza y lascivia, á quien los atenienses hacian fiestas y sacrificios por la noche.

Cous, a, um. Cic. De la isla de Lango.

Cŏvīnārĭus, ii. m. Tac. El que gobierna y combate desde un carro armado de hoces.

Cŏvīnus, i. m. Mel. Especie de carro, cuyo eje estaba armado de hoces, de que usaban en la guerra los britanos y belgas.

Coxa, ae. f. Cels. y

Coxendix, icis. f. Cels. El anca ó el hueso del anca. || El muslo.

Coxo, onis. m. Non. El cojo.

## CR

Crabanta, ae. f. El Casal, ciudad del Monferrato.

Crabra, ae. f. Cic. La Marzana ó Marranela, pequeño rio del Lacio.

Crabro, onis. m. Virg. El abispon ó tábano, moscon. Crabrones irritare. Plaut. Frase proverbial, provocar á los coléricos. Tirar coces contra el aguijon. ref.

Cracovia, ae. f. Cracovia, ciudad de Polonia.

Cragus, i. m. Ov. El monte de Gorante en Licia.

Crambe, es. f. Plin. Especie de col ó berza. Crambe bis posita, mors. adag. Dos veces cocina ó gallina amarga el caldo. ref.

Crancum, i. n. Cic. Craneo, escuela cerca de Corinto.

Crāpŭla, ae. f. Cic. Crapula, embriaguez ó borrachera, pesadez ó aturdimiento de cabeza por haber bebido mucho vino. || La flor de la resina cocida con que se aderezaba el vino.

Crāpŭlentus, a, um. Am. Embriagado, borracho.

Crāpŭlōsus, a, um. Jul. Firm. Dado á la borrachera.

Cras. adv. Cic. Mañana.

*Crasis, is. Prisc. La mezcla ó mistura. La union de dos vocales ó de vocal y diptongo que forman un solo sonido.

Crassāmen, ĭnis. n. Colum. y

Crassāmentum, i. n. Plin. La crasitud ó gordura. || El poso de los licores.

Crassātus, a, um. Am. Craso, grueso, pingüe.

Crasse. adv. Colum. Con crasitud ó gordura. Grasse componere. Hor. Componer groseramente, toscamente.

Crassēdo, ĭnis. f. Fulg. V. Grassitudo.

Crassesco, is, ere. n. Plin. Encrasarse, ponerse craso ó espeso. || Endurecerse.

Crassĭānus, a, um. Plin. Perteneciente á Craso, nombre romano.

Crassĭfĭcātio, ōnis. f. Cel. Aur. V. Crassitudo.

Crassĭfĭcātus, a, um. Cel. Aur. Encrasado, espesado, condensado.

Crassĭfĭco, as, avi, atum, are. a. Cel. Aur. Encrasar, engordar, condensar.

Crassĭpes, ĕdis. com. Cic. El que tiene los pies gruesos. Sobrenombre de la familia romana de los Furios, con uno de los cuales casó Tulia, hija de Ciceron.

Crassĭtas, ātis. f. Apul. y

Crassĭties, ei. f. Apul. y

Crassĭtūdo, ĭnis. f. Ces. El grueso ó corpulencia de alguna cosa. Crasitud, gordura, espesura. || El poso de los licores.

Crassĭvēnĭum, i. n. Plin. Especie de acer ó acebo de menos estimacion que los otros por sus vetas mas toscas y gruesas.

Crasso, as, avi, atum, are. a. Apul. Engruesar, hacer, poner mas grueso.

Crassus, a, um. Plin. Grueso, corpulento. || Craso, pingüe, gordo. || Espeso, denso, grueso. Crassus ager. Cic. Campo fértil, buena tierra. Aer. Cic. Aire grueso, espeso, denso. Crassum filum. Ov. Hilo gordo. Crassa Minerva. Hor. Crassiore musa. Quint. Sin arte, sin delicadeza, toscamente, á la pata llana. Crassus tres digitos. Cat. De tres dedos de grueso, del grueso de tres dedos. Crassissimus cortex. Plin. Corteza muy gruesa.

Crassus, i. m. Cic. P. Craso, llamado el rico, hijo de P. Mucio, orador y jurisconsulto célebre.

Crastĭne. adv. Gel. Mañana.

Crastĭnus, a, um. Cic. Del dia de mañana, ó que será mañana. In crastinum (diem) differre. Cic. Dejar para mañana, dilatar un dia para otro. Crastinus dies. Cic. El dia de mañana. __ Fructus. Plin. El fruto nuevo, venidero. Crastina aetas. Estac. El tiempo que ha de venir. __ Stella. Plaut. Estrella que saldrá mañana.

Crataeis, ĭdis. f. Virg. Crateis, madre de Escila. || Un rio del Abruzo.

Crateogōnum, i. n. Plin. La persicaria, yerba.

Crāter, ēris. m. Virg. y

Crātēra, ae. f. Cic. Vaso, copa, taza grande para beber. || La concha de una fuente. || La boca por donde sale la ceniza, humo y fuego del Etna.

*Craterītes, ae. m. Plin. Piedra preciosa muy dura entre el color del crisólito y el electro.

Crates, etis. m. Cic. Crates, filósofo tebano, que echó al mar sus riquezas para dedicarse á la filosofía. || Suet. Crates, natural de Mallo en Cilicia, contemporáneo de Aristarco, el primero que enseñó en Roma la Gramática.

Crātĕrus, i. m. Pers. Cratero, macedonio, compañero de Alejandro, y escritor de sus hazañas.

Crathis, is, ó ĭdis. m. Ov. Grati, rio de Calabria.

Crātĭcŭla, ae. f. Marc. Zarzo pequeño.

Crātĭcŭlus, a, um. Cat. Hecho á modo de zarzo.

Crātīnus, i. m. Hor. Cratino, poeta cómico griego muy dado al vino, el primer autor de la fábula satírica en las fiestas dionisias de Atenas.

Crātio, is, ivi, itum, ire. a. Plin. Rastrillar, limpiar el trigo en las eras con el instrumento llamado rastrillo, ó allanar con él la tierra.

Crātītĭus, a, um. Vitruv. Hecho de zarzos, ó á modo de zarzos. Cratitius paries. Vitruv. Tabique hecho de palos trabados entre sí á modo de zarzo.

Crātus, i. f. Colum. Zarzo, el tejido de varas, cañas ó mimbres en figura plana. || Plaut. Género de suplicio con que mataban con piedras á los reos tendidos debajo de zarzos. Crates favorum. Virg. La estructura de los panales.

Cratylus, i. m. Cic. Cratilo, filósofo ateniense.

Creabĭlis. m. f. le. n. is. S. Ag. Que se puede criar.

Creādra, ae. f. *Marc. Cap.* El trinchero ó tenedor para sacar las viandas de la olla, fuente ó caldera.

Creāmen, ĭnis. n. *Prud.* La creacion y la cosa criada.

Creātio, ōnis. f. *Cic.* Creacion, el acto de crear ó elegir, eleccion. || *Varr.* La procreacion, generacion, produccion.

Creātor, ōris. m. *Cic.* Criador, fundador, hacedor, autor. || Padre. || Elector, el que nombra ó elige para algun empleo. || Dios, criador de todas las cosas.

Creātrix, īcis. f. Criadora, autora, madre, causa, órigen.

Creātūra, ae. f. *Tert.* Criatura, toda cosa criada.

Creātus, a, um. *Ov. part. de* Creo. Criado, engendrado. || Elegido.

Creber, bra, brum. *comp.* brior. *sup.* berrimus. *Cic.* Frecuente, reiterado, que se hace ó sucede muy á menudo. || Espeso, apiñado. *Crebri hostes cadunt. Plaut.* Caen los enemigos á montones. *Creber procellis ventus. Virg.* Viento proceloso, tempestuoso, que escita muchas tempestades.

Crebrātus, a, um. *Plin.* Espeso, denso, apiñado, apretado.

Crebre. *adv. Vitruv.* Espesa, densa, apiñada, apretadamente.

Crebresco, is, brui, ó bui, scĕre. n. *Tac.* Crecer, aumentarse, redoblarse. *Crebrescit. Tac.* Crece, se aumenta, corre la voz.

Crebrĭtas, ātis. f. *Cic.* Frecuencia, continuacion, multitud. *Crebritas coeli. Vitruv.* Condensidad, espesura del aire.

Crebriter. *adv. Vitruv.* Frecuentemente, á menudo.

Crebrĭtūdo, ĭnis. f. *Non.* V. Crebritas.

Crebro, brius, berrime. *adv. Cic.* Frecuentemente, á menudo, muchas veces.

Crebro, ās, āvi, ātum, āre. n. *Plaut.* Reiterar, repetir, hacer á menudo.

Credĭbĭlis. m. f. lĕ. n. is. *Cic.* Creible, probable, verisimil, lo que puede ó merece ser creido.

Credĭbĭlĭter. *adv. Cic.* Creible, probable, verisimilmente.

Credĭto, ās, āre. a. *Fulg. freq. de* Credo.

Credĭtor, ōris. m. *Cic.* y

Credĭtrix, īcis. f. *Paul. Jct.* El acreedor ó acreedora, aquel ó aquella á quien se debe, él ó la que ha prestado.

Credĭtum, i. n. *Sen.* Crédito, deuda que uno tiene á su favor. *In creditum ire. Paul. Jct.— Dare.— Abire in creditum alicui. Ulp.* Fiar, prestar á alguno.

Credĭtus, a, um. *Cic. part. de*

Credo, is, dĭdi, dĭtum, dĕre. a. *Cic.* Creer, dar asenso, tener por verisimil ó probable. || Pensar, opinar, juzgar. || Prestar, fiar. || Confiar, fiarse, entregar á la confianza de alguno. *Creditur non temere. Cic.* No se cree de ligero, sin fundamento. *Credin'? Ter.* ¿Tú lo crees, lo piensas asi? *Crede hoc meae fidei. Ter.* Creelo sobre mi palabra. *Credere uni omnia. Cic.* Fiarlo todo de uno, á uno, tener entera confianza de, en alguno. — *Se mari. Cic.* Embarcarse. — *Per syngrapham pecuniam alicui. Cic.* Prestar á alguno dinero sobre vale ó papel de obligacion. — *Se pedibus. Sil.* Echar á correr, á huir. — *Cerae. Plaut.* Escribir. — *Terrae. Col.* Sembrar. *Aliquem solo. Luc.* Echar á uno en el suelo, derribarle, echarle á ó en tierra.

Credier. *Plaut. ant. en lugar de* Credi.

Creduam. *Plaut. ant. en lugar de* Credam.

Creduim. *Plaut. ant. por* Credam y de Crediderim.

Credŭlĭtas, ātis. f. *Cic.* Credulidad, demasiada facilidad en creer.

Credŭlus, a, um. *Cic.* Crédulo, que se cree de ligero, que cree con demasiada y necia facilidad, que tiene buenas creederas.

Crema, ae. f. Crema, ciudad del estado veneciano.

Cremates, um. m. plur. *Inscr.* Cremascos, los naturales de la ciudad de Crema.

Cremātio, ōnis. f. *Plin.* La quema, incendio.

Cremātor, ōris. m. *Tert.* Quemador, incendiador, el que pone fuego, incendiario.

Cremātus, a, um. *part. de* Cremo. *Cic.* Quemado, abrasado, incendiado.

Crementum, i. n. *Plin.* Incremento, crecimiento.

Cremēra, ae. f. *Liv.* La Varca, ó Valca, ó Baccano, pequeño rio de Toscana, célebre por la mortandad de los 300 Fabios romanos, hecha por los viyentes.

Cremerensis. m. f. sĕ. n. is. *Tac.* Perteneciente al rio Varca ó Valca.

Cremia, ōrum. n. plur. *Col.* Leña delgada y seca, que se quema fácilmente.

Cremiālis. m. f. lĕ. n. is. *Ulp.* Lo que se puede quemar fácilmente.

Cremium, ii. n. *Col.* Ojarasca; leña menuda y seca. || Holocausto, sacrificio en que se quema la víctima.

Cremo, ās, āvi, ātum, āre. a. *Cic.* Quemar, abrasar; consumir al fuego.

Cremōna, ae. f. *Virg.* Cremona, ciudad de los cenomanos en el estado de Milan.

Cremonensis. m. f. sĕ. n. is. *Tac.* Perteneciente á la ciudad de Cremona.

Cremor, ōris. m. *Cels.* La crema ó nata de la leche. || La leche que se saca de almendras y de otras cosas machacadas.

Crenae, ārum. f. plur. *Plin.* Rajas, inclisiones, cortaduras, hendeduras. || Muescas. || Abertura de puntos de una pluma.

Creo, ās, āvi, ātum, āre. a. *Cic.* Criar, engendrar, producir, dar el ser. || Ocasionar, causar. || Elegir, nombrar por votos. *Aerumnas credere alicui. Plaut.* Ocasionar desdichas á uno, hacerle miserable.

Creo, ó Creon, ontis. m. *Sen.* Creon, rey de los corintios, que casó á su hija Creusa con Jason. || Otro tebano, suegro de Edipo, rey de Tebas y hermano de Jocasta.

Crepans, tis. *com. Hor.* Sonante, resonante, que hace ruido.

Crepax, acis. *com. Sen.* Lo que hace ruido.

Crepĕrus, a, um. *Lucr.* Dudoso, incierto. *Creperum bellum. Lucr.* Guerra dudosa, incierta, peligrosa.

Crepi. m. plur. *Fest.* Nombre que los romanos dieron á los lupercales, del ruido que hacian las pieles con que herian en las fiestas asi llamadas á las mugeres que encontraban.

Crepĭcŭlum, ó Crepidulum, ó Crepitulum, i. n. *Fest.* Adorno ó prendido que llevaban las mugeres en la cabeza, llamado asi del ruido que hacia cuando se meneaba.

Crepĭda, ae. f. *Liv.* Calzado ó zapato llano de una ó muchas suelas, que se ataba con correas por encima del pie.

Crepĭdarius, ii. m. *Gel.* El zapatero.

Crepĭdarius, a, um. *Gel.* Perteneciente á los zapatos atados con correas, ó al zapatero que los hace.

Crepĭdātus, a, um. *Cic.* Calzado con el género de zapato llamado crepida.

Crepĭdo, ĭnis. f. *Cic.* La base ó fundamento alto y elevado. || El reparo, parapeto ó estribo que se pone contra el ímpetu de las aguas. || *Stac.* La roca, escollo, peñasco. *Crepido portus. Curc.* El muelle ó atarazana de un puerto.

Crepĭdŭla, ae. f. *Gel. dim. de* Crepida.

Crepĭtacillum, i. n. *Tert. dim. de*

Crepĭtacŭlum, i. n. *Col.* Castañeta, tarreñas ó tejuelas ó cualquiera otro instrumento de bronce ú otra materia, que se tocan con la mano. || Diges, juguetes de los niños.

Crepĭto, ās, āvi, ātum, āre. n. *Plaut. freq. de* Crepo. Hacer ruido, ó hacer algun son menudo, acelerado.

Crepĭtus, us. m. *Cic.* Ruido, sonido, zumbido, choque de cualquiera cosa que sale con violencia, que se rompe ó tropieza contra otra. || El palmoteo de las manos. || El rechinamiento de los dientes. || El ruido de las espadas. || La ventosidad con ruido. *Suus cuique crepitus bene olet. Quae quisque ipse facit. adag.* Cada buhonero alaba sus agujas. Cada ollero su olla alaba, y mas si la tiene quebrada. *ref.*

Crepo, ās, pui, pĭtum, pāre. n. *Ter.* Rechinar, hacer ruido sonando. || Romperse, tropezar, chocar con otra cosa. *Quis post vina gravem militiam crepat? Hor.* ¿Quién despues de bien bebido, vitupera, se queja de los trabajos de la guerra? *Crepare aliquid. Lucr.* Tener siempre en la boca, hablar de, celebrar continuamente una cosa.

Crepŭlus, a, um. *Sid.* Lo que hace ruido ó estrépito.

Crepundia, ōrum. n. plur. *Ter.* Diges, juguetes, enredos de los niños, aquellas cosas que se les dan para divertirse, y que se les ponen por adorno.

**Crĕpuscŭlum**, i. n. Ov. Crepúsculo, la claridad que precede á la salida del sol, y la que queda despues de haberse puesto hasta que cierra la noche.

**Cres**, etis. m. Cic. Candioto, ó cretense, el natural de la isla de Creta.

**Crescentia**. f. Vitruv. Crecimiento, acrecentamiento.

**Cresco**, is, crēvi, crētum, scĕre. n. Cic. Crecer, aumentarse, hacerse mayor. ‖ Engrandecerse, ascender, subir á mas alto grado, enriquecerse, crecer en dignidad.

**Cressa**, ae. adj. Ov. Candiota, cretense, la muger ó cosa de la isla de Creta.

**Cressius**, a, um. Virg. Candioto, cretense, perteneciente á Creta.

**Creta**, ae, y **Crete**, es. f. Plin. La isla de Candia ó Creta en el mar mediterráneo.

**Crēta**, ae. f. Plin. La greda, tierra blanca y pegajosa, que sirve para batanar y lavar los paños y tejidos de lana, para quitar manchas, aclarar el vino, y otros usos.

**Crĕtācĕus**, a, um. Plin. Gredoso, perteneciente á la greda, ó que tiene sus calidades.

**Cretaeus**, a, um. y

**Cretānus**, a, um. Ov. Cretense, perteneciente á la isla de Creta.

**Crētārius**, a, um. Varr. Perteneciente á la greda.

**Crētātus**, a, um. Cic. Dado con greda, ó blanqueado con ella.

**Crētensis**. m. f. ĕ. n. is. Cic. Candioto, cretense, natural de la isla de Creta.

**Crētĕus**, a, um. Lucr. V. Cretaceus.

**Cretheius**, a, um. Val. Flac. Perteneciente á Creteo. Cretheia proles. Val. Flac. Jason, nieto de Creteo. Cretheia virgo. Val. Flac. Hele, hija de Atamante, hermana de Creteo.

**Cretheus**, i, y eos. m. Val. Flac. Creteo, hijo de Eolo, padre de Eson y abuelo de Jason.

**Crēthīdes**, ae. m. Val. Flac. Jason, nieto de Creteo.

**Crētĭcus**, i. m. Cic. Crético, pie de verso compuesto de una breve entre dos largas, como cāritās.

**Crētĭcus**, a, um. Hor. Cretense, de la isla de Creta. Sobrenombre de Q. Cecilio Metelo, conquistador de esta isla.

**Crētĭfŏdīna**, ae. f. Ulp. Gredal, el sitio donde se halla y de donde se saca la greda.

**Crētio**, ōnis. f. Cic. La aceptacion de una herencia, y el tiempo que se concede á un heredero ó legatario para aceptar ó rehusar la sucesion ó el legado. ‖ La posesion de una herencia y las solemnidades al tiempo de tomarla. Cretio libera. Cic. Institucion de heredero ó legatario, sin carga alguna.—Simplex. Cic. Cláusula del testamento, por la que es permitido á uno de los herederos admitir la herencia ó sucesion.

**Crētis**, idis. f. Ov. La muger cretense, natural de la isla de Creta.

**Crētōsus**, a, um. Ov. Gredoso, abundante de greda.

**Crĕtŭla**, ae. f. Cic. Un poquito de greda.

**Crētūra**, ae. f. Palad. Las aechaduras del trigo.

**Crētus**, a, um. part. de Cresco. Virg. Engendrado, descendiente de la sangre ó raza de Cretus Hectore. Virg. Descendiente de Hector. Cretus cinis. Palad. Ceniza cernida.

**Crētus**, a, um. part. de Cerno. Ov. Resuelto, decretado. Satin, tibi istud in corde cretum est? Plaut. ¿Estás determinado á esto?

**Creusa**, ae. f. Ov. Creusa, hija de Creon, rei de Corinto, con quien se casó Jason, habiendo repudiado á Medea. Esta, que era famosa encantadora, regaló á Creusa una caja que encerraba un fuego inestinguible: Creusa abrió la caja, de la cual salió el fuego que la abrasó á ella y á toda la casa de Creon. ‖ Otra hija de Priamo y de Ecuba, muger de Eneas.

**Crībellātus**, a, um. Palad. Cribado, cernido.

**Crībellum**, i. n. dim. Palad. Cribo pequeño.

**Crībrārius**, a, um. Plin. Perteneciente al cribo ó criba.

**Crībrārius**, ii. m. El que hace cribos.

**Crībrātus**, a, um. Col. Cribado, limpio, pasado por el cribo ó criba.

**Crībro**, ās, āvi, ātum, āre. a. Plin. Cribar, limpiar, con el cribo. ‖ Cerner, pasar por tamiz.

**Crībrum**, i. n. Cic. El cribo, criba ó zaranda con que se limpia el trigo y otras semillas. ‖ El tamiz ó cedazo por donde se pasan los granos molidos ó los líquidos. Novum cribrum novo paxillo. adag. Codecillo nuevo tres dias en estaca. ref. Cribro divinare (stulte) adag. Adivino de Marchena, que al sol puesto el sano á la sombra queda. ref.

**Crīmen**, ĭnis. n. Cic. Crímen, delito, culpa. ‖ La acusacion. ‖ Causa, pretesto. Crimina belli serere. Virg. Sembrar discordias, divisiones, motivos de guerra.

**Crīmĭnālis**. m. f. lĕ. n. is. Dig. Criminal perteneciente al crímen.

**Crīmĭnālĭter**. ad. Ulp. Criminalmente, por la via criminal.

**Crīmĭnātĭo**, ōnis. f. Cic. Criminacion ó acriminacion, acusacion, la accion de acusar. ‖ Calumnia.

**Crīmĭnātŏr**, ōris. m. Plaut. Acusador, delator.

**Crīmĭnātōrius**, a, um. Plaut. Lo que pertenece al delito y á la delacion y acusacion.

**Crīmĭnātus**, a, um. part. de Criminor, y pasivo de Crimino.

**Crīmĭno**, ās, āvi, ātum, āre. a. Plaut. y

**Crīmĭnŏr**, āris, atus sum, āri. dep. Cic. Acusar, acriminar, delatar. Criminare aliquem alicui. Ter.—Apud aliquem. Cic. Acusar uno á otro ó delante de otro.

**Crīmĭnōsē**. adv. īus, issimē. Cic. Criminosa, criminalmente. Criminosius dicere audivi neminem. Cic. No he oido hablar á nadie con mas fuertes invectivas. Criminosissime insectari. Suet. Perseguir con las mas injuriosas calumnias.

**Crīmĭnōsus**, a, um, ĭor, issĭmus. Cic. Satírico, maldiciente, detractor. ‖ Criminoso, delincuente ó reo.

**Crĭnālĭa**. m. f. lĕ. n. is. Ov. Perteneciente á los cabellos. Crinalis acus. Prud. La aguja de la cabeza ó del rodete.—Vitta. Ov. La cinta con que se ata el pelo, ó con que se sujeta y adorna la cofia. Crinale. El peinado de la muger.

**Crīnĭger**, a, um. Luc. y **Crīnītus**, a, um. Cabelludo ó cabelloso, que tiene largo el cabello. Crininum unguentum. Dig. Ungüento de azucenas.

**Crīnĭo**, is, īre. Estac. Echar, poblarse de cabellos.

**Crīnis**, is. f. Cic. El pelo, el cabello, la cabellera, las trenzas del cabello. ‖ Las crines. Crines arborum. Plin. Las raices de los árboles.—Piscium. Plin. Las aletas que ayudan á nadar á los peces.—Vitium. Plin. Los pimpollos ó renuevos de las vides, de las parras. Capere crines. Plaut. Aprovecharse de la ocasion, tomarla por los cabellos.

**Crīnīsus**, ó **Crinisus**, ó **Crimisus**, i. m. Virg. Ventidestro, rio de Sicilia.

**Crīnītus**, a, um. Ov. V. Criniger. Sobrenombre del emperador Trajano.

**Crĭobolium**, ii. n. Inscr. Sacrificio de un carnero en honor del joven Atis amado de Cibeles, en nombre del cual adoraron los antiguos al sol, como en nombre de ella á la tierra.

**Crĭsīmi dies**. Cel. Aur. Dias críticos en que suelen terminar algunas enfermedades.

**Crĭsis**, is. f. Sen. Crisis, mutacion considerable en una enfermedad, ó para bien ó para mal del enfermo. ‖ Crítica, censura, crisis, juicio de una cosa examinada.

**Crispātus**, a, um. Claud. Encrespado. part. de Crispo.

**Crispĭcans**, antis. com. Gel. Que encrespa ó hace crespo.

**Crispīnus**. Sobrenombre de la familia romana de los Quincios.

**Crispĭsulcans fulmen**. Cic. Rayo que cae serpeando, haciendo varios giros ó vueltas.

**Crispĭtūdo**, ĭnis. f. Arnob. Meneo trémulo y frecuente.

**Crispo**, ās, āvi, ātum, āre. a. Plin. Encrespar, rizar. Crispare hastilia manu. Virg. Blandear, vibrar una lanza en la mano.

**Crispŭlus**, a, um. Sen. dim. de

**Crispus**, a, um. Plaut. Crespo, enortijado, rizado. Crispus homo. Plaut. Hombre que tiene el cabello crespo ‖ Sobrenombre de la familia romana de los Salustios; de la cual fue el célebre historiador Cayo Salustio Crispo, contemporáneo de Cicerón, y grande enemigo suyo.

Crisso, ās, āvi, ātum, āre. n. Marc. Moverse, menearse torpemente.

Crista, ae. f. Plin. La cresta, penacho, copete de carne ó pluma que tienen algunas aves en la cabeza. ∥ El penacho del morrion. ∥ El morrion.

Cristātus, a, um. Marc. Que tiene cresta ó penacho.

Cristŭla, ae. f. Colum. dim. de Crista. Crestilla, crestica, crestita.

Critae, ārum. m. plur. Tert. Los jueces de los judíos.

Crithologia, ae. f. Dig. La recolección de la cebada.

* Critĭce, es. f. Quint. Crítica, el arte de juzgar de alguna cosa, especialmente en materia de letras.

Critĭcus, ci. m. Quint. Crítico, censor, el que es capaz de juzgar de alguna cosa.

Croatĭa, ae. f. Croacia, parte de la Esclavonia.

Crobylus, i. m. Tert. El modo de atar el pelo á los niños, lo de adelante atras, el moño.

Crocālis, ĭdis. f. Plin. Piedra preciosa, que representa un cerezo.

Crocatio, ó Crocitio, ó Crocitatio, ōnis. f. Fest. El graznido del cuervo.

Crocātus, a, um. Plin. Azafranado, dado de color de azafran.

Crocĕus, a, um. Virg. y

Crocīnus, a, um. Plin. De azafran ó perteneciente al azafran. ∥ Azafranado, rojo.

Crocio, is, īvi, ītum, īre. n. Plaut. Graznar el cuervo, croaxar.

Crocĭto, ās, āre. V. Crocio.

Crocĭtus, us. m. Plaut. El graznido ó canto del cuervo.

Crocodilĕa, ae. f. Plin. El estiercol del crocodilo terrestre, que es de muy buen olor.

Crocodilīnus, a, um. Quint. Crocodilino, perteneciente ó semejante al crocodilo. ∥ Capcioso, falaz.

Crocodīlus, i. m. Plin. El crocodilo, animal amfibio, fiero, de cuatro pies, y de gran corpulencia, que se cria en el Nilo y en algunos rios de América.

Crocomagma, ātis. n. Plin. La pastilla hecha del ungüento de azafran.

Crocōta, ae. f. Cic. Especie de túnica muy delgada de color de azafran, que usaban por lujo las mugeres, los representantes y los sacerdotes de Cibeles.

Crocotārius, a, um. Plaut. Lo que pertenece á la ropa llamada crocota.

Crocotĭlus, a, um. Plaut. muy delgado.

Crocotīnum, i. n. Fest. Cierta especie de pastel.

Crocotium, ii. f. Plaut. Nombre griego de una esclava.

Crocotta, ae. m. Plin. y Corocotta, ae. La crocuta, animal monstruoso de Etiopía, de muy fieros dientes, engendrado de perro y lobo.

Crocotŭla, ae. f. Plaut. dim. de Crocota.

Crocum, i. n. Cels. y

Crocus, i. m. Ov. El azafran, planta muy conocida.

Crocŭta. V. Crocotta, ae.

Croesus, i. m. Cic. Creso, rey de Lidia sumamente rico. ∥ El rico.

Cromyon, ó Cromuyon, ó Crommyon, ōnis. f. Ov. Lugar del Peloponeso, donde Teseo mató aquella puerca que talaba los campos.

Cronia, ōrum. n. plur. Macrob. Fiestas saturnales en honra de Saturno.

* Cronos, i. m. Cic. Saturno, el tiempo.

Crotalĭa, ōrum. n. plur. Plin. Pendientes, ó perendengues de dos ó tres perlas que se daban unas con otras cuando se movia la cabeza.

Crotalistria, ae. f. Petron. La que toca el címbalo. ∥ Petron. La cigüeña que imita el sonido del címbalo con su pico.

Crotalum, i. n. Virg. El címbalo ó el atabal, instrumento músico de los egipcios.

* Crotaphus, i. m. Cel. Aur. La sien. ∥ El dolor que se siente en ella.

Croto, ó Croton, ōnis, ó Crotona, ae. f. Cic. Crotona, ciudad de Calabria cerca de Tarento.

Crotoniāta, ae. m. y

Crotoniātes, ae. m. y

Crotoniensis. m. f. sē. n. is. Cic. Crotoniata, el natural de ó perteneciente á Crotona.

Crotopiādes, ae. m. Ov. Patr. de Crotopo, octavo rey de los argivos.

* Crotos, i. m. Colum. El sagitario, signo celeste.

Cruciabĭlis. m. f. lē. n. is. Gell. Lo que da tormento doloroso, penoso.

Cruciabilĭtas, ātis. f. Plaut. Tormento, pena, dolor.

Cruciabilĭter. adv. Hirc. Cruel, penosamente, con tormento y dolor.

Cruciabundus, a, um. S. Cip. Lleno de tormentos.

Cruciāmen, ĭnis. n. Prud. V. Cruciatus.

Cruciāmentum, i. n. V. Cruciatus.

Cruciārius, a, um. Tert. Perteneciente á la cruz ó al tormento. ∥ Petron. Ahorcado. ∥ Apul. Digno de la horca.

Crucias. Plaut. en lugar de Cruciatus.

Cruciātor, ōris. m. Jul. Firm. Atormentador, el que atormenta y aflige, verdugo.

Cruciātus, a, um. part. Liv. Atormentado.

Cruciātus, us. m. Cic. Tormento, tortura, dolor vehemente. Cruciatus animi. Cic. Tormento, pena, aflicción del espíritu.

Crucĭfer, a, um. Prud. Crucifero ó crucero, el que lleva la cruz.

Crucifīgo, is, xi, xum, gĕre. Suet. Crucificar, poner en cruz.

Crucifīxor, ōris. m. Paul. Nol. el que crucifica.

Crucifīxus, a, um. Plin. part. de Crucifigo. Crucificado.

Crucio, ās, āvi, ātum, āre. a. Cic. Atormentar, dar tormento, afligir.

Crucis. genit. de Crux.

Crucisālus, i. m. Plaut. El que brinca ó salta á la horca, nombre fingido.

Crucium. Fest. Lo que aflige ó atormenta.

Crudaria, ae. f. Plin. Veta de plata que se halla al principio de la mina.

Crudēlis. m. f. lē. n. is. comp. lior. sup. lissĭmus. Cic. Cruel, fiero, inhumano, cruelísimo, bárbaro, desapiadado.

Crudelĭtas, ātis. f. Cic. Crueldad, ferocidad, inhumanidad.

Crudelĭter, ius, issĭme. adv. Cic. Cruelmente, cruelísimamente, con crueldad y fiereza.

Crudesco, is, dui, scĕre. n. Virg. Encruelecerse. ∥ Encrudecerse. ∥ Exasperarse, irritarse.

Crudĭtas, ātis. f. Cic. Crudeza, indigestion. ∥ Aspereza.

Crudĭtatio, ōnis. f. Cel. Aur. Crudeza de estómago.

Crudīto, ās, āvi, ātum, āre. pas. Tert. Padecer crudezas de estómago.

Crudus, a, um. Cic. Crudo, verde. ∥ Cels. Lo que no está cocido, asado ó frito. ∥ El que padece crudezas é indigestiones. ∥ Juv. Indigesto, mal digerido. ∥ Ov. Cruel, duro, inexorable. ∥ Plaut. Tosco, rudo, grosero. ∥ Sil. Duro, fuerte. Crudum vulnus. Ov. Llaga reciente, fresca. — Corium. Val. Flac. Cuero recien quitado al animal, que no está adobado. — Solum terra. Colum. Tierra que no está cultivada ni arada, erial. — Adhuc servitium. Tac. Servidumbre á la que uno no está acostumbrado. Crudo senectus. Tac. Vejez verde, vigorosa. — Mens. Tac. Ardor juvenil. Crudi versus. Pers. Versos duros, poco castigados, mal digeridos.

Cruentatio, ōnis. f. Fest. Derramamiento de sangre.

Cruentātus, a, um. part. Cic. Ensangrentado.

Cruente. adv. Just. y

Cruenter. adv. Apul. Cruentamente, con derramamiento de sangre.

Cruentifer, a, um. Tert. V. Cruentus.

Cruento, ās, āvi, ātum, āre. a. Cic. Ensangrentar, derramar sangre. ∥ Manchar. Cruentari sceleri. Cic. Ensangrentarse, mancharse con algun crímen.

Cruentus, a, um. Cels. Cruento, sangriento, manchado de sangre, el que la derrama. ∥ Hor. Cruel, fiero. ∥ Virg. Rojo, rubio, sanguino. ∥ Contaminado de sangre.

Cruma, ātis. m. Marc. La tarraňuela ó castañuela. Crumata. plur. Las castañuelas.

## CTE

Crŭmēna, ae. f. Plaut. La bolsa, mochila, alforja, el bolsillo. ‖ El dinero. Crumena deficiens. Hor. Bolsa vacía. Cupidinis crumena porri folio vincta est. adag. Amor ni cata linage, ni fe, ni pleito homenage. ref.

Crŭmĕnĭsĕca, ae. m. Dig. El rapa bolsas, el que las hurta.

Cruor, ōris. m. Cic. La sangre derramada ó que corre de la herida. ‖ La matanza. ‖ La crueldad.

Crŭpellārii, ōrum. m. plur. Tac. Esclavos ó gladiadores de los eduos, armados de hierro de los pies á la cabeza.

Cruralis. m. f. lĕ. n. is. Petron. Propio de las piernas.

Cruricrĕpĭda, ae. m. Aquel á quien le quiebran las piernas ó le suenan á quebradas, ó merece que se las quiebren; es nombre de un siervo muy malo en Plauto.

Crurifrăgium, y Crurifrangium, ii. n. Plaut. Quebradura ó quebrantamiento de piernas.

Crus, ūris. n. Cic. La pierna. Crus arboris. Colum. Pie del árbol. — Vitium. Colum. Las cepas.

Cruscŭlum, i. n. Plaut. dim. de Crus. Piernecilla, piernecita, pernezuela.

Crusma, ătis. n. Marc. El sonido de, ó el instrumento que se toca con la mano, como castañuela, pandereta.

Crusmātĭcus, a, um. Pulsatorio, que se toca con la mano.

Crusta, ae. f. Plin. Costra, la corteza, la superficie endurecida de alguna cosa, como de las aguas heladas. Crusta parietis. Plin. Enyesadura, enjalbegadura de una pared.

Crustārius, a, um. Plin. Propio de la costra ó corteza.

Crustātus, a, um. Luc. Cubierto, barnizado, guarnecido de planchas ó láminas. ‖ Encostrado.

Crusto, as, ăvi, ătum, āre. a. Plin. Cubrir de alguna cosa como costra, blanquear, barnizar, cubrir ó guarnecer de planchas, láminas &c.

Crustōsus, a, um. Plin. Costroso, lo que tiene costra ó corteza.

Crustŭla, ae. f. Plin. Costrita, cortecita.

Crustŭlārius, ii. m. Sen. El pastelero ó confitero, el que vende tortas, bizcochos ó hojaldres.

Crustŭlātus, a, um. Sparc. Que tiene costra ó corteza.

Crustŭlum, i. n. Hor. Rosquilla, confite, hojaldre pequeño.

Crustum, i. n. Virg. Rebanada ó pedazo de pan.

Crustumeria, ae. f. Liv. ó Crustumerium, ii. n. Plin. Ciudad antigua de los sabinos junto al Tiber.

Crustumerīnus, a, um. Liv. y

Crustumĭnus, y Crustumius, a, um. Liv. Perteneciente á esta ciudad de los sabinos, hoy Palombara ó Marcigliano, castillo.

Crustumium, ii. n. Serv. V. Crustumerium. ‖ Rio y ciudad entre Arimino y Pésaro, hoy Conca.

Crux, crŭcis. f. Cic. La cruz. ‖ La horca. ‖ Tormento, pena, afliccion, dolor, pesadumbre. Crucem in malam abi. Ter. Anda á la horca, no te ahorcaran. In crucem agere. — Tollere. Cruce afficere. Cruci suffigere. Cic. — Affigere. Quint. — Dare. Plaut. In cruce suffigere. Hor. Poner en cruz, crucificar. ‖ Ahorcar.

Cryphi, ōrum. m. plur. S. Ger. Sacerdotes de los mas ocultos sacrificios del dios Nitra, que se probaban en una cueva del mismo nombre con muchas penitencias.

Crypta, ae. f. Suet. Lugar subterráneo, cripta.

Cryptĭcus, a, um. Sid. Subterráneo.

Cryptoportĭcus, us. f. Suet. Pórtico ó estancia subterránea para tomar el fresco en tiempo de calor.

Crystallĭnus, a, um. Plin. De cristal, cristalino, claro como el cristal.

Crystallum, i. n. Estac. y

Crystallus, i. f. Plin. El cristal. ‖ Marc. Vaso de cristal.

## CT

Cteniatrus, i. m. Varr. Mariscal, albeitar, el que cura las enfermedades de las caballerías.

Ctesibĭcus, a, um. Perteneciente á Ctesibio alejandrino, inventor de las máquinas hidráulicas.

Ctesĭphon, ōnis. m. Cic. Ctesifonte, ciudadano ateniense. ‖ Arquitecto, que dicen fabricó el templo de Diana en Efeso.

## CUC

## CU

Cuba, ae. f. Fest. Cuba, diosa á quien ofrecian los niños recien destetados, para que les reconciliase el sueño. ‖ Fest. La litera en lengua sabina.

Cuba, ae. f. Cuba, isla de la América, á la entrada del golfo de Méjico.

Cŭbatio, ōnis. f. Varr. La accion de echarse, de acostarse ó de dormir.

Cŭbātor, ōris. m. Paul. Nol. El que se echa, se acuesta ó duerme.

Cŭbātus, us. m. Plin. V. Cubatio.

Cŭbīcŭlāris. m. f. rĕ. n. is. Cic. y

Cŭbīcŭlārius, a, um. Suet. Lo que es de la cámara ó perteneciente á ella.

Cŭbīcŭlārius, ii. m. Cic. Cubicularío, el que sirve en la cámara, inmediato á su amo, camarero, ayuda de cámara.

Cŭbīcŭlātus, a, um. Sen. Lo que tiene cámaras ó dormitorios.

Cŭbīcŭlum, i. n. Cic. Cámara, la sala ó pieza principal de una casa. ‖ La alcoba ó aposento donde se duerme, dormitorio.

Cŭbĭcus, a, um. Vitruv. Cúbico, lo que tiene tres dimensiones iguales como el cubo.

Cŭbīle, is. n. Cic. La cama, el lecho. ‖ El nido de las aves, la boca, vivero ó cueva de los animales. Cubilia ferri. Val. Flac. Minas de hierro. ‖ Virg. El matrimonio.

Cŭbĭtal, ālis. n. Hor. La almohada. ‖ Quint. Capa corta que no pasa de los codos, que usaban los enfermos.

Cŭbĭtālis. m. f. lĕ. n. is. Liv. Codal, lo que consta de un codo.

Cŭbĭto, ōnis. f. S. Ag. V. Cubatio.

Cŭbĭtissim. adv. Plaut. En ó sobre el codo.

Cŭbĭto, as, ăvi, ătum, āre. n. freq. de Cubo. Cic. Acostarse, echarse con frecuencia.

Cŭbĭtor, ōris. m. Colum. V. Cubator.

Cŭbĭtōrius, a, um. Petr. Propio para echarse ó acostarse.

Cŭbĭtum, i. n. Plin. y

Cŭbĭtus, i. m. Cels. El codo. ‖ Vitruv. La medida de un codo ó de pie y medio. Ponere cubitum apud aliquem. Plin. Comer en casa de alguno.

Cŭbĭtus, us. m. Plin. La accion de acostarse, la postura del que está acostado. ‖ La cama.

Cŭbo, as, bui, bāvi, bĭtum, ó ātum, āre. n. Cic. Acostarse, echarse, meterse en la cama. ‖ Recostarse, sentarse á la mesa al modo de los antiguos. ‖ Estar enfermo, quedarse en, guardar la cama.

Cŭbus, i. m. Gel. El cubo, cuerpo sólido compuesto de seis cuadrados perfectos, y que tiene iguales las tres dimensiones de largo, ancho y alto. ‖ Figura cuadrada de todos lados como la de los dados.

Cŭcŭbo, as, ăvi, ătum, āre. n. Aut. de Fil. Graznar ó chillar como el buo ó la lechuza.

Cŭcŭlla, ae. f. V. Cucullus.

Cŭcullātus, a, um. Isid. Que tiene cogulla ó capilla ó capuz.

Cŭcullio, ōnis. m. Cat. y

Cŭculliuncŭlus, i. m. Fest. dim. de Cucullus, i. V. Cucullus, i.

Cŭcullo, as, āre. n. Aut. de Fil. Cantar el cuclillo ó imitar su voz.

Cŭcullus, i. m. Juv. Cogulla, capilla ó capuz, parte del vestido que se ponia sobre la cabeza. ‖ Cucurucho para envolver alguna cosa.

Cŭcullus, i. m. Plin. El cuclillo, ave que tiene en la cabeza un copete como el de la cogujada. ‖ Plaut. Cuclillo, el adúltero. ‖ Plaut. El labrador que deja sus labores para el canto del cuclillo.

Cŭcŭma, ae. f. Petron. Vasija de cocina en figura de pepino ó cohombro.

Cŭcŭmella, y Cucumula, ae. f. Alfen. dim. de Cucuma.

Cŭcŭmis, ŭmis, y ĕris. m. Virg. El cohombro, legumbre parecida al pepino.

Cŭcurbĭta, ae. f. Plin. La calabaza, planta que lleva por fruto las calabazas. ‖ Juv. La ventosa. Cucurbitae ca-

Cc

*put. Apul.* Calabaza, cabeza ó cascos de calabaza; *se dice de los que tienen poco juicio. Cucurbita glabrior. Apul.* Calvo, pelado como una calabaza.

Cucurbĭtārius, ii. *m. S. Ger.* Calabacero, el que vende ó cultiva calabazas.

Cucurbĭtātio, ōnis. *f. Cel. Aur.* El acto de echar ventosas.

Cŭcurbĭtīnus, a, um. *Cat.* De calabaza, semejante á ella.

Cŭcurbĭtŭla, ae. *f. Cels.* La ventosa. ∥ Calabacin, calabaza tierna y pequeña.

Cŭcŭrio, is, ĭre. *n. Aut. de Fil.* Cacarear, cantar el gallo.

Cŭcurri. *pret. de* Curro.

Cucus, i. *m. Plaut.* V. Cucullus. ∥ *Plin.* Árbol semejante á la palma.

Cūdo, is, cūdi, sum, dĕre. *a. Colum.* Batir, forjar, machacar, macear. *Cudere nummos. Plaut.* Batir moneda. *Isthaec in me cudetur faba. Ter.* Esto caerá, recaerá sobre mí.

Cūdo, ó Cudon, ōnis. *m. Sil.* Piel cruda, que á veces servia de morrion.

Cuicuimŏdi. *indecl. Cic.* De cualquier modo ó manera.

Cūjas, ó Cūjatis, tis. *com. Cic.* ¿De dónde, de qué pais, de qué tierra, de qué nacion ó de parte de quien?

Cūjus, a, um. *Cic.* De quien. *Cujus es? Plaut.* ¿De quién eres? ¿A quién sirves? *Cuja res est? Cic.* ¿De quién es eso? ¿A quién toca, pertenece? — *Interest? ¿* Á quién importa? *Cujum pecus? Virg.* ¿De quién es, cuyo es ese ganado? *Cujusdammodi. Cic.* De cualquier modo ó manera. *Cujusmodi. Cic.* De qué modo, de qué suerte ó manera. *Cujuscemodi, cujusmodicumque. Cic.* ó *Cujuscumque modi. Salust.* ó *Cujusque modi. Cic.* De cualquier manera, modo ó suerte que sea.

Cuimŏdi. *indecl. Gel.* De qué modo ó manera?

Culcĭta, ae. *f. Cic.* El colchon, la almohada. *Culcita lanea. Plaut.* Colchon de lana. — *Plumea. Cic.* Colchon de pluma. *Culcitam gladio facere. Plaut.* Dejarse caer sobre la punta de la espada. *Se halla tambien* Culcitra, *aunque menos usado.*

Culcĭtella, ae. *f. Plaut.* y

Culcĭtŭla, ae. *f. Lucil.* Colchoncito, colchoncillo, colchon pequeño.

Cūleŏlus, i. *m. Fest. dim. de*

Cūleum, i. *n. Varr.* ó

Cūleus, i. *m. Plin.* La medida mayor de los romanos para los líquidos, que hacia veinte cántaros. ∥ Cuero ó saco de cuero. ∥ *Cic.* Suplicio de los parricidas. Los cuales, despues de azotados con varas, los cosian en un cuero con un perro, una mona, un gallo y una víbora, y los arrojaban al mar.

Cūlex, ĭcis. *m. Plin.* El mosquito, de que hay muchas especies. *Culicum elephanti conferre. Aquilam noctuae. Minervae fellem. Thrasibulo Dionysium dicitis esse similem. adag.* Comparar un mosquito con un elefante. *ref.*

Cūlīna, ae. *f. Cic.* La cocina.

Cūlīnarius, a. *um.* Perteneciente á la cocina.

Cūlīnārius, ii. *m. Escr.* El que sirve en ella, cocinero.

Culmen, ĭnis. *n. Virg.* El techo de paja. ∥ El tejado, lo mas alto de la casa, del edificio. ∥ Altura, cumbre, cima, cabeza. *Summo de culmine lapsus. Luc.* Caido del alto estado de dignidad ó de fortuna. *Clara Mycenis culmina. Val. Flac.* Suntuosos templos, edificios de Micenas.

Culmĭno, ās, āre. *a. Marc. Cap.* Levantar, elevar.

Culmōsus, a, um. *Sid.* Lo perteneciente al monton.

Culmus, i. *m. Cic.* La caña de trigo, cebada ó centeno hasta la espiga. ∥ El techo ó cubierta de paja.

Culpa, ae. *f. Cic.* Culpa, delito, falta, pecado. ∥ Vicio, daño. ∥ *Petr.* El culpado, delincuente, reo. *A culpa procul esse. Ter. Abesse. Ov.* — *Abhorrere. Cic. Culpa vacare. Quint. Extra culpam esse. Cic.* No tener, estar lejos de, estar sin culpa. *Culpa teneri,* ó *in culpa esse. Cic.* Tener la culpa, estar, ser, hallarse culpado. *Culpa,* ó *culpa liberare. Liv.* — *Exolvere. Tac. A culpa eximere. Cic.* Escusar, libertar á uno de la culpa, disculparle, justificar su conducta. *Culpam in aliquem avertere. — Inclinare. Liv. — Conferre. Ter. — Conjicere. Ces. — Transferre, attribuere. Cic. — Impingere. Plaut.* Echar la culpa á otro, atribuir á otro la ⬛ ó delito, disculparse con otro, imputar á otro el delito de que no es acusado.

Culpābĭlis. *m. f. lĕ. n. is. Apul.* Culpable, á quien se echa ó se puede echar la culpa, reprensible.

Culpābĭlĭter. *adv. m. Sim.* Culpablemente, con culpa.

Culpātio, ōnis. *f. Gel.* El acto de culpar ó acriminar. ∥ Reprension.

Culpātus, a, um. *Ov.* Culpado. *part. de* Culpo.

Culpĭto, ās, āvi, āre. *a. Plaut. freq. de*

Culpo, ās, āvi, ātum, āre. *a. Hor.* Culpar, echar la culpa, reprender, vituperar, desaprobar, acusar.

Culte, tius, tissĭme. *adv. m. Quint.* Cultamente, con cultura. *Cultius progredi. Just.* Andar mas bien vestido.

Cultellātus, a, um. *Plin.* Hecho en forma de cuchillo.

Cultello, ās, āvi, ātum, āre. *a. Front.* Igualar, allanar á cordel, á nivel.

Cultellus, i. *m. Hor.* Cuchillito, cuchillo pequeño. *dim. de*

Culter, tri. *m. Colum.* El cuchillo. ∥ *Plin.* La navaja del barbero. ∥ *Colum.* La parte de la podadera inmediata al mango, que es recta. *Relinquere sub cultro. Hor.* Dejar en el peligro. *Culter venatorius. Petron.* Cuchillo de caza, de monte.

Cultio, ōnis. *f. Cic.* V. Cultura.

Cultor, ōris. *m. Cic.* Cultivador, el que cultiva, labrador. ∥ *Marc.* Habitador, vecino. ∥ *Ov.* El que honra, reverencia y respeta. *Cultor Minervae. Marc.* El que cultiva, que es dado á las letras.

Cultrārius, ii. *m. Suet.* El que degollaba la víctima ó llevaba el cuchillo en los sacrificios. ∥ *Inscr.* Cuchillero, el que hace ó vende cuchillos.

Cultrātus, a, um. *Plin.* Cortante como un cuchillo.

Cultrix, ĭcis. *f. Cic.* La que cultiva la tierra, labradora. ∥ Habitadora, vecina. ∥ *Lact.* La que reverencia, venera, respeta.

Cultūra, ae. *f. Cic.* Cultura, cultivo, la labor y beneficio de la tierra. ∥ Institucion, enseñanza. ∥ Veneracion, obsequio, culto.

Cultus, us. *m. Vel. Pater.* El vestido, el porte esterior. ∥ Ornato, adorno, compostura. ∥ Hermosura, elegancia del estilo. ∥ Estudio, cuidado, propiedad. ∥ Adoracion, veneracion, respeto, reverencia. ∥ *Nep.* Equipage. *Cultus Dei. Cic.* Culto de Dios, adoracion que se le da. — *Animi. Cic.* Estudio, meditacion, enseñanza, cuidado de cultivar el talento. — *Vitae. Cic.* El buen porte, placer y conveniencia de vida. — *Pastoralis. Vel. Pater.* Vestido, hábito pastoril. — *Justo mundior. Liv.* Compostura afectada.

Cultus, a, um. *part. de* Colo, is. *Cic.* Cultivado, trabajado, beneficiado. ∥ Enseñado, instruido. ∥ Vestido, adornado. ∥ Respetado, venerado, reverenciado.

Cŭlullus, i. *m. Hor.* Cáliz ó copa de barro que usaban en los sacrificios los pontífices y vírgenes vestales. *Se toma en general por el vaso.*

Culus, i. *m. Catul.* El culo.

Cum. *prep. de ablat. Cic.* Con. Significa union y compañía. *Se pone con elegancia entre el sustantivo y adjetivo. Magno cum metu. Cic.* Con gran miedo. *Con los pronombres* me, te, se, nobis, vobis *se pospone, y las mas veces con los ablativos,* qui, qua, quo, quibus. *Cum eo, ut. Liv. Cum eo ns. Cels.* Con condicion, con la condicion, con esta condicion, de que. *Esse omnia alicui cum aliquo,* ó *esse nihil. Cic.* Tener mucha amistad con alguno, ó no tener nada con él. *Cum prima luce. Varr.* Con la primera luz del dia, al amanecer. *Bellum gerere cum aliquo. Cic.* Hacer la guerra á alguno ó contra alguno.

Cum. *conj. de indicativo y subjuntivo.* Como, cuando. *Cum primum. Cic.* Luego, al instante, al punto que. *Cum te summis laudibus extulerunt. Cic.* Despues de haberte ensalzado con grandes alabanzas, despues que te ensalzaron, ó habiéndote ensalzado. *Multi anni sunt cum. Cic.* Muchos años ha que ó desde que. *Cum summa humanitas, tum mira comitas. Nep.* No solo mucha afabilidad, sino tambien suma cortesanía. *Cum quidem principatum obtineret. Nep.* Aun teniendo, aun cuando tenia el principal mando.

Cuma, ae, ó Cume, ó Cyme, es. *f. Liv.* Ciudad del

Asia menor en la costa del golfo de Esmirna.

Cūmae, ārum. f. plur. Plin. Cumas, ciudad de Italia en Campania.

Cūmaeus, ó Cymaeus, a, um. Virg. Perteneciente á Cumás.

Cūmānum, i. n. Cic. Cumano, casa de campo de Ciceron cerca de Cumas.

Cūmānus, a, um. Luc. De Cumas, ó perteneciente á esta ciudad.

Cūmātĭlis. m. f. lĕ. n. is. Plaut. De color verde. || Ondeado, prensado.

Cūmĕra, ae. f. Hor. Cesto grande de mimbres ó esparto, ó tinaja grande de barro en que los antiguos guardaban el trigo.

Cūmĭnātum, i. n. Apic. El guiso hecho con comino.

Cūmĭnātus, a, um. Pal. Compuesto, guisado ó mezclado con comino.

Cūmĭnum, i. n. Colum. El comino, planta. || Su grano.

Cummaxĭme. adv. Ter. En gran manera. || Cic. Al presente, ahora.

Cumprime. adv. y

Cumprīmis. adv. Cic. En gran manera, mas que otros, sumamente. Homo cumprimis locuples. Cic. Hombre muy rico, de los mas ricos.

Cumprīmum. adv. Cic. Luego que, al instante que, cuanto antes.

Cūmŭlāte, tius, tissĭme. adv. m. Cic. y

Cūmŭlātim. adv. m. Varr. Colmadamente, con mucha abundancia, copiosamente.

Cūmŭlātio, ōnis. f. Arnob. Amontonamiento.

Cūmŭlātus, a, um. Cic. part. de

Cŭmŭlo, as, āvi, ātum, āre. a. Curc. Amontonar. || Virg. Colmar, llenar. || Cargar, aumentar.

Cŭmŭlus, i. m. Liv. Cúmulo, monton. | Cic. Colmo, la porcion que sobra de la justa medida, formando copete.

Cūnābŭla, ōrum. n. plur. Cic. La cuna, cama pequeña de los niños. || Prop. La patria ó lugar del nacimiento. A cunabulis. Plaut. Desde la niñez, desde la infancia.

Cūnae, ārum. f. plur. Cic. La cuna. V. Cunabula.

Cūnāria, ae. f. Inscr. Cunera, la muger destinada á mecer á los niños en la cuna.

Cunctābundus, a, um. Liv. Tardo, lento, irresoluto, pesado, detenido, despacioso, moroso.

Cunctāmen, ĭnis. n. V. Cunctatio.

Cunctans, tis. com. Cic. Tardo, dudoso, detenido.

Cunctanter. adv. m. Liv. Con tardanza, con lentitud.

Cunctātio, ōris. f. Cic. Tardanza, lentitud, detencion, duda, morosidad.

Cunctātor, ōris. m. Liv. V. Cunctabundus.

Cunctātus, a, um. Curc. part. de Cunctor. El que se para, se detiene, no se resuelve. Cunctatior esse deberem. Plin. Deberia yo ser mas detenido, menos apresurado.

Cuncti, ae. a. Cic. Todos juntos. || Todos. || Todo.

Cunctim. adv. m. Apul. Juntamente, todo junto.

Cunctĭpărens, tis. Prud. Padre de todas las cosas.

Cunctĭpŏtens, tis. Prud. Omnipotente.

Cunctor, aris, ātus sum, āri. dep. Cic. Detenerse, pararse, diferir. || Dudar, estar perplejo, irresoluto. Se halla tambien activo en Plauto.

Cunctus, a, um. Cic. Todo. Cunctus orbis. Cic. Todo el mundo, todos juntos. Cuncta terrarum. Hor. Toda la tierra. Fac istam cunctam gratiam. Plaut. Haz esta gracia entera, completa, por entero. V. Cuncti.

Cūneātim. adv. m. Ces. En forma de cuneo ó formacion triangular.

Cūneātio, ōnis. f. Escrib. La figura triangular ó de cuneo.

Cūneātus, a, um. Colum. Mas estrecho de una parte que de otra. Cuneatum theatrum. Colum. Teatro en que los asientos se estrechan en el principio, y despues se van ensanchando.

Cūneo, as, āvi, ātum, āre. a. Plin. Hender ó rajar con cuñas. Cuneatur ibi Hispania inter duo maria. Plin. Se estrecha allí la España entre los dos mares.

Cūneōlus, i. m. Cic. dim. de

Cūneus, i. m. Colum. Cuña, pieza de madera ó de hierro que sirve para hender ó dividir, y tambien para ajustar y apretar. || La formacion triangular de un batallon que iba á chocar con otro por el vértice.

Cŭnĭcŭlāris. m. f. rĕ. n. is. Marc. Emp. Perteneciente á las minas.

Cŭnĭcŭlārius, ii. m. Veg. Minador, el que hace minas.

Cŭnĭcŭlātim. adv. Plin. En forma de canales ó tubos.

Cŭnĭcŭlator, ōris. m. Veg. Minador ó zapador.

Cŭnĭcŭlōsus, a, um. Catul. Lleno de, abundante de conejos. || Lleno de cavernas, bocas ó cuevas subterráneas, de minas.

Cŭnĭcŭlum, i. n. Fest. y

Cŭnĭcŭlus, i. m. Plin. El conejo. || La mina. || Foso oculto. || Plin. Conducto, canal. Cuniculos agere altius ad aliquem locum. Cic. Hacer una mina hácia alguna parte, empezando á cavar muy de atras, ó hacer una mina muy profunda. Cuniculis transversis hostium cuniculos excipere. Liv. Contraminar ó inutilizar las minas de los enemigos.

Cŭnīla, ae. f. Plin. Agedrea, yerba de muy buen olor, parecida al tomillo.

Cŭnīlago, ĭnis. f. Plin. La agedrea silvestre.

Cunīna, ae. f. Lact. La diosa cunera, que tenia bajo su proteccion los niños en la cuna.

Cūnio, is, īre. a. Fest. Ensuciarse en los calzones, como los niños en la cuna.

Cunque, partícula que se compone con otras, como quandocumque, quomodocumque. De cualquier manera, y con el relativo qui, quae, quod.

Cŭnŭlae, ārum. f. plur. Prud. dim. de Cunae. Cunica, cunilla, cunita.

Cūpa, ae. f. Plin. Cuba, tonel.

Cŭpēdia, ae. f. Cic. Apetito, pasion por golosinas, por buenos bocados.

Cŭpēdia, ōrum. n. ó Cupediae, arum. f. plur. Plaut. Manjares esquisitos y delicados. || Golosina, apetito de golosinas.

Cŭpēdĭārius, ii. m. y

Cŭpēdĭnārius, ii. m. Ter. Pastelero, hostalero, confitero.

Cŭpēdo, ĭnis. f. V. Cupiditas.

Cŭpĭde, ius, issĭme. adv. m. Cic. Ansiosa, apasionadamente.

Cŭpĭdīneus, a, um. Ov. Perteneciente al dios Cupido.

Cŭpĭdĭtas, ātis. f. Cic. Deseo vehemente, apetito, ansia, pasion. || Avaricia, codicia del dinero. || Favor, parcialidad. || Liviandad.

Cŭpīdo, ĭnis. m. Virg. Cupido, hijo de Venus, dios del amor.

Cŭpīdo, ĭnis. f. Liv. V. Cupiditas.

Cŭpĭdus, a, um. Cic. Deseoso, ansioso, apasionado, el que ama y desea con pasion.

Cŭpiens, tis. part. Cic. V. Cupidus. Cupientissima plebe Consul factus. Salust. Hecho cónsul con sumo contento y satisfaccion de la plebe. Cupientior dominandi. Aur. Vict. Mas codicioso de dominar, de mandar.

Cŭpienter, ius, issĭme. adv. m. Plaut. Deseosa, ardiente, apasionadamente.

Cŭpii, en lugar de Cupivi, pret. de

Cŭpio, is, īvi, ītum, ĕre. a. Cic. Desear, apetecer con ansia. Cupere alicui, ó cupere causa alicujus. Cic. Querer bien, ó desear bienes á alguno.

Cŭpītor, ōris. m. Tac. Deseoso, apasionado, el que desea con pasion.

Cŭpītus, a, um. Cic. part. de Cupio. Deseado, apetecido.

Cupra Maritima. Plin. Ciudad del campo Pisano.

Cupremis. m. f. mĕ. n. is. Plin. Propio de esta ciudad.

Cupressētum, i. n. Cic. Cipresal, sitio poblado de cipreses.

Cupresseus, a, um. Liv. De cipres ó perteneciente á él.

Cupressĭfer, a, um. Ov. Que lleva ó produce cipreses.

Cupressĭnus, a, um. Colum. Cipresino ó ciprino, perteneciente al cipres.

Cupressus, i. f. Virg. El cipres, árbol alto y derecho que remata en punta como pirámide.

Cupreus, a, um. Plin. y

Cuprīnus, a, um. Palad. De cobre, ó perteneciente á él.

Cuprum, i. n. Plin. El cobre, metal de color rojo.

Cupŭla, ae. f. Dig. Carral, tonel, cuba pequeña.

Cur. conj. inter. Cic. ¿Por qué? ¿por qué causa, razon

ó motivo? También se halla sin interrogación, y entonces tiene fuerza de relativo. *Quid est aliud causae, cur repudietur, nisi quod. Cic.* Qué otra razón hay porque ó por la que ó para desecharlo, sino porque.

Cūra, ae. *f. Cic.* Cuidado, aflicción, trabajo, solicitud, pena, pesar, pesadumbre, molestia, afán. ‖ Meditación, estudio, diligencia, atención. ‖ Administración, procuración, cargo, manejo. ‖ Curaduría. *Curae habere aliquid. Cic.* Tener una cosa en gran cuidado, en el corazón, en mucha estimación. *Est mihi curae. Cic.* Tengo yo mucho cuidado.

Cūragendārius, ii. *m. Cod.* El que tiene algun cuidado ó encargo público.

Curantia, ae. *f. Cic.* V. Cura.

Cūrāte, ius, issime. *adv. Tac.* Cuidadosa, diligentemente, con cuidado.

Cūrātio, ōnis. *f. Cic.* Cuidado, procura, administración, manejo, gobierno. ‖ Curaduría, el oficio y encargo del curador. ‖ Curación de un mal.

Cūrātor, ōris. *m. Cic.* Administrador, mayordomo, procurador, el que tiene algun cuidado ó manejo público ó particular. ‖ Curador que se da al menor.

Cūrātōrius, a, um. *Dig.* Perteneciente á la curaduría.

Cūrātrix, īcis. *f. Dig.* La curadora, la que cuida de alguna cosa.

Cūrātūra, ae. *f. Ter.* El cuidado, atención, diligencia con que se cuidan las cosas.

Cūrātus, a, um. *Hor.* Cuidado, hecho, dirigido, tratado, manejado con cuidado.

Cūrax, ācis. *adj. Caj. Jct.* Cuidadoso, diligente, solícito, atento, activo.

Curcūlio, ōnis. *m. Virg.* El gorgojo, *gusano que corroe y estraga las semillas.*

Curcūliunculus, i. *m. Plaut. dim. de* Curculio.

Curenses, ium. *m. plur. Varr.* Pueblos de Italia en los sabinos, donde hoy está Corese.

Cures, ium. *f. Virg.* Cures, *ciudad de los sabinos en Italia.*

Cūrētes, um. *m. plur. Varr.* V. Cures. ‖ *Ov.* Pueblos de la isla de Candia.

Cūria, ae. *f. Cic.* Curia, senado, consejo, templo donde se tenía. ‖ Palacio, corte. ‖ Curia, *una de las treinta partes en que Rómulo dividió el pueblo: á las que se añadieron despues otras seis.*

Cūriālis. *m. f.* lĕ. *n. is. Cic.* El que es de la misma curia que otro ó perteneciente á la curia.

Cūrianus, a, um. *Cic.* Perteneciente á la curia.

Cūriātim. *adv. Gel.* Por curias, barrios ó cuarteles.

Cūriātus, a, um. *Cic.* De curia; ó hecho por las curias. *Curiata comitia. Gel.* Comicios, junta del pueblo por cuarteles ó curias. *Curiatus lictor. Gel.* El ministro que convoca el pueblo por curias.

Cūrio, ōnis. *m. Liv.* Curion, *sacerdote de la curia.* ‖ *Marc.* El pregonero. *Agnus curio. Plaut.* Cordero hambriento, que no tiene mas que la piel y los huesos.

Cūrionālis. *m. f.* lĕ. *n. is. Grut.* V. Curionius.

Cūrionānus, a, um. *Hirc.* Lo perteneciente á C. Curion, *ciudadano romano.*

Cūrionius, us. *m. Fest.* La dignidad de curion ó sacerdote de la curia.

Cūrionius, a, um. *Fest.* Lo perteneciente á los curiones, *sacerdotes de las curias.*

Cūriōse, ius, issime. *adv. Cic.* Curiosa, diligentemente, curiosísimamente, con mucho cuidado.

Cūriōsitas, ātis. *f. Cic.* Curiosidad, cuidado, diligencia, deseo de saber.

Cūriōsulus, a, um. *Apul.* Algo curioso. *dim. de*

Cūriōsus, a, um. *Cic.* Curioso, diligente, deseoso de saber. ‖ El que pone mucho cuidado en saber las cosas agenas. ‖ *Plaut.* Magro, flaco.

Cūriōsus, i. *m. Suet.* Espía, delator.

Curis, is. *f. Ov.* La lanza, en lengua de los sabinos.

Cūrius, ii. *m. Juv.* Curio, *varon romano, de singular frugalidad y fortaleza.*

Curius, a, um. *Plaut.* Cruel, penoso.

Cūro, as, āvi, ātum, āre. *a. Cic.* Cuidar, poner atención y diligencia en alguna cosa. ‖ Curar. ‖ Disponer, prevenir. ‖ Administrar, manejar, gobernar. *Curare mandatum. Cic.* Seguir exactamente, cumplir las órdenes ó encargos dados. — *Pecuniam. Cic.* Buscar, trabajar por ganar dinero. — *Se. Cic.* Cuidarse, procurar conservar la salud. — *Corpus. Virg.* — *Pelliculam. Hor.* — *Aetatem suam. Plaut.* — *Cutem. Juv.* Tratarse bien, cuidarse mucho, regalarse. *Non curat redire. Cic.* No piensa en volver. *Usque adeo rebus meis curat. Apul.* Tan cuidadoso es ó está de mis cosas, de mis intereses. *Curabitur. Ter.* Se cuidará. *Curatur à multis. Plin.* Es servido y respetado de muchos.

Curotrophae nimphae. *f. plur. Serv.* Las mugeres destinadas á cuidar de estos niños.

Curotropheum, i. *n. Dig.* Hospital para criar los jovencitos que aun no podian ganar de comer.

† Curotrophium, ii. y

Currax, ācis. *com. Grac.* Lo que corre, corredizo, escurredizo.

Currīculo. *adv. Plaut.* Corriendo.

Currīculum, i. *n. Cic.* Carro pequeño, carrocin, birlocho ó calesin. ‖ Carrera. ‖ Espacio breve de tiempo. ‖ El espacio donde se corre. ‖ Carreta.

Curro, is, cŭcurri, cursum, rrĕre. *a. Cic.* Correr. ‖ *Virg.* Navegar. *Se dice tambien correr de los fluidos y líquidos, y del tiempo que pasa. Currere cursum,* ó *stadium. Cic.* Correr en la lid, en el estadio. — *Subsidio alicujus* ó *alicui. Cic.* Correr, volar al socorro de alguno.

Currūca, ae. *f. Juv.* Curuca, *ave pequeña, que dicen cria los hijuelos de otras.*

Currūlis. *m. f.* lĕ. *n. is. Apul.* Propio de la carrera.

Currus, us. *m. Cic.* Coche, carroza, silla volante para caminar y andar en la ciudad. ‖ *Cic.* Carro triunfal. ‖ *Virg.* Los caballos que le tiran. ‖ *Catul.* La nave.

Cursātio, ōnis. *f. Donat.* La accion de andar corriendo de una parte á otra.

Cursim. *adv. Cic.* Corriendo, prontamente, en diligencia, de prisa. *Cursim pergere ad dignitates. Cic.* Caminar á paso largo, levantarse de un golpe, elevarse apresuradamente á las dignidades. — *Aliquid dicere. Cic.* Pasar ligeramente hablando por alguna cosa.

Cursio, ōnis. *f. Varr.* La carrera, el acto de correr.

Cursĭtātio, ōnis. *f. Solin.* La accion de correr de aqui para allí.

Cursĭto, as, āvi, ātum, āre. *a. freq. Ter.* Andar corriendo de una parte á otra.

Curso, as, āvi, ātum, āre. *freq. de* Curro. *Cic.* Correr á menudo, ó de una parte á otra.

Cursor, ōris. *m. Cic.* Corredor, el que corre. ‖ *Ov.* El que gobierna los caballos en la carrera del estadio. ‖ *Marc.* El siervo á pie, como entre nosotros el volante. ‖ *Liv.* Sobrenombre de L. Papirio, célebre romano en la paz y en la guerra, á quien se llamó *Cursor* por su gran ligereza de pies.

Cursōrius, a, um. *Sid.* Propio para correr, perteneciente á la carrera.

Cursuālis. *m. f.* lĕ. *n. is. Dig.* Propio para correr la posta.

Cursūra, ae. *f. Plaut.* y

Cursus, us. *m. Cic.* Carrera, curso, el acto de correr, y el espacio donde se corre. *Vides in quo cursu sumus. Cic.* Ya ves en qué empeño estamos. *Cursus vivendi. Cic.* El tenor de vida.

Cursus publicus, y vehicularis. *Dig.* Las postas.

Curtius. *Liv.* Marco Curcio, *caballero romano, que se sacrificó por la patria.* ‖ Quinto Curcio Rufo, *historiador insigne de los hechos de Alejandro Magno, del cual quedan ocho libros escritos con mucha elegancia, y no se sabe á punto fijo el tiempo en que floreció.*

Curto, as, āvi, ātum, āre. *a. Hor.* Acortar, disminuir, abreviar. ‖ Cortar, truncar, mutilar.

Curtus, a, um. *Lucr.* Mutilado, quebrado, cortado. ‖ Quebrantado, roto. ‖ Corto, pequeño, imperfecto, conciso.

Cūrūlis. *m. f.* lĕ. *n. is. Suet.* Perteneciente al carro, ó al carro triunfal. *Curulis sella. Juv.* Silla curul, guarnecida de marfil, que los magistrados romanos llevaban en sus carros para sentarse cuando se presentaban en público.

**Curūlis Aedilitas.** *Cic.* Cargo ó dignidad del edil, que tenia derecho de llevar una silla curul en su carro.

**Curvābilis.** m. f. lĕ. n. is. *Palad.* Lo que se puede encorvar ó doblar.

**Curvāmen,** ĭnis. n. *Ov.* La encorvadura.

**Curvātio,** ōnis. f. *Colum.* La accion de encorvar.

**Curvātūra,** ae, f. *Ov.* La curvatura ó desvío de la direccion recta, encorvadura.

**Curvātus,** a, um. *part.* de Curvo. Encorvado, doblado.

**Curvĭtas,** ātis. f. *Marc. V.* Curvatura.

**Curvo,** as, āvi, ātum, āre. *Virg.* Encorvar, doblar. ‖ Abovedar. *Curvare arcum. Estac.* Armar un arco.

**Curvor,** ōris. m. *Varr. V.* Curvatura.

**Curvus,** a, um. *Virg.* Curvo, encosvado, corvo, doblado, abovedado, hecho ó puesto en figura de arco. *Curvus arator. Virg.* El labrador que va encorvado cuando ara. *Curva senecta. Ov.* La vejez, que hace encorvar á los que agovia con los años. *Curva aequora. Luc.* Mar proceloso, alborotado. *Curvo dignoscere rectum. Hor.* Distinguir el bien del mal, lo verdadero de lo falso.

**Cuscŭlium,** ii. n. *Plin.* La carrasca, encina pequeña ó coscoja.

**Cūsio,** ōnis. f. *Cod. Teod.* La acuñacion, la accion de acuñar moneda.

**Cūsor,** ōris. m. *Cod.* El acuñador, el que acuña moneda.

**Cuspĭdātim.** adv. *Plin.* En punta, en figura de punta, de ó con la punta.

**Cuspĭdātus,** a, um. *Plin.* Puntiagudo, lo que tiene aguda la punta, aguzado, agudo.

**Cuspĭdo,** as, āvi, ātum, āre. a. *Plin.* Aguzar, adelgazar, sacar la punta ó hacerla.

**Cuspis,** ĭdis. f. *Cet.* La punta, el estremo agudo de las armas, como de la espada. ‖ *Plin.* La flecha, la lanza, y toda arma que tiene punta. ‖ *Ov.* El tridente de Neptuno. ‖ *Plin.* El aguijon, la púa ó punta aguda que tiene y con que pica la abeja y el mosquito.

**Cussiliris.** *Fest.* Perezoso, despacioso, el que anda abierto de piernas, que parece se va cayendo.

**Custōdia,** ae. f. *Cic.* ó

**Custōdiae,** ārum. f. plur. *Cic.* Custodia, guarda, la accion y efecto de custodiar y guardar. ‖ El cuerpo de guardia, guarnicion, centinela. ‖ La cárcel ó prision. ‖ *Suet.* El prisionero. *Libera custodia. Liv.* La prision en que no se detiene al reo en la cárcel pública, sino que se le da alguna casa ó la ciudad por cárcel. *In custodiam aliquem dare, tradere, includere. Cic. Condere. Tac.* Poner á uno en la cárcel, en prision, arrestarle. *Ex custodia aliquem educere, eripere, emittere. Cic.* Sacar á uno de la cárcel, libertarle de la prision.

**Custōdiārium,** ii. n. *Murat.* El lugar en que algo se guarda y custodia.

**Custōdiārius,** ii. m. *Grut.* La persona destinada públicamente para guarda ó guardia de alguna cosa.

**Custōdio,** is, īvi, ītum, īre. a. *Cic.* Custodiar, guardar. ‖ Aprisionar, detener en prision.—*Custodire morem. Plin.* Conservar, guardar la costumbre.—*Regulam scribendi. Quint.* Observar la ortografia.—*Ferias. Plin.* Guardar las fiestas.—*Siderum motus. Plin.* Observar, contemplar los movimientos de las estrellas.

**Custōdiŏla,** ae. f. *Murat.* Pequeña custodia ó sepulcro.

**Custōdīte.** adv. *Plin.* Con custodia, con cuidado, con cautela, con reserva. *Custoditius dicere. Plin.* Hablar con mas reserva, con mas moderacion.

**Custōditio,** ōnis. f. *Fest.* El cuidado de guardar.

**Custōditus,** a, um. part. de Custodio. Guardado. ‖ Observado.

**Custos,** ōdis. m. f. *Cic.* Guardia, custodio, custodia. ‖ *Hor.* Gobernador, el que cuida y vela sobre alguna cosa. ‖ Ayo, pedagogo ó director. *Custos corporis. Liv.* La guardia del príncipe, de corps.—*Gazae Regiae. Nep.* Tesorero del rey, guarda del tesoro real.—*Portae. Liv. Ad limina. Virg.* Portero, guarda de la puerta.—*Libertatis. Cic.* Conservador de la libertad.—*Janitrix. Plaut.* Portera.—*Telorum. Ov.* La aljaba donde se guardan las saetas ó flechas.

**Cutĭcŭla,** ae. f. *dim. Juv.* Cutícula, el tegumento ó pellejito esterior.

**Cutiliensis** m. f. sĕ. n. is. y

**Cutileius,** a, um. *Varr.* Lo perteneciente á Cutilio ó Cutilias, ciudad de los sabinos.

**Cutio,** ōnis. m. *Marc. Emp.* La oruga.

**Cutĭcŭlāria.** m. f. rĕ. n. is. *Plin.* Cuticular ó cutáneo, perteneciente al cútis.

**Cŭtis,** is. f. *Cic.* La ó el cútis, cuero ó pellejo sutil que cubre esteriormente el cuerpo. ‖ La tela, cáscara ó cuero sutil que cubre otras cosas, y en especial las frutas. *Aqua inter cutem. Cels.* La hidropesía. *Curare cutem. Hor.* Cuidarse mucho, tratarse bien. *Cogere aliquem intra cutem suam. Sen.* Contener á uno en su obligacion, en los límites de su estado.

## CY

**Cyamea,** ae. f. *Plin.* Piedra preciosa negra, de figura de una haba partida por el medio.

**Cyane,** es. f. *Ov.* Ciane, *ninfa que por haber querido resistir á Pluton el robo de Proserpina, fue convertida por él en una fuente de Sicilia que hoy se llama Pisma.*

**Cyănese,** ārum. f. plur. *Ov.* Dos islas del Ponto de Vocino, frente del bósforo de Tracia, llamadas tambien Simplégades.

**Cyăneus,** a, um. *Plin.* De color azul celeste.

**Cyănus,** y Cyanos, i. m. *Plin.* Flor de color cerúleo. ‖ La piedra preciosa lapislázuli.

**Cyăthisso,** ās, āvi, ātum, āre. a. *Plaut.* Dar de beber, echar vino en vasos, escanciar.

**Cyăthus,** i. m. *Suet.* El vaso para beber. ‖ *Plin.* Medida pequeña de los líquidos y cosas secas, que hacia diez dracmas, ó la duodécima parte de un sextario. *Ad cyathos Regis stare. Suet.* Ser copero del rey, servirle la copa.

**Cybea,** ae. f. *Cic.* Cierta nave de carga.

**Cybēbe,** y Cybēle, es. f. *Virg.* La diosa Cibeles, *madre de los dioses.*

**Cybēleius,** a, um. *Ov.* Perteneciente á la diosa Cibeles.

**Cybēlus** i. m. Cibelo, *monte de Frigia consagrado á Cibeles.*

**Cybiārius,** ii. m. *Arnob.* El que hace ó vende pedazos de pescado salado.

**Cybium,** ii. n. *Fest.* Pedazo de pescado salado de figura cuadrada.

*** Cyceon,** ōnis. m. *Arnob.* Bebida compuesta de muchos licores diferentes.

**Cychramus,** i. f. *Plin.* Ave que acompaña á las codornices cuando vuelven de la otra parte del mar.

**Cycladātus,** a, um. *Suet.* Vestido con una vestidura llamada ciclada, propia de las mugeres.

**Cyclădes,** dum. f. plur. *Ov.* Las Cícladas, *nueve islas del mar Egeo, llamadas hoy las islas del Archipiélago.*

**Cyclaminum,** y Cyclaminos, i. f. *Plin.* Pan porcino, especie de ciclamino, *yerba,* á la cual llaman en las boticas artanita.

**Cyclas,** ădis. f. Isla del mar Egeo. V. Cyclades. ‖ *Prop.* Ciclada, *cierta vestidura antigua de las mugeres larga y redonda como bata.*

**Cyclĭcus,** a, um. *Hor.* Orbicular, circular, cíclico. *Cyclicus scriptor. Hor.* Poeta que va recitando y publicando sus versos por los corrillos.

**Cyclōpes,** um. m. pl. *Virg.* Los Cíclopes, *hijos del cielo y de la tierra, que fabricaban los rayos para Júpiter en la fragua de Vulcano, debajo del monte Etna de Sicilia.*

**Cyclōpēus,** y Cyclopius, a, um. *Virg.* Perteneciente á los Cíclopes.

**Cyclops,** ōpis. m. El Cíclope. *V.* Cyclopes. *Cyclopis donum. adag.* Hurtar el puerco, y dar los pies por amor de Dios. *ref.*

**Cycneius,** y Cigneius, a, um. *Ov.* Perteneciente al cisne.

**Cycneus,** a, um. *Ov. V.* Cycneius.

**Cycnus,** y Cygnus, i. m. *Cic.* El cisne, *ave blanca semejante al ánade.* ‖ *Hig.* Una de las veinte y dos constelaciones celestes llamadas boreales.

Cydnus, i. m. Curc. Rio de Cilicia.

Cydon, ōnis, y Cydonia, ae. f. Mel. Canea, ciudad de Candia.

Cydōnes, um. m. plur. Luc. Los naturales ó habitadores de Canea en Candia. ‖ Cretenses.

Cydōneus, a, um. Ov. Perteneciente á la ciudad de Canea. ‖ Cretense.

Cydōniātae, ārum. m. plur. Liv. V. Cydones.

*Cydōnītes, ae. m. Palad. La mermelada, conserva hecha de membrillos.

Cydōnius, a, um. Virg. Perteneciente á la ciudad de Canea. ‖ Plin. Lo que es de membrillo. Cydonia mala. Plin. Los membrillos.

Cylindrăceus, ó Cylindratus, a, um. Plin. Hecho en forma de cilindro.

Cylindrus, i. m. Cic. Cilindro, cuerpo sólido, largo y redondo, cuyas estremidades ó basas son planas.

Cyllarus, y Cyllaros, i. m. Ov. Cilaro, el mas hermoso de los centauros. ‖ El famoso caballo de Castor.

Cyllēne, es. f. Virg. Cileno, monte de Arcadia, donde dicen que nació Mercurio. ‖ Plin. Ciudad en la Morea donde hoy está Clarencia. ‖ Nombre de una ninfa madre ó nodriza de Mercurio.

Cyllēnes, ĭdis. Ov. adj. f. Perteneciente á Mercurio ó Cilenio.

Cyllēneus, a, um. Ov. Perteneciente al monte Cileno y á Mercurio.

Cyllēnius, a, um. Ov. Perteneciente al monte Cileno ó á Mercurio, llamado tambien Cilenio.

Cyma, ae, ó ătis. n. Plin. El breton ó renuevo de la berza.

Cymatĭlis, m. f. lĕ. n. is. De color verdemar ó cerúleo.

Cymatium, y Cymation, ii. n. Vitruv. Cimacio, moldura en forma de s, usada en la arquitectura.

Cymba, ae. f. Cic. Barca, chalupa, esquife.

Cymbālĭcus, a, um. Ven. Fort. Perteneciente al címbalo.

Cymbălis, ĭdis. f. V. Cymbalistria.

Cymbălisso, ās, āre. a. Non. Tocar el címbalo.

Cymbălista, ae. m. Apul. y

Cymbălistria, ae. f. Petron. El, la que toca el címbalo.

Cymbălum, i. n. Virg. El címbalo, instrumento hueco de metal en figura de medio círculo, y ancho como un plato.

Cymbium, ii. n. Virg. Vaso para beber en figura de góndola.

Cymbŭla, ae. f. Plin. dim. de Cymba. La góndola, especie de barco con remos y toldo al modo de una pequeña chalupa.

Cymindis, is. f. Plin. Especie de gavilan nocturno muy opuesto al águila.

Cymōdŏcea, ae. ó Cymodoce, es. f. Virg. Cimodoce, ninfa marina, hija de Nereo y Doris.

Cymōsus, a, um. Col. Abundante de cimas, montuoso.

Cymŏthŏe, es. f. Virg. Cimotoe, ninfa marina, hija de Nereo y Doris.

Cyna, ae. f. Plin. Arbol de Arabia semejante á la palma en las hojas, de las cuales se hacen vestidos los árabes.

Cynacantha, ae. f. Plin. Espina de perro, planta.

Cynegetĭcus, a, um. Venatorio, ó perteneciente á la caza. Cinegética intitularon á sus obras Gracio y Olimpio Nemesiano.

Cynēum mare. Hig. El mar en que se precipitó Ecuba, y fue convertida en perra.

Cynĭce, es. f. Aus. La secta de los cínicos.

Cynĭce adv. Plaut. Á la manera de los cínicos.

Cynĭcus, a, um. Plaut. Canino ó perruno. ‖ Cic. Perteneciente á los filósofos cínicos discípulos de Antístenes, así llamados ó por la mucha vehemencia con que reprendian los vicios de los hombres, ó porque, como los perros, no dudaban de hacer públicamente sus necesidades naturales.

Cynŏcĕphăli, ōrum. m. plur. Plin. Hombres monstruosos, especie de monas con cabeza de perro.

Cynŏcĕphălus, i. m. Cic. Cinocéfalo, cierto animal de casta de monas con cabeza de perro y cola, que se cria en la Libia. ‖ Tert. Anubis, ó el Mercurio de los egipcios.

Cynōglossos, i. f. Plin. Yerba llamada lengua de perro.

Cynōmya, ae. f. Plin. Yerba llamada mosca de perro.

Cynŏphănes, um. m. plur. Tert. Hombres monstruosos con cabeza de perro.

Cynopŏlis, is. f. Plin. Ciudad de los perros de Egipto destruida sobre el Nilo, donde se veneraba á Anubis, y se tenia dispuesta comida sagrada para los perros.

Cynorrhŏda, ae. f. Plin. y

Cynorrhŏdon, i. n. Rosa silvestre muy eficaz contra la mordedura de perro rabioso. ‖ La flor de la azucena roja.

Cynosbătos, i. f. Plin. La planta llamada rosal silvestre, yerba perruna.

Cynōsūra, ae. f. Cic. y

Cynōsūris, ĭdis. f. Ov. Cinosura, estrella de la constelacion de la osa menor. ‖ La osa menor, constelacion.

Cynthia, ae. f. Luc. Cintia, Diana ó Luna. ‖ Sobrenombre de la isla de Delos.

Cynthius, ii. m. Hor. Cintio, Apolo.

Cynthius, a, um. Ov. Perteneciente á Apolo, á Diana, á la isla de Delos y al monte Cinto.

Cynthus, i. m. Plin. Cinto, monte de la isla de Delos, donde nacieron Apolo y Diana.

Cyparissĭfer, a, um. Sid. Que abunda de cipreses.

Cyparissius sinus. Plin. El golfo de Arcadia en el Peloponeso.

Cyparissus, i. m. Ov. El cipres, árbol en que fue convertido Ciparíso, jóven hermoso de la isla de Cea ó de Creta, amado de Apolo.

*Cyperos, i. m. Plin. Especie de junco blanco por la parte de abajo, y negro por la superior, parecido en el olor al nardo.

Cyphis, is. n. S. Ger. Un perfume compuesto de que usaban los sacerdotes egipcios.

Cyprus, y Cyperus, i. f. Plin. La yerba llamada espadilla, que es medicinal.

Cyprĭăcus, a, um. Val. Max. V. Cyprius.

Cyprianus, Tascio Cecilio Cipriano, africano, cartagines, y obispo de esta ciudad, ilustre mártir por la fe de Jesucristo en tiempo de los emperadores Valeriano y Galieno: adquirió gran gloria de la profesion de la elocuencia, de cuyo estilo dice S. Gerónimo que corre dulcemente como una fuente purísima.

Cyprĭcus, a, um. Cat. y

Cyprinus, a, um. Plin. Perteneciente al árbol llamado aleña, que echa unas florecitas muy delicadas y olorosas.

Cypris, ĭdis. f. Hor. La diosa Venus, que se veneraba en la isla de Chipre.

Cyprius, a, um. Cic. De Chipre ó perteneciente á esta isla.

Cyprus, y Cypros, i. f. Plin. Chipre, isla del mar mediterráneo.

Cipsĕlĭdes, ae. m. patronim. de

Cypsĕlus, i. m. Cic. Cipselo, tirano de Corinto, padre de Periandro.

Cipus, i. f. Plin. El árbol aleña. V. Cyprinus.

Cyrēneus, a, um. Cic. y

Cyrēnaĭcus, a, um. Cic. Perteneciente á Cirene, ciudad de Cirenaica, ó á los filósofos cirenaicos, discípulos de Aristipo, que ponian el sumo bien en el deleite.

Cyrēne, es, y Cyrēnae, ārum. f. Plaut. Cirene, capital de Cirenaica, hoy el reino de Barca en la Libia. ‖ Una fuente del mismo nombre de Tesalia.

Cyrēne, es, ó Cyrnos, ó Cyrnus, i. f. Plin. La isla de Córcega.

Cyrēnensis. m. f. sĕ. n. is. Cic. Perteneciente á Cirene, ó natural de esta ciudad.

Cyreus, a, um. Cic. Perteneciente á un arquitecto llamado Ciro.

Cyrnĕus, a, um. Virg. y

Cyrniăcus, a, um. Corso, natural de Córcega, ó lo perteneciente á esta isla.

Cytaeacus, a, um. Prop. Perteneciente á Medea ú otra hechicera.

Cytaeis, ĭdis. f. Prop. patron. de Cita ó Citis, ciudad de la Colquide, patria de Medea.

Cytaeus, a, um. Val. Flac. Perteneciente á la ciudad de Cita, patria de Medea.

Cytērius, ó Cytherius, a, um. *Cic.* Apodo que puso Ciceron á Marco Antonio del nombre de la ramera Citeris que le acompañaba.

Cythēra, ōrum. n. plur. *Plin.* Citera, hoy Cerigo, *isla del mar Egeo.*

Cythēra, ae. f. *Ov.* Venus, llamada Citerea de la isla de Citera, adonde se dice que arribó primero esta diosa, habiendo sido concebida en el mar.

Cytērēīas, adis. adj. f. *Ov.* Perteneciente á Venus.

Cytherēis, idis. f. *Ov.* Venus, *asi llamada de la isla Citera.*

Cythērēīus, a, um. y

Cythēriācus, a, um. *Ov.* Perteneciente á la isla Citera ó á Venus.

Cythērus, i. ó Cythēron, ōnis. m. Citeron, *monte de Beocia.*

Cythnos, ó Cythnus, i. f. *Plin.* Isla del mar Egeo, del Archipiélago.

Cytīsum, i. n. y

Cytīsus, i. m. f. *Plin.* El citiso, *arbusto que nace en los campos y en las selvas, y es agradable á las cabras, á las ovejas, y tambien á las abejas.*

Cytōriācus, y Cytorius, a, um. *Ov.* Perteneciente al monte Citoro.

Cytōrus, i. m. *Virg.* Citoro, *monte de Paflagonia.*

Cyzicēni, ōrum. m. plur. *Cic.* Los ciudadanos de Chicico.

Cyzicēnus, a, um. *Plin.* Chiciceno, natural de la ciudad de Chicico, ó perteneciente á ella.

Cyzicus, i. f. ó Cycīcum, i. n. *Ov.* Chicico, *ciudad de Misia en el Asia.*

## DA

Da en lugar de Dic. imp. Di, dime.

Daae, y Dahae, ārum. m. plur. *Mel.* Pueblos del Asia en la Escitia sobre el mar Caspio.

Dabir. indecl. Oráculo de Dios, *nombre de una ciudad de la tribu de Judá.*

Dāci, ōrum, ó Dacae, ārum. m. plur. *Plin.* Dacios, pueblos ó habitadores de Dacia.

Dācia, ae. f. *Flor.* Dacia, *provincia de Europa, que se divide en Transilvania, Moldavia, y Valaquia.*

Dacīcus, a, um. *Claud.* y

Dacius, a, um. V. Dacus.

Dactylīcus, a, um. *Cic.* Perteneciente al verso dactílico.

Dactyliōtēcha, ae. f. *Marc.* Caja ó cofrecito para meter anillos y piedras preciosas. ‖ *Plin.* El surtido y adorno de pedrería, como joyas, piochas &c.

Dactylis, idis. adj. f. *Plin.* Lo que tiene la longitud ó crasitud de un dedo.

Dactylus, i. m. *Apic.* El dátil, *fruto de la palma.* ‖ *Cic.* El pie dáctilo, *que consta de una larga y dos breves.* ‖ Una concha marina. ‖ Una vid delgada. ‖ Un pez.

Dācus, a, um. *Estac.* Perteneciente á Dacia, ó natural de esta provincia.

Daedāleus, a, um, *Hor.* Perteneciente á Dédalo.

Daedālēon, ōnis. m. *Ov.* Dedalion, *padre de Quione, que se precipitó del monte Parnaso por el sentimiento de haber perdido esta hija, y fue convertido por Apolo en gabilan.*

Daedalus, i. m. *Ov.* Dédalo, *ateniense, padre de Icaro, inventor de la sierra y el hacha, autor del laberinto de Creta, donde encerrado por el rey Minos, por haber descubierto su salida á Teseo, se escapó volando con su hijo con alas de cera.*

Daedalus, a, um. *Virg.* Ingenioso, industrioso, artificioso. ‖ Hecho con grande arte, bien trabajado.

Daemon, ōnis. m. *Cic.* Espíritu, genio, inteligencia. ‖ *Lact.* Demonio, diablo, ángel malo, espíritu maligno.

Daemonīacus, a, um. *Tert.* Demoniaco, endemoniado, afligido y atormentado por el diablo. ‖ Diabólico, perteneciente al diablo.

Daemonīcola, ae. com. *S. Ag.* El gentil que da culto y adoracion al demonio.

Daemonīcus, a, um. *Tert.* V. Daemoniacus.

Daemonium, ii. n. *Cic.* V. Daemon.

Dagon, ōnis. m. *S. Ger.* Dagon, *dios de los fenicios y filisteos.*

Dalmāta, ae. com. *Cic.* Dalmata, el que es de Dalmacia.

Dalmātensis. m. f. sē. n. is. *Vop.* V. Dalmaticus.

Dalmātia, ae. f. *Plin.* Dalmacia, *provincia de la Iliria en Europa.*

Dalmātīcatus, a, um. *Lampr.* Vestido con una dalmática. V. Dalmaticus.

Dalmātīcus, a, um. *Plin.* Dalmático ó de Dalmacia. Dalmatica vestis. *Isid.* Dalmática, vestido blanco guarnecido de nudos de color de púrpura, y mangas cortas, tejido primero en Dalmacia, y que se empezó á usar despues en los divinos oficios.

Dāma, ae. f. *Hor.* m. *Virg.* El gamo, *animal velocísimo.*

Damālio, ōnis. m. *Lampr.* El ternero ó ternera.

Damascēnus, a, um. *Plin.* Damasceno ó de Damasco.

Damascus, i. f. *Plin.* Damasco, *ciudad de Siria en la Celesiria.*

Damasichthon, ōnis, m. *Ov.* Damasicton, *hijo de Niobe, muerto por Apolo con sus seis hermanos.*

Damnābilis. m. f. lē. n. is. *Sid.* Condenable, digno de ser condenado.

Damnābiliter. adv. *S. Ag.* Culpablemente.

Damnas. adj. indecl. *Quint.* Condenado, obligado. Damnas esto. *Quint.* Sea, quede condenado, obligado.

Damnātio, ōnis. f. *Cic.* Condenacion, pena, damnacion.

Damnātītius, y Damnaticius, a, um. *Tert.* V. Damnabilis.

Damnātor, ōris. m. *Tert.* Condenador, el que condena.

Damnātōrius, a, um. *Cic.* Condenatorio, de condenacion, que contiene la sentencia dada.

Damnātus, us. m. *Plin.* V. Damnatio.

Damnātus, a, um. *Cic.* Condenado. Damnata causa. *Cic.* Causa perdida. Damnātus capite. *Cic.*—Capitis. *Ces.*—Morti. *Lucr.* Condenado á muerte. — Ad bestias. *Dig.* Condenado á las fieras. — Sordium. *Plin.* Por vicios ó delitos feos. — Longi laboris. *Hor.* Condenado á un largo y penoso trabajo. — Voti. *Liv.* Obligado á cumplir un voto. Aves damnatae in cibis. *Plin.* Las aves prohibidas ó que no se usa comerlas. Damnata alicui urbs. *Hor.* Ciudad entregada, abandonada á la discrecion de alguno.

Damnīficus, a, um. *Plaut.* y

Damnigērūlus, a, um. *Plaut.* Dañoso, que hace daño.

Damno, as, avi, atum, āre. a. *Cic.* Condenar, imponer pena. ‖ Obligar. ‖ Desechar, desaprobar. Damnare aliquem sceleris. *Cic.* — Crimine. *Cic.* Condenar á uno por un delito. — Capitis. *Cic.* — Capite. *Ces.* Condenar á uno á muerte.

Damnōse, ius, issīme. adv. *Hor.* Dañosamente, con daño y peligro.

Damnōsus, a, um, sior, issīmus. *Liv.* Dañino, dañoso, que daña ó hace daño. ‖ *Ter.* Pródigo, gastador. ‖ *Plaut.* Infeliz, afligido de daños y males.

Damnum, i. n. *Cic.* Daño, detrimento, perjuicio, menoscabo, pérdida. ‖ Multa, confiscacion. Damnum infectum. *Dig.* El daño que se teme.

Damūla, ae. f. dim. de Dama. *Apul.* El gamezño, gamo pequeño y nuevo.

Dan? *Plaut.* en lugar de Das ne?

Danae, es. f. *Ov.* Danae, *hija de Acrisio, rey de Argos, á quien su padre encerró en una torre temeroso de una prediccion que le anunciaba morir á manos de su nieto. Tuvo de Júpiter transformado en lluvia de oro un hijo llamado Perseo, el cual conforme al oráculo dió muerte á Acrisio, convirtiéndole en piedra con ponerle delante de los ojos la cabeza de Medusa.*

Dānaeius, a, um. *Ov.* Perteneciente á Danae.

Dānai, ōrum. m. plur. *Virg.* Los griegos, asi llamados de Danao, rey de Argos.

Dānaidae, ārum. m. plur. *Sen.* V. Danai.

Dānaides, um. f. plur. *Sen.* Las hijas de Danao: estas eran cincuenta, casaron con otros tantos hijos de Egisto, hermano de Danao, y mataron todas á sus maridos, menos Hipermenestra, que perdonó al suyo llamado Linceo. Fingen los poetas que están condenadas en el infierno á llenar de agua una tinaja sin hondo.

Dānai, ōrum. m. plur. Los daneses, *pueblos de la cimbrica Quersoneso, dinamarqueses.*

## DAT

Dănaus, i. m. *Ov.* Danao, *hijo de Egipto, hermano de Egipto, con cuyos hijos casaron las cincuenta hijas de aquel.*
Dănaus, a, um. *Ov.* Perteneciente á los griegos.
Dănia, ae. f. La címbrica Querseneso, hoy Dinamarca.
Dănista, y Danistes, ae. m. *Plaut.* El logrero ó usurero.
Dantiscum, i. n. Dantzic, ciudad de la Prusia polaca.
Dănŭbīnus, a, um. *Sid.* Perteneciente al rio Danubio.
Dănŭbius, ii. m. *Plin.* El Danubio, *famoso rio de Alemanja.*
Dăpalis. m. f. lĕ. n. is. *Varr.* V. Dapaticus.
Dăpătĭce. adv. *Fest.* Magnífica, opíparamente.
Dăpătĭcus, a, um. *Plin.* Grande, suntuoso, magnífico, de mucho aparato y abundancia.
Daphnaeus, a, um. *Am.* V. Daphnensis.
Daphne, es. f. *Petron.* El laurel. || *Ov.* Dafne, *hija del rio Peneo, amada por Apolo, y trasformada en laurel.* || Dafne, *lugar cercano á Antioquia de Siria, donde habia un templo consagrado á Apolo y á Diana.*
Daphnensis. m. f. sĕ. n. is. *Eutr.* Lo perteneciente al lugar de Dafne.
Daphnis, ĭdis. m. *Virg.* Dafnis, *hijo de Mercurio y de la ninfa Lica, que dicen fue el primer pastor.*
Daphnoides, es. f. *Plin.* Semejante al laurel. *Llámase así cierta especie de canela parecida al laurel en la corteza.*
Daphnon, ōnis. m. *Petron.* Lugar plantado de laureles.
Dapĭfer, ri. m. *Inscr.* El que lleva ó sirve la comida.
Dăpĭno, as, āvi, ātum, āre. a. *Plaut.* Dar, disponer un banquete.
Daps, dăpis. f. *Hor.* Comida, manjar. || *Ov.* Convite espléndido. || *Virg.* Los manjares que se ofrecian á los Manes y á los dioses en los sacrificios.
Dapsĭle. adv. *Suet.* Abundante, suntuosa, espléndidamente.
Dapsĭlis. m.f. lĕ. n. is. *Plaut.* Magnífico, suntuoso, espléndido, abundante.
Dapsĭlĭter. adv. V. Dapsile.
Daptĭce. adv. *Fest.* V. Dapsile.
Dardănarius, ii. m. *Varr.* El que compra trigo y otros géneros, y los guarda para encarecerlos y estancarlos, monopolista.
Dardăni, ōrum. m. *Virg.* Los troyanos. || *Sil.* Los romanos.
Dardănia, ae. f. *Plin.* Isla, la misma que Samotracia. || *Ov.* Troya. || La region de Troade, *donde estaba la ciudad de Dardania.*
Dardănĭdae, ārum. m. plur. *Virg.* Los troyanos ó descendientes de Dárdano.
Dardănīdes, ae. m. *Virg. patron.* El hijo, nieto ó descendiente de Dárdano.
Dardănii, ōrum. m. plur. V. Dardani.
Dardănis, ĭdis. f. *Patron. Ov.* La muger descendiente de Dárdano, troyana.
Dardănium, ii. n. *Plin.* Ciudad entre la antigua Troya y las Dardanelas.
Dardănius, a, um. *Virg.* Perteneciente á Dárdano, á Troya ó á los troyanos. *Dardaniae artes. Colum.* Artes mágicas; *dicese de las astucias con que se hacen los monopolios, tomado del nombre del insigne mago fenicio.*
Dardănus, i. m. *Virg.* Dárdano, *hijo de Júpiter y de Electra, fundador y primer rey de Troya.*
Dardănus, a, um. *Hor.* Perteneciente á Dárdano ó á Troya, troyano.
Dăres, ētis. m. Dares, frigio, historiador, *el primero que escribió en griego la guerra de Troya, en la cual se halló.*
Darius, i. m. *Just. Curt.* Darío, rey de Persia, á quien Alejandro despojó del reino. Hubo otros dos reyes de Persia del mismo nombre.
Dasўpus, ŏdis. m. f. *Plin.* Animal cuadrúpedo, que tiene muy velludos los pies; algunos dicen que es la liebre.
Datarius, a, um. Lo que se puede ó se ha de dar.
Dătătim. adv. *Plaut.* Dando y recibiendo, dando recíprocamente.
Dathiātum. *Plin.* Incienso de segunda clase.
Dătio, ōnis. f. *Plin.* El acto de dar.
Dătīvus, a, um. *Dig.* Que da ó que se da. *Dativus casus. Quint.* Dativo, el tercer caso de las declinaciones de los nombres.

## DEA

Dăto, as, āvi, ātum, āre. a. *freq.* de Do, das. *Plin.* Dar y recibir, dar recíprocamente.
Dător, ōris. m. *Virg.* Dador, el que da. || *Plaut.* El que saca en el juego de la pelota.
Dătum, i. n. *Cic.* Don, regalo, dádiva. || La data de una carta.
Dătus, a, um. *part. de Do. Cic.* Dado. || Regalado. *Data opera. Cic.* Con estudio.
Dătus, us. m. *Plaut.* V. Datio.
Daucum, y Daucon, i. n. *Cels.* El dauco, *planta muy semejante á la pastinaca ó zanahoria, y algunos la tienen por nuestra biznaga.*
Daulias, ădis. f. *patron. Ov.* y
Daulis, ĭdis. f. Daulide. *adj. Ov.* De Daulide, *provincia y ciudad de la Focida.* || Progne y su hermana Filomela, *convertida la primera en golondrina, y la segunda en ruiseñor por haber dado á comer á Tereo, rey de Tracia, á su mismo hijo Itis.*
Daulius, a, um. *Ov.* De Daulide ó de Tracia.
Dauniacus, a, um. *Sil.* V. Daunius.
Daunii, ōrum. m. plur. *Plin.* Daunos ó apulios, *pueblos de Italia.*
Daunius, a, um. *Virg.* Perteneciente á Dauno, Daunia, ó á los daunos ó apulios.
Daunus, i. m. *Virg.* Dauno, natural de la Iliria, *que despues se apoderó de aquella parte de Apulia, á que dió su nombre, y reinó en ella.*
David. m. indecl. y ĭdis. *Aus.* David, *segundo rey de los hebréos, y profeta santísimo.*
Davidĭcus, a, um. *Prud.* Davídico, perteneciente á David.
Davus, y Davos, i. m. Nombre de un siervo que introdujeron Plauto y Terencio en sus comedias.

## DE

De *prepos. de ablat.* De, desde, acerca de. *De tempore coenare. Hirc.* Cenar á buena hora, temprano. *De prandio non bonus est somnus. Plaut.* Despues de comer no es bueno, no es sano dormir. *De mense decembri navigare. Cic.* Embarcarse en ó por el mes de diciembre. *De te quidem satis scio. Ter.* De tí, de lo que á tí toca ya sé bastante. *De illa nos amat. Ter.* Nos ama por ella, por causa de ella. *De principio. Cic.* Desde el principio. *De tuo istud addis. Plaut.* Tú añades esto de tuyo, de tu propia cosecha. *De consilio alicujus. Cic.* Por consejo de alguno. *De die. Ter.* De dia, por el dia, durante el dia. *De rege sanguinem fundere. Curt.* Derramar su sangre en ó por el servicio del rey. *De media nocte mittere. Ces.* Enviar á media noche. *De more. Virg.* Segun la costumbre. *De aliquo exemplum capere. Ter.* Tomar ejemplo de alguno. *De lege Servilia oratio. Cic.* Oracion de ó sobre la ley servilia. *De scripto dicere. Cic.* Recitar por el escrito, leyendo. *De repente. Cic. De subito. Plaut.* De repente, de súbito, al punto, al momento. *De industria. Cic.* De industria, con todo cuidado, con estudio. *Habeatur sane orator, sed de minoribus. Cic.* Téngase por orador, pero de ó entre los mas inferiores.
Dea, ae. f. *Cic.* Diosa de la gentilidad.
Deacĭnātus, a, um. *Cat. part. de*
Deăcĭno, as, āvi, ātum, āre. a. *Cat.* Desgranar, quitar los granos ó las uvas á un racimo.
Dealbātor, ōris. m. *Cod.* Blanqueador, el que blanquea.
Dealbātus, a, um. *Cic.* Blanqueado. *part. de*
Dealbo, as, āvi, ātum, āre. a. *Cic.* Blanquear, poner blanca alguna cosa. *Dealbare duos parietes eadem fidelia. Cic. prov.* como entre nosotros: matar de un tiro dos pájaros.
Deămātus, a, um. *Plaut.* Muy amado.
Deambŭlacrum, i. n. *Mamert.* El paseo, lugar ó sitio público destinado para pasearse.
Deambŭlātio, ōnis. f. *Ter.* El paseo, el acto de pasear ó pasearse.
Deambŭlatorium, ii. n. *Vall.* Paseo, galería para pasearse.
Deambŭlatorius, a, um. *Capit.* Apropósito para pasear.
Deambŭlo, as, āvi, ātum, āre. n. *Ter.* Pasear, pasearse. *Deambulatum ire. Cic.* Ir, salir á pasearse.
Deămo, as, āvi, ātum, āre. a. *Ter.* Amar tiernamente, con pasion.

## DEC

Deargentātus, a, um. *S. Ag.* Plateado, argentado.
Dearmātus, a, um. *Liv.* Desarmado, despojado de las armas.
Dearmo, ās, āvi, ātum, āre. *a. Apul.* Desarmar, quitar las armas.
Deartuātus, a, um. *Nen.* Descoyuntado. *part. de*
Deartuo, ās, āvi, ātum, āre. *a. Plaut.* Descoyuntar, desencajar y quebrantar los huesos. *Deartuare opes. Plaut.* Disipar, malbaratar sus bienes.
Deasciātus, a, um. *Prud.* Dolado, labrado. *part de*
Deascio, ās, āvi, ātum, āre. *a. Plaut.* Acepillar, ó aplanar alguna cosa como tabla ó piedra, dolar, labrar.
Deaurātor, ōris. *m. Cod.* Dorador, el artífice que da ó cubre de oro algun metal ó madera.
Deaurātus, a, um. *Sen.* Dorado, cubierto de oro.
Deauro, ās, āvi, ātum, āre. *a. Tert.* Dorar, cubrir de oro.
Debacchor, āris, ātus sum, āri. *dep. Tert.* Enfurecerse, ponerse furioso. *Debacchari in aliquem. Tert.* Desenfrenarse contra alguno.
† Debātuo, is, ĕre. *a. Petron.* Azotar.
Debellātor, ōris. *m. Virg.* El que debela, vence, destruye, arruina alguna tropa, ejército ó plaza.
Debellātrix, īcis. *f. Lact.* La que debela, vence, destruye, arruina.
Debellātus, a, um. *Liv.* Debelado. *part de*
Debello, ās, āvi, ātum, āre. *a. Liv.* Debelar, vencer, destruir, arruinar, espugnar, conquistar, ocupar, reducir, tomar á fuerza de armas. *Debellare superbos. Virg.* Abatir á los soberbios. *Debellatum est cum graecis. Liv.* Se acabó la guerra con los griegos, se acabó de conquistar la Grecia.
Debeo, ēs, bui, bitum, ēre. *a. Cic.* Deber, ser deudor, estar obligado á pagar. *Debeo omnia tua causa. Cic.* Todo lo debo yo hacer por tí, no hay cosa á que yo no esté obligado por tu amor. *Animam debere. Ter.* Deber mas de lo que uno vale. *Debentur corpora fato. Virg.* Se ha de morir precisamente. *Nisi ventis debes ludibrium. Hor.* Si no quieres ser juguete de los vientos.
Debibo, is, ĕre. *a. Solin.* Beber del todo.
Debilis. m. f. lĕ. n. is, ior, issimus. *Cic.* Débil, flaco, estenuado, falto de vigor, de fuerzas. *Debilis membris. Cic.* Débil, estropeado de sus miembros.
Debilitas, ātis. *f. Cic.* Debilidad, flaqueza, estenuacion, falta de vigor, de fuerzas.
Debilitātio, ōnis. *f. Cic.* Debilitacion, debilidad, flaqueza, estenuacion.
Debilitātus, a, um. *Suet.* Debilitado, estenuado, enflaquecido. ‖ Estropeado, inhábil, inútil.
Debiliter. *adv. Pacuv.* Débil, flacamente, con descaecimiento.
Debilito, ās, āvi, ātum, āre. *a. Cic.* Debilitar, inhabilitar, hacer inhábil, estropear. ‖ Enflaquecer, estenuar. *Debilitari animo. Cic.* Descaecer, caer de ánimo. *Debilitatus à jure cognoscendo. Cic.* Desanimado, disgustado de aprender el derecho, las leyes, la jurisprudencia.
Debitio, ōnis. *f. Cic.* Deuda, débito.
Debitor, ōris. *m. Cic.* Deudor, obligado á pagar.
Debitrix, īcis. *f. Dig.* Deudora, la muger que debe, que está obligada á pagar.
Debitum, i. *n. Cic.* Débito, deuda.
Debitus, a, um. *part. de Debeo. Cic.* Debido, lo que se debe á otro. ‖ Merecido. *Debito officio fungi. Cic.* Cumplir con lo que se debe, con la obligacion.
Deblatĕro, ās, āvi, ātum, āre. *n. Plaut.* Charlar, hablar mucho sin sustancia y fuera de propósito.
Debuccino. *V. Buccino.*
Decachinno, ās, āvi, ātum, āre. *a. Tert.* Befar, mofar, escarnecer, hacer burla.
Decachordus, a, um. *Paul. Nol.* Que tiene diez cuerdas.
Decacuminātio, ōnis. *f. Plin.* La accion de descabezar los árboles ú otra cosa.
Decacumino, ās, āvi, ātum, āre. *Col.* Descabezar los árboles, cortarles la copa.
Decalŏgus, i. *m. Tert.* El decálogo, los diez mandamientos de la ley de Dios.
Decalvo, ās, āre. *a. Veg.* Poner calvo, arrancar á uno los cabellos, pelarle.

## DEC

† Decanātus, us. *m.* La sociedad de diez personas, la decena. ‖ Decanato, la dignidad del decanato de alguna comunidad. ‖ El deanato, la dignidad ú oficio del dean.
Decantātio, ōnis. *m. S. Gr.* La charlatanería.
Decantātus, a, um. *Cic. part. de*
Decanto, ās, āvi, ātum, āre. *a. Cic.* Decantar, divulgar, publicar, exagerar, ponderar, engrandecer. ‖ *Suet.* Cantar. ‖ *Cic.* Dejar de cantar. ‖ Repetir, recitar cosas sabidas.
Decānus, i. *m. Veg.* El que mandaba diez soldados en el ejército. ‖ El decano, el dean.
Decapŏlis, is. *f. Plin.* Decápolis, *provincia de Palestina, en que se comprende una parte de Celesiria, así llamada porque comprendia diez ciudades.*
Decapolitānus, a, um. *Plin.* Natural de ó perteneciente á Decápolis.
Decapŭlo, ās, āvi, ātum, āre. *a. Plin.* Decantar, estraer los licores de las infusiones, inclinando poco á poco el vaso en que se hallan para separarlos del poso.
Decarno, ās, āre. *a. Veg.* Descarnar, quitar, apartar la carne.
Decas, ădis. *f. Tert.* Década, el número de diez, *como las décadas de Tito Livio que cada una comprende diez libros.*
Decastȳlus, i. *m. Vitruv.* Que tiene diez columnas.
Decauleso, is, ĕre. *n. Plin.* Echar tallo, crecer en tronco ó tallo.
Decēdo, is, essi, essum, dĕre. *n. Cic.* Retirarse, irse, volverse, partir, salir, ceder el lugar, el campo. ‖ Morir. ‖ Menguar, disminuirse. ‖ Suceder, acaecer, salir las cosas bien ó mal. *Decedere alicui de via. Plaut.* Retirarse para que pase alguno, darle, dejarle, hacerle lugar, retirarse por no encontrarse con él.— *Fide. Liv.* Faltar á su palabra.— *Jure suo. Cic.* Ceder de su derecho.— *Magistratu. Cic.* Salir de, acabar su empleo.— *Officio. De officio. Cic. Ab officio. Liv.* Faltar á su obligacion.— *De ó ex provincia. Cic.* Salir de ó acabar su gobierno, su comision.— *De via. Cic.* Apartarse del camino recto. *De summa nihil decedet. Ter.* Nada faltará de ó á la suma. *Decedit febris. Cels.* Se disminuye la calentura.— *Ira. Ter.* Se aplaca la cólera.— *Nemini. Hor.* Á nadie cede. *Decessit. Cic.* Murió.
Decem. *num. card. indecl. Cic.* Diez.
December, bris. *m. Cic.* Diciembre, *el décimo mes del año entre los antiguos, que empezaban á contarle desde marzo.*
Decembris, m. f. brĕ. n. is *Liv.* Lo perteneciente al mes de diciembre. *Libertate decembri uti. Hor.* Divertirse en las fiestas de diciembre, que eran las saturnales, como se permitia á los esclavos.
Decemjŭgis. m. f. gĕ. n. is. *Suet.* Que tiene diez yugos. *Dícese del carro tirado de diez caballos.*
Decemmodius, a, um. *Col.* Que hace ó es capaz de diez modios.
Decempěda, ae. *f. Cic.* La pértica, *medida de tierra que consta de dos pasos ó diez pies geométricos.*
Decempedātor, ōris. *m. Cic.* El medidor de tierras ó agrimensor.
Decemplex, īcis. *adj. Nepot.* Diez veces mas ó mayor.
Decemplicātus, a, um. *Varr.* Multiplicado por diez ó diez veces.
Decemprimātus, us. *m. Dig.* La dignidad de los diez decuriones principales.
Decemprimi, ōrum. *m. plur. Cic.* Los diez decuriones principales que gobernaban los municipios y ciudades de las provincias, de comun acuerdo con los duunviros.
Decemrēmis, is. *f. Plin.* Nave de diez órdenes de remos.
Decemscalmus, a, um. *Cic.* Que tiene diez bancos de remeros.
Decemvir. *V. Decemviri.*
Decemvirālis. m. f. lĕ. n. is. *Cic.* Decenviral, lo perteneciente á los decenviros.
Decemvirāliter. *adv. Sid.* Á modo de los decenviros.
Decemvirātus, us. *m. Cic.* El decenvirato, el oficio y dignidad de los decenviros.
Decemviri, ōrum. *m. plur. Liv.* Los decenviros, magistrados que se crearon en Roma para el gobierno en lugar de los cónsules.

Decennalia, ium. n. plur. Treb. Fiestas que celebraban los emperadores en cada decena de años de su imperio.

Decennalis. m. f. lē. n. is. Amian. y

Decennis. m. f. nē. n. is. Quint. Decenal, de diez años.

Decennium, ii. n. Ulp. Decenio, el espacio de diez años.

Decens, tis. com. comp. tior. sup. tissimus. Quint. Decente, conveniente, razonable, acomodado, á propósito. ‖ Hermoso, bello, gracioso, agradable. Decens servus, Plin. men. Siervo de buena traza, bien parecido.

Decenter, tius, tissime. adv. Cic. Decentemente, con decoro, convenientemente.

Decentia, ae. f. Cic. Decencia, conveniencia, decoro.

Decepi. pret. de Decipio.

Deceptio, onis. f. Marc. Cap. El engaño.

Deceptor, oris. m. Sen. Engañador.

Deceptorius, a, um. S. Ag. Engañoso, propio para engañar.

Deceptrix, icis. f. Lact. Engañadora, la que engaña.

Deceptus, us. m. Tert. V. Deceptio.

Deceptus, a, um. part. de Decipio. Cic. Engañado. ‖ Virg. Destruido, privado.

Deceris, is. f. Suet. V. Decemremia.

Decermina, orum. n. plur. Fest. Lo que se quita y separa de las cosas que se limpian.

Decerno, is, crevi, cretum, nere. a. Cic. Discernir, juzgar, decretar, ordenar, establecer. ‖ Decidir. ‖ Cometer, encargar, encomendar. ‖ Determinar, resolver, deliberar. ‖ Combatir, decidir, disputar con las armas. Decernere pugnam. Liv. Decidir una batalla, inclinándose á una parte la victoria. De salute reipublicae decernitur. Cic. Se arriesga, se trata de la salud pública ó del estado.

Decerpo, is, psi, ptum, pere. a. Col. Coger quitando ó arrancando. ‖ Quitar, tomar para sí, disminuir. ‖ Percibir, recoger, sacar. Decerpere fructus. Hor. Recoger los frutos.—Folia. Col. Deshojar.

Decerptio, onis. f. Non. El acto de coger arrancando.

Decerptus, a, um. part. Plin. part. de Decerpo.

Decertatio, onis. f. Cic. Contienda, debate, combate.

Decertatus, a, um. Estac. Contendido, disputado, debatido. part. de

Decerto, as, avi, atum, are. a. Cic. Contender, combatir, contrastar. ‖ Disputar, tener diferencia, debatir. Decertare praelio cum hostibus. Cic. Dar la batalla al enemigo.—Manus. Cic. Pelear mano á mano.—De imperio. Cic. Combatir, disputar el ó sobre el dominio, el señorío.

Decervicatus, a, um. Sid. Degollado, cortada la cabeza.

Decessio, onis. f. Cic. La partida, ida. ‖ Cic. Disminucion, mengua. Decessionis dies. Cic. El dia de la partida de un magistrado de su gobierno.

Decessor, oris. m. Tac. El predecesor, el magistrado que se retira, á quien sucede otro.

Decessus, us. m. Ces. La partida, la ida, retirada. ‖ La muerte.

Decet, decuit, decere. impers. Cic. Ser decente, conveniente, decoroso, estar, decir bien. Oratorem irasci minime decet. Cic. No corresponde á un orador la ira. Ita nobis decet. Ter. Así nos corresponde.

Decianus, a, um. Liv. Perteneciente á Decio. V. Decius.

Decido, is, cidi, ere. n. Cic. Caer. ‖ Plaut. Morir. Decidere ab archetypo. Plin. men. Apartarse del original.— Spe ó á spe. Ter. Perder la esperanza. Decima pars decidet. Col. Menguará, se disminuirá la décima parte.

Decido, is, cidi, cisum, dere. a. Col. Cortar, arrancar. ‖ Transigir, decidir, determinar por via de ajuste y composicion. Decidere pro libertate. Sen. Venir á composicion por conservar la libertad. ‖ Cum aliquo. Cic. Componerse, ajustarse con alguno en un pleito.—Negotium ó de negotio. Cic. Decidir, determinar, juzgar un negocio.—Aliquid propriis verbis. Quint. Esplicar una cosa con palabras propias.

Deciduus, a, um. Plin. Caduco, lo que amenaza ruina ó está para caer.

Decies. adv. Plaut. Diez veces. Decies centena. Hor. Mil.—Centena millia. Cic.—Millia centum. Liv. Un millon.

Decima, ae. f. Cic. Décima, se entiende pars. La décima parte, el diezmo ó décima. Se usa como adjetivo y sustantivo en latin y en castellano, y se escribe tambien Decuma.

Decimalis. m. f. lē. n. is. Tac. Dezmeño, decimal, lo perteneciente al diezmo, ó que le paga.

Decimanus, y Decumanus, a, um. Tac. Dezmeño, decimal, perteneciente al diezmo. Decumanus ager. Cic. Campo que paga por tributo el diezmo de sus frutos. Decumani, orum. Cic. Los dezmeros ó diezmeros, los que cobran y recogen los diezmos. Decumanum frumentum. Cic. El trigo que se paga por diezmo. Decumana porta. Ces. La puerta mayor de los reales enfrente del enemigo. Decumani milites. Hirc. Soldados de la décima legion.

Decimatio, y Decumatio, onis. f. Capit. Diezmo, castigo militar para el cual se elige por suerte de cada diez soldados uno.

Decimatus, y Decumatus, a, um. Suet. Diezmado, sacado de cada diez para el suplicio.

Decimo, y Decumo, as, avi, atum, are. a. Suet. Dezmar ó diezmar, separar la décima parte. Decimare legionem. Liv. Diezmar una legion, sacar por suerte un soldado de cada diez para el suplicio.

Decimodia, ae. f. Col. V. Decemmodius.

Decimus, y Decumus, a, um. Cic. Décimo.

Decineratus, a, um. Tert. Reducido á cenizas.

Decineresco, is, ere. n. Tert. Reducirse á cenizas, convertirse en cenizas.

Decipio, is, cepi, ceptum, cipere. a. Cic. Engañar. ‖ Entretener, divertir.

Decipula, ae. f. Sid. y

Decipulum, i. n. Apul. Lazo, garlito, trampa, ratonera para coger aves y ratones. Decipula murem capit. Caer en el garlito.

Decircino, as, avi, atum, are. a. Man. Hacer un círculo.

Deciremis, is. f. Plin. V. Decemremis.

Decisio, onis. f. Apul. Disminucion, mengua. ‖ Corte. ‖ Decision, determinacion, resolucion, transacion de una controversia.

Decisus, a, um. Hor. part. de Decido. Cortado. ‖ Decidido, transigido, determinado, resuelto.

Decius, ii. m. Cic. Decio, nombre propio de hombre. Hubo tres famosos en Roma, padre, hijo y nieto, todos tres cónsules, y todos tres se ofrecieron voluntariamente á la muerte por la patria. P. Decio Mus, el padre, en la guerra Latina; P. Decio, el hijo, en la Etrusca; y el nieto en la que se tuvo con Pirro.

Decius, a, um. Perteneciente á los Decios.

Declamatio, onis. f. Cic. Declamacion, ejercicio privado de los oradores para adquirir la elocuencia. ‖ La composicion ó el ejercicio de componer en la escuela del retórico. ‖ Oracion retórica.

Declamatiuncula, ae. f. Gel. Declamacioncilla, declamacion, oracion corta.

Declamator, oris. m. Cic. Declamador, el que se ejercita en la oratoria.

Declamatorius, a, um. Cic. Declamatorio, perteneciente al estilo de la declamacion.

Declamatus, a, um. Lampr. Declamado: dicese de la oracion pronunciada.

Declamito, as, avi, atum, are. a. Cic. freq. de Declamo. Declamar frecuentemente. Declamitare de aliquo. Cic. Declamar contra alguno.

Declamo, as, avi, atum, are. a. Cic. Declamar, componer, ejercitarse en temas ó asuntos fingidos para adquirir la elocuencia. ‖ Orar con elocuencia y elegancia. ‖ Hacer invectivas contra alguno. Declamare alicui. Ov. Declamar delante de ó contra alguno.

Declaratio, onis. f. Cic. Declaracion, manifestacion, testimonio, esplicacion.

Declarator, oris. m. Plin. Declarador, manifestador, el que declara, manifiesta ó espone.

Declaratus, a, um. Cic. Declarado. part. de

Declaro, as, avi, atum, are. a. Cic. Declarar, manifestar, descubrir, hacer ver, dar á conocer, demostrar. ‖ Esplicar, esponer, publicar.

Declinabilis. m. f. lē. is. Prisc. Que se puede declinar, declinable, como los nombres.

**Declinatio, ōnis.** *f. Cic.* La accion de hurtar el cuerpo, la evitacion ó evasion. ‖ La digresion ó apartamiento. ‖ El clima ó cierto espacio del cielo. ‖ Declinacion, inflexion de los nombres por sus casos, y de los verbos por sus tiempos. ‖ Derivacion y composicion de las voces. ‖ La mutacion y varia inflexion de la voz.

**Declinatus, us,** *m. Cic.* Declinacion, evasion, la accion de hurtarse, desviarse de algun golpe ó peligro.

**Declinatus, a, um.** *Quint.* Inclinado. ‖ Derivado.

**Declinis.** *m. f. ne. is. Estac.* Que va declinando, que se aparta.

**Declino, as, avi, atum, are.** *a. y n. Col.* Declinar, bajar. ‖ Menguar, decaer. ‖ Apartar, desviar. ‖ Evitar, diferenciarse. ‖ Declinar, variar por sus casos los nombres. *Paulum ad dexteram de via declinavi. Cic.* Me desvié un poco del camino hácia la derecha: *Declinavi me extra viam. Plaut.* Me aparté un poco del camino. *Declinare in aliqua re ab officio. Cic.* Apartarse en alguna cosa de su obligacion. — *Minas. Cic.* Evitar las amenazas. — *Ad discendum jus. Quint.* Retirarse, apartarse á aprender la jurisprudencia.

**Declivis.** *m. f. ve. n. is. Ces.* Declive, lo que está cuesta abajo, y el mismo terreno inclinado.

**Declivitas, atis.** *f. Ces.* La bajada, declivio, inclinacion, pendiente de una cuesta.

**Decocta, ae.** *f. Juv.* (*aqua*). Agua cocida.

**Decoctio, ōnis.** *f. Cel. Aur.* Decoccion, coccion, el acto y efecto de cocer.

**Decoctor, ōris.** *m. Cic.* Disipador, maniroto, desperdiciador de su hacienda.

**Decoctum, i.** *n. Plin.* y

**Decoctura, ae.** *f. Plin.* y

**Decoctus, us.** *m. Plin.* Coccion, cocimiento, cocedura.

**Decoctus, a, um.** *part. de Decoquo. Plin.* Cocido, bien cocido. ‖ Consumido. ‖ *Pers.* Perfecto, limado. *Decoctum argentum. Cic.* Dinero consumido, malgastado, malbaratado. *Decocta orationis suavitas. Cic.* Suavidad de estilo, oracion limada, castigada.

**Decollatus, a, um.** *Escrib.* Degollado. *part. de*

**Decollo, as, avi, atum, are.** *a. Suet.* Degollar, cortar la cabeza. ‖ *Plaut.* Frustrar, faltar, engañar.

**Decolor, ōris.** *com. Plin.* Descolorido, que tiene perdido el color, pálido, macilento.

**Decoloratio, ōnis.** *f. Cic.* Descoloramiento, el acto de ponerse alguna cosa pálida y macilenta.

**Decoloratus, a, um.** *Suet.* Descolorado, descolorido.

**Decoloro, as, avi, atum, are.** *a. Col.* Descolorar, quitar, amortiguar el color á alguna cosa. ‖ Mudarle el color, darle mal color. ‖ Deshonrar, disfamar.

**Decolorus, a, um.** *Prud. V. Decolor.*

**Deconcilio, as, are.** *a. Plaut.* Quitar, privar.

**Decondo, is, didi, ditum, dere.** *a. Sen.* Esconder, ocultar.

**Decontor, āris, ātus sum, āri.** *dep. Apul.* Detenerse.

**Decoquo, is, xi, ctum, quere.** *a. n. Hor.* Cocer, cocer bien, hacer hervir. ‖ *Plin.* Endurecerse. ‖ Consumirse cociendo. ‖ Consumir, desperdiciar, disipar, malbaratar. ‖ *Liv.* Disminuir, descaecer. *Decoquere creditoribus. Plin.* Hacer concurso de acreedores. *Multum decoquent anni. Quint.* Mucho purgarán, limparán los años.

**Decor, ōris.** *m. Cic.* Decoro, decencia, correspondencia, gracia. ‖ *Hor.* Hermosura, belleza.

**Decoramen, ĭnis.** *Sil.* y

**Decoramentum, i.** *n. Tert.* Decoracion, adorno, ornato.

**Decoratus, a, um.** *Cic.* Adornado, hermoseado.

**Decore.** *adv. Cic.* Decorosamente, con decoro, con propiedad, como corresponde.

**Decoriatus, a, um.** *Palad.* Desollado. *part. de*

**Decorio, as, avi, atum, are.** *a. Tert.* Desollar, quitar el pellejo ó la piel.

**Decoriter.** *adv. Apul. V. Decore.*

**Decoro, as, avi, atum, are.** *a. Cic.* Decorar, hermosear, adornar, pulir. ‖ Ilustrar, ennoblecer, honrar. *Decora te ipsum. adag. iron.* Alábaos nariguda, y ella no tenia narices. *ref. iron.*

**Decorōsus, a, um.** *Sen. V. Decorus.*

**Decorticatio, ōnis.** *f. Plin.* El acto de descortezar.

**Decorticatus, a, um.** *Plin.* Descortezado. *part. de*

**Decortico, as, avi, atum, are.** *a. Plin.* Descortezar, quitar la corteza.

**Decōrum, i.** *n. Cic.* El decoro, decencia, honestidad, buen parecer, conveniencia. ‖ Ornato.

**Decōrus, a, um.** *Cic.* El decoroso, honesto, decente, conveniente. ‖ Bello, hermoseado, adornado, hermoso.

**Decoxi.** *pret. de Decoquo.*

**Decrementum, i.** *n. Gel.* Decremento, diminucion, descaecimiento, menoscabo, mengua.

**Decremo, as, are.** *a. y n. Tert.* Quemarse, abrasarse.

**Decrepitus, a, um.** *Cic.* Decrépito, de edad avanzada, muy viejo.

**Decrescentia, ae.** *f. Vitruv. V. Decrementum.*

**Decresco, is, crēvi, crētum, scēre.** *n. Cic.* Disminuirse, descaecer, menoscabarse, menguar. *Vestes decrescunt pueris. Estac.* Los vestidos vienen muy cortos á los niños.

**Decretalis.** *m. f. le. n. is. Ulp.* Decretal, perteneciente á las decretales ó decisiones pontificias.

**Decretales, ium.** *f. plur. Ecles.* Las decretales, las epístolas ó decisiones pontificias, y el libro en que estan recopiladas.

**Decretio, ōnis.** *f. Marc. Cap. V. Decretum.*

**Decretorius, a, um.** *Sen.* Definitivo, decisivo. *Decretorius dies. Sen.* Dia decretorio ó crítico de una enfermedad. *Decretoria hora. Sen.* La última hora, la hora de la muerte. *Decretorium sidus fructibus. Plin.* Constelacion que decide sobre las cosechas.

**Decretum, i.** *n. Cic.* Decreto, sentencia, constitucion, determinacion, establecimiento, resolucion, decision, voto, orden. ‖ El decreto de Graciano. ‖ Dogma, principio, máxima, sentencia.

**Decretus, a, um.** *Cic.* Decretado, establecido, mandado, ordenado. *part. de Decerno.*

**Decrēvi.** *pret. de Decerno y de Decresco.*

**Decribo, as, are.** *a. Plaut.* Abrir á golpes como un cribo.

**Decubo, as, bui, ó avi, itum, ó atum, are.** *n. Gel.* Estar acostado.

**Deculco, as, avi, atum, are.** *a. Plin.* Pisar, acalcar con los pies, apisonar.

**Deculpatus, a, um.** *Gel.* Poco usado, bajo. *Dicese de las palabras.*

**Decuma, ae.** *f. Cic. V. Decima.*

**Decumanus, i.** y

**Decumanus, a, um.** *V. Decimanus.*

**Decumbo, is, cubui, cubitum, cumbēre.** *Colum.* Estar recostado ó acostado. ‖ *Suet.* Estar enfermo, estar malo, en la cama. ‖ Estar á la mesa (al modo de los antiguos.) ‖ Caer en tierra, morir.

**Decunx, uncis.** *m. Fan.* Medida ó peso de diez onzas llamado por otro nombre *dextans.*

**Decuplus, i.** *Juv.* y

**Decuplus, a, um.** *Liv.* Lo que contiene en sí la cantidad de diez.

**Decuria, ae.** *f. Col.* Decuria, *número de diez hombres en la milicia y fuera de ella.* ‖ Cualquiera multitud ó compañía de hombres, aunque sea mas ó menos de diez.

**Decurialis.** *m. f. le. n. is. Tert.* Perteneciente á la decuria ó asignado á ella.

**Decuriatim.** *adv.* Por decurias.

**Decuriatio, ōnis.** *f. Cic.* y

**Decuriatus, us.** *m. Liv.* La asignacion ó distribucion de las decurias. ‖ El cargo ó dignidad del decurion.

**Decuriatus, a, um.** *Liv.* Distribuido en decurias.

**Decurio, as, avi, atum, are.** *a. Cic.* Dividir, distribuir por decurias.

**Decurio, ōnis.** *m. Cic.* Decurion, cabo, superior ó gefe de diez soldados. ‖ El gobernador en las colonias y municipios romanos á semejanza de los cónsules ó senadores en Roma.

**Decuriōnātus, us.** *m. Cat. V. Decuriatus, us.*

**Decurro, is, curri, ó cucurri, cursum, rēre.** *a. Ces.*

Bajar corriendo. ‖ Correr hácia abajo. ‖ Correr con mucha ligereza. ‖ Recurrir, tener recurso. *Decurrere exercitum. Liv.* Hacer el ejercicio un ejército, ejercitarse con fingidos encuentros para estar mas ágiles contra el enemigo. *Inceptum laborem decurrere. Virg.* Proseguir el trabajo empezado.—*Vitam. Fedr.* Pasar la vida. *A montibus in planitiem decurrit. Plin.* Corre, se estiende, llega desde los montes á una llanura.

Dĕcursio, ōnis. f. *Arnob.* El acto de bajar corriendo. ‖ Incursion, correría, entrada en la tierra enemiga. ‖ *Suet.* El ejercicio militar para habilitar la tropa.

Dĕcursōrium, ii. n. Plaza para justas y torneos.

Dĕcursus, us. m. *Liv. V.* Decursio, *Decursus honorum. Cic.* El curso, la carrera de los honores, la sucesiva progresion de los empleos, el fin de esta carrera.

Dĕcursus, a, um. *Cic.* Corrido, andado, terminado. ‖ Perfecto, concluido. *Decursum vitae spatium. Cic.* El tiempo de la vida pasada.

Dĕcurtātus, a, um. *Plin.* Cortado. *part. de*

Dĕcurto, ās, āvi, ātum, āre. a. *Plin.* Cortar, dividir. ‖ Acortar, abreviar.

Dĕcurvātus, a, um. *Non.* Encorvado.

Dĕcus, ŏris. n. *Cic.* Honra, ornamento, decoro, gloria, esplendor, lustre, grandeza, dignidad, alabanza, reputacion.

Dĕcussātim. adv. *Vitruv.* En figura de aspa ó de la letra X.

Dĕcussātio, ōnis. f. *Vitruv.* El acto de poner en figura de aspa, ó el punto donde se cortan las dos líneas que la forman.

Dĕcussātus, a, um. *part. de* Decusso. *Col.* Puesto ó formado en figura de aspa ó de cruz.

Dĕcussi. *pret. de* Decutio.

Dĕcussio, ōnis. f. *Tert.* La accion de cortar, amputacion.

Dĕcussis, is. m. *Varr.* Moneda con la figura de un aspa, que valia diez ases. ‖ El número diez. ‖ *Vitruv.* La formacion de dos líneas en figura de aspa.

Dĕcussissexis. n. *indecl. Vitruv.* Diez y seis ases.

Dĕcusso, ās, āvi, ātum, āre. a. *Cic.* Cruzar, poner en figura de aspa.

Dĕcussus, us. m. *Plin.* El acto de derribar á golpes.

Dĕcussus, a, um. *Liv.* Derribado, abatido á golpes.

Dĕcutio, is, cussi, cussum, ĕre. a. *Liv.* Abatir, derribar á golpes, sacudiendo. *Decutere caput ense. Ov.* Derribar la cabeza de una cuchillada. *Decussi muri ariete. Liv.* Murallas derribadas con el ariete.

Dēdamno, ās, āvi, ātum, āre. a. *Tert.* Absolver, eximir de la condenacion, de la pena.

Dĕdĕcet, dĕdĕcuit, cēre. imp. *Cic.* No ser decente, honesto, decoroso, conveniente, correspondiente, no estar, no decir bien.

Dĕdĕcor, ŏris. com. *Salust. V.* Dedecus.

Dĕdĕcŏrātio, ōnis. f. *Tert. V.* Dedecus.

Dĕdĕcŏrātor, ōris. m. *Tert.* Deshonrador, el que deshonra, afrenta, injuria, agravia.

Dĕdĕcŏrātus, a, um. *Suet.* Deshonrado, afrentado, injuriado, infame.

Dĕdĕcŏro, ās, āvi, ātum, āre. a. *Cic.* Deshonrar, afrentar, injuriar, infamar.

Dĕdĕcŏrōse. adv. *Aur. Vict.* Deshonrada, torpe, infamemente.

Dĕdĕcŏrōsus, a, um. *Aur. Vict.* y

Dĕdĕcŏrus, a, um. *Tac.* Deshonrado, deshonroso, afrentoso, indecoroso, infame, feo.

Dĕdĕcus, ŏris. n. *Cic.* Deshonor, deshonra, infamia, torpeza, ignomia, oprobio, afrenta.

Dĕdi. *pret. de* Do, as.

Dĕdĭcātio, ōnis. f. *Cic.* Dedicacion, el acto de dedicar ó consagrar.

Dĕdĭcātīve. adv. *Marc. Cap.* Afirmativamente.

Dĕdĭcātīvus, a, um. *Apul.* Afirmativo.

Dĕdĭcātor, ōris. m. *Ter.* Dedicador, el que dedica ó consagra.

Dĕdĭcātus, a, um. *Cic.* Dedicado, consagrado. *part. de*

Dĕdĭco, ās, āvi, ātum, āre. a. *Cic.* Dedicar, aplicar, destinar, consagrar alguna cosa á Dios ó á los dioses de la gentilidad. *Dedicare librum honori et meritis alicujus. Fedr.* Dedicar un libro á alguno.—*Aliquem. Vitruv.* Divinizar á uno, hacerle dios.—*Aliquid libris. Quint.* Consagrar alguna cosa en los libros, á la memoria de la posteridad.—*In censum.—In censu. Cic.* Dar un estado, una nota de su hacienda al Censor. *Naturam dedicat ejus. Lucr.* Manifiesta su naturaleza.

Dĕdĭdi. *pret. de* Dedo.

Dĕdĭdĭci. *pret. de* Dedisco.

Dĕdignātio, ōnis. f. *Quint.* El desden, menosprecio, el acto de hacerle ó manifestarle.

Dĕdignor, āris, ātus sum, āri. dep. *Virg.* Dedignar, despreciar, desestimar, dedignarse, desdeñarse de hacer ó admitir alguna cosa.

Dĕdisco, is, dĕdĭdĭci, scĕre. a. *Cic.* Desaprender, olvidar lo que se ha sabido.

Dĕdĭtio, ōnis. f. *Liv.* La rendicion, el acto de rendir ó entregarse á sí ó á otra cosa. *Deditionem facere ad hostem. Quint.—Hosti. Liv.* Entregarse al enemigo.—*Mittere. Flor.* Enviar los artículos de la capitulacion para rendirse. *In deditionem accipere. Caes.* Recibir á capitulacion.

Dĕdĭtĭtius, y Dediticius, a, um. *Cic.* Rendido, entregado, sujeto al poder de otro. ‖ *Dig.* El libertino castigado por justicia, ó marcado despues de la pena, *los cuales, si eran manumitidos, se llamaban tambien* Deditititii.

Dĕdĭtus, a, um. *Cic.* Dado, entregado. *part. de*

Dĕdo, is, dĭdi, dĭtum, dĕre. a. *Caes.* Dar, entregar, rendir. *Dedere se hostibus. Cic.* ó *in ditionem hostium. Plaut.* Rendirse, entregarse á los enemigos, ponerse en sus manos.—*Se totum alicui. Cic.* Entregarse absolutamente á la disposicion de alguno.—*Manus. Lucr.* Rendirse, entregarse.—*Se litteris. Cic.* Darse, entregarse á los estudios.—*Se ad scribendum. Cic.* Dedicarse á escribir. *Dedita opera. Ter.* De propósito, de industria, con designio premeditado.

Dĕdŏceo, ēs, cui, doctum, ēre. a. *Cic.* Desenseñar, hacer olvidar aquello que se habia ya enseñado, para enseñar mejor.

Dĕdŏlātus, a, um. *Colum.* Dolado, acepillado, pulido. ‖ Bruñido.

Dĕdŏleo, ēs, lui, lĭtum, ēre. n. *Ov.* Cesar de afligirse, de sentir, de apesadumbrarse.

Dĕdŏlo, ās, āvi, ātum, āre. a. *Col.* Dolar, alisar, allanar, acepillar, pulir.

Dēduco, is, xi, ctum, cĕre. a. *Caes.* Traer, sacar, conducir de alto á abajo. ‖ Traer, conducir, llevar. ‖ Acompañar, cortejar, hacer á uno corte, acompañándole. ‖ Disminuir, quitar, sustraer. ‖ Diferir, dilatar, prolongar. ‖ Espeler, privar, echar, despojar. ‖ Inducir. *Deducere vela. Ov.* Aparejar las velas.—*Cibum. Ter.* Acortar la comida.—*Fila. Plin.* Hilar.—*In jus. Cic.* Hacer comparecer en juicio.—*De sententia. Cic.* Apartar á uno de su parecer. *Rem huc deduxi ut. Cic.* Puse la cosa en estado que ó de que, la reduje á tales términos que, á términos de que *Deducere vocem. Pomp.* Adelgazar la voz, fingiéndola.

Dēducta, ae. f. *Cic.* y

Dēductio, ōnis. f. *Cic.* Deduccion, descuento, rebaja. ‖ Espulsion. ‖ Derivacion, orígen. ‖ Trasporte.

Dēductor, ōris. m. *Cic.* El que acompaña á otro por cortejo ú obsequio.

Dēductōrium, ii. n. *Palad.* El canal ó conducto.

Dēductōrius, a, um. *Cael. Aur.* Propio para traer, llevar ó sacar.

Dēductus, us. m. *Cic.* Deduccion, derivacion. *Se dice propiamente de las aguas.*

Dēductus, a, um. *part. de* Deduco. *Cic.* Sacado, traido de alto á abajo. ‖ Deducido. ‖ Traido, conducido. ‖ Llevado, trasportado. ‖ Sacado, derivado. ‖ Hecho, compuesto, trabajado. ‖ Sutil, delgado. ‖ Tenue, humilde, bajo (*hablando del estilo*).

Deerro, ās, āvi, ātum, āre. n. *Quint.* Estraviarse, perderse, vagar, andar errante. ‖ Apartarse, desviarse. *Sors deerrabat ad parum idoneos. Tac.* La suerte caia en sugetos poco hábiles.

Defaecabĭlis. *m. f. lĕ. n. is. Sid.* Que se puede limpiar.
Defaecatio, ōnis. *f. Tert.* El acto de limpiar y quitar las heces.
Defaecātus, a, um. *Colum.* Limpio de las heces. ‖ *Plaut.* Lavado, limpio. *Defaecato animo. Plaut.* Con ánimo tranquilo, sereno, libre de temor.
Defaeco, ās, āvi, ātum, āre. *a. Plin.* Purgar, limpiar, quitar las heces.
Defalco, ās, āvi, ātum, āre. *a. Col.* Cortar con la hoz. ‖ Quitar, desfalcar, rebajar, deducir.
Defāmātus, a, um, tior, tissĭmus. *Gel.* Disfamado, desacreditado, sin honra, sin fama, sin crédito.
Defānātus, a, um. *Arn.* Profanado.
Defārīnātus, a, um. *Tert.* Hecho harina.
Defatīgatio, ōnis. *f. Cic.* Fatiga, cansancio, lasitud.
Defatīgātus, a, um. *Cic.* Cansado, fatigado. *part. de*
Defatīgo, ās, āvi, ātum, āre. *a. Ces.* Fatigar, cansar, dar, causar cansancio.
Defatiscens, tis. *com. Plin.* Lo que se abre ó raja de suyo.
Defectio, ōnis. *f. Cic.* Defecto, falta. *Defectio solis, aut lunae. Cic.* Eclipse de sol ó de luna.— *Animae. Cels.* Falta del espíritu, de la vida, del alma.— *Animi. Cic.* Falta de valor. *Subita defectio Pompeii. Cic.* El haberme abandonado Pompeyo de repente. *Admaturare defectionem. Ces.* Apresurar una sublevacion, levantamiento, conjuracion.
Defectīvus, a, um. *Tert.* Defectivo, defectuoso, imperfecto, falto, diminuto. *Defectiva verba, ó nomina.* Verbos ó nombres defectivos entre los gramáticos ó los que carecen de algunos modos, personas, tiempos ó casos.
Defector, ōris. *m. Tac.* Rebelde, desertor.
Defectrix, īcis. *f. Tert.* La que desfallece.
Defectus, us. *m. Plin.* Defecto, falta. ‖ Flaqueza, desfallecimiento, debilidad, languidez, abatimiento. ‖ *Curc.* Desercion, rebelion, sublevacion, levantamiento.
Defectus, a, um. *part. de* Deficio. *Cic.* Falto, desproveido, destituido. ‖ Descaecido, desfallecido.
Defendo, is, di, sum, dĕre. *a. Cic.* Defender, preservar, librar de. ‖ Mantener, conservar, sostener el dictamen. ‖ Alegar, abogar. ‖ Procurar, cuidar, empeñarse en. *Senium defendere famae. Estac.* Estorbar la senectud de la fama, preservarla de que perezca. *Faunus defendit aestatem capellis. Hor.* Fauno defiende las cabras del estío.
Defēnĕrātus, a, um. *Apul.* Agoviado ú oprimido de usuras.
Defēnĕro, ās, āvi, ātum, āre. *a. Cic.* Consumir con usuras el caudal de otro.
† Defensa, ae. *f. Tert.* La defensa y la venganza.
Defensio, ōnis. *f. Cic.* Defensa, amparo, proteccion, alivio, reparo, resguardo. ‖ Justificacion de un delito.— *Demosthenis. Plin.* La oracion de Demóstenes en su defensa.— *Mortis. Ulp.* Venganza de la muerte.
Defensīto, as, āvi, ātum, āre. *a. freq. de* Defendo. *Cic.* Defender frecuentemente, á menudo.
Defenso, ās, āvi, ātum, āre. *a. freq. de* Defendo. *Salust.* Defender.
Defensor, ōris. *m. Cic.* Defensor, la persona que libra, preserva, defiende, ampara, protege. ‖ *Cic.* Abogado. ‖ *Ces.* Estacada, empalizada.
Defensōrius, a, um. *Tert.* Defensivo, lo que pertenece á reparo, resguardo, defensa.
Defensatrix, īcis. *f. Ulp.* La defensora.
Defensus, a, um. *Cic. part. de* Defendo.
Deferbeo, ēs, bui, ēre. *V.* Deferveo.
Defero, fers, tŭli, lātum, ferre. *a. Liv.* Llevar de alto abajo. ‖ Llevar, traer, conducir, trasportar. ‖ Producir, exhibir, ofrecer, manifestar. ‖ Referir, contar. *Deferre primas alicui. Cic.* Dar el primer lugar á alguno. *Aliquid cuipiam loco beneficii. Cic.* Dar á uno una cosa por hacerle favor, por obligarle.— *In errorem. Cic.* Inducir á uno, meterle en un error.— *Nomen alicujus. Cic.* Acusar á alguno.— *Se. Ulp.* Delatarse.— *Rationes. Varr.* Presentar las cuentas. *Deferri in terram. Varr.* Inclinarse, caer en tierra. *Defertur quanti hoc? Sen.* ¿Cuánto vale, cuánto cuesta esto? ¿Qué se pide, cuánto se pide por esto? ¿En cuánto se vende?

Defervefacio, is, fēci, factum, cĕre. *a. Cat.* Hacer hervir ó cocer.
Defervefactus, a, um. *Vitruv.* Bien cocido ó hervido.
Deferveo, ēs, bui, ó vui, ēre. *n. Cic.* y
Defervesco, is, bui, ó vui, vi, scĕre. *n. Colum.* Dejar de cocer, de hervir. ‖ Sosegarse, moderarse, apagarse, resfriarse. *Defervuit mare. Gel.* El mar se ha sosegado, ha calmado. *Deferouere hominum studia. Cic.* Se pasaron, se han apagado, resfriado, han calmado los deseos, la aplicacion y el zelo de los hombres. *Defervuit adolescentia. Tert.* Ha perdido la juventud sus hervores, sus fervores.
Defessus, a, um. *Cic.* Cansado, fatigado, laso.
Defetiscentia, ae. *f. Tert.* Fatiga, cansancio, lasitud.
Defetiscor, ĕris, fessus sum, sci. *dep. Ter.* Cansarse, fatigarse, desfallecer de cansado.
Deficio, is, fēci, factum, fĭcĕre. *a. Cic.* Faltar, tener falta, necesidad. ‖ Desfallecer, perder las fuerzas. ‖ Rematar, terminar, acabar. ‖ Dejar, abandonar, desamparar. ‖ Rebelarse, sublevarse. ‖ Morir, espirar. *Deficere in mucronem. Plin.* Rematar, acabar en punta. *Deficit hoc mihi. Ces.* Me falta esto.— *Illum prudentia. Cic.* Le falta prudencia.— *Sol. Cic.* El sol se eclipsa.— *Me animus. Cic.* Desfallezco, me falta el valor, el ánimo. *Mulier abundat audacia, consilio, et ratione deficitur. Cic.* Tiene la muger mucho atrevimiento, y es muy escasa de razon y prudencia. *Deficere legibus. Liv.* Faltar á las leyes, no guardarlas, no observarlas.
Defigo, is, xi, xum, gĕre. *a. Cic.* Plantar, hincar, clavar, meter dentro de la tierra ó de otra cosa, fijar. ‖ Pasmar, sobrecoger, sorprender. *Defigere res suas. Cic.* Establecer sus cosas, sus negocios, su casa. *Culpam. Pers.* Reprender una culpa.— *Aliquem. Estac.*— *Oculos in aliquem. Tac.* Clavar los ojos en alguno, mirarle con mucha atencion.— *Oculos. Tac.* Convertir á sí la atencion, los ojos de todos.
Defindo, is, ĭdi, issum, ĕre. *a. En. V.* Findo.
Defingo, is, finxi, fictum, ngĕre. *a. Cat.* Diseñar, trazar, delinear, figurar, formar. *Defingit caput Rheni. Hor.* Describe en verso el orígen del Rin.
Definio, is, īvi, ītum, īre. *a. Cic.* Definir, determinar, resolver, establecer. ‖ Terminar, limitar, establecer límites ó términos. ‖ Prescribir, señalar, arreglar. ‖ Esplicar, definir, describir. ‖ Acabar, dar fin. *Definire aliquem. Apul.* Dar muerte á alguno.— *Consulatum in annos. Ces.* Señalar, tratar del consulado para los años siguientes.
Definīte. *adv. Cic.* Definitivamente, de un modo definitivo, determinado, distinta, manifiesta, positiva, espresamente, en términos formales.
Definītio, ōnis. *f. Cic.* Definicion, esplicacion breve, clara, precisa de la naturaleza y propiedades de una cosa. ‖ Decision, determinacion.
Definitīve. *adv. Ter. V.* Definite.
Definitīvus, a, um. *Ter.* Definitivo, perteneciente á la definicion. ‖ Decisivo, resolutorio y ultimado.
Definītor, ōris. *m. Tert.* Definidor, el que define, decide ó determina alguna cosa.
Definītus, a, um. *part. de* Definio. *Cic.* Definido, determinado, señalado.
Definxi. *pret. de* Defingo.
Defiŏcŭlus, i. *m. Marc.* Tuerto, aquel á quien le falta un ojo.
Defit, defĭĕri. *defect. Ter.* Faltar, tener falta ó necesidad, no tener. *Defieri nihil apud me tibi patiar. Ter.* No permitiré que te falte cosa alguna en mi casa. *Defiat ut dies. Plaut.* Para que se pase, se nos vaya el dia.
Defixus, a, um. *Cic. part. de* Defigo. *Defixus altis radicibus. Cic.* Profundamente arraigado, que tiene, que ha echado profundas, hondas raices.— *In cogitatione. Cic.* Fijo, atento con el pensamiento.— *Lumina vultu moesto. Virg.* Clavados los ojos con semblante triste.— *Pavore. Tac.* Inmóvil, y como pasmado de temor.
Deflagrātio, ōnis. *f. Cic.* Incendio, conflagracion.
Deflagrātus, a, um. *Cic. part. de*
Deflagro, ās, āvi, ātum, āre. *n. Cic.* Arder, abrasar-

se, consumirse al fuego. ‖ Sosegarse, apaciguarse. *Deflagrat ira. Liv.* La ira se mitiga, se modera, se sosiega, calma. *Deflagrante seditione. Tac.* Sosegándose, apaciguándose la sedicion.

Dēflammo, ās, āvi, ātum, āre. *a. Apul.* Apagar la llama, el fuego.

Dēflātus, a, um. *Varr.* Echado ó arrojado soplando.

Dēflecto, is, flexi, flexum, těre. *a. Col.* Doblar, doblegar, encorvar. ‖ Volver hácia alguna parte. ‖ Apartarse, desviarse, torcer el camino. ‖ Convertir, reducir, atraer. *Deflexit mox, ó consuetudo de via, de curriculo, de cursu, de spatio. Cic.* Ya no hay, se ha perdido, olvidado esta costumbre, no está en uso, no se usa. *Deflectere oculos ab aliqua re. Val. Flac.* Apartar los ojos de alguna cosa.— *Virtutes in vitia. Suet.* Convertir en vicios las virtudes.— *Factum in alium. Quint.* Echar la culpa de un hecho á otro.

Dēfleo, ēs, flēvi, flētum ēre. *a. Cic.* Llorar, lamentarse con lágrimas.

Dēflētio, ōnis. *f. Juv.* Llanto, lloro.

Dēflētus, a, um. *part. de* Defleo. *Cic.* Llorado, lamentado.

Dēflexio, ōnis. *f. Macrob.* y

Dēflexus, us. *m. Colum.* La encorvadura, la accion de doblar ó torcer. *Proximo deflexu. Val. Max.* Con poca mutacion.

Dēflexus, a, um. *Cic.* Torcido, encorvado. *part. de* Deflecto.

Dēflo, ās, āvi, ātum, āre. *a. Plin.* Soplar contra, echar, apartar soplando.

Dēfloccātus, a, um. *Plaut. part. de*

Dēflocco, ās, āvi, ātum, āre. *a. Plaut.* Gastar, consumir. *Dícese de los vestidos que se traen hasta que se les cae el pelo y de las personas calvas.*

Dēflōrātio, ōnis. *f. Tert.* Desfloramiento, la accion de ajar ó quitar las flores de una y otra parte.

Dēflōrātus, a, um. *Quint.* Desflorado, ajada la flor.

Dēfloreo, ēs, rui, ēre. *n. Col.* y

Dēfloresco, is, rui, scěre. *n. Col.* Marchitarse, ajarse, desflorarse, perder la flor. ‖ Descaecer, perder su lustre, su vigor.

Dēfloro, ās, āvi, ātum, āre. *a. Gel.* Desflorar, coger, quitar, ajar, marchitar la flor, la gracia, belleza, el lustre de alguna cosa.

Dēfluo, is, fluxi, fluxum, ěre. *n. Salust.* Correr de alto abajo. ‖ Caer. ‖ Dejar de correr. ‖ Pasar, cesar de ser. *Defluere ab antiquis. Quint.* Apartarse de los antiguos.— *Luxu, et inertia. Cic.* Abandonarse al lujo y á la ociosidad.— *Ad, ó in terram. Liv.* Caer en, á, ó por tierra.— *E Sophistarum fontibus in forum. Cic.* Salir, pasar de la escuela de los sofistas al foro. *Defluxit ubi salutatio. Cic.* Luego que se acabaron las visitas.

Dēflŭvium, ii. *n. Plin.* La caida. ‖ La corriente ó fluxion. *Defluvia capitis, ó capillorum. Plin.* El caerse el pelo.— *Fontanea. Solin.* La corriente ó caida de las aguas de las fuentes.

Dēfluus, a, um. *Estac.* Que cae ó corre, hablando de las aguas. *Deflua caesaries. Prud.* El cabello largo.

Dēfluxio, ōnis. *f. Cel. Aur.* y

Dēfluxus, us. *m. Apul.* Deflujo, fluxion, corriente. ‖ Influjo.

Dēfŏdio, is, fŏdi, fossum, děre. *a. Colum.* Cavar. ‖ *Liv.* Cubrir con tierra, soterrar, enterrar. ‖ *Plin.* Plantar.

Deformītātum lignum. *Fest.* Árbol quemado ó perdido por el mismo fomento que le habia de sanar.

Dēfŏre. *Cic. en lugar de* Defuturum esse. Lo que faltará ó ha de faltar.

Dēfŏris. *adv. Bibl.* De fuera, por fuera.

Dēforma exta. *n. plur. Fest.* Las entrañas de la víctima calientes.

Dēformātio, ōnis. *f. Vitruv.* Descripcion, delineacion, diseño, modelo, forma. ‖ Deformacion, alteracion, destruccion, el acto de desfigurar ó afear.

Dēformātus, a, um. *part. de* Deformo.

Dēformis. m. f. mě. n. is. *Cic.* Deforme, desfigurado, feo. ‖ Torpe, vergonzoso. *Deforme nomen. Quint.* Nombre, voz tosca, de sonido áspero, grosero.

Dēformĭtas, ātis. *f. Cic.* Deformidad, fealdad, deshonor, infamia, torpeza, ignominia.

Dēformĭter. *adv. m. Quint.* Con deformidad, desagradable, torpe, vergonzosamente.

Dēformo, ās, āvi, ātum, āre. *a. Vitruv.* Figurar, diseñar, delinear, trazar. ‖ Adornar, hermosear. ‖ Afear, deformar, desfigurar. ‖ Deshonrar.

Dēformōsus, a, um. *Sid. V.* Deformis.

Dēfossus, us. *m. Plin.* La escavacion, ó la escava. ‖ Poza, foso.

Dēfossus, a, um. *part. de* Defodio. *Virg.* Cavado, escavado. ‖ *Cic.* Soterrado, enterrado. ‖ *Plin.* Plantado.

Dēfractus, a, um. *Plaut.* Quebrado, roto, hecho pedazos.

Dēfraudātio, ōnis. *f. Tert.* Defraudacion.

Dēfraudātor, ōris. *m. Sen.* y

Dēfraudātrix, icis. *f. Tert.* Defraudador, defraudadora, el ó la que defrauda ó usurpa.

Dēfraudātus, a, um. *Paul. Nol.* Defraudado. *part. de*

Dēfraudo, ās, āvi, ātum, āre. *a. Cic.* Defraudar, usurpar, quitar, privar á otro con fraude de lo que es suyo. *Defraudare aliquem aliquid. Plaut.— Re aliqua. Ter.* Defraudar á alguno en alguna cosa.— *Se fructu victoriae suae. Liv.* Privarse del fruto de su victoria.— *Se victu suo. Liv.* Quitarse de la voca el sustento.— *Genium suum. Ter.* Privarse de los placeres.

Dēfrěmo, is, mui, ěre. *n. Sid.* Cesar de hacer ruido.

Dēfrēnātus, y Defraenatus, a, um. *Ov.* Desenfrenado, sin freno.

Dēfrĭcāte. *adv. m. Non.* Graciosa, salada, satíricamente.

Dēfrĭcātus, a, um. *Col.* Fregado, limpio.

Dēfrĭco, as, cui, frictum, cāre. *a. Colum.* Fregar, frotar mucho, limpiar. *Defricare sale multo urbem. Hor.* Satirizar, criticar, censurar, reprender con mucha sal y gracia los defectos, las costumbres de una ciudad.

Defrictus, a, um. *Col. part. de* Defrico. *V.* Defricatus.

Dēfrīgeo, ēs, xi, gēre. *n. Cic.* y

Dēfrīgesco, is, frixi, scěre. *n. Col.* Enfriarse, ponerse frio.

Dēfringo, is, frēgi, fractum, fringěre. *a. Cic.* Quebrar, romper, arrancar.

Dēfrūdo, ās, āre. *Ter. en lugar de* Defraudo.

Dēfrugo, ās, āvi, ātum, āre. *a. Plin.* Apurar todo el fruto, y asi perderle.

Defruor, ěris, frui. *dep. Fest.* Percibir todo el fruto.

Dēfrustātus, a, um. *Am. part. de*

Dēfrusto, ās, āvi, ātum, āre. *a. Am.* Partir, dividir en pedazos.

Dēfrŭtārius, a, um. *Col.* Perteneciente al vino cocido.

Dēfrŭto, ās, āvi, ātum, āre. *a. Col.* Hacer vino, cocer el mosto.

Dēfrŭtum, i. *n. Col.* Vino cocido, espeso.

Dēfūdi. *pret. de* Defundo.

Dēfūga, ae. *m. Prud.* Desertor.

Dēfŭgio, is, fūgi, fŭgĭtum, gěre. *a. Cic.* Huir, escapar. ‖ Evitar, rehusar. *Defugere auctoritatem alicujus. Ter.* Rehusar obedecer á alguno.— *Auctoritatem alicujus rei. Cic.* Desaprobar una cosa.

Dēfūgo, ās, āvi, ātum, āre. *V.* Fugo.

Dēfulgŭro, ās, āvi, ātum, āre. *Aus. V.* Fulguro.

Dēfunctōrie. *adv. Sen.* De un modo perfunctorio, ligeramente.

Dēfunctōrius, a, um. *Petron.* Perfunctorio, leve, ligero.

Dēfunctus, a, um. *part. de* Defungor. *Cic.* El que ha cumplido con lo que debia, el que lo ha concluido. ‖ Libre. ‖ Difunto, muerto. *Defuncta civitate perpaucis funeribus. Liv.* Libre la ciudad (de la peste) con la muerte de muy pocos. *Defunctus regis imperio. Liv.* Habiendo ejecutado la orden del rey.— *Morbo. Liv.* El que ha pasado una enfermedad, ha salido de ella.

† Dēfunctus, us. *m. Tert.* La muerte.

Dēfundo, is, fūdi, fūsum, děre. *a. Col.* Echar de una cosa en otra, vaciar de un vaso en otro.

Dēfungor, ěris, defunctus sum, gi. *dep. Liv.* Acabar, hacer, cumplir con lo que se debe, salir, llegar al cabo de la obligacion, trabajo ó peligro. *Defungi cura. Cic.* Salir, libertarse, desembarazarse del cuidado.— *Poena.*

**Liv.** Ser castigado.— *Tribus decimis pro una. Cic.* Pagar tres diezmos por uno.

**Defūsus**, a, um. *Val. Max.* Derramado, echado de una cosa en otra. *part. de* Defundo.

**Degĕner**, ĕris. *com. Sen.* Degenerante, que degenera de su principio. ǁ Vil, torpe.

**Degĕnĕro**, as, āvi, ātum, āre. *a. Cic.* Degenerar, bastardear, decaer, apartarse á una condicion inferior de la primitiva. *Degenerare ab aliquo. Cic.* Degenerar, no parecerse, no corresponder á la nobleza de otro.— *Propinquos. Prop.* Degenerar de sus parientes.— *Famae. Ov.* Degenerar de la fama, del crédito y reputacion adquirida.

**Degĕro**, is, gessi, gestum, rĕre. *a. Plaut.* Llevar de ó desde, transportar. ǁ Hacer. *Degerere bellum. Lucr.* Hacer la guerra.

**Degi.** *pret. de* Dego.

**Deglabrātus**, a, um. *Lact. part. de*

**Deglabro**, ās, āvi, ātum, āre. *a. Paul.* Pelar, mondar, quitar el pelo ó la corteza.

**Deglūbo**, is, psi, ptum, ĕre. *a. Varr.* Pelar, trasquilar, mondar, descortezar. ǁ *Suet.* Desollar, quitar la piel.

**Degluptus**, a, um. *Plaut.* Desollado, quitado el pellejo.

**Deglūtĭno**, ās, āvi, ātum, āre. *a. Plin.* Disolver, desatar, desleir lo que está espeso, trabado, congelado.

**Deglūtĭo**, is, īvi, ītum, īre. *a. Avit.* Engullir, devorar, tragar con ansia ó con gula.

**Dego**, is, gi, ĕre. *a. Cic.* Pasar la vida, vivir, subsistir. ǁ Habitar, morar. *Degere vitam, aetatem. Cic.* Vivir, pasar la vida. *Bellum. Liv.* Hacer la guerra. *Sine queis vita degi non potest. Plin.* Sin las que no se puede vivir, pasar la vida.

**Degrădo**, as, āvi, ātum, āre. *a. Cod.* Degradar, privar, deponer á alguno de sus honras y dignidades por sus delitos.

**Degrandĭnat.** *imp. Ov.* Graniza terriblemente, hay una fiera tempestad.

**Degrassor**, āris, ātus sum, āri. *dep. Estac.* Ultrajar, maltratar, atormentar. *Degrassari diversum. Apul.* Llover encima, caer encima como cuando llueve.

**Degrăvātus**, a, um. *Fedr. part. de*

**Degrăvo**, ās, āvi, ātum, āre. *a. Liv.* Cansar, agravar, oprimir, agoviar. *Aetas illum degravat. Sen.* La edad le agovia.

**Degrĕdior**, ĕris, gressus sum, di. *dep. Liv.* Bajar, ir, andar hácia abajo. *Qua triduo ascenderat, biduo est degressus. Liv.* Bajó en dos dias por donde habia tardado tres en subir. *Ad pedes degresso equite. Liv.* Desmontada la caballería. *Degredi palatio. Tac.* Bajar del palacio.

**Degressĭo**, ōnis. *f.* El acto de bajar. ǁ *Cic.* Figura retórica. *V.* Digressio.

**Degressus**, a, um. *Liv. part. de* Degredior.

**Degrŭmor**, āris, ātus ăsum, ri. *dep. En.* Dirigir, guiar por derecho.

**Degŭlātor**, ōris. *m. Apul.* El goloso.

† **Degŭlo**, ās, āre. *a. Non.* Dar á la gula.

**Degustātĭo**, ōnis. *f. Ulp.* La cata ó catadura, probadura, gustadura, la accion de catar, probar ó gustar alguna cosa.

**Degustātus**, a, um. *Ulp. part. de*

**Degusto**, ās, āvi, ātum, āre. *a. Ov.* Catar, probar, gustar. *Degustare aliquem. Cic.* Sondar ó sondear, examinar, probar á un sugeto. *Lancea degustat vulnere corpus. Virg.* La lanza le hiere ligeramente.

**Dehăbĕo**, ēs, bui, bĭtum, bēre. *a. S. Ger.* Tener menos, carecer.

**Dehăurio**, is, si, stum, rīre. *a. Cat.* Sacar, agotar, estraer.

**Dehaustus**, a, um. *Tert.* Sacado, estraido, exhausto. *part. de* Dehaurio.

**Dehinc.** *adv. Ter.* Desde aqui, de aqui adelante, en adelante, despues.

**Dehisco**, is, ĕre. *n. Virg.* Abrirse, henderse. *Dehiscere in aliquem. Cic.* Declamar, desfogar contra alguno.

**Dehonestamentum**, i. *n. Tac.* Deshonor, torpeza, ignominia, infamia. ǁ *Gel.* Deformidad, fealdad que desfigura y afea.

**Dehonestātĭo**, ōnis. *f. Tert. V.* Dehonestamentum.

**Dehŏnestātus**, a, um. *Arn. part. de*

**Dehŏnesto**, ās, āvi, ātum, āre. *a. Tac.* Deshonrar, disfamar, desacreditar. ǁ Desfigurar, afear.

**Dehonestus**, a, um. *Gel.* y

**Dehŏnōrārius**, a, um. *Tert.* Vil, bajo, sin honra.

**Dehŏnōrātus**, a, um. *Ores.* Deshonrado.

**Dehortātĭo**, ōnis. *f. Tert.* Disuasion.

**Dehortātīvus**, a, um. *Prisc.* y

**Dehortātōrius**, a, um. *Tert.* Disuasivo, propio para disuadir ó desaconsejar.

**Dehortor**, āris, ātus sum, āri. *dep. Cic.* Desaconsejar, disuadir. *Dehortari aliquem ab aliqua re. Cic.* Disuadir á alguno alguna cosa. *Multa me dehortantur á vobis. Sal.* Muchas cosas me apartan, me quitan la voluntad de defenderos.

**Deianīra**, ae. *f. Ov.* Deyanira, hija de Oeneo, rey de Etolia, muger de Hércules, de cuya muerte fue ella la causa, enviándole el vestido del centauro Neso, á quien habia muerto Hércules. Este vestido estaba emponzoñado de manera con la sangre del centauro, que al punto que se le vistió Hércules, sintió tales tormentos, que se echó furioso en una hoguera. Deyanira oyendo este suceso se dió muerte con la clava de Hércules.

**Deidamia**, ae. *f. Prop.* Deidamia, hija de Licomedes, rey de la isla de Esciro, en la cual tuvo Aquiles á su hijo Pirro.

**Deifĭcus**, a, um. *Tert.* El ó lo que hace dioses. ǁ Deifico, divino, perteneciente á Dios.

**Dein.** *adv. Cic.* Despues, luego, luego despues.

**Deinceps.** *adv. Cic.* Despues, sucesiva, consiguientemente, en adelante.

**Deinde.** *adv. Cic.* Despues, en adelante.

**Deinsŭper.** *adv. Salust.* Desde arriba, de arriba.

**Deintĕgro.** *adv. Cic.* De nuevo.

**Deintĕgro**, ās, āvi, ātum, āre. *a. Cecil.* Corromper, desfigurar, deshonrar, disfamar. ǁ Disminuir.

**Deintus.** *adv. Bibl.* De, desde dentro, dentro, por dentro.

**Deipăra**, ae. *f. Cod. Just.* La que pare ó da á luz á Dios, lo cual conviene á la Virgen María.

**Deiphĭle**, es. *f. Plin.* Deifilo, hija del rey Adrasto, muger de Tideo, madre de Diomedes.

**Deiphŏbe**, es. *f. Virg.* Deifobe, hija de Glauco, vulgarmente la Sibila cumana.

**Deiphŏbus**, i. *m. Virg.* Deifobo, hijo de Priamo y de Ecuba, muerto cruelmente por los griegos por traicion de Elena.

**Deītas**, ātis. *f. S. Ag.* Deidad, divinidad, ser divino.

**Dejĕci.** *pret. de* Dejicio.

**Dejecte.** *adv. Tert.* Humilde, baja, abatidamente.

**Dejectĭo**, ōnis. *f. Cic.* El acto de echar, de arrojar con violencia: empellon, empujon, la accion de derribar. *Dejectio animi. Sen.* Abatimiento del ánimo. *Dejectio, ó dejectio alvi. Cels.* La correncia.

**Dejectiuncŭla**, ae. *f. Escrib.* Leve caida ó bajada.

**Dejecto**, ās, āre. *a. Gel. freq. de* Dejicio.

**Dejector**, ōris. *m. Ulp.* El que derriba ó deja caer, el que arroja ó tira.

**Dejectus**, us. *m. Liv.* La caida ó bajada. ǁ *Ces.* La pendiente ó declivio.

**Dejectus**, a, um. *Cic. part. de* Dejicio. Arrojado, echado, derribado.

**Dejērātĭo**, ōnis. *f. Tert.* El juramento.

**Dejēro**, ās, āvi, ātum, āre. *a. Ter.* Jurar, protestar, asegurar con juramento.

**Dejicio**, is, jēci, jectum, jĭcĕre. *a. Cic.* Arrojar, echar abajo, derribar. ǁ Postrar, abatir, matar. ǁ Echar, apartar, separar, retirar con violencia. *Dejicere avem. Virg.* Derribar muerta una ave.— *Aliquem equo. Liv.* Echar, derribar á uno del caballo abajo.— *Oculos. Cic.* Apartar, volver los ojos á la otra parte.— *Alvum. Cat.* Mover el vientre.— *Sortes. Ces.* Echar suertes, sortear.— *Templo. Cic.* Echar del templo.— *Jugum. Cic.* Sacudir el yugo, ponerse en libertad.— *Aliquem de gradu. Cic.* Hacer perder su puesto á alguno, apartarle de su constancia, de su estado natural ǁ Degradarle. *Dejici spe. Ces.* Perder las esperanzas.

**Dejonīdes**, ae. *m. patron. Ov.* Hijo de Deyone, Mileto.

Dejopeia, ae. f. Virg. Deyopeia, ninfa de Juno.

Dejotarus, i. m. Cic. Deyotaro, rey de la Armenia menor, que habiendo seguido el partido de Pompeyo en la guerra civil, fue defendido por Ciceron en una acusacion que se levantó contra él.

Dejúgis. m. f. gĕ. m is. Aus. Lo que está pendiente, que va bajando.

Dejúgo, ās, āvi, ātum, āre. a. Pacuv. Desuncir, quitar del yugo. || Apartar, separar.

Dejunctus, a, um. Cic. part. de

Dejungo, is, nxi, ctum, gĕre, a. Plaut. Desuncir, separar, apartar.

Dejūrium, ii. n. Gel. El juramento.

Dejūro, ās, āvi, ātum, āre. a. Plaut. Jurar, hacer juramento.

Dejúvo, ās, āre. a. Plaut. No ayudar.

Delābor, ĕris, dēlapsus sum, bi. dep. Cic. Caer, resbalarse, deslizarse, dejarse ir, correr, tener pendiente ó inclinacion. Delabi ad aequitatem. Cic. Inclinarse ó ser tratable. — In fraudem. Cic. Dejarse engañar. — In insidias. Aur. Vict. Dar, caer en una emboscada. — Sinere rem familiarem. Cic. Dejar perder su hacienda. — In morbum. Cic. Caer enfermo. — In suspicionem. Gel. Caer en sospecha. Delabitur eo interdum ut dicat. Cic. Se deja decir alguna vez, se le cae tal vez de la boca.

Delăcĕro, ās, āvi, ātum, āre. a. Plaut. Desgarrar, hacer pedazos. || Disipar, consumir, desbaratar.

Delacrymātio, ōnis. f. Plin. La accion de lagrimar ó llorar. || La lágrima ó humor que por dolor ó fluxion sale del ojo.

Delacrymātōrius, a, um. Marc. Emp. Perteneciente á la lágrima ó lágrimas.

Delacrymo, ās, āvi, ātum, āre. n. Col. Lagrimar, echar, derramar lágrimas, llorar.

Delactātio, ōnis. f. Cat. Destete ó destetó, la accion de destetar.

Delactātus, a, um. Varr. part. de

Delacto, ās, āvi, ātum, āre. a. Cels. Destetar, quitar la teta al que mama, despechar.

Delaebo, ās, āre. Col. V. Laevigo.

Delambo, is, bi, ĕre. a. Estac. Lamer.

Delāmentor, āris, ātus sum, āri. dep. Ov. Lamentarse, afligirse, quejarse, sentir, lamentar con pasion y llanto.

Delăpīdātus, a, um. Fest. Enlosado de piedra.

Delăpido, ās, āvi, ātum, āre. a. Cat. Desempedrar, quitar, arrancar las piedras de un empedrado.

Delapsus, a, um. Cic. part. de Delabor.

Delapsus, us. m. Varr. El declivio ó bajada.

Delassabĭlis. m. f. lĕ. n. is. Man. Que se puede cansar.

Delassātus, a, um. Plaut. Muy cansado. part. de

Delasso, ās, āvi, ātum, āre. a. Hor. Cansar, fatigar mucho.

Delātio, ōnis. f. Cic. Delacion, acusacion.

Delātor, ōris. m. Tac. Delator, denunciador, acusador.

Delātōrius, a, um. Tert. Delatorio, acusatorio, perteneciente al delatante ó delator.

Delātūra, ae. f. Tert. V. Delatio.

Delātus, a, um. part. de Defero. Delatus divinitus ad nos. Cic. Que nos ha sido enviado del cielo. — In nostrum aevum. Hor. Nacido, parecido en nuestro tiempo.

Delāvo, ās, āvi, ātum, āre. a. Plaut. Lavar, limpiar con algun licor.

Delebĭlis. m. f. lĕ. n. is. Marc. Deleble, que se puede borrar.

Delectabĭlis. m. f. lĕ. n. is. Tac. Deleitable, que deleita, da gusto, satisface.

Delectabĭlĭter. adv. m. Gel. Deleitosa, deliciosamente.

Delectāmen, ĭnis. n. Apul. y

Delectāmentum, i. n. Ter. y

Delectātio, ōnis. f. Cic. Delectacion, deleite, delicia, dulzura, placer, recreo, gusto especial, contento, satisfaccion. Delectationi esse, delectationem afferre ó habere. Cic. Servir de gusto, dar placer.

Delectātus, a, um. part. Nep. Deleitado, divertido, el que ha tenido placer.

Delectio, ōnis. f. Vopis. Eleccion.

Delecto, ās, āvi, ātum, āre. a. Cic. Deleitar, alegrar, divertir, dar placer, gusto, contento y satisfaccion. Delectare se aliqua re, cum aliqua re, ó delectari ab aliqua re, y in aliqua re, y aliqua re. Cic. Deleitarse, divertirse tomar placer de, con ó en alguna cosa.

Delector, ōris. m. Front. El que elige, escoge especialmente gente para la guerra, reclutas.

Delectus, us. m. Cic. Delecto, eleccion, distincion, diferencia. || Leva de gente. Habere delectum alicujus rei, ad aliquam rem, in aliqua re. Cic. Tener eleccion ó distincion de, para ó en alguna cosa. — Agere. — Habere. Liv. — Instituere. Ces. Hacer leva de gente para la milicia. Sine delectu. Cic. Sin eleccion, sin distincion, confusa, temerariamente.

Delectus, a, um. Cic. part. de Deligo.

Delegātio, ōnis. f. Cic. Delegacion, sustitucion de jurisdiccion ó autoridad, diputacion, comision. Delegationem res ista non suscipit. Sen. Esto no se puede hacer por medio de otros.

Delegātōrius, a, um. Cod. Teod. Lo que contiene alguna delegacion ó comision.

Delegātus, a, um. Plaut. Delegado. part. de

Delego, ās, āvi, ātum, āre. a. Cic. Delegar, cometer, encargar, diputar, sustituir la jurisdiccion ó autoridad en otro. Causam peccati mortuis delegare. Hirc. Imputar, dar, atribuir la culpa de los desórdenes á los muertos.

Delenifĭcus, a, um. Plaut. Dulce, lisonjero, suave, cariñoso.

Delenimentum, i. V. Delinimentum.

Delenio. V. Delinio.

Delenitio, y Delinitio, ōnis. f. Cic. El atractivo, halago.

Delenītor, y Delinitor, ōris. m. Cic. El que mitiga ó ablanda.

Delenītus, y Delinitus, a, um. part. de

Delenio, y Delinio, is, īvi, ītum, īre. a. Mitigar, ablandar. || Acariciar.

Deleo, ēs, lēvi, lētum, lēre. a. Cic. Borrar, cancelar, raspar. || Abolir, anular, abrogar, casar. || Estinguir, destruir, arruinar, deshacer, aniquilar. Delere exercitum. Ces. Desbaratar del todo, destrozar un ejército, deshacerle.

Delĕtĭlis. m. f. lĕ. n. is. Varr. Que borra ó sirve para borrar.

Deletio, ōnis. f. Luc. Destruccion, derrota, ruina.

Delĕtĭtius, y Deleticius, a, um. Ulp. Charta deleticia. Carta ó papel en que estaba escrito algo, y despues se ha borrado.

Deletrix, īcis. f. Cic. La que borra ó destruye.

Delētus, a, um. Cic. Borrado, cancelado, destruido.

Delētus, us. m. Tert. V. Deletio.

Delēvi. pret. de Deleo.

Delēvo, ās, āvi, ātum, āre. a. Col. Alisar, allanar.

Delia, ae. f. Virg. Delia, Diana ó Luna, así llamada de la isla de Delos, donde nació.

Delĭăcus, a, um. Cic. Perteneciente á la isla de Delos.

Delibāmentum, i. n. Val. Max. Libacion, derramamiento de algun licor en los sacrificios.

Delibātio, ōnis. f. Dig. Separacion de una parte, porcion de una posesion legada en testamento, que no esceda la novena parte del total. || La probadura ó catadura de alguna cosa.

Delibātor, ōris. m. Liv. El que prueba, gusta ó cata alguna cosa.

Delibātōrium, ii. n. Plin. Lugar á propósito para hacer libaciones.

Delibātus, a, um. Cic. part. de Delibo. Escogido, entresacado, selecto. || Suet. Violado, corrompido. || Probado, gustado, catado, tocado ligeramente.

Deliberabundus, a, um. Liv. El que gasta mucho tiempo, ó tarda en deliberar.

Deliberātio, ōnis. f. Cic. Deliberacion, consulta, reflexion, consideracion.

Deliberātīvus, a, um. Cic. Deliberativo, perteneciente á la deliberacion, sobre que se ha de deliberar.

Deliberātor, ōris. m. Cic. El que delibera ó consulta.

Deliberātum, i. n. Ces. Deliberacion, resolucion, determinacion.

Deliberātus, a, um. Cic. part. de

Dēlībĕro, as, avi, atum, are. *a. Cic.* Deliberar, discurrir, considerar, examinar, consultar, pensar. ‖ Determinar, resolver, decretar. *Deliberatum est mihi. Cic.* He ó tengo resuelto. *Deliberatius nihil mihi est. Cic.* En nada estoy mas resuelto, determinado.

Dēlībĭto, as, avi, atum, are. *a. Cic. freq. de*

Dēlībo, as, avi, atum, are. *a. Luc.* Gustar, probar, catar. ‖ Quitar, disminuir. ‖ Coger, tomar, entresacar. *Delibare artes. Ov.* Tomar una tintura de las artes. *Delibare aliquid narratione. Quint.* Tratar algo, tocar ligeramente, por encima en la narracion.

Dēlībrātus, a, um. *Col.* Descascarado, descortezado.

Dēlībro, as, avi, atum, are. *a. Col.* Descascarar, descortezar, quitar la corteza.

Dēlībuo, is, ui, utum, ĕre. *a. Solin.* Untar, bañar, humedecer, frotar. *Es poco usado.*

Dēlībūtus, a, um. *part. de* Delibuo. *Cic.* Bañado, untado, frotado, humedecido con aceite, ungüento ó cualquier licor. *Delibutus unguento. Fedr.* Perfumado. *Delibutum gaudio reddere. Ter.* Llenar, colmar á uno de alegría. *Delibuta veneno dona. Hor.* Dones, presentes emponzoñados.

Dēlĭcātē. *adv. Cic.* Delicadamente, con delicadeza, con regalo y delicia. *Delicate, ac molliter vivere. Cic.* Vivir una vida mole y regalada. *Delicatius tractare iracundos. Sen.* Tratar con mas suavidad á los iracundos.

Dēlĭcātus, a, um. *comp. tior. sup. tissimus. Cic.* Delicado, blando, suave, tierno. ‖ Débil, flaco, afeminado. ‖ Fino, esquisito. ‖ Dado á las delicias. *Delicatissimi fastidii homo. Cic.* Hombre de un gusto muy delicado, que con gran facilidad se fastidia.

Dēlĭcĭa, ae. *f. Plaut.* y

Dēlĭciae, arum. *f. plur. Cic.* Delicias, placeres, suavidad, gusto, deleite. ‖ Ligereza, debilidad, inconstancia. *In deliciis esse alicui. Cic.* Ser las delicias de alguno. *Habere aliquem. Cic.* Amar á uno tiernamente, tener en él sus delicias. *Delicias facere. Plaut.* Reirse, burlarse, entretenerse, divertirse. *Eo processere deliciae, ut. Sen.* Llegaron á tanto, crecieron tanto el lujo y la delicadeza, que. *Multarum deliciarum locus. Cic.* Lugar muy delicioso, de mucha diversion.

Dēlĭcĭŏlae, arum. *f. plur. Cic. dim. de* Deliciae.

Dēlĭcĭŏlum, i. *n. Sen. dim. de* Delicium.

Dēlĭcĭōsus, a, um. *Marc. Cap.* Delicioso, lleno, abundante de delicias.

Dēlĭcĭum, ii. *n. Marc. V.* Deliciae. ‖ *Fedr.* El jóven amado de otro por bien ó por mal.

Dēlĭco, as, are. *a. Non.* Esplicar.

Dēlictor, oris. *m. S. Ger.* Delincuente, pecador.

Dēlictum, i. *n. Cic.* Delito, crimen, falta, pecado, ofensa. ‖ *Hor.* Error, falta del entendimiento.

Dēlictus, a, um. *En.* Abandonado, desamparado.

Dēlĭcŭlus, a, um. *Cat. dim. de*

Dēlĭcŭlus, a, um. *Varr.* Destetado. *Dícese de los cochinillos que han dejado de mamar.*

Dēlĭgātus, a, um. *Ces. part. de*

Dēlīgo, as, avi, atum are. *a. Cic.* Atar, ligar, amarrar. *Naves ad terram deligare. Ces.* Amarrar las naves á tierra.

Dēlĭgo, is, lēgi, lectum, ligĕre. *a. Cic.* Escoger, elegir, coger, tomar, sacar con eleccion. *Deligere aliquem ex aedibus. Plaut.* Echar á uno de casa. — *Rosam. Ov.* Cortar, coger una rosa.

Dēlīmātus, a, um. *part. de* Delimo. *Plin.* Limado.

Dēlīmis, m. f. mĕ. n. is. *Varr.* Oblicuo, transversal.

Dēlīmĭtātĭo, onis. *f. Balb.* El acto de poner límites.

Dēlīmĭtātus, a, um. *Front.* Notado con límites.

Dēlīmo, as, avi, atum, are. *a. Plin.* Limar, pulir.

Dēlĭnĕātio, onis. *f. Tert.* Delineacion, el acto y efecto de delinear, dibujo.

Dēlĭnĕo, as, avi, atum, are. *a. Plin.* Delinear, dibujar, trazar. ‖ Tirar los perfiles esteriores de un cuerpo natural ó artificial.

Dēlingo, is, nxi, nctum, gĕre. *a. Plaut.* Lamer.

Dēlīnĭmentum, i. *n. Liv. V.* Delinitio.

Dēlĭnĭo, is, ivi, itum, ire. *a. Plaut.* Frotar suavemente, hacer una friccion ligera. ‖ *Cic.* Acariciar, halagar, atraer con suavidad, con maña, con cariño.

Dēlĭnītio, onis. *f. Cic.* Halago, atractivo, cariño.

Dēlĭnītor, oris. *m. Cic.* acariciador, lisonjero.

Dēlĭnītus, a, um. *Cic. part. de* Delinio.

Dēlĭno, is, lini, ó levi, ó livi, litum, nĕre. *a. Prisc.* Rayar, borrar.

† Dēlinquentia, ae. *f. Tert.* El delito.

Dēlinquo, is, liqui, lictum, quĕre. *a. Cic.* Delinquir, cometer algun delito ó falta, caer en ella, pecar, quebrantar la ley. *Si quid delinquitur. Cic.* Si se cae en alguna falta. *Quid ego tibi deliqui? Plaut.* ¿Qué delito he cometido yo contra ti?

Dēlīquĕo, es, lĭcui, ĕre. *Ov.* y

Dēlīquesco, is, licui, scĕre, n. *Col.* Liquidarse, colicuarse, desleirse, derretirse, hacerse, ponerse líquido. *Deliquescere alacritate. Cic.* Dejarse transportar de alegría.

Dēlīquiae, arum. *f. plur. Vitruv.* Canales, conductos para recibir y despedir el agua de los tejados.

Dēlīquium, ii. *n. Plaut.* Falta, pérdida, menoscabo. ‖ Deliquio, desmayo, desfallecimiento. *Deliquium solis. Plin.* Eclipse de sol.

Dēlīquo, as, avi, atum, are. *a. Col.* Echar, vaciar, derramar un licor.

Dēlīquus, a, um. *Plaut.* Lo que falta, de que se tiene necesidad.

Dēlīrāmentum, i. *n. Plin. V.* Delirium.

Dēlīrans, tis. *com. Plaut.* Delirante. *V.* Delirus.

Dēlīrātio, onis. *f. Plin.* Declinacion ó apartamiento del camino derecho. ‖ Delirio.

Dēlīrītas, atis. *f. Labr.* y

Dēlīrium, ii. *n. Cels.* Delirio, desórden, turbacion, destemple de la imaginacion por alguna enfermedad.

Dēlīro, as, avi, atum, are. *n. Cic.* Delirar, desvariar, decir disparates y locuras fuera de razon y juicio. ‖ *Aus.* Salirse del surco, estraviarse del camino recto. *Delirare timore. Ter.* — *In aliqua re. Cic.* Delirar de miedo en alguna cosa.

Dēlīrus, a, um. *Cic.* Delirante, el que delira por enfermedad ó vejez.

Dēlĭtens, tis. *com. Plin. part. de*

Dēlĭtĕo, es, ui, ĕre. *Ov.* y

Dēlĭtesco, is, tui, scĕre. *n. Cic.* Ocultarse, esconderse. *Delitescere auctoritate alicujus. Cic.* Ponerse á cubierto con la autoridad de alguno.

Dēlītĭgo, as, avi, atum, are. *n. Hor.* Reñir ásperamente, con vehemencia.

Dēlīto, as, avi, atum, are. *a. Prud.* Sacrificar, hacer, ofrecer un sacrificio.

Dēlītor, oris. *m. Acc.* El que borra, tacha ó raya algun escrito.

Dēlĭtus, a, um. *part. de* Delino. *Cic.* Borrado, tachado, lleno de borrones.

Dēlĭus, a, um. *Cic.* Delio, de la isla de Delos. *Delia Dea. Hor.* La diosa Latona.

Dēlĭus, ii. *m. Hor.* Apolo ó Delio, sobrenombre de este dios, por haber nacido en la isla de Delos.

Dēlos, y Delus, i. *f. Cic.* Delos, isla del mar egeo consagrada á Apolo, por haber nacido en ella; emporio, oráculo, y erario comun de la Grecia.

Dēlōtus, a, um. *Pris.* Lavado.

Delphi, orum. *m. plur. Just.* Delfos, *ciudad de la Focide en la Acaya, donde estuvo el célebre oráculo de Apolo.* ‖ *Just.* Los naturales de esta ciudad.

Delphĭcē. *adv. Varr.* Á modo del orículo délfico.

Delphĭcŏla, ae. *m. Aus.* Que habita en Delfos, *epíteto de Apolo.*

Delphĭcus, a, um. *Cic.* Délfico, *perteneciente á la ciudad de Delfos, ó al oráculo de Apolo en ella, Delphica mensa. Cic.* Mesa de mármol con tres pies, como la que servia en el templo de Apolo. — *Laurus. Plin.* Corona de laurel, que se daba á los vencedores en las fiestas pitias.

Delphin, inis, y Delphinus, i. *m. Plin.* El delfin, *pescado cetáceo de cuerpo largo y angosto, con la cola en forma de media luna, velocísimo.* ‖ *Ov.* Una de las 22 constelaciones celestes. ‖ *Plin.* Adorno de oro, plata ó bronce,

Ee

que se sobrepone á los vasos y otras cosas. *Delphini aures. Vitruv.* Las pesas de una máquina hidráulica, como del relox.

Delphinas, atis. m. Delfinés, *natural del Delfinado.*

Delphinatus, us. m. El Delfinado, *provincia de Francia.*

Delphis, idis. f. *Marc.* La Sacerdotisa de Apolo délfico.

Delphiticus, a, um. *Marc. V.* Delphicus.

Delta, ae. f. *Aus.* Delta, *nombre de la cuarta letra de los griegos de esta figura* Δ.

\* Deltōton, i. n. *Cic.* Constelacion septentrional sobre la cabeza del carnero, *que consta de tres estrellas principales en figura triangular, ó de la delta griega.*

Delubrum, i. n. *Cic.* Templo donde habia ídolo. ‖ *Fest.* Tronco de árbol sin corteza, que servia de ídolo. ‖ El lugar delante del ara donde se lavaban las manos los sacerdotes antes del sacrificio.

Deluctatio, ōnis. f. *Marc. Cap. V.* Luctatio.

† Delucto, as, avi, atum, are. y

Deluctor, aris, atus sum, ari. *dep. Plaut.* Luchar, combatir.

Deludifico, as, avi, atum, are. y

Deludificor, aris, atus sum, ari. *dep. Plaut.* Hacer burla y mofa de alguno, befar, mofar, escarnecer, burlarse, divertirse con alguno.

Deludo, is, lusi, lusum, dere. *a. Cic.* Befar, mofar, escarnecer, hacer burla y mofa de alguno, engañarle, burlarle. ‖ *Plin.* Dejar de jugar.

Delumbatus, a, um. *Plin.* Descaderado, derrengado, dañado de las caderas. ‖ *Vitruv.* Corvo, encorvado, doblado.

Delumbis, m. f. be. n. is. *Plin.* Derrengado, deslomado. ‖ *Pers.* Blando, mole, afeminado.

Delumbo, as, avi, atum, are. *a. Plin.* Derrengar, deslomar, descaderar, maltratar, quebrantar los riñones ó los lomos. ‖ *Cic.* Enflaquecer, debilitar, enervar. *Delumbare sententias. Cic.* Estropear los pensamientos, quitarles su fuerza y energía.

Deluo, is, ui, utum, ere. *a. Cat.* Lavar, limpiar lavando.

Delusio, ōnis. f. *Arnob.* El acto de hacer burla.

Delusus, a, um. *Ov.* Burlado, engañado.

Delutamentum, i. n. *Cat.* Argamasa, *la mezcla de cal y arena, o la obra que se hace con ella.*

Deluto, as, avi, atum, are. *a. Cat.* Enlodar, embarrar, cubrir de argamasa, ó fabricar con ella.

Demadeo, es, ui, ere. n. *Ov.* y

Demadesco, is, scere. n. *Escrib.* Humedecerse, ponerse húmedo ó mojado.

† Demagis. *adv. Non.* Mucho mas.

Demandatus, a, um. *Suet.* Encargado. *part. de*

Demando, as, avi, atum, are. *a. Liv.* Encargar, encomendar, fiar, confiar, cometer, dar encargo, órden ó comision. *Demandare aliquem in civitatem aliquam. Suet.* Retirar á uno á alguna ciudad para tenerle en salvo.

Demano, as, avi, atum, are. *n. Catul.* Manar, destilar, caer poco á poco.

Demarchia, ae. f. *Inscr.* La demarquía, el oficio y dignidad del demarco.

Demarchus, i. m. *Plaut.* Demarco, *príncipe ó caudillo del pueblo entre los griegos, semejante al tribuno de la plebe entre los romanos.*

Demeaculum, i. n. *Apul.* Bajada, mina para los lugares subterráneos.

Demens, tis. *com. comp.* tior. *superl.* tissimus. *Cic.* Demente, falto de juicio, insensato, loco.

Demensio, ōnis. f. *Cic.* Dimension, la medida de la estension de los cuerpos, superficies y líneas.

Demensum, i. n. *Ter.* La medida de granos ó de otra cosa que se daba cada mes á los esclavos, los gages ó mesada de un esclavo.

Demensus, a, um. *Cic. part. de* Demetior. Medido.

Dementer. *adv. Cic.* Locamente, sin juicio ni razon.

Dementia, ae. f. *Cic.* Demencia, locura, falta de juicio. ‖ Imprudencia, necedad.

Dementio, is, ivi, y tii, itum, ire. n. *Lucr.* Estar, ser demente, salir de juicio.

Dementior, iris, itus sum, iri. *dep. Apul.* Mentir mucho.

Demento, as, avi, atum, are. n. *Lact.* Estar fuera de juicio, perderle. *V.* Dementio.

Demeo, as, avi, atum, are. n. *Apul.* Ir, caminar hácia abajo, bajar.

Demereo, es, rui, ritum, ere. n. *Plaut.* y

Demereor, eris, ritus sum, eri. *dep. Lic.* Ganar. ‖ Merecer. ‖ Hacerse, ser digno. ‖ Alcanzar, adquirir el favor ó proteccion de alguno, hacer méritos para con él. *Demereri deos cultu. Liv.* Obligar, hacerse favorables á los dioses con el respeto y reverencia.

Demergo, is, si, sum, gere. *a. Cic.* Sumergir, hundir, sepultar, abismar. *Demergit saepe fortuna quem extulit. Nep.* La fortuna precipita, abate frecuentemente al que ha ensalzado. *Demergere navigia. Plin.* Echar las naves á pique. — *Semen. Col.* Plantar. — *Animas luto, coenove.* Lact. Sepultar las ánimas en cieno ó lodo.

Demeritus, a, um. *Plaut.* Merecido.

Demersio, ōnis. f. *Marc.* Sumersion, la accion de sumergir.

Demersus, us. m. *Apul. V.* Demersio.

Demersus, a, um. *Cic. part. de* Demergo. Sumergido, hundido, sepultado. *Demersae leges opibus. Cic.* Leyes inutilizadas á fuerza de dinero. *Plebs aere alieno demersa. Liv.* Pueblo oprimido, cargado de deudas.

Demessus, a, um. *Virg. part. de* Demeto, is.

Demetatus, a, um. *part. de* Demeto, as.

Demetior, iris, ensus, ó etitus sum, iri. *dep. Cic.* Medir exactamente.

Demetitus, a, um. *Cic. part. de* Demetior. Medido. ‖ El que ha medido.

Demeto, as, avi, atum, are. *a. Liv.* Medir, poner, establecer límites.

Demeto, is, messui, messum, tere. n. *Cic.* Coger cortando, cortar, segar.

Demetrias, adis. f. Demetriade, *ciudad de Tesalia.* ‖ *De Persia.* ‖ *De Macedonia.* ‖ *La isla de Paros, una de las Cícladas.*

Demigratio, ōnis. f. *Corn. Nep.* Transmigracion, mudanza de habitacion de un pais á otro, hecha por alguna familia ó nacion.

Demigro, as, avi, atum, are. n. *Liv.* Transmigrar, pasar á vivir de un pueblo á otro. ‖ *Plaut.* Marchar, partirse. *Demigrare ex agris in urbem. Liv.* Pasarse á vivir de la campaña á la ciudad. — *Ab improbis. Cic.* Irse léjos, apartarse, alejarse de los malos.

Deminoratio, ōnis. f. *V.* Diminutio.

Deminuo, is, ere. *Plaut. V.* Diminuo.

Demirandus, a, um. *Gel.* Muy admirable.

Demiror, aris, atus sum, ari. *dep. Cic.* Admirarse, maravillarse mucho, pasmarse, mirar con pasmo y admiracion.

Demisse, ius, issime. *adv. Ov.* Bajamente, por abajo, cerca de la tierra. ‖ *Cic.* Humildemente, con sumision. ‖ Con estilo bajo. *Demississime aliquid exponere. Ces.* Esponer una cosa, decirla con la mayor sumision.

Demissio, ōnis. f. *Ces.* La accion y efecto de bajar. *Demissio animi. Cic.* Abatimiento del ánimo, falta de espíritu.

Demissitius, a, um. *Plaut.* Largo y pendiente, que arrastra, talar, que llega hasta los talones.

Demissus, a, um. *part. de* Demitto. *Ter.* Bajo, inclinado á la tierra. *Demissa vulnera. Sen.* Heridas profundas. *Demissa purpura usque ad talos. Cic.* Púrpura que cuelga, que llega hasta los talones, talar. *Dido demissa vultum. Virg.* Dido con el rostro inclinado, bajo. *Demissus homo. Cic.* Hombre suave, modesto. — *Orator. Cic.* Orador que habla en estilo tenue. *Demissi. Salust.* Los que viven una vida privada, sin mezclarse en el gobierno del estado.

Demitigo, as, avi, atum, are. *a. Cic.* Mitigar, suavizar, aplacar.

Demitto, is, misi, missum, tere. *a. Cic.* Bajar, inclinar, echar hácia abajo. ‖ *Liv.* Enviar. *Demittere animum. Cic.* — *Se. Ces.* — *Se animo. Ces.* Abatirse, desfallecer perder el ánimo. *Demittere se. Quint.* Bajarse á cosas inferiores á la dignidad propia. — *Morti. Virg.* — *Umbris. Sil.* — *Stygiae nocti. Ov.* Matar. — *Vocem. Virg.* Hablar bajo, bajar la voz. — *Caput à cervicibus. Ad Her.* Derribar la cabeza de los hombros. — *Se ad aurem alicujus. Cic.* Inclinarse, bajarse para hablar al oido á alguno. *Aures. Virg.* Bajar las orejas. *Altius arbores. Plin.* Plantar árboles. *Demittere aliquid in pectus. Sal.* Imprimir alguna cosa en el corazon, tenerla muy presente y fija. *Cum in eum casum me fortuna demisisset, ut Cic.* Habiéndome puesto la fortuna en tal conyuntura, que.

**Dēmiurgus**, i. m. *Liv.* El supremo magistrado en las ciudades de Grecia. || *S. Iren.* Dios criador de todas las cosas.

**Dēmo**, is, demsi, demtum, měre. a. *Cic.* Quitar, agarrar, tomar, llevar quitando. *Demere de capite. Cic.* Quitar, sacar del capital. *Caput alicujus. Cic.* Cortarle á uno la cabeza. *Demto auctore. Liv.* Muerto, quitado de en medio el autor. *Deme soleas. Plaut.* Quítame los zapatos, *como acostumbraban los romanos al ponerse á comer. Demere alicui solicitudinem, metum, molestiam. Ter. Ignominiam. Liv.* Quitar á uno, sacarle de cuidado, miedo, pesadumbre y de ignominia.

**Dēmocrătia**, ae. f. *Bud.* Democracia, gobierno popular, como el de las repúblicas.

**Dēmocrăticus**, a, um. *Bud.* Democrático, republicano, perteneciente á la democracia.

**Dēmocrīteus**, y Democriticus, a, um. *Cic.* Perteneciente á Demócrito, *como sus dogmas ó sus sectarios.*

**Dēmocrĭtus**, i. m. *Cic.* Demócrito, *filósofo abderita, que enseñó que habia innumerables mundos, y que constaban de átomos todas las cosas.*

**Dēmōlio**, is, ivi, ītum, īre. a. *Varr.* y

**Dēmōlior**, īris, ītus sum, īri. dep. *Cic.* Demoler, deshacer, arruinar, arrasar, destruir, echar por tierra. *Demoliri culpam de se. Plaut.* Hacer uno ver que no está culpado.

**Dēmōlītio**, ōnis. f. *Cic.* Demolicion, la accion y efecto de demoler, de arrasar, destruccion, ruina.

**Dēmōlītor**, ōris. m. *Vitruv.* El que destruye, arruina y echa por tierra.

**Dēmōlītus**, a, um. part. de Demolior.

**Dēmonstrābĭlis**. m. f. le. n. is. *Apul.* Demostrable, lo que se puede demostrar.

† **Dēmonstrantia**, ae. f. *Plin.* Indicacion, la accion de indicar ó demostrar.

**Dēmonstrātio**, ōnis. f. *Cic.* Demostracion, prueba evidente, razonamiento que prueba y convence. || La accion de demostrar ó enseñar. || *Hipotiposis, figura retórica.*

**Dēmonstrātĭve**. adv. *Marc.* Demostrativamente, con demostracion.

**Dēmonstrātīvus**, a, um. *Cic.* Demostrativo, lo que persuade y demuestra con evidencia. *Demonstrativum genus. Cic.* Género demostrativo entre los rétoricos, *es el que contiene la alabanza ó vituperio de alguna persona ó cosa.*

**Dēmonstrātor**, ōris. m. *Cic.* Demostrador, el que demuestra, el que señala ó indica.

**Dēmonstrātus**, a, um. *Ces.* part. de

**Dēmonstro**, as, avi, atum, are. a. *Cic.* Demostrar, probar, hacer ver con evidencia, esplicar, esponer clara y distintamente. || Mostrar, señalar, indicar, enseñar.

† **Dēmorātio**, ōnis. f. Demora, tardanza, dilacion.

**Dēmorātus**, a, um. part. de Demoror.

**Dēmordeo**, es, mordi, morsum, dēre. a. *Plin.* Arrancar á bocados, morder.

**Dēmŏrior**, ēris, mortuus sum, mŏri. dep. *Cic.* Morir. || *Plaut.* Amar entrañablemente.

**Dēmŏror**, āris, ātus sum, āri. dep. *Tac.* Demorar, tardar, hacer larga mansion, detenerse. || *Ces.* Detener, reprimir, entretener, contener. *Ne vos diutius demorer. Cic.* Para no entreteneros mas largo tiempo.

**Dēmorsĭcātus**, a, um. *Apul.* part. de

**Dēmorsĭco**, as, are. a. *Apul.* Tirar, sacar, arrancar á bocados, mordiscar.

**Dēmorsus**, a, um. part. de Demordeo. *Pers.* Mordido, sacado á bocados.

**Dēmortuus**, a, um. part. de Demorior. *Cic.* Muerto, difunto.

**Dēmosthĕnes**, is. m. *Cic.* Demóstenes, *ateniense, el príncipe de los oradores griegos, discípulo de Isócrates y de Platon.*

**Demosthĕnĭcus**, a, um. *Cic.* Perteneciente á Demóstenes.

**Dēmōtus**, a, um. *Cic.* part. de

**Dēmōveo**, es, movi, motum, vēre. a. *Cic.* Retirar, apartar, echar de algun lugar. || Privar, deponer. || Desterrar. *Demotus in insulam. Tac.* Desterrado á una isla. *Solito alveo amnis. Tac.* Rio sacado de su curso ordinario.

**Dempsi**, ó Demsi. pret. de Demo.

**Demptio**, y Demtio, ōnis. f. *Varr.* El acto de quitar, detraccion, disminucion.

**Demptus**, ó Demtus, a, um. *Cic.* part. de Demo. Quitado, llevado á otra parte.

**Dēmūgio**, is, ivi, ītum, īre. n. *Ov.* Bramar, llenar de bramidos el aire.

**Dēmūgītus**, a, um. part. de Demugio. *Ov.* Que resuena con bramidos.

**Dēmulceo**, es, si, sum, y ctum, ēre. a. *Liv.* Manosear, halagar, acariciar.

**Dēmulctus**, a, um. *Gel.* part. de Demulceo. Halagado, acariciado.

**Dēmum**. adv. *Ter.* Al fin, en fin, finalmente, por fin, al cabo, últimamente. || *Suet.* Solamente. || *Sol.* En suma.

**Dēmurmuro**, as, avi, atum, are. a. *Ov.* Hablar entre dientes, murmurar, gruñir.

**Dēmussātus**, a, um. *Amm.* Disimulado, sufrido con paciencia y disimulo.

**Dēmūtābĭlis**. m. f. lĕ. n. is. *Prud.* Mudable, alterable.

**Dēmūtātio**, ōnis. f. *Plin.* Demudacion, mudanza, alteracion. *V. Mutatio.*

**Dēmūtātor**, ōris. m. *Tert.* El que demuda, muda, altera.

**Dēmūtātus**, a, um. *Tert.* Demudado, mudado, alterado.

**Dēmūtĭlo**, as, avi, atum, are. a. *Col.* Mutilar, cortar, cercenar.

**Dēmūto**, as, avi, atum, are. a. *Tac.* Demudar, alterar, mudar, variar. *Demutant mores ingenium. Plaut.* La educacion corrige el natural.

**Dēnārismus**, i. m. *Dig.* Pension de un denario.

**Dēnārĭum**, ii. n. *Plaut.* y

**Dēnārĭus**, ii. m. *Cic.* Denario, *moneda de plata de los romanos, que valió primero diez ases, y despues diez y seis.* || *Plin.* Le hubo tambien de oro que valia veinte y cinco denarios de plata, ó cien sestercios. *Ad denarium solvere. Cic.* Pagar hasta el último denario, hasta el último maravedí.

**Dēnārĭus**, a, um. *Vitruv.* Denario, que contiene el número de diez. *Denariae ceremoniae. Fest.* Ceremonias en que los que habian de sacrificar se abstenian de ciertas cosas por espacio de diez dias. *Fistulae. Plin.* Cañones, flautas de diez pulgadas de diámetro. *Triginta denariorum pondus. Cels.* El peso de treinta dracmas áticas, tomando la dracma por la séptima parte de una onza.

**Dēnarro**, as, avi, atum, are. a. *Ter.* Contar plenamente y por su orden.

**Dēnascor**, ēris, nātus sum, sci. dep. *Varr.* Morir, cesar de ser.

**Dēnāso**, as, avi, atum, are. a. *Plaut.* Desnarigar, quitar, cortar, arrancar las narices.

**Dēnātĭum**, ii. m. *Tert.* Medicina que se da al que está moribundo.

**Dēnăto**, as, avi, atum, are. n. *Hor.* Nadar con la corriente, agua abajo, pasar á nado.

\* **Dendrăchātes**, ae. m. *Plin.* Dendracates, *piedra especie de ágata con vetas que representan un arbusto.*

**Dendrītis**, is, ó itĭdis. f. *Plin.* La dentritis, *piedra preciosa.*

\* **Dendroĭdes**, ae. m. *Plin.* Yerba, especie de titímalo ó lechetrezna.

**Dendrophŏri**, ōrum. m. plur. *Inscr.* Artífices, madereros que disponian la madera para los edificios, y formaban un colegio dedicado á Hércules. || Otro cuerpo de gente supersticiosa que llevaban acuestas por las ciudades árboles arrancados con sus raices en honra de Baco, de Silvano ó de la diosa Cibeles.

**Dēnĕgātus**, a, um. *Ces.* part. de

**Dēnĕgo**, as, avi, atum, are. a. *Ces.* Denegar, negar, no conceder lo que se pide, negar redondamente. *Denegare aliquid petenti. Cic.* Denegar una cosa al que la pide, pretende ó solicita. *Denegavit. Ter.* Dijo que no.

Dēni, ae. a. plur. Cic. Diez, cada diez. *Denorum annorum pueri.* Cic. Niños de diez años. *Bisdena.* Virg. Veinte. *Terdenae naves.* Virg. Treinta naves.

Dēnĭcāles feriae. f. plur. Cic. Fiesta que se hacia á los diez dias despues de la muerte de alguno, para purificar la casa y familia.

Dēnĭgrātĭo, ōnis. f. Prisc. El acto de ennegrecer ó poner una cosa negra.

Dēnĭgro, ās, āvi, ātum, āre. a. Plin. Ennegrecer, teñir, dar de negro, poner una cosa negra, denegrir. || *Jul. Firm.* Denegrir, deslustrar, infamar, manchar la fama y opinion de alguno.

Dēnīque. adv. Cic. Final, últimamente, al fin, por fin, en fin, al cabo, en conclusion. || Cic. En suma, en una, en dos palabras. || Á lo mas, cuando mas. || Ces. Á lo menos.

Dēnōmĭnātĭo, ōnis. f. *Ad Her.* Denominacion. || Metonimia, hipalage, figura retórica.

Dēnōmĭnātīva, ōrum. n. plur. Prisc. Adjetivos sacados de sustantivos, derivados.

Dēnōmĭnātīve. adv. *Marc. Cap.* Con derivacion.

† Dēnōmĭnātīvus, a, um. Denominativo, derivado, como de *Studeo, Studiosus.*

Dēnōmĭnātus, a, um. part. de

Dēnōmĭno, ās, āvi, ātum, āre. a. Quint. Denominar, nombrar, poner, dar nombre á las cosas.

Dēnormātus, a, ūm. *Firm.* part. de

Dēnormo, ās, āvi, ātum, āre. a. Hor. Deformar, desproporcionar, hacer irregular ó desigual, dar forma ó figura irregular y desproporcionada á una cosa.

Dēnŏtātĭo, ōnis. f. y

Dēnŏtātus, us. m. Tert. Indicacion, demostracion.

Dēnŏtātus, a, um. Cic. part. de

Dēnŏto, ās, avi, ātum, āre. a. Ces. Denotar, señalar, indicar, anunciar, mostrar, significar. *Denotare aliquem probro.* Suet. Disfamar á uno, notarle de infamia.

Dens, tis. m. Cic. Diente. *Dentes primores.* Virg. Adversi. Plin. *Tomici* Cic. *Incisores.* Cels. Los dientes de adelante.—*Canini.* Plin.—*Columellares.* Juv. Los colmillos.—*Maxillares.* Plin. ó *Molares.* Juv. Las muelas.—*Genuini,* ó *intimi.* Cic. Las dos muelas últimas ó de mas adentro.—*Dens anchorae.* Virg. El garfio, el diente del áncora.—*Saturni.* Virg. La hoz de Saturno.—*Leonis.* Plin. Diente de leon, planta, especie de chicoria.—*Cavus.* Plin.—*Cariosus, foetidus, putridus.* Cic. Dientes ó muelas dañadas, podridas.—*Numida.* Ov. *Indus. Estac.* El diente del elefante, el marfil.—*Numerosus.* Ov. El peine.—*Eburneus.*—*Lybicus.* Prop. Peine de marfil.—*Serrarum.* Plin. Dientes de las sierras. Llámanse tambien *dentes* los dientes que se dejan en los edificios, y son aquellas partes sobresalientes en que encajan otras cuando se prosigue la fábrica. *Praevertit anchoriae jactum dens. adag.* El hombre propone, y Dios dispone. *ref.*

Densabilis. m. f. lĕ. n. is. *Cel. Aur.* Lo que se puede espesar ó condensar.

Densātĭo, ōnis. f. Plin. Condensacion, el efecto de condensarse ó espesarse alguna cosa.

Densātor, ōris. m. *Estac.* El que espesa, condensa, traba.

Densātus, a, um. part. de Denso. Virg. Condensado, espesado, encrasado, coagulado, trabado.

Dense, ius, issĭme. adv. Plin. Densa, espesamente, con densidad.

Denseo, ēs, ēre. a. Lucr. V. Denso. *Denseri lac non patitur haec herba.* Plin. Esta yerba no deja cuajar la leche.

Densesco, is, ĕre. n. Paulin. Espesarse.

Densētus, a, um. part. Poco usado de Denseo. Macr. Condensado.

Densĭtas, ātis. f. Plin. Densidad, espesura, crasitud.

Denso, ās, āvi, ātum, āre. a. Tac. Espesar, engrosar, encrasar, coagular. || Virg. Apretar, estrechar. *Densare ictus.* Tac. Menudear los golpes.

• Densus, a, um. Cic. Denso, espeso. *Densa vox.* Quint. Voz gruesa. *Densissima nox.* Plin. Noche muy oscura. *Densa pericula.* Ov. Frecuentes, continuos peligros.

Dentāle. is. n. Col. Dental, el palo en que encaja la reja del arado. || El arado.

Dentarpăga, ae. f. Varr. El gatillo con que se sacan los dientes ó muelas.

Dentātus, a, um. Ov. Dentado, que tiene dientes. || Plaut. Denton, que tiene los dientes grandes. *Dentata charta.* Cic. Papel ó carta alisada con un diente de jabalí ó cosa semejante.

Dentex, ĭcis. m. Col. Pez marino, asi llamado por salirle los dientes hácia afuera.

Dentĭcŭlātus, a, um. Plin. Dentellado, que tiene dientes ó puntas que los parécen.

Dentĭcŭlum, i. n. Fest. Alfiletero, estuche de agujas. || Punta, diente.

Dentĭcŭlus, i. m. Apul. Dientecillo, diente pequeño. || Vitruv. Dentellon, cierta moldura que se pone debajo de la cornisa. || Instrumento rústico con dientes para segar las mieses.

Dentĭdūcus, a, um. *Cel Aur.* Lo que sirve para sacar los dientes.

Dentiens, tis. com. Cels. El que va denteciendo, á quien nacen ó salen los dientes, que echa los dientes.

Dentifrangibulum, i. n. Plaut. Instrumento para romper ó quebrar los dientes. *Lo dice del puño.*

Dentifrangibulus, i. m. Plaut. El que rompe ó quiebra los dientes.

Dentĭfrīcium, ii. n. Plaut. Medicamento para limpiar los dientes.

Dentĭlĕgus, i. m. Plin. y

Dentĭlŏquus, i. m. Plaut. El que ha sido tan maltratado, que le han quitado los dientes, ó se los han hecho escupir, ó los anda buscando. *Dentilegos eos faciam.* Plaut. Les quitaré los dientes, ó les haré escupir los dientes.

Dentio, is, īre. n. Cels. Dentecer, echar, nacer, salir, apuntar los dientes. || Alargarse los dientes de hambre. *Dentiunt dentes.* Plaut. El hambre alarga los dientes. Los dientes se alargan ó tiritan de frio.

Dentiscalpium, ii. n. Marc. Mondadientes, escarbadientes, instrumento para limpiarlos.

Dentītio, ōnis. f. Plin. Denticion, el acto de echar nacer, salir ó apuntar los dientes.

Dentōsus, a, um. Ov. Que tiene dientes.

Dēnūbo, is, psi, ptum, bĕre. n. Tac. Casarse.

† Dēnūdātĭo, ōnis. f. La accion de desnudar.

Dēnūdātus, a, um. Cic. part. de

Dēnūdo, ās, āvi, ātum, āre. a. Cic. Desnudar, quitar el vestido ó ropa, despojar || Privar, quitar.

Dēnūmĕrātĭo, ōnis. f. Dig. Enumeracion.

Dēnŭmĕro, ās, āre. a. Plaut. Contar.

Dēnuntĭātĭo, ōnis. f. Cic. Denunciacion, aviso, noticia, significacion, prediccion, declaracion, intimacion que incluye amenaza.

Dēnuntĭātor, ōris. m. Inscr. Denunciador, el que avisa ó da parte.

Dēnuntĭātus, a, um. Cic. Denunciado, intimado, hecho saber. part. de

Dēnuntĭo, ās, āvi, ātum, āre. a. Cic. Denunciar, avisar, intimar, significar, declarar, hacer saber, predecir. || Amenazar. || Mandar. *Denuntiare testimonium alicui.* Cic. Citar á uno para tomarle una declaracion. *Hector moriens propinquam Achilli mortem denuntiat.* Cic. Hector al morir pronostica á Aquiles una muerte cercana.

Dēnuo. adv. Cic. De nuevo, otra vez.

Deoccātĭo, ōnis. f. Col. El acto de desmoronar los terrones en las tierras.

Deocco, ās, āvi, ātum, āre. a. Plin. Desterronar, deshacer los terrones.

Deōis, ĭdis. f. patron. Ov. Proserpina, *hija de Ceres.*

Deŏius, a, um. Ov. Perteneciente á la diosa Ceres.

Deŏnĕrātus, a, um. Am. Descargado. part. de

Deŏnĕro, ās, āvi, ātum, āre. a. Cic. Descargar, quitar ó aliviar de la carga.

Deopĕrio, is, īre. a. Cels. Descubrir, manifestar.

Deopto, ās, āvi, ātum, āre. a. Hig. Escoger.

Deorsum. adv. Cic. Abajo, hácia abajo. *Deorsum directo.* Cic. Derecho hácia abajo.—*Versum* ó *versus.* Ter. Hácia abajo.—*Sursum.* Cic. Arriba y abajo, hácia arriba y hácia abajo.

Deosculātus, a, um. *part. a. Val. Max. pas. Apul. de*
Deoscŭlor, āris, ātus sum, āri. *dep. Plaut.* Besar tiernamente.

Depāciscor, ĕris, pactus sum, cisci. *dep. Cic.* Pactar, hacer un trato, un tratado, contrato ó convenio. *Depacisci partem suam cum aliquo. Cic.* Convenirse con alguno en su parte de ganancia. — *Ad conditiones alicujus. Cic.* Conformarse con las condiciones que otro quiere ó impone. — *Morte cupio. Ter.* Deseo conformarme aun á costa de la vida.

Depactus, a, um. *Plin. part. de Depango.* Plantado, hincado en tierra. ‖ *Part. de Depaciscor. Cic.* El que ha pactado.

Dēpălātio, ōnis. *f. Vitruv.* Desigualdad de la sombra que hace la punta del cuadrante en el crecimiento ó menguante de los dias. ‖ Puntos que señalan la declinacion del sol en un cuadrante solar, y por los cuales se conoce en qué signo está. ‖ La accion de fijar ó hincar en tierra un palo.

Depālātor, ōris. *m. Tert.* El que hinca en tierra palos.
Depalmo, ās, āvi, ātum, āre. *a. Gel.* Dar un bofeton.
Depālo, ās, āvi, ātum, āre. *a. Tert.* Cercar, rodear de palos hincados en tierra.
Depango, is, nxi, pactum, ngĕre. *a. Col.* Plantar, fijar, hincar en tierra.
Deparco, is, parsi, parsum, ĕre. *n. Sol.* Ahorrar, escusar algo en su gasto.
Depărcus, a, um. *Suet.* Demasiado parco, codicioso, avariento.
Depasco, is, pavi, pastum, scĕre. *a. Col.* y
Depascor, ĕris, pastus sum, y pastum, pasci. *dep. Plin.* Pacer, apacentarse el ganado, comer la yerba y pastos. *Col.* Apacentar. ‖ *Virg.* Corroer, consumir. *Febris depascitur artus. Virg.* La calentura va consumiendo los miembros.

Depastio, ōnis. *f. Plin.* La accion de pacer. ‖ La pastura ó pasto.
Depastus, a, um. *part. de Depascor. Plin.* Pacido, consumido, comido. *Depasta altaria linquere. Virg.* Dejar los altares despues de haber comido lo que habia en ellos.
† Depavītus, a, um. *Sol.* Pisado.
Depaupero, ās, āvi, ātum, āre. *a. Varr.* Empobrecer, hacer pobre.
Depeciscor. *V. Depaciscor.*
Depectio, ōnis. *f. Cod. Teod.* Pacto, acuerdo.
Depecto, is, sui ó xi, xum, ctĕre. *a. Ov.* Peinar.
Depector, ōris. *m. Apul.* El que hace un pacto ó convencion.
Depectus, a, um. *part. de Depeciscor. Ulp.* Pactado, acordado.
Depeculātor, ōris. *m. Cic.* Ladron, el que roba.
Depeculātus, a, um. *part. pas. de Depeculor. Plaut.* Robado.
Depeculātus, us. *m. Fest.* El robo.
Depeculor, āris, ātus sum, āri. *dep. Cic.* Robar, particularmente el ganado. *Depeculari laudem alicujus. Cic.* Apropiarse la alabanza debida á alguno.
† Depellīcŭlo, ās, āvi, ātum, āre. *Cels.* Desollar, quitar la piel, despellejar.
Depello, is, pŭli, pulsum, llĕre. *Cic.* Echar á empujones, retirar, apartar. ‖ Desterrar. *Depellere aliquem à se, ad calamitatem. Cic.* Echar á uno de sí dejándole abandonado á su desgracia. — *Ictum alicui. Val. Flac.* Libertar á uno del golpe. — *Suspicionem à se. Cic.* Apartar de sí la sospecha. — *Aliquem sententia, ó de sententia. Cic.* Apartar á uno de su opinion, hacerle mudar de parecer. — *Loco, ó de loco. Cæs.* Echar á uno de algun lugar.
Dependens, tis. *com. Col.* Pendiente, colgante.
Dependeo, ēs, di, sum, dēre. *n. Col.* Pender, estar colgado ó suspenso de. ‖ Depender, seguirse, originarse. *Dependet fides advenientis die.* Depende la creencia del dia siguiente, ó se suspende hasta él.
Dependo, is, di, sum, dĕre. *a. Plaut.* Pesar. ‖ *Cic.* Pagar. ‖ Gastar, consumir. *Pro capite pecuniam dependere. Sen.* Rescatar la vida con dinero, pagar rescate ó talla por la vida. — *Caput. Luc.* Morir, dar la vida.

Dependŭlus, a, um. *Apul.* Lo que pende, cuelga ó está suspenso.
Depennātus, a, um. *Varr.* Alado, que tiene alas.
Depensus, a, um. *Non.* Pesado. ‖ *Apul.* Pagado.
Deperdĭtus, a, um. *Suet.* Perdido. *part. de*
Deperdo, is, dĭdi, dĭtum, ĕre. *a. Cic.* Perder, perder del todo. *Deperdere de existimatione sua aliquid apud aliquem. Cic.* Perder algo de su estimacion para con alguno.
Depereo, ĭs, ivi, y ii, ĭtum, ire. *n. Cæs.* Perecer, perderse enteramente. ‖ *Plaut.* Amar perdidamente, con cierto género de locura. *Deperite aliquem. Plaut.* — *Amore aliquem. Liv.* — *Alicujus amore. Liv.* Amar á alguno perdida, locamente. *Decor lachrymis deperit. Ov.* La hermosura se desvanece, se pierde á fuerza de llorar.
Deperītūrus, a, um. *Ov.* Lo que se perderá.
Depesta, ōrum *n. plur. Varr.* Vasos para vino, que se ponian sobre las mesas de los dioses en los sacrificios sabinos.
Depetīgo, ĭnis. *f. Lucil.* La lepra, empeine.
Depetigōsus, a, um. *Cels.* Leproso, lleno de lepra.
Depeto, is, īvi, ītum, ĕre. *a. Tert.* Pedir, pretender con mucha instancia.
Depexus, a, um. *part. de Depecto. Luc.* Peinado, bien peinado. ‖ *Ter.* Bien sacudido ó golpeado, castigado.
Depictus, a, um. *part. de Depingo. Quint.* Pintado. ‖ *Cic.* Muy adornado.
Depilātus, a, um. *part. de Depilo. Marc.* Pelado.
Depĭlis, *m. f.* le. *n. is. Varr.* Sin pelo, desbarbado, pelado, sin pelo de barba, lampiño.
Depilo, ās, āvi, ātum, āre. *a. Marc.* Pelar, quitar, arrancar el pelo. ‖ Afeitar.
Depingo, is, nxi, nctum, ĕre. *a. Nep.* Pintar. ‖ *Cic.* Describir, representar, hacer la pintura de una cosa. *Aliquid cogitatione depingere. Cic.* Fingir, imaginarse, figurarse una cosa.
Deplango, is, nxi, nctum, gĕre. *a. Ov.* Llorar amargamente, lamentarse.
Deplāno, ās, āre. *a. Veg.* Aplanar, allanar.
Deplantātus, a, um. *Varr. part. de*
Deplanto, ās, āvi, ātum, āre. *a. Col.* Arrancar, sacar de raiz lo que estaba plantado.
Depleo, ēs, ēvi, ētum, ĕre. *a. Col.* Desocupar, apurar, agotar lo que estaba lleno, vaciar.
Deplexus, a, um. *Lucr. part. del antiguo Deplector* en lugar de *Amplector.* Desatado, desencadenado, suelto.
Deplōrabundus, a, um. *Plaut.* El que llora mucho.
Deplōrandus, a, um. *Cic.* Deplorable.
Deplōrātio, ōnis. *f. Sen.* Llanto entre muchos.
Deplōrātus, a, um. *part. de Deploro. Liv.* Deplorado, llorado tiernamente. ‖ Desesperado, abandonado, aquello de que se ha perdido toda esperanza. *Deploratus à medicis. Plin.* Desahuciado de los médicos.
Deplōro, ās, āvi, ātum, āre. *a. Cic.* Deplorar, llorar con lamento. ‖ *Quint.* Desesperar, dar por perdido, perder la esperanza de aquello que se llora. *Vitam deplorare. Cic.* Llorar las miserias de esta vida. — *Apud aliquem de suis miseriis. Cic.* Lamentarse de sus desgracias con alguno.
Depluit, ēbat, ujt. *imp. Col.* Llover.
Deplūmis. *m. f.* me. *n. is. Plin.* Desplumado, sin pluma, pelado.
Depŏlio, is, īvi, ītum, ĕre. *a. Plin.* Pulir, lustrar. ‖ *Fest.* Acabar, perfeccionar.
Depolītio, ōnis. *f. Varr.* Pulimento, perfeccion, lustre. *Depolitio agri. Varr.* El cultivo, la cultura del campo.
Depolītus, a, um. *pret. de Depolio. Plin.* Pulido.
Depompātio, ōnis. *f. S. Ger.* Despojo de los ornamentos. ‖ Oprobrio.
Depompo, ās, āre. *a. S. Ger.* Despojar del ornamento. ‖ Deshonrar.
Deponděro, ās, āre. *n. Petron.* Pesar.
Depōnens, tis. *com. Diom.* Deponente, dícese de los verbos que tienen la terminacion de pasivos y el significado de activos ó neutros.
Depōno, is, sui, sĭtum, nĕre. *a. Cic.* Dejar, poner en tierra. ‖ *Col.* Plantar. ‖ Depositar, retirar, poner en salvo. ‖ Dejar, abandonar, desistir, renunciar. *Deponere le-*

*gimus. Hirc.* Desembarcar las legiones. — *Fessum latus Hor.* Recostarse, echarse. ‖ *Semina sulco. Col.* Plantar, sembrar. — *Pondus auri terra. Hor.* Enterrar una cantidad de oro. — *Provinciam. Cic.* Renunciar el gobierno de la provincia antes de concluir el tiempo. — *Rationes. Cic.* Entregar las cuentas. — *Rimosa in aure aliquid. Hor.* Confiar una cosa á alguno que no sabe callarla. — *Pudorem. Ov.* Perder la vergüenza. — *Aegrum. Cels.* Desahuciar, desesperar de la cura del enfermo. — *Opinionem de re aliqua. Cic.* Deponer la opinion ó estimacion que se tenia de alguna cosa. *Ego hanc vitulam depono. Virg.* Yo apuesto esta ternera. *Deponere, aliquem imperio. Suet.* Deponer á uno, quitarle el empleo ó gobierno.

Depontani senes. *m. plur. Fest.* Los sexagenarios que perdian el derecho de votar, y á quienes se negaba el paso del puente por donde se iba á la asamblea del pueblo romano.

Deponto, as, are. *a. Varr.* Echar del puente.

Depopulabundus, a, um. *Liv.* El que va á talar los campos.

Depopulatio, onis. *f. Cic.* Tala, destruccion, ruina, robo, quema, desolacion de los campos y poblados.

Depopulator, oris. *m. Cic.* Talador, destruidor, asolador de los campos y poblados.

Depopulatus, a, um. *part. de Depopulor. Liv.* El que ha asolado los campos ó poblados. ‖ *Pasiv.* Asolado, talado, destruido.

Depopulo, as, avi, atum, are. *a. Hirc.* y

Depopulor, aris, atus sum, ari. *dep. pas. Cic.* Asolar, talar, destruir, quemar, abrasar, arrasar, arruinar, robar los campos y poblados.

Deportatio, onis. *f. Cat.* El porte, trasporte, conduccion. ‖ *Ulp.* Deportacion, destierro á una isla determinada.

Deportatorius, a, um. *Cod.* Perteneciente al trasporte ó conduccion.

Deportatus, a, um. *Cic. part. de*

Deporto, as, avi, atum, are. *a. Cic.* Conducir, trasportar, acarrear. ‖ *Tac.* Deportar, desterrar á isla determinada. *Deportare triumphum. Cic.* Volver triunfante.

Deposco, is, poposci, poscitum, scere. *a. Cic.* Pedir con instancia. *Deposcere aliquem ad supplicium. Caes. In poenam. Liv. Morti. Tac. Ad mortem. Liv.* Solicitar el castigo, la muerte de alguno.

Depositarius, ii. *m. Ulp.* Depositario, el que está encargado de un depósito.

Depositio, onis. *f. Ulp.* La accion de depositar, de entregar en depósito. ‖ Deposicion, el acto de privar de oficio. ‖ Declaracion que se recibe al reo ó al testigo. ‖ Demolicion de un edificio. ‖ *Quint.* El fin ó conclusion de un período.

Depositor, oris. *m. Prud.* El que arruina ó pretende arruinar, el que depone á otro de su estado ó empleo. ‖ El que depone ó deja un empleo. ‖ El que deposita algo en otro.

Depositum, i. *n. Cic.* El depósito, la cosa depositada. ‖ *Ulp.* Depósito, la obligacion que contrae el que le recibe.

Depositus, a, um. *part. de Depono. Cic.* Depuesto, dejado. ‖ Depositado. ‖ Desesperado, abandonado. *Deposita urbs. Estac.* Ciudad tomada y destruida.

Depostulator, oris. *m. Tert.* El que pide con instancia.

Depostulo, as, avi, atum, are. *a. Hirc.* Pedir con instancia, demandar.

Depraedatio, onis. *f. Lact.* Robo, latrocinio, destruccion.

Depraedator, oris. *m. S. Ag.* Talador, destruidor.

Depraedatus, a, um. *Dict. Cret.* Robado.

Depraedor, aris, atus sum, ari. *dep. Just.* Pillar, robar, asolar.

Depraelians, tis. *com. Hor.* El que combate.

Depraeliatio, onis. *f. Liv.* Combate vigoroso.

Depraelior, aris, atus sum, ari. *dep. Hor.* Pelear, combatir con denuedo.

Depraesentiarum. *adv. Petron.* Al presente.

Depravate. *adv. Cic.* Depravada, malvadamente, con depravacion, malicia y maldad.

Depravatio, onis. *f. Cic.* Depravacion, corrupcion, estrago. *Depravatio verbi. Cic.* Interpretacion torcida de una palabra. — *Oris. Cic.* Fealdad del rostro.

Depravator, oris. *m. Liv.* El que deprava ó corrompe.

Depravatus, a, um. *Sal.* Depravado, corrompido.

Depravo, as, avi, atum, are. *a. Cic.* Depravar, corromper, viciar, adulterar. ‖ Desfigurar. ‖ Interpretar torcidamente.

Deprecabundus, a, um. *Tac.* Suplicante.

Deprecaneus, a, um. *Sen. Deprecanea fulmina.* Rayos que atemorizan sin hacer daño.

Deprecatio, onis. *f. Cic.* Deprecacion, ruego, peticion, súplica instante. ‖ *Cic.* Figura retórica. ‖ *Quint.* Recusacion, denegacion. ‖ *Cic.* Detestacion, imprecacion, maldicion.

Deprecativus, a, um. *Marc. Cap.* Deprecativo, perteneciente á la súplica ó peticion.

Deprecator, oris. *m. Cic.* Intercesor, el que pide y suplica por otro.

Deprecatorius, a, um. *Tert.* V. Deprecativus.

Deprecatrix, icis. *f. Asc.* Intercesora, medianera.

Deprecatus, a, um. *part. de Deprecor. Cic.* El que ha suplicado. ‖ *Pas. Just.* Rogado, suplicado.

Deprecor, aris, atus sum, ari. *dep. Cic.* Deprecar, pedir, rogar, suplicar con instancias. *Deprecari pro reditu alicujus. Cic.* Solicitar con muchos ruegos la vuelta de alguno. — *Ab aliquo mortem, sanguinem, vitam alicujus. Cic.* Pedir con muchas instancias á alguno por la vida de otro. — *Alicui ne vapulet. Plaut.* Suplicar que uno no sea castigado. — *Calamitatem ab se. Cic.* Rogar que no le sobrevenga alguna desventura. *Quintum fratrem audio profectum in Asiam ut deprecaretur. Cic.* Oigo que mi hermano Quinto ha pasado al Asia á pedir perdon á César de haber seguido el partido de Pompeyo.

Deprehendo, is, di, sum, dere. *a. Cic.* Prender, coger, atrapar. ‖ Coger, hallar, sorprender en el hecho. ‖ Advertir, conocer, descubrir. *Deprehendere mendacium. Petron.* Descubrir, hallar la mentira.

Deprehensa, ae. *f. Fest.* Especie de castigo militar menor que la ignominia.

Deprehensio, onis. *f. Cic.* Sorpresa en alguna accion secreta y mala.

Deprehensus, a, um. *Cic.* y

Deprensus, a, um. *part. de Deprehendo. Ov.* Preso, cogido, sorprendido, atrapado, hallado, conocido, descubierto en el hecho.

Depresse. *adv. Col. comp. sius.* Profundamente.

Depressi. *pret. de Deprimo.*

Depressio, onis. *f. Vitruv.* El acto de bajar ó profundar.

Depressitas, atis. *f. Apul.* V. Devexitas.

Depressor, oris. *m. Apul.* El que deprime ó baja.

Depressus, a, um. *part. de Deprimo. Cic.* Bajo, abatido. ‖ Hondo, profundo. ‖ Hundido, sumergido.

Depretiator, oris. *m. Tert.* El que desprecia ó disminuye el precio de alguna cosa.

Depretiatus, a, um. *Sid. part. de*

Depretio, as, avi, atum, are. *a. Tert.* Bajar del precio, despreciar, envilecer.

Deprimo, is, pressi, pressum, mere. *a. Cic.* Deprimir, bajar, abatir, humillar, oprimir. ‖ Echar á fondo, á pique.

Deprocul. *adv. Plaut.* De lejos, desde lejos.

Deproelians, tis. V. Depraelians.

Depromo, is, prompsi, promptum, mere. *a. Cic.* Sacar fuera. *Depromere scientiam à peritis, vel de libris. Cic.* Sacar, aprender la sabiduría de los hombres doctos ó de los libros.

Depromptus, a, um. *Cic. part. de Depromo.*

Deproperandus, a, um. *Estac.* Que debe apresurarse.

Depropero, as, avi, atum, are. *n. Hor.* Apresurar, dar prisa, acelerar mucho, apresurarse.

Depsiticius, ó Depsititius, a, um. *Cat.* Amasado, sobado.

Depso, is, ui, depstum, ere. *a. Cat.* Amasar, sobar, ablandar la masa á fuerza de manosearla.

Depstus, a, um. *Cat.* Macerado, enternecido.

Depubes, ó Depubis. *m. f. be. n. is. Fest.* El que no ha podido llegar á la pubertad.

Depudesco, is, scere. *n. Apul.* Avergonzarse mucho.

Depudet, duit, ere. *imp. Vel.* Tener mucha vergüenza.

Ov. No tener vergüenza, haberla perdido del todo.

† Dĕpŭdĭco, as, avi, atum, are. a. Gel. Quitar el honor.

Dĕpugnātio, ōnis. f. Virg. Combate, pelea.

Dĕpugnātus, a, um. Plaut. part. de

Dĕpugno, as, avi, atum, are. n. Cic. Combatir, pelear fuertemente. Depugnare cum animo suo. Plaut. Contrastar, combatir con sus inclinaciones ó pasiones.

Dĕpŭli. pret. de Depello.

Dĕpulsio, ōnis. f. Cic. Espulsion, el acto de echar ó despedir.

Dĕpulso, as, avi, atum, are. a. Plaut. freq. de Depello.

Dĕpulsor, ōris. m. Cic. El que echa ó espele.

Dĕpulsōrius, a, um. Am. Propio para echar ó espeler.

Dĕpulsum, i. n. Val. Max. Conjuro, exorcismo, oracion para apartar ó espeler.

Dĕpulsus, y Depultus, a, um. Cic. parte de Depello. Depulsus à lacte. Virg. Destetado.

Dĕpulvĕrans, tis. com. Plaut. El que sacude el polvo ó le limpia.

Dĕpungo, is, ĕre. Pers. V. Pungo.

Dĕpurgātīvus, a, um. Col. Aur. Purgativo, purgante, que tiene virtud de purgar ó limpiar.

Dĕpurgātus, a, um. Col. Purgado, purificado, limpio.

Dĕpurgo, as, avi, atum, are. a. Cat. Purgar, limpiar bien.

† Dĕpūro, as, are. a. Front. Depurar, limpiar, purgar, purificar.

Dĕpŭtātus, a, um. Macrob. Elegido. || Cortado. part. de

Dĕpŭto, as, avi, atum, are. a. Col. Cortar, dividir, separar. || Pensar, juzgar, estimar. Deputare secum rationes frustra. Ter. Hacer las cuentas sin la huespeda. Falx deputat umbras. Ov. La podadera corta las ramas que hacen sombra.

† Dĕpŭvio, is, ivi, ire. a. Fest. Dar, sacudir, golpear.

Dĕpȳgis. m. f. gĕ. n. is. Hor. El que está flaco, que no tiene caderas, nalgas.

Dēque. adv. V. Susque.

Dĕquĕror, ĕris, estus sum, quĕri. dep. Val. Flac. Quejarse mucho, lamentarse.

Dērādo, is, si, sum, dĕre. a. Cat. Raer, raspar, quitar rayendo ó raspando.

Dērāsus, a, um. Cels. part. de Derado.

Dercea, ae. f. Apul. La yerba apolinar, especie de yerba mora.

Dercĕtis, is: y Derceto, us. f. Ov. Derceto, por otro nombre Atergatis, diosa adorada en Jope, que tenia la cabeza de muger y lo restante de un pez.

Dĕrēlictio, ōnis. f. Cic. V.

Dĕrēlictus, us. m. Gel. Abandonamiento, abandono.

Dĕrēlictus, a, um. Ad Her. Abandonado, desamparado. part. de

Dĕrēlinquo, is, liqui, lictum, quĕre. a. Cic. Desamparar, abandonar. Pro derelicto habere aliquid. Cic. Dejar una cosa abandonada, por perdida.

Dĕrĕpente. adv. Cic. y

Dĕrĕpentino. adv. Apul. De repente, repentinamente.

Dĕrēpo, is, psi, ptum, pĕre. n. Plin. Bajar, arrastrando, gateando. || Apul. Bajar.

Dĕreptus, a, um. part. de Derepo. Cic. Quitado, arrancado y como tirado hácia abajo.

† Dĕria, ae. f. Derry, ciudad de Irlanda.

Dērīdeo, es, si, sum, dĕre. a. Cic. Reirse, burlar, mofar, befar.

Dērīdĭcŭlum, i. n. Tac. Befa, burla, mofa, irrision. Deridiculo esse. Tac. Ser la risa, ser el objeto de la mofa, servir de burla é irrision.

Dērīdĭcŭlus, a, um. Plaut. Muy ridículo, impertinente, necio, digno de risa.

Dērīpio, is, pui, reptum, rĭpĕre. a. Virg. Quitar, arrebatar, arrancar con presteza. Deripere de autoritate alicujus. Cic. Disminuir la autoridad de alguno.

Dērīsio, ōnis. f. Lact. V. Derisus, us.

Dērīsor, ōris. m. Plin. Burlador, burlon. || Bufon, truhan. || Adulador. || Pantomimo.

Dērīsōrius, a, um. Ulp. Digno de risa, que la mueve.

Dērīsus, a, um. Cic. Burlado, escarnecido.

Dērīsus, us. m. Quint. Irrision, mofa, burla, befa.

Dērīvātio, ōnis. f. Cic. Derivacion, origen. Derivatio fluminum. Cic. La accion y efecto de apartar las aguas de los rios para formar acequias. — Verborum Quint. Derivacion de las palabras, como de bonus bonitas.

Dērīvātīvus, a, um. Prisc. Derivativo, lo que se deriva de otro.

Dērīvātus, a, um. Ces. part. de

Dērīvo, as, avi, atum, are. a. Col. Derivar, traer, hacer venir, conducir. Dicese propiamente de las aguas. Derivare culpam, crimen in aliquem. Cic. Echar á alguno la culpa de un delito. — Iram alicujus in se. Ter. Acarrearse la ira de alguno. — Aliquid in suos usus. Cic. Traer, reducir á, convertir en provecho suyo.

Dērōdo, is, si, sum, dĕre. a. Cic. Roer, corroer.

Dērŏgātio, ōnis. f. Ad Her. Derogacion, abolicion, anulacion de la ley ó de alguna de sus cláusulas.

Dērŏgātīvus, a, um. Diom. V. Derogatorius.

Dērŏgātor, ōris. m. Sid. Detractor, murmurador.

Dērŏgātōrius, a, um. Dig. Derogatorio, que deroga.

Dērŏgātus, a, um. Ad Her. part. de Derogo. Derogado, abolido, anulado. || Reformado.

Dērŏgĭto, as, avi, atum, are. a. Plaut. Multiplicar ruegos, rogar con muchas súplicas.

Dērŏgo, as, avi, atum, are. a. Cic. Derogar, abolir, anular la ley ó alguna de sus cláusulas, reformarla, quitarle alguna cosa. Derogare legi, de lege, ó legem. Cic. Derogar la ley. — Fidem alicui, ó de fide alicujus. Cic. Quitar el crédito á alguno. — Non mihi tantum derogo. Cic. No me tengo por tan corto.

Dērōsus, a, um. Cic. part. de Derogo. Roido, corroido.

Derpātum, i. n. Derpt, ciudad de Livonia.

Dertōna, ae. f. Plin. Tortona, ciudad del estado de Milan entre Pavía y Gĕnova.

Dertōsa, y Dertusa, ae. f. Plin. Tortosa, ciudad de Cataluña en España.

Dertūsāni, ōrum. m. plur. Plin. Los naturales de Tortosa.

Dertūsānus, a, um. Plin. Perteneciente á la ciudad de Tortosa en España.

Derventio, ōnis. m. Dervent, rio. || Huldbi, ciudad de Inglaterra.

Dĕruncĭnātus, a, um. part. de

Dĕruncĭno, as, avi, atum, are. a. Plaut. Acepillar. || Hacer pedazos.

Dĕruo, is, rui, rŭtum, ĕre. n. Apul. Arruinar, precipitar, dejar caer. || Caerse, arruinarse.

Dĕruptus, a, um. Liv. Cortado, fragoso, precipitado, escabroso.

Dĕrŭtus, a, um. part. de Deruo. Gel. Allanado, derribado.

Dĕsābŭlo, as, are. a. Varr. Afirmar, fortalecer.

Dĕsācrātus, a, um. Cap. part. de

Dĕsācro, as, avi, atum, are. a. Estac. Consagrar, dedicar.

Dĕsaevio, is, vi, itum, ire. n. Virg. Encruelecerse, abandonarse á la ira, enfurecerse. || Luc. Sosegarse, aplacarse. Desaevire in arte tragica. Hor. Estar penetrado de la pasion al componer una tragedia.

Dĕsaltātus, a, um. Suet. part. de

Dĕsalto, as, avi, atum, are. a. Suet. Saltar, danzar, bailar.

Descapŭlātus, a, um. Sen. Aquel á quien se le cae el vestido de los hombros, de las espaldas.

Dĕsarcĭno, as, avi, atum, are. a. Sen. Descargar, quitar, aliviar la carga.

Descendo, is, di, sum, dĕre. n. Cic. Descender, bajar, venir abajo. Hodie Antonius non descendit. Cic. Antonio no sale hoy de casa. — Hic cibus celeriter. Cels. Este manjar se digiere facilmente. — Alvus. Cels. El vientre está corriente. — Vulnus magno hiatu. Estac. La llaga es muy profunda. — Pestis. Virg. Se estiende la peste. — Ad crystalli viciniam. Plin. Se acerca, se parece mucho al cristal. — Fabula in gentes. Prop. La fábula se divulga, se estiende, se esparce por todos. Equo, ó ex equo descendere. Cic. Apearse del caballo, desmontarse. — Ad curas alterius. Plin. Tomar parte en los cuidados de otro. — In omnia familiaritatis officia. Plin. Bajarse hasta los servicios mas inferiores de la amistad. — Ad preces. Sen. Recurrir á las súplicas. — *In sese. Pets.* Entrar en sí mismo. — *Ad dicendum. Cic.* Ponerse á hablar en público. — *In dimicationem vitae. Ad Her.* Venir á una disputa sobre la vida. — *In certamen. Cic.* Venir á las manos. — *Ad ultima, ó extrema. Cic.* Recurrir á los últimos remedios. — *Ad conditiones oblatas. Cic.* Conformarse, aquietarse con las condiciones propuestas. — *Ab antiquis. Quint.* Apartarse de los antiguos. — *Flumen. Suet.* Ir por el rio abajo. *Descendunt in altum arboris radices. Col.* El árbol ha echado hondas, profundas raices. *Paratus ad omnia descendo. Ces.* Estoy pronto á conformarme con cualquier partido. *A Patriciis, et Consulibus descendere. Ulp.* Descender de patricios y de cónsules.

Descensio, ōnis. *f. Liv.* Descenso, la accion de descender ó bajar. ‖ El desembarco.

Descensus, us. *m. Virg.* El descenso ó bajada, el acto de bajar.

Descensus, a, um. *Prud. part. de* Descendo.

Descisco, is, scīvi, scĭtum, scĕre. *n. Cic.* Dejar, abandonar, salirse, irse, retirarse, partirse de. ‖ *Liv.* Rebelarse, amotinarse, faltar á la fe. *Desciscere ab instituto. Cic.* Faltar á la obligacion de su profesion. — *Ad excitata fortuna ad inclinatam, et prope jacentem. Cic.* Caer de una gran fortuna en una estrema miseria. — *A vita. Cic.* Morir.

Descŏbĭnātus, a, um. *Varr.* Arañado. *part. de*

Descŏbĭno, as, āre. *a. Varr.* Limar, raspar, atañar.

Describo, is, psi, ptum, bĕre. *a. Cic.* Describir, delinear, figurar, dibujar, representar. ‖ Copiar, trasladar. ‖ Pintar, hacer una descripcion, definir, esplicar. ‖ Dividir, distribuir, señalar, repartir. ‖ Prescribir, establecer. *Describere rationes. Cic.* Ajustar sus cuentas. ‖ *Jura. Cic.* Dar á cada uno lo que le es debido. — *Milites. Liv.* Levantar, alistar soldados. — *In deos. Plin.* Poner en el número de los dioses. — *Vectigal. Cic.* Imponer un tributo. — *Urbis partes ad incendia. Cic.* Señalar las partes de la ciudad á que se ha de poner fuego.

Descripte. *adv. Cic.* Separada, ordenada, distintamente.

Descriptio, ōnis. *f. Cic.* Descripcion, definicion, esplicacion, pintura, retrato, caracter. ‖ Órden, disposicion, division, distribucion, colocacion. *Descriptio militum. Cic.* Leva de soldados. *Descriptiones temporum. Cic.* Anales históricos. *Nosse descriptionem civitatis. Cic.* Conocer el órden, la distribucion de los magistrados y la manera de gobierno.

Descriptiuncŭla, ae. *f. Sen. dim. de* Descriptio. Descripcion pequeña.

Descriptor, ōris. *m. Lact.* El que describe, pinta.

Descriptus, a, um. *part. de* Describo. *Cic.* Copiado, trasladado. ‖ Notado, señalado, escrito. ‖ Ordenado, dispuesto, colocado, repartido, distribuido. ‖ Descrito, esplicado.

† Descrŏbo, as, āre. *a. Tert.* Encajar, engastar.

Dēsĕco, as, cui, sectum, āre. *a. Cic.* Cortar, segar. *Desecare vicem. Varr.* Podar la vid ó la viña. — *Segetes, et prata. Col.* Segar las mieses y los prados. — *Collum alicui. Virg.* Cortar la cabeza, segar el cuello á alguno.

Desecrātus, a, um. *Plin.* Consagrado, dedicado. *part. de*

Desecro, as, āre. *a. Plin. V.* Desacro.

Dēsectio, ōnis. *f. Col.* La corta ó siega.

Dēsector, ōris. *m. Col.* El que corta, el segador.

Dēsectus, a, um. *Liv. part. de* Deseco.

Desĕrātus, a, um. *Apul. V.* Reseratus.

Dēsĕro, as, sēvi, sĭtum, rĕre. *n. Varr.* Sembrar.

Dēsĕro, is, rui, sertum, rĕre. *a. Cic.* Dejar, desamparar, abandonar, destituir. *Deseruit hunc fides, et fama. Plaut.* Ha perdido su crédito y reputacion. *Nisi me lucerna desereret. Cic.* Si no me faltase, si no se me acabara la luz.

Dēserpo, is, psi, ptum, pĕre. *n. Estac.* Estenderse, derramarse, cundir.

Dēsertio, ōnis. *f. Liv.* Desercion, desamparo.

Dēsertor, ōris. *m. Cic.* El que abandona ó desampara. ‖ El soldado que deja su bandera.

Dēsertrix, īcis. *f. Tert.* La que abandona ó desampara.

Dēsertum, i. *n. Virg.* Desierto, yermo, soledad.

Dēsertus, a, um. *part. de* Desero. *Cic.* Desamparado, abandonado, destituido. ‖ Solitario, desierto, inculto. *Se entiende* locus.

Deservio, is, īvi, ītum, īre. *n. Cic.* Servir, obligar, hacer servicio con mucha diligencia. *Deservire studiis. Plin. men.* Aplicarse á los estudios. — *Corpori. Cic.* Buscar su propia conveniencia.

Dēses, sĭdis. *com. Liv.* Desidioso, ocioso, perezoso, holgazan.

Dēsiccātio, ōnis. *f. Varr.* La accion de secar ó desecar.

Dēsicco, as, āvi, ātum, āre. *a. Plaut.* Secar, desecar.

Dēsĭdeo, ēs, sēdi, sīdĕre. *n. Ter.* Estarse sentado sin hacer nada, estar ocioso. ‖ *Cels.* Hacer del cuerpo.

Dēsĭdĕrābĭlis. *m. f. lĕ. n. is. Cic.* Desiderable, deseable, apetecible, digno de ser deseado.

Dēsĭdĕrābĭlĭter. *adv. S. Ag.* y

Dēsĭdĕranter. *adv. Cas.* Con deseo.

Dēsĭdĕrans, tis. *com. Paul.* El que desea, apetece.

Dēsĭdĕratio, ōnis. *f. Cic.* Deseo, el acto de desear, querer, apetecer.

Dēsĭdĕrātus, a, um. *part. de* Desidero. Deseado, apetecido.

Dēsĭdĕrium, ii. *n. Cic.* Deseo, anhelo, apetencia. ‖ Dolor, sentimiento de haber perdido lo que se amaba. ‖ Pretension, demanda, súplica. *Valete mea desideria. Cic.* Á Dios prendas mias, mis amores. *Brutus erat in desiderio civitatis. Cic.* Bruto era muy deseado de toda la ciudad. *Meum desiderium, mea lux. Cic.* Mi corazon, mi vida.

Dēsĭdĕro, as, āvi, ātum, āre. *a. Cic.* Desear, apetecer. ‖ Echar de menos, sentir la falta, la pérdida. ‖ *Ulp.* Pedir, demandar en juicio. *Eo die milites septingenti sunt desiderati. Ces.* Este dia faltaron, murieron setecientos soldados.

Dēsĭdia, ae. *f. Cic.* y

Dēsĭdies, ēi. *f. Lucr.* Desidia, pereza, negligencia, flojedad, poltroneria.

Dēsĭdĭōse. *adv. Luc.* Desidiosamente, con desidia, pereza, flojedad.

Dēsĭdĭōsus, a, um, ior, issĭmus. *Cic.* Desidioso, ocioso, perezoso.

Dēsĭdo, is, sēdi, sīdĕre. *n. Cic.* Bajar al profundo, calarse. *Desidit tumor. Cels.* El tumor, la hinchazon baja, se disminuye. *Desidentes mores. Liv.* Costumbres que van de mal en peor.

Dēsĭduo. *adv. Varr.* De continuo, por largo tiempo.

Dēsignāte. *adv. Gel.* Señalada, espresamente, con órden.

Dēsignatio, ōnis. *f. Vitruv.* Diseño, delineacion, traza, modelo, idea, plan. ‖ Designacion, señalamiento, órden.

Dēsignātor, ōris. *m.* Delineador, arquitecto. ‖ *Hor.* El maestro de ceremonias en las pompas funerales. ‖ *Plaut.* El que dispone y acomoda las personas en el teatro. ‖ *Ulp.* El presidente en las fiestas públicas. ‖ El ministro del príncipe que iba á recoger los diezmos.

Dēsignātus, a, um. *Cic.* Designado, destinado. ‖ Dispuesto, ordenado. ‖ *Sen.* Notado, señalado. *Designatus consul. Cic.* Cónsul creado para el año próximo.

Dēsigno, as, āvi, ātum, āre. *a. Cic.* Señalar, notar. ‖ Significar, denotar, manifestar, espresar, como con señales. ‖ Destinar, designar. ‖ Diseñar, delinear, dibujar. *Designare nota ignaviae. Cic.* Infamar.

Dēsĭlio, is, lui, y lii, sultum, līre. *n. Cic.* Bajar de un salto, saltar hácia abajo. *Desilire de rheda. Cic.* Saltar, echarse fuera del coche. — *Ad pedes. Ces.* Desmontar, echar pie á tierra con presteza.

Dēsĭnātio, ōnis. *f. Sen.* Cesacion.

Dēsĭnātor, ōris. *m. Fest.* El que cesa, deja lo que estaba haciendo.

Dēsĭno, as, āre. *n. Fest.* Cesar.

Dēsĭno, is, īvi y sĭi, sĭtum, nĕre. *n. Cic.* Cesar, parar, dejar, acabar. ‖ Abandonar, renunciar. ‖ *Plin.* Morir. *Desinere artem. Cic.* Dejar el oficio. *Desine mollium querelarum. Hor.* Deja las tiernas quejas. *Pyrenaeus desinens. Flor.* La última parte del Pirineo. *Similiter desinens. Cic.* Acabar en cadencia. *Dicese de las palabras que terminan en unas mismas sílabas en uno ó muchos períodos.*

Dēsĭpiens, tis. *com. Cic.* Ignorante, necio, insensato

Dēsĭpĭentĭa, ae. f. Lucr. Ignorancia, necedad.

Dĕsĭpĭo, is, ĕre. n. Cic. Ser necio, ignorante, mentecato. ‖ Tert. a. Hacer, poner insípido, desaborido. Desipere in loco. Hor. Hacer el tonto en la ocasion. Senectute. Cic. Chochear con la vejez. Desipiebam mentis. Plaut. Yo estaba loco, estaba fuera de mi.

Dēsisto, is, stĭti, stĭtum, sistĕre. n. Cic. Desistir, parar, cesar, dejar, apartarse de, dar fin, concluir. ‖ Plaut. Detenerse, permanecer, estar. ‖ Marchar, partir, irse. Desistere bello. Liv. Desistir de la guerra. — Sententia, ó à sententia, ó de sententia. Cic. Mudar de parecer, revocar su opinion. Quid illic tandiu destitisti? Plaut. ¿Por qué te has detenido allí tanto tiempo?

Dēsĭtūdo, ĭnis. f. Sulp. Sev. Cesacion, parada, dejacion.

Dēsĭtus, a, um. Cic. part. de Desero, y de Desino. Desitum est. Cic. Se ha dejado, se ha cesado, se ha concluido. Desitis seminibus. Varr. Sembradas, plantadas las semillas.

Dēsōlātĭo, ōnis. f. Cic. Desolacion.

Dēsōlātōrĭus, a, um. Plaut. Que desuela, que sirve para desolar.

Dēsōlātus, a, um. Tac. part. de

Dēsōlo, as, āvi, ātum, āre. a. Col. Desolar, destruir, arruinar, asolar, dejar solo y desierto.

Dēsŏlūtus, a, um. Dig. Pagado.

Dēsomnis. m. f. nĕ. n. is. Petron. Desvelado, despierto, sin sueño.

Dēsorbeo, ēs. Tert. V. Absorbeo.

Despectātĭo, ōnis. f. Vitruv. El acto de mirar desde arriba. ‖ Lugar alto con vista á otros inferiores.

Despectĭo, ōnis. f. Cic. Desprecio, desaire, desden.

Despecto, as, āvi, ātum, āre. a. Virg. Mirar desde arriba, mirar hácia bajo. ‖ Tac. Mirar con desprecio, despreciar.

Despector, ōris. m. Ter. Despreciador, menospreciador.

Despectrix, īcis. f. Ter. La que desprecia.

Despectus, a, um. Cic. Despreciado, menospreciado. part. de Despicio.

Despectus, us. m. Ces. La vista de un lugar alto á otro inferior. ‖ Ad Her. Desprecio. Erat ex oppido despectus in campum. Ces. Se dominaba desde la ciudad con la vista todo el campo.

Despērābĭlis. m. f. lĕ. n. is. y

Despērandus, a, um. Cic. Aquello de que se debe desesperar, deplorable.

Despērans, tis. com. Cic. El que desespera ó desconfia. Desperantes vitam domini. Cic. Desconfiando de la vida de su señor. Desperans de se. Cic. Rebus suis. Cic. Desesperando de sí y de sus cosas. Desperantia ulcera. Plin. Llagas de cuya curacion se desespera, se pierde la esperanza.

Despēranter. adv. Cic. y

Despērāte. adv. S. Ag. Desesperadamente, sin esperanza, con desesperacion.

Despērātĭo, ōnis. f. Cic. Desesperacion, pérdida total de la esperanza.

Despērātus, a, um. Cic. part. de Despero. Desesperado, perdida la esperanza. Comp. Desperatior, sup. desperatissimus.

Desperno, is, prēvi, prētum, nĕre. a. Col. Despreciar en gran manera.

Despēro, as, āvi, ātum, āre. a. Cic. Desesperar, desconfiar enteramente, perder la esperanza. Desperare pacem. Cic. Perder la esperanza de la paz. — Salutis suae, de salute sua. Cic. De su salud, de su vida.

Despexi. pret. de Despicio.

Despĭcābĭlis. m. f. lĕ. n. is. Am. Despreciable.

Despĭcātĭo, ōnis. f. Cic. y

Despĭcātus, us. m. Cic. Desprecio, menoprecio, desestimacion, desaire.

Despĭcātus, a, um. Ter. part. de Despicor. Despreciado. Despicatissimus. Cic. Muy despreciable.

Despĭcĭens, tis. com. Cic. Despreciador.

Despĭcĭentĭa, ae. f. Cic. V. Despicatio.

Despĭcĭo, is, pexi, pectum, picĕre. a. Cic. Mirar hácia abajo. ‖ Mirar, ver. ‖ Despreciar, menospreciar. ‖ Descuidar. ‖ Rehusar, huir, evitar.

Despĭcor, āris, ātus sum, āri. dep. Prisc. Despreciar.

† Despĭcus, a, um. Nev. Atento, contemplativo.

Despŏlĭābŭlum, i. n. Plaut. Lugar donde uno se desnuda, se despoja.

Despŏlĭātĭo, ōnis. f. Tert. Despojo, el acto de despojar.

Despŏlĭātor, ōris. m. Despojador, el que despoja.

Despŏlĭātus, a, um. Cic. part. de

Despŏlĭo, ās, āvi, ātum, āre. a. Cic. Despojar, desnudar. Despoliare aliquem. Plaut Robar á uno.

Despondeo, ēs, di, ó spŏpondi, nsum, dēre. a. Cic. Prometer, dar palabra. Dícese propiamente de la que es prometida en casamiento. Despondere animo. Liv. Prometer, dar palabra. — Animum. Liv. Desesperar, perder la esperanza. — Sapientiam. Col. Desesperar de alcanzar la sabiduría.

Desponsātus, a, um. part. de Desponso (que no es usado.) Cic. Concedido, prometido en matrimonio.

Desponsĭo, ōnis. f. Cel. Aur. Desesperacion.

Desponso, as, āre. a. freq. de Despondeo. Suet. Desposar, prometer en matrimonio.

Desponsor, ōris. m. Varr. El que promete ó da palabra.

Desponsus, a, um. part. de Despondeo. Cic. Desposado, prometido en matrimonio.

Desprētus, a, um. part. de Desperno.

Desprēvi. pret. de Desperno.

Despūmātĭo, ōnis. f. Tert. El acto de espumar.

Despūmātus, a, um. part. de

Despūmo, as, āvi, ātum, āre. a. Virg. Espumar, quitar la espuma. ‖ Fregar, limpiar. ‖ Pers. Digerir, cocer.

Despuo, is, ui, ūtum, ĕre. a. Liv. Escupir, arrojar la saliva. ‖ Desechar, despreciar, echar de si. Despuendae sunt voluptates. Sen. Se han de despreciar los deleites.

Despūtāmentum, i. n. Fulg. y

Despūtum, i. n. Cel. Aur. Escupidura, esputo, saliva.

Desquāmātĭo, ōnis. f. Apic. Escamadura, el acto de quitar las escamas.

Desquāmātus, a, um. Plin. part. de

Desquāmo, as, āvi, ātum, āre. a. Plaut. Escamar, quitar las escamas á los peces. ‖ Plin. Escamondar, limpiar los árboles.

Destercŏro, as, āvi, ātum, āre. a. Ulp. Quitar el estiércol, limpiar.

Desterno, is, strāvi, strātum, nĕre. a. Veg. Desensillar, desaparejar, quitar la silla.

Desterto, is, tui, ĕre. n. Pers. Dejar de roncar, despertar.

Destĭco, as, āre. n. Aut de Fil. Chillar como los ratones.

Destīllātĭo, ōnis. f. Cels. Destilacion, fluxion. ‖ El acto y efecto de destilar ó sacar por alambique el jugo de algunas cosas.

Destillo, ās, āvi, ātum, āre. n Cels. Destilar, correr, caer, manar gota á gota.

Destĭmŭlo, ās, āvi, ātum, āre. a. Plaut. Disipar, gastar, consumir los bienes. ‖ Sim. Estimular, escitar.

Destĭna, ae. f. Vitruv. Vínculo, cadena con que alguna cosa se ata y contiene.

Destĭnāte. adv. Am. Obstinadamente.

Destĭnātĭo, ōnis. f. Plin. Destino, destinacion, determinacion. ‖ Deliberacion, intencion, resolucion.

Destĭnātō. adv. Suet. Con determinacion.

Destĭnātus, a, um. Apul. Atado. ‖ Cierto, constante, obstinado. ‖ Deliberado, propuesto, resuelto. ‖ Determinado, prefijo, prefinido. ‖ Destinado, asignado.

Destĭno, ās, āvi, ātum, āre. a. Ces. Atar, ligar, contener. ‖ Liv. Destinar, asignar, ordenar, señalar, determinar, resolver, establecer. Destinata certo ictu ferire. Curc. Dar en el blanco. Cur eam non properas destinare? Plaut. ¿Por qué no te das priesa á comprarla? Ex argento sororem destinat. Plaut. Con este dinero intenta rescatar á su hermana. De ampliando imperio plura in dies destinabat. Suet. Cada dia maquinaba nuevos caminos de ensanchar su imperio. Destinatum est mihi animo, ó in animo. Liv. Estoy resuelto, tengo determinado.

Destĭti. pret. de Desisto.

Destĭtuo, is, tui, tūtum, ĕre. a. Cic. Destituir, privar, desamparar, abandonar, dejar sin esperanza. ‖ Engañar, defraudar, frustrar. ‖ Poner, colocar, plantar. Sorti sor-

Ff

*tunas nostras destituit.* Cic. Dejó en manos de la suerte nuestras fortunas. *Duo armati in medio destituuntur.* Liv. Se meten en medio dos hombres armados. *Destitui spe.* Ov. Ser destituido de la esperanza.

Destĭtūtĭo, ōnis. f. Cic. Destitucion, desamparo, abandono, privacion. ‖ Falta de palabra, engaño.

Destĭtūtor, ōris. m. Tib. El que destruye, abandona, desampara.

Destĭtūtus, a, um. part. de Destituo. Liv. Plantado, puesto, colocado ‖ Destituido, desamparado, abandonado.

Destrangŭlo, ās, āvi, ātum, āre. a. Porc. Latr. V. Estrangulo.

Destrātus, a, um. part. de Desterno.

Destrāvi. pret. de Desterno.

Destricte. adv. Claud. Precisa, clara, distintamente.

Destrictīvus, a, um. Cel. Aur. Lo que tiene virtud de purgar.

Destrictus, a, um. part. de Destringo. Col. Arrancado, quitado, cortado. *Destrictus ensis.* Hor. Espada desnuda. *Destrictus vulnus.* Ov. Herida leve, cutánea.

Destrictum, i. n. Plin. Rsedura, ralladura.

Destringo, is, trinxi, strictum, gĕre. a. Col. Cortar, arrancar, coger arrancando. *Destringere ensem.* Cic. Sacar, arrancar, desenvainar la espada, tirar de ella. *Destringere oleas.* Col. Arrancar, coger con la mano las aceitunas. ___ *Aliquem contumelia.* Fedr. Ultrajar á alguno. ___ *Scripta alicujus.* Fedr. Examinar críticamente los escritos de alguno. ___ *Summum corpus arundine.* Ov. Herir levemente con una flecha.

Destructībilis. m. f. lĕ. n. is. y

Destructĭlis. m. f. lĕ. n. is. Lact. Lo que se puede destruir, deshacer.

Destructĭo, ōnis. f. Suet. Destruccion, ruina, asolamiento.

Destructīvus, a, um. Cel. Aur. Destructivo, lo que destruye ó tiene facultad de destruir.

Destructor, ōris. m. Tert. Destruidor, el que arruina, asuela y destruye.

Destructus, a, um. Suet. Destruido. part. de

Destrŭo, is, struxi, structum, ĕre. a. Cic. Destruir, deshacer, arruinar, aniquilar, asolar. *Destruere testes.* Quint. Rebatir los testigos.

Desub. prepos. de ablat. Flor. Debajo. *Desub Alpibus.* Flor. Al pie de los Alpes.

Desŭbĭto. adv. Cic. De repente, de improviso, repentinamente.

† Desŭbĭto, ās, āre. a. Jul. Firm. Destruir.

Desŭbŭlo, ās, āvi, atum, āre. a. Varr. Horadar, penetrar, agugerear con una lesna.

Desuctus, a, um. Palad. Agotado chupando.

Desŭdasco, is, ĕre. n. Plaut. Sudar, trabajar mucho.

Desŭdātio, ōnis. f. Jul. Firm. Sudor, el acto y efecto de sudar. ‖ Marc. Cap. El mucho trabajo.

Desūdātus, a, um. Claud. Sudado, trabajado con fatiga ó desvelo. part. de

Desūdo, ās, āvi, ātum, āre. n. Cels. Sudar mucho. ‖ Cic. Trabajar con fatiga y desvelo.

Desuefăcĭo, is, fēci, factum, făcĕre. a. Cic. Desacostumbrar, hacer perder y dejar el uso y costumbre.

Desuefactus, a, um. Cic. Desacostumbrado, que ha perdido el uso y costumbre.

Desuefīo, is, factus sum, fĭĕri. n. Varr. y

Desueo, ēs, suēvi, ēre. ó

Desuesco, is, suēvi, suētum, scĕre. n. Quint. Desusarse, desacostumbrarse, perder el uso y costumbre, deshabituarse.

Desuetūdo, ĭnis. f. Liv. Falta de uso, de ejercicio, de costumbre.

Desuētus, a, um. part. de Desuesco. Liv. Desacostumbrado, que ha perdido el uso y costumbre ‖ Virg. Desusado.

Desūgo, is, si, ctum, gĕre. a. Palad. Chupar, mamar.

Desulto, ās, āvi, ātum, āre. n. Tert. Saltar de una parte á otra.

*Desultŏr, ōris. m. Liv. El que salta de un caballo á otro, como hacen el día de hoy los caballeros tártaros. *Non sum desultor amoris.* Ov. No soy de los que se mudan en el amor.

Desultōrĭus, a, um. Suet. Á propósito para saltar. ‖ Cic. Inconstante. *Desultoria scientia.* Apul. La magia, por la que se mudan diferentes formas.

Desultrix, īcis. f. Tert. La que es inconstante, instable.

Desultūra, æ. f. Plaut. El acto de saltar de una parte á otra. ‖ La destreza de saltar de un caballo á otro.

Desum, dees, defui, deesse. n. anom. Cic. Faltar, estar ausente, no hallarse. *Deesse officio.* Cic. Faltar á su obligacion. ___ *Occasioni.* Cic. Perder la ocasion. ___ *Alicui.* Cic. Faltar á alguno en la necesidad, dejarle, abandonarle en ella. ___ *Convivio.* Cic. No hallarse en el convite, faltar á él.

Desūmo, is, sumpsi, sumptum, mĕre. a. Liv. Tomar, coger.

Desŭo, is, ĕre. a. Cat. Afianzar, abrazar, ceñir.

Desŭper. adv. Ces. y

Desŭperne. adv. Vitruv. De arriba, desde arriba, por la parte de arriba, por arriba.

Desurgo, is, surrexi, rectum, gĕre. n. Hor. Levantarse.

Desursum. adv. Bibl. V. Desuper.

Detectĭo, ōnis. f. Ulp. Descubrimiento, manifestacion.

Detector, ōris. m. Tert. Descubridor, el que descubre, manifiesta.

Detectus, a, um. Nep. Descubierto, manifiesto.

Detĕgo, is, texi, tectum, gĕre. a. Plaut. Descubrir, manifestar, quitar la cubierta. ‖ Revelar, publicar, declarar. *Detegere ossa alicujus.* Ov. Desenterrar los huesos de alguno. *Detegere stomachum.* Plaut. Descubrir el pecho, el corazon.

Detendo, is, di, sum, dĕre. a. Ces. Aflojar. *Detendere tabernacula.* Ces. Quitar, levantar las tiendas.

Detensus, a, um. Ces. part. de Detendo.

Detentātĭo, ōnis. f. Ulp. Retencion, posesion.

Detentātor, ōris. m. Ulp. Retenedor, poseedor.

Detentĭo, ōnis. f. Ulp. Retencion, detencion.

Detento, ās, āvi, ātum, āre. a. Ulp. Detener, retener, ocupar, estar apoderado.

Detentor, ōris. m. Ulp. Detenedor, retenedor.

Detentus, a, um. Tac. part. de Detineo. Detenido.

Detĕpesco, is, cui, scĕre. n. Sid. Enfriarse.

Detergeo, ēs, si, sum, gĕre. y

Detergo, is, si, sum, gĕre. a. Col. Limpiar, lavar, fregar, frotar. *Detergere sarmenta de arboribus.* Col. Escamondar, limpiar los árboles. ___ *Somnum pollice.* Claud. Estregarse los ojos para desechar el sueño. ___ *Remos.* Ces. Romper los remos. ___ *Muri crepidinem.* Liv. Abatir el parapeto de la muralla. ___ *Fastidia.* Col. Quitar el disgusto ó fastidio.

Detĕrĭae porcæ. f. plur. Fest. Puercas flacas, que están en los huesos.

Detĕrĭor. m. f. rius. n. ōris. sup. errĭmus. Cic. Deterior, menoscabado, inferior, peor. *Deterior peditatu.* Nep. Inferior en la infantería. *Jure.* Cic. ó *Conditione esse.* Liv. Ser de peor condicion, hallarse en mas mal estado. *Deterrimus mortalium.* Cic. El mas malo de todos los mortales.

Detĕrĭorātus, a, um. Sim. Deteriorado, empeorado, menoscabado.

Detĕrĭus. adv. Cic. Peor.

Determĭnālis. m. f. lĕ. n. is. Tert. Que se puede determinar ó limitar.

Determĭnātĭo, ōnis. f. Cic. Determinacion, término, estremo.

† Determĭnātor, ōris. m. Tert. El que determina, señala, define.

Determĭnātus, a, um. Plin. Determinado, definido, prefijo. part. de

Determĭno, ās, āvi, ātum, āre. a. Liv. Determinar, fijar, limitar, prescribir términos ó fines. ‖ Suet. Concluir, terminar, acabar.

Detĕro, is, trīvi, trītum, rĕre. a. Plin. Gastar, consumir. ‖ Majar, machacar. ‖ Disminuir.

Detereo, ēs, rui, rĭtum, rēre. a. Cic. Apartar, amedrentando, atemorizar, amedrentar, arredrar. *Deterrere aliquem à sententia, à proposito.* Cic. Apartar á uno de su opinion ó propósito. ___ *A dimicatione.* Cic. Disuadir á uno de combatir.

Deterrĭmē. *adv. Apul.* Pésimamente.

Detērrĭmus, a, um. *Cic. V.* Deterior.

Deterrĭtus, a, um. *part. de* Deterreo. *Cic.* Disuadido, apartado, amedrentado.

Detersus, a, um. *Petron.* Limpiado. *part. de* Detergeo.

Detestābĭlis. *m. f. lĕ. n. is. Cic.* Detestable, abominable, execrable, digno de aborrecimiento.

Detestabĭlĭter. *adv. Lact.* Aborrecíblemente, de una manera detestable.

Detestandus, a, um. *Tac.* Detestable, abominable.

Detestatĭo, ōnis. *f. Liv.* Imprecacion, execracion, maldicion. ¶ Detestacion, abominacion. *Diris detestationibus agere aliquem. Hor. Incessere. Suet. Defigere. Plin.* Llenar á uno de maldiciones.

Detestātor, ōris. *m. Tert.* El que detesta, abomina, aborrece.

Detestātus, a, um. *Hor.* Detestado, aborrecido, maldecido. *part. pas. de*

Detestor, āris, ātus sum, āri. *dep. Plaut.* Atestar, poner por testigo. ¶ Detestar, abominar, aborrecer, condenar. ¶ Maldecir. ¶ Suplicar que tal cosa no nos suceda. *Iram deorum in caput alicujus detestari. Plin. men.* Hacer imprecaciones contra alguno, echarle maldiciones.

Detexi. *pret. de* Detego.

Detexo, is, xui, textum, xĕre. *a. Virg.* Tejer, hacer un tejido. *Detexere aliquid junco, aut viminibus. Virg.* Hacer alguna obra, algun tejido de juncos ó mimbres.

Detextus, a, um. *part. de* Detexo. *Tibul.* Tejido. ¶ *Cic.* Hecho, acabado, concluido.

Detĭnĕo, ēs, nui, tentum, nēre. *a. Cic.* Detener, retardar, retener. ¶ *Ad Her.* Estar ocupado, divertido. *Nisi quid te detinet. Hor.* Si no tienes otra cosa que hacer.

Detŏnat, abat, uit. *imp. Ov.* Tronar y dejar de tronar. ¶ Hacer mucho ruido. ¶ *Quint.* Hablar muy alto.

Detondĕo, ēs, di, y totondi, tonsum, dēre. *a. Col.* Cortar, trasquilar. ¶ Pacer.

Detonso, ās, āvi, ātum, āre. *a. Gel. freq. de* Detondeo. Cortar, trasquilar á menudo.

Detonsus, a, um. *Col.* Trasquilado. *part. de* Detondeo.

Detornātus, a, um. *Gel.* Torneado. *part. de*

Detorno, ās, āvi, ātum, āre. *a. Plin.* Tornear, trabajar al torno.

Detorquĕo, ēs, rsi, rsum, y rtum, quēre. *a. Cic.* Torcer, doblar, inclinar á otra parte. ¶ Apartar. ¶ Interpretar siniestramente. *Detorquere in laevam. Plin.* Torcer á la izquierda. — *Labra. Quint.* Torcer la boca, torcer el hocico en señal de disgusto. — *Culpam in alium. Cic.* Echar la culpa á otro.

Detorsĭo, ōnis. *m. Firm.* La accion de volver ó torcer.

Detorsus, a, um. *Cat.* y

Detortus, a, um. *Cic. part. de* Detorqueo. Tuerto, torcido, contrahecho.

Detorrĕo, ēs, ui, ēre. *a. Sid.* Tostar mucho.

Detractātĭo, ōnis. *f. Tert. V.* Detrectatio.

Detractātor. *V.* Detrectator.

Detractātus, a, um. *Tert.* Tratado, examinado.

Detractātus, us. *m. Ter.* El tratado.

Detractĭo, ōnis. *f. Cic.* La accion de quitar ó robar por fuerza. ¶ Espulsion de algun humor vicioso y del escremento.

Detracto, ās, āvi, ātum, āre. *a. Tert.* Tratar, escribir.

Detractor, ōris. *m. Tac. V.* Detrectator.

Detractus, us. *m. Sen. V.* Detractio.

Detractus, a, um. *Ces.* Quitado. *part. de*

Detrăho, is, traxi, tractum, ĕre. *a. Ces.* Quitar, arrancar, detraer. ¶ Decir mal, infamar, quitar el crédito, murmurar. *Detrahere aliquid alteri. Cic.* Quitar una cosa por fuerza á alguno. — *Alicui. Ov.* De alguno. *Cic.* Decir mal de, infamar á alguno. — *Aliquem in judicium. Cic.* Traer á uno á juicio, al tribunal. — *Sanguinem. Col.* Sangrar.

Detrectātĭo, ōnis. *f. Liv.* El acto de rehusar, dificultad de hacer ó de obedecer.

Detrectātor, ōris. *m. Liv.* El que rehusa, repugna. ¶ Detractor, maldiciente, infamador.

Detrecto, ās, āvi, ātum, āre. *a. Ces.* Rehusar, repugnar, no querer hacer ú obedecer. *Detrectare Principem.*

*Suet.* No querer reconocer por su príncipe. *Adversae res etiam bonos detrectant. Salust.* Las adversidades hacen perder el crédito aun á los hombres de bien. *Invidia caeca est necquidquam aliud scit, quam detrectare virtutes. Liv.* La envidia es ciega, y no sabe hacer otra cosa que desacreditar las virtudes.

Detrimentōsus, a, um. *Ces.* Dañoso, perjudicial, pernicioso.

Detrimentum, i. *n. Cic.* Detrimento, daño, menoscabo, perjuicio. ¶ *Apul.* La accion de gastar, raspar, limar. *Detrimentum accipere. Cic.* Recibir daño. — *Inferre, importare. Cic.* Dañar, perjudicar.

Detrītus, a, um. *Plin. part. de* Detero. Gastado, consumido. ¶ Fregado, limpio. ¶ Molido, machacado.

Detrīvi. *pret. de* Detero.

Detriumpho, ās, āvi, ātum, āre. *a. Tert.* Triunfar enteramente.

Detrūdo, is, si, sum, dĕre. *a. Cic.* Echar á empellones. ¶ Compeler, obligar. *Detrudere aliquem de sententia. Cic.* Hacer mudar á uno de parecer por fuerza. — *Aliquem in poenam. Cic.* Castigar á uno con violencia, contra las leyes. — *Comitia. Cic.* Dilatar violentamente los comicios. — *Naves scopulo. Virg.* Arrancar, sacar con fuerza las naves del escollo.

Detruncatĭo, ōnis. *f. Plin.* Truncamiento, la accion de truncar, cortar ó tronchar.

Detruncātus, a, um. *Liv. part. de*

Detrunco, ās, āvi, ātum, āre. *a. Liv.* Cortar, truncar, tronchar.

Detrūsi. *pret. de* Detrudo.

Detrūsus, a, um. *Cic. part. de* Detrudo.

Detŭli. *pret. de* Defero.

Detŭmĕo, ēs, ui, ēre. *n. Estac.* y

Detŭmesco, is, mui, scĕre. *n. Petron.* Deshincharse, deshacerse, bajarse la hinchazon ó el tumor, desinflamarse. *Detumescunt odia. Petron.* Los odios se mitigan.

Detundo, is, ĕre. *a. Non.* Sacudir, batir, romper.

† Detunsus, a, um. *Apul. part. de* Detundo. Sacudido, golpeado, roto, quebrantado.

Deturbātus, a, um. *Ces. part. de*

Deturbo, ās, āvi, ātum, āre. *a. Cic.* Echar, derrumbar, derribar á empellones, por fuerza. *Possessione deturbare aliquem. Cic.* Echar á uno por fuerza de su posesion. *Scelus quemque mente deturbat. Cic.* La maldad saca de juicio á cualquiera.

Deturgens, tis. *com. Plin.* Lo que se va deshinchando, aplacando.

Deturpo, ās, āvi, ātum, āre. *a. Suet.* Deturpar, afear, desfigurar.

Deucalĭon, ōnis. *m. Virg.* Deucalion, hijo de Prometeo, rey de Tesalia, el único que se salvó con su muger Pirra de una inundacion que sobrevino. Los dos repararon el género humano, tirando hácia atras los huesos de la gran madre (esto es, las piedras de la tierra), convirtiéndose en hombres las piedras tiradas por Deucalion, y en mugeres las que tiraba Pirra. *Just. l. 2, cap. 2.*

Deucaliōneus, a, um. *Ov.* Perteneciente á Deucalion.

Deungo, is, xi, tum, gĕre. *a. Plaut.* Ungir, untar bien.

Deunx, uncis. *m. Cic.* La medida 6 peso de once onzas. ¶ Cualquier todo al cual se quita una parte de doce. ¶ *Marc.* Vasija que hace once ciatos, ó un sextario menos un ciato.

Deūro, is, ussi, ustum, rĕre. *a. Liv.* Abrasar, quemar. *Hiems arbores deusserat. Liv.* El frio del invierno habia abrasado los árboles. *Lo mismo dice Séneca del aliento de las serpientes.*

Deus, i. *m. Cic.* Dios, Señor y Criador de todo. Dase tambien este nombre por escelencia á los hombres sobresalientes en alguna cosa. ¶ Á los benéficos, liberales y conservadores, y á los muy felices. *Excedere et transigredi ad Deos. Vel.* Ser contados despues de la muerte en el número de los Dioses. *Diis iratis natus. Fedr.* Nacido en mala hora, en mal dia, en dia aciago, con mal agüero, estrella infeliz, á quien todo sucede mal. *O Dii! Dii immortales! Dii boni! Dii, Deaeque! Dii magni! Cic.* Son fórmulas de esclamacion y admiracion. *Per Deos, ita me*

*Dii ament. Cic. Fórmulas de jurar y rogar.* Por los Dioses, asi los Dioses me salven. Por Dios, asi Dios me salve. *Dii averruncent. Prohibeant. Quod Dii omen avertant. Ter. Cic. Fórmulas de rogar que no nos suceda mal.* No lo quieran, no lo permitan los Dioses, como tambien *Dii melius duint, Dii melius, Dii meliora. Cic. Ter.* Mejor lo hagan, lo quieran, lo permitan los Dioses. *Dii faxint, Dii faciant; Utinam Dii faxint, ut ó ne, Dii bene vertant, Cic. Fórmulas de desear y rogar el bien.* Los Dioses lo hagan, quieran, permitan. *Dii perdant, eradicent, male faciant, Dii, Deaeque omnes funditus perdant. Cic. Ter. Fórmulas de maldicion.* Los Dioses confundan, maldigan. *Dii te ament. Fórmula de salutacion. Plaut.* Dios te guarde. *Si Diis placet.* De ironía é indignacion. Sea, vaya por los Dioses. ǁ Si Dios quiere. *Descendo, ac ducente Dea. Virg.* Bajo, y guiándome la diosa Venus. *Vulgi Deus pervenit ad aures. Sil.* El oráculo llegó á oidos del vulgo. *Dii majorum gentium. Hor.* Los Dioses mayores comprendidos en estos dos versos de Enio:

*Juno, Vesta, Minerva, Ceres, Diana, Venus, Mars.*
*Mercurius, Jovi, Neptunus, Vulcanus, Apollo.—*
*Minorum. Ov.* Los Dioses menores comprendidos en estos dos versos del mismo:

*Vos quoque plebs superum Fauni, Satirique, Laresque,*

*Fluminaque, et Nymphae, Semideumque genus.*

Deustus, a, um. *Ces.* Abrasado, quemado. *part. de* Deuro.

Deutēriae, ārum. *m. plur. Plin.* Vinos segundos, de segunda suerte.

Deutĕrŏnŏmĭum, ii. *n. Lact.* Deuteronomio, *segunda ley. Uno de los libros de la sagrada Escritura.*

Deūtor, ĕris, ūsus sum, ūti. *dep. Nep.* Abusar, usar mal.

Dēvăgor, āris, ātus sum, āri. *dep. Dig.* Andar vago, errante, andar rodando de una parte á otra.

Dēvastātus, a, um. *Ov. part. de*

Dēvasto, ās, ävi, ātum, āre. *a. Liv.* Devastar, asolar, robar, abrasar, desolar.

Dēvastus, a, um. *Apul.* Muy vasto, grande.

Dēvecto, ās, āvi, ātum, āre. *a. Sid. freq. de* Deveho. Llevar, conducir frecuentemente.

Dēvectus, a, um. *Cic. part. de*

Dēvĕho, is, vexi, vectum, hĕre. *a. Plin.* Llevar, conducir, trasportar, acarrear por mar ó por tierra.

Dēvēlātus, a, um. *part. de* Develo, as.

Dēvēlo, as, āvi, ātum, āre. *a. Ov.* Quitar el velo, descubrir, manifestar.

Dēvello, is, elli, y ulsi, ulsum, ĕre. *a. Plaut.* Tirar, arrancar, sacar, coger tirando con fuerza.

Dēvĕnĕror, āris, ātus sum, āri. *dep. Ov.* Adorar, venerar, reverenciar, respetar, honrar. *Deum praecibus devenerari. Ov.* Rogar humildemente á Dios.

Dēvĕnio, is, vēni, ventum, nīre. *n. Cic.* Venir, llegar. ǁ *Hor.* Descender, bajar. ǁ *Plaut. Caer. Devenire ad studium juris. Cic.* Pasarse al estudio de la jurisprudencia.— *In insidias. Plaut.* Caer en una emboscada.— *Ad Senatum. Cic.* Recurrir al senado.

Dēvĕnustātus, a, um. *Sid.* Deturpado, afeado. *part. de*

Dēvĕnusto, as, āvi, ātum, āre. *a. Gel.* Deturpar, afear, deformar.

Dēverbĕrātus, a, um. *Lact.* Azotado, sacudido fuertemente. *part. de*

Dēverbĕro, as, āvi, ātum, āre. *a. Ter.* Azotar, sacudir fuertemente.

Dēvergentia, ae. *f. Gel.* Pendiente, declinacion, declivio.

Dēvergo, is, ĕre. *n. Apul.* Inclinarse hácia abajo.

Dēverra, ae. *f. Varr.* Deverra, *Diosa que guardaba á la muger recien parida.*

Dēverro, is, ĕre. *a. Col.* Barrer, limpiar bien.

Dēversĭtor, ōris. *m. Petron.* y

Dēversor, ōris. *V.* Diversor.

Dēversor, āris. *V.* Diversor.

Dēversōrĭum. *V.* Diversorium.

Dēversus, a, um. *Fest. part. de*

Dēverto, is, ti, sum, tĕre. *n. Cic.* Salir del camino para albergarse en alguna parte, hospedarse, alojarse. *In cauponam gratis devertere. Paul. Jct.* Alojarse de balde en la hostería.

Dēvescor, ĕris, sci. *dep. Suet.* Alimentarse, apacentarse.

Dēvestio, is, ivi, itum, ire. *a. Apul.* Desnudar, despojar.

Dēvĕto, ās. *Quint. V.* Veto.

Dēvexātus, a, um. *Cic.* Trabajado, molestado, atormentado.

Dēvexi. *pret. de* Deveho.

Dēvexio, ōnis. *f.* y

Dēvexĭtas, ātis. *f. Plin. men.* Declivio, descenso, pendiente, declinacion.

Dēvexo. *V.* Vexo.

Dēvexus, a, um. *Colum.* Pendiente, inclinado, declive. *Aetas devexa. Sen.* Edad próxima á la vejez. *Devexior dies. Claud.* Dia que va declinando, que se acerca á la noche.

Dēvia, ōrum. *n. plur. Sil. Ital.* Lugares sin camino.

Dēvīci. *pret. de* Devinco.

Dēvictio, ōnis. *f. Tert.* La victoria.

Dēvictor, ōris. *m. Estac.* El vencedor.

Dēvictus, a, um. *Nep. part. de* Devinco. *Ces.* Vencido, batido, deshecho. ǁ Ganado. *Devictum est semper privata gratia bonum publicum. Salust.* Siempre es vencido el bien público del interes particular.

Dēvĭgeo, ēs, ēre. *n. Tert.* y

Dēvĭgesco, is, ui, ĕre. *n. Tert.* Marchitarse, debilitarse, perder el vigor.

Dēvincio, is, nxi, nctum, cīre. *a. Cic.* Atar, ligar aprisionar. ǁ Obligar con beneficios. *Devincire se vino. Plaut.* Emborracharse. — *Locum aliquem religione. Cic.* Consagrar, dedicar á los dioses algun lugar. — *Sese affinitate cum aliquo. Cic.* Unirse en parentesco con alguno. *Isthoc me facto tibi devinxisti. Plaut.* Me has dejado con esta accion muy obligado.

Dēvinco, is, ici, victum, cĕre. *a. Cic.* Vencer enteramente.

Dēvinctio, ōnis. *f. Tert.* Ligadura, atadura, lazo.

Dēvinctus, a, um. *Cic. part. de* Devincio. *Devinctior me illi alter non est. Hor.* Nadie está mas obligado á él que yo.

Dēvio, ās, āvi, ātum, āre. *n. Macrob.* Descarriarse, descaminarse, desviarse del camino recto.

Dēvirgĭnātĭo, ōnis. *f. Escrib.* Desfloramiento, el acto de desflorar ó estuprar alguna virgen.

Dēvirgĭnātus, a, um. *Paul. Jct.* Desflorado, estuprado.

Dēvirgĭno, ās, āvi, ātum, āre. *a. Petron.* Desflorar, estuprar á una doncella.

Dēvītābĭlis. m. f. lĕ. n. is. *Apul.* Lo que se puede evitar, evitable.

Dēvītātĭo, ōnis. *f. Cic.* Evitacion, el acto ó efecto de esquivar ó evitar.

Dēvītātor, ōris. *m. Plin.* El que evita ó esquiva.

Dēvītātus, a, um. *Cic.* Evitado, esquivado. *part. de*

Dēvīto, ās, āvi, ātum, āre. *a. Cic.* Evitar, huir, esquivar, procurar evadirse y librarse de.

Dēvius, a, um. *Cic.* Descarriado, perdido, apartado del camino recto, descaminado. *Conciliis praeceps, et devius. Cic.* Precipitado en sus consejos y fuera de sentido. *Nihil tam flexibile, ac devium quam animus ejus. Cic.* No hay cosa tan fácil é inconstante como su ánimo, su espíritu.

Dēvōcātio, ōnis. *f. Apul.* Llamamiento.

Dēvŏco, ās, āvi, ātum, āre. *a. Cic.* Llamar á fuera, hacer salir ó venir llamando. *In dubium fortunas suas devocare. Ces.* Poner en riesgo sus bienes. — *Omnes invocatos. Nep.* Traer, convidar á comer á todos los que no estan convidados en otra parte.

Dēvŏlo, ās, āvi, ātum, āre. *a. Liv.* Volar hácia abajo, descender, bajar volando. ǁ Bajar, venir, correr apresuradamente, volar. *Simul fortuna delapsa est, devolant omnes. Ad Her.* Así que la fortuna vuelve las espaldas, desaparecen todos.

Dēvolvo, is, vi, vŏlūtum, vĕre. *Liv.* Voltear, revolver, tirar, echar dando vueltas hácia abajo. *Devolvere aliquem vita. Plaut.* Privar á uno de la vida. *Devolvi jumenta cum oneribus. Liv.* Caer rodando las caballerías con las cargas. — *Eo rem ut. Liv.* Ponerse las cosas en estado de que, reducirse á. — *Ad otium. Cic.* Darse á la ociosidad.

Dēvŏlūtus, a, um. *part. de* Devolvo. *Liv.* Echado, tirado ó caido rodando.

Dĕvŏmo, is, mui, ĭtum, mĕre. a. Gel. Vomitar.
Dĕvŏna, ae. f. Nevmarc, ciudad de Silesia.
Dĕvŏrātio, ōnis. f. Tert. La accion de devorar.
Dĕvŏrātor, ōris. m. Tert. Devorador, tragon, voraz, tragaldabas.
Dĕvŏrātōrius, a, um. Tert. Propio para devorar.
Dĕvŏrātus, a, um. Cic. part. de
Dĕvŏro, as, avi, ātum, āre. a. Cic. Devorar, tragar, consumir. Devorare pecuniam. Cic. ó patrimonium. Catul. Disipar, gastar, consumir el dinero, el patrimonio en festines. —Molestiam paucorum dierum. Cic. Sufrir el tedio de unos pocos dias. —Orationem. Cic. Escuchar una oracion, un discurso sin atencion, sin gusto, sin entenderle. — Libros Cic. Devorar, tragarse libros, leerlos con ansia y con presteza. —Oculis. Marc. Querérselo tragar con los ojos, mirar con ansia. In theatrorum orchestris vox devoratur. Plin. En las orquestas de los teatros se pierde la voz.
Dĕvortium. V. Divortium.
Dĕvōtāmentum, i. n. Tert. Anatema, escomunion.
Dĕvōtātus, a, um. Apul. Ligado con hechizos ó encantamientos.
Dĕvōte. adv. m. Lact. Devotamente.
Dĕvōtio, ōnis. f. Cic. Voto, oblacion, consagracion, dedicacion. || Devocion, adoracion, veneracion, culto que se dedica á Dios, á María Santísima y á los Santos. || Neg. Imprecacion, maldicion. || Tac. Hechizo, encantamiento.
Dĕvōto, as, avi, ātum, āre. a. Cic. freq. de Devoveo. Ofrecer, consagrar.
Dĕvōtōria carmina. Liv. Versos ó fórmulas señaladas para las invocaciones y votos.
Dĕvōtus, a, um. Cic. Votado, ofrecido, destinado, dedicado, consagrado. || Inclinado, aficionado, fiel y como dedicado á otro. || S. Ger. Devoto, piadoso, religioso. || Hor. Maldecido, execrable, detestable. || Ov. Encantado. Devotus studiis. Cic. Dado enteramente á los estudios. Devoti. Ces. Los que se obligaban solemne y recíprocamente á correr la misma fortuna en todo acontecimiento entre los Galos.
Dĕvŏveo, es, vovi, vōtum, vēre. a. Cic. Votar, ofrecer, prometer con voto. || Ov. Maldecir, detestar. || Tibul. Encantar, ligar, hechizar. || Dar, entregar, obligar. || Curc. Proscribir, condenar á muerte. Devovere se pro republica. Cic. Sacrificarse por la república, por el bien público. — Se amicitiis alicujus. Ces. Darse todo, dedicarse á la amistad de alguno.
Dĕvulsi. pret. de Devello.
Dĕvulsus, a, um. part. de Devello.
Dextans, tis. m. Col. Diez onzas. V. As.
Dextella, ae. f. dim. de Dextera. Cic. Pequeña mano derecha.
Dexter, tra, trum, ó tĕra, tĕrum. Cic. Diestro, derecho, de la mano derecha. || Favorable, propicio. || Apto, cómodo, idóneo, fácil. Dexterior. Plin. Mas apto. Dextimus. Varr. Aptísimo. Rem ita dexter egit, ut. Liv. Condujo el negocio con tanta destreza, que.
Dextĕra, y Dextra, ae. f. Cic. La derecha, la mano derecha. Dextera, a dextra, ad dexteram. Cic. Á la derecha, á la mano derecha. Dextram tendere, porrigere. Cic. Dar la mano, favorecer, proteger. Audendum dextra. Virg. Es menester combatir, apretar los puños. Dextra renovare. Tac. Renovar la paz, la alianza. —Conjungere. —Copulare. Virg. Dextram dextrae jungere. Virg. —Committere. Ov. Hacer una alianza, hacer la paz.
Dextĕre, y dextre. adv. Liv. Diestramente con maña y destreza. || Con felicidad. Nemo dexterius fortuna est usus. Hor. Ninguno ha sabido aprovecharse mejor de la fortuna.
Dextĕrĭtas, ātis. f. Liv. Destreza, maña, habilidad, aptitud. || Arnob. Prosperidad, felicidad.
Dextĭmus, a, um. Salust. superl. de Dexter.
Dextrāle, is. n. y
Dextrāliŏlum, i. n. Bibl. Brazalete.
Dextrātio, ōnis. f. Solin. Movimiento de la izquierda á la derecha.
Dextrātus, a, um. Colocado, puesto, situado á la derecha.

Dextrŏchērium, ii. n. Capit. Brazalete.
Dextrorsum, ó Dextrorsus. adv. Liv. y
Dextroversum, ó Dextrovorsum. adv. Plaut. Á la derecha.

## DI

Di y Dis. Preposiciones que solo se hallan juntas en composicion, y significan separacion, division, como en Diduco, Distraho.
Dia, ae. f. V. Dea. || Ov. Isla del mar crético, hoy Estandia. || Plin. Ciudad de la Quersoneso Táurica. || Plin. La isla de Naxos.
Diăbăthrārius, ii. m. Plaut. El zapatero.
Diăbăthrum, i. n. Varr. El zapato á la griega.
* Diabētes, ae. m. Col. Cañon, encañado por donde pasa el agua.
Diăbŏlĭcus, a, um. Paul. Nol. Diabólico, propio de ó perteneciente al diablo.
Diăbŏlus, i. m. Tert. El diablo. || Calumniador, acusador.
Diăcătōchia, ae. f. Cod. Teod. Posesion.
Diacatŏchus, i. m. Cod. Teod. Poseedor.
* Diachyton, i. n. Plin. Vino de uvas secas al sol, de pasas.
* Diacodion, i. n. Plin. Diacodion, jarabe de cabezas de adormideras blancas, medicinal contra el catarro.
Diăcōnātus, us. m. S. Ger. Diaconato, dignidad eclesiástica, la segunda de las órdenes sacras.
Diăcōnissa, ae. f. S. Ger. Diaconisa, nombre que se daba antiguamente á ciertas mugeres dedicadas al servicio de la iglesia. || La muger cuyo marido habia sido promovido al diaconato.
Diăcōnus, i. m. Tert. Diácono, ministro eclesiástico de grado segundo en dignidad inmediato al sacerdocio.
Diăcōpi, ōrum. m. plur. Dig. Canales para regar los campos.
Diădēma, ătis. n. Cic. Diadema, faja ó insignia blanca que antiguamente ceñia la cabeza de los reyes.
Diădēmātĭcus, a, um. Liv. Perteneciente á la diadema, diademado.
Diădēmātus, a, um. Plin. Ceñido ó adornado con diadema.
* Diădŏchos, i. m. Plin. Diadocos, piedra amarilla semejante al berilo.
Diădūmĕnus, a, um. Plin. V. Diademātus.
Diaerĕsis, is. f. Serv. Division, diéresis. Figura que se comete cuando una silaba se divide en dos como en Pictai vestis. Virg. en lugar de Pictae.
Diaeta, ae. f. Cic. Dieta, régimen de vivir con parsimonia y moderacion, la regla que establecen los médicos á los enfermos. || Plin. Cámara, sala, pieza donde se habita.
Diaetarchus, i. m. Inscr. y
Diaetārius, ii. m. Ulp. Camarero ó mayordomo, que tiene el cuidado de la cámara, ó manda á los criados que la cuidan. || El despensero de un navío.
Diaetētĭca, y Diaetetice, es. f. Cels. Dietética, parte de la medicina que enseña á curar solo con dieta.
Diaetētĭcus, a, um. Col. Aur. Perteneciente á la dieta.
Diăglŏucion, i. n. Plin. Colirio compuesto entre otras cosas del jugo de la yerba glaucio, llamada vulgarmente memita.
Diăgōnālis. m. f. lē. n. is. Vitruv. y
Diăgōnĭcus, a, um. Vitruv. y
* Diăgōnios. Vitruv. Diagonal. Se dice de la línea tirada en un paralelógramo de un ángulo á otro opuesto.
Diăgramma, ătis. n. Vitruv. Descripcion, diseño, figura.
* Diăgrăphĭce, es. f. Plin. Diagráfica, pintura en dibujo, arte del diseño ó de delinear.
Dĭălectĭca, ae. f.
Dĭălectĭce, es. f. Cic. Dialéctica, arte que enseña á discurrir y juzgar exactamente, á discernir lo verdadero de lo falso.
Dĭălectĭce. adv. Cic. Á la manera de los dialécticos, segun las reglas de la dialéctica.
Dĭălectĭcus, a, um. Cic. Dialéctico, lo que toca á la dialéctica.

Diălectĭcus, i. m. *Cic.* Dialéctico, el que profesa la dialéctica, ó es perito en ella.

Diălectus, y Dialectos, i. m. *Suet.* Dialecto, idioma, propiedad de cada lengua en sus voces, esplicacion y pronunciacion.

Diăleŭcus, a, um. *Plin.* Mezclado de blanco. *Habla del azafran.*

Diălis. m. f. lĕ. n. is. *Liv.* De Júpiter. ‖ *Apul.* Etéreo, aereo. *Dialis flamen. Liv.* Sacerdote de Júpiter.—*Flaminica. Tac.* Sacerdotisa de Júpiter.—*Consul. Cic.* Cónsul por un solo dia.—*Coena. Sen.* Gran convite que celebraban los flámines en las fiestas de Júpiter.

* Diallăge, es. f. *Quint.* Figura retórica cuando se juntan muchos argumentos para un efecto solo.

Diălŏgismus, i. m. *Cic.* Dialogismo, figura de sentencias cuando el orador habla con alguno, ó introduce á otros hablando entre sí.

Diălŏgista, ae. m. *Vulcac.* Disputador, diestro en la manera de disputar por diálogos.

Diălŏgus, i. m. *Cic.* Diálogo, coloquio, conferencia escrita ó representada entre dos ó mas personas.

Diămĕter, tri. f. y

Diămĕtros, tri. f. *Vitruv.* Diámetro, línea recta que atraviesa una figura por el medio, pasando por el centro.

Diămĕtrus, a, um. *Jul. Firm.* Diametral, lo que toca al diámetro.

Diăna, ae. f. *Cic.* Diana, *diosa de los bosques y de la caza.* ‖ *Marc.* La caza. *Diana lucifera. Val. Flac.* La luna en el cielo.—*Inferna. Val. Flac.* Hécate en los infiernos.

Diănium, ii. n. *Liv.* Templo de Diana. ‖ *Cic.* Denia, *ciudad de España en el reino de Valencia, enfrente de la Isla de Ibiza.*

Diănius, a, um. *Ov.* Perteneciente á Diana.

Diăpasma, ătis. n. *Plin.* Flor, yerba, polvos ó pastilla olorosa que se trae ó se masca por medicina ó por lujo.

* Diapăson. *Plin.* Diapason, *octava que consta de cinco tonos, tres mayores y dos menores, y de dos semitonos mayores, que son diapente ó quinta, y diatésaron ó cuarta.*

Diapente. V. Diapason.

Diăphŏrĕsis, is. f. *Cel. Aur.* Diaforesis, evacuacion ó evaporacion por el sudor, por los poros del cuerpo.

Diăphŏrĕticus, a, um. *Cel. Aur.* Diaforético, disolutivo, sudorífico. Se aplica al sudor y á los medicamentos útiles para sudar.

Diaphragma, ătis. n. *Cels.* Diafragma, membrana musculosa que separa el estómago de los intestinos.

Diăpŏrĕsis, is. f. *Quint.* Duda, figura retórica.

Diărium, ii. n. *Cic.* Diario, *la pitanza que se da á un soldado ó á un esclavo para cada dia, y la que se daba á los presos.* ‖ *Gel.* Diario, relacion diaria.

Diarrhea, ae. f. *Cic.* Diarrea, flujo de vientre.

Dias, ădis. f. *Marc. Cap.* El número de dos.

Diastĕma, ătis. n. *Sid.* Espacio, intervalo, distancia. *Voz propia de los medidores, astrónomos y músicos.*

Diastĕmăticus, a, um. *Marc. Cap.* Dividido, distante. V. Diastema.

Diastŏle, es. f. Diástole, *figura poética cuando se alarga una sílaba breve.*

* Diastylos. *Vitruv.* Que tiene colunas mas ralas ó mas separadas.

Diasyrmos, i. m. *Marc. Cap.* Diminucion, *figura de sentencias cuando el orador alabando lo que dice el contrario lo disuelve y rebate.*

Diatessăron. V. Diapason.

Diathĕca, ōrum. n. *Marc.* Testamento ó herencia que proviene de él.

Diathyrum, i. n. *Vitruv.* Puerta. ‖ Reja que se pone á la entrada de las puertas para que no entren caballerías.

Diătŏnĭcus, a, um. *Marc. Cap.* Modulacion diatónica. V. Diatonus.

Diătŏnus, a, um. *Vitruv.* Diatónico, *uno de los tres géneros del sistema músico que procede por dos tonos y un semitono.* ‖ *Vitruv.* La piedra que forma el ángulo interior ó saliente de un edificio.

Diatretārius, ii. m. *Cod.* El tornero.

Diatrētum, i. n. *Marc.* Vaso, copa ó taza adornada de pedrería.

Diatrētus, a, um. *Ulp.* Torneado, hecho á torno. ‖ Adornado, engastado de piedras, oro ó plata.

Diatrĭba, ae. f. *Gel.* Disputa, disertacion, conferencia. ‖ Academia ó el lugar en que se tiene. ‖ Escuela. *Secta, diatriba Platonis. Gel.* La escuela de Platon.

Diatritaeus, a, um. *Cel. Aur.* Terciana, lo que sucede una vez, otra no, y otra sí.

Diatrĭtus, i. f. *Cel. Aur.* Terciana, calentura ó accesion de ella que repite al tercer dia.

Diătўpōsis, is. f. *Marc. Cap.* Diatiposis, etopeya, descripcion, pintura de la forma y costumbres de un sugeto.

Diaŭlus, i. m. *Vitruv.* Espacio de dos estadios ó de 250 pasos geométricos en la carrera olímpica ó circense.

Diăzeŭxis, is. f. Figura poética lo mismo que diéresis.

Diazōma, ătis. n. *Vitruv.* Cíngulo, ceñidor.

† Dibalo, as, avi, atum, are. a. *Varr.* Consumir, gastar. *Dibalare rem suam. Varr.* Consumir sus bienes.

Dĭbăphum, i. n. *Cic.* Púrpura teñida dos veces. *Dibapho strumam vestire. Cic.* Cubrir su infamia con la púrpura ó insignia de magistrado. *Curtius dibaphum cogitat, sed eum infector moratur. Cic.* Curcio piensa en la púrpura, pero le detiene el tintorero. *Aleg.* que quiere decir, *piensa en la magistratura, pero no le salen bien las cosas.*

Dĭbăphus, a, um. *Plin.* Perteneciente á la púrpura teñida dos veces.

Dibrăchys, is. m. *Diom.* Dibraquis, *pie métrico que consta de dos sílabas breves, como* Dărĕ.

Dĭca, ae. f. *Cic.* Proceso, accion, pleito, demanda en justicia. *Dicam impingere. Ter.*—*Scribere alicui. Cic.* Demandar en justicia, poner pleito á alguno. *Dicis causa ó gratia. Cic.* Por causa de justicia ó de derecho. ‖ *Nep.* Socolor, con apariencia. *Sortiri dicam y dicas. Cic.* Sortear los jueces de un pleito.

Dĭcăcĭtas, ătis. f. *Cic.* Dicacidad, mordacidad, gracia en el decir picante y satírica.

Dĭcăcŭle. adv. *Apul.* Mordaz, satíricamente, con agudeza y chiste.

Dĭcăcŭlus, a, um. *Apul.* Decidor, agudo, gracioso, satírico, un poco mordaz. ‖ *Plaut.* Hablador, locuaz.

Dicaearchi, ōrum. m. plur. *Fest.* Los naturales de Puzol.

Dicaearchia, ae. f. *Fest.* Puzol, *ciudad del reino de Nápoles.*

Dicaeus. adj. *Plin.* Justo, *sobrenombre que dieron los tebanos á Apolo.*

Dicarchaeus, a, um. *Estac.* De Puzol ó perteneciente á esta ciudad.

Dicarchis, ĭdis. f. *Petron.* V. Dicaearchia.

Dĭcătio, ōnis. f. *Cic.* y

Dĭcătūra, ae. f. *Plin.* Dedicacion, el acto de dedicar. ‖ Dedicatoria.

Dĭcătus, a, um. *Cic. part. de* Dico, as. Dedicado, destinado, asignado, ofrecido, consagrado.

Dĭcax, ācis. com. *Cic.* Decidor, gracioso, mordaz, agudo, satírico.

Dĭchalcum, y Dichalcon, i. n. *Vitruv.* Moneda pequeña de cobre que valia la cuarta, y segun otros la quinta parte de un óbolo.

Dĭchŏreus, i. m. *Cic.* Dicoreo, ditroqueo, *pie métrico que consta de dos coreos ó troqueos, como* Cĭvĭtătĕ.

* Dĭchotŏmos. *Macrob.* La luna en medio de su orbe.

Dĭcĭbŭla, ōrum. n. plur. *Tert.* Cuentos, fábulas pueriles.

Dĭcis causa, ó gratia. V. Dica.

Dĭco, as, avi, atum, are. a. *Cic.* Dedicar, ofrecer, destinar, aplicar, consagrar. *Dicare se in clientelam alicui. Ces.* Ponerse bajo la proteccion de alguno.—*Se totum alicui. Cic.* Dedicarse enteramente á alguno, á su trato, servicio ó interes.—*Vota. Sil.* Hacer un voto.—*Operam alicui. Ter.* Emplearse en servir á alguno.—*Se civitati ó in aliquam civitatem. Cic.* Establecerse en una ciudad.—*Templum Deo. Plin.* Dedicar, consagrar un templo á Dios.—*Annos suos vitae coelibi. Sen.* Resolverse á pasar sus dias en el celibato. *Ptisanae laudibus volumen dicavit Hippocrates. Plin.* Hipócrates compuso un libro entero en alabanza de la tisana.

**Dico**, is, dixi, dictum, cĕre. *a. Cic.* Decir, hablar, pronunciar. Afirmar. || *Nep.* Intimar. || *Suet.* Describir, cantar, celebrar en verso ó prosa. || Predecir, pronosticar. || Establecer, acordar, determinar, prescribir. || Prometer, asignar. *Dicere apud Judices pro aliquo, de aliqua re, contra ó adversus aliquem Cic.* Hablar delante de los jueces, defender en justicia la causa de uno contra otro. *Dicere de scripto Cic.* Recitar leyendo. — *Sententiam. Cic.* Dar su parecer. — *Dictatorem. Cic.* Nombrar dictador. — *Diem ó diem alicui. Ter.* Dat, señalar dia. — *In aurem. Plaut.* Decir al oido. — *Bella. Virg. Prælia. Hor.* Cantar, celebrar, escribir las guerras y batallas. — *Cœnam. Plaut.* Convidar á cenar. — *Salutem. Cic.* Saludar en presencia y por escrito. — *Leges, conditiones. Liv.* Imponer, dar leyes ó condiciones. — *Multam. Cic.* Multar, echar una multa. *Ita dictu opus est. Ter.* Asi es preciso decir. *Quod dici solet. Ter.* Como se suele decir, como suelen decir. *Vel dicam Cic.* Mejor diré, ó por mejor decir. *Ut ita dicam. Petron.* Por decirlo asi. *Non facile dixerim. Cic.* No sabré decir. *Dices, dicet aliquis Cic.* Dirás, dirá alguno. *Dici nos bonos studemus. Ter.* Deseamos ser tenidos por buenos. *Roma patrem patriae Ciceronem libera dixit. Juv.* Roma libre llamó á Ciceron padre de la patria. *Ars dicendi. Cic.* La retórica. *Dicendi genus Cic.* El estilo, el modo de hablar ó de escribir.

**Dicrŏta**, ae. *f.* y

**Dicrŏtum**, i. *n. Cic.* Galera de dos órdenes de remos.

**Dictaeus**, a, um. *Plin.* Perteneciente á Dicte, monte de Creta de la isla de Candia.

**Dictammum**, i. *n. Plin.* y

**Dictamnus**, y **Dictamus**, i. *f. Cic.* Dictamo, planta semejante al poleo.

**Dictāta**, ōrum. *n. plur. Cic.* La leccion ó conferencia diaria que un maestro dicta á sus discípulos.

**Dictātio**, ōnis. *f. Paul. Jct.* La accion de dictar.

**Dictātiuncŭla**, ae. *f. S. Ger.* Breve copia hecha dictando.

**Dictātor**, ōris. *m. Liv.* Dictador, *magistrado supremo entre los romanos, creado por cierto tiempo y en caso de grave necesidad. Le nombraba el consul; debia ser varon consular; llevaba delante de los seguros y veinte y cuatro haces de varas, nombraba él al general de la caballería; perdian con su nombramiento la autoridad y el poder todos los demas magistrados; no podian usar de caballo, aunque le llevaban en la guerra, pidiendo licencia el pueblo para ello; duraba su imperio seis meses, si no pedia otra cosa la necesidad del estado, hasta que Sila y Cesar hicieron perpetua esta dignidad.*

**Dictatōrius**, a, um. *Cic.* Perteneciente al dictador.

**Dictātrix**, īcis. *f. Plaut.* La que dicta, manda, ordena.

**Dictatūra**, ae. *f. Cic.* Dictadura, dignidad y poder del dictador.

**Dictātus**, a, um. *part. de Dicto. Cic.* Dictado.

**Dictērium**, ii. *n. Marc.* Dicterio. *Dicho satírico, agudo y mordaz.*

**Dictio**, ōnis. *f. Cic.* Diccion, el acto de decir. || Lo mismo que se dice, palabra, voz, vocablo. || Frase, modo, manera de hablar. || Estilo, elocucion, lenguage. || Oráculo, respuesta del oráculo. *Dictio causae. Cic.* Esposicion, defensa de su causa, descargo. || *Testimonii. Ter.* Declaracion, testimonio, deposicion. — *Subita. Cic.* Discurso hecho de repente.

† **Dictionārium**, ii. *n.* 6

† **Dictionārius liber.** Diccionario.

† **Dictiōsus**, a, um. *Varr.* Decidor, gracioso, chistoso.

**Dictĭto**, ās, āvi, ātum, āre. *a. Cic.* Andar diciendo, decir á menudo, repetir. *Dictitare causas. Cic.* Defender muchos pleitos. *Dictitabant enim. Ces.* Diciendo (para escusarse) que es la significacion mas propia.

**Dicto**, ās, āvi, ātum, āre. *a. Cic.* Decir, proferir, esplicar despacio lo que otro ha de decir ó escribir, dictar. Echar, señalar el maestro la leccion ó conferencia. || *Quint.* Mandar, ordenar. || Inspirar, sugerir. *Dictare testamentum, codicillos. Suet.* Hacer testamento ó codicilos. — *Actionem. Suet.* Escribir una oracion á alguno para que repita su derecho. || *Paul. Jct.* Introducir la pretension, entablar la demanda.

**Dictor**, ōris. *m. S. Ag.* El que dice.

**Dictum**, i. *n. Cic.* Dicho, espresion, palabra. || Promesa. || Orden, precepto, mandato. || Proverbio, sentencia. || Respuesta del oráculo, prediccion. || Dicho, agudo, gracia, donaire, chiste. || Injuria, agravio, oprobrio. *Dictum sapienti sat est. Ter.* A quien entiende basta una palabra, al buen entendedor de pocas palabras. *Dicto citius. Liv.* Tan presto como lo dijo. — *Audiens. Quint.* Obediente, puntual. *Hæc ubi dicta dedit. Virg.* Luego que dijo esto.

† **Dictūrio**, is, īre. *n. Macr.* Querer decir.

**Dictus**, a, um. *part. de Dico. Liv.* Dicho, pronunciado, hablado, recitado. || Prometido, pactado, establecido. || *Virg.* Consagrado, dedicado. || Llamado. || Conmemorado, alabado. || Creido, tenido por. *Dictum factum, ó ae factum. Ter.* Dicho y hecho, al instante.

**Dictynna**, ae. *f. Ov.* Diana ó la luna.

**Dictynnaeus**, a, um. *Plin.* Perteneciente á Diana.

**Dictys**, ys, y yos. *m. Ov.* Dictis, uno de los centauros muerto por Piritoo. || Un pescador serifio, que halló el arca en que fue echada al mar Danáe con su hijo Perseo. || *Dictis cretensis,* que vivió segun algunos en tiempo de la guerra de Troya, y escribió en griego seis libros acerca de ella, los cuales estan traducidos en latin, sin que se sepa el autor de esta traduccion, que unos atribuyen á Q. Sep. Severo, y otros á Cornelio Nepote. V. Dissert. Jac. Perizonii.

**Didascālĭcus**, a, um. *Gel.* Didascálico, propio de, ó perteneciente á la enseñanza.

**Didĭci**. *pret. de Disco.*

**Didĭdi**. *pret. de Dido.*

**Didĭtus**, a, um. *part. de Dido. Virg.* Divulgado, esparcido, sembrado. || Repartido, distribuido.

**Didius**, a, um. *Macrob.* Perteneciente á Didio, ciudadano romano. *Lex Didia.* La ley didia, que moderaba los gastos escesivos en los convites.

**Dido**, us, y ōnis. *f. Virg.* Dido, Elisa, hija de Belo, rey de Tiro, que huyendo de su hermano Pigmalion fundó á Cartago.

**Dido**, is, dĭdĭdi, dĭdĭtum, ĕre. *a. Hor.* Esparcir, divulgar, sembrar. || Distribuir, repartir, señalar, asignar. *Dum munia didit. Hor.* Mientras reparte los empleos.

\* **Didŏros**, i. *Vitruv.* De dos palmos.

**Didrachma**, ātis. *n.* y

**Didrachmum**, i. *n. Tert.* Moneda que valia dos dracmas.

**Didūco**, is, xi, ctum, ĕre. *a. Cic.* Llevar, conducir á diversas partes. || *Cels.* Separar, dividir, distribuir. || *Vitruv.* Abrir, desunir. *Diducere matrimonium. Suet.* Separar, deshacer, desunir un matrimonio. — *Milites. Ces.* Enviar, repartir los soldados en varios destacamentos. — *Hostem. Tac.* Distraer, dividir las fuerzas del enemigo. — *Argumenta in digitos. Quint.* Dividir los argumentos por los dedos.

**Diductio**, ōnis. *f. Sen.* Separacion, division, desunion, distribucion.

**Diductus**, a, um. *part. de Diduco. Plin.* Dividido, separado, abierto. *Diductus ab hostibus meis erat Pompejus. Ces.* Mis enemigos habian seducido á Pompeyo. *Diducta civitas. Tac.* Ciudad dividida en bandos. — *Terra. Tac.* Tierra hendida, abierta. — *Cornua. Liv.* Alas de un ejército estendidas, abiertas. — *Britannia mundo. Claud.* Inglaterra separada del resto del mundo por ser isla. — *Foribus palatii diductis. Tac.* Abiertas, forzadas, apalancadas las puertas del palacio.

**Didyma**, ae. *f.* Plaza de la Tebaida de Egipto. || Oráculo de Apolo en Mileto. || Puente de Tesalia. || Montaña cerca de Laodicea. || Dos pequeñas islas cerca de la de Esciros.

**Didymae**, ārum. *f. plur.* Didimo, *ciudad de Sicilia.* Isla en el mar de Sicilia. || Ciudad de Livia.

**Didymaeum**, n. *Plin.* Templo de Apolo en Mileto, donde hubo un oráculo célebre.

**Didymaeus**, i. *m. Macrob.* Sobrenombre de Apolo, del sol.

**Diecŭla**, ae. *f. Cic. dim. de Dies.* Un breve dia.

**Directa**, y **Directe**, y **Directo**. *adv. Plaut.* En mala hora, en hora mala.

Dierectus, a, um. *adj. Plaut. Abi dierectus.* Anda en hora mala.

Dies, diēī, *f. y m. Cic.* Dia. ‖ Tiempo, largo espacio de dias. ‖ Luz, claridad. ‖ *Estac.* El cielo. ‖ La vida. *Dies pecuniarium. Cic.* El dia señalado para la paga del dinero. *Die aliquid facere. Cat.* Hacer una cosa á su tiempo, en tiempo oportuno. *Ad hanc, ad hunc diem. Plin.* Hasta este tiempo. *Supremum, ó suum diem obire, Nep.* Morir. *Dicere. Cic.* Dar, señalar, determinar dia. ‖ Citar á juicio para cierto dia. *Dies profesti. Hor.* Dias de labor, de trabajo. — *Legitimi. Cic.* Dias en que se tenian las juntas del pueblo. — *Justi. Gel.* Treinta dias que daban los jueces á los deudores para pagar. ‖ *Fest.* Treinta dias, durante los cuales, habiéndose mandado estar pronto el ejército, estaba enarbolada una bandera roja en el capitolio. *Diem ex die ducere, Ces.* Diferir, dilatar de un dia para otro. — *Ex die spectare. Cic.* Esperar de dia en dia. — *Projicere. Estac.* Matarse, darse muerte. — *Adimere aegritudinem hominibus falsum est. Ter.* Es un error creer que el tiempo quita las pesadumbres á los hombres. — *Petere. Cic.* Pedir tiempo, término. — *Satis laxam studere. Cic.* Conceder un término bastante largo. — *Condere. Hor.* Pasar todo el dia, el dia entero. — *De die. Ter.* De dia, por el dia. — *Carca emere. Plaut.* Comprar á crédito. — *Oculata. Plaut.* Á dinero contante.

Diēsis, is. *f. Vitruv.* La cuarta parte del tono músico, diesi, tetratemoria y enarmónica mínima.

Diespiter, pĭtris. *m. Hor.* Júpiter, padre del dia, de la luz.

Diffāmātus, a, um. *Ov. part. de*

Diffāmo, as, avi, atum, are. *a. Tac.* Disfamar, desacreditar, publicar los defectos de alguno. ‖ Publicar, divulgar.

Diffarreātio, ōnis. *f. Fest.* Difarreacion, separacion solemne entre los antiguos de las personas casadas, divorcio, sacrificio para romper el matrimonio.

Diffarreo, as, avi, atum, are. *a. Ulp.* Hacer divorcio, separarse haciendo la ceremonia de la difarreacion.

Diffătīgo, as, are. *a. Plaut.* Fatigar por todas partes.

Differcio, is, rsi, rtum, cire. *a. Hor.* Llenar.

Diffĕrens, tis. *com. Cic.* Diferente, desemejante. ‖ *Quint.* Diferencia, á modo de sustantivo.

Diffĕrenter. *adv. Solin.* Diferentemente.

Diffĕrentia, ae. *f. Cic.* Diferencia, desemejanza, disparidad, diversidad.

Diffĕrentius. *adv. comp. Liv.* Con mas diferencia.

Diffĕritas, atis. *f. Lucr. V. Differentia.*

Diffĕro, fers, distŭli, dilatum, ferre. *a. Cic.* Llevar, distraer, trasportar á un lado y á otro. ‖ Diferir, trasferir, dilatar, prorogar. ‖ Divulgar, sembrar, esparcir. ‖ *Prop.* Infamar, desacreditar. ‖ Ser diferente, discrepar. *Differre sitim. Plin. men.* Aguantar la sed. — *Famam alicui. Plaut.* Sembrar, estender la voz ó fama de alguno. — *Animum. Estac.* Suspender la cólera. — *Nubila. Virg.* Disipar las nubes. — *Aliquem. Marc.* Hacer esperar á alguno. — *Cum aliquo, aliqua re. Cic. In aliqua re. Nep.* Diferenciarse de alguno en alguna cosa. *Differri vi fluminis, Ces.* Ser arrebatado de la corriente del rio. *Diffeŕtum, numquam tollitur. Prop.* Puede bambalear, pero no desarraigarse.

Differtus, a, um. *part. de Differcio. Tac.* Lleno, cargado de.

Diffibŭlo, as, avi, atum, are. *a. Estac.* Desabrochar, desabotonar.

Diffĭcĭle. *adv. Cic.* Dificilmente, con dificultad, apenas. *comp. ius. sup.* llime.

Diffĭcĭlis. *m. f. le. n. is. com.* lior. *sup.* llimus. Difícil, dificultoso, penoso, trabajoso, árduo. ‖ Impertinente, mal acondicionado. ‖ Oscuro, embarazado. *Homo difficilis. Cic.* — *Difficillima natura. Nep.* Hombre duro, de mal genio, impertinente, de mala condicion. *In difficili est. Liv.* Es difícil. *Difficile ad fidem. Liv.* — *Ad credendum. Lucr.* Difícil de creer.

Diffĭcĭliter. *adv. Cic. V. Difficile.*

Diffĭcultas, atis. *f.* Dificultad, trabajo, embarazo, oposicion. ‖ *Cels.* Enfermedad. ‖ Mala condicion. *Difficultas domestica. Cic.* Pobreza. — *Annonae. Cic.* Escasez, falta, carestia de víveres. — *Corporis. Cels.* Indisposicion, enfermedad.

Diffĭculter. *adv. Cic. V. Difficile.*

Diffīdens, tis. *com. Cic.* Desconfiado. *Diffidens rebus suis. Cic.* El que desespera del buen suceso de sus cosas.

Diffīdenter. *adv. Cic.* Con desconfianza.

Diffīdentia, ae. *f. Cic.* Desconfianza, miedo y poca esperanza de salir bien.

Diffīdo, is, fīsus sum, dĕre. *n. Ces.* Desconfiar, no tener confianza, perder la esperanza. *Diffidere alicui, ó de alicuo. Cic.* Desconfiar de alguno, tenerle por sospechoso. ‖ No fiarse de él.

Diffindo, is, fīdi, fissum, dĕre. *a. Cic.* Hender, dividir, rajar, separar, abrir. *Diffindere diem. Liv.* Diferir, cortar, dejar para el dia siguiente.

Diffingo, is, nxi, fictum, gĕre. *a. Hor.* Echar á perder, destruir, descomponer, desfigurar lo que estaba hecho y formado. *Diffingere incude ferrum retusum. Hor.* Renovar, componer las armas usadas.

Diffīnio. *V. Definio.*

Diffīnitio, ōnis. *V. Definitio.*

Diffīnītīve. *adv. Asc. Ped.* Definitivamente.

Diffissio, ōnis. *f. Gel.* Prorogacion, dilatacion.

Diffissus, a, um. *Cic. part. de Diffindo.* Hendido, rajado, dividido.

Diffīsus, a, um. *Cic. part. de Diffindo.* El que desconfia, desconfiado. *Diffisus fidei alicujus. Cic.* Desconfiado de la lealtad de alguno.

Diffĭteor, ēris, ēri. *dep. Cic.* Negar, no confesar, no conceder.

Diffflātus, a, um. *Aus. part. de Difflo.* Deshecho desfigurado, disipado soplando.

Diffflētus, a, um. *Apul.* Echado á perder, desfigurado, afeado llorando.

Difflo, as, avi, atum, are. *a. Plaut.* Disipar, deshacer, abatir soplando.

Diffluens, tis. *com. Cic.* Que mana, corre, se estiende por diversas partes.

Diffluo, is, fluxi, fluxum, ĕre. *n. Cic.* Correr, manar, estenderse, derramarse por diversas partes. *Diffluere extra ripas. Cic.* Salir de madre. — *Sudore. Plin.* Estar todo sudado, cubierto de sudor. — *Otio. Cic.* Vivir entregado al ocio.

Diffluus, a, um. *Macrob. V. Diffluens.*

Diffluxio, ōnis. *f. Cel. Aur. V. Fluxus.*

Diffractus, a, um. *Vitruv.* Roto, hecho pedazos.

Diffringo, is, frēgi, fractum, fringĕre. *a. Plaut.* Romper, quebrar, quebrantar, hacer pedazos, piezas.

Diffūdi. *pret. de Diffundo.*

Diffūgio, is, fūgi, fūgitum, gĕre. *n. Cic.* Huir por diversas partes, dar á huir, á correr, echar á correr. ‖ Evitar, rehusar. *Diffugere domum. Liv.* Huir á su casa. — *Ad praesidia. Ces.* Retirarse á las fortalezas, á las guarniciones, á las plazas fortificadas. — *Periculo mortis. Cic.* Escapar del peligro de la muerte. — *Proelium. Ces.* Rehusar la batalla. *Diffugiunt staellae. Ov.* Desaparecen las estrellas. — *Nives. Hor.* Se derriten las nieves. — *Terrores. Lucr.* Se disipan, se desvanecen los temores.

Diffūgium, ii. *n. Tac.* Huida por una y otra parte.

Diffūgo, as, are. *a. Sil. Ital.* Ahuyentar, hacer huir, poner en fuga.

Diffulgŭro, as, are. *a. Sid.* Esparcir, echar de sí resplandor.

Difffulmĭno, as, avi, atum, are. *a. Sil.* Arrojar, lanzar, disparar rayos. ‖ Destruir, deshacer con rayos.

Diffundĭto, as, avi, atum, are. *n. freq. de Diffundo. Plaut.* Derramar con prodigalidad, consumir, disipar.

Diffundo, is, fūdi, fūsum, fundĕre. *a. Cic.* Difundir, estender, esparcir, derramar por diversas partes. *Diffundere dolorem flendo. Ov.* Aliviar la pena llorando. — *Semen. Cic.* Brotar la simiente. — *Vultum. Liv.* Mostrar alegria en el rostro. — *Animum alicujus. Ov.* Ensanchar el corazon de alguno. *Diffundi ab aliquo. Virg.* Descender de alguno.

Diffūse. *adv. Cic. com. sius.* Dispersamente, por una y otra parte. ‖ Difusa, estendida y dilatadamente.

Diffluxil is. m. f. lē. n. is. Lucr. Que se difunde, se estiende ó derrama, fluido.

Diffusio, ōnis. f. Sen. Difusion, estension, dilatacion.

Diffusor, ōris. m. Inscr. Trasegador, el que trasiega los licores.

Diffusus, a, um. Cic. part. de Diffundo. Derramado, esparcido, disperso por diversas partes. ‖ Ov. Alegre, libre de cuidados. ‖ Difuso, dilatado. Corona diffusior. Plin. men. Auditorio mas numeroso.

Digamia, ae. n. Tert. Bigamia, la condicion del que se casa con dos mugeres, ó á un tiempo, ó una despues de otra.

Digamma, ătis. n. Quint. Digamma, nombre griego con que los latinos nombraban la F, compuesta de dos gammas.

Digamus, i. m. Tert. Bigamo, el que se casa con dos mugeres.

Digentia, ae. m. El rio del Sol, rio de Italia.

Digeries, ēi. f. V. Digestio.

Digero, is, gessi, gestum, rĕre. a. Cic. Digerir, distribuir, disponer, dividir, ordenar, colocar. ‖ Digerir, cocer, hacer la digestion. Digerere limum. Plin. Rastrillar el lino. — Aliquem. Cels. Llevar, conducir á uno de una parte á otra. — Senium. Val. Flac. Pasar la vejez. — Tempora. Liv. Ordenar la historia de los tiempos. — Rempublicam. Cic. Arreglar la república. — Honorem. Cels. Resolver, gastar, consumir un humor. — Jus civile in genera. Cic. Distribuir el derecho civil en varios títulos. — Mandata alicujus. Cic. Ejecutar puntualmente los mandatos.

Digesta, ōrum. n. plur. Ced. Just. El digesto, las pandectas, recopilacion que mandó hacer Justiniano de las respuestas de los antiguos jurisconsultos.

Digestibilis. m. f. lē. n. is. Cel. Aur. Fácil de digerir.

Digestim. adv. Prud. Ordenadamente.

Digestio, ōnis. f. Cic. Distribucion, órden, colocacion, reparticion. ‖ Digestion, distribucion de la comida desde el estómago á las venas y miembros del cuerpo, coccion.

Digestor, ōris. m. Estac. El que digiere, ordena, dispone.

Digestorius, a, um. Plin. Digestivo, lo que ayuda y facilita la digestion.

Digestus, a, um. Cic. part. de Digero. Distribuido, ordenado, dividido.

Digestus, us. m. Estac. Distribucion, reparticion, division.

Digitābŭlum, i. n. Varr. y
Digitale, is. n. Varr. Dedal ó dedil, defensa ó cubierta de los dedos.

Digitalis. m. f. lē. n. is. Plin. De un dedo, de la medida de un dedo.

Digitatus, a, um. Plin. Que tiene dedos.

Digitellum, ó Digitellus, i. n. m. Plin. dim. de Digitus. ‖ La yerba llamada siempreviva mayor ó puntera.

Digitulus, i. m. Ter. dim. de Digitus. Dedillo.

Digitus, i. m. Cic. El dedo. Digitus index. Hor. — Salutaris. Suet. El dedo índice. — Medius. Mart. — Infamis. Pers. El dedo de enmedio. — Annularis. Plin. — Medicus. Gel. Dedo anular. — Minimus. Plin. — Minuscalus. Plaut. Dedo miñique ó auricular. — Pollex. Dedo pulgar ó gordo. Digiti primores. Cat. Las puntas de los dedos. Summis ó extremis digitis attingere. Cic. Tocar con las puntas de los dedos, esto es, ligeramente. Digitus transversus. Cat. El grueso de un dedo. — Patens. Ces. El largor de un dedo. — Aquae. Paul. Jct. Un dedo de agua, la duodécima parte de una onza. Digitum ab aliqua re non discedere. Cic. No discrepar, no apartarse un dedo de una cosa. — Tollere. Cic. Levantar el dedo, mostrarse partidario de alguno. ‖ Pujar el precio en una venta pública. Marc. Confesarse vencido pidiendo perdon al pueblo, como hacian los gladiadores. Digitis computare. Plin. Contar por los dedos. Digito coelum attingere. Cic. Tocar con un dedo en el cielo, creerse en el lleno de la felicidad.

Digladiabilis. is. m. f. lē. n. Prud. Contrastable.

Digladiator, ōris. m. Liv. El que combate ó disputa.

Digladior, āris, ātus sum, āri. dep. Cic. Andar á cuchilladas. ‖ Reñir, disputar, contender.

Digma, ătis. n. Dig. El indicio ó prueba.

Dignandus, a, um. Cic. Que merece, que es digno.

Dignanter. adv. Vop. Favorablemente, con dignacion.

Dignatio, ōnis. f. Cic. Honor, concepto, reputacion, estimacion, crédito, dignidad, favor. Dignatio Principis. Tac. Dignidad, cualidad del príncipe. In dignationem Principum pervenire. Liv. Llegar á la estimacion, á ser muy estimado de los principales.

Dignatus, a, um. part. de Dignor. Virg. El que se ha dignado. ‖ Cic. Dignado, honrado, juzgado digno. Qui tali honore dignati sunt. Cic. Los que han sido tenidos por dignos de tal honra.

Digne, ius, issĭme. adv. m. Cic. Dignamente, conforme al mérito. Peccare cruce dignius. Hor. Cometer un delito que merece mas que la horca.

Dignitas, ātis. f. Cic. Dignidad, mérito. ‖ Dignidad, clase. ‖ Grandeza, autoridad, estimacion. ‖ Honestidad, decoro, virtud. ‖ Hermosura. Laudare aliquem pro dignitate. Cic. Alabar á uno cuanto merece. Docere non habet dignitatem. Cic. El enseñar tiene poco decoro, no es estimado. Dignitates. Plin. men. Las dignidades, empleos, honras. Dignitas domus. Cic. Grandeza, magnificencia de una casa. Dignitati servire. Nep. Mirar, aspirar al decoro, á la honra, á la estimacion. Dignitas gemmae. Plin. El precio, estimacion de una piedra preciosa.

Dignitōsus, a, um. Petron. Constituido en alta dignidad.

Digno, as, āvi, ātum, āre. a. Pacuv. y
Dignor, āris, ātus sum, āri. dep. Suet. Juzgar, reputar digno, tener por tal. ‖ Suet. Dignarse, condescender, no desdeñarse. Dignari nomine. Cic. Ser creido digno de un nombre. Non dignor ambire grammaticos. Hor. No me digno, me desdeño de consultar á los gramáticos.

Dignōratio, ōnis. f. Tert. Marca, señal.

Dignōrator, ōris. m. Tert. El que marca ó señala.

Dignōro, as, āvi, ātum, āre. a. Fest. Marcar, señalar, poner una señal para reconocer alguna cosa.

Dignosco, is, nōvi, nōtum, scĕre. a. Tac. Discernir, distinguir, conocer con diferencia y eleccion. Dignoscere rectum curvo. Hor. Discernir lo tuerto ó derecho, distinguir el bien del mal.

Dignus, a, um, ior, issĭmus. Cic. Digno, acreedor, merecedor. ‖ Justo, decente, conveniente. Dignius nihil est quod ametur. Ter. No hay cosa mas digna de ser amada. Dignissimam suae virtutis curam suscipere. Cic. Tomar un empeño, emprender una cosa muy digna de su virtud. Dignissimus odio. Cic. Muy aborrecible. Dignus alter eligi, alter eligere. Plin. men. El uno digno de elegir, y el otro de ser elegido.

Digrediens, tis. com. Virg. El que parte, marcha.

Digredior, dĕris, ressus sum, ĕdi. dep. Cic. Partir, ir, marchar. ‖ Retirarse, apartarse á otra parte. ‖ Hacer digresion. Digredi ad pedes. Liv. Apearse. — Ab aliquo. Cic. Dejar á uno. — A proposito, á, ó de causa. Cic. Apartarse del asunto, hacer una digresion.

Digressio, ōnis. f. Cic. Partida, ida, salida, apartamiento, separacion. ‖ Digresion.

Digressus, a, um. Cic. part. de Digredior. El que se ha apartado, ido, separado. Digressus longius ab iracundia. Cic. Dejado llevar demasiado de la cólera.

Digressus, us. m. Cic. V. Digressio.

Digrunnio, is, ire. n. Fedr. Gruñir el puerco ó como él.

Dii, deōrum. m. plur. V. Deus.

Dijambus, i. m. Diom. Diyambo. Pie métrico, compuesto de dos yambos, uno severísimo.

Dijovis, is. m. Varr. Júpiter ayudador.

Dijudicatio, ōnis. f. Cic. Juicio, decision, crítica.

Dijudicatrix, icis. f. Apul. La que juzga, hace juicio, discierne.

Dijudicatus, a, um. Ces. Juzgado, decidido. part. de
Dijudico, as, āvi, ātum, āre. a. Cic. Juzgar, hacer juicio, decidir, discernir juzgando. Dijudicare controversiam. Cic. Decidir, ajustar, componer una diferencia. — Vera, et falsa. — vera á falsis. Cic. Discernir, distinguir lo verdadero de lo falso, la verdad de la mentira. — Inter sententias. Cic. Dar dictamen entre dos sentencias.

Dijugatio, ōnis. f. Arnob. Separacion.

Dijugo, as, āre. a. Arnob. Separar lo unido ó atado.

Dijunctio, ōnis. f. Cic. Proposicion disjuntiva. ‖ Arnob. Desunion, separacion.

Gg

Dijunctus, a, um. *Varr.* Separado, desunido *part. de*

Dijungo, is, nxi, ctum, gĕre. *a. Cic.* Dividir, desunir, separar.

Dila, æ. *f.* El puerto de Verdun. Havre de la Galfa narbonense.

Dilābens, tis. *com. Hor.* Deleznable, escurridizo, que se desliza. ‖ Que se pierde, se va, se pasa.

Dilābĭdus, a, um. *Plin.* y

Dilabĭlis. *m. f. lĕ. n. is. Lucr.* Lo que con facilidad se pasa, se pierde y deshace.

Dilābor, ĕris, lapsus sum, lābi. *dep. Cic.* Escurrirse, deslizarse, correr, disiparse por varias partes. ‖ Perderse, disolverse, deshacerse, perecer, decaer, desvanecerse. ‖ Huir, escaparse. *Dilabi memoria. Cic.* Escaparse de la memoria, pasarse. — *Vetustate. Col.* Arruinarse, caerse de viejo. — *Ad epulas. Quint.* Meterse como quien se escurre en un convite.

Dilăcĕrandus, a, um. *Cat.* Lo que se ha de despedazar.

Dilăcĕrātio, ōnis. *f. Arnob.* Despedazamiento, la division de alguna cosa en pedazos.

Dilăcĕrātus, a, um. *Tac.* Despedazado. *part. de*

Dilăcĕro, as, avi, atum, are. *a. Cic.* Despedazar, desgarrar, romper, dividir en pedazos. ‖ Destruir.

Dilamīno, as, avi, atum, are. *a. Ov.* Rajar, hender, dividir en dos.

Dilancīnatus, a, um. *Prud.* Despedazado, desgarrado.

Dilănĭatus, a, um. *Ov.* Despedazado. *part. de*

Dilănio, as, avi, atum, are. *a. Cic.* Despedazar, desgarrar, dividir en pedazos.

Dilăpĭdātio, ōnis. *f. Cod. Teod.* La accion de desempedrar, dilapidacion.

Dilăpĭdo, as, avi, atum, are. *a. Cat.* Desempedrar. ‖ *Ter.* Dilapidar, disipar, gastar temerariamente.

Dilapsio, ōnis. *f. S. Ag.* El acto de consumir, disipar, dilapidar.

Dilapsus, a, um. *part. de* Dilabor. *Liv.* Desvanecido, disipado, consumido, arruinado. *Dilapsi domos. Cic.* Retirados á sus casas. *Dilapsa glacies. Cic.* Yelo derretido, deshecho. *Dilapsae res. Cic.* Negocios arruinados, decaidos, perdidos.

Dilargior, iris, gītus sum, iri. *dep. Cic.* Dar, hacer, repartir larguezas, liberalidades. *Dilargiti vestes militibus. Tac.* Repartir vestidos á los soldados.

Dilargitus, a, um. *part. de* Dilargior. *a. y pas.*

Dilātātio, ōnis. *f. Tert.* Dilatacion, estension.

Dilātātus, a, um. *Cic.* Dilatado, estendido, alargado.

Dilātio, ōnis. *f. Cic.* Dilacion, prolongacion, próroga, retardacion, detencion. *Dilationem petere. Plin. men.* Pedir término, próroga. — *Res non recipit. Liv.* El caso no admite dilacion.

Dilāto, as, avi, atum, are. *a. Cic.* Dilatar, estender, alargar. ‖ Ampliar, amplificar. — *Manum. Cic.* Abrir la mano. — *Orationem. Cic.* Amplificar la oracion.

Dilātor, ōris. *m. Hor.* El que dilata, difiere.

Dilātōrius, a, um. *Dig.* Dilatorio, lo que proroga, alarga el término jurídico.

Dilātus, a, um. *part. de* Differo. *Cic.* Diferido, prorogado, prolongado. ‖ *Nep.* Divulgado, esparcido.

Dilaudo, as, avi, atum, are. *a. Cic.* Alabar con variedad ó mucho.

Dilaxo, as, are. *a. Hor.* Dilatar, alargar.

Dilectio, ōnis. *f. Tert.* El amor.

Dilector, ōris. *m. Apul.* El amador.

Dilectus, a, um. *Cic. part. de* Diligo. Escogido. ‖ Amado, dilecto. *Dilectior. Claud.* Mas amado. *Dilectissimus. Est. Dilectisimo, muy amado. Dilectus civitate. Cic.* Elegido de entre los ciudadanos.

Dilectus, us. *m. Fest.* Eleccion.

Dilemma, ătis. *n. Cic.* Dilema, argumento cornuto, compuesto de una disjuntiva en dos proposiciones, que por cualquiera de las dos queda convencido el contrario ó el asunto.

Dilexi. *pret. de* Diligo.

Dilĭgens, tis. *com. Nep.* Amante. ‖ Diligente, cuidadoso. ‖ Económico, parco, aplicado. *Diligentissimus omnis officii. Cic.* Exactísimo en todas sus obligaciones.

Dilĭgenter, tius, tissĭme. *adv. Cic.* Diligentemente, con cuidado, solicitud, actividad, exactitud. ‖ Con juicio, discernimiento, eleccion.

Dilĭgentia, æ. *f. Cic.* Diligencia, cuidado, solicitud, actividad, exactitud. ‖ Frugalidad, economía, parsimonia. ‖ *Sim.* Dileccion, amor. *Diligentia non est ista, sed avaritia. Cic.* Esta no es economía, sino avaricia. *Mea diligentia mandatorum tuorum. Cic.* Mi diligencia en ejecutar tus órdenes.

Dilĭgo, is, lexi, lectum, līgĕre. *a. Cic.* Amar con eleccion, escoger, elegir. *Parece que* Diligo *significa menos que* Amo, *como se puede ver por las espresiones siguientes de Ciceron:* Tantum accessit, ut mihi nunc denique amare videar, antea dilexisse. *Se acrecentó tanto, que ahora es cuando me parece que le amo, y antes le estimaba.* Ut sciret eum non á me diligi solum, verum etiam amari. *Para que supieses que no solamente le estimo, sino que le amo.*

Dilŏgia, æ. *f. Ant. Ped.* Ambigüedad, anfibología, equívoco.

† Dilōres, um. *f. plur. Vop.* Vestidos que se ataban ó atacaban con dos cordones.

Dilōrĭcatus, a, um. *Apul. part. de*

Dilōrĭco, as, avi, atum, are. *a. Cic.* Desabrochar, desabotonar, apartar el vestido del pecho. ‖ Quitarse la loriga.

Dilūceo, es, xi, ēre. *n. Hor.* Resplandecer, brillar, lucir. ‖ *Liv.* Manifestarse, aclararse, descubrirse, hacerse patente.

Dilūcescit. *impers. Cic.* Amanece, empieza á ser de dia.

Dilūcĭdandus, a, um. *Ad Her.* Lo que se ha de ilustrar, dilucidar, declarar, esplicar.

Dilūcĭdātio, ōnis. *f. Cap.* Dilucidacion, ilustracion, mayor esplicacion.

Dilūcĭde. *adv. Cic.* Claramente, de una manera clara, inteligible. *Dilucidius. Plin.* Mas claramente. *Dilucide docere. Liv.* Enseñar, informar claramente.

Dilūcĭdo, as, avi, atum, are. *Ad Her.* Dilucidar, ilustrar, esplicar, declarar con mucha claridad.

Dilūcĭdus, a, um. *Plin.* Claro, lucido, resplandeciente. ‖ *Cic.* Claro, inteligible, manifiesto, evidente.

Dilūcŭlat, abat. *imp. Gel.* Amanece, rompe el dia.

Dilūcŭlo. *ablat. abs. Cic. Cum diluculo. Plaut. Diluculo primo. Cic.* Al amanecer, al romper el dia, á la primera luz del dia.

Dilūcŭlum, i. *n. Cic.* El alba, la aurora, crepúsculo matutino.

Dilūdia, ōrum. *n. plur. Hor.* Intermision, dilacion de las fiestas públicas, descanso, vacacion que se daba á los gladiadores de cinco dias antes de las fiestas.

Dilŭo, is, lui, lūtum, ĕre. *a. Ces.* Quitar, limpiar lavando. ‖ Disminuir, desvanecer, disipar. ‖ *Val. Flac.* Humedecer, bañar. ‖ Mezclar, templar. *Diluere crimen. Cic.* Confutar, refutar el delito, justificarse de él. — *Curas mero. Ov.* Disipar los cuidados con el vino. — *Vinum. Hor.* Aguar el vino, mezclarle, templarle con agua. *Dilue mihi quod rogavi. Plaut.* Esplícame lo que te he pedido.

Dilūte. *adv. Macrob.* Lavando.

Dilūtius. *adv. comp. Cels.* Con mas cantidad de agua. *Dilutius potare. Gel.* Beber el vino mas aguado.

Dilūtum, i. *n. Plin.* Infusion.

Dilūtus, a, um, tior, tissĭmus. *Cic. Cels.* Mezclado, templado, aguado. *part. de* Diluo.

Dilŭvĭalis. *m. f. lĕ. n. is. Sol.* Lo perteneciente al diluvio ó inundacion.

Dilŭvĭes, ēi. *f. Hor.* Diluvio, inundacion.

Dilŭvĭo, as, avi, atum, are. *a. Lucr.* Inundar, cubrir de aguas.

Dilŭvio, ōnis. *f. Cens. V.* Diluvies.

Dilŭvĭum, ii. *n. Plin.* Diluvio. ‖ *Virg.* Ruina, destruccion.

Dimăchae, ārum. *m. plur. Curc.* Soldados de caballería de los macedonios, que peleaban tambien á pie cuando era necesario. Dragones.

Dimădeo, es, dui, ēre. *n. Luc.* Bañarse, humedecerse. ‖ Derretirse, desleirse.

Dimāno, as, avi, atum, are. *n. Cic.* Manar, correr, derramarse por diversas partes.

Dimensio, ōnis. *f. Cic.* Dimension, medida.

† Dimensor, ōris. *m.* Medidor, el que mide.

Dimensus, a, um. *part. de* Dimetior. *Virg.* El que ha medido. ‖ *Ces.* Medido.

Dimersus, a, um. *Tert. V.* Demersus.

Dimetātio, ōnis. *f. Liv.* Medida.

Dimetātus, a, um. *Liv. part. de* Dimeto.

Dimeter, tra, trum. *Diom.* Dímetro, lo que consta de dos metros.

Dimetiens, tis. *com. Plin.* El que mide. *Dimetiens linea. Plin.* El diámetro.

Dimetior, iris, ensus sum, metīri. *dep. Cic.* Medir, tomar la medida. ‖ Ordenar, disponer con medida y orden. ‖ *Vitruv.* Ser medido.

Dimeto, ās, āvi, ātum, āre. *a. Liv.* Señalar, describir midiendo, medir.

Dimetria, ae. *f. Aus.* Poema en yambos dímetros.

Dimicātio, ōnis. *f. Cic.* Combate, batalla, pelea. ‖ Riesgo, peligro. ‖ *Cic.* Certamen, disputa, debate, contienda, riña. *Dimicatio capitis, et famae. Cic.* Peligro de la vida y de la fama.

Dimico, ās, āvi, cui (*Ov.*), ātum, āre. *n. Cic.* Combatir, pelear, venir á las manos. ‖ Disputar, contender, debatir. ‖ Correr riesgo, peligro. *Dimicare de ó pro imperio cum aliquo. Cic.* Pelear, tener guerra con alguno sobre el imperio ó dominio.—*Viritim. Curc.* Pelear cuerpo á cuerpo, en desafío. *In Hispania prope ducentos per annos dimicatum est. Flor.* Duró la guerra (de los romanos) en España casi 200 años. *Dimicare de vita gloriae causa. Cic.* Arriesgar la vida por la gloria.

Dimidiātim. *adv. de cant. Plaut.* Por mitad.

Dimidiātio, ōnis. *f. Tert.* Division por mitad.

Dimidiātus, a, um. *Cic.* Demediado. *part. de*

Dimidio, ās, āvi, ātum, āre. *a. Plaut.* Demediar, separar, partir, dividir en mitades.

Dimidium, ii. *n. Cic.* La mitad. *Dimidium animae meae. Hor.* La mitad de mi alma. *Dimidium facti, qui bene coepit, habet. Ov.* La mitad de la obra tiene hecha el que ha empezado bien. *Dimidium horae. Gel.* Media hora. *Dimidia carius. Cic.* La mitad mas caro.—*Minoris constare. Cic.* Costar la mitad menos.

Dimidius, a, um. *Ces.* Medio, demediado, mediado, partido por el medio. *Dimidum labrum. Marc.* Uno de los dos labios. *Dimidia ex parte haeres. Cic.* Heredero por mitad.

† Diminōro, ās, āre. *a. Tert.* Minorar, disminuir.

Diminuo, y Deminuo, is, nui, nūtum, ĕre. *a. Cic.* Disminuir, minorar, apocar, reducir á menos. ‖ Enagenar. *Diminuam caput tuum. Ter.* Te romperé la cabeza. *Diminui capite. Cic.* Perder su puesto, su dignidad, ser degradado.

Diminūtio, ōnis. *f.* Diminucion, merma, menoscabo, pérdida. ‖ Enagenacion de bienes y del sentido. *Diminutio capitis. Cic.* Degradacion. ‖ Decaimiento de fortuna, de estado.

Diminūtive. *adv. Asc. Ped.* Con, en diminucion.

Diminūtīvus, a, um. *Tert.* Diminutivo, lo que apoca, estrecha, reduce á menos.

Diminūtus, a, um. *Cic.* Disminuido, minorado, reducido á menos. *part. de* Diminuo. *Diminutum nomen. Quint.* Nombre diminutivo.

Dimissio, ōnis. *f. Cic.* El acto de enviar, despedir, licenciar.

Dimisor, ōris. *m. Tert.* El que envia, despide, da licencia.

Dimissoriae litterae. *Modest.* Cartas, letras dimisorias.

Dimissus, us. *m. V.* Dimissio.

Dimissus, a, um. *Ces.* Mandado, enviado por diversas partes. ‖ Licenciado, despachado, despedido, enviado con licencia. ‖ Abandonado, dejado. ‖ Depuesto. *part. de*

Dimitto, is, mīsi, missum, tĕre. *a. Cic.* Enviar, despachar por diversas partes. ‖ Licenciar, despedir, enviar con licencia. ‖ Hacer dimision, dejar, deponer. ‖ Desamparar, abandonar, dejar. *Dimittere pueros circa amicos. Cic.* Enviar los criados á las casas de los amigos.—*Milites. Cic.* Licenciar las tropas.—*Se in valles. Liv.* Bajar, dejarse caer á los valles.—*Aliquem á se. Cic.* Despedir á uno, echarle de sí.—*Uxorem. Tac.* Repudiar á la muger.—*Vitam arbitrio alieno. Nep.* Abandonar, entregar la vida al arbitrio ageno.—*Curam. Cic.* Deponer el cuidado. *Demosthenem non dimittis de manibus. Cic.* No dejas á Demóstenes de las manos.

Dimōtus, a, um. *Tac.* Separado, apartado. ‖ *Ov.* Cónmovido, agitado. *part. de*

Dimŏveo, ēs, mōvi, mōtum, vēre. *a. Virg.* Mover á una parte y otra, agitar. ‖ Remover, apartar, separar, retirar, echar. *Dimovere de suo cursu. Cic.* Apartar á uno de su carrera, de su curso natural.—*Bonum et malum. Sal.* Separar el bien del mal.

Dinantium, ii. *n.* Dinant, ciudad de Flandes. ‖ *De Bretaña.*

Dindymēne, es. *f. Hor.* Sobrenombre de la diosa Cibeles, *del monte Dindimo, donde era venerada.*

Dindymus, Dindimos, i. *m.* y Dindyma, ōrum. *n. plur. Virg.* Dindimo, *monte de Frigia, donde era adorada Cibeles.*

Dinocrātes, is. *m. Vitruv.* Dinocrates, arquitecto, *que fabricó á Alejandría en Egipto por mandado de Alejandro Magno.*

Dinumerātio, ōnis. *f. Cic.* Enumeracion, cuenta, la accion de contar.

Dinumero, ās, āvi, ātum, āre. *a. Cic.* Contar, numerar, computar.

Dinummium, ii. *n. Dig.* Dos monedas.

Diobolaris. *m. f. rĕ. n. is. Plaut.* Cosa de dos óbolos, que vale ó se aprecia en dos óbolos.

Dioecesānus, a, um. *Eccles.* Diocesano, de la jurisdiccion de una diócesis.

Dioecesis, is. *f. Cic.* Gobierno, administracion, jurisdiccion.—*Sid.* Diócesis, distrito, territorio de jurisdiccion espiritual.

Dioecētes, ae. *m. Cic.* Procurador, administrador, ecónomo, agente.

Diogmītae, ārum. *m. plur. Am.* Soldados armados á la ligera, puestos en las provincias para contener los robos.

Diomēdes, is. *m. Virg.* Diómedes, *hijo de Tideo y de Deifile, uno de los famosos capitanes que se hallaron en la toma de Troya.*

Diomedēus, a, um. *Ov.* Perteneciente á Diomedes. *Diomedei agri. Marc.* Los campos de Etolia, donde reinó Diomedes. *Diomedeae aves. Plin.* Las garzas en que fueron convertidos los compañeros de Diómedes.

Dionaeus, a, um. *Virg.* Perteneciente á Dione ó Venus.

Dione, es. *f. Cic.* La ninfa Dione, *madre de Venus.* ‖ La misma Venus.

Dionysia, ōrum. *n. plur. Ter.* Las fiestas dionisias ó bacanales que se celebraban en honor de Baco ó Dionisio.

Dionysiācus, a, um. *Aus.* Perteneciente á Dionisio, Baco.

Dionysias, ādis. *f. Plin.* Dionisia, *piedra negra salpicada de pintas encarnadas.*

Dionysiopŏlis, is. *f.* Nájara ó Nájara, *ciudad de España en la Rioja.* ‖ Nisa, *ciudad de la India.* ‖ Varna, *ciudad de la Misia baja.* ‖ *Ciudad del Ponto, de Frigia, de Libia, de Tracia.*

Dionysiopolītae, ārum. *m. plur.* Los naturales ó habitantes de estas ciudades.

Dionysius Heracleotes. *m. Cic.* Dionisio de Heracles, filósofo, *discípulo de Cenon.*—*Junior. Cic.* Dionisio el menor, *tirano de Sicilia, que despues fue obligado á enseñar gramática en Corinto.*—*Halicarnasseus. Quint.* Dionisio de Halicarnaso, *que escribió la historia romana en tiempo de Augusto.*

† Diopētes, is. *m. Plin.* Especie de rana ó sapo que dicen cae del cielo cuando llueve.

Dioptra, ae. *f. Vitruv.* Dioptra, *instrumento óptico, geométrico y astronómico, que puesto sobre el astrolabio ó sobre un círculo graduado, sirve para medir y tomar las alturas, profundidades y distancias.*

† Dioptrica, ae. *f.* Dióptrica, *ciencia de la refraccion de la luz.*

Dioryx, ȳgis. *m. Mel.* Foso, canal.

Dios Balanus. *f. Plin.* Bellota de Júpiter, una de las especies de bellota.

**Diospŏlis**, is. f. S. Gir. Diospolis, ciudad de Arabia, de Egipto, de Bitinia.

**Diospŏlītānus**, a, um. S. Ag. Natural de ó perteneciente á estas ciudades.

† **Dioppneuma**. n. Apul. Espíritu de Jove, cierta especie de la yerba romarino.

**Diōta**, ae. f. Hor. Cántaro ó tinaja grande de dos asas para vino.

**Diphrȳges**, is. f. Plin. La escoria de los metales.

**Diphtĕra**, ae. f. Cic. Pergamino, piel de un animal preparada para escribir. || Piel de la cabra Amaltea, en que Júpiter describia los destinos humanos. || Tapa, cubierta, forro de un libro.

**Diphthongus**, i. f. Marc. Cap. Diptongo, la union de dos vocales que forman una sílaba, y se pronuncian en un tiempo.

* **Diphyes**, is. f. Plin. De dos naturalezas. Se aplica á la piedra preciosa blanca y negra, macho y hembra.

**Diplangium**, ii. n. Prisc. Vaso doble, vaso de barro metido en otro de bronce.

**Diplinthius**, a, um. Vitruv. Lo que consta de dos órdenes de piedras.

**Diplois**, ĭdis. f. Bibl. Capa que cubre dos veces el cuerpo echando la una mitad sobre la otra, y embozándose con ella.

**Diplōma**, ătis. n. Cic. Diploma, despacho, carta, patente, privilegio, bula, edicto, mandato, licencia del príncipe ó del magistrado dada por escrito.

**Dipondiārius**, y **Dupondiarius**, a, um. Col. Perteneciente al dipondio.

**Dipondium**, y **Dupondium**, ii. n. Varr. Dipondio, moneda romana que valia dos ases ó libras. || Col. Medida de dos pies.

* **Dipsăcos**, ii. f. Plin. Dipsaco, planta llamada tambien cardencha.

**Dipsas**, ădis. f. Luc. Especie de víbora que mata de sed á los que muerde.

**Diptĕrus**, a, um. Vitruv. Lo que tiene dos alas ó dos series de colunas.

**Diptōta**, ōrum. n. plur. Diom. Nombres que solo tienen dos casos, como suppetiae, suppetias.

**Diptychus**, a, um. Juv. Doblado, plegado, perteneciente á los dípticos, catálogos ó series de sugetos. Diptychon se intitula un libro de Prudencio, en que por series comprende el nuevo testamento.

**Dipȳlum**, i. n. Liv. Nombre de una puerta de Atenas por donde se iba á la academia.

* **Dipȳros**, i. adj. Marc. Quemado dos veces.

**Dirădiātio**, ōnis. f. Vitruv. Disposicion, colocacion en forma de rayos.

**Dirădio**, as, avi, ātum, are. a. Col. Despedir rayos por varias partes. || Dividir como en varias lineas ó radios.

**Dirae**, ārum. f. plur. Cic. Maldiciones, execraciones. || Las furias, diosas hijas de la Noche, Alecto, Tesifone y Megera. Diras alicui imprecari. Tac. Diris aliquem devovere. Cic. Llenar, cargar á uno de maldiciones, maldecirle.

† **Dirăpio**, is, ĕre. a. Apul. Apartar, arrebatar.

**Dircaeus**, a, um. Hor. Tebano. Dircaeus Cycnus. Hor. El poeta Pindaro.—Heros. Estac. Polinices, rey de Tebas.—Dens. Sen. Trag. Diente de la serpiente que mató Cadmo, fundador de Tebas, del cual nacieron hombres que se mataron unos á otros.

**Dirce**, es. f. Prop. Dirce, muger de Lico, rey de Tebas, que atada á la cola de un toro, y arrastrada largo tiempo, al cabo fue trasformada en una fuente de su mismo nombre cerca de Tebas. || La fuente Dirce.

**Dircenna**, ae. f. Marc. Dircena, fuente de agua muy fria en España, cerca de Calatayud.

**Directārius**, ii. m. Ulp. El ladron que se entra en las casas por las ventanas ó por los tejados.

**Directe**, ius, issĭme. adv. m. Cic. Directamente, en derechura, por su órden. Directius gubernare. Cic. Guiar, gobernar mas en derechura.

**Directiangŭlus**, a, um. Marc. Cap. Lo que tiene un ángulo recto.

**Directilineus**, a, um. Marc. Cap. Lo que tiene una línea recta.

**Directim**. adv. Macr. Directamente.

**Directio**, ōnis. f. Vitruv. Direccion, la accion de dirigir, enderezar y guiar. || Apul. Línea recta.

**Directo**. adv. Cic. V. Directe.

**Directōrius**, a, um. Cod. Teod. Directoriae litterae. Cartas con que se dirige ó envia á alguno.

**Directūra**, ae. f. Vitruv. Direccion, derechura.

**Directus**, a, um. part. de Dirigo. Ces. Directo, derecho, en línea recta. || Recto, severo, rígido. Directus paries. Cic. Pared que está unida á otra comun por la parte inferior en esta figura ⊢. Directus locus. Ces. Sitio, parage muy pendiente, derecho, escarpado. Directa actio. Dig. Accion directa, legítima, recta, que nace de las palabras de una ley. Verba. Liv. Palabras claras, directas, sin rodeo, alusion ni colusion.

**Dirēmi**. pret. de Dirimo.

**Diremptio**, y **Diremtio**, ōnis. f. Cic.

**Diremptus**, y **Diremtus**, us. m. Cic. Separacion, division. || Próroga.

**Diremptio**, y **Diremtio**, ōnis. f. Cic. Separacion, próroga.

**Diremptus**, y **Diremtus**, a, um. part. de Dirimo. Liv. Dividido, separado, desunido.

**Direpo**, is, ipsi, ptum, pĕre. n. Apul. Colarse, escurrirse, meterse como arrastrándose ó deslizándose.

**Direptio**, ōnis. f. Cic. Saqueo, pillage.

**Direptor**, ōris. m. Cic. El que roba, saquea, ladron.

**Direptus**, us. m. Esparc. V. Direptio.

**Direptus**, a, um. part. de Diripio. Cic. Robado, saqueado, entregado al pillage.

**Diribeo**, ēs, bui, bĭtum, bēre. a. Cic. Repartir, distribuir, dividir, dar á cada uno. Diribere tabellas. Cic. Repartir las tablas á los que habian de votar.

**Dirĭbĭtio**, ōnis. f. Cic. Distribucion, reparticion.

**Dirĭbĭtor**, ōris. m. Cic. Repartidor, distribuidor, el que en los comicios y tribunales repartia las tablas á los que habian de votar.

**Dirĭbĭtōrium**, ii. n. Suet. El lugar donde se pasaba revista al ejército, y se le repartian las pagas.

**Dirĭbĭtus**, a, um. part. de Diribeo. Cic. Repartido, distribuido, dividido.

**Dirigendus**, a, um. Cic. Lo que se ha de dirigir, disponer, arreglar.

**Dirigeo**, ēs, gui, guēre. n. Virg. Quedarse frio, tieso, inmóvil de frio ó de miedo. Diriguere comae. Virg. Se le erizaron los cabellos.

**Dirĭgo**, is, rexi, rectum, rĭgĕre. a. Liv. Dirigir, enderezar, colocar directamente. || Ov. Gobernar, conducir. Dirigere iter alique, ó ad aliquem locum. Cic. Tirar, ir, enderezarse, encaminarse directamente á un lugar. Aliqua re, ó ad aliquam rem aliquid. Cic. Arreglar, conformar, disponer una cosa segun la regla ó norma de otra.

**Dirĭmo**, is, rēmi, remptum, ó remtum, rĭmĕre. a. Cic. Dirimir, separar, desunir. || Interrumpir. || Desbaratar, deshacer. Dirimere tempus. Cic. Diferir, prorogar el tiempo.—Praelium. Ces. Interrumpir, cortar la batalla.—Litem, controversiam. Cic. Ajustar, fenecer, decidir alguna controversia.—Societatem, amicitiam, nuptias. Cic. Deshacer, descomponer, desbaratar la amistad, la alianza, las bodas, dirimir el matrimonio.

**Dirĭpio**, is, pui, reptum, rĭpĕre. a. Cic. Saquear, robar, destruir, talar. || Arrebatar, desgarrar, despedazar por varias partes.

**Dirĭtas**, ătis. f. Cic. Crueldad, fiereza, inhumanidad. Diritas diei. Tac. Dia aciago, desgraciado, de mal agüero.

**Dirumpo**, is, rūpi, ruptum, rumpĕre. a. Cic. Rasgar, romper, hacer pedazos por varias partes. || Desbaratar, desunir, cortar. Dirumpi prae ira. Plaut. Reventar de cólera.—Dolore. Cic. Ser despedazado del dolor.

† **Diruncĭno**, y **Diruncio**, is, ĭre. a. Fest. Limpiar de las yerbas malas.

**Dirŭo**, is, rui, rŭtum, ĕre. a. Liv. Arruinar, destruir, demoler.

**Diruptio**, ōnis. *f. Sen.* El quebrantamiento, rompimiento ó fractura.

**Diruptus**, a, um. *Cic. part. de* Dirumpo. Roto, quebrantado, quebrado.

**Dirus**, a, um. *Virg.* Cruel, fiero, inhumano, bárbaro. ‖ Severo, áspero, rigido, riguroso. ‖ Terrible, horrible, espantoso. ‖ Peligroso, dañoso, dañino. ‖ Funesto, fatal.

**Dirŭtio**, ōnis. *f. Inscr.* Ruinas, demolicion, destruccion.

**Dirŭtus**, a, um. *part. de* Diruo. Arruinado, demolido, destruido. *Dirutus aere. Cic.* Soldado á quien se quitaba la paga por ignominia.

**Dis**, dītis. *m. Cic.* Pluto, dios de las riquezas. ‖ Pluton, dios de los infiernos. ‖ El infierno. *Ditis sacraria diri. Virg.* Templo, palacio del inexorable dios de los infiernos. *Ditis domina. Virg.* Proserpina, diosa del infierno.

**Dis**. m. f. dīte. n. is. *Ter.* Rico, opulento, abundante. *Dites animi. Tib.* Talentos de gran fondo. *Dite pectus. Lucr.* Gran corazon, pecho noble, magnífico. *Ditissimus agri. Virg.* El mas rico en tierras. — *Aevi humani. Sil. Ital.* El mas anciano de los hombres.

**Discalceātio**, ōnis. *f. Suet.* La accion de descalzarse, de quitarse el calzado.

**Discalceātus**, a, um. *Suet.* Descalzado, descalzo.

**Discăpĕdīno**, ās, āre. a. *Apul.* Abrir, estender la mano.

**Discāveo**, ēs, cāvi, cautum, vēre. a. *Plaut.* Guardarse mucho.

**Discēdens**, tis. com. *Ov.* El que parte, se va.

**Discēdo**, is, cessi, cessum, dĕre. n. *Cic.* Abrirse, henderse, dividirse, rajarse en dos partes. ‖ Partir, irse, salir, marchar, dejar. *Discedere ad urbem. Cic.* Retirarse, irse á la ciudad. — *In partes. Tac.* Dividirse en facciones. — *Numquam ex animo. Cic.* No apartarse jamas del ánimo, del pensamiento, de la memoria. — *A recta conciencia transversum unguem. Cic.* Apartarse de la recta conciencia lo negro de una uña. — *A constantia, à mente, à se. Cic.* Mudarse, apartarse de su constancia, de su juicio, abandonarse á sí mismo, olvidarse de sí propio. — *In sententiam alicujus. Liv.* Arrimarse al, seguir el parecer de alguno, dejando todos los demas. — *In alia omnia discedere, discessionem facere. Liv.* Seguir los demas pareceres, menos el que alguno ha dado.

**Discens**, tis. com. *Quint.* Estudiante, escolar.

**Discentia**, ae. *f. Tert.* El acto de aprender.

**Discento**, ās, āre. n. *Lucr.* Cantar en tono bajo.

**Disceptatio**, ōnis. *f. Cic.* Disceptacion, disputa, controversia, debate, diferencia, contestacion.

**Disceptatiuncŭla**, ae. *f. Gel. dim. de* Disceptatio.

**Disceptātor**, ōris. m. *Cic.* El juez árbitro que examina y juzga la controversia.

**Disceptātrix**, īcis. *f. Cic.* La que examina y juzga como árbitra la controversia.

**Discepto**, ās, āvi, ātum, āre. a. *Cic.* Disceptar, contender, disputar, debatir. ‖ Juzgar, decidir, dar sentencia, oidas y pesadas las razones de los que disputan. *Disceptare bella. Cic.* Conocer, examinar la justicia ó injusticia de la guerra. — *Inter se controversias. Liv.* Ajustar entre sí las diferencias. *Disceptat in uno praelio omnis fortuna reipublicae. Cic.* Se aventura, se arriesga, depende la suerte de la república del trance de una sola batalla.

**Discernenter**. adv. *Cel. Aur.* Con discernimiento.

**Discernĭbĭlis**. m. f. lĕ. n. is. *S. Ag.* Lo que se puede discernir.

**Discernĭcŭlum**, i. n. *Varr.* Aguja con que las mugeres separaban los cabellos desde la frente. ‖ Diferencia.

**Discerno**, is, crēvi, crētum, nĕre. a. *Cic.* Discernir, distinguir, juzgar, conocer la diferencia de una cosa á otra. ‖ Separar, dividir. *Discernere alba, et atra. Cic.* Distinguir lo blanco de lo negro. — *Utra pars justiorem habeat causam. Cet.* Conocer, juzgar cuál de dos partes tenga mas justa causa.

**Discerpo**, is, psi, ptum, pĕre. a. *Cic.* Hacer varios pedazos, desgarrar, despedazar, dividir en pedazos.

**Discerptus**, a, um. *part. de* Discerpo. *Liv.* Despedazado, desgarrado, hecho pedazos.

† **Disceīto**, ās, āvi, ārum, āre. a. *Tac.* Discurrir, hablar, tratar. *Discertare de aliqua re. Tac.* — *Aliquid. Plaut.* Hablar de alguna cosa.

**Discessio**, ōnis. *f. Tert.* Partida, separacion, apartamiento. ‖ *Tac.* Discordia, disension. ‖ La accion de seguir al dictamen de otro. *Discessionem facere. Cic. V.* Discedo.

**Discessus**, a, um. *part. pas. de* Discedo.

**Discessus**, us. m. *Cic.* Partida, separacion, apartamiento. ‖ Abertura, hendedura.

**Disceus**, i. m. *Plin.* Cometa de figura redonda como el disco.

**Discĭdĭum**, ii. n. *Cic.* Division, desunion, separacion de los cuerpos, y discordia de los ánimos.

**Discĭfer**, a, um. *Hor.* El que lleva un disco ó una bola de metal ó piedra.

**Discincte**. adv. *Liv.* De una manera libre, disoluta.

**Discinctus**, a, um. *part. de* Discingo. *Hor.* Desceñido, desatado, quitado el cíngulo ó cualquiera cosa que ajusta. ‖ *Ov.* Negligente, ocioso, perezoso. ‖ Disoluto, entregado al lujo.

**Discindo**, is, scĭdi, scissum, dĕre. a. *Cic.* Abrir, partir rasgando ó rompiendo. ‖ *Lucr.* Dividir. *Amicitiae dissuendae, magis quam discindendae. Cic.* Las amistades se han de ir descosiendo poco á poco, no rasgarlas ó romperlas de una vez.

**Discingo**, is, nxi, nctum, gĕre. a. *Marc.* Desceñir, desatar, soltar, quitar el cíngulo ó ceñidor. *Discingere ingenium. Sen.* Corromper el ánimo. — *Dolos ratione. Sil. Ital.* Descubrir los engaños á ó con razones.

**Disciplīna**, ae. *f. Cic.* Disciplina, doctrina, enseñanza, instruccion. ‖ Educacion, institucion. ‖ Arte, método, manera, regla. ‖ Secta, escuela. ‖ Doctrina, ciencia. *Disciplinae aliis esse. Plaut.* Ser ó servir de ejemplo á los demas.

**Disciplīnābĭlis**. m. f. lĕ. n. is. *Ad Her.* Lo que se puede aprender por arte ó disciplina.

**Disciplīnābĭlĭter**. adv. *Casiod.* Con arte y disciplina.

**Disciplīnātus**, a, um. *Tert.* Disciplinado, educado.

**Disciplīnōsus**, a, um. *Cat.* Dócil á la disciplina ó enseñanza, el que aprende con facilidad.

**Discĭpŭla**, ae. *f. Hor.* Discipula, la que aprende con maestro ó maestra.

**Discĭpŭlātus**, us. m. *Tert.* Discipulado, disciplina, doctrina, educacion, enseñanza.

**Discĭpŭlus**, i. m. *Cic.* Discípulo, estudiante, escolar. *Discipuli. Plaut.* Mancebos de mercaderes. *Discipuli coquorum. Plaut.* Marmitones, ayudantes ó galopines de cocina.

**Discissus**, a, um. *part. de* Discindo. *Cic.* Roto, desgarrado, quebrado, abierto, hecho pedazos.

**Disclūdo**, is, si, sum, dĕre. a. *Cic.* Cerrar con separacion, separar, poner encerrado aparte. ‖ *Virg.* Abrir, dividir cortando, rajando.

**Disclūsio**, ōnis. *f. Apul.* Separacion, desunion.

**Disclūsus**, a, um. *Cic. part. de* Discludo. Cerrado separadamente.

**Disco**, is, dĭdĭci, scĕre. a. *Cic.* Aprender, percibir, comprender por enseñanza ó meditacion. ‖ Informarse, saber, llegar á conocer. *Discers aliquid ab ó de. Ter. Ex. Plin. men. Sub aliquo. Liv. Apud. Cic. & per aliquem. Ov.* Aprender algo de alguno, con alguno, bajo de alguno. *Dicendo dicere discunt. adag.* El uso hace maestro. *ref. A bonis bona disces. adag. Commercio sapientium princeps sapit. adag.* Júntate con los buenos serás uno de ellos. *Tamdiu discendum quamdiu nescias. adag.* Cada dia sabemos mas. *ref.*

**Discŏbŏlus**, i. m. *Quint.* El que arroja el disco.

**Discoctus**, a, um. *Plin. part. de* Discoquo.

**Discŏlor**, ōris. com. *Cic.* De varios colores.

**Discŏlōrius**, a, um. *Petron.* y

**Discŏlōrus**, a, um. *Marc. Cap. V.* Discolor.

**Discondūcit**. *Plaut.* No conduce, no conviene.

**Disconvĕniens**, tis. com. *Lact.* Desconveniente, no conveniente ni conforme.

**Disconvĕnio**, is, vēni, ventum, nīre. n. *Hor.* Desconvenir, desconformar, disentir, no convenir.

**Disconvĕnientia**, ae. *f. Ter.* Desconveniencia, discordia, desemejanza, desconformidad.

## DIS

Discŏphŏrus, i. m. *S. Ger.* Que lleva el disco, esto es el plato para comer.

Discŏquo, is, coxi, coctum, quĕre. *a. Plin.* Hacer, dejar cocer mucho.

Discordābĭlis. *m. f. lĕ. n. is. Plaut.* Discorde, desavenido, desconforme.

Discordans, tis. *com. Plin. Juv.* Discorde.

Discordia, ae. *f. Cic.* Discordia, contrariedad, oposicion, desunion de ánimos ú opiniones. ‖ *Virg.* La diosa Discordia, *hija de Erebo y de la Noche, presidente de la guerra, riña y sedicion. Malum discordiae mittere. Just.* Echar la manzana de la discordia.

Discordiālis. *m. f. lĕ n. is. Plin.* y

Discordiōsus, a, um. *Salust.* Que siembra discordias, que es causa ó instrumento de ellas.

Discordis. *ant. Pomp. Mel.* en lugar de Discors.

Discordĭtas, ātis. *f. Pacuv.* V. Discordia.

Discordo, as, avi, atum, āre. *n. Cic.* Discordar, no convenir, disentir. ‖ *Quint.* Ser desemejante. *Discordare ab. Quint. — Cum aliquo. Tac. — Alicui. Hor. — Adversus aliquem. Quint.* Estar en discordia con alguno.

Discors, ordis. *com. Cic.* Discorde, disconforme, desavenido, opuesto. ‖ *Curc.* Diverso, desemejante. *Discordes modi. Estac.* Tonos, sonidos discordes. *Discors Tanais. Hor.* Los habitadores de las orillas del Tanais, propensos á la guerra y discordia.

Discrĕpans, tis. *com. Sol.* Discrepante, diferente, discorde, desconveniente, que desdice.

Discrĕpantia, ae. *f. Cic.* Discrepancia, diferencia, desigualdad, discordia.

Discrĕpatio, ōnis. *f. Liv.* V. Discrepantia.

Discrĕpĭto, as, avi, atum, āre. *n. Lucr. freq.* de

Discrĕpo, as, avi, ó ui, atum, āre. *n. Cic.* Discrepar, desdecir, desentonarse, no estar acordes las consonancias. ‖ Discordar, ser diferente, diverso. *Discrepare alicui, ab, ó cum aliquo de, ó in aliqua re. Cic.* Disentir de, no conformarse con alguno, en alguna cosa. *Discrepant haec inter auctores. Cic.* No se conforman en esto los autores. *— Facta cum dictis. Cic.* No vienen bien las obras con las palabras.

Discresco, is, crevi, cretum, scĕre. *n. Lact.* Crecer mucho.

Discrēte. *adv. Cic.* y

Discrētim. *adv. Varr.* Separada, distintamente.

Discrētio, ōnis. *f. Lact.* Separacion, distincion. ‖ Diferencia, eleccion, discrecion.

Discrētive. *adv. Donat.* Con distincion, separacion.

Discrētīvus, a, um. *Prisc.* Lo que tiene virtud de dividir y separar.

Discrētus, a, um. *part. de* Discerno. *Liv.* Separado, dividido, apartado, distinto.

Discrēvi. *pret. de* Discerno.

Discrīmen, ĭnis. *n. Cic.* Division, separacion, espacio, intervalo. ‖ Diversidad, diferencia, distincion. ‖ Peligro, riesgo, discrímen. *Discrimine nullo. Virg. — Omni remoto. Cic.* Sin diferencia ninguna. *Discrimina rerum servare. Liv.* Guardar los debidos respetos. *Res in id discrimen adducta. Cic.* Caso puesto en tal estrecho. *— Capitis. Ov.* Division del cabello.

Discrīmĭnālis. *m. f. lĕ. n. is. S. Ger.* Lo que sirve para separar, partir, dividir, en especial el cabello. *Discriminalis acus. S. Ger.* V. Discerniculum.

Discrīmĭnatim. *adv. Varr.* Con distincion.

Discrīmĭnatio, ōnis. *f. Diom.* Discrecion, diferencia, distincion.

Discrīmĭnator, ōris. *m. Tert.* El que distingue, diferencia, discierne.

† Discrīmĭnatrix, īcis. *f. Nazar.* La que diferencia, discierne, distingue.

Discrīmĭnatus, a, um. *Liv.* Distinguido. *part. de*

Discrīmĭno, as, avi, atum, āre. *a. Cic.* Distinguir, diferenciar, separar.

Discrŭciātus, a, um. *part. de* Discrucio. *Cic.* Muy atormentado.

Discrŭciātus, us. *m. Prud.* Tormento grande, terrible.

Discrŭcio, as, avi, atum, āre. *a. y mas usado en pasiva. Cic.* Atormentar, afligir mucho. *Discruciari animi.*

## DIS

*Plaut. — Animo. Tert.* Ser muy atormentado.

Discrūtor, āris, āri. *dep. Plin.* Aprisionar.

Discŭbātio, ōnis. *f. Inscr.* El lugar donde uno se acuesta, recuesta.

Discŭbĭtōrius, a, um. *Plin.* Aquello sobre que alguno se acuesta ó recuesta. *Discubitorius lectus. Plin.* La cama en que se recostaban los antiguos para comer.

Discŭbĭtus, us. *m. Val. Max.* El acto de sentarse á la mesa.

† Discŭbo, as, avi, y ui, atum, y ĭtum, āre. *n. Cic.* Acostarse, meterse en la cama.

Discumbo, is, cŭbui, cŭbĭtum, cumbĕre. *n. Cic.* Sentarse á la mesa á la manera de los antiguos que se recostaban. ‖ Acostarse, echarse á dormir. *Discumbere mensis. Estac.* Sentarse á la mesa. *Discubitum ire. Plaut.* Irse á acostar, á la cama.

Discŭneātus, a, um. *Plin.* Abierto como con una cuña.

Discŭpio, is, ivi, ītum, ĕre. *a. Cic.* Desear ardientemente.

Discurro, is, curri, y cucurri, cursum, rĕre. *n. Liv.* Discurrir, andar, caminar, correr por varias partes. *Fama tota urbe discurrit. Curc.* La fama, el rumor, el ruido corre, se estiende por toda la ciudad.

Discursans, tis. *com. Quint.* El que discurre, corre por varias partes.

Discursātio, ōnis. *f. Sen.* La carrera ó camino de una parte á otra.

Discursātor, ōris. *m. Am.* El que discurre, corre de aquí para allí.

Discursim. *adv. Macrob.* Discurriendo, corriendo acá y allá.

Discursio, ōnis. *f. Lact.* y

Discursĭtātio, ōnis. *f. Sen.* V. Discursatio.

Discurso, as, avi, atum, āre. *n. Quint. freq. de* Discurro. Discursear, correr de una parte á otra.

Discursor, ōris. *m. Apul.* El que corre de una parte á otra.

Discursus, us. *m. Hirc.* Discurso, camino, carrera de una parte á otra. ‖ *Macrob.* Discurso, razonamiento, plática, conversacion.

Discus, i. m. *Hor.* Disco, bola de metal ó de piedra de un pie de diámetro, *con que ejercitaban las fuerzas los antiguos en el gimnasio, y mostraban su destreza en arrojarla.* ‖ *Apul.* Plato para comer. ‖ *Vitruv.* Cuadrante orizontal, cuyos bordes esten un poco relevados.

Discussè. *adv. Marc. Cap.* Con examen, con diligencia.

Discussio, ōnis. *f. Sen.* Agitacion, sacudimiento, repercusion. ‖ *Macrob.* Discusion, examen diligente, investigacion, revision.

Discussor, ōris. *m. Macrob.* Examinador, investigador, diligente. *Discussores. Dig.* Revisores de cuentas, contadores públicos.

Discussōrius, a, um. *Plin.* Disolutivo, resolutivo.

Discussus, a, um. *Virg.* Desvanecido, disipado, disuelto. *part. de*

Discŭtio, is, cussi, cussum, tĕre. *a. Cer.* Sacudir, despedir, arrojar. ‖ Deshacer, desbaratar, destruir por todas partes. ‖ *Cels.* Disolver, resolver los humores antes de llegar á supuracion. ‖ *Cic.* Apartar, quitar, remover. *Discussa est caligo. Cic.* Se han disipado las tinieblas. *Discutere captiones. Cic.* Apartar, desenredarse de sofismas. *Murum. Liv.* Abrir brecha en una muralla.

Diadiāpason. *indecl. Vitruv.* Octava doble.

Disēmus. *Marc. Cap.* El pie métrico que tiene dos sílabas, como *trisemus, tetrasemus, pentasemus,* el de tres, cuatro y cinco sílabas.

Disertè. *adv. Liv.* Clara, espresa, distintamente. ‖ *Cic.* Elocuentemente.

Disertim. *adv. Plaut.* V. Diserte.

† Disertitūdo, ĭnis. *f. S. Ger.* Facundia, elocuencia.

Disertus, a, um, tior, tissimus. *Cic.* Diserto, elocuente, facundo. ‖ Que habla bien. *Disertum credidi hominem. Ter.* Le creí hombre sagaz, astuto.

Disglūtĭno, as, avi, atum, āre. *a. S. Ger.* Disolver, desunir, desatar lo que estaba conglutinado.

Disgrĕgo, as, avi, atum, āre. *a. Marc. Cap.* Segregar, separar, dividir.

DIS

Disgrĕsus, a, um. *Marc. Cap.* Desemejante, desconforme, diferente.

Dishiasco, is, ĕre. n. *Cat.* Abrirse, henderse, rajarse.

Disjecto, as, avi, atum, are. a. *Lucr. freq. de* Disjicio. Desparramar, disipar, echar á una parte y á otra.

Disjectus, us. m. *Lucr.* Disipacion, disolucion.

Disjectus, a, um. *Ad Her.* Disipado, disperso. || Despedazado, destruido, arruinado, desbaratado. *part. de*

Disjicio, is, jĕci, jectum, jĭcĕre. a. *Salust.* Echar por varias partes, abatir, desparramar, desbaratar, esparcir. || Destruir, disolver, disipar, desvanecer. || Arruinar, derribar, demoler. *Disjicere copias. Nep.* Romper, desbaratar las tropas. — *Nubila. Ov.* Disipar las nubes. — *Pacem. Liv.* Desbaratar la paz.

Disjūgātus, a, um. *Arnob.* Separado, dividido.

Disjuncte. *adv. Fest.* y

Disjunctim. *adv. Dig.* Disyuntiva, separadamente, aparte, en particular, con separacion.

Disjunctio, ōnis. f. *Cic.* Desunion, separacion. || *Cic.* Figura retórica, omision de conjunciones.

Disjunctive. *adv. V.* Disjuncte.

Disjunctivus, a, um. *Gel.* Disyuntivo, lo que separa.

Disjunctor, ōris. m. *Apul.* El que separa, desune.

Disjunctus, a, um. *Cic.* Desunido. *part. de*

Disjungo, is, xi, ctum, ĕre. a. *Salust.* Desunir, separar, apartar. || Desuncir, quitar del yugo. *Disjungi longè Italis oris. Virg.* Estar muy lejos de la Italia.

Disōmus, a, um. *Inscr.* Capaz (urna) de dos cuerpos.

Dispălans, tis. com. *Am.* El que anda vago por varias partes.

Dispălātus, a, um. *Salust.* Disperso, vago. *part. de* Dispalor.

Dispālesco, is, ĕre. n. *Plaut.* Esparcirse, divulgarse.

Dispālor, āris, ātus sum, āri. *dep. Am.* Vagar, andar disperso, errante por diversas partes.

Dispando, as, hsi, nsum, dĕre. a. *Lucr.* Estender, descoger, desplegar.

Dispansus, a, um. *Plin. part. de* Dispando. Estendido, descogido, desplegado.

Dispar, is. com. *Cic.* Dispar, desigual, diferente, desemejante, diverso.

Dispărātio, ōnis. f. *Vitruv.* Separacion.

Dispărātus, a, um. *Cic.* Separado de otros.

Dispărens, tis. com. *Lac.* Diferente, separado.

Dispărilis. m. f. le. n. is. *Cic. V.* Dispar.

Dispărilitas, atis. f. *Varr.* Disparidad, desigualdad, desemejanza, diferencia.

Dispăriliter. *adv. Varr.* Desigual, diferentemente.

Dispăro, as, avi, atum, are. a. *Plaut.* Separar, dividir.

Dispartibilis. m. f. le. n. is. *Tert.* Partible, divisible.

Dispartio, is, ire. *Tac.* y

Dispartor, iris. *dep. Cic. V.* Dispertio.

Dispectio, ōnis. f. *Tert.* Mirada, vista, el acto de mirar.

Dispecto, as, avi, atum, are. a. *Arnob. freq. de* Dispicio. Mirar con atencion, atender, considerar.

Dispector, ōris. m. *Tert.* El que mira con atencion.

Dispectus, us. m. *Sen.* Atencion, consideracion, reflexion, examen, discernimiento.

Dispello, is, pŭli, pulsum, llĕre. a. *Liv.* Echar por varias partes, disipar, apartar, remover. *Dispellere caliginem ab oculis. Cic.* Quitar las tinieblas, la oscuridad de los ojos.

Dispendiōsus, a, um. *Col.* Gastador, el que gasta y espende con esceso.

Dispendium, ii. n. *Tert.* Dispendio, gasto excesivo y perjudicial de dinero, de tiempo. || Menoscabo de la reputacion. *Dispendia viae. Lucan.* Camino largo, trabajoso.

Dispendo, is, di, sum, dĕre. a. *Col.* Emplear, ocupar, tener ocupado. || *Plaut.* Colgar, suspender.

Dispenno, is, ĕre. a. *Plaut.* Estender los brazos ó las alas.

Dispensātio, ōnis. f. *Cic.* Gobierno, administracion, mayordomía, el acto de manejar y distribuir el dinero. *Dispensatio aerarii. Cic.* Manejo y distribucion del dinero público.

Dispensātor, ōris. m. *Cic.* Administrador, tesorero, mayordomo, ecónomo. *Dispensator belli. Plin.* Tesorero de

DIS

los gastos de guerra. — *Provinciae. Plin.* Cajero, tesorero de la provincia, comisario.

Dispensātrix, īcis. f. *S. Ger.* La que maneja y administra, administradora.

Dispensātus, a, um. *Sen.* Espendido, gastado, distribuido. *part. de*

Dispenso, as, avi, atum, are. a. *Cic.* Administrar, manejar, emplear, distribuir, espender como administrador, tesorero ó mayordomo.

Dispensus, a, um. *Cic.* Estendido.

Dispercŭtio, is, ĕre. a. *Plaut.* Romper, quebrantar sacudiendo. *Tibi cerebrum dispercutiam. Plaut.* Te romperé á palos la cabeza.

Disperditio, ōnis. f. *Cic.* Desperdicio, destruccion, malbarate de hacienda ú otra cosa.

Disperdĭtus, a, um. *Plaut.* Perdido enteramente.

Disperdo, is, dĭdi, dĭtum, dĕre. a. *Cic.* Perder enteramente, arruinar, destruir, consumir.

Disperĕo, is, rivi, y rii, ire. n. *Cic.* Perderse, destruirse, acabarse, echarse á perder del todo. || Perecer. *Disperii. Tert.* Pobre, triste, infeliz de mí, soy perdido. *Dispeream ni Hor.* Si *Marc. Maura* yo, si;

Dispergo, is, si, sum, ĕre. a. *Cic.* Esparcir, derramar, sembrar, estender por diversas partes. *Brachia, et crura dispergere. Cels.* Mover los brazos y las piernas cada una por su lado. — *Vitam in auras. Virg.* Dar el alma, morir. — *Cerebrum. Ter.* Quitar la tapa de los sesos. — *Rumorem. Tac.* Esparcir, hacer correr la voz, el rumor.

Disperno, is, prĕvi, prĕtum, nĕre. a. *Gel.* Despreciar mucho.

Disperse. *adv. Cic.* y

Dispersim. *adv. Suet.* Por diversas partes.

Dispersio, ōnis. f. y

Dispersus, us. m. *Cic.* Dispersion, separacion á diversas partes.

Dispersus, a, um. *part. de* Dispergo. *Cic.* Esparcido, dividido, derramado, sembrado por varias partes.

Dispertio, is, ivi, itum, ire. y

Dispertior, iris, ītus sum, iri. *dep. Cic.* Despartir, apartar, dividir. *Dispertiri exercitum. Liv.* Repartir el ejército.

Dispertītus, y Dispartītus, a, um. *Cic.* Despartido, partido, repartido, dividido.

Dispesco, is, ui, scĕre. a. *Plin.* Dividir, separar, apartar. || *Fest.* Llevar el ganado de un pasto á otro, trashumar.

Dispessus, a, um. *Gel.* Tendido, estendido.

Dispĭcio, is, spexi, spectum, pĭcĕre. a. *Cic.* Mirar, volver, poner los ojos, observar en todas partes, mirar con atencion. || Considerar, reflexionar, examinar, pensar con madurez.

Displano, as, avi, atum, are. a. *Varr.* Allanar.

Displĭcātus, a, um. *Varr. part. de* Displico. Desplegado, descogido, estendido. || Segregado.

Displicentia, ae. f. *Sen.* Displicencia, desplacer, desagrado, disgusto, desazon.

Displĭceo, es, ui, cĭtum, ĕre. n. *Cic.* Desplacer, disgustar, desazonar, desagradar, causar sinsabor. *Cum de via languerem, et mihimet displicerem. Cic.* Estando cansado del camino, y no sintiéndome bueno.

Displĭcĭtus, a, um. *Gel. part. de* Displiceo.

† Displĭco, as, cui, y avi, ĭtum, y atum, are. a. *Varr.* Desplegar, descoger, desenvolver. || Esparcir, dividir, segregar.

Displōdo, is, plōsi, plōsum, dĕre. a. *Varr.* Quebrar, romper con gran ruido.

Displōsus, a, um. *Hor.* Roto, quebrado con estrépito. *part. de* Displodo.

Displŭviātus, a, um. *Vitruv.* Que despide ó arroja el agua llovediza por varias partes.

Displŭvium, ii. n. *Vitruv.* Patio descubierto.

Dispŏliātus, a, um. *Sen.* Despojado. *part. de*

Dispŏlio, as, avi, atum, are. a. *Cic.* Despojar.

Dispŏlio, is, ivi, ĭtum, ire. a. *Plaut.* Pulir, quitar la corteza.

Dispondēus, i. m. *Diom.* Dispondeo, pie métrico compuesto de cuatro sílabas largas ó dos espondeos, como Oratores.

Dispōno, is, pŏsui, pŏsĭtum, nĕre. a. Cic. Disponer, poner, colocar cada cosa en su lugar. Disponere insidias. Ces. Preparar una emboscada.— Equites ad latera. Ces. Distribuir, colocar la caballeria á los lados, en las alas.— Qui nuntiem. Plin. men. Apostar quien avise.— Ministeria in equites. Tac. Repartir, distribuir los empleos á los caballeros.— Legiones in Apulia. Ces. Repartir las legiones por la Pulla.— Libros Homeri Pisistratus disposuit. Cic. Pisistrato ordenó, puso en órden los libros de Homero.— Diem disponere. Cic. Repartir el dia, las ocupaciones del dia.

Dispŏsĭte, ius, issime. adv. Cic. Con órden.

Dispŏsĭtio, ōnis. f. Cic. Disposicion, colocacion, distribucion, repartimiento ordenado. ∥ Disposicion, colocacion de las partes de un discurso, una de las cinco de la retórica. ∥ Capitol. Gobierno, mandato, órden, voluntad del superior.

Dispŏsĭtor, ōris. m. Sen. Disponedor, el que ordena, coloca las cosas en su órden.

Dispŏsĭtrix, īcis. f. Fortun. La que dispone, ordena.

Dispŏsĭtūra, f. Lucr. y

Dispŏsĭtus, us. m. Tac. V. Dispositio.

Dispŏsĭtus, a, um. part. de Dispono. Cic. Dispuesto, ordenado, distribuido con órden. Dispositi milites. Nep. Soldados ordenados, formados en batalla. Nuntii allati per dispositos equites. Cic. Noticias traidas por los caballos apostados en varias partes. Vita disposita. Plin. men. Vida ordenada, arreglada.— Studia ad honorem. Cic. Ocupaciones, empleos que disponen, abren el camino á las honras, dignidades.

Dispŭdet, duit, dĭtum, est, ēre. imp. Tert. Llenarse, cubrirse de vergüenza y confusion. Dispudet mihi sic data esse verba. Estoy lleno de vergüenza de que me hayan engañado de este modo.

Dispŭli. pret. de Dispello.

Dispulsus, a, um. Cic. Echado. part. de Dispello.

Dispulvēro, as, avi, atum, are. a. Nev. Reducir á polvo.

Dispunctio, ōnis. f. Ulp. Revista, examen, reconocimiento de cuentas. Dispunctio meriti. Tert. Examen del mérito.— Vitae. Tert. La muerte.

Dispunctor, ōris. m. Tert. Examinador, reconocedor, apreciador.

Dispunctus, a, um. Ter. Reconocido, examinado, comprobado. part. de

Dispungo, is, nxi, nctum, gĕre. a. Sen. Reconocer, examinar cuentas. ∥ Contar, computar.

Dispŭtābĭlis. m. f. lĕ. n. is. Sen. Disputable, lo que se puede disputar, controvertir.

Dispŭtātio, ōnis. f. Cic. Tratado, discurso. ∥ Disputa, controvesia, cuestion.

Dispŭtātiuncŭla, ae. f. dim. Sen. Disputa breve.

Dispŭtātor, ōris. m. Cic. Disputador, el que disputa, controvierte y defiende una cuestion.

Dispŭtātōrĭe. adv. Sid. Por via de disputa, disputando.

Dispŭtātrix, īcis. f. Quint. La que disputa.

Dispŭtātus, a, um. Plaut. Confrontado, hecho cuenta. ∥ Disputado. part. de

Dispŭto, as, avi, atum, are. a. Cic. Disputar, controvertir, defender. ∥ Tratar, hablar, razonar. Disputare verbis in utramque partem. Ces. In contrarias partes. Cic. Aliquam rem, ó ad aliquid, ó de re aliqua. Cic. Circa aliquid. Quint. Hablar en pro y en contra, disputar por una y otra alguna cosa, de, acerca de ó sobre alguna cosa. Ut hanc rem vobis examussim disputem. Plaut. Para contaros, esplicaros esto menudamente. Disputo in eam sententiam ut. Cic. ó in eo. Ter. Defiendo, sostengo, pruebo que.

Disquīro, is, sīvi, sītum, rĕre. a. Hor. Inquirir, investigar, buscar, examinar por todas partes, con mucha diligencia.

Disquīsītio, ōnis. f. Cic. Disquisicion, discusion, examen riguroso, diligente, exacto.

Disrāro, as, avi, atum, are. a. Col. Enrarecer, aclarar, poner ralo y liquido lo que está espeso.

Disrumpo, is, rūpi, ruptum, pĕre. a. Cic. Romper, quebrar, hacer pedazos, dividir en piezas ó pedazos.

Disruptio, ōnis. f. Sen. Rotura, rompimiento.

Disruptus, a, um. Liv. Roto. ∥ Quebrado, escarpado. part. de Disrumpo.

Dissĕco, as, cui, sectum, āre. a. Plin. Disecar, dividir en dos partes, disecar un cadaver.

Dissectio, ōnis. f. Col. Diseccion, disecacion.

Dissectus, a, um. part. de Disseco. Plin. Rajado, hendido, partido por medio.

Dissēmĭnātio, ōnis. f. Apul. El acto de sembrar y esparcir por diversas partes, la siembra ó sementera.

Dissēmĭnātor, ōris. m. Gel. El que siembra, esparce, estiende por varias partes.

Dissēmĭnātus, a, um. Cic. Sembrado, esparcido, divulgado. part. de

Dissēmĭno, as, avi, atum, are. a. Cic. Sembrar, esparcir, estender, divulgar.

Dissensio, ōnis. f. Cic. y

Dissensus, us. m. Estac. Disension, oposicion, contrariedad de opiniones y voluntades. ∥ Sen. Desemejanza, desconformidad. ∥ Sedicion, riña, discordia.

Dissentāneus, a, um. Cic. Discorde, contrario, opuesto.

Dissentio, is, ensi, ensum, tire. n. Cic. Disentir, discordar, no ajustarse, no conformarse, no convenir, ser de contrario parecer. ∥ Diferenciarse, ser desemejante. ∥ Rebelarse. Dissentire à se ipso. Cic. No estar de acuerdo consigo mismo.— Ab aliquo, cum aliquo re, ó de re aliqua. Cic. Disentir, no ajustarse al sentir de otro sobre alguna cosa. Orationi vita dissentit. Sen. Su conducta no corresponde á sus palabras.

Dissĕpărātio, ōnis. f. Declam. contr. Catil. Separacion.

Dissĕpărātus, a, um. Nazar. Separado, dividido.

Dissēpĭmentum, i. n. Fest. Lo que separa una cosa de otra.

Dissēpio, is, psi, ptum, pīre. a. Luc. Apartar, dividir, separar con cercas.

Disseptio, ōnis. f. Vitruv. y

Disseptum, i. n. Lucr. Lo que separa, divide, aparta, como los tabiques en las piezas de una casa. ∥ Macrob. El diafragma, membrana que separa el pecho del vientre.

Disseptus, a, um. part. de Dissepio. Sen. Separado, apartado, dividido. ∥ Estac. Roto, abierto. ∥ Derribado.

Dissērēnat, abat, avit, are. imp. Liv. Serena, aclara, hace buen tiempo.

Dissĕro, is, sēvi, situm, rĕre. a. Col. Sembrar, plantar en varias partes. ∥ Tac. Sembrar, divulgar.

Dissĕro, is, rui, sertum, rĕre. n. Cic. Disertar, tratar, discurrir, hablar, disputar. Disserere cum aliquo, de re aliqua, in contrarias partes, ó in utramque partem. Cic. Disputar con alguno sobre algun punto en pro y en contra.— Alicui. Sen. Disputar en presencia, delante de alguno.

Disserpo, is, ĕre. n. Lucr. Estenderse, esparcirse por varias partes.

Dissertābundus, a, um. Gel. V. Dissertator.

Dissertātio, ōnis. f. Plin. Disertacion, discurso, tratado, disputa.

Dissertātor, ōris. m. Prud. El que diserta, discurre, disputa, hace una disertacion.

Dissertio, ōnis. f. Gel. V. Dissertatio.

Disserto, as, avi, atum, are. n. freq. de Dissero. Gel. Disertar, disputar frecuentemente. Vim Romanam dissertare. Tac. Ponderar las fuerzas de Roma.

Dissertor, ōris. m. Non. V. Dissertator.

Dissertus, a, um. part. de Dissero. S. Ger. Disputado, tratado, esplicado.

Disserui. pret. de Dissero, is, rui.

Dissevi. pret. de Dissero, is, sevi.

† Dissicio, is, ĕre. a. Cic. en lugar de Disjicio.

Dissĭdens, tis. Cic. Discorde, contrario, opuesto, diverso, diferente. Dissidens plebi. Hor. Que no se conforma con la opinion del pueblo.

Dissĭdentia, ae. f. Plin. Antipatía, oposicion.

Dissĭdeo, es, sēdi, sessum, dēre. n. Sen. Estar lejos, distar, estar remoto, apartado. ∥ Diferir, distinguirse, no convenir, discordar, ser de contrario parecer. Dissidere

## DIS

*ab aliquo*, ó *cum aliquo*, ó *inter se. Cic.* Estar opuesto con alguno ó uno con otro entre sí. *Dissident olores et aquilae. Plin.* Son enemigos los cisnes y las águilas.—*Milites. Tac.* Los soldados estan amotinados.—*In Arminium, et Segestem. Tac.* Estan divididos en facciones, unos por Arminio, otros por Segestes. *Dissidit impar si toga. Hor.* Si la toga cuelga mas de un lado que otro.

Dissidium, ii. n. *Cic.* Discordia, disension, division. ‖ Separacion, desunion. *Deflere dissidium conjugis. Cic.* Llorar la ausencia, alejamiento ó partida de la muger ó del marido. *Dissidium animae. Lucr.* Separacion del alma y el cuerpo.

Dissignator, oris. m. V. *Designator.*

Dissilio, is, lui, y livi, sultum, lire. n. *Virg.* Saltar por una y otra parte, saltar en pedazos, romperse, quebrarse saltando. *Dissilire igni. Plin.* Saltar en, al fuego. *Dissiluit gratia fratrum. Hor.* Se rompió la union, la amistad de los dos hermanos.

Dissimilis. m. f. le. n. is. comp. lior. sup. illimus. *Cic.* Desemejante, diferente, diverso, no parecido. *Dissimilis moribus. Nep.* Diferente en las costumbres, en su manera ó modo de vivir; de costumbres ó inclinaciones diversas.—*Suo generi. Sen.* El que degenera de su linage.— *Sui. Juven.* Inconstante, que no está de acuerdo consigo mismo. *Haud dissimili forma in dominum. Tac.* Parecido á su amo.

Dissimiliter. adv. *Cic.* Diferentemente.

Dissimilitudo, inis. f. *Cic.* Desemejanza, diversidad, diferencia, contrariedad, oposicion. *Dissimilitudo ab*, ó *cum re aliqua. Cic.* Desemejanza de una cosa.

Dissimulabilis. m. f. le. n. is. *Gel.* Disimulable, lo que se puede disimular.

Dissimulamentum, i. n. *Apul.* V. *Dissimulatio.*

Dissimulanter. adv. *Cic.* Con disimulo, disimuladamente.

Dissimulantia, ae. f. *Cic.* V. *Dissimulatio.*

Dissimulatim. adv. *Quin.* V. *Dissimulanter.*

Dissimulatio, onis. f. *Cic.* Disimulacion, disimulo, cautela, arte de ocultar lo que se siente ó se quiere ejecutar. ‖ Ironía, figura retórica. *In dissimulationem sui compositus. Tac.* Disfrazado para no ser conocido.

Dissimulator, oris. m. *Sal.* Disimulador, el que disimula ó no da á entender lo que es.

Dissimulatus, a, um. *Ter.* Disimulado, oculto, encubierto con arte. *part. de*

Dissimulo, as, avi, atum, are. a. *Cic.* Disimular, encubrir, ocultar, callar con artificio lo que es ó no es. *Dissimulare nomen. Ov.* Callar, ocultar su nombre.

Dissipabilis. m. f. le. n. is. *Cic.* Que se puede disipar ó desvanecer fácilmente.

Dissipatio, onis. f. *Cic.* Disipacion, separacion, resolucion, desvanecimiento. ‖ Disipacion, desperdicio.

Dissipator, oris. m. *Prud.* Disipador, el que disipa.

Dissipatus, a, um. *Cic. part. de Dissipo.* Disipado, desvanecido, disuelto. *Dissipatus exercitus. Cic.* Ejército desbaratado, deshecho.— *Orator in struendo. Cic.* Orador desordenado en disponer.— *Sermo, Cic.* Voz, rumor esparcido, divulgado.

Dissipium, ii. n. *Macrob.* El diafragma.

Dissipo, as, avi, atum, are. a. *Cic.* Disipar, esparcir, separar, desvanecer. ‖ Desbaratar, romper. ‖ Desperdiciar, malbaratar, destruir, acabar, consumir. *Dissipare patrimonium. Cic.* Disipar, malbaratar el patrimonio.— *Statuam. Cic.* Romper, derribar una estatua.— *Humorem. Cels.* Disipar, resolver un humor.— *Exercitum. Ces.* Romper, desbaratar un ejército.— *Famam*, ó *rumorem. Ces.* Estender la voz, la fama. *Dissiparant te periisse. Cel. à Cic.* Habian estendido la voz de que habias perecido.

Dissitus, a, um. *Lucr.* Esparcido, sembrado. ‖ *Apul.* Remoto, distante.

Dissociabilis. m. f. le. n. is. *Tac.* Lo que no se puede asociar ó unir, insociable. ‖ *Hor.* Lo que separa.

Dissocialis. m. f. le. n. is. V. *Dissociabilis.*

Dissociatio, onis. f. *Plin.* Antipatía, contrariedad, oposicion, repugnancia. *Dissociatio spiritus, et corporis. Tac.* separacion del alma y del cuerpo.

Dissociatus, a, um. *Cic.* Separado, desunido, dividido. ‖ Discorde, opuesto. *part. de*

## DIS 241

Dissocio, as, avi, atum, are. a. *Cic.* Desunir, separar, dividir. *Dissociare causam. Tac.* Separarse de la faccion, seguir otro partido.— *Copias. Tac.* Desunir, desbaratar las tropas.

Dissolubilis. m. f. le. n. is. *Cic.* Disoluble, lo que se puede disolver fácilmente.

Dissolvens, tis. *usado como sustantivo en la medicina.* Disolvente.

Dissolvo, is, vi, solutum, vere. a. *Cic.* Disolver, desatar lo atado. ‖ Destruir, descomponer, quitar. ‖ Pagar. ‖ *Ter.* Soltar, libertar. ‖ Disolver, resolver argumentos ó pruebas. *Luce dissolvuntur tenebrae. Varr.* Con la luz se disipan las tinieblas.

Dissolute. adv. *Cic.* Negligente, perezosamente.

Dissolutio, onis. f. *Cic.* Disolucion, separacion, division. *Dissolutio animi. Cic.* Bajeza de ánimo, molicie.— *Criminis. Cic.* Absolucion, justificacion de un delito.— *Stomachi. Plin.* Debilidad de estómago.— *Legum. Cic.* Abolicion de las leyes.— *Quaestionis. Ad Her.* Decision, resolucion de una cuestion.

Dissolutor, oris. m. *Cod. Teod.* y

Dissolutrix, icis. f. *Tert.* El, la que disuelve, desata, desune.

Dissolutus, a, um. comp. ior. sup. issimus. *Cic. part. de Dissolvo. Dissolutus in re familiari. Cic.* Disipador, pródigo, malbaratador de sus bienes. *Liberalitas dissoluta.- Cic.* Liberalidad desordenada, descompasada, prodigalidad. *Dissolutissimus hominum. Cic.* El mas disoluto, libre, licencioso de todos los hombres. *Aqua calida dissolutum. Plin.* Disuelto en agua caliente.

Dissonans, tis. com. *Vitruv.* Disonante, discorde. ‖ Sordo, confuso, que no resuena.

Dissonantia, ae. f. *Claud. Mam.* Disonancia, discrepancia, sonido desagradable, sin concierto.

Dissono, as, avi, itum, are. n. *Colum.* Disonar, discordar, sonar desapaciblemente. ‖ *Vitruv.* Retumbar.

Dissonus, a, um. *Liv.* Disono, disonante, discorde. ‖ *Estac.* Diferente, diverso.

Dissors, ortis. com. *Ov.* De diversa suerte, diverso.

Dissortium, ii. n. f. *Fest.* Division, repartimiento de bienes por suerte entre los coherederos.

Dissuadeo, es, asi, asum, dere. a. *Cic.* Disuadir.

Dissuasio, onis. f. *Cic.* Disuasion, consejo, persuasion al contrario.

Dissuasor, oris. m. *Cic.* El que disuade, desaconseja.

Dissuasus, a, um. *Hig. part. de Dissuadeo.*

Dissuavior, aris, atus sum, ari. dep. *Cic.* Besar tierna, amorosamente.

Dissuesco. V. *Dessuesco.*

Dissulcus porcus. *Fest.* El puerco que tiene separadas las cerdas en el cuello en figura de surco.

Dissulto, as, avi, atum, are. n. *Plin.* Saltar por una y otra parte.

Dissuo, is, sui, sutum, ere. a. *Cic.* Descoser. ‖ Romper, rasgar poco á poco.

Dissutus, a, um. *Ov.* Descosido. *part. de Dissuo.*

Dissyllabus, a, um. *Quint.* Disílabo, de dos sílabas.

Distabesco, is, ere. n. *Cat.* Destruirse, deshacerse.

Distaedet, ebat, duit, taesum est, dere. imp. *Plaut.* Enfadarse, disgustarse, cansarse mucho. *Distaedet me tui. Plaut.* Me canso ya de tí.— *Me loqui cum illo. Ter.* Me enfada hablar con él.

Distans, tis. com. *Cic.* Distante, apartado, lejano, remoto, separado. ‖ *Hor.* Diferente, diverso.

Distantia, ae. f. *Plin.* Distancia, intervalo, espacio que media entre las cosas ó el tiempo. ‖ Diferencia, diversidad, desproporcion.

Distectus, a, um. *Alcim.* Descubierto, abierto.

Distegia, ae. f. *Piso* doble. ‖ Pieza de comer en un palacio. ‖ Sitio destinado en el teatro á los comerciantes de esclavos.

Distegum, ó Distegus, i, ó Distegus, a, um. *Inscr.* Lo que tiene dos altos ó techos.

Distendo, is, di, sum, y tum, dere. a. *Ces.* Estender, alargar, estirar. ‖ *Plaut.* Llenar. ‖ Ocupar, distraer, tener ocupado. *Distendere aciem. Ces.* Estender, ensanchar el

Hh

ejército.—*Hostium copias. Liv.* Divertir, tener ocupadas en varias partes las tropas enemigas. *Distendit ea res Samnitium animos. Liv.* Este suceso dejó perplejos, dudosos los ánimos de los Samnites.

**Distenno.** *Plaut.* en lugar de Distendo.

**Distensio**, ŏnis. *f. S. Ag.* y

**Distentio**, ŏnis. *f. Cels.* Estension. *Distentiones nervorum. Cel.* Movimientos convulsivos, prolongaciones de nervios.

**Distento**, as, ăvi, ātum, āre. *a. Virg. freq.* de Distendo. Hinchar, llenar.

**Distentus**, us. *m. Plin. V.* Distentio.

**Distentus**, a, um, ior, issĭmus. *part. de* Distendo. *Hor.* Estendido. || *part. de* Distineo. *Cic.* Detenido, retenido, ocupado. *Distentus pabulo. Quint.* Hinchado de comida. *Capellas referunt distenta ubera, y distentas capellas. Virg.* Las cabras traen las tetas llenas de leche. *Distentus negotiis. Cic.* Muy ocupado, detenido con ó por los negocios.

**Disterminātio**, ŏnis. *f. Liv.* Separacion de límites.||Límite.

**Disterminātor**, ōris. *m. Apul.* El que aparta, separa ó divide territorios.

**Disterminātus**, a, um. *Plin.* Disterminado. *part. de*

**Distermĭno**, as, ăvi, ătum, āre. *a. Plin.* Disterminar, apartar, separar, dividir territorios.

**Disterminus**, a, um. *Sid.* Disterminado, distante.

**Disterno**, is, ĕre. *a. Apul.* Poner una cama ó silla en sitio separado.

**Distĕro**, is, trĭvi, trītum, tĕrĕre. *a. Catul.* Majar, machacar, moler.

**Distĭchum**, ó **Distichon**, i. *n. Marc.* Dístico, de dos órdenes ó de dos versos, *poesía en que se comprende un pensamiento en dos versos; exámetro y pentámetro. Distichum ordeum. Col.* Espiga de cebada que tiene dos órdenes de granos.

**Distĭchus**, a, um. *Col.* Lo que tiene dos órdenes.

**Distillarius**, ii. *m. V.* Distillator.

**Distillātio**, ŏnis. *f. Cels.* Destilacion, fluxion de la cabeza al pecho ú otra parte.

**Distillātor**, ōris. *m. Cels.* Destilador, el que destila las aguas.

**Distillo**, as, ăvi, ātum, are. *a.* y *n. Plin.* Destilar, manar, correr lo líquido gota á gota.

**Distincte**. *adv. Cic.* Distintamente, con órden, claridad, distincion. *Distinctius nihil est. Plin. men.* No hay cosa mas clara.

**Distinctio**, ŏnis. *f. Cic.* Distincion, diferencia, division. *Distinctionibus uti in loquendo Quint.* Usar de pausas al hablar.

**Distinctor**, ōris. *m. Am.* El que distingue.

**Distinctus**, us. *m. Tac. V.* Distinctio.

**Distinctus**, a, um. *Cic. part. de* Distinguo. Distinguido, distinto, separado, dividido. || Adornado, variado. *Pocula gemmis distincta. Cic.* Vaso, tazas guarnecidas de piedras preciosas.

**Distĭneo**, ēs, nui, tentum, nēre. *a. Ces.* Tener asido, agarrado por diversas partes. || Separar, dividir, apartar. || Distraer, tener ocupado, divertir á varias partes. || Impedir, detener. *Distinere pacem. Liv.* Estorbar, impedir la paz. *Senatum duae distinebant sententiae. Liv.* El senado estaba dividido en dos pareceres.

**Distinguo**, is, inxi, inctum, guĕre. *a. Cic.* Distinguir, diferenciar, separar, discernir. || Variar. || Notar. *Distinguere comam. Sen.* Peinar el cabello. *Distinguere verba. Diom.* Separar las palabras con puntos y comas. *Versum. Quint.* Hacer pausas para dividir los versos. *Lites. Lampr.* Sentenciar, decidir pleitos. *Orationem. Cic.* Variar, adornar la oracion. *Verum falso. Hor. Vera à falsis. Cic.* Distinguir la verdad de la mentira, lo verdadero de lo falso.

**Ditīsum**, y **Pertisum**. *ant. Fest.* en lugar de Distaesum, y Pertaesum.

**Distĭto**, as, āre. *n. Col. freq.* de

**Disto**, as, stĭti, stĭtum, y stātum, āre. *n. Cic.* Distar, estar lejos, apartado con espacio de lugar ó tiempo. || Diferenciarse, ser diferente, diverso.

**Distorqueo**, ēs, si, sum, y tum, quēre. *a. Ter.* Destorcer, deshacer lo torcido. || *Suet.* Atormentar. *Distorquere sibi os. Ter.* Torcer la boca, hacer gestos, visages. *Oculos. Hor.* Volver los ojos, torcer la vista, atravesarla.

**Distorsio**, ŏnis. *f. Cic.* Torcimiento, torcedura, la accion de torcer y destorcer.

**Distortus**, a, um. *part. de* Distorqueo. *Sen.* Torcido. || *Cic.* Contrahecho, monstruoso. *Distortissimus. Cic.* Feísimo, muy contrahecho.

**Distractio**, ŏnis. *f. Cic.* Separacion, division forzada, violenta. || *Ulp.* Venta.

**Distractor**, ōris. *m. Cod.* El que vende, vendedor.

**Distractus**, a, um. *Cic.* Dividido, esparcido, disperso. || Arrancado, separado por fuerza. || Enagenado, puesto de mala voluntad. || Ocupado, divertido, distraido.

**Distrăho**, is, xi, ctum, hĕre. *a. Cic.* Tirar, traer con violencia á una y otra parte. || Separar, dividir. || Enemistar. || Decidir, cortar controversias. || Distraer, divertir, tener ocupado. || Deshacer, descomponer, dividir. || Impedir, estorbar. || Vender, enagenar. || Disipar, desparramar. *Distrahere controversias. Cic.* Cortar, decidir una controversia. *Aliquid pluris. Suet.* Vender mas caro. *Rem. Cic.* Estorbar una cosa. *Hostem. Tac.* Divertir al enemigo. *Distrahuntur saepe animi. Cic.* Los ánimos muchas veces se quedan perplejos, irresolutos, inciertos.

**Distrātus**, a, um. *Apul.* Puesto, tendido, echado en el suelo.

**Distrĭbuo**, is, bui, būtum, ĕre. *a. Ces.* Distribuir, partir, repartir, dividir. *Distribuere causam. Cic.* Dividir su oracion, su defensa ó acusacion. *In ministeria. Plin. men.* Dar, repartir los empleos ú ocupaciones.

**Distribūte**. *adv. Cic.* y **Distribūtim**. Con distribucion, con órden. *Distributius tractare. Cic.* Tratar con mas órden.

**Distribūtio**, ŏnis. *f. Cic.* Distribucion, division. || *Vitruv.* Economía.

**Distribūtor**, ōris. *m. Apul.* Distribuidor, repartidor.

**Distribūtus**, a, um. *Cic. part. de* Distribuo. Distribuido, repartido, dividido.

**Districte**. *adv. Plin.* y **Districtim**. Estrictamente, con rigor.

**Districtio**, ŏnis. *f. Paul. Jct.* Estrechura, dificultad.

**Districtus**, a, um. *Asc.* Estrecho, atado, oprimido. || Ocupado, distraido. || Riguroso, austero, severo, rígido. || Incierto, dudoso. *Districtus gladius. Cic.* Espada desnuda. *Bellis.* Ocupado en guerras. *Districtior accusator. Tac.* Acusador mas vehemente. *part. de* Distringo.

**Distrĭgillātor**, ōris. *m. Firm.* Almozador, el mozo que estrega ó limpia con almoaza las caballerías. || Mozo, criado que frota la piel en los baños.

**Distringo**, is, inxi, ictum, ingĕre. *a. Cic.* Apretar, atar. || Distraer, divertir, hacer diversion, embarazar, ocupar. || *Col.* Coger, recoger. *Gladium distringere. Cic.* Sacar, desenvainar la espada. *Hostem. Flor.* Divertir al enemigo. *Aliquem mordaci carmine. Ov.* Quitar á alguno la fama con versos satíricos. *Arundine summum corpus. Ov.* Herir ligeramente con una flecha. *Incendiis urbem. Flor.* Arruinar la ciudad con incendios. *Scripta. Fedr.* Criticar los escritos. *Frontem. Quint.* Tomar atrevimiento, descaro.

**Distractus**, a, um. *Suet. part. de* Distruo.

**Distrunco**, as, ăvi, ātum, āre. *a. Plin.* Destroncar, cortar los árboles por el tronco ó los cuerpos.

**Distruo**, is, xi, ctum, ruĕre. *a. Suet.* Fabricar aparte, con separacion.

**Distŭli**. *pret. de* Differo.

**Disturbātio**, ŏnis. *f. Cic.* Ruina, demolicion.

**Disturbātus**, a, um. *Cic.* Arruinado. *part. de*

**Disturbo**, as, ăvi, ātum, āre. *a. Cic.* Demoler, arruinar, abatir, echar por tierra. || Disturbar, perturbar, embrollar, descomponer.

**Disūnio**, is, ĭvi, ītum, īre. *a. Arn.* Desunir, separar lo que está unido.

**Disyllăbus**, a, um. *Quint. V.* Dissyllabus.

**Ditātor**, ōris. *m. S. Ag.* El que enriquece á otro.

**Ditātus**, a, um. *Ad Her.* Enriquecido.

**Dite.** *V.* Ditius, Ditissime.

**DIV**

Ditesco, is, scěre. n. *Lucr.* Enriquecerse.

† Dithalassus, a, um. Lo que está bañado de dos mares, como la ciudad de Corinto.

Dithyrambicus, a, um. *Cic.* Ditirámbico, perteneciente á la ditirámbica.

Dithyrambus, i. m. *Cic.* Ditirámbica, poesía hecha en honor de Baco, llamado Ditirambo, porque nació dos veces, una de su madre Semele, y otra de un muslo de Júpiter, como que entró en el mundo por dos puertas.

Ditio, ōnis. f. *Cic.* Jurisdiccion, imperio, señorío, autoridad, poder, dominio, y el lugar donde se ejerce. No se usa el nominativo.

Ditissime. adv. *Apul.* Riquísimamente.

Ditius. adv. *Estac.* Mas ricamente.

Dito, as, avi, atum, are. a. *Hor.* Enriquecer, hacer rico. ¶ Aumentar.

Ditrochaeus, i. m. *Diom.* Ditroqueo, pie métrico que consta de dos troqueos ó coreos, como Civĭtătĕ.

Diu. adv. *Plaut.* De dia, por el dia. ¶ Mucho tiempo há. *Diu est cum, ó est factum, ó est quod abiisti ad forum. Plaut.* Ya ha mucho tiempo que fuiste á la plaza. *Diu, noctuque. Salust.* De dia y de noche. *Diutius anno. Cic.* Mas de un año. *Diutissime torquere. Cic.* Atormentar muchísimo tiempo.

Dium, ii. n. *Ascon.* El aire, el cielo, el sereno. *Sub dio. Cic.* Á la inclemencia. *Sub dium rapere. Hor.* Publicar, divulgar, descubrir, propalar.

Diureticus, a, um. *Pallad.* Diurético, que pasa fácilmente por la via de la orina.

Diurna, ōrum. n. plur. *Suet.* Diario, gaceta. *Diurna pop. rom. per provincias curatius leguntur. Tac.* Se leen con ansia en las provincias las noticias, los diarios, las gacetas de Roma.

Diurno, as, are. n. *Gel.* Vivir largo tiempo.

Diurnum, i. n. *Sen.* Racion, pitanza diaria de un siervo.

Diurnus, a, um. *Cic.* Diurno, lo perteneciente al dia. ¶ Duradero, durable. ¶ *Ov.* Lo que solo dura un dia. *Diurna actorum scriptura. Tac.* Diario, relacion, memoria, apuntamiento de lo que pasa en un dia.

Dius, a, um. *Varr.* V. Divinus. *Dia otia. Lucr.* Descanso, reposo que Dios da. — *Sententia Catonis. Hor.* Sentencia divina, escelente de Caton.

Diuscŭle. adv. *S. Ag.* Por algun tiempo.

Diusfidius, ii. m. *Varr.* Hijo de Júpiter, sobrenombre de *Hercules.*

Diutine. adv. *Plaut.* Por largo tiempo.

Diutinō. adv. *Apul.* V. Diutine.

Diutinus, a, um. *Plaut.* De largo tiempo, de mucha duracion.

Diutior, ius. *Liv.* Lo que dura mas tiempo.

Diutissime. adv. *Cic. Quam diutissime. Cic.* Por muy largo tiempo.

Diutius. adv. *Cic.* Por mas tiempo. *Non obtundam diutius aures vestras. Cic.* No os molestaré mucho mas, no os romperé mas las cabezas.

Diutule. adv. *Gel.* Por algun tiempo.

Diuturne. adv. *Cic.* Por largo tiempo.

Diuturnitas, atis. f. *Cic.* Diuturnidad, larga duracion de tiempo.

Diuturnus, a, um, ior, issimus. *Cic.* Diuturno, de larga duracion, lo mas ó es durable. *Diuturnus sub injuria pluviarum. Col.* Que resiste mucho á las aguas.

Diva, ae. f. *Virg.* Diosa de la gentilidad. ¶ *Ecles.* Santa.

Divagor, aris, atus sum, ari. dep. *Lact.* Andar vagando.

Divalis. m. f. le. n. is. *Esparc.* Divino.

† Divaricatio, ōnis. f. La accion y efecto de estender, abrir ó alargar. V. Divarico.

† Divaricator, ōris. m. El que estiende, abre, alarga. V. Divarico.

Divaricatus, a, um. *Vitruv.* Alargado, estendido, tendido.

Divarico, as, avi, atum, are. a. *Cic.* Alargar, estender abriendo. *Divaricari jubet hominem in cruce. Cic.* Manda estender y atar á un hombre sobre la cruz.

Divello, is, velli, y vulsi, vulsum, llĕre. a. *Cic.* Arrancar, separar, apartar, quitar por fuerza. *Divellere mordicus. Hor. ó Morsu. Ov.* Arrancar con los dientes, á bocados. — *Somnos. Hor.* Interrumpir, estorbar el sueño. *Divelli à voluptate. Cic.* Ser apartado de los deleites. — *Rerum veritate Cic.* Distraerse con la variedad de cosas.

**DIV** 243

Divenditus, a, um. *Liv.* Vendido. part. de

Divendo, is, didi, itum, ĕre. a. *Cic.* Vender en varias partes.

Diverbĕro, as, avi, atum, are. a. *Virg.* Azotar, batir en varias partes.

Diverbium, ii. n. *Liv.* Diverbio, parte de la comedia en que hablan varias personas, ó el primer acto de ella.

Divergium, ii. n. *Sicul.* El lugar donde un rio tuerce su curso, se aparta de su corriente regular.

Diverse, ius, issime. adv. *Sol.* En diversas partes, diversamente. *Diverse animum trahere. Ter.* Embarazar el ánimo, dividirle. *Diversissime afficere. Suet.* Mover muy diversamente.

Diversicolor, ōris. com. *Marc. Cap.* De diverso color.

Diversitas, atis. f. *Quint.* Diversidad, diferencia, desemejanza, variedad.

Diversito, as, avi, atum, are. n. *Gel.* Variar, mudarse á menudo. ¶ Buscar adornos, variedades con afectacion.

Diversitor, ōris. m. *Petron.* y

Diversor, ōris. m. *Cic.* Huésped, el que se hospeda ó aposenta en casa de alguno.

Diversor, aris, atus sum, ari. dep. *Cic.* Alojarse, hospedarse, aposentarse. *Diversari apud aliquem, ó in domo alicujus. Cic.* Hospedarse en casa de alguno.

Diversoriŏlum, i. n. *Cic.* dim. de

Diversorium, ii. n. *Cic.* Diversorio, meson, posada, albergue, alojamiento para los pasageros.

Diversorius, a, um. *Suet.* Perteneciente á posada ú hospedage. *Diversoria taberna. Plaut.* Posada, hostería, casa de posada.

Diversus, a, um, ior, issimus. *Cic.* Diverso, diferente, desemejante, otro. ¶ Contrario, opuesto. *Diversus animi. Tac.* Ánimo dividido en pareceres, suspenso, incierto. — *Ab aliquo. Cic.* Diverso de otro, de genio opuesto. *Diversa pars. Suet.* Parte contraria. — *Acies. Tac.* Ejército enemigo. — *Pars provinciae. Plin. men.* La otra parte de la provincia. — *Inter se loca Cic.* Lugares apartados uno de otro. — *Diversa de causa. Varr.* Por otro motivo. *In diversum concitare. Liv.* Mover á diversas partes. — *Transire. Plin. men.* Mudar de opinion, tomar lo contrario, seguir el partido opuesto. — *Afficere. Tac.* Hacer mudar de opinion. — *Auctor. Tac.* El que disuade. *Diversior populus nunquam confluxit. Claud.* Jamas se vió concurso de gentes mas diversas. *E diverso. Plin.* Al contrario, por el contrario. *Ex diverso. Sen.* Por diversas partes.

Diverticulum, i. n. *Cic.* Senda, camino que se aparta del real. ¶ Posada, meson. ¶ *Juv.* Digresion. ¶ Escusa, pretesto, escapatoria. *Diverticulum doli. Cic.* Escusa para los engaños.

Diversto, is, ti, sum, tĕre. a. *Cic.* y

Divertor, ĕris, versus sum, ti dep. *Cic.* Apartarse del camino para tomar posada. ¶ Apartarse del propósito, hacer una digresion. ¶ *Suet.* Partirse, marchar. ¶ *Plaut.* Diferenciarse, ser desemejante. *Divertere ad Cic. apud aliquem. Liv.* — *In tabernam. Cic. Diverti ad aliquem in hospitium. Plaut.* Hospedarse en casa de otro ó en la posada. — *Divertere donum. Ter.* Irse á su casa. — *Ad alia. Quint.* Á propósito. *Plin.* Hacer una digresion. — *Acies. Luc.* Desbaratar, poner en fuga las tropas.

Dives, itis. m. f. Divitior, tissimus. *Cic.* Rico, opulento, abundante, poderoso. *Dives ingenium. Ov.* Ingenio fecundo. — *Pecoris. Virg.* — *Pecore. Hor.* Rico, abundante de ó en ganados. — *Avis. Virg.* Ilustre por sus antepasados, de esclarecida estirpe. *Divitissimus scientia. Sid.* Hombre muy sabio, lleno de ciencia. *Avarus dives. Ov.* Rico avariento.

Divexo, as, avi, atum, are. a. *Cic.* Robar, asolar, tomar, quitar, llevar violentamente con variedad.

Divexus, a, um. *S. Ag.* Inclinado á diversas partes.

Divi, ōrum. m. plus. *Cic.* Los dioses de la gentilidad. ¶ *Ecles.* Los santos.

Diviana. *Varr.* V. Diana, Luna.

Dividia, ae. f. *Plaut.* Trabajo, molestia, dolor, desHh 2

DIV

placer, pena, afliccion, tristeza.

Dividicŭla, orum. n. plur. Fest. Depósitos, arcas de agua, pozos de donde saca cada uno la que necesita para el riego.

Divĭdo, is, vĭsi, sum, dĕre. a. Cic. Dividir, partir, separar en partes. || Hender, rajar, abrir por medio. || Distribuir, repartir. Legem bonam ab alia dividere. Cic. Distinguir la ley buena de la mala.

Divĭdue. adv. m. Plaut. Por mitad.

Dividuĭtas, atis. f. Caj. Jct. Division.

Divĭdus, a. Asc. Dividido.

Divĭduus, a, um. Cic. Divisible. Lo que se puede dividir. || Hor. Dividido, separado.

Divilĭria, ae. f. Dublin, capital de Irlanda.

Divīna, ae. f. Hor. Adivinadora. Divina avis imbrium. Hor. Ave presaga, adivinadora, pronosticadora de la lluvia.

Divinācŭlum, i. m. Suet. Astrólogo judiciario, adivino.

Divīnans, tis. com. Cic. El que adivina, adivino.

Divīnatĭo, ōnis. f. Cic. Adivinacion, el acto ó arte de adivinar por conjeturas lo futuro. || Juicio ó eleccion del mas idóneo para formar una acusacion entre muchos que la pretenden, como la primera de las oraciones de Ciceron contra Verres.

Divīnātor, ōris. m. Firm. Adivinador, adivino.

Divīnātrix, icis. f. Tert. Adivinadora, adivina.

Divīnātus, a, um. Ov. Adivino, predicho.

Divīne. adv. Cic. Adivinando. || Quint. Escelente, divinamente.

Divinicontŭmacĭa, ae. f. Apul. Desprecio de las cosas divinas.

Divīnĭpŏtens, tis. com. Apul. El que tiene poder divino ó en las cosas divinas.

Divinisciens, tis. com. Apul. El que sabe ó tiene ciencia de las cosas divinas.

Divīnĭtas, atis. f. Cic. Divinidad, deidad, numen, magestad, potestad divina. || Asc. Dios. || El arte y facultad de adivinar. || Escelencia rara.

Divīnitus. adv. Cic. Por inspiracion, órden, voluntad, don de Dios. || Divina, maravillosa, escelentemente.

Divīno, as, avi, atum, are. a. Cic. Adivinar, predecir, pronosticar lo futuro por conjeturas. De exitu divinare. Nep. Prevenir, adivinar el suceso.

Divīnus, i. m. Marc. Adivino.

Divīnus, a, um. Cic. Divino, Perteneciente á Dios. || Raro, escelente, estraordinario. || Celeste, celestial, sobrenatural. Res divina. Cic. Sacrificio, oracion á Dios. — Scelera. Liv. Pecados, ofensas contra los dioses. — Loca. Virg. Lugares sagrados, consagrados. Divina haec in te sunt. Cic. Estas prendas se hallan en tí en un grado muy sublime. Divinissima dona. Cic. Dones sumamente dignos de Dios. Falluntur saepe divini. Cic. Se engañan muchas veces los adivinos.

Divĭo, ōnis. m. Dijon, capital del ducado de Borgoña.

Divĭodūnum, i. n. Metz, ciudad de Francia.

Divĭonum, i. n. V. Divio.

Divīpŏtentes. m. plur. Varr. Dioses poderosos.

Divīse. adv. Gel. Con division, separacion.

Divisibĭlis. m. f. lĕ. n. is. Tert. Divisible.

Divīsim. adv. Apul. V. Divise.

Divisĭo, ōnis. f. Cic. Division, separacion, particion. || Distribucion, repartimiento.

Divisor, ōris. m. Cic. El que divide, distribuidor.

Divisūra, ae. f. Plin. Division, incision, separacion.

Divīsus, us. m. Liv. V. Divisio.

Divīsus, a, um. Cic. part. de Divido. Dividido, partido, repartido, distribuido. || Separado, apartado.

Divitatĭo, ōnis. f. Petron. El acto de enriquecer.

Divitĭae, arum. f. plur. Cic. Riquezas, bienes de fortuna, facultades, posibles, caudales. Divitiis affluere. Lucr. In divitiis esse. Plaut. Vivir en abundancia y opulencia. Divitias ex hoc facies. Plaut. Harás caudal con esto, este es el medio de hacerte rico, de fabricar tu fortuna. In divitias maximas nubere. Plaut. Casarse con una muger muy rica.

Divĭto, as, are. a. Gel. Enriquecer, hacer á uno rico.

Divŏdūrum, i. n. V. Diviodunum.

DOC

Divōna Caducorum. f. Cahors, ciudad de Cuerci.

Divortĭum, ii. n. Cic. Divorcio, senda, separacion del camino real. || Variedad, desemejanza, diversidad. || Divorcio, disolucion del matrimonio. Divertia aquarum. Liv. Separaciones de las aguas, arroyos que salen de un mismo lugar. — Doctrinarum. Cic. Diferentes sectas de filósofos.

Divulgatĭo, ōnis. f. Tert. Divulgacion, publicacion.

Divulgātus, a, um. Cic. Divulgado, publicado, esparcido.

Divulgo, as, avi, atum, are. a. Cic. Divulgar, publicar, esparcir.

Divulsĭo, ōnis. f. S. Ger. Arrancamiento, el acto de arrancar, separar, cortar.

Divulsus, a, um. Cic. part. de Divello. Arrancado, cortado, separado, apartado.

Divum, i. n. Hor. V. Dium.

Divus, a, um. V. Divinus.

Divus, i. m. Cic. Dios. || Santo, bienaventurado.

Dixi. pret. de Dico.

DO

Do, das, dĕdi, dătum, dăre. a. Cic. Dar, conceder, entregar. Dare aliquid alicui in manum. Ter. Dar, poner una cosa á alguno en la mano. — Aliquid in manus hominum. Plin. Publicar una cosa, ponerla en manos de todos. — Aquam manibus. Plaut. Dar agua á manos, traer agua para lavarse las manos. — Perferendum. Cic. ó ferre. Virg. Dar, entregar para llevar, enviar. — Animum. Liv. Alentar, animar, dar ánimo. — Aquam in alvum. Cels. Echar una ayuda. — Fabulam. Cic. Dar una funcion de teatro, representar una comedia. — Damnum, ú operam malam. Plaut. Hacer daño. — Beneficium. Cic. Hacer un favor, un beneficio. — Natalitia. Cic. Regalar en dia del nacimiento. — Se ad lenitatem. Cic. Ablandarse, aplacarse. — Se alicui Cic. Darse, entregarse á alguno. — Exubias ad hostes in singulis stipendiis. Plaut. Dar, dejar sus despojos al enemigo en cada campaña. — Paucis. Ter. Decir en pocas palabras. — Alicui vicissim. Ter. Escuchar á alguno recíprocamente, á su vez. — Alicui quis sit, aliquis. Cic. Enseñar, decir á alguno quien es otro. — Jusjurandum aliquid esse. Ter. Jurar, hacer juramento de que una cosa es. — Symbolum. Ter. Pagar su escote. — Animam. Virg. Morir. — Veniam. Cic. Conceder. || Perdonar. — Se ad docendum alicui, ú operam alicui. Cic. ó in disciplina alicui. Gel. Estudiar con, ó ponerse bajo la enseñanza de alguno ó en su escuela. — Se in sermonem. Ter. Dar que hablar de sí. — Praecipitem. Ter. In praeceps. Liv. Precipitar. — Se viae, ó in viam. Cic. Ponerse en camino. — Virginem in manum. Ter. Dar una doncella en matrimonio. — Litem secundum aliquem. Liv. Juzgar, sentenciar un pleito en favor de alguno. — Judicium in aliquem, in octuplum. Cic. Condenar á alguno á pagar ocho veces mas. — In ruborem. Plaut. Hacer avergonzarse á alguno. — Manus. Cic. Rendirse, confesarse vencido. — Dictis infensum aliquem alteri. Ter. Hacer malos oficios á uno con otro. Poner á uno mal con otro por sus palabras. — Operam alicui. Plaut. Escuchar á uno. — Irae. Plaut. Montar en cólera. — Se tonsoribus. Suet. Afeitarse. — Aliquid in mandatis. Plaut. Cometer, encargar. — Vela. Virg. Hacerse á la vela. — Crimini, vitio. Cic. Imputar á delito, á vicio. Ut res dant sese. Ter. Segun la disposicion de las cosas.

Dŏceo, es, cui, doctum, cēre. a. Cic. Enseñar, informar, mostrar, hacer ver. || Instruir. Docere mercede pueros litteras. Cic. Enseñar á leer á los niños por salario. — Fidibus. Cic. Enseñar á tocar un instrumento. — De re aliqua aliquem. Cic. Informar, instruir á alguno de alguna cosa. Quanti docet? Cic. ¿Cuánto lleva por enseñar? — Equo, armisque. Liv. Enseñar á montar á caballo, y á jugar á las armas.

Dŏchmĭus, i. m. Cic. Doquimo, pie métrico de cinco sílabas, breve, dos largas, breve y larga, como ămīcŏs tĕnēs.

Dŏcibĭlis. m. f. lĕ. n. is. Tert. Lo que se enseña fácilmente. || Fácil de enseñar.

Dŏcĭlis. m. f. lĕ. n. is. Cic. Dócil, que enseña ó que aprende fácilmente. Docilis alicujus disciplinae. Hor.

*Ad aliquam disciplinam. Cic.* El que tiene disposiciones para una ciencia.

**Docilitas, atis.** *f. Cic.* Docilidad, capacidad, proporcion, buena disposicion y facilidad para aprender.

**Docte.** *adv. tius, tissime. Cic.* Doctamente.

**Docticanus, a, um.** *Marc. Cap.* Que canta bien.

**Doctificus, a, um.** *Marc. Cap.* Que hace doctos.

**Doctiloquus, a, um.** *Varr.* El que habla bien.

**Doctisonus, a, um.** *Sid.* Lo que suena bien.

**Doctiuscule.** *adv. Gel.* Con afectada erudicion.

**Doctor, oris.** *m. Cic.* Maestro, preceptor, catedrático, el que enseña. || Doctor.

**Doctrina, ae.** *f. Cic.* Doctrina, enseñanza, instruccion. || Ciencia, erudicion.

**Doctrix, icis.** *f. Apul.* Maestra, la que enseña.

**Doctus, a, um, tior, tissimus.** *Cic.* Docto, sabio, instruido, literato, erudito. *Doctus latine. Suet.* — *Litteris latinis,* ó *litterarum latinarum. Cic.* Que sabe ó ha aprendido la lengua latina. — *De aliis. Plaut.* Instruido con el ejemplo de otros ó á costa de otros. — *Ad malitiam. Ter.* Instruido, versado en hacer mal, en malicias. — *Cantare, Hor.* Diestro en cantar. — *Ex disciplina. Cic.* Instruido en la doctrina. — *Ad legem. Cic.* Docto en las leyes. *Docta palata. Col.* Gustos finos, delicados. *Docti doli. Plaut.* Engaños, astucias muy delicadas y finas. *Doctissima fandi. Virg.* Que habla, se esplica muy bien.

**Documen, inis.** *n. Lucr.* y

**Documentum, i.** *n. Cic.* Documento, doctrina, enseñanza, precepto. || Modelo, ejemplo, ejemplar. || *Liv.* Prueba, testimonio, indicio. *Documentum sui dare Liv.* Dar pruebas de sí. — *Ex aliquo capere,* ó *documento sibi aliquem habere. Cic.* Tomar ejemplo de alguno, tomar á uno por ejemplo.

**Docus, i.** *m. Plin.* Viga, madero.

*Dodecaedron, i.* *n.* Dodecaedro, *figura geométrica, uno de los cinco cuerpos regulares, compuesto de doce pentagonos iguales.*

*Dodecathemorion, ii.* *n. Man.* La duodécima parte de alguna cosa.

*Dodecatheon, i.* *n. Plin.* Yerba llamada de los doce dioses.

**Dodona, ae.** *f. Plin.* Dodona, *diosa de la bellota. Nombre de una ninfa, de una ciudad y bosque de Caonia consagrado á Júpiter.*

**Dodoneus, a, um.** *Mel.* Perteneciente á Dodona.

**Dodonides nimphae.** *f. plur. Hig.* Las Atlántides, *ninfas que criaron á Júpiter.*

**Dodonigena, ae.** *m. Sid.* El natural de Dodona, *que se alimentaba con bellotas, antes que Ceres inventase las mieses.*

**Dodonis, idis.** *f. Ov.* La que pertenece á Dodona.

**Dodonius, a, um.** *Claud.* V. *Dodoneus.*

**Dodra, ae.** *f. Aus.* Bebida que se componia de nueve cosas, agua, vino, caldo, aceite, sal, pan, yerba, miel y pimienta.

**Dodralis.** *m. f. le. n. is.* Perteneciente á esta bebida.

**Dodrans, tis.** *m. Cic.* Dodrante, *peso de nueve onzas. Nueve partes de cualquiera cosa que se divida en doce.* || Palmo de doce pulgadas. *Dodrante altus. Col.* Que tiene nueve pulgadas de profundidad. *Dodrans diei. Col.* Las tres partes ó tres cuartos de un dia.

**Dodrantalis.** *m. f. le. n. is. Col.* Que tiene nueve pulgadas, que pesa nueve onzas, que contiene nueve partes ó tres cuartos de doce.

**Dofris, is.** *f.* Douvres, *ciudad de Inglaterra.*

**Dogu, ae.** *f. Vop.* Bota de agua ó de vino.

**Dogma, atis.** *n. Cic.* Dogma, principio, sentencia, máxima, precepto.

**Dogmaticus, a, um.** *Aus.* Dogmático, perteneciente á dogmas y principios.

**Dogmatizo, as, are.** *a. S. Ag.* Dogmatizar, enseñar los dogmas.

**Dola, ae.** *f.* Dola, *capital del condado de Borgoña.* || Dol, *ciudad de Bretaña.*

**Dolabella, ae.** *f. dim. Col.* Azuela pequeña.

**Dolabella, ae.** *m. Cic.* P. C. Dolabella, *yerno de Ciceron.*

**Dolabellianus, a, um.** *Plin.* Perteneciente á Dolabela.

**Dolabra, ae.** *f. Col.* La azuela, *instrumento para desbastar la madera.*

**Dolabrarius, ii.** *m. Inscr.* El que hace azuelas ó trabaja con ellas.

**Dolabratus, a, um.** *Ces.* Cortado, desbastado con la azuela.

**Dolamen, inis.** *n. Apul.* Alisadura hecha con la azuela.

**Dolatilis.** *m. f. le. n. is. Gets.* Lo que se puede acepillar ó aplanar fácilmente.

**Dolatorium, ii.** *n.* ó Dolatoria, ae. *f. S. Ger.* Pico, instrumento de hierro para labrar y pulir las piedras.

**Dolatus, us.** *m. Prud. V.* Dolamen.

**Dolatus, a, um.** *Cic.* Alisado con azuela.

**Dolendus, a, um.** *Cic.* Lo que se debe sentir.

**Dolens, tis.** *com. Hor.* Doliente, el que padece dolencia. || *Salust.* Doloroso, que da dolor.

**Dolenter.** *adv. Cic.* Con dolor. *Dolentius deplorare. Cic.* Sentir con mas dolor.

**Dolentia, ae.** *f. Arnob.* Dolencia, dolor, enfermedad.

**Doleo, es, lui, litum, ere.** *n. Cic.* Dolerse, sentirse. || Doler, padecer sentimiento. || Disgustarse. *Dolet caput, mihi caput. Plaut. A sole. Plin.* Me duele la cabeza del sol, de estar al sol, el sol me ha hecho daño á la cabeza. *Dolere ab oculis. Plaut.* Tener mal de ojos ó malos los ojos. — *Rem aliquam, re aliqua,* ó *de re aliqua. Cic.* Estar enfadado, disgustado de alguna cosa. — *Dolorem, casum,* ó *vicem alicujus,* ó *casu alicujus. Cic.* Dolerse de, sentir la desgracia de alguno. — *Delicto. Cic.* Estar sentido, sentir haber hecho una falta. — *Gravius ex commutatione rerum. Ces.* Sentir mas vivamente la mudanza de las cosas, del estado. — *Quod alius stomachatur. Cic.* Sentir que otro se enfade. *Quae dolent, ea molestum est contingere.* adag. En casa del ahorcado no se ha de mentar la soga. ref.

**Doliaris.** *m. f. le. n. is. Plaut.* Propio de la tinaja ó cuba.

**Doliarium, ii.** *n. Caj. Jct.* Bodega, cueva donde hay muchas tinajas ó cubas.

**Doliarius, ii.** *m. Plin.* El cubero ó tinajero.

**Doliarius, a, um.** *Inscr.* Perteneciente á la cuba ó tinaja.

**Dolichenus, i.** *m. Inscr.* Epíteto de Jove, *de la ciudad de Doliquene en la provincia de Comagene.*

**Doliolum, i.** *n. Col.* Tonel, carral, barril. *dim. de* Dolium.

**Dolito, as, avi, atum, are.** *n. freq. de* Doleo. *Cat.* Dolerse á menudo.

**Dolium, ii.** *n. Ter.* Tinaja, cuba para vino, aceite, frutas y otras cosas.

**Dolo, as, avi, atum, are.** *a. Cic.* Alisar, pulir, desbastar con la azuela. || Perfeccionar, limar. *Dolare aliquem fuste. Hor.* Dar á uno de palos. — *Dolum. Plaut.* Llevar al cabo un engaño.

*Dolo, onis.* *m. Virg.* Baston dentro del cual se oculta un hierro, una arma. || *Fedr.* El aguijon de la mosca. || *Liv.* La vela menor de un navío, el trinquete.

**Dolopeia, idis.** *f. Hig.* La que pertenece á los dolopes.

**Dolopejus, a, um.** *Val Flac.* Perteneciente á los dolopes.

**Dolopes, um.** *m. plur. Virg.* Dolopes, *pueblos de Tesalia.*

**Dolor, oris.** *m. Cic.* Dolor, mal, dolencia. || Afliccion, pena, sentimiento. *Dolor intestinus. Cic.* Pesadumbre doméstica. — *Articulorum. Cic.* Dolor de la gota.

**Dolorosus, a, um.** *Cel. Aur.* Doloroso, que da ó causa dolor.

**Dolose.** *adv. Cic.* Dolosamente, con dolo.

**Dolosus, a, um.** *Cic.* Doloso, engañoso, falaz, fraudulento, malicioso.

**Dolus, i.** *m. Cic.* Dolo, engaño, fraude, simulacion.

**Doma, atis.** *n. S. Ger.* El techo de una casa.

**Domabilis.** *m. f. le. n. is. Hor.* Domable, lo que es fácil de domar.

**Domatio, onis.** *f. Tibul.* La accion de domar.

**Domator, oris.** *m. Am.* Domador, el que doma.

**Domatus, a, um.** *Petron.* Domado, sujeto.

**Domefactus, a, um.** *Petron.* Domado, domeñado.

**Domesticatim.** *adv. Suet.* De casa en casa.

**Domestice.** *adv. Ter.* Doméstica, caseramente.

**Domesticus, a, um.** *Cic.* Doméstico, casero, familiar, privado, lo perteneciente á la casa y familia. *Domesticus otior. Hor.* Me quedo descansando en casa. *Alienigenos* *domesticis ante ferre Cic.* Anteponer los forasteros á los nuestros, á los de nuestra patria.

**Dŏmĭcĭlium,** ii. *n. Cic.* Domicilio, casa, habitacion, estancia, morada. *Domicilium superbiae. Cic.* Asiento, trono de la soberbia.

**Dŏmĭcoenium,** ii. *n. Marc.* Comida que se hace en casa.

**Dŏmĭdūcus (Deus),** i. *m. Varr.* Dios, bajo cuyos auspicios era conducida la esposa á casa del marido.

**Dŏmĭna,** ae. *f. Cic.* Dueña, señora. ∥ *Virg.* Madre de familias. *Urbs domina. Marc.* La ciudad dominante, Roma.

**Dŏmĭnans,** tis. *com. Cic.* Dominante, el que domina, señor, dueño. *Dominans in nobis Deus. Cic.* Dios, que es el señor de nuestras voluntades, soberano de nuestros corazones. *Dominantia verba. Hor.* Palabras propias y como dominantes en el uso comun, que no admiten sentido figurado.

**Dŏmĭnātĭo,** ōnis. *f. Cic.* Dominacion, dominio, señorío, imperio, gobierno, poder absoluto. *Casi siempre se toma en mala parte por dominio tiránico, por el odio que tenian los romanos al imperio de uno solo.*

**Dŏmĭnātor,** ōris. *m. Cic.* Dominador, el que tiene dominio y señorío.

**Dŏmĭnātrix,** īcis. *f. Cic.* Dueña, señora, la que tiene dominio y señorío.

**Dŏmĭnātus,** us. *m. Cic.* Dominio, dominacion, señorío. *Terrenorum commodorum omnis est in homine dominatus. Cic.* El hombre es el que tiene poder absoluto sobre los bienes de la tierra.

† **Dŏmĭnĭca (dies).** *f.* El domingo. *V. Dominicus.*

† **Dŏmĭnĭcālis.** *m. f. lĕ. n. is.* Dominical, perteneciente á la dominica ó domingo.

† **Dŏmĭnĭcus,** a, um. *Col.* Lo perteneciente al dueño ó señor. *Dies dominica. Ecles.* Dia del Señor, el domingo.

**Dŏmĭnium,** ii. *n. Suet.* Dominio, mando, imperio, señorío.

† **Dŏmĭnŏbĭlis.** *m. f. lĕ. n. is. Just.* De casa noble.

**Dŏmĭnor,** āris, ātus sum, āri. *dep. Cic.* Dominar, señorear, mandar, sujetar, adquirir, tener dominio, señorío. *Dominari inter suos. Ces.* — *In suos, ó capite suorum. Cic.* Tener imperio absoluto sobre los suyos. — *In mari. Sen.* Tener el imperio, el dominio del mar. *Dominamur ne crastino quidem. Sen.* Aun no somos dueños del dia de mañana.

**Dŏmĭnŭlus,** i. *m. Escevol.* Señorito. *dim. de*

**Dŏmĭnus,** i. *m. Cic.* Señor, amo, dueño de casa y familia. ∥ Señor, tirano, dominante. *Dominus convivii. Sal.* — *Epuli. Cic.* El que da el convite.

**Dŏmĭporta,** ae. *f. Cic.* Que lleva su casa acuestas como el caracol y la tortuga.

**Dŏmĭsĕda,** ae. *f. Inscr.* Matrona que guarda y cuida de su casa.

**Dŏmĭtĭānus,** i. *m. Suet.* Tito Flavio Domiciano, *hijo de Vespasiano, duodécimo emperador de Roma, famoso por su crueldad, y porque se divertia en coger moscas en su cuarto, y clavarlas con un punzon.*

**Dŏmĭtĭānus,** a, um. *Ces.* y

**Dŏmĭtĭus,** a, um. *Cic.* Perteneciente á Domicio, *ciudadano romano.*

**Dŏmĭto,** as, avi, ātum, āre. *a. freq. de Domo. Virg.* Domar frecuentemente.

**Dŏmĭtor,** ōris. *m. Cic.* Domador, el que doma, sujeta.

**Dŏmĭtrix,** īcis. *f. Virg.* Domadora, la que doma.

**Dŏmĭtūra,** ae. *f. Col.* Domadura, la accion de domar ó sujetar.

**Dŏmĭtus,** us. *m. Cic. V. Domitura.*

**Dŏmĭtus,** a, um. *Cic.* Domado, sujetado. *part. de*

**Dŏmo,** ās, ui, ĭtum, āre. *a. Cic.* Domar, sujetar, vencer. *Domare terram aratro. Col. Rastris. Virg.* Arar, cultivar la tierra. *Virtutibus ille fortunam domuit. Claud.* El sujetó la fortuna con sus virtudes.

**Dŏmultĭo,** ōnis. *f. Cic.* La vuelta á casa.

**Dŏmuncŭla,** ae. *f. Vitruv.* Casita, casilla. *dim. de*

**Dŏmus,** us. *f. Cic.* Casa, habitacion, domicilio. ∥ *Virg.* Templo. ∥ *Tibul.* Sepulcro. ∥ Familia. ∥ Patria. *La declinacion es irregular. Genit.* Domus, *y casi siempre* Domi. *Dativ.* Domui. *Acus.* Domum. *Vocat.* Domus. *Ablat.* Domo. *Se halla tambien* Domo *en Plauto y en los jurisconsultos antiguos. Nomin. y vocat. de plur.* Domus. *Genit.* Domorum, *ó* Domuum. *Dat. y ablat.* Domibus. *Acus.* Domos, *ó* Domus. *Domi, ó in domo. Ter.* En casa. *Domi, militiaeque Cic. Bellique. Plaut.* En paz y en guerra. *Domi, et foris. Cic.* Entre nosotros y entre los extrangeros. *Domus Sergia. Virg.* La familia de los Sergios. — *Cornea. Fedr.* La concha del galápago. — *Avium. Virg.* Nido de las aves. — *Pecorum. Estac.* Establo. *Domo exire. Ces.* Salir de su país, de su patria. *Domi habere. Ter.* Tener abundancia en su casa. *Domo pecuniam solvere. Plaut.* Pagar del arca doméstica, sin buscarlo fuera.

**Dŏmuscŭla,** ae. *f. dim. de* Domus. *Apul. V.* Domuncula.

**Dŏnābĭlis.** *m. f. lĕ. n. is. Plaut.* Lo que se puede dar. ∥ El que merece que se le dé.

**Dŏnārium,** ii. *n. Tac.* Donativo, don. ∥ *Aur. Vict.* Ofrenda. ∥ *Luc.* El lugar donde se presentan ó se cuelgan dones en un templo.

† **Dŏnātārius,** ii. *m.* Donatario, á quien se hace una donacion.

**Dŏnātĭcus,** a, um. *Fest.* Lo que se da en don ó se regala por premio, como las coronas á los vencedores en los juegos públicos.

**Dŏnātĭo,** ōnis. *f. Cic.* Donacion, don, dádiva. *Donatio propter nuptias. Cic.* Donacion en favor del matrimonio. — *Inter vivos. Dig.* Donacion inter vivos. — *Causa mortis. Dig.* Donacion mortis causa, hecha por testamento ú otro instrumento irrevocable.

**Dŏnātīvum,** i. *n. Tac.* Donativo, que el príncipe ó el emperador da á los soldados.

**Dŏnātīvus,** a, um. *Inscr.* Aquello de que se hace donacion.

**Dŏnātor,** ōris. *m. Sen.* Donador, el que da ó hace donacion graciosamente.

**Dŏnātrix,** īcis. *f. Prud.* La que da ó hace graciosa donacion.

**Dŏnātus,** a, um. *Cic.* Donado, dado graciosamente.

**Dŏnātus,** i. *m.* Donato, gramático doctísimo, maestro de S. Gerónimo.

**Dŏnax,** ācis. *m. Plin.* Caña á propósito para hacer flechas. ∥ El pez marino llamado onix.

**Dōnec.** *adv. Cic.* Hasta que, hasta tanto que. ∥ Mientras, mientras que.

**Dōnĭcum.** *adv. Plaut. V.* Donec.

† **Dŏnĭfĭcans,** tis. *com. Hig.* El que da y recibe dones.

**Dŏno,** as, avi, ātum, āre. *a. Cic.* Donar, dar graciosamente. ∥ Remitir, perdonar. ∥ Dar, conceder, atribuir. *Donare alicui immortalitatem, ó aliquem immortalitate. Cic.* Inmortalizar á uno. — *Inimicitias suas reipublicae. Cic.* Sacrificar sus sentimientos al bien del estado.

**Dŏnōsus,** a, um. *Plaut.* Donador, liberal.

**Dŏnum,** i. *n. Cic.* Don, presente, regalo, donacion. *Emit virginem dono mihi. Ter.* Compró la doncella para dármela á mí. *Donum rejicere haud quaquam decet. Non oportet dentes equi inspicere donati. adag.* A quien dan no escoge. A caballo dado ó presentado no le mires el diente. *ref.*

**Dŏnȳsa,** y **Dŏnūsa,** ae. *f. Virg.* Donusa, *isla pequeña del mar egeo.*

**Dorca,** ae. *m. Hor.* El gamo.

**Dorcădes,** dum. *f. plur. Plin.* Las Dórcadas, *islas del mar atlántico.*

**Dorcas,** ădis. *f. Plin.* El gamo ó cabra silvestre.

**Dorcensis,** m. f. lĕ. n. is. Natural de ó perteneciente á Dorchester.

**Dorcestria,** ae. *f.* Dorchester, *provincia de Inglaterra.*

**Dorceus,** i. *m. Ov.* El perro que persigue á los gamos.

**Dordĕrācum,** i. *n.* Dort, ó Dordrecht, *ciudad de Holanda.*

**Dordincum,** i. *n.* Dourdan, *ciudad del condado de Hurepoix.*

**Dordōnia,** ae. *m.* Dordoña, *río de Gascuña.*

**Dordrācum,** i. *n. V.* Dorderacum.

**Dores,** um. *m. plur. Cic.* Los Dores, *pueblos de Libadia ó de Doride en Grecia.*

## DOT

Dōria, y Dōrica, ae. f. Parte de la Acaya.

Dōrĭce. adv. Suet. A manera de los dóricos.

Dōrĭcus, a, um. Plin. Dórico, perteneciente á los dores de Grecia ó del Asia.|| Griego.

Dōriensis, m. f. sĕ. n. is. Just. V. Doricus y Dorienses. V. Dores.

Dōres, ĭdis. f. Ov. Doris, hija del Océano y Tetis, madre de cincuenta hijas llamadas Nereidas, de su padre Nereo. || Virg. El mar. || La Libadia, region de Acaya. || Region del Asia menor.

Dōrius, a, um. Plin. V. Doricus y Doriensis.

Dorlānium, ii. n. Dourlans, ciudad de Picardía.

Dormănum, i. n. Dormans, ciudad de Champaña.

Dormio, is, ivi, ītum, īre. n. Cic. Dormir, coger el sueño, estar dormido. Dormire altum. Juv. — Arcte, arctius. Cic. Dormir un sueño profundo. — Ad lucem. Cic. In lucem. Hor. Dormir hasta el dia. — In medios dies. Hor. Dormir hasta el medio dia. — Longam noctem. Hor. Dormir toda la noche. — Alicui. Cic. Olvidar á alguno, no pensar en él. — In utramvis aurem. Ter. ó in utrumvis oculum. Plaut. Dormir á pierna suelta, con descuido y seguridad.

Dormisco, is, ĕre. n. Plaut. Dormirse, venir el sueño cuando no se desea.

Dormĭtātor, ōris. m. Plaut. El ladron nocturno, que duerme por el dia y vela de noche.

Dormĭtio, ōnis. f. Varr. La dormida, el sueño, el acto de dormir, dormidura. || S. Ag. La muerte.

Dormĭto, as, āvi, ātum, āre. n. Cic. Dormitar, tener sueño, estar medio dormido y medio despierto, tener gana de dormir. || Dormir. || Ser perezoso, negligente. Dormitans sapientia. Cic. Sabiduría que está en inaccion, negligente. Quandoque bonus dormitat Homerus. Hor. Cuando se descuida, se duerme el insigne Homero.

Dormĭtor, ōris. m. Marc. Dormidor, el que duerme mucho, gusta de dormir.

Dormĭtōrius, a, um. Plin. Perteneciente á dormir, al dormitorio. Dormitorium membrum, cubiculum. Plin. La alcoba, dormitorio.

Dorobrĕvum, i. n. Rochester, ciudad de Inglaterra.

Dorsuālia, ium. plur. Treb. Pol. La albarda, silla ó enjalma que se pone á las caballerías, y las mantas con que se cubren.

Dorsuālis. m. f. lĕ. n. is. Apul. Lo perteneciente á la espalda, al lomo.

Dorsuārius, a, um. Varr. V. Dossuarius.

Dorsum, i. n. Hor. Espalda. || Dorso, revés. || Banco de arena, escollo. Dorsum montis. Quint. Curc. La espalda de un monte. — Testudinis. Quint. Concha de la tortuga.

Dorsuōsus, a, um. Am. Que tiene espalda ó grande espalda, espaldudo.

Dōrus, a, um. Prop. V. Doricus.

Dorventania, ae. f. La provincia de Darvi en Inglaterra.

Dorx, cis. m. Ov. Gamo, cabra silvestre.

† Dorycnium, ii. n. Plin. Yerba con que frotaban las puntas de las lanzas en las batallas.

Dōryphŏrus, i. m. Plin. Piquero, soldado que lleva una pica ó lanza. || Cic. Estatua que representa á este soldado.

Dos, ōtis. m. Cic. El ó la dote, la hacienda que lleva la muger cuando se casa. || Ventaja, don, talento. Dos formae. Ov. Cualidad de la hermosura. Oris. Ov. Don de la elocuencia. || Belleza del rostro. Dotes naturae. Plin. men. Dotes, prendas de la naturaleza. — Ingenii. Ov. Del ingenio, talentos, buenas disposiciones naturales. Doti dicere. In dotem. Cic. Dotem despondere. Prop. Prometer en dote.

Dossuārius, a, um. Varr. Lo que se lleva á lomo, sobre la espalda. Dossuaria jumenta. Varr. Bestias de carga.

Dōtālis. m. f. lĕ. n. is. Cic. Dotal, lo perteneciente á la dote. Dotalis servus. Plaut. El siervo que llevaba la muger juntamente con su dote.

Dōtātus, a, um. part. de Doto, tior, tissĭmus. Cic. Dotado, que tiene dote. || Rico, opulento. || Adornado. Dotatissima forma. Ov. De mucha hermosura.

## DRO

Dōto, as, āvi, ātum, āre. a. Suet. Dotar, dar, señalar dote.

Dovaeum, i. n. Dove, ciudad de Anjou.

Doveōna, ae. f. Cahors, ciudad de Querci.

Dovōria, ae. f. Douvres, ciudad de Inglaterra.

## DR

Draba, ae. f. y

Drabe, es. f. Draba, yerba, cuyas flores se parecen á las del sauco. || Drabe, rio de Alemania.

Dracaena, ae. f. Prisc. El dragon, hembra.

Dracēnum, i. n. Draguiñan, ciudad de Provenza.

Drachma, ae. f. Plin. Dracma, peso ó medida que contiene tres escrúpulos ó la octava parte de una onza. || Moneda romana de plata, que valia cuatro sextercios. || Dracma ática del peso de la romana, que valia y pesaba seis óbolos.

Drăchonus, i. m. Draon, rio de Lorena. || Traen, rio de Tréveris.

Drăco, ōnis. m. Cic. Dragon, serpiente de muchos años, que con el tiempo crece mucho. Se atribuia á Esculapio por creerse que los dragones son muy vigilantes, y los poetas les atribuyen la custodia de los tesoros, como del bellocino de Colcos, del jardin de las Espérides &c. || Plin. Dragon marino, pez de gran cuerpo. || El dragon, constelacion celeste. || Plin. Vástago grueso de una viña.

Drăcon, ōnis. m. Rio de Italia, al pie del monte Vesubio.

Drăcōnārius, ii. m. Am. Alferez, que lleva una bandera con la insignia de un dragon.

Drăcōnĭgĕna, ae. m. Ov. Engendrado de un dragon. Se dice de la ciudad de Tebas en Beocia, y de Alejandro Magno.

Drăcōnis, ĭtis. f. Isla al lado de la Libia.

Drăcontārium, ii. n. Tert. La corona militar que llevaba el alferez llamado Draconarius.

Drăcontia, ae. f. y Dracontites, ae. m. Plin. Piedra preciosa, que dicen se halla en la cabeza del dragon.

Drăcontias, ae. m. Plin. Una especie de trigo.

Drăcontium, ii. n. y

Drăcuncŭlus, i. m. Plin. La dragontea ó taracontes, yerba. || Lampr. Dragoncillo, dragon pequeño.

† Dragantum, i. n. Veg. Yerba que da un jugo medicinal.

Drāma, ătis. n. Aus. Representacion, fábula, accion de la comedia ó tragedia, y el mismo poema.

Drāmătĭcus, a, um. Dramático, perteneciente al drama, que comprendia entre los griegos la tragedia, comedia, sátira y mimos; y entre los romanos las fábulas pretestatas, tabernarias y atelanas.

Drancaeus, y Drangaeus, a, um. Plin. Lo perteneciente á los Drancas, pueblos de la Persia.

Draus, ii. m. El Drabe, rio de Alemania.

Draucus, i. m. Marc. El sodomita, hombre torpe, obsceno.

Drăpĕta, ae. m. Plaut. Siervo fugitivo.

Drāvus, i. m. V. Draus.

Drenso, as, āre. n. Aut. de Fil. Cantar como el cisne.

Drĕpănis, is. f. Plin. La golondrina.

Drĕpănĭtānus, a, um. Cic. Perteneciente á Drepano ó Trápani en Sicilia.

Drĕpănum, i. n. Virg. Drepano ó Trápani, ciudad y promontorio de Sicilia.

Drēsa, ae. f. y

Dresda, ae. f. Dresde, ciudad capital de la Misnia en el círculo de Sajonia, y corte del elector.

Drimyphagia, ae. f. Cel. Aur. Comida de manjares agrios.

Drindio, is, īre. n. Aut. de Fil. El chillido de la comadreja.

Drocum, i. n. Dreux, ciudad de Chartrain.

Drŏmas, ădis. m. Liv. El dromedario, especie de camello muy ligero.

Drŏmedārii, ōrum. m. plur. S. Ger. V. Dromas.

Drŏmo, ōnis. m. Plin. El pez dromo, dicho asi por su gran velocidad. || Nave ligera para correr los mares, saetía; y se halla tambien Dromon, onis.

Drŏmos, ó Dromus, i. m. *Inscr.* La carrera.

Drŏpax, ăcis. m. *Marc.* La tanquia, especie de ungüento para hacer caer el pelo.

Druentia, ae. f. Druencia, rio de Provenza.

Druentĭcus, a, um. Perteneciente á Druencia, rio de Provenza.

Drugĕri, ōrum. m. plur. Pueblos de Tracia.

Druias, ădis, y ĭdis. f. *Vop.* La muger entre los Druidas.

Druĭdae, ārum. m. plur. *Ces.* y

Druĭdes, dum. m. plur. *Luc.* Druidas, magos, filósofos y sacerdotes de los antiguos galos.

Drŭma, ae. f. y

Drŭna, ae. f. El Droma, rio del Delfinado.

† Drunhus, i. m. *Virg.* El globo ó peloton en un ejército.

Drŭpa, ae. f. *Col.* Aceituna no muy madura.

Drusiānus, a, um, y Drusinus, a, um. *Tac.* Perteneciente á Druso, ciudadano romano.

Dryădes, dum. f. plur. *Virg.* Las Driades, *ninfas de los bosques.*

Dryantĭdes, ae. m. *Hig.* Licurgo, *rey de Tracia, hijo de Drias.*

Drybactae, ārum. m. plur. Pueblos de la Sogdiana.

Dryŏpe, es. f. Driope, ciudad del Peloponeso.

Dryŏpejus, a, um. Perteneciente á Driope, *rey de Tesalia*, ó *á la region de Tiro, llamada Driope ó Aldradina.*

Dryŏpes, um. m. plur. *Plin.* Naturales ó habitadores de Driope ó Aldradina.

Dryŏphĭtae, ārum. f. plur. *Plin.* Ranas que caen durante algunas lluvias.

Dryŏpia, ae. f. V. Dryope.

Dryoptĕris, ĭdis. f. *Plin.* Planta semejante al helecho, que nace entre el musgo de las encinas viejas.

Dryusa, ae. f. La isla de Samos.

## DU

Duacensis. m. f. sĕ. n. is. Perteneciente á Dovay.

Duăcum, ci. n. Dovay, ciudad de Flandes.

Duālis. m. f. lĕ. n. is. *Quint.* Cosa de dos, dual.

Dubēnus. *Fest. ant.* en lugar de Dominus.

Dŭbie. adv. *Cic.* Dudosamente. *Haud dubie:* Liv. ó *non dubie.* Salust. ó *nec dubie.* Liv. Sin duda.

Dŭbĭĕtas, atis. f. *Am. V.* Dubitatio.

† Dŭbiōsus, a, um. *Gel.* Dudoso, incierto.

Dŭbis, is. m. El Doux, *rio de Francia en el condado de Borgoña.*

Dŭbĭtabĭlis. m. f. lĕ. n. is. *Ov.* Dudable, lo que se puede dudar.

Dŭbĭtanter. adv. *Cic.* Dudosa, inciertamente, con duda, incertidumbre. *Pericula non dubitanter adire.* Pol. à Cic. Entrar en los peligros con valor.

Dŭbĭtātim. adv. *Sison.* V. Dubitanter.

Dŭbĭtātio, ōnis. f. *Cic.* Duda, indeterminacion, irresolucion, incertidumbre. ‖ Cuestion. ‖ Figura retórica en que se introduce el orador ú otro, dudando lo que se va á decir.

Dŭbĭtatīve. adv. *Ter.* V. Dubitanter.

Dŭbĭtatīvus, a, um. *Tert.* Lo que tiene duda, dudoso, incierto.

Dŭbĭtātor, ōris. m. *Tert.* El que duda.

Dŭbĭtatus, a, um. *Cic.* Dudado. *part. de*

Dŭbĭto, ās, āvi, ātum, āre. n. *Cic.* Dudar, estar en duda, no determinarse á decir ó hacer. *Non dubitare dicere.* Cic. No dudar decir ó en decir. *Non dubitat quin te ducturum neges.* Ter. No duda que no querrás casarte con ella. *Dubitatur.* Cic. Se duda, se pone en duda, en disputa. *Dubitare de fide alicujus.* Ad Her. Dudar de la fe de alguno. *Hac dum dubitas.* Ter. Mientras estás en esas dudas.

Dŭbium, ii. n. *Cic.* Dubio, duda. *Sine dubio.* Cic. *Dubio procul.* Lucr. *Haud dubio.* Liv. Sin duda, seguramente. *In dubium res non venit.* Cic. Es cosa que no puede dudarse, en que no se puede poner duda. *Tua fama in dubium veniet.* Ter. Tu fama correrá riesgo.

Dŭbius, a, um. *Cic.* Dudoso, incierto, lo que tiene duda ó corre peligro. ‖ Dudoso, indeciso, indeterminado, irresoluto. *Dubius animi.* Hirc. Suspenso, irresoluto. *Sententiae.* Ov. El que no sabe qué partido seguir. *Vitae.* Liv. Que duda de su vida. *Dubia lanugo.* Marc. Vello que empieza á salir. — *Lux.* Sen. El crepúsculo. — *Coena.* Tac. Cena espléndida tan abundante, que no se sabe á qué echar mano ó por dónde empezar. *Dubium argentum.* Plaut. Moneda que se duda si es buena. — *Coelum.* Virg. Tiempo no muy seguro ó sereno.

Dublīnia, ae. f. y

Dublinium, ii. n. Dublin, capital de Irlanda.

Dubris, is. f. Douvres, ciudad de Inglaterra.

† Dŭcālis. m. f. lĕ. n. is. *Vop.* Perteneciente al capitan general ó emperador.

† Dŭcālĭter. adv. *Sid.* Á manera de capitan. *Se halla en el mismo el comparativo* Ducalius.

Dŭcātor, ōris. m. *Ulp.* V. Ductor.

Dŭcātrix, īcis. f. *Apul.* La que guia, acaudilla.

Dŭcātus, us. m. *Cic.* Capitanía, mando, poder del capitan ó general. *Ducatum sceleri praebere.* Flor. Hacerse cabeza de una maldad, de una guerra civil.

Dŭcēna, ae. f. *Dig.* La dignidad del que mandaba doscientos oficiales del sacro palacio.

Dŭcēnārius, ii. m. *Veg.* Capitan de doscientos hombres. ‖ *Suet.* El que no tenia mas de doscientos sextercios en el censo.

Dŭcēnārius, a, um. *Plin.* Lo perteneciente al número de doscientos. *Ducenaria pondera.* Plin. Peso de doscientas libras.

Dŭcēni, ae, a. plur. *Col.* Doscientos.

Dŭcentēsĭmus, a, um. *Tac.* Doscientos, y uno de doscientos.

Dŭcenti, ae, a. plur. *Cic.* Doscientos.

Dŭcenties. adv. *Cic.* Doscientas veces.

Dŭcis. *genit. de* Dux.

Dŭco, is, xi, ctum, cĕre. a. *Cic.* Conducir, guiar, traer, llevar. ‖ Estimar, pensar, creer, juzgar. ‖ Diferir, alargar. ‖ Inducir. *Ducere foenus, ó usuras.* Cic. Contar, calcular los intereses, las ganancias ó usuras. — *Aer. Her. Ex aere.* Plin. Fundir, forjar en bronce. — *Flendo horas.* Virg. Pasar las horas; el tiempo llorando. — *Alvum.* Cels. Poner el vientre corriente. — *Bellum in hiemem.* Ces. Alargar la guerra hasta el invierno. — *Vultum.* Marc. Arrugar la cara, poner mal gesto. — *E luto vasa.* Quint. Hacer vasijas de barro. — *Vultus de marmore.* Virg. Hacer un retrato en mármol. — *Ilia.* Her. Anhelar. — *Despicatui, parvi, pro nihilo.* Cic. Despreciar, tener en poco, en nada, no hacer caso, no hacer cuenta. — *Gloriae, laudi, honori.* Cic. Tener á ó por gloria, alabanza, honra. — *Sibi aliquid.* Cic. Hacerse honor, sacar gloria, fama de alguna cosa. — *Alicui quidpiam.* Cic. Creer, tener una cosa por honrosa para alguno. — *Uxorem.* Cic. Casarse. — *Animo futurum.* Virg. Prever. — *In malis.* Cic. Mirar como malo, contar entre los males. — *Vitam, spiritum.* Cic. Vivir. — *Animam.* Liv. *Aetatem in litteris.* Cic. Pasar la vida, el tiempo estudiando, en los estudios. — *Neminem prae se.* Ad Her. No estimar á nadie sino á sí mismo, en comparacion de sí. Anteponerse á todos. — *Tempus.* Cic. *Diem ex die.* Ces. Diferir de dia en dia, alargar el tiempo. — *Aliquid in crimen.* Tac. Mirar una cosa como delito, atribuirla á delito. — *Diem somno.* Sen. — *Noctem ludo.* Claud. Pasar el dia durmiendo, la noche jugando. — *Officii.* Suet. Tener por obligacion. — *Opus ad umbilicum.* Her. Llevar una obra al cabo, concluirla, perfeccionarla. — *Se ab aedibus.* Plaut. Salir de casa. *Duci aliqua re.* Cic. Ser llevado, apasionado por alguna cosa. — *Ventre.* Her. Dejarse llevar de la glotonería. *Colore aureo pelles ducere.* Plin. Teñir pieles de color de oro. — *Aliquem dictis.* Ter. Engañar á uno con palabras. — *Funus alicui.* Cic. Enterrar á uno, hacerle las exequias.

Ductabĭlĭtas, ātis. f. *Ac.* Facilidad, simpleza, con la que uno se deja engañar fácilmente.

Ductārie. adv. *Plaut.* Con lentitud. ‖ Trayendo ó tirando.

Ductārius, a, um. *Vitruv.* Lo que sirve para tirar, traer, arrastrar.

Ductĭlis. m. f. lĕ. n. is. *Marc.* Manejable; lo que se

puede llevar ó conducir fácilmente. ‖ *Plin.* Lo que se puede estirar, alargar ó estender, ductil.

**Ductim.** *adv. Plin.* Tirando, llevando. ‖ Sin tomar aliento. ‖ Poco á poco.

**Ductio,** ōnis. *f. Vitruv.* Conduccion, la accion de conducir. *Ductio aquarum. Vitruv.* Conduccion, derivacion de aguas. — *Et reductio arietis. Vitruv.* La ida y venida, el empuje y retirada del ariete.

**Ductĭto,** ās, āvi, ātum, āre. *a. freq. de Duco. Plaut.* Conducir, llevar de una parte á otra con frecuencia.

**Ducto,** ās, āvi, ātum, āre. *a. Sincope de Ductito. Plaut.* Llevar frecuentemente de una parte á otra. *Ductare aliquem dolis, ó frustra. Plaut.* Engañar á uno, tenerle entretenido con astucias. — *Labiis. Plaut.* Hacer burla de alguno torciendo la boca.

**Ductor,** ōris. *m. Cic.* Conductor, cabo, capitan.

**Ductus,** us. *m. Cic.* Conduccion. ‖ Gobierno, manejo, conducta. ‖ *Quint.* Conexion, órden, encadenamiento. *Ductus rei. Quint.* Union, conexion de las cosas. — *Litterae. Plin.* La formacion de la letra. — *Oris ó vultus. Cic.* Facciones, lineamentos, aire del rostro. — *Aquarum. Cic.* Acueducto. *Ad ductum ó ductu alicujus. Cic.* Bajo la conducta, al gobierno ó mando de alguno.

**Ductus,** a, um. *Cic.* Llevado, guiado. ‖ Derivado. *part. de Duco.*

**Dūdum.** *adv. Cic.* Poco tiempo há, poco há. ‖ *Ter.* Ya hace tiempo. *Quam dudum? Ter.* ¿Cuánto há?

**Duella,** ae. *f. Bud.* La tercera parte de una onza, que contiene dos séstulas.

**Duellārius,** a, um. *Plin.* Belicoso, guerrero.

† **Duellātor,** ōris. *m. Plaut. ant. V. Bellator.*

**Duellĭcus,** a, um. *ant. Lucr. en lugar de* Bellicus.

**Duellis,** is. *m. ant. Arn. en lugar de* Hostis.

**Duellōna,** ae. *f. Varr. ant. V. Bellona.*

**Duellum,** i. *n. Cic. ant. en lugar de* Bellum.

**Duellus,** a, um. *ant. Non. en lugar de* Bellus.

**Duesmis tractus.** *m.* El Duemes, *pais de Borgoña.*

**Duicensus,** a, um. *ant. Fest. en lugar de* Viscensus.

**Duidens,** tis. *Fest. en lugar de* Videns.

**Duim, Duint, Duis.** *Ter. Plaut. ant. en lugar de* Dem, Dent, ó Dederint, Des, ó Dederis.

**Duĭtae,** ārum. *m. plur. Prud.* Hereges marcionitas, *que enseñaron que habia dos dioses, uno autor de los bienes y otro de los males.*

† **Duĭtas,** ātis. *f. Dig.* El número de dos.

**Duitor.** *imp. ant. Plin. en lugar de* Dator.

**Dulcăcĭdus,** a, um. *Seren.* Agridulce, mezclado de dulce y agrio.

**Dulcātor,** ōris. *m. Paul. Nol.* El que endulza.

**Dulcātus,** a, um. *Sid.* Endulzado, hecho dulce.

**Dulce, ius, issĭme.** *adv. m. Cic.* Dulce, dulcísimamente, con suavidad y dulzura.

**Dulcedo,** ĭnis. *f.* Dulzura, suavidad. ‖ Gusto, placer.

**Dulceo,** ēs, cui, ēre. *n. Nol.* y

**Dulcesco,** is, scĕre. *n. Cic.* Endulzarse, hacerse, ponerse dulce.

**Dulcia,** ōrum. *n. plur. Lamp.* Los hojaldres ó confituras.

**Dulciārius,** ii. *m. Lamp.* Pastelero, repostero, confitero.

**Dulcĭārius,** a, um. *Mart.* De pastelería, reposteria ó confitería.

**Dulcĭcŭlus,** a, um. *Cic.* Dulcecillo, algo dulce. *dim. de* Dulcis.

**Dulcĭfer,** a, um. *Plaut.* Dulce. ‖ Que lleva cosas dulces.

**Dulcĭlŏquus,** a, um. *Aus.* Que habla con dulzura y suavidad.

**Dulcĭmŏdus,** a, um. *Prud. V. Dulcisonus.*

**Dulcĭnervis.** *m. f. vĕ. n. is. Marc. Cap.* De cuerda suave. *Lo dice de un arco.*

**Dulcĭŏla,** ōrum. *n. plur. Apul. dim. de* Dulcia. ‖ El baño de rosquillas ó confituras.

**Dulciŏrĕlŏquus, ó Dulcioriloquus,** a, um. *Gel.* Que habla con dulzura, *epíteto de Nestor.*

**Dulcis.** *m. f. cĕ. n. is, ior, issĭmus. Cic.* Dulce, agradable, suave. ‖ Amado. *Dulcissime frater. Cic.* Hermano muy amado. *Dulce satis humor. Virg.* La humedad es muy provechosa á los sembrados.

**Dulcĭsŏnus,** a, um. *Sid.* Dulcisono, lo que suena con dulzura y suavidad.

**Dulcĭtas,** ātis. *f. Apul. V. Dulcitudo.*

**Dulcĭter.** *adv. Cic.* Dulcemente.

**Dulcĭtūdo,** ĭnis. *f. Cic.* Dulzura.

**Dulco,** ās, āre. *a. Sid.* Endulzar, dulzurar.

**Dulcor,** ōris. *m. Tert. V.* Dulcitudo.

**Dulcŏro,** ās, āre. *a. S. Ger.* Endulzar, dulzurar.

**Dūlia,** ae. *f. Eccl.* Dulia, *culto que la iglesia da á los santos.*

**Dulĭce.** *adv. Plaut.* Servilmente.

**Dūlĭchium,** ii. *n. Mel.* Duliquio, *isla del mar Jonio, donde reinó Ulises. Se halla tambien* Dulichia.

**Dūlĭchius,** a, um. *Ov.* Perteneciente á la isla Duliquia, ó á Ulises su rey.

**Dum.** *adv. Cic.* Mientras, mientras que, en tanto, entretanto que. ‖ Con tal que. *Nihil dum. Liv.* Nada todavía. *Dum ne. Cic.* Como no, con tal que no.

**Dūmectum,** i. *n. ant. Fest. en lugar de*

**Dūmētum,** i. *n. Cic.* Jaral, sitio intrincado y espeso de jaras y espinos. *Dumeta stoicorum. Cic.* Cuestiones intrincadas, oscuras de los estóicos.

**Dummŏdo.** *adv. Cic.* Con tal que, como.

**Dūmĭcŏla,** ae. *com. Avien.* Que vive entre zarzas ó espinos.

**Dūmōsus,** a, um. *Virg.* Lleno de jaras y espinos.

**Dumtaxat.** *adv. Cic.* Sola, tan solamente. ‖ Al menos, á lo menos. *Se escribe tambien* Duntaxat.

**Dūnus,** i. *m. Cic.* Jaral, cambronera, cambron.

**Dūnax,** ācis. *m. Monte de Tracia.*

**Dūnensis comitatus.** *m.* El condado de Dunes en Beauce.

**Dūnēsānus tractus.** *m.* El Dunesan, *pais de Lenguadoc.*

**Dunkerca,** ae. *f.* Dunquerque, *ciudad de Flandes.*

**Duntaxat.** *adv. Solamente. Bonus, sed duntaxat bonus. Cic.* Bueno; pero solo un buen hombre, un buen Juan.

**Dunum,** i. *n.* Doune, *ciudad de Irlanda.*

**Duo, ae, o.** *genit.* orum, ārum. *dat.* ōbus, ābus. *acus.* Duos, duas, duo. *Y á veces* Dua. *Cic.* Dos.

**Duŏdĕcemvir,** iri. *m. Inser.* El que está en el magistrado de los duodecinviros.

**Duŏdĕcennis.** *m. f. nĕ. n. is.* y Duodennis. *sinc. Sulp. Sev.* De edad de doce años.

**Duŏdĕcies.** *adv. Liv.* Doce veces.

**Duŏdĕcim.** *n. indec. Cic.* Doce.

**Duŏdĕcĭmo.** *adv. Cap.* La duodécima vez.

**Duŏdĕcimvĭri,** um. *m. plur. Vet. Inscr.* Los magistrados duodecinviros.

**Duŏdĕcĭmus,** a, um. *Ces.* Duodécimo, lo que es de doce.

**Duŏdĕmillesĭmus,** a, um. *Dig.* Novecientos noventa y ocho.

**Duŏdĕnārius,** a, um. *Varr.* De doce.

**Duŏdēni,** ae, a. *Ces.* Doce, una docena de.

**Duŏdennis.** *V.* Duodecennis.

**Duŏdēnōnāginta.** *indec. Plin.* Ochenta y ocho.

**Duŏdĕoctōginta.** *indec. Plin.* Setenta y ocho.

**Duŏdĕquādrāgēni,** ae, a. *Plin.* Treinta y ocho.

**Duŏdĕquādrāgēsĭmus,** a, um. *Liv.* Trigesimoctavo.

**Duŏdĕquādrāginta.** *indecl. Cic.* Treinta y ocho.

**Duŏdĕquinquāgēni,** ae, a. *Plin.* Cuarenta y ocho.

**Duŏdĕquinquāgēsĭmus,** a, um. *Cic.* Cuadragesimooctavo.

**Duŏdĕquinquāginta.** *indecl. Col.* Cuarenta y ocho.

**Duŏdĕsexāgēsĭmus,** a, um. *Vel.* Quinquagesimooctavo.

**Duŏdĕsexāginta.** *indecl. Plin.* Cincuenta y ocho.

**Duŏdĕtrĭcēsĭmus,** a, um. *Varr.* Vigesimooctavo.

**Duŏdĕtrĭcies.** *adv. Plin.* Veinte y ocho veces.

**Duŏdĕtrīginta.** *indecl. Suet.* Veinte y ocho.

**Duŏdĕvīcēni,** ae, a. *Liv.* Diez y ocho.

**Duŏdĕvīcēsĭmus,** y Duodevigesimus, a, um. *Plin.* Decimooctavo.

**Duŏdĕvīginti.** *indecl. Cic.* Diez y ocho.

**Duo et vicesĭmāni,** ōrum. *m. plur. Tac.* Los soldados de la legion veinte y dos.

**Duo et vicesĭmus,** a, um. *Gel.* Vigesimosegundo.

**Duŏnus,** a, um. *ant. Fest. en lugar de* Bonus.

Duplāris. m. f. rĕ. n. is. *Macrob.* Lo que contiene el duplo. *Duplaris annona. Veg.* Racion doble. *Duplares milites. Veg.* Soldados que tienen doble paga. *V.* Duplicarii.

Duplātio, ōnis. f. *Dig. V.* Duplicatio.

Duplex, ĭcis. com. *Cic.* Doble, duplo, cosa de dos. *Hor.* Engañoso, doblado, solapado. *Duplex quam caeteris pretium. Plin.* El doble, doble precio que los demas. — *Pannus. Hor.* Paño grueso, doble, fuerte. — *Porticus. Varr.* Pórtico con dos órdenes de colunas. *Duplices manus. Virg.* Las dos manos.

Duplicarii, ōrum. m. plur. *Liv.* Soldados que tienen racion ó paga doble.

Duplicātio, ōnis. f. *Sen.* Duplicacion, el acto de duplicar.

Duplĭcato. adv. *Plin.* Al doble.

Duplicātor, ōris. m. *Sid.* El que duplica.

Duplicātus, a, um. part. de Duplico. *Cic.* Duplicado, aumentado al doble.

Duplicĭtas, ātis. f. *Lact.* Duplicacion.

Duplicĭter. adv. *Cic.* Duplicadamente, dos veces, de dos maneras.

Duplĭco, ās, āvi, ātum, āre. a. *Cic.* Duplicar, doblar, repetir dos veces. ǁ Aumentar. ǁ *Estac.* Encorvar, doblar.

Duplĭo, ōnis. m. *Plin.* El duplo. ǁ Doblon.

Duplo, ās, āre. a. *Fest.* en lugar de Duplico.

Duplus, a, um. *Cic.* Duplo, doblado. *Dupli poenam subire*, ó *in duplum ire. Cic.* ó *Dupli condemnari. Cat.* Ser condenado á la pena del duplo. *Duplo major. Plin.* Dos veces mayor.

Dupondiārius, a, um. *V.* Dipondiarius.

Dupondium. *V.* Dipondium.

Durabĭlis. m. f. lĕ. n. is. *Ov.* Durable, lo que dura ó es de dura.

Durabĭlĭtas, ātis. f. *Palad.* Duracion.

Duracĭnus, a, um. *Plin.* Duro ó que tiene alguna cosa dura: dícese de las frutas cuya carne está muy pegada al hueso, y de las uvas que tienen muy duro el ollejo. *Duracina Persica. Plin.* Duraznos, así llamados por haberse traido de Persia.

Durāmen, ĭnis. n. *Lucr.* y

Durāmentum, i. n. *Col.* El vástago ó brazo de la vid. ǁ *Sen.* Dureza, fortaleza.

Durānius, ii. m. y

Durānus, i. m. El Dordoña, rio de Guiena.

Durāteus, a, um. *Luc.* De madera.

Durātor, ōris. m. *Pacat.* y

Durātrix, ĭcis. f. *Plin.* El, la que endurece ó hace durar.

Durātus, a, um. *Liv.* Endurecido. ǁ Fortalecido.

Dure. adv. ius, issĭme. *Cic.* Duramente, con dureza, con rigor. ǁ Con poca elegancia, ruda, toscamente. *Durius accipere aliquid. Cic.* Recibir una cosa de muy mala voluntad, tomarla, llevarla con poca resignacion, muy á mal, muy agriamente.

Dureo, ēs, rui, ēre. n. *Ov.* y

Duresco, is, rui, scĕre. n. *Cic.* Endurecerse, ponerse duro. *In Gracchorum, et Catonis lectione durescere. Quint.* Hacerse, acostumbrarse á la dureza y tosco estilo de los Gracos y de Caton. — *Igni. Virg.* Endurecerse, atiesárse al fuego.

Durēta, ae. f. *Suet.* Dureta (antiguo), el asiento que habia en los baños para los que se habian de lavar.

Dūria, ae. m. *Plin.* Dora, rio del Piamonte. ǁ *Claud.* El Duero, rio de España.

Dūrias, ae. m. *Mel.* Guadalaviar, rio de España.

Durĭcordia, ae. f. *Tert.* Dureza de corazon.

Durĭcŏrius, a, um. *Macrob.* Lo que tiene el cuero, la corteza, cascara, ollejo duro.

Duriensis. m. f. sĕ. n. is. *Cic.* Perteneciente al Duero, rio de España.

Durĭtas, ātis. f. *Cic.* Dureza.

Durĭter. adv. *Ter.* Duramente, con rigor. *Duriter vitam agere. Ter.* Vivir con trabajo. — *Translata verba. Ad Her.* Metaforas duras, estravagantes.

Durĭtia, ae. f. *Cic.* y

Durĭties, ēi. f. *Cic.* Dureza, firmeza, solidez, resistencia. ǁ Aspereza de vida, paciencia en los trabajos. ǁ Severidad, acerbidad. ǁ Fuerza, fortaleza. *Duritia ventris. Plin.* — *Alvi. Suet.* Dureza de vientre, obstruccion. — *Oris. Sen.* Desvergüenza, descaro. *Durities animi. Cic.* Insensibilidad, estupidez.

Duritūdo, ĭnis. f. *Gel. V.* Duritia.

Durius, a, um. *Aur. Vict.* Lo que es de madera.

Dūrius, ii. m. *Plin.* El Duero, rio de España.

Duriuscŭlus, a, um. *Plin.* dim. de Durus. Durillo, algo duro.

Durlācum, i. n. Durlac, ciudad de Alemania.

Dūro, ās, āvi, ātum, āre. a. n. *Col.* Endurecer, hacer, poner duro, firme, consistente. ǁ Durar, mantenerse, conservarse. ǁ Tener valor, paciencia, sufrimiento, constancia. *Durari ad plagas. Quint.* Endurecerse á los golpes. *Lassus sum durando. Plaut.* Estoy cansado de esperar.

Durocortŏrum, i. n. Rems, ciudad de Champaña.

Durostādium, i. n. Duerstad, ciudad de Geldres.

Durotrĭges, gum. m. plur. Pueblos de la provincia de Dorset en Inglaterra.

Durovernum, i. n. Canterbury ó Cantorbery, ciudad de Inglaterra.

Dūrus, a, um. *Cic.* Duro, sólido, firme. ǁ Cruel, violento, áspero, rígido. ǁ Bronco, tosco, rudo. ǁ Sufrido, paciente. ǁ Trabajoso, dificultoso. ǁ Calamitoso, adverso, dañoso, molesto. *Os durum. Ter.* Desvergonzado, descarado. *Ingenium. Sen.* Rudo, tardo. *Durus brachi sapor* ó *duri saporis vinum. Virg.* Vino áspero, acerbo.

Dussi, ōrum. m. plur. *S. Ag.* Diablos incubos (en lengua antigua de los galos), semejantes á los faunos y silvanos.

Duumvir, ĭri. m. *Val. Max.* y

Duumvĭri, ōrum. m. plur. *Cic.* Duunviros, magistrados romanos, cuyo empleo se esplica en las espresiones siguientes. *Duumviri perduellionis. Cic.* Duunviros, dos varones creados para juzgar si uno se habia portado como enemigo de la república. — *Capitales. Cic.* ó *Parricidii. Liv.* Los que presidian las causas de homicidio, y cuidaban de la custodia de los reos de muerte. *A estos se añadió uno con el tiempo, de donde se llamaron triunviros.* — *Navales. Liv.* Los que cuidaban de pertrechar y reparar la armada. — *Sacrorum. Liv.* Los que guardaban é interpretaban los oráculos de las sibilas y prescribian las ceremonias para los sacrificios. Al principio se crearon dos, despues diez, cinco de los padres, y cinco de la plebe; y al fin quince, de donde se llamaron decenviros y quindecenviros. ǁ *Front. Liv.* Otros habia estraordinarios para los acueductos, fábricas y dedicaciones de templos, aunque á la dedicacion asistia uno solo. ǁ *En los municipios y colonias era igual este magistrado al de los cónsules en Roma, y se creaban del cuerpo de los decuriones.*

Duumvirālis. m. f. lĕ. n. is. *Ulp.* Perteneciente al magistrado de los duunviros.

Duumvirālicius, y Duumviralitius, a, um. *Fabret.* Lo perteneciente á los duunviros.

Duumviralĭtas, ātis. f. *Dig.* y

Duumvirātus, us. m. *Plin.* men. Duumvirato; el empleo y dignidad de los duunviros.

Dux, ŭcis, m. f. *Cic.* Guia, cabo, capitan, general. ǁ Autor. ǁ Duque. *Dux astrorum. Sen.* El sol. — *Recte vivendi natura. Cic.* La naturaleza nos enseña á vivir bien. *Rationem habere ducem ad aliquam rem,* ó *sequi in aliqua re gerenda. Cic.* Tener, seguir por norte á la razon para, ó al hacer alguna cosa, ó en la ejecucion de las cosas.

Duxi. pret. de Duco.

## DY

Dyas, adis. f. *Macrob.* El número dos ó de dos.

Dymae, es. f. *Cic.* Dime, ciudad de Acaya.

Dymani, ōrum. m. plur. *Cic.* Pueblos de Acaya.

Dymantis, ĭdis. f. *Ov.* Ecuba, hija de Dimante.

Dynamis, is. f. *Plaut.* Copia, abundancia. ǁ *Arn.* El número cuadrado entre los aritméticos.

Dynasta, y Dinastes, ae. m. *Cic.* Dinasta, señor, grande, príncipe, el que tiene dominio de estension considerable.

Dyōta, ae. f. *Hor. V.* Diota.

Dyrrăchīni, y Dirracheni, ōrum. m. plur. Cic. Los ciudadanos de Dirraquio.

Dyrrăchīnus, a, um. Plin. Perteneciente á Dirraquio ó Durazo.

Dyrrăchium, ii. n. Ces. Durazo, ciudad de Albania.

Dysentēria, ae. f. Plin. Disenteria, flujo de sangre.

Dysentērĭcus, a, um. Plin. Disentérico, perteneciente á la disenteria. || El que la padece.

† Dysĕros. adj. indecl. Aus. Infeliz en amor.

Dyspepsia, ae. f. Cat. Crudeza, mala digestion.

Dysphŏrĭcus, a, um. Firm. Infeliz.

Dyspnaea, ae. f. Plin. Asma, dificultad en la respiracion.

Dyspnoĭcus, a, um. Plin. Asmático, el que padece asma ó dificultad en la respiracion.

Dysuria, ae. f. Cel. Aur. Mal, supresion de orina.

Dysuriacus, a, um. Jul. Firm. El que padece mal de orina.

## E

E, prep. de ablat. V. Ex, pues tiene los mismos usos, escepto que E nunca se pone delante de las vocales.

Ea. adv. Ces. Por allí, por aquel lugar.

Eădem. V. Idem.

Eăle, es. f. Plin. Fiera de la Etiopa de la grandeza de un caballo.

Eapropter. adv. Solin. Por eso, por lo mismo.

Eapse. indecl. Fest. Ella misma.

Earīnus, a, um. Tert. Perteneciente á la primavera.

Eatēnus. adv. Cic. Hasta tanto, en tanto, hasta tal término, hasta que.

## EB

Eba, ae. f. Ciudad de Toscana.

Ebĕnīnus, a, um. S. Ger. De madera de ébano.

Ebĕnum, i. n. y

Ebĕnus, i. f. Virg. Ébano, árbol de madera negra, lisa y muy pesada.

Eberodŭnensis. m. f. sĕ. n. is. El natural de Ambrun.

Eberodŭnum, i. n. Ambrum, ciudad del Delfinado.

Ebĭbĭtus, a, um. Sid. Agotado, bebido enteramente.

Ebĭbo, is, bĭbi, bĭbĭtum, ĕre. a. Ter. Apurar, agotar bebiendo, beber enteramente, consumir. Ebibere imperium alicujus. Plaut. Olvidarse de las órdenes de alguno. A lacu amnis ebibitur. Plin. Se entra todo, se embebe el rio en una laguna.

Eblăna, ae. f. Dublin, capital de Irlanda.

Eblandĭor, īris, ītus sum, īri. dep. Cic. Alcanzar, conseguir, lograr á fuerza de halagos y caricias. || Acariciar, halagar para conseguir. || Col. Mitigar.

Eblandītus, a, um. Cic. part. de Eblandior. Logrado, conseguido con halagos y caricias.

Ebŏra, ae. f. Ebora, ciudad de Portugal.

Ebŏrācensis. m. f. sĕ. n. is. Natural de Yorc.

Ebŏrācum, i. n. Yorc, ciudad de Inglaterra.

Ebŏrārius, ii. n. Ulp. El que trabaja en marfil.

Ebŏrensis. m. f. sĕ. n. is. Inscr. Natural de Ebora, ó perteneciente á ella.

Ebŏreus, a, um. Plin. Lo que es de marfil.

Ebosia, ó Ebusia, ae. f. V. Ebusus.

Ebreŏdūnum, i. n. Iverdum, ciudad en las fronteras de la Suiza.

Ebriăcus, a, um. Plaut. V. Ebrius.

Ebriāmen, ĭnis. n. Ter. y

Ebriĕtas, ātis. f. Cic. Ebriedad, borrachera.

Ebrio, as, avi, ātum, āre. a. Macrob. Embriagar, emborrachar.

Ebriŏlātus, a, um. Plin. V. Ebrius.

Ebriŏlus, a, um. dim. de Ebrius. Plaut. Medio borracho, á medio vino.

Ebriŏsĭtas, ātis. f. Cic. Borrachera, propension ó facilidad de embriagarse.

Ebriŏsus, a, um. Cic. Borracho, el que acostumbra á emborracharse, á privarse con el vino.

Ebrius, a, um. Cic. Ebrio, borracho, embriagado, tomado del vino. Ebrius dulci fortuna. Hor. Altanero con la buena fortuna. Ebria coena. Plaut. Cena abundante, espléndida. Bruma. Marc. Invierno helado, en cuyos dias se bebe mucho vino. Nox. Marc. La noche que pasa un borracho.

Ebrŏdūni, ōrum. m. plur. Los que habitan en las cercanías de Ambrum.

Ebrŏdūnum, i. n. V. Eberodunum.

Ebroĭcae, arum. m. plur. Ces. Ebreux y sus habitantes en Normandía.

Ebroĭcenses, ium. m. plur. Los de la diócesis de Ebreux.

Ebrus, i. m. V. Hebrus.

Ebullio, is, ivi, y ii. ītum, īre. n. a. Sen. Echar fuera, ó salir bullendo. || Cic. Ostentar, hacer jactancia Ebullire animam. Petron. Morir. Hoc solet Epicurus. Cic. Esto suele decir á veces el mismo Epicuro.

Ebŭlum, i. n. Virg. y

Ebŭlus, i. m. Plin. El yezgo, planta parecida al sauco.

Ebur, ŏris. n. Cic. El marfil. || Virg. Cosa hecha de marfil. Ebur curule. Ov. Silla curul adornada de marfil.

Ebŭra, ae. f. Ebora ó Talavera, ciudad de España.

Ebŭrātus, a, um. Plaut. Cubierto, guarnecido, adornado de marfil.

Ebŭriaci, ó Ebŭraici, ōrum. m. plur. Los naturales de Ebreux y sus alrededores.

Eburneŏlus, a, um. Cic. dim. de

Eburneus, a, um. Cic. ó

Eburnus, a, um. Plin. Eburneo, guarnecido, cubierto, adornado de marfil.

Ebŭrŏnes, um. m. plur. Ces. Los naturales de Lieja en Brabante.

Ebŭrŏvĭces, um. m. plur. Ces. Los naturales de la diócesis de Ebreux.

Ebŭrŏvĭcum Mediolanum, i. n. Ebreux, ciudad de Normandía.

Ebŭsitānus, a, um. Plin. De la isla de Ibiza.

Ebŭsus, i. f. y

Ebusus, i. f. Plin. ó

Ebysus, i. f. Ibiza, isla del mediterráneo al occidente de Mallorca.

## EC

Ecastor. adv. Plaut. Por Castor, fórmula de jurar.

Ecbăsis, is. f. Serv. Figura llamada digresion.

Ecbătāna, ōrum. n. plur. Ecbatana, capital de la Media, hoy Tauris.

Ecbŏla, ae. f. Pac. Arma arojadiza.

Ecbŏlas, ădis. f. Plin. Especie de uva de Egipto.

Ecca, eccam en lugar de Ecce. Ea. Ecce eam. Plaut. Vesla allí. Eccum. Plaut. Vesle allí.

Ecce. adv. Ter. Ve ahí, ve aquí. Ecce tibi. Ve ahí, ves ahí, ahí tienes.

Eccentros, i. com. Marc. Cap. Puesto, colocado fuera del centro.

Eccĕre, y Ecere. adv. y juramento. Plaut. Por Ceres.

Eccheuma, ātis. n. Plaut. Efusion, derramamiento.

Eccilla, por Ecce illa. Eccillam, eccillud. Plaut. Vesla allí, veslo ahí. Eccilli. Plaut. Veslos allí. Eccistam por Ecce istam. Vesla allí.

Ecclēsia, ae. f. Plin. Congregacion, concurrencia, junta del pueblo para oir hablar de la república. || Aus. Cualquiera junta ó congregacion. || Lact. La congregacion de los fieles cristianos, la iglesia. || Vopisc. Templo, iglesia donde se juntan los fieles á orar y á los divinos oficios.

Ecclēsiarcha, y Ecclesiarches, ae. m. Curr. párroco, pastor de una iglesia.

Ecclēsiastērium, ii. n. Vitruv. El lugar de una asamblea.

Ecclēsiastes, ae. m. y

Ecclēsiastĭcus, i. m. El eclesiastés y Eclesiástico. Dos libros de la sagrada biblia.

Ecclēsiastĭcus, a, um. Eclesiástico, perteneciente á la iglesia y dedicado á ella.

Eccos, eccas, ecca. Plaut. en lugar de Ecce eos, ecce eas, ecce ea. Veslos allí ó aquí.

Ecdĭcus, i. m. Cic. Síndico, procurador, defensor. En los municipios y colonias era este el mismo empleo que el de los tribunos de la plebe en Roma.

Echĕa, ó Echeia, ōrum. n. plur. Vitruv. Vasos de bronce á manera de campanas, *que estaban metidos en las paredes de los teatros para que resonasen y retumbasen las voces de los cómicos y cantores.*

Echĕdae, ārum. f. plur. Ciudad de la Ática.

Echedamia, ae. f. Ciudad de la Focide.

Echĕdōrus, i. m. Rio de Macedonia.

Echĕnēis, ĭdis. f. Plin. La rémora, *pez pequeño, de quien se dice tener tanta fuerza que detiene el curso de un navío en el mar.*

Echĭdna, ae, y Echidne, es. f. Ov. La víbora hembra. || Cualquiera serpiente, y en especial la hidra lernea que mató Hércules.

Echidnaeus, a, um. Ov. Perteneciente á la hidra lernea.

Echĭnădes, um. f. plur. Plin. Las Curzolares, *cinco islas pequeñas del mar jonio.*

Echĭnātus, a, um. Plin. Erizado, cubierto de espinas como el erizo.

Echĭnōmetra, ae. f. Plin. Erizo de mar.

Echĭnŏphŏra, ae. f. Plin. Pez de concha cubierto de espinas.

Echīnus, i. f. Ciudad de Acarnania. || Ciudad en los confines de Tesalia y de Acaya || Isla y ciudad del mar egeo.

Echīnus, i. m. Plin. Erizo de mar. || Erizo, animal terrestre. || Hor. Vasija de bronce, de barro, ó cubeto de madera en que se enjuagan los vasos. || Calp. El erizo de la castaña. || Vitruv. Óvalo, adorno en las catapultas de las columas jónicas y dóricas.

* Echion, ii. n. Plin. Triaca, *composicion de varios simples contra los venenos.*

Echĭŏnĭdes, ae. m. Ov. Hijo de Equion, *compañero de Cadmo en la fundacion de Tebas.*

Echĭŏnius, a, um. Ov. Perteneciente á Equion. || Tebano.

Echītes, ae. m. Piedra preciosa pintada como la víbora.

Echo, us. f. Ov. El eco, *que Horacio llama image, el sonido ó repeticion de la voz que se forma en los valles hondos, en las cuevas y bóvedas.* || Ov. Nombre de una ninfa *que despues fue convertida en peñasco.*

Echoicus, a, um. Sid. Perteneciente al eco.

Ecligma, ātis. n. Plin. Eglegma, *composicion medicinal de mayor consistencia que la miel, que puesta en la boca se pasa chupando.* || Jarabe, lamedor, electuario.

Ecligmatium, ii. n. Prisc. dim. de

Eclipsis, is. f. Ad Her. Eclipse de sol ó de luna.

Eclipticus, a, um. Plin. Perteneciente al eclipse.

Eclipticus, i. m. Plin. La ecliptica, *círculo máximo en la esfera celeste que corta oblicuamente el ecuador, haciendo con él un ángulo de 23 grados y medio, y el sol anda siempre por ella.*

Eclŏga, ae. f. Plin. Egloga, *poema ó diálogo entre pastores.* || Eleccion.

Eclŏgarius, a, um. Aus. Libro en que estan varios poemas breves escogidos.

Eclŏgarius, ii. m. Cic. Siervo literato, *que entresacaba con brevedad pasages escogidos del libro que se leia. Eclogarium.* Título de un libro del poeta Ausonio, *que es una coleccion de sus mas breves y escogidas poesias.*

* Ecnephias, ae. m. Plin. Viento impetuoso que ocasiona cierto género de tempestad asi llamada.

† Econtra, adv. Bibl. y

Econtrārio, adv. Plin. Al contrario, por el contrario.

Ecphŏra, ae. f. Vitruv. La parte saledizab de una fábrica.

* Ecphrastes, ae. m. Fulg. Intérprete, traductor.

* Ecpyrŏsis. f. Serv. Inflamacion, fuego.

Ecquando. adv. Cic. Y cuando, cuando.

Ecquis, qua ó quae, quod ó quid. Cic. y

Ecquisnam, quaenam, quodnam ó quidnam. pron. relat. Cic. Quien, cual.

Ecquo. adv. Cic. Donde, adonde.

Ectăsis. f. Tert. Estasis, arrobamiento de espíritu, que deja al hombre fuera de sentido: *se halla tambien* Estasis.

Ectăsis, is. f. Diom. Figura poética, *por la que se alarga una sílaba breve.*

Ecthlisis, is. f. Diom. Figura poética, *por la que se elide la sílaba acabada en m al fin de diccion, si empieza la siguiente con vocal ó diptongo.*

Ectroma, atis. n. Tert. Aborto.

Ectrōpa, ae. f. Varr. Separacion del camino, senda.

Ectypus, a, um. Sen. Grabado, esculpido de relieve.

Eculeus. V. Equuleus.

## ED

Edăcĭtas, ātis. f. Cic. Voracidad, la propiedad y calidad de los animales voraces, y hombres muy comedores.

Edax, ācis. com. Cic. Voraz, comilon, gran comedor.
Edax cura. Hor. Cuidado, pesadumbre que consume.

Edeactrae, ārum. m. plur. Fest. Los que disponen los banquetes reales, reposteros.

Edĕcĭmāta, ōrum. n. plur. Los diezmos.

Edĕcĭmātio, ōnis. f. Veg. El acto de diezmar, de sacar uno de diez, diezmo.

Edĕcĭmātor, ōris. m. Veg. El dezmero, el que recoge ó cobra el diezmo, el que saca ó elige de diez uno.

Edĕcĭmātus, a, um. Fest. Escogido, sacado de diez, diezmado. part. de

Edĕcĭmo, ās, āre. a. Sim. Diezmar, sacar, escoger uno de diez.

Edemburgum, i. n. Edimburgo, *capital de Escocia.*

Edendus, a, um. part. de Edo. Cic. Lo que se puede ó debe comer.

Edentātus, a, um. Macrob. Desdentado. part. de

Edento, ās, ăvi, ātum, āre. a. Plaut. Desdentar, quitar á uno los dientes, sacárselos.

Edentŭlus, a, um. Plaut. Desdentado, sin dientes.
Edentulum vinum. Plaut. Vino añejo, que no tiene punta, que no pica. Edentulus vescentium dentibus invidet. adag. Agrillas eran. ref.

Edĕpol. V. Aadepol.

Edĕra. V. Hedera.

Edessa, ae. f. Plin. Edesa, hoy Orfa ó Rohai, *ciudad de Mesopotamia.*

Edi. pret. de Edo, edis ó es, edit ó est.

Edico, is, xi, ctum, cĕre. n. Cic. Publicar, hacer saber. || Mandar, ordenar, dar orden. || Intimar, hacer un edicto. Edicere senatum. Suet. Convocar el senado. — Diem. Liv. Fijar el dia. Edixit nequis. Liv. Prohibió que ninguno.

Edictālis. m. f. lĕ. n. is. Ulp. Perteneciente al edicto.

Edictio, ōnis. f. Plaut. V. Edictum.

Edicto, ās, ăvi, ātum, āre. a. Plaut. Decir, contar, esplicar. || Advertir.

Edictum, i. n. Cic. Edicto, orden, auto, mandamiento, declaracion.

Edictus, a, um. Cic. part. de Edico. Mandado, intimado por edicto.

Edĭdi. pret. de Edo.

Edĭdĭci. pret. de Edisco.

Edīlis. m. f. lĕ. n. is. Gel. Perteneciente á la comida.

Ediscendus, a, um. Cic. Lo que se ha de aprender de memoria. Ediscendus ad verbum libellus. Cic. Librito que se ha de aprender de memoria palabra por palabra.

Discĭtus, a, um. Aprendido. part. de

Edisco, is, dĭdĭci, discĭtum, scĕre. a. Cic. Aprender de memoria, encomendar á ella.

Edissĕrātor, ōris, m. Aus. El que esplica ó hace disertacion.

Edissĕro, is, rui, sertum, rĕre. a. Cic. Declarar, esplicar, dar á entender, esponer.

Edissertātio. V. Dissertatio.

Edissertātor. V. Edisserator.

Edissertātus, a, um. Arn. Esplicado, espuesto.

Edissertio, ōnis. f. S. Ger. V. Dissertatio.

Edisserto, ās, avi, ātum, āre. a. Plaut. freq. de Edissero. Esponer, esplicar. Ordine omne, uti quidque actum est, edissertavit. Plaut. Lo contó todo conforme pasó.

Editio, ōnis. f. Cic. Edicion, publicacion, presentacion en público. || Ulp. Nacimiento. Editio libri. Quint. Edicion, publicacion, impresion de un libro. — Consulum. Liv. Nómina, lista de los cónsules.

Edĭtĭtius, a, um. Cic. Lo que se publica, promulga ó exhibe. Edititius judex. Cic. Juez árbitro nombrado por una parte.

Edĭtor, ōris. m. Luc. El que produce, engendra, hace

nacer, da á luz. *Editor nocturnae aurae. Luc.* Que causa ó produce sereno, humedad. *Editores ludorum. Capitol.* Los que daban los espectáculos al público.

Edĭtus, us. *m. Ulp.* Publicacion. ‖ Estiércol de los animales.

Edĭtus, a, um. *part. de* Edo, edĭdi. *Cic.* Dado á luz, publicado. ‖ Declarado, intimado, hecho saber. ‖ *Hor.* Nacido, descendiente, oriundo. ‖ Alto, escelso, eminente. *Editus regibus. Hor.* Descendiente de reyes. — *Ex oraculo Apollinis. Cic.* Declarado, dictado por el oráculo de Apolo. — *Judex. Cic.* Un Juez nombrado, elegido. — *In lucem. Cic.* Dado á luz. — *In vulgus. Ces.* Estendido, divulgado, publicado. — *Immensum collis. Tac.* ó *in altitudinem. Liv.* Collado muy alto, de gran altura. *Editior viribus homo. Hor.* Hombre mas fuerte, mas robusto.

Edo, edĭs, ó es, edĭt, ó est, edi, esum, ó estum, edĕre, ó esse. *a. Cic.* Comer. *Edere de patella. Cic.* Comer en plato. — *Pugnos. Plaut.* Llevar, sufrir puñadas. *Esse panem ex vino. Cel.* Comer pan mojado en vino, ó sopa en vino. *Edit animum cura. Virg.* La pesadumbre, el cuidado le consume. *Estur, bibitur dies, noctesque. Plaut.* No se hace mas que comer y beber en todo el dia y en toda la noche.

Edo, is, dĭdi, dĭtum, dĕre. *a. Cic.* Sacar ó echar afuera. ‖ Dar á luz, parir. ‖ Producir, engendrar, criar. ‖ Hablar, decir. ‖ Contar, esplicar, esponer. ‖ Dar, ofrecer, exhibir. ‖ Publicar, divulgar. *Edit quisque quod potest. Plaut.* Cada uno hace lo que puede. *Edere judices. Cic.* Nombrar, elegir jueces. — *Minas. Cic.* Amenazar.

Edo, ōnis. *m. Varr.* Comilon, comedor.

Edŏcenter. *adv. Gel.* Por via de enseñanza.

Edŏceo, es, cui, doctum, ēre. *a. Cic.* Enseñar, mostrar, instruir, informar, hacer saber. *Juventutem multis modis mala facinora edocere. Sal.* Enseñar la juventud á malas acciones por muchos caminos. — *Aliquem de itinere hostium. Sal.* Informar á uno del camino de los enemigos.

Edoctus, a, um. *part. de* Edoceo. *Liv.* Enseñado, advertido, informado, instruido. *Edoctus artes belli. Liv.* Enseñado, práctico en las artes de la guerra.

Edŏlator, ōris. *m. Plin.* El que acepilla, alisa, pule.

Edŏlātus, a, um. *Col.* Acepillado, alisado, pulido perfectamente. *part. de*

Edŏlo, as, avi, atum, are. *a. Cic.* Acepillar, allanar, pulir, alisar perfectamente. *Edolare librum. Varr.* Perfeccionar, dar la última mano á un libro.

Edŏmĭtus, a, um. *Col.* Domado, subyugado, sojuzgado enteramente. *part. de*

Edŏmo, as, mui, ĭtum, are. *a. Cic.* Domar, sujetar, subyugar, sojuzgar del todo. *Edomita natura doctrina. Cic.* Natural, domado, domeñado por la doctrina ó enseñanza. — *Herba. Col.* Yerba, cultivada, hortense.

Edon, ōnis. *m. Plin.* Edon, *monte de Tracia.*

Edōni, ōrum. *m. plur. Plin.* Pueblos de Tracia.

Edōnis, ĭdis. *f. Ov.* La muger natural de los pueblos edones en Tracia ‖ Bacante, *la muger que celebraba con otras en Tracia los sacrificios de Baco, llamados Orgia.*

Edōnius, a, um. y

Edōnus, a, um. *Virg.* Perteneciente á los pueblos edones de Tracia, á Baco y á sus sacrificios.

Edōnus, i. *m. V.* Edon.

Edormio, is, ivi, itum, ire. *n. Cic.* y

Edormisco, is, ĕre. *n. Plaut.* Dormir mucho. ‖ Dejar de dormir. *Edormire. Cic.* ó *edormiscere. Plaut. Crapulam,* ó *vinum. Cic.* ó *villum. Ter.* Dormir la borrachera. — *Tempus. Sen.* Pasar el tiempo durmiendo. *Edormiscere somnum. Plaut.* Echar un sueño.

Edrei, ōrum. *m. plur.* Ciudad de los amorreos.

Edri, ōrum. *m. plur.* La isla de Bardfei en la costa de Inglaterra.

Educātio, ōnis. *f. Cic.* Educacion, enseñanza, disciplina, crianza. ‖ *Plaut.* Pasto de los animales. ‖ Cria de ellos.

Educātor, ōris. *m. Cic.* El que cria, alimenta, educa, enseña. ‖ Preceptor, maestro, director, ayo.

Educātrix, ĭcis. *f. Col.* Ama de leche, la que cuida, educa, enseña.

Educātus, a, um. *Cic.* Educado, criado, enseñado, instruido. *Educatus Ravennae. Tac.* Criado en Ravena. — *Ad turpitudinem. Cic.* Criado en torpeza, en malas costumbres.

Educātus, us. *m. Tert. V.* Educatio.

Educo, as, avi, atum, are. *a. Cic.* Educar, criar. Enseñar, instruir, formar, dar educacion. *Educavit illam sibi pro filia. Plaut.* La crió como si fuese su propia hija. *Educari mammis foetum. Plin.* Dar el pecho á su hijo, criarle á sus pechos. — *Oratorem. Quint.* Formar un orador. — *Aliquem liberaliter, ingenue. Ter.* Dar á uno buena, noble educacion.

Edūco, is, uxi, ctum, cĕre. *a. Cic.* Sacar afuera. ‖ Llevar, conducir, pasar ‖ Alzar, levantar. ‖ Agotar, apurar. ‖ Educar, criar. ‖ Engendrar, producir. *Educere gladium e vagina. Cic.* Sacar la espada, desenvainarla. ‖ Echar, poner, meter mano á la espada, tirar de ella. — *Aliquem letho. Val. Flac.* Libertar á uno de la muerte. — *Aliquem in jus. Cic.* Traer á uno á juicio, emplazarle. — *Sortem. Cic.* Sortear, echar suertes. — *Ludo noctem. Estac.* Pasar la noche jugando. — *Se multitudine. Sen.* Salirse, escaparse de entre la multitud. — *Poculum. Plaut.* Agotar, apurar un vaso.

Eductio, ōnis. *f. Cat.* La accion de sacar fuera, estraccion.

Eductus, a, um. *part. de* Educo, is. *Cic.* Sacado fuera. ‖ *Virg.* Alzado, levantado en alto. ‖ Educado, criado. *Eductus severa disciplina. Tac.* Criado, educado bajo una severa disciplina.

Edulco, as, avi, atum, are. *a. Gel.* Endulzar.

Edŭlia, ium. *n. plur. Hor.* Manjares, cosas de comer. Alguna vez se halla *Edulium.*

Edŭlĭca, ó Educa, ae. *f. S. Ag.* Diosa que cuidaba del alimento y crianza de los niños.

Edūlis. *m. f.* le. *n. is. Varr.* Cosa de comer, ó buena para comer.

Edūre. *adv. Ov.* Dura, obstinadamente.

Edūresco, is, ĕre. *n. Cel. Aur.* Endurecerse.

Edūro, as, avi, atum, are. *a. Tac. Sen. a. n.* Endurecer, hacer, poner duro. ‖ Durar mucho tiempo.

Edūrus, a, um. *Virg.* Duro, muy duro. ‖ *Ov.* Endurecido, obstinado.

Edūsa, ae. *f. Varr.* Edusa, *diosa abogada de la comida, como Potina de la bebida y Cuba del sueño.*

Edyllium, ó Idyllium, ii. *n. Aus.* Idilio, poema corto á manera de Epigrama. *Asi intituló Ausonio los suyos.*

Eetion, ōnis. *n. Ov.* Etion, *padre de Andrómaca, que reinó en Tebas de Cilicia.*

Eetionēus, a, um. *Ov. adj. pos.* Perteneciente á Etion, rey de Tebas en Cilicia.

## EF

Effabĭlis. *m. f.* le. *n. is. Virg.* Lo que se puede decir.

Effaecātus, a, um. *Apul.* Limpio, sin heces ni inmundicias.

Effaeco, as, avi, atum, are. *a. Apul.* Quitar las heces limpiar de inmundicias.

Effāmen, ĭnis. *n. Marc. Cap.* Diccion, pronunciacion.

Effarcio, y Effercio, is, rsi, rtum, cire. *a. Ces.* Llenar, henchir del todo.

Effāris, atus sum, ari. *dep. Cic.* Hablar, decir, proferir, publicar, divulgar. *Effari alicui. Virg.* Hablar á alguno. — *Templum. Cic.* Delinear los agoreros, y consagrar con ciertas fórmulas deprecatorias los límites de un templo.

Effascĭnātio, ōnis. *f. Plin.* Fascinacion, aojo, mal de ojo.

Effascĭnātor, ōris. *m. Plin.* Fascinador. ‖ Encantador, hechicero.

Effascĭno, as, avi, atum, are. *a. Plin.* Fascinar, aojar, hacer mal de ojo.

Effāta, ōrum. *n. plur. Cic.* Vaticinios. *Effata augurum. Varr.* Deprecaciones de los agoreros para consagrar un lugar.

Effātio, ōnis. *f. Serv.* El acto de hablar.

Effātum, i. *n. Cic.* Axioma, dogma, máxima, sentencia, principio, dicho.

Effātus, a, um. *part. a. y pas. de* Effari. *Effatum templum. Cic.* Templo delineado y consagrado por los agoreros con ciertas fórmulas deprecatorias. *Tantum effata. Virg.* Habiendo dicho esto.

Effātus, us. *m. Apul.* Habla, pronunciacion.

Effēci. *pret. de* Efficio.

Effecte. *adv. Am.* Con perfeccion.

Effectio, ōnis. *f. Cic.* Práctica, el acto y modo de hacer.

Effective. *adv. Quint.* Efectivamente, con, en efecto.

Effectivus, a, um. *Plin.* Efectivo, lo que se lleva á efecto.

Effector, ōris. *m.* Hacedor, autor.

Effectrix, īcis. *f. Cic.* Hacedora, autora, causadora.

Effectus, us. *m. Cic. Opera in effectu erant. Liv.* Las obras estaban concluidas. *Sine ullo effectu. Liv.* Sin efecto alguno, sin haber hecho nada. *Non caret effectu. Ov.* No carece de efecto, se lleva á efecto. *Radicis effectus. Cic.* El efecto, virtud, fuerza, eficacia de una raiz.

Effectus, a, um. *part. de* Efficio. *Cic.* Efectuado, hecho, acabado, concluido, perfeccionado. *Effectae res. Cic.* Los efectos. *Effectum aliquid reddere,* ó *dare. Ter.* Efectuar, llevar algo á efecto, á ejecucion. *Aures effectius aliquid postulantes. Quint.* Oidos que no se satisfacen, que desean otra cosa mas perfecta.

Effēcundo, ās, āre. *a. Vop.* Fertilizar, hacer abundante, abonar.

Effēmināte. *adv. Cic.* Afeminadamente, de una manera afeminada, á modo de muger.

Effēminātio, ōnis. *f. Tert.* Afeminacion, blandura, delicadeza, molicie.

Effēminātus, a, um. *Cic.* Afeminado, blando, delicado, de ánimo mugeril. *part. de*

Effēmino, ās, āvi, ātum, āre. *a. Ces.* Afeminar, hacer volver flaco, débil, enervar. *Pecunia animum virilem effeminat. Sal.* El dinero afemina el ánimo varonil.

Effĕrāte. *adv. Lact.* Fiera, cruel, inhumanamente, á manera de fieras.

Effĕrātio, ōnis. *f. Tert.* Fiereza, inhumanidad, crueldad, barbaridad.

Effĕrātus, a, um. *Cic.* Enfurecido, hecho, vuelto fiero, bárbaro, cruel.

Efferbuit. *pret. de* Efferveo, *y de* Effervesco.

Effercio, is, īre. *V.* Effarcio.

Efferesco, *y* Efferasco, is, ĕre. *n. Am.* Hacerse fiero, inhumano, bárbaro, cruel.

Effĕrĭtas, ātis. *f. Lact.* Fiereza, crueldad.

Effĕro, ās, āvi, ātum, āre. *a. Liv.* Encruelecer, hacer, volver fiero, cruel, bárbaro, inhumano. *Efferare animos mali assuetudine. Liv.* Embrutecer los ánimos, hacerlos intratables y bárbaros con la costumbre de lo malo.

Effĕro, ers, extūli, ēlātum, efferre. *a. Cic.* Sacar afuera. || Llevar, conducir fuera. || Producir, engendrar, criar. || Esponer, esplicar, declarar. || Divulgar, publicar. Decir, pronunciar, hablar. || Alzar, levantar. || Llevar á enterrar. *Efferre se. Ter.* Ensoberbecerse, engreirse. — *Aliquem. Cic.* Engrandecer á alguno. — *Laudibus. Cic.* Alabar, ensalzar con alabanzas. *Efferri aliqua re. Cic.* Ser trasportado, ponerse fuera de sí (en buena y en mala parte). — *De custodia. Col.* Sacar de la prision. — *Sese verbis, sermonibus, gloriando, praedicatione. Cic.* Alabarse, jactarse, vanagloriarse. — *Cadaver ad sepulcrum. Liv.* Llevar á sepultar un cadaver. — *Pedem aliquo. Cic.* Ir, dirigirse á alguna parte. *Haec me de laetitia extulerunt. Cic.* Estas cosas me han dado una suma alegría.

Effertus, a, um. *Plaut. part. de* Effercio. Lleno, colmado. || Repleto.

Effervens, tis. *com. Gel.* Fuerte, vehemente.

Efferveo, ēs, bui, ó ervi, ēre. *n. Estac.* Hervir mucho. || *Cic.* Encruelecerse, enfurecerse.

Effervescentia, ae. *f. Ces.* Hervor, efervescencia.

Effervesco, is, bui, scĕre. *n. Cic.* Empezar á cocer. || Enfurecerse, embravecerse, acalorarse.

Effervo, is, bui, ó vi, ĕre. *n. Vitruv.* Salirse hirviendo el licor, derramarse.

Effĕrus, a, um. *Sen.* Fiero, inhumano.

Effēte. *adv. Marc.* Sabiamente. || Prontamente.

Effētus, a, um. *V.* Effoetus.

Efficātia, ae. *f. Plin.* Eficacia, virtud, actividad, fuerza, poder, propiedad para obrar.

Efficācĭtas, ātis. *f. Cic. V.* Eficacia.

Efficācĭter, ius, issĭme. *adv. m. Plin.* Eficazmente, con actividad, eficacia, fervorosa, poderosamente.

Efficax, ācis. *com. Plin.* Eficaz, activo, poderoso, propio para obrar. *Efficax adversus serpentes ex aceto pota. Plin. men.* Eficaz, saludable, admirable, maravilloso, de gran virtud contra la mordedura de serpientes bebida en vinagre.

Efficiens, tis. *com. Cic.* Eficiente, el que obra y hace alguna cosa, y la causa que obra y produce.

Efficienter. *adv. Cic.* Eficiente, efectivamente, con efecto.

Efficientia, ae. *f. Cic.* Eficiencia, virtud y facultad para hacer.

Efficio, is, fēci, fectum, fĭcĕre. *a. Cic.* Hacer, efectuar, llevar á efecto. || Ocasionar, causar, producir.|| Concluir, deducir, colegir, probar. *Efficere mandata. Cic.* Ejecutar el mandato, la orden ó encargo. — *Alicui nuptias. Ter.* Ajustar á uno una boda. — *Multum in studiis. Quint.* Adelantar mucho en los estudios. — *Exercitum confirmatiorem in dies. Cic.* Hacer al ejército mas animoso cada dia, alentarle, animarle mas. — *Admirationes. Cic.* Causar grande admiracion. *Ex quo efficitur. Cic.* De donde se sigue.

Efficcio, ōnis. *f. Ad Her.* Representacion, remedo, copia del caracter de alguno. || La figura etopeya.

Effictus, a, um. *part. de* Effingo. *Cic.* Representado, remedado.

Effīgia, ae. *f. Plaut. V.* Effigies.

Effīgiātus, us. *m. Apul.* El acto de retratar ó remedar.

Effīgiātus, a, um. *part. de* Effigio. *Apul.* Retratado, figurado.

Effīgies, ēi. *f. Cic.* Efigie, imagen, figura, semejanza, busto, retrato, copia, idea de alguno. *Ad effigiem justi imperii. Cic.* Á modo, al remedo de un imperio justo. *Consiliorum, ac virtutum effigies Cic.* Imagen, retrato de los pensamientos y virtudes.

Effīgio, ās, āvi, ātum, āre. *a. Sid.* Figurar, hacer una efigie.

Effindo, is, ĕre. *a. Man.* Cortar, surcar las aguas.

Effingo, is, nxi, fictum, ngĕre. *a. Cic.* Retratar, copiar, figurar, representar, pintar á lo vivo. *Effingere aliquid in auro. Virg.* Grabar alguna cosa en oro. — *Spongiis sanguinem è foro. Cic.* Enjugar, empapar con esponjas la sangre del foro. *Cicero effinxit vim Demosthenis, copiam Platonis. Quint.* Ciceron imitó, igualó la vehemencia de Demóstenes y la abundancia de Platon.

Effio, is. *Plaut. en lugar de* Fio, is.

Effirmo, ās, āvi, ātum, āre. *a. Acc.* Confirmar, hacer firme y constante.

Efflăgĭtātio, ōnis. *f. Cic.* y

Efflăgĭtātus, us. *m. Cic.* Instancia, peticion vehemente. *Efflagitatu meo Cic.* Á ruegos mios.

Efflăgĭtātus, a, um. *Suet.* Pedido con muchas instancias.

Efflăgĭto, ās, āvi, ātum, āre. *a. Cic.* Pedir con muchas instancias, con muchas súplicas y ruegos. *Locus adversarios efflagitabat. Hirc.* El lugar convidaba á los contrarios.

Efflămans, tis. *com. Marc. Cap.* Lo que echa de sí, arroja, despide llamas.

Efflātus, a, um. *Suet.* Espirado, despedido, echado, espirando, respirando.

Efflātus, us. *m. Sen.* Espiracion, respiracion, el acto de echar el aliento.

Effleo, ēs, ēvi, ētum, ēre. *a. Quint.* Llorar, amarga, copiosamente, deshacer en lágrimas, consumir llorando. *Efflere oculos. Quint.* Deshacerse en llanto.

Efflicte. *adv. Apul.* y

Efflictim. *adv. Plaut.* Ardiente, apasionadamente, con estremo.

Efflicto, ās, āvi, ātum, āre. *a. Plaut. V.* Afflicto.

† Efflictio, ōnis. *V.* Afflictio.

Efflictus, a, um. *Cic.* Afligido, atormentado. *part. de*

Effligo, is, xi, ctum, gĕre. *a. Cic.* Afligir, atormentar. || Golpear, matar, arruinar. *Effligere lapide. Plaut.* Cubrir, cargar de piedras.

## EFF

**Efflo**, as, avi, atum, are. *a. Plin.* Echar fuera soplando. || Exhalar, espirar, respirar. *Efflare animam Plaut. Extremum halitum. Cic.* Espirar, dar el alma, dar el último aliento. — *Colorem. Lucr.* Perder el color.

**Effloreo**, es, ere. *n. Tib.* y

**Effloresco**, is, ui, scere. *n. Cic.* Florecer, abrirse las flores, echar, criar, producir flores. *Efflorescere ingenii laudibus. Cic.* Florecer, brillar con las prendas del ingenio. — *Ex aliqua re. Cic.* Brillar por alguna cosa, sacar ó salir, resultar de ella.

**Effluenter**. *adv. Plaut.* Abundantemente.

**Effluentia**, ae. *f. Plin.* Efluvio, vapor exhalado de los cuerpos.

**Effluo**, is, fluxi, fluxum, ere. *n. Cic.* Salir corriendo, manando, destilando. *Vitam effluere. Cic.* Irse desvaneciendo, acabando la vida. *Capilli effluunt. Plin.* Se caen los cabellos. *Cum effluxit aetas. Cic.* Cuando se pasa la edad, la vida. *Effluere ex animo. Cic.* Olvidarse, escaparse de la memoria. — *In lachrymas. Luc.* Deshacerse en llanto. *Utrumque hoc falsum est, effluet. Ter.* Ambas á dos cosas son falsas, se me saldrán de la boca.

**Effluvium**, ii, *n. Plin.* La salida de una corriente ó manantial, y el lugar de donde sale.

**Effluxus**, a, um. *Avien.* Lo que corre manando ó destilando.

**Effluxi**. *pret. de* Effluo.

**Effocatio**, onis. *f. Cels.* Sofocacion.

**Effoco**, as, avi, atum, are. *a. Sen.* Sofocar, ahogar.

**Effodio**, is, fodi, fossum, dere. *a. Ces.* Sacar cavando. *Effodere alicui oculos. Cic.* Sacar á uno los ojos.

**Effoemino**, &c. V. Effemino.

**Effoeta**, ae. *f. Sal.* Hembra estéril, muger que no puede tener sucesion. || *Virg.* Hembra que ha parido.

**Effoete**. *adv. Marc.* Sin eficacia, sin vigor ni fuerza.

**Effoetus**, a, um. *Cic.* Gastado, consumido, apurado, sin fuerza ni vigor. *Effoetus ager. Virg.* ó *effoetum solum. Col.* Tierra apurada, cansada, gastada. *Effoeta gallina. Plin.* Gallina que no pone. — *Viribus senectus. Virg.* Vejez muy débil, decrépita.

**Effor**. V. Effaris.

**Efforatus**, a, um. *Col.* Taladrado, oradado. *part. de*

**Efforo**, as, avi, atum, are. *a. Col.* Taladrar, oradar, agugerear de parte á parte.

**Effossio**, onis. *f. Cod. Teod.* La cava, la accion de cavar ó de sacar cavando.

**Effossor**, oris. *m.* El cavador.

**Effossus**, a, um. *Plin. part. de* Effodio. Sacado cavando. || Cavado.

**Effractarius**, ii. *m. Sen.* y

**Effractor**, oris. *m. Ulp.* El que rompe, quebranta, descerraja puerta, ventana ó arca violentamente.

**Effractura**, ae. *f. Paul. Jct.* Rotura, quebrantamiento de puerta, ventana, arca ó cofre.

**Effractus**, a, um. *part. de* Effringo. *Hor.* Roto, quebrantado con violencia. *Effractus fame. Plaut.* Muerto de hambre.

**Effraenate**. *adv. Cic.* Desenfrenadamente, sin sujecion, respeto ni temor.

**Effraenatio**, onis. *f. Cic.* Desenfrenamiento, desenfreno, despeño, precipitacion, disolucion.

**Effraenatus**, a, um, ior, issimus. *Liv.* Desfrenado, quitado el freno. || Indómito, desordenado, disoluto.

**Effraeno**, as, avi, atum, are. *a. Sil.* Soltar quitado el freno. Suele escribirse. *Effraene* con sus derivados.

**Effraenus**, a, um, y **Effraenis**, e. *Liv.* Sin freno. *Se dice de la caballería á la cual se le ha quitado.* || Indómito, desenfrenado. *Effraena mors. Sen.* Muerte violenta.

**Effricatio**, onis. *f. Sen.* Fregacion, fregadura, fregamiento, la accion de fregar, friega.

**Effricatus**, a, um. *Apul.* Fregado. *part. de*

**Effrico**, as, ui, ó avi, atum, y ctum, are. *a. Sen.* Limpiar fregando.

**Effringo**, is, fregi, fractum, ngere. *a. Cic.* Quebrantar, romper, quebrar con ímpetu. *Effringere animam. Sen. Trag.* Estrellar á uno, arrancarle el alma.

**Effrondeo**, es, ui, ere. *n. Vop.* Echar, criar hojas.

## EGE

**Effrons**, ontis. *com. Vop.* Desvergonzado, descarado.

**Effructico**, as, avi, atum, are. *a. Tert.* Pulular, empezar á brotar, echar renuevos ó vástagos la planta.

**Effudi**. *pret. de* Effundo.

**Effugia**, ae. *f. Serv.* La víctima que se escapaba de las aras.

**Effugies**, ei. *f. Sil.* V. Effugium.

**Effugio**, is, fugi, fugitum, gere. *n. Cic.* Huir, escapar, dar, echar á correr. *Effugit te nihil. Cic.* Nada se te escapa. — *Me memoria. Plaut.* Mi memoria me abandona, me falta. *Effugere manus*, ó *manibus, de praelio, patria. Plaut.* Escaparse de entre las manos, del combate, abandonar la patria. — *Aciem oculorum. Sen. Trag.* — *Visus. Ov.* Escaparse de la vista. *Effugi malum, inveni bonum. adag.* Á quien se muda Dios le ayuda. *ref.*

**Effugium**, ii. *n. Cic.* Huida, fuga, la manera de escapar, efugio, y el lugar de donde se huye. *Effugium incidere. Tac.* Cortar la fuga, cerrar, impedir el paso. *Effugia pennarum. Cic.* Alas para huir.

**Effulgeo**, es, lsi, gere. *n. Liv.* Resplandecer, relucir, brillar mucho.

† **Effulgo**, is, ere. *Virg.* V. Effulgeo.

**Effultus**, a, um. *Virg.* Apoyado, sostenido.

**Effumigatus**, a, um. *Tert.* Espelido, echado con humo.

**Effumo**, as, are. *n. Sever.* Humear, echar humo.

**Effundo**, is, fudi, fusum, ndere. *a. Cic.* Derramar, esparcir, echar fuera. *Effundere iram in aliquem. Liv.* Descargar su ira, su cólera en, sobre ó contra alguno. — *Fortunas, patrimonium. Cic.* Disipar, dilapidar, derramar, malbaratar, desbaratar su hacienda, sus bienes, su patrimonio. — *Se immenso ore in oceanum. Tac.* Arrojarse al océano por una larga embocadura. — *Animam vitam. Virg. Extremum spiritum. Cic.* Dar, despedir el último aliento, morir. *Peditatum. Sal.* Desbaratar la infantería. — *Crines. Luc.* Pelarse. — *Herbas. Cic.* Echar, criar, producir yerbas. — *Alicui oculum. Ulp.* Echar á uno un ojo fuera. — *Omnia quae tacuerat. Cic.* Vomitar todo lo que habia callado. — *Curam sui. Sen.* Abandonarse, descuidar de sí enteramente. — *Orationem. Sen.* Hablar con perturbacion, con oscuridad. — *Gradum, frena. Estac.* Correr á carrera tendida.

**Effuse**, ius, issime. *adv. Cic.* Esparcida, licenciosamente, sin moderacion, con esceso y profusion. *Effuse fugere. Liv.* Huir á carrera abierta. — *Vivere. Cic.* Vivir profusamente. — *Exultare. Cic.* Abandonarse á la alegría con esceso. *Amare, effusissime diligere. Plin. men.* Amar con estremo, con pasion.

**Effusio**, onis. *f. Cic.* Efusion, derramamiento. || Prodigalidad, profusion. *Effusio animi in laetitia. Cic.* Ensanche, dilatacion del ánimo, del corazon en la alegría.

**Effusor**, oris. *m. S. Ag.* Derramador, el que vierte ó derrama.

† **Effusorie**. *adv. m. Am.* V. Effuse.

**Effusus**, a, um. *part. de* Effundo. *Liv.* Derramado, vertido fuera. *Effusus in complexu. Tac.* El que recibe con los brazos abiertos. — *In lachrymas. Tac.* Deshecho en lágrimas. *Effusi honores. Nep.* Honores dados sin medida, sin discrecion. — *Sumptus. Cic.* Gastos escesivos. *Effusissimis avenis invadere. Liv.* Acometer, dar sobre los enemigos á toda rienda. *Effusa loca. Tac.* Lugares, parages anchos, llanos, descubiertos. *Effusi plenis portis. Liv.* Saliendo de tropel.

**Effutio**, is, ivi, itum, ire. *a. Cic.* Charlar, garlar, parlar sin consideracion y sin reserva.

**Effutitus**, a, um. *Cic.* Charlado, parlado sin reflexion y sin sustancia.

**Effutuo**, is, ui, ere. *a. Suet.* Malgastar en liviandades.

## EG

**Egelatus**, a, um. *part. de* Egelo. *Cel. Aur.* Templado, no muy frio.

**Egelido**, as, avi, atum, are. *a. Sid.* Deshelar lo que estaba helado.

**Egelidus**, a, um. *Cels.* Templado, que ha perdido algo del hielo. || Frio. || *Aus.* Helado.

**Egelo**, as, avi, atum, are. *Cel. Aur.* Templar lo que

estaba helado, quitar algo de la suma frialdad del hielo.

**Egens**, tis. *com*. tior, tissimus. *Cic*. Necesitado, pobre. *Egens deliciarum animus*. *Hor*. Ánimo privado de todo placer. — *Rebus omnibus. Cic*. Falto de todo.

**Egenŭlus**, a, um. *Paul. Nol*. Pobrecillo, pobrecito. *dim. de*

**Egēnus**, a, um. *Liv*. Pobre, necesitado, falto. *Egena aquarum regio*. *Tac*. Tierra escasa de agua. *Res egena*. *Plaut*. Necesidades, negocios desesperados. *Omnium egeni*. *Liv*. Privados de todo humano consuelo.

**Egeo**, es, gui, ēre. *n*. *Cic*. Carecer, estar falto, necesitado, pobre. *Themistoclis liberi eguerunt. Cic*. Los hijos de Temistocles fueron pobres. *Locus pauca munimenta egebat*. *Sal*. El parage necesitaba poca fortificacion. *Egere medicinae*, ó *medicina. Cic*. Necesitar de remedio, de medicina. *Alter fraenis, alter eget calcaribus*. El uno peca por carta de mas, y el otro por carta de menos.

**Egēria**, ae. *f*. *Liv*. Egeria, ninfa. ‖ *Virg*. Egeria, bosque y fuente cerca de Roma. ‖ *Fest*. Egeria, diosa abogada de los partos.

**Egēries**, ēi. *f*. *Sol*. La accion de despedir el escremento. ‖ El escremento.

**Egermĭno**, as, avi, atum, are. *n*. *Col*. Echar botones ó renuevos los árboles y plantas.

**Egĕro**, is, gessi, gestum, rĕre. *a*. *Plin*. Sacar, llevar fuera, estraer. ‖ Echar fuera, vomitar. ‖ Agotar, apurar, vaciar. *Caeli gravitas egerit populos*. *Sen*. La intemperie del clima echa fuera los habitadores, los hace salir de la tierra.

**Egestas**, ātis. *f*. *Cic*. Necesidad, pobreza, indigencia.

**Egestio**, ōnis. *f*. *Plin*. El acto de sacar ó llevar fuera. ‖ Efusion, profusion. ‖ Evacuacion.

**Egestuōsus**, a, um. *Aur. Vict. V*. Egenus.

**Egestus**, us. *m*. *Sen*. *V*. Egestio.

**Egestus**, a, um. *part. de* Egero. *Col*. Sacado, llevado fuera. ‖ *Estae*. Exhausto, desocupado, vacío. *Nox egesta metu*. *Val. Flac*. Noche pasada con temor.

**Egi**. *pret. de* Ago.

**Egigno**, is, ĕre. *a*. *Lucr*. Echar, producir ramas ó flores el árbol ó planta.

**Egnatiānus**, a, um. *Sen*. Lo perteneciente á Egnacio (Marco Rufo) que conspiró contra la vida de Augusto, y fue descubierto y castigado.

**Ego**, mei, mihi, me. *pron. prim. com. Cic*. Yo. *Se junta con elegancia á otros pronombres. Dixi ego idem in senatu. Cic*. Yo mismo dije en el senado. *Se pone al principio de la oracion para mayor aseveracion, y se le suele añadir* vero, *y alguna vez* autem. *Para dar mayor fuerza á lo que se dice se añade la sílaba* met. *Á veces solo se pone por adorno con redundancia. Entre los poetas junto con* vidi *incluye cierto énfasis. Vidi egomet*. Yo mismo le vi. *El dativo* mihi *significa á veces para mi daño ó provecho. Si quid peccat, mihi peccat. Ter*. Si peca, para mi peca. *Otras á mi juicio. Is mihi profecto est spectatus satis. Ter*. Este para mí, á mi juicio está bastante acreditado. *Con los participios en* dus *se usa en lugar de á me. Sirus mihi exhortandus est. Ter*. Tengo yo de exhortar á Siro. *Ego ne ó egon? ¿Yo? Y asimismo se usa* min? *y* men?

**Egrĕdĭor**, dĕris, gressus sum, ĕdi. *dep*. *Cic*. Salir, partir. ‖ Subir, vencer una cuesta ó montaña. ‖ Hacer digresion. *Egredi ab aliquo*. *Ter*. Salir de casa de alguno. — *Domo. Cic*. Salir de casa, de la patria. — *A proposito. Cic*. Salir del propósito, hacer digresion. — *In terram. Cic*. Desembarcar. — *Extra fines. Cic*. Salir de los límites. — *Portu. Tac*. Hacerse á la vela, salir del puerto.

**Egregiātus**, us. *m*. *Dig*. Grado de dignidad de aquel á quien se daba el título de *Egregius*.

**Egregie**, ius, issime. *adv*. *Cic*. Insigne, noble, principal, excelentemente. *Egregius coenare*. *Juv*. Cenar magníficamente.

**Egregius**, a, um, ior, issimus. *Cic*. Egregio, insigne, escogido, singular, noble, escelente. *Egregius est mihi. Tac*. Es honroso, honorífico para mí. *Egregium publicum. Tac*. El decoro, magestad del público. *Egregii. Cod. Teod*. Uno de los tres grados de distincion que se daba en tiempo de los emperadores. Al que se le daba se llamaba *Egregiatus*. Los otros dos grados eran *clarissimi* y *perfectissimi*.

**Egressio**, ōnis. *f*. *Apul*. Salida, el acto de salir. ‖ *Quint*. Digresion.

**Egressus**, us. *m*. *Cic*. Salida, partida. ‖ *Ces*. Desembarco. ‖ *Quint*. Digresion.

**Egressus**, a, um. *part. de* Egredior.

**Egŭla**, ae. *f*. *Plin*. Especie de azufre *que sirve para blanquear y suavizar las lanas*.

**Egurgĭto**, as, avi, atum, are. *a*. *Plaut*. Echar fuera, vomitar. *Egurgitare domo argentum. Plaut*. Desperdiciar, malbaratar el dinero, echarle por la ventana.

## EH y I

**Ehe**. *Varr. interjecion de ánimo consternado*. Ay!

**Ehem**. *Ter. interj*. que denota encontrar algo de repente, ó, ah, ola!

**Eheu**. *Ter. interj. de dolor*. Ay!

**Eho**, Eho dum. *Ter. interjeciones* que denotan llamar, mover y amonestar. Eh, ola. *Ehodum ad me. Ter*. Eh, ola, ven, llégate acá.

**Ei**, *en lugar de* ii. *Plaut*.

**Eia**. *Virg. interj. para mover, exhortar, consolar, admirar, repetir*. Ea, vaya, ola, oh. *Eia, age, rumpe moras. Virg*. Ea, sus, vamos, vaya, date prisa. *Eia haud sic decet*. *Ter*. Ea, oh, ola eso no conviene.

**Ejăcŭlātio**, ōnis. *f*. *Veg*. La accion de lanzar, arrojar, disparar, tirar, flechar. ‖ Tiro.

**Ejăcŭlātor**, ōris. *m*. *Veg*. Flechero, tirador, el que arroja, lanza, tira, dispara.

**Ejăcŭlātus**, a, um. *Ov*. Lanzado, disparado. *part. de*

**Ejăcŭlo**, as, avi, atum, are. *a*. *Plin. men*. y

**Ejăcŭlor**, āris, ātus sum, āri (mas usado). *dep*. *Ov*. Lanzar, disparar, arrojar, tirar de lejos y de cerca.

**Ejēci**. *pret. de* Ejicio.

**Ejectāmenta**, ōrum. *n. plur. Tac*. Lo que despide la mar ó echa de sí en las riberas. ‖ El escremento.

**Ejectātio**, ōnis. *f*. y

**Ejectio**, ōnis. *f*. *Plin*. El acto de despedir ó echar de sí. ‖ *Vitruv*. Evacuacion. *Mortem, et ejectionem timemus. Cic*. Tememos la muerte y el destierro.

**Ejectĭtius**, a, um. *Plin*. Lo que despide ó echa de sí.

**Ejecto**, as, avi, atum, are. *a*. *Ov*. Echar fuera, espeler. ‖ Vomitar.

**Ejectus**, a, um. *Cic. part. de* Ejicio. Echado fuera, espelido. *Ejectus ó ejectus litore. Cic. Virg*. Náufrago, arrojado del mar. ‖ Pobre, mendigo. *Ejectus die. Tac*. Ciego, que está privado de la luz. *Damnato hoc, ejecto. Cic*. Condenado este y desterrado.

**Ejectus**, us. *m*. *Lucr. V*. Ejectio.

**Ejĕrātio**. *V*. Ejuratio, Ejuro.

**Ejĭcio**, is, jēci, jectum, jĭcĕre. *a*. *Cic*. Echar fuera, sacar con violencia, espeler. ‖ *Ulp*. Abortar. ‖ *Cel*. Vomitar. *Ejicere se. Cic*. Echarse fuera, salir con ímpetu, con furia. — *Aedibus foras*. *Plaut*. Echar de casa. *Navem in terram. Ces*. Dar un navío al traves, contra la tierra. *Quod tamen non ejicio. Cic*. Lo cual no escluyo, no me aparto de ello.

**Ejŭlātio**, ōnis. *f*. *Cic*. y

**Ejŭlātus**, us. *m*. *Cic*. Lamentacion, llanto, gemido de muchos con gritos y chillidos.

**Ejŭlīto**, as, avi. *n*. *Lucil. freq. de*

**Ejŭlo**, as, avi, atum, are. *n*. *Cic*. Llorar, lamentarse con gemidos, ayes y gritos.

**Ejuncesco**, is, ĕre. *n*. *Plin*. Adelgazarse, ponerse como un junco.

**Ejuncĭdus**, a, um. *Plin*. Tenue, delgado como un junco.

**Ejūno**. *inde. Carit*. Fórmula de jurar por la diosa Juno.

**Ejūrātio**, ōnis. *f*. *Sen*. Renuncia, abdicacion con protesta de no poder mas. *V*. Ejuro.

**Ejūrātus**, a, um. *Plin. men*. Renunciado, rehusado jurando. *part. de*

**Ejūro**, as, avi, atum, are. *a*. *Cic*. Renunciar, rehusar, recusar con protesta y juramento. ‖ Desamparar, abandonar. *Ejurare forum, ó judicem iniquum. Cic*. Apartarse de un tribunal ó de un juez, recusándole con juramento de no poder alcanzar justicia. — *Bonam copiam*. *Cic*. Rehusar hacer gastos ó pagar las deudas, con juramento de no tener facultades. — *Imperium, militiam. Tac.* Renunciar el empleo, como jurando no ser para ello.

Ejuscĕmŏdi. *V.* Ejusmŏdi.

Ejusdemmŏdi. *gen. Cic.* De la misma manera, arte, especie, suerte, género.

Ejusmŏdi. *gen.* De tal manera, de tal suerte, tal. *Son dos genitivos unidos que componen un adjetivo indeclinable.*

## EL

Elabor, ĕris, lapsus sum, bi. *dep. Cic.* Escurrirse, escaparse, huirse. *Elabi pugnam aut vincula. Tac.* Escapar de la batalla ó prision.

Elăbŏrātē. *adv. Cic.* Con suma exactitud y cuidado.

Elăbŏrātĭo, ōnis. *f. Ad Her.* Trabajo, aplicacion, estudio, cuidado.

Elăbŏrātus, us. *m. Apul. V.* Elaboratio.

Elăbŏrātus, a, um. *Cic.* Hecho, trabajado con fatiga, aplicacion y diligencia. *Imperium elaboratum à parentibus. Just.* Imperio adquirido con el trabajo de los padres, de los ascendientes.

Elăbŏro, as, avi, atum, are. *a. Cic.* Trabajar con mucho cuidado y aplicacion. *Elaborare aliquid. Cic.* Trabajar una cosa con mucho cuidado, con el mayor esmero, poner en ella mucho estudio y diligencia.

Elacāta, ae, y Elacate, es. *f. Col.* El atun, *pescado.*

Elactesco, is, scĕre. *n. Plin.* Volverse blanco como la leche.

Elacto, as, are. *a. Lucr.* Destetar, quitar el pecho.

Elaemporia, ae. *f. Dig.* Comercio de aceite.

Elaeomĕli. *n. indecl. Plin.* Aceite de sabor de miel.

Elaeon, ōnis. *m. Tert.* El olivar, sitio plantado de olivas.

Elaeŏthēsĭum, ii. *n. Vitruv.* Pieza en los baños donde los atletas se untaban con una mezcla de aceite y cera.

Elaevĭgātĭo, ōnis. *f. Vitruv.* Pulimento, el acto de pulir, alisar, acepillar, limar.

Elaevĭgātor, ōris. *m. Vitruv.* El que acepilla, alisa, lima, pule.

Elaevĭgātus, a, um. Alisado, acepillado. *part. de*

Elaevĭgo, as, avi, atum, are. *a. Gel.* Pulir, alisar, allanar, acepillar, limar.

Elamentăbĭlis. *m. f. lĕ. n. is. Cic.* Lleno de lamentos.

Elanguesco, is, gui, scĕre. *n. Liv.* Debilitarse, enflaquecerse, estenuarse, ponerse flaco, macilento. *Elanguit res differendo. Liv.* El negocio se resfrió, se perdió por la dilacion.

Elanguĭdus, a, um. *Fort.* Muy lánguido.

*Elaphoboscon, i. *n. Plin.* Pasto de ciervo, *yerba especie de férula.*

Elăpĭdātĭo, ōnis. *f. Col.* El acto de desempedrar, quitar ó arrancar las piedras.

Elăpĭdātus, a, um. *Plin.* Desempedrado. *part. de*

Elăpĭdo, as, avi, atum, are. *a. Plin.* Desempedrar, quitar, arrancar las piedras.

Elapsĭo, ōnis. *f. Col.* Evasion, escapatoria, efugio.

Elapsus, a, um. *Cic. part. de* Elabor. *Elapsi in pravum artus. Tac.* Miembros desencajados, desconcertados.

Elăquĕātus, a, um. *Amian.* Desatado. *part. de*

Elăquĕo, as, avi, atum, are. *a. Prud.* Desatar, libertar de los lazos.

Elargior, iris, gitus sum, iri. *dep. Cic.* Dar, repartir, distribuir largamente, con liberalidad. *Elargiri de alieno. Liv.* Hacer franquezas con lo ageno.

Elargītĭo, ōnis. *f. Cod.* Largueza, liberalidad.

Elassesco, is, ĕre. *n. Plin.* Cansarse.

Elăte, es. *f. Plin.* El abeto, árbol. ‖ Renuevo de la palma. ‖ Corteza de la palma que florece. ‖ Especie de palma muy alta.

Elātē, ius, issĭme. *adv. Cic.* Altamente, con estilo elevado. ‖ *Quins.* En alta voz. ‖ Con altanería. *Elatius se gerere. Nep.* Obrar, portarse con demasiada tiesura, altanería.

Elatejus, a, um. *Ov.* Lo perteneciente á Elato de Magnesia, *como su hija Ceniz.*

Elătērĭum, ii. *n. Plin.* Elaterio, *medicamento purgante* hecho con el jugo de cohombros silvestres, *útil para mover el vientre.*

Elătīne, es. *f. Plin.* Elatine, *yerba amarga semejante en las hojas á la hexilme, y nace en los trigos.*

Elātĭo, ōnis. *f. Vitruv.* Elevacion, el acto de levantar. ‖ *Cic.* Sublimidad, grandeza, magestad. *Elatio mortui. Ulp.* El entierro, el funeral, las exequias de un difunto.

Elātĭtes, ae. *m. Plin.* Piedra preciosa, especie de amatista, asi llamada del color del árbol abeto.

Elātōrĭe. *adv. Asc.* Por amplificacion ó hipérbole.

Elatro, as, avi, atum, are. *n. Hor.* Ladrar mucho. ‖ Gritar, vocear.

Elātus, a, um. *part. de* Effero. *Col.* Levantado, alto, escelso. ‖ Hinchado, soberbio, engreido. ‖ *Serv.* Enterrado. ‖ Divulgado. *Elatus cupiditate respexit. Cic.* Llevado, arrebatado de la codicia volvió á mirar.

Elaudĭo, is, ire. *Fest. V.* Laudo.

Elautus, a, um. *part. de* Elavo. *Plaut.* Bien lavado.

Elāver, ĕris. *m. Ces.* El Aller, *rio de Francia.*

Elăvo, as, lavi, lautum, ó lotum, vare. *a. Plaut.* Lavar bien, quitar lavando. *Elavisse bonis. Plaut.* Haber perdido sus bienes.

Elea, ae. *f.* Velia, *ciudad de Lucania. De Eolia.*

Eleatae, ārum. *m. plur.* Sus habitantes.

Elecĕbra, ae. *f. V.* Illecebra.

Electārĭa, ōrum. *n. plur. Cel. Aur.* Electuarios, conservas medicinales, de que hay varias especies.

Electē. *adv. Cic.* Con eleccion, con discernimiento.

Electĭbĭlis. *m. f. lĕ. n. is. Apul.* y

Electĭlis. *m. f. lĕ. n. is. Plaut. V.* Electus, a, um.

Electĭo, ōnis. *f. Cic.* Eleccion, escogimiento.

Electo, as, avi, atum, are. *a. freq. de* Elicio. *Plaut.* Atraer, ganar con caricias.

Elector, ōris. *m. Ad Her.* Elector, el que tiene facultad para elegir, el que escoge, elige.

Electra, ae. *f. Ov.* Electra, hija de Atlante, madre de Dárdano, primer rey de Troya, que despues de su muerte se creia haber sido trasladada al cielo, y puesta entre las Pleyadas. ‖ *Ov.* Otra hija de Agamemnon y Clitemnestra, que habiendo libertado á su hermano Orestes de la muerte que le queria dar su madre Clitemnestra, le ayudó despues á matar á su madre y al adúltero Egisto. ‖ *Hig.* Otra hija de Danao, que dió muerte á su esposo Hiperanto la misma noche que se casaron.

Electreus, a, um. *Lampr.* Hecho de electro.

Electria tellus. *f.* La isla de Samos.

Electrĭfer, a, um. *Claud.* Abundante de electro, que le lleva ó produce.

Electrīnus, a, um. *Treb. V.* Electreus.

Electris, ĭdis. *f. Plin.* Electrides llamaron los griegos á dos islas del mar adriático, creyendo falsamente que eran abundantes de electro.

Electrīte, ārum. *m. plur.* Los habitadores de las islas Electrides del mar adriático á la embocadura del Po.

Electrĭus, a, um. *Val. Flac.* Perteneciente á Electra.

Electrix, ĭcis. *f. Plaut.* La que elige, electriz.

Electrum, i. *n. Plin.* Electro, ambar, betun amarillo congelado y trasparente, *que se halla en las orillas del mar báltico.* ‖ Mezcla de cuatro partes de oro y una de plata, *de que resulta el color del ambar.*

Electus, us. *m. Ov. V.* Electio.

Electus, a, um, tior, tissĭmus. *part. de* Eligo. *Cic.* Electo, elegido. ‖ Singular, escelente. *Viri electissimi civitatis. Cic.* Las personas mas distinguidas de la ciudad.

Eleēmŏsĭna, ae. *f. S. Ag.* Limosna, el don que se da al pobre.

Elĕgans, tis, tior, tissĭmus. *Cic.* Elegante, compuesto, adornado, culto, selecto, esmerado. *Elegantissimis ex familiis. Cic.* De las mejores familias. *Elegans solum. Plin.* Campo, tierra bien cultivada. — *Pictor. Plin.* Buen pintor. *Elegantissimus in omni judicio. Cic.* Hombre de muy esquisito gusto.

Elĕganter, tius, tissĭme. *adv. Cic.* Elegantemente, elegantisimamente, con gusto, eleccion, belleza, primorosamente.

Elĕgantĭa, ae. *f. Cic.* Elegancia, buen gusto, pulidez,

propiedad, adorno, esmero, eleccion, belleza, cultura, primor, limpieza, aseo en las cosas y en las palabras.

**Elēgi.** *pret. de* Eligo.

**Elĕgia,** ae. *f. Ov.* Elegía, cancion, verso triste, poema en que se cuentan cosas tristes y materias amorosas, en latin en versos exámetros y pentámetros, y en castellano en tercetos.

**Elĕgiăcus,** a, um. *Diom.* Elegíaco, lo perteneciente á la elegía.

**Elĕgidărium,** ii. *n. Petron.* y

**Elĕgidium,** ó Elegidion, ii. *n. Pers.* Elegía breve.

**Elegion,** y Elegeon. *Aus.* en lugar de Elegidium ó Elegia.

**Elĕgo,** as, āre. *a. Petron.* Legar en el testamento á los estraños fuera de la familia.

**Elĕgus,** a, um. *Hor.* Elego, elegíaco.

**Elĕgus,** i. *m. Ov.* Verso elegíaco, elegía.

**Eleis,** ĭdis. *f. Virg.* Elide, ciudad del Peloponeso.

**Elĕlĕides,** um. *f. plur. Ov.* Las Bacantes, *mugeres que celebraban fiestas á Baco.*

**Elĕleus,** i. *m. Ov.* Sobrenombre de Baco, voceador. ∥ *Macrob.* Sobrenombre de Apolo ó del sol.

**Elementa,** orum. *n. plur. Cic.* Elementos, fundamentos, principios de las artes y ciencias. ∥ Rudimentos, primeros principios de las cosas. ∥ Las letras del abecedario.

**Elementarius,** a, um. *Sen.* Elemental, perteneciente á los primeros rudimentos, y el que los aprende.

**Elementitius,** a, um. *Tert. V.* Elementarius.

**Elementum,** i. *n. Juv.* Elemento, principio de las cosas en que pueden venir á resolverse, como el agua, la tierra, el aire y el fuego. Plinio llama tambien *elemento* á la sal, lib. *31, cap. 7.*

**Elenchus,** i. *m. Plin.* Perla gruesa en figura de pera. ∥ *Plin.* Elenco, tabla, índice.

**Elentesco,** is, ĕre. *n. Cel. Aur.* Hacerse delgado y tierno.

**Elĕphantia,** ae. *f. Escrib. V.* Elephantiasis.

**Elephantiăcus,** a, um. *Firm.* Leproso.

**Elĕphantiasis,** is. *f. Plin.* Elefancía, especie de lepra, asi llamada por ser comun á los elefantes.

**Elĕphantĭcus,** a, um. *Firm.* Leproso, el que padece elefancía.

**Elĕphantĭne,** es. *f. Tac.* Isla del Nilo cercana á Etiopía y ciudad de ella.

**Elĕphantĭnus,** a, um. *Tac.* Lo que es de marfil, *que es el colmillo del elefante.* ∥ *Cels.* Blanco como el marfil.

**Elephantiōsus,** a, um. *Veg. V.* Elephantiacus.

**Elĕphantis,** idis. *f. Marc.* Poetisa griega que escribió algunos libros. ∥ Isla y ciudad del Nilo.

**Elĕphantus,** i. *m. f. Cic.* El elefante, *animal que se cria en Asia y África, es el mayor de los cuadrúpedos, y de un instinto particular.* ∥ El marfil.

**Elĕphas,** antis. *m. Marc.* El elefante. ∥ *Lucr.* La lepra *Manus elephantis. Liv.* La trompa del elefante. *Celerius elephanti pariunt. Corvus aquat. adag.* El mensage del cuervo. El mozo de los piés quemados. Para ir por la muerte es bueno. En siete horas anda media legua. *ref. Elephantem ex musca facis. adag.* Hacer de un mosquito un elefante, ó un caballo. *ref.*

**Elĕus,** a, um. *Virg.* Lo perteneciente á Elide, *célebre ciudad del Peloponeso. Eleus amnis Sen.* El rio Alfeo. *Eleus parens. Val Flac.* Júpiter.

**Eleusinius,** y Eleusinus, a, um. *Ov.* Perteneciente á Ceres ó á los sacrificios de esta diosa.

**Eleusis,** is, y Eleusin, ĭnis. *f. Ov.* Ciudad marítima del África, *donde reinó Eleusio.*

**Eleuthĕra,** ae. *f.* Ciudad de la isla de Candia ó Creta. ∥ Sobrenombre de una parte de la Cilicia.

**Eleuthĕria,** ae. *f. Plaut.* La diosa de la libertad y la misma libertad.

**Eleuthĕria,** orum. *n. plur. Plaut.* Fiestas solemnes á la diosa Libertad que celebraban los griegos cada cinco años. ∥ Fiestas que hacian los esclavos el dia que alcanzaban la libertad. ∥ Fiestas de Samos consagradas al amor.

**Eleuthĕriŏpŏlis,** is. *f.* Hebron, *ciudad episcopal del patriarcado de Jerusalen en Palestina.*

**Elĕvătio,** ōnis. *f. Quint.* Figura retórica, *especie de ironía con que parece que se ensalza aquello de que se hace irrision.*

**Elĕvātus,** a, um. *Quint. part. de*

**Elĕvo,** as, āvi, ātum, āre. *a. Ces.* Elevar, alzar, levantar en alto. ∥ Disminuir, estenuar, debilitar. ∥ Desacreditar. ∥ *Claud.* Aligerar. *Elevare aegritudinem. Cic.* Aliviar el mal. *Aliquem. Cic.* Desacreditar á alguno.

**Eliăcus,** a, um. *Inscr.* Lo perteneciente á Elide.

**Elias,** ădis. *f. Virg.* De la ciudad de Elide.

**Elibătio,** ōnis. *f. Plin. V.* Libatio.

**Eliběris,** is. *f.* Elvira, ciudad del reino de Granada en España. ∥ Colibre, ciudad del Rosellon.

**Elices,** um. *m. plur. Fest.* Fosas, canales en los campos para regar.

**Elicio,** is, cui, citum, ĕre. *a. Cic.* Sacar fuera. ∥ Llamar, traer, atraer. ∥ Investigar, hallar. *Elicere ex cavernis. Cic.* Sacar de las cavernas. — *Lachrymas alicui. Plaut.* Hacer llorar á alguno, sacarle lágrimas. — *Verbum ex aliquo non posse. Cic.* No poder sacar á alguno una palabra.

**Elicĭtor,** ōris. *ori. dep. Dig.* Pujar el precio de la tasa.

**Elicĭtus,** a, um. *part. de* Elicio. *Vel.* Sacado fuera.

**Elicius,** ii. *m. Liv.* Sobrenombre de Júpiter, Elicio.

**Elido,** is, si, sum, dĕre. *a. Ces.* Romper, quebrar, estrellar, abrir quebrando y apretando. *Elidere caput saxo. Liv.* Romper la cabeza con una piedra. — *Ignem ex silice. Plaut.* Sacar fuego de un pedernal. — *Nervos virtutis. Cic.* Debilitar, disminuir la fuerza á la virtud. — *Morbum. Hor.* Curar una enfermedad. — *Sonum. Cels.* Hacer ruido con el choque ó tropiezo de dos cuerpos. — *Colores. Plin.* Hacer, echar, despedir diferentes colores por repercusion.

**Eliensis,** m. f. se. n. is. Lo perteneciente á Elide.

**Eligius,** ii. *m.* Eloi, *nombre de hombre.*

**Eligo,** is, lĕgi, lectum, lĭgĕre. *a. Cic.* Elegir, escoger, hacer eleccion. *Eligere herbas. Col.* Cortar, arrancar yerbas escogiéndolas. — *Ex malis minima. Cic.* Elegir del mal el menos.

**Elimătio,** ōnis. *f. Cel Aur.* Limpiadura.

**Elimātor,** ōris. *m. Tert.* El que purga.

**Elimātus,** a, um. *part. de* Elimo. *Plin.* Limado, pulido, limpio. *Ad tenue elimatae rationes. Cic.* Razones muy sutiles y adelgazadas.

**Eliminātus,** a, um. *Sid.* Desterrado. *part. de*

† **Elimino,** as, āvi, ātum, āre. *a. Pacuv.* Echar fuera del umbral, de la patria, desterrar. *Eliminare dicta foras. Hor.* Divulgar, publicar una cosa.

**Elimo,** as, āvi, ātum, āre. *a. Ov.* Limar, pulir. ∥ *Cic.* Concluir, perfeccionar.

**Elingo,** is, nxi, nctum, gĕre. *a. Plin.* Lamer.

**Elinguandus,** a, um. *Plaut.* Aquel á quien es necesario sacar la lengua.

† **Elinguātus,** a, um. *Front.* El que ha perdido la lengua.

**Elinguis.** *m. f. gue. n. is. Cic.* Sin lengua, mudo. *Elinguem reddere. Cic.* Hacerle á uno callar, enmudecer.

**Elinguo,** as, āvi, ātum, āre. *a. Plaut.* Sacar, arrancar, cortar la lengua.

**Elino,** is, lēvi, itum, lĭnĕre. *a. Lucil.* Raspar, borrar, raer. ∥ Manchar.

**Eliquāmen,** ĭnis. *n. Cel.* Jugo, caldo que sale de las carnes ó peces.

**Eliquātio,** ōnis. *f. Ov. Aur.* La coladura, el acto de colar. ∥ Disolucion, liquidacion.

**Eliquātus,** a, um. *part. de* Eliquo. *Sen.* Colado.

**Eliquesco,** is, scĕre. *n. Col.* Liquidarse, desleirse, resolverse en licor, hacerse líquido.

**Eliquium,** ii. *n. Solin.* La coladura ó colada.

**Eliquo,** as, āvi, ātum, āre. *a. Col.* Clarificar, aclarar, limpiar, colar. ∥ *Pers.* Adelgazar, suavizar la voz.

**Elis,** ĭdis. *f. Nep.* Elide, hoy Belvedere, *pais del Peloponeso y ciudad célebre por los juegos de Júpiter olímpico.*

**Elisio,** ōnis. *f. Sen. Hae lachrymae per elisionem cadunt. Sen.* Estas lágrimas caen por compresion y espresion. Entre los gramáticos lo mismo que *síncope.*

**Elissa,** ae, ó Elisia, ae. *f. Virg.* La reina Dido.

**Elissaeus,** a, um, ó Eliseus. *Sil.* Perteneciente á Dido ó Elisa. ∥ Cartaginés.

Eliseus, ó Elissus, i. m. Eliseo, *nombre de un santo profeta.*

Elisus, a, um. *part. de* Elido. *Curc.* Quebrantado, abierto apretando. ‖ *Quint.* Esprimido.

Elius, a, um. *Cic.* De la Elide ó Belvedere.

Elix. V. Elices.

Elixatim. *adv. m. Apic.* Cociendo.

Elixatura, ae. f. *Apic.* El cocido, cosa cocida.

Elixatus, a, um. *Apic.* Cocido. *part. de*

Elixo, as, avi, atum, are. a. *Apic.* Cocer en agua.

Elixus, a, um. *Cels.* Cocido en agua.

Ellam. *en lugar de* En illam, *y* Ecce illam.

Ellanodicae, arum. m. plur. Los diez jueces de los juegos olímpicos.

Elleborum, i. V. Helleborum.

Ellipsis, is. f. *Quint.* Elipsis ó Eclipsis, *figura con que se omite en la oracion alguna cosa necesaria para el sentido cabal y perfecto.*

Ellops, opis. m. V. Helops.

Ellotia, orum. n. plur. Fiestas de la isla de Creta en honra de Europa.

Ellychnium, ii. n. *Plin.* La mecha, torcida de algodon, hilo ó trapo, *que se pone en las lámparas, velones ó candiles.*

Elocatus, a, um. *Cic.* Alquilado. *part. de*

Eloco, as, avi, atum, are. a. *Cic.* Alquilar, dar ó tomar en alquiler ó arrendamiento. *Elocare sese curandum. Plin.* Ajustarse para curarse.

Elocutilis, ó Eloquutilis. m. f. le. n. is. *Apul.* Lo que pertenece al habla.

Elocutio, onis. f. *Cic.* Elocucion, *parte de la retórica que enseña á esplicar con propiedad y ornato las cosas inventadas y dispuestas por el orador.* ‖ *Ulp.* Estilo, espresion, diccion.

Elocutorius, a, um. *Quint.* Lo perteneciente á la elocucion.

Elocutrix, icis. f. *Quint.* La que habla ó hace hablar.

Elocutus, a, um. *Ces. part. de* Eloquor.

Elogium, ii. n. *Cic.* Elogio. ‖ Título, inscripcion breve en alabanza ó vituperio de alguno. ‖ *Decl. de Quint.* Motivo, razon, asunto. ‖ *Ulp.* Testamento, última voluntad.

†Elongo, as, avi, atum, are. a. *Plin.* Alargar, prolongar, diferir.

Elops, opis. m. *Ov.* Nombre de un centauro.

Eloquens, tis. com. *Cic.* Elocuente, orador. ‖ Afluente, copioso en el hablar.

Eloquenter. *adv. m.* tius, tissime. *Plin.* Elocuente, elocuentísimamente, con propiedad y hermosura en las palabras y magestad en los pensamientos.

Eloquentia, ae. f. *Cic.* Elocuencia, la facultad de hablar con palabras propias y escogidas y con pensamientos elevados y graves. ‖ La oratoria que consta de cinco partes, *invencion, disposicion, elocucion, memoria y pronunciacion.*

Eloquium, ii. n. *Vel. Pat.* Elocuencia, facultad de hablar con propiedad y elegancia. ‖ *Dism.* Plática, habla, diccion. ‖ *Mamert.* Coloquio, conferencia.

Eloquor, eris, cutus, ó quutus sum, qui. *dep. Cic.* Esplicar, manifestar, decir, esponer con palabras los pensamientos del ánimo, hablar. ‖ Hablar elocuentemente. ‖ *Mamert.* Tener una plática, coloquio ó conferencia.

Elorius, a, um. *Ov.* Lo que pertenece al rio Eloro ó Acelaro de Sicilia.

Elorona, ae. f. Oleron, *ciudad de Bearne.*

Elorum, i. n. *Plin.* Acelaro, rio de Sicilia.

Elotae, arum. m. plur. y

Elotia, orum. n. plur. Elotas, *siervos públicos entre los lacedemonios.*

Elotus, a, um. *Cels. part. de* Elavo. Lavado.

Elpenor, oris. m. *Juv.* Elpenor, *uno de los compañeros de Ulises, trasformado por Circe en puerco, que, recobrada despues su primitiva forma, pereció miserablemente.*

Elucens, tis. com. Lo que reluce, resplandece.

Eluceo, es, luxi, cere. n. *Cic.* Relucir, brillar, resplandecer, lucir mucho. ‖ Aparecer, mostrarse, dejarse ver con resplandor ó esplendor. *Elucere in foro. Cic.* Distinguirse en el foro. *Maxime ejus eloquentia eluxit Spartae. Nep.* Lució principalmente su elocuencia en Esparta.

Elucesco, is, ere. n. *Lact.* Comenzar á lucir, á brillar con resplandor.

Elucidatio, onis. f. *Tac.* Declaracion, esposicion, esplicacion.

†Elucido, as, are. a. Declarar, esplicar, esponer.

Elucifico, as, avi, atum, are. a. *Laber.* Deslumbrar, quitar la vista, cegar á alguno.

Eluctabilis. m. f. le. n. is. *Sen.* Lo que se ha de vencer luchando con mucho trabajo. *Eluctabilis nec navigio lacus. Sen.* Lago que no se puede pasar á pie ni en barca.

Eluctans, tis. com. *Tac.* El que hace todo su esfuerzo para vencer ó salir de alguna dificultad.

Eluctatio, onis. f. *Lact.* Lucha, esfuerzo, empeño, el acto de forcejar por vencer ó salir de algun trabajo.

Eluctor, aris, atus sum, ari. *dep. Tac.* Salir con trabajo, con esfuerzo, vencer con dificultad. *Locorum difficultates eluctari. Tac.* Vencer los estorbos, dificultades de los lugares.

Elucubratus, a, um. *Cic.* Trabajado con mucha diligencia, velando y con luz. *part. de*

Elucubro, as, avi, atum, are. a. *Col.* y

Elucubror, aris, atus sum, ari. *dep. Cic.* Trabajar, componer velando de noche, á la luz.

Elucus, i. m. *Tert.* Necio, tonto, tardo. ‖ *Fest.* Alucinado, aturdido por haber bebido demasiado.

Eludo, is, lusi, sum, dere. a. *Cic.* Acabar de jugar, concluir el juego. ‖ Eludir, esquivar, huir la dificultad. ‖ Engañar, burlar, befar, mofar. ‖ *Marc.* Hurtar, huir el cuerpo. *Eludere aliquem, et omni ratione jactare. Cic.* Dar en que entender, ó mucho que hacer al que pretende eludir la dificultad ó las razones.

Elugeo, es, luxi, gere. n. *Cic.* Dejar el llanto, quitarse el luto. ‖ *Ulp.* Llorar la pérdida de uno todo el tiempo prefinido por las leyes ó la costumbre. *Patriam eluxi jam, et gravius, et diutius quam mater unicum filium. Cic.* Ya he llorado á mi patria mas larga y mas amargamente que una madre á su hijo único.

Elui, orum. m. plur. Pueblos de Aquitania.

Eluina Ceres. f. *Juv.* Elvina Ceres ó roja Ceres, *asi llamada de Elvino, lugar ó fuente cerca de Aquino, ó de Eluendo por la costumbre de lavarse los que hacian sus sacrificios.*

Elumbis. m. f. be. n. is. *Fest.* y Elumbus, a, um. *Estac.* Deslomado, descaderado, el que está maltratado de los lomos. ‖ *Cic.* Desarreglado y de poca fuerza en el decir.

Eluo, is, lui, lutum, ere. a. *Plaut.* Lavar, limpiar lavando. ‖ Quitar, borrar, limpiar. *Eluere crimen. Ov.* Purgar un delito. — *Ex aqua. Cels.* Lavar en ó con agua. — *Maculas. Cic.* Quitar las manchas. — *Curas. Hor.* Desvanecer los cuidados.

Elusa, ae. f. Ciudad de Palestina. ‖ Eause, ciudad del condado de Armañac.

Elusates, um. m. plur. *Ces.* Los naturales y habitantes de Eause.

Eluscatus, a, um. *Ulp.* Tuerto. *part. de*

Elusco, as, avi, atum, are. a. *Ulp.* Entortar, poner á uno tuerto, sacarle un ojo ó cegársele.

Elusi. *pret. de* Eludo.

Elusio, onis. f. *Catul.* Engaño, fraude, falacia.

Elusus, a, um. *Prop.* Engañado, iluso, burlado. *part. de* Eludo.

Elutia, orum. n. plur. *Plin.* Cuerpo metálico, despojado de la tierra que le rodea con agua que se hace pasar por encima.

Elutio, onis. f. *Cel. Aur.* La accion de lavar.

Elutrio, as, avi, atum, are. a. *Plin.* Echar de una vasija en otra, trasegar.

Elutus, a, um. *part. de* Eluo. *Col.* Lavado, limpio. ‖ Débil, flaco, de pocas fuerzas. *Irriguo nihil est elutius horto. Hor.* No hay cosa mas débil que un huerto de regadío. *Porque con el agua pierde la tierra su fuerza y sustancia.*

Eluvies, ei. f. *Plin.* El curso de las inmundicias y el conducto por donde pasan. ‖ *Tac.* Efusion del agua, inundacion. ‖ *Ov.* Torrente que lleva tras de sí la tierra, plantas y piedras. ‖ *Curc.* Alcantarilla ó sumidero subterráneo, donde se recogen las aguas llovedizas é inmundas.

Elŭvio, ōnis. f. Cic. Torrente, inundacion de aguas.

Eluxātus, a, um. Plin. Apartado, separado del lugar donde estaba.

Eluxurior. V. Luxurior.

Elymaei, ōrum. m. plur. Tac. Pueblos del Asia junto á Susiana y Persia.

Elysii campi. m. plur. Luc. y

Elysium, ii. n. Virg. Los campos elíseos. Segun los poetas era un lugar en medio de los infiernos de gran resplandor y frondosidad, donde habitaban las almas de los justos despues de la muerte. Segun los filósofos gentiles son las islas Fortunadas, y segun los teólogos gentiles un parage cerca del círculo lunar destinado para los justos, donde el aire es mas puro y la luz mas clara.

Elysius, a, um. Virg. Perteneciente á los campos elíseos. ‖ Tac. Perteneciente á unos pueblos de Alemania, que se cree ser hoy la Cracovia.

## EM

Em, im. Fest. en lugar de Eum.

Emācĕo, ēs, cui, ēre. n. Cels. Enmagrecer, ponerse flaco, enjuto, magro.

Emācĕrātus, a, um. Sen. Macerado, consumido.

Emāciātus, a, um. Col. Enmagrecido, magro. part. de

Emācio, ās, āvi, ātum, āre. a. Col. Enflaquecer, poner magro, seco y flaco.

Emācĭtas, ātis. f. Col. Codicia, ansia, pasion de comprar.

Emacresco, is, ui, ĕre. n. Cels. y

Emacror, āris, āri. pas. Plin. Enmagrecer, perder la gordura natural, ponerse flaco, enjuto, magro.

Emācŭlātus, a, um. Gel. Limpio de manchas. part. de

Emācŭlo, ās, āvi, ātum, āre. a. Plin. Quitar las manchas, limpiar.

Emādeo, ēs, ui, ēre. n. Ov. V. Madeo.

Emānātio, ōnis. f. Bibl. Emanacion, fuente, orígen.

Emancĭpātio, ōnis. f. Dig. Emancipacion, liberacion del hijo de la patria potestad.

Emancĭpator, ōris. m. Prud. Emancipador, el que emancipa.

Emancĭpātus, a, um. Gel. Emancipado, sacado de la patria potestad. Senectus à nemini emancipata. Cic. Vejez que no es sujeta ni esclava de nadie. part. de

Emancĭpo, ās, āvi, ātum, āre. a. Cic. Emancipar, sacar, poner el padre al hijo fuera de su poder, dimitirle de su mano, ponerle en libertad. ‖ Sujetar, reducir al poder ó dominio de otro. Emancipare se alicui. Plaut. Entregarse, sujetarse al poder ó dominio de otro. — Agrum alicui. Suet. Vender un campo, una heredad, deshacerse de ella, cederla á otro. — Alicui filium in adoptionem. Cic. Entregar al hijo emancipado á la potestad del padre adoptivo.

Emanco, ās, āvi, ātum, āre. a. Sen. Mancar, lisiar, estropear y cortar las manos. ‖ Lisiar cualquiera otro miembro del cuerpo.

Emānĕo, ēs, ēre. n. Dig. Permanecer, quedarse, detenerse fuera del ejército ó del cuartel mas de lo justo. ‖ Estac. Quedarse fuera.

Emano, ās, āvi, ātum, āre. n. Cic. Manar, correr, salir, destilar. ‖ Emanar, proceder, provenir, traer su orígen de otra fuente, causa, principio. Emanare in vulgus. Cic. Hacerse público. Emanabat malum. Flor. Cundia, se estendia el mal.

Emansio, ōnis. f. Dig. Detencion de un soldado fuera de su cuerpo mayor de lo que se le ha permitido.

Emansor, ōris. m. Digest. El soldado que se detiene fuera de su cuerpo mas de lo que le permite su licencia.

Emarcesco, is, scĕre. n. Plin. Marchitarse, ajarse. ‖ Perderse, disminuirse, acabarse.

Emarcum, i. n. ó Emarcus, i. m. Col. Especie de cepa que da mediano vino.

Emargĭno, ās, āvi, ātum, āre. a. Plin. Descostrar, quitar la costra. Dícese de las llagas.

Emasclātor, ōris. m. Apul. Corrompedor, el que corrompe y afemina los ánimos, las costumbres.

Emascŭlo, ās, āre. a. Apul. Castrar, capar.

Emath. indecl. Hebr. Nombre de muchas ciudades.

Emāthia, ae. f. Plin. Ematia, provincia de Macedonia, Macedonia, Tesalia, Farsalia.

Emāthis, ĭd's. adj. f. Luc. De 6 perteneciente á Ematia.

Emāthius, a, um. Luc. Perteneciente á Ematia y á Macedonia, á Tesalia, á Farsalia.

Emātūresco, is, rui, scĕre. n. Plin. Madurar, madurarse, acabar de madurar, de sazonarse.

Emātūro, ās, āre. a. Eumen. Madurar, traer á la debida sazon.

Emax, ācis. m. f. Cic. Deseoso de comprar.

Embaenētĭca, ae. f. Cic. La marina ó marinería.

Embamma, ătis. n. Calp. Salsa. Dícese propiamente de la que lleva vinagre.

* Embasicoetas, ae. f. Juv. Vaso con un grabado obsceno. ‖ El hombre obsceno.

Embāter, ēris. m. Vitruv. El agugero de una ballesta.

Embātes, is. m. Vitruv. Módulo. Medida de que se usa en la arquitectura para arreglar las proporciones de sus cuerpos.

Emblēma, ătis. n. Cic. Adorno de taracea, embutido ó mosaico; y tambien la obra hecha por este estilo. ‖ Cic. Adorno de plata ú oro sobrepuesto y de encaje para vasos, que se podia quitar y poner. ‖ Quint. Adorno de la oracion. ‖ Emblema ó figura para representar un sentido moral.

Embŏla, ae. f. Cod. Teod. Carga de bastimentos de que se hace provision en los navíos.

Embŏlĭārĭus, a, um. Plin. Perteneciente al intermedio de un drama.

Embŏlĭmaeus, a, um. Macrob. Intercalar, dia que se añade al mes de febrero en el año bisiesto.

Embŏlĭmus, a, um. Solin. V. Embolimaeus.

Embŏlium, ii. n. Cic. Intermedio de la comedia. ‖ Argumento, prólogo, introduccion á ella.

Embŏlum, i. n. Petron. Rostro de la nave.

Embŏlus, i. m. Vitruv. Embolo, macho, clavija, cuña ó cosa semejante que ajusta en un agugero.

Emda, ae. f. Emdem, ciudad de Frisia.

Emeātus, a, um. Am. Medido, corrido, pasado.

† Emĕdĭtātus, a, um. Apul. Muy meditado.

Emĕdullātus, a, um. Plin. part. de

Emĕdullo, ās, āvi, ātum, āre. a. Plin. Quitar la medula ó meollo.

Emendābilis. m. f. lĕ. n. is. Liv. Lo que se puede enmendar, corregir.

Emendate. adv. Cic. Enmendada, correcta, exactamente, con pureza, con diligencia, estudio.

Emendatio, ōnis. f. Cic. Enmendacion, correccion.

Emendator, ōris. m. Cic. Enmendador (p. us), el que corrige y enmienda.

Emendatōrĭus, a, um. S. Ag. Lo que tiene virtud de enmendar, de corregir.

Emendatrix, icis. f. Cic. La que corrige y enmienda.

Emendātus, a, um. Cic. Enmendado, correcto.

Emendĭcātus, a, um. Suet. Alcanzado mendigando.

Emendĭco, ās. a. Suet. Mendigar.

Emendo, ās, āvi, ātum, āre. a. Cic. Enmendar, corregir. Emendare dolores capitis. Plin. Sanar, curar, quitar los dolores de cabeza, corregirlos.

Emensus, a, um. part. de Emetior. Virg. El que ha medido. ‖ Curc. Que ha corrido. ‖ Liv. Que se ha medido, pasado, andado, corrido.

Ementior, īris, tītus sum, tīri. dep. Cic. Mentir. ‖ Fingir. Ementiri auctoritatem senatus. Cic. Valerse falsamente de la autoridad del senado. — In aliquem. Cic. Calumniar á alguno, mentir contra él.

Ementīte. adv. Marc. Con fingimiento, con mentira.

Ementītus, a, um. part. de Ementior. Cic. Ementita auspicia. Presagios falsos.

Emercor, āris, ātus sum, āri. dep. Tac. Comprar.

Emĕreo, ēs, rui, rĭtum, ēre. a. Cic. y

Emĕreor, ēris, rĭtus sum, ēri. dep. Cic. Merecer. ‖ Cumplir el tiempo de sus servicios. Emereri pecuniam ex aliqua re. Gel. Ganar, sacar dinero de alguna cosa.

**Emergo**, is, si, sum, gĕre. n. *Cic.* Salir fuera del agua, de debajo de ella. ‖ Salir, romper, brotar. ‖ Nacer. ‖ Salir subiendo. *Emergere ex mendicitate. Cic.* Salir de pobreza. — *Ex aliquo negotio. Cic.* Salir, desembarazarse de algun negocio. — *Ad summas opes. Luc.* Levantarse á un gran poder, á una gran fortuna.

**Emērĭta Augusta**, ae. f. *Plin.* Mérida, *ciudad de España en Estremadura.*

**Emērĭtensis**. m. f. sĕ. n. is. *Plin.* Perteneciente á la ciudad de Mérida y el natural de ella.

**Emērĭtum**, i. n. *Modest.* Premio que se daba á los soldados cumplido el tiempo de su milicia.

**Emērĭtus**, a, um. *part. de* Emereor. *Liv.* El soldado que ha cumplido su tiempo en la milicia, y alcanzado licencia y exencion de ella. *Este retiro se daba á los veinte años de servicio. Annuum tempus, prope emeritum habere, Cic.* Tener casi concluido el año de su empleo. *Emeritum stipendium. Cic.* Servicio concluido. *Emerita arma. Ov.* Armas vencedoras.

**Emersus**, us. m. *Plin.* Salida, la accion de salir arriba lo que está sumergido.

**Emersus**, a, um. *part. de* Emergo. *Liv.* El que ha salido arriba.

**Emētĭor**, iris, mensus sum, iri. *dep. Virg.* Medir. ‖ *Liv.* Correr, pasar, andar. ‖ Concluir el camino. *Voluntate tibi ementiar. Cic.* Me conformaré, cederé á tu voluntad ó gusto.

**Emēto**, is, messui, messum, těre. a. *Hor.* Segar.

**Emi**. *pret. de* Emo.

**Emĭcans**, tis. *com. Liv.* Que sale, que aparece de repente, con ímpetu y celeridad.

**Emĭcatim**. *adv. Sid.* Con resplandor.

**Emĭcatio**, ōnis. f. *Apul.* El acto de salir, aparecer de repente.

**Emĭco**, as, cui, āre. n. *Plaut.* Brillar, resplandecer, relucir. ‖ Salir, aparecer, mostrarse, dejarse ver, presentarse de un golpe, de repente. ‖ Sobresalir. *Emicare in littus. Virg.* Saltar á ó en la ribera. *Cor emicat. Plaut.* El corazon palpita, salta.

**Emigratio**, ōnis. f. *Ulp.* Emigracion, partida de un lugar á otro.

**Emigro**, as, avi, ātum, āre. n. *Cic.* Trasmigrar, pasarse á vivir de una parte á otra. *Emigrare è vita. Cic.* Morir.

† **Emĭnātio**, ōnis. f. *Plaut.* Amenaza.

**Emĭnens**, tis. com. tior, tissĭmus. *Cic.* Eminente, alto, elevado ‖ Escelente, grande, heroico, magnífico.

**Emĭnenter**. adv. *Sid.* Eminente, altamente.

**Emĭnentia**, ae. f. *Cic.* Eminencia, altùra, elevacion. ‖ *Cic.* Escelencia.

**Emĭneo**, ēs, nui, ēre. n. *Cic.* Ser eminente, alto, elevado. ‖ Aparecer, salir fuera, mostrarse, dejarse ver. ‖ Esceder, aventajarse. *Eminebat ex ore crudelitas. Cic.* Estaba pintada en su rostro la crueldad.

**Emĭnor**, āris, āri. dep. *Plaut.* V. Minor.

**Emĭnŭlus**, a, um. *Varr.* Un poco elevado.

**Emĭnus**. adv. *Cic.* De lejos, desde lejos. *Eminus et cominus. Cic.* De lejos y de cerca.

**Emĭror**, āris, ātus sum, āri. dep. *Hor.* Maravillarse mucho.

**Emisceo**, ēs, cui, ēre. a. *Manil.* Mezclar. V. Misceo.

**Emissārĭum**, ii. n. *Cic.* Emisario, agujero, boca ó portillo por donde sale alguna cosa, especialmente el agua. ‖ Conducto, canal.

**Emissārĭus**, ii. m. *Cic.* Espía, emisario (*ant.*), el que se envia para esplorar ó registrar secretamente alguna cosa.

**Emissĭo**, ōnis. f. *Cic.* El acto de lanzar, despedir y arrojar armas y piedras.

**Emissĭtius**, ó Emissicius, a, um. *Cic.* Sacado hácia afuera. *Emissitii oculi. Plaut.* Ojos preñados, saltados, que parece se salen del casco.

**Emissus**, a, um. *Hor.* Enviado fuera. *part. de*

**Emitto**, is, missi, issum, těre. a. *Cic.* Enviar, mandar ir fuera. ‖ Hacer salir, dejar ir ó escapar, soltar, poner en libertad. ‖ Arrojar, disparar, lanzar. ‖ Publicar, dar al público. *Emittere equites in hostem. Ces.* Dar órden á la caballería de atacar al enemigo. — *Lacrymas. Ov.* Llorar. — *Manu aliquem ó emittere. Ter.* Manumitir, dar libertad.

**Emmănŭel**, is. m. *Bibl.* Nombre con que fue anunciado el Mesías, y significa en hebreo Dios está con nosotros.

**Emo**, is, ēmi, emtum, ó emptum, e̊re. a. *Cic.* Comprar. *Emere aliquid de aliquo. Cic.* Comprar algo de ó á alguno. — *Alicui. Ter.* Para alguno. — *Judicem donis. Liv.* Corromper á un juez con regalos. — *Beneficiis aliquem sibi. Plaut.* Ganar á alguno con beneficios. — *Precibus. Sen.* Alcanzar por ruegos. — *Bene. Cic.* Comprar á buen precio, barato, lograr ganga. — *Male.* — *Magno ó care Cic.* Comprar caro. — *Pondere. Plin.* Comprar al peso. — *Argento inimicum. Plaut.* Grangear un enemigo por prestar su dinero. — *Pretio alterius. Ter.* Comprar segun el precio ó la palabra de otro, al precio comun, á como va ó se vende.

**Emŏdĕrandus**, a, um. *Ov.* Lo que se puede moderar, aplacar, sosegar.

**Emŏdĕror**, āris, ātus sum, āri. dep. *Ov.* V. Moderor.

**Emŏdŭlor**, āris, āri. dep. *Ov.* V. Modulor.

**Emodus**, i. m. Monte encumbrado que separa la India de la Tartaria.

**Emŏlĭmentum**, i. n. *Cod. Teod.* Fábrica, obra de arquitectura.

**Emŏlĭor**, iris, ītus sum, īri. dep. *Plaut.* Llevar al fin ó al cabo. ‖ *Cels.* Arrojar, espeler, echar fuera. ‖ *Sen.* Conmover, agitar.

**Emolitus**, a, um. *Veg.* Molido.

**Emollĭdus**, a, um. *Liv.* Tierno, blando, delicado.

**Emollio**, is, ivi, ītum, īre. a. *Liv.* Ablandar, hacer delicado, fácil y flexible. ‖ Afeminar, ablandar, enervar, enflaquecer, debilitar. *Emollire alvum. Plin.* Ablandar el vientre. — *Mores. Ov.* Suavizar, civilizar las costumbres.

**Emollitus**, a, um. *Liv.* Ablandado. *part. de* Emollio.

**Emŏlo**, is, ui, ītum, ĕre. a. *Pers.* Moler.

**Emŏlŭmentum**, i. n. *Cic.* Emolumento, utilidad, ganancia, provecho, lucro, fruto. *Pertinere ad belli emolumentum. Just.* Importar al buen éxito, al feliz suceso de la guerra.

**Emŏneo**, ēs, ui, ĭtum, ēre. a. *Plaut.* V. Moneo.

**Emŏrĭor**, rĕris, mortuus sum, mŏri. dep. *Cic.* Morir. *Emoritur vis. Cels.* Se pierde la fuerza.

**Emortuălis dies.** *Plaut.* El dia de la muerte.

**Emortuus**, a, um. *Plaut.* Muerto. ‖ Inútil, vano.

**Emōtus**, a, um. *Virg.* Movido, removido. *part. de*

**Emŏveo**, ēs, mōvi, mōtum, vēre. a. *Liv.* Apartar, remover, hacer retirar, alejar. ‖ Mover de una parte á otra. *Emovere flammam spiritu. Val. Max.* Levantar llama, encender fuego á soplos.

**Empana**, ae. f. *Fest.* Diosa de los gentiles, asi llamada de unos por presidir á los pagos abiertos, no cerrados á modo de ciudades, y de otros à pane dando, *por dar pan, entendiendo á Ceres.*

**Empĕdŏcles**, is. m. *Cic.* Empédocles, *filósofo y poeta que escribió de historia natural.*

**Empĕdŏcleus**, a, um. *Cic.* Perteneciente á Empédocles.

* **Empĕtros**, i. f. *Plin.* Empetro, *planta semejante á la saxifragia.*

**Emphăsis**, is. f. *Quint.* Enfasis, figura retórica: *es de dos maneras, una cuando se significa mas de lo que se dice, otra cuando se da á entender lo que no se dice.*

**Emphractus**, a, um. *Dig.* Cubierto por todas partes.

**Emphragma**, ătis. n. *Veg.* Obstruccion, enfermedad de las caballerías en los intestinos.

**Emphyteuma**, ătis. n. *Cod.* El plantío ó mejoría de los bienes enfiteúticos.

**Emphyteusis**, is. f. *Dig.* Plantío. ‖ Enfiteusis, *contrato civil con que se dá á alguno el dominio útil de una heredad hasta cierto tiempo ó para siempre, con condicion de pagar cierta pension al dueño en quien queda el dominio directo.*

**Emphyteuta**, ae. m. *Cod.* Enfiteota ó enfiteuta, *el que está obligado á pagar la carga de la enfiteusis.*

**Emphyteuticārĭus**, ii. m. V. Emphyteuta.

## EMU

Emphyteuticārius, a, um. y
Emphyteutīcus, a, um. *Cod.* Enfitéutico, perteneciente á la enfiteusis.

Empīrica, ae. y Empīrice, es. *f. Plin.* Parte de la medicina, que solo cura por la esperiencia.

Empīrica, ōrum. *n. plur. Plin.* Los dogmas y principios de los empíricos.

Empīricus, i. *m. Cic.* Empírico, *el médico que cura por sola la esperiencia.*

Emplastrātio, ōnis. *f. Col.* Uncion por medio de un emplasto. ‖ El engerimiento de los árboles.

Emplastrātus, a, um. *Palad.* Engerto. *part. de*

Emplastro, as, āvi, ātum, āre. *a. Col.* Engerir los árboles.

Emplastrum, i. *n. Cels.* Emplasto, medicamento compuesto de varias cosas mezcladas, que se ponen sobre la parte lastimada. ‖ *Col.* El engerimiento de los árboles.

*Emplecton, i. *n. Plin.* Fábrica de muralla pulida por el frente, y grosera en lo interior.

Empŏrētica charta, ae. *f. Plin.* Papel inútil para escribir, en que los mercaderes envuelven algunos géneros.

Empŏriae, arum. *f. plur. Silo.* Ampurias, *ciudad antigua de Cataluña.*

Empŏritānus, a, um. *Liv.* Perteneciente ó natural de Ampurias, *antigua ciudad marítima de la España tarraconense.*

Empŏrium, ii. *n. Cic.* Mercado, plaza ó lonja pública donde se vende todo género de cosas.

*Empŏros, i. *m. Plaut.* El mercader.

Emptio, Emtio, ōnis. *f. Cic.* La compra.

Emptiōnalis. *m. f. lĕ. n. is. Cic.* El que frecuenta las ventas ó almonedas.

Emptĭtātus, a, um. *freq. de* Emptus. *Col.* Comprado.

Emptītius, y Emptīcius, a, um. *Petron.* Venal, que se compra ó se vende.

Emptito, y Emtito, as, āvi, ātum, āre. *a. freq. de* Emo. *Tac.* Comprar frecuentemente.

Emptīvus, a, um. *Fest. V.* Emptitius.

Emptor, y Emtor, ōris. *m. Cic.* Comprador. *Emptor pretiosus. Hor.* El que compra á caro precio.

Emptrix, y Emtrix, īcis. *f. Modest.* La que compra.

Emptūriens, tis. *com. Varr.* Codicioso de comprar.

Emptus, a, um. *part. de* Emo. *Cic.* Comprado. ‖ Comprado, corrompido, sobornado. ‖ Adquirido, grangeado, acarreado. *Pax empta donis. Luc.* Paz adquirida con dinero, comprada.

Emūcĭdus, a, um. *V.* Mucidus.

Emūgio, is, īvi, ó ii, ītum, īre. *a. Quint.* Bramar ó imitar el bramido de los bueyes.

Emulctrāle, is. *n. Cat.* Tarro, vasija grande de barro para ordeñar las ovejas.

Emulgeo, ēs, si, sum; gēre. *a. Col.* Ordeñar.

Emulsus, a, um. *part. de* Emulgeo. *Catul.* Ordeñado. *Emulta palus. Catul.* Laguna desecada.

Emunctio, ōnis. *f. Quint.* La accion de sonarse.

Emunctus, a, um. *part. de* Emungo. *Plaut.* Limpio, habiéndose sonado ó limpiado las narices. *Emunctae naris homo. Hor.* Hombre agudo, perspicaz, de buenas narices. *Emunctus auro. Plaut.* Aquel á quien le han limpiado ó quitado el dinero. — *In dicendo. Quint.* Limpio, culto, pulido en su modo de hablar.

Emundātio, ōnis. *f. Tert.* Limpia, la accion de limpiar.

Emundātus, a, um. *Col.* Limpiado. *part. de*

Emundo, as, āvi, ātum, āre. *a. Col.* Limpiar.

Emungo, is, nxi, nctum, gēre. *a. Plaut.* Sonarse; limpiarse las narices. *Emungere argento aliquem. Ter.* Limpiar á uno, quitarle el dinero, hurtárselo.

Emūnio, is, īvi, y ii, ītum, īre. *a. Col.* Fortalecer, fortificar. *Emunire silvas. Tac.* Limpiar, rozar, cortar las matas de los montes para dejar camino ó tierra de labor. — *Paludes. Tac.* Secar las lagunas haciéndolas transitables. — *Foros. Estac.* Hacer la cama para acostarse.

Emūnītus, a, um. *Liv. part. de* Emunio. Fortalecido, fortificado.

Emusco, as, āvi, ātum, āre. *a. Col.* Quitar el musco ó musgo de los árboles.

## ENC

Emussĭtātus, a, um. *Plaut.* Perfecto, bien trabajado.
Emūtātus, a, um. *Quint.* Mudado.
Emūtio, is, īvi, ītum, īre. *n. Plaut.* Callar, enmudecer y hablar entre dientes.
Emūto, as, āvi, ātum, āre. *a. Quint.* Mudar, trocar.
Emȳdes, um. *f. plur. Plin.* Especie de tortugas que viven en agua dulce.

## EN

En. *adv.* Que se junta con nominativo y acusativo. *En crimen, en causa. Cic.* Ve aqui el delito, ve aqui la causa. *En quatuor aras. Virg.* Ve aqui cuatro altares. *Sirve á veces para estimular y escitar. En age, segnes rumpe moras. Virg.* Ea, vamos, sacude la pereza. *Para advertir y avisar. En quid ago? Virg.* ¿Pero qué es lo que hago? *Para burlarse con ironía. En cui tu liberos committas. Cic.* Mira, ve aqui á quien entregas tus hijos. *Para esplicar la admiracion. En ibi tu quidquam nasci putas posse? Varr.* ¡Cómo! ¿tú piensas que ahí puede nacer alguna cosa?

*Enallăge, es. *f.* Enalage, *figura gramatical en que se pone una parte de la oracion por otra, y unos accidentes por otros.*

Enarrābĭlis. *m. f. lĕ. n. is. Quint.* Lo que se puede decir, contar, referir.

Enarrāte. *adv. Gel.* Con esplicacion. *Enarratius. Gel.* Mas claramente, con mayor esplicacion.

Enarrātio, ōnis. *f. Quint.* Esplicacion, interpretacion, esposicion. *Poetarum enarratio. Quint.* La esplicacion de los poetas.

Enarrātor, ōris. *m. Gel.* Intérprete, espositor.

Enarro, as, āvi, ātum, āre. *a. Cic.* Contar, decir, referir. ‖ *Quint.* Esplicar, interpretar, esponer las cosas dificiles.

Enascor, ĕris, nātus sum, nasci. *dep. Tac.* Nacer, salir alguna cosa.

Enāto, as, āvi, ātum, āre. *a. Hor.* Salir á nado. ‖ *Cic.* Salir, desembarazarse con dificultad de alguna cosa.

Enātus, a, um. *part. de* Enascor. *Suet.* Nacido, crecido.

Enāvātus, a, um. *Tac.* Hecho con diligencia, con mucho cuidado.

Enavĭgo, as, āvi, ātum, āre. *a. Plin.* Pasar navegando. ‖ *Cic.* Salir de un peligro, de un lugar trabajoso.

Enāvo, as, āre. *a. Ter.* Trabajar con mucho cuidado, con gran conato.

Encaenia, ōrum. *n. plur. Bibl.* Fiesta anual por la dedicacion de alguna obra ó rito nuevo.

Encardia, ae. *f. Plin.* Piedra preciosa en que aparece la figura de un corazon, de donde tomó el nombre.

Encarpi, ōrum. *m. plur. Vitruv.* Festones ó tejidos de frutas, pintados ó esculpidos por adorno.

*Encaustes, ae. *m. Vitruv.* Esmaltador, el que pinta con esmalte.

Encaustĭca, ae. *f. Plin.* y

Encaustĭce, es. *f. Apul.* El arte del esmalte, labor de diversos colores sobre oro, plata, vidrio &c. Encausto.

Encaustĭcus, a, um. *Plin.* Perteneciente al esmalte.

Encaustum, i. *n. Plin.* Esmalte, ó el arte de esmaltar, encausto.

Encaustus, a, um. *Marc.* Esmaltado, matizado.

Encautārium, ii. *n. Cod. Teod.* Archivo, coleccion de los libros públicos, de los encabezamientos de las ciudades y provincias.

Encaūtum, i. *n. Cod. Teod.* Género de escritura hecha con fuego y un taladro de que usaban los gobernadores de las provincias para firmar. ‖ Estampilla.

Encelădus, i. *m.* Encelado, *gigante formidable, hijo de la Tierra y de Tártaro, á quien Júpiter, hiriéndole con un rayo, sepultó debajo del monte Etna.*

Enchiridion, ii. *n. Dig.* Manual, librito pequeño. ‖ *Inscr.* Lanceta de cirujano.

Enchȳtum, i. *n. Cat.* Especie de torta.

Enclima, ătis. *n. Vitruv.* Inclinacion, pendiente. ‖ Clima.

Enclītĭcus, a, um. *Diom.* Que inclina ó aparta de sí. *Dan este nombre los gramáticos á las conjunciones que,* ve, ne, porque cuando se posponen á las palabras, apartan de sí el acento á la sílaba anterior.

**Encolpiae**, arum. m. plur. Sen. Vientos que vienen del mar por los estrechos.

**Encombomata**, um. n. plur. Varr. Una especie de vestidura que con un nudo se ataba al cuerpo, y se cuenta entre los adornos cómicos de los siervos.

\*  **Encrinómenos**, i. m. El excelente, nombre de una estatua de bronce de Alcamenes, discípulo de Fidias, que representaba un atleta.

\*  **Encyclios**, ii. m. Vitruv. Círculo, orbe.

\*  **Endiádys**, is. f. Serv. Figura poética en que una cosa se espresa por dos nombres. Pateris libamus et auro. Virg. Hacemos libaciones en copas de oro.

**Endo.** Preposicion usada de los antiguos latinos en lugar de In y de Intus, como Endo manu. Lucr. In manu. Endo coeptus. Nev. Inceptus. Endogredi. Lucr. Ingredi. Endojacito. Lex XII tab. Injicito. Endo itiam. Fest. Inditium. Endopediri. Lucr. Impediri. Endoperator. Lucr. Imperator. Endoplorato. Fest. Implorato. Endotuetur. En. Intuetur. Endovolans. En. Involans &c.

**Endovellicus Deus**, Inscr. El dios Endobélico, propio de los celtíberos.

**Endromidatus**, a, um. Sid. Vestido con la vestidura llamada endromis.

**Endromis**, idis. f. Marc. Ropa gruesa de mucho pelo, de que usaban los antiguos en la carrera y en tiempo de lluvias. Juv. Las hubo tambien mas finas y delicadas de lana y de púrpura, llamadas tirias.

**Endymion**, onis. m. Cic. Endimion, el primero que halló el curso de la luna, de donde fingieron que esta le amó, y le tiene aun adormecido en el monte Latmio de Caria.

**Endymioneus**, a, um. Aus. Perteneciente á Endimion.

**Enecatrix**, icis. f. Tert. La que mata, sofoca.

**Enecatus**, a, um. Plin. Muerto, sofocado. part. de

**Eneco**, as, avi, y cui, atum, y nectum, are. a. Ter. Matar, dar muerte. Enecare aliquem verbis, dicendo. Ter. Sofocar á uno, aturdirle, romperle la cabeza, matarle con palabras. En los cómicos se lee Enico, as.

**Enectus**, a, um. part. de Eneco. Plin. Muerto. ‖ Macilento. ‖ Exausto.

**Enema**, atis. n. Prisc. El caldo de la ayuda.

**Enervatio**, onis. f. Arnob. Desfallecimiento, languidez, flojedad.

**Enervatus**, a, um. Cic. Enervado, debilitado. part. de Enervo.

**Enervis**, m. f. ve. n. is. Quint. Débil, flaco, sin vigor ni fuerza. ‖ Afeminado.

**Enervo**, as, avi, atum, are. a. Cic. Enervar, enflaquecer, debilitar, quitar las fuerzas, afeminar.

**Enervus**, a, um. Apul. V. Enervis.

**Engibata**, orum. n. plur. Vitruv. Ciertas figuras pequeñas huecas, que los antiguos metian en vasijas llenas de agua, y en ella hacian varios y estraños movimientos.

**Engonasi**, y Engonasin. m. indecl. Cic. El arrodillado. Licaon, Teseo, Hércules, constelacion compuesta de 18 estrellas.

**Engonaton**, i. n. Vitruv. Especie de relox solar portátil.

**Enhaemon**. Plin. Medicamento de oliva arábiga de mucha virtud para restañar la sangre y cerrar las heridas.

**Enharmonicus**, a, um. Marc. V. Harmonicus.

**Enhydris**, idis. f. Plin. Culebra de agua.

\*  **Enhydros**, i. f. Plin. Piedra preciosa redonda, que al moverla parece que se mueve algun licor dentro.

**Enim**. Conjuncion causal. Cic. Porque. Siempre se usa pospuesta y elegantemente con at enim, verum enim, certe enim, y enimvero. Ciertamente, con efecto, en realidad de verdad.

**Enimvero**, conj. Cic. Ciertamente, á la verdad. ‖ Mas, pero.

**Enipeus**, i. m. Lucr. Rio pequeño de Tesalia.

**Enisus**, a, um. part. de Enitor. Plin. Ab illis summa ope enisum est. Salust. Ellos hicieron todos sus esfuerzos.

**Eniteo**, es, tui, ere. n. Virg. y

**Enitesco**, is, tui, scere. n. Salust. Brillar, relucir, resplandecer. ‖ Distinguirse, señalarse. Enitet decus vir. Virg. La magestad resplandece en su semblante.

**Enitor**, eris, nisus, y nixus sum, niti. dep. Cic. Esforzarse, procurar, trabajar con todo esfuerzo y empeño, empeñarse, hacer todo lo posible. ‖ Subir con trabajo y esfuerzo. ‖ Parir. Tac. ‖ Salir, desembarazarse con trabajo y esfuerzo. Eniti objectum aggerem. Tac. Empeñarse en montar la trinchera. Corrigere mihi gnatum porro enitere. Ter. Procura con todo esfuerzo corregirme este hijo.

**Enixe**, ius, issime. adv. Cic. Con todo cuidado, con esfuerzo, con empeño.

**Enixim**. adv. Non. V. Enixe.

**Enixus**, us. m. Plin. El parto.

**Enixus**, a, um. p.art. de Enitor. Liv. Enixior opera. Plin. Mayor trabajo. Cerva enixa à partu. Plin. Cierva parida.

**Ennaeus**, a, um. Cic. Perteneciente á la ciudad de Ena en Sicilia.

**Enneagonus**, a, um. Hig. Eneágono, que tiene nueve ángulos.

\*  **Enneacronos**. adj. Plin. Lo que tiene nueve orígenes ó fuentes.

**Enneapharmacum emplastrum**, i. n. Cels. Emplasto compuesto de nueve cosas medicinales.

**Enneaphtongos**. Marc. Cap. Que tiene nueve sonidos.

\*  **Enneaphyllon**, ii. n. Plin. Yerba de naturaleza cáustica, que tiene nueve hojas largas, y es útil para los dolores de los lomos y de las ancas.

**Enneaticus**, a, um. Firm. Eneático, lo perteneciente al número nueve.

**Enneemimeris**, is. f. Seccion del verso heroico entre los gramáticos con cesura, despues del cuarto pie, que cae en la sílaba nona.

**Ennensis**. m. f. æ. n. is. Cic. Perteneciente ó natural de la ciudad de Ena en Sicilia.

**Ennianista**, æ. m. Gel. Imitador del poeta Enio.

**Enniatus**, a, um. Sen. Perteneciente al poeta Enio, Eniano.

**Ennius**, ii. (Q.) m. Cic. Quinto Enio, natural de Rudio en Calabria, cerca de Torento, hoy tierra de Otranto, escritor de comedias, de tragedias, de anales, y de la segunda guerra púnica; de cuyas obras solo quedan fragmentos de hombre de grande ingenio, aunque tosco en el estilo y en el arte. Ov. Quint. Nació por los años de 511 ó 13 de la fundacion de Roma.

\*  **Ennoea**. f. Cic. Nocion, idea innata.

**Ennosigaeus**, i. m. Juv. Neptuno, que bate la tierra.

**Eno**, as, avi, atum, are. a. Plaut. Salir, salvarse á nado. Tantumque fretis enavimus orbem. Val. Flac. Y hemos pasado navegando tanto mundo.

**Enodate**, ius, issime. adv. Cic. Claramente.

**Enodatio**, onis. f. Cic. Esplicacion, esposicion.

**Enodator**, oris. m. Tert. El que declara, esplica.

**Enodatus**, a, um. part. de Enodo. Cat. Limpio de nudos. ‖ Cic. Esplicado.

**Enodis**. m. f. de. is. Virg. Lo que no tiene nudos. ‖ Plin. Claro, fácil, sin dificultad.

**Enodo**, as, avi, atum, are. a. Col. Quitar los nudos. ‖ Esplicar, declarar, esponer, quitar las dificultades y oscuridades. ‖ Desnudar.

**Enorchis**, is, ó idis. f. Plin. Piedra preciosa, cuyos pedazos representan la figura de los testículos.

**Enormis**. m. f. me. n. is. Plin. Enorme, desmesurado, desproporcionado, desarreglado, fuera de toda proporcion, norma, regla.

**Enormitas**, atis. f. Quint. Enormidad, demasía, esceso, sin norma ni proporcion.

**Enormiter**. adv. Sen. Enorme, desmedidamente, fuera de toda regla, órden y norma.

**Enotesco**, is, tui, scere. n. Suet. Darse á conocer, saberse, divulgarse.

**Enotatus**, a, um. Apul. Notado, observado, advertido, esplicado.

**Enoto**, as, avi, atum, are. a. Plin. Notar, observar.

**Enovatus**, a, um. Petron. Innovado. part. de

**Enovo**, as, are. a. Cic. Innovar, renovar.

**Ens**, entis. n. ó part. de presente del verbo Sum. Ente

todo lo que realmente existe. *Algunos alegan la autoridad de César falsamente.*

Ensicŭlus, i. *m. Plaut.* La espadilla. *dim. de* Ensis.

Ensĭfer, a, um. *Ov.* y

Ensĭger, a, um. *Ov.* El que lleva espada.

Ensĭpŏtens, tis. *com. Corrip.* Poderoso por su espada.

Ensis, is. *m. Cic.* La espada.

Entelechīa, ae. ó Endelechīa, ae. *f. Cic.* El ánimo, *mocion continuada y perene, que puso Aristóteles por quinto principio, ademas de los cuatro de que dijo nacian todas las cosas.*

Entellīnus, a, um. *Cic.* Perteneciente á Entela, *ciudad de Sicilia, cuyos habitantes se dicen* Entelini, ōrum.

*Enterŏcēla, ae. *f. Marc.* La hernia, tumor en el escroto: *las hay de muchos modos, segun el humor que las causa.*

Enterŏcēlĭcus, a, um. *Plin.* El que padece hernia. ǁ Potroso.

Entheātus, a, um. *Marc.* Inspirado, lleno del espíritu de Dios, divino.

Enthēca, ae. *f. S. Ag.* Gabeta, escritorio, armario ó papelera para guardar el dinero.

Entheus, a, um. *Sen.* Inspirado del numen celeste.

Enthymēma, ătis. *n. Cic.* Entimema, *silogismo imperfecto, al que falta la proposicion mayor ó la menor.*

Enthymēsis, is. *f. Tert.* Animacion, el acto de animar ó infundir el alma en el cuerpo.

Enūbĭlātus, a, um. *Paul.* Sin nubes, claro, sereno.

Enūbĭlo, ās, āvi, ātum, āre. *a. Tert.* Disipar, desvanecer las nubes.

Enūbo, is, nupsi, nuptum, bĕre. *n. Liv.* Casarse fuera de su clase, de su condicion y estado, malcasarse.

Enucleāte. *adv. Cic.* Clara, distintamente.

Enucleātus, a, um. *Marc. Emp.* Limpio de la medula. ǁ *Cic.* Puro, limpio, claro, sencillo.

Enucleo, ās, āvi, ātum, āre. *a. Apic.* Sacar la almendra ó la carne quitando la corteza ó cáscara. ǁ Aclarar, esplicar, esponer.

Enūdo, ās, āvi, ātum, āre. *a. Col.* Desnudar, despojar. ǁ Interpretar, esponer.

Enumĕrātio, ōnis. *f. Cic.* Numeracion, el acto de contar. ǁ *Cic.* Recapitulacion breve, epílogo de las principales cosas de un discurso, enumeracion.

Enumĕrātus, a, um. *Liv.* Numerado, contado.

Enumĕro, ās, āvi, ātum, āre. *a. Cic.* Numerar, contar, recontar.

Enundĭno, ās, āvi, ātum, āre. *a. Quint.* Comprar en el mercado.

Enuntĭātio, ōnis. *f. Cic.* Enunciacion, manifestacion, declaracion de lo que se ignoraba ó estaba oculto. ǁ Espresion, esposicion, esplicacion. ǁ Proposicion.

Enuntĭātīvus, a, um. *Sen.* Enunciativo, declarativo, espresivo, manifestativo de lo que se ocultaba ó no se sabia.

Enuntĭātor, ōris. *m.* y

Enuntĭātrix, īcis *f. Quint.* La que denuncia, declara, manifiesta.

Enuntĭātum, i. *n. Cic.* Proposicion, enunciacion.

Enuntĭātus, a, um. *Cic.* Enunciado, dicho, espresado, manifestado.

Enuntĭo, ās, āvi, ātum, āre. *a. Cic.* Enunciar, esplicar, declarar. ǁ Descubrir, divulgar, publicar, revelar. *Se halla tambien* Enuncio.

Enuptĭo, ōnis. *f. Liv.* El acto de malcasarse.

Enūtrĭo, is, īvi, ītum, īre. *a. Col.* Nutrir, criar, engordar.

Enūtrītus, a, um. *Plin.* Nutrido, criado, alimentado, engordado.

*Enyo, us. *f. Sil.* Belona, *diosa de la guerra.* ǁ La guerra.

## EO

Eo. *adv. que se junta con genitivo.* Á tal punto, á tal estado, á tal grado, á tanto. ǁ Á fin de que, para que, con intencion de. ǁ Allá, allí, en aquel lugar. ǁ *Con los comparativos* mas, tanto mas. *Eo loci res est. Cic.* El negocio está en tal estado, en tales términos.—*Insolentiae*
6 n.

*processit. Plin. men.* Ha venido, ha llegado á tanto, á tal punto de insolencia. *Non eo dico. Cic.* No lo digo por esto, con el ánimo de. *Eo usque. Val. Max. Eo usque dum. Col. Eo usque ut. Hirc. Eo ad, dum. Apul.* Hasta que, hasta tanto que.

Eo, is, īvi, ītum, īre. *n. Cic.* Ir, andar, marchar, caminar. *Ire dormitum. Plaut. Ire in somnum. Plin.* Ir á dormir, irse á acostar. — *Pedibus. Plaut.* Ir, andar á pie.— *Viam longam. Virg.* Andar un largo camino, hacer una jornada, un viage largo.—*Subsidio. Cesar.* Ir á socorrer, al socorro.—*Inficias. Plaut.* Negar.—*In auras. Ov.* Alentarse, evaporarse, desvanecerse.—*In corpus. Quint.* Formarse, hacerse cuerpo.—*In opus alienum. Plaut.* Mezclarse, tomar parte en las necesidades agenas.—*In aura alicujus. Val. Flac.* Huir de acercarse á alguno.—*In possessionem. Cic.* Ponerse, entrar en posesion.—*In sententiam alicujus. Liv.* Seguir, ser del mismo parecer que otro. —*In saecula. Plin.* Eternizar la memoria. *It dies. Plin.* Se acaba, se pasa el dia.—*Fluvius. Virg.* El rio corre.

Eōdem. *adv. Ces.* y

Eōdem loci. *Cic.* Allí mismo, en el mismo lugar.

Eon, ōnis. ó Eone, es. *f.* Nombre que Alejandro Cornelio dió al árbol de que se hizo la nave Argos.

Eopse. *ant. Plaut. en lugar de* Eo ipso.

Eos, us. *f.* La aurora.

Eous, a, um. *Virg.* De la aurora, perteneciente á ella y al oriente, oriental.

Eousque. *adv. Col. V.* Eo.

## EP

Epactae, ārum. *f. Plur. Isid.* Epacta, *el número de dias en que el año solar escede al lunar comun de doce lunaciones.*

*Epagōge, es. *f. Quint.* Argumento llamado induccion.

Epanadiplōsis, is. *f.* La fig. complexion, cuando una sentencia empieza y acaba con la misma palabra.

Epanalēpsis, is. *f. Diom.* La fig. repeticion de una sentencia con alguna ó algunas palabras de intermedio.

Epanaphŏra, ae. *f.* Especie de repeticion cuando muchas sentencias empiezan por una misma palabra.

*Epanastrŏphe, es. *f.* La fig. repeticion inmediata de una palabra, habiendo acabado en ella misma la sentencia anterior, como *Sit Tityrus Orpheus, Orpheus in silvis.*

Epanŏdos, i. *f. Quint.* Regresion, fig. ret.

Epanorthōsis, is. *f.* La fig. correccion. *Brundusium vel potius ad moenia accessi.*

Epaphaerĕsis, is. *f. Marc.* La cortadura del pelo.

Epaphroditiānus, a, um. *Tac.* Perteneciente á Epafrodito, *liberto de Neron, que le servia de secretario para despachar memoriales.*

Epastus, a, um. *part. dep. Ov.* Que ha pacido.

*Ependȳtes, ae. *m. S. Ger.* Vestido para ponerle encima de otro. Sobretodo.

Epenthĕsis, is. *f. Serv.* Epentesis, *figura gramatical, por la cual se introduce una letra ó sílaba en medio de una diccion, como* navita *por* nauta.

Epēus, i. *m. Virg.* Nombre del que hizo el caballo en que entraron los griegos en Troya.

Ephalmātor, ōris. *m. Jul. Firm.* Saltarin, danzarin.

Ephēbātus, a, um. *Varr.* Llegado á la edad de pubertad.

Ephēbeia, ōrum. *n. plur.* Fiestas que se hacian á la pubertad de los hijos.

Ephēbēum, i. *n. Vitruv.* Lugar en la palestra en que se ejercitaban los jóvenes.

Ephēbia, ae. *f. Donat.* La pubertad.

Ephēbĭcus, a, um. *Apul.* y

Ephēbius, a, um. *Plaut.* Perteneciente á la pubertad.

Ephēbus, i. *m. Cic.* Jóven que llega á la edad de la pubertad, á los catorce años.

Ephēdra, ae. *f. Plin.* Cola de caballo, planta.

Ephēlis, ĭdis. *f. Cels.* Cierta aspereza del cútis, y dureza de mal color.

Ephēmĕris, ĭdis. *f. Cic.* Efemérides, diario.

Ephēmĕrum, i. *n. Plin.* Efemero, *yerba parecida al lirio.*

Ephēsia, ōrum. *n. plur.* Fiestas de Diana en Efeso.

Ephĕsīnus, a, um. y

Ephĕsius, a, um. *Luc.* De ó perteneciente á Efeso, *ciudad del Asia menor en la Jonia, célebre por el templo de Diana.*

Ephesti, ōrum. m. plur. Los dioses Penates ó Lares.

Ephestria, ōrum. n. plur. Fiestas que se hacian en Tebas en honra de Tiresias.

Ephĕsus, i. f. *Hor.* Efeso, *ciudad del Asia menor.*

Ephetae, ārum. m. plur. Jueces de lo criminal en Atenas.

Ephialtes, ae. m. *Claud.* Efialtes, *hijo de Neptuno.*

Ephippiātus, a, um. *Ces.* Ensillado.

Ephippium, ii. n. *Ces.* Silla de caballo.

Ephod. indecl. *Hebr.* Efod, *vestidura sacerdotal de los judíos, especie de alba que se ponian sobre sus vestidos.*

Ephŏdus, i. f. *Jul. Firm.* Insinuacion, modo de decir, *que ocultamente y por rodeos se va apoderando de los ánimos.*

Ephŏri, ōrum. m. plur. *Cic.* Magistrados de Esparta, *instituidos por Teopompo para refrenar el poder del rey y del senado, como en Roma los tribunos de la plebe para oponerse á los cónsules.* Eforos.

Ephyra, y Ephyre, es. f. *Plin.* Corinto, *llamada asi en lo antiguo.*

Ephyraeus, a, um. y

Ephyraeius, ădis. y

Ephyraeius, a, um. ó

Ephyraeus, a, um. *Virg.* Corinto, *perteneciente á la ciudad de Corinto, ó natural de ella.*

Epibăta, ae. m. *Hirc.* El soldado de marina.

✝ Epicedion, ii. *Estac.* Epicedio, poema, *cancion fúnebre en alabanza de un difunto.*

Epicharmius, a, um. *Cic.* Perteneciente á Epicarmo.

Epicharmus, i. m. *Cic.* Epicarmo, *filósofo de Siracusa en Sicilia, discípulo de Pitágoras, y poeta cómico.*

Epichērēma, ătis. n. *Quint.* Argumento que prueba por cosas comunes y probables; al contrario de la demostracion, que prueba por propias y necesarias.

Epichўsis, is. f. *Plaut.* Jarro grande para beber.

Epicitharisma, ătis. n. *Tert.* Música para despues de la fábula ó representacion.

Epicoenus, a, um. *Quint.* Epiceno, comun, *nombre que hace á los dos géneros masculino y femenino.*

Epicrătes, is. m. *Cic.* Epicrates, *poeta cómico de Ambracia.* || Un retórico ó filósofo ateniense.

Epicrŏcum, i. n. *Fest.* Vestido de muger de color azafranado.

Epicrŏcus, a, um. *Plaut.* Azafranado. || Delgado.

Epicūreus, a, um. y

Epicūrius, a, um. *Cic.* Epicureo, *perteneciente al filósofo Epicuro, como los epicureos sus sectarios.*

Epicūrus, i. m. *Cic.* Epicuro, *hijo de Neocles, filósofo estoico, nacido y criado en Samos, que ponia el sumo bien en los deleites.*

Epĭcus, a, um. *Cic.* Epico, heróico, *como poeta épico, poema épico.*

Epĭcyclus, i. m. *Marc. Cap.* Epiciclo, *círculo que se supone tener su centro en la circunferencia de otro.*

Epĭdaecia Venus. *Serv.* Venus presidente de, ó que sobreviene al convite.

Epidamniensis. m. f. sē. n. is. *Plaut.* y

Epidamnius, a, um. *Plaut.* Perteneciente á, ó natural de Durazo.

Epidamnus, i. f. *Plin.* Durazo, *ciudad de Albania, así llamada del rey Epidamno que la fundó.*

Epĭdaureus, a, um. *Avien.* y

Epĭdauritānus, a, em. *S. Ger.* y

Epĭdaurius, a, um. *Ov.* De Ragusa, *ciudad de Dalmacia.* || *Plin.* De Malbasía, *ciudad de la Morea en Tzaconia.*

Epidaurum, y Epidaurus, i. n. f. *Liv.* Malbasía, *ciudad del Peloponeso, célebre por el templo de Esculapio.* || Ragusa *en Dalmacia.*

Epidēlius, ii. m. Sobrenombre de Apolo.

Epidēmĕtica, ōrum. n. plur. *Col.* Alojamientos, cuarteles de soldados.

Epidēmus, i. adj. *Am.* Epidemia, *una de las tres especies en que Amiano divide la peste, que quiere decir que se estiende por el pueblo; las otras dos son Pandemos y Laemodes.*

Epidictĭcus, a, um. *Cic.* Demostrativo, exornativo; *llámase así uno de los tres géneros de elocuencia, al cual pertenece la alabanza y el vituperio.*

Epidipnŏides, um. f. plur. *Marc.* Los postres, ó el segundo ó tercer cubierto de una comida ó cena.

Epidipsis, is. f. *Inscr.* Demostracion, ostentacion del arte istriónica.

Epidrŏmus, i. m. *Plin.* Cuerda que sirve para recoger ó alargar las redes. || Vela del mástil de mesana. || Cuerdas que suspenden una cama á manera de amaca.

Epiglossis, idis. f. y

Epiglottis, idis. f. *Plin.* Epiglotis, *lengüecita que tapa la via de la áspera arteria, para que el manjar y la bebida no entren por ella al pulmon.*

Epigŏni, ōrum. m. plur. *Just.* Los hijos que tuvieron los soldados de Alejandro Magno en las mugeres asiáticas. || Los que con el capitan Alcmeon emprendieron la segunda guerra contra Tebas, y la destruyeron en venganza de que sus padres habian muerto en la primera. *Es título de una tragedia de Accio.*

Epigramma, ătis. n. *Cic.* Inscripcion, epígrama, *composicion poética breve, aguda y graciosa.*

Epigrammatārius, ii. m. *Vop.* Epigramatista, *el compositor de epígramas.*

Epigrammātĭcus, a, um. *Esparc.* Perteneciente al epígrama.

Epigrammation, ii. n. *Varr.* Breve epígrama.

Epigrammista, ae. m. *Sid.* V. Epigrammatarius.

Epigrus, i. m. *Sen.* Clavo, y tambien cuña de madera.

Epii, ōrum. m. plur. Pueblos de Etolia y de Elide.

Epilepsia, ae. f. *Cels.* Epilepsia, mal caduco, gota coral, *dicha asi por ser como una gota que cae sobre el corazon.*

Epileus, i. m. *Plin.* Especie de gavilan.

Epilŏgus, i. m. *Cic.* Epílogo, recapitulacion, peroracion.

✝ Epimedion, ii. n. *Plin.* Tallo con hojas de yedra que nunca florece.

✝ Epimĕlas, ănos. f. *Plin.* Piedra preciosa blanca que negrea por la parte superior.

✝ Epimĕles. Estudiado. *Título del libro primero de Apicio de las varias especies de guisados.*

Epimĕnia, ōrum. n. plur. *Juv.* Regalos que se hacian los antiguos á cada luna nueva.

Epimĕnĭdes, is. m. *Plin.* Poeta epicureo, cretense, del tiempo de Pitágoras, *que enviado por su padre Agisarco á guardar un rebaño, dicen que estuvo durmiendo en una cueva 57 años, y luego quedó hecho poeta.*

Epimĕnĭdium, ii. n. *Plin.* Especie de cebolla menos fuerte que las otras.

Epimĕnius, a, um. *Juv.* Mensual, de todos los meses; *habla de las cebollas que se regalaban los meses cada mes.*

Epimĕrismus, i. m. *Marc. Cap.* Distribucion ó division repetida, *que suele hacer el orador en el medio de su discurso para renovar la memoria del juez.*

Epimetheus, i. m. *Hig.* Epimeteo, *hijo de Japeto y de Climenes, hermano de Prometeo.*

Epimētis, idis. f. *Ov.* Pirra, *hija de Epimeteo.*

Epimetrum, i. n. *Cod. Teod.* Lo que se da á alguno demas de su peso ó medida justa.

✝ Epimŏne, es. f. *Fig.* Conduplicacion, cuando se repite la misma palabra inmediatamente: v. g. *Vivis, et vivis non ad deponendam, sed ad confirmandam audaciam. Cic.*

Epinephridium, ii. n. *Fulg.* Carnosidad en los riñones.

Epinicia, ōrum. n. plur. *Suet.* Epinicio, fiestas, alegrías, poesías con ocasion de alguna victoria.

Epinyctis, idis. f. *Cels.* Ulcera, fístula lacrimal. || Ulcera de muy mala calidad, que nace en el muslo ó en el pie, é inquieta mucho de noche, de donde tomó el nombre.

Epipactis, idis. f. *Plin.* Epipactide, *mata pequeña semejante al enebro negro.*

Epiphănia, ōrum. n. plur. *Eccl.* Epifanía, *fiesta de la adoracion de los tres reyes magos, á quienes fue revelado el nacimiento de nuestro Señor Jesucristo.*

Epiphōnēma, ătis. n. *Quint.* Epifonema, figura de sentencia, reflexion, esclamacion sentenciosa sobre lo que se dice ó aprueba. v. g. *Tantae molis erat romanam condere gentem.* *Virg.*

**Epiphŏra**, ae. *f. Cic.* Destilacion, fluxion.

**Epīrensis**. m. f. sĕ. n. is. *Liv.* V. Epiroticus.

**Epirhedium**, ii. *n. Quint.* Voz híbrida. La guarnicion con que se ponen los caballos al coche.

**Epirōta**, ae. y **Epīrote**, es. m. *Plin.* Epirota, *natural y habitante de Epiro.*

**Epirōtĭcus**, a, um. *Cic.* Perteneciente á la provincia y ciudad de Epiro, ó á los epirotas.

**Epīrus**, y **Epiros**, i. f. *Plin.* Epiro, *ciudad y provincia de Grecia entre Macedonia, Tesalia, Acaya y el mar jonio.*

* **Episcēnos**, i. *f. Vitruv.* Parte superior de la escena grandemente adornada entre los antiguos, la parte de la fábrica del teatro que caia sobre la escena.

**Episcŏpālis**. m. f. lĕ. n. is. *Prud.* Episcopal, lo perteneciente al obispo.

**Episcŏpalĭter**. *adv. S. Ag.* Á modo de obispo.

**Episcŏpātus**, us. m. *Tert.* Obispado, el cargo y dignidad del obispo, su diócesis ó territorio.

**Episcŏpius**, a, um. *Cic.* Perteneciente á espía, guardia, atalaya, acecho y observacion. *Episcopius phaselus. Cic.* Bergantin de observacion.

**Episcŏpus**, i. m. *Dig.* Intendente, juez que preside á la venta de los comestibles. ∥ *S. Ag.* El obispo.

**Epistātes**, ae. m. *Catul.* Sobrestante, mayordomo para guardar los comestibles en las casas ó en las granjas. *Asi se llamaban tambien los que presidian y gobernaban los certámenes de los atletas.*

**Epistŏla**, ae. f. *Cic.* Epístola, carta.

**Epistŏlāris**. m. f. rĕ. n. is. *Marc.* y

**Epistŏlĭcus**, a, um. *Gel.* Epistólico, epistolar, lo perteneciente á carta ó epístola.

**Epistŏlium**, ii. n. *Catul.* Carta pequeña.

**Epistŏmium**, ii. n. *Sen.* Llave para sacar los licores de las vasijas grandes y de las fuentes particulares, y para cerrarlas.

* **Epistrŏphe**, es. f. La figura llamada conversion.

**Epistylium**, ii. n. *Vitruv.* El arquitrabe, *miembro inferior de la cornisa.*

**Episynalaephe**, es. f. *Diom.* La figura sinéresis, cuando dos vocales se contraen en una.

**Epităphiŏlum**, i. n. *Inscr.* Epitafio breve.

**Epităphista**, ae. m. *Sid.* El autor de epitafios.

**Epitaphium**, ii. n. *Cic.* Epitafio, inscripcion grabada ó esculpida en lápida ó lámina de un sepulcro. ∥ Discurso, oracion fúnebre.

**Epitāsis**, is. f. Epitasis, *parte de la comedia, que contiene lo principal del enredo.*

**Epithălămium**, ii. n. *Quint.* Epitalamio, poema nupcial.

**Epithēca**, ae. f. *Plaut.* La adicion ó añadidura.

**Epithēma**, ătis. n. *Escrib.* Epitima, sobrepuesto, confortante que se aplica por defuera.

**Epithēmatium**, ii. n. *Marc. Emp. dim.* de Epithema.

**Epithĕton**, i. n. *Macrob.* Epíteto, *adjetivo que se añade al sustantivo para espresar alguna calidad suya.*

**Epithĭthĭdes**, um. f. plur. *Vitruv.* El coronamiento de un edificio.

**Epithȳmon**, i. n. *Plin.* Epitimo, *la flor del timo.*

**Epitŏgium**, ii. n. *Voz híbrida. Quint.* Ropa para poner encima de la toga.

**Epitŏma**, ae. f. V. Epitome.

**Epitŏmātus**, a, um. *Veg.* Epitomado, compendiado, abreviado.

**Epitŏme**, es. f. *Cic.* Epítome, compendio, resúmen, sumario de una obra dilatada.

**Epitŏmo**, ās, āre. a. *Trebel.* Epitomar, compendiar, abreviar, reducir, resumir una obra dilatada.

**Epitŏnium**, ii. n. *Varr.* V. Epistomium.

**Epitoxis**, ĭdis. f. *Vitruv.* La parte cóncava de la catapulta donde entra el dardo.

**Epitrăpezius**, a, um. Puesto sobre la mesa. *Hércules Epitrapezius se intitulaba una silva de Estacio, en que describe y alaba un jarron, obra de Lisipo, que representaba á Hércules con un vaso en la mano derecha y la clava en la izquierda.*

**Epitrĭtus**, i. (numerus). *Gel.* Número que contiene el todo, y una tercera parte de otro, como cuatro respecto de tres, doce de nueve, cuarenta de treinta. *Epitritus pes. Diom.* Pie epitrito, *consta de cuatro sílabas, una breve y tres largas.*

* **Epĭtrŏpus**, i. m. *Aus.* Mayordomo, cachican.

**Epĭtyrum**, i. n. *Catul.* Manjar de aceitunas machacadas, y guisadas con aceite, vinagre, comino, culantro, ruda, yerbabuena é inojo.

**Epiūrus**, i. m. *Pal.* Inspector, custodio. ∥ Tarabilla para cerrar alguna cosa.

**Epizeuxis**, is. f. *Caris.* Epiceusis ó conduplicacion, *figura retórica, por la que una palabra se repite seguidamente con ímpetu y vehemencia.*

**Epizȳgis**, ĭdis. f. *Vitruv.* El ejecillo de hierro, que puesto en el taladro del cubo contiene las cuerdas atravesadas, que con su movimiento se tuercen y estiran.

**Epŏdes**, um. m. plur. *Ov.* Peces marinos de figura plana.

* **Epŏdos**, i. m. *Quint.* Epodon, *poesía compuesta de dos versos desiguales, en cada uno de los cuales acaba el sentido.*

**Epogdous numerus**. *Macrob.* Número que contiene en sí otro menor; y ademas la octava parte de este, como nueve respecto de ocho, que contiene ocho, y uno que es su octava parte.

**Epŏna**, ae. f. *Juv.* Diosa, *presidente de los caballos, de los asnos y de los establos.*

**Epops**, ŏpis. m. *Virg.* La abubilla, *ave en que dicen fue convertido Tereo, rey de Tracia.*

**Epopta**, y **Epoptes**, e. m. *Tert.* Inspector en los sacrificios elusinios, maestro de ceremonias.

**Eporedia**, ae. f. *Plin.* Ivera, *ciudad de Piamonte.*

**Eporediae**, ārum. m. plur. *Plin.* Buenos domadores de caballos.

**Epos**. n. *Marc.* Verso heróico, poema épico.

**Epōto**, ās, āvi, ātum, āre. a. *Marc.* Agotar, apurar, beberlo todo.

**Epōtus**, a, um. *Cic.* Bebido, desocupado, agotado.

**Epŭlae**, ārum. f. plur. *Cic.* Comida, manjar, vianda. ∥ Banquete, convite.

**Epŭlāris**. m. f. rĕ. n. is. *Cic.* Perteneciente á la comida ó al convite. ∥ *Varr. Epularis sermo. Apul.* La conversacion que se tiene á la mesa.

**Epŭlātio**, ōnis. f. *Col.* La comida, la accion de comer.

**Epŭlātus**, a, um. *Cic.* El que ha comido ó cenado. part. de Epulor.

**Epŭlo**, ōnis. m. *Cic.* El que da un convite. ∥ Convidado. ∥ Comilon. ∥ Llamábanse así tres varones entre los romanos, que cuidaban de los convites que se ofrecian á los dioses: en este sentido es mas usado en plural Epulones.

**Epŭlor**, āris, ātus sum, āri. dep. *Cic.* Comer en un convite. ∥ Comer, cenar.

**Epŭlum**, i. n. *Cic.* Convite solemne y público, ó particular.

## EQ

**Equa**, ae. f. *Hor.* La yegua.

**Equāria**, ae. f. *Varr.* La yeguada.

**Equārius**, ii. m. *Sol.* El que cuida ó guarda una yeguada. Yegüero, yegüerizo.

**Equārius**, a, um. *Val. Max.* Perteneciente á los caballos.

**Equārius medicus**. *Val. Max.* El mariscal ó herrador.

**Eques**, ĭtis. m. *Plin.* El hombre que va á caballo, el ginete. ∥ *Virg.* El mismo caballo. ∥ El soldado de á caballo. ∥ El caballero.

**Equestria**, ium. n. plur. *Suet.* Las catorce gradas destinadas en el teatro para el orden de caballeros.

**Equestris**, m. f. trĕ. n. is. *Cic.* Eqüestre, *perteneciente á caballería ó caballero.*

**Equĭdem**. adv. *Cic.* Ciertamente, cierto, por cierto, con verdad, en realidad de verdad.

**Equĭfĕrus**, i. m. *Plin.* Caballo montaraz.

**Equīle**, is. n. *Varr.* La caballeriza.

**Equīmentum**, i. n. *Varr.* El precio que se da porque el caballo cubra alguna yegua.

**Equīnus**, a, um. *Cic.* Lo perteneciente al caballo.

**Equio**, is, īvi, ītum, īre. n. *Plin.* Dícese de los caballos cuando apetecen cubrir á las hembras; y tambien de estas cuando apetecen el macho.

Equīria, ōrum. n. plur. Ov. Fiestas de carreras de caballos instituidas por Rómulo en honor de Marte.

Equirīne. adv. Fest. Fórmula de jurar por Rómulo, llamado Quirino.

Equisētum, i. n. Plin. Cola de caballo, yerba que nace en sitios aguanosos.

Equiso, ōnis. m. Varr. Domador, picador de caballos. Equiso nauticus. Varr. El marinero.

Equitabĭlis. m. f. lē. n. is. Liv. Por donde se puede ir fácilmente á caballo, llano.

Equitātio, ōnis. f. Plin. La accion de andar á caballo.

Equitātus, us. m. Plin. La accion de andar á caballo. ‖ La tropa de caballería. ‖ Plin. El orden ecuestre.

Equitātus, a, um. Claud. Corrido á caballo. Equitata cohors. Inscr. Compañía de á caballo mezclada con alguna infantería.

Equitiārius, ii. m. Jul. Firm. El yegüero, el que cuida de una yeguada.

Equitium, ii. n. Ulp. La yeguada.

Equĭto, as, āvi, ātum, āre. a. Cic. Ir á caballo. Equitatur per flumen. Flor. Se pasa el rio á caballo.

Equivultur, ŭris. m. Luc. El hipógrifo, monstruo fabuloso.

Equotutium, ii. n. Esogia. ciudad de la Pulla.

Equīla, ae. f. Varr. La potrilla, jaquita.

Equŭleus, i. m. Cic. El potrillo. ‖ El potro, máquina de madera para dar tormento.

Equŭlus, i. m. Cic. dim. de Equus. El potro.

Equuntutĭcum, Equustutĭcus, ó Equotutĭcus, i. f. Cic. Ciudad de los hirpinos.

Equus, i. m. Cic. El caballo. ‖ El Pegaso, constelacion compuesta de veinte y tres estrellas. Equus bellator. Ov. Caballo propio para la guerra. ___ Durior oris. Ov. Duro de boca. ___ Arduus, insignis. Virg. Que lleva la cabeza bien puesta. ___ Venator. Claud. Corredor. ___ Ligneus. Plaut. Navío. ___ Curulis. Fest. Caballo de coche. Equum curare. Virg. Pensar á un caballo, echarle de comer. ___ Cingere. Virg. Aparejarle. Equuo mereri. Liv. Ser soldado de á caballo. Ad equum rescribere. Caes. Alistar en el número de la caballería. Viris, equisque. Cic. Con las manos y con los pies, con todas nuestras fuerzas. Equus fluviatilis. Plin. El hipopótamo, caballo marino. Llamábase tambien Equus la máquina de guerra, que despues se llamó ariete, para batir las murallas. Ab equis ad asinos. De calcaria in carbonariam. Equi senecta. Mandrabuli more. adag. De rocin á ruin. ref.

## ER

Eradicātio, ōnis. f. Tert. Arrancamiento, arrancadura, la accion de desarraigar, de sacar de raiz.

Eradicātus, a, um. part. de Eradico. Varr. Desarraigado, arrancado de raiz.

Eradicĭtus. adv. Plaut. De raiz, enteramente.

Eradĭco, as, āvi, ātum, āre. a. Ter. Desarraigar, arrancar de raiz. ‖ Confundir, estirpar, aniquilar.

Erādo, is, si, sum, dĕre. a. Col. Raer, raspar. ‖ Borrar. Eradere aliquem albo Senatorio. Tac. Borrar á uno de la lista de los senadores. ___ Poenitus corde. Fed. Sacar, arrancar enteramente, desarraigar del corazon.

Erānista, ae. m. Inscr. El tesorero que cuidaba del dinero recogido para socorrer á los pobres.

Erānus, i. m. Tert. Tesoro, arca de dinero, establecida como por cofradía en algunas ciudades de los griegos, y tambien entre los cristianos, para socorrer á los pobres, criar los niños huérfanos &c.

Erāse, es. f. Ninfa del mar, hija del Oceano y de Tetis.

Erasi. pret. de Erado.

Erasīnus, i. m. Ov. Rasino, rio de Arcadia.

Erasus, a, um. part. de Erado. Prop. Raido, raspado.

Erato, us. f. Ov. Erato, una de las nueve musas, que preside á los cantos amatorios.

Erciscō, is, ĕre. a. Cic. Separar, dividir. Erciscundae familiae arbitrium postulare. Cic. Pedir que se ponga en jueces árbitros la particion de bienes de una familia.

Erctum, i. n. Cic. El caudal de una familia, la herencia, el patrimonio. Erctum cieri quibus verbis oportet scire Cic. Saber hacer la particion de una herencia con los términos propios, formales.

Erĕbeus, a, um. Ov. Infernal, perteneciente al infierno.

Erĕbus, i. m. Cic. Erebo, hijo de Demogorgon y de la Tierra. ‖ El Infierno. ‖ La profundidad del infierno.

Erechtheus, ó Erichtheus, a, um. Val. Max. Perteneciente á Ericteo, rey de Atenas.

Erechthīdae, ārum. m. plur. Ov. Los atenienses, así llamados de su rey Ericteo.

Erechthis, ĭdis. f. Ov. Oritia, hija del rey Ericteo.

Erecte. adv. comp. ius. Gel. Con ánimo levantado, con confianza.

Erectio, ōnis. f. Vitruv. La accion de enderezar ó levantar alguna cosa.

Erectus, a, um. part. de Erigo. Cic. Enderezado, levantado. ‖ Erguido, altanero. ‖ Animoso, alentado, firme, resuelto, atrevido, determinado. ‖ Vivo, despierto, pronto. ‖ Noble, sublime, ilustre. Erectus animus. Cic. Animi. Sil. Ital. Ánimo, espíritu valeroso. Erectior erat Senatus. Cic. El senado estaba mas firme, mas resuelto.

Eremigātus, a, um. Plin. Pasado navegando. part. de Eremĭgo, as, āvi, ātum, āre. a. Sil. Pasar, ir navegando.

Eremīta, ae. m. Sulp. Sev. Eremita, ermitaño, solitario.

Eremīta, ĭdis. f. Sid. La muger que habita en el yermo. ‖ adj. Perteneciente al yermo.

Eremodicium, ii. n. Ulp. La contumacia ó rebeldía, abandono de la causa por negligencia de las partes, y la pena que se impone por esto.

Erēmus, i. m. S. Ger. Desierto, yermo, soledad.

Erēpo, is, repsi, reptum, pĕre. n. Plaut. Salir arrastrando.

Ereptio, ōnis. f. Cic. La accion de quitar por fuerza.

Erepto, as, āvi, ātum, āre. n. Sen. freq. de Erepo.

Ereptor, ōris. m. Cic. El que quita, roba con violencia, el que toma por fuerza.

Ereptus, a, um. part. de Eripio. Cic. Quitado, arrebatado, arrancado. Ereptus fato. Virg. Muerto. ___ Fluctibus. Hor. Arrancado del naufragio, que se ha salvado de él.

Eres, is. m. Plaut. El erizo.

Eretīnus, a, um. Tibul. Perteneciente á Ereto, monte y pueblo de los sabinos, hoy Monte redondo.

Eretria, ae. f. Vitruv. Greda, tierra cenicienta. ‖ Tierra medicinal cerca de Eretria en Eubea ó Negroponte. ‖ Ciudad de Negroponto y de Tesalia.

Eretriācus, y Eretricus, a, um. Perteneciente á Eretria, ciudad de Eubea. Eretriacos se llamaron los filósofos discípulos de Menedemo, natural de esta ciudad, el cual enseñó que toda la felicidad del hombre estaba en el entendimiento.

Eretrias, ātis. m. f. Cic. Natural de Eretria.

Eretum, i. n. V. Eretinus.

Erexi. pret. de Erigo.

Erga. prep. de acusat. Cic. Hácia, para con, para, en órden á. ‖ Contra.

Ergastērium, ii. n. Cod. Taller, obrador.

Ergastulāris, m. f. rē. n. is. Sid. Perteneciente á la cárcel.

Ergastulārius, i. m. Col. El carcelero ó el esclavo que anda suelto cuidando de los presos.

Ergastulārius, a, um. Am. V. Ergastularis.

Ergastŭlum, i. n. Liv. Cárcel de los esclavos. ‖ Plin. El esclavo que está preso.

Ergastŭlus, i. m. Lucil. El siervo que está preso y trabaja con las prisiones.

Ergăta, ae. f. Vitruv. Argano ó argana, máquina hecha de varios arcos á modo de grua para subir piedras ó cosas de mucho peso.

Ergo. Se usa en lugar del ablativo gracia ó causa: las mas veces es conjuncion. Luego, pues, asi, por consecuencia.

Ergolăbus, i. m. Cod. El operario ó maestro que toma una obra, una fábrica por su cuenta.

Ericaenum mel. Plin. La miel que las abejas hacen de la flor de la jara, que no es buena.

Erīce, es. f. Plin. La jara, arbusto.

Erichtheus, a, um. *Virg. V.* Erechtheus.
Erichtheus, i. *V.* Erechtheus.
Erichtho, us. *f. Luc.* Ericto, *maga célebre de Tesalia.*
Erichthonius, ii. *m. Virg.* Ericteo, *rey de Atenas.*
Erichthonius, a, um. *Virg.* Perteneciente al rey Ericteo, ó Erictonio.
Ericius, ii. *m. Varr.* El erizo, *animal conocido.* ‖ *Ces.* Máquina de guerra, que tenia una viga, y en ella muchas puntas de hierro, la cual fija á las puertas estorbaba la entrada. ‖ Caballo de frisa.
Eridanus, i. *m. Virg.* El Po, *rio de Italia.* ‖ *Hig.* Constelacion.
Erigeron, ontis. *m. Plin.* Erigeron, *yerba que nace entre las tejas, en las paredes y tapias.*
Erigidus, a, um. *Petron.* Rígido.
Erigo, is, exi, ectum, gĕre. *a. Cic.* Enderezar, levantar. *Erigere se in digitos. Quint.* Levantarse en las puntas de los pies, empinarse.—*Rempublicam. Cic.* Restablecer los negocios de la república.—*Aures et mentem. Cic.* Escuchar atentamente.—*Animum alicujus. Cic.* Alentar á uno, levantar el ánimo, el espíritu.—*Ad spem. Cic. In spem. Liv.* Dar esperanza.—*Pigritiam stomachi condimentis. Sen.* Escitar, despertar con salsas el apetito de un estómago desganado.—*Jubam. Sen.* Aderezar el cabello.
Erigone, es. *f. Virg.* Erigone, *hija de Icario, trasladada al cielo, y llamada el signo de Virgo.*
Erigoneius, a, um. *Ov.* Perteneciente á Erigone.
Eriguo, as, are. *a. Plin.* Hacer correr el agua, regar.
Erinaceus, i. *m. Plin.* El erizo.
* Erineos, i. *f. Plin.* Erino, *yerba semejante á la albaca, de que al cortarla mana leche dulce.*
Erineum, i. *n.* Ciudad de la Donide, de Acaya y de Italia.
Erinnys, yos, y ys. *f. Virg.* Furia infernal. *Civilis erinnys. Luc.* La guerra civil, el furor de ella.
Eriphia, ae. *f. Plin.* Renúnculo, flor.
Eriphyla, ae, y Eriphyle, es. *f. Cic.* Erifile, *hija de Talao y muger de Anfiarao, muerta á manos de su hijo Alcmeon, por haber descubierto á su marido á Polinices, rey de Tebas.*
Eriphylaeus, a, um. *Estac.* Perteneciente á Erifile.
Eripio, is, pui, reptum, ripĕre. *a. Cic.* Quitar, arrebatar, tomar por fuerza. *Eripe te more. Hor.* No lo dilates, date prisa.—*Te hinc. Sen.* Sal, vete, quítate de aquí. *Eripere timorem. Cic.* Quitar á uno el temor, libertarle de él.—*A morte, ex periculo. Cic.* Salvar, libertar de la muerte, del peligro.
Erisichthon, ŏnis. *m. Ov.* Cierto tesalo, *que se comió sus propios miembros por una hambre terrible con que Ceres le castigó.*
Erisma, ae. *f.* y *ătis. n. Vitruv. V.* Anterides.
Eristalis, idis. *f. Plin.* Piedra preciosa blanca.
Erithacus, i. *f. Plin.* Ave de aquellas que mudan la forma y el color: *en el verano se llama Phenicurus.*
Erivo, as, ăvi, ātum, āre. *a. Plin.* Evacuar, sangrar un rio con varios arroyos.
Erneum, i. *n. Cat.* Torta cocida en una olla de barro.
Ero, ōnis. *m. Vitruv.* Cestilla, esportillo de mimbres.
Erōdo, is, rōsi, rōsum, dĕre. *a. Cels.* Quitar, comer royendo, roer, corroer.
Erogatio, ōnis. *f. Cic.* Distribucion, reparticion.
Erogator, ōris. *m. Tert.* El que da una doncella en casamiento á otro.
Erogatorius, a, um. *Front.* Perteneciente á la distribucion ó repartimiento.
Erogatus, a, um. *Cic. part. de* Erogo. Dado, repartido, gastado, distribuido.
Erogito, as, ăvi, ātum, āre. *a. Plaut.* Preguntar.
Erogo, as, ăvi, ātum, āre. *a. Cic.* Distribuir, repartir, dar, gastar. *Erogare in aliquem. Suet.* Gastar con alguno por su causa, regalarle.—*Totas facultates. Plin.* Consumir todos sus bienes.—*Pecunias ex aerario suis legibus. Cic.* Sacar dinero del erario, gastarle, distribuirle, disponer de él á su arbitrio.
Eros. *m.* El amor. Título de una egloga de Nemesiano.
Erosio, ōnis. *f. Cels.* Corrosion.

Erosus, a, um. *part. de* Erodo. *Plin.* Roido, corroido.
Erotema, ătis. *n.* Interrogacion.
Eroticus, a, um. *Gel.* Erótico, amatorio.
Erotundatus, a, um. *Sid.* Redondeado. ‖ Hecho con arte.
Erotylus, i. *m. Plin.* Piedra preciosa.
Errabundus, a, um. *Liv.* Errabundo, que anda vagando, errante de una parte á otra.
Errans, tis. *com. Cic.* Errante, incierto.
Errantia, ae. *f. Non. V.* Erratio.
Erraticus, a, um. *Cic.* Errático, vagante, vagamundo. *Dícese tambien de las plantas que estienden mucho sus ramas.*
Erratio, ōnis. *f. Cic.* La accion de andar errante.
Erratum, i. *n. Cic.* Error, falta, culpa, defecto, pecado, engaño, vicio en el obrar.
Erratus, a, um. *part. de* Erro. *Virg.* Pasado, navegado, andando errante.
Erratus, us. *m. Plin. V.* Erratum.
Erro, as, ăvi, ātum, āre. *a. Cic.* Errar, andar vagando sin saber el camino, andar rodando de una parte á otra. ‖ Equivocarse, engañarse. ‖ Ignorar, no entender. *Errare à vero. Cic.* Apartarse de la verdad.—*Tota re. Cic. Tota via. Ter.* Engañarse enteramente, del todo.—*De verbis alicujus. Ter.* Engañarse en ó sobre las palabras de alguno, no entender lo que dice.—*In aliquam rem. Col. à Cic. In re aliqua. Hor.* Duce alicuo. *Cic.* Engañarse en alguna cosa por seguir á otro ó su dictamen.
Erro, ōnis. *m. Col.* Errante, vagamundo. *Errones. Gel.* Los planetas.
Erroneus, a, um. *Col.* Errante, vagamundo.
Error, ōris. *m. Hirc.* La accion de andar vagante, errante. ‖ Error, engaño, falta. ‖ Imprudencia, ignorancia. ‖ Dolo, fraude, engaño. ‖ Falta, pecado, delito, vicio. ‖ Furor, locura. ‖ *Quint.* Yerro contra las reglas de gramática, impropiedad, barbarismo, solecismo. *Error labyrinthi. Virg.* Vueltas y revueltas del laberinto.
Erubescentia, ae. *f. Tert.* Erubescencia, rubor, vergüenza, pudor.
Erubesco, is, bui, scĕre. *n. Cic.* Avergonzarse, ponerse colorado de pudor ó vergüenza. *Erubescere alicujus. Curc. Aliquid, in aliqua re. Cic. Re aliqua. Sen.* Avergonzarse de alguna cosa.—*Ora alicujus. Cic.* Tener vergüenza de presentarse, de ponerse delante de alguno.—*Loqui. Cic.* Tener vergüenza de hablar.
Eruca, ae. *f. Col.* La oruga, insecto. ‖ *Hor.* Oruga ó jaramago, planta.
Eructatio, ōnis. *f. Apul.* Exalacion. ‖ Eructacion, eructo.
Eructo, as, ăvi, ātum, āre. *a. Cic.* Eructar, regoldar. ‖ Echar fuera, exalar.
Eructus, a, um. *part. de* Erugo, is.
Eruderatus, a, um. *Varr.* Escombrado. *part. de*
Erudero, as, āre, *Sid.* Escombrar, desembarazar, quitar los escombros, broza y cascotes que quedan de alguna obra.
Erudio, is, ivi, itum, ire. *a. Cic.* Enseñar, instruir. *Erudire aliquem artibus. Cic.* Enseñar á alguno las ciencias, las bellas letras.—*In artes patrias. Ov.* Criar á uno, educarle en la profesion de su padre.—*De republica. Cic.* Informarle del estado de la república.—*Ad majorum instituta. Cic.* Formar, siguiendo las costumbres, las máximas de los antiguos.—*Aliquem leges belli. Estac.* Enseñar á uno las artes de la guerra.
Erudite, tius, tissime. *adv. Cic.* Eruditamente, con erudicion, docta, sabiamente.
Eruditio, ōnis. *f. Cic.* Erudicion, doctrina, literatura. ‖ Enseñanza, institucion, el acto de enseñar.
Eruditor, ōris. *m. S. Ger.* Maestro, doctor, el que enseña ó instruye, catedrático.
Eruditrix, icis. *f. Flor.* Maestra, la que enseña.
Eruditulus, a, um. *Catul. dim. de* Eruditus. El que posee alguna erudicion.
Eruditus, a, um. *part. de* Erudio. *Cic.* Instruido, enseñado. ‖ Erudito, docto, sabio, literato. *Eruditus servituti ad assentationem. Cic.* Instruido en lisonjear por servidumbre.—*Graecis litteris. Cic.* Instruido en la lengua griega.—*Res Graecas. Gel.* En la historia griega. *Eruditos oculos habere. Cic.* Tener ojos de buen gusto, finos,

## ESC

conocedores. *Erudito luxu homo. Tac.* Hombre de buen gusto, esquisito, fino y delicado.

**Eruditus, us.** *m. Tert. V.* Eruditio.

**Erūgatio, ōnis.** *f. Plin.* El acto de quitar las arrugas.

**Erūgo, as, avi, atum, are.** *a. Plin.* Desarrugar, quitar las arrugas, en especial de la frente, serenarse.

**Erūgo, is, gi, ctum, gere.** *a. Fest. V.* Eructo.

**Erumpo, is, rūpi, ruptum, pĕre.** *a. Cic.* Salir fuera con ímpetu, de pronto, romper, prorumpir. ‖ Hacer una salida, una irrupcion. ‖ Aparecer, manifestarse, dejarse ver de repente. *Erumpere stomachum in aliquem. Cic.* Descargar su ira sobre alguno. — *Hordeum à primo satu die septimo. Plin.* Nacer, despuntar, salir, brotar la cebada á los siete dias de haberla sembrado.

**Erunco, as, avi, atum, are.** *a. Col.* Quitar, estirpar las yerbas malas, los cardos, espinos, escardar.

**Eruo, is, rui, rūtum, ĕre.** *a. Cic.* Sacar de debajo de tierra, arrancar. ‖ Arruinar, abatir, demoler. ‖ Sacar de alguna parte. *Eruere cubilia ferri. Val. Flac.* Escavar las minas de hierro. — *E tenebris. Cic.* Sacar de las tinieblas. — *Civitatem. Tac.* Arruinar una ciudad.

**Erūpi.** *pret. de* Erumpo.

**Eruptio, ōnis.** *f. Plin.* Salida impetuosa.

**Eruptor, ōris.** *m. Am.* El que sale impetuosamente.

**Eruptus, a, um.** *part. de* Erumpo.

**Erūtus, a, um.** *part. de* Eruo.

**Ervum, i.** *n. Plin.* La algarroba, legumbre.

**Erycina, ae.** *f. Hor.* Ericina, sobrenombre de Venus, por el templo que tenia en la ciudad de Erice.

**Erycīni, ōrum.** *m. plur.* Los naturales de la ciudad de Erice. *V.* Eryx.

**Erycīnus, a, um.** *Ov.* Lo perteneciente al monte y ciudad de Erice.

**Erycus, i.** *m. Cic. V.* Erys.

**Erymanthaeus, y Erymantheus, y Erymanthius, a, um.** *Cic.* Lo perteneciente al monte y al rio Erimanto.

**Erymanthias, ădis.** *f.* La muger natural de Erimanto.

**Erymanthīnus, a, um.** *Plin. V.* Erymanthaeus.

**Erymanthis, idis.** *f. patron. Cic.* La Arcadia.

**Erymanthus, i.** *m. Marc.* Erimanto, *monte del Peloponeso en la Arcadia.* ‖ *Mel.* Rio que desciende de este monte.

**Erysĭpĕlas, ătis.** *n. Cels.* Erisipela, inflamacion, encendimiento de la sangre.

**Erystea, ae.** *f.* Ciudad de la isla de Chipre.

**Erythāce, es.** *f. Plin.* La sandaraca, *cierto zumo del recfo de la primavera y jugo de los árboles, que recogen y de que se alimentan las abejas mientras trabajan.*

**Erythea, y Erythia, ae.** *f. Prop.* Eritea, *isla en el mar de Cádiz.*

**Erytheis, ydis.** *patron. f. Ov.* De la isla Eritea.

**Erytheos, y Erythius, a, um.** *Sil.* Perteneciente á la isla Eritea.

**Erythīnus i.** *m. Ov.* El pagel, *pescado del mar.*

**Erythrae, ārum.** *f. plur. Plin.* Ciudad de Grecia en Beocia, de la Locride y de Jonia.

**Erythraeus, a, um.** *Col.* Eritreo, bermejo, rojo. ‖ Lo perteneciente á las ciudades Eritreas. *Erythraeum mare. Col.* El mar de la Meca, el mar rojo y el golfo ó mar de Arabia.

**Erythrŏdănus, i.** *f. Plin.* La rubia, *raiz que sirve para teñir de rojo.*

**Eryx, ycis.** *m. Virg.* Erix, Erice, *monte y ciudad edificada en él en Sicilia.*

## ES

**Esaiānus, a, um.** *Sulp. Sev.* Perteneciente al profeta Esaias.

**Esaias, ae.** *m.* El profeta Esaías.

**Esca, ae.** *f. Cic.* Comida, vianda, alimento, manjar. ‖ Cebo para engañar á las aves y peces. *Esca ignis. Liv.* Yesca, fomento, materia del fuego. *Escae maximae esse. Plaut.* Ser gran comedor.

**Escālis.** *m. f. lĕ. n. is. Paul. Jct.* y

**Escārius, a, um.** *Plaut.* Comestible, cosa de comer.

**Escatīlis.** *m. f. lĕ. n. is. Tert. V.* Escarius.

† **Escendo, is, di, sum, dĕre.** *n.* (ant.) *en lugar de* Ascendo *y de* Descendo.

## ETH

**Escensus, us.** *m. Tac. V.* Ascensus.

**Eschāra, ae.** *f. Cel. Aur.* La escara, costra.

**Eschārotĭcus, a, um. Cel. Aur.* Que cria escara ó costra.

**Escifer, a, um.** *Paul. Nol.* Que lleva el alimento.

**Escit.** *ant. Fest. en lugar de* Erit.

† **Esco, as, avi, atum, are.** *a. Sol.* Comer, alimentarse.

**Escŭlentum, i.** *n. Cic.* Vianda, alimento.

**Escŭlentus, a, um.** *Cic.* Comestible, cosa de comer.

**Escŭlētum, y Esculus con sus derivados.** *V.* Aesculetum y Aesculus.

**Esĭtātor, ōris.** *m. Firm.* El que come á menudo.

**Esĭtātio, ōnis.** *f. Cels.* La accion de comer á menudo.

**Esĭtātus, a, um.** *Gel.* Comido frecuentemente. *part. de*

**Esĭto, as, avi, atum, are.** *a. Plaut.* Comer á menudo.

**Esox, ŏcis.** *m. Plin.* Pez muy grande que se halla en el Rhin. Algunos creen que es el salmon.

**Esquĭliae, ārum.** *f. plur. Juv. V.* Exquiliae.

**Esquĭlīna porta, ae.** *f.* La puerta Esquilina, hoy de san Lorenzo en Roma. *Esquilinus mons.* El monte Esquilino de Roma.

**Esse.** *inf. del verbo* Sum. *Ser. y del verbo.* Edo. Comer.

**Essĕda, ae.** *f. Ces.* Carro de dos ruedas, *usado entre los galos y britanos para pasear, conducir cargas, y especialmente para la guerra. Tambien le usaron los romanos.*

**Essĕdarius, ii.** *m. Cic.* El cochero que guia este carro. ‖ *Suet.* Gladiador. ‖ Soldado que pelea desde el carro. ‖ *Insc.* Carretero, el que hace los carros.

**Essĕdōnes, um.** *m. plur. Plin.* Pueblos de la Escitia cerca de la laguna Meotis.

**Essĕdōnius, a, um.** *Val. Flac.* Lo perteneciente á los pueblos esedones.

**Essĕdum, i.** *n. Cic. V.* Esseda.

**Essentia, ae.** *f. Quint.* Esencia, naturaleza de las cosas.

**Essentialĭter.** *adv. S. Ag.* Esencialmente.

**Esto.** *imp. de* Sum. *Ter.* Sea, sea asi, en hora buena, demos, supongamos, quiero que.

**Estor, ōris.** *m. Plaut.* Comedon.

**Estryx, ĭcis.** *f. Plaut.* Comedora, la que come mucho.

**Esuriālis, e.** *m. lĕ. n. is.* Perteneciente al hambre, al ayuno. *Esuriales feriae. Plaut.* Dias de ayuno. Díjole por chanza un bufon de los dias en que nadie lo convidaba á comer.

**Esūrienter.** *adv. Apul.* Con hambre.

**Esūriens, tis.** *com. Ov.* Hambriento, el que tiene hambre, mucha gana de comer.

**Esūries, ei.** *f. Plin.* y

**Esūrigo, ĭnis.** *f. Varr.* Hambre, grande apetito, ansia de comer.

**Esūrio, ōnis.** *m. Plaut. V.* Esuritor.

**Esūrio, is, vi, ó ii, itum, ire.** *n. Cic.* Tener hambre, mucha ansia, apetito, gana de comer.

**Esūrītio, ōnis.** *f. Catul. V.* Esuries.

**Esūritor, ōris.** *m. Marc. V.* Esuriens.

**Esurus, a, um.** *Plaut.* El que ha de comer. *Esuri ubi sumus? Plaut.* ¿Dónde hemos de comer?

**Esus, us.** *m. Gel.* El acto de comer, la comida.

**Esus, a, um.** *Sol. part. de* Edo. Comido.

## ET

**Et.** *conj. cop. Cic.* Y

**Etĕnim.** *conj. Cic.* Porque.

**Eteŏcles, is, y eos.** *m. Estac.* Eteocles, hijo de Edipo, hermano de Polinices. Los dos se mataron mutuamente en la guerra de Tebas.

**Eteoclĕus, a, um.** *Apul.* Perteneciente á Eteocles.

**Etesiăcus, a, um.** *Plin. V.* Etesius. *Etesiaca uva. Plin.* Uva que comienza á madurar en la canícula cuando soplan los vientos etesios.

**Etēsiae, ārum.** *f. plur. Cic.* Los vientos etesios, que soplan por la canícula.

**Etesias, ae.** *m. Plin.* Viento etesio, el nordeste.

**Etēsius, a, um.** *Lucr.* Perteneciente á los etesios ó vientos nordestes.

**Etexo, is, rui, xtum, xĕre.** *a. Plaut.* Destorcer.

**Ethĭca, ae, ó Ethice, es.** *f. Quint.* Etica, filosofía moral, parte de la filosofía que pertenece á las costumbres.

\* Ethĭcos. *adv. Sen.* Moralmente.

Ethĭcus, a, um. *Sen.* Moral, perteneciente á las costumbres.

Ethnĭcālis. m. f. lĕ. n. is. *Tert.* V. Ethnicus.

Ethnĭce. *adv. Tert.* Á modo de los gentiles.

Ethnĭcus, a, um. *S. Ger.* Etnico, gentil, pagano.

Ethŏlŏgia, ae. f. *Quint.* Retrato, representacion, caracter de las costumbres y afectos de alguno. *fig. ret.*

Ethŏlŏgus, i. m. *Cic.* El que con el gesto y la voz remeda las costumbres de otros.

Ethŏpœia, ae. f. *Quint.* Figura retórica con que se describe la vida y costumbres de algunos.

\* Ethos, i. n. *Sid.* Las costumbres, la filosofia moral.

Etiam. *conj. adv. Cic.* Sí. ‖ Aun, todavía. ‖ Tambien. ‖ Antes bien. *Etiam, atque etiam. Cic.* Una y muchas, y mil veces. — *Num. Ter.* — *Nunc. Cic.* Hasta ahora, todavía, aun. — *Si.* — *Ut. Cic.* Aunque, aun cuando. — *Tum. Cic.* Hasta, aun, entonces.

Etrĭcŭlum, i. n. *Liv.* Lataraco, *ciudad de Calabria.*

Etrūria, ae. f. *Plin.* La Toscana en Italia, Etruria.

Etrusci, ōrum. m. plur. *Plin.* Los toscanos, *Pueblos de Toscana ó Etruria, etruscos.*

Etruscus, a, um. *Cic.* Toscano, lo perteneciente á Toscana, etrusco.

Etsi. *conj. de indic. y subjunt. Cic.* Aunque, si bien, dado que, bien que.

Etymŏlŏgia, ae. f. *Cic.* Etimología, orígen, raiz y principio de las palabras.

\* Etymŏlŏgĭce, es. f. *Varr.* El arte de hallar el origen de las palabras, etimología.

Etymŏlŏgĭcus, a, um. *Col.* Etimológico, lo perteneciente á la etimología.

Etymon, i. n. *Varr.* Etimología.

## EU

Eu. en lugar de Heu.

Euboea, ae. f. *Plin.* Eubea, *isla del mediterráneo, hoy Negroponto.*

Euboeus, a, um. *Estac.* y

Euboicus, a, um. *Prop.* Perteneciente á Eubea.

Eubois, ĭdis. f. *Estac.* La tierra de Eubea.

Euchăristia, ae. f. *S. Cipr.* Eucaristía, el Santísimo Sacramento del altar.

Euchăristia, ōrum. n. plur. *Tert.* Acciones de gracias.

Euchăristĭcon. Título de una poesía de Estacio, *en que da las gracias á Domiciano de haberle admitido en un convite.*

Euchăristĭcus, a, um. *Tert.* Eucarístico, perteneciente á la Eucaristía, y tambien á las acciones de gracias.

Eudo, ōnis. m. Rio de Caria. ‖ Eudon, Odon, *nombre de hombres.*

Eudora, ae. f. Una de las siete Atlántides. ‖ Ninfa del mar, *hija de Tetis y del Océano.*

Eudoses, sium. m. plur. Pueblos de Alemania.

Euganei, ōrum. m. plur. *Plin.* Pueblos de la Galia traspadana.

Euge. *interj.* de alegría, de aplauso, de aprobacion, de miedo, de exhortacion, de advertencia, de parabien.

Eugeniae, y Eugenae, ārum. f. plur. *Col.* Especie de uvas asi llamadas por su nobleza y generosidad, de la palabra griega εὐγενὴς, que significa esto mismo.

Eugĕpae. *Plaut. interjecion* de admiracion, de estraña, alegría. ¡Bueno! ¡muy bien! ¡grandemente!

Eugūbium, ii. n. Ciudad de la Umbría.

Euhyas, y Evias, ādis. f. *Hor.* Bacante, sacerdotisa de Baco.

Euhyus, y Evius, ii. m. *Hor.* Buen hijo, *sobrenombre de Baco.*

Eumaeus, i. m. *Varr.* Eumeo, un porquero de Ulises.

Eŭmĕnĭdes, um. f. plur. *Virg.* Las furias del infierno. Eumenides.

Eŭmĕnis, ĭdis. f. *Estac.* Una de las furias.

Eŭmolpĭdae, ārum. m. plur. *Cic.* Sacerdotes de Atenas que presidian á ciertos sacrificios nocturnos.

Eunuchīnus, a, um. *S. Ger.* Lo perteneciente al eunuco.

Eunuchismus, i. m. *Col. Aur.* Castracion, capadura.

Eunūchĭzātus, a, um. *S. Ger.* Capado, castrado.

Eunūcho, ās. āvi. ātum. āre. a. *Varr.* Castrar, capar.

Eunūchus, i. m. *Cic.* Eunuco, capon.

Eupătŏria, ae. f. *Plin.* La agrimonia ó eupatorio, *yerba.*

Euphēme, es. f. *Hig.* Eufeme. *nodriza de las musas.*

Euphōnia, ae. f. *Quint.* Buen sonido, suave pronunciacion.

Euphŏrba, ae. f. ó Euphorbium, ii. n. *Plin.* Yerba, *especie de tirso, que da de sí un jugo lácteo, que seco parece incienso.*

Euphorbus, i. m. *Ov.* Euforbo, *troyano, muerto por Menelao, cuya alma se vanagloriaba Pitágoras de tener él por la transmigracion.*

Euphŏrion, ii. m. *Diom.* Euforion, poeta calcidense.

Euphrātes, is. m. *Plin.* Eufrates, rio de Asia.

Euphrātis, ĭdis. f. *Sid.* La que pertenece ó está cerca del Eufrates.

Euphrosȳna, ae, y Euphrosyne, es. f. Eufrosina, *una de las tres Gracias.*

Euphrosȳnum, i. n. *Plin.* La yerba buglosa.

Eupoclămus, a, um. *Lucil.* El que lleva rizado el cabello.

Eupŏlis, ĭdis. m. *Hor.* Eupolis, *poeta griego, cómico.*

Eurīnus, a, um. *Col.* De levante, oriental.

Eurĭpĭdes, is. m. *Cic.* Eurípides, *poeta trágico ateniense de mucho mérito.*

Eurĭpĭdēus, ó Euripidius, a, um. *Cic.* Perteneciente á Eurípides.

Eurīpus, i. m. *Liv.* Estrecho de mar. ‖ Estrecho de Negroponto. ‖ Canal, acueducto. ‖ Estanque de agua.

Euroauster, tri. m. *Isid.* Viento que por una parte tiene el euro ó este, y por otra el austro.

Eŭrŏnŏtus, i. m. *Col.* El sudueste.

Eurōpa, ae. f. ó Europe, es. f. *Ov.* Europa, *hija de Agenor, rey de Tiro.* ‖ *Ov.* La Europa, una de las cuatro partes del mundo.

Eurōpaeus, a, um. *Ov.* Perteneciente á Europa, *hija de Agenor.* ‖ *Curc.* Europeo.

Eurōpensis, ó Europiensis. m. f. sĕ. n. is *Vop.* Europeo.

Eŭrōtas, ae. m. *Virg.* Basilipotamo, *rio del Peloponeso, ó de la Morea.*

Eurōtias, ae. m. *Plin.* Cierta piedra preciosa.

Eurōus, a, um. *Virg.* Perteneciente al euro, oriental.

Eurus, i. m. *Col.* El euro, solano, levante, *uno de los cuatro vientos cardinales.*

Eurȳăle, es. f. *Ov.* Euriale, *una de las Gorgónides.* ‖ Otra hija de Preto, *rey de Argos.* ‖ Otra hija de Minos, *madre de Orion.*

Eurȳălus, i. m. *Virg.* Eurialo, jóven troyano. ‖ *Liv.* Belvedere, *lugar ameno de Sicilia.*

Eurȳdĭce, es. f. *Virg.* Eurídice, *muger de Orfeo, que por recobrarla bajó á los infiernos.*

Eurilŏchus, i. m. *Ov.* Euriloco, *compañero de Ulises, el único que no bebió de la copa de Circe.*

Eurymĕdon, ontis. m. *Estac.* Eurimedonte, *hijo de Fauno.* ‖ *Padre de Peribea, en la cual tuvo Neptuno á Nausitoo, rey de Feacia, y padre de Alcinoo.* ‖ *Mel.* Rio de Panfilia.

Eurynōme, es. f. *Ov.* Eurinome, *hija del Océano y de Tetis, muger de Orcamo, rey de los aquemenios, madre de Leucotoe.* ‖ Otra hija de Apolo, *madre de Adrasto y de Erifile.*

Eurysthĕus, i. m. *Virg.* Euristeo, *hijo de Estenelo, rey de Micenas, que espuso á Hércules á muchos peligros por complacer á Juno.*

Eurysthēus, a, um. *Estac.* Perteneciente á Euristeo.

Eurythmia, ae. f. *Vitruv.* Regularidad, proporcion.

Eurȳtis, ĭdis. f. *Ov.* Jole, hija de Eurito.

Eurȳtus, i. m. *Val. Flac.* Eurito, *rey de Ocalia, padre de Jole, muerto por Hércules por no haberle querido dar en matrimonio la hija prometida.*

\* Euschēme. *adv. Plaut.* Con propiedad y decoro.

Eustylus, a, um. *Vitruv.* Lo perteneciente á la fábrica, *cuyas colunas estan entre sí bien proporcionadas, y la distancia de los intercolunios es de dos diámetros y un cuarto.*

**EVA**

Euterpe, es. *f. Hor.* Euterpe, una de las musas.

Euthygrammus, i. *m. Vitruv.* Regla con que los arquitectos tiran sus líneas.

Euxinum mare. *n. Ov.* y

Euxinus pontus. *m. Ov.* El Ponto Euxino, el mar mayor ó mar negro, que toma su principio del estrecho de Constantinopla; llamóse primero Axenus, esto es, inhospitable, por la crueldad con que sus habitantes solian sacrificar á los pasageros. Lo contrario significa Euxinus.

Eva, ae. *f. Tert.* Eva, *la primera muger, formada de la costilla de Adan.*

Evācuātio, ōnis. *f. Tert.* Evacuacion, el acto ó efecto de evacuar.

Evācuo, as, avi, atum, are. *a. Plin.* Evacuar, estraer sacar, desocupar, limpiar, purgar.

Evadne, es. *f. Virg.* Evadne, *muger de Capaneo.*

Evādo, is, si, sum, děre. *n. Cic.* Evadir, huir, escapar, salir, salvarse, retirarse. ‖ Subir, penetrar, pasar. ‖ Llegar á ser, salir. ‖ Venir á parar, concluir, terminar. *Evasit Epicureus. Cic.* Salió, se hizo, vino á ser epicureo. —*Huc sermo. Ter.* Se vino á hablar, vino á parar, recayó la conversacion sobre. *Evadere discrimen. Ces.* Salir, estar fuera del riesgo. — *E custodia. Quint.* Escapar de la cárcel.

Evagatio, ōnis. *f. Plin.* El acto de errar, estenderse y andar vagando, vagancia.

Evagatus, a, um. *part. de* Evagor. *Liv.* Que se ha estendido, esparcido.

Evāginātus, a, um. *Just.* Desenvainado *part. de*

Evāgino, as, avi, atum, are. *a. Just.* Desenvainar, sacar de la vaina.

Evāgor, āris, atus sum, āri. *dep. Cic.* Andar vagando, correr, rodar de una parte á otra. *Dicendi voluptate evagamur. Quint.* Nos salimos del intento, de la materia, del propósito, nos apartamos del punto, del asunto principal por el deleite de decir, de hablar. *Late evagata est vis morbi. Liv.* Se estendió mucho la fuerza de la enfermedad.

Evālesco, is, lui, scěre. *n. Tac.* Criar fuerzas, vigor, fortalecerse. ‖ Crecer, aumentarse. *Evalescere binos pedes. Plin.* Crecer dos pies. *Ne quidem natura in hoc ita evaluit ut. Quint.* Ni la naturaleza ha podido tanto con esto que.

Evălidus, a, um. *Sil.* Fuerte, vigoroso.

Evallěfăcio, is, fěci, factum, cěre. *a. Varr.* Echar fuera, hacer salir ó evacuar.

Evallo, as, avi, atum, are. *a. Varr.* Echar fuera, hacer salir.

Evallo, is, ěre. *a. Plin.* Aventar, limpiar aventando.

Evan. *indecl. Ov.* Uno de los sobrenombres de Baco. Grito de las bacantes con que le aclamaban.

Evander, y Evandrus, i. *m. Virg.* Evandro, rey ó uno de los principales de la Arcadia, hijo de Mercurio y de Nicostrata.

Evandrius, a, um. *Virg.* Lo perteneciente á Evandro.

Evānesco, is, nui, scěre. *n. Plin.* Desvanecerse, desaparecer, disiparse, aniquilarse. *Cum jam pene evanuisset Hortensius. Cic.* Habiendo ya casi perdido Hortensio el vigor oratorio.

Evangelia, ōrum. *n. plur. Cic.* Sacrificios en accion de gracias por las buenas noticias, y los presentes que se hacian á los que las traian. ‖ Albricias.

Evangělicus, a, um. *Tert.* Evangélico, perteneciente al evangelio.

Evangělista, ae. *m. Eccl.* Evangelista, escritor del evangelio.

Evangělium, ii. *n. Tert.* Evangelio, buena nueva, historia del nacimiento, vida, muerte, resurreccion y ascension de nuestro señor Jesucristo.

Evangělizātor, ōris. *m. Tert.* El que predica públicamente el evangelio.

Evangělus, i. *m. Vitruv.* Alegre mensagero.

Evanidus, a, um. *Sen.* Vano, liviano, leve, feble, sin solidez, de poca duracion.

Evanno, as, avi, atum, are. *a. Varr.* δ

Evanno, is, ěre. *a.* Limpiar aventando.

**EVI** 271

Evans, tis. *f. Virg.* Sacerdotisa de Baco, bacante.

Evăpōrātio, ōnis. *f. Sen.* Evaporacion, exalacion del vapor ó humor.

Evăpōrātivus, a, um. *Cels. Aur.* Lo que tiene virtud de evaporar.

Evăpōro, as, avi, atum, are. *a. Cels.* Evaporar, despedir, sacar, echar de sí el vapor.

Evastātio, ōnis. *f.* Evastatus, y Evasto. *V.* Vastatio, Vastatus, Vasto.

Evāsus, a, um. *Juv.* Escapado, evitado.

Evax. *interj.* de alegría. *Plaut.* ¡Ah! ¡oh! ¡bueno!

Evectio, ōnis. *f. Apul.* La accion de levantarse en alto ‖ Orden, licencia, pasaporte del príncipe para correr la posta.

Evecius, us. *m. Plin.* Trasporte, conduccion.

Evectus, a, um. *Cic.* Llevado fuera, transportado, conducido. ‖ *Tac.* Alzado, levantado.

Eveho, is, vexi, vectum, hěre. *a. Liv.* Llevar, sacar fuera, conducir, trasportar. ‖ Alcanzar, levantar, elevar. *Evahere ad deos. Hor.* Levantar hasta igualar con los dioses. — *In summum fastigium. Pătěrc.* Levantar, promover á los mayores empleos, á la mayor altura.

Evelātum. *Fest.* en lugar de Eventilatum.

Evello, is, elli, ó ulsi, ulsum, lěre. *a. Cic.* Arrancar, estirpar, sacar por fuerza, de raíz.

Evēnīus, a, um. *Ov.* Perteneciente al rio Eveno.

Evěnio, is, věni, ventum, nire. *n. Cic.* Venir, llegar. ‖ Acaecer, suceder. ‖ Salir, ir, venir á parar. *Evenire ex sententia. Cic.* Suceder á medida del deseo. — *Preter sententiam. Plaut.* Contra la esperanza. — *Alicui. Salust.* Acaecer á alguno. — *Male. Cic.* Salir mal. — *Bene Cic.* Suceder bien. *Evenit ut. Tert.* Sucedió, acaeció, ocurrió que. *Hostibus evenit. adag.* Abad y ballestero, mal para los moros. *ref.*

Eventilatus, a, um. *Col.* Aventado, limpio. ‖ Acribado.

Eventilo, as, avi, atum, are. *a. Plin.* Ventilar, agitar el aire con abanicos, fuelles ó cosa semejante. ‖ Aventar los granos.

Eventum, i. *n. Cic.* y

Eventus, us. *m. Cic.* Evento, acontecimiento, acaecimiento, suceso, casualidad, accidente, caso, éxito. *Festinare ad eventum. Hor.* Apresurarse por llegar al fin. *Causarum eventus. Cic.* Efectos de las causas.

Evēnus, i. *m. Ov.* Eveno, hoy Fidari, rio de Etolia, que nace en el monte Calidromo.

Everběrātus, a, um. *Sen.* Azotado, sacudido. *part. de*

Everběro, as, avi, atum, are. *a. Quint.* Azotar, sacudir, golpear.

Everganae trabes. *Vitruv.* Vigas bien trabajadas y unidas.

Evergo, is, ěre. *a. Liv.* Echar fuera.

Everrae, ārum. *f. Plur. Fest.* La purgacion de una casa, de donde se ha de sacar un muerto.

Everriātor, ōris. *m. Fest.* El que aceptada la herencia debe hacer las exéquias al difunto, y barrer la casa con cierto género de escobas.

Everrīculum, i. *n. Ulp.* Red de pescadores. *Everriculum omnium malitiarum. Cic.* La red barredera de todas las malicias.

Everro, is, ri, sum, rěre. *a. Col.* Barrer, limpiar barriendo. *Everrere sermonem. Sen.* Examinar, repasar un discurso. ‖ Pulirle.

Eversio, ōnis. *f. Cic.* Eversion, destruccion, ruina, desolacion.

Eversor, ōris. *m. Cic.* Destruidor, asolador.

Eversus, a, um. *Cic.* Arruinado, abatido, destruido, asolado. *part. de*

Everto, is, ti, sum, těre. *a. Cic.* Arruinar, asolar, destruir, demoler, derribar, abatir. ‖ Mezclar, perturbar, agitar.

Evestīgatus, a, um. *Sen. V.* Investigatus.

Evestigio. *adv. Cic.* Al instante, sobre la marcha.

Evibrātio, ōnis. *f. Sen.* Vibracion, la accion de vibrar.

Evibro, as, avi, atum, are. *a. Gel.* Vibrar, mover, escitar, agitar, estimular.

Evici. *pret. de* Evinco.

Evictio, ōnis. *f. Ulp.* Eviccion, recuperacion por el juez de lo que el contrario habia adquirido por legítimo derecho.

## EVO

Evictus, a, um. *part. de* Evincor. Vencido, debelado. *Evicti regi. Prop.* Hogueras apagadas. *Evictus multis testibus. Cic.* Convencido con muchos testigos.

Evidens, tis. *com.* tior, *sup.* tissimus. *Cic.* Evidente, claro, patente, manifiesto. *Evidentissimi auctores. Plin.* Autores certísimos.

Evidenter. *adv.* tius, tissime. *Liv.* Evidentemente, evidentísimamente, clara, manifiesta, patentemente.

Evidentia, æ. *f. Cic.* Evidencia, manifestacion, demostracion, prueba clara.

Evigesco, is, ĕre. *n. Tert.* Perder las fuerzas.

Evigilatus, a, um. *Cic.* Velado, desvelado. *part. de*

Evigilo, as, avi, atum, are. *n. Suet.* Desvelarse, despertar, levantarse. ‖ Velar, estar en vela. ‖ Trabajar con mucha atencion y cuidado. *Evigilare in studio. Cic.* Velar en los estudios. ― *Libros. Ov.* Trabajar con gran cuidado, velar sobre los libros.

Evigilatio, ōnis. *f. S. Ag.* Vela, pervigilio.

Evigoratus, a, um. *Tert.* Privado del vigor.

Evilesco, is, lui, scĕre. *n. Suet.* Envilecerse, hacerse despreciable.

Evincio, is, nxi, nctum, cīre. *a. Tac.* Ceñir, rodear, coronar. *Evincere insigni regio. Tac.* Coronar á uno, ceñirle la insignia real, la corona, la diadema.

Evinco, is, vici, victum, ncĕre. *a. Sen.* Vencer, ganar, debelar ‖ *Liv.* Alcanzar, obtener. ‖ *Hor.* Convencer. ‖ *Ulp.* Recuperar por medio del juez la cosa adquirida con derecho por otro.

Evinctus, a, um. *part. de* Evincio. *Ov. Evinctus crines vitta.* Atados los cabellos, el que los tiene atados con una cinta.

Eviratio, ōnis. *f. Plin.* La castradura ó capadura, la accion de capar.

Eviratus, a, um. *part. de* Eviro. *Plaut.* Capado.

Eviresco, is, ui, scĕre. *n. Varr.* Perder el verdor, ponerse pálido.

Eviro, as, avi, atum, are. *a. Cat.* Castrar, capar. ‖ *Varr.* Afeminar.

Evisceratus, a, um. *Cic.* Despanzurrado. *part. de*

Eviscero, as, avi, atum, are. *a. Virg.* Abrir, sacar las tripas, las entrañas, despanzurrar.

Evitabilis m. f. lĕ. n. ia. *Ov.* Evitable, lo que se puede huir, evitar.

Evitatio, ōnis. *f. Quint.* Evitacion, el acto y efecto de esquivar y evitar.

Evitatus, a, um. *Hor.* Evitado. *part. de*

Evito, as, avi, atum, are. *a. Cic.* Evitar, huir, procurar evadirse, librarse.

Evius, ii. *m. Hor.* Sobrenombre de Baco.

Evocatio, ōnis. *f. Plin.* Llamamiento afuera. ‖ *Ad Her.* Leva de gente repentina.

Evocator, ōris. *m. Cic.* El que llama afuera ó aparte. ‖ El que levanta gente de guerra de repente.

Evocatorius, a, um. *Sid.* El que llama ó convoca.

Evocatus, a, um. *Liv.* Llamado, enviado á llamar, hecho venir. *Evocati.* Los soldados veteranos y retirados, *que acudian llamados en la necesidad.* ‖ Guardias de noche de la persona de Galba.

Evoco, as, avi, atum, are. *a. Cic.* Llamar fuera. ‖ Enviar á llamar, convocar, hacer venir. ‖ Citar, intimar, hacer comparecer. ‖ *Macrob.* Invocar. ‖ Lamar á los soldados veteranos ‖ Levantar gente de guerra de repente. *Evocare ad causam dicendam. Liv.* Llamar, citar, mandar comparecer á dar sus descargos. ― *Capillum. Plin.* Hacer crecer el cabello. ― *Vomitiones. Plin.* Provocar á vómitos. ― *Risum. Sen.* Provocar á risa.

Evoe, y Evohe. *Hor. Interj.* Voz de las bacantes para aclamar é invocar á Baco. *Bien para tí.*

Evolito, as, avi, atum, are. *a. Cic.* Volar á menudo, salir, echar á volar.

Evolo, as, avi, atum, are. *n. Cic.* Volar afuera, salir volando. ‖ Salir corriendo de repente. ‖ Ascender, subir. ‖ Huirse, desvanecerse, desaparecerse. ‖ Huir, evitar. *Evolare pœnam. Cic.* Evitar el castigo, la pena. ― *Ex severitate alicujus.* Huir de la severidad de alguno.

Evolutio, ōnis. *f. Cic.* Leccion, esplicacion de un libro.

## EXA

Evolutus, a, um. *part. de* Evolvo. *Liv.* Esplicado, desenvuelto. *Evolutus bonis. Sen.* Despojado de sus bienes.

Evolvo, is, volvi, volūtum, vĕre. *a. Ov.* Desenvolver, desplegar, desenrollar, descoger. ‖ *Cic.* Descubrir, esplicar, declarar. *Evolvere exitum alicujus rei. Cic.* Declarar, manifestar el éxito de alguna cosa. ― *Librum. Cic.* Ojear, pasar, leer un libro. *Se turba, ó ex turba. Ter.* Salir, escaparse del tropel ó del enredo. ― *Argentum alicui alicunde. Plaut.* Sacar, buscar dinero para alguno de alguna parte.

Evomo, is, mui, itum, ĕre. *a. Cic.* Arrojar vomitando. *Evomere iram. Ter.* ― *Virus acerbitatis suæ. Cic.* Descargar su cólera, desfogarse.

Evulgatio, ōnis. *f. Tac.* La accion de divulgar, publicacion, divulgacion.

Evulgator, ōris. *m. Luc.* Divulgador, el que divulga.

Evulgatus, a, um. *Tac.* Divulgado. *part. de*

Evulgo, as, avi, atum, are. *a. Liv.* Divulgar.

Evulsi. *pret. de* Evello.

Evulsio, ōnis. *f. Cic.* La accion de arrancar.

Evulsus, a, um. *Cic. part..de* Evello. *Cic.* Arrancado.

## EX

Ex. *prep. de ablat.* De muy varia significacion segun las palabras con que se junta. *Ex mea sententia. Ter.* Á mi parecer, á lo que creo, á mi entender. ― *Aperto. Liv.* Al descubierto, claramente. ― *Commodo. Col.* Con conveniencia, con comodidad. ― *Adverso ó adversum. Ter.* Enfrente, de enfrente, á lo opuesto. ― *Equo pugnare Plin.* Pelear á caballo. ― *Fide statuere. Cic.* Obrar de buena fe. ― *Aliquo quærere. Cic.* Preguntar á, informarse de alguno. ― *Animo dicere. Ter.* Hablar de corazon, con el corazon en las manos, abierta, sencillamente. ― *Aliquo dolere. Cic.* Sentir, tener sentimiento de ó por alguno. ― *Intervallo non apparere. Liv.* No verse por, por causa de la distancia. ― *Ea re in culpa est. Ter.* Por esto, por este motivo tiene la culpa, ha caido en falta. ― *Consulatu profectus est. Cic.* Partió despues de su consulado. ― *Denuntiato. Sen.* Despues de advertido, avisado. ― *Republica facere. Cic.* Obrar, hacer trabajar por el bien ó en utilidad del estado. ― *Melle vorare. Plaut.* Comer con miel. ― *Annulo impressa imago. Plaut.* Figura, imagen impresa con un sello. ― *Animi sententia jurare. Cic.* Jurar con sinceridad, de corazon. ― *Animo facere. Ter.* Hacer con voluntad, con aficion, con deseo, con gana. ― *Facili. Plin.* Con facilidad. ― *Inopinato ó insperato. Liv.* Contra, fuera de toda esperanza, inopinadamente. ― *Jure panem vorare. Plaut.* Comer pan mojado en caldo. ― *Animo miser. Plaut.* Infeliz en el fondo del alma. ― *Auro poculum. Cic.* Vaso de oro. ― *Pueris excedere. Cic.* Salir de la infancia. ― *Navibus loqui. Cæs.* Hablar desde los navíos. ― *Quo die. Eo die quo.* Desde el dia que. ― *Eo die ad hunc diem. Cic.* Desde aquel dia hasta hoy, hasta el dia de hoy, hasta el presente. ― *Illo. Virg.* Desde entonces, desde aquel tiempo. ― *Die hoc. Plaut.* Desde hoy. ― *Utero. Plaut.* Desde el vientre de su madre. ― *Numero disertorum. Cic.* Del número de los elocuentes. ― *Præterito. Liv.* De lo pasado. ― *Toto. Plin.* Del todo, total, enteramente. ― *Animo amicus. Cic.* Amigo de corazon. ― *Parte. Liv.* En parte. ― *Itinere. Cæs.* Sobre la marcha, de paso. ― *Aliis alicui fidem habere. Cæs.* Fiarse de uno entre todos los demas. ― *Dignitate tribuere. Cic.* Dar conforme, con respeto á, con consideracion de la dignidad. ― *Invidia. Plin. men.* Por envidia. ― *Litteris cognoscere. Cic.* Saber por cartas. ― *Besse hæres. Plin.* Heredero de los dos tercios de la herencia. ― *Majore parte. Plin.* Por la mayor parte. ― *Re et ex tempore. Cic.* Segun, conforme al tiempo y á los negocios. ― *Tempore. Cic.* De repente. ― *Dignitate visum est. Liv.* Pareció mas conveniente, mas correspondiente, mas propio de la.

Exa, æ. *f. Ex, rio de Inglaterra.*

Exacerbatio, ōnis. *f. Bibl.* Irritacion, exasperacion.

Exacerbator, ōris. *m. Tac.* El que irrita, exaspera.

Exacerbatus, a, um. *Liv.* Irritado, exasperado.

Exacerbesco, is, bui, scĕre. *n. Apul.* Irritarse, exasperarse.

Exăcerbo, as, āvi, ātum, āre. a. Liv. Exacerbar, irritar, exasperar, inquietar.

Exăcĕro, as, āvi, ātum, āre. a. Liv. Abalear, limpiar los granos aventándolos. ‖ Aechar, limpiar los granos con criba ó arnero.

Exăcesco, is, acui, scĕre. n. Col. Avinagrarse, acedarse, agriarse.

Exăcĭno, as, āvi, ātum, āre. a. Col. Quitar los granos, desgranar la fruta. ‖ Mondar, limpiar, escoger.

Exacte, tius, tissime. adv. Mel. Exacta, cuidadosa, diligentemente.

Exactio, ōnis. f. Cic. Exaccion, cobranza, percepcion, recogimiento de rentas y tributos. ‖ Espulsion. ‖ Vitruv. Puntualidad, diligencia en la ejecucion.

Exactor, ōris. m. Ces. Exactor, cobrador, cogedor, el que exige y cobra rentas ó tributos. ‖ El que echa, destierra. Exactor operis. Col. El que toma cuenta de la obra y trabajo. — Supplicii. Liv. Mortis. Tac. Ejecutor de la justicia, verdugo.

Exactrix, īcis. f. S. Ag. La que exige, pide con derecho.

Exactus, us. m. Quint. La venta.

Exactus, a, um. part. de Exigo. Cic. Exacto, cuidadoso, puntual, diligente. ‖ Espulso, echado. ‖ Pasado, concluido. ‖ Completo, perfecto, concluido, bien trabajado. Exactus furiis. Ov. Atormentado por las furias. Exactae merces. Col. Mercadurías vendidas.

Exăcuo, is, ui, ūtum, ĕre. a. Col. Aguzar, afilar mucho, hacer punta, puntiagudo. ‖ Estimular, incitar, punzar. Exacuere aciem ingenii. Cic. Despertar, avivar el entendimiento, el ingenio.

Exăcūtio, ōnis. f. Plin. La aguzadura, el acto de aguzar.

Exăcūtus, a, um. Plin. Aguzado. part. de Exacuo.

Exadverso. adv. l. y

Exadversum. adv. l. Ter. Enfrente, de frente, frente á frente.

Exadvŏcātus, i. m. S. Ag. El abogado.

Exaedĭfĭcātio, ōnis. f. Cic. Construccion, fábrica, edificacion, ó la conclusion de ella.

Exaedĭfĭcātor, ōris. m. Firm. V. Aedificator.

Exaedĭfĭcātus, a, um. Cic. Fabricado. part. de

Exaedĭfĭco, as, āvi, ātum, āre. a. Ces. Edificar, construir, fabricar, levantar un edificio ó acabarle. ‖ Concluir. Exaedificavisset me. Plaut. Me hubiera echado de casa.

Exaequābĭlis. m. f. lĕ. n. is. Vitruv. Que puede allanar ó igualar.

Exaequātio, ōnis. f. Vitruv. Igualacion, allanamiento. ‖ Plano.

Exaequātus, a, um. Sal. Igualado. part. de

Exaequo, as, āvi, ātum, āre. a. Cic. Igualar, hacer, poner igual. Exaequare facta dictis. Sol. Igualar los hechos con las palabras.

Exaestŭātio, ōnis. f. Gels. Hervor. ‖ Agitacion, conmocion.

Exaestuo, as, āvi, ātum, āre. n. Plin. Salir ondeando y bullendo como lo que hierve. ‖ Tener mucho calor. ‖ Acalorarse, irritarse.

Exaggĕranter. adv. Tert. Con exageracion, con ponderacion.

Exaggĕrātio, ōnis. f. Cic. Elevacion, altura, grandeza, escelencia. ‖ Gel. Exageracion, encarecimiento.

Exaggĕrātor, ōris. m. S. Ger. Exagerador, encarecedor, ponderador.

Exaggĕrātus, a, um. Cic. Exagerado, aumentado, ponderado. ‖ Amontonado. part. de

Exaggĕro, as, āvi, ātum, āre. a. Vitruv. Acumular, amontonar. ‖ Cic. Exagerar, encarecer, aumentar, amplificar, engrandecer. Exaggerare locum operibus. Vitruv. Llenar de obras, de fortificaciones un sitio.

Exăgĭtātor, ōris. m. Cic. Perseguidor, atormentador, azote.

Exăgĭtātus, a, um. Cic. Perseguido. ‖ Tratado, disputado. part. de

Exăgĭto, as, āvi, ātum, āre. a. Cic. Perseguir, atormentar. ‖ Conmover, mover, incitar, irritar. ‖ Rechazar, desaprobar. Exagitare fraudes. Cic. Descubrir por menor los engaños.

Exăgium, ii. n. Glos. El peso, la romana.

Exăgōga, ae, y Exagoge, es. f. Plaut. Trasporte, conduccion. ‖ Conductor.

Exalbātus, a, um. Tert. Blanqueado.

Exalbesco, is, ui, scĕre. n. Gel. Emblanquecerse, ponerse blanco. ‖ Cic. Ponerse pálido.

Exalbĭdus, a, um. Plin. Blanquecino, que tira á blanco.

Exalbo, as, āre. a. Tert. Blanquecer, emblanquecer.

Exalburnātus, a, um. Plin. Privado de la blancura.

Exaltātio, ōnis. f. Tert. Exaltacion, elevacion.

Exaltātus, a, um. Sen. Exaltado, elevado. part. de

Exalto, as, āvi, ātum, āre. a. Sen. Exaltar, levantar, elevar. Exaltare sulcos in tres pedes. Col. Profundizar los sulcos tres pies.

Exălūmĭnātus, a, um. Plin. Resplandeciente como la piedra alumbre.

Exambio, is, īvi, itum, īre. a. Am. Buscar, pretender con embrollos, enredos.

Exambĭtus, a, um. Am. part. de Exambio. Buscado, pretendido con embrollos.

Examen, ĭnis. n. Cic. Enjambre de abejas. ‖ Tropa, multitud, compañía, gran número de gentes. ‖ Ov. Examen, investigacion. ‖ Virg. Aguja de la balanza.

Exămĭnāte. adv. Am. Con examen, con madurez.

Exămĭnātio, ōnis. f. Vitruv. El equilibrio, igualacion del peso. ‖ Ulp. Examen, censura, juicio.

Exămĭnātor, ōris. m. Tert. Examinador, censor. ‖ Casiod. El que pesa ó hace el peso.

Exămĭnātōrius, a, um. Tert. Perteneciente al examen.

Exămĭnātus, a, um. Cic. Pesado, equilibrado. ‖ Ulp. Examinado, considerado, inquirido, averiguado. part. de

Exămĭno, as, āvi, atum, āre. n. Col. Enjambrar, formarse enjambres. ‖ a. Cic. Pesar. ‖ Examinar, considerar, inquirir, averiguar.

Examplexor, āris, ātus sum, āri. dep. ad Her. Abrazar.

Exămurco, as, āvi, ātum, āre. a. Apul. Quitar el alpechin, las heces del aceite.

Exāmussim. adv. Plaut. Exacta, perfectamente.

Exanguis. m. f. guĕ. n. is. Cic. Exangüe, desangrado, desfallecido, falto de sangre. ‖ Amedrentado.

Exangŭlus, a, um. Vitruv. Lo que no tiene ángulos.

Exănĭmālis. m. f. lĕ. n. is. Plaut. Exánime, sin alma. ‖ Mortal, que mata. Exanimalem facere aliquem. Plaut. Dar muerte á alguno.

Exănĭmātio, ōnis. f. Cic. Espanto, perturbacion, consternacion mortal.

Exănĭmātio, ōnis. f. Cic. Desanimacion, consternacion.

Exănĭmātus, a, um. part. de Exanimo. Liv. Muerto, sin alma. ‖ Exánime, desmayado. ‖ Plaut. Distraido.

Exănĭmis. m. f. mĕ. n. is. Liv. Muerto, sin alma. ‖ Exánime, débil, sin fuerzas, consternado.

Exănĭmo, as, āvi, ātum, āre. a. Cic. Quitar la vida, matar. ‖ Desalentar, consternar, llenar de temor y espanto, aterrar.

Exănĭmus, a, um. Virg. Muerto, sin vida, sin alma.

Exante. prep. V. Ante.

Exanthĕmăta, um. n. plur. Marc. Emp. Postillas, especie de salpullido que sale al cutis.

Exantlātus, a, um. Plaut. Agotado, bebido. ‖ Cic. Padecido, sufrido. part. de

Exantlo, as, āvi, ātum, āre. a. Plaut. Agotar. ‖ Tolerar, padecer, sufrir. Exantlare scitissime vinum poculo. Plaut. Apurar con mucha gracia un vaso de vino.

Exapĕrio, is, īre. a. S. Ag. Abrir, manifestar enteramente.

Exapto, as, āre. a. Apul. Acomodar, ajustar.

Exaptus, a, um. Lucr. Apto, ajustado, conexo.

Exaquesco, is, ĕre. n. Censor. Desatarse en, hacerse agua.

Exărātio, ōnis. f. Marc. Cap. El acto de arar ó de sacar fuera arando. ‖ Sid. Escritura, poema.

Exărātus, a, um. Cic. part. de Exare. Sacado arando. ‖ Suet. Escrito.

Ex Archiatrix. Cod. El que tiene la dignidad de Arquiatro.

Exarchus, i. m. Inscr. Exarco, teniente general de los emperadores griegos.

Exardesco, is, arsi, scĕre. n. Cic. Encenderse, inflamarse, prenderse fuego. Foedissimis abominationibus ex-

Mm

*arsit. Tac.* Se enfureció, desfogó, prorumpió en muy vergonzosas acusaciones. *Homo sic exarsit. Cic.* El hombre se encendió, se enamoró de tal manera.

Exarēfīo, is, factus sum, fĭĕri. *n. Plin.* V. Exaresco.

Exarēno, as, āvi, ātum, āre. *a. Plin.* Quitar la arena.

Exaresco, is, arui, scĕre. *n. Cic.* Secarse. ‖ Marchitarse, desvanecer, perder el vigor.

Exarĭdus, a, um. *Tert.* Enteramente seco.

Exarmātio, ōnis. *f. Veg.* La accion de desarmar.

Exarmātus, a, um. *Sen.* Desarmado. *part. de*

Exarmo, as, āvi, ātum, āre. *a. Tac.* Desarmar, despojar de las armas. *Exarmare accusationem. Plin.* Desarmar, debilitar una acusacion.

Exāro, as, āvi, ātum, āre. *a. Cat.* Sacar fuera arando, con el arado. ‖ *Plin.* Arar. *Exarare frumentum. Cic.* Arar, sembrar; cultivar los campos. — *Frontem rugis. Hor.* Arar la frente con arrugas (dícese de la vejez). — *Novum proœmium. Cic.* Escribir, trabajar un nuevo proemio.

Exasciātus, a, um. *Plaut.* Pulido, desbastado con la azuela.

Exaspĕrātio, ōnis. *f. Escrib.* El acto de exasperar.

Exaspĕrātus, a, um. *Cels.* Puesto áspero. ‖ *Liv.* Exasperado, irritado.

Exaspĕro, as, āvi, ātum, āre. *a. Cels.* Poner áspero. ‖ *Liv.* Exasperar, irritar, ensañar, enfurecer.

Exatio, as, āre. V. Exsatio.

Exatūro, as, āre. V. Exsaturo.

Exauctōrātus, a, um. *Liv.* Licenciado, despedido con licencia. *part. de* Exauctoro.

Exauctōrĭtas, ātis. *f. Cod. Teod.* La licencia ó despedida ignominiosa de un soldado.

Exauctōro, as, āvi, ātum, āre. *a. Suet.* Licenciar, libertar de la obligacion y juramento militar, por lo comun ignominiosamente. ‖ *Liv.* Licenciar, dar su licencia honrosa al soldado que ha cumplido su tiempo.

Exauctus, a, um. *Col.* lo que ha dejado de crecer.

Exaudibĭlis. *m. f. lĕ. is. S. Ag.* Lo que se puede oir ó és digno de oirse.

Exaudio, is, īvi, ītum, īre. *a. Cic.* Oir, entender, escuchar favorablemente.

Exaudītio, ōnis. *f. S. Ag.* La accion de escuchar benignamente.

Exaudītor, ōris. *m. Bibl.* El que oye benignamente.

Exaudītus, a, um. *part. de* Exaudio. *Cic.* Oido. ‖ *Virg.* Oido benignamente.

Exaugeo, es, xi, ctum, gĕre. *a. Ter.* Aumentar.

Exaugŭrātio, ōnis. *f. Liv.* Profanacion, el acto de profanar con ciertas ceremonias.

Exaugŭrātor, ōris. *m. Tac.* Profanador, el que profana.

Exaugŭrātus, a, um. *Liv.* Profanado. *part. de*

Exaugŭro, as, āvi, ātum, āre. *a. Liv.* Profanar, hacer profano lo sagrado. *Exaugurandi, nubendique potestas ei facta est. Gel.* Se dió permiso (á la sacerdotisa) de dejar el sacerdocio y casarse.

Exauspĭcātio, ōnis. *f. Liv.* La accion de tomar ó hallar agüeros poco favorables.

Exauspĭcātus, a, um. *Plaut. part. de*

Exauspĭco, as, āvi, ātum, āre. *a. Plaut.* Hallar agüeros poco favorables.

Exbalisto, as, āvi, ātum, āre. *n. Plaut.* Derribar, echar por tierra con el golpe de una ballesta.

Exboza, ae. *f. Varr.* Dardo, arma arrojadiza.

Excaecātor, ōris. *m. S. Ag.* El que ciega á otro.

Excaecātus, a, um. *Cic.* Cegado, como *los fosos, puertas y caminos. part. de*

Excaeco, as, āvi, ātum, āre. *a. Cic.* Cegar, quitar, hacer perder la vista. ‖ *Ov.* Cerrar, tapar, cegar. *Excaecare formam. Petr.* Echar á perder, deslustrar la hermosura.

Excalceātus, a, um. *Suet.* Descalzo. ‖ *Sen.* Lo dice de los cómicos, que en comparacion de los trágicos parecian descalzos, por ser su calzado muy bajo, llamado *socco. dl.*

Excalceo, as, āvi, ātum, āre. *a. Suet.* Descalzar, quitar el calzado, los zapatos.

Excaldātio, ōnis. *f. Capit.* Lavatorio en agua caliente.

Excaldātus, a, um. *Apic.* Lavado en agua caliente.

Excaldo, as, āre. *a. Vulc.* Lavar en agua caliente.

Excălĕfācio, is, fĕci, factum, cĕre. y

Excalfācio, is, fĕci, factum, cĕre. *a. Plin.* Calentar, ‖ Escalfar.

Excalfactio, ōnis. *f. Plin.* La accion de calentar.

Excalfactor, ōris. *m. Plin.* El que calienta ó escalfa.

Excalfactōrius, a, um. *Plin.* Lo que tiene fuerza y virtud de calentar.

Excalfactus, a, um. *Plin.* Calentado, escalfado.

Excalfīo, y Excalefīo, is, factus sum, fĭĕri. *pas. Plin.* Calentarse, ser calentado.

Excandĕfācio, is, fĕci, factum, cĕre. *a. Varr.* Escandecer, encender. *Escandefacere annonam. Varr.* Encarecer los víveres.

Excandescentia, ae. *f. Cic.* Escandecencia, irritacion, encendimiento en irá ó enojo.

Excandesco, is, dui, scĕre. *n. Cat.* Encenderse, abrasarse. ‖ Irritarse, airarse.

Excantātio, ōnis. *f. Apul.* Encanto, encantamiento.

Excantātus, a, um. *Hor.* Llamado, atraido con encantos. *part. de*

Excanto, as, āvi, ātum, āre. *a. Lucr.* Llamar, atraer, hacer venir con encantos ó hechizos.

Excarnĭfĭcātus, a, um. *Cic.* Despedazado. *part. de*

Excarnĭfĭco, as, āvi, ātum, āre. *a. Suet.* Despedazar, hacer pedazos la carne. ‖ *Ter.* Atormentar.

Excastrātus, a, um. *Gel.* Castrado, capado.

Excavātio, ōnis. *f. Sen.* La accion de cavar, la cava.

Excavātus, a, um. *Cic.* Cavado. *part. de*

Excāvo, as, āvi, ātum, āre. *a. Plin.* Escavar, cavar.

Excēdo, is, cessi, cessum, dĕre. *n. Cic.* Salir, partir, irse, retirarse. ‖ Morir. ‖ Esceder, sobrepujar, pasar. *Excedere de medio. Ter. — Vita. Tac.* Morir. — *Ex ephebis. Ter. Ex pueris. Cic.* Salir de la niñez, de la puericia. — *In magnum certamen. Liv.* Ir á parar á una gran contienda. — *Modum. Liv.* Pasar la moderacion, ser exorbitante.

Excellens, tis. *com.* tior, tissĭmus. *Cic.* Escelente, selecto, insigne, aventajado ‖ Alto, eminente.

Excellenter. *adv. Cic.* Escelente, primoroso, perfectamente.

Excellentia, ae. *f. Cic.* Escelencia, perfeccion, grandeza, nobleza.

Excello, is, lui, ĕre. *n. Cic.* Ser escelente, aventajarse.

Excelse, ius, issĭme. *adv. Col.* Escelsa, alta, encumbradamente. ‖ Sublime, magnificamente.

Excelsĭtas, ātis. *f. Cic.* y

Excelsĭtūdo, ĭnis. *f. Plin.* Altura, elevacion, grandeza, sublimidad.

Excelsus, a, um, ior, issĭmus. *Cic.* Escelso, elevado, alto, eminente, encumbrado. ‖ Soberano, supremo, superior.

Exceptācŭlum, i. *n. Tert.* Receptáculo.

Exceptātio, ōnis. *f. Pacuv.* La toma, la accion de tomar ó recibir.

Exceptio, ōnis. *f. Cic.* Escepcion, esclusion, limitacion, restriccion. ‖ Razon, motivo en defensa del derecho. ‖ *Petron.* Condicion, pacto.

Exceptĭtius, a, um. *Plin.* Particular, singular.

Exceptiuncŭla, ae. *f. Sen.* Escepcion pequeña.

Excepto, as, āvi, ātum, āre. *a. Cic.* Coger, recoger, tomar, recibir, admitir.

Exceptor, ōris. *m. Ulp.* Escribiente, copista.

Exceptōrius, a, um. *Ulp.* Lo que sirve para recibir, coger ó recoger.

Exceptus, a, um. *Cic. part. de* Excipio. Recibido, recogido. ‖ Esceptuado. *Excepto quod. Hor. — Si. Pers.* Escepto que ó si, usado adverbialmente como en castellano.

Excĕrĕbrātus, a, um. *Tert.* El que ha perdido el seso, el juicio.

Excerno, is, crēvi, crētum, nĕre. *a. Vitruv.* Acribar, limpiar. ‖ *Cels.* Hacer del cuerpo.

Excerpo, is, psi, ptum, pĕre. *a. Cic.* Sacar, elegir entre muchas cosas. ‖ Separar. *Non excerpere se. Sen.* No hacerse singular.

Excerpta, ōrum, *n. plur. Sen.* Colecciones, estractos de cosas escogidas.

Exceptio, ōnis. f. Gel. Eleccion, la accion de recoger y elegir.

Exceptus, a, um. part. de Excerpo. Sen. Elegido, escogido, recogido de ó entre muchas cosas.

Excervicatio, ōnis. f. S. Ger. Contumacia, tiesura.

Excessi. pret. de Excedo.

Excessus, a, um. Ter. Escedido. part. de Excedo.

Excessus, us. m. Cic. Salida, partida, ida. ‖ Plin. Digresion. ‖ Cels. Esceso, parte, porcion ó hueso que sobrepuja y escede lo natural.

Excetra, ae. f. Cic. La hidra lernea que mató Hércules. ‖ Liv. Oprobrio que se dice á la muger mala y hechicera.

Excidio, ōnis. f. Plaut.

Excidium, ii. n. Liv. Ruina, esterminio.

Excido, is, cidi, cisum, dĕre. a. Cic. Cortar sacando. ‖ Derribar, arruinar, destruir. Excidere alicui linguam. Cic. Sacar á alguno la lengua, cortársela. — Numero civium. Plin. men. Escluir á alguno, echarle, borrarle del número de los ciudadanos.

Excido, is, cidi, ĕre. n. Cic. Caer. ‖ Perecer, morir. Excidere animum. Plin. men. Ex animo. Virg. Memoria, de memoria. Liv. Escaparse, irse de la memoria, olvidarse. — Casu de manibus. Cic. Caerse, escaparse por casualidad de las manos. — Uxore. Ter. Perder su muger. — Et vultus, oratio, mens denique. Cic. Perdió el color, el habla, y aun el juicio.

Excieo, ēs, civi, citum, ēre. a. Plaut. V. Excio.

Excinctus, a, um. Sil. Ital. Desceñido. part. de Excingo.

Excindo. V. Exscindo.

Excingo, is, nxi, nctum, gĕre. a. Cat. Quitar el ceñidor. ‖ Despojar.

Excio, is, civi, citum, ire. a. Cic. Llamar, sacar afuera. ‖ Mover, conmover, escitar. Excire alicui lachrymas. Plaut. Sacarle á uno, hacerle salir las lágrimas, hacerlo llorar. — Aliquem sedibus suis. Liv. Hacer salir á uno de su pais, de su domicilio. — In arma. Liv. Hacer tomar las armas.

Excipio, is, cēpi, ceptum, ĕre. a. Cic. Recibir, tomar, coger. ‖ Oir, percibir, escuchar. ‖ Emprender, tomar á su cargo, sobre sí, á su ó por su cuenta. ‖ Copiar dictando otro. ‖ Sorprender, coger desprevenido. ‖ Suceder, seguir inmediatamente. ‖ Continuar, conservar lo que se ha interrumpido. ‖ Escluir, esceptuar. ‖ Escepcionar, poner escepciones en defensa del derecho. Excipere amplexum. Ov. Recibir con los brazos abiertos, con un abrazo, abrazar. Excipit diem nox. Liv. La noche sigue inmediatamente al dia. Id excipitur legibus. Cic. Este caso está esceptuado por las leyes. Excipere vim frigorum. Cic. Tolerar, sufrir la fuerza, el rigor de los frios. Caprum insidiis. Virg. Hurtar un macho cabrío. — Voluntates hominum. Cic. Captar las voluntades de los hombres. — Sanguinem patera. Cic. Recoger la sangre en una copa, en un vaso.

Excipium, ii. n. Fest. V. Exceptio.

Excipula, ae. f. y

Excipulum, i. n. 6

Excipulus, i. m. Plin. La nasa ó red para pescar, y cualquiera otra cosa y vasija para recoger y recibir.

Excipuus, a, um. Fest. Lo que se ha recibido, lo que entra ó cae en alguna cosa.

Excisatus, a, um. Plaut. Herido, cortado.

Excisio, ōnis. f. Cic. Ruina, demolicion, destruccion.

Exciso, ās, āre. a. Plaut. Cortar.

Excisorius, a, um. Col. Lo que sirve y es propio para cortar. Excisorius scalper. Cels. Navaja pequeña de cirujano.

Excisus, a, um. part. de Excido. Cic. Cortado. ‖ Arruinado, destruido.

Excitabilis. m. f. lĕ. n. is. Cel. Aur. Lo que mueve, escita.

Excitandus, a, um. Cic. Lo que se debe escitar ó mover.

Excitate. adv. tius. Quint. Vehemente, vivamente, con rigor y fuerza.

Excitatio, ōnis. f. Arnob. El acto de escitar ó mover.

Excitator, ōris. m. Prud. El que escita, mueve.

Excitatorius, a, um. Quint. Lo que escita, mueve, conmueve los ánimos.

Excitatus, a, um, tior, tissimus. Nep. Escitado, conmovido, movido, incitado. ‖ Cic. Concitado, vehemente. ‖ Levantado, part. de

Excito, ās, āvi, ātum, āre. a. Cic. Escitar, incitar, mover, conmover. Excitare aliquem ex somno. Cic. Despertar á alguno. — Alicui memoriam, ó aliquem ad memoriam alicujus rei. Cic. Despertar, renovar á alguno la memoria de, ó traerle, hacerle á la memoria alguna cosa. — Sepulcrum. Cic. Levantar, construir un sepulcro.

Excitus, a, um. Salust. Incitado, conmovido.

Excitus, a, um. Virg. Llamado fuera. part. de Excio.

Excivi. pret. de Excio.

Exclamatio, ōnis. f. Ad Her. Esclamacion, grito, el acto de clamar. ‖ Figura retórica que con interjecion oculta ó espresa esfuerza varios afectos del ánimo.

Exclamator, ōris. m. Plaut. El que hace esclamaciones.

Exclamatus, a, um. Cel. Aur. Llamado á voces.

Exclamo, ās, āvi, ātum, āre. a. Cic. Esclamar, dar gritos, clamar. ‖ Hacer una esclamacion. Exclamare aliquem. Plaut. Llamar á voces á alguno. — Toto pectore. Cic. Gritar con toda su fuerza.

Exclaro, ās, āvi, ātum, āre. a. Vitruv. Aclarar.

Excludo, is, si, sum, dĕre. a. Cic. Escluir, dejar fuera, no admitir, cerrar la entrada. ‖ Esceptuar. ‖ Rechazar, remover, apartar. Excludere exercitum. Cic. Cerrar el paso á un ejército. — Oculum alicui. Plaut. Sacar un ojo á alguno. Excludi temporis angustiis. Cic. No tener, faltar tiempo.

Exclusio, ōnis. f. Ter. Esclusion, el acto de escluir, echar ó dejar fuera.

Exclusor, ōris. m. S. Ag. El que escluye, echa fuera.

Exclusorius, a, um. Ulp. Lo que tiene fuerza y virtud de escluir.

Exclusus, a, um. Cic. part. de Excludo. Escluido, dejado fuera. ‖ Impedido, estorbado. ‖ Rechazado.

Excoctio, ōnis. f. Cod. Teod. La cocedura, el acto de cocer.

Excoctus, a, um. Ter. part. de Excoquo. Bien cocido.

Excodico, ās, āvi, ātum, āre. a. Fest. Cavar las cepas, y quitarles las yerbas inútiles.

Excogitatio, ōnis. f. Cic. El acto de escogitar, meditar ó discurrir.

Excogitator, ōris. m. Quint. El que piensa, medita, discurre de nuevo.

Excogitatus, us. m. Gel. V. Excogitatio.

Excogitatus, a, um. Cic. Hallado, discurrido pensando.

Excogitatissimae hostiae. Suet. Víctimas raras, esquisitas. part. de

Excogito, ās, āvi, ātum, āre. a. Cic. Escogitar, inventar, hallar pensando con atencion. ‖ Pensar, meditar, discurrir con gran cuidado.

Excolo, is, lui, cultum, lĕre. a. Cic. Cultivar las tierras con mucho cuidado. ‖ Adornar, pulir, hermosear. ‖ Perfeccionar. ‖ Venerar, respetar, reverenciar. Excolere victum hominum. Cic. Cultivar, civilizar el porte de los hombres.

Excolo, ās, āre. V. Colo, as.

Excolubro, ās, āre. a. Plaut. Investigar, inquirir con gran curiosidad. ‖ Insinuarse, introducirse insensiblemente.

Excommunicatio, ōnis. f. S. Ag. Escomunion, descomunion, privacion de la comunion de los fieles.

Excommunicatus, a, um. Eccles. Escomulgado, descomulgado. part. de

Excommunico, ās, āre. a. S. Ger. Escomulgar, descomulgar, apartar, privar de la comunion de los fieles.

Exconsul, is. m. y

Exconsularis, is. m. Inscr. Consular, el que ha sido cónsul.

Excoquo, is, coxi, coctum, quĕre. a. Plin. Cocer mucho. ‖ Col. Cocer, digerir. ‖ Plaut. Amasar dispones. ‖ Inventar. ‖ Virg. Limpiar, purificar cociendo.

† Excoriatio, ōnis. f. Escoriacion, rompimiento del cuero.

† Excorio, ās, āre. a. Levantar el cuero por golpe ú otra cosa.

Excornis. m. f. nĕ. n. is. Tert. Descornado.

Excors, dis. com. Cic. Necio, fatuo, insensato, simple, tonto, majadero.

Excreābĭlis. m. f. lĕ. n. is. Plin. Lo que se puede arrojar escupiendo.

Excreātio, ōnis. f. Plin. La accion de escupir ó salivar.

Excreātor, ōris. m. Plaut. y

Excreātus, a, um. V. Excreator &c.

Excrēmentum, i. n. Col. El grano que se ha limpiado cribando. ‖ El escremento. Excrementum oris. Tac. La saliva.

Excreo, as, āre. V. Exscreo.

Excrescens, tis. com. Plin. Lo que se eleva en el cuerpo contra lo natural, escrecencia.

Excresco, is, ēvi, ētum, ĕre. n. Col. Crecer. ‖ Crecer mas de lo regular.

Excrētio, ōnis. f. Plin. La accion de despedir el escremento.

Excrētum, i. n. Col. Los granzones, granzas ó echaduras separadas del grano bueno.

Excrētus, a, um. part. de Excresco. Virg. Crecido. ‖ Col. Cribado, separado.

Excrēvi. pret. de Excerno, y Excresco.

Excrĭbo. V. Exscribo.

Excrŭciābĭlis. m. f. lĕ. n. is. Plaut. El que castiga ó atormenta, el que es digno de ser castigado.

Excrŭciātio, ōnis. f. S. Ag.

Excrŭciātus, us. m. Prud. El tormento.

Excrŭciātus, a, um. Cic. Atormentado. part. de

Excrŭcio, as, āvi, ātum, āre. a. Ces. Atormentar mucho. ‖ Molestar, afligir, dar pena y pesadumbre.

Excubātio, ōnis. f. Val. Max. La vela ó centinela, el acto de hacerla.

Excubiae, arum f. plur. Cic. Centinela, vela. ‖ Patrulla, ronda.

Excubĭculārius, ii. m. Cod. Teod. Camarero ó ayuda de cámara del príncipe.

Excubĭtor, ōris. m. Ces. El centinela, guardia.

Excubĭtōrium, ii. n. El sitio donde se hace la guardia.

Excubĭtus, us. m. Hirc. V. Excubiae.

Excŭbo, as, ui, ĭtum, āre. n. Cic. Dormir fuera de casa. ‖ Velar, hacer guardia ó centinela. Excubare ad portam. Ces. — Ante portas. Tib. — Pro portis. Liv. — In muris. Ces. Hacer centinela, montar la guardia, hacer la ronda á ó en las puertas, en la muralla. — Ova. Col. Empollar, cubrir los huevos. — Pro aliquo. Cic. Velar sobre ó por los intereses de alguno, por su bien ó conservacion. — Animo. Cic. Estar sobre sí, estar alerta.

Excūdo, is, di, sum, dĕre. a. Virg. Sacar, hacer salir ó echar á golpes. ‖ Componer, hacer, inventar con estudio y trabajo. Escudere pullos. Col. Sacar, echar pollos. — Opus. Cic. Hacer, publicar una obra.

Exculcātor, ōris. m. Veg. Esplorador, batidor, el que va á tomar lengua del camino.

Exculcātus, a, um. Gel. Pisado. ‖ Desechado, escluido, desusado.

Exculco, as, āvi, ātum, āre. a. Plaut. Acalcar, pisar.

Exculpo. V. Exsculpo.

Excultor, ōris. m. Tert. Cultivador, el que cultiva.

Excultus, a, um. part. de Excolo. Cic. Bien cultivado. ‖ Adornado, pulido, hermoseado. Exultus ad humanitatem. Cic. Hombre culto, instruido, bien educado.

Excultus, us. m. Fest. V. Cultus.

Excuneātus, a, um. Apul. El que no tiene asiento ó está excluido de los asientos principales del teatro.

Excūrātus, a, um. Plaut. Cuidado, preparado, apresado con diligencia.

Excūrio, as, āre. a. Varr. Echar de la curia.

Excurrens, tis. com. Cic. Lo que corre, se derrama, se estiende.

Excurro, is, curri, ó cucurri, cursum, rĕre. n. Cic. Correr fuera, discurrir á una parte y á otra. ‖ Hacer una escursion, correría ó entrada en país enemigo. Ne longius excurrat oratio. Cic. Por no apartar mas lejos del discurso.

Excursātio, ōnis. f. Val. Max. V. Excursio.

Excursātor, ōris. m. Am. V. Excursor.

Excursio, ōnis. f. Plin. Carrera. ‖ Cic. Escursion, correría.

Excursor, ōris. m. Cic. Corredor, esplorador, espía, batidor.

Excursus, us. m. Virg. Carrera. ‖ Irrupcion. ‖ Escursion. ‖ Plin. Estension y digresion.

Excursus, a, um. part. de Excurro. Ter. Corrido, acabado, andado.

Excūsābĭlis. m. f. lĕ. n. is. Ov. Escusable, lo que es digno de escusa y perdon.

Excūsābĭlĭter. adv. m. S. Ag. V. Excusate.

Excūsābundus, a, um. Apul. Que se escusa.

Excūsāmentum, i. n. Marc. Cap. V. Excusatio.

Excūsāte. adv. tius. Quint. Con escusa.

Excusātio, ōnis. f. Cic. Escusacion, escusa, razon, pretesto, motivo, y el acto de escusarse.

Excūsātor, ōris. m. S. Ag. Escusador, el que exime, escusa.

Excūsātus, a, um. Cic. Escusado. part. de

Excūso, as, āvi, ātum, āre. a. Cic. Escusar, disculpar, justificar. ‖ Dar, traer, alegar por escusa. Escusare se alicui. Plaut. Escusarse, justificarse delante de, con alguno. — Se de aliqua re. Cic. Escusarse de alguna cosa. — Aliquid. Cic. Escusarse con ó por alguna cosa.

Excūsor, ōris. m. Quint. Forjador, el que trabaja en bronce, hierro &c. á martillo.

Excussābĭlis. m. f. n. is. Manil. Lo que se puede desechar, apartar ó escusar.

Excussātus, a, um. Dig. V. Excussus.

Excusse. adv. Sen. Con ímpetu, con fuerza.

† Excussio, ōnis. f. Sacudimiento, la accion de echar y sacudir con ímpetu.

Excussōrius, a, um. Plin. Lo que sirve para pasar por tamiz ó cedazo. Excussorium cribrum. Plin. Cedazo, tamiz.

Excussus, us. m. Prud. V. Excussio.

Excussus, a, um. part. de Excutio. Virg. Echado fuera á golpes. ‖ Agitado, vibrado. ‖ Examinado, inquirido con diligencia.

Excussus, a, um. Varr. part. de Excudo. Sacado con fuerza á golpes.

Excŭtia, ae. f. y

Excŭtia, ōrum. n. plur. Plaut. Escobillas, cepillos.

Excŭtiendus, a, um. Ov. Lo que se ha de sacudir.

Excŭtio, is, cussi, cussum, tĕre. a. Plaut. Echar, arrojar sacudiendo. ‖ Lanzar, disparar, tirar. ‖ Inquirir, examinar, reconocer de cerca, á fondo. Excutere aliquid alicui de manibus. Ov. Hacer caer á alguno alguna cosa de las manos. — Equitem. Liv. Despedir, arrojar, echar por tierra al ginete, al caballero. — Cerebrum. Plaut. Hacer saltar los sesos. — Volver á uno loco, hacerle perder el juicio. ‖ Feras cubilibus. Plin. men. Levantar la caza, las fieras, hacerlas salir de sus cuevas ó madrigueras. — Moenia. Estac. Derribar, arruinar los muros.

Exdĕcĭmo, as, āvi, ātum, āre. a. Fest. Diezmar, tomar, sacar el diezmo.

Exdemetrĭcus. Gel. Título de una sátira de Varron.

Exdorso, as, āre. y

Exdorsuo, as, āvi, ātum, āre. a. Plaut. Desollar, quitar la piel de encima del lomo. ‖ Romper, quebrantar la espina, el espinazo.

Exdux, ūcis. m. Capitol. El que ha sido capitan, como ex cónsul el que ha sido cónsul.

Execo, Execror, Executio. V. Exseco &c.

Exedentŭlus, a, um. Tert. Desdentado, sin dientes.

Exĕdo, exĕs, ó exĕdis, ĕdi, ĕsum, ó estum esse, ó ĕdĕre. a. Ter. Comer mucho, devorar, engullir. ‖ Consumir, arruinar, acabar, destruir.

Exedra, ae. f. Cic. Exedra. (r.) Lonja, lugar á modo de pórtico abierto y con asientos, donde se juntaban los filósofos, retóricos y otros sabios á sus conferencias. ‖ Ulp. Gabinete, sala para tener tertulia. ‖ La sala de juntas ó cofradías, y la de capítulo de los clérigos seculares y regulares.

Exedrium, ii. n. Cic. dim. de Exedra.

Exĕdum, i. n. Plin. Yerba llamada nudosa, ó molar.

* Exegetĭce, es. f. Diom. La parte narrativa de la gramática, que pertenece al oficio de la leccion.

Exēgi. *prēt. de* Exigo.
Exēmi. *prēt. de* Eximo.
Exemplar, is. *n. Cic.* y
Exemplare, is. *n. Lucr.* ó
Exemplarium, ii. *n. Arnob.* Ejemplar, original, modelo. ‖ Copia, tanto, traslado.
Exemplaris. *m. f. rĕ. n. is. Macrob.* Conforme al original, fiel, exacto.
Exemplatus, a, um. *Sid.* Copiado, sacado, trasladado.
Exemplum, i. *n. Cic.* Ejemplo, modelo. ‖ Ensayo, muestra, ‖ Ejemplar, castigo. ‖ Copia, tanto, traslado. ‖ Tenor, contenido. ‖ Caso, hecho que se refiere para que se imite ó evite. *Exemplum alicui praebere. Liv.* Ejemplo ese. *Ter.* Dar, ser, servir de ejemplo á alguno. *Exempli causa. Cic.* — *Gratia. Plin.* Por ejemplo.
Exemptilis. *m. f. lĕ. n. is. Col.* Fácil de quitar.
Exemptio, ōnis. *f. Col.* La accion de quitar ó sacar fuera. *Exemptionem difficilem praebere. Col.* Ser, estar difícil de quitar.
Exemptor, ōris. *m. Plin.* El que quita, arranca y saca afuera. ‖ Cantero, el que saca y trabaja en piedra.
Exemptus, us. *m. Vitruv. V.* Exemtio.
Exemptus, y Exemtus, a, um. *part. de* Eximo. *Hor.* Sacado, quitado, echado fuera. *Exemptus honoribus. Plin.* Aquel que tiene cerrado el paso para empleos honoríficos.
Exentĕra, ōrum. *n. plur. Plaut.* Las entrañas, las tripas.
Exenterātio, ōnis. *f. Apic.* La accion de sacar las tripas.
Exenterātor, ōris. *m. Apic.* El que saca las tripas.
Exenterātus, a, um. *Just.* Despanzurrado. *part. de*
Exentĕro, as, āvi, ātum, āre. *a. Plaut.* Sacar las tripas, despanzurrar á un animal. ‖ Desocupar, evacuar. ‖ Molestar, atormentar.
Exeo, is, xivi, ó xii, xĭtum, xĭre. *n. Cic.* Salir, ir fuera, marchar, partir. ‖ Salir á luz, publicarse. ‖ Acabar, perecer, morir. *Exire aere alieno. Cic.* Salir de deudas, de trampas, pagar á sus acreedores. — *Tela. Virg.* Evitar, esquivar los golpes, los dardos, las heridas. — *In ó per easdem litteras. Quint.* Acabar, concluir en las ó con las mismas letras. — *Modum. Ov.* Pasar los límites, la raya, la moderacion. — *Super aliquem. Estac.* Sobresalir, levantar por encima de alguno. — *A ó ? memoria. Sen.* Escaparse de la memoria.
Exequiae, Exequor &c. *V.* Exsequiae, exsequor &c.
Exercendus, a, um. *Cic.* Lo que se debe ejercitar.
Exercens, tis. *com. Cic.* El que ejerce ó ejercita.
Exerceo, es, cui, ĭtum, ēre. *a. Cic.* Ejercer, profesar, ‖ Ejercitar, hacer, acostumbrar, enseñar. ‖ Fatigar, inquietar, atormentar, agitar. *Exercere aliquem in aliqua re, ó ad aliquid. Cic.* Ejercitar, ocupar á uno en alguna cosa. — *Se ad morem alterius. Cic.* Hacerse á las costumbres de otro. — *Ferrum. Virg.* Trabajar en ó el hierro. *Casus in quibus me fortuna vehementer exercuit. Cic.* Las desgracias en que tanto me ha ejercitado la fortuna, en que tanto me ha afligido, me ha dado que ó en que merecer.
Exercitamentum, i. *n. Apul. V.* Exercitatio.
Exercitāte, tius, tissĭme. *adv. Sen.* Con práctica, con mucho ejercicio.
Exercitātio, ōnis. *f. Cic.* Ejercicio, ejercitacion, acto, costumbre, estudio, aplicacion de ejercitarse. *Exercitatio campestris. Suet.* Ejercicio militar. — *Corporis. Cic.* Ejercicio del cuerpo.
Exercitātor, ōris. *m. Plin.* y
Exercitātrix, īcis. *f. Quint.* El que y la que ejercita á otro.
Exercitātus, a, um, tior, tissĭmus. *Cic.* Ejercitado, práctico, hecho, acostumbrado.
Exercĭte. *adv.* tius. *Apul.* Con ejercicio, con práctica.
† Exercĭtio, ōnis. *f. Cat. V.* Exercitatio.
Exercitium, ii. *n. Sal. V.* Exercitatio. Dícese propiamente del ejercicio militar.
Exercĭto, ās, āre. *Pomp. Mel. freq. de* Exerceo.
Exercĭtor, ōris. *m. Plaut.* El maestro que ejercita algun arte. *Exercitor navis. Ulp.* Capitan, patron de una nave á quien se paga el trasporte.
Exercitōrius, a, um. *Tert.* Lo perteneciente al ejercicio. ‖ *Dig.* Perteneciente al patron de la nave ó á sus ganancias.
Exercituālis. *m. f. lĕ. n. is. An.* Lo perteneciente al ejército.
Exercĭtus, a, um. *Tac.* Ejercitado. ‖ *Virg.* Agitado. ‖ *Sal.* Fatigado. ‖ *Cic.* Trabajoso, grave.
Exercitus, us. *m. Cic.* Ejército, tropa de soldados, cuerpo de tropas. *Exercitus pedester ó pedestris. Nep.* Ejército de infantería, infantería. — *Equitum. Virg.* De caballería, caballería.
Exercui. *pret. de* Exerceo.
Exĕro, is, rui, ertum, rĕre. *a. Estac.* Sacar fuera, descubrir, hacer ver, mostrar. *Exerere caput. Sil. Ital.* Sacar la cabeza, engreirse, ensoberbecerse.
Exerrātio, ōnis. *f. Gel. V.* Erratio.
Exerro, as, āre. *n. Estac. V.* Erro.
Exerte. *adv. Apul. V.* Admodum, Aperte, Valde.
Exertim. *adv. Lucr. V.* Extrorsum.
Exertus, a, um. *Ov. part. de* Exero. Sacado fuera.
Exesor, ōris. *m. Lucr.* Consumidor, gastador.
Exesto (id est) extra, esto. *Fest.* Voz de los alguaciles para apartar la gente en los concursos de los sacrificios, fuera, afuera, hacer lugar.
Exēsus, a, um. *Cic. part. de* Exedo. Corroido, consumido, comido.
Exfĕrox, ōcis. *com. Liv.* Feroz, fiero.
Exfibrātus, a, um. *Cat.* Lo que tiene quitadas las fibras ó los hilos. *part. de*
Exfibro, as, āvi, ātum, āre. *a. Cat.* Quitar las fibras ó hilos.
Exfībulo, as, āre. *a. Prud.* Quitar la hebilla, el broche.
Exfilātus, a, um. *Fest.* Cosido.
Exfio, is, ĕri. *Fest.* Purgar, limpiar.
Exfŏdio, is, fōdi, fōsum, ĕre. *a. Plin.* Desenterrar, sacar de debajo de tierra cavando.
Exfolio, ās, āre. *a. Apic.* Deshojar.
Exfornĭcor, āris, āri. *dep. Bibl.* Pecar contra la naturaleza, torpemente.
Exfundātus, a, um. *Cel. á Cic.* Derribado enteramente, destruido hasta los cimientos.
Exgrūmans, ó Exgrūmĭnans, tis. *com. Varr.* Lo que sale de un terron de tierra.
Exgrūmĭno, as, āre. *Plaut.* y
Exgrūmo, as, āvi, ātum, āre. *Varr.* Salir de un terron de tierra.
Exgurgitātio, ōnis. *f. Apul.* Rebosadura, el acto de rebosar.
Exgurgĭto, as, āvi, ātum, āre. *a. Plaut.* Rebosar, redundar, salirse el agua ú otro licor.
Exhaerēdātio, ōnis. *f. Quint.* Desheredamiento, exclusion de herencia.
Exhaerēdātus, a, um. *Ad Her.* Desheredado. *part. de*
Exhaerēdo, as, āvi, ātum, āre. *a. Cic.* Desheredar, escluir de la herencia.
Exhaeres, ēdis. *com. Cic.* Desheredado, el ó la que es escluida de la herencia. *Exhaeredem filium sine elogio scribere. Ulp.* Desheredar al hijo en el testamento sin alegar causa.
Exhaerēsĭmus, a, um. *Cic.* Lo que se puede quitar del número ó cantidad.
Exhālans, tis. *com. Ov.* Lo que exala ó echa vapor de sí.
Exhālātio, ōnis. *f. Cic.* Exalacion, vapor sutil, vapor que se exala.
Exhālātus, a, um. *Ov.* Exalado. *part. de*
Exhālo, ās, āvi, ātum, āre. *a. Cic.* Exalar, echar vapor ó vaho, evaporar. *Exhalare vinum. Cic.* Oler á vino. — *Animam. Ov.* — *Vitam. Virg.* Exalar el alma ó el espíritu, morir.
Exhaurio, is, hausi, haustum, rīre. *a. Ces.* Sacar fuera. ‖ Beber mucho. ‖ Desocupar, apurar, vaciar. *Exhaurire sibi vitam. Cic.* Quitarse la vida. — *Laborem. Tac.* Padecer, sufrir, tolerar trabajos. — *Ictum. Estac.* Evitar el golpe. — *Mandata. Cic.* Cumplir plenamente los encargos, comisiones.
Exhaustio, ōnis. *f. Serv.* La accion de agotar.
Exhaustus, a, um. *Cic. part. de* Exhaurio. Sacado fue-

ra. ‖ Desocupado, exhausto. ‖ Fatigado, consumido. ‖ Padecido, tolerado.

Exhĕbēnus, i. f. *Plin.* Piedra preciosa blanca con que dicen que los plateros limpiaban el oro.

Exhĕdra y Exhedrium. V. Exedra y Exedrium.

Exherbo, as, avi, atum, are. a. *Col.* Quitar, arrancar las yerbas.

Exheredo y sus derivados. V. Exhaeredo.

Exhibeo, es, bui, bĭtum, ēre. a. *Cic.* Exhibir, presentar, manifestar, hacer patente. *Exhibere vocis fidem. Fedr.* Hacer ver el efecto de la voz. — *Faciem parentis. Plin.* Representar el rostro, ser un retrato de su padre, parecérsele. — *Negotium cuipiam. Cic.* Ocasionar molestia á alguno. — *Imperium. Plaut.* Ejercitar el imperio, mandar. — *Rem salvam suo periculo. Plaut.* Mantener, conservar una cosa á su riesgo.

Exhibĭtio, ōnis. f. *Gel.* Exhibicion, manifestacion, presentacion. *Sufficere exhibitioni. Ulp.* Bastar para el sustento.

Exhibĭtor, ōris. m. *Arn.* El que exhibe, presenta ó manifiesta.

Exhibĭtōrius, a, um. *Ulp.* Lo perteneciente á la exhibicion ó propio para exhibir.

Exhibĭtus, a, um. part. de Exhibeo. Qv. Exhibido, presentado, manifestado.

Exhilăratio, ōnis. f. *S. Ag.* El acto de alegrar, de dar alegría y regocijo.

Exhilărātus, a, um. Alegre, gozoso, regocijado.

Exhilăro, as, avi, atum, are. a. *Cic.* Alegrar, regocijar, dar gozo.

Exhinc, adv. *Lucr.* Despues, desde aqui.

† Exhio, as, avi, atum, are. a. *Plin.* Abrir una gran boca, un boqueron.

Exhŏnōro, as, are. a. *S. Ag.* Deshonrar, deshonorar, quitar la honra, el honor, el empleo.

Exhorreo, es, rui, ēre. n. *Col.* y

Exhorresco, is, rui, scĕre. n. *Virg.* Horrorizarse, ponerse horroroso, horrendo y espantoso. ‖ Atemorizarse, espantarse.

Exhortāmentum, i. n. *Non.* y

Exhortātio, ōnis. f. *Quint.* Exortacion, amonestacion, incitacion, solicitacion.

Exhortātīvus, a, um. *Quint.* Exortatorio, perteneciente á exortar.

Exhortātor, ōris. m. *Tert.* Exortador, el que mueve, exorta.

Exhortātōrius, a, um. *S. Ger.* V. Exhortativus.

Exhortātus, a, um. *Virg.* El que ha exortado. ‖ *Cic.* Exortado. part. de

Exhortor, aris, atus sum, ari. dep. *Cic.* Exortar, amonestar, incitar, inducir con palabras y vehemencia.

Exhydriae, arum. f. plur. *Apul.* Vientos que traen lluvia ó borrasca.

Exiens, euntis. com. *Cic.* El que sale.

Exignesco, is, scĕre. n. *Cens.* Hacerse, volverse fuego, abrasarse.

Exĭgo, is, ēgi, actum, gĕre. a. *Cic.* Echar fuera. ‖ Exigir, demandar, pedir. ‖ Medir, arreglar, proporcionar, compasar. ‖ Acabar, concluir, finalizar. ‖ Pasar, llegar, mudar. ‖ Hablar, discurrir, tratar, ‖ Examinar, esplorar, pesar. *Exigere opus. Ov.* Acabar una obra. — *Aetatem. Plaut.* Pasar la vida. — *Aerumnam. Plaut.* Sufrir, tolerar, pasar trabajo. *Uxorem matrimonio. Plaut.* Repudiar á la muger. — *Ensem per praecordia. Ov.* Pasar, traspasar á uno con la espada. — *Ab aliquo. Tac.* Preguntar á alguno. — *Quippiam cum aliquo. Cic.* Tratar algo ó de algo con alguno. *Necessitas exigit. Quint.* Lo pide la necesidad. *Exigit et ab statuis farinas. A mortuo tributum colligit.* adag. De todo diezma (eisa). ref.

Exĭgue. adv. *Ter.* Poco. *Epistola exigue scripta. Cic.* Carta corta, pequeña, escrita con brevedad. — *Nimis. Cic.* Con demasiada menudencia, escrupulosidad.

Exĭguĭtas, ātis. f. *Cic.* Pequeña, cuantidad, poquedad, cortedad. *Exiguitas corporis. Ces.* Pequeñez de cuerpo. — *Fisci. Suet.* Escasez, pobreza del fisco.

Exĭguum, ui. n. *Plin.* Lo poco ó corto de cualquier cosa.

Exĭguum. adv. *Plin.* Poco, un poco. *Per quam exiguum sapere. Plin.* Saber muy poco.

Exĭguus, a, um, *Cic.* Poco, pequeño, corto. *Exigua Ceres. Virg.* Poca pan. — *Spes. Liv.* Poca esperanza, ligera. — *Nox. Virg.* Noche corta. *Exiguus animi. Claud.* De poco ánimo. *Exiguae puppes. Luc.* Pocas naves.

Exilio, is, īre. V. Exsilio.

Exĭlis. m. f. lĕ. n. is. *Cic.* Delicado, sutil, delgado. *Exile dicendi genus. Cic.* Estilo tenue, bajo, sin adornos. — *Solum. Cic.* Tierra árida, seca.

Exilĭtas, ātis. f. *Plin.* Sutileza, delicadez. ‖ *Cic.* Bajeza, sequedad en el estilo.

Exilĭter. adv. *Cic.* Sutil, delicadamente. ‖ Con bajeza y sequedad de estilo.

Exilĭum, ii. n. *Cic.* Destierro. *Exilio mulctare.* — *Afficere. Cic.* Condenar á destierro, desterrar.

Eximie. adv. *Cic.* Eximiamente, con grande esmero, perfeccion y escelencia.

† Eximietas, atis. f. *S. Ag.* Escelencia, perfeccion, singularidad.

Exĭmius, a, um. *Cic.* Eximio, escelente, raro, singular, insigne, distinguido.

Exĭmo, is, ēmi, emtum, ó emptum, mĕre. a. *Cic.* Sacar fuera. ‖ Quitar, arrancar. ‖ Libertar, preservar, hacer esento y libre. *Eximere alicui dentem. Suet.* Sacar á uno un diente. — *Aliquid memoriae.* Abolir la memoria de una cosa. — *Diem. Cic.* Gastar, entretener el dia. — *Religionem. Liv.* Quitar el escrúpulo.

Exim. adv. *Cic.* V. Exinde.

Exĭnānĭo, is, ivi, itum, ire. a. *Cic.* Evacuar, desocupar, vaciar. *Exinanire onusta vehicula. Plin.* Descargar los carros. — *Civitates. Cic.* Asolar, saquear, robar las ciudades.

Exĭnānĭtio, ōnis. f. *Plin.* Evacuacion, la accion de desocupar, vaciar.

Exĭnānĭtor, ōris. m. *Liv.* Asolador, el que destruye, abrasa y asuela sin dejar nada.

Exĭnānĭtus, a, um. part. de Exinanio. *Cic.* Desocupado, vaciado, evacuado. ‖ Asolado, destruido.

Exĭnānīvi. pret. de Exinanio.

Exinde. adv. *Cic.* Desde alli, desde entonces.

Exinfŭlo, as, are. a. *Fest.* Quitar las ínfulas de los sacerdotes ó el adorno de sus cabezas.

Exinspērāto. adv. *Liv.* Inopinadamente, contra la esperanza.

Exintĕrātus, a, um. *Just.* Á quien se han sacado las tripas ó las entrañas. Despanzurrado.

Exiŏcor, āris, āri. dep. *Cat.* V. Iocor.

Exisŏnus, a, um. *Vitruv.* Igual, de la misma proporcion.

Existĭmabĭlis. m. f. lĕ. n. is. *Cel. Aur.* Probable, verosimil.

Existĭmans, tis. *com. Cic.* El que piensa, juzga, imagina.

Existĭmatĭo, ōnis. f. *Cic.* Existimacion, juicio, dictamen, opinion. ‖ Crédito, fama, reputacion, honor, dignidad, buen concepto, buen nombre.

Existĭmātor, ōris. m. *Cic.* Opinante, el que hace juicio, forma opinion.

Existĭmātus, a, um. *Cic.* Existimado, creido, juzgado, part. de

Existĭmo, as, avi, atum, are. a. *Cic.* Existimar, juzgar, formar juicio, dictamen, opinion. *Existimare alium suis moribus. Cic.* Juzgar de otro por sí mismo, por sus propias costumbres.

Existo, is, extĭti, stĭtum, stĕre. n. *Cic.* Existir, tener ser actual, ser, permanecer. ‖ Salir, nacer, aparecer, salir fuera, brotar. *Existere crudelem in aliquem. Cic.* Ser cruel con alguno.

Exĭtĭabĭlis. m. f. lĕ. n. is. *Cic.* Pernicioso, fatal, que acarrea ruina y perdicion.

Exĭtĭabĭlĭter. adv. V. Exitialiter.

Exĭtĭalis. m. f. lĕ. n. is. *Cic.* Pernicioso, dañoso.

Exĭtĭalĭter. adv. *S. Ag.* Perniciosa, fatalmente.

† Exĭtĭo, ōnis. f. *Plaut.* V. Exitus, us.

Exĭtĭōse, ius, issĭme. adv. *S. Ag.* Dañosa, perniciosamente.

Exĭtĭōsus, a, um, ior, issĭmus. *Cic.* Pernicioso, fatal, mortal.

Exĭtīrĭa, ōrum. n. plur. Fiestas de Grecia, *en que se ofrecian á los dioses las primicias de los frutos.*

Exĭtĭum, ii. n. *Cic.* Ruina, perdicion, destruccion,

muerte, daño irreparable, pérdida total. *Exitio esse alicui. Cic.* Ser la perdicion de alguno.

Exĭtus, a, um. *Fest. part. pas. ant. de* Exeo *Ad exitum aetatem.* A lo último de la vida.

Exĭtus, us. *m. Cic.* Salida, el acto de salir. ‖ El lugar de donde se sale. ‖ Exito, fin, suceso. *Exitus vitae. Nep.* El fin de la vida, la muerte. — *Verborum. Cic.* Terminacion, cadencia de las palabras. *Rei exitum imponere. Liv.* Dar fin á una cosa.

Exjūro, ās, āvi, ātum, āre. *a. Plaut.* Jurar, asegurar con juramento, con mucha intension.

Exlaetus, a, um. *Apul.* Muy alegre.

Exlecebra, ae. *f. V.* Illecebra.

Exlex, ēgis. *com. Cic.* El que vive sin seguir alguna ley.

Exobrŭtus, a, um. *Apul.* Sacado fuera cavando, desenterrando.

Exobsĕcro, ās, āvi, ātum, āre. *a. Plaut.* Suplicar, rogar con muchas instancias.

Exochādium, ii. *n. Marc. Emp.* Tumor pequeño en el ano.

Exocaetus, i. *m. Plin.* Pez del mar que sale á dormir en seco.

Exocŭlasso. *V.* Exoculo.

Exocŭlātus, a, um. *Apul.* Ciego, aquel á quien se han sacado los ojos.

Exocŭlo, ās, āvi, ātum, āre. *a. Plaut.* Sacar los ojos.

Exodiārius, ii. *m. Am.* El personage que salia á la escena al fin de la tragedia, y recitaba alguna cosa para divertir los ánimos perturbados de las pasiones trágicas.

Exōdium, ii. *n. Varr.* Salida, éxito, fin. ‖ Cántico al fin de las tragedias griegas. ‖ Intermedios ridículos para mover la risa en las fábulas atelanas. ‖ *Suet.* Pieza pequeña á modo de entremes ó sainete, *que se representaba en tiempo de los emperadores despues de la tragedia.*

Exodōrātus, a, um. *Tert.* Lo que no tiene olor.

Exŏdus, i. *m. Fest.* Salida. ‖ *Bibl.* Exodo, *el segundo libro del Pentateuco, en que escribe Moises la salida de los israelitas de la esclavitud de Egipto.*

Exolĕo, ēs, ēvi, ētum, ēre. *n. Prisc. (no se halla usado sino en el pretérito, que es como en la diccion siguiente.)*

Exolesco, is, lui, y lēvi, scēre. *n. Col.* Envejecerse, perder el vigor, desvanecerse. ‖ Desusarse, olvidarse, pasar de su tiempo y sazon.

Exolētus, a, um. *Plaut.* Lo que ha cesado de crecer. ‖ Desusado, olvidado. *Exolēti pueri. Cic.* Jóvenes adultos, crecidos. ‖ Dados á los vicios, perdidos.

Exolvo, is, ĕre. *V.* Exsolvo.

Exōmis, idis. *f. Fest.* y

Exōmium, ii. *n. Quint.* Especie de jubon corto y sin mangas, *usado de los antiguos romanos y de los cómicos.*

Exomologēsis, is. *f. Tert.* La confesion.

Exonĕrātio, ōnis. *f. Ulp.* Exoneracion, liberacion de carga, peso ú obligacion.

Exonĕrātor, ōris. *m. Inscr.* El que descarga.

Exonĕrātus, a, um. *Plin.* Descargado. *part. de*

Exonĕro, ās, āvi, ātum, āre. *a. Plin.* Exonerar, descargar, aliviar, libertar del peso, carga ú obligacion. *Exonerare civitatem metu. Liv.* Quitar el miedo á la ciudad, sacarla, libertarla de él.

Exonia, ae. *f. Escester, ciudad de Inglaterra.*

Exoniensis. *m. f. sē. n.* is. El natural de Escester.

Exoptābĭlis. *m. f. lē. n.* is. *Sil. Ital.* Lo que se debe desear, deseable, apetecible.

Exoptātus, a, um. *Cic.* Muy deseado, apetecido vehementemente. *comp.* tior. *sup.* tissĭmus. *part. de*

Exopto, ās, āvi, ātum, āre. *a. Cic.* Desear con ansia, ardientemente. ‖ *Plaut.* Elegir. *Exoptare pestem alicui. Cic.* Desear vivamente la ruina de alguno, maldecirle.

Exorābĭlis. *m. f. lē. n.* is. *Cic.* Exorable, el que se deja vencer de ruegos. *Exorabilis nulli. Sil. Ital.* Inexorable.

Exorabŭla, ōrum. *n. plur. Plaut.* Súplicas, halagos, ruegos con que uno se vence.

Exorātio, ōnis. *f. Quint.* El acto de pedir y suplicar con muchos ruegos.

Exorātor, ōris. *m. Ter.* El que logra por súplicas reiteradas.

Exorātus, a, um. *part. de* Exoro. *Cic.* Vencido á puros ruegos. ‖ *Ov.* Suplicado con muchos ruegos.

Exorbeo. *V.* Exsorbeo.

Exorbĭtātio, ōnis. *f. Tert.* El acto de apartarse del camino derecho, de la regla ó raya.

Exorbĭtātor, ōris. *m. Tert.* El que sale de la regla ó norma.

Exorbĭto, ās, āre. *n. Lact.* Salirse fuera del camino recto, de la norma debida.

Exorcismus, i. *m. Tert.* Exorcismo, conjuro de los espíritus malignos.

Exorcista, ae. *m. Cod.* Exorcista, el que tiene potestad para conjurar.

Exorcistes, ae. *m. Bibl. V.* Exorcista.

Exorcizo, ās, āre. *a. Ulp.* Exorcizar, conjurar los espíritus malignos.

Exordior, īris, orsus sum, dīri. *dep. Cic.* Empezar, comenzar, dar principio. *Exordiri à dicto adversarii. Cic.* Tomar el exordio de un dicho del contrario.

† Exordītus, a, um. *Fest. part. pas. por exorsus.*

Exordium, ii. *n. Cic.* Principio, orígen. ‖ Exordio, proemio, introduccion de un discurso ó libro.

Exŏriens, tis. *com. Cic.* Lo que nace ó sale. *Ab exoriente. Col.* De la parte del oriente. *Exoriens sol. Virg.* El sol que nace. — *Annus Tibul.* El principio del año.

Exŏrior, ēris, y īris, ortus sum, īri. *dep. Cic.* Nacer, salir fuera, brotar, despuntar. *Ego nunc paulum exorior. Cic.* Ahora respiro yo un poco. *Exoritur clamor. Virg.* Se levanta una gritería.

Exornātio, ōnis. *f. Cic.* Exornacion, adorno, ornato, especialmente de la retórica. ‖ Las figuras y flores de ella. ‖ El género demostrativo ó exornativo de la elocuencia. ‖ Una parte del silogismo oratorio, que consta de cinco.

Exornātor, ōris. *m. Cic.* El que exorna, adorna, hermosea, en especial un discurso.

Exornātus, a, um. *Cic.* Exornado, hermoseado. *part. de*

Exorno, ās, āvi, ātum, āre. *a. Ter.* Exornar, hermosear, adornar grandemente. ‖ Prevenir, disponer, preparar. *Exornare milites armis. Cic.* Pertrechar de armas á los soldados, armarlos. — *Convivium. Salust.* Preparar un convite.

Exōro, ās, āvi, ātum, āre. *a. Cic.* Pedir, suplicar con muchos ruegos ó instancias. ‖ Mover, alcanzar con súplicas. ‖ Aplacar, reconciliar, ablandar, mitigar. *Exorare aliquem veniam alicui. Plaut.* Pedir á uno con muchas instancias el perdon para otro. — *Aliquem alteri. Suet.* Reconciliar á uno con otro. — *Causas. Dig.* Abogar.

Exors. *V.* Exsors.

Exorsa, ōrum. *n. plur. Virg.* Principios, preludios, exordios de las cosas y del discurso.

Exorsus, us. *m. Cic. V.* Exordium.

Exorsus, a, um. *part. de* Exordior. *Cic.* El que ha empezado. ‖ *pas. Plaut.* Empezado.

Exortīvus, a, um. *Plin.* Perteneciente al principio ó nacimiento. ‖ Oriental.

Exortus, us. *m. Cic.* El nacimiento, como del sol.

Exortus, a, um. *Cic. part. de* Exorior. Nacido, salido.

Exos, is. *com. Lucrec.* Desosado, sin huesos.

Exoscŭlātio, ōnis. *f. Plin.* La accion de besar tiernamente.

Exoscŭlātor, ōris. *m. Apul.* y

Exoscŭlātrix, īcis. *f. Apul.* El y la que besa tiernamente.

Exoscŭlātus, a, um. *Petron. part. de* Exosculor. El que ha besado. ‖ *Apul.* Besado.

Exoscŭlor, āris, ātus sum, āri. *dep. Suet.* Besar tiernamente.

Exossātim. *adv. Lucr.* Desosando, quitando, apartando los huesos.

Exossātus, a, um. *Plaut.* Desosado. *part. de* Exosso.

Exossis. *m. f. sē. n.* is. *Apul. V.* Exossus.

Exosso, ās, āvi, ātum, āre. *a. Ter.* Desosar, quitar los huesos. ‖ *Col.* Limpiar, cultivar bien un campo. ‖ *Plaut.* Moler, romper, quebrantar los huesos á palos.

Exossus, a, um. *Apul.* Desosado, sin huesos.

Exostra, ae. *f. Veg.* Máquina militar, especie de puente que se dirigia desde una torre de madera á los muros de la ciudad cercada. *Algunos la comparan al petardo de la artillería.*

Exōsus, a, um. *Virg.* El que aborrece. ‖ *Gel.* Aborrecido.

Exotērĭcus, a, um. *Varr.* Tribial, vulgar, comun.

Exotĭcus, a, um. *Plaut.* Exótico, estrangéro, advenedizo, peregrino.

Expalleo, es, lui, ēre. n. 6

Expallesco, is, lui, scēre. n. *Ad Her.* Ponerse, volverse pálido, descolorido.

Expalliātus, a, um. *Plaut.* Descapado, á quien se ha quitado la capa.

Expallĭdus, a, um. *Suet.* Muy pálido.

Expallio, as, āvi, ātum, āre. a. *Plaut.* Descapar, quitar, hurtar á uno la capa.

Expalpo, as, āvi, ātum, āre. a. *Plaut.* Acariciar, halagar palpando.

Expalponĭdes nummorum. plur. *Plaut.* El que con halagos y caricias saca el dinero á otro.

Expandĭtor, ōris. m. *Plin, men.* Que estiende, derrama, sale fuera de madre. *Dícese propiamente del rio.*

Expando, is, di, pansum, ó passum, děre. a. *Col.* Estender, desplegar, abrir. *Dícese de las yerbas y flores.* Expandere aliquid dictis. *Lucr.* Esplicar una cosa con palabras.

Expango, is, nxi, nctum, ngěre. a. *Plin.* Fijar, determinar, señalar la situacion.

Expansio, ōnis. f. *Cel. Aur.* Estension.

Expansus, a, um. *Plin.* V. Expassus.

Expapillātus, a, um. *Plaut.* Desnudo, descubierto hasta el pecho, escotado. part. de

Expapillo, as, āvi, ātum, āre. a. *Plaut.* Descubrir hasta el pecho.

Expartae pecudes. f. plur. *Varr.* Animales hembras que ya han parido.

Expassus, a, um. part. de Expando. *Tac.* Abierto, estendido.

Expatare. *Fest.* Manifestarse en público.

† Expatior y otros V. Exspatior.

Expatricius, ii. m. *Cod.* El que ha depuesto la dignidad de patricio, que ha sido senador.

Expatro, as, āre. a. *Cat.* Acabar, consumir en liviandades y comilonas.

Expausātus, a, um. *Veg.* Descansado. part. de

Expauso, as, āvi, ātum, āre. n. *Veg.* Descansar, refrescar, reposar, tomar aliento.

Expăvĕfăciens, tis. com. *Sen.* El que espanta, atemoriza, estremece.

Expăvĕfăcio, is, fēci, factum, cěre. a. *Sen.* Amedrentar, atemorizar.

Expăvĕfactus, a, um. *Hig.* Amedrentado, atemorizado, espantado.

Expăveo, es, pāvi, ēre. n. *Estac.* y

Expăvesco, is, pāvi, scěre. n. *Plin.* Espantarse, atemorizarse, estremecerse, amedrentarse.

Expăvĭdus, a, um. *Gel.* Espantado, atemorizado.

Expecto y sus derivados. V. Exspecto.

† Expectŏro, as, āvi, ātum, āre. a. *En.* Espectorar, arrancar, arrojar fuera del pecho. || Echar de sí, olvidar.

Expecŭliati servi. *Plaut.* Siervos sin peculio, despojados de él.

Expĕdio, is, īvi, ó ii, ītum, īre. a. *Cic.* Soltar, desatar, desenredar lo que está como atado de los pies. || Espedir, desembarazar, dar curso, salida, desenredar, poner corriente. || Concluir, acabar, finalizar, llevar al cabo. || Esplicar, descifrar. || Sacar, desenvolver, descoger, preparar, poner pronto y listo. *Expedire nomina. Cic.* Pagar las deudas. — *Se crimine. Ter.* *De crimine. Cic.* Purgarse, justificarse de un delito. — *Docte fallaciam. Plaut.* Conducir, dirigir con mucha arte un engaño. — *Jaculum, discum. Hor.* Tirar, disparar, lanzar el disco, el dardo. *Expedit. Cic.* Conduce, conviene, es útil.

Expĕdīte. adv. m. ius, issĭme. *Cic.* Espedita, breve, fácil, pronta, libremente, con celeridad y desembarazo. *Expedite fabulatus est. Plaut.* Habló claro.

Expĕdītio, ōnis. f. *Ad Her.* Espedicion, facilidad, desembarazo, prontitud en llevar al cabo. || Exornacion retórica, con que traidas las razones en pro y en contra, y desechadas todas, elige otra el orador. || Empresa de guerra, campaña, faccion.

Expĕdītiōnalis. m. f. lĕ. n. is. *Am.* Perteneciente á la espedicion militar.

Expĕdītus, a, um. part. de Expedio. *Cic.* Espedito, libre, desembarazado, suelto. || Pronto, presto, prevenido. || Fácil. *Expedita manus. Ces.* Campo volante, escuadron á la ligera. — *Oratio. Cic.* Discurso corriente, claro. — *Coena. Plin. men.* Comida ligera, parca, de poco gasto. — *Negotia. Cic.* Negocios claros, desenredados ó concluidos. *Expeditissima pecunia. Cic.* Dinero pronto, en mano, contante. *In expedito esse. Sen.* Estar pronto, á la mano.

Expĕdīvi. pret. de Expedio.

Expello, is, pŭli, pulsum, llěre. a. *Cic.* Espeler, arrojar, echar fuera. *Expelli aevo. Lucr.* Morir. *Expellere uxorem. Just.* Repudiar la muger. — *Se ex periculo. Plaut.* Escaparse, salir de peligro.

Expendo, is, di, sum, děre. a. *Plaut.* Pesar, examinar al peso. || Pagar. || Examinar, considerar. || *Hor.* Espender, gastar. *Expendere auro. Plaut.* Comprar á peso de oro. — *Aurum auro. Plaut.* Dar oro peso por peso. — *Scelus, ó poenas sceleris. Virg.* Sufrir, pagar la pena de los delitos. — *Poenas alicui. Cic.* Ser castigado por alguno. — *Poenas capite. Tac.* Pagar con la cabeza. — *Argumenta. Cic.* Examinar, pesar los argumentos ó razones.

Expensa, ae. f. *Plaut.* V. Expensum.

Expense. adv. *Cic.* Con intension, con vehemencia.

Expensilātio, ōnis. f. *Gel.* El acto de llevar la cuenta ó data de lo que se da y entrega; corresponde á *Acceptilatio*, que es la razon ó cuenta del cargo.

Expensio, ōnis. f. *Cod. Teod.* La accion de espender, gastar.

Expenso, as, āre. a. freq. de Expendo. *Plaut.* Pesar, examinar á menudo. || *Macrob.* Espender, gastar.

Expensum, i. n. *Cic.* Espensas, gasto, coste. *Expensum ferre. Cic.* Dar ó poner en data, ó en cuenta de gastos. *Expensi nomina. Cic.* Partidas de data ó de gastos.

Expensus, a, um. part. de Expendo. *Cic.* Pesado, examinado al peso. *Expenso gradu ire. Prop.* Ir, andar á pasos contados, con gravedad.

Expergĕfăcio, is, fēci, factum, cěre. a. *Cic.* Despertar, desvelar. || *Ad Her.* Escitar, mover. || *Plaut.* Refrescar, renovar la memoria.

Expergĕfactio, ōnis. f. *S. Ag.* La accion de despertar á uno.

Expergĕfactus, a, um. *Sal.* Despertado. part. de

Expergĕfīo, is, factus sum, fieri. pas. *Suet.* Despertar, desvelarse, despabilarse.

Expergĭfĭco, as, āvi, ātum, āre. a. *Gel.* V. Expergefacio.

Expergĭfĭcus, a, um. *Apul.* El que despierta á otro.

Expergisco, is, ěre. n. *Plin.* V. Expergefacio.

Expergiscor, ěris, rrectus sum, gisci. dep. y pas. *Cic.* Despertar, despabilarse. || *Sal.* Animarse, escitarse.

Expergĭte. adv. *Apul.* Con vigilancia y cuidado.

Expergĭtus, a, um. *Lucr.* El que despierta de suyo.

Expergo, is, rexi, rectum, gěre. a. *Gel.* Despertar, desvelar á uno. | *Gel.* Escitar, animar.

Expĕriendus, a, um. *Cic.* Lo que se ha de ó se debe esperimentar.

Expĕriens, tis. com. El que experimenta. || Activo, industrioso. *Homo experientissimus. Cic.* Hombre muy esperimentado, muy práctico, de mucha esperiencia.

Expĕrientia, ae. f. *Cic.* Esperimento, tentativa, prueba, el acto de hacer esperiencia. || Esperiencia, práctica.

Expĕrīmentum, i. n. *Cic.* Esperimento, tentativa.

Expĕrior, īris, pertus sum, īri. dep. *Liv.* Esperimentar, tentar, probar, hacer esperiencia. *Expetiri ad arborem cornua. Plin.* Probar, ensayar los cuernos en un árbol. — *Extrema. Sal.* — *Omnia. Cic.* — *Ultima. Liv.* Estar reducido al último estremo, ó esponerse, atreverse á todo. — *De injuriis. Cic.* Pedir en juicio reparacion de daños.

Experiūro, as, āre. a. *Afran.* Jurar mucho.

Experrectus, a, um. part. de Expergo. *Cic.* Despertado, desvelado. || Vigilante, atento, despierto.

Expers, ertis. com. *Cic.* El que no tiene parte, que no

participa, libre, esento. *Expers sui. Sen.* El que está fuera de sí. —*Metu. Plaut.* El que no tiene miedo, animoso.

**Expertio,** ōnis. *f. Vitruv. verb. de* Experior. Esperimento, esperiencia, prueba.

**Expertor,** ōris. *m. Sil.* Esperimentador. El que hace prueba ó esperimenta.

**Expertus,** a, um. *part. de* Experior. *Cic.* El que ha esperimentado. ‖ *Pas.* Esperimentado, examinado.

**Expes.** *V.* Exspes.

**Expetendus,** a, um. *Cic.* Deseable, apetecible.

**Expetens,** tis. *com. Sen.* El que apetece, desea.

† **Expetesso,** ó Expetisso, is, ĕre. *a.* (*ant.*) *Plaut.* en lugar de Expeto. Apetecer, desear.

**Expetibilis,** m. f. le. n. is. *Tac.* Apetecible, deseable, digno de ser apetecido.

**Expetitor,** ōris. *m. Simac.* El que desea, apetece con ahinco.

**Expetitus,** a, um. *Sen. part. de* Expeto. Apetecido, deseado con ansia.

**Expeto,** is, tivi, y tii, titum, ĕre. *a. Cic.* Apetecer, querer, desear, buscar, procurar con ansia, con ahinco, con vehemencia. ‖ *Val. Flac.* Preguntar, inquirir, investigar con curiosidad. ‖ Ocurrir, suceder, acontecer. *Expetere consilium. Plaut.* Tomar consejo. —*Poenas ab aliquo. Cic.* Hacer pagar á uno la pena. —*Vitam alicujus. Cic.* Acometer á uno para matarle. —*Aetatem. Plaut.* Durar, permanecer. —*Preces. Nep.* Suplicar. *Ut in eum expetant clades belli. Liv.* Que caigan sobre él todos los daños de la guerra.

**Expiabilis,** m. f. le. n. is. *Cic.* Lo que se puede espiar.

**Expiatio,** ōnis. *f. Cic.* Espiacion, purgacion, purificacion por via de sacrificio.

**Expiator,** ōris. *m. Tert.* El que espia, limpia, purga.

**Expiatorius,** a, um. *S. Ag.* Perteneciente, propio para espiar.

**Expiatrix,** icis. *f. Fest.* La que espia y purifica.

**Expiatus,** us. *m. Tert. V.* Expiatio.

**Expiatus,** a, um. *Cic. part. de* Expio. Espiado, purgado, purificado. *Expiato dolore. Hirc.* Satisfecho, desfogado el dolor, el sentimiento.

**Expictus,** a, um. *part. de* Expingo. *Cic.* Pintado, retratado á lo vivo.

**Expilatio,** ōnis. *f. Cic.* Robo, hurto, saqueo, la accion de robar.

**Expilator,** ōris. *m. Cic.* Ladron.

**Expilatus,** a, um. *Cic.* Robado, despojado. *part. de* Expilo, as, avi, atum, are. *a. Cic.* Robar, hurtar.

**Expingo,** is, pinxi, pictum, ngĕre. *a. Plin.* Pintar á lo vivo. ‖ Afeitar, componer el rostro.

**Expinso,** is, ĕre. *a. Cat.* Machacar, majar, moler.

**Expinxi.** *pret. de* Expingo.

**Expio,** as, avi, atum, are. *a. Cic.* Espiar, limpiar, purgar, purgar con ceremonias de religion. ‖ Satisfacer, pagar. *Tua scelera Dii immortales in nostros milites expiaverunt. Cic.* Los dioses vengaron tus maldades en nuestros soldados, con el castigo de nuestros soldados.

**Expiro** y sus derivados. *V.* Exspiro.

**Expiscor,** āris, atus sum, ari. *dep. Sol.* Pescar. ‖ Indagar, inquirir con diligencia.

**Explanabilis,** m. f. le. n. is. *Sen.* Declarado, distinto.

**Explanate,** ius. *adv. Cic.* Clara, abiertamente.

**Explanatio,** ōnis. *f. Cic.* Esplanacion, declaracion, esplicacion, interpretacion, esposicion.

**Explanator,** ōris. *m. Cic.* Intérprete, espositor, el que esplica ó declara.

**Explanatorius,** a, um. *Cel. Aur.* El que declara, espone, esplica.

**Explanatus,** a, um. *Plin.* Esplicado, estendido, allanado. *Explanata vocum impressio. Cic.* Pronunciacion clara, distinta, bien articulada de las voces. *part. de* Explano, as, avi, atum, are. *a. Plin.* Allanar. ‖ Esplanar, declarar, esplicar, interpretar, esponer. *Explanare verba. Plin. men.* Hablar claro, articular, pronunciar clara y distintamente.

**Explanto,** as, avi, atum, are. *a. Col.* Arrancar las plantas.

**Explaudo,** is, si, sum, dĕre. *a. Lucr.* Desechar, desaprobar con ruido.

**Explebilis,** m. f. le, n. is. *Cic.* Satisfable, que se puede satisfacer, hartar.

**Explementum,** i. *n. Plaut.* Hartura, saciedad.

**Explendeo.** *V.* Exsplendeo.

**Explenunt.** *ant. Fest.* en lugar de Explent.

**Expleo,** es, ēvi, ētum, ēre. *a. Cic.* Llenar, colmar, llenar del todo. ‖ Concluir, acabar. *Explere se. Plaut.* Hartarse, llenarse de comida. —*Officium. Cic.* Satisfacer á su obligacion. —*Damna. Liv.* Resarcir los daños. —*Alicui animum. Ter.* Satisfacer, contener á alguno.

**Expletio,** ōnis. *f. Cic.* Hartura, saciedad.

**Expletivus,** a, um. *Expletivae conjunctiones. Donat.* Conjunciones espletivas, que á veces significan, y á veces sirven solo para llenar el número de la oracion, como *quidem, equidem, quoque, autem, igitur* &c.

**Expletus,** a, um. *part. de* Expleo. *Cic.* Lleno, harto, saciado, satisfecho. *Expletis finibus aevi. Estac.* Cumplido el término de la vida.

**Explevi.** *pret. de* Expleo.

**Explicabilis,** m. f. le. n. is. *Plin.* Fácil de esplicar, esplicable.

**Explicabiliter.** *adv. m. Diom.* De un modo fácil de esplicar.

**Explicate.** *adv. m. Cic.* Clara, pura, distintamente.

**Explicatio,** ōnis. *f. Cic.* El acto de estender, descoger, desplegar, desenvolver, desarrollar. ‖ Esplicacion, esposicion, interpretacion.

**Explicator,** ōris. *m.* y

**Explicatrix,** icis. *f. Cic.* El, la que esplica, interpreta.

**Explicatus,** us. *m. Cic.* Esplicacion. *Explicatus crurum. Plin.* La accion de estender las piernas.

**Explicatus,** a, um. *Cic. part. de* Explico. Desplegado, estendido, abierto. ‖ Esplicado, declarado.

**Explicit.** *Fed.* Acaba, concluye, da fin.

**Explicitus,** a, um. *part. de* Explico. *Cic.* Esplícito, claro, manifiesto. ‖ Concluido, finalizado. *Explicitus flammis. Quint.* Sacado, libertado de las llamas. *Explicito agmine. Val. Flac.* Estendido el escuadron.

**Explico,** as, avi, ó cui, atum, ó citum, are. *a. Cic.* Desplegar, descoger, estender, abrir, desenvolver. ‖ Acabar, desembrollar, desenredar. ‖ Contar, narrar, esponer. ‖ Esplicar, esplanar, declarar. *Explicare vela. Plaut.* Aparejar, desplegar las velas. —*Volumen. Cic.* Abrir un libro. —*Capillum. Varr.* Desenredar el cabello. —*Ensem. Ov.* Sacar, tirar de la espada. —*Iter. Plin. men.* Acabar el viage. —*Frontem. Hor.* Serenar la frente, desarrugarla. —*Convivium. Marc.* Disponer, preparar un convite. —*Provinciam terrore belli. Cic.* Libertar á una provincia del terror de la guerra. —*Aedificium. Cic.* Dilatar, ampliar un edificio. —*Rem suam. Plaut.* Aumentar sus bienes. —*Se de re aliqua. Cic.* Desenredarse, salir de un negocio. —*Serpentem. Luc.* Matar una serpiente. —*Lusus. Luc.* Hacer ostentacion de sus riquezas.

**Explodo,** is, si, sum, dĕre. *a. Sen.* Echar con ruido de manos ó gritos, desaprobar, desechar lo que no agrada á gritos, con palmadas.

**Exploranter.** *adv. Am.* y

**Explorate.** *adv. Cic.* Con cierta ciencia, con seguridad, con certidumbre. ‖ Con examen, con precaucion.

**Exploratio,** ōnis. *f. Tac.* Esploracion, noticia, averiguacion.

**Explorato,** *ablat. abs. Tac.* Con conocimiento, con examen, despues de bien examinado.

**Explorator.** *adv. V.* Explorate.

**Explorator,** ōris. *m. Ces.* Esplorador, espía, corredor, batidor. ‖ El que investiga, averigua y examina con deseo de saber.

**Exploratorius,** a, um. *Suet.* Perteneciente á esplorar, indagar.

**Exploratus,** a, um. *Cic.* Esplorado, cierto, sabido, manifiesto, averiguado con seguridad. *part. de*

**Exploro,** as, avi, atum, are. *a. Cic.* Esplorar, indagar, buscar, examinar, averiguar, espiar. ‖ Tentar, probar, ensayar, hacer esperiencia.

**Explōsi.** *pret. de* Explodo.

**Explōsio**, ōnis. *f. Cels. á Cic.* La accion de echar ó desechar, ahuyentar con ruido de manos.

**Explōsus**, a, um. *part. de* Explodo. *Cic.* Echado, desaprobado, desechado, ahuyentado con ruido de manos.

**Expōlio**, as, āvi. *V.* Exspolio.

**Expōlio**, is, īvi, ītum, īre. *a. Plin.* Pulir, repulir, bruñir, alisar. ‖ *Cic.* Adornar, hermosear, perfeccionar.

**Expolītio**, ōnis. *f. Vitruv.* Pulimento, lustre. ‖ *Cic.* Perfeccion, última mano. ‖ Espolicion, figura retórica, exornacion de pensamiento ó sentencia por varios modos.

**Expolītus**, a, um. *part. de* Expolio. *Plaut.* Pulido, repulido. ‖ *Cic.* Perfecto, sumamente adornado.

**Expōno**, is, sui, sĭtum, nĕre. *a. Cic.* Esponer, declarar, interpretar, esplicar. ‖ Publicar, sacar, manifestar al público. ‖ Decir, contar, hablar. ‖ Abandonar. ‖ *Plaut.* Echar de sí á empujones. *Exponere filios. Liv.* Abandonar á sus hijos, no querer educarlos ni reconocerlos. *Exponere exercitum. Ces. — In terram. — Ex navibus. Ces.* Desembarcar, sacar á tierra el ejército. — *Provincias barbaris. Tac.* Esponer, arriesgar, aventurar las provincias á los bárbaros.

**Expopŭlātio**, ōnis. *f. Col.* Desolacion, despoblacion.

† **Exporgo.** *V.* Exporrigo.

**Exporrectus**, a, um. *Varr.* Estendido *part. de*

**Exporrĭgo**, is, rexi, rectum, rĭgĕre. *a. Plaut.* Estender, alargar. *Exporrigere frontem. Ter.* Serenar la frente, el semblante.

**Exportātio**, ōnis. *f. Cic.* La accion de trasportar, conducir, llevar, sacar fuera, saca, trasporte, esportacion, estraccion. ‖ *Sen.* Destierro.

**Exportātus**, a, um. *Suet.* Llevado, sacado fuera, trasportado. *part. de*

**Exporto**, ās, āvi, ātum, āre. *a. Cic.* Trasportar, conducir, llevar, sacar fuera, estraer. ‖ Desterrar.

**Exposco**, is, pŏposci, poscĭtum, cĕre. *a. Cic.* Pedir con instancias, encarecidamente, implorar.

**Expositè.** *adv. m. Gel.* Clara, manifiestamente.

**Exposĭtio**, ōnis. *f. Cic.* Esposicion, esplicacion, declaracion.

**Exposĭtiuncŭla**, ae. *f. S. Ger.* Breve esposicion.

**Exposĭtitius**, a, um. *Plaut.* Espósito, abandonado.

**Expositor**, ōris. *m. Firm.* Espositor, intérprete, el que esplica ó espone.

**Exposĭtus**, a, um. *part. de* Expono. *Cic.* Espuesto, puesto al público. ‖ Aventurado, puesto á peligro. ‖ Desembarcado. ‖ Abandonado, desamparado.

**Expostŭlatio**, ōnis. *f. Cic.* Instancia, queja.

**Expostŭlator**, ōris. *m.* El que pide con instancia.

**Expostŭlatus**, us. *m. Sim. V.* Expostulatio.

**Expostŭlatus**, a, um. *Tac.* Pedido con instancia y queja.

**Expostŭlo**, ās, avi, ātum, āre. *a. Cic.* Demandar, pedir con instancia, con lamento, queja ó acusacion. ‖ Quejarse. *Expostulare injuriam ó de injuria cum aliquo. Cic.* Pedir satisfaccion ó reparacion de una injuria contra alguno. *Cum usus expostulabit. Col.* Cuando la necesidad lo pidiere.

**Exposui.** *pret. de* Expono.

**Expraefectus**, i. ó **Exprefectus.** *Inscr.* El que ha sido gobernador.

**Expressè.** *adv. Cic.* Espresa, clara, manifiesta, distintamente. *Expressius fricare. Escrib.* Dar friegas apretando bien las manos.

**Expressi.** *pret. de* Exprimo.

**Expressim.** *adv. Ulp. V.* Expresse.

**Expressio**, ōnis. *f. Col.* Espresion, la accion de esprimir, de sacar el zumo. ‖ *Vitruv.* Impulsion, accion de sacar ó llevar las aguas á lo alto.

† **Expresso**, as, āre. *a. Apic.* Esprimir, meter en prensa, sacar, estraer el jugo.

**Expressor**, ōris. *m. Tert.* El que esprime ó estrae el jugo.

**Expressus**, us. *m. Vitruv.* La subida ó elevacion violenta de las aguas por encañados.

**Expressus**, a, um. *Cic.* Esprimido, sacado, estraido.

**Exprĭmo**, is, pressi, pressum, mĕre. *a. Plin.* Comprimir, apretar. ‖ Esprimir, sacar el jugo. ‖ Imitar, retratar, representar. ‖ Esprimir, especificar, declarar. ‖ Pronunciar, decir. *Exprimere risum alicui. Petron.* Hacer reir á alguno. — *Pecuniam ab aliquo. Cic.* Sacar á uno el dinero. — *Hosti confessionem concessi maris. Liv.* Hacer confesar al enemigo que se tiene el dominio del mar. — *Aquam in altitudinem. Vitruv.* Elevar, levantar el agua á cierta altura.

**Exprobrātio**, ōnis. *f. Ter.* Reprension dada cara á cara.

**Exprobrātor**, ōris. *m. Sen.* y

**Exprobrātrix**, icis. *f. Sen.* El, y la que echa ó da en cara reprendiendo.

**Exprobrātus**, a, um. *Plin.* Reprendido, dado en cara.

**Exprobro**, ās, āvi, ātum, āre. *a. Cic.* Reprender, dar á uno en rostro, echarle en cara sus faltas ó los beneficios que ha recibido.

**Expromissio**, ōnis. *f. Ulp.* Promesa hecha formalmente.

**Expromissor**, ōris. *m. Ulp.* El que promete por sí ó por otro de cualquier modo, que se encarga y toma sobre sí.

**Exprōmitto**, is, īsi, issum, tĕre. *a. Ulp.* Prometer por sí ó por otro, tomar á su cargo, sobre sí la deuda de otro.

**Exprōmo**, is, promsi, promtum, mĕre. *a. Plaut.* Sacar fuera. ‖ Decir, esplicar, manifestar, descubrir, mostrar. *Expromsisti crudelitatem tuam. Cic.* Manifestaste, desfogaste tu crueldad.

**Expromtus**, a, um. *Tac. part. de* Expromo. Sacado fuera.

**Exprŏpĕrātus**, a, um. *Inscr.* Muy apresurado.

**Exproxĭmus**, i. *m. V.* Proximatus.

**Expudōrātus**, a, um. *Petron.* Desvergonzado, descarado.

**Expugnabĭlis**, m. f. le n. is. *Liv.* Lo que se puede espugnar.

**Expugnans**, tis. *com. Ov.* El que toma por fuerza de armas.

**Expugnātio**, ōnis. *f. Cic.* Espugnacion, el acto de vencer y tomar á viva fuerza una plaza, ciudad ó fortaleza.

**Expugnātor**, ōris. *m. Liv.* y

**Expugnātrix**, īcis. *f. Apul.* Espugnador, el y la que conquista, toma á fuerza de armas.

† **Expugnatōrius**, a, um. *Tert.* Propio para conquistar.

**Expugnātus**, a, um. *part. de* Expugno. *Nep.* Espugnado, vencido á viva fuerza.

**Expugnax**, ācis. *com. Ov.* Espugnador, conquistador.

**Expugno**, ās, āvi, ātum, āre. *a. Ces.* Espugnar, tomar, rendir, sujetar á fuerza de armas. ‖ Conseguir, alcanzar por fuerza. *Expugnare fortunas alicujus. Cic.* Apoderarse por fuerza de los bienes de algunos. — *Aurum alicui, ab aliquo. Plaut.* Sacar dinero á uno por fuerza para otro. — *Coepta. Ov.* Lograr con trabajo sus empresas. *Expugnassere (ant.) Plaut. en lugar de* Expugnaturum esse.

**Expŭli.** *pret. de* Expello.

**Expulsātus**, a, um. *Am.* Maltratado, afligido.

**Expulsim.** *adv. Varr.* Echando ó arrojando de sí.

**Expulsio**, ōnis. *f. Cic.* Espulsion, el acto de echar de sí, de arrojar, de espeler.

**Expulso**, ās, āvi, ātum, āre. *a. Marc.* Echar de sí frecuentemente á golpes, como pelota.

**Expulsor**, ōris. *m. Cic.* El que echa, arroja de sí.

**Expulsus**, a, um. *part. de* Expello. *Cic.* Espulso, echado, arrojado.

**Expultrix**, īcis. *f.* Espultriz, la que tiene virtud ó fuerza de espeler.

**Expūmĭco**, ās, āre. *a. Tert.* Pulir con la piedra pomez. ‖ Purgar, purificar.

**Expumo.** *V.* Exspumo.

**Expunctio**, ōnis. *f. Tert.* El acto de borrar.

**Expunctor**, ōris. *m. Tert.* El que borra.

**Expunctus**, a, um. *Plaut.* Borrado, cancelado. *part. de*

**Expungo**, is, nxi, nctum, gĕre. *a. Plaut.* Borrar, tachar, cancelar. *Expungere gloriam partam. Plaut.* Quitar la gloria adquirida. — *Diem.* — *Diei nomen, rationesque. Sen.* Pagar lo que se debia cierto dia, cancelar la partida ó cuentas de él.

**Expuo.** *V.* Exspuo.

**Expurgātio**, ōnis. *f. Plaut.* Escusa, justificacion.

**Expurgo**, ās, āvi, ātum, āre. *a. Col.* Espurgar, limpiar, purificar del todo. *Me expurgare tibi volo. Plaut.* Quiero escusarme, disculparme contigo.

**Expŭtātio**, ōnis. *f. Col.* La accion de podar, escamondar, mondar, limpiar los árboles y plantas.

**Expŭtātus**, a, um. *Col.* Podado, cortado. *part. de*

**Expŭto**, as, avi, atum, are. a. *Col.* Podar, cortar, limpiar, escamondar, mondar. ∥ *Cic.* Pensar, imaginar, considerar. *Utramque rem simul exputem.* **Plaut.** Examinaré, pensaré á un tiempo entrambas cosas.

**Exputresco**, is, trui, scĕre. n. *Plaut.* Podrirse, corromperse.

**Exquaero**, is, sivi, situm, ĕre. *Plaut. V.* Exquiro.

**Exquaestor**, oris. m. El que ha sido cuestor.

**Exquīliae**, arum. f. *Liv.* El monte Esquilino, *monte de Santa María la mayor*, uno de los siete de Roma.

**Exquiliārius**, a, um. *Liv.* 6

**Exquīlīnus**, y **Exquīlĭus**, a, um. *Liv. Tac.* y

**Exquīlius**, a, um. *Ov.* Del monte Esquilino de Roma, lo perteneciente á él.

**Exquīro**, is, sivi, situm, rĕre. a. *Cic.* Examinar, informarse, inquirir, averiguar con diligencia. *Exquirere aliquid ab* ó *de. Cic. Ex aliquo. Plaut.* Informarse de alguno, sobre ó de alguna cosa.— *Pacem. Virg.* Pedir la paz. — *Sententias. Cæs.* Pedir los pareceres.

**Exquīsĭte**. adv. *Cic.* y

**Exquīsītim**. adv. *Varr.* Diligente, cuidadosa, exactamente. *Rationes exquisitius colligere. Cic.* Recoger las razones con sumo cuidado. *Exquisitissime. Gel.* Muy exactamente, con la mayor perfeccion.

**Exquīsītio**, onis. f. *Dig.* Investigacion, inquisicion.

**Exquīsītītius**, a, um. *Sen.* Lo que necesita de mucha investigacion.

**Exquīsītor**, oris. m. *Bibl.* El que investiga, averigua con cuidado.

**Exquīsītus**, a, um. part. de Exquiro. *Cic.* Esquisito, escogido, buscado con diligencia. *Exquisitum judicium litterarum. Cic.* Gusto fino, delicado en las letras. *comp.* tior. *sup.* simus.

**Exquīsīvi**. pret. de Exquiro.

† **Exrădīco**, as, are. a. *Varr. V.* Eradico.

† **Exrŏgo**, as, avi, atum, are. a. *Fest. V.* Abrogo.

† **Exsacrifīco**. *En. V.* Sacrifico.

† **Exsaevio**, is, ii, itum, ire. n. *Liv.* Aplacarse, sosegarse la cólera.

**Exsanguĭnātus**, a, um. *Vitruv.* y

**Exsanguis**. m. f. gŭe. n. is. *Cic.* Exsangüe, falto de sangre, desangrado, desfallecido. ∥ Pálido, descolorido, lleno de miedo. *Exsanguis sermo. Cic.* Estilo seco.

**Exsānio**, as, avi, atum, are. a. *Col.* Sacar el pus, supurar, hacer venir á supuracion.

**Exsătĭātus**, a, um. *Liv.* Saciado, harto, satisfecho.

**Exsătio**, as, avi, atum, are. a. *Liv.* Saciar, llenar, hartar, satisfacer.

**Exsătŭrātus**, a, um. *Cic.* Lleno, harto, satisfecho.

**Exsătŭro**, as, avi, atum, are. a. *Cic.* Llenar, hartar, saciar, satisfacer.

**Exscalpo**, is, psi, ptum, ĕre. a. *Varr.* Cavar, ahondar, ahuecar con el buril. ∥ *Nep.* Borrar, rayar con él.

**Exscalptus**, a, um. *Cat.* part. de Exscalpo. Cavado, ahondado con el buril.

**Exscendo**, is, di, sum, dĕre. n. *Liv.* Bajar, desembarcar.

**Exscensio**, onis. f. *Liv.* y

**Exscensus**, us. m. Bajada, desembarco.

**Exscīdi**. pret. de Exscindo.

**Exscīdio**, onis. f. *Plaut.* y

**Exscīdium**, ii. n. *Virg.* Asolacion, ruina.

**Exscindo**, is, scidi, scissum, ndĕre. a. *Cæs.* Arruinar, destruir, asolar. ∥ Cortar.

**Exscīsio**, onis. f. *Vitruv.* La cortadura, la accion de cortar. ∥ Ruina, destruccion, asolacion.

**Exscreābĭlis**. m. f. lĕ. n. is. *Plin.* Lo que se puede arrojar por el esputo.

**Exscreātio**, onis. f. *Plin.* y

**Exscreātus**, us. m. *Cel. Aur.* La accion de gargajear, escupir con ruido y vehemencia, esputo.

**Exscreātor**, oris. m. *Plin.* El que escupe ó saliva.

**Exscreo**, as, avi, atum, are. a. *Cels.* Gargagear, escupir con gran ruido y vehemencia.

**Exscrībo**, is, psi, ptum, bĕre. a. *Cic.* Copiar, trasladar. *Exscribere patrem similitudine. Plin. men.* Ser un retrato de su padre, parecerse á él.

**Exscripsi**. pret. de Exscribo.

**Exscriptor**, oris. m. *Cic.* El copiante.

**Exscriptus**, a, um. part. de Exscribo. *Varr.* Copiado, trasladado.

**Exsculpo**, is, psi, ptum, pĕre. a. *Cic.* Esculpir, cincelar, grabar, entallar. ∥ *Ter.* Sacar, arrancar por fuerza. ∥ *Nep.* Borrar lo grabado.

**Exsculptus**, a, um. *Varr.* Esculpido, grabado, cincelado. *part. de* Exsculpo.

**Exsĕco**, as, cui, sectum, are. a. *Cic.* Cortar, quitar. *Exsecare quinas mercedes capiti. Hor.* Tomar, cobrar cinco por ciento de interes cada mes.

**Exsĕcrābĭlis**. m. f. lĕ. n. is. *Plin.* Execrable, abominable, detestable, digno de maldicion.

**Exsĕcrābĭlĭtas**, atis. f. *Apul. V.* Exsecratio.

**Exsĕcrābĭlĭter**. adv. *S. Ag.* Con execracion ó maldicion.

**Exsĕcrāmentum**, i. n. *Tert. V.* Exsecratio.

**Exsĕcrandus**, a, um. *Cic.* Execrando, execrable.

**Exsecrans**, tis. com. *Ov.* Execrador, el que detesta, maldice, abomina.

**Exsĕcrātio**, onis. f. *Cic.* Execracion, maldicion, imprecacion, abominacion, detestacion.

**Exsĕcrātor**, oris. m. *Tert. V.* Execrans.

**Exsĕcrātus**, a, um. part. de Exsecror. *Val. Max.* El que ha maldecido, detestado, abominado. ∥ *Cic. pas.* Execrando, detestable.

**Exsĕcror**, aris, atus sum, ari. dep. *Cic.* Maldecir, detestar, abominar. *Exsecrari in caput alicujus. Liv.* Llenar, cargar á uno de maldiciones, de imprecaciones.

**Exsectio**, onis. f. *Cic.* La accion de cortar y echar fuera. ∥ Cortadura.

**Exsector**, oris. m. *Apul.* El que corta, el que castra.

**Exsectus**, a, um. *Cic.* part. de Exseco. Cortado. ∥ Capado, castrado.

**Exsĕcūtio**, onis. f. *Plin.* Ejecucion, el acto de hacer, ejecutar y poner por obra. *Exsecutio delictorum. Ulp.* Persecucion de los delitos.

**Exsĕcūtor**, oris. m. *Vel.* Ejecutor, el que pone por obra. *Inimicitiarum exsecutor. Suet.* Vengador de enemistades.

**Exsĕcūtus**, a, um. part. de Exsequor. *Cic.* El que ha seguido. ∥ *Just.* Ejecutado.

† **Exsensus**, a, um. *Gel.* Insensato, necio.

**Exsĕquens**, tis. com. *Cic.* El que ejecuta cuidadosamente. *Exsequentissimus veterum memoriarum. Gel.* Exactísimo en seguir las memorias antiguas.

**Exsĕquiae**, arum. f. plur. *Cic.* Exequias, honras funerales, entierro, acompañamiento de un cadaver á la sepultura.

**Exsĕquiālis**. m. f. lĕ. n. is. *Ov.* y

**Exsĕquiārius**, a, um. *Varr.* Exequial, lo tocante á exequias y funerales.

**Exsĕquior**, aris, atus sum, ari. dep. *Varr.* Hacer las exequias.

**Exsĕquium**, ii. n. *Fest. V.* Sidicernium.

**Exsĕquor**, ĕris, cūtus sum, qui. dep. *Cic.* Ejecutar, efectuar, cumplir, poner por obra, en ejecucion. ∥ Seguir, acompañar. ∥ Decir, esponer, contar de seguido. *Exsequi aspectum alicujus. Plaut.* Seguir á uno con la vista. — *Jus suum. Cæs.* Seguir, perseguir su derecho. — *Delicta. Suet.* Vengar los delitos. — *Mortem. Plaut.* Darse muerte. — *Aerumnam. Plaut.* Padecer una desgracia.

**Exsĕquūtio**. *V.* Exsecutio.

**Exsero**. *V.* Exero.

**Exserte**. adv. *Apul.* En alta voz.

**Exserto**. *V.* Exerto.

**Exsertus**, a, um. *V.* Exertus.

**Exsibĭlātio**, onis. f. *Sen.* Rechifla, mofa.

**Exsibĭlo**, as, avi, atum, are. a. *Sen.* Silbar, chiflar. ∥ Hacer rechifla, mofa y burla con silbidos.

**Exsiccātus**, a, um. part. de Exsicco. *Cic.* Desecado, puesto seco, árido. *Lagenae exsiccatae. Cic.* Botellas desocupadas, vacías. *Exsiccatum orationis genus. Cic.* Estilo correcto, castizo, enmendado.

Exsiccesco, is, scĕre. n. *Vitruv.* Secarse, desecarse.

Exsicco, as, āvi, ātum, āre. a. *Plin.* Secar, desecar. ǁ Apurar, agotar.

Exsignātus, a, um. *Liv. part. de* Exsigno. Cerrado, sellado.

Exsignifer, ri. m. *Inscr.* El que ha sido alférez.

Exsigno, as, āvi, ātum, āre. a. *Plaut.* Cerrar, sellar.

Exsĭlio, is, lii, ó lui, sultum, sĭlīre. n. *Cic.* Salir saltando, echarse fuera con ímpetu.

Exsĭlium. V. Exilium.

Exsincērātus, a, um. *Plaut.* Maltratado.

Exsĭnuātus, a, um. *Paul. Nol.* Estendido. *part. de*

Exsĭnuo, as, āvi, ātum, āre. a. *Aus.* Estender, descoger el seno ó el regazo.

Exsisto. V. Existo.

Exsolvo, is, vi, sŏlūtum, vĕre. a. *Plin.* Descoger, desplegar, desatar. ǁ Pagar, satisfacer. *Exsolvere ferro brachia. Tac.* Abrir las venas, sangrar de los brazos. — *Se occupationibus. Cic.* Salir, desenredarse de ocupaciones. — *Religione. Liv.* Sacar de escrúpulo.

Exsŏlūtio, ōnis. f. *Dig.* Paga, pagamento por entero.

Exsŏlūte. adv. Absolutamente.

Exsŏlūtus, a, um. *Tac. part. de* Exsolvo. Suelto, libre, desembarazado.

Exsomnis. m. f. ně. n. is. *Virg.* Insomne, desvelado, vigilante.

Exsŏno, as, nui, itum, āre. n. *Petron.* Resonar.

Exsorbeo, ēs, bui, ptum (r.), bēre. a. *Plin.* Agotar bebiendo, beber de una vez. *Exsorbere difficultates. Cic.* Tolerar, sufrir dificultades y trabajos.

Exsordesco, is, dui, scĕre. n. *Col.* Estar envilecido, profanado sumamente.

Exsors, tis. com. *Virg.* Fuera de suerte. ǁ *Liv.* No participante, privado.

Exsortium, ii. n. *Apul.* Privacion de suerte ó herencia.

Expātians, tis. com. *Plin.* El que se espacia, se estiende, se dilata.

Expātiator, ōris. m. *Tac.* Corredor, vagabundo, el que anda rodando de una parte á otra.

Expātiātus, a, um. *Ov.* Dilatado, estendido. *part. de*

Expātio, as, āre. *Pac.* y

Expātior, āris, ātus sum, āri. *dep. Ov.* Esparcirse, dilatarse, estenderse, tomar un largo espacio, camino ó rodeo. ǁ *Sil. Ital.* Esparcirse, difundirse.

Exspectābĭlis. m. f. lĕ. n. is. *Tert.* Lo que se puede ó debe esperar.

Exspectans, tis. com. *Prop.* El que espera, aguarda.

Exspectātio, ōnis. f. *Cic.* El acto de esperar. ǁ Espectacion, gran deseo y esperanza. *Vide ne sis exspectationi. Plaut.* Mira no te hagas esperar.

Exspectātor, ōris. m. *Sen.* Espectador, el que mira con atencion.

Exspectātrix, ĭcis. f. *Ter.* La que espera.

Exspectātus, a, um. *Curc.* Esperado. ǁ Deseado con ansia. *part. de*

Exspecto, as, āvi, ātum, āre. a. *Ces.* Esperar, aguardar. ǁ Desear. *Exspectabo dum venis. Cic. Donec venias. Ut venias. Cic.* Esperaré á que vengas, á que hayas venido. *Ante exspectatum. Ov.* Antes de lo que se esperaba. *Exspectavimus lachrymas ad ostentationem doloris paratas. Petron.* Vimos, miramos unas lágrimas fingidas para ostentacion de sentimiento.

Exspergo. V. Aspergo.

Exspernor. V. Aspernor.

Exspersus, a, um. *Virg.* Regado, rociado, bañado.

Exspes. com. *Hor.* Sin esperanza, desesperado.

Exspirans, tis. com. *Cat.* Espirante, el que espira ó echa el aliento.

Exspīrātio, ōnis. f. *Cic.* Espiracion, respiracion, el acto de espirar, exhalar el aliento ó vapor.

Exspīrātūrus, a, um. *Estac. Exspiraturus ad primos austros.* El que ha de morir á los primeros vientos australes.

Exspīrātus, a, um. *Hirc.* Espirado, respirado. *part. de*

Exspīro, as, āvi, ātum, āre. a. *Virg.* Espirar, respirar, exalar, echar el aliento ó vapor. ǁ Morir, rendir el espíritu.

Exspissātus, a, um. *Plin.* Espesado. *part. de*

Exspisso, as, āvi, ātum, āre. a. *Plin.* Espesar, condensar, coagular, cuajar lo líquido.

Explendeo, ēs, dui, ēre. *Suet.* y

Explendesco, is, dui, scĕre. n. *Sen.* Resplandecer mucho. ǁ *Nep.* Sobresalir entre los demas.

Exspŏliātio, ōnis. f. *S. Ag.* Despojo, la accion de despojar.

Exspŏlio, as, āvi, ātum, āre. a. *Cic.* Despojar, quitar, privar á uno de lo que tiene, desposeerle violentamente.

Expuītio, ōnis. f. *Plin.* La accion de escupir.

Exspūmo, as, āvi, ātum, āre. n. *Cels.* Hacer espuma, salir haciendo espuma.

Exspuo, is, exspui, exspūtum, ĕre. a. *Cel.* Escupir, gargajear. ǁ Espumar. ǁ *Plin.* Echar de sí, arrojar fuera, vomitar.

Exstans, tis. com. *Virg.* Eminente, elevado, relevado.

Exstantia, ae. f. *Col.* Elevacion, eminencia.

Exstāris, is. *Plaut.* V. Extaris.

Exstātūrus, a, um. *Plin.* Que ha de ser hecho ó compuesto.

Exstercŏrātus, a, um. *Ulp. part. de*

Exstercŏro, as, āvi, ātum, āre. a. *Ulp.* Limpiar una caballeriza, una letrina.

Exsternātus, a, um. *Ov.* Consternado. *part. de*

Exsterno, as. V. Externo con sus derivados.

Exstillo, as, āvi, ātum, āre. n. *Col.* Destilar gota á gota. *Exstillare lachrymis. Ter.* Deshacerse en lágrimas.

Exstĭmŭlātor, ōris. m. *Tac.* El que estimula, incita, mueve, anima, estimulador, incitador.

Exstĭmŭlātus, a, um. *Plin.* Estimulado, animado, incitado. *part. de*

Exstĭmŭlo, as, āvi, ātum, āre. a. *Col.* Estimular, incitar, avivar, conmover, animar, escitar.

Exstinctio, ōnis. f. *Cic.* Estincion, ruina total, aniquilacion.

Exstinctor, ōris. m. *Cic.* Destruidor, el que acaba, mata, arruina.

Exstinctus, us. m. *Plin.* V. Exstinctio.

Exstinctus, a, um. *part. de* Extinguo. *Cic.* Estinto, apagado, muerto. ǁ Acabado, deshecho, destruido.

Exstinguĭbĭlis. m. f. lĕ. n. is. *Lact.* Estinguible, lo que se puede apagar ó extinguir.

Exstinguo, is, nxi, nctum, guĕre. a. *Cic.* Apagar, estinguir. ǁ Estirpar, desarraigar, quitar, deshacer, aniquilar. ǁ Matar.

Exstirpātio, ōnis. f. *Col.* Estirpacion, arrancamiento de raiz.

Exstirpātor, ōris. m. Estirpador, el que estirpa, desarraiga, arranca de raiz.

Exstirpātus, a, um. *Cic.* Estirpado. *part. de*

Exstirpo, as, āvi, ātum, āre. a. *Col.* Estirpar, desarraigar, arrancar de raiz. ǁ Quitar enteramente.

Exstĭti. *pret. de* Exsto y de Exsisto.

Exsto, as, stĭti, stĭtum, āre. n. *Ces.* Estar, salir fuera, sobresalir, subsistir, aparecer, dejarse ver. *Ejus benignitatis memoriam volebat exstare. Nep.* Queria que durase, viviese, se conservase la memoria de su benignidad.

Exstringo, is, nsi, strictum, gĕre. a. *Cic.* Restriñir, apretar fuertemente.

Exstructio, ōnis. f. *Cic.* Construccion, fábrica, obra, la accion de fabricar.

Exstructor, ōris. m. *Liv.* Constructor, arquitecto.

Exstructōrius, a, um. *Tert.* Lo perteneciente al que fabrica, edifica, y á la fábrica y obra.

Exstructus, a, um. *Nep.* Levantado con la fábrica ó construccion. *Exstructae divitiis. Hor.* Riquezas amontonadas. — *Mensae dapibus. Hor.* Mesas llenas de manjares, abundantes, servidas con mucha opulencia. *part. de*

Exstruo, is, struxi, structum, uĕre. a. *Cic.* Levantar edificando, fabricar. ǁ Acumular, amontonar.

Exsuccĭdus, a, um. *Tert.* V. Exsuccus.

Exsucco, as, āvi, ātum, āre. a. *Cel. Aur.* Sacar, estraer el jugo.

Exsuccus, a, um. *Sen.* Sin jugo, seco, enjuto.

Exsuctus, a, um. *part. de* Exsugo. *Col.* Chupado, sacado el jugo, esprimido, seco.

Exsūdātus, a, um. *Sil. Ital. Exsudati labores.* Trabajos padecidos, pasados. *part. de*

Exsūdo, as, ावi, ātum, āre. a. *Col.* Echar fuera por el sudor. *Exsudare labores. Liv.* Padecer trabajos.

Exsufflo, as, āre. a. *Sulp. Sev.* Echar fuera soplando.

Exsūgo, is, xi, ctum, gĕre. a. *Col.* Chupar, mamar.

Exsul &c. V. Exul.

Exsultābundus, a, um. *Just.* El que salta de contento.

Exsultans, tis. com. *Cic.* El que salta. ‖ Soberbio, altanero, insultante. ‖ Trasportado de alegría.

Exsultanter. adv. y

Exsultantius. adv. *Plin. men.* Alegremente.

Exsultantia, ae. f. *Gel.* Insolencia, petulancia.

Exsultātio, ōnis. f. *Plin.* La accion de saltar, el salto. ‖ *Tac.* Petulancia, soberbia, altanería, insolencia.

Exsultim. adv. *Hor.* Saltando.

Exsulto, as, āvi, ātum, āre. n. *Tac.* Saltar sin moderacion. ‖ Danzar. ‖ *Cic.* Engreirse, ensoberbecerse, jactarse. *Campus in quo exultare possit. Cic.* Campo en que puede esparcirse, lucir, brillar (la elocuencia).

Exsŭpĕrābĭlis. m. f. le. n. is. *Estac.* Superable, que se puede superar, vencer.

Exsŭpĕrans, tis. com. *Ov.* Escelente, sobresaliente, que escede, sobrepuja. ‖ *Gel.* Superfluo, sobrante.

Exsŭpĕrantia, ae. f. *Cic.* Escelencia, singularidad, elevacion, grandeza.

Exsŭpĕrātio, ōnis. f. *Ad Her.* Hipérbole, ponderacion, figura retórica.

Exsŭpĕrātōrius, a, um. *Lampr.* Nombre dado al mes de noviembre por adulacion del emperador Comodo.

Exsŭpĕrātus, a, um. *Lucr.* Superado, vencido. part. de

Exsŭpĕro, as, āvi, ātum, āre. a. *Liv.* Superar, esceder, sobrepujar, vencer. ‖ Subir, llegar al cabo de una cuesta. *Exsuperare coecum consilium. Virg.* Reprimir el furioso ímpetu del pueblo.

Exsuppūro, as, āre. a. *Tert.* Supurar y limpiar la ponzoña ó la materia.

Exsurcŭlātus, a, um. *Sen.* Podado. part. de

Exsurcŭlo, as, āvi, ātum, āre. a. *Cat.* Podar los árboles, escamondarlos.

Exsurdātus, a, um. *Sen.* Ensordecido. part. de

Exsurdo, as, āvi, ātum, āre. a. *Plin.* Ensordecer, causar sordera. ‖ *Hor.* Hebetar, entorpecer.

Exsurgo, is, rexi, rectum, gĕre. n. *Cic.* Alzarse, levantarse, ponerse en pié. ‖ Animarse, tomar ánimo, aliento. *Exsurgit dolor. Sen.* Crece, se aumenta el dolor.

Exsuscĭtātio, ōnis. f. *Ad Her.* El acto de despertar la atencion.

Exsuscĭto, as, āvi, ātum, āre. a. *Cic.* Despertar, escitar. ‖ Alentar, animar.

Exsyncĕrastus, a, um. *Plaut.* V. Emedullatus.

Exta, ōrum. n. plur. *Cic.* Las entrañas, los intestinos, las partes interiores, las tripas. *Muta exta. Fest.* Entrañas mudas, por las que no se podia adivinar. *Regalia. Id.* Las que anunciaban bienes á toda clase de personas. *Cocta numerabimus exta. Res vindicabit. adag.* Al freir lo vereis. *ref.*

Extābesco, is, bui, scĕre. n. *Cic.* Secarse, consumirse de flaqueza. *Extabescere diuturnitate. Cic.* Desvanecerse con el tiempo.

Extaeniātus. V. Extenuatus.

Extālis, is. m. *Veg.* El intestino recto, que se sale del ano por alguna enfermedad.

Extans. V. Exstans.

Extantia. V. Exstantia.

Extāris, m. f. re. n. is. *Plaut.* Lo perteneciente á las entrañas y á la caldera donde se cocian.

Extemplo. adv. *Cic.* Al instante, al punto, al momento. *Cum extemplo. Plaut.* Así, luego, al instante que.

Extempŏrālis. m. f. le. n. is. *Quint.* Estemporal, repentino, improviso, impensado.

Extempŏrālitas, atis. f. *Suet.* Facilidad de decir ó hacer algo de repente.

Extempŏraliter. adv. *Sid.* De repente, de improviso.

† Extempŏrāneus, a, um. V. Extemporalis.

Extendo, is, di, sum, y tum, dĕre. a. *Ces.* Estender, alargar, dilatar. ‖ Aumentar, crecer. *Extendere agros. Hor.* Ensanchar, aumentar sus campos. —— *Se ad altiorem gradum. Quint.* Ascender á un grado mas alto, á mayor altura. —— *Se supra vires. Liv.* Hacer mas de lo que se puede.

Extĕnĕbro, as, āre. a. *Varr.* Sacar de las tinieblas á la luz.

Extense. adv. *Ter.* Estensamente, con estension.

Extensio, ōnis. f. *Vitruv.* Estension, la accion de estender.

Extensĭpes. *Diomed.* El pié moloso, que consta de tres sílabas largas.

Extensīvus, a, um. *Paul. Jct.* Estensivo, lo que se estiende.

Extensus, a, um. *Cic. part. de* Extendo. Estendido, estenso. *Castra quam extensissima. Liv.* Reales estendidos lo mas que se pueda.

Extente. adv. *Am.* Estendidamente.

Extentio, ōnis. f. *Vitruv.* Estension.

Extento, as, āvi, ātum, āre. a. *Plaut.* Tentar, esperimentar, probar.

Extentus, us. m. *Sil.* V. Extentio.

Extentus, a, um. *Cic. part. de* Extendo. Estendido, alargado. *Vivet extento aevo. Hor.* Vivirá en la memoria de los siglos. *Extentis itineribus. Liv.* Á largas y continuadas marchas.

Extēnŭātio, ōnis. f. *Cic.* Estenuacion, diminucion.

† Extenuātor, ōris. m. *Tac.* El que estenúa, debilita.

Extenuātus, a, um. *Cic.* Estenuado, debilitado. part. de

Extenuo, as, āvi, ātum, āre. a. *Varr.* Estenuar, adelgazar. ‖ Debilitar, enflaquecer. *Extenuare molestias. Cic.* Aligerar, aliviar las pesadumbres.

Extĕpesco, is, ĕre. n. *Apul.* Enfriarse, templarse.

Extĕpidus, a, um. *Seren.* Templado, enfriado.

Exter, y Extĕrus, a, um. *Estac. Cic.* Estrangero, estraño, de otro país.

† Extĕrebra, ae. f. *Plaut.* Hacha para cortar madera.

† Extĕrĕbrātio, ōnis. f. *Hig.* La accion de cortar leña.

Extĕrĕbrātus, a, um. *Cic. part. de*

Extĕrĕbro, as, āvi, ātum, āre. a. *Cic.* Sacar fuera taladrando, agugereando, barrenando.

Extergeo, es, rsi, sum, gĕre. a. *Varr.* y

Extergo, is, rsi, sum, gĕre. a. *Plaut.* Limpiar, lustrar frotando.

Extĕrior, ius, ōris. *Cic.* Esterior, esterno, lo que está de la parte de afuera.

Extĕrius. adv. *Col.* Esteriormente, por fuera.

† Extermĭnātio, ōnis. f. *Dig.* Esterminio, la accion de esterminar.

Exterminator, ōris. m. *Cic.* Esterminador, destruidor, el que echa ó hace salir, el que arranca y destruye.

Extermĭnātus, a, um. *Cic. part. de* Extermino. Esterminado, echado.

Extermĭnium, ii. n. *Tert.* Esterminio, espulsion.

Extermĭno, as, āvi, ātum, āre. a. *Cic.* Esterminar, abolir, destruir. ‖ Echar, desterrar fuera de los términos.

Extermĭnus, a, um. *Tert.* El que está fuera de los términos, desterrado, espulso.

† Externātus, a, um. *Cat. Externati equi. Ov.* Caballos furiosos. part. de

Externo, as, āvi, ātum, āre. a. *Cat.* Enfurecer, enloquecer, hacer perder el juicio, el sentido, el seso. ‖ *Ov.* Espantar, alborotar. ‖ *Apul.* Desheredar, tratar como estraño.

Externus, a, um. *Cic.* Esterno, de la parte de afuera. ‖ Estrangero, de país estraño.

Extĕro, is, trīvi, trītum, tĕrĕre. a. *Cic.* Triturar, desmenuzar, deshacer. *Esterere litteram. Varr.* Quitar una letra. —— *Frontem calcibus. Fedr.* Deshacer la frente á coces.

† Exterrāneus, a, um. *Fest.* V. Extraneus ó Exterus.

Exterreo, es, rui, ritum, rĕre. a. *Cic.* Espantar, atemorizar gravemente.

† Exterricīneus, a, um. *Fest.* Nacido antes de tiempo por haber recibido algun susto su madre.

Exterrĭtus, a, um. *Cic. part. de* Exterreo. Espantado, atemorizado, lleno de miedo.

Extersio, ōnis. f. *Apul.* y

Extersus, us. m. *Plaut.* Limpiadura.

Extersus, a, um. part. de Extergeo y de Extergo. *Plaut.* Limpio, fregado.

Extexo, is, xui, textum, ĕre. *a. Plaut.* Destejer, deshacer el tejido.

Extextus, a, um. *part. de* Extexo. Destejido.

Extillo, ās. *V.* Exstillo.

Extĭmeo, ēs, ui, ēre. *a. Tac.* y

Extĭmesco, is, mui, scĕre. *a. n. Cic.* Temer mucho, tener gran miedo.

Extĭmo, ās, āre. *Tac. V.* Existimo.

Extĭmŭlo. *V.* Exstimulo.

Extĭmus, a, um. *sup. de* Exter. *Cic.* El último, el que está mas afuera y apartado de todos. *Extimus ab aliquo. Plaut.* El mas apartado de alguno.

Extinguo y otros. *V.* Exstinguo.

Extispex, ĭcis. *m. Cic.* Sacrificador, adivino, el que mira las entrañas de la víctima para sacar agüeros.

† Extispĭcĭna, ae. *f.* Inspeccion, observacion de las entrañas de las víctimas.

Extispĭcium, ii. *n. Suet.* La inspeccion de las entrañas.

Extispĭcus, i. *m. Inscr. V.* Extispex.

Exto. *V.* Exsto.

Extollo, is, tŭli, ēlatum, tollĕre. *a. Cic.* Alzar, levantar en alto. ‖ Elevar, ensalzar, engrandecer. *Extollere ex die in diem. Plaut.* Diferir, dilatar de dia en dia. — *Animos. Cic.* Ensoberbecerse.

† Extorpeo, ēs, ui, ēre. *n. Venanc. Fort.* Entorpecerse.

Extorqueo, ēs, torsi, tortum, quēre. *a. Cic.* Quitar, tomar, sacar por fuerza. *Extorquere articulum. Sen.* Desconcertar, dislocar un hueso. — *Errorem. Cic.* Desengañar. — *Aliquem. Ter.* Atormentar á alguno, ponerle en el potro para que confiese. *Extorsisti ut faterer. Cic.* Me has obligado á confesar.

Extorreo, ēs. *V.* Torreo.

Extorrĭdus. *V.* Torridus.

Extorris. *m. f.* rĕ. *n. is. Cic.* Desterrado, echado de su tierra.

Extorsi. *pret. de* Extorqueo.

Extorsio, ōnis. *f. Cap.* Estorsion, el acto de sacar por fuerza.

Extortor, ōris. *m. Ter.* El que quita, arrebata por fuerza.

Extortus, a, um. *part. de* Extorqueo. *Cic.* Quitado, sacado por fuerza. ‖ *Liv.* Atormentado en el potro. *Omnibus membris extortus. Plin.* Quebrantados todos sus huesos.

Extra. *prep. de ac. Cic.* Fuera de. ‖ Escepto. *Extra quam si. Cic. Extra quam. Liv.* Fuera de sí, escepto si, esceptuando si.

† Extraclūsus, a, um. *Front.* Dejado fuera, no señalado, no asignado.

Extractōrius, a, um. *Plin.* Lo que tiene fuerza de atraer, de estraer y chupar hácia sí.

Extractus, a, um. *Cic.* Estraido, sacado fuera. ‖ *Ces.* Dilatado, alargado. *part. de*

Extraho, is, traxi, tractum, ĕre. *a. Cic.* Estraer, sacar fuera. ‖ Sacar, libertar. ‖ Arrancar, quitar, borrar. ‖ Publicar, dar, sacar á luz. ‖ Alargar, dilatar, diferir, prolongar. *Triduum disputationibus extrahitur. Ces.* Se consumen, se gastan tres dias en disputas.

Extramundānus, a, um. *Marc. Cap.* De fuera del mundo, sobrenatural.

Extrāmurānus, a, um. *Lampr.* El que está fuera de los muros, estramuros.

Extrānātūrālis. *m. f.* lĕ. *n. is. Tert.* Lo que es contra la naturaleza, ó no es natural.

Extrāneo, ās, āre. *a. Apul.* Escluir de una sucesion, desheredar.

Extrāneus, a, um. *Cic.* Esterno, de la parte de afuera. ‖ Estraño, estrangero, forastero.

Extraordinarius, a, um. *Cic.* Estraordinario, fuera de órden, de regla, de método regular y natural.

Extraquam. *adv. Liv. V.* Extra.

Extrarius, a, um. *Cic.* Esterior. ‖ Estraño, estrangero, forastero, *aunque no tan apartado como* Extraneus.

Extrēma, ae. *f.* Estremos, *ciudad de Portugal en el Alentejo.*

Extrēmadūra, f. V. Bethuria.

Extrēmisco, is, mui, scĕre. *n. Sedul. V.* Tremisco.

Extrēmĭtas, ātis. *f. Cic.* Estremidad, la punta ó parte última de alguna cosa. *Extremitas mundi. Cic.* La circunferencia del mundo. *Extremitates Aethiopiae. Plin.* Los confines de Etiopia.

Extrēmum, i. *n. Cic.* Estremo, estremidad, fin, parte última. *Ad extremum perditus. Liv.* Perdido, vicioso en estremo.

Extrēmum *y* Extremo. *adv. Cic.* Al fin, final, últimamente.

Extrēmus, a, um. *Cic.* Estremo, último, postrero. *Extremus liber, extrema ratio ó epistola. Cic.* El último libro, la última oracion ó carta, y la última parte, el fin del libro, oracion ó carta.

Extricābĭlis. *m. f.* lĕ. *n. is. Plin.* Lo que se puede desembrollar, desenredar.

Extricātus, a, um. *Hor.* Desenredado, desembarazado.

Extrīco, ās, āvi, ātum, āre. *a. Plaut.* Desenvolver, desenredar, desembarazar, desatar. ‖ Libertar. *Extricare unde unde nummos. Hor.* Sacar dinero de todas partes, por cualquier medio.

Extringo, is, ĕre. *V.* Exstringo.

Extrinsĕcus, *adv. Cic.* Estrínseca, esteriormente, hácia fuera.

† Extrinsĕcus, a, um. *Tert.* Estrínseco, esterior.

Extrītus, a, um. *part. de* Extero. *Lucr.* Molido. ‖ Quitado, borrado.

Extrīvi. *pret. de* Extero.

Extro, ās, āre. *n. Non.* Salir.

Extructio. *V.* Exstructio.

Extrūdo, is, trūsi, trūsum, dĕre. *a. Cic.* Echar, sacar fuera á empellones. ‖ Obligar á partir con violencia.

Extrūsus, a, um. *Tac. part. de* Extrudo. Echado fuera con violencia.

Extūbĕrans, tis. *com. Plin.* Lo que tiene la superficie convexa.

Extūbĕratio, ōnis. *f. Plin.* Hinchazon, tumor, escrecencia.

Extūbĕratus, a, um. *Arn.* Hinchado. *part. de*

Extūbĕro, ās, āvi, ātum, āre. *n. Plin.* Hincharse. ‖ *a. Sen.* Causar hinchazon.

Extūdi. *pret. de* Extundo.

Extūli. *pret. de* Effero, y Extollo.

Extŭlo, is. *ant. Plaut. en lugar de* Effero y Extrafero.

Extŭmeo, ēs, ui, ēre. *n. Plaut.* y

Extŭmesco, is, ui, scĕre. *n. Plin.* Hincharse, levantarse.

Extŭmĭdus, a, um. *Varr.* Hinchado, levantado.

† Extunc. *adv. Apul.* Desde entonces, desde aquel tiempo.

Extundo, is, tŭdi, tūsum, dĕre. *a. Plaut.* Hacer salir á palos, á golpes. ‖ Alcanzar á fuerza de súplicas, de importunos ruegos. *Extundere artes. Virg.* Inventar las artes. ‖ *Gel.* Aprenderlas con mucha curiosidad.

Exturbātus, a, um. *part. de* Exturbo. Echado, espelido con violencia.

Exturbo, ās, āvi, ātum, āre. *a. Cic.* Echar, arrojar con fuerza, con violencia. *Exturbare mentem. Cic.* Perturbar, trastornar el entendimiento. *Exturbavit omnia. Plaut.* Lo confundió, perturbó todo.

Extussio, is, ivi, itum, īre. *a. Cels.* Arrojar, echar tosiendo.

Extussītus, a, um. *part. de* Extussio. *Cel. Aur.* Arrojado tosiendo, con la tos.

Exūbĕrans, tis. *com. Lact.* Exuberante, superabundante. *Fons exuberans. Lact.* Fuente que rebosa. *Exuberantissimo vigore equus. Gel.* Caballo de muchísimo vigor.

Exūbĕrantia, ae. *f. Gel.* y

Exūbĕratio, ōnis. *f. Vitruv.* Exuberancia, suma abundancia.

Exūbĕro, ās, āvi, ātum, āre. *n. Virg.* Sobrar, superabundar. ‖ *a. Gel.* Ocasionar, producir abundancia.

Exuccus. *V.* Exsuccus.

Exūdo. *V.* Exsudo.

Exuetus. *V.* Exsuetus.

Exūgo *&c. V.* Exsugo.

Exui. *pret. de* Exuo.

Exul, ŭlis. *com. Cic.* Desterrado, estrañado de su pátria. *Exul mentis. Ov.* Insensato, que ha perdido el jui-

## FAB

cio. — *Avis hyemis. Petron.* La cigüeña.

Exūlans, tis. *com. Cic.* El que está desterrado.

Exŭlātio, ōnis. *f. Flor.* Destierro.

Exulcĕrātio, ōnis. *f. Cels.* Llaga que se va haciendo.

Exulcĕrātor, ōris. *m. Plin.* El que hace una llaga.

Exulcĕrātōrius, a, um. *Plin.* Lo que tiene actividad y fuerza para llagar.

Exulcĕrātrix, ĭcis. *f. Plin.* La que llaga.

Exulcĕrātus, a, um. *Plin.* Llagado. ‖ Irritado, ofendido.

Exulcĕro, ās, āvi, ātum, āre. *a. Cels.* Llagar, ulcerar. ‖ Irritar, ofender, exasperar.

Exŭlo, ās, āvi, ātum, āre. *n. Cic.* Estar desterrado.

Exulto. *V.* Exsulto.

Exŭlŭlātus, a, um. *Ov.* Llamado, invocado con alaridos y como aullando. *part. de*

Exŭlŭlo, ās, āvi, ātum, āre. *a. Ov.* Dar fuertes alaridos, voces tristes, y como aullidos.

Exunctio, ōnis. *f. Gel.* Uncion, la accion de untar.

Exunctus, a, um. *Plaut. part. de* Exungo. Untado, dado una untura.

Exundans, tis. *com. Estac.* Que sale de madre, inunda.

Exundātio, ōnis. *f. Plin.* Inundacion, avenida, crecida.

Exundo, ās, āvi, ātum, āre. *n. Col.* Inundar, salir de madre. *Exundans ingenii fons. Juv.* Vena de ingenio abundantísima.

Exungo, is, nxi, nctum, gĕre. *a. Plaut.* Untar, frotar con algun licor.

Exunguis, m. f. guĕ. n. is. *Tert.* Que no tiene uñas.

Exungŭlo, ās, āvi, ātum, āre. *a. Plaut.* Quitar, arrancar las uñas. ‖ *Veg.* Perder las uñas, el casco el animal.

Exuo, is, xui, ūtum, ĕre. *a. Cic.* Desnudar, despojar, quitar el vestido. ‖ Quitar, despojar, robar, hurtar. ‖ Deponer, despojarse. *Exuere fidem. Tac.* Faltar á su palabra, á la fe. *Mentem. Virg.* Mudar de parecer. — *Animam. Ov.* Morir. — *Tributa. Tac.* Rehusar pagar los tributos. — *Hostem impedimentis. Cic.* Tomar el bagage de los enemigos. — *Jussa. Tac.* Desobedecer.

Exŭpĕro y sus deriv. *V.* Exsupero.

Exurgo. *V.* Exsurgo.

Exūro, is, ussi, ustum, ĕre. *a. Cic.* Quemar, abrasar. *Mihi ex animo exuri non potest. Cic.* No hay quien me lo quite de la cabeza, no se me puede desimpresionar.

Exuscĭto. *V.* Exsuscito.

Exustĭci, ōrum. *m. plur. Vitruv.* Los delincuentes, á quienes por nota de infamia se marca con fuego, marcados.

Exustio, ōnis. *f. Cic.* Incendio, quema, abrasamiento. *Exustio solis. Cic.* Ardor, calor del sol.

Exustus, a, um. *Cic. part. de* Exuro. Quemado.

Exūtus, a, um. *Cic. part. de* Exuus. Desnudado, despojado. ‖ Robado.

Exŭviae, ārum. *f. plur. Cic.* Despojos de la victoria, botin. ‖ *Virg.* Despojos, prendas, adornos de la persona. *Exuviae capitis. Sen.* Los cabellos. *Exuviae sacrae pecudis. Val. Flac.* El vellocino de oro.

Exvēlātus, a, um. *Prop.* Descubierto, quitado el velo.

Exvello, is. *Apul. V.* Evello.

Exverro. *Cat. V.* Everro.

Exverto, is, ti, sum, ĕre. *n. Plaut.* Prevenir, preocupar, anticiparse.

## FA

Fāba, ae. *f. Cic.* La haba, legumbre. *Faba isthaec in me cudetur. Ter.* Este mal vendrá á caer sobre mí.

Făbāceus, a, um. *Palad.* Lo que es de habas.

Făbācia, ae. *f. Plin.* Torta de harina de habas.

Făbācius, a, um. *Pal* y

Făbāgĭnus, a, um. *Cat. V.* Fabalis.

Făbālia, ium. *n. plur. Col.* Habares, sitios plantados de habas. ‖ *Plin.* Tallos de habas.

Făbālis. m. f. lĕ. n. is. *Plin.* Lo que es de habas, lo perteneciente á ellas.

Făbāria, ae. *f. Plin.* Borcun, *isla en el mar de Germania*.

Făbāris, is. *m. Virg.* Farfa, ó Farfaro, *rio de Italia*.

Făbārius, a, um. *Plin.* Perteneciente á las habas. *Fabariae calendae. Macrob.* Calendas de junio, en que se ofrecian en los sacrificios las primeras habas.

Făbātārium, ii. *n. Lampr.* Vasija en que se guardan habas.

Făbātus, a, um. *Fest. V.* Fabaceus.

Fabella, ae. *f. Cic.* Fabulilla, *dim. de* Fábula. Cuento, historieta. ‖ Pieza de teatro. *Fabellae Euripidis. Cic.* Las tragedias de Euripides. — *Terentii. Cic.* Las comedias de Terencio.

Fabellātor, ōris. *m. Apul.* Fabulador, el que cuenta fábulas. ‖ Escritor de fábulas, fabulista.

Fabellātrix, ĭcis. *f. Afr.* La que cuenta fábulas.

Făbello, ās, āre. *Lucr. V.* Fabulor.

Făber, bra, brum. *Ov.* Fabril, perteneciente al artifice de cualquier arte.

Făber, bri, *m. Cic.* Maestro, artífice, fabricante, oficial, artesano. *Faber aedium. Gel.* Arquitecto, maestro de obras. — *Aerarius. Liv.* Latonero, calderero. — *Aeris. Hor.* Fundidor. — *Aurarius. Plater.* — *Eboris. Hor.* — *Marmoris. Hor.* Escultor en marfil, en marmol. — *Lignarius. Liv.* — *Materiarius. Plaut.* Carpintero. — *Ferrarius. Plaut.* Herrero, cerragero.

Făberiānus, a, um. *Cic.* Perteneciente á Faberio, *nombre propio romano*.

Făberrĭme. *adv. Apul.* Con grande arte.

Făbētum, i. *n. Plin.* Habar, sitio sembrado de habas.

Fabiānus, a, um. *Nep.* Perteneciente á algunos de los Fabios romanos, ó á la tribu Fabia.

Fabii, ōrum. *m. plur. Cic.* Los Fabios, *familia muy noble de Roma.*

Fabirum, i. *n. Bremen, ciudad de Alemania.*

Fabius Pictor. *Liv.* Fabio Pictor, *patricio romano, gran jurisconsulto, literato y anticuario.*

Fabius, a, um. *Cic.* Perteneciente á alguno de los Fabios.

Fabrateria, ae. *f. Cic.* Fabateria, ó Falbaterra, *colonia y ciudad de los volscos en el Lacio.*

Fabraternus, a, um. *Plin.* Lo perteneciente á Falbaterra, cuyos habitantes se llaman Fabraterni, ōrum. *Liv.*

Fabre. *adv. Plaut.* Artificiosamente, con arte.

Făbrĕfăcio, is, fĕci, factum, cĕre. *a. Aur. Vict.* Fabricar, componer, edificar, construir con arte.

Făbrĕfactus, a, um. *Apul.* Hecho artificiosamente, con destreza, con arte.

Fabrĭca, ae. *f. Cic.* Taller, obrador del artifice. ‖ *Vitruv.* El arte del fabricante. ‖ Fábrica, la casa fabricada ó hecha con arte. *Fabricam fingere. Ter.* Fingir un embuste, un enredo.

Fabrĭcātio, ōnis. *f. Cic.* Fabricacion, fábrica, la accion de fabricar. ‖ *Cic.* Arte, artificio.

Fabrĭcātor, ōris. *m. Cic.* Fabricador, fabricante, artífice.

Fabrĭcātrix, ĭcis. *f. Lact.* La que fabrica.

Fabrĭcātus, us. *m. Sid. V.* Fabricatio.

Fabrĭcātus, a, um. *part. de* Fabricor. *Cic.* Fabricado, rebajado, hecho con arte.

Fabricenses, ium. *m. plur. Cod.* Oficiales, obreros de un arsenal, los que trabajan en las armerías y fundiciones.

Fabriciānus, a, um. *Cic.* Perteneciente á alguno de los Fabricios romanos.

Fabricius (Cajus) Luscinius. *Liv.* Cayo Fabricio Luscinio, *ciudadano romano, que obtuvo los mayores empleos, y fue ejemplo de la frugalidad.*

Fabricius, a, um. *Hor.* Perteneciente á alguno de los Fabricios.

Fabrĭco, ās, āvi, ātum, āre. *a. Tac.* y

Fabrĭcor, āris, ātus sum, āri. *dep. Cic.* Fabricar, hacer, trabajar, construir. *Fabricare animum. Sen.* Formar el ánimo, el corazon.

Fabrĭcus, a, um. *V.* Fabrilis.

Fabrĭfĭcātio, ōnis. *f. Tert.* Fábrica, hechura.

Fabrīlia, ium. *n. plur. Hor.* Las cosas ó materias pertenecientes á los artífices, artesanos ó artistas.

Fabrilis. m. f. lĕ. n. is. *Cic.* Perteneciente al maestro ó artífice.

Fabrilĭter. *adv. m. Prud.* Con arte.

Făbŭla, ae. *f. Petron.* Fábula, rumor, hablilla del pueblo verdadera ó falsa. ‖ Conversacion, plática. ‖ Cuento, novela. ‖ Poema dramático. ‖ *Plaut. dim. de* Faba. Fabu-

*Iam dare*, ó *docere*. *Cic*. Dar, representar una comedia. *Fabulae jam nos sumus*. *Ter*. Ya no somos para nada. *In fabulis esse*. *Suet*. Ser el asunto, la materia de las conversaciones. *Lupus in fabula*. *adag*. *Cic*. Proverbio de que se usa cuando aquel de quien hablábamos se aparece de repente. *Entre nosotros: En mentando al ruin en Roma luego asoma*. *ref*.

Făbŭlāris. *m. f. rĕ. n. is*. *Suet*. Fabuloso, que contiene fábula ó ficcion.

Făbŭlātĭo, ōnis. *f*. *Col*. Fábula, cuento, novela.

Făbŭlātor, ōris. *m*. *Sen*. Fabulador, fabulista, el que cuenta ó escribe fábulas.

Făbŭlīnus, i. *m*. *Non*. El dios que los romanos creian presidia á los niños que empezaban á hablar.

Făbŭlis. *m. f. lĕ. n. is*. *Varr*. V. Fabalis.

Făbŭlo, ōnis. *m*. *Varr*. El que cuenta cuentos, bufon, chocarrero.

Făbŭlo, ās, āvi, ātum, āre. *a*. *Plaut*. y

Făbŭlor, āris, atus sum, āri. *dep*. *Plaut*. Fabular, hablar, decir, contar. ǁ *Liv*. Fingir, contar cuentos.

Făbŭlōse. *adv*. *Plin*. Fabulosamente, con ficcion.

Făbŭlōsĭtas, ātis. *f*. *Plin*. Fabulosidad, vanidad, incertidumbre, falsedad de las fábulas y de los que las cuentan.

Făbŭlōsus, a, um. *Suet*. Fabuloso, incierto. ǁ Célebre, famoso por sus muchas fábulas.

Făbŭlum, i. ó Fabulus, i. *m*. ó *n*. *Cat*. Una haba, un grano de haba.

Face. *Plaut*. en lugar de Fac.

Făcēla, ae. *f*. y Facelāre, is. *n*. *Lamp*. Ensalada de alubias ó judías.

Făcessītus, a, um. *Cic*. Hecho, ejecutado, cumplido.

Făcesso, is, ssi, ó īvi, ó sii, sītum, ssĕre. *freq*. de Facio. *n*. *Plaut*. Hacer, cumplir, ejecutar. ǁ Suscitar, acarrear. ǁ Partir, irse, retirarse. ǁ *a*. *Plaut*. Echar, apartar, hacer salir. *Facessere alicui negotium*. *Cic*. Dar que hacer á alguno, acarrearle trabajos, molestias. — *Alicui periculum*. *Cic*. Poner, meter á uno en peligro. — *Ex urbe*, *Liv*. Salir de la ciudad. — *Rem*. *Plaut*. Poner una demanda, un pleito.

Făcētē. *adv*. *Cic*. Graciosamente, con chiste y gracia. ǁ *Ter*. Con propiedad, con buen gusto.

Făcētia, ae. *f*. *Gel*. y

Făcētiae, ārum. *f*. *Plur*. *Cic*. Facecia, gracias, chistes, sales, donaires, graciosidades, agudezas, chanzas.

Făcētior, āris, āri. *dep*. *Sid*. Usar de chistes, gracias, donaires &c.

Făcētōsus, a, um. *Cic*. y

Făcētus, a, um. *Cic*. Faceto, gracioso, chistoso, salado, burlon. *Facetus victus*. *Plaut*. Comida esquisita, delicada. *Facetae aures*. *Marc*. Oidos finos, escrupulosos, delicados.

Făcĭendus, a, um. *Cic*. Lo que se ha de hacer.

Făcĭens, tis. *com*. *Ov*. Que hace, que causa ó produce. *Vinum faciens ingenium*. *Ov*. Vino que da espíritu. *Facientes frigora venti*. *Ov*. Vientos que ocasionan frio.

Făcĭes, ei. *f*. *Cic*. La cara, el rostro, el semblante. ǁ *Ov*. Hermosura. ǁ Traza, figura, presencia, disposicion del cuerpo, facha, aspecto. *Facies sermonis*. *Quint*. Aire, giro del estilo. — *Pugnae*. *Tac*. Orden de batalla. *Facie prima*. *Sen*. Á primera vista. — *Consilii publici*. *Tac*. Socolor, con pretesto de una determinacion pública. *Faciem perfricare*. *Plin*. Quitarse la mascarilla, perder la vergüenza. *Immutata facies urbis erat*. *Cic*. La ciudad habia mudado de semblante.

Făcĭle, lius, cillime. *adv*. *Cic*. Facilmente, facilísimamente, sin trabajo, sin dificultad. ǁ De buena voluntad, con buen ánimo. *Facile omnes perferre*. *Ter*. Acomodarse á todo el mundo, avenirse bien con todos. *Facile diterrimus*. *Cic*. El peor, el mas malo de todos. *Facillime agere*, *vivere*. *Ter*. Vivir con anchura, con conveniencia, pasarlo grandemente.

Făcĭlis. *m. f. lĕ. n. is*. *Cic*. Lo fácil, sin trabajo ni dificultad. ǁ Pronto, espedito, vivo, desembarazado. ǁ Afable, humano, tratable. *Saevitia facilis*. *Hor*. Crueldad que cesa, se aplaca presto. — *Amicitia vir*. *Sal*. Hombre sociable, que fácilmente gana amigos. — *Terra pecori*. *Virg*. Tierra que fácilmente sustenta el ganado. — *Hispania frugum*. *Claud*. La España, abundante, fertil en granos.

Făcĭlĭtas, ātis. *f*. *Cic*. Facilidad, prontitud, presteza. ǁ Afabilidad, benignidad, dulzura en el trato.

Făcĭlĭter. *adv*. *Vitruv*. Fácilmente.

Făcĭnŏrōsus, a, um. *Cic*. Facineroso, delincuente, malvado, desbocado, disoluto.

Făcĭnus, ŏris. *n*. *Cic*. Accion, empresa, hecho bueno ó malo, *segun el adjetivo que se le añade, ó el contesto*. ǁ Delito, maldad, atentado, infamia, picardía.

Făcĭo, is, fēci, factum, cĕre. *a*. *Cic*. Hacer, obrar, ejecutar. ǁ Practicar, ejercitar. *Facere ex sua dignitate*. *Cic*. Obrar conforme á su dignidad, á su estado. — *Ad urinae difficultatem*. *Plaut*. Ser útil, bueno, remedio para la dificultad ó detencion de orina. — *Finem studiis*. *Cic*. Concluir, dejar los estudios. — *Jacturam*. *Cic*. Perder, tener, padecer una pérdida. — *Copiam*, ó *potestatem*. *Cic*. Dar disposicion, facilidad, proporcion, ocasion, oportunidad. — *Periculum*. *Ter*. Tentar, probar, examinar. — *Ratum*. *Liv*. Ratificar, dar por bien hecho, confirmar. — *Satis*. *Cic*. Dar satisfaccion, satisfacer. — *Palam*. *Cic*. Publicar. — *Se magnum*. *Plaut*. Hacerse hombre grande, venderse por persona de importancia. *Fac*, *si quid facis*. *Sen*. Haz lo que haces, despáchate. — *Esse*, *ita esse te*. Supongamos, demos que sea asi. — *Qui ego sum esse te*. *Cic*. Ponte en mi lugar. *Fecisse videtur*. *Cic*. (*Formul. de los juicios criminales*). Sin duda lo ha hecho: parece que está convencido. *Ut sementem feceris*, *ita metes*. *adag*. Como sembrareis cogereis. *ref*. *Dii facientes adjuvant*. *Manum admoventi fortuna est imploranda*. *adag*. Á Dios rogando, y con el mazo dando. *ref*.

Factĭo, ōnis. *f*. *Cic*. El acto de hacer, y el modo de obrar, de ejecutar algo. ǁ Faccion, parcialidad, partido, bando, conspiracion. ǁ Orden, clase, compañía, sociedad.

Factĭōnārĭi, ōrum. *m. plur*. *Cod. Trod*. Los capitanes de las cuatro facciones de aurigas en Roma.

Factĭōse. *adv*. *Cic*. Por faccion ó conspiracion.

Factĭōsus, a, um. *Sal*. Faccioso, inquieto, revoltoso, perturbador. ǁ *Nep*. Cabeza de bando, de partido. *Factiosus lingua*. *Plaut*. Vano y jactancioso prometedor.

Factĭtāmenta. *Tert*. Las cosas hechas.

Factĭtātĭo, ōnis. *f*. *Tert*. Accion frecuente.

Factĭtātor, ōris. *m*. *Tert*. El que hace á menudo, el que practica.

Factĭtātus, a, um. *Cic. part. de* Factito. Hecho muchas veces, practicado.

Factĭtius, ó Facticius, a, um. *Plin*. Facticio, lo que se hace con arte, y no naturalmente, artificial.

Factĭto, ās, āvi, ātum, āre. *a. freq. de* Facio. *Cic*. Hacer frecuentemente, á menudo, practicar, ejercitar, tener por ocupacion ordinaria.

Facto, ās, āre. *a. freq. de* Facio. *Plaut*. Hacer frecuentemente.

Factor, ōris. *m*. *Lact*. Factor, el que hace alguna cosa.

Factōrium, ii. *n*. *Palad*. La pila ó lagar en que se esprime la aceituna.

Factum, i. *n*. *Cic*. Hecho, accion, obra. *Facta*. *Virg*. Hazañas, hechos señalados.

Factūra, ae. *f*. *Plin*. Hechura, composicion de aquello que se hace.

Factus, i, ó us. *m*. *Plin*. La cantidad de aceite que se hace de una vez.

Factus, a, um. *Cic. part. de* Fio. Hecho, ejecutado, obrado. *Homo factus ad unguem*. *Hor*. Hombre perfecto, bien hecho ó formado. — *Ad aliquid expediendum*. *Cic*. Nacido, propio para dar salida á una cosa. *Dictum*, *factum*. *Ter*. Dicho y hecho. *Factum bene*, *optime*. *Ter*. Fórmulas de alegría y gratulacion. Ó qué bien hecho! Grandemente! *Factum male*. *Formul. de desagrado, de desaprobacion*. *Cic*. Malo! Mal hecho! Ó qué mal hecho!

Făcŭla, ae. *f*. *Prop*. Tea pequeña, ó palo propio para teas.

Făcultācŭla, ae. *f. dim. de* Facultas. *S. Ger*. Patrimonio corto.

Făcultas, ātis. *f*. *Cic*. Facultad, potencia, virtud de hacer alguna cosa, fuerza, poder, propiedad. ǁ Comodidad, disposicion, facilidad, ocasion, proporcion, oportunidad, medio, coyuntura. ‖ Abundancia, cantidad, provision. ‖ Talento, capacidad, suficiencia, don natural. *Facultas nummorum Romae illi est. Cic.* Tiene disposicion de dinero, de hallarle en Roma. *Tuae me facultates sustinent. Cic.* Tus facultades, tus bienes, tu hacienda, tu caudal me sostienen.

Fàculter. (ant.) *Fest.* en lugar de Facile.

Fàcunde. *adv. Liv.* Elocuentemente, con facundia y elegancia.

Facundia, ae. *f. Sal.* Facundia, elegancia, abundancia de palabras y frases. *Facundia verborum Salustii. Gel.* La propiedad y fuerza de palabras de Salustio.

Facunditas, atis. *f. Plaut.* V. Facundia.

Fàcundus, a, um. *Sal.* Facundo, abundante, copioso en el hablar, verboso, elocuente.

Faecatus, a, um. *Cat.* Lo que se saca de las heces.

Faecòsus, a, um. *Marc.* Abundante de heces.

Faecŭla, ae. *f. Hor.* Licor espeso.

Faecŭlente. *adv. Cels.* y

Faecŭlenter. *adv. Virg.* Con cantidad de heces.

Faecŭlentia, ae. *f. Sid.* Abundancia de heces.

Faecŭlentus, a, um. *Col.* Lleno de heces.

Faecŭtinus, a, um. *Gel.* V. Faecatus.

Faesŭlanus, a, um. *Cic.* Lo perteneciente á Fiesoli, ciudad de la Etruria, cerca de Florencia, la cual se dice Faesulae, arum, y Faesula, ae. Se halla tambien sin diptongo.

Faex, ea, cis. *f. Cel.* La hez, el escremento ó escoria de muchas cosas líquidas. ‖ *Hor.* Licor espeso que echan de sí los peces. ‖ *Cic.* El hombre vil y despreciable. *Dies sine faece. Marc.* Dia claro, de una luz pura, sin sombras ó nubes.

Fàgeus, a, um. y

Fàgĭneus, a, um. ó

Fàginus, a, um. *Virg.* Lo que es de madera de haya.

Fàgus, i. *f. Virg.* La haya, árbol.

Fagùtal, is. *n. Plin.* Un parage de Roma en el Esquilino, donde habia una haya y un pequeño templo consagrado á Júpiter, dicho por esto Fagutalis.

Fàla, ae. *f. Plaut.* Torre de madera desde donde arrojaban armas en los sitios de plazas. ‖ *Juv.* Cierto tablado á modo de torre que se levantaba en el circo para comodidad de los espectadores y para otros usos.

Falàcer, cris. *m. Varr.* Uno de los quince flamines establecidos en Roma.

Falàrica, ae. *f. Liv.* Falarica, arma enastada, arrojadiza á modo de azagaya, en cuyo hierro se ataban mechas de estopa untadas con pez, y las pegaban fuego cuando las arrojaban.

Falcarius, ii. *m. Cic.* El que hace hoces.

Falcator, oris. *m. Col.* El segador, el que corta con la hoz.

Falcatus, a, um. *Plin.* Hecho á modo de hoz. *Falcatus ensis. Virg.* Cimitarra, espada corva, alfange. — *Currus. Cts. Falcatae quadrigae. Curt.* Carros armados de hoces cortantes usados en la guerra.

Falcicŭla, ae. *f. Palad.* Hoz ó falce pequeña.

Falcidia lex. *Dig.* Ley falcidia, sobre la cuarta parte de los bienes hereditarios, que el derecho dispone quede libre al heredero, diminuyendo los legados, si esceden de las tres cuartas partes de la herencia.

Falcidianus, a, um. *Cic.* Perteneciente á Falcidio, nombre propio romano.

Falcĭfer, a, um. *Sil.* y

Falcĭger, a, um. *Ov.* El que lleva, ó está armado de una hoz. Es epíteto de Saturno.

Falcipēdius, a, um. *Marc.* El que tiene los pies ó las piernas encorvadas á manera de hoz, estevado.

Falco, ōnis. *m. Fest.* El alcon, ave de rapiña, especie de gabilan.

Falco, ās, āvi, atum, āre. *a. Plin.* Falcar, segar, cortar con la hoz.

Falcŭla, ae. *f. Col.* Hoz pequeña. ‖ *Plin.* La uña corva ó garra de algunos animales.

Falensis Portus. Falmout, ciudad de Inglaterra.

Fălĕre, is. *n. Varr.* El pilar.

Fălĕrii, ōrum. *m. plur. Liv.* Falera, ciudad un tiempo de Toscana, hoy un lugar corto.

Falerīna Tribus. *Liv.* La Tribu Falerina, rústica, en Campania.

Falernus, i. *m. Liv.* Falerno, campo en Tierra de labor, abundante en buen vino.

Falernus, a, um. *Hor.* Lo perteneciente al campo Falerno.

Faliscānus, a, um. V. Faliscus, a, um.

Falisci, ōrum. *m. plur. Liv.* Faliscos, pueblos de Toscana.

Faliscus, a, um. *Cic.* Perteneciente á la ciudad de Faliscos. *Faliscus venter. Marc.* Vientre de puerco ó de otro animal relleno de otras cosas para comer.

Fallacia, ae. *f. Cic.* y

Fallacies, ēi. *f. Apul.* Falacia, engaño, mentira.

† Fallaciloquentia, ae. *f. Cic.* Modo de hablar falaz.

† Fallaciòsus, a, um. *Gel.* Lleno de falacias, engañoso.

Fallaciter. *adv. Cic.* Con falacia, con engaño.

Fallax, ācis. *com. Cic.* Falaz, engañoso, mentiroso, lleno de malicia y fraude.

Fallens, tis. *com. Cic.* El que engaña. *Fallens vestigium. Plin.* men. Parage resbaladizo.

Fallo, is, fefelli, falsum, lĕre. *a. Cic.* Engañar. ‖ Seducir. *Fallere fidem. Cic.* Faltar á la fe. — *Retia. Ov.* Evitar las redes, escaparse de ellas. — *Mandata. Ov.* No ejecutar las órdenes. — *Sermonibus horas. Ov.* Engañar las horas, el tiempo con varias pláticas. — *Vetustatem. Plin.* Conservarse á pesar de la antigüedad. — *Pro aliquo. Gel.* Pasar por otro. *Nec sermonis fallebat tamen. Plaut.* Con todo sabia lo que hablaban. *Si sciens fallo. Liv.* Fórmula de jurar y de maldecirse el que jura, si falta á la fe.

Falsarius, ii. *m. Suet.* Falsario, falsificador, falseador, el que falsifica, contrahace los instrumentos públicos, como testamentos &c.

Falsatio, ōnis. *f. S. Ger.* Falsificacion, la accion de falsificar.

Falsatus, a, um. *S. Ger.* Falseado, falsificado.

False. *adv. Cic.* Falsamente, con falsedad, engaño.

Falsĭdĭcus, a, um. *Plaut.* Embustero, el que acostumbra á decir falsedades y mentiras.

Falsificatio, ōnis. *f. Col.* Falsificacion.

Falsificatus, a, um. *Prud.* lo mismo que

Falsifĭcus, a, um. *Plaut.* Falsario.

Falsijūrius, ii. *m. Plaut.* Perjuro, el que jura en falso.

Falsĭlŏquentia, ae. *f. V.* Fallaciloquentia.

Falsĭlŏquium, ii. *n. S. Ag.* Mentira.

Falsĭlŏquus, a, um. *Plaut. V.* Falsidicus.

Falsĭmōnia, ae. *f.* y

Falsĭmonium, ii. *n. Plaut.* Falsedad, fraude, falacia.

Falsĭpărens, tis. *com. Cat.* El que tiene padre supuesto.

Falsĭtas, ātis. *f. Cic.* Falsedad, mentira. ‖ La cosa falsa.

† Falso, ās, āre. *a. Dig.* Falsear, falsificar.

Falso. *adv. Cic.* Falsamente, con falsedad.

Falsum, i. *n. Cic.* Lo falso, cosa falsa, falsedad.

Falsus, a, um. *Ter. part. pas. de* Fallo. Engañado. ‖ *Cic.* Falso, engañador, infiel, embustero. ‖ Incierto, fingido, vano, falso. *Neque ea res falsum me habuit. Sal.* Ni me engañó aquello.

Falx, lcis. *f. Cic.* Falce, la hoz ó cuchillo corvo.

Fama, ae. *f. Cic.* Fama, noticia, rumor, voz comun. ‖ Estimacion, crédito, concepto, reputacion, opinion. ‖ *Virg.* La fama, hija de la Tierra, hermana de Ceo y Encelado. ‖ *Virg.* Infamia.

Fama Augusta, ae. *f.* Famagusta, ciudad de la Isla de Chipre.

Fàmēlĭce. *adv. Plaut.* Hambrientamente, con hambre.

† Fàmēlĭcōsus, a, um. *Fest.* y

Fàmēlĭcus, a, um. *Ter.* Hambriento. *Famelicosa terra. Fest.* Tierra árida, seca. ‖ Pantanosa.

Famella, ae. *f. Fest. dim. de* Fama.

Fàmes, is. *f. Cic.* Hambre, deseo, apetito de comer. ‖ Carestía, falta de bastimentos. ‖ Pobreza, miseria. ‖ *Cels.* Dieta. ‖ *Virg.* Deseo vehemente, ansia. *Optimum condimentum fames. adag. Omnia esculenta obsessis. Bona essa post panem.* Á buen hambre no hay pan malo. *ref.*

Fàmĭger, ĕra, rum. *Varr.* El que hace correr la voz.

Oo

FĂMĬGĔRĂBĬLIS. m. f. lĕ. n. is. *Apul.* Conocido por la fama, famoso, célebre.

FĂMĬGĔRĂTIO, ōnis. f. *Plaut.* El acto de estender, de hacer correr la fama.

FĂMĬGĔRĂTOR, ōris. m. *Plaut.* y

FĂMĬGĔRĂTRIX, ĭcis. f. *Apul.* V. Famiger.

FĂMĬGĔRĂTUS, a, um. *Apul.* Divulgado, famoso.

FĂMILIA, ae. f. *Cic.* Familia, el número de siervos de una casa. ‖ La gente que vive en una casa, bajo el mando del señor de ella. ‖ La ascendencia, descendencia y parentela. ‖ El caudal y bienes de una familia. ‖ Secta, escuela de los filósofos. ‖ De los gladiadores.

† FĂMĬLIĀRESCO, is, scĕre. n. *Sid.* Hacerse familiar.

FĂMĬLIĀRĬCUS, a, um. *Varr.* Perteneciente á la familia, familiar, casero, ordinario.

FĂMĬLIĀRIS. m. f. rĕ. n. is, ior, issĭmus. *Liv.* Familiar, lo perteneciente á la familia, casero. ‖ Amigo, confidente, familiar. *Familiarior aditus in domum. Liv.* Entrada libre, amistosa en su casa.

FĂMĬLIĀRĬTAS, ātis. f. *Cic.* Familiaridad, comunicacion, amistad muy casera, trato estrecho y con llaneza.

FĂMĬLIĀRĬTER. adv. *Cic.* Familiar, casera, intimamente, con amistad y confianza. *Causas nosse familiariter. Quint.* Conocer las causas con gran práctica de todas las particularidades.

FĂMĬLIŎLA, ae. f. *S. Ger.* Familia corta.

FĂMŌSĒ. adv. *Ter.* Con fama, famosamente.

FĂMŌSĬTAS, ātis. f. *Ter.* Infamia, ignominia, mal nombre, descrédito.

FĂMŌSUS, a, um. *Tac.* Famoso, lo que tiene fama y nombre, célebre. ‖ Infame, de mala fama, desacreditado. *Famosi libelli. Suet. Famosa epigramata. Hor. Famosum carmen. Tiv.* Sátiras, libelos famosos, infamatorios.

FĂMUL. *Lucr.* en lugar de Famulus.

FĂMŬLA, ae. f. *Virg.* Fámula, sierva, criada.

FĂMŬLĀBUNDUS, a, um. *Tert.* V. Famulatorius.

FĂMŬLANS, tis. com. *Claud.* El que sirve. *Famulante fortuna aliquid agere. Claud.* Hacer alguna cosa con ayuda de la fortuna, teniéndola favorable.

† FĂMŬLANTER. adv. *Nom.* Con humildad como de criado.

FĂMŬLĀRE. adv. *Estac.* Servilmente.

FĂMŬLĀRIS. m. f. rĕ. n. is. *Cic.* Lo que pertenece al criado ó criada.

FĂMŬLĀTIO, ōnis. f. *Apul.* La multitud de criados ó criadas.

FĂMŬLĀTŌRIUS, a, um. *Tert.* Servil.

FĂMŬLĀTRIX, ĭcis. f. *Sid.* La criada ó sierva.

FĂMŬLĀTUS, us. m. *Cic.* La servidumbre.

FĂMŬLĀTUS, a, um. *Tert.* Reducido á servidumbre.

FĂMŬLĬTAS, ātis. f. *Non.* V. Famulatus, us.

FĂMŬLĬTIŬM, ii. n. *Varr.* Servidumbre. ‖ *Macrob.* El número de criados de una casa.

FĂMŬLOR, āris, ātus sum, āri. dep. *Cic.* Servir, estar sirviendo.

FĂMŬLUS, i. m. *Cic.* Criado, sirviente. ‖ *Ov.* Dependiente. ‖ Siervo.

FĂMŬLUS, a, um. *Ov.* Servil.

FĂNĂTĬCĒ. adv. *Apul.* Con furor, locura.

FĂNĂTĬCUS, a, um. *Lact.* Agitado, trasportado de un furor divino. *Dícese de los sacerdotes gentiles.* ‖ *Cic.* Loco, furioso.

FANDUS, a, um. *Cic.* Aquello de que se puede hablar ó se puede publicar. *Fandus, et nefandus sanguis. Liv.* Sangre de inocentes y de culpados.

FANNIA LEX. *Gel.* Ley fania hecha contra el lujo y gasto escesivo de los juegos públicos.

FANNIĀNUS, a, um. *Cic.* Perteneciente á Fanio, romano.

FANO, ās, āre. a. *Varr.* Decir.

FANS, tis. com. *Virg.* El que habla.

FĀNŎLUM, i. n. *Fest.* Pequeño templo. dim. de

FĀNUM, i. n. *Cic.* Templo, lugar sagrado.

Fanum Fortunae. n. *Ces.* Fano, ciudad de Italia en la Umbría.

Fanum Martis. n. Marca, ciudad de la provincia de Luxemburgo.

Fanum Neoti. n. Ciudad de Inglaterra.

Fanum Sanctae Fidei. n. Santa Fe, ciudad de Guinea.

Fanum Sanctae Irenes. n. Santaren, ciudad de Portugal.

Fanum Sanctae Laudi. n. San Lo, ciudad de la Normandía inferior.

Fanum Sancti Andreae. n. Santander, ciudad y puerto de mar en las montañas de Burgos en España.

Fanum Sancti Andomari. n. Santomer, ciudad del Pais Bajo en la provincia de Artois.

Fanum Sancti Brioci. n. San Briu, ciudad episcopal de la Bretaña en Francia.

Fanum Sancti Claudii. n. San Claudio, ciudad del condado de Borgoña.

Fanum Sancti Clodoaldi. n. Lugar cerca de Paris.

Fanum Sancti Desiderii. n. San Dizier, ciudad de la provincia de Champaña.

Fanum Sancti Dionisii. n. San Denis, ciudad de la isla de Francia.

Fanum Sancti Dominici. n. Santo Domingo, ciudad arzobispal y capital de la isla de Santo Domingo en América. ‖ Santo Domingo de la Calzada, ciudad de la Rioja en España.

Fanum Sancti Felicis. n. San Feliú de Guixols, ciudad y puerto de Cataluña en España.

Fanum Sancti Flori. n. San Flur, ciudad episcopal de Auvernia en Francia.

Fanum Sancti Galli. n. San Galo, ciudad y república de los esguízaros.

Fanum Sancti Germani in Laya. n. San German, ciudad cerca de Paris.

Fanum Sancti Gisleni. n. San Guillen, ciudad de Flandes.

Fanum Sancti Jacobi. n. Santiago de Compostela, ciudad de Galicia.

Fanum Sancti Joannis. n. San Juan de Moriena, ciudad episcopal de Saboya.

Fanum Sancti Joannis Luicii. n. ó Luisium, ii. San Juan de Luz, ciudad de Vizcaya.

Fanum Sancti Joannis Pedeportuensis. San Juan de Pie de Puerto, villa fuerte de Gascuña.

Fanum Sancti Maclovii. n. San Maló, ciudad y puerto de mar en Bretaña.

Fanum Sancti Marcellini. n. Ciudad del Delfinado.

Fanum Sancti Maximini. n. San Maximino, ciudad de Provenza.

Fanum Sancti Michaelis. n. San Miguel, ciudad de Normandía.

Fanum Sancti Nicolai. n. San Nicolas, ciudad de Lorena.

Fanum Sancti Populi. n. San Papul, ciudad de Lenguadoc.

Fanum Sancti Pauli Leonini. n. San Pablo de Leon, ciudad y puerto de mar en la Bretaña baja.

Fanum Sancti Pauli Tricastrinensis ó Triscastrinorum. n. San Pablo Triscastin, ciudad del Delfinado.

Fanum Sancti Philippi. n. San Felipe, ciudad del reino de Valencia en España.

Fanum Sancti Poncii Pomerianum. n. San Pons de Pomieres, en Lenguadoc.

Fanum Sancti Portiani. n. San Porscen, ciudad de Auvernia.

Fanum Sancti Quintini. n. San Quintin, ciudad de Picardía.

Fanum Sancti Sebastiani. n. San Sebastian, ciudad y puerto de mar en Vizcaya.

Fanum Sancti Severi. n. San Sever, ciudad de Gascuña.

Fanum Sancti Spiritus. n. Espíritu Santo ó puente del Espíritu Santo, ciudad del Lenguadoc: tiene un puente de mil pasos de largo y quince de ancho.

Fanum Santi Stephani. n. San Esteban, ciudad de Forez.

Fanum Sancti Tropetis, y Sancti Eutropii. n. San Tropez, ciudad de Provenza.

Fanum Sancti Valerici. n. San Valeri, ciudad de Picardía.

Fanum Sancti Valerii. n. San Valier, ciudad del Delfinado.

Fanus, i. m. *Macrob.* Fano, dios del año. Dios que protegia á los caminantes, representado en figura de una culebra que se comia la cola.

**Far**, farris. n. *Plin.* Farro, especie de simiente parecida al trigo, lo que comunmente llamamos escanda. ‖ *Hor.* Harina. *Farro pio venerare Vestam.* Ofrecer á la diosa Vesta una torta de farro.

**Farcimen**, ĭnis. n. *Varr.* Tripa llena de carne picada, como salchicha, chorizo &c.

**Farciminōsus**, a, um. *Veg.* Que padece la enfermedad.

**Farcimĭnum**, i. n. *Veg.* Cierta enfermedad de hinchazones que padecen las caballerías.

**Farcīno**, as, āre. a. *Marc. Cap.* y

**Farcio**, is, si, rtum, y rctum, cīre. a. *Plin.* Meter, llenar, embutir. ‖ *Cat.* Cebar. *Farcire alicui centones. Plaut.* Llenar á uno de mentiras. — *Intestinum. Apul.* Llenar una tripa, hacer chorizos, salchichas &c.

**Farctus**, a, um. *V.* Fartus.

**Farfărus**, i. m. *Ov.* Farfa, rio de Italia.

**Fárfărus**, i. f. *Plin.* y

**Farfenum**, i. n. *Fest.* ó

**Farfŭgium**, ii. n. *Plin.* Especie de álamo.

**Fări.** *V.* Faris.

**Fărīna**, ae. f. *Plin.* Harina. ‖ El pan. ‖ Todo lo que se reduce á polvo. *Cum furris nostrae farinas. Pers.* Habiendo tú sido de nuestra grey, de nuestra naturaleza y costumbres.

**Fărinărius**, ii. m. *Cat.* Harinero, el que trata ó trafica en harina.

**Fărīnārius**, a, um. *Cat.* Harinero. Lo perteneciente á la harina.

**Fărinōsus**, a, um. *Veg. V.* Farinarius.

**Fărinŭla**, ae. f. dim. de Farina. *Fest.* La flor de la harina.

**Fărinŭlentus**, a, um. *Apul.* Enharinado, cubierto, espolvoreado de harina.

**Fario**, ōnis. m. *Aus.* Pez del rio Mosela, que algunos dicen ser la trucha.

**Fāris**, fătur, fātus sum, fāri. dep. *Cic.* Hablar, decir, proferir. *La primera persona For no se usa.*

**Farnus**, i. m. *Palad.* Especie de encina ó haya.

† **Farpium**, ii. n. *Fest.* Torta que se ofrecia en los sacrificios.

**Farrăceus**, y **Farracius**, a, um. *Varr.* Perteneciente al farro.

**Farrāgināria**, ōrum. n. plur. *Col.* y

**Farrāgo**, ĭnis. f. *Varr.* Mezcla de varios granos para pasto del ganado, y las granzas de ellos. ‖ *Pers.* Fárrago, composicion desordenada y mezclada de varias cosas.

**Farrārium**, ii. n. *Vitruv.* Granero, panera, horreo.

**Farrārius**, a, um. *Cat.* Perteneciente al farro, á la harina.

**Farrăris**, a, um. *Pers.* y

**Farreārius**, a, um. *Cat. V.* Farrarius.

**Farreum**, i. n. *Fest.* El granero. ‖ *Plin.* Pan ó torta de harina de trigo que se ofrecia en los sacrificios de las bodas.

**Farreus**, a, um. *Col.* Hecho de farro ó de harina.

**Farrĭcŭlum**, i. n. *Palad.* Pan ó torta hecha de trigo nuevo mezclado con mosto.

**Farrĭlia.** m. f. lĕ. n. is. *V.* Fartilia.

**Farris.** genit. de Far.

**Fartĭlis.** m. f. lĕ. n. is. *Plin.* Lo que se puede llenar ó embutir de carne picada y grasa, como las tripas.

**Fartim.** adv. *Apul.* Lleno, como se llenan las tripas.

**Fartor**, ōris. m. *Cic.* El mondonguero, el que hace chorizos, salchichas, y todo lo que pertenece á llenar tripas de carne picada y grasa. ‖ *Col.* El que cria y ceba aves.

**Fartum.** i. n. *Plin.* El relleno, todo lo que sirve para llenar ó rellenar tripas y cuerpos, ó vientres de aves y animales. *Fartum vestis. Plaut.* El cuerpo ó la persona vestida.

**Fartūra**, ae. f. *Vitruv.* El relleno, la accion de rellenar. ‖ *Col.* El cebo de las aves, la accion de cebarlas.

**Fartus**, us. *Col. V.* Fartum.

**Fartus**, a, um. *Cic.* Lleno, relleno de carne picada y grasa. ‖ *Marc.* Amontonado.

**Farum**, ó **Pharum**, i. n. *Suet.* Plaza de Bolonia en Picardia.

**Fas.** indecl. n. *Cic.* Fas. Lo que es conveniente, lícito, justo, arreglado á la razon y justicia. *Fas gentium, armorum, patriae. Tac.* El derecho de gentes, de la guerra, de la patria. — *Immortale carinas. Virg.* Privilegio de la inmortalidad.

**Fascĕlīnus**, a, um. *Sil.* Lo perteneciente á la Diana Fascelide.

**Fascĕlis**, ĭdis, y **Fascĕlītis**, ĭdis. f. *Hig.* Sobrenombre de Diana, que tomó de un haz de leña, en que envolvió su simulacro Orestes cuando le sacó con su hermana Ifigenia de la Querseneso táurica.

**Fasces**, ium. f. plur. *V.* Fascis.

**Fascia**, ae. f. *Cic.* La venda, la faja ó banda. ‖ *Ov.* La corbata con que las mugeres cubrian el pecho. ‖ Banda real, diadema. ‖ *Marc.* Zona de la esfera. ‖ *Vitruv.* Lista, liston. *Non est nostrae fasciae. Petron.* No es de nuestra grey, de nuestra clase ó condicion.

**Fasciatim.** adv. *Quint.* Por haces.

**Fasciātus**, a, um. *Marc. part. de* Fascio. Fajado, vendado.

**Fascĭcŭlāria**, ium. n. *Veg.* Las cosas que se juntan y atan en un haz.

**Fascĭcŭlus**, i. m. *Cic.* Hacecito, manojito, haz ó manojo pequeño.

**Fascĭger**, a, um. *Paul. Non.* El que lleva haz ó haces: dícese del cónsul ó del que lo ha sido.

**Fascĭnans**, tis. m. *Plin.* El que fascina ó aoja.

**Fascĭnātio**, ōnis. f. *Plin.* Fascinacion, aojo, el acto y efecto de hacer mal de ojo.

**Fascĭnātor**, ōris. m. y

**Fascĭnātrix**, ĭcis. f. *Apul.* El, la que fascina, aoja.

**Fascĭnātōrius**, a, um. *Ser.* Lo que pertenece á fascinar ó hacer mal de ojo.

**Fascĭno**, as, ăvi, ătum, āre. a. *Virg.* Fascinar, aojar, hacer mal de ojo. *Fascinare aliquid mala lingua. Cat.* Emponzoñar, envenenar alguna cosa con palabras de encanto.

**Fascĭnum**, i. n. *Gel.* Aojo, fascinacion, encanto.

**Fascĭnus**, i. f. *Plin.* Fascino, dios á quien adoraban, como médico de la envidia y preservador de encantos.

**Fascio**, ās, ăvi, ātum, āre. a. *Cap.* Vendar, ligar, fajar.

**Fascĭōla**, ae. f. *Cic. dim. de* Fascia. Venda, faja estrecha, liga.

**Fascis**, is. f. *Cic.* Haz, manojo. *Fasces.* Los haces de varas atados con una hacha en medio, que llevaban delante de los lictores por insignia de los pretores urbanos, procónsules, pretores provinciales, cónsules y dictadores. *Submittere fasces. Liv.* Bajar los haces, cortesía que usaban los magistrados menores cuando se encontraban con los mayores, haciéndoles el honor de que sus lictores bajasen los haces del hombro en que los llevaban. De aquí pasó á significar humillarse, ceder, confesarse inferior.

**Făsĕlīnus**, a, um. *Plin.* Lo perteneciente á los fasoles.

**Făsĕlus**, i. m. y

**Făsĕŏlus**, i. m. *Cic.* Fasoles, frisoles ó judigüelos, legumbre.

**Făsĕlus**, i. m. *Cic.* Falúa, bergantin, galeota.

**Fassus**, a, um. *part.* de Fateor. *Cic.* El que ha confesado.

**Fasti**, ōrum. m. plur. *Cic.* Fastos, anales, calendarios de los romanos, libros en que el pontífice máximo escribia los acaecimientos por dias de las victorias, triunfos, honras, premios, dedicaciones de templos, cónsules y demas magistrados, dias de fiesta, de audiencia &c.

**Fastĭdĭbĭlis.** m. f. lĕ. n. is. *Tert.* Lo que da fastidio, fastidioso.

**Fastĭdiens**, tis. com. *Sen. V.* Fastidiosus.

**Fastidienter.** adv. *Apul.*

**Fastidĭlĭter.** adv. *Varr. V.* Fastidiose.

**Fastidio**, is, īvi, ītum. īre. a. *Cic.* Fastidiarse, mirar con repugnancia, rehusar, desdeñar, despreciar con fastidio.

**Fastidĭōse.** adv. *Cic.* Fastidiosamente, con repugnancia, desazon y fastidio.

**Fastidĭōsus**, a, um. *Cic.* Desdeñoso, el que tiene repugnancia, difícil de contentar. ‖ Fastidioso, que da fastidio. *Fastidiosam deserre copiam. Hor.* Deja la abundancia enfadosa, fastidiosa, enojosa.

**Fastiditus**, a, um. part. de Fastidio. *Plin.* Desechado, repugnado con fastidio.

**Fastidium**, ii. n. *Cic.* Fastidio, disgusto, náusea, repugnancia. ‖ Desden, desprecio, tiesura. ‖ Delicadeza en contentarse, impertinencia.

**Fastĭgātio**, ōnis. f. *Plin.* y

**Fastĭgĭātio**, ōnis. f. *Plin.* Punta, cabo agudo del-ongerto.

Fastigātus, y Fastigiātus, a, um. *Liv.* Declive, inclinado. ‖ Elevado, levantado.

Fastigio, as, avi, atum, are. *a. Plin.* Elevar y rematar en punta.

Fastigium, ii. n. *Cic.* Fastigio, la cumbre ó cima de alguna cosa que remata en punta como la pirámide. ‖ Cualquiera altura que se estrecha en lo sumo. ‖ Dignidad, elevacion, gran fortuna. ‖ *Ces.* El declivio. *Fastigium fundi. Varr.* La superficie de una heredad y la calidad de ella.— *Fossae. Virg.* La profundidad de un foso.— *Imponere. Cic.* Coronar una obra, concluirla, darle fin. *Fastigia summa rerum. Virg.* La suma, los cabos ó puntos principales.

Fastigo, as, avi, atum, are. *a. Plin.* Aguzar, sacar la punta.

Fastosus, a, um. *Petron.* Fastuoso, soberbio, altivo, jactancioso, arrogante.

Fastuòse. *adv. Sen.* Con fausto. ‖ Con orgullo y altanería.

Fastuòsitas, atis. *f. Cat. V.* Fastus.

Fastuòsus, a, um. *Apul. V.* Fastosus.

Fastus, us. m. *Hor.* Fasto, fausto, soberbia, altanería. *Fastum facere alicui. Petron.* Despreciar á alguno.

Fastus, uum. m. plur. *Col. V.* Fasti.

Fastus, a, um. *Ov.* Lo perteneciente al dia de audiencia.

Fata, orum. n. plur. *V.* Fatum.

Fatalis, e. f. lě. n. is. *Cic.* Fatal, destinado, señalado por el hado. *Fatales Deae. Ov.* Las parcas.— *Libri. Ov.* Libros que contenian los vaticinios y hados, como los de las Sibilas.

Fatalitas, atis. *f. Dig.* Fatalidad, desgracia, desdicha, infelicidad. ‖ La necesidad del hado.

Fataliter. *adv. Cic.* Segun la disposicion de los hados. *Fataliter mori. Eutrop.* Morir de muerte natural.

Fatendus, a, um. *Cic.* Lo que se ha de confesar.

Fatens, tis. *com. Cic.* El que confiesa.

Fateor, eris, fassus sum, teri. *dep. Cic.* Confesar, decir la verdad. ‖ Declarar, descubrir en una declaracion.

Faticànus, a, um. *y*

Faticinus, a, um. *Ov. y*

Fatidicus, a, um. *Cic.* Fatídico, el que adivina, predice lo por venir.

Fatifer, a, um. *Virg.* Mortal, que atrae ó da la muerte.

Fatigābilis. *m. f. lě. n. is. Tert.* Lo que se puede cansar ó fatigar.

Fatigatio, onis. *f. Tac.* Fatiga, trabajo, pena. ‖ *Cels.* Cansancio, desfallecimiento, abatimiento de fuerzas. ‖ *Sidon.* Chiste, dicho gracioso.

Fatigatōrius, a, um. *Sid.* Cosa graciosa, chistosa.

Fatigātus, a, um. *Cic.* Fatigado, cansado. *part. de*

Fatigo, as, avi, atum, are. *a. Cic.* Fatigar, cansar, oprimir, acongojar, acosar. ‖ *Virg.* Estimular, punzar. *Fatigare diem. Virg.* Estar todo el dia en una continua ocupacion y trabajo.— *Aliquem precibus. Liv.* Instar á uno con súplicas hasta cansarle.— *Socios. Virg.* Animar á los compañeros.

Fatilegus, a, um. *Luc.* El que recoge lo que da la muerte, como venenos.

Fatilŏquus, a, um. *Liv. V.* Fatidicus.

Fatisco, is, ěre. *n. Virg.* Henderse, abrirse, rajarse. *Col.* Desfallecer, debilitarse, disminuirse. *Fastici vulneribus. Varr.* Estar cubierto de heridas. *Pinguis tellus haud unquam manibus jactata fatiscit. Virg.* La tierra de sustancia no se deshace en polvo, aunque se la estregue con las manos.

Fator, aris, ari. *dep. Fest.* Hablar mucho.

Fatua, ae. *f. Lact.* La diosa Bona, *llamada Fatua, porque esplicaba los hados á las mugeres, como Fauno á los hombres.*

Fatuarii, orum. m. plur. *Just.* Los que arrebatados del furor divino pronosticaban lo futuro.

Fatue. *adv. Quint.* Con necedad y simpleza.

Fatuellus, li. m. *Serv.* El dios Fatuo, Fanuo y Inuo. *V.* Fauuus.

Fatuitas, atis. *f. Cic.* Fatuidad, simpleza, tontería, falta de entendimiento.

Fatum, i. n. *Cic.* Vaticinio, oráculo, respuesta de los adivinos. ‖ Hado, destino. ‖ Desgracia, calamidad. ‖ Muerte, ruina. ‖ Voluntad, disposicion de los dioses.

Fatuor, aris, atus sum, ari. *dep. Just.* Ser arrebatado del furor divino. ‖ *Sen.* Hablar necedades.

Fatus, a, um. *part. de* Fari. *Virg.* Habiendo dicho ó hablado.

Fatus, i. m. *Petron. V.* Fatum.

Fatus, us. m. *Prud.* Dicho, palabra.

Fatuus, a, um. *Ter.* Fatuo, necio, tonto, simple.

Fatuus, i. y Fatua, ae. m. f. *Sen.* Tonto, inocente, *á quien suelen tener en su casa los ricos para divertirse.*

Fauces, ium. f. plur. *Cels.* Las fauces, el gargüero ó gorja. ‖ Estrecho, desfiladero. ‖ *Sen.* Boca. ‖ *El nominativo de singular no se usa: el caso mas usado en este número es el ablativo.*

Faucinianus tractus. m. El Fosiñino, *pais de Saboya.*

Fauna, ae. *f. Lact.* Fauna, Fatua y diosa Bona, *hija de Pico, hermana y muger de Fauno.* ‖ Fatua.

Fauni, orum. m. plur. *Ov.* Faunos, Panes, Sátiros, Silvanos, *hijos de Fauno ó de Saturno. Dioses de los campos, montes y selvas.*

Faunigenae, arum. m. plur. *Sil.* Los pueblos de Italia ó del Lacio, *asi llamados de su rey Fauno.*

Faunus, i. m. *Ov.* Fauno, el mismo que *Fatuus, Fatuellus, Pan, Aegipan, Silvanus, Inuus.* Hijo de Pico, nieto de Saturno y rey de los aborigenes. *Fue consagrado por dios despues de su muerte.*

Fauste. *adv. Cic.* Feliz, dichosamente.

Faustianum vinum. *Plin.* El vino que se cogia en el medio de los collados del campo Faletno, asi como el que se cogia en las cumbres se llamaba *Gaunamum,* y el que en las faldas *Falernum.*

Faustitas, atis. *f. Hor.* La felicidad, *diosa presidente de las crias de los animales.*

Faustulus porcellus. *Fest.* La cria de los cerdos.

Faustus, a, um. *Cic.* Fausto, dichoso, feliz, afortunado, próspero.

Fautor, oris. m. *Cic.* Favorecedor, protector, patrono. *Fautor flagitii. Cic.* El que protege la maldad.

Fautrix, icis. f. *Cic.* Favorecedora, protectora, la que favorece, da la mano.

Fauturus, a, um. *Cic.* El que favorecerá.

Faventia, ae. f. *Fest.* Favor, atencion para oir. ‖ Barcelona, *ciudad de España.* ‖ Faenza, *ciudad de Italia.*

Faventini, orum. m. plur. *Varr.* Los naturales de Faenza, faentinos.

Faventinus, a, um. Lo perteneciente á la ciudad de Faenza en Italia.

Faveo, es, favi, fautum, vere. *n. Cic.* Favorecer, ayudar, amparar, patrocinar, socorrer. ‖ Aplaudir, aclamar. *Favere linguis. Cic.* Callar, prestar silencio, atencion. *Favetur illi aetati. Cic.* Se favorece á aquella edad.

Favia, ae. f. *Plaut.* Nombre de una esclava.

Favilla, ae. f. *Virg.* Fávila (*poet.*) pavesa, ceniza del fuego apagado. ‖ *Ov.* Fuego cubierto con la ceniza, centella. *Favilla salis. Plin.* La parte mas ligera y blanca de la sal.

Favillaceus, a, um. *y*

Favillaticus, a, um. *Solin.* Lo que tiene, oculta ó echa de sí pavesas, centellas de fuego.

Favillesco, is, ěre. *n. Fulg.* Reducirse á pavesas, á cenizas.

Favissae, arum. f. plur. *Fest.* Cisternas, algibes donde se guardaba el agua cerca de los templos. ‖ *Gel.* Cuevas ó sótanos debajo del capitolio, *donde se metian las estatuas y otras alhajas de los templos que se quebraban ó consumian con el tiempo.* ‖ Tesoros de los templos.

Favissor, oris. m. *Apul. y*

Favitor, oris. m. *Plaut.* Favorecedor, patrono, protector.

Favonianus, a, um. *Plin.* Lo perteneciente al viento favonio ó céfiro.

Favonius, ii. m. *Cic.* Favonio, céfiro, viento del poniente.

Favor, oris. m. *Cic.* Favor, proteccion, ayuda, patrocinio, amor, inclinacion. ‖ *Suet.* Aclamacion.

Favorābilis. m. f. lě. n. is. *Cic.* Favorable, propicio, apacible, benévolo. ‖ *Quint.* Favorecido, amado.

Favorabiliter. *adv. Quint.* Favorable, benignamente, con provecho y utilidad.

FEC

Făvĭlus, i. m. *Plaut. dim. de*

Făvus, i. m. *Cic.* El panal de cera compuesto de varias celdillas en que las abejas labran la miel. ‖ *Virg.* La miel. ‖ *Vitruv.* Piedra de seis ángulos.

Fax. V. *Fauces.*

Fax, ācis, f. *Cic.* Tea, raja de madera que por sí ó untada alumbra como una hacha. *Fax prima noctis. Gel.* El primer tiempo de la noche en que se encienden fuegos y luces. — *Nuptialis. Fest.* La tea ó teas nupciales, que llevaban los desposados delante de sus esposas. — *Funerea. Ov.* La tea funeral con que el pariente mas cercano, vuelto el rostro á otra parte, pegaba fuego á la hoguera del difunto. ‖ Las que usaban en el funeral, especialmente de los que morian jóvenes. — *Irae. Cic.* El ardor de la ira, el incentivo. — *Studii. Ov.* Guia, maestro en el estudio. — *Faces virginis. Val. Flac.* La hermosura de los ojos de una doncella.

Faxo, is, it, im, īmus, ītis, int. *defect. Ter.* Yo haré. *Faxint dii. Cic.* Quieran los dioses, hagan los cielos.

## FE

Febresco, is, ĕre. n. *Sol.* Estar con, tener calentura.

Febrĭcĭtans, tis. com. *Cels.* Febricitante, calenturiento, enfermo que tiene calentura.

Febrĭcĭtātio, ōnis. f. *Cels.* El estado del calenturiento, el movimiento de la calentura.

Febrĭcĭtātor, ōris. m. *Cels.* V. *Febricitans.*

Febrĭcĭto, as, āvi, ātum, āre. n. *Cels.* Tener calentura, estar con ella.

Febrĭcōsus, a, um. *Veg.* V. *Febricitans.*

Febrĭcŭla, ae. f. *Cic. dim. de Febris.* Calenturilla *dim. de* Calentura.

Febrĭcŭlentus, a, um. y

Febrĭcŭlōsus, a, um. *Marc. Emper.* V. *Febricitans.*

Febrĭfŭga, ae. f. *Apul.* La matricaria, yerba muy amarga que tiene virtud de quitar la calentura. El mismo nombre se da á la centaura menor.

Febrĭfŭgia, ae. f. *Apul.* V. *Febrifuga.*

Febrīlis. m. f. lĕ. n. is. *Apul.* Febril, lo perteneciente á la calentura.

Febrio, is, īvi, ītum, īre. n. *Cels.* Tener calentura.

Febris, is. f. *Cic.* La fiebre ó calentura. *Los romanos la veneraron como diosa, y tuvo templo en el monte Palatino.*

Februa, ōrum. n. *plur. Ov.* Sacrificios espiatorios.

Februalia. V. *Februlis.*

Februāmentum, i. n. *Censor.* Espiacion, purgacion.

Februārius, ii. m. *Ov.* El mes de febrero, en que se hacian las espiaciones.

Februātio, ōnis. f. *Varr.* Espiacion, purgacion, purificacion, lustracion.

Februātus, a, um. *part. de Februo. Varr.* Lustrado, espiado, purificado.

Februlis, y Februalis. *Fest.* Epíteto que los romanos daban á la diosa Juno, á quien se hacian los sacrificios en el mes de febrero.

Februo, as, āvi, ātum, āre. a. *Varr.* Espiar, purgar, purificar, lustrar, limpiar por medio del sacrificio.

Februum, i. n. *Varr.* V. *Februatio.*

Februus, ui. m. *Macrob.* Sobrenombre de Pluton.

Februus, a, um. *Censor.* V. *Februalis.*

Fecātus, a, um. *Cat.* Lo perteneciente á las heces.

Fēci. *pret. de Facio.*

Fĕciālis, is. m. *Liv.* Fecial, sacerdote ó legado del pueblo romano, que intimaba la paz y la guerra, establecia y rompia las alianzas. ‖ Rey de armas.

Fĕciālis. m. f. lĕ. n. is. *Cic.* Lo perteneciente al fecial, á su derecho y jurisdiccion. *Se halla tambien Fetialis.*

Fēcīnius, y Fēcīnus, a, um. *Col.* Lo que hace ó tiene muchas heces.

Fēcis. *genit. de Fex.*

Fēcōsus, a, um. *Marc.* Lo que abunda de heces.

Fēcŭla, ae. f. *Hor.* La hez. *dim. de Fex.*

Fēcŭlenter, y Fēcŭlenter. *adv. Col.* Con cantidad de heces.

Fēcŭlentia, ae. f. *Sidon.* Las heces, el cieno.

FEN 293

Fēcŭlentus, a, um. *Col.* Feculento, lleno de ó abundante de heces. ‖ *Plin.* Cenagoso.

Fēcundātor, ōris. m. *Apul.* El que fecundiza.

Fēcunde. adv. *Plin.* Fecunda, fértil, abundante, copiosamente, con mucho fruto.

Fēcundĭtas, ātis. f. *Cic.* Fecundidad, fertilidad, produccion abundante. ‖ *Cic.* Copia en el estilo.

Fēcundo, as, āvi, ātum, āre. a. *Virg.* Fecundar, fertilizar, hacer fecunda la tierra.

Fēcundus, a, um. *Cic.* Fecundo, fértil, feraz, que da mucho fruto. ‖ *Copioso*, abundante, rico. *Fecundus quaestus. Cic.* Gran ganancia. — *Labor. Juv.* Trabajo útil.

Fēcŭtĭnae, ārum. f. *plur. Fest.* Lugares hediondos.

Fēcŭtĭnus, a, um. *Gel.* Hediondo, sucio. ‖ Cenagoso.

Fĕfelli. *pret. de Fallo.*

Fel, fellis. n. *Cic.* La hiel, la bilis ó cólera. ‖ Veneno.

Fĕles, y Fĕlis, is. m. *Cic.* El gato ó gata.

Fēlĭcĭtas, ātis. f. *Cic.* Felicidad, dicha, prosperidad, buena fortuna. ‖ *Plin.* Fecundidad de la tierra y de las plantas. *Los romanos la veneraron por diosa. Felicitas multos habet amicos. adag.* Ahora que tengo oveja y borrego, todos me dicen norabuena vengais, Pedro. *ref.*

Fēlĭcĭter, ius, issĭme. adv. *Cic.* Feliz, felicísimamente, con felicidad.

Fēlīneus, y Fēlīnus, a, um. *Serv. Cels.* Gatesco, gatuno, lo que pertenece al gato.

Felis. V. *Feles.*

Fēlix, ĭcis, ior, issĭmus. com. *Cic.* Feliz, dichoso, bienaventurado, venturoso, próspero. ‖ *Ov.* Rico, opulento. ‖ Favorable, propicio. *Felix ad casum. Cic.* Dichoso en los acasos. *Felicior ab omni laude. Cic.* Mas dichoso de lo que se puede ponderar. *Felicium multi cognati. adag.* En tiempo de higos hay amigos. *ref. Ad felicem inflectite parietem. adag.* Andar á viva quien vence. *ref.*

Fellātor, ōris. m. *Plin.* El que mama ó chupa la leche.

Fellēbris. m. f. brĕ. n. is. *Sol.* El que mama ó chupa.

Felleus, a, um. *Plin.* Lo perteneciente á la hiel, amargo como la hiel.

Fellĭcandus, a, um. *Tel.* Lo que se da á mamar ó chupar.

Fellĭco. V. *Fello.*

Fellĭdŭcus, a, um. *Col. Aur.* Lo que se saca de la hiel, como algunos medicamentos.

Fellĭflŭus, a, um. *Col. Aur.* Lo que corre ó echa de sí hiel, cólera.

Fellis. *gen. de Fel.*

Fellĭto, as, āre. *freq. de*

Fello, as, āvi, ātum, āre. a. *Varr.* Mamar, chupar.

Fellōsus, a, um. *Col. Aur.* Lleno, abundante de hiel.

Felsĭna, ae. f. *Plin.* Bolonia, ciudad de Italia.

Feltria, ae, y Feltriae, ārum. f. *Feltri, ciudad de la república de Venecia.*

Feltriensis. m. f. sĕ. n. is. y

Feltrīnus, a, um. Lo perteneciente á la ciudad de Feltri en Venecia.

Fĕmella, ae. f. *Catul. dim. de Femina.* Doncella, muger de tierna edad.

Fĕmen, mĭnis. n. *Apul.* El muslo por de dentro.

Fēmĭna, ae. f. *Cic.* La hembra, la muger. ‖ *Ov.* El hombre afeminado, delicado. *Femina primaria. Cic.* Muger de calidad. *Se halla con sus derivados escrito con diptongo Faemina, Foemina.*

Fēmĭnal, ālis. n. *Apul.* La parte vergonzosa de la muger.

Fēmĭnālia, ium. n. *plur. Suet.* Calzones, calzoncillos, y todo lo que sirve para cubrir los muslos, que en lo antiguo eran fajas.

Fēmĭnātus, a, um. *Cic.* Afeminado.

Fēmĭneus, a, um. *Ov.* Femenil, femenino, propio de las mugeres. ‖ *Ad Her.* Delicado, afeminado. *Feminae calendae. Juv.* Las calendas de marzo.

Fēmĭnĭne. adv. *Arnob.* Con género femenino.

Fēmĭnĭnus, a, um. *Quint.* Femenino, del sexo ó género femenino.

Fĕmŏrālia, ium. *Suet.* V. *Feminalia.*

Fĕmur, ŏris, ó mĭnis. n. *Cic.* El muslo por defuera.

Fēnārius, a, um. *Col.* Lo perteneciente al heno.

Fendicae, arum. f. plur. Arnob. Las entrañas.

Fenebris. m. f. bre. n. is. Liv. Perteneciente á la usura.

Feneralia, ium. n. plur. Liv. Plazo, término de la usura.

Fenerarius, ii. m. Firm. V. Fenerator.

Feneratīcus, a, um. V. Feneratitius.

Feneratio, ōnis. f. Cic. Empréstito dado á interes, con usura.

Feneratitius, ó Feneraticius, a, um. Val. Max. Usurario; lo que pertenece á estas usuras.

Fenerato. adv. Plaut. Con usura, de un modo usurario.

Fenerator, ōris. m. Cic. Usurero, el que presta con usura.

Feneratorius, a, um. Val. Max. Usurario, perteneciente á la usura.

Feneratrix, īcis. f. Val. Max. La muger usurera.

Feneratus, a, um. Ter. Dado á usura. || Multiplicado con usura. part. de

Fenero, as, avi, atum, are. a. y

Feneror, aris, atus sum, ari. dep. Cic. Dar, prestar dinero con usura, á interes, usurar. || Ulp. Prestar sin interes. || Ter. Volver, pagar con usura. Fenerare libertos. Petron. Hacer tráfico de los libertos. — Beneficia. Cic. Hacer beneficios por interes.

Fenestella, ae. f. Col. Ventanita, ventanilla, ventana pequeña.

Fenestella, ae. m. Plin. Lucio Fenestela, historiador del tiempo de Augusto. || Otro de quien hay un tratado de los sacerdocios y magistrados romanos, que vivió en el siglo XV de Cristo, y se cree ser Andres Domingo Floco. Porta fenestellae. Ov. Una de las puertas de Roma.

Fenestra, ae. f. Cic. La ventana. || Ter. Entrada, ocasion, camino.

Fenestrālis. Ov. Lo mismo que Porta fenestellae. V. Fenestella.

Fenestratus, a, um. Vitruv. Lo que tiene ventanas.

Fenestro, as, avi, atum, are. a. Plin. Abrir, hacer ventanas.

Fenestrūla, ae. f. Apul. V. Fenestella.

Feneus, a, um. Cic. De heno. Homines fenei. Asc. Figuras de hombres de heno para irritar á los toros en los espectáculos, como los dominguillos.

Feniculārium, ii. n. Cic. La tierra sembrada de heno, el mismo heno, el forrage.

Feniculārius, a, um. Cic. Lo que produce heno ó lo que pertenece á él.

Feniculum, i. n. Plin. El hinojo, yerba.

Fenile, is. n. Virg. Granero, henil para guardar heno.

Feniseca, ae. m. Col. V. Fenisex.

Fenisecia, ae. f. Varr. y

Fenisecium, ó Fenisicium, ii. n. La cosecha ó la recoleccion del heno, la siega de él.

Fenisector, ōris. m. Col. V. Fenisex.

Fenisecus, a, um. Val. M. Propio para segar el heno.

Fenisex, ĕcis. m. Plin. El segador del heno.

Fenni, ó Finni, ōrum. m. plur. Tac. Finlandeses, pueblos de Escocia.

Fennia, ae. f. Tac. La Finlandia, provincia de Escocia.

Fenoris. genit. de Fenus.

Fenum, i. n. Cic. El heno, yerba que crece en los prados y dehesas, y sirve para pasto de los ganados mayores. || La yerba seca que se da á los ganados. Fenum habet in cornu. Hor. Proverbio de los que estan muy prontos para hacer daño, y vengarse á poco que les hagan, sacado de que los vaqueros ó boyeros ponian en los cuernos unos manojos de heno á los toros ó novillos que arremetian, para que la gente se guardase de ellos, y el golpe no fuese tan cruel. Fenum graecum. Plin. Fenogreco, planta en que se crian las aloibas.

Fenus, ōris. n. Cic. Usura, interes ó lucro que se saca del dinero prestado. || Plin. Ganancia, lucro. Fenus ex triente factum erat bessibus. Cic. La usura, el interes habia llegado desde cuatro á ocho por ciento cada mes.

Fenuscŭlum, i. n. Plaut. dim. de Fenus. Ganancia, usura, utilidad corta.

Fera, ae. f. Cic. La fiera, el bruto indómito, feroz, carnicero. || El lobo, constelacion austral, compuesta de veinte estrellas.

Feracis. genit. de Ferax.

Feracitas, atis. f. Col. Feracidad, fertilidad.

Feraciter, ius, issime. adv. Liv. Ferazmente, con gran fertilidad y abundancia.

Feracŭlum. Ulp. V. Ferculum.

Feralia, ium. n. plur. Cic. Fiestas, convites consagrados á la memoria de los muertos.

Feralis. m. f. le. n. is. Ov. Feral, funesto, fúnebre; lo perteneciente á los muertos ó á las fiestas en memoria de ellos.

Ferax, ācis, cior, cissĭmus. Cic. Feraz, fértil, abundante. Ferax arborum. Plin. Abundante de árboles. — Cerere, et uvis. Ov. Fértil de pan y vino.

Ferbui. pret. de Ferveo.

Ferculum, i. n. Petron. Cubierto, el conjunto de viandas ó servicio de ellas á un mismo tiempo en la mesa. || Las angarillas ó andas de que se servian en los triunfos y aparatos del circo para llevar los simulacros de los dioses &c., y en las exequias las cenizas ó imágenes de los antepasados.

Fere. adv. Cic. Casi, poco mas ó menos, con corta diferencia. || Por lo comun, ordinariamente.

Ferendus, a, um. Ov. Lo que se ha de sufrir.

Ferens, tis. com. Virg. El que lleva. || El que sufre, aguanta, tolera. Ferens jura. Juv. El que administra justicia. — Porta ad mare. Liv. Puerta que va á salir al mar. — Sententiam. Cic. El que da ó dice su parecer. Venti ferentes. Virg. Vientos favorables.

Ferentani, ōrum. m. plur. Hor. Pueblos de la Pulla.

Ferentarii, ōrum. m. plur. Sal. Soldados armados á la ligera de hondas, arco y flechas.

Ferentarius, a, um. Plaut. El que de socorro, el que ayuda y favorece.

Ferentīnas, atis. com. Liv. El natural de Ferentino en Italia.

Ferentinum, i. n. Liv. Ferentino, ciudad de la campaña de Roma; ó Ferenti, pueblo de Toscana.

Ferentinus, a, um. Liv. Lo perteneciente á la ciudad de Ferentino.

Ferentum, i. n. Hor. Forenza, ciudad de la Pulla.

Fereola vitis. f. Col. Una especie de vid.

Feretrius, ii. m. Liv. Sobrenombre dado por Rómulo á Júpiter, y tomado de los despojos que se habian de llevar á su templo.

Feretrum, i. n. Cic. Féretro, la caja ó andas, en que llevan á enterrar los muertos, ataud. || Las andas en que se llevaban los simulacros de los dioses y las imágenes de los antepasados en las pompas célebres y triunfales.

Feria, ae. f. Bibl. Dia de la semana, feria.

Feriae, arum. f. plur. Cic. Ferias, fiestas, descanso, vacaciones, cesacion y suspension de trabajo. Feriae esuriales. Plaut. Dias de ayuno. — Belli. Gel. Suspension de armas, treguas. — Forenses. Cic. Vacaciones de los tribunales de justicia. — Stativae. Macrob. Fiestas fijas, señaladas en los fastos. — Conceptivae. Macrob. Fiestas movibles al arbitrio de los pontifices. — Imperativae. Macrob. Fiestas mandadas guardar. — Nundinae. Macrob. Fiestas voluntarias. — Vindemiales. Gel. Las vendimias. Ferias custodire. Plin. — Observare. Macrob. Guardar las fiestas. — Sedere. Plaut. — Agere. Petron. Descansar, estarse sin hacer nada.

Feriatĭcus, a, um. Ulp. Dia de fiesta, de vacacion.

Feriatus, a, um. part. de Ferior, aris. El que está ocioso. Male feriatus. Hor. El que se da al ocio intempestivamente. — Dies. Plin. Dia de fiesta.

Fericŭlum, i. n. Petron. V. Ferculum.

Feriendus, a, um. Ov. Lo que se ha de herir.

Feriens, tis. com. Ov. El que hiere.

Ferine. adv. Lucr. Bestial, brutalmente.

Ferinus, a, um. Sal. Ferino, perteneciente á fiera.

Ferio, is, ire. a. Cic. Herir, dar golpear, sacudir. Ferire fores. Plaut. Llamar, golpear á la puerta. — Pecunias. Plin. Acuñar moneda. — Securi. Ces. Cortar la cabeza.

FER FER 295

— *Arte aliquem. Prop.* Engañar con maña á alguno. — *Agnum Deo. Virg.* Sacrificar á Dios un cordero. — *Venam. Col.* Picar la vena, sangrar. — *Frontem. Cic.* Darse un golpe en la frente en señal de indignacion. — *Pede uvas. Liv.* Pisar la uva. — *Chelyn. Sen.* Tocar un instrumento de cuerdas. — *Foedus cum aliquo. Cic.* Hacer alianza con alguno, lo cual se hacia sacrificando un puerco. — *Mare. Virg.* Remar. — *Sydera vertice. Hor.* Tocar, llegar hasta los cielos con la cabeza, á la cumbre mas alta de la alabanza.

Ferior, āris, ātus sum, āri. *dep. Macrob.* Tener vacaciones, estar ocioso.

Feritans, tis. *com. Solin. freq. de Ferens.* El que lleva á menudo.

Ferĭtas, ātis. *f. Cic.* Fiereza, ferocidad, crueldad, dureza de corazon. ‖ Natural rústico, salvage. *Feritas loci. Ov.* La aspereza del terreno. — *Viarum. Estac.* Dificultad y aspereza del camino.

Ferme. *adv. Cic.* Casi, poco mas ó menos, con corta diferencia, cerca de. ‖ Por lo comun, ordinaria, regularmente, de ordinario.

Fermentātus, a, um. *Plin. part. de Fermento.* Fermentado, mezclado de levadura con la masa.

Fermentesco, is, ĕre. *n. Plin.* Crecer, esponjarse como el pan con el fermento.

Fermento, ās, ávi, ātum, āre. *a. Col.* Fermentar, introducir la levadura en la masa para que se sazone y perfeccione.

Fermentum, i. *n. Plin.* Fermento, levadura, porcion de masa aceda, que mezclada con otra mayor la esponja y perfecciona. ‖ *Plaut.* La ira.

Fĕro, fers, fert, tŭli, lātum, ferre. *anom. Cic.* Llevar. ‖ Traer de nuevo, contar. ‖ Engendrar, criar, producir. ‖ Dar, acarrear. ‖ Ofrecer, exhibir. ‖ Conseguir, lograr, obtener. ‖ Sufrir, tolerar, aguantar, padecer. ‖ Permitir, dejar. ‖ Sostener, resistir. ‖ Levantar, ensalzar, elevar. ‖ Proponer para deliberar, promulgar. *Ferre aliquid alicui. Ov.* Ad aliquem. Plaut. Llevar, ofrecer, presentar alguna cosa á alguno. ‖ *Liv.* Llevarle la noticia, irle á contar, á darle parte. — *Argentum ab aliquo. Plaut.* Recibir dinero de alguno. — *Partum. Plin.* — *Ventrem. Varr.* — *Uterum. Liv.* Estar preñada, embarazada. — *Elephantes. Plin.* Producir, criar elefantes. — *Repulsam. Cic.* Llevar, sufrir repulsa, llevar calabazas. — *Se civem. Tac.* — *Pro cive. Liv.* Declararse ciudadano, por ciudadano. — *Pedem choris. Hor.* Danzar, bailar. — *Terquinqua natalibus annos. Ov.* Tener quince años. — *Alicui auxilium, opem, subsidium. Cic. Suppetias. Plaut.* Socorrer, ayudar, asistir, favorecer á alguno. — *Palam. Plaut. Vulgo. Liv.* Divulgar, publicar, sembrar, estender. — *Primas. Cic.* Tener el primer lugar, esceder, sobresalir entre todos. — *Aliquem laude. Virg.* — *Laudibus. Nep.* — *In astra, ó ad coelum. Cic. Ad astra. Virg.* Levantar á uno, ensalzarle hasta el cielo con alabanzas. — *Sententiam, judicium. Cic.* Dar, pronunciar la sentencia. — Decir su parecer. — *Personam alienam. Liv.* Hacer el papel, representar la persona de otro. — *Se nullius egentem. Hor.* Vanagloriarse de no necesitar de nadie. — *Conditionem. Liv.* Ofrecer, proponer un partido ó condicion. — *Nomen insani. Hor.* Pasar, estar tenido, reputado por loco. — *Privilegium. Cic.* Hacer una ley particular, especial. — *Leges populis. Sen.* Dar leyes á los pueblos. — *Aliquid tacitus, ó tacitum. Liv.* Sufrir alguna cosa sin hablar palabra. — *Amici naturam. Cic.* Sobrellevar el genio del amigo, acomodarse á él. — *Fallaciam. Plaut.* Jugar una pieza. — *Alicui pecunias expensas. Cic.* Llevar la cuenta del gasto á alguno; poner á la cuenta de su gasto. — *Oculis, ó in oculis aliquem. Cic.* Amar á uno como á las niñas de sus ojos. — *Solatia. Prop.* Consolar, dar consuelo. — *Principatum. Cic.* Tener el mando, ser el general, el gefe. — *Gradum pariter. Plaut.* Ir en compañía. — *Fidem alicui. Virg.* Creer, dar crédito á alguno. — *Aceptum. Cic.* Agradecer. — *Suffragium. Cic.* Votar, dar voto. — *Vetustatem, annos, aetatem. Liv.* Durar. *Si vestra fert voluntas. Cic.* Si la quereis, si os agrada, si es vuestra voluntad. *Feret nusquam quin vapulet. Plaut.* No se escapará de una tunda. *Ferri gloria. Cic.* Dejarse llevar de la gloria.

Fĕrōcia, ae. *f. Cic.* Ferocidad, fiereza, crueldad, braveza. ‖ Valor.

Fĕrōciens, tis. *com. Quint.* El que es feroz, que se enfurece. *Ferociens oratio. Gel.* Discurso altanero.

Fĕrōcio, is, īre. *n. Gel.* Enfurecerse, embravecerse.

Fĕrōcĭtas, ātis. *f. Cic.* Ferocidad, fiereza, crueldad: *dícese propiamente de las bestias, y por traslacion de los hombres.* ‖ Altanería, orgullo, soberbia.

Fĕrōciter, ius, issīme. *adv. Cic.* Feroz, cruelmente, con inhumanidad, braveza, animosidad. ‖ *Liv.* Con valor.

Fĕrōcŭlus, a, um. *dim. de Ferox. Hirc.* Un poco fiero, feroz, *dícese por desprecio.*

Fĕrōnia, ae. *f. Virg.* Feronia, *diosa de los bosques.* ‖ *Liv.* Castillo de Toscana en la montaña de Viterbo, *donde habia un bosque consagrado á esta diosa.*

Fĕrox, ōcis, cior, cissīmus. *com. Cic.* Feroz, fiero, arrogante, soberbio, orgulloso. ‖ Esforzado, valeroso. *Virg.* Cruel, duro, indómito. *Ferox populus bello. Virg.* Nacion belicosa. — *Animi, ó animus. Tac. Virg.* Gran corazon.

Ferramentārius, ii. *m. Firm.* El herrero ó cerrajero.

Ferramentum, i. *n. Cic.* Cualquier instrumento de hierro.

Ferrāria, ae. *f. Ces.* Mina de hierro.

Ferrāria, ae. ó *Forum alieni. Tac.* Ferrara, *ciudad de la Romania.*

Ferrārius, ii. *m. Firm.* El herrero ó cerrajero.

Ferrārius, a, um. *Plaut.* Lo que pertenece al hierro. *Ferrarius faber. Plaut.* El herrero ó cerrajero que trabaja en hierro. *Ferrarium metallum. Plin.* Mina de hierro.

Ferrātĭlis. *m. f. lĕ. n. is. Plaut.* Llama *ferratile genus* á los siervos presos con grillos.

Ferrātus, a, um. *Liv.* Ferreteado, cubierto, guarnecido, afianzado con hierro.

Ferreus, a, um. *Ces.* Férreo, lo que es de hierro. ‖ Duro, tenaz, terco. ‖ Inhumano, cruel. ‖ Fuerte, duro, valeroso. *Ferreus scripter. Cic.* Escritor, duro, tosco. — *Fabrica. Plin.* El arte del herrero. — *Vox. Virg.* Voz infatigable. *Ferreus imber. Virg.* Una lluvia de flechas.

Ferricrepĭdīnae insulae. *f. plur. Plaut.* Las cárceles de los siervos, donde suena continuamente el ruido de grillos y cadenas.

† Ferrifodīna, ae. *f. Varr.* La mina de hierro.

Ferritĕrium, ii. *n. Plaut.* El lugar donde se gasta el hierro, la cárcel.

Ferrītĕrus, a, um. y

Ferritrībax, ācis. *m. Plaut.* El siervo que arrastra hierros y cadenas.

Ferrŭgĭnans, tis. *com. Tert.* y

Ferrŭgĭneus, a, um. *Plaut.* y

Ferrŭgĭnus, a, um. *Lucr.* De color del hierro que tiene orin, y tambien del sabor. *Ferrugineus sapor. Plin.* Sabor del hierro, que suelen contraer las aguas.

Ferrūgo, ĭnis. *f. Plin.* Orin, el moho que cria el hierro con la humedad, ó por no usarse. ‖ *Virg.* Color castaño ó cerúleo, semejante al del hierro. *Animus mala ferrugine purus. Ov.* Ánimo libre de envidia, porque asi apura al ánimo como el orin al hierro, ó porque le da este color.

Ferrum, i. *n. Cic.* El hierro, metal. ‖ Toda arma é instrumento de hierro. ‖ *Ov.* La dureza del natural y costumbres. ‖ La paciencia en los trabajos.

Ferrūmen, ĭnis. *n. Plin.* La soldadura de los metales y la encoladura ó pegadura de una cosa con otra. ‖ El orin ó color del hierro.

Ferrūmĭnātio, ōnis. *f. Paul. Jct.* El acto de soldar, soldadura.

Ferrūmĭnātor, ōris. *m. Vitruv.* Soldador, el que suelda.

Ferrūmĭnātus, a, um. *Plin.* Soldado, pegado. *part. de*

Ferrūmĭno, ās, ávi, ātum, āre. *a. Plin.* Soldar, pegar, unir una cosa con otra.

Fertātus, um. *Gel.* Aquel á quien se da una torta.

Fertĭlis. *m. f. lĕ. n. is. Cic.* Fértil, fecundo, abundante, copioso, que da mucho fruto.

Fertĭlĭtas, ātis. *f. Cic.* Fertilidad, fecundidad, feracidad, abundancia. *Fertilitas barbara. Cic.* Lujo, adorno excesiva del cuerpo. ‖ *Ov.* Fecundidad en la prole.

**Fertĭlĭter**, lius, lissĭme. *adv. Plin.* Abundantemente, con fertilidad.

**Fertor**, ōris. *m. Varr.* El que lleva ó el que ofrece en sacrificio la torta llamada *Fertum*.

**Fertōrius**, a, um. *Cel. Aur.* Á propósito para llevar de una parte á otra.

**Fertum**, ó **Ferctum**, i. *n. Pers.* Torta ó pasta hecha de harina, miel y vino, con que se hacian oblaciones.

**Fertus**, a, um. *Cic.* Lleno, fértil, abundante.

**Fĕrŭla**, æ. *f. Plin.* Férula ó cañaeja ó cañaerla, planta silvestre semejante á la caña vulgar. ‖ La vara con que castigaban los maestros á los niños de escuela. ‖ La palmeta.

**Fĕrŭlae**, arum. *f. plur. Cls.* Cerceta, pitoncito de ciervo.

**Fĕrŭlaceus**, a, um. *Plin.* Lo perteneciente á la férula ó cañaeja.

**Fĕrŭlāgo**, ĭnis. *f. Cel. Aur.* Arbusto mas bajo que la férula, y en lo demas semejante á ella.

**Fĕrŭleus**, a, um. *Cel. Aur. V. Ferulaceus.*

**Fĕrus**, a, um. *Cic.* Feroz, brutal, salvage. ‖ Cruel, fiero, bárbaro, inhumano. ‖ Valiente, guerrero, intrépido.

**Fĕrus**, i. *m. Virg.* La fiera ó bestia, el animal. ‖ *Caballo, ciervo. Cat.* El leon. ‖ *Cic.* El dragon. ‖ *Fedr.* El jabalí. ‖ *Ov.* El lobo. ‖ *Plin.* El elefante.

**Fervĕfăcio**, is, fēci, factum, cĕre. *a. Plaut.* Hacer hervir, cocer.

**Fervĕfactus**, a, um. *Ces.* Hervido, puesto hirviendo.

**Fervens**, tis, tior, tissĭmus. *cam. Plaut.* Herviente ó hirviente, lo que hierve. *Fervens rota. Ov.* Rueda caliente, á fuerza de rodar. — *Mero. Juv.* Caliente del vino. — *Torrens. Ov.* Torrente rápido. — *Vulnus. Ov.* Herida, llaga reciente, caliente.

**Ferventer**, tius, tissĭme. *adv. Cel. à Cic.* Ardientemente, con ardor, con calor, con fuego y vehemencia.

**Ferveo**, ēs, bui, rvi, vēre. *n. Cat.* Hervir, bullir, cocer. ‖ Ser encendido, agitado, abrasado de alguna pasion. *Fervere ira. Ov.* Estar colérico. — *Aestu pelagus. Cic.* Hervir la mar cuando se mueve con gran ruido. *Fervet fanum. Marc.* El templo hierve de gente. — *Opus. Virg.* Se adelanta, se da prisa á la obra, se trabaja con calor.

**Fervesco**, is, scĕre. *n. Luc.* Empezar á hervir.

**Fervĭdo**, ās, āre. *a. Apul. V. Fervefacio.*

**Fervĭdus**, a, um. *Cic.* Herviente, ardiente, caliente. ‖ Impetuoso, fogoso.

**Fervo**, is, ĕre. *Non. V. Ferveo.*

**Fervor**, ōris. *m. Cic.* Fervor, calor, vehemencia. ‖ Impetu de la pasion, agitacion, inflamacion. *Fervor musti. Varr.* Hervor, fermentacion del mosto, del vino.

**Fescennia**, ae. *f. Plin.* ó

**Fescennium**, ii. *n. Solin.* Galeso, *ciudad de Italia*.

**Fescennĭnĭcŏla**, ae. *m. f. Sid.* El natural de Galeso, y el que gusta de los versos fesceninos.

**Fescennīnus**, a, um. *Hor.* Lo perteneciente á la ciudad de Galeso. *Fescennini versus. Liv.* Versos, canciones libres, satíricas y obscenas, que se cantaban en las bodas. *Fescenninus homo. Cat.* Bufon, chocarrero libre, obsceno.

**Fessonia Dea**. *S. Ag.* Diosa á quien invocaban los que estaban cansados.

**Fessus**, a, um. *part. de Fatiscor. Cic.* Cansado, fatigado. *Fessus metu. Liv.* Perdido de miedo. *Fessa dies. Estac.* Dia que va declinando. *Fessi operum. Hor.* Cansados de trabajar.

**Festātus**, a, um. *Gel.* Festivo, de fiesta. *Festatus quotidie dialis est. Gel.* Todos los dias son fiestas para el sacerdote de Júpiter.

**Festĭce**. *adv. Varr.* Festiva, alegremente.

**Festim**. *adv. V. Confestim.*

**Festinābundus**, a, um. *Val. Max.* y

**Festinans**, tis. *com. Plin men.* El que se acelera. *Festinantius germinare. Plin.* Nacer, salir mas presto.

**Festinanter**, tius, tissĭme. *adv. Cic.* Aceleradamente, con presteza, prisa y velocidad.

**Festinātim**. *adv. Sisen. V. Festinanter.*

**Festinātio**, ōnis. *f. Cic.* Festinacion, celeridad, prisa, presteza, velocidad.

**Festinato**, *adv. Quint. V. Festinanter.*

**Festinātor**, ōris. *m. Quint.* El que apresura.

**Festinātus**, a, um. *part. de Festino. Tac.* Acelerado, apresurado.

**Festīne**. *adv. Cic. V. Festinanter.*

† **Festīnis**. *m. f. nĕ. n. is. Non V. Festinus.*

**Festīno**, ās, avi, atum, āre. *a.* y *n. Cic.* Acelerar, apresurar, dar prisa, apresurarse, acelerarse.

**Festīnus**, a, um. *Cic.* Pronto, veloz, ligero, acelerado, apresurado.

**Festīve**, ius, issĭme. *adv. Plaut.* Festiva, alegremente, con regocijo y alegría. ‖ Con gracia, con chiste, gustosa, agradablemente.

**Festivĭtas**, ātis. *f. Plaut.* Alegría, contento, regocijo, festividad. ‖ Agudeza, donaire, gracia, gala, urbanidad en el hablar. ‖ *Cod. Teod.* Dia festivo, y el aparato de su celebridad.

**Festivĭter**, *adv. Non.* Alegremente, con fiesta. ‖ *Gel.* Con gracia, con donaire.

**Festīvus**, a, um. *Cic.* Festivo, alegre, divertido, de fiesta, gustoso, agradable. ‖ Chistoso, agudo, gracioso.

**Festra**, ae. *f. ant. Fest.* en lugar de *Fenestra*.

**Festŭca**, ae. *f. Col.* Pedazo pequeño, de una paja ó yerba. ‖ Egilope ó avena estéril, yerba. ‖ La vara con que el pretor daba en la cabeza al esclavo á quien hacia libre, el cual se llamaba *festuca liber*.

**Festŭcārius**, a, um. *Gel.* Lo perteneciente á la vara del pretor.

**Festŭcŭla**, ae. *f. Palad. dim. de Festuca.* Pajita, paja corta, pequeña.

**Festum**, i. *n. Ov.* De fiesta. ‖ Fiesta.

**Festus**, a, um. *Cic.* Festivo, feriado, de fiesta y vacacion. ‖ Alegre, divertido, gustoso. *Festus hodie illius*, ó *illi dies est. Ov.* Hoy es su fiesta ó el dia de su fiesta. — *Cultus. Sen* El vestido de los dias de fiesta. *Festior annus eat. Claud.* Que este año sea mas feliz.

**Festus**, i. *m.* Sexto Pompeyo Festo, gramático erudítisimo. *No se sabe de cierto el tiempo en que floreció, aunque parece haber sido posterior á Marcial.*

**Fesŭlae**, arum. *f. plur. Sil.* Fiesoli, *ciudad de Toscana*.

**Fesŭlānus**, a, um. *Cic.* Lo perteneciente á esta ciudad.

**Fetens**, tis. *com. Petron.* Fétido, hediondo, lo que huele mal.

**Fĕteo**, es, ēre. *n. Marc.* Heder, oler mal. *Fetere multo vino. Marc.* Apestar á vino. *Fetet anima illius. Plaut.* Le apesta el aliento, le huele mal la boca.

**Fetialis. V. Fecialis.**

**Fetĭdĭtas**, ātis. *f. Sen. V. Fetor.*

**Fetĭdo**, ās, avi, ātum, āre. *a. Plaut.* Poner fétido, de mal olor.

**Fetĭdus**, a, um. *Cic.* Fétido, hediondo, apestado, que huele mal.

**Fetĭfer**, a, um. *Plin.* Lo que fecundiza, y hace fértil y copioso.

**Fetĭfĭco**, ās, avi, atum, āre. *a. Plin.* Engendrar, procrear. ‖ Parir.

**Fetĭfĭcus**, a, um. *Plin.* Lo que conduce á la procreacion de los animales.

**Feto**, ās, avi, atum, āre. *a. Col. V. Fetifico.*

**Fetor**, ōris. *m. Cic.* Fetor, hedor, mal olor.

**Fetŭlenter**. *adv. Veg.* Hediondamente.

**Fetuōsus**, a, um. *S. Ger.* Fecundo, que procrea.

**Fetūra**, ae. *f. Varr.* La preñez, el preñado, el tiempo que la hembra trae el feto en su vientre. ‖ Parto, cria, prole y feto.

**Fetūrātus**, a, um. *Tert.* Feto formado.

**Fetus**, us. *m. Cic.* El feto, fruto, prole. ‖ El parto, la accion de parir. *Fetus terrae. Cic.* Frutos de la tierra. — *Animi. Cic.* Parto del ingenio, fruto, produccion. — *Pecuniae. Gel.* Usura, interes del dinero.

**Fetus**, a, um. *Cic.* Fecundo. ‖ Parido. ‖ Cosa llena, cargada. *Fetus ager. Ov.* Campo, tierra sembrada.

**Fetūtīnus**, a, um. *Apul* Que hiede, que huele mal.

† **Feudātārius**, a, um. Lo perteneciente al feudo.

**Feudum**, i. *n.* Feudo, concesion del dominio útil de alguna cosa, con promesa de algun obsequio personal al señor que le da.

## FID

Fex. V. Faex.

Fezza, ae. f. Fez, ciudad y reino de África.

Fezzānus, a, um. El que es natural y lo que pertenece á la ciudad ó reino de Fez.

### FI

Fi. imp. de Fio.

Fiber, bri. m. Plin. El bíbaro ó castor, animal cuadrúpedo anfibio.

Fibla, ae. en lugar de Fibula.

Fibra, ae. f. Cic. La punta, estremo, estremidad, cabo de cualquiera cosa. ‖ Fibras, unos como hilos sutiles, que componen y unen unas partes del cuerpo con otras; venas.

Fibrātus, a, um. Plin. Fibroso, lo que tiene fibras.

Fibrīnus, a, um. Plin. Perteneciente al bíbaro ó castor.

† Fibrum. ant. Varr. en lugar de Extremum.

Fibŭla, ae. f. Virg. Fibula, hebilla, broche con que se ataban los antiguos el saco militar, la clámida, el palio &c. ‖ Cels. Los puntos con que se cierran las heridas. ‖ Ces. Cuña de hierro ó de madera para unir maderas.

Fibŭlātio, ōnis. f. Vitruv. La accion de unir por medio de cuñas, clavijas ó tarugos de hierro ó de madera.

Fibŭlātōrius, a, um. Treb. Lo que tiene fibula, hebilla ó broche para sujetarse.

Fibŭlātus, a, um. Vop. V. Fibulatorius. part. de

Fibŭlo, ās, āvi, ātum, āre. a. Col. Enclavijar, unir, ajustar con fibulas, hebillas, broches ó con clavijas.

† Ficăres, is. m. La constelacion llamada Cefeo.

Ficāria, ae. f. Pal. V. Ficetum.

Ficārius, a, um. Plin. Lo que pertenece al higo ó á la higuera.

Ficātum, i. n. Apic. La cerda del puerco ó jabalí.

Ficēdŭla, ae. f. Juv. Ficédula, ave mayor que el gorrion, de diversos colores, becafigo.

Ficēdŭlensis. m. f. sē. n. is. Plaut. Llama asi á los soldados golosos, enemigos de las ficédulas ó becafigos.

Ficētum, i. n. Varr. El higueral, sitio donde hay muchas higueras.

Ficĭtas, ātis. f. Nev. Abundancia de higos.

Ficĭtor, ōris. m. Nev. El que gusta de higos, ó los recoge.

Ficōsus, a, um. Marc. Lleno de ciertas úlceras llamadas ficus, que nacen en las partes que las cubre pelo.

Ficte. adv. Cic. Con ficcion ó fingimiento.

Fictĭle, is. n. Tib. Toda especie de loza, ó vasija de barro.

Fictĭlĭārius, ii. m. Inscr. El alfarero, el que fabrica vasijas.

Fictĭlis. m. f. sē. n. is. Cic. Hecho de barro.

Fictĭo, ōnis. f. Quint. La formacion, hechura ó composicion. ‖ Ficcion, simulacion. Fictio nominis. Quint. La invencion de una palabra. — Personae. Quint. Prosopopeya, figura retórica.

Fictītius y Ficticius, a, um. Plin. Fictício, fingido. Fictitium vinum. Plin. Vino que no se hace de uvas, sino de otra materia, como peras, flores &c., que no es natural.

Fictor, ōris. m. Cic. El que hace, forma. ‖ Estatuario, escultor, alfarero. ‖ Inventor.

Fictōsus, a, um. Apul. Hombre disimulado, encubierto, doble.

Fictrix, īcis. f. Cic. La que hace, forma de nuevo.

Fictūra, f. Plaut. V. Fictio.

Fictus, a, um. Cic. Hecho, formado de nuevo. ‖ Fingido, falso, fabuloso. ‖ Plaut. Compuesto, adornado. Ficta cunctatio. Tac. Detencion afectada.

Ficulensis. m. f. sē. n. is. Liv. La via llamada despues Nomentana en Roma.

Ficulneus, y Ficulnus, a, um. Hor. Lo que es de higuera.

Ficŭlus, i. m. Plaut. Higuito, higo pequeño.

Ficus, i ó ūs. f. Cic. La higuera, árbol. ‖ El higo, fruto de este árbol. ‖ Cels. Especie de úlcera parecida al higo, que sale en las partes que las cubre pelo.

Fidāmen, ĭnis. n. Tert. V. Fiducia.

Fide, dissĭme. adv. Cic. Fiel, fidelísimamente.

Fidefrāgus, i. m. Vitruv. El que falta á la fe, á la palabra.

Fideĭcommissārius, ii. m. Ulp. Fideicomisario, la persona á cuyo cargo queda el fideicomiso.

Fideĭcommissārius, a, um. Fest. Lo perteneciente al fideicomiso.

## FID 297

Fideĭcommissum, i. n. Quint. Fideicomiso, disposicion en que el testador deja su hacienda ó algunos legados á la fe de alguno que ejecute su voluntad.

Fideĭcommissus, a, um. Ulp. Lo que se deja en fideicomiso.

Fideĭcommitto, is, si, sum, tĕre. a. Dig. Dar ó dejar su hacienda y legados en fideicomiso.

Fidejūbeo, ēs, jussi, jussum, bēre. n. Ulp. Salir por fiador de otro, afianzar por él.

Fidejussĭo, ōnis. f. Ulp. Fianza, la obligacion que uno hace para seguridad del acreedor y de otros contratos.

Fidejussor, ōris. m. Ulp. Fiador, el que fia á otro para seguridad de aquello á que está obligado.

Fidejussōrius, a, um. Dig. Lo perteneciente al fiador ó á la fianza.

Fidēle. adv. Plaut. V. Fideliter.

Fidēlia, ae. f. Col. Cántaro, olla por lo comun de barro para guardar algunas cosas. ‖ Col. Cuerda dada de blanco ó de negro, de que se sirven los carpinteros y otros artífices para tirar líneas en sus obras. Duos parietes de eadem fidelia dealbare. Curt. Cic. Proverbio entre nosotros: Hacer de una via dos mandados, matar de una pedrada dos pájaros.

Fidēlis. m. f. lē. n. is. lior, lissĭmus. Cic. Fiel, seguro, constante, el que guarda fe y lealtad. Se atribuye á las cosas inanimadas, como la doctrina, la casa, el arte, el campo, el consejo &c.

Fidēlĭtas, ātis. f. Cic. Fidelidad, lealtad, observancia, sinceridad, seguridad y constancia de la fe de uno á otro.

Fidēlĭter, ius, issĭme. adv. Cic. Fiel, fidelísimamente.

Fidēna, ae. f. y Fidēnae, ārum. f. plur. Liv. Fidenas, ciudad de los sabinos, que no subsiste. Hoy Castel-Jubileo.

Fidēnas, ātis. com. Liv. Natural de Fidenas.

Fidens, tis. com. Cic. Confiado, animoso, seguro, el que tiene confianza. ‖ Plaut. El que da crédito.

Fidenter, tius, tissĭme. adv. Cic. Con confianza. ‖ Con valor, con intrepidez.

Fidentĭa, ae. f. Cic. Confianza, seguridad, valor, resolucion, firmeza de ánimo.

Fides, ĕi. f. Cic. Fe, fidelidad, lealtad, veracidad. ‖ Promesa, palabra, empeño. ‖ Seguridad, salvoconducto, fe pública. ‖ Patrocinio, defensa, amparo, proteccion. ‖ Ausilio, ayuda, favor. ‖ Creencia, fe. Fidem exuere. Tac. — Fallere. Cic. Faltar á la fe, á la palabra, á la promesa. — Exolvere. Plin. men. Liberare. Cic. Cumplir la palabra ó promesa. — Facere. Cic. Probar, hacer ver. — Habere alicui. Ces. Fiarse de alguno, darle crédito, tener confianza de ó en él. — Peractae mortis implere. Plin. men. Acabar de fingir el muerto. — Habere. Cic. Creer. Fide graeca mercari. Plaut. Comprar á dinero contante. — Bona dicere. Plaut. Hablar con sinceridad, en conciencia. Fides tabularum. Cic. La fe y autoridad de las escrituras públicas. — Punica. Sal. Mala fe, perfidia. In fide alicujus esse. Cic. Estar bajo la proteccion de alguno.

Fides, y Fidis, is. f. Hor. Instrumento músico de cuerdas, la lira. ‖ Constelacion llamada lira. Fide conspicuus. Ov. Escelente en tocar la lira ú otro instrumento de cuerdas. Fidibus canere. Cic. Tocar la lira. — Discere. Cic. Aprender á tocarla. En prosa solo se usa en plural.

Fidi. pret. de Fido y de Findo.

Fidĭcen, ĭnis. m. Cic. y

Fidĭcīna, ae. f. Ter. El ó la que toca instrumento de cuerdas.

Fidĭcinĭus, ó Fidicinus, a, um. Plaut. Lo que pertenece á los instrumentos encordados, y á los que los tocan. Fidicinius ludus. Plaut. Escuela de música, donde se aprende á tocar instrumentos de cuerdas.

Fidĭcĭno, ās, āre. n. Marc. Cap. Tocar la lira ú otros instrumentos de cuerdas.

Fidĭcŭla, ae. f. Cic. Instrumento músico pequeño de cuerdas. ‖ La lira, constelacion.

Fidĭcŭlae, ārum. f. Plur. Suet. Cuerdas delgadas para atormentar á los reos.

Fidis, is. f. V. Fides, is.

Fidĭus, ii. m. Ov. El hijo de Júpiter, el dios de la fe,

Pp

Hércules. *Medius fidius*, y *me Dius Fidius juvet*, ó *amet*. Así Dios me ayude.

Fido, is, di, fisus sum, dĕre. n. *Cic.* Fiarse, confiarse, tener, poner esperanza, confianza. *Parum fidere alicui*. *Sal.* Tener poca confianza de ó en alguno, fiarse poco de él.—*Prudentiae. Cic.* Fiarse en la prudencia.

Fidūcia, ae. f. *Cic.* Confianza, esperanza cierta, seguridad. ‖ Fe, fidelidad, lealtad. ‖ Prenda, hipoteca. *Fiducia in eo nulla est. Cic.* No hay que fiar de él, no hay que contar con él. *Fiduciam accipere. Cic.* Recibir una cosa con obligacion de volverla. *Judicia fiduciae. Cic.* Juicios en que se trata de haber quebrantado la fe el que recibió algo con obligacion de restituirlo.

Fidūciālĭter. *adv. S. Ag.* Con confianza.

Fidūciārius, a, um. *Liv.* Dado en confianza, y lo perteneciente al contrato de ella. *Fiduciarius haeres. Dig.* Heredero fideicomisario. *Fiduciaria opera. Ces.* La jurisdiccion, el poder subdelegado de un oficial, que hace las voces del general.

†Fidūciātus, a, um. *Tert.* Hipotecado, empeñado.

†Fidūcio, as, āre. *a. Inscr.* Empeñar, hipotecar, dar, dejar en prendas.

Fidus, a, um. *Cic.* Fiel, seguro, leal, sincero. *Fidus animus. Liv.* Ánimo constante, valeroso, intrépido.

Fidustus, a, um. *ant. Fest.* Cosa de mucha fe. Sacado de Fidus, como de Vetus, Vetustus, de Onus, Onustus.

Figlīna, ae. f. *Plin.* La alfarería, el arte y oficio del que hace vasijas de barro.

Figlīnum, i. n. *Vitruv.* La obra de barro, pucheros, ollas, cazuelas &c.

Figlīnus, a, um. *Plin.* Hecho de barro.

Figmen, ĭnis. n. *Prud.* Obra, simulacro.

Figmentum, i. n. *Gel.* Figura, simulacro, cosa hecha, formada. ‖ *Lact.* Ficcion, comento, fábula.

Figo, is, xi, xum, y ctum, gĕre. a. *Cic.* Fijar, clavar, hincar. ‖ Herir. ‖ Colgar, suspender. *Figere legem. Cic.* Hacer, promulgar, establecer una ley.—*Aliquem maledictis. Cic.* Maltratar á uno con injurias, tratarle muy mal de palabra.—*Animis. Virg.*—*In animo. Tac.* Fijar, grabar en los ánimos.—*Modum nequitiae. Hor.* Poner fin, término á los desórdenes.

Figŭlāris. m. f. rĕ. n. is. *Plaut.* Lo que toca al alfarero.

Figŭlātio, ōnis. f. *Tert.* Hechura, composicion.

Figŭlātus, a, um. *Tert.* Hecho, formado.

Figŭlĭna. V. Figlina.

Figŭlĭnus. V. Figlinus.

Figulnensis. V. Ficulnensis.

Figŭlus, i. m. *Plin.* El alfarero, el que hace obras ó hechuras de barro. ‖ Sobrenombre de P. Nigidio, ciudadano romano.

Figūra, ae. f. *Cic.* Figura, forma, representacion, imágen esterior de las cosas materiales. ‖ Figura de gramática y retórica. ‖ *Quint.* La terminacion de las palabras.

†Figūrālĭter. *adv. Tert.* y

Figūrātē. *adv. Ascon.* Figuradamente, por figuras.

Figūrātio, ōnis. f. *Plin.* Formacion, composicion, el acto de figurar, y la misma figura ó forma. ‖ *Quint.* Imaginacion. ‖ *Lact.* Exornacion, uso de las figuras. ‖ *Gel.* Terminacion de las palabras.

†Figūrātīvus, a, um. *Cat.* Figurativo, esplicado por figuras.

Figūrāto. *adv. Tert.* V. Figurate.

Figūrātor, ōris. m. *Arnob.* El que figura, hace y compone figuras.

Figūrātus, a, um. *Cic.* Formado, hecho. ‖ Figurado, lo que tiene forma y figura. ‖ *Quint.* Adornado de figuras retóricas. *part. de*

Figūro, as, āvi, ātum, āre. a. *Cic.* Figurar, formar, dar forma y figura. ‖ *Sen.* Figurarse, imaginar. ‖ *Quint.* Adornar con figuras retóricas.

Filācissa, ae. f. *Col.* Arañilla, araña pequeña. ‖ Hilandera.

Filārium, ii. n. *Col.* Ovillo de hilo.

Filātim. *adv.* Hilo á hilo, ó á modo de hilos.

Filia, ae. f. *Cic.* La hija. *Unicas filias duas parare generos. Duos parietes eadem fidelia dealbare. adag.* Casar una hija con dos yernos. De un tiro matar dos pájaros. *ref.*

Filiālis. m. f. lĕ. n. is. *Bibl.* Filial, lo que toca á los hijos.

Filiaster. V. Privignus.

Filiastra, ae. f. *Liv.* V. Privigna.

Filicātus, a, um. *Cic.* Trabajado, laboreado como las hojas del helecho.

Filīcis. *gen. de* Filix.

Filictum, i. n. *Col.* El sitio donde se cria el helecho.

Filīcŭla, ae. f. *Plin.* El polipodio, *planta medicinal*.

Filiŏla, ae. f. *Cic.* Hijita, la hija pequeña, tierna. ‖ *Cic.* Dícese por desprecio del hombre afeminado.

Filiŏlus, i. m. *Cic.* Hijito, hijo pequeño, jóven.

Filius, ii. m. *Cic.* Hijo. *Fortunae filius. Hor.* Hijo de la fortuna, á quien todo sucede felizmente.—*Terrae. Cic.* El que no tiene padres conocidos, vil, despreciable.

Filix, ĭcis. f. *Virg.* El helecho, planta.

†Filtrātio, ōnis. f. La filtracion.

†Filtrātus, a, um. Filtrado, depurado, colado.

Filum, i. n. *Cic.* El hilo de lino, lana, cáñamo &c. ‖ Cualquiera cosa sutil semejante al hilo. ‖ El estilo, el aire de un discurso. ‖ Estambre de la vida, *que dicen hilan las parcas*. ‖ La traza, aire, figura de la persona. *Fila lyrae. Ov.* Cuerdas de la lira.—*Araneí. Lucr.* Tela de araña.

Fimae, ārum. f. *plur.* Fismas, *ciudad de Campania*.

Fimārium, ii. n. *Col.* El muladar, lugar ó sitio donde se echa el estiercol.

Fimārius, ii. n. *Firm.* y

Fimātor, ōris. m. *Marc.* El que saca fuera los muladares. ‖ El limpiador de pozos.

Fimbria, ae. f. *Cic.* La fimbria, el canto ó remate mas bajo de la vestidura, en especial si remata en hondas ú otra labor semejante.

Fimbriānus, a, um. *Sal.* Lo que pertenece á Fimbria, *nombre propio romano*.

Fimbriātus, a, um. *Suet.* Lo que remata en ondas ó puntas, como franja &c.

Fimētum, i. n. *Plin.* El muladar.

Fimum, i. n. *Col.* y

Fimus, i. m. *Plin.* El fimo, escremento, estiercol. ‖ *Virg.* El lodo.

Finālis. m. f. lĕ. n. is. *Macrob.* Final, lo que toca al fin. ‖ Lo que toca á los confines ó términos, y lo que los señala.

Findo, is, fīdi, fissum, dĕre. a. *Cic.* Hender, abrir, rajar, partir, dividir. *Findi. Pers.* Montar en cólera. *Findit aera. Ov.* Corta los aires, vuela.

Fingĭbĭlis. m. f. lĕ. n. is. *Cel. Aur.* Lo que se puede fingir.

Fingo, is, nxi, fictum, ngĕre. a. *Cic.* Hacer, formar cuanto se puede artificiosamente con el ingenio y la mano. ‖ *Hor.* Enseñar, instruir, formar. ‖ Imaginar, idear, pensar. ‖ Fingir, disimular. ‖ Componer, adornar. ‖ Acomodar, disponer, preparar. *Fingere è cera*, ó *in cera. Cic.* Hacer figuras de cera, grabar en ella.—*Fabricam ad senem. Ter.* Fingir, inventar un embuste para engañar á un viejo.—*Vultum. Ces.* Componer el semblante, disimular en él.—*Caeteros ex natura sua. Cic.* Juzgar de ó á los demas por sí mismo. *Ex se fingit velut araneus. adag.* De sus carnes come. *ref.*

Fĭnĭens, tis. com. *Sen.* Final, lo que remata, cierra ó termina alguna cosa. *Finiens circulus. Sen.* El horizonte, círculo máximo, que determina los dias y las noches.

Finio, is, ivi, ītum, īre. a. *Cic.* Finalizar, concluir, acabar, dar fin. ‖ Limitar, terminar, prescribir, señalar, poner límite, término. ‖ *Quint.* Definir, esplicar.

Finis, is. m. *Cic.* Fin, término, remate, consumacion, conclusion. ‖ Límite, término, confin. ‖ Objeto, motivo. ‖ Pais, region, tierra. *Finis rhetorices. Quint.* Definicion de la retórica. *Ego his finibus ejectus sum. Sal.* Yo he sido echado de estas tierras. *Septem menses à Neronis fine. Tac.* Siete meses despues de la muerte de Neron. *Per mare umbilici fine ingressi. Hirt.* Entraron en el mar hasta la cintura.

Finītē. *adv. Cic.* Dentro de ciertos términos, limitadamente.

Finītĭmus, a, um. *Cic.* Finítimo, vecino, cercano, contiguo, confinante. *Finitima sunt falsa veris. Cic.* Son muy semejantes, se acercan mucho ciertas cosas falsas á las verdaderas.

Finītio, ōnis. f. *Hig.* Señalamiento de términos, division. ‖ *Vitruv.* Fin, término, estado. ‖ *Quint.* Definicion.

Finitīvus, a, um. *Quint.* Definitivo.

Finītor, ōris. m. *Cic.* Medidor de tierras, el que establece términos ó division de ellas. *Finitor circulus. Sen.* El horizonte.

Finītus, a, um. *part. de Finio. Plin.* Acabado, concluido, finalizado. ‖ *Cic.* Circunscripto, determinado.

Finnia, ae. f. Finlandia, *provincia de Suecia.*

Finnicus, sinus. m. El golfo de Finlandia ó de Bodnia.

Finxi. *pret. de Fingo.*

Fīo, is, factus sum, fiĕri. n. *pas. anom. Cic.* Ser hecho, venir, llegar á ser. ‖ Suceder, acontecer. *Fieri magni. Cic.* Ser muy estimado. — *Avarum. Hor.* Venir á ser avariento. *Fit vis in eum. Tert.* Se le hace fuerza, violencia. — *Illud saepe. Plaut.* Esto sucede muchas veces. *Fiat. Plaut.* Bien, en hora buena, hágase, que se haga.

Firmāmen, ĭnis. n. *Ov.* y

Firmāmentum, i. n. *Ces.* Firmeza, apóyo. ‖ Fuerza, resistencia, fortaleza. ‖ *Cic.* Prueba del acusador contra la razon del defensor. ‖ *S. Ag.* El firmamento, el cielo estrellado.

Firmānus, a, um. *Liv.* Lo perteneciente á Fermo, *ciudad de Italia en la Marca de Ancona.*

Firmātor, ōris. m. *Tac.* Afirmador, el que afirma.

Firmātus, a, um. *part. de Firmo. Cic.* Afirmado, apoyado, fortificado, corroborado, confirmado.

Firme, ius, issĭme. *adv. Cic.* Firme, constante, firmísimamente, con firmeza y estabilidad.

Firmiānus, ó Furmianus, a, um. *Plin.* Lo perteneciente á Firmio, *platero romano,* ó á sus obras.

Firmĭtas, ātis. f. *Ces.* Firmeza, estabilidad, constancia, seguridad, fortaleza. *Firmitas corporis. Cic.* La robustez, las fuerzas del cuerpo.

Firmĭter. *adv. Cic.* Firmemente, con firmeza y estabilidad. *Insistere firmiter. Ces.* Permanecer á pie firme.

Firmĭtūdo, ĭnis. f. *Cic.* Firmeza, constancia, estabilidad. ‖ Fuerza, robustez, fortaleza.

Firmo, as, āvi, ātum, āre. a. *Cic.* Afirmar, hacer firme, estable, asegurar. ‖ Fortificar. ‖ Rehacer, corroborar, reforzar. ‖ Probar, confirmar con razones. ‖ Ratificar. Aseverar, asegurar, prometer.

Firmum, i. n. y Firmium, ii. n. *Cic.* Fermo, *ciudad de la marca de Ancona en Italia.*

Firmus, a, um. *Cic.* Firme, sólido, constante, estable. ‖ Fuerte, robusto. ‖ Valiente, esforzado, valeroso. ‖ Fiel, constante. *Firmus ab equitatu. Planc. a. Cic.* Fuerte en la caballería. — *E gravi valetudine. Sen.* Convalecido de una grave enfermedad. — *Cibus. Col.* Alimento sólido.

Fiscālis. m. f. lĕ. n. is. *Suet.* Fiscal, lo que pertenece al fisco. *Fiscales molestiae. Aur. Vict.* Cobranzas rígidas de las rentas del fisco. *Fiscalis cursus. Sparc.* Posta establecida á costa del fisco.

Fiscārius, ii. m. *Firm.* El que es deudor del fisco.

Fiscella, ae. f. *Virg.* Cestilla, canastilla, esportilla. ‖ Bozal, especie de esportilla de esparto, que se pone á las bestias de labor ó de carga.

Fiscellus, i. m. *Col. V. Fiscella.* ‖ *Fest.* El que gusta mucho de queso mantecoso.

Fiscellus mons. m. *Plin.* Monte Fiscello, monte de Norcia, de la Sibila, parte del Apenino en la Umbría.

Fisci campus. m. Fecamp, *ciudad de Normandía.*

Fiscīna, ae. f. *Cic.* Cesta, canastillo, cesto, banasta, espuerta, capacho, sera, canasto de juncos, mimbres ó esparto.

Fiscus, i. m. *Col.* Cesto, canastillo, esportilla. ‖ El fisco, erario público. *Fisci complures cum pecunia. Cic.* Muchas esportillas con dinero. ‖ Gabetas, talegos, arcas, cofres para guardar el dinero.

Fissicŭlo, as, āvi, ātum, āre. a. *Apul.* Partir, abrir, hender, cortar. *Dícese de las entrañas de los animales para adivinar lo venidero.*

Fissilis. m. f. lĕ. n. is. *Virg.* Lo que se hiende ó abre fácilmente.

Fissio, ōnis. f. *Cic.* Hendedura, rajadura, el acto y efecto de hender ó rajar.

Fissĭpes, ĕdis. com. *Aus.* Que tiene la uña hendida como los bueyes. *Fissipes calamus. Id.* Pluma de escribir.

Fissum, i. n. *Cels.* y

Fissūra, ae. f. *Col.* y

Fissus, us. m. *Id.* Rajadura, hendedura, raja.

Fissus, a, um. *part. de Findo. Cels.* Hendido, rajado, abierto.

Fistūca, ae. f. *Ces.* Mazo grande de madera con asas y de mucho peso para hincar en la tierra maderos gruesos, piedras &c. ‖ Pison con que se aprietan y allanan los empedrados.

Fistucātio, ōnis. f. *Vitruv.* La accion de apretar, acalcar y allanar con el pison.

Fistucātum, i. n. *Plin. V. Fistucatio.*

Fistucātus, a, um. *Vitruv.* Pisado, apretado con el pisón. *part. de*

Fistūco, as, āvi, ātum, āre. a. *Plin.* Apretar, acalcar, allanar con mazos ó pisones.

Fistŭla, ae. f. *Virg.* Fístula, instrumento de caña, flauta. ‖ Tubo, cañon, canal por donde sale el agua. ‖ El esófago ó áspera arteria. ‖ *Nep.* Fistola, llaga.

Fistŭlans, tis. com. *Plin. V. Fistulosus.*

Fistulāris. m. f. rĕ. n. is. *Plin.* Fistular, lo que toca ó es semejante á la fistula. *Fistularis versus. Diom.* Verso que empieza por una sílaba, y se va aumentando despues por mayor número.

Fistulārius, ii. m. *Inscr.* El tañedor de zampoña.

Fistulātim. *adv. Apul.* Por fistulas, cañones ó tubos.

Fistulātio, ōnis. f. *Sidon.* La accion de tocar la fistula, la flauta ó chifla.

Fistulātor, ōris. m. *Cic.* El que toca la chifla, fistula, flauta ó zampoña, el gaitero.

Fistulatōrius, a, um. *Arnob.* Lo que toca al flautero ó gaitero.

Fistulātus, a, um. *Suet.* Fistolado, afistolado, á modo de fistula ó fistola.

Fistulesco, is, ĕre. n. *Fulg.* Ser tocado, y sonar á modo de fistula ó flauta.

Fistŭlo, as, āvi, ātum, āre. n. *Plin.* Llenarse de fistolas, llagas ó úlceras. ‖ Tocar la fistula ó zampoña.

Fistulōsus, a, um. *Col.* Hueco, ahondado á modo de fistula. ‖ *Id.* Lleno de fistolas, de úlceras, de llagas.

Fisus, a, um. *Ov. part. de Fido.* El que se fia ó se ha fiado.

Fītur. *ant. Cat.* en lugar de Fit.

Fiveo. *Fest.* por Frigeo.

Fivit. *Fest.* por Fugit.

Fixe. *adv. S. Ag.* Tenazmente, con firmeza.

Fixi. *pret. de Figo.*

Fixŭla. *Fest. V. Fibula.*

Fixūra, ae. f. *Tert.* Señal de las heridas que hacen los palos ó clavos hincados en alguna parte del cuerpo.

Fixus, a, um. *Cic. part. de Figo.* Fijado, hincado, clavado. ‖ Grabado, impreso. ‖ Afirmado, asegurado, establecido. ‖ Fijo, estable, inmutable. *Fixum animo. Cic.* Determinado, resuelto. — *Cerebrum. Virg.* Celebro traspasado, atravesado.

## FL

Flābellĭfer, a, um. *Plaut.* Que lleva un abanico.

Flābello, as, āre. a. *Ter.* Aventar, agitar, mover el aire con el aventador, soplar el fuego.

Flābellŭlum, i. n. *Ter. dim. de*

Flābellum, i. n. *Ter.* Instrumento para refrescar, agitando el aire, ó para soplar la lumbre: abano, abanico, fuelle, aventador. ‖ *Proper.* La cola de las aves. *Flabellum seditionis. Cic.* Motor de una sedicion.

Flābĭlis. m. f. lĕ. n. is. *Cic.* Aereo, espirable.

Flabra, ōrum. n. *plur. Virg.* Vientos, soplo, agitacion de ellos.

Flabrālis. m. f. lĕ. n. is. *Prud.* Propio de los vientos.

Flabro, as, āre. n. *Prud.* Soplar el viento.

Flabrum, i. n. *Lucr.* El soplo, el viento. *Se usa solo en plural.*

Flacens, tis. *com. Bibl.* El que se pone flaco.

Flacceo, ës, ui, ëre. *n. Varr.* y

Flaccesco, is, ui, ëre. *n. Col.* Enflaquecer, ponerse flaco, enjuto, seco. *Flaccescit oratio. Cic.* Se enerva, se debilita la oracion.

Flaccianus, a, um. *Val. Max.* Perteneciente á Flaco, sobrenombre romano.

Flaccĭdus, a, um. *Col.* Flaco, lánguido, caido.

Flaccŭlus, a, um. *Treb. Pol.* dim. de

Flaccus, a, um. *Cic.* Flaco, lánguido, caido, dícese del que tiene las orejas largas, delgadas, y como colgantes. De aqui vino el sobrenombre de los Cornelios, Horacios, Valerios, Fulvios.

† Flagellantes, ium. m. *plur.* Los flagelantes, hereges del siglo XIV.

Flagellatio, ōnis. *f. Tert.* Flagelacion, la accion de dar ó tomar disciplina.

Flagellātus, a, um. *Plin.* Azotado. ‖ Conmovido, golpeado, agitado.

Flagello, as, āvi, ātum, āre. *a. Ov.* Azotar, dar azótes. *Flagellare opes. Marc.* Tener encerrado el dinero.— *Annonam. Plin.* Encarecer los víveres, escaseándola.— *Messem. Id.* Apalear el trigo, ó para que suelte la paja, ó para que crezca.

Flagellum, i. *n. Cic.* Azote, látigo, zurriago, disciplinas. Flagelo. ‖ *Virg.* Bardasca. *Flagella vitis. Varr.* Los renuevos de la vid y de los árboles.

Flagĭtans, tis. *com. Cic.* V. Flagitator.

Flagitatio, ōnis. *f. Cic.* Instancia, la accion de instar, peticion eficaz, súplica repetida, importuna.

Flagitator, ōris. m *Cic.* El que insta, pide con instancia, importuno.

Flagitatrix, icis. *f. S. Ag.* La que pide con instancia, con eficacia.

Flagitatus, a, um. *part. de* Flagito. *Tac.* Pedido con instancias.

Flagitiōsē, ius, issĭmē. *adv. m. Cic.* Torpe, vergonzosamente, con infamia.

- Flagitiōsus, a, um. *Cic.* ior, issĭmus. Flagicioso, torpe, infame, vergonzoso, disoluto.

Flagitĭum, ii. *n. Cic.* Pecado grave, maldad, torpeza, infamia torpe y disoluta. ‖ *Cic.* Infamia, deshonor, vergüenza. *Flagitium hominis. Plaut.* Hombre perdido, torpe, disoluto. Propiamente se dice del ánimo ó deseo de cometer el pecado; así como Facinus pertenece á la ejecucion.

Flagito, as, āvi, ātum, āre. *a. Cic.* Instar, importunar, pedir con instancia, con eficacia y repetidas veces. ‖ *Ulp.* Desflorar, corromper á una doncella. ‖ *Tac.* Acusar. *Quod tempus flagitat. Cic.* Lo que pide, exige el tiempo.

Flagrans, tis. *com. Virg.* Ardiente, inflamado, lo que está hecho fuego, encendido. ‖ Flagrante, resplandeciente. ‖ Deseoso, vehemente. *Flagrantissima gratia esse. Tac.* Ser muy amado.

Flagranter, tius, tissĭmē. *adv. Tac.* Ardientemente, con gran deseo y ansia.

- Flagrantia, ae. *f. Gel.* Ardor, incendio, fuego. ‖ Deseo ardiente, amor, pasion.

- Flagrator, ōris. *m. Fest.* El que se deja azotar por algun interes.

Flagrĭfer, a, um. *Aus.* El que lleva el azote ó látigo.

Flagrio, ōnis. *m. Non.* El siervo que estaba espuesto á ser azotado.

Flagrĭtrība, ae. *m. f. Plaut.* El que gasta mucho las correas ó varas por las muchas veces que es azotado.

Flagro, as, āvi, ātum, āte. *n. Virg.* Arder, estar hecho fuego. ‖ Desear con pasion, con deseo vehemente. *Flagrare amentia. Cic.* Estar loco, furioso.— *Gratia. Tac.* Tener la amistad, el favor de todos.— *Invidia. Cic.* Secarse de envidia.— *Infamia. Cic.*— *Rumore malo. Her.* Estar desacreditado.

Flagrum, i. *n. Liv.* Azote, vara, vardasca, látigo, zurriago. *Flagra dura pati. Juv.* Sufrir, llevar crueles azotes.

Flāmen, ĭnis. m. *Liv.* Sacerdote, entre los romanos. *Numa estableció tres, dialis el de Júpiter, martialis el de Marte, quirinalis el de Rómulo; despues hubo otros muchos.*

Flāmen, ĭnis. *n. Virg.* El soplo de viento, viento, aire.

Flamĭna, ae. *f. Inscr.* La muger del sacerdote, sacerdotisa.

Flaminalis, m. f. lĕ. n. is. *Inscr.* Lo perteneciente al sacerdote.

Flaminātus, us. m. *Inscr.* El sacerdocio, la dignidad y empleo del sacerdote.

Flaminia, ae. *f. Fab. Pict.* La casa del sacerdote. ‖ *Fest.* Sacerdotisa de inferior dignidad, que servia á la sacerdotisa de Júpiter.

Flaminiānus, a, um. *Cic.* Lo perteneciente á los Flaminios, nobles romanos.

Flamĭnĭca, ae. *f. Gel.* Sacerdotisa, muger del sacerdote.

Flamĭnĭum, ii. n. *Cic.* El sacerdocio, la dignidad y empleo del sacerdote.

Flaminĭus, a, um. *Fest.* Sacerdotal, lo que pertenece á los sacerdotes. ‖ *Liv.* Lo tocante á Flaminio, noble romano, como el circo y la via flaminia.

Flamma, ae. *f. Cic.* La llama ó flama, vapor encendido que sale de la materia inflamada. ‖ Amor, pasion vehemente. *Flamma gulae. Ov.* Apetito insaciable, hambre que devora. *De flamma judicii sese eripere. Cic.* Escapar, libertarse del peligro del juicio.

Flammabundus, a, um. *Marc. Cap.* Abundante de llamas.

- Flammans, tis. *com. Val. Flac.* Que inflama ó enciende. ‖ Ardiente, encendido, flamante. *Flammantia lumina. Virg.* Ojos resplandecientes.

Flammatio, ōnis. *f. Apul.* La accion de encender, de poner fuego.

Flammātor, ōris. m. *Estat.* Incendiario, el que pone fuego maliciosamente.

Flammātrix, ĭcis. *Marc. Cap.* La que enciende ó pone fuego.

Flammātus, a, um. *part. de* Flammo. *Lucr.* Encendido, inflamado. ‖ *Virg.* Colérico, airado, encendido.

Flammeārius, ii. m. *Plaut.* El mercader de velos de color de fuego para las novias. ‖ Tintorero que los tiñe de este color.

Flammeŏlum, i. n. *Juv.* dim. de Flammeum.

Flammeŏlus, a, um. *Col.* De color de fuego bajo.

Flammesco, is, ĕre. *n. Lucr.* Encenderse, prenderse fuego.

Flammeum, y Flameum, i. n. *Lucan.* Flameo, velo de color de fuego, de que usaban las esposas.

Flammeus, a, um. *Cic.* Encendido, abrasado de fuego. ‖ De color de fuego.

Flammicomans, tis. *com. Prud.* y

Flammicŏmus, a, um. *Id.* Que tiene cabellos de color de fuego, rojo, rubio.

Flammicrĕmus, a, um. *Fortun.* Quemado, abrasado.

Flammĭdus, a, um. *Apul.* V. Flammeus.

Flammĭfer, a, um. *Cic.* Que trae y tiene llamas ó fuego encendido.

Flammĭgĕna, ae. *com. Sid.* Nacido, engendrado en el fuego.

Flammĭger, a, um. *Val. Flac.* Flamígero, ardiente, encendido, que echa llamas.

Flammĭgĕro, as, āvi, ātum, āre. *n.* ó

Flammĭgo, as, āre. *n. Gel.* Echar, despedir llamas.

Flammiŏlus, a, um. *Fest.* V. Flammeolus.

Flammĭpes, ĕdis. *com. Juv.* Que tiene pies de fuego.

Flammĭpŏtens, tis. *com. Arnob.* Sobrenombre de Vulcano, dios que manda en el fuego.

Flammĭvŏlus, a, um. *Arat.* Que vuela con fuego, como el sol.

Flammĭvŏmus, a, um. *Juvenc.* Que vomita, que echa, arroja, despide de sí fuego.

Flammo, as, āvi, ātum, āre. *a. Tac.* Encender, inflamar. ‖ *Id.* Incitar, instigar, estimular.

Flammōsus, a, um. *Cel. Aur.* Encendido, abrasado, inflamado.

Flammŭla, ae. *f. Col.* Llama pequeña. ‖ *Veg.* Flámula, insignia militar, bandera pequeña.

Flanatĭcus sinus. *Plin.* El golfo de Guerner en el mar adriático.

Flandria, ae. *f.* La Flandes, provincia de los Paises-Bajos.

Flatĭlis. m. f. lĕ. n. is. *Amian.* V. Flabilis.

Flato, as, āre. *a. Arnob. freq. de* Flo. Soplar á mĕnu-

**FLE**

lo. ‖ Tocar la flauta frecuentemente.

Flātor, ōris. m. Fest. El flautista, ó flautero. ‖ Dig. El forjador.

Flātūra, ae. f. Arnob. El soplo ó viento. ‖ Vitruv. Fozjadura de los metales.

Flātūrālis. m. f. lē. n. is. Tert. Propio del soplo ó viento.

Flātūrārius, ii. m. Cod. Teod. El acuñador ó fundidor de moneda.

Flātus, us. m. Virg. Soplo, aire, viento. ‖ Her. El sonido de la flauta. ‖ Virg. Fausto, orgullo, soberbia.

Flātus, a, um. Hirt. Levantado, alzado con el viento. ‖ Fundido, forjado, acuñado.

Flāvens, com. Virg. Rojo, rubio, dorado.

Flāveo, ēs, ēre. n. Col. Ser rojo ó rubio.

Flāvesco, is, scēre. n. Virg. Enrojecerse, ponerse rojo, rubio. Flavescunt folia. Plin. Se agostan las hojas, pierden el verdor.

Flavia, ae. f. Cesarea, ciudad de Palestina.

Flāviāles, ium. m. plur. Suet. Sacerdotes de la familia de los Flavios. ‖ Id. Soldados incorporados en las legiones por Flavio Vespasiano.

Flāviānus, a, um. Tac. Lo perteneciente á los Flavios romanos.

Flāvicŏmans, tis. com. y

Flāvicŏmus, a, um. Petron. Que tiene el caballo rojo.

Flāvĭdus, a, um. Cels Aur. V. Favus.

Flāvii, ōrum. m. plur. Cic. Los Flavios, familia romana plebeya.

Flavīna, ae. f. Sil. ó

Flaviniānum, ó Flaviniārum, i. n. ó Flavinium, ii. n. Cat. Pais de Toscana en los confines de los faliscos.

Flaviniacum, i. n. Flaviñy, ciudad de Borgoña.

Flavīnius, a, um. Virg. Lo perteneciente á la tierra de Toscana, llamada Flavinium ó Flavina, hoy Fojano.

Flāvissae, arum. f. plur. Varr. Tesoros donde se guardaba el dinero.

Flavium Brigantium, ii. n. Santiago de Galicia, ciudad de España, capital del reino de Galicia.

Flavium Aeduorum. Plin. V. Augustodunum.

Flavium Solvente. n. Plin. Solsed, ciudad de Carintia destruida.

Flavium Axalitanum, ó Axalita, ae. Inscr. Lora, ciudad de España en Andalucía.

Flavius, a, um. Suet. Lo perteneciente á los Flavios, familia romana.

Flāvus, a, um. Virg. Rojo, rubio, de color de oro.

Flēbĭlis. m. f. lē. n. is. Cic. Deplorable, lamentable, lúgubre, triste, lleno de lágrimas, de llanto.

Flēbĭlĭter. adv. Cic. Llorosamente, con llanto.

Flecto, is, xi, xum, ctēre. a. Cic. Doblar, doblegar. ‖ Plegar, coger. ‖ Volver, torcer. Flectere promontorium. Cic. Doblar un cabo.—Animum á vero. Liv. Apartarse de la verdad.—Minas. Val. Flac. Suavizar las amenazas. —Superos. Virg. Ablandar á los dioses.—Orationc. Cic. Persuadir, mover con la oracion ó discurso.—Viam. Cic. Torcer el camino.

Flegium, ii. n. Cels. Inflamacion del hígado ó de los ojos.

Flegma. V. Phlegma.

Flemĭna, um. n. plur. Plaut. Hinchazones, inflamaciones de las piernas y pies por andar mucho.

Flendus, a, um. Ov. Digno de llanto y compasion.

Flens, tis. com. Ov. El que llora.

Fleo, ēs, ēvi, ētum, ēre. a. Cic. Llorar, derramar lágrimas. ‖ Lucr. Destilar, manar gota á gota.

Flētĭfer, a, um. Aus. El que llora. ‖ Lo que destila, suda, mana gota á gota.

Flētus, us. m. Cic. El llanto, lágrimas.

Flētus, a, um. Virg. part. de Fleo. Llorado, lamentado.

Flexănĭmus, a, um. Virg. Que mueve el animo, el corazon. ‖ Pacuv. en Cic. Perturbado, conmovido.

Flexi. pret. de Flecto.

Flexia, ae. f. Flecha, ciudad de Anjou.

Flexĭbĭlis. m. f. lē. n. is. Cic. Flexible, blando, dócil, que se puede doblar y manejar. ‖ Inconstante, vario, mudable.

Flexĭbĭlĭtas, ātis. f. Sol. Flexibilidad, blandura, docilidad de poderse doblar.

**FLO** 301

Flexĭbŭlis, ae. f. Non. Nombre de una de las sátiras de Varron.

Flexĭlis. Plin. V. Flexibilis.

Flexĭlŏquus, a, um. Cic. El que habla con oscuridad y ambigüedad.

Flexio, ōnis. f. Cic. Doblez, flexion, la accion y efecto de doblar ó torcer. Flexio vocis. Cic. La inflexion de la voz. ‖ Declinacion de un nombre, y conjugacion de un verbo.—Astrorum. Cic. Declinacion de los astros.

Flexĭpes, ĕdis. com. Ov. Que tiene los pies torcidos, ó vuelto.

Flexivice. adv. Pac. V. Flexuose.

Flexo, ās, āre. a. freq. de Flecto. Cat. Doblar, doblegar frecuentemente.

Flexŭmĭnes, um. m. plur. Plin. Caballeros romanos, así llamados como Celeres, en tiempo de Rómulo, y despues Trossuli.

Flexuōse. adv. Plin. Con torcedura ó doblez.

Flexuōsus, a, um. Cic. Tortuoso, que va haciendo ó tomando vueltas, retorcido.

Flexūra, ae. f. Sen. Doblez, torcedura, encorvadura. Flexura verborum. Varr. La inflexion y declinacion de las palabras.

Flexus, us. m. Cic. Doblez, torcedura, vuelta que hace, toma ó se dá á alguna cosa. Flexus aetatis. Cic. El tránsito, paso de una edad á otra.—Vocis. Quint. Inflexion, mutacion, variacion de la voz.—Verborum. Id. Declinacion, terminacion de los nombres ó verbos en sus casos ó tiempos.

Flexus, a, um. part. de Flecto. Virg. Doblado, torcido, vuelto. Flexi crines. Petron. Cabellos rizados.

Flictus, us. m. Virg. El choque de una cosa con otra.

Fligo, is, ixi, flictum, gĕre. a. Liv. Dar, sacudir, golpear contra alguna cosa. ‖ Lucr. Chocar, encontrarse una cosa con otra.

Flissinga, ae. f. Flesingue, ciudad de Celandia.

Flo, ās, āvi, ātum, āre. a. Cic. Soplar. ‖ Plin. Forjar, fundir los metales. Flatur tibia. Cic. Se toca la flauta.

Floccĕus, a, um. Apul. Lo que tiene fluecos.

Floccĭfăcio, is, fēci, factum, ĕre. a. Cic. y

Floccĭpendo, is, di, sum, dĕre. a. Tyr. Tener, estimar en poco, en un bledo.

Floccifacteon. Cic. Lo que se debe estimar en un bledo, voz formada por chiste.

Floccōsus, a, um. Apul. Guarnecido de fluecos.

Floccŭlus, i. m. Plin. Floquecillo. dim. de

Floccus, i. m. Varr. El flueco, especie de pasamano tejido con hilos cortados por un lado, de hilo, lana, seda ú otra cosa. ‖ Plaut. Friolera, cosa de poca monta. Flocci facere, ó pendere. Tert. Tener, estimar en poco. Non flocci facere aut pendere. Cic. No tener ni estimar en nada. Algunos escriben floccifactio y floccipendo.

Floces, cum. f. plur. Gel. Las heces del vino.

Flōra, ae. f. Ov. Flora, diosa de las flores.

Flōrālia, ium. n. plur. Plin. Dias de fiesta, y fiestas en honor de la diosa Flora, que se celebraban con mucha disolucion en fines de Abril y principios de Mayo. ‖ Varr. Lugares donde hay flores.

Flōrālis. m. f. lē. n. is. Ov. Lo tocante á la diosa Flora.

Flōrālitius, ó Floralicius, a, um. Marc. Lo perteneciente á las fiestas de Flora.

Flōrens, tis. com. Cic. Floreciente, lo que florece, está en flor. ‖ Brillante, resplandeciente. ‖ Elegante, agudo, discreto. ‖ Abundante, rico. Florens aetate. Virg. Florenti aetate. Lucr. De edad floreciente, en la flor de la edad.

Florentia, ae. f. Plin. Florencia, ciudad de Toscana.

Florentīni, ōrum. m. Tac. Los florentinos, habitantes y naturales de Florencia.

Florentīnus, a, um. Plin. Florentino, lo perteneciente á Florencia.

Flōreo, ēs, rui, ēre. n. Cic. Florecer, echar ó arrojar la flor los árboles y plantas, estar en flor. ‖ Estar en el mayor lustre, felicidad, abundancia y reputacion. ‖ Estar brillar, resplandecer.

Florescens, tis. com. Cic. Floreciente, en su vigor y fuerza.

**Floresco**, is, scěre. *n. Cic.* Empezar á florecer, á echar flor. ‖ Crecer y hacerse mas ilustre.

**Floreus**, a, um. *Plaut.* Lo que toca á las flores, compuesto ó hecho de ellas. *Coronae floreae. Plaut.* Coronas de flores. *Florea rura. Virg.* Prados, campos floridos, adornados, pintados, matizados, llenos de flores.

**Floriacum**, i. n. Fleuri, *ciudad de Borgoña*.

**Florĭcŏlor**, ōris. *com. Petron.* De color vivo ó florido.

**Florĭcŏmus**, a, um. *Aus.* Que tiene los cabellos floridos, adornados con flores.

† **Florida**, ae. *f.* La Florida, *provincia de la América septentrional*.

**Floride**. *adv. Apul.* Floridamente.

**Florĭdŭlus**, a, um. *Cat.* Floridito. *dim. de*

**Florĭdus**, a, um, for, issĭmus. *Ov.* Florido, lleno, adornado de flores, elegante, agudo, discreto, lleno de erudicion.

**Florĭfer**, a, um. *Luc.* Lo que lleva flores.

**Florifertum**, i. n. *Fest.* Fiesta de los romanos, *en que se ofrecian las primeras espigas á Ceres*.

**Florĭger**, a, um. *Venan. Fort. V.* Florifer.

**Florilĕgus**, a, um. *Ov.* El que coge ó recoge flores.

**Florĭparus**, a, um. *Aus.* Lo que produce ó hace brotar flores como la primavera.

**Floris**, *genit. de* Flos.

**Florītio**, ōnis. *f. S. Ger.* El brotar de las flores.

**Florius**, a, um. *Gel.* Perteneciente á la diosa Flora.

**Floropŏlis**, is. *f.* Sanflur, *ciudad de Auvernia*.

**Florŭlentus**, a, um. *Sol.* Florido, adornado de flores.

**Florus**, a, um. *Pac. V.* Floridus y Florius.

Florus, i. *m.* Lucio Anneo, ó Lucio Julio Floro, español. Escribió un compendio de historia romana, desde Romulo hasta Augusto, con estilo ameno y florido, en tiempo de los emperadores Trajano y Adriano, al principio del siglo II de Cristo.

**Flos**, ōris. *m. Cic.* La flor que dan los árboles y plantas en primicias y señal del fruto. ‖ Floron ó adorno de las obras de escultura y arquitectura. *Flos vini. Lucr.* La flor, lo mejor del vino.—*Animi. Sen.* La vejez.—*Aetatis. Cic.* La flor de la edad.

**Floscellus**, i. *m. Apul. dim.* Florecita.

**Floscŭle**. *adv. m. Cel. Aur.* Floridamente.

**Floscŭlus**, i. *m. Cic.* Florecita, florecilla, flor pequeña. ‖ *Quint.* Adorno de la oracion.

**Fluctĭcŏla**, ae. *f. Sid.* Que habita en las aguas.

**Fluctĭcŭlus**, i. *m. Apul. dim. de* Fluctus. Onda ú ola pequeña, leve movimiento de las aguas.

**Fluctĭfer**, a, um. *Lucr.* Que causa olas, que mueve las aguas.

**Fluctĭfrăgus**, a, um. *Lucr.* Que rompe ó quiebra las olas.

**Fluctĭgĕna**, ae. *m. f. Marc. Cap.* Nacido en las aguas.

**Fluctĭgĕnus**, a, um. *Avien. V.* Fluctigena.

**Fluctĭger**, a, um. *V.* Fluctifer.

**Fluctĭo**, ōnis. *f. Plin. V.* Fluxio.

**Fluctĭsŏnus**, a, um. *Sil.* Que resuena, que hace ruido con las olas.

**Fluctĭvăgus**, a, um. *Estac.* Que anda vagando por las olas, ó agitado de ellas.

**Fluctŭabundus**, a, um. *Sid.* Agitado, conmovido, alterado por las olas.

**Fluctuans**, tis. *com. Cic.* Fluctuante, que vacila con riesgo de naufragar. ‖ Incierto, irresoluto.

**Fluctuatim**. *adv. Afr.* Con agitacion ó fluctuacion.

**Fluctuātio**, ōnis. *f. Liv.* Fluctuacion, agitacion, movimiento de las olas. ‖ Perturbacion, confusion.

**Fluctuātus**, a, um. *Plin. part. de*

**Fluctuo**, as, āvi, ātum, āre. *n. Cic.* Fluctuar, vacilar, no poder tomar rumbo cierto, estar á riesgo de perderse en el mar. ‖ Estar confuso, perturbado, incierto, irresoluto, vacilar, dudar. ‖ *Plin.* Nadar.

**Fluctuor**, āris, atus sum, āri. *dep. Quint. V.* Fluctuo.

**Fluctuōsus**, a, um. *Plaut.* Undoso, proceloso, tempestuoso, revuelto, alterado. ‖ *Plin.* Hecho á ondas.

**Fluctus**, us. *m. Cic.* Ola, onda, movimiento y agitacion de las aguas. ‖ Peligro, riesgo, daño. ‖ *Hor.* El mar. ‖ *Lucr.* La corriente. ‖ Perturbacion, agitacion, movimiento impetuoso del ánimo. *Alio relinquente fluctus alius excipit. adag.* Bien vengas mal, si vienes solo. *ref.*

**Fluens**, tis. *com. Virg.* Corriente. *Fluens vestis. Prop.* Vestido que arrastra. *Fluentes pueri. Quint.* Jóvenes libertinos.—*Buccae. Cic.* Mejillas caidas, lánguidas.—*Ad voluntatem nostram res. Cic.* Negocios que salen á medida de nuestro deseo.—*Capilli, ó comae. Ov.* Cabellos tendidos al aire.

**Fluenter**. *adv. Lutr.* Corriendo lo líquido.

**Fluentia**, ae. *f. Am.* La accion de correr lo líquido. ‖ *Plin.* Florencia, ciudad de Toscana.

**Fluentīni**, ōrum. *m. plur. Plin.* Los florentinos, naturales de Florencia.

**Fluentĭsŏnus**, a, um. *Cat.* Que resuena con las olas.

**Fluentum**, i. *n. Virg.* La corriente de las aguas. ‖ Arroyo, riachuelo.

**Fluesco**, is, scěre. *n. S. Ag.* Liquidarse, desleirse, ponerse líquido.

**Fluĭbundus**, a, um. *Marc. Cap.* Fluido, corriente.

**Fluĭdo**, as, āvi, ātum, āre. *a. Cel. Aur.* Hacer fluido ó corriente.

**Fluĭdus**, a, um. *Col.* Fluido, corriente. ‖ Flojo, lánguido. *Fluida vestis. Sen.* Vestido ancho. *Fluidi lacerti. Ov.* Miembros lánguidos, descaecidos.

**Fluĭtans**, tis. *com.* Lo que nada ó fluctua. ‖ Corriente. ‖ *Tac.* Vacilante, dudoso, irresoluto.

**Fluĭtātio**, ōnis. *f. Plin.* La accion de nadar; de fluctuar sobre las aguas.

**Fluĭto**, as, āvi, ātum, āre. *n. Plin.* Fluctuar, nadar, ser llevado sobre las aguas. ‖ *Tac.* Vacilar, dudar, estar incierto, irresoluto. *Fluitare spe. Hor.* Tener una esperanza incierta.

**Flūmen**, ĭnis. *n. Liv.* Corriente del agua, agua corriente. ‖ El rio. ‖ Fertilidad del ingenio. *Humectat largo flumine vultum. Virg.* Baña el rostro con un rio de lágrimas. *Flumen rivi. Plin.* Curso corriente de un arroyo.—*Verborum. Cic.* Torrente de palabras.

**Flumentana porta**. *Fest.* Puerta del pueblo en Roma, desde donde empezaban los caminos flaminio, casio y claudio.

**Flūmĭnālis**. *m. f. lě. n. is. Cel. Aur.* y

**Flūmĭneus**, a, um. *Ov.* Fluvial. Lo que es de rio.

**Fluo**, is, fluxi, fluxum, uěre. *n. Cic.* Correr, manar, deslizarse corriendo, fluir. ‖ Pasarse, disiparse, desvanecerse, decaer. ‖ Venir, proceder, derivarse. ‖ Abundar. *Capilli fluunt. Cels.* Se caen los cabellos. *Melle dulcior fluebat oratio. Cic.* Salian palabras mas dulces que la miel.

**Fluonia**, Fuvionia, ó Fluvonia, ae. *f. Fest.* La diosa Juno, á la que tenian las mugeres por abogada en los partos y preñadas.

**Fluor**, ōris. *m. Apul.* Flujo, curso, movimiento.

† **Flustra**. *indecl. n. Fest.* Calmas, suspensiones, cesaciones de las olas por falta de viento.

† **Flustro**, as, āre. *a. Tert.* Calmar, ocasionar calma ó bonanza.

**Fluta**, ae. *f. Marc.* Lamprea muy gruesa.

**Fluto**, as, āre. *n. Lucr. V.* Fluito.

† **Fluvia**, ae. *f. ant. Non. en lugar de* Fluvius.

† **Fluviālis**. *m. f. lě. n. is. Virg.* y

**Fluviātĭcus**, a, um. *Col.* y

**Fluviatĭlis**. *m. f. lě. n. is. Cic.* Fluvial. Lo que es de rio.

**Fluviātus**, a, um. *Plin.* Ablandado en el rio. ‖ Traido por él, como la madera.

**Fluvĭdus**, a, um. *Lucr. V.* Fluidus.

**Fluvĭo**, as, āre. *Sol. V.* Fluito.

**Fluvĭus**, ii. *m. Cic.* El rio. *Fluvius recens. Virg.* Agua viva.

**Fluxe**. *adv. Varr.* Corrientemente. ‖ *Am.* Con pereza, descuido.

**Fluxĭlis**. *m. f. lě. n. is. Tert.* Corriente, fluido.

**Fluxĭo**, ōnis. *f. Cic.* Flujo, fluxion de las aguas. ‖ *Plin.* Fluxion, humor que corre á alguna parte del cuerpo.

**Fluxūra**, ae. *f. Col. V.* Fluxio.

**Fluxus**, us. *m. Plin.* Flujo, curso, corriente.

**Fluxus**, a, um. *Plin.* Fluido, corriente. ‖ Remiso, lánguido, negligente. ‖ Que se pasa, se desvanece. ‖ Flojo, afeminado. *Fluxum vas. Luc.* Vasija que se va.

## FO

**Focāle, is.** *n. Marc.* Venda con que entre los antiguos cubrian los enfermos el cuello y los oidos por no resfriarse.

**Focāneus palmes.** *Col.* El renuevo que crece entre otros dos en una vid.

**Focārius, ii.** *m. Ulp.* Cocinero, el que cuida del fuego, del hogar, del fogon en la cocina.

**Focārius, a, um.** *Ulp.* Perteneciente al hogar.

**Focillātio, ōnis.** *f. Fest.* Fomento, calor, abrigo.

**Focillātor, ōris.** *m. Dig.* y

**Focillātrix, īcis.** *f. Plin.* La que fomenta, da calor, abrigo y reparo.

**Focillātus, a, um.** *Suet.* Fomentado. *part. de*

**Focillo, as, avi, atum, are.** *a. Sen.* y

**Focillor, aris, atus sum, ari.** *dep. Varr.* Fomentar, abrigar, dar calor, reparar.

**Focŭla, ōrum.** *n. plur. Plaut.* Fomento, alimento del fuego, yesca.

† **Focŭlo, as, are.** *a. Non.* Volver á poner fuego en el hogar.

**Focŭlus, i.** *m. Cic.* Hogar pequeño. ‖ Fuego pequeño. ‖ *Plaut.* Vasija pequeña de cocina.

**Focunātes, um.** *m. plur.* Pueblos de Fosiñi en Saboya.

**Focus, i.** *m. Cic.* El hogar, el fogon, la chimenea. ‖ La casa particular. ‖ El ara. ‖ La hoguera. ‖ *Cat.* La olla ó puchero de metal ó barro para cocer la comida. *Focos repetere Cic.* Volver á su casa.

**Fodĭcans, tis.** *com. Cic.* Picante, punzante.

**Fodĭcātio, ōnis.** *f. Cels.* La accion de escarbar y la de picar ó punzar.

**Fodĭco, as, avi, atum, are.** *a. Hor.* Escarbar. ‖ Picar, pinchar, punzar. ‖ Angustiar, apesadumbrar.

**Fodīna, ae.** *f. Plin.* Mina, minero, mineral de donde se sacan los metales.

**Fodio, is, fodi, fossum, dĕre.** *a. Cic.* Cavar. ‖ Picar, punzar, pinchar. *Fodere humum. Virg. Terram. Plaut.* Cavar la tierra. — *Arva. Virg.* Labrar los campos. *Fodere latus, ó fodere. Hor.* Tocar á uno suavemente con la mano para avisarle, darle de codo.

† **Fodo, as, are.** *ant. Fest.* en lugar de Fodio, is, ere.

**Foecatus, y otros.** V. Fecatus.

**Foecundus, y sus derivados.** V. Fecundus.

**Foedans, tis.** *com. Virg.* El que afea, desfigura.

**Foedātor, ōris.** *m. Gel.* El que afea, mancha, desfigura.

**Foedātus, a, um.** *part. de Foedo. Ov.* Manchado, afeado. ‖ Violado, profanado, contaminado, deshonrado.

**Foede, ius, issĭme.** *adv. Cic.* Fea, torpe, vergonzosamente.

**Foederatĭcus, a, um.** *Just.* Perteneciente á las confederaciones ó á los confederados.

**Foederātus, a, um.** *part. de Foedero. Cic.* Aliado, confederado, coligado.

**Foedĕris.** *genit. de* Foedus.

**Foedĕro, as, avi, atum, are.** *a. Tac.* Hacer alianza, confederacion, liga.

**Foedifrāgus, a, um.** *Cic.* Quebrantador de la confederacion, alianza ó pacto.

**Foedĭtas, atis.** *f.* Fealdad, deformidad. ‖ Torpeza, infamia, deshonestidad. ‖ Crueldad. *Foeditas odoris. Cic.* Fetidez.

**Foedo, as, avi, atum, are.** *a. Liv.* Afear, desfigurar, manchar. *Foedare unguibus ora. Virg.* Afear, desfigurar el rostro con las uñas, arañarse el rostro. — *Aliquem nefario crimine. Cic.* Acusar á alguno de un delito enorme. — *Agros. Liv.* Talar, abrasar los campos.

**Foedus, a, um, ior, issĭmus.** *Cic.* Feo, disforme. ‖ Torpe, afrentoso, deshonroso, nefando, abominable. *Foedissimum bellum. Cic.* Guerra muy cruel.

**Foedus, ĕris.** *n. Cic.* Confederacion, liga, alianza, tratado de paz, amistad, union. ‖ *Cic.* Pacto, estipulacion particular. ‖ *Virg.* Ley, órden, regla, norma. *Foedus icere, percutere, ferire. Cic.* Hacer alianza. — *Solvere. Virg.* — *Turbare. Paterc.* — *Rescindere. Id.* — *Negligere. Violare, rumpere, frangere; facere contra foedus. Cic.* —

## FON

*De eo decedere Gel.* Faltar á la alianza, romperla, quebrantarla.

**Foelicĭtas, y sus derivados.** V. Felicitas.

**Foemen.** V. Femen.

**Foenicŭlum, y Fenum con sus derivados.** V. Feniculum y Foenum.

**Foeteo, y sus derivados.** V. Feteo.

**Foliaceus, a, um.** *Plin.* Hecho de hojas, á modo de ellas.

**Foliatĭlis.** *m. f. le. n. is. Fortun.* Lo que es de hojas ó pertenece á ellas.

**Foliātio, ōnis.** *f. Col.* La accion de echar hoja, de cubrirse de ella.

**Foliātum, i.** *n. Marc.* Especie de perfume de los antiguos, compuesto de simples olorosos.

**Foliatūra, ae.** *f. Vitruv.* La disposicion de las hojas de los árboles.

**Foliātus, a, um.** *Plin.* y

**Foliōsus, a, um.** *Plin.* Hojoso, que tiene mucha hoja.

**Folium, ii.** *n. Cic.* Hoja que arrojan y de que se visten los árboles y plantas.

**Folleo, es, ere.** *n. S. Ger.* Estar ancho, hincharse á modo de fuelle.

**Follĭcans, tis.** *com. Apul.* Que sopla como un fuelle; que se dilata y encoge como él.

**Follicŭlāre, is.** *n. Fest.* Parte del remo forrada con una piel, y era la que tocaba ó se apoyaba en el barco, ó estaba atada á él.

**Follicŭlus, i.** *m. Suet.* Pelota de viento. ‖ *Liv.* Bolsa, saco de cuero. ‖ Folículo, la vainilla en que está la simiente de algun árbol ó planta.

**Follis, is.** *m. Cic.* El fuelle, *para soplar el fuego.* ‖ *Marc.* Pelota de viento. ‖ *Juv.* Bolsa, saco de cuero, gato para guardar el dinero.

**Follĭtim.** *adv. Plaut.* Con un saco de cuero.

**Fomentātio, ōnis.** *f. Ulp.* V. Fomentum.

**Fomento, as, avi, atum, are.** *a. Virg.* Fomentar, abrigar, dar calor.

**Fomentum, i.** *n. Cels.* Fomento, calor, abrigo, reparo. ‖ Remedio, lenitivo, alivio. ‖ *Hor.* Alimento.

**Fomes, ĭtis.** *f. Virg.* Fomento, materia propia para que se cebe el fuego en ella, yesca. ‖ *Gel.* Fomes, la causa que escita y mueve á hacer alguna cosa.

**Fons, tis.** *m. Cic.* La fuente, manantial de agua. ‖ Principio, fundamento, orígen, causa. ‖ *Virg.* El agua.

**Fons Aponi.** *Suet.* Baños de Abano en el Paduano.

**Fons Bellaqueus.** *Fontenebló, villa de Francia en el Jatinés.*

**Fons Ebraldi, ó Ebraldinus.** *m.* Fonte Brauld, *abadía en la diócesis de Potiers.*

**Fons Paderae.** Pederborn, *ciudad de Vestfalia.*

**Fons Rapĭdus, ó Rubĭdus.** *m.* Fuenterrabía, *ciudad de Vizcaya en España.*

**Fons Salŭbris.** *m.* Heilbrun, *ciudad de Suevia en Alemania.*

**Fons Solis.** *m.* Fuente de los desiertos de Libia junto adonde estaba el oráculo de Júpiter Amon.

**Fontalis.** V. Fontanalis.

**Fontanālia, ó Fontinalia, um.** *n. plur. Fest.* Fiestas dedicadas á las fuentes en Roma á 13 de Octubre.

**Fontanālis, ó Fontinalis.** *m. f. le. n. is.* Lo tocante á las fuentes. *Fontinalis porta. Fest.* La puerta Capena de Roma, *donde estaba el templo de la Fuente.*

**Fontānĕus, a, um.** *Sol.* y

**Fontānus, a, um.** *Col.* Fontanar, cosa de la fuente ó perteneciente á ella, fontano.

**Fonteiānus, a, um.** *Cic.* Perteneciente á Fonteyo, *nombre propio romano.*

**Fonteniācum, i.** *n.* Fontené, *ciudad capital del Poitou en Francia.*

**Fonticŏla, ae.** *m. f. S. Ag.* Que habita en las fuentes ó junto á ellas.

**Fonticŭlus, i.** *m. Hor. dim. de* Fons. Fuentecilla, *dim. de* Fuente.

**Fontigĕnae, arum.** *f. plur. Marc. Cap.* Las musas, las ninfas que viven cerca de las fuentes, y traen su orígen de ellas.

Fontinalis, is. *m. Plaut.* Dios de las fuentes.
Fontiger, ra, rum. *Inscr.* Que tiene fuente.
For, faris. *V.* Faris.
Fora, orum. *n. plur. Col.* Cubas de los lagares.
Forabilis. *m. f. le. n. is. Ov.* Penetrable, lo que se puede barrenar, taladrar, pasar.
Forago, inis. *f. Fest.* Hilo con que señalaban los tejedores la tarea diaria.
Foramen, inis. *n. Cic.* Agujero.
Foraminatus, a, um. *Sid.* Agujereado, abierto.
Foraminosus, a, um. *Tert.* Acribillado, lleno de agujeros.
Foras. *adv. Cic.* Fuera, afuera, de fuera, por defuera.
Foras gerones, um. *m. plur. Plaut.* Los que llevan, ó sacan fuera todas las cosas.
Foratus, us. *m. Lact.* La accion de agujerear.
Foratus, a, um. *Col. part. de* Foro. Agujereado. *Forati animi. Sen.* Ánimos que nada reservan, incapaces de secreto.
Forbea, ae. *f. Fest.* Todo género de manjares, de comida caliente.
Forcalquerium, ii. *n.* Forcalquier, *ciudad de Provenza.*
Forceps, cipis. *m. f. Virg.* Tenaza, instrumento de hierro *para prender*, asir ó coger alguna cosa. ‖ Las tenazas de los cangrejos. ‖ *Vitruv.* Garabato con que se agarran las piedras grandes para levantarlas.
Forctis. *ant. Fest.* en lugar de Fortis.
Forculus, i. *m. S. Ag.* Dios que presidia á las puertas.
Forda, ae. *y antiguamente* Horda. *f. Ov.* La vaca preñada.
Fordicidium, ii. *n. Ov.* Sacrificio de vacas preñadas que se hacia á la diosa Tellus á 20 de Abril.
Fore, ó Futurum esse. *fut. de infinit. del verbo* Sum. *Cic.* Haber ó deber de ser, de suceder. *Ais te venturum fore. Cic.* Dices que vendrás, que has de venir.
Forem, fores, foret, forent. *Cic. V.* Essem y Fuissem.
Forensis. *m. f. se. n. is. Cic.* Forense, lo perteneciente al foro, tribunal ó juzgado. *Forenses litterae. Cic.* Ciencia del foro.
Forensis provincia. Forets, *provincia de Francia.*
Fores. *V.* Foris.
Forfices, um. *f. plur. Fest.* Tenallon ó tenaza, especie de fortificacion. ‖ Formacion de las tropas en figura de una tenaza abierta.
Forficula, ae. *f. Plin. dim. de* Forfex. Tijerita, tenazuela, tenaza pequeña, *dícese tambien de los brazos de los cangrejos*, escorpiones y algunas langostas.
Fori, orum. *m. plur. Cic.* El combés, *espacio en la cubierta superior del navío, desde el palo mayor hasta el castillo de proa*: (*antiguamente*) *los puentes del navío, donde no se ponian baterías como ahora.* ‖ La tilla, la crugía de la nave. ‖ *Liv.* Palcos ó gradas altas para ver las fiestas del circo. ‖ *Col.* Surcos estrechos que se hacen con el escardillo para el cultivo de los huertos.
Foria, ae. *f. Varr.* Enfermedad de los cerdos que se cree ser correncia.
Foria, orum. *n. plur. Non.* Escrementos líquidos.
Forica, ae. *f. Juv.* El muladar donde se vierten ó arrojan las inmundicias.
Foricarius, ii. *m. Dig.* El que saca los vasos inmundos, el que limpia los muladares.
Foricula, ae. *f. Varr.* Puertecilla, portezuela.
Foricularium, ii. *n. Inscr.* Tributo impuesto sobre los muladares.
Forinae, arum. *f. plur. Inscr.* Canales, conductos de aguas.
Forinsecus. *adv. Col.* Por defuera, por parte de afuera.
Forio, is, ire. *n. Escol. de Juv.* Echar el escremento líquido.
Foriolus, i. *m. Laber.* El que tiene cursos.
Foris, is. *f. Cic.* La puerta. *El plur.* Fores, um *es mas usado.* ‖ La entrada. *Forem obdere alicui. Ov.* Dar á uno con la puerta en los hocicos, cerrársela con enfado.
Foris. *adv. Cic.* Fuera, afuera, por fuera, defuera, por fuera, por la parte de afuera.
Forma, ae. *f. Cic.* Forma, figura, hechura, disposicion esterior. ‖ Belleza, hermosura. ‖ Modo, manera, regla, órden, norma. ‖ Espécie que cae debajo del género. ‖ *Quint.* Terminacion, declinacion. ‖ *Id.* Moneda. ‖ *Ulp.* Canal, conducto de aguas. ‖ *Cap.* Decreto, constitucion, órden, despacho del príncipe. *Forma dicendi. Cic.* El estilo, el modo de decir.
Formabilis. *m. f. le. n. is. Prud.* Lo que se puede formar ó hacer.
Formaceus, a, um. *Plin. Formaceus paries.* Pared hecha de tierra.
Formalis. *m. f. le. n. is. Plin.* Formal, lo que pertenece á la forma. *Dictare formalem epistolam. Suet.* Dictar, escribir una carta circular. *Formale pretium. Ulp.* Precio comun del mercado.
Formamentum, i. *n. Lucr.* Formacion. ‖ La cosa formada.
Formaster, tri. *m. Suet.* El que imita, que copia ó remeda. ‖ Algun tanto hermoso y adornado.
Formatio, onis. *f. Vitruv.* Formacion, la accion de formar, fabricar ó componer.
Formator, oris. *m. Sen.* Formador, el que forma ó compone. ‖ *Col.* El que enseña y dirige á otro.
Formatrix, icis. *f. Tert.* La que forma, compone ó dispone.
Formatura, ae. *f. Lucr.* La formadura, figura, composicion de alguna cosa.
Formatus, a, um. *Cic. part. de* Formo. Formado, hecho, compuesto.
Formella, ae. *f. Apic.* Horma ó molde pequeño en que se forma ó fabrica alguna cosa.
Formiae, arum. *f. plur. Fest.* Radas ó calas, abrigo para los navíos donde estan seguros de los vientos.
Formiae, arum. *y* Formia, ae. *f. Ces.* Formia, *ciudad antiguamente en Tierra de Labor.*
Formianum, i. *n. Cic.* Granja, *casa de campo de Ciceron en el campo formiano.*
Formianus, a, um. *Hor.* Perteneciente á Formia.
Formica, ae. *f. Cic.* La hormiga.
Formicabilis. *m. f. le. n. is. y*
Formicalis. *m. f. le. n. is. Cel. Aur.* ó
Formicans, tis. *om. Plin.* Que hormiguea, bulle ó se mueve como las hormigas.
Formicatio, onis. *f. Plin.* Ebullicion de la sangre que cubre el cuerpo de granos, y pica y hormiguea.
Formicinus, a, um. *Plaut.* Perteneciente á la hormiga.
Formico, as, avi, atum, are. *n.* Hormiguear, picar el cuerpo, tener comezon como si picaran hormigas.
Formicosus, a, um. *Plin.* Lleno de hormigas.
Formicula, ae. *f. dim. Arnob.* Hormiguilla. *dim.* Hormiga pequeña.
Formidabilis. *m. f. le. n. is. Ov.* Formidable, temible.
Formidamen, inis. *n. Apul.* Sombra, fantasma, cosa que da miedo.
Formidatio, onis. *f. V.* Formido.
Formidatus, a, um. *Hor.* Temido. *part. de*
Formido, as, avi, atum, are. *a. Cic.* Temer mucho, tener mucho miedo.
Formido, inis. *f. Cic.* Temor, miedo, sobresalto grande. ‖ Pavor, espanto.
Formidolose. *adv. Cic.* Temerosamente, con miedo.
Formidolosus, a, um. *Ter.* Formidoloso, temeroso, lleno de miedo. ‖ Formidable, espantoso, horrible, que pone miedo.
Formidus, a, um. *Cat. V.* Formus.
Formilega, ae. *f. Apul.* La hormiga.
Formo, as, avi, atum, are. *a. Cic.* Formar, dar forma, figura á alguna cosa. ‖ Ordenar, disponer, componer. ‖ Instruir, enseñar, educar.
Formosa, ae. *f.* Isla en el mar de la China.
Formosa Insula, ae. *f.* Belisa, *en la costa occidental de Francia.*
Formose. *adv. Prop.* Hermosamente, con hormosura.
Formositas, atis. *f. Cic.* Hermosura, belleza.
Formosulus, a, um. *Varr.* Bonito, algo hermoso.
Formosus, a, um, ior, issimus. *Cic.* Hermoso, bello, bien hecho, de buena proporcion.
Formula, ae. *f. Cic.* Fórmula, ejemplar, regla, norma. ‖ Forma, modo, manera. *Formula lethalis. Marc.* Sentencia de muerte. *Formulam intendere. Suet.* Poner un pleito. *Formula excidere. Id.* Perderle. *In sociorum formulam referre. Liv.* Poner en la clase de los aliados.

**Formularius**, ii. *m. Quint.* El que sabe las fórmulas de la jurisprudencia y la práctica de los tribunales.

† **Formus**, a, um. *Arnob.* Astuto.

**Formacalia**, ium. *n. plur. Ov.* Sacrificios en honor de la diosa Fornace, que se hacian cuando se tostaba el trigo en los hornos.

**Fornacalis**. *m. f.* le. *n. is. Ov.* Perteneciente á la diosa Fornace.

**Fornacarius**, a, um. *Ulp.* Perteneciente al horno.

**Fornacator**, ōris. *m. Paul. Jct.* El que enciende el horno para calentar el agua de los baños.

**Fornaceus**, a, um. *Non.* Perteneciente el horno.

**Fornacula**, ae. *f. dim. de* Fornax. *Juv.* La hornilla ó el hornillo. *dim. de* Horno.

**Fornax**, ăcis. *f. Cic.* El horno que sirve para cocer el pan y otras cosas. ‖ *Ov.* La diosa Fornace, que presidia á los hornos.

**Fornicaria**, ae. *f. Tert.* Fornicaria, la muger deshonesta.

**Fornicarius**, a, um. *Ter.* El hombre fornicario y deshonesto.

**Fornicatim**. *adv. Plin.* Á modo de arco ó de bóveda.

**Fornicatio**, ōnis. *f. Vitruv.* Estructura, fábrica en arco ó bóveda. ‖ *Tert.* Fornicacion, el acceso del hombre con la muger que no es propia.

**Fornicator**, ōris. *m.* y

**Fornicatrix**, ĭcis. *f. Tert.* Fornicador, el ó la que fornica, el hombre y la muger encenagados en el vicio de la sensualidad.

**Fornicatus**, a, um. *part. de* Fornicor. *Cic.* Fabricado en arco ó bóveda.

**Fornico**, ās, āre. *a.* y

**Fornicor**, āris, ātus sum, āri. *dep. Plin.* Doblarse, encorvarse á manera de arco ó bóveda. ‖ *Bibl.* Fornicar, cometer el pecado de sensualidad.

**Fornix**, ĭcis. *m. Cic.* El arco, bóveda, la fábrica en arco. El arco triunfal. ‖ *Juv.* Pieza, sala, cámara, como aquellas en que estaban espuestas las rameras.

**Fornus**, i. *m. Varr.* El horno.

**Foro**, ās, āvi, ātum, āre. *a. Col.* Barrenar, taladrar.

**Foroappii**, ōrum *m. plur. Plin.* Los naturales de San Donato, *ciudad de Italia.*

**Foro Augustanus**, a, um. *Plin.* De la ciudad de España, llamada Forum Augusti, *del convento jurídico de Guadix.*

**Forocorneliensis**. *m. f.* se. *n. is. Plin.* El natural de Imola, *ciudad de la Italia.*

**Foroflaminiensis**. *m. f.* se. *n. is. Plin.* El natural de Forflame, *ciudad de la Umbría.*

**Forojuliensis**. *m. f.* se. *n. is. Plin.* El natural de Frejus en la Provenza, ó de Friul, *ciudad de Italia.*

**Foronovanus**, a, um. *Plin.* Lo perteneciente á Bescobio, *ciudad de los sabinos en Italia.*

**Forosemproniensis**. *m. f.* se. *n. ia. Plin.* El natural de Fosombrone ó Fosombruno, *ciudad de la Umbría en el ducado de Urbino.*

**Forpes**, ĭpis. *f. Sid.* La tijera, *propiamente de barbero.*

**Fors**, tis. *f. Cic.* Fortuna, acaso, casualidad, azar, suerte, destino. *Forte fortuna. Cic.* Por fortuna, por dicha.

**Forsan**. *adv. Virg.* Acaso.

**Forsit**. *adv. Hor.*
**Forsitam**. *adv. Cic.*
**Fortasse**. *adv. Cic.*  } Acaso, por acaso, quizá, por accidente, por fortuna.
**Fortasseam**. *adv. Gel.*
**Fortassis**. *adv. Cic.*
**Forte**. *adv. Cic.* ........

**Forticulus**, a, um. *Cic.* El que es algo esforzado.

**Fortifico**, ās, āvi, ātum, āre. *a. Cel. Aur.* Fortificar, dar vigor y fuerzas.

**Fortis**. *m. f.* te. *n. is*, tior, tissimus. *Cic.* Fuerte, el que tiene fuerza, resistencia. ‖ Robusto, corpulento, de gran fuerza. ‖ Constante, animoso, varonil. *Vir fortis. Ter.* Hombre de honor. — *Familia. Plaut.* Familia, casa rica. — *Cibus. Plin.* Comida de mucho alimento. *Fortis in alium fortem incidit. adag.* Halló la horma de su zapato. *ref.*

**Fortiter**, tius, tissime. *adv. Cic.* Fuerte, valerosamente, con constancia, intrepidez, firmeza.

**Fortitudo**, ĭnis. *f. Cic.* Fortaleza, constancia, firmeza, grandeza de ánimo, valentía. ‖ Fuerza de cuerpo.

**Fortiuncula**, ae. *f. Petron.* Muger fuerte, valiente.

**Fortiusculus**, a, um. *Plaut. V.* Forticulus.

**Fortuito**. *ablativ. absoluto de* Fortuitus. *Ces.* y

**Fortuitu**. *ablativ. absoluto de* Fortuitus. *á modo de adv. Cic.* Acaso, por casualidad, por fortuna.

**Fortuitus**, a, um. *Cic.* Fortuito, impensado, no prevenido ni imaginado, casual, accidental.

**Fortuna**, ae. *f. Cic.* Fortuna, acaso, accidente, hado, suerte, destino. ‖ Felicidad, buena suerte, ventura. ‖ Estado, condicion de las cosas y de los hombres. ‖ *En plur.* Bienes, riquezas, facultades. *Per fortunas. Cic.* Fórmula de rogar por el bien de alguno, por su vida. *Fue venerada por diosa en Roma y otras ciudades, en especial en Ancio y Prenestina.*

**Fortunate**. *adv. Cic.* y

**Fortunatim**. *adv. En.* Afortunadamente.

**Fortunatus**, a, um. *Cic.* Afortunado, venturoso, feliz. ‖ Rico, hacendado, abundante. *comp.* tior. *superl.* simus. *Fortunatae insulae. Plin.* Las islas Canarias en el Océano atlántico.

**Fortuno**, ās, āvi, ātum, āre. *a. Cic.* Afortunar (*poco usado*), hacer afortunado, feliz y dichoso á alguno.

**Foruli**, ōrum. *m. plur. Suet.* Estantes, armarios para poner los libros, distribuirlos y guardarlos. ‖ *Virg.* Forolo, *poblacion de los sabinos.*

**Forum**, i. *n. Cic.* Plaza, plazuela, mercado, lonja, lugar espacioso de los pueblos donde se venden varias cosas. ‖ Foro, juzgado, tribunal para administrar justicia. ‖ *Col.* Lagar donde se pisa la uva. *Forum boarium. Liv.* Mercado de bueyes. — *Suarium. Varr.* De cerdos. — *Piscarium. Varr.* De peces. — *Vinarium. Varr.* De vino. — *Olitorium. Liv.* De verduras. — *Agere. Cic.* Ejercer jurisdiccion, tener tribunal. — *Foro cedere. Juv.* Hacer concurso. — *Uti. Ter.* Acomodarse al tiempo. *Dícese de los comerciantes que no ponen precio á sus géneros hasta ver cómo va el mercado. Forum coquinum. Plaut.* Parage de Roma, donde estaban los cocineros prontos para ir á servir á cualquiera que los llamase.

**Forum Augusti**. *Plin.* Ciudad de España, *Guadix.*
**Forum Alieni**. *Tac.* Ferrara, *ciudad de Italia en la Romanía.*
**Forum Appii**. *n. Cic.* San Donato, *ciudad de Italia.*
**Forum Bibalorum**. *n.* Formila, *ciudad de España.*
**Forum Cassii**. *n.* Vetralla, *ciudad de Toscana.*
**Forum Cellae**. *n.* Focella, *ciudad de Toscana.*
**Forum Claudii**. *n.* Tarantesa, *ciudad de Italia.*
**Forum Clodii**. *n.* Tolsanueva, *ciudad de Toscana.*
**Forum Cornelii**. *n.* Imola, *ciudad de Italia, entre Bolonia y Faenza.*
**Forum Decii**. *n.* Ciudad de Italia.
**Forum Dinguntorum** ó Jutuntorum. *Plin.* Crema, *ciudad del dominio veneciano.*
**Forum Egurrorum**. *n.* Medina de Rioseco, *ciudad de España.*
**Forum Flaminii**. *n. Plin.* Forflame, *ciudad en la Umbría.*
**Forum Flavii**, ó Fulvii. *n. Liv.* Valencia, *ciudad de Lombardía.*
**Forum Gallorum**. *n. Cic.* Castelfranco, *castillo en el Bolonés, poblacion en lo antiguo.*
**Forum Julii**, ó Julium. *n. Plin.* Frejus, *ciudad de la Provenza.*
**Forum Lebuorum**, ó Lebevorum, ó Libycorum, ó Lebeciorum. *Plin.* Villa del ducado de Milan en el Nobarés.
**Forum Lepidi**. *n. Cic.* Recio, *ciudad de Lombardía.*
**Forum Licinii**, ó Liciniforum. *Plin.* Tierra del Milanés.
**Forum Limicorum**. *n.* Ciudad de España.
**Forum Livii**. *n. Plin.* Forli, *ciudad en la Romanía.*
**Forum Narbasorum**. *n.* Arbas, *ciudad de España.*
**Forum Neronis**. *n.* Forcalquier, *ciudad de Provenza.*
**Forum Novum**. *n. Plin.* Bescobio, *ciudad de los sabinos, y* Fornobo, *castillo en el Parmesano.*

**Forum Piscarium.** *n.* Piscaria, *ciudad sobre el Tibsr.*

**Forum Popilii,** ó Pompilii. *n. Plin.* Forlimpopoli, *ciudad un tiempo de la Romanía entre Forli y Cesena.*

**Forum Sebusianorum,** ó Segusianorum. *n.* Feurs, *capital del Foréz.*

**Forum Sempronii.** *n. Plin.* Fosombrum, Fosombrone ó Fosombruno, *ciudad de la Umbría en el ducado de Urbino.*

**Forum Staciellorum.** *n.* Ciudad sobre el Pó *en tierra de Alejandría.*

**Forum Tiberii.** *n.* Ciudad de la Suiza.

**Forum Trajani.** *n.* Ciudad de la isla de Cerdeña.

**Forum Truentinorum.** *n.* Ciudad de Italia.

**Forum Vibii.** *n. Plin.* Biviana ó Castelflores ó Paisana, *ciudad de Piamonte.*

**Forum Voconii,** ó Vocontii. *n.* Draguiñan, Luc ó Canet, *ciudad un tiempo de la Galia narbonense.*

**Forum Vulcani.** *n. Plin.* Solfatara, *lugar cerca de Nápoles.*

**Forus, i.** *m. Non.* Lo mismo que Forum. Plaza pública.

**Forvus, a, um.** *ant. Serv. V.* Formus.

**Fossa, ae.** *f. Cic.* Fosa, hoya. ‖ Foso, *espacio profundo que circunda una fortaleza.*

**Fossa Clodia.** *f. Plin.* Quioza, *ciudad entre Adria y Venecia con puerto al mar adriático.*

**Fossa Corbulonis.** *f.* El Lec, *rio de Holanda.*

**Fossa Drusiana.** *f. Tac.* El Isél, *rio del pais de Geldres en Alemania.*

**Fossa Mariana.** *f. Plin.* Fos, *ciudad de la Provenza.*

**Fossa Mesanica.** *f. Plin.* Canal de San Alberto *desde el Pó á Ravena.*

**Fossa Neronis.** *f. Tac.* Licola, *canal que intentó Neron desde el golfo de Puzol hasta Ostia.*

**Fossa Rheni.** *f. Cic.* El canal del Rin.

**Fossae ó Fossiones Philistinae.** *f. plur. Plin.* Fosone ó Tártaro, *una de las bocas del Pó.*

**Fossae Papirianae.** *f.* Ciudad de Toscana.

**Fossanum, i.** *n.* Fosano, *ciudad del Piamonte.*

† **Fossatum, i.** *n. Veg.* Fosado, el hoyo ó foso.

**Fossatus, i.** *m. Goes.* Término en los campos.

**Fossilia, ium.** *n. plur.* Fósiles, *sales que se hallan en las entrañas de la tierra.*

**Fossilis.** *m. f. lě. n. is. Plin.* Lo que se cava, se saca cavando de la tierra.

**Fossio, ōnis.** *f. Cic.* La cava, el acto de cavar.

**Fossitius, y Fossicius, a, um.** *Plin. V.* Fossilis.

**Fosso, as, are.** *a. Varr. V.* Fodio.

**Fossor, ōris.** *m. Virg.* El cavador. ‖ Zapador, el soldado destinado á trabajar con la zapa, y á abrir minas.

**Fossula, ae.** *f. Cat.* dim. de Fossa. Fosico. dim. de Foso.

**Fossura, ae.** *f. Col.* La cava, la accion de cavar.

**Fossus, a, um.** *part.* de Fodio. *Plin.* Cavado, zapado.

**Fotus, a, um.** *part.* de Foveo. *Cic.* Fomentado, calentado, abrigado, reparado.

**Fotus, us.** *m. Plin.* Fomento, calor, abrigo, la accion de calentar y abrigar.

**Fovea, ae.** *f. Cic.* Hoyo, hoya, boca, caverna, cueva.

**Foveo, es, fovi, fotum, vere.** *a. Cic.* Fomentar, calentar, abrigar, reparar, dar color. ‖ Alimentar, mantener, criar. ‖ Favorecer, proteger, amparar. *Fovere sensus hominum. Cic.* Acariciar, halagar, solicitar las voluntades de los hombres. — *Castra. Virg.* Estarse dentro de los reales. — *Ova. Plin.* Empollar los huevos, fomentarlos con el calor.

**FR**

**Fraceo, es, ere.** *n. Fest.* Desagradar. *V.* Fracesco.

**Fraces, ium.** *f. plur. Plin.* Las heces del aceite.

**Fracesco, is, cui, scěre.** *n. Col.* Pasarse, podrirse, corromperse.

**Fracide.** *adv. m. Col.* Con podredumbre ó corrupcion.

**Fracidus, a, um.** *Cat.* Pasado, podrido, corrompido.

**Fractio, ōnis.** *f. S. Ger.* Fraccion, division de una cosa en partes.

**Fractor, ōris.** *m. Sid.* El que rompe ó quiebra alguna cosa.

**Fractura, ae.** *f. Cels.* Fractura, rompimiento, quebrantamiento.

**Fractus, a, um.** *Cic. part.* de Frango. Roto, quebrado, partido. *Fractus animus. Cic.* Ánimo afligido, quebrantado, mortificado.

**Fraenato y otros.** *V.* Frenato.

**Fraga, ōrum.** *n. plur. Virg.* Fresas, frutillas, *especie de moras de color de madroño y muy buen gusto.*

**Fragesco, is, scěre.** *n. Non.* Quebrantarse, debilitarse.

**Fragilis.** *m. f. lě. n. is.* Frágil, quebradizo, que facilmente se rompe. ‖ Caduco, perecedero. *Aquae fragiles. Ov.* El hielo.

**Fragilitas, ātis.** *f. Plin.* Fragilidad, facilidad de quebrarse. ‖ *Cic.* Debilidad, flaqueza de la naturaleza humana.

**Fragisco.** *Pac. V.* Fragesco.

**Fragium, ii.** *n. Apul. V.* Fractura.

**Fragmen, ĭnis.** *n. Virg.* y

**Fragmentum, i.** *n. Cic.* Fragmento, pedazo, parte, porcion de alguna cosa quebrada.

**Fragor, ōris.** *m. Liv.* El sonido, ruido, estrépito, estruendo de lo que se quiebra y de otras cosas, fracaso.

**Fragose.** *adv. m. Plin.* Con fracaso, con gran ruido y estruendo.

**Fragosus, a, um.** *Virg.* Lo que hace mucho ruido y estruendo. ‖ *Ov.* Áspero, fragoso, intrincado, lleno de malezas, quebradas y breñas. ‖ *Lucr.* Frágil, quebradizo.

**Fragrans, tis.** *com. Virg.* Fragante, odorifero, lo que echa de sí buen olor, ó fragrancia.

**Fragranter.** *adv. m. Sol.* Con fragrancia, con olor suave y subido.

**Fragrantia, ae.** *f. Val. Max.* Fragrancia, ó fragancia, olor suave.

**Fragro, as, avi, atum, are.** *n. Marc.* Oler mucho, despedir de sí mucho olor, asi bueno como malo, *aunque mas usado es en el primer sentido.*

**Fragum, i.** *n. V.* Fraga.

**Framea, ae.** *f. Tac.* La framea. (poco us.) Dardo ó azagaya, *arma de los antiguos germanos.*

**Franci, ōrum.** *m. plur.* Los francos, *gentes de Alemania, que, pasado el Rin, se apoderaron de las Galias, y de su nombre se llamaron en general Francia.* ‖ Los franceses.

**Francia, ae.** *f.* La Francia, *reino de Europa.* ‖ La isla de Francia, *provincia de este reino.*

**Francia orientalis.** *f.* La Franconia, *provincia de Alemania.*

**Francica, ae.** *f.* La isla de Francia, *provincia del reino de Francia.*

**Francicus, a, um.** Perteneciente á los francos ó franceses.

**Francigěna, ae.** *m. f.* Francés, natural de la Francia.

**Francoberga, ae.** *f.* Franquemberg, *ciudad de Hesse en Alemania.*

**Francodalia, ae.** *f.* Franquendal, *ciudad del palatinado del Rin.*

**Froncofurtum, i.** *n.* Francfort, *ciudad de Franconia.* ‖ *Ciudad del marquesado de Brandembourg.*

**Francones, um.** *m. plur.* Los francos, *pueblos de Franconia.*

**Franconia, ae.** *f.* La Franconia, la Francia oriental.

**Francopolis, is.** *f.* Villafranca, *en Rovergue.*

**Francus, a, um.** *S. Ger.* Lo tocante á los francos.

**Frango, is, fregi, fractum, ngere.** *a. Cic.* Quebrantar, quebrar, romper, hacer pedazos. ‖ Demoler, destruir, arruinar, asolar, abatir, derribar. ‖ Humillar, mortificar, vencer, sujetar, reprimir, contener. ‖ Ablandar, suavizar, sosegar, aplacar. *Frangere furorem. Cic.* Reprimir el furor. — *Fidem. Cic.* Quebrantar la fe, faltar á su palabra. — *Diem mero. Hor.* Pasar el dia bebiendo. — *Gulam laqueo. Sal.* Echar un lazo, un cordel al cuello, á la garganta. — *Animum. Cic.* Enternecer el corazon. — *Dignitatem. Cic.* Abatir la dignidad, hacerla despreciable. — *Navem. Ter.* Naufragar, padecer naufragio. — *Mandata. Hor.* Contravenir á las órdenes. — *Poenas. Liv.* Disminuir las penas. — *Se ipsum. Cic.* Reprimirse, contenerse, hacerse fuerza. — *Toros. Marc.* Acalcar la cama echándose en ella. — *Equum. Sil.* Domar, manejar un caballo. — *Se laboribus. Cic.* Acabarse, debilitarse con los trabajos.

**Frascata, ae.** *f.* Frescati, *ciudad cerca de Roma.*

Fratellus. V. Fraterculus.

Frāter, tris. m. Cic. Hermano. ‖ Hor. Amigo. ‖ Aliado. ‖ Amante.

Fraterculo, as, are. n. Plaut. V. Fratro.

Fraterculus, i. m. Juv. dim. Hermanito. dim. Fraterculus gigantum. Id. Hombre sin padres ni antepasados conocidos, que se podria llamar hijo de la tierra, como los gigantes.

Fraterne. adv. m. Cic. Fraternalmente, como hermanos, con amor y buena correspondencia.

Fraternitas, atis. Tac. Fraternidad, amor y union entre hermanos.

Fraternus, a, um. Hor. Fraterno, tocante á los hermanos.

Fratilli, orum. m. plur. Fest. Fluecos ó franjas de los tapices ó tapetes.

Fratria, ae. f. Fest. La cuñada, la muger del hermano.

Fratricida, ae. m. f. Cic. El fratricida, el matador de su hermano.

Fratro, as, are. n. Fest. Nacer, crecer á un mismo tiempo como hermanos.

Fratrueles. m. plur. S. Ger. Primos hermanos, hijos de hermanos.

Fraudatio, onis. f. Cic. Defraudacion, fraude.

Fraudator, oris. m. Cic. Defraudador, engañador, embustero.

Fraudatorius, a, um. Dig. Propio para defraudar y engañar.

Fraudatrix, icis. f. Tert. La que defrauda y engaña.

Fraudatus, a, um. part. de Fraudo. Defraudado, engañado, despojado por fraudes, burlado.

Frauduger, a, um. Tert. V. Fraudulentus.

Fraudis. genit. de Fraus.

Fraudo, as, avi, atum, are. a. Cic. Defraudar, engañar, usurpar, despojar, burlar con fraude. ‖ Hurtar, quitar, privar, robar. Fraudare stipendium militum. Cic. Retener, quedarse con la paga de los soldados. — Somno. Ov. Estorbar el sueño. — Suum genium. Plaut. Negarse, no concederse el menor placer. — Debito. Cic. No pagar lo que se debe.

Fraudoeus, a, um. Acc. V. Fraudulentus.

Fraudulenter. adv. Plin. Fraudulenta, falsamente, con malicia, dolo y engaño.

Fraudulentia, ae. f. Plaut. Fraudulencia, falsedad engañosa, mala fé.

Fraudulentus, a, um. Cic. Fraudulento, engañoso, fingido, falaz, malicioso. comp. tior. sup. tissimus.

Fraudulosus, a, um. Paul. Jct. V. Fraudulentus.

Fraus, dis. f. Cic. Fraude, engaño, malicia, falsedad, dolo. ‖ Daño, perjuicio, detrimento, pérdida. Fraudem capitalem admittere. Cic. Cometer un delito digno de pena capital. Fraudi esse. Cic. Ser, servir de daño ó perjuicio.

Frauseus, a, um. Fest. El que ha cometido fraude.

Frax, acis. f. V. Fracel.

Fraxare. Fest. Dar vuelta á la centinela, á la guardia, hacer la ronda.

Fraxator, oris. m. Fest. El centinela, el que está de guardia.

Fraxineus, a, um. Virg. De madera de fresno.

Fraxinus, i. f. Plin. El fresno, árbol.

Fredelatium, ii. n. Pamiers, ciudad de Lenguadoc.

Fregellae, arum. f. plur. Sil. Fregelas, ciudad y colonia del Lacio.

Fregellani, orum. m. plur. Liv. Los fregelanos, naturales ó moradores de Fregelas.

Fregellanus, a, um. Cic. Lo perteneciente á Fregelas.

Fregi. pret. de Frango.

Fremebundus, a, um. Ov. Que hace mucho ruido. ‖ Rabioso, iracundo.

Fremeatus, a, um. Estac. Que hace mucho ruido, que brama.

Fremens, tis. com. Ov. Que brama, que hace mucho ruido y espantoso. Fremens equus. Hor. Caballo que relincha.

Fremidus, a, um. Ov. V. Fremens.

Fremitus, us. m. Cic. Gran ruido, estrépito, estruendo sordo y espantoso. Fremitus equorum. Ces. Relincho de los caballos.

Fremo, is, mui, mitum, ere. n. Virg. Bramar, hacer ruido ó estrépito fuerte. ‖ Virg. Relinchar. Se atribuye á las personas cuando muchos murmullan en voz baja. Rumor fremit in theatro. Fedr. El teatro resuena con el llanto, aplauso y ruegos. Cuncti simul ore fremebant. Virg. Todos murmuraban la indignacion, queja y conminacion. Fremant omnes licet. Cic. Aunque todos lo murmuren, se quejen, lo sientan.

Fremor, oris. m. Virg. V. Fremitus.

Frenator, oris. m. Plin. men. El que enfrena, pone el freno. ‖ El que refrena, modera, contiene como con freno.

Frenatus, a, um. Hirc. part. de Freno. Enfrenado, refrenado. ‖ Contenido, reprimido. Frenata acies. Sil. La caballería.

Frendens, tis. com. Cic. Frendiente, rabioso, iracundo, á quien crugen los dientes.

Frendeo, es, ui, ere. n. y

Frendo, is, dui, fressum, ndere. n. Cic. Crugir, rechinar los dientes. ‖ Varr. Romper con los dientes. ‖ Tener rabia, iracundia.

Frendor, oris. m. Veg. Rechinamiento, crugir de dientes.

Freni, orum. m. plur. Cic. Freno, bocado, brida del caballo ó mula. Frenos furori injicere. Cic. Contener, reprimir el furor.

Freniger, gera, gerum. Estac. Enfrenado, que lleva freno. Frenigera ala. Estac. Ala de caballería.

Freno, as, avi, atum, are. a. Ces. Enfrenar, poner el freno. ‖ Reprimir, contener, refrenar, moderar. Aemoniam Pelias frenabat. Val. Flac. Pelias gobernaba la Emonia, reinaba en ella.

Frentani, orum. m. plur. Los Samnitas, pueblos de Italia.

Frenum, i. n. Virg. Cic. El freno con que se sujetan las caballerías. ‖ La brida, las riendas. ‖ Gobierno, sujecion, imperio. Frenum mordere. Brut. á Cic. Morder el freno, rehusar la obligacion, resentirse de la correccion justa. Adsultare frenis. Hor. Discurrir con la caballería.

Frequens, tis, tior, tissimus. Cic. Frecuente, continuo, repetido. ‖ Copioso, numeroso. ‖ Frecuentado, lleno, poblado. Frequens sententia. Plin. men. Sentencia comprobada por muchos. — Senatus. Cic. Senado pleno.

Frequentamentum, i. n. Grl. V. Frequentatio.

Frequentarius, a, um. Fest. V. Frequens.

Frequentatio, onis. f. Cic. Frecuencia, frecuentacion, repeticion, continuacion. Frequentatio argumentorum. Cic. Multitud de pruebas.

Frequentativus, a, um. Grl. Frecuentativo, lo que significa frecuencia.

Frequentator, oris. m. Tert. y

Frequentatrix, icis. f. El ó la que frecuenta.

Frequentatus, a, um. Cic. part. de Frequento. Frecuentado, repetido, usado, hecho frecuentemente.

Frequenter, ius, issime. adv. Cic. Frecuentemente, á menudo, con repeticion y frecuencia. ‖ En gran número.

Frequentia, ae. f. Cic. Concurso, multitud, concurrencia de muchas cosas ó personas.

Frequentidicus, a, um. Cat. Grande hablador.

Frequento, as, avi, atum, are. a. Cic. Frecuentar, repetir, continuar. ‖ Poblar, llenar, hacer numeroso, congregar, juntar. Frequentare aliquem. Cic. Frecuentar á uno, su casa, visitarle á menudo.

Fressus, a, um. Cal. Majado, machacado, molido.

Fretale, is. n. Apic. El rallo para raspar, y el almirez para machacar.

Fretalis. m. f. le. n. is. Am. Lo perteneciente al estrecho, brazo angosto de mar.

Fretensis. m. f. se. n. is. Turn. V. Fretalis.

Fretum, i. n. Cic. Estrecho, brazo angosto de mar. Cic. El faro de Mesina, el primer estrecho que conocieron los romanos, y el mas frecuentado de ellos. In freta dum fluvii current. Virg. Mientras los rios corran hácia el mar. Fretum adolescentiae. Flor. El fervor, el ímpetu de la juventud.

Fretum Aniani. n. El estrecho de Anian en la América.

Fretum Australe. n. Estrecho de Schouten.

Fretum Britannicum. El paso de Calés entre Francia é Inglaterra, canal de la Mancha.

Fretum Euripi. *Liv.* Estrecho de Negroponto.

Fretum Gaditanum. *Plin. Herculeum. Id. Oceani. Liv. Hispanum. Claud. Hostium Oceani. Flor.* Estrecho de Gibraltar entre el África y España.

Fretum Gallicum. *V.* Fretum Britannicum.

Fretum Magellanicum. Estrecho de Magallanes en la América meridional.

Fretum Mamertinum, Siciliae ó Siculum. El faro de Mesina entre Sicilia y Calabria.

Frētus, a, um. *Ter.* Fiado, confiado, sostenido.

Fretus, us. *m. Cic.* El estrecho, espacio angosto, intermedio.

Friabĭlis. *m. f.* le. is. *Plin.* Lo que fácilmente se desmenuza y reduce á polvo.

Friātio, ōnis. *f. Apic.* La accion de desmenuzar.

Friātus, a, um. *part. de* Frio. *Luc.* Molido, desmenuzado, reducido á polvo.

Friburgum, i. *n.* Friburgo, *ciudad de la Alsacia.*

Fribusculum, i. *n. Ulp.* Rencilla, riña y ofensa de poca monta entre marido y muger.

Frīcāmentum, i. *n. Col. Aur. y*

Fricātio, ōnis. *f. Col.* Flotadura, la accion de flotar ó estregar.

Fricātor, ōris. *m. Cel. Aur.* El que flota, estrega.

Fricātrix, ĭcis. *f. Marc.* La que flota ó estrega.

Fricatūra, ae. *f. Vitruv. y*

Fricātus, us. *f. Plin. V.* Fricatio.

Fricātus, a, um, *part. de* Frico. Flotado, estregado.

Frico, ās, āvi, ātum, y cui, ctum, āre. *a. Virg.* Frotar, flotar, estregar ó sobajar con las manos alguna parte del cuerpo. *Fricantem frica.* adag. *De benemerenti bene mereri.* adag. Al fraile lo que te faz faile. ref.

Frictio, ōnis. *f. Cels.* La friccion, fricacion, fregacion, friega en el cuerpo.

Frictus, us. *Juv. V.* Frictio.

Frictus, a, um. *part. de* Frico. *Juv.* Fregado, estregado. *Fricta ova ex oleo. Cels.* Huevos fritos en aceite.

Fricui. *pret. de* Frico.

Frigĕdo, ĭnis. *f. Varr.* Friura, frialdad.

Frigĕfacio, is, ĕre. *V.* Frigefacto.

Frigĕfactio, ōnis. *f. Cel.* La accion de enfriar ó resfriar.

Frigĕfacto, ās, āre. *a. freq. Plaut.* Enfriar.

Frigĕfactor, ōris. *m. Cels.* El que enfria.

Frigens, tis. *com. Sil.* El que tiene frio.

Frigeo, ēs, ēre. *n. Ter.* Tener frio. ‖ Descaecer, cesar, estar ocioso.

Frigĕrans, tis. *com. Cat.* Lo que refresca.

Frigĕrātio, ōnis. *f. Apul.* La accion de refrescar, de dar ó comunicar frio.

Frigĕrātor, ōris *m. Apul.* El que refresca, da, comunica frio.

Frigĕrātōrium, ii. *n. Apic. V.* Frigidarium.

Frigĕro, ās, āre. *a. Cat.* Refrescar, enfriar, dar ó comunicar frio.

Frigesco, is, scĕre. *n. Cat.* Enfriarse, ponerse frio.

Frigidārium, ii. *n. Lucil.* Lugar, parage frio ó fresco para guardar los comestibles, como la despensa ó cuéva.

Frigidārius, a, um. *Vitruv.* Propio para enfriar.

Frigĭde. *adv. m. ius. issime. Gel.* Friamente, con frialdad, con frio. ‖ Sin gracia.

† Frigĭdĕfacto, ās, āre. *a. Plaut. V.* Frigefacto.

Frigidiuscŭlus, a, um, *Gel.* Fresco, algo frio.

Frigĭdo, ās, āre. *a. Cel. Aur.* Refrescar, enfriar, dar ó comunicar frio.

Frigĭdŭlus, a, um. *Cat. V.* Frigidiusculus.

Frigĭdus, a, um. *Cic.* Frio, cosa fria. ‖ *Virg.* Muerto, moribundo. ‖ Lleno de miedo. ‖ Sin fuerza ni eficacia. ‖ Insulso, inepto. *Frigidae et inconstantes litterae. Cic.* Carta fria, frívola, sin sustancia, de frioleras y frialdades.

Frigilla, ae. *f. V.* Fringilla.

Frigo, is, frixi, sum y tum, gĕre. *a. Cat.* Freir.

Frigōrĭfĭcus, a, um. *Gel.* Lo que da frio, que enfria ó refresca.

Frigŭlo, ās, āre. *n. Aut. de Fil.* Graznar el grajo.

Frĭgus, ōris. *n. Cic.* El frio, cualidad contraria al calor. ‖ Frescura, mitigacion del calor. ‖ *Hor.* La muerte. ‖ *Virg.* Temblor, miedo. ‖ *Plin.* Descaecimiento, impedimento. ‖ Frialdad, ineptitud. ‖ *Sen.* Amistad, favor perdido.

Friguscŭlum, i. *n. Tert.* Un poco de frio. ‖ Frialdad, interrupcion del cariño entre dos que se aman.

Frigūtio, Fingutio, Friguttio, Frigultio, y Fingultio (*de todos estos modos se halla escrito, aunque el primero y segundo parecen mas seguros*), is, īre. *n. Varr.* Hacer al hablar un ruido como el de las cosas que se frien. ‖ *Plaut.* Hablar como balbuciente ó tartamudo. ‖ *Varr.* Imitar la voz del ave fringilago, *llamada monge.*

Fringilla, Frigilla, ó Fringuille, ae. *f. Marc.* El fringilago ó monge, *ave que tiene en la cabeza un copete en figura de capilla.*

Frio, ās, āvi, ātum, āre. *a. Varr.* Desmenuzar, desmiajar, moler, machacar, reducir á polvo.

† Frirītus, us. *m. Ac. en Cic. V.* Fremitus.

Frisia, ae. *f.* La Frisia, país de Alemania.

Frisii, ōrum, ó Frisiones, um. *m. plur. Plin.* Los frisios ó frisones, *pueblos de Alemania y de Italia.*

Frisinga, ae. *f.* Frisinghen, *ciudad de Alemania en la Baviera.*

Frit. *indecl. Varr.* Lo que está al cabo de la espiga ya madura, y es mas pequeño que el grano.

Fritilla, ae. *f. Plin.* Especie de torta que se usaba en los sacrificios.

Fritillus, i. *m. Marc.* Especie de cubilete de madera ó metal, *en que meneaban los antiguos los dados para tirarlos despues.*

Fritinnio, is, īre. *n. Varr.* Cantar ó chillar como las golondrinas.

Frivŏla, ōrum. *n. plur. Juv.* Muebles de poco pretio, frioleras. ‖ *Fest.* Vasijas de barro rotas.

Frivolaria, y Fribularia. *Fest.* Nombre de una comedia de Plauto, que se ha perdido.

Frivŏlus, a, um. *Plin.* Frívolo, vano, inútil, fútil, sin sustancia.

Frixa, ae. *f. Plaut.* Fritada ó fritura.

Frixōrium, ó Frictorium, ii. *n. Plin.* La sarten para freir.

Frixus, a, um. *Cels.* Frito, cosa frita.

Frondarius, a, um. *Plin.* Lo perteneciente á las hojas.

Frondātio, ōnis. *f. Col.* La poda, la accion de podar ó escamondar los árboles.

Frondātor, ōris. *m. Virg.* El podador, el que poda las viñas ó árboles.

Frondens, tis. *com. Virg.* Lo que echa hoja.

Frondeo, es, ui, ēre. *n. Virg. y*

Frondesco, is, ĕre. *n. Cic.* Empezar á echar hoja, á estar frondoso.

Frondeus, a, um. *Virg.* Hecho de hojas, y frondoso, lleno de ellas.

Frondĭcŏmus, a, um. *Prud.* Lo que tiene hojas como cabellos.

Frondĭfer, e, um. *Lucr.* Frondoso, lleno de hojas.

Frondĭfluus, a, um. *Boet.* Aquello por cuya causa se caen las hojas.

Frondis. *genit. de* Frons.

Frondor, āris, ātus sum, āri. *dep. Col.* Deshojarse, pelarse, quedarse sin hoja.

Frondōsus, a, um. *Liv.* Frondoso, lleno y adornado de hojas.

Frons, dis. *f. Virg.* La hoja del árbol. ‖ *Hor.* La corona de hojas de árboles.

Frons, tis. *f. Cic.* La frente. ‖ Fisonomía, traza, presencia esterior. ‖ *Vitruv.* Frontispicio, fachada. ‖ *Pers.* Pudor, vergüenza. *Frons illi perdita est. Pers.* Ha perdido la vergüenza. — *Rotae. Vitruv.* Circunferencia de una rueda. *Frontem attollere.* Estas. Tomar un aire fiamero. *Ferire. Cic. — Caedere. Quint.* Indignarse, encolerizarse, en cuyo caso por lo regular se da el hombre un golpe en la frente. *Fronti nulla fides. Pers.* No hay que fiarse en la apariencia. *A fronte. Cic.* Por delante, por enfrente, por el ó la frente, de cara. *In fronte. Plin.* A la frente. *Frons Africae. Plin.* El cabo de Buena Esperanza.

**FRU**

Frontāle, is, n. *Liv.* Adorno que ponian en la frente á los caballos y elefantes.

Frontātus, a, um. *Vitruv.* Lo que está en la frente ó forma cara á dos partes.

Frontiniacum, i. n. Frontiñan, *ciudad del bajo Lenguadoc.*

Frontinus. *Sext.* Julio Frontino, patricio romano, *autor clásico del tiempo de Domiciano, Nerva y Trajano, escribió de los acueductos, y se le atribuyen los libros de los estratagemas, aunque no son de la misma pureza de estilo.* || Otro Julio Frontino, *autor tambien clásico de la cualidad y límites de los campos y de las colonias. Va entre los escritores rei agrariae que publicó Goesio.*

Frontis. *gen.* de Frons.

Fronto, ōnis. m. *Cic.* El que tiene mucha frente.

Fronto Cornelius. Cornelio Fronton, *maestro de elocuencia de M. Antonino el filósofo y del emperador Vero.* || *Gel.* Otro, *autor del libro de la diferencia de las palabras, que va entre los gramáticos, de Putsquio.*

Frontoniānus, a, um. *Dig.* Lo perteneciente á Fronton.

Frontōsus, a, um. *S. Ag.* Lo que tiene muchas frentes. || *Id.* El que no se avergüenza.

Fructĭfer, a, um. *Col.* Fructífero, que lleva fruto.

Fructificātio, ōnis. f. *Tert.* El acto de fructificar.

Fructĭfĭco, as, āre. a. *Calpurn.* Fructificar, producir, dar fruto.

Fructĭfĭcus, a, um. y

Fructuārius, a, um. *Col.* Fructífero, fructuoso, que da, produce fruto. || Lo perteneciente á los frutos. *Fructuarius servus. Dig.* Siervo de quien uno tiene solo el uso y otro la propiedad. *Fructuarius. Ulp.* El usufructuario.

Fructuōse. *adv. S. Ag.* Con fruto, fructuosamente.

Fructuōsus, a, um, sior, sissĭmus. *Cic.* Fructuoso, que da fruto, provechoso, útil.

Fructus, us. m. *Cic.* El fruto, todo lo que produce la tierra, los animales, y plantas, y cuanto en general es útil y aprovecha. || Utilidad, ganancia, provecho. || *Ulp.* Usufructo.

Frugālis. m. f. lĕ. n. is. *Cic.* Frugal, sobrio, moderado, parco, económico. *Es mas usado el comparat. lior. el superl.* lissimus.

Frugālĭtas, ātis. f. *Cic.* Frugalidad, economía, templanza, moderacion. || *Apul.* Provision de víveres.

Frugālĭter. *adv. Cic.* Frugalmente, con sobriedad, frugalidad y economía.

† Frugamenta, ōrum. n. plur. *Fest.* Las recolecciones de los frutos.

Frugēria, ae. f. Diosa de los frutos de la tierra.

Fruges, gum. f. plur. *Cic.* Bienes ó frutos de la tierra.

Frugesco, is, scĕre. n. *Prud.* Fructificar, dar, llevar frutos.

Frugi. *indecl.* ó *dat.* de Frux, *no usado. Homo frugi. Cic.* Hombre de bien, moderado, templado, sobrio. *Dícese de los siervos trabajadores y útiles; del hombre económico, atento y cuidadoso de sus cosas, y de todo lo que se hace con poco gasto.*

Frugĭfer, a, um. *Ov.* y

Frugĭfĕrens, tis. com. *Lucr.* Fructífero, fructuoso, lo que da fruto. *Frugifer. Arnob.* Sobrenombre de Baco; á quien adoraban los egipcios *en figura de leon, y entendian ser Osiris; esto es, el sol, padre de todos los frutos.*

Frugĭlĕgus, a, um. *Ov.* El que recoge los frutos.

Frugĭpărens, com. *Fortun.* y

Frugĭpărus, a, um. *Avien.* V. Frugifer.

Frugĭperda. *Plin.* Árbol cuyo fruto se pierde.

Frugis. *gen.* de Frux.

Fruiscor. *Gel.* V. Fruor.

Fruĭtūrus, a, um. *Cic.* El que ha de gozar.

Fruĭtus, a, um. *part.* de Fruor. *Ulp.* El que ha gozado.

Frumen, inis. n. *Donat.* La laringe ó la cabeza de la traquiarteria por donde pasa la voz. || *Arnob.* Especie de torta usada en los sacrificios.

Frumentăceus, a, um. *Veg.* y

Frumentārius, a, um. *Cic.* De trigo y lo tocante á él.

Frumentārius, ii. m. *Cic.* Comprador de trigo. || *Aur. Vict.* En tiempo de los emperadores era lo mismo que agente de negocios.

**FRU** 309

Frumentātio, ōnis. f. *Ces.* Recoleccion de granos, de forrage. || En la milicia la partida de los soldados que sale á hacer provision de granos. || *Suet.* Cierta dádiva de trigo que hacian los emperadores al pueblo.

Frumentātor, ōris. m. *Liv.* Recogedor, comprador ó proveedor de granos para el ejército.

Frumentor, āris, ātus sum, āri. *dep. Ces.* Recoger, hacer provision de trigo. || Forragear.

Frumentum, i. n. *Varr.* El grano, el fruto que encierra la espiga de cualquier género. || El trigo. *Frumentum triticeum. Marc.* El trigo.

† Frumiscor, ó Fruniscor. *Plaut.* V. Fruor.

Fruniītus, a, um. *Cat.* Prudente.

Fruns, undis. *ant.* en lugar de Frons, ondis.

Fruor, ĕris, fruĭtus, ó fructus sum, frui. *dep. Cic.* Gozar. *Frui ingenio suo. Ter.* Vivir á su modo, seguir su genio.

Frusĭnas, ātis. com. *Liv.* Propio de la ciudad Frusinone.

Frusinātes, um. m. plur. *Plin.* Los naturales ó habitantes de Frosinone.

Frusino, ōnis. f. *Juv.* Frusinone, ciudad de Campania ó del nuevo Lacio, hoy Fruselone, ó Frusilone, *pequeño castillo en la campaña de Roma.*

Frustātim. *adv. Plin.* Á ó por pedazos.

Frustillātim. *adv. Plaut.* Por pedacitos á pedacitos, por pedazos ó trozos pequeños.

Frustillum, i. n. *Arnob. dim.* de Frustum. Pedacito.

Frustĭto, ās, āvi, ātum, āre. a. *Plaut. freq.* de

Frusto, as, avi, atum, āre. a. *Flor.* Dividir, partir en pedazos, en trozos.

Frustra. *adv. Cic.* En vano, en balde, vana, inútilmente. *Frustra aliquem ductare, habere. Plaut.* Traer á uno engañado, entretenido. — *Esse. Sal.* Ser engañado, inútil, no salir bien, salir fallido.

Frustrabĭlis. m. f. lĕ. n. is. *Arnob.* Frustráneo, inútil, vano, sin efecto.

Frustrātio, ōnis. f. *Cic.* Engaño, fraude. || Vana esperanza, éxito contrario á lo que se esperaba.

Frustrātor, ōris. m. *Simac.* Engañador, fraudulento.

Frustrātorĭus, a, um. *Tert.* Vano, falaz, engañoso, frustráneo, frustratorio.

Frustrātus, us. m. *Plaut.* V. Frustratio. *Frustatui aliquem habere. Plaut.* Engañar á alguno.

Frustrātus, a, um. *part.* de Frusto, y Frustror. *a. Liv.* El que ha engañado. *pas. Vel.* Engañado, frustrado, el que ha sido engañado.

Frustro, ās, āvi, ātum, āre. a. *Plaut.* y

Frustror, āris, ātus sum, āri. *dep. Cic.* Frustrar, engañar, burlar. || *Col.* Hacer inútil, vano, sin efecto.

Frustrŭlentus, a, um. *Plaut.* Lleno de pedazos. *Frustulenta aqua. Plaut.* Sopa migada, ó agua en que se echan pedazos de pan para suavizar su crudeza.

Frustŭlum, i. n. *Plaut.* Pedacito, trocito. *dim.* de

Frustum, i. n. *Cic.* Pedazo, trozo, fragmento.

Frutectōsus, a, um. *Col.* Lleno de arbustos y plantas.

Frutectum, ó Frutetum, i. n. *Col.* Plantel ó almáciga, donde hay muchos árboles para trasplantar.

Frutex, ĭcis. m. *Virg.* Arbusto, arbolillo. || El tallo de cualquiera planta. || *Plaut.* Bruto, majadero, oprobrio que se dice á alguno.

Fruticātio, ōnis. f. *Plin.* Produccion de muchas varas ó ramas en los arbustos.

Fruticesco, is, scĕre. n. *Plin.* Echar, producir muchas ramas ó renuevos.

Fruticētum, i. V. Frutectum.

Frutĭco, as, avi, atum, āre. n. *Col.* y

Frutĭcor, āris, ātus sum, āri. *dep. Cic.* Echar, pulular, salir, producir muchos tallos, varas, ramos ó renuevos.

Frutĭcōsus, a, um. *Ov.* Abundante de ramas y arbustos.

Frux. f. *no usado.* Frugis, frugi, frugem, à fruge. *Col.* Fruto, produccion de la tierra: *dícese de los granos y legumbres; y de las frutas de los árboles. Expertia frugis. Hor.* Cosas vanas, sin sustancia. *Ad frugem bonam se recipere. Cic.* Retirarse ó vivir una manera de vivir honesta, virtuosa. *Frugem facere. Plaut.* Hacer bien.

Fruxinum, i. m. Frisinghen, *ciudad de Baviera.*

## FU

**Fuam, as, at.** *ant. Plaut.* en lugar de sim, sis, sit, fuerim, fueris, fuerit, fiam, fias, fiat.

**Fūcae, ārum.** *f. plur. Col.* Manchas, pecas en el rostro, y las aguas ó yerbas con que se quitan.

**Fūcātē.** *adv. Aus.* Con afeite, aderezo ó compostura.

**Fūcātio, ōnis.** *f. Apul.* La accion de afeitar, aderezar, componer, en especial el rostro.

**Fūcātor, ōris.** *m. Sol.* El que aderezia, compone ó hermosea con algun licor.

**Fūcātus, a, um.** *part. de* Fuco. *Tac.* Pintado, hermoseado, aderezado con algun color ó afeite. ‖ Falaz, fingido, artificioso, afectado.

**Fūcīlis.** *m. f. lĕ. n. is. Fest.* Falso, afectado, fingido.

**Fūcīnus, i.** *m. Virg.* Lago de Celano, de Marzo ó de Talliacozo en la campaña de Roma.

**Fūco, ās, āvi, ātum, āre.** *a. Virg.* Afeitar, adornar, componer, hermosear, aderezar con afeites, dar, poner colores postizos. ‖ Contrahacer, disfrazar, fingir.

**Fūcōsus, a, um.** *Cic.* Fingido, artificioso, postizo, contrahecho.

**Fūcus, ci.** *m. Plin.* Arbusto marino, que nace cerca de Creta, *de que se usaba en lo antiguo para teñir las lanas de color purpúreo.* ‖ *Ov.* La púrpura. ‖ Afeite, color fingido, postizo, aderezo sobrepuesto. ‖ Falacia, engaño, fraude. ‖ Zángano de colmena.

**Fūdi.** *pret. de* Fundo, is.

**Fueret.** *Luc.* en lugar de Esset.

**Fuga, ae.** *f. Cic.* Fuga, huida, la accion de huir. ‖ Destierro, ‖ Carrera. ‖ Evasion, salida, escapatoria. *Fuga laboris. Cic.* Aversion al trabajo, desidia.

**Fŭgācĭter.** *adv. Liv.* Con fuga apresurada.

**Fŭgālia, ium.** *n. plur. S. Ag.* Fiestas que se hacian en Roma en fines de febrero, en memoria de la espulsion de los Reyes.

**Fŭgātor, ōris.** *m. Tert.* y

**Fŭgātrix, īcis.** *f. Tert.* El ó la que ahuyenta, pone en fuga.

**Fŭgātus, a, um.** *Cic. part. de* Fugo. Puesto en fuga, ahuyentado, desbaratado.

**Fŭgax, ācis, cior, cissĭmus.** *Liv.* Fugaz, que con facilidad huye. ‖ Breve, de corta duracion, que pasa presto. ‖ *Ov.* Veloz, ligero. *Fugax ambitionis. Ov.* El que huye de la ambicion.

**Fŏgēla, ae.** *f. Cat.* Fuga, carrera, y el deseo de huir.

**Fŭgiens, tis.** *com. Cic.* El que huye, se escapa, fugaz. *Fugiens aetas. Catul.* Tiempo que huye, que corre. — *Mensis. Ov.* — *Dies. Sen.* Mes y dia que se acaba, fin de mes, noche. — *Laboris. Ces.* Que huye del trabajo. — *Vinum. Cic.* Vino que se va perdiendo. — *Opprobria culpae. Hor.* Que huye, que evita la vergüenza de la culpa.

**Fŭgio, is, fūgi, fŭgĭtum, gĕre.** *a. Cic.* Huir, escapar, ahuyentarse. ‖ Esquivar, evitar. ‖ *Virg.* Correr. *Fugit me. Cic.* Se me ha pasado, se me olvidó. *Infixo aculeo fugere. Fures clamorem subtiment.* Haz mal, y guardate. *ref.*

**Fŭgĭtans, tis.** *com. Ter.* El que huye.

**Fugitivarius, a, um.** ó **Fugitivarius, ii.** *m. Flor.* El que buscaba los siervos fugitivos.

**Fŭgĭtīvus, a, um.** *Cic.* Fugitivo, huido, escapado. ‖ *Liv.* Desertor. ‖ *Marc.* Caduco, perecedero, de corta duracion.

**Fŭgĭto, ās, āvi, ātum, āre.** *n. Ter.* Huir de una parte á otra, andar fugitivo. ‖ Esquivar, ahuyentar.

**Fŭgĭtor, ōris.** *m. Plaut.* Fugitivo, escapado.

**Fŭgĭtūrus, a, um.** *Ov.* El que ha de huir.

**Fŭgo, ās, āvi, ātum, āre.** *a. Cic.* Ahuyentar, poner en fuga. ‖ *Ov.* Desterrar.

**Fui, fuisti, fuit.** *pret. de* Sum.

**Fulcībĭlis.** *m. f. lĕ. n. is. Virg.* Lo que se puede apoyar ó sostener.

**Fulcimen, ĭnis.** *n. Ov.* y

**Fulcimentum, i.** *n. Colt.* Apoyo, sostenedor, lo que mantiene ó sostiene.

**Fulcio, is, fulsi, fultum, cīre.** *a. Cic.* Apuntalar, sustentar, mantener, sostener. ‖ Corroborar, confirmar.

† **Fulcītus, a, um.** *Cel. Aur.* Apoyado, sostenido.

**Fulcrum, i.** *n. Suet.* Apoyo, pie con que se sostiene alguna cosa. ‖ *Ov.* El baston.

**Fulctūra.** V. Fultura.

**Fulda, ae.** *f.* Fulda, *ciudad de Alemania.*

**Fulgens, tis.** *com. Cic.* Resplandeciente, brillante, reluciente. ‖ Esclarecido, ilustre, noble.

**Fulgenter.** *adv. Plin.* Con resplandor, con brillantez.

**Fulgentius Placides,** ó **Planciades.** Fulgencio Planciades, africano, *escribió de mitologia, de la continencia de Virgilio, y de la esposicion del lenguage antiguo con estilo algo duro, y floreció cerca del siglo VI.*

**Fulgeo, ēs, lsi, gēre.** *n. Cic.* Brillar, resplandecer, relucir. ‖ Relampaguear.

**Fulgerator.** V. Fulgurator.

**Fulgesco, is, scēre.** *n. Jul. Firm.* V.

**Fulgĕtra, ae.** *f.* y

**Fulgĕtrum, tri.** *n. Plin.* El relámpago.

**Fulgĭdus, a, um.** *Lucr.* Luciente, resplandeciente.

**Fulgīnas, ātis.** *m. f. Cic.* Natural de Foligno, folignés.

**Fulginia, ae.** *f. Sil.* y

**Fulgĭnium,** ó **Fulcinium,** ó **Fulinium, ii.** *n. Cat.* Foligno, ó Fuligno, *ciudad de la Umbria.*

**Fulgo, is, gĕre.** *n. Virg.* V. Fulgeo.

**Fulgor, ōris.** *m. Cic.* Brillantez, resplandor, esplendor, fulgor. ‖ Relámpago.

**Fulgŭra, ae.** *f. S. August.* Diosa de los relámpagos.

**Fulgur, ŭris.** *n. Cic.* Relámpago. ‖ *Lucr.* Luz, resplandor. ‖ El rayo.

**Fulgŭrālis.** *m. f. lĕ. n. is. Cic.* Lo perteneciente á los relámpagos y rayos.

**Fulgŭrat, ābat.** *imp. Cic.* Relampaguear. ‖ *Estac.* Resplandecer.

**Fulgŭrātio, ōnis.** *f. Sen.* El resplandor del relámpago, la accion de relampaguear.

**Fulgŭrātor, ōris.** *m. Cic.* El que pronosticaba lo futuro por los relámpagos y rayos. ‖ *Inscr.* El que despide ó echa de sí relámpagos y rayos.

**Fulgŭrātura, ae.** *f. Serv.* V. Fulguratio.

**Fulgŭrātus.** V. Fulguritus.

**Fulgŭreus, a, um.** *Marc. Cap.* Perteneciente al relámpago.

**Fulgŭrio, is, īvi, ītum, īre.** *a. Nev.* Relampaguear, arrojar rayos ó centellas.

**Fulgŭrĭtas, ātis.** *f. Non.* El resplandor del relámpago, ó el golpe del rayo.

**Fulgŭrĭtus, a, um.** *Plaut. part. de* Fulgurio. Herido de rayo.

**Fulgŭro, ās, āvi, ātum, āre.** *a. Cic.* V. Fulgurat.

**Fulĭca, ae.** *f. Virg.* La gaviota, *ave blanca con los estremos negros, que anda en las orillas del mar.*

**Fulĭgĭnātus, a, um.** *S. Ger.* Cubierto de hollin.

**Fulĭgineus, a, um.** *Petron.* y

**Fulĭgĭnōsus, a, um.** *Prud.* Lleno de hollin.

**Fulĭgo, ĭnis.** *f. Cic.* El hollin de la chimenea.

**Fulium, ii.** *n.* Febillant, *abadía de Lenguadoc.*

**Fulix, ĭcis.** *f. Cic.* V. Fulica.

**Fullo, ōnis.** *m. Plaut.* El batanero, el que cuida de los batanes, y trabaja en ellos, el que abatana. ‖ *Plin.* Especie de escarabajo con manchas blancas.

**Fullōnĭca,** ó **Fullonia, ae.** *f. Plaut.* El arte de abatanar. ‖ *Ulp.* El batan.

**Fullōnĭca, ōrum.** *n. plur. Ulp.* Los batanes.

**Fullōnĭcus, a, um.** *Cat.* V. Fullonius.

**Fullōnium, ii.** *n. Am.* La oficina del batanero, el batan.

**Fullōnius, a, um.** *Plin.* Perteneciente al batanero ó á los batanes.

**Fulmen, ĭnis.** *n. Cic.* El rayo. ‖ Desgracia, tragedia, infortunio repentino. ‖ La fuerza é ímpetu de cualquiera cosa. — *Man.* Apoyo. *Fulmen laevum* ó *sinistrum. Cic.* Rayo á la parte de oriente, de buen agüero entre los romanos. *Fulmina fortunae. Cic.* Reveses de la fortuna. *Duo fulmina belli. Virg.* Dos rayos de la guerra (hablando de los Escipiones).

**Fulmenta, ae.** *f. Plaut.* La suela del zapato. ‖ *Cat.* El madero que se pone debajo de los toneles y de otras cosas para sostenerlas.

FUN

Fulmentum, i. n. Vitruv. Apoyo, sostenedor, coluna.
Fulminātio, ōnis. f. Sen. Fulminacion, la accion de despedir rayos.
Fulminātor, ōris. m. Arnob. Fulminador, el que despide, arroja rayos.
Fulminātrix, īcis. f. Inscr. La que dispara, despide rayos.
Fulminātus, a, um. part. de Fulmino. Liv. Herido de un rayo, fulminado.
Fulmineus, a, um. Hor. Fulmíneo, lo que es del rayo ó perteneciente á él. || Virg. Vehemente, rápido. Fulminea dextra. Val. Flac. Rayo, el que todo lo lleva á sangre y fuego.
Fulmino, as, avi, atum, are. n. Sen. Fulminar, disparar rayos, herir con ellos.
Fulsi. pret. de Fulceo y Fulgeo.
Fulsinium, ii. n. Fulsigno, ciudad de la Umbría.
Fultio, ōnis. f. Front. El sosten, el acto ó accion de sostener, sostenimiento.
Fultor, ōris. m. Fortun. El sostenedor, el que mantiene y sostiene alguna cosa.
Fultūra, ae. f. Liv. Puntal, apoyo, lo que sostiene. || Hor. Mantenimiento, sustento.
Fultus, a, um. part. de Fulcio. Cic. Sostenido, apoyado. || Fortificado, afirmado, fortalecido.
Fulvaster, a, um Apul. Lo que tira á rojo.
Fulvia, ae. f. Plin. Planta, especie de ortiga.
Fulviānus, i. m. Vel. Prenombre romano de Lucio Maulio Acidino.
Fulviānus, a, um. Val. Max. Lo perteneciente á Fulvio, ciudadano romano.
Fulviaster, ó Fulviniaster, tri. m. Cic. El que imita á Fulvio ó sigue su partido.
Fulvus, a, um. Virg. Rojo, de color de leon. || Virg. De color verde oscuro.
Fūmans, tis. com. Ov. Lo que humea ó hace humo.
Fūmaria, ae. f. Plin. La fumaria, yerba llamada comunmente palomina ó palomillo.
Fūmariōlum, i. n. Tert. dim. de
Fūmarium, ii. n. La bodega ú otro lugar donde se guardaban los vinos con humo. || La chimenea donde se pone lumbre.
Fūmeus, a, um. Virg. y
Fūmidus, a, um. Virg. Fumoso, lo que despide humo.
Fúmifer, a, um. Virg. Fumífero, lo que arroja ó despide humo.
Fūmificātus, a, um. Marc. Perfumado. part. de
Fūmifico, as, avi, atum, are. a. Plaut. Zahumar, perfumar.
Fūmificus, a, um. Ov. Que echa de sí humo.
Fūmigandus, a, um. Col. Lo que se ha de sahumar ó perfumar, ó fumigar.
Fūmigātus, a, um. Apul. Sahumado, perfumado.
Fūmigium, ii. n. Prisc. El sahumerio ó zahumerio.
Fūmigo, as, avi, atum, are. a. Col. Sahumar, perfumar, dar humo á alguna cosa. || Gel. Ahumar, echar humo.
Fūmo, as, avi, atum, are. n. Ces. Fumar, humear, ahumar, arrojar, despedir de sí humo.
Fūmōsus, a, um. Cat. Fumoso, lo que despide humo. || Ahumado, denegrido. || Hor. Secado al humo. Fumosae imagines. Cic. Retratos de los antepasados denegridos, viejos, que denotan la antigüedad de la casa.
Fūmus, i. m. Cic. El humo, negro vapor del fuego. || Plin. El color negro. Fumum vendere. Marc. Vender humo: dícese de los que venden favores de los príncipes, aunque sin efecto y con esperanzas vanas.
Fūnale, is. n. Cic. El hacha, antorcha. || Cuerda, cordel, cable, maroma, soga.
Fūnalis. m. f. lě. n. is. Suet. De cuerda ó perteneciente á ella. || Val. Max. Perteneciente al hacha ó antorcha.
Fūnambulus, i. m. Ter. El funámbulo ó volatin, el que anda y voltea en una maroma al aire.
Fūnarius, ii. m. Am. Sobrenombre que se dió á Graciano, padre del emperador Valentiniano, porque agarrado á una cuerda no se la podian arrancar de la mano cinco soldados.

FUN

Fūnarius, a, um. Isid. Propio de la cuerda ó maroma.
Functio, ōnis. f. Cic. Funcion, ejercicio, accion de alguna facultad, empleo ú oficio. || Col. Just. La paga de los tributos.
Functus, a, um. part. de Fungor. Nep. El que ha cumplido con su obligacion. Functus fato. Ov. El que ha muerto. — Laboribus. Hor. El que ha llegado al fin de sus trabajos. — Honore. Hor. El que ha adquirido honras, empleos honorificos. — Munere. Cic. El que ha ejercido algun empleo ó pasado por él.
Funda, ae. f. Plin. La honda, instrumento de cáñamo, esparto, lana ú otra materia semejante para tirar piedras. || Virg. Cierta red para pescar. || Marc. La bolsa ó saco de cuero para guardar el dinero. || Plin. El hueco del anillo en que se pone alguna piedra preciosa.
Fundālis. m. f. lě. n. is. Prud. Perteneciente á la honda.
Fundāmen, inis. n. Virg. V. Fudamentum.
† Fundamentāliter. adv. Sid. Desde los fundamentos ó cimientos.
Fundamentum, i. n. Cic Fundamento, principio, cimiento de un edificio ú otra cosa sobre que se funda y en que estriba. || Raiz, principio, origen de alguna cosa no material, en que estriba ó tiene su mayor fuerza. || Razon principal, motivo ó pretesto con que se afianza y asegura alguna cosa.
† Fundaniānus, a, um. Serv. Perteneciente á Fundanio, nombre romano. Ciceron hizo en defensa de este una oracion que se llamó Fundaniana, de la cual solo quedan algunos fragmentos.
Fundānus, a, um. Cic. Lo perteneciente á Fundos, ciudad del Lacio, hoy Fondi. Fundanus lacus. Plin. El lago de Fondi en la campaña de Roma.
Fundātio, ōnis. f. Vitruv. Fundacion, el acto de fundar ó fundamentar.
Fundātor, ōris. m. Virg. Fundador, el que erige, funda y edifica.
Fundātus, a, um. Virg. part. de Fundo. Fundado, apoyado, fundamentado. || Establecido, asegurado.
Fundi, ōrum. m. plur. Cic. Fondi; ciudad de la campaña de Roma.
Fundibalātor, ōris. m. y
Fundibalista, ae. m. y
Fundibalus, i. m. Vitruv. ó
Fundibulārius, ii. m. y
Fundibulātor, ōris. m. Veg. ó
Fundibulus, i. m. V. Funditor.
Fundibulum, i. n. V. Funda. || Máquina ó trabuco de madera, que servia en lo antiguo para disparar piedras de gran peso contra los muros y fortificaciones. || Bibl. Piedra y toda arma arrojadiza.
Fundito, as, avi, atum, are. a. freq. Plaut. Esparcir á menudo. || Plaut. Herir, tirar con la honda. Funditare verba. Plaut. Echar palabras al aire, hablar mucho y sin sustancia.
Funditor, ōris. m. Ces. Hondero, el soldado que pelea con la honda.
Funditus. adv. Cic. Desde los cimientos ó fundamentos. || De raiz. || Del todo, enteramente.
Fundo, as, avi, atum, are. a. Virg. Fundar, fundamentar, echar los cimientos á un edificio. || Establecer, erigir, instituir. Anchora fundabat naves. Virg. Los navios estaban sobre el áncora.
Fundo, is, fūdi, fūsum, undere. a. Plin. Fundir, derretir, liquidar los metales. || Derramar, arrojar. || Producir, criar, echar, brotar. Fundere versus ex tempore. Cic. Decir, hacer versos de repente. Frugem. Cic. Dar, echar, producir mucho fruto. — Exercitum. Cic. Desbaratar, deshacer un ejercito. — Se in omnes partes. Cic. Estenderse á todas partes. — Sagittam. Sil. Disparar una flecha. — Humi. Virg. Postrar, derribar, abatir, echar en tierra.
Fundŭlae, ārum. f. plur. Varr. Calles, callejuelas sin salida.
Fundŭlus, i. m. Vitruv. El brazo de una bomba para sacar agua. || Varr. El ciego ó tripa ciega llena. || Sobrenombre de C. Fundanio y de su familia. Fast. Cap.
Fundus, i. m. Cic. El fondo ú hondon de cualquier cosa. || Fundo, posesion, heredad. || Gel. Autor, motor,

promovedor. ‖ *Marc.* El vaso para beber. *Fundus mendax. Hor.* Heredad, que engaña, que no da el fruto que promete. *Vertere rei fundo. Virg.* Destruir las cosas enteramente.

Fŭnĕbris, m. f. brĕ. n. is. *Cic.* Fúnebre, lo perteneciente al funeral, triste, lamentable, funesto. *Funebria justa. Liv.* Las exequias, el funeral.

Fŭnĕra, ae. f. *En.* La parienta mas cercana del difunto, la dolorida.

Fŭnĕra. n. plur. V. Funus.

Fŭnĕrārius, ii. n. *Firmic.* El que hace, dispone el funeral.

Fŭnĕrārius, a, um. *Ulp.* Funereo, lo perteneciente al entierro ó funeral.

Fŭnĕrātĭcĭus, a, um. *Pomp.* V. Funereus.

Fŭnĕrātĭcum, i. n. *Inscr.* El dinero gastado en el entierro.

Fŭnĕrātĭo, ōnis. f. *Marc. Cap.* V. Funus.

Fŭnĕrātus, a, um. *Suet. part. de* Funero. Enterrado, de quien se han celebrado las exequias. ‖ *Hor.* Muerto á manos de otro. *Pars corporis funerata.* Parte del cuerpo que está muerta, paralítica.

Fŭnĕrĕpus, ó Funirepus, i. m. *Apul.* El volatin ó funámbulo.

Fŭnĕrĕus, a, um. *Virg.* Fúnebre, funereo, tocante al funeral ó entierro. ‖ Funesto, triste, melancólico, lamentable. *Funereus bubo. Ov.* El funesto buho, ave nocturna, que dicen anuncia la muerte. *Funerea frons. Virg.* Rama de ciprés, que se ponia á la puerta del difunto.

Fŭnĕris. *genit. de* Funus.

Fŭnĕro, ās, āvi, ātum, āre. a. *Plin.* Enterrar, hacer las exequias ó funeral. *Funeratus est aere collato. Liv.* Fue enterrado á espensas del público.

Fŭnesto, ās, āvi, ātum, āre. a. *Cic.* Profanar, violar, contaminar.

Fŭnestus, a, um. *Cic.* Mortal, que trae consigo la muerte, perjudicial, triste, funesto. ‖ Profanado, violado con alguna muerte. ‖ *Properc.* De mal agüero, fatal.

Fŭnētum, i. n. *Plin.* Arco hecho de sarmientos delgados, retorcidos unos con otros á modo de cordel.

Fungīnus, a, um. *Plaut.* De hongo ó parecido á él.

Fungor, ĕris, functum sum, gi. *dep. Cic.* Hacer, cumplir, ejercitar. *Fungi muneribus corporis. Cic.* Hacer las funciones propias del cuerpo. *Fungar vice cotis. Hor.* Haré las veces, el oficio de la piedra de afilar.

Fungōsĭtas, ātis. f. *Plin.* La porosidad, rareza, liviandad de las cosas esponjosas y parecidas á los hongos.

Fungōsus, a, um. *Plin.* Poroso, esponjoso, ralo, como el hongo, hongoso, fungoso.

Fungŭlus, i. m. *Apic. dim. de*

Fungus, i. m. *Plin.* El hongo, fruto silvestre que produce la tierra cuando ha llovido mucho. *Los hay de varios colores y calidades, y se tienen por venenosos, menos los que se llaman boletos ó setas.* ‖ *Plin.* Cierta enfermedad del mismo nombre que dá á los árboles. ‖ *Cels.* En los hombres la escrescencia ó carnosidad que se eleva contra lo natural. ‖ *Virg.* El hollin que queda en el hondon de un vaso en que se queme alguna cosa.

Fungus, a, um. *Ter.* Necio, tonto. *Fungum adeo me esse, ut illi crederem putat? Ter.* ¿Por tan necio me tiene, que le habia de creer?

Fūnĭcŭlus, i. m. *Cic.* Cuerdecilla, cordelito. *dim. de*

Fūnis, is. m. *Cic.* Cuerda, cordel, soga, maroma, cable. *Funem ex arena efficere. Col.* Hacer maromas de arena. *ref.* Proverbio de las cosas imposibles.

Fūnus, ĕris. n. *Cic.* Funeral, pompa fúnebre, solemnidad de un entierro, exequias. ‖ *Suet.* La hoguera en que se quemaba el cadáver. ‖ *Virg.* La muerte natural y violenta. ‖ El cadáver. ‖ Ruina, perdicion total.

Fuo, is, it, ĕre. *Virg. Ser. V.* Sum.

Fur, fŭris. m. *Cic.* El ladron. ‖ *Ter.* El siervo. ‖ *Varr.* El zángano de colmena. *Furem et fur cognoscit, et lupus lupum. Bestiam bestia novit. Novi Simonidem, et Simon me. Bithus contra Bacchium. Surdaster cum Surdastro litigat. adag.* De corsario á corsario no se pierden sino los barriles. *ref.*

Fūrācissĭmē. *adv. Cic.* Con espíritu robador, con ansia de robar.

Fūrācĭtas, ātis. f. *Plin.* Inclinacion, propension á robar.

Fūrācĭter. *adv. Cic.* Como ladron.

Fūrānium, ii. n. S. Esteban de Furens, *ciudad de Forez*.

Fūrātor, ōris. m. *Tert.* El ladron, el que roba.

Fūrātrīna, ae. f. *Apul.* El hurto, el latrocinio, la accion de robar.

Fūrātus, a, um. *Cic. part. de* Furor, āris. El que ha robado.

Fūrax, ācis. com. *Cic.* Dado, inclinado á robar.

Furca, ae. f. *Virg.* La horca para hacinar las mieses, levantar la paja, revolver la parva, horca pajera, aviento. ‖ Instrumento de esta figura V, que en lo antiguo ponian en el cuello á los siervos para castigar sus delitos. ‖ Otro de esta figura Π, que ó ponian al reo al cuello, ó hincado en tierra servia para ahorcarle. ‖ La horquilla ú horcon para afianzar ó asegurar alguna cosa, ó sostenerla como las que se ponen á los árboles, emparrados &c.

Furcĭfer, fĕri. m. *Cic.* Siervo que lleva puesta la horca. ‖ Pícaro, bribon.

Furcilla, ae. f. *dim. de* Furca. *Varr.* La horquilla. *dim. de* Horca.

Furcillātus, a, um. *Varr.* Hecho á modo de horca.

Furcilles, ium. f. *plur. Fest.* Horcas para dar muerte á los reos condenados á esta pena.

Furcillo, ó Forcillo, ās, āvi, ātum, āre. a. *Plaut.* Sostener, sustentar con horcas ó horquillas.

Furcŭla, ae. f. *Liv.* Horquilla, horca pequeña.

Furcŭlōsus, a, um. *Apul.* Lleno de horcas, horcones ú horquillas.

Fūrens, tis. com. *Cic.* Furioso, airado, arrebatado, poseido de furor, furente. ‖ Impetuoso, violento. *Furentes undae. Luc.* Hondas embravecidas, tempestuosas.

Fūrenter. *adv. Cic.* Furiosamente, con furor, con furia, violencia.

Furfur, ŭris. m. *Plin.* El salvado ó afrecho. *Furfures capitis. Plin.* Caspa de la cabeza.

Furfŭrāceus, a, um. *Fulg.* V. Furfureus.

Furfŭrācŭlum, i. n. *Arnob.* El agujero.

Furfŭrārius, a, um. *Inscr.* y

Furfŭreus, a, um. *Gel.* Lo que es de salvado ó perteneciente á él.

Furfŭrĭcŭlae, ārum. f. *plur. Marc. Emp.* Salvado menudo ó caspa menuda.

Furfŭrōsus, a, um. *Plin.* Lleno de ó mezclado con salvado.

Fūria, ae. f. *Cic.* Furia, furor, ira, rabia, cólera. ‖ Furioso, arrebatado. ‖ *Claud.* Impetu de las aguas.

Fūriae, ārum. f. *Cic.* Las furias, diosas vengadoras de los delitos, y que agitan á los malos con angustias y remordimientos; son tres, Alecto, Tisifone y Megera, hijas de un parto de Aqueronte y de la Noche. *Furiae auri. Sil.* Ansia furiosa del dinero. — *Honesta. Estac.* El ímpetu del ánimo, que aborrece la servidumbre y la infamia.

Fūriālĕ. *adv. Estac.* V. Furialiter.

Fūriālis. m. f. lĕ. n. is. *Cic.* Lo que es de furia, ó del furioso y violento. *Furialia ausa. Ov.* Atrevimientos, atentados furiosos, arrebatados. — *Carmina. Liv.* Versos, fórmulas llenas de maldiciones, execraciones.

Fūriālĭter. *adv. Ov.* Furiosamente, con furia, violencia, precipitacion y arrojo.

Fūriānus, a, um. *Liv.* Lo perteneciente á Furio, nombre propio romano. *Furiana poemata. Gel.* Los poemas de Furio Anciate, poeta antiguo. *Furiani milites. Liv.* Los que militaron con el general Lucio Furio Camilo.

Fūriātĭlis, m. f. lĕ. n. is. *Fortun.* V. Furiosus.

Fūriātus, a, um. *part. de* Furio. *Virg.* Enfurecido, furioso, arrebatado de furor.

Fūrĭbundus, a, um. *Cic.* Furibundo, airado, colérico, furioso, enfurecido.

Fūrĭna, ae. f. *Cic.* Diosa entre los romanos, lo mismo que *Furia*, ó *Erinnis*, diosa de la venganza de los delitos.

Fūrĭnālia, ium. n. *plur. Fest.* Fiestas dedicadas á las furias ó la diosa Erinnis.

Fūrĭnālis. m. f. lĕ. n. is. *Varr.* Perteneciente á las furias ó á la diosa Erinnis.

Fūrīnus, a, um. *Plaut.* Lo perteneciente al ladron.

Fŭrio, is, ivi, itum, ire. a. Hor. Enfurecer, airar, encolerizar.

Fŭrio, is, ire. n. Ulp. V. Furo.

Fŭriōse. adv. Cic. Furiosamente, con furia y violencia.

Fŭriōsus, a, um. Cic. Furioso, arrebatado del furor, violento, colérico, furibundo. ¶ Privado de juicio, loco.

Fŭrippus, i. m. Aus. Gran ladron. ¶ Furioso, arrebatado, violento.

Fŭris. gen. de Fur.

Fŭrius, ii. m. Liv. Furio, nombre propio romano.

Fŭrius, a, um. Cic. Perteneciente á los Furios romanos.

Furnācĕus, a, um. Plin. Perteneciente al horno.

Furnae, ārum. f. plur. Furnes, ciudad de los Paises Bajos en Flandes.

Furnāria, ae. f. Suet. La hornería, la obra y ejercicio del hornero.

Furnārius, a, um. Ulp. Lo perteneciente al horno.

Furnārius, ii. m. Ulp. El hornero, el panadero, el que cuece el pan y le vende.

Furnus, i. m. Plin. El horno para cocer pan y otras cosas.

Fŭro, is, ĕre. n. Cic. Ser furioso, loco. ¶ Ser ó estar arrebatado de furia ó transportado de cólera. Furit, te reperire. Hor. Anda furioso, loco por encontrarte.

Fŭror, ăris, ătus sum, āri. dep. Cic. Hurtar, robar á escondidas. Furari oculos labori. Virg. Dormir. __ Vultus veste. Sen. Trag. Tapar, cubrir, esconder el rostro con el vestido.

Fŭror, ōris, m. Cic. Furor, ira, rabia, cólera, enojo. ¶ Furor poético, estro. ¶ Perturbacion, pasion vehemente y pronta. ¶ Sedicion, tumulto. ¶ Locura, manía.

Fŭrtĭfĭcus, a, um. Plaut. Robador, ladron.

Furtim. adv. Cic. Furtiva, escondida, ocultamente, á hurto.

Furtīve. adv. Plaut. V. Furtim.

Furtīvus, a, um. Plaut. Robado, hurtado. ¶ Furtivo, clandestino, oculto, secreto, hecho á escondidas, á hurto.

Furtum, i. n. Cic. Hurto, robo, y la misma cosa hurtada. ¶ Fraude oculto, engaño, estratagema, asechanzas. Furto puer conceptus. Ov. Hijo bastardo, adulterino, habido á hurto.

Fŭruncŭlus, i. m. Cic. Ladroncillo, ladronzuelo. ¶ Cels. Tumor pequeño. ¶ Col. Nudo de los árboles. ¶ Renuevo que nace junto á otro, que parece le hurta el jugo.

Furvescens, tis. com. Mart. Cap. Lo que tira á negro, oscuro.

Furvus, a, um. Sen. Negro, oscuro, tenebroso. Furvae hostiae. Val. Max. Víctimas negras, muy agradables á los dioses infernales.

Fuscans, tis. com. Luc. y

Fuscātor, ōris. m. Id. El que ofusca, oscurece ó hace sombra.

Fuscātus, a, um. part. de Fusco. Ov. Ofuscado, oscurecido.

Fuscĭna, ae. f. Cic. Tridente, de que usaban los pescadores para pescar anguilas y otros pescados en el fondo.

Fuscĭnŭla, ae. f. Bibl. Las tenazas ó pinzas.

Fuscīnus, a, um. Sen. Perteneciente á Fusco, nombre y sobrenombre propio romano.

Fuscĭtas, ātis. f. Apul. El color fusco, oscuro, tostado, bermejo.

Fusco, as, āvi, ātum, āre. a. Ov. Ennegrecer, oscurecer, poner fusca ó tostada alguna cosa.

Fuscus, a, um. Cic. Fusco, oscuro, tostado, moreno, que tira á negro. Fusca nubila. Ov. Nubes espesas, negras, oscuras. __ Cella. Mart. Cuarto oscuro. __ Vox. Cic. Voz oscura, confusa. Fuscum falernum. Mart. Vino cubierto.

Fūse. adv. Cic. Difusa, copiosamente. Fusius disputare. Cic. Hablar, tratar mas copiosa y adornadamente.

Fusĭlis. m. f. lĕ. n. is. Ov. Lo que se puede liquidar, derretir. ¶ Derretido, fundible.

Fūsio, ōnis. f. Cic. Estension, difusion, dilatacion, amplitud. ¶ Cod. Theod. Liquidacion, derretimiento. ¶ Ulp. Paga, desembolso.

Fūsor, ōris. m. Cod. El fundidor de los metales.

Fūsōrium, ii. n. Palad. Conducto, colagon, canal por donde se vierte alguna cosa líquida.

Fūsōrius, a, um. Bibl. Lo perteneciente á fundicion.

Fusterna, ae. f. Plin. La parte superior de un pino cortado, que está lleno de nudos.

Fustiārius, ii. m. Inscr. El que azota con una vara.

Fustĭbălātor, ōris. m. Veg. Soldado que disparaba piedras con cierto instrumento de un palo, en medio del cual se ataba una honda, y se jugaba con las dos manos.

Fustĭbălus, i. m. Veg. Baston á que se ataba una honda para pelear. V. Fustibalator.

Fustĭcŭlus, i. m. Palad. dim. de Fustis. Palito, vara.

Fustĭgātus, a, um. Col. Apaleado, á quien se ha dado de palos.

Fustim. adv. Val. Max. Á palos.

Fustis, is. m. Plaut. Palo, baston. Fustem alicui impingere. Col á Cic. Dar á uno de palos, apalearle.

Fustitudĭnae, ó Fustitudĭnes insulae, ārum. Plaut. Palabra inventada por Plauto para denotar el lugar adonde se castigaba con palos á los siervos.

Fustuārium, ii. n. Cic. Paliza, palos, castigo que se daba á algunos delincuentes, y á los soldados á modo de baquetas.

Fŭsūra, ae. f. Plin. La liquidacion ó derretimiento.

Fūsus, i. m. Virg. El uso para hilar. Le atribuyen los poetas á las parcas para hilar las vidas de los hombres. ¶ Plin. Estaba establecido por ley que las mugeres no hilasen por los caminos, ni llevasen los husos descubiertos, porque los tenian en abominacion, como contrarios á toda esperanza, y en especial de los frutos. ¶ Vitruv. Máquina, especie de rodillo para arrastrar piedras de mucho peso.

Fūsus, us. m. Varr. La accion de derramar lo líquido.

Fūsus, a, um. part. de Fundo, is. Cic. Difundido, estendido, derramado. ¶ Esparcido, disperso. ¶ Tendido. ¶ Derretido, liquidado. Fusus humi toto corpore. Mart. Tendido á la larga en el suelo. __ Venter. Cels. Vientre corriente. __ Exercitus. Cic. Ejército desbaratado, deshecho, deshecho. Fusa cupressus. Plin. Ciprés que estiende de mucho sus ramas. Fusis lacertis. Val. Flac. Con los brazos abiertos.

Fŭtātim. adv. Plaut. V. Fuse.

Futile, is. n. Lact. Vaso, cuyo hondon remataba en figura de un huevo para que no pudiese tenerse por sí: usaban de él en los sacrificios de la diosa Vesta, y era culpa grave dejarle de la mano porque se vertia el agua.

Futĭle. adv. Plaut. Vanamente, en vano, en balde.

Futĭlis. m. f. lĕ. n. is. Fedr. Lo que fácilmente derrama el licor. ¶ Virg. Frágil, quebradizo. ¶ Fútil, flaco, débil, inconstante, vano, ligero. ¶ Inútil, de ninguna estimacion ni importancia.

Futĭlĭtas, ātis. f. Cic. Futilidad, debilidad, insubsistencia, flaqueza, ligereza, vanidad.

Futĭlĭter. adv. Apul. Futil, vana, inútilmente.

Fŭto, as, ăvi, ātum, āre. a. Fest. Argüir, confutar. ¶ Cat. Estar frecuentemente. ¶ Echar agua fria en la olla para que no se salga cociendo.

Fŭtum, i. n. Varr. Vaso para agua que servia en la cocina. ¶ El que usaban para echar agua fria á las ollas que cocian demasiado. ¶ Otro en que se recogian los fragmentos de los sacrificios.

Fŭtŭo, is, ui, ūtum, ĕre. a. Mart. Tener acceso ó ayuntamiento carnal lícitamente.

Fŭtūrus, a, um. Cic. Lo futuro, lo por venir, lo que será ó ha de ser.

Fŭtūtio, ōnis. f. Mart. La fornicacion.

Fŭtūtor, ōris. m. Mart. y

Fŭtūtrix, ĭcis. f. Mart. El ó la que fornica, fornicador.

Fŭtūtus, a, um. part. pas. de Futuo. Mart.

Fuxiensis Comitatus, m. El condado de Foix en Lenguadoc.

Fuzium, ii. y Fusum, i. n. Foix, capital del condado de este nombre.

## GA

Gabala, ae. f. Gibel, ciudad marítima de Siria. ¶ De Fenicia. ¶ De Arabia.

Gabalensis, is. f. El Gevaudan, pais de Lenguadoc.

Rr

Gabales, ium. m. plur. *Plin.* y

Gabali, ōrum. m. plur. *Ces.* Pueblos de Gevaudan en Lenguadoc.

Gabalium, ii. n. *Plin.* Especie de planta aromática de Arabia.

Gábalum, i. n. La capital de Gebaudan.

Gábalus, i. m. *Varr.* La horca. ‖ *Cap.* Facineroso, digno de la horca.

Gabaon. f. indecl. *Bibl.* Gabaon, ciudad de Palestina en la tribu de Benjamín, hoy un lugar corto de la tierra santa, llamado Garaandavid.

Gabaonītae, ārum. m. plur. *Bibl.* Gabaonitas, los naturales y habitantes de la ciudad de Gabaon.

Gabaonītĭcus, a, um. *Bibl.* Lo perteneciente á los gabaonitas.

Gabarus, i. m. y

Gábātae, ārum. f. plur. *Marc.* Escudillas, tazas, platos hondos para comer.

Gabellus, i. m. *Plin.* El Sequia, rio de Lombardía.

Gaberus, i. m. El Gabe, rio de Francia.

Gabieni, ōrum. m. plur. *Plin.* Pueblos de Liguria, hoy el Monferrato.

Gaviensis. m. f. sē. n. is. *Liv.* Perteneciente á la ciudad ó al campo Gabio.

Gabienum, i. n. Gabiano, castillo del Monferrato.

Gabii, ōrum. m. plur. *Liv.* ó Gabina urbs. Gabio, ciudad del Lacio en otro tiempo, hoy el campo Gabio.

Gabiniānus, a, um. *Val. Max.* y

Gabiniānus, a, um. *Cic.* Lo perteneciente á Gabinio, ciudadano romano.

Gabīnius, ii. m. *Cic.* Gabinio, ciudadano romano.

Gabīnus, a, um. *Cic.* Propio de la ciudad de Gabio.

Gabriel, ēlis. m. *Eccles.* Gabriel, nombre de un angel, que quiere decir fuerza de Dios, el hombre de Dios.

Gādes, ium. f. n. plur. *Plin.* Cádiz, isla de España en Andalucía, con puerto muy capaz, célebre colonia en tiempo de los romanos. Llamóse tambien Gadir y Tartesum.

Gādītāni, ōrum. m. plur. *Cic.* Gaditanos, los naturales ó habitantes de Cádiz.

Gādītānus, a, um. *Gaditana civitas. Cic.* La ciudad de Cádiz. *Gaditanum fretum. Plin.* El estrecho de Gibraltar. *Gaditanus sinus, ú oceanus. Plin.* El golfo de las Yeguas en la costa de África.

Gaesum, i. n. *Liv.* Especie de dardo arrojadizo muy grande de que usaban los antiguos galos.

Gaetulia, ae. f. *Plin.* V. Getulia.

Gagātes, ae. m. *Plin.* El gagate ó azabache, piedra mineral negra, lustrosa y dócil para labrarse.

Gaia, ae. f. *Liv.* Gaja, pequeño rio de España.

Gaium, i. n. El pais de Gez en Saboya.

Galactītis, ĭdis. f. *Plin.* Piedra preciosa de color de leche, que molida tiene este mismo jugo y sabor.

Galanthis, ĭdis. f. *Ov.* Galante, criada de Alcmena, madre de Hércules, á la cual Lucina convirtió en comadreja por haberla engañado.

Gălāta, ae. m. f. *Cic.* Gálata, el natural de Galacia.

Gălātēa, ae. f. *Virg.* Galatea, ninfa marina, hija de Nereo y Doris. ‖ Una pastora de este nombre.

Gălātia, ae. f. *Plin.* Galacia, provincia del Asia menor.

Gălātĭcor, āris, āri. dep. *Tert.* Mezclar las ceremonias judaicas con los ritos cristianos, como los gálatas.

Gălātĭcus, a, um. *Col.* Lo que es de la Galacia.

Galaxias, ae. m. *Macrob.* La Galaxia, via láctea, ó camino de Santiago en el cielo.

Galba, ae. m. *Suet.* Galba, Sergio, el séptimo de los emperadores romanos. ‖ *Id.* Un gusanito muy pequeño que se cria en las encinas.

Galbănātus, a, um. *Marc.* Vestido cubierto de la ropa llamada Galbanum.

Galbăneus, a, um. *Virg.* Lo que es de ó perteneciente al galbano.

Galbănum, i. n. *Suet.* y

Galbanus, i. m. *Juv.* El gálbano, especie de goma blanca que se saca por incision de una planta de Siria del mismo nombre. ‖ Especie de vestido fino y delicado de color de gálbano, ó de un verde claro.

Galbae, ārum. f. plur. *Fest.* 6

Galbei, ōrum. m. plur. *Fest.* Brazaletes que llevaban los que triunfaban, y se regalaban á los soldados por testimonio de su valor. ‖ Cierto adorno de las mugeres. ‖ *Suet.* Un remedio que se ponia con lana en las muñecas á modo de brazalete.

Galbinātus, a, um. *Marc.* V. Galbanatus.

Galbīneus, a, um. *Veg.* y

Galbīnus, a, um. *Juv.* De color verde claro. ‖ *Marc.* Afeminado, delicado.

Galbŭla, ae. f. *Plin.* La oropéndola, ave pequeña con plumas verdes y doradas.

Galbŭlus, i. m. *Varr.* La piña del ciprés en que está su simiente.

Galbŭlus, a, um. *Marc.* dim. de

Galbus, a, um. *Plin.* De color verde claro.

Gălea, ae. f. *Cic.* La celada, yelmo, morrion, armadura para cubrir la cabeza. ‖ *Col.* La cresta del gallo.

Galearia. *Fest.* V. Galerita.

Gălĕarii, ōrum. m. plur. *Veg.* Siervos de carga, que llevaban las armaduras de los soldados.

Gălĕāris. m. f. rĕ. n. is. *Non.* Lo perteneciente al yelmo ó celada.

Gălĕātus, a, um. *Cic.* Cubierto, armado de yelmo ó celada. ‖ Galeato, se llama por metáfora el prólogo en que se dicen cosas que sirven para defender la autoridad del libro á que preceden. *S. Ger.*

Gălēna, ae. f. *Plin.* La vena ó mina de plomo, ó especie de plomo.

Gălĕo, ās, āre. a. 6

Gălĕor, āris, ātus sum, āri. dep. *Hirc.* Armar, cubrir con yelmo ó celada.

Gălĕŏla, ae. f. *Varr.* Vaso hondo á semejanza del yelmo.

Galeopsis, is. f. La galiopsis ú ortiga muerta, planta de un olor muy acre, de color purpúreo, muy parecida á la ortiga, aunque sus hojas son mas lisas. Se dice tambien Galeobdolon, y Galion, ii.

† Gălĕos, i, ó tis. m. *Plin.* La lamprea, pescado.

Gălĕōtae, ārum. n. plur. *Cic.* Ciertos adivinos de Sicilia y de la Ática, asi llamados de Galeote, hijo de Apolo.

† Gălĕōtes, ae. m. *Plin.* Especie de lagarto enemigo de la serpiente.

Galeria tribus. f. *Liv.* La tribu galeria romana, una de las rústicas.

Gălērĭcŭlum, i. n. *Marc.* y

Gălērĭcŭlus, i. m. *Suet.* dim. de Galerus. Peluca postiza que imitaba muy bien el cabello natural.

Gălērīta, ae. f. *Plin.* y

Gălērītus, i. m. *Varr.* Galerita, cogujada ó totobia, ave.

Gălērītus, a, um. *Prop.* Cubierto con bonete ó sombrero.

Gălērum, i. n. *Suet.* 6

Gălērus, i. m. Bonete, birrete, especie de sombrero de cuero. ‖ Peluca postiza de pelo.

Gălēsus, i. m. *Liv.* El Galeso ó Galaso, rio de Calabria.

Galgŭlus, i. m. *Plin.* El gálgulo, ave nocturna de color amarillo que habita en las riberas del mar y de los rios, y sana con su vista, segun dicen, al enfermo de ictericia, quedando ella muerta.

Gălĭlaea, ae. f. *Sedul.* Galilea, provincia de Palestina.

Gălĭlaeus, a, um. *Juv.* Galileo, el natural de Galilea, ó lo perteneciente á ella.

Galla, ae. f. *Plin.* La agalla, especie de fruto que da el roble, el alcornoque y otros árboles, y sirve para teñir de negro los cueros y lanas. ‖ *Cat.* El sacerdote de Cibeles, llamado con esta palabra femenina por ser castrado.

Gallaeci, ōrum. m. plur. *Plin.* Los pueblos de Galicia en la España tarraconense.

Gallaecia, ae. f. *Plin.* Galicia, hoy reino, en lo antiguo parte de España tarraconense, muy abundante de minas de oro.

Gallaecus, a, um. *Vel.* Gallego, sobrenombre que se dió á Aulo Bruto por haber sujetado á los gallegos.

Gallaĭcus, a, um. *Marc.* Gallego, lo que es de Galicia ó perteneciente á ella.

**Galletii**, ōrum. m. plur. Pueblos de la tierra de Caux en Normandía.

**Galli**, ōrum. m. plur. Plin. Los galos, *sacerdotes de la diosa Cibéles.* ‖ Los galos, los franceses.

**Gallia**, ae. f. La Francia, *reino de la Europa entre el Rin, el mar Océano, los Pirineos, el mar Mediterráneo y los Alpes.*

**Gallia Aquitanica.** La Galia aquitánica, la Guiena.

**Gallia Belgica.** La Galia bélgica entre el Sena y Marne.

**Gallia Braccata.** Mel. La Galia bracata ó narbonense.

**Gallia Celtica.** Plin. La Galia céltica, el Leonés.

**Gallia Circumpadana.** Parte de la Galia Cisalpina, que se estendia hasta el Pó.

**Gallia Cisalpina.** Cic. ó Citerior. La Galia cisalpina desde los Alpes hasta el rio Rubicon.

**Gallia Cispadana.** La Galia de la parte adentro del Pó, la Lombardía.

**Gallia Comata**, ó Citerior. Cic. La Galia comata. V. Transalpina.

**Gallia Gothica.** La Galia gótica, el Lenguadoc.

**Gallia Lugdunensis.** V. Galia Céltica.

**Gallia minor.** La Galacia.

**Gallia Narbonensis.** La Galia narbonense, la Provenza.

**Gallia Novempopulana.** La Gascuña.

**Gallia Subalpina.** El Piamonte y la Lombardía.

**Gallia Togata**, ó Citerior. Cic. Galia togada, desde Plasencia hasta el rio Rubicon.

**Gallia Transalpina**, ó Ulterior. Cic. La Galia transalpina entre los Alpes, el Mediterráneo, los Pirineos, el Océano y el Rin.

**Gallīcae**, ārum. f. plur. Galochas, *especie de calzado de madera de que usaban los antiguos galos, y tambien los romanos, en especial en tiempo de aguas.*

**Gallĭcānus**, a, um. Cic. Galicano, de Francia, frances.

**Gallĭcānus**, mons. Cic. Garro, *monte en Tierra de Labór.*

**Gallĭcē.** adv. Varr. Á la francesa.

**Gallĭcĭnĭum**, ii. n. Plin. El gallicinio, *tiempo de media noche en que cantan los gallos.*

**Gallĭcrus**, ūris. n. Apul. Pie de gallina, *planta silvestre llamada tambien quijones.*

**Gallĭcus**, a, um. Col. Gálico, frances, de Francia ó perteneciente á ella. *Gallicus sinus.* Plin. El golfo del Leon. *Gallicus ventus.* Vitruv. El nord, nordeste.

**Galliēnĭānus**, a, um. Inscr. Lo perteneciente al emperador de Roma Galieno.

**Galliambus**, y **Galliambus**, i. m. Marc. Especie de verso que cantaban los galos sacerdotes de Cibeles, lo mismo que el yámbico.

**Gallīna**, ae. f. Cic. La gallina, ave doméstica. *Gallinae albae filius.* Jup. Feliz, hijo de la dicha, como de gallina blanca, que son pocas, y eran tenidas por de buen agüero. *Gallina cecinit.* Ter. La gallina cantó ó cacareó; de donde inferian los antiguos que en la tal casa la muger habia de ser superior al marido.

**Gallīnāceus**, a, um. Cic. Lo que es de gallina. *Gallus gallinaceus.* El gallo.

**Gallīnārium**, ii. n. Col. El gallinero, *el lugar ó cubierto donde se crian ó recogen gallinas.*

**Gallīnārius**, ii. m. Varr. Gallinero, pollero, *el que cria y vende gallinas.*

**Gallīnārius**, a, um. Col. Perteneciente á las gallinas.

**Gallīnāria insula.** Varr. Isla del mar ligústico, llamada de Albenga.

**Gallīnāria silva.** Cic. Selva cerca de Cumas en Tierra de Labór.

**Gallĭnŭlla**, ae. f. Arnob. dim. de Gallina. La polla ó gallina tierna.

**Gallĭpŏlis**, is. f. Plin. Galípoli, *ciudad del reino de Nápoles.* ‖ Ciudad de Tracia.

**Gallĭpugnārium**, ii. n. Varr. Palea de los gallos.

**Gallo**, ās, āvi, ātum, āre. n. Varr. Enfurecerse, hacer el loco como los sacerdotes de Cibeles.

**Gallo-Brabantia**, ae. f. El Brabante valon.

**Gallo-Flandria**, ae. f. La Flandes valona.

**Gallo-Graeci**, ōrum. m. plur. Caes. Los gálatas, *pueblos de Asia.*

**Gallo-Graecia**, ae. f. Liv. La Galacia, *provincia del Asia menor.*

**Gallolĭgūres**, um. Pueblos de la costa de Genez.

**Gallŭlasco**, is, scĕre. n. Non. Mudar la voz: *dícese de los jóvenes al entrar en la pubertad.*

**Gallŭlus**, a, um. Aus. dim. de Gallus. Gálico, frances.

**Gallus**, i. m. Cic. El gallo, ave doméstica. ‖ Liv. Sacerdote de Cibeles, eunuco. ‖ Ov. El galo ó frances. ‖ Ov. Un rio de Frigia. *Gallus in suo sterquilinio plurimum potest. Atticus in portu. In municipio suo volitare.* adag. Cada gallo canta en su muladar. ref.

**Gallus**, a, um. Sal. Gálico, frances.

**Gallus.** Cayo ó Cneo Cornelio Galo, *natural de Freyus en la Provenza, orador y poeta muy elegante contemporáneo de Virgilio, escribió cuatro libros de amorios.*

**Gamba**, ae. f. Veg. La pierna de un animal.

**Gambōsus**, a, um. Veg. El que tiene las piernas gruesas ó hinchadas.

**Gamēlion**, ōnis. m. Cic. Nombre del mes de enero entre los áticos, ó segun otros del de octubre.

**Gamma**, ae. f. Gama, *nombre de la tercera letra del alfabeto griego.* ‖ Front. Término ó límite que se pone en los campos en figura de la gama mayúscula, de esta figura Γ.

**Gammātus**, a, um. Front. En figura de gama.

*****Gamos**, i. m. El matrimonio.

*****Gamostŭlus**, i. m. El que trata los matrimonios, casamentero.

**Gandavensis.** m. f. se. n. is. El natural de Gante.

**Gandāvum**, i. n. Gante, *ciudad capital del condado de Flandes en el Pais Bajo.*

**Gānea**, ae. f. Cic. Escondite subterráneo, *lugar oculto, propio para vicios y desórdenes, habitacion de rameras.* ‖ La vida licenciosa.

**Gāneārius**, a, um. Varr. Lo perteneciente á estos lugares escondidos ó subterráneos.

**Gāneo**, ōnis. m. Cic. El hombre perdido, vicioso, encenagado.

**Gāneum**, i. n. Plaut. V. Ganea.

**Gangăbae**, ārum. m. plur. Curt. Los mozos de cordel en lengua de los persas.

**Gangărĭdae**, ārum. m. plur. Val. Flac. y

**Gangărĭdes**, um. m. plur. Virg. Los gangárides, *pueblos del Asia á la embocadura del Ganges, donde hoy está el reino de Tata del Gran Mogol.*

**Ganges**, is. m. Plin. El Ganges, *rio muy grande de la India ulterior.*

**Gangētĭcus**, a, um. Col. y

**Gangētis**, ĭdis. ó ĭdos. patron. f. Ov. Lo que es del rio Ganges. *Gangeticus sinus.* El golfo de Bengala. *Gangetica tellus.* El reino de Bengala.

**Ganglion**, y **Ganglion**, i. n. Cels. Tumor en la cabeza ó en el cuello.

**Gangraena**, ae. f. Cels. La gangrena ó corrupcion en las partes carnosas.

**Ganŏnātum**, i. n. Ganato, *ciudad de Francia en el Borbonés.*

**Gannio**, is, īvi, ītum, īre. n. Varr. Gañir, aullar el perro con sonido ronco ó triste, *dícese de los hombres.*

**Gannītio**, ōnis. f. Fest. y

**Gannītus**, us. m. Lucr. El gañido, aullido que forma el perro cuando le maltratan y cuando halaga: *dícese tambien de las aves y de los hombres.*

**Ganodūrum**, i. n. Constancia, *ciudad de la Suiza.*

**Gănymēdes**, is. m. Ov. Ganimedes, *hijo de Tros, rey de Troade, á quien Júpiter remontó en una águila al cielo, enamorado de él, para que sirviese la copa á los dioses, funcion que antes ejercia la diosa Hebe.*

**Gănymēdēus**, a, um. Marc. Lo perteneciente á Ganimedes. ‖ Hermoso.

**Gărămantes**, um. m. plur. Virg. Garamantas, *pueblos de la Libia.*

**Gărămantĭcus**, a, um. Sil. Lo que pertenece á los garamantas.

**Gărămantis**, ĭdis. ó ĭdos. patron. f. Virg. Natural del pais de los garamantas.

Gargānus, i. m. *Hor.* El monte Gárgano en la Apulia, hoy monte, de Santangelo.

Gargānus, a, um. *Sil.* Perteneciente al monte Gárgano.

Gargāra, ōrum. n. plur. *Virg.* La punta del monte Ida en la Troade, y una ciudad del mismo nombre.

Gargarĭcus, a, um. *Aus.* Lo que es de ó pertenece al monte Ida.

Gargarĭdio, as, āre. n. *Varr.* Hablar cómo el que hace gárgaras, gorgear.

Gargarisma, ătis. n. *Prisc.* El gargarismo, licor medicinal para hacer gárgaras, y el hacerlas.

Gargarismātium, ii. n. *Marc. Emp.* y

Gargarizātio, ōnis. f. *Cels.* y

Gargarizātus, us. m. *Plin.* El gargarismo, la accion de gargarizar.

Gargarizātus, a, um. *Plin.* Gargarizado. part. de

Gargarĭzo, as, avi, atum, are. a. *Cels.* Gargarizar, hacer gárgaras.

Gargettius, ii. m. *Cic.* Nombre gentil. *Gargettius senex. Cic.* Epicuro, natural de Gargeto cerca de Atenas.

Gargiliānus, a, um. *Dig.* Lo perteneciente á Gargilio, nombre de hombre.

Gargilius Martialis. m. *Serv.* Gargilio Marcial, que escribió de la cultura de los huertos, y le cita muchas veces Paladio.

Garītes, um. m. plur. *Ces.* Garites, pueblos de Gascuña, hoy el pais de Gaure.

Garŏcelli, ōrum. m. plur. *Ces.* Garocelos, pueblos en los últimos límites del Delfinado en el Valdemoriena.

Garrio, is, ivi, y ii, ītum, īre. a. *Apul.* Gargantear, gorgear, hablar ó cantar haciendo quiebros como algunas aves. ‖ Garlar, charlar, hablar mucho y sin sustancia. *Garrire nugas. Plaut.* Decir tonterías. — *Alicui in aurem. Marc.* Cuchichear, hablar al oido á alguno.

† Garritūdo, ĭnis. f. *Varr.* y

Garrītus, us. m. *Sid.* 6.

Garrulĭtas, ātis. f. *Quint.* Garla ó charla, dícese de las aves, y tambien de los hombres que hablan mucho y sin sustancia.

Garrulōsus, a, um. *Tibul.* Grande hablador.

Garrŭlus, a, um. *Virg.* Garrulo, se aplica á las aves que cantan mucho, gorgean ó charlan, y por semejanza á los hombres habladores.

Garum, i. n. *Hor.* Salsa de los intestinos de los peces, de la sangre, y todo lo que se habia de echar en sal: tomó el nombre del pez garo.

Garumna, ae. m. *Mel.* Garona, rio de Francia en la Aquitania.

Garumni, ōrum. m. plur. *Ces.* Habitantes de las orillas del rio Garona.

Garus, i. m. *Plin.* El garo, pez marino, especie de langosta.

Garyophyllon, i. n. *Plin.* Gariofilo, árbol que produce los clavos de especia.

Gaster, ĕris, y tri. m. *Cel. Aur.* El vientre. ‖ *Petron.* El vaso de mucha panza.

Gastinesium, ii. n. El Jatinés, en la isla de Francia.

Gau. *Aus.* en lugar de Gaudium.

Gaudebundus, a, um. *Apul.* Que rebosa de alegría.

Gaudens, tis. com. *Cic.* El que se alegra, se goza. *Gaudens sanguine. Tac.* El que gusta de ver derramar sangre. — *De pectore. Estac.* Que se alegra de veras, de todo corazon.

Gaudeo, es, gavisus sum, dēre. n. *Cic.* Alegrarse, gozarse, sentir gusto, placer, alegría. *Gaudere sibi ó secum. Lucr.* Alegrarse consigo mismo. — *Bono. Cic.* Alegrarse del bien. — *Aliquid.* & c. De alguna cosa.

Gaudiālis. m. f. lĕ. n. is. *Apul.* Lo que pertenece al gozo, alegre, gozoso.

Gaudibundus. *Apul. V.* Gaudebundus.

Gaudilŏquus, a, um. *Plaut.* Alegre y divertido, de buen humor.

Gaudimōnium, ii. n. *Petron.* y

Gaudiŏlum, i. n. *Plaut.* dim. de

Gaudium, ii. n. *Cic.* Gozo, alegría, placer, contento, satisfaccion.

Gaulus, i. m. *Gel.* La urca, embarcacion grande. ‖ Especie de vaso de bastante capacidad ó panza.

Gaunāce, es. f. ó Gaunācum, i. n. *Varr.* Especie de vestido ó saco peludo por una parte.

Gaurānus, a, um. *Plin.* Perteneciente al monte Gauro.

Gaurus, i. m. *Cic.* El monte Gauro, hoy Bárbaro en Tierra de Labór. ‖ *Estac.* Garro, ó Gerro, otro monte en la misma Tierra abundante de buen vino.

Gausăpa, ae, y Gausepe, es, y Gaussape, is. n. y Gausapum, i. n. *Plin.* Especie de paño grueso y peludo por una parte, de que se hacian las cubiertas para las mesas, para las camas y vestidos en tiempo de lluvias y frio.

Gausapātus, a, um. *Sen.* Vestido con esta ropa gruesa y velluda.

Gausapĭla, ae. f. *Petron.* y Gausapina, ae. f. *Marc.* El vestido hecho de este paño.

Gausapīnus, a, um. *Marc.* Hecho de este paño.

Gavārus, i. m. El Gabre, rio de Angumés en Francia.

Gavia, ae. f. *Plin.* La gaviota, ave parecida á la cigüeña.

Gaviānus, a, um. *Cic.* Propio de Gavio, nombre romano.

Gavisūrus, a, um. *Ter.* El que se ha de alegrar.

Gavīsus, a, um. *Estac.* El que se ha alegrado.

Gaza, ae. f. *Liv.* Tesoro, riquezas, bienes. ‖ Gaza, ciudad de Palestina.

Gazetĭcus, a, um. *Sid.* Lo perteneciente á Gaza, ciudad de Palestina.

Gazophylācium, ii. n. *Bibl.* Gazofilacio, lugar donde se recogian las limosnas, rentas y alhajas del templo de Jerusalen.

Gazŏphylax, ācis. m. *Gel.* El tesorero.

## GE

Gebenna, ae. f. *Suet.* y

Gebennae, ārum. f. plur. *Lucr.* Las Sebenas, montañas de Francia entre el Ródano y el Garona.

Gebennĭcus, a, um. *Mel.* ó

Gebennensis. m. f. sĕ. n. is. Lo perteneciente á las montañas Sebenas.

Gedanum, i. n. Dantzic, ciudad de la Prusia real.

Gedrosia, ae. f. *Plin.* Sircan, provincia de Persia. ‖ Gusurate, provincia del imperio del Mogól.

Gehenna, ae ó Geenna, ae. f. *S. Ger.* Valle cerca de Jerusalen llamado Gennon, donde los hebreos sacrificaron á sus hijos. ‖ El infierno.

Gelābĭlis. m. f. lĕ. n. is. *Gel.* Lo que se puede helar ó congelar.

Gelas, ó Gela, ae. m. *Virg.* Rio y ciudad de Sicilia.

Gelasco, is, ĕre. n. *Plin.* Helarse, congelarse.

Gelasĭmus, i. m. *Sidon.* El bufon.

Gelasīnus, i. m. *Marc.* La gracia que aparece en el rostro del que se rie.

Gelātio, ōnis. f. *Plin.* El hielo, la accion de helar, la helada.

Gelātus, a, um. part. de Gelo. *Plin.* Helado, congelado.

Gelboe, es. f. *Gelboe*, monte de Siria.

Geldria, ae. f. Geldres, provincia del Pais Bajo.

Gelensis. m. f. lĕ. n. is. *Cic. V.* Gelous.

Gelicĭdium, ii. n. *Col.* La escarcha, el rocío de la noche helado.

Gelĭda, ae. f. *Cic.* Agua muy fria, helada.

Gelĭde. adv. *Hor.* Friamente, con un frio que hiela. ‖ Con frialdad, tibieza, poca actividad.

Gelĭdus, a, um, ior, issĭmus. *Cic.* Helado, congelado. ‖ Muy frio.

Gelliānus, a, um. Perteneciente á Gelio, nombre propio.

Gellius, ii. m. *S. Ag.* Aulo Gelio romano, gramático insigne en el siglo segundo de Cristo. Escribió veinte libros de las Noches Aticas, llenos de mucha erudicion, aunque con poca pureza en el estilo. ‖ Sexto, y C. Neo Gelio, ambos historiadores muy antiguos, de quienes se hallan algunos fragmentos.

Gelo, as, avi, atum, are. a. n. *Plin.* Helar, enfriar, congelar. ‖ Helar, caer hielo ó rocío helado, escarchar.

Gelōnes, um. m. plur. y

Gelōni, ōrum. m. plur. *Virg.* Gelonos, pueblos de la Escitia europea.

Gĕlōus, a, um. *Virg.* Perteneciente á la ciudad ó rio de Gela en Sicilia.

Gĕlu. *indecl. n. Virg.* y

Gĕlum, i. *n. Lucr.* y

Gĕlus, us. *m. Plin.* El hielo, el agua helada. ‖ *Estac.* La nieve.

†Gemea, ae. *f. Liv.* Nombre de un ala del ejército de los macedonios.

Gĕmĕbundus, a, um. *Ov.* El que gime y suspira mucho.

Gĕmellar, āris. *n. Col.* Especie de vasija para tener aceite.

Gĕmellaria, ae. *f. S. Ag. V.* Gemellar.

Gĕmellĭpăra, ae. *f. Ov.* La que da á luz dos hijos de un parto.

Gĕmellĭtĭcus, a, um. *Plaut.* y

Gĕmellus, a, um. *Virg.* Gemelos, mellizos, hermanos nacidos de un parto.

Gĕmendus, a, um. *Ov.* Deplorable, digno de llanto.

Gĕmens, tis. *com. Ov.* Gemidor, el que gime.

Gĕmĭnātio, ōnis. *f. Cic.* Geminacion, duplicacion.

Gĕmĭnātus, a, um. *part. de* Gemino. *Cic.* Geminado, duplicado.

†Gĕmĭnĭtūdo, ĭnis. *f. Pacuv.* La semejanza entre dos gemelos.

Gĕmĭno, as, avi, atum, are. *a. Ter.* Geminar, doblar, duplicar, volver á repetir. ‖ Juntar, acoplar.

Gĕmĭnus, a, um. *Virg.* Gemelo, mellizo. ‖ Gémino, duplicado, doblado, repetido. ‖ *Varr.* El géminis, signo celeste. ‖ Semejante, parecido, igual. ‖ De doble naturaleza. ‖ *Lucr.* Craso, grueso, obeso.

Gĕmisco, is, scĕre. *n. Claud. V.* Gemo.

Gĕmĭtus, us. *m. Cic.* Gemido, suspiro, espresion de dolor y sentimiento.

Gemma, ae. *f. Cic.* La piedra preciosa y brillante. ‖ La yema ó boton de las vides y de otras plantas y flores. ‖ La piedra del anillo. ‖ La perla.

Gemmans, tis. *com. Lucr.* Brillante, resplandeciente como la piedra preciosa. ‖ Adornado, guarnecido de perlas. *Gemmans vinea. Plin.* La vid, la parra ó cepa que empieza á echar yemas. *Lapis gemmantis naturae. Plin.* Piedra que imita, que es de la naturaleza de las preciosas.

Gemmārius, ii. *m. Inscr.* Joyero ó lapidario que trabaja y comercia en piedras preciosas.

Gemmārius, a, um. *Bibl.* Lo perteneciente á la joyería ó al joyero.

Gemmasco, is, scĕre. *n. Plin.* Pulular, echar yemas ó botones las plantas y flores.

Gemmātio, ōnis. *f. Col.* La accion de echar las plantas yemas ó botones.

Gemmātor, ōris. *m. Firm. V.* Gemmarius.

Gemmātus, a, um. *Liv.* Guarnecido de piedras preciosas, cubierto, sembrado de ellas.

Gemmesco, is, scĕre. *n. Plin.* Hacerse, convertirse en piedra preciosa.

Gemmeus, a, um. *Cic.* Lo que es de la piedra preciosa. ‖ *Ov.* Guarnecido de piedras preciosas. ‖ *Plin.* Resplandeciente, florido al modo de lo que está sembrado de piedras preciosas.

Gemmĭfer, a, um. *Plin.* Lo que produce piedras preciosas.

Gemmo, as, avi, atum, are. *n. Cic.* Pulular, echar yemas ó botones las plantas y flores.

Gemmōsus, a, um. *Apul.* Guarnecido de pedrería, abundante de piedras preciosas.

Gemmŭla, ae. *f. Apul. dim. de* Gemma. Piedra preciosa pequeña, piedrecita.

Gemo, is, mui, mĭtum, ĕre. *a. n. Cic.* Gemir, suspirar, espresar con voz lastimosa la pena y congoja. ‖ Aullar los animales ó aves con un sonido semejante al gemido del hombre. ‖ Sonar, bramar las cosas inanimadas cuando estan alteradas, como el mar, el viento &c.

Gĕmōniae scalae, ārum. *f. plur. Tac.* y

Gĕmōnii gradus, *m. plur. Plin.* Despeñadero en el monte Aventino de Roma, *desde donde precipitaban como por gradas á los delincuentes muertos en la cárcel, arrastrados hasta allí con un garfio.*

Gemui. *pret. de* Gemo.

Gĕmŭlus, a, um. *Apul. V.* Gemens.

Gemursa, ae. *f. Plin.* El callo ó clavo doloroso en los dedos de los pies.

Gĕnăbenses, ium. *m. plur. Ces.* Los naturales ó habitantes de Orleans.

Gĕnăbum, i. *n. Ces.* y

Gĕnăbus, i. *f. Luc.* Orleans, *ciudad de Francia.*

Gĕnae, ārum. *f. plur. Plin.* Los párpados que cubren los ojos. ‖ *Ov.* Los ojos. ‖ Las mejillas.

Genauni, ōrum. *m. plur. Ces.* Pueblos de Alemania.

Gĕneălŏgĭa, ae. *f.* Genealogía, *serie de progenitores y ascendientes.*

Gĕneălŏgus, i. *m. Cic.* Genealogista, el que estudia ó escribe genealogías.

Gener, ĕri. *m. Cic.* Yerno, marido de la hija. ‖ El marido de la hermana, el cuñado.

Gĕnĕrābĭlis. *m. f. lĕ. n. is. Plin.* Generable, lo que se puede producir ó engendrar. ‖ Generativo, que tiene virtud de producir ó engendrar.

Gĕnĕrālis. *m. f. lĕ. n. is. Cic.* General, universal, lo que pertenece á todos y al género.

Gĕnĕrālĭter. *adv. Cic.* General, universalmente, en general.

Gĕnĕrasco, is, scĕre. *n. Lucr.* Nacer, engendrarse, producirse.

Gĕnĕrātim. *adv. Cic.* General, universalmente, en general.

Gĕnĕrātio, ōnis. *f. Plin.* Generacion, produccion.

Gĕnĕrātor, ōris. *m. Cic.* Progenitor, padre, procreador.

Gĕnĕrātōrius, a, um. *Tert.* Lo perteneciente á la generacion ó al progenitor.

Gĕnĕrātrix, īcis. *f. Mel.* Generante, la que tiene actividad y virtud para engendrar.

Gĕnĕrātus, us. *m. V.* Generatio.

Gĕnĕrātus, a, um. *Cic.* Engendrado, producido. *part. de*

Gĕnĕro, as, avi, atum, are. *a. Cic.* Engendrar, producir, procrear. ‖ *Plin.* Concebir, parir, dar á luz. ‖ *Quint.* Inventar, producir con el entendimiento.

Gĕnĕrōse. *adv. Hor.* Generosamente, con nobleza, grandeza de ánimo y valor.

Gĕnĕrōsitas, ātis. *f. Plin.* Generosidad, nobleza, magnanimidad. ‖ *Col.* Fecundidad. *Generositas vini. Plin.* La generosidad ó excelencia del vino.

Gĕnĕrōsus, a, um. *Cic.* Generoso, noble, de ilustre prosapia. ‖ Magnánimo, esforzado, bizarro. ‖ Feraz, fecundo, fértil. ‖ Bueno, vigoroso, excelente.

Genesara, ae. *f.* y

Genesareth. *indec.* El lago de Genesaret, *mar de Galilea.*

Gĕnĕsis, is, y eos. *f. Plin.* Generacion, nacimiento. ‖ *Juv.* La estrella que preside al nacimiento. ‖ El Génesis, primer libro de Moises de la Biblia.

Genetaeus Júpiter. *Val. Flac.* Júpiter Geneteo, *así llamado de Geneto, rio, promontorio y puerto en los Calibes cerca del Ponto.*

Gĕnĕthlĭăcus, a, um. *Gel.* Perteneciente al horóscopo del nacimiento. ‖ *Estac.* Á la celebridad del nacimiento.

Gĕnĕthlĭăcus, i. *m. Gel.* El que hace pronósticos sobre la hora del nacimiento. ‖ Genetliaco, *poema ú oracion en celebridad del nacimiento de alguno.*

Gĕnĕthlĭŏlŏgĭa, ae. y Genethliace, es. *f. Vitruv.* Horóscopo, ascendiente, pronóstico sobre el nacimiento de alguno, por la inspeccion del estado del cielo en aquel punto, y el arte ó profesion vana de estos pronósticos.

Genetrix. *V.* Genitrix.

Gĕnēva, ae. *f.* Ginebra, *ciudad y república sobre el lago del mismo nombre.*

Gĕnēvensis. *m. f. sĕ. n. is. Inscr.* Lo perteneciente á la ciudad y república de Ginebra.

Gĕniālis. *m. f. lĕ. n. is. Cic.* Alegre, gozoso, divertido. *Genialis dies. Juv.* Dias de fiesta, de alegría y regocijo. ‖ *Dii. Estac.* Baco y Ceres, *presidentes de los convites, delicias y deleites.*

Gĕniālĭtas, ātis. *f. Am.* Festividad, alegría, regocijo.

Gĕniālĭter. *adv. Ov.* Alegremente, con placer y gozo.

† Gĕnĭātus, a, um. *Cap.* Amable, agradable á la vista.
Gĕnĭcŭlātim. *adv. Plin.* Por nudos, de nudo en nudo.
Gĕnĭcŭlātĭo, ōnis. *f. Tert.* El acto de arrodillarse.
Gĕnĭcŭlātus, i. *m. Vitruv.* La constelacion de Hércules, inclinada la rodilla derecha sobre la cabeza del dragon.
Gĕnĭcŭlātus, a, um. *Cic.* Lo que tiene muchos nudos.
Gĕnĭcŭlo, ās, āvi, ātum, āre. *a. Plin.* Criar nudos las varas ó sarmientos.
Gĕnĭcŭlum, i. *n. Varr.* y
Gĕnĭcŭlus, i. *m. dim.* de Genu. La rodilla pequeña. ‖ El nudo que echan las varas de las plantas. ‖ La encorvadura al modo de la de la rodilla.
† Gĕnĭmen, ĭnis. *n. Bibl.* La raza ó generacion.
Gĕnista, ae. *f. Plin.* El esparto, *yerba comun.*
Gĕnĭtābĭlis. *m. f. le. n. is. Lucr.* Generativo, genital.
Gĕnĭtālis. *m. f. le. n. is. Virg.* Genital, generativo, lo que tiene virtud de engendrar ó producir. *Genitalis dies. Tac.* ó *Lux. Estac.* El dia del nacimiento. *Genitalia foedera*, ó *jura. Estac.* Las convenciones matrimoniales. *Genitales dii. Aus.* Los dioses que presiden á la generacion, como Saturno, Júpiter, Venus, los elementos &c. *Genitalia membra* y *genitales partes*, y *genitale, is*, y *genitalia, ium. Plin.* Las partes vergonzosas.
Gĕnĭtālĭter. *adv. Lucr.* Con fecundidad ó fertilidad, por generacion.
Gĕnĭtīvus, a, um. *Suet.* Genitivo, genital, generativo, lo que puede engendrar ó producir. *Genitivum agnomen. Ov.* El apellido ó sobrenombre de la familia. *Genitivus casus. Quint.* Genitivo, el caso segundo de la declinacion de los nombres. *Se usa tambien absolutamente* Genitivus, i.
Gĕnĭtor, ōris. *m. Cic.* Genitor, padre, el que engendra.
Gĕnĭtrix, īcis. *f. Ov.* Madre, la que concibe.
Gĕnĭtūra, ae. *f. Plin.* La genitura, generacion, procreacion. ‖ La materia de la generacion. ‖ La constelacion en que uno es concebido ó nace.
Gĕnĭtus, a, um. *part.* de Gigno. *Virg.* Engendrado, producido, procreado. ‖ Nacido.
Gĕnĭtus, us. *m. Apul. V.* Genitura.
Gĕnĭum, ii. *n. Ter.* y
Gĕnĭus, ii. *m. Hor.* El Genio, dios, *bajo cuya tutela nace uno, vive y muere, segun los antiguos.* ‖ *Ter.* El apetito de comer, y la gula. ‖ Genio, inclinacion, gusto, disposicion, proporcion, humor. *Indulgere genio. Pers.* Darse buena vida, divertirse, tratarse bien, seguir su inclinacion y sus deseos. *Genium defraudare. Ter.* Mortificarse, privarse del placer, negarse lo que pide el gusto y la inclinacion natural.
Gĕno, is, ui, ĭtum, ĕre. *a. Varr. V.* Gigno.
Gens, tis. *com. Cic.* Gente, pluralidad de personas. ‖ Nacion, pueblo. ‖ *Bibl.* Los gentiles, idólatras. *Gens humida. Virg.* Los peces. — *Furba. Juv.* Los moros, etiopes. — *Odorifera. Ov.* Los árabes. — *Togata. Virg.* Los romanos. — *Ubi gentium? Cic.* ó *Ubi nam?* ¿En dónde, en qué parte del mundo? *Minime gentium. Ter.* De ninguna manera.
Gentĭāna, ae. *f. Plin.* La genciana, *planta parecida al eléboro blanco.*
† Gentĭcus, a, um. *Tac.* Nacional, perteneciente á un pueblo ó nacion.
Gentĭlis. *m. f. le. n. is. Cic.* De una misma familia, que lleva el mismo apellido. ‖ De una misma nacion, gente ó pueblo. ‖ *Eccles.* Gentil, pagano, idólatra.
Gentĭlĭtas, ātis. *f. Cic.* Linage, raza, familia, parentela, casta, casa. ‖ *Plin.* Especie, género. ‖ *Eccles.* Gentilidad, falsa religion de los gentiles é idólatras.
Gentĭlĭter. *adv. Sol.* Segun las costumbres de la nacion ó la patria.
Gentĭlĭtĭum, ii. *n. Macrob.* El patrimonio ó herencia de los antepasados.
Gentĭlĭtĭus, a, um. *Cic.* Gentilicio, lo comun á una familia ó parentela. ‖ *Gel.* Nacional, lo perteneciente á una nacion ó pueblo. *Gentilitium hoc illi est. Plin. men.* Esta es propiedad de su familia. *Gentilitia sacra. Liv.* Sacrificia. *Cic.* Ceremonias, sacrificios propios de una nacion.
— *Nota. Liv.* Señal comun á toda una familia.

Gentĭlĭtus. *adv. Ter. V.* Gentiliter.
Gentilliacum, i. *n.* Gentilly, *villa cerca de Paris.*
Gĕnu. *indecl. n. en singular,* y en plur. Genua, um, ubus. *Cic.* La rodilla. ‖ *Plin.* El nudo de las varas en las plantas. *Genua*, ó *genu submittere, inclinare. Plin.* — *Ponere. Sen.* — *Flectere. Plin. In genua adstare. Plaut.* — *Se excipere. Sen.* Arrodillarse, hincar, inclinar la rodilla, ponerla en tierra, doblarla.
Gĕnua, ae. *f. Liv.* Génova, *capital de la Liguria, república del mismo nombre.*
Gĕnuālĭa, ium. *n. plur. Ov.* Rodilleras, cubiertas para las rodillas.
Gĕnuārĭus, ii. *m. Cic.* Moneda batida en Génova.
Gĕnuas, ātis. *m. f. Inscr.* El genovés, la genovesa.
Gĕnuensis. *m. f. le. n. is. Inscr.* Genovés, lo que pertenece á la ciudad de Génova.
Genui. *pret.* de Gigno.
Gĕnuīne. *adv. Cic.* Naturalmente, con sencillez y sinceridad, genuinamente.
Gĕnuīnus, a, um. *Gel.* Genuino, propio, puro, natural, sin mezcla ni artificio alguno. *Genuini dentes. Cic.* Las muelas. *Genuinum in aliquo frangere. Genuino aliquem rodere. Pers.* Morder á alguno, murmurar de él.
Gĕnus, ĕris. *n. Cic.* Raza, línea, familia, casa, parentela, orígen, ascendencia, naturaleza, patria. ‖ Género, ser comun á muchas cosas distintas. ‖ Especie. ‖ Manera, modo. *Id genus hominis, genus hoc hominum, ejus generis homines. Cic.* Gentes de esta especie, de este carácter, calidad y condicion.
Gĕnūsus, i. *m.* y Genusus, us. *m. Luc.* El Bayusa, *rio de Macedonia.*
Geodes, is. *f. Plin.* Piedra que tiene tierra dentro.
Geŏgrāphĭa, ae. *f. Cic.* Geografía, descripcion de la tierra.
Geŏgrāphĭcus, a, um. *Am.* Geográfico, lo que toca á la geografía.
Geŏgrāphus, i. *m.* Geógrafo, profesor de geografía.
Geŏmĕtra, y Geometraes, ae, y Geŏmēter, tri. *m. Cic.* Geómetra, el que profesa la geometría.
Geŏmĕtrĭa, ae, y Geŏmĕtrĭce, es. *f. Cic.* La geometría, *ciencia de las medidas.*
Geŏmĕtrĭca, ōrum. *n. plur. Cic.* Cosas geométricas.
Geŏmĕtrĭcus, a, um. *Cic.* Geométrico, lo que pertenece á la geometría.
Geon. *Bibl.* Uno de los cuatro rios del paraiso terrestre. ‖ El Nilo, *rio de Egipto.*
Georgĭa, ae. *f. Plin.* La Georgia, *region de Asia entre el mar Caspio y el Ponto Euxino.*
Georgĭca, ōrum. *n. plur.* Las geórgicas, *libros de agricultura, como el poema que escribió Virgilio en cuatro libros.*
Georgĭcus, a, um. *Col.* Lo perteneciente á la agricultura.
Gĕrănītes, ae. *m.* ó Geranitis, ĭdis. *f. Plin.* Piedra preciosa de color del cuello de la grulla.
Gĕrānĭum, ó Geranion, ii. *n. Plin.* Yerba semejante á la cicuta.
Gĕrārĭa, ae. *f. Plaut.* Criada ocupada en tener un niño en los brazos, rolla, niñera. ‖ Que cuida de la despensa. ‖ De la cera para los sacrificios.
Gĕrens, tis. *com. Cic.* El que lleva.
Gergobia, y Gergovia, ae. *f. Ces.* Claramonte, *ciudad de Auvernia.* ‖ Molins, *ciudad en el Borbonés.*
Germāne. *adv. Cic.* Fraternalmente, como hermanos, con sinceridad y buen corazon.
Germāni, ōrum. *m. plur. Tac.* Los alemanes, germanos, tudescos.
Germānĭa, ae. *f. Ces.* Alemania, Germania, *país grande de la Europa.*
Germānĭcĭāni, ōrum. *m. plur. Suet.* Soldados que militaban en Alemania.
Germānĭcus, a, um. *Plin.* Lo que es de Alemania.
Germānĭtas, ātis. *f. Cic.* Hermandad, fraternidad, vínculo de union y parentesco entre hermanos. ‖ *Plin.* Semejanza.
Germānĭtus. *adv. Non. V.* Germane.
Germānus, i. *m.* German, *nombre de hombre.*

**Germānus, a, um.** *Cic.* Hermano, hermana. ∥ Natural, hermano, legítimo, propio. ∥ Parecido, conforme, semejante. ∥ Verdadero, sincero. ∥ *Ov.* Lo perteneciente á Alemania. *Germanus frater. Cic.* Hermano de padre y madre. — *Alicujus. Cic.* ó *alicui. Ter.* Semejante, parecido á alguno. *Germanum nomen. Plaut.* Nombre propio. *Germanissimus Stoicus. Cic.* Verdadero estoico.

**Germen, ĭnis.** *n. Plin.* El boton, vástago ó renuevo que sale de las plantas. ∥ *Ov.* La simiente ó semilla. ∥ *Claud.* Los frutos. ∥ La prole.

**Germĭnālis.** *m. f. lĕ. n. is. Pap.* Lo que brota, echa vástagos ó renuevos.

**Germĭnātio, ōnis.** *f. Col.* y

**Germĭnātus, us.** *m. Plin.* La brotadura, la accion de brotar.

**Germĭno, as, avi, atum, are.** *n. Plin.* Brotar, pulular, echar renuevos ó vástagos el árbol ó la planta.

**Gĕro, ōnis.** *m. Plin.* El ganapan ó esportillero.

**Gĕro, is, gessi, gestum, rĕre.** *a. Cic.* Llevar, tener á la vista. ∥ Hacer. ∥ Administrar, manejar, gobernar, tratar. ∥ Producir, engendrar, criar, llevar. *Gerere se pro cive. Cic.* Declararse, portarse como ciudadano. — *Personam alicujus. Cic.* Hacer la persona ó figura de alguno. — *Aliquem oculis. Ter.* Amar á uno como á sus ojos. — *Morem alicui. Ter.* Condescender con alguno, hacer su gusto, complacerle. — *Personam civitatis. Cic.* Representar una ciudad, ser diputado de ella. — *Bellum. Cic.* Hacer la guerra. — *Censuram. Plin.* Ser Censor. — *Rempublicam. Cic.* Gobernar la república. — *Magistratum. Cic.* Ejercer un empleo. — *Consulem. Sal.* Ser Cónsul. — *Formam. Speciem.* — *Habitum. Plaut. Virg. Col.* Tener el aire, traza ó figura. — *Tutelam januae. Plaut.* Guardar la puerta. — *Animum muliebrem. Cic.* Tener un ánimo mugeril, ser afeminado. — *Rem. Cic.* Cuidar de sus cosas, de sus intereses. — *Tempus. Suet.* Pasar el tiempo. *Res gerendae. Cic.* Negocios privados y públicos de los hombres.

**Gerontocomium, ii.** *n. Cod.* Hospicio, hospital de viejos.

**Gerontodidascălus, i.** *m. Varr.* Maestro de los viejos.

**Gerrae, ārum.** *f. plur. Non.* Escudos tejidos de mimbres entre los persas. ∥ *Plaut.* Frioleras, simplezas, bagatelas, tonterías, fruslerías.

**Gerres, ium.** *m. plur. Marc.* Peces salados de poco precio.

**Gerro, ōnis.** *m. Ter.* Simple, necio, hablador sin sustancia.

**Gĕrŭla, ae.** *f. Tert.* La nodriza. ∥ La rolla ó niñera, criada que sirve para tener el niño.

**Gĕrulifigŭlus, i.** *m.* Voz inventada por Plauto: el que maquina y traza una maldad.

**Gĕrŭlo, ōnis.** *m. Apul.* y

**Gĕrŭlus, i.** *m. Hor.* Ganapan, esportillero, mozo de esquina, del trabajo, de cordel.

**Gerunda, ae.** *f. Plin.* Gerona, ciudad episcopal de Cataluña.

**Gerundium, ii.** *n. Diom.* Gerundio, modo de los verbos con significacion activa y pasiva, y á veces de infinitivo.

**Gerŭsia, ó Gerusia, ae.** *f. Vitruv.* Sala donde se tiene el senado ó consejo, junta, asamblea de ancianos.

**Geryon, ōnis.** y

**Gĕryŏnes, ae.** *m.* y

**Gĕryŏneus, i.** *m. Virg.* Gerion, rey de España, á quien dieron los poetas tres cuerpos por haber mandado en las tres islas, Mallorca, Menorca é Ibiza, ó porque tuvo tres hermanos del mismo nombre que reinaron á un tiempo.

**Geryonaceus, a, um.** *Plaut.* y

**Gĕryŏneus, a, um.** *Apul.* Lo perteneciente al rey Gerion.

**Gesa, ōrum.** *n. plur. Liv.* Dardo, pica de los galos.

**Gesātae, ārum.** *m. plur. Plaut.* Tropas que se tienen á sueldo.

**Gesoliterum, i.** *n. Plin.* Caverna ó cueva de donde Plinio hace salir los aquilones.

**Gesia, ae, ó Gesium, ii.** Ges, ciudad de Francia, capital de un señorío del mismo nombre, cerca de Saboya.

**Gesodunum, i.** *f.* Saltzbourg, ciudad de Austria.

**Gessi.** *pret. de Gero.*

**Gessoriăcum, i.** *n. Suet.* Bolonia, capital del Boloñés, en Picardía.

**Gesta, ōrum.** *n. plur. Cic.* Hechos señalados, famosos, hazañas.

**Gestăbĭlis. m. f. lĕ. n. is.** *Casiod.* Portátil, lo que se puede llevar de una parte á otra.

**Gestāmen, ĭnis.** *n. Virg.* Lo que se lleva, como el vestido, las armas, el cetro &c. ∥ *Tac.* Aquello en que algo se lleva, como una silla, una litera &c.

**Gestātio, ōnis.** *f. Lact.* La accion de llevar. ∥ *Sen.* La accion de hacerse llevar en coche ó en litera &c. ∥ La alameda, paseo adornado de árboles, y la misma accion de pasearse.

**Gestātor, ōris.** *m. Plin.* Portador, el que lleva. ∥ *Marc.* El que pasea llevado en coche, litera &c.

**Gestātōrium, ii.** *n. Suet.* La silla, litera ú otra cosa en que se lleva á alguno.

**Gestatōrĭus, a, um.** *Suet.* Lo que sirve para llevar á alguno como la silla de manos.

**Gestātrix, īcis.** *f. Val. Flac.* La que lleva.

**Gestātus, us.** *m. Plin. V. Gestatio.*

**Gestātus, a, um.** *Plin. part. de Gesto.* Llevado.

**Gesticulāria, ae.** *f. Gel.* La saltatriz, bailarina.

**Gesticulārius, ii.** *m. Am. V.* Gesticulator.

**Gesticulātio, ōnis.** *f. Suet.* Gesticulacion, el acto de hacer movimientos, gestos.

**Gesticulātor, ōris.** *m. Col.* El bailarin ó pantomimo. El que divierte al pueblo con movimientos de su cuerpo.

**Gesticulātus, a, um.** *Sol.* Representado con gestos, visages y ademanes ridículos. *part. de*

**Gesticŭlor, āris, ātus sum, ari. dep. Suet.* Hacer gestos, visages y ademanes ridículos para divertir al pueblo, como los bailarines, mimos y pantomimos.

**Gesticŭlus, i.** *m. Tert. V.* Gesticulatio.

**Gestiens, tis.** *com. Cic.* El que salta y brinca de contento: gozoso, alegre.

**Gestio, ōnis.** *f. Cic.* Administracion, procuracion.

**Gestio, is, īvi ó ii, ītum, īre.** *n. Cic.* Saltar, brincar de alegría. ∥ Desear con ansia, con vehemencia. *Gestire nimia voluptate. Cic.* Estar loco de placer. Se dice tambien de los animales.

**Gestĭto, as, āre.** *a. Plaut. freq. de*

**Gesto, as, avi, atum, are.** *a. freq. de Gero, y casi de la misma significacion. Cic.* Llevar. ∥ Conducir. ∥ Referir. *Gestare pectus obtusum. Virg.* Tener un corazon duro.

**Gestor, ōris.** *m. Plaut.* Portador. ∥ *Dig.* Administrador, procurador.

**Gestuŏse.** *adv. Apul.* Con muchos gestos.

**Gestuōsus, a, um.** *Gel.* Gestero, que hace muchos gestos.

**Gestŭrio, is, īre.** *n. Amian.* Apetecer con ansia.

**Gestus, us.** *m. Cic.* Gesto, movimiento, ademan del rostro, de las manos, de todo el cuerpo. ∥ *Dig.* Administracion, procuracion, manejo.

**Gestus, a, um.** *part. de Gero. Cic.* Hecho, obrado. *Res gestae. Cic.* Hazañas, hechos gloriosos. *Gestus est illi mos. Cic.* Se le obedeció, se le complació.

**Gesum.** *V. Gesa.*

**Getae, ārum.** *m. plur. Mel.* Getas, pueblos de Dacia, hoy Moldavia.

**Gethsemaneida rura.** *Juven.* El huerto de Getsemaní, cerca de Gerusalen, adonde nuestro Señor Jesucristo oró antes de su pasion.

**Gethyum, ii.** *n. Plin.* La cebolleta, cebolla pequeña y tierna. ∥ El puerro.

**Getĭce.** *adv. Ov.* Á manera de los getas.

**Getĭcus, a, um.** *Ov.* Lo perteneciente á los getas.

**Getŭli, ōrum.** *m. plur. Plin.* Los getulos, pueblos de África.

**Getŭlia, ae.** *f. Plin.* Getulia, provincia de África.

**Getŭlĭcus, a, um.** y

**Getŭlus, a, um.** *Virg.* Getulo, de Getulia ó perteneciente á ella.

## GI

**Gibba, ae.** *f. Suet.* La giba ó corcova.

Gibber, ri, y is. m. *Varr.* La giba ó la ensilladura ó encorvadura del espinazo en algunos animales.

Gibber, a, um. *Plin.* y

Gibberōsus, a, um. *Suet.* y

Gibbōsus, a, um. *Suet.* ó

Gibbus, a, um. *Cels.* Giboso, gibado, corcovado.

Gibbus, i. m. *Juv.* La giba ó corcova.

Giganteus, a, um. *Ov.* Giganteo, gigantesco ó gigántico, lo que pertenece á los gigantes.

Gigantomachia, ae. f. La gigantomaquia ó batalla de los gigantes, *poema de Claudiano que ha llegado imperfecto á nosotros.*

Gigas, gantis. m. *Ov. Cic.* El gigante, el que excede demasiado en la estatura á los demas hombres. *Gigantum fratérculus. Juv.* Hermano de los gigantes: *dícese de aquel cuyos padres se ignoran.*

Gigēria, ōrum. n. plur. *Lucil.* Menudillos de las aves.

Gigno, is, gēnui, gēnĭtum, gnĕre. a. *Cic.* Engendrar, producir, procrear, criar. ¶ *Cels.* Parir, dar á luz. *Gigni ad majora. Cic.* Ser criado ó nacido para cosas mayores.

Gilvus, a, um. *Virg.* Ceniciento, de color de ceniza.

Gingidium, ii. n. *Plin.* El gingidio ó belosa ó cerefolium, *yerba pequeña, semejante á la pastinaca silvestre, algun tanto amarga.*

Gingīva, ae. f. *Cels.* La encía, *carne que cubre la quijada, y guarnece la dentadura.*

Gingivŭla, ae. f. *Apul.* dim. de Gingiva. Encía pequeña.

Gingrīna, ae. f. *Fest.* Flauta que servia en las ceremonias fúnebres.

Gingrĭnātor, ōris. m. *Fest.* El flautista en las ceremonias fúnebres.

Gingrīnus, a, um. *Fest.* Lo que hace un sonido ó ruido como el de la flauta llamada gingrina.

Gingrio, is, īre. n. *Fest.* Gritar imitando la voz de los gansos, graznar.

Gingrītor, ōris. m. V. Gingrinator.

Gingrītus, us. m. *Arnob.* El graznido de los gansos.

Ginnus, i. m. *Marc.* El macho ó mulo.

Gislenopŏlis, is. f. San Guillen, *villa pequeña de la provincia de Henao.*

Gisorium, ó Gisortium, ii. n. Gisors, *ciudad de Normandía.*

Git, y Gith. indecl. n. *Cels.* La neguilla, planta.

## G L

Glabella, ae. f. *Marc. Cap.* El entrecejo.

Glabellus, a, um. *Ap.* y

Glăber, bra, brum. *Plaut.* Sin pelo, liso, raso. ¶ Pelado, calvo, rapado.

Glabrāria, ae. f. *Marc.* Muger que da todo lo que tiene á su amante, y se queda sin nada.

Glabrārius, ii. m. *Inscr.* El que pule ó alisa el cútis.

Glabrens, tis. *Col.* Liso, alisado. ¶ Árido, pelado, en que nada nace.

Glăbreo, ēs, ēre. y

Glăbresco, is, scĕre. n. *Col.* Quedarse calvo, pelado. *Dícese tambien de las aves y de la tierra.*

Glabrēta, ōrum. n. plur. *Col.* Lugares pelados, sin yerbas ni plantas.

Glabrio, ōnis. m. *Cic.* Sobrenombre romano, de la familia de los Acilios.

Glabrītas, ātis. f. *Arnob.* La lisura del cútis ó de otra cosa. ¶ La calvez, falta de cabello.

Glăbro, as, ăvi, ătum, āre. a. *Col.* Pelar, quitar, arrancar el pelo, cortarle.

Glaciālis. m. f. lĕ. n. is. *Virg.* Glacial, helado.

Glaciāns, tis. com. *Val. Flac.* Lo que hiela.

Glaciātus, a, um. *Plin.* part. de Glacio. Helado, congelado.

Glăcies, ēi. f. *Virg.* El hielo.

Glăcio, as, ăvi, ătum, āre. a. *Hor.* Helar, congelar, convertir en hielo.

Glăcīto, as, ăvi, ătum, āre. n. *Aut. de Fil.* Gritar ó graznar como los gansos ó las grullas.

Glădiārius, a, um. *Inscr.* Lo perteneciente á la espada.

Glădiātor, ōris. m. *Cic.* Gladiator, el que peleaba con otro en los juegos públicos romanos con la espada sola. ¶ *Dig.* Espadero, el que hace espadas. *Gladiator in arena consilium capit. Sapientis est mutare consilium.* adag. Á nuevos hechos nuevos consejos. ref.

Glădiātōrie. adv. *Lamp.* Á modo de gladiadores.

Glădiātōrium, ii. n. *Liv.* La paga de un gladiador alquilado.

Glădiātōrius, a, um. *Cic.* Lo que toca al gladiator ó á su ejercicio.

Glădiātūra, ae. f. *Tac.* La profesion y ejercicio del gladiator. ¶ La pelea de unos con otros.

Glădiŏlum, i. n. *Quint.* y

Glădiŏlus, i. m. *Gel.* Espadilla, espada pequeña. ¶ *Plin.* Gladiolo, *cierta especie de espadaña terrestre, que nace entre los trigos y cebadas.*

Gladium, ii. n. *Varr.* y

Glădius, ii. m. *Cic.* La espada, sable, alfange. ¶ *Plin.* El pez espada.

Glandarius, a, um. *Cat.* Lo perteneciente á las bellotas.

Glandĭfer, a, um. *Cic.* Glandífero, lo que produce bellotas. ¶ Fértil, abundante de frutos.

Glandiōnĭda, ó Glandionica, ae. f. *Plaut.* y

Glandium, ii. n. *Plin.* La papada del cerdo en sal.

Glando, ĭnis. f. *Avien.* V. Glans.

Glandŭla, ae. f. *Cels.* La glándula, *especie de carne esponjosa, que se halla debajo de las quijadas, en los sobacos y otras partes del cuerpo.* ¶ Tumor que se mueve debajo de la piel, y se hace regularmente en los emuntorios. ¶ Bellota pequeña. ¶ La papada del cerdo.

Glandŭlōsus, a, um. *Col.* Glanduloso, lo que tiene glándulas.

Glānis, is, ó ĭdis. m. *Plin.* V. Glanus.

Glans, dis. f. *Cic.* La bellota, fruto de la encina, carrasca ó roble. ¶ *Salust.* Bala de plomo.

Glanum, i. n. *Gap,* ciudad episcopal de Provenza.

Glānus, i. m. *Plin.* Pez de mar y de río, que se come el cebo sin caer en el anzuelo.

Glăphyrus, a, um. *Marc.* Alegre, jocoso, divertido.

Glārea, ae. f. *Cic.* El cascajo, *conjunto de piedras menudas, que se hallan en los rios ú otros parages, y tambien lo que salta de las piedras cuando se labran, y los pedazos de las cosas que se quiebran.*

Glareŏla, ae. f. *Plaut.* Cascajo menudo.

Glāreŏsus, a, um. *Col.* Cascajoso, lleno de cascajo.

Glarōna, ae. f. Glaris, ciudad de la Suiza.

Glastum, i. n. *Ces.* Glasto, *planta de cuyo zumo se hace el color añil ó pastel, de que se sirven los tintoreros para teñir de azul.*

Glauceus, a, um. *Escrib.* Del color de la yerba glaucio.

Glaucicŏmans, tis. *Juv.* Que tiene el cabello de color celeste.

Glaucīnus, a, um. *Marc.* De color azul celeste ó verdoso, verde claro, verdemar.

Glaucion, ii. n. *Plin.* La yerba glaucio.

Glaucis, ĭdis, y ĭdos. f. *Prop.* La que tiene los ojos azules, de color entre verde y blanco.

Glaucīto, as, āre. n. *Aut. de Fil.* Ladrar, aullar; dícese de los cachorros.

Glaucōma, ae. f. y ătis. n. *Plaut. Plin.* Enfermedad de los ojos, que por sequedad del humor cristalino se ponen de color azul ó verdemar.

Glaucus, a, um. *Virg.* De color azul celeste, de un verde mezclado de blanco, verdemar.

Glaucus, i. m. *Plin.* Un pez de este nombre. ¶ *Ov.* Glauco, *pescador insigne, que habiendo gustado cierta yerba en las orillas del mar, se arrojó al agua, y quedó hecho dios marino convertido en pez por la parte inferior. Dícese tambien haber sido un nadador insigne.* ¶ *Plin.* Otro hijo de Hipóloco, que estuvo en la guerra de Troya, tenido por muy necio por haber trocado sus armas de oro con las de Diomédes, que eran de bronce, de donde ha quedado el proverbio* Glauci et Diomedis permutatio: *El trueque de Glauco y de Diomédes, para denotar un cambio muy desigual.* ¶ *Virg.* Otro hijo de Sísifo, que por apacentar sus yeguas con carne humana fue por ellas mismas devorado.

## GLO

Glaux, ucis. f. Plin. Yerba que se halla cerca del mar, parecida en las hojas al romero.

Glēba, ae. f. Cic. Gleba, terron de tierra. ‖ Tierra de la sepultura. ‖ Virg. El campo ó tierra arada. ‖ Cod. Teod. El fundo, posesion ó heredad.

Glēbālis. m. f. lĕ. n. is. Am. Perteneciente al terron ó gleba.

Glēbārius, ii. m. Varr. El que quebranta ó deshace los terrones, destripaterrones: se dice de los hombres rústicos y de los bueyes.

Glēbātim. adv. Lact. Por terrones, pedazos de tierra.

Glēbātio, ōnis. f. Cod. Teod. La paga ó renta por pedazos de tierra, por posesiones ó heredades.

Glēbōsus, a, um. Plin. Aterronado ó lleno de terrones.

Glēbŭla, ae. f. dim. de Gleba. Col. Terroncillo, terron pequeño.

Glēbŭlentus, a, um. Apul. V. Glebosus.

Glēchon, ōnis. n. El poleo, yerba de que hay macho y hembra.

Glēchōnītes, ae. m. Col. Vino hecho, aderezado con el zumo de la yerba poleo.

Glessāria, ae. f. Plin. Isla en la Mancha del Norte.

Glessāriae insulae, ārum. f. plur. Islas del mar del Norte, donde se halla el ambar gris ó succino.

Glessum, i. n. Tac. El succino, ambar ó electro, especie de betun amarillo, congelado y muy oloroso.

Gleucīnum oleum. n. Col. Especie de aceite compuesto con mosto y aromas.

Glinon, i. n. Plin. Especie de arce, árbol.

Glirarium, ii. n. Varr. El lugar donde se crian lirones.

Glis, iris. m. Marc. El liron, especie de raton montesino, que algunos creen ser la marmota. Se cria donde hay frutales, hace grandes cavernas en la tierra, donde guarda frutas y semillas, duerme todo el invierno. Fue muy estimado en los convites de los antiguos.

Gliscens, tis. com. Sil. Ital. Lo que crece, engorda, se aumenta.

Glisco, is, scĕre. n. Cic. Crecer, engordar, aumentarse. ‖ Col. Hincharse. Gliscit certamen. Tac. Se redobla la contienda. — Violentia Turno. Virg. Se inflama la cólera de Turno.

Glōbātim. adv. Am. Por globos y por tropas ó pelotones.

Glōbātus, a, um. Plin. Redondeado, redondo, hecho á modo de globo. part. de

Glōbo, ās, āvi, ātum, āre. a. Plin. Redondear un cuerpo sólido. ‖ Amontonar, juntar en figura redonda ó de globo.

Glōbōsītas, ātis. f. Macrob. La redondez.

Glōbōsus, a, um. Cic. Globoso, que tiene forma ó figura de globo.

Glōbŭlus, i. m. Plin. Globo pequeño, bola pequeña. ‖ Cat. El manjar formado en esta figura, como las almondiguillas.

Glōbus, i. m. Cic. Globo, cuerpo sólido comprendido debajo de una sola superficie. ‖ Multitud, tropa, peloton. Globus flammarum. Virg. Un globo de fuego. ‖ Sanguinis. Ov. Cuajaron de sangre. — Navium Ces. Escuadra de navios. — Armatorum. Liv. Peloton de gente de guerra.

Glōcido, ās, āre. n. Fest. y

Glōcio, is, ivi, itum, ire. n. Fest. Cloquear ó clocar, hacer clo, clo la gallina lueca.

Glōcitātio, ōnis. f. Col. La accion de cloquear la gallina, el cloqueo.

Glōcĭto, ās, āvi, ātum, āre. n. Fest. Cloquear la gallina clueca.

Gloctōro, ās, āvi, ātum, āre. n. Aut. de Fil. Cloquear ó graznar la cigüeña.

Glōmĕrābĭlis. m. f. lĕ. n. is. Manil. Lo que se puede juntar en peloton, ó formar en globo.

Glōmĕrāmen, ĭnis. n. Lucr. Monton, peloton, cuerpo, junta de gentes puestas á la redonda ó en monton.

Glōmĕrārius, ii. m. Sen. El que pelea acompañado de un peloton de soldados.

Glōmĕrātim. adv. Macrob. Por tropas ó pelotones.

Glōmĕrātio, ōnis. f. Plin. La accion de juntar ó amon-

## GLU

tonar en pelotones, amontonamiento.

Glōmĕrātus, a, um. Luc. Conglobado, unido, junto, en forma de globo ó peloton. ‖ Mezclado, envuelto.

Glōmĕro, ās, āvi, ātum, āre. a. Virg. Conglobar, unir, juntar, formar en globos, pelotones, ovillos. Glomerare gressus. Virg. Redoblar el paso. — Manum bello. Virg. Juntar tropas para la guerra. — Lanam in orbem. Ov. Devanar la lana en ovillos.

Glōmĕrōsus, a, um. Col. V. Globosus.

Glōmĭcellus, Col. y Glōmŭlus, i. m. Apul. Ovillito. dim. de

Glōmus, ĕris. n. Plin. y mi. m. Varr. Ovillo, peloton, globo.

Glōria, ae. f. Cic. Gloria, fama, esplendor, nobleza. ‖ Jactancia, vanidad, ostentacion.

Glōriābundus, a, um. Gel. Jactancioso.

Glōriandus, a, um. Cic. Digno de gloria y fama.

Glōriātio, ōnis. f. Cic. El acto de gloriarse, preciarse y alabarse.

Glōriātor, ōris. m. Apul. Jactancioso, vanaglorioso, preciado, el que se gloría.

† Glōrificātio, ōnis. f. S. Ag. Glorificacion, alabanza, exaltacion de una cosa digna de estimacion y aprecio.

Glōrifĭco, ās, āvi, ātum, āre. a. Tert. Glorificar, hacer glorioso, reconocer al que lo es, festejarle y celebrarle.

† Glōrifĭcus, a, um. Cod. V. Gloriosus.

Glōriŏla, ae. f. Cic. Pequeña, ligera gloria.

Glōrior, āris, ātus sum, āri. dep. Cic. Gloriarse, preciarse, jactarse, alabarse. Gloriari alicui, ó apud aliquem. Cic. Gloriarse delante de alguno. — De re, ó in re aliqua, aliquid. Cic. Gloriarse de alguna cosa.

Glōriōse. adv. Cic. Goriosa, honrosamente, con fama, honor y alabanza. comp. ius. sup. sime.

Glōriōsus, a, um, ior, issimus. Cic. Glorioso, gloriosísimo, ilustre, famoso, digno de honra y alabanza. ‖ Vano, jactancioso, orgulloso. Nihil gloriosum excidit ex ore. Nep. Jamas se le oyó, jamas salió de su boca una palabra jactanciosa ó de vanidad.

Glos, ōris. f. Fest. La cuñada, hermana del marido.

Glossa, ae. f. Quint. Palabra oscura y difícil, que necesita de interpretacion. ‖ Glosa, esplicacion, interpretacion, comento. ‖ Lengua, estilo.

Glossārium, ii. n. Gel. Diccionario, glosario, vocabulario.

Glossēma, ătis. n. Quint. Palabra difícil, poco usada, que necesita de esplicacion ó glosa.

Glossōgrăphus, i. m. Glosador, comentador.

Glossōpetra, ae. f. Plin. Piedra preciosa, que tiene figura de lengua.

Glossŭla, ae. f. Diom. Breve glosa ó interpretacion.

Glottis, idis. f. Plin. Ave, especie de codorniz. ‖ La epiglotis, lengüecita que tapa la vía de la áspera arteria.

Glottōro, ās, āvi, ātum, āre. V. Gloctoro.

Glūbo, is, ĕre. a. Cat. Descortezar, mondar, quitar la corteza ó cáscara. ‖ Fest. Desollar, quitar el pellejo.

Glūma, ae. f. Varr. El folículo, la vainilla de la cebada y otros granos.

Glus, tis. f. Aus. V. Glutes.

Glut, glut. Pitsc. Voz que significa el sonido del licor que sale de una vasija estrecha de boca: en castellano se dice clo, clo.

Glūten, ĭnis. y Glūtĭnum, i. n. Virg. La cola, pasta fuerte y pegajosa que se hace de las estremidades de las pieles cocidas, para pegar y unir tablas y otras cosas.

Glūtĭnāmen, ĭnis. n. Sid. y

Glūtĭnāmentum, i. n. Plin. ó

Glūtĭnātio, ōnis. f. Cic. La encoladura, el acto y efecto de encolar y pegar con cola.

Glūtĭnātīvus, a, um. Apul. Lo que tiene virtud y fuerza de encolar ó pegar.

Glūtĭnātor, ōris. m. Cic. El que pega con cola, encola.

Glūtĭnātōrius, a, um. Prisc. V. Glutinativus.

Glūtĭnātus, a, um. Cels. Encolado, pegado con cola.

Glūtĭneus, a, um. Rut. V. Glutinosus.

Glūtĭnium, ii. n. Apul. V. Gluten.

Glūtĭno, ās, āvi, ātum, āre. a. Plin. Encolar, pegar con cola. ‖ Cels. Cerrar, hablando de las heridas.

Glūtĭnōsus, a, um. Cels. Glutinoso, pegajoso, lo que

tiene virtud para pegar y unir una cosa con otra.

**Glutinum.** V. Gluten.

**Glūtio**, is, ivi, itum, ire. a. Jup. Glotonear, comer demasiado aprisa.

**Glūto**, ōnis. m. Fest. Gloton, el que come mucho y desordenadamente.

**Glutus**, i. m. Pers. El gaznate, garguero ó gorja, parte interior de la garganta por donde pasa el alimento al estómago.

**Glūtus**, a, um. Cat. Bien unido y coherente como pegado con cola.

**Gluviae**, arum. m. plur. Lucil. Glotones, comilones.

**Glyconium**, ó **Glyconicum metrum**. n. Diom. Verso gliconico, que consta de tres pies, espondeo, coriambo y pirriquio, como Sic te Diva potens Cipri.

**Glycymerides**, um. f. plur. Plin. Especie de ostras de sabor dulce.

**Glycyrrhiza**, ae. f. Plin. y

**Glycyrrhizon**, i. n. Plin. Regaliz, orozuz, palo dulce, planta.

**Glycyrrhizites**, ae. m. Col. Vino en que se ha echado regaliz.

**Glycyside**, es. f. Plin. La peonía, planta bien conocida por sus hermosas y pobladas flores.

## GN

**Gnaeus.** V. Cnaeus.

**Gnaphalion**, ii. n. Plin. Cierta yerba.

**Gnare.** adv. Apul. Docta, sabiamente, con conocimiento.

**Gnaritas**, atis. f. Sal. Conocimiento, noticia, inteligencia, esperiencia.

**Gnaruris**. m. f. rĕ. n. is. Plaut. y

**Gnarus**, a, um. Cic. Inteligente, sabio, docto, práctico, esperimentado. || Tac. Conocido, sabido.

**Gnata**, ae. f. Ter. La hija. Gnatam uxorem committere. Ter. Casar una hija, darla en matrimonio.

**Gnatho**, ōnis. m. Cic. Adulador, lisonjero. || Gnaton, personage de Terencio.

**Gnathonicus**, a, um. Ter. Lo perteneciente á Gnaton, al adulador ó lisonjero.

**Gnatia**, ae. f. Hor. Egnacia, ciudad de Italia.

**Gnatula**, ae. f. Non. Hijita, hija pequeña.

**Gnatus**, i. m. Ter. El hijo.

**Gnātus**, a, um. Plaut. Nacido.

**Gnave.** adv. Sal. V. Gnaviter.

**Gnavitas**, atis. f. Arnob. Diligencia, estudio, cuidado, aplicacion.

**Gnaviter.** adv. Hor. Diligentemente, con aplicacion, exactitud, vigilancia. || Liv. Con valor y esfuerzo.

**Gnavo**, as, are. V. Navo.

**Gnavus**, a, um. Cic. Diligente, industrioso, aplicado.

**Gnephosus**, a, um. Fest. V. Obscurus.

**Gnesion**, ii. n. Plin. La verdadera especie de águila.

**Gnesna**, ae. f. Gnesna, ciudad de Polonia.

**Gnetum**, i. n. Col. Yerba, cuya simiente cuaja la leche.

**Gnidius**, a, um. Cic. Lo perteneciente á Gnido, ciudad de Caria, cuyos habitantes se dicen Gnidi, ōrum.

**Gnidus**, i. f. Hor. Gnido, ciudad de la Dóride en Caria.

**Gnobilis**, m. f. lĕ. n. is. Fest. Noble, conocido.

**Gnoma**, ae. f. Quint. Palabra memorable, sentencia. || Fest. Instrumento para medir las tierras. || La escuadra.

* **Gnomon**, ōnis. m. Vitruv. Gnomon, el estilo ó varita de hierro con que se señalan las horas en los relojes de sol. Esto es el gnomon astronómico, el geométrico es la escuadra.

**Gnomonica**, ae. f. y

**Gnomonice**, es. f. Vitruv. Gnomónica, arte de conocer por medio de un estilo y sombras las horas, la diversidad de climas, elevacion di polo &c. || Arte de hacer relojes de sol.

**Gnomonicus**, a, um. Vitruv. Gnomónico, lo que pertenece á la gnomónica.

**Gnosco**, is, scĕre. a. Diom. V. Nosco.

**Gnosiacus**, a, um. Ov. Cretense, lo perteneciente á Gnoso, ciudad de Creta.

**Gnosias**, adis. f. Ov. La muger de Gnoso ó de Gino-

sa ó de Creta. || Ariadna, hija de Minos, rey de Creta.

**Gnosis**, idis. part. f. Ov. Ariadna, hija de Minos, rey de Creta.

**Gnosius**, y **Gnosus**, a, um. Ov. Le perteneciente á Ginosa o á Creta, cretense.

**Gnostici**, ōrum. m. plur. S. Ag. Hereges gnósticos del siglo segundo de Cristo, que hacian vanidad de entender perfectamente las cosas divinas. Su espresion comun era Omnia novimus. Todo lo sabemos.

## GO

**Goa**, ae. f. Ciudad de la India, Goa.

**Gobio**, ōnis. m. y

**Gobius**, ii. m. Marc. Gobio, pescado pequeño y blanco, que tiene mucha cabeza, y es de buen sabor.

**Gog.** Nombre que se da á los escitas en la sagrada Escritura.

**Golgi**, ōrum. m. plur. Catul. La ciudad de Chipre consagrada á Venus.

**Golgotha.** indecl. Bibl. El monte Calvario cerca de Jerusalem.

**Gomor.** ind. Bibl. Gomor, medida entre los hebreos, que es la décima parte del ephi.

**Gomorrha**, ae. f. Plin. Gomorra, ciudad sepultada en el lago asfaltite de Palestina, despues de abrasada con fuego del cielo por los delitos de sus habitantes.

**Gomorrheus**, a, um. Tert. Lo perteneciente á la ciudad de Gomorra.

**Gomphus**, i. m. Estac. El clavo ó cuña de madera.

**Gonarche**, es. f. Vitruv. Especie de cuadrante solar.

**Gonfensis**. m. f. sĕ. n. is. Ces. El natural ó habitante de Gonfi.

**Gonfi**, ōrum. m. plur. Ces. Gonfi, ciudad de Tesalia.

**Gonorrhaea**, ae. f. Firm. Gonorrea, enfermedad que consiste en el flujo involuntario del semen.

**Gordianus**, i. m. Capit. Gordiano, nombre de varon en especial de tres emperadores romanos.

**Gordieum**, i. n Sardes, ciudad de la gran Frigia.

**Gordius**, ii. m. Justin. Gordio, rey de Frigia, que ascendió al trono desde el arado. En las cuerdas de su carro de labor se halló aquel nudo tan difícil de desatar, que se tuvo por indisoluble. Anunciaron los oráculos, que el que le desatase reinaria en toda el Asia: tomó Alejandro esta ciudad, y no pudiendo hallar los cabos de las cuerdas, cortó el nudo con la espada, de donde quedó el proverbio Nudo Gordiano.

**Gorgo**, ōnis, y **Gorgon**, ōnis, y **Gorgōna**, ae. f. Cic. Gorgona, ó Medusa, nombre de muger. || Sobrenombre de Palas, por llevar en su escudo la cabeza de Medusa.

**Gorgōnes**, um. f. plur. Virg. Las Gorgónas: Medusa y sus dos hermanas, Estenio y Euriale, de las cuales fingen, que habitaron en las islas Gorgónas, que tenian solo un ojo, y cabellos serpentinos, con cuya fealdad horrorosa convertian en piedras á los que las miraban; otros les atribuyen á su hermotura; otros dicen que fueron unas mugeres belicosas de África, con quienes peleó Perseo, y venció y dió muerte á su reina Medusa.

**Gorgōnes insulae.** Las islas Gorgónas en el océano atlantico, islas de Cabo verde.

**Gorgoneus**, a, um. Ov. Lo perteneciente á las Gorgónas, y en especial á Medusa.

**Gorgonia**, ae. f. Plin. El coral, planta que nace en el mar, y que se petrifica al aire.

**Gorgonifer**, a, um. Inscr. Epiteto de Perseo, que llevaba la cabeza de Medusa.

**Gortyn**, inis. f. Val. Flac. y

**Gortyna**, ae. y **Gortine**, es. f. Plin. y

**Gortynia**, ae. f. Varr. Gortina, ciudad de Creta. || De Arcadia en la Grecia.

**Gortyniacus**, a, um. Ov. y

**Gortynis**, idis. adj. f. Lucan. y

**Gortynius**, a, um. Virg. Lo perteneciente á la ciudad de Gortina ó á Creta, cuyos habitantes se dicen Gortyni, ōrum.

**Gossampinos**, y **Gossimpinos**, y **Gossyimpinos**, i. m.

*Plin.* Árbol que produce el algodon en unos frutos á modo de avellanas verdes.

**Gossypium,** ii. *n. Plin.* El algodon y el algodonal que lo produce.

**Gothi,** ōrum. *m. plur. Aus.* Los godos, *pueblos bárbaros de Gocia, Dania, Suecia y la parte septentrional de Germania, que sujetaron la Italia, la Galia narbonense y la España, donde fundaron su monarquía.*

**Gothia,** ae. *f. Am.* La Gocia, *nacion ó region de los godos.*

**Gothicus,** a, um. *Inscr.* Gótico, *sobrenombre del emperador Aureliano por haber vencido á los godos.* || Lo perteneciente á ellos.

**Gothini,** ōrum. *m. plur. Tac.* Pueblos de Germania, *que habitan la parte llamada hoy Silesia.*

**Gothunni,** y **Gothyni,** ōrum. *m. plur. Claud.* Pueblos de la Sarmacia europea, mezclados de godos y hunos.

## GR

**Grăbātălus,** i. *m. Apul. dim. de*

**Grăbātus,** i. *m. Cic.* Cama pequeña y pobre. || Cama portátil y como de campaña.

**Gracchānus,** a, um. *Cic.* Lo perteneciente á los Gracos.

**Gracchi,** ōrum. *m. plur. Cic.* Los Gracos. *Familia romana célebre.*

**Gracchūris,** is. *f. Plin.* Ciudad de España, *asi llamada por Sempronio Graco, que sujetó á los celtíberos; antes se llamaba Ilurcis, hoy Agreda.*

**Graccīto,** ās, ăvi, ātum, āre. *n. Aut. de Fil.* Graznar como los patos ó gansos.

**Grăcĭlens,** tis. *com. Nev.* El que adelgaza, se enflaquece, se pone magro y delgado.

**Grăcĭlentus,** a, um. *Gel. V.* Gracilis.

**Grăcĭlesco,** ó Gracilisco, is, scĕre. *n. Plin.* Adelgazar, adelgazarse, ponerse delgado y flaco.

**Grăcĭlipes,** ĕdis. *com. Petron.* Delgado de piernas.

**Grăcĭlis.** *m. f.* lĕ. *n. is. Ov.* Delgado, sutil, magro, flaco. *Gracilis thalia. Virg.* Cancion, poesía dulce, delicada. — *Orator. Plin. men.* Orador culto, puro.

**Grăcĭlĭtas,** ātis. *f. Cic.* Debilidad, flaqueza, delicadeza del cuerpo ó de otra cosa delgada. || *Quint.* Estilo tenue, simple, puro.

**Grăcĭlĭter.** *adv. Apul.* Sutilmente, con delicadeza.

**Grăcĭlĭtūdo,** ĭnis. *f. Non. V.* Gracilitas.

**Grăcillo,** ās, ăvi, ātum, āre. *n. Aut. de Fil.* Cloquear la gallina ó como ella.

**Grăcillus,** a, um. *Lucil. V.* Gracilis.

**Grăcĭto,** ās, ăvi, ātum, āre. *a. Aut. de Fil.* Graznar como el ganso, gritar.

**Grăcŭlus,** i. *m. Plin.* El grajo, *ave conocida.*

**Grădarīcus,** a, um. *Lucil.* Que va por grados, paso á paso, poco á poco, sin cansarse. || *Sen.* El que habla ó escribe con juicio, sin apresuramiento.

**Grădātim.** *adv. Cic.* Por grados, por sus pasos contados.

**Grădātio,** ōnis. *f. Vitruv.* La escalera, la disposicion de las gradas ó escalones. || *Figura retórica en que se pondera una cosa por grados, hasta llegar á lo sumo, ó descender á lo ínfimo.* Gradacion.

**Grădātus,** a, um. *Plin.* Hecho, dispuesto en forma de gradas ó escalones.

**Grădiens,** tis. *com. Ov.* El que va ó anda de una parte á otra.

**Grădĭlis.** *m. f.* lĕ. *n. is. Amian.* Lo que tiene gradas ó escalones.

**Grădĭor,** ĕris, gressus sum, grădi. *dep. Cic.* Andar, caminar, ir, marchar.

**Grădĭvĭcŏla,** ae. *m. f. Sil. Ital.* El que reverencia al dios Marte.

**Grădīvus,** i. *m. Liv.* Marte, *dios de la guerra, que anda en ella de una parte á otra.*

**Grădus,** us. *m. Cic.* Grada, grado, escalon. || *Col.* Una azadonada, lo que profundiza el cavador de cada vez con el azadon en la tierra. || Paso. || Grado, puesto, situacion, condicion, clase, estado. || Medio, camino. *Gradus acuere. Estac.* Hacer doblar el paso, hacer andar aprisa. *De gradu dejici. Cic.* Ser echado del sitio, del puesto. || Ser desgraciado, privado del empleo. *De gradu pugnare. Liv.* Pelear á pie firme. *Los matemáticos llaman grados á las partes del círculo en la esfera; los gramáticos al comparativo y superlativo.*

**Graecānice.** *adv. Varr.* Á la manera griega.

**Graecānĭcus,** a, um. *Suet.* Lo perteneciente á los griegos, ó hecho á su modo.

**Graecātim.** *adv. Tert. V.* Graecanice.

**Graecātus,** a, um. *Apul.* Lo que imita á los griegos.

**Graece.** *adv. Cic.* En griego, en lengua griega. *Graece scribere, loqui, scire. Cic.* Escribir, hablar en griego, saber, entender el griego, la lengua griega. — *Reddere. Cic.* Traducir en griego. — *Nescire. Cic.* No entender esta lengua.

**Graeci,** ōrum. *m. plur. Cic.* Los griegos, los pueblos de la Grecia.

**Graecia,** ae. *f. Cic.* La Grecia, *region de la Europa.*

**Graecia magna,** ó major. *Cic.* La Calabria y la Basilicata en el reino de Nápoles. || La Italia, Grecia magna.

**Graeciensis.** *m. f.* sĕ. *n. is. Plin.* Griego, de Grecia.

**Graecĭgĕna,** ae. *com. S. Ag.* El que es de origen griego.

**Graecisco,** ās, āre. *n. Plaut.* Imitar con afectacion á los griegos, remedarlos.

**Graecĭtas,** ātis. *f. Cod. Teod.* La literatura de los griegos, y en especial su lengua.

**Graecor,** āris, ātus sum, āri. *dep. Hor.* Imitar á los griegos, vivir á su moda y costumbre.

**Graecostădium,** ii. *n. Cap.* y

**Graecostăsis,** is. *f. Cic.* Cuartel de Roma al lado derecho del comicio, *donde estaban alojados los embajadores griegos y de otras naciones.*

**Graecŭla rosa.** *f. Plin.* Rosa que tiene las hojas muy apiñadas.

**Graecŭlus,** a, um. *Cic.* Nombre de desprecio entre los romanos, ó por haber sujetado á los griegos, ó porque acudiendo estos con mucha frecuencia á Roma, se sujetaban á cualquier modo de ganar su vida.

**Graecus,** a, um. *Cic.* Griego, de Grecia.

**Grājŭgĕna,** ae. *m. f. Cic.* El griego ó griega.

**Graium,** i. *n.* Gray, *ciudad del Franco Condado.*

**Graius,** a, um. *Cic. V.* Graecus.

**Grallae,** ārum. *f. plur. Varr.* Los zancos, *palos altos, y dispuestos con horquillas, en que se afirma y ata el pie para andar con ellos.*

**Grallātor,** ōris. *m. Plaut.* El que anda en zancos.

**Grallātōrius,** a, um. *Plaut.* Lo perteneciente á los zancos ó al que anda con ellos.

**Grallīpes,** ĕdis. *com. Apul. V.* Grallator.

**Grāmen,** ĭnis. *n. Cic.* La grama, *yerba que se cria naturalmente.* || *Virg.* Diente de perro, *yerba.*

**Grāmia,** ae. *f. Plin.* La lagaña, *humor vicioso que acude á los ojos.*

**Grāmĭneus,** a, um. *Virg.* Lleno de grama, herboso, frondoso, verde, cubierto de yerba.

**Grāmĭnōsus,** a, um. *Col. V.* Gramineus.

**Grāmĭōsus,** a, um. *Cecil.* Lagañoso.

**Gramma,** ae. *f. Macrob.* La línea.

**Gramma,** ătis. *n. Fan.* La letra || El peso de dos óbolos.

**Grammăteus,** i. *m. Apul.* Escribano, notario, el que escribe los instrumentos públicos. || Amanuense, escribiente.

**Grammatias,** ae. *m. Plin.* Piedra preciosa, *especie de jaspe semejante á la esmeralda, atravesada de una línea blanca.*

**Grammătĭca,** ae. *f.* y

**Grammătĭce,** es. *f. Quint.* La gramática, el arte de hablar y escribir correctamente.

**Grammătĭcālis.** *m. f.* lĕ. *n. is. Sil.* Gramatical, lo perteneciente á la gramática.

**Grammătĭcālĭter.** *adv. Treb. Pol.* y

**Grammătĭce.** *adv. Quint.* Gramaticalmente, conforme á las reglas de la gramática.

**Grammătĭcomastix,** ĭgis. *m. Aus.* El azote de los gramáticos.

**Grammătĭcus,** i. *m. Cic.* Gramático, el que enseña la gramática. || El que esplica los poetas, historiadores y oradores.

Ss 2

**Grammătĭcus, a, um.** *Hor.* Gramatical, lo perteneciente á la gramática.

**Grammătista, y Grammatistes, ae. m.** *Suet.* El que está medianamente instruido en la gramática.

**Grammătŏphylăcium, ii. n.** *Ulp.* Archivo, secretaría, lugar donde se guardan los instrumentos públicos.

**Grammĭcus, a, um.** *Vitruv.* Lineal, lo que toca á la línea. *Grammicae deformationes. Vitruv.* Diseños, planes, trazas, planos.

**Grampius mons. m.** Grancebain, *monte de Escocia.*

**Grānārium, ii. n.** *Varr.* Granero, la cámara, panera donde se recogen los granos, horreo.

**Grānāta, ae. f.** *Plin.* Granada, *ciudad capital del reino del mismo nombre en España.*

**Grānātim. adv.** *Apul.* Grano á grano, grano por grano.

**Grānātus, a, um.** *Col.* Granado, abundante de granos.

**Grănătus, i. m.** El granate, *piedra preciosa.*

**Grānātus, us. m.** *Col.* La granazon, el efecto de granar los frutos.

**Grandaevĭtas, ātis. f.** *Non.* La vejez, edad avanzada.

**Grandaevus, a, um.** *Virg.* Anciano, viejo, de mucha edad, de edad avanzada.

**Grandesco, is, scere. n.** *Cic.* Crecer, hacerse grande.

**Grandĭcŭlus, a, um.** *dim. de* Grandis. *Plaut.* Grandecillo, lo que va creciendo conforme á su edad.

**Grandĭfer, a, um.** *Naz.* y

**Grandĭfĭcus, a, um.** *Amian.* Que lleva ó produce cosas grandes.

**Grandĭgrans, tis. com.** *Plaut.* El que anda á paso muy largo, á grandes zancadas.

**Grandĭlŏquus, a, um.** *Cic.* Grandilocuo, el que habla con estilo magnífico, sublime.

**Grandĭnat, ăvit, āre. imp.** *Sen.* Granizar, arrojar, despedir las nubes granizo.

**Grandĭneus, a, um.** y

**Grandĭnōsus, a, um.** *Col.* Tempestuoso, que abunda de granizo.

**Grandio, ōnis. m.** *Sen.* Sobrenombre que se puso á un declamador llamado Senecio, *hombre de ingenio confuso y turbulento, que no queria hablar sino de cosas grandes, y dió en la manía de que todas sus cosas lo habian de ser, como los criados, los vasos, y aun hasta los zapatos mayores de lo comun.*

**Grandio, is, ivi, itum, ire. a.** *Plaut.* Engrandecer, hacer crecer ó adelantar en altura. *Grandire gradum. Plaut.* Hacer, andar de prisa ó acelerar el paso.

**Grandis. m. f. dě. n. is.** *Cic.* Grande, alto, crecido. ‖ Ámplio, vasto, estendido, difuso. ‖ Noble, sublime, magestuoso, pomposo, magnífico. *Grandis natu. Hor.* De mucha edad. *Grandis summa de dinero.* Gran suma de dinero.

**Grandiscăpius, a, um.** *Sen.* Lo que tiene muy alto el tronco. *Dicese de las plantas y árboles.*

**Grandĭsŏnus, a, um.** *Sen.* Lo que suena mucho.

**Grandĭtas, ātis. f.** *Cic.* Grandeza, elevacion, nobleza, sublimidad.

**Grandĭter. adv.** *Ov.* Grandemente, con grandeza.

**Grandiuscŭlus, a, um.** *dim. de* Grandis. *Ter.* Grandecillo, ico, ito. ‖ *dim. de*

**Grando, ĭnis. f.** *Cic.* El granizo, lluvia congelada en el aire. ‖ *Aus.* La elocuencia, copia de palabras.

**Grāne, es. f.** *Ov.* Nombre de una ninfa.

**Grānea, ae. f.** *Cat.* Comida de granos de trigo mondados y machacados, cocidos con agua y leche.

**Grănĭcus, i. m.** *Plin.* El Granico, *rio de la Troade.*

**Grānĭfer, a, um.** *Ov.* Granado, lo que está cargado de grano ó simiente.

**Grannŏpŏlis, is. f.** Grenoble, *ciudad del Delfinado.*

**Grannus, i. m.** *Inscr.* Epíteto de Apolo del rio y pueblos granios en Panomia.

**Grānōsus, a, um.** *Plin.* Granujado, granado, lo que está lleno de grano ó simiente.

**Grānum, i. n.** *Cic.* Grano, la semilla de las yerbas, el fruto y semilla de las mieses. ‖ La porcion ó parte menuda de las cosas. ‖ Grana ó cochinilla, el ingrediente con que se da color purpúreo á las sedas y lanas.

**Grăphiārium, ii. n.** *Marc.* Caja de escribanía, *en que guardaban los antiguos los estilos ó punzones para escribir.*

**Grăphiārius, a, um.** *Suet.* Lo perteneciente á la escritura ó escribanía para escribir.

**Grăphĭce. adv.** *Plaut.* Perfecta, pulida, elegantemente, con espresion viva.

**Grăphĭce, es. f.** *Plin.* El arte de escribir, de delinear ó pintar, caligrafía.

**Grăphĭcŏtěrus, a, um.** *Vitruv.* Muy agradable, acabado y perfecto.

**Grăphĭcus, a, um.** *Vitruv.* Elegante, perfecto. *Graphicus mortalis. Plaut.* Hombre inteligente, diestro.

**Grăphis, ĭdis, ó ĭdos. f.** *Plin.* La delineacion ó diseño. ‖ *Vitruv.* El arte de delinear; el dibujo. ‖ El instrumento para delinear ó dibujar.

**Grăphium, ii. n.** *Suet.* El estilo, hierro ó punzon, con que los antiguos escribian en tablas enceradas.

**Grassa, ae. f.** Grassa, *ciudad de Provenza.*

**Grassātĭo, ōnis. f.** *Plin.* La accion de andar de prisa. ‖ La de andar robando, el latrocinio.

**Grassātor, ōris. m.** *Cic.* Ratero, asesino, *de los que andan por las calles robando á los que encuentran.*

**Grassātūra, ae. f.** *Suet.* V. Grassatio.

**Grassātus, a, um.** *Suet.* El que ha robado. *part. de*

**Grassor, āris, ātus sum, āri. dep.** *Plaut.* Caminar; andar muy de prisa ‖ Andar robando y matando. ‖ *Hor.* Adular. *Grassari ad gloriam virtutis via. Sal.* Caminar á la gloria por el camino de la virtud. — *Obsequio. Hor.* Adular, lisonjear á alguno con obsequios y otros oficios. — *Adversus aliquem. Suet.* — *In aliquem. Liv.* — *Contra aliquem. Just.* Atacar, acometer á alguno, robarle, matarle, violentarle, ultrajarle, ajarle. — *Jure. Liv.* Proceder por via de justicia. — *Consilio. Liv.* Usar de mañas, de estratagemas.

**Grātābundus, a, um.** *Tac.* El que felicita, da el parabien, toma parte en la alegría de otro.

**Grātans, tis. com.** *Tac.* V. Gratabundus.

**Grātanter. adv.** *Am.* Con alegría y congratulacion, gratamente.

**Grātātōrius, a, um.** *Sid.* Gratulatorio, laudatorio, lo perteneciente á la accion de gracias.

**Grāte. adv.** *Cic.* Grata, graciosamente, con agrado y benevolencia. ‖ Con gratitud y agradecimiento. *comp.* tius. *sup.* ssime.

**Grātes. f. plur.** *Cic.* Gracias por el beneficio recibido (*solo se usa en nominativo y acusativo*). *Grates agere, habere, persolvere. Cic.* Dar las gracias, estar agradecido, mostrar agradecimiento y gratitud.

**Grātia, ae. f.** *Cic.* Gracia, favor, beneficio, don, servicio, buen oficio. ‖ Amistad, benevolencia, concordia. ‖ Autoridad, favor. ‖ Agradecimiento, reconocimiento, gratitud. ‖ Perdon, indulgencia. *Bona gratia. Cic.* Crédito, autoridad, favor, poder. — *Mala. Ter.* Enemistad, desagrado, enojo. — *Magna mihi cum illo est. Cic.* Tengo mucho favor con él. — *Villae. Plin.* Gracia, hermosura de una casa de campo. *Gratiam inter aliquos componere. Ter.* Conciliar, componer á algunas personas entre sí. *Agere gratias. Cic.* Dar gracias. — *Habere. Liv.* Estar agradecido. — *Referre. Cic.* Pagar el beneficio. *Diis est gratia. Ter.* Doy gracias á los dioses. *Ejus rei gratia. Cic. Ea gratia. Ter.* Por esto, por esta causa, razon ó motivo, con esta mira, ánimo ó designio.

**Grātiae, ārum. f. plur.** *Hor.* Las gracias, *diosas de la belleza: son tres,* Aglaya, Eufrosine *y* Talia.

**Gratiae portus, us. f.** Havre de Gracia, *ciudad de Normandía.*

**Gratianŏpŏlis, is. f.** Grenoble, *capital del Delfinado.*

**Grātianus, a, um.** *Marc.* Lo perteneciente al artífice romano Gracio ó Graciano.

**Grātĭfĭcātĭo, ōnis. f.** *Cic.* Gratificacion, beneficio.

**Grātĭfĭcor, āris, ātus sum, āri. dep.** *Cic.* Hacer un beneficio, un favor. *Gratificari perversa gratia. Sal.* Hacer un mal, un bajo servicio.

**Gratiis. adv.** *Plaut.* V. Gratis.

**Grātĭōse. adv.** *Ulp.* Graciosamente, por favor, sin premio ni interes.

**Grātĭōsĭtas, ātis. f.** *Tert.* Graciosidad, gracia.

**Gratiōsus, a, um.** *Cic.* Gracioso, inclinado á hacer gracias, agraciable ‖ Grato, amado, favorecido, que tiene favor y amistad con muchos. *Gratiosa sententia. Ulp.* Sentencia dada por favor, contra la justicia. *Contendere cum adversario gratiosissimo. Cic.* Pleitear con un contrario muy poderoso, que tiene mucho favor.

**Grātis. adv.** *Cic.* Gratis, de gracia, de balde, por favor.

**Gratīto, as, āvi, ātum, āre. n.** *Aut. de Fil.* Graznar el ganso.

† **Grātitūdo, ĭnis. f.** *Val. Max.* Gratitud, agradecimiento, reconocimiento. ‖ *Apic.* Sabor grato, bueno.

**Gratius, ii. m.** Gracio, *poeta latino natural de Falisco, contemporáneo de Ovidio, que escribió un poema de la caza, intitulado Cynegeticon.*

**Grato. adv.** *Plaut.* Con gratitud y reconocimiento.

**Grātor, āris, ātus sum, āri. dep.** *Virg.* Congratularse, alegrarse de la felicidad de alguno, felicitarle. V. *Gratulor.* ‖ *Ov.* Dar gracias.

**Grătuĭto. adv.** *Cic.* V. *Gratis.*

**Grătuītus, a, um.** *Cic.* Gratuito, lo que se da de balde ó sin interes, de gracia.

**Grātŭlābundus, a, um.** *Liv.* V. *Gratabundus.*

**Grātŭlanter. adv.** V. *Gratanter.*

**Grātŭlātio, ōnis. f.** *Cic.* Congratulacion, alegría, muestra de ella por la felicidad de alguno. ‖ Accion de gracias, ruego público por algun suceso alegre y comun.

**Grātŭlātor, ōris. m.** *Cic.* El que se congratula, toma parte en la alegría de otro.

**Grātŭlātōrie. adv.** *S. Ag.* Á modo de y con muestra y afecto de congratulacion.

**Grātŭlātōrĭus, a, um.** *Cap.* Lo perteneciente á la congratulacion.

**Grātŭlor, āris, ātus sum, āri. dep.** *Cic.* Congratularse, alegrarse con otro, mostrar su afecto y gozo en la alegría y felicidad de otro. ‖ *Ter.* Dar gracias. *Gratulari alicui aliquam rem, in ó pro aliqua re. Cic.* Congratularse con alguno de, en ó por alguna cosa.

**Grātus, a, um, tior, issĭmus.** *Cic.* Grato, gustoso, agradable, acepto, que complace y da gusto. ‖ Agradecido, reconocido. ‖ *Sen.* Sabroso, gustoso. *Gratam alicui, in ó erga aliquem. Cic. Adversus aliquem se praebere. Sen.* Mostrarse agradecido con alguno. — *Odor. Plin.* De un olor agradable.

**Grăvābĭlis. m. f. le. n. is.** *Cœl. Aur.* Grave, pesado, molesto.

**Grăvāmen, ĭnis. n.** *Casiod.* Gravamen, molestia.

**Grăvandus, a, um.** *Ov.* Lo que se ha de cargar, lastrar.

**Grăvans, tis. com.** *Ov.* Que carga ó sobrecarga.

**Grăvastellus, i. m.** *Plaut.* Viejo pesado, agravado de los años.

**Grăvāte. adv.** *Cic.* y

**Grăvātim. adv.** *Liv.* Con dificultad, con trabajo y molestia, de mala gana y voluntad.

**Grăvātio, ōnis. f.** *Cœl. Aur.* V. *Gravitas.*

**Grăvātus, a, um. part. de** *Gravo.* Agravado, pesado. *Gravatus somno. Plin.* Agravado de sueño. — *Vulneribus. Liv.* Enflaquecido por las heridas.

**Grăvēdĭnōsus, a, um.** *Cic.* Espuesto á dolor, á pesadez de cabeza. ‖ *Plin.* Que causa pesadez de cabeza.

**Grăvēdo, ĭnis. f.** *Cic.* Pesadez de cabeza, fluxion, reuma, resfriado, que hace pesada la cabeza, é impide la respiracion por las narices.

**Grăvelina, ae. f.** Gravelina, *ciudad de Flandes.*

**Grăveŏlens, tis. com.** *Virg.* Hediondo, que huele mal.

**Grăveŏlentia, ae. f.** *Plin.* Hediondez, olor pestífero.

**Grăvesco, is, scĕre. n.** *Virg.* Hacerse pesado, ser ó estar cargado. ‖ Hacerse embarazada la hembra. ‖ Agravarse, aumentarse, empeorarse.

**Grăvĭdātus, a, um. part. de** *Gravido. Cic.* Lleno, embarazado, agravado.

**Grăvĭdĭtas, ātis. f.** *Cic.* Preñez, embarazo.

**Grăvĭdo, as, āvi, ātum, āre. a.** *Aur. Vict.* Hacer, poner embarazada ó preñada.

**Grăvĭdus, a, um.** *Plaut.* Lleno, cargado. *Gravida é Pamphilo est. Ter.* Está embarazada de Pánfilo. — *Canis. Ter.* Perra preñada.

**Grăvĭlŏquus, a, um.** *Plaut.* El que habla con gravedad.

**Grăvis. m. f. ve. n. is., ior, issĭmus.** *Cic.* Grave, pesado. ‖ Serio, magestuoso, circunspecto. ‖ Considerable, importante, recomendable. ‖ Molesto, enfadoso, incómodo, difícil. ‖ Injurioso. ‖ Dañoso, peligroso, contrario á la salud. *Gravis annis. Hor. Aetate. Liv.* Cargado de años. — *Meritis. Virg.* Respetable por sus méritos. — *Armaturae miles. Liv.* Soldado armado con armadura pesada. — *Utero mulier. Plin.* Muger embarazada. — *Res. Cic.* Negocio grave, asunto de consecuencia. — *Annona. Plaut.* Carestía de víveres.

**Grăvĭscānus, a, um.** *Liv.* Lo perteneciente á Gravisca ó Graviscas, *colonia romana de la Etruria dicha Graviscae, arum, y sus naturales y habitantes.* Graviscani, orum.

**Grăvĭtas, ātis. f.** *Cic.* Gravedad, pesantez de los cuerpos. ‖ Peso, carga. ‖ Densidad, crasitud del aire. ‖ Fetidez, hediondez, mal olor. ‖ Enfermedad, descaecimiento, languidez. ‖ Fuerza, vehemencia. ‖ Seriedad, autoridad, representacion en el semblante, palabras y costumbres. ‖ Firmeza, constancia, perseverancia, fidelidad. *Gravitas auditus. Plin.* Sordera. — *Oris. Plin.* Fetidéz del aliento. — *Annonae. Tac.* Carestía de víveres.

**Grăvĭter, ius, issĭme. adv.** *Ces.* Gravemente, con peso y gravedad. ‖ Con seriedad, severidad, constancia y firmeza. ‖ Con aspereza y rigor. ‖ Fuerte, vehementemente. *Graviter crepuerunt fores. Ter.* La puerta suena, á la puerta llaman con grande estrépito. — *Se habere. Cic.* Estar, hallarse muy malo. — *Advertere. Ter.* Observar atentamente. — *Accipere quidquam. Tac.* Recibir alguna cosa con dolor y disgusto.

**Grăvĭtūdo, ĭnis. f.** *Vitruv.* V. *Gravedo.*

**Grăvĭuscŭlus, a, um. dim. de** *Gravis. Gel.* De un sonido algun tanto grave, bajo.

**Grăvo, as, āvi, ātum, āre. a.** *Tac.* Cargar, agravar. ‖ *Virg.* Importunar, enfadar, molestar, ser molesto y pesado. *Gravare aliquid. Hor.* Llevar á mal una cosa, rehusarla.

**Graxo, is, ĕre.** V. *Strepo.*

**Grĕgālis. m. f. le. n. is.** *Plin.* Gregal, que anda junto y acompañado con otros de su especie. ‖ Dícese de los ganados y de los hombres. ‖ *Sen.* Cosa comun, vulgar, ordinaria. ‖ *Tac.* Lo perteneciente al soldado raso.

**Grĕgārius, a, um.** *Col.* Lo perteneciente al rebaño ó ganado. ‖ Lo perteneciente al soldado raso.

**Grĕgātim. adv.** *Cic.* Por tropas, bandas ó compañías. ‖ *Col.* Por manadas ó rebaños.

**Grĕgātus, a, um.** *Estac.* Unido, recogido, en manadas ó rebaños. ‖ En tropas.

**Grĕgor, āris, āri. pas.** *Paul. Nol.* Congregarse, juntarse como en una grey.

**Grĕmium, ii. n.** *Cic.* Gremio, regazo. *Gremium patriae. Cic.* El seno de la patria. — *Imperii. Cic.* El medio, el corazon, el centro del imperio. *In vestris pono gremiis. Virg.* Pongo en vuestras manos, confío á vosotros.

**Gressio, ōnis. f.** *Macrob.* y

**Gressus, us. m.** *Cic.* El andar, el paso. *Ferre gressum. Ov.* — *Inferre. Tendere. Virg.* Ir, andar, caminar, marchar. — *Recipere. Virg.* Volver. — *Tenere. Val. Flac.* Detenerse, parar, tener el paso.

**Gressus, a, um.** *Virg. part. de Gradior.*

**Grex, ĕgis. m.** *Cic.* Grey, rebaño de ganado menor, como ovejas y cabras. ‖ De ganado mayor. ‖ De las aves. ‖ De los hombres. ‖ De los farsantes.

**Grillo, as, āvi, ātum, āre. n.** *Aut. de Fil.* Grillar, cantar los grillos.

**Grinnes, um. n. plur.** *Rhemen. ciudad del territorio de Utrecht.*

**Griphus, i. m.** *Gel.* Enigma, cuestion enredosa, oscura y difícil.

**Grisōnes, um. m. plur.** Los grisones, *pueblos de la Suiza.*

**Groccio, is, ĭre. n.** *Apul.* Graznar los cuervos.

**Groelandia, ae. f.** Groelandia, *país cerca del polo ártico.*

**Groma, ae. f.** *Fest.* V. *Gruma.*

**Grōmătĭca, ae, y Gromatice, es. f.** *Hig.* El arte de medir los campos y los reales.

## GUG

**Grŏmătĭcus, a, um.** *Casiod.* Lo perteneciente á las medidas de las tierras.

**Groninga, ae.** *f.* Groninga, *ciudad de Frisia.*

**Grossior. m. f. ius. n.** *ōris. Bibl.* Mas grueso ó fuerte.

**Grossĭtŭdo, ĭnis.** *f. Bibl.* Espesor. ‖ Grosería.

**Grossŭlus, i. m.** *Col.* El higuito. *dim. de*

**Grossus, i. m. f.** *Cels.* El higo por madurar.

**Grossus, a, um.** *Plin.* Grueso, espeso.

**Grudii, ōrum. m. plur.** *Ces.* Grudios, *pueblos de Brabante, donde hoy está Brujas ó Lovaina.*

**Gruis, is.** *f. Fed. V.* Grus.

**Grūma, ae.** *f. En.* Cierta medida para dirigir los caminos por línea recta. ‖ *Hig.* El centro de una plaza, ciudad ó campamento, *desde donde se tiran las líneas para las calles y salidas.*

**Grūmŭlus, i. m.** *Plin.* Montoncillo. *dim. de*

**Grūmus, i, m.** *Fest.* Monton pequeño de piedras, tierra ó cosa semejante.

**Grundĭles, ó Grundules Lares. m. plur.** *Arnob.* Lares, *dioses penates establecidos en Roma en honor de la puerca que parió treinta cochinillos.*

**Grundĭo, is, ĭvi, ĭtum, īre. n. y**

**Grunnĭo, is, ĭvi, ĭtum, īre. n.** *Varr.* Gruñir el puerco.

**Grunnītus, us. m.** *Cic.* El gruñido, el sonido de la voz del puerco.

**Gruo, is, ĭvi, ĭtum, īre. n.** *Aut. de Fil.* Gruir las grullas.

**Grus, gruis.** *f. Cic.* La grulla, *ave conocida.*

**Gryllo. V.** Grillo, as.

**Gryllus, i. m.** *Plin.* El grillo, *insecto negro bien conocido.* ‖ *Plin.* Pintura fea, ridícula.

**Grynēus, a, um.** *Virg.* Lo perteneciente á Grinia, *ciudad de la Eolide, donde habia un bosque consagrado á Apolo, del que le dieron el sobrenombre de Grineo.*

**Grynium, ii. n.** *Nep.* Grinio, *castillo ó plaza en Asia que regaló Farnabazo á Alcibiades ateniense.*

**Gryphites, ae. m.** *f. Gel.* El que tiene la nariz aguileña.

**Gryphus, i. m.** *Plin.* y

**Gryps, ȳphis. m.** *Virg.* El grifo, *animal cuadrúpedo, fabuloso, cuya parte superior es de águila, y la inferior de leon.*

**Grypus, i. m.** *Justin.* El que tiene la nariz corva.

## GU

**Guadalaxara, ae.** *f.* Guadalajara, *ciudad de España en Castilla la Nueva.* ‖ *Ciudad de América en la nueva Galicia, Jalisco.*

**Guadalupia, ae.** *f.* Guadalupe, *una de las islas Antillas en la América.*

**Guberna, ōrum. n. plur.** *Lucr.* Timones de los navíos.

**Gŭbernācŭlum, i. n.** *Cic.* El gobernalle, el timon con que se gobierna el navío. ‖ Gobierno de la república.

**Gŭbernātĭo, ōnis. f.** *Cic.* El gobierno, direccion del navío, del timonel ó timonero. ‖ Gobernacion, gobierno de la república.

**Gŭbernātor, ōris. m.** *Cic.* El timonel ó timonero, que gobierna el timon, el piloto que dirige la navegacion de una nave. ‖ Gobernador. ‖ *Quint.* El cochero.

**Gŭbernātrix, īcis. f.** *Cic.* La que gobierna.

**Gŭbernātus, a, um. part. de Gyberno.** *Cic.* Gobernado, dirigido.

**Gŭbernĭum, ii. n.** *Gel. V.* Gubernatio.

**Gŭberno, ās, avi, atum, āre. a.** *Cic.* Gobernar, dirigir la gobernacion del navío. ‖ Gobernar, administrar la república y otros negocios. *Gubernare è terra. Liv.* Locucion proverbial de los que se apartan del manejo de los negocios, y en su casa quietos ostentan gran prudencia en dirigirlos.

**Gueldria, ae. f.** Gueldres, *provincia del pais Bajo.*

**Guelphi, ōrum. m. plur.** Guelfos, *los que seguian el partido del papa contra el emperador Federico II.*

**Guerrandia, ae. f.** Guerandia, *ciudad de Bretaña.*

**Guerrio, is, ĭvi, ĭtum, īre. n.** *Apul.* Imitar, contrahacer el canto del ruiseñor.

**Gŭgerni, ōrum. m. plur.** *Tac.* Gugernos, sicambros, *pueblos del Rin.*

## GUT

**Guinea, ae.** *f.* La Guinea, *gran pais de Africa.*

**Guipuscoa, ae.** *f.* Guipúzcoa, *provincia de Vizcaya en España.*

**Guisia, ae.** *f.* Guisa, *ciudad de Picardía en Francia.*

**Gŭla, ae.** *f. Cic.* La gorja ó garganta, gula, caña del cuello *por donde entra el manjar al estómago.* ‖ Gula, apetito desordenado de comer y beber. ‖ La boca del cañon y el mismo cañon del fuelle.

**Gulliōcae, ārum. f. plur.** *Fest.* Cáscaras de nueces.

**Gŭlo, ōnis. m.** *Apul.* Tragon, comedor, gloton.

**Gŭlōse. adv.** *Col.* Golosamente, con golosina y gula.

**Gŭlōsus, a, um.** *Sen.* Goloso, comedor, tragon. *Gulosus lector. Marc.* Lector goloso, devorador de libros, que nunca se harta de leer.

**Gumen, ĭnis. n.** *Palad. V.* Gummi.

**Gumia, ae. V.** Gulosus.

**Gummātus, y Gummeus, a, um.** *Palad.* Gomoso, dícese de los árboles y plantas que echan de sí goma.

**Gummi. n. indecl. y Gummis, is. f.** *Plin.* Goma, licor ácueo, viscoso, que sale de las plantas naturalmente ó se saca por incision.

**Gummĭno, ās, āre. n.** *Palad.* Echar de sí goma.

**Gummĭnōsus, a, um. V.** Gummosus.

**Gummĭtĭo, ōnis. f.** *Col.* Engomadura, el acto y efecto de engomar alguna cosa.

**Gummōsus, a, um.** *Plin.* Gomoso, resinoso, lo que tiene goma.

**Gurdonĭcus, a, um.** *Sulp. Sev.* y

**Gurdus, a, um.** *Quint.* Gurdo (ant.) Necio, estólido, simple, insensato.

**Gurges, ĭtis. m.** *Cic.* Abismo, lugar profundo en el agua. ‖ Pródigo, disipador. *Gurges caeruleus. Ov.* El mar. — *Vitiorum. Cic.* Hombre perdido, encenagado en vicios.

**Gurgŭlĭo, ōnis. m.** *Lact.* La gula ó caña del cuello. ‖ El gorgojo, gusano.

**Gurgustĭdonii campi.** Campos gurgustidonios, *voz inventada por Plauto jocosamente.*

**Gurgustĭŏlum, i. n.** *Apul. dim. de*

**Gurgustĭum, ii. n.** *Cic.* Pocilga, zahurda, lugar oscuro, estrecho, subterráneo. ‖ Taberna.

**Gustātĭo, ōnis. f.** *Petron.* La probadura, gustadura de alguna cosa. ‖ Principio, entrada de una mesa abundante, en que habia manjares propios para escitar el apetito.

**Gustātōrium, ii. n.** *Petron.* La gustadura de aquellos manjares que servian antes de la comida para escitar el apetito, y los mismos manjares. ‖ La mesa donde se ponian.

**Gustātus, us. m.** *Cic.* Gusto, uno de los cinco sentidos que reside en la lengua. ‖ El acto de gustar.

**Gustātus, a, um.** *Ov.* Gustado, catado, probado.

**Gusto, ās, āvi, ātum, āre. a.** *Cic.* Gustar, probar, catar alguna cosa ligeramente. ‖ Tomar algun refrigerio fuera de la comida.

**Gustŭlum, i. n. Gustŭlus, i. m.** *Apul. dim. de* Gustus. Gustillo. *dim. de* Gusto. ‖ *Apul.* El huevo fresco.

**Gustum, i. n.** *Ap. V.* Gustatio.

**Gustus, us. m.** *Cic.* El gusto, sentido del gusto. ‖ El sabor de las cosas. ‖ La accion de gustar ó probar. ‖ El principio ó entrada de la comida. ‖ Eleccion, discernimiento. *Gustus vini. Petron.* Un sorbo de vino.

**Gutta, ae. f.** *Cic.* La gota, parte mínima de agua ú otro licor. ‖ *Vitruv.* Adorno hecho á modo de campanillas, que se ponen en el friso de las columnas dóricas, *debajo del triglifo.* ‖ Pinta ó mancha de algunos animales y piedras. ‖ *Sid.* Gota de ambar ó sucino. ‖ Cualquiera mínima partícula.

**Guttălus, i. m.** El Oder, *rio de Alemania.*

**Guttans, tis. com.** *Plin.* Lo que gotea, que cae ó destila gota á gota.

**Guttātim. adv.** *Plaut.* Gota á gota.

**Guttātus, a, um.** *Marc.* Goteado, manchado con gotas ó pintas.

**Guttones, um. m. plur.** Los godos, *pueblos de Alemania.*

**Gutŭla, ae. f.** *Plaut. dim. de* Gutta. Gotilla, pinta. *dim. de* Gota.

† **Guttŭlus, i. m.** Vasija con pico ó cuello estrecho para echar poco á poco el agua ú otro licor. ‖ La aceitera.

## GYR

Guttur, ŭris. n. Plin. La gorja ó garganta, gule ó caña del cuello. ‖ Plaut. El cañon del fuelle.

Gutturalis. m. f. lĕ. n. is. Gutural, propio de ó perteneciente á la garganta.

Gutturnium, ii. n. Fest. Vasija de pico ó cuello angosto para echar agua ú otro licor, como el aguamanil ó porron.

Gutturōsus, a, um. Ulp. El que tiene el gaznate hinchado.

Guttus, i. m. Varr. Vasija de cuello muy estrecho. ‖ Gel. La aceitera.

### GY

Gyara, y Gyari, ōrum, y Gyaros, us, ó i. f. Tac. Giarea, una de las islas Espórades en el mar egeo.

Gygaeus, a, um. Prop. Lo perteneciente á Giges, rey de Lidia.

Gyges, ae, y is. m. Ov. Giges, gigante de cien manos, hijo del Cielo y la Tierra. ‖ Un pastor del rey de Lidia, que se apoderó del reino con el ausilio del anillo, que vuelta la piedra á la parte interior de la mano, le encubria de todos.

Gymnas, ădis. f. Estac. El ejercicio de la lucha y de otros juegos, como el disco, el salto &c.

Gymnăsiae insulae. f. plur. Plin. Las islas Baleares.

Gymnăsiarca, ae. m. y

Gymnăsiarchus, i. m. Cic. Maestro ó gefe del gimnasio.

Gymnăsium, ii. n. Plaut. Gimnasio, escuela donde los atletas y los nobles se ejercitaban en la lucha, en la pelota, en el salto y en jugar la lanza. ‖ General, aula ó academia de letras.

Gymnasticus, a, um. Plaut. Gimnástico, lo perteneciente á los ejercicios del gimnasio y de la academia. Gymnastica ars. Plaut. Gimnástica, el arte de la lucha y de otros juegos y ejercicios del cuerpo.

Gymnēsiae, ārum. f. plur. Las islas Baleares, Mallorca y Menorca en el mediterráneo.

Gymnĭcus, a, um. Cic. Lo perteneciente al luchador ó la lucha. Gymnicum certamen ó gymnici ludi. Cic. Combate, juegos de los luchadores que ejercitaban su arte y fuerzas desnudos y untados con aceite.

Gymnŏsŏphistae, ārum. n. plur. Prud. Los gimnosofistas, filósofos de la India oriental, que vivian desnudos en las selvas.

Gynaeceum, ii. n. Cic. V. Gynaeconitis.

Gynaeciărius, ii. m. Cod. El que cuida de la pieza interior de labor de las mugeres.

Gynaecocratumĕni, ōrum. m. plur. Plin. Pueblos sauromatas sujetos á las Amazonas.

Gynaeconītis, ĭdis. f. Nep. El gabinete de las damas entre los griegos, la pieza de labor donde no entraban sino los parientes y los siervos domésticos. ‖ Veg. Lugar público donde se juntaban las mugeres asalariadas para hilar y tejer. ‖ Serrallo como el del emperador de los turcos.

Gynaecopŏlis, is. f. Ciudad de Egipto habitada por mugeres solas.

Gyndes, is. m. Sen. Gindes, rio muy grande de Mesopotamia ó Armenia.

Gypsātus, a, um. Ov. Blanqueado con yeso. part. de Gypso, as.

Gypseus, a, um. Esparc. Lo que es de yeso.

Gypso, ās, āvi, ātum, āre. a. Col. Enyesar, blanquear con yeso, aderezar y allanar con él las paredes ó el suelo.

Gypsoplastes, ae. m. Casiod. Albañil que da de yeso.

Gypsum, i. n. Plin. El yeso, especie de piedra blanca que se endurece y cuaja con agua.

Gyrātio, ōnis. f. Cels. El acto de girar ó moverse alrededor, se dice del vértigo ó vahido.

Gyrātus, a, um. Plin. part. de Gyro. Hecho en forma de giro ó círculo.

Gyrīnus, i. m. Plin. El parto informe de las ranas, que no es mas que ciertas carnecillas negras.

Gyro, ās, āvi, ātum, āre. a. Varr. Girar, mover alrededor, redondear. Gyra omnes greges tuos. Bibl. Visita todos tus rebaños.

Gyrōsus, a, um. Cels. El que tiene vahidos ó vértigos, que se le anda la cabeza.

## HAB

Gyrton, ōnis. f. Liv. Girtona, ciudad de Macedonia.

Gyrus, i. m. Virg. Giro, movimiento circular. ‖ Hor. El curso del dia. ‖ Sen. El de la luna. ‖ La vuelta en que se enseña á los caballos. In gyrum exiguum compelere. Cic. Contener, reducir á límites ó términos estrechos. — Rationis ducere. Cic. Reducir á la razon, hacer volver en sí, entrar en sí mismo.

Gythōnes, um. m. plur. Pueblos de la Sarmacia europea, hoy la Prusia.

### HA

¡Ha! Plaut. interjeccion. ¡Ha! sirve para manifestar aviso ó amonestacion, risa, irrision.

Habēna, ae. f. Virg. La brida, rienda ó correa. ‖ Cuerda de una honda. ‖ Amiento, correa de la lanza ó dardo. ‖ La caballería. ‖ La administracion ó gobierno (en este sentido se usa en plural). Irarum habenas effundere. Virg. Dejarse llevar de los movimientos de la cólera, soltar las riendas á la ira.

Habendus, a, um. Plin. Lo que se ha de tener.

Habens, tis. com. Cic. El que tiene.

Habentia, ae. f. Plaut. La riqueza, bienes, facultades.

Habenŭla, ae. f. Correita. dim. de Correa. ‖ Cels. Tira de carne que se corta del labio de una llaga.

Habeo, ēs, bui, bĭtum, ēre. a. Cic. Tener, poseer. ‖ Tomar, estimar por. ‖ Tener bienes, facultades, ser rico. Habere meritum alicujus. Liv. Tener obligacion á alguno, deberle reconocimiento. — Convivium. Plin. Tener, dar un convite. — Mortuum aliquem. Cic. Tener á uno por muerto. — Rationem cum terra. Cic. Cultivar, trabajar la tierra. — Necesse. Cic. Ser ó estar precisado, obligado. — Sic sine. Plaut. Supon que sea asi. — Certum, cognitum, compertum, exploratum, perspectum, pro certo, pro comperto. Cic. Tener por cierto, por seguro, estar cierto, bien informado. — Anxium, sollicitum, occupatum, exercitum. Cic. Apesadumbrar, inquietar, dar pena, pesadumbre ó cuidado. — Aliquem documento. Cic. Tener ó tomar á alguno por ejemplo, por modelo. — Se bene ó belle. Cic. Pasarlo bien, estar ó hallarse bueno. — Estar contento, en buen estado sus negocios. — Senatum. Cic. Tener ó juntar el Senado. — Rem antiquissimam. Cic. No tener otra cosa mas presente ó mas deseada. — Aliquid nullo loco. Cic. In levi. Tac. Pro stercore. Plaut. No hacer estimacion de alguna cosa. — Religioni. Cic. Hacer escrúpulo. — Supplicationes. Liv. Hacer rogativas públicas. — Nihil pensi. Sal. Susque, deque. Gel. No dar ningun cuidado, no importar. — Secum. Cic. Tener en el pecho, en secreto. Sic se res habet. Hor. Asi es. Habes nostra consilia. Cic. Ya sabes, ya entiendes mis designios. Sic habeto. Cic. Sábete, ten entendido ó por cierto, persuádete. Quis istic habet? Plaut. ¿Quién vive aqui? Aetatem habere. Sal. Pasar la vida. Nobilis gladiator habetur. Cic. Pasa, es tenido por famoso gladiador. Qui is non habet, Samum habere postulat. adag. Aja no tiene que comer, y convida huéspedes. ref.

Habessit. Cic. ant. en lugar de Habeat y de Habuerit.

Habĭlis. m. f. lĕ. n. is, ior, issĭmus. Cic. Lo que facilmente se puede hacer, tener, tratar y manejar. ‖ Hábil, á propósito, capaz, adecuado. Calcei habiles. Cic. Zapatos ajustados al pie. Habili vigor. Virg. Vigor que hace el cuerpo ágil y espedito.

Habilitas, atis. f. Cic. Habilidad, capacidad. ‖ Destreza, acierto, prontitud.

Habĭlĭter. adv. Mel. Fácilmente, con facilidad, presteza, con comodidad.

Habĭtābĭlis. m. f. lĕ. n. is. Cic. Habitable, lo que se puede habitar.

Habĭtācŭlum, i. n. Gel. V. Habitatio.

Habĭtans, tis. com. Ov. V. Habitator.

Habĭtātio, ōnis. f. Cic. Habitacion, casa, vivienda, cuarto donde se vive, y la accion de habitar. Annua habitatio. Suet. Alquiler anual de la casa.

Habĭtatiuncŭla, ae. f. S. Ger. Pequeña habitacion.

Habĭtātor, ōris. m. Cic. y

Habĭtātrix, īcis. f. Aus. Habitador, morador, vecino.

**Hăbĭtātus**, a, um. *part. de* Habito. *Tac.* Habitado.

**Hăbĭtĭo**, ōnis. *f. Gel.* La accion de tener ó poseer. *Habitio gratias. Gel.* Accion de gracias.

**Hăbĭto**, as, avi, atum, are. *a. Varr. freq. de* Habeo. Tener. ‖ Habitar, vivir, morar, residir, alojarse. *Habitare bene. Cic.* Estar bien alojado. — *Laxe. Cic.* Tener una habitacion espaciosa. — *Duabus urbibus. Liv.* Tener domicilio ó casa en dos ciudades. — *Tanti Censorem increpuit. Plin.* Reprendió al censor el vivir en una casa tan cara. — *Romae. Cic.* Vivir en Roma. — *In aliqua re. Cic.* Darse mucho, aplicarse con mucha intension á una cosa. — *In foro. Cic.* No salir del foro, del tribunal, de la audiencia. — *In beata vita mali metus non potest. Cic.* El temor del mal es incompatible con la vida feliz. — *In vultu alicujus. Cic.* Tener los ojos fijos ó puestos continuamente en alguno. — *In oculis. Cic.* Dejarse á menudo ó continuamente. *Habita tecum. Pers.* Entra en tí mismo, haz reflexion sobre tí. *Ea pars habitatur frequentissime. Cic.* Esta parte ó cuartel está muy poblado. — *Humiles casas. Virg.* Vivir en casas humildes, en cabañas, en chozas.

**Hăbĭtūdo**, ĭnis. *f. Ter.* El estado ó complexion del cuerpo, su cualidad y forma, constitucion, disposicion.

**Hăbĭtŭo**, as, are. *a. Ctl. Aur.* Habituar, hacer tomar hábito ó costumbre.

**Hăbĭtūrĭo**, is, ire. *a. Plaut.* Desear tener.

**Hăbĭtus**, us. *m. Cic.* Porte esterior, aire, traza, presencia, figura, postura. ‖ *Cels.* Cualidad, estado, complexion, constitucion, disposicion. ‖ Hábito, vestido, trage y el modo de vestir. ‖ Hábito, costumbre, habitacion. ‖ *Tac.* Afecto, inclinacion, voluntad. *Degere vitam suo habitu. Fedr.* Pasar la vida con lo que se tiene, con lo que á cada uno es natural.

**Hăbĭtus**, a, um, ior, issĭmus. *Cic.* Habido, tenido, poseido. *Vir habitus magnae auctoritatis. Cic.* Tenido por hombre de grande autoridad. — *Ludibrio. Ter.* Que ha servido de burla, de risa, de irrision. — *Frustra. Tac.* Frustrado, engañado. *Habita est ejus soror. Ter.* Ha sido tenida, ha pasado por su hermana. — *Est huic fides. Plaut.* Se le ha creido, se le ha dado crédito. *Siqua est habitior paulo. Ter.* Si alguna es algo mas corpulenta.

**Hăbui**, *pret. de* Habeo.

**Hac.** *adv. Ter.* Por aquí, por esta parte.

**Haceldāma**, *indecl. Bibl.* Campo de sangre.

**Hac propter.** *adv. Cic.* Por esto, por esta razon ó motivo.

**Hactĕnus.** *adv. Cic.* Hasta aquí, hasta el presente, hasta ahora. *Sed haec hactenus. Cic.* Pero basta de esto.

**Hadria**, ae. *f. Plin.* Atri, *ciudad del reino de Nápoles.* ‖ *Hor.* El mar adriático, el golfo de Venecia.

**Hadriānālis.** *m. f. lĕ. n. is. Inscr.* Del emperador Adriano.

**Hadriāni moles.** *f.* Castillo de Santangel, *sobre el Tiber en Roma.*

**Hadriănŏpŏlis**, is. *f.* Andrinópolis, *ciudad de Tracia.*

**Hadriānus**, a, um. *Liv.* Propio de la ciudad de Atri.

**Hadriānus**, ó **Adriānus**, i. *m. Esparc.* Hadriano el xv de los emperadores romanos.

**Hadriātĭcus**, y **Hadrĭtĭcus**, a, um. *Plin.* Lo perteneciente al mar adriático ó golfo de Venecia.

* **Hadrŏbŏlon**, i. *n. Plin.* Especie de goma negra de Arabia, India, Media y Babilonia, *de que usaban por perfume en los sacrificios.*

**Hadrosphaerum**, i. *n. Plin.* Especie de nardo que tiene las hojas mas anchas que el comun.

**Haebūdes**, y **Hebudes**, um. *f. plur. Solin.* Cinco islas que nacen del promontorio Calidonio, hácia la parte de Tyle. *Plinio dice que son treinta.*

**Haedile**, is. *n. Hor.* El establo ó aprisco de las cabras.

**Haedillus**, i. *m. Plaut. dim. de* Haedus. *V.* Haedulus.

**Haedinus**, a, um. *Cic.* Lo perteneciente al cabrito.

**Haedŭlĭa**, ae. *f. Hor.* El ganado cabrío.

**Haedŭlus**, i. *m. dim. de* Haedus. *Juv.* El cabritillo.

**Haedus**, i. *m. Cic.* El cabrito, el hijo de la cabra cuando es pequeño.

* **Haema**, ătis. *n. Apul.* La sangre.

* **Haemachātes**, ae. *m. Plin.* Especie de piedra ágata de color sanguino.

**Haemătīnus**, a, um. *Plin.* De color de sangre.

* **Haemătītes**, ae. *m. Plin.* La piedra hematites de color rojo oscuro, con venas sanguíneas.

**Haematopŏdes**, um. *f. plur. Plin.* Las aves que tienen rojas las patas como la perdiz.

**Haemĭmons**, tis. *f. Vop.* Pais de Tracia, junto al monte Hemo.

**Haemĭmontāni**, ōrum. *m. plur. Sex. Ruf.* Los tracios que habitan en el monte Hemo.

**Haemon**, ōnis, ó **Aemon**. *m. Prop.* Hemon, *hijo de Creon, tirano de Tebas, que amó tanto á Antigone, hija de Edipo y de Yocasta, que se dió la muerte junto á su sepulcro.*

**Haemŏnĭa**, ae. *f.* La Tesalia. *V.* Aemonia.

**Haemŏnĭus**, a, um. *Sil.* Lo perteneciente al monte Hemo de Tracia, y á Tracia y Tesalia.

**Haemophthisicus**, a, um. *Emil. Marc.* Aquel á quien por enfermedad se le corrompe la sangre.

**Haemorrhagia**, ae. *f. Plin.* Flujo de sangre, en especial por las narices, hemorragia.

**Haemorrhoicus**, a, um. *Firm.* El que padece de almorranas.

**Haemorrhois**, ĭdis. *f. Cels.* Almorranas, *enfermedad que procede de la hinchazon ó evacuacion de sangre de las venas hemorroidales en el ano.* ‖ *Luc.* Hemorroo ó hemorroida, *cierta serpezuela de un pie de largo, cuya mordedura hace echar en poco tiempo toda la sangre por boca y narices y otras partes del cuerpo que hace que se abran.*

**Haemus**, i. *m. Virg.* El monte Hemo, *entre Tracia y Misia.*

**Haerēdĭŏlum**, i. *n. Col.* Heredad pequeña.

**Haerēdĭpĕta**, ae. *m. f. Petron.* El que procura que otro le deje por heredero.

**Haerēdĭtārĭo.** *adv. Bibl.* Por sucesion, por herencia.

**Haerēdĭtārĭus**, a, um. *Cic.* Hereditario, lo perteneciente á la herencia; lo que corresponde por ella.

**Haerēdĭtas**, ātis. *f. Cic.* Herencia, sucesion en los derechos del difunto. ‖ Bienes adquiridos por herencia. *Haereditatem adire. Cic.* Adir, admitir la herencia. *Sine sacris haereditas. Citra arationem citraque sementem. adag.* Bocado sin hueso.

**Haerenniānus**, a, um. *Cic.* Lo perteneciente á Herennio, ciudadano romano.

**Haerens**, tis. *com. Cic.* Inherente, unido, conexo. ‖ Parado, detenido. *Si me haerentem videbis. Cic.* Si me vieres atascado, que no sé, ó no puedo pasar adelante.

**Haerĕo**, es, aesi, aesum, rēre. *n. Cic.* Estar unido, conexo, inherente, junto. ‖ Dudar, estar incierto, irresoluto, no saber qué partido tomar. ‖ Ser cogido ó preso, caer en algun lazo ó trampa. ‖ Detenerse, pararse. *Haeret si aqua. Cic.* Se halla atascado, no sabe, no puede salir, se halla embarazado, sin saber qué partido tomar. ‖ *In te omnis culpa. Ter.* — *Tibi culpae crimen. Cic.* Toda la culpa cae sobre tí, tú tienes toda la culpa. — *Negotium. Plaut.* El negocio ha parado. — *Mihi res in medullis, et visceribus. Cic.* Tengo esto clavado en mi corazon, muy presente.

**Haeres**, ēdis. *m. f. Cic.* Heredero, heredera, á quien por sucesion tocan los bienes del difunto. *Haeres secundus. Cic.* Heredero sustituido. — *Arboris. Plin.* Renuevo de un árbol. — *Testamento. Cic.* Heredero instituido en el testamento. — *Ex omnibus bonis. Plin.* Heredero único, universal.

**Haeresco**, is, scĕre. *n. Lucr.* Estar unido, junto.

**Haerĕsĭarcha**, ae. *m. S. Ag.* Heresiarca, *autor ó inventor de una heregía.*

**Haerĕsis**, is. *f. Cic.* Opinion, dogma, secta, partido. ‖ *Ecles.* Heregía, dogma contrario á los principios de la religion católica.

**Haerĕtĭcus**, i. *m. Tert.* Herege, *el que se aparta y opone en todo ó en parte á los principios y máximas de la religion católica cristiana.*

**Haerĕtĭcus**, a, um. *Arat.* Heretical, herético, lo que pertenece ó toca á la heregía.

**Haesĭtăbundus**, a, um. *Plin.* Dudoso, irresoluto.

**Haesĭtans**, tis. *com. Cic.* El que está en duda, parado, perplejo, que se detiene, no se resuelve. *Haesitans majorum institutis. Cic.* Poco práctico ó versado en las costumbres antiguas.

Haesĭtanter. *adv. Liv.* Con detencion, irresolucion.

Haesĭtantia, ae. *f. Cic.* y

Haesĭtatĭo, ōnis. *f. Cic.* Duda, incertidumbre, irresolucion, perplejidad. *Haesitatio in loquendo. Cic.* La dificultad en la pronunciacion.

Haesĭtātor, ōris. *m. Plin. men.* El que está dudoso, incierto, irresoluto.

Haesĭtātus, a, um. *Sen.* Detenido, parado. *part. de*

Haesĭto, ās, āvi, ātum, āre. *a. Cic.* Estar perplejo, dudoso, incierto, irresoluto. *Haesitare lingua. Cic.* Ser balbuciente, no poder hablar con claridad.—*In eodem luto. Ter.* Estar siempre en la misma dificultad.

Haga comitis. *f.* La Haya en Holanda, *que dicen ser la ciudad mayor y mas hermosa de Europa*.

Hagenoa, ae. *f.* Hagueano, *ciudad de Alsacia*.

Hagiogrăpha, ōrum. *n. plur. S. Ger.* Los libros sagrados, la sagrada escritura.

Halaesa, ae. *f. Sil.* Ciudad de Sicilia, *hoy Caronia*.

Halaesīnus, a, um. *Cic.* Lo perteneciente á la ciudad de Halesa, *cuyos habitadores se dicen Halaesini, ōrum*.

Halaesus, i. *m. Col.* Monte y rio de Sicilia. ‖ Haleso, *hijo de Agamemnon y de Clitemnestra, que ayudó á Turno contra Eneas*.

Halcyon, ōnis. *V.* Alcyon.

Halec, ēcis. *n. Hor. V.* Halex.

Halecŭla, ae. *f. Col.* Pez pequeño de mar, que parece ser la anchoa.

Halex, ēcis. *f. Plaut.* El arenque, *especie de sardina, algo mayor que la comun.* ‖ Salsa que los antiguos hacian con salmuera y las entrañas de cierto pez.

Haliaeetus, i. *m. Plin.* Halieto, *águila marina*.

Halicacăbum, i. *n. Plin.* La yerba solano ó yerba mora, que acarrea sueño.

Halicarnāsensis. *m. f. sĕ. n. is. Liv.* Natural ó ciudadano de Halicarnaso, Halicarnaseo.

Halicarnāseus, i. *m. Cic.* El natural de Halicarnaso, *ciudad marítima de Caria*.

Halicarnāsius, a, um. *Nep. V.* Halicarnasensis.

Hălicastrum, i. *n. Col.* Especie de trigo esquisito.

Haliciensis, y Halicyenses, ium. *m. plur. Plin.* Los naturales y habitadores de Alicia, *ciudad de Sicilia*.

Halieus. i. *m.* El Pescador, *título del libro x de Apicio, que trata del guiso de los pescados*.

Hălieutĭca, ōrum. *n. plur. Plin.* y

Hălieutĭcus, a, um. *Treb. Pol.* Lo perteneciente á los peces, libros ó tratados sobre ellos.

Hălĭtans, tis. *com. En.* El que despide el aliento.

Hălĭtus, us. *m. Plin.* El álito, güelgo ó aliento que despide el cuerpo por la boca. ‖ Vapor, exalacion de la tierra. ‖ Soplo, viento, aire.

Hallucinātĭo, ōnis. *f. V.* Allucinatio.

Hallus, i. *m.* y

Hallux, ūcis. *m. Fest.* El dedo gordo del pie.

Halmyris, ĭdis. *f. Plin.* El lago de nuestra Señora del Danubio.

Hălo, ās, āvi, ātum, āre. *a. Virg.* Espirar, respirar, echar el aliento. ‖ Exahar, oler, echar de sí olor.

Hălo, ōnis. *m. Sen.* Circulo que aparece algunas veces al rededor del sol y la luna. ‖ *Fest.* El hombre descaecido por borrachera del dia anterior.

Hălōphantha, ae. *m. Plaut.* Bribon, embustero.

Hălōsis, is. *f. Suet.* Espugnacion, toma, conquista de una ciudad.

Halter, ēris. *m. Marc.* Pedazo de plomo *que cogian los atletas en cada mano para equilibrar el cuerpo en el ejercicio del salto.* ‖ Contrapeso de los volatines ó danzarines en la maroma.

Halys, is. *n. Plin.* Rio muy grande del Asia menor. ‖ Otro en Lidia, *cerca del cual venció Ciro, y prendió al rey Creso*.

Hama, ae. *f. Plin.* Vasija, cántaro *con que sacaban agua para apagar los incendios*.

Hămădrỹas, ădis. *f. Virg.* Amadriada, ninfa de las selvas ó de los bosques. (*Es mas usado en plural*.)

Hamartigenia. Título de un poéma de Prudencio sobre el órigen del pecado.

Hāmătĭlis. *m. f. lĕ. n. is. Plaut.* Perteneciente al anzuelo.

Hamatus, a, um. *Cic.* Guarnecido de un anzuelo ó hecho á manera de él. ‖ *Ov.* Encorvado á manera de anzuelo ó garfio. *Hamata munera. Plin. men.* Dádivas con anzuelo, interesadas, hechas con ánimo de atraer otras.

Hamaxa, ae. *f.* Pais de Bitinia. ‖ *Gel.* El carro, constelacion.

Hamaxīci, ōrum. *m. plur. Suet.* Soldados que combatian desde los carros.

Hamaxo, ās, āre. *a. Plaut.* Uncir al carro ó al yugo.

Hamaxobii, ōrum. *m. plur. Plin.* Pueblos de los escitas, que no tenian asiento fijo, y que llevaban y tenian en carros toda su casa y aduar.

Hamburga, ae. *f.* y

Hamburgum, i. *n.* Hamburgo, *ciudad de Alemania*.

Hāmĭōta, ae. *m. Varr.* Pescador de caña y con anzuelo.

Hammaria, ae. *f.* Hamar, *ciudad de Noruega*.

* Hammel. *indecl.* Aries, el primer signo del zodiaco.

Hammītes, ae. *m.* ó

Hammītis, ĭdis. *f. Plin.* Piedra preciosa, parecida á los huevos de los pescados.

Hammon, y otros. *V.* Ammon.

Hāmo, ās, āvi, ātum, āre. *a. Petron. V.* Pescar con anzuelo.

Hămotrăhones, um. *m. plur. Fest.* Pescadores de caña, pescadores que arrastraban los cadáveres con garfios hasta las escalas gemonias. *V.* Gemonii gradus.

Hāmŭla, ae. *f. Col. dim. de* Hama. Cantarilla, cántaro pequeño.

Hāmŭlus, i. *m. Plaut. dim. de*

Hāmus, i. *m. Cic.* El anzuelo para pescar. ‖ El garfio y cualquiera otro instrumento que sirve para coger alguna cosa. ‖ Eslabon, anillo de una cadena. ‖ Artificio de ganar la voluntad y engañar. *Semper tibi pendeat hamus. adag.* De donde no se piensa salta la liebre. *ref.*

Hannōnes, um. *m. plur.* Los naturales de la provincia de Henao en el Pais Bajo.

Hannōnia, ae. *f.* La provincia de Henao en el Pais Bajo.

Hannŏvĕra, ae. *f.* Hanóver, *ciudad del ducado de Brunswic en la baja Sajonia*.

Hannovia, ae. *f.* Hayn, *ciudad de Silesia*. ‖ Henin, *ciudad fuerte de Alemania*.

Hanseatĭcae urbes. Ciudades anseáticas de Alemania, *que unidas entre sí formaban en otros tiempos un cuerpo muy considerable*.

Hăphe, es. *f. Sen.* El polvo con que espolvoreaban á los atletas despues de untados con el aceite.

Haphnia, ae. *f.* Copenhague, *capital de Dinamarca*.

Happalopsis, ĭdis. *f. Plaut.* Nombre fingido de un guisado por un cocinero juglar.

Hapsus, i. *m. Cels.* Vellon de lana á modo de venda ó ligadura con que se cubre y fomenta la parte del cuerpo enferma.

Hăra, ae. *f. Cic.* El establo de los puercos ó cerdos. ‖ *Varr.* El vivero de los gansos. *Hara suis. Plaut.* Muladar de puercos, oprobrio del hombre infame.

Harcurtium, ii. *n.* Arcourt, *ciudad de Normandia*.

Harflabium, ii. *n.* Harfleur, *ciudad de Normandia*.

Haringua, ae. *f. Fest.* Víctima cuyas entrañas se consultaban.

Hărĭŏla, ae. *f. Plaut.* La adivina.

Hărĭŏlātĭo, ōnis. *f. Cic.* Adivinacion, el acto de adivinar.

Hărĭŏlātor, ōris. *m. Plaut. V.* Hariolus.

Hărĭŏlor, āris, atus sum, āri. *dep. Cic.* Adivinar, profetizar, vaticinar.

Hărĭŏlus, i. *m. Cic.* Adivino, vaticinador.

Harlemum, i. *n.* Harlem, *ciudad de Holanda*.

Harmŏge, es. *f. Plin.* Buena union y tránsito de diversos colores en la pintura, mezclándolos.

Harmōnia, ae. *f. Cic.* Armonía, composicion, conveniencia, consonancia de cosas desemejantes. ‖ De variedad de voces en la música. *Ad harmoniam canere. Cic.*

## HAU

Cantar por música, hacer un concierto. *Harmonia corporis. Lucr.* Proporcion de las partes del cuerpo.

\* Harmŏnĭce, es. *f. Vitruv.* El arte de la armonía.

Harmŏnĭcus, a, um. *Plin.* Armónico, lo perteneciente á la armonía.

Harpa, ae. *f. Festus.* El arpa, *instrumento de cuerdas semejante á la lira*.

Harpactĭcum, i. *n. Plin.* y

Harpactium, ii. *n. Plin.* Especie de goma ó azufre.

Harpăga, ae. ó Harpage, es. *f.* ó Harpago, ōnis. *m. Ces.* Garfio de hierro, arpon corvo para prender, atraer ó arrastrar alguna cosa.

Harpăgo, ās, āvi, ātum, āre. *a. Plaut.* Quitar, robar, arrebatar con garfios.

Harpălyce, es. *f. Virg.* Arpalice, *hija de Arpálico, rey de los Ammimneos.* || *Otra hija de Climeno, hijo de Esqueneo.*

Harpastum, i. *n. Marc.* Especie de pelota con que jugaban en dos partidos, *procurando cada uno arrebatarla y traerla hácia el suyo.*

Harpax, ăgis, ó ăgos. *m. Plin.* El ambar que atrae á sí la paja.

Harpe, es. *f. Ov.* Sable corvo, cimitarra, *de que usó Mercurio contra Argos, y Perseo contra Medusa.* || *Plin.* Ave, *especie de Alcon.*

Harpocrătes, is. *m. Gel.* Harpocrates. *Filósofo griego, cuya sabiduría toda se encaminaba á encargar el silencio: fue tenido por dios del silencio. Harpocratem reddere. Cat. prov.* Imponer silencio.

Harpȳae, ārum. *f. plur. Virg.* Arpías, *aves fabulosas con rostro de muger y garras muy feas y hediondas: son tres, Aello, Ocipete y Celeno.*

Hărūdes, um. *m. plur. Ces.* Los Arudes, *pueblos de Germania*.

Haruspex, y otros. *V.* Aruspex.

Haspahānum, i. *n.* Hispahan, *capital de Persia.*

Hassi, ōrum. *m. plur.* Los naturales y habitadores de Basea en Artois.

Hassia, ae. *f.* La Hesse, *provincia de Alemania.*

Hasta, ae. *f. Cic.* El asta, pica, lanza, partesana, alabarda. || Almoneda, venta pública. *Hastam abjicere. Cic.* Abandonar un negocio, desesperar de su causa. *Ab hasta submovere. Liv.* No admitir á uno que puje el precio en un pregon ó venta pública. *Sub hasta subire. Plaut.* Ser vendido al pregon, en pública almoneda.

Hastārium, ii. *n. Tert.* La almoneda, ó venta pública. || El lugar donde se hace. || El libro donde se anota.

Hastărius, ii. *m. Virg.* y

Hastātus, i. *m. Flor.* El piquero, lancero, soldado armado con pica ó lanza.

Hastātus, a, um. *Liv.* Lo perteneciente á la pica ó lanza, ó á los armados con ella.

Hasti, ōrum. *m. plur. V.* Hassi.

Hastĭcus, a, um. *Suet.* Lo perteneciente á la pica, lanza ó alabarda.

Hastĭfer, a, um. *Inscr. V.* Hastatus.

Hastile, is. *n. Cic.* Astil ó asta, el palo ó mango de las lanzas, picas, chuzos y alabardas. || La pica.

Hastŭla, ae. *f. Sen.* Pica corta. *Hastula regia. Plin.* El gamon, planta.

Hau! *interj. Tert.* He, oh, ola. *Hau, mi homo! Sanus ne es? Ter.* Ola, digo, he, buen amigo, ¿está usted loco?

Haud. *adv. n. Cic.* No.

Haud quaquam. *adv. negat. Cic.* De ningun modo ó manera, nada menos.

Haurio, is, hausi, haustum, y hausum, rivi, ó ii, ītum, rīre. *a. Cic.* Sacar, estraer. *Dícese de los licores.* || Percibir, oir. || Percibir, disfrutar, gozar. || Consumir, devorar, agotar. *Haurire à, ab, de, è, ó ex aliquo aliquid. Cic.* Sacar una cosa de alguna parte. — *Oculis. Virg.* Mirar, ver. — *Animo. Virg.* Concebir, imprimir en su corazon. — *Auribus. Virg.* Entender, oir, percibir con mucha atencion. — *Voluptates. Cic.* Disfrutar, gozar de los deleites.

Haustor, ōris. *m. Luc.* Bebedor, el que bebe mucho ó agota el vaso, la vasija.

Haustrum, i. *n. Non.* Cubo, caldero ú otro instrumento para sacar agua. || *Bud.* Máquina con una rueda para sacar agua.

Haustus, a, um. *part. de* Haurio. *Cic.* Sacado fuera, estraido. || Bebido, consumido, agotado. || Devorado.

Haustus, us. *m. Cic.* La accion de sacar ó estraer licor. || La accion de beber, y lo que de una vez se bebe, trago. *Aquae haustus. Ulp.* El derecho de sacar agua, servidumbre. *Haustus divini numinis. Val. Max.* Inspiracion divina. *Exiguis haustibus. Ov.* Á sorbos.

## HE

He, heu! *interj. de* lástima y compasion. Ah, ai! *Plaut.*

Heautontimorumĕnos. *Cic.* El que se castiga ó atormenta á sí mismo: *título de una comedia de Terencio.*

Hebdŏmăda, ae. *f. V.* Hebdomas.

Hebdŏmădālis. *m. f.* lĕ. *n. is. Sid.* Lo perteneciente á semana, semanal.

Hebdŏmas, ădis. *f. Cic.* La hebdómada ó semana, *número de siete dias y de años, y de cualquiera cosa que se comprende en el número de siete.*

Hebdŏmătĭcus, a, um. *Firm.* Lo perteneciente á la semana, semanal.

Hebe, es. *f. Virg.* Hebe, *hija de Juno, diosa de la juventud, y la que servia la copa á los dioses.*

Hebĕnīnus, a, um. *Bibl.* Lo que es de madera de ébano.

Hebĕnus, i. *f. V.* Ebenus.

Hebeo, ēs, ēre. *n. Liv.* Ser rudo. || Ser tardo, perezoso.

Hebes, ĕtis. *com. Cic.* Obtuso, lo que está sin punta. || Rudo, tardo para entender, estúpido. || Pálido. *Uba hebes. Cel.* Uva insípida. — *Color. Ov.* Color pálido, muerto. — *Miles. Tac.* Soldado tardo, desidioso.

Hebesco, is, scĕre. *n. Cic.* Embotarse, ponerse obtuso, sin punta. || Hacerse tardo, rudo, tonto. *Hebescunt sidera. Tac.* Se ocultan las estrellas. *Hebescit virtus. Sal.* La virtud pierde su fuerza y esplendor, se debilita.

Hebĕtātio, ōnis. *f. Plin.* El acto de ponerse alguna cosa obtusa, de despuntarse. || Estupidez, rudeza.

Hebĕtātor, ōris. *m. Apul.* y

Hebĕtātrix, īcis. *f. Plin.* El ó la que embota, debilita, oscurece, eclipsa.

Hebĕtātus, a, um. *Plin. part. de* Hebeto. Embotado, obtuso, eclipsado.

Hebĕtesco, is, scĕre. *n. Plin.* Embotarse. *V.* Hebesco.

Hebĕto, ās, āvi, ātum, āre. *a. Liv.* Embotar. || Debilitar, enflaquecer. *Hebetare dentes. Sil. Ital.* Dar dentera. — *Sidera. Tac.* Oscurecer, eclipsar los astros. — *Aures. Cels.* Ensordecer, poner á uno sordo.

Hebĕtūdo, ĭnis. *f. Macrob. V.* Hebetatio.

Hebraei, ōrum. *m. plur. Lact.* Los hebreos, *nombre que tomaron los judíos de Heber, hijo de Sem, y nieto de Noé.*

Hebraeus, a, um. *Estac.* Perteneciente á los hebreos, hebreo.

Hebraice. *adv. Lact.* En hebreo, en lengua hebrea.

Hebraicus, a, um. *Lact.* Hebraico, lo perteneciente á los hebreos y á su lengua.

Hebraismus, i. *m.* Hebraismo, construccion, locucion hebrea.

Hebrus, i. *m. Virg.* El Ebro ó Mariza, *gran rio de Tracia.*

Hecăle, es. *f. Ov.* Hecale, *una vieja muy pobre, que hospedó á Teseo, y á quien celebró Calimaco, poeta griego.*

Hecăta, ae, y Hecate, es. *f. Virg.* Hecate, *hija de Júpiter y Latona, á quien llaman los poetas Luna en el cielo, Diana y Lucina en la tierra, y Proserpina en el infierno; preside á los hechizos, y la pintan con tres cabezas, la derecha de caballo, la izquierda de perro, y de jabalí la del medio.* || *Val. Flac.* Otra hija de Persia, hermana de Medea, tambien hechicera.

Hecătēbĕlĕtes, ae. *m. Suet.* y

Hecătēbŏlus, i. *m.* El que tira de léjos, sobrenombre de Apolo.

Hecătēis, ĭdos. *patr. f. Ov.* Lo perteneciente á Hecate.

Hecătēius, y Hecateus, a, um. *Ov.* Lo perteneciente á Hecate, hermana de Medea. || *Estac.* Perteneciente á Diana.

Hĕcătes, is. *f.* Isla cerca de Delos. ‖ Otra cerca de Lesbos.

Hĕcătombe, es. *f. Varr.* Hecatombe, *sacrificio de cien víctimas de una misma especie entre los griegos y romanos.*

Hĕcătombion, ii. *n. Sid. V.* Hecatombe.

Hecatomphomia, orum. *n. plur.* Fiestas de los mesenios, *en las cuales se sacrificaba una hecatombe.*

Hĕcătompŏlis, is. *f.* Epíteto de la isla de Candia ó Creta á causa de sus cien ciudades ó puertas.

Hĕcătompўlos, i. *f.* Epíteto de Tebas, de Egipto y de otras ciudades que tenian cien puertas.

Hĕcătontarchus, i. *m.* Centurion, *capitan de cien soldados.*

Hectĭca, ae. *f.* y

Hectĭce, es. *f.* La fiebre hética.

Hectĭcus, a, um. Hético, tísico.

Hector, ŏris. *m. Virg.* Hector, *hijo de Priamo y de Ecuba, general de los troyanos, á quien mató Aquiles.*

Hectŏreus, a, um. *Virg.* Lo perteneciente á Hector. ‖ Troyano. ‖ Romano.

Hecŭba, ae. y Hecube, es. *f. Ov.* Ecuba, *hija de Dimante ó Cisseo, rey de Tracia, muger de Priamo, rey de Troya, que sacó los ojos á Polimnestor por haber dado muerte á su hijo Polidoro; y apedreada por sus siervos fue convertida en perra.*

Hecŷra, ae. *f.* La suegra, *título de una comedia de Terencio.*

Hĕdĕra, ae. *f. Virg.* La yedra, *planta consagrada á Baco.*

Hĕdĕrăceus, a, um. *Cat.* Lo que es de yedra ó parecido á ella.

Hĕdĕratus, a, um. *Treb. Pol.* Lo que es hecho á modo de las hojas de yedra. *Hederata frons. Nemes.* Frente coronada de yedra.

Hĕdĕrĭger, a, um. *Catul.* Que lleva yedra ó está cubierto de ella.

Hĕdĕrōsus, a, um. *Prop.* Abundante de yedra.

Hedua, ae. *f. Autum,* ciudad episcopal de Borgoña.

Hedui, orum. *m. plur. Ces.* Los naturales y moradores de Autum, autuneses.

Hedyosmos, i. *m. Plin.* Especie de mastranzo ó yerbabuena silvestre.

Hedyosmum, i. *n. V.* Hedyosmos.

Hedyponis, ĭdis. *f. Plin.* Especie de chicoria silvestre.

Hedysma, ătis. *n. Plin.* El jugo ó aceite que se echa en los ungüentos.

Hegethmatia, ae. *f. Libnitz,* ciudad de Alemania.

Hei. *interj. de dolor y gemido. Ter.* Ah, ay! *Hei mihi! Cic.* ¡Ay de mí!

Heidelberga, ae. *f.* Heidelberg, *ciudad capital del palatinado del Rin.*

Helciarius, ii. *m. Marc.* El que trae las barcas rio arriba con maromas, á la sirga.

Helcium, ii. *n. Apul.* La cuerda ó tirante con que los hombres y los irracionales tiran las naves, carros y cargas.

Helcysma, ătis. *n. Plin.* La escoria ó espuma de la plata.

Hĕlĕna, ae. y Helĕne, es. *f. Hor.* Helena, *hija de Júpiter ó de Tindaro, rey de Oecalia y de Leda, robada primero por Tesco, rey de Atenas, casada despues con Menelao, rey de Lacedemonia, y vuelta á robar por Paris, hijo de Priamo, la cual fue causa de la ruina de Troya.* ‖ *Mel.* Isla del mar Egeo. ‖ Fuego de san Telmo, *que los antiguos llamaban Castor y Polux, y le invocaban como astro favorable en la navegacion.*

Hĕlĕnium, ii. *n. Plin.* Yerba, *que dicen nació de las lágrimas de Helena.*

Hĕlĕnŏpŏlis, is. *f.* Bitalbas, *ciudad de Bitinia.* ‖ Francfort, ciudad de Alemania.

Hĕlĕosĕlīnum, i. *n. V.* Helioselinum.

Helĕpŏlis, is. *f. Amian.* Torre grande de madera, cubierta de cueros y zarzos de ramas verdes, con que los antiguos atacaban las ciudades.

Heleutĕri, orum. *m. plur.* Los habitadores de Orillac ó del Albiges, *pueblos de Lenguadoc.*

Hĕliădes, um. *f.* Las tres hijas del Sol y de Clemene, hermanas de Faetonte, que llorando la muerte de este fueron convertidas en álamo: sus nombres son Faetusa, Lampetusa y Lampecie. Higino dice que son siete, á saber, Merope, Helie, Egle, Lampecie, Febe, Eterie y Dioxippe.

Hĕliadum nemus. *Ov.* Bosque de álamos.

Hĕlianthes, eos. *n. Plin.* Helianto ó flor del sol, yerba.

Hĕlicaon, ōnis. *Marc.* Helicaon, *hijo de Antenor troyano, fundador de Padua.*

Hĕlĭce, es. *f. Cic.* Helice, la Ursa mayor, *constelacion.* ‖ *Plin.* Ciudad marítima de Acaya sumergida. ‖ *Plin.* Especie de sauce muy delgado, que se llama tambien sarga, mimbrera ó mimbre.

Hĕlĭcis. *gen. de* Helix.

Hĕlicon, ōnis. *m. Virg.* Elicon ó Elicona, *monte de Beocia consagrado á Apolo y á las musas.*

Hĕlĭcōnĭădes, dum. *f. plur.* y

Hĕlĭcōnĭdes, dum. *Estac.* Las musas asi llamadas del monte Elicon.

Hĕlĭcōnius, a, um. *Ov.* Lo perteneciente al monte Elicon y á las musas.

Hĕliocallis, ĭdis. *f. Plin. V.* Eliantes.

Hĕliocămīnus, i. *m. Plin. men.* Pieza abovedada, y donde da el sol, que conserva el calor como una estufa.

Hĕliochrȳson, ó Heliochrysos, ó Heliochrysus, i. *f. Plin.* La flor de la maravilla.

Hĕliŏpŏlis, is. *f. Plin.* Eliópolis, *ciudad de Egipto en el confin de Arabia.*

Hĕliŏpŏlītae, arum. *m. plur. Plin.* Los naturales ó habitadores de Eliópolis.

Helioscopion, ii. *n. Plin.* Helioscopio, *una de las siete especies de titímalo ó lechetrezna, yerba.*

Helioscopios, ii. *n. Plin. V.* Helioscopion.

Helioscopium, ii. *n.* Helioscopio, *anteojo para observar el sol, hecho de vidrios colorados ó ahumados, para que no deslumbren los rayos. Telescopio.*

Hĕliŏsĕlīnum, i. *n. Plin.* El apio que nace en lugares húmedos, distinto del cultivado, que se llama peregil.

Hĕliotrŏpium, ii. *n. Plin.* El eliotropio ó girasol, planta. ‖ Eliotropio, *piedra preciosa verde, y rayada de venas coloradas.*

Helix, ĭcis. *f. Plin.* Especie de yedra estéril. ‖ *Vitruv.* Pequeña concha, que sirve de adorno en el capitel corintio.

Helladĭcus, a, um. *Plin.* Griego, lo que es de Grecia.

Hellas, ădis, ó ados. *f. Mel.* La Grecia. ‖ La Tesalia. ‖ *Hor.* Nombre propio de muger.

Helle, es. *f. Col.* Hele, *hija de Atamante, rey de Tebas.*

Hellĕbŏrine, es. *f. Plin.* Yerba pequeña semejante al eléboro.

Hellĕbŏrītes, ae. *m. Plin.* Vino que ha fermentado con el eléboro.

Hellĕbŏro, as. are. *a. Cel. Aur.* Hacer tomar el eléboro, purgar con él.

Hellĕbŏrōsus, a, um. *Plaut.* El que ha tomado mas eléboro del que era menester, hombre loco, desarreglado.

Hellĕbŏrum, i. *n. Catul.* y

Hellĕbŏrus, i. *m. Virg.* Eléboro, *yerba de que hay dos especies, elíboro blanco y negro, llamada tambien veratro y vedegambre, blanco y negro.*

Hellen, ĕnis. *m. Plin.* Hijo de Deucalion, *rey de Tesalia, del cual los griegos se llamaron Helenes.*

Hellēnismus, i. *m. Cic.* Helenismo ó grecismo, *modo de hablar segun la gramática griega.*

Hellespontiăcus, a, um. *Virg.* Perteneciente al Helesponto.

Hellespontĭas, ădis, ó ados, ó ae. *m. Plin.* El viento nordeste.

Hellespontĭcus, a, um. *Virg. V.* Hellespontiacus.

Hellespontĭus, a, um. *Cic. V.* Hellespontiacus.

Hellespontus, i. *m. Plin.* El Elesponto, *estrecho que separa la Europa del Asia menor, estrecho de Galípoli, el brazo de san Jorge.*

Helluatio, ōnis. *f. Cic.* Esceso, glotonería. ‖ Borrachera, embriaguez.

Helluatus, a, um. *Catul.* El que ha devorado, engullido ansiosamente.

Helluo, ōnis. *m. Cic.* Gloton, comilon. ‖ Disipador, gastador en vicios y comilonas. *Helluo librorum. Cic.* Devorador de libros, el que lee con ansia y continuamente. —*Patriae. Cic.* Destruidor de la patria.

Helluor, ātus, ātus sum, ari. *dep. Cic.* Glotonear, comer frecuentemente, apriesa, desordenadamente. ‖ Disipar, gastar, destruir su patrimonio en vicios, en comilonas.

Helmstadium, ii. n. Elmstadt, *ciudad de Alemania.*

Hélops, pis. m. *Col. Pez de un sabor delicado del mar de Panfilia.*

Helōrus, i. m. *Virg.* Eloro, *rio de Sicilia.*

Helūcus, a, um. *Fest. V. Stupidus.*

Helvellae, ārum. f. plur. *Cic.* Berzas pequeñas y tiernas.

Helvenāca vitis. *Plin.* Especie de vid la mas fértil.

Helvenāticus, a, um. *Col.* Lo perteneciente á esta vid.

Helvŏlus, a, um. *Cat.* De color rojo ó purpúreo.

Helvetia, ae. f. La Suiza.

Helvetii, ōrum. m. plur. *Cic.* Los suizos, *pueblos antiguamente de la Galia lugdunense, hoy de la alta Alemania.*

Helvētum, i. n. Schelestadt, *ciudad de Alsacia.*

Helveus, a, um. *Fest.* El que bosteza, el que tiene siempre la boca abierta.

Helvii, ōrum. m. plur. Los pueblos del Vivaréz.

Helvina, ae. f. *Juv.* Fuente de la campaña de Roma.

Helvinum, i. n. Piomba, *rio de Italia.*

Helvŏlus, a, um. y

Helvus, a, um. *Varr.* De color rojo ó purpúreo bajo.

Helxīne, es. f. *Plin.* La helsine ó parietaria, *yerba.*

Hem interj. de llamar ó avisar. Hem istud serva. *Ter.* Ola, oyes, ten cuenta de esto. ‖ *De mostrar.* Hem Davum tibi. *Ter.* Mira, vé aquí, ves aquí á Davo ‖ *De dolor y sentimiento.* Hem misera occidi! ¡Ay, ay de mí miserable, ay miserable de mí, muerta, perdida soy! ‖ *De ira é indignacion.* Hem quid ais, scelus? *Ter.* ¿Cómo, qué horror, qué dices, malvado? ‖ *De admiracion.* Hem quid ego audio! *Plaut.* Ah, oh, ¡qué oigo! ‖ *De gozo y alegría.* Hem Pamphile, opportune te mihi affers. *Ter.* Ó Pánfilo, á gran tiempo vienes.

Hemēris, ĭdis. f. *Plin.* Especie de encina que da muy buenas bellotas y agallas.

Hemerŏbius, ii. m. *Plin.* Insecto que no vive mas que un dia, y nace en el Ponto.

Hemerŏcallis, is. f. *Plin.* Especie de lirio que solo dura un dia.

Hemerŏdrŏmi, ōrum. m. plur. *Liv.* Corredores, correos de á pie.

Hemicillus, i. m. *Cic.* Palabra de oprobio, que quiere decir medio asno.

Hemicraneum, ó Hemicarnium, ii. n. *Marc. Emp.* La jaqueca, *dolor de cabeza en que solo duele una parte de ella.*

Hemicyclium, ii. n. *Vitruv.* Cuadrante en medio círculo, que con el sol señala los dias y las horas. ‖ *Plin.* Semicírculo.

Hemicyclius, a, um. *Vitruv.* Lo que está en medio círculo ó semicírculo.

Hemicyclus, i. m. *Vitruv.* Medio círculo, semicírculo. ‖ El lugar donde se ponen varios asientos en semicírculo para una conversacion. Mesa semicircular, banco ó canapé de esta figura.

Hemicylindrus, i. m. *Vitruv.* Cilindro dimidiado, coluna dividida por medio de alto á bajo.

Hemīna, ae. f. *Plaut.* La hemina, *medida entre los romanos, tanto para cosas líquidas como para granos, que era la mitad de un sextario.*

Heminarius, a, um. *Quint.* Lo que tiene la medida de una hemina, y por traslacion lo poco.

Hemiŏlius, ó Hemiolius, a, um. *Gel.* Lo que es compuesto de un número par y de la mitad de él, como tres respecto de dos, quince respecto de diez.

Hemionītis, ĭdis. f. y

Hemionium, ii. n. *Plin.* La emionite, *planta semejante á la lengua de ciervo.*

Hemiplexia, ae. f. Hemiplegia, apoplegía imperfecta.

Hemisphaerium, ii. n. *Varr.* Hemisferio, la mitad de cualquiera esfera, dividida por un plano que pasa por su centro. ‖ *Vitruv.* Cúpula, bóveda en figura de medio globo.

Hemistichium, ii. n. *Asc.* Hemistiquio, medio verso.

Hemitheus, i. m. *Serv.* Semidios, héroe.

Hemitōnium, ii. n. *Vitruv.* Semitono.

Hemitriglyphus, i. m. *Vitruv.* La mitad de ó medio triglifo, *adorno de arquitectura.*

Hemitritaeus, i. m. *Cels.* La terciana doble. ‖ *Marc.* El que la padece.

Hemitritaicus, a, um. *Marc. Emp. V.* Hemitritaeus.

Hendecasyllăbus, i. m. *Catul.* Endecasílabo, *verso de once sílabas.*

Henetia, ae. f. Venecia, *ciudad de Italia.*

Henēti, ōrum. m. plur. *Liv.* Los venecianos, *pueblos de la república de Venecia.*

Heniochi, ōrum. m. plur. *Plin.* Eniocos, *pueblos fieros de la Sarmacia asiática.*

Heniŏchus, i. m. *Plin.* El cochero, constelacion.

Heniŏchus, y Heniochius, a, um. *Plin.* Lo perteneciente á los heniocos, *pueblos bárbaros de la Sarmacia asiática.*

†Henŏeis, eos. f. *Tert.* La union ó adunacion.

Henōtis, etos. f. *Tert.* La unidad.

Hepar, pătis. n. *Plin.* El hígado. ‖ Pez, *especie de langosta marina.*

Hepatarius, a, um. *Plaut. V.* Hepaticus.

Hepatis, ōrum. m. plur. *Apul.* Las entrañas.

Hepatĭca, ae. f. La epática, yerba, *por otro nombre liquen, que cura los empeines.*

Hepatĭcus, a, um. *Cels.* Lo perteneciente al hígado.

Hepatītes, ae. m. y

Hepatītis, is. f. *Plin.* Piedra preciosa de la figura del pulmon, de donde tomó el nombre.

Hepatizon, tis. n. *Plin.* Bronce, *cobre que por la mezcla es del color del hígado.*

Hepraeatitis, is. f. *Plin.* Piedra preciosa que representa las imágenes como un espejo.

Heptachordos, i. m. *Val. Max.* Que tiene siete cuerdas, sobrenombre de un tal *Lucio Valerio romano,* por haber usado él ó alguno de sus antepasados de la lira de siete cuerdas.

Heptăgōnus, a, um. *Hig.* La figura que tiene siete lados y ángulos, heptágono.

Heptamētrum carmen. *Diom.* Verso heroico que consta de siete pies.

Heptapăchys, eos. f. Medida de siete codos.

Heptaphŏnos, i. f. *Plin.* El pórtico de Olimpia, *hecho con tal arte que resonaba en él siete veces la voz.*

Heptapŏlis, is. f. *Plin.* Heptápolis, *provincia de Egipto en que hay siete ciudades.*

Heptaphyllos, i. f. *Apul.* Ciudad que tiene siete puertas.

Heptas, ădis. f. *Macrob.* El número septenario.

Heptasēmus numerus. *Marc. Cap. V.* Heptas.

Heptastădium, ii. n. *Am.* Campo que se estiende por siete estadios.

Heptēres, is. f. *Liv.* Nave de siete órdenes de remos.

Heptemĭmĕris, is. f. *Serv.* Heptemimeris, *especie de cesura en los versos exámetros, que contiene tres pies y una sílaba que finaliza la diccion, y se hace larga por licencia poética, aunque sea por naturaleza breve:* v. g. Congredior, fer-sacræ pater, et concipe fœdus.

Hera, ae. f. *Ter.* La dueña de la casa, ama, señora, madre de familias.‖Sobrenombre de Juno. ‖ La diosa Fortuna.

Heraclea, ae. f. *Mel.* Heraclea, *ciudad de la Grecia magna, del Ponto, de Siria, de Tracia, de la costa de Venecia.*

Heraclopolites, ae. com. *Plin.* Perteneciente á Heraclea.

Heracleōtes, ae. m. *Cic.* El nrtural de Heraclea.

Heracleōtĭcus, a, um. *Plin.* Lo perteneciente á Heraclea.

Heracleus, a, um. *V.* Heraclius.

Heracliensis, y Heracleensis. m. f. sě. n. is. *Cic. Liv.* Lo perteneciente á Heraclea.

Heraclitēus, a, um. *Apul.* Lo perteneciente al filósofo Heráclito.

Heraclītus, i. m. *Apul.* Heráclito, *filósofo de Efeso, célebre por su doctrina, que dicen aprendió sin maestro, como por que lloraba de todo lo que veia acontecer en la vida.*

Heraclium, ii. n. *Plin.* El orégano, *planta.*

Heraclius, a, um. *Plin.* Lo perteneciente á Hércules y á Heraclea. Heraclius lapis. *Plin.* La piedra de toque.

Heraea, ōrum. n. plur. *Liv.* Fiestas que se celebraban en Argos en honra de Juno.

**Herba**, ae. f. *Cic.* La yerba. ‖ La verdura. *In herbis esse*, *Ces.* Estar los panes todavía verdes. *Herbam dare*, ó *porrigere*. *Plin.* Ceder, confesarse, darse por vencido.

**Herbāceus**, a, um. *Plin.* De color de yerba.

**Herbārius**, ii. m. *Plin.* Herbolario, el que tiene conocimiento de las yerbas, de sus virtudes y propiedades, botánico.

**Herbārius**, a, um. *Plin.* Lo perteneciente á las yerbas. *Herbaria ars*. *Plin.* La botánica, ciencia de conocer las yerbas y sus virtudes.

**Herbasco**, is, scēre. n. *Plin.* V. Herbesco.

**Herbatĭcus**, a, um. *Vop.* Que pasta, pace, come, se alimenta de yerba.

**Herbens**, tis. com. *Apul.* V. Herbidus.

**Herbescens**, tis. com. *Cic.* Lo que echa ó produce yerba.

**Herbesco**, is, scēre. n. *Cic.* Echar, criar, producir yerba.

**Herbeus**, a, um. *Plaut.* Verde, de color de yerba.

**Herbĭdus**, a, um. *Col.* Herboso, abundante, lleno de yerba. ‖ De color de yerba. ‖ *Prud.* Hecho de yerba.

**Herbĭfer**, a, um. *Plin.* Que lleva ó produce yerba.

**Herbigrādus**, a, um. *Cic.* Lo que anda y se cria entre las yerbas.

**Herbĭlis** m. f. lĕ. n. is. *Virg.* Alimentado de yerbas.

**Herbĭpŏlis**, is. f. Virtzbourg, *ciudad de Franconia*.

**Herbĭpŏtens**, tis. com. *Beoc.* Que tiene potestad en las yerbas (habla de la encantadora Circe).

**Herbĭta**, ae. f. Herbita, *ciudad de Sicilia*.

**Herbitensis**. m. f. sĕ. n. is. *Cic.* Perteneciente á esta ciudad.

**Herbōsus**, a, um. *Virg.* Herboso, abundante de yerba.

**Herbŭla**, ae. f. *Cic.* dim. de Herba. Yerbecilla ó yerbecita. dim. de Yerba.

**Herceus**, i. m. *Virg.* Sobrenombre de Júpiter venerado en el recinto de la casa particular.

**Hercisco**. V. Ercisco.

**Hercle**. adv. V. Hercule.

**Hercŭlānensis**. m. f. sĕ. n. is. *Sen.* Lo perteneciente á Herculano, *ciudad de Campania*.

**Hercŭlāneum**, ó **Herculanium**, ó **Herculanum**, i. n. *Cic.* Herculano ó Torre del Greco, *ciudad en Tierra de Labor cerca de Nápoles*, enterrada por los terremotos y el Vesubio en tiempo de Neron y Tito, y descubierta pocos años hace, reinando en Nápoles nuestro gran rey Cárlos III, con muy preciosos monumentos de la antigüedad, dados ya al público por el mismo rey.

**Hercŭlāneus**, a, um. V. Herculeus.

**Hercŭlānus**, a, um. *Plin.* Lo perteneciente á Hércules.

**Hercŭle**, ó **Mehercule**, ó **Mehercle**, ó **Hercle**. *Cic.* Fórmula de jurar propia de los hombres, como lo era de las mugeres la de la diosa Juno. Ciertamente, por Hércules.

**Hercŭles**, is. m. Hércules, *hijo de Júpiter y de Alcmena, héroe tebano*; hubo otros cinco de este nombre.

**Hercŭleus**, a, um. *Plaut.* Lo perteneciente á Hércules. *Herculeus quaestus*. *Plaut.* La décima parte de bienes que muchos consagraban á Hércules. — *Labor*. *Hor.* La fuerza de Hércules, trabajo hercúleo. — *Morbus*. Hércules ó epilepsia, enfermedad.

**Hercŭlis Ara**. f. Plaza de Asiria. — *Arenae*. Montañas de la Pentápolis de África. — *Castra*. Erquelens, *ciudad de Güeldres en los Paises Bajos*. — *Columnae*. Colunas de Hércules, el estrecho de Gibraltar, cerrado por las montañas, Calpe en España, y Avila en Africa. ‖ Plaza entre Groninga y Coverden en Frisia. — *Fanum*. Ciudad de Andalucía. ‖ De Toscana. — *Insula*. Asinaria, isla cerca de Cerdeña. — *Lavacra*. Plaza de Epiro. — *Monoeci portus*. Puerto Hércules en Toscana. — *Promontorium*. Promontorio de la Mauritania tingitana. Otro de Calabria.

**Hercynia silva**, ae. f. *Ces.* La selva hercinia ó negra en Alemania.

**Here**. adv. V. Heri.

**Herebus**. V. Erebus.

**Heredĭŏlum**, i. n. V. Haerediolum.

**Herēmus**. V. Eremus.

**Heres**, is. m. *Plaut.* El erizo.

**Heri**. adv. *Cic.* Ayer.

**Heritius**. V. Eritius.

**Herĭfŭga**, ae. f. m. *Catul.* Esclavo que huye de su señor.

**Herĭlis**. m. f. lĕ. n. is. *Ter.* Lo perteneciente al señor ó señora.

**Herillii**, ōrum. m. plur. *Cic.* Filósofos discípulos de Herilo.

**Herillus**, i. m. *Cic.* Herilo, *filósofo calcedonio, discípulo de Cenon*, que ponia el sumo bien en la sabiduría.

**Herĭnaceus**, i. m. *Plin.* El erizo.

**Herma**, y **Hermes**, ae. m. *Cic.* Estátuas de mármol ó de madera, así llamada de Hermetes ó Mercurio. ‖ *Fest.* Fortaleza, trinchera.

**Hermae**, ārum. n. plur. *Juv.* Cabeza de hombre, busto propiamente de Mercurio.

**Hermagŏras**, ae. m. *Cic.* Hermágoras, *retórico griego*.

**Hermagŏreus**, a, um. *Quint.* Lo perteneciente á Hermágoras y á su escuela.

**Hermandūri**, ōrum. m. plur. Pueblos de Silesia en Alemania.

**Hermanopŏlis**, is. f. Hermestat, *ciudad de Transilvania*.

**Hermaphrŏdītus**, i. m. *Ov.* Ermafrodito, *hijo de Mercurio y de Venus*, que habiendo entrado en una fuente donde habitaba la ninfa Salmacis, quedaron ambos convertidos en un cuerpo con los dos sexos, cuyo nombre ha quedado á los hermafroditos ó andróginos, que dicen tener dos sexos.

**Hermathēna**, ae. f. *Cic.* Estatua de Mercurio y Minerva en una misma base.

**Hermedŏne**, es. f. *Vitruv.* La efusión de estrellas que sale de la mano del Acuario, constelación.

**Hermērācles**, is. m. *Cic.* Estatua de Mercurio y Hércules en una misma base.

**Hermērōtes**, is. m. Estatua de Mercurio y del Amor en una misma base.

**Hermes**, ae. m. *Cic.* Busto, cabeza de Mercurio.

**Hermĭŏna**, ae. y **Hermione**, es. f. *Ov.* Hermione, *muger de Cadmo, hija de Marte y de Venus*. ‖ Otra hija de Menelao y Helena, *esposa primero de Pirro, y despues de Orestes*. ‖ *Plin.* Ciudad del Peloponeso.

**Hermiŏnĭcus**, y **Hermionius**, a, um. *Liv.* Lo perteneciente á la ciudad de Hermione.

**Hermogeniānus**, a, um. *Cod. Teod.* Lo perteneciente á Hermógenes, *nombre propio de varón*.

**Hermon**, ŏnis. m. Montaña de Palestina.

**Hermonassa**, ae. f. Moncastro, *ciudad de Besarabia*. ‖ Isla del Bósforo cimerio.

**Hermus**, i. m. *Virg.* El Saabat, *rio de Asia*.

**Hernia**, ae. f. *Cels.* La hernia, tumor en el escroto.

**Hernĭci**, ōrum. m. plur. *Juv.* Hernicos, *pueblos de Italia en el Lacio*.

**Hernĭcus**, a, um. *Virg.* Lo perteneciente á los hernicos.

**Herniŏsus**, a, um. *Lampr.* El que padece la hernia.

**Hero**, us. f. *Ov.* Hero, *jóven hermosa de la ciudad de Sestos*.

**Hero**, ōnis. V. Aero.

**Herōdes**, is. m. *Hor.* Herodes, *rey de Judea*, el que mandó matar á los niños de dos años. Despues hubo otros dos de este nombre.

**Herōdio**, ŏnis. m. y

**Herōdius**, ii. m. *Bibl.* La garza, ave.

**Heroïce**. adv. *Macrob.* Heroicamente.

**Heroïcus**, a, um. *Cic.* Heroico, lo perteneciente á los héroes y á sus hechos. ‖ *Quint.* Lo perteneciente al verso heroico y exámetro.

**Heroïna**, ae. f. *Prop.* Heroina, *hija, muger ó hermana de los héroes*. ‖ Muger ilustre, de grande espíritu y valor.

**Heroïs**, ĭdis. f. *Suet.* V. Heroina.

**Herophĭle**, es. f. *Tib.* Sacerdotisa de Apolo Esminteo, é intérprete de sus oráculos.

**Heros**, ōis. m. *Cic.* Héroe, *varon ilustre*, digno por sus hazañas de memoria y fama inmortal. Los antiguos llamaban así á los que por sus famosos hechos fueron contados despues de su muerte en el número de los dioses, ó que eran hijos de los mismos dioses, como Castor, Orfeo, Aquiles, Hércules, Eneas &c. *Heroum filii noxae*. *Theagenis pecuniae. Aeschinis pecuniae. Quis parentem laudabit nisi infelices filii?* adag. Á mi padre llamaron hogaza, y yo muero de hambre. ref.

Herostrătus, i. m. *Sol.* Herostrato de Éfeso, *que deseoso de alcanzar fama, y no pudiendo conseguirla por su virtud, puso fuego á aquel famoso templo de Diana, en que se consumieron las riquezas de tantos reyes y los trabajos de tantos pueblos.*

Herōum, i. n. *Cic.* Mausoléo, *monumento levantado en honra de algun héroe.*

Herōus, a, um. *Cic.* Heroico, lo perteneciente á los héroes y á los pies del verso heroico, *que son el dáctilo, espondeo y anapesto.* || *Luc.* Lo perteneciente á Hero, *amante de Leandro.*

Herpedĭtāni, orum. m. plur. Pueblos de la Mauritania tingitana.

Herpes, ĕtis. m. *Cels.* Herpes, *inflamacion del cuero con llagas ó postillas pequeñas que cunde mucho.* || *Plin.* Un animal con que se cura esta enfermedad.

Hersilia, ae. f. *Ov.* Hersilia, *muger sabina, que casó con Rómulo, y despues fue contada en el número de los dioses con el nombre de Hora; venerábase como diosa de la juventud y belleza.*

Herthus, ó Hertha. *Tac.* Nombre con que los antiguos germanos adoraban á la tierra como madre comun.

Herŭli, orum. m. plur. *Sid.* Los lombardos ó longobardos, *pueblos de Italia, oriundos de Escandinavia, y de la laguna Meotis.*

Hĕrus, i. m. *Cic.* Señor, dueño, amo, padre de familias.

Hesdīnum, i. n. Hesdin, *ciudad de Artois.*

Hesiodēus, y Hesiodius, a, um. *Cic.* Lo perteneciente al poeta Hesiodo.

Hesiŏdus, i. m. *Cic.* Hesiodo, Ascreo, *poeta griego, que algunos hacen anterior, otros posterior, y algunos contemporáneo de Homero.*

Hesione, es, y Hesiona, ae. f. *Ov.* Hesione, *hija de Laomedonte, rey de Troya, á quien Hércules libertó de un monstruo marino, al cual fue echada, y la dió por muger á Telamon.* || *Título de una tragedia de Nevio.*

Hespĕria, ae. f. *Hor.* España, *asi llamada del rey Hespero, hermano de Atlante, ó de Hespero la estrella de Venus.* || *Virg.* La Italia, *asi llamada ó del mismo Hespero echado de España por su hermano, ó de la misma estrella.*

Hespĕrĭdes, idum. f. plur. *Cic.* Las Hespérides, *tres hijas del rey Hespero, hermano de Atlante, Egle, Aretusa y Hesperetusa.* || *Islas del Cabo Verde.*

Hespĕrii, orum. m. plur. Pueblos de África.

Hespĕris, ĭdis. adj. f. *Virg.* La muger natural de Hesperia ó Italia. || *Plin.* Cierta yerba asi llamada, porque huele mas por la tarde y por la noche.

Hespĕrius, a, um. *Ov.* Lo perteneciente á España, á Italia y al occidente ó al ocaso.

Hespĕrium fretum. *Ov.* El estrecho de Gibraltar.

Hespĕrium promontorium. El Cabo Verde.

Hespĕrūgo, ĭnis. f. *Sen. Trag.* El Vespero ó Hespero, Venus, la estrella de la noche.

Hespĕrum, i. n. El Cabo Verde. || El de Sierra Leona en África.

Hespĕrus, i. m. *Cic.* La estrella de Venus cuando sigue al ocaso del sol; *cuando le precede se llama en latin Lucifer.* Lucero.

Hessēni, orum. m. plur. *Plin.* Pueblos de Palestina que viven sin mugeres.

Hesternus, a, um. *Cic.* De ayer.

Hetaeria, ae. f. *Plin.* Sociedad, colegio, compañía.

Hetaerĭce, es. f. *Nep.* Ala de caballería de los macedonios, *asi llamada por la amistad y compañia del rey para honrarla.*

Hĕtĕroclĭtus, a, um. *Prisc.* El nombre que no se declina por la regla comun y ordinaria.

Hĕtĕrocrānea, y Heterocrania, ae. f. *Plin.* La jaqueca, dolor de cabeza.

Hĕtĕrŏdoxus, a, um. Heterodoxo, contrario á la religion católica.

Hĕtĕrŏgĕneus, a, um. Heterogéneo, lo que es de diferente género, y opuesto á lo homogéneo.

Hetrūria, ae. f. *Liv.* La Etruria ó Toscana.

Hetruscus, a, um. *Liv.* Etrusco, toscano.

Hettematĭcus, a, um. *Jul. Firm.* Inferior, de condicion baja ó ínfima en su género.

Heu. *interj.* de dolor y sentimiento. Oh, ah, ay! *Heu me miserum! Cic.* ¡Ay miserable de mi!

* Heurĕtes; ae. m. *Plaut.* Inventor, autor.

Heus. *interj.* ó *adv. de llamar. Ter.* Eh, ola.

Hexachordum, i. n. y

Hexachordus, i. m. f. *Vitruv.* Instrumento músico de seis cuerdas.

* Hexaclĭnon, i. n. *Marc.* Lecho para comer, capaz de seis convidados.

* Hexāconthalĭtos, i. m. *Plin.* Piedra de tantas vetas que representa los colores de setenta piedras preciosas.

Hexăgōnus, a, um. *Col.* Exágono, que tiene seis ángulos.

Hexămĕter, tra, trum. *Cic.* Exámetro, *lo que consta de seis medidas, como el verso exámetro que consta de seis pies.*

Hexăphŏri, orum. m. plur. *Vitruv.* Seis hombres que llevan una litera ú otra cosa de peso.

Hexăphŏrum, i. n. *Marc.* Litera llevada por seis siervos.

Hexaptōta nomina. *Prisc.* Nombres de seis casos diversos.

Hexas, ădis. f. *Marc. Cap.* El número senario.

Hexastĕron, i. n. La constelacion de las Pleyadas compuesta de seis estrellas.

Hexastĭchus, a, um. *Col.* Lo que tiene seis órdenes de granos ú hojas.

Hexastȳlus, a, um. *Vitruv.* Lo que tiene seis colunas ó seis órdenes de ellas.

Hexecontalĭthos, i. m. *Plin.* Piedra preciosa, que contiene en sí, segun Plinio, los colores de otras sesenta.

Hexēres, is. f. *Liv.* Galera de seis órdenes de remos.

Hezir. n. indecl. *Bibl.* Hezir, nombre de un mes entre los hebreos.

## HI

Hiacinthus, i. m. Pie de alondra, *flor.*

Hiandus, a, um. *Pers.* Lo que se ha de pronunciar abriendo mucho la boca.

Hians, tis. com. *Virg.* Que abre, se abre ó entreabre. || *Cic.* Ansioso, codicioso, avaricioso. *Hians litterarum concursus. Cic.* Cacofonía, sonido desagradable y áspero que causa la union y encuentro de ciertas letras.— *Oratio. Quint.* Discurso cortado, mal seguido, desunido. — *Cupiditas. Cic.* Codicia, ansia de tener. — *Immane. Virg.* Abriendo desmesuradamente la boca.

Hiantia, ae. f. *Tert.* V. Hiatus.

Hiasco, is, scĕre. a. *Cat.* Abrirse, rajarse.

Hiăto, ās, āvi, ātum, āre. n. *Plaut.* V. Hieto.

Hiatus, ūs. m. *Cic.* La abertura de boca. || La que se hace en cualquiera parte, como la grieta de la tierra, profundidad, abismo. || *Tac.* Ansia, codicia, sed. *Hiatus ex concursu vocalium. Cic.* Pronunciacion desagradable, cuando concurren muchas vocales juntas, para lo cual es menester abrir mucho la boca.

Hiberna, orum. n. plur. *Ces.* y

Hibernācŭla, orum. n. plur. *Liv.* Cuarteles de invierno. || *Vitruv.* Invernadero, el sitio destinado para pasar el invierno. || Habitacion ó piezas de invierno en una casa.

Hibernālis. m. f. lĕ. n. is. *Bibl.* V. Hibernus.

Hibernia, ae. f. *Plin.* Hibernia ó Irlanda, *isla del Océano europeo.*

Hiberno, ās, āvi, ātum, āre. a. *Cic.* Invernar, pasar el invierno.

Hibernus, a, um. *Cic.* Invernizo, lo que es propio de ó perteneciente al invierno. || De Irlanda, irlandés.

Hibiscum, i. n. *Virg.* y

Hibiscus, i. m. *Plin.* El malvavisco, especie de malva silvestre, planta medicinal.

Hic, haec, hoc, hujus. *Cic. pron. demonstr.* Este. || Aquel. || Tal.

Hic. *adv. Ter.* Aqui. || *Cic.* Entonces.

Hicce, haecce, hocce, hujusce. *Cic.* Este, *pronomb. demonstr.* Este mismo.

Hiccĭne, haeccĭne; hoccĭne, hujuscĭne. *pronomb. dem. interrogante.* Acaso, por ventura este.

Hidruntum, i. n. Otranto, *ciudad de Italia.*

Hiĕmālis. m. f. lĕ. n. is. *Cic.* Invernizo, lo perteneciente al invierno. *Hiemales provinciae. Plin.* Tierras, paises frios. *Hiemalis circulus. Hig.* El trópico de Capricornio.

Hiĕmātio, ōnis. *f. Varr.* La invernada, el tiempo del invierno.

Hiĕmātus, a, um. *Plin.* Helado, aterido de frio. *part. de*

Hiĕmo, ās, āvi, ātum, āre. *n. Cic.* Invernar, pasar el invierno. || *Col.* Hacer tiempo de invierno, mucho frio. *Hiemare aquam. Plin.* Helar ó enfriar el agua. *Hiemat mare. Hor.* El mar está agitado, alborotado.

Hiems, ēmis. *f. Cic.* El invierno. || El frio. || Tempestad, borrasca, temporal de mar. || *Estac.* Ímpetu, violencia como de tempestad.

Hiĕra, ae. *f. Plin.* Epilepsia, enfermedad. || Lepra. || Cierta confeccion medicinal. || *Sen.* Corona de flores, que se consagraba á los dioses. || Camino de la Atica, por donde los sacerdotes iban á Eleusis. || Isla vecina á la Sicilia. || Otra cerca de Creta. || Promontorio del Asia menor.

Hiĕrăbotăne, es. *f. Plin. V.* Verbenaca.

Hiĕracia, ae. *f. Plin.* Especie de lechuga que nace naturalmente.

Hiĕracītes, ae. *m. Plin.* Piedra preciosa, parecida á un ojo de gavilan.

Hiĕracītis, ĭdis. *f. Plin.* Piedra preciosa que tiene unas manchas á modo de plumas de gavilan.

Hiĕracium, ii. *n. Plin.* Colirio para los ojos. || Planta cuyo jugo aclara la vista.

Hiĕrapicra, ae. *f.* Confeccion medicinal amarga y purgante.

Hiĕrarchia, ae. *f.* Gerarquía, autoridad en cosas sagradas.

Hiĕrarchicus, a, um. Gerárquico, propio de la gerarquía.

Hiĕrăpŏlis, is. *f. Plin.* Ciudad famosa de Siria, hoy Alepo. || De Frigia, de Creta.

Hiĕrăpŏlitae, ārum. *m. plur. Plin.* Los naturales de Alepo en Siria.

Hiĕrăpŏlitanus, a, um. *Ulp.* Perteneciente á Alepo de Siria.

Hiĕrătica, ae. *f. Plin.* Especie de pergamino ó vitela muy sutil, usada solo en los volúmenes religiosos.

Hiĕrax, ācis. *m. Just.* El gavilan, ave de rapiña.

* Hiĕrŏbotăne, es. *f. Plin.* La verbena, planta.

Hiĕrŏceryx, ȳcis. *m. Inscr.* Pregonero sagrado, *el que imponia silencio en los sacrificios.*

Hiĕrŏdŭlus, i. *m. Firm.* Ministro de las cosas sagradas, siervo dedicado al servicio de ellas á modo de sacristan.

Hiĕrŏglyphĭcus, a, um. *Am. Hierroglyphicae formae,* ó *notae.* Geroglíficos, *espresion de lo que se quiere decir por figuras de otras cosas, de que usaban los egipcios antes de la invencion de las letras, y en especial para las cosas sagradas, como por la imágen del buitre significaban la naturaleza, por la de la abeja el rey &c.*

Hiĕrŏgraphĭcus, a, um. *Am. V.* Hieroglyphicus.

Hiĕronicae, ārum. *m. plur. Suet.* Los vencedores en los certámenes sagrados nemeos, pitios, istmios y olímpicos.

Hiĕronĭcus, a, um. *Cic.* Lo perteneciente á Hieron, tirano de Siracusa.

Hiĕronȳmus, i. *m. Cic.* Hierónimo, *filósofo rodio, que ponia el sumo bien en la indolencia.*

Hĕronȳmus, i. *m. Sulp. Sev.* San Gerónimo, doctor de la Iglesia, *que florecíó en el siglo V. de Cristo.*

Hiĕrŏphanta, y Hierophantes, ae. *m. Tert.* Sacerdote intérprete de los ritos y ceremonias sagradas entre los griegos y egipcios.

Hiĕrŏphantria, ae. *f. Inscr.* Sacerdotisa del mismo empleo y dignidad.

Hiĕrŏphȳlax, ăcis. *m. Dig. V.* Hierophanta.

Hiĕrŏsŏlyma, ae. *f. Cic.* y

Hiĕrŏsŏlyma, ōrum. *n. Plin.* Jerusalen, *metrópoli de Judea, la mas famosa de toda el Asia y aun del mundo, por haber padecido y muerto en ella Cristo nuestro Señor.*

Hiĕrŏsŏlymārius, ii. *m. Cic.* Sobrenombre de Pompeyo el grande, por haber conquistado á Jerusalen.

Hiĕrŏsŏlymĭtānus, a, um. Lo perteneciente á Jerusalen.

Hiersum, i. *n. Hier,* ciudad de Provenza.

Hiĕrŭsalem. *indecl. Tert. V.* Hierosolyma.

Hiĕto, ās, āvi, ātum, āre. *n. Plaut.* Abrírsele á uno la boca muy á menudo.

Hilĕra, ae. *m.* El Hiler, *rio de Alemania.*

Hȳlărātus, a, um. *Cic.* Regocijado. *part. de* Hilaro.

Hȳlăre, ius, issĭme. *adv. Cic.* Alegremente, con alegría, regocijo y gozo.

Hȳlăresco, is, scĕre. *n. Varr.* Alegrarse, regocijarse, gozarse, divertirse.

Hȳlăria, iūm. *n. plur. Vop.* Fiestas en honor de Cibeles en el dia del equinoccio de la primavera.

Hȳlăricŭlus, a, um. *Sen. V.* Hilarulus.

Hȳlăris. m. f. rĕ. n. is, ior, issĭmus. *Cic.* Alegre, gozoso, regocijado, lleno de júbilo y alegría.

Hȳlăritas, ātis. *f. Cic.* Alegría, gozo, júbilo, regocijo.

Hȳlărĭter. *adv. Ad Her. V.* Hilare.

Hȳlărĭtūdo, ĭnis. *f. Plaut. V.* Hilaritas.

Hȳlărĭtus. *adv. Plaut. V.* Hilare.

Hȳlăro, ās, āvi, ātum, āre. *a. Cic.* Alegrar, divertir, dar alegría y regocijo.

Hȳlarŏdos, ó Hilaroedus, i. *m. Fest.* El cantor de canciones alegres y poco decentes.

Hȳlărŭlus, a, um. *dim. de* Hilarus. *Cic.* Alegrito, alegrillo. *dim. de* Alegre.

Hildeshemium, ii. *n.* y

Hildesia, ae. *f.* Hildesheim, *ciudad del electorado de Maguncia.*

Hillae, ārum. *f. plur. Plin.* Los intestinos de los animales. || *Hor.* Las tripas rellenas, como morcillas &c.

Hīlum, i. *n. Fest.* La señal negra á modo de bigote de las habas. || Nada. *Hilum nec proficis. Cic.* No haces, no adelantas nada.

Hĭmantŏpŏdes, um. *m. plur. Sol.* Hombres monstruosos de Etiopia, que se dice andan casi arrastrando.

Himella, ae. *f. Virg.* Pequeño rio de los sabinos, que entra en el Tiber.

Himĕra, ae. *f. Cic.* Himera, *ciudad de Sicilia destruida por Anibal, patria del poeta Estesicoro.* || *Liv.* Rio de Sicilia.

Himeraeus, a, um. *Plin.* Lo perteneciente á Himera, *ciudad de Sicilia.*

Himerensis. m. f. sĕ. n. is. *Plin.* Lo perteneciente al rio Himera de Sicilia.

Hinc. *adv. Cic.* De aqui, desde aqui. *Hinc illae lachrymae. Ter.* De aqui, este es el asunto, el motivo, la causa de aquellas lágrimas. *Hinc et hinc, hinc, atque hinc, hinc atque illinc. Cic. Liv.* Por esta y por aquella parte, por una y otra parte, por todas partes. *Hinc inde. Suet.* Por aqui y por alli, por todas partes.

Hincheseda, ae. *f. Incsey, ciudad de Inglaterra.*

Hinna, ae. *f. Non.* La hembra del macho ó mulo.

Hinnĭbĭlis. *Apul. V.* Hinniens.

Hinnĭbunde. *adv. Non.* Relinchando.

Hinniens, tis. *com. Apul.* El que relincha.

Hinnienter. *adv. Non. V.* Hinnibunde.

Hinnīlito, ās, āvi, ātum, āre. *n. Varr.* Relinchar.

Hinnio, is, īvi, ītum, īre. *n. Quint. V.* Hinnilito.

Hinnītus, us. *m. Cic.* El relincho del caballo ó mulo.

Hinnŭla, ae. *f. Arnob.* La hembra del cervato ó ciervo pequeño.

Hinnŭleus, i. *m. Hor.* El cervato, ciervo nuevo, pero que ya no mama.

Hinnŭlus, i. *m. Plin.* El machillo ó mulo pequeño, *hijo de caballo y asna.*

Hinnus, i. *m. Col.* El macho ó mulo, *hijo de caballo y burra.*

Hio, ās, āvi, ātum, āre. *n. Plin.* Abrir la boca ó bostezar, tener la boca abierta. || *Col.* Henderse, abrirse, rajarse. || *Sen.* Desear, codiciar con ansia.

Hippăce, es. *f. Plin.* Queso de leche de burra.

Hippăco, ās, āre. *n. Fest.* Respirar con facilidad y presteza como los caballos.

Hippae, ārum. *f. plur. Plin.* Especie de cangrejos.

Hippăgo, ĭnis. *f.* y

Hippăgōga, ae. *f.* ó

Hippăgōgus, i. *m. Liv.* y

Hippăgum, i. *n.* ó

Hippăgus, i. *m. Plin.* Nave para transportar caballos.

Hippălus, i. *m. Plin.* El viento favonio.

Hipparcha, ae. *m.* Capitan, comandante de caballería.

Hipasaĭdes, ae. *m. Ov.* Soco, *hijo de Ipaso, muerto por Ulises en el cerco de Troya.* || *Estac.* Naubolo, *hijo de Ipaso, padre de Ifito.*

Hippenemia, ōrum. *n. plur. Varr.* Huevos de ciertas aves, que el viento hacia fecundos.

Hippeus, i. *m. Plin.* Cometa crinito.

Hippiădes, um. *f. plur. Plin.* Estatuas ecuestres de mugeres.

Hippĭce, es. *f. Plin.* Yerba que quita el hambre y la sed á los caballos.

Hippius. *Fest.* Ecuestre, sobrenombre de Neptuno.

Hippo, ōnis. *f. Sil.* Ipona, *ciudad de Africa, célebre por su obispo San Agustin.*

Hippocāmēlus, i. *m. Aus.* Monstruo fabuloso, compuesto de caballo y camello.

Hippocampīnus, a, um. *Plin.* Lo perteneciente al caballo marino.

Hippocampus, i. *m. Plin.* Caballo marino, pescado.

Hippocentaurus, i. *m. Cic.* Ipocentauro, monstruo fabuloso, medio hombre y medio caballo.

Hippŏcŏmus, i. *m. Cod. Teod.* El mozo de caballos, el que los cuida.

Hippocōum, i. *n. Fest.* Vino generoso de la isla de Coo.

Hippocrătes, is. *m. Prud.* Ipócrates, *médico famoso de la isla de Coo.*

Hippocrăticus, a, um. *Prud.* Perteneciente á Ipócrates.

Hippocrēne, es. *f. Ov.* Ipocrene, *fuente de Beocia junto al monte Elicon, consagrada á las musas.*

Hippocrēnaeus, a, um. *Claud.* Lo que pertenece á la fuente Ipocrene.

Hippocrĕnĭdes, dum. *f. plur. Serv.* Las musas, *asi llamadas de la fuente Ipocrene.*

† Hippocrenisātus, a, um. *Sid.* Nacido de la fuente Ipocrene.

Hippodăme, es, y Hippodamia, ae. *f. Ov.* Ipodamia, *hija de Enomao, rey de Élide, muger de Pelope.* || *Otra hija de Atracio, muger de Piritoo, rey de los Lapitas, llamada Deidamia.* || *La hija de Brises, á quien sacó Aquiles de la toma de Lirneso, la cual le quitó despues Agamemnon, de donde se originó la famosa diferencia entre Agamemnon y Aquiles.*

Hippodămus, i. *m. Marc.* Domador de caballos. || El caballero ó ginete.

* Hippodrŏmos, i. *m. Plaut.* El lugar donde se adiestra á los caballos, y donde se hacen las fiestas de carreras de caballos.

Hippoglossa, ae. *f. Plin.* Lengua de caballo, yerba.

* Hippoglottion, ii. *n. Plin.* Laurel alejandrino, yerba.

Hippolapăthum, i. *n. Plin.* La romaza.

Hippolўte, es, y Hippolyta, ae. *f. Hig.* Ipólita, *hija de Marte y Otrira, muger de Teseo, madre de Ipólito.* || *Hor. Otra, muger de Acasto, rey de Tesalia.*

Hippolўtus, i. *m. Ov.* Ipólito, *hijo de Teseo y Ipólita, acusado falsamente por su madrastra Fedra de amor torpe, y hecho pedazos en el mar á peticion de su padre Teseo, resucitado por Esculapio pasó á Italia, y se llamó Virbio, de donde le trasladó Diana al bosque Aricino para hacerle inmortal.*

Hippŏmănes, is. *m. Juv.* El ipómanes, veneno célebre entre los antiguos, que servia para las confecciones y bebidas amatorias. || Carnosidad con que nacen los potros en la frente, que la madre les quita recien nacidos.

Hippŏmarathrum, i *n. Plin.* Inojo silvestre, yerba.

Hippŏmenēis, ĭdis. *f. Ov.* Limone, *hija de Hipomena, á la que encerró su padre en un establo con un caballo, sin darles de comer, y la despedazó.*

Hippŏmĕnes, ae. *m. Ov.* Ipomenes, *el que obtuvo por muger á Atalanta, habiéndola ganado en la carrera.*

Hippŏnacteus, a, um. *Cic.* Lo perteneciente al verso yámbico escazonte, *inventado por el poeta Iponax, ó Iponacte.* Tómase por la sátira cruel y maldiciente.

Hippŏnax, actis. *m. Plin.* Iponax, ó Iponacte, *poeta griego, inventor del verso yámbico escazonte.*

Hippŏnensis. *m. f. sc. n. is. Plin.* Lo perteneciente á Ipona, *ciudad de Africa.*

Hippopēra, ae. *f. Sen.* La alforja ó maleta en que el que va á caballo lleva lo necesario para su viage.

Hippophaes, y Hippophyes, ae. *f. Plin.* Planta que produce racimos como la yedra.

Hippopotāmus, i. *m. Plin.* Ipopótamo, *animal feroz que se cria en los grandes rios, y en especial en el Nilo.*

Hipposelinum. *V.* Helioselinum.

Hippotādes, ae. *m. Ov.* Eolo, *rey de los vientos, nieto de Ipota troyano.*

Hippotoxŏtae, ārum. *m. plur. Ces.* Flecheros de á caballo.

Hippūris, is, ó ĭdis. *f. Plin.* Cola de caballo, yerba.

Hippŭrus, i. *m. Plin.* Un pez especie de langosta.

Hir. *n. indecl. Lucil. en Cic.* La palma de la mano.

Hira, ae. *f. Fest.* Una de las tres tripas principales.

Hircīnus, a, um. *Plaut.* Perteneciente al macho cabrio.

Hircĭpes, ĕdis. *Marc. Cap.* Que tiene pies de cabron ó macho cabrio.

Hircĭpĭlus, i. *m. Fest.* El que es velludo como el cabron, que está cubierto de pelo.

Hircōsus, a, um. *Plaut.* Lo que huele á macho cabrio.

Hircŭlus, i. *m. Catul.* dim. de

Hircus, i. *m. Plin.* El cabron ó macho cabrio. || *Hor.* El mal olor de los sobacos, olor de macho cabrio.

Hirnea, ae. *f. Cat.* Vasija ó vaso grande para vino.

Hirnella, ae. *f. Fest.* Vaso usado en los sacrificios.

Hirpex. *V.* Irpex.

Hirpi, ōrum. *m. plur. Serv.* Pueblos de los sabinos, que habitaban junto al monte Socrate.

Hirpiae familiae, ārum. *f. plur.* ó

Hirpini, ōrum. *m. plur. Plin.* Provincia de Italia en el reino de Nápoles, *de la gente de los Faliscos, que dicen andaban sobre carbones encendidos sin quemarse.*

Hirpinus, a, um. *Sil.* Propio de los pueblos hirpinos.

Hirpus, i. *m. Serv.* El lobo en lengua sabina.

Hirquīnus, a, um. *Plaut. V.* Hircinus.

Hirquitallio, is, ĭre. *n. Censor.* Imitar al cabron en la voz, en la lascivia, ó en el mal olor.

Hirquitallus puer. *Censor.* El jóven que se acerca á la virilidad, *en cuyo tiempo suele mudar la voz en otra algo mas gruesa y bronca.*

Hirquus, ui. *m. Virg.* La cuenca del ojo. || El lagrimal.

Hirrio, is, ivi, itum, ire. *n. Fest.* Verbo que esplica la voz de los perros, *cuando siendo provocados gruñen como sonando muchas erres seguidas.*

Hirrotus, us. *m. Sid.* El gruñido de los perros cuando se les irrita.

Hirsūtia, ae. *f. Sol.* Encrespamiento ó encrespadura.

Hirsūtus, a, um. *Cic.* Hirsuto, velloso, cerdoso, áspero, duro. || Erizado, encrespado.

Hirtianus, a, um. *Cic.* Lo perteneciente á Hircio, *nombre propio romano.*

Hirtinus, a, um. *V.* Hirtianus.

Hirtius, ii. *m. Suet.* Hircio (A.) *Cónsul de Roma juntamente con Pansa. Añadió el libro octavo á los Comentarios de Cesar de la guerra de las Galias, el de la guerra de Africa, el de la de Alejandría, y el de España.*

Hirtuōsus, a, um. *Apul.* 6

Hirtus, a, um. *Nep. V.* Hirsutus.

Hirūdo, ĭnis. *f. Plin.* La sanguijuela, insecto.

Hirundĭneus, y Hirundininus, a, um. *Sid.* Lo perteneciente á la golondrina.

Hirundo, ĭnis. *f. Plin.* La golondrina, ave de paso.

Hisco, is, scĕre. *n. Plin.* Abrirse, henderse, rajarse. || Abrir la boca, bostezar, tener la boca abierta. *Ne hiscere quidem audebat. Cic.* No se atrevia á abrir la boca, á hablar, á resollar, á chistar.

Hispălensis, y Hispaliensis. *m. f. sc. n. is. Tac.* Sevillano, *natural de Sevilla en España,* ó lo perteneciente á ella.

Hispălis, is. *f. Plin.* Sevilla, *capital del reino del mismo nombre en España.*

Hispāna, ae. *f.* La isla Española ó de Santo Domingo en el golfo de Méjico.

Hispāne. *adv. En.* Á la española.

## HOL

Hispāni, ōrum. m. plur. Cic. Españoles, naturales de España.
Hispania, ae. f. Ces. España, gran reino de Europa.
Hispanĭcus, a, um. Suet. y
Hispaniensis. m. f. sē. n. is. Cic. y
Hispānus, a, um. Cic. Español, natural de España ó lo perteneciente á ella.
Hispĭdo, as, avi, atum, are. a. Solin. Erizar, poner áspero, hirsuto, erizado.
Hispĭdōsus, a, um. Cat. y
Hispĭdus, a, um. Hor. Velloso, cerdudo, erizado.
Hister, tri. m. Liv. El cómico en lengua de los etruscos. || Rio de Alemania. V. later.
Histōnes, um. m. plur. Varr. Los tejedores ó fabricantes de telas.
Historia, ae. f. Cic. Historia, narracion ó esposicion de los hechos. || Hor. Historieta, fábula, cuento.
Historĭālis. m. f. lē. n. is. Plin. Histórico, historial, cosa de historia. Historiale opus. Plin. Representacion de una historia con las yerbas ó árboles de los huertos.
Historĭce. adv. Plin. Históricamente, á modo de historia.
Historĭce, es. f. Quint. La esplicacion de los autores, parte de la gramática. || El arte de la historia.
Historĭcus, a, um. Cic. Histórico, propio de la historia.
Historĭcus, i. m. Cic. y
Historiōgraphus, i. m. Cap. Historiador, el que escribe la historia.
Histria, ae. f. La Histria, la república de Venecia.
Histricōsus, a, um. S. Gr. Espinoso, áspero, duro.
Histrĭcus, a, um. Plaut. Lo perteneciente al cómico ó farsante.
Histrio, ōnis. m. Liv. El cómico, farsante, comediante.
Histriōnālis. m. f. lē. n. is. Tac. V. Histricus.
Histriōnia, ae. f. Plaut. El arte y profesion del cómico.
Histriōnĭcus, a, um. Ulp. V. Histricus.
Histrix. V. Hystrix.
† Hiulcātus, a, um. Fest. part. de Hiulco. Abierto.
Hiulce. adv. Cic. Abiertamente. Hiulce loqui. Cic. Hablar abriendo mucho la boca, con áspero concurso de las vocales.
Hiulco, as, avi, atum, are. a. Cat. Abrir, hender, rajar.
Hiulcus, a, um. Virg. Abierto, hendido, rajado. Hiulca oratio. Cic. Estilo en que hay áspero concurso de vocales. — Gens. Plaut. Gente codiciosa, ansiosa.

## HO

Hodœdŏcos, ó Hodoedocos, i. m. Fest. El asesino, salteador de caminos.
Hodie. adv. Cic. Hoy, el dia de hoy. || Al presente, ahora, en este tiempo. Hodie mane. Cic. Esta mañana.
Hodieque. adv. Tac. Aun hoy, el dia de hoy.
Hodiernus, a, um. Cic. Lo de hoy. Hodierno mane. Cic. Hoy por la mañana, esta mañana.
Hodoeporĭcum, i. n. S. Gr. Itinerario, guia de caminos.
Hoedĭle, is. n. y otros. V. Haedile.
Hoi! interj. de dolor. Ter. Hay, hoy!
Holce, es. f. Fein. El peso de las cosas.
Holcus, i. m. Plin. Yerba que nace entre las piedras.
Hollandia, ae. f. La Holanda, provincia de los Paises Bajos.
Hollandus, a, um. Holandés, lo que es de Holanda.
Holmia, ae. f. Estocolmo, capital de la Suecia.
Holocaustōma, ătis. n. Tert. y
Holŏcaustum, i. n. Bibl. Holocausto, sacrificio en que se consumia al fuego toda la víctima.
Holŏchrȳsus, i. m. Plin. De color de oro, nombre de una flor.
Holŏgraphus, a, um. Sid. Lo que está escrito enteramente de mano propia.
Holŏphanta, ae. m. Plaut. Grande embustero.
Holoserĭcus, a, um. Varr. Lo que es todo de seda.
Holosidērus, a, um. Prisc. Lo que es todo de hierro.
Holosphyrātus, a, um. Plin. Macizo.
Holosteon, i. n. Plin. Especie de diente de perro,

## HON

yerba que nace en los prados.
Holothuria, ōrum. n. Plin. Se cuenta entre los peces marinos que no se mueven, parecidos en esto á las esponjas.
Holsatia, ae. f. El ducado de Holsacia, en Alemania.
Hotentolae, ārum. m. plur. Los cafres, pueblos de Africa.
Holovēra vestimenta. Dig. Vestidos todos de color de púrpura.
Homērēus, a, um. ó
Homērĭacus, a, um. ó
Homērĭcus, a, um. Cic. Lo perteneciente á Homero.
Homērista, ae. m. Petron. El que recita versos de Homero.
Homērocentōnes, um. Ter. Centones de los versos de Homero, obras compuestas de versos y emistiquios de Homero.
Homēromastix, ȳgis. m. Vitruv. Censor crítico, azote de Homero, sobrenombre que se dió á Zoilo por haber escrito contra Homero. || Plin. Censor crítico, necio, imprudente.
Homērŏmīdes, ae. patr. Plaut. El imitador de Homero.
Homērus, i. m. Cic. Homero, el mas célebre poeta griego, autor de los dos poemas épicos, la Iliada y la Odisea.
Homĭcīda, ae. m. f. Cic. Homicida, el que comete homicidio, dando muerte á otro hombre, asesino.
Homicidiārius, ó Homicidārius, a, um. Pac. Lo perteneciente al homicida ó al homicidio.
Homĭcīdium, ii. n. Cic. Homicidio, asesinato, muerte injusta y violenta que una persona dá á otra.
Homilia, ae. f. Eccl. Homilía, oracion, discurso, razonamiento, plática, sermon, exhortacion.
Homo, ĭnis. m. f. Cic. Hombre, muger, persona, sugeto. Homo es, Plaut. Valiente eres. — Si esset. Cic. Si fuera hombre, si tuviera entendimiento, rectitud, constancia. Quid hoc hominis est? Plaut. Quid illuc hominis est? Ter. Qué hombre será este, qué hombre es aquel? Homines equitesque. Cic. Soldados de á pié y de á caballo. Hominum exuere. Solin. Morir.
Homodoxia, ae. f. Conformidad, union de pareceres.
Homoeomĕrĭa, ae. f. Lucr. Semejanza, uniformidad de las partes.
* Homoeoptōphĕron. n. Mart. Cap. Vicio de la elocucion, cuando muchas dicciones seguidas empiezan por una misma letra como in rita peto de Ennio... O Tite, tute, Tati tibi tanta tyranne tulisti.
* Homoeoptōton. n. Mart. Cap. Similiter cadens, cuando las partes ó miembros de un período acaban de la misma manera. fig. ret.
* Homoeoteleuton. n. Mart. Cap. Similiter desinens, cuando los miembros de un período tienen una misma terminacion. fig. ret.
† Homogēnēus, a, um. Homogéneo, del mismo género ó naturaleza.
Homŏle, es. f. Virg. Monte alto de Tesalia.
† Homologus, a, um. Homólogo, lo que tiene los lados semejantes, lo semejante en nombre, razon y lugar.
Homoloïdes, um. f. plur. Stat. Las puertas de Tebas en Tesalia.
Homonȳma, ōrum. n. Quint. Las cosas que tienen un mismo nombre y diferente significacion, equívocos.
Homonymia, ae. f. Quint. La apelacion ambigua ó equívoca de los nombres ó cosas.
Homotōna, ōrum. n. Vitruv. Las cosas que estan estiradas igualmente, como las cuerdas &c.
Homoūsios, a, um. S. Gr. Consustancial, de una misma sustancia.
Homŭlus, i. m. Lucr. y
Homullus, i. m. Cic. ó
Homuncio, ōnis. m. Cic. y
Homuncŭlus, i. m. Cic. Hombrecillo, hombrezuelo. dim. de Hombre. || Pobre hombre.
Honestāmentum, i. n. Sen. Ornato, adorno. Honestamenta pacis. Sal. Colores con que se dora una paz vergonzosa.

Honestas, atis. *f. Cic.* Honestidad, compostura, modestia, decoro, virtud.

Honestatus, a, um. *Cic. part. de* Honesto. Honrado, condecorado.

Honeste, ius, issime. *adv. Cic.* Honestamente, con decoro, decencia, honra. *Honeste abire. Ter.* Salir con honra. *Quam honestissime se recipere. Hirc.* Retirarse con el mayor decoro posible.

† Honestitudo, inis. *f. Acc. V.* Honestas.

Honesto, as, avi, atum, are. *a. Cic.* Honrar, condecorar, dar crédito, estimacion, reputacion.

Honestus, a, um. *Cic.* Honesto, honrado, decente, decoroso. ‖ Ilustre, calificado, distinguido, elevado.

Honflorium, ii. *n.* Honfleur, *ciudad de Normandía.*

Honor, oris. *m. Cic.* Honor, respeto que se da á alguno. ‖ Empleo, dignidad, clase, elevacion. ‖ *Virg.* Premio, recompensa. ‖ Adorno, belleza, ornato. ‖ Víctima, sacrificio. ‖ Sepulcro, exequias. *Honoris gratia,* ó *causa. Cic.* Por respeto, por consideracion, por hacer honor. *Honorem praefari. Cic.* Pedir la venia, como cuando se dice: *honor auribus sit. Quint.* Salvo el respeto de los que escuchan. *Honorem silvis Aquilo decussit. Virg.* El aquilon ha despojado á los bosques de su verdor. *Entre los romanos fue venerado por dios como padre de la magestad.*

Honorabilis. *m. f. le. n. is. Cic.* Honroso, decoroso, lo que da honor. ‖ *Liv.* Honorable, digno y merecedor de honra y respeto.

Honorabiliter. *adv. Cap.* Honorable, honoríficamente.

Honorandus, a, um. *Cic.* Lo que se debe honrar, respetar, reverenciar.

Honorarium, ii. *n. Cic.* Presente, donativo que se hace á una persona de consideracion por un beneficio recibido para honrar su dignidad ó su mérito. ‖ Presente que hace un pueblo á los grandes y otros señores con cualquiera ocasion.

Honorarius, a, um. *Suet.* Honorario, lo que incluye y ocasiona honor. *Honorarius tutor. Ulp.* Tutor honorario, el que se da solo por honor sin la carga de la administracion, aunque suele esta quedar á su riesgo. — *Tumulus. Suet.* El cenotafio erigido por causa de honor y monumento, aunque no sea sepulcro del cadáver. *Honorarium munus. Gel.* Privilegio honorario de que usaban los municipales, que aunque vivian segun sus leyes, podian aspirar á los empleos de la república. *Honorarii codicilli. Cod. Teod.* Nombramientos, patentes, despachos, títulos honorarios que daban los emperadores de preturas, consulados, prefecturas, sin el cargo de la administracion.

Honorate. *adv.* ius, issime. *Cic.* Honradamente, con estimacion y honra.

Honoratio, onis. *f. Fest.* Honor, el acto de honrar.

Honoratus, a, um, ior, issimus. *Cic.* Honrado, respetado. ‖ Honorable, ilustre, condecorado. ‖ *Honoratissimum decretum. Liv.* Decreto muy honorífico.

Honoriades, ae. *patr. Claud.* El hijo del emperador Honorio.

Honorianus, a, um. *Cod. Teod.* Lo perteneciente al emperador Honorio.

Honorias, adis. *patr. f. Claud.* La hija del emperador Honorio.

Honorifice, centius, centissime. *adv. Cic.* Honoríficamente, honradamente, con honor, distincion.

† Honorificentia, ae. *f. Vop.* Honorificencia, la accion de honrar, ó el acto mismo de hacer honra.

Honorifico, as, are. *a. Lact.* Honrar, reverenciar, respetar.

Honorificus, a, um, centior, tissimus. *Cic.* Honorífico, lo que incluye honra ó la da.

Honoriger, a, um. *Tert.* Honroso, honorífico.

Honorinus, i. *m. S. Ag.* El dios del honor.

Honoripeta, ae. *m. f. Apul.* El que pretende honores, ambicioso de honras.

Honoro, as, avi, atum, are. *a. Cic.* Honrar, respetar, reverenciar. ‖ Premiar.

Honorus, a, um. *Tac.* Honroso, honorífico, decoroso.

---

*Honora oratio. Tac.* Oracion en alabanza de alguno, panegirico.

Honos, oris. *m. Cic. V.* Honor.

* Hoplitites, ae. *m. Plin.* El soldado armado.

Hoplomachus, i. *m. Marc.* El gladiador, el que pelea armado de todas armas.

Hora, ae. *f. Cic.* La hora del dia. ‖ Estacion del año, tiempo. *Hora crastina. Virg.* El dia de mañana. — *Anni. Plin.* Estacion del año. *Horae septembres. Hor.* El mes de setiembre, el otoño. *Omnium horarum homo. Quint.* Hombre de todos tiempos, que á todo se acomoda, que siempre está de buen humor. *Horae. Ov.* Las nueve ó diez horas, diosas criadas del Sol que le ponen los caballos al carro, hijas de Júpiter y de Temis. *Horae. Cic.* El relox.

Horaeum, i. *n. Plaut.* Salsa del atun pequeño.

Horaeus, a, um. *Plin.* Lo que se hace á su debido tiempo.

Horalis. *m. f. le. n. is. V.* Horalius.

Horarium, ii. *n. Censor.* El relox, que señala las horas.

Horarius, a, um. *Suet.* Horario, lo perteneciente á la hora.

Horatianus, a, um. *Gel.* Lo perteneciente á Horacio, nombre propio romano.

Horatius, ii. *m. Liv. V.* Cocles.

Horatius, ii. *m.* Quinto Horacio Flaco, venusino, *famoso poeta lírico, que escribió odas, sátiras, epístolas, y la epístola á los Pisones.*

Horatius, a, um. *Liv.* Lo perteneciente á Horacio, nombre propio romano.

Horda, ae. *f. Varr.* La vaca preñada.

Hordeaceus, a, um. *Plin.* Lo que es de cebada.

Hordearius, a, um. *Plin.* Que se mantiene de cebada, ó de pan de cebada. *Hordearium aes. Fest.* El dinero que se daba al caballero romano para la cebada de su caballo.

Hordeolus, i. *m. Marc. Emp.* Orzuelo, granillo muy molesto que nace en el párpado del ojo.

Hordeum, i. *n. Plin.* La cebada.

Hordicalia, orum. *n. plur.* y

Hordicidia, orum. *n. plur. Fest.* Sacrificios en que se sacrificaba una vaca preñada.

Horia, ae. *f. Plaut.* Barco para pescar, que no sirve para engolfarse en alta mar.

Horiola, ae. *f. Plaut. dim. de* Horia. Barquichuelo, barco pequeño de pescador.

Horizon, ontis. *m. Vitruv.* El orizonte, *círculo imaginario que separa los emisferios: la parte del cielo, que limita la vista al rededor de nosotros.*

Hormesion, ii. *m. Plin.* Piedra preciosa de color de oro, con una luz en la estremidad.

Horminodes, ae. *m. Plin.* Piedra preciosa de color verde muy subido, á la cual ciñe un círculo de color de oro.

Horminum, i. *n. Plin.* Salvia transmarina, *yerba.*

Horno. *adv. Lucil.* Este año.

Hornotinus, a, um. *Cic.*

Hornus, a, um. *Hor.* Lo que es de este año.

Horotanta, ú Horophanta, arum. *n. Cod. Teod.* Los que señalan los límites ó términos de los campos, y deciden las diferencias y pleitos sobre ellos.

Horologicus, a, um. *Marc. Capi.* Perteneciente al relox.

Horologium, ii. *n. Cic.* El relox. *Horologium solarium,* ó *sciothericon. Plin.* Relox, cuadrante de sol. — *Ex aqua. Vitruv.* Clepsidra, relox de agua.

Horoscopa vasa. *n. plur. Plin.* Cuadrantes solares.

Horoscopalis. *m. f. le. n. is. Firm.* Lo perteneciente al horóscopo.

Horoscopans, tis. *com. Firm.* Lo que preside á la hora del nacimiento. *Horoscopantia signa. Manil.* Señales que suben sobre nuestro emisferio por el punto oriental del orizonte en el de nuestro nacimiento.

Horoscopo, as, avi, atum, are. *n. Mam.* Presidir al momento del nacimiento, hacer el horóscopo.

Horoscopus, i. *m. Pers.* Horóscopo, ascendiente, el astro que se deja ver sobre el orizonte al tiempo del nacimiento de alguno.

Horoscopus, a, um. *V.* Horoscopa vasa.

Horrearius, ii. m. Ulp. El que cuida de un granero ó panera. ‖ Guardaalmacen.

Horreaticus, a, um. Cod. Teod. Perteneciente al granero.

Horrendum. adv. Virg. Horrible, terriblemente.

Horrendus, a, um. Liv. Horrendo, horrible, espantoso, horroroso. ‖ Virg. Respetable, venerable.

Horrens, tis. com. Virg. Erizado, encrespado, levantado, tieso. ‖ Horrible, terrible, horroroso.

† Horrentia, ae. f. Tert. El horror.

Horreo, ës, rui, ëre. n. Ov. Erizarse, encresparse. ‖ Juv. Temblar de miedo. Virg. Estar espantado, atemorizado, tener horror y miedo.

Horreólum, i. n. Val. Max. dim. de Horreum. Granero pequeño.

Horresco, is, scëre. n. Virg. Erizarse, encresparse. ‖ Atemorizarse, horrorizarse.

Horreum, i. n. Cic. Granero, panera, hórreo. ‖ Almacen. ‖ Despensa.

Horribilis. m. f. lë. n. is. Cic. Horrible, espantoso, fiero, terrible, horroroso, formidable.

Horricomis. m. f. më. n. is. Apul. Encrespado, erizado, lo que tiene el pelo levantado, erizado.

Horride, ius. ad. Cic. Áspera, toscamente, con dureza de estilo.

Horriditas, atis. f. Nov. V. Horror.

Horridulus, a, um. Cic. Duro, tosco, desagradable, inculto, grosero.

Horridus, a, um. Cic. Erizado, encrespado. ‖ Duro, áspero, grosero, inculto, tosco. ‖ Horroroso, terrible, horrible. ‖ Fiero, bárbaro. ‖ Desierto, inculto.

Horrifer, a, um. Ov. Horrible, espantoso, lo que da horror, temor, espanto.

Horrificalis. Non. V. Horrificus.

Horrifice. adv. Lucr. De una manera horrible, terrible, espantosa.

Horrifico, as, avi, atum, are. a. Virg. Horrorizar, espantar, atemorizar. ‖ Flor. Hacer horrible y espantoso. ‖ Cat. Encrespar, alborotar el mar ó el viento.

Horrificus, a, um. Cic. Horrible, que hace temblar.

Horripilatio, onis. f. Bibl. Encrespadura del cabello, el acto de erizarse de miedo.

Horripilo, as, are. n. Apul. Echar, cubrirse de pelo erizado, encrespado.

Horrisonus, a, um. Virg. Horrisono, lo que causa horror y espanto con su ruido.

Horror, oris. m. Luc. La encrespadura del cabello. ‖ Ov. Temblor. ‖ Virg. El frio. ‖ Quint. La dureza y manera tosca del estilo. ‖ Pavor, miedo, temor, terror.

Horsum. adv. Ter. Hácia aqui, hácia esta parte.

Hortamen, inis. n. Liv. y

Hortamentum, i. n. Sal. Exortacion, incentivo, estímulo.

Hortatio, onis. f. Cic. Exortacion, el acto de exortar ó animar.

Hortativus, a, um. Quint. Propio de la exortacion.

Hortator, oris. m. Cic. y

Hortatrix, icis. f. Estac. Exortador ó exortadora, la persona que mueve y exorta.

Hortatus, us. m. Cic. V. Hortatio.

Hortatus, a, um. Cic. part. de Hortor. El que ha exortado.

Hortensianus, a, um. Cic. Lo perteneciente á Hortensio, nombre propio romano.

Hortensis. m. f. së. n. is. Col. y

Hortensius, a, um. Plin. Hortense, lo que nace en los huertos y jardines, ó lo que pertenece á ellos. ‖ Lo perteneciente á Hortensio.

Hortensius, ii. m. Cic. Quinto Hortensio, célebre orador romano, contemporáneo de Ciceron.

Horti, orum. m. plur. Cic. Casa de campo, granja. ‖ Jardin. Horti pensiles. Plin. Jardines levantados sobre bóveda. — In fenestris. Plin. Tiestos de flores ó yerbas olorosas, que se ponen en las ventanas. — Epicuri. Cic. La escuela ó huerta de Epicuro, que abrió una escuela de filosofia en Atenas en una huerta que él cultivaba.

Hortinus, a, um. Virg. Lo perteneciente á Horta á

Hortano, ciudad antigua de los tuscos.

Hortor, aris, atus sum, ari. Cic. Exortar, animar, alentar, mover, incitar. Hortari canes. Ov. Zuzar, azuzar, irritar á los perros para que acometan. Se halla tambien pasivo.

Hortualis. m. f. lë. n. is. Apul. y

Hortulanus, a, um. Apul. V. Hortensis.

Hortulanus, i. m. Macrob. Hortelano, el que cultiva las huertas.

Hortulus, i. m. Juv. Huertecillo, jardin, huerta pequeña.

Hortus, i. m. Cic. La huerta ó huerto.

Horus, i. m. Macrob. El sol entre los Egipcios.

Hospes, itis. m. Cic. Huesped, el que aloja ó es alojado. ‖ Ter. Novicio, el que no está hecho á los usos y costumbres, fácil de ser engañado. Hospes nulla in re. Cic. El que nada ignora, á quien nada le es estrangero. Hospitem adoriri. Ter. Arrimarse á un recien venido para engañarle. Hospes inquilinum (ejiciet). Atticus advena. adag. De fuera vendrá quien de casa nos echará. ref.

Hospita, ae. f. Cic. Huéspeda, la que aloja ó es alojada.

Hospitaculum, i. n. Ulp. V. Hospitium.

Hospitalis. m. f. lë. n. is. Liv. Hospital, lo que pertenece á los huéspedes ó al hospedage. ‖ Liberal, benéfico é inclinado á recibir huespedes.

Hospitalitas, atis. f. Cic. Hospitalidad, beneficencia, liberalidad con los peregrinos.

Hospitaliter. adv. Liv. Hospitalmente, con caridad y amor hácia los peregrinos.

Hospitator, oris. m. Apul. El hospedero ó huesped, el que recibe y aloja á los huéspedes.

Hospitatura, ae. f. Dig. El oficio del que tiene posada.

Hospitiolum, i. n. Ulp. dim. de

Hospitium, ii. n. Cic. Hospicio, hospedería, lugar destinado para recibir huéspedes. ‖ Amistad, conexion, familiaridad, estrechez mutua de los huéspedes, que con cierta señal que se daban pasaba de padres á hijos. Hospitium calamitatis. Plaut. Albergue, centro de la miseria. Hospitio uti. Cic. Hospedarse, alojarse en casa de alguno. — Excipere. — Recipere. Cic. Hospedar, recibir huéspedes. — Invitare. Cic. Convidar con su casa.

Hospitor, aris, atus sum, ari. dep. Sen. Hospedarse, alojarse. Hospitari nescit castanea. Plin. El castaño no quiere ser trasplantado. Hospitatur aqua. Plin. Se detiene, se estanca el agua.

Hospitus, a, um. Virg. Huesped, estrangero, peregrino. ‖ V. Hospitalis. Hospita aequora. Virg. Mares cercanos. — Flumina. Estac. Rios navegables con seguridad. — Terra. Virg. Tierra de amigos ó huéspedes. — Avis. Estac. Ave de paso.

Hostia, ae. f. Cic. Hostia, víctima, la res que se sacrificaba en honor de los dioses.

Hostiatus, a, um. Plaut. Cargado de víctimas para los sacrificios.

Hosticum, i. n. Liv. El campo ó tierra enemiga.

Hosticus, a, um. Plaut. Hostil, contrario, enemigo. Hosticum canere. Varr. Tocar la trompeta ó para mover el ejército contra el enemigo, ó para citar á un reo de pena capital.

Hostifer, a, um. Man. V. Hostilis.

Hostifice. adv. Ac. V. Hostiliter.

Hostificus, a, um. Ac. y

Hostilis. m. f. lë. n. is. Cic. Hostil, enemigo, lo perteneciente á los enemigos. Hostilia omnia esse legati retulerunt. Liv. Los enviados trajeron el aviso de que todo daba señales de guerra; que todo era preparativos de guerra ó actos de hostilidad. Hostile odium. Cic. Odio mortal.

Hostilitas, atis. f. Sen. Hostilidad, daño, que en tiempo de guerra se hace á los enemigos, á sus tierras y efectos.

Hostiliter. adv. Liv. Como enemigo, con hostilidad, de una manera cruel.

Hostilius, a, um. Liv. Lo perteneciente á Tulio Hostilio, tercer rei de los romanos, á su familia y á sus leyes.

Hostimentum, i. n. Plaut. Recompensa, represalia.

Hostio, is, ivi, itum, ire. a. Plaut. Recompensar, compensar, usar de represalias. Hostire ferociam hostium.

*Plaut.* Reprimir el orgullo de los enemigos, contener su ferocidad.

Hostis, is. *m. f. Cic.* Enemigo. ‖ Peregrino estrangero. Hostis alicujus, ó alicui. *Cic.* Enemigo de alguno. *Hostem induere. Tac.* Declararse enemigo.

Hostōrium, ii. *n. Prisc.* El rasero que sirve para igualar y raer las medidas de granos.

Hostus, i. *m. Cat.* Cierta medida para el aceite.

## HU

Hu. *Plaut. interj.* que espresa el sonido que hace el que huele alguna cosa atrayendo el aliento con las narices.

Hubertas, ātis. *f. V.* Ubertas.

Huc. *adv. Cic.* Acá, aquí. ‖ Allí. ‖ Hasta aquí, hasta este punto, á tal punto. *Huc ades. Virg.* Ven acá ó aquí. — *Rem deduxi. Cic.* He reducido el negocio á tal punto, á estado, á tales términos. — *Illuc. Cic.* Aquí y allí, de una parte y otra, por todas partes. — *Usque. Plin.* Hasta aquí. *Huccine omnia ceciderunt. Cic.* En esto ha venido todo á parar.

Huccine, y Hucusque. *V.* Huc.

Hudsonium fretum. El estrecho de Hudson en la América septentrional.

Hui. *interj. Ter.* de admiración, de dolor, de compasión, de ira. Hai ó ah!

Hujuscěmŏdi. *indecl. Salust.* y

Hujusmŏdi. *Ces.* De esta manera, de este modo, de este género, así.

Hulcus, eris. *V.* Ulcus.

Hūmāne. *adv. ius, issĭme. Cic.* Humanamente, según la condición y naturaleza humana. ‖ Benignamente, con suavidad, con dulzura, con amor y buen modo.

† Humanista, ae. *m.* Humanista, el que sabe las humanidades ó bellas letras.

Hūmānĭtas, ātis. *f. Cic.* Humanidad, la naturaleza humana, la condición de los hombres. ‖ Afabilidad, cortesía, buen modo, buen trato, dulzura, suavidad. ‖ La erudición y buenas letras. *Humanitate politus. Cic.* Culto por el estilo de las bellas letras. *In humanitate versari. Cic.* Estar dedicado á los estudios de humanidad. *Humanitas erga aliquem. Cic.* Benevolencia para con alguno. *Humanitatis expers. Cic.* El que ha perdido, abandonado ú olvidado los sentimientos de humanidad.

Hūmānĭter. *adv. Cic.* y

Hūmānĭtus. *adv. Cic. V.* Humane. *Si quid mihi humanitus accidisset. Cic.* Si me hubiera sucedido alguna desgracia, algun accidente humano, si hubiera muerto.

Hūmānus, a, um. *ior, issĭmus. Cic.* Humano, lo perteneciente al hombre y á la naturaleza humana. ‖ Apacible, afable, benigno, suave, agradable en su trato. ‖ Culto, erudito en las bellas letras, en las humanidades. *Ut humanus possum falli. Cic.* Como hombre me puedo engañar. *Humani nihil á me alienum puto. Ter.* Nada que toque á los hombres juzgo ageno de mí.

Hūmātio, ōnis. *f. Cic.* El entierro ó sepultura de un cadáver, enterramiento.

Hūmātor, ōris. *m. Lucil.* Enterrador ó sepulturero, el que sepulta ó entierra.

Hūmātus, a, um. *Cic. part. de* Humo. Enterrado, sepultado.

Hūmectātus, a, um. *Sil. Ital.* Humedecido, regado.

Hūmecto, ās, āvi, ātum, āre. *a. Virg.* Humedecer, bañar, regar.

Hūmectus, a, um. *Varr.* Húmedo, mojado, bañado, humedecido.

Hūmĕfactus, a, um. *Plin.* Humedecido.

Hūmens, tis. *com. Ov.* Húmedo, mojado.

Hūmeo, ēs, ēre. *n. Ov.* Estar húmedo, mojado.

Hūmĕrāle, is. *n. Ulp.* Lo que cubre los hombros, como capa, capote &c.

Hūmĕrōsus, a, um. *Col. V.* Humidus. Cargado de espaldas.

Hūmĕrŭlus, i. *m. Bibl.* Canecillo, *piedras que sostienen los dos lados de la puerta del edificio.*

Hūmĕrus, i. *m. Cic.* El hombro, *la parte alta de donde nacen los brazos.* ‖ La espalda.

Hūmescens, tis. *com. Plin. men.* Lo que se humedece.

Hūmesco, is, scĕre. *n. Virg.* Humedecerse, bañarse, mojarse. *Humescere modicis poculis. Hor.* Humedecerse á pequeños tragos, á cortadillos.

Hūmi. *adv. Virg.* En tierra, por tierra, contra el suelo.

Hūmĭde. *adv. Plaut.* Con humedad.

Hūmĭdo, ās, āvi, ātum, āre. *a. Cels.* Humedecer.

Hūmĭdŭlus, a, um. *Aus.* Algo húmedo.

Hūmĭdum, i. *n. Tac.* Lugar, sitio húmedo.

Hūmĭdus, a, um. *Cic.* Húmedo, lo que tiene humedad.

Hūmĭfer, a, um. *Cic.* Lo que da humedad, lo que humedece.

Hūmĭfĭco, ās, āre. *a. Auson.* Humedecer.

Hūmĭfĭcus, a, um. *Plin.* Lo que humedece ó da humedad.

Hūmĭgatus, a, um. *Apul.* Humedecido.

Hūmĭliatio, ōnis. *f. Tert.* Humillación, abatimiento.

Hūmĭliātus, a, um. *Cic.* Humillado. *part. de* Humilio.

Hūmĭlĭfĭco, ās, āre. *a. Tert.* y

Hūmĭlio, ās, āvi, ātum, āre. *a. Tert.* Humillar, postrar, ajar, abatir.

Hūmĭlis. *m. f. lĕ. n. is,* lior, līmus. *Cic.* Humilde, bajo, vil. ‖ Modesto, sumiso, paciente. ‖ Lo que no tiene elevación, grandeza ó sublimidad. *Humilis fossa. Ter.* Foso poco profundo. — *Homo. Cic.* Hombre bajo, de condición humilde. — *Domus. Hor.* Casa pobre. — *Oratio. Cic.* Estilo bajo, tenue, humilde, ínfimo.

Hūmĭlĭtas, ātis. *f. Cic.* Situación baja, inclinación. ‖ Condición, estado bajo, humildad. ‖ Sumisión, abatimiento de sí mismo.

Hūmĭlĭter. *adv. ius. Cic.* Humildemente, con bajeza. ‖ Con cobardía, debilidad y flaqueza de ánimo. ‖ Con humildad y sumisión.

Hūmo, ās, āvi, ātum, āre. *a. Col.* Enterrar, cubrir de ó con tierra, dar sepultura. ‖ Enterrar, meter en la tierra cualquiera cosa.

Hūmor, ōris. *m. Cic.* Humor, humedad, licor, agua. *Humor Bacchi. Virg.* El vino.

Hūmŏtĕnus. *adv. Apul. V.* Humi.

Hūmu. *Varr. ablat.* en lugar de Humo.

Hūmus, i. *f. Cic.* La tierra, el terreno, el suelo. ‖ *Ov.* Patria, region, país. *Humi laetitia. Cic.* Fertilidad de la tierra. — *Jacere. Cic.* Estar echado en tierra.

Hungāria, ae. *f.* La Ungría, *reino de Europa.*

Hungārius, a, um. Ungaro, de Ungría.

Huninga, ae. *f.* Huninge, *fuerte de Alemania.*

Hunni, ōrum. *m. plur. Claud.* Hunos, *pueblos de la Tartaria europea.*

Hurepaesium, ii. *n.* El Hurepoix, *país de la isla de Francia.*

Hurōnes, um. *m. plur.* Hurones, *pueblos de la nueva Francia en América.*

## HY

Hyăcinthaeus, a, um. *Fortun. V.* Hyacinthinus.

Hyăcinthia, ōrum. *n. plur. Ov.* Fiestas que celebraban los lacedemonios por tres dias en honor del niño Jacinto.

Hyăcinthĭnus, a, um. *Cat.* Lo perteneciente á Jacinto. ‖ De color de jacinto.

Hyăcinthyzon, tis. *m. Plin.* El berilo, *piedra preciosa de color verde muy subido.* ‖ Especie de esmeralda que tira al color del jacinto.

Hyăcinthus, i. *m.* Jacinto, *nombre de hombre.* ‖ Jacinto, *flor, que dicen los poetas nació de la sangre de Ayax, con las dos primeras letras de su nombre, cuando vencido por Ulises se dió muerte.* ‖ Piedra preciosa del mismo nombre, especie de amatista.

Hyădes, dum. *f. plur. Ov.* Las Hiadas, *siete estrellas fijas en la cabeza del toro. Fingen que fueron hijas de Atlante y Etra, que murieron de dolor llorando la muerte de su hermano Hiante, despedazado por un leon.* ‖ Ninfas de Dodona en Epiro, ayas de Baco.

Hyaena, ae. *f. Plin.* La hiena, *animal feroz parecido al lobo.* ‖ Un pescado de gran cuerpo parecido á la hiena.

Hyaenia, ae. *f. Plin.* Piedra preciosa semejante á los ojos de la hiena.

Hyăle, es. *f. Ov.* Hyale, *una de las ninfas de Diana.*

Hyalīnus, a. um. *Fulg.* Lo que es de vidrio. ‖ *Marc. Cap.* De color verde.

Hyălus, i. m. *Virg.* El vidrio. ‖ El color verde.

Hyampŏlis, is. f. *Estac.* Jampolis, ciudad de la Fócide cerca de Beocia.

Hyantes, um. m. plur. y

Hyanteus, a, um. y

Hyantīus, a, um. *Plin.* Beocio, el natural de Beocia y lo perteneciente á ella.

Hyas, ădis. f. *Estac.* Una de las Hiadas. V. Hyades.

Hyas, antis. m. *Ov.* Hyantea. V. Hyades.

Hybernia, ae. f. V. Hibernia.

Hybernus, &c. V. Hibernus.

Hybla, ae, y Hible, es. f. *Ov.* Hibla, monte y ciudad de Sicilia.

Hyblaeus, a, um. *Virg.* Lo que es de esta ciudad ó monte.

Hyblensis, m. f. sē. n. is. *Plin.* V. Hyblaeus.

Hyblenses, um. m. plur. *Plin.* Los naturales de Hibla en Sicilia.

Hybrida, ae. f. V. Ibrida.

Hydaspes, is. m. *Plin.* Hidaspes, rio de la India. ‖ *Virg.* Rio de Persia ó Media.

Hydaspeus, a, um. *Claud.* Perteneciente al rio Hidaspes.

Hydătis, ĭdis. f. *Marc. Cap.* Piedra preciosa del color del agua.

Hydra, ae. f. *Virg.* Hidra, serpiente acuática. ‖ La de siete cabezas que mató Hércules en el lago Lerneo.

Hydragogia, ae. f. *Varr.* El encañado para conducir agua.

Hydrargyrum, ó Hydrargyrus, i. m. *Plin.* El azogue, metal blanco volátil.

Hydraula, ae, y Hydraules, ae. m. *Suet.* El que es diestro en cierto instrumento especie de órgano, que suena con el movimiento del agua.

Hydraula, ae. f. *Vitruv.* Máquina hidráulica, que se maneja con el impulso y movimiento del agua.

Hydraulĭca, ōrum. n. plur. *Vitruv.* Las máquinas hidráulicas.

Hydraulĭcus, a, um. *Vitruv.* Hidráulico, lo que se mueve por medio del agua. Hidráulica organa. *Plin.* Órganos que suenan por medio del agua.

Hydraulus, i. m. *Plin.* Órgano que suena por medio del agua.

Hydrelaeum, i. n. Aceite mezclado y batido con agua.

Hydrelatānus, a, um. *Liv.* Lo perteneciente á Hidrela, region de Caria.

Hydrelĭtae, ārum. m. plur. *Plin.* Los pueblos del territorio de Hydrela en Caria.

Hydreum, i. n. *Plin.* y

Hydreuma, ătis. n. *Plin.* Abrevadero donde se paran á beber los camellos.

Hydria, ae. f. *Cic.* Hidria, cántaro ó tinajuela para agua.

Hydrinus, a, um. *Prud.* Propio de la culebra acuática.

Hydrius, ii. m. *Prud.* El Acuario, signo celeste.

Hydrŏcēle, es. f. *Marc.* Hernia acuosa.

Hydrŏcēlĭcus, a, um. *Plin.* El que tiene ó padece una hernia acuosa.

Hydrŏcĕphălum, i. n. y

Hydrŏcĕphălus, i. m. Hidrocéfalo, tumor de agua ó de sangre mezclada con ella en la cabeza.

Hydrochous, i. m. *Catul.* Que echa agua, el signo de Acuario.

Hydrogĕrătus, a, um. *Apic.* Guisado con salsa de grasa, mezclada con agua de cisterna.

Hydrogārum, i. n. *Lampr.* Grasa reservada para guisados, mezclada con agua de cisterna.

Hydrognōmonĭce, es. f. Conocimiento de las aguas que oculta la tierra.

Hydrographia, ae. f. Hidrografía, tratado de las aguas, descripcion, conocimiento de los mares y rios.

Hydrographĭcus, a, um. Hidrográfico, perteneciente á los mares y rios, á su conocimiento y descripcion.

Hydrogrăphus, i. m. Hidrógrafo, conocedor de los mares y rios. Profesor de hidrografía.

Hydrolapătum, i. n. *Plin.* Especie de lampazo, yerba que nace en el agua.

Hydrŏmantia, ae. f. *Plin.* Adivinacion por medio del agua.

Hydrŏmĕli, ĕlĭtis. n. *Plin.* Composicion de agua fermentada con miel, que toma sabor de vino.

Hydrŏmylae, ārum. f. plur. *Vitruv.* Molinos de agua.

Hydrŏphŏbia, ae. f. *Cels.* Hidrófobo, enfermedad que acaece á los que estan mordidos de animales rabiosos, que es tener sed, y aborrecer con miedo el agua. La rabia.

Hydrŏphŏbi, ōrum. m. plur. *Plin.* Los que padecen mal de rabia.

Hydrŏphŏbĭcus, a, um. *Cel. Aur.* Lo que pertenece al mal de rabia, á la pasion de huir del agua, que acontece á los que padecen este mal.

Hydrŏpĭcus, a, um. *Hor.* Hidrópico, el que padece la enfermedad de hidropesía.

Hydrŏpisia, is. f. *Plin.* y

Hydrops, ōpis. m. *Hor.* La hidropesía, enfermedad causada por un depósito de agua, que se hace en alguna parte del cuerpo.

Hydrus, y Hydros, i. m. *Plin.* V. Hydra.

Hyems, y sus derivados. V. Hiems.

Hygea, y Hygia, ae. f. *Marc.* Igea, hija de Esculapio, diosa de la sanidad.

Hyginus, i. (Cayo Julio) Higino, liberto de Augusto y su bibliotecario, de quien quedan las fábulas y el Astronómico. ‖ Otro escritor de límites en tiempo de Trajano: los dos son autores de mal estilo.

Hygrŏphŏbia, ae. f. *Cel. Aur.* Lo mismo que hidrofobia, sino que esta enfermedad solo da temor del agua, la otra de toda cosa líquida.

Hylactor, ŏris. m. *Ov.* Nombre de un perro, que ladraba muy fuertemente.

Hylaeus, i. m. *Ov.* Hileo, uno de los centauros, asaeteado por Atalanta, á quien él queria violentar. ‖ *Ov.* Nombre de un perro.

Hylas, ae. m. *Virg.* Hilas, joven hermoso, compañero de Hércules, robado por las ninfas del rio Ascanio, en memoria de cuya pérdida instituyó Hércules sacrificios anuales.

Hylas, ăcis. f. *Virg.* Nombre de una perra.

Hyle, es. f. *Suet.* La selva ó silva, agregado de muchos tratados sobre varias especies, conocida Silva de varia leccion de Pedro Mexía. ‖ *Plin.* Nombre de una ciudad de Beocia.

Hyles, ae. m. *Ov.* Nombre de un centauro.

Hillĕessa, ae. f. La isla de Paros, la isla de Fante en el mediterráneo.

Hyllus, ó Hylus, m. *Ov.* Hilo, hijo de Hércules.

Hymen, ĕnis. y

Hymĕnaeus, ó Hymenaeos, i. m. *Virg.* Himeneo, boda, casamiento, matrimonio. ‖ El dios de las bodas. ‖ Canto nupcial, poema sobre un matrimonio.

Hymeneius, a, um. *Marc. Cap.* Lo perteneciente al matrimonio.

Hymettius, a, um. *Hor.* Lo que es del monte Himeto.

Hymettus, ó Hymettos, i. m. *Hor.* Himeto, monte de la Ática cerca de Atenas, abundante de mármoles y de semilla de abejas y miel.

Hymnĭfer, a, um. *Ov.* El que compone ó canta himnos.

Hymnio, is, ire. a. *Prud.* Cantar himnos.

Hymnĭsŏnus, a, um. *Paul. Nol.* y

Hymnŏdĭcus, i. *Firm.* y

Hymnŏlŏgus, i. m. *Firm.* El que alaba en himnos ó los canta.

Hymnus, i. m. *Prud.* Himno, canto en alabanza de Dios y de sus santos. ‖ Alabanza, cántico, elogio.

Hyoscĭămĭnus, a, um. *Plin.* Lo que es ó pertenece á la yerba beleño.

Hyoscĭămum, i. n. *Cels.* y

Hyoscĭămus, i. m. *Plin.* El beleño, planta.

Hypaea, ae. f. Una de las islas Estecades.

Hypaethrus, a, um. *Vitruv.* Descubierto, abierto, espuesto al aire, á la inclemencia.

Hypallăge, es. f. *Cic.* Hipálage ó metonímia. Fig. ret.

Hypănis, is. m. *Virg.* Rio de Polonia.

Hypăte, es. f. *Vitruv.* La cuerda mas alta de la lira que daba un sonido agudo.

Hypĕlătes, ae. m. *Plin.* Especie de laurel ó laurel alejandrino.

Hypĕnĕmia ova. n. plur. *Plin.* Huevos güeros, vanos.

Hyperbăsis, is. f. Metáfora. Fig. ret.

Hyperbăton, i. n. Quint. Iperbaton, fig. gram. y ret. la trasposicion de palabras.

Hyperbŏla, ae, y Hyperbole, es. f. Quint. Iperbole ó exageracion. Fig. ret.

Hyperbolaeos, a, um. Vitruv. Escesivo, exagerado.

Hyperbŏlĭcus, a, um. Sid. Lo perteneciente á la hipérbole.

Hyperbŏreus, a, um. Plin. Setentrional, lo que está puesto al septentrion. Hyperboreum mare. Marc. El mar de Moscovia.

Hypercătălectĭcus, ó Hypercatalectus, a, um. Asc. Ipercataléctico, verso que tiene una ó mas sílabas de mas.

Hypĕrĭcon, i. n. Cels. Hiperico, planta.

Hyperion, ōnis, y ōnos. m. Hig. Hiperion, hijo de Titan y de la Tierra. ‖ El sol.

Hypĕrĭŏnius, a, um. Sil. Propio de Hiperion, del sol.

Hypermĕter, y Hypermetrus versus. Verso hipermetro, al cual sobra una sílaba.

Hypermnestra, y Hypermnestre, es. f. Ov. Hipermenestra, una de las cincuenta hijas de Danao, la cual dando muerte sus hermanas á sus maridos la noche de sus bodas, libertó á su esposo Linceo.

Hyperŏcha, ae. f. Dig. El sobrante de alguna cosa.

Hyperparhypăte, es. f. Vitruv. La tercera cuerda de la lira dedicada á Venus.

Hypertўris, ĭdis. f. y

Hypertўrum, i. n. Vitruv. El friso, especie de arquitrabe que se pone por adorno de una puerta.

Hyphear, ătos. n. Plin. Especie de muérdago ó liga, planta que nace en el abeto, larice y encina.

Hyphen, indecl. Serv. Fig. ret. Union de dos dicciones, como antemalorum, antevolans.

Hypnăle, es. f. Sol. Cierto aspid que con su mordedura causa un sueño mortal.

Hypŏbăsis, is. f. Inscr. El pedestal ó basamento que se pone debajo de la basa.

Hypŏbŏle, es. f. Figura retórica cuando se pregunta lo que se puede oponer á lo que se dice.

Hypobolimaeus, a, um. Gel. El que sucede en lugar de otro.

Hypobrychium, ii. n. Tert. Profundidad, abismo en que se sumergen hombres y naves.

Hypŏcausis, is. f. Vitrub. y

Hypŏcaustum, i. n. Estufa para calentar las piezas de los baños, y la misma pieza que se calentaba con ella.

Hypŏchўma, ătos. m. Marc. Emp. y

Hypŏchўsis, is. f. Enfermedad con que se pierde la vista.

Hypŏcondria, ōrum. n. plur. Los ipocondrios, las partes laterales debajo de las castillas, sobre el hígado y bazo.

† Hypocondrĭăcus, a, um. Ipocondriaco, el que padece de los ipocondrios. ‖ Lo perteneciente á ellos.

Hypŏcŏrisma, ătis, n. Caris. La forma de los nombres diminutivos.

Hypocrisis, is, y iseos. f. Bibl. Hipocresía, disimulacion, fingimiento de costumbres y obras buenas. ‖ La accion del cómico que finge y representa una persona.

Hypocrita, ae. m. f. Hipócrita, el que disimula y finge sus costumbres.

Hypocrĭta, y Hypocrites, ae. m. Suet. Comediante, actor que representa ó hace el papel de otra persona.

Hypodiăcŏnus, i. m. S. Ger. Subdiácono, ministro eclesiástico despues del diácono.

Hypŏdĭdascălus, i. m. Cic. Pasante ó repetidor, bajo la direccion del maestro.

Hypodrŏmus, i. m. Plin. Galería, corredor, tránsito cubierto y á propósito para pasear.

Hypŏgastrium, ii. n. Hipogastrio, el vientre inferior.

Hypŏgēum, i. n. Vitruv. Sótano, cueva, lugar subterraneo. ‖ Petron. Sepulcro. sepultura.

Hypoglassis, is. f. V. Hypoglottis.

Hypoglottia, ōrum. n. plur. y

Hypoglottĭdes, um. f. plur. Pastillas que se tienen en la boca para remedio de la tos.

Hypoglottis, idis. f. y

Hyplotium, ii. n. La parte de la boca que está debajo de la lengua. ‖ Abceso que suele salir debajo de la lengua. ‖ Medicamento lenitivo.

Hypŏgrăphum, i. n. Donat. Copia, ejemplar.

Hypogryphus, i. m. Hipógrifo, animal fabuloso parte caballo y parte grifo.

Hypomēlis, ĭdis. f. Pal. Fruta semejante á la serva.

Hypomnēma, ătis. n. Cic. Libro de memoria, comentario.

Hypomnematogrăphus, i. m. Dig. Escritor de comentarios.

Hypŏmochlium, ii. n. Vitruv. Hipomoclio, el calzo en que se afirma la palanca para levantar pesos. ‖ El punto de la romana en que juega el ástil ó barra.

Hypostăsis, is, y eos. f. S. Ger. Hipostasis, lo mismo que supuesto ó persona.

Hypostătĭcus, a, um. Hipostático ó personal.

Hypŏthēca, ae. f. Cic. Hipoteca, prenda, alhaja, que queda afecta y obligada en lugar de lo que se debe.

Hypŏthēcārius, a, um. Ulp. Hipotecario, lo que tiene derecho ó accion á la hipoteca.

Hypothenūsa, ae. f. Hipotenusa, en los triángulos rectángulos, el lado opuesto al ángulo recto.

Hypŏthēsis, is. f. Cic. Hipótesis, cuestion particular ó definida sobre personas ó acciones particulares.

Hypŏthētĭcus, a, um. Apul. Lo perteneciente á la hipótesis ó cuestion particular: hipotético.

Hypŏthўrum, i. n. Vitruv. El espacio vacío de una puerta ó ventana, la luz.

Hypotrăchēlium, ii. n. Vitruv. La parte del cuello inmediata á la espalda debajo de la cerviz. ‖ La parte superior que ciñe una columna, el collarin.

Hypotremma, ătis. n. Apic. Menestra compuesta de pimienta, dátiles, miel, pasas, queso, vinagre y otras cosas.

Hypŏtўpōsis, is. f. Cic. Hipotiposis, figura retórica, narracion viva y muy espresiva.

Hypozeuxis, is. f. Diom. Fig. ret. en que á cada espresion se le añade su verbo.

Hypsipyle, es. f. Estac. Hipsipile, hija de Toante, reina de Lemnos.

Hypsipylaeus, a, um. Ov. Perteneciente á Hipsipile.

† Hypsōma, ătis. n. Tert. Exaltacion, alteza, altura.

Hyrcāni, ōrum. m. plur. Cic. Hircanos, los naturales de Hircania.

Hyrcānia, ae. f. Luc. Hircania, region de Asia abundante en fieras, el Mazanderan.

Hyrcānius, ó Hyrcanus, a, um. Virg. Lo perteneciente á Hircania. Hyrcanium mare. Plin. El mar caspio, el mar de Sula.

Hyriae, es. f. Ov. Region de Beocia cerca de Aulide con una ciudad y un lago del mismo nombre, asi llamada de Hirie, madre de Cigno, la cual convertido su hijo en cisne, con su llanto y deliquio formó el lago.

Hyrieus, i. m. Ov. Hyrieo, rústico de Beocia, padre de Orion.

Hyrieus, a, um. Ov. Lo perteneciente á Hirieo.

Hyrtacĭdes, ae. m. Virg. Niso, troyano, amigo de Eurialo, hijo de Hirtaco.

Hysginum, i. n. Plin. Planta que sirve para la tintura de las lanas, su color parece que es purpureo.

Hysginus, a, um. Plin. De color rojo ó purpúreo que parece ser el que da la yerba hysginum.

Hyssōpītes, ae. m. Plin. Vino compuesto con la yerba hisopo.

Hyssōpum, i. n. Cels. y

Hyssōpus, i. f. Col. Hisopo, yerba.

Hystĕra, ōrum. n. plur. Secundina, membrana que cubre al feto.

Hystĕra, ae. f. El vientre, la matriz.

Hystĕrĭcus, a, um. Marc. Histérico, lo que pertenece á la sofocacion del útero que padecen las mugeres.

Hystĕrŏlŏgia, ae. f. y

Hystĕron protĕron. n. Fig. ret. cuando se invierte el órden de las cosas, y se dice primero lo que se habia de decir despues.

Hystricōsus, a, um. S. Ger. Espinoso, hirsuto, áspero.

Hystrix, ĭcis. f. Plin. El puerco espin, animal terrestre.

Hytănis, is. m. Rio de Persia.

# I

I. imper. del verbo Eo. Ter. Ve, anda, marcha. V. Eo.

Ia, *n. plur. Plin.* Violetas que nacen naturalmente.

Iabolēnus ( *Priscus* ). *Capit.* Jaboleno, jurisconsulto de quien se hallan muchas respuestas en el Digesto. Floreció en tiempo de los emperadores Antonino Pio, Trajano y Adriano.

Iacchus, i. m. *Virg.* Sobrenombre de Baco. || El vino.

Jăcens, tis. *com. Cic.* Enfermo, malo, postrado en cama. || Bajo, hondo, profundo. || Afligido, oprimido, abatido. || *Hor.* Yacente, tendido, echado, recostado. || *Val. Flac.* Muerto. || *Plin.* Puesto sitio, situado. *Jacens animus. Cic.* Espíritu abatido. *Jacente te. Cic.* Estando tú enfermo. *Jacentes ad hesperum terrae. Plin.* Tierras situadas, que caen, que miran, que estan puestas al occidente. *Jacentia verba. Cic.* Palabras comunes, vulgares, muy usadas y conocidas. *Jacens oratio. Gel.* Oracion, discurso, estilo bajo, lánguido.

Jăceo, es, cui, ĕre. *n. Cic.* Yacer, estar echado, tendido en el suelo ó recostado. *Dícese de los que estan sentados á la mesa. Sil.* De los que estan en cama enfermos ó durmiendo. *Hor.* De los difuntos y sepultados. || *Ov.* Estar situado, puesto. || *Virg.* Estar hondo, bajo, profundo. || Estar abandonado, envilecido, sin crédito ni reputacion. || Estar afligido, oprimido, abatido. *Jacent rationes. Plaut.* No hallo razones, no sé, no encuentro qué decir. — *Virtutes. Cic.* No se aprecian las virtudes. — *Pretia praediorum. Cic.* Las tierras estan á un precio muy bajo. *Jacet oratio. Cic.* El discurso, el estilo es bajo, lánguido. — *Mare. Estac.* El mar está tranquilo, en calma. — *Pecunia. Plin.* El dinero está muerto, no circula, no se emplea. — *Graviter. Plin.* Está muy malo, enfermo.

Jăcio, is, jēci, jactum, ĕre. *Cic.* Disparar, tirar, lanzar, arrojar, echar. || Publicar, esparcir, divulgar, sembrar. *Jacere anchoram. Liv.* Echar el áncora, dar fondo. — *In aliquem scyphum de manu. Cic.* Tirar á uno un vaso á la cabeza. — *Fundamenta. Tac.* Echar, poner los cimientos. — *Talos. Cic.* Jugar á los dados, echarlos, tirarlos. — *Vallum. Ces.* Hacer, levantar una trinchera. — *Significationes. Suet.* Dar señas. — *Exempla. Tac.* Alegar, proponer ejemplos.

Jactabundus, a, um. *Gel.* Agitado, fluctuante. || *Id.* Vano, jactancioso.

Jactans, tis. *com. Liv.* tior, tissĭmus. El que agita, mueve. || Jactancioso, vanaglorioso, vano.

Jactanter, ius. *adv. Tac.* Con jactancia, con presuncion, vanidad y ostentacion.

Jactantia, ae. *f. Tac.* Jactancia, vanidad, vanagloria, arrogancia.

Jactantĭcŭlus, a, um. *S. Ag. dim. de* Jactans. Jactanciosillo, dicho por desprecio.

Jactatio, ōnis. *f. Cic.* Sacudimiento, agitacion, movimiento. || Jactancia, vanidad. *Jactatio lapidum. Hig.* La accion de tirar piedras, pedrea.

Jactātor, ōris. *m. Quint.* Vano, jactancioso.

Jactātus, a, um. *Ov. part. de* Jacto. Arrojado, disparado. || Agitado. || Maltratado. *Jactatus manibus. Virg.* Manoseado. — *Multis injuriis. Cic.* Cargado de injurias. *Terris et alto. Virg.* Agitado, maltratado en mar y tierra.

Jactātus, us. m. *Ov. V.* Jactatio.

Jactĭtabundus, a, um. *Sid. V.* Jactabundus.

Jactĭto, ās, āvi, ātum, āre. *a. Liv. freq. de*

Jacto, ās, āvi, ātum, āre. *a. Cic.* Echar, tirar, disparar, arrojar á menudo. || Mover, menear, agitar con prisa. || Maltratar, afligir, oprimir. || Considerar, pensar, discurrir, revolver dentro de sí mismo. || Decir, contar. || Jactarse, gloriarse, vanagloriarse. || Divulgar, publicar. *Jactare se re aliqua, in, ó de re aliqua. Cic.* Alabarse, jactarse de alguna cosa. || Ejercitarse, emplearse, ocuparse. *Jactari fluctibus. Cic.* Ser agitado de las olas. — *Jugum. Juv.* Sacudir el yugo. — *Se in pecuniis. Cic.* Derramar, gastar el dinero con prodigalidad.

Jactura, ae. *f. Cic.* El alijo, la accion de alijar ó aligerar la nave en tiempo de tempestad. || Yactura, pérdida, daño, detrimento. *Jacturam facere. Cic. ó pati. Col.* Tener, padecer una pérdida. *Provincia jacturis exhausta. Cic.* Provincia aniquilada por sus grandes gastos y regalos.

Jactus, a, um. *Cic. part. de* Jacio. Arrojado, tirado, echado, lanzado, disparado. *Jacta vox. Cic.* Voz, rumor echado, esparcido, divulgado.

Jactus, us. m. *Cic.* Tiro, la accion de tirar ó disparar. *Jactus tesserarum. Liv.* Lance, vuelta de dado. *Ad teli jactum. Virg.* Á tiro de flecha.

Jăcŭlabĭlis. m. f. le. n. is. *Ov.* Lo que se puede lanzar, disparar ó arrojar.

Jăcŭlans, tis. *com. Cic.* El que mira con atencion, que fija los ojos.

Jăcŭlatio, ōnis. *f. Plin.* La accion de tirar ó disparar. *Jaculatio equestris. Plin. men.* Ejercicio del dardo á caballo.

Jăcŭlātor, ōris. m. *Liv.* Disparador, tirador, el que tira, dispara dardos, flechas, piedras ó lanzas.

Jăcŭlatŏrius, a, um. *Ulp.* Lo que sirve para disparar ó pertenece á esta accion.

Jăcŭlātrix, icis. f. *Ov.* La que dispara flechas.

Jăcŭlātus, us. m. *Tert. V.* Jaculatio.

Jăcŭlātus, a, um. *part. de* Jaculor. *Hor.* El que ha tirado ó disparado.

Jăcŭlor, āris, ātus sum, āri. *dep. Cic.* Tirar, disparar, arrojar el dardo. *Jaculari multa. Hor.* Maquinar muchas cosas, formar grandes designios. *Jaculari imbres. Col.* Echar, despedir aguas, llover.

Jăcŭlum, i. n. *Cic.* Dardo, flecha y todo lo que se puede tirar y arrojar desde lejos.

Jăcŭlus, i. m. *Plin.* Jaculo, serpiente que se arroja desde los árboles para acometer. || *Col.* La correa con que se unce á los bueyes. *En este sentido solo se usa en plural.*

Jalysius, a, um. *Plin.* Lo perteneciente á Yaliso, ciudad antigua de Rodas.

Jalysus, i. f. *Plin.* Yaliso, ciudad antigua de la isla de Rodas. || Nombre de una célebre pintura de *Protógenes,* colocada en el templo de la paz.

Jam. *adv. Cic.* Ya, *se refiere al presente, pretérito y futuro. Sunt jam duo menses. Cic.* Ya ha dos meses. *Jam aberant non longius bidui. Ces.* No faltaban ya mas que dos jornadas. *Jam jamque tibi faciendum est. Cic.* Es menester que lo hagas al instante. — *Inde ab adolescentia. Ter.* Desde el tiempo de la juventud. — *Diu, ó dudum factum est, post quam bibimus. Plaut.* Ya ha mucho tiempo que hemos bebido. — *Olim. Ter.* En otro tiempo, desde mucho tiempo há. — *Tum. Cic.* Desde entónces. — *Pridem. Ter.* Ya hace mucho tiempo. — *Primum. Ter.* Desde luego. *Jam ante. Cic.* Ya antes, ya de antes ó desde antes.

Jambēus, a, um. *Hor.* ó

Jambĭcīnus, a, um. *Mart. Cap.* y

Jambĭcus, a, um. *Diom.* Yámbico, lo perteneciente al verso ó pie yambo.

Jambus, i. m. *Hor.* Pie yambo, compuesto de una sílaba breve y otra larga, como āmăns.

Jamdiu. Jam dudum. Jam jam. Jam inde. Jam nunc. Jam olim. Jam porro. Jam pridem. Jam primum. Jam tamdem. Jam tum. Jam vero. Jam usque. *V.* Jam.

† Jamesa, ae. m. El Támesis, rio de Inglaterra.

Jamesis, dis. f. La embocadura del Támesis.

Jana, ae. f. *Varr.* Diana ó la Luna.

Jānālis, m. f. le. n. is. *Ov.* Lo perteneciente al dios Jano.

Jānectus, i. m. *Fest.*

Jāneus, i. m. *Fest. V.* Janitor.

Jani, ōrum. m. *plur. Suet.* Plazas públicas ó mercados.

Jānĭcŭla, ae. f. Italia, así llamada en lo antiguo de Jano, su primer rey despues del diluvio, que algunos dicen haber sido Noé.

Jānĭcŭlāris. m. f. le. n. is. *Serv.* Lo perteneciente al Janículo, monte de Roma.

Jānĭcŭlensis porta. Puerta de Roma por la que se salia desde el Janículo.

Jānĭcŭlum, i. n. *Liv.* El Janículo, hoy Montorio, *una de los siete montes de Roma del otro lado del Tiber.*

Jānĭgĕna, ae. m. f. *Ov.* Hijo de Jano.

Jānĭtor, ōris. m. *Cic.* El portero, guarda de la puerta. *Janitor carceris. Cic.* El carcelero ó alcaide. — *Coeli. Ov.* Jano, *portero del cielo.* — *Inferorum. Virg.* El Cancerbero, *portero del infierno.*

Jānĭtrix, ĭcis. f. *Plaut.* Portera, la muger que guarda

## JAS

la puerta. *Janitfix laurus. Plin.* Laurel que solia plantarse á las puertas de los Pontífices y de los Césares.

Janthe, es. *f. Ov.* Yante, *doncella cretense muy celebrada por su hermosura.*

Janthina, orum. *n. plur. Marc.* Vestidos de color violado ó de violeta.

Janthinus, a, um. *Plin.* Violado, de color de violeta.

Janthis, ĭdis. *f. Marc. Emp.* La violeta, *flor pequeña de color rojo oscuro y casi morado.*

Janua, ae. *f. Cic.* Puerta, entrada. || Lugar por donde se entra en la materia ó principio de alguna cosa. *A janua aliquem quaerere. Cic.* Preguntar por alguno desde la puerta.

Janual. *n. Fest.* Especie de torta ó bollo que se ofrecia solo al dios Jano.

Janualis. *m. f.* Ĭs. *n. is. Ov.* Lo perteneciente al dios Jano. *Janualis porta. Varr.* La puerta del templo de Jano.

Januarius. *Januarius mensis,* ó *Janualis. Cic.* El mes de Enero, *el undécimo entre los antiguos consagrado á Jano.*

Janus, i. *m. Cic.* Dios Jano, Apolo ó el Sol pintado con dos rostros, uno adelante y otro atras. || Barrio de Roma, por otro nombre Tusco, *donde habitan la mayor parte de mercaderes y usureros.* || Lonja, plaza de negocios y cambios.

Japetĭdes, ae. *m. Ov.* y

Japetionides, ae. *m. patron. Ov.* Hijo de Japeto, como Atlante ó cualquiera otro.

Japetus, i. *m. Hor.* Japeto, *uno de los gigantes hijo de la Tierra y Tártaro, padre de Atlante, Epimeteo y Prometeo.*

Japidia, ae. *f. Virg.* Japidia, *region de Italia.*

Japis, ĭdis. *m. Virg.* Japis, *médico que curó una herida á Eneas, el cual dió nombre á la region Japidia.*

† Japonia, ae. *f.* El Japon, *reino de Asia.*

† Japonicus, a, um. Lo perteneciente al Japon.

Japyges, pygum. *m. plur. Ov.* Calabreses, *naturales de Calabria.*

Japygia, ae. *f. Plin.* La Calabria ó la Pulla, *provincia de Italia.*

Japygium, ii. *n. Plin.* El cabo de Santa María en el reino de Nápoles.

Japygius, a, um. *Plin.* Lo perteneciente á la Calabria ó la Pulla.

Japyx, ygis. *m. Hor.* Viento de Calabria, *que sopla de occidente á oriente, zéfiro, coro.* || Japix, *hijo de Dédalo, que dió su nombre á la region japigia.*

Jarba, y Jarbas, ae. *m. Virg.* Yarbas, *hijo de Júpiter y de la ninfa Garamantide, rey de Getulia.* Se halla tambien Jarba, ae.

Jardinis, ĭdis. *f. Ov.* Onfale, *hija de Yardano.*

Jargolium, ii. *n.* Yargeau, *ciudad del Orleanés.*

Jarnacum, i. *n.* Yarnac, *ciudad de Inglaterra.*

Jasĭdes, ae. *m. Virg. patr.* de Jasio, *hijo ó descendiente de él.*

Jasione, es. *f. Plin.* Yerba de una sola hoja con tantos dobleces que parecen muchas, *arrastra por la tierra, da mucha leche y una flor blanca.*

Jasis, ĭdis. *f.* Atalanta, *hija de Jasio ó Jasion.*

Jasius, ii. y Jasion, onis. *m. Ov.* Jasio, *rey de Argos, padre de Atalanta.* || Otro rey de Samotracia, *hijo de Júpiter y Electra, hermano de Dárdano.*

Jasius, a, um. *Val. Flac.* Lo perteneciente á Jasio, *rey de Argos. Jasia. Virg.* Io, *hija de Inaco, rey de Argos.*

Jason, onis. *m. Ov.* Jason, *hijo de Eson, rey de Tesalia, y de Alcimeda, gefe de los Argonautas; casó con Medea, hija de Etas, rey de Colcos, y despues la abandonó.*

Jasonĭdes, ae. *m. patron. Estac.* Hijo de Jason.

Jasonius, a, um. *Ov.* Lo perteneciente á Jason.

Jaspideus, a, um. *Plin.* De color de jaspe ó lo perteneciente á esta piedra.

Jaspis, ĭdis. *f. Plin.* El jaspe, *piedra manchada de varios colores, especie de mármol.*

Jasponyx, ychis. *f. Plin.* Especie de jaspe, que se parece tambien á la cornerina.

Jassius sinus. *m. Plin.* El golfo de Milaso, *en la costa de Capadocia.*

## ICC

Jatinum, i. *n.* Meaux, *ciudad episcopal de Francia.*

Jatralepta, ó Jatralipta, Jatraeliptes, ó Jatroaliptes, ae. *m. Plin. Cels.* Médico que cura con friegas, unturas y remedios tópicos.

Jatraleptice, y Jatraliptice, es. *f. Cels.* Medicina que cura con unturas ó remedios tópicos.

Jatromoea, ó Jatromea, ae. *f. Inscr.* Muger médica y partera.

Jatronices, ae. *m. Plin.* Vencedor de los médicos, *epíteto que se mandó poner Tesalo en un monumento suyo en la via apia, por el mucho odio que les tuvo siempre.*

Java, ae. *f.* Java, *isla de Indias.*

Javarinum, i. *n.* Javarin, *ciudad de la baja Ungría.*

Jazyges, gum. *m. plur. Tac.* Pueblos de la Sarmacia cerca del Danubio entre los marcomanos y los getas.

### IB

Ibam. *imperfect.* de Eo.

Iber, eris. *m. Luc.* Ibero, español. || *Val. Flac.* Georgiano, *el natural de estos reinos.*

Ibera, ae. *f.* Tortosa, *ciudad de Cataluña en España.*

Iberia, ae. *f. Plin.* Iberia, *España, así llamada ó del rio Ebro, ó del rei Ibero.* || La Georgia en Asia, *de donde dice Varron que pasaron pueblos á España, y la dejaron su nombre.*

Iberiacus, a, um. *Sil. V.* Iberus.

Iberica, ae. *f. Quint.* El esparto, yerba.

Ibericus, a, um. *Hor.* Lo perteneciente á España.

Iberis, ĭdis. *f. Plin.* El nasturcio, yerba.

Iberus, i. *m. Plin.* El Ebro, *gran rio de España, el cual nace en Cantabria cerca de Asturias, y corre al oriente á entrar en el mediterráneo cerca de Tortosa.* || Otro en Iberia ó Georgia.

Iberus, a, um. *Virg.* Español. || *Val. Flac.* Georgiano.

Ibex, ibicis. *m. Plin.* La gamuza ó camuza, *animal especie de cabra montés.*

Ibi. *adv. Cic.* Alli. || Entonces. || En eso, en aquello, en aquellas cosas. *Ibi esse. Ter.* Estar en eso, en lo mismo, estar en aquel pensamiento. *Ibi juventutem suam exercuit. Sal.* En eso, en esto ejercitó su juventud.

Ibicis. *genit.* de Ibex.

Ibidem. *adv. Cic.* Alli mismo, en el mismo lugar, en la misma cosa.

Ibis, ĭdis, y ibis. *f. Cic.* Ibis, *ave de paso y doméstica, con las alas blancas y el cuerpo negro.* || Ave de Egipto, que se alimenta de serpientes. Esta es blanca.

Ibrida, ae. *f. Plin. V.* Hibrida.

Ibus, *en lugar de* iis. *V.* Is, ea, id.

Ibycius, a, um. *Serv.* Lo perteneciente al verso ibicio dáctilo como este: *sidera pallida diffugiunt face territa luminum.* Á algunos les suele sobrar una sílaba.

Ibycus, i. *m. Cic.* Ibico, *poeta lírico griego, regino.*

### IC

Icadĕs, dum. *f. Plin.* El dia vigésimo de cada luna, *en que algunos hacian fiesta á Epicuro.*

Icadion, ii. *m. Fest.* Nombre de un cruelísimo pirata.

Icadius, ii. *m. Serv.* Hijo de Apolo y de la ninfa Licia, *fundador de la region de este nombre y del templo de Apolo en Delfos.*

Icaria, ae, ó Icaros, i. *f. Mel. Plin.* Nicaria, *isla pequeña del mar egeo.*

Icariotis, ĭdis. *f. Prop.* y

Icaris, ĭdis. *f. Ov.* Penelope, *hija de Icaro.*

Icarius, ii. *m. Ov.* Icario, *hijo de Ebano, rey de Lacedemonia, padre de Erigone y de Penelope.* || *Plin.* Monte de la Ática. || *Hig.* El signo Bootes ó el Arturo.

Icarius, a, um. *Prop.* Lo perteneciente á Icario. || *Ov.* Á Icaro. *Icarium mare. Plin.* El mar de Nicaria.

Icarus, i. *m. Ov.* Icaro, *hijo de Dédalo.* || *Plin. Rio de Escitia.*

Icauna, ae. *m.* El Yona, *rio de Francia.*

Iccirco. *V.* Idcirco.

Iccius portus. *m.* Calais, *ciudad y puerto de mar en Pi-*

*cardia.* || Bolonia, *ciudad de esta provincia.*

Ichneumon, ōnis. m. *Cic.* y

Ichneuta, ae. m. Raton de Indias ó de Egipto, raton de Faraon, *enemigo del aspid y crocodilo, al que persigue y mata; es del tamaño del gato, y especie de raton.* || *Plin. Especie de avispa enemiga de las arañas.*

Ichnŏbătes, ae. m. *Ov.* Nombre de un perro de caza de Acteon.

Ichnŏgrăphia, ae. f. *Vitruv.* Icnografía, *descripcion de la planta de un edificio.*

Ichnūsa, ae. f. *Plin.* Nombre de la isla de Cerdeña, tomado de la semejanza de la huella humana.

Ichthyocholla, ae. f. *Plin.* Cierto pez que tiene el cuero de cola pegajosa.

Ichthyoessa, ae. f. *Plin.* Nombre de la isla de Nicaria por la copia de peces.

Ichthyophăgi, ōrum. m. plur. *Plin.* Pueblos de la Arabia y de la India, que se alimentan de peces.

Ichthyotrŏphion, ii. n. *Col.* Estanque de peces.

Iciodorum, i. n. *Isoire, ciudad de la baja Auvernia.*

Ico, is, ici, ictum, cĕre. a. *Plin.* Dar, golpear, herir. *Icere colaphum. Plaut.* Dar un boféton, una puñada. — *Foedus. Cic.* Hacer un tratado, una alianza. — *Femur. Plaut.* Darse un golpe en el muslo en señal de ira y de dolor.

Icon, ōnis. f. *Plin.* Imagen, efigie, retrato, pintura, estatua. || *Cic.* Etopeya. *fig. ret.*

Icŏnĭcus, a, um. *Suet.* Pintado, retratado, esculpido á lo vivo.

Icŏnismus, i. m. *Sen.* Retrato, pintura, representacion al natural de la persona ó costumbres de alguno. Etopeya y posopografía. *fig. ret.*

Iconium, ii. n. *Coigni, ciudad del Asia menor.*

†Icŏnoclastae, ārum. m. plur. y

†Icŏnŏmăchi, ōrum. m. plur. Iconoclastas, hereges, *destructores de las santas imágenes.*

Ictĕrias, ae, ó ădis. f. *Plin.* Piedra preciosa amarilla, *que dicen ser buena contra la ictericia.*

Ictĕrĭcus, a, um. *Plin.* Ictericiado, el que padece la enfermedad de ictericia.

Ictĕros, i. m. *Plin.* La ictericia, *enfermedad que causa amarillez en el cuerpo; llámase tambien tericia y tiricia.*

Ictĕrus, i. m. *Plin.* La oropéndola, *ave del tamaño de un mirlo con plumas verdes y doradas.* || La ictericia.

Ictis, is, ó Idis. f. *Plin.* La comadreja, el uron, la marta, *animales terrestres, especie de comadrejas.*

Ictus, us. m. *Cic.* Golpe, herida ó contusion que resulta de alguna arma, ó de las manos y pies.

Ictus, a, um. *part. de* Ico. *Ces.* Herido, el que ha recibido golpe ó herida. *Nova re consules icti. Liv.* Sorprendidos, abatidos de ánimo los cónsules con la novedad.

Icuncŭla, ae. f. *Suet. dim. de* Icon. Imagen pequeña.

## ID

Id. terminacion neutra del pronombre Is, ea, id. *Id temporis. Cic.* Á tal tiempo, á tal hora, en ocasion. *Id misera est. Ter.* Por eso, por esto es miserable. *Id quod difficilius putatur. Nep.* Lo que se tiene por mas dificil. *Id est, Cic.* Esto es, es á saber, es decir.

Ida, ae, y Ide, es. f. *Plin.* Ida, *monte de Frigia ó de la Troade donde se reverenciaba en especial á Cibeles.* || Monte de Creta. || *Virg.* Nombre de muger, madre de Niso.

Idaeus, a, um. *Virg.* Lo perteneciente al monte Ida y á la diosa Cibeles adorada en él.

Idălia, ae. f. *Virg. V.* Idalium.

Idălie, es. f. *Ov.* La diosa Venus.

Idălis, idis. f. *V.* Idalius, a, um.

Idălium, ii. n. *Plin.* Idalio ó Idalia, *monte y ciudad de Chipre consagrada á Venus.*

Idălius, a, um. *Virg.* Lo perteneciente á Idalio y á Venus, adorada principalmente en esta ciudad y monte.

Idănis, is. m. El Ain, *rio de Francia.*

Idcirco. adv. *Cic.* Por esto, por eso, por lo mismo, á causa de esto, por esa razon.

Idĕa, ae. f. *Cic.* Idea, imagen, especie, ejemplar, representacion que se forma en la fantasía.

Idĕalis. m. f. le. n. is. *Marc. Cap.* Ideal, lo que es propio de y pertenece á la idea.

Idem, eădem, idem, ejusdem. *pron. demonstr. Virg.* El mismo, la misma, lo mismo, lo propio. *Idem ac, atque, ut, quam. Cic.* Lo mismo que.

Idemtĭdem. adv. *Cic.* De cuando en cuando, de tiempo en tiempo, á tiempos, á las veces.

Ideo. adv. *Cic. V.* Idcirco.

Idiŏgrăphus, a, um. *Gel.* Escrito de propia mano.

Idiŏma, ătis. n. Idioma, lengua vulgar.

Idiōta, ae. m. f. y

Idiōtes, ae. m. f. *Cic.* Hombre particular, sin oficio ni empleo. || Idiota, ignorante, grosero.

Idiōtĭcus, a, um. *Ter.* Idiota, ignorante.

Idiōtismus, i. m. *Sen.* Idiotismo, *modo de hablar propio y puro, sin bajeza ni vulgaridad, aunque tomado del uso comun.*

Idipsum, ius. *pron. demonstr. Suet.* Eso, esto mismo.

Idmonius, a, um. *Ov.* Lo perteneciente á Idmon, *adivino de Argos, hijo de Apolo y de la ninfa Cirines.* || Otro colofonio, padre de Aracles.

Idōleum, y Idolium, ii. n. *S. Ger.* Templo, capilla donde se adora á un ídolo.

Idōlĭcus, a, um. *Tert.* Lo que pertenece á los ídolos.

Idŏlŏlatra, Idolŏlatres, y Idolŏlatre, ae. m. *Tert.* Idólatra, el que adora los ídolos.

Idŏlŏlatria, ae. f. *Tert.* Idolatría ó Idolismo, *la adoracion ó culto de los ídolos ó falsos dioses.*

Idŏlŏlatrix, ĭcis, ó ĭgis. f. *Prud.* La muger idólatra.

Idŏlŏpoeia, ae. f. Fig. ret., prosopopeya, *cuando se hace hablar á una persona muerta.*

Idŏlŏthysia, ae. f. y

Idŏlŏthytum, i. n. *Tert.* Sacrificio, víctima ofrecida á los ídolos.

Idŏlum, y Idōlon, i. n. *Cic.* Imagen, especie, idea, fantasma. || *Tert.* Ídolo, estatua de alguna falsa deidad.

Idomĕneus, i. m. *Virg.* Idomeneo, *hijo de Deucalion, nieto de Minos, rey de Creta. Fue al cerco de Troya, y á la vuelta, levantada una gran tempestad, ofreció á Neptuno sacrificarle lo primero que encontrase en su patria, si le llevaba salvo á ella. Le salió á recibir el primero su hijo; y cumpliendo el voto, ó queriendo cumplirle, fue echado de su reino, huyó á Italia, y fundó á Salentino en Calabria.*

Idōnee. adv. *Cic.* Aptamente, á propósito, convenientemente. *Idonee cavere. Ulp.* Dar seguridad suficiente.

Idōneĭtas, ătis. f. *S. Ag.* Idoneidad, aptitud, proporcion, capacidad de una cosa en orden á otra.

Idōneus, a, um. *Cic. comp.* eior. *Ulp.* Idóneo, apto, á propósito, proporcionado, conveniente. || Bueno, digno, merecedor, acreedor. *Idoneus autor. Cic.* Autor bueno, seguro, de fe. — *Arti cuilibet. Hor.* Á propósito para cualquiera arte. — *Debitor. Ulp.* Deudor abonado, que puede pagar.

Idos. n. *indecl. Sen.* Imagen, figura, forma.

Iduarius, a, um. *Inscr.* y

Idŭlis. m. f. le. n. is. *Fest.* Lo perteneciente á los Idus.

Idumaea, ae. f. y

Idūmaeus, a, um. *Virg.* Lo perteneciente á Idumea y el natural de ella.

Idūme, es. f. *Luc.* Idumea, region de Palestina cerca de Judea. || Palestina.

Iduo, ās, āvi, ātum, āre. a. *Macrob.* Dividir, *de donde tomaron el nombre los Idus, que dividen el mes.*

Idus, uum, ĭbus. f. *plur. Cic.* Los Idus, *division del mes entre los romanos el dia 15 en los meses de Marzo, Mayo, Julio y Octubre, y los restantes el 13.*

Idyllium, ii. n. *Aus.* Idilio, poesía pastoral.

## IE

Jebus. *indecl. Isid.* Antiguo nombre de Jerusalen de Gebus, *hijo de Canaan, que la fundó.*

Jebusaei, ōrum. m. plur.

Jebusiăcus, a, um. *Prud.* Lo perteneciente á los gebu-

Xx

seos, *pueblos de Palestina en Judea, y sus naturales, é habitantes.*

Jēci. *pret. de* Jacio.

Jĕcĭnŏrōsus, a, um. *Escrib.* El que padece del hígado.

Jĕcŏra, ae. m. El Jar, *rio del pais de Lieja.*

Jĕcŏrālis. m. f. lĕ. n. is. Lo perteneciente al hígado.

Jĕcŏrārius, ii. m. *Fest.* V. Haruspex.

Jĕcŏrōsus, a, um. *Sid.* V. Jecinorosus.

Jĕcur, ŏris, ó cinŏris. n. *Cic.* El hígado. *Jecur alicujus merendo flectere.* *Sen. Trag.* Mover con servicios el ánimo de alguno. *Porque los antiguos ponian en el hígado el asiento del ánimo y de las pasiones, como en principio y oficina de las venas y de la sangre.*

Jĕcuscŭlum, i. n. *Cic.* Higadillo, pedacito de hígado.

Jejūnātio, ōnis. f. *Tert.* V. Jejunium.

Jejūnātor, ōris. m. *S. Ag.* Ayunador, el que ayuna.

Jejūne, ius. adv. *Cic.* Sin jugo, secamente, con frialdad, con estilo árido. ‖ Sin haber comido.

Jejūniōsus, a, um, ior. *Plaut.* Ayuno, hambriento, el que no ha comido.

Jejūnĭtas, ātis. f. *Plaut.* Ayuno, abstinencia, hambre. ‖ Sequedad, frialdad, aridez en el estilo.

Jejūnium, ii. n. *Liv.* Ayuno, abstinencia de comer. ‖ Dia de ayuno. ‖ *Virg.* Palidez, debilidad que resulta del ayuno. ‖ Abstinencia de manjares prohibidos por precepto eclesiástico, haciendo una sola comida al dia. *Jejunia undae.* *Luc.* La sed. *Terram jejunio laborare.* *Col.* Ser una tierra estéril.

Jejūno, as, āre. n. *S. Ag.* Ayunar, abstenerse de comer. ‖ Guardar el ayuno eclesiástico.

Jejūnus, a, um. *Cic.* Ayuno, el que no ha comido. ‖ Hambriento. ‖ Sediento. ‖ Vacío. ‖ Seco, estéril, sin humedad. ‖ Seco, frio, árido, hablando del estilo. *Jejunus animus.* *Cic.* Ánimo flaco. *Jejuna calumnia.* *Cic.* Calumnia sin fundamento.

Iens, euntis. com. *Cic. part. de* Eo. El que va ó iba.

Jentācŭlum, i. n. *Marc.* Desayuno, almuerzo, porcion corta de alimento que se toma por la mañana.

Jentātio, ōnis. f. *Jul. Firm.* La accion de almorzar ó desayunarse, almuerzo.

Jentātor, ōris. m. *Eutr.* El que se desayuna ó almuerza.

Jento, as, āvi, ātum, āre. n. *Varr.* Desayunarse, almorzar.

Jĕrŏsŏlўma, ae. f. y

Jĕrŏsŏlўma, ōrum. n. plur. *Plin.* ó

Jĕrŭsălem. indecl. f. Jerusalem, *capital de Judea.*

Jesus, us. m. *Bibl.* Jesus, *nombre del Hijo de Dios; en hebreo, Salvador.*

Jētae, ārum. m. plur. *Plin.* Pueblos de la isla de Ios en el mar Egeo, *célebre por el sepulcro de Homero.*

## IG

Igĭtur. conj. *Cic.* Luego, con que, pues.

Ignărŭris. m. f. rĕ. n. is. *Plaut.* y

Ignārus, a, um. *Cic.* Ignorante, simple, necio, que no sabe ó no conoce. *Alter alterius ignarus.* *Plin.* No sabiendo uno de otro. — *Non sum mihi.* *Plaut.* Sé muy bien. *Ignara hostibus regio.* *Sal.* Tierra no conocida de los enemigos.

Ignāve. adv. *Cic.* Perezosa, lentamente, con poltronería y flojedad.

Ignāvesco, is, scĕre. n. *Tert.* Hacerse perezoso.

Ignāvia, ae. f. *Cic.* Ignavia, pereza, dejamiento, descuido, flojedad, lenitud, cobardía, bajeza de ánimo. ‖ *Cels.* Desidia, ociosidad.

Ignāvio, ōnis. m. *Gel.* El hombre perezoso y cobarde.

†Ignāvio, is, īre. a. *Acc.* Hacer perezoso á alguno.

Ignāvĭtas, ātis. f. *Just.* V. Ignavia.

Ignāvĭter. adv. *Hirc.* V. Ignave.

Ignāvus, a, um. *Cic.* Perezo, lento, remiso, vil, cobarde, poltron, indolente, flojo, de poco ánimo. *Ignavus laboris.* *Tac.* Flojo para el trabajo. — *Dolor.* *Plin.* Dolor que hace á los hombres cobardes y perezosos.

Ignĕfactus, a, um. *Plin.* Quemado, abrasado.

Ignĕŏlus, a, um. *Prud.* dim. de Igneus.

Ignescens, tis. com. *Estac.* Que se enciende, se abrasa, se inflama.

Ignesco, is, scĕre. n. *Cic.* Arder; volverse, prenderse fuego; abrasarse.

Igneus, a, um. *Cic.* Igneo, lo que es del fuego ó perteneciente á él. ‖ Ardiente, inflamado, abrasado.

Igniārium, ii. n. *Plin.* Yesca, *materia fácil y seca del fuego.*

Ignĭbŭlum, i. n. *Prud.* El incensario.

Ignĭcŏlōrus, a, um. *Juven.* De color de fuego.

Ignĭcŏmans, tis. com. *Avien.* y

Ignĭcŏmus, a, um. *Nem.* El que tiene cabellos de fuego ó de color de fuego.

Ignĭcŭlus, i. m. *Cic.* Pequeño fuego, centella de fuego. *Igniculi virtutum.* *Cic.* Estimulos de las virtudes.

Ignĭfer, a, um. *Ov.* Ignífero, lo que contiene en sí ó arroja fuego.

Ignĭflŭus, a, um. *Claud.* Lo que echa fuego, que corre, ó por donde corre fuego.

Ignĭgĕna, ae. m. *Ov.* Engendrado en el fuego ó del fuego, *epíteto de Baco.*

Ignĭgĕnus, a, um. *Apul.* Lo que produce fuego.

Ignio, is, īre. n. *Prud.* Abrasarse, encenderse.

Ignĭpes, ĕdis. com. *Ov.* El que tiene pies de fuego.

Ignĭpŏtens, tis. com. *Virg.* El que tiene potestad en el fuego, árbitro de él, *epíteto de Vulcano.*

Ignis, is. m. *Cic.* El fuego, uno de los cuatro elementos. ‖ Esplendor, resplandor. ‖ El calor. ‖ Furor, ira, pasion vehemente. ‖ El amor activo y pasivo. ‖ Ardor, deseo vehemente. ‖ Vigor, vida. *Perque ignem, perque enses oportet irrumpere.* adag. Pasar por las picas de Flandes. ref.

Ignispĭcium, ii. n. *Plin.* La piromancia, *arte de adivinar por el fuego.*

Ignĭtābŭlum, i. n. *Fest.* Materia del fuego, todo aquello que le recibe.

Ignĭtŭlus, a, um. *Tert.* dim. de

Ignitus, a, um. *Cic.* Encendido, ígneo, lo que está abrasando. *Ignitius vinum.* *Gel.* Vino de mas espíritu, de mas fuerza.

Ignĭvăgus, a, um. *Marc.* Fuego que anda vago.

Ignĭvŏmus, a, um. *Lact.* Ignívomo, que vomita fuego.

Ignōbĭlis. m. f. lĕ. n. is. *Cic.* Desconocido, poco conocido, de bajo nacimiento. *Ignobile vulgus.* *Virg.* El bajo vulgo ó pueblo.

Ignōbĭlĭtas, ātis. f. *Cic.* Humildad, bajeza de condicion ó nacimiento.

Ignōbĭlĭter. adv. *Solin.* Sin nobleza, bajamente.

Ignōmĭnia, ae. f. *Cic.* Ignominia, deshonor, afrenta, desgracia, infamia. ‖ Derrota, pérdida de una batalla.

†Ignōmĭnĭatus, a, um. *Gel.* Deshonorado, deshonrado, disfamado, afrentado.

Ignōmĭniōse, ius, issĭme. adv. *Aru.* Ignominiosamente, con ignominia, afrenta, oprobrio.

Ignōmĭniōsus, a, um. *Cic.* Ignominioso, afrentoso, notado de infamia y de ignominia.

Ignōrābĭlis. m. f. lĕ. n. is. *Cic.* Lo que fácilmente se puede ignorar. ‖ *Plaut.* Ignorado, no conocido.

Ignōrābĭlĭter. adv. *Apul.* Con ignorancia.

Ignōrans, tis. com. *Virg.* Ignorante, el que ignora, no sabe ó no conoce.

Ignōranter. adv. *Cipr.* Por ignorancia.

Ignōrantia, ae. f. *Cic.* Ignorancia, falta de ciencia, de letras, de noticias.

Ignōrātio, ōnis. f. *Cic.* V. Ignorantia.

Ignōrātus, a, um. *Cic.* Ignorado, no sabido, no conocido. part. de

Ignōro, as, āvi, ātum, āre. a. *Cic.* Ignorar, no saber, no conocer.

Ignoscens, tis. com. *Ter.* El que perdona, disimula. *Ignoscentior animus.* *Ter.* Ánimo mas inclinado á perdonar.

Ignoscentia, ae. f. *Gel.* Perdon de una falta ó pecado.

Ignoscĭbĭlis. m. f. lĕ. n. is. *Gel.* Digno de perdon, lo que fácilmente se puede perdonar.

Ignosco, is, nōvi, nōtum, ĕre. n. *Cic.* Perdonar. ‖ *Varr.* Conocer, saber. *Ignoscere delicto alicui.* Perdonar á uno sus delitos.

Ignotĭtia, ae. f. Gel. V. Ignorantia.
Ignotūrus, a, um. Cat. El que ha de perdonar.
Ignotus, a, um. part. de Ignosco. Cic. Ignoto, no sabido, no conocido, ignorado, incógnito. ‖ Hor. Humilde, despreciable, baxo. Nota facere ignotis. Cic. Dar á conocer algunas cosas á los que no las saben ni conocen.
Iguvium, ii. n. Gubio, ciudad del ducado de Urbino.

## IL

Ilarus, i. m. El Isler, rio de Alemania.
Ile, is. n. Plin. y
Ileon, i, n. Tripa menuda de los animales.
Ileos, i. m. V. Ileus.
Ileōsus, a, um. Plin. El que padece cólicos, ó pasion iliaca.
Ilerda, ae. f. Ces. Lérida, ciudad de España en Cataluña.
Ilerdenses, ium. m. Plur. Plin. Los naturales de Lérida.
Ilerdensis. m. f. sĕ. n. is. Plin. Lo perteneciente á la ciudad de Lérida.
Ileus, i. m. Plin. Dolor cólico, enfermedad, pasion iliaca.
Ilex, ĭcis. f. Virg. La encina ó roble, árbol.
Ilia, ae. f. Virg. Ilia Rea, hija de Numitor, rey de los albanos, sacerdotisa de Vesta, madre de Rómulo y Remo.
Ilia, ium. n. plur. Virg. Los ijares, los intestinos. ‖ Hor. Las tripas. Ilia rumpi invidia. Virg. Reventar de rabia ó de envidia.
Iliăcus, a, um. Virg. Troyano, lo perteneciente á Troya. Iliacum Carmen. Hor. El poema de la guerra de Troya, la Iliada de Homero.
Iliădes, ae. m. patr. Ov. Hijo de Ilia Rea. ‖ Troyano, natural de Troya.
Ilias, ădis. f. Virg. La muger troyana. ‖ Ov. La Iliada, célebre poema épico de Homero sobre la guerra de Troya.
Ilĭcet. adv. Virg. Al instante, al punto, al momento. ‖ Esto está acabado, esto es hecho. Vete, idos.
Ilĭcetum, i. n. Marc. Encinal, sitio plantado de encinas.
Ilĭceus, a, um. Estac. Lo que es de encina ó roble.
Iliensis. m. f. sĕ. n. is. Suet. Troyano, lo que pertenece á la ciudad de Troya.
Iligneus, a, um. Col.
Ilignus, a, um. Ter. V. Iliceus.
Ilion, ii. n. Ov. V. Ilium.
Iliōna, ae. y Ilione, es. f. Virg. Ilione, la mayor de las hijas de Priamo, muger de Polinestor, rey de Tracia.
Ilios, ii. f. Hor. V. Ilium.
Iliōsus, a, um. Plin. V. Ileosus.
Ilissus, i. m. Estac. Rio de la Ática, consagrado á las musas. ‖ Á las furias.
Ilithya, ae. f. Ov. Diana, Lucina, diosa que favorece á las paridas.
Ilium, y Ilion, ii. n. Virg. Troya, ciudad de la Troade fundada por Dárdano, destruida por los griegos al cabo de diez años de guerra.
Ilius, a, um. Virg. V. Iliacus.
Illa. adv. Plaut. en lugar de Illac.
Illăbēfactus, a, um. Ov. Incorrupto, no gastado, no destruido.
Illabĭlis. m. f. lĕ. n. is. Lact. Lo que no puede caer.
Illābor, ĕris, lapsus sum, labi. dep. Cic. Caer, entrar dentro. ‖ Insinuarse, introducirse.
Illăbōrātus, a, um. Sen. Tosco, mal trabajado, hecho con poca diligencia y aplicacion.
Illăbōro, as, ăvi, atum, āre. a. Tac. Trabajar en una casa ó dentro de ella.
Illac. adv. Ter. Por allí, por aquel lugar, por aquella parte.
Illăcĕrābĭlis. m. f. lĕ. n. is. Sil. Lo que no puede ser desgarrado ó despedazado.
Illăcessītus, a, um. Tac. No provocado, no acometido, no atacado.
Illăcrĭmābĭlis. m. f. lĕ. n. is. Hor. Inexorable, que no se mueve á piedad, que no se dexa vencer de lágrimas. ‖ No honrado con lágrimas.
Illăcrĭmans, tis. com. Virg. El que llora, derrama lágrimas.

Illăcrĭmo, as, ăvi, atum, āre. n. Liv. y
Illăcrĭmor, āris, atus sum, āri. dep. Cic. Llorar, derramar lágrimas ó llanto. Illacrimari alicui rei. Cic. Llorar por alguna cosa.
Illactĕnus. adv. Gel. Hasta allí, hasta aquel lugar ó punto.
Illaec. Ter. en lugar de Illa haec. Aquella, aquella cosa.
Illaesĭbĭlis. m. f. lĕ. n. is. Lact. Lo que no puede ser dañado ú ofendido.
Illaesus, a, um. Plin. Ileso, no herido, no ofendido, sin daño, preservado de él. ‖ Lact. Ofendido, herido.
Illaetābĭlis. m. f. lĕ. n. is. Virg. Triste, melancólico, que no puede alegrar ni dar placer.
Illaevĭgātus, a, um. Diom. Inculto, áspero, grosero, de un sonido desagradable.
Illanc. Plaut. en lugar de Illam, siguiéndose vocal por evitar la elision.
Illapsus, us. m. Col. Ilapso (r), caida, influjo.
Illapsus, a, um. part. de Illabor. Lo que ha caido dentro ó encima de.
Illăquĕatio, ōnis. f. Liv. La accion de coger y de estar preso en el lazo.
Illăquĕātor, ōris. m. Tac. el que coge, prende ó enreda en el lazo.
Illăquĕātus, a, um. Cic. Enredado, cogido en el lazo.
Illăquĕo, as, ăvi, atum, āre. a. Hor. Enredar, prender, coger, tener preso en el lazo. ‖ Sobornar.
Illātābĭlis. m. f. lĕ. n. is. Gel. Lo que carece de latitud.
Illătĕbra, ae. f. Plaut. Lugar donde nada puede estar oculto, guardado ni encubierto.
Illătĕbro, as, ăvi, atum, āre. a. Gel. Esconder, guardar, ocultar dentro.
Illatĕnus. adv. Gel. V. Illactenus.
Illătio, ōnis. f. Ulp. La accion de llevar adentro. ‖ Casiod. Paga de tributos. ‖ Apul. Ilacion, consecuencia.
Illātīvus, a, um. Plin. Lo que infiere ó concluye. ‖ Lo perteneciente á las partículas relativas, como quanquam, quamvis, etsi, tametsi.
Illātrātio, ōnis. f. Tac. La accion de ladrar dentro.
Illātro, as, ăvi, atum, āre. n. Luc. Ladrar dentro.
Illātus, a, um. part. de Infero. Llevado, metido dentro. Alius alia causa illata. Ter. Dando uno una razon, otro otra.
Illaudābĭlis. m. f. lĕ. n. is. Stat. Indigno de alabanza.
Illaudandus, a, um. Ter. V. Illaudabilis.
Illaudātus, a, um. Plin. men. No alabado, que carece de alabanza, que no la merece.
Illautus, a, um. Plaut. No lavado, sucio.
Ille, illa, illud, illius, illi. pron. demonst. Cic. El, aquel, ella, aquella. Ego illa ipsa. Cic. Yo mismo. Dixerit ille. Hor. Dirá alguno. Illud horae. Suet. Á esta hora. Illud est sapere. Ter. Esto es saber. Ex illo. Virg. Desde aquel tiempo, desde entonces.
Illĕcĕbra, ae. f. Plin. Especie de siempreviva ó yerba puntera. ‖ Verdolaga silvestre, yerba.
Illĕcĕbra, ae. f. Cic. Halago, caricia, atractivo, estímulo halagüeño.
Illĕcĕbrātio, ōnis. f. Gel. La accion de atraer con halagos.
Illĕcĕbrātor, ōris. m. Macrob. El que atrae con halagos, con caricias.
Illĕcĕbro, as, āre. a. S. Ag. Atraer con halagos.
Illĕcĕbrōse. adv. Plaut. Con halagos, con atractivo.
Illĕcĕbrōsus, a, um. Plaut. Atractivo, halagüeño, lleno de encantos, de atractivos.
Illectāmentum, i. n. Apul. y
Illectātio, ōnis. f. Gel. V. Illecebra.
Illecto, as, āre. a. Tert. freq. de Illicio. Atraer freqüentemente.
Illectus, a, um. Sal. part. de Illicio. Atraido, convidado con halagos. ‖ Ov. No leido.
Illectus, us. m. Plaut. V. Illecebra.
Illēgĭtīmus, a, um. Val. Max. Ilegítimo, opuesto, contrario á la ley ó regla.
Illentesco, is, scĕre. n. Col. V. Lentesco.
Illĕpĭde. adv. Plaut. Sin gracia, sin chiste, con frialdad.

Illĕpĭdus, a, um. *Catul.* Desaliñado, sin gracia. ‖ Ingrato, grosero, tosco, agreste.

Illex, ēgis. *com. Plaut.* El que vive sin ley ó no la obedece.

Illex, Icis. *f. Plaut.* Ave de rapiña que caza á las otras. ‖ *Plaut.* Atractivo, halago. ‖ *Adj. Apul.* Lo que atrae á sí con halagos.

Illibabĭlis. m. f. lĕ. n. is. *Lact.* Lo que no se puede disminuir.

Illibātus, a, um. *Cic.* Intacto, entero, no disminuido. ‖ *Luc.* Inviolable, incorrupto, puro.

Illibĕrālis. m. f. lĕ. n. is. *Cic.* Vil, bajo, sórdido, servil, vergonzoso. *Illiberalem esse in aliquem. Cic.* Ser descortés con alguno, tratarle mal.

Illibĕrālĭtas, ātis. *f. Cic.* Sordidez, avaricia. ‖ *Liv.* Bajeza, grosería, indecencia.

Illibĕrālĭter. *adv. Ter.* Baja, groseramente, con bajeza y vileza. ‖ *Cic.* Con sordidez y avaricia.

Illibĕris, is. *m. Plin.* Colibre, ciudad de Lenguadoc. ‖ El Tec, rio de Lenguadoc.

Illibĕris. m. f. rĕ. n. is. *Tert.* El que no tiene hijos.

Illic, illaec, illoc. *Ter. V. Ille.*

Illic. *adv. Ter.* Alli, en aquel lugar. ‖ Entonces, en aquel tiempo. ‖ En aquello, en aquel asunto.

Illicentiōsus, a, um. *Apul.* Licencioso, libre, inmoderado.

Illicet. *V. Ilicet.*

Illici, ōrum. *f. plur.* Elche, villa del reino de Valencia en España.

Illiciātor, ōris. *m. Fest. V. Emptor.*

Illicebĭlis. m. f. lĕ. n. is. *Lact. V. Illecebrosus.*

Illicio, is, lexi, lectum, ĕre. *a. Cic.* Atraer con halagos y caricias. *Illicere aliquem in fraudem. Ter.* Hacer caer á alguno en un engaño, en un lazo con astucia halagüeña.

Illicitānus sinus. m. El golfo de Alicante en España.

Illicĭte. *adv. Varr.* Con halagos. ‖ Ilicite, indebidamente, contra el derecho y ley. *Ulp.*

Illicitātor, ōris. *m. Fest. V. Emptor.*

Illicĭtus, a, um. *Cic.* Ilicito, no permitido, lo que es contra el derecho y la ley.

Illicium, i. *n. Varr. V. Illecebra.* ‖ *Fest.* Llamamiento del pueblo á una junta.

Illĭcō. *adv. Cic.* Al instante, al punto, al momento. *Ter.* Alli, en aquel lugar.

Illīdo, is, lisi, lisum, ĕre. *a. Virg.* Dar, pegar, chocar contra alguna cosa para hacerla pedazos. *Illidere caput foribus. Suet.* Dar de cabezadas contra la puerta. *Illidere dentes labellis. Luc.* Morderse los labios. *Dentem alicui avi. Hor.* Romperse, quebrarse un diente con ó contra alguna cosa. *Vicinis litoribus illisus est. Val. Max.* Se estrelló contra la vecina costra.

Illigātio, ōnis. *f. Arnob.* El acto de atar ó ligar á.

Illigātus, a, um. *Cic.* Atado, ligado. ‖ Empeñado, enredado, embarazado, metido en...

Illĭgo, as, avi, ātum, āre. *a. Liv.* Atar, ligar. *Illigare gentem alicui bello. Liv.* Empeñar á una nacion, meterla en alguna guerra. *Emblemata in aureis poculis. Cic.* Engastar bajos relieves en vasos de oro.

Illim. *adv. Etiam. en lugar de* Illinc.

Illimĭnātus, a, um. *Cic.* Introducido, colocado como en su centro natural.

Illīmis. m. f. nĕ. n. is. *Ov.* Puro, claro, sin cieno, lo que no está turbio.

Illinc. *adv. Cic.* De alli, de aquel lugar. ‖ De ó por aquella parte, cosa ó persona.

Illĭneo, is, ivi, itum, īre. *a. Col. V. Illino.*

Illĭnīmentum, i. *n. Cel. Aur. V. Illitus, us.*

Illinītus, a, um. *Cels. part. de* Illineo. Untado.

Illĭnio, is, ivi, itum, īre. *a. Hor.* Untar, embetunar, embarrar, emplastar. *Illinire aurum tectis. Sen.* Dorar los techos. *Agris nivei. Hor.* Cubrir los campos de nieve.

Illĭquefactus, a, um. *Cic.* Liquidado, derretido.

Illiquefio, is, ĕre. *pas. Cels.* Derretirse, liquidarse.

Illīsi. *pret. de* Illido.

Illīsio, ōnis. *f. S. Ger.* La accion de dar ó chocar contra otra cosa quebrándose.

Illīsus, a, um. *Virg., part. de* Illido. Dado, estrellado contra alguna cosa quebrándose.

Illīsus, us. *m. Plin.* Choque, golpe de un cuerpo contra otro, quebrándose, rompiéndose.

Illittĕrātus, a, um. *Cic.* Ignorante, hombre sin letras, idiota. ‖ *Col.* El que no sabe leer.

Illĭtus, a, um. *Cic. part. de* Illino. Untado, embetunado, teñido. *Illitus fuco color. Cic.* Color emplastado, dado de afeites. *Illitum vestibus aurum. Hor.* Vestidos cubiertos, bordados de oro ó entretejidos con él. *Veneno donum. Liv.* Don, presente emponzoñado.

Illĭtus, us. *m. Plin.* Untura, betun, emplastamiento.

Illiusmŏdi. *Cic.* Dos adjetivos unidos á modo de adverbio. De aquel género ó especie, de aquella manera ó suerte, tal.

Illix. *com. Apul. V. Illex.*

Illō. *adv. Ter.* Alli, allá, á aquel lugar. ‖ Á aquella parte ó cosa.

Illŏcābĭlis m. f. lĕ. n. is. *Plaut.* Lo que no se puede colocar ó acomodar. *Illocabilis virgo. Varr.* Doncella que no halla con quien casar, incasable.

Illorci, ōrum. *m. plur.* Lorca, ciudad de España.

Illorsum. *adv. Cat.* Hácia aquel lugar.

Illōtus, a, um. *Plaut.* No lavado, sucio. *Illotis manibus ó pedibus. Gel. Prov.* De los que empiezan alguna cosa ó discurso sin prevencion ó preámbulo. De hoz y de coz. *ref.*

Illubrĭcans, tis. *com. Apul.* Lo que se escurre, se desliza ó se introduce suavemente.

Illuc. *adv. Cic.* Alli, en aquel lugar. *Huc, illuc. Cic.* Aqui y alli, de aqui para alli, de una parte á otra. *Illuc redeamus. Nep.* Volvamos al asunto.

Illūceo, es, xi, ēre. *n. Cic.* Lucir, resplandecer, aclarar, amanecer. *Illucere aliquem. Plaut.* Alumbrar á alguno.

Illūcesco, is, xi, scĕre. *n. Cic.* Empezar á lucir, á brillar ó resplandecer. *Illuxescet aliquando illa dies. Cic.* Amanecerá, vendrá alguna vez aquel dia en que.

Illuctans, tis. *com. Estac.* Que hace fuerza, que resiste. *Illuctantia labiis verba. Estac.* Palabras que se resisten á la pronunciacion, que son dificiles de pronunciar.

Illuctor, āris, atus sum, āri. *dep. Estac.* Oponerse, resistirse á ó contra.

Illucubrātus, a, um. *Sulp. Sever.* No estudiado, mal trabajado.

Illūdens, tis. *com. Cic.* El que se burla ó mofa.

Illūdia, ōrum. *n. plur. Tert.* Ilusiones, fantasmas que se figuran en sueños.

Illudio, as, āre. *a. Plaut.* y

Illūdo, is, si, sum, ĕre. *a. Cic.* Burlarse, mofarse, hacer burla y mofa. *Pecuniae illudere. Tac.* Derramar locamente el dinero, como por juego. *Illudere in aliquem. Cic. In aliquo. Ter.* Burlarse de alguno. *Aliquid. Cic.* De alguna cosa.

Illumĭnāte. *adv. Cic.* Con esplendor, magnificamente, con espresiones y adornos nobles.

Illumĭnātio, ōnis. *f. Macrob.* Iluminacion, el acto de iluminar.

Illumĭnātor, ōris. *m. Tert.* Iluminador, el que ilumina, aclara, da ó comunica luz.

Illumĭnātus, a, um. *Cic.* Iluminado. *part. de*

Illumĭno as, avi, ātum, āre. *a. Plin.* Iluminar, ilustrar, aclarar, alumbrar, dar luz, resplandor. ‖ Adornar, hermosear, ennoblecer el estilo.

Illumĭnus, a, um. *Apul.* Oscuro, sin luz.

Illunc. *Plaut. en lugar de* Illum, *siguiéndose vocal.*

Illūnis. m. f. nĕ. n. is. *Plin.* y

Illūnus, a, um. Lo que carece de luz y resplandor de la luna, sin luna.

Illuo, is, ĕre. *a. Plin. V. Aluo.*

Illūsi. *pret. de* Illudo.

Illūsio, ōnis. *f. Cic.* Burla, mofa, befa, chanza, risa, irrision. ‖ Ironía. *fig. ret.*

Illūsor, ōris. *m. Tert.* Mofador, burlon, el que se burla y hace mofa.

Illustrāmentum, i. *n. Quint.* Adorno, ornato, cosa que da lustre y nobleza al estilo.

## IMA

**Illustrandus, a, um.** *Val. Max.* Lo que necesita aclararse.

**Illustrans, tis. com.** *Cic.* Lo que aclara, esplica, pone en claro.

**Illustratio, ōnis. f.** *Cic.* Iluminacion, la accion de dar ó comunicar luz, resplandor. ‖ Adorno, belleza. ‖ La accion de aclarar, de hacer evidencia.

**Illustrātor, ōris. m.** *Lact.* El que ilustra, alumbra, ilumina, aclara.

**Illustrātus, a, um. part. de** Illustro. *Col.* Iluminado, ilustrado. ‖ Aclarado, esplicado, puesto en claro. ‖ *Plin.* Ilustre, famoso, esclarecido.

**Illustris. m. f. trĕ. n. is.** *Cic.* Luminoso, brillante, resplandeciente, luciente. ‖ Ilustre, célebre, esclarecido, famoso, insigne, noble. ‖ Patente, manifiesto, claro, conocido.

**Illustrius, issĭme. adv.** *Cic.* Mas claramente. ‖ *Gel.* Con la mayor pureza y elegancia.

**Illustro, ās, āvi, ātum, āre. a.** *Cic.* Ilustrar, iluminar, dar luz. ‖ Aclarar, esplicar, poner en claro. ‖ Manifestar, descubrir. ‖ Hacer ilustre, esclarecido.

**Illūsus, a, um. part. de** Illudo. *Cic.* Burlado, mofado, engañado, iluso.

**Illŭtĭbarbus, a, um.** *Apul.* El que tiene la barba sucia, asquerosa.

**Illŭtĭbĭlis. m. f. lĕ. n. is.** *Plaut.* Lo que no se puede lavar ó limpiar.

**Illŭtus, a, um.** *Hor.* V. Illotus.

**Illŭvies, ēi. f.** *Tac.* Suciedad, porquería, asquerosidad. ‖ *Just.* Inundacion. ‖ *Plaut.* Oprobrio que se dice al que vive en la suciedad é inmundicia.

**Illŭviōsus, a, um.** *Non.* Lleno de suciedad y porquería, sucio, inmundo.

**Illuxi. pret. de** Illuceo y de Illucesco.

**Illyria, ae. f.** *Prop.* V. Illyricum.

**Illyrĭciānus, a, um.** *Treb. Pol.* V. Illyricus.

**Illyrĭcum, i. n.** *Cic.* La Iliria ó Esclavonia, gran país de Europa.

**Illyricus, a, um.** *Virg.* Lo perteneciente á Iliria ó Esclavonia. *Illyricus sinus. Virg.* El golfo de Venecia, el mar adriático.

**Illyris, ĭdis. adj. f.** *Ov.* La que es de Iliria. ‖ La misma Iliria ó Esclavonia, ilirio, ilírico.

**Illyrii, ōrum. m. plur.** *Liv.* Los pueblos y los naturales de Esclavonia. Ilirios, iliricos.

**Illyrius, a, um.** *Cat.* V. Illyricus.

**Ilurcis, is. f.** Urgel, *ciudad de España en Cataluña.*

**Iluro, ōnis. f.** Oleron, *ciudad de Bearne.*

**Ilus, i. m.** *Virg.* Ilo, *hijo de Tros, rey de Troya, hermano de Ganimedes y de Asáraco, padre de Laomedonte.* ‖ Ascanio, *hijo de Eneas.*

**Ilva, ae. f.** *Plin.* Elva ó Lelva, *Isla de Italia en el mar de Toscana.*

## IM

**Im.** *Fest.* en lugar de Eum. V. is, ea, id.

**Imāgĭnābundus, a, um.** *Apul.* El que imagina, se forma ó presenta una idea en la imaginacion.

**Imāgĭnālĭter. adv.** *S. Ag.* Por imagen ó representacion de la idea.

**Imāgĭnans, tis. com.** *Plin.* El que imagina, se figura.

**Imāgĭnāriē. adv.** *Sid.* Imaginaria, ideal, fantásticamente.

**Imāgĭnārius, a, um.** *Liv.* Imaginario, fingido, lo que no subsiste mas que en la imaginacion ó fantasía.

**Imāgĭnārius, ii. m.** *Inscr.* Pintor, escultor, el que hace imágenes.

**Imāgĭnātio, ōnis. f.** *Plin.* Imaginacion, idea, imagen, representacion.

**Imāgĭnātus, a, um.** *Tac.* part. de Imaginor. El que ha imaginado, pensado, formado alguna idea. ‖ *Lact.* Imaginado, hecho á imagen de.

**Imāgĭneus, a, um.** *Fort.* Lo perteneciente á la imagen, lo que esta representa.

**Imāgĭnĭfer, i. m.** *Veg.* El que llevaba la imagen del emperador en campaña.

## IMB

**Imāgĭno, ās, āvi, ātum, āre. a.** *Gel.* Representar, formar, dar imágenes ó ideas.

**Imāgĭnor, āris, ātus sum, āri. dep.** *Plin.* Imaginar, formar especies ó imágenes en la fantasía. ‖ Idear fantásticamente, sin fundamento ni razon. ‖ Soñar.

**Imāgĭnōsus, a, um.** *Cat.* Lleno de imágenes, de imaginaciones, de fantasías. *Imaginosus morbus. Cat.* Enfermedad que hace delirar, frenesí que representa muchas fantasmas y vanas imaginaciones.

**Imāgo, ĭnis. f.** *Cic.* Imagen, figura, representacion, semejanza, simulacro, retrato. ‖ Idea, especie. ‖ Apariencia, sombra, color, pretesto. ‖ *Hor.* El eco.

**Imāgunculā, ae. f.** *Suet.* dim. de Imago.

**Imaus, i. m.** El monte Imaus, *parte del monte Tauro en Asia.*

**Imbalnĭties, ēi. f.** *Lucil.* Suciedad, porquería, descuido, falta de bañarse ó lavarse.

**Imbarbesco, is, cĕre. n.** *Fest.* Empezar á echar la barba, barbar.

**Imbēcillis. m. f. lĕ. n. is.** *Cic.* ior, lĭmus, y sĭmus. Flaco, débil, lánguido, enfermo.

**Imbēcillĭtas, ātis. f.** *Cic.* Imbecilidad, flaqueza, debilidad, falta de fuerzas. ‖ *Suet.* Enfermedad. ‖ *Tac.* Pusilanimidad.

**Imbēcillĭter. adv.** *Cic.* Con debilidad y flaqueza. *Imbecillius horrere dolorem. Cic.* Sentir el dolor, llevarle con poco ánimo, con flaqueza y pusilanimidad.

**Imbēcillus, a, um.** *Cic.* V. Imbecillis.

**Imbellia, ae. f.** *Sen.* Ineptitud, falta de aptitud, de proporcion ó disposicion para la guerra.

**Imbellis. m. f. lĕ. n. is.** *Hor.* Inepto, no proporcionado para la guerra, contrario á ella. ‖ Cobarde, tímido, débil, flaco, sin fuerzas.

**Imber, bris. m.** *Cic.* La lluvia. ‖ *Virg.* El agua. ‖ Cualquier humor que cae como el agua. *Imber ferreus Virg.* Un lluvia de flechas. *Per imbrem. Cat.* En tiempo de lluvia.

**Imberbis. m. f. bĕ. n. is.** *Cic.* y

**Imberbus, a, um.** *Varr.* Desbarbado, lampiño, sin barba, el que aun no la tiene. ‖ *Hor.* Joven.

**Imbĭbo, is, bĭbi, bĭbĭtum, ĕre. a.** *Cic.* Embeber, atraer, recoger en sí alguna cosa líquida. ‖ Concebir, aprender. ‖ Resolver, determinar, formar ánimo, resolucion.

**Imbīto, is, ĕre. n.** *Plaut.* V. Ineo, Introeo.

**Imbōnĭtas, ātis. f.** *Ter.* Incomodidad.

**Imbracteātus, a, um.** *Am.* Cubierto con alguna hoja ó plancha de metal.

**Imbracteo, ās āre. a.** *Am.* Cubrir con planchas ó láminas de metal.

**Imbrăsĭdes, ae. m.** *Virg.* Asio, *hijo de Imbrasio.*

**Imbrāsus, i. m.** *Plin.* Rio de la isla de Samos.

**Imbreus, i. m.** *Ov.* Nombre de un centauro.

**Imbrex, ĭcis. m. f.** *Plin.* La teja que despide el agua de los tejados. ‖ Canal con el mismo fin ‖ *Suet.* ‖ Palmadas en señal de aplauso. *Imbrex porci. Marc.* Espinazo de puerco, ú oreja de cochino. — *Narium. Arnob.* La concavidad interior de la nariz.

**Imbrĭcātim. adv.** *Plin.* Á modo de tejas.

**Imbrĭcātus, a, um. part. de** Imbrico. *Vitruv.* Hecho, formado en figura de teja. ‖ Cubierto de tejas.

**Imbrĭcĭtor, ōris. m.** *Macrob.* Lluvioso, el que trae ó mueve lluvia.

**Imbricium, ii. n.** *Marc.* V. Imbrex.

**Imbrico, ās, āvi, ātum, āre. a.** *Sid.* Cubrir de, con tejas.

**Imbricus, a, um.** *Plaut.* Lluvioso, lo que trae ó causa lluvias.

**Imbrĭdus, a, um.** *Sol.* y

**Imbrĭfer, a, um.** *Virg.* V. Imbricus.

**Imbrĭfico, ās, āre. a.** *Marc. Cap.* Regar, humedecer con lluvia.

**Imbrius, a, um.** *Ov.* Lo perteneciente á Imbro ó Lembro, *isla del mar egeo.*

**Imbubĭno, ās, āre. a.** *Fest.* Manchar, ensuciar, emporcar.

**Imbulbĭto, ās, āre. a.** *Fest.* Manchar, emporcar con estiercol.

**Imbuo, is, bui, būtum, ĕre. a.** *Col.* Regar, mojar, empapar en humedad ‖ Imbuir, enseñar, doctrinar. *Im-*

*kuere bovem. Plin.* Domar un buey.—*Vomere terras. Val. Flac.* Arar la tierra la primera vez.

† Imbutamentum, i. n. *Fulg.* Doctrina erudicion, instruccion, enseñanza.

Imbūtus, a, um. *Cic. part. de* Imbuo. Bañado, regado, humedecido. ‖ Enseñado, instruido, doctrinado, imbuido. *Imbutus amoribus aulae. Suet.* Embebido en los placeres de la corte.— *Nullis dircordiis. Tac.* Que no se ha mezclado ó metido, que no ha tenido parte en las discordias.

Imitabilis. *m. f. lĕ. n. is. Cic.* Imitable, lo que se puede imitar. *Non alia gemma imitabilior mendacio vitri. Plin.* No hay piedra mas semejante á lo quebradizo del vidrio.

Imitāmen, ĭnis. *n. Ov.* y

Imitamentum, i. n. *Tac.* Imitacion, semejanza, remedo, representacion. *Imitamenta doloris. Tac.* Demostraciones afectadas de sentimiento.

Imitandus, a, um. *Cic.* Lo que se ha de imitar, ó merece ser imitado.

Imitans, tis. *com. Ov.* El que imita.

Imitatio, ōnis. *f. Cic.* Imitacion, semejanza.

Imitator, ōris. m. (trix, ĭcis. f.) *Cic.* Imitador, el que imita, remeda. ‖ Emulo.

Imitātus, a, um. *Cic. part. de* Imitor. El que ha imitado. *Imitata simulacra. Cic.* Simulacros hechos á imitacion.

† Imito, as, avi, atum, are. *a.* y

Imitor, aris, atus sum, ari. *dep. Cic.* Imitar, copiar, seguir el ejemplo. ‖ Falsear, contrahacer. ‖ Fingir, simular. ‖ *Plin.* Ser semejante, parecido.

Imitus. *adv. Apul.* Desde el fondo, desde el profundo.

Immaculabilis. *m. f. lĕ. n. is. Aus.* Lo que no se puede manchar.

Immaculatus, a, um. *Lucr.* Inmaculado, lo que no tiene mancha.

Immaculo, as, are. *a. Firm.* Manchar. *V.* Maculo.

Immadeo, es, ui, ere. *n. Plin.* Estar húmedo, mojado, regado, humedecido.

Immane. *adv. Virg.* Bárbara, fiera, cruelmente. *Immane quantum discrepat. Hor.* Es indecible cuanto se diferencia.— *Dictu est. Sal.* No se puede decir, ponderar.

Immaneo, es, ui, ere. *n. S. Ag.* Permanecer en.

Immanifestus, a, um. *Ruf.* No manifiesto, oscuro.

Immanis. *m. f. nĕ. n. is. Cic.* Cruel, inhumano, bárbaro, fiera, duro, intratable. ‖ Escesivo, desproporcionado, desmesurado, estraordinario, prodigioso.

Immanitas, atis. *f. Cic.* Fiereza, ferocidad, barbarie, crueldad, inhumanidad. ‖ Grandeza escesiva, enormidad.

Immaniter. *adv. Am.* Fiera, cruel, bárbaramente. ‖ *Gel.* Escesiva, estraordinariamente.

Immansuētus, a, um. *Cic.* Indómito, intratable, fiero, bárbaro.

Immarcescibilis. *m. f. lĕ. n. is. Tert.* Inmarcesible, incorruptible, que no se marchita ni corrompe.

Immarcesco, is, cui, scĕre. *n. Hor.* Marchitarse, ajarse, echarse á perder. *Immarcescunt epulae sine fine petitae. Hor.* Los continuos convites enfadan, cansan.

Immasticātus, a, um. *Cel. Aur.* No masticado ó mascado.

Immatūre, ius. *adv. Col.* Sin sazon, antes de tiempo, demasiado presto ó temprano.

Immatūritas, atis. *f. Cic.* Precipitacion, apresuramiento, anticipacion. ‖ *Suet.* Edad temprana para el matrimonio.

Immatūrus, a, um. *Cels.* Inmaturo ó inmaduro, que no está maduro ó en sazon, verde. ‖ Intempestivo, temprano, fuera de tiempo, prematuro.

Immeans, tis. *com. Plin.* Lo que se introduce, se insinúa.

Immediate. *adv. Gel.* Inmediatamente, luego, al instante.

Immedicabilis. *m. f. lĕ. n. is. Virg.* Incurable, lo que no se puede curar ó sanar.

Immedicatus, a, um. *Apul.* No medicinado, á lo que no se ha puesto remedio alguno.

Immeditate. *adv. Gel.* Sin meditacion, sin reflexion inconsideradamente.

Immeditatus, a, um. *Apul.* No pensado, premeditado

Immeio, is, minxi, minctum, meiĕre. *a. Pers.* Orinar dentro.

Immemor, ōris. *com. Cic.* El que no se acuerda, que se ha olvidado, que ha perdido la memoria de. *Immemor beneficii. Ter.*— *Meriti. Virg.* Ingrato, desconocido, que no se acuerda, se olvida del beneficio recibido.— *Gurges. Sil.*— *Amnis. Estac.* El rio Lete, cuyas aguas causan olvido.

Immemorabilis. *m. f. lĕ. n. is. Plaut.* Inmemorable ó inmemorial, aquello de que no hay memoria. ‖ Lo que no debe ó merece traerse á la memoria. ‖ Que no quiere decir cosa ninguna, que se olvida de todo, de nada se acuerda. *Immemorabilis ille fuit. Plaut.* No se le pudo sacar una palabra, no hubo forma de hacerle hablar.

Immemoratio, ōnis. *f. Plaut.* Falta de mencion, silencio sobre una cosa.

Immemoratus, a, um. *Hor.* Inaudito, de que nunca se ha hablado ó hecho mencion, nuevo.

Immemoria, ae. *f. Papin.* Defecto, falta de memoria.

Immemoris. *m. f. rĕ. n. is. Prisc. V.* Immemor.

Immense. *adv. Cas. V.* Immensum.

Immensitas, atis. *f. Cic.* Inmensidad, enormidad, incapacidad, imposibilidad.

Immensum. *adv. Tac.* Inmensa, desmesurada, desproporcionadamente.

Immensus, a, um. *Cic.* Inmenso, infinito, sin medida ni límite. ‖ Vasto, profundo, grande, enorme, desmesurado, espantable. *Immensum tempus. Cic.* Larguísimo tiempo. *Immenso mercari. Plin.* Comprar á un precio escesivo. *Immensum quantum. Plin.* Es increible, no es decible cuanto. *Immensum est. Ov.* No tiene término.

Immeo, as, are. *n. Plin.* Entrar, andar dentro.

Immerens, tis. *com. Nep.* Inocente, que no merece ó no ha merecido pena.

Immerenter. *adv. Val. Max.* Inocentemente, sin culpa.

Immergo, is, si, sum, gĕre. *a. Plaut.* Sumergir, meter, hundir debajo del agua. ‖ Meter, implicar ó empeñar en otras cosas.

Immeritissimo. *adv. Ter.* y

Immerito. *adv. Cic.* Sin razon, causa ó mérito.

Immeritum, i. n. *Plaut. Immerito meo.* Sin culpa mia.

Immeritus, a, um. *Virg.* Inocente, sin culpa. ‖ Inmérito, no merecido.

Immersabilis. *m. f. lĕ. n. is. Hor.* Lo que no se puede hundir ó sumergir. ‖ Firme, fuerte, constante, animoso.

Immersi. *pret. de* Immergo.

Immersio, ōnis. *f. Arnob.* Immersion, el acto de sumergir ó hundir.

Immersus, a, um. *Cic. part. de* Immergo. Sumergido, hundido.

Immetatus, a, um. *Hor.* Lo que no está medido.

Immigro, as, avi, atum, are. *n.* Entrar, pasar á vivir, transmigrar, mudar de habitacion. *Immigrare in ingenium suum. Plaut.* Vivir á su arbitrio, sin ayo. *Immigravit avaritia in rempublicam. Liv.* Se introdujo la avaricia en la república.

Imminens, tis. *Com. Cic.* Inminente, lo que amenaza, está pronto para suceder. ‖ *Liv.* Próximo, cercano, que está encima.

Imminentia, ae. *f. Gel.* Vecindad, cercanía, proximidad ‖ Amenaza.

Immineo, es, minui, ere. *n. Cic.* Amenazar, estar cerca, próximo. ‖ Amenazar ruina. ‖ Buscar la ocasion. *Imminere rebus. Tac.* Esperar la ocasion, la oportunidad de apoderarse del imperio.— *Morti. Sen.* Estar para darse la muerte.

Imminuo, is, nui, nūtum, ĕre. *a. Cic.* Disminuir, apocar, minorar, reducir á menos. *Imminuere caput alicui. Plaut.* Romper á uno la cabeza.

Imminutio, ōnis. *f. Cic.* Disminucion, el acto de disminuir.

Imminutus, a, um. *Cic. part. de* Imminuo. *Plin.* Disminuido, minorado.

Imminxi. *pret. de* Immeio.

Immisceo, es, cui, mistum, ó mixtum, ēre. *a. Plin.* Mezclar en ó entre. *Immiscere se negotiis. Liv.* Mezclar-

**IMM**

se, introducirse en los negocios.

**Immiserabilis.** *m. f. lě. n. is. Hor.* Lo que á nadie da compasion.

**Immisericordia,** ae, *f. Tert.* Dureza de corazon, inhumanidad.

**Immisericorditer.** *adv. Ter.* Desapiadadamente, sin misericordia, sin compasion.

**Immisericors,** ordis. *com. Cic.* Desapiadado, duro, inhumano, que no tiene compasion.

**Immisi.** *pret. de Immitto.*

**Immisarium,** ii. *n. Vitruv.* Receptáculo, lugar donde se recoge agua; arca de agua, cisterna, algibe.

**Immissarius,** ii. *m. Fest.* Emisario, espía.

**Immissio,** ōnis. *f. Cic.* La accion de mugronar las vides.

**Immiseŭlus, Immiscŭlus, Immustŭlus, Immuscŭlus, Immussŭlus, Immustŭlus,** i. *f. Fest.* Ave, especie de águila.

**Immissus,** a, um. *Cic. part. de* Immitto. Introducido, puesto dentro. *Immissus à Cicerone. Sol.* Sobornado por Ciceron, echadizo. *Immissa barba. Virg.* Barba larga, crecida.

**Immissus,** us. *m. Macrob. V.* Immissio.

**Immistus,** a, um. *part. de* Immisceo.

**Immitigabilis.** *m. f. lě. n. is. Cel. Aur.* Lo que no se puede mitigar ó aplacar.

**Immitis.** *m. f. tě. n. is. Liv.* Cruel, fiero, áspero, duro, inhumano, severo. ∥ Áspero al gusto, verde.

**Immitto,** is, misi, missum, ěre. *a. Cic.* Introducir, enviar, poner, llevar dentro. *Immittere se. Cic.* Arrojarse, meterse. —*Habenas. Virg.* Soltar las riendas, dar entera libertad. —*Arborem. Plin.* Amugronar un árbol, dejarle crecer. —*Vires alicui. Val. Flac.* Inspirar fuerzas á alguno. —*In aures. Plaut.* Escuchar. *Veneri suem immolavit.* adag. Dar burro en diezmo. *ref. Apros immittere fontibus. prov.* Echar á perros.

**Immixtim.** *adv. Plaut.* Con mezcla, mezclando.

**Immixtus,** a, um. *Liv. part. de* Immisceo. Mezclado. *Immixti turbae militum. Liv.* Mezclados en ó con las tropas de los soldados.

**Immo.** *adv. Cic.* Antes, antes bien.

**Immobilis.** *m. f. lě. n. is. Cic.* Inmoble, lo que no se puede mover. *Res immobilis. Dig.* Los bienes raices, inmuebles. *Immobilis precibus. Tac.* Inmoble á los ruegos.

**Immobilitas,** ātis. *f. Just.* Firmeza, estabilidad.

**Immoderantia,** ae. *f. Tert. V.* Immoderatio.

**Immoderate,** tius, tissime. *Cic.* Inmoderadamente, sin moderacion, con esceso y demasía. ∥ Sin regla, ni razon.

**Immoderatio,** ōnis. *f. Cic.* Inmoderacion, esceso, demasía, falta de moderacion, de reflexion y reserva.

**Immoderatus,** a, um. *Cic.* tior, tissimus. Inmoderado, escesivo, falto de moderacion. ∥ Inmenso, infinito.

**Immodeste.** *adv. Plaut.* Inmodestamente, sin recato, sin modestia. ∥ *V.* Immoderate.

**Immodestia,** ae. *f. Plaut.* Inmodestia, falta de modestia, compostura y recato. ∥ *Nep.* Desobediencia, desorden, libertinage. ∥ *Tac.* Insolencia, estorsion. ∥ Petulancia, desvergüenza.

**Immodestus,** a, um. *Cic.* Inmodesto, falto de modestia, compostura y recato. ∥ Inmoderado, desreglado.

**Immodice.** *adv. Col.* Escesiva, desmesuradamente, sin término, sin moderacion.

**Immodicus,** a, um. *Ov.* Inmódico, escesivo, inmoderado, demasiado, fuera del modo y términos. *Immodicus gloriae. Vel. Pat.* —*In appetendis honoribus. Id.* Inmoderado en el deseo de gloria, en codiciar los empleos.

**Immodulatus,** a, um. *Hor.* Mal compuesto, desordenado, desarreglado, hecho con descuido.

**Immolandus,** a, um. *Cic.* Lo que se ha de inmolar ó sacrificar.

**Immolatio,** ōnis. *f. Cic.* Inmolacion, sacrificio de una víctima.

**Immolatitius,** a, um. *S. Ag.* Lo que se ofrece en sacrificio ó inmolacion.

**Immolator,** ōris. *m. Cic.* Inmolador, sacrificador, el que inmola ó sacrifica la víctima.

**Immolatus,** a, um. *Hor. part. de* Immolo. Inmolado, sacrificado.

**IMP** 351

**Immolitus,** a, um. *Liv.* Edificado, construido.

**Immolo,** ās, āvi, ātum, āre. *a. Cic.* Inmolar, sacrificar matando alguna víctima.

**Immorior,** rēris, mortuus sum, mŏri. *dep. Ov.* Morir en. *Immori manibus alicujus. Sen. Trag.* Morir en las manos, en los brazos de alguno. —*Sorori. Ov.* Caer muerto sobre ó encima de su hermana.

**Immoror,** āris, ātus sum, āri. *dep. Col.* Pararse, detenerse. *Immorari honestis cogitationibus. Plin.* Detenerse, gastar el tiempo en honestos pensamientos. —*In aliqua re. Quint.* Detenerse, pararse en alguna cosa.

**Immorsus,** a, um. *Prop.* Mordido.

**Immorsus,** us. *m. Vel. Pat.* El mordisco ó bocado.

**Immortale.** *adv. Val. Flac. V.* Immortaliter.

**Immortalis.** *m. f. lě. n. is. Cic.* Inmortal, lo que no muere ni puede morir.

**Immortalitas,** ātis. *f. Cic.* Inmortalidad, perpetuidad, vida eterna.

**Immortaliter.** *adv. Cic.* Inmortal, perpetuamente, para siempre. *Immortaliter gaudeo. Cic.* Me alego sobremanera.

† **Immortalitus.** *adv. Non.* Por disposicion de los dioses.

**Immortuus,** a, um. *Cic.* Muerto en. ∥ Estinto, acabado.

**Immotus,** a, um. *Virg.* Inmoble, estable, constante, firme, que no se mueve. *Immotus dies. Tac.* Dia sereno, sin vientos. *Immotum animo sedet. Virg.* Tiene resuelto, determinado, ha formado constante resolucion.

**Immugio,** is, gii, gitum, īre. *n. Virg.* Mugir, bramar. ∥ Resonar.

**Immulgeo,** ēs, si, ó xi, ctum, ēre. *a. Virg.* Ordeñar. *Immulgens ubera labris. Virg.* El que mama.

**Immundabilis.** *m. f. lě. n. is. Tert.* Lo que no se puede limpiar.

**Immunde.** *adv. Jul. Obs.* Con suciedad ó inmundicia.

**Immunditia,** ae. *f. Front.* y

**Immundities,** ēi. *f. Gel.* Inmundicia, suciedad.

**Immundus,** a, um. *Cic.* Inmundo, puerco, asqueroso.

**Immunificus,** a, um. *Plaut.* No liberal, avariento.

**Immunio,** is, īvi, ītum, īre. *a. Tac. V.* Munio.

**Immunis.** *m. f. ně. n. is. Cic.* Inmune, libre, exento, privilegiado. ∥ *Ov.* Puro, inocente, sin culpa. *Non est immunis virtus. Cic.* La virtud no es ociosa. —*Militia. Liv.* Exento de la milicia. —*Belli. Virg.* Libre de la guerra.

**Immunitas,** ātis. *f. Cic.* Inmunidad, libertad, exencion, privilegio, franquicia de algun cargo ó imposicion.

**Immunitus,** a, um. *Liv.* No fortalecido, no fortificado, sin defensa, sin guarnicion.

**Immurmuro,** ās, āvi, ātum, āre. *n. Ov.* Murmurar, hacer, formar un murmullo sordo. ∥ *Pers.* Hablar entre dientes. ∥ Hablar al oido.

**Immusculus,** i. *m. Fest. V.* Immissulus.

**Immusicus,** a, um. *Tert.* El que no entiende de música, que no es músico.

**Immutabilis.** *m. f. lě. n. is. Cic.* Inmutable, inmoble, perpetuo, estable, constante. ∥ *Plaut.* Mudado, diverso.

**Immutabilitas,** ātis. *f. Cic.* Inmutabilidad, firmeza, constancia, estabilidad, perpetuidad.

**Immutabiliter.** *adv. Cels.* Inmutable, constante, perpetuamente.

**Immutatio,** ōnis. *f. Cic.* Mutacion, mudanza, variacion, ipalage, metonimia, figura de palabras. ∥ *Quint.* Solecismo.

**Immutator,** ōris. *m. Oros.* El que muda, varía.

**Immutatus,** a, um. *Cic. part. de* Immuto. Mudado, variado. *Immutata mens. Sal.* Entendimiento, juicio trastornado, perturbado. *Immutatum me videt. Ter.* Me ve, me halla firme, constante, inmutable.

**Immutesco,** is, tui, scěre. *n. Quint.* Callar, enmudecer.

**Immutilatus,** a, um. *Sal.* Cortado. ∥ *Cod. Teod.* No cortado, entero.

**Immuto,** ās, āvi, ātum, āre. *a. Cic.* Mudar, variar, trocar, cambiar. *Me immutarunt tibi. Cic.* Me hicieron parecerte mudado para contigo.

**Imo.** *V.* Immo.

**Impacatus,** a, um. *Virg.* Inquieto, desasosegado, que no puede ó no sabe estar en paz. ∥ Lo que no está pacificado, sosegado.

**Impactio**, ōnis. *f. Sen.* Choque, encuentro, colision de un cuerpo con otro.

**Impactor**, ōris. *m. Vitruv.* El que choca ó da contra alguna cosa.

**Impactus**, a, um. *Liv.* Arrojado, tirado, dado contra otra cosa. *Impactus saxo. Liv.* Tirado, dado contra una piedra.— *In servilem appellationem. Val. Max.* El que ha caido en un apodo servil.

**Impāges**, gum. *f. plur. Vitruv.* El ensamblage ó ensambladura, *union de las tablas y maderos en la carpinteria.* ‖ Cuadros en las puertas. ‖ *Fest.* Clavos.

† **Impalleo**, ēs, ui, ēre. *n. Estac.* y

**Impallesco**, is, ui, scēre. *n.* Ponerse pálido, descolorido, perder el color.

**Impallĭdus**, a, um. *Estac.* Lo que no se pone pálido, que no pierde el color.

**Impalpebrātio**, ōnis. *f. Cel. Aur.* Inmovilidad de los párpados, que no se pueden cerrar. Enfermedad.

**Impannis**. *m. f. ně. n. is. Plaut.* Sin paños, sin ropa, desnudo.

**Impar**, ăris. *com. Cic.* Impar, desigual. ‖ Incapaz, inepto, insuficiente. *Impar animo fortuna est. Ov.* La fortuna no corresponde al valor. *Impar numero. Tac.* Inferior en número.

**Impărātio**, ōnis. *f. Marc. Emp.* Falta de prevencion, de preparacion.

**Impărātus**, a, um. *Cic.* Desprevenido, no preparado, no dispuesto.

**Impărens**, tis. *com. Fest.* Desobediente, que no obedece.

**Impărentia**, ó Imparientia, ae. *f. Gel.* Desobediencia, falta de obediencia.

**Impărĭlis**. *m. f. lě. n. is. Aur. Vict.* V. Impar.

**Impărĭlitas**, ātis. *f. Gel.* Desigualdad, diversidad, variedad. ‖ Solecismo.

**Impărĭter**. *adv. Hor.* Con desigualdad.

† **Impăro**, ās, ăvi, ātum, āre. *a. Ter.* Preparar, prevenir.

**Impartior**, iris, iri. V. Impertior.

**Impascor**, ěris, pastus sum, sci. *dep. y pas. Col.* Apacentar, apacentarse, pastar en.

**Impassibĭlis**. *m. f. lě. n. is. Lact.* Impasible, incapaz de padecer.

**Impassibilĭtas**, ātis. *f. S. Ger.* Impasibilidad, imposibilidad de padecer.

**Impastus**, a, um. *Virg.* Ayuno, el que no ha comido. ‖ *Sil.* Hambriento.

**Impătĭbĭlis**. *m. f. lě. n. is. Cic.* Intolerable, insufrible, inaguantable, lo que no se puede sufrir, tolerar. ‖ *Lact.* Impasible.

**Impătiens**, tis. *com. Plin.* Impaciente, el que no tiene paciencia, no puede sufrir. *Impatiens irae. Ov.* Que no puede contener la ira — *Vetustatis. Plin.* Que no puede durar, que no se puede guardar. *Impatientissimus frigoris. Plin.* Incapaz de resistir el frio.

**Impătienter**. *adv. Plin. men.* Con impaciencia, impacientemente, con ansia, con pena, con gran deseo.

**Impătientia**, ae. *f. Plin.* Impaciencia, falta de sufrimiento y paciencia. ‖ Insensibilidad, impasibilidad.

**Impăvĭde**. *adv. Liv.* Impavidamente, con intrepidez, con resolucion, sin temor ni pavor.

**Impăvĭdus**, a, um. *Liv.* Impávido, intrépido, que no tiene temor ni pavor, que obra sin él.

**Impausābĭlis**. *m. f. lě. n. is. Fulg.* Lo que no se puede fijar ó contener. ‖ Que no cesa, que no sosiega.

† **Impausābĭliter**. *adv. Cel. Aur.* Incesantemente.

**Impeccābĭlis**. *m. f. lě. n. is. Gel.* Impecable, que no puede pecar, que no puede cometer ni caer en falta, que no peca.

**Impeccantia**, ae. *f. S. Ger.* Impecabilidad, incapacidad, impotentia de pecar.

**Impēdandus**, a, um. *Col.* Lo que se ha de rodrigar, apoyar.

**Impēdatus**, a, um. *part. de* Impedo. Rodrigado.

**Impedīco**, ās, ăvi, ātum, āre. *a. Amian.* Atar, enlazar con lazos, cabezones ó collares.

**Impēdiens**, tis. *com. Ov.* Impediente, lo que impide ó estorba.

**Impědīmentum**, i. *n. Cic.* Impedimento, obstáculo, dificultad, embarazo, estorbo.

**Impědīmenta**, ōrum. *n. plur. Ces.* El equipage, convoi de un ejército. *Impedimenta naturae. Cic.* Defectos, imperfecciones naturales.

**Impědio**, is, divi, ó dii, dītum, īre. *a. Cic.* Impedir, estorbar, embarazar, poner obstáculos. ‖ Enlazar, enredar, meter en embrollos ó enredos. *Impediri religioni. Ces.* Ser detenido por la religion, hacer, formar escrúpulo.

**Impědītio**, ōnis. *f. Cic.* V. Impedimentum.

**Impědīto**, as, ăvi, ātum, āre. *freq. de* Impedio. *Estac.* Impedir frecuentemente.

**Impědītor**, ōris. *m. S. Ag.* El que impide, estorba.

**Impědītus**, a, um, ior, issĭmus. *part. de* Impedio. *Cic.* Impedido, embarazado, estorbado. *Impedita oratio. Quint.* Oracion embrollada, confusa. *Impeditissima itinera. Ces.* Caminos muy malos, muy embarazados ó embarazosos.

**Impědo**, ās, ăvi, ātum, āre. *a. Col.* Rodrigar las vides, sostenerlas, apoyarlas.

**Impēgi**. *pret. de* Impingo.

**Impello**, is, pŭli, pulsum, lěre. *a. Cic.* Impeler, empujar. ‖ Incitar, inducir, mover, encender. ‖ Inducir, echar fuera, espeler. *Virg.* Herir. ‖ *Hor.* Interrumpir.

**Impendendus**, a, um. *Virg.* Lo que se ha de emplear.

**Impendens**, tis. *com. Cic.* Lo que está encima, colgado, suspenso encima. ‖ Lo que amenaza, que está para ó cerca de suceder. *Impendente pluvia. Plin.* Amenazando lluvia.

**Impendeo**, ēs, di, sum, dēre. *n. Cic.* Estar pendiente, suspenso ó colgado encima. ‖ Amenazar, estar para suceder. *Impendent te mala. Ter.* Te amenazan males. *Impendet mons urbi. Cic.* El monte domina á la ciudad.

**Impendia**, ae. *f. Inscr.* V. Impensa.

**Impendio**. *adv. Cic.* Mucho, muy. *Impendio magis. Ter.* Mucho mas.— *Minus Plaut.* Mucho menos.

**Impendiōsus**, a, um. *Plaut.* Gastador, que gasta mas de lo justo.

**Impendium**, ii. *n. Cic.* Gasto, espensas, coste. ‖ Usura, interes, ganancia. ‖ Daño, pérdida.

**Impendo**, is, di, sum, děre. *a. Cic.* Gastar, espender, desembolsar. ‖ Emplear, poner, aplicar. *Impendere curam. Col.* Emplear el cuidado.

**Impendŭlus**, a, um. *Es.* Pendiente, colgado encima.

**Impěnětrābĭlis**. *m. f. lě. n. is. Liv.* Impenetrable, lo que no se puede penetrar, donde no se puede entrar, inespugnable. *Impenetrabilis blanditiis. Sen.* Inflexible, inexorable.

**Impěnětrāle**, is. *n. Fest.* Lugar adonde no se puede, no se permite entrar.

**Impensa**, ae. *f. Cic.* Espensa, gasto, coste.

**Impense**, ius, issĭme. *adv. Suet.* Suntuosamente, con mucho gasto y coste. ‖ Con mucho cuidado, deseo y diligencia.

**Impensĭbĭlis**. *m. f. lě. n. is. Gel.* Lo que no se puede examinar ó considerar suficientemente.

**Impensus**, us. *m. Sim.* V. Impensa.

**Impensus**, a, um, ior, issĭmus. *part. de* Impendo. *Cic.* Gastado. ‖ *Liv.* Grande, mucho, intenso, vehemente. *Impensissimae preces. Suet.* Ruegos muy eficaces. *Impensius ingrato homine nihil est. Plaut.* No hay cosa mas cara que un hombre ingrato.

**Impěrans**, tis. *com. Tac.* Imperante, que manda ó impera.

**Impěrātīve**. *adv. Ulp.* Con imperio.

**Impěrātīvus**, a, um. *Macrob.* Imperativo, lo que manda ó impera eficazmente. ‖ Imperativo, modo de mandar en los verbos.

**Impěrātor**, ōris. *m. Suet.* Emperador, príncipe, cabeza del imperio. ‖ Capitan general.

**Impěrātōrĭe**. *adv. Treb. Pol.* Á modo de emperador, de general ó comandante.

**Impěrātōrĭus**, a, um. *Cic.* Imperatorio, imperial, lo perteneciente al emperador ó al imperio. ‖ Lo que toca al general. *Imperatoria navis. Plin.* La nave capitana.

**Impěrātrix**, īcis. *f. Cic.* Emperatriz, la muger que manda.

**Impěrātum**, i. *n. Ces.* Órden, precepto, encargo.

Imperātus, a, um. *part. de* Impero. *Cic.* Mandado, ordenado, encargado.

Imperātus, us. m. *Amian. V.* Imperatum.

Imperceptus, a, um, ior. *Ov.* No percibido, no entendido.

Impercĭtus, a, um. *Sil. Ital.* No movido.

Imperco, is, ĕre. n. *Plaut. V.* Parco.

Impercussus, a, um. *Ov.* No herido.

Imperdĭtus, a, um. *Virg.* No perdido, escapado de peligro.

Imperfecte. *adv. Gel.* Imperfectamente, con defecto é imperfeccion.

Imperfectio, ōnis. *f. S. Ag.* Imperfeccion, defecto.

Imperfectus, a, um, tior. *Virg.* Imperfecto, no acabado, no perfeccionado.

Imperfĭdus, a, um. *Sil. Ital.* Muy pérfido y desleal.

Imperfossus, a, um. *Ov.* Lo que no ha sido traspasado ó penetrado.

Imperfundies, ei. *f. Lucil.* Suciedad, porquería.

† Imperiabĭliter. *adv. Cat.* Imperiosamente, con autoridad, con imperio.

Imperiālis. m. f. lĕ. n. is. *Aur. Vict.* Imperial, lo perteneciente al imperio ó al emperador.

Imperialĭter. *adv. Dig.* Segun la dignidad y cargo del emperador ó del imperio.

Imperiōse. *adv. Varr.* Imperiosa, severamente, con ostentacion y dominio imperioso.

Imperiōsus, a, um. *Cic.* Imperioso, el que manda ó domina con la autoridad de imperio, con soberbia y soberanía. ‖ Dominante, imperante. *Imperiosus sui. Plin. — Sibi. Hor.* El que es señor de sí mismo, que domina sus pasiones.

Imperĭtabundus, a, um. y

Imperĭtans, tis. *com. Liv.* Imperante, el que manda y domina.

Imperĭte, tius, tissĭme. *adv. Cic.* Ignorante, neciamente.

Imperitia, ae. *f. Plin.* Impericia, ignorancia, falta de inteligencia, de conocimiento, de ciencia.

Imperĭto, ās, āvi, ātum, āre. a. *Plaut. V.* Impero.

Imperĭtus, a, um. *Cic.* Imperito, ignorante, el que carece de ciencia, de noticia, de conocimiento en las artes y ciencias.

Imperium, ii. *n. Cic.* Imperio, dominacion, poder, autoridad, mando, gobierno. ‖ Mandamiento, órden, precepto. ‖ Estado, dominio, jurisdiccion, república, reino.

Imperjūrātus, a, um. *Ov.* Aquello sobre ó por lo que no se jura en vano.

Impermissus, a, um. *Hor.* Ilícito, prohibido, no permitido.

Impermixtus, a, um. *Lucil.* No mezclado.

Impĕro, ās, āvi, ātum, āre. a. *Cic.* Imperar, mandar, ordenar, dar órden con autoridad. ‖ Dominar. *Imperare animo. Liv.* Dominar sus pasiones. — *Pecuniam. Cic.* Imponer un tributo. — *Agris. Virg.* Cultivar con mucho cuidado los campos.

Imperpĕtuus, a, um. *Sen.* Lo que no es perpetuo.

Impersonālis. m. f. lĕ. n. is. *Diom.* Impersonal. *Se dice del verbo que solo se usa en las terceras personas.*

Impersonālĭter. *adv. Dig.* Sin personas.

Impersonātīvus. *Diom.* Llaman los gramáticos al modo infinitivo de los verbos, porque carece de personas.

Imperspectius. *adv. Aul. Gel.* Muy imprudentemente, con mucha imprudencia ó falta de precaucion.

Imperspĭcuus, a, um. *Plin. men.* Oscuro, lo que no está claro.

Imperterrĭtus, a, um. *Virg.* Intrépido, valeroso, que no tiene miedo.

Impertĭlis. m. f. lĕ. n. is. *S. Ag.* Sin partes, que no se puede partir ni dividir.

Impertio, is, ivi, ītum, īre. a. *Cic.* y

Impertior, īris, ītus sum, īri. *dep. Cic.* Dar parte, hacer participante, comunicar. *Impertire laudem alicui. Cic.* Alabar á alguno. — *Salutem. Cic.* ó *aliquem salut. Ter.* Saludar á alguno.

Impertītio, ōnis. *f. Arnob.* El acto de comunicar ó dar parte.

Impertītus, a, um. *part. pas. de* Impertior. *Liv.* Dado, participado, comunicado.

Imperturbabĭlis. m. f. lĕ. n. is. *S. Ag.* Inalterable, que no se puede perturbar, imperturbable.

Imperturbātus, a, um. *Ov.* No perturbado, no alterado.

Impervius, a, um. *Ov.* Que no se puede pasar, impracticable. ‖ Inaccesible, adonde no se puede llegar.

Impes, tis. m. (poet.) *Lucr.* Impetu, violencia. *Se usa solo en el ablativo de singular.*

Impesco, is, scĕre. a. *Fest.* Llevar el ganado á un pasto abundante.

Impĕte. *adv. Fest.* Violenta, impetuosamente.

Impĕtens, tis. *com. Varr.* El que acomete ó ataca.

Impetĭbĭlis. m. f. lĕ. n. is. *Apul.* Vergonzoso, torpe, lo que no se puede ó no se debe pedir. ‖ *Sol.* Lo que se puede atacar ó acometer. *Impetibilis valetudo. Plin.* Enfermedad insufrible, incurable.

Impetigĭnōsus, a, um. *Ulp.* El que padece salpullido ó empeines.

Impetīgo, ĭnis. *f. Cels.* Empeine, salpullido, ardor de la sangre que ocasiona multitud de granos.

Impĕto, ĕre. a. *Luc.* Asaltar, acometer con violencia. *Non impetam lingua. adag.* Al buen callar llaman Sancho. *ref.*

Impetrabĭlis. m. f. lĕ. n. is. *Liv.* Asequible, lo que se puede impetrar, alcanzar, obtener, conseguir. ‖ *Plaut.* El que consigue fácilmente. ‖ El que consigue todo lo que quiere. *Dies impetrabilis. Plaut.* Dia en que se consigue lo que se intentaba, favorable para pedir y obtener gracias.

Impetrasco, is, ĕre. *ant. Plaut. V.* Impetro.

Impetrātio, ōnis. *f. Cic.* Impetracion, consecucion de alguna gracia por ruegos.

Impetratīvus, a, um. *Serv.* Lo perteneciente al agüero favorable, y conforme á los deseos.

Impetrātor, ōris. m. *Cod. Teod.* El que consigue, obtiene, alcanza por ruegos.

Impetrātus, a, um. *part. de* Impetro. *Sol.* Impetrado, alcanzado, obtenido por ruegos. ‖ *Plaut.* Concluido, perfecto, llevado al cabo.

Impetrio, is, īre. a. *Cic.* Verbo augural. *Cuando las aves admiten el agüero, y muestran que se ha conseguido lo que se pretendia.* ‖ Conseguir.

Impetrītum, i. *n. Val. Max.* La accion de tomar el agüero por las aves.

Impĕtro, ās, āvi, ātum, āre. a. *Ter.* Perfeccionar, acabar, llevar al cabo. ‖ Impetrar, alcanzar, conseguir, obtener por ruegos. *Impetrare veniam ex poenitentia. Plin.* Alcanzar perdon por las muestras de arrepentimiento.

Impetŭlans, tis. *com. Marc. Cap.* Muy descarado, desvergonzado.

† Impetuōse. *adv.* Impetuosamente, con ímpetu.

Impetuōsus, a, um. *Plin.* Impetuoso, violento, ardiente, furioso, arrebatado.

Impetus, us. m. *Cic.* Impetu, violencia, movimiento furioso, impetuoso, impetuosidad. ‖ Movimiento, curso. ‖ Calor, fuerza, vehemencia, deseo ardiente. *Impetu uno epotare. Plin.* Beber de un trago.

Impexus, a, um. *Virg.* No peinado, desgreñado, desmelenado. ‖ *Tac.* Inculto, grosero.

Impia, ae. *f. Plin.* Yerba muy parecida al romarino.

Impiamentum, i. *n. S. Cipr.* y

Impiātio, ōnis. *f. Fest.* Contaminacion, impiedad.

Impiātus, a, um. *Sen. Trag.* Contaminado, malvado, impío.

Impicātus, a, um. *Col.* Empegado. *part. de*

Impĭco, ās, āvi, ātum, āre. a. *Col.* Empegar, pegar con pez, embrear, carenar.

Impictus, a, um. *Apul.* Pintado con variedad.

Impie. *adv. Cic.* Impía, cruel, malvada, perversamente. ‖ Sin religion.

Impiĕtas, ātis. *f. Cic.* Impiedad, irreligion, falta de respeto y veneracion contra Dios, la patria, los padres y superiores. ‖ Maldad, pecado.

Impiger, gra, grum. *Cic.* Diligente, pronto, solícito, activo, no perezoso.

Impigre. *adv. Liv.* Diligente, prontamente, con actividad y diligencia.

Impigritas, atis. *f. Cic.* y

Impigritia, ae. *f.* Solicitud, prontitud, diligencia.

Impilia, ium. *n. plur. Plin.* Especie de calzado de fieltro, de lana no tejida, sino unida é incorporada con agua caliente, legía ó goma.

Impingendus, a, um. *Cic.* Lo que se ha de impeler ó empujar contra.

Impingo, is, pēgi, pactum, pingĕre. *a. Plaut.* Impeler, echar, arrojar, tirar contra. *Impingere navem. Quint.* Estrellar el navío. — *Compedes. Plaut.* Poner á uno grillos. — *In magnam litem. Sen.* Meter, empeñar á uno en un gran pleito. — *Culpam in aliquem. Sen.* Echar la culpa á alguno. — *Pugnum in aliquem. Plaut.* Dar á uno una puñada.

Impinguātus, a, um. *Tert.* Engruesado, lo que se ha puesto grueso, craso, encrasado.

Impio, ās, āvi, ātum, āre. *a. Plaut.* Contaminar, manchar con impiedad. *Impiare se erga Deos. Plaut.* Cometer impiedades contra los dioses.

Impĭte. *Fest.* En lugar de *Impetum facite.* Acometed.

Impius, a, um. *Cic.* Impío, malvado, perverso, sin piedad ni religion. ǁ Fiero, inhumano, cruel.

Implācābīlis. *m. f.* lĕ. *n.* is. *Cic.* Implacable, inexorable, que no se puede templar, aplacar, irreconciliable.

Implācābīlĭtas, ātis. *f. Amian.* Obstinacion, dureza, ánimo obstinado, que no se ablanda ó aplaca.

Implācābilĭter, ius. *adv. Tac.* Implacablemente; con ira ó enojo implacable.

Implācātus, a, um. *Ov.* No aplacado, no sosegado, no contento, no satisfecho.

Implācĭdus, a, um. *Hor.* Implacable, inhumano, fiero, cruel, obstinado.

† Implago, ās, āre. *a. Sid.* Aprisionar entre redes.

Implānus, a, um. *Aur. Vict.* No llano.

Implecto, is, ĕre. *a. Apul.* Trabar, enredar. *Crocodilo hirudines dentibus implectuntur. Apul.* Al crocodilo se le enredan muchas sanguijuelas en los dientes.

Impleo, ēs, plēvi, plētum, plēre. *a. Cic.* Llenar, ocupar, henchir el vacío. *Implere annum sexagesimum. Plin.* Cumplir sesenta años. — *Cursum. Plin.* — *Finem vitae. Tac.* Morir, acabar el curso de la vida. — *Se Cels.* Llenarse, hartarse. — *Cargarse.* — *Dolorem. Tac.* Desfogar, desahogar el sentimiento. — *Promissum. Plin.* Cumplir la promesa. — *Partes officii. Cic.* Satisfacer las partes de la obligacion. — *Consilium. Tac.* Poner en ejecucion el designio.

Implētus, a, um. *Justin.* part. de Impleo. Lleno.

Implexio, ōnis. *f. Marc. Cap.*

Implexus, us. *m. Plin.* El acto y efecto de enroscar, enredar, revolver, rodear.

Implexus, a, um *part. de* Implecto. *Virg.* Envuelto, enredado, rodeado.

Implicāmentum, i. *n. S. Ag. V.* Implicatio.

Implicāte. *adv. Firm.* De un modo embrollado.

Implicātio, ōnis. *f. Cic.* La accion de doblar, enroscar. ǁ Embrollo, confusion.

Implicātor, ōris. *m. Firm.* Embrollador, el que enreda, embrolla, confunde.

Implicātūra, ae. *f. Sidon. V.* Implicatio.

Implicātus, a, um. *part. de* Implico. *Ces.* Implicado, enredado, entrelazado. ǁ Embarazado, embrollado.

Impliciscor, ĕris, sci. *dep. Plaut.* Estar embarazado, confuso, embrollado.

Implĭcĭte. *adv. Cic.* De una manera embrollada, oscura, embarazada.

Implĭcĭto, ās, āvi, ātum, āre. *a. Plin. freq. de* Implico.

Implicĭtūrus, a, um. *Ov.* Lo que ha de envolver, rodear ó enroscar.

Implicĭtus, a, um. *Liv.* Embarazado, enredado, embrollado. *Implicitus in morbum. Liv.* Enfermo de peligro, el que ha caído en una grave enfermedad. — *Litibus. Hor.* Metido en pleitos.

Implĭco, ās, āvi, ó cui, ātum, ó cĭtum, āre. *a. Virg.* Enredar, enroscar, envolver, rodear, como la yedra al arbol, embrollar, embarazar, enredar, confundir. *Implicare dextras. Tac.* Dárse la mano. *V.* Implicatus.

Implōrābĭlis. *m. f.* lĕ. *n.* is. *Val. Flac.* Lo que se debe ó puede implorar.

Implorandus, a, um. *Cic.* Lo que se debe ó ha de implorar.

Implorans, tis. *com. Cic.* El que implora.

Implōrātio, ōnis. *f. Cic.* Imploracion, ruego encarecido con que se pide favor ó patrocinio.

Implōrātus, a, um. *Just.* Implorado. *part. de*

Implōro, ās, āvi, ātum, āre. *a. Cic.* Implorar, pedir favor con gemidos, ruegos y lágrimas.

Implumbo, ās, āvi, ātum, āre. *a. Vitr.* Soldar, emplomar.

Implūmis. *m. f.* mĕ. *n.* is. *Hor.* Implume, lo que está sin plumas. ǁ *Plin.* Sin pelo.

Impluo, is, plui, plūtum, ĕre. *impers. Col.* Llover dentro ó sobre.

Implŭvia, ae. *f. Varr.* Vestido de que usaban los sacrificadores para defenderse de la lluvia.

Implŭviātus, a, um. *Varr.* Lo que es de color oscuro como curtido. ǁ Cuadrado, de cuatro gredos.

Implŭvium, ii. *n. Vitr.* Patio de la casa.

Impoenĭtendus, a, um. *Apul.* El que no se ha de arrepentir.

Impoenĭtens, tis. *com. Bibl.* Impenitente, obstinado en la culpa, falto de penitencia.

Impoenĭtentia, ae. *f.* Impenitencia, obstinacion en la culpa.

Impoenĭtus, a, um. *Gel. V.* Impunitus.

Impŏlīte. *adv. Cic.* Sin adorno, sin cultura, tosca, groseramente.

Impŏlītia, ae. *f. Gel.* Grosería, falta de cultura. ǁ Descuido.

Impŏlītus, a, um. *Cic.* Tosco, grosero, inculto. ǁ No acabado, no perfecto.

Impollūtus, a, um. *Tac.* Impoluto, limpio, libre de mancha.

Impomenta, ōrum. *n. plur. Fest.* Los postres de la comida.

Impōno, is, pŏsui, pŏsitum, ĕre. *a. Cic.* Imponer, cargar, poner encima. ǁ Poner, colocar, establecer. ǁ Engañar. *Imponere exercitum. Cic.* Embarcar el ejército. — *Praesidium oppido. Liv.* Introducir guarnicion en una plaza. — *Tributum in capita. Ces.* Imponer un tributo por cabezas. — *Alicui. Cic.* Engañar á alguno.

Imporcātio, ōnis. *f. Col.* La accion de hacer surcos en una tierra, de ararla.

Imporcātus, a, um. *Col.* Arado ó surcos ó cubierto con el arado.

Imporcĭtor, ōris. *m. Fest.* Labrador ó trabajador que hace surcos arando, ó cubre la simiente con el arado.

Imporco, ās, āvi, ātum, āre. *a. Col.* Hacer surcos arando la tierra. ǁ Cubrir la simiente con el arado.

Importābĭlis. *m. f.* lĕ. *n.* is. *Tert.* Lo que no se puede llevar ó transportar.

Importandus, a, um. *Varr.* Lo que se ha de transportar ó acarrear.

Importātĭtius, a, um. *Hirc.* Lo que se transporta. Lo que es de acarreo.

Importātus, a, um. *Ces.* Conducido, trasportado, acarreado. *part. de*

Importo, ās, āvi, ātum, āre. *a. Ces.* Acarrear, conducir, transportar, introducir. *Importare luctum alicui. Fed.* Acarrear, ocasionar llanto á alguno.

Importūne, ius, issĭme. *adv. Cic.* Importunamente, fuera de tiempo, del caso ó propósito.

Importūnĭtas, ātis. *f. Ter.* Importunidad, impertinencia, dicho ó hecho sin propósito, fuera del caso. ǁ Atrevimiento, audacia, petulancia, insolencia.

Importūnus, a, um. *Cic.* Importuno, impertinente, incómodo, intempestivo, fastidioso, enfadoso, molesto, indiscreto. ǁ Fiero, cruel, inhumano. *Locus importunus. Sal.* Lugar, sitio áspero, fragoso. *Importunissimus hostis. Cic.* Enemigo muy cruel.

Importuōsus, a, um. *Sal.* Que no tiene puertos ó abrigos para las naves.

Impos, ōtis. *com. Plaut.* El que no posée, no es dueño. *Impos animi, ó sui. Plaut.* Hombre fuera de sí, que no está en sí, que no es dueño de sí.

Impŏsĭtio, ōnis. f. Plin. Imposicion, el acto de imponer, cargar ó aplicar.

Impŏsĭtītius, a um. Varr. y

Impŏsĭtīvus, a, um. Varr. Impuesto, lo que se impone.

Impŏsĭtor, ōris. m. Varr. El que pone nombre á una cosa.

Impŏsĭtūra, ae f. Non. y

Impŏsĭtus, us. m. Plin. V. Impositio.

Impŏsĭtus, a, um. part. de Impono. Cic. Impuesto, sobrepuesto, puesto encima ó sobre.

Impossĭbĭlis. m. f. lĕ. n. is. Quint. Lo imposible, que no se puede hacer, que no puede ser ó suceder.

Impossĭbĭlĭtas, ātis. f. Apul. Imposibilidad. ‖ Repugnancia ó impotencia en el ser ó en el obrar.

Impostor, ōris. m. Ulp. Impostor, engañador.

Impostūra, ae. f. Ulp. Impostura, fingimiento, engaño, falacia, calumnia.

Impŏsui. pret. de Impono.

Impŏtens, tis, tior, tissĭmus. Cic. Impotente, debil, flaco. ‖ El que no es señor de sí, incapaz de moderar sus pasiones, que no se puede contener. Impotens postulatum. Liv. Pretension desproporcionada.—Injuria. Id. Injuria insolente.—Irae. Id. Que no puede contener su ira.

Impŏtenter, tius, tissĭme. adv. Hirc. Con insolencia, con demasía, sin moderacion ni templanza, insolentemente.

Impŏtentia, ae. f. Ter. Impotencia, debilidad, flaqueza, falta de potencia. ‖ Insolencia.

Impraemĕdĭtātō. adv. Plaut. Inconsideradamente, sin reflexión.

Impraepĕdītō. adv. Am. Sin impedimento, sin estorbo.

Impraepĕdītus, a, um. Amian. No impedido, no estorbado.

Impraepūtiātus, a, um. Tert. Incircunciso, no circuncidado.

Impraescientia, ae. f. Tert. Falta de presciencia, de conocimiento anticipado de lo futuro.

Impraesentiārum. adv. Nep. Al presente, por el presente, en el tiempo presente, ahora.

Impraestābĭlis. m. f. lĕ. n. is. Firm. Lo que no da nada de sí, que no sirve de nada.

Impransus, a, um. Hor. El que no ha comido.

Imprĕcātio, ōnis. f. Sen. Imprecacion, maldicion, execracion, espresion de peticion, ó deseo de que venga algun mal.

Imprĕcor, āris, ātus sum, āri. dep. Virg. Maldecir, decir imprecaciones ó execraciones, desear mal á. ‖ Apul. Rogar por. Imprecari diras alicui. Plin. Maldecir á alguno.—Sermone alicui salutem. Apul. Saludar á alguno deseándole felicidad.

Imprensĭbĭlis. m. f. lĕ. n. is. Gel. V. Incomprehensibilis.

Impressē, ius. adv. Ter. Eficaz, exacta, cuidadosamente.

Impressio, ōnis. f. Cic. Impresion, la accion de imprimir ó impresionar. ‖ Asalto, ataque, choque, carga. Impressio vocum. Cic. Articulacion de las voces. Impressionem facere in hostes. Liv. Acometer, dar sobre los enemigos.

Impressus, us. m. Prud. V. Impressio.

Impressus, a um. Cic. part. de Imprimo. Impreso, esculpido. Impressus sulcus altius. Cic. Surco profundizado.—Signis crater. Virg. Taza labrada, cincelada.

Imprīmis. adv. Cic. En primer lugar, lo primero, principalmente, primeramente, sobretodo.

Imprĭmo, is, pressi, pressum, mĕre. a. Cic. Imprimir, sellar, grabar, marcar. Imprimere signum peccori. Virg. Marcar el ganado, ponerle la marca.—Notionem animo ó in animo. Cic. Imprimir, fijar una nocion en el ánimo.

Imprŏbābĭlis. m. f. n. is. Cic. Improbable, lo que no se puede probar.

Imprŏbābĭliter. adv. Sid. Improbablemente, sin fundamento ni probabilidad.

Imprŏbātio, ōnis. f. Cic. Desaprobacion, el acto de desaprobar.

Imprŏbātor, ōris. m. Apul. El que desaprueba, reprueba.

Imprŏbātus, a, um. Cic. part. de Improbo. Desaprobado, reprobado.

Imprŏbē, ius, bissĭme. adv. Cic. Malamente, maliciosa, malvadamente.

Imprŏbĭtas, ātis. f. Cic. Improbidad, maldad, perversidad, pravedad. ‖ Audacia, temeridad, imprudencia. ‖ Plin. Insaciabilidad, ansia.

Imprŏbĭter. adv. Petron. V. Improbe.

Imprŏbo, ās, āvi, ātum, āre. a. Cic. Improbar, reprobar, desaprobar, desechar, condenar.

Imprŏbro, ās, āvi, ātum, āre. a. Plaut. V. Exprobro.

Imprŏbŭlus, a um. Juv. dim. de

Imprŏbus, a, um. Cic. Improbo, malo, malvado, vicioso. ‖ Defectuoso, corrompido, inútil, que no vale nada. ‖ Virg. Cruel, violento. ‖ Audaz, descarado. ‖ Virg. Astuto, fraudulento. ‖ Demasiado, inmoderado, escesivo. Improbus ad aliquid. Ter. Inepto, inútil para alguna cosa.—Labor omnia vincit. Virg. El trabajo continuo, porfiado todo lo vence.—Amor. Virg. Amor funesto, triste.—Panis. Marc. Mal pan. Hiems improba. Ov. Invierno crudo.—Frons. Quint. Semblante descarado.—Ventris rabies. Virg. Hambre insaciable.—Fortuna. Virg. Fortuna, destino cruel. Improbae divitiae. Hor. Riquezas mal adquiridas ó que hacen al hombre malo. Improbum os. Suet. Mala lengua, maldiciente.—Testamentum. Cic. Testamento defectuoso, en que no estan observadas las formalidades necesarias.

Imprŏcērus, a um. Gel. Bajo, de pequeña estatura.

Improcreābĭlis. m. f. lĕ. n. is. Apul. Lo que no se puede criar ó producir.

Improfessus, a, um. Suet. Que no ha profesado ó declarado su condicion ó estado.

Imprōles, is. com. y

Imprōlis. m. f. lĕ. n. is. ó

Imprōlus, a, um. Fest. El que no tiene hijos, y por esto no está empadronado entre los ciudadanos romanos.

Imprŏmiscuus, a, um. Gel. No mezclado, no promiscuo, lo que no es comun, sincero, puro.

Impromtus, a, um. Liv. Lento, que no es pronto. Impromtus lingua. Liv. Balbuciente, no suelto, no espedito de lengua.

Imprŏpē. adv. Tert. V. Prope.

Imprŏpĕranter. adv. Aus. Con despacio, poco á poco.

Imprŏpĕrātus, a, um. Virg. No apresurado, no precipitado, hecho con sosiego.

Imprŏpĕrium, ii. n. Quint. Improperio, injuria de obra ó palabra que se hace á otro.

Imprŏpĕro, ās, āvi, ātum, āre. a. Plaut. Improperar, reprender, afrentar á alguno dándole en rostro con algun mal hecho.

Imprŏpĕrus, a, um. Sil. Tardo, lento, despacioso, no apresurado.

Improprie. adv. Plin. Impropiamente, con impropiedad.

Improprĭĕtas, ātis. f. Gel. y

Improprium, ii. n. Quint. Impropiedad, falta de propiedad, vicio de la oracion.

Improprius, a, um. Plin. Impropio, lo que no es propio, conveniente.

Imprōpugnātus, a, um. Amian. No defendido.

Improspectē. adv. Tert. Incauta, imprudentemente.

Improspectus, a, um. No visto, no considerado.

Improsper, a, um. Tac. Infeliz, lo que sale mal, que no tiene próspero suceso.

Improspĕre. adv. Col. Con mal suceso, infelizmente.

Imprōtectus, a, um. Gel. No cubierto, no protegido, indefenso.

Imprōvĭdē. adv. Liv. Imprudentemente, sin reflexion, sin prudencia.

Imprōvĭdentia, ae. f. Tert. Imprudencia, falta de prudencia y reflexion.

Imprōvĭdus, a, um. Cic. Imprévido, desprevenido, incauto, inconsiderado, falto de prevencion y prudencia. ‖ Plin. Imprevisto, lo que no se ha previsto.

Imprōvīsē. adv. Tert. y

Imprōvīso. adv. ablat. abs. Cic. De improviso, improvisamente, de repente, inopinadamente, sin prevision ni prevencion. Ex improviso. Cic. De improviso.

Imprōvīsus, a, um. Cic. Improviso, inopinado, imprevisto, repentino, lo que no se ha prevenido ó provisto.

Yy 2

Imprūdens, tis, tior, tissĭmus. *com. Cic.* Ignorante, el que no sabe, no tiene noticia ó conocimiento. ‖ Imprudente, falto de prudencia, de reflexion, de consideracion. *Imprudentem opprimere. Ter.* Coger á uno de sorpresa, de sobresalto, desprevenido. *Imprudens maris. Liv.* El que no tiene práctica ó conocimiento del mar. *Imprudente illo factum est. Cic.* Se hizo sin saberlo él.

Imprūdenter, tius. *adv. Cic.* Ignorantemente, sin noticia, por ignorancia, por equivocacion. ‖ Imprudente, temerariamente, sin prudencia, sin reflexion.

Imprūdentia, ae. *f. Cic.* Ignorancia, error, descuido. ‖ Imprudencia, inconsideracion, inadvertencia, falta de reflexion.

Impūbes, ĕris. *com. Cic.* y

Impūbescens, tis. *com. Plin.* ó

Impūbis. *m. f. bĕ. n. is. Cic.* El que aun no tiene barba, el que no ha llegado á la edad de la pubertad. ‖ *Ces.* Celibato, soltero.

Impūdens, tis. *com. comp.* tior. *sup.* ssĭmus. *Cic.* Descarado, desvergonzado, petulante, atrevido.

Impūdenter, tius, tissĭme. *adv. Cic.* Descaradamente, sin vergüenza, con petulancia y descaro.

Impūdentia, ae. *f. Cic.* Descaro, desvergüenza, petulancia, atrevimiento.

Impūdentiuscŭlus, a, um. *Cic.* Un poco desvergonzado ó descarado.

Impūdīcātus, a, um. *Fest.* Aquel á quien se ha hecho deshonesto.

Impūdīce. *adv. Sil. Ital.* Impúdicamente, con deshonestidad, descaro, desvergüenza.

Impūdīcītia, ae. *f. Plaut.* Impudicicia, deshonestidad, descaro, desvergüenza.

Impūdīcus, a, um. *Cic.* Impúdico, deshonesto, impuro, lascivo.

Impugnātio, ōnis. *f. Cic.* Ataque, asalto, cerco.

Impugnātor, ōris. *m. Liv.* El que ataca, asalta, acomete, cerca.

Impugnātus, a, um. *Plin.* Atacado, asaltado. ‖ Vencido. ‖ *Gel.* Lo que no se ha atacado ó asaltado.

Impugno, as, avi, atum, are. *a. Ces.* Atacar, asaltar, acometer, cercar. ‖ *Hor.* Impugnar, contradecir, oponerse á otro con palabras ú obras.

Impūli. *pret. de Impello.*

Impulsio, ōnis. *f. Cic.* Impulsion, la accion de impeler. ‖ Impulso, pasion, incitamento, incentivo, estímulo.

Impulsor, ōris. *m. Cic.* El que impele, incita, excita.

Impulsus, us. *m. Cic.* Impulso, choque. ‖ Instigacion, consejo, exhortacion. ‖ Ímpetu, estímulo. *Impulsu suo. Cic.* De su propio motivo. — *Tuo. Cic.* Á persuasion tuya.

Impulsus, a, um. *part. de Impello. Ces.* Impelido, sacudido. ‖ Herido, batido. ‖ Estimulado, conmovido.

Impulvĕreus, a, um. *Gel.* Sin polvo, esto es, sin trabajo. *Impulverea, incruentaque victoria. Gel.* Victoria sin trabajo y sin sangre.

Impūne, ius, issĭme. *adv. Cic.* Impunemente, sin castigo, sin venganza, sin peligro ó daño, con seguridad. *Impunius dicax. Cic.* Mordaz, maldiciente con mas libertad.

Impūnis. *m. f. nĕ. n. is. Tac.* Impune, sin castigo, libre de él.

Impūnĭtas, ātis. *f. Cic.* Impunidad, licencia, libertad, seguridad, falta de castigo.

Impūnīte. *adv. Cic. V. Impune.*

Impūnītus, a, um. *Cic.* Impunido, no castigado.

† Impūno, ōnis. *m. Lucil. V. Impudens.*

† Impūrātus, a, um. *Ter.* Lo que se ha hecho impuro, deshonesto.

Impūre, ius, issĭme. *adv. Cic.* Con impureza y deshonestidad.

Impurgābĭlis. *m. f. lĕ. n. is. Am.* Inescusable, lo que no se puede escusar ó disculpar.

Impūrĭtas, ātis. *f. Cic.* y

Impūrītia, ae. *f. Plaut.* Impureza, deshonestidad. ‖ Porquería, suciedad.

Impūro, as, avi, atum, are. *a. Sen.* Hacer impuro, sucio, puerco.

Impūrus, a, um. *Cic.* Impuro, deshonesto. ‖ Sucio, puerco, inmundo. ‖ Malvado, malo.

Impūtātĭo, ōnis. *f. Dig.* Partida de una cuenta.

Impūtātīvus, a, um. *Tert.* Lo que puede ser imputado ó atribuido á otro.

Impūtātor, ōris. *m. Sen.* El que pone en cuenta, el que quiere que se le tome en cuenta.

Impūtātus, a, um. *Plin.* Lo que no está cortado ó podado. ‖ *Fest.* Lo que no está limpio. *part. de*

Impūto, as, avi, atum, are. *a. Quint.* Imputar, atribuir (*por lo comun falsamente.*) ‖ *Col.* Poner, meter en cuenta, poner la cuenta. ‖ *Fedr.* Ostentar, dar en rostro, poner por delante como beneficio.

Imputresco, is, trui, scĕre. *n. Col.* Podrirse por dentro.

Imputrībĭlis. *m. f. lĕ. n. is. S. Ger.* Incorruptible, lo que no se pudre ni corrompe.

Imputrībĭliter. *adv. S. Ag.* Incorruptiblemente.

Imŭlus, a, um. *Catul.* dim. de

Imus, a, um. *Cic.* Ínfimo, bajo, profundo. *Ad imum. Hor.* Al fin, al cabo, final, últimamente. *Imus mensis. Ov.* El mes último del año. *Ad imam quercum. Fedr.* Al pie, á la raiz de la encina. *Vox ima. Hor.* Voz baja. *Ima auris. Plin.* El cabo de la oreja.

## IN

In. *prep. de acus. cuando está entre palabras que significan movimiento; y de ablativo cuando significan quietud.* En, dentro de, á, hácia, contra. *In tempore. Ter.* Á tiempo, á punto, á propósito. *In praesens. Liv. In praesenti. Cic. In praesentia. Ter.* Al presente, ahora. *In illius respectum. Sen.* Por su respeto. *In horas. Hor.* Á cada hora, á todas horas. *In triduo. Plin. In perendinum. Plaut. In paucis diebus. Ter.* Dentro de tres dias, despues de mañana ó pasado mañana, algunos dias despues, de allí á algunos dias. *In te fiet, quod in alio feceris. Gel.* Se hará contigo como tú hayas hecho con los otros. *In improbos populum inflammare. Cic.* Animar al pueblo contra los malos. *In dies. Cic.* De cada dia, de dia en dia. *In pedes nasci. Plin.* Nacer con los pies delante. *In propatulo aedium. Liv.* Delante de la casa, en medio de la calle. *In milites liberalis. Cic.* Liberal para con los soldados. *In lucem bibere. Marc.* Beber hasta la mañana. *In coenae tempus studere. Plin. men.* Estudiar hasta la hora de la cena. *In totum corpus sanguis distribuitur. Cic.* La sangre se reparte por todo el cuerpo. *In Syriam decretae legiones. Cic.* Legiones destinadas á, para la Siria. *In sententiam alicujus. Curc.* Segun el parecer de alguno. *In potestatem suam redigere. Cic.* Poner bajo su potestad, reducir á su obediencia. *In armis esse. Liv.* Estar en ó sobre las armas. *In eo erat ut oppido potiretur. Nep.* Estaba ya para apoderarse de la ciudad. *In aliquam rem dicere. Cic.* Hablar sobre un asunto. *In posterum. Cic.* Despues, en adelante.

Ina, ae. *Fest.* Fibra, raiz, vena sutil.

Inabruptus, a, um. *Estac.* Lo que no está roto ó lo que no se puede romper.

Inabsŏlūtus, a, um. *Apul.* Imperfecto, no acabado.

Inaccensus, a, um. *Sil. Ital.* Lo que no está encendido.

Inaccessĭbĭlis. *m. f. lĕ. n. is. Ter.* y

Inaccessus, a, um. *Virg.* Inaccesible, adonde no se puede llegar ó acercar.

† Inaccresco, is, scĕre. *n. Ter. V. Cresco.*

Inaccūsātus, a, um. *Ter.* No acusado.

Inacesco, is, cui, ere. *n. Plin.* Acedarse, avinagrarse.

Ināchĭdes, ae. *m. patron. Ov.* Hijo ó nieto de Inaco.

Ināchis, ĭdos, ó ĭdis. *f. Ov.* Io ó Isis, hija de Inaco.

Ināchĭus, a, um. *Virg.* Lo perteneciente á Inaco ó á los griegos naturales de Argos.

Ināchus, i. *m. Hor.* Inaco, *primer rei de los argivos.* ‖ Rio del Peloponeso, que baña la ciudad de Argos, y tomó el nombre de su primer rei Inaco.

Ināchus, a, um. *Estac.* Lo perteneciente á los argivos ó á los griegos.

Inacresco. *V. Inaccresco.*

Inactuōsus, a, um. *S. Ag.* Desidioso, perezoso.

† Inadībĭlis. *m. f. lĕ. n. is. Sid. V. Inaccessus.*

Inādulābĭlis. *m. f. lĕ. n. is. Gel.* El que no está sujeto á la adulacion.

## INA

**Inadustus**, a, um. *Ov.* No quemado.

**Inaedificatio**, ōnis. f. *Plaut.* La accion de edificar en ó sobre.

**Inaedificatus**, a, um. *Cic.* Edificado, construido, fabricado en. *Inaedificatae portae. Liv.* Puertas muradas. *Inaedificata sacella. Cic.* Capillas demolidas, arruinadas.

**Inaedifico**, as, avi, atum, are. a. *Ces.* Edificar, construir, fabricar en. ‖ Demoler, arruinar, derribar.

**Inaequabilis**. m. f. lē. n. is. *Cic.* Desigual, lo que no se puede igualar ó allanar.

**Inaequabilitas**, atis. f. *Arnob.* Desigualdad.

**Inaequabiliter**. adv. *Varr.* Desigualmente, con desigualdad, con desórden.

**Inaequalis**. m. f. lē. n. is, ior, issimus. *Suet.* Desigual, desproporcionado, desemejante. *Inaequalis tonsor. Hor.* Barbero que corta el pelo á repelones, á cruces, ó que afeita mal, con desigualdad.

**Inaequalitas**, atis. f. *Col.* Desigualdad, desemejanza, disparidad, desproporcion.

**Inaequaliter**. adv. *Liv.* Con desigualdad, desemejanza.

**Inaequatus**, a, um. *Tib.* Igualado. *part. de*

**Inaequo**, as, avi, atum, are. a. *Ces.* Igualar, allanar.

**Inaestimabilis**. m. f. lē. n. is. *Cic.* Inestimable, de ningun precio, estimacion ni valor. ‖ Escelente, muy apreciable, que escede todo aprecio y estimacion.

**Inaestimatus**, a, um. *Ulp.* No estimado, no apreciado.

**Inaestuo**, as, avi, atum, are. n. *Hor.* Encenderse, inflamarse, acalorarse, conmoverse gravemente.

**Inaffectatus**, a, um. *Plin. men.* Inafectado, no afectado, sencillo, natural.

**Inaggeratus**, a, um. *Sid.* Amontonado, acumulado en algun lugar.

**Inagitabilis**. m. f. lē. n. is. *Sen.* Lo que no se puede agitar ó mover.

**Inagitatus**, a, um. *Sen.* No agitado, no movido ó alterado.

**Inalbeo**, es, ēre. n. *Apul.* y

**Inalbesco**, is, scēre. n. *Cel.* Emblanquecerse, ponerse, volverse blanco.

**Inalbo**, as, avi, atum, are. a. *Apul.* Blanquear, dar de blanco.

**Inalesco**, is, scēre. n. *Cels.* Crecer juntamente.

**Inalgesco**, is, scēre. n. *Cels.* Enfriarse, ponerse frio.

**Inalienatus**, a, um. *Escrib.* Puro, incorrupto, no mezclado, no alterado.

**Inalpini**, orum. m. plur. *Plin.* y

**Inalpinus**, a, um. *Suet.* Lo que pertenece á los habitadores de los Alpes.

**Inaltatus**, a, um. *Apul. part. de* Inalto. Puesto en alto.

**Inaltero**, as, avi, atum, are. a. *Tert.* Alterar, corromper.

**Inalto**, as, avi, atum, are. a. *Paul.* Levantar, ensalzar, exaltar, elevar.

**Inamabilis**. m. f. lē. n. is. *Plin.* No amable, desagradable. ‖ *Virg.* Aborrecido, odioso.

**Inamaresco**, is, scēre. n. *Hor.* Ponerse amargo.

**Inamatus**, a, um. *Sil.* No amado, aborrecido.

**Inambitiosus**, a, um. *Ov.* El que no tiene ambicion ó donde no la hay.

**Inambulatio**, onis. f. *Cic.* El paseo, la accion de pasearse. ‖ El lugar del paseo.

**Inambulo**, as, avi, atum, are. n. *Cic.* Pasearse.

**Inamissibilis**. m. f. lē. n. is. *S. Ag.* Inamisible, lo que no se puede perder.

**Inamoenus**, a, um. *Ov.* No ameno, triste, desagradable.

**Inane**, is. n. *Lucr.* El vacío. ‖ La nada.

**Inanefactus**, a, um. *Ulp.* Lo que se ha hecho nulo, no válido.

**Inanesco**, is, scēre. n. *Am.* Desvanecerse, disiparse.

**Inaniae**, arum. f. plur. *Plaut.* Frioleras, simplezas.

**Inaniloquus**, a, um. *Plaut.* El que habla simplezas, tonterías, frioleras.

**Inanimalis**. m. f. lē. n. is. *Apul.* y

**Inanimans**, tis. com. *Sen.* y

**Inanimatus**, a, um. *Cic.* Inanimado, inánime, lo que no tiene alma.

## INA

**Inanimentum**, i. n. *Plaut.* Inanicion, vacuidad, vacío.

**Inanimis**. m. f. mē. n. is. *Apul.* y

**Inanimus**, a, um. *Cic. V.* Inanimatus.

**Inanio**, is, ivi, itum, ire. a. *Plin.* Vaciar, desocupar.

**Inanis**. m. f. nē. n. is, ior, issimus. *Cic.* Vacío, desocupado. ‖ Vano, frívolo. ‖ Vano, orgulloso, soberbio. ‖ Fútil, liviano, ligero. *Inane corpus. Cic.* Cuerpo muerto, cadáver. *Inanis vultus. Sen.* El rostro del hombre ciego, sin ojos. *Leo. Estac.* Piel de leon. *Causa. Virg.* Razon, escusa frívola. *Inania famae. Tac.* Rumores vanos. *Per inane. Virg.* Por el aire. *Inanium inania consilia. adag.* El hijo de la cabra siempre ha de ser cabrito. *ref.*

**Inanitas**, atis. f. *Cic.* Inanicion, vacuidad, vacío. ‖ *Quint.* Concavidad. ‖ Vanidad.

**Inaniter**. adv. *Cic.* Vana, inútilmente. *Ov.* En vano.

**Inanitus**, a, um. *Lucr.* Vacío, evacuado, inane.

**Inante**. *V.* Ante.

**Inapertus**, a, um. *Sil. Ital.* No abierto, no espuesto, no manifiesto. *Inapertus fraudi. Sil.* No espuesto á dejarse engañar.

**Inapparatio**, ōnis. f. *Ad. Her.* Descuido, negligencia, falta de preparacion.

**Inapprehensibilis**. m. f. lē. n. is. *Tert.* Incomprehensible, lo que no se puede comprender.

**Inaquo**, as, are. a. *Col. Aur.* Encharcar en agua, enaguazar, llenar de agua.

**Inaquosus**, a, um. *Tert.* Árido, seco, sin agua.

**Inaratus**, a, um. *Virg.* No arado, inculto, no cultivado.

**Inarculum**, i. n. *Fest.* Vara de granado encorvada, que llevaba en la cabeza la sacrificadora.

**Inardeo**, es, ēre. n. *Cic.* y

**Inardesco**, is, arsi, ēre. n. *Virg.* Arder, encenderse, inflamarse. ‖ *Sen.* Avergonzarse, cubrirse de rubor. ‖ *Tac.* Moverse, escitarse vehementemente algun afecto ó pasion.

**Inarefactus**, a, um. *Plin.* Lo que se ha secado y puesto árido.

**Inaresco**, is, rui, scēre. *Vitruv.* Secarse.

**Inargentatus**, a, um. *Plin.* Argentado, plateado, cubierto de plata ó engastado en ella.

**Inargute**. adv. *Gel.* De un modo poco sutil ó agudo.

**Inargutus**, a, um. *Ulp.* Grosero, poco fino, agudo ó delicado.

**Inarime**, es. f. *Virg.* Inarime, isla del mar inferior en la costa de Campania.

**Inaro**, as, avi, atum, are. a. *Col. Aras.* ‖ Cubrir arando.

**Inarticulatus**, a, um. *Arnob.* Inarticulado, no articulado, dicho con oscuridad, con poca espresion.

**Inartificialis**. m. f. lē. n. is. *Quint.* No artificioso, lo que es sin arte, lo que no tiene artificio.

**Inartificialiter**. adv. *Quint.* Sin artificio, sin arte.

**Inarui**. *pret. de* Inaresco.

**Inascensus**, a, um. *Plin. men.* Aquello adonde no se ha subido, adonde no se ha llegado, inaccesible.

**Inaspectus**, a, um. *Estac.* y

**Inaspicuus**, a, um. *Aus.* No visto.

**Inassatus**, a, um. *Plin.* Asado.

**Inassero**, as, avi, atum, are. a. *Inser.* Entablar, entarimar.

**Inassuetus**, a, um. *Ov.* No acostumbrado.

† **Inattamiatus**, a, um. *Tert.* No contaminado, no manchado.

**Inattente**. adv. *Am.* Sin atencion.

**Inattenuatus**, a, um. *Ov.* No estenuado, no enflaquecido ó disminuido.

**Inattestatus**, a, um. *Plaut.* No llamado por testigo.

**Inattritus**, a, um. *Paul. Nol.* No gastado.

**Inaudax**, acis. com. *Hor.* Tímido, no atrevido, cobarde.

**Inaudibilis**. m. f. lē. n. is. *Cens.* Lo que no se puede ó no se debe oir.

† **Inaudientia**, ae. f. *S. Cipr.* La inobediencia.

**Inaudio**, is, ivi, itum, ire. a. *Plaut.* Oir, escuchar, oir decir.

**Inaudítiuncula**, ae. f. *Gel.* Leccioncilla, leccion corta, que se esplica ó se oye.

Inaudītus, a, um. *Cic.* Inaudito, estraño, no oido, nuevo. ‖ *Tac.* No oido en sus defensas.

Inaugurātio, ōnis. *f. Ter.* Inauguracion, adivinacion, conjetura por el vuelo de las aves.

Inaugurāto. *adv. Liv.* Despues de haber consultado los agüeros.

Inaugurātus, a, um. *Cic.* Elegido, dedicado, despues de consultar los agüeros, despues de la inauguracion.

Inauguro, as, avi, atum, are. *a. Liv.* Inaugurar, congeturar por el canto ó vuelo de las aves, tomar los agüeros. ‖ Adivinar. ‖ Consagrar, dedicar. *Inaugurare flaminem. Liv.* Crear, consagrar un sacerdote. — *Locum. Liv.* Elegir un lugar despues de haberle consagrado por la inauguracion.

Inaurātor, ōris. *m. Firm.* El dorador.

Inaurātus, a, um. *Cic. part. de* Inauro. Dorado, cubierto, guarnecido de oro.

Inaures, um. *m. plur. Plaut.* Pendientes ó perendengues para las orejas.

Inaurītus, a, um. *Gel.* Desorejado, que no tiene orejas.

Inauro, as, avi, atum, are. *a. Plin.* Dorar, cubrir ó guarnecer de oro. ‖ Enriquecer, llenar á uno de riquezas.

Inauspicāto. *adv. Cic.* Sin auspicios ó presagios, sin consulta de las aves. ‖ Infelizmente.

Inauspicātus, a, um. *Plin.* Infeliz, sin auspicios ni presagios, sin haber consultado á las aves.

Inausus, a, um. *Virg.* No intentado, no emprendido con atrevimiento.

Inaversabĭlis. *m. f.* lĕ. *n.* is. *Apul.* Inevitable, lo que no se puede evitar.

Incaeduus, a, um. *Ov.* Lo que no se corta.

Incalātio, ōnis. *f. Fest.* Invocacion.

Incalātive. *adv. Fest.* Invocando, llamando.

Incalcātus, a, um. *Paul. Nol.* No acalcado, no pisado.

Incaleo, es, ui, ēre. *n.* y

Incalesco, is, lui, scēre. *n. Plin.* Calentarse, ponerse caliente. ‖ *Ov.* Animarse, escitarse, tomar fuego. *Incalescere ex horrore. Cels.* Entrar el calor de la fiebre, despues del temblor del frio. — *Ad magnas cogitationes. Tac.* Escitarse á grandes empresas ó pensamientos.

Incalfacio, is, feci, factum, ere. *a. Ov.* Calentar, dar calor.

Incallĭde. *adv. Cic.* Sin maña, sin destreza, sin agudeza, sin astucia, groseramente.

Incallĭdus, a, um. *Cic.* Simple, no fino, agudo ó astuto.

Incallo, as, are. *a. Veg.* Endurecerse, criar callo.

Incalo, as, are. *a. Fest. V.* Invoco.

Incandeo, es, ui, ēre. *n.* y

Incandesco, is, dui, scēre. *n. Ov.* Inflamarse, abrasarse, encenderse.

Incandīdo, as, avi, atum, are. *a. Firm.* Blanquear, poner blanco.

Incāneo, es, ui, ēre. *n.* y

Incānesco, is, nui, scēre. *n. Virg.* Encanecer, volverse blanco ó cano.

Incantamentum, i. *n. Plin.* y

Incantātio, ōnis. *f. Firm.* Encantamiento, hechizo.

Incantātor, ōris *m. Tert.* Encantador, mago, mágico, hechicero.

Incantātus, a, um. *Hor.* Encantado. *parte de*

Incanto, as, avi, atum, are. *a. Plin.* Encantar, hechizar, fraguar algun encanto.

Incānui. *pret. de* Incanesco.

Incānus, a, um. *Virg.* Cano, encanecido, blanco de vejez. *Incanae herbae. Col.* Yerbas cubiertas de un vello blanco.

Incapabĭlis. *m. f.* lĕ. *n.* is. *S. Ag.* Incomprensible, lo que no se puede entender ó comprender.

Incăpax, ācis. *com. Prud.* Incapaz, inepto.

Incapistro, as, avi, atum, are. *a. Apul.* Encabestrar, atar con cabestro. ‖ Inducir, enredar en.

Incarcerātio, ōnis. *f. Plin.* Prision, encarcelamiento.

Incarcēro, as, avi, atum, are. *a. Varr.* Encarcelar, prender, aprisionar, meter, poner en la cárcel, en prision ó en prisiones.

Incarnātio, ōnis. *f. Ecles.* Encarnacion, *el sagrado misterio de la encarnacion del Verbo Divino.*

Incarnātus, a, um. *Ecles.* Encarnado. *Dícese del Verbo Divino, que tomó carne en las purísimas entrañas de María Santísima.*

Incassum. *adv. Sal.* En vano, inútilmente, sin efecto.

Incastigātus, a, um. *Hor.* Impunido, no castigado.

Incastitas, ātis. *f. Sid.* Impureza, defecto de castidad.

Incastro, as, are. *a. Plin.* Encajar, incluir, meter, embutir una cosa en otra ajustadamente.

Incasūrus, a, um. *Plin.* Lo que ha ó tiene de suceder.

Incatēno, as, are. *a. Fest.* Encadenar, aprisionar, poner en prisiones.

Incaute, ius, issĭme. *adv. Cic.* Incauta, inconsideradamente, sin cautela ni prudencia.

Incautus, a, um. *Cic.* Incauto, imprudente, no prevenido, sin cautela ni prudencia, el que no se precave. *Iter incautum hostibus. Tac.* Camino no guardado de los enemigos.

Incavātus, a, um. *Col. part. de* Incavo. Cavado, ahondado.

Incavillatio, ōnis. *f. Fest.* Burla, mofa, irrision.

Incavo, as, avi, atum, are. *a. Col.* Cavar, escavar.

Incēdo, is, cessi, cessum, dēre. *n. Cic.* Ir, andar, caminar. ‖ Acercarse, adelantarse. ‖ Llegar. ‖ Entrar, acometer, ocupar, apoderarse. *Incedere pedes. Liv.* Caminar á pie. *Incessit itineri et praelio. Tac.* Se preparó á la marcha y á la batalla. — *Cura patribus.* — *Timor patres. Liv.* Entraron los padres en cuidado, en temor. — *Religio. Liv.* Entraron en escrúpulo, ó entró él escrúpulo.

Incelebrātus, a, um. *Tac.* No publicado, no célebre.

Incelebris. *m. f.* brĕ. *n.* is. *Gel.* Lo que no es célebre, famoso ó público.

Incēnans, tis. *com. Suet.* El que cena ú come en cualquiera parte.

Incēnātus, a, um. *Plaut.* El que no ha cenado ó comido.

Incendefacio, is, ēre. *a. Treb. Pol.* Encender, incendiar, quemar, poner fuego.

Incendiāria, ae. *f. Plin.* Incendiaria, *ave desconocida que entre los antiguos se tuvo por presagio de un incendio.*

Incendiārius, a, um. *Suet.* Lo que pone fuego ó le lleva consigo. *Incendiaria navis. Ces.* Brulote, *nave empleada para incendiar á otras.*

Incendiārius, ii. *m. Suet.* Incendiario, *el que pone fuego á los edificios, autor malicioso de un incendio.*

Incendiōsus, a, um. *Apul.* Incendioso, lo que contiene incendio ó fuego.

Incendium, ii. *n. Cic.* Incendio, fuego, quema. ‖ Calamidad, daño, ruina, desgracia. ‖ Vehemente conmocion del ánimo por amor, odio &c. ‖ *Lucr.* El demasiado calor del estómago. *Incendium annonae. Quint.* La carestía de los víveres. *Incendia belli. Virg.* El furor de la guerra.

Incendo, is, di, sum, dēre. *a. Cic.* Encender, incendiar, quemar. ‖ Conmover, incitar, irritar, escitar. *Incendere vires. Virg.* Aumentar las fuerzas. *Regum, 6 diem comburere, incendere. Plaut. expr. prov.* Quemar la casa, echarla por la ventana. — *Annonam. Varr.* Encarecer los víveres.

Incēnis. *m. f.* nĕ. *n.* is. *Plaut. V.* Incenatus.

Incente. *adv. Gel.* Viva, ardientemente.

Incensio, ōnis. *f. Cic.* Incendio, quema.

Incensor, ōris. *m. Amian. V.* Incendiarius, ii.

Incensum, i. *n. Ecles.* El incienso.

Incensus, a, um. *part. de* Incendo. *Sal.* Encendido, abrasado, quemado. ‖ Conmovido, incitado, inflamado, irritado. ‖ No empadronado, no matriculado, no sentado en el censo.

Incentio, ōnis. *f. Gel.* Concierto de voces é instrumentos. ‖ Encantamiento hecho con ciertas canciones.

Incentīvum, i. *n. S. Ger.* Incentivo, estímulo, impulso, motivo.

Incentīvus, a, um. *Varr.* Lo que pertenece ó sirve al cántico. ‖ *Prud.* Propio para incitar ó escitar.

Incentor, ōris. *m. Paul. Nol.* El cantor. ‖ *Amian.* El que escita ó anima, incitador.

Inceps. *adv. ant. Fest. en lugar de* Deinceps.

Inceptio, ōnis. *f. Cic.* Comienzo, principio, el acto de empezar.

Incepto, as, avi, atum, are. *a. Ter.* Empezar, comenzar, emprender. ‖ Tratar, maquinar.

Inceptor, ōris. *m. Ter.* Inceptor, el que empieza.

**Inceptum**, i. n. *Cic.* y

**Inceptus**, us. m. *Nep.* Empiezo, principio, intento, tentativa, conato.

**Inceptus**, a, um. *Ter. part. de* Incipio. Comenzado, empezado. ‖ *Apul.* No empezado, lo que no tiene principio.

**Incerātus**, a, um. *Cels.* Encerado, dado ó cubierto de cera.

**Incernicŭlum**, i. n. *Plin.* Granzas de trigo. ‖ Cribo. ‖ Tamiz, cedazo.

**Incerno**, is, crēvi, crētum, něre. a. *Vitruv.* Cribar ó acribar. ‖ Pasar por tamiz ó cedazo.

**Incēro**, ās, āvi, ātum, āre. a. *Juv.* Encerrar, dar ó cubrir de cera. *Incerare genua deorum. Juv.* Escribir los votos en tablas enceradas, y ponerlas á los pies de los dioses.

**Incerte**. adv. En. y

**Incerto**. adv. *Plaut.* Inciertamente, con incertidumbre.

**Incerto**, ās, āvi, ātum, āre. a. *Plaut.* Hacer dudar, poner en incertidumbre, hacer incierto ó dudoso.

**Incertum**, i. n. *Plaut.* Incertidumbre, falta de certeza.

**Incertus**, a, um, ior, issĭmus. *Cic.* Incierto, dudoso, disputable, oscuro, no cierto. *Incertus sententiae. Liv.* Irresoluto. *Incertum est quid agam. Ter.* No sé lo que haga. *In incertum. Liv.* Para tiempo indeterminado.

**Incessabĭlis**. m. f. lĕ. n. is. *Cel. Aur.* Incesable, incesante, lo que no cesa ó no puede cesar.

**Incessabĭlĭter**. adv. *S. Ger.* y

**Incessanter**. adv. *Sid.* Incesable, incesante, continuamente, sin cesar.

**Incessi**. pret. de Incedo.

**Incessio**, ōnis. f. *Cic.* Acometida, acometimiento.

**Incesso**, is, ssi, ó ssīvi, sīvi. a. *Liv.* Acometer, atacar, asaltar, cargar al enemigo. ‖ *Col.* Venir, llegar, sobrevenir, estar para llegar. *Incessere criminibus aliquem. Tac.* Acusar á alguno. — *Bello. Tac.* Provocar con guerra.

**Incessor**, ōris. m. f. Ladron, salteador.

**Incessus**, us. m. *Cic.* El paso, el andar, el modo de andar, *dícese de los hombres y de los animales.* ‖ *Tac.* Invasion, acometimiento. *Incessum fingere, quo gravior videaris. Cic.* Fingir el paso para parecer mas grave.

**Inceste**. adv. *Cic.* Incestuosamente. ‖ Impura, torpemente, con deshonestidad é impureza.

**Incestifĭcus**, a, um. *Sen. Trag.* El que comete incesto.

**Incesto**, ās, āvi, ātum, āre. a. *Virg.* Manchar, violar, contaminar. ‖ *Suet.* Corromper, hacer impuro y deshonesto.

**Incestum**, i. n. *Cic.* Incesto, *acceso carnal que se castigaba entre los antiguos con el último suplicio*.

**Incestuōsus**, a, um. *Val. Max. V.* Incestificus.

**Incestus**, us. m. *Cic. V.* Incestum.

**Incestus**, a, um. *Cic.* Incestuoso, impuro, impúdico, deshonesto.

**Inchoatīvus**, a, um. *Marc. Cap.* Incoativo, *una de las especies de los verbos, que significan el principio de la accion,* como horresco, horrere incipio.

**Inchoātor**, ōris. m. *Prud.* El que comienza.

**Inchoātus**, a, um. *Cic.* Incoado, empezado, imperfecto.

**Inchoo**, ās, āvi, āre. a. *Fest.* Empezar, incoar, comenzar, dar principio.

**Incĭcur**, ŭris, ú ōris. com. *Fest.* Fiero, indómito.

**Incīdens**, tis. com. *Estac.* El que corta ó divide. ‖ Incidente, lo que sobreviene, llega, acaece.

**Incĭdo**, is, cĭdi, cāsum, ĕre. n. *Cic.* Caer en. ‖ Acaecer, suceder por acaso. ‖ Venir, sobrevenir, llegar. *Incidit saepe ut. Cic.* Sucede, acontece muchas veces que. — *Aliquod bellum. Ces.* Ocurre alguna guerra. — *In foveam. Cic.* Cayó en una trampa. — *In alicujus rei mentionem. Cic.* Vino á hacer mencion de alguna cosa.

**Incīdo**, is, cīdi, cīsum, ĕre. a. *Cic.* Cortar. ‖ Grabar, esculpir. *Inciditur omnis deliberatio. Cic.* Se quita toda deliberacion. *Incidere leges in aere. Cic.* Grabar las leyes en bronce.

**Inciduus**. *V.* Incaeduus.

**Inciens**, tis. com. *Plin.* Hembra preñada y vecina al parto.

**Incĭeo**, ēs, ēre. a. *Lucr. V.* Moveo.

**Incīle**, is. n. *Ulp.* Canal, foso, conducto para conducir las aguas.

**Incīlo**, ās, āvi, ātum, āre. a. *Lucr.* Reñir, reprender ásperamente.

**Incinarium**. *V.* Incinerarium.

**Incinctus**, a, um. *Liv.* Ceñido, vestido, rodeado. ‖ *Tib.* Desceñido.

**Incinerārium**, ii. n. *Caris. V.* Cinerarius.

**Incingo**, is, inxi, inctum, gĕre. a. *Ov.* Ceñir, rodear. ‖ Coronar.

**Incĭno**, is, cĭnui, entum, ĕre. a. *Prop.* Cantar.

**Incio**, is, īre. a. *Lucr. V.* Moveo.

**Incĭpĕro**. *Plaut.* en lugar de Impero.

**Incĭpiendus**, a, um. *Ov.* Lo que se ha de empezar.

**Incĭpiens**, tis. com. *Ov.* Incipiente, que comienza.

**Incĭpio**, is, coepi, ó cēpi, cēptum, ĕre. a. *Cic.* Empezar, comenzar, principiar.

**Incĭpisso**, is, ĕre. a. ant. *Plaut.* en lugar de Incipio.

**Incircumcīsus**, a, um. *Prud.* Incircunciso, no circuncidado.

**Incircunscriptus**, a, um. *Prud.* Incircunscripto, no cerrado, no comprendido en términos ó límites.

**Incīse**. adv. y

**Incīsim**. adv. *Cic.* Por incisos ó comas, con un estilo cortado.

**Incīssio**, ōnis. f. *Col.* Incision, cortadura. ‖ Inciso.

**Incisum**, i. n. *Cic.* Inciso ó coma, *la menor parte del período*.

**Incisūra**, ae. f. *Col.* y

**Incīsus**, us. m. *Plin. V.* Incisio.

**Incisus**, a, um. part. de Incido. *Ces.* Cortado. ‖ Grabado, esculpido.

**Incĭta**, ae. f. *Plaut.* La última línea de castros en el tablero de damas, de la que no se puede pasar. *Ad incitas redactus. Plaut.* Arrinconado. ‖ Reducido al último estremo. ‖ Puesto á un rincon.

**Incitabŭlum**, i. n. *Gel.* y

**Incitamentum**, i. n. *Cic.* Incitamento, incentivo, motivo, impulso.

**Incitāte**, ius. adv. *Cic.* Con incitamento, con vehemencia, con ímpetu.

**Incitātio**, ōnis. f. *Cic.* La accion de incitar, de escitar ó animar. ‖ Vehemencia, ímpetu, celeridad, movimiento pronto.

**Incitātor**, ōris. m. *Prud.* y

**Incitātrix**, īcis. f. *Lact.* Incitador, ra. El que incita ó mueve.

**Incitātus**, a, um, ior, issĭmus. part. de Incito. Incitado, movido, conmovido con vehemencia. ‖ Escitado, animado. *Incitatus. Suet.* Nombre del caballo, *al cual dió el consulado el emperador Calígula*.

**Incitātus**, us. m. *Plin. V.* Incitatio.

**Incitēga**, ae. f. *Fest.* Máquina, *en que ponian los antiguos los vasos con vino en un convite, para que sentasen sobre la mesa, sin mancharla; cubillo*.

**Incĭto**, ās, āvi, ātum, āre. a. *Cic.* Incitar, mover, conmover, impeler, compeler con vehemencia. ‖ Irritar, provocar. ‖ Exhortar, animar. *Incitare arborem. Col.* Promover el cultivo de un árbol. — *Aviditatem. Plin.* Escitar el apetito.

**Incĭtus**, us. m. *Plin.* Agitacion, movimiento.

**Incĭtus**, a, um. *Virg.* Incitado con vehemencia, pronto, veloz.

**Incivĭlis**. m. f. lĕ. n. is. *Gel.* Soberbio, arrogante, orgulloso, cruel, injusto, impolítico.

**Incivīlĭtas**, ātis. f. *Am.* Crueldad, insolencia, inhumanidad, impolítica.

**Incivīlĭter**, ius. adv. *Suet.* Soberbia, injustamente.

**Inclāmātio**, ōnis. f. *Tert.* Esclamacion, el acto de esclamar.

**Inclāmātus**, a, um. *Plin.* part. de Inclamo. Llamado á voces, voceado.

**Inclāmĭto**, ās, āvi, ātum, āre. a. *Plin.* Vocear, gritar á menudo. freq. de

**Inclāmo**, ās, āvi, ātum, āre. a. *Cic.* Llamar á voces. ‖ Esclamar. *Plaut.* Reprender á gritos, en alta voz.

**Inclāreo**, ēs, ui, ēre. n. y

**Inclāresco**, is, ui, scĕre. n. *Plin.* Ser esclarecido, ilustre, famoso, célebre.

Inclārus, a, um. *Sim.* Oscuro, no claro.

Inclēmens, tis. *com. Liv.* Inclemente, riguroso, cruel, áspero, duro, que no tiene piedad ni clemencia.

Inclēmenter, ius. *adv. Liv.* Cruel, áspera, rigurosamente, sin clemencia, sin piedad.

Inclementia, ae. *f. Virg.* Inclemencia, rigor, crueldad, aspereza, severidad, inhumanidad.

Inclinābilis. *m. f. lě. n. is. Sen.* Lo que se inclina fácilmente.

Inclināmentum, i. *n. Gel.* Declinacion de los nombres, conjugacion de los verbos, terminacion.

Inclīnans, tis. *com. Cic.* Lo que se inclina ó está para caer. *Inclinans suo ingenio ad mitiora. Tac.* Que de su naturaleza se inclina á la dulzura, que de su propio natural, que naturalmente es inclinado á la suavidad. — *Legio. Tac.* Legion que se retira, que está para huir. — *Ad* ó *in croceum. Plin.* Que tira al color del azafran.

Inclīnātio, ōnis. *f. Cic.* Inclinacion, la accion de inclinarse, de doblarse ó encorvarse. ‖ Mutacion, conversion. ‖ *Tac.* Inclinacion, propension. *Inclinationes vocis. Quint.* Inflexion de la voz. — *Coeli* ó *mundi. Vitruv.* Diversos climas del mundo. — *Verborum. Varr.* Derivacion de las palabras.

Inclīnātus, us. *m. Gel.* Declinacion ó derivacion de las palabras.

Inclīnātus, a, um. *Cic.* Inclinado. *part. de* Inclino. *Inclinata domus. Virg.* Casa que amenaza ruina. — *Vox. Cic.* Voz baja. *Inclinatior ad Poenos. Liv.* Mas inclinado á los cartagineses. *Inclinata respublica. Cic.* República decaida. *Inclinati mores. Plin.* Costumbres deterioradas.

Inclīnis. *m. f. ně. n. is. Val. Flac.* Lo que se inclina ó dobla. ‖ *Manil.* Recto, que no declina, que no se inclina ó dobla.

Inclīno, as, avi, atum, are. *a. n. Plin.* Inclinarse, doblarse, bajarse. ‖ Ser inclinado, propenso á. ‖ Declinar, enflaquecerse, debilitarse. *Inclinat dies. Cic.* ó *Se sol. Liv.* El dia declina, el sol baja, va á ponerse. — *Acies. Liv.* El ejército se va retirando.

Inclĭtus, a, um. *V.* Inclytus.

Inclotor, ōris. *m. Plaut.* Verdugo, que da azotes.

Inclūdo, is, si, sum, ěre. *a. Cic.* Incluir, encerrar, comprender dentro de, *Includere auro. Lucr.* Engastar en oro. — *Viam. Liv.* Cerrar, impedir, embarazar, tomar el camino. — *In carcerem* ó *carcere. Cic.* Poner, meter en la carcel. — *Oratione. Cic.* Introducir en el discurso. *Includit vocem dolor. Cic.* El dolor impide, embarga la voz.

Inclūsio, ōnis. *f. Cic.* Encerramiento, prision.

Inclūsus, a, um. *Cic. part. de* Includo. Incluido, encerrado.

Inclўtus, a, um. *Liv.* Ínclito, ilustre, claro, famoso, célebre, escelente, noble.

Incoactus, a, um. *Sen.* Voluntario, espontáneo, no obligado, no forzado.

Incoctĭlia, um. *n. plur. Plin.* Vasijas de cobre estañado.

Incoctio, ōnis. *f. Cel. Aur.* El acto de cocer.

Incoctus, a, um. *Plin.* Cocido en. ‖ *Plaut.* No cocido. ‖ *Sil.* Muy cocido.

Incoenans, tis. *com. Suet.* El que come ó cena en cualquiera parte.

Incoenātus, a, um. *Plaut.* y

Incoenis. *m. f. ně. n. is. Plaut.* El que no ha cenado ó comido.

Incoeno, as, are. *n. Suet.* Comer ó cenar en cualquier parte.

Incoepto. *V.* Inceptio.

Incōgĭtābĭlis. *m. f. lě. n. is. Plaut.* Inconsiderado, imprudente, falto de reflexion.

Incōgĭtandus, a, um. *Plaut.* Aquello en que no se debe de pensar.

Incōgĭtans, tis. *com. Ter.* Inconsiderado, imprudente, que no piensa, no considera, no reflexiona.

Incōgĭtantia, ae. *f. Plaut.* Indiscrecion, inconsideracion, imprudencia, falta de reflexion.

Incōgĭtātus, a, um. *Sen.* Improvisto, no pensado, no meditado, no reflexionado, no considerado. ‖ *Plaut.* Imprudente, inconsiderado, indiscreto.

Incōgĭto, as, avi, atum, are. *a. Hor.* Pensar, maquinar, meditar. *Incogitare fraudem socio. Hor.* Meditar como engañar á su compañero.

Incōgnĭtus, a, um. *Cic.* Incógnito, no conocido, no averiguado, oculto.

Incognosco, is, ěre. *a. Apul.* Conocer, reconocer.

Incohĭbesco, scis, scěre. *n. Lucr.* No poder contener ó sujetar.

Incohĭbĭlis. *m. f. lě. n. is. Amian.* Lo que no se puede contener.

Incoĭbĭlis. *m. f. lě. n. is. Gel.* Lo que no se puede unir, juntar ó acoplar.

† Incŏla, ae. *m. f. Cic.* Habitador, habitante, que tiene su morada en algun lugar. *Incola arbor. Plin.* Árbol de la tierra, del pais. *Se dice propiamente del que habita en tierra estraña.*

Incŏlātus, us. *m. Ulp.* Habitacion, morada en patria agena, su vecindad y duracion.

Incŏlo, is, lui, cultum, ěre. *a. Cic.* Vivir, habitar, morar en alguna parte. *Incolere vitam inopem. Ter.* Traer, vivir una vida pobre, miserable.

Incŏlōnātus, us. *m. Cod. V.* Incolatus.

Incŏlōrāte. *adv. Ulp.* Sin color, sin causa, sin pretesto.

Incŏlŭmis. *m. f. mě. n. is. Cic.* Sano, salvo, entero, que está en buen estado.

Incŏlŭmĭtas, ātis. *f. Cic.* Salud, conservacion, sanidad, buen estado.

Incŏmātus, a, um. *Marc.* Pelado, que no tiene pelo.

Incŏmes, ĭtis. *com. Fest.* No acompañado, solo, sin compañía.

Incŏmis. *m. f. mě. n. is. Macrob.* Inculto, tosco, grosero.

Incŏmĭtātus, a, um. *Cic.* Solo, no acompañado, sin compañía, sin séquito.

Incŏmĭtio, as, avi, atum, are. *a. Plaut.* Deshonrar, infamar, decir ó hacer una injuria, *por la cual sea preciso pedir reparacion en justicia, ó llamar á una pública asamblea.*

Incomma, ae. *f. Veg.* Palo que estaba fijo en el campo marcio para medir por él la talla de los soldados.

Incommeābĭlis. *m. f. lě. n. is. Amian.* Intransitable, que no se puede pasar.

Incommendātus, a, um. *Ov.* No recomendado, no defendido de otro, espuesto á las injurias de todo el mundo.

Incommiscĭbĭlis. *m. f. lě. n. is. Tert.* Lo que no se puede mezclar.

Incommōbĭlĭtas, ātis. *f. Apul.* La imposibilidad de moverse.

Incommŏdātio, ōnis. *f. Cic. V.* Incommoditas.

Incommŏde, ius, issime. *adv. Cic.* Incómodamente, con desveniencia ó incomodidad, con desproporcion y dificultad. ‖ Fuera de tiempo, intempestivamente.

† Incommŏdestĭcus, ó Incommedisticus, a, um. *Palabra inventada por Plauto.* Molesto, enfadoso.

Incommŏdĭtas, ātis. *f. Ter.* Incomodidad, daño, pena, trabajo, desconveniencia. *Incommoditas temporis. Liv.* Importunidad, tiempo importuno.

Incommŏdo, as, avi, atum, are. *a. Cic.* Incomodar, causar desconveniencia, molestar, inquietar.

Incommŏdum, i. *n. Cic.* Incómodo, desconveniencia, daño, calamidad, detrimento, molestia, desgracia.

Incommŏdus, a, um. *Cic.* Incómodo, importuno, enfadoso, desconveniente. ‖ Ageno, intempestivo.

Incommōte. *adv. Cod.* Firmemente, sin movimiento.

Incommūnis. *m. f. ně. n. is. Tert.* Particular, privado, no comun.

Incommutābĭlis. *m. f. lě. n. is. Varr.* Inconmutable, lo que no se puede mudar ó trocar.

Incommutabĭlĭtas, ātis. *f. S. Ag.* Inmutabilidad, firmeza, constancia, incapacidad de mudarse.

Incommutabĭlĭter. *adv. S. Ag.* Con constancia y firmeza, con incapacidad ó impotencia de mudarse.

Incompărābĭlis. *m. f. lě. n. is. Plin.* Incomparable, lo que no tiene ó no admite comparacion.

Incompărābĭlĭter. *Adv. S. Ag.* Incomparablemente, sin comparacion.

Incompassibilis. m. f. lě. n. is. Tert. Que no puede padecer juntamente.
Incompertus, a, um. Liv. No hallado, incógnito, incierto.
Incompetenter. adv. Cod. Teod. Sin aptitud, sin conveniencia.
Incomplētus, a, um. Firm. Incompleto, imperfecto.
Incompŏsĭte. adv. Liv. Desordenadamente, sin órden.
Incompŏsĭtus, a, um. Liv. Desordenado, mal unido, mal ordenado.
Incomprĕhensĭbĭlis. m. f. lě. n. is. Cels. Incomprensible, lo que no se puede comprender ó entender bien.
Incomprĕhensus, a, um. Cic. No comprendido, no entendido.
Incompte, ó Incomte. adv. Estac. Sin adorno, descuidada, desaliñadamente.
Incomptus, y Incomtus, a, um. Hor. Desaliñado, inculto, sin adorno, sin arte, descuidado.
Inconcessĭbĭlis. m. f. lě. n. is. Tert. Lo que no se puede conceder.
Inconcessus, a, um. Virg. No concedido, no permitido, ilícito, negado, probibido.
Inconcĭlĭāte. adv. Plaut. De mala gracia, con enemistad, con enojo.
† Inconcĭlĭo, as, avi, atum, are. a. Plaut. Enegenar, irritar, ocasionar enemistad, introducir division ó mala inteligencia.
Inconcinne. adv. Apul. Desarregladamente, sin gracia, sin adorno, sin cultura.
Inconcinnĭtas, atis. f. Suet. Falta de órden, de cultura, de adorno, mala union, mala colocacion.
Inconcinnĭter. adv. Gel. V. Inconcinne.
Inconcinnus, a, um. Cic. Descompuesto, incongruente, inepto, desaliñado.
Inconcĭtus, a, um. Amian. No apresurado, despacioso, lento.
Inconcrētus, a, um. Nazar. No concreto, no compuesto, simple.
Inconcŭpiscendus, a, um. Apul. Lo que se ha de desear con vehemencia.
Inconcusse. adv. S. Ag. Inconcusa, perpetua, inalterablemente.
Inconcussus, a, um. Sen. Inconcuso, estable, firme, inmoble, constante.
Incondĭte. adv. Cic. Con confusion, sin órden, sin gracia, sin adorno ni garbo.
Incondĭtus, a, um. Cic. Confuso, desordenado, desaliñado, mal compuesto, grosero, sin gracia. ‖ Col. No guardado. ‖ Luc. No enterrado.
Inconfectus, a, um. Cels. No cocido. ‖ Imperfecto.
Inconfessus, a, um. Ov. No confesado, que no ha confesado.
Inconfūsus, a, um. Sen. No confundido, no confuso, ordenado, arreglado.
Incongĕlābĭlis. m. f. lě. n. is. Ov. Lo que no se puede helar ó congelar.
Incongressĭbĭlis. m. f. lě. n. is. Tert. Inaccesible, á quien no se puede hablar.
Incongrue. adv. Macrob. Incongruente, desproporcionadamente, poco conforme ó convenientemente.
Incongruens, tis. com. Plin. Incongruente, incongruo, desproporcionado, impropio, no conforme, no conveniente.
Incongruenter. adv. Ter. V. Incongrue.
Incongruentia, ae. f. Tert. Incongruencia, desproporcion, falta de propiedad, de uniformidad.
Incongruus, a, um. Apul. V. Incongruens.
Inconnexus, a, um. Aus. Inconexo, falto de union, conformidad ó nexo.
Inconnĭvens, tis. com. Gel. y
Inconnīvus, a, um. Apul. Que no mueve los párpados, que no los cierra, que no guiña.
Inconscius, a, um. Liv. No participante, no sabedor.
Inconscriptus, a, um. Serv. No escrito.
Inconsentāneus, a, um. Marc. Cap. No conveniente, no correspondiente, no conforme.
Inconsĕquens, tis. com. Asc. Inconsecuente, inconsiguiente, falto de órden y consecuencia, que no la guarda.

Inconsequentia, ae. f. Quint. Inconsecuencia, falta de consecuencia.
Inconsĭdĕrans, tis. com. Cic. V. Inconsideratus.
Inconsĭdĕranter. adv. Ulp. V. Inconsiderate.
Inconsĭdĕrantia, ae. f. Suet. Inconsideracion, indiscrecion, inadvertencia, falta de consideracion y reflexion.
Inconsĭdĕrāte. ius. adv. Cic. Inconsideradamente, sin consideracion, advertencia, reparo ni reflexion.
Inconsĭdĕrātĭo, ōnis. f. V. Inconsiderantia.
Inconsĭdĕrātus, a, um. Cic. Inconsiderado, inadvertido, imprudente.
Inconsĭtus, a, um. Varr. No sembrado, inculto.
Inconsōlābĭlis. m. f. lě. n. is. Ov. Inconsolable, que no se puede consolar, que no tiene, no admite consuelo.
Inconsŏnantia, ae. f. Prisc. Discordancia, falta de consonancia.
Inconspectus, a, um. Gel. V. Inconsideratus.
Inconspĭcuus, a, um. Flor. No esclarecido, que no es famoso, ilustre, notable.
Inconsprētus, a, um. Fest. No desaprobado.
Inconstans, tis. com. ior, issimus. Cic. Inconstante, ligero, vario, inestable, movible, voluble.
Inconstanter. ius, issime. adv. Cic. Inconstante, volublemente, mudablemente, sin firmeza, sin constancia.
Inconstantia, ae. f. Cic. Inconstancia, ligereza, instabilidad, desigualdad de ánimo, poca firmeza.
Inconsuētus, a, um. Vitruv. Inusitado. ‖ No hecho, no acostumbrado.
Inconsulte. adv. y
Inconsulto. adv. ad Her. Sin consejo, sin meditacion, inconsideradamente.
Inconsultus, a, um. Cic. Imprudente, inconsiderado, temerario. ‖ Inconsulto, indeliberado, hecho sin consulta, sin consejo, sin aviso.
Inconsultus, us. m. Plaut. Inconsultu meo. Sin saberlo yo.
Inconsummātĭo, ōnis. f. Tert. Imperfeccion.
Inconsummātus, a, um. Am. Imperfecto, no acabado.
Inconsumptus, a, um. Ov. No consumido, no acabado.
Inconsūtĭlis. m. f. lě. n. is. Eccles. Inconsútil, lo que no está cosido, que no tiene costura.
Incontămĭnābĭlis. m. f. lě. n. is. Tert. Lo que no se puede manchar.
Incontămĭnātus, a, um. Liv. Incontaminado, puro, lo que no está manchado.
Incontemplābĭlis. m. f. lě. n. is. Tert. Lo que no se puede mirar de cerca ó contemplar.
Incontemptĭbĭlis. m. f. lě. n. is. Tert. No despreciable.
Incontentus, a, um. Cic. No tirante, flojo.
Incontĭguus, a, um. Arnob. No contiguo, que no toca con otro.
Incontĭnens, tis. com. Plin. Que no contiene ó detiene dentro de sí ‖ Hor. Incontinente, voluptuoso, que no modera sus pasiones.
Incontĭnenter. adv. Cic. Sin moderacion, sin continencia, con esceso, con destemplanza.
Incontĭnentia, ae. f. Cic. Incontinencia, destemplanza, lujuria. ‖ Codicia, ansia. Incontinentia urinae. Plin. Dificultad de detener la orina.
Incontrădĭcĭbĭlis. m. f. lě. n. is. Tert. Lo que no se puede contradecir.
Incontroversus, a, um. Cic. Lo que no se disputa, incontrovertible, que no admite disputa ó controversia.
Inconvĕnĭens, tis. com. Cic. Inconveniente, incongruente, discordante, repugnante, que no tiene conveniencia, conformidad, aptitud. ‖ Apul. Indecoroso, no correspondiente, indecente.
Inconvĕnĭenter. adv. S. Ag. Incongruentemente.
Inconvĕnĭentia, ae. f. Tert. Inconveniencia, incongruencia.
Inconvertĭbĭlis. m. f. lě. n. is. Tert. Inconvertible, que no se puede convertir, que no puede retroceder y mudarse.
Inconvŏlūtus, a, um. Amian. Envuelto, revuelto.
Incopiōsus, a, um. Tert. No copioso, estéril.
Incŏquo, is, coxi, coctum, ěre. a. Plin. Cocer en. ‖ Dorar, platear, estañar á fuego.

Zz

**Incōram.** *adv. Apul. V.* Coram.

**Incŏrōnātus,** a, um. *Apul.* Privado de la corona, que no está coronado.

**Incorpŏrābĭlis.** m. f. lĕ. n. is. *Tert.* y

**Incorpŏrālis.** m. f. lĕ. n. is. *Quint.* Incorporal, incorpóreo, lo que no tiene cuerpo.

**Incorpŏrālĭtas,** atis. f. *Macrob.* Incorporeidad, carencia de cuerpo, calidad y estado de lo que no le tiene.

**Incorpŏrātio,** ōnis. f. *Col.* La constitucion del cuerpo.

**Incorpŏrātus,** a, um. *Prud.* Incorporado, mezclado, junto, unido, encarnado.

**Incorpŏrĕus,** a, um. *Macrob. V.* Incorporalis.

**Incorpŏro,** ās, āre. *Solin.* ó

**Incorpŏror,** āris, ātus sum, āri. *dep. Solin.* Incorporar, mezclar, juntar, unir, agregar en un solo cuerpo.

**Incorrectus,** a, um. *Ov.* No corregido, no enmendado.

**Incorruptē.** *adv. Cic.* Pura, íntegra, sinceramente, sin corrupcion.

**Incorruptēla,** ae. f. *Tert. V.* Incorruptio.

**Incorruptĭbĭlis.** m. f. lĕ. n. is. *Lact.* Incorruptible, lo que no se puede corromper.

**Incorruptĭbĭlĭtas,** atis. f. *Tert.* Incorruptibilidad, calidad que hace incapaz de corrupcion.

**Incorruptĭbĭlĭter.** *adv. Tert.* Con incapacidad de corrupcion.

**Incorruptio,** ōnis. f. *Tert.* Incorrupcion, calidad ó estado de lo que no se corrompe ó pudre.

**Incorruptīvus,** a, um. *S. Ger. V.* Incorruptibilis.

**Incorruptōrius,** a, um. *Tert.* y

**Incorruptus,** a, um, ior, issimus. *Cic.* Incorrupto, entero, que no se corrompe, incorruptible, que no se puede corromper. || Íntegro, que no se deja corromper con dádivas ú otras cosas.

**Incoxans,** tis. com. *Pacuv.* El que se sienta sobre sus mismas piernas.

**Incoxi.** *pret. de* Incoquo.

**Incoxo,** ās, āvi, ātum, āre. *a. Non.* Sentarse sobre sus mismas piernas.

**Incrassātus,** a, um. *Tert.* Encrasado, engrosado, puesto espeso.

**Increātus,** a, um. *Lact.* Increado, no creado, *atributo propio de Dios.*

**Increbresco,** is, brui, ó bui, scĕre. *n. Cic.* Frecuentarse, aumentarse, crecer, hacerse mas comun y ordinario. *Proverbio increbuit. Liv.* Ha pasado á proverbio.

**Incrēbro,** ās, āvi, ātum, āre. *a. Plaut. V.* Increbresco, Itero.

**Incrēdendus,** a, um. *Apul.* y

**Incrēdĭbĭlis.** m. f. lĕ. n. is. *Cic.* Increible, que no se puede creer, que no es creible.

**Incrēdĭbĭlĭtas,** atis. f. *Ulp.* Incredibilidad, repugnancia, dificultad de ser creido.

**Incrēdĭbĭlĭter.** *adv. Cic.* De un modo increible, que escede á la credibilidad.

**Incrēdĭtus,** a. um. *Apul.* No creido.

**Incrēdŭlĭtas,** ātis. f. *Apul.* Incredulidad, repugnancia, dificultad en creer, terquedad en no creer.

**Incrēdŭlus,** a, um. *Hor.* Incrédulo, el que no cree ó repugna creer.

†**Incredundus,** a, um. *Apul. V.* Incredibilis.

**Incrēmātus,** a, um. *Flor.* Quemado, abrasado, consumido al fuego.

**Incrēmentŭlum,** i. n. *Apul.* Aumento pequeño. *dim. de*

**Incrēmentum,** i. n. *Cic.* Incremento, aumento, crecimiento. || *Quint.* Una de las partes de la amplificacion retórica. *Incrementa vineae. Col.* Renuevos de la viña, de la vid.

**Increpātio,** ōnis. f. *Tert.* Increpacion, reprension, encarecimiento, manifestacion de la culpa con que se riñe ó castiga.

**Increpātīvē.** *adv. Sil.* Con reprension, con increpacion.

**Increpatōrius,** a, um. *Sid.* Lo que sirve para reñir ó increpar.

**Increpātus,** a, um. *Lact.* Reprendido, reñido con severidad.

**Increpĭtans,** tis. com. *Virg.* El que reprende ó increpa con viveza. *Increpitans rugas alicui speculum. Prop.* Espejo que reprende secretamente á alguno, representándole las arrugas del rostro.

**Increpĭto,** ās, āvi, ātum, āre. *a. Cos. freq. de* Increpo. Increpar, reñir, reprender.

**Increpĭtus,** us. m. *Apul. V.* Increpatio.

**Increpĭtus,** a, um. *Liv.* Reñido, reprendido ásperamente. *part. de*

**Increpo,** ās, āvi, ātum, ó ui, ĭtum, āre. *q. Cic.* Sonar, resonar, hacer ruido. || Increpar, reñir, reprender, acusar. *Increpare boves stimule. Tibul.* Picar á los bueyes con el aguijon. — *Liram digitis. Ov.* Tocar la lira. — *Ultro. Virg.* Estimular, exortar, animar.

**Incresco,** is, crēvi, crētum, scĕre. *n. Cels.* Crecer, aumentarse.

**Incrēto,** ās, āvi, ātum, āre. *a. Petron.* Blanquear, dar de greda.

**Incrētus,** a, um. *part. de* Incerno. *Apul.* No cribado, no limpio. || *Hor.* No dividido, no separado.

**Incriminātio,** ōnis. f. *Tert.* Carencia de crimen, de acriminacion, de acusacion.

**Incrispātio,** ōnis. f. *S. Ag.* Encrespadura ó encrespamiento, la accion de encrespar ó ensortijar.

**Incrispo,** ās, āvi, ātum, āre. *q. Tert.* Encrespar.

†**Incrudesco,** is, dui, scĕre. *n. V.* Crudesco.

**Incruens,** tis. com. *Prud. V.* Incruentus.

**Incruentātus,** a, um. *Ov.* No ensangrentado, no manchado con sangre.

**Incruentē.** *adv. Prud.* Incruentamente, sin sangre.

**Incruentus,** a, um. *Liv.* No sangriento, donde no hay efusion de sangre, incruento.

**Incrustātio,** ōnis. f. *Dig.* Incrustacion, ornamento que se hace en la piedra dura y pulida.

**Incrustātus,** a, um. *part. de*

**Incrusto,** ās, āvi, ātum, āre. *a. Hor.* Incrustar, adornar un edificio de mármoles y otras piedras brillantes en las entalladuras de las paredes.

**Incŭbātio,** ōnis. f. *Plin. V.* Incubitio.

**Incŭbātor,** ōris. m. *Tert.* El que se acuesta en alguna parte. || *Macrob.* El poseedor ansioso y demasiado solícito de alguna cosa.

**Incŭbātus,** us. m. *Plin. V.* Incubitio.

**Incŭbĭtātus,** a, um. *Plaut.* Lo que sirve para echarse á dormir encima.

**Incŭbĭtio,** ōnis. f. *Plin.* El acto de empollar las aves los huevos. || La accion de echarse ó acostarse.

**Incŭbĭto,** ās, āvi, ātum, āre. *n. Col. freq. de* Incubo. Echarse en ó sobre, acostarse. || Empollar los huevos.

**Incŭbĭtus,** a, um. *Plin.* Empollado.

**Incŭbĭtus,** us. m. *Plin. V.* Incubitio.

**Incŭbo,** ās, āvi, ó bui, bātum, ó bĭtum, āre. *a. Plin.* Echarse, acostarse, descansar, recostarse sobre alguna cosa. || *Varr.* Empollar los huevos. *Dicese de las aves.* || *Plin.* Recostarse, arrimarse, apoyarse. || *Cic.* Poseer de mala fe, injustamente. || Poseer con ansia, con avaricia. *Incubat nox atra terris. Virg.* La oscura ó negra noche cubre la tierra. — *Menti furor. Sen.* Oprime, atormenta el ánimo el furor.

**Incŭbo,** ōnis. m. *Petron.* El que está echado sobre alguna cosa para guardarla.

**Incŭbus,** i. m. *S. Ag.* Incubo, *demonio que toma forma de varon en el trato ilicito de las mugeres.* || Pesadilla, accidente que da ensueños, con que se comprime y aprieta el corazon soñando alguna cosa triste.

**Incūdo,** is, si, sum, ĕre. *a. Pers. V.* Cudo.

**Inculcātio,** ōnis. f. *Tert.* La accion de inculcar ó repetir una cosa.

**Inculcātor,** ōris. m. *Tert.* El que pisa ó acalca con los pies.

**Inculcātus,** a, um. *Plin.* Acalcado, apretado, impreso.

**Inculco,** ās, āvi, ātum, āre. *a. Col.* Acalcar, apretar, introducir, imprimir acalcando. || Inculcar, instar.

**Inculisma,** ae. f. Angulema, *ciudad de Francia.*

**Inculpābĭlis.** m. f. lĕ. n. is. *Prud.* Inculpable, que no tiene culpa ó es incapaz de ella.

**Inculpātim.** *adv. Dig.* Sin culpa, inculpablemente.

Inculpātus, a, um. *Ov.* Inculpado, inculpable, que no tiene culpa.

Inculte. *adv. Cic.* Inculta, groseramente, sin adorno, sin cultura.

Incultus, us. *m. Liv.* Incultura, descuido, grosería, falta de cultura.

Incultus, a, um. *Cic.* Inculto, desierto, despoblado, no cultivado, erial. ‖ Desaliñado, tosco, grosero, sin cultura ni adorno.

Incumba, ae. *f. Vitruv.* Imposta, *la última piedra del batiente de una puerta sobre que se empieza á levantar el arco.*

Incumbens, tis. *com. Ov.* El que se apoya ó recuesta en alguna cosa.

Incumbo, is, cŭbui, cŭbĭtum, cumbĕre. *n. Cic.* Apoyarse, recostarse, estribar en. ‖ Aplicarse, dedicarse, darse á. *Incumbere gladium. Plin. In gladium. Cic. Gladio. Id.* Echarse, arrojarse sobre la punta de una espada. — *In cupiditatem. Cic.* Moverse, incitarse á desear.

Incŭnābŭla, ōrum. *n. plur. Cic.* Cuna de un niño. ‖ Cama de la cuna. ‖ Fajas con que se faja al niño para ponerle en la cuna. ‖ Principio, orígen. ‖ Tierna edad, niñez. ‖ Principios, elementos. ‖ Lugar del nacimiento.

Incunctābĭlis. *m. f. lĕ. n. is. Dig.* Lo que no admite detencion ni duda, indubitable.

Incunctanter. *adv. Aur. Vict.* Prontamente, al instante, sin detencion.

Incunctātus, a, um. *Apul.* Pronto, diligente, el que obra sin detencion.

Incŭpĭdus, a, um. *Non.* No deseoso, no codicioso.

Incūrātus, a, um. *Her.* No curado, que no ha sanado ó curado.

Incuria, ae. *f. Cic.* Incuria, desaseo, descuido, poco cuidado, negligencia.

Incuriōse. *adv. Liv.* Descuidada, negligentemente, con incuria, descuido y negligencia.

Incuriōsus, a, um. *Tac.* Incurioso, descuidado, poco curioso.

Incurro, is, curri, cursum, ĕre. *n. Cic.* Correr contra ó hácia. ‖ Incurrir, caer en falta. ‖ Acaecer, venir, sobrevenir, acontecer, suceder. ‖ Venir á parar, hablando ó en. *Incurrere Macedoniam. Liv.* Hacer incursiones, correrías, entradas en Macedonia.

Incursans, tis. *com. Plin.* El que hace incursiones ó correrías.

Incursātio, ōnis. *f. Non.* V. Incursio.

Incursātus, a, um. *Liv. part. de* Incurso. Infestado, talado, asaltado, atacado con correrías.

Incursax, ācis. *com. Sid.* El que hace frecuentemente correrías.

Incursim. *adv. Non.* Corriendo, con correrías.

Incursio, ōnis. *f. Liv.* Incursion, correría, entrada, invasion de los enemigos. ‖ Carrera, la accion de correr.

Incursĭto, ās, āvi, ātum, āre. *n. Sen. freq. de*

Incurso, ās, āvi, ātum, āre. *n. Cic.* Correr, acometer corriendo á ó contra alguno, asaltar, atacar con ardor, hacer correrías. *Incursare agros Romanos. Liv.* Hacer una escursion ó correría á ó en los campos romanos.

Incursus, us. *m. Cic.* Asalto, invasion, correría. ‖ Choque, combate, ataque. *Incursus fluminis. Plin.* Corriente rápida, ímpetu de un rio.

Incurvātio, ōnis. *f. Plin.* Encorvadura, el acto y efecto de encorvar.

Incurvātus, a, um. *part. de* Incurvo. *Cic.* Encorvado, torcido, doblado.

Incurvesco, is, scĕre. *n. Cic.* Encorvarse, doblarse, torcerse.

†Incurvicervĭcum pecus. *Pacuv.* Ganado de cerviz corva.

Incurvo, ās, āvi, ātum, āre. *a. Cic.* Encorvar, torcer, doblar, arquear. *Animus quem incurvat injuria. Sen.* Animo al que aflige ó abate la injuria.

Incurvus, a, um. *Cic.* Corvo, encorvado, torcido, doblado, arqueado.

Incus, ūdis. *f. Virg.* El yunque del herrero. *Juvenes in studiorum incude positi. Quint.* Los jóvenes que estan todavía en la escuela. *Incudi reddere versus. Hor.* Retocar, corregir, enmendar los versos. *Incudem eamdem tundere.*

*Cic.* Inculcar, repetir una misma cosa.

Incusābĭlis. *m. f. lĕ. n. is. Tert.* Lo que se puede acusar ó reprender.

Incūsans, tis. *com. Tac.* El que acusa.

Incūsātio, ōnis. *f. Cic.* Acusacion, reprension, queja.

Incūsātor, ōris. *m. Dig.* Acusador.

Incūsātus, a, um. *Col.* Acusado, reprendido.

Incūso, ās, āvi, ātum, āre. *a. Ces.* Reprender, acusar.

Incūssor, ōris. *m. Paul.* El que da ó sacude golpes.

Incūssio, ōnis. *f. y*

Incūssus, us. *m. Tac.* Choque, golpe de una cosa con otra.

Incūssus, a, um. *part. de* Incutio. *Plin.* Dado, arrojado, golpeado, tirado, herido contra, con violencia.

Incustōdītus, a, um. *Ov.* No guardado. ‖ *Tac.* No conservado. ‖ *Plin. men.* No custodiado, no resguardado, no defendido.

Incūsus, a, um. *Pers. part. de* Incudo. Grabado, cincelado. ‖ No trabajado.

Incŭtio, is, cusi, cussum, tĕre. *a. Cic.* Infundir, inspirar, poner, dar, meter, introducir. *Incutere pollicem limini. Plin.* Tocar, arañar la puerta con el dedo. — *Scipionem in caput. Liv.* Dar un palo en la cabeza, ó tirar el baston á la cabeza. — *Ruborem. Liv.* Hacer salir los colores al rostro, poner á uno colorado. — *Errorem. Cic.* Hacer caer en un error. — *Metum. Liv.* Dar, meter, poner, infundir miedo, atemorizar. — *Desiderium. Hor.* Hacer entrar en deseo. — *Religionem. Liv.* Dar, ocasionar escrúpulo. — *Negotium. Hor.* Dar que hacer, en que entender.

Indagābĭlis. *m. f. lĕ. n. is. Varr.* Lo que se puede indagar ó averiguar. ‖ Á quien se puede poner á tormento para averiguar un delito.

Indāganter. *adv. Col.* Siguiendo con diligencia la pista, la huella.

Indāgātio, ōnis. *f. Cic.* Indagacion, averiguacion, inquisicion, especulacion, pesquisa.

Indāgātor, ōris. *m. Col.* y

Indāgātrix, īcis. *f. Cic.* El y la que indaga y inquiere, averigua. ‖ El cazador.

Indāgātus, us. *m. Apul.* V. Indagatio.

Indāgātus, a, um. *Cic. part. de* Indago. Indagado, averiguado, inquirido.

Indāges, is. *f. Prud.* V. Indagatio.

Indāgo, ĭnis. *f. Virg.* Cordon, ojeo de la caza. ‖ *Tac.* Línea, cordon, estacada para estorbar la entrada á los enemigos. ‖ *Plin.* Indagacion, investigacion.

Indāgo, ās, āvi, ātum, āre. *a. Cic.* Indagar, investigar, buscar, inquirir, averiguar. ‖ Perseguir las fieras, cazar. *Indagare omnibus vestigiis. Cic.* Seguir la pista ó la huella por todas partes.

Inde. *adv. Cic.* De allí, desde allí, desde aquel lugar. ‖ Desde entonces, desde aquel tiempo, despues. *Jam inde á principio. Cic.* Desde el principio. *Deinceps inde. Cic.* Despues sucesivamente.

Indēbĭte. *adv. Ulp.* y

Indēbĭto. *adv. Ulp.* Indebida, ilícitamente, sin justicia, equidad ni razon.

Indēbĭtum, i. *n. Dig.* Débito, deuda. ‖ Lo que no se debe.

Indēbĭtus, a, um. *Virg.* Indebido, no debido, lo que no se debe.

Indĕcens, tis. *com. Petr.* Indecente, deshonesto, indecoroso, no conveniente, no razonable, torpe, vergonzoso.

Indĕcenter. *adv. Quint.* Indecente, indigna, inmodestamente, con indecencia.

Indĕcentia, ae. *f. Vitruv.* Indecencia, falta de decoro y decencia.

Indĕcet, ēbat, cuit. *impers. Plin. men.* No ser decente ó decoroso, no corresponder, ser indecente.

Indēclīnābĭlis. *m. f. lĕ. n. is. Sen.* Lo que no puede declinar ó decaer, firme, constante, inflexible. ‖ *Gel.* Inevitable. ‖ *Diom.* Indeclinable, que no se puede declinar.

Indēclīnātus, a, um. *Ov.* Firme, constante, indeclinable, que no puede declinar ó decaer.

Indĕcōrābĭlĭter. *adv. Acc.* y

**Indecore.** *adv. Cic.* Indecorosa, indecente, torpemente, con indecencia.

**Indecoris,** *m. f. ĭe. n. is. Virg. V.* Indecorus.

**Indecoro,** ās, āvi, ātum, āre. *a. Acc.* Deshonrar, acarrear, ocasionar deshonor.

**Indecorus,** a, um. *Cic.* Indecoroso, indecente, deshonroso, torpe, vergonzoso, repugnante á la decencia y decoro.

**Indefatigabĭlis.** *m. f. ĭe. n. is. Sen.* Infatigable, incansable, que no se fatiga, que no deja de trabajar.

**Indefatigatus,** a, um. *Sen.* No cansado, no fatigado, incansable.

**Indefectus,** a, um. *Apul.* Indeficiente, perpetuo, que no falta ó no puede faltar.

**Indefense.** *adv. Dig.* Sin defensa, sin amparo de las leyes y la justicia.

**Indefensus,** a, um. *Liv.* Indefenso, que no se defiende. ‖ *Plin.* Que carece de toda defensa.

**Indefesse.** *adv. Esparc.* y

**Indefessim.** *adv. Sid.* Infatigable, continua, incansablemente.

**Indefessus,** a, um. *Virg.* Infatigable, incansable, continuo, constante en el trabajo.

**Indeficiens,** tis. *com. Tert.* Indeficiente, que no falta ó no puede faltar.

**Indeficienter.** *adv. S. Ag.* Sin cesar.

**Indefinīte.** *adv. Gel.* Sin límites, sin términos, de una manera indefinida, indeterminada.

**Indefinītus,** a, um. *Col.* Indefinido, indeterminado, oscuro, indeciso.

**Indefletus,** a, um. *Ov.* No llorado, no acompañado de lágrimas ó llanto.

**Indeflexus,** a, um. *Plin. men.* Recto, que no se dobla ó inclina. ‖ Invariable, firme, constante.

**Indejectus,** a, um. *Ov.* No arruinado, no abatido, no derribado.

**Indelassatus,** a, um. *Manil. V.* Indefessus.

**Indelebĭlis.** *m. f. ĭe. n. is. Ov.* Indeleble, perpetuo, sempiterno, que no se puede borrar.

**Indelectatus,** a, um. *Petron.* No deleitado, que no se divierte ó no toma placer.

**Indelibatus,** a, um. *Ov.* Intacto, puro, entero, no tocado.

**Indelictus,** a, um. *Fest.* El que no tiene delito, inocente, inculpable.

**Indemnatus,** a, um. *Cic.* El que no ha sido condenado.

**Indemnis,** *m. f. nĕ. n. is. Sen.* Indemne, libre de daño, de mal.

**Indemnĭtas,** ātis. *f. Ulp.* Indemnidad, esencion de daño ó mal.

**Indemonstrabĭlis.** *m. f. ĭe. n. is. Apul.* Lo que no se puede demostrar ó probar.

**Indemutabĭlis.** *m. f. ĭe. n. is. Tert.* Inmutable, incapaz de mudarse.

**Indenuntiatus,** a, um. *Sen.* No advertido, no anunciado, no avisado, no declarado.

**Indeploratus,** a, um. *Ov. V.* Indefletus.

**Indepravatus,** a, um. *Sen.* Incorrupto, no corrompido, no depravado.

**Indeprecabĭlis.** *m. f. ĭe. n. is. Gel.* Que no se puede alcanzar ó mover con súplicas.

**Indeprehensibĭlis.** *m. f. ĭe. n. is. Quint.* y

**Indeprehensus,** a, um. ó

**Indeprensus,** a, um. *Virg.* Incomprensible, ininteligible, incapaz de entenderse, de comprenderse ó descubrirse.

**Indepto,** ās, āre. *Fest. ant.* Conseguir, alcanzar, obtener.

**Indeptus,** a, um. *ant. part. de* Indipiscor. *Plin.* Conseguido, alcanzado, obtenido. ‖ El que ha conseguido.

**Indescriptus,** a, um. *Col.* No descrito, no señalado, desordenado.

**Indesertus,** a, um. *Ov.* No desamparado, no abandonado.

**Indeses,** ĭdis. *com. Gel.* No desidioso, no perezoso, activo, diligente.

**Indesinenter.** *adv. Varr.* Incesante, continuamente, sin cesar.

**Indespectus,** a, um. *Luc.* Lo que no se ha visto ó no se puede ver, invisible.

**Indestrictus,** a, um. *Ov.* Ileso, no herido.

**Indeterminabĭlis.** *m. f. ĭe. n. is. Tert.* Indeterminable, que no se puede determinar, señalar ó definir.

**Indeterminate.** *adv. Fest.* Indeterminadamente, sin destinacion ó distincion particular.

**Indeterminatus,** a, um. *Tert.* Indeterminado, no señalado, no resuelto, no determinado.

**Indetonsus,** a, um. *Ov.* No afeitado, no pelado, intonso.

**Indetritus,** a, um. *Tert.* No gastado, no consumido.

**Indevitatus,** a, um. *Ov.* Lo que no se ha evitado ó esquivado.

**Indevōte.** *adv. Just.* Con indevocion, ó falta de devocion, indevotamente.

**Indevotio,** ōnis. *f. Dig.* Carencia de piedad y obediencia á las leyes. ‖ Indevocion, falta de devocion.

**Indevotus,** a, um. *Dig.* Falto de obediencia y respeto á las leyes y al príncipe. ‖ Indevoto, distraido, remiso, tibio, falto de devocion.

**Index,** ĭcis. *m. Cic.* Delator, denunciador, descubridor, manifestador. ‖ Indicio, señal, nota. ‖ Indice, catálogo, tabla, lista. ‖ Piedra de toque. ‖ Sobrenombre de Hércules. ‖ Título, frontispicio, fachada, inscripcion de un libro ó monumento público. *Index digitus. Her.* El dedo índice, el segundo de la mano.

**Indi,** ōrum. *m. plur.* Los indios.

**India,** ae. *f. Mel.* La India, *gran pais del Asia oriental.*

**Indianus,** a, um. *Inscr.* Lo perteneciente á los indios.

**Indicabĭlis.** *m. f. ĭe. n. is. Col. Aur.* Lo que indica.

**Indicatio,** ōnis. *f. Plin.* Precio, tasa, estimacion de las cosas.

**Indicativus modus.** *Prisc.* Modo indicativo en los verbos.

**Indicator,** ōris. *m. Sol.* Delator ó denunciador.

**Indicatura,** ae. *f. Plin. V.* Indicatio.

**Indicatus,** a, um. *part. Cic.* Indicado, señalado, descubierto, denunciado, delatado. ‖ *Plin.* Estimado, apreciado, tasado para vender. ‖ *Plin.* Indicado, mostrado brevemente.

**Indicina** ae. *f. Apul.* Indicio, delacion.

**Indicium,** ii. *n. Cic.* Delacion, acusacion. ‖ Denuncia, manifestacion. ‖ Indicio, señal, argumento. ‖ *Ulp.* Premio de la delacion ó indicacion. *Indicium dare. Varr.* Manifestar, indicar.—*Profiteri, offerre. Cic.* Delatar los cómplices para alcanzar la impunidad. *Indicio esse. Cic.* Ser, servir de prueba.

**Indico,** ās, avi, atum, āre. *a. Cic.* Indicar, descubrir, señalar, publicar, manifestar, revelar, denunciar, delatar. ‖ Tasar, apreciar, poner precio. ‖ *Plin.* Tocar, mostrar brevemente.

**Indico,** is, xi, tum, ĕre. *a. Cic.* Anunciar, declarar, intimar, publicar, mandar, ordenar. *Indicere concilium. Liv.* Convocar una asamblea. — *Multam. Plin.* Multar, condenar á una multa. — *Coenam alicui. Marc.* Convidar á uno á comer ó cenar. ‖ *Suet.* Mandar á alguno prevenir la comida ó la cena.

**Indictio,** ōnis. *f. Ascon.* Tributo, impuesto, imposicion, subsidio que se impone sobre los campos y posesiones.

**Indictionalis.** *m. f. ĭe. n. is. Amian.* Lo perteneciente al tributo.

**Indictitius,** a, um. *Casiod.* y

**Indictivus,** a, um. *Fest. Indictivum funus.* Entierro, exequias á que se convocaba por un pregon.

**Indictus,** a, um. *part. de* Indico. *Ter.* No dicho. ‖ Intimado, declarado, mandado, hecho saber. *Indicta causa damnare. Cic.* Condenar sin haber oido, sin oir la defensa, las disculpas ó descargos.

**Indicŭlum,** i. *n.* y

**Indicŭlus,** i. *m. Simac.* Compendio muy breve *en que se escriben las cosas á modo de índice.*

**Indicum,** i. *n. Plin.* El índico ó añil, color azul.

**Indicus,** a, um. *Ter.* Indiano, lo perteneciente á las Indias ó á sus naturales.

**Indidem.** *adv. Cic.* De alli mismo, de aquel mismo lugar. ‖ De la misma cosa.

**Indifferens,** tis. *com. Cic.* Indiferente, comun, indeterminado. *Indifferens homo. Suet.* El que no es impertinente ni pesado. — *Syllaba. Quint.* Sílaba indiferente, *que á veces es breve, y á veces larga.*

**Indifferenter.** *adv. Quint.* Indiferentemente, sin distincion, promiscuamente. *Indifferenter ferre. Suet.* Llevar con indiferencia, sin especial sentimiento ni gozo.

**Indifferentia,** ae. *f. Gel.* Semejanza, conveniencia, conformidad.

**Indigena,** ae. *m. f. Ov.* Natural, nativo, del pais.

**Indigenitalis.** *m. f. le. n. is. Cic. V.* Indigens.

**Indigens,** tis. *com. Cic.* Indigente, necesitado, pobre.

**Indigentia,** ae. *f. Cic.* Indigencia, necesidad, pobreza.

**Indigenus,** a, um. *Apul. V.* Indigena.

**Indigeo,** es, d'gui, ere. *n. Cic.* Necesitar, estar pobre, falto, escaso, necesitado.

**Indiges,** is. *com. Pacuv.* y

**Indiges,** etis. *m. f. Virg.* Natural del pais. ‖ Á quien se adora en el pais.

**Indigeste.** *adv. Gel.* Desordenadamente, sin orden, sin método, confusamente.

**Indigestibilis.** *m. f. le. n. is. Prisc.* Indigestible, lo que no se puede cocer ó digerir.

**Indigestio,** onis. *f. S. Ger.* Indigestion, falta de coccion del alimento, crudeza de estómago.

**Indigestus,** a, um. *Plin.* Indigesto, confuso, desordenado, falto de método.

**Indigetes,** um. *m. plur. Virg.* Dioses tutelares, hombres puestos en el número de los dioses.

**Indigeto,** as. *V.* Indigito.

**Indigitamenta,** orum. *n. plur. Fest.* Los libros de los pontífices, *en que estaban escritos los nombres de los dioses y sus ceremonias.*

**Indigitatio,** onis *f. Fest.* La accion de poner en el número de los dioses. ‖ Invocacion.

**Indigito,** as, avi, atum, are. *a. Fest.* Invocar. ‖ Poner en el número de los dioses del pais.

**Indignabundus,** a, um. *Liv.* Indignado, lleno de indignacion.

**Indignans,** tis. *com. Col.* El que se indigna, que lleva con indignacion, con enfado. *Indignans pacem. Estac.* Que lleva la paz con indignacion.

**Indignanter.** *adv. Am.* Con indignacion.

**Indignatio,** onis. *f. Liv.* Indignacion, ira, cólera, enojo, enfado. ‖ *Cic.* Figura retórica.

**Indignatiuncula,** ae. *f. Plin.* Leve indignacion.

**Indignativus,** a, um. *Fest.* El que se indigna.

**Indignatus,** a, um. *Virg.* Indignado, enfadado, irritado. ‖ *Part. de* Indignor. El que se ha indignado.

**Indigne,** ius, issime. *adv. Cic.* Indigna, ignominiosa, miserablemente. *Indigne ferre. Nep.* — *Pati. Cic.* Llevar á mal, con enfado, con indignacion.

**Indignitas,** atis. *f. Cic.* Indignidad, vileza, bajeza. ‖ Iniquidad, injusticia. ‖ Atrocidad, crueldad. ‖ *Liv.* Indignacion.

**Indigniter.** *adv. Inscr. V.* Indigne.

**Indignor,** aris, atus sum, ari. *dep. Cic.* Indignarse, enfadarse, irritarse, llevar á mal, no poder sufrir.

**Indignum!** *Interj. Ov.* ¡Cosa indigna! Qué indignidad!

**Indignus,** a, um. *Cic.* Indigno, que no merece. *Non indignum videtur. Sal.* No es fuera del caso, del propósito. *Indignae hiemes. Virg.* Inviernos crudos, ásperos, crueles.

**Indigus,** a, um. *Virg.* y

**Indiguus,** a, um. *Paul. Nol.* Pobre, falto, necesitado.

**Indiligens,** tis. *com. Ter.* Descuidado, negligente, perezoso, poco cuidadoso.

**Indiligenter.** *adv. Cic.* Descuidadamente, con negligencia y pereza.

**Indiligentia,** ae. *f. Cic.* Indiligencia, descuido, pereza, poco cuidado.

**Indimissus,** a, um. *Tert.* No enviado, no despedido.

**Indipisco,** is, ere. *a. Plaut.* y

**Indipiscor,** eris, deptus sum, sci. *dep. Plaut.* Conseguir, alcanzar, obtener, ganar, adquirir. *Indipisci animo. Gel.* Mandar, encomendar á la memoria. — *Pugnam. Gel.* Empezar la batalla.

**Indirectus,** a, um. *Quint.* Indirecto, lo que no va directamente al fin.

**Indireptus,** a, um. *Tac.* No saqueado.

**Indisciplinatio,** onis. *f. Casiod.* Carencia, falta de disciplina, de enseñanza.

**Indisciplinatus,** a, um. *S. Cipr.* Indisciplinado, falto de disciplina ó enseñanza.

**Indiscissus,** a, um. *S. Ger.* No rasgado.

**Indiscrete.** *adv. Plin.* y

**Indiscretim.** *adv. Sol.* Indiscretamente, sin discrecion. ‖ Unidamente, sin distincion, sin separacion.

**Indiscretus,** a, um. *Plin.* Indistinto, muy semejante, que no se puede discernir ó distinguir. ‖ Indiviso, no dividido ó separado.

**Indiscriminabilis.** *m. f. le. n. is. Claud. Mamert.* Lo que no se puede separar ó no está separado.

**Indiscriminatim.** *adv. Varr.* Indiferentemente, sin distincion, sin diferencia.

**Indiscussus,** a, um. *Claud. Mamert.* No examinado, no averiguado.

**Indiserte.** *adv. Cic.* Sin elocuencia, sin elegancia.

**Indisertus,** a, um. *Cic.* Inelegante, no elocuente.

**Indispensatus,** a, um. *Sil.* Inmoderado, desarreglado, demasiado escesivo.

**Indisposite.** *adv. Sen.* Sin órden, confusamente.

**Indispositus,** a, um. *Tac.* Desordenado, confuso, mal compuesto.

**Indissimilis.** *m. f. le. n. is. Varr.* No desemejante, parecido.

**Indissimulabilis.** *m. f. le. n. is. Gel.* Lo que no se puede disimular.

**Indissimulatus,** a, um. *Apul.* Lo que no se ha disimulado.

**Indissociabilis.** *m. f. le. n. is. Lact.* Lo que no se puede desunir ó separar.

**Indissolubilis.** *m. f. le. n. is. Cic.* Indisoluble, que no se puede desatar, romper su union ó deshacer.

**Indissolubiliter.** *adv. Claud. Mamert.* Indisolublemente, sin poderse romper ni desatar.

**Indissolutus,** a, um. *Cic.* Ligado, no desatado.

**Indistincte.** *adv. Gel.* Indistinta, confusamente, sin distincion.

**Indistinctus,** a, um. *Quint.* Indistinto, confuso, mezclado. *Indistinctus orator. Quint.* Orador confuso, oscuro.

**Indistrictus,** a, um. *Ov. V.* Indestrictus.

**Inditus,** a, um. *Sen. part. de* Indo. Dado, impuesto. *Castella rupibus indita. Tac.* Fortalezas sobre peñas.

**Individua,** orum. *n. Cic.* Individuacion, abstracto del individuo.

**Individuitas,** atis. *f. Tert.* Imposibilidad de division ó separacion.

**Individuum,** i. *n. Cic.* Cuerpo ó átomo indivisible.

**Individuus,** a, um. *Cic.* Individuo, indivisible, que no se puede, ó no es capaz de dividirse. *Individua corpora. Cic.* Átomos.

**Indivise.** *adv. Asc. Ped.* Sin division, pro indiviso.

**Indivisibilis.** *m. f. le. n. is. Diom.* Indivisible, que no se puede dividir.

**Indivisibiliter.** *adv. Tert.* Indivisiblemente.

**Indivisus,** a, um. *Varr.* Indiviso, no dividido.

**Indivulsus,** a, um. *Macrob.* No apartado, no separado.

**Indo,** is, didi, ditum, ere. *a. Liv.* Imponer, poner en, dentro ó entre. *Indere alicui vincula. Tac.* Cargar á uno de prisiones. — *Fenestras domui. Plaut.* Poner ventanas á la casa. — *Nomen. Plaut.* Imponer, dar, poner nombre. — *Novos ritus. Tac.* Introducir, imponer nuevas costumbres.

**Indocibilitas,** atis. *f. Apul.* Dureza de ingenio, rudeza, indocilidad.

**Indocilis.** *m. f. le. n. is. Cic.* Indócil, duro, rudo. ‖ Tenaz de genio, que no admite enseñanza. ‖ *Ov.* Ignorante, idiota. ‖ *Prop.* Natural, no enseñado con arte. *Indocili numero cantat. Ov.* Canta sin haber aprendido, naturalmente. *Indocilis pauperiem pati. Hor.* Nò acostumbrado ó que no puede acostumbrarse á la pobreza.

Indocte, ius, issĭme. *adv. Cic.* Con ignorancia, rudeza.

Indoctor, ōris. *m. Plaut.* El que castiga á los siervos, verdugo de ellos. *V.* Incloctor.

Indoctus, a, um, ior, issĭmus. *Cic.* Indocto, ignorante, idiota, no enseñado. *Indocta loquacitas. Cic.* Habladuría, locuacidad grosera, necia. *Indoctus pilae. Hor.* El que no sabe jugar á la pelota. *Indoctissimus. Cic.* Ignorantísimo.

Indōlatĭlis. *m. f.* lĕ. *n.* is. *Sid.* Lo que no se puede labrar, pulir, acepillar.

Indōlatus, a, um. *Arnob.* Tosco, no labrado, no acepillado.

Indolentia, ae. *f. Cic.* Indolencia, insensibilidad, privacion de dolor.

Indōleo, ēs, lui, ēre. *n. Ov.* Dolerse, afligirse, sentir pena y dolor.

Indōles, is. *f. Cic.* Indole, natural, genio, caracter, naturaleza; cualidad, inclinacion natural. *Segnis indoles. Tac.* Ingenio tardo, poco espíritu. *Tanta indoles in Lavinia erat. Liv.* Tanta era la habilidad de Lavinia.

Indōlescendus, a, um. *Sid.* Lo que se ha de sentir.

Indōlesco, is, lui, scĕre. *n. Cels.* Dolerse, lamentarse, sentir, quejarse.

Indōlōria, ae. *f. Sid. V.* Indolentia.

Indŏmabĭlis. *m. f.* lĕ. *n.* is. *Plaut.* Indomable, indomeñable, lo que no se puede domar, ó sujetar.

Indŏmĭtus, a, um. *Liv.* Indómito, indomable, feroz, contumaz, invencible.

Indōnātus, a, um. *Lampr.* No regalado.

Indormiens, tis. *com. Cic.* El que se duerme.

Indormio, is, īvi, ītum, īre. *n. Hor.* Dormir, dormirse en ó sobre. ‖ Descuidarse, obrar con pereza y desidia. *Indormire causae. Cic.* Dormirse, descuidarse en un negocio, tratarle con descuido.

Indōtātus, a, um. *Tert.* Indotado, sin dote. ‖ *Cic.* Sin dotes, sin prendas que le hagan recomendable.

Indu. *prep. ant.* En lugar de In.

Indŭbĭtabĭlis. *m. f.* le. *n.* is. *Quint.* Indubitable, lo que no se puede dudar, no admite duda.

Indŭbĭtabĭlĭter. *adv. Arnob. V.* Indubitate.

Indŭbĭtandus, a, um. *S. Ag.* Lo que no se debe dudar.

Indŭbĭtanter. *adv. Plin.* y

Indŭbĭtate. *adv. Liv.* Sin duda, indubitable, cierta, seguramente.

Indŭbĭtato. *adv. Tert. V.* Indubitate.

Indŭbĭtatus, a, um. *Plin.* Indubitado, evidente, constante, seguro, cierto, que no se duda.

Indŭbĭto, ās, ăvi, ātum, āre. *a. Virg.* Dudar, desconfiar.

Indŭbius, a, um. *Tac.* No dudoso, manifiesto.

Indŭciae, ārum. *f. plur. Cic.* Inducia, tregua. *Inducias facere, inire, pangere, inducere, Liv.* Hacer treguas.

Induco, is, xi, ctum, cĕre. *a. Ter.* Conducir dentro, introducir, llevar á alguna parte, meter, hacer entrar. ‖ Vestir, cubrir, dar de algun betun. ‖ Rayar, borrar. ‖ Abolir, anular, casar. ‖ Inducir, mover, escitar, incitar, exhortar, aconsejar, persuadir. ‖ Engañar, dar á entender, á creer. *Inducere alicui novercam. Plin.* Dar madrastra á alguno. — *Solum. Plin.* Allanar el suelo. — *Aliquem loquentem. Cic.* Introducir á uno hablando. *Magno flumini rivulum inducis. Mari è fossa aquam. adag.* Echar agua en la mar. *ref.*

Indŭctĭbĭlis. *m. f.* lĕ. *n.* is. *Cel. Aur.* Firme, sólido, coagulado.

Inductio, ōnis. *f. Cic.* Conducta, la accion de conducir, introduccion. ‖ Induccion, *argumento oratorio.* ‖ *Apul.* Cancelacion, anulacion. *Inductio animi. Cic.* Induccion, persuasion. — *Personarum. Cic.* Introduccion de personas en un diálogo.

Inductive. *adv. Cel. Aur.* Con induccion ó persuasion.

Inductor, ōris. *m. Plaut. V.* Incloctor.

Inductrix, īcis. *f. Apul.* Inducidora, engañadora.

Inductus, us. *m. Quint.* Inducimiento, induccion, consejo, persuasion.

Inductus, a, um. *part. de* Induco. *Cic.* Inducido, persuadido. ‖ Introducido, llevado, metido dentro. ‖ Engañado. ‖ *Ulp.* Borrado. *V.* Induco.

Indŭcŭla, ae. *f. Plaut.* Vestido interior, como camisa, camisola.

Indugredior. *ant. Lucr. V.* Ingredior.

Indulcĭtas, ātis. *f. Nom.* Amargor. *V.* Acerbitas.

Indulco, ās, āre. *a. Tert.* Endulzar, poner dulce.

Indulgens, tis, tior, issĭmus. *adv. Cic.* Indulgente, benigno, blando, condescendiente. *Indulgens aleae. Suet.* Dado al juego.

Indulgenter. *adv. Cic.* Benignamente, con indulgencia, con benignidad.

Indulgentia, ae. *f. Cic.* Indulgencia, complacencia, dulzura, benignidad, condescendencia.

Indulgeo, ēs, si, sum, y tum, gēre. *n. Cic.* Complacer, condescender, ser indulgente, tener indulgencia. ‖ *Ov.* Darse, entregarse, abandonarse. ‖ Perdonar, conceder, permitir. *Nimis me indulgeo. Ter.* Me complazco, me lisonjeo demasiado. *Indulgere irae. Liv.* Dejarse trasportar de la ira, abandonarse á la cólera.

Indulgĭtas, ātis. *f. Serv. V.* Indulgentia.

Indultor, ōris. *m. Tert.* El que es indulgente.

Indultum, i. *n. Dig.* Concesion, permision, indulto.

Indultus, a, um. *Amian. part. de* Indulgeo. Concedido, permitido.

Indultus, us. *m. Sid.* Indulto, permision, concesion.

Indŭmentum, i. *n. Cic.* El vestido.

Induo, is, dui, dūtum, ĕre. *a. Cic.* Vestir, rodear al cuerpo. *Indui sua confesione. Cic.* Ser cogido ó convencido por su propia confesion. *Induere aliquem. Val. Flac.* Armar, pertrechar á alguno. — *Scalas. Ov.* Llevar la escalera al hombro, *porque suele el que la lleva meter la cabeza por entre las gradas.* — *Vultus pueri. Virg.* Tomar la semejanza del niño, trasformarse en él. — *Se. Cic.* Meterse, mezclarse. — *Se mucrone. Virg.* Traspasarse con la espada. *Talaria induere. Ornare fugam. adag.* Calzar las de villadiego.

Indŭpĕdior. *Lucr. ant. V.* Impedior.

Indŭpĕrātor. *Juv. ant. V.* Imperator.

Indūrandus, a, um. *Sen.* Lo que se ha de endurecer.

Indūrātus, a, um. *part. de* Induro. *Liv.* Endurecido.

Indūresco, is, rui, scĕre. *n. Cels.* Endurecerse, ponerse duro. ‖ Hacerse constante, duro, vigoroso.

Indūro, ās, āvi, ātum, āre. *a. Plin.* Endurecer, poner duro. ‖ Fortificar, hacer fuerte y constante. *Indurare frontem. Sen.* Perder la vergüenza.

Indus, i. *m. Mel.* El Indo, *rio grande del Asia.*

Indus, a, um. *Virg.* Indiano, lo que es de Indias.

Indūsiārius, ii. *m. Plaut.* El que hace camisas ó las vende.

Indūsiatus, a, um. *Apul.* Vestido con camisa.

Indūsio, ās, āre. *a. Marc. Cap.* Vestir, ceñir.

Indūsium, ii. *n. Plaut.* Ropa interior de los antiguos. Camisa, camisola.

Industria, ae. *f. Cic.* Industria, habilidad, destreza en cualquiera arte. ‖ Ingenio, sutileza, maña ó artificio. *Plin.* Ciudad de la Liguria, *hoy Casal de Monferrato. Industria. Plin.* Ob industriam. *Plaut.* De ó *ex industria. Cic.* Aposta, de propósito, de industria.

Industrie, ius. *adv. Cic.* Industriosamente, con habilidad, destreza ó sutileza ingeniosa.

Industriensis. *m. f.* sĕ. *n.* is. *Inscr.* Lo perteneciente á la ciudad de Industria *en la Liguria.*

Industriōse. *adv. Cat. V.* Industrie.

Industriōsus, a, um. *Sen.* y

Industrius, a, um. *Cic.* Industrioso, ingenioso, laborioso, diestro, hábil.

Inŭtiae, ārum. *f. plur. V.* Inducias.

Indūtōrius, a, um. *Dig.* Lo que sirve para vestirse.

Indūtus, a, um. *part. de* Induo. *Cic.* Vestido. ‖ Ceñido, rodeado.

Indūtus, us. *m. Tac.* El vestido.

Indŭviae, ārum. *f. plur.* Vestido. *Induviae arboris. Plin.* Corteza de un árbol.

Inĕbrae aves. *f. plur. Fest.* Aves que prohibian hacer alguna cosa en los agüeros.

Inebriātor, ōris. m. *Tert.* El que emborracha á otro.
Inebriātus, a, um. *Plin.* Embriagado, emborrachado.
Inebrio, ās, āvi, ātum, āre. a. *Plin.* Inebriar, emborrachar, embriagar.
Inedia, ae. f. *Cic.* Inedia, dieta, abstinencia de comida.
Ineditus, a, um. *Ov.* Inédito, no publicado, no dado, no sacado á luz.
Ineffabilis. m. f. lĕ. n. is. *Plin.* Inefable, inesplicable, que no se puede esplicar ó hablar de ello con propied d.
Ineffabiliter. adv. *S. Ag.* Inefable, indeciblemente, sin poderse esplicar.
Inefficaciter. adv. *Dig.* Ineficazmente, en vano, sin efecto.
Inefficax, ācis. com. *Plin.* Ineficaz, inútil, débil, flojo, falto de virtud y actividad.
Ineffigiabilis. m. f. lĕ. n. is. *Tert.* Que no se puede representar ó retratar.
Ineffigiatus, a, um. *Gel.* Informe, lo que carece de forma, efigie ó figura.
Ineffugibilis. m. f. lĕ. n. is. *Apul.* Inevitable, lo que no se puede evitar ó huir.
Inelaborātus, a, um. *Quint.* No trabajado, no pulido, tosco.
Inelegans, tis. com. *Cic.* No elegante, sin elegancia, sin ornato y cultura.
Ineleganter. adv. *Cic.* Sin elegancia.|| Sin juicio, sin elección, sin razon.
Ineloquens, tis. com. *Lact.* No elocuente.
Ineloquibilis. m. f. lĕ. n. is. *Lact.* Inefable.
Ineluctabilis. m. f. lĕ. n. is. *Virg.* Inevitable, lo que no se puede evitar.
Ineluibilis. m. f. lĕ. n. is. *Lact.* Indeleble, que no se puede borrar ó quitar.
Inemendabilis. m. f. lĕ. n. is. *Quint.* Incorregible, que no puede ser enmendado ó corregido.
Inemeribilis. m. f. lĕ. n. is. *Tert.* Lo que no se puede conseguir, alcanzar, ganar.
Inemorior, ĕris, tuus sum, mŏri. dep. *Hor.* Morir en.
Inemtus ó Inemptus, a, um. *Hor.* No comprado.
Inenarrabilis. m. f. lĕ. n. is. *Plin.* Inenarrable, lo que no se puede contar.
Inenarrabiliter. adv. *Liv.* De una manera inenarrable ó indecible.
Inenarrātus, a, um. *Gel.* No esplicado, no contado.
Inenatabilis. m. f. lĕ. n. is. *Tert.* Que no se puede nadar ó pasar á nado.
Inenodabilis. m. f. lĕ. n. is. *Cic.* Que no se puede desatar ó disolver.
Inenormis. m. f. mĕ. n. is. *Apul.* Arreglado, bien dispuesto, no enorme ó desmesurado.
Inenuntiabilis. m. f. lĕ. n. is. *Cens.* V. Inenarrabilis.
Ineo, is, īvi, ó ii, ĭtum, īre. a. *Cic.* Entrar en, meterse, esponerse. || Empezar, comenzar. || Considerar, ver, hallar pensando. *Inire consilium. Ter.* Tomar consejo. — *Societatem. Cic.* Hacer sociedad, alianza, unirse. — *Rationem quemadmodum.... Cic.* Buscar, considerar el medio ó camino de, para...... *Numerum. Liv.* Calcular, contar. — *Gratiam apum aliquem. Liv. Ab aliquo, cum aliquo. Cic.* Entrar en la gracia, en el favor, ó hacer mérito con alguno. — *Connubio. Ov.* Casarse. — *Convivium, dapes. Cic.* Ir, asistir á un convite. — *Cubile. Ov.* Acostarse. — *Pugnam, praelium. Cic.* Entrar en batalla, comenzar el combate. — *Consulatum. Cic.* Tomar posesion del consulado, entrar en él, empezar á ejercerle. — *Nexum. Liv.* Obligar la persona por deudas. — *Viam, iter. Cic.* Ponerse en camino. — *Suffragia. Liv.* Entrar á votar.
Ineopte. *Fest.* en lugar de In eo ipso.
Inepte, ius, issĭme. adv. *Cic.* Inepta, neciamente, con impropiedad, fuera de propósito.
Ineptiae, ārum. f. plur. *Cic.* Necedades, majaderías, boberías, impertinencias, cosas fútiles y sin propósito.
Ineptio, is, īre. n. *Ter.* Tontear, bobear, decir ó hacer simplezas, tonterías.
Ineptiŏla, ae. f. *Aus.* Simpleza.
Ineptitūdo, ĭnis. f. *Non.* V. Ineptiae.

Ineptus, a, um. *Cic.* Inepto, nada apto para las cosas, simple, tonto. *Inepta via. Cic.* Mal camino, molesto, embarazoso.
Inequitabilis. m. f. lĕ. n. is. *Curc.* Adonde no se puede ir ó llegar á caballo.
Inequito, ās, āvi, ātum, āre. n. *Apul.* Ir, andar á caballo.
Inermis. m. f. mĕ. n. is. *Cic.* Inerme, desarmado, sin armas. || *Ov.* Inocente, que no hace mal á nadie. || *Cic.* Desprevenido, desarmado de razones.
Inerrabilis. m. f. lĕ. n. is. *Apul.* y
Inerrans, tis. com. *Cic.* Inerrante, fijo, sin movimiento. *Inerrantes stellae. Cic.* Estrellas fijas.
Inerro, ās, āvi, atum, āre. n. *Plin.* Errar, vaguear, andar errante.
Iners, tis. com. *Cic.* Inerte, sin arte ó industria. || Ocioso, flojo, perezoso, desidioso.
Inertia, ae. f. *Cic.* Ignorancia, impericia. || Falta de arte, de oficio, de industria. || Inercia, flojedad, pereza, holgazanería, ociosidad. *Inertia laboris. Cic.* Repugnancia al trabajo.
Inerticŭlus, a, um. *Col.* Sin fuerza, sin vigor, sin espíritu. *Inerticulus vitis. Plin.* Especie de vid ó cepa, que da de sí vino flojo.
Inerudite. adv. *Quint.* Ignorantemente, sin erudicion ni ciencia.
Ineruditio, ōnis. f. *Bibl.* Ignorancia, falta de erudicion, defecto de ciencia.
Ineruditus, a, um. *Cic.* Ignorante, indocto, sin letras, sin estudio, sin erudicion.
Inescātus, a, um. *Liv.* Atraido con comida ó cebo. || *Apul.* Lleno de comida. part. de
Inesco, ās, āvi, ātum, āre. a. *Ter.* Coger, pescar, cazar aves y peces con el cebo. || Engañar.
Inevectus, a, um. *Virg.* V. Evectus.
Inevitabilis. m. f. lĕ. n. is, *Sen.* Inevitable.
Inevitabiliter. adv. *S. Ag.* Inevitablemente, sin poderlo evitar.
Inevolūtus, a, um *Marc.* No desenvuelto, no descogido.
Inevulsibilis. m. f. lĕ. n. is. *S. Ag.* Incapaz de ser arrancado ó apartado.
Inexamĭnātus, a, um. *Firm.* No examinado.
Inexcitabilis. m. f. lĕ. n. is. *Sen.* Que no puede ser movido, escitado ó despertado.
Inexcĭtus, a, um. *Virg.* No movido, no escitado.
Inexcoctus, a, um. *Sid.* No preparado, duro, no ablandado.
Inexcogitabilis. m. f. lĕ. n. is. *Tert.* Que no se puede pensar ó escogitar.
Inexcogitātus, a, um. *Plin.* Impensado, no premeditado.
Inexcultus, a, um. *Gel.* No cultivado, inculto, tosco.
Inexcusabilis. m. f. lĕ. n. is. *Hor.* Inescusable, lo que no se puede escusar, ó no admite escusa.
Inexcussus, a, um. *Dig.* No examinado, no averiguado.
Inexercĭtātus, a, um. *Cic.* y
Inexercĭtus, a, um. *Macrob.* No ejercitado.
Inexēsus, a, um. *Min. Fel.* No gastado.
Inexhaustus, a, um. *Cic.* Inexausto, inagotable, lo que no se puede agotar.
Inexorabilis. m. f. lĕ. n. is. *Cic.* Inexorable, incapaz de apiadarse ó ablandarse con ruegos ó súplicas. || *Val. Flac.* Lo que no se puede alcanzar.
Inexorātus, a, um. *Arnob.* No rogado.
Inexpectātus. V. Inexspectatus.
Inexpedibilis. m. f. lĕ. n. is. *Am.* Inesplicable.
Inexpedītus, a, um. *Arnob.* Embarazado, impedido, embrollado, que no está pronto y espedito.
Inexperientia, ae. f. *Tert.* Falta de esperiencia.
Inexperrectus, a, um. *Ov.* No despierto, no desvelado.
Inexpertus, a, um. *Liv.* No esperimentado, no probado, no intentado. || *Hor.* Inesperto, falto de esperiencia.
Inexpiabilis. m. f. lĕ. n. is. *Cic.* Inespiable, lo que no se puede perdonar ó satisfacer con sacrificios. || *Liv.* Implacable, irreconciliable.

Inexpiabiliter. *adv. S. Ag.* Sin remedio, sin facultad ó posibilidad de remediarse.

Inexpiatus, a, um. *S. Ag.* No satisfecho, no perdonado, no espiado.

Inexplanabilis. *m. f. le. n. is. Sen.* Que no se puede allanar, desembarazar, desenredar, igualar.

Inexplanatus, a, um. *Plin.* Embarazado, impedido, embrollado, desigual.

Inexplebilis. *m. f. le. n. is. Cic.* Insaciable, que no se puede llenar ó hartar.

Inexpletum. *adv. Virg.* Insaciablemente.

Inexpletus, a, um. *Estac.* No lleno, no harto, insaciable. ‖ No llevado á efecto, no acabado, no puesto en ejecucion.

Inexplicabilis. *m. f. le. n. is. Cic.* Inesplicable, lo que no se puede esplicar ó no admite esplicacion. ‖ Intrincado, embrollado, dificil, enmarañado, inestricable, que no es facil de desenredar, de desenmarañar, de desembrollar.

Inexplicabiliter. *adv. Cic.* De un modo indecible, inesplicable, maravillosamente.

Inexplicatus, a, um. *Arnob.* y

Inexplicitus, a, um. *Marc.* Oscuro, difícil de entender, inesplicable.

Inexplorate. *adv. Gel.* Sin esploracion, sin averiguacion.

Inexplorato. *adv. Liv.* Sin haber enviado á reconocer el pais, el terreno.

Inexploratus, a, um. *Liv.* No descubierto, no reconocido, incierto, oscuro.

Inexpugnabilis. *m. f. le. n. is. Liv.* Inespugnable, que no se puede rendir, espugnar ó conquistar. ‖ Firme, constante, que no se deja torcer ó rendir.

Inexpugnatus, a, um. *Paul. Nol.* No espugnado, no vencido.

Inexputabilis. *m. f. le. n. is. Col.* Innumerable, que no se puede contar ó calcular.

Inexsaturabilis. *m. f. le. n. is. Virg.* Insaciable, que no se puede hartar ó satisfacer.

Inexsaturatus, a, um. *Cels.* Que no se ha saciado ó satisfecho.

Inexspectatus, a, um. *Ov.* Inesperado, no esperado.

Inexstinctus, a, um. *Ov.* No estinguido, no apagado. ‖ Insaciable.

Inexstinguibilis. *m. f. le. n. is. Lact.* Inestinguible, que no se puede apagar.

Inexstirpabilis. *m. f. le. n. is. Plin.* Lo que no se puede desarraigar, estirpar, arrancar de raiz.

Inexstirpatus, a, um. *Col.* No estirpado, no arrancado de raiz, lo que no se ha podido desarraigar.

Inexsuperabilis. *m. f. le. n. is. Liv.* Insuperable, invencible, inaccesible.

Inexsuperatus, a, um. *Marc.* Lo que no ha sido superado ó vencido.

Inexterminabilis. *m. f. le. n. is. Bibl.* Inmortal.

Inextricabilis. *m. f. le. n. is.* Inestricable, intrincado, de donde no se puede salir ó desembarazarse. ‖ *Plin.* Lo que no se puede arrancar. ‖ *Cic.* Inesplicable, inenarrable.

Inextricabiliter. *adv. Apul.* De una manera intrincada, enredada, enmarañada.

Inextricatus, a, um. *Apul.* No desenredado, no desenmarañado.

Infaber, bra, brum. *Marc.* Mal artesano, inhábil, que no sabe bien su arte ú oficio.

Infabre. *adv. Liv.* Toscamente, sin artificio, sin arte, sin delicadeza.

Infabricatus, a, um. *Virg.* Tosco, grosero, bruto, no trabajado, no labrado.

Infacete. *adv. Suet.* Friamente, sin gracia, sin donaire, sin agudeza.

Infacetiae, arum. *f. plur. Cat.* Frialdades, simplezas.

Infacetus, a, um. *Cic.* Infaceto, frio, insipido, insulso, desgraciado, sin chiste, gracia, donaire ni agudeza. ‖ *Catul.* Grosero, mal criado, impolitico.

Infacundia, ae. *f. Gel.* Mala gracia en el hablar, mal modo de esplicarse, falta de elocuencia.

Infacundus, a, um. *ior. Liv.* Infacundo, escaso, falto, pobre de palabras y frases con que esplicarse.

Infaeco, as, avi, atum, are. *a. Tert.* Manchar, ensuciar como con heces.

Infalsatus, a, um. *S. Ag.* Falseado, contrahecho.

Infamans, tis. *com. Estac.* Lo que infama, deshonra.

Infamatio, onis. *f. Just.* Infamacion, la accion ó efecto de infamar, disfamar ó deshonrar.

Infamatus, a, um. *part. de* Infamo. *Nep.* Infamado, disfamado, desacreditado.

Infamia, ae. *f. Cic.* Infamia, deshonra, descrédito, oprobrio, ignominia, mala reputacion ó fama, mal concepto.

Infamis. *m. f. me. n. is. Cic.* Infame, desacreditado, deshonrado, que ha perdido el crédito ó la fama.

Infamo, as, avi, atum, are. *a. Cic.* Infamar, disfamar, desacreditar, quitar el crédito, la honra, notar de infamia. *Infamandae rei causa. Liv.* Por agravar el hecho.

Infandum! *interj. Virg.* ¡Qué horror!

Infandus, a, um. *Cic.* Infando, infame, que no se puede ó no se debe decir. Lo que da horror.

Infans, tis. *com. Cic.* Infante, niño, que aun no sabe ó no puede hablar. ‖ Cachorrillo de un animal. ‖ Ignorante, infacundo, el que no tiene palabras ni frases para esplicarse. *comp.* tior, *sup.* tissimus. *Cic.*

Infantaria, ae. *f. Marc.* La muger que pare hijo varon.

Infantia, ae. *f. Lucr.* Impotencia ó ignorancia en el hablar. ‖ Falta de esplicacion, dificultad en esplicarse. ‖ Infancia, puericia. ‖ La edad tierna de los irracionales. ‖ *Plin.* El principio de las cosas inanimadas.

Infanticida, ae. *m. f. Tert.* El que da muerte á un infante, á un niño, infanticida.

Infanticidium, ii. *n. Tert.* Muerte dada á un infante, á un niño, infanticidio.

Infantilis. *m. f. le. n. is. Just.* Pueril, lo perteneciente á un niño.

Infanto, as, are. *a. Tert.* Criar como á un niño.

Infantula, ae. *f. Apul.* y

Infantulus, i. *m. Apul. dim. de* Infans. Infántico, infántica, niño tierno.

Infarcio, is, si, tum, ire. *a. Col.* Llenar, rellenar.

Infarsus, a, um. *Tert.* Lleno, relleno.

Infastiditus, a, um. *Sid.* No fastidiado, que no tiene ó no toma fastidio, no disgustado.

Infatigabilis. *m. f. le. n. is. Plin.* Infatigable, incansable, que no se fatiga, que no cesa ó no se cansa de trabajar.

Infatigabiliter. *adv. S. Ag.* Infatigable, continuamente, sin ceder á la fatiga.

Infatigatus, a, um. *Plin.* No cansado, no fatigado.

Infatuo, as, avi, atum, are. *a. Cic.* Infatuar, entontecer, turbar ó embotar el entendimiento.

Infavorabilis. *m. f. le. n. is. Cels. Jct.* Lo que no merece favor ó gracia.

Infavorabiliter. *adv. Ulp.* De un modo que no es favorable, sin favor ni gracia.

Infaustus, a, um. *Virg.* Infausto, infeliz, desgraciado, funesto, de mal agüero.

Infeci. *pret. de* Inficio.

Infectio, onis. *f. Eum.* La inaccion, ociosidad.

Infectivus, a, um. *Vitruv.* Lo que sirve para teñir, perteneciente y propio para el tinte.

Infector, oris. *m. Cic.* El tintorero. ‖ *Plin.* Lo que sirve para teñir.

Infectorius, a, um. *Marc. Emp. V.* Infectivus.

Infectus, a, um. *Cic.* No hecho, no ejecutado. ‖ No conseguido, no alcanzado. ‖ *Ov.* Imperfecto. ‖ Teñido. ‖ Infecto, corrompido, inficionado, envenenado. *Infectum reddere. Hor.* Anular. — *Coelum. Claud.* Aire infecto.

Infectus, us. *m. Plin.* El tinte ó tintura.

Infecunde. *adv. Gel.* Estéril, friamente, sin fruto.

Infecunditas, atis. *f. Col.* Infecundidad, esterilidad.

Infecundus, a, um. *Col.* Infecundo, estéril, incapaz de producir ó llevar fruto.

Infelicitas, atis. *f. Cic.* Infelicidad, desastre, desgracia, infortunio, desdicha, calamidad.

Infeliciter. *adv. Ter.* Infeliz, desdichadamente, con desgracia é infelicidad.

Infelicito, as, avi, atum, are. *a. Plaut.* Hacer á uno infeliz y desgraciado.

**Infelix**, ĭcis. *com. Cic.* ior, issĭmus. Infeliz, desgraciado, miserable, desdichado. ‖ *Cic.* Infecundo, estéril. *Infelix alicui. Cic.* El que hace infeliz á otro.

**Infensans**, tis. *com. Tac.* El que se ofende, se enfada ó está ofendido. *Infensantibus diis. Tac.* Ofendidos, irritados los dioses.

**Infense**, ius. *adv. Tac.* Con ánimo ofendido, ó enemigo.

**Infenso**, ās, āvi, ātum, āre. *a. Tac.* Infestar, asolar, destruir. *Infensare bello Armeniam. Tac.* Talar, abrasar con guerra la Armenia.

**Infensus**, a, um, ior. *Cic.* Ofendido, airado, irritado, enemigo. *Infensa valetudine. Tac.* Con mala ó quebrantada salud.

**Infer**. *Cat. ant. en lugar de* Infra.

**Infer**. *imp. de* Infero.

**Infer**, a, um. *Cat. V.* Inferus.

**Inferax**, ācis. *com. S. Ger.* No feraz, no fértil ó abundante, estéril.

**Infercio**. *V.* Infarcio.

**Inferi**, ōrum. *m. plur. Cic.* El infierno, los infiernos. ‖ Los dioses infernales. ‖ Los muertos. ‖ *Bibl.* Sepulcro, muerte.

**Inferiae**, ārum. *f. plur. Cic.* Exequias, funerales, sacrificios de los muertos, *ofrendas que se hacian por ellos á los manes*.

**Inferialis**. *m. f.* lĕ. *n.* is. *Apul.* Lo perteneciente á las exequias, funerales ó sacrificios de los manes.

**Inferior**. *m. f. us. n.* ōris. *comp. de* Inferus. *Ces.* Inferior, mas bajo. ‖ Lo que es menos en cantidad ó calidad que otra cosa.

**Inferius**, a, um. *Cat. V.* Inferialis.

**Infermentātus**, a, um. *Paul. Nol.* No fermentado, ácimo, sin levadura. *Dícese del pan.*

**Inferna**, ōrum. *n. plur. Tac.* Los infiernos.

**Infernalis**. *m. f.* lĕ. *n.* is. *Prud.* Infernal, lo que es del infierno ó perteneciente á él.

**Infernas**, ātis. *com.* Árbol que crece á la parte de abajo, *asi como se dice* supernas *el de la parte de arriba del Apenino*.

**Infernates**, um. *m. plur.* Pueblos de la costa de Toscana.

**Inferne**. *adv. Lucr.* Abajo, en lo bajo, en la parte inferior.

**Infernus**, i. *m. Ecles.* El infierno.

**Infernus**, a, um. *Cic.* Inferior, á la parte de abajo, puesto en lo bajo. ‖ *Virg.* Infernal. ‖ *Plin.* Las partes bajas del cuerpo humano.

**Infero**, ers, tŭli, illātum, ferre. *a. anom. Cic.* Introducir, llevar adentro. ‖ Enterrar, sepultar. ‖ Acarrear, traer, causar, ocasionar. ‖ Inferir, sacar consecuencia, argüir. *Inferre se in urbem. Liv.* Entrar en la ciudad. *Se in hostem. Liv.*—*Se per medios hostes. Virg.* Arrojarse al enemigo ó sobre él, meterse por en medio de los enemigos.—*Se in negotium. Cic.* Ingerirse, entrometerse en un negocio.—*Metum. Liv.* Atemorizar, atormentar, poner, meter miedo.—*Crimen. Liv.* Acusar.—*Bellum. Cic.* Hacer guerra.—*Mortem. Cic.* Dar la muerte.—*Litem. Cic.* Poner un pleito.—*Aliquid ex alio. Cic.* Concluir, inferir de una cosa otra.—*Sumptum. Cic.* Poner á su cargo, gasto ó cuenta.—*Signa. Liv.* Acometer al enemigo.

**Infersus**. *V.* Infarsus.

**Inferus**, a, um. *Cic.* Inferior, bajo, lo que está debajo. *Inferum mare. Plin.* El mar inferior, el mar de Toscana.

**Infervefacio**, is, fēci, factum, ĕre. *a. Col.* Hacer cocer.

**Infervefactus**, a, um. *Col. part. de*

**Infervefio**, is, factus sum, fĭeri. *pas.* Escrib. y

**Inferveo**, ēs, bui, ēre. *n. Hor.* ó

**Infervesco**, is, ui, scĕre. *n. Plin.* Cocer, hervir.

**Infestatio**, ōnis. *f. Tert.* Infestacion, la accion de infestar, hacer daño ó estrago.

**Infestator**, ōris. *m. Plin.* El que infesta, hace estragos, correrías en las tierras enemigas.

**Infestātus**, a, um. *Vel. part. de* Infesto. Infestado, molestado, asolado, talado, abrasado por correrías de los enemigos.

**Infeste**, ius, issĭme. *adv. Liv.* Dañosamente, con daño y hostilidad, con ánimo enemigo.

**Infestivĭter**. *adv. Gel.* Sin gracia, groseramente.

**Infestīvus**, a, um. *Gel.* Desgraciado, desagradable.

**Infesto**, ās, āvi, ātum, āre. *a. Col.* Infestar, hacer daños, estragos, correrías, hostilidades. ‖ Inficionar, corromper.

**Infestus**, a, um. *Cic.* Infesto, dañoso, pernicioso, molesto, enemigo, odioso. ‖ Infestado, maltratado. *Infestis oculis conspici. Cic.* Ser mirado con malos ojos.

**Infibŭla**, ae. *f. Tert.* El gancho que traba en la hebilla.

**Infibŭlātus**, a, um. *Fest.* Recogido, ajustado con hebilla.

**Infibŭlo**, ās, āvi, ātum, āre. *a. Cels.* Ajustar, apretar con hebilla.

**Inficēte**. *adv. Vel.* Sin gracia, sin chiste, sin donaire, friamente.

**Inficetiae**, ārum. *f. plur. Cat. V.* Infacetiae.

**Inficētus**, a, um. *Cic.* Frio, desgraciado, desagradable, sin donaire, chiste ni agudeza.

**Inficiālis**. *m. f.* lĕ. *n.* is. *Cic.* Negativo, que niega.

**Inficiandus**, a, um. *Ov.* Lo que se ha de negar.

**Inficias**, ire. *Ter.* Negar, decir que no, no confesar la verdad.

**Inficiātio**, ōnis. *f. Cic.* Negacion, denegacion, la accion de negar.

**Inficiator**, ōris. *m. Cic.* El que niega. ‖ Calumniador.

**Inficiātus**, a, um. *part. de* Inficior. *Ov.* El que ha negado.

**Inficiens**, tis. *com. Ov.* El que tiñe. ‖ *Varr.* Desidioso, holgazan, el que no hace nada.

**Inficio**, is, fēci, fectum, ĕre. *a. Ces.* Teñir, dar de color. ‖ Inficionar, viciar, corromper, infestar. ‖ Instruir, formar, hacer tomar una tintura.

**Inficior**, āris, ātus sum, āri. *dep. Ov.* y

**Inficio**, ās, āre. *a. Plaut.* Negar, denegar.

**Infide**. *adv. Firm.* Infiel, deslealmente, sin fe ni correspondencia.

**Infidēlis**. *m. f.* lĕ. *n.* is, ior, issĭmus. *Cic.* Infiel, desleal, el que no guarda fe ó correspondencia.

**Infidelĭtas**, ātis. *f. Cic.* Infidelidad, perfidia, falta de fe.

**Infidelĭter**. *adv. Cic. V.* Infide.

**Infidus**, a, um. *Cic.* Infiel, desleal, que no guarda fe ni correspondencia.

**Infigo**, is, xi, xum, gĕre. *a. Cic.* Fijar, clavar, hincar, meter dentro á fuerza, á golpes. ‖ *Quint.* Imprimir, grabar repitiendo. *Infingere gladium hosti in pectus. Cic.* Dar una estocada al enemigo en el pecho, atravesarle con la espada, escondérsela en el pecho.—*Animo ó animis. Quint.* Imprimir, grabar en la idea ó en el ánimo.

**Infigurabĭlis**. *m. f.* lĕ. *n.* is. *Amian.* Informe, deforme, lo que no tiene figura regular, ó no se puede figurar.

**Infĭmas**, ātis. *m. f. Plaut.* De la ínfima plebe, oscuro, bajo, de baja condicion, clase ó esfera.

**Infimātus**, a, um. *Apul.* Abatido, puesto, sujeto, reducido á lo ínfimo.

**Infimĭtas**, ātis. *f. Amian.* Bajeza, abatimiento.

**Infĭmo**, ās, āre. *a. Apul.* Abatir, deprimir, reducir á la mayor bajeza.

**Infĭmus**, a, um. *Cic.* Ínfimo, lo mas bajo. ‖ Lo mas vil y de menos estimacion en cualquier línea. *Infimi homines. Ter.* ó *infima plebs. Cic.* La gente baja del pueblo.

**Infindo**, is, ĭdi, issum, ĕre. *a. Virg.* Hender, abrir, partir, rajar. *Infindere sulcos telluri. Virg.* Abrir ó hacer surcos en la tierra.

**Infinibĭlis**. *m. f.* lĕ. *n.* is. *Apul. V.* Infinitus.

**Infinĭtas**, ātis. *f. Cic.* Infinidad, inmensidad, calidad infinita, que no tiene fin ó límites.

**Infinīte**. *adv. Cic.* Infinitamente, sin fin, sin término, sin límites. ‖ *Gel.* Universalmente, en general.

**Infinītio**, ōnis. *f. Cic. V.* Infinitas.

**Infinitivus modus**. *Diom.* Modo infinitivo de los verbos, *asi llamado porque no determina número ni persona*.

**Infinīto**. *adv. Plin. V.* Infinite.

†**Infinitūdo**, ĭnis. *f. Bud. V.* Infinitas.

**Infinītus**, a, um. *Cic.* Infinito, inmenso, lo que no tiene fin, término ó límite. ‖ Indefinido, indeterminado, universal.

**Infirmātio**, ōnis. *f. Cic.* La accion de debilitar ó quitar la fuerza. ‖ Confutacion, refutacion.

Infirmātus, a, um. *part. de* Infirmo. *Cic.* Infirmado, debilitado, enflaquecido.

Infirmē. *adv. Cic.* Débilmente, con flaqueza.

Infirmis. m. f. mě. n. is. *Amian.* V. Infirmus.

Infirmĭtas, ātis. f. *Cic.* Debilidad, flaqueza. ‖ Ligereza, inconstancia. ‖ *Suet.* Enfermedad. *Infirmitas frontis quosdam liberales facit. Sen.* Á algunos hace liberales su pusilanimidad, la falta de resolucion, de ánimo para negarse.

Infirmĭter. *adv. Arnob.* V. Infirme.

Infirmo, ās, āvi, ātum, āre. *a. Cels.* Infirmar, debilitar, enflaquecer, quitar las fuerzas. ‖ Confutar, refutar, disolver. ‖ *Dig.* Rescindir, anular. *Infirmare testamentum. Ulp.* Infirmar un testamento.

Infirmus, a, um, ior, issĭmus. *Cic.* Débil, flaco, endeble, enfermo, sin fuerzas. *Terrentur infirmiores. Ces.* Se amedrentan los de menos espíritu. *Infirmissimi. Col.* Los mas ligeros é inconstantes.

Infit. *defect. Plaut.* Empieza, comienza. ‖ *Liv.* Empieza á decir.

Infitĕri. *Fest.* en lugar de Non fateri.

Infitialis. V. Inficialis.

Infixus, a, um. *part. de* Infigo. *Cic.* Hincado, clavado, fijado, metido dentro. *Cura infixa animo. Cic.* Cuidado impreso en el ánimo.

Inflăbelliātus, a, um. *Tert.* Introducido soplando.

Inflābĭlis. m. f. lĕ. n. is. *Lact.* Lo que se puede inflar ó hinchar.

Inflacceo, ēs, ui, ēre. *n. Nov.* Enflaquecerse, debilitarse, inutilizarse.

Inflagro, ās, āre. *a. Sol.* Inflamar, encender, poner fuego.

Inflamanter. *adv. Gel.* Con ardor, con vehemencia.

Inflammātio, ōnis. f. *Flor.* Inflamacion, la accion de inflamar ó encender. ‖ *Cels.* Inflamacion, tumor originado de la sangre. ‖ *Cic.* Calor, encendimiento de la imaginacion ó del ánimo.

Inflammātor, ōris. m. *Firm.* y

Inflammātrix, īcis. f. *Amian.* El ó la que inflama, incita, enciende.

Inflammātus, a, um. *Cic.* Inflamado, encendido. ‖ Conmovido vehementemente. ‖ *Plin.* Hinchado. *part. de*

Inflammo, ās, āvi, ātum, āre. *a. Cic.* Inflamar, encender, aplicar fuego, hacer que arda. ‖ Quemar, abrasar, consumir al fuego. ‖ Mover, escitar, acalorar. ‖ *Plin.* Inflamar, hinchar.

Inflātē, ius. *adv. Ces.* Hinchada, arrogantemente.

Inflātio, ōnis. f. *Cic.* Viento, ventosidad. ‖ *Cels.* Hinchazon, inflamacion, tumor.

Inflātus, us. m. *Cic.* Soplo, viento. *Inflatus divinus. Cic.* Inspiracion divina.

Inflātus, a, um. *part. de* Inflo. Inspirado. ‖ Inflado, hinchado, inflado. ‖ Soberbio, hinchado, orgulloso.

Inflecto, is, flexi, flexum, tĕre. *a. Cic.* Doblar, encorvar. ‖ Mudar, mover. *Inflectere caput. Catul.* Bajar la cabeza. — *Voces cantu. Ov.* Hacer varias inflexiones, variaciones con la voz.

Inflētus, a, um. *Virg.* No llorado, no compadecido, no acompañado con llanto.

Inflexĭbĭlis. m. f. lĕ. n. is. *Plin.* Inflexible, lo que no se deja doblar ó torcer.

Inflexio, ōnis. f. *Cic.* y

Inflexus, us. m. *Juv.* Inflexion, dobladura, el acto de doblar.

Inflexus, a, um. *part. de* Inflecto. *Cic.* Doblado, encorvado, torcido.

Inflictio, ōnis. f. *Cod. Teod.* Imposicion de una pena.

Inflictus, us. m. *Arnob.* El choque ó colision de una cosa con otra.

Inflictus, a, um. *Val. Flac.* Golpeado, herido. *part. de*

Infligo, is, xi, tum, gĕre. *a. Cic.* Dar, herir. ‖ Aplicar, imponer. *Infligere turpitudinem alicui. Cic.* Deshonrar á uno, cubrirle de infamia.

Inflo, ās, āvi, ātum, āre. *a. Cic.* Inflar, soplar, hinchar con el viento. *Inflare calamos leves. Virg.* Tocar la zampoña.

Inflōreo, ēs, ui, ēre. *n. Claud.* Florecer en alguna parte.

Influctuo, ās, āre. *n. Veg.* Correr, descargar la corriente en alguna parte.

Influens, tis. *com. Curt.* Que corre ó desemboca en. *Fortuna influens. Sen.* Fortuna propicia, favorable.

Influentia, æ. f. *Firm.* La corriente.

Influo, is, fluxi, fluxum, ĕre. *n. Cic.* Correr, inundar, desembocar dentro ó en. ‖ Introducirse, insinuarse con arte, insensiblemente. *Influere in aures populi. Cic.* Ganar los oidos del pueblo. *Influxit Italiæ inaudita multitudo. Quint.* Una inaudita multitud inundó la Italia.

† Influus, a, um. *Paul. Nol.* Que corre ó va corriendo.

Influvium, ii. n. *Vel. Pat.* El flujo ó corriente.

Influxio, ōnis. f. *Macrob.* y

Influxus, us. m. *Firm.* Influjo, influencia de los astros.

Infŏdio, is, fōdi, fossum, dĕre. *a. Col.* Cavar, escavar. ‖ *Ces.* Enterrar, plantar, meter, clavar en tierra.

Infoelix y otros. V. Infelix.

Infŏrātor, ōris. m. *Apul.* El que taladra ó barrena. ‖ El que emplaza ó cita á juicio.

Informabĭlis. m. f. lĕ. n. is. *Tert.* Lo que no puede ser formado ó recibir forma.

Informātio, ōnis. f. *Vitruv.* El primer borron, traza ó diseño de una obra. ‖ Imágen, idea, representacion, que se forma en el entendimiento. *Informatio verbi. Cic.* Esplicacion de una palabra.

Informātor, ōris. m. *Tert.* El que forma, instruye ó enseña.

Informātus, a, um. *Virg. part. de* Informo. Delineado, trazado, tosco todavía é imperfecto. ‖ *Cic.* Informado, formado, enseñado.

Informĭdabĭlis. m. f. lĕ. n. is. *Corrip.* No formidable, no temible.

Informĭdatus, a, um. *Sil.* No temido.

Informis. m. f. mě. n. is. *Ad Her.* Informe, sin forma ó figura, tosco, mal formado. ‖ *Virg.* Feo, disforme, horroroso.

* Informĭtas, ātis. f. *Sol.* Informidad, calidad ó estado de las cosas que estan sin forma ó figura.

Informĭter. *adv. S. Ag.* Sin forma ó figura.

Informo, ās, āvi, ātum, āre. *a. Col.* Informar, dar la primera forma, diseñar. ‖ Retratar, imaginar, idear, pintar. ‖ Enseñar, instruir.

† Informus, a, um. *Varr.* Muy caliente. ‖ *Tert.* Informe, tosco.

Infŏro, ās, āvi, ātum, āre. *a. Plin.* Barrenar, dar un barreno, taladrar. ‖ *Plaut.* Emplazar, citar á juicio.

Infortūnātē. *adv. Plaut.* Desdichada, desgraciadamente.

Infortūnātus, a, um. *Ter.* Desafortunado, infeliz, miserable, desgraciado, desdichado. *Nihil me infortunatius. Cic.* No hay cosa mas desgraciada que yo.

Infortūnĭtas, ātis. f. *Gel.* y

Infortūnium, ii. n. *Ter.* Infortunio, desgracia, calamidad, infelicidad, desventura.

Infossio, ōnis. f. *Palad.* La cava, la accion de cavar.

Infossus, a, um. *Col. part. de* Infodio. Cavado, escavado. ‖ *Plin.* Sepultado, enterrado.

Infra. *prep. de acusat. Cic.* Debajo de.

Infractio, ōnis. f. *Cic.* Infraccion, rotura, quiebra de alguna cosa. ‖ Pusilanimidad, abatimiento.

Infractus, a, um. *part. de* Infringo. *Col.* Quebrado, roto, hecho pedazos. ‖ Abatido, enervado, envilecido, debilitado. *Infracta loqui. Cic.* Hablar con espresiones cortadas, no fluidas. *Infracta res. Cic.* Negocio perdido, desesperado.

Infraenis. V. Infrenus.

Infrăgĭlis. m. f. lĕ. n. is. *Plin.* y

Infrangibĭlis. m. f. lĕ. n. is. *Sen.* Lo que no se puede quebrar, romper, lo que no es frágil ni quebradizo. ‖ Firme, constante, que no se deja doblar ni torcer.

Infrēgi. *pret. de* Infringo.

Infrĕmo, is, mui, mĭtum, ĕre. *n. Virg.* Bramar, gruñir, rechinar. ‖ *Sil.* Hacer un ruido espantoso.

Infrēnātio, ōnis. f. *Tert.* La accion de enfrenar ó embridar, de echar ó poner el freno.

**INF**

Infrēnātus, a, um. *part. de* Infreno. *Liv.* No enfrenado, sin freno. ‖ *Id.* Enfrenado, embridado, que lleva ó tiene freno.

Infrendens, tis. *com. Virg.* Que rechina los dientes.

Infrendeo, ēs, ui, ēre. *n. Virg.* Rechinar los dientes.

Infrēnis. m. f. V. Infrenus.

Infrēno, ās, āvi, ātum, āre. *a. Liv.* Enfrenar, poner el freno, la brida. ‖ *Plin.* Refrenar, contener, reprimir. *Infrenare currus. Virg.* Calzar las ruedas de los carros. — *Anchoris navigia. Plin.* Poner los navíos sobre el áncora.

Infrēnus, a, um. *Virg.* Que no tiene ó no lleva freno ó brida. ‖ *Gell.* Desenfrenado, libre, desbocado.

Infrēquens, tis. *com. Cic.* Poco concurrido, no frecuentado. ‖ Que asiste ó viene raras veces á un lugar. *Infrequens Senatus. Cic.* Asamblea, senado poco numeroso, de pocos concurrentes.

Infrēquentātus, a, um. *Sid.* No frecuentado.

Infrēquentia, æ. *f. Cic.* Poco concurso, corto número de concurrentes.

Infriātus, a, um. *part. de* Infrio. *Col.* Desmenuzado.

Infricātus, a, um. *Plin.* Fregado, frotado. *part. de*

Infrĭco, ās, cui, ātum, āre. *a. Cel.* Fregar, frotar, dar una fricción.

Infrictio, ōnis. *f. Cels.* Fricacion ó fregacion, la accion de fregar ó frotar.

Infrictus, a, um. *Marc. Emp.* V. Infricatus.

Infrigeo, ēs, xi, ēre. *n. Cels.* y

Infrigesco, is, scēre. *n. Virg.* Resfriarse, ponerse frio.

Infrigidātio, ōnis. *f. Veg.* El acto de resfriarse ó enfriarse, resfriamiento.

Infrigĭdo, ās, āre. *a. Cel. Aur.* Enfriar, resfriar.

Infrigo, is, xi, ctum, gĕre. *a. Plin.* Freir en ó con

Infringo, is, frēgi, fractum, gĕre. *a. Plaut.* Quebrar, quebrantar, romper, hacer pedazos. ‖ Disminuir, debilitar. ‖ Reprimir, moderar, contener. *Infringere animum. Liv.* Quebrantar el ánimo, desalentar, hacer perder el brio ó el orgullo. — *Spem. Cic.* Disminuir, quitar la esperanza. — *Verborum ambitum. Cic.* Romper el número, la armonía de la oracion.

Infrĭo, ās, āvi, ātum, āre. *a. Col.* Desmenuzar, desmigar, espolvorear en, sobre, por encima.

Infrixi, *pret. de* Infringo.

Infrons, dis. *com. Ov.* Privado de hojas, sin hoja.

Infructuōsē. *adv. S. Ag.* Infructuosamente, sin provecho, sin fruto ó utilidad.

Infructuosĭtas, ātis. *f. Tert.* Inutilidad.

Infructuōsus, a, um. *Col.* Infructuoso, inútil, sin provecho, sin fruto.

Infrūgĭfĕrus, a, um. *Suet.* Infructífero, que no lleva ó no da fruto.

Infrūnītus, a, um. *Sen.* Necio, tonto, fatuo, que carece del sentido comun.

Infucātio, ōnis. *f. Arnob.* La accion y efecto de dar con algun afeite.

Infucātus, a, um. *Cic.* Afeitado, dado ó hermoseado con afeite. *part. de*

Infūco, ās, āvi, ātum, āre. *a. Plaut.* Afeitar, cubrir, dar ó hermosear con afeite. ‖ Disimular, disfrazar.

Infūdi, *pret. de* Infundo.

Infŭla, æ. *f. Virg.* y

Infŭlæ, ārum. *f. plur. Cic.* Infulas, turbante, mitra, adorno de la cabeza, *de que usaban los sacerdotes y las vírgenes vestales, y con que cubrian tambien las víctimas.*

Infŭlātus, a, um. *Suet.* Adornado, cubierto con las ínfulas ó fajas de los antiguos.

Infulcio, is, si, tum, cīre. *a. Suet.* Introducir, meter dentro. *Infulcire verbum omnibus locis. Suet.* Usar de, acomodar una palabra á todas cosas.

Infulgens, tis. *com Cat.* Resplandeciente, brillante.

Infulgeo, ēs, si, ēre. *n. Cap.* V. Fulgeo.

Infūmātus, a, um. *Plin.* Ahumado, puesto ó seco al humo.

Infūmĭbŭlum, i. n. *Plin.* Cañon de la chimenea.

Infūmo, ās, āvi, ātum, āre. *a. Plin.* Ahumar, poner ó secar al humo.

**ING** 371

Infundĭbŭlum, i. n. *Col.* El embudo. ‖ *Vitruv.* La tolva del molino.

Infundo, is, fūdi, fūsum, ndĕre. *a. Col.* Infundir, introducir, echar dentro algun licor. ‖ Rociar, esparcir. *Infundere alicui. Cic.* Dar, alargar á uno, prepararle alguna bebida. — *Nimbum. Virg.* Echar encima, derramar granizo.

Infurnĭbŭlum, i. n. *Plin.* Cañon de chimenea.

Infuscātio, ōnis. *f. Plin.* Ofuscacion, oscuridad.

Infuscātus, a, um. *Col.* Ofuscado, oscurecido. *part. de*

Infusco, ās, āvi, ātum, āre. *a. Col.* Ennegrecer, oscurecer. ‖ Corromper, manchar, ensuciar. ‖ Turbar, oscurecer, ofuscar, embotar.

Infuscus, a, um. *Col.* Oscuro, negro, que tira á negro.

Infūsio, ōnis. *f. Plin.* Infusion, la accion de infundir ó echar algun licor.

Infūsor, ōris. *m. Prud.* El que infunde ó introduce.

Infūsorĭum, ii. n. *Col.* Embudo, cañon, canal.

Infūsus, us. m. *Plin.* V. Infusio.

Infūsus, a, um. *part. de* Infundo. *Plin.* Infundido, echado, derramado en.

Ingauni, ōrum. m. *plur.* Pueblos de Liguria.

Ingēlābĭlis. m. f. lo. is *Gel.* Lo que no se puede helar ó congelar.

Ingelĭdus, a, um. *Prud.* No helado, templado.

Ingĕmens, tis. *com. Hor.* V. Ingemiscens.

Ingēmĭnātus, a, um. *Virg.* Doblado, geminado. *part. de*

Ingēmĭno, ās, āvi, ātum, āre. *a. Virg.* Gemir, doblar, repetir, duplicar, redoblar. *Ingeminant austri. Virg.* Se aumentan, se refuerzan, crecen los vientos.

Ingemiscens, tis. *com. Cic.* Que gime, se lamenta, se queja con gemidos.

Ingemisco, is, mui, scĕre. *n. Cic.* y

Ingemo, is, mui, mĭtum, ĕre. *n. Liv.* Gemir, lamentarse, quejarse con gemidos. *Ingemere agris. Tac.* Trabajar en la cultura del campo.

Ingēna Abricantorum. f. Avranches, *ciudad de Normandía.*

Ingĕnĕrasco, is, ĕre. *n. Lucr.* Crecer, ser engendrado.

Ingĕnĕrātus, a, um. *Cic.* Engendrado. ‖ Ingénito, connatural. *part. de*

Ingĕnĕro, ās, āvi, ātum, āre. *a. Cic.* Engendrar, criar, producir, causar, ocasionar.

Ingēnĭātus, a, um. *Plaut.* Ingenioso, hábil, sutil, dotado de ingenio.

Ingĕnĭcŭlārius, ii. m. y

Ingĕnĭcŭlātus, i. m. *Vitruv.* La estrella de Hércules ó el arrodillado, porque tiene hincada la rodilla derecha. *Constelacion boreal.*

Ingĕnĭcŭlātus, a, um. *Vitruv.* Arrodillado, puesto de rodillas.

Ingĕnĭcŭlo, ās, āvi, ātum, āre. *a. Hig.* Doblar, hincar la rodilla, arrodillarse.

Ingĕnĭcŭlus, i. m. *Firm.* V. Ingeniculatus.

Ingĕnĭŏlum, i. n. *Arnob.* dim. *de* Ingenium. Ingenio corto.

Ingĕnĭōsē, ius, issĭmē. *adv.* Ingeniosa, sutil, agudamente, con ingenio, primor, habilidad.

Ingĕnĭōsus, a, um, ior, issĭmus. *Cic.* Ingenioso, hábil, sutil, agudo. ‖ *Plin.* Pensado, discurrido, ingeniosamente. ‖ *Ov.* Apto, á propósito.

Ingĕnĭtus, a, um. *part. de* Ingigne. *Sen.* Ingénito, connatural, innato.

Ingĕnĭum, ii. n. *Col.* Naturaleza, índole, propiedad, fuerza nativa de las cosas. ‖ Ingenio, habilidad, facultad, disposicion con que el hombre discurre, entendimiento. ‖ Genio, índole, humor, modo de cada uno. *Ingenium meum ita est. Plaut.* Este es mi humor, este mi genio.

† Ingĕno, is, genui, ĕre. *a. Manil.* Engendrar.

Ingens, tis. *com. Sal.* Grande con esceso, inmenso, estraordinario. *Ingens pecunia. Cic.* Gran suma de dinero. — *Animi, ó rerum. Tac.* Hombre de grande ánimo, propio para grandes empresas. *Rotæ ingentissimæ. Veg.* Ruedas grandísimas.

Ingĕnuātus, a, um. *Plaut.* El que es de un natural franco, noble, cortesano, ó nacido de condicion libre.

Ingĕnŭē. *adv. Cic.* Noblemente, con cortesanía y no-

Aaa 2

bleza. *Cic.* Ingenua, libre, sincera, francamente, con ingenuidad, sin doblez.

Ingēnui. *pret. de* Ingigno.

Ingenuĭtas, ātis. *f. Cic.* Ingenuidad, libertad natural, honradez, nobleza. ‖ Ingenuidad, candor, sinceridad. ‖ Realidad. ‖ Probidad, bondad, pudor, honestidad.

Ingĕnuus, a, um. *Lucr.* Nativo, natural, ingénito, connatural. ‖ Ingénuo, libre de nacimiento, honrado, noble. ‖ Honroso, honesto, ingénuo, sincero.

Ingĕris, is. *m.* El Indre, *rio de Berri*.

Ingĕro, is, gessi, gestum, rĕre. *a. Plaut.* Llevar, llévar adentro, meter dentro. ‖ *Plin.* Dar, alargar. ‖ *Liv.* Echar, arrojar, tirar, lanzar. Ingerere se. *Just.* Meterse, mezclarse, ofrecerse, entrometerse. — *Scelui sceleri. Sen.* Añadir una maldad á otra. — *Probra alicui. Liv.* Decir injurias á alguno.

Ingestabĭlis. *m. f. lĕ. n. is. Plin.* Insoportable, lo que no se puede llevar.

Ingestio, ōnis. *f. Marc. Cap.* La accion de llevar ó entrar adentro.

Ingesto, as, āre. *a. Apul. V.*

Ingestus, us. *m. Tert. V.* Ingestio.

Ingestus, a, um. *part. de* Ingero. *Ov.* Llevado, metido adentro. ‖ *Tac.* Dado, ofrecido con violencia.

Ingigno, is, gĕnui, gĕnitum, gignĕre. *a. Cic.* Engendrar, producir, criar.

Inglŏmĕro, as, āvi, ātum, āre. *a. Estac.* Amontonar, acumular.

Inglōriōsus, a, um. *Tib.* Deshonroso, lo que deshonra ó disfama.

Inglōrius, a, um. *Cic.* El que no tiene honra, sin honra.

Inglŭvies, ēi. *f. Col.* El buche ó papo de los animales. ‖ *Ter.* Glotonería, voracidad, ansia de comer y beber. ‖ *Virg.* La gula ó caña del cuello.

Inglŭviŏsus, a, um. *Fest.* Goloso, voraz, comilon.

Ingolstadium, ii. *n.* Ingolstad, *ciudad de Baviera*.

Ingrandesco, is, dui, scĕre. *n. Col.* Engrandecerse, crecer, hacerse alto ó grande.

Ingrāte. *adv. Plin.* Sin gracia, sin gusto, desgraciadamente. ‖ Ingratamente, con ingratitud y desagradecimiento. ‖ *Plin.* De mala gana, de mala voluntad, con repugnancia.

Ingrātia, ae. *f. Ter.* Desagrado, disfavor, enfado.

Ingratĭfĭcus, a, um. *Cic. V.* Ingratus.

Ingrātiis. *Ter.* y

Ingrātis. *ablat. absoluto. Cic.* Contra su voluntad, con repugnancia, de mala gana ó voluntad. *Ingratiis tuis. Plaut.* Á pesar tuyo, contra tu voluntad. *Ingratis nubet. Plaut.* Se casa por fuerza.

Ingratitūdo, ĭnis. *f. Jul. Firm.* Ingratitud, desagradecimiento, mala correspondencia, olvido de los beneficios.

Ingrātus, a, um. *Cic.* Ingrato, desapacible, áspero, desagradable, enfadoso, molesto. ‖ Desagradecido, desconocido, que no corresponde á los beneficios ó los olvida.

Ingrăvāte. *adv. Am.* De buena voluntad, de buena gana.

Ingrăvātio, ōnis. *f. Dig.* Molestia, carga.

Ingrăvātus, a, um. *Plin.* Agravado, hecho pesado, difícil, trabajoso.

Ingrăvesco, is, ĕre. *n. Plin.* Hacerse mas pesado, grave ó molesto. ‖ Aumentarse, crecer. *Annona ingravescit. Cic.* Los víveres, los comestibles se ponen mas caros, se levantan, suben de precio, se encarecen.

Ingrăvĭdātus, a, um. *S. Ag. V.* Ingravatus. *part. de*

Ingrăvĭdo, as, āre. *Paul. Nol. V.* Gravido.

Ingrăvis, a, um. *Ulp.* Muy grave, muy pesado.

Ingrăvo, as, āvi, ātum, āre. *a. Estac.* Agravar, hacerse pesado, oprimir, agoviar con el peso. ‖ *Virg.* Exagerar, aumentar. ‖ *Plin.* Agriar, empeorar, hacer mas incómodo, pesado ó molesto.

Ingrĕdiens, tis. *com. Cic.* El que entra, que va, anda ó marcha. ‖ El que emprende, empieza, comienza.

Ingrĕdior, ĕris, gressus, sum, di. *dep. Cic.* Entrar. Comenzar, emprender, empezar. ‖ Andar, marchar, caminar. *Ingredi vestigiis patris. Cic. Liv.* Imitar, seguir las huellas, las pisadas del padre.

Ingressio, ōnis. *f.* y

Ingressus, us. *m. Cic.* Ingreso, entrada. ‖ Principio, comienzo. ‖ El andar.

Ingressus, a, um. *Cic. part. de* Ingredior. El que ha entrado.

Ingriones, um. *m. plur.* Pueblos de Alemania hácia el mar de Suecia.

Ingruens, tis. *com. Liv.* Inminente, cercano á suceder. *Ingruens aestas. Cic.* Estío que va á empezar. — *Periculum. Liv.* Peligro que amenaza, á que uno está expuesto.

Ingruo, is, grui, ĕre. *n. Liv.* Estar, venir encima, arrojarse, echarse sobre, atacar, asaltar, estar cercano, vecino, inmediato. *Ingruit vitibus umbra. Virg.* La sombra cubre las viñas.

Inguen, ĭnis. *f. Cels.* La ingle. ‖ Tumor en ella. ‖ La parte situada entre las dos ingles en ambos sexos.

Inguĭnālis. *m. f. lĕ. n. is. Plin.* Inguinario, lo que pertenece á las ingles.

Inguĭnāria, ae. *f. Plin.* Planta útil á la curacion de los males que sobrevienen en las ingles.

Inguĭni, ōrum. *m. plur.* Pueblos de la Umbria.

Ingŭlisma, ae. *f.* Angulema, *ciudad de Francia, capital de la provincia del Anguinés*.

Ingurgitātio, ōnis. *f. Firm.* Glotonería, voracidad en comer y beber.

Ingurgitātus, a, um. *Petron.* El que se ha hartado de comer y beber. *part. de*

Ingurgĭto, as, āvi, atum, āre. *a. Cic.* Engullir, tragar, llenarse, hartarse de comer y beber. *Ingurgitari se in flagitia. Cic.* Engolfarse en ó abandonarse á todo desorden.

Ingustabĭlis. *m. f. lĕ. n. is. Plin.* Ingustable, lo que no se puede gustar ó probar.

Ingustātus, a, um. *Hor.* No gustado, probado, comido.

Ingusto, as, āvi, atum, āre. *a. Ter.* Dar á gustar, á probar, á catar.

Inhābĭlis. *m. f. lĕ. n. is. Liv.* Inhábil, difícil de tratar ó de manejar. ‖ Inepto, inútil, falto de habilidad, maña, destreza ó ingenio.

Inhăbĭtabĭlis. *m. f. lĕ. n. is. Cic.* Inhabitable, lo que no se puede habitar.

Inhăbĭtans, tis. *com. Apul.* El que habita, vive en un lugar.

Inhăbĭtatio, ōnis. *f. Tert.* Habitacion, domicilio.

Inhăbĭtator, ōris. *m. Ulp.* El que habita ó vive en una casa, vecino, inquilino.

Inhăbĭto, as, āvi, atum, āre. *a. Petron.* Habitar, vivir, tener casa, morada ó domicilio en alguna parte.

Inhaerentia, ae. *f.* Inherencia, adhesion de accidente á la sustancia, *en term. de filosofia*.

Inhaereo, es, sesi, aesum, ēre. *n. Cic.* Estar pegado ó unido íntimamente con alguna cosa. ‖ Estar junto, inmediato, al lado. *Inhaerere alicui. Ov.* Estar siempre al lado de alguno. — *Alicui rei. Petron.* Estar siempre sobre alguna cosa, con mucha aplicacion á ella.

Inhaeresco, is, scĕre. *n. Cic.* Arrimarse, pegarse, unirse.

Inhalatio, ōnis. *f. Plin.* y

Inhalātus, us. *m. Apul.* El soplo del aliento, de la respiracion.

Inhalātus, a, um. *Apul.* Inspirado, soplado. *part. de*

Inhālo, as, āvi, atum, āre. *a. Cic.* Respirar, alentar, echar el aliento.

Inhians, tis. *com. Cic.* El que abre la boca para tomar con ansia. ‖ *Sen.* Ansioso, codicioso. *Inhians gazis. Sen.* Muy codicioso de riquezas.

Inhianter. *adv. S. Ag.* Con ansia.

Inhĭbeo, es, bui, bĭtum, bēre. *a. Liv.* Inhibir, contener, impedir, estorbar, cortar. ‖ Emplear, ejercitar, usar. *Inhibere impetum victoris. Liv.* Contener el ímpetu vencedor.

Inhĭbĭtio, ōnis. *f. Cic.* La accion y efecto de inhibir, de recular, de retirar hácia atras.

Inhĭbĭtor, ōris. *m. Quint.* El que inhibe, detiene ó contiene con amenazas.

Inhĭbĭtus, a, um. *part. de* Inhibeo. *Liv.* Inhibido, contenido, detenido. ‖ Estorbado, prohibido con amenazas.

Inhinnio, is, īre. *a. Prud.* Relinchar cerca.

Inhio, as, āvi, atum, āre. *a. Cic.* Estar con la boca abierta. ‖ Desear con ansia.

Inhŏnestamentum, i. n. *Apul.* Deshonor, deshonra, vergüenza.

Inhŏnestas, atis. f. *Tert.* Lo mismo que Inhonestamentum.

Inhŏneste. *adv. Cic.* Inhonesta, vergonzosamente, sin honor, decencia, honestidad ó decoro.

Inhŏnesto, as, avi, atum, are. a. *Ov.* Deshonrar, difamar, desacreditar.

Inhŏnestus, a, um, ior, issimus. *Cic.* Inhonesto, vergonzoso, deshonesto, torpe, feo. ¶ *Ter.* Sucio, puerco.

Inhŏnōrabĭlis. m. f. lĕ. n. is. y

Inhŏnōrātus, a, um. *Cic.* Deshonrado, vil, sin honra.

Inhŏnōrĭfĭcus, a, um. *Sen.* No honorífico, lo que no da honra ó no es honroso.

Inhŏnōro, as, avi, atum, are. a. *Ter.* Deshonrar, difamar.

Inhŏnōrus, a, um. *Plin.* V. Inhonoratus.

Inhorreo, es, rui, ere. n. *Liv.* y

Inhorresco, is, rui, scere. n. *Plin.* Erizarse, encresparse, horrorizarse. ¶ *Tac.* Temblar de miedo: *Inhorrescit mare. Pacuv.* El mar se encrespa, se enfurece.

Inhortātus, a, um. *Apul.* Exortado. *part. pas. de*

Inhortor, āris, ātus sum, ari. *dep. Apul.* Exortar, animar, escitar, alentar.

Inhospĭtālis. m. f. lĕ. n. is. *Hor.* Inhospital, inhospitable, inhabitable, que no recibe huéspedes.

Inhospitālitas, atis. f. *Cic.* Inhospitalidad, inhumanidad, negacion de hospedage.

Inhospitāliter. *adv. Ter.* Inhumana, cruelmente, sin humanidad.

Inhospĭtus, a, um. *Ov.* Inhabitable, donde no se puede habitar, donde se niega el hospedage.

Inhostus, a, um. *Tac.* Inicuo, injusto, perjudicial.

Inhŭmānātĭo, ōnis. f. *Just. Cod.* La encarnacion del Hijo de Dios N. S. J.

Inhŭmānātus, a, um. *Dig.* Humanado, encarnado. *Dicese del Verbo Divino.*

Inhŭmāne, ius. *adv. Cic.* Inhumana, cruel, bárbaramente, sin humanidad, sin compasion.

Inhŭmānĭtas, atis. f. *Cic.* Inhumanidad, crueldad, barbaridad, falta de humanidad y compasion. ¶ Rusticidad, descortesía, grosería.

Inhŭmānĭter. *adv. Cic.* V. Inhumane.

Inhŭmānus, a, um, ior, issimus. *Cic.* Inhumano, cruel, bárbaro, desapiadado. ¶ Descortés, grosero, rústico, mal criado.

Inhŭmātus, a, um. *Cic.* No enterrado, á quien no se ha dado sepultura ó tierra.

Inhŭmectus, a, um. *Cel. Aur.* No humedecido, seco.

Inhŭmigo, as, are. a. *Non.* Humedecer, rociar, mojar.

Inhŭmo, as, avi, atum, are. a. *Plin.* Enterrar, sepultar, soterrar.

Inĭbi. *adv. Cic.* Alli mismo, en aquel lugar.

Inĭdōnĕe. *adv. Apul.* De mala manera, de mala gracia, sin venir al caso, sin propósito.

Iniens, euntis. *com. Cic.* El que entra, comienza ó emprende.

Inĭgo, is, ēgi, actum, ĕre. a. *Varr.* Conducir, entrar, meter dentro. *Inigere oves in stabula. Varr.* Meter, hacer entrar las ovejas en el aprisco.

† Inĭmīcālis. m. f. lĕ n. is. *Sid.* V. Inimicus, a, um.

Inĭmīce, issime. *adv. Cic.* y

Inĭmīcĭter. *Adv. ant.* En, con enemistad, con ánimo enemigo, con encono.

Inĭmīcĭtĭa, æ. f. *Cic.* Enemistad, enojo, disension, inimicicia. *Es mas usado en plural.*

Inĭmīco, as, avi, atum, are. a. *Hor.* Enemistar, introducir division ó discordia.

Inĭmīcus, a, um, ior, issimus. *Cic.* Enemigo, contrario, opuesto, dañoso.

Inĭmīcus, i. m. *Cic.* El enemigo, contrario.

Inĭmĭtābĭlis. m. f. lĕ. n. is. *Quint.* Inimitable, lo que no se puede imitar ó no permite ser imitado.

Inĭnĭtĭātus, a, um. *Claud. Mamert.* Lo que no tiene principio.

Inintellĭgĭbĭlis. m. f. lĕ. n. is. *Tert.* Ininteligible, lo que no se puede entender.

† Ininterprĕtābĭlis. m. f. lĕ. n. is *Tert.* Lo que no se puede interpretar.

Ininterprĕtātus, a, um. *S. Ger.* No interpretado, no esplicado.

† Ininventĭbĭlis. m. f. lĕ. n. is. *Tert.* Lo que no se puede inventar.

† Ininvestĭgābĭlis. m. f. lĕ. n. is. *Tert.* Lo que no se puede investigar.

Inĭque, ius, issime. *adv. Cic.* Inicua, malvada é injustamente, con iniquidad. ¶ *Suet.* De mala gana ó voluntad.

Inĭquĭtas, atis. f. *Cic.* Iniquidad, injusticia, malicia, maldad. *Iniquitas loci. Ces.* La desventaja del sitio, del lugar. *Rerum. Ces.* Dificultad, estorbo, mala disposicion de las cosas.

† Inĭquo, as, are. a. *Non.* Hacer inicuo ó injusto.

Inĭquus, a, um. *Cic.* Inicuo, injusto. ¶ Contrario, enemigo, no favorable. ¶ Difícil, trabajoso, áspero. ¶ Desigual, inferior, de mala calidad. ¶ *Virg.* Infeliz, miserable.

Inirrĭgātus, a, um. *Col.* Lo que no está regado.

Initĭa, ōrum. n. plur. *Varr.* Sacrificios de Ceres ó de Baco. ¶ *Vell. Pat.* El nacimiento. ¶ *Cic.* Principios, primeros elementos. *Initiorum dies. Liv.* Dia de las fiestas de Ceres ó Baco, ó las mismas fiestas.

Initĭālis. m. f. lĕ. n. is. *Apul.* Inicial, lo que concierne al principio.

Initĭāmenta, ōrum. n. plur. *Sen.* Principios, primeros elementos de los misterios de una religion.

Initĭātĭo, ōnis. f. *Apul.* Introduccion, conocimiento que se da de los misterios de una religion, ó de los preceptos que contiene. ¶ *Suet.* La celebracion de los sacrificios de Baco ó de Ceres.

Initĭātor, ōris. m. y Initiatrix, icis. f. *Ter.* El que admite á la comunion de una religion, á la participacion de sus misterios. ¶ Que da principio á cualquiera cosa.

Initĭātus, a, um. *Liv.* Iniciado en los misterios de una religion, de una ciencia. *part. de*

Initĭo, as, avi, atum, are. a. *Cic.* Iniciar, instruir en los misterios de una religion, y propiamente en los de Ceres y Baco. ¶ *Firm.* Empezar, comenzar, principiar. ¶ *Tert.* Bautizar.

Initĭum, ii. n. *Cic.* Principio, empiezo, entrada. ¶ Primeros elementos de una ciencia.

Inĭto, as, are. n. *Pacuv. freq. de* Ineo. Ir frecuentemente.

Inĭtus, a, um. *part. pas. de* Ineo. *Liv.* Entrado, comenzado, principiado. *Hispania Romanis inita. Liv.* La España invadida por los romanos. *Ratione. Cic.* Hecha, ajustada la cuenta.

Inĭtus, us. m. *Plin.* El coito de los animales.

Injēci. *pret. de* Injicio.

Injectĭo, ōnis. f. *Quint.* La accion de agarrar, de echar la mano, de tomar posesion.

Injecto, as, avi, atum, are. a. *freq. de* Injicio. *Stat.* Estender, alargar, echar la mano.

Injectus, us. m. *Plin.* La accion de echar encima.

Injectus, a, um. *Cic. part. de* Injicio. Echado dentro. Puesto encima. *Injectus ad crimen. Cic.* Inducido á la maldad.

Injĭcĭo, is, jēci, jectum, cĕre. a. *Plaut.* Echar dentro. ¶ *Ces.* Echar sobre ó encima. ¶ Inspirar. *Injicere se flammae. Plin.* Echarse en las llamas. *Se in medios hostes. Cic.* Meterse, arrojarse en medio de los enemigos. ¶ *Alicui curam. Ter.* Dar á uno cuidado, darle que pensar. *Vim, catenas. Liv. Vincula. Cic.* Aprisionarle. *Mentem. Cic.* Persuadirle. *Tumultum. Cic.* Escitar una sedicion. *Manum. Liv.* Echar la mano, aprehender alguna cosa en señal de posesion. ¶ *Plaut.* Citar á juicio.

Injūcunde, ius. *adv.* Desagradablemente, sin gusto, sin gracia.

Injūcundĭtas, atis. f. *Cic.* Desagrado, disgusto, displicencia.

Injūcundus, a, um. *Cic.* Desagradable, enfadoso, molesto, no agradable. ¶ *Tac.* Aspero, severo en el hablar.

Injūdĭcātus, a, um. *Gel.* No juzgado, no sentenciado. ¶ *Quint.* No decidido, indeciso.

Hablar con estilo demasiado vulgar, bárbaro, inelegante.

Inquĭnātus, a, um, ior, issĭmus. *Cic.* Manchado, sucio, puerco. ‖ *Mart.* Teñido. ‖ Bajo, duro, tosco, grosero, *hablando del estilo. part. de*

Inquĭno, ās, ăvi, ātum, āre. *a. Cic.* Manchar, emporcar, ensuciar. *Inquinare famam. Liv.* Manchar la fama. *Aliquem. Val. Max.* Deshonrar á alguno.

Inquio, is, it. *def. Cic.* Digo, dices, dice. *Inquimus. Hor.* Decimos. *Inquiunt. Cic.* Dicen. *Inquam. Cic.* Digo, decia yo. *Inquiebant. Cic.* Decian. *Inquistis. Cic.* Dijisteis. *Inquiet. Cic.* Dirá aquel. *Inquies. Cic.* Dirás tú. *Inquiebat. Cic.* Decia aquel. *Inque. Tert.* Inquito. *Plaut.* Di tú, habla.

Inquīro, is, sīvi, sītum, rĕre. *a. Cic.* Inquirir, buscar, investigar, averiguar con cuidado. ‖ Hacer informacion, informarse.

Inquīsītio, ōnis. *f. Cic.* Inquisicion, averiguacion, investigacion, informacion, examen.

Inquīsītor, ōris. *m. Cic.* Investigador, averiguador, el que inquiere, examina, hace informacion ó proceso.

Inquīsītus, a, um. *Cic.* Investigado, inquirido, examinado. ‖ *Plaut.* Lo que no se ha averiguado ó hecho informacion sobre ello.

Inrĕsectus, a, um. *Hor.* No cortado.

Insălūbris. *m. f.* brĕ. *n.* is. *Col.* No saludable, mal sano, dañoso, perjudicial á la salud. *Insaluberrimus. Plin.* Muy dañoso.

Insălūtātus, a, um. *Sid.* No saludado.

Insānābĭlis. *m. f.* lĕ. *n.* is. *Cic.* Insanable, incurable, lo que no se puede sanar ó curar, lo que no tiene remedio.

Insāne. *adv. Plaut.* Loca, furiosamente. ‖ Vehemente, inmoderadamente.

Insānia, ae. *f. Cic.* Insania, locura, frenesí, furor. ‖ Estro, entusiasmo, furor poético. ‖ Gasto inmoderado, escesivo; esceso.

Insāniens, tis. *com. Ter.* Loco, furioso, el que padece locura ó frenesí.

Insānio, is, īvi, ītum, īre. *n. Cic.* Ser, estar loco, hacer locuras, no saber lo que se dice ni hace. ‖ *Plaut.* Hacer, cometer escesos, gastar escesivamente.

Insānĭtas, ātis. *f.* Enfermedad del entendimiento, enagenacion del juicio, locura.

Insānus, a, um. *Cic.* Loco, insano, insensato, furioso. ‖ Inmoderado, escesivo, desproporcionado, desmedido, exorbitante.

Insăpōrātus, a, um. *Estac.* Insípido, sin sabor.

Insătĭābĭlis. *m. f.* lĕ. *n.* is. Insaciable, que no se sacia ó harta, que nada le basta ó satisface. ‖ *Cic.* Que no cansa, que no causa fastidio, que nunca disgusta.

Insătĭābĭlĭtas, ātis. *f. Amian.* Insaciabilidad, calidad del apetito, del que no quiere sin saciarse ni satisfacerse.

Insătĭābĭlĭter. *adv. Lucr.* Insaciablemente, sin fastidio, con insaciabilidad.

Insătĭātus, a, um. *Estac.* No saciado, no harto, no satisfecho.

Insătĭĕtas, ātis. *f. Plaut. V. Insatiabilitas.*

Insătīvus, a, um. *Plin.* Lo que crece naturalmente, lo que lleva la tierra de suyo, sin sembrarse.

Insătŭrābĭlis. *m. f.* lĕ. *n.* is. *Cic.* Insaciable, lo que no se puede saciar ó satisfacer.

Insătŭrābĭlĭter. *adv. Cic.* Insaciablemente.

Insătŭrātus, a, um. *Avien. V. Insatiatus.*

Inscalptus, a, um. *V. Insculptus.*

Inscendo, is, di, sum, dĕre. *a. n. Plaut.* Ascender, subir. ‖ *Plaut.* Embarcarse. *Inscendere currum ó in currum. Plaut.* Subir al carro, ponerse en el carro.

Inscensio, ōnis. *f. Plaut.* Subida, la accion de subir ó de embarcarse.

Inscensus, us. *m. Apul.* El coito de los animales con las hembras.

Inscensus, a, um. *Apul.* Subido.

Inscie. *adv. Apul. V. Inscienter.*

Insciens, tis. *com. Cic.* Ignorante, el que no sabe. ‖ *Ter.* Imprudente. *Insciens feci. Ter.* Lo hice sin saberlo, sin hacer reflexion, sin pensar en ello. *Insciente me. Cic.* Sin saberlo yo, sin habérseme advertido, sin darme parte.

Inscienter. *adv. Cic.* Ignorantemente, por imprudencia ó ignorancia.

Inscientia, ae. *f. Cic.* Ignorancia, incapacidad.

Inscīte. *adv. Cic.* Ignorantemente, con ignorancia, incultura, rusticidad.

Inscītia, ae. *f. Cic.* Ignorancia, impericia, insuficiencia, incapacidad. ‖ *Plaut.* Necedad, tontería.

Inscītŭlus, a, um. *Non. dim. de*

Inscītus, a, um. *Cic.* Ignorante, necio, tonto. ‖ Grosero, inculto, tosco. ‖ *Gel.* No sabido, no conocido.

† Inscĭus, a, um. *Cic.* Ignorante, el que ignora, no sabe, no tiene conocimiento. *Non sum inscius. Cic.* Sé muy bien.

Inscrībo, is, psi, ptum, bĕre. *a. Cic.* Inscribir, escribir ó grabar en ó sobre, poner una inscripcion en un sobrescrito, intitular. *Inscribere in animo. Cic.* Grabar en el ánimo. — *In statua. Cic.* Poner una inscripcion en la base de una estatua. — *Aliquid alicui. Sen.* Atribuir una cosa á alguno, hacerle autor de ella. — *Libros. Cic.* Intitular los libros.

Inscriptio, ōnis. *f. Cic.* Inscripcion, título de libros. ‖ Inscripcion, monumento público de las estatuas, sepulcros &c. ‖ Epigrama.

Inscriptum, i. *n. Gel. V. Inscriptio.*

Inscriptum, i. *n. Gel.* Inscripcion, título.

Inscriptus, a, um. *Cic.* Inscrito, escrito, entallado, grabado. ‖ Intitulado. ‖ *Juv.* Marcado, señalado por infamia. ‖ *Quint.* No escrito. *Inscriptae merces. Varr.* Mercadurías de contrabando, no registradas.

Inscrūtābĭlis. *m. f.* lĕ. *n.* is. *S. Ag.* Inescrutable, lo que no se puede averiguar, escudriñar ó sondear.

Inscrūtor, āris, ātus sum, āri. *dep. Macrob.* Inquirir, averiguar, sondear, escudriñar.

Insculpo, is, psi, ptum, pĕre. *a. Hor.* Esculpir, grabar, entallar, inscribir.

Insculptus, a, um. *Cic.* Esculpido, grabado, entallado.

Insĕcābĭlis. *m. f.* lĕ. *n.* is. *Sen.* Indivisible, lo que no se puede cortar, partir ó dividir.

Insĕce. *Cat.* Prosigue, di, cuenta.

Insĕcendo. *Cat.* Diciendo, contando.

Insĕco, ās, cui, sectum, āre. *a. Col.* Cortar, dividir, partir. ‖ *Plin.* Disecar, hacer anatomía.

Insectanter. *adv. Gel.* Con persecucion, de una manera injuriosa.

Insectatio, ōnis. *f. Liv.* Persecucion, ultraje, injuria. *Insectatio vitae. Liv.* Censura de la vida.

Insectātor, ōris. *m. Liv.* Perseguidor, el que persigue con injurias ó invectivas.

Insectātus, a, um. *Hirc. part. de Insecto y de Insector.* Perseguido. ‖ El que ha perseguido.

Insectiōnes, um. *f. plur. Gel.* Discursos, narraciones. ‖ Sátiras, libelos infamatorios.

Insecto, ās, āvi, ātum, āre. *a. Plaut.* y

Insector, āris, ātus sum, āri. *dep. Cic.* Perseguir, seguir, instar con palabras ó hechos. *Insectare aliquem maledictis. Cic.* Ultrajar á alguno. — *Damnum. Fedr.* Echar en cara el daño, dar en rostro con él. — *Terram rastris. Virg.* Escardar la tierra.

Insectum, i. *n. Plin.* Insecto, *todo animal pequeño ó sabandija, cuyas partes cortadas y separadas tienen todavía movimiento, como gusanos, lagartijas &c.*

Insectūra, ae. *f. Sen.* Incision, cortadura.

Insectus, a, um. *part. de Inseco. Col.* Cortado, partido, dividido.

Insĕcŭtio, ōnis. *f. Apul.* Persecucion, el acto de seguir ó perseguir.

Insĕcūtor, ōris. *m. Tert.* Perseguidor, el que sigue ó persigue á otro con mala intencion.

Insĕcūtus, a, um. *Plin. part. de Insequor.* Seguido, perseguido. ‖ Sucedido, acaecido, sobrevenido. ‖ El que ha seguido ó perseguido. ‖ El que ha sucedido á otro.

† Insĕdābĭlĭter. *adv. Lucr.* Sin poder ser sosegado.

Insĕdātus, a, um. *Cic.* Agitado, conmovido, inquieto, turbulento, que no se puede sosegar.

Insĕdi. *pret. de Insideo y de Insido.*

Insēmĭnātus, a, um. *Vitruv.* Sembrado, plantado, donde se ha enterrado alguna simiente. *Inseminata conceptio-*

*nibus imbrium terra. Vitruv.* Tierra fecunda con la humedad que recibe en su seno de las aguas, de las lluvias.

Insēmĭno, ās, āvi, ātum, āre. *a. Gel.* Sembrar. ‖ Producir, causar, engendrar.

Insĕnesco, is, sĕnui, scĕre. *n. Hor.* Envejecerse, hacerse viejo en. *Insenescere negotiis. Tac.* Envejecer, criar canas en los negocios.

Insensātus, a, um. *Tert.* Insensato, tonto, necio, sin sentido ni razon.

Insensībĭlis. *m. f.* lĕ. *n. is. Gel.* y

Insensĭlis. *m. f.* lĕ. *n. is. Lucr.* Insensible, imperceptible, lo que no se percibe ó no se conoce por los sentidos. ‖ *Lact.* Falto de facultad sensitiva.

† Insensuālis. *m. f.* lĕ. *n. is. Casiod.* Lo que carece de sentido.

Insĕpărābĭlis. *m. f.* lĕ. *n. is. Sen.* Inseparable, lo que no se puede separar, dividir ó apartar.

Insĕpărābĭlĭtas, ātis. *f. S. Ag.* Calidad de ser inseparable, de no poderse separar ó apartar.

Insĕpărābĭlĭter. *adv. Macrob.* Inseparable, indivisiblemente, sin separacion.

Insĕpărātus, a, um. *Tert.* No separado, no dividido.

Inseptus, a, um. *Sen.* Circundado, rodeado, cercado, ceñido. ‖ *Fest.* No cercado.

Insepultus, a, um. *Cic.* Insepulto, no sepultado, no enterrado, á quien no se ha dado tierra ó sepultura.

Insĕque. *ant. Fest.* Di, sigue, prosigue, cuenta.

Insĕquens, tis. *com. Cic.* Siguiente, que sigue, que viene despues. ‖ El que sigue ó persigue con mala intencion.

Insĕquenter. *adv. Gel.* Sin consecuencia, de un modo que no concluye.

Insĕquor, ĕris, cūtus, ó quūtus sum, qui. *dep. Cic.* Seguir, venir detras ó despues, seguirse. ‖ Perseguir, instar, seguir el alcance. ‖ *Sen.* Decir, contar.

Insĕrēnus, a, um. *Estac.* No sereno, anublado, oscuro.

Insĕro, is, rui, sertum, rĕre. *a. Col.* Sembrar, plantar. ‖ Ingerir, ingertar. ‖ Incluir, introducir. ‖ *Quint.* Clavar, enclavar, fijar, *Inserere se. Tac.* Meterse, mezclarse, entrometerse.

Insĕro, is, sĕvi, sĭtum, rĕre. *a. Cic.* Sembrar. ‖ Unir.

Inserpo, is, psi, ptum, pĕre. *n. Estac.* Entrar, introducirse suavemente. ‖ Estenderse, derramarse.

Insertātio, ōnis. *f. Cel. Aur.* Insercion, la accion de insertar ó incluir.

Insertātus, a, um. *Prud.* Incluido, introducido, inserto.

Insertim. *adv. Lucr.* Introduciendo.

Insertio, ōnis. *f. S. Ag.* Ingerimiento, la accion de ingerir.

Insertīvus, a, um. *Quint.* Lo que se ingiere. ‖ Mezclado.

Inserto, ās, āvi, ātum, āre. *a. Virg.* Meter, introducir, poner, entrar dentro. ‖ *Prud.* Mezclar.

Insertōrium, ii. *n. Cels.* La correa en forma de anillo con que se asegura el escudo al brazo izquierdo.

Insertus, a, um. *Plin.* Inserto, introducido, entremetido, incluido.

Insĕrui. *pret. de* Insero.

Inservio, is, ivi, ītum, īre. *a. Plaut.* Servir, hacer servicio. ‖ Cuidar, atender, tener cuidado. *Inservitum est plebi summa ope. Liv.* Se procuró complacer á la plebe por todos los medios, con el mayor empeño. — *Nihil est à me temporis causa. Cic.* Nada he hecho por acomodarme al tiempo.

Inservo, ās, āvi, atum, are. *Estac. a.* Mirar con atencion, observar.

Insessor, ōris. *m. Fest.* Salteador de caminos.

Insessus, a, um. *part. de* Insideo. *Liv.* Ocupado, tenido, poseido.

Insēvi. *pret. de* Insero.

Insĭbĭlo, ās, āvi, ātum, āre. *a. Ov.* Silbar, chiflar.

Insiccābĭlis. *m. f.* lĕ. *n. is. Sid.* Lo que no se puede secar.

Insiccātus, a, um. *Estac.* No seco. *part. de*

Insicco, ās, āvi, ātum, āre. *a. Cels.* Secar, desecar, poner seco.

Insicia, ae. *f. Varr. V.* Insicium.

Insicium, ii. *n.* Especie de salchicha ó salchichon hecho de carne picada.

Insiciārius, ii. *m. S. Ger.* El que hace salchica de carne picada, salchichero.

Insiciātus, a, um. *Apic.* Guisado ó compuesto á modo de salchicha.

Insiciŏlum, i. *n. Apic.* Salchica ó salchichon pequeño.

Insĭdens, tis. *com. Cic.* El que está sentado. ‖ El que habita en alguna parte. *Insidens cura. Liv.* Cuidado continuo. — *Malum. Cic.* Mal que no cesa.

Insĭdeo, ēs, ēdi, sessum, dēre. *n. Liv.* Estar sentado sobre. ‖ Estar situado. ‖ *Tac.* Ocupar, tener, estar apoderado ‖ *Liv.* Estar en emboscada ó apostado.

Insidiae, arum. *f. plur.* Insidia, asechanza, celada, engaño, trampa. *Insidias alicui collocare, comparare, facere, instruere, ponere, tendere, opponere. Cic.* — *Disponere, subjicere. Quint.* — *Moliri. Virg.* — *Struere. Tac.* Poner, armar, hacer asechanzas á alguno. *Sustinere impetus insidiarum. Ces.* Sostener el ímpetu de los que estaban emboscados. *Insidias intrare. Ces.* Entrar en el parage de las asechanzas, de la emboscada.

Insĭdianter. *adv. Just.* Con ó por asechanzas.

Insĭdiātor, ōris. *m. Cic.* El que pone asechanzas. *Insidiator juste interficitur. adag.* Al que te quisiere comer almuérzale primero. *ref.*

Insĭdiātrix, ĭcis. *f. Amian.* La que pone asechanzas.

Insĭdior, āris, ātus sum, āri. *dep. Cic.* Insidiar, poner asechanzas ó celadas.

Insĭdiōse. *adv. ius, issĭme. Cic.* Insidiosa, engañosamente, con asechanzas, celadas ó traicion.

Insĭdiōsus, a, um. *Cic.* Insidioso, falaz, peligroso, el acostumbrado á engañar ó á armar asechanzas. *Insidiosa clementia. Cic.* Clemencia engañosa. — *Itinera. Plin.* Caminos peligrosos. ‖ *Ov.* Donde hay emboscadas.

Insĭdo, is, sēdi, sessum, dĕre. *n. Virg.* Sentarse, reposar. ‖ *Ov.* Sumergirse, bajar, hundirse.

Insigne, is. *n. Cic.* Señal, indicio, nota. ‖ Insignia, bandera, guion, estandarte. *divisa militar.* ‖ Armas, insignias.

Insignificatīvus *Diom.* El modo infinitivo.

Insignio, is, ivi, itum, īre. *a. Virg.* Adornar, distinguir. ‖ Hacer famoso, insigne, conocido en buena y en mala parte.

Insignis. *m. f.* nĕ. *n. is. Cic.* Insigne, señalado, singular, notable, escelente, famoso. ‖ *Virg.* Adornado, guarnecido.

Insignīte. *adv. Cic.* y

Insignīter. *adv. Cic.* Insigne, señalada, notable, famosamente.

Insignītus, a, um. *Plaut.* Señalado, notado. ‖ *Cic.* Insigne, notable, señalado. *Insignita. Plin.* Las señales, cardenales, contusiones. *Ignominia insignitior. Liv.* Ignominia mas famosa, mas notable.

Insĭlia, ium. *n. plur. Lucr.* Cárcolas de los tejedores, las cuales bajan con los pies para mudarse los hilos, y pasar la lanzadera con este movimiento.

Insĭlio, is, lui, ó lii, sultum, īre. *n. Plaut.* Saltar en, sobre ó dentro.

Insĭmul. *adv. Estac.* Juntamente, al mismo tiempo.

Insĭmŭlātio, ōnis. *f. Cic.* Acusacion, acriminacion.

Insĭmŭlātor, ōris. *m. Apul.* Acusador, el que acusa ó acrimina.

Insĭmŭlātus, a, um. *Cic.* Culpado, acusado. *part. de*

Insĭmŭlo, ās, āvi, ātum, āre. *a. Cic.* Insimular, acusar, acriminar delitos fingidos ó verdaderos. *Insimulare aliquem proditionis. Ces.* Acusar á uno de traicion. — *Aliquem falsum facinus. Plaut.* Acusar á uno de un delito falso.

Insincērus, a, um. *Virg.* Corrompido, adulterado, no entero, no puro. *Insincerus Protagoras. Gel.* Protágoras, filósofo, falaz y engañador.

Insĭnŭātio, ōnis. *f. Cic.* Insinuacion, la accion de introducirse blanda y suavemente en el ánimo de los oyentes, que es una de las dos especies de exordio. ‖ *Avien.* Insinuacion, introduccion.

Insĭnŭātor, ōris. *m. Arnob.* El que se insinúa ó introduce blandamente.

Insĭnŭātus, a, um. *Suet.* El que se ha insinuado, introducido en la gracia y amistad de otro. *part. de*

Insīnuo, ās, āvi, ātum, āre. *a. Ces.* Insinuarse, introducirse con maña, suavemente, poco á poco. || *Tert.* Meter en el seno. *Insinuare aliquem alicui. Suet.* Introducir á uno con otro, en su amistad y gracia.

Insĭpĭdus, a, um. *Firm.* Insipido, desabrido, sin sazon ni gusto. *Insipidius nihil est. Gel.* No hay cosa mas insulsa, mas fria, mas impertinente.

Insĭpiens, tis, ior, issĭmus. *Cic.* Insipiente, ignorante, necio, tonto.

Insĭpienter, *adv. Cic.* Necia, ignorantemente.

Insĭpientia, ae. *f. Cic.* Insipiencia, ignorancia, necedad, fatuidad, imprudencia.

Insĭpio, is, ĕre. *n. Varr.* Ser insípido, desabrido ó ponerse tal.

Insĭpo, as, āre. *Fest.* y

Insĭpo, is, pui, ĕre. *a. Cat.* Echar ó arrojar dentro.

Insistendus, a, um. *Plin.* Aquello sobre que se ha de insistir ó estribar.

Insistens, tis. *com. Sil. Ital.* El que insiste, se mantiene ó persevera.

Insisto, is, stĭti, atĭtum stĕre. *n. Cic.* Insistir, estribar, apoyar ó descansar una cosa en otra. || Pararse, detenerse, mantenerse, perseverar, detener el paso. || Insistir, continuar, proseguir, persistir. *Insistere alicujus vestigiis. Quint.* Seguir las huellas, las pisadas de alguno. — *Hostibus. Nep.* Perseguir, seguir el alcance á los enemigos. — *Viam, rationem. Ces.* Encaminarse, seguir el camino ó el método. — *Alicui rei, ó in aliquam rem. Ces.* Entender, poner todo su conato, su aplicacion en una cosa.

Insĭtio, ōnis. *f. Cic.* Ingerimiento, el acto de ingerir. || El tiempo de ingerir.

Insĭtitius, a, um. *Plin. men.* Adventicio, estrangero, estraño, no natural. || *Varr.* Ingerto.

Insĭtīvus, a, um. *Hor.* Ingerto. || Ilegítimo, fingido. *Insitivus haeres. Sen.* Heredero por adopcion.

Insĭtor, ōris. *m. Plin.* Ingeridor, el que ingiere.

Insĭtum, i. *n. Col.* Ingerto, la vara ó vástago del árbol que se ingiere.

Insĭtus, us, *m. Plin.* La accion de ingerir, ingerimiento.

Insĭtus, a, um. *Virg. part. de* Insero. Ingerido, ingerto. || Natural, connatural, ingénito, nativo. *Insitus urbis civis. Estac.* Hombre á quien se ha dado el derecho de la ciudad ó de naturaleza.

Insŏciābilis. *m. f. lĕ. n. is. Liv* y Insŏciālis. Insociable, enemigo, opuesto á la sociedad, con quien no se puede tratar ó tener comercio. *Insociabile regnum est. Tac.* La dignidad real no admite compañía.

Insōlābĭlĭter. *adv. Hor.* Inconsolablemente, sin consuelo.

Insōlātio, ōnis. *f. Col.* La accion de poner al sol para secar, macerar ó curar.

Insōlātus, a, um. *part. de* Insolo. *Col.* Espuesto, tendido, puesto, seco, curado al sol. *Insolati dies. Col.* Dias claros, serenos, de sol.

Insŏlens, tis. *com. Cic.* ior, issĭmus. Insólito, desacostumbrado, fuera de lo comun y regular. || Insolente, soberbio, arrogante, audaz, inmodesto, atrevido. || Escesivo, inmoderado.

Insŏlenter, ius, issĭme. *adv. Cic.* Fuera de la costumbre, de lo comun ó regular. || Insolente, atrevida, desvergonzadamente, con arrogancia y disolucion. || Escesiva, demasiadamente.

Insŏlentia, ae. *f. Cic.* Estrañeza, novedad, falta de uso ó costumbre. || Insolencia, accion mala fuera de lo comun, y sumamente estraña. || Arrogancia, desvergüenza, descaro. *Insolentia loci. Cic.* Novedad del sitio, del lugar. — *Peregrina. Cic.* Modo de hablar estrangero ó del estrangero poco versado en la propiedad de una lengua. — *Itineris. Sal.* Estrañeza y dificultad del camino.

Insŏlesco, is, scĕre. *n. Gel.* Hacerse insolente, arrogante.

Insŏlet. *impers. Cecil.* Suele.

Insŏlĭdo. *adv. Sen.* y

Insŏlĭdum. *adv. Ulp.* Insolidum, cada uno de por sí, y sobre el todo: *dicese de las obligaciones respectivas, y de las facultades de los testamentarios y podatarios.*

Insŏlĭdus, a, um. *Ov.* No sólido, no firme, débil.

Insŏlĭte. *adv. Gel.* Fuera de la costumbre, del uso, de lo ordinario.

Insŏlĭtus, a, um. *Cic.* No hecho, no acostumbrado. || Insólito, estraño, estraordinario, fuera de lo comun y regular.

Insōlo, ās, āvi, ātum, āre. *a. Col.* Insolar, poner, secar, curar, macerar, tender, esponer al sol.

Insŏlūbĭlis. *m. f. lĕ. n. is. Sen.* Insoluble, lo no pagable, lo que no se puede pagar. || *Quint.* Indisoluble, lo que no se puede disolver ó desatar.

Insŏlūbĭlĭtas, ātis. *f. Sid.* Dificultad, enredo.

Insŏlūbĭlĭter. *adv. Macrob.* Indisolublemente, de modo que no se puede desatar.

† Insŏlus, a, um. *Afran.* No acostumbrado.

Insŏlūtus, a, um. *Sen.* No pagado. || No desatado.

Insomnia, ae. *f. Sal.* Vigilia, privacion de sueño.

Insomniōsus, a, um. *Cat.* El que padece vigilias ó falta de sueño.

Insomnis. *m. f. nĕ. n. is. Virg.* Insomne, desvelado, vigilante, el que no duerme ó no puede dormir.

Insomnium, ii. *n. Macrob.* Sueño, *el suceso ó especies que en sueño se representan á la imaginacion.* || *Plin.* Vigilia, falta de sueño, desvelo.

Insŏno, ās, āvi, y ui, ātum, y ĭtum, āre. *n. Virg.* Sonar, resonar, hacer sonido ó ruido.

Insons, tis. *com. Liv.* Inocente, el que no tiene culpa ó no es reo. || *Hor.* No dañoso, no perjudicial.

Insŏnus, a, um. *Apul.* Lo que no suena, que no hace sonido ó ruido. *Insonae litterae. Apul.* Las letras mudas.

Insŏpībĭlis. *m. f. lĕ. n. is. Marc. Cap.* El que no puede dormir.

Insŏpītus, a, um. *Ov.* Desvelado, no dormido, el que vela, que no duerme. *Insopitus ignis. Claud.* Fuego no apagado.

Insordesco, is, ui, scĕre. *n. Sid.* Ponerse sucio, puerco, manchado.

Insortītus, a, um. *Plaut.* No sorteado, no caido por suerte.

Inspĕcĭātus, a, um. *Tert.* No especificado, no dividido en sus especies.

Inspĕciōsus, a, um. *Petron.* No hermoso; feo, deforme.

Inspectātio, ōnis. *f. Sen.* Inspeccion, el acto de mirar y observar con atencion.

Inspectātor, ōris. *m. Sin. V.* Inspector.

Inspectātus, a, um. *part. de* Inspecto. Mirado, considerado.

Inspectio, ōnis. *f. Col.* Inspeccion, consideracion, observacion diligente, revision. || *Quint.* Especulacion, contemplacion. *Inspectio rationum. Plin. men.* Revista de cuentas. *Artium aliae positae sunt in inspectione, aliae in agendo, in actione. Quint.* Unas artes consisten en la especulacion y otras en la práctica, ó unas son especulativas y otras prácticas.

Inspecto, ās, āvi, ātum, āre. *a. Plaut.* Mirar, reconocer, observar, considerar atentamente. *Me inspectante. Cic.* Á mi vista, á mis propios ojos.

Inspector, ōris. *m. Plin.* Inspector, veedor, examinador, el que reconoce, mira, examina atentamente, *en especial los viveres, para ver si son de buena calidad, y ponerles precio.*

Inspectus, us. *m. Sen. V.* Inspectio.

Inspectus, a, um. *part. de* Inspicio. *Plaut.* Visto, mirado, reconocido, examinado, visitado.

Inspērābĭlis. *m. f. lĕ. n. is. Gel.* Lo que no se puede esperar.

Inspērans, tis. *com. Cic.* El que no espera, no tiene esperanza, está sin ella. *Insperanti mihi. Cic. Insperante me. Ter.* Contra toda mi esperanza, contra lo que yo esperaba, cuando menos esperaba.

Inspērāte. *adv. Val. Max.* Inesperada, casual, fortuitamente, fuera de toda esperanza.

Inspērāto. *adv. Plaut. V.* Insperate.

Inspērātus, a, um. *Cic.* Inesperado, improviso, fortuito, casual, no esperado. *Ex insperato. Liv.* Inesperada, inopinadamente.

Inspergendus, a, um. *Col.* Lo que se ha de esparcir en, por ó sobre.

Inspergo, is, si, sum, gĕre. *a. Cic.* Esparcir, derramar, sembrar, echar, espolvorear encima.

Inspersio, ōnis. *f. Palad.* y

Inspersus, us. *m. Apul.* La accion de esparcir ó echar por encima. Aspersion.

Inspersus, a, um. *part. de* Inspergo. *Her.* Esparcido, echado por encima.

Inspicio, is, pexi, pectum, ĕre. *a. Ter.* Mirar, observar, examinar, considerar, visitar, ver con atencion. *Inspicere leges. Cic.* Estudiar, aprender, informarse de las leyes.—*Rationes. Plin. men.* Rever, revisar las cuentas.

Inspico, as, avi, atum, are. *a. Virg.* Hacer una punta en un palo con varias rajas á modo de espiga.

Inspiramentum, i. *n. Col. Aur. V.* Inspiratio.

Inspirate. *adv. ius. Val. Max.* Con inspiracion ó secreto impulso.

Inspiratio, ōnis. *f. Solin.* Inspiracion, la accion de inspirar.

Inspirator, ōris. *m. Col. Aur.* Inspirador, el que inspira.

Inspiratus, a, um. *Col. part. de* Inspiro. Metido ó infundido soplando. ∥ *Just.* Inspirado, iluminado divinamente. *part. de*

Inspiro, as, avi, atum, are. *a. Cels.* Soplar, inspirar, introducir viento dentro. ∥ Infundir, comunicar interiormente, inspirar. ∥ *Gel.* Aspirar, notar con aspiracion.

Inspissatus, a, um. *Veg.* Espeso.

Inspoliatus, a, um. *Quint.* No despojado, no robado.

Inspumo, as, are. *n. Tert.* Hacer espuma.

Inspuo, is, pui, putum, ĕre. *a.* y

Insputo, as, avi, atum, are. *a. Plaut.* Escupir encima. *Inspuere oculis. Plin.* Escupir en los ojos.

Instabilis. *m. f. le. n. is. Liv.* Instable, poco firme ó seguro. ∥ Inconstante, incierto, no durable.

Instabilitas, atis. *f. Plin.* Instabilidad, falta de firmeza, inconstancia, ligereza.

Instans, tis. *com. Cic.* Instante, lo que insta, aprieta ó amenaza.

Instanter, ius, issime. *adv. Quint.* Instante, instantísimamente, con vigor, vehemencia, con ímpetu, con grande empeño é instancia.

Instantia, ae. *f. Plin.* Atencion, diligencia, cuidado, continuacion, asistencia. ∥ Fuerza, vehemencia, ardor. *Dig.* Peticion, instancia frecuente y diligente.

Instar, *indecl. n. Cic.* Semejanza, comparacion. ∥ Ejemplar, modelo. ∥ Á modo, á manera de. *Primum operis instar. Plin.* El primer diseño ó modelo de la obra.

Instauratio, ōnis. *f. Cic.* Instauracion, renovacion, repeticion. ∥ *Eum.* Reedificacion, reparacion.

Instauratitius dies. *Macrob.* Dia añadido á la solemnidad ó celebracion de los juegos circenses en honor de Júpiter.

Instaurativus, a, um. *Cic.* Instaurativo, lo que se renueva, repite ó instaura.

Instaurator, ōris. *m. Amian.* Renovador, el que instaura ó renueva.

Instauratus, a, um. *Cic.* Instaurado, renovado, repetido. ∥ *Mamert.* Restablecido, reedificado. *Instaurati animi. Virg.* Ánimos reforzados. *part. de*

Instauro, as, avi, atum, are. *a. Cic.* Instaurar, renovar, repetir. ∥ Reparar, componer, reedificar.

Insterno, is, stravi, stratum, nĕre. *a. Virg.* Tender, estender encima, cubrir. *Insternor pelle leonis. Virg.* Me pongo una piel de leon, ó me cubro con ella. *Insterni terra. Estac.* Ser enterrado.

Instigatio, ōnis. *f. Ad Her.* Instigacion, sugestion, persuasion eficaz, incitacion.

Instigator, ōris. *m. Aus.* Instigador, el que instiga, escita, mueve.

Instigatrix, icis. *f. Tac.* La que instiga, incita.

Instigatus, us. *m. Ulp. V.* Instigatio.

Instigatus, a, um. *Plin.* Instigado, movido, incitado.

Instigo, as, avi, atum, are. *a. Cic.* Instigar, mover, persuadir, incitar, estimular, animar con el consejo, ejemplo ó impulso.

Instillatio, ōnis. *f. Plin.* La accion de echar, de hacer caer ó destilar gota á gota, instilacion.

Instillatus, a, um. *Ov.* Instilado, echado gota á gota, poco á poco. *part. de*

Instillo, as, avi, atum, are. *a. Cic.* Instilar, echar poco á poco, gota á gota. ∥ Introducir, infundir insensiblemente, poco á poco en el ánimo, enseñar.

Instimulator, ōris. *m. Cic.* Instigador, estimulador, el que incita, mueve.

Instimulatus, a, um. *Dig.* Estimulado, instigado.

Instimulo, as, avi, atum, are. *a. Ov.* Estimular, instigar, escitar, incitar, aguijonear.

Instinctor, ōris. *m. Tac.* Estimulador, incitador, el que escita y anima.

Instinctus, us. *m. Cic.* Instinto, impulso, instigacion, incitacion. ∥ Inspiracion, mocion celeste.

Instinctus, a, um. *Cic.* Estimulado, instigado, incitado.

Instinguo, is, nxi, nctum, guĕre. *a. Gel.* Estimular, instigar, incitar.

Instipo, as, are. *a. Cat.* Llenar, henchir.

Instipulatus, a, um. *Plaut.* El que ha estipulado. ∥ Estipulado, convenido, concertado.

Instipulor, aris, atus, sum, ari. *dep. Plaut.* Instipular, prometer, convenir, concertar, quedar de acuerdo.

Instita, ae. *f. Hor.* Guarnicion, orla con que las matronas adornaban y guarnecian sus ropas talares.

Institi. *pret. de* Insto.

Institio, ōnis. *f.* y Institium, ii. *n. Cic.* Detencion, parada, pausa, el acto de detenerse ó pararse en el camino.

Instito, as, are. *n. Ces.* Instar, apretar, resistir y perseguir con instancia.

Institor, ōris. *m. Liv.* Factor de comercio.

Institorius, a, um. *Suet.* Lo perteneciente al factor de comercio.

Instituo, is, tui, tutum, ĕre. *a. Cic.* Instituir, establecer, formar, fundar, arreglar, ordenar. ∥ Construir, edificar, fabricar. ∥ Proponer, deliberar, resolver. *Instituere officinam. Cic.* Poner una tienda.—*Oratorem Cic.* Formar un orador.—*Haeredem sibi. Cic.* Instituir su heredero.—*Graecis litteris. Cic.* Enseñar el griego, la lengua griega.—*Animum ad cogitandum. Ter.* Ponerse á pensar.—*Acusationem. Ulp.* Formar una acusacion.—*Falaciam. Plaut.* Tramar, urdir, maquinar, disponer un embuste, un engaño.—*Iter. Cic.* Emprender el viage, una marcha.—*Amicitiam. Cic.* Trabar, hacer amistad.—*Dapes. Virg.* Preparar un festin, un convite.—*Tutorem. Cic.* Crear un tutor.—*In animo. Ter.* Tomar resolucion.—*Collegium. Plin. men.* Fundar un colegio.—*Orationem cum aliquo. Cic.* Entrar en conversacion con alguno.

Institutio, ōnis. *f. Cic.* Institucion, enseñanza, instruccion. ∥ Instituto, propósito.

Institutor, ōris. *m. Lampr.* Preceptor, maestro, el que enseña. ∥ *Ter.* Fundador.

Institutum, i. *n. Cic.* Instituto, propósito, objeto, empresa, designio. ∥ Costumbre, establecimiento, regla, forma, método, profesion. ∥ Enseñanza, doctrina. ∥ *Liv.* Pacto, convencion, estipulacion.

Institutus, a, um. *part. de* Instituo. *Ces.* Establecido, plantado, puesto, levantado. ∥ Empezado, comenzado, principiado. ∥ Enseñado, instruido, erudito, docto. ∥ Declarado, hecho, instituido.

Insto, as, stiti, stitum, are. *n. Virg.* Estar encima ó sobre alguna cosa. ∥ Estar cercano, vecino, próximo. ∥ Perseguir, seguir. ∥ Instar, pedir con instancias, repetir la súplica, insistir. *Instare operi. Virg.* Dar prisa, dar calor á la obra. *Instat nox. Sal.* Se acerca la noche.—*Periculum. Cic.* Amenaza el peligro.—*Viam. Plaut.* Proseguir el camino, el viage. *Te instante. Cic.* Á instancias tuyas.

Instragulum, i. *n. Cat.* y

Instratum, i. *n. Ulp.* La cubierta.

Instratura, ae. *f. Vitruv.* La accion de empedrar los caminos.

Instratus, a, um. *Liv. part. de* Insterno. Cubierto. *Instratus pelle leonis. Sil. Ital.* Cubierto con una piel de leon.

Instravi. *pret. de* Insterno.

Bbb 2

Instrĕnue. *adv. Just.* Sin valor, cobardemente.

Instrĕnuus, a, um. *Plaut.* Cobarde, tímido. ‖ **Perezoso**, descuidado, desidioso.

Instrĕpĭto, as, ăvi, ātum, āre. *n. Fort. freq. de*

Instrĕpo, is, pui, pĭtum, ĕre. *n. Liv.* Hacer estrépito, hacer ruido fuerte y frecuentemente. *Instrepere dentibus. Claud.* Rechinar los dientes.

Instrictus, a, um. *part. de Instringo. Apul.* Apretar, atar fuertemente, agarrotar.

Instridens, tis. *com. Sil.* El que hace un ruido agudo, que rechina.

Instringo, is, nxi, trictum, gĕre. *a. Quint.* Atar, apretar fuertemente con ataduras ó ligaduras, agarrotar.

Instructe, ius. *adv. Liv.* Con aparato, con pompa.

Instructio, ōnis. *f. Vitruv.* Fábrica, construccion, edificacion. ‖ Colocacion, disposicion, ordenacion, orden. *Arnob.* Instruccion. *Instructio militum*, ó *exercitus. Cic.* El orden de batalla, la formacion de un ejército.

Instructor, ōris. *m. Cic.* Disponedor, el que prepara, ordena, dispone.

Instructura, ae. *f. Sol.* Orden, formacion, disposicion de un ejército.

Instructus, a, um. *part. de Instruo. Cæs.* Ordenado, dispuesto, formado. ‖ *Cic.* Prevenido, provisto, equipado, pertrechado, adornado. ‖ Instruido, informado, enterado, encargado. ‖ Enseñado, erudito.

Instructus, us. *m. Cic.* Provision, aparejo, equipage. ‖ Adorno, compostura.

Instruendus, a, um. *Liv.* Lo que se ha de prevenir, preparar ó disponer.

Instruens, tis. *com. Cat.* El que instruye, prepara.

Instrūmentum, i. *n. Cic.* Muebles, arreos, arneses para equipar ó adornar la casa ú otra cosa. ‖ Instrumento, herramienta para el trabajo. ‖ Equipage, aparato, prevencion. ‖ Medio, auxilio. ‖ *Ulp.* Escritura, pieza de un proceso, papel que sirve para justificar alguna cosa.

Instruo, is, truxi, tructum, ĕre. *a. Cæs.* Fabricar, construir, edificar. ‖ Disponer, arreglar, ordenar, colocar. ‖ Prevenir, preparar, hacer provision. ‖ Maquinar, trazar, armar. ‖ Instruir, enseñar, formar. *Instruere domum. Plaut.* Alajar una casa.—*Aciem. Cic.* Formar un ejército en batalla.—*Insidias. Cic.* Poner, armar una emboscada.—*Se. Cic.* Proveerse, prevenirse, armarse, disponerse.—*Accusationem, litem. Cic.* Vestir una acusacion ó un pleito de los instrumentos, testigos, y lo demas necesario para su justificacion.

Instŭdiōsus, a, um. *Apul.* Desaplicado, no estudioso, no aplicado.

Instŭpens, tis. *com. Plin.* Estúpido, sin sentido.

Insuāsum, i. *n. Plaut.* Color de humo ó de lodo.

Insuāvis *m. f. vĕ. n. is, ior, issĭmus. Cic.* Insuave, desagradable, áspero, desapacible.

Insuāvĭtas, ātis. *f. Gel.* Aspereza, acerbidad.

Insuāvĭter. *adv. Apul.* Desagradablemente, con disgusto.

Insŭber, is. *com. Liv.* El natural de la Galia cisalpina.

Insŭbĭde. *adv. Gel.* Sin consideracion, precipitadamente, sin reflexion.

Insŭbĭdus, a, um. *Gel.* Inconsiderado, imprudente, temerario, el que no hace reflexion, no considera.

Insubjectus, a, um. *Prud.* No sujeto, libre.

Insŭbres, brium. *m. plur. Liv.* Los pueblos de la Galia cisalpina, del ducado de Milan, los lombardos.

Insubria, ae. *f.* La Galia cisalpina, el ducado de Milan, la Lombardía.

Insubtĭlis. *m. f. lĕ. n. is. Dig.* No sutil, grueso, grosero, tosco.

Insubtĭliter. *adv. Ulp.* Sin sutileza, groseramente.

Insŭbŭlum, i. *n. Lucr.* Enjullo, plegador, cilindro en que envuelven la tela los tejedores.

Insuccātus, a, um. *Gel.* Mojado, humedecido. *part. de*

Insucco, as, āvi, ātum, āre. *a. Col.* Mojar, humedecer, empapar en el jugo.

Insŭdo, as, āvi, ātum, āre. *n. Cels.* Sudar mucho. ‖ Trabajar mucho.

Insuēfactus, a, um. *Cæs.* Acostumbrado, hecho.

Insuesco, is, ēvi, ētum, cĕre. *n. Ter.* Acostumbrarse, hacerse, habituarse. ‖ Acostumbrar, habituar.

Insuēte. *adv. Cel. Aur.* Fuera de costumbre.

Insuētūdo, ĭnis. *f. Espart.* Falta de costumbre.

Insuētus, a, um. *Cic. part. de Insuesco.* No acostumbrado, no hecho, no habituado. ‖ *Virg.* No usado, estraordinario. ‖ *Ad Her.* Ignorante. ‖ *Liv.* Acostumbrado.

Insufficiens, tis. *com. Tert.* Insuficiente, incapaz, falto de talento, que no basta para hacer ó recibir alguna cosa.

Insufficientia, ae. *f. Tert.* Insuficiencia, falta de talento, de suficiencia, de capacidad.

Insufflo, as, āre. *a. Prud.* Soplar, ó inflar dentro.

Insŭla, ae. *f. Cic.* Isla, tierra rodeada de agua. ‖ Casa aislada, no contigua á otro edificio. ‖ Cuartel de una ciudad.

Insŭla Adae. *f.* La isla Adan, *en la isla de Francia sobre el Oise.*

Insŭla Arpinas, tis. *f. Cic.* Isola, *ciudad de Calabria.*

Insŭla Barbara. *f.* La isla Barba sobre el Saona.

Insŭla Franciae. *f.* La isla de Francia.

Insŭlae, ārum. *f. plur.* La Isla, *ciudad de Flandes.*

Insŭlanus, i. *m. Pacat.* Isleño, vecino, habitador ó natural de una isla.

Insŭlāris. *m. f. rĕ. n. is. Amian.* Lo que pertenece á la isla. *Insulares. Just. V. Insularius.*

Insŭlārius, ii. *m. Ulp.* El siervo, conserge de las casas, y que cobra el alquiler de ellas. ‖ *Petron.* Inquilino, vecino de una casa alquilada.

Insŭlātus, a, um. *Apul.* Aislado, hecho isla.

Insŭlensis. *m. f. sĕ. n. is. Sol. V.* Insularius.

Insŭlo, ās, āre. *n. Apul.* Aislarse, hacerse isla.

Insŭlōsus, a, um. *Amian.* Lleno de islas.

Insulse, ius, issĭme. *adv. Cic.* Insulsa, fria, neciamente, sin gracia ni viveza.

Insulsĭtas, ātis. *f. Cic.* Frialdad, necedad, fatuidad, impertinencia.

Insulsus, a, um, ior, issĭmus. *Col.* Insulso, insípido, desabrido, sin sal. ‖ Inepto, necio, fatuo, impertinente.

Insultābundus, a, um. *S. Ag.* El que insulta ó acomete violentamente con obras ó palabras.

Insultans, tis. *com. Virg.* El que salta.

Insultātio, ōnis. *f. Sol.* El salto, la accion de saltar. ‖ *Quint.* Jactancia, vanagloria. ‖ *Flor.* Risa, irrision, mofa con soberbia y desprecio.

Insultātōrie. *adv. Sid.* Con irrision, mofa. ‖ Con altanería y soberbia.

Insultātōrius, a, um. *Tert.* Lo que sirve para insultar, hacer mofa ó burla.

Insulto, as, āvi, ātum, āre. *n. Virg.* Saltar sobre ó encima de. ‖ Insultar, hacer mofa y burla con desprecio. *Insultare fores calcibus. Ter.* Dar patadas á una puerta.

Insultūra, ae. *f. Plaut.* La accion de saltar, el salto.

Insum, inest, inesse. *anom. Cic.* Estar dentro, hallarse. *Multa cura imperii inest. Sal.* Muchos cuidados hay en el imperio.

Insūmo, is, mpsi, mptum, ĕre. *a. Cic.* Consumir, emplear, gastar, espender. ‖ *Estac.* Tomar, coger. *Frustra operam insumere. Liv.* Trabajar en balde, emplear el trabajo en vano.

Insumptio, ōnis. *f. Cod. Teod.* Consumo, gasto.

Insumptus, a, um. *Cic. part. de Insumo.* Gastado, espendido, consumido.

Insŭo, is, sui, sūtum, ĕre. *a. Cic.* Coser, unir, juntar á. ‖ *Ov.* Entretejer, bordar. *Insuere aliquem in culeum. Cic.—Culeo Suet.* Coser á uno en ó dentro de un cuero, encubarle.

Insŭper. *adv. Cic.* Sobre, encima. *Insuper habere. Gel.* Despreciar, no hacer cuenta ó caso. *Defraudare etiam insuper. Ter.* Robar ademas. *Quo insuper. Vitruv.* Sobre ó encima de lo cual.

Insŭpĕrābĭlis. *m. f. lĕ. n. is. Liv.* Insuperable, invencible. ‖ Inaccesible, intransitable. *Insuperabile valetudo, Plin. men.* Enfermedad incurable.

Insŭpĕrābĭlĭter. *adv. S. Ag.* De una manera invencible.

Insŭpĕrātus, a, um. *Corn. Gal.* Invencible, invicto.

Insŭpĕrhăbĭtus, a, um. *Apul.* Despreciado, descuidado.

do, aquello de que no se ha hecho caso, no se ha tenido cuidado.

Insurgo, is, rexi, rectum, gĕre. n. Virg. Alzarse, levantarse. *Insurgere remis. Virg.* Apretar los remos, remar con valor y esfuerzo. *Altius. Quint.* Tomar muy alto vuelo, remontarse. — *Publicis utilitatibus. Plin. men.* Trabajar con ahinco por el bien público. — *Regnis alicujus. Ov.* Ponerse en armas contra el estado de alguno.

Insusceptus, a, um. *Ov.* No tomado á su cargo ó por su cuenta.

Insuspicabilis. m. f. lĕ. n. is. *Bibl.* Lo que no se puede sospechar.

Insustentabilis. m. f. lĕ. n. is. *Lact.* Intolerable, insufrible, que no se puede sufrir ó tolerar.

Insusurrans, tis. com. *Cic.* Susurrante, que susurra ó habla bajo al oido.

Insusurratio, ōnis. f. *Cap.* La accion de susurrar.

Insusurratus, a, um. *Sen.* Susurrado, dicho al oido.

Insusurro, as, avi, atum, are. a. *Cic.* Susurrar, hablar bajo ó quedo al oido. *Insusurrare vota diis. Sen.* Rogar á los dioses, hacerles votos en tono bajo. — *In aurem. Cic.* Hablar al oido.

Insutitius, a, um. *Apul.* y

Insutus, a, um. *Cic.* part. de Insuo. Cosido.

Intabesco, is, bui, scĕre. n. *Cic.* Secarse, consumirse. ∥ *Ov.* Liquidarse. *Intabescere morbo. Cic.* Consumirse de enfermedad. Llegar á una estrema flaqueza.

Intactilis. m. f. lĕ. n. is. *Lucr.* Lo que no se puede tocar, lo que no está sujeto al tacto.

Intactus, a, um. *Sal.* Intacto, entero, no tocado, ileso. ∥ No tratado, no emprendido. ∥ *Virg.* Casto, vírgen. *Intactus infamia. Liv.* No notado de infamia. *Intactum carmen. Hor.* Verso que ninguno otro ha hecho.

Intactus; us. m. *Lucr.* El no tocar á alguna cosa.

Intalio, as, are. a. *Varr.* Cortar, formar, arreglar cortando.

Intaminatus, a, um. *Hor.* Puro, no contaminado, no manchado.

Intardans, tis. com. *Cel. Aur.* Lo que causa tardanza ó demora.

Intectus, a, um. part. de Intego. *Lucr.* Cubierto. ∥ *Tac.* Desnudo, descubierto.

Integellus, a, um. *Cic.* dim. de Integer. Puro, intacto, entero.

Intĕger, gra, grum, *Cic.* Entero, intacto, todo. ∥ Puro, no manchado, no deshonrado. ∥ Íntegro, irreprensible. ∥ Sano, fuerte, robusto. *Integra res. Cic.* Negocio que está en buen estado. *Aetas. Ter.* La flor de la edad, la juventud. — *Valetudo. Cic.* Salud fuerte, robusta. *In integrum restituere. Cic.* Restablecer en su primer estado. *De, ab, ex integro. Cic.* De nuevo, de nueva planta. *In integro cum tibi res tota esset. Cic.* Siendo tú el dueño absoluto del negocio, estando enteramente á tu disposicion. *Integrum est mihi. Cic.* Está en mi mano. *Integrum se servare. Cic.* Conservarse neutral, indiferente. *Integrior, comp. gerrimus. sup. Cic.*

Intĕgo, is, texi, tectum, gĕre. a. *Ces.* Cubrir, vestir. *Integere auro statuas. Plin.* Dorar las estatuas.

Integrasco, is, scĕre, n. *Ter.* Renovarse, restablecerse, reintegrarse.

Integratio, ōnis. f. *Ter.* Renovacion, reintegracion, reparacion.

Integrator, ōris. m. *Ter.* Renovador, restituidor, restaurador.

Integratus, a, um. part. de Integro. *Flor.* Renovado, recobrado, restaurado.

Integre, grius, gerrime. adv. *Cic.* Enteramente. ∥ Con integridad, con rectitud, con justicia, desinteresada, desapasionadamente.

Integritas, atis. f. *Cic.* Integridad, rectitud, probidad, inocencia, candor. ∥ Sanidad, salud, robustez. *Integritas sermonis. Cic.* Pureza del lenguage.

Integritudo, inis. f. *Ulp.* V. Integritas.

Integro, as, avi, atum, are. a. *Liv.* Reintegrar. ∥ Renovar, restaurar, restituir á su primer estado.

Integumentum, i. n. *Liv.* Cubierto ó cubierta, lo que sirve para cubrir ó cubrirse. ∥ Velo, pretesto, color.

Intellectio, ōnis. f. *Ad Her.* Inteleccion, inteligencia, la accion y la capacidad y virtud de entender. ∥ Sinécdoque, *figura retórica, en que se toma el todo por la parte, la parte por el todo, el número cierto por otro incierto, la materia de la cosa por la cosa misma.*

Intellector, ōris. m. *S. Ag.* El que entiende, penetra, percibe, concibe.

Intellectualis. m. f. lĕ. n. is *Apul.* Intelectual, lo que es propio de y pertenece al entendimiento.

Intellectualitas, atis. f. *Ter.* Intelectualidad, capacidad de entender.

Intellectus, us. m. *Quint.* Inteligencia, conocimiento, capacidad. ∥ Significacion, sentido. ∥ Sentimiento, percepcion. ∥ *Sen.* Entendimiento (rara vez). *Intellectus communis. Quint.* El sentido comun. — *Disciplinarum. Quint.* Penetracion en las ciencias. — *Divinus ó duplex. Quint.* Significacion ó sentido doble. — *Saporum. Plin.* Gusto, percepcion de los sabores.

Intellectus, a, um. part. de Intelligo. *Plin.* Entendido, percibido, comprendido.

Intelligens, tis. com. *Cic.* Inteligente, sabio, perito, esperimentado, práctico, hábil, conocedor.

Intelligenter. adv. *Cic.* Con inteligencia, con habilidad.

Intelligentia, ae. f. *Cic.* Inteligencia, capacidad, habilidad, penetracion, conocimiento, buen gusto, práctica. ∥ Noticia, ciencia, conocimiento ∥ Entendimiento.

Intelligibilis. m. f. lĕ. n. is. *Sen.* Inteligible, lo que se puede ó es fácil de entender. ∥ *Macrob.* Claro, perceptible.

Intelligibiliter. adv. *S. Ag.* De una manera inteligible.

Intelligo, is, lexi, lectum, gĕre. a. *Cic.* Entender, concebir, comprender, penetrar, percibir, conocer. *Intelligo quid loquar. Cic.* Sé lo que digo.

Intemelium. ii. n. *Ventimilia.* Ciudad de la república de Génova.

Intemerabilis. m. f. lĕ. n. is. *Mamert.* Inviolable.

Intemerandus, a, um. *Val. Flac.* Inviolable, lo que no se debe violar ó profanar.

Intemerate. adv. *Cod. Teod.* Inviolablemente.

Intemeratus, a, um. *Virg.* Inviolado, incorrupto, puro, entero, no profanado, no violado.

Intemperabilis. m. f. lĕ. n. is. *Cel. Aur.* Lo que no se puede templar ó moderar.

Intemperans, tis. com. *Cic.* Inmoderado, incontinente, destemplado, desarreglado, que no se sabe contener, moderar, templar.

Intemperanter. adv. *Cic.* Inmoderadamente, sin moderacion ni templanza.

Intemperate. ad. *Cic.* V. Intemperanter.

Intemperatus, a, um, ior, issimus. *Cic.* Inmoderado, escesivo, destemplado, desarreglado.

Intemperiae, arum. f. plur. *Plaut.* Furor, manía, locura. ∥ Remordimientos de conciencia, furias del infierno. ∥ *Cat.* Intemperie.

Intemperies, ēi. f. *Liv.* Intemperie, mala disposicion, destemplanza de los elementos ó de los humores en el hombre. ∥ Mal genio, ridiculez, estravagancia, manía.

Intempestas, atis. f. *Plin.* Intemperie, mala disposicion del aire.

Intempestive. adv. *Cic.* Intempestivamente, fuera de tiempo ó propósito.

Intempestivitas, atis. f. *Gel.* Tiempo inoportuno, impropio.

Intempestiviter. adv. *Gel.* V. Intempestive.

Intempestivus, a, um. *Cic.* Intempestivo, lo que es fuera de tiempo, propósito y oportunidad.

Intempestus, a, um. *Cic.* Lo que ó se hace sin ruido, donde no se oye ruido. *Intempesta nox. Virg.* Noche intempesta, muy entrada y oscura. La hora en que todos se recogen, en que no se oye ó no se siente ruido.

Intemporalis. m. f. lĕ. n. is. *Apul.* Eterno, sin tiempo. ∥ *Cel. Aur.* Intempestivo, inoportuno.

Intemporalitas, atis. f. *Cel. Aur.* V. Intempestivitas.

Intemporaliter. adv. *Cel. Aur.* V. Intempestive.

**Intendendus, a, um.** *Quint.* Lo que se ha de estender ó alargar.

**Intendens, tis.** *com. Quint.* El que se esfuerza, se estiende.

**Intendo, is, di, sum, y tum, děre.** *a. Cic.* Estender, estirar, alargar. ‖ Dirigir, tirar, lanzar, arrojar, disparar. *Virg.* Atar, ligar. ‖ Alzar, levantar, aumentar. Dirigirse, enderezarse. *Intendere iter. Liv.* Tomar, enderezar el camino.— *Fugam. Liv.* Huir con prisa, precipitadamente.— *Animum. Cic.* Aplicar, dedicar el ánimo con conato.— *Se. Cic.* Esforzarse, animarse, aplicar todas sus fuerzas.— *Animo. Cic.* Determinar, resolver.— *Crimen in aliquem. Liv.* Acusar á alguno.— *Alicui litem. Cic.* Poner á uno un pleito.— *In se. Sen.* Mirar hacia sí, entrar en sí mismo.— *Leges. Plin.* Seguir con rigor las leyes. *Pergin sceleste intendere? Plaut.* ¿Prosigues malvado en porfiar, en defender, en sostener?

**Intense.** V. Intente.

**Intensio, ōnis.** *f. Sen.* Intension, actividad, ardor, eficacia, empeño.

**Intensus, a, um.** *Sen.* Estirado, tirante, tendido.

† **Intensīve.** *adv.* Intensamente, con actividad ó calor.

† **Intensīvus, a, um.** Lo que tiene actividad, calor.

**Intentatio, ōnis.** *f. Sen.* La accion de estirar ó estender. *Intentatio digitorum. Sen.* La accion de amenazar con los dedos, de jurárselas á alguno.

**Intentator, ōris.** *m. Bibl.* El que no intenta, no tienta ó prueba.

**Intentātus, a, um.** *Liv.* Tirado contra, amenazado. ‖ *Hor.* No esperimentado, no probado, no intentado.

**Intente, ius.** *adv. Liv.* Atenta, diligentemente, con esfuerzo, conato, aplicacion y vehemencia.

**Intentio, ōnis.** *f. Cic.* Tension, intension, vehemencia. ‖ Cuidado, deseo, conato, empeño, esfuerzo, aplicacion. ‖ Objecion, acusacion, demanda. ‖ *Dig.* Intencion, voluntad, determinacion. *Intentio vocis. Cic.* Elevacion, esfuerzo de la voz.

**Intentīvus, a, um.** *Prisc.* Intensivo, intenso.

**Intento, ās, āvi, ātum, āre.** *a. Liv. freq. de* Intendo. Estender, estirar, alargar. ‖ Amenazar. ‖ *Ulp.* Intentar. *Intentare manus alicui. Hirc.— In aliquem. Liv.* Echar la mano á uno ó amenazarle con la mano.

**Intentus, us.** *m. Cic.* Estension, la accion de estender.

**Intentus, a, um, ior, issimus.** *Cic.* Tendido, estendido, estirado. ‖ Amenazado. ‖ Intenso, vehemente. ‖ Atento, diligente, aplicado.

**Intěpeo, ēs, pui, ēre.** *n. Sen.* y

**Intěpesco, is, pui, scěre.** *n. Col.* Templarse, entibiarse, empezar á enfriarse ó á calentarse.

**Inter.** *prep. de ac. Ces.* Entre, en medio. *Auferre inter manus. Cic.* Sacar en los brazos. *Inter vias. Ter.* En el camino. *Pueri amant inter se. Cic.* Los niños se aman mutuamente ó entre sí. *Inter tot annos. Cic.* Dentro de, en el término de tantos años. *Interhaec. Liv.— Quae. Cels.* Entre tanto, en medio de estas cosas. *Inter nos liceat dicere. Cic.* Dígase entre nosotros, en confianza.— *Omne tempus. Liv.* Durante todo el tiempo.

**Interaestuans, tis.** *com. Plin.* Lo que tiene mucho calor por intervalos.

**Interalbicans, tis.** *com. Plin.* Lo que blanquea ó tira á blanco por intervalos.

**Interamenta, ōrum.** *n. plur. Liv.* Los aparatos ó aparejos interiores de los navíos.

**Interamna, ae.** *f. Cic.* Terni, ciudad de la Umbría. ‖ Otra de los volscos en el Lacio destruida.

**Interamnānus, a, um.** ó

**Interamnus, a, um.** *Lampr.* Lo que está entre dos rios.

**Interamnis, ătis.** *com. Varrr.* y

**Interamnis. m. f. rĕ. n. is.** *Cic.* Natural de Terni ó lo perteneciente á esta ciudad.

**Interānea, ōrum.** *n. plur. Col.* Los intestinos, las entrañas, las tripas.

**Interāneus, a, um.** *Plin.* Lo perteneciente á los intestinos, á las tripas.

**Interāresco, is, rui, scěre.** *n. Vitruv.* Secarse enteramente. ‖ Perecer, aniquilarse, desvanecerse del todo.

**Interbibo, is, bibi, bibĭtum, ěre.** *n. Plaut.* Beberlo todo, agotar.

**Interbĭto, is, ere.** *n. Plaut.* Morir, perecer.

**Intercălāris. m. f. rĕ. n. is.** *Plin.* Intercalar, interpuesto, puesto entre otras cosas, introducido. *Intercalaris annus. Plin.* Año bisiesto, en que se añade un dia al mes de Febrero.— *Versus. Serv.* Verso intercalar, que se interpone entre otros, como en la Égloga VIII de Virgilio. *Incipe Maenalios &c.* y *Ducite ab urbe domum &c.*

**Intercălārium, ii.** *n. Cic.* Espacio de dias intercalares.

**Intercălārius, a, um.** *Liv.* V. Intercalaris.

**Intercălātio, ōnis.** *f. Plin.* Intercalacion, la accion de intercalar.

**Intercălātor, ōris.** *m. Macrob.* El que se introduce, se ingiere ó interpone.

**Intercălātus, a, um.** *Liv.* Intercalado, interpuesto. ‖ Dilatado, alargado, prolongado, prorogado, diferido.

**Intercălo, ās, āvi, ātum, āre.** *a. Cic.* Intercalar, interponer, poner entre otras cosas. *Cum ludi intercalantur. Sen.* Cuando las fiestas se interrumpen.

**Intercăpēdĭnans, tis.** *com. Fulg.* El que omite, interrumpe, cesa ó hace cesar.

**Intercăpēdĭnātus, a, um.** *Col. Aur.* Dividido, separado, interrumpido con un intervalo.

**Intercăpēdo, ĭnis.** *f. Cic.* Espacio, intervalo, hueco. ‖ *Suet.* Suspension, interrupcion, omision.

**Intercardĭnātus, a, um.** *Vitruv.* Enlazado, trabado uno con otro.

**Intercēdo, is, cessi, cessum, děre.** *n. Cic.* Intervenir, sobrevenir, venir, llegar en medio, en el intermedio. ‖ Oponerse, estorbar, impedir, contradecir, hacer oposicion. ‖ Interceder, rogar, pedir, interponerse. ‖ Obligarse, responder, salir garante. ‖ Mediar, estar, haber en medio. ‖ Suceder, acaecer, intervenir. *Intercedere rogationi. Cic.* Oponerse á la publicacion de una ley. *Vix annus intercesserat Cic.* Apenas era ó habia pasado un año. *Intercedebat palus. Ces.* Mediaba ó habia en medio una laguna.

**Intercēpi.** *part. de* Intercipio.

**Interceptio, ōnis.** *f. Cic.* Sorpresa, la accion de coger, quitar ó atrapar.

**Interceptor, ōris.** *m. Liv.* El que sorprende, toma por sorpresa ó intercepta.

**Interceptus, a, um.** *part. de* Intercipio. *Cic.* Interceptado, cogido, retenido, quitado del medio, separado.

**Interceptus, us.** *m. Fulg.* V. Interceptio.

**Intercessio, ōnis.** *f. Cic.* Oposicion, impedimento. ‖ Fianza, seguridad, caucion. ‖ *Cod.* Ejecucion. ‖ *Gel.* Intervencion, presencia.

**Intercessor, ōris.** *m. Cic.* El que se opone, impide ó estorba. ‖ Fiador. ‖ *Cod.* Ejecutor. ‖ *Cic.* Intercesor, mediador.

**Intercessus, us.** *m. Val. Max.* Intercesion, interposicion.

**Intercĭdo, is, cĭdi, cāsum, děre.** *n. Liv.* Caer entre. Perecer, faltar, perderse, desusarse. ‖ Intervenir, sobrevenir. *Quod si aliquid tibi interciderit. Hor.* Y si se te olvida algo.

**Intercīdo, is, cĭdi, cīsum, děre.** *a. Col.* Cortar, dividir, partir el medio. ‖ Dividir, cortar. *Intercidere pontem. Ces.* Cortar el puente.

**Intercĭnĕtus, a, um.** *Plin.* Entrelazado, rodeado.

**Intercĭno, is, cĭnui, centum, něre.** *a. Hor.* Cantar en medio ó entre. *Intercinere medios actus. Hor.* Cantar en los intermedios de los actos ó jornadas.

**Intercĭpio, is, cēpi, ceptum, pěre.** *a. Ter.* Sorprender, robar, quitar, coger, tomar, interceptar. ‖ Coger á uno de sorpresa, de repente, en el lance. *Intercipere iter. Curc.* Cortar, impedir el paso.— *Sermonem. Quint.* Interrumpir la plática. *Intercipi morbo. Col.* Ser sorprendido de una enfermedad. ‖ Morir.

**Intercīse.** *adv. Cic.* Interrumpidamente, por partes.

**Intercīsio, ōnis.** *f. Plin.* Cortadura, corte, division, particion por medio.

**Intercīssus, a, um.** *Cic.* Cortado, dividido, partido por medio. ‖ Dividido, separado, desunido. *Intercisi dies. Macrob.* Dias de media fiesta: *Intercisae pactiones. Cic.*

Pactos que no se observan con exactitud.

Interclāmans, tis. com. Amian. El que clama con mucho ruido.

Interclūdo, is, si, sum, dĕre. a. Cic. Cerrar, cortar el paso ó la entrada.

Interclūsio, ōnis. f. Cic. Impedimento, la accion de cerrar ó estorbar el paso ó la entrada. || Quint. Paréntesis. Ad interclusionem animae. Cic. Hasta faltar el aliento, hasta perderle.

Interclūsus, a, um. Cic. Cerrado, estorbado. || Cercado, á quien se ha cerrado el paso ó la entrada.

Intercŏlumnium, ii. n. Cic. Intercolumnio, el espacio que hay entre dos columnas.

Interconcĭlio, as, avi, atum, are. a. Quint. Conciliar, atraer los ánimos.

† Intercostālis. m. f. lĕ. n. is. Lo que está entre las costillas, intercostal.

Interculco, as, avi, atum, are. a. Col. Pisar, calcar en medio.

Intercurro, is, curri, cursum, rĕre. n. Liv. Correr por en medio. || Intervenir, interponerse. || Pasar por dentro ó por medio.

Intercurso, as, avi, atum, are. n. Liv. freq. de Intercurro. Correr, pasar por el medio.

Intercursus, us. m. Liv. Carrera por el medio. || Llegada, venida acelerada.

Intercursus, a, um. Amian. Pasado corriendo.

Intercus, ūtis. com. Cic. Intercutáneo, lo que está entre cuero y carne. || Gel. Interno, interior, oculto. Aqua intercus. Cic. La hidropesía, enfermedad.

Interdātus, a, um. Lucr. Distribuido, repartido.

Interdiānus, a, um. Cel. Aur. Lo perteneciente al dia.

Interdico, is, xi, ctum, cĕre. a. Cic. Decretar, ordenar, mandar, interponer su autoridad el magistrado. || Prohibir, vedar. || Resistir, oponerse. Interdicere adversus aliquem. Ulp. Usar de prohibicion jurídica ó decreto contra alguno. — Aqua, & igni. Cic. Desterrar.

Interdictio, ōnis. f. Cic. Interdiccion, prohibicion.

Interdictor, ōris. m. Tert. El que veda ó prohibe.

Interdictum, i. n. Cic. Decreto, prohibicion, entredicho, mandato que prohibe ó veda.

Interdicius, a, um. Cic. part. de Interdico. Vedado, prohibido.

Interdĭgĭtia, ōrum. n. plur. Marc. Emp. Los espacios que hay entre los dedos de las manos y los pies, y los clavos que suelen nacer en ellos.

Interdiu. adv. Ces. De dia, por el dia, durante el dia.

Interdius. adv. Plaut. V. Interdiu.

Interduātim. adv. Plaut. V. Interdum.

Interductus, us. m. Cic. Distincion, puntuacion para distinguir los capítulos, cláusulas y demas divisiones del discurso.

Interdum. adv. Cic. Algunas veces, tal vez, alguna vez, á las veces. || Entre tanto, en tanto, mientras tanto.

Interduo, is, ĕre. a. Plaut. en lugar de

Interdo, as, are. a. Plaut. Dar.

Intereă. adv. Cic. En tanto, entre tanto, en este medio ó intermedio. Interea loci. Ter. Entre tanto. Interea dum. Ter. Hasta que.

Interemtĭbĭlis. m. f. lĕ. n. is. Tert. Á quien se puede matar.

Interemtio, ōnis. f. Cic. Muerte, asesinato, la accion de matar.

Interemtor, ōris. m. Sen. y

Interemtrix, īcis. f. Lact. El ó la que mata ó da muerte, matador, asesino.

Interemtus, a, um. Hor. part. de Interimo. Muerto, asesinado. Dilatione interemta. Ulp. Quitada la dilacion.

Intereo, is, ivi, ĭtum, ire. n. Cic. Morir, perecer. || Pasarse, perderse, corromperse, echarse á perder. || Disiparse, desvanecerse.

Interĕquĭtans, tis. com. Liv. El que va á caballo en medio de ó entre otros.

Interĕquĭto, as, avi, atum, are. n. Liv. Ir, andar, pasar á caballo entre otros.

Interērro, as, avi, atum, are. n. Prud. Andar vagante ó vagando entre.

Interest, fuit, esse. imp. anom. Cic. Importar, pertenecer, interesar. || Haber diferencia. Non interest hominum. Plin. No toca á los hombres. — Triduum aetatis. Plin. No hay tres dias de diferencia en la edad. Interesse spectaculo, convivio, publico conventui. Cic. Hallarse, estar en, asistir á un espectáculo, á un convite, á una junta pública. — Armis. Liv. Tomar las armas. Interest mea, tua, nostra. Cic. Importa á mí, á tí, á nosotros, es interes mio, tuyo, nuestro. — Magni, parvi, tanti. Cic. Importa mucho, poco, tanto.

Interfăcio, is, fĕci, factum, cĕre. a. Liv. Hacer por intervalos.

Interfans, tis. com. Liv. El que interrumpe ó corta la plática.

Interfāris, fātus sum, fāri. dep. Liv. Interrumpir, cortar la plática, meterse de por medio, tomar la palabra.

Interfātio, ōnis. f. Quint. Interrupcion, interlocucion.

Interfectĭbĭlis. m. f. lĕ. n. is. Apul. Mortal, lo que causa la muerte.

Interfectio, ōnis. f. Asc. Ped. Muerte, asesinato.

Interfectīvus, a, um. Cel. Aur. Mortal, lo que mata.

Interfector, ōris. m. Cic. y

Interfectrix, īcis. f. Tac. El ó la que da muerte, matador, asesino.

Interfectus, a, um. Cic. Muerto. part. de

Interfĭcio, is, fĕci, fectum, cĕre. a. Cic. Matar, asesinar, dar muerte. || Destruir, consumir, arruinar.

Interfĭo, is, fĭĕri. n. pas. anom. Lucr. Morir, consumirse, perecer, acabarse.

Interfluo, is, fluxi, fluxum, ĕre. n. Liv. Correr, pasar por el medio, tomar su curso por medio de ó entre. Cum decem anni interfluxissent. Cic. Habiendo mediado diez años, ó pasado diez años de intermedio.

Interfluus, a, um. Plin. Lo que corre, pasa ó toma su curso entre ó por medio de.

Interfŏdio, is, fōdi, fossum, dĕre. a. Lucr. Penetrar, pasar, punzar entre ó en medio.

Interfor. V. Interfaris.

Interfossus, a, um. Pal. Sacado cavando.

Interfringo, is, frēgi, fractum, gĕre. a. Cat. Quebrar por varias partes.

Interfūdi. pret. de Interfundo.

Interfŭgio, is, fūgi, fŭgĭtum, ĕre. a. Lucr. Huir entre algunas partes.

Interfui. pret. de Interest.

Interfulgens, tis. com. Liv. Lo que resplandece entre ó en medio de.

Interfundo, is, fūdi, fūsum, dĕre. a. Avien. Esparcir, derramar entre ó en medio de.

Interfŭro, is, rĕre. n. Estac. Derramar el furor por todas partes.

Interfūsio, ōnis. f. Lact. El acto de derramar ó esparcir por varias partes.

Interfūsus, a, um. Plin. Derramado, esparcido por medio. Interfusa genas maculis. Virg. Esparcidas, sembradas de manchas las megillas.

Interfŭtūrus, a, um. Val. Max. El que ha de ó debe estar presente, asistir ó hallarse.

Intergarrio, is, ivi, itum, ire. n. Apul. Garlar, charlar entre otros.

Intergĕrinus, a, um. Vitruv. y

Intergĕrīvus, a, um. Plin. Intermedio, lo que media ó está en medio, lo que divide ó hace separacion.

Intergĕrium, ii. n. Plin. Lo que está en medio ó se interpone.

Intergĕro, is, gessi, gestum, ĕre. a. Fest. Interponer, poner en medio.

Intergressus, us. m. Min. Fel. Intervencion, llegada imprevista.

Interhio, as, avi, atum, are. n. Tert. Abrirse por medio.

Interĭbi. ad. Plaut. Entre tanto, en tanto, mientras tanto.

Interĭbĭlis. m. f. lĕ. n. is. Tert. Mortal, lo que ha de morir, perecer, acabarse.

Interii. pret. de Intereo.

**Intĕrim.** *adv. Cic.* Entre tanto, en tanto, mientras tanto, en este medio. ‖ *Quint.* Á veces.

**Intĕrĭmo,** is, ēmi, emtum, ĕre. *a. Cic.* Quitar la vida, matar, dar muerte, quitar de en medio. ‖ *Col.* Estinguir, destruir, borrar.

**Intĕrior.** *m. f. ius. n. ōris. Cic.* Interior, interno, lo que es de dentro. ‖ Mas inmediato, cercano, vecino. ‖ Oculto, recóndito, ‖ Familiar, íntimo. *Interior epistola. Cic.* El medio de una carta, la parte mas remota del principio. *Interior equus. Virg.* El caballo que va á la mano izquierda en la carrera, el mas cercano á la meta ó raya. — *Homo. Plaut.* El alma y la vida. — *Vita. Suet.* Vida retirada.

**Intĕrĭtio,** ōnis. *f. Vitruv.* y

**Intĕrĭtus,** us. *m. Cic.* Muerte. ‖ Desolacion, destruccion, ruina.

**Intĕrĭtus,** a, um. *Sid. part. de* Interĕo. Muerto.

**Intĕrius.** *adv. Ov.* Mas adentro, mas interiormente.

**Interjăcens,** tis. *com. Plin. men.* Lo que está entre ó en medio.

**Interjăceo,** ēs, ui, ēre. *n. Liv.* Mediar, estar en medio de. *Interjacere Capuae. Liv.* — *Capuam. Plin.* Estar situado entre Capua y.....

**Interjăcio,** is, jēci, jectum, cĕre. *a. Ces. V.* Interjicio.

**Interjectio,** ōnis. *f. Ad Her.* Interposicion, mediacion. ‖ Interjeccion, *parte de la oracion con que se esplican varios afectos del ánimo.* ‖ Paréntesis, interrupcion. *fig. ret.*

**Interjectus,** a, um. *Cic.* Interpuesto. *part. de* Interjicio.

**Interjectus,** us. *m. Cic.* Interposicion.

**Interjĭcio,** is, jēci, jectum, cĕre. *a. Cic.* Interponer, ingerir, mezclar, poner en medio.

**Interjunctus,** a, um. *Estac.* Uncido al yugo entre otros. *Interjunctis dextris. Liv.* Dadas las manos uno á otro.

**Interjungo,** is, unxi, unctum, gĕre. *a. Marc.* Detener, parar los caballos para descansar. ‖ *Sen.* Cesar, descansar.

**Interlābor,** ĕris lapsus sum, bi. *dep. Virg.* Correr ó caer entre.

**Interlapsus,** a, um. *Estac.* Lo que ha corrido ó caido dentro ó en medio.

**Interlătĕo,** ēs, ui, ĕre. *n. Sen.* Esconderse, ocultarse entre.

**Interlatrans,** tis. *com. Paul. Nol.* Que ladra, que vocea ó grita entre.

**Interlectio,** ōnis. *f. Tert.* Leccion, lectura que se mezcla ó interpone entre otras obras.

**Interlĕgo,** is, lĕgi, lectum, ĕre. *a. Palad.* Coger, escoger, tomar de varias partes.

**Interlido,** is, īsi, īsum, ĕre. *a. Paul. Nol.* Quebrar, romper contra alguna cosa.

**Interlĭgo,** as, avi, atum, āre. *a. Estac.* Ligar, atar por en medio.

**Interlĭno,** is, lēvi, lĭtum, nĕre. *a. Cic.* Borrar, cancelar, rayar la escritura. ‖ *Curc.* Barnizar, embetunar.

**Interlisus,** a, um. *Macrob.* Cortado por el medio.

**Interlĭtus,** a, um. *Cic. part. de* Interlino. Borrado, cancelado. ‖ *Curc.* Barnizado, embetunado.

**Interlŏcūtio,** ōnis. *f. Quint.* Interlocucion, interrupcion de una plática por interposicion de otra. ‖ *Dig.* Sentencia interlocutoria, anterior á la definitiva.

**Interlŏquor,** ĕris, cūtus, ó quūtus sum, qui. *dep.* Interrumpir, interponerse en la conversacion ó plática. ‖ *Ulp.* Pronunciar sentencia interlocutoria.

**Interlūcātio,** ōnis. *f. Plin.* La accion de escamondar, limpiar, podar los árboles.

**Interlūcātus,** a, um. *Plin. part. de* Interluco. Podado, mondado, limpio, escamondado.

**Interlūceo,** ēs, xi, cĕre. *n. Liv.* Lucir, brillar, resplandecer en medio. ‖ *Ad Her.* Aparecer, descubrirse, dejarse ver.

**Interlūco,** as, avi, atum, āre. *a. Plin.* Podar, limpiar, escamondar los árboles.

**Interlūdo,** is, ūsi, ūsum, ĕre. *a. Aus.* Jugar entre ó en medio de.

**Interlūnis.** *m. f. nĕ. n. is. Amian.* En que no hay luna.

**Interlūnium,** ii. *n. Hor.* Interlunio, el tiempo en que no se ve la luna, cuando está en conjuncion con el sol.

**Interluo,** is, lui, lūtum, ĕre. *a. Liv.* Regar, bañar de paso, correr entre ó en medio. ‖ *Cat.* Lavar.

**Interlŭvies,** ēi. *f. Sol.* Curso, corriente que pasa entre ó por en medio.

**Intermăneo,** ēs, mansi, mansum, nēre. *n. Luc.* Estar, quedarse, permanecer en medio.

**Intermĕdius,** a, um. *Varr.* Intermedio, interpuesto, puesto en medio.

**Intermenstruum,** i. *n. Varr. V.* Interlunium.

**Intermenstruus,** a, um. *Plin.* Lo que media entre dos meses, *como el interlunio.*

**Intermĕo,** ās, avi, atum, āre. *n. Plin. V.* Interfluo.

**Intermestris.** *m. f. trĕ. n is. Plin V.* Intermenstruus.

**Intermĭco,** ās, cui, cāre. *n. Estac.* Resplandecer, brillar, lucir en medio.

**Intermĭnabĭlis.** *m. f. lĕ. n. is. Tert.* Interminable, lo que no se puede acabar ó concluir.

**Intermĭnātio,** ōnis *f. Cod. Teod.* Amenaza, cominacion.

**Intermĭnātus,** a, um. *Cic.* Interminable, indefinido, lo que no tiene término. ‖ *Hor.* Vedado, prohibido. *part. de*

**Intermĭno,** ās, avi, atum, āre. *a. Plaut.* y

**Intermĭnor,** āris, ātus sum, āri. *dep. Ter.* Amenazar, vedar, prohibir con amenazas.

**Intermĭneo,** ēs, cui, ēre. *n. Avien. V.* Interminatus.

**Intermisceo,** ēs, cui, mistum, ó mixtum, cēre. *a. Virg.* Mezclar, interponer, interpolar.

**Intermissio,** ōnis. *f. Cic.* y

**Intermissus,** us. *m. Plin.* Intermision, interrupcion, cesacion, descontinuacion.

**Intermissus,** a, um. *Cic.* Intermitido, interrumpido. ‖ Interpuesto, mezclado, interpolado. *part. de*

**Intermitto,** is, misi, missum, tĕre. *a. Cic.* Intermitir, interrumpir, cesar, descontinuar, dejar, hacer tregua.

**Intermistus,** a, um. y **Intermixtus,** a, um. *Liv.* Mezclado, interpuesto, interpolado.

**Intermŏrior,** ĕris, mortuus sum, mŏri. *dep. Plin.* Morir en alguna accion. ‖ *Cels.* Perder el aliento, la respiracion.

**Intermortuus,** a, um. *part. Liv.* Moribundo, medio muerto, cercano á espirar. ‖ *Suet.* Muerto. ‖ Abolido, olvidado.

**Intermundium,** ii. *n. Cic.* El espacio, intermedio y vacío entre los infinitos mundos de Epicuro.

**Intermūrālis.** *m. f. lĕ. n. is. Liv.* Lo que está, media ó pasa entre las murallas.

**Intermūtātus,** a, um. *Tert.* Mudado á veces ó con alternativa.

**Internascens,** tis. *com. Plin.* Lo que nace ó crece entre ó en medio de.

**Internascor,** ĕris, nātus, sum, sci. *dep. Plin.* Nacer, crecer entre ó en medio de.

**Internātus,** a, um. *part. de* Internascor. *Liv.* Nacido, producido, crecido entre ó en medio de.

**Interne.** *adv. Aus.* Interna, interiormente.

**Internĕcātus,** a, um. *part. de* Interneco. *Plaut.* Muerto.

**Internĕcĭālis.** *m. f. lĕ. n. is. Liv.* Mortal.

**Internĕcīda,** ae. *m. f. Fest.* Matador, asesino.

**Internĕcinus.** *V.* Internecivus.

**Internĕcio,** ōnis. *f. Cic.* Internecion, mortandad, matanza, carnicería.

**Internĕcīve.** *adv. Amian.* Con internecion ó mortandad grande.

**Internĕcīvus,** a, um. *Liv.* Mortal, lo perteneciente á la mortandad violenta ó carnicería.

**Internĕco,** as, avi, atum, ó nectum, āre. *a. Prud.* Matar enteramente, hacer gran mortandad ó carnicería, pasar por la espada, á el filo de la espada, ó á cuchillo.

**Internectio,** ōnis. *f. Fest. V.* Internecio.

**Internecto,** is, nexui, nectum, tĕre. *a. Virg.* Atar, unir juntamente, entrelazar.

**Internectus,** a, um. *Liv. part. de* Interneco. Pasar á cuchillo ó por la espada.

**Internĭcĭālis.** *m. f. lĕ. n. is. Liv.* Mortal, que causa la muerte.

**Internĭcŭlum,** i. *n.* y

**Internĭcŭlus,** i. *m. Plaut.* El bodegon ó meson.

**Internīdĭfĭco,** as, avi, atum, āre. *n. Plin.* Anidar,

hacer nido entre ó en medio de.

**Internĭgrans**, tis. *com. Estac.* Negruzco, que tira á negro.

**Internĭtens**, tis. *com. Curc.* Lo que brilla ó resplandece entre ó en medio de.

**Internĭteo**, ēs, tui, ēre. *n. Plin.* Brillar, resplandecer, relucir entre ó en medio de.

**Internōdium**, ii. *n. Col.* Internodio, *la parte que media entre los nudos en los tallos de las plantas, y entre las junturas de los vivientes.*

**Internosco**, is, nōvi, nōtum, cĕre. *a. Cic.* Discernir, distinguir, reconocer, conocer entre otros.

**Internundĭnium**, ii. *n. y*

**Internundīnum**, i. *n. Varr.* El espacio de nueve dias que duraban las ferias.

**Internuntia**, ae. *f.* (avis). *Cic.* Ave mensagera, *como las que lo eran de Júpiter y otras deidades.*

**Internuntio**, as, āvi, ātum, āre. *a. Liv.* Parlamentar, enviar mensageros de una y otra parte.

**Internuntius**, ii. *m. Tert.* Interlocutor, medianero, agente. ‖ Intérprete. ‖ Enviado, mensagero.

**Internus**, a, um. *Tac.* Interno, interior, de la parte de adentro.

**Intĕro**, is, trīvi, trītum, rĕre. *a. Plin.* Desmenuzar, machacar y espolvorear sobre alguna cosa.

**Intĕrordĭnium**, ii. *n. Col.* El espacio que media entre las filas de los árboles.

† **Interpartio**, is, ivi, ītum, īre. *a. Plaut.* Distribuir, repartir, dividir.

**Interpăteo**, ēs, ui, ēre. *n. Macrob.* Ser ó estar patente ó abierto.

**Interpĕdio**, is, ivi, ītum, īre. *a. Macrob.* Impedir, embarazar, estorbar.

**Interpĕdo**, as, āre. *n. Fest.* Caracolear, pasear un caballo, *haciéndole sostener en los talones sucesivamente.*

**Interpellātio**, ōnis. *f. Cic.* Interruption, la accion de interrumpir y estorbar. ‖ *Dig.* Interpelacion, intimacion, citacion judicial.

**Interpellātor**, ōris. *m. Cic. y*

**Interpellātrix**, īcis. *f. S. Ger.* El ó la que interrumpe, estorba, embaraza, quita el tiempo.

**Interpellātus**, a, um. *Cic.* Interrumpido, estorbado, embarazado, impedido. ‖ Interpelado, citado, avisado judicialmente. *part. de*

**Interpello**, as, āvi, ātum, āre. *a. Cic.* Interrumpir, cortar la conversacion ó plática. ‖ Interrumpir, estorbar, embarazar, importunar, quitar el tiempo. ‖ *Dig.* Interpelar, citar, avisar.

**Interpendium**, ii. *n. Solin.* El equilibrio.

**Interpensiva**, ōrum. *n. Plur. Vitruv.* Colunas, puntales, potencias para sostener.

**Interpensīvus**, a, um. *Vitruv.* Lo que está suspendido ó colgado entre. ‖ Apoyado en los saledizos de un edificio.

**Interplicātio**, ōnis. *f. Col.* La accion de entrelazar, juntar, unir ó atar.

**Interplĭco**, as, āvi, ātum, āre. *a. Estac.* Entrelazar, entretejer.

**Interpolātio**, ōnis. *f. Plin.* Renovacion, compostura, la accion de ajustar, componer, afeitar, remendar.

**Interpolātor**, ōris. *m. y*

**Interpolātrix**, īcis. *f. Tert.* El y la que compone, renueva, ajusta y afeita. ‖ Corrompedor. ‖ Remendon, ropero, sastre de viejo.

**Interpolātus**, a, um. *part. de* Interpolo, *y*

**Interpŏlis**. *m. f.* lĕ. *n. is. Plin.* Compuesto, renovado, afeitado. ‖ Depravado, corrompido. ‖ Interrumpido, cortado.

**Interpŏlo**, as, āvi, ātum, āre. *a. Cic.* Componer, renovar, remendar. ‖ *Curc.* Interrumpir, cortar. ‖ *Prud.* Corromper, echar á perder.

**Interpŏlus**, a, um. *Dig. V.* Interpolis.

**Interpōno**, is, pŏsui, pŏsitum, nĕre. *a. Cic.* Interponer, ingerir, introducir, colocar, acomodar, poner entre otras cosas. ‖ *Interponere fidem. Cic.* Empeñar su palabra. ‖ *Se. Cic.* Ingerirse, entrometerse. — *Aliquem epulis. Suet.* Admitir á uno á una comida. — *Se audaciae. Cic.* Oponerse al atrevimiento. — *Postulata. Cic.* Esponer, proponer las pretensiones. — *Edictum. Cic.* Hacer, proponer, publicar un edicto. — *Causam. Nep.* Dar por motivo, por escusa, por causa.

**Interpŏsĭtio**, ōnis. *f. Cic. y*

**Interpŏsĭtus**, us. *m. Cic.* Interposicion, la accion de introducir ó poner entre otras cosas. ‖ La de escribir entre renglones. ‖ Paréntesis.

**Interpŏsĭtus**, a, um. *Cic. part. de* Interpono. Introducido, puesto en medio de otras cosas.

**Interprĕmo**, is, pressi, pressum, mĕre. *a. Plaut.* Oprimir, apretar entre.

**Interpres**, ĕtis. *m. f. Cic.* Intérprete, el que interpreta, esplica, declara. ‖ Traductor. *Interpres divum. Virg.* Mercurio, el mensagero de los dioses. — *Legum. Juv.* Jurisconsulto, doctor en jurisprudencia. — *Extorum. Cic.* Adivino, que juzga de lo venidero por las entrañas de las víctimas.

**Interprĕtābĭlis**. *m. f.* lĕ. *n. is. Tert.* Lo que se puede interpretar, esplicar ó declarar.

**Interprĕtāmentum**, i. *n. Petron. y*

**Interprĕtātio**, ōnis. *f. Cic.* Interpretacion, esplicacion, esposicion. ‖ Juicio, conjetura. ‖ Traduccion. ‖ La figura retórica llamada sinonimia. *Interpretatio syderum. Val. Max.* Prediccion astronómica, pronóstico por los aspectos de los astros.

**Interprĕtātiuncŭla**, ae. *f. dim. S. Ger.* Breve interpretacion ó esposicion.

**Interprĕtātor**, ōris. *m. Tert.* Intérprete, espositor.

**Interprĕtātus**, a, um. *Cic. part. de* Interpretor, *en pas.* Interpretado, espuesto, esplicado.

**Interprĕtium**, ii. *n. Amian.* Ganancia entre compra y venta, de una mano á otra.

**Interprĕtor**, āris, ātus sum, āri. *dep. Cic.* Interpretar, esplicar, esponer, declarar. ‖ Entender, tomar en buena ó mala parte.

**Interprĭmo**, is, essi, essum, ĕre. *a. Plaut.* Sofocar, ahogar apretando.

**Interpunctio**, ōnis. *f. Cic. y*

**Interpunctum**, i. *n. Cic.* Puntuacion, distincion por puntos.

**Interpunctus**, a, um. *Cic.* Distinguido con puntos.

**Interpungo**, is, nxi, nctum, gĕre. *a. Sen.* Distinguir, separar con puntos.

**Interpurgātio**, ōnis. *f. Col.* La accion de limpiar ó purgar.

**Interpurgo**, as, āvi, ātum, āre. *a. Plin.* Purgar, limpiar de malas yerbas ó ramos inútiles.

**Interpŭto**, as, āvi, ātum, āre. *a. Col.* Podar por varias partes, cortar por una y otra parte.

**Interquĕror**, ĕris, stus sum, quĕri. *dep. Liv.* Quejarse, lamentarse en medio de.

**Interquestus**, a, um. *Liv.* El que se queja ó lamenta en medio de, con ocasion de.

**Interquiesco**, is, quiēvi, scĕre. *n. Cic.* Descansar, reposar, cesar en el trabajo ú obra.

**Interrādo**, is, si, sum, dĕre. *a. Plin.* Limar, raer. ‖ *Col.* Cortar, podar entre ramo y ramo.

**Interrāsĭlis**. *m. f.* lĕ. *n. is. Plin. y*

**Interrāsus**, a, um. *Plin.* Limado, pulido por partes ó intervalos.

**Interregnum**, i. *n. Liv.* Interregno, *el tiempo que un reino está sin rey, y vacante el trono.* ‖ *Cic.* El tiempo que los cónsules estaban ausentes de Roma, y que vacaba el consulado por defecto en la creacion de los cónsules en que se creaba un regente ó interrey.

**Interrex**, ēgis. *m. Liv.* Regente del reino, *magistrado que gobernaba el reino cinco dias en la vacante del reino y en la del consulado.*

**Interrĭte**. *adv. Marc. Cap.* Con intrepidez, sin temor.

**Interrĭtus**, a, um. *Tac.* Intrépido, que de nada se espanta, á quien nada atemoriza.

**Interrĭvātio**, ōnis. *f. Marc. Cap.* Derivacion de las aguas entre dos lugares.

**Interrĭvātus**, a, um. *Marc. Cap.* Derivado entre dos lugares.

**Interrŏgātio**, ōnis. *f. Cic.* Interrogacion, pregunta. ‖ Figura retórica. ‖ Argumento, silogismo. ‖ *Sen.* Estipulacion.

Interrŏgatiunculă, ae. f. Cic. Preguntilla, pregunta breve.
Interrŏgative. adv. Asc. Por modo interrogativo, de preguntas ó interrogaciones.
Interrŏgativus, a, um. Prisc. Interrogativo, lo perteneciente á la pregunta, ó que la contiene, interrogante.
Interrŏgator, ōris. m. Ulp. El que pregunta, preguntante, preguntador.
Interrŏgatōrius, a, um. Dig. Interrogatorio, interrogativo, lo que pertenece á la pregunta y modo de hacerla.
Interrŏgatus, a, um. Cic. Interrogado, preguntado.
Interrŏgo, ăs, ăvi, ātum, āre. a. Cic. Interrogar, preguntar. || Acusar. || Sen. Argüir, disputar. Interrogandi casus. Gel. El genitivo.
Interrumpens, tis. com. Ov. El que interrumpe ó estorba.
Interrumpo, is, rūpi, ruptum, pĕre. a. Cic. Romper, quebrar, partir, dividir, abrir por medio. || Interrumpir, cortar, atajar, impedir, estorbar la continuacion.
Interrupte. adv. Cic. Con interrupcion.
Interruptio, ōnis. f. Dig. Interrupcion, descontinuacion. || Quint. Fig. ret. Aposiopesis y reticencia.
Interruptor, ōris. m. Apul. El que interrumpe.
Interruptus, a, um. part. de Interrumpo. Ces. Cortado, roto. || Separado, apartado, distante. || Interrumpido, cortado, parado.
Interscalmium, ii. n. Vitruv. El espacio que hay entre remo y remo en una nave.
Interscăpĭlium, ii. n. y
Interscăpium, ii. n. ó
Interscăpŭlum, i. n. Hig. El espacio que hay entre las dos espaldas.
Interscindo, is, scĭdi, scissum, dĕre. a. Cic. Cortar, romper por medio, dividir, separar.
Interscrĭbens, tis. com. Sol. El que escribe en medio de.
Interscrībo, is, psi, ptum, bĕre. a. Plin. men. Escribir en medio de, entrerenglonar, escribir entre renglones.
Intersĕcivus, a, um. Front. Dividido, cortado.
Intersĕco, ăs, cui, sectum, āre. a. Ad Her. Cortar por en medio ó en parte.
Intersectio, ōnis. f. Vitruv. Interseccion, cortadura por en medio. || Espacio, cavidad que hay entre los dientecillos de una frisa.
Intersēminātus, a, um. Apul. Sembrado entre, en medio de, por intervalos.
Intersēpio, is, psi, ptum, īre. a. Cic. Cercar, cerrar, encerrar con cercas. Intersepire conspectum. Liv. Quitar, impedir, estorbar la vista.
Interseptus, a, um. Cic. part. de Intersepio. Cerrado, cercado, encerrado. || Defendido, fortalecido.
Intersĕrens, tis. com. Nep. El que entremezcla, mezcla entre otras cosas. Causam interserens. Id. Dando por razon, por escusa, por pretesto, por motivo.
Intersĕro, is, rui, sertum, rĕre. a. Col. Plantar, sembrar entre ó en medio de. || Nep. Entremezclar, interponer.
Intersĕro, is, sēvi, sĭtum, rere. a. Col. Plantar, sembrar entre otras cosas.
Intersisto, is, stĭti, stĭtum, tĕre. n. Quint. Pararse en medio.
Intersĭtus, a, um. part. de Intersero. Col. Sembrado, plantado entre. || Plin. Interpuesto, entremezclado.
Intersŏno, ăs, nui, āre. n. Estac. Sonar en medio.
Interspersus, a, um. Apul. Esparcido, sembrado por intervalos.
Interspīrātio, ōnis. f. Cic. La respiracion, la accion de respirar, de tomar ó echar el aliento.
Interspīro, ăs, āvi, ātum, āre. a. Cat. Respirar, tomar aliento. || Traspirar, recibir aire, ó abrir por donde pueda entrar.
Intersterno, is, strāvi, strātum, nĕre. a. Plin. Echar, estender, tender entre ó en medio de.
Interstes, ĭtis. com. Tert. Interpuesto, intermedio.
Interstinctio, ōnis. f. Arnob. Distincion, division.
Interstinctus, a, um. Tac. Distinguido, dividido.
Interstinguo, is, nxi, nctum, guĕre. a. Lucr. Estinguir totalmente. || Estac. Distinguir, dividir, separar.

Interstĭtio, ōnis. f. Gel. Intersticio, cesacion, vacacion. || Arnob. Diferencia.
Interstĭtium, ii. n. Tac. Intersticio, espacio, distancia, intervalo.
Intersto, ăs, stĕti, āre. anom. Amian. Estar en medio.
Interstrātus, a, um. Plin. part. de Intersterno. Tendido, echado en medio de.
Interstrĕpo, is, pui, pĭtum, pĕre. n. Virg. Hacer ruido ó estrépito entre otros.
Interstringo, is, nxi, ictum, gĕre. a. Plaut. Oprimir, apretar, estrujar entre.
Interstructio, ōnis. f. Vitruv. Encaje, union.
Interstruo, is, uxi, tum, ĕre. a. Sil. Unir, enlazar, ligar, atar.
Intersum, es, fui, esse. anom. Cic. Estar en medio, mediar. || Discrepar, diferenciarse, distinguirse. || Intervenir, estar presente. Interfuit triduum. Cic. Pasaron tres dias de intermedio.
† Intertăleo, ăs, avi, ātum, āre. a. Non. Cortar, dividir, partir una rama por una y otra parte.
Intertexo, is, xui, textum, xĕre. a. Macrob. Entretejer, entrelazar, entremezclar.
Intertextus, a, um. Quint. Entretejido, tejido entre ó en medio de.
Intertignium, ii. n. Vitruv. El espacio que hay entre las vigas, y el adorno de él, bovedilla.
Intertinctus, a, um Plin. Pintado, sembrado de.
Intertingo, is, nxi, nctum, gĕre. a. Apul. Pintar, sembrar de varios colores.
Intertrăho, is, xi, ctum, hĕre. a. Plaut Sacar, traer hácia sí.
Intertrigo, ĭnis. f. Varr. Rozadura, desolladura de una parte que lude ó se frota con otra.
Intertrīmentum, i. n. Cic. y
Intertrītūra, ae. f. Dig. Detrimento, daño, pérdida.
† Interturbātio, ōnis. f. Liv. Turbacion, agitacion interior, que se muestra esteriormente. || Interrupcion de lo que se estaba haciendo.
Interturbo, ăs, ăvi, ātum, āre. a. Ter. Turbar, enredar, revolver interiormente, introducir discordia, disension, perturbacion.
Intĕrŭla, ae. f. Apul. La camisa, ropa interior.
Intĕrŭlus, a, um. Apul. Interior, interno, lo que es de adentro.
Intĕrundātus, a, um. Sol. Ondeado, lo que tiene ondas ó está hecho en forma de ellas.
Intĕrŭsūrium, ii. n. Ulp. Interusurio, ganancia, interes de cierto tiempo.
Intervăcans, tis. com. Col. Vacante, separado, entre ó en medio de.
Intervallātus, a, um. Gel. Dividido, separado, distinguido por intervalos. || Intermitente, no continuo.
Intervallum, i. n. Cic. Intervalo, espacio, distancia, intermedio de lugar y tiempo. || Diferencia, desemejanza, distancia. Satis longe intervallo. Cic. Despues de mucho tiempo.
Intervello, is, velli, ó vulsi vulsum, lĕre. a. Plin. Arrancar de raiz, estirpar de entre ó en medio de.
Intervĕniens, tis. com. Col. Interpuesto, intermedio.
Intervĕnio, is, vēni, ventum, īre. n. Cic. Intervenir, asistir, hallarse, estar presente. || Mediar, interceder, interponerse. || Sobrevenir, acaecer, acontecer. || Venir de improviso, sorprender. Intervenit nox praelii. Liv. Sobrevino la noche durante el combate.
Intervĕnium, ii. n. Vitruv. Vena 6.veta, lugar subterráneo por el que pasa el agua ó el fuego.
Intervĕntio, ōnis. f. Ulp. Intervencion, interposicion, intercesion.
Interventor, ōris. m. Cic. El que interviene ó sobreviene, el que se atraviesa. || Ulp. Procurador, agente. || Lampr. Intercesor.
Interventus, us. m. Cic. Venida, llegada imprevista ó repentina. || Interposicion.
Interversio, ōnis. f. Tert. Subversion, turbacion.
Interversor, ōris. m. Cod. El que convierte en provecho suyo el manejo ó dinero público que se le ha confiado.

**Intervertsūra**, ae. *f. Hig.* Rodeo que toma un campo estendido oblicuamente.

**Interversus**, a, um. *Cic.* Defraudado, robado, usurpado, convertido en ganancia propia. *part. de*

**Interverto**, is; ti, sum, tĕre. *a. Cic.* Retirar, apartar, divertir del camino derecho. ‖ Usurpar, robar, tomar para sí con artificio parte de lo que se administra ó debia darse á su dueño. *Intervertere aliquem re quapiam. Plaut.* Usurpar á alguno alguna cosa.

**Intervĭbrans**, tis. *com. Marc. Cap.* El que vibra, lanza ó dispara entre ó en medio de.

**Intervĭgĭlans**, tis. *com. Lampr.* El que vela por mitad ó por intervalos.

**Intervĭgĭlātio**, ōnis. *f. Hig.* Cuidado acompañado de vigilancia.

**Intervĭgĭlo**, ās, āvi, ātum, āre. *a. Sen.* Velar á ratos ó por intervalos.

**Intervĭgĭlus**, a, um. *Sen.* Medio despierto.

**Intervīreo**, ēs, rui, ēre. *n. Estac.* Estar verde, entre ó en medio de.

**Interviso**, is, si, sum, ĕre. *a. Plaut.* Visitar, ir á ver de tiempo en tiempo, de cuando en cuando.

**Intervōcālĭter**. *adv. Apul.* En voz alta, á grandes voces.

**Intervŏlĭto**, ās, āvi, ātum, āre. *n. Liv. freq. de*

**Intervŏlo**, ās, āvi, ātum, āre. *n. Val. Flac.* Volar entre ó por medio.

**Intervŏmo**, is, mui, ĭtum, ĕre. *n. Lucr.* Vomitar, derramar entre ó en medio de

**Intervulsus**, a, um. *Sol.* Interrumpido, cortado, no continuo.

**Intestābĭlis**. *m. f.* lĕ. *n.* is. *Ulp.* El que no puede dar testimonio, que no puede ser testigo. ‖ *Id.* El que no puede hacer testamento. ‖ Detestable, execrable, infame, abominable, aborrecible.

**Intestātus**, a, um. *Cic.* Intestado, el que muere sin testar, sin haber hecho testamento. ‖ *Plaut.* No convencido con testigos. *Ab intestato. Cic.* Ab intestato, sin haber hecho testamento.

**Intestīna**, ōrum. *n. plur. Cic.* Las entrañas, los intestinos, las partes interiores del cuerpo.

**Intestinārius**, ii. *m Cod. Teod.* El que trabaja en obras de talla, tallista.

**Intestīnum**, i. *n. Cic.* El intestino, la parte interior del cuerpo, las tripas.

**Intestīnus**, a, um. *Cic.* Intestino, interior, interno, íntimo, de adentro. ‖ Doméstico, civil. *Intestinum opus. Vitruv.* La obra de talla delicada é interior.

**Intestis**, is *com. Arnob.* Capon, el que es castrado.

**Intexo**, is, xui, textum, ĕre. *a. Virg.* Tejer, entretejer, enlazar. ‖ Mezclar, introducir entre.

**Intextus**, us. *m. Plin.* El tejido.

**Intextus**, a, um. *part. de* Intexo. *Cic.* Entretejido, entrelazado.

**Intĭmātio**, ōnis. *f. Marc. Cap.* Intjmacion, notificacion, aviso.

**Intĭmātor**, ōris. *Cap.* El que introduce ó insinúa.

**Intĭmātus**, a, um. *Esparc.* Intimado, publicado, hecho saber.

**Intime**. *adv. Cic.* Con vehemencia, con fuerza. ‖ De todo corazon. ‖ Interna, interiormenten. *Utebatur intime Q. Hortensio. Nep.* Trataba estrechamente, con confianza y amistad, con intimidad con Q. Hortensio.

**Intĭmĭde**. *adv. Amian.* Sin temor, sin miedo.

**Intĭmo**, ās, āvi, ātum, āre. *a. Sol.* Insinuar, introducir. ‖ *Marc. Cap.* Intimar, publicar, hacer notorio.

**Intĭmus**, a, um. *Cic.* Intimo, interior, interno, de adentro. ‖ Estrecho, de corazon, de confianza. *Intimum consilium. Tac.* Consejo, secreto. *Intima philosophia. Cic.* Filosofia recóndita.

**Intinctio**, ōnis. *f. Tert.* La tintura ó tinte.

**Intinctor**, ōris. *m. Plin* El tintorero.

**Intinctus**, us. *m. Plin.* Salsa para la comida.

**Intinctus**, a, um. *Ov. part. de*

**Intingo**, is, nxi, nctum, gĕre. *a. Col.* Mojar en la salsa. *Intingere in acetum. Cat.* Mojar en vinagre.

**Intĭtŭlo**, ās, āre. *a. Ulp.* Intitular, dar, poner título.

**Intŏlĕrābĭlis**. *m. f.* lĕ. *n.* is. *Cic.* Intolerable, insufrible, insoportable, lo que no se puede sufrir ó tolerar.

**Intŏlĕrābĭlĭter**. *adv. Col.* Intolerablemente, sin poderse sufrir ó tolerar.

**Intŏlĕrandus**, a, um. *Cic. V.* Intolerabilis.

**Intŏlĕrans**, tis, ior, issĭmus. *com. Liv.* El que no puede tolerar ó sufrir.

**Intŏlĕranter**, ius, issĭme. *adv. Cic. V.* Intolerabiliter.

**Intŏlĕrantia**, ae. *f. Cic.* Soberbia, altaneria, insolencia, que no se puede sufrir. ‖ Impaciencia, falta de sufrimiento ó tolerancia, intolerancia.

**Intŏlĕrātus**, a, um. *Cel. Aur.* Intoleratus aeger. Enfermo, no alimentado, no recreado con algun alimento.

**Intollo**, is, ĕre. *a. Apul.* Levantar la voz ó el grito.

**Intŏnātus**, a, um. *part. de* Intono. *Hor.* Que se levanta con gran ruido, con truenos. *Habla de la tempestad.*

**Intondeo**, ēs, di, sum, dĕre. *a. Col.* Cortar, trasquilar, afeitar alrededor.

**Intŏno**, ās, nui, nātum, ó nĭtum, āre. *n. Cic.* Tronar, bramar, rebramar, hacer gran ruido. *Intonuit laevum. Virg.* ó *Partibus sinistris. Cic.* Tronó hácia la mano izquierda. *Señal de buen agüero entre los antiguos.*

**Intonsus**, a, um. *Virg.* Intonso, no cortado el cabello ó pelo. *Intonsus Deus. Oc.* El dios Apolo. *Homines intonsi, et inculti. Liv.* Hombres bárbaros é incultos.

**Intorqueo**, ēs, si, sum, y tum, quĕre. *a. Cic.* Torcer, volver, doblar. ‖ Disparar, lanzar, tirar, vibrar. *Intorquere vocem diram. Sil.* Dar un grito espantoso.

**Intorte**. *adv. Plin.* Torcidamente.

**Intortio**, ōnis. *f. Arnob.* Torcimiento, torcedura.

**Intortus**, a, um. *part. de* Intorqueo. *Liv.* Torcido, doblado, vuelto. *Intorta oratio. Plaut.* Discurso oscuro, embrollado. *Intortum telum. Virg.* Dardo arrojado, disparado. *Intorti capilli. Marc.* Cabellos crespos, rizados. — *Angues. Hor.* Culebras enroscadas.

**Intra**. *adv. Col.* Dentro, interiormente, de la parte de adentro.

**Intra**. *prep. de acus. Cic.* Dentro de, en. *Intra parietes meos. Cic.* Dentro de mi casa. — *Juventutem rapi. Tac.* Morir en la flor de la edad. — *Quatuor annos. Plin.* Dentro de, de aqui á cuatro años. — *Montem Taurum. Cic.* En, dentro de los limites del monte Tauro. — *Paucas memorata clades. Liv.* Derrota que se cuenta entre las mas notables ó memorables. — *Legem. Cic.* Algo menos de lo que permite la ley. — *Haec hominis ejus erat medicina. Cels.* Toda su medicina consistia en esto, se reducia á esto.

**Intrābĭlis**. *m. f.* lĕ. *n.* is. *Liv.* Adonde se puede entrar.

**Intractābĭlis**. *m. f.* lĕ. *n.* is. *Sen.* Intratable, áspero, duro, indómito, incorregible. ‖ *Virg.* Insufrible, intolerable, insoportable.

**Intractātus**, a, um. *Cic.* Indómito, no domado, no manejado.

**Intractio**, ōnis. *f. Plin.* Contraccion, la accion de contraer ó estrechar.

**Intrăho**, is, xi, ctum, hĕre. *a. Apul.* Traer, atraer hácia sí. ‖ *Fest.* Injuriar, decir oprobrios, injurias.

**Intrāmūrānus**, a, um. *Arc.* Lo que está dentro de las murallas.

**Intransĭtīve**. *adv. Prisc.* Sin pasar la accion á otra cosa. *Dicese de los verbos neut. pas. é impers.*

**Intransĭtīvus**, a, um. *Prisc.* Que no pasa su significacion á otra cosa ó persona. *Dicese de los verbos neutros, pas. é impers.*

**Intrātus**, a, um. *Ov.* Entrado, adonde se ha entrado.

**Intrĕmisco**, is, mui, scĕre. *n. Cels.* y

**Intrĕmo**, is, mui, scĕre. *n. Virg.* Temblar, estremecerse, tener miedo con temblar.

**Intrĕmŭlus**, a, um. *Aus.* El que tiembla ó teme con temblor, trémulo.

**Intrĕpĭde**. *adv. Liv.* Intrépidamente, con atrevimiento, con animosidad, con intrepidez.

**Intrĕpĭdus**, a, um. *Tac.* Intrépido, arrojado, animoso, atrevido, que no teme, que nada le espanta.

**Intrĭbuo**, is, bui, būtum, ĕre. *a. Plin. men.* Contribuir, pagar tributo ó contribucion.

**Intrĭbūtio**, ōnis. *f. Ulp.* Contribucion, el acto de pagar tributo, y el mismo tributo.

Intrĭcāte. *adv. Marc.* Intrincada, enmarañada, enredosamente.

Intrĭcātūra, ae. *f. Varr.* Embarazo, enredo, embrollo.

Intrĭcātus, a, um. *Plaut.* Intrincado, enredado, embarazado, embrollado. *part. de*

Intrīco, ās, āvi, ātum, āre. *a. Gel.* Intrincar, enredar, enmarañar, embarazar, embrollar. *Intricare peculium. Ulp.* Empeñar el peculio para pagar las deudas.

Intrīgo, ĭnis. *f. Varr.* V. Intertrigo.

Intrīmentum, i. *n. Apul.* Salsa, guiso de varias cosas majadas, que se echa en la comida para sazonarla.

Intrinsĕcus. *adv. Col.* Intrinseca, interiormente.

Intrīta, ae. *f. Col.* Especie de manjar picado, *que se componia de huevos, queso, ajos, aceite &c. Intrita panis è vino. Cels.* Sopa en vino. || *Vitruv.* Cal y cimientos mezclados con agua. || *Plin.* Tierra ó barro en disposicion de formar tejas ó ladrillos.

Intrītum, i. *n. Plin.* Especie de comida picada y mezclada, como gigote &c.

Intrītus, a, um. *part. de* Intero. *Varr.* Majado, machacado, desmenuzado, picado.

Intrīvi. *pret. de* Intero.

Intro. *adv. Cic.* Dentro, adentro.

Intro, ās, āvi, ātum, āre. *a. Cic.* Entrar, penetrar, meterse, introducirse. *Intrare insidias. Ces.* Dar en una emboscada.

Introcēdo, is, essi, essum, ĕre. *n. Apul.* V. Introeo.

Introcurro, is, ĕre. *n. Non.* Correr adentro ó hácia dentro.

Introdūco, is, xi, ctum, ĕre. *a. Ces.* Introducir, conducir dentro, entrar. || Establecer, poner y enseñar de nuevo.

Introductĭo, ōnis. *f. Cic.* Introduccion, la accion de introducir ó hacer entrar en.

Introductor, ōris. *m. Ruf.* Introductor, el que introduce, conduce ó entra algo en.

Introductus, a, um *part. de* Introduco. *Cic.* Introducido, empezado, establecido de nuevo.

Introĕo, is, īvi, y ii, ĭtum, īre. *n. Cic.* Entrar dentro. *Introire ad aliquem. Ter.* Visitar á alguno, ir á su casa. — *Videre. Ter.* Entrar á ver. *Domum tuam te introire putas? Cic.* ¿Piensas que entras en tu casa?

Introfĕro, ers, tŭli, lātum, ferre. *anom. Cic.* Entrar, llevar dentro ó adentro.

Introgrĕdior, ĕris, gressus sum, grĕdi. *dep. Virg.* V. Introeo.

Introgressus, a, um. *Virg.* El que ha entrado. *part. de* Introgredior.

Introĭens, euntis. *com. Ter.* El que entra, entrante.

Introĭtus, us. *m. Cic.* Entrada, la accion de entrar. || El lugar por donde se entra, paso, embocadura. || Principio, exordio.

Introĭtus, a, um. *Ulp.* Adonde se ha entrado.

Introlātus, a, um. *Liv.* Llevado dentro de. *part. de* Introfero.

Intromissĭo, ōnis. *f. Tert.* Introduccion, la accion de entrar ó hacer entrar.

Intromissus, a, um. *Cic.* Introducido, admitido dentro. *part. de*

Intromītto, is, mīsi, missum, tĕre. *a. Ces.* Enviar adentro. || *Ter.* Introducir, admitir, recibir en casa.

Introrēpo, is, ĕre. *n. Apul.* Entrar arrastrando, colarse, entrarse sin sentir.

Introrsum. *adv. Liv.*

Introrsus. *adv. Cic.* Hácia dentro, por dentro, dentro.

Introrumpo, is, rūpi, ruptum, ĕre. *n. Ces.* Romper, entrar, penetrar con furia, con violencia.

Introruptĭo, ōnis. *f. Apul.* La entrada con violencia.

Introspecto, ās, āvi, ātum, āre. *a. Plaut.* y

Introspicĭo, is, spexi, spectum, cĕre. *a. Cic.* Mirar adentro ó por dentro. || Mirar, considerar, examinar, observar con atencion.

Introtrūdo, is, ĕre. *a. Cat.* V. Intrudo.

Introversus. *Non.* V. Introrsus.

Introvŏcātus, us. *m. Amian.* Llamado adentro ó hácia dentro.

Introvŏco, ās, āvi, ātum, āre. *a. Liv.* Llamar adentro.

Intrūdo, is, si, sum, dĕre. *a. Cic.* Echar, empujar adentro. *Intrudere se. Cic.* Entrometerse, meterse sin ser llamado.

Intŭbāceus, a, um. *Plin.* Perteneciente á la chicoria.

Intŭbum, ó Intȳbum, i. *n.* ó

Intŭbus, ó Intȳbus, i. *f. Plin.* La chicoria, *yerba,* la endivia, *yerba.*

Intuens, tis. *com. Ter.* El que mira, repara ó pone los ojos en. *Intuens in te dolec. Cic.* Me compadezco, me lleno de dolor cuando pongo los ojos en tí, cuando vuelvo los ojos á tí, cuando pienso ó se me representa el estado en que estás. — *Ad nutum. Cic.* El que está pronto á la menor señal.

Intueor, ēris, ĭtus sum, ēri. *dep. Cic.* Mirar, poner, fijar los ojos. || Considerar, observar, contemplar, examinar. || Admirar, mirar con admiracion.

Intuītus, us. *m. Quint.* Mirada, vista, aspecto.

Intŭli. *pret. de* Infero.

Intŭmeo, ēs, mui, ēre. *n. Plin.* y

Intŭmesco, is, mui, scĕre. *n. Plin.* Hincharse. || *Quint.* Ensoberbecerse, llenarse de orgullo y altanería. || *Ov.* Airarse, indignarse. || *Tac.* Crecer, aumentarse.

Intŭmŭlātus, a, um. *Ov.* No enterrado, á quien no se ha dado tierra ó sepultura.

Intundo. *Escribon.* V. Tundo.

Intuor, ĕris, tūtus, y tūĭtus sum, tui. *dep. Plaut.* V. Intueor.

Inturbātus, a, um. *Plin. men.* No turbado, no conmovido, no agitado, tranquilo.

Inturbĭdus, a, um. *Tac.* V. Inturbatus.

Inturgesco, is, ĕre. *n. Veg.* V. Intumesco.

Intus. *adv. Cic.* Dentro, interiormente. || *Plaut.* De adentro. *Intus domum. Plaut.* En casa. — *Exire. Plaut.* Salir de adentro. — *Carmen sibi canere. Cic.* Pensar solo en sus negocios, no ser bueno sino para sí.

Intūtus, a, um. *Liv.* Mal seguro, mal guardado, peligroso, espuesto, mal defendido.

Intybus. V. Intubus.

Inūber, ĕris. *Gel.* Esteril, no abundante, no fértil.

Inŭla, ae. *f. Plin.* Yerba mas pequeña que la pastinaca, y mas amarga.

Inulcĕro, ās, āvi, ātum, āre. *a. Veg.* Llagar, hacer herida ó llaga.

Inulte. *adv. Curc.* Sin venganza, impunemente.

Inultus, a, um. *Cic.* Inulto, lo que queda sin venganza, impunido, impune. || El que no se venga de la injuria.

Inumbrātĭo, ōnis. *f. Marc. Cap.* Sombra, oscuridad, tinieblas.

Inumbrātor, ōris. *m. Vitruv.* El pintor.

Inumbrātus, a, um. *Curc.* Sombrío, cubierto de sombra.

Inumbro, ās, āvi, ātum, āre. *a. Virg.* Sombrear, cubrir con sombra ó hacerla. || Oscurecer.

Inuncātus, a, um. *Col.* Cogido, preso con garfios.

Inunco, ās, āvi, ātum, āre. *a. Apul.* Coger, prender, atraer con garfio.

Inunctĭo, ōnis. *f. Plin.* Uncion, untura, el acto de untar.

Inunctor, ōris. *m. Cels.* El que unta, hace ó da unturas.

Inunctus, a, um. *Hor.* Untado, ungido. *part. de* Inungo.

Inundātĭo, ōnis. *f. Col.* Inundacion, abundancia de aguas, *que cubre los campos y hace salir de madre los rios.*

Inundātor, ōris. *m. Apul.* El que inunda.

Inundātus, a, um. *Petron.* Inundado, cubierto de aguas.

Inundo, ās, āvi, ātum, āre. *a. Cic.* Inundar, cubrir de aguas, estenderse estas y derramarse por los campos.

Inungĭto, ās, āvi, ātum, āre. *a. freq. de*

Inungo, is, xi, ctum, gĕre. *a. Cels.* Untar, dar una untura.

† Inunītus, a, um. *Tert.* Unido, conjunto.

Inurbāne. *adv. Cic.* Rústicamente, sin cultura ni gracia.

Inurbānus, a, um. *Cic.* Inurbano, rústico, grosero, inculto.

Inūrens, tis. *com. Sol.* El que quema con un hierro ardiente.

Inurgeo, ēs, ēre. *a. Luc.* Apretar, instar, empujar contra.

Inurino, as, avi, atum, are. n. Col. Sumergirse debajo del agua, hacer el buzo.

Inuro, is, ussi, ustum, y ustum, rere. a. Cels. Quemar. ‖ Marcar, imprimir alguna señal con hierro ardiente. ‖ Plin. Pintar á fuego como los esmaltadores. *Inurere alicui infamiam. Cic.* Ignominiam, ó maculam. Liv. Imponer á uno nota de infamia. — *Dolorem animo. Cic.* Causar una pesadumbre.

Inusitate. adv. Cic. y

Inusitato. adv. Plin. men. Inusitada, estraordinariamente, fuera de lo regular, del uso y costumbre.

Inusitatus, a, um. Cic. Inusitado, irregular, estraordinario, fuera del uso.

Inustus, a, um. Col. part. de Inuro. Quemado, abrasado. ‖ Marcado, impreso á fuego. ‖ Impreso, engendrado, ocasionado. *Odium inustum mentibus. Cic.* Odio fuertemente impreso en los ánimos.

Inusus, us. m. Plaut. Desuso, falta de uso ó ejercicio, no uso.

Inutilis. m. f. le. n. is. Cic. Inútil, que no sirve ó no es útil para cosa alguna. ‖ Dañoso, perjudicial, peligroso.

Inutilitas, atis. f. Cic. Inutilidad, propiedad que hace una cosa inútil y de ningun provecho.

Inutiliter. adv. Liv. Inútil, vanamente, sin utilidad, sin provecho ni fruto.

Inuus, i. m. Liv. El dios Pan, que preside y guarda los ganados.

Inuxorus, a, um. Tert. El que no es casado, celibato, soltero.

Invado, is, si, sum, dere. a. Cic. Invadir, acometer, asaltar, entrar por fuerza, con violencia. *Tantus terror invasit eos, ó in eos. Ces.* Tanto terror se apoderó de ellos. *Invadere improbos. Cic.* Acometer á los malos. — *Tria millia stadiorum. Tac.* Caminar tres mil estadios. — *Magnum. Virg.* Emprender un hecho grande.

Invalentia, ae. f. Gel. V. Invaletudo.

Invaleo, es, lui, ere. n. Cic. y

Invalesco, is, lui, scere. n. Quint. Reforzarse, convalecer, restablecerse, recobrar la salud y fuerzas. ‖ Crecer, aumentarse. ‖ Hacerse uso y costumbre.

Invaletudinarius, a, um. Sen. Enfermizo, valetudinario.

Invaletudo, inis. f. Cic. Debilidad, complexion enfermiza, mala salud.

Invalide. adv. Arnob. Débil, flacamente.

Invalidus, a, um, ior, issimus. Liv. Débil, enfermo, enfermizo. ‖ Lucr. Fuerte, poderoso. *Invalidi milites. Liv.* Soldados inválidos.

Invasio, onis. f. Simac. Invasion, acometimiento con fuerza y violencia.

Invasor, oris. m. Aur. Vict. Invasor, el que acomete con fuerza ó se apodera por armas.

Invasus, a, um. Palad. Acometido por fuerza.

Invasus, us. m. Cel. Aur. V. Invasio.

Invectio, onis. f. Cic. Acarreo, conduccion, introduccion. ‖ Invectiva.

Invectitius, a, um. Plin. Transportado, conducido, traido, introducido de fuera, lo que se transporta.

Invectivus, a, um. Amian. Lo que es ó sirve de invectiva contra alguno.

Invector, oris. m. Simac. El que conduce, transporta ó introduce algo de afuera.

Invectus, us. m. Plin. Transporte, conduccion, la accion de transportar, de traer ó llevar tras de sí.

Invectus, a, um. Cic. Conducido, transportado, introducido. part. de

Inveho, is, vexi, vectum, vehere. a. Cic. Introducir, traer, transportar, conducir, llevar dentro. *Triumphans urbem invehitur. Liv.* Entra triunfante en la ciudad á caballo. Lo mismo se dice de los que van en coche, en carro ó embarcados. *Invehi in aliquem. Cic.* Hablar contra alguno, hacer invectivas contra él. — *Hostem. Liv.* Atacar, asaltar, cargar al enemigo.

Invelatus, a, um. Marc. Cap. Descubierto, no cubierto.

Invendibilis. m. f. le. n. is. Plaut. Invendible, lo que no se puede vender.

Invenditus, a, um. Ulp. No vendido.

Invenio, is, veni, ventum, ire. a. Cic. Hallar, encontrar buscando ó casualmente. ‖ Conocer, comprender, entender. ‖ Adquirir. ‖ Descubrir. ‖ Inventar, discurrir, imaginar de nuevo. *Medici non se inveniunt. Petron.* Los médicos se confunden, no hallan en sí facultades ó recursos para determinar.

Inventarium, ii. n. Ulp. Inventario, lista, memoria de la hacienda y bienes.

Inventio, onis. f. Cic. Invencion, la accion de inventar ó hallar. ‖ Primera parte de la retórica que enseña á discurrir y hallar las razones para un discurso.

Inventiuncula, ae. f. Quint. Invencion de poco momento.

Inventor, oris. m. Cic. Inventor, el primero que halla, inventa ó discurre algun arte ó ciencia, máquina ó secreto. ‖ Autor.

Inventrix, icis. f. Cic. La que inventa, halla ó discurre algo de nuevo.

Inventum, i. n. Cic. Invento, invencion ó hallazgo de alguna cosa nueva ó la misma cosa inventada.

Inventus, us. m. Plin. V. Inventio.

Inventus, a, um. part. de Invenio. Cic. Hallado, encontrado. ‖ Inventado, discurrido.

Invenuste. adv. Gel. Sin gracia, sin cultura, desgraciada, desagradablemente.

Invenustus, a, um. Cic. Desgarbado, desgraciado, sin gracia, inculto, grosero.

Inverecunde. adv. Quint. Deshonesta, descaradamente, sin pudor, sin vergüenza.

Inverecundia, ae. f. Arnob. Desvergüenza, descaro, falta de pudor y vergüenza.

Inverecundus, a, um, ior, issimus. Cic. Inverecundo, torpe, deshonesto, descarado, que ha perdido la vergüenza. *Inverecundus deus. Hor.* El dios Baco.

Invergo, is, ere. a. Plaut. Echar, derramar sobre.

Inversio, onis. f. Cic. Inversion, trastorno de las cosas. ‖ Alegoría, figura retórica.

Inversor, aris, ari. dep. Lact. Ejercitarse en alguna cosa.

Inversura, ae. f. Vitruv. Plegadura, vuelta, doblez.

Inversus, a, um. Sal. Inverso, invertido, mudado, vuelto al contrario. part. de

Inverto, is, ti, sum, tere. a. Cic. Invertir, trastrocar, mudar, volver á otra parte ó al contrario. *Invertere terram. Virg.* Arar la tierra.

Invesperascit, cebat. Liv. imp. Se llega, se acerca, viene la tarde.

Investigabilis. m. f. le. n. is. Lact. Investigable, lo que no se puede investigar ó averiguar.

Investigatio, onis. f. Cic. Investigacion, pesquisa, examen, averiguacion.

Investigator, oris. m. Cic. Investigador, el que investiga ó hace averiguacion.

Investigatrix, icis. f. Marc. Cap. La que investiga ó averigua.

Investigatus, a, um. Cic. Investigado, indagado, averiguado. part. de

Investigo, as, avi, atum, are. a. Cic. Investigar, indagar, averiguar. ‖ Hallar, descubrir. ‖ Seguir la huella ó la pista.

†Investimentum, i. n. Liv. Casacon, capote, sobretodo, ropa que se pone encima de otras.

Investio, is, ivi, itum, ire. a. Plin. Revestir, cubrir, guarnecer, adornar, vestir.

Investis. m. f. te. n. is. Tert. Desnudo, sin vestido. ‖ Macrob. Desbarbado, lampiño, el que no ha llegado á la pubertad.

Investitus, a, um. En. Vestido, adornado, guarnecido.

Inveterasco, is, avi, cere. n. Cic. Envejecerse, inveterarse, hacerse viejo. ‖ Permanecer, estar mucho tiempo en una parte. ‖ Durar mucho, fortificarse, afirmarse con el tiempo, con la duracion.

Inveteratio, onis. f. Cic. Antigüedad, larga duracion.

Inveteratus, a, um. Cic. Inveterado, envejecido, viejo, antiguo. part. de

Invĕtĕro, as, avi, atum, are. a. Col. Hacer envejecer, guardar, conservar alguna cosa para que se haga vieja ó añeja. || Lact. Abolir, olvidar.

Invĕtĭtus, a, um. Sil. No vedado, no prohibido.

Invexi. pret. de Inveho.

Invĭcem. adv. Cic. Alternativamente, por veces, á la vez, por su turno. || Mutua, recíprocamente.

Invictè, issimè. adv. S. Ag. Incontrastablemente.

Invictrix, icis. f. Inscr. Invicta, no ó nunca vencida.

Invictus, a, um. Cic. Invicto, no vencido, invencible. || Impenetrable.

Invĭdendus, a, um. Hor. Envidiable, digno de ó espuesto á la envidia.

Invĭdens, tis. com. Cic. Envidioso. || Hor. El que obra contra su voluntad, de mala gana; repugnante.

Invĭdentia, ae. f. Cic. Envidia, pesadumbre de la felicidad agena.

Invĭdeo, es, vidi, visum, dēre. a. Cic. Envidiar, tener envidia, ser envidioso. Invidere alicui. Cic. Tener envidia de alguno.

Invidia, ae. f. Cic. Envidia, pesar de la prosperidad agena. || Odio, mala voluntad. Invidiam facere alicui. Cic. Hacer odioso á alguno. In invidia esse. Cic. Ser odioso. Invidiae esse alicui. Cic. Acarrear odio á alguno. Invidia temporum. Plin. La desgracia de los tiempos.

Invĭdĭŏla, ae. f. Cic. dim. de Invidia. Envidia pequeña, pequeños celos.

Invĭdĭōsè, ius. adv. Cic. Odiosamente, de una manera odiosa.

Invĭdĭōsus, a, um. Ov. Envidioso, el que tiene envidia. || Envidiado, á quien se tiene envidia || Odioso, aborrecido.

Invĭdus, a, um. Cic. Envidioso, el que envidia ó tiene envidia.

Invĭgĭlātus, a, um. Isid. Trabajado, hecho con trabajo y vigilia. part. de

Invĭgĭlo, as, avi, atum, āre. a. Virg. Invigilar, velar sobre alguna cosa, observar, estar atento á ella. || Desvelarse en trabajar, poner gran cuidado.

Invincĭbĭlis. m. f. lĕ. n. is. Apul. Invencible, lo que no se puede vencer, invicto, no vencido.

Invincĭbĭlĭter. adv. Apul. Invenciblemente, valerosamente, sin dejarse vencer.

Invictus, a, um. Dig. Muy ó bien atado.

Invīnius, a, um. Apul. El que no bebe vino.

Invio, as, avi, atum, are. a. Sol. Andar, caminar, marchar.

Inviŏlābĭlis. m. f. lĕ. n. is. Lucr. Inviolable, lo que no se puede violar, profanar ó quebrantar. || Sol. Lo que no puede ser ofendido, á que no se puede hacer mal.

Inviŏlābĭlĭter. adv. Cod. Teod. y

Inviŏlātè. adv. Cic. Inviolable, enteramente, sin quebrantar ó faltar en lo que se dice ó hace.

Inviŏlātus, a, um. Cic. Inviolado, íntegro, perfecto, ileso, sin corrupcion, sin mancha.

Inviscĕrātus, a, um. S. Ag. Introducido en las entrañas, en el corazon. part. de

Inviscĕro, as, avi, atum, āre. a. Nemes. Introducir en el ánimo, en el corazon, en las entrañas.

Invīsens, tis. com. Catul. El que visita, va á ver, á visitar.

Invĭsĭbĭlis. m. f. lĕ. n. is. Gels. Invisible, lo que no se puede ver.

Invĭsĭbĭlĭtas, atis. f. Tert. Invisibilidad, calidad ó propiedad del sugeto ó cosa invisible, ó que no puede verse.

Invĭsĭbĭlĭter. adv. Tert. Invisiblemente, de un modo que no se percibe ó no se ve.

Invĭsĭtātus, a, um. Liv. No visto, no visitado.

Invīso, is, si, sum, ĕre. a. Cic. Ir á ver, visitar, hacer visita.

Invīsor, ōris. m. Apul. Envidioso, que tiene envidia.

Invīsus, a, um. Cic. No visto. || Odioso, aborrecible, mal visto, aborrecido, fastidioso, desagradable.

Invītābĭlis. m. f. lĕ. n. is. Gel. Deleitable, blando, gustoso, atractivo.

Invītāmentum, i. n. Cic. y

Invītātio, ōnis. f. Cic. Atractivo, lo que atrae con gusto, suavidad y dulzura. || Convite, la accion de convidar.

Invītātiuncŭla, ae. f. Gel. Leve insinuacion de convite.

Invītātor, ōris. m. Marc. El que convida especialmente á comer.

Invītātōrius, a, um. Tert. Lo que pertenece al convite ó á convidar.

Invītātus, us. m. Cic. Convite, solicitacion, exortacion.

Invītātus, a, um. Cic. Llamado, convidado, atraido, solicitado, exortado. part. de Invito.

Invītè, issimè. adv. Cic. Contra la voluntad, por fuerza, de mala gana.

Invĭtĭābĭlis. m. f. lĕ. n. is. Prud. Incorruptible, lo que no se puede viciar ó corromper.

Invīto, as, avi, atum, āre. a. Cic. Llamar, convidar, solicitar, exortar, atraer, animar. Invitare hospitio. Cic. In hospitium. Liv. Convidar con hospedage, ofrecer su casa. Ad coenam. Cic. Convidar á cenar. Aliquem oculis. Plaut. Provocar á uno á beber. Praemiis ad aliquid. Cic. Escitar con premio á hacer alguna cosa.

Invĭtŭpĕrābĭlis. m. f. lĕ. n. is. Tert. No vituperable.

Invītus, a, um. Cic. El que obra contra su voluntad, contra su genio, forzado, de mala gana, con repugnancia. Invita in hoc loco versatur oratio. Cic. Contra mi voluntad hablo de esto. Invita Minerva. Cic. Contra su genio ó natural, forzando su naturaleza ó talento, con repugnancia de las musas ó de Minerva.

Invius, a, um. Liv. Sin camino, por donde no se puede andar ó pasar. || Impenetrable, inaccesible. Invia maria Teucris. Virg. Mares desconocidos á los troyanos.

Invŏcātio, ōnis. f. Quint. Invocacion, la accion de invocar ó llamar.

Invŏcātus, a, um. Cic. No llamado. || Invocado, llamado. part. de

Invŏco, as, avi, atum, āre. a. Sal. Llamar, llamar adentro, convidar. || Invocar, implorar, llamar pidiendo auxilio. || Nombrar. Invocare deos testes. Curt. Llamar, poner á los dioses por testigos. Quem omnes invocant Jovem. Cic. Á quien todos llaman Júpiter.

Invŏlātus, us. m. Cic. El vuelo, la accion de volar.

Invŏlĭto, as, avi, atum, āre. n. Hor. Revolotear, volar á menudo sobre ó encima de.

Invŏlo, as, avi, atum, āre. n. Col. Volar dentro. || Echar mano á alguno, echarse sobre él de pronto, violentamente. || Petron. Hurtar, robar. Involat animos cupido. Tac. El deseo, la pasion se apodera de los ánimos.

Invŏlŭcre, is. n. Plaut. Paño, peinador, paño de afeitar.

Invŏlŭcris. m. f. crĕ. n. is. Gel. Que no puede volar.

Invŏlŭcrum, i. n. Cic. Cubierta, todo lo que sirve para envolver ó cubrir.

Invŏlŭmentum, i. n. S. Ag. V. Involucrum.

Invŏluntārius, a, um. Cel. Aur. Involuntario, lo que se hace sin determinacion de la voluntad.

Invŏlūtè. adv. Esparc. Oscura, ocultamente.

Invŏlūtio, ōnis. f. Vitruv. Ensortijamiento y la accion de envolver.

Invŏlūto, as, avi, atum, āre. a. Apic. V. Involvo.

Invŏlūtus, a, um. part. de Involvo. Ces. Revuelto, tirado, echado á rodar. || Envuelto, cubierto, tapado. || Embrollado, oscuro.

Involvens, tis. com. Virg. El que envuelve, tapa ó encubre.

Involvo, is, vi, vŏlūtum, vĕre. a. Virg. Revolver. || Envolver, cubrir, tapar. || Virg. Oscurecer. Involvere saxa. Ov. Hacer ó tirar á rodar piedras. Se otio. Plin. Envolverse en la ociosidad, abandonarse á ella. Se litteris. Cic. Entregarse enteramente á las letras, á los estudios.

Involvŏlus, i. m. Plaut. Gusanillo que se enreda en las hojas de los árboles y las parras.

Involvŭlus, i. m. V. Involvolus.

Invulgātus, a, um. Gel. Divulgado, publicado, vulgarizado, comun. part. de

Invulgo, as, avi, atum, āre. a. Gel. Divulgar, publicar, hacer público, comun, vulgar.

Invulnĕrābĭlis. m. f. lĕ. n. is. Sen. Invulnerable, lo que no puede ser herido.

Invulnĕrātus, a, um. *Cic.* Inviolado, no herido.

## IO

Io. *Interj. Ov.* Esclamacion de dolor, de alegría, de invocacion, de aviso y exhortacion, de admiracion.

Io, us. *f. Ov.* Io, hija de Inaco, rey de Argos, convertida en vaca por Júpiter, que perseguida por Juno huyó á Egipto, donde recobró su primera forma, casó con el rey Osiris, fue venerada por diosa, y llamada Isis.

Joannes, is. *m.* Juan, *nombre del Bautista, hijo de Zacarías y de Elisabet, profeta del viejo y nuevo testamento, predicó en el desierto, y Herodes le hizo cortar la cabeza.* ‖ *Y del apóstol y evangelista, hijo del Cebedeo, que escribió el Apocalipsis en la isla de Patmos, donde fue desterrado.*

Job, ó Jobus, i. *m.* Job, *Príncipe de Arabia, estremadamente afligido, y célebre por su paciencia.*

Jŏcābundus, a, um. *Val. Max.* Chancero, jocoso, chistoso, divertido.

Jŏcălĭter. *adv. Amian.* En chanza, por juego, por diversion.

Jŏcans, tis. *Ov.* El que se chancea con dichos agudos y graciosos.

Jocasta, ae. *f. Sen.* Jocasta, *hija de Meneceo, hermana de Creonte, rey de Tebas, y muger de Layo; muerto este casó ignorante con su propio hijo Edipo, de quien tuvo dos hijos, Eteocles y Polinices, que se mataron uno á otro, y ella tambien á sí misma.*

Jocatio, ōnis. *f. Cic.* Chanza, chiste, gracia, donaire, dicho agudo y gracioso, y la accion de decirle.

Jŏcātus, a, um. *Her. part. de Jocor.* El que se ha burlado ó chanceado.

Jochabed. *indecl. f.* La madre de Moises, Jocabed.

Joco, ās, āre. *a. Plaut.* y

Jŏcor, āris, ātus sum, āri. *dep. Cic.* Chancearse, decir chanzas, dichos agudos y graciosos, y burlarse. *Jocari me putas? Cic.* ¿Piensas que me chanceo, que hablo de ó en chanza?

Jŏcōse. *adv. Cic.* Jocosa, chancera, festivamente.

Jŏcōsus, a, um. *Cic.* Jocoso, alegre, festivo, chancero, gracioso.

Jŏcŭlans, tis. *com. Liv.* Juglar, el que entretiene con burlas y donaires.

Jŏcŭlanter. *adv. Sid. V. Jocose.*

Jŏcŭlāris. *m. f. rĕ. n. is. Cic.* Ridículo, risible, dicho ó hecho en chanza, por causa de ó digno de risa.

Jŏcŭlărĭter *adv. Suet.* En chanza, por burla, por fiesta.

Jŏcŭlārius, a, um. *Ter. V. Jocularis.*

Jŏcŭlātio, ōnis. *f. Firm. V. Jocatio.*

Jŏcŭlātor, ōris. *m. Cic.* Juglar, truan, bufon.

Jŏcŭlātōrius, a, um. *Cic.* Lo que es de burla, de chanza, de fiesta, de risa.

Jŏcŭlor, āris, ātus sum, āri. *dep. Liv. V. Jocor.*

Jŏcŭlum, i. *Vitruv.* y

Jŏcŭlus, i. *m. Plaut.* Chanza, dicho agudo, breve y jocoso.

Jŏcus, i. *m. y en plural.* Joca, ōrum. *n. Cic.* Chanza, burla, dicho agudo ó hecho por burla, chanza y fiesta, gracia, chiste, donaire, graciosidad, juguete. *Jocus illiberalis. Cic.* Mala chanza, grosera. *Jocum esse. Catul.* Ser el juguete, la risa, la burla, la irrision. *Extra jocum est. Cic.* Pasa de chanza. *Extra jocum, ó Joco remoto.* Fuera de chanza, seriamente. *Joco, per jocum. Ter.* En chanza, de burlas.

Jŏca, ōrum. *n. plur. Cic.* y

Jŏci, ōrum. *m. plur. Ov.* Juegos, chanzas, chistes, graciosidades &c.

Johanna, ae. *f.* Juana, *nombre de muger.*

Johannes, is. *m.* Juan, *nombre de hombre.*

Joiosa, ae. *f.* Joiosa, *ciudad de Francia en Vivarez.*

Jolaus, i. *m. Ov.* Yolao, *hijo de Icicle ó Arictee, que acompañó á Hércules en la pelea con la Hidra; siendo ya viejo, los dioses, á ruegos de Hércules, le restituyeron la mocedad.*

Jolchiăcus, a, um. *Ov.* Lo perteneciente á Yolcos, *ciudad de Tesalia.*

Jolchos, y Iolcos, i. *f. Plin.* Ciudad de Tesalia en Magnesia, *de donde se dice que Jason se hizo á la vela con los argonautas.*

Jolci, ōrum. *m. plur. Serv.* Pueblos de Tesalia ó de Magnesia.

Jole, es. *f. Ov.* Jole, *hija de Eurito, rey de Occalia, amada y robada por Hércules.*

Jon, ii. *n. Plin.* Violeta purpúrea.

Jona, ae. *m.* Jona, *río de Francia.*

Jonacus, a, um. *Juv.* Perteneciente al profeta Jonas.

Jonas, ae. *m. Prud.* Jonas, *profeta.*

Jŏnăthas, ae. ó Jonatham. *indecl.* Jonatas, *hijo del rey Saul.*

Jones, um. *m. plur. Cic.* Jones, los pueblos de Jonia.

Jonia, ae. *f. Mel.* La Jonia, *provincia del Asia menor entre Caria y Eolide.*

Jŏnĭăcus, a, um. *Ov. V. Jonius.*

Jŏnĭce. *adv. Gel.* Segun la costumbre ó lengua de los jonios.

Jŏnĭcus, a, um. *Her.* Jónico, lo perteneciente á la Jonia y á sus habitantes. *Jonica lingua. Quint.* Dialecto jónico, uno de los cuatro de la lengua griega, los otros tres son dórico, eólico y comun. *Jonicae columnae. Vitruv.* Colunas jónicas, levantadas en el templo de Diana en Efeso á semejanza del pie de una muger, por los atenienses.

Jŏnis, idis. *f. Sen.* La muger natural de Jonia. *Jonides insulae. Avien.* Islas del mar egeo cerca de Jonia.

Jŏnius, a, um. *Plin.* Lo perteneciente á Jonia ó á los jonios. *Jonium mare. Val. Flac.* El golfo jonio, *parte del mar egeo.* ‖ El mar egeo. ‖ El mar de Grecia.

Joppe. *f.* Joppe, *hoy Jafa, ciudad de Palestina.*

Jordānis, is. *m.* El Jordan, *río de Palestina ó Judea.*

Jos, us. *f.* Yos, *isla del mar egeo, donde Plinio pone el sepulcro de Homero.*

Jŏsĕph. *m.* Josef, *hijo de Jacob y Raquel, perseguido por sus hermanos, á quienes y á su padre por raros casos y permision de Dios hizo muchos bienes.* ‖ San Josef, *esposo de la Virgen Santísima, y padre putativo de N. S. J. C.*

Josue, us. *f.* y Josua, ae. *m.* Josué, *sucesor de Moises, valiente capitan por quien Dios detuvo al sol.* ‖ Josué, *uno de los libros canónicos de la sagrada escritura.*

Jōta. *m. indecl. Cic.* Jota, la letra i del alfabeto griego.

Jotacismus, i. *m. Marc. Cap.* Vicio de la pronunciacion, que consiste en alargar la j demasiado ó en usarla mas de lo que conviene.

Joviacensis ager. *m.* El Joses, *territorio de la isla de Francia.*

Joviacum, i. *n.* Saltzbourg, *ciudad de Alemania.*

Jŏvĭālis. *m. f. lĕ. n. is. Macrob.* Perteneciente á Júpiter.

Jovilla, ae. *f.* ó Jamilla. Joinvilla, *ciudad de Campaña.*

Joviniacum, i. *n.* Juiniacum. Joiny, *ciudad de Campaña con título de Condado.*

Jŏvis, is. *m. Varr. nominat. ant. en lugar de Júpiter.* y hoy genit. *Jovis fons.* Fuente de Dodona. — *Mons.* Monjui, *monte de Cataluña en España.* — *Barba.* La yerba puntera ó siempreviva. — *Glans.* La castaña. — *Faba.* El beleño, *planta.* — *Arbol.* La encina ó roble. — *Dies.* El jueves. — *Ales.* El águila. — *Villa. V. Jovilla.*

Jovisjurandum, i. *n. Apul.* Juramento por Júpiter.

Jovius, a, um. *Arnob.* Lo perteneciente á Júpiter.

## IP

Iphianassa, ae. *f. Lucr. V. Iphigenia.*

Iphianassaeus, a, um. *Lucr.* Perteneciente á Ifigenia.

Iphias, ădis. *f. Patron. Ov.* Hija de Ifis.

Iphĭgĕnia, ae. *f. Prop.* Ifigenia, *hija de Agamemnon y Clitemnestra, que estando para ser sacrificada á Diana fue libertada por la misma diosa, poniendo en su lugar una cierva; y trasladada á Tauris la hizo presidir el rey Toas á los sacrificios de Diana.*

Iphimedia, ae *f. Serv.* Ifimedia, *muger de Aloeo, que por violencia de Neptuno tuvo dos hijos llamados Elto y Efialtes, que crecian cada mes nueve dedos, y fueron muer-*

tos por *Apolo* y *Diana entre los demas gigantes que movieron guerra á los dioses*.

**Iphis**, is. m. *Ov. Ifis, jóven muy hermoso, que enamorado de Anaxarete, y no correspondiendo esta á su pasion, se ahorcó, y ella mirando desde una ventana la muerte de su amante, quedó convertida en piedra*. ‖ *Idem.* Una doncella cretense, hija de *Ligdo y Teletusa, á quien crió la madre en hábito de hombre por mandado de Isis, y sin saberlo su marido, que habia ofrecido matar la hija que le naciese. Siendo ya de edad de casarse la propuso su padre la doncella Iante, y en el dia de las bodas por ruegos de Teletusa y Ifis la convirtió Isis en varon*.

**Ipra**, ae. f. *Ipres, ciudad de Flandes*.

**Iprensis**. m. f. sē. n. is. Lo perteneciente á la ciudad de Ipres.

**Ipse**, a, um, ipsius, ipsi. *Cic.* Pronombre demostrativo. El mismo. *Sirve para la primera, segunda y tercera persona*.

**Ipsimi**. *Petron.* en lugar de Ipsi mihi.

**Ipsissimus**, a, um. *Plaut.* sup. de Ipse. Mismísimo.

**Ipsud**. *En lugar de* Ipsum.

**Ipsullices**, ó Ipsilices (*Imágenes*). plur. *Fest.* Láminas en figura de hombres y mugeres, *de que usaban los magos en los sacrificios amatorios*.

**Ipsus**, a, um. *Ter. En lugar de* Ipse, a, um.

**Ipuscoa**, ae. f. *Guipúzcoa, una de las provincias de Vizcaya en España*.

## IR

**Ira**, ae. f. *Cic.* Ira, cólera, afecto impetuoso que incita á la venganza. *Iras plumbeas gerere. Plaut.* Guardar rencor mucho tiempo. *Ira belli. Sal.* La furia de la guerra. *Irarum plenus. Liv.* Lleno de odio, de aborrecimiento.

**Iracunde**, ius. adv. *Cic.* Con ira, con cólera y furor, iracundamente.

**Iracundia**, ae. f. *Cic.* Iracundia, hábito vicioso de la ira, ira, cólera. *Iracundia ardere. Ter.* Estar encendido en cólera.

**Iracundīter**. adv. *Cecil. V.* Iracunde.

**Iracundus**, a, um, ior. *Cic.* Iracundo, airado, colérico, que se deja llevar fácilmente de la ira. *Iracundissimus. Sen.* Muy iracundo.

**Irascentia**, ae. f. *Apul.* Irascencia, iracundia.

**Irascibilis**. m. f. lē. n. is. *Firmian.* Irascible, lo perteneciente á la ira, y al que se deja llevar de ella.

**Irascor**, ĕris, ātus sum, sci. dep. *Cic.* Airarse, encolerizarse, enojarse, montar en cólera, enfadarse. *Irasci alicui. Plaut.* Airarse, enfadarse contra alguno.

**Irāte**. adv. *Col.* Airadamente, con ira ó cólera.

**Iratus**, a, um. *Cic.* Airado, indignado, irritado, encolerizado. *Iratus venter. Hor.* Vientre hambriento. *Iratum mare. Hor.* Mar tempestuoso, alborotado.

**Irceus**, i. m. *Fest.* Especie de morcilla usada en los sacrificios.

**Ircipes**, ĕdis. f. *Varr.* Rastrillo de labrador.

**Ircius**, ii. m. El pequeño Lora, *rio de Lenguadoc*.

**Ire**, y Iri. *Infinit. del verb.* Eo, is.

**Irelandia**, ae. f. Irlanda, en otro tiempo Ibernia, *isla de las británicas*.

**Irenarcha**, ó Irenarches, ae. m. *Dig.* Magistrado para cuidar de la quietud y concordia de las provincias.

**Iricŏlor**, ōris. adj. *Aus.* Lo que tiene los colores del arco íris.

**Irĭnum**, i. n. *Plin.* Ungüento ó pomada hecha de la planta íris.

**Irĭnus**, a, um. *Plin.* Irino, lo perteneciente á la planta íris, ó al ungüento y pomada que se hace de ella.

**Irio**, ōnis. m. *Plin.* Grano semejante al maiz.

**Iris**, is, y Ydis. f. *Plin.* Iris, arco celeste de varios colores. ‖ *Plin.* Planta que produce flores de diversos colores. ‖ Piedra preciosa. ‖ *Virg.* Iris, *hija de Taumante y Electra, mensagera de los dioses*.

**Irlandia**, ae. f. *V.* Irelandia.

**Irnea**, es. f. *Plaut.* Cántaro, cantarilla ó calabaza hueca para licores.

**Irnella**, ae. f. *Fest.* Vaso para los sacrificios.

**Ironia**, ae. f. *Cic.* Ironía, *figura retórica con que se dice lo contrario de lo que se siente, y la esplica el tono ó la accion del que habla*.

**Ironĭce**. adv. *Asc.* Irónicamente, con ó por ironía.

**Irpex**. *V.* Urpex.

**Irradiātus**, a, um. *Marc. Cap.* Irradiado, iluminado con rayos. part. de

**Irradio**, as, avi, atum, are. a. *Estac.* Irradiar, herir, iluminar con rayos de luz. *Irradiare salibus mensam, Plaut.* Alegrar, divertir con sales y chistes una mesa, un convite.

**Irrādo**, is, ĕre. a. *Cat.* Raer, raspar, rallar.

**Irrāsus**, a, um. *Cat.* Raido, raspado, rallado y mezclado con otra cosa, ó espolvoreado sobre ella. ‖ Rallado, raspado, raido, pelado. *Irrasa clava. Sil.* Clava ó maza no labrada, no pulida, llena de nudos.

**Irratiōnabĭlis**. m. f. lē. n. is. *Quint.* Irracional, que carece de razon ó causa.

**Irratiōnabĭlĭtas**, ātis. f. *Apul.* Irracionalidad, calidad ó propiedad del ente que carece de razon.

**Irratiōnabĭlĭter**. adv. *Tert.* Irracionalmente, fuera de razon, de un modo irracional.

**Irratiōnālis**. m. f. lē. n. is. *Sen.* Irracional, el que carece de razon.

**Irratiōnālĭter**. adv. *Tert.* Irracionalmente, sin razon, de un modo irracional.

**Irrauceo**, es, ausi, ēre. n. *Prisc.* y

**Irraucesco**, is, cui, cĕre. n. *Cic.* Enronquecer, ponerse ronco.

**Irrĕcĭtabĭlĭter**. adv. *Venan. Fortun.* Indeciblemente, de una manera inesplicable.

**Irrĕcŏgĭtatio**, ōnis. f. *Tert.* Inconsideracion.

**Irrĕcordabĭlis**. m. f. lē. n. is. *Arnob.* Aquello de que uno no se quiere acordar.

**Irrĕcŭpĕrabĭlis**. m. f. n. is. *Ter.* Irrecuperable, lo que no se puede recuperar ó reparar.

**Irrĕcusabĭlis**. m. f. lē. n. is. *Cod.* Irrecusable, inevitable, lo que no se puede rehusar ó evitar.

**Irrĕdĭvīvus**, a, um. *Cat.* Lo que no puede revivir. ‖ Irreparable, que no se puede reparar ó restablecer.

**Irrĕdux**, ŭcis. com. *Luc.* El que no puede volver ó restituirse de donde está.

**Irrĕformabĭlis**. m. f. lē. n. is. *Tert.* Lo que no se puede reformar, mudar ó alterar.

**Irrĕfŭtabĭlis**. m. f. lē. n. is. *Arnob.* Lo que no se puede refutar ó rechazar, irrefragable.

**Irrĕfŭtātus**, a, um. *Lact.* No refutado, no rechazado.

**Irrĕgĭbĭlis**. m. f. lē. n. is. *Veg.* Que no se puede gobernar por sí ú otros.

**Irrĕgressĭbĭlis**. m. f. lē. n. is. *S. Ag.* Aquello de donde no se puede volver ó restituirse.

**Irrĕlĭgātus**, a, um. *Ov.* No atado, desatado, suelto.

**Irrĕlĭgio**, ōnis. f. *Apul.* Irreligion, falta de religion, impiedad, desprecio de las cosas de la religion.

**Irrĕlĭgĭōse**, ius. adv. *Tac.* Irreligiosa, impiamente, con falta de religion.

**Irrĕlĭgĭōsĭtas**, ātis. f. *Tert.* Irreligiosidad. *V.* Irreligio.

**Irrĕlĭgĭōsus**, a, um. *Liv.* Irreligioso, impío, falto de religion ú opuesto á ella.

**Irrĕmĕabĭlis**. m. f. lē. n. is. *Virg.* De donde no se puede volver atras.

**Irrĕmĕdĭabĭlis**. m. f. lē. n. is. *Plin.* Irremediable, incurable, lo que no tiene ó no puede tener remedio.

**Irrĕmissĭbĭlis**. m. f. lē. n. is. *Tert.* Irremisible, lo que no se puede ó no se debe perdonar.

**Irrĕmōtus**, a, um. *Prud.* No remoto, no lejano, cercano.

**Irrĕmūnĕrabĭlis**. m. f. lē. n. is. *Apul.* Lo que no se puede remunerar ó recompensar.

**Irrĕmūnĕrātus**, a, um. *Casiod.* No remunerado, no recompensado.

**Irrĕpărabĭlis**. m. f. lē. n. is. *Virg.* Irreparable, irrecuperable, lo que no se puede recuperar ó restaurar.

**Irrĕpertus**, a, um. *Hor.* No hallado.

**Irrĕplētus**, a, um. *Paul. Nol.* No cumplido, no satisfecho.

**Irrēpo**, is, psi, ptum, pĕre. n. *Cic.* Entrar, introducirae, insinuarse insensiblemente y como á gatas ó arrastrando.

Irrĕposcĭbĭlis. m. f. lĕ. n. is. Apul. Lo que no se puede volver á pedir.

Irrĕprĕhensĭbĭlis. m. f. lĕ. n. is. Tert. y

Irrĕprĕhensus, a, um. Ov. Irreprensible, lo que no se puede ó no se debe reprender.

Irrepto, ās, āvi, ātum, āre. n. Estac. freq. de Irrepo, y de la misma significacion.

Irreptor, ōris. m. Cod. Teod. El que entra ó se introduce sin sentir, especialmente en los bienes agenos.

Irrĕquĭēbĭlis. m. f. lĕ. n. is. Escrib. Que no da ó no permite descanso ó sosiego.

Irrĕquies, ētis. com. Auson. y

Irrĕquĭētus, a, um. Plin. Que no tiene sosiego ó descanso, que está en un continuo movimiento, incesante. ‖ Impaciente, inquieto, turbulento.

Irresectus, a, um. Hor. No cortado.

Irrĕsŏlūbĭlis. m. f. lĕ. n. is. Apul. Indisoluble, lo que no se puede desatar ó desunir.

Irrĕsŏlūtus, a, um. Ov. No aflojado, lo que ha estado siempre tirante.

Irrespīrābĭlis. m. f. lĕ. n. is. Tert. Donde no se puede respirar.

Irrestinctus, a, um. Sil. No estinguido, no estinto, no consumido, no acabado.

Irrĕtio, is, īvi, ītum, īre. a. Cic. Enredar, enlazar, envolver, hacer caer, coger en los lazos ó redes. Irretire illecebris. Cic. Atraer á los lazos con halagos, con caricias.

Irrĕtītus, a, um. Cic. Preso, cogido en los lazos ó redes. part. de Irretio.

Irrĕtortus, a, um. Hor. Recto, derecho, no torcido, no doblado.

Irrĕtractābĭlis. m. f. lĕ. n. is. S. Ag. Irrevocable, lo que no se puede revocar ó restituir al estado primero.

Irrĕvĕrens, tis. com. Plin. Irreverente, el que falta á la veneracion, reverencia ó respeto que debe.

Irrĕvĕrenter. adv. Plin. Con irreverencia ó falta de veneracion y respeto debido.

Irrĕvĕrentia, ae. f. Tac. Irreverencia, falta de reverencia, de respeto, de miedo á Dios, á los señores, á las leyes, á los magistrados, á los mayores.

Irrĕvŏcābĭlis. m. f. lĕ. n. is. Hor. Irrevocable, lo que no se puede revocar. ‖ Irremediable, irreparable.

Irrĕvŏcābĭlĭter. adv. S. Ag. Irrevocablemente, sin poderse revocar.

Irrĕvŏcandus, a, um. Claud. V. Irrevocabilis.

Irrĕvŏcātus, a, um. Hor. No vuelto á llamar.

Irridenter. adv. S. Ag. En chanza, por burla, burlando.

Irrĭdeo, ēs, si, sum, dēre. a. Cic. Reirse de alguna cosa. ‖ Mofarse, burlarse, hacer burla ó desprecio con risa.

Irrĭdĭcŭle. adv. Ces. Sin gracia, sin chiste.

Irrĭdĭcŭlum, i. n. Plaut. Mofa, burla, chanza, irrision. Se halla solo en dativo.

Irrīdo, is, ĕre. ant. Lucr. V. Irrideo.

Irrĭgātio, ōnis. f. Cic. Riego, la accion de regar.

Irrĭgātor, ōris. m. S. Ag. El que riega.

Irrĭgātus, a, um. Col. Regado. Irrigatus plagis. Plaut. Aquel á quien se han bañado las espaldas en sangre á puro azotes. part. de

Irrĭgo, ās, āvi, ātum, āre. a. Cic. Regar, rociar, esparcir agua. Irrigare aquam. Cat. Derivar el agua, dividiéndola en varias regueras. —Vetustate vino edentulo aetatem. Plaut. Regarse, humedecerse por dentro con buen vino añejo. Fessos sopor irrigat artus. Virg. El sueño se derrama por los miembros cansados.

Irrĭguus, a, um. Hor. Lo que es de regadío, que se riega. ‖ Virg. Lo que riega ó sirve para regar.

Irrīmor, āris, āri. dep. Pacuv. Investigar. V. Rimor.

Irrīsi. pret. de Irrideo.

Irrīsĭbĭlis. m. f. lĕ. n. is. S. Ag. Aquello de que se puede hacer burla ó irrision, risible.

Irrīsio, ōnis. f. Cic. Irrision, desprecio, burla.

Irrīsor, ōris. m. Cic. Mofador, el que hace burla, irrision ó desprecio.

Irrīsōrĭus, a, um. Marc. Cap. Irrisorio, lo que provoca á burla y risa.

Irrīsus, us. m. Ces. V. Irrisio.

Irrīsus, a, um. part. de Irrideo. Plaut. Burlado, mofado, de quien, ó de que se hace burla ó irrision.

Irrītābĭlis. m. f. lĕ. n. is. Cic. El que fácilmente se irrita, se encoleriza, se aira, se enfada, se pica, irritable.

Irrītābĭlĭtas, ātis. f. Apul. Facilidad, prontitud, propension á la ira ó cólera, irritabilidad.

Irrītāmen, ĭnis. n. Ov. y

Irrītāmentum, i. n. Ov. Lo que irrita y provoca á la ira. ‖ Aguijon, estímulo, incitativo.

Irrītātio, ōnis. f. Liv. Irritacion, la accion y efecto de irritar. ‖ Sen. Inclinacion, propension, deseo.

Irrītātor, ōris. m. Sen. Irritador, provocador.

Irrītātus, a, um. Ter. Irritado, provocado, incitado á ira. part. de

Irrīto, ās, āvi, ātum, āre. a. Ter. Irritar, enojar gravemente, provocar, dar motivo de cólera ó enfado. ‖ Escitar, provocar, incitar, animar, agitar.

Irrītus, a, um. Cic. Írrito, vano, nulo, de ningun valor ni efecto, inútil, abolido. Irrita ova. Plin. Huevos güeros. Ad irritum revolvi. Tac. Resolverse en nada. Irritus legationis. Tac. El que va á una embajada, y nada consigue.

Irrŏbŏro, ās, āvi, ātum, āre. a. Gel. Fortificar, corroborar, confirmar, añadir fuerza.

Irrŏgātio, ōnis. f. Cic. Imposicion, condena.

Irrŏgātus, a, um. Tac. Impuesto, establecido. part. de

Irrŏgo, ās, āvi, ātum, āre. a. Cic. Imponer, establecer. ‖ Pedir el establecimiento ó ratificacion de. ‖ Qumt. Acordar, conceder. Irrogare legem alicui. Cic. Pedir que se establezca una ley contra alguno. —Poenam. Cic. Condenar á, ó imponer una pena. —Tributa. Cic. Imponer tributos. —Privilegia. Cic. Dar, conceder privilegios. Irrogassit. ant. Cic. en lugar de Irrogaverit.

Irrŏrātus, a, um. Col. Rociado. part. de

Irrŏro, ās, āvi, ātum, āre. a. Col. Rociar, regar ligeramente. ‖ Ov. Destilar, caer gotas.

Irrŏto, ās, āvi, ātum, āre. a. Men. Fel. Impeler, rodando ó haciendo rodar.

Irrŭbesco, is, bui, scĕre. n. Estac. Enrojecerse, hacerse, ponerse, volverse rojo.

Irructo, ās, āvi, ātum, āre. a. Plaut. Eructar, regoldar.

Irrŭfātus, a, um. Tert. Puesto rufo, rubio, bermejo, y tambien ensortijado ó encrespado. part. de

Irrŭfo, ās, āre. a. S. Ger. Ensortijar, poner rufo ó crespo.

Irrŭgātio, ōnis. f. Serv. Encrespamiento, la accion de arrugar, contraccion de las arrugas.

Irrŭgo, ās, āvi, ātum āre. a. Gel. Arrugar, encrespar, hacer arrugas.

Irrumpens, tis. com. Tac. El que rompe, penetra ó entra dentro con ímpetu.

Irrumpo, is, rūpi, ruptum, pĕre. n. Cic. Romper, penetrar, entrar, introducirse con ímpetu, con violencia. Irrumpere castra. Ces. —In castra. Cjo. Penetrar con violencia á los reales.

Irruo, is, rui, ŭtum, ĕre. n. Cic. Entrar con furia, con ímpetu, echarse, arrojarse con ardor sobre. Irruere se. Ter. Entrarse, meterse de golpe, de repente.

Irruptio, ōnis. f. Cic. Irrupcion, correría, invasion, acometimiento violento ó impensado.

Irruptus, a, um. Hor. No roto, no cortado, no disuelto.

Irtĭŏla, ae. f. Col. Especie de viña y de uva particular de la Umbria.

Irus, i. m. Ov. Iro, mendigo de Itaca, á quien mató Ulises de una puñada. Su pobreza pasó á ser proverbio, quedando el nombre de Iro al que se halla reducido á la mayor miseria.

## IS

Is, ea, id, ejus, ei. pron. demost. y relat. de la tercera persona. El, este, aquel. Is est. Ter. El es, este es, el mismo es. Is in illum sum quem tu me vis esse. Cic. Tal

Ddd

soy para con él cual tú quieras que sea. *Id aetatis homo. Cic.* Un hombre de esta edad. *Ea aetate. Ter. Id aetatis sumus. Cic.* Somos de una edad, estamos en una edad. *Id diei. Cic.* Este dia. *Ea re, ob id. Cic.* Por esto, por causa de esto, por esta razon. *Id est. Cic.* Esto es, es decir. *Id temporis. Cic.* En este tiempo. *Id quod res est. Ter.* Lo que es en efecto ó efectivamente. *Id modo dic. Ter.* Di esto solo, tan solo ó solamente. *Ad id locorum. Liv.* Hasta este tiempo. *In eo erat ut. Nep.* Estaba para ó á punto de.

**Isaac.** *m. indec.* Isaac, hijo de Abrahan.

**Isadeni,** órum. *m. plur.* Hunos, *los pueblos de la Sarmacia europea.*

**Isaeus,** i. *m. Quint.* Iseo, *retórico griego calcidense, preceptor de Demóstenes.* ‖ *Plin. men.* Otro tambien griego, *contemporáneo de Plinio, y muy alabado de él.*

**Isaflenses,** um. *m. plur. Amian.* Pueblos de la Mauritania.

**Isagoga,** ae. *Gel.* y

**Isagoge,** es. *f. Plin.* Isagoge, introduccion, principios, elementos, rudimentos de cualquiera arte ó ciencia.

**Isagogicus,** a, um. *Gel.* Isagógico, lo perteneciente á la introduccion, principios ó elementos de las artes y ciencias.

**Isala,** ae. *f.* El Isel, *rio de Flandes.*

**Isapis,** is. *m. Plin.* El Sabio, *rio de la Romanía.*

**Isara,** ae. *m. Plin.* El Isara, *rio de Francia que nace en Saboya.* ‖ El Oise, *rio de Francia que nace en Henao, y descarga en el Sena.*

**Isarci,** órum. *m. plur.* Pueblos entre los Alpes.

**Isatis,** tis, y ïdis. *f. Plin.* Especie de lechuga silvestre. ‖ *Id.* Otra hortense llamada glasto, *que sirve para teñir de azul.*

**Isauri,** órum. *m. plur. Mel.* Los pueblos de Isauria.

**Isauria,** ae *f. Plin.* Isauria, *provincia del Asia, cerca del monte Tauro, parte de Galacia.*

**Isauricus,** a, um. *Cic.* y

**Isaurus,** a, um. *Ov.* Lo perteneciente á Isauria ó á sus naturales.

**Isaurus,** i. *m.* Rio de la Umbria.

**Isburus,** i. *m.* Rio de Sicilia.

**Isca,** ae. *f.* El Ex, *rio de Inglaterra.*

**Isca Damnoniorum.** *f.* Excester, *ciudad de Inglaterra.*

**Isca Silurum.** *f.* Caerleon, *ciudad de Inglaterra.*

**Iscariotes,** ae. *m.* Sobrenombre de Judas el traidor.

**Isce,** ejusce. *pron. dem. Cic.* El mismo, este mismo.

**Ischaemon.** *n. Plin.* Isquemon, *yerba que restaña y detiene la sangre, no solo rota, sino aun cortada la vena.*

**Ischia,** ae. *f.* Isla del mar de Toscana.

**Ischiacus,** a, um. *Cat.* y

**Ischiadicus,** a, um. *Plin.* El que padece el mal de ceática. ‖ Lo que pertenece á este mal.

**Ischias,** adis. *f. Cel.* Ceática ó ciática, *enfermedad causada de un humor que se fija en el hueso de la cia ó de la cadera.*

**Ischium,** ó Ischion, i. *n. Plin.* Isquion ó hueso sacro, en que se encaja el hueso cio ó de la cadera.

**Ischuria,** ae. *Veg.* Supresion ó detencion de orina.

**Iscopolis,** is. *f.* Tripoli, *ciudad de Capadocia.*

**Iselasticum,** i. *n. Plin. men.* Pension anual, *que daba la ciudad á su atleta vencedor en los certámenes ó juegos públicos.*

**Iselasticus,** a, um. *Plin.* Lo perteneciente á los certámenes ó juegos públicos entre los griegos: es á saber, los olimpios, pitios, istmios y nemeos.

**Iseum,** ó Isium, i. *n. Plin.* El templo de Isis, *diosa de los egipcios.*

**Isiaci,** órum. *m. plur. Suet.* Sacerdotes de la diosa Isis.

**Isiacus,** a, um. *Ov.* Lo perteneciente á la diosa Isis.

**Isicium,** ii. *n. Macrob.* Relleno, albóndiga, salchicha ó morcilla.

**Isis,** is, ó ïdis. *f. Ov.* Isis, *diosa de los egipcios.* V. *Io.*

**Isitia.** V. *Isicium.*

**Isium.** V. *Iseum.*

**Isla,** ae. *m.* El Isel, *rio de Frisia en los Paises bajos.*

**Islandia,** ae. *f.* Islandia, *isla del Océano septentrional.*

**Ismaelitae,** árum. *m. plur.* Ismaelitas, *nombre del pueblo que desciende de Ismael.*

**Ismara,** ae. *f. Virg.* Ismara, *ciudad de Francia.*

**Ismaricus,** a, um. y

**Ismarius,** a, um. *Ov.* Lo perteneciente al Ismaro, *monte de Tracia.*

**Ismarus,** i. *m. en plur.* Ismara, órum. *n. Virg.* Monte de Tracia.

**Ismenis,** ïdis. *f. Ov.* La muger tebana, *asi llamada del rio Ismeno.*

**Ismenius,** a, um. *Ov.* Tebano, beocio.

**Ismenus,** i. *m. Estac.* Ismeno, *rio de Beocia con ciudad y monte del mismo nombre, que baña á Tebas, y se llamó asi de Ismeno, hijo de Pelasbo.*

**Isocinnamum,** i. *n. Plin.* La laureola, *planta de propiedad muy cálida, parecida en las hojas al laurel.*

**Isocolon,** i. *n. Quint.* Período que tiene los miembros iguales.

**Isocrates,** is. *m. Cic.* Isócrates, *famoso retórico y orador ateniense, discipulo de Gorgias y de Platon, que escribió el Panatenaico á Filipo, rey de Macedonia, á los noventa y cuatro años de su edad, y vivió hasta los noventa y nueve.*

**Isocrateus,** y Isocratius, a, um. *Cic.* Lo perteneciente á Isócrates.

**Isodomum,** ó Isodomon, i. *n. Vitruv.* Obra de cal y canto, en que las hileras de piedras son todas iguales.

†**Isonoae,** árum. *m. plur.* Los de la Sarmacia asiática.

†**Isonomia,** ae. *f.* Igualdad de derecho.

†**Isostasis,** is. *f.* Equilibrio, igualdad de peso.

†**Ispalis,** is. *f.* V. *Hispalis.*

**Israel,** is. *m. Prud.* Israel, *varon que ve á Dios, sobrenombre del patriarca Jacob y de todo el pueblo que descendió de él.*

**Israelitae,** árum. *m. plur. Juv.* Israelitas, *los descendientes de Israel.*

**Israeliticus,** a, um. Lo perteneciente á Israel.

**Issaeus,** y Issiacus, y Issicus, a, um. *Plin.* Lo perteneciente á Iso ó á Layazo, *ciudad de Sicilia.*

**Issus,** i. *f. Plin.* Layazo, *ciudad de Sicilia en los confines de la Siria. Dícese tambien Nicópolis.*

**Istac.** *adv. Ter.* Por aqui, por este lugar, por esta parte.

**Istactenus.** *adv. Plaut.* Hasta aqui, hasta este lugar.

**Istaevones,** um. *m. plur. Plin.* Antiguos pueblos de Alemania.

**Iste,** ta, tud, istïus, isti. *pron. demons. Cic.* Este, este mismo, ese, ese mismo.

**Ister,** tri. *m. Virg.* El Danubio, *rio de Alemania.*

**Isthic,** Isthaec, Isthoc ó Isthuc. *Ter.* Este, ese mismo.

**Isthic.** *adv. Cic.* Alli, alli mismo, aqui, aqui mismo.

**Isthmia,** órum. *m. plur. Plin.* Certámenes ó juegos istmios, *que se celebraban en Grecia en el istmo de Corinto.*

**Isthmiacus,** y Isthmicus, y Isthmius, a, um. *Estac.* Lo perteneciente al istmo ó lengua de tierra.

**Isthmus,** i. *m. Ov.* Istmo, estrecho, angostura, *lengua de tierra entre dos mares, que junta una peninsula al continente.*

**Istic,** taec, toc y tuc. *Ter.* V. *Isthic.*

**Istic.** *adv. Cic.* Ahí, donde tú estás.

**Isticcine,** taccine, taeccine, toccine, tuccine. *Plaut.* Este, esta, esto, ese, esa, eso. Preguntando y refiriéndose á aquel lugar en que está aquel con quien hablamos.

**Istinc.** *adv. Cic.* De ahí donde tú estás.

**Istiusmodi.** *indec. Ter.* De este modo, de esta forma, manera, especie ó género.

**Isto.** *adv. Cic.* Ahí donde tú estás.

**Istoc.** *adv. Ter.* De aquí de este lugar.

**Istorsum.** *adv. Ter.* Hácia á tí, hácia donde tú estás.

**Istri,** órum. *m. plur. Liv.* Los pueblos de Istria.

**Istria,** ae. *f. Plin.* La Istria, *provincia de Italia en los confines del Ilírico.*

**Istriani,** órum. *m. plur. Just.* V. *Istri.*

**Istricus,** a, um. *Div.* y

**Istrus,** a, um. *Marc.* Lo perteneciente á Istria.

**Istuc.** *adv. Ter.* Ahí donde tú estás.

**Istuc.** *Ter* por *Istud. Istuc aetatis. Ter.* Á esta edad.

Istuccine. *Tert.* V. Isticcine.
Isurium, ii. *n. Alboroug, ciudad de Inglaterra.*

## IT

Ita, *adv. Ter.* Si, asi, de tal modo, de esta manera. *Ita dico, loquor. Plaut.* Sí, digo, sí, yo lo digo. *Non ita multi. Cic.* No muchos. *Ita est homo. Ter.* Es un hombre asi, el hombre es asi, este es su genio, este es su natural. *Ita ne? Ita ne vero? Cic. Ita ne est? Ter.* ¿Es eso asi? ¿Es eso verdad? ¿Es posible? *Ita sunt omnia debilitata. Cic.* Tan disminuidas estan todas las cosas. *Quid ita? Cic.* ¿Por qué?

Ităli, ōrum. *m. plur. Virg.* Italianos, los ítalos, pueblos de Italia.

Italia, ae. *f. Plin.* La Italia, *hermoso pais de la Europa.*

Italica, ae. *f. Plin.* Italica, *ciudad antigua de España en la Bética, fundada por Escipion africano cerca de Sevilla.*

Italice. *adv.* Á la moda italiana.

Italicenses, ium. *m. plur. Hirc.* Los naturales de Italica en España.

Italicensia. m. f. lĕ. n. is. *Gel.* Lo perteneciente á la antigua Italica, *ciudad de España.*

Italicus, a, um. *Cic.* Italiano, itálico, lo que pertenece á Italia.

Italis, idis. *f. Virg.* La muger italiana.

Italus, a, um. *Cic.* Italiano, itálico, lo perteneciente á Italia.

Itaque. *conj. Cic.* Asi, y asi, por lo cual, por tanto, de suerte que, pues, por consecuencia.

Itargus, i. *m. Albin.* El Veser, *rio de Alemania.*

Item. *adv. Cic.* Asi, del mismo modo, tambien. *Pergratum mihi feceris, item Scevolae. Cic.* Me harás un gran favor y tambien á Escévola.

Iter, itĭnĕris. *n. Cic.* Camino, paso, viage, jornada. || Derecho de pasar. || Empresa, designio, proyecto. || *Col.* Conducto, canal. *Iter dare ad. Ces.* Dar, hacer paso ó camino para. — *Ingredi pedibus ó equo. Cic.* Ponerse en camino á pie ó á caballo. — *Mihi est in Asiam. Cic.* Tengo que hacer un viage al Asia. — *Claudere. Ov.* Cerrar el paso, el camino. — *Navis dirigere. Ov.* Dirigir la ruta, el curso de la nave, gobernarla. — *Unius diei. Ces.* Un dia de camino, una jornada. *Magnis itineribus. Ces.* Á largas marchas ó jornadas. — *Nostris illum ire patiamur. Ces.* Dejémosle seguir nuestros pasos, ó que nos imite.

Iterabilis, m. f. lĕ. n. is. *Tert.* Iterable, lo que se puede repetir ó volver á hacer.

Iterandus, a, um. *Cic.* Lo que se ha de reiterar, repetirse, volverse á hacer.

Iteratio, ōnis. *f. Cic.* Iteracion, repeticion, la accion de reiterar. || *Col.* La accion de binar, ó dar la segunda vuelta á la tierra.

Iterato. *adv. Just.* Segunda vez, otra vez.

Iterator, ōris. *m. Apul.* El que vuelve á decir, ó á hacer ó repetir.

Iteratus, us. *m. Plaut.* V. Iteratio.

Iteratus, a, um. *Cic.* Iterado, vuelto á decir, á hacer, á repetir. *Ager iteratus, Cic.* Tierra arada segunda vez. *Iteratas lanas. Hor.* Lanas teñidas dos veces. *part. de*

Itĕro, as, āvi, ātum, āre. *a. Cic.* Iterar, repetir, volver á decir ó hacer. *Iterare aequor. Hor.* Volver al mar á navegar. — *Vitam morte. Plin.* Revivir despues de la muerte. — *Campum. Col.* Binar la tierra, darla segunda vuelta ó reja.

Iterum. *adv. Cic.* Segunda vez, de nuevo. *Iterum ac tertium. Liv. Ac tertio. Cic.* Segunda y tercera vez, dos y tres veces. *Iterum atque iterum. Hor.* Una y muchas veces.

Ithăca, ae. *f. Virg.* Itaca, *isla del mar de Jonia, reino de Laertes y Ulises.*

Ithaceius, a, um. y

Ithacensis. m. f. sĕ. n. is. *Hor.* y

Ithacensius, a, um. *Macrob.* y

Ithacus, a, um. *Ov.* Lo perteneciente á Itaca ó á Ulises.

Ithacus, i. *m. Virg.* Ulises, *rey de Itaca.*

Ithonaei, ōrum. *m. plur. Estac.* Los naturales de Itona, *ciudad de Beocia.*

Ithonaeus, a, um. *Estac.* Lo perteneciente á Itona, *ciudad de Beocia.*

Ithone, es. *f. Estac.* Itona, *ciudad de Beocia.*

Itĭdem. *adv. Cic.* Semejante, igualmente, del mismo modo ó manera, tambien.

Itinerarium, ii. *n. Veg.* Itinerario, relacion ó descripcion de un viage.

Itinerarius, a, um. *Amian.* Lo perteneciente al viage ó camino.

Itineris. *gen. de* Iter.

Itio, ōnis. *f. Cic.* Partida, marcha, viage, la accion de caminar. *Itio obviam. Cic.* La accion de salir al encuentro ó á recibir.

Ito, as, āre. *n. Cic. freq. de* Eo. Ir á menudo ó frecuentemente. || *Plaut.* Ir.

Itonĭda ó Itonia, ae. *f. Cat.* Palas ó Minerva, *asi llamada de una ciudad de Beocia donde era venerada.*

Itonus, i. *m. Cat.* y Iton, onos. *f. Cat.* Ciudad de Beocia, *donde habia un templo muy antiguo de Palas.* || Monte y ciudad de Tesalia, *donde era venerada esta diosa.*

Ituna, ae. *m.* El Eden, *rio de Inglaterra.* || Ciudad de Inglaterra.

Ituraea, ae. *f. Plin.* La Traconitide, *pais de Celesiria.*

Ituraeus, a, um. *Virg.* Perteneciente á la Traconitide.

Iturus, a, um. *Cic.* El que ha ó tiene de ir.

Itus, us. *m. Cic.* V. Itio.

Itylus, i. *m. Cat.* Itilo, *hijo de Ceto y de Aedone, á quien su madre mató de noche por ignorancia, y reconocido su error, y pidiendo la muerte á los dioses, fue convertida en gilguero.*

Itys, Ityos, Itin. *m. Ov.* Itis, *hijo de Tereo y de Progne, que despedazado por su madre, y puesto á la mesa de su padre, fue convertido en faisan. Algunos dicen que en ruiseñor.* || *Plaut.* El faisan. || Rio de Escocia.

## JU

Juba, ae. *f. Cic.* La crin ó guedejas del cuello de los animales. || *Virg.* Cresta de algunas serpientes ó dragones. *Juba leonis. Plin.* La melena ó guedejas del leon. *Jubae gallinaceorum. Col.* Las plumas del pescuezo de los gallos. — *Arborum. Plin.* Las hojas de los árboles. || La cabellera, el cabello del hombre.

Jubar, āris. *n. Virg.* Esplendor, resplandor, brillantez, claridad de las estrellas. *Jubar albus. En.* Resplandor, claridad de la luna. — *Cristatum galeae. Estac.* Resplandor de las plumas del penacho, que salen de un morrion. — *Flammen vultus. Sen.* La magestad del semblante.

Jubātus, a, um. *Liv.* Que tiene crines, cresta ó penacho.

Jubeo, es, jussi, jussum, bēre. *a. Cic.* Mandar, encargar, ordenar, dar orden. || Exhortar, animar. *Jubere legem. Cic.* Hacer promulgar una ley. || Ratificarla, confirmarla, recibirla. (*El pueblo decia Jubemus cuando le agradaba una ley que el senado le proponia.*) — *Consulem. Cic.* Hacer, nombrar, crear un cónsul. — *Tributum alicui. Ter.* Imponer un tributo á alguno. — *Bella. Luc.* Declarar la guerra. — *Aliquem habere bonum animum, ó esse bono animo. Cic.* Animar á uno á que tenga buen ánimo, exhortarle á que tenga valor ó conciba buena esperanza. *Fide sua aliquid esse alicui. Cic.* Hacer fiar ó prestar algo á alguno, saliendo ó respondiendo por él. *Jubeo te salvere. Cic.* Me alegro, me alegraré que estés bueno. *Jubeo amicum salvere. Cic.* Saluda, da memorias de mi parte ó en mi nombre á mi amigo.

Juberna, ae. *f. Juv.* V. Hibernia.

Jubila, ōrum. *n. plur. Sil. Ital.* Aclamaciones, gritos de alegría.

Jubilaeus, a, um. *Bibl.* Lo perteneciente al jubileo. *Jubilaeus annus.* El año del jubileo entre los judios, *que era cada siete veces siete años exclusivamente, esto es cuarenta y nueve, en que se hacia remision de la servidumbre, las posesiones volvian á su antiguo dueño, y quedaban libres los esclavos.* || El año santo, el del jubileo universal, *que se celebra en Roma cada 25 años, y se suele conceder por bula en iglesias señaladas á los pueblos de la cristiandad.*

Jūbĭlātio, ōnis. *f. Apul.* y

Jūbĭlātus, us. *m. Varr.* Aclamacion, gritos de alegría.

Jūbĭlo, as, āvi, ātum, āre. *a. Varr.* Gritar, implorar favor ó ayuda. ‖ *Fest.* Aclamar, dar gritos de aclamacion, de alegría. ‖ Tocar á rebato.

Jūbĭlum, i. *n. Sil. Ital.* Clamor, gritos descompuestos y desordenados. ‖ Cántico pastoral. ‖ Júbilo, gozo, alegría, contento, regocijo.

Jūcunde, ius, issĭme. *adv. Cic.* Alegremente, con placer, gusto y alegría.

Jūcundĭtas, ātis. *f. Cic.* Alegría, deleite, placer.

Jūcundo, as, āre. *a. Lact.* Deleitar, dar placer ó gusto.

Jūcundus, a, um, ior, issĭmus. *Cic.* Alegre, festivo, grato, agradable. *Alteri jucundissimus. Cic.* Muy agradable para alguno. ‖ De muy agradable conversacion. *Jucundus odor. Plin.* Buen olor, agradable.

Jūdaea, ae. *f. Plin.* Judea, ciudad de Palestina. ‖ La tierra de Canaan.

Jūdaei, ōrum. *m. plur. Lact.* Los judíos, los hebreos.

Jūdaice. *adv. Tert.* Á la manera de los judios, ó segun la superticion judaica.

Jūdaicus, a, um. *Cic.* Judaico, lo perteneciente á los judios.

Judaismus, i. *m. Tert.* El judaismo, la religion de los judios, la superticion judaica.

Judaizo, as, āre. *n. Bibl.* Judaizar, seguir los ritos ó ceremonias de la ley judaica.

Jūdex, ĭcis. *m. Cic.* Juez, el que tiene autoridad y poder para juzgar.

Jūdĭcābĭlis. *m. f.* lĕ. *n. is. Marc. Cap.* El que está sujeto á juicio ó á la sentencia del juez.

Jūdĭcātio, ōnis. *f. Cic.* Judicatura, conocimiento, el ejercicio de juzgar, judicacion. ‖ El punto de la causa entre los retóricos.

Jūdĭcāto. *adv. Gel.* Consideradamente, con madurez, con juicio, con reflexion.

Jūdĭcātōrius, a, um. *S. Ag.* Judicativo, lo que es propio de y perteneciente á juzgar.

Jūdĭcātrix, ĭcis. *f. Quint.* La que juzga ó decide.

Jūdĭcātum, i. *n. Cic.* La cosa juzgada. *Judicatum negare. Cic.* No querer pasar por la sentencia dada. — *Facere. Cic.* Pasar por ella.

Jūdĭcātus, us. *m. Cic.* Judicatura, la dignidad ó jurisdiccion del juez.

Jūdĭcātus, a, um. *Cic. part. de Judico.* Juzgado, sentenciado. ‖ Condenado.

Jūdĭciālis. *m. f.* lĕ. *n. is. Cic.* y

Jūdĭcĭārius, a, um. *Cic.* Judicial, lo que pertenece al juicio ó á la justicia. *Judicialis molestia. Cic.* Enfado, desazon que causan los pleitos. *Judiciaria lex. Cic.* Ley que arregla los juicios. *Judiciale genus. Cic.* Género judicial, *uno de los tres á que se reduce toda la elocuencia, y es el que sirve para acusar y defender.*

Jūdĭciŏlum, i. *n. dim. Amian.* Corto juicio, ó entendimiento.

Jūdĭcis. *genit. de Judex.*

Jūdĭcium, i. *n. Cic.* Juicio, facultad ó accion de juzgar. ‖ Sentencia, decision, decreto, acto del juez. ‖ Opinion, parecer, dictámen. *Judicium nullum habere in suis vs. Nep.* No tener jamas un pleito. — *Habere de aliqua. Cic.* Juzgar, hacer juicio de alguno. — *Cibi, et potionis. Cic.* Discernimiento de la comida y bebida. — *Capitis. Cic.* — *Capitale. Quint.* Causa capital en que se trata de la vida. *In judicium aliquem adducere. Cic.* — *avocare. Cic.* Poner pleito á alguno. *Judicia calent. Cic.* Se despachan muchos negocios, muchas causas. — *Silent. Cic.* No se despachan los negocios, se está en vacaciones. — *Suprema. Sust.* Los testamentos. *Judicio meo. Tac.* Á mi juicio, segun mi opinion ó parecer. *Judicio suo stare. Cic.* Casarse con su dictámen, encapricharse en su juicio ú opinion.

Jūdĭco, as, āvi, ātum, āre. *a. Cic.* Juzgar, dar, decir su dictámen, su parecer, juicio ú opinion. ‖ Hacer oficio, ó la funcion de juez, pronunciar, dar sentencia. *Judicare aliquem perduellionem. Liv.* Declarar á uno por reo de lesa magestad, de homicidio. — *Oculis. Cic.* Juzgar á ó por la vista. — *Animo suo. Cic.* Juzgar en su fantasía.

Jūgābĭlis. *m. f.* lĕ. *n. is. Macrob.* Lo que es á propósito para el yugo.

Jūgālis. *m. f.* lĕ. *n. is. Curc.* Lo perteneciente al yugo. *Virg.* Conyugal, nupcial, lo que pertenece al matrimonio. *Jugale vinculum. Virg.* Vínculo del matrimonio. *Jugales. Virg.* Tiro de caballos. — *Anni quindecim. Marc.* Quince años de matrimonio. *Jugalia sacra. Ov.* Ceremonias del matrimonio.

Jūgāmentum, i. *n. Cat.* El lintel de una puerta ó ventana.

Jūgantes, um. *m. plur.* Pueblos de Inglaterra.

Jūgārius, ii. *m. Col.* El boyero ó yuguero, el mozo que guia un par de bueyes y los cuida, ó el que labra con una yunta.

Jūgātinus, i. *m. S. Ag.* Dios que presidia entre los gentiles al matrimonio.

Jūgātio, ōnis. *f. Varr.* La atadura á modo de yugo. ‖ La accion de rodrigar las vides. ‖ *Cod.* Una yunta, un par de bueyes.

Jūgātor, ōris. *m. Arnob.* El que unce ó ata al yugo.

Jūgātōrius, a, um. *Varr.* Lo que es propio ó á propósito para el yugo.

Jūgātus, a, um. *part. de Jugo. Col.* Atado, unido, ligado, uncido. *Jugata Vinea. Col.* La parra. *Jugatae virtutes. Cic.* Virtudes que tienen conexion y enlace entre sí.

Jūge. *adv. Prud. V. Jugiter.*

Jūge auspicium. *Fest.* Agüero, *tomado de que el uno de los dos bueyes uncidos despide el escremento.*

Jūger, ĕris. *n. Plaut. V. Jugerum.*

Jūgĕrālis. *m. f.* lĕ. *n. is. Palad.* Lo perteneciente á una yugada de tierra.

Jūgĕrātim. *adv. Col.* Por yugadas.

Jūgĕrātio, ōnis. *f. Front.* La division y asignacion de los campos por yugadas.

Jūgĕrum, i. *n. Col.* Yugada, *espacio de tierra que puede arar un par de bueyes en un dia, y es la medida 240 pies de largo, y 120 de ancho.*

Jūges, um. *m. plur. Fest.* Un par de bueyes, la yunta de bueyes ó de mulas.

Jūgĭfluus, a, um. *Paul. Nol.* Que corre continua ó perenemente.

Jūgis. *m. f.* gĕ. *n. is. Cic.* Continuo, perene, perpetuo. *Jugis aquae fons. Hor.* Fuente perene, inagotable, que corre siempre.

Jūgĭtas, ātis. *f. Marc. Emp.* Continuacion, duracion, perpetuidad.

Jūgĭter. *adv. Apul.* Continua, perenemente.

Jūglans, dis. *f. Plin.* La nuez, fruto del nogal. ‖ El nogal.

Jūgo, as, āvi, ātum, āre. *a. Col.* Atar, ligar, unir como en el mismo yugo. ‖ Casar, dar en matrimonio. *Jugare vineam. Col.* Atar una viña ó parra á los varales ó rodrigones.

Jūgo, is, ĕre. *n. Varr.* Graznar el milano, ó imitar su voz. ‖ *Fest.* Tocar instrumentos de viento.

Jūgōsus, a, um. *Ov.* Lo que abunda de cuestas, de alturas, de eminencias, montuoso, quebrado, fragoso.

Jūgŭla, ae. *f. Varr.* La constelacion de Orion.

Jūgŭlae, ārum. *f. plur.* Las tres estrellas del cinturon de Orion, *que miran por línea recta al equador.* ‖ Las dos estrellas de la cuarta magnitud, *en el pecho de Cáncer.*

Jūgŭlāris. *m. f.* rĕ. *n. is. Apul.* Lo que pertenece al cuello, á la garganta, al garguero.

Jūgŭlātio, ōnis. *f. Hirc.* Degollacion, el acto de degollar. ‖ Matanza, carnicería.

Jūgŭlātus, a, um. *Nep.* Degollado. *part. de*

Jūgŭlo, as, āvi, ātum, āre. *a. Cic.* Degollar, cortar el cuello, las fauces. ‖ Matar, dar la muerte. *Jugulare hominem. Tert.* Convencer á alguno. — *Gladio plumbeo. Cic.* Convencer á uno con mucha facilidad, con cualquiera argumento por leve que sea. — *Falernum. Marc.* Echar á perder el vino bueno de Falerno, *echándole mucha agua, ó mezclándole con otro vino inferior.*

Jūgŭlum, i. *n. Cic.* y

Jŭgŭlus, i. m. *Quint.* El cuello, la garganta, la gorja. *Jugulum praebere. Quint.—Ostentare pro capite alterius. Cic.* Dar, ofrecer su cuello, ofrecerse á la muerte por alguno.—*Petere. Quint.* Instar, apretar fuertemente el orador á su contrario.

Jŭgum, i. n. *Cic.* El yugo, *instrumento de madera con que se uncen por la cabeza ó pescuezos los bueyes ó mulas asi en el arado, como en los carros y carretas.* ‖ Un par, una yunta de bueyes ó mulas, ó de otros animales. ‖ Yugada de tierra. ‖ El yugo militar, *especie de horca, por debajo de la cual pasaban desnudos los vencidos, de esta figura* ⊓. ‖ La atadura, la accion y efecto de rodrigar las vides. ‖ La balanza del peso. ‖ El signo celeste llamado Libra. ‖ El rodillo en que se va envolviendo la tela tejida en el telar. ‖ Banco de remeros de una galera. ‖ Cima, altura de un monte. ‖ Cordillera, montaña continuada por larga distancia. ‖ Yugo, sujecion, opresion, tiranía, servidumbre. *Ov.* Calamidad, desdicha, desgracia. ‖ El vínculo del matrimonio. *Pari jugo niti. Plin.* Esforzarse con igual empeño.

Jugum Ceretanorum. n. Puicerdá, *ciudad de España.*

Jŭgŭmento, as, avi, atum, are, a. *Vitruv.* Unir, asegurar, fortalecer con maderos atravesados y derechos.

Jŭgŭmentum, i. n. *Cat.* El lintel, *cerco de una puerta ó ventana.*

Jugurtha, ae. m. *Salust.* Yugurta, rey de Numidia, *que tuvo mucho tiempo guerra con el pueblo romano, y al fin vendido á Lucio Sila, entregado al cónsul Mario, y llevado por este en el triunfo á Roma, murió en la cárcel.*

Jugurthīnus, a, um. *Cic.* Lo perteneciente á Yugurta.

Juhones, um. m. plur. *Tac.* Pueblos de Alemania.

Juiniacum, i. n. Joiñy, *ciudad entre la Champania y la Borgoña.*

Jŭlaeus, a, um. *Ov.* Lo perteneciente á Julo ó Julio, á alguno de la familia de los Julios, en especial á Julio César y á Augusto.

Jūlia, ae. f. Julia, *nombre de muger.* ‖ Juliers, *ciudad de la baja Alemania.*

Julia Apulum. f. Veisembourg, *ciudad de Transilvania.*

Julia Bonna, *ciudad del Bovesis en la Galia bélgica.*

Julia Caesarea. f. *Plin.* Túnez, *ciudad del reino de Argel.*

Julia Campestris. f. *Plin.* Ciudad de la Mauritania tingitana.

Julia Claritas, y

Julia Concordia, ó

Julia Contributa. Ciudades antiguas de España en la Betica.

Julia Felicitas. Ciudad antigua de Portugal.

Julia Felix. Pésaro, *ciudad de la Umbria.*

Julia Fidencia, ó Fidentia, Fidentiola, ó Julia Crysopolis. Burgo de S. Dobino, *ciudad de la Galia cispadana.*

Julia Libica. Linca, *ciudad antigua de Cataluña.*

Julia Seria. f. *Plin.* Seria, *lugar fuerte del reino de Navarra.*

Julia Traducta. f. *Plin.* Tanger, *ciudad de Berbería.*

Juliacensis Ducatus. m. El ducado de Juliers *en Alemania.*

Jŭlĭācum, i. n. *Tac.* Juliers, *capital del ducado del mismo nombre en la Germania baja.*

Jŭlĭānus, a, um. *Cic.* Lo perteneciente á Cayo Julio César.

Jŭlienses, um. m. plur. Pueblos de Italia *al pie de los Alpes.* ‖ *Plin.* Pueblos de la España tarraconense.

Jŭlĭŏbŏna, ae. f. Viena, *en Austria.* ‖ Bayeux, *ciudad de la Galia Lugdunense.*

Juliobriga, ae. f. *Plin.* Logroño, *ciudad de España en Castilla la vieja.*

Julis, idis. f. *Plin.* Ciudad de la isla de Ceo. ‖ *Plin.* Un pez.

Julium Carnicum, ó Camicum. Ciudad entre la Italia y el Ilirio.

Julium Castrum, y

Julium Forum, ó

Julium Sextifirmium. Ciudad antigua de la Bética en España.

Julium Praesidium. n. Santaren, *ciudad de Portugal.*

Jūlius, a, um. *Ov.* Lo perteneciente á los Julios, á la familia de Julio César.

Jūlius, ii. m. *Col.* El mes de Julio.

Jūlus, i. m. *Virg.* Julo Ascanio, *hijo de Eneas.* ‖ *Plin.* El vello que sale en el boton en los árboles antes de la flor.

Jŭmentārius, a, um. *Apul.* Lo que pertenece á las bestias de carga.

Jŭmentum, i. n. *Col.* Jumento, caballería, bestia de carga.

Juncaria, ae. f. Jonquieres, *ciudad de Francia en la Provenza.* ‖ Junquera, *ciudad de Cataluña.*

Juncētum, i. n. *Varr.* Juncal ó juncar, *sitio donde se crian muchos juncos.*

Junceus, a, um. *Col.* Hecho de junco. ‖ Parecido á él.

Juncĭdus, a, um. *Varr.* Delgado como junco.

Juncĭnus, a, um. *Plin.* V. Junceus.

Juncōsus, a, um. *Plin.* Juncoso, lo que tiene juncos ó se parece á ellos.

Junctim. adv. *Suet.* Junta, unidamente.

Junctio, ōnis. f. *Cic.* Union, juntura, junta.

Junctūra, ae. f. *Plin.* Juntura, union, la parte por donde se unen dos ó mas cosas. ‖ *Quint.* La composicion ó colocacion de las palabras. *Junctura generis. Ov.* La parentela, la union de la sangre.

Junctus, a, um. *Liv.* part. de Jungo. Junto, unido. *Juncta vehicula. Liv.* Carros con tiro de caballos.—*Fenestra. Hor.* Ventana cerrada.—*Verba. Cic.* Palabras compuestas. *Junctus alicui. Suet.* Amigo estrecho de alguno. ‖ Pariente. *Pluribus diebus junctis. Plin.* Por muchos dias continuos.

Junctus, us. m. *Varr.* V. Junctio.

Junctus, i. m. *Plin.* El junco, *planta bien conocida.* ‖ *Plin.* La vara flexible de cualquiera planta.

Juncŭlus, i. m. dim. *Apul.* Especie de confitura hecha á modo de junco, como el caramelo.

Jungo, is, nxi, nctum, gĕre. a. *Ces.* Juntar, unir unas cosas con otras. ‖ Uncir los animales al yugo. ‖ *Plin.* Continuar. *Jungere dextram dextrae. Virg.* Darse la mano de amigos, ó tocársela en señal de alianza.—*Pontem. Tac.* Echar un puente.—*Ponte amnem. Plin.* Hacer un puente sobre un rio, ó juntar sus riberas con un puente.—*Diei noctem. Just.* Juntar el dia con la noche, trabajar de noche y de dia continuamente.—*Verba. Quint.* Componer las palabras gramaticalmente, colocarlas en el orden debido.

Junĭānus, a, um. *Cic.* Lo perteneciente á Junio, *nombre romano.*

Jūnĭcŭlus, i. m. *Plin.* Vástago de una viña.

Jūnior. m. f. ius. n. ōris. *Cic.* Mas jóven. *Junior anno. Hor.* Un año mas jóven.

Jūnĭpĕrus, i. f. *Virg.* El enebro, *árbol bien conocido.* ‖ La nebrina, *fruto de este árbol, oloroso, y del tamaño de una avellana.*

Jūnius, ii. m. *Ov.* El mes de Junio.

Jūnius, a, um. *Col.* Lo perteneciente al mes de Junio. ‖ *Tac.* Á Junio, *nombre romano.*

Jūnix, ĭcis. f. *Plaut.* La vaca ó novillo nuevo.

Jūno, ōnis. f. *Virg.* La diosa Juno, *hermana y muger de Júpiter.* ‖ El aire y la parte mas pura de él. *Junonis ora.* El promontorio de Cádiz en España.—*Promontorium.* El promontorio del Peloponeso.—*Sacrum,* ó *templum.* El cabo de Malta.—*Ales. Ov.* El pavo real. *Juno opinor aliquem in nos Aeolum excitavit.* adag. El diablo anda suelto. ref.

Jūnōnalis. m. f. lĕ. n. is. *Ov.* Lo perteneciente á la diosa Juno.

Jūnōnĭcŏla, ae. m. f. *Ov.* El que venera ó reverencia á Juno.

Jūnōnĭgĕna, ae. m. f. *Ov.* Engendrado por Juno, *como Marte, Vulcano, Hebe.*

Jūnōnius, a, um. *Cic.* Lo perteneciente á la diosa Juno. *Junonius mensis. Ov.* El mes de Junio *consagrado á esta diosa.*—*Puer.* Jóven, *hijo de Marte, de orígen divino, de grandes esperanzas. Junonia ales* ó *avis. Ov.* El pavo real.

Junxi. pret. de Jungo.

**Juodium**, ii. n. *Cariñan*, ciudad del ducado de Luxembourg.

**Jŭpĭter**, Jŏvis. m. *Virg.* Júpiter, soberano de los dioses. || El aire. || La lluvia. || Uno de los siete planetas. *Jupiter ubi maturis metuendus. Virg.* La lluvia es de temer cuando estan maduras las uvas. *Jove sub frigido manere. Hor.* Esponerse, quedarse á la inclemencia.

**Jŭra**, ae. m. *Ces.* El monte Jura ó de San Claudio, en el *Leones*.

**Jŭrāmentum**, i. n. *Ulp.* y

**Jŭrandum**, i. n. *Plaut.* V. Jusjurandum.

**Jŭrandus**, a, um. *Hor.* Aquello por que se puede jurar.

**Jŭrātio**, ōnis. f. *Macrob.* La jura ó juramento, la accion de jurar.

**Jŭrātīvus**, a, um. *Prisc.* Lo que pertenece al juramento.

**Jŭrāto**. adv. *Dig.* Con ó por juramento.

**Jŭrātor**, ōris. m. *Macrob.* Jurador, el que jura. || *Sen.* Testigo juramentado.

**Jŭrātus**, a, um. part. de Juro. *Cic.* Jurado, afirmado, protestado, asegurado, ofrecido con juramento. || Juramentado, aquel á quien se ha tomado juramento. || Jurado, lo que se ha jurado.

**Jŭre**. ablat. de Jus. *Cic.* Con derecho, razon, equidad, justicia, justo título.

**Jŭre-Consultus**. V. Juris Consultus.

† **Jŭrĕjŭro**, ās, ăvi, ătum, āre. a. *Liv.* Jurar, hacer juramento.

**Jŭrensis**. m. f. sĕ. n. is. *Ces.* Lo perteneciente al monte Jura ó de San Claudio en el *Franco Condado*.

**Jureperītus**. V. Jurisperitus.

**Jŭreus**, a, um. *Plaut.* Lo perteneciente al caldo.

**Jurgāmen**, ĭnis. n. y

**Jurgātio**, ōnis. f. *Fest.* V. Jurgium.

**Jurgātōrius**, a, um. *Amian.* Lo perteneciente á la contienda, riña ó querella.

**Jurgātrix**, īcis. f. *S. Ger.* La que riñe, contiende ó se querella.

**Jurgiōsus**, a, um. *Gel.* Querelloso, contencioso, que tiene genio de armar disputas, riñas y contiendas.

**Jurgium**, ii. n. *Cic.* Querella, disension, riña, debate, diferencia, contienda. || *Dig.* Pleito, demanda.

**Jurgo**, ās, ăvi, ătum, āre. a. *Cic.* Contender, reñir con palabras, disputar, tener debates ó diferencias.

**Jŭrĭdĭcātus**, us. m. *Inscrip.* La jurisdiccion.

**Jŭrĭdĭcāli̇s**. m. f. lĕ. n. is. *Gel.* Judicial, judiciario, lo que pertenece á los jueces ó juicios.

**Jŭrĭdĭcīna**, ae. f. *Tert.* El lugar donde se ejerce la jurisdiccion.

**Jŭrĭdĭcus**, a, um. *Plin.* Jurídico, lo que es segun las leyes. || Lo que concierne al ejercicio de la justicia. *Juridicus dies. Plin.* Dia de audiencia.—*Conventus. Plin.* Cortes, cámaras, asambleas para el arreglo de los negocios y administracion de justicia. || Audiencias, chancillerías. || Conventos jurídicos, donde residen los tribunales superiores de las provincias.

**Jŭrĭdĭcus**, i. m. *Sen. Trag.* El juez, el que administra justicia, el presidente.

**Jŭris**. gen. de Jus.

**Jŭris Consultus**, i. m. *Cic.* Jurisconsulto, doctor en leyes, jurisperito.

**Jurisdictio**, ōnis. f. *Cic.* Jurisdicion, facultad, poder, autoridad de juzgar, de administrar justicia. || *Plin.* El distrito jurisdicional.

**Jŭrĭsŏnus**, a, um. *Sulp.* Que hace mucho ruido, ó alborota con leyes y textos.

**Jŭrispĕrītus**, i. m. *Cic.* Jurisperito, sabio, docto en el derecho, en las leyes.

**Jŭrisprūdentia**, ae. f. *Ulp.* Jurisprudencia, ciencia del derecho ó de las leyes.

**Jŭrītes**, is. f. *Gel.* Diosa, *muger de Quirino*.

**Jŭro**, ās, ăvi, ătum, āre. a. *Cic.* Jurar, hacer juramento, asegurar, afirmar, protestar con juramento. || Conspirar, conjurar, hacer conspiracion ó conjuracion. *Jurare aras. Hor.* Jurar puesta la mano sobre las aras. *In verba consulis. Cic.* Prestar juramento en manos del cónsul.—*In aliquem. Ov.* Conspirar contra alguno, jurar su pérdida.—*Morbum. Cic.* Afirmar con juramento la enfermedad. *Jurare alicui. Plin. men.* Prestar juramento de fidelidad á alguno.

**Jŭrŭlentia**, ae. f. *Tert.* El caldo de las cosas que se cuecen.

**Jŭrŭlentus**, a, um. *Cels.* Caldoso, con mucho caldo.

**Jus**, jūris. n. *Cic.* El caldo, el guiso ó salsa, el moge. *Jus conditum. Cic.* Buen guiso, salsa bien sazonada. *Ex jure panis. Ter.* La sopa. *Jus hoc est coenae. Petron.* Esto es lo mas caldoso, ó lo mejor de la comida.

**Jus**, jūris. n. *Cic.* Derecho, justicia, equidad. || Autoridad, poder, potestad. || Las leyes. *Jus civile. Cic.* Derecho civil.—*Gentium. Cic.*—*Humanum Liv.* Derecho de gentes, público, comun á todas las naciones.—*Naturae. Cic.* Derecho natural.—*Suum recuperare. Cic.* Recobrar sus derechos.—*Esto. Cic.* Sea esto una ley.—*Summum, summa injuria. Cic.* La justicia en su rigor estremo es una estrema injusticia.—*Dicis. Plaut.* Dices bien, tienes razon.—*Imperatorium. Cic.* Autoridad, poder del general de un ejército.—*Consulere. Liv.* Consultar la razon de su causa.—*Dicere. Liv.* Administrar justicia.—*Habere alicujus rei. Ov.* Tener á su disposicion, poder disponer de ella.—*Facere. Ulp.* Hacer ordenanzas que pasen por leyes. *Juris esse sui. Cic.* No depender de otro, ser libre, dueño ó señor de sí mismo.—*Mei illud non est. Cic.* Eso no toca á mi jurisdiccion, no es de mi competencia, no tengo derecho alguno sobre ello, no depende de mí. *In jus alicujus venire. Liv.* Caer en poder de alguno. *In jus ire. Ter.* Ir al tribunal, á la audiencia. *Jure summo cum aliquo agere. Cic.* Tratar á alguno con todo rigor.—*Suo agere. Cic.* Obrar de su propia autoridad.—*Hoc sunt Siculi. Cic.* Este es el derecho comun de Sicilia.—*Optimo praedia. Cic.* Tierras, posesiones sin cargas algunas.—*Potestatis. Tac.* En virtud de su poder.—*Calamitatis. Cic.* Segun la condicion ó estado de infelicidad.

**Juscellum**, i. n. *Prisc.* V. Jusculum.

**Juscŭlentus**, a, um. *Apul.* Cocido en caldo.

**Juscŭlum**, i. n. *Cat.* El caldo de las cosas cocidas.

**Jusjūrandum**, i. n. *Cic.* Juramento, *afirmacion ó negacion de una cosa poniendo á Dios por testigo de su verdad. Viri jurejurando, pueri talis fallendi.* adag. Al hombre por la palabra, y á los niños con un dige. ref. *Venereum jusjurandum. Volaticum jusjurandum.* adag. Jura mala en piedra caiga. ref.

**Jussio**, ōnis. f. *Lact.* Mandamiento, mandato, órden, precepto, el acto de mandar ó encargar.

**Jussŭlentus**, a, um. *Apul.* V. Jurulentus.

**Jussum**, i. n. *Cic.* y

**Jussus**, us. m. *Cic.* Órden, mandato, mandamiento, precepto. *Jussa populis describere. Cic.* Dar leyes á los pueblos. *Jussus no se usa fuera del ablativo*.

**Jussus**, a, um. part. de Jubeo. *Tac.* Mandado, ordenado, impuesto. || Aquel á quien se manda, se encarga ó se da órden.

**Justa**, ōrum. n. plur. *Cic.* Funerales, entierro, exequias, últimos oficios ó servicios. *Justa hospitalia. Liv.* Obligacion de la hospitalidad. *Justa facere. Sal. Solvere. Cic. Peragere. Plin. Praestare. Curc. Persolvere. Flor.* Hacer los oficios debidos, en especial los funerales ó exequias.—*Percipere. Col.* Recibir su salario, su paga, su prest.

**Juste**, ius, issĭme. adv. *Cic.* Justamente, con justicia, con razon, legítimamente.

**Justĭdium**, ii. n. *Fest.* El término de treinta dias *dado desde la publicacion de la guerra para prevenirse á la marcha, por todo el cual estaba enarbolado el estandarte rojo en el capitolio*. || Término igual *concedido por las leyes á los deudores*.

**Justĭfĭcātio**, ōnis. f. *Bibl.* Justificacion, descargo de la acusacion, indemnizacion del delito imputado.

**Justĭfĭcātrix**, ĭcis. f. *Tert.* La que justifica. *Dícese de la gracia divina*.

**Justĭfĭcātus**, a, um. *Tert.* Justificado, ó hecho justo. part. de

**Justĭfĭco**, ās, āre. a. *Tert.* Justificar, hacer al hombre justo, *como solo lo hace Dios por la infusion de la gracia*.

**Justĭfĭcus**, a, um. *Catul.* El que hace justicia.

## JUV

Justiniāna, ae. f. Cartago, *ciudad de África.*

Justiniāna prima. f. Locrida, *ciudad de Macedonia.*

Justiniāna secunda. f. Fristen, *ciudad de la alta Misia.*

Justiniāna tertia. f. Calcedonia, *ciudad de Bitinia.*

Justiniānus, a, um. *Corrip.* Lo perteneciente al emperador Justiniano.

Justiniānus, i. m. Justiniano, *célebre emperador romano, que valiéndose de famosos jurisconsultos ordenó el derecho civil como hoy está en el Digesto. Murió el año de Cristo 565.*

Justinŏpŏlis, is. f. Cabo de Istria, *ciudad de la Istria.*

Justīnus, i. m. Justino, *historiador que redujo á epítome los libros de Trogo Pompeyo: floreció, segun Vosio, en tiempo del emperador Antonino. Otros le hacen contemporáneo y discípulo de Trogo en tiempo de Augusto, á cuya época se parece mas su estilo que á la edad en que muchos le ponen. Algunos tambien le confunden con San Justino mártir.*

Justĭtia, ae. f. *Cic.* Justicia, equidad, rectitud, *virtud que consiste en dar á cada uno lo que le pertenece.* — *Ter.* Virtud ó bondad de la vida y costumbres.

Justĭtium, ii. n. *Cic.* Feriados, vacaciones. *Justicium edicere.* — *Indicere. Cic.* Publicar las vacaciones, dar punto los tribunales. — *Remittere. Liv.* Abrir los tribunales. *No solo cesaban estos, sino todos los oficios públicos en tiempo de vacaciones.*

Justus, a, um, ior, issĭmus. *Cic.* Justo, conforme á justicia y razon. || Legítimo, verdadero. || Debido, merecido. || Entero, lleno, perfecto, completo. *Justus dominus. Cic.* Señor legítimo. *Justa magnitudo. Cic.* Justa grandeza, proporcionada. — *Uxor. Cic.* Muger legítima. — *Servitus. Ter.* Esclavitud, servidumbre suave, tolerable. — *Acies. Quint.* Ejército completo. — *Loca. Tac.* Campo raso, llano, abierto. *Justum opus. Vel.* Obra, volúmen proporcionado, ni muy grueso ni muy pequeño. — *Testamentum. Ulp.* Testamento segun las fórmulas prescritas. *Justissimus vas. Fest.* Caucion idónea y favorable. *Justi dies. Fest.* Los treinta dias que corrian desde la publicacion de la guerra hasta la salida de las tropas. || *Gel.* Los treinta dias de vacaciones, *y los que se concedian á los deudores despues de la sentencia del pago de la deuda.*

Jutia, ae. f. Juttland, *provincia de Dinamarca.*

Juturna, ae. f. *Virg.* Yuturna, *hija de Dauno, y hermana de Turno, rey de los rutulos, á quien Júpiter hizo inmortal, y ninfa del rio Numico. Ayudó á su hermano en la guerra que tuvo con Eneas.*

Juturnālia, ium. n. plur. *Serv.* Fiestas y sacrificios *que hacian los romanos á la ninfa Yuturna por falta de agua.*

Jūtus, a, um. part. de Juvo. *Tac.* Ayudado.

Juvāmen, ĭnis. n. *Em. Macr.* y

Juvāmentum, i. n. *Veg.* Auxilio, ayuda, socorro.

Jŭvans, tis. com. *Cic.* El que ayuda, socorre ó auxilia.

Juvavia, ae. f. Saltzbourg, *ciudad de Baviera.*

Juvavius, ii. m. El Saltz, *rio de Baviera.*

Juvenāles ludi. m. plur. *Tac.* 6

Jŭvĕnālia, ium. n. plur. *Suet.* Fiestas que estableció *Neron la primera vez que se hizo la barba, y dedicó á Júpiter capitolino.*

Jŭvĕnālis, m. f. lĕ. n. is. *Plin.* Juvenil, lo perteneciente á la juventud ó á los jóvenes.

Jŭvĕnālis, is. m. *Marc.* Decio Junio Juvenal Aquinate, *poeta satírico, célebre, aunque no muy honesto: floreció en tiempo de Domiciano, ó segun otros, de Trajano.*

Jŭvenca, ae. f. *Virg.* La vaca jóven, vaquilla. || *Ov.* Muchacha, moza, doncella. || *Plin.* La gallina.

Jŭvencŭla, ae. f. *Bibl.* Muchacha, doncella.

Jŭvencŭlus, i. m. *Catul.* Jovencito, muchacho.

Jŭvencus, i. m. *Varr.* El novillo. || *Hor.* Jóven, muchacho.

Juvencus, i. m. Juvenco, *presbítero español que escribió los evangelios en cuatro libros en verso exámetro: floreció en el siglo IV de Cristo en tiempo de Constantino Magno.*

Jŭvĕnesco, is, scĕre. n. *Hor.* Hacerse jóven. || *Ov.* Rejuvenecer, volver á recobrar la juventud. *Tertuliano usa el pretérito Juvenui.*

## KEB

Jŭvĕnīlis, m. f. lĕ. n. is. *Cic.* Juvenil, lo perteneciente al jóven ó á la juventud.

Jŭvĕnīlitas, ātis. f. *Varr.* La edad juvenil, la juventud.

Jŭvĕnīliter. adv. *Cic.* Á manera de los jóvenes.

Jŭvĕnis, is. adv. *Cic.* Jóven. *Juvenes anni. Ov.* Años jóvenes, juventud.

Jŭvĕnor, āris, āri. dep. *Hor.* Hablar como jóven, con poca reflexion, con poco juicio, y obrar del mismo modo. *Juvenari versibus. Hor.* Hacer versos en que se conozcan los pocos años.

Jŭventa, ae. f. *Liv.* La juventud, la adolescencia, la edad juvenil. || *Marc.* Multitud de jóvenes.

Jŭventas, ātis. f. *Cic.* La diosa de la juventud. || *Hor.* La edad juvenil.

Jŭventus, ūtis. f. *Cic.* La juventud, multitud de jóvenes. || *La edad juvenil.* || La diosa de la juventud.

Juverna, ae. f. La Irlanda, *isla del Océano europeo.*

Jŭvo, ās, jŭvi, jūtum, vāre. a. *Cic.* Ayudar, auxiliar, favorecer, socorrer, asistir, consolar, servir, hacer buenos oficios, dar placer, deleitar. *Juvare oculos. Sen.* Ser bueno, ser útil ó remedio para los ojos. *Juvat. Cic.* Es á propósito, es útil, es bueno, es provechoso. — *Me hoc fecisse. Cic.* Me alegro, estoy contento de haber hecho esto. — *Videre. Virg.* Tengo gran deseo de ver.

Juxta. prep. de acus. Cuando *no tiene caso, ni se le puede suplir cómodamente, se usa como adverbio, y otras á este modo. Cerca de Juxta Varronem doctissimus. Gel.* El mas sabio despues de Varron. — *Haec Variana clades. Plin.* Despues de esto sucedió la derrota de Varo. — *Viam. Cic.* Junto al camino. — *Seditionem ventum. Ces.* Se llegó casi á una sedicion. — *Ripam. Cic.* Sobre la ribera ó el borde. — *Hieme, atque aestate. Lip.* Tanto, así, igualmente en invierno como en verano. — *Mecum scitis. Sal.* Lo sabeis tan bien como yo. — *Boni, malique. Sal.* Así los buenos como los malos. — *Ac si meus frater esses. Cic.* Como si, ó lo mismo que si fueses mi hermano. — *Praeceptum Themistoclis. Just.* Segun ó conforme al precepto de Temistocles.

Justim. adv. *Liv.* Cerca de ó junto á, cerca.

## IX

Ixia, ae. f. *Plin.* Ixia, *cierto humor pegajoso que se halla en las raices de la yerba camaleon.*

Ixias, ae. f. Caroley, *ciudad de Calabria.*

Ixiodolium, ii. n. Essidevil, *ciudad del Perigord en Francia.*

Ixion, ōnis. m. *Ov.* Ixion, *hijo de Flegia, padre de Piritoo, sentenciado en el infierno á ser revuelto continuamente en una rueda de culebras.*

Ixionēus, y Ixionīus, a, um. *Virg.* Lo perteneciente á Ixion.

Ixiŏnĭdes, ae. m. *Prop.* Hijo de Ixion, Piritoo, ó alguno de los centauros.

Ixionius. V. Ixioneus.

## JY

Jyns, jyngis. f. *Plin.* Ave que tiene la lengua semejante á la de las culebras. *La llama* Verticilla.

## IZ

Izgli, ōrum. m. plur. Pueblos de la India.

Izizum, i. n. Ciudad de Egipto.

## KA

Kaisersberga, ae. f. Caisersberg, *ciudad de la alta Alsacia.*

Kalmuchi, ōrum. m. plur. Los calmucos, *pueblos de Tartaria.*

Kanioxia, ae. f. Caniou, *ciudad de Polonia.*

Kauburga, ae. f. Causbourn, *ciudad de Alemania.*

## KE

Kebecum, i. n. Quebec, *ciudad de la nueva Francia.*

Kermes. *indec. n.* Quermes, carmes, ó grana quermes ó alquermes, gusanillo que se engendra dentro del coco de la grana, cuya tintura se llama carmesí.

## KI

Kilavia, ae. *f.* Quilan, *provincia de Persia.*
Kildaria, ae. *f.* Quildara, *ciudad de Irlanda.*
Kilkennia, ae. *f.* Quilquenni, *ciudad de Irlanda.*
Kiovia, ae. *f.* Quiovia, *ciudad y palatinado de Polonia.*

## LA

Labacum, i. *n.* Labach, *ciudad de Carniola.*
Lăbans, tis. *com. Virg.* Lo que está para caer, que amenaza ruina. ‖ *Virg.* Vacilante, dudoso, vario, inconstante. *Labans fortuna. Cic.* Fortuna que va en decadencia. — *Acies. Tac.* Ejército que titubea, que apenas se resiste, que está para huir. *Labantes oculi. Catul.* Ojos, vista abatida, lánguida, moribunda.
Labărum, i. *n. Prud.* Labaro, estandarte militar de rica tela, bordada de oro, y guarnecido de pedrería, que llevaban á campaña los emperadores con alguna empresa suya. Desde Constantino el Magno se puso en medio de él una cruz con el alpha y omega de los griegos, y por timbre en lo alto del asta el nombre de Cristo cifrado en las dos letras griegas XP.
Labărus, ó Lambarus, i. *m. Sil.* Labaro, *rio de Italia en la Insubria.*
Lăbasco, is, scĕre. *n. Lucr.* y
Lăbascor, ĕris, sci. *dep. Varr.* Estar para caer, amenazar ruina. ‖ *Ter.* Caer de ánimo, perderle, vacilar, ceder, rendirse.
Labda, ae. *m. f. Varr.* El que chupa. ‖ Labda, *hija de Anfion, muger de Eteon, y madre de Cipselo.*
Labdăce, es. *f. Varr.* La acción de chupar.
Labdăcidae, ārum. *m. plur. Varr.* Los tebanos, cuyo rey fue Labdaco.
Labdăcĭdes, ae. *m. part. Estac.* Hijo de Labdaco, como Layo, ó nieto como Polinices.
Labdăcismus, i. *m. Mart. Cap.* Vicio del habla, *cuando se repite muchas veces la l, como en sol, et luna, luce lucebant alba, levi lactes.* ‖ *Id.* Cuando se ponen dos ll en lugar de una, como en colloquium.
Labdăcius, a, um. *Estac.* Lo perteneciente á Labdaco, rey de Tebas. *Labdacius dux. Id.* Eteocles, cuyo abuelo Layo fue hijo de Labdaco.
Labdăcus, i. *m. Sen.* Labdaco, *hijo de Agenor, rey de Tebas.*
Labeātis, is. *m. Liv.* El lago de Escútari en Dalmacia.
Lăbecŭla, ae. *f. dim. de Labes. Cic.* Manchita, mancha pequeña. *dim. de Mancha.*
Lăbefăciendus, a, um. *Tac.* Lo que se ha de hacer caer, lo que se ha de derribar.
Lăbefăcio, is, fēci, factum, cĕre. *n. Ter.* Mover para hacer caer, derribar, vacilar. ‖ Hacer perder la fe, la constancia. ‖ *Col.* Viciar, corromper, echar á perder. *Labefacere contagione. Col.* Infectar, comunicar, pegar la enfermedad.
Lăbefactātio, ōnis. *f. Quint. V. Labefactio.*
Lăbefactātor, ōris. *m. Tac.* El que hace caer ó vacilar.
Lăbefactātus, a, um. *part. de Labefacto. Cic.* Hecho vacilar, conmovido, impelido para hacerlo caer.
Lăbefactio, ōnis. *f. Plin.* El acto de hacer caer, de empujar para derribar.
Lăbefacto, as, avi, atum, āre. *a. Cic. freq. de Labefacio.* Hacer caer, derribar, arruinar. ‖ Hacer vacilar, perder la firmeza, mudar de parecer, desistir. ‖ Viciar, dañar, ofender, corromper, echar á perder. ‖ Debilitar, enflaquecer. *Labefactare donis quempiam. Cic.* Corromper á alguno con dádivas, sobornar. — *Opinionem. Cic.* Refutar, destruir una opinion. — *Rempublicam. Cic.* Destruir, arruinar la república.
Lăbefactus, a, um. *part. de Labefacio. Ces.* Movido, impelido, hecho caer. ‖ *Virg.* Conmovido, agitado, alterado.

Lăbefīo, is, actus sum, fiĕri. *Sen. pas. de Labefacio.*
Lăbellum, i. *n. Cic.* Labio pequeño. ‖ Vaso ó cuenco para agua.
Lăbens, tis. *com. Virg.* Lo que está para caer, se cae ó amenaza ruina ‖ Lo que decae, se corrompe, se vicia. ‖ Corriente. *Labentia flumina sub terras. Virg.* Rios que se pierden, que corren bajo de tierra. — *Sidera notare. Virg.* Observar el curso ó el ocaso de los astros. *Labens domus. Virg.* Familia que decae, que va en decadencia, que pierde su esplendor y lustre, que va á estinguirse. — *Disciplina. Liv.* Disciplina que degenera, que pierde su vigor. *Labente die. Virg.* Inclinando el dia, pasada mas de la mitad de él.
Lăbeo, ōnis. *m. Plin.* El que tiene labios muy gruesos.
Labeo Antistius. *m. Gel.* Antistio Labeon, célebre jurisconsulto del tiempo de Augusto. ‖ Otro posterior, procónsul de la provincia narbonense.
Laberianus, a, um. *Sen.* Lo perteneciente á Laberio.
Laberius, ii. *m. Sen.* Décimo Laberio, comediante, á quien Julio César hizo caballero romano. Se celebran los chistes y sales de sus mimos, de los cuales quedan algunos fragmentos.
Labes, is. *f. Cic.* Ruina, caida. ‖ Daño, perdicion, corrupcion, destruccion, vicio. ‖ Enfermedad, peste. ‖ Mancha, labe. ‖ Torpeza, infamia, deshonra, ignominia. *Labem alicui inferre, ó labe alicui aspergere. Cic.* Deshonrar á alguno, notarle de infamia. *Labem dare. Lucr.* Derribar, arruinar, echar por tierra. *Labes corporis. Suet.* Defecto, deformidad del cuerpo. — *Conscienciae. Cic.* Remordimiento de conciencia.
*Lăbia, ae. f. Gel.* y
*Lăbiae, ārum. f. plur. Gel.* Los labios. *Voces anticuadas.*
Lăbia, ōrum. *n. plur. Ter.* Los labios.
Labicănus, a, um. *Liv.* Lo perteneciente á Valmonton, Valmontonés.
Labĭci, ōrum. *m. plur.* y
Labĭcum, i. *n. Liv.* Ciudad y colonia antigua en el Lacio, hoy Valmonton, castillo en la campaña de Roma.
Labĭci, ōrum. *m. plur. Virg.* Los naturales de esta ciudad y colonia.
Lăbĭdus, a, um. *Vitruv.* Lúbrico, resbaladizo, donde apenas se puede uno tener.
Labienianus, a, um. *Hirc.* Lo perteneciente á Labieno, valiente capitan de César en la conquista de las Galias, y grande enemigo suyo en la guerra civil.
Labieni castra. *Ces.* Lobe, corto territorio en los confines de Lieja.
Labĭlis. *m. f. lĕ. n. is. Amian.* Lo que fácilmente cae.
Lăbio, ōnis. *m. f. Putsq.* y
Labiōsus, a, um. *Lucr.* Que tiene los labios grandes ó gruesos.
Labisco, ōnis. *m.* Ciudad de la Galia narbonense. ‖ El puente de Beauvousin, ciudad del Delfinado.
Lăbium, ii. *n. Ter.* El labio: Es de poco uso.
Lăbo, ās, āre. *n. Cic.* Bambalear, titubear, vacilar, estar para caer, amenazar ruina. ‖ Dudar, estar incierto, dudoso, irresoluto. *Memoria labat. Liv.* Falta la memoria. *Labare sermone. Plin.* No hallar que decir, pararse en la conversacion. *Labat ei mens. Cels.* Pierde el espíritu, el entendimiento, delira.
Labor, ĕris, lapsus sum, bi. *dep. Cic.* Caer, venir abajo. ‖ Errar, faltar, pecar, ser engañado. ‖ *Virg.* Escurrirse, deslizarse. *Dicese de las culebras.* ‖ Correr, pasar. *Labi spe. Ces.* Perder la esperanza. — *Mente. Cels.* Delirar. — *Consilio. Cic.* Errar en el consejo.
Lăbor, ōris. *m. Cic.* Labor, trabajo, fatiga, tarea, desvelo que se pone en alguna cosa. ‖ Molestia, calamidad, daño, desgracia, incomodidad. ‖ Cuidado, solicitud. ‖ *Virg.* Artificio, obra. *Solis, lunaeque labores. Virg.* Eclipses del sol y de la luna. — *Uteri. Claud.* Los hijos. — *Belli. Virg.* Las empresas, los hechos militares. *Accrescit labor. Plaut.* Crece la enfermedad. *Laborem tolerare. Plin.* — *Sustinere. Vitruv.* Sostener, mantener el peso.
Lăbōrans, tis. *com. Cic.* El que trabaja. ‖ Afligido, desolado, oprimido, fatigado, atormentado, arriesgado. La-

borans utero puella. Hor. Primeriza, que está de parto. — Navis. Cic. Navío agitado de la tempestad. — Luna. Juv. Luna eclipsada. Laboranti opem ferre. Cic. Socorrer al que está oprimido, afligido, ó se ve en trabajo. Laborantia tecta. Plin. Casas que amenazan ruina.

Lăbōrātus, a, um. part. de Laboro. Cic. Trabajado, hecho con estudio y trabajo, con arte.

Lăbōriae, ārum. f. plur. Plin. y

Lăbōrini, ōrum. m. plur. Plin. El territorio de Gaudo, la tierra de Labor en Campania, que es fertilísima.

Lăbōrĭfer, a, um. Ov. Laborioso, que sufre el trabajo.

Lăbōrĭōse, ius, issĭme. adv. Cic. Con trabajo, con fatiga, pena y dificultad.

Lăbōrĭōsus, a, um, ior, issĭmus. Ter. Laborioso, trabajoso, penoso, difícil, fatigoso, lo que se hace con trabajo y fatiga. || Laborioso, aplicado, industrioso. || El que ha pasado ó sufrido muchos trabajos. || El que padece muchos dolores.

Laboris terra. V. Laboriae.

Lăbōro, as, āvi, ātum, āre. n. a. Cic. Trabajar, poner fatiga y desvelo en alguna cosa. || Sufrir, padecer, estar afligido, oprimido. || Esforzarse, procurar, empeñarse, poner su conato en. Laborare arma. Estac. Hacer fabricar, trabajar, forjar armas. — Ad officium suum. Cic. Dedicarse, aplicarse á su oficio, á su obligacion. — Amari. Plin. men. Hacer esfuerzos para ser amado. — Re frumentaria. Ces. Padecer falta de trigo. — Sua magnitudine. Liv. Ser incomodado de su propia grandeza, no poderla sufrir. — Cerebro. Plaut. Tener mal templado el cerebro, trastornado ó vuelto el juicio. — Foenore. Liv. Estar lleno, cargado de deudas. — Ex intestinis. Cic. Tener cólica. — Ex invidia. Cic. Ser odioso, aborrecido. — Ambitione. Hor. Tener ambicion. — Animo. Cic. Atormentarse, apesadumbrarse interiormente. — A frigore. Plin. Sentir, padecer, tener mucho frio. — Causa. Quint. Tener una mala causa. — In acie. Plin. men. Llevar lo peor en la batalla. — In spem. Ov. Trabajar con la esperanza de. — Temeritatis crimine. Quint. Ser tenido por temerario.

Labos. V. Labor.

Lăbōsus, a, um. Lucil. Resbaladizo, escurridizo. || Trabajoso.

Labradeus, i. m. Plin. Sobrenombre de Júpiter, con que era venerado en Caria.

Labro, ōnis. m. Liorna, ciudad marítima de Toscana.

Labros, i. m. Ov. El Voraz, nombre de un perro.

Labrōsus, a, um. Cels. Que tiene grandes labios ó bordes.

Labrum, i. n. Cic. Labio. || Ces. El borde, márgen, estremidad de cualquiera cosa. || Vasija de ancha boca, que tiene el borde hácia fuera á modo de labio. || Pila ó pilon de una fuente. Labris primoribus aliquid attingere. Cic. Tocar, gustar una cosa con los labios. — In primoribus diu versari. Plaut. ó labra inter et dentes latere. Id. Tener en la punta de la lengua. Similes habent labra lactucae. adag. Á pan duro diente agudo, ó hambre de tres semanas. ref.

Labrus, i. m. Plin. Cierto pez marino.

Labrusca, ae. f. Virg. Labrusca, vid silvestre.

Lăbruscum, i. n. Virg. Uva silvestre, fruto de la vid silvestre.

Labundus, a, um. Acc. V. Labens.

Laburnum, i. n. Plin. Árbol de los Alpes, de madera dura y blanca, y de retama.

Lăbўrinthēus, a, um. Catul. y

Lăbўrinthĭcus, a, um. Pl. Lo perteneciente al laberinto.

Lăbўrinthus, i. m. Plin. Laberinto, lugar compuesto de varias calles, rodeos y encrucijadas, de donde no se halla salida. Cuatro se celebran en la antigüedad, el de Egipto en Eliópolis, el de Creta junto á Gortina, hecho por Dédalo de órden de Minos, el de Lemnos; y el de Italia, que mandó hacer Porsena, rey de los etruscos, para su sepulcro.

Lac, lactis. n. Cic. La leche. || El jugo de algunas yerbas. A lacte depulsus. Virg. Destetado. Lac recens. Ov. ó novum. Virg. Leche fresca. — Concretum. Id. Cuajada.

Lācaena, ae. f. Cic. Espartana ó lacedemonia. || Elena, muger célebre por el robo de Paris.

Lacca, ae. f. Veg. Tumor á modo de vejiga, que les sale en las piernas á las caballerías. || Apul. Yerba, cuyo jugo es útil para la ictericia.

Lăcĕdaemōn, ŏnis. m. Ov. Lacedemón, hijo de Júpiter y de Taigeta, hija de Agenor, rey de Fenicia, otros dicen de Semele. Reinó en la Laconia, en la ciudad de Esparta, de donde se llamó Lacedemonia, y sus habitantes lacedemonios.

Lăcĕdaemōnes, um. m. plur. y

Lăcĕdaemŏnii, ōrum. m. plur. Virg. Los lacedemonios ó espartanos.

Lăcĕdaemŏnĭus, a, um. Hor. Lacedemonio, espartano, lo perteneciente á Esparta ó Lacedemonia.

Lacer, ĕra, ĕrum. Liv. Desmembrado, mutilado, despedazado, hecho pedazos. Lacera navis. Ov. Navío estrellado, hecho pedazos. Lacerae comae. Lucr. Cabellos arrancados.

Lăcĕrabĭlis. m. f. lĕ. n. is. Aus. Lo que se puede lacerar, maltratar, estropear ó hacer pedazos.

Lăcĕrandus, a, um. Ov. Lo que se ha de lacerar ó despedazar.

Lăcĕrans, tis. com. Sil. El que despedaza, rompe.

Lăcĕrātĭo, ōnis. f. Cic. La accion de hacer pedazos, de maltratar, estropear, romper.

Lăcĕrātor, ōris. m. S. Ag. El que despedaza, estropea, maltrata.

Lăcĕrātus, a, um. part. de Lacero. Liv. Lacerado, maltratado, hecho pedazos.

Lăcerna, ae. f. Cic. Gaban, sobretodo que se ponian los romanos sobre la toga ó túnica contra las lluvias y el frio: era una capa que se prendia al hombro, con un broche á modo de la clámide, aunque de mas vuelo.

Lăcernātus, a, um. Petron. Cubierto, vestido con esta especie de gaban ó sobretodo.

Lăcernŭla, ae. f. Arnob. Gaban ó sobretodo corto, y de poco vuelo.

Lăcĕro, as, āvi, ātum, āre. a. Hor. Lacerar, maltratar, estropear, romper, hacer pedazos, cortar, desmembrar. || Sal. Malgastar, disipar, malbaratar, consumir. || Afligir, atormentar, oprimir, hacer vejaciones. Lacerare diem. Plaut. Mal emplear el dia, pasarle sin hacer nada. Lacerare aliquem, ó famam alicujus. Liv. Desacreditar á alguno, quitarle el crédito ó la fama.

Lăcerta, ae. f. Plin. El lagarto y la lagartija.

Lăcertōsus, a, um. Cic. Membrudo, nervioso, fuerte, robusto, de fuertes músculos y nervios.

Lăcertŭlus, i. m. Apul. Lagarto pequeño.

Lăcertus, i. m. Cic. El morcillo, parte musculosa del brazo, desde el hombro hasta el codo. || El brazo. || Vigor, fuerza, valentía. || El lagarto. || Pez marino parecido al lagarto. Lacertus auratus. Petron. Brazo de brazalete. Lacertos vincum colla implicare, ó collo imponere, ó Lacertis colla innectere, complecti, amplecti, cingere. Ov. ó Lacertis colla dare. Estac. Abrazar, echar los brazos al cuello.

Lăcērus, a, um. Asc. V. Lacer.

Lăcessim, en lugar de Lacessiverim.

Lăcessĭtĭo, ōnis. f. Amian. Provocacion, irritacion.

Lăcessītus, a, um. Cic. Provocado, irritado, insultado.

Lăcesso, is, sīvi, sii, ó sĭi, sītum, sĕre. a. Cic. Provocar, irritar, insultar, picar, tentar. || Conmover, escitar, mover. || Convidar, atraer. Lacessere aliquem jurgiis. Liv. Provocar á uno con injurias. — Pelagus. Hor. Tentar, surcar el mar.

Lacetāni, ōrum. Ces. Lecetanos, los naturales y habitantes del territorio de Lérida en Cataluña.

† Lăchănisco, as, ăre. n. y

Lăchănizo, ās, āre. n. Suet. Descaecer, debilitarse, caer en languidez y desfallecimiento.

Lăchăno, as, āre. a. Plaut. Mantener, alimentar, criar con yerbas ó legumbres.

Lăchănum, i. n. Hor. Legumbre, hortaliza; verdura.

Lăchĕsis, is, f. Ov. Laquesis, una de las tres Parcas. Equivale á suerte, porque fingen que hila la vida, la prosperidad y calamidad de los hombres.

**Lachryma**, ae. y otros. V. Lacryma.

**Lăcĭnātĭo**, ōnis. f. *Cels.* La acción de desgarrar, romper, hacer pedazos, y la de disipar ó malgastar.

**Lăcĭnātor**, ōris. m. *Prud.* El que desgarra, rompe, hace pedazos. ‖ Disipador, pródigo, gastador.

**Lăcĭnātus**, a, um. part. de Lacino. Desgarrado, roto. ‖ Malgastado, disipado.

**Lăcĭnĭa**, ae. f. *Plaut.* Franja, farfalar ó galon con que se guarnece el vestido. ‖ Estremidad de él, orilla, orla. ‖ *Col.* Parte ó partícula separada del monton. ‖ *Petron.* Ropa, vestido, hábito. ‖ Sobrenombre de Juno. *Laciniam humeris detrahere. Petron.* Quitarse la ropa. — *Prehendere. Suet.* Pisar á uno la ropa para detenerle.

**Lăcĭnĭae**, ārum. f. plur. *Varr.* Dos especies de tetas pendientes del cuello de las cabras.

**Lăcĭnĭātim**, adv. *Apul.* Por partes ó partículas.

**Lăcĭnĭātus**, a, um. *Sen.* Dividido en partes. part. de

**Lăcĭnĭo**, ās, āvi, ātum, āre. a. *Apul.* Dividir, distribuir por partes.

**Lăcĭnĭōsus**, a, um. *Plin.* Dividido, partido, cortado en ondas ó farfalares por la orilla. ‖ *Apul.* Impedido, embarazado, como al que impiden las franjas ó farfalares para andar. ‖ *Ter.* Difuso, superfluo.

**Lăcĭnĭum**, ii. n. *Plin.* El cabo de las columnas, *promontorio de Calabria*.

**Lăcĭnĭus**, a, um. *Cic.* Lo perteneciente á este cabo ó á la diosa Juno, á quien Hércules fundó un templo en él.

**Lăcĭno**, ās, āvi, ātum, āre. a. *Solin.* Desgarrar, romper, hacer pedazos. ‖ *Catul.* Disipar, malgastar.

**Lăcĭo**, cis, lx̆. ĕre. a. ant. *Lucr.* Engañar.

**Lăco**, y Lăcon, ōnis. m. *Hor.* El lacedemonio, lo perteneciente á Lacedemonia.

**Lăcōnĭa**, ae. f. *Plin.* La Laconia, *provincia del Peloponeso, su metrópoli Esparta*.

**Lăcōnĭca**, ae. y Laconice, es. f. *Nep.* V. Laconia.

**Lăcōnĭcum**, i. n. *Vitruv.* Estufa, sudario.

**Lăcōnĭcus**, a, um. *Hor.* Espartano, lacedemonio, lo perteneciente á Laconia.

**Lăcōnis**, ĭdis. f. adj. *Ov.* La muger espartana ó lacedemonia. ‖ *Mel.* La Laconia.

**Lăcōnismos**, i. m. *Cic.* Laconismo, *brevedad de los lacedemonios en el lenguage*. ‖ *Propiedad del estilo conciso, en que con muy pocas palabras se dicen muchas cosas*.

**Lăcōnĭus**, a, um. V. Laconicus.

**Lăcŏtŏmus**, i. m. *Vitruv.* Línea recta que corta el círculo meridiano.

**Lăcrȳma**, ae. y Lacrima, ae. f. *Cic.* Lágrima, *humor que sale por los ojos en fuerza de dolor ó fluxion*. ‖ *Plin.* La gota de humor que destilan las vides y otros árboles.

**Lăcrȳmābĭlis**, m. f. lĕ. n. is. *Virg.* Miserable, lamentable, deplorable, digno de lágrimas, de llanto, de ser llorado.

**Lăcrȳmābĭlĭter**, adv. *S. Ger.* Con llanto ó lágrimas.

**Lăcrȳmăbundus**, a, um. *Liv.* Muy lloroso, bañado en llanto, en lágrimas.

**Lăcrȳmandus**, a, um. *Sen.* Lo que debe ser llorado.

**Lăcrȳmans**, tis. com. *Ces.* El que llora, lloroso.

**Lăcrȳmātĭo**, ōnis. f. *Plin.* Llanto, el acto de llorar.

**Lăcrȳmātus**, a, um. *Ov.* Llorado, destilado. part. de

**Lăcrȳmo**, ās, āvi, ātum, āre. n. *Cic.* y

**Lăcrȳmor**, āris, ātus, sum, ārĭ. dep. *Cic.* Lagrimar, llorar, echar lágrimas, derramarlas. *Lacrimare casum alicujus. Nep.* Llorar la desgracia de alguno. — *Gaudio. Ter.* Llorar de gozo.

**Lăcrȳmōse**. adv. *Gel.* Con lágrimas, á modo de ellas.

**Lăcrȳmōsus**, a, um. *Hor.* Lamentable, lastimoso, que hace llorar. ‖ *Ov.* Lagrimoso, que echa lágrimas. ‖ *Plin.* Que mana ó destila gotas de humor, como los árboles.

**Lăcrȳmŭla**, ae. f. *Cic.* Lagrimilla. dim. de Lágrima.

**Lactāĕus**, a, um. *Inscr.* y

**Lactans**, tis. com. *Lucr.* Lo que tiene ó da leche.

**Lactantĭa**, ium. n. plur. *Cels.* Las cosas hechas de leche para comer, y los animales que maman todavía: *aquellas se llaman lacticinios, y estos lechazos*.

**Lactantĭus**, ii. m. (L. Coelius, ó Caecilius.) Lactancio Firmiano, africano, y segun otros italiano. *De gentil se hizo cristiano, floreció cerca del siglo IV de Cristo, en tiempo de los emperadores Diocleciano y Constantino. Es el escritor mas elocuente de su tiempo y de todos los cristianos. De su obra de las Instituciones cristianas dice san Gerónimo: Lactancio es como un cierto río de la elocuencia ciceroniana. Ojalá hubiera podido afirmar las cosas de nuestra creencia con tanta facilidad que deshizo las de los gentiles. De estas tenia mas conocimiento*.

**Lactarĭa**, ōrum. n plur. *Cels.* V. Lactantia.

**Lactārĭa**, ae. f. *Plin.* La lechetrezna, *nombre genérico de las plantas que arrojan un humor parecido á la leche, como las especies de titímalo*.

**Lactāris**, m. f. rĕ. n. is. *Marc. Emp.* Lo que tiene ó da leche. *Se dice de las hembras que crian con su leche*.

**Lactārĭus**, a, um. *Cels.* Lácteo, lo que pertenece á leche ó se hace de ella. *Lactarium opus. Cels.* Lacticinio, manjar que se hace de ó con leche. *Lactaria columna. Fest.* Coluna de Roma en la plaza ó corrillo de las verduras, *al pie de la cual se esponían los niños que no tenian quien los criase*.

**Lactārĭus**, ii. m. *Cels.* El que hace manjares de leche ó los compone con ella, como el repostero, pastelero, confitero &c.

**Lactātus**, us. m. *Plin.* La acción de atetar, criar, dar el pecho ó la teta.

**Lactātus**, a, um. *Varr.* Atetado, criado con leche.

**Lacte**, is. n. ant. *Varr.* V. Lac.

**Lactens**, tis. com. *Cic.* El que mama. ‖ *Ov.* Que tiene, da ó arroja de sí leche. ‖ *Cels.* Hecho de leche. ‖ *Virg.* Que está en leche. *Lactens porcus. Col.* Cochinillo de leche, toston. — *Vitulus. Ov.* Ternero de leche. — *Ficus. Ov.* Higo en leche. *Lactentia. Cels.* Todo lo que está compuesto con leche. *Lactens annus. Ov.* La primavera.

**Lacteo**, ēs, ui, ēre. n. *Varr.* Estar en leche. *Dícese de las plantas y frutos*.

**Lactĕŏlus**, a, um. *Catul.* Lácteo, de color de leche.

**Lacter**, is. m. Promontorio de la isla de Cea.

**Lactes**, ium. f. Plur. *Plin.* Los intestinos mas delgados de los animales.

**Lactesco**, is, ĕre. n. *Cic.* Convertirse en leche. ‖ *Plin.* Tener leche.

**Lactĕus**, a, um. *Lucr.* Lácteo; lo que pertenece á leche. ‖ *Virg.* Blanco como la leche. *Lacteus orbis. Cic.* Circulus. *Plin.* Lactea via. *Ov.* Vía láctea, camino de Santiago.

**Lactĭcŏlor**, ōris. *Aus.* De color de leche.

**Lactĭfer**, a, um. *Inscr.* Que lleva leche.

**Lactĭlāgo**, ĭnis. f. *Apul.* Vincapervinca ó clemátide, yerba.

**Lactĭneus**, a, um. *Ven. Fort.* V. Lacticolor.

**Lactĭto**, ās, āre. a. *Marc. freq.* de

**Lacto**, ās, āvi, ātum, āre. a. *Col.* Atetar, dar de mamar, dar el pecho ó la teta, criar con leche. ‖ Mamar. ‖ *Ter.* Atraer con halagos, entretener con esperanzas y promesas, lisonjear, engañar.

**Lactōra**, ae. f. y

**Lactōrācum**, i. n. Lectura, *ciudad episcopal de Gascuña en Francia*.

**Lactōris**, is. f. *Plin.* Yerba llena de leche que provoca el vómito.

**Lactūca**, ae. f. *Plin.* La lechuga, *hortaliza bien conocida*.

**Lactūcārĭus**, ii. m. *Diom.* Lechuguero, el que vende lechugas.

**Lactūcĭni**, ōrum. m. plur. *Plin.* Así fueron llamados en Roma algunos de la familia Valeria, por su cuidado en cultivar lechugas.

**Lactūcōsus**, a, um. *Diom.* Abundante de lechugas.

**Lactūcŭla**, ae. f. *Col.* Lechuga pequeña.

**Lacturcĭa**, ae. f. *S. Ag.* Lacturcia, *diosa entre los romanos de los frutos en leche*.

**Lacūna**, ae. f. *Virg.* Laguna, lago, concavidad donde se mantienen las aguas. ‖ Fosa, concavidad. ‖ Corral, blanco donde falta alguna cosa. *Lacunam rei familiaris explere. Cic.* Reemplazar, reparar las pérdidas de su hacienda, de sus bienes.

## LAE

**Lăcūnar**, āris. *n. Cic.* Lagunar, *techumbre de madera tallada con vigas á trechos.* ‖ El techo. *Spectare lacunar. Juv.* Mirar al cielo ó al techo, mirar las vigas, ó contarlas, *frase proverbial de los que, quando se trata de sus negocios, atienden á otras cosas.*

**Lăcūnārium**, ii. *n. Vitruv. V.* Lacunar.

**Lăcūnārius**, ii. *m. Firm.* El que cava ó hace lagunas.

**Lăcūnātus**, a, um. *Plin.* Hundido á modo de lagunar.

**Lăcūno**, ās, āvi, ātum, āre. *Ov.* Adornar á modo de lagunar, artesonar.

**Lăcūnōsus**, a, um. *Cic.* Lagunoso, cóncavo, desigual, quebrado, lleno de lagunas ó concavidades.

**Lăcus**, us. *m. Cic.* Lago, *concavidad profunda donde hay agua permanente, que nace de los manantiales de su fondo. Son célebres en Europa el de Garda, el de Ginebra y el de Como.* ‖ Pila, pilon. ‖ Cuba ó cubo de gran capacidad. ‖ Granero para guardar legumbres. ‖ El trecho entre viga y viga en el lagunar. ‖ La pila en que los cerrageros y otros artífices templan los metales. ‖ *Prud.* Lago de leones, cueva para encerrarlos.

**Lăcuscŭlus**, i. *m. Col. dim. de* Lacus. ‖ *Id.* Separacion en los graneros para algunos frutos ó legumbres.

**Lāda**, ae. *f. Plin.* La jarra llamada lada ó ladon, *de que se saca el licor ládano.*

**Lădănum**, i. *n. Plin.* El ládano, *licor pingüe y craso, que arroja de sí la jara lada, que dispuesto y cuajado en forma de goma se administra en las boticas.*

**Ladas**, ae. *m. Marc.* Ladas, *gran corredor que llevaba consigo Alejandro Magno.*

**Ladon**, ōnis. *m. Ov.* Ladon, *rio del Peloponeso ó Morea. Dícese padre de Dafne.* ‖ *Nombre de un perro de Acteon.*

**Ladona**, ae. *f.* S. Juan de Laune, *ciudad de Borgoña.*

**Laedo**, is, si, sum, děre. *a. Plaut.* Ofender, hacer mal ó daño, dañar. ‖ Injuriar, decir opsobrios, ultrajar. *Laedere os alicui. Ter.* Injuriar á alguno en su cara. — *Fidem. Cic.* Violar, quebrantar la fe, la palabra, faltar á ella.

**Laedus**, i. *m.* El Loire, *rio de los mayores de Francia.*

**Laelaps**, ăpis. *m. Ov.* Nombre de un perro de Acteon, *que significa borrasca ó torbellino.*

**Laena**, ae. *f. Varr.* Especie de capa ó sobretodo, *de que usaban los romanos para libertarse del frio aun en la milicia.*

**Laenas**, ātis. *m. f. Cic.* Sobrenombre de la familia Popilia en Roma.

**Lāertes**, ae. *m. O.* Laertes, *hijo de Acrisio, rey de Itaca, padre de Ulises.*

**Laertiădes**, ae. *m. Hor.* Hijo ó nieto de Laertes.

**Laertius**, a, um. *Virg.* Lo perteneciente á Laertes. *Laertia regna.* La isla de Itaca, donde reinó Laertes. *Laertius Heros. Ov.* Ulises, hijo de Laertes.

**Laesio**, ōnis. *f. Cic.* Lesion, herida, daño, ofensa, injuria, perjuicio, detrimento.

**Laestrigōnes**, um. *m. plur. Plin.* Los lestrigones, *habitantes de Formias en Campania, que se alimentaban de carne humana.* ‖ *Sil.* Otros en Sicilia en los campos leontinos.

**Laestrigŏnia**, ae. *f.* Formias, *ciudad de Campania.*

**Laestrigōnius**, a, um. *Ov.* Lo perteneciente á los lestrigones.

**Laesūra**, ae. *f. Ter. V.* Laesio.

**Laesus**, a, um. *Cic.* Ofendido. *part. de* Laedo. Injuriado, dañado. ‖ Herido. *Opinio laesa. Quint.* Opinion perdida. — *Fides. Hor.* Fe violada, quebrantada.

**Laeta**, ōrum. *n. plur. Cod. Teod.* Los campos públicos.

**Laetābĭlis**, m. f. le. n. is. *Cic.* Alegre, lo que dá ó causa alegría.

**Laetābundus**, a, um. *Gel.* Muy alegre, gozoso.

**Laetāmen**, ĭnis. *n. Plin.* El estiercol, que alegra y fertiliza las tierras.

**Laetandus**, a, um. *Sal.* Aquello de que uno se debe alegrar.

**Laetans**, tis. *com. Cic.* Alegre, gozoso, contento.

**Laetanter**. *adv. Lamp. V.* Laete.

**Laetaster**, tri. *com. ant. Fest.* Algo alegre.

**Laetatio**, ōnis. *f. Caes.* Alegría, gozo, contento.

## LAG

**Laete**, ius, issĭme. *adv. Cic.* Alegremente, con gozo, contento, regocijo.

**Laethargus**, i. *m. Ov.* Nombre de un perro.

**Laetĭcus**, a, um. *Col.* Lo perteneciente á los campos públicos.

**Laetĭficans**, tis. *com. Plaut.* Alegre, contento, gozoso.

**Laetĭficātus**, a, um. *Sedul.* Que se ha puesto alegre y contento.

**Laetĭfĭco**, ās, āvi, ātum, āre. *a. Plaut.* Alegrar, dar alegría, gozo, contento. *Laetificare agros. Cic.* Estercolar, echar estiercol en las tierras para fertilizarlas.

**Laetĭfĭcor**, āris, ātus sum, āri. *dep. Plaut.* Alegrarse, estar alegre, tener alegría, gozo, contento.

**Laetĭfĭcus**, a, um. *Lucr.* Lo que da alegría, gozo.

**Laetisco**, is, ĕre. *n. Sisen. V.* Laetor.

**Laetĭtĭa**, ae. *f. Cic.* Alegría, gozo, contento, regocijo. *Estac.* Gracia, hermosura, belleza. *Laetitia trunci. Col.* El vigor, fertilidad del tronco.

**Laetĭtūdo**, ĭnis. *f. ant. Non. V.* Laetitia.

**Laeto**, ās, āre. *a. Non. V.* Laetifico.

**Laetor**, āris, ātus sum, āri. *dep. Cic.* Alegrarse, estar alegre, tener gozo, contento, regocijo. ‖ *Suet.* Recrearse, divertirse, deleitarse. *Laetari alicujus rei. Virg. Aliquam rem, aliqua re, de ó in aliqua re. Cic.* Alegrarse de alguna cosa.

**Laetōria lex**. *Cic.* Ley que prohibia estipular ó hacer pactos al menor de 25 años. *No se sabe de fijo quien la promulgó.*

**Laetus**, a, um, ior, issĭmus. *Cic.* Alegre, gozoso, contento, regocijado. ‖ Grato, acepto. ‖ Próspero, favorable, feliz, fausto. ‖ Fértil, abundante. *Laetissima pectora. Ov.* Pechos, corazones llenos de alegría. *Armentum laetum. Virg.* Ganado grueso, de muchas carnes.

**Laeva**, ae. *f. Virg.* La mano izquierda, zurda.

**Laevātus**, a, um. *Gel.* Pulido, alisado, bruñido.

**Laeve**. *adv. Hor.* Tonta, necia, simplemente.

**Laeviānus**, a, um. *Gel.* Lo perteneciente á Levio, *poeta antiguo romano, cuyos fragmentos recogió y conservó Aulo Gelio.*

**Laevigātio**. *V.* Levigatio.

**Laevīni**, ōrum. *m. plur.* Sobrenombre de la familia romana Valeria.

**Laevis**. *V.* Levis.

**Laevius**. *V.* Laevianus.

**Laevorsum**. *adv. Fest.* y

**Laevorsus**. *adv. Amian.* Á mano izquierda, á ó hácia la izquierda.

**Laevus**, a, um. *Hor.* Izquierdo, lo perteneciente á la mano izquierda. ‖ Necio, tonto, simple, mentecato. ‖ Favorable, propicio. ‖ Desdichado, desgraciado, infeliz. *O ego laevus! Hor.* ¡O necio de mí! *Laevam petere. Virg.* Ir, caminar á la izquierda. *Laevum lumen. Virg.* La canícula, constelacion. — *Intonuit. Virg.* Tronó hácia el lado izquierdo. Este era presagio feliz. *Laevo tempore. Hor.* Á mal tiempo, en mala coyuntura.

**Lăgănum**, i. *n. Hor.* Especie de torta hecha de la flor de la harina y aceite.

**Lagea vitis**. *V.* Lageos.

**Lăgēna**, ae. *f. Hor.* Botella, redoma, frasco.

**Lăgēos**, i. *m. Virg.* Especie de vid.

*   **Lagēus**, a, um. *Luc.* Egipcio ó lo perteneciente á Lago, padre de Tolomeo, rei de Egipto.

**Lagnus**, i. *m. Belz.* bahía del mar báltico.

**Lago**, ĭnis. *f. Plin.* Escamonia tenue, *yerba que nace en las viñas y en los campos.*

**Lagoisĭdis**. *f. Hor.* Pez llamado liebre marina.

*   **Lăgonopŏnos**, i. *m. Plin.* Dolor de las entrañas.

*   **Lăgophthalmos**, i. *m. Cels.* Defecto de los ojos, *cuando el párpado superior no se puede cerrar, y obliga á dormir con los ojos abiertos como la liebre.*

**Lăgōpus**, ŏdis. *f. Plin.* Ave blanca del tamaño de un pichon, y calzada como la liebre. ‖ *Id.* Pie de liebre, *planta que nace en los huertos.*

**Lăgotrŏphium**, ii. *n. Col.* Soto de liebres ó conejos.

**Lăguncŭla**, ae. *f. Col.* Frasquito, limeta, botella pequeña.

Lagus, i. m. *Luc.* Lago, *rey de Egipto, padre de Tolomeo.*

Laiādes, ae. m. *Ov.* El hijo de Layo, Edipo.

Laicus, a, um. *Ter.* Lego, *el seglar que no goza fuero eclesiástico.*

Lais, idis, y idos. f. *Ov.* Lais; *célebre ramera Corintia.*

Laius, i. m. *Estac.* Layo, *rey de Tebas, marido de Yocasta, padre de Edipo, por quien fue muerto, cumpliéndose la prediccion del oráculo.*

Laletāni, orum. m. plur. *Plin.* Laletanos, *pueblos de la España citerior ó tarraconense entre Gerona y Tarragona. Los catalanes.*

Laletānia, ae. f. *Marc.* Laletania, *la mayor parte de Cataluña, de la España citerior ó tarraconense, Cataluña.*

Laletānus, a, um. *Plin.* Lo perteneciente á la Laletania, á la parte de la España citerior entre Gerona y Tarragona, catalan.

Lalīsio, ōnis. m. *Plin.* El buche, borrico recien nacido y silvestre *Voz africana.*

Lallo, as, āvi, ātum, āre. n. *Pers.* Verbo que esplica las voces la, la, la de las amas de criar, con que adormecen los niños.

Lallum, i. ó

Lallus, i. m. m. *Aus.* La cantinela la, la, la, con que las amas de criar concilian el sueño á los niños.

Lama, ae. f. *Hor.* Lamedal, *el sitio pantanoso lleno de lama ó cieno.*

Lambdacismus, i. m. *Diom.* Vicio de la pronunciacion, cuando se pronuncia la l mas fuerte que lo justo.

Lambēro, as, āvi, ātum, āre. a. *Plaut.* Rajar, partir.

Lambīto, as, āvi, ātum, āre. a. freq. de Lambo. *Sol.* Lamer frecuentemente.

Lambītus, us. m. *Aur. Vict.* El acto de lamer.

Lambo, is, bi, ēre. a. *Cic.* Lamer, pasar blandamente la lengua por alguna cosa. *Dícese de los rios que con suave corriente lamen ó tocan las riberas.* Virg. *Del fuego que toca blandamente y no quema.* Hor. Hederae lambunt imagines. Pers. Las yedras rodean, coronan las estatuas.

Lamella, ae. f. *Vitr.* Laminica. dim. de Lámina, hoja ó plancha sutil de metal.

Lamellŭla, ae. f. *Petron.* V. Lamella.

Lamēllum, i. n. Malora, *isla del mar de Toscana.*

Lāmenta, ae. f. *Pac.* V. Lamentatio.

Lamentābĭlis, m. f. le. n. is. *Cic.* Lamentable, lastimoso, lloroso, lleno de lamentos. ∥ *Virg.* Digno de llanto, de compasion y lástima.

Lamentārius, a, um. *Plaut.* Lo que causa lamentos.

Lamentātio, ōnis. f. *Cic.* Lamentacion, llanto, gemido, el acto de lamentar ó lamentarse.

Lamentātor, ōris. m. y

Lamentātrix, īcis. f. *Cic.* Lamentador, el ó la que se lamenta.

Lamentātus, us. m. *Apul.* V. Lamentatio.

Lamentātus, a, um. *Cic.* part. de

Lamento, as, āvi, ātum, āre. a. y

Lamentor, āris, ātus sum, āri. dep. *Cic.* Lamentar ó lamentarse, afligirse, quejarse, sentir con llanto y gemidos. *Lamentari vitam. Cic.* Lamentarse de la vida, mostrar que es digna de compasion.

Lamentum, i. m. *Cic.* Lamento, queja con llanto y sollozos, dolor y sentimiento, afliccion, compasion. *Es mas usado en plural.*

Lāmia, ae. f. *Hor.* Lamia, *muger hechicera, bruja.* ∥ *Hor.* Nombre de la familia romana de los Elios. ∥ *Plin.* Lamia, *pescado cetáceo.*

Lamiānus, a, um. *Suet.* Lo perteneciente á la familia romana de los Elios Lamias.

Lamȳna, ae. f. *Cic.* Lámina, plancha de metal, de madera ó piedra, que tambien se dice hoja. ∥ *Hor.* Barra adelgazada de plata ú oro para hacer la moneda. ∥ Hoja de la espada ú otro instrumento cortante. *Ardentes laminae. Cic.* Planchas de hierro ú otro metal ardiendo, con que atormentaban á algunos reos.

Lamium, ii. n. *Plin.* Ortiga que no pica, ortiga muerta, galiopsis.

Lamius, ii. m. *Ov.* Montaña de Jonia. ∥ Sobrenombre de Endimion.

Lamna, ae. f. *Vitruv.* V. Lámina.

Lamnŭla, ae. f. *Tert.* V. Lamella.

Lampăda, ae. f. *Plaut.* V. Lampas.

Lampădarius, ii. m. *Cod.* El que lleva el hacha delante del magistrado.

* Lampădias, ae. f. *Plin.* Cometa ó meteoro, *que tiene la figura de una hacha ardiendo.*

Lampădion, ii. n. *Varr.* Pequeña luz.

Lampas, idis. f. *Cic.* Hacha, antorcha. ∥ *Virg.* Astro, luz, resplandor de la luna, del sol, de los astros. ∥ *Col.* Luz, lámpara.

Lampsăcēni, ōrum. m. plur. *Cic.* Lampsacenos, *los naturales y habitantes de Lampsaco.*

Lampsacēnus, a, um. y

Lampsăcius, a, um. *Cic.* Lo perteneciente á la ciudad de Lampsaco ó sus naturales.

Lampsăcum, i. n. *Cic.* y

Lampsăcus, i. f. *Plin.* Lampsaco, *ciudad del Asia menor en la Misia.*

Lampsāna, ae. f. *Plin.* V. Lapsana.

Lampȳris, idis. f. *Plin.* La luciérnaga, *insecto ó gusanillo que despide de noche una luz muy clara.*

Lamus, i. m. *Hor.* Lamo, *hijo de Neptuno, rey de los lestrigones.* ∥ *Sil.* Nombre de un caballo. ∥ *Virg.* ciudad de los lestrigones cerca de Gaeta y Formia, la misma Gaeta ó Formia.

Lamyrus, i. m. *Plin.* Pez marino, *especie de lagarto.*

Lāna, ae. f. *Cic.* La lana, el vellon ó pelo de la oveja y del carnero. ∥ Pelo de liebre, de conejo, de castor y de otros animales. ∥ *Marc.* El vello de algunas hojas y frutas. *Lana succida. Juv.* Lana por lavar.—*Facta. Ulp.* Lana hilada.—*Anserina. Ulp.* Pluma de ganso.—*Caprina. Hor.* Pelo de cabra, *prov. cosa de ningun valor.*

Lanāria, ae. f. *Plin.* Yerba de batan, buena para lavar las lanas.

Lanāris. m. f. re. n. is. *Varr.* Lanar, lo que tiene lana, cubierto de lana, de pelo ó vello.

Lanārius, ii. m. *Plaut.* Lanero, el que trata en lana.

Lanārius, a, um. *Col.* Lo perteneciente á la lana.

Lanātus, a, um. *Col.* Lanudo, lo que tiene lana y lo que tiene vello ó pelo.

Lancastria, ae. f. Lancastre, *provincia de Inglaterra.* ∥ Ciudad de la misma.

Lancea, ae. f. *Tac.* La lanza, pica, *arma de la milicia y de los guardias de corps en tiempo de los emperadores.*

Lanceārius, ii. m. *Suet.* Lancero, *el soldado que usa de la lanza en la guerra, piquero.*

Lanceātus, a, um. *Firm.* Herido con una lanza. ∥ Armado de lanza ó pica.

Lanceo, as, āre. a. *Tert.* Manejar, jugar la lanza.

Lanceŏla, ae. f. *Cap.* Lanzuela. dim. de Lanza.

Lances, ium. f. plur. *Cic.* V. Lanx.

Lancicŭla, ae. f. *Arnob.* Plato pequeño, platillo.

Lancinātor, ōris. m. *Prud.* El que despedaza, parte, hace pedazos.

Lancinātus, a, um. *Arnob.* Despedazado, dividido, partido, hecho pedazos. ∥ *Catul.* Destrozado, disipado, malgastado. part. de

Lancino, as, āvi, ātum, āre. a. *Sen.* Destrozar, despedazar, hacer pedazos. *Bona paterna lancinare. Catul.* Disipar, malgastar los bienes paternos, el patrimonio.

Lancŭla, ae. f. *Vitruv.* dim. de Lanx. V. Lancicula.

Landavium, ii. n. Landau, *ciud. del Palatin. del Rhin.*

Landernacum, i. n. Landerno, *ciudad de Francia en la Bretaña baja.*

Landinum, i. n. Linden, *ciudad de Brabante.*

Landsberga, ae. f. Landsberga, *nombre de varias ciudades de Alemania.*

Landsuthum, i. n. Landsudht, *ciudad de Alemania en Baviera.*

Lanerum, i. n. *Fest.* Vestido hecho de lana burda.

Lanestris. m. f. tre. n. is. *Vop.* y

Laneus, a, um. *Cic.* Lanar, de lana. ∥ *Plin.* Lanudo, lleno de lana, vello ó pelo. ∥ *Marc.* Blando, débil.

**Langa**, ae. f. *Plin.* V. Languria.

**Langia**, ae. m. *Estac.* Langia, *pequeño rio del Peloponeso en Arcadia, llamado despues Arquemoro, por haber muerto en su orilla una serpiente al niño Arquemoro, hijo de Licurgo, rei de Tracia.*

**Languefacio**, is, feci, factum, cere. a. *Cic.* Hacer, poner á uno lánguido, causar languidez ó flaqueza.

**Languens**, tis. com. *Cic.* Lánguido, flaco, macilento, débil, estenuado, falto de fuerzas.

**Langueo**, es, gui, ere. n. *Cic.* Ser lánguido, débil, flaco. ‖ *Sal.* Faltar el valor, el ánimo, el espíritu. ‖ Ser dado á la ociosidad, á la pereza, á la inaccion. ‖ *Virg.* Estar enfermo, malo.

**Languescens**, tis. com. *Plin.* El que cae en languidez, debilidad ó flaqueza. *Languescente colore.* *Plin.* Decayendo, bajando el color.

**Languesco**, is, ere. n. *Cic.* Ponerse lánguido, débil, flaco, enflaquecer, perder las fuerzas. ‖ *Ov.* Ponerse malo, enfermar. *Omnium rerum cupido languescit. Plin. men.* El apetito, deseo, ansia de todas las cosas se disminuye. — *Luna. Tac.* Se oscurece la luna.

**Languide**. adv. *Cic.* Con languidez, flojedad, debilidad, descaecimiento. *Languide dulcis. Plin.* Cosa de una dulzura insípida. *Languidius dictum. Cic.* Dicho con blandura, contrario á la severidad y constancia.

**Languidulus**, a, um. *Catul.* dim. de

**Languidus**, a, um, ior. *Cic.* Lánguido, flaco, macilento, débil, descaecido, estenuado. ‖ *Marc.* Enfermo. ‖ Sin fuerzas, sin vigor ni espíritu. ‖ Negligente, descuidado.

**Languificus**, a, um. *Auson.* Que causa languidez, debilidad y descaecimiento.

**Langula**, ae. f. *Varr.* dim. de Lanx. V. Lancicula.

**Languor**, oris. m. *Cic.* Languidez, debilidad, flaqueza, falta de fuerzas. ‖ Enfermedad. ‖ Timidez, falta de valor, de espíritu. *Languor aquosus. Hor.* La hidropesía.

**Languria**, ae. m. *Plin.* Cierto pez que se coge en el Po, del que creen algunos viene el succino ó ambar gris.

**Langurium**, ii. n. *Plin.* El succino ó ambar gris.

**Laniarium**, ii. n. *Varr.* La carnicería.

**Laniarius**, ii. m. *Inscr.* V. Lanius.

**Laniatio**, onis. f. *Sen.* y

**Laniatus**, us. m. *Cic.* Despedazamiento, destrozo, el acto de despedazar, destrozar, partir en pedazos.

**Laniatus**, a, um. *Virg.* Despedazado, destrozado, lacerado. *Laniata classis. Ov.* Flota, armada, escuadra desbaratada, desparramada. ‖ Destrozada.

**Lanicia**, ae. f. *Non.* y

**Lanicium**, ii. m. *Virg.* Esquilmo, *fruto que se saca de la lana.* ‖ Esquileo, esquilmo, esquilo, la accion de esquilar las ovejas. ‖ *Plin.* Acopio de lana.

**Lanicutis**. m. f. te. n. is. *Lab.* Lo que tiene lana en la piel.

**Laniena**, ae. f. *Plaut.* La carnicería, lugar donde se parte y vende la carne. ‖ *Prud.* La accion de destrozar ó despedazar.

**Lanifer**, a, um. *Plin.* V. Laniger.

**Lanificium**, ii. n. *Col.* Lanificio, *la manufactura y arte de beneficiar la lana.*

**Lanificus**, a, um. *Tib.* El que ejercita la manufactura de la lana. *Lanificae sorores. Marc.* Las tres Parcas Cloto, Laquesis y Atropos.

**Laniger**, a, um. *Cic.* Que tiene, lleva ó produce lana. ‖ *Fedr.* El cordero.

**Lanio**, as, avi, atum, are. a. *Cic.* Despedazar, destrozar, hacer pedazos.

**Lanio**, onis. m. *Petron.* V. Lanius.

**Lanionius**, a, um. *Suet.* Lo perteneciente al carnicero ó la carnicería. *Lanionia mensa. Suet.* Tabla del carnicero.

**Lanipendia**, ae. m. f. *Dig.* El ó la que pesa y reparte la lana, para que otros la trabajen.

**Lanipendius**, ii. m. *Inscr.* El que da la lana pesada á otros para hilarla ó cardarla.

**Lanista**, ae. m. *Cic.* Maestro de los gladiadores, de esgrima ó de armas. *Lanista avium. Col.* El que adiestra las aves feroces en la pelea.

**Lanistatura**, ae. f. *Mazoq.* El arte del maestro de los gladiadores.

**Lanistitius**, a, um. *Petron.* Lo perteneciente al maestro de los gladiadores ó á su arte.

**Lanitia**, ae. f. *Lab.* y

**Lanities**, ei. f. *Ter.* V. Lanacium.

**Lanius**, ii. m. *Cic.* El carnicero, cortador, cortante.

**Lanoculus**, i. m. *Fest.* El que cubre con lana la deformidad ó defecto de uno de sus ojos.

**Lanositas**, atis. f. *Tert.* V. Lanicium.

**Lanosus**, a, um. *Col.* Lanudo, lo que abunda de lana.

**Lanterna**, ae. f. V. Laterna.

**Lanuginosus**, a, um. *Plin.* Velloso, velludo, lleno de vello, pelusa.

**Lanugo**, inis. f. *Virg.* La pelusa, parte de pelo ó lana que despiden de sí las ropas gastándose, vello que se cria en el cuerpo y en algunas hojas ó frutas.

**Lanula**, ae. f. *Cels.* dim. de Lana. Lanilla, pelusa, bedija de lana.

**Lanuvianus**, a, um. *Cap.* y

**Lanuvinus**, a, um. *Hor.* Lo perteneciente á Lanuvio, ciudad del Lacio.

**Lanuvium**, ii. m. *Cic.* Lanuvio, ciudad antigua del Lacio, hoy pequeña villa en la campaña de Roma.

**Lanx**, lancis. f. *Cic.* Fuente ó plato para comer. ‖ Balanza ó plato del peso. *Aequa lance pensitare. Plin.* Pesar con igual balanza, hacer justa estimacion.

**Laocoon**, ontis. m. *Virg.* Laocoonte, hijo de Priamo y de Hecuba, sacerdote de Apolo.

**Laodamia**, ae. f. *Ov.* Laodamia, hija de Acasto y de Laodicea, muger de Protesilao, que murió abrazando la sombra del marido, muerto á manos de Hector. ‖ Otra hija de Belerofonte y Aquemenes, amada de Júpiter, de quien tuvo á Sarpedon, que fue despues rey de Licia.

**Laodicea**, ae. f. *Plin.* Laodicea, metrópoli de Siria. ‖ Otra en Celesiria junto al monte Libano. ‖ Otra en Lidia junto al rio Lico.

**Laodiceni**, orum. m. plur. *Cic.* Los laodicenos, naturales de Laodicea.

**Laodicensis**. m. f. se. n. is. y

**Laodicenus**, a, um. *Cic.* Laodiceno, lo perteneciente á Laodicea ó á sus naturales.

**Laomedon**, ontis. m. *Virg.* Laomedonte, hijo de Ilo rey de Troade, padre de Priamo.

**Laomedonteus**, a, um. *Virg.* Lo perteneciente á Laomedonte ó á Troya.

**Laomedontiadae**, arum. m. plur. *Virg.* Los troyanos descendientes de su rey Laomedonte.

**Laomedontiades**, ae. m. patr. *Virg.* Priamo ó alguno otro de los hijos de Laomedonte.

**Laomedontius**, a, um. *Virg.* Lo perteneciente á Laomedonte, á Troya ó á los troyanos.

**Lapathium**, ii. n. *Varr.* y

**Lapathum**, i. n. *Plin.* y

**Lapathus**, i. m. *Col.* La acedera, yerba conocida.

**Lapicida**, ae. m. *Varr.* V. Lapidarius.

**Lapicidina**, ae. f. *Cic.* Cantera, pedrera, de donde se sacan piedras para labrar, ó el lugar donde se cortan.

**Lapicinarius**, ii. m. *Inscr.* y

**Lapidarius**, ii. m. *Ulp.* Pedrero, el que trabaja y labra las piedras, cantero.

**Lapidarius**, a, um. Lo que pertenece á las piedras.

**Lapidatio**, onis. f. *Cic.* La accion de apedrear ó apedrearse, pedrea. ‖ Pedrada.

**Lapidator**, oris. m. *Cic.* Apedreador, el que apedrea, tira ó arroja piedras.

**Lapidatus**, a, um. *Suet.* Apedreado, aquel á quien se ha apedreado.

**Lapidesco**, is, ere. n. *Plin.* Petrificarse, convertirse en, volverse piedra, endurecerse como piedra.

**Lapideus**, a, um. *Cic.* Lapídeo, lo que es de piedra ó tiene sus propiedades. ‖ *Plin.* Pedregoso, lleno de piedras.

**Lapidicina**. V. Lapicidina.

**Lapido**, as, avi, atum, are. a. *Suet.* Apedrear, tirar, arrojar, despedir piedras. ‖ *Petron.* Amontonar piedras ó cubrir con ella. *Vejis de coelo lapidavit. Liv.* Apedreó en Veyos, cayó, llovió piedra.

**Lapidositas**, atis. f. *Ter.* Dureza semejante á la de la piedra, disposicion á petrificarse.

**Lapĭdōsus**, a, um. *Virg.* Pedregoso, lleno de piedras, lapidoso. ¶ *Hor.* Duro como una piedra.

**Lăpillŭlus**, i. m. *Solin.* dim. de

**Lăpillus**, i. m. *Plin.* Piedrecita, china. ¶ *Hor.* Piedra preciosa.

**Lăpio**, is, ivi, itum, ire. a. *Pacuv.* Convertir en piedra, poner duro como una piedra.

**Lăpis**, ĭdis. m. *Cic.* La piedra. ¶ *Plin.* Piedra preciosa. ¶ *Ov.* La perla. ¶ *Ter.* El hombre necio, estúpido. ¶ *Liv.* Milla ó espacio de mil pasos, porque se señalaban con piedras. *Lapis molaris.* *Quint.* Piedra molar, muela de molino.—*Parius. Virg.* El mármol.—*Incusus. Virg.* Piedra de amolar.—*Vivus. Plin.* Piedra de lumbre, de escopeta.—*Bibulus. Virg.* Piedra pomez. ¶ Límite, término de campo. ¶ *Prop.* Lápida de sepulcro. *Albus. Hor.* Mesa de mármol. *De lapide emptus. Plaut.* Comprado en almoneda como siervo. ¶ *Cic.* Sobornado. *Omnem movere lapidem. Plin. prov.* No dejar piedra por mover.—*Verberare. Plaut. prov.* del que trabaja en lo que tiene mas riesgo que utilidad. *Lapides loqui. Plaut.* Decir cosas molestas, duras, enfadosas. *Inter lapides pugnabant, neque lapidem tollere potuerunt. adag.* En casa del herrero cuchillo de madera ó de palo. *ref.*

**Lăpĭthae**, ārum. m. plur. *Hor.* Los lapitas, *pueblos de Tesalia, junto al monte Olimpo.*

**Lapithaeus**, y **Lapitheius**, a, um. *Ov.* Lo perteneciente á los lapitas.

**Lăpĭthōnius**, a, um. *Stat.* De la estirpe ó linage de los lapitas.

**Lappa**, ae. f. *Virg.* El lampazo, *yerba.*

**Lappāceus**, a, um. *Plin.* Perteneciente al lampazo.

**Lappāgo**, ĭnis. f. *Plin.* Yerba, especie de corregüela.

**Lappia**, ae. f. *V.* Lapponia.

**Lappōnes**, um. m. plur. Los lapones, *naturales y habitantes de Laponia.*

**Lappōnia**, ae. f. La Laponia, *pais grande septentrional de Europa.*

**Lapsābundus**, a, um. *Sen.* Lo que está para caerse.

**Lapsāna**, ae. f. *Plin.* Especie de col ó berza silvestre. *Lapsana vivere. Plin.* No comer mas que berzas, vivir con miseria.

**Lapsans**, tis. com. *Virg.* Ruinoso, lo que está para caerse ó derribarse.

**Lapsio**, ōnis. f. *Cic.* La caida, ruina.

**Lapso**, as, avi, atum, are. n. *Virg.* Caer muchas veces, resbalar, ir tropezando y cayendo.

**Lapsūrus**, a, um. *Ov.* El que ha de caer.

**Lapsus**, us. m. *Cic.* Caida, el acto y efecto de caer. *Lapsus avium. Virg.* El vuelo de las aves.—*Fluminum. Cic.* El curso, la corriente de los rios.—*Fidei. Plin.* Pérdida, falta de crédito, de fe, de palabra.—*Rotarum. Virg.* La vuelta ó volubilidad de las ruedas.—*Serpentum. Virg.* La resbaladura ó resbalon, el acto de deslizarse ó resbalarse las culebras.—*Scalarum. Plin.* Caida de una escalera.—*Ancipites rerum. Claud.* La vicisitud de los sucesos. *Temeritatem ab omni lapsu continere. Cic.* Contener la temeridad de todo error ó engaño.

**Lapsus**, a, um. *part.* de Labor. *Tac.* Caido, resbalado. *Lapsus spe. Caes.* Caido de su esperanza.—*Mente. Suet.* Fuera de juicio. *Lapsae res. Virg.* ó *Partes. Tac.* Negocios arruinados, perdidos, en mal estado.

**Lăquĕar**, āris. n. *Virg.* Techo, cielo de una pieza ó estancia labrado y en figura de artesa, arteson.

**Lăquĕārius**, ii. m. *Cod. Teod.* El arquitecto ó albañil que hace los techos de los edificios.

**Lăquĕātor**, ōris. m. *Isid.* El que echa el lazo. *Dícese de los gladiatores, que con cuerdas ó enlazaban unos á otros.*

**Lăquĕātus**, a, um. *Cic.* Artesonado, labrado en figura de artesa. ¶ *Col.* Enlazado, enredado con lazos.

**Lăquĕo**, as, avi, atum, are. a. *Sol.* Enlazar, enredar, con arcos ó cuerdas. ¶ *Stat.* Ahorcar, echar un cordel al cuello.

**Lăquĕus**, i. m. *Cic.* Lazo, nudo. ¶ *Ov.* Engaño, asechanza, tropiezo, ardid. ¶ Palabra ó argumento falaz, capcioso, engañoso. *Laquei legum. Cic.* Embarazos, diversas interpretaciones de las leyes.—*Disputationum. Cic.* Sutilezas, sofisterías de las disputas.

**Lar, ó Lartes**, tis. m. *Liv.* Larte, *prenombre de ciudadano romano ó tusco.*

**Lar**, āris. m. *Cic.* Lar, dios del hogar doméstico, genio protector y conservador. ¶ *Hor.* La casa. ¶ *Ov.* Lo interior de la casa. ¶ *Mart.* La familia. ¶ *Col.* El fogon, el hogar. ¶ *Val. Flac.* Nido de las aves. ¶ *Sal.* La patria. ¶ El ara, *constelacion austral.*

**Lara**, y **Larunda**, ae. f. *Ov.* Lara, *una de las nayades del Tiber, hija de Almon, á quien Júpiter cortó la lengua por haber contado á Juno sus amores con Yuturna; se llamaba la diosa muda, y era tenida por madre de los dioses Lares.*

**Larālia**, ōrum. n. plur. *Grut.* Fiestas de los dioses Lares ó domésticos, *que se celebraban en los idus de Mayo.*

**Larārium**, ii. n. *Lampr.* Capilla privada á modo de oratorio, *en que veneraban en las casas á los dioses Lares.*

**Lardārius**, ii. m. *Inscr.* El que vende lardos ú hojas de tocino salado.

**Lardum**, i. n. *Ov.* El lardo, lo grueso del tocino ú hoja de tocino salado.

**Larentalia**. *V.* Laralia.

**Larentia**. *V.* Acca.

**Lares**, ium. m. plur. *Hor. V.* Lar.

**Large**, ius, issime. adv. *Cic.* Larga, abundante, liberal, copiosa, magníficamente, con largueza y liberalidad. ¶ *Plin.* Fácilmente. ¶ *Id.* Anchamente. *Milites largius suo usi. Sal.* Soldados que han gastado su caudal á lo grande.

**Largĭfĭcus**, a, um. *Lucr.* Copioso, abundante, largo, crecido, dilatado.

**Largĭfluus**, a, um. *Lucr.* Que corre abundantemente, que lleva mucha agua.

**Largĭlŏquus**, a, um. *Plaut.* Hablador, charlatan, que habla mucho.

**Largio**, is, ire. ant. a. *Lucil.* y

**Largior**, īris, itus sum, iri. dep. *Cic.* Dar con largueza y liberalidad, dar con abundancia. ¶ *Sal.* Sobornar, corromper con dinero. ¶ *Cic.* Conceder, permitir liberalmente. *Si tempus largitur. Col.* Si el tiempo lo permite.

**Largĭtas**, ātis. f. *Cic.* Largueza, liberalidad, franqueza, bizarría en dar.

**Largĭter**. adv. *Cic. V.* Large.

**Largĭtio**, ōnis. f. *Caes.* Don, donativo, dádiva, presente, regalo. ¶ Largueza, liberalidad. ¶ *Sen.* Prodigalidad, profusion. ¶ Concesion, permiso. ¶ Dádiva, repartimiento de dinero para sobornar ó ganar á alguno. *Largitio aequitatis. Cic.* Administracion de justicia. *Largitiones. Cod. Teod.* El fisco ó erario del príncipe en tiempo de los emperadores, *del que solian repartir donativos al pueblo.*

**Largitiōnālis**. m. f. lĕ. n. is *Cod. Teod.* Lo perteneciente al fisco del príncipe.

**Largĭtor**, āris, āri. dep. *Plaut. freq.* de Largior. Dar con liberalidad y á menudo.

**Largĭtor**, ōris. m. *Cic.* El que da con abundancia, liberal, espléndido, dadivoso. ¶ *Cic.* El que da mucho con el fin de sobornar á alguno.

**Largĭtūdo**, ĭnis. f. *Cavis. V.* Largitas.

**Largitus**, a, um. *Plin. part.* de Largior. El que ha dado ó regalado. ¶ *Tib.* Dado, regalado, repartido.

**Largĭtus**. adv. *Afr. V.* Large.

**Largĭuscŭlus**, a, um. *Mart.* Algun tanto liberal.

**Largus**, a, um. ior, issimus. *Cic.* Abundante, copioso. ¶ Liberal, dadivoso, generoso. ¶ Pródigo, gastador. *Vir largus animo. Tac.* Varon de ánimo generoso.

**Lărĭcĭna**, ae. f. *Plin.* Resina líquida, mas clara que la terebintina.

**Lărĭdum**, i. n. *Juv. V.* Lardum.

**Lărĭfŭga**, ae. m. f. *Petron.* El ó la que huye de sus lares, de su casa.

**Lărignus**, a, um. *Plin.* Lo que es de madera de larice.

**Larīnas**, ātis. com. *Cic.* Larinate, *natural de Larino.*

**Larĭne**, es. f. *Plin.* Larine, *fuente de la Atica.*

**Larīnum**, i. n. *Plin.* Larino, *ciudad de la Pulla en los frentanos.*

## LAS

Larissa, ae. f. Plin. Larisa, ciudad de Tesalia, patria de Aquiles. ‖ Otra dicha Larizo, Larso y Armino.

Larissaeus, a, um. Virg. Lo que es de ó perteneciente á Larisa.

Larisus, i. m. Liv. Lariso, rio de la Morea.

Lārius, ii. m. Virg. El lago de Como, en la Insubria, Milanés ó Lombardía.

Larius, a, um. Cat. Lo perteneciente al lago de Como.

Larix, icis. f. Plin. El larice, árbol, especie de pino, que por participar mucho de tierra y agua no concibe el fuego.

Larnenses, ium. m. plur. Plin. Los larneses, pueblos que habitan las riberas del rio Larno.

Larnum, i. n. Plin. Larno, rio de España.

Laros, i. m. Catul. El Larona ó Arona, rio de Toscana.

Larta, ae. f. Ambracia, ciudad de Epiro.

Larunda. V. Lara.

Larus, i. m. Bibl. El laro, pájaro negro de tierra y agua, es ave de rapiña.

Larva, ae. f. Plaut. Sombra, fantasma, duende. ‖ Hor. Máscara. ‖ Petron. Figurilla que se mueve con alguna máquina oculta, y parece que es por sí misma; autómata.

Larvalis. m. f. lĕ. n. is. Sen. Terrible, espantoso, horrendo, lo que causa miedo y espanto, como las fantasmas, y lo perteneciente á ellas.

Larvatus, a, um. Plaut. Espiritado, asombrado, como amedrentado de fantasmas.

Larvialis. V. Larvales.

Larvo, as, are. a. Firm. Atemorizar, asombrar con fantasmas.

Larynx, gis. f. V. Guttur.

Lasănum, i. n. Hor. El bacin, vaso para evacuar el vientre.

Lascive. adv. Mart. Lascivamente, con incontinencia.

Lascivia, ae, f. Cic. Lascivia, incontinencia, disolucion, insolencia, desvergüenza. ‖ Placer, diversion, juego. Lascivia maledicendi. Quint. Inmoderacion, descaro en hablar mal.

Lascivibundus, a, um. Plaut. Alegre, divertido. ‖ De poco seso ó juicio.

Lascivio, is, vīvi, vītum, ire. n. Liv. Ser alegre, divertido. ‖ Decir y hacer con poco juicio ó seso, con inconstancia. Lascivire alicui. Estac. Divertirse, loquear con alguno. — Otio. Liv. Darse al placer por ociosidad.

Lascivitas, atis. f. Firm. V. Lascivia.

Lasciviter. adv. Carb. V. Lascive.

Lascivŭlus, a, um. Prisc. dim. de Lascivus. Algo lascivo y petulante.

Lascivus, a, um, ior, issĭmus. Hor. Petulante, insolente, atrevido, altanero, libre. ‖ Ov. Lascivo, incontinente. ‖ Jugueton, alegre. Lasciva oratio. Gel. Oracion, discurso demasiado compuesto y adornado. Lascivus in vino. Plin. El que es divertido y decidor entre los vasos, en la mesa, en un convite.

Laser, ĕris. n. Plin. El benjuí, jugo de la planta laserpicio: llámase tambien paser y asa, que sirve para remedios.

Laseratus, a, um. Plin. Compuesto con benjuí.

Laserpitiarium, ii. n. Petron. El condimento ó compuesto de laserpicio.

Laserpitiatus, a, um. Plin. Mezclado con laserpicio.

Laserpitifer, a, um. Catul. Abundante de laserpicio.

Laserpitium, ii. n. Plin. Laserpicio, planta de Siria, Armenia, Media y Lidia, de la que se saca el licor llamado paser, asa y benjuí, que es medicinal.

Lases. Quint. ant. en lugar de Lares.

Lassatus, a, um. Ov. Cansado, fatigado, laso.

Lassesco, is, ĕre. n. Plin. Cansarse, fatigarse.

Lassitudo, ĭnis. f. Cic. Lasitud, cansancio, fatiga, desfallecimiento, descaecimiento de cansancio.

Lasso, as, avi, atum, are. a. Cels. Cansar, fatigar, causar cansancio y lasitud.

Lassŭlus, a, um. dim. de Lassus. Catul. Algo cansado.

Lassus, a, um. Cic. Cansado, fatigado, laso, lánguido, descaecido. Lassus maris. Hor. Cansado del mar, de navegar. — Stomachus. Hor. Estómago débil, enflaquecido. Res lassae. Ov. Las adversidades.

## LAT 407

Lastaurus, i. m. Suet. Oprobrio del libidinoso é infame.

Late, ius, issĭme. adv. Cic. Lata, largamente, con estension, por grande espacio, anchamente. Late, longeque vagabitur nomen tuum. Cic. Tu nombre, tu reputacion, fama, crédito se estenderá por todas partes. — Possidere. Sen. Poseer muchos fondos. — Procidere. Hor. Ocupar mucho espacio cayendo.

Latĕbra, ae. f. Cic. Escondrijo, escondite, rincon, lugar oculto, retirado para esconder alguna cosa. ‖ Refugio, efugio, salida, escusa. ‖ Cueva, boca, madriguera. Latebrae in animis. Cic. Escondrijos, secretos de los ánimos, del corazon. Latebra scribendi. Gel. Escritura en cifra.

Latĕbricŏla, ae. m. Plaut. El que se esconde, se oculta, vive retirado, solitario.

Latĕbrose. adv. Plaut. Ocultamente, de oculto.

Latĕbrosus, a, um. Cic. Lleno de escondrijos, oculto, retirado, propio para esconderse.

Latens, tis. com. Plaut. Oculto, escondido, oscuro, retirado. Latentia mandata. Ov. Encargos, órdenes, comisiones secretas. In latenti. Dig. Ocultamente.

Latenter. adv. Cic. Ocultamente, de oculto.

Latĕo, ēs, tui, ĕre. n. Cic. Estar ó ser oculto, escondido, secreto. Latet me. Ov. ó Mihi. Lucr. Causa. Cels. La causa, la razon se me oculta, me es desconocida, no la alcanzo. Saepe sub pallio sordido latet sapientia. E tardigradis asinis equus prodiit. Saepe etiam est holiter valde opportuna locutus. adag. Debajo de una mala capa está buen bebedor. Debajo de buen sayo está el hombre malo. So el sayal hay al. ref.

Later, ĕris. m. Cic. El ladrillo. Laterem lavare. prov. Ter. Perder el tiempo. Trabajar en balde.

Latĕralis. m. f. lĕ. n. is. Plin. Lateral, lo que pertenece ó está al lado de otra cosa.

Latĕramen, ĭnis. n. Lucr. La obra hecha de ladrillo, y en especial vasija de barro.

Latĕrani, ōrum. m. plur. Juv. Los Lateranos, familia muy noble de Roma.

Latĕranus, a, um. Tac. Lo perteneciente á la familia de los Lateranos. ‖ Prud. Lo perteneciente al templo de San Juan de Letran en Roma, que está en el mismo parage del monte Celio, en que los Lateranos tuvieron su casa antiguamente.

Latĕranus, i. m. Arnob. El dios de los hogares, genio.

Latĕraria, ae. f. Plin. El ladrillal, sitio donde se fabrica el ladrillo. ‖ Horno de ladrillo, tejar.

Latĕrarius, ii. m. Plin. El que fabrica el ladrillo.

Latĕrarius, a, um. Plin. Lo que es de ladrillo, ó lo perteneciente á él.

Latercŭlenses, ium. m. plur. Cod. Secretarios, archiveros, los que guardaban los libros de asiento y registros de los empleos.

Latercŭlum, i. n. Ter. Registro, catálogo, libro de asiento de los oficios, dignidades y administraciones políticas y militares. Hubo dos, mayor y menor: el mayor contenia las dignidades dadas por el príncipe, y estaba á cargo del primicerio de los notarios; el menor los gobiernos políticos y militares, tribunados &c. á cargo del cuestor.

Latercŭlus, i. m. dim. de Later. Ces. Ladrillejo, dim. de Ladrillo. ‖ Plaut. Mazapan, bizcocho y cualquiera otra golosina en figura de ladrillo.

Latĕrensis. m. f. sĕ. n. is. Tert. Lateral, cosa del lado ó perteneciente á él.

Latĕrina, ae. f. Tert. Letrina, albañal. ‖ Obra hecha de ladrillo.

Latĕritius, a, um. Ces. Lo que es hecho de ladrillo.

Laterna, ae. f. Cic. La linterna ó farol.

Laternarius, ii. m. Cic. El que lleva la linterna.

Latĕrones, um. m. plur. Plaut. Soldados que guardan la persona, guardias de corps.

Latĕruncŭlaria, ae. f. Sen. Tablero para jugar á las damas ó al chaquete.

Latĕruncŭli, ōrum. m. plur. Sen. Las piezas del juego de damas, chaquete ó ajedrez.

Latesco, is, scĕre. n. Col. Alargarse, estenderse, estirarse, crecer á lo largo. ‖ Cic. Esconderse, estar oculto, encubierto.

Lătex, ĭcis. m. *Ov.* Todo humor ó licor que sale de donde estaba oculto. || La fuente, el agua, el vino, el aceite &c. *Es poco usado en la prosa.*

Lăthȳris, ĭdis. f. *Plin.* La latiris ó catapulcia menor, yerba.

Lătĭālis. m. f. lĕ. n. is. *Ov.* Latino, del Lacio ó lo perteneciente á él.

Lătĭālĭter. *adv. Sid.* Latinamente, á la manera de los latinos.

Lătĭar, is. n. *Marc.* Sacrificio solemne *que hacian los romanos á Júpiter lacial ó latino en las ferias latinas.*

Lătĭāris. m. f. rĕ. n. is. *V.* Latialis.

Lătĭārĭter. *adv. V.* Latialiter.

Lătĭārĭus, a, um. *Plin.* Latino, lacial, *epíteto de Júpiter.*

Lătĭbŭlo, ăs, ăvi, ātum, āre. n. *Varr.* y

Lătĭbŭlor, ăris, ātus sum, āri. *dep. Nev.* Estar oculto, escondido, ocultarse, esconderse.

Lătĭbŭlum, i. n. *Cic.* Escondrijo, rincon ó lugar oculto y retirado, escondite. || Boca, vivero, choza, cueva, y todo lugar donde algo se oculta y esconde.

Lātĭclāvĭa, ae. f. *Val. Max.* Ropa de senador *guarnecida con una tira sobrepuesta con ciertos nudos ó botones de púrpura.*

Lātĭclāvĭālis. m. f. lĕ. n. is. *Inscr.* El que está vestido con la ropa llamada laticlavia.

Lātĭclāvĭus, a, um. *Val. Max.* El que tiene nudos ó botones de púrpura en su ropa, y lo perteneciente á ella.

Lātĭclāvĭus, ii. m. *Suet.* El senador ó patricio que llevaba por insignia botones de púrpura en su ropa.

Lātĭfŏlĭus, a, um. *Plin.* Que tiene las hojas largas.

Lātĭfundĭum, i. n. *Plin.* Posesion, heredad, hacienda de campo de grande estension.

Lătīnae, ārum (*feriae*). f. plur. *Cic.* Las fiestas latinas en honor de Júpiter lacial.

Lătīne. *adv. Liv.* Latinamente, en idioma y lenguage latino, á la manera de los latinos. *Latine loqui. Cic.* Hablar con propiedad y elegancia. || Hablar con claridad, abiertamente, sin rodeos ni metáforas. — *Scire. Cic.* Saber hablar en latin. — *Reddere. Cic.* Traducir en latin.

Lătīni, ōrum. m. plur. *Liv.* Los latinos, *naturales y habitadores del Lacio, del campo ó territorio romano.* || *Plin.* Confederados del pueblo romano.

Lătīnĭăcum, i. n. *Lagni, ciudad de la isla de Francia.*

Lătīnĭensis. m. f. sĕ. n. is. *Cic.* Lo perteneciente al Lacio ó á los latinos.

Lătīnĭtas, ātis. f. *Cic.* Latinidad, el idioma latino, el latin. || *Suet.* El derecho del Lacio.

Lătīnĭzo, ăs, āre. a. *Cel. Aur.* y

Lătīno, ăs, āre. a. *Id.* Latinizar, traducir en latin.

Lătīnus, a, um. *Cic.* Latino, lo perteneciente al Lacio, á los latinos, á su lengua.

Lătīnus, i. m. *Just.* Latino, *rey de los aborígenes y laurentes, padre de Lavinia, la cual casó con Eneas.*

Lātĭo, ōnis. f. *Cic.* La accion de llevar. *Latio suffragii. Liv.* La accion de dar ó tener voto.

Lātĭpes, ĕdis. com. *Avien.* Que tiene anchos los pies. *Habla del ánade.*

Lătĭtābundus, a, um. *Sid.* y

Lătĭtans, tis. com. *Cic.* El que se esconde, se oculta, se encubre.

Lătĭtātĭo, ōnis. f. *Quint.* El acto de esconderse, de ocultarse.

Lătĭto, ăs, ăvi, ātum, āre. n. *Cic. freq. de* Lateo. Esconderse, andar escondido ó escondiéndose. *Se dice con propiedad de los que se esconden de la justicia. Latitare alicui. Plaut. Aliquem. Ulp.* Ocultarse de alguno.

Lātĭtūdo, ĭnis. f. *Cic.* Latitud, anchura, amplitud, estension. *Latitudo Platonica. Plin.* La amplitud del estilo, la elocuencia de Platon. — *Verberum. Cic.* Espresion de las palabras con grande abertura de boca.

Lătĭum, ii. n. *Virg.* El Lacio, el país latino, la campaña de Roma.

Lătĭus, a, um. *Col.* Lo que es del Lacio, latino, romano.

Latmus, i. m. *Ov.* Lo perteneciente al monte Latmo.

Latmus, i. m. *Cic.* Latmo, *monte de Caria, célebre por la fábula de Endimion, adormecido en él por su amante* la Luna para gozar de su amor. Hoy monte de Palacia.

Lătŏbrīci, y Lătŏbrīgi, ōrum. m. plur. *Ces.* Pueblos de Brisgaw.

Lătŏīdes, ae. m. *Estac.* Hijo de Latona, Febo.

Lătŏis, ĭdis. f. *Ov.* Hija de Latona, Diana.

Lătŏius, a, um. *Ov.* Lo perteneciente á Latona.

Lătŏmĭae, ārum. f. plur. *Cic.* Canteras donde se corta y de donde se saca piedra.

Lătōna, ae. f. *Cic.* Latona, *diosa, madre de Apolo y de Diana.*

Lătōnĭa, ae. f. *Virg.* Diana, *hija de Latona.*

Lătōnĭgĕna, ae. m. f. *Ov.* Hijo de Latona, Apolo y Diana.

Lătōnĭus, a, um. *Virg.* Lo perteneciente á Latona.

Lātor, ōris. m. *Sen.* Portador, el que lleva. || *Suet.* El correo, el balijero. *Lator legis. Cic.* Promulgador de una ley.

Lātōrĭa lex. *Cic.* Ley de los romanos perteneciente á los menores.

Lătōus, i. m. *Her.* Apolo, *hijo de Latona.*

Lātrābĭlis. m. f. lĕ. n. is. *Cel. Aur.* Lo que parece que ladra.

Lātrans, tis. com. *Ov.* El que ladra. || El perro. || El jabalí.

Lātrātĭo, ōnis. f. *Marc. Cap.* La accion de ladrar, ladrido.

Lātrātor, ōris. m. *Virg.* Ladrador, el que ladra, el perro. || *Quint.* Voceador, gritador.

Lātrātus, a, um. *part. de* Latro. *Estac.* Lo que ha resonado con el ladrido. || Ladrado.

Lātrātus, us. m. *Plin.* El ladrido, *voz que forma el perro cuando ladra.*

† Latria, ae. f. *Latría, reverencia, culto y adoracion debida solo á Dios.*

† Latriensis. m. f. sĕ. n. is. Lo perteneciente á la latría.

Lātrīna, ae. f. *Lucil.* Baño privado. || *Plaut.* Letrina, secreta, lugar comun.

Lātrīnum, i. n. *Lucil.* Baño privado.

Latris, is. f. *Oecel. isla del mar báltico.*

Lātro, ăs, ăvi, ātum, āre. n. *Cic.* Ladrar. || *Her. Pedis. Latrare aliquem. Plaut.* Decir injurias, oprobrios á alguno, maldecirle. *Latrant jam oratores, non loquuntur. Cic.* Ladran ya los oradores, no hablan.

Lātro, ōnis. m. *Cic.* Ladron, salteador. || *Virg.* Cazador. || *Ov.* Pieza del juego de damas y chaquete. *Latrones. Varr.* Soldados de guardia del príncipe. || *Ces.* Soldados que hacen hostilidades y correrías sin cabo, ni ley justa.

Lātrōcĭnālis. m. f. lĕ. n. is. *Apul.* Lo perteneciente al ladron, al ladronicio.

Lātrōcĭnālĭter. *adv. Marc. Cap.* Á modo de ladrones, con ladronicio.

Lātrōcĭnātĭo, ōnis. f. *Plin.* y

Lātrōcĭnĭum, ii. n. *Cic.* Ladronicio, hurto, robo. || *Cic.* Compañía de ladrones. || *Just.* El corso, la piratería. || Fraude, fuerza, violencia. || *Ov.* Juego de damas ó chaquete. || *Nem.* Milicia de los guardias del príncipe. || *Cic.* Esceso, atrocidad de soldados, bandidos.

Lātrōcĭnor, āris, ātus sum, āri. *dep. Cic.* Robar, hurtar, saltear caminos. || *Plin.* Cazar. || *Plaut.* Militar por salario.

Latroniānus, a, um. *Sen.* Lo perteneciente á M. Porcio Latron, *español, célebre orador en tiempo de Augusto.*

Lātruncŭlārĭa, ae. f. *Sen. V.* Lateruncularia.

Lātruncŭlārĭus, a, um. *Sen.* Lo que pertenece á las piezas ó tableros de damas ó chaquete.

Lātruncŭlātor, ōris. m. *Ulp.* Juez de maleficios, de ladrones, de rateros, del crímen, ó criminal para perseguirlos.

Lātruncŭlus, i. m. *Cic.* Ladroncillo, ladron ratero. *Vop.* Usurpador, tirano, intruso, príncipe no legítimo. *Sen.* Pieza del juego de damas ó chaquete.

Lătumium, ii. m. *V.* Lautumiae.

Lātūrus, a, um. *Her.* El que ha ó tiene de llevar.

Lātus, a, um. *part. de* Fero. *Cic.* Llevado, *Latae conditiones. Ces.* Condiciones propuestas. — *Poenae. Hor.* Pena decretada, impuesta.

Lātus, a, um, ior, issĭmus. *Cic.* Lato, ancho, dilatado, difuso, largo. *Latum aurum. Virg.* Mucho oro. — *Incedere. Plaut.* Andar con vanidad, puesto de asas, finchado. *Lata culpa. Ulp.* Culpa lata, grande, manifiesta, procedente de demasiado descuido. — *Oratio. Quint.* Estilo abundante, copioso, elocuente, adornado.

Látus, ĕris. *n. Cic.* Lado, costado. ‖ *Cels.* Ala, flanco de un ejército, cuerno. ‖ *Tac.* Costa, ribera, orilla. ‖ *Marc.* Camarada, compañero. ‖ *Plin.* Familia, estirpe, rama, parentela, casa. *A latere alicujus. Curc.* Doméstico, confidente, asistente, el que está ó anda al lado de alguno, familiar, amigo. *Latus texere, claudere, dare alicui, ó alicujus. Sen.* Dar la derecha á alguno, acompañarle dándole el lugar mas distinguido. *Artifices lateris. Ov.* Maestros de baile. *Voce magna, et bonis lateribus. Cic.* Con gran voz y buenas fuerzas.

Latusclāvus, i. *m. Plin.* Banda ó franja con botones de color de oro ó púrpura, *que guarnecía por delante la ropa de los senadores.* ‖ *Suet.* Dignidad de senador romano. ‖ *Plin. men.* Prerogativa de senador.

Lătusculum, i. *n. dim. de Latus. Catul.* Ladillo, *dim. de Lado.*

Laudābĭle. *m. f. lĕ. n. is, ior. Cic.* Laudable, loable, digno de alabanza, que la merece. ‖ *Plin.* Esquisito, precioso, estimado.

Laudābĭlĭtas, atis. *f. Cod. Teod.* Título, calidad porque una cosa es laudable.

Laudābĭlĭter, ius. *adv. Cic.* Con alabanza, elogio, honor, estimacion, gloria, esplendor.

Laudandus, a, um. *Sen.* Lo que merece alabanza, lo que se debe ó se ha de alabar.

Laudate, issime. *adv. Plin. V. Laudabiliter.*

Laudātĭo, ŏnis. *f. Cic.* Alabanza, elogio, panegírico, encomio, laudatoria. *Laudatio funebris. Quint.* Oracion fúnebre.

Laudātīvus, a, um. *Quint.* Lo que pertenece á los elogios panegíricos, al género demostrativo en la elocuencia, *que abraza la alabanza y el vituperio.*

Laudātor, ŏris. *m. Cic.* Alabador, panegirista, el que alaba, elogia, preconiza á alguna persona ó cosa.

Laudātōrĭus, a, um. *Fulg.* Laudatorio, lo que pertenece á las alabanzas, elogios &c.

Laudātrix, ĭcis. *f. Cic.* La que alaba ó elogia.

Laudātus, a, um. *Cic. part. de Laudo.* Alabado, laudable, estimado, apreciado. *Laudatus cunctis. Tac.* Alabado de todos.

Laudea, ó Ludea, ae. *f.* (ant.) *Plaut. V. Laus.*

Laudĭcoena, ae. *m.* y

Laudĭcoenus, i. *m. Plin.* Lisonjero, adulador porque le den de comer.

Laudo, as, avi, atum, are. *a. Cic.* Alabar, elogiar, celebrar con alabanzas, darlas, decirlas. ‖ Hacer la oracion fúnebre. ‖ Citar, nombrar, llamar, poner por testigo. ‖ *Plin.* Estimar, apreciar, tener en mucho. *Te ipsum laudas. Laudat venales qui vult extrudere merces. adag.* Cada buhonero alaba sus agujas. Cada ollero su olla alaba, y mas si la tiene quebrada. *ref.*

Laudūnensis ager. *m.* El Leonés, *provincia de Picardía en Francia.*

Laudūnum, i. *n.* Laon, *ciudad episcopal de Picardía.*

Laurācus ager. *m.* El Lauraguais, *país de Lenguadoc.*

Laurea, ae. *f. Plin.* El laurel, árbol. ‖ Laurea, hoja del laurel. ‖ Corona de laurel. ‖ *Juv.* Liberto de Ciceron.

Laureātus, a, um. *Cic.* Laureado, coronado de laurel.

Laurens, tis. *com. Virg.* Lo perteciente á Laurento, laurentino.

Laurentalia, ium. *n. plur. Varr.* Fiestas en honor de Aca Laurencia, *ama de leche de Rómulo y Remo.*

Laurentes, um. *m. plur. Virg.* Los naturales y habitantes de Laurento y su tierra. ‖ *Sil.* Los romanos.

Laurentīnum, i. *n. Plin. men.* Laurentino, *granja de Plinio el menor cerca de Laurento.*

Laurentīnus, a, um. *Marc.* Lo perteneciente á Laurento.

Laurentum, i. *n. Virg.* Laurento, *ciudad de Lacio, hoy San Lorenzo.*

Laureo, as, are. *a. Col.* Laurear, coronar con laurel.

Laureŏla, ae. *f. dim. de Laurea. Cic.* Lauréola, corona de laurel.

Laureŏlus, i. *m. Juv.* Laureolo, ladron famoso, que fue despedazado por los osos despues de ahorcado en Roma.

Laurētānus, a, um. *Liv.* Lo perteneciente al puerto Lauretano ó de Laurento.

Laurētum, i. *n. ó* Loretum, i. *Plin.* Lugar plantado de laureles. ‖ Loreto, *ciudad en la Marca de Ancona.*

Laureum, i. *n. Cat. V. Laurea.*

Laureus, a, um. *Liv.* Laurino, lo que toca ó pertenece al laurel.

Laurĭces, um. *m. plur. Plin.* Cria de gazapos quitados á la madre.

Lauricomus, a, um. *Lucr.* Que tiene el cabello coronado, adornado de laurel.

Laurĭfer, a, um. *Plin.* Que lleva ó produce laurel.

Laurĭger, a, um. *Ov.* Coronado de laurel, laureado.

Laurīnus, a, um. *Plin. V. Laureus.*

Laurĭōtis, is. *f. Plin.* El laureoto ó espodio, *que se hace de cazmía y piedra de cobre cuando se derrite en los hornos de plata y oro.*

Laurĭpŏtens, tis. *com. Marc. Cap.* Epíteto de Apolo, á quien es consagrado el laurel.

Lauro, ó Lauron, ŏnis. *f. Plin.* y

Laurōna, ae. *f. Flor.* Liria, *ciudad de España en el reino de Valencia.*

Lauronensis, m. f. sĕ. n. is. *Plin.* Lo perteneciente á Liria, *ciudad de España.*

Laurus, i. *f. Plin.* El laurel ó lauro, *árbol siempre verde.* ‖ Corona de laurel. ‖ *Plin. men.* La victoria.

Laus, laudis. *f. Cic.* Alabanza, elogio, encomio. ‖ Virtud, honestidad, alabanza y gloria del bien obrar. ‖ *Plin.* Estimacion, aprecio, mérito. *Laus dicendi. Cic.* La oratoria, el mérito y esplendor de ella. *Laudes bellicae. Cic.* Virtudes militares. — *Supremae. Plin.* Oracion fúnebre. *Laudis est. Sen.* Es cosa laudable. *In magna laude ponendum. Cic.* Se ha de contar entre las mayores alabanzas, se ha de tener por gran gloria, en mucha estimacion.

Lausanna, ae. *f.* Lausana, *ciudad sobre el lago de Ginebra.*

Lausdunum, i. *n.* Laudum, *ciudad de Poitou.*

Lausonium, ii. *n. V. Lausanna.*

Lausus, i. *m. Ov.* Lauso, *hijo de Numitor, hermano de Ilia, muerto por Amulio, rey de los albanos.* ‖ *Virg.* Lauso, *hijo de Mecencio, muerto por Eneas.*

Lausus, us. *m. Varr.* Llanto, lamento, lamentacion.

Laute, ius, issime. *adv. Cic.* Espléndida, suntuosamente, con delicadeza, elegancia, buen gusto. *Laute loqui. Plaut.* Hablar con elegancia, con pureza. — *Munus suum administrare. Ter.* Desempeñar su encargo, su empleo con honor y esplendidez.

Lautia, ōrum. *n. plur. Liv.* Presentes, regalos, convites que daban los Cuestores en Roma á los Embajadores estrangeros, á los Reyes y otras personas públicas en su hospedage.

Lautĭtĭa, ae. *f. Cic.* Esplendidez, suntuosidad, magnificencia, lujo, gala. ‖ Limpieza, delicadeza, gusto en comer y vestir.

Lautiusculus, a, um. *Apul. dim. de Lautus.* Algo espléndido, ostentoso.

Lautŏlae, y Lautulae, arum. *plur. Liv.* Baños que estaban fuera de la ciudad de Roma. ‖ *Varr.* Otros dentro de la ciudad de agua caliente junto al templo de Jano.

Lautumārius, ii. *m. Plaut.* El que está frecuentemente en la cárcel, ó aprisionado en las canteras para trabajar.

Lautūmiae, arum. *f. plur. Asc.* Canteras de donde se saca y corta piedra, y adonde llevaban á los siervos aprisionados á trabajar. ‖ *Cic.* Cárcel pública de Siracusa. ‖ *Liv.* La cárcel ó prision.

Lautus, a, um, ior, issimus. *Cic.* Lavado, bañado, limpio. ‖ Magnífico, suntuoso, espléndido. ‖ Esquisito, delicado. ‖ Abundante, copioso, rico. *Lautus cibus. Ter.* Comida, manjar, esquisito. *Lautum patrimonium. Cic.* Patrimonio rico. *Lautus homo. Cic.* Hombre de gusto, y que se trata bien. ‖ *Dícese tambien por ironía del hombre de mal gusto, y menos limpio.*

**Lavacrum**, i. *n. Gel.* Baño en que uno se baña. ‖ Lavacro, el bautismo.

**Lavallium**, ii. *m. Laval, ciudad de la provincia de Maine.*

**Lavamentum**, i. *n. Veg.* V. Lavatio.

**Lavandria**, orum. *n. plur. Laber.* Lienzos, toallas, sábana ú otra ropa blanca de que se usa en el baño.

**Lavatio**, onis. *f. Varr.* Lavadura, la accion de lavar. ‖ *Vitruv.* El baño. ‖ *Cic.* Las ropas ó cosas necesarias para bañarse. *Lavatio calida. Vitruv.* Baño de agua caliente. *Argentea. Fedr.* Baño de plata.

**Lavator**, oris. *m. Cels.* El que lava ó baña, lavandero.

**Lavatrina**, ae. *f.* (ant.) *Varr.* El baño privado.

**Lavatus**, a, um. *Plaut. part. de* Lavo. Lavado.

**Laver**, eris. *f. n. Plin.* El laver, yerba que nace en las riberas de los rios, es medicinal.

**Laverna**, ae. *f. Hor.* Laverna, diosa de los ladrones. ‖ *Aus.* El plagiario.

**Lavernalis**. *m. f. le. n. is.* Lo perteneciente á la diosa Laverna. *Lavernalis porta. Varr.* Puerta lavernal, una de las de Roma donde habia una ara dedicada á la diosa Laverna.

**Lavernio**, onis. *m. Fest.* El ladron.

**Lavicum**, i. *n. Lauffen, ciudad de los Esguizaros.*

**Lavinga**, ae. *f. Lawingen, ciudad de Alemania en la Suevia.*

**Lavinia**, ae. *f. Virg.* Lavinia, hija del rey Latino, muger de Eneas.

**Laviniensis**. *m. f. se. n. is. Varr.* V. Lavinius.

**Lavinium**, ii. *n. Liv.* Lavinio, ó S. Lorenzo, ciudad del Lacio, fundada por Eneas, y asi llamada del nombre de su muger.

**Lavinius**, y Lavinus, a, um. *Virg.* Lo perteneciente á Lavinio, ciudad del Lacio.

**Lavito**, as, are. *a. freq. de*

**Lavo**, as, avi, atum, are. *a. Cic.* ó

**Lavo**, is, lavi, lotum, ó lautum, ere. *a. Virg.* Lavar, limpiar con agua. ‖ Bañar, rociar, humedecer. ‖ Bañarse, lavarse. *Lavare peccatum. Ter.* Disculpar la falta, justificarse, escusarse. ‖ Espiar, lavar la culpa, la falta.

**Lax**, cis. *f. Fest.* V. Fraus.

**Laxamentum**, i. *n. Liv.* Dilatacion, espacio. ‖ Ensanche, descanso, desahogo, relajacion, recreacion. *Laxamentum habere. Vitruv.* Ser espacioso, tener estension ó anchura.

**Laxatio**, onis. *f. Vitruv.* Espacio, anchura, dilatacion.

**Laxativus**, a, um. *Cel. Aur.* Laxativo, lo que tiene virtud de ablandar ó suavizar.

**Laxatus**, a, um. *Plin. part. de* Laxo. Lazado, dilatado, alargado. ‖ Suelto, desatado. *Laxata pugna. Liv.* Batalla interrumpida. — *Nox. Sil.* Noche clara, descubierta, serena.

**Laxe**, ius, issime. *adv. Cic.* Larga, anchamente, con anchura y dilatacion. *Laxe distare. Plin.* Estar muy distante. *Laxius vivere. Liv.* Vivir con mas licencia y libertad.

**Laxitas**, atis. *f. Cic.* Amplitud, capacidad, anchura, dilatacion. *Laxitas animi. Sen.* Abatimiento del ánimo, flogedad de él.

**Laxo**, as, avi, atum, are. *a. Cic.* Alargar, dilatar, estender, abrir, prolongar, ensanchar. ‖ Desatar, soltar. ‖ Interrumpir, aflojar, aliviar. ‖ Libertar, sacar de cuidado ó molestia. *Laxat annona. Liv.* La carestía se disminuye, abaratan los víveres. *Laxare iram. Petron.* Mitigar, aplacar, sosegar la ira. — *Aliquid laboris. Liv.* Perdonar, quitar algo del trabajo.

**Laxus**, a, um, ior, issimus. *Cic.* Largo, amplio, espacioso, de mucha estension. ‖ Suelto, flojo, remiso. *Laxa janua. Ov.* Puerta abierta. *Laxiorem diem dare.* Dar mas tiempo, mas término. *Laxiori imperio milites habere. Sal.* Tratar á los soldados con menos rigor, con disciplina menos severa.

**Lazarus**, i. *m. Bibl.* Lázaro, nombre de hombre.

**Lazulus**, i. *m.* El lapislázuli, piedra exquisita de color azul.

**Lazurion**, ii. *n.* El color azul.

**Lea**, ae. *f. Ov.* La leona. ‖ *Plin.* Especie de berza de hojas muy largas.

**Lea**, ae. *f.* Isla de Venus, cerca de Cineraica. ‖ Una de las Cicladas, en el mar egeo. ‖ Ciudad de África, cerca de Adrumeto.

**Leaena**, ae. *f. Cic.* La leona, la hembra del leon.

**Leander**, y Leandrus, i. *m. Marc.* Leandro, jóven de Abidos en Asia, á la orilla del Elesponto, que enamorado de Hero, la cual vivia en Sestos, ciudad de la ribera opuesta, iba nadando de noche á verla. En una de las noches, fue sumergido en el mar.

**Leandricus**, a, um. y

**Leandrius**, a, um. *Sil.* Lo perteneciente á Leandro.

**Learcheus**, a, um. *Ov.* Lo perteneciente á Learco.

**Learchus**, i. *m. Ov.* Learco, hijo de Atamantes y de Ino. Su padre arrebatado de furor, le dió muerte, lo cual visto por su muger Ino, arrebató á su hijo Melicerta, y se echó con él en el mar.

**Lebedus**, i. *f. Hor.* Ciudad del Asia menor, en la Jonia. Hoy de Lebeditzi Chisar.

**Lebena**, ae. *f. Plin.* Lebina, lugar pequeño de la isla de Creta.

**Lebes**, etis. *m. Virg.* Palancana. ‖ Caldera ó caldero de cobre, perol, vacía.

**Lebretum**, i. *n.* Albert, ciudad y ducado de Gascuña.

† **Lecanomantia**, ae. *f.* Adivinacion por medio de vacías, palancanas ó peroles de agua.

† **Lecanomanticus**, i. *m.* El hechicero que adivina de este modo.

**Leccus**, i. *m.* El Lech, rio de Holanda.

**Lechaeum**, i. *n.* y

**Lechaeae**, arum. *n. plur. Plin.* Lesteyocori, ciudad y arsenal de Corinto en Morea.

**Lectarius**, ii. *m. Inscr.* El que hace lechos ó camas.

**Lecte**, ius, issime. *adv. Cic.* Con eleccion, con discernimiento, con juicio, escogidamente.

**Lectica**, ae. *f. Cic.* Litera. ‖ Silla de manos.

**Lecticariola**, ae. *f. Marc.* Muger mundana, por los siervos que llevaban las literas, que eran los mas viles.

**Lecticarius**, ii. *m. Cic.* Mozo de litera. Hubo gremio de estos en Roma.

**Lecticula**, ae. *f. Cic. dim. de* Lectica. Litera pequeña. ‖ *Suet.* Cama pequeña, especie de litera en las casas, y para trabajar en ella. Es semejante entre nosotros la silla poltrona. ‖ *Marc.* Cama de matrimonio.

**Lectio**, onis. *f. Cic.* Leccion, lectura, el acto de leer. ‖ *Macrob.* Aquello que se lee. ‖ *Col.* Coleccion, recoleccion, la accion de coger ó recoger. ‖ Eleccion, recogimiento. *Lectio Senatus. Liv.* Eleccion del senado, de senadores.

**Lectisternator**, ó Lectisterniator, oris. *m. Plaut.* El que hace la cama y dispone la mesa en los convites.

**Lectisternium**, ii. *n. Liv.* Sacrificio, en que se ponian en los templos camas de tablas con sus almohadas, sobre las cuales colocaban las estatuas de los dioses al rededor de una mesa bien servida.

**Lectitatus**, a, um. *Tac.* Leido muchas veces. *part. de*

**Lectito**, as, avi, atum, are. *a. Cic.* Leer á menudo, frecuentemente, con continuacion. ‖ Leer, repasar con cuidado. ‖ *Val. Max.* Coger, recoger á menudo.

**Lectiuncula**, ae. *f. Cic.* Breve lectura.

**Lecto**, as, avi, atum, are. *a. Hor. freq.* V. Lectito.

**Lector**, oris. *m. Cic.* Lector, el que lee. Los romanos tenian siervos literatos para que les leyesen.

**Lectosia**, ae. *f.* V. Leucasia.

**Lectrix**, icis. *f. Inscr.* La que lee.

**Lectualis**. *m. f. le. n. is. Espart.* Lo que sirve ó pertenece al lecho, á la cama. *Lectualis morbus. Id.* Enfermedad que obliga á hacer cama.

**Lectula**, ae. *f. Apul.* Camita, cama pequeña.

**Lectulus**, i. *m. Cic. dim. de* Lectus. El lecho ó cama pequeña. ‖ El lecho, la cama. *Lectulus lucubratorius. Plin. men.* La silla poltrona para estudiar, para trabajar.

**Lecturio**, is, ire. *a. Sid.* Tener deseo de leer, gustar de leer ó de libros.

**Lectuus**, i. *m. Cic.* El lecho, la cama. *Lectus genialis.*

*Cic.* El lecho nupcial.—*Caelebs. Ov.* El celibato. *Lecto teneri. Cic.* Estar enfermo en cama.—*Desilire. Hor.* Saltar de la cama.

**Lectus, us.** *m. Tac.* Eleccion.

**Lectus, a, um.** *Cic. part.* de Lego. Leido. ‖ Selecto, singular, insigne, escogido. ‖ *Plin.* Recogido, cogido. *Lectissimus adolescens. Cic.* Jóven de un mérito distinguido. *Lectior foemina nulla est. Cic.* No hay muger de mejores prendas. *Sorte lectus. Plin.* Elegido por suerte.

**Lecythĭnus, a, um.** *Petron.* Lo perteneciente á la aceitera, ó redoma donde se guarda el aceite.

**Lecythus, i.** *m. Cic.* Aceitera, vasija para tener aceite.

**Leda, ae.** *f.* y **Lede, es.** *Ov.* Leda, muger de Tíndaro, rey de Laconia, que gozada junto al rio Eurotas por Júpiter transformado en Cisne, dió á luz dos huevos, de uno de los cuales nacieron Castor y Clitemnestra, y del otro Polux y Elena.

**Ledaeus, a, um.** *Virg.* Lo perteneciente á Leda. *Ledae sidera. Luc.* El signo de Géminis, Castor y Polux.

**Lēdo, ōnis.** *m.* El flujo y reflujo del mar.

**Ledum, i.** *n.* El Lez, rio de Lenguadoc.

**Ledum**, ó **Ladum, i.** *n.* Mata parecida al cisto, de que se hace ungüento medicinal. La jara.

**Lĕgālis. m. f. lĕ. n. is.** *Quint.* Lo perteneciente á la ley, y lo que es conforme á ella.

**Lĕgālĭter.** *adv. Casiod.* Legalmente, segun las leyes.

**Lĕgārĭum, ii.** *n. Varr.* V. Legumen.

**Legassis, is.** *ant.* en lugar de Legaveris.

**Lĕgāta, ae.** *f.* La embajadora, embajatriz.

**Lĕgātārĭa, ae.** *f. Ulp.* La muger á quien se manda algo en el testamento.

**Lĕgātārĭus, ii.** *m. Suet.* Legatario, la persona á quien se manda algo en el testamento.

**Lĕgātārĭus, a, um.** *Tert.* Lo perteneciente al legado ó manda hecha en el testamento.

**Lĕgātĭo, ōnis.** *f. Cic.* La legacía, embajada, diputacion, empleo del embajador, y la accion de enviarle. *Legatio libera. Cic.* Embajada honoraria, la que se daba por honor y por causa de negocios particulares de los mismos sugetos que llevaban este título. Llamábase libera, porque el que la obtenia volvia á entrar y salir libremente de Roma, siendo asi que los demas magistrados que se ejercian fuera de la ciudad quedaban sin uso y ejercicio, cuando el que los obtenia entraba en ella por cualquier motivo. *Votiva. Cic.* Especie de embajada honrada y libre, que se daba para cumplir algun voto fuera de la ciudad.

**Lĕgātītĭum, ii.** *n.* y

**Lĕgātīvum, i.** *n. Ulp.* Lo que se daba á un embajador para los gastos de su embajada.

**Lĕgātor, ōris.** *m. Suet.* El testador, el que lega ó hace alguna manda en el testamento.

**Lĕgātōrĭus, a, um.** *V.* Legatarius, a, um.

**Lĕgātum, i.** *n. Cic.* La manda, la manda que se deja en el testamento. *Legatum alicui scribere. Plin. men.* Dejar á uno una manda en el testamento.

**Lĕgātus, i.** *m. Cic.* Legado, embajador, diputado, enviado, comisionado, agente. ‖ Lugar-teniente, teniente general. ‖ Asesor de los procónsules y pretores de las provincias. *Legati Caesarum. Praetorii,* ó *pro praetore. Esparc.* Gobernadores de aquellas provincias que reservaban para sí los emperadores.

**Lĕgātus, a, um.** *Val. Max.* Enviado, comisionado, legado.

**Lege.** *ablat.* de Lex. y *imp.* de Lego.

**Legecestria, ae.** *f.* Leicester, *ciudad de Inglaterra.*

**Legedia, ae.** *f.* Abranches, *ciudad de Normandía.*

**Lĕgens, tis.** *com. Ov.* El que lee, lector.

**Lĕgĭbĭlis. m. f. lĕ. n. is.** *Ulp.* Legible, lo que se puede leer.

**Legicrĕpa, ae.** *m. Varr.* El leguleyo, el que afecta saber muchas leyes, las inculca y vocifera.

**Lĕgĭfer, a, um.** *Virg.* Legislador, el que da ó establece leyes.

**Lĕgĭo, ōnis.** *f. Cic.* Legion, *cuerpo de milicia de ciudadanos romanos, compuesto de diez cohortes de infantería, y cada cohorte de cincuenta manípulos ó compañías, á las cuales se añadian tres centurias de caballería. En tiempo de Rómulo se componia de tres mil infantes y* trescientos caballos; y despues de la sujecion de los sabinos se dobló el número, y siempre hubo variedad en él. *Legiones subsidiariae. Caes.* Cuerpos de reserva. ‖ Tropas auxiliares.

**Lĕgĭo, ōnis.** *f.* Leon, *ciudad de España, cabeza del reino del mismo nombre, dicha tambien séptima y germánica.*

**Legionicephorica.** Yorc, *ciudad de Inglaterra.*

**Legio secunda augusta.** Carleon, *ciudad de Inglaterra.*

**Legio vicesima victrix.** Chester, *ciudad de Inglaterra.*

**Legio victrix.** Vitry, *ciudad de Champaña.*

**Lĕgĭōnārĭus, a, um.** *Caes.* Lo perteneciente á la legion romana.

**Legionense regnum.** El reino de Leon en España.

**Lĕgĭrŭpa, ae.** *m.* y *f.* y

**Lĕgĭrŭpĭo, ōnis,** y **Lĕgĭrŭpus, a, um.** *Plaut.* Infractor, quebrantador de las leyes.

**Lĕgis.** *genit.* de Lex.

**Lĕgislātor, ōris.** *m. Cic.* Legislador, el que da ó establece leyes.

**Lĕgĭtĭme.** *adv. Cic.* Legítima, justamente, segun el derecho, las leyes y reglas de justicia. ‖ Bien, debidamente, como se debe.

**Lĕgĭtĭmus, a, um.** *Cic.* Legítimo, justo, conforme á razon y justicia, ó á las reglas y leyes del derecho. ‖ *Suet.* Perfecto, lleno, completo. ‖ *Id.* Concedido, permitido. *Hor.* Verdadero, genuino. *Legitima aetas. Liv.* Edad competente, prescrita por las leyes. *Legitimum poema. Hor.* Poema conforme á las leyes y reglas del arte. *Legitimae horae. Cic.* ó *legitimi dies. Cic.* Términos, dilaciones concedidas por las leyes.

**Lĕgĭto, ās, āre.** *a. Psitc.* V. Lectito.

**Lĕgĭuncŭla, ae.** *f. Liv. dim.* de Legio. Legion corta, pequeña.

**Lĕgo, ās, āvi, ātum, āre.** *a. Cic.* Legar, enviar, comisionar. ‖ Legar, dejar alguna manda en el testamento. ‖ Imputar, atribuir. *Legare aliquem alicui. Cic.* Dar, señalar un legado ó lugar teniente á alguno en el gobierno ó en la guerra.—*Sibi aliquem. Sal.* Tomarle para sí. *Legare,* ó *relinquere quippiam alicui ab aliquo. Cic.* Dejar una manda en el testamento á alguno, la cual reciba del heredero.—*Fortunae adversa. Liv.* Atribuir las desgracias á la fortuna.

**Lĕgo, is, lēgi, lectum, gĕre.** *a. Virg.* Coger, recoger. ‖ Leer. ‖ Elegir, escoger. ‖ Hurtar, coger, quitar á escondidas, con maña y sutileza. *Legere vestigia. Virg.* Seguir las huellas ó pisadas.—*Vela. Virg.* Recoger, amainar las velas.—*Locum aliquem. Virg.* Pasar de largo ó por algun lugar.—*Fila. Ov.* Debanar el hilo.—*Milites. Cic.* Hacer leva de gente, levantarla.—*Aliquem in judices. Cic.* Crear á uno juez.—*Senatum. Liv.* Pasar la lista de los senadores. *Era oficio de los censores.*—*Oram. Liv.* Costear.—*Sermonem alicujus. Plaut.* Oir, escuchar con atencion la plática de alguno.

**Lĕgŭla, ae.** *f. Sid.* El hueco ó cóncavo de la oreja. *Otros dicen el cabo de la oreja.*

**Lĕgŭlēius, i.** *m. Cic.* Legista, el estudiante que estudia el derecho ó se aplica á él. *Dícese por desprecio leguleyo.*

**Lĕgŭlus, i.** *m. Varr.* El que coge las aceitunas. *Tambien se dice del vendimiador.*

**Lĕgūmen, ĭnis.** *n. Cic.* y

**Lĕgūmentum, i.** *n. Gel.* Legumbre, *nombre genérico de las semillas que se crian en vainas, como habas, judías, garbanzos &c.*

**Lĕgūmĭnārĭus, a, um.** *Col.* El verdulero, el que vende legumbres.

**Lĕgūmĭnōsus, a, um.** *Cels.* Lo que abunda de legumbres, y lo que se hace de ellas ó con ellas.

**Leida, ae.** *f.* Leide, *ciudad de las provincias unidas de los Paises Bajos.*

**Leidensis. m. f. sĕ. n. is.** Natural de ó perteneciente á Leide.

**Leiostrea,** ó **Liostrea, ae.** *f. Lampr.* Especie de ostra de concha muy delicada.

**Lĕlĕgeis, ĭdis.** *adj. f. Ov.* Perteneciente á los leleges. ‖ *Plin.* Mileto ó Melaso; *ciudad capital de Jonia.*

**Lĕlĕgēius, a, um.** *Ov.* Lo perteneciente á los leleges, *pueblos de Asia menor.*

**Lĕlĕges, um. m. plur. Plin.** Hombres mezclados de varias naciones errantes, *que unos dicen ser los pueblos de Acarnania, y otros los de Acaya.* || *Luc.* Pueblos de Tesalia. || *Virg.* Pueblos de Asia, *vecinos á los cares.* || Los mismos cares y los locrenses.

**Lema**, ae. *f. Plin.* La lagaña ó legaña, *humor que destilan los ojos, y se queda en los lagrimales.*

**Lemānus**, i. m. *Ces.* Lago de Ginebra.

**Lembārius**, ii. m. *Vop.* Soldado de un navichuelo ó chalupa.

**Lembŭlus**, i. m. y

**Lembuncŭlus**, i. m. *Tac.* Chalupa, barca pequeña, corbeta, lancha y cualquiera embarcacion de menor porte.

**Lembus**, i. m. *Liv.* Bergantin, galeota, fragata pequeña, barca, carabela, balandra. || *Liv.* Barca de remos. || *Virg.* Lancha de rio. || *Nom.* Barca de pescador.

**Lemma**, ătis. n. *Plin.* Lema, argumento, título, tema que precede á los epigramas, odas, églogas &c. || *Plin.* El mismo epigrama. || *Cic.* La menor de un silogismo entre los dialécticos. *Nutricis lemmata. Aus.* Cuentos con que las amas suelen divertir á los niños.

**Lemniăcus**, a, um. *Estac.* V. Lemnius, a, um.

**Lemnias**, ădis. *f. Ov.* La muger natural de la isla de Estalimene.

**Lemniscātus**, a, um. *Cic.* Guarnecido, adornado de ó con cintas ó listones.

**Lemnisci**, ōrum. m. plur. *Plin.* Fajas, cintas, listones que se rodeaban á la corona, y pendian de ella por adorno. *Se usaban tambien en las palmas y en otras cosas.*

**Lemnius**, a, um. *Virg.* Lo perteneciente á la isla de Lemnos ó Estalimene.

**Lemnos**, y **Lemnus**, i. f. *Ter.* La isla de Lemnos ó Estalimene *en el mar Egeo.*

**Lemonia**. *Fest.* Lemonia, *nombre de una de las tribus rústicas romanas.*

**Lemōnium**, ii. n. *Plin.* El lemonio, *yerba que echa de sí un jugo como leche, y se espesa y cuaja á manera de goma; es medicinal contra las mordeduras de serpientes.*

**Lemŏvīcae**, ărum. y **Lemŏvīces**, um. m. plur. *Ces.* El Lemosin, *provincia de Aquitania.*

**Lemŏvīcensis**. m. f. sĕ. n. is. *Ces.* El natural de Lemosin, y lo perteneciente á esta provincia.

**Lemŏvīcum**, i. n. Limoges, *ciudad capital de la provincia de Lemosin.*

**Lemŏvīi**, ōrum. m. plur. *Tac.* Pueblos de Meckelbourg *en Alemania.*

**Lemŏvis**, ĭcis. m. El Lemosin, *provincia de Aquitania.*

**Lemŭres**, um. m. plur. *Nom.* Fantasmas, sombras que parece se ven de noche, y causan miedo.

**Lemŭria**, ōrum. n. plur. *Ov.* Fiestas instituidas por los romanos para aplacar las sombras y fantasmas de los muertos.

**Lena**, ae. *f. Plaut.* Alcahueta, la muger que solicita y sonsaca á otras para usos lascivos, ó que encubre, concierta y permite en su casa esta ilícita comunicacion.

**Lenaeus**, i. m. *Virg.* Uno de los sobrenombres de Baco.

**Lenaeus**, a, um. *Virg.* Lo perteneciente al vino ó al dios Baco.

**Lendicŭlus**, i. m. *Varr.* dim. *de* Lens, dis. Gusanillo, sabandija, liendrecilla.

**Lendigĭnōsus**, a, um. *Marc.* Lendroso, lleno de liendres.

**Lēne**. adv. *Marc.* V. Leniter.

**Lenīmen**, ĭnis. n. *Ov.* y

**Lenīmentum**, i. n. *Ov.* Defensivo para mitigar el dolor, lenitivo.

**Lenio**, is. īvi. ītum. īre. a. *Cic.* Mitigar, ablandar, suavizar. || Disminuir, quitar las fuerzas, moderar.

**Lenis**, is. m. *Nom.* Especie de vaso. || *Marc.* Especie de navío de poco porte.

**Lēnis**. m. f. nĕ. n. is. *Cic.* Blando, suave al tacto, delicado. || Dulce, ligero. *Lenior ira. Virg.* Cólera, ira mas mitigada, menos fuerte. *Lenis sonus. Cic.* Sonido agradable. *Lene consilium. Hor.* Consejo que inclina á suavidad y dulzura. *Lenis servitus. Plaut.* Servidumbre ligera, llevadera, soportable. *Lenissima postulata. Cic.* Pretensiones muy regulares, muy puestas en razon.

**Lenĭtas**, ātis. *f. Plin.* Lenidad, suavidad, delicadeza, blandura al tacto. || Apacibilidad, suavidad, condescendencia, mansedumbre.

**Lenĭter**. adv. *Cic.* Suave, dulce, mansa, ligeramente, con apacibilidad, dulzura y mansedumbre. *Lenius agere. Ces.* Obrar con lentitud. *Leniter arridere. Cic.* Sonreirse ó reirse blanda, dulcemente. — *Traducere aevum. Hor.* Vivir, pasar la vida con suma paz y tranquilidad.

**Lenĭtūdo**, ĭnis. *f. Cic.* V. Lenitas.

**Lenītus**, a, um. part. *de* Lenio. *Petron.* Aplacado, suavizado, moderado, mitigado.

**Leniuscŭlus**, a, um. *Plin.* Algo dulce ó suave.

**Leno**, ās. āre. a. *Salm.* V. Lenocinor.

**Leno**, ōnis. m. *Cic.* Rufian, alcahuete. || Corrompedor, seducidor de la juventud. || *Just.* Medianero, legado, embajador, diputado, enviado.

**Lenŏcĭnāmentum**, i. n. *Sid.* V. Lenocinium.

**Lenŏcĭnātor**, ōris. m. *Tert.* V. Leno.

**Lenŏcĭnium**, ii. n. *Cic.* La alcahuetería, la accion y ejercicio del rufian. || Atractivo, caricia, halago. || Afectacion en el adorno de cualquiera cosa.

**Lenŏcĭnor**, āris. ātus sum. āri. dep. *Cic.* Alcahuetear, solicitar, inducir á tratos lascivos á hombres ó mugeres. || Lisonjear, acariciar, halagar, atraer. *Lenocinari novitatem libro. Plin.* men. Dar gracia y estimacion la novedad á un libro.

**Lenŏnīce**. adv. *Lampr.* Con alcahuetería, al modo de los rufianes.

**Lenōnius**, a, um. *Plaut.* Lo perteneciente al rufian.

**Lens**, dis. *f. Plin.* La liendre, *huevo del cual se engendra el piojo.*

**Lens**, tis. *f. Virg.* La lenteja, *planta y semilla del mismo nombre bien conocida.* Ante lentem augere ollam. *Capra nondum peperit, haedus autem ludit in tectis.* adag. Hijo no tenemos, y nombre le ponemos. ref.

**Lentandus**, a, um. *Virg.* Lo que se ha de plegar.

**Lentātus**, a, um. *Trebel.* part. *de* Lento. Dilatado, retardado, prolongado.

**Lente**. adv. *Cic.* Lentamente, con lentitud, flema, tardanza, espacio. || Con pereza, negligencia, con paciencia, sin resentimiento. *Lente dicere. Cic.* Hablar, decir con apacibilidad y suavidad ó friamente. *Lentissime mandare. Col.* Mascar, comer muy despacio.

**Lenteo**, ēs. ēre. *Lucil.* y

**Lentesco**, is. scĕre. n. *Ov.* Hacerse lento, tardo, espacioso. || *Virg.* Ponerse blando, glutinoso, pegajoso. *Lentescere ad digitos. Virg.* Ablandarse entre los dedos.

**Lentĭcŭla**, ae. *f. Cels.* La lenteja. || La mancha ó peca de su figura en el rostro. || *Cel.* Especie de vaso chato en figura de lenteja.

**Lentĭcŭlāris**. m. f. rĕ. n. is. *Apul.* Lenticular, semejante á la lenteja ó perteneciente á ella.

**Lentĭcŭlātus**, a, um. *Cels.* Hecho en figura de lenteja. || Señalado con pecas ú otras manchas de su figura.

**Lentĭcŭlōsus**, a, um. y

**Lentĭgĭnōsus**, a, um. *Plin.* Lleno de lentejas. || De manchas ó pecas, pecoso.

**Lentīgo**, ĭnis. *f. Plin.* Peca ó mancha del rostro ó cuerpo, lunar.

**Lentim**, y **Lentem**. acus. *de* Lens, tis.

**Lentĭpes**, ĕdis. *com. Aus.* Lento, tardo de pies.

**Lentiscĭfer**, ó **Lentiscĭfĕrus**, a, um. *Ov.* Lo que cria los árboles lentiscos.

**Lentiscĭnus**, a, um. *Plin.* Lo que es del árbol lentisco ó hecho de él.

**Lentiscus**, i. m. *Cic.* El lentisco, *árbol siempre verde, de que sale la goma llamada almáciga ó almastiga. De este árbol dice Marcial que se hacian muy buenos mondadientes.*

**Lentītia**, ae. *f. Plin.* y

**Lentĭties**, ēi. *f. Sever.* Flexibilidad. || Viscosidad.

**Lentĭtūdo**, ĭnis. *f. Tac.* Lentitud, tardanza, espacio, pesadez. || Estupidez, insensibilidad, la demasiada blandura del ánimo con que uno no se enfada ni conmueve, aun cuando es menester.

**Lento**, ās. āvi. ātum. āre. a. *Virg.* Doblar, doblegar,

encorvar. *Lentare arcum. Estac.* Flechar un arco. — *Remos. Virg.* Remar con esfuerzo. ‖ *Sil.* Retardar, traer con lentitud, con pausa.

Lentor, ōris. *m. Col.* Lentor, humor pegajoso, craso, viscoso, viscosidad. ‖ *Plin.* Flexibilidad.

Lentŭli, ōrum. *m. plur. Plin.* Los Léntulos, *familia muy noble de Roma.*

Lentulĭtas, ātis. *f. Cic.* Calidad ó propiedad de Léntulo ó de su nombre.

Lentŭlus, a, um. *Cic. dim. de* Lentus. Algo lento, espacioso. ‖ *Sal.* Sobrenombre de la familia Cornelia, de los Léntulos.

Lentus, a, um, ior, issĭmus. *Virg.* Flexible, doblegable. ‖ Tierno, blando, suave. ‖ *Virg.* Viscoso, tenaz, pegajoso. ‖ Lento, tardo, perezoso, flemático, sosegado, ocioso, descuidado. ‖ *Sen.* Largo, dilatado. ‖ *Ov.* Duradero. *Lento igne. Plin. Lentis carbonibus. Ov.* Á fuego lento.

Lenŭlus, i. *m. Cic. dim. de* Leno. Alcahuetillo, rufian ó corrompedor de la juventud.

Lenunculārius, ii. *m. Inscr.* El que usa de barquichuelo.

Lenuncŭlus, i. *m. Plaut. dim. de* Leno. Alcahuetillo. ‖ Comerciante despreciable de esclavos. ‖ *Ces.* Batel, barco pequeño.

Lenus, i. *m. Plaut. V.* Leno. El país de Pisa en Italia.

Leo, ōnis. *m. Cic.* El leon, *animal terrestre.* ‖ *Plin.* Leon marino. ‖ *Hor.* El quinto signo del Zodiaco.

Leocrocotta, ó Leucrocotta, ó Leocrocuttas, ae. *f. Plin.* La leocrocuta, *fiera dañosísima de la India, y la mas veloz de todas.*

Leodia silva, ae. *f.* Bosque de Orleans.

Leodiensis. *m. f. sĕ. n. is.* Lo perteneciente á la ciudad de Lieja, ó al país del mismo nombre.

Leodium, ii. *n.* Lieja, *ciudad de los Paises Bajos.*

Leomania, ae. *f.* Leomague, *país de Guiena y Gascuña en Francia.*

Leona, ae. *f.* San Pablo de Leon, *ciudad de Bretaña.*

Leonice, es. *f.* Lorgues, *ciudad de Francia en la Provenza.*

Leonĭdas, ae. *m. Cic.* Leonidas, *rey de los Espartanos.*

Leonĭdes, is. *m. Plin.* Leonides, *ayo de Alejandro.*

Leonīnus, a, um. *Plin.* Leonino, lo que toca ó pertenece al leon. *Leonīnus versus. Escalig.* Versos leoninos, exámetros ó pentámetros, *cuyas sílabas últimas corresponden con igual sonido y armonía á las del medio, como en este de Ovidio.*

Quaerebant flavos per nemus omne favos.

*Los hay endecasílabos de esta especie en castellano, y son muy graciosos, como estos de Don Esteban Manuel de Villegas...*

Oye, pues, huesped, yo me voy siguiendo,
No mi destino, no, sino el precepto
Justo y discreto de mi dueño amado
Siervo de Nisa.
Nisa la bella, la que tiraniza
Tantos imperios, y con arco corvo
Vence el estorbo del amor, y vence
Tantos amantes.

O estos de Gregorio Hernandez de Velasco...

Tu misma ilustre cuna á manos llenas
Producirá azucenas y mil flores,
Que espiren mil olores suavemente.
Morirá la serpiente venenosa,
No habrá yerba engañosa que atosigue
Al que la virtud sigue...

Leonina societas. *Ulp.* Sociedad en que toda la ganancia lleva una parte, y la otra toda la pérdida.

Leontĭca sacra. *n. plur. Arnob.* Mitras del dios de los persas, *por el cual tenian al sol, y era adorado en una curva en figura de leon.*

Leontĭce, es. *f. Plin.* La chiribía, *raiz silvestre.*

Leontīni, ōrum. *m. plur. Plin.* Los Leontinos, *pueblos de Sicilia.*

Leontīnus, a, um. *Cic.* Lo perteneciente á los lentinos ó de Lentini en Sicilia.

Leontios, ii. *m. Plin.* La leoncia, *piedra preciosa, así* llamada por la semejanza de la piel del leon.

Leontium, ii. *n. Cic.* Lentini, *ciudad de Sicilia, patria de Gorgias.*

Leontopētalon, i. *n. Plin.* El leontopétalo ó rapeyo, especie de col, *cuya raiz bebida en vino es medicinal contra las serpientes.*

Leontŏphŏnus, i. *m. Plin.* El leontofono, *animal pequeño, que (segun Plin.) solo nace donde el leon, al cual mata si gusta de sus carnes, que le son venenosas.*

Leontopodium, ii. *n. Plin.* El leontopodio, *yerba llamada tambien leuceron, doripetro, toribetro y pie de leon, cuya raiz estriñe el vientre.*

Leopardĭnus, a, um. *Marc. Emp.* Lo que toca ó pertenece al leopardo.

Leopardus, i. *m. Vopis.* El leopardo, *animal de África, hijo de pardo y de leona, ó segun otros, de leon y pantera. Es parecido al leon, solo que no tiene crines, y su piel es salpicada de manchas negras.*

Lēpas, ădis. *f. Plaut.* Cierto pez marino de concha, que se agarra fuertemente á las rocas.

Lepidānus, a, um. *Sal.* Lo perteneciente á Lépido, nombre propio romano.

Lepĭde. *adv. Cic.* Graciosamente, con donaire, gracia, chiste; bella, linda, ingeniosamente.

Lepĭdium, ii. *n. Plin.* El mastuerzo silvestre.

Lepĭdōtes, ae. *m.* ó Lepidotis, is. *f. Plin.* La lepidotes, *piedra preciosa que imita las escamas de los peces con varios colores.*

Lepidŭlus, a, um. *Marc. Cap.* Graciosito, pulidito. *dim. de* Lepidus.

Lepĭdus, a, um. *Plaut.* Gracioso, precioso, bello, lindo.

Lepĭdus, i. *m. Cic.* Lépido, *nombre propio romano de la familia de los Lépidos muy antigua.*

Lepis, ĭdis. *f. Plin.* La escama ó lata de los peces y metales.

Lepista, ae. ó Lepesta, ae. *f. Varr.* Vaso ancho de metal ó barro en figura de concha, en que tenian el agua en los templos.

Lepontiae alpes. *m. plur. Plin.* Monte de San Bernardino, *donde nace el Rin en los esguízaros.*

Lepontii, ōrum. *m. plur.* Los habitantes de este monte.

Lepor, ōris. *m. Cic.* Gracia, sal, chiste, donaire en las palabras y en otras cosas.

Lepŏrārium, ii. *n. Varr.* Vivar, vivera ó vivero, *el sitio donde crian sus hijos los conejos y liebres, y otros animales de caza.*

Lepŏrīnus, a, um. *Plin.* Lebruno, lo que toca ó pertenece á la liebre.

Lepos, ōris. *m. Cic. V.* Lepor.

Lepra, ae. *f.* y

Leprae, ārum. *f. plur. Plin.* Lepra, *especie de sarna que cubre el cuerpo con costras, y va consumiendo las carnes con vehemente comezon.*

Leprōsus, a, um. *Sedul.* Leproso, el que padece la enfermedad de lepra.

Leptis, is. *f. Ces.* Lebeda, ó Lepeda, *ciudad de Berbería.*

Leptitānus, a, um. Lo perteneciente á la ciudad de Leptis ó Lebeda en Berbería.

Leptismogna, ae. *f.* Trípoli, *ciudad de Berbería.*

Leptoncentaurĭum, ii. *n. Plin.* La centaura menor, yerba muy amarga.

Leptophyllon, i. *n. Plin.* Yerba, especie de titímalo ó Jeobetrezna, que nace entre las piedras.

Leptŏrax, ăgis. *f. Plin.* Especie de uva semejante á la corintia, dulce, pero pequeña.

*Leptosĕphos, i. m.* Piedrecita pequeña, especie de mármol rojo con manchas negras.

Lĕpus, ŏris. *m. Virg.* La liebre, *animal bien conocido.* ‖ *Plin.* Liebre marina, *especie de pescado de la figura del calamar, sin hueso ni espina, y es muy venenoso.* ‖ *Hig.* Una de las diez y seis constelaciones australes. *Carcer leporem cepit. adag. irón.* Acertóle Pedro á la cogujada, que el rabo lleva tuerto. *ref. irón.*

Lepuscŭlus, i. *m. Cic.* Gazapillo de liebre, lebratillo.

Leria, ōrum. *n. plur. Fest.* Ornamento, guarnicion de

oro que ponian los antiguos en la camisa, en especial las mugeres.

**Lerna**, ae. y **Lerne**, es. f. *Plin.* Lerna, *laguna en Morea, famosa por la serpiente de siete cabezas.*

**Lernaeus**, a, um. *Virg.* y

**Lernifer**, a, um. *Ov.* Lo que es de la laguna lernea.

**Lesbiacus**, a, um. *Cic.* Lo perteneciente á la isla de Lesbos. *Lesbiaci libri. Cic.* Los tres libros de Dicearco contra la inmortalidad del alma, *asi llamados por hablarse en ellos de Mitilene, ciudad de dicha isla. Lesbiacum metrum. Sid.* El verso sáfico, *cuya inventora la poetisa Safo fue natural de Lesbos.*

**Lesbias**, ae. m. *Plin.* Piedra preciosa, *llamada lesbia de su patria Lesbos, aunque tambien se halla en la India.*

**Lesbias**, adis. f. y

**Lesbis**, idis. f. *Ov.* La muger natural de Lesbos.

**Lesbium**, ii. n. *Fest.* Vaso, inventado y grabado por los lesbios.

**Lesbius**, a, um. *Hor.* Lesbio, lo perteneciente á Lesbos. *Lesbium plectrum. Hor.* La poesía lírica ó el verso alcaico del poeta Alceo, *que fue de esta isla. Lesbia vates. Ov.* La poetisa Safo, *natural de dicha isla.*

**Lesbos**, i, ó us. f. *Plin.* Lesbos, hoy Mitilene, *isla del Asia menor en el mar Egeo, célebre por su fertilidad, y aun mas por ser patria de Pítaco uno de los siete sabios, de Alceo, Safo, del filósofo Teofrasto y otros muchos.*

**Lesbous**, a, um. *Hor. V.* Lesbius.

**Lessum**, i. n. y

**Lessus**, us, ó i. m. *Cic.* Lamento, gemido, lamentacion.

**Lestrygones**, um. m. plur. *Tibul.* Los Lestrigones, *pueblos de Italia.*

**Letabilis**. m. f. le. n. is. *Amian.* y

**Letalis**. m. f. le. n. is. *Virg.* Letal, mortal, lo que causa la muerte.

**Letaliter**. adv. *Plin.* Mortalmente.

**Letatus**, a, um. *Ov.* part. de Leto, as. Muerto.

**Lethaeus**, a, um. *Virg.* Lo perteneciente al rio Leto del infierno, del olvido.

**Lethalis**. V. Letalis.

**Lethargia**, ae. f. *Plin. V.* Lethargus.

**Lethargicus**, a, um. *Cels.* Lo perteneciente al letargo ó modorra. || *Plin.* El que padece esta enfermedad, aletargado, el que está con letargo.

**Lethargus**, i. m. *Cels.* Letargo, modorra profunda, *enfermedad.*

**Lethe**, es. m. *Ov.* El Lete, *uno de los rios del infierno, el rio del olvido.*

**Letifer**, a, um. *Virg.* Mortal, mortífero, lo que causa muerte.

**Letificus**, a, um. *Estac. V.* Lethifer, ó Letifer.

**Leto**, as, avi, atum, are. a. *Ov.* Matar, dar muerte, quitar la vida.

**Letum**, i. n. *Cic.* La muerte. || *Virg.* Ruina, perdicion.

**Leuca**, ae. f. *Amian.* Legua, medida de los caminos, *como la milla entre los romanos.*

**Leucacantha**, ae. f. *Plin.* La leucacanta, *yerba, cuya raiz es como la de la juncia, y mascada cura el dolor de dientes.* || Espina blanca.

**Leucachates**, ae. m. *Plin.* Agata blanca, *piedra preciosa.*

**Leucadia**, ae. f. *Mel.* Leucadia ó Santa Maura, *península en el mar jonio.*

**Leucadii**, orum. m. plur. Los Leucadios, *pueblos de esta península.*

**Leucadius**, a, um. *Plin.* Perteneciente á esta península.

**Leucaethiopes**, um. m. plur. *Mel.* Pueblos de la Libia inferior, *mas blancos que los demas etiopes.*

**Leucanthemis**, idis. f. *Plin.* y

**Leucanthemos**, ó **Leucanthemum**, i. n. *Plin.* La manzanilla, *yerba medicinal.*

**Leucanthes**, ae. m. *Plin.* Yerba medicinal llamada partenio, *que echa una flor blanca: tiene olor de manzana, y es amarga.*

**Leucas**, adis. f. *Ov. V.* Leucadia. || *Liv.* Ciudad del mismo nombre en la península de Leucadia. || *Ov.* Promontorio Leucate.

**Leucasia**, ae. f. *Plin.* Leucasia, ó Leucosia, *isla del mar de Toscana.*

**Leuce**, es. f. *Plin.* Yerba semejante á la mercurial. || *Serv.* El álamo blanco. || **Leuce**, *hija del mar Océano, amada de Pluton, transformada por él en este árbol, y colocada en los campos elísios.* || *Plin.* Cierto rábano silvestre. || Nombre de varias islas.

**Leucippis**, idis. patron. f. *Ov.* Las hijas de Leucipo, fueron dos Phebe y Hilaira muy hermosas, á quienes robaron Castor y Polux.

**Leucochrysus**, i. m. *Plin.* Leucocrise, *piedra preciosa, que blanquea como el cristal.* || Otra de la clase de los jacintos de color de oro con vetas blancas.

**Leucogaea**, ae. f. *Plin.* Piedra preciosa de color blanco, la misma que Galactitis.

**Leucogaei colles**. *Plin.* La Alumera, *lugar de Campania entre Nápoles y Puteolos, de donde se saca escelente azufre y greda.*

**Leucographia**, ae. f. *Plin. V.* Leucogaea.

**Leucoion**, coii. n. *Plin.* Especie de violeta blanca, alelí blanco.

**Leuconicum**, i. n. V. Leuconium.

**Leuconicus**, a, um. *Marc.* Lo que es de lana, de colchon.

**Leuconium**, ii. n. *Marc.* Lana ó pluma de colchon.

**Leuconius**, a, um. *Marc. V.* Leuconicus.

**Leucopetalus**, i. m. *Plin.* Piedra preciosa de color blanco, mezclada de oro.

**Leucopetra**, ae. f. *Cic.* El cabo de Espartivento en Calabria. || Monte que divide la Partia de la Hircania.

**Leucophaetus**, a, um. *Marc.* Vestido ó cubierto de color ceniciento, pardo, gris.

**Leucophaeus**, a, um. *Plin.* De color gris, ceniciento.

**Leucophorum**, i. n. *Plin.* La sisa ó aceite de linaza recocida con ocre y otros simples. *Es un barniz blanquecino, que se da á la madera para dorarla.*

**Leucophryna**, ae. f. *Tac.* La del entrecejo blanco, *sobrenombre de Diana entre los magnesios.*

**Leucophtalmos**, i. m. *Plin.* Piedra preciosa, que representa lo blanco y la niña del ojo.

**Leucostictus**, i. m. *Plin.* Piedra preciosa con manchas blancas, *especie de porfirite.*

**Leucothea**, ae, y **Leucothee**, es. f. *Ov.* Leucotea entre los griegos, y entre los latinos Matuta, diosa del mar.

**Leucothoe**, es. f. *Ov.* Leucotoe, *hija de Orcamo, rey de Babilonia, convertida en árbol por Apolo.*

**Leucozomus**, a, um. *Apic.* Lo que es guisado con salsa blanca.

**Leucrocuta**, ae. f. *Plin.* Fiera ligerísima de la India, que dicen imita la voz del hombre.

**Leuctra**, orum. n. plur. Leuctra, *lugar de Beocia cerca de Platea, junto al cual derrotaron los beocios á los lacedemonios, bajo la conducta del tebano Epaminondas.*

**Leutricus**, a, um. *Cic.* Lo perteneciente á Leuctra.

**Leunculus**, i. m. *Plin.* El leoncillo, leon pequeño y tierno.

**Leuphana**, ae. f. Hanover, *ciudad de Alemania.*

**Levabilis**. m. f. le. n. is. *Cel. Aur.* Lo que se puede aliviar ó suavizar.

**Levamen**, inis. n. *Cic. V.* Levamentum.

**Levamentarius**, ii. m. *Cod. Teod.* El que se junta á una nave de carga con un barco muy pequeño para aliviarla á la entrada de algun rio ó puerto.

**Levamentum**, i. n. *Cic.* Alivio, consuelo, descanso, desahogo, aligeramiento de pena ó carga. *Levamento esse. Cic.* Aliviar, consolar, dar alivio, servir de alivio.

**Levana**, ae. f. *S. Ag.* Diosa, que levantaba de la tierra á los niños recien nacidos.

**Levasso**. En. en lugar de Levavero.

**Levatio**, onis. f. *Vitruv.* Levantamiento, la accion de levantar, la elevacion de una cosa. || *Cic.* Alivio.

**Levator**, oris. m. *Petron.* El que levanta ó eleva.

**Levatus**, a, um. *Cic.* part. de Levo. Levantado, alzado, elevado. *Annonae levata solicitudo. Hirc.* Quitada la solicitud de la carestía. *Valde levatus aere alieno. Cic.* Muy aliviado de deudas, desempeñado. *Spicula levata ferro. Virg.* Flechas de bruñido hierro, acicalado.

† **Levenna**, ae. m. *Gel.* Hombre ligero, inconstante, leve, de poco seso.

Lēvi. *pret. de* Lino.

Leviathan. *indecl. Bibl.* Ballena, *monstruo marino.* ∥ Dragon infernal, *fuerza que se levanta contra Dios.*

Lĕvĭcŭlus, a, um. *Cic. dim. de* Levis. Ligerillo, de poca fuste ó constancia.

Lĕvĭdensis. m. f. vĕ, n. is. *Cic.* Ralo, tejido ó fabricado sin espesor, poco tupido. *Levidense munusculum. Cic.* Don pequeño, de poca sustancia.

Lĕvĭfĭdus, a, um. *Plaut.* Lo que es de poca fe, sobre cuya fe y palabras se debe contar poco.

Lĕvĭgātio, ōnis. *f. Vitruv.* La accion de bruñir, pulir ó alisar.

Lĕvĭgātus, a, um. *Macrob.* Pulido. *part. de*

Lĕvĭgo, as, avi, atum, are. *a. Col.* Pulir, bruñir, alisar, acepillar. ∥ Desmenuzar, hacer polvo. *Levigare cote. Plin.* Amolar, afilar, aguzar. ∥ *Album. Gel.* Aligerar, mover el vientre.

Lĕvĭpes, ĕdis. *com. Varr.* Ligero de pies, veloz.

Lĕvir, īri. *m. Fest.* Cuñado del marido ó de la muger casada.

Lĕvis. m. f. vĕ. n. is. *Cic.* Leve, ligero, que no pasa, liviano. ∥ Inconstante, fácil, ligero. ∥ Traidor, malvado, zaino. ∥ Fácil, que no es trabajoso ó penoso. ∥ *Hor.* Vano, embustero, falaz, engañoso. ∥ *Plin.* Débil, flaco, feble. ∥ *Sal.* Suave, agradable, apacible. *Levis armaturæ milites. Cels.* Soldados armados á la ligera. Infantería y caballería ligera. — *Auctor. Liv.* Autor de poca autoridad. — *Et nummarius judex. Cic.* Juez de mala intencion y fácil de sobornar. — *Juxta ad honesta et prava. Tac.* Tan fácil á inclinarse al bien como al mal. — *Cursus. Fedr.* Carrera veloz, ligera. — *Cibus. Cels.* Manjar de fácil digestion. — *Terra. Virg.* Tierra floja, seca. *In levi aliquid habere. Tac.* Estimar, tener una cosa en poco, hacer poco caso de ella, despreciarla.

Lĕvis. m. f. vĕ. n. is. *Cic.* Liso, pulido, bruñido. ∥ Suave, dulce, delicado. ∥ Sin pelo, vello, sin barba. ∥ Calvo. *Levis pumice. Ov.* Pulido, dado con la piedra pomez. *Levis senex. Ov.* El viejo Sileno, asi llamado por ser calvo. *Levia ligna. Lucr.* Maderas bien labradas.

Lĕvĭsomnus, a, um. *Lucr.* El que tiene el sueño ligero, que despierta á cualquier ruido.

Lĕvĭta, æ. *m. Ecles.* Levita, *el que es de la tribu de Levi.* ∥ Ministro del templo de Dios en Jerusalem.

Lĕvĭtas, atis. *f. Cic.* Ligereza, inconstancia, debilidad, flaqueza, liviandad. ∥ Privacion de peso ó gravedad, ligereza. ∥ *Lucr.* Agilidad, velocidad, presteza, ligereza. ∥ Pulimento, pulidez, superficie plana, lisa, bruñida, el bruñido. *Levitate continua lubricum corpus. Plin.* Cuerpo que por muy terso y bruñido se escapa, se resbala ó desliza de entre las manos.

Levites, æ. *m. Sidon.* Diácono, *el que tiene el órden sagrado eclesiástico, próximo en dignidad al sacerdotal; asi llamado de los levitas entre los hebreos.*

Lĕvĭter, ius, issime. *adv. Cic.* Ligera, superficialmente, por encima, poco, algun tanto, medianamente. *Leviter ferre. Cic.* Llevar con paciencia, con igual ánimo, con resignacion. *Ut levissime dicam. Cic.* Para decir lo menos que es posible.

Lĕvĭtĭcus, a, um. *Ecles.* Lo que es del levita ó del levítico, *libro de la sagrada Biblia.*

Lĕvĭtis, ĭdis. *f. Prud.* Lo que es de los levitas, como su tribu ó familia.

Lĕvĭtissa, æ. *f. Ecles.* La muger del levita.

Lĕvĭtūdo, ĭnis. *f. Lact.* V. Levitas.

Lĕvĭuscŭlus, a, um. *Plin. men. dim. de* Levis. Ligerillo, de poco peso.

Lĕvo, as, avi, atum, are. *a. Col.* Elevar, levantar en ó á lo alto. ∥ Aliviar, aligerar. ∥ Suavizar, minorar, disminuir. ∥ *Virg.* Exonerar, descargar. ∥ Librar, libertar. *Levare dentes. Marc.* Limpiar los dientes. *Aliquem laborum. Plaut.* Aliviar á alguno sus ó en sus trabajos. — *Paupertatem alicui. Plaut.* En su pobreza. — *Ære alieno quempiam. Cic.* Sacar á uno, libertarle ó aliviarle de ó en sus deudas.

Lēvo, as, avi, atum, are. *a. Colum.* Alisar, allanar, bruñir, pulir. *Levare aspera cultu. Hor.* Suavizar, pulir

lo que estaba tosco, grosero.

Lēvor, ōris. *m. Cic.* V. Levitas.

Lex, lēgis. *f. Cic.* Ley, derecho, escrito. ∥ Regla, norma, modelo, forma. ∥ Condicion, pacto. *Lege agere in aliquem. Cic.* Obrar contra alguno segun ley ó derecho. — *Agere jubet lictorem. Liv.* Manda, dá órden al lictor de hacer su oficio. — *Solutus. Cic.* Esento de la ley. — *Sua uti. Plaut.* Vivir á su antojo, á su modo.

* Lexĭcon, i. *n.* Diccionario, vocabulario, glosario, *coleccion de palabras y espresiones esplicadas, y puestas por órden alfabético.*

Lexĭdium, ii. *n. Gel.* Palabrita, diccion, vocablo, palabra corta.

* Lexipyretos, *adj. grieg. Plin.* Febrífugo, *dícese de los medicamentos que cortan la calentura.*

Lexis, is, y eos. *f. Cic.* Palabra, vocablo, voz, diccion.

Lexobii, y Lexovii, ōrum. *m. plur. Ces.* Los habitantes de Lisieu en Normandia.

Lexovium, ii. *n. Ces.* Lisieu, *ciudad en Francia, Normandia.*

Lezatensis ager. *m.* El Lezadois, *tierra del Lenguadoc.*

## LI

Liacŭlum, i. *n. Vitruv.* Instrumento con que se allana ó alisa, como el pison con que se allanan las calles recien empedradas.

Lĭbăcuncŭlus, i. *m. Tert. dim. de* Libum. Tortita, torta pequeña, *que se ofrecia á los dioses.*

Lĭbādium, ii. *n. Plin.* La centaura menor, *yerba.*

Lĭbāmen, ĭnis. *n. Virg.* y

Lĭbāmentum, i. *n. Cic.* Libacion, *ofrenda del sacrificio.* ∥ Efusion de algun licor *de que se hacia ofrenda en los sacrificios.*

* Lĭbānios. *adj. Plin.* Especie de vid entre los tasios, *que olia á incienso, de donde tomó el nombre.*

Lĭbănochrus, i. *m. Plin.* Piedra preciosa semejante al incienso.

Lĭbănōtis, ĭdis. *f. Plin.* El romarino, *planta.*

Lĭbănōtus, i. *m. Plin.* El viento sudsudueste.

Lĭbănus, i. *m. Plin.* El Líbano, *monte de Siria, de donde nace el Jordan.* ∥ *Sedul.* El árbol que lleva el incienso.

Lĭbārius, ii. *m. Sen.* El que vende tortas ó pasteles, pastelero, confitero.

Lĭbātio, ōnis. *f. Cic.* Libacion, oblacion, el acto de hacerla. ∥ Ofrenda.

Lĭbātōrium, ii. *n. Fest.* El vaso que servia para las libaciones.

Lĭbātus, a, um. *Virg.* Esparcido, derramado en honor de los dioses en los sacrificios. ∥ Estraido, esprimido, sacado. ∥ *Ov.* Gustado, probado, tocado á los labios. *Libatæ vires. Liv.* Fuerzas debilitadas, enflaquecidas.

Lĭbella, æ. *f. Col.* Nivel, *instrumento de Geometría.* ∥ *Varr.* Pequeña moneda de los romanos, *que valia la décima parte de un denario.* ∥ *Cic.* Cantidad de dinero mínima, *porque libella era la moneda menor. Ex libella hæres. Cic.* Heredero universal. *Ad libellam respondere. Plin.* Estar recto, á nivel, á cordel.

Lĭbellāris. m. f. vĕ. n. is. *Sid.* Lo perteneciente al libro ó librito.

Lĭbellārium, ii. *n. Cic.* Cartapacio, cartera, cuaderno, libro de memoria. ∥ Papelera.

Lĭbellātĭcus, a, um. Cristiano poco celoso, *que no sacrificaba á los ídolos; pero daba su nombre para ser escrito, ó dinero para no ser obligado.*

Libellenses. *adj. plur. Cod.* Los oficiales que en la secretaría palatina recibian y llevaban la razon de los memoriales.

Lĭbellio, ōnis. *m. Varr.* El correo que lleva las cartas. *Estac.* Copista de libros. ∥ Librero.

Lĭbellisius, ii. *m. Just.* El relator de peticiones.

Lĭbellŭlus, i. *m. Marc. Cap.* Libretillo. *dim. de*

Libellus, i. *m. Cic.* Librito, libro pequeño. ∥ Cartapacio, cartera, libro de memoria. ∥ Peticion, súplica, memorial. ‖ *Cat.* Tienda de librero, librería. ‖ *Cartel.* ‖ Carta, información, escritura. ‖ Libelo de infamia. ‖ Citación á juicio. ‖ *Paul. Jct.* Celebración. *Libellus famosus. Tac.* Libelo infamatorio. — *Quaerulus. Plin. men.* Peticion en tela de justicia. *Libellos signare.* — *Subnotare. Suet.* Responder ó poner los oficios correspondientes ú órdenes en los memoriales. — *Porrigere. Suet.* Presentar memoriales ó peticiones. — *Agere. Trifon.* Cuidar de recogerlos. *A libellis. Suet.* Secretario que recibe los memoriales y responde á ellos.

Lībens, tis. *com. Cic.* El que hace alguna cosa con gusto, de buena gana, de buena voluntad. ‖ *Plaut.* Alegre, contento, gozoso. *Libentissimis omnibus. Cic.* Con gran gusto y consentimiento de todos.

Lībenter, ius, issĭme. *adv. Cic.* De buena gana ó voluntad, con gusto, sin violencia, ni repugnancia. *Libenter qui accepit beneficium, reddidit. Sen.* Es hacer un beneficio el recibirle con muestras de gran placer.

Lībentia, ae. *f. Gel.* Gusto, deleite, placer. ‖ *Plaut.* Libencia, diosa de la alegría y deleite.

Lībentina, ae. *f. S. Ag.* La diosa Venus, *diosa del deleite y placer.*

Līber, bĕri. *m. Cic.* Baco, *dios del vino y de la vendimia.* ‖ El vino.

Līber, bri. *m. Cic.* El libro ó volúmen. ‖ Obra de ingenio, tratado. ‖ *Virg.* La membrana que tienen los árboles entre la corteza y la madera, *en la cual se escribia antes de la invencion del papel. Libri litterarum. Cic.* Registros ó libros de registros públicos. ‖ Por antonomasia, *los libros de las sibilas.*

Līber, era, erum, erior, errimus. *Cic.* Libre, el que no ha nacido esclavo. ‖ Franco, esento, que no está cargado, que está en entera libertad. ‖ Abierto, sincero, que dice con libertad y sin respeto lo que siente. ‖ *Ter.* Digno de fe, de que se le reciba declaracion, á causa de ser de condicion libre. *Liberi agri, y libera praedia. Cic.* Tierras libres, francas, que no tienen cargas sobre sí. *Libera toga. Prop.* La toga viril; *porque desde que cada uno la tomaba, era enteramente dueño de sus acciones.* — *Fama. Prop.* Fama que vuela por todas partes sin tacha alguna. — *Lingua. Ov.* Persona que habla con libertad. *Libera mandata constituere. Liv.* Dar entero poder, carta abierta, enteras facultades. *Liberum arbitrium. Liv.* El libre albedrío, la libertad de hacer ó no hacer. *Libero corde fabulari. Plaut.* Hablar con franqueza, con entera libertad. *Liberum est mihi. Plin. men.* Está en mi mano.

Līber, i. *m. Quint.* El hijo. *Es mas usado en plural.*

Lībera, ae. *f. Cic.* Proserpina, *hija de Júpiter y Ceres, diosa de los infiernos.* ‖ *Ov.* Ariadna, *muger de Baco.*

Līberālia, ium, y orum. *n. plur. Ov.* Fiestas de Baco, *distintas de las bacanales que se celebraban en el campo á 17 de Marzo.*

Līberālis. *m. f.* le. *n.* is, ior, issĭmus. *Cic.* Liberal, generoso, dadivoso, magnífico. ‖ Noble, ilustre, honrado. ‖ Digno de un noble, de una persona de estimacion. ‖ Lo que se da liberal y graciosamente. *Liberalis actio. Cic.* Accion noble, generosa. — *Mens. Cic.* Ánimo, espíritu, corazon, pecho magnánimo, grande, noble. — *Facies, forma. Ter. Species. Cic.* Buena traza, buena presencia, fisonomía de un hombre de bien ó bien nacido. — *Causa. Quint.* Causa en que se trata de la libertad de alguno. *Liberales artes. Cic.* Artes liberales, *aquellas á que pueden y deben aplicarse las gentes bien nacidas.* — *Joci.* Chanzas, chistes, donaires, gracias finas, delicadas, cortesanas. — *Viaticum. Cic.* Abundante provision para un viage. — *Judicium. Quint.* Juicio, sentencia que asegura á uno la libertad. *Liberalia studia. Tac.* Las bellas letras.

Līberālītas, ātis. *f. Cic.* Liberalidad, largueza, generosidad, magnificencia. ‖ Bondad, dulzura, indulgencia, benignidad.

Līberālĭter. *adv. Cic.* Liberalmente, con generosidad y magnificencia. ‖ Noblemente, con ánimo caballeresco, como conviene á una persona bien nacida. ‖ *Sql.* Con bondad, dulzura y complacencia. ‖ Con afecto, con buen corazon.

Līberātio, onis. *f. Cic.* Liberacion, absolucion, remision. El acto de dar libertad.

Līberātor, ōris. *m. Cic.* Libertador, el que liberta ó da libertad.

Līberātus, a, um. *Cic. part. de* Libero. Libertado, absuelto, puesto en libertad.

Lībere, ius, berrĭme. *adv. Cic.* Libremente, con franqueza, con libertad, con sinceridad. ‖ Noble, generosamente. ‖ Sin temor, sin respeto, sin lisonja. ‖ *Virg.* Liberalmente. *Libere educatus, ó eductus. Ter.* Bien criado, bien educado. *Liberius vivere. Cic.* Vivir licenciosamente.

Līberi, orum. *m. plur. Cic.* Los hijos de padres libres.

Līberō, as, ávi, ātum, āre. *a. Cic.* Librar, libertar, salvar, sacar de daño ó peligro, poner en libertad, dar soltura. ‖ Justificar, disculpar, absolver, declarar inocente. *Liberare aliquem errore. Cic.* Sacar á uno de su error, desengañarle. — *Fidem suam. Cic.* Cumplir su palabra. — *Promissa. Cic.* Cumplir á uno lo que se le ha prometido. — *Se aere alieno. Cic.* Pagar sus deudas, salir de ellas. — *Culpa aliquem. Cic.* Disculpar á alguno. — *Ex populo. Plaut.* Sacar del estado ó condicion de plebeyo. — *Invidia. Cic.* Poner á cubierto de la envidia. — *Custodiis corporis. Cic.* Sacar de prision. — *Crimine. Cic.* Absolver de un delito. — *Nomina. Liv.* Aclarar las partidas. — *Limen. Petron.* Salir del umbral.

Liberta, ae. *f. Hor.* Liberta, *muger á quien de esclava se ha hecho libre.*

Lībertas, ātis. *f. Cic.* Libertad, estado y condicion de las personas libres. ‖ Libertad, libre albedrío. ‖ Franqueza, sinceridad. ‖ Licencia, permiso. ‖ Libertinage, modo de vivir sin freno, licencioso. ‖ *Tac.* Estado de una república libre, democracia. ‖ Diosa de la libertad.

Libertīna, ae. *f. Cic.* La hija de una liberta.

Lībertĭnĭtas, ātis. *f. Ulp.* La condicion de los libertos.

Lībertīnus, i. *m. Cic.* Libertino, *hijo del esclavo á quien se ha dado libertad.*

†Lībertō, as, āre. *a. Plaut.* Dar libertad, hacer libre, poner en libertad.

Lībertus, i. *m. Cic.* Liberto, *el esclavo á quien se ha dado libertad.*

Lībescit. *ant. en lugar de* Libet.

Lĭbet, lĭbuit, lĭbĭtum est, bēre. *n. Cic.* Agrada, gusta, se quiere. *Libuit. Plaut.* Lo he querido, me ha dado el gusto. *Ut libet. Ter.* Como te parezca, como gustes. *Quodcumque homini accidit libere. Plaut.* Cualquiera cosa, que, ó cuanto á un hombre se le antoja, se le pone en la cabeza.

Lībethra, ae. *f. Plin.* Libetra, *fuente de Magnesia en Macedonia consagrada á las musas.*

Lībethrĭdes, dum. *f. plur. Mel.* Las musas, *á quienes estuvo consagrada la diosa Liberta.*

Lībeum, i. *n.* Vaso con que se hacian las libaciones en los sacrificios. ‖ Las mismas libaciones.

Lībidĭnans, tis. *com. Petron.* El que se abandona á los placeres sensuales.

Lībidĭnĭtas, ātis. *f. Laber.* V. Libido.

Lībidĭnor, āris, ātus sum, āri. *dep. Marc.* Abandonarse á los placeres sensuales.

Lībidĭnŏse. *adv. Cic.* Siguiendo la pasion con liviandad, lujuriosamente.

Lībidĭnōsus, a, um. *Cic.* Libidinoso, liviano, lujurioso, dado á los placeres sensuales.

Lībido, ĭnis. *f. Cic.* Antojo, capricho. ‖ Liviandad, sensualidad, deseo, pasion desarreglada. ‖ Inclinacion, deseo, voluntad. *Libido cui est male loqui. Plaut.* Que se deleita en hablar mal. — *Urinae. Gel.* Mucha gana de orinar. — *Gratificandi. Sal.* Inclinacion á dar, á regalar, á gratificar. *Libidinem habere in aliqua re. Sal.* Tomar placer, tener gusto en una cosa. *Libidine, non ratione agere. Cic.* Obrar por capricho, y no por razon.

Lībĭtĭna, ae. *f. Suet.* Proserpina, *muger de Pluton ó Venus, diosa que presidia á los funerales, y en cuyo templo se vendian y alquilaban las cosas necesarias para ellos.* ‖ *Plin.* El féretro ó la pira en que se colocaban los difuntos. ‖ *Hor.* La muerte. ‖ *Val. Max.* El oficio de los enterradores y de los que vendian y alquilaban los muebles que se usaban en los funerales.

Lībĭtĭnārius, ii. *m. Sen.* El enterrador, y el que vendia

## LIB

y alquilaba los muebles necesarios en los entierros.

Libitiniensis porta. *Lampr.* Puerta libitiniense se llamaba una del anfiteatro por donde sacaban los cuerpos de los gladiadores que morian en los juegos públicos.

† Libĭto, as, avi, atum, are. freq. V. Libo.

Libĭtum, i. n. *Tac.* Voluntad, gusto, capricho, placer. *Ad libita Caesarum. Tac.* Á voluntad de los césares.

Libĭtus, a, um, *Tert.* Lo que ha venido al capricho, lo que ha dado el gusto de hacer ó decir.

Libo, as, avi, atum, are. a. *Ov.* Probar, gustar, catar, tocar con los labios. ‖ *Petron.* Desflorar, tocar suave, ligeramente. ‖ *Cic.* Hacer libaciones, efusiones, aspersiones en oblacion y honra de alguna divinidad. ‖ Hacer oblacion ú ofrenda. *Libare aliquid ex scriptoribus. Cic.* Sacar, extraer algo de los escritores. — *Aliquid ex omnibus disciplinis. Cic.* Aprender un poco de cada cosa. — *Suo nomini laudem. Cic.* Atribuirse alabanza. — *Pateram. Virg. Dapes. Liv. Uvam. Tib.* Ofrecer en sacrificio una copa de vino, manjares, uvas.

Libonōthia Thuringa, ae. f. Osterland, pais de Alemania.

Libonōtus, i. m. *Plin.* El sudoeste, viento.

Libo Phoenicia, ae. f. El reino de Túnez en Africa.

Libŏra, ae. f. Talavera de la Reina, ciudad de España en Castilla la nueva.

Libra, ae. f. *Hor.* Libra, el peso de doce onzas. ‖ Balanza del peso. ‖ La pesa ó contrapeso. ‖ *Col.* El nivel. ‖ Séptimo signo del zodiaco. *Ad libram. Cas.* Á nivel.

Librālis. m. f. le... is. *Col.* Lo que es de una libra ó que la pesa.

Libramen, ĭnis. n. *Liv.* Contrapeso, pesa. ‖ Tiro, la accion de tirar, disparar, arrojar y despedir de sí.

Libramentum, i. n. *Col.* Contrapeso, pesa, equilibrio. *Libramenta tormentorum. Liv.* Cables con que se jugaban las máquinas de guerra. — *Plumbi. Liv.* Plomadas, niveles. ‖ Balas que despedian las máquinas de guerra.

Librāria, ae. f. *Gel.* Librería, donde se venden libros, biblioteca, donde estan colocados. ‖ *Juv.* Criada que repartia las tareas á otras, y era celadora entre ellas.

Librariŏlus, i. m. *Cic.* dim. de Librarius.

Librarĭum, ii. n. *Cic.* Papelera, escribanía, archivo donde se guardan los escritos privados.

Librarĭus, ii. m. *Cic.* Copista, copiante de libros. ‖ *Sen.* Librero, mercader de libros.

Librarĭus, a, um. *Cic.* Lo que toca á los libros. ‖ *Liv.* Lo que pesa una libra. *Librarius scriptor. Hor.* Copiante de libros. *Libraria taberna. Cic.* Librería, tienda de un librero. — *Frusta. Col.* Pedazos de un libro. *Librarium scalprum. Suet.* Cortaplumas, navaja de cortar plumas. — *Atramentum. Vitruv.* Tinta de escribir. Hoy se pudiera decir tinta ó barniz de imprenta.

Librātio, ōnis. f. *Vitruv.* La accion de nivelar, de poner á nivel, derecho. ‖ La de pesar. ‖ La de disparar.

Librātor, ōris. m. *Plin. men.* Nivelador. ‖ *Tac.* El que arroja ó dispara.

Librātūra, ae. f. *Veg.* Igualacion de la superficie.

Librātus, a, um. part. de Libro. *Cic.* Equilibrado, contrapesado. ‖ *Liv.* Dirigido, disparado á cierto punto y con cierta direccion.

Librĭger, eri. m. *Paul. Nol.* El que lleva un libro.

Librīle, is. n. *Gel.* La balanza. ‖ *Fest.* La vara del peso de que penden las balanzas.

Librilia, ōrum. n. plur. *Fest.* Máquinas de guerra para disparar piedras y otras cosas.

Librīlis, e. *Gel.* Loquax hierba para disparar. V. Libralis.

Librĭpens, dis. m. *Plin.* El que pesaba la moneda antes que se sellase. ‖ El que tenia la libra de cobre en la ceremonia del contrato de venta llamado *mancipatio.*

Libro, as, avi, atum, are. a. *Catul.* Igualar, poner á nivel. ‖ *Plin.* Pesar. ‖ *Ov.* Poner, tener en equilibrio, contrapesar. ‖ *Virg.* Disparar, lanzar, tirar, arrojar con fuerza. ‖ *Stat.* Pesar, reflexionar, considerar. *Librati corpus in alas. Ov.* Sostener el cuerpo en las alas. — *Se in alto. Plin.* Atalayar, tomar vuelo ó alto á bajo. — *Tela. Virg.* Disparar dardos. — *Malleum. Ov.* Descargar un martillo, un martillazo. — *Aquam. Plin.* Sondar la profundi-

## LIG 417

dad del agua. — *Alicujus fidem. Plin.* Probar, sondear la fidelidad de alguno.

Libs, libis. m. *Plin.* El viento africano, poniente garbino.

Libum, i. n. *Cat.* Torta hecha con harina, queso, huevo, aceite y miel, que se ofrecia á los dioses, unas veces cocida y otras cruda.

Liburna, ae. f. *Hor.* V. Liburnica.

Liburni, ōrum. m. plur. *Plin.* Los liburnos ó croacios, pueblos del Ilírico entre Istria y Dalmacia.

Liburnia, ae. f. *Plin.* La Liburnia ó Croacia.

Liburnĭca, ae. f. *Suet.* Bergantin, galeaza, corbeta, nave pequeña, que tenia dos remos.

Liburnĭcum imperium. *Firmic.* El mando de una armada.

Liburnĭcum mare. El mar de Dalmacia, parte del adriático.

Liburnĭcus, a, um. *Plin.* Lo perteneciente á los liburnos y á su tierra.

Liburtĭdes, um. f. plur. *Plin.* Islas del mar adriático.

Liburnus, a, um. *Plin.* V. Liburnicus.

Liburnus, i. f. Liorna, puerto de mar en Tuscana.

Libus, i. m. *Nig.* V. Libum.

Libya, ae. f. *Plin.* La Libia, gran pais de Africa. ‖ El Africa toda.

Libyci, ōrum. m. plur. *Gra.* Pueblos de la Galia cisalpina.

Libycus, a, um. *Plin.* Lo perteneciente á la Libia y á sus habitantes.

Libyphoenĭces, um. m. plur. *Plin.* Pueblos de Libia oriundos de los fenicios, y mezclados con los africanos, cuya region es hoy el reino de Túnez.

Libys, ios. m. y

Libyssa, ae. f. y

Libyssĭnus, a, um. *Cat.*

Libyssis, ĭdis. f. V. Libycus.

Libystĭnus, a, um. *Cat.* V. Libycus.

Libystis, ĭdis. f. *Virg.* Africana, la que es de Libia.

Licens, tis. tior. *Cic.* Libre, licencioso. ‖ El que pone una postura á la cosa que se ha puesto. *Licente illo contra liceri audet nemo. Caes.* En poniendo él postura, nadie se atreve á pujar sobre ella.

Licenter, tius. adv. *Cic.* Licenciosa, libremente. *Licentius dicere. Quint.* Hablar con demasiada libertad.

Licentia, ae. f. *Cic.* Licencia, permiso, facultad, libertad. ‖ Desvergüenza, atrevimiento, libertinage. *Hujus saeculi licentia. Cic.* El libertinage de estos tiempos. — *Militum. Tac.* La poca disciplina de la tropa.

Licentiōso. adv. *Petron.* Licenciosamente, con demasiada libertad.

Licentiōsus, a, um. *Quint.* Licencioso, el que se toma demasiada libertad y abusa de ella. *Licentiosissimus. S. Ag.*

Liceo, es, cui, cĭtum. *Cic.* Ser apreciado ó tasado en almoneda. — *Plin.* Poner precio á la cosa el que la vende.

Liceor, ēris, cĭtus sum, ēri. dep. *Cic.* Ofrecer, poner precio en almoneda. ‖ Pujar el precio ó postura de otros. *Licere digito. Cic.* Poner precio levantando el dedo. Costumbre de los romanos en las almonedas.

Licessit. ant. *Plaut.* en lugar de Licuerit.

Licestrīa, ae. f. *Licostra,* ciudad de Inglaterra.

Licet, cuit, cĭtum est, ēre. n. *Cic.* Ser lícito, ó permitido, permitir. *Licet si jubes, etc. Ter.* Sea ó lo quieres, si gustais de ello, si lo permitis. — *Id mihi discere de te? Tib.* Puedo yo saber esto de tí? ¿queréis informarme ó decirme la verdad de ó en esto? — *Esse bonis... Nobis esse bonis. — Nihil esse bonum. Ne vise bonum. Cic.* Nada nos impide para que seamos buenos ú hombres de bien. *Cui plus licet quam par est, plus vult quam licet. adag.* Al villano dadle el pié, y tomará la mano, etc.

Licet. conj. adverb. *Cic.* Aunque, bien que, sin embargo, por mas que. *Licet terrores in me impendenti Circumstrent, aunque* mas temores se me opongan.

Lichanus, i. m. *Vitruv.* El sonido que da una cuerda tocada en un instrumento.

Lichen, ēnis. n. *Plin.* La hepática ó liquen, yerba que cura los empeines. ‖ El empeine ó aspereza.

† Liciātus, a, um. *S. Ag.* Empezado, comenzado.

Ggg

**Licinianus, a, um.** *Cat.* Lo perteneciente á Licinio, ciudadano romano.

**Licinium, ii. n.** *Veg.* La hila untada en alguna medicina, que se pone sobre la llaga para curarla.

**Licinius, a, um.** *Col.* V. *Licinianus.*

**Licitans, tis. com.** *Dig.* El que pone precio ó le ofrece en la almoneda.

**Licitatio, onis. f.** *Cic.* El ofrecimiento de precio en cualquiera venta. *Praedam ad licitationem dividere. Suet.* Repartir la presa al que mas dé ú ofrezca por ella. *Licitatione maxima comparare aliquid. Suet.* Comprar una cosa muy cara, á gran precio.

**Licitator, oris. m.** *Cic.* El que puja el precio de otros en una venta ó alquiler. *Licitatorem apponere. Cic.* Poner á uno por testa de fierro, es dar á uno alguna gratificacion para que haga postura en nombre de otro.

**Licite, y Licito. adv.** *Dig.* Licitamente.

**Licitor, aris, atus sum, ari. dep.** *Plaut.* Ofrecer precio en una venta y pujar la postura de otros. ‖ *En.* Combatir, contender. *Licitari capita hostium. Curt.* Señalar talla ó premio por las cabezas de los enemigos.

**Licitus, a, um.** *Tac.* Lícito, permitido, concedido.

**Licium, ii.** *Plin.* La trama ó urdimbre, el lizo de ella. ‖ *Fest.* Hilo, estambre, cuerda.

**Licneri, orum. m. plur.** Pueblos de la isla de Córcega.

**Lictor, oris. m.** *Liv.* Lictor, ministro, esbirro, alguacil, corchete, siervo público que precedía á los magistrados romanos con una segur metida entre un haz de varas.

**Lictorius, a, um.** *Plin.* Lo perteneciente al lictor.

**Licus, i. m.** El Lech, río que separa la Baviera de la Suavia.

† **Liduna, ae. f.** El reflujo de la mar.

**Lien, enis. m.** *Cels.* El bazo.

**Lienicus, a, um.** y

**Lienosus, a, um.** *Plin.* El enfermo del bazo.

**Lienteria, ae. f.** *Cel.* Flujo de vientre por flojedad de los intestinos, cursos.

**Lientericus, a, um.** *Plin.* El que padece del bazo, el enfermo de flujo de vientre.

**Ligamen, inis. n.** *Col.* y

**Ligamentum, i. n.** *Liv.* V. *Ligatio.*

**Ligarianus, a, um.** *Cic.* Lo perteneciente á Ligario, ciudadano romano.

**Ligatio, onis. f.** *Cels.* y

**Ligatura, ae. f.** *Col.* Ligamento, ligadura, vendage.

**Ligatus, a, um. part. de Ligo.** *Cic.* Ligado, atado.

**Ligea, ae. f.** *Virg.* Ligea, ninfa, hija de Nereo y Doris.

**Ligellum, i. n.** *Plaut.* Choza, cabaña, barraca.

**Liger, is. m.** *Caes.* El Loire, río de la Galia céltica.

**Ligericus, a, um.** *Inscr.* Lo que pertenece al río Loire.

**Ligillum, i. n.** *Plin.* Un azadoncito, un pedacito de madera.

**Lignarius, ii. m.** *Liv.* El leñador, el leñero. ‖ Maderero, carpintero.

**Lignarius, a, um.** *Cap.* Lo que es de madera, y lo que pertenece á ella. *Lignaria negotiatio. Cap.* Comercio de ó en madera.

**Lignatio, onis. f.** *Caes.* La accion de ir á cortar y conducir leña. ‖ *Vitruv.* Acopio, provision de leña, de madera. ‖ *Col.* El parage donde se corta.

**Lignator, oris. m.** *Liv.* Leñador, el soldado que va á buscar leña.

**Ligneolus, a, um.** *Cic. dim. de*

**Ligneus, a, um.** *Caes.* Lo que es de madera ó leña.

**Lignipedium, ii. n.** *Fest.* Zapato de madera, albarcas.

**Lignor, aris, atus sum, ari. dep.** *Caes.* Hacer leña, ir á buscarla, á traerla. *Lignatum ire, Liv.* Ir á cortar madera.

**Lignosus, a, um.** *Plin.* Abundante de madera; semejante á ella, duro como un madero.

**Lignum, i. n.** *Cic.* El leño, la madera. ‖ El corazon de un árbol. ‖ El hueso de la fruta.

**Ligo, onis. m.** *Col.* La zapa, el azadon ó azada para cavar la tierra.

**Ligo, as, avi, atum, are. a.** *Cic.* Ligar, atar, sujetar, vendar. *Ligare in catenas. Quint.* Enlazar, encadenar, esclabonar. —*Pacta. Prop.* Sujetar los pactos á las condiciones. —*Aliquem legibus. Stat.* Contener á uno con las leyes, sujetarle con ellas.

**Ligonizo, as, avi, atum, are. a.** *Col.* Cavar, labrar la tierra con el azadon.

**Ligula, ae. f.** *Juv.* Correa, cuerda, cordon, liga, agujeta. ‖ *Plin.* La abertura de la laringe, y la ternilla epiglotis que la tapa, lígula. ‖ Espátula, cuchara. ‖ *Fest.* Lengüeta. ‖ *Gel.* Hoja de espada angosta. ‖ *Plin.* Cierta medida que era la cuarta parte de un ciato.

**Ligur y Ligus, uris. m.** *Cic.* El natural de Liguria, el genoves.

**Ligures, um. m. plur.** *Plin.* Los naturales de Liguria, pueblos muy belicosos en lo antiguo.

**Liguria, ae. f.** *Plin.* La Liguria, *region de Italia en los Alpes marítimos, hoy el Genovesado.*

**Ligurianus, a, um.** *Grat.* V. *Ligusticus.*

**Ligurio, is, ivi, itum, ire. a.** *Ter.* Ser goloso, gustar de los manjares delicados. ‖ Comer con delicadeza y melindre como tocando la comida con los labios. ‖ *Hor.* Comer con ansia. ‖ *Suet.* Lamer. ‖ *Cic.* Desear con ansia, ardientemente.

**Liguritio, onis. f.** *Cic.* La accion de comer con melindre, con golosina, y con ansia y voracidad.

**Liguritor, oris. m.** *Macrob.* El goloso, ansioso.

**Ligusticum, i. n.** *Plin.* El ligústico ó pánace, yerba.

**Ligusticus, a, um.** *Cic.* Lo que pertenece á Liguria, ligústico. *Ligusticum mare. Plin.* La ribera de Génova, el mar de Liguria ó ligústico. —*Saxum. Juv.* Mármol de Génova.

**Ligustinus, a, um.** *Liv.* V. *Ligusticus.*

**Ligustis, idis. f.** *Sid.* La que es natural de Liguria ó cosa que pertenece á este pais.

**Ligustrum, i. n.** *Virg.* El ligustro ó aleña, árbol.

**Liliaceus, a, um.** *Palad.* Lo que pertenece ó se parece al lirio.

**Lilietum, i. n.** *Plin.* Lugar lleno ó plantado de lirios.

**Lilium, ii. n.** *Virg.* El lirio, *planta que echa unas flores olorosas de color cárdeno por lo comun.* ‖ *Caes.* Por semejanza de sus hojas, es un palo hincado en tierra y mal cubierto de ella para impedir el paso á los enemigos.

**Lilybaetanus, a, um.** *Cic.* V. *Lilybeius.*

**Lilybaeum, i. n.** *Cic.* Promontorio de Sicilia, *hoy cabo Coco.* ‖ Ciudad cerca de él, *hoy Marsala.*

**Lilybe, es. f.** *Prisc.* V. *Lilybaeum.*

**Lilybeius, a, um.** *Virg.* Lo perteneciente al promontorio de Marsala.

**Lima, ae. f.** Lima, *ciudad capital del Perú en América.*

**Lima, ae. f.** *Fedr.* Lima, instrumento de acero para pulir este y otros metales. ‖ *Ov.* Lima, cuidado de pulir y acabar con perfeccion una obra. ‖ *Crítica*, censura. ‖ *Arnob.* Diosa de los umbrales de las puertas.

**Limaceus, a, um.** *Fest.* y

**Limarius, a, um.** Lodoso, cenagoso, lleno, abundante de lodo ó cieno.

**Limate, ius. adv.** *Cic.* Limada, pulida, perfectamente, con lima y correccion.

**Limatula, ae. f.** *Nev.* Lima pequeña. ‖ Lima suave ó dulce.

**Limatulus, a, um.** *Cic.* Terso, pulido. *dim. de*

† **Limatura, ae. f.** Las limaduras.

**Limatus, a, um.** *Cic. part. de Limo.* Limado, pulido, enmendado, correcto, bien trabajado ó acabado. *Limatus urbanitate. Cic.* Cortesano culto, que sabe de urbanidad y policia. *In suo vario togae. Marc.* Hombre de esperiencia en los tribunales.

**Limax, acis. m.** *Col.* El caracol. ‖ *Plaut.* El que anda buscando á escondidas que hurtar. ‖ *Varr.* La muger deshonesta.

**Limbator, oris. m.** *Cat.* El bordador.

**Limbatus, a, um.** *Treb. Pol.* Bordado alrededor; lo que tiene bordado ó bordadura.

**Limbolarius, ii. m.** *Plaut.* y

**Limbularius, ii. m.** El bordador.

**Limbus, i. m.** *Virg.* El bordado ó bordadura puesta al borde ó orla de alguna ropa. ‖ *Varr.* Franja, faja ó orla sobrepuesta. *Limbus duodecim signorum. Varr.* El zodíaco, círculo celeste donde están los 12 signos.

**Limen**, ĭnis. n. *Cic.* El umbral de la puerta. ‖ *Virg.* Entrada, puerta de un lugar, el lugar mismo. ‖ Barrera, límite, frontera. *Limes inferum. Plaut.—Inferius. Varr.* El umbral de la puerta, el paso ó entrada de ella.—*Superum. Plaut.* Lintel de la puerta. *Limina deorum. Virg.* Templo de los dioses. *Ad limina servus. Apul.* Portero. *Limine submoveri. Juv.* Ser echado por la puerta afuera; puesto en la calle ó á la puerta. *A limine disciplinas salutare. Sen.* Tomar una ligera tintura de las ciencias, no hacer mas que saludarlas, aprender solo los rudimentos de ellas. *Limen interni maris. Plin.* El estrecho de Gibraltar.—*Relinquere. Virg.* Dejar la barrera, *hablando de carreras á porfia.*

**Limenarcha**, ae. m. *Paul. Jct.* Intendente de un puerto, el que cuida de los que entran y salen de él.

**Limentĭnus**, i. m. *Ter.* Dios que presidia á los umbrales de las puertas, *que eran sagrados entre los antiguos.*

**Limentum**, i. n. *Varr.* V. Limen.

**Limēra**, ae. f. y

**Limēre**, es. f. Epidauro, ciudad sobre cuyas ruinas fue fundada Ragusa.

**Limes**, ĭtis. m. *Col.* Senda, sendero que atraviesa de una parte á otra. ‖ Calle de travesía. ‖ *Virg.* Límite, término. ‖ *Tac.* Frontera, barrera, confín. ‖ *Liv.* Camino, calle. ‖ *Ov.* Rastro, huella, surco, señal. ‖ El zodíaco. *Ipsum ostii limen attigisti.* adag. Acertaste en el blanco.

**Limēum**, i. n. *Plin.* V. Cervarius.

**Limĭcŏla**, ae. m. *Aus.* El que habita en el cieno.

**Limĭgĕna**, ae. m. f. *Aus.* El que ha nacido en el cieno.

**Limināris**. m. f. rĕ. n. is. *Vitruv.* Lo que pertenece al umbral de la puerta. *Liminares trabes. Vitruv.* Linteles de las puertas, arquitrabes, vigas sostenidas por colunas.

**Limis**. m. f. mĕ. n. is. *Amian. Marc.* V. Limus.

**Limitānĕus**, a, um. *Cod.* y

**Limitāris**. m. f. rĕ. n. is. *Varr.* Lo que es de los límites, términos, fronteras. ‖ Limitáneo.

**Limitātio**, ōnis. f. *Col.* La accion de poner ó señalar términos ó límites.

**Limitātor**, ōris. m. *Liv.* El que pone, señala ó establece límites ó términos.

**Limitātus**, a, um. *Fest.* Aquello á que se ha puesto límites ó términos. *part. de*

**Limĭto**, ās, āvi, ātum, āre. ó

**Limĭtor**, āris, ātus sum, āri. dep. *Plin.* Poner, señalar, establecer términos, límites, confines. ‖ Dividir con sendas ó linderos.

* **Limne**, es. f. *Vitruv.* El estanque ó lago.

**Limnesium**, ii. n. Centaura menor, yerba.

**Limnĭādes**, dum. f. plur. Ninfas de los lagos.

**Limo**, ās, āvi, ātum, āre. a. *Plin.* Limar, pulir con la lima. ‖ Pulir, enmendar, corregir, perfeccionar. *Lima re veritatem disputatione. Cic.* Adelgazar, aclarar la verdad con la disputa.—*Commoda. Hor.* Disminuir, rebajar las conveniencias.—*Caput cum aliquo. Plaut.* Unirse, juntarse con alguno, abrazarse. *Limari cura. Ov.* Ser consumido de cuidados, de pesadumbres.

**Limo**, ōnis. m. *Col.* Lanza, limon del carro.

**Limocinctus**, a, um. *Gel.* Ministro del magistrado, ceñido *con una faja de color de púrpura por insignia.*

* **Limodŏron**, i. n. *Plin.* El limodoro, yerba.

**Limonia**, ae. f. *Plin.* La limonia, yerba.

**Limoniādes**, dum. f. plur. *Serv.* Ninfas de los prados y de las flores.

**Limoniātes**, ae. m. *Plin.* Piedra preciosa de color verde, *especie de esmeralda.*

**Limonium**, ii. n. *Plin.* La acelga silvestre, legumbre.

**Limositas**, ātis. f. *Plin.* El limo, cieno ó lodo, y la suciedad de él.

**Limōsus**, a, um. *Virg.* Limoso, cenagoso, pantanoso, lleno de limo, cieno ó lodo.

**Limovici**, ōrum. m. plur. *Ces.* Los lemosinos, pueblos de Francia.

**Limpĭdus**, a, um. *Col.* Limpio, claro, reluciente.

**Limpĭtūdo**, ĭnis. f. *Plin.* Limpieza, claridad.

**Limŭla**, ae. f. *Ter. Maur.* Lima pequeña, dim. de Lima.

**Limŭlus**, a, um. *Plaut.* Algo atravesado. dim. de Limus.

**Limus**, i. m. *Cic.* Limo, lodo, cieno, barro. ‖ Poso, asiento que dejan los licores. ‖ *Serv.* Cierta vestidura, especie de guardapies ó faldellin, y el cíngulo ó cinta para atarle á la cintura.

**Limus**, a, um. *Ter.* Oblicuo, torcido, atravesado. ‖ *Varr.* El que atraviesa la vista, bizco. *Limis oculis aspectare. Ter.—Aspicere, intueri. Plaut.* Mirar de medio ojo, sobre el hombro.

**Lināmentum**, i. n. *Plin.* Todo lo que se hace de lino. ‖ *Col.* El cabezal ó clavo de hilas que se pone en la llaga.

**Linārium**, ii. n. *Col.* El campo sembrado de lino.

**Linārius**, ii. m. *Plaut.* El que se emplea en el arte de beneficiar el lino.

**Linctus**, us. m. *Plin.* El acto de lamer, lameretada.

**Linctus**, a, um. *Plin. part. de* Lingo. Lamido, gustado, probado lamiendo.

**Lindius**, a, um. *Plin.* Lo perteneciente á Lindo, ciudad en otro tiempo de la isla de Rodas.

**Linea**, ae. f. *Cic.* Línea, rasgo tirado con la pluma ú otra cosa. ‖ *Varr.* Hilo de lino, cáñamo &c. ‖ *Plaut.* Hebra de hilo de que pende la aguja. ‖ *Estac.* Línea, raza, serie de parentesco. ‖ Senda, linde, lindero, confin en los campos, límite. ‖ *Hor.* Término, fin. ‖ *Plin.* Cuerda ó pelo para pescar. *Lineas transire. Cic.—Transilire. Varr.* Pasar los límites de la moderacion. *Linea margaritarum. Escev.* Hilo ó collar pequeño de perlas.—*Admoveri sentio. Sen.* Siento, conozco que se acerca mi fin.—*Primas ducere, ó primis lineis designare. Quint.* Bosquejar, hacer el primer borron.

**Lineālis**. m. f. lĕ. n. is. *Amian.* V. Linearis.

**Lineāmentum**, i. n. *Cic.* Lineamiento, delineacion, descripcion, dibujo hecho con líneas. *Lineamenta animi. Cic.* Golpes, rasgos del ánimo, que dan á conocer el carácter de una persona.

**Lineāris**, m. f. rĕ. n. is. *Plin.* Lineal, lo que es hecho con líneas ó perteneciente á ellas. *Linearis ratio. Quint.* La geometría. *Linearis pictura. Plin.* El diseño, la pintura, que en su principio constaba de solas líneas sin colores.

**Lineātio**, ōnis. f. *Vitruv.* Delineacion, descripcion de una ó muchas líneas. ‖ La accion de tirarlas.

**Lineātus**, a, um. *Plaut.* Delineado, descrito con líneas.

**Lineo**, ās, āvi, ātum, āre. a. *Cat.* Tirar líneas, trazar, delinear, dibujar. *Lineare materiam. Plaut.* Trazar, delinear la materia de una obra.

**Lineŏla**, ae. f. *Gel.* dim. de Línea. Línea corta.

**Lineus**, a, um. *Plin.* Lo que es de lino.

**Lingo**, is, linxi, linctum, gĕre. a. *Plaut.* Lamer, tocar suavemente con la lengua.

**Lingōnes**, um. m. plur. *Ces.* Los langreses, naturales ó habitadores del pais de Langres en Francia. ‖ Langres, ciudad de Champaña.

**Lingonĭcus**, a, um. *Plin.* Lo que pertenece al pais y ciudad de Langres y sus moradores.

**Lingōnus**, a, um. *Marc.* El natural de Langres.

**Lingua**, ae. f. *Cic.* La lengua. ‖ Lenguage, idioma. ‖ Locucion, modo de hablar, estilo. ‖ Elocuencia, facundia, abundancia de palabras y espresiones. ‖ Libertad en el hablar, murmuracion. ‖ Voz, sonido. ‖ Promontorio, cabo, lengua de tierra. ‖ Lengüeta de la flauta. *Lingua vommercia. Ov.* Conversacion. *Verbera Hor.* Reptensiones, invectivas, espresiones satíricas, picantes.—*Sciens. Tac.* El que sabe ó posee la lengua. *Linguam alicui occludere. Plaut.* Tapar á uno la boca, hacerle callar, imponerle silencio. *Lingua mihi haeret. Ter.* Se me embarga la lengua, la voz, las palabras. *Linguam sitientis canis imitari. Pers.* Sacar una cuarta de lengua. *Lingua aliena dicere. Plin.* Hablar por boca de otro.

**Linguāce**, es. f. *Plin.* El lenguado, pescado de mar.

**Linguārium**, ii. n. *Sen.* Multa ó tributo por haber hablado mal. ‖ Mordaza que impide el hablar.

**Linguātus**, a, um. *Tert.* Elocuente, facundo.

**Linguax**, ācis. com. *Gel.* Locuaz, hablador, charlatan, el que habla mucho y neciamente.

**Lingŭla**, ae. f. *Vitruv.* La punta ó cabo de una barra ó

Ggg 2

palanca. ‖ *Ces.* Cabo, promontorio, lengua de tierra. ‖ *Plin.* Espátula, lengüeta.

**Lingŭlāca**, ae. *f. Plaut.* Hablador, charlatan. ‖ Muger embelecadora, que finge adivinaciones. ‖ Lingulaca, yerba que nace junto á las fuentes, que dicen es remedio para conservar y espesar el cabello.

**Lingŭlātus**, a, um. *Vitruv.* Lo que tiene lengüeta ó alguna cosa al modo de lengua.

**Linguōsus**, a, um. *Petron.* V. Loquax.

**Linĭfer**, a, um. *Inscr.* y

**Linĭger**, a, um. *Ov.* Vestido, cubierto de lino. *Dícese de los sacerdotes de la diosa Isis.* ‖ Epíteto de Silvano.

**Linĭmentum**, i. *n. Palad.* Linimiento, untura, el acto de untar y tambien la cosa untada.

**Linĭo**, is, ivi, itum, ire. *a. Col.* Ungir, untar, frotar con alguna untura. ‖ Embarrar, emplastar.

**Linĭphiarius**, ii. *m.* y

**Linĭphio**, ōnis. *m. Vop.* Tejedor de lienzos. ‖ Lencero, el mercader de lienzos.

**Linĭpŭlus**, i. *m. Fest.* Pesa de lino.

**Linītus**, a, um. *patr. de* Linio. *Plin.* Untado, ungido, frotado con untura.

**Linītus**, us. *m. Cels.* La untura ó uncion.

**Linium**, ii. *n. Gel.* V. Licium.

**Linna**, ae. *f. Plaut.* Capote, sobretodo grueso para la guerra.

**Lino**, is, lini, ó levi, ó livi, litum, nere. *a. Col.* Ungir, untar, frotar con untura. ‖ Embarrar, emplastar, embetunar. ‖ *Ov.* Rayar, borrar, cancelar. ‖ *Macr.* Afear, manchar, ensuciar, emporcar. *Linere dolium recte. Cic.* Tapar bien un tonel. *Cera. Virg.* Tapar con cera, dar ó cubrir con ella.

**Linostōma**, ătis. *n. Ecles.* Purificador, *lienzo con que se cubre y limpia el cáliz en la misa.*

† **Linostrŏphon**, i. *n. Plin.* El marrubio, *planta.*

**Linozostis**, ĭdis. *f. Plin.* La yerba mercurial.

**Linquendus**, a, um. *Ov.* Lo que se ha ó tiene de dejar.

**Linquens**, tis. *com. Curc.* El que deja ó dejaba. *Linquentem animum recreare. Curc.* Hacer volver en sí al ánimo desfallecido.

**Linquo**, is, liqui, lictum, quĕre. *a. Cic.* Dejar, abandonar, destruir. *Linquere promissa. Cat.* Faltar á la promesa, á la palabra. *Linqui animo. Suet.* Desfallecer, faltar las fuerzas.

**Linteāmen**, ĭnis. *n. Apul.* V. Linteum.

**Linteārius**, a, um. *Ulp.* Lo que es de lencería ó lienzos. *Lintearia negotiatio. Ulp.* Mercadería, comercio de lienzos.

**Linteārius**, ii. *m. Ulp.* Tejedor de lienzos. ‖ Lencero, mercader de lienzos.

**Linteātus**, a, um. *Liv.* Vestido de lienzo. *Linteatus senex. Sen.* El sacerdote de Isis.

**Linteo**, ōnis. *m. Plaut.* Tejedor de lienzos, mercader de lienzos, lencero.

**Linteŏlum**, i. *m. Plaut. dim. de* Linteum. Lienzo pequeño, un retazo, un pedazo, un poco de lienzo.

**Linter**, tris. *m. Cic.* Chalupa, falucho, barco de poco porte. *Se halla tambien fem.*

**Linteum**, i. *n. Cic.* Lienzo, tela, paño. ‖ *Virg.* Vela de navíos. ‖ *Macr.* Cortina.

**Linteus**, a, um. *Cic.* Lo que es de lienzo, de tela. *Lintei libri Liv.* Libros en que se escribian en lienzo espeso y acaso encerado los anales romanos. *Linteæ loricæ. Nep.* Lorigas de lienzo, *tal vez de hilo ó cuerda á modo de cota de malla, que usaban los soldados y los cazadores.*

**Lintrārius**, ii. *m. Ulp.* Patron de una barca.

**Lintrĭcŭlus**, i. *m. Cic. dim. de* Linter. Barquichuelo, barquita.

**Linum**, i. *n. Plin.* El lino, *planta.* ‖ *Cels.* Hilo de lino. ‖ *Ov.* El cordage de un navío. *Lini semen. Plin.* Simiente ó grana de lino, linaza. *Linum factum. Ulp.* Lino hilado. *Infectum. Ulp.* En rama, por hilar. ‖ *Catagraphum. Cat.* Rastrillado. *Incidere. Cic.* Abrir una carta. *Candidulum linum lucri causa ducis. adag.* Con un caldero viejo comprar uno nuevo. *ref.*

**Linus**, i. *m. Virg.* Lino, hijo de Apolo y de Tersícore,

diestrísimo en la lira. ‖ *Estac.* Otro hijo de Apolo y Psamate, hija de Crotope, rey de Argos.

† **Lio**, as, are. *a. Tert.* Pulir, acepillar, alisar.

**Lipăra**, y Lipare, es. *f. Plin.* Lipari, isla del mar tirreno, cercana á Sicilia.

**Lipăracus**, a, um. *Juv.* y

**Lipărensis**. *m. f.* sc. *n.* is, *Cic.* Lo perteneciente á la isla de Lipari.

**Lipăris**, ĭdis. *m. Plin.* Un pez semejante al lagarto. ‖ Una piedra preciosa. ‖ Un rio de Cilicia.

**Lipărĭtānus**, a, um. *Val. M.* V. Liparensis.

**Lipio**, is, ire. *n. Suet.* Imitar la voz del milano, chillar como él.

**Lippio**, is, ivi, itum, ire. *n. Cic.* Ser, ponerse lagañoso, tener fluxion ó humor de ojos. *Lippiunt fauces fame. Plaut.* Las fauces crian sarro de hambre.

**Lippĭtūdo**, ĭnis. *f. Cic.* Enfermedad de los ojos que los pone lagañosos, fluxion.

**Lippŭlus**, a, um. *Arnob.* Algo lagañoso. *dim. de*

**Lippus**, a, um. *Plaut.* Lagañoso, el que tiene los ojos lagrimosos ó con fluxion. ‖ *Pers.* El mendigo, miserable. *Lippa ficus. Marc.* Higo demasiado maduro, *del cual fluye humor dulce. Lippis et tonsoribus notum. adag.* En el horno se trata. *ref.*

**Lipsăna**, ōrum. *n. plur. Ulp.* Sobras, reliquias de cualquier cosa.

**Lĭquabĭlis**. *m. f.* le. *n.* is. *Apul.* Licuable, lo que se puede derretir ó liquidar.

**Lĭquāmen**, ĭnis. *n. Col.* Materia derretida ó líquida. ‖ La grasa que se derrite al fuego.

**Liquāmentum**, i. *n. Veg.* V. Liquamen.

**Lĭquāmĭnātus**, a, um. *Apic.* Rociado, untado con grasa.

**Lĭquāmĭnōsus**, a, um. *Marc. Emp.* Abundante de salsa, caldo, ó de grasa líquida.

**Lĭquārius**, a, um. *Inscrip.* Lo perteneciente á los líquidos. *Dícese de las medidas de ellos.*

**Lĭquātio**, ōnis. *f. Veg.* Licuacion, la accion de derretir ó liquidar.

**Lĭquātor**, ōris. *m. Cels.* Fundidor, el que derrite ó liquida.

**Lĭquātōrium**, ii. *n. Cel. Aur.* Vaso para liquidar, aclarar ó colar.

**Lĭquātus**, a, um. *part. de* Liquo. *Cic.* Liquidado, fluido. ‖ *Macrob.* Claro, puro. ‖ *Col.* Colado.

**Lĭquĕfăciens**, tis. *com. Cat.* El que liquida ó derrite.

**Lĭquĕfăcio**, is, feci, factum, cere. *a. Cat.* Liquidar, desleir, poner líquido, corriente. ‖ Ablandar, afeminar.

**Lĭquĕfactus**, a, um. *Cic. part. de* Liquefio. Liquidado, desleido, derretido. *Liquefacta membra. Sil.* Miembros desfallecidos. *Unda. Ov.* Agua clarificada.

**Lĭquĕfio**, is, factus sum, fieri. *pas. Ov.* Liquidarse, desleirse, derretirse.

**Liquens**, tis. *com. Virg.* Líquido, fluido, corriente. ‖ *Gel.* Puro, claro, clarificado. *Liquentes campi. Virg.* El mar, las llanuras líquidas.

**Lĭquescens**, tis. *com. Liv.* Lo que se deslie ó derrite.

**Lĭquesco**, is, scĕre. *n. Virg.* Liquidarse, desleirse, derretirse. ‖ *Cic.* Afeminarse. ‖ *Hirc.* Aclararse, purificarse.

**Lĭquet**, quĕbat, ere. *n. Plaut.* Ser, estar claro, manifiesto, aparecer, saberse, constar, ser averiguado, evidente. *Non liquet. Cic.* No está bien probado: *fórmula del derecho romano, cuando un hecho no parecia claro á los jueces: ahora se dice que se reciba á prueba.*

**Liqui**. *pret. de* Linquo.

**Lĭquĭdē**, ius, issime. *adv. Gel.* Clara, pura, manifiestamente. *Liquidius judicare. Cic.* Juzgar con gran rectitud.

**Lĭquĭdĭtas**, ātis. *f. Apul.* Fluidez, claridad.

**Lĭquĭdiuscŭlus**, a, um. *dim. de* Liquidus. *Plaut.* Blandito, suavecito.

**Lĭquĭdo**. *adv. Cic.* Clara, manifiestamente. *Liquido jurare. Ov.* Jurar de buena fé. *Negare. Cic.* Negar clara, franca, absolutamente.

**Lĭquĭdus**, a, um, ior, issimus. *Lucr.* Líquido, fluido, corriente. ‖ *Hor.* Puro, claro, limpio, purificado, cristalino. *Liquidus venter. Marc.* ó *liquida alvus. Cic.* Vientre

LIT

flojo, corriente. *Liquidus animus. Plaut.* Ánimo, espíritu tranquilo. *Liquida fides. Val. Max.* Fe sincera.—*Vox. Hor.* Voz clara.—*Mens. Catul.* Espíritu, ánimo libre, no ofuscado, sin preocupación.—*Voluptas. Cic.* Placer puro, sin alteración.—*Liquidum auspicium. Plaut.* Agüero favorable, feliz auspicio.—*Iter. Prop.* La navegación. *Ad liquidum explorare. Liv.* Poner en claro. *Liquidae consonantes. Prisc.* Consonantes líquidas: llaman los gramáticos á las que se pueden ablandar y casi suprimir por otras, como la L y R entre los latinos, la M y N entre los griegos.

Liquis. m. f. què. n. is. *Front.* Oblíquo, no recto.

Liquo, as, avi, atum, are. a. *Plin.* Licuar, liquidar, derretir, hacer, poner fluido, corriente. ‖ *Col.* Limpiar, aclarar, colar, purificar, clarificar. *Liquare alvum. Cels.* Aflojar el vientre.—*Vina. Hor.* Clarificar los vinos. ‖ Beber, echar vino.

Liquor, eris, qui. pas. *Virg.* Desleirse, derretirse, liquidarse. ‖ *Lucr.* Deshacerse, consumirse, acabarse.

Liquor, oris. m. *Cic.* Licor, líquido. ‖ Agua. ‖ *Plin.* Caldo, jugo. ‖ Fluidez. *Liquor vitigineus. Lucr.* El vino. *Liquores amnium. Luc.* Aguas de los ríos.

Lira, ae. f. *Col.* La tierra que se levanta entre dos surcos, loba.

Lirae, arum. f. plur. *Plaut.* Juguetes, niñerías, diversiones de poco momento.

Liratim. adv. *Col.* Por surcos, de elevacion en elevacion.

Lirineum oleum, i. n. *Plin.* Aceite de lirios.

Lirinus, a, um. *Plin.* Lo que es de lirios ó lo perteneciente á esta flor.

Liriope, es. f. *Ov.* Liriope, ninfa marina, hija del Océano y la diosa Tetis.

Liris, is. m. *Plin.* El Garillian, río de Italia, que separa el Lacio de Samio y de Campania.

Liro, as, avi, atum, are. a. *Varr.* Arar, hacer surcos, formar con el surco dos elevaciones ó lomos de la tierra. *Aus.* Delirar.

* Liroe. indec. *Plaut.* Delirios, bagatelas.

Lis, litis. f. *Cic.* Lite, pleito, contestacion, proceso, querella, demanda, causa, controversia. ‖ *Hor.* Contienda, certámen, disputa. *Lis omnis nostra est. Plaut.* Este pleito toca á nosotros.—*Sub judice adhuc est. Hor.* El punto está aun indeciso. *Litis instrumentum. Quint.* Instrumentos, piezas, escritos de un pleito. *Litem tuam facere. Cic.* Abogar por sí, dejando el asunto principal. *Orare*, ó *perorare. Cic.* Abogar.—*Instituere de aliqua re. Trifon.*—*Intendere alicui. Cic.* Poner pleito á alguno.

Lisae, arum. f. plur. *Cels.* Las venas yugulares.

Lisbona, ae. f. Lisboa, *capital del reino de Portugal.*

Litabilis. m. f. le. n. is. *Lact.* Lo que se puede ofrecer en sacrificio.

Litae, arum. f. plur. Diosas, *bajo cuya proteccion estaban los suplicantes.*

Litamen, inis. n. *Estac.* Sacrificio con que se aplaca á los dioses.

Litaniae, arum. f. plur. *Cod.* Letanías, rogaciones, preces, súplicas en compañía de otros.

Litatio, onis. f. *Liv.* La accion de ofrecer y hacer el sacrificio.

Litato. adv. *Liv.* Despues de hecho el sacrificio.

Litatus, a, um. part. de Lito. *Virg.* Aplacado con sacrificios ú ofrecido en sacrificio, que los dioses han recibido favorablemente.

Litavia, ae. f. Lituania, *gran provincia de Polonia.*

Litemus, i. m. *Plin.* Cagarruta de raton.

Litera. V. Littera.

Literna. V. Linterna.

Literninus, a, um. *Plin.* Lo perteneciente á Torre de Patria, *ciudad de Italia.*

Liternum, i. n. *Plin.* Torre de Patria, *ciudad de Campania, junto á un rio del mismo nombre.*

Liternus, a, um. *Cic.* V. Literninus.

Lithargyrum, i. n. *Plin.* Litargirio ó almartaga, *mezcla de plomo, tierra y cobre, que arroja de sí la plata en las hornazas.* ‖ Unguento asi llamado.

Lithizontes, um. m. plur. *Plin.* Piedras preciosas, *especie de carbunclos, aunque no tan resplandecientes.*

LIT 421

Lithospermum, i. n. *Plin.* El litospermo, planta.

Lithostrotum, i. n. *Plin.* Pavimento de piedras de varios colores, de mosaico.

Lithuania, ae. f. V. Litavia.

Liticen, inis. m. *Varr.* Clarinero, trompetero, el que toca el clarin ó trompeta.

Litigans, tis. com. *Gel.* Litigante, el que tiene pleitos pendientes, y los sigue en los tribunales.

Litigatio, onis. f. *Plaut.* Litigio, pleito, demanda, proceso.

Litigator, oris. m. *Cic.* Litigante, el que litiga ó sigue los pleitos que tiene pendientes.

Litigatrix, icis. f. *Suet.* Litiganta, la que tiene ó sigue pleitos.

Litigatus, us. m. *Quint.* V. Litigatio.

Litigatus, a, um. part. de Litigo. Litigado, seguido en justicia.

Litigiosus, a, um. *Cic.* Litigioso, amigo de pleitos y litigios. ‖ Lo que está en duda, y hay pleito sobre ello. ‖ Lleno de pleitos, de que nacen muchos litigios.

Litigium, ii. n. *Plaut.* Litigio, demanda, pleito, contienda, controversia. ‖ Disputa, diferencia, debate.

Litigo, as, avi, atum, are. n. *Cic.* Litigar, contender, disputar, pleitear, tener, seguir un pleito. *Litigare cum aliquo. Cic. De re aliqua. Plaut.* Tener pleito con alguno sobre alguna cosa.—*Cum ventis. Petron.* Pleitear, reñir con los vientos, perder el tiempo.

Lito, as, avi, atum, are. a. *Cic.* Aplacar á los dioses con sacrificios, ofrecer sacrificios agradables. ‖ *Suet.* Sacrificar, ofrecer víctimas.

Litoralis. m. f. le. n. is. *Plin.* y

Litoreus, a, um. *Ov.* ó

Litorosus, a, um. *Plin.* Litoral, lo perteneciente á la ribera ú orilla del mar, marítimo.

* Litotes, is. f. *Serv.* Figura, *especie de sinécdoque, con que negando lo contrario se da á entender mas de lo que se dice.*

Littera, ó Litera, ae. f. *Cic.* Letra, carácter del abecedario. ‖ Manera de escribir, estilo. ‖ Escrito, escritura. ‖ *Quint.* Palabra, diccion, vocablo. *Littera salutaris. Cic.* La letra A con la cual votaban los jueces la absolucion de un reo.—*Tristis. Cic.* La C con la cual votaban la condenacion. *Litterae tuae ad similitudinem accedit. Cic.* Su letra ó su modo de escribir se parece mucho al tuyo. *Litteram longam facere. Plaut.* Ser ahorcado. *Ad litteram. Quint.* Á la letra, palabra por palabra, al pie de la letra.

Litterae, arum. f. plur. *Cic.* Carta misiva. ‖ Instrumentos, papeles que hacen fe. ‖ Las bellas letras, las ciencias, las letras, el estudio, erudicion, literatura. ‖ Escritos, obras de ingenio, libros. ‖ Edictos, decretos, órdenes, autos de los magistrados. ‖ Razon, libro, cuenta, asiento de cargo y data. *Litteras, unae, binae, ternae. Cic.* Una, dos, tres cartas.—*Praetoris. Cic.* Ordenamiento, decreto del pretor.—*Publicae. Cic.* Registros públicos, archivos.—*De Britania. Cic.* Cartas de Inglaterra. *Litterarum trium homo Plaut.* Hombre de tres letras. *En latin es fur ladron.*—*Scientia, ó cognitio. Cic.* La gramática.—*Vorare. Cic.* Aprender rápidamente.—*Nescire.* No ser hombre de letras.

Litteralis. m. f. le. n. is. *Sim.* y

Litterarius, a, um. *Plin.* Literario, lo que pertenece á las letras, á los estudios, á las ciencias. *Litterarius ludus. Quint.* Escuela, academia.

Litterate, tius. adv. *Cic.* Doctamente, con erudicion y doctrina, con habilidad, como es propio de un literato. *Litterarius loqui quam ceteri. Cic.* Hablar con mas erudicion que los demas.

Litteratio, onis. f. *Varr.* El conocimiento de leer, escribir y contar.

Litterator, oris. m. *Nep.* Literato, erudito, que hace estudio y profesion de las letras.

Litteratura, ae. f. *Cic.* Literatura, erudicion, doctrina, conocimiento de las bellas letras. ‖ La escritura ó formacion de las letras. ‖ La gramática.

Litteratus, a, um. *Cic.* ior. *Sen.* issimus. Literato, erudito, docto, dado á las letras. ‖ *Plaut.* Escrito, grabado, marcado con letras. ‖ Escribiente, amanuense, el que sabe escribir. *Litteratum ocium. Cic.* Ocio, tiempo empleado en el estudio. *Litteratus servus. Plaut.* Siervo marcado en la frente por ladron ó fugitivo. *Litterata urna. Plaut.* Vasija que tiene grabado algun letrero.

Littērio, ōnis. m. *Amian.* Esciolo, seudo-erudito, charlatan.

Littĕrŭla, ae. f. *Cic.* dim. de Littera. Letrilla, letra menuda. ‖ Carta de pocos renglones. ‖ Estudio de poco momento, por modestia ó desprecio.

Litūra, ae. f. *Cic.* Raya gruesa que se echa con la pluma sobre lo escrito para borrarlo, cancelacion. ‖ *Col.* Untura, uncion. ‖ *Ov.* Borron que cae al escribir. *Litura carmen coercere. Hor.* Limar los versos borrando y tachando.

Litūrārius, a, um. *Aus.* Aquello en que se escribe ó apunta lo que se puede borrar despues.

Liturgia, ae. f. *Ecles.* Liturgia, la forma, rito y modo de celebrar los oficios divinos.

Liturgus, i. m. *Cod. Teod.* Ministro público, el que tiene algun cargo ó ministerio público.

Litūro, as, avi, atum, are. a. *Sid.* Borrar, tachar, cancelar lo escrito.

Litus, ōris. n. *Cic.* La orilla ó ribera del mar. *Arare litus. Ov.* Trabajar en balde, perder el tiempo y el trabajo.

Litus, a, um. part. de Lino. *Virg.* Pintado, manchado, sembrado de pintas ó manchas.

Litus, us. m. *Plin.* Untura, uncion.

Lituus, i. m. *Cic.* Cayada ó cayado, báculo, baston encorvado por la parte de arriba, *de que usaban los agoreros, y entre nosotros los obispos.* ‖ *Clarin.* ‖ Cuerno de caza. *Lituus meae profectionis. Cic.* El motor de mi partida.

Livadia, ae. f. *Livadia, provincia de la Grecia.*

Livēdo, ĭnis. f. *Apul.* El color cárdeno, amoratado.

Livens, tis. com. *Virg.* Cárdeno, amoratado, el que tiene este color. ‖ *Marc.* Envidioso.

Liventer. adv. *Petron.* Con color lívido ó al modo de él.

Livĕo, es, ēre. n. *Ov.* Estar cárdeno, amoratado. ‖ *Marc.* Tener envidia.

Livesco, is, scĕre. n. *Lucr.* Ponerse cárdeno, amoratado. ‖ *Claud.* Tener envidia.

Liviānus, a, um. *Plin.* Lo perteneciente á Livio ó á la familia Livia romana.

Lividĭnans, tis. com. *Petron.* El que se come ó consume de envidia.

Lividīneus, a, um. *Apul.* V. Lividus.

Livĭdo, as, are. a. *Paul. Nol.* Poner cárdeno, amoratado.

Lividŭlus, a, um, *Juv.* Envidiosillo. dim. de

Livĭdus, a, um. *Virg.* Cárdeno, amoratado, acardenalado. ‖ Envidioso, el que tiene envidia. *Lividae obliviones. Hor.* Olvidos envidiosos, *los que quitan la memoria de los beneficios recibidos.*

Livius, ii. m. *Plin.* Livio, *nombre propio de varios romanos ilustres.* ‖ Tito Livio Paduano, *el príncipe de los historiadores romanos, floreció en Roma en tiempo de Augusto y de Tiberio.*

Livius, a, um. *Cic.* Lo perteneciente á alguno de los Livios romanos.

Livor, ōris. m. *Cic.* Color cárdeno, amoratado. ‖ Envidia, odio.

Lix, licis. f. *Plin.* La ceniza del hogar. ‖ *Non.* Lejía, cernada de ceniza.

Lixa, ae. m. *Ces.* Vivandero, el que sigue al ejército con carnes ú otros bastimentos que vende. ‖ *Apul.* Ministro, siervo del magistrado.

Lixabundus, a, um. *Fest.* El que camina largo, *como los vivanderos.*

Lixātus, a, um. *Plaut.* Cocido en agua.

Lixivia, ae. f. *Col.* y

Lixivium, ii. n. *Palad.* La lejía ó cernada de ceniza.

Lixivius, a, um. *Plin.* Lo perteneciente á la lejía.

Lixivium vinum, i. n. *Col.* El mosto que despide la uva, ó destila antes de pisarse.

Lixŭlae, ārum. f. plur. *Varr.* Tortas de harina, agua y queso.

Lŏba, ae. f. *Plin.* La caña del mijo de Indias, del maiz.

Lŏbus, i. m. *Bud.* El cabo de la oreja.

Lŏca, ōrum. n. plur. V. Locus.

Lŏcālis. m. f. lĕ. n. is. *Apul.* Local, propio de un lugar.

† Lŏcālĭter. adv. *Ter.* En su lugar ó conforme á él.

Lŏcārium, ii. n. *Varr.* Alquiler, precio de la casa ó posada.

Lŏcārius, ii. m. *Macr.* Alquilador, arrendador.

Lŏcatio, ōnis. f. *Cic.* Arriendo, alquiler, la accion y contrato de arriendo. ‖ *Quint.* Disposicion, colocacion de las cosas. ‖ Jornal, paga, salario de un trabajador.

Lŏcatĭtius, a, um. *Sidon.* Lo que se alquila. ‖ Perteneciente á jornal ó soldada del jornalero.

Lŏcātor, ōris. m. *Plin.* Arrendador, alquilador, el que por precio da alguna cosa á otro para que la use.

Lŏcātus, a, um. part. de Loco. *Cic.* Colocado, puesto en su lugar. ‖ Arrendado, alquilado.

Lŏcellus, i. m. *Macr.* Bolsa con varios senos, caja, papelera con diferentes cajoncitos ó separaciones.

Lŏci, ōrum. m. plur. *Cic.* Lugares, fuentes de los argumentos en la retórica, filosofía y otras ciencias.

Lŏcĭto, as, avi, atum, are. a. freq. *Ter.* Arrendar, alquilar á menudo.

Lŏco, as, avi, atum, are. a. *Cic.* Poner, colocar, situar, establecer. ‖ Arrendar, alquilar, dar en arriendo por cierto precio. ‖ Mandar hacer, encargar, dar á hacer algo por dinero. ‖ *Plaut.* Dar, prestar á usura. *Locare ad urbem castra. Cic.* Acampar, sentar los reales sobre una ciudad, cerca de, junto á ella.—*Vigiles. Plaut.* Poner, apostar centinelas.—*Agros. Plin.* Arrendar las tierras, darlas en arriendo.—*Argentum. Plaut.* Poner, emplear el dinero donde redita.—*Filiam. Ter.* Colocar, casar, dar estado á una hija.—*Insidias. Plaut.* Poner asechanzas.

Locrensis. m. f. sĕ. n. is. *Cic.* Locrense, lo que pertenece á la Locride ó á sus moradores y naturales. ‖ Locrense, natural de Locride.

Locri, ōrum. m. plur. *Plin.* Los locrenses, *pueblos de Beocia.* ‖ *Virg.* Otros de Italia *en la provincia del Abruzo.* ‖ *Plin.* Otros cerca de los etolos.

Locris, idis. f. *Liv.* La Locride, *provincia de Grecia.*

Lŏcŭlamentum, i. n. *Col.* Lugar donde se ponen las cosas con separacion, *como papelera, armario de varios senos, tablas ó cajones.* ‖ *Sen.* Estante para libros. ‖ Division de nidos ó nichos en un palomar ó cosa semejante.

Lŏcŭlātus, a, um. *Varr.* Lo que tiene diversos senos, nichos, cajones, divisiones, separaciones.

Lŏcŭlōsus, a, um. *Plin.* Abundante de nichos, senos, separaciones.

Lŏcŭlus, i. m. *Plaut.* Lugarcito, puesto, lugar estrecho. ‖ *Plin.* Nicho, bóveda, sepultura, panteon *donde se depositan cadáveres con separacion.* ‖ *Fulg.* Féretro, ataud, andas, caja en que se lleva á enterrar los muertos. ‖ *Varr.* Nido, separacion *para que crien y aniden los animales y aves.* ‖ *Palad.* Cesta, canastillo. ‖ *Veg.* Pesebre. ‖ *Hor.* Bolsillo, bolsa, escritorio, cajon para guardar el dinero. ‖ Estante para libros ó géneros.

Lŏcŭples, ētis, ētior, etissĭmus. *Cic.* Rico, opulento, acaudalado, hombre de muchas facultades. ‖ Seguro, fiel, de buena fe, cabal. ‖ Abundante, fértil. *Locupies oratio. Cic.* Oracion, discurso enriquecido de figuras y de pensamientos grandes é ingeniosos.—*Auctor, testis. Cic.* Autor, testigo fidedigno, de escepcion, á quien se puede dar crédito.—*Tabellarius. Cic.* Correo fiel, á quien se puede fiar, entregar algo con confianza.

† Lŏcŭplētātĭo, ōnis. f. *Ecles.* La accion de enriquecer, riqueza.

Lŏcŭplētātor, ōris. m. *Petron.* El que enriquece á otro.

Lŏcŭplētātus, a, um. *Cic.* Enriquecido, hecho rico.

Lŏcŭplētissĭmē. adv. *Esparc.* Riquísimamente, con gran suntuosidad y riqueza.

Lŏcŭplēto, as, avi, atum, are. a. *Cic.* Enriquecer, hacer rico.

Lŏcus, i. m. plur. loci. m. lŏca, ōrum. n. *Cic.* Lugar,

puesto, sitio. ‖ Colocacion, posicion, disposicion. ‖ Estado, punto, situacion de las cosas. ‖ Lugar, pasage de un autor. ‖ Nacimiento, clase, sangre, familia, casa. Ocasion, tiempo, oportunidad, sazon. ‖ Ov. Pais, tierra. *Locus praelii. Tac.* Campo de batalla.—*Natalis. Ov.* Lugar de la naturaleza de alguno, pais, patria, tierra. — *Nusquam veritati est. Tac.* No tiene lugar la verdad ; en ninguna parte se halla. *Locum dare rationi. Cic.* Dar lugar á la razon, ceder á ella.—*Nullum praetermittere. Cic.* No perder, no dejar pasar ocasion. *Loco munitus. Ces.* Fuerte por su situacion, por su naturaleza.—*Parentis esse. Liv.* Estar en lugar de padre.—*Praemii aliquid petere. Cic.* Pedir una cosa por premio, por recompensa.—*Dicere. Cic.* Hablar á tiempo, en su lugar, á propósito. *Eo loci res erat, ut. Cic.* El negocio estaba en tales términos que, en tal estado, en términos que ó de. *In loco desipere. Hor.* Hacerse el loco, el tonto cuando es menester. *Interea loci. Ter.* Entre tanto. *Summo loco natus. Liv.* De nacimiento, de casa muy ilustre, muy distinguida. *Summus locus civitatis. Cic.* El puesto, empleo, dignidad mas distinguida de la ciudad.

Lŏcusta, ae. f. Plin. La langosta, *insecto muy perjudicial á las mieses.* ‖ Pez marino del mismo nombre. ‖ *Tac.* Nombre de una hechicera, *por cuyo medio dió veneno Neron á Británico, y Agripina á Claudio.*

Lŏcūtio, ōnis. f. Cic. Locucion, espresion, habla, modo de hablar, lenguage. ‖ El hablar, el acto de hablar.

Lŏcūtor, ōris. m. Gel. y

Lŏcūtŭleius, ii. m. Gel. Hablador, parlador necio y perpetuo, parlanchin.

† Lŏcūtus, us. m. Apul. V. Locutio.

Lŏcūtus, a, um. Virg. part. de Loquor. El que ha hablado.

Lŏdĭcŭla, ae. f. Suet. Colchita, manta, cobertor pequeño. *dim. de*

Lōdix, ĭcis. f. Juv. Colcha, manta, cobertor de cama.

Lŏgarithmus, i. m. Logaritmo, *número que junto con otro proporcional, guarda siempre con él igual diferencia.*

Lŏgārium, ii. n. Ulp. La cuenta diaria de una casa, el asiento de ella.

Lŏgēum, i. n. Vitruv. Cierta especie de púlpito sobre la escena, *en que estaba el coro de la tragedia y comedia y otras personas, que sin tener papel servian de algo en ellas.*

Lŏghistōrĭcus, i. m. Varr. Libro de discursos históricos.

Lŏgi, ōrum. m. plur. Ter. Simplezas, cuentos de viejas, tonterias. *Término que se decia cuando alguno contaba ó referia alguna materia ó fábula ridícula.*

Lŏgĭca, ōrum. n. plur. Cic. Disputas razonadas.

Lŏgĭca, ae. f. y

*Lŏgĭce, es. f. Cic. Lógica, dialéctica, arte de discurrir y juzgar rectamente.

Lŏgĭcus, a, um. Cic. Lógico, lo que pertenece á la lógica.

† Lŏgion, ii. n. Oráculo en prosa.

† Lŏgismus, i. n. Cuenta, cálculo.

Lŏgista, ae. m. Cod. Contador. ‖ Corregidor, gobernador. ‖ Tesorero.

Lŏgistĭce, es. f. La aritmética.

Lŏgŏdaedalia, ae. f. Auson. El cuidado nimio, y afectacion de pulir el habla.

Lŏgŏdaedălus, i. m. Sofista. ‖ El que habla y cuenta cuentos con gracia.

Lŏgŏgrăphus, i. m. Cod. Contador, público. ‖ Escribano, notario.

Lŏgogrĭphus, i. m. Logogrifo, especie de enigma.

Lŏgus, i. m. Plaut. Palabra, voz, dicho, espresion.

Lŏlĭaceus, a, um. Varr. y

Lŏlĭārius, a, um. Col. Lo que pertenece á la cizaña.

Lŏlĭgĭnōsus, a, um. Plin. Abundante de peces calamares.

Lōlīgo, ĭnis. f. Plin. El pez calamar, *que vuela y tiene la sangre negra como tinta.* ‖ *Hor.* Envidia, mala voluntad, maledicencia.

Lŏlĭguncŭla, ae. f. Plaut. El calamar pequeño.

Lŏlium, ii. n. Plin. La cizaña, joyo ó vallico, *mala yerba parecida á la cebada, que nace entre el trigo, y le es perjudicial. Lolio victitare. Plaut.* Ser corto de vista, *porque la cizaña con sus malos vapores dicen que daña á la vista.*

- Lōlius, ii. Plin. V. Loligo.

Lollianus, a, um. Tac. Lo perteneciente á Lolio romano.

Lōmentum, i. n. Plin. Harina de habas. ‖ Color que los pintores mezclan con el azul.

Lonchītis, ĭdis. f. Plin. Yerba que nace en lugares secos, *semejante á una espada, y es medicinal.*

Lonchus, i. m. Tert. La lanza ó asta.

Londĭnenses, um. m. plur. y

Londĭnienses, ium. m. plur. Los naturales y habitadores de Lóndres en Inglaterra.

Londĭniensis. m. f. sē. n. is. Eumen. Lo perteneciente á Lóndres, á sus naturales y habitantes.

Londinium, Londīnum, Lundinium ó

Londonium, ii. n. Amian. Lóndres, *capital de Inglaterra.*

† Longaevĭtas, ātis. f. Macrob. Vejez, senectud.

Longaevus, a, um. Virg. Viejo, anciano, de larga vida, edad.

† Longămĭnis. m. f. mē. n. is. Paciente, constante, sufrido, animoso en la adversidad.

† Longănĭmĭtas, ātis. f. Ecles. Longanimidad, firmeza de ánimo del hombre justo. *Es uno de los dones del Espíritu Santo.*

† Longănĭmĭter. adv. Ecles. Con longanimidad, con paciencia, constancia y firmeza de ánimo.

Longăno, ōnis. m. Varr. El intestino recto. ‖ La longaniza ó morcilla hecha de dicha tripa. *Se halla tambien* Longabo, ōnis.

Longe, ius, issīme. adv. Cic. Lejos, á larga distancia de lugar y tiempo. ‖ Muy, mucho. *Longius abire. Ter.* Alejarse mas. — *Non aberit. Ter.* No tardará mucho, no estará muy lejos. — *Hoc fiebat. Cic.* Esto iba muy largo. *Longe aliter. Cic.* Muy de otra manera, muy diversa ó diferentemente. — *Lateque. Cic.* Por todas partes. — *Princeps. Cic.* El primero sin oposicion, sin dificultad, el mas escelente. — *Ditissimus. Ces.* El mas rico entre todos.

- Longĭlŏquium, ii. n. Donat. Conversacion larga y enfadosa.

Longĭmānus, a, um. S. Ger. Longimano, *sobrenombre de Artagerges, rey de Persia, porque tenia un brazo mas largo que el otro.*

Longinque. adv. Gel. Lejos, á lo lejos.

Longinquĭtas, ātis. f. Cic. Distancia lejana de lugar. ‖ Distancia de tiempo, larga duracion. ‖ *Flor.* Longitud. *Longinquitas aetatis. Ter.* Larga vida. — *Navigandi. Plin.* Navegacion larga, viage largo por mar.

Longinquo, ās, āre. a. Claud. Alejar, apartar lejos.

Longinquo. adv. Ulp. V. Longe.

Longinquus, a, um. Cic. Longincuo, distante, apartado, remoto, lejano. ‖ Largo, duradero. ‖ *Plin.* Antiguo. ‖ *Tac.* Tardo, lento, despacioso, tardío. *Longinquum loqui. Plaut.* Hablar algo, detenerse demasiado en la conferencia ó conversacion. *Longinquus homo. Cic.* Estrangero, de lejas tierras.

Longĭpes, ĕdis. com. Plin. El que tiene largos los pies ó las piernas.

Longisco, is, ĕre. n. En. Alargarse, hacerse largo y crecido.

Longĭter. adv. Lucr. V. Longe.

Longitia, ae. f. Veg. V. Longitudo.

Longĭtrorsus. adv. Fest. Á lo largo, en longitud.

Longĭtūdo, ĭnis. f. Cic. Longitud, largura, estension á lo largo. *In longitudinem consulere. Ter.* Preveer lo futuro, mirar adelante.

Longiuscŭle. adv. Sid. V. Longule.

Longiuscŭlus, a, um. Larguito, algo largo. *dim. de* Longus.

- Longŏbardia, ae. f. Lombardía, la Galia transalpina respecto de nosotros, y respecto de los romanos la cisalpina.

Longŏbardicus, y

Longŏbardus, a, um. Longobardo, lo que es de ó pertenece á Lombardía.

Longŭle. adv. Plaut. Algo lejos. *dim. de* Longe.

Longŭlus, a, um. *Cic.* dim. de Longus. Larguito, algo largo.

Longūrio, ōnis. m. *Varr.* Langaruto, varal, persona demasiado alta y delgada.

Longūrius, ii. m. *Ces.* Varal, varapalo, palo largo, percha.

Longus, a, um, ior, issĭmus. *Cic.* Largo, larguisimo, á lo largo y á lo alto. ‖ Lejano, distante. *Longa navis. Ces.* Galera que se maneja con velas y remos. — *Freta. Hor.* Mares vastos, dilatados. *Nihil mihi est longius. Cic.* Nada deseo mas, no veo la hora. *Ne longum sit, ne longum faciam. Cic.* Para decirlo en breve. *In longum. Tac. Per longum. Virg.* Por largo tiempo. *Longa dies. Virg.* Larga serie de años.

Lŏpas, ădis. f. *Plaut.* V. Lepas.

Lŏquācĭtas, ātis. f. *Cic.* Locuacidad, habladuría, vicio de hablar mucho y neciamente.

Lŏquācĭter. adv. *Cic.* Con muchas y vanas palabras.

† Lŏquăcĭto, ās, āre. a. freq. *Ter.* Hablar mucho y neciamente, sin sustancia.

Lŏquăcŭlus, a, um. dim. de Loquax. *Lucr.* Hablador despreciable, sin sustancia.

Lŏquax, ācis. com. cior, cissĭmus. *Cic.* Locuaz, hablador. *Loquaces limphae. Hor.* Aguas que murmuran, que hacen murmullo con su corriente. — *Nutus. Tib.* Señas por las cuales se entiende. *Antiquiora deptera loqueris. Fabulosus Hydaspes. adag.* De luengas vias luengas mentiras. El que quiera mentir alargue los testigos. *ref.*

Lŏquēla, ae. f. *Plaut.* Habla, lenguage, espresion.

Lŏquēlāris. m. f. rĕ. n. is. *Varr.* Lo que pertenece á las palabras ó lenguage. ‖ *Serv.* Asi llaman los gramáticos las preposiciones, que juntas en composicion aumentan, disminuyen ó adornan las palabras á que se juntan, como son: am, co, con, re, se, di, dis.

Lŏquendus, a, um. *Hor.* Aquello de que se ha de hablar, lo que ha de ser famoso y celebrado. *Loquendum populis aliquem dare. Marc.* Hacer que las gentes hablen de alguno.

Lŏquens, tis. com. *Cic.* El que habla. *Loquens lex magistratus est, lex autem mutus magistratus. Cic.* El magistrado es una ley que habla, y la ley un magistrado mudo, que necesita de otro para darse á entender.

Lŏquentia, ae. f. *Sal.* Locuacidad, verbosidad, facilidad de hablar, de esplicarse.

Lŏquĭtor, āris, āri. dep. *Plaut.* Hablar mucho y sin sustancia. *Loquitari alicui male. Plaut.* Decir mucho mal de alguno.

Lŏquor, ĕris, cūtus, ó quūtus sum, qui. dep. *Cic.* Hablar, decir, discurrir. ‖ Contar, referir. *Loqui mulsa. Plaut.* Decir halagos, requiebros, palabras blandas. — *Ore duarum et viginti gentium. Plin.* men. Hablar veinte y dos lenguas. *Loquitur fama. Marc.* ó *Loquuntur vulgo Cic.* Corre la voz, dicen, dícese. *Loquitur res ipsa. Cic.* La cosa misma habla, lo declara, lo dice, lo está diciendo. *Nihil nisi classes loquens. Cic.* Que no habla, no respira sino armadas, que no habla de otra cosa. *Male loqui hero. Ter.* Decir, hablar mal del amo. *Loquax talpa. adag.* Habladora es la bestia. *ref.*

Lŏra, ae. f. *Varr.* Aguapié, vino inferior, que se hace echando agua en el orujo ya esprimido.

Lōrāmentum, i. n. *Just.* V. Lorum.

Lōrārius, ii. m. *Gel.* Siervo que azotaba á otros.

Lōrātus, a, um. *Virg.* Azotado con correas. ‖ Atado con ellas.

Lōres, ae. f. *Cat.* V. Lora.

Lōrētum, i. n. V. Lauretum.

Lōreus, a, um. *Plaut.* Lo que es de correa, de cuero.

Lōrīca, ae. f. *Cic.* Loriga, coraza, coselete, jaco, cota de malla, armadura del cuerpo contra las armas ofensivas, hecha de cuero, de cuerda, y de lienzo, despues de hierro. ‖ *Vitruv.* El ensolado, capa de yeso, arena y cal, ó de otra materia, en los edificios y pavimentos. ‖ Trinchera, parapeto, contravalacion, lunetas, galerías, contraguardias, y todo reparo contra los ataques enemigos.

Lōrīcātio, ōnis. f. *Vitruv.* El acto de embaldosar, de cubrir el suelo, y de blanquear las paredes.

Lōrīcātus, a, um. *Liv.* Lorigado, armado, cubierto, vestido de loriga. *Loricatus miles. Liv.* Coracero.

Lōrīco, ās, āvi, ātum, āre. a. *Plin.* Solar, baldosar, cubrir el suelo y las paredes. ‖ Armarse de loriga ó coraza.

Lōrīcŭla, ae. f. *Hirc.* dim. de Lorica. Trinchera pequeña.

Lōriŏla, ae. f. *Varr.* V. Lora.

Lōrĭpes, ĕdis. com. *Plin.* El que tiene los pies y las piernas débiles, que al andar se le tuercen. ‖ Cojo, patituerto.

Lōrum, i. n. *Liv.* La correa de cuero. ‖ La brida, las riendas. ‖ Cable, amarra. Se halla tambien masculino.

Lōtāria, ae. f. *Inscr.* La lavandera.

Lōthāringia, ae. f. La Lorena, provincia de Francia.

Lōthāringus, a, um. Lo que es de la Lorena, natural de esta provincia, y lo perteneciente á ella.

Lōtio, ōnis. f. Lavadura, la accion de lavar. ‖ *Cels.* Lavativa, ayuda, geringa.

Lōtiŏlente. adv. *Varr.* Puerca, asquerosamente.

Lotis, ĭdis, y Lotos, i. f. *Ov.* Lotos, ninfa hija de Neptuno.

Lōtium, ii. n. *Suet.* La orina.

Lōtŏmetra, ae. f. *Plin.* Especie de loto ó almez, de cuya semilla semejante al maiz hacian pan los pastores de Egipto.

Lōtŏphăgi, ōrum. m. plur. *Plin.* Los lotofagos, pueblos de Africa.

Lōtŏphăgītes, ae. f. *Plin.* La isla Lotofagites en la costa de Africa.

Lōtor, ōris. m. *Inscr.* El lavandero.

Lōtos, i. f. *Plin.* El loto ó almez, árbol de fruto muy sabroso y dulce. ‖ *Plin.* Una yerba.

Lōtūra, ae. f. *Plin.* y

Lōtus, us. m. *Cels.* V. Lotio.

Lōtus, a, um. part. de Lavo. *Petron.* Lavado.

Lŏvāniensis. m. f. sĕ. n. is. El natural de Lovaina, lo perteneciente á esta ciudad.

Lŏvānium, ii. n. Lovaina, ciudad de Brabante.

* Loxias, ae. m. *Macrob.* Sobrenombre de Apolo, que quiere decir ambiguo ú obliquo, ó por la ambigüedad de sus oráculos, ó por su curso obliquo por el zodiaco.

## LU

Lua, ae. f. *Liv.* Diosa, que presidia á las espiaciones ó lustraciones.

Lubeca, ae. f. y

Lubecum, i. n. Lubec, ciudad anseática de Alemania.

Lŭbens, tis. com. V. Libens.

Lŭbenter. adv. V. Libenter.

Lŭbentia, ae. f. Diosa de la alegría y del placer.

Lŭbet. impers. *Cic.* V. Libet. *Lubet quidquid facias. Plaut.* Apruebo todo lo que hagas. *Ut lubebit. Cic.* Como te parezca.

Lŭbrĭcātus, a, um. *Arnob.* Alisado, bruñido, acepillado, pulido.

Lŭbrĭce. adv. *Cic.* De un modo peligroso, dudoso, espuesto, arriesgado.

Lŭbrĭco, ās, āvi, ātum, āre. a. *Prud.* Poner resbaladizo, liso.

Lŭbrĭcum, i. n. *Tac.* Resbaladero, el paso resbaladizo.

Lŭbrĭcus, a, um. *Cic.* Lúbrico, resbaladizo, lo que se desliza ó resbala, lo que se escurre, escurredizo, donde es fácil resbalar. ‖ Peligroso, dudoso, arriesgado, espuesto. ‖ *Virg.* Inconstante, falaz, fugitivo, veloz. ‖ *Plin.* Liso, terso, bruñido.

Lūca, ae. f. *Plin.* Luca, ciudad y república de Italia.

Luca bos, Lucae bovis. f. *Plin.* El elefante.

Lŭcānar, āris. n. *Varr.* La zorrera, nido de zorras.

Lŭcāni, ōrum. m. plur. *Cic.* Los pueblos de Lucania.

Lŭcānia, ae. f. *Plin.* La Lucania ó Basilicata, provincia del reino de Nápoles.

Lŭcānĭca, ae. f. *Marc.* La salchicha ó salchichon.

Lŭcānĭcus, a, um. *Sparc.* Lo perteneciente á la Lucanis. ‖ A la salchicha.

Lŭcānus, i. m. M. Aneo Lucano, cordobes, hijo de Aneo Mela, hermano de Séneca el filósofo, poeta célebre, *autor de la Farsalia y de otras muchas obras que se han perdido. Floreció en tiempo de Neron, que le mandó matar con una sangría, á los 27 años de su edad, por sospechas de haber tenido parte en la conjuracion pisoniana.*

**Lucānus, a, um.** *Liv.* Lo perteneciente á Lucania ó Basilicata.

**Lucar, āris.** *n. Fest.* El dinero que se cobraba en los bosques sagrados donde se celebraban fiestas.

**Lucaria, ōrum.** *n. plur. Fest.* Fiestas que los romanos celebraban en un bosque sagrado entre la via salaria y el Tiber, en memoria de haberse ocultado en él vencidos por los galos.

**Lucaris pecunia.** *V.* Lucar.

**Lucāris. m. f. rĕ, n. is.** *Fest.* Lo que pertenece á los bosques ó montes dedicados á los dioses.

**Lucārius, ii. m.** *Fest.* Guarda del monte, guarda bosques.

**Lucas bos.** *V.* Luca bos.

**Lucellum, ii. n.** *Cic.* Ganancia, lucro corto.

**Lucens, tis. com.** *Virg.* Luciente, lucido, resplandeciente, brillante. *Lucens limpha. Ov.* Agua pura, limpia, clara, cristalina, trasparente.

**Lucenses, ium. m. plur.** *Plin.* Los luqueses, *naturales, habitadores, pueblos de la república de Luca.*

**Lucensis. m. f. sĕ. n. is.** *Cic.* Lo perteneciente á Luca. *Lucensis conventus. Plin.* La audiencia de Lugo en el reino de Galicia en España. *Lucensia ostrea. Plin.* Ostras de Alicante.

**Lucentum, i. n.** *Plin.* Alicante, *ciudad y puerto del reino de Valencia en España.*

**Luceo, es, xi, cēre. n.** *Cic.* Lucir, resplandecer, brillar, echar luz de sí. ‖ Ser claro y manifiesto, aparecer, mostrarse, verse claramente. *Lucere facem, ó cereum alicui. Plaut.* Alumbrar á alguno con una hacha. *Lucet. Cic.* Amanece, viene el dia.

**Lucerenses, ium. m. plur.** y

**Luceres, um. m. plur.** *Liv.* Los Luceres, *tercera parte del pueblo romano, asi llamada de Lucerio, rey de los etruscos, que socorrió á Rómulo contra Tacio, rey de los sabinos.* ‖ Dos de las seis decurias de caballeros romanos.

**Lucerna, ae. f.** Lucerna, *ciudad y canton de Suiza.*

**Lucerna, ae. f.** *Cic.* Lucerna, velon, candela, lámpara, candil. *Qui lucerna egent infundunt oleum. Suam quisque homo rem meminit. Ubi quis dolet, ibidem et manum habet. adag.* El que le duele la muela ese se la saca. *ref.*

**Lucernātus, a, um.** *Tert.* Iluminado, adornado, luciente con lámparas.

**Lucernŭla, ae. f.** *S. Ger.* Lamparilla.

**Lucesco, is, ĕre. n.** *Cic.* Hacerse de dia, empezar á amanecer, á lucir, á verse la luz.

**Lucetia, ae. f.** *Marc. Cap.* Sobrenombre de Juno, *como causa de la luz.*

**Lucetius, ii. m.** *Gel.* Sobrenombre de Júpiter, *como causa de la luz.*

**Luci. adv.** *Cic.* De dia, por el dia.

**Lucidarium, ii. n.** *Fest.* El ó lo que sirve de luz para ver, para descubrir, que aclara, que da luz ó luces para penetrar alguna cosa.

**Lucide, ius, issime. adv.** *Cic.* Clara y distintamente.

**Lucidum, adv.** *Hor. V.* Lucide.

**Lucĭdus, a, um, ior, issimus.** *Hor.* Lucido, luciente, brillante, resplandeciente. ‖ *Plin.* Claro, lleno de luz. ‖ *Quint.* Disfano, trasparente.

**Lucifer, i. m.** *Cic.* El lucero, *la estrella de Venus.* ‖ El dia. ‖ Hijo de Céfalo y de la Aurora. ‖ Lucifer, *el príncipe de los ángeles rebeldes.*

**Lucifer, ra, rum.** *Cic.* Lucifero, luciente, lo que luce ó da luz. ‖ El que lleva una hacha ú otra luz.

**Lucifĭcus, a, um.** *Cel. Aur.* Lo que causa ó da luz, lucido, luciente.

**Lucifluus, a, um.** *Prud.* Lo que estiende ó echa de sí luz.

**Lucifŭga, ae. com.** *Sen.* y

**Lucifŭgax, acis.** *Min. Fel.* ó

**Lucifŭgus, a, um.** *Cic.* Lucifugo, que huye de la luz.

**Lucilianus, a, um.** *Varr.* Lo perteneciente al poeta Lucilio.

**Lucilius, ii. m.** *Hor.* Cayo Lucilio, *caballero romano, natural de Suesa en Campannia. Floreció en tiempo de la guerra de Numancia, y fue el primer poeta satírico de los romanos. No quedan de sus obras mas que fragmentos.*

**Lucīna, ae. f.** *Ter.* Lucina, *diosa que presidia á los partos. Sobrenombre de Juno y de Diana.* ‖ *Virg.* El parto.

**Lucinius, a, um.** *Prud.* El que tiene ojos pequeños. ‖ Corto de vista.

**Lucinius, a, um.** *Prud.* Lo perteneciente á la luz, al nacimiento.

**Luciōna, ae. f.** Luzon, *ciudad episcopal de Francia.*

**Luciparens, tis. com.** *Avien.* Padre de la luz.

**Lucisātor, ōris. m.** *Prud.* Padre, autor de la luz.

**Lucisco, is, ĕre. n.** *Plaut. V.* Lucesco.

**Luciscus, a, um.** *Cic.* Corto de vista, y el que la tiene cansada.

**Lucius, ii. m.** *Aus.* Cierto pez enemigo de las ranas.

**Lucius, ii. m.** *Varr.* Prenombre romano, *como Lucio Cornelio Sila.*

**Lucomĕdi.,**
**Lucomōnes,** } *V.* Lucumo.
**Lucŏmus....**

**Lucratio, ōnis. f.** *Tert. V.* Lucrum.

**Lucratīvus, a, um.** *Ulp.* Lucrativo, lo que trae algun lucro ó ganancia.

**Lucretĭlis, is. m.** *Hor.* Monlibetri, *monte de Italia.*

**Lucretius, ii. m.** Tito Lucrecio Caro, *ciudadano romano, poeta y filósofo epicureo, que floreció en tiempo de Ciceron. Fue el primero que escribió de las cosas naturales entre los romanos, y esto en un poema, del cual dice el mismo Ciceron, que es de arte maravillosa.*

**Lucricupīdo, ĭnis. f.** *Apul.* Ansia de ganancia.

**Lucrifacio, is, fēci, factum, cĕre. a.** *Petron.* Ganar, lucrar, adquirir sin trabajo. *Lucrifacere injuriam. Plin.* Escapar de la pena merecida, quedarse sin castigo.

**Lucrifactus, a, um.** *Cic. part. de* Lucrifacio. Ganado, adquirido sin trabajo.

**Lucrificābĭlis. m. f. lĕ. n. is.** *Plaut.* Lucrativo, lo que da ó rinde ganancia.

**Lucrifĭco, as, āre. a.** *Ulp.* Ganar, adquirir.

**Lucrifĭcus, a, um.** *Plaut.* Lucrativo, lo que da ó rinde ganancia.

**Lucrifio, is, factus sum, fiĕri. pas.** *Cic.* Ser ganado, ganarse.

**Lucrifŭga, ae. com.** *Plaut.* El que huye de la ganancia, desinteresado.

**Lucrii Dii. m. plur.** *Arnob.* Dioses que presidian á las ganancias.

**Lucrinensis. m. f. sĕ. n. is.** *Cic.* Lo que pertenece al lago lucrino.

**Lucrinus lacus. m.** *Suet.* El lago lucrino, *mar muerto ó lago de Licola en Campania.*

**Lucrio, ōnis. m.** *Fest.* y

**Lucripĕta, ae. com.** *Plaut.* Ansioso de ganancia, codicioso, que de todo y por todas partes la solicita.

**Lucronium, ii. n.** Logroño, *ciudad de España.*

**Lucror, āris, ātus sum, āri. dep.** *Cic.* Ganar, adquirir, sacar utilidad y provecho: *en especial con poco gasto y trabajo.*

**Lucrōse. adv.** *S. Ger.* Con ganancia.

**Lucrōsus, a, um.** *Tac. ior, issĭmus. Plin.* Lucrativo, lo que da ó rinde ganancia, de que se saca utilidad y provecho.

**Lucrum, i. n.** *Cic.* Lucro, ganancia, provecho, utilidad. ‖ *Fedr.* Riqueza. *Lucri mihi quid est fallere te? Ter.* ¿Qué saco yo con engañarte, que gano en engañarte? *In lucro apponere. Hor. Deputare. Ter. Ponere. Cic.* Poner en el número de las ganancias, contar por ganancia ó lucro. *De lucro vivimus. Cic.* Vivimos de ó por milagro. *Facere lucri. Nep.* Adquirir, ganar, conseguir, obtener, poseer.

**Lucta, ae. f.** *Aus.* ó

**Luctāmen, ĭnis. f.** *Val. Flac.* y

**Luctātio, ōnis. f.** *Cic.* La accion de luchar, la lucha. ‖ Fuerza, esfuerzo, conato de fuerzas. ‖ Contienda, batalla. ‖ Diferencia, disputa, debate, altercacion.

**Luctātor, ōris. m.** *Ov.* Luchador, el que lucha con otro.

Luctatōrius, a, um. *Suet.* Lo que pertenece á la lucha, ó los luchadores.

Luctatūrus, a, um. *Quint.* El que va á luchar.

Luctātus, us. m. *Plin.* Esfuerzo, lucha.

Luctātus, a, um. *Quint. part. de* Luctor. El que ha luchado.

Luctĭfer, a, um. *Val. Flac.* Lo que causa llanto, le trae ó le anuncia: que trae ú ocasiona dolor, desgracia, afliccion.

Luctĭfĭcābĭlis. m. f. lĕ. n. is. *Pers.* Lleno de llanto, de dolor, de afliccion.

Luctĭfĭcus, a, um. *Cic. V.* Luctifer.

Luctĭsŏnus, a, um. *Ov.* Lo que hace sonido lúgubre, lastimoso, lamentable.

Luctĭto, as, āre. n. *Prisc. freq. de*

Lucto, as, āvi, ātum, āre. a. *Ter.* y

Luctor, āris, ātus sum, āri. dep. *Cic.* Luchar, contender, lidiar á brazo partido, ejercitarse en la lucha. ‖ Esforzarse, hacer fuerza ó empeño. ‖ Disputar, altercar, contender sobre alguna cosa.

Luctuōse, ius. adv. *Liv.* Con llanto, dolor, afliccion.

Luctuōsus, a, um, ior, issĭmus. *Cic.* Luctuoso, triste, lloroso, lamentable, calamitoso, doloroso, que causa dolor y llanto.

Luctus, us. m. *Cic.* Llanto, pena, dolor, sentimiento, pesadumbre de la persona ó cosa perdida. ‖ Luto, el habito que indica el sentimiento.

Lūcŭbrans, tis. com. *Liv.* El que trabaja de noche, velando.

Lūcŭbrātĭo, ōnis. f. *Cic.* Lucubracion, tarea, trabajo de ingenio, corporal ó de manos que se hace de noche, velando. ‖ *Cic.* La obra que asi se trabaja.

Lūcŭbrātĭuncŭla, ae. f. *Gel.* dim. de Lucubratio. Lucubracion breve.

Lūcŭbrātōrĭus, a, um. *Suet.* Propio, á propósito, oportuno para lucubrar ó trabajar de noche.

Lūcŭbrātus, a, um. *Cic.* Trabajado de noche, velando.

Lūcŭbro, as, āvi, ātum, āre. a. *Liv.* Velar, componer, trabajar algo de noche, velando. *Lucubrata nox. Marc.* Noche pasada trabajando. *Lucubrare viam. Apul.* Andar, caminar de noche.

Lūcŭlente. adv. *Cic.* y

Lūcŭlenter. adv. *Cic.* Claramente, con claridad, sin duda, sin oscuridad ni ambigüedad.‖Muy bien, grande, bellamente. *Luculenter vendere. Plaut.* Vender bien, á buen precio. *Luculenter graece scire. Cic.* Saber bien el griego. *Luculenter habere diem. Plaut.* Tener un gran dia, pasarle magníficamente.

Lūcŭlentia, ae. f. *Arnob.* Claridad, belleza.

Lūcŭlentĭtas, ātis. f. *Laber.* Esplendor, magnificencia.

Lūcŭlento, as, āvi, ātum, āre. a. *Vitruv.* Aclarar, dar claridad á una cosa, hacerla lucir.

Lūcŭlentus, a, um. *Plaut.* Claro, lucido, abundante de luz, de claridad. ‖ Hermoso, bello, vistoso. ‖ Rico, magnífico, espléndido, abundante. ‖ Elocuente, copioso, fecundo. ‖ Insigne, ilustre, famoso, noble. *Luculentus testis. Cic.* Testigo ocular. — *Scriptor. Cic.* Escritor, autor fidedigno, bueno. *Luculenta plaga. Ter.* Llaga considerable. *Luculentum navigium. Cic.* Navío capaz y bien pertrechado.

Lūcullānus, a, um. y

Lūcullēus, a, um. ó

Lūcullĭānus, a, um. *Cic.* Lo perteneciente á Luculo, ciudadano romano.

Lūcullus, i. m. *Cic.* L. Luculo, famoso romano por la riqueza y sabiduría.

Lūcŭlus, i. m. *Suet.* Bosquecito. dim. de Lucus.

Lūcŭmo, Lucomo, y Lucmo, ōnis. m. *Serv.* Rey, general, gobernador. *Voz tusca de Licaon, rey de Arcadia, que tambien se llamó Licaonia.* ‖ *Virg.* Toscano. ‖ *Aus.* Triste, melancólico.

Lucuncŭlus, i. m. *Apul.* Pastelillo. dim. de

Lucuns, untis. m. *Varr.* Pastel ó cualquiera otra especie de torta de pastelería.

Lūcus, i. m. *Cic.* Bosque, soto, monte, alameda, arboleda sagrada, consagrada á los dioses.

Lūcus Augusti. *Plin.* Lugo, *ciudad del reino de Galicia en España.* ‖ *Luc.* Ciudad del Delfinado.

Lūdens, tis. com. *Ov.* El que juega.

Lūdi, ōrum. m. plur. *Cic.* Juegos públicos, *fiestas, espectáculos que se daban al pueblo para diversion y en honra de los dioses: como los circenses, escénicos, teatrales, compitales, capitolinos, cereales, florales, juvenales, funebres, votivos, magnos, máximos* ‖ Los juegos de los niños y los de interes. ‖ Chanzas, donaires. *Ludis. Plaut.* En tiempo de fiestas. *De alieno ludis corio.* adag. Del pan de mi compadre buen zatico á mi ahijado. *ref.*

Lūdia, ae. f. *Juv.* Bailarina, cómica, *muger que divierte al pueblo en cualquier espectáculo.*

Lūdiārius, a, um. *Inscr.* Lo perteneciente ó los juegos públicos, ó á los juglares y farsantes.

Lūdĭbrĭōse. adv. *Amian.* Con ludibrio, burla ó mofa.

Lūdĭbrĭōsus, a, um. *Gel.* Lleno de burla y escarnio.

Lūdĭbrium, ii. n. *Cic.* Ludibrio, burla, escarnio, befa, mofa. *Ludibrio esse alicui. Cic.* Servir de juguete, de irrision á alguno. *Ludibrio aliquem sibi habere. Lucr.* Hacer burla de alguno, tenerle por juguete. *Ludibrium verius, quam comes. Liv.* Mas bien juguete, que compañero.

Lūdĭbundus, a, um. *Cic.* Divertido, burlon, chancero, que siempre está de burla y fiesta.

Lūdĭcer, dicra, dicrum. *V.* Ludicrus.

Lūdĭcre. adv. *Apul.* Por juego, por burla y fiesta.

Lūdĭcrum, i. n. *Liv.* Juego, fiesta, juego público.

Lūdĭcrus, a, um. *Cic.* Festivo, divertido, lo que es propio del juego y fiesta. *La terminacion masculina del nom. no se halla. Ludicra ars. Sen.* Arte de complacer y divertir al pueblo. — *Nox. Tac.* Noche que se pasa en juegos y fiestas. *Ludicra praemia. Virg.* Premios de los juegos públicos.

Lūdĭfācĭo, is, fēci, factum, cĕre. *V.* Ludifico.

Lūdĭfĭcābĭlis. m. f. lĕ. n. is. *Plaut.* Divertido, alegre, festivo.

Lūdĭfĭcans, tis. com. *Sil. Ital. V.* Ludificator.

Lūdĭfĭcātĭo, ōnis. f. Burla, engaño, ilusion.

Lūdĭfĭcātor, ōris. m. *Plaut.* Burlon, engañador.

Lūdĭfĭcātus, us. m. *Plaut. V.* Ludificatio.

Lūdĭfĭcātus, a, um. part. de

Lūdĭfĭco, as, āvi, ātum, āre. a. *Sal.* y

Lūdĭfĭcor, āris, ātus sum, āri. dep. *Cic.* Burlar, burlarse de alguno, hacer mofa y escarnio. ‖ Engañar, frustrar. ‖ Eludir, escaparse. *Ludificare corium. Plaut.* Desgarrar el cuero.

Lūdĭfĭcus, a, um. *V.* Ludificabilis.

Lūdĭmăgister, tri. m. *Cic.* Maestro de escuela.

Lūdĭo, ōnis. m. *Liv.* y

Lūdĭus, ii. m. *Cic.* Cómico, bailarin, juglar, *cualquiera que divierte al pueblo con ademanes, instrumentos ó palabras en los espectáculos públicos.*

Lūdo, is, si, sum, dĕre. a. *Cic.* Jugar, divertirse á algun juego.‖Divertirse, pasar el tiempo en estudios de poco momento. ‖ Burlarse, hacer burla, escarnio, irrision. ‖ Engañar, frustrar, eludir. *Ludere operam. Plaut.* Trabajar en balde, perder el tiempo. *Artem arte ludere.* adag. *Contra cretensem cretissare.* adag. Á cautela cautelas mayores. Con una cautela otra se quiebra. Á un traidor dos alevosos. Quien engaña al engañador cien dias gana de perdon. *ref.*

Lūdus, i. m. *Cic.* El juego, recreacion del ánimo ó del cuerpo, diversion, pasatiempo, recreo. ‖ Palestra, certamen en que se ejercitan las fuerzas del cuerpo ó del ingenio. *Ludus dicendi. Cic.* Escuela de elocuencia. — *Literarius. Plaut.* Litterarum. *Cic.* Academia, escuela de ciencias, de bellas letras. *Ludum, & ludos facere. Plaut.* Hacer burla de alguno.

Luēla, ae. f. *Lucr.* Castigo, pena.

Luendus, a, um. *Ov.* Lo que se ha de pagar, aquello por lo cual se ha de satisfacer.

Lues, is. f. *Cic.* Epidemia, contagio, peste, pestilencia, enfermedad contagiosa.‖Calamidad grave, como guerra, hambre. ‖ *Cic.* El que la ocasiona. ‖ *Petron.* La nieve ó hielo derretido. *Lues morum. Plin.* Corrupcion de costumbres.

Lugdūnensis. m. f. sě. n. is. Suet. Leonés, lo perteneciente á Leon de Francia, ó á la Galia céltica. Lugdunensis ara. Juv. Ara en Leon de Francia en honor de Augusta.

Lugdūnum, i. n. Suet. Leon, ciudad arzobispal de Francia.

Lugdūnum Batavorum, i. n. Leiden, ciudad de Holanda.

Lugdūnum Convenarum, i. n. San Beltran de Cominge, ciudad de la Guinea.

Lugendus, a, um. Ov. Lo que se debe llorar.

Lūgens, tis. com. Cic. El que llora.

Lūgeo, es, xi, tum, gēra. a. Cic. Llorar, derramar lágrimas, gemir, afligirse, lamentarse. ‖ Ponerse luto, hacer demostraciones de sentimiento.

Lūgŭbre. adv. Virg. Triste, funesta, melancólicamente.

Lūgubria, ium. n. plur. Ov. El luto, las señales ó insignias del duelo.

Lūgŭbris. m. f. brě. n. is. Cic. Lúgubre, triste, funesto, lamentable, fúnebre. ‖ Ov. Lloroso. Sordes lugubres. Cic. Vestidos de luto, lutos.

Lūgubriter. adv. Apul. V. Lúgubre.

Lui. pret. de Luo.

Luĭtio, ōnis. f. Ulp. La paga, el pago, satisfaccion con respecto á la ofensa y á la deuda. ‖ Rescate ó desempeño de una prenda.

Luĭtūrus, a, um. Claud. El que ha ó tiene de pagar.

Lūma, ae. f. Fest. Zarza ó espino, que nace en el campo.

Lūmārius, a, um. Varr. Lo perteneciente á las zarzas ó espinos.

Lumbāgo, ĭnis. f. Fest. Flaqueza de los riñones.

Lumbāre, is. n. Ecles. El calzon.

Lumbellus, i. m. Apul. V. Lumbulus.

Lumbifrāgium, ii. n. Plaut. La fractura ó quebrantamiento de los riñones.

Lumbrĭcus, i. m. Col. La lombriz que se cria en la tierra y en los intestinos de los animales.

Lumbŭlus, i. m. Plin. El lomito. dim. de

Lumbus, i. m. Cic. y Lumbi, ōrum. m. plur. que es mas usado. Los lomos, los riñones. Lumbus vitulinus. Bud. Lomo de ternera.

Lumectum, i. n. Varr. Lugar, sitio lleno de zarzas, de espinos.

Lūmen, ĭnis. n. Cic. La luz. ‖ La vista, los ojos. ‖ La luz artificial de vela, hacha, velon &c. ‖ El diz. ‖ La latitud y capacidad de un agujero. ‖ Respiradero. ‖ Rendija, abertura, hendidura, raja. ‖ Esplendor, resplandor. ‖ Nobleza. Lumen accendere. Virg. Encender luz. Lumina civitatis. Cic. Las personas mas ilustres, mas esclarecidas de una ciudad. Lumine cassus. Virg. Difunto, privado de la luz. Luminibus alicujus obstruere, officere. Cic. Quitar, estorbar la luz, la vista ó una casa. ‖ Oscurecer, denigrar la reputacion de alguno. Lumine secundo si te his offendero. Cic. Si te hallare aqui dentro de dos dias...

Lūmētum, i. n. Varr. V. Lumectum.

Lūmĭnāre, is. n. Cic. Luminar, cuerpo que despide de sí luz, claridad. ‖ S. Ger. Luminaria, hacha encendida. Luminaribus tot extinctis. Cic. Muertos tantos varones esclarecidos.

Lūmĭnātus, a, um. Cel. Aur. Iluminado, ilustrado. Male luminati. Apul. Los cortos de vista.

Lūmĭno, as, āvi, ātum, āre. a. Marc. Cap. Iluminar, alumbrar, dar luz, claridad.

Lūmĭnōsus, a, um. Cic. Luminoso, claro, abundante de luz. ‖ Aclarado, lo que no tiene dificultad.

Lūna, ae. f. Cic. La luna, uno de los siete planetas. ‖ Plin. El mes. ‖ Virg. La noche. ‖ Ov. Luna, hija de Hiperion y de Latona ó Etra, la misma que Diana y Proserpina. Luna nova. Ces. Minor, nascens. Hor. Prima. Plin. Luna nueva. Crescens. Plin. Luna en creciente. Plena, ó pleno orbe. Plaut. Luna llena. Decrescens. Plin. Luna en menguante. Intermenstrua, intermestris, silens. Plin. Conjuncion de la luna, tiempo en que no aparece. Pernox. Plin. Luna que alumbra toda la noche. La-

conicas lunas (causaris). adag. Achaques al viernes por no le ayunar. ref.

Lūna, ae. f. Cluni; ciudad de Francia, y otra de Toscana.

Lūnāris. m. f. rě. n. is. Cic. Lunar, lo que pertenece á la luna.

Lūnātĭcus, a, um. Dig. Lunático, loco por intervalos, cuya demencia procede (dicen) del estado de la luna.

Lūnātus, a, um. Virg. Hecho á modo de luna en creciente, de media luna.

Luneburgum, i. n. Lunebourg, ciudad capital del ducado del mismo nombre en la Sajonia inferior.

Lunelium, ii. n. Lunel, ciudad del bajo Lenguadoc.

Lūnensis, m. f. sě. n. is. Plin. Lo perteneciente á Luna, ciudad de Toscana. Lunensis caseus. Plin. Queso de esta ciudad, célebre por su magnitud, pues dicen que los solia haber de dos mil libras.

Lūno, ās, āvi, ātum, āre. a. Ov. Doblar, torcer, encorvar á modo de media luna, en arco.

Lūnŭla, ae. f. Isid. Luneta, adorno de las mugeres, á modo de media luna. ‖ La que llevaban en el zapato los patricios romanos por señal de su nobleza.

Lunus, i. m. Tert. Dios el mismo que Luna, á quien la necia gentilidad tenia por varon, llamándole con una voz femenina.

Luo, is, lui, ĕre. a. Cic. Pagar, satisfacer. Luere capite. Liv. Pagar con la cabeza. Alterius delicta. Hor. Sufrir la pena de los delitos agenos. Aes alienum. Quint. Pagar las deudas. Poenas. Cic. Pagar la pena, ser castigado. Se. Ulp. Pagar su rescate. Sanguine maculas vitiorum. Cic. Lavar las manchas de los vicios con sangre. Parentum scelera filiorum poenis lui. Cic. Espiar los delitos de los padres con el castigo de los hijos.

Lūpa, ae. f. Ov. La loba. ‖ Ramera, prostituta.

Lŭpānar, āris. n. Quint. Lupanar, burdel donde viven mugeres prostituidas.

Lŭpānāris, m. f. rě. n. is. Apul. Lo perteneciente al lupanar.

Lŭpānārium, ii. n. Ulp. V. Lupanar.

Lŭpārie, ārum. f. plur. Lubries, ciudad de Normandía.

Lŭparii, ōrum. m. plur. Serv. Los cazadores de lobos.

Lŭpātum, i. n. y

Lŭpātus, i. m. Virg. Freno, bocado áspero, duro.

Lŭpātus, a, um. Hor. Del bocado áspero y duro.

Lăperca, ae. f. Lact. Luperca, esposa de los romanos, que se cree ser Lupa, ama de leche de Rómulo y Remo. ‖ Una muger sacerdotisa del dios Pan.

Lŭpercal, ālis. n. Cic. Cueva bajo del monte Palatino en Roma, consagrada por Evandro al dios Pan de Arcadia.

Lŭpercālĭa, ium. n. Cic. Fiestas lupercales de Roma, que se celebraban á 15 de Febrero, en que se sacrificaba una cabra al dios Pan.

Lŭpercālis. m. f. lě. n. is. Suet. Lo perteneciente á las fiestas lupercales.

Lŭpercii, ōrum. m. plur. Cic. Los sacerdotes del dios Pan y de Fauno.

Lupercius, ii. m. Lupercio, nombre de varon.

Lupercus, i. m. Virg. El dios Pan. ‖ El sacerdote de este dios.

Lupia, ae. m. La Lipa, rio de Alemania. ‖ El Loing, rio de Francia.

Lŭpillus, i. m. Plaut. dim. de

Lŭpīnum, i. n. Col. y

Lŭpīnus, i. m. Plin. El altramuz, especie de guisante, legumbre muy amarga. ‖ Hor. Moneda aparente, porque á falta de la verdadera solian usar los cómicos en el teatro de altramuces.

Lŭpīnus, a, um. Cic. Lo perteneciente al lobo.

Lŭpio, is, ĭre. a. Plaut. Devorar, comer como un lobo.

Lupor, āris, āri. dep. Non. Prostituirse, tener trato obsceno.

Lŭpŭla, ae. f. Apul. dim. de Lupa.

†Lŭpŭlatus, a, um. Mezclado, hecho ó compuesto con altramuces.

Lŭpus, i. m. Cic. El lobo. ‖ El freno ó bocado áspero. ‖ El garfio ó garabato. ‖ Plin. El lobo marino. Lupus in fabula. Ter. ó Eccum lupus in sermone. adag. Plaut. En mentando al ruin en Roma, luego roma. *ref. Lupum auribus tenere. Ter.* Tener asido al lobo por las orejas, proverbio para esplicar que se halla uno en peligro, y muy embarazado. *O praeclarum ovium custodem lupum! adag.* Buenos irán los corderos teniendo por guarda al lobo. *ref.*

**Lupus salictarius**, ii. *m. Plin.* El altramuz, legumbre.

**Lura**, ae. *f. Fest.* La boca del pellejo de la vegiga. ∥ *Luc.* El intestino, el vientre.

**Lurcabundus**, a, um. *Cat.* Tragon, el que come con ansia, vorazmente.

**Lurco**, as, avi, atum, are. *n. Fest. V. Lurcor.*

**Lurco**, onis. *m. Plaut.* Comedor, comilon, gloton.

**Lurconius**, a, um. *Ter.* y

**Lurconianus**, a, um. *Tert.* ó

**Lurconinus**, a, um. *Suet.* Lo perteneciente al comilon, tragon, voraz.

**Lurcor**, aris, atus sum, ari. *dep. Lucil.* Comer con ansia, con voracidad.

**Luria**, ae. *f. Fest.* Mezcla de vinagre y miel.

**Luridatus**, a, um. *Tert.* y

**Luridus**, a, um. *Col.* Pálido en demasía, cetrino.

**Luror**, oris. *m. Lucr.* La palidez cetrina, que tira al color negro.

**Lurulentus**, a, um. *Apul.* Muy pálido, cetrino.

**Lusca**, ae. *f. Marc.* Tuerta, muger que no ve de un ojo.

**Luscinia**, ae. *f. Plin.* Ruiseñor, pájaro que canta muy bien, suavemente.

**Lusciniola**, ae. *f. dim. Plaut.* Ruiseñor pequeño.

**Luscinius**, ii. *m. Fedr. V. Luscinia.*

**Luscinus**, a, um. *Plin. V. Lusciosus.*

**Lusciola**, ae. *f. Varr. V. Luscinia.*

**Lusciosus**, a, um. *Plaut.* Corto de vista, el que tiene la vista corta, débil, de corto alcance.

**Luscitio**, onis. *f.* Flaqueza, debilidad de la vista, cortedad de vista.

**Luscitiosus**, a, um. *Plin. V. Lusciosus.*

**Luscus**, a, um. *Cic.* Tuerto, ciego de un ojo.

**Lusio**, onis. *f. Cic.* Juego, la accion de jugar.

**Lusitani**, orum. *m. plur. Plin.* Los portugueses, naturales de Lusitania.

**Lusitania**, ae. *f. Plin.* Lusitania, una de las tres partes de la España antigua, hoy el reino de Portugal.

**Lusitanus**, a, um. *Plin.* Lusitano, portugues, lo que es de Portugal ó pertenece á este reino.

**Lusito**, as, avi, atum, are. *a. Plaut. freq. de Ludo.* Jugar á menudo, hacer oficio ó profesion del juego.

**Lusor**, oris. *m. Plaut.* Jugador, el que juega por diversion. ∥ *Ov.* Escritor de cosas fútiles. ∥ *Plaut.* Mofador, burlon.

**Lusorie**. *adv. Ulp.* Por juego, jugando.

**Lusorium**, ii. *n. Lampr.* Anfiteatro, plaza, sitio público destinado á juegos. ∥ Chanza, chiste, dicho agudo, gracia que hace reir.

**Lusorius**, a, um. *Plin.* Lo perteneciente al juego y á sus instrumentos. ∥ *Sen.* Hecho ó dicho para fiesta y diversion. ∥ *Paul. Jct.* Cosa vana, que no tiene efecto. *Lusorius alveus. Plin.* Tablero, juego de damas ó chaquete. *Lusoria quaestio. Plin.* Cuestion propuesta para diversion. *Arma. Sen.* Armas para jugar ó enseñarse á manejarlas.

**Lustralia**. *m. f. le. n. is. Liv.* Lustral, lo perteneciente á la lustracion, purgacion y espiacion de los sacrificios, á su purificacion. ∥ Lo perteneciente al lustro ó espacio de cinco años.

**Lustramen**, inis. *n. Val. Flac.* y

**Lustramentum**, i. *n. Dig.* Espiacion hecha por sacrificio ó por encantamiento.

**Lustratio**, onis. *f. Col.* Lustracion, purgacion, purificacion por medio de sacrificio. ∥ La accion de recorrer y andar un espacio.

**Lustrator**, oris. *m. Apul.* El que recorre, anda, registra cierto parage.

**Lustratus**, a, um. *part. de Lustro. Cic.* Purgado, lustrado, purificado, espiado. ∥ Recorrido, andado.

**Lustria**, orum. *n. plur Ov.* Fiestas de Vulcano.

**Lustricus**, a, um. *Suet.* Lustral, perteneciente á la lustracion ó purgacion. *Lustricus dies. Fest.* El dia en que se purificaba á los niños recien nacidos, y se les ponia el nombre. Esta ceremonia se hacia con los varones al noveno dia de su nacimiento, y con las hembras al octavo.

**Lustrificus**, a, um. *Val. Flac. V. Lustralis.*

**Lustro**, as, avi, atum, are. *a. Cic.* Lustrar, espiar, purgar, purificar con sacrificios y aspersiones las personas ó lugares. ∥ Recorrer, visitar, andar, registrar, buscar por todas partes. ∥ Observar, examinar, mirar con reflexion. *Lustrare vestigia alicujus. Virg.* Seguir las huellas de alguno, seguirle los pasos. *Exercitum. Cic.* Pasar muestra ó revista al ejército.

**Lustro**, onis. *m. Cat.* El que gasta sus bienes en hosterías ó borracheras.

**Lustror**, aris, atus sum, ari. *dep. Plaut.* Frecuentar los parages de vicios, de desórden, de borracheras.

**Lustrum**, i. *n. Cic.* Sacrificio, espiacion, purificacion *que se hacia despues de la matrícula del pueblo, ó la revista de un ejército.* ∥ Caverna, cueva de bestias fieras. ∥ Lustro, espacio de cinco años. ∥ Burdel, taberna, casa de vicio y desórden. ∥ *Suet.* Certamen solemne que establecio Domiciano en honra de Júpiter capitolino, y se celebraba cada cinco años. *Ingens lustrum. Marc.* El siglo ó espacio de cien años, *al cabo de los cuales se celebraban las fiestas seculares. Lustrum condere. Liv.* Lustrar, purificar al pueblo despues de hecha la matrícula, por los censores.

**Lusus**, a, um. *part. de Ludo. Cic.* Engañado, burlado. ∥ *Ov.* Hecho por juego y diversion.

**Lusus**, us. *m. Suet.* Juego, diversion, pasatiempo, recreo. ∥ *Quint.* Chanza, burla, donaire. ∥ *Varr.* Escuela, academia de ciencias.

**Lutamentum**, i. *n. Cat.* Obra hecha de barro, ó cubierta de él.

**Lutarius**, a, um. *Plin.* Lo que vive en el cieno ó lodo.

**Lutatus**, a, um. *Pers.* Embarrado, enlodado, rociado, manchado, cubierto de lodo.

**Lutea**, ae. *f. Plin.* La yerba lutea, *que hecha unas flores rojas, y sirve para los tintes.*

**Lutensis**, m. f. se. n. is. *Plin. V. Lutarius.*

**Luteolus**, a, um. *Col. dim. de Luteus.* Algo rojo, amarillo ó dorado, que tira á estos colores.

**Lutesco**, is, ere. *n. Col.* Hacerse lodo, ablandarse como él.

**Lutetia**, ae. *f.* y

**Lutetia Parisiorum**. *f.* Paris, *capital de Francia.*

**Lutetianus**, a, um. *Erasm.* Lo que es de Paris.

**Luteum**, i. *m. Plin. V. Lutea.* ∥ *Vitruv.* Yema de huevo.

**Luteus**, a, um. *Ov.* Lo que es de lodo, barro, ciénago, limo ó tierra. ∥ Vil, bajo, despreciable. ∥ Rojo, amarillo, dorado, rubio, azafranado. ∥ Embarrado, enlodado. ∥ Hecho de barro.

**Luto**, as, avi, atum, are. *a. Cat.* Embarrar, enlodar, cubrir de lodo ó barro. ∥ *Marc.* Salpicar de barro, manchar.

**Lutor**, oris. *m. Claud.* La palidez ó amarillez. ∥ *Apul.* El color de oro, de yema de huevo.

**Lutose**. *adv. Marc.* Vil, bajamente.

**Lutosus**, a, um. *Col.* Lodoso, cenagoso, pantanoso.

**Lutra**, ae. *f. Plin.* La nutria, *animal anfibio, que se sustenta de peces.*

**Lutulentus**, a, um. *Ov.* Lodoso, lleno de barro ó lodo, embarrado, manchado con lodo. ∥ Sucio, puerco.

**Lutulo**, as, avi, atum, are. *a. Plaut.* Revolcar en el lodo, embarrar, manchar, cubrir de lodo ó barro.

**Lutum**, i. *n. Cic.* Lodo, barro, cieno, limo. ∥ Arcilla, barro cantarero. *Haerere, ó esse in luto. Plaut.* Estar empantanado, estar metido en una dificultad, de donde no se puede salir. *Pro luto esse. Petron.* Estar, pasar, valer, venderse á muy bajo precio.

**Lutum**, ó luteum, i. *n. Virg. V. Lutea.*

**Lutus**, a, um. *ant. Juv. en lugar de Lotus.*

**Lux**, lucis. *f. Cic.* La luz, resplandor, claridad. ∥ El dia. ∥ La vida. ∥ Los ojos. ∥ *Ov.* La estacion, el tiempo. ∥ Esplendor, gloria, nobleza. *Ad lucem. Liv. In lucem. Hor.* Hasta el dia, hasta el amanecer. *Luce. Cic.* De dia, por el dia. *Luces. Cic.* Astros, estrellas, cometas. *In luce Asiae. Cic.* En lo mas florido, en medio del Asia.

**Luxātio**, ōnis. f. y

**Luxātūra**, ae. *Marc. Emp.* Dislocacion, relajacion de una coyuntura.

**Luxātus**, a, um. *Plin.* Dislocado, descompuesto.

**Luxemburgum**, i. n. Luxembourg; ciudad de *Flandes*.

**Luxi**. pret. de Luceo y de Lugeo.

**Luxo**, as, avi, atum, are. a. *Plin.* Dislocar, separar, mover de su lugar, *en especial los huesos*.

**Luxor**, āris, ātus sum, āri. dep. *Plaut.* V. Luxurior.

**Luxurārius**, a, um. *Flor.* Lleno de lujo ó disolucion.

**Luxuria**, ae. f. *Cic.* Lujo, esceso, superfluidad, vanidad. ‖ Abundancia viciosa de las plantas. ‖ Lujuria, disolucion, abandono á las pasiones.

**Luxurians**, tis. com. *Hor.* El que se abandona al lujo, demasía, esceso y desarreglo. ‖ Lo que brota en demasía.

**Luxuriatus**, a, um. *Ov.* El que se abandona á sus pasiones.

**Luxuries**, ei. f. *Cic.* V. Lujuria.

**Luxurio**, as, avi, atum, ari. n. *Ov.* y

**Luxurior**, āris, ātus sum, āri. dep. *Liv.* Darse al lujo, esceso, demasía en el porte y trato. ‖ *Col.* Echar, brotar, arrojar con demasía.

**Luxuriose**. adv. *Cic.* Con profusion, con lujo, desarreglo, demasía. *Luxuriosius epulari*. *Nep.* Comer con demasiada delicadeza. *Luxuriosissime bibere*. *S. Ag.* Beber con mucho esceso.

**Luxuriōsus**, a, um, ior, issimus. *Cic.* Dado al lujo, á las delicias en el porte y trato. ‖ Vicioso, demasiado frondoso. *Luxuriosa laetitia*. *Liv.* Alegría escesiva, insolente, soberbia.—*Vitis*. *Col.* Cepa que hecha mucha leña ú hoja.

**Luxus**, us. m. *Cic.* Lujo, superfluidad, esceso, demasía. ‖ *Suet.* Disolucion, lujuria. ‖ *Virg.* Magnificencia, suntuosidad, abundancia, esplendidez. ‖ *Apul.* Disolucion.

**Luxus**, a, um. *Sal.* Dislocado, desencajado, desconcertado.

## LY

**Lyaeus**, i. m. *Hor.* Liceo, sobrenombre de Baco. ‖ El vino.

**Lyaeus**, a, um. *Virg.* Lo perteneciente al dios Baco.

**Lybia**, ae. f. *Plin.* La Libia, *país de África*. ‖ El África, una de las cuatro partes del mundo.

**Lycaeus**, i. m. *Plin.* El monte Liceo de Arcadia.

**Lycaeus**, a, um. *Virg.* Lo perteneciente al monte Liceo.

**Lycambes**, ae. m. *Hor.* Licambe, *lacedemonio*, que habiendo prometido una hija suya al poeta *Arquiloco*, y casádola despues con otro, le hizo el poeta unos versos yambos tan satíricos que se ahorcó de rabia.

**Lycambēus**, a, um. *Ov.* Lo perteneciente á Licambe.

**Lycāon**, ōnis. m. *Ov.* Licaon, rey de Arcadia, convertido por Júpiter en lobo, porque hospedado en su casa le quiso matar, y le puso á comer carne humana.

**Lycaōnia**, ae. f. La Licaonia, país del Asia menor.

**Lycaōnis**, idis. f. patr. *Ov.* Calisto, hija de Licaon.

**Lycaōnius**, a, um. *Ov.* Lo perteneciente á Licaonia y á Licaon.

**Lyceum**, i. n. *Gel.* Liceo, gimnasio célebre de Atenas, fabricado fuera de la ciudad por *Pisistrato* ó *Pericles*, donde enseñó Aristóteles la filosofía.

**Lychnicus**, a, um. *Ig.* Lo perteneciente al marmol blanco de la isla de Paros.

**Lychnis**, idis. f. *Plin.* Especie de rosa *con solas cinco hojas del tamaño de la violeta y sin olor*. *Lychnis agraria*. *Plin.* Yerba sin raíz, *semejante al lino, y en la flor al jacinto*. ‖ Piedra preciosa, *de color tan vivo que parece una luz artificial*.

**Lychnītes**, ae. m. *Plin.* El mármol blanco de la isla de Paros.

**Lychnītis**, idis. f. *Plin.* Yerba que nace con tres hojas, á lo mas cuatro, *de calidad que sirven de torcida para las luces*.

**Lychnōbius**, a, um. *Sen.* El que hace de la noche dia, que de dia duerme, y hace todos sus oficios á la luz artificial.

**Lychnūcus**, i. m. *Cic.* Instrumento en que está la luz artificial, candelero, velon &c.

**Lychnus**, i. m. *Cic.* Lucerna, luz, lámpara, candelero con luz artificial &c.

**Lycia**, ae. f. *Ov.* La Licia, *region del Asia menor entre Pamfilia y Caria, donde está el monte Quimera, que vomita llamas*.

**Lycimnia**, ōrum. n. plur. *Estac.* Estanques licimnios *en el país de Argos en el Peloponeso*.

**Lycimnia**, ae. f. *Estac.* Ciudad del país de Argos en el Peloponeso.

**Lycisca**, ae. f. *Virg.* Licisca, *nombre de una perra*.

**Lycium**, ii. n. *Plin.* Árbol espinoso que se cria en Licia. ‖ El jugo *sacado por decoccion de las ramas de este árbol, que es medicinal*.

**Lycius**, a, um. *Ov.* Lo perteneciente á la Licia. *Lycium mare*. *Plin.* El golfo de Satalia. *Lyciae sortes*. *Virg.* El oráculo de Apolo, que estaba en *Pataris*, ciudad de Licia.

**Lycophthalmus**, i. m. *Plin.* Piedra preciosa de cuatro colores, rojo, encarnado, negro y blanco.

**Lycopsis**, is. f. *Plin.* La ancusa, *yerba que echa una flor purpúrea y hojas semejantes á las de la lechuga*.

**Lycōris**, idis. f. *Virg.* Licoris ó Citeris, liberta del senador Volumnio, que siguió á *Antonio* á las Galias.

**Lycos**, i. m. *Plin.* La menor especie de araña.

**Lyctius**, a, um. *Virg.* Lo perteneciente á Licto, *ciudad de Creta*.

**Lyctum**, i. n. Licto, ciudad de Creta.

**Lycurgēus**, a, um. *Cic.* Lo perteneciente á Licurgo.

**Lycurgīdes**, ae. m. *Ov.* El hijo ó nieto de Licurgo.

**Lycurgus**, i. m. *Amian.* Licurgo, famoso legislador espartano. ‖ *Estac.* Otro rey de Nemea. ‖ Otro rey de Tracia, que mandó arrancar las viñas en todo su reino *por ser muy dados al vino sus vasallos*.

**Lycus**, i. m. *Plin.* Lico, rey de Beocia. ‖ Otro desterrado de Tebas, que se apoderó de este reino, y á quien mató Hércules. ‖ Es nombre de varios rios de Paflagonia, Frigia, Capadocia y la Armenia mayor.

**Lydda**, ae. f. Ramá, *ciudad de Palestina*.

**Lydi**, ōrum. m. plur. Los lidios, *naturales y moradores de Lidia*.

**Lydia**, ae. f. *Plin.* La Lidia, provincia del Asia menor.

**Lydius**, a, um. *Plin.* Lo perteneciente á Lidia. ‖ Toscano, etrusco, lo tocante á Toscana ó á Etruria. *Lydius lapis*. *Plin.* Piedra de toque. *Lydius modus*. *Apul.* El tono lidio, género de música triste.—*Amnis*. *Marc.* El rio Pactolo.

**Lydus**, a, um. *Cic.* V. Lydius.

**Lygdinus lapis**. m. *Plin.* Piedra de Paros, semejante al alabastro por su gran blancura.

**Lympha**, ae. f. *Virg.* El agua. ‖ La saliva.

**Lymphaeum**, i. n. *Inscr.* Lugar al cual bajaban las aguas por ciertos tubos para los juegos y diversiones.

**Lymphans**, tis. com. *Estac.* Que perturba el entendimiento, que hace perder el juicio.

**Lymphaseus**, a, um. *Marc. Cap.* Cristalino, lo que se asemeja al agua ó al cristal.

**Lymphātĭcus**, a, um. *Liv.* Frenético, furioso, que tiene perturbado el juicio y la razon. *Lymphaticus pavor*. *Liv.* 6. *metus*. *Sen.* Terror pánico, miedo que perturba la razon.

**Lymphatio**, ōnis. f. y

**Lymphātus**, us. m. *Plin.* Terror, turbacion, consternacion que hace perder el sentido, que perturba la razon.

**Lymphātus**, a, um. *Virg.* Furioso, frenético.

**Lymphēum**, i. n. *Inscr.* Edificio en que hay juegos de aguas.

**Lympho**, as, avi, atum, are. a. *Val. Flac.* Perturbar la razon, el juicio, trastornar el entendimiento, poner frenético, furioso.

**Lymphor**, āris, ātus sum, āri. pas. *Curc.* Ser, estar loco, perder el juicio, tener turbada ó perturbada la razon.

**Lyncestae**, ārum. m. plur. *Plin.* Los naturales y moradores de Linco, ciudad de Macedonia.

**Lyncestis**, idis. adj. f. *Plin.* y

**Lyncestius**, a, um. *Ov.* Lo perteneciente á Linco, ciudad de Macedonia.

**Lynceutus**, i. m. *Vitruv*. El rio Linceuto de Macedonia.

**Lynceus**, i. m. *Plin*. Linceo, uno de los argonautas.

**Lynceus**, a, um. *Ov*. Lo perteneciente á Linceo. ‖ Perpicaz, agudo de vista, que alcanza mucho con ella, que tiene vista de lince.

**Lyncurium**, ii. n. *Plin*. Lincurio, *piedra preciosa de color de ambar que dicen se saca de la orina del lince congelada.*

**Lyncus**, i. m. *Ov*. Linco, *rey de Escitia, convertido por Ceres en lince por haber querido matar á Triptolemo, á quien ella habia enviado para que enseñase á las gentes la agricultura.*

**Lynx**, lincis. m. f. *Virg*. El lince ó lobo cerval, *animal cuadrúpedo, de vista agudísima, cuya piel está salpicada de manchas de varios colores.*

**Lyra**, ae. f. *Hor*. La lira, *instrumento músico de cuerdas.* ‖ *Varr*. Lira, constelacion. Poesía lírica. *Lyram digitis increpare.— Movere.— Pellere.— Percutere.— Pulsare. Ov.* Tocar la lira.

**Lyrceius**, a, um. *Ov*. Lo perteneciente al monte Lirceo.

**Lyrceus**, i. m. *Val. Flac*. Lirceo, *monte del Peloponeso en tierra de Argos.*

**Lyrceus**, a, um. *Ov*. V. Lyrceius.

**Lyrica**, orum. n. plur. *Plin*. Poesías líricas.

**Lyricen**, inis. m. *Estac*. Tocador de lira.

**Lyrici**, orum. m. plur. *Cic*. Los poetas líricos.

**Lyricus**, a, um. *Hor*. Lo pereneciente á lira, lírico.

**Lyristes**, ae. m. *Plin*. V. Lyricen.

**Lyrnessiades**, um. f. plur. *Fest*. y

**Lyrnessis**, idis. f. *Ov*. y

**Lyrnesius**, a, um. *Ov*. Lo perteneciente á Lirneso, *ciudad de Troade, destruida por Aquiles.*

**Lyrnessum**, i. n. *Plin*. Lirneso, *antigua ciudad de Troade, destruida por Aquiles.*

**Lysbona**, ae. f. Lisboa, *capital de Portugal.*

**Lysixcus**, a, um. *Quint*. Lo perteneciente al orador Lisias.

**Lysias**, ae. m. *Cic*. Lisias, *célebre orador ateniense.*

**Lysidicus**, i. m. *Cic*. Nombre propio de varon, *que significa el que deshace todas las controversias.*

**Lysimachia**, ae. f. *Plin*. La yerba lisimaquia, *semejante al sauce en las hojas, cuya fuerza dicen ser tanta, que alborotándose dos novillos uncidos y aplicada al yugo los sosiega y amansa.* ‖ *Ciudad del Quersoneso de Tracia.*

**Lysimachiensis**, m. f. sé. n. is. *Liv*. Lo perteneciente á la ciudad de Lisimaquia.

**Lysimachus**, i. m. *Plin*. Lisimaco, *rey de Tracia.* ‖ Piedra preciosa, *semejante al marmol rodio.*

**Lysippus**, i. m. *Quint*. Lisipo sicionio, *famoso estatuario, de quien se dice haber hecho seiscientas y diez obras, cada una de las cuales puede ser honra de su arte.*

**Lysis**, is. f. *Vitruv*. Disolucion, desunion, abertura de las coyunturas de alguna cosa.

**Lytae**, arum. m. plur. *Dig*. Los que al cuarto año de jurisprudencia estan capaces de responder á lo que se les pregunte sobre ella, y resolver las cuestiones que se les propongan. ‖ Bachilleres, graduados de bachiller.

**Lytra**, ae. f. V. Lutra.

**Lytrum**, i. n. *Fest*. Precio del rescate y libertad, rescate.

**Lytta**, ae. f. *Plin*. Gusanillo que tienen los perros en la lengua, *quitado el cual cuando son tiernos, dicen que no rabian jamas.*

## MA

**Ma Dia**. *Petron*. Fórmula griega de jurar afirmando y negando.

**Macareïs**, idis. f. *Ov*. Hija de Macareo, Ises.

**Macareus**, i. m. *Ov*. Macareo, *hijo de Eolo que tuvo un hijo en su hermana Canacé.*

**Maccus**, a, um. *Apul*. Tonto, simple, fatuo, mentecato, majadero.

**Macedo**, y **Macedon**, onis. m. *Cic*. Macedonio, el natural de Macedonia.

**Macedonia**, ae. f. *Plin*. Macedonia, *pais de Europa.*

**Macedonianum Senatus consultum**. *Suet*. Decreto del senado macedoniano, *de que hay un título en el Digesto. Tomó el nombre de un usurero famoso, llamado Macedon, que incitaba á muchas maldades con la usura á los hijos de familias. Por este decreto prohibió Vespasiano que se diese accion ni repeticion al acreedor del hijo de familias aun despues de la muerte de su padre.*

**Macedonicus**, a, um. *Plin*. y

**Macedoniensis**. m. f. sé. n. is. *Plaut*. Macedónico. Lo perteneciente á Macedonia.

**Macedonius**, a, um. *Ov*. Lo que es de Macedonia y lo perteneciente á ella, macedonio.

**Macellarius**, a, um. *Val. Max*. Lo perteneciente á los que venden carnes, pescados y otras cosas de comer en la plaza, á la abaceria ó tabla donde se venden.

**Macellarius**, ii. m. *Suet*. El que vende en la plaza, carniceria ó abaceria, carnes y pescados; carnicero, pescadero.

**Macellinus**. *Cap*. Sobrenombre que pusieron al emperador Opilio Macrino sus mismos esclavos, *porque parecia su palacio una carniceria de humanas víctimas de su crueldad.*

**Macellum**, i. n. *Cic*. Plaza, plazuela, corrillo, sitio público *donde se vendian los comestibles en varios parages con separacion.*

**Macellus**, a, um. dim. de Macer. *Fest*. Flaquillo, flacucho.

**Maceo**, es, cui, ere. n. *Plaut*. Enmagrecer, enflaquecer, ponerse flaco, enjuto de carnes. *Ossa atque pellis est, ita cura macet. Plaut.* Tan consumido le tienen las pesadumbres, que no tiene mas que huesos y pellejo.

**Macer**, cra, crum, crior, cerrimus. *Cic*. Magro, flaco, enjuto, delgado. *Macerrimae stirpes. Col.* Plantas secas sin jugo ni alimento. *Libellus macer. Marc.* Libro corto, breve.

**Maceratio**, onis. f. *Vitruv*. Maceracion, la accion de ablandar y moler alguna cosa.

**Maceratus**, a, um. *Vitruv*. part. de Macero. Macerado, molido, ablandado. ‖ *Plaut*. Maltratado, afligido, mortificado, molestado. ‖ *Vel. Pat*. Quebrantado, debilitado, enflaquecido.

**Maceresco**, is, ere. n. *Cat*. Ablandarse, enternecerse, humedecerse.

**Maceria**, ae. f. *Cic*. V. Maceries.

**Maceriatus**, a, um. *Inscr*. Cercado, resguardado con cerca.

**Maceries**, ei. f. *Col*. Albarrada ó cerca de piedra en la heredad con cal ó sin ella.

**Maceries**, ei. f. *Afran*. Flaqueza, debilidad, laceria.

**Macero**, as, avi, atum, are. a. *Col*. Macerar, ablandar, enternecer, moler. ‖ Quebrantar, debilitar, enflaquecer, mortificar. ‖ Humedecer, bañar, remojar. *Fame macerare aliquem. Liv.* Matar á uno de hambre.— *Se. Ter.* Mortificarse, afligir su cuerpo. *Macerari lentis ignibus. Hor.* Consumirse á fuego lento.— *Ex moerore alicujus. Plaut.* Estar traspasado, afligido, consumido de la tristeza ó pesar de alguno. *Totum corpus lacte macerare. Plin.* Darse baños generales de leche.

**Macesco**, is, cui, ere. n. *Col*. Enmagrecer, enflaquecer, ponerse magro, flaco.

**Macetae**, arum. m. plur. *Estac*. Los lacedemonios.

**Macetes**, um. m. plur. *Plin*. Pueblos de África cerca de las Sirtes.

**Machabaei**, orum. m. plur. Los macabeos.

**Machaera**, ae. f. *Plaut*. Espada, sable, cimitarra.

**Machaerium**, ii. n. *Plaut*. El cuchillo.

**Machaeropeus**, i. m. *Cic*. El espadero.

**Machaerophorus**, i. m. *Cic*. El que lleva la espada al lado. ‖ Espadachin, maton.

**Machaon**, onis. m. *Cels*. Macaon, *hijo de Esculapio y hermano de Podalirio, médico famoso.*

**Machaonicus**, y **Machaonius**, a, um. *Ov*. Lo perteneciente á Macaon ó al arte de la medicina.

**Machina**, ae. f. *Plaut*. Máquina, instrumento, ingenio, invencion, *por medio de la cual se hace alguna cosa,* artificio. ‖ Astucia, maña, destreza, engaño, ardid. ‖ Reja de madera *en un parage de la plaza donde estaban los* esclavo de venta. *Machinas omnes adhibere. Cic.* Usar de todas las astucias, poner por obra todo género de artificios.

Machinālis. m. f. lĕ. n. is. *Plin.* Maquinal, mecánico, cosa de máquina ó mecánica. *Machinalis scientia. Plin.* La mecánica.

Machinamentum, i. n. *Liv.* Máquina, ingenio, instrumento, artificio.

Machinārius, ii. m. *Dig.* Maquinista ó ingeniero que obra por medio de máquinas.

Machinārius, a, um. *Apul.* Lo que toca á la máquina. *Machinarius commentator. Solin.* Ingeniero, maquinista, inventor de máquinas. *Machinaria mola. Apul.* La muela ó tahona, que mueve una caballería por medio de la máquina.

Machinātio, ōnis. f. *Vitruv.* Máquina. || *Cic.* Maquinacion, traza, maña, industria, artificio.

Machinātor, ōris. m. *Liv.* Maquinista, ingeniero, inventor de máquinas. || Inventor, autor, maquinador. *Por lo comun se toma en mala parte.*

Machinātrix, icis. f. *Sen.* Autora, inventora.

Machinātum, i. n. *Liv.* Máquina de guerra.

Machinātus, us. m. *Apul.* V. Machinatio.

Machinātus, a, um. *Vitruv.* Hecho por máquinas.

Machinor, āris, ātus sum, āri. dep. *Cic.* Maquinar, discurrir, trazar, inventar ingeniosamente. || Urdir, proyectar algun mal hecho. *Machinari alicui necem. Liv.* Maquinar la muerte de alguno. — *Aliquam machinam. Plaut.* Forjar, tramar algun enredo.

Machinōsus, a, um. *Suet.* Hecho con máquinas, con artificio y habilidad.

Machinŭla, ae. f. *Fes.* Maquinita, máquina pequeña.

Machlis, is. f. *Plin.* Animal de Escandinavia, *semejante al alce.*

Macies, ei. f. *Cic.* Flaqueza, delgadez, palidez. *Macies soli. Col.* Esterilidad de la tierra.

Macilentus, a, um. *Plaut.* Macilento, pálido, descolorido, flaco, estenuado. *Macilenta manu pinguem pedem. adag.* Con las malas comidas y peores cenas menguan las carnes y crecen las venas. *ref.*

Macio, ās, āre. a. *Solin.* Poner magro ó flaco.

Macir. *Plin.* Corteza de un árbol de la India, *medicinal, del mismo nombre que el árbol.*

Macis, idis. f. *Plaut.* Nombre de un aroma fingido.

Maclovium, ii. n. *S. Maló, ciudad de Bretaña.*

Macor, ōris. m. *Pacuv.* V. Macror.

Macresco, is, crui, cĕre. n. *Hor.* Enmagrecer, enflaquecer.

Macritas, ātis. f. *Vitruv.* Esterilidad de la tierra y arena.

Macritudo, inis. f. *Plaut.* V. Macies.

Macro, ās, āre. a. *Plin.* Poner magro, flaco.

Macrobii, ōrum. m. plur. *Mel.* Pueblos de Etiopia en la isla Meroe.

Macrobius, ii. m. Aurelio Macrobio, Ambrosio Teodosio, *varon consular: escribió unos comentarios al sueño de Escipion de Ciceron y siete libros de los Saturnales: floreció en el siglo iv de Cristo, en tiempo de Honorio y Teodosio el jóven: no se sabe su patria.*

Macrochēra, ae. f. *Lampr.* Vestido con manga larga.

Macrochir. V. Longimanus.

Macrocollum, i. n. *Plin.* Papel de marca mayor.

Macrologia, ae. f. *Quint.* Vicio de la oracion, que es cuando se habla mas de lo necesario, prolijidad.

† Macrocōmus, a, um. El que tiene largo el cabello, de larga cabellera.

Macrones, um. m. plur. Pueblos del reino del Ponto.

Macror, ōris. m. *Pacuv.* Flaqueza de carnes.

Mactabilis. m. f. lĕ. n. is. *Lucr.* A quien se puede matar ó asesinar.

Mactātor, ōris. m. *Sen.* El matador, asesino.

Mactātus, us. m. *Lucr.* La accion de matar ó degollar en el sacrificio.

Mactātus, a, um. *Hor.* part. *de* Macto, Sacrificado, degollado, muerto en sacrificio, inmolado. || *Ter.* Amontonado, aumentado.

Macte. voz sing. y Macti. plur. del antiguo Mactus en lugar de Magis auctus. *Seusa como interjecion exortativa,* Ea, vaya, vamos, con valor, con ánimo, valor; *y de aplauso y aprobacion. Macte virtute. Cic.* Esto. *Apul. ó Macte animi, ó animo. Estac.* Vamos, con valor, ánimo.

Mactea, ae. f. *Suet.* Toda especie de manjar delicado entre los antiguos.

† Macticus, a, um. *Fest.* Que tiene grandes carrillos y la boca muy hundida.

Macto, ās, āvi, ātum, āre. a. *Liv.* Matar, asesinar, dar muerte. || Sacrificar, inmolar. || Aumentar, acrecentar. *Mactare aliquem ultioni, et gloriae. Tac.* Sacrificar á alguno á su venganza y á su gloria. — *Honoribus. Cic.* Colmar de honores. — *Orco. Liv.* Sacrificar á Pluton. — *Jus civitatis. Cic.* Quebrantar, violar, destruir del todo las leyes, el derecho de la ciudad. *Hoc me mactat. Plaut.* Esto me mata, me revienta.

Mactra, ae. f. *Gel.* Artesa donde se amasa el pan. || Arca del pan.

Mactus, a, um. V. Macte. *Macta munera Sal.* Presentes considerables.

Macŭla, ae. f. *Cic.* Mácula, mancha || Ignominia, infamia, deshonra, tacha, nota. || Señal, nota. || Señal, mancha, pinta de otro color. || Malla de red. *Maculis albis equus bicolor. Virg.* Caballo pio, blanco y negro, blanco y bayo. *Maculam effugere. Ter.* Evitar la deshonra.

Maculātio, ōnis. f. *Apul.* La accion de manchar, de echar una mancha.

Maculātus, a, um. *Ov.* Manchado, maculado. part. *de*
Maculo, ās, āvi, ātum, āre. a. *Virg.* Manchar, ensuciar, emporcar. || Manchar en la honra ó decoro, profanar. || *Val. Flac.* Pintar á manchas.

Maculōsus, a, um. *Cic.* Maculoso, lleno de manchas. || Pintado, manchado. || Contaminado, impuro.

Madaura, ae. f. Madaura, *ciudad de África, patria de Apuleyo.*

Madaurensis. m. f. sĕ. n. is. *S. Ag.* Lo que es de ó pertenece á la ciudad de Madaura.

Madefacio, is, fēci, factum, ĕre. a. *Cic.* Humedecer, mojar, rociar con algun licor, bañar.

Madefacto, ās, āre. a. *Venan. Fortun.* freq. *de* Madefacio. Bañar, mojar á menudo.

Madefactus, a, um. part. *de* Madefacio. *Cic.* Humedecido, mojado, ablandado con agua.

Madefio, is, factus sum, ieri. anom. pas. *Plin.* Ser mojado, humedecido, regado, rociado.

Madens, tis. com. *Plin.* Regado, mojado, humedecido. *Madens oculis. Estac.* Lloroso. — *Sanguine. Quint.* — *Caede. Juv.* Sangriento, ensangrentado.

Madeo, ēs, ui, ēre. n. *Cic.* Ser ó estar mojado, húmedo, humedecido, regado, rociado. *Madere vino. Marc.* Estar lleno de vino, borracho. — *Metu. Plaut.* Sudar, trasudar de miedo. — *Socraticis sermonibus. Hor.* Estar embebido, lleno de las máximas de Sócrates, rebosar en sus preceptos ó doctrina.

Madera, ae. f. Madera, *isla del mar atlántico.*

Maderiacum, i. n. Mezieres, *ciudad de Champaña.*

Madesco, is, ĕre. n. *Col.* Humedecerse, bañarse, regarse. || Ablandarse, enternecerse.

Madian. f. indecl. Pais y ciudad de Madian en Arabia.

Madianita, ae. m. f. y
Madianites, ae. m. f. Madianita, natural de Madian.

Madidans, tis. com. *Claud.* Lo que moja ó humedece.

Madide. adv. *Plaut.* Con humedad. *Madide madere. Id.* Estar borracho.

Madido, ās, āvi, ātum, āre. a. *Arnob.* Humedecer, regar, bañar.

Madidus, a, um. *Cic.* Húmedo, humedecido, bañado. || *Plin.* Tierno, blando, delicado. *Madidus spiritus. Plin.* Aire húmedo. — *Vino. Plaut.* Lleno de vino.

Madifico, ās, āre. a. *Plin.* V. Madefacio.

Mador, ōris. m. *Sal.* Humedad, humor.

Madritum, i. n. Madrid, *capital de España.*

Madulsa, ae. m. f. *Plaut.* y
Madusa, ae. m. f. *Fest.* El borracho.

Maeander, dri. m. V. Maeandrus.

Maeandrātus, a, um. *Varr.* Tortuoso, que da ó tiene

vueltas como el Rio Meandro.

Maeandri, ōrum. m. plur. Cic. Vueltas, rodeos.

Maeandrus, Maender, y Maeandros, i. m. Plin. Meandro, rio del Asia que hace muchas vueltas y revueltas. || Virg. Entrelazado en la bordadura. || Pintura, grabado ú otra obra en que vuelven y revuelven las líneas.

Maecēnas, ātis. m. Hor. Cayo Clinio Mecenas, ilustre caballero romano de Toscana, muy amigo de Augusto, favorecedor de las letras y de los literatos, en especial de Horacio, Vario y Virgilio.

Maecēnatiānus, a, um. Suet. Propio de Mecenas.

Maecia, ae. f. Liv. Una de las tribus romanas rústicas. Tomó el nombre de una ciudad del mismo cerca de Lanuvio.

Maedi, ōrum. m. plur. Hor. Medos, pueblos de Tracia.

Maeliānus, a, um. Liv. Lo perteneciente á Melio, ciudadano romano.

Maelium, ii. n. Varr. Carlancas, collar de cuero con puntas de hierro, que se pone á los perros.

Maena, ae. f. Plin. La anchoa, pez marino.

Maenādes, dum. f. plur. Ov. Bacantes, mugeres que como furiosas celebraban las fiestas de Baco.

Maenalīdes, ae. m. Aus. El dios Pan, á quien estaba consagrado el monte Ménalo.

Maenalis, idis. f. Ov. La muger natural de este monte.

Maenalius, a, um. Virg. Lo que es del monte Ménalo ó de Arcadia.

Maenalus, y Maenalos, i. m. y Maenala, ōrum. n. plur. Virg. Ménalo, monte y ciudad de Arcadia.

Maenas, ādis. f. V. Maenades.

Maenia columna. Cic. Coluna así llamada en Roma, junto á la cual tenian su tribunal los triunviros de causas capitales sobre los ladrones y esclavos malos.

Maeniānum, i. n. Cic. Especie de terrado ó piedra saliente en los edificios para mirar lo que pasa. || Balcon ó palco en el anfiteatro.

Maenomĕnon mel. n. Plin. Especie de miel venenosa, que ocasiona locura.

Maeon, ŏnis. m. Estac. Meon, padre de Homero. || El natural de Meonia ó Lidia.

Maeonia, ae. f. Plin. Meonia ó Lidia, provincia del Asia menor. || Virg. La Toscana.

Maeonĭdae, ārum. f. Plur. Ov. Las musas.

Maeonides, ae. m. Virg. El natural de Meonia ó Lidia. || Ov. El hijo de Meon, Homero.

Maeonii, ōrum. m. plur. Plin. Meonios ó lidios.

Maeonis, idis. f. Ov. La muger meonia ó lidia.

Maeonius, a, um. Virg. Meonio, lidio, lo perteneciente á Lidia. || Á Homero. || Á Toscana.

Maeotae, ārum. m. plur. Plin. Pueblos de la Escitia europea, que dieron nombre á la laguna Meotis.

Maeotīci, ōrum. m. plur. Mel. Los que habitan junto á la laguna Meotis.

Maeotĭcus, y Maeotĭus, a, um. Lo perteneciente á los pueblos de la laguna Meotis ó á la misma laguna.

Maeotis, idis, y otis. com. Ov. Lo perteneciente á los pueblos vecinos á la laguna Meotis. Maeotis palus. Plin. La laguna Meotis ó el mar de la Tana.

Maesius, ii. m. Fest. El mes de mayo.

Maeviānus, a, um. Dig. Meviano, lo perteneciente á Mevio, ciudadano romano.

Maevius, ii. m. Virg. Mevio, un mal poeta romano, enemigo de Virgilio y Horacio.

Maga, ae. f. S. Ag. La maga, muger hechicera.

Magalia, ium. n. plur. Virg. Cabañas, chozas, albergues rústicos.

Magalōne, es. f. Magalona, ciudad del Lenguadoc.

Magdalĭdes, dum. f. y Magdalia, ōrum. n. plur. Escrib. Masas largas y redondas en la medicina al modo de emplastos ó ceratos.

Mage. adv. Virg. V. Magis.

Magetrobia, ae. f. Mombeliard, ciudad de Francia.

Magia, ae. f. y

Magĭce, es. f. La magia, el arte mágica.

Magĭcus, a, um. Virg. Mágico, lo que es de magia ó de los magos ó hechiceros.

Magida, ae. f. Varr. Plato grande ó cuenco para comer.

Maginium, ii. n. Virg. Enfermedad de los bueyes, en que se les pega la piel á los huesos.

Magiriscium, ii. n. Plin. Pequeño cocinero.

Magis, idis. f. Plin. Plato grande, fuente.

Magis. adv. com. Cic. Mas. Magis magisque. Cic. Mas y mas, cada vez ó cada dia mas. Magis tertius. Plaut. Mas cierto. __ Est quod gratuler tibi. Cic. Mas razon ó motivo hay para darte el parabien.

Magister, tri. m. Cic. Maestro, el que enseña ó instruye, preceptor. || Regente, presidente, prefecto, moderante, gobernador, profesor. Magister ludi. Cic. Maestro de escuela de niños. __ Liberalium artium. Cic. Maestro de artes liberales, de letras humanas, humanista. __ Morum. Cic. Prefecto, director de las costumbres, censor. __ Navis. Liv. Patron de la nave. __ Pecoris. Cic. El pastor mayoral. __ Societatis. Cic. Presidente, gefe, director de una sociedad ó academia. __ Obsonii scindendi. Petron. Trinchante en la comida. __ Equitum. Cic. General de la caballería. __ Peditum. Amian. Marc. General de infantería. __ Populi. Cic. Dictador. __ Ad rem aliquam. Cic. El que tiene la intendencia, manejo, cargo, conducta de alguna cosa. __ Scripturae. Cic. Archivero. __ Sacrorum. Liv. Gran sacerdote. __ Cori canentium. Col. Maestro de capilla. __ Auctionis. Cic. El juez que presidia á las ventas públicas de bienes. __ Convivii. Cic. El que presidia en la mesa.

Magistērium, ii. n. Cic. Magisterio, prefectura, presidencia en un festin y en otras cosas. || Plaut. La enseñanza ó direccion del maestro. || Suet. La magistratura.

Magistērius, a, um. Cod. Teod. Lo perteneciente al magisterio.

Magistĕro, y Magistro, ās, āvi, ātum, āre. a. Espare. Presidir, dirigir, mandar, gobernar.

Magistra, ae. f. Ter. Maestra, preceptora.

Magistralis. m. f. le. n. is. Tac. Magistral, lo perteneciente al maestro.

Magistratio, ōnis. f. Apul. El magisterio, institucion, enseñanza.

Magistrātus, us. m. Cic. Magistrado, el que ejerce una magistratura, un cargo ó empleo público. || Magistratura, cargo, empleo público.

Magma, ātis. n. Plin. La hez, ó lo mas grosero que queda de la composicion de un perfume.

Magmentum, i. n. Varr. El manjar que ofrecian los rústicos á Jano, Silvano &c.

Magnalia, ium. n. plur. Tert. Grandes hechos ó empresas, acciones señaladas, obras magníficas.

Magnanĭmis. m. f. me. n. is. V. Magnanimus.

Magnanimĭtas, ātis. f. Cic. Magnanimidad, elevacion, grandeza de ánimo.

Magnanĭmus, a, um. Cic. Magnánimo, de gran corazon.

Magnarius, ii. m. Apul. Gran negociante ó negociante en grueso, de muchas cosas.

Magnātes, tum, y tium. m. plur. V. Optimates.

Magne. adv. Tac. Mucho, grandemente, muy.

Magnes, ētis. m. Prop. y

Magnes lapis. Cic. La piedra iman que atrae el hierro.

Magnesia, ae. f. Plin. Magnesia, provincia de Macedonia aneja á la Tesalia. || Ciudad de Caria. || Otra de la gran Frigia. || Una yerba.

Magnesis, idis. f. Ov. La muger natural de Magnesia.

Magnesius, a, um. Lucr. Lo perteneciente á Magnesia.

Magnessa, ae. f. Hor. La muger natural de Magnesia.

Magnetarches, ae. m. Liv. El sumo magistrado de los magnesios.

Magnētes, tum. m. plur. Lucr. Pueblos de Magnesia. || Liv. Senadores de las ciudades de Macedonia.

Magnetĭcus, a, um. Claud. Magnético, lo perteneciente al iman.

Magnetis. V. Magnesis.

Magni. gen. de Magnus, que se usa absoluto. Cic. Se entiende pretii. De mucha estima.

Magnidĭcus, a, um. Plaut. El que dice grandes cosas, el que habla con énfasis, enfático.

Magnifacio, is, ĕre. a. Ter. Estimar, apreciar en mucho, hacer gran caso.

Magnificātio, ōnis. f. Macrob. La accion de pensar ó

hablar magníficamente de alguna cosa.

**Magnifice.** *adv. Cic.* y

**Magnificenter.** *adv. Vitruv.* ius, issime. Magnífica, grandiosa, espléndidamente.

**Magnificentia,** ae. *f. Cic.* Magnificencia, pompa, esplendidez, suntuosidad.

**Magnifico,** ăs, avi, ātum, āre. *a. Ter.* Estimar en mucho. || *Plin.* Magnificar, exaltar, ensalzar con alabanzas.

**Magnificus,** a, um. *Cic.* Magnífico, pomposo, espléndido, sublime. *Magnificus animus. Cic.* Gran corazon, espíritu generoso. — *Succus in usu medicamentorum. Plin.* Jugo de maravilloso uso en la composicion de los medicamentos.

**Magniloquentia,** ae. *f. Cic.* Sublimidad de estilo, estilo elevado.

**Magniloquus,** a, um. *Estac.* Sublime, elevado en su estilo. || *Tac.* Fanfarron, jactancioso en su modo de hablar.

**Magnipendo,** is, ĕre. *n. Ter.* Estimar, apreciar en mucho, hacer mucho caso ó cuenta.

**Magnisŏnans,** tis. *com. Acc.* Lo que suena mucho.

**Magnitas,** ātis. *f. Acc.* y

**Magnitūdo,** ĭnis. *f. Cic.* Magnitud, grandeza, amplitud, estension. *Magnitudo aeris alieni. Cic.* Multitud de deudas. — *Fructum. Cic.* Abundancia, copia, cantidad de frutos. — *Imperatoria. Tac.* Dignidad, escelencia de un emperador.

**Magno.** *abl. abs. Cic.* Mucho, en mucho.

**Magnopĕre.** *adv. Cic.* En gran manera, grandemente.

**Magnopŏlis,** is. *f.* Ciudad de Paflagonia. || Meclembourg, ciudad de Alemania.

**Magnum.** *us. como adv. Plaut.* V. Valde.

**Magnus,** a, um, major, maximus. *Cic.* Grande, escelente, ilustre, poderoso.

**Magudăris,** dis. *f. Plin.* El tallo de la planta laserpicio. || Su raiz. || Su grana.

**Maguntiăcum,** i. *n.* Maguncia, *ciudad de la Galia bélgica.*

**Magus,** i. *m. Cic.* Mago, sabio, doctor, filósofo entre los persas y egipcios. || Mágico, encantador, hechicero.

**Magus,** a, um. *Ov.* Mágico, lo que es de magia, de encanto.

**Maja,** ae. *f. Virg.* Maya, hija de Atlante, madre de Mercurio. Los romanos la hacian fiestas en el mes de mayo. Matamoros dice que por haber sido sabia y venerada por diosa en España, se ha seguido la costumbre, que aun dura en algunas partes, de escoger una doncella en el mes de mayo, vestirla ricamente, y festejarla con el nombre de Maya. *De asserend. Hispan. eruditione.* || *Virg.* Una de las estrellas Pleyadas.

**Majalis,** is. *m. Varr.* El puerco castrado.

**Majesta,** ae. *f. Macrob.* Mayesta, *la muger de Vulcano.*

**Majestas,** ātis. *f. Cic.* Magestad, la dignidad del pueblo, senado ó príncipe dominante. || Virtud divina, presencia de los dioses. *Majestatis crimen. Cic.* Crímen de lesa magestad. *Orationis majestas. Cic.* Gravedad de la oracion. *Majestas. Ov.* Diosa de la magestad.

**Major,** ius, ōris. *Cic. comp. de Magnus,* Mayor, mas grande.

**Majōres,** um. *m. plur. Cic.* Los mayores, antepasados, ascendientes, abuelos.

**Majorĭca,** ae. *f. Plin.* Mallorca, *isla del mediterráneo, perteneciente á España.*

**Majoricenses,** ium. *m. plur. Liv.* Mallorquines, los naturales y habitantes de Mallorca.

**Majorīnus,** a, um. *Plin. Majorinae olivae.* Las aceitunas mayores, y que dan menos aceite.

**Majugēna,** ae. *m. Marc. Cap.* Hijo de Maya, Mercurio.

**Majūma,** ae. *m. Dig.* Cierto juego que celebraban los romanos en un dia del mes de mayo en la ciudad de Ostia, nadando en las aguas del mar.

**Majus,** ii. *m. Cic.* El mes de mayo, *el tercero del año entre los romanos, y quinto entre nosotros.*

**Majus,** a, um. *Macrob.* V. *Magnus.*

**Majuscŭlus,** a, um. *Cic.* Algo mayor, algo mas grande.

**Mala,** ae. *f. Cic.* La quijada. || La mejilla.

**Malăche,** es. *f. Plin.* Especie de malva.

**Malachītes,** ae. *m. Plin.* Malaquites, *piedra preciosa de color verde de malva.*

**Malacia,** ae. *f. Ces.* Bonanza, tranquilidad, calma del mar. || *Sen.* Languidez, descaecimiento del ánimo. || *Plin.* Debilidad del estómago.

**Malacisso,** ās, āre. *a. Plaut.* Ablandar.

**Malactĭcus,** a, um. *Prisc.* Lenitivo, lo que ablanda ó suaviza.

† **Malăcus,** a, um. *Plaut.* Blando, tierno, delicado.

**Malagma,** ătis. *n. Cel.* Cataplasma, emplasto molificativo.

**Malandria,** ae. *f. Marc. Empir.* y

**Malandria,** ōrum. *n. plur. Veget.* Postillas semejantes á la lepra, *que suelen salir á los caballos en el cuello.*

**Malandriōsus,** a, um. *Marc. Emp.* El animal que padece esta enfermedad.

**Malaxatio,** ōnis. *f. Priscian.* La accion de ablandar ó suavizar.

**Malaxo,** ās, āre. *a. Gel.* Ablandar, suavizar.

**Maldăcon,** n. *Plin.* La goma del árbol bdelio.

**Male.** *adv. Cic.* Malamente, mal. || *Ov.* Fuera de tiempo, de propósito. || Maligna, maliciosamente. *Male animatus. Cic.* Mal intencionado, descontento, mal dispuesto hácia otro. — *Audire. Cic.* Tener mala fama. — *Accipere verbis. Cic.* Maltratar de palabras. — *Velle alicui. Plaut.* Querer mal, tener mala voluntad á alguno. *Sit aut vertot alicui. Cic.* Mal año para alguno, *fórmula de imprecacion.*

**Malea,** ae. *f. Virg.* Cabo Malio ó de Sant Angel, *promontorio del Peloponeso.*

**Maledĭcax,** ācis. *Plaut.* V. *Maledicus.*

**Maledĭce.** *adv. Cic.* Con injuria, afrentosamente.

**Maledīcens,** tis. *com. Cic.* El que habla mal de otros, maldiciente, murmurador.

**Maledicentia,** ae. *f. Gel.* Maledicencia, detraccion, murmuracion.

**Maledicentissĭmus,** a, um. *Cic. sup. de* Maledicus. Muy maldiciente.

**Maledīco,** is, xi, ctum, cĕre. *a. Ter.* Decir injurias, hablar mal, tratar mal de palabras.

**Maledictio,** ōnis. *f. Cic.* El acto de injuriar, de decir malas palabras, de afrentar á alguno.

**Maledictĭto,** ās, āre. *a. Plaut.* Injuriar, tratar mal de palabra á menudo.

**Maledictum,** i. *n. Cic.* Injuria, afrenta, oprobrio. || *Plin.* Maldicion, imprecacion, execracion.

**Maledictus,** a, um. *Esparc.* Maldito, maldecido.

**Maledĭcus,** a, um. *Cic.* Maldiciente, el que tiene la costumbre de hablar mal de otros, murmurador, detractor.

**Malefăber,** bra, brum. *Prud.* Engañoso, astuto.

**Malefăcio,** is, fēci, factum, cĕre. *a. Ter.* Hacer mal y daño, dañar.

**Malefactor,** ōris. *m. Plaut.* Malhechor, el que hace mal, y emprende hechos malos.

**Malefactum,** i. *n. Cic.* Malhecho, mala accion, pecado.

**Maleferiātus,** a, um. *Hor.* Perezoso, holgazan, que nada hace, en nada se ocupa.

**Malefĭce.** *adv. Plaut.* Haciendo mal.

**Maleficentia,** ae. *f. Plin.* El acto de hacer mal. || Daño, perjuicio.

† **Maleficiōse.** *adv.* Maliciosamente, con malicia é inclinacion de hacer mal.

**Maleficium,** ii. *n. Cic.* Pecado, accion mala, depravada. || Maleficio, daño, injuria, perjuicio, menoscabo. || Hechicería para hacer daño á otro.

**Malefĭcus,** a, um. *Cic.* Maléfico, dañoso, perjudicial á otro. || Malhechor, malvado. || Hechicero.

**Malefĭdus,** a, um. *Ov.* Aquel de quien no se puede fiar.

**Malegĕrens,** tis. *com. Plaut.* El que se porta, se dirige ó conduce mal.

**Maleprĕcor,** āris, āri. *dep. Plaut.* Maldecir, echar maldiciones.

**Malesānus,** a, um. *Cic.* Loco, falto de juicio.

**Malesuādus,** a, um. *Plaut.* El que da malos consejos, inclina, persuade al mal.

Malēus, a, um. *Flor.* Lo perteneciente al promontorio Malio del Peloponeso.

Maleventum. *V.* Beneventum.

Malĕvŏlens, ó Malivolens, tis. *com. Plaut. V.* Malevolus.

Malĕvŏlentia, ó Malivolentia, ae. *f. Cic.* Malevolencia, odio, aversion, mala voluntad, malignidad.

Malĕvŏlus, a, um. *Cic.* Malévolo, que tiene odio, mala voluntad, inclinado á dañar á otro.

Maliacus sinus. *Liv.* Golfo del mar egeo entre Tesalia y Acaya.

Malĭcŏrium, ii. *n. Plin.* La corteza del granado.

Malĭfer, a, um. *Virg.* Abundante de manzanas ó peras, que lleva, cria, produce frutas.

Maligne. *adv. Liv.* Maligna, maliciosamente, con mala intencion, con envidia. ‖ Con avaricia, con escasez, con cicatería. *Maligne virens. Plin.* Que tiene un verde pálido. — *Praebere. Liv.* Dar poco, con escasez, con miseria. — *Famem extinguere. Sen.* Hartarse con poco.

Malĭgnĭtas, ātis. *f. Plin.* Malignidad, malevolencia, envidia, mala voluntad. ‖ *Liv.* Escasez, avaricia, miseria, cicatería. ‖ *Col.* Malicia, maldad, perversidad.

Malignus, a, um. *Fedr.* Maligno, malo, perverso, mal intencionado, malévolo, envidioso, malvado. ‖ Avariento, miserable, ruin, cicatero. ‖ *Virg.* Escaso, pobre, poco. ‖ Estéril, infecundo.

Malĭlŏquax, ācis. *com. Pub. Sir.* Maldiciente, el que habla mal.

Malĭlŏquium, ii. *n. Sulp. Sev.* Mala plática ó de cosa mala.

Malim, is, it. *subj. de* Malo.

Malinus, a, um. *Col.* Lo que es del peral.

Malistus, i. *Petron.* Gran señor.

Malĭtia, ae. *f. Cic.* Malicia, malignidad, maldad. ‖ Astucia, maña. ‖ Fraude, engaño.

Malĭtĭŏse, ius, issime. *adv. Cic.* Maliciosa, astuta, engañosamente, con malicia y dolo.

Malĭtĭŏsĭtas, ātis. *f. Tert.* Malicia, astucia.

Malĭtĭŏsus, a, um. *Cic.* Malicioso, maligno, fraudulento. ‖ Capcioso, astuto.

Malleaca, ae. *f.* Mallezais, *ciudad de Francia en el Poitou.*

Malleātor, ōris. *m. Marc.* Martillador, el que trabaja con martillo.

Malleātus, a, um. *Col.* Trabajado á martillo, martillado.

Malleo, ōnis. *m.* Mauleon, *ciudad de Poitou.* ‖ Mauleon de Soule, *ciudad de Guiena.*

Malleŏlāris. *m. f. rĕ. n. is. Col.* Lo perteneciente al manojo de sarmientos.

Malleŏlus, i. *m. Col.* Martillo pequeño. ‖ Renuevo de la vid ó de otro árbol. ‖ *Amian.* Especie de dardo arrojadizo con fuego.

Malleus, i. *m. Plaut.* Martillo, *instrumento bien conocido.* ‖ *Veg.* Nombre comun á varias enfermedades de las caballerías. ‖ Mazo para forjar, batir y tundir.

Mallo, ōnis. *m. Veg.* La caña seca, de que cuelgan los manojos de cebollas.

Mallōtes, y Malotes, ae. *m. Suet.* El natural de Malo, *ciudad de Cilicia.*

Mallŭvia, ae. *f.* y Malluvium, ii. *n. Fest.* Palancana, aljofaina para lavarse las manos.

Malo, vis, vult, lui, malle. *n. Anom. Cic.* Querer mas, anteponer, preferir.

Malobathrātus, a, um. *Sidon.* Untado con el aceite del árbol malobatro.

Malobātrum, i. *n. Plin.* Malobatro, *árbol de Siria, de Egipto y de la India, de que esprimian cierto aceite para ungüentos y perfumes.*

Maltha, ae. *f. Fest.* Betun de pez mezclada con cera. ‖ *Palad.* Masa ó betun hecho con cal viva, sebo, ceniza cernida y otros ingredientes, *con el cual no se abren las paredes ó suelos.* ‖ *Plin.* Cieno del lago semosatense de Comagena encendido, *y que no se apaga sino con tierra.* ‖ *Lucil.* Oprobrio del hombre afeminado.

Malthĭnus, a, um. *Hor.* Afeminado, delicado.

Maltho, ās, āvi, ātum, āre. *a. Plin.* Cubrir, dar con el betun compuesto de cal viva.

Malum, i. *n. Cic.* El mal, daño, desgracia, infortunio, trabajo, desventura. ‖ Pena, afliccion, tormento, pesar, pesadumbre. ‖ Maldad, pecado, vicio. ‖ Pena, castigo. *Quae, malum, est ista audacia? Cic.* ¿Qué diablos de atrevimiento es este? *Malo suo aliquid facere. Plaut.* Hacer alguna cosa en daño suyo. *Malo esse alicui. Nep.* Servir de daño ó perjuicio á alguno. Se usa tambien en lugar del adverbio male. Malamente. *Malo accepto stultus agnoscit. Phrygem plagis fieri solere meliorem. adag.* El necio por la pena es cuerdo. *ref. Si quid mali in Pyrram (recidat). adag.* Abad y ballesteros mal para los moros. Allá vayas rayo en casa de Pelayo. *ref.*

Malum, i. *n. Virg.* La manzana. ‖ Todo género de fruta. *Malum citreum. Plin.* El cidro, *árbol que da las cidras.* — *Granatum. Col. Punicum. Plin.* La granada. — *Persicum. Col.* El melocoton. — *Mala aurea. Virg.* Las naranjas. — *Armeniaca,* ó *praecocia.* Albaricoques, albérchigos. — *Medica,* ó cidromela. El limon, cidra, lima, toronja y naranja. — *Duracina.* Duraznos. — *Cotonea,* ó *cidonia.* Membrillos.

Malus, i. *m. Cic.* El mástil del navío, el árbol de la nave.

Malus, i. *f. Plin.* El manzano, *árbol.*

Malus, a, um. *Cic.* Malo, ímprobo. ‖ Infeliz, adverso, contrario. ‖ Malicioso, astuto, malvado. ‖ *Plaut.* Feo, deforme. *Malus militiae. Hor.* El que no es propio ó á propósito para la guerra. *Malum pondus. Plaut.* Peso ligero, *comp.* pejor, *superl.* pessimus.

Malva, ae. *f. Plin.* La malva, *yerba.*

Malvāceus, a, um. *Plin.* Malváceo, lo que es de malva ó lo perteneciente á ella.

Mamertīni, orum. *m. plur. Liv.* Mamertinos ó mecinenses, los naturales de Mecina *en Sicilia.*

Mamertīnus, a, um. *Cic.* Lo perteneciente á los mamertinos.

Mamertīnus, i. *m.* Mamertino, *prefecto del erario, y cónsul en tiempo del emperador Juliano. Escribió el panegírico de este, en que se reconoce cuanto habia decaido de su pureza y elegancia la lengua latina.*

Mamilla, ae. *f. Vel. Paterc.* La tetilla ó teta pequeña. *dim. de* Mamma.

Mamillāna, ae. *f. Plin.* El higo largo en figura de teta.

Mamillāre, is. *n. Marc.* Pañuelo, corbata *con que las mugeres cubren sus pechos.*

Mamma, ae. *f. Cic.* La teta ó pecho de la muger, del hombre y de los animales hembras. ‖ *Varr.* Madre, abuela, ama de criar. ‖ *Plin.* La yema de los árboles, la escrescencia de que salen las ramas.

Mammaea, ae. *f. Lampr.* Mamea, *madre del emperador Alejandro Severo.*

Mammaeānus, a, um. *Lampr.* Lo perteneciente á Mamea, *madre de Alejandro Severo.*

Mammālis. *m. f. lĕ. n. is. Apul.* Propio de los pechos.

Mammātus, a, um. *Plaut. V.* Mammosus.

Mammon. *ind.* y Mammona, ae. *m. f. S. Ag.* La riqueza, la ganancia.

Mammōneus, a, um. *Prud.* Lo que pertenece á las riquezas. ‖ Codicioso de dinero, avariento.

Mammōsus, a, um. *Marc.* De grandes pechos. *Mammosa pyra. Plin.* Peras muy gruesas. *Mammosum thus. Plin.* Incienso hembra.

Mammŭla, ae. *f. Cels. V.* Mamilla.

Mamphŭla, ae. *f. Fest.* Pan tostado en el horno antes de cocerse.

Mamphur, is. *n. Fest.* Cilindro, *al rededor del cual pasa la cuerda del torno del tornero.*

Mamurius, ii. *m. Fest.* Latonero célebre *en tiempo de Numa Pompilio.*

Mamurra, ae. *m. Plin.* Caballero, romano, *primer maestro de armero de Cayo Cesar en las Galias.*

Mamurrharum urbs. *f. Hor.* La ciudad de Mamurras *en Italia.*

Manābĭlis. *m. f. lĕ. n. is. Lucr.* Lo que mana ó corre fácilmente.

Manācus circulus. *Vitruv.* Círculo, *que representa la línea eclíptica dividida en 12 partes por los doce signos, por cuyo medio se conoce el crecimiento de las sombras cada mes.*

# MAN

Manālis. m. f. lē. n. is. *Fest.* Aquello de donde mana algun licor. *Manalis lapis. Fest.* La puerta del infierno *por donde salian los manes, esto es, las almas de los difuntos.* *Lapis. Fest.* Cierta piedra fuera de la puerta Capena, *la cual movian en tiempo de sequedad, y de su sitio manaba agua.*

Manāmen, ĭnis. n. *Auson.* El acto de manar ó correr.

Mānans, tis. com. *Hor.* Manante, corriente, lo que corre.

Mānātio, ōnis. f. *Front.* El manar ó brotar el agua.

Manceps, cĭpis. m. *Cic.* Administrador de rentas ó diezmos. ‖ Arrendador, asentista de rentas y de obras públicas. ‖ Comprador ó arrendador en las almonedas. ‖ Regaton, revendedor. ‖ *Plin.* Letradillo, que alquila oyentes que le aplaudan. ‖ *Tert.* Poseedor con legítimo derecho. ‖ *Plaut.* Fiador.

Mancinĭānus, a, um. *Flor.* Lo perteneciente al cónsul Mancino, *como la entrega de su ejército y de su persona á los numantinos.*

Manciŏlae, ārum. f. plur. *Aur. Gel.* Manitas. dim. de Manus. Manecilla.

Mancipātio, ōnis. f. *Dig.* y

Mancipātus, us. m. *Plin.* Mencipacion, enagenacion de fondos, de privilegio de los ciudadanos romanos, *que se hacian con cierta fórmula en presencia de dos testigos.* ‖ Venta.

Mancipātus, a, um. *Plin.* Mancipado, enagenado con formalidad. ‖ Sujeto á cierta servidumbre.

Mancipi, ó Mancipii. indecl. *Cic.* Aquello á que se tiene derecho de propiedad, lo que se posee en propiedad.

Mancipium, ii. n. *Cic.* Derecho de propiedad, *de que solo gozaban los ciudadanos romanos.* ‖ Esclavo. ‖ Prisionero de guerra. ‖ Servidumbre de una casa ú otra cosa. ‖ Mueble. ‖ Venta. *Mancipio dare. Cic.* Dar en propiedad. *Mancipii sui esse. Cic.* Ser libre y señor de sí, no depender de otro. *Mancipiorum negociator. Quint.* Comerciante de esclavos.

Mancĭpo, ās, āvi, ātum, āre. a. *Plaut.* Mancipar, enagenar, vender con las formalidades necesarias.

Mancupi &c. *en lugar de* Mancipi.

Mancus, a, um. *Cic.* Manco, estropeado de un brazo ó una mano. ‖ Defectuoso, falto, imperfecto, débil.

Mandātārius, ii. m. *Ulp.* Mandatario, á quien se da algun encargo ó comision.

Mandātio, ōnis. f. *Dig.* El acto de mandar ó encargar.

Mandātor, ōris. m. *Suet.* Mandatario, el que da un encargo ó comision. ‖ El que presenta un testigo, un delator. ‖ El que impone silencio en el circo en nombre del emperador.

Mandatōrius, a, um. *Dig.* Lo perteneciente al mandatario.

Mandātum, i. n. *Cic.* y

Mandātus, us. m. *Suet.* Mandamiento, órden, encargo, comision. ‖ *Dig.* Procuracion, procura.

Mandātus, a, um. part. de Mando. *Cic.* Encargado, mandado hacer. *Mandatum litteris publicis. Cic.* Registrado, sentado en los registros públicos.

Mandibŭla, ae. f. *Macrob.* La mandíbula ó quijada.

Mando, ōnis. m. *Varr.* Gran comedor.

Mando, ās, āvi, ātum, āre. a. Mandar, encargar, ordenar, dar órden, encargo ó comision. ‖ Enviar. ‖ Mandar, dejar en testamento. ‖ Desterrar. ‖ Entregar, consignar, confiar, poner en manos de otro. *Mandare aeternitati. Plin.* Eternizar. *Memoriae. Cic.* Aprender de memoria. *Versibus. Cic.* Escribir en verso. *Se fugae. Cic.* Dar á huir.

Mando, is, di, sum, dĕre. a. *Cic.* Mascar, masticar. ‖ Comer. *Humum mandare. Virg.* Morder la tierra.

Mandra, ae. f. *Ov.* Establo ó aprisco donde se recoge el ganado. ‖ Rebaño, manada, rica, muchedumbre de bestias. ‖ Tablero de damas ó chaquete. ‖ Caverna, antro, cueva de animales. ‖ Cueva de solitarios.

Mandragŏra, ae. f. y

Mandragŏras, ae. m. *Plin.* Mandragora, *yerba ó arbusto, de que hay dos especies, blanca que llaman macho, y negra que dicen hembra: dan una fruta como avellanas ó manzanas.*

# MAN 435

Mandrīta, ae. m. Ermitaño, solitario, monge.

Mandubii, ōrum. m. plur. Pueblos de Borgoña.

Mandūcātio, ōnis. f. *S. Ag.* La accion de comer.

Mandūcātor, ōris. m. *S. Ag.* El que come.

Mandūcātus, a, um. *Varr.* Comido. part. de

Mandūco, ās, āvi, ātum, āre. a. *Suet.* y

Mandūcor, āris, ātus sum, āri. dep. Comer.

Mandūco, ōnis. m. *Apul.* Comedor, el que come mucho.

Manducus, i. m. *Plaut.* Espantajo, fantasma, *que sacaban los antiguos en algunas fiestas, con grandísimas quijadas y dientes, que abriendo y cerrando la boca atemorizaba al pueblo.*

Māne. indecl. n. *Marc.* La mañana, el principio del dia. *Mane dies. Hirc.* Toda la mañana. *Postero. Col.* Mañana por la mañana. *Sub obscuro. Col.* En una mañana nublada. *A mane usque ad vesperum. Plaut.* Desde la mañana hasta la noche. *Bene mane. Cic.* Bien, muy de mañana. *Hodie mane. Cic.* Hoy por la mañana, esta mañana.

Mānens, tis. com. *Cic.* Permanente, el que permanece.

Mānĕo, es, si, sum, nēre. a. *Cic.* Permanecer, estar, continuar, durar, perseverar, subsistir. ‖ Morar, habitar, vivir. ‖ Esperar, aguardar. ‖ Amenazar. ‖ Ser constante. *Mane. Ter.* Espérate, aguarda, quédate. *Mane. Plaut.* Cesa, estate quieto. *Manet te gloria. Virg.* Te espera, te llama la gloria. *Hoc maneat in causa. Cic.* Quede esto sentado en la causa. *Haud mansisti, dum. Plaut.* No has tenido paciencia mientras, hasta que...

Mānes, ium. m. plur. *Cic.* Los manes, las sombras, las almas de los muertos ‖ *Virg.* Suplicio, pena, pesadumbre. *Dii manes. Hor.* Los dioses manes. *Manes alicujus laedere. Tib.* Hablar mal de un muerto, ofender su memoria. *Profundi Virg.* Los profundos infiernos.

Mango, ōnis. m. *Hor.* El vendedor de esclavos. ‖ *Marc.* Seducidor, corrompedor de la juventud. ‖ El mercader que adorna y pule sus géneros para venderlos mas caros. ‖ Revendedor de caballerías, chalan.

Mangōnĭcus, a, um. *Plin.* Lo que pertenece al vendedor de esclavos.

Mangōnium, ii. n. *Plin.* El artificio y maña de los mercaderes en aderezar sus géneros para venderlos por mejores y mas caros.

Mangōnizātus, a, um. *Plin.* Pulido, acicalado, aderezado con artificio *para venderlo mas caro.*

Mangōnizo, ās, āvi, ātum, āre. a. *Plin.* Aderezar, adornar con artificio lo que se ha de vender *para hacerlo mas caro.*

Mania, ae. f. *Macrob.* Mania, *diosa, madre de los Lares.* ‖ Ciudad de la Partia. ‖ Promontorio de la isla de Lesbos.

Maniae, ārum. f. plur. *Fest.* Las fantasmas y cocos con que se amedrenta á los niños.

Mănĭcae, ārum. f. plur. Esposas, maniotas con que se aprisionan las manos. ‖ *Virg.* Las mangas del vestido. ‖ *Plin.* Guantes. ‖ *Lucan.* Manos de hierro, de que usaban los antiguos en las batallas navales; garfios.

Mănĭcātus, a, um. *Cic.* Que tiene mangas.

Mănĭchaeus, a, um. Herege, que sigue la doctrina de Manes.

Mănĭclātus, a, um. *Plaut.* V. Manicatus.

Mănĭco, as, āvi, ātum, āre. a. *Bibl.* Tomar ó tener por la mano. ‖ Correr lo líquido á menudo. ‖ Ser madrugador, levantarse muy temprano.

Mănĭcon, i. n. *Plin.* Planta que acarrea locura al que la toma. *Se dice que es la que llaman yerba mora.*

Mănĭcŭla, ae. f. *Varr.* Manecilla, mano pequeña. ‖ La mancera ó esteva del arado.

Mănĭfestārius, a, um. *Plaut.* V. Manifestus.

Mănĭfestātio, ōnis. f. *S. Ag.* Manifestacion, conocimiento que se da, declaracion de algo.

Mănĭfestātor, ōris. m. *Non.* Manifestador, el que manifiesta, declara, hace ver.

Mănĭfestātus, a, um. part. de Manifesto. *S. Ag.* Manifestado, hecho patente.

Mănĭfeste, y Manifesto. adv. *Cic.* Manifiesta, clara, evidente, patentemente. *Manifeste hominem opprimere. Plaut.* Coger á uno en el hecho, en el delito, en el hurto. comp. manifestius. *Tac.* sup. manifestissime.

Iii 2

**MAN**

Mănĭfesto, as, avi, atum, are. *a. Justin.* Manifestar, declarar, hacer ver, hacer, poner patente, claro, manifiesto, evidente.

Mănĭfestus, a, um. *Cic.* Manifiesto, claro, evidente, notorio, cierto. *Manifestus mendacii. Plaut.* Cogido en mentira, convencido de ella.

† Mănĭfĭcus, a, um. *Cel. Aur.* Hecho de mano.

Manilae, arum. *f. plur.* Las islas Manilas ó Filipinas *en Asia.*

Manilius, a, um. *Cic.* Lo perteneciente á Manilio, *nombre romano.*

Manilius, ii. m. Marco Manilio, *astrónomo y poeta romano, que escribió el poema intitulado* Astronomicon *con mucha erudicion y buen estilo. Algunos le hacen de fines del imperio de Augusto, otros del tiempo de Teodosio, Arcadio y Honorio.*

Mănĭŏlae, arum. *f. plur. dim. de* Maniae. *Fest.* Fantasmas, cocos, con que se amedrenta á los niños.

Mănĭōsus, a, um. *Amian.* Loco, furioso.

Mănĭplāris. *m. f. rĕ. n. is.* V. Manipularis.

Mănĭplus, i. m. *Virg.* V. Manipulus.

Mănĭpŭlāris. *m. f. rĕ. n. is. Cic.* Lo que es de la compañía, banda ó tropa. ‖ Soldado simple, raso. ‖ Camarada, compañero de una misma compañía. *Manipularis judex Cic.* Juez elegido de entre los soldados rasos.—*Imperator. Plin.* El general C. Mario, *que llegó á este sumo grado desde soldado raso.*

Mănĭpŭlārius, a, um. *Suet.* V. Manipularia.

Mănĭpŭlātim. *adv. Liv.* Por compañías, bandas, tropas, pelotones. ‖ *Plin.* Por manadas ó manojos.

Mănĭpŭlus, i. m. *Colum.* Manada, manojo de yerbas. ‖ Manípulo, compañía de soldados de infantería, *compuesta primero de ciento, y despues de doscientos hombres. Manipulus furum. Ter.* Compañía de ladrones.

Mănius, a, um. *Fest.* Lo que da miedo, espanta ú horroriza.

Manlianum, i. n. *Cic.* Nombre de una casa de campo de Ciceron.

Manlĭānus, a, um. *Cic.* Lo perteneciente á los Manlios, *familia romana. Manliana imperia. Cic.* Mandatos, órdenes severas. *Tomaron este nombre del cónsul Manlio Torcuato el Imperioso, que mandó dar muerte á su hijo, porque sin órden suya peleó con el enemigo, aunque salió vencedor.*

Manna, ae. *f. Tert.* El maná milagroso, *del que habla la sagrada Escritura.* ‖ *Plin.* Grano de incienso. *Manna croci. Veg.* Cualquiera pequeña cantidad de azafran seco, y guardado para medicina.

Mannŭlus, i. m. *Plin.* Caballito, caballejo. *dim de*

Mannus, i. m. *Hor.* Caballo pequeño, rocin de camino, y propio para carruage. ‖ *Tac.* Nombre de un dios *entre los antiguos germanos.*

Māno, as, avi, atum, are. *n. Cic.* Manar, destilar, brotar, salir algun licor. ‖ Manar, correr. ‖ Publicarse, divulgarse, estenderse, difundirse, correr la voz, la noticia. ‖ Nacer, venir, descender, originarse. ‖ Destilar, caer gota á gota. *Manat sudore. Liv.* Está todo cubierto de sudor.—*Sudor ad imos talos. Hor.* Le corre el sudor por todo el cuerpo, hasta los pies.—*Rumor. Cic.* Se estiende la voz, el rumor, la fama.

Manon, i. n. *Plin.* Especie de esponja menos espesa y blanda que lo comun.

Mansi. *pret. de* Maneo.

Mansio, ōnis. *f. Cic.* Mansion, parada, detencion. ‖ Pieza, estancia, aposento ó casa donde se para á descansar. ‖ Posada, meson, hostería. ‖ *Plin.* Jornada del camino. *Mansio in vita. Cic.* Duracion, tiempo de la vida. *Octo mansionibus distat. Plin.* Dista ocho jornadas. *Mala mansio. Ulp.* Castigo y prision privada del siervo, á quien se habia de dar tormento. *Se le ponia tendido y amarrado sobre una mesa.*

Mansĭto, as, avi, atum, are. *n. Tac. freq. de* Maneo. Hacer mansion, parar con frecuencia.

Mansor, ōris. m. *Sedul.* Huésped, el que está ó vive de paso en algun lugar.

Manstātor, ōris. m. f. *Plaut.* Protector, favorecedor, el que tiene ó toma á otro bajo su amparo y proteccion.

Mansucius, ii. m. *Fest.* Comedor, el que come mucho.

Mansŭĕfăcio, is, fĕci, factum, ĕre. *a. Quint.* Amansar, domar, domesticar. ‖ Suavizar, apagar, aplacar, sosegar.

Mansŭĕfactus, a, um. *part. Col.* Amansado, domado, domesticado. ‖ Suavizado, ablandado, aplacado.

Mansŭĕfīo, is, factus sum, fĭĕri. *n. Ces.* Amansarse, domarse, domesticarse. ‖ *Suet.* Ablandarse, suavizarse.

Mansues, uis. *y* etis. *ant.* V. Mansuetus.

Mansuesco, is, ēvi, cēre. *n. Col.* Empezar á amansar, á domesticarse. ‖ Ablandarse, suavizarse, hacerse mas tratable. *Non solis mansuescunt radii. Petron.* No se mitigan los rayos del sol.

Mansŭĕtārius, ii. m. *Lamprid.* El que amansa y domestica fieras, amansador.

Mansŭĕte. *adv. Cic.* Mansa, benigna y blandamente, con dulzura y suavidad.

Mansŭĕtūdo, ĭnis. *f. Cic.* Mansedumbre, blandura, suavidad, benignidad, dulzura en el trato y costumbres.

Mansŭĕtus, a, um, ior, issimus. *Cic.* Manso, suave, dulce, apacible, tratable. ‖ Amansado, que ha perdido su fiereza. *Mansueta littora. Prop.* Riberas apacibles, sin riesgo alguno. *Mansuetissimus vir. Cic.* Hombre bellísimo para el trato.

Mansus, a, um. *Cic.* Mascado. ‖ Comido.

Mantejum, y Manteum, i. n. *Plin.* Oráculo, *es propiamente el lugar en que se daban los oráculos.*

Mantēle, is. n. *Marc.* y

Mantēlium, ii. n. *Varr.* V. Mantile.

Mantēlium, ii. n. *Varr.* y

Mantēlum, i. *Varr.* Casacon, capote.

Mantes, ae. m. *Cic.* El adivino.

Manteum, i. n. *Plin.* Casa de los adivinos, ó lugar donde se adivina.

Mantĭca, ae. *f. Hor.* Alforja, balija, maleta.

Mantĭce, es. *f. Cic.* Arte de adivinar, adivinacion.

Mantichōra, ae. *f.* V.

Mantichōras, ae. m. *Plin.* Bestia feroz de la India *con rostro y orejas de hombre, cuerpo de leon, de color sanguíneo, y de suma velocidad.*

Mantĭcŭla, ae. *f. Fest.* Alforja y bolsa pequeña.

Mantĭcŭlāria, ium, ó orum. n. plur. *Fest.* Cosas manuables, que se tienen á la mano, y de que se usa con frecuencia.

Mantĭcŭlārius, ii. m. *Tert.* Ladronzuelo, ratero, que registra las bolsas y maletas.

Mantĭcŭlātor, ōris. m. *Fest.* V. Manticularius.

Mantĭcŭlātus, a, um. *Fest.* Á quien se ha robado la bolsa, la maleta. *part. de*

Mantĭcŭlor, aris, atus sum, ari. *dep. Fest.* Robar bolsas ó maletas. ‖ *Plaut.* Obrar con astucia y engaño.

Mantīle, is. n. *Virg.* Toalla, servilleta para enjugar las manos. ‖ Mantel, tabla de manteles.

Mantĭnēa, ae. *f. Nep.* Mandi ó Mundi, *ciudad del Peloponeso en la Arcadia, célebre por la victoria del tebano Epaminondas contra los lacedemonios.*

Mantiscīnor, āris, āri. *dep. Plaut.* Adivinar.

Mantissa, ae. *f. Lucil.* Añadidura que se da ademas del peso y medida justa.

Manto, as, are. n. *Fest. freq. de* Maneo. *Plaut.* Detenerse, esperar.

Manto, us. *f. Virg.* Manto, *muger adivina, hija de Tiresias, adivino de Tebas. Los poetas dicen que Ocno, hijo de Manto y el rey Tiberino, fundó á Mantua, y le dió el nombre del de su madre.*

Mantua, ae. *f. Virg.* Mantua, *ciudad de Lombardía sobre el rio Mincio, capital de los tuscos, patria del gran Virgilio.*

Mantŭānus, a, um. *Estac.* Mantuano, lo perteneciente á Mantua y á Virgilio.

Manturna, ae. *f. S. Ag.* Manturna, *diosa del matrimonio, abogada de la concordia de los casados.*

Mănŭālis. m. f. lĕ. n. is. *Plin.* Manual, lo que cabe en la mano, y se puede manejar fácilmente.

Mănŭārius, a, um. *Gel.* Lo que pertenece á la mano, hecho con la mano, en que entra la mano.

Mănŭātus, a, um. *Plin.* Puesto, atado, recogido en

manojos ó hacecitos pequeños.

**Mănŭballista**, ae. *f. Veget.* Ballesta pequeña *que se maneja con la mano.*

**Mănŭballistārius**, ii. *m. Veget.* El que maneja ballestas pequeñas ó de mano.

**Mănŭbiae**, arum. *f. plur.* Despojos, botin de los enemigos en la guerra. || *Gel.* Dinero de la venta de los despojos. || *Sen.* Los rayos de Júpiter.

**Mănŭbiālis**. m. f. lĕ. n. is. *Suet.* Lo que pertenece á los despojos de guerra y á las presas hechas á los enemigos.

**Mănŭbiārius**, a, um. *Plaut.* El que tiene parte en el botin.

**Mănŭbriatus**, a, um. *Am.* Lo que tiene mango.

**Mănŭbriŏlum**, i. *n. Cels.* Mango ó cabo corto, pequeño.

**Mănŭbrium**, ii. *n. Cic.* El mango ó cabo de cualquier mueble ó instrumento. *Eximere alicui è manu manubrium. Plaut.* Quitar á uno la ocasion ó conveniencia de la mano.

**Mănŭciŏlum**, i. *n. Petron.* Manojito, hacecito.

**Manucla**, ae. *f.* y

**Manucŭla**, ae. *V.* **Manulea.**

**Mănŭfactus**, a, um. *Cic.* Hecho á ó con la mano; artificial.

**Manulea**, ae. *f. Vitruv.* Mango, cabo pequeño, manecilla de cualquier cosa.

**Mănŭleārius**, ii. *m. Plaut.* Sastre que hacia vestidos con mangas.

**Mănŭleātus**, a, um. *Plaut.* Lo que tiene mangas. || *Sen.* Vestido con ropa que tenga mangas.

**Mănŭleus**, i. *m. Plaut.* Manguito, guante, adorno, cubierta de la mano.

**Mănŭmissio**, ōnis. *f. Cic.* Manumision, el acto de poner en libertad al siervo.

**Mănŭmissor**, ōris. *m. Dig.* El que da libertad á un siervo, *marumisor, manumitiente.*

**Mănŭmissus**, a, um. *Cic.* Manumitido, puesto en libertad. *part. de*

**Mănŭmitto**, is, misi, missum, ĕre. *a.* Manumitir, dar, poner en libertad al esclavo.

**Manuor**, aris, ari. *dep. Gel.* Hurtar bolsas, hacer raterías.

**Mănŭprĕtium**, ii. *n. Plaut.* El precio de la obra de manos. || La misma obra, manufactura.

**Mănus**, us. *f. Cic.* La mano. || Tropa, escuadron, ejército, banda, multitud de gente. || Poder, facultad, disposicion, potestad. *Manum summam, ó ultimam imponere. Quint.* Dar la última mano, perfeccionar, concluir.—*Alicujus amare. Cic.* Gustar del estilo, de los escritos, del modo de escribir de alguno.—*Cum hoste conferre. Liv.* Pelear, venir á las manos con el enemigo. *Per manus. Ces.* De mano en mano. *Manibus aequis abscessum est. Tac.* Se retiraron sin ventaja, con igual suceso. *Ad manum habere. Cic.* Tener á la mano, bajo su mano, á su disposicion. *Sub manus succedere. Plaut.* Salir con una cosa á su gusto. *Sub manus esse. Cic.* Estar pronto, á la mano. *In manus venire. Sal.* Caer en las manos de... *De manu in manum. Cic.* De mano en mano. *In manibus aliquem habere. Cic.* Proteger á alguno, llevarle en palmitas. *Manu. Sal.* Por fuerza de armas. *Servus ad manus. Cic. A manu. Suet.* Siervo, amanuense, escribiente. *Plena manu. Cic.* A manos llenas, amplia, magnífica, abundantemente. *Manibus, pedibusque. Ter.* Con todo conato, con el mayor empeño ó esfuerzo. *Manum dare. Cic.* Dar la mano, ayudar. *Manus dare. Cic.* Ceder, rendirse. *Manum tollere. Cic.* Levantar la mano, ceder.

**Munzer**, ĕris. *m. Sedul.* Espurio, nacido de una ramera.

**Mapālia**, ōrum. *n. plur. V.* **Magalia.**

**Mappa**, ae. *f. Hor.* El mantel para cubrir la mesa, la servilleta. || *Quint.* Señal que se da con un lienzo. || *Marc.* Tapete para cubrir una mesa. || Toalla, paño de manos.

**Mappŭla**, ae. *f. S. Ger. dim. de* **Mappa.** Servilleta, toalla ó mantel pequeño.

**Maranatha** (voz *siriaca.*) *Bibl.* Hasta la venida del Señor.

**Marăthe**, es. *f. Plin.* Marate, isla junto á la de Corfú.

**Marathēnus**, a, um. *Cic.* Lo perteneciente á la isla de Marate.

**Mărăthon**, ōnis. *f. Plin.* Maraton, *ciudad de la Ática.* || Ciudad de la Fócide.

**Mărăthōnis**, ĭdis. *f. Estac.* La que es de Maraton.

**Mărăthōnius**, a, um. *Cic.* Lo perteneciente á Maraton. || *Estac.* Ateniense.

**Marathrītes**, ae. *m. Col.* Vino aderezado con hinojo.

**Marathrum**, i. *n. Plin.* El hinojo, *yerba.*

**Marcellēa**, ōrum. *n. plur. Cic.* Fiestas de los siracusanos *en memoria de M. Claudio Marcelo, que los libertó de los rebeldes.*

**Marcellianus**, a, um. *Suet.* Lo perteneciente á alguno de los Marcelos.

**Marcellus**, i. *m. Cic.* Marcelo, *sobrenombre de una familia romana, muy ilustre.*

**Marcens**, tis. *com. Plin.* Pasado, podrido. || Marchito, lánguido, flaco, descaecido, que va perdiendo su vigor.

**Marceo**, ēs, cui, ēre. *n. Cels.* Estar pasado ó podrido. || Estar decaido, marchito, lánguido, descaecido. || Estar borracho, entorpecido con el vino. || Dormir la borrachera. *Marcere ab annis. Ov.* Estar agoviado de vejez.

**Marcescens**, tis. *com. Suet.* Que pierde su vigor, desfallecido, decaido, descaecido. || Que se pasa ó se pudre.

**Marcescibĭlis**, lĕ. *n. is. Plaut.* Fácil de pasarse, de corromperse.

**Marcesco**, is, cui, cĕre. *n. Plin.* Pasarse, perderse, podrirse. || Desfallecer, decaer, enflaquecer, marchitarse, perder el vigor.

† **Marchio**, ōnis. *m.* Marques.

† **Marchiōnatus**, us. *m.* El marquesado.

**Marchionissa**, ae. *f.* Marquesa.

**Marcianus**, a, um. *Liv.* Lo perteneciente á Marcio romano. *Marciana carmina. Liv.* Versos de En. Marcio, célebre adivino entre los romanos.

**Marcidŭlus**, a, um. *Plaut. dim. de*

**Marcĭdus**, a, um. *Ov.* Pasado, corrompido, podrido. || *Plin.* Marchito, flaco, decaido. *Marcidus somno. Plin.* Lleno de sueño, que se cae de sueño. *Marcidae aures equis fessis. Plin.* Los caballos cansados tienen las orejas caidas. *Marcidum vinum. Suet.* Vino vuelto.

**Marcionensis**. m. f. sĕ. n. is. *Tert.* Lo perteneciente á Marcion heresiarca.

**Marcipor**, ōris. *m. Plin.* Siervo de Marco. || *Turn.* Título de una sátira de Varron.

**Marcomani**, ōrum. *m. plur. Estac.* Los pueblos de Bohemia en Alemania.

**Marcomania**, ae. *f. Cap.* La Bohemia en Alemania.

**Marcomanicus**, a, um. *Capit.* Lo perteneciente á la Bohemia y sus habitantes.

**Marcor**, ōris. *m. Plin.* Putrefaccion, podredumbre, corrupcion. || *Cels.* Letargo. || *Vel. Pat.* Pereza, languidez, estupidez, falta de atencion, de vigilancia.

**Marcŭlentius**, a, um. *Fulg. V.* **Marcidus.**

**Marcŭlus**, i. *m. Marc.* El martillo.

**Mardi**, ōrum. *m. plur.* Pueblos de la Armenia mayor.

**Mare**, is. *n. Cic.* El mar. *Mari, terraque quaerere. Cic.* Buscar por mar y tierra. *Mare exterius.* El Océano.—*Interius, ó internum.* El Mediterráneo.—*Adriaticum.* El mar Adriático ó golfo de Venecia, *parte del Mediterráneo.*—*Aegeum.* El mar Egeo ó el Archipiélago, *parte del Mediterráneo.*—*Aegyptium.* El mar Egipcio, *parte del Mediterráneo.*—*Aethiopicum.* El mar de Etiopia ó el Océano etiópico.—*Africum.* El mar de África, *parte del Mediterráneo.*—*Aquitanicum.* El mar ó el golfo de Aquitania ó Gascuña.—*Argolicum.* El golfo de Nápoles ó Romania, *parte del mar Egeo.*—*Asiaticum.* El mar de Caramania y de Rodas, *parte del Mediterráneo.*—*Asphaltites. V. Mortuum.*—*Atlanticum.* El mar atlántico.—*Ausonium.* El mar oriental de Italia, *parte del Mediterráneo.*—*Azanium.* El mar de Azan, *parte del Océano etiópico.*—*Balearicum.* El mar de Mallorca, *parte del Mediterráneo.*—*Barbaricum.* El mar de la costa de Cafreria, *parte del Océano etiópico.*—*Bosphoranium, ó Bosphoricum.* Parte del Ponto Euxino ó del mar Negro, cerca del Bosforo Cimerio. || Estrecho de Cafa en la Tartaria menor.—*Britanicum.* El mar Británico, *parte del Océano occidental.*—*Caledonium.* El mar de Escocia, *par-*

te del Océano septentrional.— Cantabricum. El mar de Cantabria, parte del Océano occidental.— Carpathium. El mar de Escarpanto, parte del Mediterráneo.— Caspium. El mar Caspio ó de Sala, gran lago entre la Georgia, la Persia, la gran Tartaria y la Moscovia.— Cilicium. El mar de Cilicia, parte del Mediterráneo.— Cimbricum. El mar de Dinamarca.— Congelatum. El mar Glacial, parte del Océano septentrional.— Creticum. El mar de Candia, parte del Mediterráneo.— Cyprium. El mar de Chipre, parte del mismo.— Dalmaticum. El mar de Dalmacia, parte del Mediterráneo.— Eoum. El mar de la China y del Japon.— Erythraeum. El mar Rojo, el golfo arábigo.— Fusum. El mar de bronce, gran vaso del templo de Salomon.— Galilaeae El mar de Tiberiades ó el lago de Genesareth, ó el mar de Galilea, gran lago de Judea.— Gallicum. El mar de Provenza y del Lenguadoc, el golfo de Leon, parte del Mediterráneo.— Germanicum. El mar de Alemania, parte del Océano septentrional.— Graecum. El mar de Grecia, parte del mar Egeo en el Mediterráneo.— Helesponticum. El Helesponto, el estrecho de Galípoli ó de los Dardanelos en el Mediterráneo.— Hesperium. El mar de Guinea, parte del Océano occidental.— Hibernicum. El mar de Irlanda, parte del mismo.— Hyperboreum. El mar de Moscovia y de Tartaria, parte del Océano septentrional.— Hyrcanum. V. Caspium.— Ibericum. El mar de España, en el Mediterráneo.— Icarium. El mar de Nicaria, parte del mar Egeo.— Idumaeum. V. Rubrum.— Illyricum. V. Dalmaticum.— Indicum. El mar de las Indias, parte del Océano oriental.— Inferum. El mar de Toscana, parte del Mediterráneo.— Jonium. El mar Jonio, parte del mismo.— Junci. V. Erythraeum.— Libycum. El mar de Libia ó de Barca.— Ligusticum. El mar ó la ribera de Génova, parte del Mediterráneo.— Lycium. El mar de Licia, parte del mismo.— Macedonium. El mar de Macedonia, parte del mar Egeo en el mismo.— Magneticum. El mar de Magnesia, parte del mar Egeo.— Mortuum. El mar Muerto, el lago Asfaltite, en Palestina.— Myrtoum. El mar de Mandria, en el Archipiélago.— Nostrum. Liv. El mar Mediterráneo.— Pamphylium. El mar de Panfilia, parte del mismo.— Persicum. El golfo Pérsico ó de Básora.— Phasianum. El mar de Mingrelia, parte del Ponto Euxino.— Phoenicum. El mar de Fenicia, parte del Mediterráneo.— Pigrum. Tac. El mar Glacial, parte del Océano septentrional.— Ponticum. El Ponto Euxino. El mar Negro ó Mayor.— Rhodium. El mar Rodio, parte del Mediterráneo.— Rubrum. Plin. Parte del Océano indiano, ó el mar Rojo, el golfo Arábigo, el mar de la Meca.— Salis. V. Mortuum.— Sardonicum. El mar de Cerdeña, del Mediterráneo.— Sarmaticum. El mar de Moscovia, parte del Océano septentrional.— Scyticum. El mar tirreno ó de Tartaria, parte del mismo.— Siculum. El mar de Sicilia, parte del Mediterráneo.— Suevicum. El mar Báltico, parte del Océano septentrional.— Superum. V. Adriaticum.— Syriacum ó Syrium. El mar de Siria, parte del Mediterráneo.— Tyrrhenum. El mar tirreno ó de Toscana, parte del mismo.— Veneticum. El golfo de Dantzick ó de Venecia en el mar Baltico.— Virginium. La Mancha ó el canal de San Jorge entre Inglaterra é Irlanda.

Mareotae, arum. m. plur. Plin. Los naturales y habitantes de Mareotide en Egipto ó Libia.

Mareoticus, a, um. Hor. Lo perteneciente á Mareotide en Egipto ó Libia.

Mareotis, idis. f. Plin. Mareotide, parte de la Libia, confinante con el Egipto, célebre por sus vinos. ‖ Virg. La laguna Mareotis de esta region.

Marga, ae. f. Plin. Marga, tierra blanca á modo de greda usada para estercolar.

Margaris, idis. f. Plin. Dátil blanco y rojo de la figura de una perla.

Margarita, ae. f. Cic. La margarita ó perla.

Margaritarius, ii. m. Jul. Firm. El pescador ó mercader de perlas.

Margaritatus, a, um. Fortun. Adornado de perlas.

Margaritifer, a, um. Plin. Que cria ó produce perlas.

Margaritifera cochlea. Plin. Pez de concha llamado madre perla.

Margaritum, i. n. Varr. V. Margarita.

Marginandus, a, um. Plin. Lo que ha de tener orla ó borde.

Marginatus, a, um. Plin. Lo que tiene orla ó borde.

Margino, as, avi, atum, are. a. Plin. Hacer, poner borde ú orla.

Margo, inis. f. Ov. Borde, orla, estremidad, márgen. ‖ Plin. Frontera, barrera. ‖ Varr. Brocal de pozo. ‖ Márgen, orilla.

Maria, ae. f. Claud. Maria, nombre propio de muger.

Mariaeburgum, i. n. Mariembourg, ciudad de Prusia.‖ Ciudad de Livonia.

Mariandynus, a, um. Valer. Flac. Lo perteneciente á los mariandinos, pueblos de la costa del mar Euxino.

Marianus, a, um. Cic. Lo perteneciente á Mario romano.

Marica, ae. f. Virg. Marica, ninfa de la ribera minturnense, muger de Fauno, madre del rey Latino.

Marici, orum. m. plur. Los pueblos de Liguria.

Marinus, a, um. Cic. Marino, lo que es del mar.

Marisca, ae. f. Plin. Especie de higo grande é insípido. ‖ Juv. Tumor en el ano.

Mariscum, y Mariscus, i. m. n. Plin. El junco marino.

Marita, ae. f. Hor. La muger casada.

Maritalis. m. f. le. n. is. Col. Marital, lo que es del matrimonio.

Maritandus, a, um. Suet. El, la que se debe casar.

Maritatus, a, um. Fulg. Casado. Maritata pecunia, Plaut. El dinero de la dote de la muger.

Maritimae Alpes. Montes de Tendo, Alpes marítimos en la Liguria y en la Galia narbonense.

Maritimus, a, um. Cic. Marítimo, lo que es del mar, está cerca de él ó le pertenece. Maritimi aestus. Cic. Flujo y reflujo del mar. — Homines. Cic. Los que habitan en las orillas del mar. — Mores. Plaut. Costumbres, modales inconstantes, como la mar.

Marito, as, avi, atum, are. a. Hor. Casar, maridar, unir, enlazar, dar en matrimonio. Maritare vites. Col. Enlazar las vides. — Populus vitium propagine. Hor. Atar las vides á las ramas de los álamos.

Maritus, i. m. Cic. Marido, el hombre casado. Maritus olens. Hor. El macho cabrío, que huele mal.

Maritus, a, um. Ov. Marital, lo que pertenece al marido, al matrimonio, conyugal. Maritae arbores. Plin. Árboles abrazados por una parra. Foedus maritum. Ov. El yugo del matrimonio. Fides marita. Prop. La fe, la castidad conyugal. — Pecunia. Plaut. Dinero de la dote de una muger.

Marius, ii. m. Cic. Cayo Mario Arpinate, siete veces cónsul. De su guerra civil con Sila y Cina. V. á Floro.

Marla, ae. f. Marle, ciudad de Picardía.

Marmarica, ae. f. Plin. Marmarica, region de África entre Egipto y Cirene.

Marmaricus, a, um. Luc. Marmarico, lo perteneciente á Marmarica en el África.

Marmaridae, arum. m. plur. Los naturales y habitantes de Marmarica.

Marmarides, ae. m. Ov. El natural ó habitante de Marmarica.

Marmaritis, idis. f. Plin. Palomilla ó palomina, yerba que nace entre los mármoles de Arabia, llamada tambien aglaophotis.

Marmor, oris. n. Cic. El mármol. ‖ Virg. El mar en calma.

Marmorarius, ii. m. Sen. El artífice que trabaja en mármol, marmolista.

Marmoratio, onis. f. Apul. Marmolena, la obra ó el trabajo de mármol.

Marmoratum, i. n. Vitruv. Estuco de mármol.

Marmoratus, a, um. Varr. De mármol, cubierto de mármol. ‖ Cic. Escrito en mármol.

†Marmorearius, ii. m. El que trabaja en mármol.

Marmoreus, a, um. Cic. De mármol. ‖ Ov. Blanco, pulido, lustroso como el mármol. ‖ Marmoreo. Marmorea ars. Vitruv. La estatuaria, escultura.

MAR

Marmŏro, as, āvi ātum, āre. *a. Lampr.* Cubrir, adornar con mármol.

Marmŏrōsus, a, um. *Plin.* Marmóreo, de calidad de mármol, ó parecido á él. ‖ Lleno, abundante de mármol.

Mǎro, ōnis. *m. Marc.* El célebre poeta mantuano P. Virgilio Maron. ‖ *Plin.* Maron, *hijo de Evanteo; nieto de Baco y sacerdote de Apolo ismario, que dió nombre á la ciudad marítima de Tracia, Marona ó Maronea.* ‖ Un rio del Peloponeso. ‖ *Plin.* Un collado de Sicilia.

Marobudum, i. n. Praga, *capital de Boemia.*

Marochium, ii. n. Marruecos, *reino de África.*

Marōneus, a, um. *Estac.* Lo perteneciente á Virgilio Maron. ‖ *Tib.* Lo perteneciente á Maron, *rey de Tracia, que dió á Ulises aquel célebre vino maroneo con que adormeció al Cíclope.*

Marōniānus, a, um. *Estac.* Lo perteneciente á Virgilio Maron.

Marōnītae, arum. m. plur. Los maronitas, *habitantes del monte Líbano.*

Marŏnītes, ae. *m. Plin.* El natural de Maronea en Tracia.

Marpēsius, a, um. *Virg.* Lo perteneciente al monte Marpeso de la isla de Paros.

Marra, ae. *f. Col.* La almadana ó marra, *instrumento con que se allana la tierra y arrancan las yerbas.*

Marrūbium, i. n. *Sil.* Ciudad en lo antiguo, *hoy lugar corto en los confines de los marsos.*

Marrūbium, ii. n. *Plin.* El marrubio, *planta útil para la mordedura de víbora.*

Marrūbius, a, um. *Virg.* Lo perteneciente á la ciudad de Marrubio.

Marrucini, ōrum. m. plur. *Plin.* Marrucinos, *pueblos de Italia en la parte occidental del Abruzo.*

Marrucinus, a, um. Lo perteneciente á los marrucinos.

Mars, tis. m. El dios Marte *que preside á la guerra. Cic.* La guerra. ‖ Uno de los siete planetas, Marte. *Mars communis. Cic. Anceps. Liv. Incertus. Tac.* La fortuna, el suceso de la guerra dudoso, que ya se inclina á una parte, ya á otra. — *Forensis. Cic.* La elocuencia del foro. *Marte suo. Cic.* De su propio genio, por sí mismo. — *Caeco. Virg.* Con ciego furor.

Marsi, ōrum. m. plur. *Plin.* Los marsos, *hoy parte del Abruzo ulterior. Tomaron el nombre de Marso, hijo de Circe, que los enseñó encantamientos y hechicerías.* ‖ *Firm.* Los que manejan las serpientes y venden remedios contra sus venenos.

Marsĭcus, a, um. *Cic.* Lo perteneciente á los marsos, *como la guerra mársica ó social, muy funesta para los romanos.*

Marspĭter, tris. m. *Gel.* Marte, *dios de la guerra.*

Marsūpium, ii. n. *Varr.* La bolsa, el bolsillo del dinero.

Marsus, a, um. *Hor.* Lo perteneciente á los marsos y á los encantamientos, en que fueron famosos.

Marsus, i. m. *Ov.* Domicio Marso, *ciudadano romano, y buen poeta del tiempo de Augusto. Escribió epigramas, de los cuales solo queda uno que se halla al fin de las poesías de Tíbulo. Lo demas se ha perdido.*

Marsyas, y Marsya, ae. m. *Ov.* Marsias, *sátiro y flautero de Frigia, que provocó á cantar á Febo, el cual le venció y le desolló. Tuvo estatua en Roma, y Plinio le llama dios.* ‖ Rio de Frigia, *que dicen se formó del llanto de las ninfas y sátiros por la desgracia de Marsias.*

Martes, is. f. *Marc.* La marta, *animal especie de comadreja, algo mayor que el gato: sus pieles rojas y castañas son suaves, y se llaman martas. Las cebellinas que vienen de Moscovia son las mas estimadas.*

Martĭalis. m. f. lĕ. n. is. *Cic.* Marcial, lo que es de Marte ó de la guerra. *Martiales ludi. Suet.* Las fiestas que se celebraban en el circo á 1.º de agosto.

Martĭalis m. *Plin. men.* M. Valerio Marcial, *ciudadano romano, español natural de Calatayud en Aragon, poeta célebre en tiempo de Domiciano, Nerva y Trajano. Escribió epigramas que tenemos llenos de gracia y agudeza, y con estilo muy puro, aunque á veces obsceno.*

Martiānus, a, um. *Cic.* Lo perteneciente á Marte.

Martiānus, i. m. *Lampr.* Elio Marciano, *jurisconsulto* 

MAS 439

*del tiempo de Alejandro Severo, discípulo de Papiniano.*

Martĭcŏla, ae. m. *Ov.* y

Martĭcultor, ōris. m. *Inscr.* El que reverencia á Marte, el que ama la guerra.

Martĭgĕna, ae. m. f. y

Martĭgĕnus, a, um. *Plaut.* Hijo de Marte, de su raza y descendencia.

Martiŏbarbŭlus, i. m. *Veg.* Soldado que disparaba balas de plomo con honda.

Martiŏlus, i. m. *Petron.* Martillo pequeño.

Martius, a, um. *Virg.* Marcial, lo perteneciente á Marte ó á la guerra. ‖ Valeroso. ‖ Lo que pertenece al mes de marzo.

Martius, ii. m. *Plin.* El mes de marzo.

Martŭlus, i. m. *Plin.* El martillo pequeño.

Martyr, yris. m. *Prud.* Mártir (testigo) *que con su sangre da testimonio de la fe de Jesucristo.*

Martyrium, ii. n. *Tert.* El martirio, *muerte ó tormento padecido por dar testimonio de la fe de Jesucristo.* ‖ *Tert.* El lugar donde estan sepultados los cuerpos de los mártires. ‖ *S. Ger.* La iglesia dedicada á un santo, aunque no sea mártir.

Mas, maris. m. *Cic.* El macho. ‖ *Hor.* Varon fuerte.

Masburgi, ōrum. m. plur. *Plin.* Búrgos, *ciudad capital de Castilla la vieja en España.*

Mascŭlesco, is, ĕre. n. *Plin.* Robustecerse, hacerse fuerte.

Mascŭlētum, i. n. *Plin.* El majuelo que crece con sus cepas en alto, de viñas, de parras.

Mascŭlīne, adv. *Arnob.* Con género masculino.

Mascŭlīnus, a, um. *Plin.* Masculino, lo que pertenece á varon ó macho. ‖ *Quint.* Varonil, fuerte.

Mascŭlus, a, um. *Fedr.* Masculino. ‖ Varonil, fuerte, valeroso.

Mascŭlus, i. m. *Vitruv.* La parte ó trozo de un cañon que encaja en otro.

Maspētum, i. n. *Plin.* La hoja del laserpicio, y segun Dioscórides, el tallo.

Massa, ae. f. *Col.* La masa, *harina incorporada con agua para hacer pan y otras cosas.* ‖ *Bibl.* Pasta. ‖ *Ov.* El caos ó confusion de los elementos. *Massa auri. Col.* Barra de oro. — *Coacti lactis. Ov.* El queso.

Massaesyli, ōrum. m. plur. *Plin.* Pueblos de África estinguidos, *cuya region Massesilia poseen los gétulos.*

Massagētae, arum. m. plur. *Luc.* Masagetas, *pueblos de la Escitia.*

Massālis. m. f. lĕ. n. is. *Tert.* Lo perteneciente á la masa.

Massālĭter. adv. *Tert.* En globo, en comun, en general.

Massāris, is. f. *Plin.* Uva que se coge en África de la vid silvestre para olores y uso de la medicina.

Massĭcum, i. n. *Hor.* El vino del monte Masico de Campania.

Massĭcus mons. m. *Virg.* Monte Maso, Marsico ó Masico de Campania, donde se cria escelente vino.

Massilia, ae. f. *Ces.* Marsella, *ciudad de Francia en Provenza.*

Massiliānus, a, um. *Marc.* y

Massiliensis. m. f. lĕ. n. is. *Ces.* Lo perteneciente á Marsella.

Massilioticus, a, um. *Plin.* y

Massilitānus, a, um. *Vitruv.* V. Massiliensis.

Masso, are. a. *Lucr.* Amasar, mazar.

Massŭla, ae. f. *Col.* Masilla, *dim. de Massa.*

Massurius Sabinus, i. m. *Gel.* Masurio Sabino, *jurisconsulto célebre del tiempo de Tiberio.*

Massȳlaeus, y Massyleus, a, um. *Marc.* Lo perteneciente á los masilos de Numidia.

Massȳli, y Massylii, ōrum. m. plur. *Liv.* Masilos, *pueblos de África en Numidia.* ‖ Los mauritanos. ‖ Los africanos.

Massylius, y Massylus, a, um. *Virg.* Lo perteneciente á los masilos de Numidia, á los mauritanos, á los africanos.

Mastĭcātio, ōnis. f. *Cel. Aur.* Mascadura, la accion de mascar ó masticar.

Mastĭcātus, a, um. *Apul.* Mascado.

Mastĭchātus, a, um. *Lampr.* Compuesto, aderezado

con almáciga, que es la goma del lentisco. *Dícese del vino.*

**Masthiche**, y **Mastice**, es. *f. Plin.* Almáciga, resina ó goma, que destila el lentisco, *es nombre comun á otras plantas que destilan algun jugo, goma ó resina.*

**Mastichinus**, y **Masticinus**, a, um. *Palad.* Lo perteneciente á la almáciga del lentisco.

**Masthicum**, y **Masticum**, i. *n. Palad.* V. Mastiche.

**Mastigia**, y **Mastigias**, ae. *m. Plaut.* El merecedor de azotes, *Es palabra de oprobio.*

**Mastigophorus**, i. *m. Arcad.* Siervo que precedia con varas al juez de los combates y ejercicios públicos para apartar la gente.

**Mastricum**, i. *n.* Mastrick, *ciudad de Flandes en Brabante.*

**Mastruca**, ae. *f. Cic.* Vestido de pieles de fieras, *como los de los lapones, iroqueses, groelandeses y otros, que en invierno ponen el pelo por dentro, y en verano por fuera.*

**Mastrucatus**, a, um. *Cic.* Vestido con estas pieles.

**Mastus**, i. *m. Vitruv.* Cañon añadido á los canelones para que el agua que despiden haga varias figuras. ‖ Tubo de una fuente. ‖ *Plin.* La teta. ‖ *Plin.* Una planta.

**Mataeus**, a, um. *Petron.* Vano, fatuo, inepto.

**Matara**, ae. *f.* y

**Mataris**, idis. *f. Liv.* Dardo grande, aunque menor que la pica.

**Mataxa**, ae. *f. Lucil.* Madeja de seda. ‖ *Vitruv.* Ovillo de hilo. ‖ Haz de varas ó cañas retorcido á modo de madeja.

**Mataxatus**, a, um. *Vitruv.* Hecho madeja. ‖ Devanado en ovillos.

**Matella**, ae. *f. Juv.* y

**Matellio**, onis. *m. Cic.* El orinal.

**Mateola**, ae. *f. Plin.* El escardillo.

**Mater**, tris. *f. Cic.* Madre. ‖ *Plaut.* Ama de crier. ‖ Cepa de viña, que tiene muchos hijos. ‖ Tronco del árbol. *Mater familias. Cic.* Madre de familias. *Urbium. Flor.* Metrópoli. — *Bonarum artium est sapientia. Cic.* La sabiduría es madre de las buenas artes. — *Florum. Ov.* La diosa Flora. — *Magna. Ov.* La diosa Cibeles, *madre de todos los dioses.* ‖ La tierra. ‖ *Claud.* La patria.

**Matercula**, ae. *f. Cic.* Madrecita, madre débil, de poco espíritu.

**Materes**, um. *m. plur. Ad Heren.* Dardos de los antiguos galos.

**Mater familias**, ae. *f. Cic.* Madre de familias, matrona.

**Materia**, ae. *f. Cic.* La materia, el material. ‖ Asunto, motivo. ‖ Medio, ocasion. ‖ Todo género de madera labrada y por labrar. ‖ Naturaleza, indole, espíritu, genio, *Materiam caedere. Ces.* Cortar leña. *Materia vitis. Col.* La guia de una vid.

**Materialis**. *m. f. le. n. is. Cic.* Material, lo que consta de materia.

† **Materialiter**. *adv. Sid.* Materialmente, segun, conforme á la materia.

**Materiandus**, a, um. *Vitruv.* Lo que se ha de fabricar de madera.

**Materiarius**, ii. *m. Plaut.* El carpintero.

**Materiarius**, a, um. *Plin.* Lo que es de madera ó de la carpintería, *Materiarius faber. Plaut.* El carpintero. ‖ El que corta leña en el monte. *Materiaria fabrica. Plin.* La carpintería, *arte de labrar la madera.* ‖ Carpintería, *el taller del carpintero ó maderero.*

**Materiatio**, onis. *f. Vitruv.* El maderage de un edificio.

**Materiatura**, ae. *f. Vitruv.* La carpintería, *arte del carpintero ó maderero.*

**Materiatus**, a, um. *Cic.* Fabricado de madera.

**Materies**, ei. *f. Vitruv.* V. Materia.

**Materinus**, a, um. *Cat.* Duro, sólido. ‖ *Plin.* Arenoso.

**Materio**, as, are. *a. Vitruv.* Fabricar de 6 con madera.

**Materiola**, ae. *f. Tert. dim. de* Materia. Tratado breve, asunto, materia corta.

**Materior**, aris, atus sum, ari. *dep. Ces.* Hacer leña, provision de leña, de materiales. ‖ *Vitruv.* Construir, fabricar de madera.

**Materis**, ó **Mataris**, is. y **Matara**, ae. *f. Ces.* Lanza, pica de los céltas ó galos.

† **Mater matrima**, ae. *f. Sipont.* La madre que todavía tiene madre.

**Maternus**, a, um. *Cic.* Materno, lo que toca á la madre. *Maternae ves. Hor.* Bienes maternos.

**Matertera**, ae. *f. Cic.* Tia materna, hermana de la madre.

**Mathematica**, ae. *f. Sen.* La matemática, las matemáticas.

**Mathematicus**, a, um. *Sen.* Matemático, lo que es de ó pertenece á las matemáticas.

**Mathematicus**, i. *Cic.* Matemático, profesor de matemáticas ó aplicado á ellas. ‖ *Petron.* Astrónomo.

**Mathesis**, is. 6 eos. *f. Esparc.* Estudio, el acto de aprender, lo que se aprende, la doctrina á que uno se dedica. ‖ La matemática. ‖ Ciencia.

**Matianus**, a, um. *Suet.* Lo perteneciente á C. Macio, amigo de Augusto, *á quien alaba Columela entre los escritores del arte de cocina, de quien se citan tres libros, el cocinero, el pescadero, el guisandero.*

**Matinus**, i. *m. Luc.* Matino, *monte de la Pulla, abundante de bogedales.*

**Matinus**, a, um. *Hor.* Lo que es del monte Matino.

**Matisco**, onis. *f.* Macon, *ciudad de Borgoña.*

**Matium**, ii. *n.* Candia, *ciudad capital de la isla de este nombre.* ‖ *Ciudad del reino del Ponto.*

**Matralia**, ium. *n. plur.* Fiestas de la madre Matuta, *que se celebraban en el mes de marzo por las matronas romanas.*

**Matresco**, is, ere. *n. Pac.* Ser semejante á la madre, parecerse á ella.

**Matricalis**. *m. f. le. n. is. Apul.* Propio de la matriz.

**Matricaria**, ae. *f. Plin.* La matricaria, *yerba amarga y de mal olor.*

**Matricida**, ae. *m. f. Cic.* Matricida, el que da muerte á su madre, parricida.

**Matricidium**, ii. *n. Cic.* Matricidio, el crímen de dar muerte á su madre, parricidio.

**Matricula**, f. *Veg.* Matrícula, catálogo, índice, lista, nota de nombres de personas.

**Matricus**, a, um. *Fest.* El que tiene grandes carrillos.

**Matrimonialis**. *m. f. le. n. is. Firm.* Matrimonial, lo que toca al matrimonio.

**Matrimonium**, ii. *n. Cic.* El matrimonio. ‖ *Just.* La muger casada. ‖ *Sen.* Los bienes que deja la madre, la legítima materna.

**Matrimus**, a, um. *Fest.* El que aun tiene madre.

**Matritum**, i. *n.* Madrid, *villa y corte de España.*

**Matrix**, icis. *f. Plin.* La matriz de la muger. ‖ *Varr.* Hembra que cria sus hijuelos. ‖ *Suet.* Árbol que produce hijos.

**Matrona**, ae. *f. Ces.* El Marne, *rio de Francia.*

**Matrona**, ae. *f. Cic.* La matrona, madre de familias de calidad, de distincion. ‖ La muger casada y honesta, aunque no tenga hijos. ‖ Sobrenombre de Juno, *bajo cuya proteccion estaban las madres de familias.*

**Matronalis**. *m. f. le. n. is. Plin. men.* Matronal, lo perteneciente á la matrona.

**Matronaliter**. *adv. Inscr.* Correspondiente á una matrona.

**Matronatus**, us. *m. Apul.* Estado, condicion de las matronas, de las damas de distincion.

**Matruelis**. *m. f. Aur. Vict.* Primo de parte de madre.

**Matta**, ae. *f. Ov.* Estera de esparto, palma ó junco.

**Mattarius**, ii. *m. S. Ag.* El que duerme sobre una estera.

**Mattea**, ae. *f.* y

**Mattia**, ae. *f. Marc.* Manjar delicado.

**Mattiacus**, a, um. *Am.* Lo perteneciente á Maciaco (Mattiacum), *ciudad de Alemania en Maguncia.*

**Matticus**, a, um. *Fest.* El que tiene grandes quijadas ó mejillas, ó muy grande la boca.

**Matus**, a, um. *Cat.* Mojado, húmedo. ‖ Lodoso.

**Matula**, ae. *f. Plaut.* El orinal.

**Maturate**. *adv. Plaut.* Con prontitud y presteza, con diligencia, prontamente.

**Maturatio**, onis. *f. Ad Her.* La accion de apresurarse, prisa, prontitud, actividad.

**Maturatus**, a, um. *part. de* Maturo. *Cic.* Madurado, lo que está ya maduro, en sazon. ‖ *Plin.* Perfecto, acabado, concluido. ‖ *Liv.* Acelerado, hecho con prontitud. *Maturato opus est. Liv.* Es menester obrar con prontitud.

**Mature**, ius, issime. *adv. Cic.* Á tiempo, á tiempo oportuno, en sazon y tiempo; ‖ Temprano, con tiempo, presto, luego. ‖ *Plaut.* Maduramente, con madurez y consejo, lentamente, poco á poco. *Omnium maturrime. Cic.* Mucho antes que todos.

**Maturefacio**, is, feci, factum, cere. *a. Prisc.* Hacer madurar.

**Maturesco**, is, cui, cere. *n. Ces.* Madurar, ponerse en sazon. ‖ Perfeccionarse, llegar á su perfeccion, á su estado perfecto.

**Maturitas**, atis. *f. Cic.* Madurez, sazon, estado perfecto de los frutos. ‖ Fin, perfeccion, colmo de las obras y cosas. ‖ Ocasion, oportunidad, tiempo propio, á propósito, sazon oportuna. ‖ Madurez, gravedad. ‖ *Suet.* Celeridad, prontitud, presteza, espedicion. *Maturitas orationis. Quint.* Gravedad, aire de prudencia y madurez de un discurso. *Maturitates temporum. Cic.* Sucesion y alternativa ordenada de las estaciones.

**Maturo**, as, avi, atum, are. *a. Tib.* Madurar, hacer madurar, poner en sazon. ‖ Perfeccionar, acabar, concluir, llevar al cabo, finalizar. ‖ Acelerar, apresurar. *Plin.* Ablandar, suavizar. *Maturare fugam. Virg.* Huir con precipitacion. — *Alicui mortem. Cic.* Anticiparle á alguno la muerte.

**Maturus**, a, um. *Cic.* Maduro, sazonado. ‖ Oportuno, hecho á tiempo. ‖ Pronto, ligero, veloz. *Maturus militiae. Liv. Ad arma. Sil.* El que está en edad de tomar las armas. — *Ventri. Ov.* Muger que está en dias de parir. *Reditus. Cic.* Vuelta acelerada, pronta. ‖ *Hor.* Á tiempo, á ocasion oportuna. *Maturissimum robur aetatis. Tac.* Vigor perfecto de la edad, edad en su entero y total vigor. *Aevi maturus. Virg.* De edad madura.

**Matuta**, ae. *f. Lucr.* La Aurora, diosa de la mañana. ‖ Matuta, Leucotea, nombres de Ino, hija de Cadmo, despues de diosa.

**Matutinalis**. m. f. le. n. is. *Ov. V.* Matutinus.

**Matutine**, y Matutino. *adv. Cic.* Por la mañana, de mañana.

**Matutinum**, i. n. *Plin.* La mañana.

**Matutinus**, a, um. *Cic.* Matutino, lo que es de la mañana. *Matutinus pater. Hor.* Jano, dios del tiempo, á quien invocaban por la mañana. *Matutinum hoc ejus erat. Sen.* Asi pasaba la mañana.

**Mauri**, orum. m. plur. *Sal.* Los moros, pueblos de Mauritania. ‖ Los numidas, los libios, los africanos.

**Mauriacum**, i. n. *Moriac.* ciudad de la alta Auvernia.

**Mauriana**, ae. f. Moriana, provincia de Saboya.

**Mauricatim**. *adv. Laber.*

**Maurice**. *adv. Gel.* Al modo de los moros, de los africanos.

**Mauriliacum**, i. n. Mylli, ciudad del Gatinés.

**Maurisci**, orum. m. plur. Moriscos, los moros de España.

**Mauritania**, ae. *f. Man.* Mauritania, region de Africa, que ocupan hoy los reinos de Fez, Marruecos y Argel.

**Maurus**, a, um. *Hor.* Lo que es de Mauritania.

**Maurusius**, a, um. *Marc.*

**Maurusiacus**, a, um. *Virg. V.* Maurus, a, um.

**Mausoleum**, i. n. *Plin.* Mausoleo, sepulcro famoso de Mausolo, rey de Caria, que le mandó erigir su muger Artemisa. ‖ *Plin.* El palacio del mismo rey. ‖ Sepulcro suntuoso, regio.

**Mavors**, ortis. m. *Cic.* Marte, dios de la guerra, de donde se ha sincopado. *Mars, martis.* ‖ La guerra.

**Mavortius**, a, um. *Virg.* Lo que es de Marte ó de la guerra ‖ Guerrero, belicoso.

**Maxilla**, ae. f. *Plin.* La quijada. *Viro seni maxilla baculus. adag.* El horno por la boca se calienta. *ref.*

**Maxillaris**. m. f. le. n. is. *Plin.* Lo que toca á la quijada.

**Maxime**. *adv. sup. de Magis. Cic.* Muy, mucho, grande, sumamente. ‖ Principalmente, en especial, sobre todo.

**Maximitas**, atis. *f. Lucr.* Grandeza escesiva.

**Maximopere**. *adv. Cic.* En gran manera. ‖ Con muchas instancias, muy fuertemente.

**Maximus**, a, um. *Cic.* Muy grande, grandísimo. *Maximus natu. Liv.* El mayor de una edad. *Multo maximum illud quod mihi, etc. Cic.* Lo que es para mi mucho mas, de mucha mayor consideracion.

**Maximus**. *Plaut.* en lugar de Maximum.

**Maza**, ae. f. *Varr.* Harina de cebada ó de trigo amasada ó remojada con leche, suero ó agua.

**Mazaca**, ae. f. *Plin.* Cesarea, ciudad de Capadocia.

**Mazaces**, cum. m. plur. *Plin.* Los naturales ó habitantes de Cesarea de Capadocia.

**Mezara**, ae. m. Rio de Sicilia.

**Mazonomum**, i. n. *Hor.* y

**Mazonomus**, i. m. *Varr.* Plato grande ó fuente para servir la vianda.

## ME

**Me**. *Plaut.* en lugar de Mihi. ‖ *Cic.* acusat. y ablat. de Ego.

**Meabilis**. m. f. le. n. is. *Plin.* Por donde se pasa ó penetra fácilmente. ‖ Que fácilmente penetra ó pasa.

**Means**, tis. com. *Plin.* Que pasa ó va pasando, que hace su camino.

**Meatus**, us. m. *Plin.* La accion, el modo de andar de ir, de caminar. ‖ Curso, movimiento, corriente. ‖ Poro del cuerpo. *Tac.* Paso, camino, pasage.

**Mecastor**. *Ter.* Por Castor, ó te mia, por mi se, fórmula de juramento, propia de las mugeres, aunque se halla en Plauto en boca de hombres.

**Mecha**, ae. f. La Meca, ciudad de Arabia.

**Mechinema**, atis. n. *Sid.* Obra de manos ingeniosa.

**Mechanicus**, i. m. *Col.* El artista, maquinista, ingeniero, que trabaja artificiosamente con las manos y el ingenio.

**Mechanicus**, a, um. *Plin.* Mecánico, artificioso, lo perteneciente á las artes mecánicas en que trabajan las manos y el ingenio.

**Meconis**, idis. f. *Plin.* Especie de lechuga negra y amarga, que abunda de leche soporífera, como la adormidera.

**Meconium**, ii. n. *Plin.* El jugo de la adormidera. ‖ *Plin.* El primer escremento de los niños, meconio.

**Mecum**. *Cic.* Conmigo, en mí mismo. *Mecum indignor. Hor.* Me enfado dentro de mí. — *Facit. Cic. Sentit. Ter.* Es de mi dictámen, siente conmigo. — *Nihil tibi. Plaut.* Nada tienes tú conmigo.

**Meddix**, y Medix, icis. m. *Fest.* El supremo magistrado entre los oscos.

**Medea**, ae. f. *Ov.* Medea, insigne hechicera, hija de Eeta rey de Colcos.

**Medeis**, idis. patron. f. *Ov.* Lo que es de Medea.

**Medela**, ae. f. *Just.* Medicamento, medicina, remedio, consuelo, alivio.

**Medendus**, a, um. *Virg.* Que ha de ser medicinado. *Medendi ars. Ov.* La medicina. *Medendo aegrescit. Virg.* Se irrita con los remedios.

**Medens**, tis. com. *Lucr.* El que medicina, da remedios, cura, el médico. *Medentia verba. Estat.* Palabras que curan.

**Medeor**, eris, eri. *dep. Cic.* Medicinar, dar, poner, aplicar medicamentos, curar, sanar. ‖ Remediar, corregir, enmendar los defectos. *Mederi inopiae rei frumentariae. Ces.* Remediar la falta de víveres. — *In animi cupiditates. Ter.* Moderar los deseos, las pasiones del ánimo. *Satius est initiis mederi quam fini. Principiis obsta. adag. Omne malum nascens facile opprimitur, inveteratum fit plerumque robustum.* Al enhornar se hacen los panes tuertos. *ref.*

**Mederga**. *Plaut.* en lugar de Erga me.

**Medi**, orum. n. plur. *Plin.* Los medos, pueblos de Asia.

**Media**, ae. f. *Plin.* La Media, region de Asia entre la Armenia, Partia, Hircania y Asiria. Tomó el nombre de Medio ó Medo, hijo de Egeo, rey de Atenas y de Media.

**Medialis**. m. f. le. n. is. *Solin.* Lo que es del medio, parte del medio.

Mediane, tis. *com. Palad.* Lo que divide ó parte por el medio.

Medianum, i. *n. Ulp.* El medio, la parte del medio.

Medianus, a, um. *Vitruv.* Lo que es del medio, lo que está en el medio.

Mediastinus, i. *m. Col.* Siervo ínfimo, al que se emplea en los oficios mas bajos de la casa, como barrer, fregar, verter &c.

Mediastuticus, i. *m. Liv.* Primer magistrado de los pueblos de Campania en Italia.

Mediatio, ōnis. *f. Ulp.* Mediacion, interposicion.

Mediator, ōris. *m. Apul.* Mediador, medianero, el que se interpone entre personas discordes ó enemistadas.

Mediatrix, icis. *f. Alcim.* Mediadora, medianera, muger que se interpone para conformar á los discordes.

Medibilis. *m. f. le. n. is. Fest.* V. Medicabilis.

Medica, ae. *f. Virg.* La alfalfa, yerba que sirve de pasto para las caballerías.

Medica, ae. *f. Inscr.* La comadre ó partera.

Medicabilis. *m. f. le. n. is. Ov.* Curable, lo que se puede curar ó sanar. || Crit. Medicinal, lo que sirve de medicina y remedio.

Medicabiliter. *adv. Palad.* Medicinalmente, con aplicacion de medicinas ó remedios.

Medicabulum, i. *n. Apul.* Lugar donde se halla medicina, remedio, consuelo.

Medicamen, inis. *n. Cic.* Medicamento, medicina, remedio. || *Tac.* Veneno, ponzoña. || *Ov.* Afeite. || *Plin.* Jugo que da color, tinta, tintura. || *Ov.* Hechizo, encanto, encantamiento.

Medicamentaria, ae. *f. Cod. Teod.* La muger que compone venenos y hechizos, hechicera.

Medicamentarius, ii. *Plin.* Boticario, el que compone los medicamentos. || El que prepara venenos.

Medicamentarius, a, um. *Plin.* Lo que pertenece á las medicinas. *Medicamentaria ars. Plin.* El arte del boticario, de componer las medicinas, farmacia.

Medicamentosus, a, um. *Cat.* Medicinal, lo que tiene virtud y fuerza de curar.

Medicamentum, i. *m. Cic.* Medicamento, medicina, remedio. || *Color,* tintura para teñir. || *Col.* Aderezo, compostura para el vino. || *Plaut.* Hechizo, encanto.

Medicatio, ōnis. *f. Col.* La aplicacion de la medicina, curacion.

Medicator, ōris. *m. Tert.* El médico, curandero, el que cura, aplica medicinas ó remedios.

Medicatus, us. *m. Ov.* V. Medicatio.

Medicatus, a, um. *Col.* Compuesto, confeccionado con medicamentos. || *Hor.* Teñido, dado de color. || *Suet.* Envenenado, emponzoñado. || *Plin.* Medicinal. *Medicatus somnus. Ov.* Sueño procurado con remedios. — *Fons. Front.* Fuente medicinal. *Medicatus lana. Hor.* Lana teñida. — *Pocula. Marc.* Pócima, bebida medicinal. — *Tela veneno. Sil.* Flechas envenenadas.

Medicina, ae. *f. Cic.* La medicina, arte de curar las enfermedades. || Remedio, medicina, medicamento. || *Non.* Ponzoña, veneno. || *Plaut.* Tienda, casa del médico, como la barbería entre nosotros.

Medicinalis. *m. f. le. n. is. Cels.* Medicinal, lo que toca á la medicina. *Medicinalis cucurbita. Plin.* La ventosa. — *Digitus. Macrob.* El dedo en que se pone el anillo.

Medicinius, a, um. *Aus.* y

Medicinus, a, um. *Varr.* V. Medicinalis.

Medico, as, avi, atum, are. *a. Virg.* Medicinar, aplicar las medicinas, sanar, curar. || *Ov.* Teñir, dar color. || *Virg.* Untar, frotar con algun ungüento ó jugo. *Medicare semina. Virg.* Aderezar las semillas para que broten con mas facilidad y abundancia, mojándolas en algun licor.

Medicor, aris, atus sum, ari. *dep. Tert.* Medicinar, curar, aplicar remedios, medicinas.

Medicus, i. *m. Cic.* El médico. || Cirujano. *Medicus circumforaneus.* Curandero, charlatan.

Medicus, a, um. *Plin.* Medicinal, lo que sirve de medicina y remedio.

Medicus, a, um. *Nep.* Lo perteneciente á la Media, region de Asia.

Medidies, ei. *f. Plaut.* en lugar de Meridies.

Medie. *adv. Apul.* Medianamente, con medianía. || Á medias, por mitad.

Medietas, ātis. *f. Cic.* La mitad, el medio.

Medimnum, y

Medimnus, i. *m. Nep.* Medida de los atenienses para cosas secas, que componia seis modios romanos. Por un lugar de Fanio parece ser tambien de líquidos.

Medio, as, are. *a. Apic.* Partir, dividir por medio.

Mediocriculus, a, um. *Varr.* Medianillo, *dim.* que da á entender menos de mediano.

Mediocris. *m. f. cre. n. is. Cic.* Mediano, lo que tiene el medio entre lo grande y pequeño.

Mediocritas, ātis. *f. Cic.* Mediocridad, medianía.

Mediocriter. *adv. Cic.* Medianamente, con medianía, en un medio, entre demasiado y poco.

Mediolanensis. *m. f. le. n. is. Cic.* Milanes, lo perteneciente á Milan ó á sus naturales.

Mediolanenses, ium. *m. plur.* Los milaneses.

Mediolanium, ii. *n. Munster,* ciudad de Vestfalia.

Mediolanum, i. *Claud.* Milan, capital de Lombardía.

Mediolanum Santonum. Jaintes, *capital de Santoña, provincia de Francia.*

Mediomatrices, cum. *m. plur.* y

Mediomatrici, ōrum. *m. plur. Ces.* Los pueblos de Metz en Francia.

Mediomatricum, i. *n. Metz, ciudad de Francia.*

Medioxime. *Varr.* en lugar de Mediocriter.

Medioximus, a, um. *Plaut.* Mediano, medio.

Medipontus, i. *m. Cat.* Cable, cuerda, maroma de prensa. || Puente de cuerdas, de maromas.

Meditabundus, a, um. *Just.* Cogitabundo, pensativo.

Meditamen, inis. *n. Prud.* V. Meditatio.

Meditamentum, i. *n. Tac.* V. Meditatio.

Meditate. *adv. Plaut.* Meditadamente, con meditacion, con reflexion.

Meditatio, ōnis. *f. Cic.* Meditacion, consideracion, reflexion. || Preparacion, ejercicio.

Meditativus, a, um. *Prisc.* Meditativo. *Dícese de los verbos que esplican no el acto, sino el deseo, como Pasturio y Lecturio.*

Meditator, ōris. *m. Prud.* El que medita, piensa.

Meditatus, us. *m. Apul.* Meditacion, reflexion.

Meditatus, a, um. *part. de Meditor. Tac.* Meditado, reflexionado, considerado, pensado con reflexion. || *Cic.* El que ha meditado, el que ha pensado con madurez. *Meditata sunt mihi omnia incommoda. Ter.* He previsto todos los inconvenientes.

Mediterraneus, a, um. *Cic.* Mediterráneo, lo que está en medio de tierras, lejos del mar. *Mare Mediterraneum. Plin.* El mar Mediterráneo, que está entre la Europa y el Asia.

Mediterreus, a, um. *Fest.* V. Mediterraneus.

Meditor, aris, atus sum, ari. *dep. Cic.* Meditar, pensar, considerar, reflexionar. || Disponerse, prepararse. *Meditari silvestrem musam. Virg.* Cantar versos pastoriles, ejercitar la musa pastoril.

Meditrina, ae. *f. Fest.* Diosa de la medicina.

Meditrinalia, ium. *n. plur. Varr.* Fiestas en honor de la diosa de la la medicina.

Meditullium, ii. *n. Cic.* El medio de las cosas.

Medium, ii. *n. Cic.* El medio, centro. || El medio público, la luz pública. *In medium,* ó *in medio afferre.* — *Ponere.* — *Proferre. Cic.* Poner en público. *De medio tollere. Cic.* Matar, quitar del medio. *E medio discedere. Cic.* Irse, retirarse, ocultarse, ausentarse. — *Excedere. Ter.* Morir. *In medio relinquere. Vel. Pat.* Dejar en duda, indeciso. *In medium venire. Cic.* Comparecer, presentarse.

Medius, a, um. *Cic.* Medio, intermedio, lo que está en medio. || Ambiguo, dudoso. || Indeciso, irresoluto, neutral. *Medius amicus. Liv.* Amigo comun. *Frigoribus mediis. Virg.* En el corazon del invierno. *Medius dies. Hor.* El medio dia. *Aetatis mediae vir. Fedr.* Hombre de mediana edad. *Paci medium sese offerre. Virg.* Ofrecerse por medianero de la paz.

Medius Fidius. *adv. Ter.* Por Hércules, á fe mia, juramente propio de los hombres, como *Asclepi* y *Ecastor* de las mugeres.

**Medoăcus** y **Medoacus**, i. m. *Liv.* Brenta, *rio de Venecia ó de la Marca Trevisiana.*

**Mĕdon**, ontis. m. *Ov.* Medon, *uno de los centauros.* ‖ *Hijo de Codro, rei de Atenas, el primer arconte.* ‖ *Uno de los amantes de Penelope.*

**Medontīdae**, ārum. m. plur. *Vel. Pat.* Los atenienses, *asi llamados de su primer arconte Medon.*

**Mĕdulla**, ae. f. *Hor.* Medula, tuétano, la sustancia que hay dentro de los huesos del animal. ‖ Corazon, entrañas. ‖ Corazon del árbol. ‖ La sustancia, el meollo, la parte mas esencial y apreciable de una cosa. *Medullis alicujus, ó in medullis alicujus haerere. Cic.* Ser sumamente amado de alguno.

**Mĕdullāris**, m. f. rĕ. n. is. *Apul.* Medular, *lo que pertenece á la medula.*

**Mĕdullātus**, a, um. *Apul.* Meduloso, *lo que tiene medula.* ‖ *Apul.* De que se ha sacado la medula.

**Medulli**, ōrum. m. plur. *Aus.* Pueblos de la Galia aquitánica, *entre el rio Garona y el mar Océano.*

**Medulli**, ōrum. m. plur. *Plin.* Pueblos de los Alpes, *cercanos á Saboya.*

**Medullīnus**, a, um. *Aus.* Lo perteneciente á los médulos de los Alpes.

**Mĕdullĭtus**, adv. *Varr.* Hasta los tuétanos, hasta los huesos. ‖ De corazon, cordial, apasionadamente.

**Mĕdullor**, āris, āri. dep. *S. Ag.* Llenarse de medula los huesos, endurecerse.

**Mĕdullōsus**, a, um. *Cels.* Meduloso, lo que tiene medula en abundancia.

**Medullŭla**, ae. f. *Tibul.* Tuetanillo, dim. de Medulla.

**Mĕdŭlus**, a, um. *Plin.* Lo que toca á los médulos, *pueblos de la Galia aquitánica.*

**Medunta**, ae. f. Mante, *ciudad de la isla de Francia.*

**Medi**, ōrum. m. plur. *Hor.* Los medos, *pueblos de la Media, los partos.*

**Medus**, a, um. *Hor.* Lo que toca ó es de la Media ó de sus habitantes.

**Mĕdūsa**, ae. f. *Ov.* Medusa, *hija de Forco y de Ceto, bestia marina llamada Gorgonide, por haber poseido con sus dos hermanas Euriale y Estenione las islas Gorgadas del Océano etiópico. Minerva convirtió en culebras sus dorados cabellos, y dió fuerza á su aspecto de convertir en piedras á los que la miraren, para vengarse de la injuria de haber profanado su templo con los amores de Neptuno.*

**Medusaeus**, a, um. *Ov.* Lo perteneciente á Medusa.

**Mĕfancīlum**, i. n. *Fest.* Especie de dardo arrojadizo.

**Megabȳzus**, i. m. *Plin.* Megabizo, *sacerdote del templo de Diana en Efeso.* ‖ *Quint.* Nombre de un eunuco disforme y estropeado de un rei de Persia.

**Mĕgaera**, ae. f. *Virg.* Megera, *una de las tres furias infernales.*

**Mĕgălensis**. m. f. sĕ. n. is. *Tuc.* Lo perteneciente á las fiestas de Cibeles llamadas *Magalesia. Magalensis purpura. Marc.* Ropa de púrpura que usaba el pretor en estas fiestas.

**Mĕgălēsia**, ōrum. n. plur. *Cic.* Fiestas de la gran madre de los dioses, Cibeles.

**Mĕgălēsĭacus**, a, um. *Juven.* V. Magalensis.

**Mĕgălium**, ii. n. *Plin.* Especie de bálsamo oloroso.

**Mĕgălogrāphia**, ae. f. *Vitruv.* Pintura que representa objetos grandiosos, como los simulacros de los dioses.

**Mĕgălopŏlis**, is. f. *Plin.* Megalópolis, *ciudad de Arcadia en el Peloponeso, patria de Polibio.*

**Mĕgălopŏlĭtāni**, ōrum. m. plur. *Liv.* Los naturales y habitantes de Megalópolis.

**Mĕgăra**, ae. f. y

**Mĕgăra**, ōrum. n. plur. *Plin.* Megara, *ciudad de Acaya en los confines del Ática y el Peloponeso.* ‖ *Serv.* Ciudad de Sicilia en su costa oriental. ‖ *Megara, tebana, muger de Hércules, á quien el enfurecido dió muerte con sus hijos.*

**Mĕgărejus**, a, um. *Ov.* Lo que pertenece á Magareo, *hijo de Neptuno.* ‖ *Estac.* Lo que pertenece á la ciudad de Megara.

**Mĕgărensis**. m. f. sĕ. n. is. *Gel.* Lo perteneciente á la ciudad de Megara.

**Megareus**, a, um. *Ov.* Megareo, *hijo de Neptuno.*

**Megăreus**, a, um. *Cic.* y

**Megărĭcus**, a, um. *Plin.* V. Megarensis.

**Mĕgăris**, ĭdis. f. *Plin.* Megaris, *region de Acaya.*

**Mĕgărus**, a, um. *Virg.* V. Megarensis.

**Mĕgistānes**, um. m. plur. *Sen.* Los grandes, los próceres del reino.

**Mehercle**, **Mehercŭle**, y **Mehercules**. adv. *Ter.* Por Hércules, *juramento propio de los hombres.*

**Mei**, genit. de Ego.

**Meio**, is, minxi, minctum, mĕiĕrĕ. a. *Col.* Orinar, mear.

**Mel**, llis. m. *Cic.* La miel. ‖ Dulzura, suavidad, gusto, deleite. *Mel meum. Plaut.* Alma mia, corazon mio, *expresion cariñosa. Neque mel neque apes. adag.* Con su pan se lo coma. *ref.*

**Melamphyllum**, i. n. *Plin.* La yerba gigante ó branca ursina.

**Melampodium**, ii. n. *Plin.* Eléboro negro, *planta.*

**Melampus**, ŏdis. m. *Virg.* Melampo, *hijo de Amitaon argivo y de Doripes, médico y agorero insigne.* ‖ *Ov.* Nombre de un perro.

**Melanchaetes**, ae. m. *Ov.* Nombre de un perro.

**Melanchlaeni**, ōrum. m. plur. *Plin.* Pueblos bárbaros de Escitia.

**Melanchŏlĭa**, ae. f. *Cic.* Melancolía, atrabilis, cólera negra, uno de los humores del cuerpo que suele sacar de juicio á los hombres.

**Melancholĭcus**, a, um. *Cic.* Melancólico, furioso, que abunda mucho de atrabilis. *Melancholicus vertigines. Plin.* Vértigos, *vapores causados por la melancolía que perturban el sentido.*

**Melancorȳphus**, i. m. *Plin.* El tordo, *ave*, el becafigo.

**Melancrănis**, is. f. *Plin.* Especie de junco de simiente negra.

**Melandris**, yos. m. *Plin.* y

**Melandryon**, ii. n. *Plin.* El atun marino.

**Melandryum**, ii. n. *Plin.* El corazon de la encina.

**Melaneus**, i. m. *Ov.* Nombre de un centauro ó de un perro.

**Melānia**, ae. f. *Plin.* La negrura. ‖ El color amoratado de un cardenal, de una contusion.

**Melănion**, ii. n. *Plin.* La violeta, *flor.*

**Melanspermon**, ii. n. *Plin.* La negrura de la simiente, la neguilla, *yerba.*

**Melantērĭa**, ae. f. *Escrib.* Cerote de zapatero.

**Melantheus**, a, um. *Ov.* Lo perteneciente á Melantio. V. Melanthĭus.

**Melanthium**, ii. n. *Col.* La neguilla, *yerba mala que nace entre el trigo.*

**Melanthĭus**, ii. m. *Ov.* Melantio, *pastor de Ulises.* ‖ *Plin.* Un célebre pintor.

**Melantho**, us. f. *Ov.* Melanto, *hija de Pretto, amada de Neptuno.*

**Melanthum**, i. n. *Seren.* V. Melanthium.

**Melanthus**, i. m. *Ov.* Melanto, *rio de Sarmacia.*

**Melānūrus**, i. m. *Plin.* Cierto pez que tiene una mancha negra en la cola. ‖ Especie de serpiente menor que la víbora, pero de mas activo veneno.

**Melapium**, ii. n. *Plin.* Especie de pera ó manzana, mista de camuesa y esperiega.

**Melapontus**, i. m. El mar negro, el Ponto euxino.

**Melas**, antis. m. *Plin.* Rio de Beocia, de Tracia, de Sicilia, de Capadocia y de Cilicia.

**Melcŭlum**, i. n. *Plaut.* V. Melliculum.

**Meldae**, ārum. f. plur. Meaux, *ciudad episcopal de Francia.*

**Meldae**, ārum. m. plur. y

**Meldi**, ōrum. m. plur. Los habitantes y naturales de Meaux.

**Mĕle**. indec. plur. *Lucr.* Canciones.

**Mĕleāger**, y **Meleagros**, i. m. *Ov.* Meleagro, *hijo de Oeneo, rei de Calidonia, y de Altea.*

**Mĕleagreus**, a, um. *Luc.* Lo perteneciente á Meleagro.

**Mĕleagrĭdes**, dum. f. plur. *Ov.* Las hermanas de Meleagro, *trasformadas en gallinas africanas ó indianas.*

Meleagris, dis. f. Col. La gallina africana, morisca ó indiana.

Meleagrius, a, um. Estac. Lo perteneciente á Meleagro.

Meles, etis. m. Plin. Rio de Jonia, que baña á Esmirna.

Meles, is. m. V. Melis.

Meletaeus, a, um. Tib. Lo perteneciente á Homero, voz tomada del rio Melete.

Melete, es. f. Cic. Melete, una de las cuatro musas, hijas de Jove el menor.

Melibaea, ae. f. Plin. Melibea, ciudad marítima de Tesalia ó de Magnesia.

Melibaeensis, m. f. se n. is. Serv. y

Melibaeus, a. um. Virg. Lo perteneciente á Melibea.

Melicae gallinae. Varr. Gallinas mayores que las comunes, traidas de la Media.

Meliceris, idis. Plin. Postema, llaga, de que sale materia crasa y roja.

Melicerta, y Melicertes, ae. m. Ov. Melicertes, hijo de Atamas, y Melicertes, rei de Tebas, y de Ino. Esta viendo furioso á su marido, se arrojó al mar con su hijo, y los dos fueron trasformados en dioses marinos; Ino en Leucotea ó Matuta, y Melicertes en Palemon ó Portuno.

Melichlōros, i. m. Plin. Piedra preciosa de dos colores melado y cerúleo.

Melichros, ōtos. m. Plin. y

Melichrus, i. m. Plin. ó

Melichrysus, i. m. Plin. El topacio, piedra preciosa.

Melicratum, i. n. Veget. Agua miel, agua mezclada con miel.

Melicus, a, um. Lucr. Músico, musical, lo perteneciente al canto y al metro. ‖ Lírico, lo perteneciente á la lira y á la poesía lírica.

Meligunis, idis. f. Lipara, una de las islas Eolidas.

Melilōtos, i. f. Plin. y

Melilōtum, i. n. Plin. Meliloto, corona de rey, yerba.

Melimela, orum. n. plur. Plin. Peras dulces como la miel.

Melina, ae. f. Plaut. Saco ó bolsa de piel de oveja, de cuero.

Melinum, i, m. Plin. Aceite de la flor del membrillo. ‖ Ungüento, bálsamo del mismo membrillo. ‖ Cierta tinta ó color de la isla Melos. Plaut. ‖ El color amarillo como de membrillo maduro.

Melinus, a, um. Plin. Lo perteneciente al membrillo, á su flor, á su aceite y á su color.

Melina, ae. f. Plaut. Lo que es propio del tejon.

Melior. m. f. ius. n. ōris. Cic. Mejor, superior, escelente. com. de Bonus.

Melioratio, ōnis. f. Dig. Mejora, mejoría, medra, adelantamiento, y aumento de alguna cosa.

Melioratus, a, um. Dig. Mejorado, aumentado, acrecentado.

Melioresco, is, cere. n. Col. Mejorarse, ponerse en estado ó grado ventajoso al de antes.

Melioro, as, avi, atum, āre. a. Ulp. Mejorar, adelantar, acrecentar, aumentar alguna cosa.

Melipontus, i. m. Cat. V. Medipontus.

Melis, is. m. Plin. El tejon, animal.

Melimphyllum, i. n. Virg. y

Melissa, ae. f. ó

Melissophyllum, i. n. Plin. Torongil ó melisa, yerba.

Melissus, y Melissaeus, i. m. Lact. Meliso, rey antiquísimo de Creta, el primero que sacrificó á los dioses, é introdujo la forma y ceremonia de los sacrificios. ‖ Meliso, gramático de Espoleto, que regalado á Mecenas, é introducido por este con Augusto, fue su bibliotecario.

Melita, ae. f. Cic. Malta, isla del mar de Africa entre Sicilia y Africa. ‖ Plin. Meleda, isla del mar adriático entre la costa de Dalmacia y Corfú Melena.

Melitaeus, a, um. Plin.

Melitensis. m. f. sē. n. is. Cic. y

Melitesius, a, um. Grat. Lo perteneciente á la isla de Malta y á sus naturales. ‖ Maltés.

Melites, ae. m. Plin. y

Melitis, idis. f. Plin. El topacio, piedra preciosa.

Melitites, ae. m. Plin. Bebida dulce, compuesta de miel y vino.

Melitton, ōnis. m. Varr. La colmena ó el colmenar donde hay varias colmenas.

Meliturgus, i. m. Varr. El que castra las colmenas, el colmenero que ejercita la cosecha de la miel.

Melius. adv. comp. Cic. Mejor. Melius est illi factum. Cic. Se ha puesto mejor.—Erit isti morbo. Plaut. Esta enfermedad no será peligrosa.

Meliuscule. adv. Cic. Algo, un poco mejor.

Meliusculus, a, um. Plaut. Mejorcito, algo mejor.

Melizōmum, i. n. Apic. Condimento hecho de la mistura de la miel espumada para refrescar á los caminantes.

Mella, ae. f. Col. El agua en que se macera la cera despues de secada la miel.

Mella, ae. f. Virg. Rio de la Galia cisalpina.

Mellarium, ii. n. Varr. Colmenar, sitio donde hay colmenas. ‖ Olla donde se guarda la miel.

Mellarius, ii. m. Varr. Colmenero, el cosechero de miel, el que cultiva las colmenas.

Mellarius, a, um. Plin. Lo que pertenece á la miel.

Mellatio, ōnis. f. Col. La cosecha de la miel.

Melleus, a, um. Plin. Lo que es de la miel.

Melliculum, i. n. Plaut. dim. de Mel. Corazoncito mio, término de cariño tierno.

Mellifer, a, um. Ov. Lo que produce ó cria miel.

Mellificatio, ōnis. f. Varr. y

Mellificium, ii. n. Col. La obra, el trabajo é industria de fabricar la miel.

Mellifico, ās, āvi, ātum, āre. n. Virg. Fabricar, hacer miel.

Mellificus, a, um. Col. Lo que pertenece á la fábrica de la miel.

Mellifluens, tis. com. Aus. y

Mellifluus, a, um. Col. Melifluo, lo que destila miel. ‖ El que habla con suavidad y dulzura. ‖ Lo que es suave y dulce como la miel.

Melligenus, a, um. Plin. Lo que es de la naturaleza de la miel.

Melligo, inis. f. Plin. El jugo dulce de las plantas y flores que chupan las abejas. ‖ El jugo de cualquier fruto, que aun no ha madurado, que está en flor, jugo meloso.

Mellilla, ae. f. Plaut. Vida mia, alma mia, término de cariño.

Mellina, ae. f. Plaut. y

Mellinia, ae. f. Plaut. Bebida de miel.

Mellis. genit. de Mel.

Mellitulus, a, um. Apul. Dulcecillo, algo dulce.

Mellitus, a, um. Hor. Compuesto con miel, enmelado, untado con ella. ‖ Dulce, suave, agradable. ‖ Dulce como la miel.

Mellona, y Mellonia, ae. f. Arnob. Diosa que presidia á las colmenas.

Melloproximi, orum. n. plur. Dig. Los inmediatos á la secretaría para el año siguiente.

Mellōsus, a, um. Col. Aur. Meloso, dulce.

Melo, ōnis. m. Palad. El melon.

Melōdes, is. m. Sid. El que canta dulces versos.

Melōdia, ae. f. Marc. Cap. Melodía, canto suave y armonioso.

Melōdomum, i. n. Ces. Melum, ciudad de Francia.

Melōdus, a, um. Aus. Que suena ó canta con suavidad y dulzura.

Melomeli. n. Col. Almibar de membrillo hecho con miel.

Melopepones, um. m. plur. Plin. Melones redondos.

Melos, i, y os. n. Hor. Melodía, canto, verso suave.

Melota, ae. f. Bibl. Vestido, zamarra hecha de pieles de cabrito con su pelo. ‖ Piel de cabrito con su pelo. ‖ Piel de cualquier animal con el propio pelo, y vestido hecho de estas pieles.

Melothron, i. n. Plin. La yerba vitis alba.

Melpomene, es. f. Hor. Melpomene, una de las nueve musas que preside á la tragedia.

Melus, i. m. Cat. V. Melos.

Membrana, ae. f. Cic. Membrana, piel delgada ó túnica á modo de pergamino. ‖ *Ov.* Camisa ó despojo de la culebra. ‖ Pergamino.

Membrānăceus, a, um. *Plin.* Membranoso, lo que está cubierto de membrana. ‖ *Plin.* Semejante á la membrana ó al pergamino.

Membrăneus, a, um. *Plin.* Membranoso, cubierto de membrana ó pergamino.

Membrănŭla, ae. *f. Cels.* Membrana, tela, piel sutil y delgada.

Membrātim. *adv. Lucr.* Miembro por miembro. ‖ *Plin.* Por partes, por piezas, por pedazos. ‖ Por miembros del período.

Membrātūra, ae. *f. Vitruv.* La disposicion y conformidad de los miembros, su forma, corporatura.

Membro, ās, āre. *Censorin.* Formar los miembros.

Membror, āris, āri. *dep. Censorin.* Recibir, tomar la forma, la debida disposicion de los miembros.

Membrōsus, a, um. *Aut. de la Priap.* Membrudo, fuerte y robusto de miembros.

Membrum, i. *n. Cic.* Miembro, parte del cuerpo. ‖ Parte del período. *Membrum domus. Virg.* Pieza, division, parte de una casa.—*Dormitorium. Plin. men.* Dormitorio, alcoba.

Mēmĭnens, tis. *com. Aus.* El que se acuerda.

Mēmĭni, isti, nit, nisse. *defect. Cic.* Acordarse, conservar la memoria. ‖ Hacer mencion. *Meminisse vivorum. Cic.* Acordarse de los vivos.—*De omnibus. Cic.* Acordarse de todos.—*Memini te mihi narrare. Cic.* Me acuerdo que me contabas.

Memmĭădes, ae. *m. Lucr. patronim. de* Memmius. Nombre propio.

Memmiānus, a, um. *Cic.* Lo perteneciente á Memio, nombre propio de un ciudadano romano.

Memnon, ŏnis. *m. Virg.* Memnon, *hijo de Titono y de la Aurora, muerto en el cerco de Troya fué convertido en ave por ruegos de su madre.*

Memnŏnĭdes, um. *f. plur. Ov.* Aves que se levantaron de las cenizas de Memnon.

Memnōnius, a, um. *Luc.* Lo perteneciente á Memnon.

Mĕmor, ŏris. *com. Cic.* El que se acuerda, tiene memoria de alguna cosa. *Memor beneficii. Cic.* Agradecido, reconocido, que se acuerda del beneficio. *Memor nota. Hor.* Nota, señal para acordarse.—*Numae, et Romuli ingenium. Liv.* Espíritu, genio participante del de Numa y del de Rómulo.—*Homo. Cic.* Hombre memorioso, de buena memoria.

Mĕmŏrābĭlis. *m. f. lē. n. is. Cic.* Memorable, digno de memoria, que merece conservarse en la memoria. ‖ *Ter.* Que puede decirse ó hablarse.

Mĕmŏrācŭlum, i. *n. Apul.* Memoria, monumento para la posteridad.

Mĕmŏrālis. *m. f. lē. n. is. Arnob.* Lo que sirve de memoria, como libro de memoria.

Mĕmŏrandus, a, um. *Virg.* Memorable, digno de memoria. ‖ *Virg.* Digno de traerse á la memoria, de hacerse mencion de ello.

Mĕmŏrans, tis. *com. Ov.* El que recuerda ó hace ó trae á la memoria, el que hace mencion.

Mĕmŏrātio, ōnis. *f. Corn. Gal.* Conmemoracion, memoria, recuerdo que se hace de alguna cosa.

Mĕmŏrātor, ōris. *m. Prop.* El que hace mencion de una cosa ó conmemoracion, el que la recuerda, la trae, la hace á la memoria.

Mĕmŏrātrix, īcis. *f. Val. Flac.* La que hace memoria ó mencion de una cosa.

Mĕmŏrātus, us. *m. Plaut. V.* Memoratio.

Mĕmŏrātus, a, um. *Plaut.* Conmemorado, lo que se trae á la memoria, se cuenta, se hace mencion de ello. *Memoratissimus scriptor. Gel.* Escritor muy célebre.

Mĕmŏria, ae. *f. Cic.* La memoria, *una de las tres potencias del alma. Memoriae proditum est. Cic.* Cuenta la historia, hace mencion.—*Eximatur. Suet.* Bórrese de la memoria, no se hable mas, no se haga mas memoria. *Alicujus operam dare. Cic.* Emplearse en la memoria ó consideracion de alguno. *Memoria superiori. Cic.* En los tiempos pasados.—*Patrum nostrorum. Cic.* En tiempo de nuestros abuelos.—*Tenere. Cic.* Saber de memoria.—*Custodire. Cic.* Conservar en la memoria. *Post luminum memoriam. Cic.* En cuanto hay memoria, en cuanto se acuerdan los hombres. *Memoriam agitare. Cic.* Ejercitar la memoria. *Memoriae magister. Lampr.* Ministro de los emperadores romanos, *que cuidaba de los escritos en que se conservaban las cosas memorables del Imperio.* ‖ El que ponia los decretos á los memoriales.

Mĕmŏriālis. *m. f. lē. n. is. Cic.* Memorial, libro ó cuaderno en que se apuntan las cosas útiles, de que se quiere tener memoria. ‖ Lo que pertenece á la memoria.

Mĕmŏriŏla, ae. *f. Cic. dim.* Memoria flaca ó corta.

Mĕmŏriōsus, a, um. *Fest.* Memorioso, el que tiene buena y feliz memoria.

Mĕmŏrĭter. *adv. Cic.* De memoria.

Mĕmŏro, ās, āvi, ātum, āre. *a. Cic.* Hacer mencion, contar, decir. *Memorant. Liv.* Se dice.

Memphi, ōrum. *m. plur. Plin.* Los habitantes de Menfis.

Memphis, is, ó idis. *f. Min.* Menfis, *capital del bajo Egipto.*

Memphītes, ae. *m.* y
Memphītĭcus, a, um. ó
Memphītis, idis. *f.* y
Memphītītes, ae. *m. Ov.* El que es de Menfis, y lo perteneciente á esta ciudad y á Egipto.

Men? *Ter.* En lugar de Me ne? ¿Quién, yo?

Mena, ae. *f. S. Ag.* Mena ó Luna, *diosa que presidia al menstruo de las mugeres.*

Menaechmi, ōrum. *m. plur.* Los hermanos mellizos. *Título de una comedia de Plauto.*

Menaeus, i. *m. Vitruv.* El círculo de los meses en un cuadrante solar.

Menalippe, es. *f. Just.* Menalipe, *hermana de Antiope, reina de las Amazonas.*

Menander, y Menandrus, i. *m. Ov.* Menandro, *poeta cómico ateniense, discípulo de Teofrasto.*

Menandrēus, a, um. *Prop.* Lo perteneciente á Menandro.

Menapii, ōrum. *m. plur. Ces.* Pueblos de Brabante y Güeldres en la Galia bélgica.

Menas, ādis. *f. Ov.* Menade, *sacerdotisa de Baco.*

Menda, ae. *f. Ov.* Defecto, deformidad en el cuerpo, mancha, berruga &c. ‖ *Suet.* Error, mentira en el escrito, y ahora en la imprenta.

Mendācĭlŏquus, a, um. *Plaut.* Mentiroso, embustero, el que no habla sino mintiendo.

Mendăciŏlum, i. *n. V.* Mendaciunculum.

Mendācis. *genit. de* Mendax.

Mendācĭtas, atis. *f. Ter.* La costumbre de mentir.

Mendācĭter. *adv. Solin.* Falsamente, con mentira.

Mendăcium, ii. *Cic.* Mentira, falsedad, embuste.

Mendăciuncŭlum, i. *n. dim. Cic.* Mentirilla, mentira leve.

Mendax, ācis. *com. Cic.* Mentiroso, embustero, el que miente. ‖ *Hor.* Falso, vano. ‖ *Ov.* Disimulado, fingido. *Mendacem memorem esse oportet. Quint. proverb.* El mentir quiere memoria. *Fundus mendax. Hor.* Heredad que no da el fruto que promete.

Mendesicum, y Mendestum, ii. *n. Plin.* Mendesio, ciudad de Egipto.

Mendesius, a, um. *Plin.* Lo perteneciente á esta ciudad.

Mendĭcābŭlum, i. *n. Plaut.* Mendigo, pordiosero, el que pide limosna de puerta en puerta.

Mendĭcābundus, a, um. *S. Ag.* y

Mendĭcans, tis. *com. Plaut.* Mendigo, el que mendiga pidiendo limosna, mendigante ó mendicante.

Mendĭcātio, ōnis. *f. Sen.* Mendicacion, el acto de mendigar.

Mendĭcātus, a, um. *Ov. part. de* Mendico, Mendigado, buscado y pedido mendigando.

Mendĭce. *adv. Sen.* Mendigando, con mendiguez.

Mendĭcĭmōnium, ii. *n. Gel.* y

Mendĭcĭtas, ātis. *f. Cic.* Mendiguez, pobreza que obliga á pedir limosna, á mendigar.

Mendĭcĭtus. *adv. Ulp. V.* Mendice.

Mendicium, ii. *n. V.* Mendicum.

Mendĭco, ās, āvi, ātum, āre. *a. Plaut.* y

Mendīcor, āris, ātus sum, āri. *dep. Plaut.* Mendigar, pedir limosna de puerta en puerta.

Mendīcŭla, ae. *f. Plaut.* Especie de vestido, como el que usaban los magistrados oscos, llamados *Meddices.*

Mendīcŭlus, i. *m. Cic. dim. de* Mendicus. Pobrecillo.

Mendīcum, i. *n. Fest.* Vela que se pone en la proa.

Mendīcus, a, um. *Cic.* Mendigo, pobre que pide limosna de puerta en puerta. ‖ *Cic.* Flaco, débil, inútil, de poca consecuencia. *Mendicissimus. Cic.* Pobrísimo, reducido á una miseria estrema.

Mendōse. *adv. Cic.* Mendosa, incorrectamente, con errores ó mentiras. ‖ *Lucr.* Mal, malamente.

Mendōsus, a, um. *Plin.* Mendoso, mentiroso, errado, equivocado, lleno de mentiras, sin correccion. ‖ *Hor.* Malo, vicioso, corrompido. ‖ *Cic.* Disforme, lleno de tachas, de defectos.

Mendum, i. *n. Cic.* Mentira, error, falta de correccion en el escrito. ‖ Defecto, mancha deformidad.

Menecles, is. *m. Cic.* Menecles, *retórico alabandeo.*

Meneclius, a, um. *Cic.* Lo perteneciente al retórico Menecles.

Menelaectus, i. *m. Plin.* La menor especie de águilas.

Menelāus, i. *m. Virg.* Menelao, hijo de *Atreo y Eropes,* hermano de Agamenon, á quien el troyano Páris robó su muger Elena, que fué la causa de la guerra de Troya.

Meniāntus, a, um. *y*

Menenius, a, um. *Liv.* Lo perteneciente á Menenio.

Menenius, ii. *m.* Nombre propio de varios romanos.

Menerva. *V.* Minerva.

Meniāna, ōrum. *n. plur. Vitruv.* Especie de balcones ó corredores entre coluna y coluna en un edificio.

Menippēus, a, um. *Macrob.* Lo perteneciente á Menipo.

Menippus, i. *m. Macrob.* Menipo, *siervo fenicio, filósofo cínico, que escribió con mucha sal epístolas, nenias, testamentos y otras cosas á este modo.*

Menis, ĭdis. *f. Aus.* Luna pequeña, *especie de símbolo, que ponian los antiguos al principio de sus obras, como al fin una corona.*

Menoecēus, i. *m. Estac.* Meneceo, *hijo de Cremon, rey de Tebas, que se dió muerte precipitándose voluntariamente del muro por la libertad de la patria.*

Menoecēus, a, um. *Estac.* Lo perteneciente á Meneceo.

Menoetiădes, ae. *m. patronim. Prop.* Hijo de Menecio, Patroclo, *amigo y compañero de Aquiles.*

Menoïdes, is. *f. Jul. Firm.* La luna en los primeros dias, *cuando parece que tiene cuernos.*

Měnŏlŏgium, i. *n.* Menologio, calendario, almanaque.

Menotyrannus, i. *m. Inscr.* Árbitro, rei, gobernador de los meses. Dícese de Atis, á quien los frigios veneraban como al sol, y á Cibeles como á la tierra.

Mens, tis. *f. Cic.* La mente, entendimiento, espíritu, inteligencia, sentido, ánimo. ‖ El alma. ‖ Intencion, pensamiento, designio, sentimiento, voluntad, querer. ‖ Memoria. ‖ *Virg.* Inclinacion, propension. *Mala mens, malus animus. Ter.* Mala índole, mal corazon. *Mentis integer, ó compos. Cic.* Hombre de juicio, de entendimiento. — *Exul. Ov.* El que está fuera de juicio. *Suae esse. Cic.* Ser señor de sí. *Mentem alicui injicere. Cic.* Inspirar á alguno el pensamiento de....

Mensa, ae. *f. Cic.* La mesa. ‖ Comida, lo que sirve á la mesa. ‖ Banco, escritorio de comercio. *Secunda mensa, Cic.* Segundo cubierto, los postres, segunda mesa.

Mensālis. *m. f. lĕ. n. is. Vopisc.* Perteneciente á la mesa.

Mensārius, a, um. *Cic.* Lo perteneciente á la caja del dinero, del tesoro, á su custodia.

Mensarius, ii. *m. Cic.* Cajero, tesorero del dinero público.

Mensātim. *adv. Juvenc.* Por mesas.

Mensio. ōnis. *f. Cic.* La medida, la medicion, el acto de medir.

Mensis, is. *m. Cic.* El mes. ‖ *Plin.* Regla, costumbre, purgacion de la muger.

Mensor, ōris. *m. Col.* Medidor, en especial de tierras. ‖ *Plin.* Arquitecto. ‖ *Veg.* El que demarca y señala el terreno para formar un campamento, mariscal de logis.

Menstrua, ōrum. *m. plur. Cels.* Las purgaciones, reglas, costumbres de las mugeres, el menstruo.

Menstruālis. *m. f. lĕ. n. is. Plaut.* Mensual, de todos los meses, que sucede cada mes. ‖ *Plin.* Lo perteneciente al menstruo de las mugeres.

Menstruans, tis. *com. Palad.* La muger que está con la regla.

Menstruum, i. *n. Liv.* Provision de víveres para un mes. ‖ *Ulp.* Pension para un mes.

Menstruus, a, um. *Cic.* Mensual, de un mes, de cada mes. ‖ *Plin. Menstrua adversaria. Cic.* Escritos periódicos de cada mes. — *Cibaria. Cic.* Víveres para un mes. — *Foeminae Plin.* Muger que está con la regla.

Mensŭla, ae. *f. Plaut. dim. de* Mensa. Mesita, mesilla.

Mensŭlārius, ii. *m. Sen.* Cambiante, banquero.

Mensŭra, ae. *f. Plin.* Medida, instrumento para medir, y la cuantidad, modo, magnitud de lo que se mide. ‖ Simetría, distribucion, perspectiva en la pintura. *Ad mensuram aquam bibunt, citra mensuram offam comedentes.* Allegadores de la ceniza y derramadores de la harina.

Mensŭrābilis. *m. f. lĕ. n. is. Prud.* Mensurable, lo que se puede medir.

Mensŭrālis. *m. f. lĕ. n. is. Sicul. Flac.* Lo perteneciente á la medida.

Mensŭrālĭter. *adv. y*

Mensŭrātim. *adv. Hig.* Por ó con medida.

Mensŭratio, ōnis. *f. Hig. V.* Mensio.

Mensŭrator, ōris. *m. Veg. V.* Mensor.

Mensurnus, a, um. *Cic. V.* Menstruus.

Mensŭro, ās, āre. *a. Veg.* Medir.

Mensus, a, um. *part. de* Metior. *Cic.* Medido.

Mensus, us. *m. Apul. V.* Mensura.

Menta, ae. *f. Cic.* Menta, *lo mismo que yerbabuena.*

Mentagra, ae. *f. Plin.* Empeine, *que suele empezar por la barba, de donde tomó el nombre, y estenderse como usagre por todo el cuerpo.*

Mentastrum, i. *n. Plin.* Yerbabuena silvestre.

Mentha, ae. *f. V.* Menta.

Menthastrum, i. *n. Plin. V.* Mentastrum.

Mentigo, ĭnis. *f. Col.* Especie de empeine ó salpullido, *que sale á los animales en los labios cuando pacen las yerbas con el rocío de la mañana.*

Mentiens, tis. *com. Cic.* El embustero, el que miente.

Mentio, ōnis. *f. Cic.* Mencion, conmemoracion. *Mentionem facere alicujus, ó de aliquo. Cic.* Hacer mencion, hablar de alguno. *In alicujus rei mentionem incidere. Cic.* Venir, hablar, recaer en la mencion de alguna cosa.

Mentior, īris, ītus sum, īri. *dep. Cic.* Mentir, decir una mentira ó embuste, hablar con mentira. ‖ *Col.* Fingir, disimular, hacer creer, disfrazar. ‖ *Plin.* Parecerse, tener semejanza. *Mentiri alicui. Cic. Ad aliquem. Plaut. In aliquem. Cic.* Calumniar á alguno. — *Sese aliquem. Plin. men.* Disfrazarse en otro. — *Somnum Petron.* Hacer el dormido. — *Colorem. Virg.* Perder una cosa, y desmentir su propio color, tomando otro.

Mentis, *gen. de* Mens.

Mentĭtio, ōnis. *f. Ad Her.* Mentira, enredo.

Mentĭtūrus, a, um. *Ov.* El que ha de mentir.

Mentītus, a, um. *Virg.* El que ha mentido. ‖ Fingido, disfrazado, disimulado.

Mento, ōnis. *m. Arnob.* El que tiene barba grande ó larga, poblada.

Mentor, ōris. *m. Plin.* Mentor, *célebre platero romano.*

Mentŏreus, a, um. *Prop.* Lo perteneciente á Mentor.

Mentŭla, ae. *f. Marc.* El miembro viril. ‖ *Catul.* Término de afrenta que se dice á un hombre obsceno.

Mentum, i. *n. Cic.* La barba.

Meo, ās, āvi, ātum, āre. *n. Plin.* Ir, pasar de un lugar á otro. ‖ Partir, marchar, irse.

Moopte ingenio. *Plaut.* De mí, por mí mismo, de mi propia inclinacion.

Měphīthĭcus, a, um. *Sid.* Fétido, lo que huele mal, que tiene mal olor, que huele á azufre, mefítico.

Měphītis, is. *f. Virg.* Vapor fétido, mal olor, olor de azufre.

Meptam, ó Mepte. *Plaut.* A mí mismo.

Měrācĭus. *adv. Sol.* Mas puramente y sin mezcla.

Měrācŭlus, a, um. *Plaut. dim. de*

## MER

Měrăcus, a, um. *Cic.* Puro, neto, sin mezcla.

Mercābĭlis. m. f. lĕ. n. is. *Qv.* y

Mercālis. m. f. lĕ. n. is. *Cod. Just.* Lo que se puede comprar ó mercar.

Mercans, tis. com. *Col.* Mercader, comerciante, negociante, el que comercia, trafica, compra y vende.

Mercatio, ōnis. f. *Gel.* Mercancía, comercio, tráfico, trato de comprar y vender.

Mercātor, ōris. m. *Cic.* Mercader, comerciante, el que trafica, comercia, compra y vende.

Mercātōrium, ii. n. *Ulp.* Mercado, plaza ó lonja pública del mercado.

Mercātōrius, a, um. *Plaut.* Mercantil, lo que es del comercio ó tráfico.

Mercātūra, ae. f. *Cic.* El comercio, el trato ó tráfico de comerciante, su estado, condicion y profesion. ‖ Mercaduría, género de comercio, mercancía. ‖ Mercado. *Mercaturam facere. Cic.* Ejercer el comercio, ser mercader.

Mercātus, a, um. *Cic. part. de Mercor.* El que ha mercado ó comprado. ‖ Mercado, comprado.

Mercātus, us. m. *Cic.* Mercancía, compra, el acto de comprar. ‖ Mercado, plaza ó lonja del mercado. ‖ Mercado, feria, concurrencia de mercaderes en ciertos dias y en puesto señalado. ‖ Tráfico, compra y venta. *Mercatum indicere. Cic.* Publicar, señalar, mandar celebrar un mercado ó feria. *Mercatu frequenti. Liv.* En mercado pleno.

Mercēdis. gen. de Merces.

Mercēdŭla, ae. f. *Cic. dim. de Merces.* Precio, recompensa, salario, jornal corto.

Mercenārius, a, um. *Cic.* Lo que se hace por salario, jornal ó paga.

Mercenārius, ii. m. *Cic.* Mercenario, jornalero, el que trabaja por su jornal.

Merces, ēdis. f. *Ces.* Merced, salario, jornal, estipendio, paga, precio. ‖ Renta, pension. ‖ *Hor.* Ganancia, usura, lucro. *Merces temeritatis. Liv.* Pena, pago, castigo de la temeridad. *Non sine magna mercede. Cic.* Á mucha costa. *Non alia bibam. Hor.* No beberán con otra ó sin esta condicion.

Mercĭmōnium, ii. n. *Plaut.* Mercancía, mercadería, género del comercio.

Mercis, genit. de Merx.

Mercor, āris, atus sum, āri. dep. *Cic.* Mercar, comprar. *Mercari ab, ó de aliquo. Cic.* Comprar á alguno. *Aliquid alicui. Ter.* Comprar algo para alguno.

Mercuriālis, is. f. *Plin.* Mercurial, yerba llamada tambien ortiga muerta.

Mercuriālis, m. f. lĕ. n. is. *Cic.* Mercurial, lo perteneciente á Mercurio. *Mercuriales viri. Hor.* Los hombres doctos, que estaban bajo la proteccion de Mercurio.

Mercuriŏlus, i. m. *Apul.* dim. de

Mercurius, ii. m. *Cic.* Mercurio, hijo de Júpiter y de Maya, hija de Atlante. Mensagero de los dioses, dios de la elocuencia, de las bellas letras, de las artes, del comercio, de los ladrones, de los caminos. ‖ Uno de los siete planetas. ‖ Rollo, monton de piedras en los caminos donde cada pasagero echaba la suya en honor de Mercurio. *Mercurius supervenit. Lupus est in fabula. Jam aderant ipsi nondum sermone peracto.* adag. En mentando al ruin luego viene, ó en Roma luego asoma. ref.

Merda, ae. f. *Hor.* La mierda, estiércol.

Měre, adv. *Plaut.* Meru, puramente, sin mezcla de otra cosa.

Merenda, ae. f. *Fest.* Merienda, comida en corta cantidad, que se hacia al medio dia. *No se sabe de cierto á qué hora se hacia.* Entre nosotros es la comida ó colacion que se hace por la tarde.

Merendarius, i. m. *Sen.* El que anda recogiendo meriendas ó colaciones.

Mĕrens, tis. com. *Salust.* Merecedor, digno, acreedor. ‖ Benemérito, el que ha hecho favores, servicios ó beneficios.

Mĕreo, es, rui, rĭtum, ĕre. a. y

Mĕreor, ĕris, rĭtus sum, ĕri. dep. *Cic.* Merecer, ser digno, acreedor, merecedor. ‖ Adquirir, ganar por sus puños. ‖ Servir en la milicia. *Bene mereri de aliquo. Cic.* Hacer favores, beneficios, servicios á alguno, servirle. —

## MER 447

*Male. Cic.* Desobligar, desviar á alguno, hacerle malos oficios, servirle mal. — *Sub aliquo. Liv.* Servir bajo las banderas de alguno. — *Odium. Quint.* Acarrearse, grangearse ódio. *Quid merear, quam ob rem mentiar? Plaut.* ¿Qué me darán por mentir? *Arre meret parvo. Estat.* Gana poco, sirve por poco.

Meretricĕ. adv. *Plaut.* Al modo de las meretrices ó rameras.

Meretricium, ii. n. *Suet.* La prostitucion, el estado y condicion, el modo de vivir de las rameras.

Meretricius, a, um. *Cic.* Meretricio, lo perteneciente á las rameras.

Meretricor, āris, ātus sum, āri. dep. *Col.* Putear, frecuentar las casas de las rameras.

Meretrīcŭla, ae. f. *Cic.* Ramerilla, putuela, meretriz despreciable.

Meretrix, īcis. f. *Cic.* Meretriz, ramera, dama cortesana, prostituta.

Mergae, ārum. f. plur. *Col.* Horquillas ó palas para hacinar montones de los frutos. ‖ Hoces para segar.

Mergens, tis. com. *Apul.* El que se hunde, zabulle en el agua.

Merges, ĭtis. f. *Plin.* Hoz de segador. ‖ Haz de espigas.

Mergo, is, si, um, gĕre. a. *Cic.* Zabullir, hundir, sumergir en el agua. ‖ Echar á fondo ó á pique. *Mergunt usurae sortem. Liv.* Los intereses esceden al capital.

Mergus, i. m. *Virg.* El mergo ó cuervo marino, ave. ‖ *Col.* El mugron de la cepa que se mete en la tierra, y saca solo la cabeza.

Měribĭbŭlus, a, um. *S. Ag.* El que bebe mucho vino.

Meridiālis. m. f. lĕ. n. is. *Gel.* Meridional, del mediodia, del sud.

Merĭdiāno. adv. *Plin.* Á medio dia.

Merĭdiānum, i. n. *Plaut.* V. Meridies.

Merĭdiānus, i. m. *Suet.* Gladiador, atleta que combatia con otro á medio dia.

Meridiānus, a, um. *Vitruv.* Meridiano, lo que es de medio dia. *Meridianus circulus. Sen. Fil.* El meridiano, círculo de la esfera, el ecuador. *In meridianis Indiae. Plin.* En las partes meridionales de la India.

Meridiatio, ōnis. f. *Cic.* La siesta, el sueño ó descanso despues de medio dia.

Meridies, ēi. m. *Cic.* El medio dia, la parte ú hora que divide por mitad el dia. ‖ *Cic.* El sud, la parte del cielo que está al medio dia. *Meridies appetit. Plaut.* Es cerca de medio dia, el medio dia se acerca. — *Inclinat. Hor.* Ya es mas de medio dia. *Noctis. Varr.* La media noche. *Ad meridiem. Meridie. Plaut.* Á medio dia.

Meridio, ās, āvi, ātum, āre. a. *Plaut.* y

Meridior, āris, ātus sum, āri. dep. *Cels.* Echarse á dormir la siesta despues de medio dia.

Meridiōnalis. m. f. n. is. *Lact.* Meridional, situado á mediodia.

Meriones, ae. m. *Hor.* Merion, el que guiaba el carro de Idomeneo en la guerra de Troya, y mandaba las naves de Creta que fueron á esta espedicion.

Meritissime. adv. sup. *Plin.* men y

Meritissimo. adv. *Cic.* Meritísima, digísima, justísimamente, con mucha razon y justicia.

Merito. adv. *Cic.* Con razon, con justicia, dignamente, con justo título, derecho.

Merĭto, ās, āvi, ātum, āre. a. *Plin.* Ganar, merecer por su trabajo. ‖ *Cat.* Militar, servir en la milicia.

Meritōrium, ii. n. *Juv.* Casa ó cuarto alquilado. ‖ Casa que se alquila para divertirse.

Meritorius, a, um. *Suet.* Lo que se alquila, lo que se tiene para alquilar. *Taberna meritoria. Ulp.* Hostería y toda casa donde va cada uno á divertirse por su dinero. *Meritorius puer. Cic.* Joven vicioso.

Merĭtum, i. n. *Cic.* Mérito, merecimiento, accion que merece premio ó castigo. ‖ Merced, recompensa, premio, paga. ‖ Beneficio, servicio, favor, buen oficio. *Merito meo nullo à me alienus est. Cic.* Está mal conmigo sin ninguna culpa mia.

Meritus, a, um. part. de Mereor. *Ces.* El que ha merecido, es digno, acreedor. ‖ Merecido, ganado, adquirido, conseguido. ‖ Justo, conveniente, digno, debido. *Meritus praeclare de aliquo. Cic.* El que ha hecho grandes servicios á alguno.

Mermessius, a, um. *Tib.* Lo perteneciente á Mermeso (Mermessus) *ciudad ó aldea de Frigia en el monte Ida.*

Měro, ōnis. m. *Virg.* El cesto ó cuévano. *Mero llamaban por burla al emperador Neron, en lugar de Nero, por ser muy dado al vino. Suet.*

Měrobíba, ae. f. *Plaut.* La muger bebedora, dada al vino.

Měrobibulus, a, um. ó

Měrobibus, a, um. *Plaut.* El que bebe vino puro.

Meroe, es. f. *Plin.* Gueguera ó Neuva, *isla de Etiopia, con una ciudad del mismo nombre.*

Merois, ĭdis. f. *Plin.* Yerba que nace en la isla de Gueguera, *buena para curar la hidropesía.*

Merŏpe, es. f. *Ov.* Merope, *hija de Atlante y Pleyone, una de las pleyadas.*

Merops, pis. m. *Virg.* El abejaruco, *pájaro que se come las abejas, y destruye los colmenares.*

Mersi. part. de Mergo.

Mersĭto, ās, avi, atum, are. a. *Solin.* Zabullir, muchas veces, á menudo. *freq. de*

Merso, ās, ávi, atum, āre. a. *Virg.* Zabullir, hundir, sumergir. *Mersari fortunae fluctibus. Cat.* Ser confundido por los vaivenes de la fortuna.

Mersus, a, um. *Virg.* pret. de Mergo. Zabullido, hundido, sumergido. *Vino somnoque mersi. Liv.* Sepultados en sueño y vino.

Merto, ās, are. ant. *Non.* en lugar de Merso, ae.

Merŭla, ae. f. *Plin.* El mirlo ó mirla, *ave.* ‖ *Plin.* Un pez.

Merŭlae, arum. f. plur. *Vitruv.* Máquinas hidráulicas, que imitaban la voz humana y el canto de los pájaros.

Měrum, i. n. *Hor.* Vino puro. *Mero nocturno aestuare. Hor.* Pasar la noche en borrachera.

Měrus, a, um. *Cic.* Mero, solo, puro, sin mezcla. *Merum bellum loquitur. Cic.* Solo habla de guerra. *Mero pede. Juv.* Con el pie desnudo. *Merae nugae. Cic.* Puras bagatelas.

Merx, cis. f. *Cic.* Mercaduría, todo género con que se trafica y comercia. *Merces esculentae. Col.* Víveres. *In merce esse. Plin.* Estar en venta ó de venta. *Mala merx est tergo. Plaut.* Mal negocio tiene escuestas, á las costillas. *Aequa viro merces sae praestituatur amico. adag.* Hijo si fueres bueno para tí, planto mi majuelo. *ref.*

Mesancŭlon, i. n. *Gel.* Especie de dardo que tiene amiento ó correa en el medio.

Mesapia, ae. f. *Fest.* La tierra de Otranto ó la Pulla en Italia.

Mesapius, a, um. *Ov.* Lo perteneciente á Otranto ó á la Pulla en Italia.

Mesāpus, i. m. *Virg.* Mesapo, *hijo de Neptuno, famoso en domar caballos, y por ser insuperable con el hierro ó fuego, fue á ayudar á Turno contra Eneas.*

Mesaula, ae. f. *Vitruv.* Pieza de paso entre dos salas ó dos divisiones de una casa; antesala, entrada.

Mese, es. f. *Vitruv.* La cuerda del medio de las siete de la lira, dedicada al sol. *Los músicos la llaman alamirre.*

Mesembria, ae. f. *Plin.* Mesember, ciudad de Tracia en la costa del Ponto Euxino.

Mesembriăcus, a, um. *Ov.* Lo perteneciente á Mesember.

Mesobrăchys, is. m. *Diom.* Mesobraquis, *pie de cinco sílabas, cuatro largas y la del medio breve, como* pulcherrimarum.

Mesochŏrus, i. m. *Sid.* Maestro de capilla, de un coro de música.

Mesolabum, i. n. *Vitruv.* El compás ó escuadra, instrumento para hallar el medio de alguna cosa.

Mesoleucos, i. m. *Plin.* Piedra preciosa negra con una veta blanca, que la ciñe por medio. ‖ Yerba con una veta blanca que discurre por medio de su hoja.

Mesomacros, m. *Diom.* Mesomacro, *pie de cinco sílabas breves, menos la del medio que es larga, como* Avidissimus.

Mesomĕlas, ae, ó anos. f. *Plin.* Piedra preciosa blanca con una veta negra.

Meson, ōnis. m. *Fest.* Persona cómica, de cocinero ó bodegonero, *que son personas medias, ni tiernos, ni del todo libres por ser jornaleros.*

Mesonauta, ae. m. *Turneb.* Marinero medio, ni de los superiores, ni de los ínfimos.

Mesonyctium, ii. n. *Inscr.* Media noche.

Mesopotamia, ae. f. *Cic.* Mesopotamia, *region de Asia entre los rios Eufrates y Tigris.* ‖ Diarbec.

Mesopotamius, a, um. *Vop.* Lo perteneciente á Mesopotamia.

Mespīlum, i. n. *Plin.* El níspero, *fruta del árbol del mismo nombre.*

Mespīlus, i. f. *Plin.* El níspero, *árbol.* ‖ El mismo fruto.

Messalla, ae. m. *Sen.* Mesala, *nombre propio de un romano insigne.*

Messana, ae. f. *Sil.* Mesina, *ciudad de Sicilia.*

Messeis, ĭdis. f. *Plin.* Fuente de Tesalia.

Messapia, ae. f. V. Mesapia.

Messēna, ae. y Messene, es. f. *Plin.* Mesene, *ciudad meridional del Peloponeso.*

Messēnia, ae. f. *Plin.* Mesenia, *region junto á Mesene.*

Messēnii, orum. m. plur. *Liv.* Naturales de Mesene.

Messēnius, a, um. *Ov.* Lo perteneciente á Mesene.

Messio, ōnis. f. *Varr.* La siega, el acto de segar.

Messis, is. f. *Cic.* La cosecha, recoleccion de los frutos del campo, la siega. ‖ Mies, tiempo de la siega. ‖ *Just.* Las mieses, los frutos recogidos. *Messis Syllani temporis. Cic.* Las proscripciones del tiempo de Sila.

Messor, ōris. m. *Cic.* Segador, el que siega las mieses.

Messōrius, a, um. *Cic.* Propio de segador ó de la siega.

Messui. pret. de Meto.

Messūra, ae. f. *Diom.* V. Messio.

Messus, a, um. part. de Meto. Segado.

Met. Partícula que por sí sola nada significa; pero añadida á los pronombres de la primera y segunda persona significa mismo. *Egomet. Ter.* Yo mismo.

Meta, ae. f. *Hor.* Meta, límite, rollo, hito, *figura piramidal, como la que habia en el circo romano.* ‖ Hacina de cualquiera cosa en figura de cono, como de estiércol, de manojos. ‖ Muela de molino. ‖ Estremo, fin, estremidad de cualquiera cosa. *Meta laborum. Virg.* Fin de los trabajos.

Metabăsis, is. f. *Quint.* Transicion, *figura retórica con que se pasa en un discurso de una cosa á otra, y cuando se pasa la oracion de una persona á otra.*

Metacismus, i. m. *Marc. Cap.* Metacismo, *vicio de la oracion, cuando se repite mucho la letra* m*, y cuando acaba una diccion en* m*, y la siguiente empieza con vocal.*

Metabŏle, es. f. *Quint.* Figura retórica, *mutacion de un periodo á otro, y de un género de ritmo á otro.*

Metagon, ontis. m. *Grac.* Nombre del perro engendrado de perro y otra fiera, que poco á poco pasa á otro género.

Metalepsis, is. f. *Quint.* Metalepsis, trasposicion, *figura retórica.*

Metalis. m. f. lĕ. n. is. *Fest.* Cónico, en figura piramidal ó cono.

Metalliter. adv. *Marc. Cap.* En forma ó figura de meta ó cono.

Metallaria, ae. f. y

Metallarius, ii. m. *Cod. Teod.*

Metallĭcus, i. m. *Plin.* Minero, *el trabajador en las minas de metales.*

Metallĭcus, a, um. *Plin.* Metálico, lo que es de metal ó pertenece á él.

Metallĭfer, a, um. *Sil. Ital.* Lo que cria ó produce metal.

Metallum, i. n. *Plin.* El metal. ‖ *Plin.* La mina de metal. *Damnare in metallum. Suet.* Condenar á las minas. *Metalla auraria, argentaria, plumbaria. Plin. — Aeris. Virg.* Minas de oro, de plata, de plomo, de cobre. Se dice tambien de las vetas de piedras preciosas y del azufre.

Metamĕlos, i. m. *Varr.* Arrepentimiento, penitencia, mutacion de consejo.

Metamorphōsis, is, y eos. f. *Ov.* Metamorfosis, trasformacion de una cosa en otra, mutacion de ser, de forma, de figura.

**Metanœa**, ae. f. *Aus.* La penitencia.

**Metăphŏra**, ae. f. *Quint.* Metáfora, translacion, *figura retórica, por la que una palabra pasa de su propio significado á otro no propio, pero con quien tenga alguna semejanza*.

**Metăplasmus**, i. m. *Quint.* Metaplasmo, transformacion, *diccion figurada diversamente de lo que requiere el genio de la lengua, por causa del metro ó elegancia*.

**Metăplasticos**. adv. *Fest.* Transformadamente. *Se dice de lo que mudan los poetas del uso comun por causa del metro*.

**Metapontini**, orum. m. plur. *Liv.* Metapontinos, los naturales ó habitantes de Metaponto.

**Metapontinus**, a, um. *Liv.* Lo perteneciente á Metaponto.

**Metapontus**, i. f. *Liv.* Metaponto, *ciudad de Italia en el golfo de Tarento*.

**Metārius**, a, um. *Arnob.* Lo perteneciente á la meta ó límite.

**Metăthĕsis**, is. f. *Quint.* Metatesis, transposicion de letras, *figura retórica*.

**Metatio**, ŏnis. f. *Col.* Medida, disposicion, descripcion, plan, diseño.

**Metator**, ōris. m. *Plin.* Delineador, diseñador, el que toma las medidas, y tira las líneas de un plan. *Metator castrorum*. *Cic.* Mariscal de campo, mariscal de logis.

**Metatŭrius**, a, um. *Sid.* Lo que pertenece á la medida, al plan, al diseño y demarcacion del terreno.

**Metatūra**, ae. f. *Lact.* V. Metatio.

**Metātus**, a, um. *Hor.* Medido, demarcado, señalado. *Metatus Alexandriam*. *Plin.* Habiendo levantado el plan de Alejandría.

**Metaūrus**, i. m. *Plin.* Metro, *rio de Italia en el Abruzo*. ‖ Metaro, ó Metro, *rio de la Umbría*.

**Metaxa**, ae. f. V. Mataxa.

**Metelli**, ōrum. m. plur. *Cic.* Los Metelos, *familia ilustre romana*.

**Metellinus**, a, um. *Cic.* Lo perteneciente á alguno de los Metelos.

**Methŏdĭce**, es. f. *Quint.* Método, arte, modo, manera de enseñar y aprender.

**Methŏdĭci**, ōrum. m. plur. *Cels.* Los médicos metódicos.

**Methŏdĭcus**, a, um. *Cels.* Metódico, lo perteneciente al método, al arte.

**Methŏdium**, ii. n. *Petron.* Engaño, fraude, burla. ‖ Fingimiento, ficcion, juego. ‖ Ilusion.

**Methŏdus**, i. f. *Aus.* V. Methodice.

**Methymna**, ae. f. *Ov.* Metimna, *ciudad de la isla de Lesbos*. *Campestris*. Medina del Campo en España.

**Methymnaeus**, a, um. *Virg.* Lo perteneciente á esta ciudad.

**Methymnias**, ădis. f. *Ov.* La muger de Metimna.

**Metia porta**. *Plaut.* La puerta mecia ó esquilina, *fuera de la cual se quemaban los cadáveres y se ajusticiaba á los reos*.

**Meticŭlōsus**, a, um. *Plin.* Meticuloso, medroso, temeroso. ‖ *Plaut.* Lo que da miedo, pavor.

**Metiendus**, a, um. *Cic.* Lo que se ha de medir.

**Metiens**, tis. com. *Cat.* Medidor, el que mide.

**Metior**, tīris, mensus sum, tīri. dep. *Cic.* Medir, compasar, tomar la medida. ‖ Juzgar, estimar, apreciar. ‖ Ser medido. *Metiri mare*. *Ov.* Navegar, pasar el mar. — *Frumentum exercitui*. *Ces.* Distribuir, repartir el trigo á los soldados, darles su racion de pan.

**Metitor**, ōris. m. *Front.* El medidor, el que mide.

**Meto**, is, messui, messum, tĕre. a. *Ces.* Segar, coger, recoger las mieses. ‖ *Virg.* Vendimiar. ‖ Cortar, derribar, echar al suelo. ‖ *Hor.* Matar, dar muerte. *Metere fructum ut possis, beneficium sere*. *Cic.* Siembra beneficios para recoger fruto de buenos oficios. *Metit orcus grandia cum parvis*. *Hor.* La muerte arrebata igualmente á los grandes y pequeños, á todos mide con una misma medida.

**Meto**, as, avi, atum, are. a. *Virg.* V. Metor.

**Metoecus**, i. m. *Eumen.* Colono, forastero, habitante nuevo de un pais.

**Metŏnymia**, ae. f. *Quint.* Metonimia, *uno de los tropos principales*.

**Metōpa**, ae. f. *Vitruv.* Metopa, espacio que media entre los triglifos del friso del orden dórico. — Cavidad en que estriban las cabezas de las vigas.

**Metōpium**, ii. n. *Plin.* Árbol de la África etiópica, que destila una lágrima, que unos llaman metopio, y otros amoníaco. ‖ *Plin.* Aceite de almendras amargas. ‖ Especie de ungüento mezclado con gálbano.

**Metoposcŏpus**, i. m. *Suet.* Fisionomista, el que congetura lo que ha de suceder á una persona por la figura y lineamientos de su rostro.

**Metor**, āris, ātus sum, ări. dep. Medir, trazar, tomar medidas, hacer dimensiones. *Metari castra*. *Tac.* Demarcar un campamento. ‖ *Salust.* Acampar, sentar los reales.

**Metrēta**, y **Metrētes**, ae. f. *Col.* La metreta, vasija grande para aceite ó vino. ‖ Medida que hacia 48 septarios ó 24 azumbres.

**Metrĭce**, es. f. *Gel.* El arte métrica de medir y ajustar las sílabas del metro.

**Metrĭci**, ōrum. m. plur. *Gel.* Autores del arte métrica, los que tratan de las reglas y leyes del metro.

**Metrĭcus**, a, um. *Quint.* Métrico, lo que pertenece al metro ó verso, á la medida de sus sílabas.

**Metrocomia**, ae. f. *Cod. Teod.* Matriz, *el pueblo de donde se derivan colonias á otros*.

**Metropŏlis**, is. f. *Cod. Teod.* Metrópoli, capital, matriz, ciudad principal bajo cuya dependencia estan otros pueblos, de que es cabeza. ‖ *Ces.* Metrópolis, *ciudad de Tesalia, de Frigia, de Jonia*.

**Metropŏlita**, ae. f. *Venanc.* Metropolitano, presidente, juez, superior en la metrópoli.

**Metropŏlitae**, ārum. m. plur. *Ces.* Los naturales ó habitantes de Metrópolis.

**Metropŏlitānus**, a, um. *Cod. Teod.* Lo perteneciente á la metrópoli ó capital, metropolitano.

**Metrum**, i. *Quint.* Metro, medida del verso. ‖ Verso.

**Metuendus**, a, um. *Cic.* Temible, terrible, lo que debe temerse, lo que se hace temer. *Metuendus hasta*. *Hor.* Temible con la lanza en la mano.

**Metuens**, tis. com. *Cic.* El que teme, el tímido, temeroso. *Legum metuens*. *Cic.* Temeroso de las leyes. *Metuentior*. *Tac.* Mas temeroso.

**Metŭla**, ae. f. dim. *Plin. men.* Pequeña meta ó límite.

**Metŭo**, is, tui, ĕre. a. *Cic.* Temer, tener miedo. ‖ Reverenciar, respetar, venerar. *Metuo tibi*. *Plaut.* Temo por ti, no te suceda algun mal. — *Ut possit*. *Plaut.* Temo que no pueda. *Metuo ne nec*. *Plaut.* Temo que, ó que no... *Umbram suam metuit*. *Vel muscas metuit praeter volantes*. *Si sorex obstrepat expavescunt*. adag. De su misma sombra se espanta.

**Metus**, us. m. *Cic.* Miedo, temor. *Metum alicui incutere*. *Cels*. *Facere*. *Quint*. — *Afferre*. — *Concitare*. — *Inferre*, *Injicere*. — *Intendere*. *In metum aliquem adducere*. — *Conjicere*, ó *metu aliquem afficere*. *Cic.* Amedrentar á alguno, ponerle miedo. *Excedere metum*. *Ov.* Estar fuera de riesgo.

**Metūtus**, a, um. part. (des.) de Metuo. *Lucr.* Temido.

**Meus**, a, um. pron. poses. *Cic.* Mio, cosa mia. *Meus sum*. *Pers.* Soy señor de mí mismo. *Mea ó meum est negare*. *Plaut.* Á mí me toca negarlo. *Meus est*. *Plaut.* Ya es mio, cogido le tengo. *Meus homo*. *Fedr.* Mi hombre, este es de quien hablo. *De meo*. *Cic.* Á mi costa. *Mei, meorum*. *Cic.* Los mios, mis amigos y parientes.

**Mevānas**, ātis. com. y

**Mevānātes**, um. m. plur. *Plin.* Los naturales y habitantes de Bevagna en la Umbría.

**Mevānia**, ae. f. *Col.* Bevagna, *ciudad de la Umbría*.

**Mexicana**, ae. f. El reino de Méjico en la América septentrional.

## MI

**Mi**. *Virg.* en lugar de Mihi. Á mí. **Mi**. voc. de Meus. *Mi vir*. *Ter.* Mi amado marido, esposo.

**Mica**, ae. f. *Plin.* La arenilla que reluce y brilla. ‖ Miaja, migaja. *Mica auri*. *Lucr.* Oro en polvo. — *Salis*. *Hor.*

Lll

Un grano de sal. _Thuris. Plin._ Un grano de incienso.

**Micans**, tis. *com. Cic.* Brillante, resplandeciente. ‖ Trémulo, palpitante. *Micans equus auribus. Plin.* Caballo que tiene la oreja levantada, y que la menea como temblando, como trémula.

**Micārius**, ii. *m. Petron.* El que anda recogiendo las migajas del pan.

**Micātus**, us. *m. Marc. Cap.* El acto de brillar y resplandecer. ‖ De moverse como trémulo, palpitante.

**Miccotrogus**, a, um. *Plaut.* El que roe ó recoge las migajas de la comida agena. *Es epiteto de un adulador.*

**Miceo**, ēs, ēre. *a. Aut. de Filom.* Berrear como una cabra, como un cabrito.

**Mīco**, ās, cui, āre. *n. Cic.* Menearse con movimiento trémulo, palpitar, saltar. ‖ Brillar, resplandecer, relucir. *Micare gladiis. Virg.* Hacer relucir las espadas desnudas. —*Digitis. Cic.* Jugar á la morra. *Dignus qui cum in tenebris mices. Cic.* Digno de jugar con él á la morra á oscuras. *Se dice de un hombre de mucha bondad.*

**Microcosmus**, i. *m.* El mundo pequeño, el hombre.

**Micropsychus**, a, um. *Plin.* Tímido, pusilánime, de poco ánimo, de poco corazon.

**Microscopium**, ii. *n.* Microscopio, *instrumento de óptica, que abulta los objetos.*

**Mictōrius**, a, um. *Cel. Aur.* Diurético, que facilita la orina.

**Mictuālia**. *m. f. lĕ. n. is. Cel. Aur.* Lo que concierne á la accion de orinar. ‖ *Apul.* Diurético, que hace orinar.

**Mictūrio**, is, īvi, y ii, īre. *Juv.* Tener gana de orinar.

**Mictus**, us. *m. Cel. Aur.* La accion de orinar.

**Micŭla**, ae. *f. Cels.* dim. de Mica. Migajilla, migajilla.

**Midas**, y Mida, ae. *m. Ov.* Midas, *hijo de Gordio, rey de Frigia, que alcanzó de Baco el don de convertir en oro cuanto tocase.*

**Migdilybis**, ybis. *com. Plaut.* Misto de líbico y tirio, *como eran los cartagineses.*

**Migma**, ātis. *n. Bibl.* Mezcla como el grano y la paja.

**Migrātio**, ōnis. *f. Cic.* Trasmigracion, el pasar á vivir de una parte á otra.

**Migrātus**, us. *m. Liv.* V. Migratio.

**Migro**, ās, āvi, ātum, āre. *n. Cic.* Trasmigrar, trasplantarse, pasarse á vivir de un lugar á otro. *Migrant omnia. Lucr.* Todo se muda, todo pasa. *Migratum est Romam. Liv.* Se vinieron, se pasaron á vivir á Roma. *Migrare jus civile. Cic.* Quebrantar el derecho civil, traspasar la ley. —*Nidum. Gel.* Trasportar el nido, llevarlo á otra parte. —*Ex hac vita. Cic.* Pasar de esta vida.

**Mihi**. *dat.* de Ego. *Cic.* Á mí, para mí. *Mihi sum. Plaut.* Soy dueño de mí mismo, de mis acciones. *Mihimet. Plaut.* ó *Mihipte. Fest.* Á mí mismo.

**Miles**, ĭtis. *m. Cic.* Soldado, el que milita. ‖ *Liv.* Tropa, escuadron, compañía de soldados. *Milites, equitesque misit. Ces.* Envió la infantería y la caballería. *Miles se decia cualquier empleado en el palacio de los emperadores, como ministros.* ‖ *Ov.* Una ninfa compañera de Diana.

**Milesii**, ōrum. *m. plur. Ov.* Los naturales y habitantes de Melaso en la Jonia.

**Milesius**, a, um. *Cic.* Lo perteneciente á Melaso, ciudad de la Jonia.

**Milētis**, ĭdis. *f. Ov.* Biblis, hija de Mileto. ‖ *Ov.* Lo que es de Melaso. *adj. f.*

**Milētus**, i. *m. Ov.* Mileto, hijo de Apolo y de Argea ó *Deyone, fundador de la ciudad de Melaso.*

**Milētus**, i. *f. Plin.* Melaso, *capital de la Jonia.*

**Miliăceus**, a, um. *Fest.* Lo que es de mijo ó le pertenece.

**Miliāria**, ae. *f. Varr.* Ave que se mantiene con mijo. ‖ *Plin.* Yerba que mata al mijo.

**Miliārium**, ii. *n. Col.* Caldera alta y angosta para calentar agua.

**Miliārius**, a, um. *Plin.* Lo que pertenece al mijo.

**Militāris**. *m. f. rĕ. n. is. Cic.* Militar, lo que es de guerra, de soldado. *Militaris via. Cic.* Camino, via militar mas ancha y recta que los caminos regulares. *Militare aes. Plaut.* La paga, el prest del soldado. —*Aetas militaris. Liv.* Edad propia para la milicia *desde los 17 años cumplidos hasta los 46.* —*Opera*, art. *Liv.* Arte militar.

**Militariter**. *adv. Liv.* Á modo de soldado, segun la costumbre militar.

**Militarius**, a, um. *Plaut.* V. Militaris.

**Militia**, ae. *f. Cic.* Milicia, arte militar, arte, profesion de la guerra. ‖ *Suet.* Combate. ‖ *Liv.* Dignidad militar. *Militiae nomen dare. Cic.* Tomar partido, sentar plaza de soldado. —*Vigessimo anno. Tac.* Á los veinte años de servicio. —*Maturus. Liv.* En edad de seguir la guerra. —*Domique cognita virtus. Cic.* Valor conocido, esperimentado en paz y en guerra. *Militia solvi. Tac.* Obtener su licencia. *Vacare. Quint.* Estar esento del servicio. *Omni cum militia interficitur. Just.* Es muerto con toda la tropa, con todos los soldados.

**Milito**, ās, āvi, ātum, āre. *n. Cic.* Militar, tomar las armas, servir en la milicia, ir á la guerra, seguir la carrera de las armas, de la guerra. *Militabitur hoc bellum. Hor.* Se seguirá, se hará esta guerra.

**Milium**, ii. *n. Col.* El mijo, *simiente amarilla que se da ó los pájaros, y á veces se hace pan de ella.*

**Mille**. *sing. indecl. Cic.* Mil, millar. *Mille passum. Liv.* Mil pasos, una milla. —*Equites. Cic.* Mil caballos. —*Colores. Virg.* Mil colores, una infinidad, un número inmenso de colores.

**Millefŏlia**, ae. *f.* y

**Millefŏlium**, ii. *n. Plin.* Mil en rama, *yerba.*

**Millenārius**, a, um. *S. Ag.* y

**Millēni**, ae. a. *plur. Plaut.* Lo perteneciente al número de mil, al millar.

**Millepĕda**, ae. *f. Plin.* Insecto de muchos piececillos, que se encoge tocándole. *Algunos dicen que es el ciento pies, otros la escolopendra.*

**Millesĭmus**, a, um. *Cic.* Milésimo, lo que comprende el número de mil.

**Millia**, ium. *n. plur. Ces.* Mil, un mil, millar. V. Mille.

**Milliacum**, i. *n.* Mylli, *ciudad de Francia en el Gatinés.*

**Millialdum**, i. *n.* Millaud, *ciudad de Revergue en Francia.*

**Milliăre**, is. *n. Cic.* V. Milliarium.

**Milliarensis**. *m. f. sĕ. n. is. Vopisc.* y

**Milliārii**, ōrum. *m. plur. S. Ag.* Milenarios, *hereges carnales que entre otros errores enseñaban que vivirian mil años despues de la resurreccion.*

**Milliārium**, ii. *n. Cic.* Coluna que en los caminos reales señalaba la distancia de una milla ó de mil pasos geométricos. ‖ *Sen.* Caldera alta y estrecha de gran capacidad, de que usaban en los baños para calentar el agua.

**Milliārius**, a, um. *Cic.* Lo que es de mil, de un millar, que pesa mil libras, onzas &c.

**Millies**. *adv. Cic.* Mil veces, muchísimas veces.

**Milliformis**. *m. f. lĕ. n. is. Prud.* De mil formas, multiforme, de muchas formas.

**Millum**, i. *n.* y **Millus**, i. y **Milus**, i. *m. Fest.* Carlancas, *collar de los perros de ganado y de caza con puntas de hierro.*

**Milo**, y **Milon**, ōnis. *m. Plin.* Milon crotoniense, *atleta de tanta fuerza que dicen mató un novillo de una puñada en los juegos olímpicos, que le llevó acuestas por el estadio, y se le comió en un dia. Siendo ya viejo, y queriendo dividir con sus manos un árbol hendido por medio, no pudo sacar las manos de la hendidura, y así fue pasto de las fieras.*

**Milonĭanus**, a, um. *Cic.* Lo perteneciente á T. Anio Milon, á quien Ciceron defendió en la causa de la muerte de Clodio.

**Miltites lapis**. *Fem. Plin.* Especie de piedra preciosa de color de bermellon.

**Miltos**, i. *f. Vitruv.* El bermellon.

**Milva**, ae. *f. Petron.* Nombre de oprobrio á la muger ansiosa y rapaz, *ave de rapiña.*

**Milvăgo**, gĭnis. *f. Plin.* El pez milano, volador.

**Milvīnus**, a, um. *Plin.* Lo perteneciente al milano. ‖ *Cic.* Lo perteneciente á la voracidad y rapiña. *Milvina fames. Plaut.* Hambre vehemente y rabiosa. *Milvinus pes. Col.* Pie de milano, *yerba parecida al pie de esta ave.*

**MIN**

*Milvinae tibiae. Fest.* Flauta de un sonido agudísimo.

— *Milvius pons. m. Tac.* Ponte mole, *puente sobre el Tíber en la campaña de Roma.*

*Milvius, ó Milvus, i. m. Fedr.* El milano, *ave de rapiña.* || *Hor.* El pez milano. || *Plaut.* El hombre ansioso, avaro y rapaz. || *Ov.* Un signo celeste.

*Mima, ae. f. Cic.* Mima, *la muger que en los entreactos de las comedias antiguas entretenia al pueblo con gestos y ademanes ridículos é indecentes.*

*Mimalliones, um. f. plur. Estac.* Sacerdotisas de Baco, bacantes.

*Mimalloneus, a, um. Pers.* Propio de las bacantes.

*Mimallonis, idis. f. Ov.* Bacante, *sacerdotisa de Baco.*

*Mimarius, a, um. Cap.* V. Mimicus.

*Mimans, antis. m. Plin.* Cabo Stilari, *monte y promontorio de Jonia.* || *Hor. Nombre de un gigante á quien mató Jove con un rayo.*

*Mimesis, is. f. Quint.* Mimesis, etopeia, *descripcion de las costumbres agenas, figura retórica.*

*Mimiambus, i. m. Amian. Marc.* El verso yámbico, usado en las fábulas cómicas.

*Mimice. adv. Cat.* Á modo de truhan, de bufon, de gracioso de comedia.

*Mimicus, a, um. Cic.* Mímico, bufonesco, lo que pertenece al mismo truhan de comedia.

*Mimijambi, ó Mimiambi, orum. m. plur. Gel.* Fábulas mímicas, *escritas por lo comun en versos yambos.* || *Plin.* Versos senarios yámbicos.

*Mimnermus, i. m. Prop.* Mimnermo, *poeta griego del tiempo de los siete sabios ó mas antiguo. Escribió elegias, y se dice que inventó el verso pentámetro.*

*Mimographus, i. m. Suet.* Escritor de poemas juglares y bufonescos, de mimos y pantomimos.

*Mimologus, i. m. Jul. Firm.* V. Mimus y Mimographus.

*Mimula, ae. f. Cic.* y

*Mimulus, i. m. Arnob. dim. de*

*Mimus. i. m. Cic.* Truhan, bufon, juglar, gracioso de comedia. || Farsa, pieza cómica de asuntos ridículos, juglares y bufonescos. || *Suet.* Gesto, ademan ridículo, fábula, cuento truhanesco. || *Petron.* Malicia, truhanada, bufonada.

*Min? Ter.* en lugar de Mihime? ¿Á mí? ¿Es á mí por ventura? *Auson.* en lugar de Minium. Minio ó bermellon.

*Mina, ae. f. Plin.* Libra y moneda griega y romana. *La griega pesaba y valia 100 dragmas áticas, la romana 96.* || *Varr.* Medida de tierra de 120 pies en cuadro. || *Fest.* Teta que no tiene leche. || Amenaza. *Mina ovis. Varr.* Oveja que tiene pelado el vientre.

*Minaciae, arum. f. plur. Plaut.* V. Minae.

*Minaciter. adv. Cic.* De un modo ó aire amenazador, amenazando, con amenazas. *Minacius dicere. Cic.* Hablar en términos demasiado amenazadores, fuertes.

*Minae, arum. f. plur. Cic.* Amenazas, conminaciones. || *Virg.* Almenas de los muros. *Minas jactare. Cic.* Intonare. *Ov.* Gritar amenazando, amenazar fuertemente. *Alicui intendere. Tac.* Amenazar, hacer amenazas á alguno.

*Minans, tis. com. Ov.* Amenazante, el que amenaza.

*Minanter. adv. Ov.* V. Minaciter.

*Minarrio, is, ire. n. Esparc.* V. Minurrio.

*Minatio, onis. f. Cic.* Amenaza, la accion de amenazar.

*Minator, oris. m. Tert.* El pastor de ganado, que los lleva, guia, conduce.

*Minatorius, a, um. Amian.* Amenazante, amenazador, conminatorio, terrible.

*Minax, acis. com. Cic.* Amenazador, el que amenaza por genio y costumbre.

*Minciades, ae. m. Juv.* Virgilio, *llamado asi del rio Mincio, que riega el campo mantuano.*

*Mincius, ii. m. Virg.* Mincia, *rio que baña á Mantua y entra en el Pó.*

*Minctio, onis. f.* y

*Minctura, ae. f. Veg.* La accion de orinar.

*Mineo, es, ui, ere. n. Lucr.* V. Immineo.

*Minetrimus, a, um. Fest.* V. Minimus.

**MIN** 451

*Minerva, ae. f. Cic.* Minerva, Palas, *diosa de la sabiduría, de las ciencias, de las labores mugeriles, y de la guerra.* || Sabiduría, ciencia, doctrina, arte, oficio. *Minerva tenuis. Virg.* Arte, oficio poco fructuoso. *Minervae omnis homo. Petron.* Hombre universal, omniscio, que nada ignora. *Minervam sus docet. Cic.* Un bestia quiere enseñar á los doctores. (Prov.) *Minerva invita. Cic.* Contra el propio genio, natural, talento. — *Crassa. Hor. Crassiore. Quint.* — *Pingui. Col.* Sin arte, tosca, groseramente. *Crassa pingui Minerva. adag.* Á la llana de calvarrasa, á la pata llana.

*Minerval, is. n.* y

*Minervale, is. n. Varr.* Pension, salario, sueldo del maestro. || Presente, don gratuito que se da al que enseña.

*Minervalia, ium. n. plur. Serg.* Fiestas de Minerva.

*Minervius, a, um. Arnob.* Lo perteneciente á Minerva.

*Mingo, is, xi, mictum, gere. a. Hor.* Orinar, mear.

*Miniaceus, a, um. Vitruv.* Lo que es de minio ó bermellon.

*Minianus Jupiter. Cic.* Júpiter miniano, *cuya estatua estaba dada de bermellon.*

*Miniarium, ii. n. Plin.* Mina de minio.

*Miniarius, a, um. Plin.* Lo perteneciente al minio.

*Miniatulus, a, um. Cic. dim. de*

*Miniatus, a, um. Plin.* Dado de bermellon, pintado con él.

*Minime. adv. Cic.* De ningun modo ó manera, nada menos que eso. || Á lo menos, lo menos. *Minime gentium. Ter.* De ningun modo. — *Bis anno arari debet. Col.* Se debe arar á lo menos dos veces al año.

*Minimum, i. n. Lucr.* La menor parte. || *adv. Cic.* Lo menos, á lo menos. || Muy poco, poquísimo. *Ut quisque minimum firmitatis habet. Cic.* Cuanto menos firmeza tiene uno. — *Praemia apud me valent. Cic.* Los premios valen poquísimo conmigo. *Morbus erit longissimus, minimumque annus. Cels.* Será enfermedad larguísima, y á lo menos de un año.

*Minimus, a, um. Cic.* Mínimo, menor de todos. *Minimus natu. Liv.* El mas jóven.

*Minio, onis. m. Virg.* Muñon, *pequeño rio de la Etruria ó Toscana.*

*Minio, as, avi, atum, are. a. Plin.* Pintar con minio, dar de bermellon.

*Miniscitur. ant. Fest.* en lugar de Reminiscitur.

*Minister, tri. m. Cels.* Criado, siervo, fámulo. || Ministro, gobernador del estado. || Ministro, el que sirve en los sacrificios.

*Ministerium, ii. n. Plin.* Ministerio, servicio, obra, empleo, oficio del que sirve. || Cualquier ministerio, oficio, encargo. || Oficio, empleo, cargo, ministerio público. || Bajilla, servicio de mesa. || *Plin.* Familia de criados, tren, equipage. *Splendidissimis defunctus ministeriis. Vel. Pat.* El que ha tenido los empleos mas honoríficos. *Ministeria magistratibus conscribere. Tac.* Dar ministros, lictores á los magistrados. *Navis ministerium. Petron.* El gobierno de la nave.

*Ministra, ae. f. Cic.* Criada, sirvienta. || La que sirve en los ministerios sagrados. || En los públicos. *Artes comites et ministrae oratoris. Cic.* Artes compañeras y auxiliares del orador, las que le han de acompañar y auxiliar ó ayudar, ó suministrar noticias y materiales.

*Ministratio, onis. f. Vitruv.* Servicio, el acto de servir.

*Ministrator, oris. m. Cic.* El que sirve, ayuda, ministra alguna cosa á otro. || *Varr.* El que cuida de echar de comer á los animales. || *Plin.* Criado, sirviente, ministro.

*Ministratorius, a, um. Marc.* Lo que pertenece al oficio de servir ó al criado que sirve.

*Ministratrix, icis. f. Cic.* La que ministra, sirve.

*Ministratus, a, um. Sen.* Ministrado, servido, dado, alargado. *part. de*

*Ministro, as, avi, atum, are. a. Cic.* Ministrar, servir, dar, alargar sirviendo, en especial á la mesa. || Suministrar, contribuir. || *Hor.* Administrar, gobernar, manejar. *Ministrare poculum alicui. Cic.* Dar de beber á uno, servirle la copa. — *Velis. Virg.* Maniobrar en la embarcacion, servir las velas.

Lll 2

Minĭtabĭlĭter. *adv. Pacuv. V.* Minaciter.

Minĭtābundus, a, um. *Liv.* Amenazante, el que amenaza.

Minĭtans, tis. *com. Cic.* Amenazante.

Minĭto, as, āvi, ātum, āre. *a. Plaut.* y

Minĭtor, āris, ātus sum, āri. *dep. Cic.* Amenazar, hacer amenazas. *Minitari urbi ferro, ignique, ó ferrum, flammamque. Cic.* Amenazar, poner una ciudad á sangre y fuego. *Quod nunc minitare facere. Ter.* Lo que ahora amenazas hacer ó que harás.

Minium, ii. *Prop.* Minio, color mineral muy rojo, que se halla en las minas de azogue y plata. *Le hay tambien artificial, y se llama bermellon.*

Minius color. *Apul.* El color de minio ó bermellon.

Mino, as, āvi, ātum, āre. *a. Aus.* Llevar, conducir, guiar el ganado. ∥ Amenazar. *V.* Minor, minitor.

Minŏis, ĭdis. *f. Ov.* Ariadna, hija de *Minos, rey de Creta.* ∥ *Sen.* Cualquiera muger de la familia de Minos.

Minŏius, a, um. *Virg.* Lo perteneciente al Rey Minos ó á Creta, donde reinó.

Minor. *m. f. n.* nus. *n.* ōris. *Cic.* Menor, inferior, mas pequeño. *Minor filius. Ter.* El hijo menor. *Minorne mea res agitur quam tua? Ter.* ¿Me va á mí menos que á tí en esto? *Minoris dimidio. Plin.* La mitad menor. — *Aestimare. Cic.* Estimar, apreciar menos, en menos. *Minores. Hor.* Los jóvenes, los mozos, los mas mozos. *Sen.* Los niños. *Virg.* Los descendientes.

Minor, āris, ātus sum, āri. *dep Cic.* Amenazar, hacer amenazas. ∥ *Hor.* Prometer. ∥ *Virg.* Elevarse, levantarse, sobresalir. *Minari alicui crucem. Cic.* Amenazar á uno con la horca. *Multa et praeclara minatur. Hor.* Promete muchas y grandes cosas. *Minari in coelum. Virg.* Amenazar al cielo. Ser, estar en una grande altura, elevacion. *Ornus usque minatur. Virg.* El olmo amenaza siempre ruina, parece que se va á caer.

Minōrātio, ōnis. *f. Plaut.* La accion de minorar, de acortar, de reducir á menos.

Minōrātus, a, um. *part. de* Minoro. *Tert.* Minorado, acortado, reducido á menos.

Minorca, ae. *f.* Menorca, *isla del Mediterráneo, perteneciente á España.*

Minōro, as, āre. *a. Tert.* Minorar, acortar, disminuir, reducir á menos.

Minos, ŏis. *Estac.* Minos, *hijo de Júpiter y de Europa, rey de Candia, el primero que dió leyes á los cretenses. Fingen los poetas que por su justicia fue destinado á juez del infierno con su hermano Radamanto y Eaco.* ∥ *Prop.* Otro, nieto de este, rey de la misma isla.

Minotaurus, i. *m. Virg.* Minotauro, *monstruo hombre por la parte superior, y por la inferior toro, que dió á luz Pasife, muger de Minos.*

Minŏus, a, um. *Prop.* Perteneciente á Minos ó á Creta.

Mintha, ae. *f. Plin. V.* Menta.

Mintrio, is, ire. y

Mintro, as, āre. *n. Aut. de Fil.* Chillar como un raton, imitar su chillido.

Minturnae, ārum. *f. plur. Plin.* Minturna, *ciudad de la tierra de Labor en el reino de Nápoles.*

Minturnensis. *m. f. se. n.* is. *Liv.* Lo perteneciente á Minturna, *en el reino de Nápoles.*

Minutius, a, um. *Fest.* Lo perteneciente á Minucio romano, *como la puerta, el camino, el pórtico Minucio, y una ley que cita Festo sin decir lo que en ella se mandaba.*

Minuens, tis. *com. Ces.* El que disminuye ó minora. *Minuente aestu. Ces.* Al bajar la marea.

Minuo, is, nui, nūtum, ĕre. *a. Cic.* Disminuir, minorar, hacer menor, acortar, reducir á menos. ∥ Sosegar, aplacar, apaciguar. ∥ Quitar, desvanecer. *Minuere controversias. Ces.* Quitar disputas. — *Opinionem. Cic.* Desvanecer, desarraigar una opinion. — *Iram. Ter.* Aplacar la ira. — *Majestatem pop. Romani. Cic.* Violar el derecho del pueblo romano.

Minŭrio, ó Minurrio, is, ire. *n. Fest.* Cantalear, gorgear ó cacarear por lo bajo las aves, y en especial las palomas cuando arrullan.

Minŭrĭtio, ōnis. *f. Fest.* El canto, gorgeo bajo y no bien formado de los pajarillos tiernos.

Minus. *adv. Cic.* Menos. *Minus diu. Cic.* Menos tiempo, menos largo tiempo. — *Horis tribus. Cic.* En menos de tres horas. — *Nihilo. Ter.* Menos que nada. — *Quinquennium est. Plin.* No ha todavía cinco años. *Per Trebonium stetit quo minus oppido potirentur. Ces.* Consistió en Trebonio el no apoderarse de la plaza.

Minuscŭlārii, ōrum. *m. plur. Cod. Teod.* Los arrendadores de las rentas menores, de menos consideracion.

Minuscŭlārius, a, um. *Cod. Teod.* Pequeñito, muy corto, muy pequeño y tenue.

Minuscŭlus, a, um. *Cic.* Algo menor, un poco menor, mas pequeño.

Minutal, ālis. *n. Juv.* Menestra, picadillo, guisado de carne y verduras picadas. ∥ *Tert.* Menudencias, minucias.

Minutālis. *m. f. lĕ. n.* is. *Tert.* Menudo, tenue, pequeño, de corta consideracion.

Minutātim. *adv. Col.* Menudamente, en menudas partes. ∥ *Cic.* Poco á poco, lenta, insensiblemente. ∥ *Ulp.* Por menor, en particular, uno por uno, parte por parte.

Minute. *adv. Col.* Menudamente, en 6 por menudas partes. ∥ Tenue, bajamente, de una manera mezquina. *Minute grandia dicere. Cic.* Hablar de cosas grandes bajamente, en estilo humilde.

Minutia, ae. *f. Sen.* y

Minuties, ei. *f. Apul.* Minucia, la menor parte. *Ad minutiam grana redigere. Sen.* Reducir el grano á polvo, á harina.

Minutĭlŏquium, ii. *n. Tert.* Discurso, modo de hablar sucinto, breve.

Minutim. *adv. Col. V.* Minute y Minutatim.

Minutio, ōnis. *f. Quint.* Diminucion, detraccion, *figura retórica.*

Minūtŭlus, a, um. *Plaut.* Muy diminuto, muy pequeño. *dim. de*

Minutus, a, um. *Cic.* Diminuto, pequeño, menudo. ∥ *Tac.* Acortado, disminuido. ∥ Frívolo, tenue, de poco momento. ∥ Ínfimo, bajo, vil, despreciable. *Minuta interrogatiuncula. Cic.* Preguntilla breve y sutil. *Minutus animus. Cic.* Ánimo flaco, cobarde. *Minuti philosophi. Cic.* Filósofos vulgares, adocenados.

Minyae, ārum. *m. plur. Higin.* Los Argonautas, *llamados asi ó por ser los mas hijos de Minias, rey de Yolcos en Tesalia, ó porque la madre de Jason, su gefe, era hija de Minias y Climene.*

Minyeias, ădis. *f. Petron. Ov.* Alcítoe, *hija de Minias.*

Minyeides, um. *f. plur. Ov.* Las hijas de Minias, *transformadas en murciélagos por haber menospreciado los sacrificios de Baco.*

Minyeius, a, um. *Ov.* Lo perteneciente á Minias, *rey de Yolcos, en Tesalia.*

Mirabĭliārius, ii. *m. S. Ag.* El que obra maravillas.

Mirabĭlis. *m. f. lĕ. n.* is. *Cic.* Admirable, maravilloso, digno de admiracion.

Mirabilĭtas, ātis. *f. Lact.* Admiracion.

Mirabilĭter. *adv.* Admirable, maravillosamente.

Mirābundus, a, um. *Liv.* El que está lleno de admiracion.

Mirācŭla, ae. *f. Varr.* Ramera feísima, portento de fealdad.

Mirācŭlum, i. *n. Cic.* Milagro, maravilla, portento, prodigio. ∥ *Virg.* Monstruo, cosa monstruosa. *Miraculo esse. Liv.* Causar maravilla.

Mirandŭla, ae. *f.* Mirándole, *ciudad de Italia.*

Mirandus, a, um. *Cic.* Admirable, maravilloso, digno de admiracion.

Mirans, tis. *com. Ov.* El que se admira ó maravilla.

Mirapincum, i. *n.* Mirepoix, *ciudad del alto Lenguadoc.*

Mirārio, ōnis. *f. Cic.* Admiracion, maravilla.

Mirātor, ōris. *m. Sen.* El que admira, admirador.

Mirātrix, ĭcis. *f. Sen.* La que admira, se maravilla.

Mirātūrus, a, um. *Plin.* El que ha de admirar ó admirarse.

Mirātus, us. *m. Sen. V.* Miratio.

Mirātus, a, um. *Virg.* Admirado, el que está lleno de admiracion.

Mire. *adv. Cic.* y

Mirifice. *adv. Cic.* Maravillosamente, de una manera admirable.

Mirifico, as, avi, atum, are. *a. Plaut.* Hacer maravilloso, admirable.

Mirificus, a, um. *Cic.* Maravilloso, admirable. *Mirificissimum facinus. Ter.* Hazaña digna de la mayor admiracion.

Mirio, onis. *m. Varr.* Persona contrahecha y de boca muy fea.

Mirmillo, onis. *m. Amian.* Gladiador armado á la francesa, que llevaba la figura de un pez en la cimera del morrion.

Mirmillonica scuta. *n. plur. Fest.* Escudos propios para pelear desde los muros.

Miro, as, are. *a. Varr.* y

Miror, aris, atus sum, ari. *dep. Cic.* Admirar, maravillarse, ver, mirar con admiracion. ‖ Mirar con ansia, apreciar mucho. ‖ *Virg.* Imitar. *Mirari se. Cat.* Estar muy contento, muy satisfecho de sí propio.

Mirus, a, um. *Cic.* Admirable, maravilloso. *Mirum in modum,* ó *miris modis, Plaut.* Maravillosamente. *Mirum non facit. Plaut.* No haces cosa de nuevo. *Minime mirum est. Cic.* No es de admirar. *Mirum ni domi est. Ter.* Milagro será que no esté en casa.

Mis. *En. ant.* en lugar de Mei.

Miscellanea, orum. *n. plur. Juven.* Miscelánea, mezcla de diversos espectáculos que se daban en un mismo dia al pueblo.

Miscellaneus, a, um. *Apul.* y

Miscellus, a, um. *Suet.* Mezclado, vario, misto.

Miscelliones, um. *m. plur. Fest.* Los que no son de un mismo parecer, sino de varios juicios.

Misceo, es, cui, atum, ó xtum, cere. *a. Cic.* Mezclar, juntar, unir, incorporar unas cosas con otras. ‖ *Virg.* Perturbar, confundir, alborotar. *Miscere corpus cum matre. Cic.* Abrazar á su madre.—*Pocula alicui. Cic.* Dar de beber á alguno.—*Manus, praelia. Virg.* Venir á las manos, entrar en batalla.—*Rempublicam. Cic.* Perturbar la república.

Misellus, a, um. *Cic.* Pobre, mezquino, miserable, digno de compasion.

Misenates, ium. *m. plur. Vegec.* Los naturales y habitantes de Miseno.

Misenensis. *m. f. se. n. is. Fedr.* Lo perteneciente á Miseno.

Misenus, i. *m. Virg.* Miseno, *monte y promontorio de Campania, donde está la ciudad de Miseno.*

Miser, a, um. *Cic.* Miserable, infeliz, desdichado, digno de compasion. *Miser animi, animo, ex animo. Plaut.* El que padece afliccion, pena en su ánimo, espíritu. *Eheu me miserum! Ter.* ¡Pobre de mí, infeliz, miserable de mí!

Miserabile. *adv. V.* Miserabiliter.

Miserabilis. *m. f. se. n. is. Cic.* Miserable, digno de compasion. *Miserabile visu. Virg.* Cosa que da compasion el verla.—*Carmen. Virg.* Canto lúgubre, poema lastimoso.

Miserabiliter. *adv. Cic.* Miserablemente, de una manera miserable y digna de compasion.

Miseramen, inis. *n. Juv. V.* Miseratio.

Miserandus, a, um. *Cic. V.* Miser.

Miseranter. *adv. Gel.* Miserablemente, con compasion.

Miseratio, onis. *f. Cic.* Conmiseracion, compasion, misericordia, piedad.

Miserator, oris. *m. Juv.* El que se compadece de otro.

Misere. *adv. Cic.* Miserable, infeliz, desdichadamente. ‖ Con estremo, con esceso, perdidamente. *Misere invidere. Ter.* Aborrecer de muerte.—*Amare. Ter.* Amar perdidamente.

Misereo, es, rui, itum, ere. *n. Cic.* y

Misereor, eris, sertus, y seritus sum, eri. *dep.* y

Miseresco, is, ere. *n. Virg.* Compadecerse, tener misericordia, compasion. *Miserescat te mei. Ter.* Ten piedad de mí. *Miseret me vicem tuam. Ter.* Me compadezco de, ó me compadece tu situacion. *Miseret tibi. Sen.* Te tengo lástima. *Ut misereatur supplicum. Cic.* Que se tenga compasion de los suplicantes.

Miseria, ae. *f. Cic.* Miseria, calamidad, desgracia, trabajo, infortunio. ‖ Pena, pesar, pesadumbre, afliccion. ‖ *Cic.* La miseria, hija del Erebo y de la Noche.

Misericordia, ae. *f. Cic.* Misericordia, compasion, piedad. Fue tenida por diosa, y era muy célebre en Atenas el ara de la misericordia.

Misericorditer. *adv. Lact.* Misericordiosa, clemente y piadosamente.

Misericors, ordis. *com. Cic.* Misericordioso, clemente, compasivo, piadoso. *Misericordior nullus me est. Plaut.* Nadie es mes inclinado á la misericordia que yo.

Miserimonium, ii. *n. Laber. V.* Miseria.

Miseriter. *adv. Cat. V.* Misere.

Miseritudo, inis. *f. Asc. V.* Miseratio.

Miseritus, a, um. *Ter.* y

Misertus, a, um. *Plaut.* El que tiene ó ha tenido compasion. *Miseritum,* ó *misertum me est ejus. Ter.* Me ha dado compasion de él, le he tenido compasion, me ha compadecido. *Simul et misertum est, et interiit gratia. adag.* La comida hecha y la compañía deshecha. *ref.*

Misero, as, are. *a. Acc.* y

Miseror, aris, atus sum, ari. *dep. Cic.* Compadecerse de alguno, tener piedad, compasion de él.

Miserulus, a, um. *Cat. V.* Misellus.

Miserense regnum. El Egipto, *provincia de África.*

Misi. *pret. de* Mitto.

Misna, ae. *f.* El testo del Talmud entre los hebreos. ‖ Misna, *ciudad capital de la Misnia.*

Misnia, ae. *f.* Misnia, *provincia de Alemania.*

Missa, ae. *f. Ecles.* La misa, el sacrificio de la misa.

Missale, is. *n. Ecles.* El misal.

Missiculo, as, avi, atum, are. *a. Plaut.* Enviar frecuentemente.

Missile, is. *n. Virg.* Arma arrojadiza, flecha, dardo, piedra &c. *Missilia. Liv.* Todo lo que se lanza, dispara y arroja con la mano ó máquinas de guerra. ‖ *Suet.* Monedas y otros presentes *que los emperadores tiraban al pueblo á la rebatiña cuando le hacian algun donativo.*

Missilis. *m. f. le. n. is. Liv.* Lo que se tira, arroja, dispara, lanza, y lo que es propio para ello.

Missio, onis. *f. Cic.* Mision, el acto de enviar. ‖ *Ces.* Licencia, despedida. *Missio legatorum. Cic.* Embajada, diputacion.—*Sanguinis. Cels.* Sangría.—*Honesta. Front.* Retiro honroso. *Sine missione pugnatum est. Flor.* Se peleó sin cuartel, sin admitir partido ni condicion alguna.

Missitatus, a, um. *Plin. part. de* Misito. Enviado frecuentemente.

Missitius, a, um. *Suet.* Misivo, lo que se envia ó se puede enviar; á quien se da su licencia, su retiro de la milicia.

Missito, as, avi, atum, are. *a. Liv.* Enviar, despachar con frecuencia.

Missus, a, um. *Ov. part. de* Mitto. Enviado, despachado, despedido. *Missam facere uxorem. Suet.* Repudiar la muger. *Missos facere honores. Cic.* Renunciar á los honores, no pretenderlos. *Vox missa. Hor.* Voz, palabra pronunciada, dicha, escapada de la boca. *Hasta missa manu. Virg.* Lanza, pica arrojada, disparada con la mano, despedida de ella. *Missum aliquid facere. Cic.* Pasar en silencio, omitir alguna cosa.—*Aliquem. Ces.* Dejar ir libre á alguno.

Missus, us. *m. Ces.* Mision, la accion de enviar. ‖ *Liv.* Tiro, la accion de tirar ó disparar. ‖ *Suet.* La accion de soltar las fieras en el circo, la de las carreras de caballos, y la de salir los gladiadores á lidiarlas. ‖ *Lampr.* Entrada de la mesa, plato, cubierto, y la accion de quitar unos y poner otros.

Mistarius, ii. *m. Lucil.* Vaso donde se mezcla vino con agua.

Mistim. *adv. Suet.* Mezcladamente. *Mistim assidere. Suet.* Sentarse sin distincion, sin órden.

Mistio, onis. *f. Vitruv.* Mistion, mezcla, mistura, el acto de mezclar.

Mistura, ae. *f. Plin.* Mistura, mezcla. ‖ *Col.* Las mismas cosas mezcladas.

Mistus, y Mixtus, a, um. *Cic. part. de Misceo*. Mezclado, misto, misturado.

Mistus, y Mixtus, us. m. *Col. V. Mistio*.

Mysy, yos. n. *Plin*. Especie de seta ú hongo de Cirenaica. || *Plin*. Mineral vitriólico, que se halla en las minas de cobre.

Mite. adv. *Apul*. Blanda, apaciblemente. *Mitissime. Ces*. Con suma afabilidad, apacibilidad.

Mitella, ae. f. *Cic. dim. de Mitra*. Mitra pequeña, adorno ú toca de la cabeza, usado entre los persas. || *Cels*. Venda con que se liga una herida.

Mitellita, ó Mitellica, ae. f. *Suet*. La distribucion y repartimiento de coronas, que usaban en los convites espléndidos, hechas á modo de mitras.

Mitescens, tis. com. *Plin*. Lo que se suaviza, se aplaca. || Lo que madura, que va poniéndose en sazon.

Mitesco, is, ere, n. *Cic*. Ablandarse, amansarse, suavizarse, aplacarse. || Madurar, tomar su propia sazon y gusto. || Ablandarse, enternecerse, ponerse tierno. *Coelum mitescere. Cic*. Templarse el aire.

Mithra, ó Mithras, y Mithres, ae. m. *Estac*. Nombre que dan los persas al sol. || *Apul*. El primer sacerdote de Isis.

Mithrax, y Mitrax, acis. m. *Plin*. Piedra preciosa que representa varios colores al reflejo del sol.

Mithriacus, a, um. *Lampr*. Lo perteneciente á Mitra.

Mithridateus, a, um. *Manil*. y

Mitridaticus, a, um. *Cic*. Lo perteneciente á Mitridates, rey de Ponto, grande enemigo de los romanos. *Mitridaticus antidotus. Cels*. Mitridato, contraveneno compuesto de varias cosas, como opio, víboras, agarico y otras.

Mitificatio, onis. f. *Col*. La accion de suavizar, ablandar.

Mitificatus, a, um. *Cic*. Suavizado, mitigado. *part. de*

Mitifico, as, avi, atum, are. a. *Plin*. Mitigar, ablandar, suavizar, poner blando, suave, manso.

Mitificus, a, um. *Apul*. Amansado, mitigado, manso, suave, domesticado.

Mitigabiliter, y

Mitiganter. adv. *Cel. Aur*. Mansamente.

Mitigatio, onis. f. *Cic*. Mitigacion, moderacion, la accion de calmar, sosegar, aplacar.

Mitigativus, a, um. *Cel. Aur*. y

Mitigatorius, a, um. *Plin*. Mitigativo, lo que mitiga, modera el rigor ó acerbidad de alguna cosa.

Mitigatus, a, um. *Cic*. Mitigado, amansado, domesticado. *part. de*

Mitigo, as, avi, atum, are. a. *Cic*. Mitigar, amansar, aplacar, suavizar, ablandar, moderar el rigor ó acerbidad de una cosa. || Madurar, poner en sazon. *Mitigare cibum. Cic*. Cocer la comida, hacer la digestion. — *Agros ferro. Hor*. Labrar los campos.

Mitilo, as, avi, atum, are. n. *Aut. de Fil*. Cantar imitando al ruiseñor.

Mitis. m. f. te. n. is. *Cic*. Suave, dulce, tratable, afable, apacible, humano, benigno. || *Virg*. Tranquilo, sosegado, en calma. || Maduro, sazonado, tierno. *Haec cogitatio dolorem mitiorem facit. Cic*. Este pensamiento hace mas ligero el dolor. *Mite solum. Hor*. Suelo, tierra fertil.

Mitius, issime. adv. com. sup. *Ov*. Suavisimamente, con mas suavidad.

Mitiusculus, a, um. *Cel. Aur*. Algo, un poco mas suave.

Mitra, ae. f. *Claud*. Mitra, especie de tocado ó turbante usado de los lidios, frigios, sirios, árabes, persas, egipcios, y aun de los griegos. Era una gran faja rodeada á la cabeza; entre los romanos era adorno de las mugeres extrangeras, de las rameras, y de los hombres afeminados, que afectaban el trage y porte extrangero.

Mitratus, a, um. *Estac*. Adornado, cubierto con mitra, mitrado.

Mitrula, ae. f. dim. de *Mitra. Solin*. Mitra pequeña.

Mitto, is, misi, missum, tere. a. *Cic*. Enviar, despachar, mandar. || Ordenar, escribir, hacer saber. || Despedir, dar licencia ó retiro. || Disipar, arrojar, lanzar. || Omitir, callar, pasar en silencio, dejar. || Abandonar, renunciar. || Concluir, cesar. *Mittere ad acta. Sen*.

Registrar, notar, apuntar en registro de un archivo ó secretaría. — *Sub jugum. Ces*. Subyugar. || *Plin*. Esclavizar. — *Vocem. Cic*. Hablar. — *Sanguinem. Cels*. Sangrar. — *Lacrimas. Ter*. César, dejar de llorar. — *Male loqui. Ter*. Abstenerse de hablar mal. — *Aliquid alicui muneri. Nep*. Enviar algo á alguno de presente.

Mitulus, i. m. *Hor*. La almeja, pez.

Mitylenaeus, a, um. *Luc*. Lo perteneciente á Metelin.

Mitylene, es. f. *Plin*. Metelin, ciudad de la isla de Lesbos.

Mitylenensis. m. f. se. n. is. *Tac. V. Mitylenaeus*.

Miurus versus. *Ter. Maur*. Verso heróico, que tiene el último pie yambo, en lugar de espondeo.

Mixtura. *V. Mistura*.

Mixtus. *V. Mistus*.

## MN

Mna, ae. f. *Plaut*. Lo mismo que mina, peso de cien dragmas áticas.

Mnemonica, orum. n. plur. *ad Her*. Preceptos para ayudar á la memoria, reglas de la memoria artificial.

Mnemonides, dum, y darum. f. plur. *Ov*. Las musas, hijas de Mnemosine.

Mnemosyne, es. f. *Fedr*. Mnemosine, hija de Júpiter y Climene, madre de las nueve musas.

Mnemosynum, i. n. *Cat*. Memoria, monumento, testimonio, prenda de amistad.

Mnester, eris. m. *Hig*. Pretendiente, amante de una dama.

## MO

Mobilis. m. f. le. n. is. *Cic*. Movible, fácil, ligero, inconstante, leve, vario, variable, flexible. || Lo que se puede mover, mudar de una parte á otra. Los muebles. *Bona mobilia. Cic*. Bienes caducos, perecederos. *Mobili cursu fugit. Sen*. Huye con carrera veloz. *Mobilis res. Ulp*. Bienes muebles.

Mobilitas, atis. f. *Cic*. Movilidad, potencia, facilidad de moverse. || Inconstancia, ligereza, volubilidad.

Mobiliter. adv. *Cic*. Con agilidad, con presteza, con ligereza.

Mobilito, as, avi, atum, are. a. *Lucr*. Dar movimiento.

‡ Moeosus, a, um. *Treb. Pol*. Bufon, burlon, mímico, que hace gestos visibles.

Moderabilis. m. f. le. n. is. *Ov*. Moderado, aquello en que se puede guardar moderacion, evitar el esceso.

Moderamen, inis. n. *Ov*. y

Moderamentum, i. n. *Gel*. Gobierno, direccion, manejo, conducta.

Moderans, tis. com. *Juv*. El que conduce ó gobierna.

Moderanter. adv. *Lucr*. y

Moderate. adv. *Cic*. y

Moderatim. adv. *Lucr*. Moderadamente, con moderacion. *Moderatius. Cic*. Con mas moderacion. *Moderatissime. Cic*. Con la mayor moderacion.

Moderatio, onis. f. *Cic*. Moderacion, templanza, medida. *Moderatio coeli. Cic*. Temperamento del aire. — *Machinarum. Vitruv*. Modo de construir las máquinas. — *Mundi. Cic*. Gobierno, régimen del mundo.

Moderator, oris. m. *Cic*. Gobernador, director, conductor, el que guia, dirige, gobierna. *Pacis, belique moderator. Flor*. Árbitro de la paz y la guerra. — *Navis. Ov*. Piloto. — *Equorum. Ov*. Cochero. — *Arundinis. Ov*. Pescador de caña. — *Tyrii aheni. Estac*. Tintorero de púrpura. — *Certaminum. Plin. men*. Presidente de certámenes, de juegos públicos.

Moderatrix, icis. f. *Cic*. La que dirige, gobierna, conduce.

Moderatus, a, um. *Cic*. Moderado, templado, arreglado, modesto, comedido. || Moderado, en que se guarda moderacion. *part. de*

Modero, as, avi, atum, are. a. *Plaut*. y

Moderor, aris, atus sum, ari. dep. *Cic*. Moderar, guiar, dirigir, conducir, gobernar, arreglar. ‡ Moderar, templar, ajustar, arreglar las acciones y las cosas diversas.

deracion y templanza. *Moderare iras. Hor.* Moderar, poner freno á la ira. — *Ortus nascentium. Cic.* Presidir á los nacimientos. — *Vino. Plaut.* Usar del vino con moderacion. — *Verba. Cic.* Pesar las palabras. — *In aliquo ordine. Salust.* Presidir, ser géfe, cabeza en alguna junta, comunidad ó gremio.

Modeste, ius, issime. *adv. Cic.* Modestamente, con moderacion y templanza.

Modestia, ae. *f. Cic.* Modestia, templanza, honestidad, decencia, arreglo, moderacion. ‖ *Tac.* Medianía, mediocridad, del ánimo, de la condicion y fortuna. ‖ *Salust.* Honor, estimacion, fama, lustre. ‖ *Plin. men.* Humildad.

Modestinus, i. *m. Lampr.* Herenio Modestino, jurisconsulto, de quien se aconsejaba Alejandro Severo.

Modestus, a, um. *Cic. ior, issimus. Cic.* Modesto, moderado, comedido, arreglado en sus palabras y acciones.

Modialis. *m. f. le. n. is. Plaut.* Lo que es capaz de un modio, de una hanega.

Modiatio, onis. *f. Cod. Teod.* Medida, medicion, por modios ó por fanegas.

Modice. *adv. Cic.* Moderada, modestamente, con moderacion y templanza. ‖ Medianamente, con medianía, mediocridad. *Modice dicere. Cic.* Decir en pocas palabras. — *Agere. Cic.* Hacer, obrar con reserva, con madurez, sin precipitacion. — *Ferre. Cic.* Llevar con paciencia. — *Me tangit haec res. Cic.* Este asunto me interesa poco.

Modicellus, a, um. *Suet.* Medianillo, *dim.* de Modicus.

Modicum. *adv. Plaut.* Poco, poca cosa.

Modicus, a, um. *Cic.* Moderado, modesto. ‖ Mediano, medio. *Modico gradu. Plaut.* A paso lento. *Modicum nihil in vulgo. Tac.* No hay medio en el vulgo, siempre va al esceso. *Modicus cultus. Plin. men.* Mediano porte, tren, equipage. — *Originis. Tac.* De mediano nacimiento. *Pauca et modica disseruit. Tac.* Habló poco y moderado.

Modificatio, onis. *f. Sen.* Modificacion. Medida que se debe observar en el verso. ‖ En todo lo demas.

Modificator, oris. *m. Apul.* Modificador, el que arregla al modo y medida de las cosas.

Modificatus, a, um. *Cic.* Modificado, reformado, reducido á otro modo ó clase de su propia naturaleza. *Modificatus cibus. Cic.* Alimento convertido en nutricion. *Modificatum verbum. Cic.* Palabra usada en sentido figurado.

Modifico, as, avi, atum, are. *a. S. Ag.* y

Modificor, aris, atus sum, ari. *dep. Gel.* Medir, arreglar, establecer órden y modo. ‖ *Apul.* Modificar, moderar, reformar. *Modificari liberorum desideriis. Apul.* Moderar, reprimir las pasiones de los hijos.

Modificus, a, um. *Aus.* Hecho con cierta regla, modo, orden.

Modimperator, oris. *m. Varr.* Rey, cabeza, presidente del convite, que arreglaba el modo de beber.

Modiolus, i. *m. Plaut.* Pequeño modio, y segun algunos la cuarta parte de él. ‖ *Vitruv.* Errada, cubo para sacar agua. ‖ El pezon, maza de la rueda en que entran los rayos. ‖ Instrumento quirúrgico, cóncavo y redondo, cuyo borde es á modo de tierra.

Modium, ii. *n. Plaut.* y

Modius, ii. *m. Cic.* Modio, especie de medida como hanega, aunque no tan grande. *Modius agri. Virg.* Medida de tierra de 120 pies en cuadro. *Modio nummos metiri. Petron.* Medir el dinero á celemines. Dícese del hombre muy adinerado.

Modo. *adv. Cic.* Poco há. ‖ Al presente, ahora, á la hora de esta. ‖ Dentro de poco, en un instante. ‖ Con tal que, como. ‖ Solamente, tan solo, tan solamente. ‖ Á veces, ya. *Modo non montes auri pollicens. Ter.* Prometiendo poco menos que montes de oro.

Modulabilis. *m. f. le. n. is. Calpurn.* Lo que se puede cantar.

Modulamen, inis. *n.* y

Modulamentum, i. *n. Gel.* Modulacion, armonía, suavidad del canto.

Modulandus, a, um. *Hor.* Lo que se ha de cantar.

Modulate, ius. *adv. Cic.* Con suavidad y armonía.

Modulatio, onis. *f. Vitruv.* Modulacion, armonía, canto suave, arreglado. ‖ Regla de las medidas y proporciones.

Modulator, oris. *m. Hor.* Cantor, músico.

Modulatrix, icis. *f. Estac.* Cantora, música, cantarina.

Modulatus, us. *m. Sen.* Modulacion, armonía, melodía, canto suave, arreglado.

Modulatus, a, um. *Gel.* Modulado, arreglado, compuesto, conforme á las reglas de la armonía. ‖ Armonioso, suave, dulce, *part.* de

Modulor, aris, atus sum, ari. *dep. Cic.* Modular, cantar con dulzura, suavidad, armonía. *Modulari orationem. Cic.* Pronunciar con medida, con armonía, con cadencia natural y grata al oido. — *Avena. Virg.* — *Arundine carmen. Ov.* Cantar versos al son de la zampoña. — *Sonum vocis pulsu pedum. Liv.* Llevar el compas de la voz con el pie. — *Hor. Cic.* Cantar con medida y regla, con armonía, por música.

Modulus, i. *m. Varr.* Medida, magnitud, cuantidad de cualquier cosa. ‖ La capacidad de los conductos y encañados de aguas. ‖ *Vitruv.* Módulo, medida para las proporciones de los cuerpos de arquitectura. ‖ Módulo, la medida y distribucion de las variedades y diferencias de la voz.

Modus, i. *m. Cic.* Modo, manera. ‖ Medida, regla, cadencia, proporcion. ‖ Término, fin, límite. ‖ *Quint.* Modo del verbo. ‖ *Cic.* Medio. ‖ Moderacion, templanza, modestia. *Modum lugendi non facere. Cic.* No cesar de llorar. — *Justum sibi sumere. Cic.* Tomar una cantidad razonable de alimento. — *Statuere cupiditatibus. Hor.* Poner término á sus deseos. — *Nequitiae figere. Hor.* Detener el curso de la malicia. — *Alicui se ponere. Ter.* Terminar un negocio, darle fin. — *Ad modum tibicinis saltare. Liv.* Danzar al son de la flauta. *Modi carminum.* La cadencia, armonía del verso. — *Flebiles. Cic.* Versos lastimosos. — *Musici. Quint.* Armonías, tonos, canciones, músicas. *Modo hoc, modum ad hunc. Cic.* Á este, de este modo, asi, de esta manera. *Omni modo. Cic.* Omnibus modis. *Ter.* De todos modos, de todas maneras. *Nullo modo. Cic.* De ningun modo, de ninguna manera, en ninguna de las maneras. *Meo modo. Ter.* Á mi modo. *Quo modo. Cic.* Cómo, de qué modo ó manera. *Modo servorum. Cic. In modum servilem. Liv.* Á modo de siervos. *Ingentem aquae modum invenerunt. Front.* Hallaron gran copia de agua. *Modo fecit. Tert.* Hizo la música, espresion que se halla al principio de las comedias.

Moecha, ae. *f. Juv.* Muger adúltera, concubina.

Moechator, oris. *m. Plaut.* El adúltero.

Moechia, ae. *f. Tert.* Fornicacion, adulterio.

Moechile, is. *n. Petron.* Adulterio, y el lugar donde se comete.

Moechimonium, ii. *n. Labeb.* Adulterio.

Moechisso, as, avi, atum, are. *a. Plaut.* V. Moechor, Moechocinaedus, i. *m. Lucil.* Adúltero, impúdico.

Moechor, aris, atus sum, ari. *dep. Hor.* Fornicar, adulterar.

Moechus, i. *m. Ter.* Fornicador, adúltero.

Moene, is. *n. Ex.* Muralla de ciudad.

Moenera. *ant Lucr.* en lugar de Munera.

Moenia, ium. *m. plur. Cic.* Murallas, muros. ‖ *Caes.* Fortificaciones, trincheras, parapetos, y todo género de defensas. *Moenia caeli. Ov.* El ámbito del cielo. — *Mundi. Lucr.* La redondez de la tierra, el ámbito del mundo. *Prohibent quin moenia ego fungar mea. Plaut.* Me estorban cumplir con mis obligaciones.

Moenitus, a, um. *Plaut.* Fortificado, rodeado de murallas, de fortificaciones, murado.

Moenus, i. *m.* El Mein, rio de Alemania.

Moerens, tis. *com. Cic.* El que está triste, melancólico, afligido, apesadumbrado.

Moereo, es, mestus sum, rere. *n. pas. Cic.* Estar triste, afligirse, entristecerse, apesadumbrarse, sentir. *Moerere casum. Cic.* Afligirse de un accidente, sentir la desgracia. — *Alienis bonis. Cic.* Entristecerse de la prosperidad agena.

Moeri. *Virg.* en lugar de Muri.

Moero, as, are. *a. Pacuv.* Afligir, entristecer, dar pesadumbre.

**Moeror**, oris. m. *Cic.* Pesar, pena, pesadumbre, tristeza, afliccion. *Moerorem minui, dolorem non potui. Cic.* He minorado mi pena; pero el sentimiento no he podido.

**Moerus**, i. m. *Fes. V. Murus.*

**Moesia**, ae. f. *Plin.* Mesia, Bulgaria y Servia, *pais de Europa.*

**Moesicus**, a, um. *Plin.* Lo perteneciente á Mesia, hoy Bulgaria y Servia.

**Moeste**. adv. *Ad. Her.* Tristemente.

**Moestificatus**, a, um. *Sid.* Triste.

**Moestifico**, as, are. a. *S. Ag.* Entristecer, dar pena, pesadumbre.

**Moestiter**. adv. *Plaut. V. Moeste.*

**Moestitia**, ae. f. *Cic.* y

**Moestitudo**, inis. f. *Plaut.* Tristeza, melancolía, afliccion, pesadumbre.

**Moesto**, as, are. a. *Non.* Entristecer, apesadumbrar, melancolizar.

**Moestus**, a, um, ior, issimus. *Cic.* Triste, afligido, melancólico, apesadumbrado. *Moesta vestis. Prop.* Vestido lúgubre, de luto. *Avis. Ov.* Ave de mal agüero.

**Moguntia**, ae. f. y

**Moguntiacum**, i. n. *Magencia, ciudad de la Galia bélgica.*

**Moguntinus**, a, um. Lo perteneciente á la Galia bélgica.

**Mola**, ae. f. *Cic.* Muela de molino. ‖ Taona, molino. ‖ Harina tostada, molida y espolvoreada de sal, *de que usaban en los sacrificios*, y aun la ofrecian sola, y la esparcian por las víctimas. ‖ *Plin.* Mola, *pedazo de carne informe que se cria en el útero de la muger*. Mola matriz.

**Molaris**. m. f. re. n. is. *Plin.* Molar, lo que pertenece á la muela del molino ó á moler. *Molares. Virg.* Peñascos, piedras grandes, *que tiraban á los enemigos con la mano y con ballestas. Molares dentes. Juv.* Las muelas.

**Molarius**, a, um. *Cat.* Lo perteneciente á la muela del molino. *Asinus molarius. Cat.* El borrico que anda la taona.

**Moldavia**, ae. f. Moldavia, *parte del antiguo reino de Ungria.*

**Molendarius**, a, um. *Paul. Juris.* y

**Molendinarius**, a, um. Lo que pertenece á la muela del molino.

**Moles**, is. f. *Cic.* Mole, masa grande, cosa de gran cuerpo, grandeza, de cantidad, corpulencia. ‖ Dique que se opone al agua, paredon, murallon para seguridad de un puerto. ‖ Dificultad, grandeza de una empresa. *Moles curarum. Tac.* El peso de los cuidados.

**Moleste**, ius, issime. adv. *Cic.* Molestamente, con molestia, con trabajo, con pena, con dificultad. *Molestius ferre. Cic.* Llevar con demasiada impaciencia. *Molestissime tuli. Cic.* He llevado muy á mal.

**Molestia**, ae. f. *Cic.* Molestia, enfado, embarazo, inquietud, incomodidad, trabajo. *Molestiam alicui aspergere, exhibere. Cic. — Addere. Tert.* Molestia aliquem afficere. *Tert.* Dar que hacer á alguno, ocasionarle molestia, trabajo, incomodidad. *Molestiam alicujus delere. Cic.* Sacar á uno de trabajo. *— Depellere. — Deponere. Cic.* Desechar las incomodidades. *— Amovere. Plaut.* Quitarlas, echarlas á un lado.

**Molesto**, as, avi, atum, are. a. *Petron.* Molestar, inquietar, importunar, dar trabajo y pena.

**Molestus**, a, um. *Cic.* Molesto, incómodo, importuno, gravoso, enojoso, trabajoso. ‖ Afectado, odioso.

**Moletrina**, ae. f. *Cat.* Molino, taona.

**Molictus**. m. *Var.* Pérdida de ganado.

**Molille**, is. n. *Cat.* El collar que se ponia á los esclavos y á las caballerías para hacerles andar la taona. ‖ El astil con que se mueve la piedra de la taona.

**Molimen**, inis. n. *Cic.* y

**Molimentum**, i. n. *Liv.* Esfuerzo, conato. ‖ Aparato, prevencion de máquinas para alguna grande obra ó empresa. *Molimine res gravis. Liv.* Cosa de mucho trabajo, de una ejecucion penosa, dificil. *Sine magno molimento. Ces.* Sin grande incomodidad, sin gran dispendio y trabajo.

**Molina**, ae. f. *Amian.* Molino, taona.

**Molinae**, arum. f. plur. Moulins, *ciudad del Borbones.*

**Molinum saxum**. *Tert.* Muela de molino.

**Molio**, is, ire. a. *Front.* y

**Molior**, iris, itum sum, iri. dep. *Cic.* Procurar, esforzarse, poner conato y esfuerzo. ‖ *Liv.* Mover, remover. ‖ Emprender, maquinar, tramar. ‖ *Virg.* Preparar, disponer, prevenir. *Moliri alicui insidias. Cic.* Poner á alguno asechanzas. *— Montes sua sede. Liv.* Mudar, transportar los montes de una parte á otra. *— Fores. Tac.* Empeñarse en forzar las puertas. *Dum moliuntur, dum comuntur dies est. Ter.* Mientras se componen, se adornan, se pasa el dia.

**Molitio**, onis. f. *Cic.* Esfuerzo, empresa, conato. *Molitio agrorum. Col.* La cultura, el cultivo del campo.

**Molitor**, oris. m. *Cic.* Maquinista, fabricante, arquitecto, inventor.

**Molitrix**, icis. f. *Suet.* La que maquina, emprende.

**Molitura**, ae. f. *Plin.* Molienda, la accion de moler.

**Molitus**, a, um. *Ces.* Molido. ‖ Part. de Molior. El que ha puesto conato y esfuerzo.

**Mollesco**, is, ere. n. *Plin.* Ablandarse, enternecerse. ‖ *Ov.* Afeminarse. ‖ Amansarse, ablandarse, perder el rigor, la aspereza.

**Mollestra**, ae. f. *Fest.* Piel de oveja *con que los antiguos cubrian los yelmos.*

**Mollicellus**, a, um. *Cat. V. Molliculus.*

**Mollicina**, ae. f. *Plaut.* Especie de vestido propio de gente afeminada.

**Mollicomus**, a, um. *Avien.* Que tiene los cabellos blandos, suaves.

**Molliculus**, a, um. *Plaut.* Tierno, delicado.

**Mollificatio**, onis. f. *Cels.* La accion de ablandar, de suavizar.

**Mollimentum**, i. m. *Sen.* Blandura, suavidad.

**Mollio**, is, ivi, itum, ire. a. *Cic.* Ablandar, enternecer; poner blando, suave, tierno. ‖ Afeminar, debilitar, enervar. ‖ Apagar, suavizar, aplacar. *Mollire ferrum. Hor.* Ablandar el hierro. *— Animos. Cic.* Afeminar los ánimos. ‖ Suavizar el genio. *— Terram. Cic.* Cultivar la tierra.

**Mollipes**, edis. com. *Cic.* Que tiene los pies tiernos.

**Mollis**. m. f. le. n. is. *Ces.* Blando, tierno, suave. ‖ Dulce, fácil, ligero. ‖ Afeminado, debilitado. *Molle vinum. Virg.* Vino suave. *— Iter. Ov.* Camino suave. *— Fretum. Ov.* Brazo de mar que no es tempestuoso. *— Fastigium. Ces.* Cuesta suave.

**Molliter**. adv. *Cic.* Blanda, dulce, suave, agradablemente. *Molliter nimis pati. Sal.* Ser poco sensible, sufrir con demasiada paciencia. *Mollius accipere, interpretari. Tac.* Tomar en mejor parte.

**Mollitia**, ae. f. y

**Mollities**, ei. f. *Cic.* Molicie, blandura, suavidad. *Mollities maris. Plin.* Calma, tranquilidad del mar. *— Animi. Ter.* Flaqueza de ánimo, debilidad, falta de espíritu, de corazon, de valor.

**Mollito**, as, are. a. *Plaut. V. Mollio.*

**Mollitudo**, inis. f. *Cic.* Molicie, blandura, delicadeza. ‖ Fragilidad, facilidad, flexibilidad.

**Mollitus**, a, um. part. de Mollio. *Cic.* Ablandado, enternecido. *Molliti agri. Cic.* Campos, tierras mullidas, esponjadas.

**Molliusculus**, a, um. *Plaut. V. Molliculus.*

**Mollugo**, inis. f. *Plin.* y

**Mollusca**, ae. f. *Plin.* Nuez mollar, *cuya cáscara es blanda.*

**Molluscum**, i. n. *Plin.* Escrescencia del árbol acer.

**Molluscus**, a, um. *Plaut.* Mollar, fácil de partir, blando. *Mollusca nux. Plin.* Nuez mollar.

**Molo**, is, lui, ere. a. *Plin.* Moler, quebrantar con la muela hasta reducir á polvo, harina. *Moli in farinam. Plin.* Ser reducido á harina. *Moluit frustra. Plaut.* Se cansó en balde.

**Moloch**. ind. *Ecles.* Moloc, *ídolo de los amonitas.*

**Moloche**, es. f. *Plin.* La malva.

**Molochinarius**, ii. m. *Plaut.* Tintorero, el que tiñe de color de flor de malva, que tira á púrpura.

**Molochinus**, a, um. *Non.* Lo que tira al color de la flor de malva.

**Molochites**, ae. m. *Plin.* Piedra preciosa de color de la flor de malva.

**Molorchaeus**, a, um. *Tib.* Lo perteneciente á Molorco.

**Molorcus**, i. m. *Virg.* Molorco, *labrador de Arcadia, que dirigió á Hércules en la caza del leon nemeo.*

**Molortus**, i. m. *Estac.* La sonda, *de que se usa para saber el fondo del mar.*

**Molossi**, ōrum. m. plur. *Plin.* Molosos, *pueblos de Epiro, cuya ciudad famosa fue Dodona por el oráculo de Júpiter dodoneo.*

**Molosia**, ae. f. Molosia, *region de Epiro donde reinó Moloso.*

**Molossiambus**, i. m. *Diom.* Pie métrico, *compuesto de un moloso y un yambo, como admirabiles.*

**Molossicus**, a, um. *Plaut.* Lo perteneciente á los molosos. ∥ Á los perros mastines.

**Molossus**, a, um. *Ov.* Lo perteneciente á los molosos, á su tierra, á su rey Moloso.

**Molossus**, i. m. *Hor.* Perro de caza. ∥ Mastin, *perro grande y valiente.* ∥ *Quint.* Moloso, *pie métrico compuesto de tres sílabas largas, como venatrix.*

**Molshemium**, ii. n. Molsheim, *ciudad de Alsacia, provincia de Francia.*

**Molucae**, ārum. f. plur. Las islas molucas *en el Océano de las Indias.*

**Molucrum**, i. n. *Plin.* Mola, *masa de carne informe que se forma en el vientre de la muger.* ∥ Rodezno de molino.

**Moly**, yos. n. *Plin.* Yerba escelente contra los hechizos.

**Molybdaena**, ae. f. *Plin.* Vena comun de plomo y plata. ∥ Persicaria mayor, *planta.*

**Molybditis**, ĭdis. f. *Plin.* Espuma de plomo, *tercera especie de litargirio.*

**Molybdus**, i. m. *Estac.* El plomo, *metal.*

**Momar**, is. com. *Fest.* Fatuo, loco.

**Momen**, inis. n. *Lucr.* V. Momentum.

**Momentaneus**, a, um. *Tert.* Momentáneo, lo que es de un momento.

**Momentarius**, a, um. *Apul.* Momentáneo, instantáneo, brevísimo, de un momento.

**Momento**. abl. abs. *Cic.* En un momento, en un instante.

**Momentosus**, a, um. *Quint.* Considerable, de importancia, de consideracion.

**Momentum**, i. n. *Cic.* Momento, instante. ∥ *Plin.* Un poco, una cosa corta. ∥ Consecuencia, importancia, consideracion. ∥ Peso, fuerza, gravedad. *Momentum horae. Fedr.* Un momento, un instante de tiempo, una hora. *Momenti nihil est in eo. Cic.* Esto no es de importancia. *Momento perlevi fortunae. Cic.* Al menor movimiento de la fortuna.—*Suo aliquid ponderare. Cic.* Estimar, apreciar una cosa por su justo valor. *Momenta rationum. Cic.* Peso de razones. *Non alieni momentis animi circumagi. Liv.* No dejarse llevar de los movimientos, inclinaciones, afectos del ánimo de otro.

**Momordi**. pret. de Mordeo.

**Momus**, i. m. *Cic.* El dios Momo, *hijo de la Noche y del Sueño, dios de la burla y mofa.*

**Mona**, ae. f. Anglesey, *isla en la costa de Inglaterra.* ∥ Isla pequeña en la embocadura del Rin.

**Monacha**, ae. f. *S. Ger.* Monja, *la que vive vida solitaria.*

**Monachicus**, a, um. *Just.* Monástico, lo perteneciente al monge, á la vida monástica.

**Monachium**, ii. n. *Cod.* Monasterio, casa de comunidad, donde habitan monges.

**Monachium**, ii. n. Munich, *ciudad capital de Baviera.*

**Monachus**, i. m. *Rutil.* Monge, solitario.

**Monarcha**, ae. m. Monarca, rey, soberano.

**Monarchia**, ae. f. *Tert.* Monarquía, *reino en que manda uno solo con ciertas leyes.*

**Monas**, ădis. f. *Macrob.* Unidad, singularidad, el número uno.

**Monasterium**, ii. n. Munster, *ciudad de Vestfalia en Alemania.*

**Monasterium**, ii. n. Monasterio, convento, casa de religion.

**Monastriae**, ārum. f. plur. *Just.* Las monjas.

**Monauliter**: adv. *Marc. Cap.* Con flauta simple ó de un cañon solo.

**Monaulus**, i. m. *Marc.* Flauta simple, de un cañon solo.

**Monedula**, ae. f. *Cic.* La graja, *ave conocida.*

**Monela**, ae. f. *Tert.* Aviso, admonicion.

**Monembasia**, ae. f. Malvasia, *ciudad del Peloponeso.*

**Monens**, tis. com. *Ov.* El que amonesta, avisa, advierte.

**Monenteron**, i. n. *Plin.* El intestino colon.

**Moneo**, ēs, nui, nĭtum, nēre. a. *Cic.* Amonestar, advertir, avisar, hacer saber, acordar. ∥ Reprender, censurar, criticar. ∥ *Virg.* Enseñar. ∥ *Hor.* Contar, referir. *Monere aliquem necessitatis. Tac.* Avisar á uno de la necesidad, de la urgencia.

**Moneris**, is. f. *Ov.* Falúa, galeota de un solo órden de remos.

**Moneta**, ae. f. *Ov.* Moneda, pieza de metal, sellada con el sello público y corriente. ∥ *Marc.* Sello ó marca de la moneda. ∥ *Cic.* Casa de moneda. ∥ *Higin.* Moneta, *madre de las musas, llamada tambien Mnemosine.* ∥ *Cic.* Sobrenombre de Juno, *por haber avisado á los romanos en tiempo de un terremoto, que sacrificasen una marrana preñada.*

**Monetalis**: m. f. lē. n. is. *Cic.* Lo perteneciente á la moneda. *Triumviri monetales. Pompon.* Triunviros, jueces, inspectores de la moneda.

**Monetarius**, ii. m. *Aur. Vict.* Monedero, fundidor, acuñador de moneda; el que la hace ó trabaja en ella.

**Monile**, is. n. *Cic.* Collar, adorno del cuello. *Monile baccatum. Virg.* Collar de perlas.

**Monimentum**, i. n. V. Monumentum.

**Monitio**, ōnis. f. *Cic.* Monicion, aviso, amonestacion. ∥ *Fest.* Represion.

**Monito**, as, āre. a. *Veh. Fort.* freq. de Moneo.

**Monitor**, ōris. m. *Tert.* Monitor, admonitor, el que avisa, amonesta, advierte. ∥ Consejero, preceptor. ∥ *Cic.* Agente, procurador. ∥ *Col.* Sobrestante, mayoral de los trabajadores del campo. ∥ *Fest.* Apuntador de teatro. ∥ *Fest.* Libro de memoria.

**Monitorius**, a, um. *Sen.* Monitorio, lo que sirve ó es propio para amonestar.

**Monitum**, i. n. *Cic.* y

**Monitus**, us. m. *Cic.* Amonestacion, monicion, admonicion, aviso, recuerdo.

**Monitus**, a, um. part. de Moneo. *Ces.* Amonestado, avisado, aconsejado.

**Monoceros**, ōtis. m. *Plin.* El unicornio, monocerote.

**Monochordum**, i. n. *Plin.* Monocordio, instrumento músico de una sola cuerda, trompa marina.

**Monochromăta**, ōrum. n. plur. *Plin.* Pinturas con claro oscuro del mismo color.

**Monochromateus**, a, um. *Plin.* y

**Monochromatus**, a, um. *Plin.* Lo que es de un color solo, lo perteneciente á la pintura de un color solo.

**Monochronos**. *Marc. Cap.* Lo que es de un solo tiempo.

**Monoclonos**. *Apul.* Lo que no tiene mas que una rama, un pie, un tallo.

**Monocolus**, a, um. *Plin.* Lo que no tiene mas que un miembro.

**Monocrepis**. *Higin.* Que solo tiene calzado un pie: es epíteto de Mercurio, que prestó uno de sus zapatos á Perseo.

**Monoculus**, i. m. *Jul. Firm.* Que no tiene mas que un ojo.

**Monodiaria**, ae. f. *Inscr.* La que canta lamentos, cosas tristes, lastimosas.

**Monodus**. *Fest.* El que no tiene mas que un diente; como se dice de Pirro, rey de los epirotas, y de un hijo de Prusias, rey de Bitinia, que solo tenian un hueso en lugar de los dientes de arriba.

**Monoecus**, i. m. *Amian.* Mónaco, puerto y ciudad de Liguria. ∥ *Plin.* Hércules.

**Monogamia**, ae. f. *Tert.* Monogamia, matrimonio con una sola muger.

**Monogamus**, i. m. *S. Ger.* El que no se ha casado mas que con una muger.

**Monogramma**, ătis. n. *Paul. Nol.* Monograma, cifra de una letra que contiene otras, y significa algun nombre.

**Monogrammus**, a, um. *Cic.* Lo que consta de solas líneas, sin colores ni sombras. *Monogrammi homines. Lucil.*

Mmm

Hombres macilentos, flacos, pálidos, esqueletos.

Mŏnŏlĭnum, i. n. *Capit.* Hilo de perlas, sarta.

Mŏnŏlĭthus, a, um. *Lab.* Lo que es de una piedra, de un pedazo.

Mŏnŏpŏdium, ii. n. *Plin.* Mesa con un solo pie en el medio.

Mŏnŏpŏdius, a, um. *Lampr.* Lo que es de un solo pie.

Mŏnŏpŏlium, ii. n. *Suet.* Monopolio, facultad, potestad de vender un género uno solo, *la cual resulta cuando uno solo compra todo el género para venderle despues al precio que le parezca.*

Monoptĕrus, a, um. *Vitruv.* Que no tiene mas que una ala.

Monoptŏtus, a, um. *Prisc.* Indeclinable, que no tiene mas que un caso.

Monosilla, ae. f. *Hesiq.* La luciente de las Hiadas.

Monostichium, ii. n. y

Monostĭchum, i. n. *Aus.* Poema de un solo género de versos.

Monostrŏphe. V. Monostrophus.

Monosyllăbus, a, um. *Quint.* Que no tiene mas que una sílaba, monosílabo.

Monotriglyphus, a, um. *Vitruv.* Que no tiene mas que un triglifo.

Monotrŏphus, a, um *Plaut.* El que se hace la comida, come solo, está sin criado.

Monoxylus, a, um. *Plin.* Que consta de una sola pieza de madera.

Mons, tis. m. *Cic.* Monte, montaña. ‖ Gran mole, monton, cantidad.

Mons albanus, i. m. Montalban, *ciudad de Francia en Lenguadoc.*

Mons altus, i. m. Montalto, *ciudad de Italia.*

Mons argus, i. m. Montargis, *ciudad del Gatinés.*

Mons brisiacus, i. m. Brisac, *ciudad sobre el Rin.*

Mons castrilocus, i. m. Mons, *ciudad de Flandes.*

Mons desiderii. m. Mondidier, *ciudad de Picardía.*

Mons ferratus, i. m. Montferrato, *pais de Italia.*

Mons flasconius, ii. m. Monflacon, *ciudad de Italia.*

Mons gomericus, i. m. Montgommery, *ciudad de Inglaterra.*

Mons jovis. m. Monjuí, *monte y castillo de Cataluña.*

Mons pessulanus, i. m. y

Mons pessulum. m. Mompeller, *ciudad de Lenguadoc.*

Mons phaliscus. i. m. y

Mons phisconis. V. Mons flasconius.

Mons regius, ii. m. Conisberg, *ciudad de Prusia.*

Mons relaxus, i. m. Morlaix, *ciudad de Bretaña.*

Mons sanctae Annae. Ciudad de Misnia.

Mons serratus, i. m. Monserrate, *montaña en Cataluña.*

Monstrăbĭlis, m. f. lĕ. n. is. *Plin. men.* Mostrable, considerable, digno de ser conocido.

Monstratio, onis. f. *Ter.* Muestra, la accion de mostrar, de enseñar, de indicar.

Monstrātor, ōris. m. *Virg.* Mostrador, el que muestra, enseña.

Monstrātus, us. m. *Apul.* V. Monstratio.

Monstrātus, a, um. *Virg.* Mostrado, enseñado, indicado.

Monstrĭfer, a, um. *Luc.* Que cria, produce monstruos. ‖ *Plin.* Monstruoso.

Monstrificābilis. m. f. lĕ. n. is. y

Monstrificus. m. f. lĕ. n. is. *Lucil.* Monstruoso, que parece un monstruo.

Monstrifĭce. adv. *Plin.* De una manera monstruosa, monstruosamente.

Monstrifĭcus, a, um. *Val. Flac.* Que hace prodigios, prodigioso. ‖ *Sen.* Que hace parecer monstruoso. ‖ *Plin.* Prodigioso, monstruoso, portentoso, pasmoso.

Monstrĭgĕna, ae. m. *Avien.* Engendrado, hijo de un monstruo, monstruoso.

Monstripărus, a, um. *Corn. Nep.* Que cria, produce, engendra, pare monstruos.

Monstro, as, avi, atum, are. a. *Ter.* Mostrar, enseñar, indicar, señalar, dar á conocer. *Monstrare aliquem bene. Ter.* Enseñar á uno bien.

Monstrōsus, a, um. V. Monstruosus.

Monstrum, i. n. *Cic.* Monstruo, portento, prodigio, cosa estraordinaria, fuera del orden regular. ‖ Cosa increible, prodigiosa, espantable á la vista, indigna de oirse y hacerse. ‖ Hombre pernicioso, abominable. *Aliquid monstri alunt. Ter.* Alguna picardía ó mal designio encubren.

Monstruōse. adv. *Cic.* Monstruosamente, fuera del orden natural.

Monstruōsus, a, um. *Cic.* Monstruoso, fuera del orden natural. ‖ Feo, horrible, horroroso. *Monstruosior. Petron.* — Monstruosissimus. *Cic.*

Montanianus, a, um. *Sen.* Lo que toca á Montano Vocieno, *orador romano.*

Montānus, a, um. *Virg.* Montano, lo que es de monte, lo perteneciente á él. ‖ Montañés, el que habita en las montañas. ‖ *Ov.* Montuoso, abundante de montes.

Montagium, ii. n. V. Mons argus.

Montensis. m. f. sĕ. n. is. Natural ó habitante de Mons, *ciudad de Flandes.*

Montensis. m. f. sĕ. n. is. V. Montanus.

Montes, tium. m. plur. Mons, *capital de Hainaut en el Pais Bajo.*

Montĭcŏla, ae. m. f. *Ov.* Montañés, montañesa, que vive en las montañas.

Montĭfer, a, um. *Sen.* Que tiene un monte sobre sí.

Montīnus, i. m. *Arnob.* Dios que preside á los montes.

Montionis pons. m. Pont á Mouson, *ciudad de Lorena.*

Montis. genit. de Mons.

Montĭvăgus, a, um. *Cic.* Que anda vagando ó errante por los montes.

Montōsus, y Montuosus, a, um. *Cic.* Montuoso, que abunda de montes, de montañas.

Monŭalus, i. m. *Hesiq.* Estrella que luce en el corazon del leon celeste.

Monŭbĭlis. m. f. lĕ. n. is. *Sid.* Insigne, ilustre, que sirve en los monumentos famosos.

Monui. pret. de Moneo.

Mŏnŭmentārius, a, um. *Apul.* Lo que es propio de y pertenece á los monumentos.

Mŏnŭmentum, i. n. *Cic.* Monumento, memoria, obra pública que hace acordar las personas y cosas pasadas. ‖ Túmulo, sepulcro. *Monumentum amoris. Virg.* Prenda, señal de amor. — *Exegi aere perennius. Hor.* He concluido una obra que durará mas que el bronce. — *Crudelitatis. Cic.* Testimonio de crueldad. *Monumenta vetera volvere. Cic.* Leer, resolver los antiguos monumentos, las historias antiguas. — *Annalium. Cic.* Anales. — *Deorum. Cic.* Templos, estatuas de los dioses. — *Utriusque linguae. Plin.* Monumentos, libros griegos y latinos. — *Scriptorum. Col.* Los libros. — *Majorum. Cic.* Ejemplos de los antepasados. — *Avita. Ov.* Sepulcros de los abuelos, de los padres.

Monȳchus, i. m. *Lucan.* Monico, *uno de los centauros, que tiene una sola y sólida uña ó casco, como los caballos.*

Mopsopia, ae. f. *Sen.* La Atica.

Mopsopius, a, um. *Ov.* Lo perteneciente á la Atica.

Mŏra, ae. f. *Cic.* Tardanza, demora, detencion, dilacion, tergiversacion. ‖ *Plin.* Intervalo, espacio de tiempo. ‖ *Cels.* Lo que detiene, retarda. ‖ *Nep.* Cierto número de tropas entre los lacedemonios, *como la falange de los macedonios. Nulla mora est quin. Ter.* Nada impide, estorba que. *Moram abs te move. Plaut. Moras pone. Hor. Rumpe. Virg.* Despáchate, date prisa, deja, depon toda tardanza. *Morat. Plaut.* ó *in mora esse alicui. Ter.* Hacer esperar á alguno, detenerle, retardarle, impedirle. *Moram facere. Liv.* Dilatar, alargar. — *Non ferre. Ov.* No poder esperar, no sufrir la tardanza. — *Alicui rei afferre, inferre, injicere, interponere. Ter. Inmectere. Cic. Producere. Ter.* Detener, retardar una cosa, alargarla, dilatarla. *Moram vocis dimove. Sen.* Despáchate, acaba de decir. — *Assequi, acquirere. Cic.* Conseguir tiempo, término. *Largiri. Sen.* Dar tiempo. *Morae quae tantas tenuere? Virg.* ¿Dónde, cómo te has detenido tanto tiempo?

Moraciae nuces. *Fest.* Nueces duras, difíciles de partir.

Mŏrālis. m. f. lĕ. n. is. *Cic.* Moral, lo que pertenece á las costumbres, á la moral.

## MOR

Mŏrălĭtas, ātis. f. Moralidad, calidad, condicion de las costumbres. ‖ Sentencia, documento moral.

Mŏrălĭter. adv. Donat. Moralmente.

Mŏrāmentum, i. n. Apul. Retardacion, demora, dilacion, tardanza.

Mŏrans, tis. com. Plin. Tardo, perezoso, lento, el que se detiene, tarda. Morans dies. Hor. Dia largo.

Mŏrātim. adv. Solin. Con tardanza, con detencion.

Mŏrātio, ōnis. f. Vitruv. Tardanza, dilacion.

Mŏrātor, ōris. m. Lic. Retardador, detenedor, el que detiene, retarda, dilata, estorba. Moratores. Se llamaban en los juegos circenses los que igualaban las frentes de los carros, y los detenian para que no partiessen hasta que se daba la señal. ‖ En el foro eran los abogados de poco nombre, que se interponian para alargar los negocios y hacer mala obra.

Mŏrātōrius, a, um. Ulp. Moratorio, lo que sirve para dilatar.

Mŏrātus, a, um. part. de Moror. Cic. El que se ha detenido, parado.

Mŏrātus, a, um. Liv. Morigerado, de buenas costumbres, templadas, arregladas. Bene moratus. Cic. Bien morigerado, dotado de buenas y arregladas costumbres. Bene morata civitas. Cic. Ciudad de buena policía. — Fabula. Hor. Pieza dramática, bien conducida, en que estan bien conservadas todas las reglas del decoro, de las costumbres. — Oratio. Quint. La oracion que da convenientes costumbres y afectos á las personas.

Mŏrāvia, ae. f. Moravia, pais de Bohemia.

Morbĭdus, a, um. Varr. Mórbido, enfermo, malsano, enfermizo. ‖ Lucr. Lo que ocasiona enfermedad.

Morbĭfer, y Morbĭfĕrus, a, um. Paul. Nol. Mórbido, lo que causa enfermedad.

Morbonia, ae. f. Suet. Lugar enfermo, lleno de enfermedades, voz de maldicion, ó mal deseo contra alguno.

Morbōsus, a, um. Cic. Enfermo, enfermizo, valetudinario, morboso.

Morbus, i. m. Cic. Enfermedad; indisposicion. Morbus regius. Cels. La ictericia. — Comitialis, sonticus. Plin. Cels. Epilepsia, mal caduco. — Solstitialis. Plaut. Enfermedad mortal. In morbum cadere, delabi, incidere, incurrere. Cic. Morbum concipere. Col. Facere. Cels. Contrahere. Plin. Caer malo, contraer enfermedad. Morbo affici, impediri, laborare, tentari, urgeri, opprimi. Cic. Afflictari. Liv. Conflictari. Plin. Jactari. Hor. Teneri. Cels. Languere. Lucr. In morbo esse. Cic. Estar malo, enfermo. E, ó ex morbo convalescere, evadere, recreari. Cic. Assurgere. Liv. Levantarse de una enfermedad, estar convaleciente.

Mordăcĭtas, ātis. f. Plin. Mordacidad, calidad acre, corrosiva.

Mordācĭter. adv. Ov. Mordazmente.

Mordācŭlus, a, um. Plaut. Algo mordaz. dim. de

Mordax, ācis. com. cior, issimus. Plaut. Mordaz, acre, corrosivo. ‖ Ov. Punzante, puntiagudo. ‖ Hor. Cortante, tajante. ‖ Fedr. Satírico, picante, maldiciente. Mordax ferrum. Hor. Hierro cortante. — Folium. Plin. Hoja que pica. — Carmen. Ov. Sátira. — Solicitudo. Hor. Cuidado afanoso, penoso.

Mordeo, ēs, mŏmordi, morsum, dēre. a. Cic. Morder. ‖ Dar pena, tocar en lo vivo, picar. ‖ Criticar, satirizar, murmurar. ‖ Ser picante, picar. Mordere frenum. Cic. Tomar el freno con los dientes. ‖ Obstinarse. — Frenum. Sen. Desbocarse, dejarse á toda su libertad. — Dente iniquo. Ov. Calumniar, desacreditar con murmuraciones. Morderi dictis. Ov. Ser satirizado. — Conscientia. Cic. Tener remordimientos de conciencia.

Mordĭcans, tis. com. Cel. Aur. Mordicante, lo que muerde, pica, punza.

Mordĭcātio, ōnis. f. Cel. Aur. Mordicacion, picazon.

Mordĭcātivus, a, um. Cel. Aur. Mordicante.

Mordĭces, cum. m. plur. Plaut. Los dientes de adelante.

Mordĭcĭtus. adv. Apul. V. Mordicus.

Mordĭco, ās, āvi, atum, āre. a. Cel. Aur. Morder, picar, ser picante ó mordicante.

Mordĭcus. adv. Cic. Con los dientes, á mordiscos. ‖ Porfiada, obstinadamente.

## MOR 459

More. adv. Plaut. Loca, neciamente.

Mŏrea, ae. f. La Morea, el Peloponeso, parte de la Grecia.

Mōres, um. m. plur. de Mos. Cic. Las costumbres.

Mŏrētārius, a, um. Lo perteneciente á un género de almodrote llamado moretum.

Mŏrētum, i. n. Virg. Almodrote, compuesto de yerbas, leche, queso, vino, harina y otras cosas.

Mŏria, ae. f. Locura, estravagancia.

Mŏrĭbundus, a, um. Cic. Moribundo, que está para morir, que se está muriendo.

Mŏrĭger, a, um. V. Morigerus.

Mŏrĭgĕrātio, ōnis. f. Apul. Complacencia, condescendencia.

Mŏrĭgĕro, ās, āvi, ātum, āre. a. Plaut. y

Mŏrĭgĕror, āris, ātus sum, āri. dep. Plaut. Contemporizar, complacer, condescender, acomodarse á la voluntad de otro.

Mŏrĭgĕrus, a, um. Plaut. Complaciente, condescendiente.

Morimarusa. Plin. El mar muerto entre los cimbros.

Morĭni, ōrum. m. plur. Plin. Los últimos pueblos de Francia en la costa del Océano, morinos.

Mōrio, ōnis. m. Marc. Necio, fatuo, simple, que hace reir con sus naturales simplezas.

Moriŏla, ae. f. Varr. Agua pie, vino inferior, que se hace echando agua en el orujo esprimido.

Morion, ōnis. m. Plin. Especie de piedra preciosa.

Mŏrior, ĕris, mortuus sum, mŏri. n. y dep. Cic. Morir. ‖ Pasarse, perderse, corromperse. Mori ab ense. Luc. Morir de la cuchillada, de una estocada. — Desiderio rei alicujus. Cic. Morir de envidia de alguna cosa, de un ardiente deseo de ella. In studio dimetiendi coeli. Cic. Consumirse, acabar su vida, emplearla toda en el estudio de la astronomía. Moriar. Cic. Muera, acábeseme la vida, fórmula de juras.

Mōris. gen. de Mos.

Mŏrĭtūrio, is, ire. n. S. Ag. Desear morir.

Mŏrĭtūrus, a, um. Ov. El que está para morir, cercano á la muerte.

Morius, ii. m. Apul. Especie de pez.

Morlachi, ōrum. m. plur. Morlacos, pueblos de Croacia.

Mormyra, ae. f. Plin. y

Mormyr, yris. f. ó

Mormyris, ĭris. f. Ov. y

Mormȳrus, i. m. Plin. Especie de pez de mar.

Mŏrŏlŏgus, a, um. Plaut. El que habla necedades. Sermones morologi. Plaut. Discursos, conversaciones necias.

Mŏror, āris, ātus sum, āri. dep. y n. Cic. Tardar, detenerse, pararse. ‖ Retardar, detener, impedir, estorbar, alargar, diferir, dilatar, hacer esperar. Non moror. Cic. No me opongo. Nil moror. Ter. No pido, no quiero mas. Ne pluribus. Plin. ó multis morer. Cic. Para no cansar, para acabar en breve. Morari cum aliquo. Sen. Morar, vivir con alguno.

Mŏror, āris, ātus sum, āri. dep. Suet. Hacer locuras, estravagancias, ser loco, estravagante.

Mŏrōse, ius, issĭme. adv. Cic. Fastidiosa, impertinente y desapaciblemente.

Mŏrōsĭtas, ātis. f. Cic. Impertinencia, mal humor, fastidio, dificultad en contentarse.

Mŏrōsus, a, um. Cic. Impertinente, enfadoso, fastidioso, dificil de contentar, hombre de mal genio, de mal humor, descontentadizo. ‖ Exactó, curioso.

Morpheus, i. m. Ov. Morfeo, hijo ó ministro del sueño.

Morphos, i. m. Plin. Especie de águila que habita junto á los estanques y lagunas.

Mors, tis. f. Cic. La muerte. Mors memoriae. Plin. Muerte, estincion de la memoria, lo que la hace perder. Mortes. Virg. Muertes, suplicios, tormentos. Mortes per omnes animam dare. Virg. Acabar, rendir el alma por todo género de tormentos. Morte sua mori. Suet. Morir de muerte natural. Mortem Clodii lacerare. Cic. Despedazar el cadáver de Clodio.

Morsĭcans, tis. com. Apul. Que muerde, punza con pequeñas punzadas ó mordiscos.

Morsĭcātim. *adv. Varr.* Mordiendo, á mordiscos.

Morsĭcātio, ōnis. *f. Fest.* Picazon frecuente ó ligera mordedura, picadura.

Morsĭco, as, āvi, ātum, āre. *a. freq. de* Mordeo. Morder, picar, irritar con ligeras mordeduras, picaduras, morder frecuentemente.

Morsĭficator, ōris. *m. Apul.* El que pica, muerde, irrita con ligeras mordeduras.

Morsiuncŭla, ae. *f. Plaut.* Mordedura ligera.

Morsum. *n. Cat.* Mordisco, el pedazo arrancado con los dientes, bocado.

Morsus, a, um. *part. de* Mordeo. *Plin.* Mordido.

Morsus, us. *m. Cic.* Mordedura, mordisco. || *Plin.* Acerbidad, amargura, aspereza, acrimonia al gusto. || *Cic.* Cuidado, pena, sentimiento, dolor, pesadumbre. || *Luc.* Orin, sarro que cria el hierro. || *Hor.* Censura, crítica acompañada de sátira, murmuracion y envidia.

Morta, ae. *f. Gel.* El hado ó una de las parcas.

Mortāles, ium. *m. plur. Cic.* Los mortales, los hombres.

Mortālis, m. *f.* lē. n. is. *Cic.* Mortal, sujeto á la muerte. || Caduco, perecedero, corruptible. || *Virg.* Humano, lo que toca á los hombres. *Mortalia facta. Hor.* Las obras de los hombres.

Mortālĭtas, ātis. *f. Cic.* Mortalidad, condicion sujeta á la muerte. || *Plin.* El género humano, la humanidad, los hombres. || *Ulp.* La muerte.

Mortālĭter. *adv. S. Ag.* Mortalmente, con condicion mortal.

Mortāriŏlum, i. *m. Macrob.* Morterillo, mortero pequeño. *dim. de*

Mortārium, ii. *n. Plaut.* El mortero donde se maja ó machaca. || La pila donde se macera y mezcla la cal con la arena. || *Vitruv.* La misma materia macerada y preparada para fabricar.

Mortĭcinus, a, um. *Prud.* Muerto naturalmente. *Morticina urna. Prud.* El sepulcro. *Morticinus. Plaut.* Hombre pálido, macilento, cadavérico. *Morticina caro. Varr.* Carne mortecina de alguna res que se muere.

Mortĭfer, a, um. *Plin.* Mortal, lo que causa la muerte.

Mortĭfĕre. *adv. Plin.* Mortalmente, de muerte. *Mortifere aegrotare. Plin.* Tener una enfermedad mortal. — *Vulneratus. Ulp.* Herido de muerte, mortalmente.

Mortĭfĕrus, a, um. *Cic.* Mortal, que causa, que ocasiona, que da la muerte.

Mortĭfĭcātio, ōnis. *f. Ter.* Mortificacion.

Mortĭfĭcātus, a, um. *Prud.* Mortificado. || Muerto.

Mortĭfĭco, as, āvi, ātum, āre. *a. Tert.* Dar muerte. || Mortificar.

Mortĭfĭcus, a, um. *Val. Max.* Mortal, que da la muerte.

Mortuālia, ium. *n. plur. Nev.* Lo perteneciente á los muertos, en especial los lutos. || *Plaut.* Las nenias, canciones de las lloronas, alquiladas para llorar á los muertos, las cuales estaban llenas de bagatelas y simplezas.

Mortuālis. m. *f.* lē. n. is. *Plaut.* y

Mortuārius, a, um. *Cat.* Lo que toca á los muertos, mortuorio. || Simple, vano, como las canciones con que las lloronas alquiladas lloraban á los muertos.

Mortuōsus, a, um. *Cel. Aur.* Macilento, pálido, desencajado, cadavérico, semejante á un difunto.

Mortuus, a, um. *Cic.* Muerto, difunto. *A mortuis excitare. Cic.* Resucitar. *Mortuo verba facere. Ter.* Hablar con un muerto, hablar inútilmente. *Me mortuo terra misceatur incendio. adag.* Despues de muerto ni viña ni huerto. *ref.*

Morŭla, ae. *f. S. Ag.* Corta detencion.

Morŭlus, a, um. *Plaut.* Negro, negruzco, que tira á negro.

Morum, i. *n. Virg.* La mora, fruta del moral. || La zarzamora.

Morundia, ae. *f. Morvans, pais del ducado de Borgoña.*

Morus, i. *f. Plaut.* El moral, árbol.

Morus, a, um. *Plaut.* Loco, bobo.

Morychus, i. *m.* Sobrenombre de Baco.

Morylli, ōrum. *m. plur.* Pueblos de Macedonia.

Mos, mōris. *m. Cic.* Costumbre, manera, uso, práctica. || La ley. || El derecho introducido y no escrito. *Ut mos, ut moris est. Cic. De, ó ex more. Virg. More. Salust.* Segun costumbre. *Sine more. Virg.* Sin regla, sin medida, con esceso. || Sin ejemplo, de una manera estraordinaria. *Ad, ó in morem. Virg. More ferarum. Col.* Al modo de ó como las fieras. *Mos hominum. Cic. Hominibus. Plaut. Moris; ó in more hominum est. Tac.* Es costumbre entre los hombres. *Mos vestis. Just.* Moda en el vestido. — *Coeli. Virg.* Clima, temperamento del cielo. *Morem gerere alicui. Ter.* Complacer á alguno, condescender con su gusto, seguirle el genio. — *Animo gerere. Plaut.* Seguir su inclinacion, hacer su gusto, hacer su voluntad. — *Facit usus. Ov.* El uso hace costumbre ó ley. — *Pacis imponere. Virg.* Imponer las condiciones de la paz, dar la ley. *Mores. Cic.* Costumbres, inclinaciones, genio. *Mores hominis regioni respondent. adag.* Bien se echa de ver de que nacion es.

Mōsa, ae. *f. Ces.* El Mosa, rio de Francia.

Mosas Trajectum, i. *n.* Mastric, ciudad de Brabante.

Moscha, ae. *f.* Moscou, capital de Moscovia.

Moschi, ōrum. *m. plur. Plin.* Pueblos de Asia, parte de la Colquida, de Iberia y Armenia, hoy la Georgia.

Moschĭcus, a, um. *Plin.* Lo perteneciente á los georgianos.

Moscŏvia, ae. *f.* Moscovia, gran pais de Europa.

Moscŏvītae, ārum. *m. plur.* Los moscovitas.

Moscŭlus, i. *m. Cat. dim. de* Mos. Pequeña costumbre.

Mosĕius, a, um. *Paul. Nol.* Lo que pertenece á Moises.

Mosella, ae. *f. Aus.* El Mosela, rio de Francia.

Mosellēus, a, um. *Simac.* Lo que pertenece al Mosela, rio de Francia.

Mōses, y Moises, is. *m. Tac.* Moises, caudillo de los hebreos, que sacó á los israelitas de la cautividad de Egipto y de Faraon.

Mosēus, a, um. *Juv.* Lo perteneciente á Moises.

Mosillus, i. *m. Cat. V.* Mosculus.

Mostellaria, ae. *f.* Comedia de Plauto, por otro nombre Phasma: *que quiere decir monstruo pequeño.*

Mostellum, i. *n. Plaut.* Monstruo pequeño.

Mostacilla, ae. *f. Plin.* La pezpita, aguzanieve ó caudatrémula, pájaro que siempre está moviendo la cola.

Mōtacismus, i. *m. Isid.* Motacismo, vicio de la oracion cuando se juntan palabras en que se sigue vocal á la que acaba en m, como *bonum aurum, justum amicum.*

Mōtātio, ōnis. *f. Tert.* Mocion frecuente.

Mōtātor, ōris. *m. Tert.* El que mueve frecuentemente.

Mōtātus, a, um. *Prud.* Conmovido, movido frecuentemente.

Mōtātus, us. *m. Prud.* y

Mōtio, ōnis. *f. Cic.* Mocion, movimiento, agitacion. *Motio animi. Cic.* Pasion, afecto del ánimo.

Mōtĭto, as, āre. *a. Gel. freq. de* Moveo. Mover frecuentemente.

Mōtiuncŭla, ae. *f. Sen. dim. de* Motio. Pequeña mocion.

Mōto, as, āvi, ātum, are. *a. freq. de* Moveo. *Virg.* Menear, mover frecuentemente.

Mōtor, ōris. *m. Marc.* Motor, el que mueve ó agita.

Mōtōrius, a, um. *Tert.* Lo que tiene movimiento, lo que tiene virtud y fuerza de mover.

Mōtus, us. *m. Cic.* Movimiento, agitacion. || Vibracion. || Tumulto, sedicion, alboroto. || Motivo, impulso, causa, razon. || Pasion, afecto. || *Ov.* Estro, inspiracion. *Motus terrae. Cic.* Temblor de tierra, terremoto. — *Jonici. Hor.* Danzas jónicas. — *Consilii. Plin. men.* Motivos de una resolucion.

Mōtus, a, um. *part. de* Moveo. *Cic.* Movido, agitado, conmovido.

Mŏvendus, a, un. *Virg.* Lo que se debe mover.

Mŏvens, tis. *com. Plin.* Que mueve, da movimiento, impulso. *Moventes res. Liv.* Bienes muebles.

Mŏveo, es, mōvi, mōtum, vēre. *a. Cic.* Mover, mudar, agitar, menear, dar movimiento, impulso. || Conmover, escitar, sublevar, perturbar. || Partir, salir, marchar, levantar el campo, desalojar, salir de un lugar. || Causar, ocasionar, producir, procurar. *Movere aliquid loco, de ó ex loco. Cic.* Quitar, mudar una cosa de su lugar. — *Ali-*

## MUG

*quem possessione*, ó *ex possessione. Ces.* Desposeer á alguno, echarle de su posesion. — *Ex hibernis. Liv.* Salir de los cuarteles de invierno. — *Se ad modum fortunae. Liv.* Seguir la fortuna, mudarse con ella. — *Castra. Ces.* Levantar el campo. — *Senatu. Liv. De Senatu. Cic.* Echar á uno del senado, desposeerle, privarle del empleo de senador. — *Arma. Plin.* Hacer prevenciones de guerra. — *Ad bellum. Cic.* Animar á la guerra. — *Cerebrum. Sen.* Perturbar el cerebro, trastornar el juicio, el seso. — *Loco ossa. Cels.* Dislocar, desconcertar, desencajar los huesos. — *Alvum. Suet.* Mover el vientre. — *Stomachum. Cels.* Escitar vómito. *Ego isthaec moveo aut curo? Ter.* ¿Me meto, me mezclo yo en esto? *Majus opus moveo. Virg.* Mayor obra emprendo. — *Moveri super aliqua re. Virg.* Commoverse de alguna cosa. — *Absiste. Virg.* No te turbes. — *In neutram partem, in re aliqua. Plin.* No inclinarse en un negocio á una ni otra parte. — *Mente. Ces.* Volverse loco, el juicio.

Mox. *adv. Cic.* Luego, inmediatamente, de aquí á poco. || *Col.* Ahora poco, poco há, poco antes. *Dum expecto quam mox veniat. Ter.* Mientras espero que al instante venga. *Mox ubi. Hor.* Luego que, despues que.

Mozárabes, um. *m. plur.* Mozárabes, *cristianos mezclados con los moros de España.*

## MU

Mu. *Luc.* Partícula que expresa una especie de mugido ó gruñido de los perros; el tono del que se queja con violencia teniendo la boca cerrada y sin poder pronunciar la m, que llama Quintiliano letra mugiente. De la misma se usa para poner miedo á los niños. *Mu, perii, hercle! Plaut.* ¡Oi, pobre de mí, soy perdido! *Neque mu facere audent. En.* Ni se atreven á chistar, ú resollar.

Muccēdo, y Mucēdo, ĭnis. *f. Apul.* El moco.

Muccinium, y Mucinium, ii. *n. Arnob.* Moquero, pañuelo para limpiarse las narices, para sonarse.

Mucculentus, a, um. *Prud.* Mocoso, lleno de mocos.

Mūceo, ēs, cui, ēre. *n. Cat.* Mohecerse, enmohecerse, criar moho.

Mūcesco, is, ĕre. *n. Plin.* Ponerse mohoso, enmohecerse, perderse, pasarse.

Muciānus, a, um. *Cic.* Lo perteneciente á alguno de los Mucios romanos: v. g. á *Publio* ó á *Quinto célebres jurisconsultos.*

Mūcĭde. *adv. Col.* Con moho. || De una manera grosera, baja, despreciable.

Mūcĭdus, a, um. *Col.* Enmohecido, mohoso. || *Plaut.* Mocoso.

Mucius, a, um. *Fest.* Lo perteneciente á alguno de los Mucios romanos: v. g. *Mucia prata. Liv.* Los prados mucios, del otro lado del Tíber, *dados á Mucio por haber hecho retirar de Roma con su constancia al rey etrusco Porsena.* — *Festa. Cic.* Fiestas que celebraban los asiáticos en honra de Q. Mucio Escévola, *célebre jurisconsulto que gobernó despues del consulado la provincia de Asia con gran crédito de justicia y desinteres.*

Mūcor, ōris. *m. Col.* El moho, vello, pelusa que se cria en el pan, carne, vino &c. || *Plin.* La lágrima que destilan las vides.

Mūcōsus, a, um. *Col.* Mocoso, lleno de mocos.

Mūcro, ōnis. *m. Plin.* La punta aguda de cualquier cosa. || La espada. || Autoridad, fuerza, poder. *Mucro defensionis. Cic.* La fuerza, el punto en que estriba la defensa. — *Tribunitias. Cic.* Potestad tribunicia.

Mucrōnātus, a, um. *Plin.* Puntiagudo, que remata en punta.

Mūcus, ci. *m. Plin.* El moco, *escremento que sale por las narices.*

Mūger, a, um. *Fest.* Mocoso.

Mūgiens, tis. *com. Hor.* Que muge como un buey.

Mŭgil, is. *n. Plin.* y

Mŭgĭlis, is. *m. Juv.* Mugil, mújol, *pez de mar y de agua dulce.*

Mūgĭnor, āris, atus sum, āri. *dep. Cic.* Perecear, ter-

## MUL

giversar, hacer de mala gana, refunfuñando.

Mūgio, is, ivi, itum, ire. *n. Liv.* Mugir, bramar el buey ó como él. || *Virg.* Crugir, rechinar, dar estallidos. || *Hor.* Bramar, rebramar, retumbar, retemblar.

Mugiona porta. *f. Fest.* Puerta de Roma, que tomó el nombre del romano Mugio que la defendió. || *Varr.* dice que se llamó así de la voz *Mugitus, Mugido, porque se sacaban por ella los bueyes al pasto.*

Mŏgītor, ōris. *m. Val. Flac.* El que muge ó resuena con un ruido ó estrépito semejante al mugido del buey.

Mūgītus, us. *m. Virg.* El mugido ó bramido del buey. || *Cic.* El ruido con estrépito semejante al mugido.

Mūla, ae. *f. Plin.* La mula, *animal conocido.*

Mulancum, i. *n.* Meulan, *ciudad de la isla de Francia.*

Mulāria. *m. f. rě. n. is. Col.* Mular, lo perteneciente al mulo ó mula.

Mulcātor, ōris. *m. Plaut.* El que castiga, maltrata. || Adulador, lisonjero.

Mulcātus, a, um. *part.* de Mulco. *Cic.* Azotado, golpeado, castigado, maltratado.

Mulcēdo, ĭnis. *f. Gel.* Atractivo, halago, caricia.

Mulcendus, a, um. *Ov.* Lo que se ha de acariciar.

Mulcens, tis. *com. Ov.* El que halaga, acaricia, complace, lisonjea.

Mulceo, ēs, si, sum, cēre. *a. Plaut.* Suavizar, mitigar, calmar, sosegar, apagar. || Manosear, palpar, acariciar, halagar, tocar blanda, suavemente. *Mulcere fluctus. Virg.* Sosegar, tranquilizar el mar.

Mulciber, bri. *Cic.* beris. *m. Ov.* Vulcano, *Dios del fuego.* || *Ov.* El fuego.

Mulco, as, avi, atum, are. *a. Ter.* Castigar, azotar, golpear, zurrar. || Maltratar, dañar, ofender.

Mulcta, ae. *f.* V. Multa.

Mulcto, as, avi, atum, are. *a. Plaut.* Castigar. V. Multo.

Mulctra, ae. *f. Virg.* La acción de ordeñar y el ordeñejo, parage en que se ordeña; el tarro ú otra vasija en que se ordeña. || La leche.

Mulctrāle, is. *n. Virg.* El tarro en que se ordeña.

Mulctrum, i. *n. Hor.* y

Mulctūra, ae. *f.* ó

Mulctus, us. *m. Col.* La acción de ordeñar.

Mulgeo, ēs, si, ctum, y sum, gēre. *a. Virg.* Ordeñar. *Mulgere hircos. Virg.* Ordeñar los castrones. *Prov.* Empeñarse en un imposible, perder el tiempo y trabajo.

Mulgo, as, āre. *a. Plaut.* Divulgar, publicar.

Mŭliebris, m. f. brě. n. is. *Cic.* Mugeril, femenil, lo que es de muger, lo perteneciente á ella. || Afeminado, delicado. *Muliebris animus. Cic.* Ánimo mugeril, afeminado, cobarde. — *Fides. Plaut.* Fe inconstante. *Muliebre bellum gerere. Cic.* Hacer la guerra por amor de una muger.

Mŭliebrĭtas, ātis. *f. Tert.* El estado y condición de la muger.

Mŭliebrĭter. *adv. Cic.* Mugerilmente, como muger.

Mŭliebrōsus, a, um. *Plaut.* Mugeriego, dado á mugeres.

Mŭlier, ĕris. *f. Cic.* La muger, de toda edad y condición.

Mŭliĕrārius, a, um. *Cic.* Mugeril, lo perteneciente á la muger. || Mugeriego, dado al amor de las mugeres.

Mulierculā, ae. *f. Cic.* Mugercilla, pobrecilla, pobre muger.

Mŭlierculārius, ii. *m. Cod. Teod.* El que ama mugeres agenas y deshonestas.

Mŭlierĭtas, ātis. *f.* V. Muliebritas.

Mŭliero, as, āre. *a. Varr.* Afeminar.

Mŭlierŏsĭtas, ātis. *f. Cic.* Inclinación, propensión, amor desarreglado á las mugeres.

Mŭlierōsus, a, um. *Cic.* Mugeriego, dado al amor desarreglado de las mugeres.

Mūlinus, a, um. *Plin.* Mular, lo perteneciente al mulo.

Mūlio, ōnis. *m. Juv.* Muletero, mozo, criado, siervo que cuida de las mulas. || *Plin.* Mosca de burro.

Mūliōnĭcus, a, um. *Lampr.* y

Mūliōnius, a, um. *Cic.* Lo perteneciente al muletero ó mozo de mulas.

Mŭllĕŏlus, i. *m. Tert. dim.* de

Mulleum calceamentum. y

Mulleus calceus. *Cat.* Calzado, especie de borceguíes de color de púrpura, de que usaron primeramente los reyes de Alba, y despues los hijos de senadores romanos.

Mulĭŭlus, ó Mullŭlus barbatŭlus, i. m. *Cic.* dim. de Mullus, i. m. *Hor.* ó

Mullus barbatus, i. m. *Cic.* El barbo, *pez de rio y de mar.*

Mŭlomedÿcina, ae. f. *Virg.* La albeitería, *arte de curar las caballerías.* Veterinaria.

Mulomedĭcus, i. m. *Virg.* Albeitar, herrador, mariscal, el que cura las enfermedades á las caballerías.

Mulseus, a, um. *Col.* Dulce, lo que sabe dulce ó á miel, ó que la tiene.

Mulsi. pret. de Mulceo y de Mulgeo.

Mulsĭpultārium, ii. n. *Petron.* Vaso, vasija donde hay vino melado, mezclado con miel.

Mulsum, i. n. *Col.* Vino mezclado con miel.

Mulsūra, ae. f. *Calp.* La acción de ordeñar. ‖ La leche ordeñada.

Mulsus, a, um. *Col.* Mezclado con miel. *Mulsa aqua.* Col. Aloja. — *Dicta. Plaut.* Palabras dulces, blandas, cariñosas. — *Mea. Plaut.* Vida, alma, amor mio.

Multa. acus. plur. de Multus, a, um. *Cic.* Muchas cosas.

Multa, ae. f. *Cic.* Multa, pena pecuniaria. *Multa supréma. Plin.* La multa mayor en los primeros tiempos de la república, de dos ovejas y treinta bueyes. *Multae irrogatio. Cic.* Condenacion á una multa. *Multa aliquem multare. Plaut.* Multar á uno, castigarle echándole una multa.

Multangŭlus, a, um. *Lucr.* Que consta de muchos ángulos. ‖ Polígono, *término de geometría.*

Multatio, ōnis. f. *Cic.* La condenacion á una multa, la multa. ‖ Pena, castigo, condena.

Multatĭtius, a, um. *Liv.* Lo perteneciente á la multa ó lo que se saca de ella.

Multātus, a, um. *Cic.* Castigado, condenado. *Multatus exilio. Cic.* Condenado á destierro. *Multata à fortuna consilia. Cic.* Designios trastornados, desbaratados por la fortuna.

Multĕsĭmus, a, um. *Lucr.* Uno de muchos, entre muchos, entre mil, entre millares. *Multesima pars. Lucr.* Una mínima parte de un total.

Multĭbarbus, a um. *Apul.* Barbudo, muy barbado, que tiene muchas barbas.

Multĭbĭbus, a, um. *Plaut.* Gran bebedor, que bebe mucho.

Multĭcăvātus, a, um. *Varr.* Lo que tiene muchas cavidades ó agugeros.

Multĭcaūlis. m. f. lĕ. n. is. *Plin.* Lo que echa muchos tallos, pies ó troncos.

Multĭcăvus, a, um. *Ov.* Que tiene muchos agugeros.

Multĭcŏlor, ōris. com. *Plin.* y

Multĭcŏlōrus, a, um. *Gel.* De muchos colores.

Multĭcŏmus, a, um. *Paul. Nol.* Que tiene mucho pelo.

Multĭcupĭdus, a, um. *Varr.* Deseoso, el que desea muchas cosas.

Multĭfăcio, is, fēci, factum, cĕre. a. *Fest.* Estimar, apreciar mucho, en mucho.

Multĭfāriam. adv. *Cic.* y

Multĭfārie. adv. *Plin.* En muchos lugares, en muchas partes ó parages.

Multĭfārius, a, um. *Gel.* Multiplice, vario.

Multĭfer, a, um. *Plin.* Que produce mucho, muy fértil.

Multĭfīdus, a, um. *Plin.* Hendido, rajado, abierto en muchas partes. *Multifidus dens. Marc.* El peine. — *Fluvius. Luc.* Rio que se divide en muchos brazos. *Multifidi crines. Claud.* Cabellos repartidos en muchos rizos. *Multifidum jubar. Val. Flac.* Los rayos del sol.

Multĭflŭus, a, um. *Juv.* Que corre, sale ó mana largamente, mucho.

Multĭfŏrăbĭlis. m. f. lĕ. n. is. y

Multĭfŏrātĭlis. m. f. lĕ. n. is. *Apul.* Lo que está lleno de agujeros.

Multĭfŏris. m. f. rĕ. n. is. *Plin.* Lo que tiene muchas puertas.

Multiformis. m. f. mĕ. n. is. *Cic.* Multiforme, vario, lo que tiene muchas, varias figuras, formas.

Multĭformĭter. adv. *Gel.* De muchas maneras.

Multĭfŏrus, a, um. *Ov.* Lo que tiene muchos agujeros.

Multĭgĕnĕris. m. f. rĕ. n. is. *Plaut.* y

Multĭgĕnus, a, um. *Lucr.* De muchos géneros, de varias especies, maneras.

Multĭjŭgis. m. f. gĕ. n. is. *Cic.* y

Multĭjŭgus, a, um. *Liv.* Uncido en muchos yugos ó tiros. ‖ Multiplice, vario.

Multĭlaudus, a, um. *Annian.* Lo que es digno de muchas alabanzas.

Multĭlŏquax, ācis. com. *Plaut.* Grande hablador, que habla mucho.

Multĭlŏquium, ii. n. *Plaut.* Discurso, conversacion muy larga.

Multĭlŏquus, a, um. *Plaut.* V. Multiloquax.

Multĭmammia, ae. f. *Min. Fel.* Que tiene muchas tetas. *Epíteto de Diana efesia.*

Multĭmĕter, tra, trum. *Sid.* Que consta de muchos metros ó medidas.

Multĭmŏde. adv. *Lucr.* y

Multĭmŏdis. adv. *Cic.* De muchos modos, de muchas, de varias maneras.

Multĭmŏdus, a, um. *Liv.* De muchos modos, multiplice, vario.

Multĭnōdis. m. f. dĕ. n. is. *Prud.* y

Multĭnōdus, a, um. *Apul.* Lo que tiene muchos nudos. ‖ *Apul.* Lo que tiene muchos rodeos.

Multĭnōmĭnis. m. f. nĕ. n. is. *Apul.* Lo que tiene muchos nombres.

Multĭnūbentia, ae. f. *Tert.* La poligamia, el casarse con muchos ó muchas.

Multĭnummus, y Multinŭmus, a, um. *Varr.* Muy caro, lo que cuesta mucho.

Multĭpartītus, a, um. *Plin.* Dividido en muchas partes.

Multĭpătens, tis. com. *plaut.* Abierto, patente en ó por muchas partes.

Multĭpĕda, ae. f. *Plin.* Cienpies ó cientopies, *insecto venenoso.*

Multĭpes, ĕdis. com. *Plin.* Lo que tiene muchos pies.

Multĭplex, ĭcis. com. *Cic.* Multiplice, vario, de muchas maneras. *Multiplex ingenium. Cic.* Ánimo, intencion doble, disimulada, malvada. — *Doctrina. Suet.* Vasta erudicion, doctrina. — *In virtutibus. Vel. Pat.* Adornado de muchas virtudes, de muchas buenas prendas. — *Locus. Lucr.* Lugar espacioso, ancho, ámplio.

Multĭplĭcābĭlis. m. f. lĕ. n. is. *Cic.* Multiplicable, lo que se puede multiplicar. ‖ Multiplice, vario.

Multĭplĭcātio, ōnis. f. *Cic.* Multiplicacion, acrecentamiento. ‖ *Col.* Multiplicacion de un número por otro.

Multĭplĭcātor, ōris. m. *Paul. Nol.* Multiplicador, acrecentador.

Multĭplĭcātus, a, um. *Cic.* Multiplicado, aumentado, acrecentado. ‖ *Col.* Multiplicado por números.

Multĭplĭcĭter. adv. *Sal.* De muchas, de varias maneras.

Multĭplĭco, ās, āvi, ātum, āre. a. *Cic.* Multiplicar, aumentar, acrecentar. ‖ *Col.* Multiplicar números, ó cantidades unas por otras. *Multiplicare aes alienum. Ces.* Aumentar las deudas, empeñarse mas y mas. — *Aliquid verbis. Liv.* Exagerar una cosa. — *Numerum cum numero. Col.* Adicionar, añadir. — *Numerum in se. Col.* Multiplicar un número por él mismo. — *Numeros inter se. Col.* Multiplicar unos números por otros.

Multĭpŏtens, tis. com. *Plaut.* El que puede mucho, que tiene mucho poder.

Multĭrădix, īcis. com. *Apul.* Lo que tiene muchas raices.

Multĭrămis. m. f. mĕ. n. is. *Apul.* Lo que echa ó tiene muchas ramas.

Multiscĭus, a, um. *Apul.* Muy sabio, que sabe mucho.

Multĭsŏnōrus, a, um. *Claud.* y

Multĭsŏnus, a, um. *Marc.* Lo que suena mucho, hace mucho ruido.

Multĭtĭus, a, um. *Juv.* Lo que es delicado, y en especial vestido delicado, fino, propio de las mugeres.

Multĭtūdo, ĭnis. f. *Cic.* Multitud, muchedumbre, gran

número, concurso. *Multitudo imperita. Cic.* Multitud, populacho ignorante.

Multĭvăgus, a, um. *Sen.* Errante, vagabundo, que anda vagueando de un pais á otro.

Multĭvĭra, ae. *f. Min. Fel.* La muger que se ha casado con muchos maridos.

Multĭvĭvus, a, um. *Marc. Cap.* Que vive mucho, de larga vida.

Multĭvius, a, um. *Apul.* Que tiene muchos caminos.

Multĭvŏlus, a, um. *Cat.* Que quiere, desea muchas cosas, instable, inconstante, vario.

Multivŏrantia, ae. *f. Tert.* La glotonería.

Multo, as, avi, atum, are. *a. Cic.* Castigar, condenar, imponer pena. ‖ Multar, *Multare aliquem bonis,* ó *fortunis. Cic.* Confiscar á uno los bienes.— *Exilio. Tac.* Condenar á destierro.— *Pecunia. Curc.* Multar en dinero.— *Morte. Cic.* Condenar á muerte.— *Stipendio. Cic.* Privarle de su paga. *Votis me multatis meis. Nev.* Me cumplis, me llenais mis deseos. *Multari iniquitate operis. Col.* Estar agoviado del trabajo, muy fatigado de trabajar.— *Regno. Cic.* Ser echado del reino.

Multo. *adv. Cic.* Mucho. *Multo aliter,* ó *secus. Ter.* Muy de otra manera, muy al reves, muy al contrario.— *Ante. Cic.* Mucho antes.— *Citius. Lucr.— Maturius. Cic.* Mucho mas presto, mas antes, mas temprano.— *Maxima pars. Cic.* La mayor parte.— *Minoris. Cic.* Mucho menos.— *Praestat. Sal.* Es mucho mejor, vale mas.— *Maximum illum mihi est. Ter.* Estimo yo mucho mas.— *Post Cic.* Mucho, ó mucho tiempo despues.

Multŏpĕre. *adv. Plaut.* Mucho, sumamente, en gran manera.

Multor, aris, atus sum, ari. *dep. Suet.* Multar. V. Multo.

Multŏties, y Multŏtiens. *adv. Flor.* Muchas veces.

Multum. *adv. Cic.* Mucho, sumamente, muy, en gran manera.

Multus, a, um. *Cic.* Mucho, numeroso, en gran cantidad. *Multus est in illa re. Cic.* Se dedica, se aplica mucho á aquello.— *In opere. Salust.* Continuo en el trabajo. *Multum est nomen tuum in his locis. Cic.* Tienes mucho nombre en estos parages. *Multa nocte,* ó *de nocte. Cic.* Muy entrada la noche.— *Luce. Ter.* Muy entrado el dia. *Ad multam diem. Cic.* Hasta muy tarde, hasta muy entrado el dia. *Ne multus sim. Cic.* Para no alargarme, estenderme, para no ser largo, prolijo.

Mŭlus, i. *m. Cic.* El mulo ó macho. *Muli Mariani. Fest.* La infantería de C. Mario, que por ahorrar los equipages llevaba acuestas sus cargas. *Mulus. Catul.* Improperio que se dice á alguno. Borrico, bruto.

Mulviānus, a, um. *Cic.* Lo perteneciente á Mulvio, nombre propio romano. *Mulviana cotonea. Plin.* Melocotones mulvianos, llamados así del nombre Mulvio del que los sembró.

Mulvius pons. *Cic.* Puente mole, *puente sobre el Tiber fuera de la puerta flumentana, á media legua de Roma.*

† Mumia, ae. *f.* Momia, el cuerpo embalsamado.

Mummiānus, a, um. *Fest.* Lo perteneciente á Mumio, nombre propio romano.

Mummius, ii. *m. Vel. Pat.* L. Mumio, que siendo cónsul sujetó la Acaya, y destruyó á Corinto, fue célebre capitan, pero tan ignorante de otras cosas, que enviando á Roma escelentes pinturas y estatuas originales de Corinto, impuso á los conductores, en caso de romperlas ó estropearlas, la ley de que le habian de dar otras nuevas.

Munctio, ōnis. *f. Arnob.* La accion de sonarse los mocos.

Munctus, a, um. *part.* de Mungo. *Plin.* Sonado, limpio, que se ha sonado ó limpiado los mocos.

Munda, ae. *f. Hirc.* Munda, ciudad de España en Andalucía.

Mundandus, a, um. *Plin.* Lo que se ha de limpiar, poner curioso, aseado.

Mundānus, a, um. *Cic.* Mundano, lo que es del mundo, que toca ó pertenece al mundo. *Mundanus annus. Macrob.* Año mundano, la revolucion universal, ó giro completo de todos los astros al punto donde empezaron su curso, que dicen los físicos se haria en 15000 años. *Anima mundana. Macrob.* Alma del mundo. La que creyeron algunos primer móvil de cuanto hay en el mundo.

Mundātio, ōnis. *f. S. Ag.* Purificacion, la accion de limpiar, lavar, purificar.

Mundātor, ōris. *m. Jul. Firm.* El que limpia, asea.

Mundātus, a, um. *Col.* Limpiado, lavado.

Munde. *adv. Plaut.* Limpia, pulcramente.

Mundensis. *m. f. le. n. is. Hirc.* Lo perteneciente á Munda, ciudad de España.

Mundiālis. *m. f. le. n. is. Tert.* Mundano, lo que es del mundo.

Mundiālĭter. *adv. Tert.* Al modo de los mundanos, de los entregados demasiado á las cosas del mundo.

Mundicina, ae. *f. Apul.* Instrumento ó medicina para limpiar.

Mundĭcors, ordis. *com. Bibl.* Limpio de corazon.

Mundĭpŏtens, tis. *com. Tert.* Poderoso en el mundo.

Mundĭtĕnens, tis. *com. Tert.* Señor del mundo, que le tiene en su potestad.

Mundĭter. *adv. Plaut.* Limpiamente, con aseo, con pulcritud.

Munditia, ae. *f.* y

Mundities, ei. *f. Cic.* Limpieza, aseo, pulcritud. *Munditias facere. Cat.* Limpiar la casa, sus muebles y todos los trastos. *Munditiae urbanae. Suet.* La galantería, la policía de la ciudad de Roma.

Mundĭtians, tis. *com. Plaut.* El que limpia, asea.

Mundo, as, avi, atum, are. *a. Plin.* Limpiar.

Mundŭle. *adv. Apul.* Curiosita, limpiamente.

Mundŭlus, a, um. *Plaut.* Limpito, aseadito, curiosito. ‖ El que lo es con afectacion.

Mundum, i. *n. Lucil.* Todo instrumento ó utensilio propio de la muger.

Mundus, a, um. *Cic.* Limpio, aseado, curioso.

Mundus, i. *m. Cic.* El mundo, el universo. *Mundus stelliger. Sen.* El cielo.— *Muliebris. Cic.* El tocador de la muger. *Mundi oculus. Ov.* El sol.— *Cardo. Ov.* Uno de los polos del mundo.— *Vigiles. Lucr.* Los astros. *Duos soles mundus non capit. Una domus non alit duos canes. adag.* Dos tocas á un hogar mal se pueden concertar, Dos tocas á un fuego el uno está rostrituerto. *ref.*

Mūnĕrābundus, a, um. *Apul.* El que regla, hace presentes, dones, regalos.

Mūnĕrālis. *m. f. le. n. is. Plaut.* Lo que pertenece á los dones ó presentes.

Mūnĕrārius, ii. *m. Suet.* El que daba al pueblo espectáculos de gladiadores. ‖ *Plin.* El que daba espectáculos de fieras. ‖ *Col.* El que enseña fieras bravas al pueblo por dinero.

Mūnĕrātius, a, um. *Sen.* Liberal, el que hace presentes. *Munerarius libellus. Trebel.* Libro en que se sientan los nombres de los gladiadores.

Mūnĕrātio, ōnis. *f. Ulp.* Don, presente, donacion.

Mūnĕrātor, ōris. *m. Flor.* El que hace presentes, regalos. ‖ Remunerador, el que recompensa.

Mūnĕrātus, a, um. *Cic.* El que ha regalado, hecho algun presente. ‖ *Apul.* Regalado, recompensado.

Mūnĕrĭgĕrŭlus, i. *m. Plaut.* El que lleva los regalos ó presentes.

Mūnĕro, as, avi, atum, are. *a.* y

Mūnĕror, aris, atus sum, ari. *dep. Cic.* Regalar, hacer presentes ó regalos.

Mungo, is, xi, ctum, gěre. *a. Cat.* Sonarse los mocos.

Mŭnia, ōrum. *n. plur. Cic.* Oficios, empleos, cargos, ocupaciones, obligaciones públicas ó privadas. *Munia vitae. Hor.* Las obligaciones de la vida.— *Regis obire. Cic.* Cumplir, llenar todas las funciones de rey.

Mūnĭceps, cĭpis. *m. f. Cic.* Munícipe, ciudadano, natural de un municipio. *Municeps meus. Cic.* Mi concindadano, mi paisano, mi compatriota.

Mūnĭcĭpālis. *m. f. le. n. is. Cic.* Municipal, lo que es de ó pertenece al municipio. ‖ Provincial, de provincia. *Municipalis dolor. Cic.* Sentimiento estendido por toda una ciudad.— *Homo. Cic.* Hombre nuevo, que no es de casa antigua.— *Vita. Marc.* Vida privada, retirada, fuera de la corte.

Mūnĭcĭpālĭter. *adv. Siden.* Segun la manera, la condicion y estado de un municipio ó de sus naturales.

**Mŭnĭcĭpātim.** *adv. Suet.* Por municipios, de ciudad en ciudad.

**Mŭnĭcĭpātus, us.** *m. Tert.* Derecho, fuero del municipio.

**Mŭnĭcĭpĭŏlum, i.** *n. Suet.* Pequeño municipio. *dim. de*

**Mŭnĭcĭpĭum, ii.** *n. Cic.* Municipio, *ciudad que se gobernaba por sus leyes y costumbres, y gozaba del fuero de la vecindad romana.* ‖ El estado y condicion de munícipes, ‖ *Cic.* Colonia romana.

**Mŭnīfex, ĭcis.** *com. Fest.* El que sirve algun empleo.

**Mŭnĭfĭce.** *adv. Cic.* Liberalmente, con generosidad.

**Mŭnĭfĭcentĭa, ae.** *f. Salust.* Munificencia, liberalidad, generosidad.

**Mŭnĭfĭcĭum, ii.** *n. Paul. Jct.* Cosa no esenta, no libre de pagar tributos.

**Mŭnĭfĭco, ās, āvi, ātum, āre.** *a. Lucr.* Regalar, dar, hacer presentes, regalos. *Munificare aliquem salute. Lucr.* Saludar á alguno, desearle salud, darle los buenos dias.

**Mŭnĭfĭcus, a, um.** *Cic.* Munífico, esplendido, generoso, liberal, garboso. *Munificus laudis. Claud.* Liberal de alabanzas. — *Bonis. Plaut.* Generoso con los buenos.

**Mŭnĭmen, ĭnis.** *n. Virg.* y

**Mŭnĭmentum, i.** *n. Liv.* Fortificacion, reparo, y todo lo que sirve para fortificar y atacar una plaza. *Munimentum corporis. Curt.* La armadura del cuerpo. *Munimenta togae. Juv.* El vestido de los magistrados. — *Imperii. Tac.* Defensas, amparos del imperio.

**Mŭnĭo, is, īvi, ītum, īre.** *a. Cic.* Fortificar, reparar, guarnecer. ‖ Construir, fabricar. ‖ Abrir camino, hacer lugar, preparar. *Munire castra. Ces.* Fortificar el campo. — *Se ad tempus. Cic.* Prevenirse para la ocasion. — *Viam. Liv.* Abrir, hacer un camino.

**Mŭnis.** *m. f. nē. n. is. Plaut.* Oficioso, servicial. ‖ El que sirve algun empleo, se ocupa en algun oficio.

**Mŭnīte.** *adv. Varr.* Con fortificacion y defensa.

**Mŭnītĭo, ōnis.** *f. Cic.* Fortificacion, reparo, trinchera, todo lo que sirve de defensa, la accion de fortificar.

**Mŭnītĭuncŭla, ae.** *f. Bibl.* Pequeña fortificacion.

**Mŭnīto, ās, āvi, ātum, āre.** *a. freq. de Munio. Cic.* Fortificar frecuentemente.

**Mŭnītor, ōris.** *m. Liv.* El que trabaja en la fortificacion, trabajador.

**Mŭnītōrĭum, ii.** *n. Veg.* Fortaleza, fuerte, fortin.

**Mŭnītūra, ae.** *f. Inscr.* Fortificacion. ‖ *S. Ag.* Los calzones.

**Mŭnītus, a, um, ior, issĭmus.** *Cic.* Fortificado, fortalecido. *Munitior vita. Cic.* Vida mas segura, menos espuesta. *Munitissima arx. Cic.* Fortaleza, ciudadela muy bien fortificada.

**Mūnus, ĕris.** *n. Cic.* Don, presente, regalo. ‖ Empleo, cargo, oficio, funcion, obligacion. ‖ Espectáculo, fiesta que da alguno. ‖ Funeral, exequias. *Munus naturale. Ov.* Don de la naturaleza. — *Liberi. Var.* El vino. *Rempublicam sui muneris facere. Tac.* Traer á sí todo el gobierno. *Muneribus vel dii capiuntur. adag.* Dádivas quebrantan peñas. No hay cerradura si es de oro ni ganzua. *ref.*

**Mūnuscŭlum, i.** *n. Cic.* Regalito, presente corto.

**Munxi.** *pret. de Mungo.*

**Munychia, ae.** *f. Corn. Nep.* Muniquia, *puerto del Atica, cercano al de Pireo.* ‖ Sobrenombre de Diana.

**Munychia, ōrum.** *n. plur.* Fiestas de Atenas en honor de Palas ó de Diana.

**Munychion, ii.** *n.* El décimo mes de los atenienses, correspondiente á nuestro mes de marzo; *asi llamado de las fiestas que hacian á Diana ó á Palas.*

**Munychius, a, um.** *Ov.* Ateniense, lo perteneciente á Atenas.

**Mūraena, ae.** *f. Cic.* La lamprea, murena, *pescado.*

**Mūraenĭānus, a, um.** *Marc. Cap.* Lo perteneciente á L. Licinio Murena, *en cuya defensa tenemos una oracion de Ciceron.*

**Mūraenŭla, ae.** *f. S. Ger.* Lamprea pequeña. ‖ Collar ó cadena del cuello en figura de lamprea.

**Mūrālis.** *m. f. lē. n. is. Plin.* Mural, lo que pertenece al muro. *Muralis corona. Liv.* Corona mural, *que se daba al primero que escalaba la muralla en un asalto.* — *Herba. Plin.* La parietaria, yerba. — *Machina. Plin.* El ariete, *máquina de guerra para batir la muralla.*

**Mūralĭum, ii.** *n.* La parietaria, yerba.

**Mūrātus, a, um.** *Veg.* Murado, rodeado, coronado de muralla.

**Murcia, ae.** *f. Plin.* Venus, *la diosa del amor, así llamada del mirto ó arrayan.* ‖ *S. Ag.* Diosa de la ociosidad.

**Murcia, ae.** *f.* Murcia, *capital del reino del mismo nombre en España.*

**Murcĭdus, a, um.** *Plin.* Desidioso, perezoso, flojo.

**Murcĭŏlum, i.** *n. Col.* La simiente del lentisco.

**Murcĭus, a, um.** *Apul.* Lo perteneciente á la diosa Venus.

**Murcus, i.** *m. Amian.* Nombre que daban los galos al que por no servir en la milicia se cortaba el dedo pulgar.

**Mūrex, ĭcis.** *m. Plin.* Murice, especie de marisco, *de que los antiguos hacian cierta tinta para teñir las ropas de color de púrpura.* ‖ *Virg.* La aspereza y punta de un peñasco. ‖ *Curt.* Abrojos, *instrumento de hierro de cuatro puntas, que enterrado y cubierto con una capa de tierra se ponia para mancar la caballería enemiga.*

**Murgentia, ae.** *f.* y

**Murgentum, i.** *n. Plin.* Morcona, *ciudad de Sicilia.*

**Murgentīni, ōrum.** *m. plur. Plin.* Los naturales de esta ciudad.

**Murgentīnus, a, um.** *Cic.* Lo perteneciente á Morcona, *ciudad de Sicilia.*

**Murgĭso, ōnis.** *m. Fest.* Perezoso, desidioso.

**Mŭria, ae.** *f. Col.* Salmuera, agua salada ó el licor que destila la sal, *que se usa para macerar y conservar algunas cosas.* ‖ *Plin.* Licor que destilan los atunes.

**Muriaca, ae.** *f.* El tamariz, tamarisco ó tarai, arbusto.

**Mŭrĭātĭcus, a, um.** *Plaut.* Lo que ha estado en salmuera ó se ha compuesto y aderezado con ella.

**Mŭrĭcātim.** *adv. Plin.* Á modo de murice.

**Mŭrĭcātus, a, um.** *Plin.* Hecho á modo de murice. ‖ Á modo de los abrojos que se hincan en el suelo para mancar á los caballos enemigos.

**Mŭrĭceus, a, um.** *Auson.* Lo perteneciente al marisco murice.

**Mŭrĭcĭdus, a, um.** *Plaut.* Flojo, cobarde, y como valiente para matar ratones.

**Mūrĭcis.** *gen. de Murex.*

**Mūries, ēi.** *f. Cat.* Salmuera. *V. Muria.*

**Mūrĭlĕgŭlus, i.** *m. Cod. Teod.* El que anda á pesca del marisco murice.

**Mūrīna, ae.** *f. Plin.* Rosoli, licor hecho con aguardiente.

**Mūrīnus, a, um.** *Col.* Ratonino, lo que es de ó perteneciente al raton. *Murinum hordeum. Plin.* Avena esteril.

**Mūris.** *gen. de Mus.*

**Murmur, ŭris.** *n. Cic.* Murmullo, ruido confuso. ‖ Ruido, estrépito, estruendo, bulla. ‖ *Virg.* Gorgeo de las aves. ‖ *Pers.* El murmurar, refunfuñar, quejarse entre dientes.

**Murmŭrābundus, a, um.** *Apul.* Inclinado á murmurar, murmurador.

**Murmŭrans, tis.** *com. Cic.* Murmurante, el que murmura, habla entre dientes.

**Murmŭrātĭo, ōnis.** *f. Plin.* El acto de murmurar, de hacer un ruido sordo. ‖ *Sen.* El acto de refunfuñar y quejarse entre dientes.

**Murmŭrātor, ōris.** *m. Plaut.* Murmurador, el que regaña quedo y entre dientes. ‖ El que habla mal, con descrédito de los ausentes.

**Murmŭrātus, a, um.** *Apul.* Murmurado, hablado quedo, entre dientes.

**Murmŭrillo, ās, āvi, ātum, āre.** *a. Plaut.* Murmurar, susurrar, murmugear, hablar quedo, entre dientes.

**Murmŭrillum, i.** *n. Plaut. dim. de Murmur.* Murmullo quedo, ruido sordo y confuso, que apenas se percibe.

**Murmŭro, ās, āvi, ātum, āre.** *a. Cic.* y

**Murmŭror, āris, ātus sum, āri.** *dep. Var.* Murmurar, murmugear, hacer un ruido confuso, sordo. ‖ Susurrar, hablar bajo, entre dientes. ‖ Hacer ruido, estruendo, estrépito. ‖ *Apul.* Hablar mal, con descrédito de los ausentes. *Ut sola murmurat secum scelesta. Plaut.* Como la malvada murmura consigo misma.

**Murra**, ae. f. *Marc.* Cierta piedra, de que hacian los antiguos tazas de gran precio.

**Murreus**, a, um. *Prop.* V. Murrinus.

**Murrha**, ae. f. V. Murra.

**Murrhatus**, a, um. *Fest.* Lo que está mezclado con mirra ú otros aromas.

**Mirrhina**, orum. n. *Plur. Plin.* Tazas, vasos, platos de la piedra llamada murra. Segun algunos la porcelana.

**Murrhinus**, a, um. *Plin.* Hecho de la piedra murra.

**Murrhobathrarius**, ii. m. *Plaut.* El que perfumaba los zapatos de las damas.

**Mursa**, ó Mursia, ae. f. *Amian.* Ciudad de Jonia ó de Panonia, hoy Esec, ciudad de Ungría.

**Mursensis**, y Mursiensis. m. f. se. n. is. *Aur. Vict.* Lo perteneciente á Esec en Ungría.

**Murtarum**, i. n. *Plin.* Especie de salchicha ó salchichon.

**Murus**, i. m. *Cic.* Muro, muralla. ‖ Cercado, cerca. ‖ Defensa, reparo.

**Mus**, muris. m. *Cic.* El raton. ‖ *Sen.* La marta cebellina. *Mus araneus. Plin.* Musaraña, musgaño, murgaño, especie de raton venenoso. — *Marinus. Plin.* Tortuga. — *Africanus. Plaut.* La pantera ú onza, animal ligerísimo y feroz.

**Musa**, ae. f. *Cic.* Musa, una deidad á quien los poetas atribuian presidir á la poesía, á la música y á las demas artes liberales. Nueve celebran particularmente Caliope, Polimnia, Erato, Clio, Talia, Melpómene, Euterpe, Tersicore, Urania. *Virg.* Cancion, canto, cantilena. *Crassiore musa. Quint.* Tosca, groseramente. — *Nulla. Marc.* Sin arte, sin gracia.

**Musae**, arum. f. plur. *Ov.* Las nueve musas. ‖ Las ciencias, las bellas letras.

**Musaeum**, i. n. V. Museum.

**Musaeus**, i. m. *Plin.* Museo, uno de los primeros poetas, contemporáneo de Orfeo.

**Musagetes**, ae. m. *Suet.* Compañero de las musas, epíteto de Apolo y de Hércules.

**Musaicum** opus. *Col.* Taraces, obra de mosaico, de taracea, de embutidos.

**Musca**, ae. f. *Cic.* La mosca. ‖ *Plaut.* Novelero, curioso, que anda discurriendo por varias partes. ‖ *Petron.* Pegote, el que come de mogollon, á quien decimos mosca. ‖ *Liv.* Sobrenombre de la familia de los Sempronios, como T. Sempronio Musca.

**Muscarium**, ii. n. *Marc.* Mosquero, instrumento para espantar las moscas. ‖ *Marc.* El cepillo para limpiar el polvo. *Muscarium bubulum. Veg.* Mosquero de cola de buey, que por ser cerdosa por el cabo, es propia para aventar las moscas.

**Muscarius**, a, um. *Plin.* Lo que pertenece á las moscas. *Muscarius araneus. Plin.* Araña que caza moscas. — *Clavus. Vitruv.* Clavo de ala de mosca y cabeza con dos aletas.

**Muscatus**, a, um. *Muscata nux.* Nuez moscada, de especia.

**Muscerda**, ae. f. *Plin.* Estiércol de ratones.

**Muscidus**, a, um. *Sid.* Cubierto de musgo ó moho.

**Muscipula**, ae. f. *Varr.* y

**Muscipulum**, i. n. *Fedr.* La ratonera.

**Muscosus**, a, um. *Cic.* Cubierto de musgo ó moho.

**Muscula**, ae. f. *Arnob.* Mosquita, mosca pequeña.

**Musculosus**, a, um. *Cels.* Musculoso, grueso de músculos.

**Musculus**, i. m. *Cic.* Ratoncillo. ‖ *Plin.* Músculo. ‖ Especie de pez, que, segun dicen, guia á la ballena. ‖ *Ces.* Máquina de guerra con que se cubrian los zapadores, músculo, galería.

**Muscus**, i. m. *Ov.* Musco, musgo, moho, yerbecilla corta y sutil, que se cria en los troncos, en las piedras, junto á las fuentes y lugares húmedos.

**Museum**, i. n. *Suet.* Museo, academia de artes y ciencias. ‖ *Plin.* Obra de gruteso. ‖ Lugar consagrado á las musas, como el célebre de Macedonia.

**Museus**, a, um. *Lucr.* Lo perteneciente á las musas.

**Musia**, ae. f. V. Mysia.

**Musica**, ae. f. V. Musice, es.

**Musicarius**, ii. m. *Paul. Jct.* El artífice que hace instrumentos músicos.

**Musicatus**, a, um. *Apul.* Hecho, compuesto segun las reglas de la música, puesto en música.

**Musice**. adv. *Plaut.* Como músico, á su modo ó manera. *Musice aetatem agere. Plaut.* Pasar la vida alegremente, en banquetes, diversiones, placeres á costa agena.

**Musice**, es. f. *Cic.* La música, una de las artes liberales.

**Musicus**, ci. m. *Cic.* Músico, el que sabe y ejerce el arte de la música.

**Musicus**, a, um. *Cic.* Músico, musical, lo que toca á ó es propio de la música *Studium musicum. Ter.* El estudio de la poesía cómica. ‖ *Cic.* Estudio de la poesía y de las bellas letras.

**Musigena**, ae. m. *Rufin.* Hijo de una musa.

**Musimo**, y Musmo, onis. m. *Cat.* Animal bastardo, procreado de otros dos de diversa especie.

**Musivarius**, ii. m. *Cod. Theod.* Artífice de obras de mosaico, ebanista.

**Musivum**, i. n. *Esgarc.* Obra mosaica, taraceada de piedras de varios colores.

**Musivus**, a, um. *Estac.* Mosaico, lo que está hecho segun este órden de arquitectura.

**Musmo**, onis. m. V. Musimo. ‖ Musmon, hijo de cabra y carnero.

**Mussatio**, onis. f. *Amian.* La accion de murmurar, de hablar quedo, entre dientes.

**Mussitandus**, a, um. *Ter.* Lo que se ha de murmurar, hablar bajo, entre dientes; aquello en que es menester callar, taparse la boca.

**Mussitatio**, onis. f. *Apul.* La accion de hablar entre dientes, de murmurar.

**Mussitator**, oris. m. *Bibl.* El que habla bajo, entre dientes.

**Mussito**, as, avi, atum, are. n. *Plaut.* Hablar frecuentemente entre dientes, murmurar. ‖ Callar con violencia, por fuerza, con repugnancia. freq. de

**Musso**, as, avi, atum, are. a. *Liv.* Murmurar, murmugear, hablar quedo, entre dientes. ‖ Callar, guardar silencio, no hablar palabra. ‖ *Virg.* Dudar, balancear, titubear, estar irresoluto, incierto. *Mussat dicere. Virg.* No se atreve á hablar. *Quem vocet. Virg.* No sabe á quien llamar. *Mussa, tace. Ter.* Callar, no hables palabra.

**Mustace**, aces. f. *Plin.* Especie de laurel de hojas muy grandes.

**Mustaceum**, i. n. *Cic.* y

**Mustaceus**, i. m. *Cat.* Torta hecha con harina, queso, anis y mosto, con hojas de laurel por cima, que se solia usar en las bodas.

**Mustarius**, a, um. *Cat.* Lo que es de mosto, de vino nuevo, ó lo que le pertenece.

**Mustela**, ae. f. *Fedr.* La comadreja. ‖ *Plin.* Mustela, pescado.

**Mustelatus**, a, um. *Apul.* Teñido de color de comadreja; esto es, rojo.

**Mustelinus**, a, um. *Plin.* Lo que toca á, ó es propio de las comadrejas.

**Mustellarius** vicus. m. *Varr.* Un barrio de Roma.

**Musteus**, a, um. *Col.* Fresco, reciente, mantecoso. ‖ Dulce como el mosto. *Musteus liber. Plin.* Libro nuevo, que acaba de publicarse.

**Mustricola**, ae. f. *Fest.* La horma del zapatero.

**Mustulentus**, a, um. *Plaut.* Abundante de mosto. ‖ Dulce como el mosto.

**Mustum**, i. n. *Plin.* Mosto, el zumo de la uva antes de cocer y hacerse vino.

**Mustus**, a, um. *Cat.* Nuevo, fresco, reciente.

**Musulmannus**, a, um. Fiel, verdadero creyente. ‖ Epíteto que se dan los turcos.

**Muta**, ae. f. *Ov.* Muta, Lara, Larunda, una de las nayades, madre de los dioses Lares, á quien Júpiter hizo muda por demasiado habladora.

**Mutabilis**. m. f. le. n. is. *Cic.* Mudable, inestable, variable, sujeto, espuesto á mudanza.

**Mutabilitas**, atis. f. *Cic.* Mutabilidad, inconstancia, movilidad, ligereza.

Nnn

**Mutabiliter.** adv. *Varr.* Mudablemente, con mutabilidad é inconstancia.

**Mutandus,** a, um. *Ov.* Lo que se ha de ó debe mudar.

**Mutans,** tis. com. *Quint.* El que muda, trueca.

**Mutatio,** onis. f. *Cic.* Mutacion, mudanza, movimiento, alteracion.

**Mutator,** oris. m. *Luc.* El que muda, varía.

**Mutatorium,** ii. n. *Sext. Ruf.* Un parage público de Roma. ‖ Casa de recreacion de César. ‖ Sitio donde César se mudaba la toga al ir á la guerra, tomando la clámide militar.

**Mutatorius,** a, um. *Tert.* Lo que pertenece á mudanza ó alteracion.

**Mutatus,** us. m. *Tert.* Mutacion, mudanza, alteracion.

**Mutatus,** a, um. part. de *Muto. Cic.* Mudado, alterado, trocado. ‖ *Virg.* Trasportado. ‖ *Lucr.* Movido. *Mutatus in deterius. Tac.* — *In pejorem partem. Cic.* Mudado en peor. *Mutata verba. Cic.* Palabras metafóricas, trasladadas de su propio sentido á otro. *Mutatus faciem et ora. Virg.* Trasformado en otro. *Mutatum vinum. Hor.* Vino picado, perdido; vuelto, torcido.

**Mutesco,** is, &c. n. *Apul.* Enmudecer, hacer el mudo, callar.

**Muticenses,** ium. m. plur. *Cic.* Pueblos de Sicilia.

**Muticus,** a, um. *Varr. Spica mutica.* Espiga que no tiene arista, mutilada.

**Mutilatio,** onis. f. *Cels.* Mutilacion, corte, cortadura de un miembro viviente.

**Mutilator,** oris. m. *Cels.* Mutilador, el que mutila, cercena, corta un miembro.

**Mutilatus,** a, um. *Cic.* Mutilado, cortado, cercenado. *Mutilatus exercitus. Cic.* Ejército mutilado, medio deshecho.

**Mutilo,** as, avi, atum, are. a. *Ter.* Mutilar, cortar, cercenar una parte.

**Mutilus,** a, um. *Ces.* Mutilado, cortado, que le falta alguna parte. *Mutilus cornibus. Ces.* Mocho, sin cuernos. *Mutila navis. Liv.* Nave desarbolada. *Mutilum caput. Nemes.* Cabeza calva.

**Mutina,** ae. f. *Cic.* Módena, ciudad de la Galia togada.

**Mutinensis.** m. f. sc. n. is. *Ov.* Modenés, lo perteneciente á Módena.

**Mutinus,** y **Mutunus,** i. m. *Lact.* El dios Priapo.

**Mutio,** is, ivi, itum, ire. n. *Ter.* Murmurar, hablar bajo, entre dientes. *Mutire nihil audet. Plaut.* No se atreve á chistar.

**Mutitio,** onis. f. *Plaut.* La accion de hablar quedo, entre dientes.

**Mutito,** as, avi, atum, are. a. *Gel.* Banquetear por veces, convidarse mutuamente.

**Mutitus,** a, um. part. de *Mutio. Ter.* Hablado entre dientes.

**Muto,** as, avi, atum, are. a. *Cic.* Mudar, alterar, variar. ‖ Trocar, cambiar. *Haud muto factum. Ter.* No me arrepiento, no me pesa de haberlo hecho. *Mutare locum. Cic.* Se loco. *Hor.* Mudar de lugar. — *Vellera. Virg.* Teñir la lana. — *In horas. Hor.* Mudar de parecer á cada momento. — *Mores. Ter.* Trocarse, mudar de genio, de inclinaciones, de costumbres. — *Fidem. Ter.* Desdecirse. — *Animum. Ter.* Mudar de designio. — *Aliquid aliqua re. Cic.* Trocar, cambiar una cosa por otra. — *Solum. Cic.* Mudar de país. — *Orationem. Cic.* Variar la oracion, el estilo. *Lactens porcus aere mutandus est. Col.* El lechoncillo se debe vender á dinero. *Annona nihil mutavit.* No se alteró el precio de los víveres.

**Muto,** onis. m. *Hor.* El miembro viril.

**Mutoniatus,** a, um. *Marc.* El que tiene muy crecido el miembro viril.

**Mutuarius,** a, um. *Apul.* V. *Mutuus.*

**Mutuaticus,** a, um. *V. Mutuatitius.*

**Mutuatio,** onis. f. *Cic.* La accion de tomar prestado.

**Mutuatitius,** a, um. *Gel.* Lo que se presta.

**Mutuatus,** a, um. part. de *Mutuor. Plin.* Prestado. ‖ El que ha prestado.

**Mutue.** adv. *Cic.* y

**Mutuiter.** adv. *Varr.* Mutua, recíprocamente.

**Mutuito,** as, are. a. *Plaut.* Desear, pedir prestado.

**Mutulus,** i. m. *Vitruv.* Modillon, parte y adorno de la cornisa de madera ó piedra que parece la sostiene. Se hace regularmente en figura de S, vuelta al reves, y muy corva.

**Mutuo.** adv. *Cic.* Mutua, recíprocamente.

**Mutuo,** as, avi, atum, are. a. *Sen.* y

**Mutuor,** aris, atus sum, ari. dep. *Cic.* Tomar prestado. ‖ Tomar de otro para uso propio. *Mutuare ab innocentia praesidium. Val. Max.* Sacar socorro, ausilio de su inocencia. — *In sumptum. Cic.* Tomar prestado para hacer un gasto. — *Auxilia ad aliquid. Ces.* Pedir ausilios, tomarlos para la ejecucion de alguna cosa.

**Mutus,** a, um. *Cic.* Mudo, que no habla. ‖ Callado, silencioso que calla. *Mutae res. Cic.* Las cosas inanimadas, irracionales. — *Artes. Virg.* Artes mudas; todas, menos la poesía, la música, la adivinacion, y la agorería. ‖ *Cic.* Todas las que se ejercen sin la elocuencia. — *Personae.* Personas mudas, en las comedias y tragedias se llaman las que no salen á la escena, aunque contribuyan á la accion, y aunque otras hablen con ellas. *Muti magistri. Gel.* Los libros, maestros mudos. *Muta. Cic.* Las cosas que no hacen ruido. ‖ Los lugares en que se guarda silencio.

**Mutuscae,** arum. f. plur. *Virg.* Mutusca, ciudad de los sabinos, muy abundante de olivos.

**Mutuscaei,** orum. m. plur. *Plin.* Los naturales de Mutusca.

**Mutuscaeus,** a, um. *Virg.* Lo perteneciente á la ciudad de Mutusca.

**Mutuum,** i. n. *Cic.* Empréstito de dinero ú otra cosa, préstamo. *Mutuum rogare. Plaut.* Pedir prestado. — *Dare. Cic.* — *Facere cum aliquo. Plaut.* Corresponder recíprocamente. Prestar á alguno.

**Mutuum.** adv. *Plaut.* Mutua, recíprocamente.

**Mutuus,** a, um. *Cic.* Mutuo, recíproco. *Mutua convivia inter se curare. Virg.* Convidarse recíprocamente.

## MY

**Mya,** ae. f. *Plin.* Especie de marisco que engendra perlas pequeñas y rojas. ‖ Isla en la costa de Caria.

**Myacanthon,** i. n. *Plin.* Espárrago silvestre, de trigo.

**Myaces,** um. m. plur. *Plin.* Especie de marisco, que se amontona como los murices donde se mezcla copia de agua dulce con la salobre.

**Myagros,** i. m. *Plin.* Yerba semejante en la hoja á la rubia, de que se saca aceite medicinal para las llagas de la boca.

**Myax,** acis. m. *Plin.* Especie de marisco.

**Mycalaeus,** a, um. *Claud.* y

**Mycalensis.** m. f. sc. n. is. *Val. Max.* Lo perteneciente á Micale.

**Mycale,** is. m. *Val. Max.* Micale, monte y ciudad de Caria entre los rios Meandro y Caistro.

**Mycalessos,** i. m. *Plin.* Micaleso, monte y ciudad de Beocia.

**Mycaematias,** ae. m. *Amian.* Terremoto, con grande estruendo de los montes.

**Mycena,** ae. f. y

**Mycenae,** arum. f. 6

**Mycene,** es. f. *Hor.* Micenas, ciudad del Peloponeso.

**Mycenaeus,** a, um. *Ov.* y

**Mycenensis.** m. f. sc. n. is. *Cic.* Lo perteneciente á Micenas.

**Mycenis,** idis. f. *Ov.* Ifigenia, hija de Agamemnon, rey de Micenas.

**Mycetias,** ae. m. *Apul.* Especie de terremoto. V. *Mycematias.*

**Myco,** onis. f. 6

**Myconus,** i. f. *Plin.* Micona, isla del mar egeo, una de las Cicladas.

**Myconii,** orum. m. plur. *Plin.* Los naturales de la isla Micona.

**Myconius,** a, um. *Plin.* Lo perteneciente á Micona.

**Mydriasis,** is. f. *Cels.* Enfermedad de los ojos, en que se dilata la pupila y pierde su resplandor.

Mygdŏnes, um. *m. plur. Plin.* Migdonios, *pueblos de Migdonia, de Frigia.*

Mygdŏnia, ae. *f. Plin.* Migdonia, *region de Macedonia.* ∥ *De Asia.* ∥ *De Mesopotamia.* ∥ *Solin.* La Bitinia, *llamada antes Migdonia.*

Mygdŏnĭdes, ae. *m. Virg.* Corebo, *hijo de Migdon y Anaximena.*

Mygdŏnis, ĭdis. *f. Ov.* La muger natural de Migdonia ó Frigia.

Mygdŏnius, a, um. *Ov.* Lo perteneciente á Migdonia, á Frigia.

Myiagros, i. *m. Plin.* Cazador, matador de moscas, *dios, á quien veneraban los eleos con este nombre y oficio.*

Myiscae, ārum. *f. plur. Plin.* y

Myiscus, i. *m. Plin.* Especie de marisco. *V.* Myaces.

Mylae, ārum. *f. plur. Plin.* Melazo, *ciudad de Sicilia.*

Mylaeus, y Mylasēnus, a, um. *Plin.* Lo perteneciente á la ciudad de Melazo.

Mylaecus, i. *m. Plin.* Insecto, especie de polilla *que se come la harina.*

Myōctŏnus, i. *f. Plin.* La raiz del aconito, *que mata los ratones.*

Myōdes, is. *m. Plin.* Matamoscas. *V.* Myagrus.

Myŏpăro, ŏnis. *m. Cic.* Fusta, bergantin, chalupa ligera.

Myŏphŏnum, i. *n. Plin.* Aconito, *yerba que mata los ratones.*

Myops, ōpis. *com. Ulp.* Corto de vista, cegajoso, que se arrima mucho al objeto para poderle ver.

Myosōta, ae. *f.* y

Myosōtis, ĭdis. *f. Plin.* Oreja de raton, *yerba.*

Myra, ae. *f.* Mira, *ciudad marítima de Licia.*

Myrapia-pira. *f. Cels.* Pera mosqueruela de muy buen olor y sabor, pera que tiene olor de mirra.

Myrĭca, ae. *f.* Anfipolis, *ciudad de Macedonia.*

Myrīca, ae. *f.* y

Myrīce, es. *f. Plin.* El tamariz, *arbusto.* ∥ Isla del mar rojo.

Myrīnus, i. *m. Marc.* La lamprea macho.

Myrinus, a, um. *Marc.* Aromático, oloroso, compuesto, aderezado con aromas.

Myrionyma, ae. *f. Apul.* Que tiene inumerables nombres. *Epíteto de Isis, diosa egipcia llamada Ceres, Venus, Juno, Eleusina, Lucina, Proserpina, Diana, Luna &c.*

Myriophyllum, i. *n. Plin.* Milefolio, *yerba.*

Myrmecias, ae. *m. Plin.* Especie de piedra con manchas negras como berrugas.

Myrmecītes, ae. *m.* ó

Myrmecītis, ĭdis. *f. Plin.* Mirmecites, *piedra preciosa que tiene figurada en sí una hormiga.*

Myrmice. *adv. Plaut.* Como la hormiga.

Myrmĭcium, ii. *n. Cels.* Berruga de las manos ó pies que pica como la hormiga. ∥ *Plin.* Especie de araña que tiene la cabeza como la hormiga.

Myrmidŏnes, um. *m. plur. Ov.* Mirmidones, *pueblos de Tesalia, oriundos de Egina, que siguieron á Aquiles á la guerra de Troya.*

Myrŏbălanum, i. *n. Plin.* Mirobalano, *bellota egipcia de que se hacia ungüento ó pomada olorosa para untar el cabello.*

Myrobractārius, ii. *m.* y

Myrobrēchārius, ii. *m.* El que vende perfumes, perfumero.

Myron, ó Myrum, i. *n. S. Ger.* Ungüento, aroma, perfume.

Myron, ōnis. *m. Plin.* Miron, *célebre estatuario, natural de Eleuteris en Beocia, discípulo de Agelades.*

Myrŏpōla, ae. *m. Plaut.* Vendedor de ungüentos, aromas, perfumes, perfumero.

Myrŏpōlium, ii. *n. Plaut.* Tienda de perfumes y ungüentos, perfumería.

Myrothēcium, ii. *n. Cic.* Bote ó caja de perfumes.

Myrrha, ae. *f. Plin.* Mirra, *goma preciosa que destila el árbol del mismo nombre, y se cria en muchas partes de Arabia é islas adyacentes.*

Myrrhātus, a, um. *Sil.* Mirrado, compuesto, mezclado, perfumado con mirra.

Myrrheus, a, um. *Hor.* y

Myrrhīnus, a, um. *Plin.* Lo perteneciente á la mirra.

Myrrhis, ĭdis. *f. Plin.* Yerba semejante á la cicuta.

Myrrhītes, ae. *m. Plin.* Piedra preciosa de color de mirra.

Myrsinītes, ae. *m. Plin.* Yerba, *especie de titímalo.* ∥ Piedra preciosa de color de miel cubierta.

Myrta, y Murta, ae. *V.* Myrtus.

Myrtāceus, a, um. *Cels.* Lo que es de mirto.

Myrtātum, i. *n. Varr.* Especie de morcilla guisada con mirto.

Myrtātus, a, um. *Plin.* Compuesto, aderezado con mirto.

Myrteŏlus, a, um. *Col.* De color de mirto.

Myrtēta, ae. *f. Plaut.* y

Myrtētum, i. *n. Plin.* Sitio plantado de mirtos.

Myrteum, i. *n. Cels.* Aceite de mirto.

Myrteus, a, um. *Virg.* Lo que es de mirto, y lo que le pertenece. ∥ *Petron.* De color castaño oscuro.

Myrtidănum, i. *n. Plin.* Vino de la frutilla del mirto silvestre.

Myrtīnus, a, um. *Apul.* Lo que es de mirto, y lo que le pertenece.

Myrtiŏlus, a, um. *Col.* Lo que se parece al mirto.

Myrtites, ae. *m. Col.* Vino de la frutilla del mirto silvestre.

Myrtōus, a, um. *Hor.* Lo que es del mar de Mandria, parte del egeo.

Myrtuōsus, a, um. *Plin.* Semejante al mirto.

Myrtum, i. *n. Virg.* La frutilla ó bayas del mirto.

Myrtus, i. *f. Plin.* El mirto ó arrayan, *árbol.*

Myrus, i. *m. Plin.* La murena ó lamprea macho.

Mys, yos. *m. Plin.* Raton marino, pez marino. ∥ *Mac.* Mios, *excelente platero y grabador.*

Mysi, ōrum. *m. plur. Hor.* Los naturales de Misia.

Mysia, ae. *f. Plin.* Misia mayor y menor, *region del Asia menor.*

Mysiacus, a, um. *V.* Misius.

Mysii, ōrum. *m. plur. Hor.* Los naturales de Misia.

Mysius, a, um. *Plin.* Lo perteneciente á la Misia.

Mysta, y Mystes, ae. *m. Sen.* Sacerdote, *sabio en los misterios, sacrificios y culto de alguna divinidad.*

Mystagōgus, i. *m. Cic.* Ministro que guarda las cosas sagradas, y las enseña á los estrangeros.

Mystērĭarches, ae. *m. Prud.* Prefecto, guarda, custodio de las cosas sagradas.

Mystērium, ii. *n. Cic.* Misterio, *cosa sagrada, oculta.* Mysteria. *Cic.* Fiestas de los atenienses y romanos en honor de Ceres. — Rhetorum. *Cic.* Misterios, secretos de los retóricos.

Mystĭce. *adv. Solin.* Místicamente, con misterio.

Mystĭcus, a, um. *Virg.* Místico, misterioso, arcano.

Mystruum, i. *n. Fan.* La cuarta parte de un cuarto.

Mystus, i. *m. Plin.* El barbo, *pez.* ∥ *f.* Pequeña isla del mar egeo.

Myssus, a, um. *Prop.* Lo perteneciente á la Misia.

Mythĭcus, a, um. *Plin.* Fabuloso, lo que contiene fabulas.

Mythistŏria, ae. *f. Capitol.* Narracion fabulosa, frívola.

Mythistŏrĭcus, a, um. *Vopisc.* Fabuloso, mezclado de historia y fábulas.

Mythŏlŏgia, ae. *f.* Mitologia, historia de la religion gentílica, discurso fabuloso.

Mytŏlŏgĭcus, a, um. y

Mythŏlŏgus, a, um. Perteneciente á las fábulas, á la mitologia.

Myuns, untis. *f. Nep.* Myus, *ciudad de Jonia.*

Myxa, ae. *f. Plin.* Especie de ciruelo, *que lleva una fruta pequeña, pero muy dulce.* ∥ El moco.

Myxo, y Mixon, ōnis. *m. Plin.* Especie de mugil ó mujol, *pez.*

Myxos, y Myxus, i. *m. Marc.* El mechero del velon ó candileja. ∥ El pábilo de la mecha cuando no se espabila y hace clavo.

Myxum, i. *n. Palad.* La ciruela pequeña y dulce, que lleva el árbol llamado Mixa.

## NA

**Nabathaea**, ae. f. *Plin.* Nabatea, *region de la Arabia desierta ó petrea, cuya capital es Petra.*

**Nabathaei**, ōrum. m. plur. *Plin.* Naturales de Nabatea.

**Nabathaeus**, a, um. *Plin.* Lo perteneciente á Nabatea.

**Nabāthes**, ae. m. *Sen.* El natural de Nabatea, nabateo.

**Nabis**, is. m. *Plin.* Animal de la Etiopia mezclado de camello y caballo.

**Nabia**, ōrum. n. plur. *Ov.* Instrumento músico de cuerdas, *que Policiano dice ser el salterio.*

**Nabio**, ōnis. m. y

**Nablista**, ae. m. El que toca el salterio.

**Nablium**, ii. m. *Ov.* V. Nablum.

**Nablīzo**, ās, āre. n. Tocar el salterio.

**Nablum**, i. n. *Bibl.* El salterio, instrumento de cuerdas de alambre.

**Nacca**, ó Nacta, y Natta, ae. m. *Fest.* El que ejerce una arte baja, *como curtidor.* || *Plaut.* Hombre vil y bajo.

**Nactus**, a, um. part. de Nanciscor. *Cic.* El que ha alcanzado, adquirido, logrado, hallado. || *Hig.* Hallado, adquirido. *Nactus summam potestatem. Sal.* El que ha llegado al poder supremo.

**Nadir**. indecl. n. El nadir, punto perpendicularmente opuesto al vertical ó punto superior llamado cenit.

**Nae**. adv. *Cic.* Ciertamente, en verdad, por cierto, sin duda. *Nae illi errant. Cic.* Por cierto, cierto que se engañan, estan muy engañados, equivocados, van errados.

**Naenia**, ae. f. *Cic.* V. Nenia.

**Naevia porta**. f. *Fest.* Puerta nevia, *una de las de Roma, asi llamada del bosque nevio.*

**Naeviānus**, a, um. *Cic.* Lo perteneciente al poeta Nevio.

**Naevius**, ii. m. *Cic.* Cneo Nevio Campano, *poeta latino anterior á Enio, que escribió en verso la primera guerra púnica y algunas comedias.*

**Naevius**, a, um. *Fest.* Lo perteneciente al poeta Nevio, y á cualquiera otro de este nombre. *Naevius. Arnob.* El que tiene manchas, pecas ó alguna otra fealdad en su cuerpo.

**Naevŭlus**, i. m. *Gel.* dim. de

**Naevus**, i. m. *Cic.* Señal, mancha, lunar, tacha natural en alguna parte del cuerpo.

**Naiădes**, um. f. plur. *Ov.* Las Náyades, *ninfas de los rios y de las fuentes.*

**Nais**, ădis. f. *Ov.* Náyade, *ninfa de los rios y fuentes.*

**Naïcus**, a, um. *Prop.* Lo perteneciente á las Náyades.

**Nāis**, ĭdis. f. *Virg.* Nayade.

**Nam**. *Cic.* conj. caus. Porque.

**Nancio**, is, īre. (ant) *Prisc.* y

**Nanciscor**, ĕris, nactus sum, sci. dep. *Cic.* Encontrar, hallar, lograr, adquirir, obtener. *Nactus est morbum. Nep.* Cayó en una enfermedad. *Ut nactus es habe. Plaut.* Te está bien empleado.

**Nannētes**, um. m. plur. *Cic.* Los pueblos de Nantes en Bretaña.

**Nanque**, y Namque. conj. caus. *Cic.* Porque.

**Nans**, tis. com. *Cic.* El que nada, pasa á nado.

**Nantuates**, um. m. plur. *Cic.* Pueblos de la Galia céltica, *que ocupaban el pais de Vaux y el Valais bajo en la Suiza.*

**Nānus**, i. m. *Prop.* Enano, hombre de muy baja estatura.

**Năpaeae**, ārum. f. plur. *Virg.* Napeas, *ninfas de los montes y bosques.*

**Napāris**, is. m. El Boristenes ó Nieper, *rio de Escitia.*

**Nape**, es. f. Ciudad de la isla de Lesbos. || *Ov.* Nombre de un perro.

**Naphtha**, ae. f. *Plin.* Nafta, *betun oleoso, nitroso, inflamable.*

**Nāpīna**, ae. f. *Col.* El nabal ó nabar, tierra sembrada de nabos.

**Nāpus**, i. m. *Col.* El nabo, raiz parecida al rábano.

**Nar**, aris. m. *Cic.* El Nera, *rio de Italia.*

**Narbo**, ōnis. m. *Cic.* Narbona, *ciudad de Lenguadoc.*

**Narbōnensis**. m. f. sē. n. is. *Cic.* y

**Narbōnĭcus**, a, um. *Plin.* Narbonense, lo perteneciente á Narbona y á la Galia narbonense.

## NAS

**Narce**, es. f. *Plin.* La torpeza ó torpor.

**Narcissĭmus**, a, um. *Plin.* Lo que es del narciso, lo que pertenece á él.

**Narcissītes**, ae. m. *Plin.* Narciso, *piedra preciosa que tiene las venas y olor como el narciso flor.*

**Narcissus**, i. m. *Plin.* Narciso, *flor blanca y roja por dentro, especie de lirio.* || *Ov.* Narciso, *jóven que enamorado de su hermosura en una fuente fue convertido en esta flor.*

**Nardĭfer**, a, um. *Gracian.* Lo que lleva, cria, produce nardo.

**Nardĭnus**, a, um. *Plin.* Nardino, lo que es de nardo, que se le parece ó tiene su olor.

**Nardum**, i. n. y

**Nardus**, i. m. *Plin.* El nardo, *planta olorosa, aromática.*

**Nāres**, ium. f. plur. *Cic.* Las narices.

**Nārīnōsus**, a, um. *Lact.* Narigudo, el que tiene muchas narices, muy larga la nariz.

**Nāris**, is. f. *Cic.* La nariz. *Naris emunctae homo. Hor.* Hombre de buenas narices, hombre de buen gusto, conocedor, juicioso, crítico. *Obessae juvenis. Hor.* Jóven estúpido, necio.

**Narĭta**, ae. f. *Plaut.* Especie de marisco.

**Narnia**, y Narnia, ae. f. *Plin.* Narni, *ciudad de la Umbria en Italia.*

**Narnienses**, ium. m. plur. Los naturales y habitantes de Narni.

**Narniensis**. m. f. sē. n. is, *Liv.* Lo perteneciente á Narni.

**Naro**, ōnis. m. Rio de Dalmacia.

**Narōna**, ae. f. Ciudad de Liburnia.

**Narrābĭlis**. m. f. lē. n. is. *Ov.* Lo que se puede contar, narrar.

**Narrans**, tis. com. *Ov.* El que narra ó cuenta.

**Narrātio**, ōnis. f. *Cic.* Narracion, narrativa, relacion, esposicion de una cosa, la accion de contarla. || Una de las partes del discurso oratorio.

**Narrative**. adv. *Donat.* Por via ó manera de narracion.

**Narrātiuncŭla**, ae. f. *Quint.* Narracion breve.

**Narrātor**, ōris. m. *Cic.* El que narra, cuenta, refiere algun hecho.

**Narrātus**, us. m. *Ov.* Narracion, relacion.

**Narrātus**, a, um. *Plin.* Narrado, contado. part. de

**Narro**, as, āvi, ātum. āre. a. *Cic.* Narrar, contar, referir, esponer un hecho. *Narrare mala de aliquo. Cic.* Dar malas noticias, malos informes de alguno. *Alicui. Cic.* Hablar á uno con sinceridad, con verdad. *Narrant. Plin. Narratur. Hor.* Dicen, cuentan, se dice.

**Narthēcia**, ae. f. *Plin.* La cañaeja, *planta silvestre parecida á la caña comun.*

**Narthēcium**, ii. n. *Cic.* Caja, vaso destinado á guardar ungüentos y perfumes.

**Narthex**, ēcis. f. *Plin.* V. Narthecia.

**Narycia**, ae. f. *Ov.* y

**Narycius**, ii. f. *Ov.* Naricia, *ciudad de los locrenses en Beocia.*

**Narycius**, a, um. *Virg.* Lo perteneciente á Naricia ó sus habitantes.

**Nasamōnes**, um. m. plur. *Luc.* Nasamonios, *pueblos de la Livia en Africa.* || *Plin.* Otros de la Marmarica, junto á los garamantas.

**Nasamonīacus**, a, um. *Sil.* Lo perteneciente á los nasamonios. || Africano.

**Nasāmontes**, ae. m. *Plin.* Piedra preciosa de color sanguíneo con vetas negras.

**Nasamōnius**, a, um. *Estac.* Lo perteneciente á los nasamonios. || Líbico, africano.

**Nascendus**, a, um. *Gel.* El que ha de nacer.

**Nascens**, tis. com. *Virg.* Naciente, que nace. || *Cic.* Nuevo, reciente.

**Nascentia**, ae. f. *Vitruv.* El nacimiento.

**Nascĭbĭlis**. m. f. lē. n. is. *Tert.* Que puede nacer.

**Nascor**, cĕris, natus sum, sci. dep. *Cic.* Nacer, venir al mundo. || Provenir, tomar principio. *Nascitur ventus. Cic.* Se levanta viento. *In miseriam nascimur. Cic.* Nacemos ó para miserias. *Opinio nascens. Cic.* Opinion que empieza á establecerse. *Ab eo flumine collis nascebatur.*

**NAT**      **NAU**    469

*Cœs.* Desde este rio se levantaba, empezaba á levantarse un collado.

**Nasīca**, ae. *f. Arnob.* El que tiene la nariz corta y afilada. || *Liv.* Sobrenombre de P. Cornelio Escipion.

**Nasidiānus**, a, um. *Cœs.* Lo perteneciente á Nasidio, *nombre propio romano.*

**Nasiterna**, ae. *f. Varr.* Caldero ó otra vasija semejante con asas y ancha boca.

**Nasiternātus**, a, um. *Calpur.* El que lleva un caldero ú otra vasija semejante.

**Naso**, ōnis. m. *Quint.* Nason, *sobrenombre del poeta P. Ovidio, tomado de sus grandes narices.*

**Nassa**, ae. *f. Plin.* Nasa, *red para pescar en forma de manga.*

**Nasturtium**, ii. n. *Plin.* El mastuerzo, *yerba.*

**Nasum**, i. n. *Plaut.* y

**Nasus**, i. m. *Cic.* La nariz. || *Juv.* Ansa ó asa. || Burla, mofa, irrision. || *Hor.* Discernimiento, gusto. *Styli nasus. Plin.* Sátira, acrimonia del estilo. — *Illi nullus est. Hor.* No tiene gusto ni discernimiento. *Suspendere naso. Hor.* Burlarse, hacer mofa, irrision de alguno. *Vigilanti stertere naso. Juv.* Hacer el dormido.

**Nasūte**. adv. *Sen.* Astutamente, con maña y destreza. || *Acerba*, ásperamente, con acrimonia.

**Nasūtus**, a, um. *Hor.* Narigon, narigudo, el que tiene muchas narices. || *Marc.* Astuto, sagaz, diestro. || Burlon, mofador, decidor con arte y gusto.

**Nata**, ae. *f. Virg.* La hija, la niña.

**Natābilis**. m. *f.* lĕ. n. is. *Corrip.* Que nada ó puede nadar.

**Natābulum**. i. n. *Apul.* Lugar donde se puede nadar.

**Natales**, ium. m. plur. *Plin. men.* Nacimiento, condicion, sangre, casa, parentela, familia, estraccion. || *Hor.* Dia del nacimiento. *Natalibus claris. Tac.* ó *clarus homo. Plin.* Hombre de ilustre nacimiento. — *Restituere. Plin. men.* Restituir á su nobleza, restablecer en ella.

**Natalis**. m. *f.* lĕ. n. is. *Cic.* Natal, natalicio, lo perteneciente al nacimiento. || *Natural*, innato, connatural. *Natalis sterilitas. Col.* Esterilidad natural. *Natalis humus, y natale solum. Ov.* La patria.

**Natalis**, is. m. *Cic.* Natal, el dia del nacimiento. *Natalis meus est. Virg.* Hoy es mi dia, son mis dias, el dia de mi nacimiento. — *Urbis. Plin.* Dia de la fundacion de una ciudad. — *Salutis. Cic.* Dia de la dedicacion del templo de la salud. *Natale astrum. Hor.* Astro que preside á la hora del nacimiento.

**Natalītia**, ōrum. n. plur. *Cic.* Los convites y presentes que se hacian en el dia del nacimiento.

**Natalītius**, a, um. *Cic.* Natalicio, natal, perteneciente al nacimiento ó al dia de él. *Natalitia praedicta. Cic.* Oroscopo, predicciones hechas sobre la observacion del cielo en la hora del nacimiento. — *Sydera. Cic.* Astros que presiden al nacimiento.

**Natans**, tis. com. *Virg.* Lo que nada.

**Natatilia**, ōrum. n. plur. *Varr.* Estanques donde nadan los patos, donde se puede nadar.

**Natatilis**, m. *f.* lĕ. n. is. *Ter.* Natátil, lo que nada, anda sobre las aguas.

**Natatio**, ōnis. *f. Cic.* La accion de nadar, natacion. || *Cels.* Nadadero, baño, estanque donde se nada.

**Natātor**, ōris. m. *Ov.* Nadador, el que nada.

**Natatōria**, ae. *f. Sid.* Nadadero, el sitio donde se nada. || Baño, estanque.

**Natatōrius**, a, um. *Fest.* Lo perteneciente al nadar.

**Natātus**, us. m. *Estac.* Natacion, la accion de nadar.

**Natātus**, a, um. *Estac.* Aquello por donde se ha nadado.

**Nates**, is. *f. Hor.* y

**Nates**, ium. *f.* plur. *Marc.* Las nalgas.

**Natinātio**, ōnis. *f. Fest.* Negociacion, faccion, enredo de gente bulliciosa y entremetida.

**Natinatōres**, um. m. plur. *Fest.* Hombres revoltosos, amigos de andar en negocios, de maquinar enredos.

**Natinor**, āris. āri. dep. *Cat.* Andar en negocios como fluctuando en ellos.

**Natio**, ōnis. *f. Cic.* Nacion, gente, pueblo. || Diosa que presidia á los nacimientos. || Secta, escuela, profesion. *Natio optimatium. Cic.* La primera nobleza.

**Natīvitas**, ātis. *f. Ulp.* Natividad, nacimiento.

**Natīvitus**. adv. *Ter.* De nacimiento, desde su nacimiento.

**Natīvus**, a, um. *Cic.* Nativo, natural, lo que nace. || Innato, connatural. || Sin artificio, simple, sencillo. *Nativi dei. Cic.* Dioses que no han sido siempre. *Nativa verba. Cic.* Palabras primitivas. — *Lana. Plin.* Lana en su color natural.

**Nato**, as, āvi, ātum, āre. n. *Cic.* Nadar, andar, correr por el agua. || Titubear, estar dudoso, incierto, irresoluto. *Natat pars multa. Hor.* Muchos, la mayor parte no saben qué hacerse, estan dudosos, inciertos. *Natant pavimenta vino. Cic.* Los suelos, los pavimentos estan nadando en vino.

**Natolia**, ae. *f. Plin.* La Natolia, *hoy el Asia minor.*

**Natrix**, īcis. *f. Cic.* Culebra de agua venenosa. || Especie de vara que se dobla como culebra, azote ó látigo. || Una yerba de mal olor.

**Natu**. abl. de Natus, us. *que no se usa. Cic.* De edad. *Natu maximus. Ter.* El mayor. — *Major. Liv.* Mayor de edad. — *Gravior animus. Ter.* Espíritu ya esperimentado con los años, con la edad. — *Magno. Liv.* De mucha edad. — *Minor. Cic.* Menor de edad, de menos años. — *Minimus. Ter.* El menor. — *Grandis. Cic.* Avanzado en edad.

**Natūra**, ae. *f. Cic.* La naturaleza, principio universal de las operaciones naturales. || El mundo, la universalidad de las cosas. || Esencia, propio ser de cada una. || Cosa, sustancia, ser, ente. || Virtud, fuerza, calidad, propiedad. || Situacion, constitucion, estado, condicion. || Genio, indole, propension, inclinacion. || Las partes de la generacion. *Natura stirpium. Cic.* Cualidad, propiedad, virtud natural de las plantas. *Natura rerum. Cic.* El mundo. *Naturae deus. Hor.* El genio de cada uno. — *Cedere. Concedere. Salust.* — *Satisfacere. Cic.* Morir. — *Suae rationem habere. Cic.* Reflexionar sobre su complexion. *Naturam alicujus rei sibi facere. Quint.* Connaturalizarse con una cosa. — *Habere ad...* Cic. Tener genio, talento, disposicion para... *Praeter naturam. Ter.* Contra el genio. *Ad naturam. Sen. Secundum naturam. Quint.* Naturalmente, sin arte. *Natura. Quint.* Por naturaleza, naturalmente.

**Naturābilis**. m. *f.* lĕ. n. is. *Apul.* Lo que es natural.

**Naturāle**, is. n. *Cels.* y

**Naturālia**, ium. n. plur. *Col.* Las partes naturales de la generacion.

**Naturālis**. m. *f.* lĕ. n. is. *Cic.* Natural, propio de la naturaleza, que viene, se recibe de ella. || Lo que no es artificioso ó afectado. *Naturalis filius. Suet.* Hijo propio, no adoptivo. — *Quaestio. Cic.* Cuestion de cosas naturales.

**Naturālitas**, ātis. *f. Ter.* Naturaleza.

**Naturāliter**. adv. *Cic.* Naturalmente, segun la, ó por naturaleza.

**Naturalītus**. adv. *Sidon.* Naturalmente.

**Naturificātus**, a, um. *Ter.* Lo que ha tomado ser ó naturaleza.

**Natus**, i. m. *Cic.* El hijo. *Nati natorum. Virg.* Hijos de los hijos, nietos.

**Natus**, a, um. *Cic.* part. de Nascor. Nacido, dado á luz, engendrado, procreado. || Descendiente, oriundo. *Natus alicui rei. Cic.* Nacido, apto, hábil, bueno, único para una cosa. — *Genere nobili. Sal.* De familia ilustre. — *Aliquo. Cic.* De alguno. — *Ex aliquo. Ov.* — *Ex aliquo. Ter.* Hijo de alguno. — *Sexaginta annos. Cic.* De edad de sesenta años. *Bene natus ager. Varr.* Buena tierra, fértil. *E re nata. Ter.* Segun la ocasion. *Pro re nata. Cic.* Segun el estado de las cosas presente. *Nemo natus. Plaut.* Ninguno.

**Nauci**. genit. de Naucum, *que no se usa. Cic.* Nada, un bledo. *Nauci non habere. Cic.* — *Non facere aliquem. Plaut.* Estimar á uno en nada, no apreciarle tanto como una cáscara de nuez. *Ne nauci quidem dignum judico. Plaut.* No daria un bledo por él.

**Nauclēriācus**, a, um. ó

**Nauclērĭcus**, a, um. y

**Nauclērus**, a, um. *Plaut.* Lo que pertenece al piloto ó patron de navío.

**Nauclērus**, i. m. *Plaut.* Patron, capitan de la nave, dueño de ella.

Naucŭla, ae. f. *Paulin.* Navecilla, nave pequeña.

Naucŭlor, āris, ātus sum, āri. *dep. Plaut.* Navegar, ir por el mar.

Naufrăgālis. m. f. lĕ. n. is. *Marc. Cap.* y

Naufrăgiōsus, a, um. *Sidon.* Proceloso, borrascoso, frecuente en naufragios.

Naufrăgĭum, ii. *n. Cic.* Naufragio, fracaso, destrozo ó hundimiento del navío. ‖ Pérdida, ruina. *Naufragia bonorum, fortunarum, rei familiaris. Cic.* Pérdida de bienes, de hacienda, de fortuna. *Ex naufragio tabula. Cic.* Los restos del naufragio, lo poco que de él se salva, auxilio, socorro del naufragio.

Naufrăgo, ās, āvi, ātum, āre. *a. Petron.* y

Naufrăgor, āris, ātus sum, āri. *dep.* Naufragar, padecer naufragio.

Naufrăgus, a, um. *Cic.* Náufrago, naufragante, el que ha padecido naufragio. ‖ *Hor.* Proceloso, borrascoso, que hace padecer naufragios. ‖ Perdido, el que ha perdido ó destrozado sus bienes.

Naula, y Naulia, ae. f. *Op.* Nabla, instrumento músico, á modo de salterio.

Naulum, i. *m. Juv.* Porte, flete, precio que se paga al patron de la nave por el trasporte.

Naumāchĭa, ae. f. *Suet.* Naumaquia, fiesta en que se finge en el agua un combate naval. ‖ Estanque ó canal de agua para esta fiesta.

Naumāchĭārĭus, ii. *m. Suet.* El que combate en la naumaquia.

Naumāchĭārĭus, a, um. *Plin.* Lo que pertenece á la naumaquia.

Naupactŏus, a, um. *Ov.* Lo perteneciente á la ciudad de Lepanto en la Etolia.

Naupactus, i. f. *Ces.* Lepanto, *ciudad de la Etolia en Grecia.*

Naupēgĭārĭus, ii. *m. Inscr.* y

Naupēgus, i. *m. Firm.* Constructor de navíos.

Nauplia, ae. f. Nápoles de Romanía, *ciudad del Peloponeso.*

Nauplĭādes, ae. *m. Ov.* Palamedes, *hijo de Nauplio.*

Nauplius, ii. *m. Prop.* Nauplio, *rei de la isla de Negroponto, padre de Palamedes.*

Nauplius, ii. *m. Plin.* Un pez, especie de pulpo. ‖ Pez que hace bogar á su concha como un navío.

Nausea, ae. f. *Cic.* Náusea, basca, alteracion del estómago que provoca al vómito.

Nauseābĭlis. m. f. lĕ. n. is. *Cel. Aur.* Lo que da náusea, ocasiona bascas, vómito.

Nauseābundus, a, um. *Sen.* Lleno de náuseas.

Nauseātor, ōris. *m. Sen.* El que padece bascas ó náuseas.

Nauseo, ās, āvi, ātum, āre. *n. Cic.* Nausear, tener bascas, estar provocado á vómitos, marearse. ‖ Sentir, tener disgusto, repugnancia, fastidio.

Nauseŏla, ae. f. *dim. de* Nausea. *Cic.* Pequeña náusea.

Nauseōsus, a, um. *Plin.* Que ocasiona bascas ó náusea.

Nausĭca, ae. y Nausicaa, es. f. *Aus.* Nausicaa, *hija de Alcinoo, rei de Feacia, y de Aretes.*

Nauta, ae. *m. Ces.* El marinero.

Nautālis. m. f. lĕ. n. is. *Aus.* Lo perteneciente al marinero.

Nautea, ae. f. *Plaut.* Agua sucia de la sentina de un navio. ‖ *Fest.* Yerba de que usan los curtidores. ‖ Agua en que se maceran los cueros.

Nautĭci, ōrum. *m. plur. Liv.* Los marineros, remeros, pilotos, y cuantos tienen oficio y ocupacion en el gobierno de la nave.

Nautĭcus, a, um. *Cic.* Náutico, naval, lo que pertenece á la náutica ó marina. *Nauticus panis. Plin.* Bizcocho de mar. *Nautica pinus. Hor.* La nave. *Pubes. Sil.* La chusma del navio. *Nauticarum rerum scientia. Cic.* El arte de la navegacion, la náutica. *Nauticum verbum. Cic.* Término de marina.

Nautĭlus, i. *m. Plin.* Un pez, que nadando imita una nave con velas.

Nava, ae. f. El Nau, *rio de Alemania.*

Nāvāle, is. *n. Cic.* y

Nāvālĭa, ium. *n. plur. Ces.* El puerto. ‖ Astillero, arsenal, atarazana. ‖ La forma de construir y componer los navíos.

Nāvālis. m. f. lĕ. n. is. *Cic.* Naval, lo perteneciente á las naves, al mar, á la náutica, á la marina, á la navegacion. *Navalis res. Liv.* La marina. — *Materia. Liv.* Materia de construccion. — *Corona. Virg.* Corona naval, que se daba al primero que saltaba en el navío enemigo. — *Tuba. Marc.* Trompa marina. — *Disciplina. Cic.* Disciplina de marina. — *Apparatus. Cic.* Equipage de los navíos. — *Uncus. Val. Flac.* Garfio para asir las naves enemigas. ‖ Áncora. *Navale bellum. Cic.* Guerra de mar. — *Praelium. Ov.* Combate, batalla naval. *Navales pedes. Plaut.* Los remeros. — *Socii. Liv.* La chusma del navio.

Nāvarchus, i. *m. Cic.* Capitan, patron de un navío.

Nāvargus, i. *m.* La nave Argos de los argonautas. *Constelacion.*

Nāvātus, a, um. *part. de* Navo, as. *Liv.* Hecho con diligencia, con cuidado.

Nāve. *adv. Plaut.* Diestramente. ‖ Diligente, cuidadosamente.

Navia, ae. f. *Fest.* Pieza de madera cóncava en figura de nave, de canoa.

Nāvĭcella, ae. f. *Marcian. Jur.* y

Nāvĭcŭla, ae. f. *Cic.* Navichuelo, batel, barca pequeña, *dim. de* Navis.

Nāvĭcŭlārĭa, ae. f. *Cic.* El arte de negociar y traficar con propias embarcaciones.

Nāvĭcŭlārĭs. m. f. rĕ. n. is. *Dig.* Lo perteneciente al arte de traficar por mar.

Nāvĭcŭlārĭus, a, um. *Cod. Teod.* Lo que toca ó pertenece al patron de una nave.

Nāvĭcŭlārĭus, ii. *m. Cic.* y

Nāvĭcŭlātor, ōris. *m. Cic.* Patron de navío.

Nāvĭcŭlor, āris, ātus sum, āri. *dep. Marc.* Navegar.

Nāvĭfrăgus, a, um. *Virg.* Lo que hace padecer naufragio, que destroza los navíos.

Nāvĭgābĭlis. m. f. lĕ. n. is. *Liv.* Navegable, que se puede navegar.

Nāvĭgans, tis. *com. Cic.* Navegante, el que navega.

Nāvĭgātĭo, ōnis. f. *Cic.* Navegacion, el acto de navegar, viage, tránsito de ó por mar. *Jucundissima est navigatio circa terram, obambulatio circa mare. adag.* Bueno es misa misar y casa guardar. *ref.*

Nāvĭgātor, ōris. *m. Quint.* Navegante. ‖ Marinero, piloto.

Nāvĭgātus, a, um. *Tac.* Navegado, pasado por mar.

Nāvĭger, a, um. *Lucr.* Que lleva naves, navegable, lo que se puede navegar.

Nāvĭgĭŏlum, i. *n. Hirc.* Navichuelo, barquichuelo. *dimin. de*

Nāvĭgĭum, ii. *n. Cic.* Navío, nave, bajel, bastimento, embarcacion. ‖ *Dig.* Navegacion. *Navigium grave. Ces.* Bajel grande, galeon. — *Actuarium. Ces.* Fragata, galeota ligera, que va á vela y remo. — *Speculatorium. Ces.* Bergantin, corbeta, bastimento de velas, que se envia al descubrimiento. — *Vectorium. Ces.* Urca, bastimento de carga. — *Piscatorium. Quint.* Barco de pescador. — *Trahit aquam. Sen.* El navío hace agua.

Nāvĭgo, ās, āvi, ātum, āre. *a. Cic.* Navegar, embarcarse, viajar por mar. ‖ *Ulp.* Guiar, dirigir, gobernar la embarcacion. *Navigat in portu. Ter.* Está fuera de riesgo. — *Classis in Italia. Cic.* Cruza una flota los mares de Italia. — *Bellum,* ó *belli impetus. Cic.* Sale una escuadra á una espedicion, á hacer la guerra.

Nāvis, is. f. *Cic.* Nave, navío, bajel, embarcacion. *Navis praetoria. Liv.* La capitana ó almiranta de una escuadra, la nave en que va el comandante. — *Annotina. Plin.* Trasporte que sigue con víveres á una escuadra. — *Rector. Virg. Magister. Hor.* Piloto. — *Actuaria. Ces.* Nave ligera, á vela y remo. — *Oneraria. Ces.* Nave de carga, trasporte, pingue, urca. — *Longa. Ces.* Galera. — *Piscatoria. Ces.* Barca de pescador. — *Speculatoria. Liv.* Corbeta, bergantin, embarcacion ligera de observacion, que va á descubrir al enemigo. — *Praedatoria. Liv.* — *Piratica. Quint.* Nave de corsarios, piratas, armada en corso. — *Fluviatilis. Luc.* Barco de rio. — *Tecta. Liv.* Nave cubierta. — *Plicatilis. Plin.* Á la que se le quita ó levanta la cubierta. — *Vitilis. Plin.* Nave hecha de juncos y cubierta de cueros. *Navis una est bonorum omnium. Cic.* Todos los hombres de bien eran de acuerdo. *In eadem es navi. Cic.* Estás en el mismo caso, en el mismo peligro. *Navem conscendere. Cic. In navem. Ces.* Embarcarse, montar un navío. — *Deprimere. Cic.* Echarle á pique, á fondo. — *Solvere. Ov.* Levar el áncora, hacerse á la vela, salir del puerto.

Navĭta, ae. *m. Virg.* El marinero. || Caron, *el que pasa en la nave los muertos por la laguna estigia.*

Navĭtas, ātis. *f. Cic.* Diligencia en ayudar.

Navĭter. *adv. Cic.* Diligente, cuidadosamente, con celo y vigilancia.

Navo, ās, avī, ātum, āre. *a. Cic.* Servir, asistir, emplearse en ausilio de otro con diligencia. *Navare suam alicui,* ó *in aliquem benevolentiam. Cic.* Dar pruebas á alguno de su benevolencia. — *Bellum alicui. Tac.* Hacer la guerra á alguno. — *Operam, opus,* ó *studium alicui. Cic.* Trabajar por alguno, hacer por él.

Navōnius portus. *m.* Puerto Favonio en la isla de Córcega.

Nāvus, a, um. *Cic.* Diligente, cuidadoso, solícito, atento, industrioso, pronto.

Naxium, ii. *n. Plin.* Piedra de afilar de Chipre, *propia para pulir los mármoles y otras piedras preciosas.*

Naxius, a, um. *Prop.* Lo que pertenece á la isla de Naxos ó Nicsia. *Naxius ardor. Col.* La corona de Ariadna, *constelacion septentrional.*

Naxus, y Naxos. i. *f. Plin.* Nicsia, *isla del mar egeo, una de las Ciclades.*

Nazaraeus, y Nazarēus, y Nazarēnus, a, um. *Prud.* Nazareno, lo perteneciente á Nazaret, *ciudad de Galilea, y á N. S. J. concebido en ella; y donde vivió despues de su vuelta de Egipto.*

## NE

Nē. *conjunc.* que sirve para disuadir ó prohibir, y por lo regular se junta con subjuntivo. No, no sea que, para que no. *Ne conferas culpam in me. Ter.* No me eches á mi la culpa. *Ne dicam sceleratum. Cic.* Por no llamarle malvado. *Ne vivam. Cic.* Muera, perezca yo. *Fórm. de mald. Sententiam ne diceret, recusavit.* Reusó decir, dar su parecer. *Metuebat ne indicarent. Cic.* Temia que lo declarasen ó no lo declarasen. *Timeo ne non impetrem. Cic.* Temo no alcanzarlo. *Non vereor ne quid temere facias. Cic.* No temo que obres temerariamente, sé que no obrarás con temeridad. *Primum justitiae munus est, ut ne cui quis noceat. Cic.* La primera regla de la justicia es que ninguno haga daño á otro. *Non potest dici, ne cogitari quidem. Cic.* No se puede decir, ni aun pensar. *Sint misericordes in furibus aerarii, ne illis sanguinem nostrum largiantur. Salust.* Sean misericordiosos con los ladrones del erario, con tal que no les den nuestra sangre.

Nĕ, *conjunc.* enclítica que sirve de interrogacion. *Jamne vides, jamne sentis? Cic.* ¿Ves ahora, no ves, no sientes? *Quaeritur sintne dii, necne? Cic.* ¿Se pregunta si hay dioses ó no? *Honestumne factu sit, an turpe dubitant. Cic.* Dudan si será accion honesta ó torpe.

Ne. *impers. de Neo.*

Neāpŏlis, is. *f. Fedr.* Nápoles, *ciudad marítima, capital del reino de Nápoles en Italia.*

Neāpŏlitāni, ōrum. *m. plur. Cic.* Napolitanos, los naturales y habitantes de Nápoles.

Neāpŏlitānus, a, um. *Plin.* Lo que pertenece á Nápoles.

Nebris, ĭdis. *f. Estac.* Piel de ciervo ó gamo *de que usaban y con que se cubrian los que sacrificaban á Baco.*

Nebrītes, ae. *m. Plin.* Piedra preciosa consagrada á Baco.

Nebrophōnus, i. *m. Ov.* Nombre de un perro de caza que significa el que mata los ciervos.

Nebŭla. *f. Ov.* La niebla. || Nube. || *Ov.* Humo del fuego. *Nebula erroris. Juv.* Niebla, nieblas del error, obstáculo que pone el error al conocimiento de la verdad. — *Linea. Petron.* Camisa delgada y sutil, que apenas cubre el cuerpo. — *Pulveris. Lucil.* Nube de polvo. *Per nebulam audire ó scire. Plaut.* Oir, saber en confuso.

Nebŭlo, ōnis. *m. Ter.* Faramalla, enredador, embustero. *Hic nebulo magnus est. Ter.* Este es un gran bribon.

Nebŭlosĭtas, ātis. *f. Arnob.* Oscuridad que causa la niebla, y otra cualquiera.

Nebŭlōsus, a, um. *Cic.* Nebuloso, nublado, cubierto de nubes, de nieblas. || Oscuro, intrincado, dificil de entender.

Nec. *conjunc. Cic.* Ni y no. *Nec caput, nec pedes. Cic.* Ni pies ni cabeza. *Nec dum. Cic.* Ni aun, aun no. *Nec nemo. Ter.* Nadie, ninguno. *Nec non. Suet.* Tambien. *Nec opinanti, nec opinato. Ter.* Sin pensarlo. *Nec mirum. Cic.* Ni, ó no es maravilla. *Nec eo minus. Suet.* Y sin embargo. *Nec injuria. Liv.* Y con razon, y no sin razon.

Necate, es. *f.* Promontorio de Italia. || Focaria, *ciudad en el ducado de Urbino.*

Necātor, ōris. *m. Lamp.* Matador, asesino.

Necātrix, īcis. *f. S. Ag.* La que mata, da muerte.

Necātus, a, um. *Salust. part. de Neco.* Muerto.

Necdum, y Neque dum. *adv. Cic.* Aun no.

Necessāria, ae. *f. Cic.* Parienta, deuda. || Amiga íntima, confidenta.

Necessārie. *adv. Cic.* Necesariamente, por necesidad.

Necessārii, ōrum. *m. plur. Cic.* Parientes, amigos.

Necessārio. *adv. Cic.* Necesariamente, por necesidad, precisa, indispensablemente.

Necessārius, a, um. *Cic.* Necesario, preciso, indispensable. *Mors hominis necessarii. Cic.* La muerte de un amigo. *Tam necessario tempore. Ces.* En tiempo tan urgente.

Necesse. *indecl. n. Cic.* Necesario, preciso, indispensable. *Necesse est homini mori. Cic.* Es de necesidad que el hombre muera. — *Habeo scribere. Cic.* Me es preciso escribir. — *Habere. Cic.* Tener precision, necesidad, estar obligado indispensablemente.

Necessĭtas, ātis. *f. Cic.* Necesidad, precision, obligacion indispensable. || Parentesco, deudo, conexion, alianza, amistad estrecha. || *Tac.* Fuerza, violencia con que se obliga á confesar á un reo en el tormento. || *Suet.* Pobreza, indigencia, escasez, falta de lo necesario para vivir. *Necessitatem violare. Cic.* Violar, quebrantar los derechos de una íntima amistad. — *Ultimam denuntiare. Tac.* Anunciar la muerte. *Necessitates. Tac.* Necesidades, gastos, lances precisos, casos inevitables.

Necessĭtūdo, ĭnis. *f. Cic.* Necesidad, precision. || Parentesco, amistad, estrechez. *Necessitudo contubernii. Cic.* Estrechez, enlace de los que viven juntos en vecindad. *Mihi est cum illo. Cic.* Tengo con él una estrecha amistad. *Necessitudinibus publicis implicitus. Plin. men.* Empleado en negocios públicos urgentes. *Necessitudines. Suet.* Los parientes ó amigos.

† Necesso, ās, āre. *a. Venanc. Fortun.* Poner en necesidad, precisar, obligar.

Necessum. *indecl. n. Lucr.* Necesario, preciso, indispensable.

Nĕcis. *genit. de Nex.*

Necne. *conjunc. Cic.* Ó no. *V.* Nec.

Necnon. *adv. Cic.* Tambien. *V.* Nec.

Nĕco, ās, āvi, cui, ātum, nectum, āre. *a. Cic.* Matar, dar muerte, asesinar.

Necopinans, tis. *com. Cic.* El que no lo pensaba, no lo esperaba, sorprendido, desprevenido.

Necopināto. *adv. Cic.* Impensadamente, de improviso, de sorpresa.

Necopinātus, a, um. *Cic.* y

Necopīnus, a, um. *Cic.* Inopinado, improviso, repentino, lo que no se esperaba.

Necromantĭa, ae. *f. Cic.* Nigromancia, adivinacion por los cadáveres, y evocacion de las sombras á sus cadáveres.

Necrothỹtus, a, um. *Tert.* Dedicado, ofrecido en sacrificio á las sombras infernales.

Nectar, ăris. *m. Cic.* El nectar, *bebida imaginaria de los dioses.* || *Virg.* Vino dulce, miel, leche.

Nectārea, ae. *f. Plin.* El regaliz, palo dulce.

Nectārĕus, a, um. *Ov.* Lo que tiene olor ó sabor de nectar. || Dulce, suave, gustoso.

Nectarītes, ae. *m. Plin.* Vino aderezado con palo dulce.

Nectendus, a, um. *Hor.* Lo que se ha de atar, enlazar, ligar.

**Necto**, is, nexui, nexum, tĕre. a. *Cic.* Atar, anudar, enlazar, unir, entrelazar. — *Nectere brachia. Ov.* Abrazarse. — *Catenas alicui. Hor.* Poner á uno en prision. — *Dolum alicui. Liv.* Armar, forjar, disponer un enredo á alguno. — *Moras. Val. Flac.* Ocasionar tardanza. *Necti á creditoribus. Liv.* Ser adjudicado como esclavo á sus acreedores. — *Oliva. Virg.* Ser coronado de ó con oliva. *Ex arena funiculum nectis. Lapidem elixas. Aethiopem lavas, aut dealbas. Operam ludis. Littus aras. Arenas mandas semina. In aqua sementes jacis. In saxis seminas. Ignem diverberas. In aqua scribis. In arena aedificas. Ventos colis. Ferrum natare doces. Cribro aquas hauris. Oleum et operam perdis. Reti ventos captas. Tranquillum aethera remigas. Mortuum flagellas. Ovum adglutinas. Utrem coedis, aut vellis. Actum agis. Hillam inclamas. In aëre piscaris. Venaris in mari. Aquam è pumice postulas. Nudo vestimenta detrahis. Anthericum metis. Ab asino lanam, vel asinum tondes. Lupi alas quaeris. Vento, mortuo loqueris. Surdo canis. Surdo fabulam narras. Lapidi, parieti loqueris. In coelum jacularis. Delphinum cauda ligas. Cauda tenes anguilam. Folio ficulneo tenes anguilam. Aquilam volare doces. Delphinum natare doces. adag.* Gastar almacen. Gastar el tiempo en balde, perderle. Escribir en el agua ó en la arena. Azotar el aire. *ref.*

**Nectus**, a, um. *part. de* Neco. *Prisc.* Muerto.

**Necūbi**. *adv. Ces.* Para que por ninguna parte.

**Nécui**. *pret. de* Neco.

**Necunde**. *adv. Liv.* Para que, de miedo que, por ó de alguna parte.

**Necydălus**, i. m. *Plin.* El gusano de seda.

**Nedum**. *adv. Cic.* Mucho menos.

**Nefande**. *adv. Salust.* Nefanda, malvadamente.

**Nefandus**, a, um. *Cic.* Nefando, indigno, torpe, de que no se puede hablar sin empacho.

**Nefans**, tis. com. *Lucil. V.* Nefandus.

**Nefarie**. *adv. Cic.* Nefandamente, de una manera indigna, torpe y detestable.

**Nefarius**, a, um. *Cic.* Nefario, malvado, impío sobremanera.

**Nefas**. *indecl. n. Cic.* Ilícito, injusto, prohibido, vedado. ∥ Maldad, delito, crímen. ∥ *Virg.* Hombre malvado. ∥ *Hor.* Lo que es imposible. *Nefas dictu est. Cic.* No se puede decir. *Quidquid nefas est corrigere. Hor.* Lo que no se puede enmendar. *Nefas! Virg.* ¡Cosa horrenda, cosa prodigiosa!

**Nefastus**, a, um. *Liv.* Nefasto, dia en que no se permitia entre los romanos tratar los negocios públicos. ∥ Malvado, nefando. ∥ Infeliz, infausto, de mal agüero. ∥ Ilícito, vedado, prohibido.

**Nefrens**, dis. m. *Varr.* Cochinillo recien destetado. ∥ *Fest.* Lechazo, corderillo que ya deja de mamar. ∥ *Dig.* Niño que se desteta, *pero que aun no puede partir con los dientes.*

**Nefrundīnes**, um. m. *plur. Fest.* Los riñones. ∥ Los testículos.

**Negabundus**, a, um. *Fest.* Negativo, el que siempre está pronto para negar.

**Negans**, tis. com. *Cic.* El que niega.

**Negantia**, ae. f. *Cic.* y

**Negatio**, ōnis. f. *Cic.* Negacion, negativa, el acto de negar. ∥ *Apul.* Partícula negativa, como *non, ne, nec.*

**Negativus**, a, um. *Apul.* Negativo, negante, que niega.

**Negator**, ōris. m. *Tert.* Negador, el que niega.

**Negatōrius**, a, um. *Ulp.* Negativo, lo que sirve para negar ó pertenece á la negacion.

**Negatrix**, īcis. f. *Prud.* La que niega.

**Negatus**, a, um. *part. de* Nego. Negado. *Negata via. Hor.* Tránsito, paso negado, no permitido. — *Omnibus terra. Hor.* Tierra, pais donde no se puede habitar.

**Negito**, ās, ávi, átum, āre. a. *freq. de* Nego. *Plat.* Negar frecuentemente.

**Neglecte**. *adv. S. Ger.* Negligente, descuidadamente.

**Neglectio**, ōnis. f. *Cic.* Negligencia, descuido. ∥ Poco caso ó aprecio, poca estimacion.

**Neglector**, ōris. m. *S. Ag.* El que se descuida, mira con poca aplicacion.

**Neglectus**, us. m. *Ter.* Negligencia, descuido, falta de cuidado, de aplicacion. *Neglectui habeo hanc rem, ó haec res mihi est. Ter.* Hago muy poco caso de esto, me es indiferente.

**Neglectus**, a, um. *part. de* Negligo. *Cic.* Descuidado, mirado, tomado con poca aplicacion, despreciado, tenido en poco. ∥ Descuidado, negligente.

**Neglexi**. *pret. de* Negligo.

**Negligens**, tis. com. *Cic.* Negligente, descuidado, poco cuidadoso, poco atento. ∥ Que hace poco caso, *Negligentior amicorum. Cic.* El que descuida demasiado de sus amigos.

**Negligenter**. *adv. Cic.* Negligentemente, con descuido, con poca aplicacion. *Negligentius asservare. Cic.* Guardar con demasiado descuido.

**Negligentia**, ae. f. *Cic.* Negligencia, descuido, falta de cuidado, de atencion, de exactitud. ∥ Poco caso ó aprecio, poca cuenta, consideracion.

**Negligo**, is, glēxi, glectum, gĕre. a. *Cic.* No cuidar, descuidar, mirar, tomar sin aplicacion, sin cuidado, desatender, mirar con indiferencia, hacer poco caso, cuenta, consideracion. *Negligere mortem. Cic.* No temer la muerte. — *De aliquo. Cic.* No dársele cuidado de alguno.

**Nego**, ās, ávi, átum, āre. a. *Cic.* Negar, rehusar, decir que no, no conceder, no permitir. *Negat rogare. Cat.* No permite que se ruegue. *Aut ai, aut nega. Plaut.* Di que sí ó que no. *Negaris esse domi. Marc.* Dicen que no estás en casa.

**Negōtialis**. m. f. lĕ. n. is. *Cic.* Lo perteneciente á negocios, á causas forenses.

**Negōtians**, tis. com. *Cic.* Negociante, comerciante.

**Negōtiātio**, ōnis. f. *Cic.* Negociacion, comercio, tráfico.

**Negōtiātor**, ōris. m. *Cic.* Negociador, negociante, comerciante. ∥ *Dig.* El que maneja negocios, pleitos agenos, agente, procurador.

**Negōtiātōrius**, a, um. *Vopisc.* Lo que pertenece á la negociacion ó al negociante.

**Negōtiātrix**, īcis. f. *Tert.* La muger que comercia.

**Negōtiātus**, a, um. *Col. part. de* Negotior. Comerciado, traficado.

**Negotinummius**, a, um. *Apul.* El que da dinero ó ganancia.

**Negōtiŏlum**, i. n. *dim. Cic.* Negocio de poca monta.

**Negōtior**, aris, atus sum, ari. *dep. Cic.* Negociar, comerciar, traficar. *Negotiari animas. Plin.* Hacer comercio de las vidas. Habla de los médicos.

**Negōtiōsitas**, ātis. f. *Gel.* Multitud de negocios.

**Negōtiōsus**, a, um. *Cic.* Ocupado, lleno de negocios. ∥ *Plaut.* Penoso, trabajoso, lo que da mucho que hacer. *Negotiosi dies. Tac.* Dias de labor, de trabajo. *Negotiosum tergum. Plaut.* Espaldas que tienen mucho que hacer, esto es, que frecuentemente sufren azotes. *Negotiosius quid? Sen.* ¿Qué cosa mas trabajosa?

**Negōtium**, ii. n. *Cic.* Negocio, ocupacion, asunto, empleo. ∥ Comercio, tráfico. ∥ Trabajo, dificultad. ∥ Encargo, órden, comision. *Negotium suum agere. Cic.* Trabajar para sí. — *Carbonarium. Plin.* Tráfico de carbon. — *Dare alicui. Ces.* Encargar á uno, darle encargo ó comision. — *Exhibere. — Facessere. Cic. — Facere alicui. Quint.* Dar que hacer á alguno. — *Tuum habe. Cic.* Métete en tus negocios. — *Subire. Quint. — De re aliqua. Cic.* Encargarse de un asunto, tomarle sobre sí, por su cuenta. *Negotii plenus. Plaut.* Muy ocupado. — *Quid tibi mecum est? Plaut.* ¿Qué tienes tú que ver conmigo? ¿Qué negocios tienes conmigo ó tenemos entre los dos? *Nullo negotio. Cic.* Con gran facilidad.

**Nelēius**, y Neleus, a, um. *Ov.* Lo perteneciente á Neleo.

**Nelēus**, i. m. *Ov.* Neleo, fundador y rey de Pilos en la Laconia, padre de Nestor y de otros once hijos, á los que dió muerte Hércules.

**Nelīdes**, ae. m. *Ov.* Hijo ó nieto de Neleo.

**Nema**, ătis. n. *Dig.* Hilo, estambre.

**Nemaeus**, y Nemeus, a, um. *Ov.* Lo perteneciente á Tristena, ciudad del Peloponeso.

**Nemausensis.** m. f. sē. n. is. y

**Nemausiensis.** m. f. sē. n. is. *Plin.* Lo perteneciente á la ciudad de Nimes.

**Nemausum,** i. n. y

**Nemausus,** i. f. *Plin.* Nimes, *ciudad de Francia en el bajo Lenguadoc.*

**Nemeaea,** ae. f. *Plin.* Tristena, *ciudad del Peloponeso.* ‖ Roca y selva junto á esta ciudad, *donde mató Hércules el leon nemeo.*

**Nemeaeus,** a, um. *Ov.* Lo que pertenece á la ciudad de Tristena, á su roca y selva. *Nemeaei ludi. Plin.* Fiestas que se celebraban en honor de Hércules por haber muerto al leon. *Nemeaea certamina. Fest.* Fiestas en honor de Arquemoro.

**Nemenia,** ae. f. *Plin.* Fuente del Lacio.

**Nemesia,** orum. n. plur. Fiestas en honor de Nemesis y de los muertos.

**Nemesiacus,** a, um. Lo perteneciente á estas fiestas.

**Nemesianus,** i. m. Marco Aurelio Olimpio Nemesiano, Cartaginés, *poeta latino elegante, que floreció en tiempo de los emperadores Caro, Numeriano y Carino, del cual nos quedan el poema Cinegético y cuatro églogas, las cuales atribuyen algunos á Calpurnio.*

**Nemesis,** is, y ios. f. *Cat.* Nemesis, diosa de la venganza, llamada tambien Andrastica y Ramnusia. ‖ La fortuna.

**Nemestrinus,** i. m. *Arnob.* Nemestrino, dios de los bosques.

**Nemetes,** um. m. plur. Pueblos de la Galia Bélgica, en el Palatinado de la parte acá del Rin.

**Nemetocerna,** ae. f. *Caes.* Atras, *ciudad de Flandes.*

**Nemetodurus,** i. m. Nanterre, *pueblo cercano á Paris.*

**Nemo,** inis. m. *Cic.* Ninguno, nadie. ‖ Hombre de ninguna importancia. *Nemo ex nostris. Cic.* Ninguno de entre nosotros. — *Hoc nescit. Cic.* Nadie hay que no sepa esto, todo el mundo lo sabe. — *Unus. Liv.* Ninguno. — *Non. Cic.* Todos. — *Hominum. Cic.* Nadie. *Non nemo. Cic.* Alguno. *Neminem quem tu putas. Cic.* El que tú cuentas por nadie, por nada.

**Nemoracum,** i. n. Nemours, *ciudad de Francia en el Gatinés.*

**Nemoralis,** m. f. lē. n. is. *Ov.* y

**Nemorensis,** m. f. sē. n. is. *Col.* Lo que es del bosque, lo perteneciente á él. *Nemorensis Rex. Suet.* El que presidia á los sacrificios de Diana en los bosques. *Nemorense mel. Col.* Miel silvestre que se suele hallar en los huecos de los árboles en los bosques. *Nemorense. Cic.* Casa de campo de César junto al monte Aricia.

**Nemoricultrix,** icis. f. *Fedr.* El animal hembra que mora en los bosques, la jabalina.

**Nemorivagus,** a, um. *Cat.* Que corre ó vaguea por los montes.

**Nemorosus,** a, um. *Virg.* Nemoroso, lleno, abundante de bosques. ‖ *Plin.* Frondoso, ramoso. ‖ *Ov.* Espeso de árboles.

**Nemosium,** ii. n. Nemours, *ciudad de Francia en el Gatinés.*

**Nemossus,** i. m. Gergovia, *en otro tiempo capital de Auvernia.*

**Nempe.** adv. *Cic.* Es á saber, esto es, es decir. ‖ Seguramente, sin duda.

**Nemus,** oris. n. *Cic.* Bosque, selva, dehesa.

**Nenia,** ae. f. *Varr.* y

**Neniae,** arum. f. plur. *Quint.* Nenia, cancion lúgubre, que se cantaba al son de flautas en las exequias de alguno y en su alabanza. ‖ *Fedr.* Cuentos, fábulas con que se divierte á los niños. ‖ *Hor.* Cancion para mecer y adormecer á los niños. ‖ Cántico para entontecer á las serpientes, encanto. ‖ *Plaut.* Friolera, bagatela. — Diosa de los funerales.

**Nenior,** aris, atus sum, ari. dep. *Plaut.* Contar cuentos, fábulas. ‖ Cantar en el funeral de alguno una cancion en su alabanza. ‖ Encantar, pasmar.

**Neniosus,** a, um. *Plaut.* Lleno, abundante de canciones lúgubres. ‖ De cuentos, fábulas. ‖ De encantamientos.

**Neo,** es, nevi, netum, nere. a. *Ter. Hilar. Vere bo-*

*lo. Just.* Hilar con rueca.

**Neoburgum,** i. n. Neoburg, *nombre de muchas ciudades.*

**Neocaesarea,** ae. f. Tocat, *ciudad de Capadocia.*

**Neocastrum,** i. n. Neufchatel, *en el ducado de Luxembourg.* ‖ Ciudad de Calabria.

**Neoclides,** ae. m. *Ov.* Temístocles, *hijo de Neocles ó Neoclo.*

**Neocomum,** i. n. Neufchatel, *ciudad de la Suiza.*

**Neocorus,** i. m. *Firm.* Custodio, sirviente del templo, el que cuida de su aseo y adorno, sacristan.

**Neodunum,** i. n. Dole, *ciudad de Francia en el condado de Borgoña.* ‖ Nogent le Rotrou, *ciudad de Percha en Francia.*

**Neomagus,** i. f. Nimega, *ciudad de Alemania en el pais de Tréveris.* ‖ Espira, *ciudad del Palatinado bajo.* ‖ Lisieux, *ciudad de Normandía.* ‖ Nions, *ciudad del Delfinado.*

**Neomenia,** ae. f. *Tert.* Neomenia, novilunio, *primer dia de la luna ó del mes.*

**Neophytus,** i. m. f. *Tert.* Nueva planta. ‖ Neófito, *recien convertido á la verdadera religion.*

**Neoportus,** us. m. Nieuport, *ciudad de Flandes.*

**Neoptolemus,** i. m. *Cic.* Neoptolemo, *sobrenombre de Pirro, hijo de Aquiles.*

**Neoselium,** ii. n. Neuhausel, *ciudad de la alta Hungría.*

**Neostadium,** ii. n. Neustat, *ciudad del Palatinado del Rin.*

**Neostrophus,** a, um. *Cat.* Torcido, tuerto poco há.

**Neoterice.** adv. *Ascon.* Nueva, modernamente. ‖ La primera vez. *Neoterice dictum. Ascon.* Palabra nueva, usada la primera vez.

**Neoterici,** orum. m. plur. *Aur. Vict.* Los modernos.

**Neotericus,** a, um. *Aur. Vict.* Moderno, nuevo, reciente.

**Nepa,** ae. m. *Col.* El escorpion, animal venenoso. ‖ *Cic.* El octavo signo del zodiaco. ‖ El cangrejo.

**Nepercus,** a, um. *Plaut.* No parco, dadivoso, liberal.

**Nepentes,** is. m. *Plin.* Yerba que mezclada con vino quita la melancolía.

**Nepesine,** orum. m. plur. *Liv.* Los naturales y habitantes de Nepi en la Etruria.

**Nepesinus,** a, um. *Liv.* Lo perteneciente á la ciudad de Nepi.

**Nepet, Nepete, Nepte y Nepe.** n. indecl. *Liv.* Nepi, *ciudad de la Etruria.*

**Nepeta,** ae. f. *Cels.* Yerba hortense.

**Nephelaeus,** a, um. *Val. Flac.* Lo perteneciente á Nefele.

**Nephele,** es. f. *Sen.* La nube. ‖ *Val. Flac.* Nefele, *muger de Atamante, madre de Frixo y Heles.*

**Nepheleis,** idis f. patron. *Luc.* y

**Nepheleis,** idos. f. *Ov.* Heles, *hija de Nefele.*

† **Nephrites,** is. f. La primera vértebra de los riñones.

† **Nephriticus,** a, um. Nefrítico, perteneciente á los riñones. ‖ Espuesto á dolores nefríticos. ‖ Lo que cura estos dolores.

**Nepos,** otis. m. *Cic.* Nieto, hijo del hijo ó de la hija. ‖ Perdido, disipador de sus bienes con disolucion. *Nepos ex filia. Cic.* Nieto, hijo de la hija. — *Ex filio. Escev.* Nieto por parte del hijo, hijo del hijo. — *Perditus. Cic.* Disoluto, perdido. — *In patrimonio suo. Cic.* El que se ha comido, ha disipado su patrimonio; *en los autores de baja latinidad se suele hallar á Nepos por hijo de la hermana ó hermano, sobrino.*

**Nepos,** otis. m. Sobrenombre de las familias romanas Cornelia, Licinia, Pompeya y de los Metelos. ‖ Cornelio Nepote, veronés, escritor elegantísimo, *que floreció en tiempo de Cicerón y César: ilustró la lengua latina con muchas obras, de que solo nos quedan, bien que imperfectas, las de las vidas de algunos capitanes ilustres, y de T. Pomponio Atico: alguna vez ha salido á luz injustamente en nombre de Emilio Probo.*

**Nepotalis,** m. f lē. n. is. *Amian.* Profuso, dado al lujo.

**Nepotatus,** us. m. *Plin.* Lujo, prodigalidad.

**Nepotes,** um. m. plur. *Virg.* Los descendientes, la posteridad. ‖ *Ov.* Renuevos, mugrones, vástagos nuevos que echan las cepas.

**Nepōtīnus**, a, um. *Suet.* Pródigo, profuso, inmoderado.

**Nepōtor**, āris, ātus sum, āri. *dep. Sen.* Vivir pródiga y disolutamente.

**Nepōtŭla**, ae. *f. dim. Inscr.* y

**Nepōtŭlus**, i. *m. dim. Plaut.* Nietecillo, nietecilla, nieto, nieta pequeños.

**Neptĭcŭla**, ae. *f. Simac.* Nietecilla. *dim. de*

**Neptis**, is. *f. Cic.* Nieta, hija de la hija.

**Neptūnalia**, ium. *n. plur. Varr.* Fiestas de Neptuno.

**Neptūnalis**. *m. f. lĕ. n. is. Tert.* Lo perteneciente á Neptuno.

**Neptūnĭcŏla**, ae. *m. f. Sil.* El ó la que adora, venera á Neptuno.

**Neptūni fanum**, i. *n.* Ciudad de la isla de Calabria *en el golfo argólico*.

**Neptūnīne**, es. *f. Cat.* Hija ó nieta de Neptuno.

**Neptūni promontorium**, ii. *n.* Cabo de la Arabia feliz, promontorio de Campania.

**Neptūnium**, ii. *n.* Neptuno, *ciudad de Italia en la campaña de Roma*.

**Neptūnius**, a, um. *Tibul.* Lo perteneciente á Neptuno, al mar. *Neptunia arva. Virg.—Freta. Cic.* El mar, campos líquidos, *poët.*

**Neptūnus**, i. *m. Virg.* Neptuno, *dios de los mares.* ‖ El mar. *Neptunus Aegeus. Virg.* El mar Egeo. *Neptuno se credere. Plaut.* Hacerse al mar, embarcarse.

**Nepus**, ó **Nepurus**, a, um. *Fest.* Impuro.

**Nequa** *ablat. de Nequis, Cic. Se entiende via*, ó *ratione.* Para que por ninguna parte, á fin de que de ningun modo ó manera.

**Nequalia**, ium. *n. plur. Fest.* Daños, detrimentos.

**Nequam**. *indecl. Cic.* Malo, ímprobo, malvado. Inútil, que nada vale, que no sirve de nada. *Nequam homo. Cic. Nequam. Plaut.* Malo, bribon, malvado, deshonesto.

**Nequando**. *adv. Cic.* Para que en ningun tiempo.

**Nequāquam**. *adv. Cic.* No, de ningun modo, en ninguna de las maneras.

**Nĕque**. *conjunc. Cic.* Ni y no. *V. Nec.*

**Nequēdum**. *adv. Cic.* Aun no, todavía no.

**Nequeo**, is, ivi, ĭtum, ĭre. *n. Cic.* No poder, hallarse, estar imposibilitado. *Nequeo quin fleam. Plaut.* No puedo menos de llorar, no puedo detener las lágrimas. *Nequitur. impers. Plaut.* No se puede, no hay arbitrio, es imposible.

**Nequia**. *n. plur. indecl. Plaut.* Maldades, malas acciones.

**Nēquidquam**. *adv. Cic.* En vano, inútilmente, sin fruto.

**Nequinātes**, um. *m. plur. Cat.* Los naturales y habitantes de Narni.

**Nequinum**, i. *n. Liv.* Narni, *ciudad de la Umbría en Italia.*

**Nequinunt**, y **Nequinont** *ant. en lugar de* Nequeunt.

**Nequior**. *m. f. ius. n. ōris. Cic.* Mas malo, muy malo, malísimo, pésimo.

**Nequis, nequa, nequod**, ó **nequid**. *pron. vel. que se junta regularmente con subjunt.* Ninguno, para que ninguno, nadie. *Nequid hujusmodi rerum ignores. Cic.* Para que nada ignore de estas cosas. *Nequid nimis. Ter.* Nada con demasía.

**Nequissĭmus**, a, um. *super. Cic.* Malísimo, pésimo.

**Nequiter**. *adv. Cic.* Profusamente, con prodigalidad, con lujo, disolutamente. ‖ Mala, viciosamente. ‖ Maliciosa, traidoramente. ‖ Infeliz, miserablemente.

**Nequĭtia**, ae. *f. Cic.* y

**Nequĭties**, ēi. *f. Cic.* Disolucion, desarreglo de costumbres. ‖ Malicia, maldad, improbidad. ‖ Profusion, prodigalidad, lujo.

**Nequo**. *adv. Cat.* Para que á ningun lugar, á ninguna parte.

**Neratius**, ii. *m. Espart.* Neracio Prisco, *jurisconsulto famoso por su sabiduría y probidad en tiempo de los emperadores Trajano y Adriano.*

**Nerëĭdes**, um. *f. plur. Virg.* Nereidas; *ninfas del mar.*

**Nereius**, a, um. *Ov.* Lo perteneciente á Nereo.

**Neretīni**, ōrum. *m. plur.* Los pueblos de Nardo en la provincia de Otranto.

**Nēreus**, i. *m. Virg.* Nereo, *dios del mar, hijo del Océano y de Tetis.* ‖ Neptuno. ‖ El mar.

**Neriene**, es. *f. Plaut.* Neriene, *muger del dios Marte.*

**Nerigon**, ōnis. *m.* La península de Escandinavia.

**Nerīne**, es. *f. patron. Virg.* Hija de Nereo, Galatea.

**Nerīnus**, a, um. *Auson.* Lo perteneciente á Nereo, *dios del mar.*

**Nerio**, ēnis, y us. *f. Plaut.* Nerisne, *muger del dios Marte.* ‖ Fuerza, poder de Marte.

**Nerion**, ii. *n. Plin.* La adelfa, *yerba.*

**Nerïpi**, ōrum. *m. plur.* Pueblos de la Sarmacia asiática.

**Neris**, is. *f.* Ciudad del Peloponeso. ‖ Especie de nardo silvestre.

**Nerītae**, arum. *f. plur. Plin.* Ciertos peces del mar, *que forman con la concha una especie de barco con vela para nadar.*

**Nerītius**, a, um. *Ov.* Lo perteneciente al monte Nerite de Itaca.

**Nerītos**, y **Nerītus**, i. *m. Virg.* Nerito, *monte de la isla de Itaca, donde reynó Ulises.* ‖ Isla cerca de Itaca perteneciente al reino de Ulises.

**Nerītum**, i. *n.* Ciudad de Italia. ‖ Ciudad de Acarnania.

**Nerium**, ii. *n. Plin.* El laurel rosa. ‖ Cabo de Finisterre *en España.*

**Nero**, ōnis. *m. Liv.* Neron, *sobrenombre de la ilustre familia romana Claudia, tomado de la voz sabina Nero, que significa virtud y fortaleza.* ‖ Neron Claudio de la familia Domicia, *adoptado por el emperador Claudio; fue el sesto de los emperadores romanos, monstruo de torpeza y crueldad.*

**Neronēus**, y **Neronianus**, a, um. *Suet.* Lo perteneciente á alguno de los Nerones.

**Nerusii**, ōrum. *m. plur.* Pueblos entre las montañas de los Alpes.

**Nerva**, ae. *m. Eutrop.* Nerva, *sobrenombre de los Licinios, Cocceyos y Silios, ilustres romanos.* ‖ Cocceyo Nerva, *el XIII de los emperadores romanos, sucesor de Domiciano, y muy diferente de él, por su justicia y bondad.*

**Nervālis**. *m. f. lĕ. n. is. Inscr.* Lo perteneciente al sacerdote del emperador Nerva, *puesto en el número de los dioses.* ‖ *Escrib. Larg.* Epíteto de cierta yerba.

**Nervātio**, ōnis. *f. Cels.* La accion de fortificar los nervios.

**Nervātor**, ōris. *m. Cels.* El que fortifica los nervios.

**Nerviae**, arum. *f. plur.* y

**Nervia**, ōrum. *n. plur. Varr.* Las cuerdas de los instrumentos músicos.

**Nervīceus**, a, um. *Bibl.* Lo que es de cuerdas, hecho de nervios.

**Nervĭcus**, a, um. *Vitruv.* El que padece de los nervios. ‖ *Ces.* Lo perteneciente al pais ó á los pueblos de Hainaut *en Francia.*

**Nervii**, ōrum. *m. plur. Ces.* Los pueblos de Hainaut *en el Pais Bajo.*

**Nervĭpus**, a, um. *Veg.* Lo que es hecho de nervios.

**Nervius**, a, um. *Claud.* Nervius miles. Soldado de una legion levantada por Nerva.

**Nervolāris**, ae. *f. Gel.* Nombre de una comedia de Plauto, *de que solo quedan fragmentos, y aun se duda que sea suya.*

**Nervōse**. *adv. Cic.* Nerviosamente, con vigor, con fuerza. ‖ Con energía.

**Nervosĭtas**, ātis. *f. Plin.* Nerviosidad, fuerza, actividad, firmeza, vigor.

**Nervōsus**, a, um. *Cels.* Nervioso, lleno de nervios. ‖ Nervudo, fuerte. ‖ Enérgico, sólido.

**Nervŭlus**, i. *m. Cic.* Niervecillo. *dim. de*

**Nervus**, i. *m. Cic.* Nervio, músculo. ‖ Fuerza, vigor, actividad. ‖ Esfuerzo, conato, empeño. ‖ Cuerda de tripa. ‖ *Marc.* El miembro viril. ‖ *Plaut.* Lazo que se echaba al cuello y á las manos de los delincuentes. ‖ Especie de trabas que les echaban á los piés, cepo. ‖ *Val. Flac.*

Cuerda del arco, y el mismo arco. ‖ *Liv.* Cárcel, prision. *Nervorum tuorum est. Cic.* Tú eres hombre para ello, lo desempeñarás. — *Cantus. Cic.* El sonido de los instrumentos de cuerdas. *Nervos, ó nervis omnibus contendere, intendere. Cic.* Hacer todo esfuerzo, emplear toda su fuerza. *In nervum potius ibit. Ter.* Antes se dejará poner preso.

Nesaea, ae. y Nesaee, es. f. *Virg.* Nesea, una de las ninfas Nereidas.

Nesapius, y Nesapus, a, um. *Petron.* Ignorante, el que no sabe.

Nescibo. ant. *Fest.* en lugar de Nescíam.

Nesciens, tis. com. *Ter.* Ignorante, el que no sabe.

Nescienter. adv. *Prud.* Ignorantemente, por ó con ignorancia.

Nescio, is, ivi, itum, ire. a. *Cic.* No saber, ignorar. *Nescio te. Plaut.* No te conozco, no sé quien eres. *Nescire latine. Cic.* No saber, no entender latin ó la lengua latina. — *Irasci. Cic.* No saber, no poder airarse, ponerse en cólera. *Nescio quid. Ter.* No sé qué. — *Quo pacto. — Quomodo. Cic.* No se cómo, de que modo. *Nescitur. Cic.* No se sabe, se ignora.

Nescítus, a, um. *Sid.* Ignorado, no sabido.

Nescíus, a, um. *Plin.* Ignorante, el que no sabe. ‖ *Tac.* Ignorado, desconocido, no sabido. *Nescius impendentis mali. Plin. men.* Que no conoce, no sabe el daño, el peligro que le amenaza. — *Repulsae. Hor.* El que no sabe ó no está acostumbrado á llevar repulsa. — *Vinci. Virg.* Que no sabe, no está hecho á ser vencido. — *Non sum. Cic.* No ignoro, sé muy bien. *Haud nescius rerum. Virg.* Hombre de esperiencia, que no ignora los asuntos ó negocios.

Nesi. *Fest.* ant. en lugar de Sine.

Nesi, orum. m. plur. Pueblos de la Escitia europea.

Nesiades, dum. f. plur. Las islas de Vannes *en la costa de Bretaña.*

Nesis, idis. f. plur. Nisita, *isla del reino de Nápoles en la costa de Campania.*

Nesseus, a, um. *Ov.* Lo perteneciente al centauro Neso.

Nessotrophium, y Nessotropheum, i. n. *Varr.* Lugar donde se crian ánades.

Nessus, i. m. *Ov.* Neso centauro, *hijo de Ixion y Nube, que queriendo robar á Deyanira, fue muerto por Hércules con una saeta.* ‖ *Plin.* Un rio de Tracia, *que nace en el monte Hemo.*

Nestor, oris. m. *Cic.* Nestor, *hijo de Neleo y de Cloris, rey de Pilos, famoso por su larga vida, por su prudencia y elocuencia.*

Nestoreus, a, um. *Marc.* Lo perteneciente á Nestor.

Nestoriani, orum. m. plur. Nestorianos, *hereges discípulos de Nestorio, que negaban que la Vírgen María fuese madre de Dios.*

Nestorides, ae. m. *Ov.* Hijo de Nestor, Antiloco.

Nete, es. f. *Vitruv.* La séptima y mas gruesa cuerda de una lira. f. ‖ El bordon.

Netina vallis. f. El valle de Noto, *provincia de Sicilia.*

Netinenses, ium. m. plur. *Cic.* Los sicilianos, *pueblos de Sicilia.*

Netus, a, um. part. de Neo. *Ulp.* Hilado.

Neu. conj. *Cic.* Ni.

Neurícus, a, um. *Vitruv.* El que tiene dolores de nervios.

Neurobata, ae. m. *Jul. Firm.* y

Neurobates, ae. m. *Vopisc.* Volatin, el que anda sobre una cuerda delgada ó alambre en el aire.

Neuroides, is. f. *Plin.* La lechuga silvestre.

Neuropaston, i. n. *Gel.* Figura de palo, títere, muñeco de figura humana, *que por medio de una cuerda oculta menea sus miembros como si fuera vivo.*

Neuropastos, i. f. *Plin.* Yerba llamada zarza perruna, *cuya hoja es semejante á la planta humana.*

Neustrasia, ae. f. y

Neustria, ae. f. La Neustria, Normandía, *provincia de Francia.*

Neuter, tra, trum. gen. trius. dat. tri. *Cic.* Ni uno ni otro, neutro. *Quid bonum, quid malum, quid neutrum sit. Cic.* Lo que es bueno, lo que es malo, lo que ni es bueno ni malo. *In neutris partibus esse. Sen.* Ser neutral, no mezclarse en un partido ni en otro.

Neutíquam. adv. *Ter.* De ningun modo, en ninguna manera.

Neutralis. m. f. le. n. is. *Quint.* Neutro. Dícese de los nombres que no son masculinos ni femeninos, y tambien de los verbos que ni son activos ni pasivos. ‖ *Plin.* Neutral, el que no es de un partido ni otro.

Neutro. adv. *Liv.* Ni á una parte ni á otra, ni de una parte ni de otra.

Neutrobi. adv. ó

Neutrobique. adv. y

Neutrubi. adv. *Plat.* Ni en esta parte ni en otra.

Neve. conj. *Cic.* Ó no.

Nevi. pret. de Neo.

Nevolo, nevis, nevult, nevelle. n. anom. *Plaut.* en lugar de Nolo, no querer.

Nex, necis. f. *Cic.* Muerte alevosa, violenta. ‖ Matanza, carnicería. *In necem alicujus. Ulp.* En daño, en perjuicio de alguno. *Necem alicui maturare. Hor.* Apresurar á uno la muerte. *Neci datus. Sen.* Condenado á muerte. *Multorum civium neces. Cic.* Matanza de muchos ciudadanos.

Nexibilis. m. f. le. n. is. *Amian.* y

Nexilis. m. f. le. n. is. *Lucr.* Lo que se entreteje, enlaza y anuda fácilmente.

Nexio, onis. f. *Arnob.* La accion de enlazar, entretejer, anudar, atadura, enlace, conexion, nudo.

Nexo, is, are. a. *Lucr. freq.* de Necto. Enlazar, entrelazar frecuentemente.

Nexo, is, xi, ó xui, ere. a. *Acc.* V. Nexo, as.

Nexum, i. n. *Cic.* y

Nexus, us. m. *Cic.* Nexo, nudo, vínculo, enlace, union, conexion de una cosa con otra. ‖ Hipoteca, prenda, obligacion civil con que uno se entrega á la potestad de otro por cierto tiempo. Esto era frecuente en los deudores, que por no poder pagar á sus acreedores, se entregaban á su servicio como esclavos. *Nexum se dare alicui ob aes alienum. Liv.* Entregarse como esclavo al servicio de otro por no poderle pagar la deuda.

Nexus, a, um. part. de Necto. *Hor.* Unido, atado, enlazado, ligado con otro. *Nexi. Liv.* Los obligados á servir por deudas. ‖ *Just.* Presos, puestos en la cárcel, detenidos en ella por cualquier delito.

## NI

Ni. conj. condic. *Cic.* Si no, á no ser que. *Ni domi est mirum. Ter.* Es mucho, será mucho, será maravilla que no esté en casa. *Ni stulta sis. Plaut.* Si no fueras una necia, ó no te hagas la tonta. *Ni haec ita essent. Ter.* Si no fueran asi las cosas.

Nicaea, ae. f. *Plin.* Nicea, *ciudad de Bitinia.*

Nicaeensis. m. f. se. n. is. *Cic.* Lo perteneciente á Nicea, *ciudad de Bitinia.*

Niceros, otis. m. *Marc.* Nicerote, *nombre propio de un célebre compositor de perfumes.*

Nicerotianum, i. n. *Marc.* Ungüento, perfume asi llamado de su inventor.

Nicerotianus, a, um. *Marc.* Lo perteneciente á Nicerote, *compositor célebre de perfumes.*

Niceteria, orum. n. plur. *Juv.* Los premios de una victoria, *como un collar ó cosa semejante.*

Nicetianus, a, um. *Sid.* Lo perteneciente á Nicecio, *nombre propio de varon.*

Nicia, ae. m. El Lenza, *rio de Italia.*

Nicia, ae. f. Nice, *ciudad de Provenza.*

Nico, is, ere. a. *Plaut.* Hacer señas.

Nicolai, orum. m. plur. *Plin.* Especie de dátiles de Siria, *que el filósofo Nicolao enviaba á Augusto.*

Nicolai panes. *Palad.* Especie de tortas dulces, *que el filósofo Nicolao enviaba de Damasco al emperador Augusto.*

Nicomedensis. m. f. se. n. is. *Plin.* Lo perteneciente á Nicomedia, *ciudad de Bitinia.*

Nicomedia, ae. f. *Plin.* Nicomedia, *ciudad de Bitinia, fundada por el rey Nicomedes.*

**Nicopŏlis**, is. *f. Plin.* La ciudad de Victoria en Epiro || Ciudad de Tracia. || De Misia. || De la Armenia menor. || De Palestina.

**Nicopolĭtānus**, a, um. *Plin.* Lo que es de ó pertenece á alguna de las ciudades llamadas Nicópolis.

**Nicotiāna**, ae. *f.* El tabaco, *planta*.

**Nictacŭlus**, i. *m. Varr.* Perro que guarda la ropa ó la puerta de noche.

**Nictātio**, ōnis. *f. Plin.* La accion de cerrar los ojos, de cerrar los párpados. La accion de guiñar.

**Nictātor**, ōris. *m. Sid.* El que cierra los párpados ó los ojos. El que tiene maña de cerrar y abrir los ojos.

**Nicto**, is, ĕre. *n. Fest.* Gañir los perros, dar muestras gruñendo de que han olido la caza.

**Nicto**, ās, āvi, ātum, āre. *a.* y

**Nictor**, āris, ātus sum, āri. *dep. Plin.* Guiñar, hacer guiños, señas con los ojos cerrando uno ú otro. || *Lucr.* Esforzarse. || Hacer señas ó movimientos de esfuerzo con los miembros.

**Nictus**, us. *m. Non.* El guiño, la accion de guiñar, de hacer señas con los ojos.

**Nidāmenta**, ōrum. *n. plur. Plaut.* Todo aquello de que usan las aves para formar su nido, como pajas, plumas, yerbas &c.

**Nidificium**, ii. *n. Apul.* La construccion del nido.

**Nidĭfĭco**, ās, āvi, ātum, āre. *n. Col.* Anidar, hacer fabricar su nido.

**Nidifĭcus**, a, um. *Sen. Trag.* Que hace su nido.

**Nidor**, ōris. *m. Cic.* Olor, vapor de lo que se calienta, ó de la cocina. *Nidor è culina. Plaut.* Pillo de cocina, muy asistente á ella.

**Nidōrōsus**, a, um. *Ter.* Lo que huele mucho, que despide mucho olor.

**Nidŭlor**, āris, ātus sum, āri. *dep. Plin.* Hacer el nido, anidar.

**Nidŭlus**, i. *m. dim. Cic.* Nido pequeño.

**Nidus**, i. *m. Cic.* El nido. || *Col.* La camada de polluelos ó pájaros. || *Varr.* Vaso en figura de un nido. || *Marc.* Cajon, caja para guardar papeles, mercadurías ú otras cosas. *Nidum servas. Hor.* Guardas la casa. *Majores pennas nido extendisse. Hor.* Elevarse sobre los límites de su condicion ó estado.

**Nigellus**, a, um. *Varr.* Negruzco, que tira á negro.

**Niger**, gra, grum. *Cic.* Negro, de color negro, oscuro. || *Hor.* Sombrío, opaco, oscuro. || *Juv.* Malo, dañoso, perjudicial. || *Tib.* Infausto, de mal agüero, infeliz. || *Estac.* Triste, lamentable. *Niger est. Cic.* Es un mal hombre. *Nigra somnia. Tib.* Sueños infaustos, de mal agüero. *Nigra formido. Virg.* Oscuridad tenebrosa. *Nigrum nemus. Virg.* Monte, bosque espeso, oscuro, sombrío.

**Nigidiānus**, a, um. *Gel.* Lo perteneciente á

**Nigidius**, ii. *m. Gel.* Nigidio Figulo, *filósofo pitagórico, que floreció en Roma en tiempo de Ciceron con fama de muy erudito: escribió muchas obras, en especial de gramática*.

**Nigrāmen**, ĭnis. *f. Manil.* La negrura.

**Nigrans**, tis. *com. Virg.* Que tira á negro, negrillo, negro. || *Estac.* Oscuro, sombrío, tenebroso.

**Nigrātus**, a, um. *Tert.* Ennegrecido, puesto negro.

**Nigrēdo**, ĭnis. *f. Apul.* La negrura, el color negro.

**Nigreo**, ēs, ēre. *n. Pacuv.* y

**Nigresco**, is, ĕre. *n. Col.* Ennegrecerse, ponerse negro. || *Ov.* Ponerse negro, oscuro, tenebroso.

**Nigrĭcans**, tis. *com. Plin.* Negrillo, lo que tira á negro.

**Nigrĭcŏlor**, ōris. *com. Solin.* Lo que tiene color negro, negro.

**Nigrĭfĭco**, ās, āre. *a. Marcel. Emp.* Negrecer, poner negro.

**Nigrītae**, ārum. *m. plur.* Pueblos de la Nigricia en África.

**Nigrītes**, um. *m. plur.* Pueblos de la Libia.

**Nigrītia**, ae. *f.* La Nigricia, *pais de África*.

**Nigrītia**, ae. *f. Plin.* y

**Nigrīties**, ēi. *f. Cels.* ó

**Nigrītūdo**, ĭnis. *f. Plin.* La negrura.

**Nigro**, ās, āvi, atum, āre. *a. n. Estac.* Negrecer, ponerse negro. || *Lucr.* Ennegrecer, ponerse negro.

**Nigror**, ōris. *m. Cic.* La negrura.

**Nihil**. *indecl. n. Cic.* Nada. *Nihil ad illum. Cic.* Es nada en comparacion de él. || Nada le toca. *Nihil gratias. Cic.* Ningun favor. *Nihil interest. Cic.* Nada importa. *Nihil Graeciae cedimus. Cic.* En nada cedemos á la Grecia.

**Nihildum**. *adv. Cic.* Nada aun ó todavía. *Nihildum suspicans. Cic.* No sospechando nada todavía.

**Nihilifăcio**, is, fĕci, factum, ĕre. *a. Plaut.* y

**Nihilĭpendo**, is, ĕre. *a. Ter.* Menospreciar, no estimar ó apreciar en nada, no hacer cuenta ni caso.

**Nihilnon**. *adv. Cic.* Todo, todas las cosas. *Nihil non ad rationem dirigebat. Cic.* Conducia todas las cosas á la norma de la razon.

**Nihilōmăgis**. *adv. Cic.* Nada mas. *Nihilo magis minis, quam precibus permoveri. Cic.* No moverse mas por amenazas que por ruegos.

**Nihilōmĭnus**. *adv. Cic.* Nada menos, no menos. || No obstante, con todo, sin embargo.

**Nihiloplus**. *adv. Tert.* Nada mas.

**Nihilōsecius**. *adv. Cic.* Sin embargo, no obstante, con todo, no menos.

**Nihĭlum**, i. *n. Cic.* Nada, una nada. *In nihilum interire. Cic.* Aniquilarse. *In nihilum recidere. Cic.* Volverse, reducirse á la nada. *Nihilo sum illi aliter, ac fui. Ter.* No soy menos suyo que antes.—*Minus mihi est. Ter.* Nada estimo menos que á él. *De nihilo hoc non est. Plaut.* No es esto cosa de nada. *Nihili sumne ego? Plaut.* ¿Yo no soy nadie? *De nihilo. Liv.* Sin causa, sin fundamento, por nada.

**Nil**. *Cic. V.* Nihil.

**Nilĭăcus**, a, um. *Lucr.* Lo perteneciente al rio Nilo.

**Nilicŏla**, ae. *com. Prud.* Habitante junto al Nilo.

**Nilĭgĕna**, ae. *com. Ov.* Engendrado del Nilo, egipcio.

**Nilios**, ii. *m. Plin.* Piedra preciosa del color del topacio.

**Nilotĭcus**, a, um. *Luc.* Lo que es del Nilo, lo perteneciente á este rio. *Nilotica tellus. Marc.* El Egipto, provincia de África.

**Nilōtis**, ĭdis. *m. f. Luc.* Lo que es del Nilo. *Nilotis tunica. Marc.* Ropa bordada á la moda egipcia.

**Nilum**, i. *n. Lucr. V.* Nihilum.

**Nilus**, i. *m. Cic.* El Nilo, rio de Egipto, que tiene su orígen en Etiopia. || *Cic.* Conducto, canal de agua. En este sentido se usa en plural.

**Nimbātus**, a, um. *Plaut.* Cubierto, tapado con un velo ó faja por el rostro.

**Nimbĭfer**, a, um. *Avien.* Que causa ó trae tempestades, lluvias tempestuosas.

**Nimbōsus**, a, um. *Ov.* Cargado de nubes, tempestuoso, lluvioso.

**Nimbus**, i. *m. Cic.* Lluvia repentina, tempestuosa, tempestad. || Nube negra, cargada. || *Petron.* Velo de muger. || *Marc.* Vasija para guardar licores. || *Cic.* Accidente inopinado, desgracia repentina. || Nube que servia de carruage á los dioses. || *Virg.* Viento que trae nubes tempestuosas. || *Claud.* Polvareda, nube de polvo. || *Virg.* Humareda. || *Virg.* Resplandor ó nube resplandeciente que rodea la cabeza de los dioses.

**Nimie**. *adv. Palad.* Demasiadamente, con demasía, con esceso, sin regla, medida ni moderacion.

**Nimiĕtas**, ātis. *f. Col.* Nimiedad, demasía, superfluidad, redundancia, profusion.

**Nimio**. *adv. Cic. V.* Nimie.

**Nimiŏpĕre**. *adv. Cic. V.* Nimie.

**Nimirum**. *adv. Cic.* Es á saber || Ciertamente, por cierto, sin duda.

**Nimis**. *ad. Cic.* y

**Nimium**. *adv. Cic.* Nimia, demasiada, escesivamente, sin regla, moderacion, ni medida.

**Nimius**, a, um. *Cic.* Nimio, demasiado, escesivo, inmoderado. *Nimius sol. Ov.* Sol demasiado fuerte, picante.—*Animi. Liv.* De grande ánimo ó espíritu, de un corazon demasiado altivo, fiero. *Imperii. Liv.* El que manda con demasiado teson.—*Mero. Hor.* El que bebe demasiado.—*In aliqua re. Cic.* Escesivo en cualquiera cosa, inmoderado. *Te nimio plus diligo. Cic.* Te amo mas de lo que se puede decir.

**Ningit, y Ninguit**, ēbat, ninxit. n. *Col.* Nevar.
**Ningor**, ōris. m. *Apul.* Nevada, copia de nieve.
**Ninguĭdus**, a, um. *Aus.* Nevado, cubierto de nieve.
**Ninguis**, is. f. *Lucr.* La nieve.
**Ningŭlus**, a, um. *Fest.* Nadie, ninguno.
**Ninĭve**, es. f. *Plin.* Ninive, ciudad de Asiria.
**Ninivitae**, ārum. m. plur. Los ninivitas, habitantes de Nínive.
**Niobaeus**, a, um. *Hor.* Lo perteneciente á Niobe.
**Niobe**, es, y **Nioba**, ae. f. *Ov.* Niobe, hija de Tántalo, muger de Anfion, rey de Tebas, de quien tuvo siete hijos y siete hijas; pero los perdió todos en castigo de querer ser preferida á Latona por su fecundidad, y fue convertida en piedra. || *Hig.* Otra hija de Foroneo, rey de los argivos, de quien tuvo Júpiter á su hijo Argos.
**Niphātes**, ae. ó is. m. *Virg.* Nifates, rio de Armenia que entra en el Tígris. || Montaña que hace parte del monte Tauro, de donde nace el Tígris, y que divide la Armenia mayor de la Asiria.
**Niptra**, ōrum. n. plur. *Cic.* Los baños: es título de una comedia de Pacuvio.
**Ni quis scivit**. *Fest.* Centuria en que votaban los que no habian podido dar el voto en la suya.
**Nireus**, i. m. *Ov.* Nireo, hijo de Caropo y Aglafa, el mas hermoso de todos los griegos que fuéron á la espedicion de Troya.
**Nis**. dat. ant. *Fest.* en lugar de Nobis.
**Nisa**, ae. f. Nombre de muger. || Ciudad de Sicilia.
**Nisabath**. indec. El mes de abril de los judíos.
**Nisaeus**, a, um. *Ov.* Lo perteneciente á Niso, rey de los megarenses, padre de Escila.
**Nisan**. indec. El séptimo mes de los judíos, que empezaban su año civil en el equinocio de setiembre.
**Niseis**, ĭdis. patron. f. *Ov.* Hija ó nieta de Niso.
**Niseius**, a, um. *Virg.* Lo perteneciente á Niso, padre de Escila.
**Nisi**. conj. *Cic.* Si no, á no ser que. || Escepto, menos, fuera de. *Nisi caves*. *Ter.* Si no te guardas ó precaves. *Nisi si quis ad me scripsit*. *Cic.* Si no es que alguno me haya escrito. *Nisi quod, nisi quia*. *Cic.* Si no que. *Nisi vero, nisi forte*. *Cic.* Si no es que, á no ser que.
**Nisi**, ōrum. m. plur. Pais montuoso, cerca del monte Etna en Sicilia.
**Nisiădes**, um. patron. f. plur. *Ov.* Las mugeres sicilianas ó megarenses.
**Nisibēnus**, a, um. *Amian.* Lo perteneciente á Nisibe, ciudad de Mesopotamia.
**Nisĭbis**, is. f. *Amian.* Nisibe, ciudad de Siria ó Mesopotamia.
**Nisus**, i. m. *Ov.* Niso, rey de Megara, padre de Escila.
**Nisus**, us. m. *Cic.* Esfuerzo, conato, empeño.
**Nisus**, a, um. *Cic.* part. de Nitor. Apoyado, sostenido.
**Nitēdŭla**, ae. f. *Cic.* Raton del campo, que roe las mieses. dim. de Nitela.
**Nitĕfăcio**, is, ēre. a. *Gel.* Poner brillante, lucida y resplandeciente alguna cosa.
**Nitĕfactus**, a, um. *Juv.* Puesto resplandeciente.
**Nitēla**, ae. f. *Solin.* Resplandor, brillantez. || *Apul.* Cualquiera instrumento ó materia que sirve para limpiar. || *Solin.* La arena que brilla. || *Plin.* Raton campesino que roe las mieses.
**Nitēlĭnus**, a, um. *Plin.* Lo que pertenece al raton campesino.
**Nitens**, tis. com. *Cic.* Brillante, resplandeciente, reluciente. *Nitens taurus*. *Virg.* Toro lucio, gordo. — *Oratio*. *Cic.* Discurso brillante. *Nitentior ostro*. *Ov.* Mas resplandeciente que la púrpura. *Nullo tribunorum nitente*. *Tac.* No sacando la cara, no empeñándose ningun tribuno.
**Niteo**, es, tui, ēre. n. y
**Nitesco**, is, tui, cĕre. n. *Cic.* Lucir, relucir, brillar, resplandecer. *Nitescere ingenio*. *Ad. Her.* Brillar por su ingenio ó talento. *Nitent in carmine multa*. *Hor.* Brillan muchos primores en sus poemas.
**Nitĭbundus**, a, um. *Gel.* El que hace esfuerzo.
**Nitĭde**, ius, issĭme. adv. *Plaut.* Clara, limpia, pura, propiamente. || Con brillantez, con esplendor.

**Nitĭdĭtas**, ātis. f. *Non.* Brillantez, hermosura.
**Nitĭdiuscŭle**. adv. dim. *Plaut.* Con algun esplendor.
**Nitĭdiuscŭlus**, a, um. dim. *Plaut.* Algo brillante.
**Nitĭdo**, ās, āvi, ātum, āre a. *Col.* Limpiar, lustrar, poner lucio, resplandeciente. || *Palad.* Alisar, bruñir, pulir. || *Non.* Lavar.
**Nitĭdŭlus**, a, um. *Sulpic.* Remilgado, afectado en su compostura y aseo.
**Nitĭdus**, a, um, ior, issĭmus. *Cic.* Nítido, luciente, limpio, claro, resplandeciente, brillante, lustroso. *Nitidior filiae nuptiis*. *Plaut.* Un poco mas galan en la boda de la hija. *Nitida foemina*. *Plaut.* Muger aseada, compuesta. — *Vacca*. *Ov.* Vaca lucia, gorda. — *Unda*. *Ov.* Agua pura, limpia, clara. *Nitidum verborum genus*. *Cic.* Espresiones puras, propias, elegantes, claras, floridas, brillantes. *Nitidissimi colles*. *Cic.* Colinas bien cultivadas. *Coma nitidissima nardo*. *Ov.* Cabello bien perfumado con nardo, reluciente del mucho nardo.
**Nitiobrĭges**, um. m. plur. *Ces.* Los pueblos del Agenés en Guiena.
**Nitor**, ōris. m. *Cic.* Esplendor, brillantez, claridad, resplandor. || Gracia, belleza, buen aire, buena traza. *Nitor corporis*. *Ter.* Buena disposicion del cuerpo, estado de salud, de sanidad. || *Hor.* Belleza, hermosura. — *Generis*. *Hor.* Lustre, nobleza de la familia.
**Nitor**, ēris, nisus, ó nixus sum, niti. dep. *Cic.* Esforzarse, empeñarse, procurar. || Estribar, apoyarse, afirmarse. || Fiarse, confiarse. *Niti in vetitum*. *Ov.* Pretender con esfuerzo lo prohibido. *Nituntur radicibus arbores*. *Cic.* Los árboles se apoyan, se sustentan en las raices. *Niti ad imperia, ad honores*. *Salust.* Procurar adelantarse, avanzar á los cargos, á los empleos, á los honores. *Niti recuperare patriam*. *Salust.* Hacer esfuerzos para recobrar la patria.
**Nitrāria**, ae. f. *Plin.* Nitral, el sitio ó mineral donde se congela el nitro.
**Nitrātus**, a, um. *Col.* Aquello á que se ha mezclado ó echado nitro.
**Nitrōsus**, a, um. *Plin.* Nitroso, lo que tiene en sí nitro ó sus propiedades.
**Nitrum**, i. n. *Plin.* El nitro, *sal mineral que se coge en Egipto en una montaña llamada Nitria*.
**Nivālis**. m. f. lĕ. n. is. *Virg.* Lo que es de nieve. || Blanco como la nieve. || Nevado, cubierto de nieve. *Nivalis dies*. *Liv.* Dia de nieve, nevoso. — *Aura*. *Hor.* Viento que trae nieve. *Nivale coelum*. *Col.* Tiempo de nieve, que amenaza nieve.
**Nivāria**, ae. f. *Plin.* Una de las islas Canarias.
**Nivārius**, a, um. *Marc.* Lo que pertenece á la nieve. || Lo que sirve para enfriar agua ó vino con ella.
**Nivātus**, a, um. *Suet.* Refrescado con nieve.
**Nivesco**, is, ĕre. n. *Tert.* Blanquear como la nieve.
**Niveus**, a, um. *Virg.* De nieve. || *Ov.* Blanco como la nieve.
**Nivis**. gen. de Nix.
**Nivōsus**, a, um. *Ov.* Nevoso, nevado, lleno, cubierto de nieve. || *Estac.* Que trae ó causa nieves.
**Nix**, nivis. f. *Cic.* La nieve. || *Apul.* La blancura. *Nix eboris*. *Apul.* La blancura del marfil. *Nives capitis*. *Hor.* Las canas.
**Nixi Dii**, ōrum. m. *Fest.* y
**Nixi**, ōrum. m. plur. Dioses que presidian al trabajo de las mugeres que estaban de parto. *Eran tres estatuas puestas de rodillas en el capitolio.*
**Nixor**, āris, āri. dep. *Lucr.* Esforzarse, poner conato y esfuerzo.
**Nixūrio**, is, ire. a. *Nig.* Querer esforzarse.
**Nixus**, i. m. *Cic.* El arrodillado, *constelacion celeste*. Hércules.
**Nixus**, us. m. *Virg.* Esfuerzo, apoyo, conato, empeño. || Esfuerzo, trabajo de la muger que está de parto. *Nixus astrorum*. *Cic.* El movimiento de los astros. *Nixibus maturis editus*. *Ov.* Nacido, dado á luz al debido tiempo.
**Nixus**, a, um. *Cic.* part. de Nitor. Apoyado, estribado. *Nixus genibus*. *Liv.* Arrodillado. — *In cubitum*. *Nep.*

Apoyado en el codo.—*Aequitate. Cic.* El que se apoya, se funda, se fija en la justicia, en la equidad.

## NO

No, as, avi, atum, are. *a. Plin.* Nadar. || *Cat.* Navegar. || Fluctuar. *Natare contra aquam. Plin.* Nadar contra la corriente.— *Freto.* Bogar en el mar, navegar.

Nobĭlis. *m. f.* lĕ. *n.* is. *Cic.* Noble, caballero. || Conocido, famoso, célebre, ilustre, escelente, nombrado, que tiene reputacion y nombre. *Nobilis aere Corinthus. Ov.* Corinto famosa por sus metales. *Iis numquam nobilis fui. Plaut.* Nunca he sido famoso, conocido, considerado por ellos.— *Ad multa. Plin.* Bueno, útil para muchas cosas. *Nobile facinus. Cic.* Hecho famoso, memorable. *Nobilissimae inimicitiae. Liv.* Enemistades muy ruidosas.

Nobĭlĭtas, ātis. *f. Cic.* Nobleza, dignidad, grandeza, escelencia, sublimidad. || Nobleza, calidad de noble. || Nombre, fama, reputacion, celebridad. || La nobleza, los nobles, su clase y condicion.

Nobĭlĭtātus, a, um. *Cic.* Ennoblecido, famoso, insigne, dado á conocer. *Tambien se toma en mala parte.*

Nobĭlĭter. *adv. Vitruv.* Noble, famosa, ilustre, insigne, escelentemente.

Nobĭlĭto, as, avi, atum, are. *a. Cic.* Hacer famoso, conocido, insigne por buena ó mala parte.

Nobiscum. *Cic. ablat. de* Ego. Con nosotros.

Nŏcens, tis. *com. Cic.* tior, tissĭmus. Nocivo, dañoso, perjudicial, pernicioso. || Malo, culpado, reo, delincuente, culpable.

Nŏcenter. *adv. Col.* Nocivamente, con daño, perjudicialmente.

Nŏcentia, ae. *f. Tert.* Pravedad, maldad, criminalidad, calidad opuesta á la inocencia.

Nŏceo, es, cui, citum, cēre. *a. Cic.* Dañar, causar daño, perjuicio ó menoscabo, hacer mal. *Ipsi vero nihil nocitum iri. Ces.* Pero que á él ningun daño se haria.

Nŏcĭtūrus, a, um. *Lucr.* El que ha ó tiene de dañar.

Nŏcīvus, a, um. *Fedr.* Nocivo, dañoso, perjudicial.

Noctescit, ēbat, scĕre. *n. Gel.* Anochecer, hacerse noche ó de noche.

Noctĭcŏla, ae. *m. f. Prud.* El que ama ó gusta de la noche.

Noctĭcŏlor, ōris. *com. Aus.* Oscuro como la noche.

Noctĭfer, a, um. *Cat.* Que trae la noche. *Epíteto de la estrella* Hesperus. Véspero.

Noctĭlūca, ae. *f. Hor.* Que luce de noche. *Epíteto de la luna.* || *Varr.* Farol, linterna.

Noctis. *gen. de* Nox.

Noctĭvăgus, a, um. *Virg.* Que anda errante ó vagueando de noche.

Noctĭvĭdus, a, um. *Marc. Cap.* Que ve de noche como la lechuza.

Noctu. *ablat. f. de* Nox. *Cic.* De noche, por la noche. *Noctu hac somniavi. Plaut.* He soñado esta noche.

Noctua, ae. *f. Virg.* La lechuza, *ave carnívora y nocturna. Noctuas Athenas mittere. Cic. prov.* Enviar lechuzas á Atenas, *como decir en castellano, enviar hierro á Vizcaya. La lechuza es consagrada á Palas por símbolo de la vigilancia en las letras, y asi en Atenas habia abundancia de lo que dice el proverbio. Aliud noctua sonat, aliud cornix. adag.* Cada loco con su tema.

Noctuabundus, a, um. *Cic.* El que vaga ó camina de noche.

Noctuīnus, a, um. *Plaut.* Lo que es de la lechuza ó parecido á ella.

Nocturnālis. *m. f.* lĕ. *n.* is. *V.* Nocturnus, a, um.

Nocturnus, i. *m. Plaut.* El dios de la noche, el véspero que la trae.

Nocturnus, a, um. *Cic.* Nocturno, lo perteneciente á la noche. || *Hor.* Nocturno, el que anda ó hace algo de noche.

Noctuvĭgĭla, ae. *f. Plaut.* La que vela de noche. *Sobrenombre de Venus.*

Nŏcui. *pret. de* Noceo.

Nŏcuus, a, um. *Cic.* Nocivo, dañoso, pernicioso.

Nŏdamen, ĭnis. *n. Paul. Nol.* Nudo, atadura.

Nŏdātio, ōnis. *f. Vitruv.* La abundancia ó concurrencia de nudos, como en las maderas.

Nodātor, ōris. *m. Col.* El que anuda ó ata.

Nodātus, a, um. *Ov.* Anudado, atado con nudos. || *Plin.* Nudoso, lo que tiene nudos.

Nodia, ae. *f. Plin.* La parietaria, *yerba.*

Nŏdo, as, avi, atum, are. *a. Plin.* Anudar, ligar, atar con nudos.

Nŏdōsĭtas, ātis. *f. S. Ag.* La multitud y dureza de los nudos.

Nŏdōsus, a, um. *Ov.* Nudoso, lleno de nudos, que tiene muchos. || *Sen.* Enredado, intrincado, difícil de desatar, de esplicar, de desenvolver. *Fructus veterridus et nodosus. Plin.* Frutos tardíos y malos.

Nŏdōtus, i. *m. S. Ag.* Nombre del dios en cuya proteccion estaban las yemas y nudos de las plantas.

Nŏdŭlus, i. *m. dim. Plin.* Nudillo, nudito, nudo pequeño.

Nŏdus, i. *m. Cic.* Nudo, atadura, vínculo. || Dificultad, embarazo. || *Virg.* Ceñidor, cíngulo, cinto, faja. || Artejo, nudillo, juntura de nervios. || Nudo en las plantas, metales y piedras preciosas. || *Plin.* Nodo, tumor que impide el movimiento de los nervios. || Union, enlace de una cosa con otra. || *Cic.* Nodo, estrella en el mismo ecuador entre los dos peces, que es como el vínculo con que se enlazan por las colas. || Enigma, pregunta, cuestion dificil de esplicar. *Nodus herculeus. Sen.* Nudo ciego, muy difícil de desatar, dificultad indisoluble.— *Crinium. Tac.* Trenza de pelo.— *Coelestis. Cic.* Los peces, *duodécimo signo del zodiaco, constelacion.— Ascendens, boreus, et austricus.* Cabeza del dragon y cola del dragon, *dos puntos opuestos, en que la órbita de un planeta corta la eclíptica. Nodi articulorum. Plin.* Artejos, nudillos, junturas de los miembros.— *Aheni. Virg.* Cadenas.— *Amicitiae. Cic.* Nudos, lazos, vínculos de la amistad.— *Vitales animae. Lucr.* La union del alma y el cuerpo. *Nodum in scirpo quaerere. Concupit assam farinam. Milium torno sculpere. E tantali hortu fructum colligis. adag.* Buscar cinco pies al carnero, siete pies al gato. *ref.*

Noduterensis dea. *Arnob.* Diosa que presidia á la trilla de las mieses.

Nŏdūtus, i. *m. S. Ag.* Dios que presidia á los nudos ó yemas de las plantas.

Noēgeum, i. *n. Liv.* Especie de velo blanco ó de otro color guarnecido de púrpura.

Noema, ătis. *n. Quint.* Noema, *figura retórica, por la cual se quiere dar á entender cosa distinta de lo que se dice.*

Nŏla, ae. *f. Liv.* Nola, ciudad de Campania en Italia. || *Quint.* La campaña.

Nolāni, ōrum. *m. plur. Liv.* Habitantes de Nola.

Nolānus, a, um. *Liv.* Propio de la ciudad de Nola.

Nolens, tis. *com. Luc.* El que no quiere.

Nolensis. *m. f.* sĕ. *n.* is. *S. Ag. V.* Nolanus.

Nolentia, ae. *f. Tert.* Oposicion, repugnancia á alguna accion, la accion de no querer.

Nŏlo, nonvis, nonvult, nōlŭmus, nonvultis, nolunt, nolui, nolle. *anom. Cic.* No querer, repugnar, oponerse, contradecir. *Nolo offensum te. Liv.* No quiero, no pretendo enojarte. *Nolo mentiare. Ter.* No quiero que mientas. *Noli contendere. Hor.* No te empeñes, no porfies. *Nollem dixisse. Cic.* No quisiera haberlo dicho. *Non nolle. Cic.* No contradecir, no repugnar.

Nōluntas, ātis. *f. En.* El no querer, *lo mismo que* Nolentia.

Nŏmădes, dum. *m. plur. Salust.* Voz griega, lo mismo que en latin Numidae, arum. Los numidas, *pueblos de África, que no tenian domicilios fijos.* || *Plin.* Pueblos pastores de la Escitia europea, *hoy tártaros.*

Nŏmae, ārum. *f. plur. Plin.* Ulceras corrosivas, que se estienden y comen la carne. *Se halla en singular.* Nome, es.

Nŏmas, ādis. *m. f. Prop.* El numida, *natural de la Numidia en África.* || *Marc.* La Numidia.

Nōmen, ĭnis. *n. Cic.* Nombre, la palabra con que se nombran las cosas. || Fama, reputacion, renombre. || Casa, familia. || Pretesto, causa, razon, asunto, motivo, título. || Deuda. || Partida de una cuenta. || Apuntacion de memoria. || El nombre sustantivo y adjetivo. *Nomen dare, edere, profiteri. Liv.* Dar su nombre, matricularse, sentarse en la milicia. *Nomina facere. Cic.* Adeudarse, tomar dinero prestado. || *Cic.* Dat prestado á otro. *Sua expedire. Cic.* Pagar sus deudas. *Transcribere in alios. Liv.* Cederse sus créditos á otros. *Exigere. Cic.* Exigir, hacerse pagar sus créditos. *Magna. Plin. men.* Gente ilustre. *Speciosa. Ov.* Pretestos especiosos. *Impedita. Liv.* Deudas de mala calidad, difíciles de cobrar. *Nominibus multis. Ov.* Por muchas razones ó títulos. *Existimari bonum nomen. Cic.* Ser tenido por buen pagador, tener crédito. *Meo, tuo nomine. Cic.* En mi, en tu nombre; de mi, de tu parte. *Nomen latinum. Liv.* La nacion latina.

Nōmenclātio, ōnis. *f. Cic.* La accion de llamar á cada uno por su nombre, ó á cada cosa. || *Col.* Nómina, lista, catálogo de nombres, nominacion de cada cosa.

Nomenclātor, ōris. *m. Cic.* El que aprende á nombrar á cada uno por su nombre, el que lee la nómina de ellos.

Nōmenclātūra, ae. *f. Plin.* Nomenclatura, nómina, lista de nombres. || Recitacion de ellos.

Nomentāni, ōrum. *m. plur. Plin.* Nomentanos, los naturales de la ciudad Nomento.

Nomentānus, a, um. *Liv.* Lo perteneciente á la ciudad de Nomento en los sabinos. *Nomentana porta. Liv.* La puerta nomentana de Roma. *Via. Liv.* El camino, la via nomentana, que iba desde Roma á Nomento y á los sabinos.

Nomentum, i. *n. Liv.* Nomento, *ciudad de los sabinos sobre el rio Alia.*

Nomia, ae. *f.* Pales, *diosa de los pastores.*

Nōmīnālia, ium. *n. plur. Tert.* Dia solemne en que se ponia nombre á un recien nacido.

Nōmīnālis. *m. f. le. n. is. Varr.* Nominal, lo que pertenece al nombre. *Nominalis gentilitas. Varr.* Familia, casa que lleva el mismo nombre.

Nōmīnāliter. *adv. Arnob.*

Nōmīnātim. *adv. Cic.* Espresamente, por el mismo nombre. || Por menor, en particular.

Nōmīnātio, ōnis. *f. Cic.* Nominacion, la accion de nombrar por su nombre. || Nombramiento para algun empleo. || Figura retórica, *por la que damos nombre conveniente á una cosa que no le tiene.*

Nōmīnātīvus, a, um. *Varr.* Nominativo, *el primer caso de la declinacion de los nombres latinos.*

Nōmīnātor, ōris. *m. Ulp.* Nominador, el que nombra ó tiene derecho de nombrar para algun cargo.

Nōmīnātus, us. *m. Varr.* El nombre, ó la cosa nombrada.

Nōmīnātus, a, um. *part. de* Nomino. *Cic.* Nombrado, llamado. || Nombrado, famoso, ilustre, acreditado, que tiene reputacion, nombre y fama.

Nōmĭnĭto, ās, āvi, ātum, āre. *a. Lucr.* Nombrar, llamar á menudo. *freq. de*

Nōmĭno, ās, āvi, ātum, āre. *a. Cic.* Nombrar, llamar por su nombre. || Nombrar, elegir para algun cargo. *Nominare aliquem honoris causa. Cic.* Nombrar á algun sugeto por honor y obsequio suyo. *Nominari volunt. Cic.* Quieren ser celebrados, famosos.

Nomius, y Nomios, ii, y Nomion, ōnis. *m. Cic.* Nombre de Apolo, *que significa alimentador, criador.*

Nomos, y Nomus, i. *m. Plin.* Prefectura, gobierno de una ciudad ó provincia. || *Suet.* Cantinela, cancion compuesta por música.

Non. *adv. Cic.* No. *Non possum non, non possum quin. Cic.* No puedo menos de, no puedo dejar de.

Nona, ae. *f. Gel.* Nona, *una de las Parcas, llamadas entre los latinos Nona, Decima, Morta.*

Nonacrīnus, a, um. *Ov.* Arcade; lo que es de Arcadia ó del monte Nonacre.

Nonăcris, is. *m. Plin.* Nonacre, *monte de Arcadia en el Peloponeso.*

Nonacrius, a, um. *Ov.* Lo que es del monte Nonacre ó de Arcadia.

Nōnae, ārum. *f. plur. Cic.* Las nonas, *que son el siete de marzo, mayo, julio y octubre, y el cinco en los otros meses. Nonarum aliae quintanae, aliae septimae. Varr.* Las nonas en unos meses son á cinco, en otros á siete.

Nōnāgenārius, a, um. *Plin.* Nonagenario, lo pertenece al número noventa. *Nonagenarius senex. Front.* Viejo nonagenario, de noventa años.

Nōnāgēni, ae, a. *plur. Plin.* Noventa, *numeral distributivo.*

Nōnāgēsĭmus, a, um. *Cic.* Nonagésimo, lo que es de noventa.

Nōnāgies. *adv. Cic.* Noventa veces.

Nōnāginta. *indecl. Cic.* Noventa, *numeral cardinal.*

Nonālia sacra. *Varr.* Sacrificios solemnes que se hacian los dias de las nonas en el capitolio.

Nonānus, a, um. *Tac.* Soldado de la nona legion.

Nonāria, ae. *f. Pers.* Muger pública, á quien estaba prohibido abrir su casa antes de las nueve horas del dia.

Nonārius, a, um. *Interpr. de Pers.* Lo que se hace en la hora nona, el nono dia, &c.

Nondum. *adv. Cic.* Aun no, todavía no.

Nongenti, ae, a. *Cic.* Novecientos.

Nongenti, ōrum. *m. plur. Plin.* Los 900 escogidos para recoger y custodiar las cajas de los votos en las asambleas del pueblo romano.

Nonies. *adv. Inscr.* Nueve veces.

Nonigesĭmus, a, um. *Síncope de*

Noningentesĭmus, y Nongentesĭmus, a, um. *Prisc.* Lo que comprende 900.

Noningenti, ae, a. *V.* Nongenti.

Noningenties, y Nongenties. *adv. Vitruv.* 900 veces.

Nonius Marcellus. *m.* Nonio Marcelo, *gramático posterior á Apuleyo. Escribió una obra de la varia significacion de las palabras.* || Nonio, *antiguo poeta cómico.*

Nonne. *adv. Cic.* Por ventura, acaso no, *con interrogacion. Nonne vides? Virg.* ¿No ves?

Nonnihil. *adv. Cic.* Algo, algun tanto, un poco.

Nonnullus, a, um. *Cic.* Alguno, algun hombre ó persona, algun sugeto.

Nonnumquam. *adv. Cic.* Algunas veces, á veces, á las veces, alguna vez.

Nonnus, i. *m.* y Nonna, ae. *f. S. Ger.* Nombre de reverencia y gravedad *que se daba á los monges y monjas.*

Nonnusquam. *adv. Plin.* En alguna parte, en algun lugar.

Nonoeolae, ārum. *f. plur. Fest.* Dos pellejos á modo de tetas que cuelgan de las fauces de las cabras.

Non pridem. *adv. Fest.* No ha mucho, no ha mucho tiempo.

Nonuncium, ii. *n. Fest.* Nueve onzas.

Nonus, a, um. *Cic.* Nono, noveno, *numeral ordinal.*

Nonus decimus, a, um. *Tac.* Décimo nono.

Nonussis, is. *m. Varr.* Nueve ases, *pieza de moneda romana.*

Norba Caesarea, ae. *f.* Alcántara, *ciudad de Estremadura en España.*

Norba, ae. *f. Liv.* Norba, *colonia romana en los volscos.*

Norbanus, a, um. *Liv.* Lo perteneciente á Norba, colonia romana. || *Cic.* Sobrenombre de una familia romana, como C. Norbano.

Norīci, ōrum. *m. plur. Plin.* Los noricos, *cuya region comprendia parte de Baviera, la Austrasia, la Carintia y Estiria.*

Noricum, i. *n. Tac.* La region de los noricos.

Norĭcus, a, um. *Tac.* Lo perteneciente á los noricos, ó á su region.

Norma. ae. *f. Vitruv.* La escuadra, *instrumento de varios artífices, que se compone de dos líneas unidas en forma de ángulo recto.* || Regla, forma, norma, ley.

Normālis. *m. f. le. n. is. Quint.* Hecho, formado á manera de escuadra. || Normal. *Normalis virgula. Manil.* La misma escuadra.

Normaliter. *adv. Higin.* Conforme á la escuadra, á la norma, á la regla. || *Amian.* Recta, derecha, perpendicularmente.

Normanni, ōrum. *m. plur.* Los normandos, los pueblos de Normandía.

Normannia, ae. *f.* Normandía, *provincia de Francia.*

Normātus, a, um. *Col.* Hecho, tirado según la escuadra.

Northumbria, ae. *f.* Nortumberland, *condado de Inglaterra.*

Nortia, ae. f. Liv. Diosa de los volsinios, *que algunos creen ser la fortuna.*

Nos, nostrum, vel nostri, nobis. *pron. pers. Cic.* Nosotros, de nosotros, para nosotros.

Noscibilis. *m. f. lě. n. is. Tert.* Lo que se puede conocer.

Noscitabundus, a, um. *Gel.* Que quiere conocer ó reconocer.

Noscito, ās, āvi, ātum, āre. *a. Liv. freq. de* Nosco. Conocer, reconocer. *Noscitare aliquem voce. Plin.* Conocer á uno por la voz. *Noscitari ab omnibus.* Ser conocido de todos.

Nosco, is, nōvi, nōtum, cěre. *a. Cic.* Conocer, saber, tener noticia ó conocimiento. *Nosse de facie. Cic.* Conocer de vista. — *Causam, excusationem. Plaut.* Admitir la escusa, la satisfaccion. *Nostin? Ter.* ¿Entiendes? ¿Oyes? Estás? *Quam quisque novit artem in hac se exerceat. Sutor non ultra crepidam. adag.* Cada uno en su arte. Pastelero, á tus pasteles. *ref.*

Nosmet. *Plaut.* y

Nosmetipsi. *Cic.* Nosotros mismos.

Nosocomium, ii. *n. S. Ger.* Hospital, enfermería de pobres.

Nosocomus, i. *m. Cod. Just.* Médico de un hospital

Nosognomonice, es. *f.* Práctica de conocer las enfermedades.

Nosse. *en lugar de* Novisse. V. Nosco.

Noster, tra, trum. *pron. poses. Ces.* Nuestro, lo que es nuestro, lo que es propio y perteneciente á nosotros. || *Ter.* Lo que es de nuestro pais, de nuestra ciudad, de nuestra familia. || *Virg.* Favorable, propicio á nosotros. || *Hor.* De nuestra clase. *Noster est. Ter.* Es nuestro, de nuestra casa ó familia. *Noster ludos spectaverat. Hor.* Estuvo sentado en las fiestas con nosotros. *Nostra omnis lis est. Plaut.* Hemos ganado el pleito enteramente. *Impedimentis nostri potiti sunt. Ces.* Se apoderaron los nuestros, nuestros soldados de todo el equipage. *Nostrapte culpa. Ter.* Solo por nuestra culpa.

Nosti. *Sincope, en lugar de* Novisti. *pret. de* Nosco.

Nostras, ātis. *com. Cic.* De nuestra patria, tierra ó gente. *Nostrates facetiae. Cic.* Gracias, chistes propios de nosotros. *Nostratia verba. Cic.* Palabras propias de nuestra lengua, de nuestro uso.

Nostratim. *adv. Non.* Á nuestro modo.

Nota, ae. *f. Cic.* Nota, señal, marca. || Muestra, testimonio, prueba. || Tacha, mancha natural ó accidental. || Nota de ignominia. || Abreviatura, cifra. || Suerte, manera, modo, género, especie. || *Hor.* Cuño, sello de la moneda. || *Plin. men.* Represion, correccion, censura. *Notae musicae. Quint.* Notas, caractéres de la música. — *Litterarum. Cic.* Letras, caractéres de la escritura. *Notis scribere. Suet.* Escribir en abreviaturas, con cifras. — *Incisa marmora. Hor.* Mármoles llenos de inscripciones. *Nota de meliore commendare. Cic.* Recomendar del modo mas eficaz.

Notabilis. *m. f. lě. n. is. Cic.* Notable, señalado, insigne, considerable, grande, estraordinario. || *Col.* Visible, fácil de verse y notarse. || *Quint.* Reprensible, que merece ser reprendido y censurado. *Notabilior caedes. Tac.* Matanza, carnicería estraordinaria.

Notabilitas, ātis. *f. Plaut.* Escelencia.

Notabiliter. *adv. Plin.* Notable, insigne, señaladamente. || *Plin. men.* Visible, evidentemente.

Notaculum, i. *n. Min. Fel.* y

Notamen, ĭnis. *n. Sil. Ital.* Nota, señal, marca.

Notandus, a, um. *Hor.* Notable, reparable, digno de reparo, de censura, de correccion.

Notans, tis. *com. Cic.* El que nota, marca, señala.

Notaria, ae. *f. S. Ag.* Escrito en que se delata ó acusa.

Notarius, ii. *m. Plin. men.* Secretario, el que escribe con alguno privadamente. || Copista, escribiente, copiante. || El que escribe por cifras ó abreviaturas; taquigrafo.

Notatio, ōnis. *f. Cic.* Nota, reparo, observacion. || Castigo de los censores romanos. || Etimología, significacion propia de las palabras. || Juicio, examen, averiguacion.

Notātus, a, um. *Cic. part. de* Noto. Notado, señalado, marcado. || *Ov.* Escrito. || *Suet.* Escrito en abreviaturas ó cifras. || Observado, reparado, advertido. || Descrito, ilustrado, esplicado.

Notesco, is, tui, cěre. *n. Tac.* Hacerse conocido, divulgarse, publicarse, venir á conocimiento de todos. *Quae ubi Tiberio notuere. Tac.* Lo cual luego que vino ó llegó á noticia de Tiberio, luego que lo supo. *Ne malis tantum facinoribus notesceret. Tac.* Para no darse solo á conocer por sus maldades.

Nothus, a, um. *Virg.* Bastardo, espúrio, no legítimo. Dícese de los hombres y de las bestias. || *Plin.* Lo que no es de la mejor especie. || *Varr.* Estrangero. *Notho lumine dicta est luna. Cat.* La luna es así llamada porque luce con la luz que toma del sol.

Noti, ōrum. *m. plur. Hor.* Nuestros conocidos. || *Virg.* Los vientos.

Notia, ae. *f. Plin.* Piedra preciosa, *que se dice-cae con la lluvia, así llamada del viento noto ó austro, que es lluvioso.*

Notialis. *m. f. lě. n. is. Avien.* Lo perteneciente al viento noto ó austro, austral.

Notifico, as, avi, atum, are. *a. Gel.* Dar á conocer, hacer saber ó entender.

Notio, ōnis. *f. Cic.* Nocion, idea que se forma, conocimiento, inteligencia. || Jurisdiccion, derecho de conocer de un negocio, conocimiento de causa. || Fuerza, significacion de las palabras. || Castigo, nota de infamia *que imponian los censores.*

Notitia, ae. *f. Cic.* y

Notities, ēi. *f. Vitruv.* Noticia, nocion, conocimiento.

Notius, a, um. *Manil.* Austral, meridional del sud, del mediodia. *Notius polus. Higin.* El polo antártico, austral.

Noto, ās, āvi, ātum, āre. *a. Cic.* Notar, señalar, marcar. || Ver, observar, advertir. || Enseñar, esplicar, significar, dar á entender. || Ilustrar con notas ú observaciones. || Corregir, censurar, reprender. || Infamar, disfamar, deshonrar. || Escribir en abreviaturas ó cifras. *Notare unguem. Ov.* Señalar, apuntar con la uña. — *Mente aliquid. Ov.* Imprimir algo en la mente. — *Res nominibus novis. Cic.* Poner, imponer, dar nombres nuevos á las cosas. — *Aliquid ab alio. Liv.* Distinguir una cosa de otra. — *Tabellam cera. Cic.* Encerar una tabla para escribir en ella. — *Alicujus insidias. Cic.* Observar las asechanzas de alguno, y guardarse de ellas. — *Manu. Ov.* Señalar, mostrar con la mano. — *Aliquem in perpetuum. Cic.* Disfamar á uno para siempre. — *Aliquem aliqua re. Cic.* Reprender á alguno alguna cosa ó de alguna cosa. *Notari maledicto communi. Cic.* Ser el objeto de la abominacion pública. *Notarunt hoc annales. Plin.* Esto está notado en los anales.

Notoplex, ĭcis. *com.* El, la que ha sido azotada por mano del verdugo.

Notor, ōris. *m. Petron.* El que da noticia y conocimiento de otro.

Notorium, ii. *n. Paul. Jct.* Delacion, acusacion á un juez de un delito. || Deposicion de un testigo.

Notorius, a, um. *Treb. Pol.* Notorio, conocido, sabido de todos. || Lo que hace saber ó da á conocer y entender alguna cosa.

Notula, ae. *f. Marc. Capit.* Nota pequeña.

Notus, i. *m. Virg.* El noto ó austro, *viento del mediodia; el sud. Notus albus. Hor.* El viento de mediodia que causa serenidad. — *Procellosus. Ov.* El mismo cuando trae mal tiempo.

Notus, a, um. *Cic. part. de* Nosco. Conocido, sabido, patente, manifiesto. || *Plaut.* El que conoce. *Notus omnibus, apud omnes improbitate. Cic.* Conocido de todos ó entre todos por su improbidad. *Pulchre notus. Plin.* Muy conocido. *Notus sibi. Cic.* El que se conoce. *Notum facere. Suet.* Hacer notorio, declarar, hacer saber. *Nota loquor. Tib.* Hablo cosas bien notorias, bien sabidas. *Notis praedicas. Plaut.* Hablas á quienes saben tanto como tú. *Notissimi inter se. Cic.* Muy conocidos unos de otros. *Mulier non solum nobilis, sed etiam nota. Cic.* Muger no solo noble, sino tambien infame, notada por tal.

Novacŭla, ae. *f. Cic.* Navaja, cuchillo.

Nŏvāle, is. n. Cal. y.

Nŏvālis, is. f. Virg. Tierra de labor, de sembradura, tierra que se deja descansar un año: barbecho, tierra nuevamente arada, rota, abierta con el arado.

Nŏvālis. m. f. lĕ. n. is. Quint. Nuevamente arado, lo que se deja descansar un año.

Nŏvāmen, ĭnis. n. Ter. Innovacion, novedad.

Nŏvandus, a, um. Virg. Lo que se ha de renovar.

Nŏvans, tis. com. Virg. El que renueva.

Nŏvāria, ae. f. Plin. Novara, ciudad de la Insubria.

Nŏvariensis. m. f. lĕ. n. is. Plin. Lo perteneciente á la ciudad de Novara.

Novatianus, i. m. Novaciano, presbitero romano del siglo tercero de Cristo; primero católico y despues sectario del heresiarca cartagines Novato; escribió varias cosas, de las cuales quedan un libro sobre la Trinidad, y una carta de los manjares judaicos, que suelen andar con las obras de Tertuliano, en estilo bastante puro y castizo.

Nŏvātor, ōris. m. Gel. Renovador, restaurador, el que renueva, pone en uso lo desusado. Novator verborum Sallustius. Gel. Salustio renovador de palabras anticuadas.

Nŏvātrix, icis. f. Ov. La que renueva ó pone en uso lo que ya es desusado.

Nŏvātus, us. m. Auson. Renovacion, mutacion.

Nŏvātus, a, um. Cic. Inventado, hecho de nuevo. ‖ Ov. Mudado. ‖ Renovado, vuelto á poner en uso. Novatus ager. Cic. Campo nuevamente arado.

Nŏve. adv. Plaut. Nuevamente, de nuevo, por la primera vez.

Novellae, arum. f. plur. Fert. Novelas. Las 168 leyes hechas por Justiniano.

Novellaster, tra, trum. Marc. Emp. Novel, nuevo, cosa nueva.

Nŏvellētum, i. n. Paul. Jct. Plantel nuevo, majuelo, viña nueva, plantada de nuevo.

Nŏvellĭcus, a, um. V. Novellus.

Nŏvellĭtas, ātis. f. Tert. Novedad, cosa nueva.

Nŏvello, as, āvi, ātum, āre. a. Suet. Plantar un majuelo, una viña nueva: abrir, romper una tierra de nuevo para cultivarla.

Nŏvellus, a, um. Cic. Novel, nuevo, cosa nueva.

Nŏvem. indec. numer. Cic. Nueve.

November, y

Nŏvembris, is. m. Cic. El mes de noviembre. Se usa tambien como adjetivo.

Novempagi, orum. m. plur. Oviolo, ciudad de Toscana.

Novempopulania, ae. f. La Gascuña, provincia de Francia.

Novemviae, arum. f. plur. Ciudad de Tracia.

Nŏvēnārius, a, um. Plin. Noveno, nono, cosa de 9.

Nŏvendĕcim. indec. Epit. de Liv. Diez y nueve.

Nŏvendiālis. m. f. lĕ. n. is. Liv. Novendial, lo que dura nueve dias. Novendiales feriae. Cic. Vacaciones de nueve dias. Novendiale sacrum. Liv. Sacrificio que se hacia el noveno dia despues de la muerte de alguno.

Nŏvensiles dii. m. plur. Liv. Dioses nuevamente instituidos ó recibidos en Roma.

Nŏvēnus, a, um. Liv. Noveno, nono, lo que contiene el número nueve.

Nŏverca, ae. f. Cic. Madrastra, nueva muger del marido que tiene hijos despues de la muerte de la primera.

Nŏvercālis. m. f. lĕ. n. is. Tac. Lo que es de ó pertenece á la madrastra.

Nŏvercor, āris, āri. dep. Siden. Portarse como madrastra, enfurecerse como madrastra.

Nŏvi. pret. de Nosco.

Noviānus, a, um. Tert. Lo perteneciente á Novio, poeta cómico latino.

Nŏvies. adv. Virg. Nueve veces.

Noviodūnum, i. n. Caes. Neuvi, ciudad de Berri. ‖ Nevers, ciudad de Borgoña. ‖ Noyon, ciudad de Picardía. ‖ Nogent le Rotrou, en Percha. ‖ Neuburg, en la Ungría.

Nŏvissīme. adv. Cic. Ultimamente, en fin, en el último lugar.

Nŏvissĭmus, a, um. Cic. El último, el menor.

Nŏvissĭmi histriones. Cic. Comediantes de la legua.

Nŏvissĭma luna. Plin. Último cuarto de luna. — Spes. Tac. Última esperanza. — Exempla. Tac. El último suplicio. — Verba dicere. Virg. Decir el último vale, el último á Dios.

Nŏvĭtas, ātis. f. Cic. Novedad. ‖ Salust. Nobleza nueva. Novitatem alicujus contemnere. Salust. Despreciar la nueva nobleza de alguno.

Nŏvĭter. adv. Plaut. Nueva, recientemente.

Nŏvĭtĭŏlus, a, um. Tert. Novel, novicio. dim. de

Nŏvĭtius, a; um. Plaut. Novel, nuevo, novicio, reciente, moderno.

Novius, ii. m. Macrob. Q. Novio, poeta latino, contemporáneo de Lucrecio, escritor de fábulas atelanas.

Nŏvo, as, āvi, ātum, āre. a. Cic. Hacer de nuevo, hallar, inventar, crear. ‖ Renovar, rehacer, restablecer, restaurar. Novare res. Salust. Maquinar, desear novedades en el gobierno. — Agrum. Cic. Labrar un campo. — Verba. Cic. Inventar palabras. — Numen. Ov. Mudar el nombre. — Aliquid in legibus. Cic. Innovar, alterar algo en las leyes, mudar, reformar.

Nŏvus, a, um. Cic. Nuevo, reciente, moderno. Novus alicui rei. Tac. Novicio en alguna cosa, no hecho, no habituado á ella. — Annus. Tib. La primavera. — Anguis. Virg. Culebra que ha mudado la camisa, la piel. — Homo. Salust. Hombre de fortuna, que se ha elevado de pronto y sobre su esfera. — Poeta. Ter. Poeta moderno. — Furor. Virg. Furor repentino. Novas res moliri. Estac. Maquinar novedades, escitar turbaciones en el gobierno. Novi homines. Cic. Hombres de fortuna. — Nova carmina. Virg. Versos maravillosos, escelentes.

Novus portus. Nieuport, ciudad de Flandes.

Nox, ctis. f. Cic. La noche. ‖ Virg. El sueño. ‖ La muerte. Nox animi. Ov. Ceguedad del alma, tinieblas del entendimiento. Aequare nocti ludum. Virg. Pasar toda la noche jugando. De nocte. Hor. Noctu. Cic. De noche, durante la noche. Noctem rebus offundere. Cic. Oscurecer las cosas.

Noxa, ae. f. Cic. Daño, perjuicio, detrimento, pérdida, menoscabo, injuria, agravio. ‖ Liv. Culpa, falta, delito, crimen. ‖ Col. Enfermedad, indisposicion. ‖ Liv. Pena, castigo, suplicio de la culpa. Noxa penes milites erat. Liv. La culpa estaba en los soldados; los soldados tenian la culpa. Noxae esse. Tac. Hacer mal, dar que sentir. Dedere aliquem. Liv. Entregar á uno para que le castiguen. — Arguere. Suet. Reprender una falta ó de una culpa. — Eximere. Liv. Libertar de la pena debida por la culpa. — Nihil his. Liv. No hay culpa alguna en ellos. Noxa sine ulla stomachi. Cels. Sin indisposicion alguna del estómago. Noxam nocere. Liv. Cometer una falta.

Noxālis. m. f. lĕ. n. is. Dig. Lo perteneciente á la culpa, falta ó pérdida. Noxalis actio. Dig. Accion para reparacion de un daño.

Noxia, ae. f. Ter. Culpa, falta, delito, ofensa, agravio, injuria. ‖ Daño, perjuicio, detrimento, menoscabo.

Noxiālis. gn. f. lĕ. n. is. Prud. Dañoso, perjudicial.

Noxĭōsus, a, um. Sen. Dañoso, perjudicial. ‖ Capaz de hacer mal, vicioso. ‖ Reo, culpado, delincuente.

Noxĭtūdo, ĭnis. f. Non. Culpa, falta, crimen. ‖ Daño, perjuicio, detrimento, menoscabo.

Noxius, a, um. Cic. Culpado, reo, delincuente. ‖ Ov. Dañoso, nocivo, perjudicial. Noxius conjurationis. Tac. Cómplice en una conjuracion. Noxia tela. Ov. Dardos peligrosos. Noxior omnibus reis. Sen. Mas culpado que todos los reos. Noxissimum animal. Sen. Animal muy nocivo.

## N U

Nubae, arum. m. plur. Pueblos de la Libia.

Nubaei, orum. m. plur. Pueblos de la Arabia desierta.

Nūbēcŭla, ae. f. Plin. Nubecilla, nube pequeña. Nubecula frontis. Cic. Frente arrugada, amenazadora, ceño, aire fiero, severidad del semblante.

Nūbens, tis. com. Plin. El que se casa.

Nūbes, is. f. Cic. Nube. ‖ Virg. Vapor. ‖ Hor. Tristeza, pesadumbre. ‖ Liv. Multitud, tropel. ‖ Mancha, sombra,

Ppp

oscuridad. *Nubes pulverea. Estac. Pulveris. Quint.* Nube, torbellino de polvo. — *Caecae reipublicae. Cic.* Tiempos calamitosos de la república.

**Nubia**, ae. *f. Nabia,* gran país de África.

**Nūbĭfer**, a, um. *Ov.* Nublado, que trae nubes.

**Nūbĭfŭgus**, a, um. *Colum.* Que disipa ó ahuyenta las nubes.

**Nūbĭgĕna**, ae. m. f. *Ov.* Engendrado de una nube *como dicen de los centauros. Nubigenae amnes. Estac.* Torrentes formados por las lluvias.

**Nūbĭger**, a, um. *Papin.* Nublado, cubierto de nubes.

**Nūbĭla**, ōrum. n. plur. *Virg.* Las nubes, los nublados. ‖ *Plin.* Tristeza, aflicción, pena, pesadumbre, melancolía. *Nubila ventus agit, differt. Virg. Detergit, depellit. Tibul.* El viento disipa las nubes. — *Humani animi sol serenat. Plin.* El sol disipa, desvanece la tristeza del corazon humano.

**Nūbĭlar**, āris. n. y

**Nūbĭlarium**, ii. n. *Col.* Pórtico de una granja ó casa de campo *donde se guardan las mieses para trillarlas cuando el cielo está nublo y amenaza agua.*

**Nūbĭlis**. m. f. le. n. is. *Cic.* El ó la que está en edad de casarse, casadero, ra.

**Nūbĭlĭto**, ās, āre. a. *Varr.* Cubrirse de nubes.

**Nūbĭlo**, ās, āvi, ātum, āre. n. y

**Nūbĭlor**, āris, ātus sum, āri. dep. *Varr.* Anublarse, oscurecerse, cubrirse de nubes. *Nubilat aer. Varr.* El cielo se oscurece, se cubre de nubes. *Nubilari si coeperit. Varr. Ubi nubilabitur. Cat.* Si el tiempo se anubla, se cubre de nubes.

**Nūbĭlōsus**, a, um. *Apul.* Nebuloso, nublado.

**Nūbĭlum**, i. n. *Plin.* Tiempo, cielo nublo, nubes. *Nubilo. Plin.* En tiempo nublo.

**Nūbĭlus**, a, um. *Plin.* Nublo, nublado, nebuloso, cubierto de nubes. ‖ *Ov.* Infausto, adverso, contrario. ‖ *Id.* Calamitoso, desgraciado, infeliz. ‖ *Id.* Triste, melancólico. ‖ *Plaut.* Turbado, confuso, perturbado. ‖ *Plin.* Sombrío, oscuro, opaco, tenebroso.

**Nūbis**, is. f. *Plaut.* V. Nubes.

**Nūbĭvăgus**, a, um. *Sil. Ital.* Que vaga entre las nubes, que anda por el aire. *Habla de Dédalo que volaba con alas de cera.*

**Nūbo**, is, nupsi, ó nuptus sum, nuptum, bĕre. a. n. *Col.* Cubrir, tapar con un velo. ‖ Casarse, tomar marido. ‖ *Ov.* Tomar muger. *Nubere in familiam claram. Cic.* Casarse con muger de una familia ilustre. *Des si filiam tuam nuptum. Nep.* Que le des tu hija en casamiento, para casarse.

**Nŭcālis**. m. f. le. n. is. *Col. Aur.* Lo que es de nueces.

**Nŭcāmenta**, ōrum. n. plur. *Plin.* La flor del avellano ó pino, ó cierta pelusa *de que se purgan estos árboles.*

**Nŭcella**, ae. f. *Apic.* Nuececita, nuez pequeña.

**Nuceria**, ae. f. *Liv.* Luzara ó Nocera, *dos ciudades de Italia.*

**Nucerīnus**, a, um. *Liv.* Lo perteneciente á Luzara ó Nocera, *ciudades de Italia.*

**Nŭcētum**, i. n. *Estac.* El nogueral, sitio plantado de nogales.

**Nŭceus**, a, um. *Plin.* Lo que es de nuez.

**Nŭcĭfrangĭbŭlum**, i. n. *Plin.* El diente. ‖ Partidor de nueces.

**Nŭcĭnus**, a, um. *Interp. de Juv.* Lo que es de madera de nogal.

**Nŭcĭpersĭcum**, i. n. *Marc.* Melocoton ingerto con nogal.

**Nŭcĭprūnum**, i. n. *Plin.* Ciruelo ingerto en nogal.

**Nŭcis**. gen. de Nux.

**Nucleātus**, a, um. *Escrib.* Lo que no tiene hueso, la fruta á que se ha quitado el hueso.

**Nucleus**, i. m. *Plin.* Almendra, meollo de la fruta que tiene cáscara dura. ‖ La misma fruta sin cáscara, *como la nuez, avellana, almendra.* ‖ El hueso de la fruta. *Nucleus corporis conchae. Plin.* La perla. — *Ferri. Plin.* El acero, la parte mas dura y sólida del hierro. — *Acini. Plin.* El granillo de la uva. — *Olivae. Plin.* Hueso de aceitunas. — *Palmarum. Plin.* Hueso de dátiles. — *Allii. Plin.* Diente de ajo. *Nucleum amisi. Plaut.* He perdido lo mejor. *Nucleus pincarum. Plin.* El piñon. *Nucleum amisi, re-*

liquit pignori putamina. adag. Fuésele el pájaro, y quedóse en las pihuelas. *ref.*

**Nuctutia**, ae. f. *Gel.* Cierto bastimento pequeño de mar, como lancha, barco, &c.

**Nŭcŭla**, ae. f. *Plin.* Nuececilla, nuez pequeña.

**Nŭcŭlus**, i. m. *Apul.* Niño, muchacho que todavía juega á las nueces.

**Nūdātĭo**, ōnis. f. *Plin.* La accion de desnudar ó desnudarse, la desnudez.

**Nūdātus**, a, um. *part. de Nudo. Cic.* Desnudo, descubierto, despojado de la ropa ó vestido. *Nudatus telum. Nep.* Espada desnuda, desenvainada. *Nudatus praesidiis. Salust.* Despojado, privado de todos los ausilios. *Nudati montes. Val. Flac.* Montes pelados, desnudos de arboles.

**Nūdē**. *adv. Lact.* Clara, sencillamente.

**Nūdĭpĕdālia**, ium. n. plur. *Tert.* Sacrificios que se hacian entre los romanos, griegos y bárbaros con los pies desnudos por mas reverencia.

**Nūdĭpes**, ĕdis. com. *Ter.* El que va descalzo, con los pies desnudos.

**Nūdĭtas**, ātis. f. *Quint.* La desnudez. ‖ Pobreza, falta de elocuencia.

**Nūdius**, ii. m. *Cic.* El dia antes de hoy, ayer. *Nudius tertius. Cic.* Antes de ayer. *Nudius quartus, quintus, sextus. Plaut. Tertiusdecimus. Cic.* Hace cuatro, cinco, seis, trece dias, ó cuatro, cinco, seis, trece dias há.

**Nūdo**, ās, āvi, ātum, āre. a. *Cic.* Desnudar, despojar, descubrir, poner desnudo. ‖ Desguarnecer, privar, despojar. ‖ Esponer á la vista, hacer evidente, dar á conocer. *Nudare armis. Ov.* Desarmar, quitar las armas, despojar de ellas. — *Vada. Liv.* Descubrir vados. — *Gladios. Liv.* Desenvainar, tirar de las espadas, sacarlas. — *Crinibus caput. Petron.* Cortar el pelo, pelar. — *Hostium refugia. Front.* Arrasar las fortificaciones de los enemigos. — *Omnia. Cic.* Robar, abrasar, asolarlo todo. — *Scelus. Liv.* Descubrir un delito, manifestarle, ponerle en claro. — *Suam inscitiam. Varr.* Descubrir, manifestar, dar á conocer su ignorancia. — *Agros. Liv.* Asolar, abrasar los campos, la campaña. — *Corpus ad ictus. Liv.* Despojarse, desnudarse para recibir los azotes. — *Alicujus pericula praesidio. Cic.* Privar á uno de ausilios de un peligro. — *Litora. Ces.* Abandonar la orilla, desamparar, dejar desnudas las costas. — *Animum. Liv.* Descubrir, abrir el corazon, el pecho, descubrirse, manifestarse, descubrir su modo de pensar, su pensamiento. — *Aliquantum urbis. Liv.* Abrir brecha en una plaza. — *Arbores foliis. Plin.* Despojar los árboles de hojas. — *Montes sylvis. Sil. Ital.* Cortar los montes, dejarlos pelados. — *Facta alicujus. Ov.* Descubrir, sacar al público, manifestar, poner á la vista las acciones de alguno.

**Nūdŭlus**, a, um. *Esparc.* Desnudo. *dim. de*

**Nūdus**, a, um. *Cic.* Desnudo, descubierto, despojado del vestido. ‖ Despojado, privado, desguarnecido, destituido, pobre. ‖ *Ov.* Solo, simple, sencillo, natural, puro. *Nuda verba. Plin.* Palabras llanas, claras, fáciles, inteligibles. *Nudi capilli. Ov.* Cabellos al natural, sin arte, afeite ni compostura. *Nudus ensis. Virg.* Espada desnuda, desenvainada. *Nudum jacere. Virg.* Quedarse sin sepultura.

**Nūgācĭtas**, ātis. f. *S. Ag.* La inclinacion á decir niñerías, simplezas y frioleras, habladuría sin sustancia.

**Nūgae**, ārum. f. plur. *Plaut.* Nenias, versos, canciones lúgubres en alabanza de los muertos. ‖ Simplezas, niñerías, bagatelas, frioleras sin sustancia. ‖ Hombres simples, frívolos, mentecatos. *Nugas agere. Plaut.* Decir y hacer simplezas, tonterías ridículas. ‖ *Plaut.* Palabras falaces, propias para engañar.

**Nūgālis**. m. f. le. n. is. *Gel.* Simple, frívolo, fútil, de ningun valor ni sustancia.

**Nūgāmenta**, ōrum. n. plur. *Apul.* V. Nugae.

**Nūgātor**, ōris. m. *Cic.* Simple, necio, hablador sin sustancia. ‖ *Plaut.* Embustero, mentiroso, que compone y finge mentiras para engañar.

**Nūgātōrĭē**. *adv. ad Her.* Simple, vana, neciamente, con simplezas y frioleras.

**Nūgālōrius**, a, um. *Cic.* Frívolo, vano, simple, de ningun momento ni sustancia.

**Nūgātrix**, īcis. f. *Prud.* La muger simple, necia, que no dice ni hace sino frioleras, niñerías y bagatelas de nada.

**Nūgax**, ācis. com. *Cic.* V. Nugator.

**Nūgigĕrŭlus**, a, um. *Plaut.* Portador de bagatelas, el que se ocupa en traerlas y llevarlas de una parte á otra.

**Nūgipolyloquĭdes**, is. com. *Plaut.* El que habla muchas frioleras. *Voz compuesta de Nugae* πολύ *y Loquor.*

**Nūgivendus**, a, um. *Plaut.* Vendedor de frioleras y bagatelas para mugeres.

**Nūgo**, ōnis. m. *Apul.* V. Nugator y Nugax.

**Nūgor**, āris, ātus sum, āri. dep. *Cic.* Tontear, decir simplezas, frioleras, bagatelas. || *Plaut.* Mentir, engañar.

**Nūgŭlae**, ārum. f. plur. *Marc. Cap.* Simplezas, frioleras tenues. *dim. de Nugae.*

**Nullātĕnus**. adv. *Marc. Cap.* De ningun modo.

**Nullĭbi**. adv. *Vitruv.* En ninguna parte, en ningun lugar.

**Nullĭfĭcāmen**, ĭnis. n. y

**Nullĭfĭcātĭo**, ōnis. f. *Ter.* Burla, desprecio, menosprecio.

**Nullōmŏdo**. ablat. abs. *Ter.* De ningun modo, en manera alguna.

**Nullus**, a, um, nullius, nulli. *Cic.* Ninguno, nadie. || Cosa de ningun momento, importancia ó consecuencia. *Nullus eo me ius medicinam facit. Cic.* Ninguno sabe, entiende la medicina mejor que él.—*Sum. Ter.* Estoy muerto, perdido soy.—*Tametsi moneas memini. Ter.* Aunque tú no me lo advirtieras me acuerdo. *Nullo numero homo. Cic.* Hombre de ningun momento, de nada.—*Negotio. Ter.* Sin dificultad, fácilmente. *Sine fine nullo. Plin.* Sin fin, continuamente. *Nullis litteris vir. Plin.* Hombre sin letras, ignorante, que nada sabe. *Nullum habere aliquem. Cic.* Contar á uno por nada, no hacer caso ni cuenta de él. *Nulla non luce. Marc.* Cada dia, todos los dias. *Nullum. Hor.* Ninguna cosa, nada.

**Num**. adv. *Cic.* Acaso, por ventura. || De dudar. Si. *Num furis? Hor.* ¿Estas loco? *Num facti piget. Ter.* ¿No te pesa de haber hecho tal cosa? *Num cogitat quid dicat? Ter.* ¿Acaso piensa lo que dice? *Quaero num aliter ac nunc eveniunt, evenirent. Cic.* Pregunto si sucederian las cosas de otra manera que suceden ahora.

**Numa Pompilius**, ii. m. *Liv.* Numa Pompilio, el segundo rey de los romanos.

**Numantia**, ae. f. *Flor.* Numancia, hoy Soria, ciudad de la España tarraconense. Tomóla Escipion Africano al menor despues de un cerco de veinte años, habiéndose echado al fuego sus moradores con sus hijos y mugeres.

**Numantīnus**, a, um. *Juv.* Lo perteneciente á Numancia, hoy Soria. Numantino.

**Numella**, ae. f. *Plaut.* Especie de cepo ó potro de madera para atormentar á los delincuentes, metiéndoles en él de pies y de cabeza. || *Col.* Collar ó cabezada de correas de cuero de buey para atar las caballerías.

**Nūmen**, ĭnis. n. *Virg.* Númen, deidad, divinidad. || Voluntad, fuerza, potestad de los dioses. || *Lucr.* Inclinacion de la cabeza, señal con que espresamos nuestra voluntad. *Numen conceptum pectore. Luc.* Furor divino, de que uno está ó se siente poseido.—*Divinum haerere. Cic.* Estar penetrado de un temor reverente de la divinidad.—*Amicum. Virg.* Deidad favorable.—*Dei praesens ibi fuit. Liv.* Alli se manifestó el poder, la mano de Dios. *Numina divum. Virg.* Los dioses. || Sus oráculos.

**Nŭmĕrābĭlis**. m. f. lē. n. is. *Hor.* Numerable, lo que fácilmente se puede contar.

**Nŭmĕrālis**. m. f. lē. n. is. *Prisc.* Numeral, lo que es propio de y pertenece al número.

**Nŭmĕrandus**, a, um. *Sil. Ital.* Lo que se debe contar.

**Nŭmĕrārius**, ii. m. *S. Ag.* Aritmético, calculador, contador.

**Nŭmĕrātĭo**, ōnis. f. *Col.* Numeracion, la accion de contar, cuenta.

**Nŭmĕrāto**. abl. abs. *Cic.* De contado, en metálico.

**Nŭmĕrātor**, ōris. m. *S. Ag.* Contador, aritmético.

**Nŭmĕrātus**, a, um. *Cic.* part. de Numero. Numerado, contado. *Numerata pecunia. Cic.* Dinero contante, efectivo.—*Dos. Cic.* Dote pagada de contado. *In numerato*

*habetur. Quint.* Tener pronto, á la mano, espedito. *Thucydides numquam est numeratus orator. Cic.* Nunca se ha tenido, puesto, colocado, contado á Tucídides entre ó en el número, ó la clase de los oradores.

**Numeria**, ae. f. *S. Ag.* Numeria, diosa que presidia al arte de aprender á contar.

**Numerius**, ii. m. *Liv.* Numerio, prenombre latino, como Numerio Fabio Buteon.

**Nŭmĕro**, y **Numere**. adv. *Plaut.* Pronto, presto. || Á punto, á propósito, á tiempo. || Demasiado presto. *Numero mihi in mentem fuit. Plaut.* Me acordé muy á tiempo.

**Nŭmĕro**, ās, āvi, ātum, āre. a. *Cic.* Numerar, contar. || Estimar, tener por, contar entre. *Numerare pecuniam de suo. Cic.* Dar, desembolsar de suyo el dinero. *Senatum numera. Fest.* Cuenta los votos. Espresion con que se oponia un senador al cónsul para que no hiciese decreto del senado, ó por no haber los senadores necesarios para formarle, ó para pedir el veto á cada uno en particular.

**Nŭmĕrōsē**, ius, issĭmē. adv. *Cic.* Numerosamente, en gran número. || Con cadencia, medida y proporcion.

**Nŭmĕrōsĭtas**, ātis. f. *Macrob.* Numerosidad, multitud numerosa.

**Nŭmĕrōsus**, a, um, ior, issĭmus. *Plin. men.* Numeroso, lo que incluye gran número y muchedumbre, copioso. || *Cic.* Armonioso, cadencioso, lo que tiene medida y proporcion de palabras.

**Nŭmĕrus**, i. m. *Cic.* Número, medida de una cantidad señalada. || Cantidad, muchedumbre, copia. || Grado, clase. || Medida, cadencia. || *Hor.* Turba, vulgo. *Numeri graves. Ov.* Versos heroicos exámetros.—*Impares. Ov.* Versos elegiacos, exámetros y pentámetros.—*Lege soluti. Hor.* Versos libres.—*Eburnei. Ov.* Los dados. *In numerum ludere. Virg.* Tocas ó bailar á compas, en cadencia. *Extra numerum se movere. Cic.* Apartarse del decoro, pasar los límites de la justa medida y moderacion. *Numerum aliquem obtinere. Cic.* Estar en alguna reputacion, tener algun lugar, alguna estimacion.—*Nunc sedulo habui. Plaut.* Ahora tengo mi cuenta.—*Numero deorum esse alicui. Liv.* Ser mirado de alguno como un dios. *In numeros nomen referre. Plin. men.* Sentar, tomar el nombre, matricular. *In numero suorum habere. Cic.* Contar, tener en el número de los suyos, entre sus amigos.—*Hostium duci. Cic.* Pasar, ser contado por enemigo ó entre los enemigos. *Dirigere in numerum. Virg.* Colocar por su orden, en fila, en hilera. *Numeris omnibus absolutus. Plin.* Cumplido, perfecto, cabal, que llena todas las medidas. *Omnium numerorum esse. Petron.* Tener todas las buenas cualidades.

**Numicius**, y **Numĭcus**, i. m. *Ov.* El arroyo de Nemi, pequeño rio del Lacio en el campo Laurente junto á Lavinio.

**Numidae**, ārum. m. plur. Los numidas, pueblos de Numidia en la Libia interior. || *Vitruv.* Nombre genérico que daban los antiguos á los pueblos pastores que no tenian domicilio fijo.

**Numidia**, ae. f. *Plin.* Numidia, region mediterránea del África en los confines de la Libia interior y de la Mauritania.

**Numidiānus**, a, um. *Plin.* y

**Numidicus**, a, um. *Liv.* Lo que es de Numidia. *Numidica guttata. Marc.* Gallina pintada ó africana. *Numidicus. Vel. Paterc.* Numídico, sobrenombre de Q. Cecilio Metelo, por haber vencido á los numidas y á su rey Yugurta.

**Numisiānus**, a, um. *Numisiana vitis, et uva. Col.* Uva que parece tomó el nombre de un tal Numisio, y se conservaba en villas para servirla despues en las mesas.

**Nŭmisma**, ātis. n. *Hor.* Numisma, moneda. || Medalla.

**Nummārius**, a, um. *Cic.* Lo perteneciente á la moneda ó dinero. *Nummarius judex. Cic.* Juez que se deja corromper con dinero. *Nummaria res. Cic.* Moneda, dinero. *Difficultas. Cic.* Falta, escasez de dinero.

**Nummātĭo**, ōnis. f. *Cic.* Abundancia de dinero.

**Nummātus**, a, um. *Cic.* Adinerado, que tiene mucho dinero. *Nummatum bene marsupium. Plaut.* Bolsa, bolsillo bien provenido.

Nummōeus, a, um. *Gel.* Adinerado, el que abunda en dinero.

Nummulariŏlus, i. m. *Sen.* Pequeño, corto cambista, despreciable, de corto giro ó poco honesto.

Nummularius, ii. m. *Suet.* Cambista, banquero, contador, cajero.

Nummŭlus, i. m. *Cic.* Moneda pequeña, pieza pequeña de moneda.

Nummus, i. m. *Cic.* Moneda, dinero. || Pieza de moneda de cobre de muy corto precio. *Nummus argenti. Plaut.* Moneda, pieza de moneda de plata, que valia una dracma; esto es, cuarenta maravedis ó diez cuartos. — *Aureus. Cic.* Moneda de oro que valia mil teruncios ó maravedis, esto es, veinte y nueve reales y catorce maravedis, segun el cómputo mas comun. — *Adulterinus. Cic.* Moneda falsa, adulterada. — *Asper. Pers.* Moneda nueva. *Nummorum multorum bibliotheca. Cic.* Biblioteca de mucho precio, que vale mucho dinero. *In nummis habere. Cic.* Tener en dinero físico, contante, efectivo. *In nummis suis multum esse. Cic.* Ser hombre de mucho dinero. Es lo mismo *Nummus* que *Sextertius*, y *Nummus Sextertius*.

Numnam. *adv. Ter.* Acaso, por ventura. V. Num.

Nunc. *adv. Cic.* Ahora, al presente, á esta hora. || Entonces, en aquel tiempo, no há mucho tiempo. *Nunc huc, nunc illuc. Virg.* Ya aqui, ya alli, ahora de esta, ahora de aquella parte, de aqui para allí, de acá para acullá, ya hácia esta, ya hácia aquella parte. — *Ipsum. Cic. Nunc. Plaut.* Ahora mismo, en este instante ó momento. — *Reus erat de vi. Cic.* Se le acusaba entonces de violencia. *Ut nunc est. Cic.* Segun el estado presente de las cosas.

Nuncia, ae. f. *Cic.* Mensagera, la que anuncia, lleva noticia, aviso. *Nuncia Junonis. Ov.* La mensagera de Juno, Iris.

Nunciatio, ōnis. f. *Cic.* Anunciacion, anuncio, la accion de anunciar, dar aviso.

Nunciator, ōris. m. *Ulp.* Anunciador, mensagero. || Denunciador, delator, acusador.

Nunciātrix, icis. f. *Casiod.* Mensagera, la que lleva noticia ó aviso.

Nunciatus, a, um. *Cet.* Anunciado, referido, contado, avisado. *part. de*

Nuncio, ās, āvi, ātum, āre. a. *Cic.* Anunciar, avisar, contar, referir, dar parte, noticia, aviso. || *Tac.* Intimar, mandar, notificar. *Bene nuncias. Ter.* Me das una buena nueva. *Nunciare ad fiscum. Ulp.* Delatar, denunciar, manifestar al fisco. — *Novum opus. Ulp.* Intimar que se desista de una obra por incomodidad privada ó pública que resulta de ella.

Nuncium, ii. n. *Catul.* Nueva, mensage, noticia, aviso, novedad.

Nuncius, ii. m. *Cic.* Nueva, noticia, novedad, aviso, mensage. || Mensagero, portador de avisos, enviado. || Mandamiento, intimacion. || Carta de divorcio. *Nuncium ad aliquem mittere. Ces.* Enviar un correo, un mensagero á alguno. — *Uxori remittere. Cic.* Repudiar la muger, hacer divorcio con ella. — *Virtuti remittere. Cic.* Renunciar á la virtud, abandonarla.

Nuncius, a, um. *Ov.* Lo que anuncia, avisa, da noticia.

Nuncŭbi. *adv. Ter.* Acaso en alguna parte ó en algun tiempo.

Nuncŭpātim. *adv. Sid.* Por su nombre, en particular.

Nuncŭpatio, ōnis. f. *Plin.* La accion de nombrar, nominacion. || Declaracion, institucion de heredero. *Nuncupatio votorum. Tac.* La accion de pedir, de dar y tomar votos.

Nuncŭpātor, ōris. m. *Apul.* Nominador, el que nombra, da ó pone nombre á una cosa.

Nuncŭpatus, a, um. *Cic.* Nombrado, espreso, esplicado. *part. de*

Nuncŭpo, as, āvi, ātum, āre. a. *Cic.* Nombrar, decir, declarar, espresar. || *Plin.* Contar, referir. *Nuncupare vota Deo. Cic.* Dirigir sus votos á Dios. — *Haeredem. Ulp.* Nombrar á uno heredero de viva voz. || *Suet.* Instituir á uno heredero. — *Testamentum. Plin.* Declarar su voluntad, dictar su testamento de viva voz en presencia de testigos. — *Lingua. — Verbis. Cic.* Declarar de viva voz. — *Insueto nomine. Varr.* Dar, poner nombre nuevo.

Nundĭna, ae. f. *Macrob.* Nundina, diosa que presidia las lustraciones que se hacian por un recien nacido á los nueve dias si era varon, y á los ocho si era hembra.

Nundĭnae, ārum. f. plur. *Cic.* Mercados, ferias, que habia en ciertos tiempos en Roma por nueve dias.

Nundĭnālis. m. f. lē. n. is. *Plin.* y

Nundĭnārius, a, um. Lo perteneciente á las ferias ó mercados que se hacian por nueve dias.

Nundĭnatio, ōnis. f. *Cic.* Trato, comercio, tráfico, venta, mercado. *Nundinatio juris. Cic.* Venta de la justicia.

Nundĭnatitius, a, um. *Tert.* Lo que se vende en el mercado ó feria.

Nundĭnator, ōris. m. *Fest.* El que va á las ferias, frecuenta los mercados.

Nundĭnatus, a, um. *Jul. Firm.* Vendido en feria ó mercado. *part. de*

Nundĭno, ās, āre. a. *Firm.* y

Nundĭnor, āris, ātus sum, āri. dep. *Cic.* Comerciar, tratar, traficar, comprar y vender en el mercado.

Nundĭnum, i. n. *Lampr.* Mercado, feria, plaza pública. *In trinum nundinum. Liv.* A tres dias del mercado.

Nunquam. *adv. Ter.* Nunca, jamas. *Nunquam quidquam. Ter.* En ninguna parte del mundo. — *Non. Suet.* Siempre, continuamente.

Nunquando. *adv. Cic.* Si alguna vez, si acaso en algun tiempo.

Nunquid. *adv.* y

Nunquidnam. *adv. Cic.* Si, acaso, por ventura, si acaso.

Nunquis, quae, quod, quid. *pron. inter. Cic.* Si alguno, si acaso alguno. *Nunquid vis?* ¿Quieres, mandas, pides algo? *Nunquis hic nemo?* ¿No hay nadie aqui?

Nunquo. *adv. Plaut.* Acaso en alguna parte.

Nuntia, ae, y otros. V. Nuncia.

Nūper. *adv. Cic.* Poco há, poco hace, ahora poco, poco tiempo há. *Nuper admodum. Plaut. Nuperrime. Cic.* Muy poco hace, poquísimo tiempo há.

Nūperus, a, um. *Plaut.* Nuevo, reciente, fresco.

Nupsi. *pret. de* Nubo.

Nupta, ae. f. *Cic.* Muger casada, esposa. *Nova nupta.* Recien casada.

Nuptiae, ārum. f. plur. *Cic.* Boda, casamiento, matrimonio.

Nuptiālis. m. f. lē. n. is. *Cic.* Nupcial, lo perteneciente á la boda. *Nuptialia dona. Cic.* Regalos de la boda.

Nuptiāliter. *adv. Marc. Cap.* A manera de bodas.

Nuptialĭtius, a, um. *Paul. Jurist.* Nupcial, lo perteneciente á la boda.

Nuptiātor, ōris. m. *S. Ger.* Casamentero, el que se mezcla en hacer bodas.

Nupto, ās, āre. n. *freq. de* Nubo. *Tert.* Casarse frecuentemente.

Nuptūriens, tis. com. *Apul.* Que desea casarse.

Nuptūrio, is, rii, ire. n. *Marc.* Desear casarse.

Nuptus, a, um. *part. de* Nubo. *Plaut.* Casado. Dícese comunmente de las mugeres. *Nuptus novus. Plaut.* Recien casado. *Nupta verba. Fest.* Palabras que la decencia no permite sino á las mugeres casadas.

Nuptus, us. m. *Ces.* Casamiento, matrimonio. *Nuptui filiam collocare. Col.* ó *nuptu locare. Plin.* ó *nuptum dare, mittere. Salust.* Casar una hija.

Nursia, ae. f. *Virg.* Nursia, ciudad de los sabinos en Italia.

Nursīni, ōrum. m. plur. *Plin.* Los naturales y habitantes de Nursia.

Nursīnus, a, um. *Col.* Lo perteneciente á Nursia, ciudad de los sabinos.

Nŭrus, us. f. *Cic.* Nuera, la muger del hijo.

Nuspiam. *adv. Gel.* y

Nusquam. *adv. Cic.* En ninguna parte, en ningun lugar. *Nusquam non. Plin.* En todas partes. — *Est. Hor.* Murió. — *Gentium. Ter.* En ninguna parte del mundo.

Nŭtabĭlis. m. f. lē. n. is. *Apul.* y

Nŭtabundus, a, um. *Solin.* Titubeante, vacilante, que se menea é inclina á una y otra parte.

## NUX

**Nūtāmen, ĭnis.** *n. Sil. Ital.* Vacilamiento, el acto de vacilar; menearse, y amenazar ruina.

**Nūtans, tis.** *com. Tac.* Lo que bambalea; se menea ó mueve á una y otra parte. || Vacilante, titubeante, incierto, de fé dudosa.

**Nŭtātio, ōnis.** *f. Plin.* El bamboneo ó bamboleo, la acción y efecto de moverse á una y otra parte. *Nutatio Reipublicae. Plin. men.* Peligro inminente de la república.

**Nŭto, as, avi, atum, are.** *n. Plaut.* Hacer señas con la cabeza. || Inclinarse, moverse de una parte á otra, bambalear, amenazar ruina. || Titubear, vacilar, dudar, estar irresoluto, incierto. || Doblarse, doblegarse. *Nutare in re aliqua. Cic.* Estar dudoso sobre alguna cosa. — *Pondere. Ov.* Estar agoviado, doblado del peso.

**Nŭtrībĭlis.** *m. f. le. n. is. Cel. Aur.* Nutritivo, lo que puede nutrir.

**Nŭtrīcātio, ōnis.** *f. Apul.* y

**Nŭtrĭcātus, us.** *m. Varr.* La acción de nutrir, criar, engordar, alimentar; nutrición.

**Nŭtrĭcia, ae.** *f. S. Ger.* Nodriza; ama de leche ó de criar; la que cria, alimenta, nutre.

**Nŭtrĭcia, ōrum.** *n. plur. Ulp.* El salario del ama de criar, de leche.

**Nŭtrĭcium, ii.** *n. Sen. V. Nutricatio, y Nutricatus.*

**Nŭtrĭcius, ii.** *m. Cic.* El que cria ó educa, ayo.

**Nŭtrĭcius, a, um.** *Col.* Nutricio, nutritivo, lo que nutre y alimenta. || Lo que pertenece al nutrimento y al oficio de nutrir ó criar.

**Nŭtrĭco, as, avi, atum, are.** *a. Varr.* y

**Nŭtrĭcor, aris, atus sum, ari.** *dep. Plaut.* Nutrir, alimentar, criar, engordar, mantener. || *Varr.* Ser criado, alimentado.

**Nŭtrīcŭla, ae.** *f. Hor.* Ama de criar, *dim. de Nutrix*, usado por blandura, y á veces por ironía y desprecio, como cuando Ciceron llamó á un tal Gelio, *Nutricula seditiosorum.*

**Nŭtrīmen, ĭnis.** *n. Ov.* y

**Nŭtrīmentum, i.** *n. Suet.* Nutrimento, alimento. *Nutrimentorum ejus locus. Suet.* El lugar donde uno ha sido criado.

**Nŭtrio, is, ivi, itum, ire.** *a. Plin.* Nutrir, criar, alimentar, mantener. || *Ov.* Conservar, cuidar. *Nutrire vinum. Col.* Conservar el vino, ó con ingredientes, ó con el cuidado y esmero. *Quae uncis sunt unguibus ne nutrias. Si vultur est, cadaver expecta. Aries nutricationis mercedem persolvit. Phoci convivium. Leonis catulam ne alas. Ale luporum catulos. Monstrum alis. Chius dominum emit. Carpathius leporem. Colubrum in sinu fovere. Corvum delusit hiantem. adag.* Cria el cuervo, y sacarte ha el ojo. De fuera vendrá quien de casa nos echará. Metí el ratón en mi cillero, y hízoseme hijo heredero. *ref.*

**Nŭtrītor, ōris.** *m. Estat.* El que nutre, cria, alimenta.

**Nŭtrītōrius, a, um.** *Prix.* Nutritivo, lo que nutre, sirve de alimento.

**Nŭtrītus, us. m. Plin.* Nutrimento, alimento, nutrición.

**Nŭtrītus, a, um.** *part. de Nutrio. Col.* Nutrido, alimentado, criado.

**Nŭtrix, īcis.** *f. Cic.* Nodriza, ama de criar, la que cria, alimenta. || La que conserva, cuida. *Nutrices, um. Catul.* Los pechos de que se alimentan los niños.

**Nūtus, us.** *m. Cic.* Seña, movimiento de la cabeza. || Voluntad, albedrío, fantasía, capricho, antojo. || Peso, inclinación natural de un cuerpo. || *Val. Flac.* Caida, movimiento de un cuerpo que cae. *Nutus confert loquaces. Tib.* Hacer señas para darse á entender, hablar por señas. *Ad nutum, ó nutu alicujus. Cic.* Al arbitrio, á la voluntad, fantasía ó capricho de alguno.

**Nux, nŭcis.** *f. Virg.* Nombre comun de toda fruta, que tiene cáscara dura, como nueces, castañas, avellanas, piñones, almendras. *Nux amara. Cels.* Almendra amarga. — *Castanea. Virg.* Castaña. — *Pontica, avellana. Plin.* Avellana. — *Graeca. Plin.* Almendra. — *Aromatica. — Unguentaria. — Odorata. — Muscata. — Myristica. Plin.* Nuez moscada ó de especia. — *Pinea. Marc.* La piña del pino. *Nuces relinquere. Pers.* Dejar las niñerías; las cosas de niño. *Sparge, marite, nuces. Virg.* Tira nueces á la rebatiña, marido mio. Era esto costumbre el dia de la boda, para que armasen zambra los muchachos.

## NY

**Nyctages, um.** *m. plur.* Hereges que tenian las vigilias por cosa supersticiosa.

**Nyctalmus, i.** *m.* Enfermedad que hace creer que se ven fantasmas de noche.

**Nyctalōpa, y Nyctalopia, ae.** *f. Plin.* Vicio de los ojos, que ven mas de noche que de dia, ó que no ven bien á la luz.

**Nyctalops, ōpis.** *com. Plin.* El que ve mejor de noche que de dia, ó que no ve bien á la luz artificial; viendo bien con la del dia.

**Nyctēis, ĭdis.** *f. Hig.* Antiopa, hija de Nicteo, de quien tuvo Júpiter en figura de sátiro dos hijos Ceto y Anfion.

**Nyctelia, ōrum.** *n. plur. Liv.* Sacrificios de Baco, que prohibieron los romanos por torpes y vergonzosos.

**Nyctelius, ii.** *m. Ov.* Sobrenombre de Baco, cuyos sacrificios se hacian de noche.

**Nycteus, i.** *m. Prop.* Nicteo, hijo de Neptuno, padre de Antiopa.

**Nictostrategus, i.** *m. Dig.* Capitan, cabo de la ronda, de patrulla que hace la ronda.

**Nyctyměne, es.** *f. Ov.* Nictimene, hija de Epopeo, rey de Lesbos, á quien Minerva convirtió en lechuza.

**Nympha, ae.** *f. Ov.* Esposa, recien casada, muger casada.

**Nymphae, arum.** *f. plur. Cat.* Ninfas, semidiosas de la antigüedad, *que morian despues de una larga vida.* || *Plin.* Las abejas pequeñas cuando empiezan á tomar su forma. || *Ov.* Las doncellas nobles. *Nimpha Aniena. Prop.* El agua del rio Anio.

**Nymphaea, ae.** *f. Plin.* Higo de rio, yerba.

**Nymphaeum, i.** *n. Plin.* Nombre de dos promontorios de Macedonia. || Roca cerca de Apolonia. || *Plin.* Templo dedicado á las ninfas. || *Plin.* Baños, edificio donde hay baños para bañarse. || *Plin.* Fuente artificiosa para adorno de una ciudad.

**Nymphon, ōnis.** *m. Tert.* El lecho nupcial.

**Nysa, ae.** *f. Plin.* Nisa, ciudad de Arabia ó de Egipto, donde se crió Baco. || Ciudad de la India. || Monte de la India. || Una de las cimas del monte Parnaso consagrado á Baco.

**Nysaeus, a, um.** *Prop.* Lo perteneciente á Nisa y á Baco.

**Nysaeis, ĭdis.** *adj. f. Ov.* La hija ó descendiente de Baco, ó la que es llamada así del nombre Niseo de Baco.

**Nyseius, a, um.** *Luc. V. Nysaeus.*

**Nyseus, i.** *m. Ov.* Sobrenombre de Baco.

**Nysiacus, a, um.** *Marc. Cap.* Lo perteneciente á Niseo ó Baco.

**Nysias, adis. patron. f. Ov.* La que es de Nisa.

**Nyšĭgěna, ae.** *m. Catul.* Nacido en Nisa, como Sileno y Baco.

**Nysion, ii.** *n. Apul.* La yedra, así llamada del sobrenombre de Baco Niseo.

**Nysius, a, um.** *Arnob.* Propio de Nisa ó de Baco.

## O

**O.** *Interj.* que se junta con *nomin. acus. voc.*; y *ablat.* Sirve para llamar. *O mi Furni. Cic.* O mi amigo Furnio. Para espresar deseo ó ansia, y á veces se junta con *Utinam. O utinam tunc obrutus esset aquis! Ov.* ¡Ojalá entonces hubiera sido sepultado en las ondas! Para eclamaciones de gozo, de admiracion, de tristeza, de indignación. *O tempora, ó mores! Cic.* ¡O tiempos, ó costumbres! De irrisión. *O praeclarum custodem ovium lupum!* ¡O escelente guarda de ovejas el lobo!

**Oa, ae.** *f.* Ciudad de la Ática.

**Oani, ōrum.** *m. plur.* Los pueblos de Trapobana.

**Oanus, i.** *m.* Rio de Sicilia.

**Oanus, i.** *f.* Ciudad de Lidia.

**Oarion, ōnis.** *m. Catul. V. Orion.* Por *epentesis.*

Oaxis, is. f. *Plin.* Nombre de dos ciudades en Libia.

Oaxitae, arum. m. plur. *Plin.* Los habitantes de estas dos ciudades.

Oaxes, is. m. *Plin.* Oaxes, rio de Creta, hoy Armiro.

Oaxia, ae. f. Ciudad de Creta.

Oaxis, idis. f. *Varr. Atac.* La tierra que baña el rio Oaxes.

## OB

Ob. *prep. que rige acus.* Por, por causa de. *Ob rem. Ter.* Con utilidad. *Ob industriam. Plaut.* De cuidado, con estudio, de intento. *Ob oculos. Cic.* Delante de los ojos. *Ob vos sacro. Fest.* En lugar de vos obsecro. Os pido, os suplico.

Obacerbo. *Fest.* V. Exacerbo.

Obacero, as, are. a. *Fest.* Tapar la boca, impedir el hablar.

Obaemulor, aris, ari. dep. *Tert.* Irritar, provocar.

Obaeratus, a, um. *Liv.* Cargado de deudas, muy adeudado. ‖ El que no pudiendo pagar sus deudas se entrega como esclavo al acreedor, pagándole con su cuerpo y servidumbre.

Obambulans, tis. com. *Liv.* El que se anda paseando, dando vueltas hácia unas y otras partes.

Obambulatio, onis. f. *Ad Her.* Paseo, la accion de pasearse, dando vueltas de un cabo á otro.

Obambulator, oris. m. *Marc.* trix, icis. f. *Gel.* El ó la que se anda paseando.

Obambulo, as, avi, atum, are. n. *Virg.* Pasearse, dando vueltas ó al rededor.

Obarator, oris. m. *Col.* El que labra ó ara haciendo giros, en vueltas, en derredor.

Obardeo, es, si, sum, dere. n. *Enac.* Arder delante de, enfrente.

Obaresco, is, arui, ere. n. *Lact.* Secarse al derredor.

Obarmatio, onis. f. *Veg.* La accion de armar ó armarse, de ceñirse las armas contra otro.

Obarmatus, a, um. *Apul.* Armado contra otro. *part. de*

Obarmo, as, avi, atum, are. a. *Hor.* Armar, ceñir armas contra otro.

Obaro, as, avi, atum, are. a. *Liv.* Labrar la tierra, cultivarla, ararla en derredor.

Obarsi. *pret. de* Obardeo.

Obater, tra, trum. *Plin.* Negruzco, que tira á negro.

Obatresco, is, ere. n. *Jul. Firm.* Ennegrecerse, irse poniendo negro.

Obaudientia, ae. f. *Tert.* Obediencia.

Obaudio, is, ii, ire. a. *Apul.* Obedecer. ‖ *Fest.* No entender, no oir. ‖ Hacerse sordo, dar á entender que no se oye.

Obauditio, onis. f. *Plin.* Error del oido, mala inteligencia, engaño de haber oido mal.

Obauratus, a, um. *Apul.* Dorado.

Obba, ae. f. *Pers.* Especie de vasija de madera ó de esparto *tejido, que servia para vino, y de que usaban en los sacrificios que hacian á los manes.*

Obbatus, a, um. *Apul.* Hecho á manera de la vasija llamada obba.

Obbibo, is, bibi, bitum, bere. a. *Cic.* Beber con ansia, beber, apurarlo todo.

Obbrutescens, tis. com. *Prud.* El que pierde la razon y sentido, se atonta, se embrutece.

Obbrutesco, is, tui, cere. n. *Lucr.* Embrutecerse, volverse bestia, estúpido, perder la razon, el sentido.

Obcaecatio, onis. f. *Non.* El acto, y efecto de cubrir la simiente con la tierra.

Obcaecatus, a, um. *Cic.* Obcecado, cegado, deslumbrado, ofuscado.

Obcaeco, as, avi, atum, are. a. *Liv.* Cegar, obscurecer, quitar la vista, ofuscar. *Obcaecare semen. Cic.* Cubrir la simiente con tierra. — *Fossas. Col.* Tapar, cegar los fosos. — *Orationem. Cic.* Oscurecer la oracion, hacerla oscura.

Obcaedes, is. f. *Plaut.* Matanza, carnicería, mortandad.

Obcallatus, a, um. *Sen.* Encallecido, lo que ha hecho ó criado callo.

Obcalleo, es, ere. n. y

Obcallesco, is, ui, ere. n. *Cic.* Encallecerse, criar callo, endurecerse, hacerse calloso.

Obcantatus, a, um. *Apul.* Encantado, hechizado, maleficiado.

Obcanto, as, avi, atum, are. a. *Plaut.* Encantar, hechizar, hacer daño con hechizos.

Obcaensus, a, um. *Fest.* Encendido, quemado.

Obclaudo, is, si, sum, dere. a. *Cod. Teod.* Cerrar.

Obcoeno, as, avi, atum, are. a. *Plaut.* Cenar.

Obditus, a, um. *Plin.* Cerrado, opuesto. *part. de*

Obdo, is, didi, ditum, dere. a. *Ter.* Cerrar, oponer. *Obdere ceram auribus. Sen.* Tapar los oidos con cera. — *Pessulum ostio. Ter.* Echar el cerrojo ó pestillo á la puerta, cerrarla con cerrojo.

Obdormio, is, ivi, itum, ire. n. *Cic.* Dormir, dormir mucho.

Obdormisco, is, ivi, cere. n. *Cic.* Dormitar, empezar á dormir. ‖ Dormir. *Obdormire crapulam. Plaut.* Dormir la borrachera.

Obduco, is, xi, ctum, cere. a. *Cic.* Conducir, llevar contra, oponer. ‖ Llevar alrededor. ‖ Circundar. ‖ Tapar, cubrir. ‖ Cerrar. ‖ *Petron.* Apurar, agotar, beber enteramente. *Obducere exercitum ad oppidum. Plaut.* Llevar el ejército contra la ciudad. — *Tenebras rebus. Cic.* Cubrir las cosas de tinieblas. — *Vela. Plin. men.* Encojer, plegar las velas. — *Cicatricem. Col.* Cerrar una llaga. — *Frontem. Quint.* Arrugar la frente. — *Callum dolori. Cic.* Acostumbrarse al dolor, criar callos, endurecerse con él. — *Diem. Cic.* Consumir, gastar el dia, pasarle.

Obductio, onis. f. *Cic.* La accion de tapar, cubrir.

Obducto, as, are. a. *freq. Plaut.* Llevar frecuentemente.

Obductor, oris. m. *Enac.* El que lleva ó conduce, conductor. ‖ El que cubre.

Obductus, a, um. *part. de* Obduco. *Cic.* Opuesto, llevado, conducido contra. ‖ Puesto encima de. ‖ Cerrado. ‖ Cubierto. *Obductus vultus. Ov.* ó *Obducta frons. Hor.* Semblante ceñudo, arrugado. *Obducta nocte. Nep.* Tendida la noche.

Obdulco, as, are. a. *Cel. Aur.* Dulcificar, endulzar, poner dulce. *Obdulcati sunt fontes amari. Bibl.* Las fuentes amargas se han puesto ó vuelto dulces.

Obduratio, onis. f. *S. Ag.* Endurecimiento, la accion de endurecerse. ‖ De obstinarse.

Obduratus, a, um. *Capitol.* Endurecido, puesto duro.

Obdurefacio, is, feci, factum, cere. a. *Non.* Endurecer.

Obduresco, is, rui, ere. n. *Plaut.* Endurecerse, ponerse duro. ‖ Entontecerse, ponerse estúpido, insensible. *Obduruit animus ad dolorem novum. Cic.* Mi ánimo se ha endurecido, se ha hecho insensible á nuevos pesares.

Obduro, as, avi, atum, are. a. *Plaut.* Endurecer, poner duro. ‖ Sufrir con paciencia. *Obduretur hoc triduum. Cic.* Súfrase por estos tres dias.

Obduxi. *pret. de* Obduco.

Obediens, tis. com. *Cic.* Obediente, sumiso. ior, issimus. Obedientísimo.

Obedienter, ius, issime. adv. *Liv.* Obedientemente, con sumision y deferencia. *Obedienter adversus aliquem facere. Liv.* Obedecer á alguno.

Obedientia, ae. f. *Cic.* Obediencia, sumision, subordinacion, sujecion á la voluntad de otro.

Obedio, is, ivi, itum, ire. n. *Cic.* Obedecer, estar sumiso, sujeto, subordinado á otro. *Obedire alicui ad verba. Cic.* Obedecer á la letra, puntualmente las órdenes de alguno. — *Tempori. Cic.* Acomodarse al tiempo.

Obeditio, onis. f. *Bibl.* V. Obedientis.

Obeliscolychnium, ii. n. *Quint.* Una linterna puesta en la punta de un chuzo, instrumento militar.

Obeliscus, i. m. *Plin.* Obelisco, piedra labrada en forma de pirámide.

Obelus, i. m. *Petron.* El asador. ‖ Obelo, señal que se pone á la márgen de los libros para notar alguna cosa particular.

Obeo, is, ivi, ó ii, itum, ire. n. *Cic.* Recorrer, rodear, visitar, andar, registrar, correr al rededor. ‖ Intervenir, hallarse presente, estar, asistir. ‖ Hacer, ejecutar, ejercitar, manejar. ‖ *Morir. Obire colonias. Cic.* Visitar las colonias. — *Pedibus regiones. Cic.* Recorrer á pie diversos paises. — *Oculis exercitum. Plin. men.* Recorrer con la vista todo el ejército. — *Consulis munus Liv.* Ejercer el empleo de cónsul. — *Per se omnia. Ces.* Hacerlo todo por sí mismo. — *Bella Liv.* Hacer espediciones militares. — *Pericula. Liv.* Correr riesgo. — *Morte repentina. Suet.* Morir de repente. — *Vadimonium alicui. Cic.* Comparecer, presentarse en juicio por alguno. *Obeunt tres noctes. Plaut.* Se pasan tres noches. *Sydera. Plin.* Los astros, las estrellas se ponen, se ocultan. *Obitur campus aquâ. Ov.* El campo está cercado, rodeado de agua.

**Obequitátio**, ōnis. *f. Veg.* La acción de andar á caballo alrededor, ronda á caballo.

**Obequitátor**, ōris. *m. Veg.* El que anda á caballo al derredor, el que hace la ronda á caballo.

**Obequito**, ās, āvi, ātum, āre. *n. Liv.* Andar á caballo al derredor, hacer la ronda á caballo. *Obequitare stationibus hostium. Liv.* Reconocer á caballo los puestos de los enemigos. — *Agmen. Liv.* Pasear á caballo al rededor de un escuadrón.

**Oberro**, ās, āvi, ātum, āre. *n. Plin.* Andar errante, vagar, rodar. ‖ *Pers.* Volar en torno, al rededor. ‖ *Hor.* Errar, faltar, pecar. *Chorda qui semper oberrat eadem. Hor.* El que siempre yerra en una misma cuerda, que siempre comete la misma falta.

**Obesātus**, a, um. *Col.* El que se ha puesto demasiado grueso, obeso.

**Obesco**, ās, āre. *a. Col.* Dar de comer, apacentar.

**Obesitas**, ātis. *f. Col.* Obesidad, crasitud, gordura demasiada del cuerpo.

**Obeso**, ās, āre. *a. Col.* Engordar, poner gordo y craso.

**Obēsus**, a, um. *Col.* Obeso, demasiado grueso. ‖ *Sever.* Consumido, corroido, gastado. ‖ *Non.* Magro, seco delgado. ‖ Estúpido, tonto, abrutado. *Obesae naris juvenis. Hor.* Jóven estúpido, rudo, de entendimiento romo.

**Obeundus**, a, um. *Hor.* Lo que se ha de visitar ó recorrer.

**Obex**, ĭcis. *m. f. Ov.* Óbice, obstáculo, impedimento, estorbo. ‖ Barreta, cerrojo, pestillo, rastrillo de puerta. ‖ *Virg.* Dique, márgen. ‖ Banco de arena, escollo, bagío.

**Obfirmāte**. *adv. Suet.* Porfiada, obstinadamente. ‖ Resuelta, constantemente.

**Obfirmātio**, ōnis. *f. Tert.* Obstinación, porfía, tenacidad. ‖ Firmeza, constancia, resolución.

**Obfirmātus**, a, um. *Plaut.* Firme, constante, resuelto, inalterable. ‖ Porfiado, obstinado, pertinaz. *part. de*

**Obfirmo**, ās, āvi, ātum, āre. *a. Ter.* Obstinarse, persistir y porfiar, mantenerse firme, inalterable. ‖ *Plaut.* Endurecer, consolidar. *Obfirmare se, animum suum. Ter.* Mantenerse firme en su resolución.

**Obfraenātus**, a, um. *Apul.* Enfrenado, encabestrado.

**Obfui**. *pret. de Obsum.*

**Obfuscātio**, ōnis. *f. Tert.* Ofuscación, deslumbramiento, engaño.

**Obfusco**, ās, āre. *a. Tert.* Ofuscar, deslumbrar, oscurecer.

**Obgannio**, is, īvi, y ii, ītum, īre. *a. Ter.* Susurrar, murmurar continuamente al oido.

**Obgarrio**, is, īre. *a. Plaut.* Garlar, charlar.

**Obhaerĕo**, ēs, si, sum, rēre. *n. Lucr.* y

**Obhaeresco**, is, ĕre. *n. Apul.* Pegarse, arrimarse, allegarse.

**Obherbescens**, tis. *com. Cic.* Que se cubre, llena de yerba.

**Obherbesco**, is, cĕre. *a. Fest.* Criar, echar yerba, cubrirse, llenarse de yerba.

**Obhorrĕo**, ēs, rui, rēre. *n. Plin.* Estar, ser horroroso, causar, dar horror, miedo, espanto.

**Obĭcis**. *genit. de Obex.*

**Obii**. *pret. de Obeo.*

**Obinānis**. *m. f. ne. n. is. Varr.* Vacío, vano.

**Obinunt**. *Fest. en lugar de Obeunt.*

**Obirascens**, tis. *com. Sen.* El que se aira, se enoja, monta en cólera por....

**Obirascor**, ĕris, ātus sum, sci. *dep. Sen.* Airarse, montar en cólera, enojarse.

**Obirātus**, a, um. *Liv. part. de Obirascor.* Airado, muy enojado, montado en cólera.

**Obĭter**. *adv. Plin.* De paso, ligeramente. ‖ Al paso, de camino, al mismo tiempo.

**Obitus**, us. *m. Cic.* La muerte. ‖ El ocaso. ‖ *Ter.* Encuentro, llegada. *Obitus tuus voluptati est. Ter.* Tu llegada ha sido agradable. — *Rerum. Cic.* Destrucción, descomposición de las cosas.

**Obitus**, a, um. *Cic. part. de Obeo. Obita morte. Cic.* Despues de muerto ó de la muerte.

**Obivi**. *pret. de Obeo.*

**Obius**, ii. *m. Obis*, rio de Moscobia.

**Objacĕo**, ēs, cui, cēre. *n. Suet.* Estar echado, tendido, postrado, puesto al paso, delante. ‖ Estar puesto al rededor. *Objacere occasui. Solin.* Estar situado, caer, mirar al occidente.

**Objēci**. *pret. de Objicio.*

**Objecta**, ōrum. *n. plur. Cic.* Objeciones, acusaciones, lo que se objeta, se pone por objeción, reparo. *Objecta diluere. Quint.* Refutar, rechazar las objeciones. *De objectis non confiteri. Cic.* No confesar, no estar de acuerdo sobre las objeciones puestas.

**Objectācŭlum**, i. *n. Varr.* Obstáculo, óbice, estorbo, impedimento.

**Objectamentum**, i. *n. Apul.* y

**Objectātio**, ōnis. *f. Ces.* Objeción, acusación.

**Objectātor**, ōris. *m. Ascon. Ped.* El que acusa, reprende, da en rostro, en cara.

**Objectātus**, a, um. *part. de Objecto. Apul.* Objetado, opuesto contra alguno.

**Objectio**, ōnis. *f. Arnob.* Objeción, la acción de objetar, de oponer contra alguno. ‖ *Marc. Cap.* La acción de acusar, de dar á uno en rostro con su delito.

**Objecto**, ās, āvi, ātum, āre. *a. Salust.* Oponer, esponer, poner á riesgo. ‖ Objetar, oponer, acusar, acriminar, dar, echar en cara.

**Objectum**, i. *n. Solin.* Obstáculo, óbice, estorbo, impedimento.

**Objectus**, us. *m. Plin.* Oposición, óbice, interposición. ‖ *Nep.* Objeto, lo que se presenta á la vista. *Objectu laterum insula portum efficit. Virg.* La isla forma un puerto por medio de dos lados avanzados. — *Terrae luna occultatur. Plin.* La luna está eclipsada por interposición de la tierra. — *Eo viso. Nep.* Visto aquel obstáculo.

**Objectus**, a, um. *part. de Objicio. Cic.* Opuesto, puesto delante, echado, tirado. ‖ Espuesto, puesto, sujeto á riesgo. ‖ Objetado, dado por delito.

**Objexim**. *Plaut. en lugar de Objecerim.*

**Objicio**, is, jēci, jectum, cĕre. *a. Ter.* Echar, tirar delante, ofrecer, presentar. ‖ Objetar, oponer, reprender, dar en rostro, acusar. ‖ Oponer, contraponer, poner por óbice, estorbo. *Objicere maledictum. Cic.* Maldecir, cargar de maldiciones. — *Laborem. Ter.* Dar que hacer, dar, ocasionar molestia, trabajo. — *Terrorem. Liv.* Espantar, dar miedo. — *Religionem. Liv.* Causar escrúpulo. — *Spem. Cic.* Dar esperanza. — *Alicui de aliquo. Cic.* Dar á uno quejas de otro. — *Corpus feris. Cic.* Esponer el cuerpo á las fieras.

**Objurgātio**, ōnis. *f. Cic.* Represión, el acto de reprender.

**Objurgātor**, ōris. *m. Cic.* Reprendedor, el que reprende, riñe.

**Objurgatōrius**, a, um. *Cic.* Lo que sirve ó es propio para reprender.

**Objurgātus**, a, um. *Cel. á Cic.* Reprendido.

**Objurgĭto**, ās, āvi, ātum, āre. *a. Plaut.* Reprender frecuentemente. *freq. de*

**Objurgo**, ās, āvi, ātum, āre. *a. Cic.* Reprender, reñir. ‖ *Suet.* Castigar. *Objurgare molli brachio aliquem de re aliqua. Cic.* Reprender suavemente á alguno sobre alguna cosa.

**Objūro**, ās, āvi, ātum, āre. *n. Fest.* Obligar con juramento, exigirle.

**Oblangueo**, ēs, ui, ēre. y

**Oblanguesco**, is, ui, ĕre. *n. Cic.* Descaecer, perder el vigor, la fuerza, el brio.

**Oblaqueo**, as, avi, atum, are. a. *Tert.* Atar, ligar, ceñir con un lazo.

**Oblatio**, onis. f. *Ulp.* Oblacion, ofrenda. ¶ *Arnob.* Oferta, tributo dado voluntariamente.

**Oblatitius**, a, um. *Siden.* y

**Oblativus**, a, um. *Serv.* Lo que se ofrece como ofrenda ó tributo, y tambien como don gratuito.

**Oblator**, oris. m. *Tert.* El que ofrece como ofrenda.

**Oblatrator**, oris. m. *Plaut.* Ladrador, que ladra mucho y por todas partes. ¶ *Siden.* Maldiciente. ¶ *Plaut.* Voceador, vocinglero, que mete mucha bulla.

**Oblatratrix**, icis. f. *Plaut.* Muger maldiciente, murmuradora, que habla mal de otros.

**Oblatre**, as, avi, atum, are. n. *Sen.* Ladrar mucho. ¶ Murmurar, hablar mal de otros, criticar, censurar á otros.

**Oblatus**, a, um. *part. de* Offero. Ofrecido, presentado, puesto delante. ¶ Espuesto, sujeto. *Vita oblata poenae. Cic.* Vida espuesta á la pena, al castigo.

**Oblectabilis**. m. f. le. n. is. *Auson.* Deleitable, gustoso.

**Oblectamen**, inis. n. *Estac.* y

**Oblectamentum**, i. n. *Cic.* Deleite, diversion, recreacion, pasatiempo.

**Oblectaneus**, a, um. *Jul. Cap.* Gustoso, divertido, que causa placer.

**Oblectatio**, onis. f. *Cic.* Delectacion, diversion.

**Oblectator**, oris. m. *Apul.* El que deleita, divierte.

**Oblectatorius**, a, um. *Gel.* Lo que deleita, divierte, da gusto y placer.

**Oblecto**, as, avi, atum, are. a. y

**Oblector**, aris, atus sum, ari. *dep. Cic.* Deleitar, divertir, recrear, alegrar, dar gusto y placer, servir de diversion. *Oblectare se agricolatione. Cic.* Divertirse, hallar su diversion en la agricultura. — *Se alicui. Ter.* Divertirse con algun sugeto. — *Vitam. Plaut.* Divertirse, pasar la vida alegremente.

**Oblenio**, is, ivi, itum, ire. a. *Sen.* Suavizar, mitigar.

**Oblenitor**, oris. m. *Cels.* El que endulza, suaviza.

**Oblevi**. *pret. de* Oblino.

**Oblido**, is, si sum, dere. a. *Col.* Quebrantar, romper, quebrar, estrellar. ¶ Sofocar, ahogar.

**Obligamentum**, i. n. *Tert.* Ligadura, atadura.

**Obligans**, tis. com. *Sen.* Obligante, lo que obliga ó precisa, obligatorio.

**Obligatio**, onis. f. *Cic.* Obligacion, vinculo, precision. *Obligatio linguae. Just.* Impedimento de la lengua.

**Obligatorius**, a, um. *Dig.* Obligatorio, lo que tiene fuerza de obligar.

**Obligatus**, a, um. *Plin.* Atado, ligado al rededor. ¶ Obligado, precisado. ¶ Empeñado, dado en prendas. ¶ Ocupado, impedido. ¶ Obligado con beneficios. ¶ *Hor.* Ofrecido, prometido. *part. de*

**Obligo**, as, avi, atum, are. a. *Cic.* Ligar, atar al rededor. ¶ Obligar, precisar, empeñar. ¶ Empeñar, hipotecar. ¶ Ofrecer, prometer. *Obligare vulnus. Cic.* Ligar, vendar una herida. — *Crus fractum Esculapio. Plaut.* Ofrecer su pierna quebrada á Esculapio. — *Sibi aliquem beneficio. Cic.* Obligar á uno con beneficios, atraérsele. — *Se furti. Gel.* Hacerse cómplice de un hurto. — *Suam fidem. Cic.* Dar, empeñar su palabra. — *Aliquem sceleri. Sen.* ¶ *Se scelere. Cic.* Empeñar á alguno en un delito. — *Bona sua pignori. Escev. Jurisc.* Hipotecar sus bienes.

**Obligurio**, is, ivi, itum, ire. a. *Cic.* Disipar, consumir, malgastar en comilonas y escesos.

**Obliguritor**, oris. m. *Jul. Firm.* Disipador, desperdiciador en comilonas y escesos.

**Oblimatus**, a, um. *Cic.* Cubierto de cieno, fango ó limo. *part. de*

**Oblimo**, as, avi, atum, are. a. *Virg.* Cubrir de limo ó cieno. ¶ *Claud.* Cegar. ¶ *Hor.* Consumir, malgastar, malbaratar, desperdiciar.

**Oblinio**, is, ivi, itum, ire. a. *Col.* V. Oblino.

**Oblinitus**, a, um. *Col.* Untado.

**Oblino**, is, levi, litum, nere. a. *Varr.* Untar al rededor. ¶ Embetunar, emplastar. ¶ Ensuciar, embarrar, emporcar. *Oblinere virgas visco. Varr.* Poner varetas con liga. — *Malas cerussa. Plaut.* Pintarse la cara. — *Se externis moribus. Cic.* Tomar costumbres estrangeras. — *Versibus atris. Hor.* Infamar con versos satíricos.

**Obliquatio**, onis. f. *Macrob.* Oblicuidad, declinacion de lo recto.

**Obliquatus**, a, um. *Apul. part. de* Obliquo. Torcido, doblado, no recto.

**Oblique**. adv. *Cic.* Oblicua, torcidamente, de lado. ¶ *Tac.* Tácita, indirecta, disimuladamente.

**Obliquitas**, atis. f. *Plin.* Oblicuidad, corvatura, situacion, disposicion oblicua, ladeada, torcida.

**Obliquo**, as, avi, atum, are. a. *Virg.* Oblicuar, torcer, doblar, ladear. *Obliquare sinus in ventum. Virg.* Andar á bolina, á orza, recibir el viento de costado. — *Crines. Tac.* Rizar el cabello. — *Ensem in latus. Ov.* Ceñirse la espada. — *Visus superbos. Estac.* Apartar la vista, volver los ojos por fiereza. — *Oculos contra radios solis. Ov.* Mirar al sol de medio lado. — *Preces. Estac.* Rogar por rodeos, indirectamente.

**Obliquum**. adv. *Apul.* Torcidamente.

**Obliquus**, a, um. *Cic.* Oblicuo, torcido, curvo, doblado, tortuoso. *Obliqua oratio. Quint.* Modo de hablar indirecto, por rodeos.

**Oblisi**. *pret. de* Oblido.

**Oblisus**, a, um. *Tac.* Quebrado, roto, quebrantado, estrellado. ¶ Sofocado, ahogado.

**Obliteo**, es, tui. n. *Sen.* y

**Oblitesco**, is, tui, ere. n. *Cic.* Ocultarse, esconderse. *Oblitescere ab aspectu. Cic.* Ocultarse de la vista. — *In rimis. Varr.* Esconderse en las rendijas.

**Oblitterandus**, a, um. *Cic.* Lo que se ha de borrar de la memoria, lo que se ha de olvidar.

**Obliteratio**, onis. f. *Plin.* El acto y efecto de borrar, de olvidar, de perder la memoria de alguna cosa.

**Obliterator**, oris. m. *Tert.* El que borra de la memoria.

**Obliteratus**, a, um. *Liv.* Borrado de la memoria, olvidado, abolido. *part. de*

**Oblittero**, as, avi, atum, are. a. *Cic.* Borrar, abolir.

**Obliterus**, a, um. *Gel.* Olvidado, abolido, borrado de la memoria.

**Oblitus**, a, um. *Cic. part. de* Oblino. Untado al rededor. ¶ Afeado, manchado, ensuciado, emporcado. ¶ Cerrado, sellado, embetunado.

**Oblitus**, a, um. *Cic. part. de* Obliviscor. Olvidado, puesto en, dado al olvido. ¶ El que se ha olvidado. *Nunc oblita mihi tot carmina. Virg.* Ahora he olvidado, se me han olvidado tantas canciones.

**Oblivia**, orum. n. plur. *Virg.* El olvido.

**Oblivialis**. m. f. le. n. is. *Prud.* Lo que causa olvido.

**Oblivio**, onis. f. *Cic.* El olvido. *Oblivioni dare aliquid. Liv. In oblivionem alicujus rei venire. Oblivione conterere, delere, dare, obruere aliquid. Cic.* Dar al olvido, olvidar alguna cosa, ponerla en olvido.

**Obliviosus**, a, um. *Cic.* Olvidadizo, que pierde presto la memoria, que olvida fácilmente. ¶ *Hor.* Que hace olvidar, que causa olvido.

**Obliviscendus**, a, um. *Plaut.* Lo que se debe olvidar, borrar de la memoria.

**Obliviscens**, tis. com. *Cat.* Olvidadizo, el que olvida, ó se olvida.

**Obliviscor**, eris, itus sum, visci. *dep. Cic.* Olvidar, olvidarse, poner, echar en olvido, dar al olvido, perder la memoria.

**Oblivium**, ii. n. *Tac.* El olvido.

**Oblivius**, a, um. *Varr.* Olvidado, puesto en olvido.

**Oblocatus**, a, um. *Suet.* Alquilado. *part. de*

**Obloco**, as, avi, atum, are. a. *Just.* Alquilar por cierto precio. *Oblocare operam suam ad exhauriendos puteos. Just.* Alquilarse para agotar ó limpiar pozos.

**Oblongulus**, a, um. *Gel.* Algo prolongado. *dim. de*

**Oblongus**, a, um. *Liv.* Oblongo, prolongado, muy largo.

**Obloquium**, ii. n. *Sid.* Calumnia, contradiccion.

**Obloquor**, eris, utus sum, loqui. *dep. Cic.* Interrumpir hablando, contradecir. ¶ *Sen.* Vituperar, reprender. ¶ *Cat.* Hablar mal, injuriar.

**Obloquutor**, oris. m. *Plaut.* El que interrumpe hablando, que mete bulla cuando se habla.

**Obluctandus, a, um.** *Sil. Ital.* Á quien se hace hacer frente ú oposicion.

**Obluctans, tis.** *com. Estac.* El que hace frente, se opone, se resiste á la fuerza.

**Obluctātio, ōnis.** *f. Arnob.* Oposicion, resistencia contra la fuerza.

**Obluctātus, a, um.** *Luc.* El que se ha opuesto, se ha resistido, ha luchado contra la fuerza. *Obluctatus morti. Lucan.* El que ha luchado, combatido con la muerte.

**Obluctor, āris, ātus sum, āri.** *dep.-Virg.* Luchar contra la fuerza, resistir, hacer frente, oponerse. *Diu flumini obluctatus est. Curc.* Hizo fuerza largo tiempo contra la corriente.

**Oblūdo, is, si, sum, děre.** *n. Plaut.* Jugar con otros.

**Oblurĭdus, a, um.** *Amian.* Muy pálido, amarillo.

**Obmănens, tis.** *com. Fest.* Permanente, que dura mucho.

**Obmōliendus, a, um.** *Liv.* Lo que se ha de oponer como dique ó barrera.

**Obmōlior, īris, itus sum, īri.** *dep. Curt.* Poner delante, oponer por defensa ó barrera.

**Obmŏneo, ēs, ēre.** *a. Fest.* Amonestar, avisar, aconsejar á otro.

**Obmŏveo, ēs, ēre.** *a. Cat.* Arrimar, acercar á....

**Obmurmŭrātio, ōnis.** *f. Amian.* Murmuracion, detraccion contra alguno.

**Obmurmŭro, as, avi, ātum, are.** *a. Ov.* Murmurar de alguno, hablar mal de él. || Hablar bajo.

**Obmussĭto, as, āre.** *a. frec. de*

**Obmusso, ās, āre.** *a. Tert.* Murmurar, cuchichear, hablar bajo, al oido.

**Obmūtescens, tis.** *com. Plin.* El que enmudece, pierde el habla, el que calla, cesa de hablar.

**Obmūtesco, is, tui, ěre.** *n. Cic.* Enmudecer, perder el habla, quedar sin ella, no hablar, callar. || No saber que decir, no poder hablar. || *Plin.* Desusarse, abolirse, olvidarse, perder el uso.

**Obnăto, as, avi, ātum, are.** *a. Virg.* Nadar adelante ó contra la corriente.

**Obnātus, a, um.** *Liv.* Lo que ha nacido al rededor de otra cosa.

**Obnecto, is, ěre.** *a. Fest.* Ligar, atar, enlazar.

**Obnexātio, ōnis.** *f. Fest.* Empeño, obligacion.

**Obnexus, us.** *m. Tert.* Nexo, vinculo.

**Obnĭger, gra, grum.** *Plin.* Negruzco, negrillo, lo que tira á negro. || Muy negro.

**Obnītor, ěris, nixus sum, nīti.** *dep. Cic.* Hacer fuerza ó esfuerzo, contrastar, resistir, oponerse contra. *Obniti adversis. Tac.* Resistir á las desgracias.

**Obnixe.** *adv. Ter.* Con esfuerzo, con brio, con todas sus fuerzas.

**Obnixus, a, um.** *Liv. part. de Obnitor.* El que se resiste, se hace fuerte, hace fuerza ó esfuerzo contra otra fuerza. *Obnixus opibus. Plaut.* El que se apoya en su poder y riquezas.

**Obnoxie.** *adv. Liv.* y

**Obnoxiōse.** *adv. Plaut.* Respetuosamente, con temor, con sujecion.

**Obnoxiōsus, a, um.** *Plaut.* y

**Obnoxius, a, um.** *Plaut.* Sujeto, sumiso, adicto, obligado. || Reo, culpado, delincuente, espuesto á la pena. *Obnoxius animus. Plin.* Ánimo abatido, tímido.

**Obnūbĭlātus, a, um.** *Apul.* Ofuscado, oscurecido, cubierto de nubes. *part. de*

**Obnūbĭlo, as, avi, ātum, are.** *a. Apul.* Anublar, ofuscar, oscurecer, cubrir de nubes.

**Obnūbĭlus, a, um.** *Enn.* Nebuloso, anublado, oscuro, cubierto de nubes.

**Obnūbo, is, psi, tum, běre.** *a. Cic.* Cubrir, tapar, envolver. *Obnubere caput. Liv.* Cubrir la cabeza.

**Obnuncians, tis.** *com. Cic.* El que anuncia malas nuevas. || El que se opone á la promulgacion de una ley.

**Obnunciātio, ōnis.** *f. Cic.* La accion de anunciar, de traer malas nuevas. || Protesta, oposicion á una ley, á una resolucion pública.

**Obnuncio, ās, avi, ātum, are.** *a. Cic.* Anunciar, traer malas nuevas. || *Suet.* Oponerse á una ley, á una resolucion pública.

**Obnupsi.** *pret. de Obnubo.*

**Obnuptus, a, um.** *Macrob.* Cubierto, tapado, envuelto. *part. de Obnubo.*

**Obŏleo, ēs, lui, ēre.** *n. Plaut.* Oler, echar de sí algun olor á otro.

**Obŏlus, i. m. Ter.* Obolo, *moneda ínfima entre los griegos, que dicen equivale á seis maravedís nuestros.* || Poco precio, gasto cortísimo.

**Obōmĭnātus, a, um.** *Apul.* Lo que es de mal agüero.

**Obōmĭnor, āris, ātus sum, āri.** *dep. Apul.* Anunciar, pronosticar mal, formar mal pronóstico.

**Obŏrior, īris, ortus sum, īri.** *dep. Cic.* Empezar á nacer, á parecer, á dejarse ver. || *Plaut.* Nacer antes ó de improviso.

**Obortus, a, um.** *Cic. part. de Oborior.* Que nace, que empieza á parecer, á manifestarse, á dejarse ver.

**Obosculor, āris, ātus sum, āri.** *dep. Petron.* Besar, dar besos, ósculos.

**Obpalleo, ēs, ni, ēre.** *n. Prud.* Ponerse pálido.

**Obpallio, ās, āre.** *a. Ascon.* Cubrir bajo de la capa.

**Obpāvio, as, āre.** *a. Fest.* Sacudir, golpear, dar de golpes.

**Obpessŭlātus, a, um.** *Apul.* Cerrado con cerrojo.

**Obrādio, ās, āre.** *a. Catul.* Lucir, brillar, despedir rayos al rededor.

**Obraucātus, a, um.** *Solin.* Enronquecido, puesto ronco.

**Obrēpo, is, psi, ptum, pěre.** *n. Cic.* Andar, venir, entrar, insinuarse sin sentir como los gatos. || Llegar, sobrevenir de sorpresa, cuando no se esperaba. || Introducirse con maña con astucia. *Obrepere ad honores. Cic.* Introducirse con engaños, indebidamente á los honores. *Alicui. Cic.* Sorprender á alguno.

**Obreptio, ōnis.** *f. Ulp.* La entrada, introduccion, llegada sin sentirse, con astucia y engaño.

**Obreptĭtius, a, um.** *Cod. Teod.* Subrepticio, sacado, ganado por sorpresa, con engaños.

**Obreptĭve.** *adv. Cod. Teod.* Subrepticia, clandestinamente.

**Obreptĭvus, a, um.** *Simac.* Clandestino.

**Obrepto, ās, avi, ātum, are.** *a. frec. de Obrepo. Cic.* Llegar, venir sin sentirse.

**Obreptus, a, um.** *part. de Obrepo. Plin.* El que ha llegado de sorpresa, se ha introducido sin sentir, con astucia y engaños.

**Obrētio, is, īvi, ītum, īre.** *a. Lucr.* Coger en la red, en el lazo.

**Obrĭgeo, ēs, gui, gēre.** *n. Cic.* y

**Obrĭgesco, is, gui, cěre.** *n. Sen.* Estar yerto, aterido, tieso, pasmado de frio.

**Obrĭgōrātio, ōnis.** *f. Veg.* Frialdad, pasmo de los miembros, causada por la gota ó paralisis.

**Obrōdo, is, si, sum, děre.** *a. Plaut.* Roer al rededor.

**Obrŏgātio, ōnis.** *f. ad Heren.* La accion de pedir ó proponer una ley para abrogar otra.

**Obrŏgo, ās, avi, ātum, are.** *a. Cic.* Pedir ó proponer una ley para abrogar otra. || *Flor.* Oponerse á la promulgacion de una ley.

**Obrōsus, a, um.** *Plin. part. de Obrodo.* Roido al rededor, carcomido.

**Obructans, tis.** *com. Apul.* El que eructa, regüelda á la cara ó á las narices de otro.

**Obrumpo, is, rūpi, ruptum, pěre.** *a. Varr.* Romper. *V. Rumpo.*

**Obruo, is, rui, rŭtum, ěre.** *a. Cic.* Cubrir con tierra, soterrar, enterrar, sepultar. || Sembrar. || Oprimir, cargar. || Borrar, ocultar, abolir. *Obruere se vino. Cic.* Emborracharse, embriagarse. *Obrui numero. Virg.* Ser agoviado, confundido de la multitud. *Aere alieno. Cic.* Estar lleno, agoviado de deudas.

**Obrussa, ae.** *f. Plin.* Prueba, esperimento del oro al fuego. || Piedra de toque para conocer la bondad y calidad de la plata y oro.

**Obrŭtus, a, um.** *part. de Obruo. Cic.* Cubierto, soterrado, sepultado, enterrado. ‖ Oprimido, cargado, agoviado, confundido.

**Obryzum**, i. *n. Plin. V.* Obrussa.

**Obsaevio**, is, ii, ire. *n. Plaut.* Encruelecerse contra otro.

**Obsălūto**, as, avi, atum, are. *a. Fest.* Ofrecerse, salir al encuentro para saludar á alguno.

**Obsătūro**, as, avi, atum, are. *a. Ter.* Hartar, fastidiar, llenar de hartura y tedio. *Obsaturabere istius prœpediem. Ter.* Tú te cansarás presto, te hartarás, te fastidiarás bien presto de este.

†**Obscaevo**, as, avi, atum, are. *a. Plaut.* Anunciar, pronosticar mal, ser de mal agüero.

**Obscēne**. *adv. Cic.* Obscena, deshonesta, impura, indecentemente.

**Obscēnĭtas**, ātis. *f. Cic.* Obscenidad, impureza, deshonestidad, torpeza, suciedad, fealdad.

**Obscēnus**, a, um. *Cic.* Obsceno, impuro, deshonesto, sucio, feo. ‖ Inmundo, sucio, puerco. ‖ Infausto, de mal agüero. *Obscena avis. Plin.* Ave inmunda.

**Obscūrans**, tis. *com. Her.* El que oscurece, que causa oscuridad.

**Obscūrātio**, ōnis. *f. Cic.* Oscuridad, oscurecimiento, el acto de oscurecer.

**Obscūrātus**, a, um. *Cic. part. de* Oscuro. Oscurecido, ofuscado, oscuro, privado de luz. ‖ Cubierto, envuelto, tapado, encubierto, oculto.

**Obscūre**, ius, issime. *adv. Cic.* Oscuramente, sin luz, sin claridad. ‖ Ocultamente, de oculto, encubiertamente. *Quidam obscurissime natus. Amian.* Un hombre de muy bajo nacimiento. *Non agam obscure. Cic.* Hablaré claro.

**Obscūrĭtas**, ātis. *f. Cic.* Oscuridad. ‖ Dificultad, duda, embarazo. ‖ Bajeza de nacimiento. *Obscuritas oculorum. Plin.* Debilidad, flaqueza de vista. — *Naturæ. Cic.* Secreto de las operaciones de la naturaleza.

**Obscūro**, as, avi, atum, are. *a. Cic.* Oscurecer, ofuscar, quitar la luz, cubrir de tinieblas. ‖ Ocultar, encubrir, callar, tener oculto. ‖ Desacreditar, infamar, hacer oscuro, bajo, despreciable. *Obscurare vocem. Virg.* Oscurecer la voz, no espresarla con claridad. *Magnitudo lucri obscurabat periculi magnitudinem. Cic.* La grandeza de la ganancia no dejaba ver la grandeza del peligro.

**Obscūrus**, a, um, ior, issimus. *Cic.* Oscuro, tenebroso. ‖ Difícil de entender, embarazado, dudoso. ‖ Oculto, disimulado, encubierto. ‖ Humilde, de baja esfera. *Obscurus homo. Cic.* Hombre disimulado, impenetrable. ‖ De bajo nacimiento. ‖ Sin nombre, desconocido, sin reputacion ni crédito. — *Locus. Liv.* Lugar retirado, oculto.

**Obsecrātio**, ōnis. *f. Cic.* Deprecacion, súplica, ruego afectuoso y humilde. ‖ Oracion pública, que guiaba en el Capitolio el pontífice, y respondia el pueblo. ‖ Figura retórica, *cuando se implora el auxilio de Dios ó de los hombres.*

**Obsecrātus**, a, um. *Salust.* Rogado, suplicado con instancia, con eficacia.

**Obsecro**, as, avi, atum, are. *a. Cic.* Pedir, suplicar, rogar con instancia. *Obsecro, an is est? Cic.* Dime, te ruego, ¿es este?

**Obsĕcundanter**. *adv. Non.* Con complacencia, con contemplacion ó condescendencia.

**Obsĕcundātio**, ōnis. *f. Cod. Teod.* Condescendencia, contemplacion.

**Obsĕcundātor**, ōris. *m. Cod. Teod.* Complaciente, condescendiente, contemplativo.

**Obsĕcundo**, as, avi, atum, are. *a. Cic.* Condescender, complacer, obedecer, tener contemplacion. ‖ Asistir, ayudar, favorecer. *Obsecundare voluntati alicujus. Cic.* Obedecer á la voluntad de alguno.

**Obsĕcūtio**, ōnis *f. Arnob.* Obsequio, obediencia.

**Obsĕcūtor**, ōris. *m. Tert.* El que obedece.

**Obsēdi**. *pret. de* Obsideo *y de* Obsido.

**Obsēpio**, is, ivi, ó sepsi, septum, ire. *a. Cic.* Cercar, cerrar, rodear con cerca ú otro impedimento. ‖ Cerrar el paso, estorbar la entrada. *Obsepire plebi iter ad magistratus. Liv.* Cerrar el paso á la plebe para la magistratura, impedirla llegar á los empleos honoríficos.

**Obseptus**, a, um. *part. de* Obsepio. *Plaut. Obseptis itineribus, super vallum saliunt. Liv.* Cerrados, tomados los pasos ó caminos, saltan por encima de las trincheras.

**Obsĕquēla**, ae. *f. Plaut.* Condescendencia, contemplacion, complacencia.

**Obsĕquens**, tis. *com. Cic.* Obsecuente, obediente, rendido, sumiso. ‖ Complaciente, condescendiente. *Dii obsequentes. Plaut.* Dioses benignos, propicios.

**Obsĕquenter**. *adv. Liv.* Obediente, obsequiosamente, con condescendencia.

**Obsĕquentia**, ae. *f. Ces.* Obediencia, condescendencia, complacencia, sumision.

**Obsĕquĭālis**. *m. f. le. n. is. Fort.* Obsequioso, rendido, complaciente.

**Obsĕquĭbĭlis**. *m. f. le. n. is. Gel.* Obsequioso, obediente, complaciente.

**Obsĕquĭōsus**, a, um. *Plaut.* Obsequioso, obediente, complaciente, servicial.

**Obsĕquĭum**, ii. *n. Cic.* Obsequio, obediencia, condescendencia, complacencia, servicio.

**Obsĕquor**, ĕris, cūtus sum, qui. *dep. Cic.* Obedecer, acomodarse á la voluntad y gusto de otro, ser complaciente, condescendiente. *Obsequi studiis. Nep.* Darse á los estudios. — *Animo. Plaut.* Hacer su gusto, darse buena vida. *Id ego percupio obsequi nato meo. Plaut.* Deseo mucho dar este gusto á mi hijo. *Ea, quae obsequi non oportet. Gel.* Aquellas cosas en que no se debe obedecer, condescender.

**Obsĕrātus**, a, um. *Liv.* Cerrado con llave ó cerrojo.

**Obsĕro**, as, avi, atum, are. *a. Ter.* Cerrar con llave ó cerrojo, echar la llave.

**Obsĕre**, is, sevi, situm, rere. *a. Cic.* Sembrar, plantar. *Obserere agrum vineis. Col.* Plantar una viña, una tierra de viñedo. — *Mores. Plaut.* Formar las costumbres, enseñar los modales. — *Pugnos. Plaut.* Dar á uno de bofetones, de puñadas.

**Observābĭlis**. *m. f. le. n. is. Quint.* Digno de observarse, notable, lo que se puede observar.

**Observans**, tis. *com. Cic.* Observante, respetuoso, reverente. ‖ El que observa, considera, pone cuidado. ‖ *Plin. men.* Exacto, puntual. *Observantior æqui. Claud.* Hombre exacto en guardar lo justo.

**Observanter**. *adv. Apul.* Con observacion, con cuidado, con reflexion.

**Observantia**, ae. *f. Cic.* Respeto, veneracion, consideracion. ‖ *Vel.* Observacion, reflexion. ‖ *Cod. Teod.* Culto divino, religion.

**Observāte**. *adv. Gel.* Con observacion, con juicio, con atencion ó reflexion.

**Observātio**, ōnis. *f. Cic.* Observacion, reparo, atencion, reflexion. ‖ Circunspeccion, precaucion. ‖ Consideracion, miramiento, respeto hácia otros. *Observationi operam dare. Plaut.* Estar en observacion. *Quondam in observatione erat. Plin.* Antiguamente estaba en observancia, se usaba, se acostumbraba.

**Observātor**, ōris. *m. Plin.* Observador, el que observa con atencion. ‖ Observante, el que observa y guarda la ley.

**Observātrix**, īcis. *f. Tert.* La que observa y guarda la ley.

**Observātus**, us. *m. Varr.* Observacion, reparo.

**Observātus**, a, um. *part. de* Observo. *Virg.* Observado, notado, advertido, reparado. ‖ Guardado, cumplido. ‖ Cultivado, servido.

**Observio**, is, ire. *a. Apul.* Servir. *V.* Inservio.

**Observĭto**, as, avi, atum, are. *a. frec. de* Observo. *Gel.* Observar frecuentemente. ‖ Guardar, cumplir con frecuencia.

**Observo**, as, avi, atum, are. *a. Cic.* Observar, notar, advertir, reparar. ‖ Guardar, custodiar. ‖ Obedecer, cumplir. ‖ Cultivar, respetar, reverenciar, honrar, servir. *Observare imperium. Salust.* Obedecer la orden, cumplirla.

**Obses**, ĭdis. *m. Cic.* El que da en rehenes. ‖ Prenda, seguridad. *Obsides alicui imperare. Cic.* Mandar á uno que dé rehenes.

**Obsessio**, ōnis. *f. Cic.* Cerco, asedio, la accion de cercar una plaza.

**Obsessor**, ōris. *m. Cic.* El que cerca, tiene cercado á otro. ‖ *Plaut.* El que mora, se detiene en alguna parte.

**Obsessus**, a, um. *part. de* Obsideo. *Cic.* Cercado, rodeado, cerrado, ocupado en torno. *Obsessae fauces. Virg.* Garganta apretada, cerrada.

**Obsīvi**. *pret. de* Obsero, is.

**Obsībīlo**, ās, āre. *n. Apul.* Silbar.

**Obsĭdeo**, ēs, sēdi, sessum, ēre. *a. y n. Cic.* Cercar, asediar, poner cerco á una plaza. ‖ Ocupar, tener, poseer, apoderarse. ‖ Sentarse, hacer asiento, parar, morar, detenerse. *Obsidere aditus. Cic.* Ocupar, tomar, cerrar los pasos. — *Domi. Ter.* Estarse en casa.

**Obsĭdiae**, ārum. *f. plur. Col.* Asechanzas.

**Obsĭdiānus**, a, um. *Plin.* Negro, luciente y trasparente. *Nombre tomado de una piedra negra y trasparente que halló en Etiopia un tal Obsidio.*

**Obsĭdio**, ōnis. *f. Cic.* Cerco, asedio. ‖ *Justin.* Esclavitud, prision.

**Obsĭdiōnālis**. *m. f. lĕ. n. is. Plin.* Lo que pertenece al cerco. *Obsidionalis corona. Liv.* Corona obsidional, hecha de yerbas tomadas en el lugar cercado, con que se coronaba al que habia hecho levantar el cerco.

**Obsĭdior**, āris, ātus sum, āri. *dep. Col.* Poner, armar asechanzas.

**Obsĭdium**, ii. *n. Tac.* Cerco, asedio. *Obsidia capessere. Tac.* Tomar rehenes.

**Obsĭdo**, is, sēdi, dĕre. *a. Sal.* Cercar. ‖ Tener, poseer, ocupar.

**Obsĭgĭlo**, ās, āvi, ātum, āre. *a. Sen.* Sellar, cerrar con sello. ‖ Tener en secreto, callado.

**Obsignātio**, ōnis. *f. Gel.* La accion de sellar.

**Obsignātor**, ōris. *m. Cic.* El que sella, cierra con sello. ‖ El que firma, echa su firma, en especial en el testamento.

**Obsignātus**, a, um. *Cic.* Sellado, cerrado. ‖ Firmado.

**Obsigno**, ās, āvi, ātum, āre. *a. Cic.* Sellar, cerrar con sello; firmar, poner su firma. *Testamentum obsignare. Ces.* Hacer testamento. *Cic.* Firmarle.

**Obsĭpo**, ās, āvi, ātum, āre. *a. Fest.* Echar, derramar, estender. *Obsipare aquulam. Plaut.* Regar.

**Obsisto**, is, stĭti, stĭtum, sistĕre. *n. Plaut.* Oponerse, resistir, impedir, hacer frente, resistencia. ‖ Estar, ponerse delante. *Obsistere injuriae. Cic.* Estorbar la injuria, impedirla.

**Obsĭtus**, a, um. *part. de* Obsero, is. *Ter.* Sembrado, plantado al rededor, lleno, cubierto de plantas. *Obsitus aevo. Virg.* Muy viejo. — *Virgultis. Liv.* Lleno de matas, de arbolillos. — *Annis, pannisque. Ter.* Asqueroso, cargado de años y trapos.

**Obsŏlĕfăcio**, is, fēci, factum, cĕre. *a. Arnob.* Desacostumbrar, dejar de usar.

**Obsŏlĕfactus**, a, um. *Sen.* Lo que no está en uso. ‖ Contaminado, envilecido, despreciado.

**Obsŏlĕfio**, is, factus sum, fiĕri. *anom. pas. Suet.* y

**Obsŏleo**, es, lĕvi, lētum, lēre. *n. Cic.*

**Obsŏlesco**, is, lĕvi, lētum, cĕre. *n. Cic.* Envejecer, perder el lustre y vigor; desusarse, dejar de acostumbrarse, de usarse.

**Obsŏlētè**. *adv. Cic.* Á la antigua. *Obsoletus vestitus. Cic.* Vestido muy á la antigua.

**Obsŏlēto**, ās, āre. *a. Tert.* Oscurecer, manchar.

**Obsŏlētus**, a, um. *Cic.* Desusado, viejo, rancio, que ha perdido su uso, su lustre y vigor. *Obsoleta vestis. Liv.* Vestido viejo, raido, asqueroso. *Obsoletus homo. Cic.* Hombre de bajos tratos. — *Color. Col.* Color caido, perdido, viciado.

**Obsŏlēvi**. *pret. de* Obsolesco.

**Obsŏlĭdātus**, a, um. *Vitruv.* Consolidado, hecho, puesto firme, sólido.

**Obsōnātor**, ōris. *m. Plaut.* Comprador, el que compra la comida, mayordomo.

**Obsōnātus**, ūs. *m. Plaut.* Compra, provision diaria de la comida.

**Obsōnātus**, a, um. *part. de* Obsono. *Plaut.* Comprado, provisto para comer.

**Obsōnĭto**, ās, āvi, ātum, āre. *a. frec. de* Obsono. *Cat.* Andar frecuentemente en convites.

**Obsōnium**, ii. *n. Fedr.* La vianda para comer, fuera de pan y vino.

**Obsōno**, ās, āvi, ātum, āre. *a. Plaut.* Comprar la vianda, la comida. ‖ *Ter.* Frecuentar los convites, banquetear. *Obsonare famem. Cic.* Aguzar el hambre, escitar el apetito. *Obsonare coenae. Plaut.* Comprar que comer ó cenar.

**Obsōno**, ās, nui, nĭtum, āre. *n. Plaut.* Hacer ruido, aturdir, atronar los oidos, importunar. *Obsonare alicui sermone. Plaut.* Estorbar, interrumpir á alguno con ruido, con voces la conversacion.

**Obsōnus**, a, um. *Varr.* Lo que hace un sonido desagradable.

**Obsōpio**, is, ĭvi, ĭtum, īre. *a. Escrib. Larg.* Dormirse, dormitar.

**Obsōpītus**, a, um. *part. Solin.* Dormido, adormecido.

**Obsorbeo**, ēs, bui, orpsi, ptum, bēre. *a. Plaut.* Agotar, beberlo todo, apurar.

**Obsordeo**, ēs, dui, ēre. *n. Bibl.* y

**Obsordesco**, is, ui, cĕre. *n. Non.* Ponerse viejo, sucio, asqueroso.

**Obstăcŭlum**, i. *n. Prud.* Obstáculo, impedimento.

**Obstans**, tis. *com. Hor.* Obstante, que obsta, impide, estorba, pone obstáculos.

**Obstantia**, ae. *f. Vitruv.* Obstáculo, resistencia, oposicion, estorbo.

**Obstātŭrus**, a, um. *Quint.* El que se ha de oponer.

**Obsterno**, is, strāvi, strātum, nĕre. *a. Apul.* Tender delante, poner á la vista.

**Obstetrĭcia**, ōrum. *n. plur. Plin.* Los oficios de las comadres, de los comadrones.

**Obstetrĭcium**, ii. *n. Plin.* El oficio de comadre.

**Obstetrĭcius**, a, um. *Arnob.* Lo que pertenece á la comadre.

**Obstĕtrix**; icis. *f. Ter.* La comadre, partera.

**Obstĭnātè**. *adv. Ces.* Obstinada, porfiada, tenaz, pertinazmente. ‖ *Suet.* Constante, firmemente.

**Obstĭnātio**, ōnis. *f. Cic.* Obstinacion, pertinacia, tenacidad, contumacia. ‖ *Tac.* Constancia, firmeza, perseverancia. *Obstinatio fidei. Ter.* Constancia en guardar la fe, la palabra.

**Obstĭnātus**, a, um. *part. de* Obstino. *Cic.* Obstinado, pertinaz, contumaz, resuelto, inflexible.

**Obstĭnet**. *ant. Fest.* en lugar de Ostendit.

**Obstĭno**, ās, āvi, ātum, āre. *a. Plaut.* Obstinarse, cerrarse en la resolucion. *Obstinate affinitatem. Plaut.* Empeñarse en contraer un parentesco. *Obstinaverant animis, aut vincere, aut mori. Liv.* Se habian resuelto firmemente á vencer ó morir.

**Obstĭpeo**, ēs, pui, ēre. *n. Tert.* Pasmarse, quedarse helado y como un madero.

**Obstĭpo**, ās, āvi, ātum, āre. *a. Plaut.* Tapar, cubrir. Inclinar, bajar la cabeza, estar cabizbajo, pensativo.

**Obstīpus**, a, um. *Lucr.* Inclinado, doblado, torcido, oblicuo. *Obstipum caput. Hor.* Cabeza inclinada sobre el pecho.

**Obstĭtus**, a, um. *Fest.* Violado, profanado, ofendido. ‖ *Cic.* Tocado, herido del cielo, del rayo. ‖ *Lucr.* Oblicuo.

**Obsto**, ās, stĭti, stătum, obstĭtum, āre. *n. Cic.* Obstar, impedir, estorbar, oponerse, servir de obstáculo, dañar, perjudicar. ‖ *Plin.* Estar enfrente, delante, á la parte opuesta. *Obstatur. Cic.* Se estorba, se impide.

**Obstrăgŭlum**, i. *n. Plin.* Correa que entretejida entre los dedos aseguraba la suela del calzado de los antiguos. ‖ Cubierta, cobertura, lo que cubre.

**Obstrangŭlātus**, a, um. *Prud.* Ahogado, sofocado.

**Obstrĕpens**, tis. *com. Prud.* Lo que hace ruido ó estrépito.

**Obstrĕpĕrus**, a, um. *Apul. V.* Obstrepens.

**Obstrĕpĭtācŭlum**, i. *n. Tert.* Oposicion de estrépito ó al estrépito.

**Obstrĕpĭto**, ās, āre. *n. Claud.* Hacer ruido frecuentemente. *frec. de*

**Obstrĕpo**, is, pui, pĭtum, pĕre. n. *Hor.* Hacer ruido, sonar, resonar con estruendo. ‖ *Salust.* Murmurar. Aturdir, importunar. *Obstrepere litteris alicui. Cic.* Molestar, cansar, fatigar á alguno con cartas. *Obstrepitur. Cic.* Se hace ruido.

**Obstrictus**, us, m. *Sen.* Estrecho, estrechura.

**Obstrictus**, a, um. *Cic. part. de* Obstringo. Atado, ligado, constreñido. ‖ Obligado, adicto. *Obstrictus religione voti. Cic.* Obligado con la promesa de un voto. — *Voluptatibus. Cic.* Dado á los deleites, preso por ellos. *Vestis obstricta gemmis. Hor.* Vestido guarnecido de pedrería.

**Obstrĭgillātio**, ōnis. f. *Varr.* Crítica, censura.

**Obstrĭgillātor**, ōris. m. *Varr.* Censor, crítico, reprensor.

**Obstrĭgillo**, ăs, ăvi, ătum, ăre. a. *Varr.* Criticar, censurar, contradecir. ‖ Obstar, oponerse, impedir.

**Obstrĭgillus**, i. m. *Isid.* Zapato cosido por la planta y ceñido por la garganta del pie con orejas.

**Obstringo**, is, nxi, strictum, gĕre. a. *Plaut.* Apretar, atar, ligar al rededor, estrechamente. ‖ Obligar, hacer suyo, ganar. ‖ Hacerse reo, cometer algun delito. *Obstringere beneficiis aliquem. Cic.* Obligar á uno con beneficios. — *Se perjurio. Liv.* Perjurar, ser perjuro. — *Fidem alicui. Cic.* Empeñar, dar su palabra á alguno.

**Obstructio**, ōnis. f. *Cic.* Encubrimiento, disimulacion. ‖ *Arnob.* La accion de cerrar, cegar, tapar.

**Obstructus**, a, um. *Ces. part. de* Obstruo. Cerrado, cegado, tapado. *Obstructa difficultatibus cognitio. Cic.* Conocimiento lleno, rodeado de dificultades.

**Obstrūdo**, is, si, sum, dĕre. a. *Plaut.* Cerrar, cubrir, cegar, tapar. ‖ Comer, devorar, tragar con ansia, llenando mucho la boca.

**Obstruo**, is, xi, ctum, ĕre. a. *Ces.* Cerrar, cubrir, tapar con alguna obra. *Obstruere undas molibus. Luc.* Detener las aguas con diques. — *Luminibus vicini. Luc.* Quitar las luces al vecino con obras. — *Fauces. Luc.* Tapar á uno la boca, hacerle callar.

**Obstrūsus**, a, um. *Sen. part. de* Obstrudo. Cerrado, tapado, cubierto.

**Obstŭpĕfacio**, is, fēci, factum, cĕre. a. *Ter.* Pasmar, dejar atónito, pasmado, estúpido.

**Obstŭpĕfactus**, a, um. *Cic. part.* Pasmado, atónito.

**Obstŭpĕfīo**, is, fĭeri. n. *Dict. Cret.* Hacerse, volverse estúpido.

**Obstŭpeo**, ēs, ui, ēre. n. *Cic.* ó

**Obstŭpesco**, is, pui, cĕre. n. *Cic.* Quedarse pasmado, lelo, estúpido. ‖ Llenarse de admiracion. *Obstupescent posteri triumphos audientes & legentes tuos. Cic.* Se pasmarán los venideros al oir y leer tus triunfos.

**Obstŭpĭdus**, a, um. *Plaut.* Pasmado, lleno de admiracion. ‖ Estúpido, lelo, parado.

**Obstuprātus**, a, um. *Lampr.* Estuprado, corrompido con estupro.

† **Obsufflo**, ās, āre. a. *Decl. de Quint.* Infundir como soplando.

**Obsum**, ŏbes, obfui, obesse. n. anom. *Cic.* Dañar, hacer daño, ser contrario, perjudicial. *Obfuit illi lingua. Ov.* Le dañó su lengua.

**Obsuo**, is, sui, sūtum, uĕre. a. *Virg.* Coser al rededor.

**Obsurdesco**, is, dui, cĕre. n. *Cic.* Ensordecer, quedar, ponerse sordo. ‖ Cerrar, tapar los oidos, hacerse sordo, no querer oir.

**Obsūtus**, a, um. *part. de* Obsuo. *Suet.* Cosido al rededor.

**Obtectus**, a, um. *Ces.* Cubierto al rededor ó todo.

**Obtĕgens**, tis. com. *Tac.* El que cubre, tapa, calla. *Obtegens sui. Tac.* Disimulado, callado.

**Obtĕgo**, is, exi, ctum, gĕre. a. *Cic.* Tapar, cubrir, ocultar. *Obtegere se alicujus corpore. Cic.* Ocultarse, esconderse, ponerse á cubierto detras de alguno. — *Adolescentiae errata. Cic.* Ocultar, encubrir las faltas, las flaquezas de la juventud.

**Obtempĕranter**, adv. *Prud.* Obedientemente.

**Obtempĕrātio**, ōnis. f. *Cic.* Obediencia.

**Obtempĕratūrus**, a, um. *Ter.* El que ha ó tiene de obedecer.

**Obtempĕro**, ās, āvi, ātum, āre. a. *Cic.* Obedecer, sujetarse á las órdenes, á la voluntad de otro. *Obtemperare sibi. Cic.* Seguir su inclinacion, hacer su gusto. — *Alicui ad verba. Cic.* Ejecutar á la letra las órdenes de alguno.

**Obtendo**, is, di, tum, dĕre. a. *Cic.* Tender, estender delante, oponer. ‖ *Plin.* Alegar, escusar, buscar pretestos para encubrir. *Obtendere pro viro nebulam. Virg.* Ocultar á un hombre en ó con una nube, hacerla parecer para encubrirle.

**Obtĕnĕbro**, ās, āre. a. *Lact.* Cubrir con tinieblas, oscurecer.

**Obtentio**, ōnis. f. *Arnob.* La accion de estender, tender, poner delante.

**Obtento**, ās, āvi, ātum, āre. a. *Cic. frec. de* Obtineo. Poseer, tener, obtener. *Me spes quaedam obtentabat. Cic.* Tenia alguna esperanza.

**Obtentus**, us. m. *Cic.* La accion de poner, estender, tender adelante. ‖ *Tac.* Pretesto, escusa. *Obtentu Philosophiae. Liv.* Con el pretesto de filosofía.

**Obtentus**, a, um. *part. de* Obtendo. *Virg.* Puesto, tendido, estendido delante. ‖ *part. de* Obtineo. *Cic.* Obtenido, alcanzado, conseguido.

**Obtĕro**, is, trĭvi, trītum, rĕre. a. *Fedr.* Pisar, pisotear. ‖ *Col.* Majar, machacar. ‖ Deprimir, destruir, disminuir, aniquilar. *Obterere exercitum. Liv.* Pasar á cuchillo un ejército. — *Aliquem verbis. Liv.* Dar una severa reprension á alguno. — *Calumniam. Cic.* Disipar, desvanecer una calumnia. — *Laudes. Nep.* Oscurecer las alabanzas. — *Jura populi. Liv.* Aniquilar, abolir los derechos del pueblo.

**Obtestātio**, ōnis. f. *Cic.* Ruego, peticion hecha con instancia.

**Obtestātus**, a, um. *Salust. part. de* Obtestor. El que ha pedido, rogado, suplicado con muchas instancias. ‖ pas. Rogado, pedido con instancia.

**Obtestor**, āris, ātus sum, āri. dep. *Cic.* Pedir, rogar, suplicar con muchas instancias, implorar. ‖ Poner por testigo.

**Obtexi**. pret. de Obtego.

**Obtexo**, is, sui, textum, xĕre. a. *Plin.* Tejer al rededor. ‖ *Virg.* Cubrir.

**Obtĭcentia**, ae. f. *Quint.* Reticencia ó aposiópesis. *fig. ret.*

**Obtĭceo**, es, cui, cēre. n. *Ter.* Callar, no hablar, no decir palabra.

**Obtĭgit**. pret. de Obtingit, ebat.

**Obtĭneo**, ēs, tinui, tentum, nēre. a. *Cic.* Obtener, tener, poseer. ‖ Retener, conservar, guardar. ‖ Ganar, adquirir, lograr, conseguir. *Obtinere regnum multos annos. Ces.* Reinar muchos años. *Obtinuit consuetudo. Cic.* Se ha hecho costumbre. *Antiquum obtinere. Plaut.* Conservar su modo antiguo. *Litem aut obtinere, aut amittere. Cic.* Ganar ó perder el pleito. — *Provinciam. Ces.* Gobernar una provincia, tener el mando, gobierno, regimiento de ella. *Lex quae in conviviis obtinetur. Cic.* La ley que se observa en los convites. *Obtinere rem. Ces.* Ganar la victoria. *Stoici se posse putant duas contrarias sententias obtinere. Cic.* Los estoicos piensan que pueden probar, sostener, defender las sentencias contrarias.

**Obtingit**, ēbat, tĭgit, gĕre. imp. *Cic.* Tocar como por suerte. ‖ Acaecer, suceder, acontecer, ofrecerse. *Quod cuique obtigit. Cic.* Lo que ha tocado, ha cabido en suerte á cada uno. *Hoc confiteor jure mihi obtigisse. Ter.* Confieso que esto me ha sucedido con justicia.

**Obtinnio**, is, īre. n. *Apul.* Sonar, resonar, hacer ruido como de campanillas al rededor.

**Obtinui**. pret. de Obtineo.

**Obtorpeo**, ēs, pui, ēre. y

**Obtorpesco**, is, pui, cĕre. n. *Cic.* Entorpecerse, ponerse torpe, tardo, pesado. *Obtorpere metu. Qnint.* Quedarse inmóvil de miedo.

**Obtorqueo**, ēs, si, tum, quēre. a. *Estac.* Torcer, doblar, volver fuertemente, con esfuerzo. *Proram obtorquet in unda. Estac.* Gobierna á estribor.

**Obtortio**, ōnis. f. *Fulg.* Torcedura, torcimiento.

**Obtortus, a, um.** *part. de* Obtorqueo. *Cic.* Torcido, doblado, retorcido.

**Obtrectans, tis.** *Sil. Ital. V.* Obtrectator.

**Obtrectatio, ōnis.** *f. Cic.* Detraccion, maledicencia, murmuracion. ‖ Envidia, malignidad, pesar del bien de otro.

**Obtrectator, ōris.** *m. Cic.* Detractor, maldiciente, murmurador, calumniador. ‖ Envidioso, maligno. *Obtrectator laudum alicujus. Cic.* El que desacredita por envidia las buenas prendas de alguno. — *Beneficiis. Col.* El que murmura de los beneficios.

**Obtrectātus, us.** *m. Gel. V.* Obtrectatio.

**Obtrecto, ās, āvi, ātum, āre.** *a. Cic.* Envidiar. ‖ Murmurar, hablar mal, desacreditar por envidia y mala intencion. ‖ Reprender, condenar, desaprobar. *Obtrectare laudibus, ó laudes alicujus. Liv.* Rebajar, desacreditar las alabanzas de alguno. — *Legi. Cic.* Murmurar de una ley.

**Obtricense, is.** n. y

**Obtricum, i.** n. Mastric, *ciudad de Brabante en los Paises Bajos.*

**Obtritio, ōnis.** *f. S. Ag.*

**Obtritus, us.** *m. Plin.* La accion de majar, de machacar ó moler.

**Obtritus, a, um.** *part. de* Obtero. Molido, majado.

**Obtrivi.** *pret. de* Obtero.

**Obtrudo, is, si, sum, děre.** *a. Cic.* Echar, empujar, impeler con fuerza ó contra otro. ‖ Querer hacer tomar por fuerza, contra su voluntad. *Obtrudere palpum alicui. Plaut.* Halagar, acariciar el que no gusta de ello. *Ea quoniam nemini obtrudi potest, itur ad me. Ter.* Porque no pueden encajársela, hacérsela tragar á nadie, vienen á ofrecérmela á mi.

**Obtruncatio, ōnis.** *f. Col.* La cortadura de un sarmiento verde.

**Obtruncator, ōris.** *m. Sen.* El que corta.

**Obtruncatus, a, um.** *Salust.* Cortado, partido. ‖ Despedazado, destrozado, hecho pedazos. *part. de*

**Obtrunco, ās, āvi, ātum, āre.** *a. Col.* Cortar, partir. ‖ Matar, despedazar, hacer pedazos, pasar á cuchillo.

**Obtrūsi.** *pret. de* Obtrudo.

**Obtrūsus, a, um.** *part. de* Obtrudo.

**Obtūdi.** *pret. de* Obtundo.

**Obtueor, ēris, itus sum, ēri.** *dep. Plaut.* Mirar fijamente, cara á cara, con atencion. ‖ Mirar, ver.

**Obtuitus, us.** *m. V.* Obtutus.

**Obtuli.** *pret. de* Offero.

**Obtumeo, ēs, mui, mēre.** *n. Col.* y

**Obtumesco, is, mui, cēre.** *n. Cels.* Hincharse, ponerse hinchado.

**Obtundo, is, tŭdi, tūsum, děre.** *a. Col.* Despuntar, embotar, quitar, gastar la punta, el corte, el filo. ‖ Aturdir, atronar. *Obtundere longis epistolis. Cic.* Fatigar con cartas largas. — *Vocem. Cic.* Enronquecer. — *Alicui aures, vel caput. Cic.* Romper á uno los oidos ó la cabeza. — *Auditum. Plin.* Poner á uno sordo.

**Obtunsio, ōnis.** *f. Lampr.* La accion de golpear, de sacudir, de dar golpes.

**Obtuor, ēris.** *dep. Acc. V.* Obtueor.

**Obturaculum, i.** n. *Marc. Emp.* y

**Obturamentum, i.** n. *Plin.* El tapon.

**Obturatio, ōnis.** *f. Bibl. Loquela multum jurans horripilationem capiti statuet, et irreverentia ipsius obturatio aurium.* El habla del jurador hará erizarse los cabellos en la cabeza, y sus palabras escandalosas obligarán á taparse los oidos.

**Obturatus, a, um.** *Cic. part. de* Obturo. Tapado, cerrado.

**Obturbator, ōris.** *m. Curc.* Perturbador por todas partes. ‖ Gritador, vocinglero, hablador.

**Obturbatus, a, um.** *Plin.* Enturbiado, revuelto. *part. de*

**Obturbo, ās, āvi, ātum, āre.** *a. Cic.* Perturbar, turbar. ‖ Alborotar, interrumpir con voces y estrépito. *Obturbare hostes. Tac.* Desbaratar, desordenar á los enemigos.

**Obturgeo, ēs, ēre.** n. y

**Obturgesco, is, ēre.** n. *Lucr.* Hincharse.

**Obturo, ās, āvi, ātum, āre.** *a. Col.* Tapar, cerrar la entrada ó el paso.

**Obtuse.** *adv. Solin.* Confusamente, sin perspicacia, sin claridad.

**Obtusio, ōnis.** *f. Ter.* Estupidez.

**Obtusus, a, um.** *Lucr. part. de* Obtundo. Obtuso, sin punta, gastado, embotado. *Obtusus pugnis. Plaut.* Molido á puñadas. *Obtusae aures. Stat.* Oidos sordos. ‖ *Cic.* Oidos aturdidos.

**Obtutus, us.** *m. Cic.* Mirada, vista, ojeada. *Obtutum figere alicui. Cic.* Fijar la vista en alguna parte. — *Oculorum animus effugit. Cic.* El espíritu no puede ser visto de los ojos del cuerpo.

**Obucula, ae.** *f. Ces.* Ciudad antigua de España en la Andalucía.

**Obumbratio, ōnis.** *f. Arnob.* Oscurecimiento, sombra, la accion de hacerla.

**Obumbratrix, icis.** *f. Tert.* La que hace sombra.

**Obumbratus, a, um.** *Palad.* Cubierto con sombra. *part. de*

**Obumbro, ās, āvi, ātum, āre.** *a. Plin.* Hacer sombra, cubrir con ella. ‖ Oscurecer. ‖ Defender, proteger. ‖ Encubrir, ocultar, tapar.

**Obuncatus, a, um.** *Cel. Aur.* Encorvado.

**Obunctus, a, um.** *Apul.* Untado al rededor.

**Obunculus, a, um.** *Non. dim. de*

**Obuncus, a, um.** *Virg.* Corvo, encorvado, retorcido á modo de garfio.

**Obundatio, ōnis.** *f. Flor.* Inundacion.

**Obundo, ās, āvi, ātum, āre.** *n. Estac.* Salir de madre, rebosar, inundar.

**Obustus, a, um.** *Virg.* Quemado al rededor, tostado al fuego.

**Obvagio, is, gii, gitum, īre.** *n. Plaut.* Gritar como los niños en la cuna, ó como los gatos cuando riñen.

**Obvagulo, ās, āvi, ātum, āre.** *a. ant. Fest.* Decir á voces injurias á la puerta de alguno.

**Obvallatio, ōnis.** *f. Veg.* Circunvalacion, empalizada, trinchera al rededor.

**Obvallatus, a, um.** *Cic.* Rodeado con trinchera, fortalecido, asegurado, cerrado en rededor. *part. de*

**Obvallo, ās, āvi, ātum, āre.** *a. Fest.* Fortificar, fortalecer con trinchera en rededor.

**Obvaricator, ōris.** *m. Fest.* El que sale ó estorba á otro que vaya por camino derecho.

**Obvaro, ās, āre.** *a. En.* Echar á perder, corromper, depravar, torcer.

**Obvenientia, ae.** *f. Ter.* Acaso, accidente.

**Obvenio, is, ēni, entum, īre.** *n. Cic.* Venir, salir, ofrecerse, presentarse al encuentro. ‖ Acaecer, suceder, acontecer. ‖ Tocar, caber como en suerte. *Obvenire haereditate alicui. Cic.* Heredar á alguno por sucesion.

**Obventio, ōnis.** *f. Ulp.* Obvencion, ganancia, provecho, utilidad, que viene á alguno de su industria.

**Obventitius, a, um.** *Tert.* Casual, accidental, eventual.

**Obventus, us.** *m. Ter.* Encuentro, llegada.

**Obverbero, ās, āvi, ātum, āre.** *a. Apul.* Castigar, golpear, sacudir, azotar. *Obverberare aliquem pugnis. Apul.* Dar á uno de puñadas.

**Obversatio, ōnis.** *f. Cic.* Ida y venida, la accion de ir y venir, de pasar y repasar por alguna parte.

**Obverse.** *adv. Col.* De cara á alguna parte, hácia, mirando á algun lado.

**Obversor, āris, ātus sum, āri.** *dep. Cic.* Estar, presentarse, ponerse en presencia de alguno, ponerse delante de él. *Mihi ante oculos reip. dignitas obversatur. Cic.* Se me representa delante de los ojos la dignidad de la república. *In somniis obversata species. Liv.* Imágen representada en sueños.

**Obversum.** *Apul. V.* Adversum.

**Obversus, a, um.** *Col.* Vuelto, de cara, mirando á..... *part. de*

**Obverto, is, ti, sum, těre.** *a. Liv.* Volver á ó hácia. *Obvertere alicui terga. Virg.* Volver á alguno la espalda. — *Cornua. Plaut.* Volverse contra uno, hacerle frente.

**Obviam.** *adv. Cic.* Al encuentro, delante, al camino. *Obviam ire, prodire, procedere. Cic.* Ir, salir al encuentro, al camino. *Ire tonatibus. Cic.* Prevenir, cortar los designios. *Esse. Plaut.* Estar pronto, á la mano.

Obvio, as, avi, atum, are. *n. Veg.* Ir, salir al encuentro, al camino. ‖ Obviar, estorbar, evitar. ‖ Resistir, oponerse. ‖ Prevenir, remediar, precaver.

Obvius, a, um. *Cic.* Obvio, lo que se encuentra al paso, se ofrece, se pone, se presenta delante. ‖ El que sale al camino contra otro. ‖ Lo que es pronto, á la mano. *Obvius homo. Plin. men.* Hombre afable, tratable, á quien se habla con facilidad. *Esse in obvio alicui. Liv.* Estar en lugar donde hacerse encontradizo á alguno. *Obvia ventorum furiis. Virg.* Espuestas á la furia de los vientos. *Obvia quaeque ruit. Val. Flac.* Derriba cuanto se le pone delante.

Obvŏlĭto, as, are. *n. Perc. Latr.* Volar, revolotear al rededor.

Obvolvo, is, vi, vŏlūtum, ĕre. *a. Cic.* Envolver, cubrir, embozar. *Verbis decoris vitium obvolvere. Hor.* Disimular, encubrir el vicio con palabras honestas.

Obvŏlūtus, a, um. *Virg.* Envuelto, arrollado.

Obvŏlūtio, ōnis. *f. Macrob.* Revolucion, la accion de dar vueltas ó giros.

Obvŏlūtus, a, um. *part. de Obvolvo. Cic.* Envuelto, tapado, cubierto.

## OC

Occa, ae. *f. Col.* Mazo, rastrillo para deshacer terrones.

Occabus, i. *m. Inscr.* El brazalete.

Occaeco, as, are. *V. Obcoeco.*

Occaepto, as, are. *Plaut. V. Incipio.*

Occallatio, ōnis *f. Cels.* Encallecimiento, formacion de la dureza del callo.

Occallatus, a, um. *Sen.* Endurecido, encallecido.

Occalleo, es, lui, ĕre. *n.* y

Occallesco, is, lui, scĕre. *n. Cels.* Encallecerse, endurecerse, criar callo. ‖ *Cic.* Volverse insensible. *Longa patientia occallui. Plin.* Me he endurecido, me he acostumbrado al mal á fuerza de paciencia.

Occano, is, cănui, occentum, ĕre. *n. Tac.* Cantar á la vez. *O. canere cornua, tubasque jussit. Tac.* Mandó tocar todas las trompetas.

Occasio, ōnis. *f. Cic.* Ocasion, oportunidad, tiempo oportuno. ‖ Proporcion, disposicion, facultad. *Occasionem capere. Plaut. Captare, nancisci. Cic. Amplecti. Plin. Arripere. Liv.* Aprovechar la ocasion, aprovecharse de ella.

Occasiuncula, ae. *f. Plaut. dim. de Occasio.*

Occasurus, a, um. *Cic.* El que ha de perecer.

Occasus, us. *m. Cic.* Ocaso, ocidente, descenso, ocultacion de cualquier astro por el orizonte. ‖ Muerte, ruina, caida. ‖ El ocaso. ‖ El occidente y el poniente, la parte del orizonte por donde se pone el sol y los demas astros. *Occasus urbis. Virg.* La ruina, destruccion de una ciudad.

Occasus, a, um. *Plaut. part. de Occido. Sol occasus.* Sol puesto.

Occatio, ōnis. *f. Cic.* La accion de cubrir lo sembrado.

Occator, ōris. *m. Col.* El cavador que quebranta los terrones y cubre lo sembrado.

Occatorius, a, um. *Col.* Lo perteneciente al labrador que cubre lo sembrado, y á esta accion de cubrirlo.

Occatus, a, um. *Cic. part. de Occo.* Cubierto. Hablando de lo que se ha sembrado.

Occedo, is, essi, essum, ĕre. *n. Plaut.* Ir, salir al encuentro.

Occento, as, avi, atum, are. *a. Plaut.* Cantar delante de otro. *Occentare ostium. Plaut.* Dar música, cantar á la puerta de alguno. ‖ Cantar cánticos injuriosos á la puerta de alguno.

Occentus, us. *m. Plin.* Cántico, música. ‖ El chillido de los ratones.

Occeso, ant. *Fest.* en lugar de *Occepero.*

Occepto, as, are. *frec. de Occipio. Fes.* Empezar, comenzar.

Occhi, ōrum. *m. plur. Plin.* Nombre de unos árboles de Hircania semejantes á la higuera, de los que destila miel por espacio de dos horas por la mañana.

Occĭdens, tis. *com. Cic.* El occidente, el poniente. ‖ El que muere, perece.

Occidaneus, a, um. *Goes.* y

Occidentalis. *m. f. lĕ. n. is. Plin.* Occidental, lo que mira al ó viene del occidente.

Occidi *pret. de Occido.*

Occidio, ōnis. *f. Cic.* Matanza, carnicería, derrota, ruina total. *Occidione occidere. Liv.* Pasar á cuchillo. *Occumbere. Tac.* Ser enteramente deshecho.

Occidium, ii. *n. Prud.* Ruina total, muerte.

Occido, is, cidi, cisum, dĕre. *a. Ter.* Matar, quitar la vida. ‖ Atormentar, molestar, mucho. ‖ Golpear, sacudir fuertemente. *Occidisti me tuis fallaciis. Ter.* Me has perdido, me has muerto con tus embustes.

Occido, is, cidi, casum, dĕre. *n. Plaut.* Caer, dar una caida. ‖ Morir, caer muerto. *Occidi. Ter.* Perdido, muerto soy. *In nihilum occidere. Cic.* Reducirse á la nada. *Occidunt lucernae. Petron.* Se apagan, se mueren las luces. *Soles. Catul.* Se ponen los soles.

Occidŭalis. *m. f. lĕ. n. is. Prud.* Occidental, lo que es del occidente.

Occiduus, a, um. *Ov.* Caduco, ruinoso, lo que está para caer. ‖ Occidental, del occidente. ‖ Que se pone en el ocaso. *Occidua senecta. Ov.* Vejez decrépita. *Occiduae aquae. Ov.* El mar occidental.

† Occillatio, ōnis. *f. Plaut.* Oscilacion, movimiento de una cosa que va y viene, como el de una péndola.

† Occillator, ōris. *m. Plaut.* El que tiene un movimiento de ida y venida.

† Occillo, as, are. *a. Plaut.* Ir y venir. ‖ Machacar terrones. *Occillare os alicui. Plaut.* Dar á uno un bofeton de un lado y otro de otro.

Occino, is, nui, centum, nĕre. *n. Liv.* Cantar á otro lado, al lado opuesto. ‖ Resonar el eco. ‖ Anunciar malos agüeros, desdichas. ‖ *Apul.* Cantar.

Occipio, is, coepi, coeptum, pĕre. *a. Lucr.* Empezar, comenzar, dar principio. *Occipere Magistratum. Liv.* Empezar á ejercer un magistrado.

Occipitium, ii. *n. Plin.* y

Occiput, itis. *n. Pers.* La nuca, el colodrillo.

Occisio, ōnis. *f. Cic.* Matanza, carnicería.

† Occisito, as, are. *a. Fest. frec. de Occido.* Matar frecuentemente.

Occisor, ōris. *m. Plaut.* Matador, asesino.

Occisōrius, a, um. *Tert.* Lo que puede ser muerto.

Occisus, a, um. *part. de Occido. Cic.* Muerto. ‖ Perdido, desesperado. *Occisa est res. Plaut.* El asunto está perdido, está sin remedio. *Occisissimus omnium sum qui vivunt. Plaut.* Soy el hombre mas perdido, me veo el hombre mas desesperado de cuantos hay en el mundo.

Occlamito, as, avi, atum, are. *a. frec. de Clamo. Plaut.* Vocear, hacer ruido á voces ó cerca de otro.

Occlamo, as, avi, atum, are. *a. Sen.* Clamar, vocear, gritar á ó cerca de otro.

Occludo, is, si, sum, dĕre. *a. Cic.* Cerrar. *Occludere alicui linguam. Plaut.* Tapar á uno la boca, hacerle callar.

Occlusus, a, um. *part. de Occludo. Cic.* Cerrado. *Ostium occlusissimum. Plaut.* Puerta cerrada con cien llaves.

Occo, as, avi, atum, are. *a. Plin.* Quebrantar, deshacer los terrones con el mazo ó rastrillo. ‖ Cubrir lo sembrado. ‖ Cubrir las cepas.

Occoeco. *V. Obcoeco.*

Occoepio. *V. Occipio.*

Occoepto. *V. Occepto.*

Occŭbĭtus, us. *m. S. Ger.* La muerte.

Occŭbĭtus, a, um. *part. de Occumbo* y *Occubo.* Muerto.

Occubo, as, bui, bĭtum, are. *n. Virg.* Morir, caer, estar muerto.

Occulcatus, a, um. *Liv.* Pisado, pisoteado, atropellado. *part. de*

Occulco, as, avi, atum, are. *a. Cat.* Pisar, pisotear, atropellar. ‖ Acalcar.

Occulo, is, lui, cultum, lĕre. *a. Cic.* Ocultar, encubrir, tapar. ‖ Callar, pasar en silencio, omitir.

Occultate. *adv. Cic. V. Occulte.*

Occultatio, ōnis. *f. Cic.* Ocultacion, la accion de ocultar ó ocultarse.

Occultator, ōris. *m. Cic.* Ocultador, el que oculta.

**Occultātus**, a, um. *Cic. part. de* Occulto. Ocultado, encubierto, escondido, oculto.

**Occulte.** *adv. Cic.* y

**Occultim.** *adv. Plin.* y

**Occulto.** *adv. Plin.* Ocultamente, en secreto, de oculto.

**Occulto**, as, āvi, ātum, āre. *a. Cic.* Ocultar, encubrir, esconder, tapar. ‖ Callar, omitir.

**Occultus**, a, um. *Cic.* Oculto, escondido, encubierto, tapado, secreto. ‖ Difícil de entender, oscuro. *Occultus odii*, *Tac.* El que disimula su rencor. — *Homo. Cic.* Hombre solapado, disimulado, fingido. *Servi quibus occulta coeduntur. Cic.* Siervos á quienes se fian los secretos. *In occulto stare. Cic.* Estar escondido.

**Occŭlui.** *pret. de* Occulo.

**Occumbo**, is, cŭbui, cŭbĭtum, bĕre. *n. Just. Caer.* Morir, caer muerto. *Occumbere morti. Virg. Mortem. Liv. Morti. Cic.* Morir. — *In armis. Suet.* Morir con las armas en la mano. — *Alicui. Sil. Ital.* Morir á manos de alguno.

**Occŭpans**, tis. *com. Quint.* El que ocupa, se apodera de algo.

**Occŭpātio**, ōnis. *f. Cic.* Ocupacion, asunto, negocio en que uno se ocupa. ‖ Invasion, la accion de apoderarse. ‖ Prevencion, preocupacion, anticipacion. *fig. ret.*

**Occŭpatītius**, y **Occupatōrius**, a, um. *Fest.* Lo que desamparado de sus dueños es ocupado por otro.

**Occŭpātus**, us. *m. Claud. V.* Occupatio.

**Occŭpātus**, a, um. *Ces.* Ocupado, tomado por invasion. ‖ Ocupado, empleado, embarazado, impedido. *Occupatus alicui rei. Plin.* Ocupado en alguna cosa.

**Occŭpo**, ōnis. *m. Petron.* Sobrenombre de Mercurio, *dios de los ladrones, que se apoderan de los bienes agenos.*

**Occŭpo**, as, āvi, ātum, āre. *a. Cic.* Ocupar, apoderarse por invasion. ‖ Prevenir, anticiparse, adelantarse. ‖ Tener empleado ú ocupado á otro, dar ocupacion. *Occupare aliquem amplexu. Ov.* Tener á uno abrazado. — *Os saxo. Virg.* Herir en la cara con una piedra. *Mors continuo ipsum occupat. Ter.* Inmediatamente le coge la muerte. *Occupare pecuniam. Cic.* Emplear, imponer el dinero. — *Bellum facere. Liv.* Anticiparse á hacer la guerra. — *Sibi aliquod consilium. Plaut.* Inventar, hallar para sí algun arbitrio ó consejo.

**Occurro**, is, rri, sum, rĕre. *n. Cic.* Acudir, asistir, venir á socorrer, ofrecerse, presentarse. ‖ Encontrar, hallar, encontrarse con otro. ‖ Adelantarse, anticiparse. ‖ Oponerse, resistir. ‖ Ocurrir, venir, ofrecerse á la imaginacion, al pensamiento. ‖ Remediar, curar, sanar. *Occurrere ex adverso. Liv.* Venir de ó por enfrente. — *Suis fugientibus suppetias. Hirc.* Acudir al socorro de los suyos, que huyen. — *Armatis. Ces.* Oponerse, hacer frente, resistir á los armados. *Occurritur autem nobis. Cic.* Mas nos hacen una objecion. *Satietati aurium occurrere. Cic.* Prevenir el fastidio de los oidos, de los oyentes.

**Occursācŭlum**, i. *n. Apul.* Fantasma, sombra, vision que se representa de noche.

**Occursātio**, ōnis. *f. Cic.* Agitacion, movimiento del pretendiente, que anda de aqui para alli.

**Occursātor**, ōris. *m. Aus.* y

**Occursātrix**, icis. *f. Fest.* El, la que anda en solicitud de aqui para alli, hablando y buscando á las gentes.

**Occursio**, ōnis. *f. Sen.* El encuentro de uno con otro.

**Occursĭto**, as, āre. *n. Solin.* y

**Occurso**, as, āvi, ātum, āre. *n. Virg.* Salir al encuentro, ponerse delante. ‖ Anticiparse, adelantarse. ‖ Ocurrir, venir al pensamiento. *Occursare fortunae. Plin.* Prevenir á la fortuna, anticiparse á sus accidentes.

**Occursor**, ōris. *m. S. Ag.* El que sale al encuentro.

**Occursōrius**, a, um. *Apul.* Lo que ocurre, viene al pensamiento. ‖ Lo que sale al encuentro.

**Occursus**, us. *m. Ov.* El encuentro de uno con otro. *Occursu stipitis. Ov.* Habiendo dado, encontrado con un madero, con un árbol.

**Oceănĭtis**, ĭdis. *f. Virg.* Hija del Océano, *como Clio y Beroe.*

†**Oceănus**, a, um. *Juv.* Lo que es del Océano.

**Oceănus**, i. *m. Cic.* El Océano, el mar Océano, que rodea toda la tierra. ‖ El dios de la mar.

**Ocella**, ae. *m. Cic.* Sobrenombre romano de la familia Servia.

**Ocellātus**, a, um. *Suet.* Lo que tiene muchos ojos ó agujeros. *Ocellatis ludere. Suet.* Jugar con unas bolitas agujereadas.

**Ocellŭlus**, i. *m. Diom.* y

**Ocellus**, i. *m. dim. Plaut.* Ojito, ojitos, *término de cariño, y alguna vez de desprecio del que tiene malos ojos.* *Ocelle mi. Plaut.* Ojitos mios. *Ocelli Italiae. Cic.* Lo mas precioso de la Italia.

†**Ochetegra**, ae. *f.* El acueducto.

**Ochra**, ae. *f. Plin.* Ocre, tierra amarilla de que usan los pintores.

†**Ochtodae**, ārum. *f. plur.* Ulceras de labios duros ó hinchados.

**Ochus**, i. *m.* El Obengir, *rio de Bactriana.*

†**Ocimastrum**, i. *n.* La basilica silvestre ó albahaca, *planta.*

**Ocĭmum**, i. *n. Plin.* La albahaca, *mata olorosa.*

**Ocior**, ius, ōris, cissĭmus. *Cic. Plin.* Mas presto, mas veloz ó ligero, ligerísimo.

**Ocĭter.** *adv. Apul.* Velozmente.

**Ocius.** *adv.* cissĭme. *Cic.* Mas presto, con mayor ligereza ó velocidad, con suma ligereza.

**Ocnus**, i. *m. Virg.* Ocno ó Bianor, *fundador de Mantua, hijo de la adivina Manto y del rio Tusco.*

**Ocquĭnisco**, is, ĕre. *n. Non.* Inclinarse, bajar la cabeza.

**Ocrea**, ae. *f. Virg.* La bota, el botin.

**Ocreātus**, a, um. *Hor.* El que tiene puestas botas ó botines.

**Ocricŭlāni**, ōrum. *m. plur. Plin.* Los naturales ó habitantes de Otrícoli.

**Ocricŭlānus**, ú **Ocricŏlānus**, a, um. *Cic.* Lo perteneciente á la ciudad de Otrícoli en la Umbria.

**Ocricŭlum**, i. *n. Plin.* Otrícoli, *ciudad de la Umbría.*

**Ocrinum**, i. *n.* Monte de S. Miguel en Cornualles. ‖ La punta del Lagarto, *cabo de Inglaterra.*

**Ocris**, is. *m. Fest.* Montaña llena de puntas ó picos.

**Octăchordon**, i. *n.* ó

**Octăchordos**, i. *m. f. Vitruv.* Lo que tiene ocho cuerdas.

**Octaedrum**, i. *n.* Octaedro, *uno de los cinco cuerpos regulares, que consta de ocho triángulos equiláteros.*

**Octangŭlus**, a, um. *Apul.* Octágono, lo que tiene ocho ángulos.

**Octans**, tis. *com. Vitruv.* La octava parte.

**Octaphŏron**, i. *n. Marc.* La litera, palanquin ó andas llevadas por ocho hombres.

**Octapŏdes**, um. *m. plur.* Pueblos de la Escitia.

†**Octapŏdium**, ii. *n.* Especie de velo ó toca que llevaban los emperadores.

\***Octastyͩlon**, i. *n.* y

\***Octastyͩlos**, i. *m. f. Vitruv.* Lo que tiene ocho colunas.

**Octāva**, ae. *f. Cod. Teod.* La octava parte, *cierto tributo que se pagaba de las cosas.*

**Octavāni**, ōrum. *m. plur. Mel.* Los soldados de la legion octava.

**Octavārium**, ii. *n. Dig.* Impuesto, tributo de la octava parte.

**Octāvia gens.** *f. Suet.* La familia Octavia de Roma, descendiente de Velitras.

**Octāviae portĭcus.** *f. plur. Suet.* Los pórticos Octavios, dos famosas lonjas de Roma.

**Octaviānus**, i. *m. Cic.* Octaviano, sobrenombre de Augusto, adoptado de la familia de los Octavios en la de los Césares.

**Octaviānus**, a, um. *Cic.* Lo perteneciente á Octavio, *nombre romano.*

**Octavius**, a, um. *Suet.* Lo perteneciente á Octavia.

**Octāvo.** *adv.* y

**Octāvum.** *adv. Liv.* Por la octava vez.

**Octāvus**, a, um. *Cic.* Octavo, lo que cierra el número de ocho.

**Octavus decĭmus**, a, um. *Vitruv.* Décimo octavo.

**Octennis**, m. f. nĕ. n. is. *Amian.* Lo que es de ocho años.

**Octies.** *adv. Cic.* Ocho veces.

**Octingenārius**, a, um. *Varr.* Lo que tiene ochocientos.

## OCU

Octingēni, y Octingentēni, ae, a. *distrib. plur. Prisc.* Ochocientos.

Octingentesĭmus, a, um. *num. ordin. Cic.* Ochocientos.

Octingenti, ae, a. *num card. plur. Cic.* Ochocientos.

Octingenties. *adv. Ascon. Ped.* Ochocientas veces.

Octĭpes, ĕdis. *com. Ov.* Lo que tiene ocho pies.

Octo. *num. card. indecl. Cic.* Ocho.

Octōber, bris. *m. Cic.* El mes de octubre, *octavo empezando por marzo. October equus. Fest.* Caballo que se sacrificaba todos los años por octubre al dios Marte.

Octŏchordus, a, um. *V.* Octachordus.

Octōdĕcim. *indecl. Front.* Diez y ocho.

Octogămus, i. *m. S. Ger.* Casado ocho veces.

Octogenărius, a, um. *Vitruv.* Octogenario, que tiene ochenta años.

Octogēni, ae, a. *num. distrib. plur. Cic.* Ochenta.

Octōgesĭmus, a, um. *Cic.* Octogésimo, lo que es de ó contiene ochenta.

Octōgies. *adv. Cic.* Ochenta veces.

Octoginta. *indecl. Cic.* Ochenta.

Octogōnos, a. *num. f. non. n. Vitruv.* y

Octogōnus, a, um. *Front.* Octógono, que tiene ocho ángulos.

Octojŭgis. *m. f. gĕ. n. is. Liv.* Lo que tiene ocho puntas, picos ó cumbres.

Octomĭnŭtālis. *m. f. lĕ. n. is. Lampr.* Lo que cuesta ocho pequeñas monedas de plata.

Octōnārius, a, um. *Front.* Lo que contiene ocho.

Octōnarii milites. *Ulp.* Soldados de la legion octava.

Octōni, ae, a. *plur. Ov.* Ocho.

Octopbŏros, i. *m. f.* y

Octopbŏron, i. *n. Suet.* Litera llevada por ocho hombres.

Octŭplĭcātio, ōnis. *f. Marc. Cap.* Multiplicacion por ocho.

Octŭplĭcātus, a, um. *Liv.* y

Octŭplus, a, um. *Cic.* Multiplicado ocho veces. *Damnare aliquem octupli. Cic.* Multar á uno en ocho veces tanto como lo que debia.

Octussis, is. *m. Hor.* Moneda romana que valia ocho ases.

Ocŭlāris. *m. f. rĕ. n. is. Veg.* Ocular, lo perteneciente á los ojos.

Ocŭlārĭter. *adv. Sid.* Ocularmente, por los ojos.

Ocŭlārius, a, um. *Cels.* Lo perteneciente á los ojos. *Ocularius medicus. Cels.* Médico oculista, que cura el mal de ojos.

Ocŭlāta, ae. *f. Plin.* Cierto pez asi llamado, por tener los ojos muy grandes.

Ocŭlātio, ōnis. *f. Plin.* La poda de árboles y viñas.

Ocŭlātus, a, um. *Plin.* Que tiene ojos, que ve, tiene vista. *Oculatus testis. Plaut.* Testigo ocular. *Oculata die emere. Plaut.* Comprar á dinero contante. *Oculatissimus locus. Plin.* Lugar, parage descampado, esento, que se ve de todas partes.

Ocŭleus, a, um. *Plaut.* Lleno de ojos. || *Apul.* Perspicaz, agudo, ingenioso.

Ocŭlĭcrĕpĭda, ae. *m. Voz fingida por Plauto.* El que tiene los ojos espuestos á que le den de puñadas en ellos.

Ocŭlĭfĕria, ōrum. *n. plur. Sen.* Las cosas que deslumbran la vista, las muy brillantes.

Ocŭlissĭmus, a, um. *Plaut.* Amado como los ojos.

Ocŭlītus. *adv. Plaut.* Como los ojos.

Ocŭlo, ās, āre. *a. Tert.* Dar vista.

Ocŭlus, i. *m. Cic.* El ojo. || La vista. || Yema, boton de las viñas ó árboles. || *En plur.* Mis ojos, tus, sus ojos. *Término de cariño. Macularum oculi. Plin.* Pintas, manchas como de las pieles ó piedras. *Oculus mundi. Cic.* El sol. *Tibi sum. Plaut.* Me amas mucho. *Oculi eminentes. Cic.* Ojos preñados. *Eruditi. Cic.* Ojos conocedores. *Oculos corpicum confringere. Cic. fras. prov.* Engañar al embustero, que quiere urdir un engaño. *In alicujus oculis habere. Plaut.* Clavar la vista en alguno, mirarle de hito en hito. *Spargere hic. h.* Mirar á ó por todas partes. *Oculis haurire. Virg.* Comer con los ojos. *Ut ego rationem capio. Plaut.* A lo que yo puedo ver. *Aequis aspicere. Virg.* Mirar con buenos ojos, favorablemente. *Haerere. Virg.* Tener la vista fija, clavada en, no levantar los ojos de. *Captus. Cic.* Ciego. *Contrectare. Tac.* Ver, exa-

## ODO

minar, registrar de cerca. *In oculis omnium. Cic.* Á la vista de todo el mundo, en público. *Aliquem ferre, ó gestare. Cic.* Amar á uno como á sus ojos. *Aliquid habere. Quint.* Estar siempre atento á una cosa. *Esse alicui. Cic.* Ser amado de alguno. *Mentis aliquid videre. Cic.* Ver alguna cosa con los ojos del entendimiento.

Ocymum, i. *n. V.* Ocimum.

Ocyor. *m. f. ius. n. ōris. V.* Ocior.

Ocypĕte, es. *f. Serv.* Ocipete. Una de las arpías. *Quiere decir, ligera de pies.*

Ocyrrhŏe, ó Ocyroe, es. *f. Ov.* Ociroe, *hija de Quiron y de la ninfa Cariclo, sabia en la medicina, y adivina célebre, que dicen fue transformada en yegua.*

## OD

Oda, ae. *f. Aut. de Filom.* 6

Odārium, ii. *n. Petron.* Oda, poema, cancion.

Ode, es. *f. Hor.* La oda, *especie de poesía lírica.*

† Odefăcio, is, ĕre. *ant. Fest. en lugar de* Olfacio.

Odessus, i. *f. Lomano,* ciudad de la Mesia inferior.

Odēum, i. *n. Vitruv.* Pequeño teatro rodeado de colunas, *en que se tenian certámenes de música.*

Odi, y Odīvi. *Bibl.* ōdisti, ōdit, ōsum, ōdisse. *a. Cic.* Odiar, aborrecer, tener odio, aversion. *Odimus improbos odio civili. Cic.* Aborrecemos á los malos con un odio movido del interes público.

Odĭbĭlis. *m. f. lĕ n. is. Prisc.* Aborrecible, digno de odio.

Odiens, tis. *com. Petron.* El que aborrece.

* Odinolyon, i. *n.* El pez remora.

Odiōse. *adv. Cic.* Odiosamente, de un modo odioso, aborrecible. *Odiose facis. Plaut.* Eres insufrible.

Odiosĭcus, a, um. *Plaut.* y

Odiōsus, a, um, ior, issĭmus. *Cic.* Odioso, aborrecible, odiosísimo.

Odĭum, ii. *n. Cic.* Odio, aborrecimiento. || Enojo, enfado. *Odio, ó in odio esse alicui, apud aliquem. Cic.* Ser aborrecido de alguno. *Venire in odium omnibus. Cic. Omnibus odio. Plin.* Hacerse insufrible, insoportable, aborrecible á todos.

Odo, ōnis. *m. Ulp. V.* Udo.

Odomanti, ōrum. *m. plur.* Pueblos de Tracia.

Odones, um. *m. plur.* Pueblos de Tracia.

Odonium, ii. *n. V.* Udo.

Odontagogum, i. *n.* y

Odontăgra, ae. *f.* El gatillo, *instrumento para sacar los dientes.*

Odontalgia, ae. *f.* Dolor de dientes.

Odontes, um. *m. plur.* Los dientes.

Odontĭtis, is. *f. Plin.* Yerba especie de heno, *que cocida es buena para el dolor de dientes.*

Odontotrimma, atis. *n.* Medicamento para limpiar la dentadura.

Odontoxestes, is. *m.* Medicamento con que el dentista limpia la dentadura.

Odor, ōris. *m. Cic.* El olor. || Presentimiento, conjetura. || *Hor.* Perfume, aroma. || *Cic.* Mal olor de la boca. *Odor dictaturae nonnullus est. Cic.* Hay premisas de que se nombrará un dictador. *Odoribus liquidis perfusus. Hor.* Perfumado con esencias, aromas, perfumes. *Odor locum mutare subegerat. Salust.* El mal olor, el hedor habia obligado á mudar de sitio.

Odōrāmen, ĭnis. *n. Macrob.* y

Odōrāmentum, i. *n. Col.* Olor, aroma, perfume, esencia odorífera.

Odōrans, tis. *com. Plaut.* Odorífero, oloroso, fragante, suave, apacible al olfato.

Odōrārius, a, um. *Plin.* Lo perteneciente á los perfumes.

Odōrātio, ōnis. *f. Cic.* La accion de oler, olfato.

Odōrātivus, a, um. *Apul.* Oloroso, odorífero.

Odōrātus, us. *m. Cic.* El odorato ú olfato, *sentido que percibe y discierne los olores.* || Olor. || La accion de oler, de sentir el olor.

Odōrātus, a, um. *Virg.* Oloroso, odorífero, fragante, Perfumado. *Odoratissimi flores. Plin.* Flores odoratísimas, muy olorosas.

Odōres, um. m. plur. Cic. Olores, aromas, perfumes.
Odōria, ae. f. Diosa de los olores.
Odōrĭfer, a, um. Plin. Odorífero, oloroso.
Odŏrĭsĕquus, a, um. Liv. Andron. Que sigue el olor, que va tras del olor que siente.
Odōro, as, avi, atum, are. a. Colum. Dar buen olor, perfumar, rociar con perfumes.
Odōror, aris, atus sum, ari. dep. Cic. Oler, sentir, percibir el olor. ‖ Esplorar, indagar, investigar. ‖ Presentir, oler, conocer por conjeturas. Odorari omnes voluptates. Cic. Buscar con ansia todos los deleites.—Aliquem Cic. Sondear, esplorar el corazon de alguno.—Aliquid. Cic. Presentir alguna cosa.
Odōrus, a, um. Ov. Odorífero, oloroso, grato, suave al olfato. ‖ Virg. El que tiene buenas narices, que percibe, conoce, entiende mucho. Odora canum vis. Virg. El agudo olfato de los perros.
Odrysae, arum. m. plur. Plin. Pueblos de Tracia.
Odrysii, orum. m. plur. Ov. Los tracios.
Odrysius, a, um. Ov. Lo perteneciente á los odrisios, pueblos de Tracia, á los tracios.
Odyssēa, ae. f. Ov. La Odisea, célebre poema épico de Homero.

## OE

Oea, ae. f. Mel. Ciudad de Berbería, una de las tres de que se formó Trípoli.
Oeagrius, a, um. Ov. Lo perteneciente al Hebreo, rio de Tracia, á Tracia, á su rey Oeagro.
Oeagrus, i. m. Virg. El Hebreo, rio de Tracia. ‖ Oeagro, rey de Tracia.
Oebalia, ae. f. Serv. La Laconia. ‖ Ciudad de Laconia. ‖ Ciudad de Italia junto á Tarento.
Oebalidae, arum. m. plur. Ov. Los hermanos espartanos. Castor y Polux.
Oebalides, ae. m. Ov. Hiacinto, hijo de Oebalo. ‖ Lacedemonio, espartano.
Oebalis, ĭdis. f. Ov. Helena, hija de Oebalo. ‖ Lacedemonia, espartana.
Oebalius, a, um. Ov. Lo perteneciente á Oebalia, á Lacedemonia ó Esparta.
Oebalus, i. m. Hig. Oebalo, hijo de Argulio, rey de la Laconia, que de su nombre se llamó Oebalia. ‖ Virg. Hija de Telon y de la ninfa Sebetida, rey de Caprea.
Oechalia, ae. f. Plin. Oecalia, ciudad de Eubea, de Arcadia, de Etolia, de Mesenia, de Tesalia.
Oechalis, ĭdis. f. Ov. La muger natural de Oecalia.
Oeclīdes, ae. m. Ov. Anfiarao, hijo de Oeclea.
Oecodŏmia, ae. f. Forma, estructura de una casa.
Oecodŏmica, ae. f. La arquitectura.
Oeconŏmia, ae. f. Quint. Economía, administracion, gobierno de una casa y familia. ‖ Disposicion, orden, distribucion, repartimiento.
Oeconŏmĭcus, a, um. Quint. Económico, lo que pertenece á la distribucion y orden de un discurso.
Oeconŏmĭcus, i. m. Cic. Económico, libro de Genofonte socrático, que trata de la economía de una casa, traducido del griego en latin por Ciceron.
Oeconŏmus. i. m. Cod. Teod. Económo, mayordomo, administrador de una hacienda, casa ó familia.
Oecumĕnĭcus, a, um. Eccles. General, universal, perteneciente á toda la tierra.
Oecus, i. m. Vitruv. La casa. ‖ Sala, pieza de la casa para hacer labor las mugeres, y para celebrar convites.
Oedēma, atis. n. Tumor contra la naturaleza, que no causa dolor.
Oedĭpŏdes, ae. m. Serv. Lo mismo que Oedipus. Edipo, rey de Tebas.
Oedĭpŏdiŏnĭdes, ae. m. Estac. Politices, hijo de Edipo.
Oedĭpŏdiŏnius, a, um. Ov. Lo perteneciente á Edipo, rey de Tebas.
Oedipus, i. m. Sen. Edipo, rey de Tebas, hijo de Layo y de Yocasta, que habiendo dado muerte á su padre por equivocacion, y casádose con su madre sin conocerla, reconocido se sacó las hijos, y se desterró para siempre.
Oenanthe, es. f. Plin. La flor de la vid silvestre llamada labrusca. ‖ Plin. El ave parra.
Oenanthĭnus, a, um. Plin. Aderezado, compuesto con la flor de la vid silvestre.
Oenaria, ae. f. Ciudad de Toscana.
† Oenārium, ii. n. La taberna.
Oeneis, ĭdis. patron. f. Ov. Hija de Oeneo; Deyanira.
Oeneius, a, um. y
Oeneus, i. m. Ov. Oeneo, rey de Etolia ó Calidonia.
Oeneus, a, um. Ov. Lo perteneciente á Oeneo.
Oeniādae, arum. f. plur. Ciudad de Acarnania.
Oenīdes, ae. m. Ov. Meleagro, hijo de Oeneo.
Oenŏmāus, i. m. Hig. Enómao, hijo de Marte y de Arpina, hija de Asopo, padre de Hipodamia.
Oenŏmeli, ĭtos. n. Ulp. Bebida de vino añejo y miel, como clarea.
Oenōne, es. f. Ov. Enóne, ninfa frigia, amante de Páris, antes que este robase á Helena.
Oenophŏrum, i. n. Hor. Bota, barril, frasco para llevar vino de una parte á otra.
Oenophŏrus, i. m. Plin. El que lleva vino, nombre de una famosa estatua de Praxiteles.
Oenopia, ae. f. Ov. Por otro nombre Egina, isla.
Oenopion, ōnis. m. Avien. Enopion, rey de la isla de Quio, padre de Merope.
Oenopius, a, um. Ov. De Enopia ó Egina.
Oenopōlium, ii. n. Plaut. Taberna, bodega, almacen de vino.
Oenostadium, ii. n. Instar, ciudad sobre el Danubio.
Oenotrii, orum. m. plur. Virg. Enotrios, pueblos del reino de Nápoles. ‖ Italianos. ‖ Romanos.
Oenotria, ae. f. Serv. Enotria, region de Italia entre Pesto y Tarento. ‖ La Italia.
Oenotrides, um. f. plur. Plin. Dos islas del mar tirreno.
Oenotrius, y Oenetrus, a, um. Virg. Italiano, romano. Lo perteneciente á Italia, á Roma, á Enotria.
† Oenus. ant. Cic. en lugar de Unus.
Oenus, i. m. Plin. Eno, rio de Laconia. ‖ El Inn, rio de Alemania.
Oenusa, ae. f. Antiguo nombre de Cartago. ‖ Isla cercana á la de Quio. ‖ Dos islas del mar Egeo.
Oesia, ae. f. El Oise, rio de Picardia.
Oesophăgus, i. m. El esófago, conducto desde la boca al estómago.
Oestrum, i. n. Virg. ó
Oestrus, i. m. Plin. El tábano ó moscarda. ‖ Estac. Estro, furor poético, entusiasmo del poeta.
Oesypĕrus, i. m. El vellon de lana por lavar.
Oesypum, i. n. Plin. Grasa, porquería de la lana ovejuna antes de lavarse.
Oeta, ae. m. Plin. Monte Oeta de Tesalia ó de Acaya. ‖ El monte Bunina ó Banina.
Oetaeus, a, um. Mel. Lo perteneciente al monte Banina de Tesalia.
Oetbynii, orum. m. plur. Pueblos del reino del Ponto.

## OF

Ofella, ae. f. Marc. Pedazo pequeño de carne ú de otra cosa comestible.
Offa, ae. f. Fest. Masa de harina y cocida como torta. ‖ Virg. Pelota á modo de albóndiga, hecha de pan, carne y otros ingredientes. ‖ Plaut. Presa, pedazo de carne. ‖ Plin. Cualquiera masa informe. Offa panis. Col. Pedazo de pan.—Ficorum. Col. Masa, pan de higos.
Offactus, a, um. part. de Officio. Dañado.
Offarcinatus, a, um. Tert. Cargado.
Offātim. adv. Plaut. En pequeños pedazos.
Offeci. pret. de Officio.
Offectio, ōnis. f. Arnob. La tintura, el tinte, la accion de teñir.
Offector, ōris. m. Fest. El tintorero.
Offectus, a, um. Lucr. Impedido, cerrado.
Offendīcŭlum, i. n. Plin. men. Estorbo, impedimento que se halla en el camino, tropezon, tropiezo.
Offendimentum, i. n. Plin. y
Offendix, ĭcis. m. Fest. El boton que ajustaba por debajo

bajo de la barba el cordon del sombrero de los antiguos.

**Offendo**, ĭnis. *f. Afran.* V. *Offensio*.

**Offendo**, is, di, sum, děre. *a. Cic.* Tropezar, chocar, dar contra alguna cosa. ‖ Ofender, injuriar, dañar, molestar. ‖ Errar, faltar, pecar. ‖ Salir mal. ‖ Encontrar, hallar. *Offendere scopulum. Cic. Ad scopulum. Col. In scopula. Ov.* Dar contra un escollo, tropezar en él. — *Latus. Cic.* Hacerse mal, herirse en un lado. — *In redeundo. Ces.* Recibir un golpe á la vuelta. — *Alicui animum. Cic.* Desagradar á alguno. — *Imparatum. Cic.* Sorprender, coger desprevenido. — *Aliqua re. Cic.* Dar motivo de pesar, ofender en alguna cosa. — *Aliquid in aliquem. Cic.* Hallar algo que reprender en alguno. — *Et terra, et mari. Cic.* Salir mal con la empresa en mar y en tierra.

**Offensa**, ae. *f. Cic.* Ofensa, daño, injuria, agravio, falta contra otro, disgusto. ‖ *Plin.* Tropiezo, tropezon en ó contra alguna cosa. *Offensa potentium periculosa. Quint.* El chocar con los poderosos es peligroso. *Offensae aliquid in coena sentire. Cels.* Hallar, sentir algun disgusto en la comida. *Offensam alicujus mereri. Ov.* — *Suscipere. Plin. men.* Acarrearse el desagrado de alguno. *In offensa esse apud aliquem. Cic.* Estar en desgracia con alguno.

**Offensacŭlum**, i. *n. Apul.* Tropiezo, donde se puede tropezar.

**Offensans**, tis. *com. Sen.* El que tropieza, da contra alguna cosa.

**Offensatio**, ōnis. *f. Quint.* Tropiezo, tropezon, la accion de tropezar. *Offensatio memoriae. Sen.* Falta de la memoria, el quedarse, perderse ó pararse en un discurso.

**Offensator**, ōris. *m. Quint.* El que tropieza á menudo.

**Offensibilis**. m. f. lĕ. n. is. *Lact.* y

**Offensilis**. m. f. lĕ. n. is. *Lact.* El que puede ó es fácil en tropezar y caer.

**Offensio**, ōnis. *f. Cic.* Tropiezo, tropezon, el acto de tropezar, de dar contra alguna cosa. ‖ Infortunio, desgracia, calamidad. ‖ Aversion, desgracia, odio, disgusto. ‖ Reprension. ‖ Impedimento, obstáculo. *Offensio pedis. Cic.* Tropezon. — *Non apparet ex ratione sumpta. Cic.* No parece, mirándolo bien, que hay de que ofenderse. — *Ex morbo. Cic.* Recaida en una enfermedad. *Offensionem ad certas res habere. Cic.* Tener aversion á ciertas cosas. *Offensiones belli. Cic.* Desgracias, pérdidas en la guerra. — *Domesticae. Varr.* Pesadumbres domésticas.

**Offensiuncŭla**, ae. *f. Cic.* Leve ofensa ó disgusto.

**Offenso**, as, avi, atum, are. *a. freq. de Offendo. Lucr.* Tropezar, chocar, dar contra alguna cosa. *Offensare capita. Liv.* Darse de cabezadas unos á otros.

**Offensor**, ōris. *m. Arnob.* Ofensor, ofendedor, el que ofende, injuria agravia, hace mal.

**Offensum**, i. *n. Cic.* V. *Offensa*.

**Offensus**, us. *m. Sen.* V. *Offensio*.

**Offensus**, a, um. *part. de Offendo. Ov.* El que ha dado ó tropezado contra alguna cosa. ‖ Aquello mismo en que se tropieza. ‖ Ofendido, injuriado, agraviado. ‖ Disgustado, enagenado por alguna ofensa. *Offenso pede procumbere. Ov.* Caer por haber dado un tropezon. *Offensus alicui. Cic.* Desagradable á alguno. *Offensiorem arbitrari. Cic.* Creer demasiado irritado á alguno.

**Offercio**, is, fersi, fertum, cīre. *a. Plaut.* Llenar, embutir.

**Offerendus**, a, um. *Sen.* Lo que se ha de ofrecer.

**Offerens**, tis. *com. Liv.* El que ofrece.

**Offerentia**, ae. *f. Ter.* Ofrecimiento.

**Offĕro**, fers, obtŭli, oblātum, ferre. *a. Cic.* Presentar, llevar, poner delante, ofrecer, dar. *Offerre se alicui. Cic.* Presentarse á alguno. — *Accessus faciles puppibus. Luc.* Ofrecer una ensenada fácil á las naves, tenerla. — *Mortem alicui. Cic.* Atentar, amenazar á la vida de alguno. — *Religionem. Cic.* Poner, meter en escrúpulo. — *Se alicujus sceleri. Cic.* Oponerse al atentado de alguno.

**Offertus**, a, um *part. de Offercio.* Lleno, embutido.

**Offerumenta**, ōrum. *n. plur. Fest.* Ofrendas, dones que se presentan á los dioses.

**Offerumentae**, ārum. *f. plur. Plaut.* Cicatrices, señales de heridas o golpes.

**Officialis**, is. *m. Apul.* Ministro, oficial con cargo público. ‖ Ministro de las cosas sagradas.

**Officiālis**. m. f. lĕ. n. is. *Ulp.* Lo perteneciente al oficio, empleo ó cargo.

**Officiens**, tis. *com. Cic.* El que se opone, impide.

**Officīna**, ae. *f. Cic.* Oficina, obrador, taller. *Plin.* Obra, manufactura. *Officina aeraria. Plin.* Calderería. — *Chartaria. Plin.* Molino de papel. — *Promercalium vestium. Suet.* Sastrería, ropería, obrador de sastres ó roperos. — *Cohortalis. Col.* Corral donde se crian aves. — *Dicendi. Cic.* Escuela de la oratoria.

**Officinātor**, ōris. *m. Vitruv.* Artesano, obrero, maestro de alguna arte mecánica.

**Officio**, is, fēci, fictum, cĕre. *a. Cic.* Dañar, perjudicar, impedir, oponerse, ser contrario. *Officere alicui apricanti. Cic.* Quitar el sol, ponerse delante del que le está tomando. — *Quominus. Cic.* Impedir que. — *Luminibus alicujus. Liv.* Quitar á uno la vista, ponerse delante. ‖ *Cic.* Deslumbrar, ofuscar á alguno. *Iter adversariorum. Hirc.* Impedir, estorbar la marcha de los enemigos.

**Officiōse**, ius, issĭme. *adv. Cic.* Oficiosa, cortesmente, de buena gracia, con buen corazon.

**Officiositas**, atis. *f. Sidon.* Oficiosidad, cortesía.

**Officiōsus**, a, um, ior, issimus. *Cic.* Oficioso, cortés, servicial, obsequioso. *Officiosus dolor. Cic.* Sentimiento, que es de obligacion el tomarle.

**Officiōsus**, i. *m. Petron.* Siervo que guardaba en los baños la ropa de los que se bañaban.

**Officiperda**, ae. **Officiperdus**, i. *m. f. Cat.* El ingrato, para quien no es de algun mérito el beneficio, y como que le pierde.

**Officium**, ii. *n. Cic.* Obligacion, deber. ‖ Oficio, cargo, empleo, ministerio. ‖ Servicio, favor, buen oficio, gusto, placer que se hace. *Officii ducere. Suet.* Creer propio de su obligacion. — *Causa. Liv. Specie. Suet.* Bajo el pretesto de hacer favor. *Officium fungi, facere. Ter. Implere. Plin. men. Officio fungi, satisfacere, parere. Cic.* Hacer su deber, cumplir con su obligacion. *Officium deserere, intermittere. Cic. Officio deesse, decedere. Cic. — Egredi. Ter. Ab, ó de officio decedere, discedere. Liv.* Faltar á su obligacion. *Officia suprema. Tac.* Exequias, funeral, últimos oficios. *Officio summo praeditus. Cic.* Sugeto de la mayor cortesanía. — *Singulari in remp. Cic.* De singulares oficios para con la república, dado enteramente á su servicio.

**Offidius mons**. *Bazano, monte del Abruzo ulterior*.

**Offīgo**, is, xi, xum, gĕre. *a. Plaut.* Clavar, fijar.

**Offirmātus**, a, um. *Apul.* V. *Induratus*.

**Offirmo**. V. *Obfirmo*.

**Offla**, ae. *f. Plaut.* La soga ó cordel, cuerda.

**Offlecto**, is, flexi, flexum, ctĕre. *a. Plaut.* Doblar, torcer, volver á otro lado.

**Offocandus**, a, um. *Flor.* El que ha ó tiene de ser sofocado, ahogado.

**Offōco**, as, āre. *a. Tert.* Ahogar, sofocar, apretar las fauces.

**Offraenātus**, a, um. *Plaut.* Enfrenado.

**Offringo**, is, frēgi, fractum, gĕre. *a. Col.* Arar al traves, binar la tierra.

**Offūcia**, ae. *f. Plaut.* Afeite, menjurge para la cara. *Offuciae. Plaut.* Engaños, trampas.

**Offūco**, ās, āre. *a. Fest.* Hacer gárgaras.

**Offŭla**, ae. *Col. dim. de Offa.* Pedazo, hebra de carne. ‖ Torrezno.

**Offulcio**, is, fulsi, fultum, īre. *Apul.* Llenar, tapar, cerrar.

**Offulgeo**, ēs, si, ēre. *n. Virg.* Aparecer resplandeciendo.

**Offultus**, a, um. *part. de Offulcio. Apul.* Lleno, tapado, cerrado.

**Offundo**, is, fūdi, fūsum, dĕre. *a. Cic.* Derramar, esparcir, sembrar al rededor. *Offundere caliginem oculis. Liv.* Poner una niebla delante de los ojos, oscurecer la vista. — *Aquam animam agenti. Plaut.* Echar agua en el rostro al que se ha desmayado. — *Noctem rebus. Cic.* Hacer oscuras las cosas. — *Cibum avibus. Plin.* Echar de comer á las aves. — *Errorem alicui. Liv.* Hacer caer á alguno en un error.

## OLD

**Offusco**, ās, āvi, ātum, āre. *a. Just.* Ofuscar, oscurecer.

**Offusus**, a, um. *part. de* Offundo. *Cic.* Derramado, esparcido, echado al rededor. *Offusus terror oculis, auribusque. Liv.* Terror apoderado de los ojos y oidos. — *Pavore. Tac.* Lleno de miedo. *Offusa religio animis. Liv.* Escrúpulo introducido en los ánimos. — *Reip. sempiterna nox. Cic.* Esplendor de la república oscurecido para siempre.

## OG

**Ogdöes**, ǎdis. *f. Tert.* El número de ocho.

**Oggannio**, is, ivi, itum, ire. *a. Ter.* Aturdir los oidos con importunaciones y chillidos. *Oggannire aliquid alicui ad aurem. Ter. In aurem. Apul.* Aturdir los oidos á alguno con alguna cosa.

**Oggannītus**, a, um. *part. de* Oggannio. *Apul.* Gritado á los oidos, con que se ha atronado ó aturdido los oidos.

**Oggěro**, is, gessi, gestum, gěre. *a. Plaut.* Traer, llevar con abundancia.

**Oggressor**, ǎris, ǎtus sum, ǎri. *dep. Plaut.* Marchar, adelantarse, ir al camino, salir contra, á hacer frente.

**Ogia**, ae. *f.* Oya, *isla de Francia, junto á la de Rhee.*

**Ogyges**, is. *m. Varr.* Ogiges, *fundador y rey de Tebas en Beocia.*

**Ogygia**, ae. El Hogue, *fuerte de la baja Normandía en Francia.* ‖ *Isla entre Siria y Fenicia.* ‖ *Isla de la Misia inferior.*

**Ogygǐdae**, ǎrum. *m. plur. Estac.* Los tebanos descendientes de Ogiges.

**Ogygius**, ii. *V.* Ogiges.

**Ogygius**, a, um. *Estac.* Lo perteneciente á Ogiges ó á Tebas. *Ogygius Deus. Ov.* Baco, *venerado principalmente en Tebas.*

**Ogygus**, i. *m. V.* Ogyges.

## OH

**Oh!** *interj. con que se declaran varios afectos. Para llamar simplemente.* Oh! *qui vocare? Ter.* ¡Hola! ¡cómo te llamas! *De dolor.* Oh! *perii! Plaut.* ¡Oh! ¡Ay! ¡Perdido soy! *De alegría.* Oh! *rem bene gestam! Plaut.* Oh! ¡Qué bien hecho! *De admiracion.* Oh! *memorandum facinus! Plaut.* ¡Oh accion memorable!

**Ohe**. *interj. de quien se enfada.* Oh! *jam desine, uxor, deos gratulando obtundere. Ter.* ¡Oh! deja ya, muger, de molestar á los dioses á fuerza de darles gracias.

**Oho**. *interj. del que se admira de que se haga algo de repente.* Oho! *amabo, quid illuc nunc properas? Plaut.* ¡Oh! ¡hola! dime, te ruego, ¿por qué vas allí con tanta prisa? Oh! *purus putus est ipsus. Plaut.* ¡Oh! que es el mismo, el miamísimo.

## OI

**Oia**, ae. *f.* Ciudad de África.

**Oileus**, i. *m. Hig.* Oileo, *uno de los argonautas, hijo de Leodaco y Agriamene.* ‖ *Cic.* El padre de Ayax, rey de los locrenses. ‖ El mismo Ayax, llamado Oileo á diferencia del otro Telamonio.

**Oilǐǎdes**, ae. *m. Sil.* Ayax, hijo de Oileo.

**Oilǐdes**, ae. *m. patron. Properc.* Hijo de Oileo, Ayax.

**Oina**, ae. *f.* Ciudad de Toscana.

**Oitinnum**, i. *n.* Eutin, *ciudad del ducado de Holsacia.*

## OL

**Olane**, es. *f.* Ciudad de la grande Armenia. ‖ Una de las bocas del Po.

**Olax**, ǎcis. *com. Marc. Cap.* Oloroso, que huele.

**Olbia**, ae. *f. Mel.* Vorlia, *ciudad de Bitinia, de Panfilia, de la Galia narbonense y de la isla de Cerdeña.*

**Olbiānus**, a, um. *Mel.* y

**Olbiensis**. *m. f. rě. n. is.* Lo perteneciente á Olbia ó Verlia.

**Olchinium**, ii. *n.* Dulcigno, *ciudad de Dalmacia.*

**Olda**, ae. *m.* El Lot, *rio de Aquitania, provincia de Francia.*

## OLF

**Olea**, ae. *f. Cic.* La oliva, el olivo, *árbol.* ‖ *Hor.* La oliva ó aceituna, *fruta de este árbol.* ‖ *Cat.* El aceite.

**Oleāceus**, a, um. *Plin.* Lo que es de olivo, de aceituna ó de aceite. ‖ Oleoso, aceitoso. *Oleaceus liquor. Plin.* Licor oleoso, aceitoso. *Oleacea folia. Plin.* Hojas de olivo.

**Oleagǐneus**, a, um. *Varr.* y

**Oleagǐnus**, a, um. *Virg.* Lo que es de olivo.

**Oleāmen**, ǐnis. *n.* y

**Oleāmentum**, i. *n. Escrib. Larg.* Ungüento, líquido, licor para frotarse ó untarse.

**Oleāris**. *m. f. rě. n. is. Plin. V.* Olearius, a, um.

**Oleārium**, ii. *n. Vitruv.* Despensa donde se guarda el aceite.

**Oleārius**, a, um. *Cic.* Lo que es de aceite. *Olearia cella. Cic.* Despensa de aceite. — *Vasa. Col.* Tinajas ú otras vasijas para guardar aceite.

**Oleārius**, ii. *m. Col.* Tratante en aceite, el que le hace ó le vende. Aceitero.

**Oleastellus**, i. *m. Col.* Olivo silvestre pequeño. Acebuche.

**Oleaster**, tri. *m. Virg.* El acebuche, *olivo silvestre.*

**Oleastrense**, is. *n. Plin.* Especie de plomo negro.

**Oleastrinum**, i. *n.* Aceite de acebuche.

**Oleātus**, a, um. *Cel. Aur.* Hecho con aceite.

†**Olecranum**, i. *n.* Olecranon. *La eminencia del codo por la parte de afuera.*

**Oleǐtas**, ātis. *f. Cat.* La cosecha ó recoleccion de la aceituna, del aceite. ‖ La sazon y tiempo de cogerla.

**Olenīdes**, ae. *m. patron. Val. Flac.* Hijo de Oleno, como Focto y Lélego.

**Olěnie**, es. *f. Manil.* La cabra de Amaltea, *nacida y criada junto á Oleno, ciudad de Acaya, la cual dicen dió su leche á Júpiter siendo niño, y por esto fue colocada entre los astros.*

**Olěnius**, a, um. *Plin.* Lo perteneciente á Oleno, *ciudad de Acaya.*

**Olens**, tis. *com. Ov.* El que huele bien ó mal. *Olens maritus. Hor.* El macho cabrío, que echa de sí mal olor.

**Olentia**, ae. *f. Tert.* El olor.

**Olentǐca**, ōrum. *m. plur. Fest.* Lugares de mal olor, letrinas, arbañales.

**Olentǐcētum**, i. *n. Apul.* El estiércol, el muladar.

**Oleo**, ēs, lui, litum, lēre. *n. Cic.* Oler, exhalar, echar, despedir de sí algun olor. *Olere crocum. Cic.* Oler á azafran. — *Nardo. Propere.* Tener olor de nardo. — *Peregrinum nihil. Cic.* No oler á cosa estrangera, no percibirse que lo es. — *Aurum alicui. Plaut.* Oler á uno el dinero, el bolsillo. — *Furtum. Plaut.* Olerle á hurto, á cosa hurtada. — *Myrrham. Plaut.* Saber ú oler á mirra. *Olentia sulphure. Ov.* Lo que huele ó tiene olor de azufre.

**Oleōsus**, a, um. *Plin.* Oleoso, aceitoso, semejante al aceite.

**Olerāceus**, a, um. *Plin.* Parecido á hortaliza.

**Olěris**. *gen. de* Olus.

**Olěro**, ās, āvi, ātum, āre. *a. Prisc.* Sembrar legumbres, hortaliza.

**Olesco**, is, ěre. *n. Lucr.* Crecer.

**Olēto**, ās, āvi, ātum, āre. *a. Front.* Ensuciar, emporcar, hacer tener mal olor, hacer hediondo.

**Olētum**, i. *n. Cic.* El olivar, sitio plantado de olivos. ‖ *Fest.* Letrina, muladar, lugar hediondo. ‖ Escremento humano.

**Oleum**, i. *n. Cic.* El aceite. *Oleum cibarium. Col.* Aceite bueno para comer. — *Decumanum. Luc.* La suerte ó género de aceite mas inferior. *Vetustas oleo taedium affert. Plin.* El aceite añejo es el peor. *Oleum et operam perdere. fras. prov. Cic.* Perder el tiempo y el trabajo, trabajar inútilmente. — *Addere camino. Hor.* Echar aceite al fuego, aumentar un mal. *Oleo est tranquilior. Plaut.* Es una balsa de aceite, es la tranquilidad misma. *Olei plus atque temporis. Juv.* Mas trabajo y tiempo.

**Olfacio**, is, fēci, factum, cěre. *a. Cic.* Oler, sentir, percibir, atraer el olor. ‖ Presentir, prever, entender, conocer de antemano, presumir. *Olfacere nummum. Cic.* Oler el dinero, descubrirle donde quiera que esté.

Rrr 2

## OLO

**Olfactātrix**, ĭcis. *f. Plin.* La que huele, percibe, siente el olor.

**Olfactātus**, a, um. *Plin.* Olido muchas veces. *part. de*

**Olfacĭo**, ăs, ăvi, ătum, āre. *a. Plaut.* Oler muchas veces, oler desde lejos, tener buen olfato.

**Olfactŏrĭŏlum**, i. *n. Plin.* Frasquito ó bellota de olor.

**Olfactōrĭum**, ii. *n. Plin.* Ramillete, ramo de flores olorosas.

**Olfactrix**, ĭcis. *f. Plin. V.* Olfactatrix.

**Olfactus**, us. *m. Plin.* La accion de oler, de atraer el olor con la nariz. ‖ El olfato, el sentido, la facultad de oler.

**Olfactus**, a, um. *part. de* Olfacio. *Plin.* Olido, percibido por el olor.

**Olfēci**, *pret. de* Olfacio.

**Olĭdus**, a, um. *Marc.* Oloroso, que huele bien ó mal. ‖ *Hor.* De mal olor.

† **Oligarchia**, ae. *f.* Oligarquía, *gobierno de pocos, que está en manos de pocos sugetos.*

**Oligochronius**, a, um. *Jul. Firm.* Lo que es de corta vida.

**Olim**. *adv. de todos tiempos. Cic.* En otro tiempo, antiguamente. *Sic olim loquebantur. Cic.* Asi hablaban en lo antiguo. *Et qui olim nominabuntur. Quint.* Y los que serán nombrados ó famosos en otro tiempo, en lo sucesivo. *An quid est olim salute melius? Plaut.* ¿Hay acaso alguna cosa mejor que la salud?

**Olinthus**, i. *m. Plin.* Olinto, *ciudad de Tracia.*

**Olisĭpo**, ōnis. *m. Plin.* Lisboa, *capital del reino de Portugal.*

**Olisĭpōnensis**. *m. f. sĕ. n. is. Plin.* Lo perteneciente á Lisboa.

**Olĭtor**, ōris. *m. Col.* Hortelano, el que cultiva la hortaliza.

**Olĭtōrĭus**, a, um. *Liv.* Lo que pertenece á las huertas ó á los que las cuidan. *Olitorius hortus. Plin.* Huerto, huerta donde se crian verduras. *Olitorium forum.* Plaza donde se vende la hortaliza.

**Olĭtus**, a, um. *part. de* Oleo.

**Olīva**, ae. *f. Plin.* La oliva ó aceituna. ‖ El olivo, árbol que las da.

**Olivans**, tis. *com. Plin.* El que coge aceitunas, que tiene cosecha de ellas.

**Olivārium**, ii. *n. Plin.* Olivar, sitio plantado de olivos.

**Olivārĭus**, a, um. *Col.* Lo que pertenece á las olivas. *Olivariae molae. Pompon.* Muelas de, molinos de aceite.

**Olivētum**, i. *n. Cic.* El olivar, heredad plantada de olivos.

**Olivĭfer**, a, um. *Ov.* Fértil en olivos.

**Olivīna**, ae. *f. Plaut.* La abundancia de aceite, la despensa donde se guarda, y la renta ó ganancia que produce.

**Olivĭtas**, ātis. *f. Varr.* La cosecha de la aceituna, la abundancia de ellas, la ganancia que producen.

**Olivĭtor**, ōris. *m. Apul.* El cosechero de aceite, el que cultiva los olivos.

**Olīvum**, i. *n. Virg.* El aceite.

**Olla**, ae. *f. Cic.* La olla de barro. *Ollas amicitia. Prov.* La amistad de la olla. *Olla cito sociorum male fervet. Petron.* La olla de los amigos, que se hace presto, cuece mal. Es decir, que no es duradera la amistad de los que se hacen amigos de pronto. *Ipsa olera olla legit. adag.* Dijo la sarten á la caldera: quítate allá, negra. *ref.*

**Ollar**, ăris. *n. Varr.* La cobertera de la olla.

**Ollāria**, ae. *f. Plin.* Mezcla de bronce con plomo *que se hace en una olla de barro.*

**Ollāris**. *m. f. rĕ. n. is. Col.* Lo perteneciente á la olla. *Ollares uvae. Col.* Uvas que se guardan en ollas de barro.

**Olli**. *ant. Virg.* en lugar de *Illi.*

**Ollic**. *ant. Fest.* en lugar de *Illic.*

**Ollius**, ii. *m.* El Ollio, *rio de Lombardía.*

**Ollŭla**, ae. *f. Varr.* Olla pequeña, ollita, puchero.

**Ollus**, a, um. *ant. Varr.* en lugar de *Ille*, illa, illud.

**Olnes**. *Fest.* en lugar de *ab illis.*

**Olomucium**, ii *n.* Olmutz, *ciudad de Moravia.*

**Olonenses arenae**. *f. plur.* Las arenas de Olone, *puerto de mar en Poitou.*

**Olonium**, ii. *n.* Olone, *ciudad de Francia en Poitou.*

**Olor**, ōris. *m. Virg.* El cisne, *ave acuática.* ‖ El olor.

## OMI

**Olorĭfer**, a, um. *Claud.* Lo que cria muchos cisnes.

**Olorīnus**, a, um. *Virg.* Lo que es del cisne. *Olorinus color. Plin.* Color de cisne, blanco.

**Oloronensis urbs**. *f.* Oleron, *ciudad de Bearne.*

**Olus**, ĕris. *n. Plin.* La hortaliza, verdura.

**Olus atrum**, i. *n. Plin.* Yerba de simiente y raiz negra, de mucha virtud en la medicina.

**Oluscŭlum**, i. *n. Cic.* Yerbecilla, hortaliza menuda.

**Olvātium**, ii. *m. Fest.* Cierta especie de medida.

**Olympia**, ae. *f. Cic.* Olimpia, *region del Peloponeso en Elide.*

**Olympia**, ōrum. *n. plur. Stac.* Juegos olímpicos *en honor de Júpiter, que se celebraban por espacio de cinco dias de 50 en 50 meses.*

**Olympĭăcus**, a, um. *Virg.* Olímpico, lo perteneciente á Olimpia ó á los juegos olímpicos.

**Olympĭas**, ădis. *f. Marc.* Olimpiada, *espacio de cuatro años que mediaban de una á otra celebracion de los juegos olímpicos.* ‖ *Marc.* El lustro, espacio de cinco años. ‖ *Plin.* El viento nordeste. ‖ *Cic.* Olimpias, hija de Neoptolemo, rey de los molosos, que casó con Filipo de Macedonia, y fue madre de Alejandro Magno. *Olympiades. Mel.* Las musas, *porque se creia que habitaban en el monte Olimpio.*

**Olympĭcus**, a, um. *Hor.* Olímpico, lo que pertenece á Olimpia, á los juegos olímpicos, al monte Olimpo, al cielo.

**Olympiŏnīces**, ae. *m. Cic.* Vencedor en los juegos olímpicos.

**Olympius**, a, um. *Lact. V.* Olympicus.

**Olympus**, i. *m.* Olimpo, *monte altísimo de Tesalia, donde dicen los poetas que habitaban las musas.* ‖ El cielo.

**Olynthius**, a, um. *Plin.* Lo perteneciente á Olinto, *ciudad de Tracia.*

**Olynthus**, i. *f. Plin.* Olinto, *ciudad de Tracia.*

**Olȳra**, ae. *f. Plin.* Trigo candeal.

**Olysispo**, ōnis. *m. V.* Olisipo.

**Olysisponensis**. *m. f. sĕ. n. is.* El natural de Lisboa y lo perteneciente á ella.

## OM

**Omāsum**, i. *n. Hor.* Las tripas. ‖ La tripa, el vientre por lo comun de buey ó vaca. ‖ Callos.

**Ombria**, ae. *f. Plin.* Piedra preciosa, *que dicen cae de las nubes en las tempestades.*

**Omen**, ĭnis. *n. Cic.* Agüero, presagio, pronóstico. *Omen hoc avertite, dii immortales. Cic.* Apartad de nosotros, dioses inmortales, esta desgracia. — *Accipere. Cic.* Tomar á buen agüero. *Omine candido, dextro. Catul.* Fausto. *Virg.* Optimo. *Cic.* Secundo. *Hor.* Con ó por feliz presagio. —*Detestabili. Cic.* Diro, infausto, siniestro, triste. *Ov.* Con ó por fatal presagio. —*Nostro it dies. Plaut.* El tiempo, las cosas van á medida de nuestro deseo. *Ominibus primis locare. Virg.* Casar en primeras nupcias.

**Omentātus**, a, um. *Apic.* Cubierto con el omento ó redaño.

**Omentum**, i. *n. Cels.* El omento ó redaño, *tela que cubre los intestinos.* ‖ *Pers.* Las entrañas, los intestinos. ‖ *Macrob.* La membrana que cubre el hueso y el cerebro, pia mater.

**Omĭnatē**. *adv. Plaut.* Con ó por agüeros.

**Omĭnātĭo**, ōnis. *f. Fest.* El acto de consultar los agüeros.

**Omĭnātor**, ōris. *m. Plaut.* Augur, agorero, que discurre por agüeros.

**Omĭnātus**, a, um. *Hor.* Aquello de que se saca algun presagio.

**Omĭno**, ăs, ăvi, ătum, āre. *a. Prop.* y

**Omĭnor**, āris, ātus sum, āri. *dep. Cic.* Ominar, discurrir, hacer pronósticos con ó por agüeros. *Ominari sibi ultima. Curc.* Anunciarse la muerte cercana.

**Omĭnōsē**. *adv. Quint.* Con mal agüero.

**Omĭnōsus**, a, um. *Plin.* Ominoso, azaroso, de mal agüero.

**Omissio**, ōnis. *f. Simac.* Omision, el acto de omitir, de pasar por alto.

**Omissus**, a, um. *Cels.* Omitido, dejado. ‖ Remiso, negligente, descuidado, flojo. *Omissis jocis. Plin. men.* Dejando aparte la chanza, hablando seriamente. *Omissior ab re. Ter.* El que abandona demasiado sus intereses. *Omisso animo esse, Ter.* Ser perezoso, negligente.

Omitto, is, misi, missum, tere. a. *Cic.* Omitir, dejar de hacer, pasar por alto, en silencio. || Cesar, desistir, dejar. *Praesens in tempus omittat. Hor.* Déjelo para otra ocasion. *Omitte de te dicere. Ter.* Omite el hablar de tí. *Memoriam rei omittere. Quint.* Olvidar una cosa, perder la memoria de ella.—*Mirari. Hor.* Cesar, dejar de admirar.—*Aliquem. Plaut.* Dejar ir á uno, dejarle escapar.—*Aliquid. Cic.* Pasar una cosa en silencio.—*Iracundiam. Ter.* Sosegar la ira, mitigar la cólera. *Age, omitto. Ter.* Y bien, dejemos esto, bien está, vamos, lo concedo. *Omitte Atticum Cicerone tuo. Cic.* Perdona á Atico por amor de tu Ciceron.

† Ommentans, tis. com. *Fest.* El que espera, permanece, está esperando.

Omnicănus, a, um. *Apul.* Que todo lo canta.

Omnicarpus, a, um. *Varr.* Que toma, coge, chupa de todas partes.

Omnicŏlor, ōris. com. *Prud.* De todos colores.

Omnifariam. adv. *Gel.* De todos modos.

Omnifarius, a, um. *Suet.* Que es de todos modos, que hace á todos palos.

Omnifer, a, um. *Ov.* Que produce todas las cosas.

Omniformis. m. f. me. n. is. *Prud.* Que toma todas las formas.

Omnigĕnus, a, um. *Virg.* De todos géneros, suertes, especies, modos.

Omnimĕdens, tis. com. *Paul. Nol.* Que todo lo cura.

Omnimŏde. adv. y

Omnimŏdis. adv. *Lucr.* y

Omnimŏdo. adv. *Sen.* De todos modos.

Omnimŏdus, a, um. *Apul.* Lo que es de todos modos.

Omnino. adv. *Cic.* Entera, absoluta, totalmente, del todo. || En general, generalmente. *Omnino nihil. Hor.* Nada absolutamente. *Omnino quinque fuerunt. Cic.* Fueron cinco en todos.

Omnipărens, tis. com. *Virg.* Que produce, cria todas las cosas, Dios.

Omnipŏtens, tis. com. *Virg.* Patente á todos, por todas partes.

Omnipāter, tris. m. *Prud.* Padre de todas las cosas.

Omnipăvus, a, um. *Gel. Aur.* Que tiene miedo á todo, de todo, que teme de todo.

Omnipĕritus, a, um. *Sol.* Que entiende, sabe de todo.

Omnipollens, tis. com. *Prud.* y

Omnipŏtens, tis. com. *Virg.* Omnipotente, todo poderoso, que todo lo puede, Dios.

Omnipotentia, ae. f. *Macrob.* Omnipotencia, poder absoluto, infinito.

Omnis. m. f. ne. n. is. *Cic.* Todo, toda cosa. *Omnes.* Todos, todo el mundo. *Omnia.* Todas las cosas. *Omne.* Toda una cosa. *Omnis omnia facere debet. Cic.* Todo el mundo, cada uno debe hacerlo todo. *Coenare olus omne. Hor.* Comer todo género de verdura. *Omnes duo, tres. Quint.* Ambos á dos, entrambos, todos tres. *Piscibus omnibus serrati dentes. Plin.* Todos los peces tienen los dientes á modo de sierra. *Omni quinquennnio. Plin.* Cinco años enteros. *Transire in alia omnia. Cic.* Ser de otro parecer.

Omnisŏnus, a, um. *Marc. Cap.* Lo que es de todos los sones.

Omnitĕnens, tis. com. *Tert.* Que todo lo tiene.

Omnituens, tis. com. *Lucr.* Que todo lo ve, lo mira.

Omnivăgus, a, um. *Cic.* Que anda vagueando por todas partes.

Omnivŏlus, a, um. *Cat.* Que todo lo quiere.

Omnivŏrus, a, um. *Plin.* Que come de todo.

Omophăgia, ae. f. *Arnob.* El uso de carne cruda para comer.

Omoplātae, ārum. f. plur. Omoplatos, los dos huesos de la espaldilla.

Omphăcinus, a, um. *Plin.* Hecho de zumo de fruta por madurar.

Omphăcium, ii. n. *Plin.* Zumo de aceituna verde, ó de agraz.

†Omphăcocarpos, i. f. *Plin.* Yerba, lo mismo que *aparine.*

Omphăcomel, ellis. n. *Palad.* Mistura de zumo de agraz y miel.

Omphāle, es. f. *Ov.* Onfale, reina de Lidia, que regaló muchos dones á Hércules por haber muerto junto al rio Sagaris una serpiente que mataba á los hombres; despues le obligó á que trocase en su servicio las flechas, clava y piel de leon por el trage femenil y la rueca.

†Omphălos, i. m. *Aus.* El ombligo. || *Cic.* El medio, la mitad.

## ON

Onae, ārum. f. plur. Higos dulces.

Onaeum, i. n. Ciudad y promontorio de Dalmacia.

Onaeus sinus. Golfo de la Valona en el mar Adriático.

Onăger, gri. m. *Cic.* y

Onagrus, i. m. Asno silvestre, montesino. || *Veg.* Máquina de guerra para arrojar grandes piedras.

†Onăgeus, i. m. *Plaut.* Arriero que conduce asnos.

Onchestius, a, um. *Ov.* Lo perteneciente á Onquesto, ciudad de Beocia.

Onco, as, ăre. a. *Aut. de Fil.* Rebuznar, imitar la voz del asno.

Onerarius, a, um. *Cic.* Lo que es de carga, propio para llevarla. *Onerariae naves. Ces.* Naves, bastimentos de carga.

Onerător, ōris. m. *Curc.* Cargador, el que carga.

Onerātus, a, um. *Cic. part. de Onero.* Cargado.

Oneris. gen. de Onus.

Onĕro, as, ăvi, ătum, ăre. a. *Cic.* Cargar, echar, imponer carga. *Onerare pomis costas asellis. Virg.* Cargar un borrico de peras.—*Catenis. Hor.* Cargar de cadenas, de prisiones.—*Mensas epulis. Virg.* Llenar, cubrir las mesas de viandas.—*Populum. Plin.* Cargar de impuestos al pueblo.—*Vina cadis. Virg.* Llenar los toneles de vino.—*Aliquem. Tac.* Servir de carga á alguno.—*Aliquem mendaciis. Cic.* Calumniar, acumular á alguno delitos falsos.—*Annonam. Ulp.* Encarecer los víveres.—*Aethera votis. Virg.* Hacer mil votos al cielo.—*Letitia. Plaut.* Llenar, colmar de alegría.—*Se voluptatibus. Plaut.* Abandonarse á los placeres.

Onerōse. adv. *Paul. Nol.* Odiosamente.

Onerositas, atis. f. *Tert.* Carga, molestia.

Onerōsus, a, um. *Virg.* Oneroso, pesado, grave, incómodo, enfadoso. || Molesto, laborioso, costoso.

†Onirocrĭtes, ae. m. *Fulgenc.* Intérprete de sueños.

Oniscus, i. m. *Plin.* Gusanillo velloso de la tierra con muchos pies, que algunos llaman cien pies, y gallina ciega.

Onītis, idis. f. *Plin.* El orégano, planta.

Onnătum, i. n. Oñate, villa de España en Vizcaya.

Onnŏbătis, is. f. Muger montada sobre un asno. || Muger sorprendida en adulterio en Cumas, á quien paseaban en un asno por toda la ciudad.

Onobrisātes, ium. m. plur. Pueblos de la Galia aquitánica.

Onobrychis, is. f. La mielga, planta.

Onocentaurus, i. m. Monstruo, medio hombre y medio asno.

Onocephălus, a, um. Que tiene cabeza de asno.

Onŏchiles, is. f. *Plin.* y Onochelis, is. f. *Plin.* y

Onŏchilus, i. f. ó

Onŏclea, ae. f. *Plin.* Labio de burro, la yerba anchusa.

Onocrotălus, i. m. *Plin.* Onocrotalo, ave acuática llamada pelícano, muy parecida al cisne.

Onomatopaeia, ae. *Diomed.* Onomatopeya, figura retórica, que se comete cuando se inventan nombres para las cosas que no le tienen, ó le tienen impropio.

Onōnis, is. f. Yerba. V. *Anonis.*

Ononium, ii. n. Especie de ortiga, yerba.

Ononychītes, ae. m. *Tert.* Nombre que daban los gentiles al Dios de los cristianos, al cual fingian con orejas de asno, hendido el un pie, vestido de toga, y con un libro en la mano.

*Onopordon, i. n. *Plin.* Yerba, que si la comen los asnos, dicen que les causa pedorrera, de donde tomó el nombre.

Onosma, ătis. n. *Plin.* Yerba parecida á la anchusa.

Onus, ĕris. n. *Cic.* Peso, carga. ‖ Cargo, empleo, comision. ‖ Molestia, trabajo. ‖ Gasto. *Onus magnum suscipere. Cic.* Tomar sobre sí una pesada carga, muchas obligaciones. — *Abjicere.* — *Deponere. Cic.* Hacer del cuerpo. — *Nostrum est, hoc nihil ad te. Cic.* Este negocio es nuestro, no te toca á tí. *Oneri esse. Liv.* Servir de carga, ser incómodo. *Haerere in explicandis oneribus. Suet.* Embarazarse en arreglar los gastos, en disminuirlos. *Omnia in dites inclinata onera. Liv.* Todas las cargas, gavelas, impuestos echados á los ricos. *Onus ciborum. Plin.* El escremento.

Onustātus, a, um. *Bibl.* y

Onustus, a, um. *Cic.* Cargado. ‖ Lleno. ‖ Oneroso, gravoso, pesado, grave. *Onustus vino. Cic.* Borracho, lleno de vino. — *Fustibus. Plaut.* Cargado de, molido á palos. — *Vulneribus. Tac.* Cubierto de heridas. *Onustum gero corpus. Plaut.* Tengo el cuerpo pesado, tardo. *Onustus sacrilegio fur. Fedr.* Ladron cargado con el robo, sacrílego.

Onychintīnus, a, um. *Sid.* y

Onychīnus, a, um. *Col.* De color de las uñas. ‖ De jaspe, de alabastro, de cornerina.

Onychīpuncta, ae. f. *Plin.* Piedra preciosa, especie de jaspe.

Onychītes, ae. m. *Plin.* V. *Onyx.*

Onychītis, is. f. *Plin.* Especie de cadmía, con manchas interiores de color de onique.

Onyx, ychis. m. *Plin.* Onique, piedra preciosa de color de ágata oscura. ‖ Alabastro, especie de mármol. ‖ Bote de alabastro para perfumes.

## OP

Opa, ae. y Ope, es. f. *Vitruv.* El agujero.

Opācātus, a, um. *S. Ag.* Lo que se ha hecho opaco, sombrío.

Opacĭtas, ātis. f. *Col.* Opacidad, calidad del sitio opaco.

Opăco, as, āvi, ātum, āre. a. *Cic.* Sombrear, hacer sombra, cubrir con ella. ‖ Oscurecer.

Opācus, a, um, ior, issĭmus. *Cic.* Opaco, sombrío, oscuro. *Opacus lucus. Virg.* Bosque espeso. *Frigus opacum. Virg.* El fresco á la sombra. *In opaco. Plin.* Á la sombra.

Opālia, ōrum. n. plur. *Plin.* Fiestas en honor de la diosa *Opis*, que se celebraban en el mes de diciembre.

Opālis. m. f. lĕ. is. *Auson.* Lo perteneciente á la diosa *Opis.*

Opălus, i. m. *Plin.* Opalo, piedra preciosa de Chipre, de Arabia y de Egipto, tan particular, que tiene en sí todos los colores y brillos de las piedras mas ricas.

Opella, ae. f. *Hor.* Obrita, obrilla. dim de

Opěra, ae. f. *Cic.* Obra, operacion. ‖ Trabajo, ocupacion, empleo, industria. ‖ Servicio, oficio que se hace por otro. ‖ *Hor.* Operador, trabajador, obrero. *Opera non est tibi. Ter.* No tienes que hacer, estás demas. — *Cui vita est. Ter.* Que vive de su trabajo. — *Conducta. Cic.* El que está ó trabaja á jornal. — *Periit. Cic.* Se perdió el trabajo. *Operae celeris versus. Hor.* Versos hechos de prisa. — *Subcisivae. Cic.* Ocupaciones que uno toma en las horas en que tiene lugar. *Operam dare alicui. Plaut.* Servir á alguno, trabajar para él, hacer por él, oirle, escucharle. — *Ludere. Ter.* Trabajar inútilmente. — *Justam redere. Col.* Pagar el jornal. *Opera una Lycurgus et Orestes mihi sunt sodales, qua iste. Plaut.* Tan camaradas mios son, ó no son mas camaradas mios Licurgo y Orestes, que este. *Opera data ó dedita. Cic.* De propósito, espresamente, con todo cuidado. — *Eadem. Plaut.* Al mismo tiempo, por el mismo medio. — *Omni eniti. Cic.* Hacer todos sus esfuerzos. — *Alicujus uti. Cic.* Servirse de alguno.

Opěraeprětium, ii. n. *Cic.* Recompensa, provecho, premio del trabajo. ‖ Cosa útil, importante, que merece la pena. *Operae praetium est. Cic.* Es útil, es importante, es de consecuencia.

Opěrans, tis. com. *Plin.* El que obra, hace, trabaja.

Opěrāria, ae. f. *Plaut.* La que obra, trabaja, que vive de, gana la vida con su trabajo.

Opěrārius, ii. m. *Cic.* Operario, obrero, jornalero, el que trabaja, que vive de su trabajo.

Opěrārius, a, um. *Cic.* Lo que consta de trabajo, perteneciente á la obra ó á los trabajadores. *Operarius dies. Cic.* Dia de trabajo. *Operarium pecus. Col.* Animales propios para el trabajo. — *Vinum. Plin.* Vino para los trabajadores.

Opěrātio, ōnis. f. *Plin.* Operacion, obra, la accion de obrar. ‖ *Plin.* Sacrificio, la accion de sacrificar. *Operatione humidas potestatis vitiatur arbor. Vitruv.* Por demasiada humedad se echa á perder un arbol.

Opěrātor, ōris. m. *Jul. Firm.* El que opera, obra, trabaja, trabajador.

Opěrātrix, ĭcis. f. *Apul.* La que opera, obra, trabaja.

Opěrātus, a, um. part. de *Operor. Liv.* El que ha trabajado en servicio de otro. ‖ *Virg.* El que ha sacrificado, ha ofrecido un sacrificio. *Operatus Deo. Tibul.* El que ha ofrecido un sacrificio á Dios. *Operatae virtutes. Lact.* Virtudes practicadas, ejercitadas.

Opercŭlātus, a, um. *Col.* Cubierto, tapado con alguna cubierta.

Opercŭlo, as, āvi, ātum, āre. a. *Col.* Cubrir, tapar con alguna cubierta ó tapa.

Opercŭlum, i. n. *Cic.* Cubierta, tapa. *Operculum ambulatorium. Plin.* Tapa de quita y pon, cobertera. *Dignum patella operculum. Similes habent labra lactucas. Cyprio bovi merendam. Tolle, tolle mazam, quam ocyssime scarabaeo. adag.* Á tal abad, tal monacillo. Halló la horma de su zapato. Á tal olla tal cobertera. ref.

Opěrĭmentum, i. n. *Serv.* Cubierta, todo lo que sirve para cubrir.

Opěrio, is, rui, pertum, rīre. a. *Ter.* Cerrar. ‖ Cubrir, tapar. ‖ Ocultar, esconder, disimular, encubrir. *Operire ostium. Ter.* Cerrar la puerta. — *Luctum. Plin.* Ocultar, disimular el llanto.

Opěris. gen. de *Opus.*

Opěror, āris, ātus sum, āri. dep. *Plin.* Operar, obrar, trabajar, ocuparse, emplearse en. ‖ Sacrificar, hacer sacrificio. *Operari auditioni in scholis. Plin.* Frecuentar las escuelas. — *Sacris. Liv.* Hacer sacrificios. — *Connubiis. Virg.* Emplearse, dedicarse, atender á establecer casamientos.

Opěrōse, ius. adv. *Cic.* Con trabajo, pena y fatiga.

Opěrōsĭtas, ātis. f. *Quint.* Fatiga, trabajo grande, dificultad.

Opěrōsus, a, um, ior, issĭmus. *Cic.* Operoso, penoso, trabajoso, lleno de dificultad, que pide, cuesta mucho trabajo. ‖ Laborioso, trabajador, activo. *Operosus ager. Ov.* Campo que cuesta mucho trabajo cultivarle. — *Colonus. Ov.* Labrador laborioso, aplicado, diligente. — *Honor. Tac.* Honor dificil de adquirir. — *Dierum vates. Ov.* Calculador exacto de las efemérides. El que hace almanaques. *Operosa senectus. Cic.* Vejez activa, que hace y trabaja en algo, que no se apoltrona. — *Res. Cic.* Cosa de ó que pide mucho trabajo. — *Mulier cultibus. Ov.* Muger que gasta mucho tiempo en componerse. — *Herba. Ov.* Yerba, planta de gran virtud, que hace grandes efectos. *Operosum aes. Ov.* Bronce trabajado con mucha arte. — *Sepulcrum. Cic.* Sepulcro magnífico, suntuoso, de escelente arquitectura. *Divitiae operosiores. Hor.* Riquezas que acarrean muchos cuidados, muchas inquietudes.

Operta, ōrum. n. plur. *Cic.* Cosas oscuras, encubiertas.

Opertānea sacra. plur. *Plin.* Sacrificios que se hacian en secreto para que no los manchasen los ojos de los profanos: como los de la diosa Bona.

Opertānei dii. plur. *Marc. Cap.* Dioses que creian los gentiles habitaban en las entrañas de la tierra.

Operte. adv. *Gel.* Encubierta, secretamente.

Operto, as, āvi, ātum, āre. a. *Fest.* frec. de *Operio.* Cubrir.

Opertōrium, ii. *n. Sen.* Cubierta, cobertor, tapete.
Opertum, i. *n. Cic.* Lugar secreto.
Opertūra, ae. *f. Amian.* Cubierta, lo que sirve para cubrir el cuerpo y defenderse.
Opertus, us. *m. Apul.* V. Opertura.
Opertus, a, um. *part. de Operio. Cic.* Cerrado, tapado, cubierto, encubierto. *Opertus praeda. Plin. mex.* Cargado de presa, de botin. — *Dedecore. Cic.* Cubierto de ignominia. *Opertae fores. Ov.* Puertas cerradas. *In operto esse. Cic.* Estar oculto, no comparecer ante la justicia. *Operto capite esse. Cic.* Estar con la cabeza cubierta.
Opērula, ae. *f. dim. de Opera. Apul.* Obrilla, obrita.
Opes, ŏpum. *f. plur. Cic.* Riquezas, bienes, haberes, facultades, abundancia de comodidades de la vida. ‖ Socorro, auxilio, ayuda, favor, amparo. ‖ Fuerzas. *Opes arboris. Ov.* Frutos del árbol. *Opes fractae Teucrum. Virg.* Poder de los troyanos derribado. — *Vitae. Plaut.* Comodidades de la vida. *Pro opibus nostris coenabimus. Plaut.* Comeremos segun nuestras fuerzas ó facultades. *Opes hominis implorare. Hor.* Implorar el auxilio de un hombre.
Opha, ae. *f.* Especie de medida para el trigo.
Opharitae, ārum. *m. plur.* Pueblos de la Sarmacia asiática.
Opharius, ii. *m.* Rio de la Sarmacia asiática.
Ophātes, ae. *m. Luc.* Especie de mármol.
Opheltes, ae. *m. Ov.* Ofeltes, *hijo de Licurgo, rey de Tracia, en honra del cual establecieron los argivos los juegos nemeos.*
Ophiăca, ōrum. *n. plur. Plin.* Tratados sobre serpientes y venenos.
Ophiasis, is. *f.* La alopecia ó peladera, *enfermedad que hace caer el pelo.*
Ophicardelus, i. *m. Plin.* Especie de piedra preciosa.
Ophĭci, ōrum. *m. plur. Serv.* Los naturales de Capua, *asi llamados por abundar esta tierra de serpientes.*
Ophidium, ii. *n. Plin.* Pececillo pequeño parecido al congrio.
Ophioctŏnon, i. *n. Graciadei*, yerba muy amarga.
Ophiŏctŏnus, a, um. Que mata las serpientes.
Ophiŏgĕnes, um. *m. plur. Plin.* Pueblos del Asia junto al Helesponto, *que curan con el tacto las mordeduras de serpientes.*
Ophiŏmăchus, i. *f.* Ave pequeña de cuatro pies ó insecto, como la abispa que pelea con las serpientes.
Ophion, ōnis. *m. Claud.* Ofion, *uno de los gigantes que reinó antes de Saturno con su muger Eurinome, hija de Neptuno.* ‖ Uno de los compañeros de Cadmo, *fundador de Tebas.*
Ophionīdes, ae. *m. Ov.* Hijo ó nieto de Ofion, *como Amico, uno de los centauros.*
Ophionius, a, um. *Sen.* Lo perteneciente á Ofion ó á Tebas.
Ophiophăgi, ōrum. *m. plur. Plin.* Pueblos de la Etiopia, *que se alimentan de serpientes.*
Ophir. *indec.* El oro.
Ophirisium, ii. *n.* Oro puro, purificado.
Ophītes, ae. *m. Plin.* Serpentina, *piedra preciosa manchada como las serpientes.*
Ophiuchus, i. *m. Higin.* El serpentario, constelacion celeste.
Ophiusa, ae. *f. Plin.* Formentera, *isla de España enfrente de Ibiza, pequeña isla del mar baleárico.* ‖ Otra vecina á la isla de Candia. ‖ Sobrenombre de la isla de Rodas. ‖ Ciudad de la Sarmacia europea. ‖ Ciudad de Misia. *La yerba elefantina, que desatada en agua, ocasiona al que la bebe terror y visiones de serpientes.*
Ophiusius, a, um. *Ov.* Lo perteneciente á alguna de las islas y ciudades ofiusas.
Ophrys, yos. *f. Plin.* Yerba que es buena para dar color negro á los caballos.
Ophthalmia, ae. *f.* Enfermedad, mal de ojos.
Ophthalmias, ae. *m. Plin.* Cierto pez llamado tambien oculata, *por la grandeza de sus ojos.*
Ophthalmĭca, ae. *f.* Especie de planta.
Ophthalmĭcus, a, um. Lo que pertenece á las enfermedades de los ojos.

Ophthalmĭcus, i. *m. Marc.* Médico, oculista.
Ophthalmius, i. *m.* Especie de piedra preciosa.
Ophthalmus, i. *m.* El ojo.
Opĭce. *adv. Ter.* Grosera, bárbaramente.
Opĭcerda, ae. *f. Fest.* El estiércol de ovejas.
Opĭci, ōrum. *m. plur.* Pueblos de Campania.
Opĭci dii, ōrum. *m. plur.* Dioses del pais, héroes del pais puestos en el número de los dioses.
Opĭcus, a, um. *Juv.* Grosero, tosco, bárbaro, ignorante. ‖ Sucio, asqueroso, puerco.
Opĭdum, i. *n.* V. Oppidum.
Opĭfer, a, um. *Ov.* Que da auxilio, que ayuda, socorre, favorece.
Opĭfex, ĭcis. *m. f. Cic.* Artesano, artífice, que hace alguna obra, fabricante. ‖ Trabajador. *Opifex mundi. Cic. Rerum. Ov.* Criador del mundo, dá todas las cosas, Dios. — *Verborum. Cic.* Inventor de palabras. — *Persuadendi, Quint.* El orador, que intenta persuadir.
Opifĭcina, ae. *f. Plaut.* Obrador, taller, oficina, donde se trabaja en algun arte.
Opifĭcium, i. *n. Var.* Obra, trabajo de un artífice ó artesano, manufactura.
Opĭgĕna Juno, nis. *f. Fest.* Juno, *hija de Opis ó Rea, á quien reverenciaban las matronas, porque creian que las favorecia en sus partos.*
Opilio, ōnis. *m. Plaut.* Pastor de ovejas.
Opilo, ōnis. *f. Fest.* Una ave.
Opimātio, ōnis. *f. Apul.* La accion de engordar. ‖ De enriquecer.
Opimātus, a, um. *Auson.* Engordado, engruesado, puesto grueso.
Opime. *adv. Plaut.* Rica, abundantemente.
Opimiānus, a, um. *Vel.* Lo perteneciente á Opimio, *nombre propio romano.*
Opimĭtas, ātis. *f. Plaut.* Abundancia de bienes, gran riqueza. ‖ *Sol.* Robustez, gordura.
Opimius, a, um. *Varr.* V. Opimianus.
Opĭmo, ās, āvi, ātum, āre. *n. Col.* Engordar, engruesar. ‖ *Auson.* Enriquecer, llenar de bienes. ‖ *Apul.* Fertilizar. *Opimare mensam. Vopisc.* Dar, tener una comida opípara.
Opĭmus, a, um. *Cic.* Gordo, grueso, corpulento. ‖ Opimo, rico, abundante, fértil. *Opimus ager. Cic.* Buena tierra, fértil. — *Cibus. Plin.* Manjar esquisito, delicado. *Opima spolia. Liv.* Despojos opimos, ricos. — *Mensa. Sil. Ital.* Mesa bien surtida, abundante. *Opimae acies. Estac.* Ejércitos ricos con el botin. *Opimi quaestus. Plin.* Ganancias ricas, cuantiosas. *Opus opimum casibus. Tac.* Obra abundante de accidentes, llena de varios sucesos. *Opimus triumphus. Hor.* Triunfo en que se llevan los despojos opimos, *que eran los que ganaba un general cuando mataba al general contrario.*
Opinabĭlis. *m. f. le. n. is. Cic.* Opinable, probable, lo que consiste en la opinion, que no está demostrado.
Opinămentum, i. *n. Apul.* y
Opinātio, ōnis. *f. Cic.* Opinion, y parecer. ‖ El acto de opinar, *que se toma por lo comun en mala parte.*
Opināto. *adv. Liv.* De pensado, pensando en ello. *Nec opinato. Liv.* Impensadamente, de improviso.
Opinātor, ōris. *m. Cic.* El que opina, que solo tiene opinion, y no ciencia ó certeza, que dá ó dice su dictámen con duda. *Opinatores. Dig.* Comisarios de víveres para el ejército.
Opinātus, us. *m. Lucr.* V. Opinio.
Opinātus, a, um. *Lucr.* Opinado, creido, concebido. ‖ *Gel.* Nombrado, célebre, ilustre, famoso, de quien se tiene grande opinion. *Opinatissima civitas. Bibl.* Ciudad muy célebre.
Opinio, ōnis. *f. Cic.* Opinion, juicio, creencia, parecer, dictámen, sentencia. ‖ Estimacion, nombre, fama, reputacion, concepto, esperanza. ‖ Sospecha. *Opinio ut mea est, ó fert. Cic.* Segun mi opinion, á mi juicio ó parecer, á lo que yo entiendo. — *Virtutis. Cic.* La opinion ó idea que uno tiene de la virtud. — *Bona de illo est. Cic.* Está en buena opinion, se habla bien, tienen las gentes buena opinion de él. — *Percrebuit. Cic.* Ha corrido, se ha esten-

dido esta opinion. *Opinionem efferre. Cic.* Dar sospecha, dar en qué pensar ó sospechar, poner en sospecha. *Tuam vincam. Cic.* Yo escederé tu opinion, tu esperanza, tu espectacion. *Ingrati animi habere. Liv.* Tener opinion, fama de ingrato, desagradecido. *Opiniones multas occurrunt. Ter.* Hay muchas sospechas, premisas. *In opinionem adducere rem aliquam. Cic.* Poner una cosa en opiniones. *Praeter opinionem. Cic.* Contra toda esperanza, de improviso, sin pensarlo. *Opinione celerius. Cic.* Mas presto de lo que se pensaba, se esperaba. *Prius tua opinione. Plaut.* Antes de lo que tú piensas.

Opiniōsus, a, um. *Cic.* Grande opinador, que abunda en opiniones. *Antipater, et Archidemus opiniosissimi homines. Cic.* Antípatro y Arquídemo, hombres de infinitas opiniones.

Opīno, as, āre. *a.* En. y

Opīnor, āris, ātus sum, āri. *dep. Cic.* Opinar, pensar, ser de opinion, de parecer. *Ut opinor. Cic.* Segun pienso, creo, juzgo.

† Opinōsus, a, um. Lleno de su opinion, porfiado, encaprichado, encalabrinado.

Opīnus, a, um. á que siempre se junta. Nec. Ov. Aquello en que no se piense.

Opĭpăre. *adv. Cic.* Opípara, espléndida, magníficamente.

Opĭpăris. *m. f. re. n. Apul.* y

Opĭpărus, a, um. *Plaut.* Opíparo, magnífico, espléndido, rico, abundante.

Opis, is. *f. Virg.* Opis, ninfa compañera y ministra de Diana. || *Virg.* Una de las ninfas de los rios ó nayades.

Opis. *genit. de* Ops.

Opisthogrăphus, a, um. *Plin. men.* Escrito por ambos lados, por una y otra cara.

Opisthophÿlax, acis. *com.* El que va de guardia ó la hace por detras.

Opisthotŏnĭcus, a, um. *Plin.* El que tiene la cabeza tirada atras por contraccion de los nervios en la cerviz.

Opisthotŏnus, a, um. *Plin.* Contraccion de nervios en el cuello, que hace tener tirada la cabeza hácia atras.

Opĭter, ĕris. *m. Fest.* El que ha perdido á su padre, y aun tiene abuelo.

Opitergīni, ōrum. *m. plur. Plin.* Los naturales y habitantes de Oderzo y Uderzo en la Marca trevisiana.

Opitergīnus, a, um. *Plin.* Lo perteneciente á Oderzo en la Marca trevisiana.

Opitergium, ii. *n. Plin.* Oderzo, ciudad de la Marca trevisiana.

Opitrix, īcis. *f. Fest.* Aquella cuyo padre ha muerto, pero no su abuelo.

Opĭtŭlātio, ōnis. *f. Ulp.* Opitulacion, socorro, auxilio.

Opĭtŭlātor, ōris. *m. Apul.* y

Opĭtŭlātrix, īcis. *f. Apul.* El ó la que da socorro.

Opĭtŭlātus, us. *m. Fulg.* socorro, auxilio, favor.

Opĭtŭlor, āris, ātus sum, āri. *dep. Cic.* Ayudar, favorecer, dar auxilio, socorrer. *Amicum amico opitularier. Plaut.* Ayudar el amigo al amigo.

Opĭtŭlus, a, um. *Fest.* El que da socorro.

Opium, ii. *n. Plin.* Opio, zumo de las adormideras, que administrado con medida, mitiga los dolores, y concilia el sueño.

Opŏbalsămātus, a, um. *Veg.* Embalsamado, aquello en que se ha puesto bálsamo.

Opŏbalsămētum, i. *n. Just.* Sitio donde hay muchos árboles que llevan opobálsamo.

Opŏbalsămum, i. *n. Estac.* Opobálsamo, el bálsamo puro y líquido, que es muy fragante. || El mismo árbol de que se destila el bálsamo.

Opŏcarpătum, i. *n. Plin.* El jugo venenoso del carpacio, que mata haciendo dormir.

Opŏpănax, ācis. *m. Cels.* El zumo de la panacea.

Opŏrice, es. *f. Plin.* Medicamento de varias frutas cocidas en mosto, útil para la disenteria y males del estómago.

Opŏrīnus, a, um. *Marc. Lo que es del otoño.

Opŏrŏthēca, ae. *f. Varr.* Sitio donde se guardan las frutas del otoño.

Oportet, oportebat, oportuit, oportēre. *Impers. Cic.* Conviene, corresponde, pertenece, lo dicta la razon, es necesario. *Oportet te esse servum. Plaut.* No hay remedio, es preciso que seas esclavo. *Quod oportet. Cic.* Lo que conviene, se debe, es necesario. *Nonne prius communicatum oportuit? Ter.* ¿No era regular, debido, que se me comunicase antes? *Haec facta ab illo oportebant. Ter.* Convenia que él hiciese esto. *Alio tempore atque oportuerit. Ces.* En otro tiempo del que era regular, del que convenia, ó era justo ó legítimo.

Oppando, is, ĕre. *a. Grac.* Estender, descoger, desplegar. *Quod oppanditur, quod oppansum est. Tert.* Lo que se estiende, está estendido.

Oppango, is, pēgi, pactum, gĕre. *a. Plaut.* Juntar, pegar, encuadernar.

Oppannio, is, īre. *a. Fest.* Dar, sacudir contra alguna cosa.

Oppansus, a, um. y

Oppassus, a, um. *Tert.* Estendido, tendido delante.

Oppecto, is, ĕre. *a. Plaut.* Peinar con cuidado.

Oppēdo, is, ēdi, ĕre. *n. Hor.* Tirar pedos á alguno.

Oppēgi. *part. di* Oppango.

Opperior, īris, pertus, ó pĕrītus sum, īri. *dep. Cic.* Aguardar, esperar. *Id sum oppertus. Plaut.* Esto esperaba yo. *Horam ne oppertus sis. Ter.* No esperes una hora.

Oppessŭlātus, a, um. *Apul. part. de*

Oppessŭlo, as, āvi, ātum, āre. *a. Apul.* Cerrar con cerrojo, atrancar.

Oppĕtītus, a, um. Sufrido, padecido. *part. de*

Oppĕto, is, tii, y tīvi, ītum, ĕre. *a. Cic.* Sufrir, padecer. Morir. *Morte pro patria oppetita. Cic.* Padecida voluntariamente la muerte por la patria. *Oppetere ante ora alicujus. Virg.* Morir á la vista, delante de los ojos de alguno. *Pestem alicui. Cic.* Desear la peste, la ruina á alguno. *Mortem. Cic.* Morir.

Oppexus, us. *Apul.* La peinadura, la accion de peinar con cuidado.

Oppĭcātio, ōnis. *f. Col.* Empegadura, la accion de empegar, de embrear, de calafatear.

Oppĭcātor, ōris. *m. Plin.* Empegador, embreador, calafateador, calafate.

Oppĭco, as, āvi, ātum, āre. *a. Catul.* Empegar, dar, pegar con pez.

Oppĭdāni, ōrum. *m. plur. Ces.* Vecinos, moradores, habitantes de un pueblo.

Oppĭdānus, a, um. *Cic.* Lo perteneciente á una ciudad ó pueblo.

Oppĭdātim. *adv. Suet.* De lugar en lugar.

Oppĭdīcus, a, um. *Gel.* Tosco, grosero.

Oppĭdo. *adv. Ter.* Mucho, grande, suma, estremadamente, muy. || *Plaut.* Al instante, al punto, al momento. *Oppido pauci. Cic.* Muy pocos, poquísimos. *Omne argentum reddidi. Plaut.* Al instante dí todo el dinero. *Quam ineptus. Gel.* Muy majadero. *Perii. Plaut.* Me perdí sin remedio.

Oppĭdŭlum, i. *n. Cic.* Lugarcillo, aldea, pueblo corto.

Oppĭdum, i. *n. Cic.* Ciudad. || Plaza fortificada. || Castillo fuerte. || *Roma.* || *Varr.* El parage de donde salian los carros de caballos en el circo, llamado tambien cárceres.

Oppignĕrātor, ōris. *m. S. Ag.* El que recibe prenda por el dinero que presta.

Oppignĕro, as, āvi, ātum, āre. *a. Cic.* Empeñar una alhaja, dar en prenda. *Oppignerare filiam. Ter.* Prometer á una hija en casamiento.

Oppĭlātio, ōnis. *f. Escrib. Larg.* Opilacion, obstruccion, embarazo en las vias por donde pasan los humores.

Oppĭlātus, a, um. *Cic.* Cerrado, obstruido. *part. de*

Oppĭlo, as, āvi, ātum, āre. *a. Lucr.* Cerrar, tapar, cegar. || Calafatear, adobar las naves.

Oppius, a, um. *Liv.* Lo perteneciente á Opio, nombre propio romano.

Oppleo, es, ēvi, ētum, ēre. *a. Cic.* Llenar hasta no mas, colmar, llenar hasta arriba. *Opplere os totum sibi lacrymis. Ter.* Bañarse el rostro con el llanto, deshacerse en lagrimas. *Aures sua vaniloquentia. Plaut.* Llenar, aturdir los oidos con sus simplezas.

**Opplētus, a, um.** *part. de* Oppleo. *Cic.* Lleno hasta no mas.

**Opplōro, as, avi, atum, are.** *a. Cic.* Llorar delante de otros, aturdir, importunar con el llanto. *Auribus meis opplorare non desinitis?* ¿No dejais de aturdirme los oidos con vuestro llanto?

**Oppōno, is, pŏsui, pŏsitum, nĕre.** *a. Cic.* Oponer, poner delante, contra otro. || Poner obstáculos, estorbos, dificultades. || Poner objeciones, argumentos, proponer discursos en contra de otros. || Poner, aplicar por remedio. *Opponere se pro patria. Liv.* Esponerse por la patria. —*Alicui insidias. Cic.* Poner asechanzas á alguno. —*Auriculam. Hor.* Presentar la oreja: *para mostrar que se quiere servir de testigo.* —*Formidinis. Cic.* Intimidar, poner, inspirar miedo. —*Pignori. Plaut.* Empeñar, dar en prendas. —*Auctoritatem suam. Cic.* Interponer su autoridad. —*Nomen alicujus. Cic.* Apoyarse en el nombre ó crédito de alguno. —*Causam. Cic.* Dar una escusa.

**Opportūne, ius, issĭme.** *adv. Cic.* Oportunamente, á tiempo, á tiempo oportuno, en buena ocasion ó coyuntura. || Cómodamente, en buena situacion, en parage, en sitio oportuno.

**Opportūnĭtas, ātis.** *f. Cic.* Oportunidad, coyuntura, sazon, ocasion favorable. *Opportunitas loci. Ces.* Situacion ventajosa de lugar. —*Temporis. Cic.* Coyuntura favorable. —*Faciendi. Cic.* Ocasion oportuna para hacer. *Habet amicitia multas opportunitates. Cic.* Tiene la amistad, trae muchas utilidades, ventajas. *Opportunitate venire. Plaut.* Llegar á tiempo.

**Opportūnum, i.** *n. Tac.* Comodidad, conveniencia, ventaja, utilidad.

**Opportūnus, a, um, ior, issĭmus.** *Cic.* Oportuno, á propósito, favorable, que sucede á tiempo. *Ad hoc magis opportunus nemo est. Ter.* Nadie es mas propio, mas á propósito para esto. *Opportuna locorum. Tac.* Lugares ventajosos, situaciones oportunas. *Opportunus morbis. Plin.* Espuesto á enfermedades.

**Oppŏsĭtio, ōnis.** *f.* y

**Oppŏsĭtus, us.** *m. Cic.* Oposicion, interposicion.

**Oppŏsĭtum, i.** *n. Gel.* Lo opuesto, lo que se opone, es contrario.

**Oppŏsĭtus, a, um.** *part. de* Oppono. *Cic.* Opuesto, interpuesto, puesto en contra, delante ó por delante. *Opposito corpore. Cic.* Habiéndose puesto delante. —*Decoris. Cic.* Representado el deshonor. *Rebus meis in securitatem creditoris oppositis. Sen.* Empeñados mis bienes, hipotecados para seguridad del acreedor.

**Oppŏsui.** *pret. de* Oppono.

**Oppressi.** *pret. de* Opprimo.

**Oppressio, ōnis.** *f. Cic.* Opresion, sujecion, estrechez, la accion de oprimir.

**Oppressiuncŭla, ae.** *f. Plaut.* Leve opresion.

**Oppressor, ōris.** *m. Cic.* Opresor, el que oprime.

**Oppressus, us.** *m. Lucr.* Opresion, presion, compresion.

**Oppressus, a, um.** *Cic.* Oprimido, comprimido, apretado, sujeto con violencia. *Oppressus metu. Ov.* Sobrecogido de miedo. —*Terra. Cic.* Cubierto de tierra, enterrado. —*Malis. Cic.* Agoviado de desgracias. —*A praedonibus. Cic.* Asesinado por unos ladrones. —*Aere alieno. Cic.* Oprimido, cargado de deudas. *Oppressa arx. Luc.* Fortaleza tomada, entrada por fuerza. —*Herba. Ov.* Yerba pisada. *Oppressae litterae. Cic.* Letras que se suprimen, que no se pronuncian.

**Opprĭmo, is, pressi, pressum, mĕre.** *a. Cic.* Oprimir, apretar, comprimir, sujetar con violencia. || Pisar, acalcar. || Sorprender, coger de sorpresa, de sobresalto, de improviso. || Cerrar, ocultar, esconder. *Opprimere bellum. Cic.* Cortar una guerra. —*Animos formidine. Cic.* Abatir los ánimos con el temor. —*Ignem. Liv.* Apagar el fuego. —*Alicujus orationem. Cic.* —*Os alicui. Ter.* Tapar á uno la boca, hacerle callar. —*Occasionem. Plaut.* Coger la ocasion de los cabellos. —*Aliquem manifesto. Plaut.* Coger, hallar, sorprender á uno en el hecho, in fragranti. *Oppressit eum nox. Cic.* Le sorprendió, le cogió la noche. —*Eum victus penuria. Hor.* Murió de hambre, le acabó la falta de alimento. —*Fluctus animam. Ov.* Se ahogó.

**Opprŏbrāmentum, i.** *n. Plaut.* Oprobrio, infamia, deshonor.

**Opprŏbrātio, ōnis.** *f. Gel.* La accion de echar en cara, en rostro.

**Opprŏbrātus, a, um.** *Gel.* Echado en cara ó á la cara.

**Opprŏbriōsus, a, um.** *Col.* Lleno de oprobrio, de vergüenza.

**Opprŏbrium, ii.** *n. Hor.* Oprobrio, deshonra, afrenta, ignominia, infamia. || Injuria, agravio. *Opprobrium majorum Mamercus. Tac.* Mamerco, el oprobrio, deshonra de sus mayores.

**Opprŏbro, as, avi, atum, are.** *a. Plaut.* Echar en cara, reprender, afear los vicios. || Deshonrar, infamar, desfamar, llenar de oprobrios.

**Oppugnātio, ōnis.** *f. Liv.* Opugnacion, ataque, asalto. || Acusacion forense.

**Oppugnātor, ōris.** *m. Cic.* Opugnador, agresor, el que ataca, combate, asalta.

**Oppugnātōrius, a, um.** *Vitruv.* Lo que sirve para atacar, combatir ó asaltar.

**Oppugnātus, a, um.** *Cic.* Atacado, asaltado, opugnado, combatido. *part. de*

**Oppugno, as, avi, atum, are.** *a. Cic.* Opugnar, atacar, asaltar, combatir. *Oppugnare aliquem pecunia. Cic.* Acometer á uno, procurar ganarle con dinero, sobornarle. —*Verbis commoda patriae. Cic.* Hablar en menoscabo de los intereses de la patria. —*Os alicui. Plaut.* Tapar á uno la boca. —*Capite, et fortunis. Metel. à Cic.* Atacar, tirar á los bienes y la vida. —*Consilia alicujus. Plaut.* Tirar á destruir los designios de alguno.

**Oppūtātio, ōnis.** *f. Col.* La poda de los árboles, la accion de mondarlos, de limpiarlos, de cortarles las ramas superfluas.

**Oppūto, as, avi, atum, are.** *a. Col.* Podar, mondar, limpiar los árboles.

**Oppŭvia, ōrum.** *n. plur.* Azotes, baquetas, zurriagazos.

**Oppŭvio, is, ire.** *a. Afran.* Azotar, dar baquetas, dar zurriagazos.

**Ops, ŏpis.** *f. Ov.* La diosa Ops, *hija del Cielo y de la Tierra, hermana y muger de Saturno, llamada tambien Cibeles, Gran Madre, Rea, Bona, Berecintia, y madre de los dioses.*

**Ops, ŏpis.** *f. Cic.* Auxilio, ayuda, amparo, favor, socorro. || Poder, fuerza, posibilidad, facultad. *Opis aliquid ferre. Cic.* Dar algun socorro. —*Nostrae non est. Virg.* No está en nuestra mano. *Opem ferre. Cic.* Dar auxilio. *Ope omni. Cic.* Con todo esfuerzo. *Opes. Cic.* Riquezas, bienes, facultades, haberes.

**Opsigamium, ii.** *n.* Matrimonio en edad muy avanzada.

**Opsimathes, is.** *com.* El que aprende tarde.

**Opsimathia, ae.** *f.* Erudicion, instruccion tardía.

**Opsonator, ōris.** *V.* Obsonator.

**Opta, ae.** *f. Huete,* ciudad de España.

**Optābĭlis.** *m.* y *f. lē. n. is. Cic.* Lo que es de desear, digno de desearse.

**Optābĭlĭter.** *adv. Cic.* Conforme á los deseos, á medida del deseo.

**Optandus, a, um.** *Cic.* Lo que se ha de ó se debe desear.

**Optātio, ōnis.** *f. Cic.* Opcion, accion, facultad de elegir.

**Optātīvus, a, um.** *Isid.* Optativo, lo que pertenece al deseo. || El modo optativo, el subjuntivo en los verbos.

**Optāto.** *adv. Ter.* Conforme al deseo, á medida del deseo.

**Optātum, i.** *n. Cic.* Deseo.

**Optātus, a, um.** *part. de* Opto. *Cic.* Lo que es deseado. || Agradable, gustoso, grato. *com. ior. sup. issĭmus.*

**Optĕria, ōrum.** *n. plur.* Lo que se da por ver alguna cosa. || Dádivas que el marido da á la muger la primera vez que la ve.

**Optĭce, es.** *f. Vitruv.* La óptica, *parte de las matemáticas, que trata del órgano y modo de la vision y de los rayos visuales.*

**Optĭcus, a, um.** Óptico, perteneciente á la óptica.

**Optĭmas, ātis.** y

## ORA

**Optimātes**, um. *com. plur. Cic.* Los principales, los grandes, la gente mas visible por su nobleza y empleos, de un estado. *Optimates matronae. Cic.* Las matronas, las señoras de la primera distincion.

**Optime**. *adv. Cic.* Optima, perfectísimamente; muy bien, escelentemente. *Optime omnium. Cic.* Del mejor modo del mundo.

**Optimĭtas**, ātis *f. Marc. Cap.* Bondad, la calidad de lo bueno.

**Optĭmus**, a, um. *Cic.* Optimo, muy bueno, perfecto, escelente.

**Optio**, ōnis. *f. Plaut.* Opcion, eleccion, facultad, libertad, accion, derecho de elegir. ∥ *Fest.* Lugarteniente, subdelegado, sustituto en la milicia. ∥ Ayudante, coadjutor. ∥ Comisario de víveres.

**Optionātus**, us. m. *Fest.* El oficio, la funcion del ayudante ó coadjutor en alguna cosa.

**Optīvus**, a, um. *Hor.* Adoptivo, elegido, escogido.

**Opto**, as, avi, atum, āre. *a. Cic.* Desear, apetecer. ∥ Optar, escoger, elegir. *Optare locum tectis. Virg.* Desear un parage donde fixar su domicilio, donde fundar.— *A diis immortalibus. Cic.* Pedir con votos á los dioses inmortales.

**Optŭmus**. *ant. Plaut. V. Optimus.*

**Opŭlens**, tis. *com. Nep.* Opulento, rico, abundante.

**Opŭlente. y**

**Opŭlenter**. *adv. Liv.* Opulenta, rica, espléndidamente. ∥ Magnífica, suntuosamente.

**Opŭlentia**, ae. *f.* y

**Opŭlentĭtas**, atis. *f. Plaut.* Opulencia, riqueza, abundancia de bienes.

**Opŭlento**, as, avi, atum, āre. *a. Hor.* Enriquecer, hacer rico, opulento. *Aves mensam dapibus opulentant. Col.* Las aves enriquecen las mesas, son el mejor de los manjares.

**Opŭlentus**, a, um. *Cic.* Opulento, rico. ∥ *Liv.* Poderoso, de gran poder. *Opulentus pecuniae. Tac.* Rico en dinero.— *Auro. Plaut. Opulentior factio. Liv.* Faccion, partido mas poderoso, mas fuerte.

**Opŭlesco**, is, ĕre. *n. Gel.* Enriquecerse, hacerse rico.

**Opŭlus**, i. *f. Col.* El acer menor, *arbusto de que se usa para sostener y casar las vides.*

**Opuncŭlo**, ōnis. *m. Fest.* Cierto pájaro.

**Oppuntii**, ōrum *m plur. Plin.* Los naturales y habitantes de Opuncia en Beocia.

**Opuntius**, a, um. *Plin.* Lo perteneciente á Opuncia, ciudad de Beocia. *Opuntius sinus. Liv.* El golfo de Negroponto en el Archipiélago.

**Opus**, untis. *f. Plin.* Opuncia, *ciudad de los locrenses en Beocia.*

**Opus**, ĕris. *n. Cic.* Obra, trabajo. ∥ Artificio, industria. ∥ *Caes.* Obra de fortificacion. ∥ *Virg.* Empleo, ocupacion. *Opere omni anniti. Plin.* Procurar con todo esfuerzo.— *Nimio. Cic.* Demasiadamente, con esceso.— *Maxime te orabat. Cic.* Te rogaba con las mayores instancias.— *Antiquo. Cic.* Á la antigua.— *Tanto. Plaut.* En lugar de tantopere. Mucho, grandemente. *Operum vacuus. Hor.* Hombre desocupado, que nada tiene que hacer. *Operibus urbem claudere. Nep.* Cercar una plaza, rodearla con obras, reparos.

**Opus**. *indecl. n. Cic.* Necesidad, aquello de que se necesita, se carece. *Opus nihil est hac arte. Plaut.* No hay necesidad de ó no es menester esta astucia.— *Est maturato. Liv. Properato. Cic.* Es menester apresurarse.— *Est scito. Ter.* Es menester, es preciso saberlo.— *Quid facto est? Ter.* ¿Qué se debe hacer?— *Quid dicto est? Ter.* ¿Qué se debe decir?— *Est. Cic.* Es preciso, es necesario, es menester. *Dux nobis opus est. Cic.* Tenemos necesidad de, necesitamos un capitan, un conductor, una guia. *Opus sunt milites. Plaut.* Se necesitan, son menester soldados.— *Est lectionis. Quint.* La lectura es necesaria.

**Opuscŭlum**, i. *n. Cic.* Opúsculo, obrilla, obra corta.

## OR

**Ora**, ae. *f. Cic.* Borde, estremo, estremidad, márgen,

## ORB

fin. ∥ Término, límite, confin, frontera. ∥ País, tierra, region, clima. ∥ Orilla, ribera, costa. ∥ *Liv.* Cable de una áncora. *Orae vulneris. Cel.* Los labios de una herida.— *Luminis. Lucr.* La vida. *Superis concedere ab oris. Virg.* Morir, partir de este mundo. *Ora. Ov.* La diosa de la hermosura y de la juventud.

**Oracŭlum**, i *n. Cic.* Oráculo, respuesta de los dioses de la gentilidad. ∥ Templo, lugar sagrado donde se daban los oráculos. ∥ Sentencias, palabras notables de los hombres grandes.

**Orāmentum**, i. *n. Plaut.* Oracion, peticion, ruego.

**Orandus**, a, um. *Virg.* Lo que se ha de pedir ú orar.

**Orans**, tis. *com. Virg.* El que pide, ruega, suplica.

**Orārium**, ii. *n. Lucil.* Pañuelo, lienzo para limpiar el rostro, el sudor.

**Orārius**, a, um. *Plin. men.* Lo perteneciente á las orillas ó costas.

**Orāta**, ae. *f. Col.* El pez dorada.

**Oratim**. *adv. Solin.* Costeando, de una en otra costa.

**Oratio**, ōnis. *f. Cic.* Oracion, habla, lenguage, estilo, modo de hablar ó escribir. ∥ Oracion, discurso, arenga, plática, sermon. *Honesta oratio est. Cic.* Es una escusa, una razon honesta. *Orationis condimentum. Quint.* La gracia, la sal de un discurso. *Satis in eo orationis. Cic.* Fue hombre bastante elocuente.

**Oratiuncŭla**, ae. *f. Cic.* Oracioncita, discursito, discurso corto.

**Orator**, ōris. *m. Cic.* El orador elocuente, abogado. ∥ Embajador, enviado, diputado para pedir alguna cosa. ∥ *Plaut.* El que pide, ruega, suplica.

**Oratōria**, ae. *f. Quint.* El arte oratoria, la retórica. ∥ La elocuencia.

**Oratōrie**. *adv. Cic.* Elocuentemente, como de un orador.

**Oratōrium**, ii. *n. Bibl.* El oratorio.

**Oratōrius**, a, um. *Cic.* Oratorio, lo que pertenece á la oratoria, á la elocuencia, al orador.

**Oratrix**, ĭcis. *f. Plaut.* La que ruega, pide.

**Orarum**, i. *n. Ter.* Peticion, ruego, súplica.

**Oratus**, us. *m. Cic.* Ruego, instancia.

**Oratus**, a, um. *part. de Oro. Plaut.* Pedido, rogado, suplicado.

**Orbatio**, ōnis. *f. Sen.* Privacion.

**Orbātor**, ōris. *f. Ov.* El que priva á otro de los hijos.

**Orbātus**, a, um. *part. de Orbo. Cic.* Privado. *Orbatus progenie. Cic.* Privado de sus hijos, el que los ha perdido, aquel á quien se le han muerto.

**Orbiculāris**. *m. f. re. n. is. Apul.* Orbicular, redondo, circular.

**Orbiculātim**. *adv. Plin.* En redondo, á la redonda, orbicularmente, en círculo.

**Orbiculātus**, a, um. *Cic.* Circular, redondo.

**Orbicŭlus**, i. *m. Plin.* Círculo pequeño, redondel, rodaja. ∥ *Cat.* Polea.

**Orbicus**, a, um. *Varr.* Circular, redondo.

**Orbifĭco**, ās, āre. *a. Non.* Privar, dejar huérfano.

**Orbile**, is. *n. Varr.* La circunferencia de una rueda.

**Orbis**, is. *m. Cic.* Círculo, redondez. ∥ Globo, mundo, universo. ∥ Pais, tierra, region. ∥ *Ov.* Multitud. *Orbis rotarum. Plin.* La circunferencia de las ruedas.— *Pilae. Plin.* Redondez de una pelota.— *Lacteus. Cic.* La via láctea.— *Signifer. Cic.* El zodiaco.— *Annuus. Virg.* Un año, la vuelta de un año.— *Saltatorius. Cic.* Danza en redondo, á la redonda.— *Anguis. Ov.* Rosca de una culebra.— *Astrorum. Cic.* Movimiento circular de los astros.— *Oblaqueationis. Cic.* Foso que se hace en el invierno al pie de un árbol.— *Orationis. Cic.* Union de un discurso.— *Ingens in urbe fuit. Ov.* Hubo un gran concurso en la ciudad.— *Doctrinae. Quint.* Enciclopedia, enlace, encadenamiento de todas las ciencias.— *Lunae. Plin.* El globo de la luna.— *Lybicus. Marc.* Mesa redonda de la Libia.

**Orbĭta**, ae. *f. Cic.* La rodada, señal, surco que deja la rueda en el suelo blando. ∥ Señal que deja una ligadura. ∥ La rueda. *Orbita lunae. Sever.* La órbita ó curso de la luna.

**Orbĭtas**, atis *f. Plin.* Orfandad, privacion de padres ó hijos. ∥ Viudedad. *Orbitas luminis. Plin.* Privacion de la vista.

**Orbitădo, ĭnis.** *f. Non.* V. Orbitas.

**Orbo, as, ävi, ătum, āre.** *a. Cic.* Privar, quitar. *Orbare se luce. Cic.* Privarse de la luz. — *Equitatu ducem. Plin.* Deshacer toda la caballería de un general.

**Orbŏna, ae.** *f. Plin.* Orbona, *diosa bajo cuya proteccion estaban los huérfanos, las viudas y los padres que habian perdido sus hijos.*

**Orbus, a, um.** *Cic.* Huérfano. ‖ Privado de lo que amaba. ‖ El que ha perdido sus hijos. *Orbus auxilii. Plaut.* Privado de todo socorro. — *Luminibus. Plin.* Ciego, que ha perdido la vista. *Orbi palmites. Col.* Sarmientos que no echan renuevos.

**Orca, ae.** *f. Pers.* Orca, *monstruo marino, especie de ballena, y contrario de ella.* ‖ *Plin.* Orza, tinaja, barril para guardar higos, aceite, vino y otras cosas. ‖ Bote de olores y afeites.

**Orcădes, um.** *f. plur. Plin.* Las Orcades, *islas al norte de Escocia.*

**Orceius, ii.** *m. Gel.* El tesoro. ‖ El sepulcro.

**Orchestra, ae.** *f. Cic.* Orquesta, *la parte mas baja del teatro donde los griegos tenian los bailes, y donde entre los romanos se sentaban los senadores. Entre nosotros se da el nombre de orquesta á un coro de música.* ‖ *Juv.* El senado.

**Orchia lex.** *f. Macrob.* Ley del tribuno de la plebe Orquio, *la primera de las suntuarias, que prescribia el número de convidados que podia haber en un festin, y que se tuviese abierta la puerta de la casa.*

**Orchis, is, ó itis.** *Plin.* Yerba llamada cojon de perro. ‖ La aceituna orcal ó judiega.

**Orchitis, is.** *f. Cat.* La aceituna orcal ó judiega.

**Orchomēnii, ōrum.** *m. plur. Just.* Orcomenios, *los naturales y habitantes de Orcomeno en Beocia.*

**Orchomēnius, a, um.** *Plin.* Lo perteneciente á Orcomeno, *ciudad y rio de Beocia.*

**Orchomēnum, i.** *n. Plin.* Orcomeno, *ciudad y rio de Beocia.* ‖ Rio de Tesalia.

**Orcinĭānus, a, um.** *Marc.* Lo perteneciente al orco, al infierno, á la muerte, al funeral.

**Orcĭnus, a, um.** *Ulp.* Lo perteneciente al orco, al infierno, á la muerte. *Orcini senatores. Suet.* Los senadores, *que despues de la muerte de César se introdujeron en el senado, fingiendo nombramientos en las actas de César.*

**Orcius, a, um.** *Gel.* y

**Orcĭvus, a, um.** *Nev.* Lo perteneciente al sepulcro.

**Orcŭla, ae.** *f. Cat.* Orcita, orza, vasija pequeña para guardar algun licor.

**Orcus, i.** *m. Cic.* El orco, el infierno. ‖ La oscuridad de él. ‖ Pluton. ‖ La muerte. *Rationem cum orco habere. Varr.* Esponerse á peligro de muerte por corto interes.

**Orcynus, i.** *m. Plin.* El ton, *pez marino muy grande.*

**Ordeum.** V. Hordeum.

**Ordia, ōrum.** *n. plur. Lucr.* Principios.

**Ordibor.** *ant.* en lugar de Ordiar.

**Ordiendus, a, um.** *Cic.* Lo que se ha de empezar.

**Ordinālis.** *m. f. lĕ. n. is. Prisc.* Ordinal, lo perteneciente al órden, á los nombres numerales de órden, como primero, segundo &c.

**Ordinărie.** *adv. Tert.* Ordinalmente, con órden.

**Ordinărius, a, um.** *Col.* Ordenado, puesto, dispuesto, colocado con ó por órden. ‖ *Suet.* Ordinario, comun, acostumbrado, regular. ‖ De primer órden, de la primera clase. *Ordinarius lapis. Vitruv.* Piedra labrada para colocarla en cierto lugar. ‖ *Homo. Fest.* Pleitista, enredador. — *Gladiator. Suet.* Gladiador introducido en tiempo y con el debido modo y aparato. — *Consul. Suet.* Cónsul elegido con las formalidades necesarias. — *Servus. Ulp.* Siervo que tiene otros á sus órdenes. *Vitis ordinaria. Col.* Viña plantada con órden.

**Ordinăte.** *adv.* y

**Ordinātim** *adv. Ces.* Ordenadamente, con órden, arreglo. ‖ Por clases.

**Ordinātio, ōnis.** *f. Plin.* Ordenacion, órden, arreglo, colocacion, disposicion, distribucion. ‖ Gobierno, administracion, manejo. ‖ Creacion de magistrados, eleccion, promocion. ‖ Exactitud, arreglo de un modelo.

**Ordinātīvus, a, um.** *Tert.* Lo que significa órden y arreglo.

**Ordinātor, ōris.** *m. Sen.* Ordenador, el que pone, coloca en órden. *Ordinator litis. Sen.* El que instruye, forma, dispone un proceso.

**Ordinātus, a, um.** *Liv.* Ordenado, puesto, dispuesto, colocado en órden. *part. de*

**Ordĭno, as, ăvi, ātum, āre.** *a. Cic.* Ordenar, poner, disponer, distribuir, colocar en ó por órden. ‖ *Suet.* Crear, elegir un magistrado. *Ordinare vineam paribus intervallis. Col.* Plantar una viña por calles iguales, á distancias iguales entre las cepas. — *Litem. Cic.* Instruir un proceso. — *Improbas cogitationes. Sen.* Fraguar malos, depravados designios. — *Aliquem. Suet.* Crear á uno magistrado.

**Ordior, īris, sus sum, dīri.** *dep. Sen.* Urdir la tela, empezar á tejerla, hacer la trama. ‖ Empezar, comenzar, dar principio.

**Orditus, a, um.** *En lugar de* Orsus. *part. de* Ordior. *Sidon.* Empezado, comenzado.

**Orditus, us.** *m.* y

**Ordium, ii.** *n. Plaut.* El principio, comienzo, empiezo.

**Ordo, ĭnis.** *m. Cic.* Órden, colocacion, distribucion, disposicion. ‖ Clase, estado, condicion, calidad, gremio. ‖ Serie, enlace, encadenamiento, union. ‖ Regularidad, regla, policía, arreglo. *Ordo obliquus signorum. Virg.* El zodiaco. — *Publicanorum. Cic.* El gremio, el cuerpo de los arrendistas, arrendadores de rentas. *Ordinem rectum licentiae injicere. Her.* Reprimir la licencia, reformar los abusos, establecer policía. *Ordine uno omnes habere. Virg.* Medir á todos con una misma medida, tener á todos en el mismo concepto. *In ordinem aliquem cogere. Sen.* Hacer entrar á uno en su deber, en su obligacion. *Ordines ducere. Ces.* Mandar un cuerpo de tropas. — *Ordine. Ter. Ex ordine. Hor.* Por su órden. *Directo ordine. Cic.* En fila, en hilera.

**Ordonĭcae, ārum.** *m. plur. Tac.* Pueblos de Inglaterra hoy el condado de Norfolc.

**Orea, ae.** *f. Cat.* El freno, el bocado.

**Oreădes, dum.** *f. plur. Virg.* Oreades, *ninfas de los montes.*

**Oreb.** *indecl. Bibl.* Oreb, *monte de Arabia.*

**Oreum, i.** *n. Plin.* Especie de polígono, *planta.*

**Oreosĕlĭnum, i.** *n. Plin.* Especie de apio que se cria en los montes.

**Oresĭtrŏphus, i.** *m. Ov.* Nombre de un perro de Acteon.

**Orestae, ārum.** *m. plur. Cic.* Pueblos de Epiro, de la Gedrosia.

**Orestes, ae, y is.** *m. Hor.* Orestes, *hijo de Agamemnon y Clitemnestra, á quien se metieron las furias en el cuerpo por haber dado muerte á su madre.* ‖ *Gel.* Un libro de Varron intitulado *Orestes* ó de la locura.

**Orestēus, a, um.** *Ov.* Lo perteneciente á Orestes.

**Orĕus, a, um.** *Fest.* Montaraz, lo que es del monte, que vive ó se cria en él.

**Oreus, i.** *m. Fest.* Sobrenombre de Baco; *á quien se hacian sacrificios en los montes.*

**Orexis, is.** *f. Juv.* El apetito, el hambre, la gana de comer.

**Orgănārius, ii.** *m. Amian.* Organero, el que hace órganos, instrumentos, máquinas.

**Orgănice.** *adv. Vitruv.* Por máquinas, por medio de algun instrumento.

**Orgănĭci, ōrum.** *m. plur. Lucr.* Organistas, músicos, los que tocan instrumentos músicos.

**Orgănĭcus, a, um.** *Vitruv.* Orgánico, lo perteneciente á máquinas ó instrumentos músicos ó de otra especie. ‖ *Lucr.* Armonioso, sonoro. ‖ Organizado, lo que consta de órganos.

**Orgănĭcus, i.** *m. Lucr.* El que hace instrumentos músicos ó los toca.

**Orgănum, i.** *n. Col.* Instrumento, máquina para hacer alguna cosa. *Organum pneumaticum. Plin.* Máquina neumática. *Organa hydraulica. Vitruv.* Máquinas hidráulicas que se manejan por medio del agua.

**Orgia, ōrum.** *n. plur. Virg.* Sacrificios nocturnos, *que se hacian á Baco cada tres años.* Las fiestas bacanales.

Orgiophanta, ae. m. *Inscr.* El sacerdote que enseña los ritos de las fiestas de Baco.

Oria, ae. f. *Plaut.* Barca de pescador.

Oribāsus, i. m. *Ov.* Nombre de un perro de caza.

Oribāta, ae. m. *Jul. Firm.* El que trepa por los montes.

Orichalcum, i. n. *Plin.* El oropel, *lamina de latón batida*.

Oricilla, ae. f. *Cic.* Orejita, oreja pequeña. *Oricilla imula. Cat.* El cabo de la oreja.

Oricius, a, um. *Plin.* Lo perteneciente á Orco, *ciudad de Epiro.*

Oricularius, a, um. *Cels.* Auricular, lo que pertenece á la oreja.

Oricum, i. n. *Hor.* y

Oricus, i. f. *Ces.* Orco, *ciudad marítimo de Epiro.*

Oriens, tis. com. *Cic.* Lo que nace, sale, se levanta ó aparece de nuevo. *Oriens sol. Cic.* El levante, el oriente. *Orientes dentes. Plin.* Dientes que nacen, que salen. *Septimus oriens. Ov.* El séptimo dia.

Orientalis. m. f. lē. n. is. *Liv.* Oriental, lo que es del oriente ó levante, que mira á ó viene del oriente.

Orificium, ii. n. *Macrob.* Orificio, abertura, boca, ahujero.

Origanites vinum. *Cat.* Vino aderezado con orégano.

Origanum, i. n. y

Origanus, i. f. *Plin.* El orégano, *planta.*

Originalis. m. f. lē. n. is. *Apul.* Original, lo que es del orígen ó le pertenece.

Originaliter. adv. *S. Ag.* Originalmente, segun el orígen.

Originarius, a, um. *Cod.* Originario, oriundo, lo que trae su orígen de otra cosa.

Originatio, ōnis. f. *Quint.* Etimología, orígen de las palabras.

Originitus. adv. *Amian.* De orígen, de su principio.

Origo, ĭnis. f. *Cic.* Orígen, principio, causa, nacimiento, raza. Etimología. *Originis modicus. Tac.* De bajo nacimiento. *Origine clarus. Ov.* De una casa ilustre.

Orion, ōnis. m. Orion, *hijo de Júpiter, Mercurio y Neptuno, cazador famoso.* ∥ Orion, *constelacion.*

Orior, iris, ortus sum, iri. *dep. Cic.* Nacer, salir, levantarse, aparecer de nuevo, comenzar á ser. *Sermonem oriri. Cic.* Empezar la conversacion.

Oripelargus, i. f. *Plin.* Águila, especie de buitre, mayor que las otras, pero cobarde.

Oris. *gen. de Os.*

Orites, ae. m. *Plin.* Especie de piedra preciosa.

Orithion, y Orithios, ii. m. *Sid.* Nombre de un monte.

Orithia, ae. f. *Ov.* Oritia, *hija de Ericteo, rey de Atenas, transformada en viento.*

Oritis, is. f. *Plin.* Una piedra preciosa.

Oriturus, a, um. *Hor.* El que ha ó tiene de nacer.

Oriundus, a, um. *Liv.* Oriundo, descendiente, originario. *Oriundus Syracusis. Liv.* Oriundo de Siracusas. — *Ex Albanis. Liv.* Que trae su orígen de Alba. — *Ab Ulysse. Liv.* Descendiente de Ulises.

Ormenis, ĭdis. f. *Ov.* Hija de Ormenio, Astidamia.

Ornāmen, ĭnis. n. *Marc. Cap.* y

Ornamentum, i. n. *Cic.* Ornato, adorno, ornamento, guarnicion. ∥ Divisa, insignia, distintivo. ∥ Honra, lustre, esplendor, dignidad. *Ornamento esse civitati. Cic.* Servir de ornamento á la ciudad. — *Esse propinquis. Liv.* Hacer honor á sus parientes, ser la honra de su casa, dar lustre á su familia. *Ornamenta. Cic.* Dignidades, honores, empleos, cargos. ∥ Gracias, adornos, bellezas.

Ornandus, a, um. *Cic.* Lo que se ha de adornar.

Ornate, ius, issime. adv. *Cic.* Adornadamente, con adorno, ornato, con gracia, de un modo florido.

Ornatio, ōnis. f. *Vitruv.* Exornacion, adorno.

Ornator, ōris. m. *Jul. Firm.* Exornador, el que adorna.

Ornatrix, ĭcis. f. *Ov.* Camarera, doncella, criada que cuida de vestir y peinar á su señora.

Ornatus, us. m. *Cic.* Adorno, ornato, compostura. ∥ Vestido. ∥ Gracia, belleza. ∥ Insignia, divisa, distintivo. *Ornatus regius. Cic.* Insignias, vestiduras reales. — *Persicus. Cic.* Vestido á la persiana. — *Militaris. Cic.* Insignias, divisas de honor de la milicia. ∥ Armas, armadura. —

*Equi. Plin.* Juez de caballo. — *Orationis, oratorius. Cic.* Flores de la retórica, gracias, ornato de un discurso. — *Theatri. Vitruv. Scenae. Cic.* Decoracion del teatro. — *Virginis. Virg.* Compostura, engalanadura de una doncella.

Ornātus, a, um, ior, issimus. *part. de Orno. Cic.* Adornado. *Ornatus capillus. Tib.* Cabello bien peinado. — *Rebus omnibus. Lucr.* Que excede, que sobresale en todas las cosas. *Ornatissimus fundus. Cic.* Heredad, hacienda bien abastecida, donde nada falta. *Ad dicendum locus ornatissimus. Cic.* Lugar muy honorífico para hablar en público. *Naves omni genere armorum ornatissimae. Ces.* Naves muy bien surtidas, pertrechadas de todo género de armas.

Orneus, a, um. *Col.* Lo que es de madera de olmo, de fresno silvestre, de quegigo.

Ornithiae, ārum. m. plur. *Vitruv.* Vientos septentrionales, *que suelen reinar treinta dias al principio de marzo.*

† Ornithoboscion, ii. n. *Varr.* Corral de aves.

Ornithogale, es. f. *Plin.* y

Ornithogalum, i. n. Cierta yerba blanca como leche.

Ornithon, ōnis. m. *Varr.* y

Ornithotrophium, ii. n. Corral donde se crian aves.

† Ornis, igis. f. Gallina silvestre, *especie de faisan.*

Orno, as, avi, ātum, āre. a. *Cic.* Adornar, componer, hermosear, engalanar. ∥ Honrar. ∥ Equipar, proveer, aprestar. *Ornare aliquem laudibus. Cic.* Alabar á alguno. — *Praetoriam potestatem. Cic.* Dar lustre á la potestad pretoria. — *Fugam. Tert.* Disponer la fuga, prepararse para ella. — *Aliquem sententiis. Cic.* Dar un testimonio honroso, honorífico de alguno. — *Verbis munus. Tert.* Acompañar un presente con palabras. ∥ Relevar el presente que se recibe con alabanzas, cortesmente. — *Classem. Cic.* Equipar, proveer una armada. — *Alicujus egressum frequentia. Cic.* Honrar la partida de alguno con mucho concurso para despedirle. — *Convivium. Cic.* Disponer, preparar un convite. — *Candidatum suffragio. Plin. men.* Ayudar con su voto al pretendiente. — *Consules. Cic.* Asignar provincias á los cónsules.

Ornus, i. f. *Hor.* El olmo. ∥ El fresno silvestre, el quegigo, *árboles.*

Oro, as, avi, ātum, āre. a. *Cic.* Orar, pedir, rogar, suplicar con ruegos. ∥ Hablar, arengar en público, perorar. ∥ Defender causas. *Orare veniam dapibus. Ov.* Escusar, pedir que se disimule la cortedad de un convite. — *Aliquid ab aliquo. Plaut. Aliquid aliquem. Virg.* Pedir alguna cosa á alguno. — *Per omnes deos. Hor.* Pedir por, en nombre de todos los dioses. — *Causam. Cic.* Perorar, defender su causa propia. — *Gnato uxorem. Ter.* Pedir una hija en casamiento para su hijo. — *Admitti. Virg.* Pedir ser admitido. — *Unum vos oro. Ter.* Una cosa os pido.

Orobanche, es. f. *Plin.* Cola de leon, *yerba.*

Orobax, cis. f. y

Orobia, ae. f. *Plin.* Especie de incienso de muy menudos granos.

Orobinus, a, um. *Plin.* Lo que es de color de lodo.

Orobitis, is. f. *Plin.* Especie de borax artificial.

Orontes, is y ae. m. *Plin.* Oronte, *rio muy grande de la Siria, que baja del monte Líbano.*

Oronteus, a, um. *Prop.* Lo perteneciente al rio Oronte. ∥ Siriaco, lo que es de la Siria.

Orope, es. f. *Ecles.* Orope, *ciudad de Isaria.*

Oropus, i. f. *Cic.* Ropo, *ciudad de Beocia cerca de la Atica, en la Acaya.*

Orosius, ii. m. Pablo Orosio, *presbítero español, que floreció á fines del IV siglo, y escribió á ruegos de S. Agustin un compendio de historia universal, desde el principio del mundo hasta su tiempo, con bastante pureza y elegancia de estilo.*

Orphaicus, a, um. *Macrob.* Lo perteneciente á Orfeo.

Orphanotrophium, ii. n. *Dig.* Hospital de huérfanos.

Orphanotrophus, i. m. *Dig.* El que cuida del hospital de huérfanos. ∥ El huérfano que se cria en el hospital ú hospicio.

Orphanus, a, um. *Bibl.* Huérfano, el que no tiene ó

## OS

está sin padres. *Dícese también de los padres que han perdido sus hijos.*

**Orphēus**, i. m. *Virg.* Orfeo, *hijo de Apolo y de la musa Caliope, natural de Tracia, uno de los primeros poetas y célebre músico.*

**Orphēus**, a, um. *Ov.* y

**Orphĭcus**, a, um. *Cic.* Lo perteneciente á Orfeo.

**Orphnaeus**, i. m. *Claud.* Uno de los cuatro caballos del carro de Pluton.

**Orphus**, i. m. *Plin.* Un pez marino rubio.

**Orsa**, ōrum. n. plur. *Plin.* Principio, empresa.

**Orsum**, i. n. *Virg.* Empresa, designio.

**Orsus**, us. m. *Cic.* Principio, exordio.

**Orsus**, a, um. *Cic. part. de* Ordior. El que ha empezado, emprendido ó comenzado. || *Col.* Empezado. *Orsus in foro dicere. Cic.* El que ha empezado á hablar en el foro, en los tribunales.

**Ortampĕlos**, i. f. *Plin.* La vid que se sostiene por sí, sin adminículo.

**Orthium carmen**. n. *Gel.* Cancion en tono muy alto, *que cantó Arion estando para ser arrojado al mar.*

**Orthŏcissos**, i. f. *Col.* Yerba que crece mucha en alto como la yedra.

**Orthŏcōlus**, a, um. *Virg.* Cojo. *Se dice de las caballerías, que por demasiada carga y trabajo de caminos quebrados padecen contraccion de nervios en los pies, y no pueden sentar el casco planamente en tierra.*

**Orthŏdoxus**, a, um. *Dig.* Ortodoxo, que siente bien, sanamente acerca de la fe.

**Orthŏgōnius**, a, um. *Vitruv.* Rectángulo, lo que consta de ángulos rectos.

**Orthŏgōnus**, i. m. Ángulo recto.

**Orthŏgrāphia**, ae. f. *Quint.* Ortografía, *arte de escribir correctamente.* || *Vitruv.* Elevacion geométrica, representacion de un edificio sobre un plano por líneas orizontales.

**Orthŏgrăphus**, a, um. *Plin.* El que escribe correctamente, con exactitud de ortografía.

**Orthŏmasthĭca**, mala. n. *Plin.* Especie de peras gruesas y de figura de tetas.

**Orthŏphallĭcus**, a, um. *Varr.* Obceno, sucio.

**Orthophna**, ae. f. *Plin.* Dificultad de la respiracion, especie de asma.

**Orthophnoicus**, a, um. *Plin.* El que respira con dificultad, que padece de asma.

**Orthostātes**, y Orthostata, ae. m. *Vitruv.* Pie derecho, coluna, pilastra, y cualquiera otra cosa de madera ó piedra, que se tiene derecha.

**Orthrăgŏriscus**, i. m. *Plin.* Puerco marino, *pez muy grande.*

**Orthrus**, i. m. *Estac.* Nombre de un perro de ganado de Gerion.

**Ortīvus**, a, um. *Apul.* Lo perteneciente al nacimiento.

**Ortus**, us. m. *Cic.* El nacimiento, natividad, orígen, estraccion, principio. || El oriente, el levante de los astros. *Ortus solis. Cic.* El oriente del sol. *Ortu nobilis. Sil. Ital.* De noble nacimiento. — *Tusculanus fuit Cato. Cic.* Caton nació en Túscoli, era natural de dicha ciudad.

**Ortus**, a, um. *part. de* Orior. *Cic.* Nacido, originado. *Orta à me tibi nulla est injuria. Ter.* Yo no te he hecho injuria alguna.

**Ortygia**, ae. f. *Virg.* y

**Ortygie**, es. f. *Ov.* Ortigia, *isla del mar Egeo.* || Isla cercana á Sicilia. || Efeso, *ciudad de Jonia.*

**Ortygius**, a, um. *Ov.* Lo perteneciente á Ortigia.

**Ortygomĕtra**, ae. f. *Plin.* La reina de las codornices, la mayor, que conduce á las demas.

**Oryx**, ygis. f. *Plin.* La codorniz, *ave.* || La yerba llanten.

**Orum**. ant. *Fest.* en lugar de *Aurum.*

**Oryx**, ygis. m. *Plin.* Especie de cabra de Getulia, *que tiene un solo cuerno, y el pelo hacia la cabeza al contrario de los otros animales.*

**Oryza**, ae. f. *Hor.* El arroz, semilla.

## OS

**Os**, ōris. n. *Cic.* La boca. || *Cic.* El rostro. || Embocadura de un rio. || *Plin.* Lengua, lenguage, habla. || Descaro, desvergüenza. || Presencia, traza. || *Virg.* Abertura, entrada. || *Ov.* Pudor, vergüenza. *Os nocturnum. Plaut.* Rostro feo. — *Durum. Ov.* Aire descarado. — *Portus. Cic.* Entrada del puerto. — *Vulneris. Virg.* Boca de una herida. — *Alicui sublinere. Plaut.* Mofarse de alguno en su presencia. — *Hominis cognoscite. Cic.* Notad la desvergüenza de este hombre. — *Laevum. Hor.* El lado izquierdo de la cara. — *Distorquere. Ter. Ducere. Cic.* Torcer la boca. — *Alicui laedere. Ter.* Hablar mal de uno en su presencia. — *Ad male dicendum praebere. Cic.* Escuchar con paciencia sus oprobrios. *Oris dos. Ov.* Dote de hablar ó de cantar bien. *In os laudare. Cic.* Alabar en presencia. *In ora hominum venire. Hor.* Andar en las bocas de los hombres, adquirir fama, reputacion entre los hombres. *Ore uno auctores fuere omnes ut. Ter.* Todos á una voz le aconsejaron que... — *Duarum et viginti gentium loquitur Mithridates. Plin.* Mitridates hablaba veinte y dos lenguas. — *Rotundo loqui. Hor.* Hablar bien. — *Alicujus respondere. Cic.* Responder en ó por boca de otro. *Ex tuo Platonem admirer. Cic.* Admiro á Platon por tu boca, por lo que tú me dices.

**Os**, ossis. n. *Cic.* El hueso. *Ossa orationis. Ov.* El nervio, la fuerza de una oracion.

**Osca**, ae. f. *Varr.* La lana por lavar y desgrasar.

**Osca**, ae. f. *Plin.* Huesca, *ciudad del reino de Aragon en España.*

**Oscărus**, i. m. El Ousche, *rio de Francia.*

**Osce**. adv. *Gel.* En lengua osca.

**Oscēdo**, ĭnis. f. *Gel.* El bostezo, la costumbre de bostezar con frecuencia. || Mal olor del aliento. || Úlceras que suelen salir en la boca á los niños.

**Oscen**, ĭnis. m. *Hor.* Ave que con su canto da auspicios ó agüeros, *como el cuervo, la corneja.*

**Oscenses**, ium. m. plur. *Ces.* Los naturales y habitantes de Huesca en España.

**Oscensis**, m. f. se. is. *Liv.* Lo perteneciente á Huesca, ciudad de España.

**Osci**, ōrum. m. plur. *Virg.* Pueblos de Campania en Italia.

**Oscilla**, ōrum. n. plur. *Fest.* Fiestas en honor de Baco, en que los hombres se columpiaban en cuerdas. || *Virg.* Máscaras. || Pequeñas figuras humanas, que se ofrecian á Saturno y á Platon en las espiaciones.

**Oscillans**, tis. com. *Fest.* El que se columpia en una cuerda.

**Oscillatio**, ōnis. f. *Petron.* El columpio, la diversion de columpiarse.

**Oscillo**, ās. *are. a. Fest.* Enmascararse. || Columpiarse.

**Oscillum**, i. n. *Col.* Boquita, boca pequeña. || Abertura, entrada pequeña.

**Oscinum**, i. n. *Cic.* Agüero que se sacaba del canto de las aves.

**Oscitabundus**, a, um. *Cic.* y

**Oscĭtans**, tis. com. *Cic.* El que bosteza á menudo. || Descuidado, perezoso, negligente, soñoliento.

**Oscitanter**. adv. *Cic.* Negligente, descuidadamente.

**Oscitatio**, ōnis. f. *Gel.* Bostezo, la accion de abrir la boca por sueño, ó tedio. || *Estac.* Inaccion, pereza, negligencia.

**Oscĭto**, ās. āvi. ātum. āre. *Lucr.* y

**Oscitor**, āris, ātus sum, ārī. dep. *Plaut.* Bostezar, abrírsele á uno la boca. || Estar descuidado, negligente.

**Oscŭlabundus**, a, um. *Apul.* El que quiere besar.

**Oscŭlana pugna**. *Fest.* Batalla en que el vencido inmediatamente queda vencedor.

**Oscŭlandus**, a, um. *Plaut.* Lo que se ha de besar.

**Oscŭlans**, tis. com. *Plaut.* El ó la que besa.

**Oscŭlatio**, ōnis. f. *Cic.* La accion de besar, beso.

**Oscŭlatus**, a, um. *Cic.* El que ha besado.

**Oscŭlor**, āris, ātus sum, ārī. dep. *Cic.* Besar, dar un beso.

**Oscŭlum**, i. n. *Cic.* El beso, ósculo. || *Ov.* Boquita, boca pequeña.

**Oscus**, a, um. *Cic.* Lo perteneciente á los oscos, *pueblos de Italia.*

Osim. *ant. en lugar de* Ausim.

Osiris, is, ó íridis. *m. Tib.* Osiris, *hijo de Júpiter y de Niobe, rey de los argivos, y venerado de los egipcios, á quienes sujetó.*

Osmen, *ant. Varr. en lugar de* Omen.

Osnamentum. *ant. Varr. en lugar de* Ornamentum.

Osor, ōris. *m. Plaut.* Aborrecedor, el que aborrece.

Ossa, ae. *f. Plin.* El monte Casovo ú Olira de Tesalia.

Ossaeus, a, um. *Estac.* Lo perteneciente al monte Casovo ú Olira de Tesalia.

Ossarium, ii. *n. Dig.* Urna, caja dentro del sepulcro, en que se ponian los huesos.

Osseus, a, um. *Col.* Lo que es de hueso, hecho de hueso. || Semejante, parecido al hueso. *Ossea forma. Ov.* Rostro descarnado, esqueleto. — *Manus. Juv.* Mano seca.

Ossiculātim. *adv. Non.* Hueso por hueso.

Ossiculum, i. *n. Plin.* Huesecillo.

Ossifraga, ae. *f. Plin.* y

Ossifragus, i. *m. Plin.* El águila quebrantahuesos.

Ossifragus, a, um. *Sen.* El que quiebra, quebranta los huesos.

Ossilago, ĭnis. *f. Arnob.* Diosa que cuidaba de consolidar y endurecer los huesos á los niños.

† Ossilēgus, a, um. El que recoge los huesos.

Ossipagina, ae. *f. Arnob. V.* Ossilago.

Ossis. *gen. de* Os.

Ossuarium, ii. *n. Cels.* Osario, cementerio.

Ossum, i. *m. Vart. V.* Os, ossis.

Ossuōsus, a, um. *Veg.* Lleno de huesos, huesoso.

Ostendendus, a, um. *Cic.* Lo que se ha de mostrar, manifestar.

Ostendo, is, di, sum, dĕre. *a. Cic.* Mostrar, manifestar, hacer ver, dar á conocer. *Ostendere se qui vir sit. Ter.* Darse á conocer quien es, qué hombre es. — *Se optimis. Cic.* Portarse muy bien. — *Quid sit sui consilii. Cic.* Declarar, manifestar cual es su designio. *Alicui suos mores. Ter.* Descubrir, manifestar á alguno sus inclinaciones. — *In aliquem potentiam suam. Ter.* Hacer ver el poder que se tiene sobre alguno. *Volam pedis ostendere. Calcaneum ostendere, terga vertere. adag.* Tomar las de villadiego. *ref.*

Ostensio, ōnis. *f. Tert.* Ostension, manifestacion de alguna cosa.

† Ostensiōnāles milites. *Lamp.* Soldados que por ostentacion, pompa y aparato acompañaban al príncipe.

Ostensor, ōris. *m. Tert.* Manifestador, el que muestra, da á conocer.

Ostensus, a, um. *Ter. part. de* Ostendo. Mostrado, manifestado, dado á conocer.

Ostentāmen, ĭnis. *n. Prud.* Ostentacion, manifestacion. || Jactancia, vanagloria.

Ostentārius, a, um. *Macrob.* Lo perteneciente á ostentos, prodigios.

Ostentātio, ōnis. *f. Cic.* Ostentacion, pompa, aparato, vanagloria, vanidad. || Ficcion, apariencia.

Ostentatitius, a, um. *Tert.* Lo perteneciente á ostentacion, pompa y aparato.

Ostentātor, ōris. *m. Tac.* Ostentador, vano, jactancioso, fanfarron.

Ostentātrix, īcis. *f. Prud.* La muger vana, jactanciosa.

Ostentātus, a, um. *Cic.* Mostrado, presentado. *part. de* Ostento, as, āvi, ātum, āre. *a. Plaut.* Ostentar, mostrar, manifestar, hacer ver. || Ostentar, vanagloriarse, jactarse. || Amenazar. || Ofrecer, dar. *Ostentare periculum capitis. Cic.* Hacer ver el peligro de la vida.

Ostentrix, īcis. *f. Estac.* La que muestra, manifiesta.

Ostentum, i. *n. Cic.* Ostento, prodigio, monstruo. || Presagio, agüero portentoso.

Ostentus, us. *m. Salust.* Muestra, manifestacion. *Ostentui esse. Sal.* Servir de apariencia. || De espectáculo.

Ostentus, a, um. *Ter. part. de* Ostendo. Mostrado, manifestado.

Osteologia, ae. *f.* Osteología, tratado de los huesos, arte de conocer en el cuerpo humano su figura, ligazon y disposicion.

Ostes, ae. *m. Apul.* Terremoto, temblor de tierra.

Ostfalus, a, um. El natural de Vestfalia.

Ostia, ae. *f. Liv.* Ostia, ciudad fundada por Anco Marcio á la embocadura del Tiber.

Ostiārum, ii. *n. Cic.* Impuesto sobre las puertas.

Ostiārius, ii. *m. Plin.* Portero, guarda de la puerta. || *Dig.* Ostiario, el que tiene el órden ó grado menor eclesiástico.

Ostiātim. *adv. Cic.* De puerta en puerta, de casa en casa.

Ostiensis, m. f. sĕ. n. is. *Cic.* Lo perteneciente á la ciudad de Ostia.

Ostīgo, ĭnis. *f. Col. V.* Mentigo.

Ostiŏlum, i. *n. Plin.* Puertecilla, portezuela, entrada pequeña.

Ostium, ii. *n. Cic.* La puerta. || *Virg.* Embocadura de un rio. || Las fauces. || Entrada de un puerto. *Ostium Oceani. Cic.* El estrecho de Gibraltar.

Ostocōpos, i. *m. Seren.* Dolor de huesos.

Ostracias, ae. *m. Plin.* Piedra preciosa, dura como las conchas de las ostras. || Piedra que pule como la piedra pomez.

Ostracīna, ōrum. *n. plur.* Votos de los atenienses escritos en tejas.

Ostracismus, i. *m. Nep.* Ostracismo, *destierro de diez años entre los atenienses, por hacerse sospechoso alguno al pueblo con su poder y crédito.*

Ostracītes, ae. *m. Plin. V.* Ostracias.

Ostracium, ii. *n. Plin.* La concha del pez púrpura. || La piedra oníque.

Ostrea, ae. *f. Cic.* La ostra, *pescado conocido.*

Ostrearia, ae. *f.* y

Ostrearium, ii. *n. Plin.* Ostrera, *lugar donde se crian y sevan las ostras.*

Ostreārius, ii. *m.* El que vende ostras. || El que las pesca.

Ostreārius, a, um. *Plin.* Lo que es de ostras ó hecho con ellas.

Ostreātus, a, um. *Plaut.* Calloso, duro como concha de ostra. *Ostreatum tergum. Plaut.* Espalda que ha criado callos con los golpes.

Ostreōsus, a, um. *Cat.* Abundante de ostras. *Ostreosior ora. Cat.* Costa mas abundante de ostras.

Ostriago, ĭnis. *f. Apul.* Yerba nace en los sepulcros y paredes cercanas á las raices de los montes.

Ostricolor, ōris. *com. Sid.* De color de púrpura, purpúreo.

Ostrifer, a, um. *Virg.* Abundante de ostras, que las produce ó cria.

Ostrīnus, a, um. *Prop.* Purpúreo, de color de púrpura.

Ostrogothi, ōrum. *m. plur. Claud.* Ostrogodos, *pueblos de la Sarmacia europea, que invadieron las Panonias, las Galias y la Italia.*

Ostrum, i. *n. Plin.* Púrpura, grana, escarlata. || Color de púrpura.

Ostrya, ae. *f.* y

Ostrys, yos. *f. Plin.* Árbol muy duro y sólido, semejante al fresno en la corteza y ramas.

Osūrus, a, um. *Cic.* El que ha de aborrecer. *V.* Odi.

Osus, a, um. *Plaut.* El que ha aborrecido.

Osyris, is. *f. Plin.* Yerba, escoba de abaleo, de sjongera, de tarai.

## OT

Otacusta, ae. *m.* y

Otacustes, ae. *m. Apul.* Espía, escucha.

Otho, ōnis. *m. Juv.* L. Roscio Oton, *Tribuno de la plebe, que promulgó una ley teatral, que separaba á los pobres de los ricos en el teatro.* || *Suet.* M. Salvio Oton, *octavo emperador romano despues de Galba, que se dió muerte vencido por Vitelio en Bebriaco.*

Othonna, ae. *f. Plin.* Otonna, *planta de Siria, que algunos llaman anémone.*

Othryades, ae. *m. Ov.* Otriades, *capitan famoso de los lacedemonios.* || *Virg.* Panto, hijo de Otrias, sacerdote de Apolo.

Othris, is, ó yos. *m. Plin.* Otris, *monte de Tesalia.* || *Estac.* De Tracia.

Othrysius, a, um. *Marc.* lo perteneciente al monte Otris de Tesalia.

Otia, ae. f. Plin. Pez marino, especie de ostra.
Otiabundus, a, um Sid. Ocioso.
Otiŏlum, i. n. Cic. Breve ocio.
Otior, āris, ātus sum, āri. dep. Cic. Estar ocioso, sin tener que hacer. ‖ Descansar, reposar, tomar ocio y reposo del trabajo, cesar de trabajar.
Otiōse. adv. Cic. Ociosamente, en reposo, sin hacer nada. ‖ Descuidadamente, con negligencia. ‖ Libre, tranquilamente, con libertad. ‖ Sin cuidado, sin pena, sin susto. ‖ Lentamente, poco á poco.
Otiosĭtas, ātis. f. Sid. La ociosidad.
Otiōsus, a, um. Cic. Ocioso, desocupado, que no tiene que hacer. ‖ Superfluo, inútil, vano. ‖ Quieto, sosegado, tranquilo. ‖ Retirado de los negocios, jubilado. *Otiosus dies.* Cic. Dia de descanso. — *Studiorum.* Plin. El que no se aplica á algun estudio. — *A metu.* Cic. Que nada teme. — *Sermo.* Quint. Discurso inútil, frívolo.
Otis, ĭdis. f. Plin. La avutarda, ave.
Otium, ii. n. Cic. Ocio, tiempo, lugar. ‖ Descanso, reposo, cesacion de trabajo. ‖ Ociosidad. *Otium scribendi non est.* Cic. No hay lugar de ó para escribir. — *Otia terere.* Virg. Pasar el tiempo sin hacer nada. — *Recte ponere.* Hor. Emplear bien el tiempo. *Otio se involvere.* Plin. Abandonarse á la ociosidad. *Res ad otium deducere.* Ces. Restituir las cosas á la paz, á la tranquilidad.
Otricŭlānus, a, um. V. Ocriculanus.
Otus, i. m. Virg. Nombre de un gigante. ‖ Cierta ave nocturna.

## OV

Oufentina tribus. Fest. Una de las tribus romanas sita en el Lacio.
Ovālis. m. f. lĕ. n. is. Gel. Lo perteneciente á la ovacion ó triunfo menor de los romanos. *Ovalis corona.* Fest. Corona de mirto que se daba al que se concedia la ovacion.
Ovans, tis. com. Liv. El que recibia el honor del triunfo menor, que entraba en Roma á pie ó á caballo, acompañado de los caballeros y del pueblo que le conducia al capitolio, donde sacrificaba una oveja. ‖ Virg. Lleno, triunfante de alegría. *Ovans successu.* Ov. Gozoso con el buen suceso.
Ovanter. adv. Tert. Con gozo, con alegría.
Ovatio, ōnis. f. Gel. Ovacion, triunfo menor que se concedia en Roma á los que ganaban victorias de poca monta. ‖ Plin. El tiempo y la accion de aovar ó poner huevos las aves y pescados.
Ovātor, ōris. m. Gel. V. Ovans.
Ovātus, a, um. Plin. Oval, lo que tiene figura de huevo. ‖ Compuesto, revuelto con huevos.
Ovātus, a, um. Pers. part. de Ovo. Triunfado. *Ovatum aurum.* Pers. Precio de la venta del botin en ocasion de un triunfo menor.
Ovātus, us. m. Val. Flac. Gritería, aclamacion de los vencedores.
Ovētum, i. n. Plin. Oviedo, *capital del principado de Asturias en España.*
Oviāria, ae. f. Varr. Rebaño de ovejas.
Oviārius, a, um. Col. Lo perteneciente á las ovejas.
Ovicŭla, ae. f. Aur. Vict. Ovejita, oveja pequeña.
Ovidius, ii. m. Sen. P. Ovidio Nason, *poeta latino, natural de Sulmona en Abruzo. Nació año de 710 de la fundacion de Roma, 41 ó 42 antes de Cristo, el dia en que fué muerto Ciceron. Escribió el Arte de amar, los Remedios del amor, los Metamorfóseos, los Tristes, el Ponto, los Fastos y las Cartas heroidas y versos contra Ibis. Es maravilloso por su pureza y claridad, y por su elocuencia. La obra de los Metamorfóseos y las Cartas heroidas son las mas apreciables de sus poesías.*
Ovīle, is. n. Virg. Aprisco, establo de ovejas ó de cabras. ‖ Liv. Plaza en el campo Marcio de Roma, cerrada con una barrera, *donde se juntaban las tribus por su órden para dar su voto en los comicios.*
Ovilio, ōnis. m. Dig. Ovejero, pastor de ovejas.
Ovilis. m. f. lĕ. n. is. Apul. y
Ovillus, a, um. Liv. ó
Ovīnus, a, um. Plin. Ovejuno, lo que es de ovejas ó lo perteneciente á ellas.

Ovipărus, a, um. Apul. Ovíparo, que pone huevos.
Ovis, is. f. Cic. La oveja. ‖ El ganado lanar. ‖ Plaut. El hombre simple, fátuo, estúpido. ‖ Tib. La lana.
Ovo, ās, āvi, ātum, āre. n. Cic. Triunfar con el triunfo menor ú ovacion. ‖ Triunfar, entrar triunfante con el triunfo menor. ‖ Virg. Triunfar de alegría.
Ovum, i. n. Cic. El huevo. *Ovum tremulum, molle, sorbile.* Cels. Huevo cocido, blando. *Ovi album, albumen, candidum, albus liquor.* Plin. Clara de huevo. — *Luteum.* Cic. — *Vitellus.* Plin. Yema de huevo. — *Putamen.* Plin. Cáscara de huevo. *Ova edere, parere.* Plin. — *Ponere.* Ov. Poner huevos. — *Fovere.* Plin. *Maturare.* Ov. Cubrir los huevos. — *Cynosura, irrita, zephyria, hyponemia.* Plin. Huevos sin galladura. *Ab ovo usque ad mala.* Hor. Desde el principio al fin de la comida. *Ova.* Liv. En el circo eran unos pilares de madera de figura oval, con que se señalaban las carreras de las quádrigas. *Ex ovo prodiit.* adag. En la plaza lo venden. ref.

## OX

Oxălis, ĭdis. f. Plin. La oxalide ó acederilla, yerba.
Oxalme, es. f. Plin. Ojalme, salmuera aceda, mezclada con vinagre.
Oxartitia, ae. f. Arte de cocina. ‖ Cocina.
Oxis, a, um. f. Gel. Bergantin ligero.
Oxĭme. adv. Fest. en lugar de Ocissime. Muy presto.
Oximum, i. n. Hiesmes, *ciudad de Normandía.*
Oxonia, ae. f. Oxford, *ciudad y universidad de Inglaterra.*
Oxoniensis. m. f. sĕ. n. is. Lo perteneciente á Oxford.
Oxonium, ii. n. V. Oxonia.
Oxus, i. m. El Giron, *rio de Sogediana.*
Oxyacantha, ae. f. Ojicanta, arbusto espinoso, especie de níspero, llamado uva espin.
Oxyacanthus, i. f. Arbusto espinoso.
Oxybii, ōrum. m. plur. Plin. Pueblos de Liguria. ‖ Los de la diócesis de Freyus en Provenza.
Oxycĕdros, i. f. Vitruv. Árbol, especie de cedro.
Oxycomĭna, ōrum. n. plur. Petron. Aceitunas con sal y vinagre.
Oxygăla, ae. f. Col. y
Oxygăla, actis. n. Plin. El queso compuesto con cebolla, tomillo, orégano, puerros y sal.
Oxygărum, i. n. Marc. Salsa de pecetillos menudos y vinagre.
Oxygōnus, i. m. Acutángulo, ángulo agudo.
Oxylăpăthum, i. n. Plin. Especie de acedera.
Oxymĕli, ĭtis. n. Plin. Brebage compuesto de vinagre y miel, ojimel de agua de la mar.
Oxymōra verba. n. plur. Asc. Palabras sentenciosas y agudas, que á primera vista parecen necias y afectadas.
Oxymiraĭne, es. f. Plin. Mirto silvestre, árbol.
Oxypŏropōla, ae. m. Plin. El que vende frutas compuestas con vinagre.
Oxypōrum, i. n. Est. Especie de salsa con vinagre.
Oxypōrus, a, um. Plin. Lo que es de sabor ácido, de vinagre.
Oxys, ĭdis. f. La vinagrera, vasija pequeña de vidrio ó de barro para el vinagre.
Oxys, yos. f. Plin. Especie de junco estéril. ‖ Trifolio, yerba que tiene tres hojas.
Oxyschaenos, i. m. Plin. Especie de junco marino.
Oxytriphyllon, i. n. Plin. Yerba, especie de trifolio.
Oxyzōmus, a, um. Apic. Compuesto con salsa ácida.

## OZ

Ozaena, ae. f. Plin. Pez, especie de pulpo, que huele muy mal. ‖ Úlcera que suele hacerse dentro de la nariz.
Ozaenĭtis, is. f. Plin. Planta, especie de nardo, que huele muy mal.
Oze, es. f. Cels. Mal olor del aliento.
Ozirat. indec. El mes de junio de los sirios.
Ozolae, ārum. m. plur. y
Ozoli, ōrum. m. plur. Los locrenses.

Ozymum, i. n. *Pers.* Chanfaina, guisado de chofes ó tripas.

# P

**Pabŭlāris.** m. f. rĕ. n. is. *Col.* Lo perteneciente al pasto.

**Pabŭlārius,** a, um. *Inscr.* Lo que es de ó pertenece al ganado.

**Pabŭlātio,** ōnis. f. *Varr.* El pasto, la pastura, pacedura, la accion de pacer. ‖ La recoleccion del pasto ó forrage, la accion de ir á buscarle.

**Pabŭlātor,** ōris. m. *Ces.* Forrageador, soldado que va con otros á forragear, á cortar y traer el forrage. ‖ El que cuida de ó apacienta animales.

**Pabŭlatōrius,** a, um. *Ulp.* Lo perteneciente al pasto ó forrage. *Pabulatoria corbis. Col.* Cesta, espuerta para poner el forrage á los animales.

**Pabŭlor,** aris, ātus sum, āri. dep. *Col.* Pacer. ‖ Forragear, ir á buscar forrage. *Pabulari oleas fimo. Col.* Estercolar los olivos. *Prodire ad mare pabulatum. Plaut.* Salir á pescar al mar para ganar el sustento.

**Pabŭlōsus,** a, um. *Sol.* Abundante de pasto.

**Pabŭlum,** i. n. *Sal.* Pasto, forrage, pienso, alimento de los animales. ‖ Comida, sustento, alimento. *Pabulum animorum. Cic.* Pasto del ánimo, lo que le entretiene y fomenta.

**Pacālis.** m. f. lĕ. n. is. *Ov.* Pacífico, lo que trae ó da paz. *Pacales flammae. Ov.* Fuegos por el regocijo de la paz. — *Olivae. Ov.* Ramos de oliva, símbolo de paz.

**Pacāte.** adv. *Petron.* Pacífica, quieta, tranquila, sosegadamente, de paz.

**Pacātio,** ōnis. f. *Front.* Pacificacion, constitucion, establecimiento de la paz.

**Pacātor,** ōris. m. *Sen.* Pacificador, conciliador de la paz, el que la procura, la ajusta, la da.

**Pacatōrius,** a, um. *Tert.* Pacífico.

**Pacātus,** a, um. *Cic.* Pacificado, pacífico, quieto, sosegado, puesto en paz. ‖ Apagado, sosegado, que no está irritado. ‖ Tranquilo, apacible, en calma, pacato.

**Pacensis.** m. f. sĕ. n. is. *Plin.* Lo perteneciente á Bejar, villa de Estremadura en España.

**Pacio,** is, ĕre. *Fest. V. Paciscor.*

**Pachȳnum,** i. n. y

**Pachȳnus,** ó Pachȳnos, i. m. f. *Plin.* Cabo Pasaro. Uno de los tres promontorios de Sicilia.

**Paciacum,** i. n. *Pay, ciudad de Normandía.*

**Pacidejānus,** y Pacidiānus, i. m. *Cic.* Pacidiano, célebre gladiador romano.

**Pacĭfer,** a, um. *Luc.* Que trae la paz, pacífico.

**Pacĭfĭcātio,** ōnis. f. *Cic.* Pacificacion, reconciliacion, composicion. ‖ Tratado de paz.

**Pacĭfĭcātor,** ōris. m. *Cic.* Pacificador, medianero, conciliador de la paz.

**Pacĭfĭcatōrius,** a, um. *Cic.* Lo perteneciente á la pacificacion ó al que concilia la paz.

**Pacĭfĭcātus,** a, um. *Plaut.* Pacificado, reconciliado. part. de Pacifico. *Pacificatus cum aliquo. Cic.* Reconciliado con alguno. *Pacificatum venire. Liv.* Venir á tratar de paz.

**Pacĭfĭce.** adv. *Bibl.* Pacifica, tranquila, sosegadamente, con paz, con suavidad y dulzura.

**Pacĭfĭco,** as, āvi, ātum, āre. a. *Just.* y

**Pacĭfĭcor,** āris, ātus sum, āri. dep. *Liv.* Pacificar, tratar de paz, conciliarla, ajustarla. ‖ Aplacar, sosegar, mitigar, suavizar. *Pacificari cum aliquo. Just.* Hacer la paz con alguno.

**Pacĭfĭcus,** a, um. *Cic.* Pacífico, quieto, apacible, que ama la paz, la procura, la hace.

**Pacio,** ōnis. f. *Fest. V. Pactio.*

**Pacio,** is, ĕre. a. *Fest.* y

**Paciscor,** ĕris, pactus sum, sci. dep. *Cic.* Pactar, tratar, acordar, prometer, convenir, estipular, hacer pacto, contrato, convenio. *Pacisci filiam alicui. Cic.* ó *Filias nuptias cum aliquo. Just.* Prometer la hija en matrimonio á alguno. — *Vitam ab hoste. Sal.* Entregarse al enemigo, salva la vida. — *Praemium ab aliquo. Cic.* Convenir en algun premio con alguno.

**Paco,** as, āvi, ātum, āre. a. *Hirc.* Pacificar, poner paz, darla, restituirla. ‖ Domar, sujetar, sojuzgar. *Pacantur vomere sylvae. Hor.* Los montes se fertilizan cultivándolos con el arado. *Pacare feras. Claud.* Amansar las fieras. *Alexander totam pacavit Asiam. Just.* Alejandro sujetó, conquistó toda el Asia.

**Pacta,** ae. f. *Vel. Pat.* Prometida, ofrecida en casamiento.

**Pactilis.** m. f. lĕ. n. is. *Plin.* Compacto, compuesto de otras cosas unidas entre sí.

**Pactio,** ōnis. f. *Cic.* Paccion, pacto, convenio, convencion, acuerdo, composicion, compromiso. *Pactionem nuptialem facere. Liv.* Acordar las capitulaciones de una boda. *Verborum pactio. Cic.* Fórmula, términos, palabras formales.

**Pactĭtius,** a, um. *Gel.* Aquello en que se ha convenido bajo ciertas condiciones.

**Pactōlis,** ĭdis. f. *Ov.* Hija de Pactolo ó ninfa de este rio.

**Pactōlus,** i. m. *Hor.* Pactolo, *rio de Lidia.*

**Pactor,** ōris. m. *Cic.* Pacificador, medianero, el que se interpone, media, aconseja la paz.

**Pactum,** i. n. *Cic.* Pacto, acuerdo, convencion, tratado, condicion. *Pacta conventa. Cic.* Artículos, condiciones preliminares de un tratado. *Exuere. Tac.* Romper un tratado, las condiciones de él. *Pactis stare. Ov.* Cumplir lo acordado ó pactado. *Hoc pacto. Cic.* Así, de esta manera. *Ex pacto. Cic.* En virtud de, segun el pacto ó lo tratado. *Nullo pacto. Cic.* De ningun modo. *Nescio que pacto. Cic.* No sé cómo.

**Pactus,** us. m. *Petron. V. Pactio.*

**Pactus,** a, um. part. *de Paciscor. Plaut.* El que ha pactado, tratado, hecho pacto ó convenio. ‖ Pactado, prometido, acordado, convenido. *Pactus salutem. Tac.* El que hace pacto de que se le deje la vida. *Pactus est duo millia. Marc.* Se convino en dos mil. *Pactis legibus. Plaut.* Bajo de ciertas leyes ó condiciones. *Pactam rem habeto. Plaut.* Da, ten esto por hecho, por concertado, ó pactado.

**Pactus,** a, um. part. *de Pango. Ov.* Fijado, plantado.

**Pacuviānus,** a, um. *Cic.* Propio del poeta Pacuvio.

**Pacuvius,** ii. m. *Cic.* Pacuvio, *poeta latino de Brindis, que nació en el siglo VI de Roma, y escribió tragedias con mal estilo, segun dice Ciceron en el Bruto, y se dedicó tambien á la pintura: Plinio, lib. 35, cap. 4, hace mencion de un cuadro suyo en el templo de Hércules.*

**Padei,** ōrum. m. plur. *Tib.* Pueblos de la India, *que se alimentan de carne humana.*

**Padānus,** a, um. *Sidon.* Lo perteneciente al Po, *rio de Italia.*

**Paderbōna,** ae. f. *Paderbon, ciudad de Alemania.*

**Padua,** ae. f. *Catul.* Padua, *ciudad de Italia.*

**Padus,** i. m. *Plin.* El Po, *gran rio de Italia.*

**Padūsa,** ae. f. *Virg.* El Po de Argenta, *canal desde el Po hasta Ravena.*

**Paean,** ānis. m. *Virg.* Himno en loor de Apolo ó de otra divinidad. ‖ Sobrenombre de Apolo. ‖ Pie de verso de cuatro sílabas. *V. Paeon.*

**Paeantiădes,** ae. m. *Ov.* y

**Paeantius,** ii. m. *Ov.* Hijo de Peante, Filoctetes.

**Paeantius,** a, um. *Ov.* Lo perteneciente á Peante.

**Paeans,** antis. m. *Ov.* Peante, *padre de Filoctetes.*

**Paedăgium,** ii. n. *V. Paedagogium.*

**Paedăgōga,** ae. f. *S. Ger.* Aya de una niña.

**Paedăgōgandus,** a, um. *Fest.* El que ha de ser instruido, educado, enseñado.

**Paedăgōgātus,** us. m. *Tert.* Educacion, enseñanza.

**Paedăgōgiānus,** a, um. *Amian.* El que está en pedagogia ó casa de educacion y enseñanza.

**Paedăgōgium,** ii. n. *Plin.* mm. Sala de pages, de criados, que están bajo un pedagogo. ‖ *Sen.* Casa de educacion. ‖ Los mismos siervos, la compañía, y como colegio de los que se crian y educan bajo un pedagogo.

**Paedăgōgus,** i. m. *Cic.* Pedagogo, ayo de niños, el que cuida de su educacion. ‖ *Plaut.* Pedante, charlatan.

**Paederos,** ōtis. f. *Plin.* Piedra preciosa muy trasparente y de varios colores. ‖ Especie de amatista. ‖ Opalo, piedra preciosa. ‖ Yerba, especie de acanto.

**Paedia**, ae. *f. Gel.* Educacion, enseñanza de la juventud. ‖ Juego, diversion.

**Paedicator**, ōris. *m. Suet.* y

**Paedico**, ōnis. *m. Marc.* Amante torpe y deshonesto.

**Paedico**, as, āre. *a. Catul.* Amar torpe y deshonestamente.

**Paedidus**, a, um. *Fest.* Sucio, asqueroso, puerco.

**Paedor**, ōris. *m. Cic.* Suciedad, porquería, por pobreza ó descuido.

**Paemani**, ōrum. *m. plur.* Pueblos de Famine, *país de Luxembourg.*

**Paeminosus**, a, um. *Varr.* Sucio, puerco, asqueroso, que huele mal.

**Paene**. *adv. Cic.* Casi.

**Paeninsula**, ae. *f. Catul.* Península, *tierra rodeada de agua menos por una parte, como España.*

**Paenula**, ae. *f. Cic.* Capote, gaban de invierno.

**Paenularius**, a, um. *Non.* Lo perteneciente al capote ó gaban de invierno.

**Paenulatus**, a, um. *Cic.* Cubierto con un capote ó gaban fuerte de invierno.

**Paenuleus**, a, um. *Lampr.* Lo perteneciente al capote ó gaban de invierno.

**Paenultimus**, a, um. *Auson.* Penúltimo, casi último, inmediato antes del último.

**Paeon**, ŏnis. *m. Quint.* Peon, *pie de verso, que consta de una sílaba larga y tres breves, como* Continuus.

**Paeonia**, ae. *f. Plin.* Peonía, *yerba que se cria en parages opacos.* ‖ Peonía, region de Macedonia. ‖ La Emacia.

**Paeones**, um. *m. plur. Ov.* Los pueblos de Peonía.

**Paeonicus**, a, um. *Diom.* Lo perteneciente al pie peon.

**Paeonis**, idis. *f. Ov.* La muger natural de Peonía.

**Paeonius**, a, um. Lo perteneciente á la region de Peonía.

**Paestanus**, a, um. *Cic.* Lo perteneciente á Pesto ó Pesti. *Paestanus sinus. Cic.* El golfo de Salerno *en el reino de Nápoles.*

**Paestum**, i. *n. Plin.* Pesto ó Pesti, *ciudad de Nápoles.* ‖ Pesth, *ciudad de Ungría.*

**Paetulus**, a, um. *Cic. dim. de*

**Paetus**, a, um. *Plin.* Bizco, el que atraviesa la vista.

**Paganalia**, ōrum. *n. plur. Ov.* Fiestas de las aldeas en honor de Ceres y de la Tierra.

**Paganicum**, i. *n. Ulp.* Renta, producto de la aldea. *Paganica pila. Marc.* Pelota henchida de pluma.

**Paganitas**, ātis. *f. Cod. Teod.* El paganismo, la supersticion de los gentiles.

**Paganus**, a, um. *Ov.* Lo perteneciente á la aldea. ‖ *Prud.* Pagano, lo que pertenece al paganismo.

**Pagarchus**, i. *m.* Gefe, juez de una aldea.

**Pagasae**, arum. *f. plur. Val. Flac.* Armino, *ciudad marítima de Tesalia.*

**Pagasaeus**, a, um. *Ov.* y

**Pagaseius**, a, um. *Val. Flac.* ó

**Pagasicus**, a, um. *Plin.* Lo perteneciente á Armino. *Pagasicus sinus. Plin.* El golfo de Armino.

**Pagatim**. *adv. Liv.* De aldea en aldea, de uno en otro pueblo.

**Pagella**, ae. *f. Cic.* Página pequeña.

**Pagina**, ae. *f. Cic.* Página, la plana, cara, hoja, folio. ‖ El escrito. ‖ Plantío, yugada. ‖ El espacio que queda entre cepa y cepa. *Pagina marmorea. Pal.* Plancha de marmol.

**Paginula**, ae. *f. Cic.* Llanita, una página pequeña.

**Pagmentum**, i. *n. Vitruv.* La compaccion ó union, la misma materia compacta de diversos miembros.

**Pago**, is, pepigi, pactum, gĕre. *n. Quint.* Pactar, tratar, convenir, acordar, estipular.

**Pagrus**, i. *m. Plin.* Pez marino y de rio, *de los que dicen que tienen una piedra en la cabeza.*

† **Pagŭlus**, i. *m. dim. de* Pagus. Aldeilla, aldea pequeña, aldeorro.

**Pagurus**, i. *m. Plin.* Pez marino, especie de cangrejo.

**Pagus**, i. *m. Virg.* Pago, aldea, lugar, pueblo corto. ‖ Canton.

**Pala**, ae. *f. Col.* La pala. ‖ Badil de hierro. ‖ La parte del anillo donde está la piedra.

**Palabundus**, a, um. *Tert.* Disperso, esparcido, derramado por varias partes.

**Palacra**, ae. *f.* y

**Palacrana**, ae. *f. Plin.* Pedazo, grano grande de oro.

**Palaemon**, ōnis. *m. Ov.* Palemon, *Melicerta, hijo de Atamante y Ino, tebano, que se arrojó al mar con su madre huyendo del furor de su padre, y los dos fueron convertidos en dioses marinos, y llamados, la madre Leucotea, que creen ser la misma que Aurora y Matuta; y el hijo, de los griegos Palemon, y de los latinos Portuno, por tener bajo de su tutela á los puertos.* ‖ *Suet.* Nombre de un gramático muy vano en tiempo de Tiberio y Claudio. ‖ Nombre de un pastor en *Virg.*

**Palaemonius**, a, um. *Estac.* Lo perteneciente á Palemon ó Melicerta.

**Palephatius**, a, um. *Virg.* Lo perteneciente á Palefato, *escritor griego de fábulas.*

**Palaestes**, ae. *m. Lampr.* El maestro de la palestra. *V.* Palaestrita.

**Palaestina**, ae. *f.* y

**Palaestine**, es. *f. Mel.* Palestina, *la Tierra santa, uno de los muchos nombres de la Siria.*

**Palaestinensis**. *m. f.* sĕ. *n.* is. *Plin.* y

**Palaestinus**, a, um. *Ov.* Lo perteneciente á Palestina.

**Palaestini**, ōrum. *m. plur. Ov.* Pueblos de Palestina.

**Palaestra**, ae. *f. Ter.* La lucha. ‖ *Cic.* Gimnasio, *lugar donde se ejercitaba la juventud en los ejercicios del cuerpo y del espíritu.* ‖ Palestra, la escuela y enseñanza de estos ejercicios, como son la lucha, carrera, salto, pelota, disco y otros. ‖ Buena disposicion, aire, gracia, soltura que se adquiere con estos ejercicios. ‖ *Lact.* Diosa, hija de Mercurio.

**Palaestrice**. *adv. Cic.* Al modo de los luchadores.

**Palaestrica**, ae. *f. Quint.* El arte de la palestra.

**Palaestricus**, a, um. *Cic.* Lo que pertenece á la lucha, á la palestra, á los ejercicios del ánimo y del cuerpo.

**Palaestricus**, i. *m. Quint.* y

**Palaestrita**, ae. *m. Cic.* Luchador, el que se ejercita en la palestra. ‖ Maestro de ella, el que enseña sus ejercicios.

† **Palafredus**, i. *m.* Palafren. ‖ Caballo de regalo.

**Palam**. *adv. Cic.* Públicamente, á las claras, á la vista, á vista, á presencia, delante de todos, abierta, manifiestamente. *Palam res est. Plaut.* La cosa es pública, todo el mundo lo sabe. *Luce. Virg.* En medio del dia. *Marte. Ov.* Á guerra abierta, declarada. *Mentiri. Plaut.* Mentir á diestro y á siniestro, impunemente.

**Palamedes**, is. *m. Virg.* Palamedes, *hijo de Nauplio, rey de Eubea, muerto en el cerco de Troya por engaño de Ulises, por los mismos griegos, á quienes seguia.*

**Palamedeus**, a, um. *Manil.* y

**Palamediacus**, a, um. *Casiod.* ó

**Palamedicus**, a, um. *Auson.* Lo perteneciente á Palamedes.

**Palandus**, a, um. *Col.* Lo que se ha de apoyar ó sostener con rodrigones ú horquillas.

**Palange**, ārum. *f. plur. Vitruv.* Palanca, *palo de los ganapanes ó palanquines para llevar un gran peso.*

**Palangarii**, ōrum. *m. plur. Vitruv.* Ganapanes ó palanquines, mozos de cordel ó de esquina.

**Palango**, as, āre. *a. Afran.* Llevar grandes pesos, cosas de mucho peso con palancas.

**Palans**, tis. *com. Virg.* Errante, vagabundo, el que anda de aqui para alli.

**Palaria**, ium. *n. plur. Veg.* Ejercicio militar con que adiestraban á los soldados. ‖ El lugar donde se hacia este ejercicio.

**Palaris**. *m. f.* rĕ. *n.* is. *Ulp.* Lo perteneciente á los palos ó vigas que sirven de puntales.

**Palasea**, y **Plasea**, ae. *f. Arnob.* Pedazo del buey sacrificado junto con la cola.

**Palatha**, ae. *f. Bibl.* Pasta, masa de higos, pan de higos.

**Palatim**. *adv. Liv.* Andando de una parte á otra, desparramadamente.

**Palatinatus**, us. *m.* El Palatinado, *provincia electoral de Alemania.*

**Palatinus**, a, um. *Virg.* Lo perteneciente al monte Pa-

Ttt

latino. ‖ Al palacio del príncipe.

Palatīnus mons. m. *Liv.* El monte Palatino, *uno de los siete de Roma.*

Palātio, ōnis. f. *Vitruv.* Apuntalamiento, *la union de puntales que se ponen para sostener una fábrica que amenaza ruina.*

Palātium, ii. n. *Varr.* El monte Palatino. ‖ *Ov.* Palacio, casa de un príncipe, de un gran señor.

Palatua, ae. f. *Varr.* Palatua, diosa, *bajo cuya tutela estaba el monte Palatino.*

Palātual, is. n. *Varr.* Sacrificio que se hacia á la diosa Palatua en el monte Palatino.

Palātuālis. m. f. lĕ. n. is. *Varr.* Lo que pertenece á la diosa Palatua, que presidia al monte Palatino. *Palatualis flamen. Fest.* El sacerdote que sacrificaba á la diosa Palatua en el Palatino.

Palatuar. *Fest.* V. Palatual.

Palātum, i. n. *Cels.* y

Palātus, i. m. *Cic.* El paladar. ‖ Gusto, conocimiento, delicadeza, finura, crítica. *Suscitare palatum. Varr.* Escitar el apetito. *Palatum eruditum. Cœl. — Subtile. Hor.* Gusto fino, delicado.

Palatus, a, um. *Col.* Apuntalado, fortalecido, apoyado, sostenido con puntales. ‖ Esparcido, disperso.

Pale, es. f. *Estac.* La lucha, la palestra.

Palea, ae. f. *Col.* La paja. ‖ La barbilla del gallo. ‖ Las raeduras ó escoria del bronce. *Ex multis paleis paululum fructus.* adag. Zanquivano, mucha paja y poco grano. ref.

Paleālis uva. f. *Cel. Aur.* La uva conservada entre paja.

Palear, āris. n. *Virg.* El papo ó barbada que cuelga al buey del cuello.

Paleāris. m. f. rĕ. n. is. *Fort.* Lo perteneciente á la paja ó al pajar.

Paleārium, ii. n. *Col.* El pajar, *sitio en que se encierra la paja.*

Paleārius, a, um. y

Paleātus, a, um. *Col.* Mezclado con paja.

Pales, is. f. *Virg.* Pales, *diosa de los pastores, de los gastos y ganados.* ‖ *Arnob.* m. Pales, dios, ministro y mayoral de Júpiter.

Palīcus, i. m. *Arnob.* Nombre de dos gemelos, *hijos de Júpiter y de la ninfa Talia.*

Palīlia, ium. n. plur. *Ov.* Fiestas en honor de Pales, *que celebraban en Roma los pastores á 21 de abril, dia de la fundacion de Roma.*

Palīlicium, ii. n. *Plin.* Estrella fija en la cabeza del toro, *una de las hiadas.*

Palīlis. m. f. lĕ. n. is. *Ov.* Propio de la diosa Pales.

† Palilŏgia, ae. f. Repeticion de una cosa. *fig. ret.*

Palimbacchius, ii. m. *Quint.* Antibaquio, *pie de verso que consta de dos sílabas largas y una breve, como* Sōlāmĕn.

Palimpissa, ae. f. *Plin.* Pez líquida segunda vez, y recocida.

Palimpsestus, i. m. *Cic.* Tableta, vitela, *pergamino dispuesto para apuntar y escribir en él, y borrar lo que parece, y volver á escribir.*

† Palingenesia, ae. f. Resurreccion.

† Palinlogia, ae. f. Figura retórica, *cuando la palabra con que acaba un verso empieza el siguiente.*

Palinŏdia, ae. f. *Cic.* Palinodia, *retraccion de lo que se ha dicho.*

Palinūrus, i. m. *Virg.* Palinuro, *piloto de Eneas.* ‖ Promontorio de Lucania *en el reino de Nápoles.*

Palinūrus, a, um. *Marc.* El que orina dos veces.

Palitans, tis. com. *Plaut.* Errante. *Palitantes oves. Plaut.* Ovejas descarriadas.

Paliūrus, i. m. *Virg.* El espino.

Palla, ae. f. *Cic.* Vestido talar de muger, *á modo de bata ó manto.* ‖ *Marc.* Capa corta de los antiguos galos.

Pallāca, ae. f. *Suet.* La concubina ó manceba.

Pallacāna, ae. f. *Plin.* La cebolleta, á modo de puerro.

Pallăce, es. f. V. Pallaca.

Pallacia, ae. f. y

Pallacium, ii. n. El amancebamiento.

Palladium, ii. n. *Virg.* El Paladion, estatua de Palas

que los troyanos creian haber caido del cielo en el templo de su ciudadela, donde la guardaban.

Pallādius, a, um. *Ov.* Lo perteneciente á la diosa Palas. *Palladii latices. Ov.* El aceite. *Palladia arbor. Ov.* El olivo, árbol consagrado á Palas.

Pallādius, ii. m. Paladio Rutilio Tauro Emiliano, *escritor romano, á lo que se cree, de Re rustica, posterior á Apuleyo, pero mas puro y elegante.*

Pallantēum, i. n. *Virg.* Palanteo, *ciudad de Italia, fundada por Evandro en el monte Palatino, donde despues se fundó Roma.*

Pallantēus, a, um. *Virg.* Lo perteneciente á Palanteo.

Pallantias, adis. f. *Plin.* La laguna de Triton *en el Africa.* ‖ La Aurora, *hermana del gigante Palante.*

Pallantis, idis, y idos. f. *Ov.* La Aurora, *hermana ó prima del gigante Palante.*

Pallantius, a, um. *Virg.* Lo perteneciente á Palante. *Pallantius heros. Ov.* Evandro, nieto ó biznieto de Palante, *rey de Arcadia.*

Pallas, adis, y ados. f. *Virg.* Palas, Minerva, diosa, *hija del cerebro de Júpiter.* ‖ El aceite, *por ser consagrado el olivo á Palas.*

Pallas, antis. m. *Cic.* Palante, *hijo de Pandion.* ‖ Uno de los Titanes, *hijo de Creo, nieto del Cielo y de la Tierra.* ‖ Rey de Arcadia, *abuelo ó bisabuelo de Evandro.* ‖ Hijo de Evandro, *fundador de Palanteo en Italia, que murió á manos de Turno.*

Pallenaeus, a, um. *Luc.* Lo perteneciente á Palene, *ciudad de Macedonia.*

Pallēne, es. f. *Plin.* Palene, *ciudad de Macedonia.*

Pallenensis. m. f. sĕ. n. is. *Plin.* Lo que pertenece á Palene, *ciudad de Macedonia.*

Pallens, tis. com. *Virg.* Pálido, descolorido, macilento. *Pallentes curae. Hor.* Cuidados, pesadumbres que ponen á los hombres macilentos. *Pallens Phoebe. Claud.* Luna eclipsada.

Palleo, ēs, luī, ēre. n. *Cic.* y

Pallesco, is, ĕre. n. *Ov.* Ponerse pálido, macilento, perder el color. *Pallere iras alicujus. Sil.* Perder el color á vista de las iras ó amenazas de alguno. — *Fraudes. Hor.* Temer mucho los engaños.

Pallia, ōrum. n. plur. *Hor.* Vestidos viejos.

Palliastrum, i. n. *Apul.* Capa vieja, rasgada, gastada.

Palliatus, a, um. *Cic.* El que lleva capa larga, encapado.

Pallidŭlus, a, um. *Cat.* Descoloridillo, algo pálido.

Pallidus, a, um. *Cic.* Pálido, descolorido, macilento, marchito. ‖ *Hor.* Lo que pone pálido, hace mudar el color, como el miedo, la enfermedad.

Pallio, ōnis. m. *Cic.* Sastre que hace capas.

Pallio, as, āre. a. *Apul.* Paliar, disimular, tapar.

Palliŏlātim. adv. *Plaut.* Con capa.

Palliŏlātus, a, um. *Marc.* Cubierto, vestido con capa.

Palliŏlāri. pas. *Apul.* Estar cubierto, tapado.

Palliŏlum, i. n. *Cic.* Palio ó capa corta. ‖ Capa vieja desgarrada.

Pallium, ii. n. *Cic.* Capa, manto ó manteo talar, *vestido de los griegos comun á hombres y mugeres, como á los romanos la toga.* ‖ *Suet.* Cubierta, colcha de la cama. ‖ *Apul.* Paño de entierro, de féretro.

Pallor, ōris. m. *Cic.* Palidez, palor. *Pallorem capere, Col.* Ponerse pálido.

Pallŭla, ae. f. *Plaut.* Pequeña bata ó manto de muger.

Palma, ae. f. *Cic.* La palma de la mano. ‖ Palma, árbol. ‖ La mano, los dátiles, *fruto de la palma.* ‖ *Cat.* El cabo del remo que corta el agua. ‖ *Virg.* Rama de la palma. ‖ La victoria. *Palmam alicui dare, deferre. Cic.* Ceder á uno la palma, la victoria. — *Ferre. Cic.* Llevar la palma, ganar la victoria. *Palmarum plurimarum homo. Cic.* Hombre que ha ganado muchas victorias.

Palmāris. m. f. rĕ. n. is. *Varr.* Lo que tiene un palmo de largo ó de ancho. ‖ Lo que pertenece á la victoria. *Palmaris statua. Cic.* Estatua levantada en memoria de una victoria. — *Sententia. Cic.* Sentencia que ha prevalecido, que se ha seguido. *Palmares. Lucr.* Palmares, sitios plantados de palmas.

Palmarium, ii. n. *Ulp.* La paga que se da al abogado

por haber defendido y ganado el pleito, honorario.

Palmaris, a, um. *Ter.* Digno de premio, de palma, escelente, muy bueno. ‖ *Col.* Lo perteneciente á la palma.

Palmatias, ae. m. *Apul.* Terremoto, temblor de tierra.

Palmatus, a, um. *Quint.* Aquello en que se ha impreso la señal de la palma de la mano. ‖ *Liv.* En que hay palmas bordadas ó pintadas. *Palmata toga. Liv.* Toga del vencedor, adornada de palmas, con palmas bordadas. *Palmati lapides. Plin.* Piedras, que quebradas representan la figura de una palma. *Palmatus paries. Quint.* Pared donde se ha estampado la palma de la mano manchada de sangre.

Palmensis ager. m. *Plin.* Campo en el Piceno, famoso por sus vinos, *donde ahora hay un castillo llamado la Torre de Palma*.

Palmes, itis. m. *Col.* El sarmiento ó pámpano de la vid. ‖ *Marc.* La vid. ‖ *Luc.* Ramo ó rama de árbol.

Palmetum, i. n. *Plin.* Palmar, sitio plantado de palmas.

Palmeus, a, um. *Col.* Lo que es de, ó lo perteneciente á la palma.

Palmiceus, y Palmicius, a, um. *Sulp. Sev.* Lo mismo que Palmeus.

† Palmicum augurium. n. Agüero que se sacaba de la inspeccion de la palpitacion de los cuerpos.

Palmifer, a, um. *Ov.* Lo que da, cria, lleva, produce palmas.

Palmiger, a, um. *Plin.* El que lleva una palma.

Palmipedalis. m. f. lĕ. n. is. *Vitruv.* Lo que tiene un pie y un palmo de dimension.

Palmipes, edis. com. *Plin.* El que tiene los pies llanos ó anchos, como la palma de la mano, como ánade. ‖ Lo que tiene un pie y un palmo de dimension.

Palmiprimum vinum. *Plin.* Vino de higos, como si se dijera, el primero despues del que se hace de palmas.

† Palmiterium, ii. n. y

† Palmitorium, ii. n. Palmeta, palmatoria. ‖ Palmada, golpe dado con la palma de la mano.

† Palmito, as, are. a. freq. Dar á menudo palmadas.

Palmo, as, avi, atum, are. a. *Col.* Atar la vid á los maderos que la sostienen. ‖ *Quint.* Estampar, imprimir la palma de la mano en alguna parte. ‖ *Asir.* ‖ Palpar, tocar suavemente, halagar, acariciar.

† Palmos, i. m. Palpitacion contra la naturaleza de alguna parte del cuerpo.

† Palmoscopia, ae. f. Augurio tomado de la inspeccion de la palpitacion de alguna parte del cuerpo.

Palmosus, a, um. *Virg.* Abundante de palmas.

Palmula, ae. f. *Virg.* La parte estrema del remo, que tiene figura de palma. ‖ Los dátiles, *fruto de la palma*. ‖ Manita, mano corta, pequeña.

Palmularis. m. f. rĕ. n. is. *Marc. Cap.* Lo perteneciente á la mano pequeña.

Palmum, i. n. y

Palmus, i. m. *Vitruv.* Palmo, *medida de dos modos, ó la distancia desde la punta del dedo pulgar hasta la del meñique estendida y abierta la mano; ó de los cuatro dedos juntos á lo ancho.* ‖ *Vitruv.* La mano. *Ad palmum decoquere. Col.* Hacer cocer hasta la disminucion de una cuarta parte.

Palmirenus, y Palmyrenus, a, um. *Plin.* Lo perteneciente á Palmira, *ciudad de Siria en los confines de la Arabia desierta.*

Palo, as, avi, atum, are. a. *Col.* Hincar palos en tierra para apoyar ó sostener. ‖ Rodrigar, poner rodrigones á las vides y árboles para enderezarlos.

Palor, aris, atus sum, ari. dep. *Liv.* Andar errante, disperso, desparramado. ‖ Correr, discurrir por varias partes de un lado á otro.

Palpabilis. m. f. lĕ. n. is. *Oros.* Palpable, lo que se puede tocar ó palpar.

Palpamen, inis. n. *Prud.* y

Palpamentum, i. n. *Amian.* V. Palpatio.

Palpandus, a, um. *Ov.* Lo que se ha de palpar, tocar con la mano.

Palpatio, onis. f. *Plaut.* Palpamiento, palpadura, el acto de palpar ó tocar con la mano.

Palpator, oris. m. *Plaut.* El que palpa ó toca con la mano. ‖ Adulador, lisonjero.

Palpatus, a, um. *Prud. part.* de Palpo. Palpado, tocado con la mano. ‖ Halagado, acariciado.

Palpebra, ae. f. *Cels.* La palpebra ó el párpado del ojo. ‖ Las pestañas de los ojos.

Palpebralis, m. f. lĕ. n. is. *Prud.* y

Palpebraris. m. f. rĕ. n. is. *Cel. Aur.* Lo que pertenece á los párpados de los ojos.

Palpebratio, onis. f. *Cel. Aur.* El movimiento de los párpados, de abrirlos y cerrarlos.

Palpebro, as, are. n. *Cel. Aur.* Parpadear, menear los párpados, abrir y cerrar los ojos.

Palpebrum, i. n. *Cel. Aur.* V. Palpebra.

Palpitans, tis. com. *Plin.* Palpitante, lo que palpita.

Palpitatio, onis. f. y

Palpitatus, us. m. *Plin.* Palpitacion, agitacion, movimiento continuo del corazon y de las arterias del cuerpo.

Palpito, as, avi, atum, are. n. *Cic.* Palpitar, agitarse, moverse con movimiento continuo.

Palpo, onis. m. *Pers.* El que palpa. ‖ Adulador, lisonjero.

Palpo, as, avi, atum, are. a. y

Palpor, aris, atus sum, ari. dep. *Ov.* Palpar, tocar con la mano. ‖ Halagar, acariciar. ‖ *Pacuv.* Andar á tientas. Adular, lisonjear. *Nihil asperum palpanti est. Sen.* Nada hay áspero para el que toca ligeramente.

Palpum, i. n. y

Palpus, i. m. *Plaut.* Halago, caricia hecha con la mano, palpamiento. ‖ Adulacion, lisonja. *Palpum alicui obtrudere. Plaut.* Engañar á uno con halagos.

Paludamentum, i. n. *Liv.* Clámide ó palio, ropa militar de un gefe de ejército, *especie de capa encarnada que se ponian sobre la armadura.*

Paludatus, a, um. *Cic.* Vestido con manto, clámide, palio ó capa militar en lugar de la toga.

Paludester. *Casiod.* V. Paluster.

Paludicola, ae. m. f. *Sid.* El, la que habita en las lagunas ó junto á ellas.

Paludifer, a, um. *Aut. de Fil.* Lo que causa, hace lagunas.

Paludivagus, a, um. *Avien.* Que anda vagueando por las lagunas.

Paludosus, a, um. *Ov.* Lagunoso, paludoso, pantanoso, que abunda de lagunas ó pantanos.

Palum, i. n. *Pau, capital de Bearne, provincia de Francia.*

Palumba, ae. f. *Marc.* y

Palumbes, is. m. f. *Virg.* La paloma torcaz.

Palumbinus, a, um. *Plin.* Lo perteneciente á las palomas torcaces.

Palumbula, ae. f. y

Palumbulus, i. m. *Apul.* Pichoncito, palomino torcaz.

Palumbus, i. m. *Col.* Palomo, pichon torcaz.

Palus, udis. f. *Cic.* Laguna, pantano.

Palus, i. m. *Ces.* Palo, pértiga, puntal, horquilla, estaca para sostener las vides y árboles, y para apuntalar edificios. ‖ *Juv.* Ejercicio militar con que se adiestraban los soldados en un palo hincado en tierra, tirándole flechas y cuchilladas.

Paluster. m. tris. f. trĕ. n. is. *Col.* Palustre, lo que pertenece á la laguna, pantanoso.

Palustris. m. f. trĕ. n. is. Lo mismo.

Pamiae, arum. f. plur. Pamiers, *ciudad de Lenguadoc.*

Pamisus, i. m. *Plin.* Pamiso, *rio de Mesenia en el Peloponeso.*

Pamphylia, ae. f. *Plin.* Setalia ó Zina, *region del Asia menor.*

Pamphylius, a, um. *Plin.* Propio de Setalia ó Zina.

Pampillum, i. m. *Lampr.* Calesin, carrocin, silla volante.

Pampinaceus, a, um. *Col.* Lo parecido al sarmiento ó pámpano de la vid.

Pampinarium, ii. n. *Plin.* Pámpano, sarmiento, vástago de la vid.

Pampinarius, a, um. *Col.* Lo que tiene pámpanos ó sarmientos. ‖ Lo perteneciente á ellos.

Pampinatio, onis. f. *Col.* El acto de limpiar la vid, de podarla, de cortarle los pámpanos ó sarmientos superfluos

Ttt 2

cuando empieza á brotar.

**Pampĭnātor**, ōris. *m. Col.* El que limpia la vid, cuando brota, de pámpanos superfluos.

**Pampĭnātus**, a, um. *Plin.* Limpio de pámpanos ó sarmientos superfluos. ‖ Cubierto de pámpanos, de hoja.

**Pampĭneus**, a, um. *Virg.* Lo que es de pámpanos ó sarmientos, lo que les pertenece. *Pampineus odor. Prop.* Olor á vino.

**Pampĭno**, ās, āvi, ātum, āre. *a. Varr.* Limpiar la vid de pámpanos ó sarmientos superfluos. ‖ *Col.* Cortar las ramas tiernas y superfluas, podar.

**Pampĭnōsus**, a, um. *Col.* Pampanoso, frondoso, abundante de pámpanos.

**Pampĭnus**, i. *m. f. Varr. Col.* Pámpano, sarmiento, vástago, pimpollo de la vid. ‖ Hoja de parra. ‖ El pámpano delgado y ensortijado, que se enreda en la vid y sus hojas.

**Pan**, ānos. *m. Cic.* El Dios Pan, *que preside á los pastores y al ganado.*

**Pănāca**, ae. *f. Marc.* Jarra ú otra vasija semejante de barro para beber.

**Pănācēa**, ae. *f. Luc.* y

**Pănāces**, is. *n. Plin.* La panace, *yerba llamada heraclio, asclepio y quironio, de sus inventores.*

**Pănaetōlĭcus**, a, um. *Liv.* Lo perteneciente al congreso general de la Etolia.

**Pănaetōlĭum**, ii. *n. Liv.* Congreso general de la Etolia.

† **Pănāgia**, ae. *f.* Pan bendito.

† **Pănāgiārium**, ii. *n.* Cesto de pan bendito.

**Panārīcium**, i. *n. Apul.* Panadizo, *postemilla que suele salir en los dedos.*

**Pănārĭōlum**, i. *n. Marc.* Cesta ó esporton para tener pan. ‖ Arca del pan.

**Panārium**, ii. *n. Suet.* Arca del pan, donde se guarda.

**Pănăthēnaea**, ōrum. *n. Plur.* Fiestas de Atenas en honor de Minerva, cada cinco años.

**Pănăthēnaicon**, i. *n. Plin.* Especie de ungüento particular de Atenas.

**Pănăthēnaicus**, i. *m. Cic.* Panatenaico, *libro de Isócrates, que contenia las alabanzas y hechos de los atenienses.*

**Pănăthēnaicus**, a, um. *Auson.* Lo perteneciente á las fiestas de Minerva en Atenas, *llamadas panathenaea.*

**Panax**, ăcis. *m. f. Plin.* V. Panacea.

**Pancarpiae**, ārum. *f. plur. Fest.* Pancarpias, *coronas hechas de todo género de flores.*

**Pancarpĭneus**, a, um. *Varr.* Compuesto, hecho, mezclado de muchas cosas.

**Pancarpum**, i. *n. Just.* Espectáculo en que se presentaban bestias de todas especies para la diversion.

**Panchaeus**, a, um. *Virg.* Lo perteneciente á Pancaya en la Arabia feliz.

**Panchaia**, ae. *f. Plin.* Pancaya, *region toda arenosa de la Arabia feliz.*

**Panchaicus**, a, um. *Ov.* y

**Panchaius**, a, um. *V.* Panchaeus.

**Panchrestarius**, ii. *m. Arnob. V.* Panchristarius.

**Panchrestum medicamentum.** *Cic.* Remedio útil para todos los males, sánalo todo. ‖ El dinero, que es útil para todo.

**Panchristārius**, ii. *m. Arnob.* Pastelero, confitero, el que hace cosas de masa dulce.

**Panchrus**, i. *m. Plin.* El ópalo, *piedra preciosa, que dice tiene casi todos los colores de las otras.*

**Pancrătĭastes**, is. *m. Quint.* El vencedor en los cinco ejercicios gímnicos, *la lucha, el salto, la carrera, el pugilado, y el tiro del disco.*

**Pancrătĭce**. *adv. Plaut.* Fuerte, robustamente, al modo de los que se ejercitan en la palestra.

**Pancrătĭum**, ii. *n. Plin.* El certamen gímnico, *que constaba de los cinco ejercicios dichos en Pancratiastes.*

† **Pancrătōrium**, ii. *n.* Gimnasio, palestra, *el sitio donde se hacian los cinco ejercicios de la palestra.*

† **Pancreas**, ătis. *n.* Páncreas, *cuerpo glanduloso, situado en la parte inferior del estómago.*

**Panda**, ae. *f. Arnob.* Panda, *diosa de la paz.* ‖ Ceres. ‖ Diosa que abre el camino y le allana.

**Pandăna**, ae. *f. Fest.* Una de las tres ó cuatro puertas de la antigua Roma, *llamada asi porque estaba siempre abierta.*

**Pandaria**, ae. *f.* Isla del golfo de Gayeta.

**Pandatāria**, ae. *f.* Isla en la bahía de Puzol.

**Pandātio**, ōnis. *f. Vitruv.* Pandeo, inclinacion, torcedura, encorvadura.

**Pandatus**, a, um. *Plin.* Pandeado, encorvado.

**Pandectae**, ārum. *f. plur. Gel.* Libros que tratan de todas las cosas. ‖ Pandectas, título de los 50 libros del Digesto, compuesto de las decisiones y respuestas en derecho de 37 jurisconsultos en tiempo de Justiniano.

**Pandecter**. *ind.* Título del libro 4 de Apicio del arte de cocina. *Quiere decir que trata de todo.*

**Pandēlětia**, ae. *f. Erasm.* Consejo importuno.

**Pandens**, tis. *com. Virg.* El que abre.

**Pandĭcŭlans**, tis. *com. Plaut.* El que se estira ó por cansancio ó por sueño.

**Pandĭcŭlāria**, *m. f. rē. n. is. Fest.* Lo que toca á los sacrificios comunes á todos los dioses. ‖ El que se estira, se estiende por cansancio ó sueño. *Pandicularis dies. Fest.* Dia en que se hacia un sacrificio comun á todos los dioses.

**Pandĭcŭlātio**, ōnis. *f. Fest.* Estiramiento de los brazos y de todo el cuerpo, *que hace el que se esperezea cansado ó soñoliento.*

**Pandĭcŭlor**, āris, ātus sum, āri. *dep. Plaut.* Estirarse, esperezarse por cansancio ó sueño.

**Pandion**, ōnis. *m. Ov.* Pandion, *hijo de Erictonio, rey de Atenas, padre de Progne y Filomela.*

**Pandiōnius**, a, um. *Proper.* Lo que toca á Pandion.

**Pando**, ās, āvi, ātum, āre. *a. Vitruv.* Pandear, torcerse, doblarse, encorvarse las maderas ó árboles por el mucho peso.

**Pando**, is, di, pansum, y passum, děre. *a. Plaut.* Abrir. ‖ Tender, estender, descoger, desplegar. ‖ Descubrir, manifestar, esplicar, hacer saber. *Pandere vela orationis. Cic.* Desplegar las velas de la elocuencia.—*Alas ad solem. Virg.* Estender las alas al sol.

**Pandōra**, ae. *f. Hig.* Pandora, *la primera muger fabricada por Vulcano por mandado de Júpiter, á quien Venus dió la hermosura, Minerva la sabiduría, Apolo la música, Mercurio la elocuencia.*

**Pandōrium**, ii. *n.* y

† **Pandoxatōrium**, ii. *n.* La taberna, hostería.

**Pandūra**, ae. *f. Varr.* Instrumento músico, segun unos de tres cuerdas, y segun otros de muchas flautas unidas.

**Pandūrista**, ae. *m. f. Varr.* El que toca el instrumento llamado *pandura.*

**Pandūrizo**, ās, āre. *a. Lampr.* Tocar el instrumento llamado *pandura.*

**Pandus**, a, um. *Ov.* Inclinado, doblado.

**Pāne**, is. *n. Plaut.* en lugar de Panis.

**Pănēgŷrĭcus**, i. *m. Cic.* Panegírico, *oracion dicha en público en alabanza de alguno.*

**Pănēgŷrĭcus**, a, um. *Cic.* Panegírico, laudatorio, lo que pertenece á la oracion panegírica.

**Pănēgŷris**, is. *f. Cic.* Fiesta que se celebraba en Atenas cada cinco años. ‖ Panegírico, elogio.

**Pănēgŷrista**, ae. *m. Fest.* El que celebra juegos ó fiestas públicas. ‖ Panegirista, el que hace un panegírico.

**Pănēmius**, ii. *m.* El mes de julio *entre los atenienses.*

**Pănēros**, ōtis. *m. Plin.* Piedra preciosa, *que dicen causa fecundidad en las mugeres.*

**Pānēta**, ae. *m. f.* El panadéro.

**Pangaea**, ōrum. *n. plur.* y

**Pangaeum**, i. *m. Plin.* Malaca ó Castaña, *monte de Tracia en los confines de Macedonia.*

**Pangaeus**, a, um. *Sil.* Lo perteneciente á Malaca ó Castaña, *monte de Tracia.*

**Pango**, is, panxi, ó pěgi, pactum, gěre. *a. Liv.* Plantar, hincar, clavar en tierra. ‖ Sembrar.

**Pango**, is, pěpĭgi, pactum, gěre. *a. Cic.* Pactar, contratar, hacer un tratado. ‖ Publicar, recitar, cantar. ‖ Unir, atar, ligar. *Pangere inducias. Liv.* Hacer treguas.—*Versus. Cic.* Cantar, componer versos.

Pangŏnius, ii. m. *Plin.* Piedra preciosa de muchos ángulos.

Pānĭceus, a, um. *Plaut.* Lo que es de pan.

Pănīceus, i. m. *Plaut.* El panadero.

Panīcium, ii. n. *Isid.* Cosa de que se usa en lugar de pan.

Panĭcoetāria, ae. f. La panadería.

Panīcŭla, ae. f. y

Panīcŭlus, i. m. *Plin.* La pelusa ó barbillas lanosas del panizo, mijo, maiz y otras semillas. ‖ *Apul.* Tumor en las ingles, incordio.

Panīcŭlus, i. m. Panecillo, pan pequeño.

Panīcum, i. n. *Ces.* Panizo, una semilla. ‖ Terror pánico.

Pānīcus, a, um. *Cic.* Pánico, que causa terror y espanto sin motivo. ‖ Lo perteneciente al dios Pan.

Pānĭfex, ĭcis. com. El panadero ó panadera.

Pānĭfĭca, ae. f. *Plin.* La panadera.

Pānĭfĭcīna, ae. f. *Col.* Panadería, horno, tahona, lugar donde se amasa el pan.

Pānĭfĭcium, ii. n. *Cels.* El acto de hacer el pan, la obra de hacerle. ‖ El pan.

Pānĭfĭcus, i. m. *Plaut.* El panadero.

Panion, ii. n. *Apul.* Yerba lo mismo que satirion.

Panĭōnia, ae. f. *Plin.* Panionia, region de la Jonia.

Panĭōnius, a, um. *Plin.* Lo que toca á Panionia, region de la Jonia.

Panis, is. m. *Cic.* El pan. ‖ Ulcera llena de postillas que sale en la cabeza. *Panis primarius. Plin.* Pan blanco, de flor, pan candeal. — *Cibarius. Cic.* — *Secundarius. Plin.* — *Secundus. Hor.* Pan casero. — *Ater. Ter.* Pan moreno. — *Hesternus. Cels.* Pan sentado. — *Nauticus. Plin.* Bizcocho, galleta.

Pānisci, ōrum. m. plur. *Cic.* Dioses silvestres, de los montes.

Pannārius, ii. m. *Cel. Aur.* Pañero, mercader, fabricante de paños.

Pannēlium, ii. n. *Varr.* Cerro de lana ó lino para hilar. ‖ Huso que tiene rodeada la hilaza.

Pannĭcŭlāria, ōrum. n. plur. *Ulp.* Ropas, alhajas de corto valor. ‖ El dinero que se halla á los ajusticiados.

Pannĭcŭlārius, a, um. *Ulp.* Lo que pertenece á las ropas ligeras, finas, delicadas.

Pannĭcŭlus, i. m. *Juv.* Pedazo, retal de paño. ‖ Ropa fina, delicada, delgada, ligera.

Pannĭfĭcus, i. m. *Cels.* Fabricante de paño.

Pannōnes, um. m. plur. Los úngaros.

Pannōnia, ae. f. *Plin.* La Ungría, region de Europa.

Pannŏnĭăcus, a, um. *Suet.* y

Pannŏnĭcus, a, um. *Suet.* 6

Pannōnius, a, um. *Suet.* Lo perteneciente á Ungría.

Pannōnii, ōrum. m. plur. Los úngaros.

Pannōnis, idis. f. *Luc.* La muger úngara, de Ungría.

Pannōsĭtas, ātis. f. *Plin.* La trapería, conjunto de trapos, de andrajos.

Pannōsus, a, um. *Cic.* Andrajoso, vestido de trapos, de remiendos.

Pannŭceātus, a, um. *Non.* y

Pannūceus, a, um. *Plin.* 6

Pannūcius, a, um. *Pers.* Andrajoso, mal vestido, cubierto de trapos, de andrajos, de remiendos. ‖ *Petron.* Remendado. ‖ Arrugado.

Pannŭlus, i. m. *Apul.* dim. de

Pannum, i. n. *Non.* y

Pannus, i. m. *Hor.* El paño. ‖ Vestido. ‖ Vestido viejo, andrajoso, remendado. ‖ Remiendo, retazo, retal de paño que sirve para remendar. ‖ Paños para la cura de los enfermos.

Pannychismus, i. m. *Arnob.* Vela de toda la noche.

Pannolethria, ae. f. Pérdida universal, ruina total.

Panomphaeus, a, um. *Ov.* Alabado, celebrado de todos. Epíteto de Júpiter.

Panŏpe, es. f. *Virg.* Panope, ninfa marina, ama de las Nereidas. ‖ *Ov.* Ciudad mediterránea de la Fócide.

Panoplia, ae. f. Armadura completa de pies á cabeza.

Pānormīta, ae. m. f. y

Pānormītānus, a, um. *Cic.* Lo que es de la ciudad de Palermo.

Pānormius, a, um. Lo que es de Palermo.

Pānormum, i. n. y

Pānormus, i. f. *Plin.* Palermo, ciudad y puerto de Sicilia.

Pānormus, i. m. Puerto que puede recibir todo género de navíos.

Pansa, ae. m. f. *Plin.* El que tiene los pies muy grandes, anchos y estendidos, patado, sobrenombre de Escauro, Pansa y otros romanos ilustres.

Pansēlēne, es. f. y

Pansēlēnus, i. m. Luna llena.

Pansēlēnus, a, um. Nacido en luna llena.

Pansus, a, um. part. de Pando. *Vitrv.* Tendido, estendido.

Pantagăthus, a, um. *Lampr.* Bueno, útil, apto para todo. ‖ Del todo bueno.

Pantagias, y Pantagies, ae. m. *Virg.* Porcari y Bruca, rio de Sicilia.

Pantex, ĭcis. m. *Fest.* La panza, el vientre, los intestinos.

Panthĕon, y Pantheum, i. n. *Plin.* Panteon, templo magnífico de Roma, dedicado á Júpiter vengador por Agripa, yerno de Augusto. Hoy se llama Santa María de la Rotunda.

Panther, ēris. m. *Varr.* Red tumbadera para coger todo género de animales. ‖ La onza.

Panthēra, ae. f. *Hor.* La pantera ú onza, hembra del pardo, animal fiero. ‖ El pardo.

Panthērīnus, a, um. *Plin.* Lo que toca á la onza ó pantera. *Pantherinae mensae. Plin.* Mesas labradas de taracea. *Pantherini homines. Plaut.* Hombres fraudulentos, engañosos, falaces.

Panthērium, ii. m. V. Panther.

Panthēris, is. f. *Varr.* La leona, hembra del leon.

Panthērum, ii. V. Panther.

Panthŏīdes, ae. m. *Hor.* Hijo de Pantoo, Euforbo. ‖ Pitágoras, que se vanagloriaba haber sido este Euforbo en tiempo de la guerra de Troya.

Panthŏus, i. y

Panthus, i. m. *Virg.* Panto, hijo de Otreo, hermano de Hécuba, reina de Troya.

Pantĭces, um. m. plur. *Plaut.* El vientre, la panza, los intestinos. *Panticibus laxis. Marc.* Teniendo flujo de vientre.

Pantŏmīma, ae. f. *Sen.* Pantomima, farsanta, que representa con gestos y ademanes, no con la voz.

Pantŏmīmĭcus, a, um. *Sen.* Lo perteneciente á los pantomimos.

Pantŏmīmus, i. m. *Plin.* Pantomimo, representante de pantomimas con gestos y ademanes, y sin hablar. ‖ Pantomima, la fábula que representan los pantomimos.

Panūcella, ae. f. y

Panūcellium, ii. n. *Varr.*

Panūcŭla, ae. f. Ovillo de la trama del tejedor, ovillo de lana. ‖ *Cels.*

Panūcŭlum, i. n.

Panūela, ae. f. Lamparon, parótida. ‖ Incordio.

Panūellum, ii. n.

Panūla, ae. f. *Non.*

Panūlia, ae. f.

Panurgia, ae. f. *Plaut.* Astucia, sutileza.

Panus, i. m. *Cels.* Lamparon, parótida. ‖ Incordio.

Papa. indec. *Varr.* Voz de los niños que piden de comer, que piden la papa.

Pāpa, ae. m. *Tert.* Padre. ‖ Viejo. ‖ Sacerdote. ‖ Obispo. ‖ Prelado. ‖ El Papa, el sumo Pontífice.

Pāpadia, ae. f. La sacerdotisa.

Papae! interj. de admiracion. *Ter.* Ha, oh!

Papalethra, ae. f. La tonsura de los clérigos.

Pāpalis. m. f. lē. n. is. Papal, propio del Papa.

Pāpārium, ii. n. *Sen.* La papa ó sopa que se da á los niños.

Pāpātus, us. m. El papado, la dignidad papal del sumo Pontífice.

Păpāver, ĕris. n. *Plin.* La amapola ó adormidera, flor conocida.

Papavērātus, a, um. *Plin.* Mezclado, aderezado con amapolas. ‖ De color de amapola. ‖ Sembrado, adornado de figuras de amapolas. ‖ Delgado, delicado como la amapola.

Papavercŭlum, i. *dim. de Papaver. Apul.* Amapola pequeña.

Papavērĕus, a, um. *Ov.* Lo que es de amapola.

Paphāges, is. m. *Ov.* Pafages, *rey de Ambracia, despedazado por una leona casualmente.*

Paphāgēus, a, um. *Ov.* Lo perteneciente á Pafages, *rey de Ambracia.*

Paphia, ae, f. y
Paphie, es. f. *Marc.* Venus, asi llamada de la ciudad de Pafos, *donde era venerada.* ‖ *Col.* Especie de lechuga de hojas encarnadas.

Paphius, a, um. *Plin.* Lo perteneciente á Pafos, *ciudad de Chipre.*

Paphlăgon, ōnis. m. *Avien.* Paflagon, el natural de Paflagonia.

Paphlăgōnia, ae. f. *Plin.* Paflagonia, *pais del Asia menor.*

Paphlăgōnius, a, um. *Plin.* Lo perteneciente á Paflagonia, á los paflagones.

Paphos, y Paphus, i. f. *Plin.* Pafos, *ciudad de Chipre, fundada por Pafo, hijo de Pigmalion, y dedicada á Venus.*

Papia lex. Ley papia *promulgada por C. Papio, tribuno de la plebe, que excluia de la morada en Roma á todo estrangero, menos á los italianos.* ‖ Otra llamada Papia Popea de M. Papio Mutilo y Q. Popeo Secundo, cónsules *en tiempo de Augusto; que señalaba varias penas á los celibatos, y premios á los casados y con hijos.* ‖ Otra llamada también Papia Popea, *por la cual se elegia una virgen vestal por suerte entre veinte doncellas elegidas por el pontifice máximo.*

Păpilio, ōnis. m. *Plin.* La mariposa. ‖ Cualquier insecto que vuela. ‖ *Lamp.* Pabellon, tienda de campaña.

Păpiliuncŭlus, i. m. *Ter.* Mariposita, mariposa pequeña.

Păpilla, ae. f. *Plin.* El pezon de la teta. *Virg.* La teta. ‖ *Seren.* Postilla. ‖ *Varr.* Llave, canilla, tapon de fuente ó de otra cosa.

Papillātus, a, um. *Salmas.* Hecho á modo de pezon de teta.

Papinianista, ae. m. *Dig.* Apasionado á los escritos de Papiniano.

Papiniānus, i. m. *Esparc.* Papiniano, *famoso jurisconsulto, discípulo de Escévola, privado del emperador Severo; mandó darle muerte el emperador Antonino Caracalla por no querer aprobar la muerte que habia dado á su hermano Geta.*

Papiria tribus. *Liv.* La tribu Papiria, *una de las rústicas de Roma.*

Papiriānus, a, um. *Cic.* Lo perteneciente á Papirio, *nombre propio romano.*

Pappārium, ii. n. *Sen.* La papa ó sopa que se da á los niños cuando empiezan á comer.

Pappas, ae. m. *Juv.* El ayo ó pedagogo.

Pappo, as, avi, atum, are. a. *Pers.* Pedir, comer la papa ó sopa, ó cosa que no se necesite mascar.

Pappus, i. m. *Varr.* Abuelo. ‖ Viejo, anciano. ‖ *Fest.* El vilano del cardo que se lleva el aire. ‖ La pelusa de la parietaria. ‖ El bozo de la barba por la parte inferior.

Păpŭla, ae. f. *Cels.* Postilla, empeine, pápula.

Papŭlentus, a, um. *V.* Papulosus.

Papuli fanum. n. *S. Paul.* ciudad de Lenguadoc.

Păpŭlo, as, are. n. *Col. Aur.* Cubrir de pápulas ó lamparones.

Păpŭlōsus, a, um. *Plin.* Lleno de pápulas, de lamparones, de empeines, de postillas.

Păpyrăcĕus, a, um. *Plin.* Hecho de papiro, *que es una planta á modo de junco, de que en lo antiguo se hacia el papel.*

Păpyrĕus, a, um. *Plin.* Lo que pertenece al papiro.

Păpyrĭfer, a, um. *Ov.* Que produce, da, lleva, cria papiro.

Păpyrĭnus, a, um. *Varr.* Lo que pertenece al papiro.

Păpyrius, a, um. *Auson.* Hecho de papiro.

Păpyrum, i. n. *Plin.* y
Păpyrus, i. f. *Marc.* Papiro, *planta á modo de junco de Egipto y de Siria, de que antiguamente se hacia el papel, y tambien cuerdas, velas de naves y otras cosas.*

Par, păris. n. *Cic.* Un par, dos.

Par, păris. com. *Cic.* Igual, semejante. *Par pari referre. Ter.* Donde las dan las toman, pagar en la misma moneda. *Parissimi estis. Plaut.* Sois muy semejantes. *Par est. Plaut.* Es justo, razonable.—*Ad virtutem. Liv.* Igual en valor.—*Cantare. Virg.* Igual en cantar.—*Aetatis, mentisque. Sil.* De igual edad é índole.—*Cum alique. Salust.*—*Alicujus. Cic.* Igual con alguno. *Pari ad Dictatorem imperio. Nep.* Con igual imperio que el dictador, con imperio igual al del dictador. *Par esse alicui. Cic.* Poder resistir, contrarestar, hacer frente á alguno. *Paria facere. Col.* Igualar.

† Părăbăsis, is. f. Prevaricacion. ‖ Digresion. ‖ Pasage, tránsito, paso de un lado á otro.

Părăbĭlis. m. f. le. n. is. *Cic.* Lo que se puede adquirir, tener con facilidad.

Părăbŏla, ae. f. *Quint.* Comparacion, semejanza de cosas diferentes entre sí. ‖ *Tert.* Parábola, narracion de una cosa fingida, *de que se saca alguna instruccion por comparacion ó semejanza.*

Părăbŏlāni, ōrum. m. plur. *Cod. Teod.* Hombres pobres que se acomodan á servir en los hospitales, en especial en tiempo de peste.

Părăbŏli, ōrum. m. plur. *Casiod.* Atrevidos, temerarios. *Dícese de los que lidian fieras.*

Părăbŏlĭce. adv. *Sidon.* Por parábolas.

Părăbŏlĭcus, a, um. Parabólico, alegórico, lo que contiene alguna instruccion bajo de alguna parábola.

† Părăcĕleustĭcon, i. n. Trompeta, cuerno para llamar.

Părăcentērium, ii. n. *Veg.* Aguja de oculista para batir las cataratas de los ojos.

Părăcentēsis, is. f. *Plin.* Puntura que se hace en el vientre de un hidrópico para estraerle el agua, y la que se hace en la túnica del ojo para batir las cataratas.

† Părăcercis, idis. m. Uno de los huesos pequeños de la pierna.

Părăchărăcta, ó Paracharactes, ae. m. *Cod. Teod.* El monedero falso, el acuñador de moneda falsa.

† Părăchărăgium, ii. n. *Cerd.* Cuño falso para sellar moneda.

† Părăchărăgma, ătis. n. y
† Părăchărăgmum, i. n. Moneda falsa.

† Părăchărăxĭma, ōrum. n. plur. Piedras, barras de metal preparadas para hacer de ellas moneda.

† Părăchărăxĭmum, i. n. Moneda falsa.

Părăchlămis, ĭdis. f. *Plaut.* Vestido propio de los soldados y de los niños.

† Părăclēsis, is. f. Consolacion, exortacion, convite.

Părăclētus, y Paraclitus, i. m. *Tert.* Paracleto, paráclito, consolador, abogado, *nombre que se da al Espíritu Santo.*

† Părăclytus, a, um. Infame, deshonrado.

† Părăcmăsia, is. f. Abatimiento de fuerzas, desfallecimiento, disminucion del vigor.

Părăcmastĭcus, a, um. Desfallecido, el que ha perdido las fuerzas, el vigor.

† Părăcollectĭcum, i. n. Pincel. ‖ Esponja.

† Părăcŏpe, es. f. Delirio, enagenacion del entendimiento, pérdida del juicio.

Parăda, ae. f. *Auson.* Cubierta ó tienda de la barca.

† Părădēlus, i. m. El que se distingue por encima de los otros.

Părădiastŏle, es. f. *Quint.* Desunion, distincion, separacion. *fig. ret.*

Părădigma, tis. n. *Donat.* Paradigma, ejemplo.

Părădīsĭăcus, a, um. *Alcim.* y
Părădīsĕus, a, um. Lo perteneciente al jardin. ‖ Al paraiso terrenal.

Părădīsĭcŏla, ae. m. *Prud.* Habitante del paraiso.

Părădīsus, i. m. *Sid.* Jardin, huerto plantado de árboles. ‖ *Ter.* El paraiso, huerto amenísimo donde Dios puso á Adan luego que le crió.

† Părădŏgium, ii. n. La nobleza, lustre de la sangre y familia.

† Părădŏgum, i. n. Título de nobleza, carta ejecutoria.

† Părădoxi, orum. m. plur. Vencedores en los juegos pitios.

Părădoxum, i. n. Cic. Paradoja, sentencia estraordinaria opuesta á la opinion comun.

Părădrŏmis, ydis. f. Vitruv. Espacio lleno y abierto en que se ejercitaban los luchadores.

Părăenĕsis, is. f. Volcac. Parenesis, exhortacion, amonestacion.

Paraenetĭcus, a, um. Quint. Parenético, lo que exhorta, amonesta.

Paraetŏnium, ii. n. Ov. Paretonio, ciudad y puerto de Marmárica ó Cirenáica en África. || Especie de color blanco que viene de Egipto.

Paraetŏnius, a, um. Mel. Lo perteneciente á Paretonio. || Africano, egipcio.

Părăfernalia, orum. n. plur. Bienes parafernales. || La dote de la muger, bienes de esta fuera de la dote.

Părăgaudae, arum. f. Vopisc. y

Părăgaudes, um. f. plur. Fajas bordadas de oro ó seda que se entretejian en los vestidos.

† Părăgium, ii. n. Porcion que deben partir los hijos menores con el mayor cuando heredan al padre ó por iguales partes.

Părăgoga verba. n. plur. Diom. Palabras que derivándose de otras, mudan letras y significacion de sus raices, como Lacesso, Facesso, de Lacere y Facio.

† Părăgŏge, es. f. Diom. Paragoge, adicion de una letra ó sílaba al fin de la palabra, v. g. Armarier en lugar de Armari.

Părăgŏgia, orum. m. plur. Cod. Conductos, canales por donde corren las aguas.

† Paragramma, tis. n. Falta de ortografía, error de imprenta ó de la escritura.

† Părăgrăphe, es. f. Escepcion que se opone en un procedimiento judicial. || Transicion. || Artículo que se forma de una cosa que se ha notado.

Părăgrăphus, i. m. Parágrafo, párrafo, señal para denotar la materia de un testo. || Señal que se pone para division de un asunto aparte de otro.

Părălĭpŏmĕnon. genit. gr. plur. S. Ger. Paralipómenon. De cosas dejadas ú omitidas. Así se intitulan dos libros del viejo Testamento, en que se suplen las cosas que se omitieron, ó no se contaron plenamente en la precedente historia de los reyes.

Părălius, ii. m. Plin. Paralio, especie de amapola y de titímalo.

† Părallăge, es. f. y

† Parallaxis, is. f. Paralage, diferencia entre el lugar verdadero y el aparente de un astro.

† Parallelepipedum, i. n. Paralelepipedo. Geom. Figura sólida que consta de seis planos paralelógramos, que cada dos opuestos son iguales y paralelos.

† Parallelismus, i. m. Paralelismo, situacion de dos líneas ó planos paralelos.

Parallelogrammus, a, um. Front. Lo que consta de líneas paralelas. || Paralelógramo, espacio contenido en líneas paralelas.

Parallelos. m. f. on. n. i. Vitruv. y

Parallĕlus, a, um. Vitruv. Paralelo, igualmente distante. Paralleli y circuli paralleli. Sol. Los segmentos de la esfera de oriente á occidente, que tienen por centro el eje del mundo, y distan entre sí igualmente por todas partes.

† Părălŏgismus, i. m. Paralogismo, discurso falaz, conclusion mal sacada.

Părălus, i. m. Plin. Navío consagrado de los atenienses, que no servia sino en caso de urgencia grave, como cuando se enviaba á Delfos á sacrificar á Apolo.

Părălўsis, eos, ó is. f. Cels. Paralisis ó perlesía, enfermedad en que se relajan los nervios, pierden su vigor, su movimiento y á veces la sensacion.

Părălytĭcus, a, um. Plin. Paralítico, perlático, el que padece perlesía.

Părămĕse, es. f. Vitruv. La quinta cuerda de la lira, que era dedicada á Marte.

† Părămĕsus, i. m. El dedo anular.

Paranĕte, es. f. Vitruv. La sesta cuerda, la penúltima de la lira, dedicada á Júpiter.

Parangăriae, arum. f. plur. Dig. Obras y gastos que se imponen por utilidad pública.

Părănĭtes, ae. m. Plin. Piedra preciosa como ametista.

Parans, tis. com. Estac. El que prepara, previene.

Părănymphus, i. m. Fortun. Paraninfo, el padrino de las bodas. || El que trae una noticia alegre. || El que anuncia la entrada del curso en los estudios públicos, y estimula á ellos con una oracion retórica, inaugural.

Părăpechia, ae. f. Varr. Vestido de muger. || Vestido que tenia fajas de púrpura por ambos lados.

Părăpegma, atis. n. Vitruv. Cartel. || Instrumento astronómico, que sirve para conocer el oriente y ocaso de los astros. || Plancha, tabla de bronce, que se fijaba en un sitio público en que estaba grabada la figura del cielo, el oriente y ocaso de los astros, y señaladas las estaciones del año. || Tabla ó plancha de bronce en que se escribian las leyes para esponerlas al público.

Părăpetasia, orum. n. plur. Dig. Edificios contiguos á otros que los cubren y quitan la vista.

Părăpeteuma, atis. n. Cod. Tead. Libranza, libramiento de trigo.

Parăpherna, orum. n. plur. Ulp. Bienes parafernales que corresponden á la muger casada, por sucesion ó de otro modo fuera de la dote.

Părăphŏrum, i. n. Plin. Especie de alumbre adulterado.

Părăphrăsis, is. f. Quint. Paráfrasis, esplicacion de una cosa por modo mas estenso.

Părăphrastes, ae. m. S. Ger. Parafraste, el que esplica ó interpreta una cosa con paráfrasis.

† Părăplasma, tis. n. Señal que se hace en un libro en algun lugar notable.

† Părăplegia, ae. f. Paralisis, perlesía en alguna parte del cuerpo.

† Părăplexia, ae. f. Ligero ataque de apoplegía.

Părărium aes. n. Fest. Paga doble que se daba al caballero que tenia dos caballos.

Părărius, ii. m. Sen. Conciliador, agente, el que se entromete á ajustar las partes de un negocio.

Părăsanga, ae. f. Fest. Parasanga, medida de caminos entre los persas. Unos dicen que comprendia 30 estadios, otros 40, otros 60.

Părascēnium, ii. n. Vitruv. Los lados y la parte posterior del teatro.

Parascēve, es. f. Vitruv. Preparacion. Así llamaban los judios al dia antes del sábado, para prevenir en él lo necesario, y no quebrantar el precepto de cesar el sábado en todas las obras.

† Părăselena, ae. f. Parelia, paraselene, apariencia de una luna espuria junto á la verdadera.

† Părăsematographia, ae. f. Tratado, libro de blason, de armas.

Parasiopĕsis, is. f. Ret. Aposiopesis ó reticencia, figura retórica, que se comete cuando se calla en la oracion algo que se deja entender.

Părăsīta, ae. f. Hor. Muger que anda al rededor de las mesas y comidas agenas como truhan.

Părăsītaster, tri. m. Terc. Vil é infeliz truhan, que anda por las mesas agenas.

Părăsītatio, onis. f. Plaut. Adulacion truhanesca, el arte y oficio del truhan, que halaga al que pretende le dé de comer.

Părăsītĭcus, a, um. Suet. Lo que pertenece al truhan, adulador.

Părăsītor, aris, atus sum, ari. dep. Plaut. Adular, halagar, lisonjear con truhanerías y bufonadas para sacar algo de comer.

Părăsītus, i. m. Cic. Truhan, adulador, bufon que anda de mesa en mesa, halagando, adulando, diciendo bufonadas. Parasitus Apollinis. Hor. Phoebi. Marc. Pantomimo, bufon, gracioso de comédia.

Părăstădes, dum. f. plur. Vitruv. Parastades, piedra

que hacen las jambas de una puerta.

Părastas, ădis. f. Vitruv. Jamba de una puerta, madero ó piedra que la forma y contiene de un lado y de otro.

Părastăta, ae. f. Vitruv. Contracoluna, pilastra, pilar quebrado puesto al lado de la coluna.

Părastatĭca, ae. f. Plin. La pilastra.

Părastatĭcus, a, um. Plin. Lo perteneciente á la pilastra.

Părastichĭs, is. f. Suet. Indice alfabético, tabla de un libro.

Parasynaxes, ium. f. plur. Dig. Conventículos, conciliábulos de los hereges sobre asuntos de religion, contra las leyes.

Părate, ius, issime. adv. Cic. Con preparacion, con prevencion, premeditadamente. ¶ Pronta, ligeramente, con espedicion.

† Părasilmus, i. m. Depilacion, pena de los convencidos de adulterio.

Părătio, ōnis. f. Afran. Preparacion, provision.

† Părătitla, ōrum. n. plur. Paratitla, compendios, sumarios de los títulos. ¶ Concordancia de títulos en los libros de derecho.

† Părătōrium, ii. n. Estuche de cuero para guardar el cáliz, ó bolsa de lienzo donde se guarda.

Părătrăgaedio, ās, āre. n. Plaut. Exagerar, abultar, amplificar, como en las representaciones de tragedias.

† Păratriba, ae. f. Disputa.

† Păratrimma, tis. n. Escoriadura, desolladura entre las nalgas ó en los muslos por parte de dentro.

Părătum, i. n. Ter. y

Părătūra, ae. f. Tert. ó

Părătus, us. m. Salust. Aparato, preparacion, prevencion, provision. ¶ Ov. Adorno, compostura. Paratus regius. Tac. Pompa, aparato real. __ Funebris. Tac. Pompa fúnebre.

Părătus, a, um, ior, tissĭmus. part. de Paro. Cic. Preparado, prevenido, pronto, dispuesto, listo. ¶ Hor. Ganado, adquirido. Paratior ab exercitu. Cic. Cuyo ejército está en mejor estado ó disposicion, mas bien prevenido de tropas. Paratissimo animo sustinere. Ces. Sostener con grandísimo valor. Servi parati aere. Salust. Esclavos comprados con dinero.

† Parauxēsis, is. f. Amplificacion, exageracion.

Paraverēdus, i. m. Cod. Teod. Caballo de posta ó de alquiler.

Părazōnium, ii. m. Marc. Parazonio, espada ancha y sin punta que se trae en la pretina como la daga. ¶ Cinturon, tahalí, vericú para ceñir la espada.

Parca, ae. f. Ov. Parca, destino, suerte, hado, fortuna. Parca nubila. Ov. Infeliz suerte, destino miserable.

Parcae, arum. f. plur. Hor. Las Parcas, Cloto, Laquesis y Atropos.

Parce, ius, issĭme. adv. Cic. Parca, frugal, sobria, escasamente, con moderacion, con reserva. ¶ Mezquina, grosera, ruin, miserablemente. Parce parcus. Plaut. Mezquino, miserable. Parcius dicere. Cic. Hablar con reserva, con moderacion. Parcissime potestatem aquae facere. Col. Dar muy poca agua.

Parcendus, a, um. Ov. Lo que se ha de ahorrar, de que se ha de abstener. ¶ Á que ó á quien se ha de perdonar.

Parcens; tis. com. Hor. El que perdona. ¶ Se abstiene.

Parci. pret. de Parco.

Parcĭlŏquium, ii. n. Apul. Reserva en el hablar, miramiento.

Parcĭmōnia, ae. f. Cic. y

Parcĭmōnium, ii. n. Economía, moderacion, parsimonia en el gastar. ¶ Reserva, miramiento en el hablar.

Parcĭprōmus, i. m. Plaut. Económico, parco, el que saca ó gasta con economía.

Parcĭtas, atis. f. Macrob. Parquedad, parsimonia, moderacion, economía.

Parcĭter. adv. Non. Parcamente.

Parco, is, pĕperci, ó parci, parsum, ó parcĭtum, cĕre. a. Cic. Ahorrar, usar, gastar con economía, economizar. ¶ Perdonar. ¶ Abstenerse. Parce credere. Ov. No creas. Parcitum est Italiae. Plin. Se perdonó, no se tocó, no se llegó á la Italia. Parcere oculis. Ov. No mirar. __ Nulli ad perficienda quae quis pollicetur. Nep. No perdonar, no omitir medio alguno para poner en ejecucion lo que uno promete. __ Amicitiis, et dignitatibus. Cic. No tocar, no ofender, mirar con respeto las amistades y dignidades.

Parcus, a, um. Cic. Parco, sobrio, moderado, frugal, económico. ¶ Mezquino, miserable, escaso, ruin, cicatero, avaro. Parcus sanguinis. Tac. Que se abstiene de derramar sangre. __ Comitatu. Plin. Escaso, mezquino en su tren. __ Cultor deorum. Hor. Poco devoto de los dioses. __ Somnus. Plin. men. Sueño parco, ligero. Parcior ira merito. Ov. Ira menor que la falta. Parcissimus vini. Suet. Muy moderado en el beber. __ Honorum. Plin. men. Que solicita muy poco las dignidades. Parcum vitrum. Marc. Vaso pequeño.

Pardălianches, is. n. Plin. El aconito, planta venenosa.

Pardălios, ii. m. Plin. Piedra preciosa del color de la piel de la pantera.

Pardălis, is. f. Plin. La pantera ú onza, animal feroz.

Pardălium, ii. n. Plin. Especie de pomada de muy buen olor.

Pardus, i. m. Plin. El pardo, tigre ó leopardo, macho de la pantera, animal feroz.

Parĕas, ae. m. Lucan. Serpiente que no hace mal.

Parecbăsis, is. f. Quint. Digresion.

† Părectăsis, is. f. Estension de una palabra por una letra ó sílaba que se le añade.

Parectātus, a, um. Varr. El que ya es adulto, crecido, que ya le empieza á apuntar el bozo, que entra en la pubertad.

Paredrus, i. m. Tert. Asesor, asistente. ¶ Demonio familiar. ¶ Héroe colocado en el número de los dioses.

Paregmĕnon, i. n. Derivacion de una palabra de otra.

Paregoria, ae. f. Apul. Consuelo, alivio, mitigacion de un dolor.

Paregorĭcus, a, um. Prisc. Lenitivo, lo que alivia.

† Parelcon, i. n. y

† Parelcon, tis. n. Estension de una palabra por añadirle alguna letra ó sílaba al fin, v. g. Adesdum.

† Parelicia, ae. f. Edad que empieza á decaer.

Parēlion, ii. n. Sen. Parelia, imágen del sol que se forma en una nube espesa cerca de él.

† Parallipsis, is. f. Omision de una consonante doble.

Parembŏle, es. f. Inscr. Todo lo que se añade en una obra por adorno.

Părenchīrĕsis, is. f. Quint. Empresa superior á las fuerzas.

† Parenchima, tis. n. Sustancia carnosa que hay entre los vasos del cuerpo. ¶ Sustancia propia de cada entraña.

Părens, tis. com. Cic. El padre ó madre, el abuelo ú otro pariente superior de quien se desciende. ¶ Fundador, autor, inventor. ¶ Hor. Júpiter.

Părens, tis. com. Cic. Obediente. ¶ Súbdito, sujeto.

Părentālia, ium. n. plur. Cic. Funerales, exequias de los parientes. ¶ Sacrificios, convites que se hacian en los funerales.

Părentālis. m. f. lē. n. is. Ov. Parental, lo perteneciente á los parientes. Parentales dies. Ov. Dias de parentacion, de celebridad de exequias.

Părentātio, ōnis. f. Tert. Parentacion, celebridad de funerales ó exequias.

Părentātus, a, um. Tert. Ofrecido en sacrificio en la parentacion.

Părentēla, ae. f. Jul. Cap. Parentela, familia, el conjunto, la serie de parientes.

Părentes, um. m. plur. Cic. Abuelos mayores, progenitores, ascendientes.

Parenthĕsis, is. f. Quint. Paréntesis, interposicion.

† Părentia, ae. f. Obediencia.

Părentĭcida, ae. m. Plaut. Parricida, el que mata á su padre ó á su madre.

Părento, ās, āvi, ātum, āre. n. Cic. Hacer las exequias, el funeral de sus parientes. Parentare noxio sanguine injurias suae. Petron. Lavar su injuria, vengarla en la sangre del delincuente.

Părentor, āris, ātus sum, āri. dep. V. Parento.

Pareo, ēs, rui, ēre. n. Suet. Parecer, comparecer, sparecer, presentarse. ‖ Obedecer, sujetarse. *Parere gulae. Hor.* Ser esclavo de la gula. — *Consiliis, legibus. Cic.* Obedecer, observar, seguir los consejos, cumplir con lo que mandan las leyes. — *Necessitati. Cic.* Rendirse á la necesidad. — *Promissis. Ov.* Cumplir la palabra, la promesa. *Paretur. Liv.* Se obedece. *Si paret. Cic.* Si consta, si se prueba, si se justifica.

† Pareori, orum. m. plur. Caballos de coche que van á todo correr. ‖ Caballos que montan los postillones.

† Parephippius, ii. m. El que atormenta á un caballo por no saberle montar ó llevar.

Parergon, i. n. *Vitruv.* Adorno que se añade á una obra sin necesidad.

Păresis, is. f. Flogedad, dejamiento, falta de fuerzas.

Părethonium, ii. n. *Plin.* Especie de color hecho con la espuma de la mar y cieno.

Parhippus, i. m. *Cod. Tbeod.* Caballo mal guiado ó conducido por el que le monta.

Parhypăte, es. f. *Vitruv.* Cuerda segunda de las siete de la lira, *dedicada á Mercurio.*

Pariambodes, is. m. *Diomed.* Pie de verso, *que consta de cinco sílabas, breve, larga, breve y dos largas, como petitiones.*

Pariambus, i. m. *Diomed.* Pie de verso, *que consta de cinco sílabas, una larga y cuatro breves, como* Conticinium.

Parianus, a, um. *Cic.* Lo perteneciente á Pario, *ciudad del Asia menor.*

Păriatio, onis. f. *Escev.* Liquidacion, igualacion de cuentas.

Pariator, oris. m. *Paul. Jur.* El que ajusta, liquida su cuenta, que queda solvente.

Pariatoria, ae. f. *S. Ag.* V. Pariatio.

Parici, orum. m. plur. *Fest.* Los Cuestores ó jueces de los delitos capitales.

Păricŭlum, i. n. *Tac.* Minuta de un contrato.

Păriens, tis. com. *Ov.* La muger que está de parto.

Părientia, ae. f. *Tac.* Obediencia.

Păries, ĕtis. m. *Cic.* La pared. *Intra parietes. Cic.* Dentro de las paredes domésticas, en casa, privadamente. *Paries arrectarius, craticius. Vitruv.* Pared de emplenta ó zarzos. — *Medianus, intergerinus. Vitruv.* Pared de medianería. — *Fornaceus.* De tapia de tierra. — *Structilis.* De mampuesto. — *Lateritius.* De ladrillo. — *Diplinthus.* De dos ladrillos. — *Triplinthus.* De tres.

Pariĕtalis. m. f. lĕ. n. is. *Marc. Emp.* Lo perteneciente á la pared.

Pariĕtaria, ae. f. *Apul.* Parietaria, *yerba que nace en las paredes y tapias viejas.*

Pariĕtarius, ii. m. *Jul. Firm.* El que hace paredes ó tapias, albañil.

Pariĕtinae, arum. f. plur. *Cic.* Paredes, tapias ó muros viejos que se desmoronan.

Parii, orum. m. plur. *Nep.* Los parios, los naturales de la isla de Paros.

Părilĕma, ătis. n. *Varr.* Sarmiento, vástago de la vid.

Părilia, ium. n. plur. V. Palilia.

Părilis. m. f. lĕ. n. is. *Cic.* Igual, parejo.

Părilĭtas, ătis. f. *Gel.* Igualdad.

Păriliter. adv. m. *Plaut.* Igualmente.

Pario, as, avi, atum, are. *Ulp.* Liquidar las cuentas, igualar la data con el cargo.

Pario, is, pepĕri, partum, y parĭtum, rĕre. a. *Cic.* Parir, dar á luz, producir. ‖ Engendrar, criar. ‖ Adquirir, grangear, ganar. ‖ Ocasionar, causar, traer, acarrear. *Parere ova. Cic.* Poner huevos. — *Vermiculos. Lucr.* Criar gusanos. — *Sibi lethum manu. Virg.* Darse muerte por su propia mano. — *Somnum alicui. Tib.* Adormecer á uno, hacerle dormir. — *Gratiam sibi apud aliquem. Liv.* Conciliarse, ganar crédito, estimacion con alguno. — *Pacem. Cic.* Ocasionar, procurar, producir la paz. *Tanquam Chalcidica nobis peperit uxor. adag.* Como puerca lechones. *ref.*

Păris. gen. de Par.

Păris, ĭdis. m. *Virg.* Páris, *hijo de Priamo y Hécuba, reyes de Troya, el cual fue causa de su ruina, por haber robado á Menelao, rey de Lacedemonia, su muger Helena.*

Părisĭacus, a, um. *Fortun.* Lo perteneciente á París, *capital de Francia.*

Părisiensis. m. f. sĕ. n. is. Parisiense, lo que es de París.

Parisai, orum. m. plur. *Ces.* Los parisienses, los naturales de París. ‖ París, *ciudad capital de Francia.*

Părisinus, a, um. Parisiense, lo que es de París.

Părison, i. n. *Quint.* Similiter cadens. Figura retórica, *cuando acaban igualmente los miembros de un período, v. g.* Quid tam commune quam spiritu vivis, terra mortuis, mare fluctuantibus, litus ejectis?

Părĭtas, atis. f. *Arnob.* Igualdad.

Păriter. adv. *Cic.* Juntamente, á un tiempo. ‖ Igual, semejantemente, del mismo modo. *Pariter moratus. Plaut.* De las mismas, de iguales costumbres. — *Carus. Liv.* Tan ó igualmente amado. — *Crescere cum luna. Cic.* Crecer al mismo paso que la luna. — *Alicui. Liv.* Igualmente que otro. *Pariter ac, et, atque, ut, cum.* Igualmente que, tanto como.

Părĭto, as, avi, atum, are. a. *Plaut. freq. de* Paro. Prevenir, disponer, preparar.

Părĭtor, oris. m. *Suet.* El que obedece, pronto á servir.

Părĭtūdo, ĭnis. f. *Plaut.* y

Părĭtūra, ae. f. *Varr.* La paridera, paricion, el acto de parir el ganado, el tiempo de la cria.

Părius, a, um. *Plin.* Lo que pertenece á la isla de Paros.

Parma, ae. f. *Liv.* Broquel, adarga, rodela, escudo pequeño y redondo, *de que usaba la infantería y caballería.* ‖ Parma, *ciudad de Lombardía.*

Parmātus, a, um. *Liv.* Cubierto, armado de broquel ó rodela.

Parmenses, ium. m. plur. *Cic.* Los parmesanos, los naturales de Parma.

Parmensis. m. f. sĕ. n. is. *Hor.* Parmesano, lo que pertenece á Parma.

Parmŭla, ae. f. *Hor.* Broquelillo, broquel pequeño.

Parmŭlarius, ii. m. *Quint.* Broquelero, el que hace ó lleva broquel.

Parnăcis, idis. f. *Varr.* Vestido propio de doncellas.

Parnasseus, a, um. *Avien.* V. Parnassius.

Parnassis, idis. adj. f. *Ov.* La que es del Parnaso.

Parnassius, a, um. *Virg.* Lo que es del Parnaso ó lo que le pertenece.

Parnassus, i. m. *Ov.* Parnaso, *monte de Grecia en la Focide, que tiene dos picos ó puntas, una consagrada á Febo y otra á Baco.*

Parnes, ethis. m. *Estac.* Monte de la Ática, *muy abundante de viñas y caza.*

Păro, onis. f. *Cic.* Bergantin, galeota, nave pequeña de guerra que va á vela y remo, y en que cada marinero es soldado.

Păro, as, avi, atum, are. a. *Cic.* Preparar, prevenir, disponer, aprestar. ‖ Adquirir, ganar, grangear, lograr. *Parare se ad aliquid. Cic.* Disponerse para alguna cosa. — *Inter se. Salust.* Acordarse, convenir, quedar de acuerdo, conformarse. — *Bellum alicui. Nep.* Prevenir la guerra contra alguno. — *Jumenta impenso pretio. Ces.* Comprar caballerías á mucho precio, muy caras.

† Parŏchae, arum. f. plur. Provisiones de víveres concedidas á los magistrados romanos que viajaban de órden de la república.

Parŏchia, ae. f. *Sidon.* Parroquia, la jurisdiccion del párroco, el distrito de ella, la union de los parroquianos.

† Parŏchialis. m. f. lĕ n. is. Parroquial, lo que es ó pertenece á la parroquia.

† Parŏchianus, a, um. Parroquiano, el que es de una parroquia.

Parŏchus, i. m. *Cic.* Proveedor, comisario. ‖ *Hor.* El que da un convite. ‖ *Ecles.* El párroco, el cura de la parroquia.

Parocŭlus, a, um. *Suet.* El que tiene los ojos iguales.

Parŏdia, ae. f. *Ascon.* Parodia, imitacion de versos. *Pasage del estilo elevado de la tragedia al humilde de la comedia.*

Parŏdontīdes, um. f. plur. Hinchazon de las encías.

Paroecia, ae. f. *S. Ag.* Vecindad. ‖ Diócesis. ‖ Parroquia.

Paroecus, i. m. *Bud.* Parroquiano, feligres de una parroquia.

Paroemia, ae. f. *Diom.* Adagio, proverbio, refran.

Vvv

**Parŏmaeon**, i. n. *Diom.* Figura, *cuando varias palabras diversas empiezan por las mismas letras, como* Machina multa minax minatur maxima munis. ¶ *Cuando se usa de nombres ó verbos con poca inflexion, y semejantes, como* Multa viri virtus animo, multusque recursat gentis honos.

**Parŏmŏlŏgia**, ae. f. *Rut. Lup.* Figura, confesion ó concesion de una cosa, *de que se sacan fuertes consecuencias contra el contrario.*

**Paron**, ōnis. V. Paro, ōnis.

**Parŏnŏmasia**, ae. f. *Quint.* Paronomasia, *figura de palabras, cuando se usan algunas muy parecidas en el sonido, aunque de significado diverso, como* Consul ipse parvo animo et pravo.

† **Parŏnŏmus**, a, um. Análogo, semejante.

**Parŏnychia**, ae. f. *Plin.* Panadizo, *especie de postema que sale en los dedos junto á las uñas.*

† **Parŏnymia**, ae. f. Imitacion ligera.

† **Parŏnymium**, ii. n. Sobrenombre, apellido.

† **Parŏnymum**, i. n. Un derivado.

**Paropsis**, ĭdis. f. *Suet.* El plato para comer.

**Paroptus**, a, um. *Apic.* Asado.

**Părus**, y **Părus**, i. f. *Virg.* Paros, *isla del mar egeo, una de las Cicladas, famosa por el mármol que cria.*

**Parōtis**, ĭdis. f. *Gels.* Parótida, *postema junto á los oidos.*

**Parōtium**, ii. n. Pendiente, perendengue, arracada.

**Paroxysmus**, i. m. Paroxismo, conmocion, irritacion.

**Parra**, ae. f. *Hor.* Parra, ave de mal agüero.

**Parrhasia**, ae. f. y

**Parrhasie**, es. f. *Plin.* Parrasia, *ciudad de Arcadia.* ¶ La Arcadia.

**Parrhāsis**, ĭdis. adj. f. *Ov.* La que es de Arcadia.

**Parrhāsis**, ĭdis. adj. f. *Ov.* La osa mayor, *constelacion del polo ártico.*

**Parrhasius**, a, um. *Plin.* Lo perteneciente á Arcadia y á Parrasia, ciudad.

**Parrhasius**, ii. m. *Plin.* Parrasio, *pintor célebre de Efeso, el primero que dió simetría á la pintura.*

† **Parrhesia**, ae. f. Libertad en el hablar.

**Parrhesirates**, ae. m. *Sen.* Libre en el hablar.

**Parrīci**, ōrum. m. *Plur. Fest.* Jueces del crímen.

**Parrīcīda**, ae. m. f. *Cic.* Parricida, *el que mata á su padre ó á su madre.* ¶ El que mata á su hijo, á un pariente, á un ciudadano.

**Parrīcīdālis**. m. f. lě. n. is. V. Parricidialis.

**Parrīcīdātus**, us. m. *Cel. à Cic.* Parricidio, *el acto y efecto, y el crímen de matar á su padre ó madre.*

**Parrīcīdiālis**. m. f. lě. n. is. *Quint.* Lo que pertenece al parricidio.

**Parrīcīdiālĭter**. adv. *Lamp.* y

**Parrīcīdiōse**. adv. *Cic.* Con parricidio.

**Parrīcīdium**, ii. n. *Cic.* Parricidio, *el delito de matar á su padre ó madre.* ¶ El de matar á otro cualquier pariente. ¶ *Suet.* Los idus de marzo, *en el cual dia fué asesinado C. César en el senado.* Fraternum parricidium. *Cic.* Asesinato de un hermano.

**Pars**, partis. f. *Cic.* Parte, pedazo, porcion, miembro. ¶ Comision, órden, deber, empleo, oficio, obligacion. ¶ Clase, estado, condicion. ¶ Partido, faccion, bando. Pars bona hominum. *Hor.* Un buen número de hombres. Meae partes sunt, y mearum est partium. *Cic.* Es negocio mio, es cosa que me toca á mí. Partes in omnes. *Cic.* Por todos lados, de todos modos.— Caesaris tenere. *Tac.* Seguir el partido, ser de la faccion de César.— Suscipere alicujus. *Cic.* Ocupar el puesto de alguno, ejercer su empleo.— In comoedia primas agere. *Ter.* Hacer el primer papel en una comedia.— Priores apud aliquem habere. *Ter.* Tener la preferencia en el ánimo de alguno. Pro rata parte. *Ulp.* A prorata, á proporcion. Magna ex parte. *Plin.* Por la mayor parte, lo mas ó la mayor parte del tiempo. Dimidia ex parte. *Cic.* Por mitad. Plus media parte. *Ov.* Mas de la mitad. Omni à parte. *Ov.* Por todos los lados ó partes. Magnam partem lacte vivunt. *Ces.* La mayor parte viven de leche. Pro sua quisque parte. *Cic.* Cada uno por su parte, con todo su poder y fuerzas. Partes. En el foro. *Quint.* Las partes, los litigantes. Mors in beneficii partem numeretur. *Cic.* Cuéntese la muerte en lugar del beneficio.

**Parsĭmōnia**, ae. f. *Plaut.* Parsimonia, moderacion, economía, arreglo en el gastar. ¶ La hacienda adquirida con la economía.

**Parsĭmōnĭcus**, a, um. V. Parcus.

**Parsus**, a, um. part. de Parco.

**Parthaon**, ōnis. m. *Ov.* Partaon, *hijo de Marte ó de Meleagro, rey de Calidonia, y de Merope.*

**Parthaonĭdes**, ae. m. *Ov.* Hijo ó nieto de Partaon, *como Diómedes, hijo de Tideo, el cual le era de Oeneo, y este de Partaon.*

**Parthaonius**, a, um. *Ov.* Lo perteneciente á Partaon.

**Parthěnia**, ae. f. *Plin.* La isla de Samos.

**Parthěniae**, ārum. m. plur. y

**Parthěniatae**, ārum. m. plur. ó

**Parthěnii**, ōrum. m. plur. *Just.* Los tarentinos, *que sabiendo que eran engendrados de ilícito trato de sus madres, dejaron su patria Samos, y con su capitan Falanto asentaron en Tarento.*

**Parthěniānus**, a, um. *Marc.* Lo perteneciente á Partenio, *nombre propio de varon.*

**Parthěnias**, ae. m. *Serv.* Sobrenombre de Virgilio, *llamado así por su pudor y probidad.*

**Parthěnīce**, es. f. *Plin.* V. Parthenium.

**Parthěnis**, ĭdis. f. *Plin.* La artemisa, *yerba.*

**Parthěnium**, ii. n. *Plin.* Parietaria, *yerba.* ¶ Matricaria, *yerba.* ¶ Magaza, *yerba.*

**Parthěnius**, a, um. *Virg.* Virginal, virgíneo. ¶ Lo perteneciente al monte Partenio de Arcadia.

**Parthěnius**, ii. m. *Mel.* Partenio, *rio de Arcadia, de Paflagonia, de Samos.* ¶ Monte de Arcadia. ¶ Partenio, *gramático griego de Nizea, poeta elegiaco, y de otros metros, á quien dió libertad Cina en la guerra de Mitrídates por su ingenio.*

**Parthěnŏpaeus**, i. m. *Higin.* Partenopeo, *jóven muy hermoso y valiente, hijo de Meleagro y de la famosa cazadora Atalanta.*

**Parthěnŏpe**, es. f. *Virg.* Partenope, *una de las sirenas que se precipitaron al mar por no poder atraer á Ulíses con su canto á sus escollos. Esta fue á parar adonde está Napoles, que de su nombre se llamó Partenope.* Parthenopes monumentum. *Ov.* Nápoles, *ciudad de Italia, capital del reino de su nombre.*

**Parthěnŏpeius**, a, um. *Ov.* Lo perteneciente á la sirena Partenope ó á Nápoles.

**Parthi**, ōrum. m. plur. *Hor.* Los partos, *pueblos de la region de Partia en Asia.*

**Parthia**, ae. f. *Plin.* Partia ó Larache, *region de Asia en el imperio de los Persas.*

**Parthĭcus**, a, um. *Luc.* Lo que pertenece á Partia ó á los partos.

**Parthiěne**, es. f. *Curc.* La Partia, la region de los partos.

**Parthĭni**, ōrum. m. plur. Pueblos de Macedonia.

**Parthus**, a, um. *Ov.* Parto, lo que es de los partos ó de su region.

**Partiārio**. adv. *Cat.* Con parte ó á la parte del trabajo, gasto, frutos y ganancia: con aparcería.

**Partiārius**, ii. m. *Col.* El que tiene ó pone una renta, un asiento por mitad con otros: aparcero.

**Partiārius**, a, um. *Apul.* Aquello en que algunos tienen parte.

**Partiātim**. adv. *Cel. Aur.* Por partes.

**Partĭbĭlis**. m. f. lě. n. is. *Claud. Mamert.* Partible, lo que se puede partir, dividir.

**Particeps**, ĭpis. Com. *Cic.* Partícipe, participante, compañero. Particeps pudoris, ac verecundiae. *Cic.* El que tiene pudor y vergüenza.— Conjurationis. *Cic.* Cómplice de una conjuracion.— Fortunarum. *Cic.* Compañero en la fortuna. Participem facere alicujus rei. *Cic.* Dar parte de alguna cosa, comunicarla.

**Partĭcĭpātio**, ōnis. f. *Esparc.* Participacion, parte, comunicacion.

**Partĭcĭpātus**, a, um. *Just.* part. de Participo. Participado, comunicado.

**Partĭcĭpātus**, us. m. *Esparc.* Participacion, parte, comunicacion.

**Partĭcĭpiālis**. m. f. lě. n. is. *Quint.* Participial, lo que es del participio de un verbo.

Participialiter. *adv. Fest.* Por participio.

Participium, ii. *n. Quint.* Participio de un verbo.

Participo, ās, āvī, ātum, āre. *a. Cic.* Participar, tener parte, ser partícipe. ‖ Dar parte, hacer participante, comunicar con otro.

Particŭla, ae. *f. Cic.* Partícula, partecilla, pequeña parte. ‖ *Gel.* Partícula, nombre que se da á las cuatro partes indeclinables de la oracion.

Particulāris. *m. f. rě. n. is. Apul.* Particular, singular.

Particulariter. *adv. Apul.* y

Particulatim. *adv. Col.* Particularmente, en particular, por partes, parte por parte.

Particulatio, ōnis. *f. Mart. Cap.* Division por menor, en menudas partes.

Particulo, ōnis. *m. Non.* Coheredero, el que hereda con otro el patrimonio. ‖ *Fedr.* Particulon, nombre propio de varon.

† Particus, i. *m.* Mercader que vende por menor.

Partīlis. *m. f. lě. n. is. Firm.* Partible, divisible, lo que se puede partir ó dividir.

Partīliter. *adv. Arnob.* Partiblemente, por partes.

Partim. *adv. Cic.* Parte, en parte.

Partio, ōnis. *f. Plaut.* El parto, el acto de parir.

Partio, is, ivi, ītum, īre. *a. Salust.* y

Partior, is, ītus sum, iri. *dep. Cic.* Partir, dividir, distribuir, comunicar por partes, repartir.

Partite. *adv. Cic.* y

Partitim. *adv. Claud.* Por partes, con division, distribucion.

Partitio, ōnis. *f. Cic.* Particion, division, distribucion, repartimiento.

Partīto. *ad. Ulp.* Por partes, por porciones.

Partitor, ōris. *m. Cic.* Partidor, repartidor, divisor, el que hace partes, divide, distribuye.

Partitūdo, inis. *f. Plaut.* El parto, el acto de parir.

Partitus, a, um. *part. de* Partior. *Cic.* Dividido, distribuido en partes.

Partor, ōris. *m. Plaut.* El que adquiere en especial por herencia.

Partuālis. *m. f. lě. n. is. Tert.* Lo que pertenece al parto.

Partŭla, ae. *f. Ter.* Diosa que presidia á los partos.

Partumeius, a, um. *Hor.* Fecundo, lo que fácilmente pare ó produce.

Partūra, ae. *f. Varr.* El parto.

Parturio, is, īvī, ó ii, ītum, īre. *a. Cic.* Estar de parto, con dolores de parto. ‖ Parir, dar á luz.

Parturītio, ōnis. *f. S. Ag.* El acto de estar de parto.

Partus, a, um. *Cic.* Adquirido, ganado, grangeado, procurado. ‖ Nacido, dado á luz, engendrado, criado, producido. *Male parta, male dilabuntur. Cic.* Los bienes mal adquiridos se disipan malamente, jamas aprovechan.

Partus, us. *m. Cic.* El parto, la cria. ‖ La cria de los animales. ‖ Hijo, criatura. ‖ Frutos. *Partum ferre. Plin.* Estar preñada.

Parūlis, idis. *f. Cels.* Flemon, abceso en las encías.

Parum. *adv. Cic.* Poco, un poco.

Parumper. *adv. Cic.* Por un poco, un poco de tiempo, un momento.

Paruncŭlus, i. *m. Cic. dim. de* Paro, ōnis. Bergantin, navichuelo ligero.

Parve. *adv. Vitruv.* Poco, un poco.

Parvi. *genit. abs. Cic.* Poco. *Parvi refert. Cic.* Importa poco, es de poca consecuencia.

Parvi, ōrum. *m. plur. Ov.* Los hijos pequeños.

Parvibibŭlus, a, um. *Cel. Aur.* Poco bebedor, el que bebe poco.

Parvicollis. *m. f. lě. n. is. Cel. Aur.* Corto de cuello, de pescuezo, cuellicorto.

Parvi-duco, is, xi, ctum, cěre. *a.* y

Parvi-facio, is, fěci, factum, cěre. *a.* y

Parvi pendo, is, di, sum, děre. *a. Cic.* Hacer poco caso, tener, estimar en poco, no hacer aprecio, no hacer cuenta.

Parvitas, ātis. *f. Cic.* Parvidad, pequeñez, cortedad, tenuidad.

Parvŭlum. *adv. Plin.* Poquito, un poquito, muy poco.

Parvŭlus, i. *m. Quint.* Párvulo, pequeño, niño.

Parvŭlus, a, um. *Cic.* Párvulo, pequeño. *A parvulo. Cés.* Desde niño, desde la infancia.

Parvus, a, um. *Cic.* Parvo, pequeño. ‖ *Hor.* Bajo, humilde. *Parvus animus. Hor.* Poco espíritu. *Parvissimus rictus. Varr.* Boca muy pequeña.

Pascālis. *m. f. lě. n. is. Lucil.* Lo que se lleva al pasto, á pacer.

Pascendus, a, um. *Hor.* Lo que se ha de apacentar ó criar.

Pascens, tis. *com. Virg.* Que pace. ‖ Que apacienta, que lleva á pacer.

Pasceŏlus, i. *m. Plaut.* Bolsa, saco de cuero.

Pascha, ae. *f.* y

Pascha, ătis. *n. Bibl.* Paso, tránsito, pasage, el acto de pasar. ‖ Tránsito del Angel esterminador de los primogénitos de Egipto. ‖ Pascua, tiempo en que celebraban los judíos la memoria de este tránsito del Angel sin haber muerto á sus primogénitos. ‖ Solemnidad de la pascua, inmolacion del cordero, la pascua ó el cordero que se inmolaba, el cordero pascual. ‖ Pascua, fiesta de la resurreccion de N. S. J. C.

Paschālis. *m. f. lě. n. is. Sedul.* Pascual, lo perteneciente á la pascua.

Pascĭto, ās, āvī, ātum, āre. *a. Varr. frec. de* Pasco. Pacer con frecuencia.

Pasco, is, pāvi, pastum, cěre. *a. Varr.* y

Pascor, ěris, pastus sum, sci. *dep. Ov.* Pacer, pastar. ‖ Apacentar, llevar á pacer, criar ganados. ‖ *Hor.* Servir de pasto. *Pasci per herbas. Virg.* Pacer las yerbas. — *Silvas. Virg.* Pacer en las selvas. — *Oculos. Ter.* Recrear la vista. — *Barbam. Hor.* Dejar crecer la barba. — *Rapinis. Cic.* Alimentar, sustentar, mantener con robos.

Pascuālis. *m. f. lě. n. is. Bibl.* Que pace ó se lleva á pacer.

Pascuārium, ii. *n.* La renta que se da por tener facultad de enviar sus ganados á los pastos.

Pascue. *adv. Apul.* Abundantemente.

Pascuōsus, a, um. *Apul.* Bueno para pasto.

Pascuum, i. *n. Col.* Pasto, prado, dehesa, lugar donde pasta el ganado. ‖ Pasto, pastura.

Pascuus, a, um. *Plaut.* Lo que es bueno para pasto, que da buen pasto.

Pasiphāeius, a, um. *Ov.* Lo que pertenece á Pasifae.

Pasiphăe, es. *f.* y Pasiphaa, ae. *f. Cic.* Pasifae, hija del Sol y de Persis, muger de Minos rey de Creta, que enamorada de un toro dió á luz el Minotauro. Fue tenida por diosa.

Pasiphaeius, a, um. *Ov.* Lo perteneciente á Pasifae.

Pasithĕa, ae. *f.* y

Pasithee, es. *f. Catul.* Pasitea, una de las tres gracias.

Passāles, oves, et gallinae. *f. plur. Fest.* Ovejas y gallinas que andan pastando.

Passariae ficus. *f. Capitol.* Higos pasos, secos al sol.

Passarīnus. *adv. V.* Passerinus.

Passer, ěris. *m. Plin.* El gorrion, pájaro. *Passer marinus. Plaut.* El avestruz.

Passercŭlus, i. *m. Cic.* Gorrioncillo, gorrion pequeño.

Passerīnus. *a. Non.* Lo perteneciente al gorrion.

Passernīces, cum. *f. plur. Plin.* Piedras de amolar.

Passibĭlis. *m. f. lě. n. is. Prud.* Pasible, que puede padecer.

Passibilĭtas, ātis. *f. Arnob.* Pasibilidad, aptitud para padecer.

Passibilĭter. *adv. Ter.* Con pasion, padeciendo.

Passim. *adv. Cic.* En ó por diversas partes, por aquí y por alli. ‖ Sin órden, sin regla, indistintamente. ‖ Á cada paso.

Passio, ōnis. *f. Apul.* Pasion, el acto de padecer tormentos, martirio. ‖ *Cel. Aur.* Pasion, perturbacion, afecto del ánimo.

Passionālis. *m. f. lě. n. is. Tert.* Propio de la pasion.

Passive. *adv. Apul.* Dispersa, desparramadamente. ‖ *Pris.* Á modo de verbo pasivo.

Passivĭtas, ātis. *f. Apul.* Concurrencia, concurso, confusion.

Passivĭtus. *adv. Tert. V.* Passim.

**Passīvus, a, um.** *Apul.* Pasible, que puede padecer. ‖ Pasivo, que sufre la accion de un agente. ‖ *Tert.* Comun á muchos, promiscuo.

**Passŭlae, ārum.** *f. plur.* *Plin.* Pasas, uvas pasas.

**Passum, i.** *n.* *Plin.* Vino de pasas.

**Passus, a, um.** *part. de Patior.* *Virg.* El que ha padecido. *part. de Pando.* *Cic.* Tendido, estendido, descogido. *Passis racemi.* *Virg.* *Passa uva.* *Plin.* Pasas. *Passis velis.* *Cic.* Á velas desplegadas.—*Crinibus Tert.* Tendidos, esparcidos los cabellos.—*Palmis. Cæs.* Estendiendo las manos en ademan de suplicar.

**Passus, us.** *m.* *Cic.* El paso, el andar, la marcha. ‖ *Ov.* La huella. ‖ Paso, la medida de cinco ó tres pies.

**Pastīcus, a, um.** *Apic.* Que pasta ó pace, que come, que ya no mama.

**Pastillārius, ii.** *m.* *Cic.* El pastelero, que hace pasteles, el confitero, que hace pastillas de dulce.

**Pastillesco, is, ĕre.** *n.* *Varr.* Formarse, hacerse en forma de pastel, de pastilla.

**Pastillĭcans, tis.** *com.* *Plin.* Lo que tiene ó representa figura de pastel ó pastilla.

**Pastillum, i.** *n.* *Fest.* Torta redonda en forma de pastel que se ofrecia en los sacrificios. ‖ *Varr.* Panecillo, pan pequeño.

**Pastillus, i.** *m.* *Hor.* Pastel de horno. ‖ Pastilla de dulce. ‖ *Fest.* Panecillo, pan pequeño. ‖ Trocisco, medicamento, masa de varios ingredientes de que se hacen las píldoras.

**Pastĭnāca, ae.** *f.* *Plin.* y

**Pastĭnāgo, ĭnis.** *f.* *Col.* Zanahoria. ‖ Pastinaca, pescado.

**Pastĭnatio, ōnis.** *f.* *Col.* La cava de la tierra.

**Pastĭnātor, ōris.** *m.* *Col.* Cavador, el que levanta la tierra con el azadon.

**Pastĭnātum, i.** *n.* *Col.* Pedazo de tierra cavada.

**Pastĭnātus, us.** *m.* *Plin.* La cava de la tierra.

**Pastĭnātus, a, um.** *Col.* Cavado, mullido.

**Pastĭno, ās, āvi, ātum, āre.** *a.* *Col.* Cavar la tierra.

**Pastĭnum, i.** *n.* *Col.* El azadon, la azada para cavar.

**Pastio, ōnis.** *f.* *Col.* El apacentamiento ó cria de ganados y aves.

**Pastŏmis, ĭdis.** *f.* *Lucil.* El acial que se pone en las narices á las mulas y caballos difíciles de errar.

**Pastŏphŏri, ōrum.** *m. plur.* *Apul.* Sacerdotes egipcios, que llevaban en las pompas el palio de Venus ó la cubierta de su cama.

**Pastŏphōrium, ii.** *n.* *Apul.* Pastoforio, habitacion, celda de los sumos sacerdotes. ‖ *Bibl.* Lecho nupcial. ‖ Tabernáculo. ‖ Cabaña de pastor.

**Pastor, ōris.** *m.* *Cic.* El pastor, el que guarda, guia, apacienta ganado.

**Pastŏrālis, m. f. lĕ. n. is.** *Cic.* Pastoril, pastoral, lo que pertenece al pastor.

**Pastŏrāliter.** *adv.* *Fortun.* Á modo de pastor.

**Pastŏrīcius, a, um.** *Cic.* y

**Pastŏrius, a, um.** *Ov.* Pastoril, pastoral, lo que pertenece al pastor.

**Pastūra, ae.** *f.* *Palad.* La pastura, el pasto en que pace el animal.

**Pastus, us.** *m.* *Cic.* El pasto, pastura, alimento del ganado. ‖ Comida, sustento, alimento del hombre, pasto.

**Pastus, a, um.** *part. de Pascor.* *Cic.* Que ha pacido ó pastado. *Pastus graminis.* *Ov.* Que ha pacido la yerba.—*Mœror fletu. Sil.* Pesar alimentado, sustentado, apacentado de lágrimas.

**Patăgiārius, ii.** *m.* *Fest.* El artífice que hacia las guarniciones ó sobrepuestos de los vestidos de las mugeres.

**Patăgiātus, a, um.** *Plaut.* Adornado, guarnecido con un sobrepuesto á modo de botones.

**Patăgium, ii.** *n.* *Fest.* Guarnicion, faja, sobrepuesto de los vestidos de las mugeres, sembrado de botones de oro.

**Patăgōnes, um.** *m. plur.* Patagones, pueblos de Magallanica.

**Patăgus, i.** *m.* *Fest.* Cierta enfermedad mortal, que hace salir manchas en el cuerpo.

**Pataici, ōrum.** *m. plur.* Figuras de los dioses que ponian los antiguos en la popa de sus navios.

**Patălis, m. f. lĕ. n. is.** *Plaut.* Estendido, ancho, abierto. *Patalis bos.* *Plaut.* Buey que tiene muy abiertas las astas.

**Patălus, i.** *f.* Isla en la costa de Gaya.

**Patăra, ae.** *f.* *Mel.* Patera, Paterea, ciudad de Licia, famosa por el templo y oráculo de Apolo.

**Patăraeus, a, um.** *Estac.* Patareo, lo perteneciente á la ciudad de Patera ó Paterea.

**Patărēis, ĭdos.** *adj. f.* *Ov.* La que es de la ciudad de Patera ó Paterea.

**Patărēus, i.** *m.* *Hor.* Nombre de Apolo venerado en Patera.

**Patavia, ae.** *f.* *Passu.* ciudad de Baviera.

**Patăvīni, ōrum.** *m. plur.* *Plin.* Paduenos, los habitantes de Padua. ‖ Los de Pasau.

**Patăvīnĭtas, ātis.** *f.* *Quint.* Patavinidad, modo de hablar propio de los paduanos, el cual reprendia Polion en Tito Livio, natural de Padua, como romano menos castizo.

**Patăvīnus, a, um.** *Cic.* Paduano, de Padua. *Patavina volumina.* *Sen.* La historia de Tito Livio.

**Patavium, ii.** *n.* *Sen.* Padua, ciudad de Venecia, fundada por Antenor. ‖ *Passu,* ciudad de Baviera en Alemania.

**Patĕfaciendus, a, um.** *Cic.* Lo que se ha de abrir, de descubrir, de manifestar.

**Patĕfacio, is, fēci, factum, cĕre.** *a.* *Cic.* Abrir. ‖ Descubrir, manifestar, aclarar. *Patefacere ordines r acium.* *Liv.* Abrir, ensanchar las filas.

**Patĕfactio, ōnis.** *f.* *Cic.* Declaracion, manifestacion, descubrimiento.

**Patĕfactus, a, um.** *Cic. part. de Patefacio.* Abierto, hecho patente. ‖ Declarado, divulgado, manifiesto.

**Patĕfīo, is, factus sum, fĭĕri.** *pas. anom.* *Cæs.* Ser abierto, descubierto. *Iter per Alpes patefieri volebat.* *Cæs.* Queria que se abriese camino por los Alpes.

**Patelāna, ae.** *f.* *S. Ag.* Diosa que presidia á los trigos cuando empezaban á brotar.

**Patella, ae.** *f.* *Cic.* Cierto vaso pequeño que servia en los sacrificios. ‖ *Hor.* Marmita ó pote de barro ó metal para cocer la vianda. ‖ Sopera, trinchero ó plato para servirla. ‖ *Plin.* Cierta enfermedad de los ojos. ‖ *Cel.* La rótula, hueso redondo que forma la rodilla del animal.

**Patellarii, ōrum.** *m. plur.* *Varr.* Los dioses Lares ó Penates, á quienes se ofrecian las viandas de la mesa.

**Patellārius, a, um.** *Varr.* Lo perteneciente al plato ó á la cazuela ó tartera en que se guisa la comida.

**Patellium, ii.** *n.* Vaso grande.

**Patēna, ae.** *f.* *Bibl.* Patena de cáliz. ‖ *Fedr.* El plato.

**Patens, tis.** *com. tior, tissĭmus.* *Cic.* Patente, abierto. ‖ *Virg.* Tendido, estendido, ancho. ‖ *Liv.* Espuesto al público, manifiesto, patente. *Patens campus.* *Virg.* Campo llano, raso.—*Pelagus. Virg.* Mar ancho, alta mar.—*Es omni parte cœlum. Cic.* Cielo que se descubre por todas partes.—*Vulneri equus. Liv.* Caballo descubierto, espuesto á los golpes.—*Humerus. Ov.* Espalda descubierta, desnuda.—*Lux. Ov.* Dia claro.

**Patenter, ius.** *adv.* *Cic.* Abierta, clara, manifiestamente.

**Patentes, um.** *plur.* Letras, cartas, patentes.

**Patĕo, ēs, tui, ēre.** *n.* *Cic.* Estar patente, abierto, descubierto. ‖ Estenderse, alargarse, dilatarse. ‖ Ser claro, evidente, manifiesto. ‖ *Cels.* Estar espuesto, sujeto á. *Patet hic honos tibi. Cic.* Puedes adquirir este honor, puedes llegar á este empleo, tienes abierto el camino, la puerta para él.—*Millia passuum tria... Cæs.* Se estiende á ó por tres mil pasos, tres millas.—*Hoc omnibus ad visendum. Cic.* Está espuesto á la vista de todos.—*Illos deceptos esse. Cic.* Es patente, es evidente, es claro que ellos se han engañado. *Late patere. Quint.* Ser de mucho uso. *Acutis morbis adolescentia patet. Cels.* La mocedad está espuesta á enfermedades agudas. *Maria, terrasque patebant. Salust.* El mar y la tierra estaba en su potestad, á su disposicion.

**Pater, tris.** *m.* *Cic.* El padre. *Pater cœnæ. Hor.* El que da un convite. *Patres conscripti. Cic.* Padres conscriptos, senadores romanos. *Pater patratus. Cic.* Heraldo, rey de armas. *Familias. Cic.* Padre de familias. *Patres. Liv.* Patricios, senadores. ‖ Progenitores, mayores, antepasados, abuelos, ascendientes.

Pătĕra, ae. f. *Cic.* Copa, taza.

Pătĕrae, ārum. m. plur. Sacerdotes, intérpretes de los oráculos de Apolo.

Paternitas, atis. f. *S. Ag.* Paternidad, condicion y afecto de padre.

Paternum, i. n. Paterno, *ciudad de Sicilia.*

Pāternus, a, um. *Cic.* Paterno, paternal, lo que pertenece al padre.

Pătesco, is, scĕre. n. *Virg.* Abrirse, descubrirse, estar patente. ‖ Mostrarse, aparecer, manifestarse. ‖ Estenderse, alargarse, dilatarse. *Quae res si patescit. Cic.* Lo cual si se descubre, si se hace manifiesto. *Ad mare. Tac.* Se estiende, llega hasta el mar.

Pătet, pătuit, pătĕre, impers. *Cic.* Es patente, claro, constante, evidente.

Pathos, es. f. *Cic.* Pasion, perturbacion, movimiento estraordinario del ánimo.

† Pathēma, atis. n. *Cic.* Pasion, afecto, perturbacion, movimiento desarreglado del ánimo.

Pathētice. adv. *Macrob.* Patéticamente, con conmocion de afectos.

Pathēticus, a, um. *Macrob.* Patético, que mueve los afectos, las pasiones, afectuoso.

Pathētus, a, um. Sujeto á pasiones, á dolores.

Pathiasma, atis. m. Pasion. ‖ Enfermedad, dolor.

Pathicissimus, a, um. *Marc.* Deshonesto, lascivo. *Pathicissimi libelli. Marc.* Libros muy deshonestos.

Pathicus, i. m. *Marc.* El que se prostituye.

Pathicus, a, um. *Juv.* Impuro, lascivo. *Speculum pathici Othonis. Juv.* Espejo del afeminado Oton.

Pathmos, i. f. *Plin.* Patmos, *una de las islas esporades en el Archipiélago.*

† Pathōlōgia, ae. f. Patologia, *parte de la medicina que trata de las enfermedades.*

† Pathōpoeia, ae. f. Mocion de los afectos.

Pătĭbĭlis. m. f. lĕ. n. n. *Cic.* Sufrible, tolerable, aguantable, que se puede sufrir, tolerar. ‖ Pasible, que puede padecer, el que padece.

Pătĭbŭlatus, a, um. *Plaut.* Ajusticiado, ahorcado.

Pătĭbŭlum, i. n. *Salust.* y

Pătĭbŭlus, i. m. *Lucil.* Patíbulo, horca, suplicio. ‖ Barra, tranca de la puerta. ‖ *Plaut.* Collar de madera que ponian á los esclavos por castigo, argolla. ‖ *Plin.* Instrumento de madera, *de que usan los labradores para doblar las ramas de los árboles, con lo cual se hacen mas fecundas.*

Pătĭens, tis. com. *Cic.* Paciente, tolerante, sufrido. *Patiens operum. Virg. Laboris. Cic.* Duro en el trabajo, que lleva ó aguanta el trabajo. *Belli. Salust.* Capaz de seguir la guerra. *Vetustatis. Plin.* Que dura ó se conserva largo tiempo. *Veri. Sen.* Que sufre que se le diga la verdad. *Navium fluvius. Plin.* Rio que lleva navíos. *Vomeris tellus. Virg.* Tierra fácil de labrar. *Cervus patiens manus. Virg.* Ciervo que se deja tocar, manso.

Pătĭenter. adv. *Cic.* Pacientemente, con paciencia, con sufrimiento, con tranquilidad, con constancia.

Pătĭentia, ae. f. *Cic.* Paciencia, sufrimiento, constancia, tolerancia. *Patientia paupertatis. Cic.* Paciencia, constancia en sufrir la pobreza. *Britanniam uno praelio veteri patientiae restituit. Tac.* Redujo á la Inglaterra con una sola batalla á la antigua sujecion, servidumbre.

Pătĭna, ae. f. *Plaut.* Tartera ó cazuela para cocer y guisar pescados. ‖ Plato para comer.

† Pătĭnarium, ii. n. El guisado.

Pătĭnarius, a, um. *Plaut.* Lo perteneciente á las tarteras ó cazuelas para guisar pescados. ‖ Cocido, guisado. ‖ Goloso, gloton.

Patio, is. *Cic. ant.* V. *Patior.*

Pătior, ĕris, passus sum, ti. dep. *Cic.* Padecer, sufrir, tolerar, soportar. ‖ Permitir, dejar, consentir. *Facile patior. Cic.* Soy contento. *Aegri patior. Cic.* Llevar con impaciencia, con indignacion, no poder sufrir ó tolerar. *Annum. Col.* Durar mucho, ser de larga duracion. *Fu-*

*gam. Ov.* Ser puesto en fuga. *Falcem. Plin.* Ser cortado con una hoz. *Patitur tangi. Ov.* Se deja tocar, es manso.

Pătiscens, tis. com. *Sen.* Que se abre, se descubre.

Pătiuncŭla, ae. f. *Plaut.* Cacerola, tartera pequeña.

Pātor, ōris. m. *Apul.* Abertura, boquerón.

† Patradelphis, idis. f. Hermana del padre, tia paterna.

† Patradelphus, i. m. Hermano del padre, tio paterno.

Pătrae, ārum. f. plur. *Cic.* Patras, *ciudad de Acaya en el Peloponeso.*

Patrandus, a, um. *Tac.* Lo que se ha de hacer.

Patrans, tis. com. *Pers.* El que hace, concluye, perfecciona.

Patratio, ōnis. f. *Vit. Pat.* Ejecucion, cumplimiento de un deseo.

Patrātor, ōris. m. *Tac.* Actor, ejecutor de cualquier cosa.

Patratrix, icis. f. *Tac.* Ejecutora, la que hace, cumple, pone en ejecucion alguna cosa.

Patratus, a, um. *Tac.* part. de *Patro.* Hecho, ejecutado, puesto en ejecucion. *Patratae caedis. Tac.* Muertes hechas. *Patratum bellum. Tac.* Guerra concluida. *Pater patratus. Liv.* Heraldo, rey de armas.

Patrāvi. pret. de *Patro.*

Patrenses, ium. m. plur. *Cic.* Los ciudadanos de Patras.

Patrensis. m. f. sĕ. n. is. *Cic.* Lo perteneciente á la ciudad de Patras.

Patria, ae. f. *Cic.* Patria, pais, lugar donde uno ha nacido. ‖ El estado, la república.

Patriarcha, y Patriarches, ae. m. *Tert.* Patriarca, cabeza de una dilatada familia. ‖ Príncipe de una iglesia, como el de Alejandría, de Antioquia, de Constantinopla, de Jerusalen.

Patriarchalis. m. f. lĕ. n. is. Patriarcal, lo que toca al patriarca.

Patriarchātus, us. m. Patriarcado, dignidad del patriarca.

Patriarchium, ii. n. Palacio del Patriarca.

Patrica, ae. f. La muger de un senador.

Patrica, ōrum. n. plur. *Lampr.* Misterios pertenecientes al culto y fiestas del Sol.

Patrice. adv. *Plaut.* A lo caballero, á modo de patricio, de noble.

Patriciatus, us. m. *Suet.* Patriciado, dignidad y condicion de patricio, de noble.

Patricida, ae. m. f. *Cic.* Patricida, parricida, el que mata á su padre ó madre.

Patricie. adv. *Plaut.* V. *Patrice.*

Patricii, ōrum. m. plur. *Cic.* Patricios, la raza de los primeros senadores de Roma. ‖ La primera nobleza, los grandes del reino. ‖ Los dioses Jano, Saturno, Genio, Pluton, Baco, el Sol, la Luna y la Tierra. *E patriciis exire. Cic.* Hacerse plebeyo.

Patricius, a, um. *Cic.* Patricio, noble, y lo perteneciente á los patricios.

Patricus casus, i. m. *Varr.* El genitivo.

Patrie. adv. *Quint.* Paternalmente, con afecto de padre.

Patrimōnialis. m. f. lĕ. n. is. *Cod. Teod.* Patrimonial, lo que toca al patrimonio.

Patrimoniolum, i. n. *S. Ger.* Patrimonio corto.

Patrimōnium, ii. n. *Cic.* Patrimonio, bienes que se poseen de los padres.

Patrimus, a, um. *Tac.* El que tiene padre, que aun le vive. *Patrima virgo Catul.* Minerva, Palas.

Patris, genit. de *Pater.*

Patrisso, as, avi, atum, are. n. *Ter.* Imitar á su padre, parecerse á él en sus modos y costumbres.

Patritus, a, um. *Cic.* Lo que viene, proviene, se tiene del padre.

Patrius, a, um. *Cic.* Patrio, paterno, paternal, lo que pertenece al padre. ‖ Lo que es de la patria ó que le pertenece. *Patria res. Cic.* Bienes paternos, patrimonio. *Hoc patrium est. Ter.* Esto toca á un padre, esta es su obligacion.

Patrizo. V. *Patrisso.*

† Patro, as, avi, atum, are. a. *Cic.* Hacer, ejecutar

**PAU**

consumar, concluir, efectuar, terminar, acabar, finalizar, poner en ejecucion. || *Hor*. Procrear. *Patrare expugnationem*. *Tac*. Acabar de rendir una plaza. || *Promissa*. *Cic*. Cumplir las promesas. || *Facinus*. *Liv*. Cometer un delito. || Ejecutar una accion. *Patrare bellum*. || *Pacem*. *Liv*. Concluir la guerra. || Ajustar la paz.

† Patrocĭnātĭo, ōnis. *f*. La accion de defender, de servir de patrono, de protector, de abogado, defensa, proteccion, patrocinio.

† Patrŏcĭnātor, ōris. *m*. Defensor, patrono, abogado, protector.

Patrōcĭnĭum, ii. *n*. *Cic*. Patrocinio, defensa, amparo, proteccion. || Defensa forense.

Patrōcĭnor, āris, ātus sum, āri. *dep*. *Plin*. Patrocinar, defender, proteger, amparar. *Patrocinari alicui*. *Hirc*. Patrocinar á alguno.

Patrŏclīānus, a, um. *Mart*. Propio de Patroclo.

Patrŏclus, i. *m*. *Ov*. Patroclo, hijo de Menecio y Estenele ó Filomela, amigo y compañero de Aquiles en el cerco de Troya, que murió á manos de Hector.

Patrōna, ae. *f*. *Cic*. Patrona, protectora, defensora, abogada. || La señora que da libertad á un siervo.

Patrōnālis. *m*. *f*. le. *n*. is. *Dig*. Lo que pertenece al patrono ó protector.

Patrōnātus, us. *m*. *Dig*. Patrocinio, proteccion. || Patronato, derecho y facultad del patrono.

Patrōnus, i. *m*. *Cic*. Patrono, protector, defensor, abogado. || *Plaut*. El antiguo señor de un siervo á quien se ha dado libertad, de un libertino.

Patrōnymĭcum nomen. *n*. *Prisc*. Nombre patronímico, el que se forma del nombre del padre, del abuelo ó de otros mayores, y significa hijo, nieto, nieta ú otro de los descendientes: v. gr. Pelides, Aquiles, hijo de Peleo. Aeacides. Aquiles, nieto de Eaco. || Apellido de una familia.

Patror, āris, āri. *dep*. *Lucr*. V. Patro.

Patrŏus, a, um. *Cat*. V. Patrius.

Patruēlis, is. *m*. *f*. *Cic*. Primo, hijo del tio paterno, primo hermano.

Patruissĭmus. Voz inventada por Plauto para significar un tio muy impertinente ó muy amado, como si dijéramos en castellano tiísimo.

Patruus, ii. *m*. *Cic*. Tio paterno, hermano del padre.

Patruus magnus. *Fest*. Hermano del abuelo. || *Maximus*. *Dig*. Hermano del bisabuelo.

Patruus, a, um. *Hor*. Lo perteneciente al tio paterno. || Severo, austero.

Pātŭi. *pret*. de Pateo.

Patulcĭus, ii. *m*. *Ov*. Sobrenombre de Jano, porque su templo estaba abierto durante la guerra. || Sobrenombre de Júpiter.

Pătŭlus, a, um. *Cic*. Abierto, ancho, patente, estendido.

Pauci, ae, a. *plur*. *Cic*. Pocos, raros. *Pauci*. *Cic*. Pocos hombres. *Pauca*. *Ter*. Pocas palabras.

Paucies. y

Paucĭens. *adv*. *Fest*. Pocas, raras veces.

Paucillātim. *adv*. *Diom*. V. Paulatim.

Paucĭlŏquium, ii. *n*. *Plaut*. Pocas palabras, escasez, cortedad de palabras.

Paucĭtas, ātis. *f*. *Cic*. Poquedad, cortedad de número.

Pauculi, ae. a. *plur*. *Cic*. Poquitos, poquísimos.

Paucus, a, um. *Gel*. Poco, escaso, corto en número.

Paulātim. *adv*. *Cæs*. Poco á poco, despacio, lentamente, con sosiego.

Paulīānus, a, um. *Val. Max*. Lo perteneciente á Paulo, nombre propio.

Paulīnus, i. *m*. y Paulina, ae. *f*. *Suet*. Paulino y Paulina, nombres romanos. || *Auct*. S. Paulino, obispo de Nola, discípulo de Ausonio. Escribió cartas y versos, y floreció al principio del siglo V. || Otro Paulino Petrocorio posterior al Nolano, aunque del mismo siglo, que escribió en verso la vida de S. Martin.

Paulisper. *adv*. *Cic*. Por poco tiempo, un poco, un rato, un momento.

Paulo. *adv*. *Cic*. Poco, un poco. *Paulo amplius*, *Paulo minus*. *Cic*. Un poco mas, poco menos. *Paulo plus*.

**PAU**

*Plin*. De aquí á un poco, despues.

Paulŭlātim. *adv*. *Apul*. Despacito, poquito á poco. *dim*. de Paulatim.

Paulŭlum. *adv*. *Cic*. Un poquito, muy poco, poquísimo.

Paulŭlus, a, um. *Plaut*. Muy poco, poquísimo. || Pequeñito, pequeñísimo. *Paululi hominis*. *Liv*. Hombres pequeñísimos. *Paulula pecunia*. *Plaut*. Muy poco dinero. || *Via*. *Liv*. Camino cortísimo. *Paululum herc*. *Cic*. Esta friolera, esto poco. *Paululo redimere*. *Ter*. Comprar por poquísimo dinero.

Paulum. *adv*. *Cic*. Poco, muy poco. *Paulum supplicii*. *Ter*. Castigo muy ligero.

Paulus, a, um. *Ter*. Poco. *Paulo sumptu*. *Ter*. Con poco gasto, á poca costa. || *Momento*. *Ter*. En un breve instante, por una friolera.

Paulus, i. *m*. *Liv*. Paulo, nombre romano. || *Lamp*. Julio Paulo, célebre jurisconsulto, discípulo de Papiniano, que floreció en el tercer siglo, en tiempo de Alejandro Severo. || Paulo Diácono, escritor bárbaro del siglo octavo, hizo un compendio de los veinte libros de Festo, en que por quitarle lo que le pareció superfluo, le estropeó á juicio de los eruditos.

Pauper, ĕris. *com*. ior, rimus. *Cic*. Pobre, necesitado, menesteroso. *Pauper aquae*. *Hor*. Pobre de agua, que lleva poca agua. || *In aere suo*. *Hor*. || *In auro congesto*. *Sen*. Pobre en medio de las riquezas, miserable, avaro. || *Eloquentiae*. *Quint*. De poca y fria elocuencia. || *Terra*. *Virg*. Tierra seca, sin jugo, esteril.

Paupĕrātus, a, um. *Sid*. Empobrecido, que se ha puesto pobre.

Paupercŭlus, a, um. *Ter*. Pobrecito, miserable, pobre infeliz.

Paupĕries, ēi. *f*. *Ter*. Pobreza, indigencia, necesidad. || *Ulp*. Pérdida, menoscabo causado por las bestias.

Paupĕrius. *adv*. *comp*. *Ter*. Mas pobremente, con mas pobreza.

Paupĕro, ās, āvi, ātum, āre. *a*. *Plaut*. Empobrecer, poner, dejar pobre. *Pauperare aliquem aliqua re*. *Hor*. Despojar, privar á uno de alguna cosa.

Paupertas, ātis. *f*. *Cic*. La pobreza, indigencia, necesidad, escasez, miseria, falta de lo necesario. || La diosa de la pobreza. *Paupertates temporum*. *Varr*. Miseria, calamidad de los tiempos.

Paupertatŭla, ae. *f*. *S. Ger*. *dim*. de Paupertas. Pobreza infeliz, miserable.

Paupertīnus, a, um. *Varr*. y

Paupĕrus, a, um. *Plaut*. Pobre, necesitado.

Pausa, ae. *f*. *Plaut*. La pausa, interrupcion, suspension, cesacion, reposo, descanso. *Pausas edere*. *Sparc*. Hacer pausa en los sacrificios de Isis, en que se llevaba en procesion el simulacro de Anubis, para cantar los himnos.

Pausārius, ii. *m*. *Sen*. Cómitre de galera, á cuya voz trabajan los remeros ó hacen pausa.

Pausātio, ōnis. *f*. *S. Ger*. Pausa, parada.

Pausātus, a, um. *Veg*. Pausado, parado, descansado.

Pausĕa, ae. *f*. *Col*. y

Pausĭa, ae. *f*. *Plin*. Aceituna madura, que empieza á ennegrecer.

Pausĭăcus, a, um. *Hor*. Lo perteneciente á Pausias, célebre pintor.

Pausĭas, ae. *m*. *Plaut*. Pausias, pintor célebre sicionio, discípulo de Panfilo, y condiscípulo de Apeles.

Pauso, ās, āvi, ātum, āre. *n*. *Plaut*. Pausar, hacer pausa ó intermision, interrumpir, cesar, detenerse, parar en lo que se está haciendo.

Pausus, i. *m*. *Arnob*. Dios de la paz y quietud, enemigo de la guerra.

Pauxillātim. *adv*. *Plaut*. Poco á poco, pausada, lentamente.

Pausisper. *adv*. *Plaut*. y

Pauxillo. *adv*. *Col*. Un poquito, poquito.

Pauxillŭli, ae, a. *plur*. *Plaut*. Muy poquito.

Pauxillŭlum. *adv*. *Plaut*. Muy poquito, poquísimo.

## PAX

Pauxillŭlus, a, um. *Ter.* Poquísimo, muy poco en número.

Pauxillum. *adv. Plaut.* Poquísimo, poquito.

Pauxillus, a, um. *Lucr.* Muy poquito en número.

Pāva, ae. *f. Aus.* Pava, la hembra del pavo real.

Pāvēfactus, a, um. *Ov.* Espantado, atemorizado, amedrentado.

Pāvēfīo, is, ieri. *pas. Gel.* Ser espantado, atemorizado.

Pavens, tis. *com. Salust.* El que teme, tiene miedo.

Paventia, ae. *f.* Diosa del pavor, del temor.

Pāveo, es, pāvi, ēre. *n. Cic.* Tener pavor ó miedo, temer.

Pāvesco, is, ēre. *n. Col.* Amedrentarse, tener miedo ó pavor, temer. *Pavere aliquid. Ter.* Temer alguna cosa. — *Dicere. Cic.* Tener miedo de hablar en público. — *Ad aliquid. Col.* Espantarse de alguna cosa.

Pāvi. *pret.* de Pasco, de Paveo y de Pavio.

Pāvibundus, a, um. *Arnob.* Lleno de pavor, de miedo.

Pāvicŭla, ae. *f.* y
Pāvicŭlum, i. *n. Col.* El pison, instrumento para apretar y allanar el terreno.

Pāvide. *adv. Liv.* Con pavor, con miedo, tímidamente.

Pāvidum. *adv. Ov.* Tímidamente, con temor, con miedo.

Pāvidus, a, um, ior, issimus. *Virg.* Pávido, tímido, temeroso, amedrentado, atemorizado. *Pavidus nandi. Tac.* Temeroso del nadar, del agua. — *Locus. Estac.* Bosque espantoso, pavoroso, que pone pavor y miedo.

Pāvimentārius, ii. *m. Inscr.* El artífice que hace pavimentos.

Pāvimentātus, a, um. *Cic.* Solado con artificio, con simetría.

Pāvimento, as, avi, atum, are. *a. Plin.* Solar, hacer pavimentos, suelo con artificio y simetría.

Pāvimentum, ii. *n. Cic.* Pavimento, suelo de la casa ú otro edificio. Dícese en especial del que está solado con artificio y simetría.

Pāvio, is, ivi, ītum, ire. *a. Cic.* Macear la tierra, apretarla, acalcarla con el pison, apisonar. ‖ Picar como las gallinas para comer.

Pāvitabundus. V. Pavibundus.

Pāvitans, tis. *com. Virg.* Pávido, temeroso, tímido, que tiene pavor ó miedo.

Pāvitatio, ōnis. *f. Apul.* Pavor, miedo.

Pāvito, as, āre. *n. Lucr.* Temblar, tener miedo, pavor con frecuencia. *Ter.* Enfermar.

Pāvitus, a, um. *Col.* Apisonado, apretado con el pison.

Pāvo, ōnis. *m. Juv.* El pavo real.

† Pavogallus, i. *m.* El pavo, ave doméstica.

Pāvōnāceus, a, um. *Plin.* ó

Pāvōnicus, a, um. ó

Pāvōninus, a, um. y

Pāvōnius, a, um. *Marc.* Lo que es del pavo real, ó lo que le pertenece. *Muscarium pavoninum. Marc.* Mosquero de cola de pavon.

Pāvor, ōris. *m. Cic.* Pavor, temor, miedo, temblor, espanto.

Pāvus, i. *m. Gel.* V. Pavo.

Pax, ācis. *f. Cic.* La paz, quietud, tranquilidad, sosiego. ‖ Silencio, calma, reposo. ‖ Perdon. ‖ Diosa de la paz. *Pacem petere. Cic.* — *Rogare. Ov.* Pedir perdon. *Pace tua. Ter.* — *Quod fiat tua. Prop.* Con tu permiso, licencia. *Pace Deum dixerim. Liv.* Dios me lo perdone, si digo. — *Tua dixisse velim. Ov.* — *Dixisse liceat. Plin.* Séame permitido decir, diré con tu permiso. *Pax sit rebus. Cic.* Haya silencio. *Pax, abi. Plaut.* Bien, basta, vete. *Paces ventorum. Lucr.* Calma, bonanza, cesacion de los vientos. — *Et bella. Hor.* La paz y la guerra.

Pax Augusta, ae. *f. Plin.* Badajoz, *ciudad de España en Estremadura.*

Pax Julia. Ciudad de Portugal.

Pax Vera. Vera Paz, *ciudad de Méjico en América.*

Paxae, ārum. *f. plur.* Dos islas entre la de Santa Marta y Corfú.

## PEC

Paxāmes, tis. m.
Paxamārium, ii. n.
Paxamātum, i. n.
Paxemādium, ii. n.
Paxīmas, ātis. m.
Paxīmātium, ii. n.
Paxīmātum, i. n.
} Pan cocido entre la ceniza ó bizcocho de seis onzas de peso, *de los cuales un par servia de mantenimiento diario á los monges de Egipto.*

Paxillus, i. *m. Col.* Palo, palito para colgar, para sostener alguna cosa.

## PE

Peanites, ae. *m.* Una piedra preciosa.

Peapŏlis, is. *f.* Virtzbourg, *ciudad de Alemania.*

Peccamen, inis. *n. Prud.* V. Peccatum.

Peccans, tis. *com. Col. Aur.* El que peca. ‖ Malo, perverso, depravado. ‖ Reo, delincuente, culpable.

Peccanter. *adv. Col. Aur.* Mala, perversa, depravadamente.

Peccātio, ōnis. *f. Gel.* Pecado, falta, delito.

Peccātor, ōris. *m. Lact.* y

Peccātrix, īcis. *f. Tert.* Pecador, ra, el, la que peca.

Peccātum, i. *n.* y

Peccātus, us. *m. Cic.* Pecado, falta, culpa, delito.

Peccātus, a, um. *Ter.* El que ha pecado, faltado á su deber.

Pecco, as, āvi, ātum, āre. *a. Cic.* Pecar, errar, faltar, delinquir contra la obligacion ó la ley. *Peccat mihi si quid peccat. Ter.* A mi cuenta va, si en algo peca. *Peccare unam sillabam. Plaut.* Faltar en una sílaba. — *In aliquem. Ter.* Ofender á alguno. — *In publica commoda. Hor.* Hacer injuria á, pecar contra la utilidad pública. *Peccatur. Cic.* Se peca, se falta.

Pecŏra, ōrum. *n. plur. de* Pecus.

Pecorālis. *adj. f. ie. n. ia. Fest.* Propio del ganado.

Pecorārius, ii. *m. Ase.* El que cuida de los ganados, ganadero, mayoral, pastor. ‖ El que tiene ganados por asiento.

Pecōrinus, a, um. *Varr.* Lo que pertenece al ganado.

Pecorōsus, a, um. *Estac.* Abundante en ganados. *Pecorosum palatium. Prop.* Casa, corral donde se cria toda especie de animales.

Pecten, inis. *m. Ov.* El peine para peinar el cabello. ‖ El del cardador. ‖ El del tejedor. ‖ Bieldo para aventar la mies. ‖ Gancho de hierro ó de madera para mullir la tierra y revolver las mieses. ‖ Plectro, arco para tocar instrumentos músicos. ‖ Rastrillo de labrador. ‖ La vena de los árboles recta como pua de peine. ‖ La lira. ‖ Poema. ‖ El arte de tejer. ‖ Ciertos peces que saltan al aire como saetas, y parece que vuelan. ‖ Yerba llamada peine de Venus, *cuya raiz machacada con malva saca las espinas, y hace echar las puntas de saetas del cuerpo.*

Pectinārius, ii. *m. Plaut.* Peinero, el que hace y vende peines.

Pectinātim. *adv. Plin.* En forma de peine.

Pectinātus, a, um. *part. de* Pectino. *Apul.* Peinado. ‖ Cardado. *Pectinatum tectum. Fest.* Techo, tejado con dos declives.

Pectinis. *gen. de* Pecten.

Pectino, as, āvi, ātum, āre. *a. Apul.* Peinar, desenredar el cabello. ‖ Mullir, preparar la tierra con el rastrillo.

Pectis, idis. *f. Varr.* Instrumento músico de los lidios.

Pectītus, a, um. *Col.* Peinado. ‖ Pulido, culto, adornado. *part. de*

Pecto, is, pexi, ó xui, pexum, ó pectītum, tere. *a. Hor.* Peinar. ‖ Cardar. ‖ Abrir, limpiar, mullir la tierra, prepararla para la siembra, escardar.

Pectōrāle, is. *n. Plin.* La coraza, armadura que cubre el pecho. ‖ Pectoral del gran sacerdote de los judíos, *guarnecido de doce géneros de piedras preciosas.*

Pectōrālia, ium. *n. plur. Plin.* Corazas, armaduras para cubrir el pecho.

Pectōrālis. *m. f. le. n. is. Cels.* Pectoral, lo que pertenece al pecho.

Pectōrōsus, a, um. *Col.* El que es ancho de pecho.

Pectuncŭlus, i. *m. Col.* Petonclo, *pececillo de concha.*

**Pectus**, ŏris. n. *Virg.* El pecho. ‖ El estómago. ‖ Ingenio, entendimiento, talento. ‖ Amor, afecto. ‖ Corazon, valor, espíritu, ánimo, corage. *Pectus bene praeparatum. Hor. — Certum. Virg.* Corazon bien puesto, valor firme, determinado. *Pectore toto. Cic.* Con todo el corazon, con toda el alma.

**Pectuscŭlum**, i. n. *S. Ger.* Pechito. dim. de Pectus.

**Pĕcua**. indecl. *Plaut.* El ganado.

**Pĕcua**, uum. n. plur. *Liv.* Los ganados.

**Pĕcuālis**. m. f. lĕ. n. is. *Stătul.* Perteneciente al ganado.

**Pĕcuāria**, ōrum. n. plur. *Virg.* Ganados. ‖ *Cic.* Impuesto sobre el ganado.

**Pĕcuāria**, ae. f. *Varr.* La ganadería, arte y método de criar ganados. ‖ La dehesa, prado, lugar donde se crian. ‖ *Suet.* La profesion de los que tienen y cuidan de los ganados. ‖ *Varr.* El ganado. *Pecuariam facere. Suet.* Tener, echar, criar ganados. *Pecuaria equaria. Varr.* Yeguada, cria de yeguas y caballos. — *Ovaria. Varr.* Hato de ovejas.

**Pĕcuārius**, ii. m. *Acc.* Ganadero, el que tiene y cria ganados. ‖ Pastor, el que los guarda y guia. ‖ Arrendador de impuestos sobre el ganado.

**Pĕcuārius**, a, um. *Cic.* Lo perteneciente al ganado. *Pecuarius canis. Col.* Perro de pastor, de ganado, mastin de ganado. *Pecuaria res ampla illi est. Cic.* Es muy rico en ganados.

**Pĕcŭdes**, um. f. plur. de Pecus, ŭdis.

**Pĕcuīnus**, a, um. *Apul.* Lo que es del ganado.

**Pĕcūlātio**, ōnis. f. *Col.* V. Peculatus.

**Pĕcūlātor**, ōris. m. *Cic.* Ladron del dinero público, del estado, del príncipe.

**Pĕcūlātōrius**, a, um. *Varr.* Lo que pertenece al peculio, á la hacienda propia, propio, peculiar, adquirido con la industria y trabajo.

**Pĕcūlātus**, us. m. *Cic.* Peculado, robo del dinero público ó del príncipe.

**Pĕcūliāris**. m. f. rĕ. n. is. *Plaut.* Lo perteneciente al peculio propio. ‖ Peculiar, particular, propio. ‖ Especial, particular, singular.

**Pĕcūliārĭter**. adv. *Paul. Jur.* Por peculio, con su nombre.

**Pĕcūliārius**, a, um. *Ulp.* Lo perteneciente al peculio.

**Pĕcūliātus**, a, um. *Ulp.* El que tiene peculio, caudal ahorrado con su economía, adquirido con su industria. ‖ Acaudalado, adinerado.

**Pĕcūlio**, is, āvi, ātum, āre. a. *Plaut.* Enriquecer, dar á uno para que haga su peculio. ‖ Quitar del peculio propio, pillarle á uno el peculio.

**Pĕcūli**...um, i. n. dim. *Quint.* Peculio corto.

**Pĕcūli**...sus, a, um. *Plaut.* El que tiene gran peculio, adinerado, rico.

**Pĕcūli**...um, ii. n. *Cic.* Peculio, caudal, riqueza adquirida con la industria, con economía. *Peculium castrense. Pomp.* El peculio que un soldado adquiere en la milicia, peculio castrense. *Peculium dictum est quasi pusilla pecunia, pusillum patrimonium. Ulp.* Peculio es como decir caudal ó patrimonio corto.

**Pĕcŭlor**, āris, ātus sum, āri. dep. *Flor.* Robar, quitar, hurtar el dinero público, perteneciente al estado, al príncipe.

**Pĕcūnia**, ae. f. *Cic.* Dinero, moneda, riqueza. ‖ Diosa de la riqueza. *Pecunia conducta. Juv.* Dinero tomado á intereses. — *Otiosa. Plin.* Caudal, dinero ocioso, muerto, que no circula. *Pecunia praesenti, ó numerata. Cic.* En dinero contante.

**Pĕcūniae**, ārum. f. plur. *Cic.* Caudal, riquezas, bienes, facultades, opulencia.

**Pĕcūniālis**. m. f. lĕ. n. is. *Col. Aur.* Pecuniario, lo que pertenece al dinero.

**Pĕcūniāriē**. adv. *Ulp.* Por dinero, por medio de él, con su manejo.

**Pĕcūniārius**. m. f. rĕ. n. is. *Dig.* Pecuniario, lo que toca al dinero.

**Pĕcūniārĭter**. adv. *Dig.* V. Pecuniarie.

**Pĕcūniārius**, a, um. *Cic.* Pecuniario, lo que toca y pertenece al dinero.

**Pĕcūniŏla**, ae. f. *Val. Max.* Dinerillo, poco dinero.

**Pĕcuniōsus**, a, um. *Cic.* Adinerado, acaudalado, rico, opulento. *Pecuniosae artes. Mart.* Artes lucrativas, las que son de muchos intereses.

**Pĕcus**, ōris. n. *Cic.* Ganado, todo género de animales que se crian para utilidad del hombre. ‖ *Plin.* Las ovejas. ‖ *Cic.* Bestia, bruto, animal, oprobrio que se dice al hombre estúpido. *Pecus equinum. Col.* Yeguas. — *Volatile. Col.* Aves domésticas. — *Niveum. Virg.* Ovejas. — *Aquaticum. Col.* Los peces. — *Caprigenum. Virg.* Cabras. — *Urbicum. Plaut.* Los brutos, los tontos de la ciudad.

**Pĕcus**, ŭdis. f. *Cic.* Bestia, bruto, todo género de animal que pace. ‖ Oprobrio del hombre estúpido. *Pecus balans. Juv.* Ganado que bala, las ovejas. *Pecudis consilio uti. Cic.* Valerse del consejo de un tonto. *Pecudes terrestres. Plaut.* Animales terrestres. — *Neptuni. Plaut.* — *Squamigerae. Lucr.* Los peces. — *Barbigerae. Lucr.* Las cabras. *Pecuda. Cic.* en lugar de Pecudes.

**Pĕcuscŭlum**, i. n. *Juv.* Ganadillo.

**Pĕda**, ae. f. *Fest.* Pisada, huella, pista.

**Pĕdālis**. m. f. lĕ. n. is. *Cic.* De un pie, lo que tiene un pie de dimension. *Pedalis in latitudine trabs. Caes.* Viga, madero de un pie de ancho.

**Pĕdāmen**, ĭnis. n. y

**Pĕdāmentum**, i. n. *Col.* Rodrigon de la vid, horquilla para sostener los árboles.

**Pĕdandus**, a, um. *Col.* Lo que se ha de sostener, apoyar con horquillas ó rodrigones.

**Pĕdānĕus**, a, um. *Col.* De un pie, lo que tiene un pie de dimension. *Pedanei judices. Ulp.* Jueces pedáneos, jueces de pueblos cortos, de corta jurisdiccion.

**Pĕdārius**, ii. m. *Gel.* Caballero romano que tenia derecho de entrar en el senado, pero no de dar su voto: solo se sentaba junto á aquel cuya sentencia aprobaba. ‖ El que no habia obtenido magistrado curul, *que iba á pie á la curia, cuando los otros iban en su carro*.

**Pĕdārius**, a, um. *Gel.* Lo perteneciente á los senadores que no tenian derecho de dar su voto, sino de asentir al de otro.

**Pĕdātim**. adv. *Plin.* Por pies, un pie tras otro.

**Pĕdātio**, ōnis. f. *Col.* Rodrigacion de las vides, el acto de ponerles rodrigones ó palos para sostenerlas.

**Pĕdātūra**, ae. f. *Veg.* Espacio medido por pies, medida de pies.

**Pĕdātus**, us. m. *Plaut.* El acto de echar un pie, de pisar con él, pisada. *Pedatu tertio. Cat.* La tercera vez.

**Pĕdātus**, a, um. part. de Pedo. *Col.* Rodrigado, apoyado, sostenido. ‖ *Suet.* El que tiene pies.

**Pĕdēma**, ătis. n. *Juv.* Baile de los lacedemonios.

**Pĕdēmontānus**, a, um. Piamontés, natural del Piamonte, ó lo que pertenece á este pais.

**Pĕdēmontium**, ii. n. El Piamonte, pais de Italia.

**Pĕdēnātium**, ii. n. Pesenas, ciudad del Linguadoc.

**Pĕdēplāna**, ōrum. n. plur. *Cod. Theod.* Estancia llana, adonde se entra á piso llano, sin escalones.

**Pĕdepressim**. adv. *Non.* Paso á paso, despacio, poco á poco, lentamente.

**Pĕdes**, um. m. plur. *Plaut.* Los piojos. V. Pes.

**Pĕdes**, ĭtis. m. *Virg.* Peon, el que va, anda á pie. ‖ Peon, pieza de damas, de chaquete. ‖ Peon, soldado de á pie. ‖ La infantería, la tropa de á pie.

**Pĕdestĕr**, tri. m. *Curc.* El que anda á pie, peon, soldado de infantería.

**Pĕdestris**. m. f. trĕ. n. is. *Liv.* Pedestre, que anda á pie, lo que le pertenece. *Pedestris statua. Plin.* Estatua en pie. — *Oratio. Quint.* — *Sermo. Hor.* Discurso, oracion, estilo bajo, humilde. — *Musa. Hor.* Versos, poesía baja, despreciable. — *Pugna. Virg.* Batalla de infantería. *Pedestres copiae. Cic.* Infantería, tropa, gente de á pie. *Pedestre iter. Cic.* Viage, jornada, marcha que se hace á pie.

**Pĕdētentim**. adv. *Cic.* Poco á poco, despacio, paso á paso, lentamente. ‖ *Plaut.* Con cautela, reserva, cuidado.

**Pĕdīca**, ae. f. *Virg.* Lazo, trampa, cepo para ligar los pies, pihuela para prender animales.

**Pĕdĭcellus**, i. m. *Petron.* Piojito, liendre.

**Pĕdĭcĭnus**, i. m. *Cat.* y

**Pĕdĭclus**, i. m. V. Pediculus.

Pĕdĭcōsus, a, um. *V.* Pediculosus.
Pĕdĭcŭlāris, m. f. rĕ. n. is. *Col.* y
Pĕdĭcŭlārius, a, um. *Col.* Lo que pertenece á los piojos. *Pedicularis morbus. Cels.* Enfermedad pedicular, en que sale al enfermo tal plaga de piojos, que le consume.
Pĕdĭcŭlōsus, a, um. *Marc.* Piojoso, lleno, plagado de piojos.
Pĕdĭcŭlus, i. m. *Plin.* Piececito, pie pequeño. ‖ El rábito, palito ó pezon de las frutas y de las hojas. ‖ El piojo.
Pĕdĭŏlus, i. m. *Afran.* Piececito, pie pequeño, pulido.
Pĕdis. *gen. de* Pes.
Pĕdĭsĕqua, ae. f. *Ter.* Criada, sirvienta, moza de cámara.
Pĕdĭsĕquus, i. m. *Cic.* Page, lacayo, criado que acompaña á pie.
Pĕdĭtātus, us. m. *Cic.* Infantería, gente, tropa, soldados de á pie.
Pĕdĭtum, i. n. *Cat.* y
Pĕdĭtus, i. m. *Sosip.* El pedo, cuesco, ventosidad.
Pēdo, is, pĕpĕdi, dĕre. n. *Hor.* Peer, arrojar la ventosidad del vientre por la parte posterior, ventosear.
Pĕdo, as, āvi, ātum, āre. a. *Col.* Rodrigar, sostener, apoyar las vides ó árboles con rodrigones, estacas, horquillas.
Pĕdo, ōnis. m. *Plaut.* El que tiene los pies muy grandes, patudo.
Pēdor, ōris. m. *V.* Paedor.
Pĕdŭle, is. n. y
Pĕdŭlis, is. f. *Front.* Escarpin que se pone para limpieza de los pies.
Pĕdŭlis. m. f. lĕ. n. is. *Ulp.* Lo que pertenece á los pies, lo que sirve para cubrirlos.
Pĕdum, i. n. *Virg.* Cayado, cayada de pastor, báculo.
Pēgănon, i. n. *Apul.* La ruda hortense. — *Orinon.* Id. La silvestre.
Pēgăsēius, a, um. *Pers.* y
Pēgăsēus, a, um. *Cat.* Pegaseo, lo perteneciente al caballo Pegaso ó á las musas.
Pēgăsĭdes, dum. f. plur. *Ov.* Las musas, *de quienes es la fuente Hipocrene*, que les abrió el caballo Pegaso.
Pēgăsis, ĭdis. f. adj. *Marc.* Lo que pertenece al caballo Pegaso. ‖ *Ov.* Cualquiera ninfa, hija de fuente ó rio.
Pēgăsus, m. *Hig.* Pegaso, caballo alado, que abrió en el monte Helicon la fuente Hipocrene de una patada que dió en una peña. ‖ Pegaso, célebre jurisconsulto del tiempo de Vespasiano.
Pegma, ătis. n. *Fedr.* Máquina del teatro, tramoya, *para representar mutaciones, apariciones de deidades, incendios, vuelos y otras cosas.*
Pegmāris, m. f. rĕ. n. is. *Suet.* Lo perteneciente á las máquinas ó tramoyas teatrales.
Pĕjĕrātus, a, um. *Hor.* Perjurado, jurado en falso, violado, quebrantado con perjurio. *part. de*
Pejēro, as, āvi, ātum, āre. n. *Cic.* Perjurar, jurar en falso, con mentira. ‖ Quebrantar, faltar á la fe del juramento. *Stygias qui pejerat undas. Luc.* Que jura en falso por las ondas de la Estigia.
Pejor. m. f. ius. n. ōris. *comp. anom. del positivo Malus. Cic.* Peor, mas malo. *In pejus ruere. Virg.* Empeorar, ir de mal en peor. *Pejore loco res esse non possunt. Ter.* No pueden las cosas ir peor, estar en peor estado.
Pejōro, as, āvi, ātum, āre. a. *Paul. Jur.* Empeorar, deteriorar, poner peor ó en peor estado.
Pejus. *adv. Cic. comp. de* Malus. Peor, mas mal.
Pĕlăgĭa, ae. f. *Plin.* El pez púrpura.
Pĕlăgĭcus, a, um. y
Pĕlăgĭus, a, um. *Col.* Marino, marítimo. Lo que es del mar, ó que le pertenece.
Pĕlăgĭum, ii. n. *Plin.* El jugo que tiene el pez púrpura, que es precioso para teñir de color rojo.
Pĕlăgus, i. m. n. *Cic.* Piélago, el mar, mar alta. ‖ Inmensidad, profundidad.
Pĕlămis, ĭdis. f. *Plin.* El atun de un año.
† Pĕlargĭcus, a, um. Lo que es de la cigüeña, ó que le pertenece. *Pelargici nomi. Aristof.* Leyes que obligaban á los hijos á mantener á sus padres en su vejez.
† Pĕlargus, i. m. La cigüeña.

Pĕlasgi, ōrum. m. plur. *Ov.* Pelasgos, *pueblos de Argia en el Peloponeso.* ‖ Griego. *Mel.* Hubo tambien *pelasgos en Tesalia, en la Etruria y en el Lacio.*
Pĕlasgia, ae. f. *Plin.* Argia, *region del Peloponeso.* ‖ El Peloponeso. ‖ Region de Tesalia. ‖ La Arcadia. ‖ La isla de Lesbos.
Pĕlasgias, ădis. f. *Ov.* La que es de Pelasgia.
Pĕlasgĭcus, a, um. *Plin. V.* Pelasgus.
Pĕlasgis, ĭdis. adj. f. *Ov.* La que es de Pelasgia. ‖ *Plin. sust. f.* La Pelasgia, la Arcadia.
Pĕlasgĭum, a, um. ó
Pĕlasgus, a, um. *Virg.* Lo perteneciente á los pelasgos, á su patria Argia, al Peloponeso, á Tesalia, á Grecia. ‖ Griego. *Pelasga laurus. Plin.* El laurel ó laureola, con cuyas hojas se coronaban los griegos en Troya.
Pĕlasgus, i. m. Pelasgo, hijo de Júpiter y de Niobe.
Pele, es. f. Nombre de dos ciudades de Tesalia.
Pĕlĕcānus, i. m. *V.* Pelicanus.
Peleces, is. f. Ciudad de Libia.
Pĕlĕchīnus, i. f. ó
Pĕlĕcīnus, i. *Plin. n.* y
Pĕlĕcīnus, i. f. Yerba perjudicial á las mieses y semillas.
Pĕlĕcīnus, i. m. Cierto pájaro.
Pĕlĕcynon, i. n. *Vitruv.* Especie de cuadrantes orizontal.
Pĕlēius, a, um. *Silv.* Lo perteneciente á Peleo.
Pelendōnes, um. m. plur. *Plin.* Pueblos de la España citerior, riojanes.
Pelestini, ōrum. m. plur. *Plin.* Pueblos de la Umbría.
Pĕlĕthrōnii, ōrum. m. plur. *Virg.* Lapitas, *pueblos de Tesalia, inventores del freno, y los primeros domadores de caballos.*
Pĕlĕthrōnium, ii. n. *Plin.* Peletronio, *ciudad y monte de Tesalia.*
Pĕlĕthrōnius, a, um. *Plin.* Lo perteneciente á Peletronio, *ciudad y monte de Tesalia.* ‖ A los lapitas.
Pēleus, i. m. *Ov.* Peleo, hijo de Eaco, padre de Aquiles.
Pelia, ae. m. Rio de Toscana.
Pēlĭăcus, a, um. *Ov.* Lo que es del monte Pelion ó Petras. ‖ *Sen.* Lo que pertenece á Peleo.
Pĕlĭas, ae. m. *Ov.* Pelias, rey de Tesalia, hijo de Neptuno y de la ninfa Tiro, á quien Medea hizo jóven de viejo con sus encantos.
Pĕlĭas, ădis. f. *Ov.* La hija de Peleo. ‖ *Ov.* La lanza de Aquiles. ‖ Lo que pertenece al monte Pelio ó Petras.
Pĕlĭca, ae. f. Especie de vaso para beber.
Pĕlĭcānus, i. m. *Plin.* El pelícano, ave.
Pĕlĭdes, ae. m. *Ov.* Aquiles, hijo de Peleo.
Peligni, ōrum. m. plur. *Ces.* Pueblos del Abruzo en Italia.
Pelignus, a, um. *Plin.* Lo perteneciente á los pueblos del Abruzo en Italia.
Pelinaeus, i. m. Monte de la isla de Quio.
Pelina, ae. f. Ciudad de Tesalia.
Pelion, ii. n. *Virg.* ó
Pelius, ii. m. *Plin.* Petras, monte altísimo de Tesalia. ‖ Ciudad de Tesalia. ‖ Ciudad de Iliria.
Pelius, a, um. *Fedr.* Lo perteneciente al monte Petras de Tesalia.
Pella, ae. f. *Liv.* Pela, ciudad de Macedonia. ‖ De Balestina. ‖ Monte de Etiopia. ‖ Apamea, ciudad de Siria. ‖ Vasija para ordeñar las vacas.
Pellācia, ae. f. *Lucr.* Falacia, fraude, engaño, trampa. ‖ *Arnob.* Incontinencia, lascivia. *Pellacia ponti. Lucr.* Calma del mar.
Pellaeus, a, um. *Luc.* Lo perteneciente á Pela, ciudad de Macedonia. ‖ A Alejandría de Egipto. ‖ A Macedonia. ‖ A Egipto. ‖ A Alejandro, natural de Pela.
Pellaeus, ii. m. *Juv.* Alejandro, natural de Pela, capital de Macedonia.
Pellārius, ii. m. *Fir.* Curtidor de pieles.
Pellax, ācis. com. *Virg.* Engañador, fraudulento.
Pellĕātus, a, um. *Paul. Nol.* Vestido, cubierto de pieles.
Pellecebrae. *V.* Perlecebra.
Pellectio, ōnis. f. *Cic.* Leccion repetida, reiterada.
† Pellecto, ās, āre. a. Atraer con halagos.

**Pellectus, a, um.** *Col.* Atraido con halagos.
**Pellĕgo, is.** *V.* Perlego.
**Pellĕpĭdus, a, um.** *Plaut.* Muy bonito ó pulido.
**Pellex, ĭcis. f.** *Cic.* Manceba, amiga, concubina de un hombre casado. ∥ La muger que toma el que ha hecho divorcio con otra. ∥ Violentada por el marido de otra.
**Pellexi.** *pret. de* Pellicio.
**Pellĭcātĭo, ōnis. f.** *Fest.* La accion de atraer con halagos.
**Pellĭcātor, ōris. m.** *Fest.* El que atrae, engaña con halagos, con caricias.
**Pellĭcātus, us. m.** *Cic.* Amancebamiento. ∥ Adulterio.
**Pellĭcem.** *acus. de* Pellex.
**Pellĭceo.** *Ter. V.* Pellicio.
**Pellĭceus, a, um.** *Paul. Jct.* Lo que es de pellejo, de piel, de cuero.
**Pellĭcĭo, is, lexi, lectum, cĕre. a.** *Cic.* Atraer con halagos, engañar con caricias, engañar. *Pellicere aliquid ab alique.* *Col.* Sacar con maña alguna cosa á uno. — *Segetes.* *Plin.* Encantar las mieses, pasarlas á otra parte con versos de encantamientos.
**Pellĭcis.** *genit. de* Pellex.
**Pellĭcĭus, a, um.** *Palad.* Lo que es hecho de pieles.
†**Pellĭcor, āris, āri. dep.** Tener trato ilícito con un hombre casado.
**Pellĭcŭla, ae. f.** *Cic.* Pielecita, pellegito, piel pequeña, delgada, delicada. *Pelliculam curare.* *Hor.* Cuidarse, tratarse bien. — *Veterem retinere.* *Pers.* Conservar las costumbres y maneras antiguas. *Tenere se in sua pellicula.* *Marc.* Contenerse en los límites de su condicion ó estado.
**Pellĭcŭlo, as, āvi, ātum, āre. a.** *Col.* Envolver en pieles.
**Pellĭcum gallerum. n.** *Fest.* Sombrero hecho de pieles.
**Pellio, ōnis. m.** *Plaut.* y
**Pellĭonārĭus, ĭi. m.** *Inscr.* Curtidor de pieles.
**Pellis, is. f.** *Cic.* Piel, cuero, cútis, pellejo. ∥ Vestido de pieles. ∥ Tienda de campaña. ∥ Cubierta, forro con que se guarda y cubre alguna cosa. *Pellem alicui detrahere.* *Hor.* Descubrir á uno sus marañas, sus defectos. — *Caninam rodere.* *Marc.* Decir mal del maldiciente. *In propria pelle quiescere.* *Fedr.* Contentarse con su suerte, contenerse en los límites de su condicion ó estado. *Sub pellibus.* *Cic.* En campaña debajo de tiendas.
**Pellītus, a, um.** *Hor.* Cubierto, vestido de pieles.
**Pello, is, pĕpŭli, pulsum, ĕre. a.** *Cic.* Echar, arrojar, apartar, remover, espeler, hacer salir. ∥ Empujar, echar á empujones. ∥ Desterrar. *Pellere vino curas.* *Hor.* Desechar, desvanecer, disipar los cuidados con vino. — *Moram.* *Ov.* Apresurarse, darse prisa. — *Animum non mediocri cura.* *Liv.* Tocar, herir sensiblemente el corazon, el ánimo. *Pepulit aures vox meas.* *Sen.* Una voz ha herido mis oidos, ha llegado á ellos.
**Pellōnia, ae. f.** *Arnob.* Diosa, que tenia facultad de rechazar los enemigos.
**Fĕllos, i. f.** *Plin. V.* Pellus.
**Pellūceo, es, luxi, ĕre. n.** *Quint.* Relucir, brillar, ser transparente, clarearse.
**Pellūcĭdĭtas, ātis. f.** *Vitruv.* Transparencia.
**Pellūcĭdŭlus, a, um. m.** *Cat.* Algo transparente.
**Pellūcĭdus, a, um.** *Plin.* Transparente, reluciente. ∥ Resplandeciente, muy lucido y claro. *Pellucidus ostro.* *Sen.* Vestido de brillante púrpura.
**Pellŭla, ae. f.** *Varr.* Pielecita, pellejito.
**Pelluo, is, ĕre. a.** Lavar enteramente.
**Pellus, i. m.** y
**Pellŭvia, ae. f.** y
**Pellŭvium, ĭi. n.** *Fest.* Baño, librillo para lavarse los pies.
**Pelopēa, ae. f.** *Ov.* Pelopea, hija de Pelope y madre de Egisto.
**Pelopēias, ădis.** y
**Pelopēis, ĭdis. adj.** *Ov.* La que desciende de Pelope ó lo que le pertenece.
**Pelopeius,** y
**Pelopēus, a, um.** *Ov.* Lo que es de Pelope ó del Peloponeso.
**Pelopĭdae, ārum. m. plur.** *Cic.* Pelópidas, la familia y descendientes de Pelope. Estos, Tántalo, Atreo, Tiestes, Agamemnon, célebres por sus maldades y crueldad.
**Pelopius, a, um.** *Sen.* Lo perteneciente á Pelope.
**Pĕlŏponnensis. m. f. se. n. is.** *Varr.* y
**Pĕlŏponnēsĭacus, a, um. f.** y
**Pĕlŏponnēsĭus, a, um.** *Cic.* Lo perteneciente al Peloponeso ó á la Morea.
**Pĕlŏponnēsus, i. f.** *Plin.* La Morea, grande península de Europa. El Peloponeso.
**Pĕlops, ŏpis. m.** *Ov.* Pelope, hijo de Tántalo, rey de Frigia.
**Pĕlōrias, ădis. f.** *Ov.* y
**Pĕlōris, ĭdis. f.** *Cic.* y
**Pĕlōrus, i. m.** *Mel.* Cabo de Faro, uno de los tres promontorios de Sicilia en la costa oriental.
**Pelta, ae. f.** *Virg.* Pelta, adarga, escudo pequeño, con una muesca á modo de media luna.
**Peltasta, ae. m.** y
**Peltastes, ae. m.** *Liv.* Soldado cubierto, armado con pelta ó adarga.
**Peltātus, a, um.** *Marc.* y
**Peltĭfer, a, um.** *Estac.* Armado de pelta, el que lleva pelta ó adarga.
**Pĕlūsĭacus, a, um.** *Macr.* y
**Pĕlūsĭanus, a, um.** *Col.* Lo que es de Pelusio ó Damieta, ciudad de Egipto.
**Pĕlūsĭōta, y Pelusiotes, ae. m.** *Gel.* El natural de Pelusio ó Damieta, pelusiota.
**Pelusium, ĭi. n.** *Plin.* Pelusio, Damieta, ciudad de Egipto.
**Pĕlūsĭus, a, um.** *Fedr.* Lo que es de Pelusio ó Damieta, ciudad de Egipto.
**Pelvis, is. f.** *Varr.* Vacía, librillo, barreño, baño para lavar algunas cosas, y en especial los pies.
**Pĕmĭnōsus, a, um.** *Varr.* Hediondo, asqueroso, que huele mal.
**Pĕnārĭa, ae. f.** ó
**Pĕnārĭum, ĭi. n.** *Varr.* y
**Pĕnārius, ĭi. m.** *Suet.* Despensa, lugar donde se guardan las provisiones de una casa.
**Pĕnārius, a, um.** *Cic.* Lo que pertenece á la despensa, á las provisiones de una casa.
**Pĕnas, ātis. m.** *Liv.* Casa, hogar, familia. *Penates regii.* *Sen.* Palacio real. — *Patrii.* *Virg.* Casa paterna, los dioses de la patria. — *Modici.* *Tac.* Casa, familia moderada, poco considerable. *A penatibus diis aliquem exterminare.* *Cic.* Echar á uno de su propia casa.
**Pĕnātes, tium, y tum. m. plur.** *Cic.* Dioses penates, lares, patrios, domésticos, de cada familia. ∥ Casa, hogar.
**Pĕnātĭfer, a, um.** y
**Pĕnātĭger, a, um.** *Ov.* El que lleva sus dioses penates.
**Pĕnātor, ōris. m.** *Cat.* Mayordomo, proveedor, comprador, el que lleva las provisiones de una casa.
**Pendens, tis. com.** *Cic.* Pendiente, colgante, colgado. ∥ Suspenso, incierto, dudoso. *Vinum pendens.* *Cat.* Uvas que penden en la vid. — *Oleum.* *Cat.* Aceitunas pendientes en los olivos. *Pendentes circum ubera nati.* *Virg.* Hijuelos que estan mamando, colgados de las tetas de la madre. — *Scopuli.* *Virg.* Peñascos pendientes que parece se estan desgajando. *Pendens animus.* *Sen.* Ánimo pendiente, suspenso, incierto.
**Pendeo, es, pĕpendi, pensum, dĕre. n.** *Cic.* Pender, colgar, estar pendiente, suspenso, colgando, estar colgado. ∥ Depender, estar sujeto. ∥ Estar en duda, en balanzas, estar suspenso. *Pendere cuello.* *Ov.* Colgarse del cuello, echar los brazos al cuello para abrazar á alguno. — *Animo, ó animi.* *Cic.* Estar dudoso, incierto, suspenso, pendiente. — *Ab aliqua re.* *Virg.* Estar con mucha atencion, con la vista clavada, sin quitar los ojos de alguna cosa. — *Opera.* *Virg.* Estar pendientes, suspensas las obras.
**Pendĭgo, ĭgĭnis. f.** *Virg.* Cavidad interior en el cuerpo del animal que cria materia. ∥ *Arnob.* Lo interior de las estatuas de los falsos dioses.
**Pendo, is, pĕpendi, pensum, dĕre. a.** *Plin.* Pesar,

tener peso, gravitar. ‖ Pagar, satisfacer lo que se debe. ‖ Pesar, examinar, considerar. *Cic.* Juzgar de las cosas por leves conjeturas. *Pendere res ex levi conjectura. Cic.* Juzgar de las cosas por leves conjeturas. — *Grates. Sen.* Dar gracias. — *Magni. Lucr.* Estimar en mucho, hacer mucho caso. — *Aliquid suo pondere. Cic.* Examinar bien una cosa. — *Poenas temeritatis. Cic.* Pagar, llevar la pena de su temeridad.

Pendŭlus, a, um. *Ov.* Péndulo, pendiente, colgante ó colgado. ‖ Suspenso, incierto.

Pĕne. *adv. Cic.* Casi. *Pene dicam. Cic.* Estoy por decir, me falta poco para decir.

Penēis, ĭdis. *f. adj. Ov.* Lo perteneciente al rio Peneo. ‖ *Dafne, hija de Peneo.*

Penēius, a, um. *Virg.* Lo que pertenece al rio Peneo.

Pĕnĕlŏpa, ae. *f.* y

Pĕnĕlŏpe, es. *f. Ov.* Penelope, *hija de Ícaro, muger de Ulises.*

Pĕnĕlŏpēus, a, um. *Ov.* Lo que toca á Penelope, *muger de Ulises. Penelopes telam texere. adag.* Edificar sobre arena. *ref.*

Penĕlos, ŏpis. *f. Plin.* Ave, *llamada tambien meleagris.*

Pĕnes. *prep. de acus. Cic.* En poder, al arbitrio, en la potestad, en posesion, á discrecion de. *Penes te es? Hor.* ¿Estás en tí, en tu sentido? — *Te culpa est. Hor.* Tú tienes la culpa, en tí está, es falta tuya. — *Te es. Ov.* En tí, en tu mano está, tú eres el dueño, el árbitro. — *Auctores sit fides. Plin.* Me refiero á los autores, vaya sobre su fe. — *Vos psaltria est. Ter.* En vuestra casa está la cantatriz.

Pĕnĕtrābĭlis. *m. f. lĕ. n. is. Ov.* Penetrable, lo que se puede penetrar, pasar. ‖ *Virg.* Penetrante, activo, que penetra, que se introduce.

Pĕnĕtral, alis. *n. Macrob.* y

Pĕnĕtrāle, is. *n. Virg.* Lugar, estancia interior de un edificio. ‖ *Sil.* Simulacro de alguna deidad, que se venera en una estancia interior.

Pĕnĕtrālia. *m. f. lĕ. n. is. Cic.* Íntimo, interior, interno, remoto. *Penetrale frigus. Lucr.* Frio penetrante. *Penetrales dii. Cic.* Dioses penates.

Pĕnĕtrālĭter. *adv. Fortun.* Interiormente.

Pĕnĕtrālius. *adv. comp. Lucr.* Mas adentro, mas adelante, mas interiormente.

Pĕnĕtrātio, ōnis. *f. Apul.* Penetracion, introduccion, la accion de entrar ó penetrar dentro ó de pasar adelante.

Pĕnĕtrātor, ōris. *m. Prud.* Penetrador, el que penetra, se introduce en lo interior, penetrante.

Pĕnĕtrātus, a, um. *Lucr.* Penetrado, pasado, entrado. ‖ El que ha penetrado, se ha introducido. *part. de*

Pĕnĕtro, as, āvi, ātum, āre. *a. Cic.* Penetrar, entrar dentro, introducirse, insinuarse, pasar adelante. ‖ Entender, conocer. *Penetrare se in fugam. Plaut.* Echar á huir. — *Pedem. Plaut.* Entrar, poner los pies. *Nihil Tiberium magis penetravit. Tac.* Nada penetró, punzó mas á Tiberio.

Penēus, i. *m. Plin.* Peneo, *rio de Tesalia.* ‖ *Hig.* Dios Peneo, *como casi todos los rios, padre de Cirene y de Dafne.*

Pĕnia, ae. *f.* Diosa de la pobreza.

Pĕnĭcilium, ii. *n.* y

Pĕnĭcillus, i. *m. Cic.* Pincel para pintar. ‖ *Cels.* Tienta que se mete en una llaga para saber su profundidad. ‖ Clavo de hilas que se pone en las llagas. ‖ Lienzo con que se limpian. ‖ Brocha para lavar las paredes ó lienzos pintados.

Pĕnĭcŭlāmentum, i. *n. Lucil.* Vestido con cola que arrastra. ‖ *Arnob.* Zorros, colas para limpiar el polvo.

Pĕnĭcŭlum, i. *n.* y

Pĕnĭcŭlus, i. *m. Plaut.* Plumero, cola, zorros, *rabo de zorra ó de otro animal que la tiene cerdosa ó vellosa por el cabo, que sirve para quitar el polvo.* ‖ *Fest.* Esponja. ‖ *Plin.* Pincel.

Pĕninsŭla, ae. *f. Liv.* Península, *region rodeada de mar menos por una parte, como España.*

Pĕnis, is. *m. Cic.* La cola ó rabo de los animales. ‖ El miembro viril de los hombres.

Pĕnissĭme. *adv. Plaut.* Casi casi, por muy poco. *Penissime me perdidit. Plaut.* Casi nada ha faltado para perderme.

Pĕnītus, a, um. *Plaut.* Rabudo, que tiene rabo ó cola.

Pĕnĭtus. *adv. Cic.* Bien adentro, interior, interna, profundamente. ‖ De raiz. ‖ Enteramente, del todo, absolutamente.

Pĕnītus, a, um. *Plaut.* Interno, interior, íntimo, del fondo. *Penitissimo pectore abscondere. Plaut.* Esconder en lo mas secreto del pecho, del corazon.

Penna, ae. *f. Plin.* Pluma, *no la menuda que viste el cuerpo del ave, sino la larga y fuerte de las alas y la cola.* ‖ Ala. ‖ *Ov.* El vuelo. ‖ *Ov.* Flecha. ‖ Crédito, autoridad. *Pennas nido majores extendere. Hor.* Querer parecer mas de lo que es. — *Incidere. Cic.* Cortar los vuelos.

Pennātŭlus, a, um. *Tert. dim. de*

Pennātus, a, um. *Cic.* Alado, que tiene alas, alígero. *Pennatus equus. Ov.* Caballo alado, el Pegaso.

Pennesco, is, ĕre. *n. Casiod.* Echar, criar plumas ó alas.

Pennĭfer, a, um. *Sidon.* y

Pennĭger, a, um. *Cic.* Alado, que lleva ó tiene alas.

Pennina vallis. *f.* El Valais, *pais entre la Suiza y Saboya.*

Pennīnus, i. *m. Liv.* Monte de San Bernardo, *parte de los Alpes.* ‖ Penino, *dios consagrado en una de las cumbres de los Alpes.*

Pennĭpes, ĕdis. *com. Cat.* Que tiene alas en los pies, sobrenombre de Perseo.

Pennĭpŏtens, tis. *com. Lucr.* Que tiene buenas alas, fuertes, valientes.

Pennŭla, ae. *f. Cic.* Alita, alilla, aleta, ala pequeña.

Pensābĭlis. *m. f. lĕ. n. is. Amian.* Compensable, lo que se puede compensar.

Pensandus, a, um. *Ov.* Lo que se ha de pesar. ‖ Lo que se ha de compensar ó recompensar.

Pensans, tis. *com. Sil. Ital.* El que pesa. ‖ El que compensa, recompensa. ‖ El que examina.

Pensātio, ōnis. *f. Petron.* Compensacion, recompensacion. ‖ *Plin.* Examen.

Pensātor, ōris. *m. Plin.* El que pesa. ‖ El que examina.

Pensātus, a, um. *Col.* Pesado en el peso. ‖ *Sil.* Examinado, considerado. ‖ *Liv.* Compensado.

Pense. *adv. Flavian.* Con estudio, intensamente.

Pensĭcŭlāte. *adv. Gel.* Con peso justo, con examen.

†Pensĭcŭlātio, ōnis. *f.* La accion de pesar, de examinar, de considerar.

Pensĭcŭlātor, ōris. *m. Gel.* y

Pensĭcŭlātrix, ĭcis. *f.* El ó la que piensa, pesa ó examina.

Pensĭcŭlo, as, āvi, ātum, āre. *a. Gel.* Pesar, examinar, considerar, mirar con reflexion.

Pensĭlis. *m. f. lĕ. n. is. Virg.* Péndulo, pendiente, colgado. *Pensilis homo. Plaut.* Un ahorcado. — *Uva. Hor.* Uva que pende ó cuelga de la vid. — *Hortus. Plin.* Pensil, jardin suspenso ó fundado sobre arcos. — *Urbs. Plin.* Ciudad fundada sobre arcos. *Pensilia. Varr.* Frutas que se guardan colgadas para el invierno.

Pensio, ōnis. *f. Cic.* Pension, paga, pago, pagamento. ‖ *Vitruv.* Peso, el acto de pesar. ‖ *Aur. Vict.* Tributo, pecho, alcabala. ‖ Arriendo, alquiler que se paga al dueño de la casa ó tierra.

Pensiōnārius, ii. *m. Dig.* El que se obliga á pagar.

Pensior, m. f. ius. n. ōris. *Plaut.* Mas precioso, mas amado, mejor. *Utra sit conditio pensior. Plaut.* Cuál condicion será mejor.

Pensĭtātio, ōnis. *f. Plin.* Compensacion, recompensa, la accion de recompensar ó reparar un daño, una falta. ‖ *Ascon.* Tributo, pecho, gabela.

Pensĭtātor, ōris. *m. Gel.* y

Pensĭtātrix, ĭcis. *f.* El ó la que pesa, considera, examina. ‖ El ó la que recompensa, compensa.

Pensĭtātus, a, um. *Plin.* Pesado, examinado. *part. de*

Pensĭto, as, āvi, ātum, āre. *a. Plin.* Pesar, examinar, considerar, mirar con atencion. ‖ Pesar con cuidado ó con frecuencia. ‖ Pagar impuestos ó tributos. *Praedia quae pensitant. Cic.* Tierras que pagan gabelas, rentas ó tributos.

Pensiuncŭla, ae. *f. Col.* Pensioncilla, paga corta.

Penso, as, avi, atum, are. *a. Liv.* Pesar. ‖ Estimar, apreciar, hacer juicio. ‖ Pesar, examinar, considerar. ‖ Compensar, recompensar. ‖ Pagar. *Pensare benefactis maleficia. Liv.* Recompensar los delitos con buenas obras.— *Pudorem nece. Ov.* Reparar con la muerte la injuria de su pudor.— *Moerore laetitiam. Plin.* Tener tanto pesar como se ha tenido de alegría.

Pensor, oris *m. S. Ag.* El que pesa, examina.

Pensum, i. *n. Plaut.* Tarea, porcion de materia que se señala para trabajar diariamente. ‖ La hilaza de las Parcas, el espacio de la vida humana. ‖ Oficio, ocupacion, incumbencia, empleo. *Pensum ad suum revocandum. Cic.* Volverse á su tarea, á su ocupacion ordinaria. — *Trahere. Ov.* Hilar. *Pensa parcarum. Ov.* Los estambres de las parcas. *Pensi habere aliquid. Liv.* Tomar cuidado de alguna cosa, dársele á uno mucho de ella. — *Non ducere. Val. Max.* — *Nihil habere. Salust.* No tomar, no dársele cuidado. — *Manus est quid dicatis. Liv.* Nada se me da de lo que digais.

Pensūra, ae. *f. Varr.* Peso, la accion de pesar.

Pensus, a, um. *part. de Pendo. Ov.* Pesado. *Pensius nihil quidquam nobis est, quam nosmetipsi. Gel.* Nada nos es de mas consideracion en el mundo que nosotros mismos.

Pentachordus, a, um. *Marc. Cap.* Lo que tiene cinco cuerdas.

Pentacontarchus, i. *m. Bibl.* Oficial, capitan de cincuenta hombres.

Pentactēris, is. *f.* Espacio de cinco años.

Pentadactȳlae, arum. *f. plur.* ó

Pentadactȳles, ium. *f. plur. Plin.* y

Pentadactȳli, orum. *m. plur. Plin.* Especie de pececillos marinos de concha.

Pentadactȳlos, i. *m.* ó

Pentadactȳlum, i. *n. Plin.* Quinquefolio ó cinco en rama, *planta*.

Pentadōrum, i. *n. Plin.* Ladrillo de cinco palmos de dimension.

Pentadōrus, a, um. *Vitruv.* Lo que tiene cinco palmos de dimension.

Pentaetērĭcus, a, um. *Inscrip.* Lo que es de cinco años.

Pentagōnius, y Pentagonus, a, um. *Hig.* Pentágono, que tiene cinco ángulos. ‖ *Apul.* Quinquefolio ó cinco en rama, *planta*.

Pentamēter, tra, trum. *Quint.* Pentámetro, *que tiene cinco medidas ó piés*.

Pentapētes, is. *f. Plin.* Quinquefolio ó cinco en rama, *planta*.

Pentapharmăcum, i. *n. Espare.* Composicion medicinal, compuesta de cinco ingredientes.

Pentaphyllum, i. *n. Plin.* Quinquefolio ó cinco en rama, *planta*.

Pentapŏlis, is. *f. Solin.* Pentápolis, *provincia de Cirenaica, donde estaban las cinco ciudades Arsinoe, Apolonia, Berenice, Cirene y Tolemaida*. ‖ *Bibl.* Provincia de Palestina, *donde estaban las ciudades de Sodoma, Gomorra, Seboin, Adama y Segor ó Bala*. ‖ Ciudad de Toscana.

Pentapolitānus, a, um. *Plin.* Lo perteneciente á Pentápolis.

Pentaprotia, ae. *f. Cod.* Quinquevirato, *dignidad y empleo de cinco varones principales*.

Pentas, adis. *f. Marc. Cap.* El número cinco.

Pentasēmus, i. *m. Marc. Cap.* Pentasemo, *pié de verso que consta de cinco sílabas*.

Pentaspaston, i. *n. Plin.* Máquina que consta de cinco ruedas.

Pentastĭchae porticus. *f. plur. Treb.* Pórticos, atrios que constan de cinco órdenes de colunas.

Pentathĕucum, i. *n.* y

Pentathĕucus, i. *m. Tert.* Pentateuco, *volumen que consta de cinco libros, como el Pentateuco de Moises, que se compone del Génesis, el Exodo, el Levítico, los Números y el Deuteronomio*.

Pentathlum, i. *n. Fest.* Ejercicio de las cinco artes de la palestra. *El disco, el salto, la carrera, la lucha y el tiro de flecha*.

Pentathlus, i. *m. Plin.* Atleta, que se ejercitaba en estas cinco artes.

Pentecoste, es. *f. Tert.* Pentecostes. *El dia quincuagésimo despues de la pascua de la resurreccion del Señor.*

Pentelĭcus, i. *m. Cic.* Pentelico, *monte de Ática, de donde se sacaba excelente mármol*.

† Pentemĭmĕris, idis. *f.* Pentemimeria, *cesura de verso, cuando despues de dos piés queda una sílaba que se hace larga. Cesura del verso pentámetro*.

Pentēris, is. *f. Hirc.* Nave de cinco órdenes de remos.

Pentethronĭcus, a, um. *Plaut.* Voz fingida por el soldado vanaglorioso de Plauto para significar una region muy remota y que no existe, para excitar la admiracion de los demasiado crédulos.

Pentheius, a, um. *Sid.* Lo perteneciente á Penteo.

Penthemĭmĕris. *V.* Pentemimeris.

Penthesĭlĕa, ae. *f. Virg.* Pentesilea, *reina de las Amazonas despues de Oritia, que en el cerco de Troya dió auxilio á los troyanos, y murió á manos de Aquiles*.

Pentheus, i. *m. Ov.* Penteo, *hijo de Equion y de Agaves, que por despreciar los sacrificios de Baco fue hecho pedazos por su madre y hermana, enfurecidas del espíritu de aquel dios*.

Penthēus, a, um. *Estac.* Lo perteneciente á Penteo.

Penthĭdes, ae. *m. Ov.* Hijo ó nieto de Penteo.

Pentirēmis, is. *V.* Penteris.

Penu. *indecl. V.* Penus.

Penuārius, a, um. *Suet.* Lo que toca á la despensa, á las provisiones de una casa.

Penŭla, ae. *f. Cic.* Capa, albornoz de camino.

Penŭlārium, ii. *n. Nev.* Guardaropa, armario para guardar las capas ú otras ropas.

Penŭlātus, a, um. *Cic.* Cubierto, arropado con capa ó albornoz de camino.

Penum, i. *n. Tert. V.* Penus.

Penūria, ae. *f. Cic.* Penuria, falta, escasez, carestía, pobreza.

Penus, i. *m. Plaut.* ó

Penus, oris. *n. Col.* y

Penus, us. *f. Lucil.* Provision de boca de una casa, prevencion de comestibles.

Peparēthius, a, um. *Plin.* Lo perteneciente á Pepareto, *pequeña isla del mar Egeo, con ciudad del propio nombre*.

Pepĕdi. *pret. de* Pedo.

Pependi. *pret. de* Pendeo *y de* Pendo.

Pepĕri. *pret. de* Pario.

Pepĭgisse. *Cic. pret. de inf. de* Pango. Heber pactado, acordado.

Peplion, ii. *n. Plin.* y

Peplis, is. *f. Plin.* La peplide ó verdolaga silvestre.

Peplos, i. *f. Plin.* El peplo, *yerba que nace en las viñas y huertas llena de leche*.

Peplum, i. *n. Cic.* ó

Peplus, i. *m. Virg.* Manto, velo de muger con bordadura. ‖ Vestido magnífico propio de diosas, en especial de Minerva y de Juno.

Pepo, onis. *m. Plin.* El melon.

† Pepsis, is. *f.* Coccion, digestion.

Peptĭcus, a, um. *Plin.* Digestivo, lo que ayuda á la coccion, á la digestion.

Pepŭgi. *en lugar de* Pupugi.

Pepŭli. *pret. de* Pello.

Per. *prep. de acus. Cic.* Por, por medio de, por espacio de. *Per otium. Cic.* Á su despacio. — *Vices. Plin.* Por veces, cada uno á su vez. — *Tempus advenis. Ter.* Á tiempo vienes. — *Infrequentiam. Liv.* A causa del poco número, por el poco concurso. — *Deos te oro. Cic.* Por los dioses, por amor de los dioses te suplico. — *Medios hostes. Virg.* Por medio de los enemigos. — *Annonam caram. Plaut.* En tiempo, en año de carestía. — *Adoptionem pater. Plin.* men. Padre por adopcion de hijo estraño. — *Comitatem. Plaut.* Por cortesía. — *Se. Cic.* Por sí, de sí mismo. — *Noctem. Plin.* Por la noche, de noche. — *Manus alteri tradere. Cic.* Dar de mano en mano. — *Omnes dies. Plin.* Todos los dias, de dia en dia. — *Summum dedecus. Cic.*

**PER**

Por ó con gran deshonra. — *Gratiam alicujus abire. Plaut.* Irse, salirse, retirarse con permiso de alguno. — *Dilationes. Liv.* Dilatando, alargando. — *Occultum. Ter.* De secreto. — *Viam. Plaut.* En el camino. — *Somnum. Cic.* En ó entre sueños. — *Omnia. Col.* En todo, por todo. — *Omnia laudabilis. Vel. Pat.* Laudable, digno de alabanza en todo, por todas sus partes ó prendas. — *Risum. Cic.* Riendo. — *Jocum ac ludum. Cic.* Por, en chanza, fiesta, por juego, por burla. — *Folia coctus fructus. Plin.* Fruto, fruta madura entre las hojas. — *Maturitatem dehiscens. Plin.* Que se abre de maduro, por demasiado maduro. — *Se solus exercebat. Liv.* Se ejercitaba solo ó con por sí solo. — *Pacem liceat te alloqui. Plaut.* Séame lícito decirte una palabra, hablarte sin que te enfades. — *Te stetit. Ter.* En ti estuvo. — *Speciem venandi. Liv.* Con, bajo el pretesto de cazar. — *Simulationem amicitiae. Cic.* Socolor de amistad. — *Me licet. Plaut.* Por mí consiento, bien está.

Pĕra, ae. f. *Marc.* La alforja, morral, mochila.

Pĕrabsurde. adv. *Plaut.* Muy absurdamente.

Pĕrabsurdus, a, um. *Cic.* Muy absurdo, muy inverosímil y estraño.

Pĕraccommŏdātus, a, um. *Cic.* Muy acomodado, apto, á propósito.

Pĕraceo, es, cui, ēre. n. V. Peracesco.

Pĕrăcer. m. cris. f. cre. n. is. *Plaut.* y

Pĕrăcerbus, a, um. *Cic.* Muy agrio, muy acre. || Muy penetrante, sutil.

Pĕracesco, is, cui, cĕre. n. *Plaut.* Agriarse mucho, ponerse muy acre, muy fuerte.

Peractio, ōnis. f. *Cic.* Acabamiento, fin.

Pĕractor, ōris. m. *Sen.* El que acaba, concluye, termina, da fin.

Peractus, a, um. part. de Perago. *Ces.* Concluido, acabado, finalizado.

Pĕrăcuo, is, cui, cūtum, ĕre. a. *Cat.* Aguzar, afilar mucho.

Pĕrăcūte. adv. *Cic.* Muy agudamente, con mucha agudeza, ingenio, sutileza.

Pĕrăcūtus, a, um. *Marc.* part. de Peracuo. Muy aguzado, afilado. || Muy ingenioso, sutil, fino, delicado.

Pĕrădŏlescens, tis. com. *Cic.* Muy jóven.

Pĕrădŏlescentŭlus, i. m. *Nep.* Muy jovencito.

Peraea, ae. f. Perea, país del otro lado del Jordan.

Pĕraedĭfĭcātus, a, um. *Col.* Acabado de edificar. part. de

Peraedĭfĭco, ās, āvi, ātum, āre. a. *Vitruv.* Acabar de edificar, concluir una fábrica.

Peraequātio, ōnis. f. *Solin.* Igualacion perfecta.

Peraequātor, ōris. m. *Alciat.* Repartidor, colector de los tributos por igual.

Peraequātus, a, um. *Vitruv.* Igualado perfectamente.

Peraeque. adv. *Cic.* Igualmente, con mucha igualdad.

Peraequeo, ās, āvi, ātum, āre. a. *Col.* Igualar perfectamente.

Peraequus, a, um. *Cic.* Muy igual, justo.

Peraestĭmo, ās, āvi, ātum, āre. a. *Cod. Teod.* Estimar, apreciar mucho.

† Pĕrăgĭtātio, ōnis. f. Agitacion violenta.

Pĕrăgĭtātus, a, um. *Ces.* Perseguido, agitado, maltratado fuertemente. part. de

Pĕrăgĭto, ās, āvi, ātum, āre. a. *Col.* Agitar, menear, revolver mucho, con frecuencia. || *Sen.* Mover, estimular vivamente.

Pĕrăgo, is, ēgi, actum, gĕre. a. *Sen.* Echar, impeler, llevar por fuerza. || Llevar al cabo, conducir al fin, al término. || Continuar, proseguir hasta acabar. — *Peragere jussa. Ov.* Cumplir, ejecutar las órdenes. — *Aestates salubres. Hor.* Pasar los estíos en buena salud. — *Res gestas. Liv.* Continuar, proseguir la historia. — *Cibum. Plin.* Digerir la comida. — *Partes suas. Plin. men.* Cumplir sus obligaciones. — *Reum. Liv.* Acusar á un reo, llevar su causa al cabo. — *Latus ense. Ov.* Pasar á uno de parte á parte, atravesarle con la espada.

Pĕragrans, tis. com. *Lucr.* El que anda, recorre viajando.

Pĕragranter. adv. *Amian.* Paseando, recorriendo, andando, viajando.

Pĕragrātio, ōnis. f. *Cic.* Viage, el acto de caminar, de recorrer, de pasear, de visitar andando, viajando.

Pĕragrātor, ōris. m. y

Pĕragrātrix, īcis. f. *Marc. Cap.* El ó la que anda, recorre, visita y pasea viajando.

Pĕragrātus, a, um. *Cic.* Recorrido, andado, visitado. || *Vel. Pat.* El que ha andado, recorrido. part. de

Pĕragro, ās, āvi, ātum, āre. a. *Cic.* Recorrer, andar, visitar, pasear, discurrir andando ó de viage, viajar. *Peragrare totum orbem victoriis. Cic.* Llevar sus armas victoriosas por toda la tierra. — *Mente. Cic.* Recorrer con el pensamiento. — *Latebras suspicionum. Cic.* Descubrir todos los motivos de sospechas, hasta las menores conjeturas. — *Per animos hominum. Cic.* Penetrar los interiores, los corazones de los hombres.

Pĕralbus, a, um. *Apul.* Muy blanco.

Pĕraltus, a, um. *Em.* Muy alto.

Pĕramans, tis. com. *Cic.* Que ama mucho.

Pĕramanter. adv. *Cic.* Muy amante, muy afectuosamente.

Pĕramātor, ōris. m. *Ov.* Muy amante, que ama mucho.

Pĕrambŭlātio, ōnis. f. *Cels.* Paseo, la accion de pasear, de andar de una parte á otra.

† Pĕrambŭlātōrium, ii. n. Paseo de un lado á otro.

Pĕrambŭlātus, a, um. *Sid.* Paseado, andado, discurrido. part. de

Pĕrambŭlo, ās, āvi, ātum, āre. a. *Col.* Discurrir, andar, pasear, girar. *Perambulare aegrotos. Sen.* Visitar (el médico) los enfermos.

Pĕrămīce. adv. *Gel.* Muy amigable ó amistosamente.

Pĕrămo, ās, āvi, ātum, āre. a. *Cic.* Amar mucho, entrañablemente.

Pĕramoenus, a, um. *Tac.* Muy ameno, muy delicioso.

Pĕrampŭtātio, ōnis. f. *Varr.* Amputacion, corte de raiz.

Pĕrampŭto, ās, āvi, ātum, āre. a. *Col.* Cortar enteramente.

Pĕranceps, ĭtis. com. *Amian.* Muy dudoso.

Pĕranguste. adv. *Cic.* Muy angosta ó estrechamente, de un modo muy sucinto.

Pĕrangustus, a, um. *Cic.* Muy angosto ó estrecho.

Peranna, ae. f. *Ov.* Diosa de los romanos, á quien invocaban para pasar el año felizmente.

Peranno, ās, āvi, ātum, āre. n. *Suet.* Durar, pasar, vivir un año.

Pĕrantīquus, a, um. *Cic.* Muy antiguo, antiquísimo.

Pĕrappŏsĭtus, a, um. *Cic.* Muy propio, apto, á propósito.

Pĕrărans, tis. com. *Ov.* El que escribe de un cabo á otro.

† Pĕrărātio, ōnis. f. La accion de escribir de un cabo á otro.

Pĕrărātus, a, um. part. de Peraro. *Ov.* Escrito enteramente.

Pĕrardeo, es, dēre. n. *Paul. Nol.* Arder mucho.

Pĕrardus, a, um. *Cic.* Muy árduo, difícil.

Pĕrāresco, is, cui, scĕre. n. *Col.* Secarse enteramente, ponerse del todo seco.

Pĕrargūte. adv. *Petron.* Muy aguda, ingeniosamente, con mucha sutileza.

Pĕrargūtus, a, um. *Cic.* Muy agudo, sutil, ingenioso.

Pĕrārĭdus, a, um. *Cic.* Muy árido, seco.

Pĕrarmātio, ōnis. f. *Veg.* La accion de armar, de armarse de pies á cabeza.

Pĕrarmātus, a, um. *Curc.* Armado, cubierto, vestido de armas enteramente de los pies á la cabeza. part. de

Perarmo, ās, āvi, ātum, āre. a. *Curc.* Armar enteramente, de pies á cabeza.

Pĕrăro, ās, āvi, ātum, āre. a. *Ov.* Arar muy bien, señalar, marcar, hacer surcos, rayas. || *Ov.* Escribir. || *Virg.* Navegar. *Perarare pontum. Sen.* Arar, surcar el mar, navegar. — *Auro carmina. Estac.* Escribir versos con letras de oro. — *Ora rugis. Ov.* Arar el rostro con arrugas.

Pĕrasper, a, um. *Cels.* Muy áspero.

Pĕrastūte. adv. *Plaut.* Muy astutamente.

Pĕrastūtŭlus, a, um. *Apul.* 

Pĕrastūtus, a, um. *Apul.* Muy astuto, artificioso.

Pĕrătĭcum, i. n. *Plin.* Cierta especie de bdelio traido de la Media.

Pĕrātim. *adv. Plaut.* De una en otra alforja.

Pĕrattentē. *adv. Cic.* Muy atentamente, con mucha grande atencion.

Pĕrattentus, a, um. *Cic.* Muy atento, que tiene ó pone mucha atencion.

Pĕraudiendus, a, um. *Plaut.* Que se ha de oir con grande atencion.

Perbachor, āris, ātus sum, āri. *dep. Cic.* Banquetear, andar continuamente en convites, en comilonas, comer y beber con esceso.

Perbāsio, as, āre. *a. Petron.* Besar mucho, á menudo.

Perbeātus, a, um. *Cic.* Muy dichoso, feliz.

Perbellè. *adv. Cic.* Bellísimamente, muy bien.

Perbĕnĕ. *adv. Cic.* Muy bien, grandemente.

Perbĕnĕvŏlè. *adv. Curt.* Con mucho amor y benevolencia.

Perbĕnĕvŏlus, a, um. *Cic.* Muy benévolo, afecto. *Perbenevolus alicui. Cic.* El que quiere muy bien á alguno, le es muy afecto.

Perbĕnignè. *adv. Cic.* Muy benignamente, con grande afabilidad.

Perbibēsia, ae. *f. Voz inventada por Plauto para significar* una tierra donde se bebe mucho.

Perbĭbo, is, bĭbi, bĭbĭtum, bĕre. *a. Plaut.* Beber mucho ó del todo, apurar, agotar. *Col.* Recibir, admitir bien. || Embeber. *Perbibere lacrymas. Ov.* Hacerse violencia para enjugar, para reprimir las lágrimas.

Perbĭto, as, āre. *n.* y

Perbĭto, is, ĕre. *n. Fest.* Perecer, acabar, morir.

Perblandè. *adv. Macrob.* Muy cariñosamente.

Perblandus, a, um. *Cic.* Muy cariñoso, lisonjero, halagüeño.

Perbŏnus, a, um. *Cic.* Muy bueno, bellísimo.

Perbrĕvis. *m. f. vĕ. n. is. Cic.* Muy breve, brevísimo, muy corto.

Perbrĕvĭter. *adv. Cic.* Muy breve, muy sucinta, concisamente.

Perca, ae. *f. Plin.* Perca, ó perga, pez muy delicado de agua dulce.

Percăco, as, āre. *a. Plaut.* Cagar, emporcar, ensuciar del todo.

Percaedo, is, cĕcīdi, caesum, dĕre. *a. Flor.* Cortar en pedazos, deshacer, destruir, desbaratar del todo.

Percălĕfăcio, is, fēci, factum, cĕre. *n. Vitruv.* Calentar mucho.

Percălĕfactus, a, um. *Lucr.* Muy caliente.

Percălĕfĭo, is, factus sum, fĭĕri. *pas. Vitruv.* Calentarse mucho, ponerse muy caliente.

Percăleo, ēs, lui, lēre. *n. Lucr.* Calentarse mucho, ponerse muy caliente.

Percalleo, ēs, lui, lēre. *n.* y

Percallesco, is, lui, cĕre. *n. Cic.* Endurecerse con la costumbre, criar callo. *Percallere usum rerum. Cic.* Estar muy práctico, estar cocido en esperiencia, tener mucha práctica ó esperiencia de cosas.

Percandĕfăcio, is, fēci, factum, cĕre. *a. Vitruv.* Escandecer, poner albando, blanco al fuego.

Percandĭdus, a, um. *Cels.* Muy blanco, de gran blancura.

Percantātio, ōnis. *f. Fest.* Encanto, encantamiento.

Percantātrix, ĭcis. *f. Plaut.* Maga, mágica, encantadora.

Percārus, a, um. *Tac.* Muy caro, muy amado. || *Ter.* Carísimo, que cuesta mucho, que se vende muy caro.

Percatapso, is, ĕre. *a. Isid.* Dividir cumplida, exactamente, del todo.

Percaute. *adv. Plaut.* Con mucha cautela y precaucion, muy cautamente.

Percautus, a, um. *Cic.* Muy cauto, circunspecto, remirado.

Percĕlĕbrātus, a, um. *Cic.* y

Percĕlĕbris. *m. f. brĕ. n. is. Mel.* Muy célebre, celebrado, famoso, conocido.

Percĕlĕbro, as, āvi, ātum, āre. *a. Cic.* Celebrar, frecuentar mucho. || Publicar.

Percĕler, ĕris. *m. f. rĕ. n. is. Cic.* Muy ligero, veloz.

Percĕlĕrĭter. *adv. Cic.* Ligerísima, velocísima, prontísimamente.

Percello, is, cŭli, culsum, lĕre. *a. Cic.* Abatir, derribar, arruinar, echar por tierra. || Arruinar, perder, empobrecer, ser la ruina de alguno. || Amedrentar, atemorizar, consternar. || Herir. *Perculit me prope. Plaut.* Casi me ha derribado en tierra.

Percenseo, ēs, sui, sēre. *a. Cic.* Contar, recontar, pasar revista. || Rever, criticar, censurar. *Percensere orationes. Cic.* Repasar, examinar los discursos. — *Promerita alicujus. Cic.* Contar uno por uno los beneficios de alguno, hacer enumeracion de ellos.

Percēpi. *pret. de* Percipio.

Perceptio, ōnis. *f. Cic.* Coleccion, recoleccion, cosecha, la accion de coger ó recoger, en especial los frutos. || Percepcion, inteligencia, conocimiento, comprension.

Perceptor, ōris. *m. S. Ag.* El que percibe, entiende, comprende.

Perceptus, a, um. *Plin.* Percibido, entendido, comprendido. || Sentido, gustado, gozado, esperimentado. *Percepta voluptas. Ov.* El placer que se ha sentido. *part. de* Percipio.

Percerpo, is, cerpsi, pĕre. *a. Gel.* Leer salteando, á retazos.

Percīdo, is, cīdi, cīsum, dĕre. *a. Plaut.* Herir, golpear, sacudir mucho, dar muchos golpes. *Percidere os. Plaut.* Cruzar, cortar la cara.

Percieo, ēs, ó is, ivi, citum, ēre, ó īre. *a. Lucr.* Mover, conmover mucho.

Percingo, is, xi, ctum, gĕre. *a. Col.* Ceñir, rodear por todas partes.

Percĭpio, is, cēpi, ceptum, pĕre. *a. Cic.* Percibir, coger, recoger. || Conseguir, obtener, lograr, adquirir, recibir. || Entender, comprender, aprender. || Embestir, tomar, ocupar, apoderarse. *Nisi vinea omnia justa perceperit. Col.* Si la viña no ha tenido todo el debido cultivo. *Mihi horror misero membra percepit. Plaut.* El horror se apodera de mis miembros. *Themistocles omnia civium nomina perceperat. Cic.* Temístocles habia tomado de memoria los nombres de todos sus conciudadanos.

Percisus, a, um. *part. de* Percido. *Marc.* Herido, golpeado, sacudido.

Percĭtus, a, um. *part. de* Percieo. Conmovido, alterado, movido, incitado sumamente. *Percitus dolore. Sen.* Traspasado de dolor. — *Ira. Plaut.* Transportado de cólera. — *Incredibile re. Ter.* Conmovido altamente de una cosa increible.

Percīvīlis. *m. f. lĕ. n. is. Suet.* Culto, cortesano, afable, político.

Perclāmo, as, āvi, ātum, āre. *a. Plaut.* Clamar á grandes voces, vocear, gritar.

Perclāreo, ēs, rui, ēre. *n. Simac.* Ser muy esclarecido, tener mucho lustre, esplendor.

Perclūdo, is, ūsi, ūsum, ĕre. *a. Vitruv.* Cerrar enteramente.

Percnoptĕrus, i. *m. Plin.* y

Percnos, i. *m. Plin.* Percnoptero, percnotero ó percoptero, especie de águila de color castaño, que tira á negro.

Percoacto, as, āvi, ātum, āre. *a. Col.* Apretar estrechamente, mucho.

Percoctus, a, um. *Lucr.* Muy cocido, cocido del todo. || Bien maduro.

Percognĭtus, a, um. *Plin.* Bien conocido. *part. de*

Percognosco, is, gnōvi, gnĭtum, gnoscĕre. *a. Plaut.* Conocer enteramente, del todo.

Percŏlăpho, as, āre. *a. Petron.* Abofetear fuertemente.

Percōlātio, ōnis. *f. Vitruv.* Coladura, la accion de colar, de pasar por un paño.

Percōlātus, a, um. *Plin.* Colado, pasado por un paño, por una manga. *part. de*

Percōlo, as, āvi, ātum, āre. *a. Col.* Colar, pasar por un paño, por una manga para clarificar.

Percŏlo, is, lui, cultum, lĕre. *a. Plin.* Acabar, perfeccionar, dar la última mano. || Honrar, respetar, venerar, reverenciar.

Percōmis. *m. f. mĕ. n. is. Cic.* Muy cortesano, político.

Percommŏdè. *adv. Cic.* Muy á propósito, al caso.

**PER.**

Percommŏdus, a, um. *Liv.* Muy apto, á propósito, muy proporcionado.

Percondĭtus, a, um. *Cic.* Muy oculto.

Percontando. *ger. abl. Cic.* Preguntando, informándose.

Percontans, tis. *com. Cic.* El que pregunta, inquiere, se informa.

Percontātio, ōnis. *f. Cic.* Pregunta, interrogacion, inquisicion, informacion.

Percontātor, ōris. *m. Plaut.* Preguntador, el que pregunta, se informa.

† Percontatrix, īcis. *f.* Preguntadora, muger curiosa, preguntona, que de todo se informa, que quiere saberlo todo.

Percontātus, a, um. *Cic.* Aquello sobre que se ha preguntado ó informado. *part. de*

Percŏnto, as, āre. *a. Non.* y

Percontor, āris, ātus sum, āri. *dep. Cic.* Preguntar, inquirir, averiguar, informarse. *Percontatum iri ad portum. Ter.* Ir á preguntar, á informarse al puerto. *Tua quod nihil refert percontari desinas. Ter.* No te metas en averiguar lo que no te importa.

Percontŭmax, ācis. *com. Ter.* Muy contumaz, porfiado, cabezudo.

Percōpiōse. *adv. Plin.* Copiosísimamente.

Percōpiōsus, a, um. *Plin. men.* Copiosísimo, muy abundante.

Percŏquo, is, xi, ctum, quĕre. *a. Plin.* Cocer, hacer cocer perfectamente. ‖ *Ov.* Madurar del todo, poner en buena sazon.

Percōsius, a, um. *Val. Flac.* Lo que pertenece á Percote.

Percōte, es. *f. Plin.* Percote, ciudad de Troade.

Percrassus, a, um. *Cels.* Muy craso, muy gordo.

Percrebresco, is, bui, cĕre. *n. Cic.* Divulgarse, estenderse, correr, hacerse público. *Percrebuit fama. — Omnium sermone, ó percrebuit. Cic.* Se ha estendido, ha corrido la voz.

Percrĕpo, ās, pui, pĭtum, pāre. *a. Cic.* Resonar, hacer gran ruido.

Percresco, is, ĕre. *a. Quint.* Crecer mucho.

Percrībrātus, a, um. *Escrib.* Bien cribado. *part. de*

Percrībro, ās, āvi, ātum, āre. *a. Escrib.* Cribar, acribar con mucho cuidado.

Percrŭciātus, a, um. Atormentado fuertemente. *part. de*

Percrŭcio, ās, āvi, ātum, āre. *a. Plaut.* Atormentar fuertemente.

Percrūdo. *adv. Col.* Sin madurar.

Percrūdus, a, um. *Col.* Muy verde, que no está maduro.

Percŭdo, is, di, sum, dĕre. *a. Col.* Romper, quebrar punzando, penetrar, pasar.

Percŭli. *pret. de* Percello.

Perculsus, a, um. *Cic. part. de* Percello. Abatido, aterrado, derribado. ‖ Consternado, amedrentado, atemorizado. *Perculsus improvisa interrogatione. Tac.* Sorprendido de una pregunta imprevista, impensada. *Exercitus ab re male gesta. Liv.* Ejército abatido de ánimo por el mal suceso de la batalla. — *Hac ille plaga. Nep.* El habiendo recibido este golpe.

Percultē. *adv. Apul.* Con mucha cultura, aseo, propiedad.

Percultor, ōris. *Aur. Vict.* Muy reverenciador.

Percultus, a, um. *part. de* Percŏlo. Muy adornado y pulido.

Percunctātio, ōnis. *f. Liv.* Pregunta, inquisicion, averiguacion, informacion.

Percunctor, āris, ātus sum, āri. *dep. Plaut.* Preguntar, inquirir, averiguar, informarse. *Percunctari aurem suam. Gel.* Consultar á su oido.

Percŭpĭdo. *adv. Sen.* Muy apasionadamente, con grandísimo ardor.

Percŭpĭdus, a, um. *Cic.* Muy deseoso, muy apasionado. *Percupidus alicujus. Cic.* Muy apasionado de alguno.

Percŭpio, is, īvi, ītum, ĕre. *a. Ter.* Desear con ansia, con pasion, con ardor.

Percŭrātus, a, um. *Liv. part. de* Percuro. Curado, sanado perfectamente.

Percŭriōsus, a, um. *Cic.* Muy curioso, aseado. ‖ Diligente.

**PER.**

Percūro, ās, āvi, ātum, āre. *a. Sen.* Curar, sanar perfectamente, restablecer del todo la salud.

Percurro, is, curri, ó cŭcurri, cursum, rĕre. *a. Cic.* Correr mucho, en diligencia. ‖ Recorrer. ‖ Tocar, tratar ligeramente, de paso, por encima. *Percurrere magistratum. Plin. men. — Honores. Suet.* Pasar por los empleos, ejercer un magistrado. *Curriculo percurrere. Tert.* Correr á carrera tendida, abierta. *Percurritur. Cic.* Se corre.

Percursātio, ōnis. *f. Cic.* Carrera, discurso, el acto de correr ó recorrer.

Percursātor, ōris. *m. Marc.* El que discurre con diligencia de una parte á otra.

Percursio, ōnis. *f. Cic.* Discurso, carrera, la accion de correr con priesa, de discurrir de una parte á otra con presteza.

Percurso, ās, āvi, ātum, āre. *n. Liv. frec. de* Percurro. Correr, recorrer, discurrir con presteza de una parte á otra. *Percursare finibus regionis. Liv.* Hacer correrías en las fronteras de un pais.

Percursor, ōris. *m. Lact.* El que corre, recorre, discurre con presteza de un lugar á otro.

Percursus, a, um. *Cic. part. de* Percurro. Recorrido, discurrido de un lado á otro.

Percursus, us. *m. Liv.* y

Percussio, ōnis. *f. Cic.* Golpeo, golpe, la accion de golpear, de herir. *Percussio capitis. Cic.* Golpe en la cabeza. *Percussionum modi. Cic.* La dimension de los tiempos de los versos, y del número oratorio.

Percussor, ōris. *m. Plin.* El que hiere ó mata.

Percussūra, ae. *f. Apul.* y

Percussus, us. *m. Sen.* Golpe. *Percussus venarum. Plin.* El batir del pulso.

Percussus, a, um. *Cic.* Golpeado, herido, sacudido.

Percŭtio, is, cussi, cussum, tĕre. *a. Cic.* Golpear, herir, sacudir. ‖ Arruinar, despojar de los bienes, perder. *Percutere foedus. Hirc.* Hacer alianza. ‖ *Plin.* Cavar un foso. — *Nummum. Suet.* Batir moneda. — *Se flore liberi. Plaut.* Embriagarse. — *Aliquem palpo. Plaut.* Halagar, acariciar, adular á alguno. — *Animum. Cic.* Dar sospecha.

Perdăgātus, a, um. *Claud. Mamert.* Indagado, buscado con diligencia.

Perdĕcōrus, a, um. *Plin.* Muy decoroso, honroso.

Perdĕleo, ēs, ēvi, ētum, ēre. *a. Veget.* Borrar enteramente.

Perdēlirus, a, um. *Lucr.* Muy estravagante, muy fuera de lo regular, de razon.

Perdendus, a, um. *Ov.* Lo que se ha de perder.

Perdensus, a, um. *Col.* Muy denso, muy espeso.

Perdĭcālis. *m. f. lě. n. is. Apul.* Lo que pertenece á las perdices.

Perdicis. *gen. de* Perdix.

Perdīcium, ii. *n. Plin.* Nombre de las dos yerbas hergine y partenio.

Perdĭdi. *pret. de* Perdo.

Perdĭdĭci. *pret. de* Perdisco.

Perdifficĭlis. *m. f. lě. n. is. Cic.* Muy dificil, árduo, dificultoso.

Perdifficĭlĭter. *adv.* y

Perdifficulter. *adv. Cic.* Muy dificilmente, con mucha dificultad.

Perdignus, a, um. *Cic.* Muy digno, dignísimo.

Perdĭlĭgens, tis. *com. Cic.* Muy diligente, activo.

Perdĭlĭgenter. *adv. Cic.* Muy diligentemente, con gran cuidado y diligencia.

Perdisco, is, dĭdĭci, cĕre. *a. Cic.* Aprender bien, perfectamente.

Perdĭserte. *adv. Cic.* Muy elocuentemente, en muy buenos términos.

Perdĭte. *adv. Cic.* y

Perdĭtim. *adv. Afran.* Perdida, mala, perversamente. ‖ Apasionadamente, con grande esfuerzo y vehemencia. *Perdite amare. Ter.* Amar perdidamente, con pasion ciega. — *Conari. Quint.* Pretender con todo esfuerzo.

Perdĭtio, ōnis. *f. Plin.* Pérdida, ruina, destruccion.

Perdĭtor, ōris. *m. Cic.* y

535

**Perdĭtrix**, ĭcis. *f. Tert.* Destructora, ra, el, la que arruina, destruye, pierde.

**Perdĭtus**, a, um. *Cic. part. de* Perdo. Perdido, arruinado, irreparable. *Perditus aere alieno. Cic.* Agoviado de deudas. — *Moerore. Cic.* Consternado de pena. — *Fame. Cic.* Muerto de hambre. — *Adolescens. Cic.* Jóven perdido. *Perditae opes. Cic.* Bienes destruidos. *Perditius his hominibus nihil est. Cic.* No hay cosa mas perdida que estos hombres. *Perditissimus hominum. Cic.* El mas malo de los hombres. *Consilia perdita. Cic.* Designios desesperados. *Perditus sum. Plaut.* Perdido soy.

**Perdiu**. *adv.* Por muy largo tiempo.

**Perdĭus**, a, um. *Gel.* Que vela, que trabaja todo el dia.

**Perdiuturnus**, a, um. *Cic.* Muy duradero, de muy larga duracion.

**Pardĭves**, ĭtis. *m. f. Cic.* Muy rico, riquísimo.

**Perdix**, ĭcis. *f. Plin.* La perdiz. ¶ *Ov.* Un hijo de una hermana de Dédalo, que entregado á este para aprender la carpintería, inventó la sierra y el compas, por cuya envidia le arrojó el tio de una torre, y Palas le transformó en una ave, que de su nombre se llamó perdiz.

**Perdo**, is, dĭdi, dĭtum, ĕre. *a. Cic.* Echar á perder, destruir, arruinar. ¶ Corromper, depravar, dañar. ¶ Perder, tener pérdida. ¶ Consumir, gastar, maltratar, disipar. *Perdere operam et oleum. Cic.* Perder el tiempo y el trabajo. — *Fugam. Marc.* Perder la ocasion de huir. — *Aliquem capitis. Plaut.* Matar á alguno. — *Nomen. Ter.* Olvidarse, no acordarse del nombre. *Decius amisit vitam, at non perdidit. Ad Her.* Decio perdió la vida, pero útilmente.

**Perdŏceo**, es, cui, doctum, cĕre. *a. Cic.* Enseñar bien, perfectamente, instruir á fondo.

**Perdocte**. *adv. Plaut.* Doctísimamente, con gran sabiduría.

**Perdoctus**, a, um. *Cic.* Muy docto, muy sabio.

**Perdŏlātus**, a, um. *Vitruv.* Bien trabajado, acepillado.

**Perdŏleo**, es, lui, litum, lēre. *n. Ter.* Sentir, afligirse mucho.

**Perdŏlesco**, is, ui, ĕre. *n. Non. V.* Perdoleo.

**Perdŏlo**, as, avi, atum, are. *a. Vitruv.* Dolar, alisar, pulir, labrar perfectamente.

**Perdŏmĭnor**, aris, atus sum, ari. *dep.* Dominar enteramente, absolutamente.

**Perdŏmĭtor**, ōris. *m. Prud.* El que doma, sujeta, rinde enteramente.

**Perdŏmĭtus**, a, um. *Liv.* Domado, sujeto, rendido enteramente. *part. de*

**Perdŏmo**, as, mui, mitum, are. *a. Liv.* Domar, sojuzgar, rendir enteramente. *Perdomare solum. Plin.* Pisar la tierra para apretarla ó afirmarla.

**Perdŏrmisco**, is, ĕre. *n. Plaut.* Dormir continuamente.

**Perduaxint**. *ant. Plaut.* Por Perduant ó Perdant.

**Perdūco**, is, xi, ctum, cĕre. *a. Cic.* Conducir, llevar, guiar. ¶ Traer, atraer, reducir. ¶ Alargar, dilatar, diferir. *Perducere aliquem in suam sententiam. Ces.* Traer, reducir á alguno á su parecer. — *Ad honores. Cic.* Ensalzar, levantar á los empleos honoríficos. — *Rem disputatione. Ces.* Alargar el asunto con disputas.

**Perductio**, ōnis. *f. Vitruv.* Conduccion, la accion de llevar, de guiar, de conducir.

**Perducto**, as, avi, atum, are. *a. Plaut. frec. de* Perduco. Conducir, llevar, guiar frecuentemente.

**Perductor**, ōris. *m. Cic.* El que lleva, conduce. ¶ Alcahuete, rufian, solicitador de mugeres.

**Perductus**, a, um. *Ces. part. de* Perduco. Llevado, conducido. ¶ *Ulp.* Borrado, cancelado.

**Perdūdum**. *adv. Plaut.* Mucho tiempo há.

**Perduellĭo**, ōnis. *f. Cic.* Crímen de lesa magestad, de estado. ¶ Homicidio.

**Perduellis**. *m. f. lĕ. n. is. Cic.* Enemigo público con quien se está en guerra.

**Perduellium**, ii. *n. Non.* La guerra.

**Perduis**, perduit, perduint. *Palabras antic.* En lugar de *Perdas, perdat, perdant.*

**Perdūrātus**, a, um. *Sen.* Endurecido.

**Perdūresco**, is, ĕre. *n. Col.* Endurecerse mucho.

**Perdūro**, as, avi, atum, are. *n. Plin.* Durar largo tiempo. ¶ *Ter.* Tener paciencia, aguantar.

**Perdūrus**, a, um. *Dig.* Muy duro.

**Perēdia**, ae. *f.* Voz inventada por Plauto para significar un pais donde se come mucho. ¶ *Fest.* Ansia por comer.

**Perēdo**, is, ēdi, esum, dĕre. *a. Plaut.* Consumir, acabar con todo, gastarlo comiendo.

**Perefflo**, as, are. *a. Apul.* Exalar enteramente.

**Perefluo**, is, ĕre. *n. Bibl.* Escurrirse, correr del todo.

**Perēger**, gris, ó gra, grum. *Ulp.* El forastero, que va, anda de viage, que pasa por un pais.

**Peregi**. *pret. de* Perago.

**Peregre**. *adv. Cic.* De viage, de lejos, peregrinando como estrangero. *Peregre abire. Plin.* Ir de viage, salir de la patria. — *Redire. Ter.* Volver de fuera, de lejos, de viage, de pais estrangero. — *Est animus. Hor.* El ánimo está distraido. — *Allatus. Cic.* Traido de fuera, de pais estrangero.

**Peregrĕgius**, a, um. *Apul.* Excelente, muy ilustre.

**Peregrīna**, ae. *f. Plaut.* Peregrina, estrangera, muger que va peregrinando.

**Peregrīnabundus**, a, um. *Liv.* Peregrino, el que anda peregrinando, viajando por paises estrangeros.

**Peregrīnans**, tis. *com. Cic.* El que va peregrinando, viajando por paises estrangeros.

**Peregrīnātio**, ōnis. *f. Cic.* Peregrinacion, viage por paises estrangeros.

**Peregrīnātor**, ōris. *m. Cic.* Viajero, viajante por paises estraños.

**Peregrīnatrix**, ĭcis. *f.* La que viaja por tierras estrañas.

**Peregrīnātus**, a, um. *part. de* Peregrinor. El que ha viajado, corrido por paises estraños.

**Peregrīnĭtas**, atis. *f. Suet.* El estado y condicion del estrangero en un pais. ¶ *Cic.* Habla y modales del estrangero. *Ad peregrinitatem redactus. Suet.* Despojado del derecho de ciudadano romano, reducido á la condicion de estrangero.

**Peregrīnor**, āris, ātus sum, ari. *dep. Cic.* Peregrinar, viajar, correr los paises estraños. *Peregrinari aliena civitate. Cic.* Vivir en una ciudad estrangera. — *Infinitatem omnem. Cic.* Recorrer una infinidad de cosas en la imaginacion. *Peregrinantur aures vestras. Cic.* Vuestros oidos se hallan como estrangeros en el pais.

**Peregrīnus**, i. *m. Cic.* Peregrino, estrangero, viajante. ¶ Nuevo, sin experiencia, ignorante de los usos del pais. ¶ *Jur.* Desconocido, estraordinario.

**Peregrīnus**, a, um. *Cic.* Estrangero, peregrino, el que viaja por paises estraños, pasagero, viajero, viajante. *Peregrinus amnis. Ov.* Rio que nace en pais estrangero. — *Homo. Cic.* Estrangero. — *Praetor. Ulp.* Pretor que administraba justicia á los estrangeros, pretor peregrino. — *Ager. Varr.* Campo, que ni era de los romanos ni de los enemigos, sino de paz. *Peregrinae aves. Plin.* Aves de paso.

**Perēlĕgans**, tis. *com. Cic.* Muy elegante.

**Perēlĕganter**. *adv. Cic.* Elegantísimamente.

**Perēlŏquens**, tis. *com. Cic.* Muy elocuente.

**Perēmi**. *pret. de* Perimo.

**Peremne**, is. *n. Cic.* Género de auspicio, cuando los magistrados pasaban un rio ó fuente consultando los agüeros.

**Peremptālis**. *m. f. lĕ. n. is. Sen.* Lo que disipa otra cosa que ha precedido. *Peremptale fulmen. Sen.* Rayo que disipa ó desvanece la creencia que habian inspirado otros anteriores.

**Peremptio**, ōnis. *f. S. Ag.* Muerte, la accion de dar muerte.

**Peremptor**, ōris. *m. Sen.* Matador, asesino, el que mata á otro.

**Peremptōrius**, a, um. *Apul.* Mortífero, mortal, lo que da muerte ó la causa. ¶ *Ulp.* Perentorio, definitivo.

**Peremptrix**, ĭcis. *f. Tert.* La que mata.

**Peremptus**, a, um. *part. de* Perimo. *Virg.* Muerto. ¶ Quitado, suprimido, abolido, aniquilado, destruido.

**Perendie**. *adv. Cic.* Pasado mañana.

## PER

Pĕrendĭnātio, ōnis. f. *Marc. Cap.* Dilacion para despues de mañana, pasado mañana.

Pĕrendĭnus, a, um. *Cic.* Lo que es de tres dias, de pasado mañana. *In perendinum. Plaut. Perendino die. Cic.* De aquí á dos dias, pasado mañana.

Pĕrenna, ae. f. V. Peranna.

Pĕrennāvi. pret. de Perenno.

Pĕrenne. adv. *Col.* Perene, continuamente.

Pĕrennia, jum. n. plur. *Col.* Ceremonias que se observaban para tomar los auspicios.

Pĕrennis. m. f. nĕ. n. is. *Cic.* Perene, continuo, perpetuo, que dura siempre. *Perennis fons. Cic.* Fuente perene, que no se agota.—*Fortuna. Prop.* Fortuna constante, durable. *Perennes aquae. Cic.* Aguas perenes, vivas. *Perenne vinum. Col.* Vino que se puede guardar. *Perennius aere. Hor.* Mas duradero que el bronce.

Pĕrennĭservus, i. m. *Plaut.* Siervo sin esperanza de libertad, perenemente siervo.

Pĕrennĭtas, ātis. f. *Cic.* Perenidad, perpetuidad, duracion continua, incesante.

Pĕrennĭter. adv. *Sidon.* Perene, continua, perpetuamente, siempre.

Pĕrenno, as, avi, atum, are. n. *Col.* Durar mucho, ser de larga duracion. ‖ Guardar, conservar largo tiempo.

Pĕrentĭcīda, ae. m. f. *Plaut.* Voz inventada para significar el que se deja quitar la bolsa, el dinero.

Pĕreo, is, rii, rire. n. *Cic.* Perecer, perderse, estar perdido. ‖ Morir. *Perire funditus. Ter.* Perecer, perderse enteramente, sin recurso.—*Animo, ó ab animo. Plaut.* Desfallecer enteramente, perder del todo el ánimo, el valor.—*Lustris. Lucr.* Matarse por desórdenes de comilonas, de borracheras.—*Rubigine. Hor.* Consumirse, comerse de orin.—*Fortiter. Hor.* Morir con valor.—*Somno. Plaut.* Caerse de sueño.—*Ab aliquo. Plin.* Ser muerto por alguno. *Peream si. Ter.* Muera, perezca yo, si...
*Perire mortem alicujus. Sen.* Morir de la misma manera, acabar, perecer con el mismo género de muerte que algun otro.—*Serere arbores. Col.* Apresurarse á sembrar árboles. *Perii. Plaut.* Soy muerto, soy perdido.

Pĕrĕquĭto, as, avi, atum, are. a. *Ces.* Recorrer, pasear, atravesar á caballo, al rededor. *Perequitare aciem. Liv.* Pasear, reconocer á caballo el ejército.

Pĕrerrātio, ōnis. f. *Ter.* La accion de andar, de recorrer, de pasear viajando.

Pĕrerrātus, a, um. *Virg.* Recorrido, paseado. *part. de* Pererro, as, avi, atum, are. a. *Col.* Correr, andar, discurrir, recorrer, vagar por muchas tierras. *Pererrare aliquem luminibus. Virg.* Repasar á uno con la vista.

Pĕrērudītus, a, um. *Cic.* Eruditísimo, muy erudito.

Pĕrēsus, a, um. *Lucr. part. de* Peredo. Comido, consumido enteramente.

Pĕrexcrŭcio, as, avi, atum, are. a. *Plaut.* Atormentar mucho, fuertemente.

Pĕrexĭgue. adv. *Cic.* Muy escasamente.

Pĕrexĭguus, a, um. *Ces.* Muy poco, muy corto, escaso.

Pĕrexĭlis. m. f. lĕ. n. is. *Col.* Muy delgado, ténue, fleble.

Perexoptātus, a, um. *Gel.* Muy deseado, deseado con grande ansia.

Pĕrexpĕdītus, a, um. *Cic.* Facilísimo, muy fácil.

Perexsiccātus, a, um. *Arnob.* Enteramente seco.

Perfabrĭco, as, avi, atum, are. a. *Plaut.* Acabar de fabricar, concluir una fábrica. ‖ Engañar con enredos y máquinas.

Perfăcēte. adv. *Cic.* Muy graciosamente, con mucha gracia.

Perfăcētus, a, um. *Cic.* Muy gracioso, agradable.

Perfăcĭle. adv. *Cic.* Muy facil, facilísimamente.

Perfăcĭlis. m. f. lĕ. n. is. *Cic.* Muy facil. *Perfacilis in audiendo. Cic.* Que oye, recibe con mucha facilidad.

Perfăcul. ant. En lugar de Perfacilis.

Perfăcunde. adv. *Marc.* Muy elocuentemente, con mucha elocuencia.

Perfăcundus, a, um. *Just.* Muy elocuente.

Perfămĭlĭāris. m. f. rĕ. n. is. *Cic.* Muy familiar, muy amigo.

## PER

Perfămĭlĭārĭter. adv. *Sen.* Muy familiarmente, con mucha amistad.

Perfătuus, a, um. *Marc.* Muy fatuo, muy necio, simple, tonto.

Perfēci. pret. de Perficio.

Perfectē. adv. *Cic.* Perfecta, cumplida, enteramente, con perfeccion.

Perfectio, ōnis. *Cic.* Perfeccion. ‖ Conclusion, acabamiento, última mano.

Perfectissĭmātus, us. m. *Dig.* Perfectisimado, dignidad de perfectísimo, título de honor.

Perfector, ōris. m. *Cic.* y

Perfectrix, īcis. f. *Nep.* Perfeccionador, ra, el, la que perfecciona, acaba, da la última mano.

Perfectus, us. m. *Vitruv.* Perfeccion, obra perfecta, acabada. *Perfectus habere elegantes. Vitruv.* Tener grandes primores ó perfecciones, estar perfectamente acabado.

Perfectus, a, um. part. de Perficio. *Cic.* Perfecto, perfeccionado, concluido, acabado, finalizado del todo. ‖ Docto, sabio, práctico, muy hecho. *Perfectus litteris graecis. Cic.* Consumado, muy docto en las ciencias griegas.

Perfēcundus, a, um. *Mel.* Muy secundo, muy fértil.

Perfĕrens, tis. com. *Cic.* Tolerante, sufrido, el que sufre, tolera, lleva con paciencia.

Perfĕrentia, ae. f. *Lact.* Tolerancia, sufrimiento, aguante, paciencia.

Perfĕro, ers, tŭli, lātum, ferre. a. *Cic.* Llevar, conducir hasta. ‖ Llevar, sufrir, tolerar, aguantar, soportar. ‖ Sentir, padecer, esperimentar. ‖ Decir, contar, dar noticia ó cuenta, anunciar. *Perferre se. Virg.* Ir, marchar, andar, caminar.— *Legem. Liv.* Promulgar y hacer promulgar una ley.

Perfĕrox, ōcis. com. *Cic.* Muy feroz, muy fiero.

Perfervĕfīo, is, ieri. pas. *Varr.* Ponerse hirviendo á borbotones.

Perferveo, es, vui, ere. n. *Mel.* Hervir, cocer mucho, estar hirviendo.

Perfervĭdus, a, um. *Col.* Muy caliente.

Perfĕrus, a, um. *Varr.* Muy fiero, feroz, bravo.

Perfica, ae. f. *Arnob.* Diosa que presidia á los actos obscenos.

Perfice. adv. *Lucr.* V. Perfecte.

Perfĭcĭendus, a, um. *Ov.* Lo que se ha de concluir, perfeccionar.

Perfĭcĭo, is, fēci, fectum, cĕre. a. *Cic.* Perfeccionar, acabar, concluir, finalizar, terminar, dar la última mano. ‖ Completar, poner en su perfeccion. ‖ Cumplir, ejecutar. ‖ Llevar al cabo, lograr, conseguir. *Perficere scelus. Cic.* Ejecutar, llevar al cabo la maldad. — *Simulacrum. Plin.* Perfeccionar una estatua. — *Annos. Hor.* Vivir, pasar los años. — *Promissa. Ter.* Cumplir las promesas.

Perfĭcus, a, um. *Lucr.* Lo que pule, perfecciona.

Perfĭde. adv. *Cic.* Pérfidamente, con deslealtad, con traicion, con perfidia.

Perfĭdēlis. m. f. lĕ. n. is. *Cic.* Muy fiel, muy leal.

Perfĭdens, tis. com. *Aur. Vict.* El que fia ó confia mucho.

Perfĭdia, ae. f. *Cic.* Perfidia, deslealtad, infidelidad, iniquidad, traicion.

Perfĭdiōse. adv. *Cic.* Pérfida, desleal, infielmente.

Perfĭdiōsius. adv. com. *Suet.* Con demasiada perfidia y deslealtad.

Perfĭdĭōsus, a, um. *Cic.* Pérfido, desleal por costumbre, por naturaleza.

Perfĭdus, a, um. *Cic.* Pérfido, desleal, traidor. *Perfidum dicere sacramentum. Hor.* Hacer un juramento falso.

Perfĭgo, is, ĕre. a. *Ces.* Pasar de parte á parte.

Perfĭgŭro, as, are. a. *Plaut.* Dar una figura perfecta.

Perfĭnio, is, ire. a. *Lucr.* Finalizar, acabar, concluir enteramente.

Perfixus, a, um. part. de Perfigo. *Lucr.* Pasado de parte á parte, atravesado, traspasado.

Perflābĭlis. m. f. lĕ. n. is. *Cic.* Espuesto, abierto á todos los vientos, donde da, sopla el viento por todas partes.

Perflăgĭtiōsus, a, um. *Cic.* Perverso, depravado.

Perflāmen, ĭnis. n. *Prud.* Soplo, viento recio.

Yyy

Perflans, tis. *com. Plin.* Que sopla de todas partes.

Perflatilis. *m. f. le. n. is. Apul.* Que recibe viento por todas partes.

Perflatus, us. *m. Col.* Soplo fuerte de viento. *Perflatus libere capere. Col.* 6 *In perflatu esse. Col.* Estar espuesto, abierto á todos vientos. *Perflatum aestivum habere, et hibernum solem. Col.* Estar espuesto al viento en el verano, y al sol en el invierno.

† Perfleo, es, ere. *n.* Llorar amargamente.

Perfletus, a, um. *Apul.* Bañado de lágrimas.

Perflo, as, avi, atum, are. *a. Ov.* Soplar con violencia por todas partes, con gran ruido.

Perfluctuo, as, avi, atum, are. *n. Lucr.* Flotar, fluctuar entre las ondas ó como ellas.

Perfluens, tis. *com. Cic.* Que corre, se estiende, atraviesa con su corriente por todas partes.

Perfluo, is, fluxi, fluxum, ere. *a. Lucr.* Correr, estenderse, atravesar con gran corriente.

Perfluus, a, um. *Apul.* Corriente que se estiende, derrama por todas partes. ‖ Delicado, mole, afeminado.

Perfluxus, a, um. *Quint.* Lo que facilmente se corrompe, se echa á perder, se pasa.

Perfoco, as, avi, atum, are. *a. Dig.* Sofocar, ahogar.

Perfodio, is, fodi, fossum, ere. *a. Cic.* Agugerear, barrenar, taladrar, romper, pasar de parte á parte.

Perforaculum, i. *n.* y

Perforale, is. *n. Arnob.* Agugero, barreno, taladro.

Perforatio, onis. *f. Vitruv.* La accion de agugerear, de barrenar, de taladrar.

Perforatus, a, um. *Cic.* Agugereado, barrenado, taladrado. *part. de* Perforo.

Perfore. *En lugar de* Fore. *Cic. Perfore accommodatum tibi scio.* Sé que te será muy conveniente, que te acomodará muchísimo.

Performatus, a, um. *Quint. part. de* Performo. Formado enteramente.

Performidabilis. *m. f. le. n. is. Frag. poet.* Muy temible, muy de temer, terrible.

Performidatus, a, um. *Sil.* Muy temido. *part. de*

Performido, as, avi, atum, are. *a. Apul.* Temer mucho.

Performidolosus, a, um. *Aur. Vict.* Muy temible.

Perforo, as, avi, atum, are. *a. Cic.* Agugerear, barrenar, taladrar, pasar, penetrar de parte á parte. *Perforare latus ense. Ov.* Pasar, atravesar á uno de parte á parte.

Perfortiter. *adv. Ter.* Muy fuerte, valerosamente.

Perfossor, oris. *m. Plaut.* El que penetra, pasa, agugerea.

Perfossus, a, um. *part. de* Perfodio. *Cic.* Traspasado, penetrado, atravesado.

Perfracte. *adv. Cic.* Blandamente, con flaqueza y debilidad, sin solidez. ‖ Porfiada, tenaz, obstinadamente.

Perfractio, onis. *f. Col.* Rotura, fractura por entero.

Perfractus, a, um. *Cels. part. de* Perfringo. Roto, quebrado, quebrantado, hecho pedazos, fracturado del todo.

Perfregi. *pret. de* Perfringo.

Perfremo, is, mui, mitum, mere. *n. Cic.* Bramar. ‖ Rechinar sumamente.

Perfrequens, tis. *com. Liv.* Muy frecuentado.

Perfreto, as, avi, atum, are. *a. Sol.* Pasar del otro lado, pasar mar ó rio.

Perfricatus, a, um. *Vitruv.* Bien frotado, fregado.

Perfrico, as, a. avi, atum, are. *a. Cic.* Frotar, fregar, estregar bien. *Perfricare faciem, frontem, os. Cic.* Deponer toda vergüenza, quitarse la mascarilla.

Perfrictio, onis. *f. Plin.* Frio, escalofrio total, *como el que se siente antes de la calentura.* ‖ Corrosion, ulceracion.

Perfrigefacio, is, ere. *a. Plaut.* Enfriar mucho, helar.

Perfrigeo, es, frixi, frictum, gere. *n. Marc.* Estar muy frio, helado, yerto.

Perfrigeratio, onis. *f. Apul.* Refresco.

Perfrigeratus, a, um. *Escrib.* Refrescado, enfriado.

Perfrigero, as, avi, atum, are. *a. Plin.* Refrescar, enfriar.

Perfrigesco, is, frixi, cere. *n. Col.* Enfriarse mucho, ponerse muy frio.

Perfrigidus, a, um. *Cic.* Muy frio.

Perfringo, is, fregi, fractum, gere. *a. Cic.* Romper, quebrar, hacer pedazos del todo. ‖ Vencer, superar dificultades, obstáculos. ‖ Violar, quebrantar. ‖ Deshacer, desbaratar, destruir. *Evertere, et perfringere leges. Cic.* Echar por tierra las leyes.

Perfrio, as, are. *a. Col.* Majar, machacar enteramente.

Perfrivolus, a, um. *Vopisc.* Muy frívolo.

Perfrixi. *pret. de* Perfrigeo y Perfrigesco.

Perfructio, onis. *f.* y

Perfruitio, onis. *f. S. Ag.* Fruicion, goce completo.

Perfruendus, a, um. *Ov.* Aquello de que se ha de gozar enteramente.

Perfruitus, a, um. *Ov.* El que ha gozado enteramente.

Perfruor, eris, itus sum, frui. *dep. Cic.* Gozar entera, completamente. *Mandatis perfrui. Cic.* Cumplir exactamente las órdenes.

Perfudi. *pret. de* Perfundo.

Perfuga, ae. *f. Cic.* Desertor, fugitivo, refugiado, el que se pasa á los enemigos.

Perfugio, is, fugi, fugitum, gere. *n. Cic.* Refugiarse, huir, salvarse, recogerse, guarecerse. ‖ Huir, escapar, desertar, desamparar la bandera.

Perfugium, ii. *n. Cic.* Refugio, asilo. ‖ Refugio, salida, recurso, pretesto, escapatoria. *Perfugio uti. Cic.* Valerse de una escapatoria, de una salida como quiera.

Perfulcio, is, si, tum, cire. *a. Ov.* Apoyar, sostener bien, fuertemente.

Perfulguro, as, avi, atum, are. *n. Estac.* Relumbrar, brillar mucho, como los relámpagos.

Perfunctio, onis. *f. Cic.* Egercicio, cumplimiento de un cargo, de un empleo. *Perfunctio laborum. Cic.* Ocupacion en el trabajo.

Perfunctorie. *adv. Ulp.* Por, para cumplir, ligeramente, sin intension.

Perfunctorius, a, um. *Bud.* Lo que se hace sin intension, por cumplir, ligeramente, sin tomar molestia.

Perfunctus, a, um. *part. de* Perfungor. *Cic.* El que ha servido, ha cumplido, ha pasado por un cargo ó empleo. *Perfunctus, atque perpessus multa. Cic.* El que ha pasado, sufrido muchos trabajos. *Judices quod se perfunctos esse arbitrantur. Cic.* Los jueces porque creen haber cumplido ya con su empleo.

Perfundo, is, fudi, fusum, dere. *a. Virg.* Derramar, verter, rociar por todas partes. *Perfundere locum aliquem. Plin.* Bañar, regar un parage. *Se dice de los rios que pasan por él.—In vas. Col.* Echar en un vaso.—*Alicui oculum. Ulp.* Echar á uno un ojo fuera.—*Tecta auro. Sen.* Cubrir los techos de oro, dorar. *Qui me horror perfundit! Cic.* ¡Qué horror me cubre, se apodera de mí! *Perfundi studiis. Sen.* Tomar una tintura, un baño de letras, de los estudios.

Perfungor, eris, functus sum, gi. *dep. Cic.* Egercer, servir un empleo, cumplir la obligacion. ‖ Pasar, aguantar, tolerar, sufrir. *Perfungi munere. Cic.* Cumplir bien en su empleo.—*Cura. Liv.* Salir, quedar libre de un cuidado.—*Periculis. Cic.* Haber pasado por muchos peligros. *Perfunctus à febri. Varr.* Libre de la calentura.—*Fato. Liv.* Muerto.—*Praemia. Lucr.* Que ha obtenido premios.

Perfuro, is, ere. *n. Lucr.* Estar transportado de furor, lleno de furia.

Perfusio, onis. *f. Plin.* La accion de derramar, rociar, regar, mojar.

Perfusor, oris. *m. Cels.* El que derrama, rocia, riega.

Perfusorie. *adv. Ulp.* Confusa, embrolladamente, con un modo de decir vago, ambiguo, confuso.

Perfusorius, a, um. *Sen.* Superficial, ligero, que no penetra ó profundiza, que no va al fondo, á lo interior.

Perfusus, a, um. *Cic. part. de* Perfundo. Derramado, regado, rociado. *Perfusus lacrymis. Ov.* Bañado en lágrimas.—*Sanguine. Liv.* Todo cubierto, teñido en sangre.—*Metu. Liv.* Lleno de miedo.—*Ostro. Virg.* Teñido de color de púrpura.—*Dulcedine. Cic.* Lleno de dulzura.

Perga, ae. *f. Plin.* Perga, *ciudad de Panfilia, donde era venerada Diana.*

Pergaeus, a, um. *Plin.* Propio de la ciudad de Perga.

Pergăma, ōrum. n. plur. Virg. Las fortalezas, los muros de Troya; sus fortificaciones.

Pergămēnus, a, um. Plin. Lo perteneciente á la ciudad de Pérgamo. Pergamena charta. Plin. El pergamino.

Pergămēnus, a, um. y

Pergameus, a, um. Prop. Lo perteneciente á los alcázares y muros de Troya, troyano.

Pergămum, i. n. y

Pergămus, i. f. Plin. Pérgamo, ciudad de Misia, de Tracia, de la isla de Candia.

Pergaudeo, ēs, gavisus sum, dēre. n. Cic. Alegrarse mucho, estar muy alegre, contento.

Perge, es. f. Plin. V. Perga.

Pergens, tis. com. Sil. Ital. El que prosigue, continúa en ir adelante.

Pergigno, is, gēnui, gēnĭtum, ĕre. a. Catul. Engendrar, criar, llevar, producir.

Pergin? En lugar de ¿Pergisne? ¿Prosigues?

Perglisco, is, ĕre. n. Col. Engordar mucho, ponerse muy gordo, engruesar.

Pergnārus, a, um. Apul. Muy instruido, que sabe muy bien, docto.

Pergo, is, perrexi, perrectum, gĕre. n. Cic. Continuar, proseguir el camino. || Continuar, proseguir, perseverar. || Omitir, pasar por alto, en silencio. Domum ire pergam. Ter. Prosigo mi camino á casa. Pergite anima, milites. Liv. Animo, valor, soldados. Pergin argutarier? Plaut. ¿Te burlarás todavía de mí? Pergo praeterita. Cic. Dejo en silencio lo pasado. Perge reliqua. Cic. Pasemos á otra cosa, prosigue lo demas. Pergitur. Caecil. Se continúa, se prosigue.

Pergrăcillis. m. f. lĕ. n. is. Plin. Muy delgado, delicado, feble, baladí.

Pergraecor, āris, ātus sum, āri. dep. Plaut. Pasar el tiempo en comilonas y borracheras al modo de los griegos.

Pergrandesco, is, ĕre. n. Acc. Crecer, hacerse grande.

Pergrandis. m. f. dĕ. n. is. Cic. Muy grande, crecido. Pergrandis natu. Liv. Muy viejo, anciano.

Pergrăphicus, a, um. Plaut. Bien hecho, acabado, perfecto.

Pergrātus, a, um. Cic. Muy grato, agradable, gustoso. Pergratum mihi erit, ó feceris. Cic. Me darás mucho gusto, me harás un gran placer ó favor, será para mí de mucha complacencia.

Pergrăvis. m. f. vĕ. n. is. Cic. Muy grave, serio, circunspecto.

Pergrăviter. adv. Cic. Muy grave, suma, altamente.

Pergŭla, ae. f. Plin. Galería abierta ó descubierta para pasearse. || Balcon, corredor, mirador que vuela fuera de la pared. || Cenador ó comedor. || Emparrado, que sube por encima de palos dispuestos en forma de cenador, ó que hagan calle. || Plaut. Lugar, casa de prostitucion.

Pergŭlānus, a, um. Col. Lo que está dispuesto en forma de galeria ó corredor.

Perhaurio, is, hausi, haustum, rīre. a. Apul. Agotar, apurar enteramente, beberlo todo.

Perhercle. adv. Gel. En verdad, á la verdad.

Perhibendus, a, um. Cic. Lo que se ha de asegurar.

Perhibeo, ēs, bui, bĭtum, ēre. a. Cic. Dar, exhibir, mostrar. || Decir, afirmar, asegurar. Perhibere aliquem vatem optimum. Cic. Dar á uno, hacerle pasar por un gran poeta. — Honorem alicui. Plin. Hacer honor á alguno. — Testimonium. Plin. Dar testimonio. — Aliquem claro nomine. Cic. Asegurar que uno es hombre esclarecido. — Aliquem. Cic. Presentar á alguno, ponerle delante, hacerle presente. — Se. Quint. Ofrecerse. Ut perhibent. Cic. Como dicen.

Perhiĕmo, ās, āre. n. Col. Invernar, pasar todo el invierno.

Perhīlum. adv. Lucr. Muy poco.

Perhŏnestus, a, um. Arnob. Muy honesto, virtuoso.

Perhŏnorifice. adv. Cic. Muy honorificamente.

Perhŏnorificus, a, um. Cic. Muy honorifico, muy honroso, de mucha honra y estimacion.

Perhorreo, ēs, rui, ēre. n. y

Perhorresco, is, rui, cĕre. n. Cic. Temer, temblar, tener miedo de horror, espantarse.

Perhorrĭdus, a, um. Liv. Terrible, espantoso, lo que da miedo y horror.

Perhospĭta, ae. f. Tib. La que recibe con amor y benevolencia á sus huéspedes, á los estrangeros.

Perhospitalis. m. f. lĕ. n. is. Cic. Que ama la hospitalidad, que recibe con amor y benevolencia á los huéspedes, á los estrangeros.

Perhospĭtus, a, um. Tibul. V. Perhospitalis.

Perhūmāne. adv. y

Perhūmāniter. adv. Cic. Muy humana, afable, apacible, benignamente.

Perhūmānus, a, um. Cic. Muy humano, apacible, afable, benigno.

Perhyĕmo, ās, āre. V. Perhiemo.

Periacti, ōrum. m. plur. Vitruv. Molduras, cornisas de las decoraciones del teatro.

Periambus, i. m. Quint. Periambo, pirriquio, pie métrico, que consta de dos sílabas breves, como Deus.

Perĭbāris, ĭdis. f. Pol. Calzado grueso de muger.

Perĭboetus, a, um. Plin. Famoso, célebre, nombrado.

† Perĭbŏlum, i. m. El paseo, sitio para pasearse.

† Perĭbŏlus, i. m. Periódico, armonioso.

Perĭbŏlus, i. m. Vitruv. Parque, bosque cerrado. || Cordon, cornisa de un edificio.

Perĭcardium, ii. n. Pericardio, membrana que cubre el corazon como una bolsa.

Perĭcarpium, i. n. Plin. Pericarpio, la tetilla ó película que cubre el fruto de alguna planta.

Perĭcarpum, i. n. Plin. Especie de cebolla.

† Perĭchăracter, ĕris. m. Instrumento que sirve á los cirujanos para descarnar las encias. | Lanceta.

Pericles, is, ó cli. m. Cic. Pericles, célebre orador ateniense, discípulo de Anaxagoras.

Perĭclĭtabundus, a, um. Apul. El que tienta, hace la prueba ó esperiencia, se aventura, se espone.

Perĭclĭtandus, a, um. Cic. Lo que se ha de tentar, probar, esperimentar.

Perĭclĭtans, tis. com. Petron. El que peligra, que está en trabajo, en peligro.

Perĭclĭtatio, ōnis. f. Cic. Esperiencia, prueba, tentativa, ensayo.

Perĭclĭtatus, a, um. Cic. El que ha hecho esperiencia. | Probado, esperimentado. part de

Perĭclitor, āris, ātus sum, āri. dep. Cic. Probar, tentar, esperimentar. || Esponerse, aventurarse, peligrar, arriesgarse, estar en peligro. Periclitari vita. Quint. Estar á riesgo de la vida, de perderla.

Perĭclymĕnon, i. n. y

Perĭclymĕnos, ó Periclymĕnos, i. f. Plin. Yerba llamada madreselva. | Periclimeno, hijo de Neleo, hermano de Nestor, uno de los argonautas á quien trasformado en águila dió muerte Hércules.

† Perĭcrānium, ii. n. Pericráneo, membrana que cubre por fuera el casco de la cabeza.

Perĭcŭlor, āris, āri. V. Periclitor.

Perĭcŭlōse, ius, issĭme. adv Cic. Peligrosamente, con riesgo, con peligro, espuestamente.

Perĭcŭlōsus, a, um. Cic. Peligroso, arriesgado, espuesto, aventurado.

Perĭcŭlum, i. n. Cic. Peligro, daño, riesgo. || Prueba, ensayo, esperiencia, tentativa. Periculum facere in litteris. Ter. Dar una prueba de su instruccion. Pericli nihil tibi est á me. Ter. Nada tienes que temer de mí, de mi parte. — Nihil ex indicio est. Ter. No hay riesgo en descubrirlo.

Perĭdŏnee. adv. Veg. Muy cómodamente.

Perĭdŏneus, a, um. Ces. Muy propio, idóneo, á propósito, conveniente.

Perĭdrŏmis, ĭdis. f. Plin. Paseo al rededor del circo.

Perĭĕgēsis, is. f. Avien. Descripcion geográfica de la tierra.

Periergia, ae. f. Quint. Curiosidad demasiada, diligencia nimia.

Periet. *En lugar de* Peribit. *futur. de* Pereo.

† Pĕrĭgaeum, i. *n.* Perigeo, situacion de un astro el mas vecino á la tierra.

Pĕrignārus, a, um. *Salust.* Muy ignorante.

Pĕrii. *pret. de* Pereo.

Pĕrĭleucus, i. *m. Plin.* Piedra preciosa, que tiene un filete blanco al rededor.

Perilexis, is. *f.* Circunlocucion, rodeo de palabras.

Perillĕus, a, um. *Ov.* Lo perteneciente á Perilo.

Perillus, i. *m. Plin.* Perilo, artífice ateniense muy ingenioso, que fabricó á Falaris, tirano de Agrigento, un toro de bronce, para que metido dentro un reo, y poniéndole fuego, bramase como un toro. Esperaba un gran premio del tirano por este presente, porque se deleitaba en inventar nuevos géneros de tormentos; pero mandó hacer en el artífice la primera esperiencia.

Pĕrillustris. *m. f. trē. n. is. Cic.* Muy ilustre.

Pĕrimbĕcillus, a, um. *Cic.* Muy débil, flaco.

Pĕrĭmēdes, is. *f. Prop.* Perimedes, célebre hechicera.

Pĕrĭmēdēus, a, um. *Prop.* Lo perteneciente á la hechicera Perimedes.

Pĕrĭmēle, es. *f. Ov.* Perimele, ninfa, hija de Hipodamante, trasformada en una isla de su mismo nombre.

Pĕrĭmĕtros, i. *f. Vitruv.* Circuito, ámbito, circunferencia, perímetro.

Pĕrĭmo, is, ēmi, emptum, ĕre. *a. Cic.* Quitar, destruir, estinguir, aniquilar, suprimir. ∥ Matar, dar muerte, quitar la vida, asesinar. *Perimere consilium alicujus. Cic.* Cortar los designios de alguno, destruirlos.

Pĕrimpĕdītus, a, um. *Hirc.* Muy impedido, embarazado, que tiene muchos estorbos.

Pĕrincertus, a, um. *Salust.* Muy incierto, dudoso.

Pĕrincommŏde. *adv. Cic.* Muy impertinentemente, á muy mal tiempo ú ocasion.

Pĕrincommŏdus, a, um. *Liv.* Muy incómodo, que incomoda mucho.

Pĕrinconsĕquens, tis. *com. Gel.* Muy inconsecuente, que no se sigue de ningun modo, cuya consecuencia no es legítima.

Pĕrinde. *adv. Cic.* Del mismo modo, lo mismo, igualmente, asi, segun, conforme. *Perinde, ac, atque, ut, ac si, quasi, tanquam, prout, quam. Cic.* Como si. *Perinde est tanquam, si ego dicam. Gel.* Es lo mismo que si yo dijera. — *Non gratus fuit adventus. Suet.* La venida no fué tan agradable. — *Ut me velle intelligis. Plaut.* Segun comprendes tú que yo deseo. — *Ut opinio est. Cic.* Segun, conforme se piensa. — *Ac si usus essem. Cic.* Como si lo hubiera usado, ni mas ni menos que si me hubiera servido. *Operosa, et perinde fructuosa ars. Cic.* Arte igualmente trabajosa que útil.

Pĕrindĭgeo, ēs, ui, ēre. *n. Ter.* Estar muy necesitado.

Pĕrindigne. *adv. Suet.* Muy indignamente, muy mal, con gran molestia, con mucha indignacion.

Pĕrindignus, a, um. *Sidon.* Muy indigno.

Pĕrindulgens, tis. *com. Cic.* Muy indulgente, condescendiente, que tiene muchos respetos, consideracion, condescendencia.

† Perinephra, ōrum. *n. plur.* Partes inmediatas á los riñones, que tienen mucha grasa ó sebo.

Pĕrinfāmis. *m. f. mĕ n. is. Suet.* Muy infame.

Pĕrinfirmus, a, um. *Cic.* Muy débil, flaco.

Pĕringĕniŏsus, a, um. *Cic.* Muy ingenioso, que tiene mucho ingenio, talento.

Pĕringrātus, a, um. *Cic.* Muy ingrato, desagradecido, desconocido.

Pĕrinīquus, a, um. *Cic.* Muy inicuo, injusto. *Periniquo animo ferre. Cic.* Llevar muy á mal, con mucha impaciencia, indignacion.

Pĕrinjūrie. *adv. Apul.* Con mucha injuria, ultrage, agravio.

Pĕrinjūriōsus, a, um. y

Pĕrinjūrius, a, um. *Apul.* Muy injurioso, ofensivo. ∥ Muy injusto, muy irregular.

Pĕr insignis. *m. f. nĕ. n. is. Cic.* Muy insigne, considerable, famoso, ilustre.

Pĕrintĕger, gra, grum. *Gel.* Muy entero, cumplido.

Pĕrinthĭa, ae. *f. Ter.* La Perintia, una de las comedias de Menandro.

Pĕrinthĭus, a, um. *Ter.* Lo perteneciente á Perinto, ciudad de Tracia.

Pĕrinthus, i. *f. Mel.* Perinto, ciudad de Tracia en la costa de la Propóntide. ∥ Heraclea.

Pĕrĭnundo, ās, āre. *a. Alcim.* Inundar con mucha estension, con una grande avenida.

Pĕrĭnungo, is, ĕre. *a. Varr.* Untar muy bien, por todas partes.

Pĕrinvălĭdus, a, um. *Curc.* Muy inválido, débil, flaco.

Pĕrinvīsus, a, um. *Cic.* Muy aborrecido, mal quisto.

Pĕrinvīte. *adv. Marc.* Muy contra gusto, por fuerza, muy contra la voluntad.

Pĕrinvītus, a, um. *Cic.* El que obra con mucha violencia, contra toda su voluntad.

Pĕriŏcha, ae. *f. Aus.* Compendio, sumario. ∥ Argumento de un tratado ó libro.

* Pĕriŏdeuta, ae. *m. Justinian.* Visitador, auxiliar, el que visita y sustituye al Obispo que está muy remoto.

Pĕriŏdĭcus, a, um. *Plin.* Periódico, lo que vuelve á cierto tiempo fijo, *como las accesiones de las tercianas y cuartanas.* ∥ Circular.

Pĕriŏdus, i. *f. Cic.* Período, cláusula, circuito armonioso de palabras, en que se espresa un pensamiento. ∥ *Fest.* El complejo de los cuatro sagrados certámenes de Grecia, pitio, istmio, némeo y olimpio.

† Pĕriosta, ae. *f.* y

† Periosteum, i. *n.* Periostio, membrana que cubre los huesos.

Pĕrĭpătētĭci, ōrum. *m. plur. Cic.* Peripatéticos, filósofos sectarios de Aristóteles.

Pĕrĭpătētĭcus, a, um. *Gel.* Peripatético, lo perteneciente á los filósofos peripatéticos ó á su filosofía.

† Pĕrĭpātus, i. *m.* Paseo, la accion de pasearse, lugar donde se pasea, disputa filosófica que se tiene paseando, lugar donde Aristóteles enseñaba paseándose.

Pĕrĭpĕtasma, tis. *n. Cic.* Tapicería, alfombra.

† Pĕrĭpĕteia, ae. *f.* ó

† Pĕrĭpĕtĭa, ae. *f.* Peripecia, mudanza de fortuna de las cosas que se tratan en estado contrario, parte de la fábula trágica y cómica.

Pĕrĭphĕria, ae. *f. Marc. Cap.* Periferia, circunferencia del círculo.

† Pĕrĭphĕrōma, ătis. *n.* Adicion, figura retórica. Cuando se añade á la oracion una frase ó una palabra, no necesaria, por adorno.

Pĕrĭphrăsis, is. *f. Quint.* Perífrasis, circunlocucion, rodeo de palabras, *figura retórica.*

† Pĕrĭphrastĭcus, a, um. Lo que se dice por perífrasis ó circunlocucion.

† Pĕrĭplĕrōma, tis. *n. V.* Peripheroma.

Periplus, i. *m. Plin.* Navegacion al rededor. ∥ Periplo, título de las descripciones de algunas costas marítimas, como el Periplo de Jenofonte.

Pĕrĭpneumătĭcus morbus. *Cel. Aur.* y

Pĕrĭpneumŏnĭa, ae. *f.* Pulmonía, enfermedad del pulmon.

Pĕripneumŏnĭcus, a, um. *Plin.* El que está enfermo de pulmonía.

Pĕripsēma, ătis. *n. Tert.* Raeduras, porquería que sale limpiando ó rallando. ∥ Víctima de espiacion que se ofrecia cada año.

† Pĕripsōma, ătis. *n.* El medio de la planta del pie.

Pĕriptĕros. *m. f. on. n. i. Vitruv.* Edificio rodeado por todos lados de colunas, ó que por todos lados tiene alas.

Pĕrīrātus, a, um. *Cic.* Muy airado, encolerizado.

Pĕriscĕlis, ĭdis. *f. Hor.* y

Periscĕlium, ii. *n. Tert.* Adorno de las mugeres que las ceñia las piernas, como liga.

† Perĭscii, ōrum. *adj. plur.* Periscios, los habitantes de las zonas frias, á las que van rodeando las sombras.

* Pĕrisistŏle, es. *f.* Perisístole, reposo del corazon entre la dilatacion y la contraccion.

† Pĕrisseuma, ătis. *n.* Abundancia, afluencia. ∥ *Elian.* Liberalidad.

## PER

Pĕrissochŏrēgia, ae. f. Cod. Teod. Provision, procuracion de viveres.

-Pĕrissŏlŏgia, ae. Quint. Perisologia, modo de decir vano y superfluo en que sobran muchas palabras.

† Pĕristaphilini, ōrum. m. plur. Músculos peristafilinos, que estan en la campanilla ó gallillo.

Peristăsis, is. f. Petron. Argumento, asunto de un discurso con todas sus circunstancias.

† Pĕristĕreo, ōnis. m. El palomar.

Pĕristĕreon, i. n. y

Pĕristĕreos, i. f. Plin. La verbena, yerba.

† Peristeropullon, i. n. El pichon.

Peristerotrophium, ii. n. Varr. El palomar.

Pĕristrōma, tis. n. Plaut. Tapicería, alfombra.

Peristrŏphe, es. f. Marc. Cap. Peristrofa, conversion, figura retórica cuando convertimos á favor nuestro la proposicion del contrario.

Pĕristȳlium, ii. n. Vitruv. y

Pĕrystĭlum, i. n. Cic. Peristilo, edificio sostenido por dentro con columnas al rededor, que forman una galería.

Pĕrite. adv. Cic. Sabia, doctamente, con pericia, con maestría.

Peritia, ae. f. Salust. Pericia, práctica, conocimiento, maestría, inteligencia, erudicion, habilidad, esperiencia.

Pĕrĭto, as, āre. n. Plaut. freq. de Pereo. Perecer.

Pĕrĭtōnaeum, y Peritonēum, i. n. Cel. Aur. Peritoneo, tela que cubre las partes internas del vientre inferior.

† Pĕrĭtrōchium, ii. n. Rueda que sirve para sacar agua de los pozos, polea.

Pĕrĭtūrus, a, um. Estac. El que ha ó tiene de perecer.

Pĕrĭtus, a, um. Cic. Perito, sabio, docto, esperimentado, práctico, esperto, erudito. Jure peritior. Cic. Mas versado en el derecho. Periti regionum. Ces. Prácticos de la tierra. Peritus obsequi. Tac. Hecho á obedecer. — Ad disciplinam. Cic. Práctico en la enseñanza. Peritissimus de agricultura. Varr. Muy práctico, inteligente en la agricultura.

* Perixyomĕnos. Plin. Nombre de una estatua que representa un hombre que se está desnudando y limpiándose el cuerpo.

† Pĕrizōma, ātis. n. Bibl. Calzoncillos ó paños menores, que cubren las partes vergonzosas. || Diafragma, término de anatomía.

† Pĕrizōnium, ii. n. Sipont. Faja ó corsé con que las mugeres se ciñen y aprietan el pecho.

† Pĕrizyga, ōrum. n. plur. Riendas, bridas.

Perjūcunde. adv. Cic. Muy agradable, gustosamente.

Perjūcundus, a, um. Cic. Muy gusto, muy agradable.

† Perjūrātĭo, ōnis. f. La accion de perjurar.

Perjūrātiuncŭla, ae. f. Plaut. Perjurio de poca consecuencia.

† Perjūrātor, ōris. m. Perjurador, el que perjura, jura en falso, y es convencido de perjurio.

Perjūrātus, a, um. Ov. Violado, ofendido con perjurio.

Perjūre. y

Perjūriōse. adv. Plaut. Con perjurio, con falso juramento.

Perjūriōsus, a, um. Plaut. Acostumbrado á perjurar, á jurar en falso.

Perjūrium, ii. n. Cic. Perjurio, juramento falso, quebrantamiento del juramento.

Perjūro, as, āvi, ātum, āre. n. Her. Perjurar, jurar en falso, faltar á la fe del juramento, quebrantarle.

Perjūrus, a, um. Ov. Perjuro, el que jura en falso, el que quebranta la fe del juramento. || Plaut. Embustero, mentiroso. Perjuriorem hoc hominem siquis viderit. Plaut. Si alguno ha visto jamas hombre mas embustero. Perjurissimus leno. Cic. Vendedor de esclavos, que está siempre pronto á perjurar.

Perlābor, ĕris, lapsus sum, bi. dep. Cic. Correr, pasar por alguna parte, caer en. Perlabi auras. Tibul. Penetrar los aires, volar.

Perlaetus, a, um. Liv. Muy alegre, contento, gozoso.

Perlapsus, a, um. part. de Perlabor. Cic. El que ha pasado por alguna parte, que ha venido, llegado á.

Perlate. adv. Cic. Muy estensa, muy anchamente.

## PER 541

Perlăteo, es, ui, ēre. n. Ov. Estar muy oculto, ocultarse, esconderse enteramente.

Perlātĭo, ōnis. f. Lact. Tolerancia, sufrimiento, paciencia.

Perlātor, ōris. m. Amian. El que lleva, el portador.

Perlātus, a, um. part. de Perfero. Plin. Llevado. || Muy lato ó ancho.

Perlaudābĭlis. m. f. le. n. is. Dict. Cret. Muy laudable, muy digno de alabanza.

Perlāvo, as, āvi, ātum, āre. a. Ter. Lavar perfecta, enteramente.

Perlaxo, is, āre. a. Apic. Laxar, aflojar mucho.

Perlĕcĕbra, ae. f. Plaut. Atractivo, halago, lisonja.

Perlecto, as, āvi, ātum, āre. a. Quint. Atraer con halagos, con caricias.

Perlectus, a, um. Ces. Acabado de leer, leido del todo.

Perlĕgo, is, lēgi, lectum, gĕre. a. Cic. Leer enteramente, del todo, desde el principio al fin. Perlegere oculis. Virg. Registrar, mirar con mucha atencion.

Perlĕpĭde. adv. Plaut. Muy graciosa, muy bellamente.

Perlĕpĭdus, a, um. Plaut. Muy gracioso, bello, agradable.

Perlēvi. pret. de Perlino.

Perlēvis. m. f. ve. n. is. Cic. Muy leve, ligero. Perlevi fortunae momento. Cic. Á la menor mudanza de la fortuna.

Perlĕvĭter. adv. Cic. Muy leve, muy ligeramente.

Perlexi. pret. de Perlicio.

Perlĭbens, tis. com. El que obra de muy buena voluntad.

Perlĭbenter. ad. Cic. De muy buena voluntad, de muy buen grado, con mucho gusto.

Perlĭbĕrālis. m. f. le. n. is. Ter. Muy liberal, garboso, franco, magnífico, benéfico.

Perlĭbĕrālĭter. adv. Cic. Muy liberalmente, con gran liberalidad.

Perlĭbet. impers. Plaut. Agrada, gusta mucho, se conviene, se asiente de muy buena voluntad.

Perlībrātĭo, ōnis. f. Vitruv. Nivelacion, la accion de nivelar, de poner, de ajustar á nivel.

Perlībrātus, a, um. Col. Nivelado, ajustado á nivel.

Perlībro, as, āvi, ātum, āre. a. Col. Nivelar, poner, ajustar á nivel, igualar perfectamente. || Syl. Disparar vibrando ó blandiendo.

Perlĭcio, is, lexi, lectum, cĕre. a. Plaut. Atraer, engañar con halagos, con caricias.

Perlĭgātus, a, um. Plaut. Ligado, atado, apretado grandemente. part. de

Perlĭgo, as, āvi, ātum, āre. a. Plaut. Ligar, atar, apretar fuertemente.

Perlīmo, as, āvi, ātum, āre. a. Vitruv. Limar, pulir con la lima perfectamente. Perlimare aciem oculorum. Vitruv. Aclarar la vista.

Perlĭnio, is, īvi, īre. a. y

Perlĭno, is, lēvi, ó lĭvi, ó lĭni, lītum, nĕre. a. Col. Frotar, untar muy bien con algun licor ó droga.

Perlĭqueo, es, ēre. n. y

Perlĭquesco, is, ĕre. n. Varr. Liquidarse, desleirse, derretirse, ponerse líquido.

Perlĭquĭdus, a, um. Cels. Muy líquido.

Perlĭtātus, a, um. Liv. Aplacado con sacrificios, sacrificado, ofrecido. part. de

Perlĭto, as, āvi, ātum, āre. a. Liv. Hacer sacrificios felizmente, aplacar con sacrificios. Perlitatum est. Liv. Se alcanzó el voto, se sacrificó con felicidad.

Perlittĕrātus, a, um. Cic. Muy literato, muy erudito, de mucha literatura y erudicion.

Perlĭtus, a, um. Plaut. part. de Perlino. Untado, frotado, dado de ó con algun licor ó droga.

Perlonge. adv. Ter. Muy lejos.

Perlonginquus, a, um. Plaut. Muy lejano, longincuo.

Perlongus, a, um. Cic. Muy largo, larguísimo.

Perlŏquor, ĕris, qui. dep. Quint. Hablar en alta voz.

Perlŭbens, tis. com. Cic. El que obra, consiente ó asienta de muy buena voluntad.

Perlŭbenter. V. Perlibenter.

Perlŭbet. V. Perlibet.

Perlūcens, tis. *com. Cic.* Lucidísimo, muy lucido, brillante, trasparente.

Perlūceo, es, xi; cēre. *n. Plin.* Ser transparente. ¶ *Plaut.* Lucir, relucir mucho, brillar, resplandecer.

Perlūcidĭtas, ātis. *f. Vitruv.* Trasparencia, brillantez.

Perlūcĭdŭlus, a, um. *Cat.* Lucidito, un poco brillante, reluciente.

Perlūcĭdus, a, um. *Ov.* Trasparente. ¶ Muy lucido, brillante, resplandeciente.

Perluctŭōsus, a, um. *Cic.* Muy deplorable, triste, lamentable.

Perlūdo, is, si, sum, dĕre. *a. Manil.* Jugar.

Perlūmĭno, as, are. *a. Ter.* Iluminar mucho.

Perluo, is, lui, lūtum, ĕre. *a. Col.* Lavar bien, enteramente.

Perlūsōrius, a, um. *V.* Prolusorius.

Perlustrātus, a, um. *Vel.* Recorrido enteramente.

Perlustro, as, avi, atum, are. *a. Liv.* Recorrer, visitar con mucha diligencia. *Perlustrare omnia oculis. Liv.* Registrarlo, verlo todo muy bien.

Perlūtus, a, um. *part. de* Perluo. *Apul.* Lavado, muy bien, enteramente.

Permăceo, es, ēre. *n. Fest.* Debilitarse, enflaquecerse.

Permăcer, cra, crum. *Cels.* Muy magro, flaco, delgado, seco.

Permăcĕro, as, avi, atum, are. *a. Vitruv.* Macerar bien, mucho la cal, amortiguarla.

Permădefăcio, is, fēci, factum, cēre. *a. Plaut.* Mojar, humedecer bien, enteramente.

Permădeo, es, dui, ēre. *n. V.*

Permădesco, is, dui, cēre. *n. Sen.* Mojarse, humedecerse enteramente, pasarse de la humedad. ¶ Embriagarse.

Permădĭdus, a, um. *Frag. poet.* Mojado, humedecido enteramente, pasado de humedad.

Permagnĭfĭcus, a, um. *Bibl.* Muy magnífico, suntuoso.

Permagnus, a, um. *Cic.* Muy grande. *Permagni refert. Ter.* Importa muchísimo, es de grande consecuencia, importancia. *Permagno vendere. Cic.* Vender muy caro.

Permălè. *adv. Cic.* Muy malamente.

Permānans, tis. *com. Cic.* Que se estiende, se derrama por muchas partes.

Permānanter. *adv. Lucr.* Estendiéndose, corriendo, manando por muchas partes.

Permānasco, is, ĕre. *n. Plaut.* Manar, derramarse, estenderse por varias partes. *Unde ad eum id posset permanascere. Plaut.* De donde pudiera llegarle esta noticia.

Permăneo, es, mansi, mansum, nēre. *n. Cic.* Permanecer, mantenerse, perseverar, continuar, durar. *Permanere in officio. Ces.* Permanecer en su deber, no salir, no apartarse de él.

Permāno, is, avi, atum, are. *n. Cic.* Correr, pasar, manar, estenderse, derramarse. ¶ Divulgarse, publicarse, correr la voz. *Ne aliqua ad patrem hoc permaneat. Ter.* Que no llegue esto por alguna parte á los oidos de mi padre. *Permanare ad animum. Cic.* Penetrar, llegar hasta el ánimo.

Permansio, ōnis. *f. Cic.* Permanencia, perseverancia, mansion perpetua, contínua.

Permansūrus, a, um. *Cic.* El que ha de permanecer.

Permărīni Lares. *m. plur. Liv.* Dioses lares, que se veneraban en las naves.

Permātūresco, cis, ūrui, rescēre. *n. Cels.* Madurar del todo, ponerse bien maduro, en perfecta sazon.

Permātūro, as, avi, atum, are. *a. Higin.* Madurar enteramente, llevar al cabo, á perfecta sazon, disposicion, oportunidad, coyuntura.

Permātūrus, a, um. *Col.* Bien, muy maduro.

Permaxĭme. *adv. Cat.* Sumamente, muchísimo.

Permaxĭmus, a, um. *Porc. Latr.* Muy grande, grandísimo, sumamente grande.

Permeābĭlis. *m. f. lĕ. n. is. Sol.* Penetrable, por donde se puede pasar, atravesar.

Permeātio, ōnis. *f. Liv.* Paso, tránsito, pasage, la accion de pasar, de transitar.

Permeātor, ōris. *m. Tert.* El que penetra, pasa.

Permeātus, a, um. *part. de* Permeo. *Amian.* Transitado, pasado, penetrado.

Permĕdĭocris. *m. f. crĕ. n. is. Cic.* Muy mediano, moderado, leve.

Permĕdĭocrĭter. *adv. Sen.* Muy medianamente.

Permĕdĭtātè. *adv. Plaut.* Con mucha ó diligente meditacion.

Permĕdĭtātus, a, um. *Plaut.* Muy meditado, bien pensado.

Permensio, ōnis. *f. Marc. Cap.* Dimension, medida perfecta. *Permensio terrae. Marc. Cap.* La geometría.

Permensus, a, um. *part. de* Permetior. *Col.* Bien medido. *Permenso tempore lucis. Tibul.* Pasado el dia.

Permĕo, as, avi, atum, are. *a. Cic.* Penetrar, pasar, atravesar por. ¶ Ir, andar. *Eufrates mediam Babylonem permeans. Plin.* El Eufrates que pasa, corre por medio de Babilonia, que la atraviesa.

Permĕreo, es, rui, rĭtum, rēre. *a. Estac.* Servir, militar bien y largo tiempo.

Permessis, ĭdis. *f. patron. Marc.* La que es del rio Permeso.

Permessius, a, um. *Claud.* Lo que es del rio Permeso, ó lo que le pertenece.

Permessus, i. *m. Virg.* Permeso, rio de Beocia, consagrado á Apolo y á las musas, que nace del monte Elicon.

Permētĭor, īris, mensus sum, īri. *dep. Cic.* Medir exacta, perfectamente. *Pasar, andar, recorrer. Permensus est viam ad vos. Plaut.* Se pasó á vosotros.

Permĕtŭens, tis. *com. Virg.* Muy temeroso, tímido.

Permĕtŭo, is, ui, ĕre. *n. Virg.* Temer mucho.

Permĭlĭtātio, ōnis. *f. Veget.* Servicio, tiempo de servicio, de la milicia.

Permĭlĭto, as, avi, atum, are. *a. Ulp.* Servir, militar bien y mucho tiempo.

Permingo, is, inxi, ictum, gĕre. *a. Hor.* Ensuciar, emporcar orinando.

Permĭnĭmus, a, um. *Juvenc.* Mínimo, lo menor, lo mas inferior.

Permĭnuo, is, ui, nūtum, ĕre. *a. Varr.* Disminuir, minorar mucho.

Permĭnūtus, a, um. *Cic.* Muy menudo, pequeñísimo.

Permīrābĭlis. *m. f. lĕ. n. is. S. Ag.* y

Permīrandus, a, um. *Gel.* Muy admirable, digno de grande admiracion.

Permīre. *adv. Plaut.* Muy admirablemente.

Permīrus, a, um. *Cic.* Muy admirable, maravilloso.

Permisceo, es, cui, mixtum, ó mistum, cēre. *a. Cic.* Mezclar, confundir una cosa con otra, mezclándolas. ¶ Turbar, perturbar, confundir. *Permiscere omnia. Cic.* Revolver, confundir, perturbar, alborotarlo todo.

† Permiscĭbĭlis. *m. f. lĕ. n. is.* Lo que se puede mezclar, que admite bien la mezcla.

Permĭserrĭmus, a, um. *Ces.* Muy miserable, pobre.

Permisi. *pret. de* Permitto.

Permissio, ōnis. *f. Cic.* Permiso, facultad, licencia, concesion. ¶ Figura retórica. *Cuando el orador confiado en una cosa, la concede al contrario.*

Permissor, ōris. *m. Tert.* El que permite, concede.

Permissus, us. *m. Cic.* Permiso, facultad, licencia, venia, concesion. *Permissu magistratus. Cic.* Con permiso del magistrado.

Permissus, a, um. *part. de* Permitto. *Cic.* Permitido, concedido. ¶ Impelido, incitado. *Permissus aries. Fest.* Carnero que no se ha trasquilado en muchos años. *Permissa navis. Val. Flac.* Nave dejada al arbitrio de las olas.

Permiste. y

Permistim. *adv. Cic.* Confusamente.

Permistio, ōnis. *f. Cic.* Mistion, mezcla, mistura.

Permistor, ōris. *m. Col.* El que mezcla, mistura.

Permistus, a, um. *part. de* Permisceo. *Cic.* Mezclado, misturado.

Permītis. *m. f. tĕ. n. is. Col.* Muy suave, dulce, maduro, sazonado.

Permitto, is, misi, missum, tĕre. *a. Cic.* Permitir, conceder, dar permiso, licencia. ¶ Enviar. ¶ Dejar ir, abandonar. ¶ Impeler, incitar, mover. ¶ Dar, conceder.

## PER

*Permittere exercitum alicui. Salust.* Dar á alguno el mando del ejército. — *Habenas. Tibul.* Dar, soltar la rienda. — *Se fidei. Liv.* ó *in fidem alicujus. Ces.* Fiarse de alguno, ponerse en sus manos. — *Vela ventis. Quint.* Hacerse á la vela, dar las velas al viento.

Permixte &c. V. Permiste.

Permŏdestē. *adv. Sen.* Muy modestamente, con gran modestia ó moderacion.

Permŏdestus, a, um. *Cic.* Muy modesto, moderado.

Permŏdĭcē. *adv. Col.* Muy moderadamente, muy poco.

Permŏdĭcus, a, um. *Suet.* Muy moderado.

Permoestus, a, um. *Dict. Cret.* Muy triste, muy apesadumbrado.

Permŏlestē. *adv. Cic.* Muy molestamente, con mucha pena ó pesadumbre.

Permŏlestus, a, um. *Cic.* Muy molesto, pesado, impertinente, incómodo.

Permollis. *m. f. lē. n. is. Quint.* Muy suave, tierno.

Permolo, is, ĕre. *a. Seren.* Moler, machacar, majar enteramente. || *Hor.* Corromper, violar, ofender.

Permonstrans, tis. *com. Amian.* El que muestra, enseña.

Permōtio, ōnis. *f. Cic.* Conmocion vehemente, mocion, movimiento, perturbacion. || Pasion, afecto del ánimo.

Permōtor, ōris. *m. Veg.* Motor, el que mueve, agita fuertemente.

Permōtus, a, um. *Ces.* Conmovido, agitado, movido fuertemente. *Permotus lachrymis. Suet.* Muy compadecido de llanto. — *Mente. Cic.* Fuera de juicio. — *Ventis. Lucr.* Muy agitado de los vientos. *part. de*

Permŏveo, ēs, mōvi, mōtum, vēre. *a. Cic.* Conmover, mover, agitar fuertemente. *Permoveri animo. Ces.* Desfallecer, perder el valor. — *Labore. Ces.* Asustarse, aterrarse á vista del trabajo.

Permulceo, ēs, mulsi, mulctum, ó mulsum, cēre. *a. Ov.* Tocar suavemente con la mano, dar palmadas halagando. || Aplacar, suavizar, sosegar. || Acariciar, halagar, lisonjear. *Permulcere aures. Cic.* Halagar los oidos. — *Animos. Lucr.* — *Iras. Liv.* Aplacar los ánimos, sosegar las iras. — *Sensus voluptate. Cic.* Lisonjear con deleites los sentidos.

Permulctus, y

Permulsus, a, um. *part. de* Permulceo. *Cic.* Suavizado, aplacado, sosegado.

Permulto, y

Permultum. *adv. Cic.* Muchísimo.

Permultus, a, um. *Cic.* Muchísimo.

Permundus, a, um. *Varr.* Muy limpio.

Permūnio, is, īvi, ītum, īre. *a. Liv.* Fortificar, fortalecer, resguardar mucho, acabar de fortificar.

Permūnītus, a, um. *Liv.* Bien fortificado, acabado de fortificar.

† Permūtābĭlis. *m. f. lē. n. is.* Permutable, mudable, variable, lo que se puede trocar, cambiar.

Permūtātio, ōnis. *f. Cic.* Mutacion, mudanza, variedad. || Permuta, cambio, trueque, canje. || Ironía, figura retórica. *Permutatio temporum. Cic.* Mudanza de los tiempos.

Permūtātus, a, um. *Lucr.* Mudado, trocado, variado. || Comprado. *part. de*

Permūto, ās, āvi, ātum, āre. *a. Cic.* Mudar, variar enteramente. || Permutar, trocar, cambiar. || Comprar. *Permutare statum reip. Cic.* Perturbar el estado de la república. — *Eques auri talentis. Plin.* Comprar caballos á talentos de oro.

Perna, ae. *f. Plin.* El pernil de puerco con su pie. || *Fest.* La pierna del hombre. || Cierto pez de concha. *Plaut.* Oprobrio del hombre necio. || El pie del árbol.

Pernāvĭgātio, ōnis. *f. Plin.* Navegacion, travesía de mar por varias costas.

Pernāvĭgātor, ōris. *m. Sen.* Navegante, el que navega por varias partes ó á lo largo de una costa.

Pernāvĭgātus, a, um. *Plin.* Recorrido navegando.

Pernāvĭgo, as, āre. *a. Plin.* Navegar, hacer viage por mar, surcar, recorrer las costas.

Pernĕcessārius, a, um. *Cic.* Muy necesario. || Íntimo amigo. || Pariente muy cercano.

## PER 543

Pernĕco, ās, āvi, ātum, āre. *a. Sil.* Matar, dar muerte, quitar la vida enteramente.

Pernĕgo, ās, āvi, ātum, āre. *a. Cic.* Negar absolutamente. *Pernegatur. Cic.* Se niega absolutamente, redondamente.

Perneo, ēs, nēvi, nētum, ēre. *a. Marc.* Hilar enteramente, acabar de hilar la tarea.

Pernētus, a, um. *Sidon.* Hilado enteramente, acabado de hilar.

Pernĭcĭābĭlis. *m. f. lē. n. is. Curc.* y

Pernĭcĭālis. *m. f. lē. n. is. Plin.* Pernicioso, malo, perjudicial, funesto, mortal, mortífero, que trae la muerte, la ruina ó destruccion.

Pernīcĭbus. *ablat. plur. de* Pernix.

Pernĭcĭes, ēi. *f. Cic.* Perdicion, ruina, esterminio, muerte, desgracia, daño mortal. || *Plaut.* El hombre pernicioso.

Pernĭcĭōse. *adv. Cic.* Perniciosa, dañosa, funestamente. *Perniciosius de rep. mereri. Cic.* Conspirar á la ruina de la república.

Pernĭcĭōsus, a, um. *Cic.* Pernicioso, funesto, dañoso en gran manera.

Pernīcis. *genit. de* Pernix.

Pernīcĭtas, ātis. *f. Cic.* Ligereza de pies, velocidad, agilidad, presteza.

Pernīcĭter. *adv. Liv.* Ligera, velozmente.

Pernĭger, gra, grum. *Plaut.* Muy negro.

Pernĭmium. *adv. Ter.* Demasiado.

Pernio, ōnis. *m. Plin.* El sabañon.

Pernĭteo, ēs, ui, ēre. *n. Mel.* Relucir mucho.

Perniunculus, i. *m. Plin. dim. de* Pernio. El sabañon.

Pernix, ĭcis. *com. Virg.* Perseverante, constante, firme en el trabajo y fatiga. || Ligero, pronto, veloz, ágil. *Pernix manibus. Plin.* Ligero de manos. *Pernicior vento. Stac.* Mas veloz que el viento. *Pernicissimae quadrigae. Col.* Tiro de cuatro caballos velocísimos. *Amata relinquere pernix. Hor.* Pronto en dejar lo que antes estimaba.

Pernōbĭlis. *m. f. lē. n. is. Cic.* Muy noble.

Pernoctātio, ōnis. *f. Veg.* Vela, pervigilio, la accion de pasar la noche velando.

Pernoctātor, ōris. *m. Veg.* El que pernocta, pasa la noche en vela.

Pernocto, ās, āvi, ātum, āre. *a. Cic.* Pernoctar, pasar la noche, estar toda la noche en alguna parte, velando, durmiendo ó haciendo otra cosa.

Pernosco, is, nōvi, nōtum, cēre. *a. Cic.* Conocer muy bien, á fondo, perfectamente. *Mores hominum fronte pernoscere. Cic.* Conocer, leer en el semblante los caractéres, las inclinaciones, las costumbres de los hombres.

Pernōtesco, is, tui, cēre. *n. Tac.* Ser sabido ó conocido perfectamente.

Pernōtus, a, um. *part. de* Pernosco. *Curc.* Muy conocido.

Pernox, noctis. *com. Liv.* Lo que dura toda la noche. *Luna pernox erat. Id.* Había luna, alumbraba, duraba la luna toda la noche.

Pernoxius, a, um. *Mel.* Muy dañoso.

Pernŭmĕrātus, a, um. *Plaut.* Bien contado, acabado de contar. *part. de*

Pernŭmĕro, ās, āvi, ātum, āre. *a. Liv.* Contar, acabar de contar enteramente.

Pernūper. *adv. Plaut.* Muy poco há, hace muy poco tiempo.

Pēro, ōnis. *m. Virg.* La abarca, *calzado de cuero crudo, de que usa la gente del campo en tiempo de lluvias, nieves y frío.*

Pĕrobscūre. *adv. Gel.* Muy oscuramente.

Pĕrobscūrus, a, um. Muy oscuro.

Pĕrōdi, pĕrōdisti. *anom. Manil.* Aborrecer con estremo.

Pĕrōdiendus, a, um. *Vopisc.* Muy aborrecible.

Pĕrōdĭōsus, a, um. *Cic.* Muy odioso, aborrecible.

Pĕroffĭcĭōse. *adv. Cic.* Muy servicial, obsequiosamente, con mucha oficiosidad.

Pĕrōleo, ēs, ui, lĭtum, lēre. *n. Lucr.* Oler mucho, tener un olor muy fuerte, subido.

Pĕrona, ae. f. Perona, *ciudad de Picardía.*

† Pĕroneus, i. m. Peroneo, *el primero ó segundo músculo del pie.*

Pĕrŏnātus, a, um. *Pers.* Calzado con abarcas.

Pĕrŏnes, um. m. plur. *Vitruv.* Sacos de cuero.

Pĕrŏpācus, a, um. *Lact.* Muy opaco.

Pĕropportūne. *adv. Cic.* Muy oportunamente.

Pĕropportūnus, a, um. *Cic.* Muy oportuno, muy á tiempo, á la mejor ocasion ó coyuntura.

Pĕroptato. *adv. Cic.* Á medida del deseo.

Pĕropto, as, āvi, ātum, āre. *a. Corn. Nep.* Desear con grande ansia.

Pĕrōpus est. *Ter.* Es absolutamente necesario ó preciso, es indispensable.

Pĕrōrātio, ōnis. f. *Cic.* Peroracion, *última parte de la oracion en que el orador mueve los afectos;* epílogo, conclusion del discurso.

Pĕrōrātus, a, um. *part. de* Peroro. *Cic.* Perorado, concluido de hablar.

Pĕrōriga, ae. m. *Varr.* El que cuida de una yeguada, yegüerizo.

Pĕrornāte. *adv. Liv.* Con mucho adorno ó ornato, muy adornadamente.

Pĕrornātus, a, um. *Cic.* Muy adornado, compuesto, elegante. *part. de*

Pĕrorno, as, āvi, ātum, āre. *a. Tac.* Adornar, hermosear grandemente. ‖ Honrar mucho, llenar, colmar de honras, de honores.

Pĕrōro, as, āvi, ātum, āre. *a. Cic.* Perorar, acabar, concluir un discurso. ‖ Perorar, decir, tratar, hablar en público. *Perorare causam* ó *litem. Cic.__In aliquem. Plin.* Perorar, defender una causa contra alguno. __ *In vitia. Quint.* Declamar, predicar contra los vicios.

Pĕrōsus, a, um. *Liv.* El que aborrece con estremo, que tiene odio, aversion suma. ‖ *Tert.* Odiado, aborrecido.

Perpācātus, a, um. *Liv.* Pacificado del todo. *part. de*

Perpāco, as, āvi, ātum, āre. *a. Flor.* Pacificar del todo, establecer la paz enteramente.

Perpallĭdus, a, um. *Cels.* Muy pálido, macilento.

Perparce. *adv. Ter.* Muy escasa, mezquinamente.

Perpārum. *adv. Cic.* y

Perparvŭlum, *adv. Plaut.* Poquísimo, muy poco.

Perparvŭlus, a, um. *Cic.* Pequeñísimo, sumamente pequeño, muy pequeñito. *dim. de*

Perparvus, a, um. *Cic.* Muy pequeño.

Perpasco, is, pāvi, pastum, cĕre. *a. Varr.* Pacer. ‖ Apacentar, criar ganados.

Perpastus, a, um. *Fedr. part. de* Perpasco. Bien mantenido, muy gordo.

Perpauci, ae, a. *plur. Cic.* Poquísimos, muy pocos, cortísimo número ó cantidad.

Perpaucŭlus, a, um. *Cic.* Muy poco, poquísimo.

Perpaucus, a, um. *Cic. V.* Perpauci.

Perpaulŭlum. y

Perpaulum. *adv. Cic.* Pequísimo, muy poco.

Perpauper, ĕris. *com. Cic.* Muy pobre, pobrísimo.

Perpauxillum. *adv. Plaut. V.* Perpaululum.

Perpăvĕfăcio, is, fēci, factum, cĕre. *a. Plaut.* Asustar, atemorizar, intimidar, espantar muchísimo.

Perpēdio, is, īvi, ītum, īre. *a. Non.* Impedir, estorbar, embarazar.

Perpello, is, pŭli, pulsum, lĕre. *a. Ter.* Impeler, inducir, obligar por fuerza. ‖ Mover, incitar, escitar, persuadir, reducir, conmover vehementemente. *Usque adeo donec me perpulit. Ter.* Hasta tanto que me obligó.

Perpendĭculāris. *m. f. rĕ. n. ĭs.* y

Perpendĭculārius, a, um. *Front.* Perpendicular, recto, derecho de alto á bajo.

Perpendĭculārĭter. *adv.* Perpendicular, recta, derechamente, sin inclinacion á algun lado.

Perpendĭculātor, ōris. m. *Aur. Vict.* El artífice que usa del perpendículo ó funepéndulo para nivelar.

Perpendĭculātus, a, um. *Marc. Cap.* Puesto á plomo ó á nivel, recto, derecho.

Perpendĭculum, i. n. *Cic.* Perpendículo, plomo, funepéndulo para nivelar.

Perpendo, is, di, sum, dĕre. *a. Gel.* Pesar, examinar el peso de una cosa con mucho cuidado. ‖ Pesar, examinar, considerar atentamente. *Res ad praecepta disciplinae perpendere. Cic.* Examinar las cosas segun la norma de la verdadera disciplina.

Perpensa, ae. f. *Plin. V.* Bacchar.

Perpensatio, ōnis. f. *Gel.* Examen diligente, exacto.

Perpense. *adv. Amian.* Consideradamente, con atencion, con examen, con circunspeccion.

Perpensĭlis. *m. f. lĕ. n. is. Varr.* Muy ligero, ligerísimo.

Perpensĭlĭtas, ātis. f. *Plaut.* La ligereza.

Perpenso, as, āre. *a. Amian.* Considerar, examinar atentamente.

Perpensus, a, um. *Col. part. de* Perpendo. Pesado, examinado, considerado con madurez.

Perpĕram. *adv. Cic.* y

Perpĕre. *adv. Mamert.* Mala, perversa, depravadamente. ‖ *Ter.* Falsamente, con mentira. ‖ *Hirc.* Inopinada, inadvertidamente.

Perpĕrĭtūdo, ĭnis. f. *Non.* La pravedad, maldad, vicio.

† Perpĕrītus, a, um. Muy perito, esperimentado.

Perpĕrus, a, um. *Plaut.* Malo, vicioso, depravado, temerario. ‖ Necio, ignorante.

Perpes, ĕtis. *com. Plaut.* Entero. ‖ Continuo, perpetuo.

Perpessio, ōnis. f. *Cic.* La paciencia, sufrimiento, tolerancia; la accion de sufrir, de penar, pasion.

Perpessĭtius, a, um. *Sen.* Paciente, sufrido, acostumbrado á sufrir, á padecer.

Perpessus, us. m. *V.* Perpessio.

Perpessus, a, um. *Virg. part. de* Perpetior. El que ha sufrido, padecido, tolerado.

Perpĕtim. *adv. Plin.* Continua, perpetuamente.

Perpĕtior, ĕris, pessus sum, pĕti. *dep. Cic.* Padecer, sufrir, tolerar, soportar, penar. ‖ Permitir, dejar, condescender. *Omnia mihi potius perpetienda esse duco. Cic.* Estoy creyendo que antes debo sufrirlo todo.

Perpĕto, is, tĕre. *a. Lucr.* Pedir continuamente.

Perpĕtrābĭlis. *m. f. lĕ. n. is. Tert.* Hacedero, permitido, lo que se puede hacer.

Perpĕtrātio, ōnis. f. *Tert.* La ejecucion, accion.

Perpĕtrātor, ōris. m. *S. Ag.* El que obra, hace, ejecuta, pone en ejecucion, por obra.

Perpĕtrātus, a, um. *Liv.* Hecho, ejecutado. *part. de*

Perpĕtro, as, āvi, ātum, āre. *a. Liv.* Hacer, ejecutar, llevar al cabo una accion, ponerla en ejecucion, concluirla, acabarla. *Perpetrare efficere. Plaut.* Hacer cumplidamente, ejecutar del todo.

Perpetuālis. *m. f. lĕ. n. is. Quint.* y

Perpetuārius, a, um. *Cod.* Perpetuo, continuo.

Perpetuātus, a, um. *Arat.* Perpetuado, hecho perpetuo.

Perpetuĭtas, ātis. f. *Cic.* La perpetuidad, continuacion, tenor constante. *Perpetuitas vitae. Cic.* Todo el curso de la vida. __ *Sermonis. Cic.* El todo de un discurso.

Perpetuĭtassint. *ant. En.* En lugar de Perpetuent.

Perpĕtuo, as, āvi, ātum, āre. *a. Cic.* Perpetuar, eternizar, continuar sin intermision.

Perpĕtuo. *adv. Cic.* y

Perpĕtuum. *adv. Estac.* Perpetua, eterna, continuamente, sin intermision, siempre, perenemente. *In perpetuum. Cic.* Siempre, para siempre.

Perpĕtuus, a, um. *Cic.* Perpetuo, continuo, no interrumpido. ‖ Continuado, entero, no partido. *Perpetuae voluptates. Cic.* Deleites no interrumpidos.__*Aedes ruunt. Plaut.* Toda la casa se arruina. __ *Mensae. Virg.* Mesas muy largas, de muchos convidados. *Perpetua oratio. Cic.* Oracion seguida, continua, toda la oracion. *Perpetuissimus cursus. Cat.* Carrera sin parar, sin tomar aliento. *Ne id quidem perpetuum est. Cels.* Ni esto es sin escepcion. *In perpetuum modum. Plaut.* Entera, absolutamente, para siempre.

Perpexus, a, um. *Jul. Firm.* Muy bien peinado.

Perpictus, a, um. *Ov.* Muy bien pintado.

Perpinianum, i. n. Perpiñan, *capital del Rosellón.*

Perplăceo, es, cui, cĭtum, cēre. *n. Cic.* Agradar mucho, complacer, deleitar.

Perplānus, a, um. *Diom.* Muy claro, llano, inteligible.

## PER

Perplector, ēris, ti. *dep. Plaut.* Atar, ligar, apretar fuertemente, agarrotar.

Perplexābĭlis. n. *s.* lĕ. n. is. *Plaut.* Confuso, ambiguo.

Perplexabĭlĭter. *adv. Plaut.* y

Perplexe. *adv. Liv.* y

Perplexim. *adv. Plaut.* Perpleja, oscura, confusa, intrincada, ambiguamente.

Perplexio, ōnis. *f.* y

Perplexĭtas, ātis. *f. Amian.* La perplejidad, duda, confusion, oscuridad, ambigüedad.

Perplexor, āris, ātus sum, āri. *dep. Plaut.* Poner perplejo, dudoso, incierto.

Perplexus, a, um. *Liv.* Perplejo, dudoso, ambiguo, incierto. || Intrincado, embrollado, oscuro, dificil.

Perplĭcātus, a, um. *Lucr.* Enredado, implicado, embrollado sobremanera.

Perplŭo, is, plui, plūtum, ĕre. n. *Plaut.* Llover por el medio, calarse, pasarse.

Perplūres. *plur. m. f.* ra. n. ium. *Plaut.* Muchísimos.

Perplūrĭmum. *adv. Plin.* Muchísimo, suma, estremamente. *Perplurimum refert. Id.* Importa muchísimo, es de suma importancia.

Perpol. *Ter. adv. de jurar.* Por Polux.

Perpŏlio, is, īvi, ītum, īre. a. *Cic.* Pulir, acabar, perfeccionar, dar la última mano. *Extremum perpoliendi operis laborem adhibere. Cic.* Dar la última mano á una obra, poner el mayor esmero en perfeccionarla.

Perpolītio, ōnis. *f. Auct. ad Her.* El pulimento, perfeccion, última mano.

Perpolītissĭme. *adv. Auct. ad Her.* Perfectísimamente, con la mayor perfeccion.

Perpolītor, ōris. m. *Varr.* El que acaba de pulir, el que perfecciona, da la última mano á una obra.

Perpolītus, a, um. *Cic.* Muy pulido, acabado, perfecto. *Perpolitus litteris. Cic.* Hombre muy erudito. — *In dicendo. Cic.* Que habla perfectísimamente, con el mayor primor. *Aurum cursu ipso, tritusque perpolitum. Plin.* Oro, que con el uso y el manejo está mas limpio, mas brillante.

Perpŏpŭlātus, a, um. *Liv.* Asolado, abrasado, arrasado, talado enteramente. *part. pas. de*

Perpŏpŭlor, āris, ātus sum, āri. *dep. Liv.* Talar, abrasar, asolar, devastar enteramente.

Perportans, tis. *com. Liv.* El que trae, conduce.

Perpŏtātio, ōnis. *f. Cic.* La comilona, borrachera, comida donde se bebe mucho vino.

Perpŏtātor, ōris. m. *Cels.* Gran bebedor.

Perpŏtior, īris, ītus sum, īri. *dep. Cod.* Apoderarse, tomar, enseñorearse enteramente.

Perpōto, as, āvi, ātum, āre. a. *Cic.* Beber mucho, pasar la vida en comilonas, en borracheras. || *Lucr.* Apurar un vaso, beberle todo.

Perprĕmo. y

Perprĭmo, is, pressi, pressum, mĕre. a. *Hor.* Oprimir fuertemente, pisar.

Perprŏpĕre. *adv. Plaut.* Prontísimamente.

Perprŏpinquus, a, um. *Cic.* Muy cercano, inmediato.

Perprosper, ra, rum. *Suet.* Muy próspero, feliz.

Perprūrisco, is, rīvi, cĕre. n. *Plaut.* Sentir, tener un gran prurito, deseo, comezon.

Perpugnax, ācis. *com. Cic.* Muy porfiado, tenaz, obstinado en la disputa.

Perpulcher, chra, chrum. *Ter.* Muy hermoso.

Perpŭli. *pret. de* Perpello.

Perpulsus, a, um. *part. de* Perpello. *Plin.* Conmovido, incitado, impelido fuertemente.

Perpurgātio, ōnis. *f. Cels.* La purgacion total.

Perpurgātus, a, um. *Cic.* Purgado, limpio perfectamente.

Perpurgo, as, āvi, ātum, āre. a. *Cic.* Purgar, limpiar bien, enteramente. *Perpurgare rationes. Cic.* Ajustar, liquidar cuentas.

Perpŭsillum. *adv. Cic.* Poquísimo, muy poco.

Perpŭsillus, a, um. *Cic.* Pequeñísimo, muy pequeño.

Perpūto, as, āvi, ātum, āre. a. *Plaut.* Esplicar, declarar enteramente. || Podar, limpiar bien un árbol.

## PER 545

Perquam. *adv. Cic.* Muy, mucho. *Perquam scire velim. Plin. min.* Desearia mucho saber. — *Breviter. Cic.* Brevísimamente, del modo mas sucinto. — *Indignis modis. Plaut.* Con modos muy indignos.

Perquiesco, is, ēvi, ētum, ĕre. n. *Apul.* Descansar, reposar grandemente.

Perquīrendus, a, um. *Cic.* Lo que se ha de inquirir, averiguar, investigar con cuidado.

Perquīro, is, sīvi, sītum, rĕre. a. *Cic.* Inquirir, investigar, averiguar, buscar con suma diligencia. || Informarse, preguntar.

Perquĭsīte. *adv. Cic.* Diligentemente, con mucho cuidado, diligencia, exactitud.

Perquīsītor, ōris. m. *Plaut.* Pesquisidor, el que investiga, averigua con mucha diligencia.

Perquīsītus, a, um. *Plin. part. de* Perquiro. Buscado, investigado, inquirido con mucha diligencia.

Perrāro. *adv. Cic.* Muy rara vez, poquísimas veces.

Perrārus, a, um. *Liv.* Muy raro, poco frecuente.

Perrĕcondĭtus, a, um. *Cic.* Muy recóndito, oculto.

Perrectus, a, um. *part. de* Pergo.

Perrēpo, is, psi, ptum, pĕre. a. *Col.* Gatear, trepar, meterse, introducirse, insinuarse como á gatas.

Perreptātio, ōnis. *f. Macr.* La accion de gatear, de trepar, de introducirse ó entremeterse arrastrando.

Perrepto, as, āvi, ātum, āre. a. *Ter. frec. de* Perrepo. Rodar, andar, discurrir de una parte á otra.

Perrexi. *pret. de* Pergo.

Perrhaebi, ōrum. m. *plur. Plin.* Pueblos de Tesalia. || De Epiro. || De Etolia.

Perrhaebia, ae. *f. Plin.* Ciudad de Tesalia.

Perrhaebus, a, um. *Ov.* Lo que es de Tesalia, Tésalo.

Perrictus, a, um. *Apul.* Vigilante, despierto, que vela.

Perrĭdĭcŭle. *adv. Cic.* Muy ridiculamente, de un modo muy ridículo.

Perrĭdĭcŭlus, a, um. *Cic.* Muy ridículo, risible.

Perrisor, ōris. m. *Plaut.* Muy risueño, que siempre está riendo.

Perrōdo, is, si, sum, dĕre. a. *Plin.* Roer enteramente, penetrar, pasar royendo.

Perrŏgĭto, as, āvi, ātum, āre. a. *Pacuv. frec. de*

Perrŏgo, as, āvi, ātum, āre. a. *Liv.* Preguntar. *Perrogare legem. Val. Max.* Promulgar una ley que se admite. — *Sententias. Tac.* Preguntar los pareceres, pedir votos.

Perrumpo, is, rūpi, ruptum, pĕre. a. *Col.* Romper por medio, abrir, pasar, penetrar por fuerza. || Forzar, entrar con violencia, hacer una irrupcion. *Perrumpere agmen. Liv.* — *Aciem. Tac.* Romper, desbaratar un escuadron. — *Leges. Cic.* Quebrantar las leyes. — *Aerem. Cic.* Cortar el aire. — *Servitium. Sen.* Romper la esclavitud, sacudir el yugo. — *Periculum. Cic.* Vencer el peligro, salir, escapar de él.

Perruptus, a, um. *Col. part. de* Perrumpo. Roto, abierto, pasado, penetrado. || Entrado por fuerza, forzado. || Áspero, quebrado, escarpado, fragoso. *Perruptus hostis. Tac.* Enemigo roto, desbaratado, deshecho.

Persa, ae. m. *f. Cic.* Persa, persiano ó persiana, natural de Persia.

Persaepe. *adv. Cic.* Muchísimas veces.

Persaevus, a, um. *Mel.* Muy cruel, fiero, furioso.

Persalse. *adv. Cic.* Muy saladamente, con mucha sal, gracia, chiste, donaire.

Persalsus, a, um. *Cic.* Muy salado, chistoso, gracioso.

Persălūtātio, ōnis. *f. Cic.* La salutacion, la accion de saludar.

Persălūto, as, āvi, ātum, āre. a. *Cic.* Saludar, dar los buenos dias frecuentemente, con mucha exactitud y diligencia.

Persānātio, ōnis. *f. Cels.* La curacion perfecta.

Persānātor, ōris. m. *Cels.* El que sana, cura del todo.

Persānātus, a, um. *Sen.* Sanado, curado enteramente.

Persancte. *adv. Ter.* Muy santa, religiosamente.

Persāno, as, āvi, ātum, āre. a. *Plin.* Sanar, curar perfectamente.

Persānus, a, um. *Cat.* Perfectamente sano.

Persăpiens, tis. *com. Cic.* Muy sabio, prudente.

Zzz

**Persāpienter.** *adv. Cic.* Muy sabia, doctamente.

**Perakɪus,** a, um. *part. de* Persero. Bien sembrado.

**Persciens,** tis. *com.* Lampr. Muy hábil, diestro, sabio.

**Perscienter.** *adv. Cic.* Muy diestramente, con grande habilidad y destreza.

**Perscindens,** tis. *com.* Liv. El que corta, parte, hiende por medio ó del todo.

**Perscindo,** is, scidi, scissum, dĕre. *a.* Liv. Romper, cortar, partir, hender enteramente, por medio. || Deshacer, desbaratar.

**Perscisco,** is, ĕre. *a.* Dict. Cret. Saber, conocer, entender perfectamente.

**Perscissus,** a, um. *Lucr. part. de* Perscindo. Cortado, roto, abierto por medio.

**Perscītus,** a, um. *Cic.* Bien sabido.

**Perscrībo,** is, scripsi, scriptum, bĕre. *a. Cic.* Escribir entera, largamente. || Registrar, hacer saber. *Perscribere Romam ad aliquem. Ces. — De aliqua re. Cic.* Escribir á Roma á alguno, informarle por menor de algun asunto. — *Versus. Hor.* Hacer versos. — *Versu. Ov.* Escribir en verso. — *In tabulas. Cic.* Registrar, publicar, hacer saber, público y notorio. *Pecuniam in aedem sacram. Cic.* Espedir un decreto, órden ú edicto de cierta suma para la fábrica de un templo. — *In monumentis. Cic.* Grabar en monumentos públicos. *Mihi argentum jube perscribi. Ter.* Manda, haz que se me dé mi dinero, lo que se me debe.

**Perscriptio,** ōnis. *f. Cic.* El escrito, escritura. || Órden por escrito para pagar dinero.

**Perscriptor,** ōris. *m. Cic.* Escribiente, el que escribe. || Registrador, el que registra ó copia las órdenes.

**Perscriptum,** i. *n. Cic. V.* Perscriptio.

**Perscriptūra,** ae. *f. Ulp.* El escrito, escritura.

**Perscriptus,** a, um. *Cic. part. de* Perscribo. Escrito, puesto por escrito. || Registrado. || Escrito enteramente.

**Perscrutātio,** ōnis. *f. Sen.* La averiguacion, inquisicion diligente.

**Perscrutātor,** ōris. *m. Veg.* Investigador, pesquisidor.

**Perscrutātus,** a, um. *Amian.* Investigado, inquirido con diligencia. *part. de*

**Perscrūto,** as, avi, atum, are. *a. Plaut.* y

**Perscrūtor,** āris, ātus sum, āri. *dep. Cic.* Inquirir, investigar, averiguar, buscar con mucha diligencia. *Perscrutari arculas muliebres. Cic.* Registrar, escudriñar las arcas de las mugeres.

**Persculptus,** a, um. *Corrip.* Perfectamente esculpido, grabado.

**Persea,** ae. *f. Plin.* Árbol de Persia y del Egipto.

**Persecātio,** ōnis. *f. Cels.* El corte, cortadura, la accion de cortar enteramente.

**Persecător,** ōris. *m. Cels.* El que corta enteramente.

**Perseco,** as, cui, sectum, care. *a. Cic.* Cortar del todo, quitar cortando.

**Persector,** āris, ātus sum, āri. *dep. Lucr.* Perseguir. || Investigar, inquirir.

**Persecūtio,** ōnis. *f. Cic.* Persecucion, la accion de perseguir. || Seguimiento, prosecucion de un negocio. || *Ulp.* La accion de seguir, de ir detras de otro. || Demanda judicial, repeticion de derecho.

**Persecūtor,** ōris. *m. Prud.* Perseguidor, el que persigue. || *Dig.* El que repite su derecho en justicia. || El que acompaña ó sigue á otro.

**Persecutrix,** icis. *f. S. Ag.* Perseguidora, la muger que persigue.

**Persecūtus,** a, um. *Cic. part. de* Persequor. El que persigue. || *Palad.* Perseguido.

**Persedeo,** es, sedi, sessum, dĕre. *n. Liv.* Estar sentado mucho tiempo, hasta el fin. *Persedere in equo. Liv.* Estar siempre á caballo. — *Ad vivum. Lucr.* Penetrar hasta adentro, hasta lo vivo.

**Persegnis.** *m. f. nĕ. n. is. Liv.* Muy perezoso, flojo, desidioso, holgazan.

**Persegniter.** *adv. Eutrop.* Muy floja, perezosamente.

**Persēis,** idis. *f. Estac.* Hija de Persa, Hecate. || *Hig.* Ninfa, hija del Océano, madre de Circe y de Eeta. || *Liv.* Ciudad de Peonia.

**Persēius,** a, um. *Val. Flac.* Lo perteneciente á Perses ó á Persa.

**Persĕnesco,** is, nui, ĕre. *n. Eutrop.* Hacerse muy viejo, llegar hasta una estrema vejez.

**Persĕnex,** is. *com. Suet.* y

**Persenīlis.** *m. f. lĕ. n. is. Bibl.* Muy viejo, anciano.

**Persentio,** is, si, sum, tīre. *a. Virg.* Sentir, entender, conocer, llegar á saber. || Sentir mucho.

**Persentisco,** is, ĕre. *a. Ter.* Empezar á sentir, á conocer, tener algun conocimiento ó presentimiento.

**Persĕphŏne,** es. *f. Ov.* Proserpina, hija de Ceres, muger de Pluton. || La muerte.

**Persĕphŏnium,** ii. *n. Apul.* La adormidera silvestre.

**Persepŏlis,** is. *f. Bibl.* Persepolis, ciudad de Persia.

**Persĕquax,** ācis. *com. Apul.* Valiente, pronto para perseguir.

**Persĕquendus,** a, um. *Cic.* Lo que ha de ser perseguido.

**Persĕquens,** tis. *com. Plaut.* El que persigue. *Persequens flagitii. Plaut.* El que trata de cometer un crimen. *Persequentissimus injuriarum. Plaut.* Muy vengativo, ardiente en perseguir las injurias.

**Persĕquiter.** *adv. Eutrop.* Con mucha seguridad, muy seguramente.

**Persĕquor,** ĕris, cūtus, ó quūtus sum, qui. *dep. Cic.* Seguir, ir detras de otro para alcanzarle. || Perseguir, dar caza. || Vengar, vengarse. || Hacer, ejecutar. || Proseguir, continuar. || Esplicar, contar, referir escribiendo ó hablando. *Persequi artes. Cic.* Cultivar las artes. — *Aliquem judicio. Cic.* Mover, poner pleito á alguno. — *Sibi aliquid. Plaut.* Procurar, adquirir para sí alguna cosa. — *Vitam. Cic.* Darse á un género de vida, hacer, tener tal modo de vivir. — *Promissa. Plaut.* Instar por el cumplimiento de las promesas. — *Mandata. Cic.* Ejecutar los encargos. — *Aliquem odio. Sen.* Aborrecer á alguno.

**Persĕquūtio,** ōnis. *V.* Persecutio.

**Persero,** is, sevi, satum, rĕre. *a. Varr.* Ingerir, introducir, meter. || *Sidon.* Sembrar.

**Perservio,** is, ire. *n. Vopisc.* Servir.

**Perseus,** ae. *m.* y

**Perseus,** i. *m. Plin.* Perses ó Perseo, hijo de Perses, de quien tuvieron origen los persas. || *Hig.* Perses, hijo del Sol y de la ninfa Persa, rey cruelísimo de la region táurica. || *Cic.* Perses, último rey de Macedonia, llevado en triunfo á Roma por L. Emilio Paulo. || *Hig.* Perseo, hijo de Júpiter y de Danae, famoso héroe de la fábula, que libertó á Andrómaca del monstruo marino, y por otras muchas hazañas fue trasladado al cielo, donde es una constelacion.

**Persēus,** a, um. *Estac.* Lo perteneciente á Perseo. || Á los persas, persiano.

**Persĕvĕrābilis.** *m. f. lĕ. n. is. Col Aur.* y

**Persĕvĕrans,** tis. *com. Col.* Perseverante, el que persevera constante. *Perseverantissimus agrorum colendorum studio. Col.* Muy constante en el estudio de la agricultura.

**Persĕvĕranter,** ius, issĭme. *adv. Liv.* Perseverante, constantemente. *Perseverantius saevire. Liv.* Ejecutar por mucho tiempo crueldades.

**Persĕverantia,** ae. *f. Cic.* y

**Persĕverātio,** ōnis. *f. Apul.* La perseverancia, constancia, continuacion, firmeza.

**Persĕverātus,** a, um. *part. de*

**Persĕvero,** as, avi, atum, are. *n. Cic.* Perseverar, persistir, mantenerse firme y constante, continuar. *Perseverare in sua sententia. Cic.* Mantenerse firme en su parecer. — *Injuriam facere. Cic.* Perseverar, continuar en hacer mal. — *Aliquam rem. Cic.* Continuar, proseguir un asunto. *In ira perseveratum est. Liv.* Se mantuvieron firmes en su ira. *Quatriduo illi perseverata inedia est. Just.* Se abstuvo de comer por cuatro dias.

**Persĕvĕrus,** a, um. *Tac.* Muy severo, riguroso.

**Persĕvi.** *pret. de* Persero.

**Persia,** ae. *f. Plin.* Persia, reino del Asia.

**Persiānus,** a, um. *Lact.* Propio del poeta Persio.

**Persĭbe.** *adv. Varr.* Astutamente.

**Persĭbus,** a, um. *Fest.* Astuto, muy agudo.

**Persica**, ae. f. *Plin.* El pérsico ó pérsigo, árbol especie de melocoton ó durazno.

**Persicaria**, ae. f. Persicaria, *planta.*

**Persiccatus**, a, um. *Apic.* y

**Persiccus**, a, um. *Cels.* Muy seco.

**Persice**. adv. *Quint.* Á la persiana, segun el modo y costumbres de los persas.

**Persicum**, i. n. *Col.* Melocoton ó durazno, pérsico ó pérsigo, fruta del árbol del mismo nombre.

**Persicus**, i. f. *Plin.* V. Persica.

**Persicus**, a, um. *Plin.* Persiano, lo perteneciente á Persia ó á los persas. *Persicus sinus. Plin.* El golfo de Persia. — *Apparatus. Hor.* Aparato rico, magnífico. *Persicum bellum. Cic.* La guerra contra Perses, *rey de Macedonia.*

**Persideo**, es, sedi, sessum, dere. n. *Plin.* Permanecer, estarse largo tiempo.

**Persidicus**, a, um. *Pauvin.* Pérsico, persiano, de Persia.

**Persido**, is, ere. n. *Lucr.* Penetrar, introducirse.

**Persignator**, oris. m. *Col.* El que sella ó marca.

**Persigno**, as, avi, atum, are. a. *Liv.* Sellar, marcar, poner, imprimir una señal, una marca ó sello.

**Persimilis**. m. f. le. n. is. *Cic.* Muy semejante, parecido.

**Persimplex**, icis. com. *Tac.* Muy simple, sencillo.

**Persis**, idis. f. *Luc.* La Persia, el Faristan en el reino de Persia ∥ adj. f. *Ov.* Persiana, la muger ó lo que es de Persia.

**Persisto**, is, stiti, stitum, stere. n. *Liv.* Persistir, perseverar, mantenerse firme y constante.

**Persius**, ii. m. *Cic.* C. Persio, ciudadano romano, contemporáneo de Lucilio, el mas docto de su tiempo. ∥ *Marc.* A. Persio Flaco, *caballero romano, natural de Volaterra en Toscana, célebre poeta satírico, que floreció en tiempo de Neron.*

**Persolata**, ae. f. *Plin.* El lampazo, *yerba.*

**Persolemnis**. m. f. ne. n. is. *Suet.* Muy solemne.

**Persoleo**, es, ere. n. *Marc.* Estar muy acostumbrado, hacer frecuentemente.

**Persolido**, as, avi, atum, are. a. *Estac.* Consolidar, endurecer, hacer, poner muy fuerte y sólido.

**Persolla**, ae. f. *Plaut.* Personilla, persona pequeña, de poca consideracion.

**Persolvendus**, a, um. *Ov.* Lo que se ha de pagar enteramente.

**Persolvo**, is, vi, solutum, vere. a. *Cic.* Pagar enteramente, acabar de pagar, satisfacer del todo lo que se debe. *Persolvere stipendium militibus. Cic.* Pagar su pre á los soldados. — *Ab aliquo. Cic.* Pagar por mano de alguno ó de dinero de otro. — *Rationem officii. Cic.* Dar cuenta de su conducta, de su comision, hacer ver su cumplimiento ó desempeño. — *Epistolae. Cic.* Responder á una carta. — *Grates alicui. Virg.* Dar gracias á alguno. — *Vota. Prop.* Cumplir los votos. — *Quaestionem. Cic.* Resolver una cuestion. — *Honorem alicui. Virg.* Hacer á uno el honor que se le debe. — *Promissum. Cic.* Cumplir la promesa. — *Officium receptum. Cic.* Corresponder al beneficio recibido. — *Poenas. Virg.* Pagar su merecido, ser castigado por sus delitos.

**Persolus**, a, um. *Plaut.* Único, solo. *Persolae nugae. Plaut.* Puras frioleras, simplezas.

**Persoluta**, ae. f. *Plin.* Yerba que sembraban los egipcios solo para tejer coronas con ella.

**Persolutus**, a, um. *Cic. part. de* Persolvo. Pagado, satisfecho enteramente.

**Persona**, ae. f. *Cic.* La persona, personage. ∥ Carácter. ∥ Cargo, dignidad, empleo. ∥ Máscara, carátula, carantoña. ∥ *Varr.* Persona primera, segunda y tercera en los verbos. ∥ Papel, personage de teatro. *Cerea persona. Liv.* Figura de cera. *Personam principis tueri. Cic.* Defender, sostener la dignidad del príncipe. — *Ferre alienam. Liv.* ó *Alicujus tustinere. Cic.* Hacer el papel de otro. — *Alicui imponere. Cic.* Hacer que uno haga, represente cierto personage. *Personae. Lucr.* Mascarones que sobresalen en los edificios.

**Personalis**. m. f. le. n. is. *Ulp.* Personal, lo perteneciente á la persona.

† **Personalitas**, atis. f. La personalidad, individualidad, particularidad, singularidad.

**Personaliter**. adv. *Gel.* Personalmente, en persona ó con personas. ∥ Precisa, distintamente.

**Personata**, ae. f. *Plin.* V. Persolata.

**Personatus**, a, um. *Cic.* Enmascarado. ∥ Aparente, falso, engañoso, fingido. *Personatus pater. Hor.* Padre que se introduce en una comedia. *Personata fabula. Fest.* Fábula que representan cómicos enmascarados. — *Felicitas. Sen.* Felicidad fingida, aparente.

**Personatus**, us. m. *Ecles.* Personado, dignidad eclesiástica.

**Persono**, as, ui, itum, are. n. *Cic.* Sonar mucho, resonar con gran ruido, hacer mucho estrépito, gritar, vocear. *Personare locum latratu. Virg.* Hacer resonar un parage con ladridos. — *Alicui aurem. Hor.* Gritarle á uno al oido. — *Aures vocibus. Cic.* Acostumbrar los oidos á tales voces ó términos.

**Personus**, a, um. *Val. Flac.* Resonante, lo que suena mucho, muy alto, que hace mucho ruido.

**Persorbens**, tis. com. *Plin.* Que todo lo absorve, lo embebe.

**Perspecte**. adv. *Plaut.* y

**Perspectim**. adv. *Non.* Doctamente, con gran sabiduría y conocimiento.

**Perspectio**, onis. f. *Lac.* Conocimiento, discernimiento, inteligencia cabal.

**Perspecto**, as, avi, atum, are. a. *Plaut.* Ver, mirar con grande atencion, examinar, considerar, entera, perfectamente. — *Suet.* Ver hasta el fin.

**Perspector**, oris. m. *Juv.* El que mira, con cuidado.

**Perspectus**, a, um. *part. de* Perspicio. *Cic.* Examinado, considerado, visto con sumo cuidado y diligencia.

**Perspeculatus**, a, um. *part. de*

**Perspeculor**, aris, atus sum, ari. *dep. Hirc.* Considerar, mirar, ver, examinar de cerca, con atencion.

**Perspergo**, is, si, sum gere. a. *Cic.* Rociar, esparcir, espolvorear. *Quae tanquam sale perspergatur omnis oratio. Cic.* Que sirva como de sal con que se sazone todo el discurso.

**Perspexi**, *pret. de* Perspicio.

**Perspicabilis**. m. f. le. n. is. *Amian.* Visible, noble, famoso, excelente, digno de ser visto.

**Perspicacia**, ae. f. *Cic.* y

**Perspicacitas**, atis. f. *Cic.* La perspicacia, agudeza, viveza, ingenio, talento.

**Perspicaciter**. adv. *Amian.* Con perspicacia, con agudeza, con penetracion.

**Perspicax**, acis. com. *Cic.* Perspicaz, agudo, penetrante.

**Perspicibilis**. m. f. le. n. is. *Vitruv.* Lo que se puede ver y examinar de cerca, atentamente.

**Perspicientia**, ae. f. *Cic.* El conocimiento, penetracion, inteligencia cabal.

**Perspicio**, is, pexi, pectum, cere. a. *Cic.* Ver, penetrar dentro con la vista. ∥ Conocer, penetrar, ver, mirar atentamente, examinar, considerar, discernir perfectamente. *Quo ne perspici quidem poterat. Ces.* Adonde ni aun se podia penetrar con la vista.

**Perspicue**. adv. *Cic.* Perspicua, clara, distinta, manifiestamente.

**Perspicuitas**, atis. f. *Cic.* La perspicuidad, claridad, evidencia. ∥ *Plin.* Trasparencia, brillantez.

**Perspicuus**, a, um. *Cic.* Claro, perspicuo, evidente, manifiesto. ∥ *Ov.* Trasparente, reluciente, brillante. *Perspicuum est omnibus. Cic.* Todo el mundo lo ve claramente.

**Perspiro**, as, are. n. *Cat.* Espirar, traspirar.

**Perspisse**. adv. *Plaut.* Muy lentamente, muy tarde. ∥ Muy rara vez.

**Perspisso**, as, are. a. *Plaut.* Espesar mucho, poner muy espeso.

**Perstabilis**. m. f. le. n. is. *Prud.* Muy estable, durable, de larga duracion.

**Persterno**, is, eres a. *Liv.* Solar, empedrar enteramente.

† **Perstillo**, as, avi, atum, are. v. Destilar gota á gota.

**Perstímulo**, as, avi, atum, are. a. *Tac.* Estimular, incitar, escitar vehementemente.

**Persto**, as, stiti, stitum, are. n. *Cic.* Persistir, permanecer, estar, mantenerse firme y constante. *Perstat mihi mens. Virg.* Soy siempre el mismo, no mudo de dictamen. *Perstitit talem cultum aspernari. Tac.* Se mantuvo constante en despreciar, en no admitir tal culto. *Pervicit ut in decreto perstaretur. Liv.* Logró que se sostuviese con constancia el decreto. *Nihil est toto quod perstet in orbe. Ov.* Nada dura largo tiempo en el mundo.

**Perstratus**, a, um. *Liv. part. de* Persterno. Solado, empedrado enteramente.

**Perstrěnůe**. adv. *Ter.* Con valor, con denuedo, con vehemencia.

**Perstrěpo**, is, pui, pitum, pěre. n. *Estac.* Meter, hacer mucho ruido, estrépito. *Perstrepere aedes. Claud.* Alborotar la casa, meter mucho ruido en ella.

**Perstrictio**, onis. f. *Veg.* La constipación, resfriado.

**Perstrictus**, a, um. *Plin.* Muy apretado, comprimido.

**Perstringo**, is, nxi, ctum, gěre. a. *Cat.* Apretar, comprimir, atar fuertemente. || Abreviar, compendiar, resumir, reducir á poco, acortar. || Tocar por encima, brevemente, de paso. *Perstringere aures. Hor.* Aturdir, atronar los oidos. — *Oculos. Cic.* Deslumbrar. || *Terram aratro. Cic.* Arar, labrar la tierra. — *Asperioribus verbis. Liv.* Reprender con aspereza. — *Breviter aliquid. Cic.* Reducir una cosa á pocas palabras, tocarla ligeramente. *Perstringi horrore. Liv.* Llenarse de horror. *Perstringere aciem gladii. Plin.* Embotar el filo de una espada.

**Perstructus**, a, um. *Vitruv.* Levantado, edificado, fabricado enteramente, acabado de edificar.

**Perstůdiose**. adv. *Cic.* Con grande estudio, con mucho deseo y aplicacion.

**Perstůdiosus**, a, um. *Cic.* Muy deseoso, muy aplicado, aficionado, inclinado, estudioso.

**Persuadeo**, es, si, sum, dere. a. *Cic.* Persuadir, hacer creer, inducir, reducir á alguna cosa. *Hoc velim tibi penitus persuadeas. Cic.* Quisiera que estuvieses enteramente persuadido, que estuvieras en esta persuasion, que creyeras firmemente. *Sibi quidem persuaderi. Caes.* Estar persuadido, creer. *Aliqua die te persuadeam. Petron.* Algun dia te persuadiré. *Persuasit ei tyrannidis facere finem. Nep.* Le persuadió á renunciar, á que renunciase la tiranía.

**Persuasibile**. adv. *Plaut.* V. Persuasibiliter.

**Persuasibilis**. m. f. le. n. is. *Quint.* Persuasible, probable, verisimil, lo que se puede persuadir.

**Persuasibiliter**. adv. *Quint.* Probable, verisimilmente, de un modo que sea persuasible.

**Persuasio**, onis. f. *Cic.* La persuasion, la accion de persuadir. || Persuasion, creencia, opinion. *Inani persuasione tumescere. Quint.* Hincharse de una falsa imaginacion.

**Persuasor**, oris. m. El que persuade.

**Persuasorius**, a, um. *Suet.* Persuasivo, lo que es eficaz para persuadir.

**Persuastrix**, icis. f. *Plaut.* La que se persuade.

**Persuasus**, us. m. *Cic.* La persuasion. *Persuasu hujus. Cic.* Á persuasion de este.

**Persuasus**, a, um. *Cic. part. de* Persuadeo. Persuadido. *Persuasum mihi est de tua fide. Cic.* Estoy persuadido, convencido de tu fidelidad.

**Persuaviter**. adv. *S. Ag.* Suavísimamente, con gran dulzura, suavidad.

**Persůbitum**. adv. *Sil.* Muy repentinamente, de repente.

**Persubtilis**. m. f. le. n. is. *Cic.* Muy sutil, delicado, agudo. || *Lucr.* Muy menudo, delgado.

**Persudo**, as, avi, atum, are. a. *Plaut.* Sudar mucho, pasar, penetrar de sudor.

**Persulcatus**, a, um. *Claud.* Arado, hecho surcos.

**Persultator**, oris. m. *Simac.* El que salta de alegría.

**Persulto**, as, avi, atum, are. n. *Tac.* Saltar, dar carreras y saltos de alegría. || Hacer correrías, irrupciones, hostilidades. *Persultare pabula. Lucr.* Saltar, brincar, retozar, dar carreras y saltos en los pastos. — *In agro hostili. Liv.* Hacer correrías en la tierra enemiga.

**Pertabesco**, is, bui, scěre. n. *Sev.* Gastarse, consumirse del todo.

**Pertactus**, a, um. *part. de* Pertingo.

**Pertaedeo**, es, dui, ere. n. *Gel.* y

**Pertaedescit**, ebat, ere. a. *Cat.* y

**Pertaedet**, duit, sum est, dere. n. *Cic.* Llenarse de tedio, fastidiarse, cansarse. *Nunquam suscepti negotii eum pertaesum est. Nep.* Nunca se cansó de un negocio empezado, emprendido.

**Pertaesus**, a, um. *Plaut. part. de* Pertaedet. Fastidiado, cansado. *Pertaesus semet ipse tali principio. Suet.* Fastidiado, aburrido el mismo de tal principio. — *Sermonis. Plaut.* Fastidiado de la conversacion. — *Ignaviam suam. Suet.* Aburrido, enfadado de su flojedad.

**Pertěgo**, is, texi, tectum, gere. a. *Vitruv.* Cubrir, tapar enteramente, por todas partes.

**Pertěměrarius**, a, um. *Dig.* Muy temerario.

**Pertendo**, is, di, sum, dere. a. *Varr.* Persistir, perseverar, obstinarse. || Caminar, ir derechamente, en derechura. || Confrontar, cotejar, comparar, examinar comparativamente. *Pertendere Romam. Liv.* Ir en derechura á Roma. — *Ad castra. Hir.* Ir derecho al campo. *Pertendens animo. Prop.* Obstinado. *Pertendere aliquid. Ter.* Llevar una empresa al cabo.

**Pertentatus**, a, um. *Tac.* Tentado, sondeado por todas partes *part. de*

**Pertento**, as, avi, atum, are. a. *Cic.* Tentar, examinar, probar, sondear, esplorar por todas partes. || *Virg.* Mover, conmover. *Perspicere rem et pertentare. Cic.* Examinar y considerar bien una cosa, darle muchas vueltas. *Pertentat tremor corpora. Virg.* Un temblor se apodera de sus cuerpos.

**Pertěnuis**. m. f. nue. n. is. *Plin.* Muy menudo, delicado. || Muy tenue, corto, frívolo, ligero, leve.

**Pertěpidus**, a, um. *Vop.* Muy caliente.

**Pertěrebrātor**, oris. m. *Col.* El que agugera, penetra de parte á parte.

**Pertěrebratus**, a, um. *Vitruv.* Aguguereado, barrenado, penetrado, pasado de parte á parte. *part. de*

**Pertěrebro**, as, avi, atum, are. a. *Cic.* Agugerear, taladrar, barrenar, pasar, penetrar de parte á parte.

**Pertergeo**, es, si, sum, gere. a. *Col.* y

**Pertergo**, is, si, sum, gere. a. *Lucr.* Limpiar, lavar bien.

**Pertěro**, is, trivi, tritum, rere. a. *Col.* Majar, machacar bien, moler.

**Perterrěfacio**, is, ere. a. *Ter.* Amedrentar, atemorizar, meter, poner mucho miedo.

**Perterrěfactus**, a, um. *Cic.* Amedrentado, atemorizado, intimidado sumamente.

**Perterreo**, es, ui, itum, ere. a. *Caes.* Atemorizar, amedrentar, asustar, intimidar mucho, meter, poner mucho miedo ó temor.

**Perterrícrěpus**, a, um. *Lucr.* Lo que pone mucho miedo con su ruido.

**Perterrito**, as, are. *Aven. freq. de* Perterreo. Amedrentar mucho y á menudo.

**Perterritus**, a, um. *Cic. part. de* Perterreo. Amedrentado, atemorizado, espantado sumamente.

**Perterrui**. *pret. de* Perterreo.

**Pertersi**. *pret. de* Pertergeo y Pertergo.

**Pertexo**, is, xui, textum, xere. a. *Vitruv.* Acabar un tejido, concluir la tela, perfeccionarla. || Concluir, finalizar la plática ó discurso empezado.

**Pertextus**, a, um. *Apul.* Tejido enteramente, acabado de tejer.

**Pertica**, ae. f. *Varr.* La pértiga, varal, palo, vara larga. || *Pers.* Pértiga, medida de tierra de diez pies geométricos. || *Col.* La rama larga y gruesa del árbol. || *Front.* La porcion de tierra asignada á una colonia. *Una pertica. Plin.* Con una misma medida, igualmente.

**Perticalis**. m. f. le. n. is. *Col.* Lo que pertenece á pértigas, varales ó bastones largos.

**Perticus**, i. m. La percha, provincia de Francia.

**Pertigi**. *pret. de* Pertingo.

**Pertiměfactus**, a, um. *Nep.* Amedrentado, atemorizado, intimidado.

Pertĭmens, tis. *com. Lact.* El que teme mucho.
Pertĭmeo, ēs, mui, ēre. *n. Cic.* y
Pertĭmesco, is, mui, scĕre. *n. Cic.* Temer mucho, tener mucho miedo. *Pertimescere rotam fortunae. Cic.* Temer mucho la inconstancia, ó un reves de fortuna. — *De capite ac fortunis. Cic.* Temer mucho la pérdida de la hacienda y de la vida. *Pertimescitur. Cic.* Se teme mucho.

Pertĭnacia, ae. *f. Cic.* La pertinacia, porfía, obstinacion, dureza, contumacia, tenacidad. ∥ Constancia, firmeza, perseverancia.

Pertĭnācĭter, ius, issĭme. *adv. Liv.* Pertinaz, tenaz, obstinada, porfiadamente. ∥ Constantemente, con firmeza y constancia.

Pertĭnax, ācis, ior, issĭmus. *Cic.* Pertinaz, obstinado, tenaz, contumaz, porfiado, tieso. ∥ Constante, firme, perseverante. ∥ Tenaz, que agarra, retiene y aprieta fuertemente. *Pertinax virtus. Liv.* Virtud firme, incontrastable. — *Recti. Tac.* De una rectitud inviolable. — *Fama. Plin.* Fama eterna, muy duradera.

Pertĭnens, tis. *com. Plin.* Lo perteneciente, tocante, que viene á cuento, á propósito.

Pertĭnenter, ius, issĭme. *adv. Tert.* Convenientemente, á propósito.

Pertĭneo, ēs, nui, ēre. *n. Cic.* Llegar, estenderse, alargarse desde un lugar á otro. ∥ Tocar, pertenecer, concernir, servir á, mirar, convenir. *Pertinere valde ad rem publicam. Cic.* Importar mucho á la república. — *Suspicionem maleficii ad aliquem. Cic.* Recaer en alguno la sospecha de un delito. *Hoc eo pertinet ut. Cic.* Esto mira, se dirige, se encamina á que...

Pertingo, is, tĭgi, tactum, gĕre. *n. Plin.* Estenderse, llegar hasta. *Pertingere ab oculis ad cerebrum. Plin.* Llegar desde los ojos al cerebro.

Pertiniācum, i. *n.* Partenai, *ciudad de Poitou en Francia.*

Pertisum, *ant. Fest. en lugar de* Pertaesum.

Pertŏlĕrātĭo, ōnis. *f. Eutrop.* La tolerancia, sufrimiento hasta el fin.

Pertŏlĕro, ās, avi, ātum, āre. *a. Lucr.* Tolerar, aguantar, sufrir, padecer hasta el fin.

Pertŏno, ās, āre. *n. S. Ger.* Tronar mucho, fuertemente.

Pertorqueo, ēs, torsi, tortum, ēre. *a. Lucr.* Torcer, retorcer, volver á un lado. *Pertorquere ora. Lucr.* Torcer la boca, hacer un gesto con la boca en señal de disgusto.

Pertractābĭlis. *m. f. lĕ. n. is. Col.* Muy tratable, manejable, fácil de manejar.

Pertractāte. *adv. Plaut.* Comun, vulgar, ordinariamente, de un modo comun, vulgar.

Pertractātĭo, ōnis. *f. Cic.* El manejo frecuente, la accion de manejar, manosear, tener en las manos. *Pertractatio poetarum. Cic.* Lectura frecuente de los poetas.

Pertractātus, a, um. *Cic.* Manejado, usado. *part. de*
Pertracto, as, āvi, ātum, āre. *a.* Manejar, manosear, tocar frecuentemente. *Pertractare aliquid omni cogitatione. Cic.* Dar muchas vueltas á una cosa en la imaginacion, repasarla, revolverla mucho.

Pertractus, us. *m. Tert.* La tardanza, detencion.

Pertractus, a, um. *Tac.* Llevado, conducido, traido por fuerza, arrastrado. *part. de*

Pertraho, is, traxi, tractum, hĕre. *a. Liv.* Traer, tirar, llevar, conducir por fuerza, arrastrar. ∥ Alargar, prolongar.

Pertranseo, is, īvi, ītum, īre. *n. Plin.* Pasar por medio, por delante, adelante. ∥ Del otro lado.

Pertranslūcĭdus, a, um. *Plin.* Muy trasparente.

Pertrecto. V. Pertracto.

Pertrĕpĭdus, a, um. *Plaut.* Muy temeroso, que de todo tiembla.

Pertrĭbuo, is, bui, būtum, ĕre. *a. Plaut.* Dar enteramente.

Pertristis. *m. f. tĕ. n. is. Cic.* Muy triste.

Pertrītus, a, um. *Col. part. de* Pertero. Bien majado, ó machacado. ∥ *Sen.* Trillado, comun, vulgar.

Pertrux, ūcis. *com. Apul.* Muy fiero, feroz, cruel.

Pertŭli. *pret. de* Perfero.

Pertŭmăcĭtas, ātis. *f. Plin.* Tiesura, arrogancia, hinchazon, orgullo, presuncion.

Pertumultuōse. *adv. Cic.* Muy tumultuosa, alborotadamente.

Pertundo, is, tŭdi, tūsum, dĕre. *a. Lucr.* Abrir, romper, agugerear á golpes.

Perturbāte. *adv. Cic.* Perturbada, confusamente, con confusion, sin órden.

Perturbātĭo, ōnis. *f. Cic.* La perturbacion, confusion, desórden. *Perturbatio animi. Cic.* Perturbacion del ánimo. — *Coeli. Cic.* Tempestad. — *Valetudinis. Cic.* Alteracion de la salud, enfermedad.

Perturbātor, ōris. *m Sulp. Sever.* y
Perturbātrix, īcis. *f. Cic.* Perturbador, ra, el, la que perturba, altera, incomoda.

Perturbātus, a, um. *part. de* Perturbo. *Cic.* Perturbado, confuso, sin órden. ∥ Conmovido, alterado.

Perturbĭdus, a, um. *Vopisc.* Muy perturbado, alterado, alborotado.

Perturbo, ās, āvi, ātum, āre. *a. Cic.* Perturbar, confundir, descomponer, desconcertar, alborotar. ∥ Agitar, conmover, alterar. ∥ Desbaratar, desordenar, deshacer. ∥ Derribar, echar por tierra confusamente. *Perturbare equites. Caes.* Desbaratar, desordenar la caballería. *Perturbare de reip. salute. Cic.* Estar con mucho cuidado de la conservacion de la república.

Perturpis. *m. f. pĕ. n. is. Cic.* Muy torpe, feo, vergonzoso.

Pertūsium, ii. *n.* Pertuis, *ciudad de Provenza.*

Pertussis, is. *f. Sen.* Tos continua, arraigada.

Pertūsūra, ae. *f. Cel. Aur.* La rotura, agujero.

Pertūsus, a, um. *part. de* Pertundo. *Plaut.* Agugereado, abierto, taladrado, roto. *In pertusum dolium quidpiam congerere. Plaut.* Echar algo en saco roto, perder el tiempo, trabajar, cansarse en balde. *Proverb.*

Perua, ae. *f.* El Perú, *reino de América.*

Peruana, ae. *f. V.* Perua.

Peruānus, a, um. Peruano, lo que es del Perú.

Perubīque. *adv. Ter.* En, por todas partes.

Pĕrŭla, ae. *f. Sen.* La altorjilla, saco pequeño.

Pĕrunctĭo, ōnis. *f. Plin.* Uncion, untura total, general.

Pĕrunctus, a, um. *Hor.* Untado enteramente. *part. de*

Pĕrungo, is, xi, ctum, gĕre. *a. Cic.* Untar entera, generalmente, por todas partes.

Pĕrurbāne. *adv. Sid.* Con mucha urbanidad.

Pĕrurbānus, a, um. *Cic.* Muy urbano, cortesano, culto, fino, político. ∥ Muy gracioso, chistoso.

Pĕrurgeo, ēs, ēre. *a. Suet.* Apretar, instar, impeler, mover con fuerza, con muchas instancias. ∥ *Sever.* Investigar con diligencia los ritos y ceremonias sagradas.

Pĕrūro, is, ussi, ustum, rĕre. *a. Plin.* Abrasar, quemar, consumir al fuego, reducir á cenizas. ∥ *Cat.* Abrasar, quemar el hielo, el mucho frio.

Pĕrūsa, ae. *f.* Perusia, *ciudad del Piamonte.*

Pĕrūsia, ae. *f. Plin.* Perusia, *ciudad de Toscana entre Roma y Florencia.*

Pĕrūsīni, ōrum. *m. plur. Plin.* Los naturales de Perusia.

Pĕrūsīnum, i. *n. Plin.* y
Pĕrūsīnus ager. *Prop.* El campo, el territorio perusino, en los confines de Perusia.

Pĕrūsīnus, a, um. *Plin.* Perusino, lo que toca á Perusia.

Perustus, a, um. *Liv. part. de* Peruro. Abrasado, quemado, consumido al fuego. ∥ Ardiente, abrasado, inflamado. ∥ Tostado, curtido. *Perustus curis. Sen.* Consumido de cuidados. — *Sole. Prop.* Curtido del sol. — *Gloria. Cic.* Inflamado del deseo de gloria. *Terra perusta gelu. Ov.* Tierra quemada, abrasada del hielo.

Pĕrŭtĭlis. *m. f. lĕ. n. is. Cic.* Muy útil.

Pĕrutrinque. *adv. Gel.* De, por ambas partes.

Pervādo, is, si, sum, dĕre. *n. Cic.* Pasar, entrar, penetrar por alguna parte. ∥ Correr, estenderse, divulgarse, publicarse. *Pervadere urbem. Liv.* Correr por la ciudad la voz. — *Per animos hominum. Cic.* Introducirse en los ánimos de los hombres. — *Ora. Sil.* Aparecer en el rostro.

Pervăgābĭlis. *m. f. lĕ. n. is. Sidon.* Que anda vagueando, que discurre de una parte á otra.

Pervăgātus, a, um. *Liv.* El que ha vagueado, corrido

discurrido por varias partes. ‖ Divulgado, publicado, esparcido por todas partes, conocido. *Pervagatissimus versus.* Cic. Verso muy sabido. *part. de*

**Pervāgor**, āris, ātus sum, āri. *dep. Plin. men.* Vaguear, correr, discurrir por varias partes. ‖ Divulgarse, estenderse, publicarse, esparcirse.

**Pervāgus**, a, um. *Ov.* Muy vago, vagamundo.

**Pervălĕo**, ēs, lui, ēre. *n. Lucr.* Valer mucho, prevalecer.

**Pervălĭdus**, a, um. *Amian.* Muy fuerte, poderoso.

**Pervărĭe**. *adv. Cic.* Con mucha variedad.

**Pervărĭus**, a, um. *Apul.* Muy vario, diferente, diferenciado.

**Pervastātus**, a, um. *Tac.* Devastado, asolado, abrasado enteramente. *part. de*

**Pervasto**, as, avi, atum, are. *a. Liv.* Devastar, asolar, abrasar, talar enteramente.

**Pervāsus**, a, um. *Amian. part. de* Pervado. Penetrado, corrido, andado enteramente.

**Pervector**, ōris. *m. Simac.* El que lleva, conduce. ‖ Correo.

**Pervectus**, a, um. *Ulp.* Llevado, conducido, porteado.

**Perveho**, is, vexi, vectum, ĕre. *a. Liv.* Llevar, conducir, portear por mar ó tierra. *Pervehi in portum passis velis.* Cic. Entrar en el puerto á toda vela. — *Ad exitus optatos.* Cic. Llevar, llegar al cabo de los deseos, á los fines deseados.

**Pervello**, is, vulsi, ó velli, vulsum, lĕre. *a. Plaut.* Tirar, estirar, arrancar. ‖ Irritar, escitar, punzar. *Pervellere stomachum.* Hor. Escitar el apetito. — *Alicui aurem. Val. Max.* Tirar á uno de la oreja, avisarle, acordarle, traerle á la memoria. — *Jus civile.* Cic. Desacreditar, hablar mal del derecho civil.

**Pervĕnĭo**, is, vēni, ventum, nīre. *n. Cic.* Llegar, arribar. *Pervenit hæreditas ad filiam.* Cic. La sucesion, la herencia tocó á la hija. — *Ad aliquem, ad aures alicujus.* Cic. Llegar á los oidos de alguno. — *In senatum.* Cic. Llegar á ser senador. — *Ad primos comœdos.* Cic. Llegar á ser de los primeros cómicos, de los mas famosos.

**Pervēnor**, āris, atus sum, āri. *dep. Plaut.* Cazar con mucha diligencia. ‖ Buscar, investigar con gran cuidado.

**Perventio**, ōnis. *f. Marc. Cap.* Llegada, arribo, la accion de llegar.

**Perventor**, ōris. *m. S. Ag.* El que llega.

**Pervĕnustus**, a, um. *Sidon* Muy gracioso.

**Pervĕrĕcundus**, a, um. *Plaut.* Muy vergonzoso, que tiene mucho pudor.

**Perverse**. *adv. Plaut.* Mala, torcidamente, al reves de como conviene. *Perverse tueri. Plaut.* Mirar con malos ojos, de reojo.

**Perversio**, ōnis. *f. Aut. Ad. Her.* La inversion, trocamiento, trastorno, la accion de invertir el órden.

**Perversĭtas**, ātis. *f. Cic.* La malignidad, perversidad, pravedad. ‖ Inversion, trastorno, perturbacion del órden, modo de obrar al reves de lo que conviene.

**Perversus**, a, um. *Cic.* Inverso, trocado, trastornado, torcido, hecho al reves. ‖ Perverso, maligno, envidioso, depravado, hombre de mala intencion. *Perversus dies. Plaut.* Dia fatal, desgraciado, aciago. *Perversius quid? Cic.* ¿Qué cosa mas mala, mas inicua, injusta? *Perversus homo. Cic.* Hombre perverso, pervertido, perdido, muy malo. *part. de*

**Perverto**, is, ti, sum, tĕre. *a. Plaut.* Derribar por tierra, arruinar, tirar, desbaratar enteramente. ‖ Pervertir, corromper, seducir, apartar del camino recto.

**Pervespĕri**. *adv. Cic.* Muy tarde.

**Pervestigātĭo**, ōnis. *f. Cic.* La investigacion diligente.

**Pervestigātor**, ōris. *m. S. Ger.* y

**Pervestigātrix**, īcis. *f. Tert.* Investigador, investigadora diligente.

**Pervestigātus**, a, um. *Cic.* Investigado, buscado, inquirido, examinado con gran diligencia. *part. de*

**Pervestigo**, as, avi, atum, are. *a. Cic.* Investigar, inquirir, buscar, examinar, averiguar con mucha diligencia.

**Pervĕtus**, ĕris. *com. Cic.* y

**Pervĕtustus**, a, um. *Cic.* Muy viejo, antiguo.

**Pervexi**. *pret. de* Perveho.

**Perviam**. *adv. Plaut.* Al paso, al camino.

**Pervicācia**, ae. *f. Cic.* La pertinacia, obstinacion, dureza, tenacidad. ‖ *Tac.* Firmeza, constancia, perseverancia.

**Pervicācĭter**, ius. *adv. Tac.* Obstinada, porfiadamente, con tenacidad y dureza.

**Pervĭcax**, ācis. *com.* cior, cissimus. *Ter.* Contumaz, tenaz, porfiado, obstinado, duro. ‖ Firme, constante. *Plin.* Que resiste, aguanta, tiene resistencia. *Pervicax ira. Tac.* Ira que dura mucho tiempo. — *Contra flatus. Plin.* Que resiste fuertemente á los vientos. — *Acies oculorum. Sen.* Vista firme. *Pervicacissimus hostis. Flor.* Enemigo irreconciliable. *Pervicax recti. Tac.* Íntegro, constante en la rectitud.

**Pervīci**. *pret. de* Pervinco.

**Pervĭco**, ōnis. *m. V.* Pervicax.

**Pervictus**, a, um. *Seren. part. de* Pervinco. Vencido enteramente, derrotado, deshecho.

**Pervĭcus**, a, um. *Plaut. V.* Pervicax.

**Pervĭdens**, tis. *com. Front.* Perspicaz, sagaz, prudente, próvido.

**Pervĭdeo**, ēs, vīdi, visum, dēre. *a. Cic.* Ver bien, con cuidado, clara, distintamente. ‖ *Lucr.* Considerar, examinar, ver, mirar con atencion.

**Pervīgeo**, ēs, gui, gēre. *n. Tac.* Tener mucho vigor y fuerza, tener brio. ‖ Estar en auge. *Opibus atque honoribus pervigere. Tac.* Hallarse pujante en fuerzas y honores.

**Pervĭgil**, ĭlis. *com. Ov.* Que está siempre en vela. ‖ *Sen.* Que siempre luce, nunca se apaga.

**Pervigilātio**, ōnis. *f. Cic.* La vela, el acto de velar mucho tiempo.

**Pervigilātor**, ōris. *m. Veg.* El que vela toda la noche.

**Pervigilātus**, a, um. *Ov. part. de* Pervigilo. Velado hasta el fin, pasado en vela.

**Pervigilia**, ae. *f. Just.* y

**Pervigilium**, ii. *n. Plin.* El pervigilio, vela de toda la noche. ‖ *Liv.* Sacrificio nocturno en que se vela toda la noche. *Pervigilium Veneris.* Título de un poema de autor incierto, pero antiguo, *en que se celebran las alabanzas de Venus.*

**Pervigilo**, as, avi, atum, are. *n. Cic.* Velar mucho, pasar toda la noche en vela. *Pervigilare noctem. Cic.* Velar, pasar en vela toda una noche. — *In armis. Liv.* Estar toda la noche sobre las armas. — *Veneri. Plaut.* Hacer un sacrificio nocturno á Venus. *Pervigilata in mero nox.* Ov. Noche pasada toda bebiendo, en borrachera.

**Pervilis**. *m. f.* lĕ. *n.* is. *Liv.* Muy barato.

**Pervincendus**, a, um. *Cat.* Lo que se ha de vencer, superar con esfuerzo.

**Pervinco**, is, vici, victum, cĕre. *a. Liv.* Vencer, superar, llevar al cabo, lograr, conseguir con gran conato, á viva fuerza. ‖ Vencer enteramente, ganar la batalla del todo. ‖ Persuadir. *Pervincere aliquid dictis. Lucr.* Manifestar, hacer ver, probar con palabras. *Hegesilochus multis rationibus pervicerat Rhodios, ut romanam retinerent societatem. Liv.* Hegesiloco habia reducido á los rodios á fuerza de muchas razones á mantener la alianza romana.

**Pervĭrens**, tis. *com. Paul. Nol.* y

**Pervĭrĭdis**. *m. f.* dĕ. *n.* is. *Plin.* Muy verde.

**Perviso**, is, ĕre. *a. Manil.* Ver bien.

**Pervīvo**, is, xi, ctum, vĕre. *n. Plaut.* Vivir largo tiempo.

**Pervĭus**, a, um. *Cic.* Abierto, patente, accesible, por donde se puede andar ó pasar. *Pervia ventis domus. Ov.* Casa espuesta á todos los vientos, que tiene ventilacion por todas partes. — *Equo loca. Ov.* Parages por donde se puede ir á caballo. — *Pervius amnis. Tac.* Rio vadeable.

**Pervŏlatĭcus**, a, um. *Tert.* El que vuela ó corre por todas partes.

**Pervolgo**. *V.* Pervulgo.

**Pervŏlĭtantia mundi**. *f. Vitruv.* La revolucion, el movimiento de los cielos.

**Pervŏlĭto**, as, avi, atum, are. *n. Virg.* Volar por todas partes, correr con gran ligereza. *frec. de*

Pervŏlo, as, avi, atum, are. n. *Virg.* Volar, correr por el aire con suma ligereza. ‖ Estenderse, correr por todas partes prontísimamente. *Pervolare majorem cursum. Virg.* Describir un círculo mayor, correr un grande espacio. — *In domum suam. Cic.* Ir corriendo, meterse á toda prisa en su casa.

Pervŏlo, is, volui, velle. *anom. Cic.* Querer, desear con ardor, con ansia. *Pervelim scire. Curc.* Desearia mucho saber.

Pervŏlūtandus, a, um. *Cic.* Lo que se ha de hojear, revolver mucho.

Pervŏlūto, as, avi, atum, are. a. *Cic.* Revolver, hojear mucho los libros, leer con mucha diligencia.

Pervŏlūtus, a, um. *Liv. part.* de Pervolvo. Revuelto, revolcado.

Pervolvo, is, vi, vŏlūtum, vĕre. a. *Ter.* Revolver, volver, mover con fuerza. *Pervolvere aliquem in luto. Ter.* Revolcar á uno en el lodo, meterle en un lodazal ó pocinal. — *Librum. Cat. Auctores. Col.* Revolver los libros, los autores, hojearlos, manosearlos mucho.

Pervulgāte. *adv. Gel.* Vulgarmente, segun la costumbre del vulgo.

Pervulgātus, a, um. *Cic.* Divulgado, publicado, esparcido. ‖ Comun, usado, acostumbrado, ordinario. *part. de*

Pervulgo, as, avi, atum, are. a, *Cic.* Divulgar, publicar, esparcir, hacer público y notorio. *Pervulgare librum. Cic.* Publicar, dar al público, á luz un libro. — *Se omnibus. Cic.* Prostituirse, darse, entregarse á todo el mundo.

Pervulsi. *pret.* de Pervello.

Pes, pědis. m. *Cic.* El pie. ‖ La medida ó dimension de un pie. ‖ Lacayo, criado de á pie. ‖ Pie, tronco de una planta. *Pedem efferre. Catul.* Venir. — *Ferre. Virg.* Ir, venir. — *Offerre. Cic.* — *Proferre. Hor.* — *Movere à limine. Juv.* Salir de la casa. — *Advertere ripas. Virg.* Dirigir, volver sus pasos hácia la ribera. — *Inferre in aedes. Plaut.* Entrar en casa, poner en ella los pies. — *Cum aliquo ponere. Lucr.* Pasearse con alguno. — *Ab aliquo discedere. Cic.* Apartarse de alguno, dejarle, abandonarle. — *Referre. Ov.* — *Reflectere. Cat.* — *Reportare, revocare. Virg.* Volver pies atras, retirarse. — *Dare. Cic.* Ayudar, socorrer. — *Facere. Virg.* Ir á bolina, ganar la ventaja de un viento de costado. — *Unum dare. Cic.* Ayudar solo á medias, concededer la mitad de la gracia. — *Ubi ponat non habet. Cic.* No tiene un palmo de tierra donde sentar el pie. *Pede congredi. Virg.* Pelear á pie. — *Incerto ferri. Hor.* Bambalear, no tener fuerza en las piernas. — *Suo se metiri. Hor.* Medirse por sus fuerzas, arreglarse á sus facultades. *Pes ripas. Virg.* La ribera. *Pede presso. Liv.* Á pie firme. — *Vincto et soluto. Tibul.* En verso y en prosa. *Quo pedes? Virg.* ¿Adónde vas? *Pes veli. Sen.* El último ángulo de la vela ó la cuerda con que se ata á los dos lados de la nave. — *Navis. Catul.* Los remos. *Pedum motu*, ó *praedibus melior. Virg.* Mas ligero en la carrera. *Pedibus ire. Cic.* Ir á pie. *Verba claudere. Hor.* Hacer, componer versos. — *Praeliari. Ces.* Combatir á pie. — *Aliquid trahere. Cic.* — *Subjicere. Virg.* Despreciar una cosa, ponerla debajo de los pies. — *Stipendia facere, merere. Liv.* Servir, militar á pie, en la infantería. *In pede*, ó *in pedes se conjicere. Ter.* Echar á huir, á correr. *Pedes. Plaut.* Los piojos. *Dextrum pedem in calceo, sinistrum in pelvim. adag.* Es para silla y albarda. Es para campo y para ribera. *ref.*

Pescennianus, a, um. *Esparc.* Lo perteneciente á Pescenio Nigro, *emperador romano.*

Pescia, ōrum n. plur. *Fest.* Monteras, bonetes, casquetes de piel de cordero.

Pesěnācum castrum n Pezenas, *ciudad de Lenguadoc.*

Pesestas, ātis. f. *Fest.* Peste, pestilencia, *es una de las palabras que usaban en las deprecaciones al lustrar los campos.*

Pessārium, ii. n V. Pessum, i.

Pessĭci, ōrum. m. plur. *Plin.* Pesicos, montañeses, *pueblos antiguos de España.*

Pessĭme. *adv. Cic.* Pésima, malísimamente. *Pessime metui. Plaut.* Temí mucho. — *Mihi est. Petron.* Mucho temo, me temo.

Pessĭmum, i. n. *Liv.* Daño, perjuicio, mal grave. *Pessimo publico. Liv.* Con gravísimo perjuicio del público.

Pessĭmus, a, um. *Cic.* Pésimo, muy malo, perverso. *Pessimum esse. Cels.* Estar muy malo, enfermo, de peligro.

Pessĭnuntĭcus, y Pessinuntius, a, um. *Cic.* Lo perteneciente á Pesinunte, *ciudad de Galacia.*

Pessĭnus, untis. f. *Liv.* Pesinunte, *ciudad de Galacia.*

Pessŏlum, i. n. *Col. Aur.* V. Pessum, i.

Pessŭlus, i. *Ter. Plaut.* El cerrojo, pestillo, tranca para asegurar la puerta cerrada por dentro.

Pessum, *adv. Plaut.* Al profundo, al fondo, abajo, debajo, debajo de los pies. *Pessum ire. Col.* Ir al fondo. ‖ *Tac.* Arruinarse, perderse. — *Verbis dare aliquem. Cic.* Maltratar á uno de palabras. — *Premere. Plaut.* Abatir, pisar, poner debajo de los pies. — *Abire. Plaut.* Ir en decadencia, arruinarse.

Pessum, i. n. *Cels.* La cala, *medicina que se introduce por las vías ordinarias, para laxar y aplacar los dolores.*

Pessumdo, y Pessundo, as, dedi, datum, dare. a. *Ter.* Sumergir, echar á fondo, hundir. ‖ Arruinar, perder enteramente. *Pessundare iracundiam. Plaut.* Calmar, sosegar la cólera.

Pessus, i. m. *Plin. Val.* La cala. V. Pessum.

Pestĭbĭlis. m. f. lě. n. is. *Edict. de Diocl.* Pestilente, pestilencial, que acarrea mucho daño.

Pestĭfer, y Pestĭfěrus, a, um, V. Pestilens.

Pestĭfěre. *adv. Cic.* Perniciosamente.

Pestĭlens, tis. com. *Cic.* Pestilente, pestilencial, pestífero, pernicioso, contagioso, que causa la peste. *Sanguinem febri vomuisse pestiferum est. Cels.* Vomitar sangre en medio de la calentura, señal mortal.

Pestĭlentĭa, ae. f. *Cic.* La pestilencia, peste, epidemia, contagio, mal contagioso. ‖ Clima, aire, temple enfermo, mal sano.

Pestilentiārius, a, um. *Tertul.* y

Pestilentiōsus, a, um. *Ulp.* 6

Pestilentus, a, um. *Gel.* y

Pestĭlis. m. f. lě. n. is. *Arnob.* Pestilente, pestilencial, pestífero.

Pestĭlĭtas, ātis. f. *Lucr.* y

Pestis, is. f. *Cic.* Peste, epidemia, mal contagioso. ‖ Ponzoña. ‖ Muerte. ‖ Mal, desgracia, calamidad, fatalidad. ‖ *Plaut.* Rabia, locura, ira, furia. ‖ Malicia, venganza. ‖ *Ter.* Malvado, perverso, maligno. *Pestis vulcania. Sil.* Incendio, fuego. *Fugientibus major fuit. Liv.* Fue mas funesto á los fugitivos. — *Imperii. Cic.* Peste, ruina del estado. — *Belli, Virg.* Males, asolaciones que causa la guerra.

Pesūri, ōrum. m. plur. *Plin.* Pueblos de Portugal.

Peta, ae. f. *Arnob.* Diosa que presidia á las pretensiones.

Pětālium, ii. n. *Plaut.* Pomada hecha de las hojas de nardo.

Pětăměnārius, y Petaminarius, ii. m. *Firm.* Volatin, el que danza en la maroma, el que da tales saltos, que parece que vuela.

Pětăsātus, a, um. *Cic.* Cubierto con sombrero de grandes alas, el que le lleva ó usa de él.

Pětăsĭo, y Pětăso, ōnis. m. *Marc.* El jamon, pernil de tocino. *Dubius petaso. Marc.* Pernil rancio, que empieza á perderse.

Pětăsuncŭlus, i. m. *Juv.* Pernilillo, pernil pequeño. ‖ *Arnob.* Sombrerito, sombrerillo, sombrero pequeño.

Pětăsus, i. m. *Plaut.* Sombrero de grandes alas. ‖ *Plin.* Capitel de un edificio, sombrero.

Pětaŭrista, ae. m. *Fest.* y

Pětaŭristārius, ii. m. *Petron.* El volatin, volteador de cuerda floja.

Pětaŭrum, i. n. *Marc.* Máquina para los juegos, saltos y bailes de los volatines. ‖ *Fest.* Pértiga, palo, tabla donde se acuestan las gallinas.

Pětax, ăcis. com. *Fulg.* Pedigüeño, el que pide mucho y continuamente.

Pětālia f. *Liv.* Policastro, *ciudad de Calabria, fundada por Filoctetes.*

Pětělīni, ōrum. m. plur. *Val. Max.* Los naturales de Policastro en Calabria.

Petelīnus, a, um. *Liv.* Lo que toca á Policastro.

Petelīnus lucus. *m. Liv.* V. Petilium.

Petendus, a, um. *Prop.* Lo que se ha de pedir ó pretender.

Petens, tis. *com. Ov.* El que pide, demandante.

Petesso, y Petisso; is, ĕre. *a. Cic.* Pedir á menudo, pedir con muchas instancias, con ardor.

Petiginōsus, a, um. *Prisc.* El que tiene empeines.

Petīgo, ĭnis. *f. Lucil.* El empeine, usagre, fuego.

Petilia, ae. *f.* V. Petelia.

Petilium, ó Paetilium, ii. *n. Varr.* Un bosque junto á Roma fuera de la puerta flumentana.

Petilium, ii. *n.* y

Petilius, ii. *m. Plin.* La rosa silvestre.

Petĭlus, a, um. *Plaut.* Delgado, tenue, seco.

Petimen, ĭnis. *n. Luc.* La matadura ó llaga de las caballerías sobre el lomo.

Petiōlus, i. *m. Cels.* Piececito, pie pequeño. || *Col.* El pezon ó palito de que cuelga la fruta.

Petisia mala. *n. plur. Plin.* Especie de pera muy pequeña, pero de muy buen sabor.

Petisso. V. Petesso.

Petītio, ōnis. *f. Cic.* La pretension, concurso, oposicion, en que varios coopositores pretenden un mismo empleo. || Peticion, súplica. || Demanda judicial, accion, repeticion de su derecho en justicia. || Golpe, estocada, cuchillada.

Petītor, ōris. *m. Cic.* El que pide, pretendiente, concurrente. || Actor, demandante, el que repite su derecho en justicia.

Petītōrius, a, um. *Dig.* Lo que pertenece á la demanda judicial ó al demandante.

Petĭtrix, ĭcis. *f. Quint.* La pretendienta. || La que pide ó demanda en justicia.

Petĭtum, i. *n. Cat.* V. Petitus, us.

Petiturio, is, īre. *a. Cic.* Tener ansia por pretender empleos.

Petītus, us. *m. Gel.* Pretension. || Peticion, súplica. || Demanda judicial. *Petitus terrae. Lucan.* La labor de la tierra, la labranza.

Petītus, a, um. *Ces.* Pedido, pretendido, procurado, buscado. || *Hor.* Asaltado, acometido, herido, atacado. *Haec ex veteri memoria petita. Tac.* Estas cosas se han sacado de la historia antigua ó de las memorias antiguas. *part. de*

Pēto, is, tīvi, ó tii, tītum, ĕre. *a. Cic.* Pedir, suplicar, rogar. || Pretender, demandar, pedir en justicia. || Atacar, acometer, tirar, herir. *Petere mutuum. Plaut.* Pedir prestado. — *Jugulum. Cic.* Tirar á matar. — *Ab aliquo poenas. Cic.* Tomar venganza de alguno, castigarle. *Alicujus conjugium. Ov.* Pretender una persona para casarse. — *Veneficio aliquem. Ad Her.* Intentar dar veneno á alguno. — *In eumdem locum. Liv.* Aspirar á un mismo empleo. — *Aliquem dextra. Virg.* Dar la mano á alguno. — *Romam. Plin.* Ir á Roma. — *Genas ungue. Ov.* Arañarse las mejillas. — *In vincla. Virg.* Poner en prision. — *Altum. Liv.* Hacerse á lo largo, al mar. — *Alte suspirium. Plaut.* Sacar un suspiro de lo íntimo del corazon. — *Palmi altitudinem. Plin.* Crecer hasta la altura de un palmo.

Petōrĭtum, i. *n. Hor.* Carreta, carro ó galera de los antiguos galos con cuatro ruedas.

Petosiris, ĭdis. *m. Plin.* Petosiris, *insigne matemático egipcio.* || *Juv.* Matemático, profesor de matemáticas, docto en esta facultad.

Petra, ae. *f. Plin.* Piedra, peña, peñasco. || Roca, escollo. || *Plin.* Petra, *metrópoli de la Arabia petrea.*

Petraeus, a, um. *Plin.* Lo que nace en ó entre las piedras. || Petreo, lo perteneciente á la Arabia petrea.

Petreia, ae. *f. Fest.* La muger que precedia á la pompa en las colonias y municipios, imitando con ademanes á una vieja borracha.

Petrejānus, a, um. *Hirc.* Lo perteneciente á Petreyo, *capitan romano, que siguió en la guerra civil el partido de Pompeyo, y fue vencido por César, primero en España, y despues en África, donde murió desastradamente.*

Petrenses, ium. *m. plur. Sol.* Los naturales de Petres, *capital de la Arabia petrea.*

Petrensis. *m. f. sĕ. n. is. Cel. Aur.* Lo que nace ó vive entre las peñas.

Petreus, a, um. *S. Ag.* Lo perteneciente á la piedra ó á Pedro, *nombre de hombre.*

Petricōsus, a, um. *Marc.* V. Petrosus. || Difícil, escabroso.

Petrini, ōrum. *m. plur. Cic.* Los naturales de la ciudad de Petrino en Campania. || Pueblos de Sicilia.

Petrīnum, i. *n. Hor.* Petrino, *ciudad de Campania.*

Petrīnus, a, um. *Lact.* Lo que es de piedra.

Petrītes, ae. *m. Plin.* Vino, llamado así por criarse cerca de Petra en Arabia.

Petro, ōnis. *m. Fest.* El rústico labrador, aldeano. || El carnero.

Petroburgum, i. *n.* Petersborough, *ciudad de Inglaterra.*

Petrōcoriensis provincia. *f.* El Perigord, *provincia de Francia.*

Petrŏcŏrĭum, ii. *n.* Perigueux, *ciudad capital del Perigord.*

Petrŏcŏrii, ōrum. *m. plur. Ces.* y

Petrŏgorii, ōrum. *m. plur.* Los pueblos del Perigord.

Petrolacum, i. *n.* Cierto betun líquido que corre de algunas rocas.

Petrŏmantĭlum, i. *n.* Manta, *ciudad de Francia.* || Magni, *ciudad de Vegin.*

Petronia, ae. *f. Fest.* Petronia, *rio que desagua en el Tíber, el cual pasaban los magistrados, consultados los agüeros, cuando habian de hacer algo en el campo marsio, y este género de auspicio se llamaba petrone.*

Petronĭānus, a, um. *Fulg.* Lo perteneciente á Petronio, *nombre romano.*

Petronius, ii. *m.* Cayo ó Tito Petronio Arbitro, *natural de Marsella, caballero romano y consular, muy amigo de Neron, que habiendo perdido su gracia por las artes de Tigelino, acabó sus dias con una sangría. Escribió el Satiricon, en que impugna y describe los desórdenes de su tiempo en buen estilo, pero lleno de obscenidades.*

Petrŏselīnum, i. *n. Plin.* Especie de peregil que nace entre las piedras.

Petrōsus, a, um. *Plin.* Pedregoso, peñascoso, fragoso, lleno de piedras.

Petteumāta, um. *n. plur.* Los dados para jugar.

Petŭlans, tis. *com. Cic.* Petulante, insolente, atrevido, descarado, desvergonzado. || *Gel.* Obsceno, provocativo. || Lujurioso, lascivo. *Petulans hostia. Juv.* El novillo que hiere con el cuerno. — *Pictura. Plin.* Pintura deshonesta.

Petŭlanter. *adv.* ius, issĭme. *Cic.* Petulantemente, con insolencia, descarada, atrevidamente. || De un modo injurioso, ofensivo.

Petŭlantia, ae. *f. Cic.* La petulancia, descaro, atrevimiento, insolencia, desvergüenza, avilantez, libertad. || Inmodestia, impudencia, lascivia. *Petulantia ramorum. Plin.* Abundancia demasiada de ramas. — *In maritis gregum. Col.* La capacidad de los machos cabríos de arremeter y herir con los cuernos.

Petulcus, a, um. *Virg.* Retozon, jugueton. || Que hiere con el cuerno, que topa.

Peuce, es. *f. Plin.* El pino ó larice, árbol. || *Id.* Cierto género de uva de Egipto. || *Id.* Nombre de una isla del Danubio. || *Fab.* La ninfa Sarmárica.

Peucĕdănum, i. *n. Plin.* ó

Peucĕdănus, i. *f.* Rabo de puerco, *planta.*

Peucetia, ae. *f. Plin.* La tierra de Bari, *parte de la Pulla, entre el rio Aufido y la Calabria.*

Peucetius, a, um. *Plin.* Lo perteneciente á la tierra de Bari en Italia.

Pexātus, a, um. *Marc.* Vestido de una ropa cubierta de pelo largo.

Pexi, ó Pexui. *pret. de* Pecto.

Pexītas, atis. *f. Plin.* El pelo largo de una ropa que no está gastada.

Pexus, a, um. *Cic. part. de* Pecto. Peinado. *Pexa folia. Col.* Hojas cubiertas de un vello espeso. — *Munera. Marc.* Presentes de ropas que tienen mucho pelo. — *Vestis. Hor.* Ropa, vestido nuevo, al que no se le ha caido todavía el pelo.

Pezīca, ó Pezīta, ae. f. *Plin.* El begiño, especie de hongo, sin raiz, sin pezon.

## PH

Phaeāces, um. m. plur. *Ov.* Los naturales y habitantes de la isla de Corfú.

Phaeācia, ae. f. *Plin.* Corfú, isla del mar jónico.

Phaeācis, ĭdis. f. *Ov.* La muger natural de Corfú. ‖ Poema del naufragio y detencion de Ulises en esta isla. ‖ Nausicas, *hija de Alcinoo, rey de esta isla, que hospedó á Ulises.*

Phaeācius, a, um. *Tibul.* y

Phaeācus, a, um. *Prop.* Lo que es de la isla de Corfú ó lo perteneciente á ella.

Phaeax, ācis. com. *Hor.* Natural de la isla de Corfú. ‖ Voluptuoso, amante de los placeres.

Phaecāsia, ae. f. V. Phaecasium.

Phaecāsiāni, ōrum. m. plur. *Juv.* Dioses, *cuyos simulacros tenian un calzado blanco á la griega.* ‖ Sacerdotes de estos dioses, *que llevaban aquel calzado.*

Phaecāsiātus, a, um. *Sen.* Calzado á la griega, con un género de calzado blanco.

Phaecāsium, ii. n. *Sen.* y

Phaecāsius, ii. m. *Apian.* Especie de calzado blanco á la griega, *comun á hombres y mugeres, ciudadanos y rústicos,* y *á las deidades, sus sacerdotes y sacrificadores.*

Phaedra, ae. f. *Sen.* Fedra, *hija de Minos, rey de Creta y de Pasifae, muger de Teseo, que enamorada de su hijastro Hipólito, y no condescendiendo este á su amor, le acusó á su padre de que la habia querido violentar; pero oida la muerte de Hipólito, ocasionada de su falsa acusacion, contó la verdad á Teseo, y se dió ella propia la muerte.*

Phaedrus, i. m. Fedro, *esclavo de Augusto, y despues liberto, natural de Tracia, autor de cinco libros de fábulas, excelentes por la pureza de su estilo y sus sentencias.*

Phaenomēna, ōrum. n. plur. *Lact.* Fenómenos, cosas dignas de observarse en el aire y en los cielos.

Phaenon, ōnis. n. *Aus.* La estrella de Saturno.

Phaestīas, ĭdis. f. *Ov.* La muger natural de la ciudad de Festo.

Phaestium, ii. n. *Plin.* Festo, *ciudad de la isla de Candia en el mediterráneo.*

Phaestius, a, um. *Ov.* Lo perteneciente á la ciudad de Festo. *Phaestius Apolo. Plin.* Apolo festio, *asi llamado de la ciudad de Festo de los locrenses en Grecia.*

Phaēton, ontis. m. *Ov.* Faeton ó Faetonte, *hijo del Sol y de Clímene, que habiendo alcanzado de su padre que le dejase gobernar un dia su carro, como no supiese regirle, y abrasase la tierra y el cielo, herido de un rayo por Júpiter cayó en el rio Po.* ‖ *Virg.* El sol. *Gutta Phaethontis. Marc.* El electro ó ambar.

Phaethontēus, a, um. *Ov.* Lo perteneciente á Faetonte.

Phaethontiădes, dum. f. plur. *Ov.* Las hermanas de Faetonte, Faetusa, Lampecie y Lampetusa, *que llorando la muerte de su hermano fueron convertidas en álamos, de los que continuamente destilan unas gotas como lágrimas, que se endurecen, y son el electro ó ambar.*

Phaethontis, ĭdis. f. *Marc.* Hermana de Faetonte ó lo que le pertenece.

Phaethontius, a, um. *Estac.* Lo que pertenece á Faetonte ó al sol.

Phaetūsa, ae. f. *Ov.* Faetusa, *hermana de Faetonte.*

Phăgēdaena, ae. f. *Plin.* El ansia por comer, hambre canina. ‖ Cáncer, úlcera corrosiva. ‖ *Col.* Enfermedad de las abejas, con que se pudre la cera, y ellas mueren.

Phăgĕdaenĭcus, a, um. *Plin.* Lo perteneciente al hambre canina.

Phăger, i. m. V. Phagrus.

Phăgēsia, ōrum. n. plur. ó

Phăgēsipōsia, ōrum. n. plur. *Fest.* Fiestas que se celebraban en Atenas con mucho desórden en comer y beber.

Phăgo, ōnis. m. *Varr.* Comilon, tragon, voraz en comer.

Phagrus, i. m. *Plin.* Un pez, *que dicen tiene una piedra en la cabeza.* ‖ Pagro, especie de cangrejo.

Phălacrŏcŏrax, ācis. m. *Plin.* El ciervo de agua.

Phalaecium, Phalaeucium, y Phalaecum carthen. n. *Ter. Maur.* Verso falaucio endecasilabo, *que consta de un espondeo, un dáctilo y tres coreos*. v. g. *Vidi, credite, per lacus lucrinos.*

Phalangae, y Palangae, ārum. f. plur. *Ces.* Palancas, rodillos, *sobre que van resbalando las naves al mar, las torres de madera y otras máquinas de guerra, para acercarlas adonde conviene.* ‖ *Vitruv.* Palancas, manguales, con que los ganapanes llevan las cosas de mucho peso. ‖ *Plin.* Varales, pértigas, bastones, varas, palos largos.

Phălangarii, ōrum. m. plur. *Vitruv.* Ganapanes, mozos de esquina, que llevan cargas con palancas. ‖ *Lampr.* Soldados de una falange, *como los que llevaba Alejandro Severo á imitacion de Alejandro.*

Phălangītae, ārum. m. plur. *Liv.* Soldados de una falange, de infantería, *armados en falanges como los macedonios.*

Phălangītes, ae. m. *Plin.* Falangites, yerba medicinal contra las mordeduras de animales ponzoñosos.

Phălangium, ii. n. y

Phălangius, ii. m. *Plin.* La tarántula, *especie de araña venenosa*. ‖ La yerba falangites, *que cura la mordedura de esta araña.*

Phălango, as. ārb. a. *Afran.* Llevar con palancas.

Phalantēus, a, um. y

Phalantīnus, a, um. *Sil.* Lo perteneciente á Falanto.

Phalantus, i. m. *Hor.* Falanto, *lacedemonio, que vino á Italia, y fundó á Tarento.*

Phalanx, angis. f. *Liv.* Falange, tercio, trozo de infantería macedónica, *escogida, el cual llegó á ser de veinte y cuatro á treinta mil hombres.* ‖ Trozo, caterva, compañía, tropa de gente. *Argiva phalanx. Virg.* La armada, la escuadra griega. *Phalangem facere. Ces.* Apretar las filas de suerte que esten muy apiñados los soldados.

Phălărĭca, ae. f. *Liv.* V. Falarica.

Phălăris, ĭdis. m. *Cic.* Falaris, *tirano de Agrigento cruelísimo, á quien no pudiendo sufrir sus vasallos dieron muerte, metiéndolo en el toro de bronce en que él hacía perecer á fuego lento á los miserables delincuentes.* ‖ *Plin.* Cierta yerba. ‖ Cierta ave acuática.

Phălěrae, ārum. f. plur. *Cic.* Jaez, aderezo de caballo. ‖ *Liv.* Adornos preciosos de las personas. ‖ *Pers.* Cosas que tienen un bien aparente, postizas, aparentes.

Phălěrātus, a, um. *Liv.* Enjaezado ricamente. ‖ Adornado, engalanado. *Phalerata verba. Ter.* Palabras galanas, buenas en la apariencia, pero falsas en realidad.

Phălěreus, a, um. *Nep.* Lo perteneciente al puerto de Atenas, llamado Falereo, junto al Pireo. ‖ Sobrenombre de Demetrio, *filósofo y bibliotecario de Alejandría.*

Phălěris, ĭdis. f. *Plin.* Cierta ave acuática.

Phalerium, ii. n. Montflacon, *ciudad de Toscana en Italia.*

Phălěro, as. āvi. ātum. āre. a. *Nep.* Enjaezar un caballo.

Phaliscī, ōrum. m. plur. *Virg.* Los naturales de Montflacon en Toscana.

Phallagogia, ōrum. n. plur. Las fiestas de Baco y de Priapo.

Phallĭca, ōrum. n. plur. Canciones en honor de Baco y de Priapo.

Phallophoria, ōrum. n. plur. *Lact.* Sacrificios en honor de Isis.

Phallovĭtrŏbŏlus, i. m. *Capit.* Vaso de figura obscena.

Phallus, i. m. *Arnob.* Palo ó vaso de vidrio, ó bolsa de cuero de figura obscena, *que llevaban con gran pompa en un carro en las fiestas de Baco.*

Phamenoth. m. indec. Mes egipcio, que corresponde al de marzo.

Phanaeus, i. m. *Virg.* Monte en un promontorio de la isla de Quio, *famoso por su vino.*

Phanerōsis, is. f. *Tert.* Revelacion, manifestacion, *voz griega con que intituló Valentino un libro suyo, en que escribió muchos secretos dictados por una mala muger.*

† Phanias, ae. m. *Cit.* El que quiere parecer mas de lo que es.

Phantāsia, ae. f. *Cic.* Fantasía, imaginacion, vision, imágen de las cosas que se presentan al ánimo. ‖ Concepto, idea, pensamiento. *Phantasia, non homo. Petron.* Figura de hombre, no hombre. *Oprobrio del hombre que no es para nada.*

Phantasma, ătis. *n. Plin.* Fantasma, vision, espectro, sombra.

† Phantastĭcus, a, um. Fantástico, imaginario.

Phănuel. *n. indec. Bibl.* Fanuel, *sitio donde Jacob luchó contra el Angel.*

Phaon, ōnis. *m. Ov.* Faon, *jóven lesbio, amado de la poetisa Safo, á quien él despreció.*

Pharaeus, a, um. *Plin.* Lo perteneciente á Faras, *ciudad de Creta, de Laconia, de Tesalia y de Beocia.*

Phăran. *indec. Bibl.* Farán, *desierto y monte de Arabia sobre su golfo.* ‖ Ciudad de la Arabia petréa.

Phăretra, ae. *f. Virg.* El carcax, la aljaba donde van metidas las flechas.

Phăretrātus, a, um. *Virg.* Armado de aljaba. *Pharetratus puer. Ov.* El dios Cupido. *Pharetrata virgo. Ov.* La diosa Diana.

Pharetrĭger, a, um. *Sil.* El que lleva aljaba, va armado con ella.

Phăria, ae. *f. Plin.* Isla y ciudad del mar ilírico, *hoy Liesina.*

Phariăcus, a, um. *Apul.* Fario, egipcio, lo que es de la isla de Faro ó de Egipto.

Pharias, ae. *m. Luc.* Serpiente que hace un surco con la cola cuando anda. *V. Pareas.*

Pharĭcum, i. *n. Plin.* Especie de veneno, *llamado asi de su inventor Farico.*

Pharĭsaei, ōrum. *m. plur. Tert.* Fariseos, una de las tres sectas de los judíos: las otras dos eran los saducéos y los eséos.

Pharĭsaicus, a, um. *S. Ger.* Farisáico, lo que perteneca á los fariseos.

Phărītae, arum. *m. plur. Hirc.* Faritas, los habitantes de la isla de Faro.

Phărius, a, um. *Luc.* Lo que es de la isla de Faro. ‖ Egipcio.

Pharmăca, ōrum. *n. plur. Cic.* Medicamentos, medicinas, remedios.

Pharmăceutĭce, es. *f.* Farmacéutica, farmacia, *parte de la medicina, que trata de los remedios.*

Pharmăceutria, ae. *f. Virg.* Maga, encantadora.

Pharmăcia, ae. *f.* La purgacion por los medicamentos.

Pharmăcītes, itis. *com.* Lo que entra en la composicion de los medicamentos.

Pharmăcōdes, is. *m.* El olor de los medicamentos.

Pharmăcŏpaeus, a, um. El que prepara los medicamentos.

Pharmăcŏpōla, ae. *m. Cic.* Médico empírico, boticario que prepara y vende los medicamentos, químico, droguista.

Pharmăcŏpŏlium, ii. *n.* Botica, oficina de boticario.

Pharmăcum, i. *n. Caj. Jct.* Remedio, medicamento.

Pharmăcus, i. *m. Serv.* Hombre maldito, execrable, víctima ofrecida por la salud de la patria.

Pharmŭthi. *indec.* Mes de los egipcios, *que corresponde al nisan de los hebreos, y poco mas ó menos á nuestro abril.*

Pharnacĕon, i. *n. Plin.* Yerba, especie de panacea, *llamada asi del rey Farnaces, el primero que la halló.*

Pharnăces, um. *m. plur. Plin.* Pueblos de Egipto.

Phărŏdēni, ōrum. *m. plur.* ó

Phărŏdīni, ōrum. *m. plur. Plin.* Pueblos de Alemania.

Pharos, i. *f. V.* Pharus.

Pharpbar. *m. Bibl.* Rio del pais de Damasco en Siria.

Pharsalia, ae. *f. Ov.* Farsalia, *provincia de Tesalia.*

Pharsalĭcus, a, um. *Ces. y*

Pharsalĭus, a, um. *Cat.* Farsálico, lo perteneciente á Farsalia ó á Fársalo, *ciudad de esta provincia. Pharsalici campi. Ces.* Los campos, la campaña de Fársalo. *Pharsalicum praelium. Cic.* La batalla de Farsalia, *en que César derrotó enteramente á Pompeyo.*

Pharsalos, i. *Lucan.* y

Pharsalum, i. *n.* ó

Pharsalus, i. *f. Lucr.* Fársalo, *ciudad de Tesalia, célebre por la victoria que ganó César á Pompeyo.*

Phărūrim. *indec. Bibl.* Parte de Jerusalen al occidente del templo.

Phărus, i. *f. Plin.* Faro, *isla á una de las embocaduras del Nilo, unida á Alejandria por un puente.* ‖ Torre levantada en esta isla por órden de Tolemeo Filadelfo para colocar en ella un fanal, que ha dado su nombre á todos los fanales de los puertos de mar. ‖ Isla del mar adriático. ‖ Fanal de puerto de mar, para guiar por la noche á los navíos.

Phărūsii, ōrum. *m. plur. Plin.* Pueblos de África cercanos á la Mauritania.

Phascōla, ōrum. *n. plur. Fest.* Las alforjas.

Phase, es. *f. Bibl.* Tránsito, pascua.

Phăsēlīnus, a, um. *Plin.* Lo que pertenece á los frésoles ó guisantes. ‖ Lo perteneciente á Faselide, *valle de Judea.*

Phasēlis, ĭdis. *f. Cic.* Faselis, *ciudad de Panfilia en los confines de Licia.* ‖ Faselide, *valle de Judea.*

Phăsēlus, i. *m. Virg.* Navichuelo, chalupa á vela y remo. ‖ *Juv.* Este género de barco hecho de barro.

Phăsēlus, i. *m. Virg. y*

Phăseŏlus, i. *m. Col.* Los frésoles ó guisantes.

Phasga, ae. *f. Bibl.* Fasga, *montaña del otro lado del Jordan.*

Phasgănion, ii. *n. Plin.* La espadaña, gladiolo, *yerba, cuyas hojas imitan la figura de una hoja de espada.*

Phăsiăcus, a, um. *Ov.* Lo que es del rio Faso de la Cólquide.

Phăsiāna, ae. *f. Plin. V. Phasianus, i.*

Phăsiānarius, ii. *m. Dig.* Faisanero, el que cuida y cria faisanes.

Phăsiānīnus, a, um. *Palad.* Lo que pertenece al faisan.

Phăsiānus, i. *m. Suet.* El faisan ó francolin, *ave.* ‖ Itis, *hijo de Tereo, convertido en faisan.*

Phăsianus, a, um. *Marc.* Lo que pertenece al rio Faso. *Phasianum mare.* El mar de Mingrelia.

Phăsias, ădis. *f. Ov.* Medea, *hija de Eta, rey de Colcos, por donde pasa el rio Faso.*

Phasis, is, ó ĭdis. *m. Plin.* Faso, *rio de la Cólquide.* ‖ Rio de Trapobana. ‖ Ciudad á la embocadura de Fase. ‖ Fases, apariencia, aspecto de la luna. ‖ Acusacion. ‖ Sobrenombre de Medea.

Phasma, ătis. *n. Plin. men.* Aparicion, vision, fantasma. ‖ Título de una comedia de Menandro.

Phatnae, arum. *f. plur. Cic.* Los pesebres, *espacio entre dos estrellas llamadas asnillos en el signo de cáncer.*

Phauliae, arum. *f. plur. Plin.* Aceitunas grandes, pero de poco jugo.

Phegēius, a, um. *Ov.* Lo perteneciente á Fegeo.

Phegeus, i. *m. Hig.* Fegeo, *hijo de Alfeo.*

Phegis, ĭdis. *f. Ov.* Alfesibea, *hija de Fegeo.*

Phĕgor. *m. indecl.* Priapo. ‖ Montaña del pais de los moabitas.

Phellandrion, ii. *n. Plin.* Filipéndula, *yerba medicinal para el mal de piedra.*

Phollus, i. *m. Plin.* El alcornoque, *árbol.*

Phemius, ii. *m. Ov.* Femio, citarista, preceptor de Homero. ‖ *Higin.* Uno de los pretendientes de Helena.

Phemonoe, ae. *f. Plin.* Femonoe, *agorera muy sabia, hija de Apolo, de quien se dice que inventó el verso heroico.*

Pheneātae, ārum. *m. plur. Cic.* Los naturales y habitantes de la ciudad de Feneo *en Arcadia.*

Phenĕum, i. *n. Ov.* Feneo, *ciudad de Arcadia.*

Phengītes, ae. *m. Plin.* Piedra transparente del color y dureza del mármol blanco.

Phēnion, ii. *n. Plin.* La amapola ó anemone.

Phĕrae, arum. *f. plur. Plin.* Ferea, *ciudad mediterránea de Tesalia.* ‖ De Beocia. ‖ De Acaya.

Phĕreus, a, um. *Cic.* Lo perteneciente á Ferea.

Pherecleus, a, um. *Ov.* Lo perteneciente á Fereclo, *arquitecto, que fabricó las naves en que París robó á Helena.*

Pherecydes, um. *m. plur. Sil.* Los habitantes de Puzol, *asi llamados de Ferecides, maestro de Pitágoras, que vivió mucho tiempo en Samos, y los samios fundaron á Puzol.*

Pherecȳdes, is. *m. Cic.* Ferecides, *filósofo sirio, maestro de Pitágoras, el primero que enseñó la inmortalidad del alma.*

## PHI

Pherecydēus, a, um. *Cic.* Lo que pertenece al filósofo Ferecides.

Pheretiādes, ae. m. *Ov.* Hijo de Feres, rey de Tesalia, Admeto.

Phetrium, ii. n. *Gruter.* Lugar en que se juntan las gentes de una misma curia ó sociedad, *en especial para sus sacrificios.*

Phetros, i. m. *Bibl.* La Babilonia que estaba en Egipto.

Phiāla, ae. f. *Juv.* Copa, vaso mas ancho por el borde que por el hondon, de oro ú de otra materia preciosa.

Phidiācus, a, um. *Marc.* Lo perteneciente á Fidias, célebre escultor.

Phidias, ae. m. *Quint.* Fidias, *famoso escultor. Sus principales obras fueron la estatua de Minerva en Atenas, el Júpiter olímpico, ambas de marfil, la Venus y la Nemesis.*

Phiditia, ōrum. n. plur. *Cic.* Comidas, convites de los lacedemonios, en que cada convidado llevaba cierta porcion de harina, vino, higos y queso.

Phila, ae. f. *Liv.* Febla, *ciudad de Macedonia.* ∥ Isla en la costa de Francia en el mediterráneo.

Phǐlactēria, ōrum. n. plur. *Bibl.* Un pergamino cuadrado que llevaban los judíos con ciertas sentencias de la ley, atado con unas correas: se le ponian cuando oraban en la cabeza como por corona, cuidando de que el pergamino cayese sobre la frente.

Philadelphia, ae. f. Filadelfia, *ciudad de Lidia.* ∥ Amistad fraternal.

Philaeum, i. n. Groningue, *ciudad de Frisia.*

Philagriānus, a, um. *Sidon.* Lo perteneciente á Filagrio, *nombre propio de varon.*

Philammon, ōnis. m. *Ov.* Filamon, *hijo de Apolo y de la ninfa Quione, famoso en la cítara y canto.*

Philantrōpia, ae. f. *Ulpian.* Humanidad, amor hácia los hombres, liberalidad.

Philantrōpus, i. m. *Plin.* La yerba del amor, la rubia, *que por pegarse á los vestidos, parece que ama á los hombres.*

* Philarchaeus, a, um. Amador de la antigüedad.

* Philarchia, ae. f. Ansia de mandar.

* Philarēte, es. f. Amor á la virtud.

* Philargiria, ae. f. Amor al dinero.

* Philautia, ae. f. Amor propio, amor de sí mismo.

Philēma, ătis. n. *Lucr.* El ósculo, beso.

Philetaeria, ae. f. *Plin.* 6

Philetaerium, ii. n. *Basilica, planta silvestre.*

Philētas, ae. m. *Proper.* Filetas, *poeta griego elegíaco de Coo, censor acérrimo de los poetas, maestro de Tolomeo Filadelfo.*

Philētēus, a, um. *Ov.* Perteneciente al poeta Filetas.

Philippēi, ōrum. m. plur. *Plaut.* Moneda sellada con el cuño de Filipo, *rey de Macedonia.*

Philipenses, ium. m. plur. Los habitantes y naturales de Filipos, *ciudad de Macedonia.*

Philippensis. m. f. is. n. *Plin.* Lo que es de Filipos, *ciudad de Macedonia.*

Philippēus, a, um. *Liv.* Lo perteneciente á Filipo, *rey de Macedonia.*

Philippi, ōrum. m. plur. *Hor.* Filipos, *ciudad de Macedonia, llamada así del rey Filipo, célebre por la derrota de Bruto y Casio en su campaña por las armas de Octaviano y Antonio.*

Philippianus, a, um. *Inscr.* y

Philippicus, a, um. *Plaut.* Lo perteneciente á Filipo, rey de Macedonia. ∥ A Filipos, *ciudad de este reino.* Philippicae orationes. *Cic.* Filípicas, *oraciones que dijo Demóstenes contra Filipo, rey de Macedonia, á cuya imitacion intituló tambien filípicas Ciceron las que dijo contra Antonio.*

Philippinae, arum. f. plur. Las Filipinas, *islas del Océano oriental.*

Philippoburgum, i. m. Filisbourg, *ciudad de Alemania.*

Philippopōlis, is. f. Filipeville, *ciudad de Flandes.*

Philippus, i. m. *Just.* Filipo, *hijo de Amintas, padre de Alejandro Magno, rey de Macedonia.* ∥ *Liv.* Otro padre de Perses, que peleó con los romanos. ∥ *Hor.* La moneda del cuño de Filipo. ∥ *Auson.* Cualquiera otra moneda.

Philistaei, ōrum. m. plur. ó

Philistim. *indec. Bibl.* y

Philistini, ōrum. m. plur. *Bibl.* Filisteos, *pueblos de Palestina.*

Philocalia, ae. f. *S. Ag.* Amor de la hermosura, amor de la elegancia, cultura, primor.

Philochāres, is. n. *Plin.* La yerba marrubio.

Philocomasium, ii. f. *Plaut.* Nombre de una ramera en la comedia del Soldado, *que significa amiga de andar en convites.*

Philoctetaeus, a, um. *Cic.* Lo perteneciente á Filoctetes.

Philoctēta, y Philoctetes. ae. m. *Cic.* Filocetes, *hijo de Peante y Demonasa, compañero de Hércules, á quien este dejó en su muerte su arco y las flechas untadas en la sangre de la hidra. Fué llevado á la guerra de Troya, y despues de su ruina se retiró á Calabria, y fundó á Petilia.*

Philograecus, a, um. *Varr.* Amante, apasionado de la lengua griega, que se deleita en usar de sus frases y palabras.

Philologia, ae. f. *Cic.* Filología, amor, estudio, pasion por las bellas letras. ∥ Estudio, cuidado en escoger las palabras.

Philologus, i. m. Filólogo, aficionado, apasionado á las bellas letras, instruido, erudito en ellas.

Philologus, a, um. *Vitruv.* Erudito, instruido en las bellas letras.

Philomēla, ae. f. *Ov.* Filomela, *hija de Pandion, rey de Atenas, hermana de Progne. Esta casó con Tereo, el cual violentó á Filomela, y la cortó la lengua para no ser descubierto; pero, siéndolo, Progne en venganza mató á su hijo Itis, y se le puso por vianda al padre Tereo. Este lo conoció, y arremetiendo con la espada á las dos hermanas, fueron todos convertidos en aves. Filomela en ruiseñor, Progne en golondrina, Itis en faisan, y Tereo en abubilla.* ∥ *Virg.* El ruiseñor ú otra ave cualquiera.

Philomēlus, i. m. Filomelo, *hijo de Jason, hermano de Toante.*

Philomūsus, i. m. *Mart.* Amante de las musas, aficionado, apasionado de la poesía.

Philōnium, ii. n. *Cels.* Cierto electuario medicinal, inventado por el médico Filon, hecho de miel y otros ingredientes.

Philopātor, ŏris. m. *Just.* Filopator, amante de su padre, sobrenombre añadido por antifrasis á uno de los Tolomeos, que dió muerte á su padre y á su madre.

Philosarcha, ae. m. *S. Ger.* Amante, amigo de carnes.

† Philosophaster, tri. m. Filosofastro, pretendido filósofo, el que se vende por tal con muy pocas nociones, y tal vez malas, de esta facultad.

† Philosophatiuncula, ae. f. Pequeña disertacion ó discurso filosófico.

† Philosophēma, atis. n. Razonamiento filosófico.

Philosophia, ae. f. *Cic.* Filosofia, amor de la sabiduría, la ciencia de las cosas divinas y humanas, y de sus causas. Tiene tres partes, física, ética, lógica y metafísica. La primera examina la naturaleza y propiedades de las cosas, la segunda forma y dirige el ánimo al bien obrar, la tercera consiste en conocer la verdad, falsedad, congruencia ó repugnancia del raciocinio. ∥ La física.

Philosophĭcē. *adv. Lact.* Filosóficamente.

Philosophĭcus, a, um. *Cic.* Filosófico, lo que pertenece á la filosofía.

Philosophor, āris, ātus sum. *dep. Cic.* Filosofar, hablar, discurrir en materias filosóficas, pensar como filósofo.

Philosōphus, i. m. *Cic.* Filósofo, amador de la sabiduría, profesor de filosofía. *Nombre inventado por Pitágoras, que preguntado en Fliunte por Leon, príncipe de los flasios, con que arte habia adquirido tanta elocuencia, le respondió, que él no sabia arte alguna, pero que era filósofo, esto es, dedicado al estudio, amante de la sabiduría. El primer filósofo fué Tales Milesio, segun Cic. l. de nat. Deor.*

Philŏphtus, a, um. *Gel. V. Philosophicus.*

† Philostorgia, ae. *f.* Indulgencia escesiva de los padres en órden á sus hijos.

Philŏtechnus, a, um. *Vitruv.* Amante de las artes. ‖ Artificioso, industrioso.

† Philŏteŏrus, a, um. Especulativo, dado á la especulacion.

Philtrum, i. *n. Ov.* Bebida, confeccion amatoria, que inspira el amor.

Philus, i. *m. Petron.* Amante, amigo.

Philyra, y Philŭra, ae. *f. Plin.* Membrana muy sutil entre la corteza y tronco del árbol, en especial del tejo, *de que usaban los antiguos para escribir.* ‖ El papel. ‖ Filira, ninfa, hija del Océano, de quien Saturno tuvo á Quiron, monstruo medio hombre y medio caballo, del cual atterrada la ninfa, y pidiendo á Jove que la libertase de aquel oprobrio, fue convertida en el árbol de su mismo nombre, que es el tejo.

Philyreius, y Philyreus, a, um. *Ov.* Lo perteneciente á Quiron, *hijo de Filira.*

Philyrides, y Philyrides, ae. *m. Propert.* Hijo de Filira, Quiron.

Philyrinus, a, um. *Serv.* Lo concerniente á la membrana entre la corteza y el tronco del tejo.

† Phimosis, is. *f.* Fimosis, cerramiento, *opresion de la abertura del prepucio por hinchazon de este ; que impide descubrir la glande.* ‖ Obstruccion en los músculos, nudo que se hace en ellos por algun accidente.

Phincus, i. *m. Hor.* La taza pequeña en que se barajan los dados antes de tirarlos en el tablero.

Phineius, y Phineus, a, um. *Ov.* Propio de Fineo.

Phineus, i. *m. Ov.* Fineo, *hijo de Agenor, rey de Arcadia, á quien las arpías ensuciaban la comida porque habia privado de la vista á sus hijos, y de Canopea.* ‖ Fineo, hermano de Cefeo, convertido en piedra, por haber visto la cabeza de Medusa que tenia esta virtud.

Phinides, ae. *m. Ov.* Hijo de Fineo.

Phison, ōnis. *m. Bibl.* Fison, *uno de los cuatro rios del paraiso terrestre.*

† Phlebĭcus, a, um. Lo que pertenece á las venas.

† Phleborrhagia, ae. *f.* Rotura de una vena.

Phlebŏtŏmātus, a, um. *part. de* Phlebotomo. Sangrado.

Phlebŏtŏmia, ae. *f. Cel. Aur.* Flebotomía, la sangría. ‖ El arte de sangrar.

Phlebŏtŏmo, ās, avi, atum, are. *a. Cel. Aur.* Sangrar, abrir la vena, sacar sangre de ella.

Phlebŏtŏmum, i. *n. Veget.* La sangría. ‖ La lanceta, instrumento con que se sangra.

Phlebŏtŏmus, i. *m. Veget.* La sangría, la lanceta y el sangrador, el que sangra.

Phlebs, bis. *f.* La vena.

Phlegĕthon, ontis. *m. Estac.* Flegetonte, rio del infierno, *que lleva fuego en lugar de agua.*

Phlegethonteus, a, um. *Claud.* Lo que pertenece al rio Flegetonte.

Phlegethontias, adis. *f. Ov.* Lo que es del rio Flegetonte.

Phlegma, ătis. *m. Veg.* Flema, pituita, humor húmedo y frio, *uno de los cuatro que se hallan en el cuerpo humano.*

† Phlegmatĭcus, a, um. Flemático, lo que participa de flema, aquello en que domina este humor.

Phlegmŏne, es. *f. Cels.* Flemon, inflamacion con dolor, calor, pulsacion y bermejura, *señales que propone este autor de la inflamacion.*

Phlegon, ōnis, y ontis. *m. Ov.* Flegon, *uno de los cuatro caballos del Sol; los otros son Piroete, Eoo y Eton.*

Phlegontis, idis. *f. Plin.* ó

Phlegontites, ae. *m.* Piedra preciosa de tanto resplandor, que parece inflamada.

Phlegra, ae. *f. Plin.* y

Phlegra, es. *f. Properc.* Flegra, ciudad de Macedonia, junto á la cual está el valle donde los gigantes pelearon con los dioses, y fueron muertos por Hércules.

Phlegraeus, a, um. *Ov.* Lo perteneciente á Flegra. Phlegraei campi. *Ov.* La campaña ó el valle del Flegra, *donde pasó la batalla de los dioses con los gigantes.* ‖ Llanura cerca de Puzol en Italia, *donde ponen algunos esta batalla, por la cercanía del Vesubio, que con sus llamas parece que hace guerra al cielo.* Plegraeus vertex. *Sil.* La llama que despide á tiempos el Vesubio.

Phlegyrae, ārum. *m. plur. Virg.* Pueblos de Tesalia.

Phlegyas, ae. *m. Serv.* Flegias, hijo de Marte, rey de los lapitas en Tesalia, padre de Ixion y de la ninfa Coronide, á la cual sabiendo que habia violentado Apolo, incendió en venganza su templo de Delfos; pero Apolo le mató y hechó al infierno, donde sufre la pena de esperar continuamente caiga sobre él un gran peñon que le amenaza.

Phliasii, ōrum. *m. plur. Cic.* Los habitantes de Fliunte.

Phliasius, a, um. *Cic.* Lo perteneciente á la ciudad de Fliunte.

Phlius, untis. *m. Plin.* Fliunte, *ciudad del Peloponeso.*

Phloginos, i. *m. Plin.* Piedra preciosa de color de fuego.

Phlogites, ae. *m. Solin.* y

Phlogitis, idis. *f. Plin.* Piedra preciosa, que parece que tiene dentro una llama ardiente.

Phlomis, idis. *f. Plin.* y

Phlomos, i. *m. Plin.* El gordolobo, *yerba.*

Phlox, ōgis. *f. Plin.* La llama. ‖ Especie de violeta silvestre de color de fuego.

Phobētor, ŏris. *m. Ov.* Uno de los hijos del Sueño.

Phŏca, ae. y Phoce, es. *f. Plin.* Foca ó becerro marino. ‖ Un nieto de Cefiso convertido en este pez por Apolo.

Phocae, ārum. *f. plur. Plin.* Islas pequeñas cerca de Candia.

Phocaea, ae. *f. Liv.* Focea, *ciudad de Jonia, colonia de los atenienses.*

Phocaei, ōrum. *m. plur.* Los habitantes de Focea.

Phocaeensis. m. f. sé. n. is. *Plin.* y

Phocaeus, a, um. *Hor.* y

Phocaicus, a, um. *Ov.* Lo perteneciente á Focea. ‖ Á Marsella, cuyos habitantes descendian de los de Focea. ‖ Á la Fócide.

Phocais, idis. *adj. f. Luc.* La que es de la ciudad de Focea.

Phocenses, ium. *m. plur. Just.* Los focenses, *pueblos de Jonia y de la Fócide.*

Phocensis. m. f. sé. n. is. *Plin.* y

Phoceus, a, um. *Ov.* Focense, ‖ Lo perteneciente á Jonia y á su ciudad Focea.

Phōcis, idis. *f. Mel.* La Fócide, region de Acaya entre Beocia y Etolia. ‖ Focea, ciudad de Jonia.

Phocus, i. *m. Ov.* Foco, hermano de Peleo, muerto por este.

Phoebas, ădis. *f. Luc.* Pitia, pitonisa, sacerdotisa de Apolo, *muger adivina é inspirada de Apolo.*

Phoebe, es. *f. Virg.* Febe, la Luna, Diana, hermana de Febo.

Phoebeius, y Phoebeus, a, um. *Virg.* Febeo, lo perteneciente al Sol, á Febo, á Apolo.

Phoebigĕna, ae. *f. Virg.* Hijo de Febo, de Apolo, del Sol.

Phoebus, i. *m. Virg.* Febo, Apolo, el Sol.

Phoenice, es. *f. Plin.* Fenicia, region marítima de Siria. ‖ Pequeña isla del mar egeo, *que se llama tambien Ios.* ‖ Ciudad de Epiro.

Phoenicea, ae. *f. Plin.* La avena estéril, *yerba.*

Phoenices, um. *m. plur. Cic.* Fenicios, los pueblos de Fenicia, fundadores de Tiro y Sidon, de Tebas, de Utica, de Hipona, de Lebeda, de Marsella, de Ampurias y de otras ciudades en Beocia, Africa, Francia, España y otros reinos; son tenidos por inventores de las letras, de las estrellas en la navegacion, de las artes navales, y de la guerra y comercio. ‖ Sil. Los cartagineses, oriundos de Tiro.

Phoeniceus, y Poeniceus, a, um. *Plin.* Lo que es de color de fuego. ‖ *Plaut.* Encarnado.

Phoenicia, ae. *f. Cic. V.* Phoenice.

Phoenicias, um. *m. Vitruv.* El viento del sud, sudeste. ‖ *Plin.* Piedra preciosa llamada tambien Phoenicitis.

Phoenicius, a, um. *Plin.* Fenicio, lo que es de Fenicia.

**Phoenicobalanus**, i. m. *Plin.* El dátil de la palma de Egipto, que emborracha á los que le comen.

**Phoenicoptĕrus**, i. m. *Plin.* El fenicoptero ó flamenco, ave.

**Phoenicūrus**, i. m. *Plin.* Pajarito, que tiene la cola roja en verano, y no en invierno, durante el cual se llama Erithacus.

**Phoenissa**. adj. f. *Virg.* Fenicia, la que es de Fenicia.

**Phoenix**, icis. m. *Ov.* El ave fenix, fabulosa. ‖ Fenix, hijo de Agenor, que dió su nombre á la Fenicia. ‖ Otro hijo de Amintor, compañero de Aquiles en la guerra de Troya y su maestro. ‖ *Plin.* adj. Fenicio, lo que es de Fenicia.

**Phŏgor**. m *indec.* Fogor, ídolo de los madianitas. V. Phegor.

**Pholŏe**, es. f. *Ov.* Foloe, monte del Peloponeso en la Arcadia. ‖ *Luc.* Monte de Tesalia, donde Hércules mató á los gigantes.

**Pholoetĭcus**, a, um. *Sid.* Lo perteneciente á Foloe, monte de Tesalia.

**Pholus**, i. m. *Virg.* Folo, uno de los centauros, hijo de Ixion y una nube, que pereció en las bodas de Piritoo.

**Phonascus**, i. m. *Suet.* Maestro de la voz, de la pronunciacion. ‖ Maestro de capilla, del coro de música.

**Phorcus**, i. m. y

**Phorcyn**, inos. m. 6

**Phorcys**, yos. m. *Cic.* Forco, hijo de Neptuno y de la ninfa Toosa, ó del Océano y de Salacia, rey de Córcega y de Cerdeña, que vencido y muerto por Atlante en un combate naval, fue tenido por dios marino.

**Phorcȳnis**, ĭdos. f. *Ov.* y

**Phorcys**, ĭdis. f. *Prop.* Medusa, hija de Forco.

**Phormio**, ŏnis. m. *Ter.* Formion, nombre de un bufon en Terencio. ‖ *Cic.* Formion, filósofo peripatético, que hizo un largo discurso en Efeso acerca del arte de la guerra en presencia de Antioco y de Anibal, sobre el cual preguntado Anibal qué le parecia, respondió que habia visto muchos viejos necios y delirantes; pero ninguno mas que Formion.

**Phorōneus**, i. m. *Hig.* Foroneo, hijo del rio Inaco, el primero que dicen reinó en Grecia, y fabricó templo á Juno, que le hizo sacrificios, inventó las armas, y se las consagró.

**Phorōnĕus**, a, um. *Estac.* Lo perteneciente á Foroneo.

**Phŏronis**, ĭdis. f. *Ov.* Io, hija de Inaco, hermana de Foroneo. ‖ *Ov.* adj. f. Lo perteneciente á Io.

**Phosphŏreus**, a, um. *Prud.* Lo perteneciente al lucero de la mañana.

**Phosphŏrus**, i. m. *Cic.* El lucero, la estrella de Venus por la mañana, la cual por la tarde se llama Hesperus. Vespero.

**Phradmon**, ŏnis. m. *Plin.* Fradmon, escultor y pintor célebre de Argos.

**Phragmĭtis**, is. f. *Plin.* Especie de caña muy delgada.

**Phrăsis**, is. f. *Quint.* Frase, modo de hablar, espresion, locucion. ‖ Elocucion, estilo.

† **Phrenes**, is. f. El diafragma.

**Phrĕnēsis**, is. f. *Sen.* Frenesí, furor, locura, demencia.

**Phrĕnetĭcus**, a, um. *Cic.* Frenético, loco, demente.

**Phrenetizo**, as, are. n. *Cels. Aur.* Ponerse frenético, perder el juicio.

**Phrenĭtĭcus**, a, um. *Cels.* Delirante, el que delira, ó desatina con una fuerte calentura.

**Phrenĭtis**, ĭdis. f. *Cels.* Delirio, frenesí, locura, enfermedad del que padece perturbacion de la cabeza con calentura.

**Phrenitizo**, as, are. n. *Cel. Aur.* V. Phrenetizo.

**Phrixēus**, a, um. *Ov.* Lo perteneciente á Frixo. *Phrixeum mare. Sen.* El mar egeo.

**Phryxus**, i. m. *Ov.* Frixo, hijo de Atamante y de Nefele, que llevó á Cólquide el vellocino de oro, y le consagró á Jove ó á Marte.

**Prŏnesium**, ii. n. *Plaut.* Nombre de una ramera en el Feroz de Plauto.

* **Phrŏnēsis**, is. f. La prudencia, sabiduría.

**Phygres**, um. *Cic.* Los frigios, pueblos de Frigia, bárbaros, serviles y pastores, que dieron lugar al prov. Phryx plagis melior fieri solet. ‖ *Cic.* Los de la Frigia menor, los troyanos, padecidas inumerables desgracias por el robo de Helena, empezaron á tratar de volvérsela á su marido Menelao despues de diez años de guerra y trabajos, de donde vino el proverbio: Sero sapiunt Phryges, que se puede aplicar á todos los que acuerdan ó caen en la cuenta de sus trabajos muy tarde.

**Phrygia**, ae. f. *Plin.* Frigia, provincia del Asia menor, que se divide tambien en mayor y menor.

**Phrygiānus**, a, um. *Plin.* Bordado, recamado.

**Phrygĭcus**, a, um. *Val. Max.* Frigio, lo que es de Frigia.

**Phrygio**, ōnis. m. *Plaut.* El bordador ó recamador.

**Phrygiōnius**, a, um. *Varr.* Bordado, ó lo que pertenece al bordador.

**Phrygius**, a, um. *Cic.* Frigio, lo que es de Frigia. ‖ *Ov.* Bordado, recamado.

**Phryne**, es. f. *Quint.* Frine ó Mnesarete, muger tespia, famosa en Atenas por su hermosura y su arte meretricia. Llegó á poseer tantas riquezas, que ofreció reedificar á sus espensas la ciudad de Tebas, asolada por Alejandro. Puesta en juicio de pena capital descubrió su rostro á los jueces el orador Hiperides que la defendia; y á vista de su hermosura la dejaron ir libre como á una sacerdotisa de Venus. ‖ *Hor.* Otra ramera romana.

**Phrynion**, ii. n. *Plin.* Yerba que tiene virtud contra cierta rana venenosa, que se cria entre las zarzas.

**Phrynos**, i. m. *Plin.* Especie de rana venenosa, que se cria entre las zarzas.

**Phryx**, ygis. com. *Fedr.* Frigio, natural de Frigia. ‖ Ministro, sacerdote de Cibeles. ‖ Rio de la Frigia menor, que la divide de la Caria, y dió nombre á la Frigia mayor y menor.

**Phryxeus**. V. Phrixeus.

**Phryxiānus**. V. Phrygianus.

**Phryxonĭdes**, um. f. plur. *Col.* Ninfas, las que primero criaron abejas.

**Phthia**, ae. f. *Plin.* Ptia, ciudad de Tesalia, patria de Aquiles.

**Phthias**, ădis. f. *Ov.* La muger natural de Ptia.

**Phthiōta**, y Phthiotes, ae. m. *Cic.* El natural de Ptia ó de la Ptiotide.

**Phthiōtĭcus**, a, um. *Liv.* Lo perteneciente á la ciudad de Ptia ó á la provincia Ptiotide ó á la Tesalia.

**Phthiōtis**, ĭdis. f. *Plin.* Ptiotide, provincia de Grecia, cerca de Tesalia, ó parte meridional de Tesalia.

**Phthirīăsis**, is. f. *Plin.* La enfermedad pedicular, plaga de piojos que consume el cuerpo. ‖ *Cels.* Enfermedad en que nacen piojos en las pestañas.

**Phthiroctōnum**, i. n. *Marcel. Juv.* Yerba que es buena para ahuyentar los piojos.

**Phthirophăgi**, ōrum. m. plur. *Plin.* Gentes de la Sarmacia asiática junto al Ponto Euxino.

**Phthĭsĭcus**, a, um. *Vitruv.* Tísico, enfermo de tisis.

**Phthĭsis**, is. f. *Plin.* La tisis, desecamiento de todo el cuerpo por exulceracion de los pulmones. ‖ Mal que acude á los ojos, consume la niña, y va quitando la vista.

**Phthisiscens**, tis. com. *Sid.* El que empieza á ponerse tísico, hético.

**Phthĭus**, a, um. *Virg.* Lo que es de Ptia, ciudad de Tesalia.

† **Phthoe**, es. f. Estenuacion de todo el cuerpo con un poco de calentura. ‖ Esputo de sangre.

**Phthongus**, i. m. *Vitruv.* Sonido, voz de un instrumento músico.

**Phthorius**, a, um. *Plin.* Lo que tiene actividad y fuerza para corromper, estinguir y abortar.

**Phu**. n. *indec. Plin.* Nardo crético, nardo agrio, valeriana mayor, yerba. ‖ *Plaut.* Interjecion con que se denota el disgusto de un mal olor.

**Phy**, y **Phuy**. *Ter. Interj.* y voz no articulada. Fi, con que se expresa admiracion.

**Phycis**, is, f. *Plin.* Un pez que en la primavera dice que es de varios colores, y el resto del año es blanco.

**Phycītis**, ĭdis. f. *Plin.* Piedra del color de la ova.

**Phycos**, i. n. *Plin.* La ova.

Phygethlum, i. n. *Cels.* 6

Phygethrum, i. n. La erisipela, enfermedad.

Phylāca, ae. f. *Plaut.* La cárcel, prision. ‖ Calabozo dentro de casa para encerrar por castigo á los siervos.

Phylăce, es. f. *Plin.* Filace, *ciudad de Tesalia.*

Phylăceis, ĭdis. f. *Ov.* La muger natural de Filace.

Phylaceus, a, um. *Ov.* Lo que perteneces á Filace.

Phylăcĭdes, ae. m. *Ov.* Protesilao, *llamado asi de la ciudad de Filace en Tesalia donde reinó, ó de Filaco, padre de Ificlo, su abuelo.*

Phylăcista, ae. m. *Plaut.* Alcaide, guarda de la cárcel. ‖ El acreedor que anda en seguimiento, y como de guarda de vista de su deudor.

Phylactērium, ii. n. *S. Ger.* Membrana que los hebreos en sus oraciones ataban á la frente, *la cual contenia algunos preceptos del decálogo.* ‖ *Remedio supersticioso para preservar de enfermedades ó peligros, que consiste en medallas, figuras y caracteres,* amuleto.

Phylarcus, i. m. *Cic.* Gefe de las tribus ó tribuno principal, gefe del pueblo, régulo, dinasta.

Phyllandrion, ii. n. *Plin.* Yerba que nace en las lagunas.

Phyllanthes, is. f. *Plin.* Yerba que pica como las ortigas.

Phyllanthion, ii. n. *Plin.* Yerba que sirve para teñir de color de púrpura.

Phyllēis, ĭdis. f. *Ov.* La muger natural de Filunte, *ciudad de Tesalia.*

Phyllēius, a, um. *Ov.* Lo que pertenece á Filunte, *ciudad de Tesalia.*

Phyllis, ĭdis. f. *Ov.* Filis, hija de Licurgo, rey de Tracia, que indignada de la tardanza de su esposo Demofonte, hijo de Teseo, se ahorcó, y fue convertida en almendro primero sin hoja; pero luego que llegó Demofonte, y sabida su transformacion, abrazó el tronco, y brotó las hojas como en señal de agradecimiento. ‖ *Virg.* Cualquiera doncella ó muchacha.

Phyllon, i. n. *Plin.* La leucacanta, *especie de espino de hojas como la lechuga con puntas agudas.*

Phyma, ătis. n. *Cels.* Tumor, inflamacion. ‖ Animal que dicen causa notable descaecimiento á los que le miran.

Physa, ae. f. *Estrab.* Cierto pez de concha que se cria en el Nilo.

Physēter, ēris. m. *Plin.* Fiseter, pescado muy grande, especie de ballena, *que tiene en la frente una canal ú orificio por donde arroja soplando tal golpe de agua, que pone en peligro las embarcaciones.*

Physĭca, ae. ó Physice, es. f. *Cic.* La física, parte de la filosofía, *que trata de las cosas naturales.*

Physĭca, ōrum. n. plur. *Cic.* Las cosas naturales, la ciencia de ellas, los libros ó tratados en que se esplican.

Physĭce. adv. *Cic.* Físicamente, al modo de los físicos. ‖ Naturalmente.

Physĭcŭlātus, a, um. *Marc. Cap.* Examinado, investigado por principios de física.

Physĭcus, i. m. *Cic.* Físico, filósofo natural.

Physĭcus, a, um. *Cic.* Físico, natural, perteneciente á la naturaleza de las cosas.

† Physiognōmia, ae. f. Fisonomía, *el arte de conocer el temperamento y calidades del hombre por sus facciones.*

Physiognōmon, ŏnis. m. *Cic.* Fisónomo, fisonomista, *el que conoce por las facciones de un sugeto su temperamento y propiedades.*

Physiŏlŏgĭa, ae. f. *Cic.* La física, la ciencia de las cosas naturales.

Physis, is. f. *Plin.* La naturaleza.

Phyteuma, ătis. n. *Plin.* Yerba parecida á la valeriana, usada para sortilegios y hechizos amatorios.

† Phyturgia, ae. f. El cultivo de las plantas y cuidado de conservarlas, jardinería, botánica.

† Phyturgus, i. m. El que cultiva y cuida de la conservacion de las plantas, jardinero, botánico.

## PI

Piabĭlis. m. f. lĕ. n. is. *Ov.* Lo que se puede espiar, purgar y satisfacer.

Piăcŭlāris. m. f. rĕ. n. is. *Liv.* Espiatorio, satisfactorio, lo que sirve para lavar, aplacar, satisfacer por la culpa cometida.

Piăcŭlārĭter. adv. *Tert.* De un modo que necesita espiacion ó satisfaccion. ‖ Impiamente.

Piăcŭlo, ās, āvi, ātum, āre. a. *Cat.* Espiar, purgar, aplacar con sacrificios.

Piăcŭlum, i. n. *Cic.* Espiacion, purgacion, sacrificio espiatorio en satisfaccion del pecado. ‖ Victima para la espiacion. ‖ Crimen que necesita espiacion. ‖ *Plin.* Triste agüero, maleficio. *Gravia piacula exigere. Liv.* Tomar seria venganza en satisfaccion.

Piam. *Diccion que por sí nada significa, pero añade algo á la significacion de otras palabras á que se junta en composicion, como* Quispiam, uspiam.

Piāmen, ĭnis. n. *Ov.* y

Piāmentum, i. n. *Plin.* 6

Piatio, ōnis. f. *Plin.* Espiacion, sacrificio espiatorio ó satisfactorio.

Piatrix, ĭcis. f. *Fest.* La sacerdotisa que hacia las espiaciones.

Piātus, a, um. *Plin.* Espiado, purgado, lustrado.

Pica, ae. f. *Plin.* La picaza, *ave menor que la paloma, con pico y piernas largas, blanca por el vientre, y lo restante negro.*

Picānus, i. m. *Sil.* Picano, *monte muy alto en la Marca de Ancona.*

Picardia, ae. f. Picardía, *provincia de Francia.*

Picaria, ae. f. *Plin.* El lugar de donde se saca la pez.

Picātus, a, um. *Col. part. de* Pico. Empegado, pegado, dado con pez. *Picatum vinum. Plin.* Vino aderezado con pez, *porque solian espolvorearla en el vino en su primer hervor para darle olor y cierta acrimonia.* ‖ Vino natural con sabor de pez *hecho de la uva del campo vienense que le daba de suyo.*

Pice, picem. *abl. y acus. de* Pix.

Picea, ae. f. *Plin.* El pino de que se saca la pez y resina.

Picearia, ae. f. *V.* Picaria.

Picearĭae, ārum. f. plur. *Cic.* Impuesto sobre la pez.

Piceaster, tri. m. *Plin.* El pino silvestre.

Piceātus, a, um. *Marc.* Empegado, dado con pez.

Piceniānus, a, um. *Inscr.* y

Picens, tis. com. *Liv.* Lo que es de la Marca de Ancona.

Picentes, um. m. plur. *Cic.* Los pueblos de la Marca de Ancona.

Picentia, ae. f. *Plin.* Ancona, *ciudad que dió nombre á la Marca de Ancona.*

Picentīnus, a, um. *Cic.* Lo perteneciente á la Marca de Ancona, y á sus pueblos y habitantes.

Picēnum, i. n. *Ces.* Provincia de Italia en la costa del mar adriático, *que hoy es parte de la Marca de Ancona y del Abruzo.*

Picēnus, a, um. *Liv.* Lo que es de la Marca de Ancona.

Piceus, a, um. y

Picĭnus, a, um. *Plin.* Lo que es de pez, negro como la pez.

Pico, ās, āvi, ātum, āre. a. *Col.* Empegar, dar, untar con pez.

Picridia, ae. f. 6

Picridium, ii. n. y

Picris, ĭdis. f. *Plin.* La lechuga silvestre ó chicoria amarga.

† Picrodholus, a, um. El que es muy bilioso, que abunda de bilis amarga.

Pictāvae, ārum. f. plur. Potiers, *ciudad capital del Poitou en Francia.*

Pictāvensis provincia. f. El Poitou, *provincia de Francia.*

Pictāvi, ōrum. m. plur. *Amian.* Los naturales de Potiers ó del Poitou.

Pictāvia, ae. f. El Poitou, *provincia de Francia.*

Pictāvĭcus, a, um. *Auson.* Lo perteneciente á los pueblos de la provincia de Poitou.

Pictĭlis. m. f. lĕ. n. is. *Apul.* Bordado, recamado.

Pictōnes, um. m. plur. *Plin.* Los habitantes de la provincia de Poitou en Francia.

**Pictŏnĭcus, a, um.** *Auson.* Lo perteneciente á los naturales de Poitou.

**Pictor, ōris. m.** *Cic.* El pintor. ‖ **Pictor**, sobrenombre de la familia de los Fabios. ‖ **Quinto F. Pictor**, historiador romano antiquísimo, cuyos escritos se han perdido.

**Pictōrius, a, um.** *Dig.* Lo concerniente á la pintura.

**Pictūra, ae. f.** *Cic.* La pintura, el arte de pintar. ‖ Pintura, lienzo, tabla ú otra cosa pintada. *Pictura textilis, Cic.* Bordado, bordadura.

**Picturātus, a, um.** *Claud.* Pintado. ‖ *Virg.* Bordado. *Picturatus ager floribus. Estac.* Campo esmaltado, bordado, matizado de flores. *Picturatae vestes. Virg.* Vestidos bordados, matizados de varios colores, adornados de diversos matices.

**Pictus, a, um.** *Cic. part. de Pingo.* Pintado. *Pictus acu clamidem. Virg.* Cubierto, vestido con una clámide bordada. *Picta toga*, llamada tambien *Palmata* y *Capitolina. Lampr.* Toga ricamente bordada, que llevaban los que entraban triunfantes en Roma, los cónsules en tiempo de los emperadores, y los pretores cuando celebraban fiestas públicas.

**Pĭcŭla, ae. f.** *Apul. dim. de Pix.* Un poquito de pez.

**Pĭcumnus, y Pilumnus, i. m.** *Non.* Picumno y Pilumno, dioses que presidian á los auspicios conyugales.

**Pĭcumnus, i. m.** *Non.* y

**Picus, i. m.** *Plin.* El pito ó pico verde, *ave conocida, llamada marcio*, por ser consagrada á Marte. ‖ *Plaut.* El grifo; *ave con cuerpo de leon, y pico, alas y uñas de águila.*

**Pie. adv.** *Cic.* Pia, piadosa, religiosa, santa, devotamente. ‖ Con humanidad, piedad, bondad, dulzura.

**Piĕres, um. m. plur.** *Plin* Pueblos de Macedonia.

**Piĕria, ae. f.** *Plin.* Veria ó Lacosiquia, *provincia de Macedonia.* ‖ *Plin.* Provincia de Siria, *entre Cilicia y Fenicia con un monte del mismo nombre.* ‖ *Her.* Nombre propio de muger.

**Piĕrĭcus, a, um.** *Plin.* Lo perteneciente á Veria ó Lacosiquia, *provincia de Macedonia.*

**Piĕrĭdes, um. f. plur.** *Hig.* Las nueve hijas de Piero, macedon ó tesalo, que habiendo desafiado á las musas á cantar, y vencidas por dictamen de las ninfas, fueron convertidas en picazas. ‖ *Cic.* Las musas, hijas de Júpiter y de Mnemosine.

**Piĕrius, a, um.** *Ov.* Lo que pertenece á Veria ó Lacosiquia, *en Macedonia.* ‖ Á las musas. ‖ Al monte Piero de Tesalia. ‖ Á las letras.

**Piĕrus, i. m.** *Ov.* Piero, macedon ó tesalo, *padre de las Pierides, que se confunden con las musas.* ‖ Monte de Tesalia, consagrado á las musas.

**Piĕtas, ātis. f.** *Cic.* Piedad, devocion, amor de Dios. ‖ Amor, respeto, reverencia, veneracion á los padres, á los parientes y amigos, á los mayores, á la patria. ‖ Clemencia, compasion, conmiseracion. ‖ Diosa entre los romanos.

**Piĕtas Julia, ae. f.** *Plin.* Pola, *ciudad de Istria, colonia romana.*

**Piĕtatĭcultrix, ĭcis. f.** *Petron.* Piadosa, religiosa, devota, la que tiene piedad ó la cultiva.

**Pĭgendus, a, um.** *Ov.* Aquello de que se ha de tener pesar ó arrepentimiento.

**Pigeo. V. Piget.**

**Piger, gra, grum.** *Cic.* Perezoso, lento, tardo, despacioso, flojo, holgazan, desidioso. ‖ *Ad Her.* Lo que causa pereza ó hace perezoso. ‖ *Hor.* Lo que dura mucho, lo que es de larga duracion, duradero. *Pigra gratia. Ov.* Favor que se hace esperar ó desear mucho tiempo. — *Palus. Ov.* Laguna muerta. — *Moles. Claud.* Mole, máquina muy pesada. *Pigrum bellum. Ov.* Guerra que dura mucho. *Piger humor Col.* Humor viscoso, que no corre. — *Ad litteras scribendas. Cel. à Cic.* Perezoso para escribir una carta. — *Militiae. Hor.* Perezoso, tardo, inútil para la guerra. *Pigriora remedia. Col.* Remedios demasiado lentos. *Pigerrimus. Arar. Sil.* El rio Saona, que corre con mucha lentitud.

**Piget, ēbat, pĭguit, y pĭgĭtum est. impers.** *Ter.* Pesar, causar dolor ó sentimiento, arrepentirse. *Piget me talium. Plaut.* Estoy cansado, enfadado de ó con tales cosas. *Pigere id se negat. Plaut.* Dice que no le pesa, que no se arrepiente.

**Pigmentārius, ii. m.** *Cic.* Droguero, droguista, el que vende drogas, *como colores, perfumes é ingredientes para medicamentos, afeites &c.*

**Pigmentārius, a, um.** *Alciat.* Lo que pertenece á los colores, afeites, drogas.

**Pigmentātus, a, um.** *Prud.* Hermoseado, adornado con colores, afeites.

**Pigmentum, i. n.** *Cic.* Color para la pintura. ‖ Afeite, menjurge para hermosear el rostro, colores. ‖ *Firm.* Jugo de yerbas con que se componen colores. ‖ Ornato, exornacion de la retórica, que llaman flores y colores de la retórica. ‖ *Cic.* Color, engaño, fraude.

**Pignĕratio, ōnis. f.** *Dig.* Empeño, la accion de empeñar ó hipotecar.

**Pignĕratĭtius, a, um.** *Dig.* Hipotecado, empeñado, dado en prendas. *Pigneratitius creditor. Ulp.* Acreedor, que ha prestado sobre prenda.

**Pignĕrātor, ōris. m. trix, ĭcis. f.** *Cic.* El, la que recibe prenda por una deuda, el que presta sobre prenda.

**Pignĕrātus, a, um.** *Ulp.* Empeñado, dado en prendas.

**Pignĕro, ās, āvi, ātum, āre. a.** *Liv.* Hipotecar, empeñar, dar en prendas.

**Pignĕror, āris, ātus sum, āri. dep.** *Cic.* Tomar prenda, tomar seguridad. *Mars ipse ex acie fortissimum quemque pignerari solet. Cic.* Marte suele tomar para sí el mas fuerte del ejército, el mas esforzado suele quedar ó morir en la batalla.

**Pignŏriscăpio, ōnis. f.** *Cat.* Toma de la prenda, secuestro.

**Pignōsa. ant.** *Fest.* en lugar de *Pignora.*

**Pignus, ŏris. n.** *Ces.* Prenda, seguridad por lo que se nos ha fiado ó prometido. ‖ Lo que se deposita ó pone por apuesta. ‖ Señal, prueba, testimonio, seguridad. ‖ *en plur.* Prendas, los hijos, nietos, y tambien los padres, hermanos, la muger, los parientes. ‖ La persona ó personas que se entregan en rehenes. *Pignus amoris. Sil.* Prenda, señal de amor, de amistad. — *Dare cum aliquo. Plaut.* Apostar con alguno. — *Liberare. Dig.* Retirar su prenda, desempeñarla. — *Vocis alicujus habere. Ov.* Tener la palabra de alguno. *Pignore dare, ponere. Plaut.* — *Opponere. Ter.* — *Obligare. Ulp.* Dar en prendas, empeñar una alhaja. *Pignore cum aliquo cretare. Virg.* — *Contendere. Cat.* Apostar con ó contra alguno.

**Pigre. adv.** *Col.* Perezosos, fria, floja, desidiosamente.

**Pigrēdo, ĭnis. f. V.** Pigritia.

**Pigresco, is, ĕre. n.** *Plin.* Hacerse perezoso, tardo.

**Pigritia, ae. f.** y

**Pigrities, ēi. f.** *Cic.* Pereza, negligencia, flojedad.

**Pigrĭtor, āris, atus sum, āri. dep. V.** Pigro.

**Pigrius. adv. comp.** *Plin.* Con mas ó demasiada pereza.

**Pigro, ās, āvi, ātum, āre. n.** *Acc.* y

**Pigror, āris, ātus sum, āri. dep.** *Cic.* Tardar, diferir, dilatar, proceder lentamente, con pereza, flojedad.

**Pigrum mare. n.** *Tac.* El mar de Escocia, *el océano calidonio.*

**Piguit. pret. de Piget.**

**Piissĭme. adv. sup.** *Sen.* **V. Pie.**

**Pila, ae. f.** *Col.* Pilar, pilastra. ‖ Mortero grande. ‖ *Virg.* Mole, dique. ‖ Pila, pilon.

**Pila, ae. f.** *Cic.* Pelota para jugar. ‖ *Plin.* Ovillo y cualquiera cosa redonda como pelota. ‖ *Plin.* Boton. ‖ *Marc.* El dominguillo ó muñeco de paja ó pellejo hinchado que se pone delante del toro para irritarle y burlarle. ‖ *Prop.* La esfera. ‖ *Col.* La mata arrancada con la tierra que coge su raiz para trasplantarla. ‖ *Asc.* La bolita ó haba para votar. ‖ *En.* La tierra, que se dice redonda como una pelota.

**Pilāni, ōrum. m. plur.** *Ov.* Los soldados que peleaban con lanzas cortas ó chuzos.

**Pilārii, ōrum. m. plur.** *Quint.* Titereteros; que hacen juegos con los cubiletes ó vasos, y unas pelotillas que parece ponen debajo de ellos, y las esconden entre los dedos. Jugadores de pasa-pasa, de maese coral.

**Pilāris**, m. f. rĕ. n. is. *Estac.* Lo que pertenece á la pelota ó al juego de ella.

**Pilātes**, ae. m. *Cat.* Piedra muy blanca asi llamada.

**Pilātim**. adv. *Vitruv.* Por pilastras ó columnas de fábrica. *Pilatim exercitum ducere. Escaur.* Hacer marchar á un ejército en coluna.

**Pilātrix**, īcis. f. *Non.* Ladrona, la que roba ó hurta.

**Pilātus**, a, um. *Virg.* Armado de una lanza, pica ó chuzo corto. || Denso, espeso, apretado, apiñado. || *Am.* Robado, despojado.

**Pileātus**, a, um. *Liv.* El que tiene un bonete, sombrero, birrete ó casquete en la cabeza. *Pileati fratres. Cat.* Castor y Polux.

**Pilentum**, i. n. *Liv.* Coche, carro ó silla volante de dos ruedas de que usaban las matronas romanas.

**Pileōlum**, i. n. y

**Pileōlus**, i. m. *Her.* Bonetillo, sombrerito, birrete pequeño.

**Pileum**, i. n. y

**Pileus**, i. m. *Plaut.* Bonete, pileo, sombrero, birrete, gorra ó casquete propio de los hombres. || *Lampr.* La membrana ó película que cubre al feto. *Servos ad pileum vocare. Liv.* Llamar á los esclavos á la libertad, escitarlos, levantarlos, hacerles tomar las armas con esperanza de libertad. *Era aquel bonete insignia de libertad; los esclavos llevaban el cabello largo, y la cabeza descubierta, y en adquiriendo la libertad se cortaban el cabello y usaban del bonete.*

**Pilicrĕpus**, i. m. *Sen.* El que juega á la pelota y hace ruido con ella sacándola, votándola ó volviéndola.

**Pilo**, as, avi, atum, are. n. *Fest.* Echar, criar pelo. || *Marc.* Pelar, repelar, arrancar el pelo. || *Amian.* Robar, hurtar, saquear, pillar.

† **Pilōrus**, i. m. El piloro, el orificio inferior del ventrículo.

**Pilōsus**, a, um. *Cic.* Peludo, cubierto de pelo, que tiene mucho pelo.

**Pilūla**, ae. f. *Plin.* Pelotilla, bolita, bola ó pelota pequeña. || Píldora de medicina.

**Pilum**, i. n. *Cat.* Mano de almirez ó de mortero. || *Ces.* Dardo, pica, lanza romana arrojadiza, *de cinco pies y medio de larga, con un hierro trigonal de peso de nueve onzas.* || Nombre de cada una de las diez centurias de piqueros, que formaban parte de una legion.

† **Pilūmen**, ĭnis. n. Lo que se desecha y aparta de una cosa molida y pasada por tamiz ó cedazo, las granzas.

**Pilumni**, ōrum. m. plur. Los que majaban el trigo en morteros en lugar de molerle.

**Pilumnus**, i. m. Pilumno, *hijo de Júpiter, dios de los panaderos y de los niños.*

**Pilus**, i. m. *Cic.* El pelo ó vello que cubre toda la piel. || El cabello. || Lo que es de poca monta. *Ad pilum ulcera reducere. Plin.* Hacer criar pelo donde ha habido llagas. *Pili non facio. Cic.* No hago caso, no me importa un bledo. *Pilo contrario. Plin.* Á contra pelo. *Pilos pro lana. adag.* Dar gato por liebre. *ref.*

**Pimpla**, ae. m. *Plin.* Pimpla, *monte y fuente de Macedonia consagrados á las musas.*

**Pimplea**, ae. f. *Hor.* Pimplea, *nombre de una musa ó de un monte, fuente y ciudad de Macedonia.*

**Pimplēis**, ĭdis. f. *Fest.* Pimpla ó Pimplea, *fuente ó monte de Macedonia. Nombre de las musas por la delicadeza del agua de esta fuente.*

**Pimplēus**, a, um. *Catul.* Lo perteneciente á la fuente Pimplea ó la musa.

**Pimplias**, ădis. f. *Varr.* V. Pimpleis.

**Pinăcōthēca**, ae. f. *Vitruv.* Galería, gabinete de pintura, donde se tienen y guardan las célebres pinturas.

**Pinarii**, ōrum. n. plur. *Liv.* Los Pinarios, *familia muy ilustre del Lacio, que asistian á los sacrificios de Hércules, juntamente con los Poticios, aunque solo estos comian las entrañas de las víctimas.*

**Pinārolium**, ii. m. Pignerol, *ciudad del Piamonte.*

**Pinaster**, tri. m. *Plin.* El pino silvestre.

**Pinax**, ācis. m. *Tert.* La tabla. *Pinax Cebetis. Tert.* La tabla Cebes. *Libro en que este filósofo tebano escribió como en una tabla ó índice sus reglas de la moral.*

**Pincerna**, ae. m. *Asc.* El copero ó escanciador, el que sirve la copa, la bebida.

**Pincius mons**. m. El monte Pincio, *una de las colinas de Roma.*

**Pindăreus**, a, um. *Marc. Cap.* y

**Pindăricus**, a, um. *Hor.* Pindárico, lo perteneciente á Píndaro ó sus versos.

**Pindărus**, i. m. *Quint.* Pindaro, *famoso poeta tebano, y el príncipe de los nueve líricos griegos, que floreció en tiempo de Esquilo y de la espedicion de los persas á Grecia. Escribió en dialecto dórico las poesías olimpias, pitias, nemeas é istmias que tenemos. Por respeto á su crédito entrando los lacedemonios en Beocia á sangre y fuego, perdonaron á Tebas: y destruyendo á esta ciudad Alejandro Magno, mandó á sus tropas que no tocasen á la casa y familia de Píndaro.*

**Pindo**, is, ĕre. a. ant. Majar, machacar, moler en un mortero.

**Pindus**, i. m. *Virg.* El Pindo, *monte de Tesalia.*

**Pinea**, ae. f. *Col.* V. Pinus. || La piña del pino.

**Pinētum**, i. n. *Plin.* Pinar, campo plantado de pinos.

**Pineus**, a, um. *Virg.* Lo que es de pino. *Pinei nuclei. Col.* Los piñones, *fruto que dan las piñas.*

**Pingendus**, a, um. *Cic.* Lo que se ha de pintar.

**Pingo**, is, nxi, ctum, gĕre. a. *Cic.* Pintar, representar, figurar, retratar con líneas y colores las cosas animadas é inanimadas. || Dar de color, teñir. || Adornar, hermosear, variar con colores ú otros adornos. *Pingere constructionem bibliothecam. Cic.* Adornar, componer elegantemente una biblioteca.— *Acu. Ov.* Bordar, recamar.— *Verba. Cic.* Usar de palabras enérgicas, brillantes, figuradas.

**Pinguārius**, a, um. *Marc.* El que vende grasa ó sebo.

**Pingue**, is. n. *Virg.* La grasa, manteca ó sebo.

**Pinguedineus**, a, um. *Plin.* Pingüe, pingüedinoso, oleoso, craso, grasiento, manteeoso.

**Pinguedo**, ĭnis. f. *Plin.* Grasa, manteca, pingüedo, pringue, sebo, sustancia oleosa de los animales y otras cosas.

**Pinguefăcio**, is, fĕci, factum, cĕre. a. *Plin.* Engrasar, poner craso, gordo.

**Pinguefactus**, a, um. *Tert.* Engordado, cebado.

**Pinguesco**, is, ĕre. n. *Col.* Engordar, engruesar, ponerse gordo ó craso.

**Pinguiārius**, a, um. *Marc.* El que gusta de cosas crasas, de grasa.

**Pinguis**. m. f. guĕ. n. is. *Cic.* Pingüe, craso, gordo, manteeoso. || Fértil, abundante, fecundo, pingüe. || Grosero, tosco, vasto. *Pinguis ager. Plin.* Tierra pingüe, sustanciosa, pegajosa. — *Somnus. Ov.* Sueño tranquilo y profundo.— *Vitiis. Hor.* Hombre vicioso, desordenado.— *Coma. Suet.* Cabello espeso. || Humedecido con perfumes. — *Sapor. Plin.* Gusto, sabor suave, agradable, no fuerte ni ácido. — *Minerva. Cic.* Erudicion grosera, tosca. *Pinguia folia. Plin.* Hojas gruesas y como carnosas. — *Verba. Quint.* Palabras hinchadas, ampulludas que llenan la boca. *Pingue ingenium. Cic.* Talento, ingenio torpe, grosero, tardo. — *Merum. Hor.* Vino grueso, de mucho cuerpo.

**Pinguĭter**. adv. *Col.* Crasamente, con grasa ó crasitud. || Groseramente.

**Pinguĭtia**, ae. f. y

**Pinguĭties**, ĕi. f. ó

**Pinguĭtūdo**, ĭnis. f. *Plin.* La pringue, grasa, manteca, gordura.

**Pinĭfer**, ĕra, ĕrum. *Virg.* Abundante de pinos, que los produce en abundancia.

**Pinĭger**, ĕra, ĕrum. *Ov.* Que lleva un pino. || Que da ó produce pinos.

**Pinna**, ae. f. *Cic.* El cañon, la pluma gruesa del ave. || *Plin.* La aleta del pez. || El ala del ave. || *Ces.* Almena de la muralla. || *Varr.* Penacho del yelmo. || *Plin.* Pina, pececillo de concha, *que va acompañado de otro llamado esquila. Aquel tiene las conchas anchas y chatas; y cuando se han entrado algunos pescadillos dentro, le avisa, mordiéndole, su compañero, para que apriete las conchas, y parten entre sí la presa. Cic.*

**Pinnacŭlum**, i. *n. Tert.* Pináculo, la parte superior ó mas alta de un templo ú otro edificio magnífico.

**Pinnātus**, a, um. *Cic.* Alado, que tiene alas ó aletas. ‖ *Plin.* Coronado, guarnecido de almenas. *Pinnata cauda. Cic.* Cola que tiene plumas gruesas ó cañones. — *Folia. Plin.* Hojas muy espesas, puestas unas sobre otras como las plumas de las aves.

**Pinnenses**, ium. *m. plur. Val. Max.* Los naturales ó habitantes de una ciudad de los vestinos, llamada hoy *Civita di Vinna*.

**Pinnensis**. *m. f. sc. n. is. Plin.* Lo perteneciente á la ciudad de los vestinos, llamada *Civita di Venna*.

**Pinnicillum**, i. *n.* 6

**Pinnicillus**, i. *m. Palad.* El pincel.

**Pinnĭfer**, a, um. *Virg.* y

**Pinnĭger**, a, um. *Lucr.* Alado, que tiene alas para volar, ó aletas para navegar.

**Pinnĭpŏtens**, tis. *com.* V. *Pennipotens*.

**Pinnĭrăpus**, a, um. ó

**Pinnĭrăpus**, i. *m. Juv.* El gladiador que batallando con otro procura quitarle el penacho del yelmo.

**Pinnŏphylax**, ăcis. *m. Plin.* ó

**Pinnŏtēres**, ae. *m. Plin.* El pececillo esquila, que va acompañando y como de guardia de la pina.

**Pinnŭla**, ae. *f. Col.* Plumita, pluma pequeña. ‖ *Plin.* Aleta de un pez.

**Pinsātio**, ōnis. *f. Vitruv.* La accion de majar ó machacar en almirez ó mortero.

**Pinsĭto**, as, avi, atum, are *a. Plaut. frec.* de *Pinso*. Majar, machacar á menudo en almirez ó mortero.

**Pinsĭtus**, a, um. *Col. part.* de *Pinso, is.* Majado, machacado, molido.

**Pinso**, as, are. *a. Varr.* y

**Pinso**, is, sui, sum, situm, pistum, ĕre. *a. Varr.* Majar, machacar, moler en almirez ó mortero. *Pinsere flagro. Plaut.* Azotar, dar zurriagazos.

**Pinsor**, ōris. *m. Varr.* El que maja, machaca, muele en almirez, mortero ó tina.

**Pinsus**, a, um. *Vitruv. part.* de *Pinso, is.* Molido, majado, machacado.

**Pintia**, ae. *f.* Valladolid, *ciudad de España en Castilla la vieja*.

**Pinus**, i. *f. Virg.* El pino, *árbol.* ‖ La nave.

**Pinxi**. *pret.* de *Pingo*.

**Pio**, as, avi, atum, are. *a. Hor.* Espiar, aplacar, satisfacer con sacrificios. ‖ *Plaut.* Reverenciar, venerar con piedad, con devocion. *Piare iram. Prop.* Desfogar, saciar la ira. — *Damna. Ov.* Remediar los daños.

**Pioniae**, ārum. *f. plur.* Ciudad de Asia en Misia y de Eolide.

**Pionītae**, ārum. *m. plur.* Sus habitantes, pionitas.

**Pipātus**, us. *m. Varr.* El piar de los pollos, pio, pio.

**Piper**, ĕris. *n. Plin.* La pimienta.

**Pipĕrātum**, i. *n. Celt.* Condimento, guiso sazonado con pimiento.

**Pipĕrātus**, a, um. *Col.* Condimentado, guisado, compuesto con pimienta, espolvoreado con ella.

**Pipĕrītis**, is, ó ĭdis. *f. Plin.* El gengibre, *planta*.

**Pipĭlo**, as, avi, atum, are. *n. Cat.* y

**Pipio**, is, ivi, itum, ire. *n. Col.* y

**Pipio**, as, are. *n. Tert.* Piar los pollos, pichones, pájaros y otras aves pequeñas.

**Pipio**, ōnis. *m. Lampr.* Pajarito, polluelo, palomino chiquito que pia.

**Piplae**, ārum. *f. plur.* Siete islas pequeñas cerca de Narbona.

**Pipo**, as, avi, atum, are. *n. Varr.* V. *Pipio*.

**Pipŭlum**, i. *n.* y

**Pipŭlus**, i. *m. Plaut.* Mofa, burla, irrision. *Pipulo aliquem differre. Plaut.* Insultar, injuriar á uno de palabra, hacerle burla con voces de irrision, y como remedando el piar de los pollos. — *Poscere. Varr.* Pedir con voces de burla é irrision.

**Piracium**, ii. *n. S. Germ.* Vino de peras.

**Piraeeus**, y **Piraeus**, i. *m. Cic.* Pireo, *puerto célebre de Atenas*.

**Piraeus**, a, um. *Ov.* Lo que es del puerto Pireo.

**Pirāta**, ae. *m. Cic.* Pirata, corsario, ladron de mar.

**Pirātĭca**, ae. *f. Cic.* La pirateria, el corso. *Piraticam facere. Cic.* Andar, salir á corso, á robar por el mar.

**Pirātĭcus**, a, um. *Cic.* Lo que es de piratas, de corsarios.

**Pirēne**, es. *f. Estac.* Pirene, *fuente al pie de la fortaleza de Corinto, dedicada á las musas*. ‖ *Plaut.* Pirene, hija de Aqueloo, convertida en la fuente del mismo nombre por lo mucho que lloraba á su hijo Cencrias, muerto por Diana.

**Pirēnis**, ĭdis. *adj. Ov.* Lo perteneciente á Pirene ó á Corinto, que estaba cerca de esta fuente.

**Pirithŏus**, i. *m. Hor.* Puitoo, *hijo de Ixion, grande amigo de Teseo, en compañía del cual fue al infierno á robar á Proserpina, y le mató el Cancerbero*.

**Pirum**, i. *n. Hor.* La pera, fruto del peral.

**Pirus**, i. *f. Virg.* El peral, *árbol*.

**Pirustae**, ārum. *m. plur. Ces.* Pirustas, *pueblos de Ilírico*.

**Pisa**, ae. *f. Ov.* Pisa, *ciudad del Peloponeso en la Elide junto al rio Alfeo, célebre por los juegos olímpicos de los griegos*.

**Pisae**, ārum. *f. plur. Virg.* Pisa, *ciudad de Toscana junto al rio Arno*.

**Pisaeus**, a, um. *Ov.* Lo perteneciente á Pisa en la Elide.

**Pisāni**, ōrum. *m. plur. Liv.* Los naturales y habitantes de Pisa en Toscana.

**Pisānus**, a, um. *Liv.* Perteneciente á Pisa en Toscana.

**Pisatio**, ōnis. *f. Sen.* V. *Pinsatio*.

**Pisaurensis**. *m. f. sc. n. is. Liv.* Lo perteneciente á Pésaro en la Umbría.

**Pisaurum**, i. *n. Ces.* Pésaro, *ciudad de la Umbría á la embocadura del rio Isaura*.

**Piscāria**, ae. *f. Varr.* La pesquería ó pesquera, el lugar donde se pesca. ‖ *Ulp.* La pescadería, el mercado de la pesca ó el parage donde se vende.

**Piscārius**, ii. *m. Varr.* Pescadero, el que vende pescado.

**Piscārius**, a, um. *Plaut.* Lo que es de pesca ó de los peces.

**Piscātio**, ōnis. *f. Ulp.* La pesca, pesquería, la accion de pescar.

**Piscātor**, ōris. *m. Cic.* El pescador.

**Piscātōrius**, a, um. *Ces.* Piscatorio, lo perteneciente á la pesca ó al pescador. *Piscatoria navis. Ces.* Barco de pescador. *Piscatorium forum. Liv.* Pescadería, mercado, plaza donde se vende pescado.

**Piscātrix**, ĭcis. *f. Plin.* La pescadora.

**Piscātūra**, ae. *f. Tert.* y

**Piscātus**, us. *m. Cic.* La pesca ó pesquería, la accion de pescar. ‖ La pesca, el pescado.

**Piscēnae**, ārum. *f. plur.* Pesenas, *ciudad del bajo Lenguadoc*.

**Pisces**, ium. *m. plur. Col.* Los peces. ‖ El duodécimo signo del zodiaco, piscis.

**Pisciăcum**, i. *n.* Poissy, *ciudad de la isla de Francia*.

**Piscĭcaepe**, cĭpis. *m. Varr.* V. *Piscator*.

**Piscĭcŭlus**, i. *m. Cic.* Pececillo, pez pequeño.

**Piscīna**, ae. *f. Cic.* Piscina, estanque donde se cria pesca. ‖ *Tac.* Cisterna. ‖ Estanque para bañarse. ‖ Reservatorio de agua para dar de beber al ganado, pila, pilon. ‖ *Plin.* Cuba ó tinaja grande para agua.

**Piscīnālis**. *m. f. sc. n. is. Palad.* Lo perteneciente á la piscina ó estanque de peces.

**Piscīnārius**, ii. *m. Cic.* El que tiene gusto en estanques ó piscinas.

**Piscīnensis**. *m. f. sc. n. is. Fest.* V. *Piscinalis*.

**Piscīnella**, ae. *f.* y

**Piscīnŭla**, ae. *f. Varr.* Piscina, estanque pequeño.

**Piscis**, is. *m. Cic.* El pez.

**Piscor**, āris, ātus sum, āri. *dep. Cic.* Pescar. *In aere piscari. prov. Plaut.* Perder el tiempo, trabajar en balde.

**Piscōsus**, a, um. *Virg.* y

**Piscŭlentus**, a, um. *Plaut.* Abundante de peces.

**Pisīdae**, ārum. *m. plur. Plin.* Los pueblos de Pisidia en el Asia menor.

## PIT

**Pisidia**, ae. *f. Estrab.* Pisidia, *provincia del Asia menor.*

**Pisinnus**, ii. *m. Marc.* Voz ant. *Niño tierno, infante.*

**Piso**, as, are. *a. y*

**Piso**, is, ere. *a. V.* Pinso, is.

**Piso**, onis. *m. Marc. Emp.* El almirez ó mortero.

**Pisones**, um. *m. plur. Hor.* Los Pisones, *familia romana muy ilustre.* || *Cic.* Otra plebeya.

**Pisonianus**, a, um. *Suet.* Lo perteneciente á los Pisones.

**Pissasphaltus**, i. *f. Plin.* Pez mezclada con betun, que se halla en el campo de Apolonia.

**Pisseleon**, ii. *n. Plin.* Aceite de la pez del cedro.

**Pissinum oleum**, i. *n. Plin.* Aceite de pez.

**Pissoceros**, i. *m. Plin.* Compuesto de goma ó pez y cera con que hacen una costra las abejas por dentro del corcho.

**Pistacia**, ae. *f. Palad.* El alfónsigo, alfócigo, *árbol.*

**Pistacium**, ii. *n. Plin.* El alfónsigo, *fruta á modo de almendra del árbol del mismo nombre.*

**Pisticus**, a, um. *Bibl.* Legítimo, legal, no alterado. *Pistica nardus.* Nardo líquido.

**Pistillum**, ó **Pistillus**, i. *m. Col. Plaut.* Mano de almirez ó mortero.

**Pisto**, as, avi, atum, are. *a. Veg.* Pistar, majar, moler, machacar.

**Pistolochia**, ae. *f. Plin.* Yerba, especie de aristoloquia.

**Pistor**, oris. *m. Plin.* Molendero, el que molia el trigo en un pilon antes de la invencion de la muela. || Panadero, || Pastelero, || Confitero, el que hace tortas y bollos dulces.

**Pistoricus**, a, um. *Ulp. y*

**Pistorius**, a, um. *Plin.* Lo perteneciente al panadero, pastelero y confitero.

**Pistrilla**, ae. *f. Tert.* Molino que se maneja á brazo.

**Pistrina**, ae. *f. Lucil.* Lugar donde se molia el trigo. || Molino, taona.

**Pistrinalis**. *m. f. le. n. is. Col.* Lo perteneciente al molino ó taona.

**Pistrinarius**, ii. *m. Ulp.* El taonero ó molinero.

**Pistrinensis**, *m. f. le. n. is. Suet.* Lo perteneciente al molino de trigo ó al molinero.

**Pistrinum**, i. *n. Cic.* El lugar donde antiguamente se molia el trigo. || La taona, el molino. || La panadería.

**Pistris**, is. *f. Virg. y*

**Pistrix**, icis. *f. Lucil.* La panadera, la muger que molia el trigo y hacia el pan. || Pistris, gran pez de mar. || Constelacion celeste llamada la ballena. || Nave larga y angosta como el pez pistris.

**Pistura**, ae. *f. Plin.* La accion de moler el trigo, moliendo.

**Pistus**, a, um. *part. de* Pinso, is. *Plin.* Molido, majado, machado.

**Pisum**, i. *n. Plin.* Legumbre, especie de arvejas. || Alverjon, guisante.

**Pisus**, a, um. *V.* Pistus.

**Pithecium**, ii. *n. Plaut.* La mona. || Apodo de la muger fea. || *Apul.* Una yerba.

**Pithecusa**, ae. *f. Plin.* Pitecusa, *isla del mar tirreno.*

**Pitheus**, i. *m. Plin.* Globo de fuego, que aparece en el cielo en figura de una tinaja.

**Pitho**, us. *f.* Diosa de la persuasion. || Sobrenombre de Diana en Corinto.

**Pithoegia**, orum. *n. plur.* Fiestas en honor de Baco.

**Pithogaster**, tri. *m. Casaub.* Vientre grueso como un tonel.

**Pitisso**, as, avi, atum, are. *a. Ter.* Gustar un licor, beber poco á poco, saboreándose.

**Pittacium**, ii. *n. Petron.* Cédula que se pega á alguna cosa con un rótulo para memoria. || Cédula ó esquela en que se escriben apuntaciones. || *Cels.* Paño ó baldés en que se estiende algun ungüento para defensivo contra los dolores.

**Pittacus**, i. *m. Juv.* Pitaco, *filósofo natural de Metelin, uno de los siete sabios de Grecia, y no menos famoso capitan.*

**Pittheis**, idos. *patron. f. Ov.* Hija ó nieta de Piteo.

**Pittheius**, a, um. *Ov.* Lo perteneciente á Piteo.

**Pittheus**, a, um. *Ov. V.* Pittheius, a, um.

## PLA

**Pittheus**, i. *m. Ov.* Piteo, *rey de Trecent.*

**Pituina**, ae. *f. Veg.* La resina del pino.

**Pituita**, ae. *f. Cic.* Pituita, humor flemático. || *Col.* Pepita, enfermedad del flujo de la pituita, que da á las gallinas y á los pájaros. || *Plin.* El humor lento que destilan los árboles.

**Pituitaria**, ae. *f. Plin.* Yerba que deseca la pituita.

**Pituitosus**, a, um. *Plin.* Pituitoso, aquel en quien domina la pituita, que es de humor flemático.

**Pityinus**, a, um. *Marc. Emp.* Lo que es de pino.

**Pityis**, idos. *f. Plin.* La piña del pino.

**Pityocampa**, ae. *y*

**Pytyocampe**, es. *f. Plin.* La oruga que se cria en el pino.

**Pius**, a, um. *Cic.* Pio, piadoso, respetuoso, venerador de los padres, parientes, amigos y mayores. || Devoto, religioso. || Benigno, afable, tratable, humano. || Inocente, hombre de bien, bien intencionado. *Pius lucus. Hor.* Bosque consagrado á los dioses. — *In parentes. Cic.* Respetuoso para con sus padres. — *Dolor. Cic.* Dolor ligero, ó causado de la piedad. — *Amor. Quint.* Amor puro, honesto. *Pia fraus. Ov.* Engaño inocente. *Pium ingenium. Ter.* Genio suave, tratable. *Piissimus civis. Curc.* Ciudadano bellísimo, lleno de bondad.

**Pix**, picis. *f. Ces.* La pez.

**Pixis**, idis. *f. V.* Pyxis.

## PL

**Placabilis**. *m. f. le. n. is. Cic.* Fácil de aplacar. || *Ter.* Lo que aplaca fácilmente ó es apto para aplacar.

**Placabilitas**, atis. *f. Cic.* Mansedumbre, dulzura, facilidad de aplacarse.

**Placabiliter**. *adv. Gel.* De un modo que aplaca.

**Placamen**, inis. *n. Liv. y*

**Placamentum**, i. *n. Tac.* Aquello con que uno se aplaca, lo que se hace ó sirve para aplacar.

**Placate**, ius, issime. *adv. Cic.* Pacífica, quieta, tranquilamente, con suavidad y dulzura.

**Placatio**, onis. *f. Cic.* Aplacamiento, mitigacion, la accion de aplacar.

**Placatorius**, a, um. *Tert.* Lo que sirve ó es apto para aplacar.

**Placatus**, a, um, ior, issimus. *Cic. part. de* Placo. Aplacado, apaciguado, sosegado. *Placatiores dii. Plin.* Dioses mas propicios. *Placatissima quies. Cic.* Descanso, reposo dulcísimo.

**Placendus**, a, um. *Plaut.* Á quien se ha de agradar.

**Placens**, tis. *com. Hor.* Lo que agrada ó deleita, y da placer, caro, amado.

**Placenta**, ae. *f. Hor.* Torta de harina, sin levadura, amasada con queso y miel.

**Placentia**, ae. *f. Apul.* Deseo de agradar, de dar placer. || Plasencia, *ciudad de Italia.*

**Placentinus**, a, um. *Cic.* Lo que pertenece á Plasencia en Italia, placentino.

**Placeo**, es, cui, citum, y citum est, cere. *n. Cic.* Dar placer, deleitar, agradar. *Placet senatui. Cic.* Manda, ordena, decreta el senado. *Placetne sic agi? Cic.* ¿Parécete bien obrar así? — *Sapientibus. Ter.* Segun la opinion de los sabios. *Placeat quid istis de epistola expecto. Cic.* Aguardo á ver qué dicen, qué sienten estos de la carta. *Si placet. Cic.* Si te parece, si gustas. *Placere sibi. Quint.* Estar muy pagado, muy satisfecho de sí propio. *Placet, placuit, placitum est.* Se usa como impersonal.

**Placibilis**. *m. f. le. n. is. Tert.* Lo que puede agradar ó dar placer. Placible.

**Placide**, ius. *adv. Cic.* Plácida, quieta, sosegada, tranquilamente, sin ruido, sin conmocion. *Placide ire. Ter.* Andar, caminar sin ruido.

**Placiditas**, atis. *f. Varr.* Apacibilidad natural, genio apacible, dulce, suave.

**Placidulus**, a, um. *Auson. dim. de*

**Placidus**, a, um. *Cic.* Plácido, quieto, sosegado, tranquilo, suave, apacible. *Placida arbor. Plin.* Arbol cultivado. *Placidum alicui se dare. Ov.* Mostrarse suave ó con alguno.

**Placita**, ōrum. n. plur. *Plin.* Declaraciones, órdenes, decretos de los soberanos. ‖ Máximas, sentencias, opiniones.

**Placitis**, ĭdis. f. *Plin.* La tercera especie de cadmia.

**Placito**, as, avi, atum, are. n. *Plaut. frec. de* Placeo. Agradar frecuentemente.

**Placitum**, i. n. *Plin.* Decreto, órden. ‖ Opinion, parecer, sentencia.

**Placiturus**, a, um. *Virg.* El que ha ó tiene de agradar.

**Placitus**, a, um. *part. de* Placeo. Agradable, lo que agrada, da gusto y placer. *Rex placitissimus diis. Just.* Rey muy agradable, acepto á los dioses.

**Placo**, as, avi, atum, are. a. *Cic.* Aplacar, mitigar, suavizar, calmar. ‖ Tranquilizar, sosegar, aquietar. *Placare ventrem. Hor.* Hartarse. — *Aliquem reipublicae. Cic.* Reconciliar á alguno con la república. *Placari in eum numquam potuit. Nep.* Jamás quiso perdonarle.

**Placui**. pret. de Placeo.

**Plaga**, ae. f. *Cic.* Golpe que hiere y ofende. ‖ Llaga, herida. ‖ Raja, incision que se hace á un árbol para ingertarle.

**Plaga**, ae. f. *Virg.* Plaga, clima, region, espacio dilatado de tierra, zona. ‖ *Serv.* Red para cazar las fieras, ó la malla de la red. ‖ *Liv.* Un escuadron. ‖ *Varr.* Cortina ó velo para cubrir la litera ó la cama. *Plaga lactea. Estac.* La via lactea, conjunto de estrellas que forma un círculo en el cielo. *Solifera. Sen.* El oriente. — *Aetria. Virg.* La region del aire.

**Plagae**, arum. f. plur. *Virg.* Redes para cazar.

**Plagatus**, a, um. *Bibl.* Lleno de plagas, afligido con muchos trabajos.

**Plagiarius**, ii. m. *Ulp.* Sonsacador, solicitador de esclavos agenos: el que compra á un hombre libre sabiendo que lo es, y le tiene forzado en esclavitud. ‖ *Marc.* El que se vende por autor de un libro de otro; plagiario.

**Plagiator**, ōris. m. *Tert.* V. Plagiarius.

**Plagiger**, gra, grum. *Plaut.*

**Plagigerulus**, a, um. *Plaut.* El que lleva muchas zurras ó golpes.

**Plagiosippus**, i. m. *Ad Her.* El que se deleita en dar golpes.

**Plagipatida**, ae. com. *Plaut.* El que continuamente está llevando golpes.

**Plagium**, ii. n. *Dig.* El delito del que compra, vende ó tiene por esclavo al hombre libre. ‖ Del que persuade al esclavo ageno á que huya de casa de su señor, ó le encubre, compra ó vende sin saberlo este.

**Plago**, as, are. a. *S. Ag.* Golpear, sacudir, zurrar, cascar, dar de golpes.

**Plagosus**, a, um. *Hor.* El que se deleita en dar golpes. ‖ *Apul.* Cubierto de llagas.

**Plagula**, ae. f. *Plin.* Cortina ó cubierta con que se cubre la litera ó la cama. ‖ Hoja de papel. ‖ *Varr.* Falda del vestido talar.

**Plagusia**, ae. f. *Plaut.* Especie de pez de conchas.

**Planaratrum**, i. n. *Plin.* Arado con dos ruedas, inventado por los antiguos galos.

**Planaria**, ae. f. *Plin.* Pequeña isla del mar ligústico, entre Caparia y Córcega, llamada asi por su situacion llana. ‖ Otra del mismo nombre y por la misma razon entre las Canarias.

**Planarius**, a, um. *Amian.* Lo que se hace en el llano, en campaña rasa.

**Planasia**, ae. f. La isla de santa Margarita en la costa de Provenza. ‖ Isla del mar de Toscana.

**Planca**, ae. f. *Fest.* Tabla plana como plancha.

**Plancianus**, a, um. *Ulp.* Lo perteneciente á Planco, sobrenombre romano.

**Planctus**, us. m. *Sil. Ital.* Golpes que se da en el pecho ó en otra parte del cuerpo el que está en una grande afliccion. ‖ Planto. ‖ Llanto con gemidos y golpes.

**Plancus**, a, um. *Plin.* El que tiene los pies anchos y estendidos.

**Plane**, ius, issime. adv. *Cic.* Clara, abiertamente. ‖ Del todo, enteramente. ‖ Ciertamente.

**Planeta**, ae. m. *Cic.* El planeta. *Son siete, contados desde el lugar superior Saturno, Jupiter, Marte, Sol, Venus, Mercurio, Luna,* Herschel, nuevamente descubierto.

**Planetarius**, ii. m. *S. Ag.* Astrónomo, observador de planetas.

**Planetes**, ae. m. *Gel.* Planeta.

**Planeticus**, a, um. *Sidon.* Propio de los planetas.

**Planges**, tis. com. *Lucr.* El que da de golpes al afligido, ó el que estándolo se maltrata.

**Plango**, is, nxi, nctum, gere a. n. *Ov.* Dar de golpes. ‖ Darse golpes, maltratarse en medio de la afliccion y llanto. *Plangere pectora palmis. Ov.* Darse golpes en el pecho por un escesivo dolor. *Plangere aliquem,* ó *aliquid. Tibul.* Llorar á alguno ó sobre alguna cosa dándose golpes.

**Plangor**, ōris. m. *Catul.* Ruido, estrépito de golpes. ‖ *Cic.* Lamentacion, gemido, gritos de dolor acompañados con golpes en el pecho ó en el rostro.

**Planidus**, a, um. *Col.* Plano, igual, llano.

**Planiloquus**, a, um. *Plaut.* El que habla claro, que dice con claridad lo que siente.

**Planipes**, edis. com. *Quint.* Actor de comedias ó pantomimas en el suelo y sin teatro, á pie llano.

**Planipedius**, a, um. *Donat.* Humilde, bajo como las comedias de la voz precedente.

**Planitas**, atis. f. *Tac.* Claridad, pureza.

**Planitas**, atis. f. y

**Planities**, ae. f. *Lucr.* y

**Planities**, ei. f. *Lucr.* y

**Planitudo**, ĭnis. f. *Col.* Llanura, llano, llanada.

**Planitus**. adv. de lug. *Ter.* Por camino llano.

**Plano**, as, are. a. *Corrip.* Allanar.

**Planta**, ae. f. *Plin.* Planta, rama tierna del árbol que se planta ó ingiere. ‖ Yerba, árbol ‖ Planta del pie.

**Plantago**, ĭnis. f. *Plin.* El llanten, yerba comun.

**Plantares**, ium. f. plur. *Fest.* y

**Plantaria**, ium. n. plur. *Petr.* Las alas de los pies de Mercurio.

**Plantaris**, m. y ré. n. is. *Estat.* Lo que pertenece á las plantas de los pies y á las que se plantan.

**Plantarium**, ii. n. *Plin.* Plantel, plantario, lugar donde se crian plantas para trasplantar y semillero, almáciga. ‖ Planta que se cria para este fin.

**Plantarius**, a, um. *Col.* Lo que pertenece al plantel, lo que se cria para trasplantar.

**Plantatio**, ōnis. f. *Plin.* La plantacion, la accion de plantar. ‖ La estacion propia para plantar.

**Plantator**, ōris. m. *S. Ag.* Plantador, el que planta.

**Plantiger**, a, um. *Plin.* Lo que cria ó produce plantas.

**Planto**, as, avi, atum, are. a. *Plin.* Plantar, sembrar.

**Planus**, i. m. *Cic.* Engañador, embustero.

**Planus**, a, um. ior, issimus. *Cic.* Plano, unido, igual, llano, que tiene la superficie plana. ‖ Claro, manifiesto, evidente. *Planus ager. Varr.* Campo inculto. *Planum facere. Cic.* Hacer ver evidentemente. *De plano promittere. Lucr.* Prometer de plano, fácil, prontamente. *Addire. Dig.* Dar audiencia fuera del tribunal. *Planum est. Plaut.* Es cosa clara, es evidente.

**Planxi**. pret. de Plango.

**Plasma**, ătis. n. *Quint.* Cierta bebida dulce para aclarar la voz. ‖ *Matc. Cap.* Ficcion poética. ‖ *Prud.* La obra hecha de barro.

**Plasmatio**, ōnis. f. *S. Gir.* La accion de plasmar, de hacer ó figurar algo de barro.

**Plasmator**, ōris. m. *Tert.* El alfarero.

**Plasmatūra**, ae. f. *Col.* V. Plasmatio.

**Plasmatus**, a, um. *Tert.* Plasmado, hecho de barro, part. de

**Plasmo**, as, are. a. *Prud.* Plasmar, hacer, figurar algo de barro.

**Plastes**, ae. m. *Veleg.* El alfarero.

**Plastica**, ae. f. V. Plastice.

**Plasticator**, ōris. m. *Jul. Firm.* El alfarero.

**Plastice**, es. f. *Plin.* El arte de hacer obras de barro, alfarería. ‖ Escultura.

**Plasticus**, a, um. *Vitruv.* Lo perteneciente al arte de hacer obras de barro, á la alfarería ó escultura.

Plataeae, arum. f. plur. Cic. Platea, ciudad de Beocia, célebre por la rota que Arístides, pretor de Atenas, y Pausanias, general de Esparta, diéron á Mardonio, capitan de Jérjes.

Plataeensis. m. f. et is. Nep. y

Plataeus, a, um. Vitruv. Lo perteneciente á Platea en Beocia.

Plătălea, ae. f. Cic. El pelícano, ave.

Plătănētum, i. m. V. Platanon.

Plătăninus, a, um. Col. Lo que es de plátano.

Plătănista, ae. m. Plin. Especie de pez muy grande que se halla en el Ganges.

Plătănon, ōnis. f. Vitruv. Lugar plantado de plátanos.

Plătănus, i. f. Hor. Plátano, árbol bueno solo por su vista y sombra.

Plătĕa, ae. f. Cas. Calle ancha de una ciudad. || Lampr. Corral, patio dentro de una casa. || El pelícano, ave.

Platessa, ae. f. Aus. Especie de pescado plano.

Platĭces, es. f. Jul. Firm. Instruccion breve y en bosquejo, á la cual se sigue otra mas estensa.

Platĭce, adv. Jul. Firm. Toscamente, en bosquejo, incompletamente.

Plato, y Platon, ōnis. m. Cic. Platon, célebre filósofo ateniense, y discípulo de Pitágoras en la Italia.

Platōnĭcus, a, um. Plin. Platónico, lo perteneciente á Platon.

Platycĕros, ōtis. com. Plin. El animal muy abierto de cuernos.

Platycorīāsis, is. f. Veg. Dilatacion preternatural de la pupila, enfermedad que suelen padecer los caballos.

Platyophthalmus, i. m. Plin. El antimonio, especie de piedra preciosa.

Platyphyllon, i. m. Plin. Planta, especie de titimalo.

Plaudens, tis. com. Ov. El que aplaude, el que da palmadas en señal de aprobacion y gozo. Diis et hominibus plaudentibus, Secundo aestu procedere. Ad voluntatem fluere. adag. Á pedir de boca.

Plaudo, is, si, sum, dĕre. a. Virg. Aplaudir, dar aplauso || Dar palmadas, mostrar aprobacion y gozo con golpes de manos y pies. Plaudere pedibus choreas. Virg. Danzar, bailar. — Aquas natatu. Stat. Cortar, azotar el agua nadando. — Sibi. Hor. Aplaudirse á sí mismo. Plauditur. Ov. impers. Se aplaude, dan palmadas. Plaudite. Aplaudidlo. Voz con que se despedia á los espectadores al fin de la representacion teatral.

Plaudus, i. m. Fest. El sabueso, perro corredor.

Plausĭbĭlis. m. f. le, n. is. Cic. Plausible, agradable, grato, que merece aplauso.

Plausibiliter. adv. Sidon. Plausiblemente, con aplauso.

Plausito, as, are. n. Aus. de Filom. Batir frecuentemente las alas, con que las aves muestran su gozo.

Plausor, ōris. m. Hor. El que aplaude con palmadas ú otras demostraciones de gozo.

Plaustrarātrum. V. Planaratrum.

Plaustrārius, ii. m. Ulp. Cochero, carretero, el que dirige el carro. || Carretero, el que hace carros.

Plaustrum, i. n. Cic. Carro, carreta, galera. || Ov. el carro, constelacion celeste.

Plausus, us. m. Virg. Golpe, sacudimiento, el batir de alguna cosa con ruido. || Aplauso, demostracion de gozo con palmadas. || Halago, caricia que se hace tocando con la mano. Plausus laterum. Plin. El batir de las alas.

Plausus, a, um. part. de Plaudo. Virg. Batido, sacudido con ruido. || Aplaudido, palmeado, victoreado.

Plautiānus, a, um. Gell. Lo perteneciente á Plaucio, que fue un poeta cómico.

Plautīnus, a, um. Hor. Lo perteneciente á Plauto.

Plautus, i. m. Varr. Plauto (M. Accio), poeta cómico muy célebre de la Umbría.

Plautus, i m. Fest. V. Plaudus.

Plēbēcŭla, ae. f. Cic. El populacho, el bajo pueblo, la ínfima plebe, la gente baja, la gentualla.

Plebeius, a, um. Cic. Plebeyo, lo que es del pueblo ó lo que le pertenece. || De bajo nacimiento. || Vulgar, bajo, comun.

Plēbes, ei, ó is. f. Cic. V. Plebs.

Plēbĭcŏla, ae. m. f. Cic. Popular, el que ama y protege al pueblo, que sigue su partido.

Plēbiscītum, i. n. Liv. Plebiscito, ley, ordenamiento del pueblo romano.

Plēbĭtas, ātis. f. Cat. Condicion, estado plebeyo.

Plebs, plēbis. f. Cic. La plebe, el pueblo bajo. || La tercera clase inferior del pueblo romano despues de los patricios y caballeros.

Plectĭbĭlis. m. f. le, n. is. Sidon. Digno de castigo.

Plectĭlis. m. f. le, n. is. Plaut. Lo que fácilmente se entrelaza, se dobla y entreteje.

Plecto, is, xi, ó xui, xum, tĕre. a. Ov. Doblar, entrelazar, entretejer. || Castigar, sacudir, azotar. Plecti tergo. Hor. Ser azotado. — Capite. Cic. Ser degollado. — Pendens. Ter. Azotar á uno colgándole. — Negligentia. Cic. Pagar el descuido.

Plectrĭpŏtens, tis. com. Sidon. Diestro en la poesía y la música.

Plectrum, i. n. Cic. Plectro, arco ó pluma para tocar los instrumentos de cuerdas. || Hor. La lira. || Sidon. El timon de la nave ó el cabo de él.

Plĕjădes, um. f. plur. Ov. Las pleyadas, siete hijas de Atlante y de la ninfa Pleyone, trasladadas al cielo, las cuales forman la constelacion del mismo nombre.

Plejōne, es. f. Ov. La ninfa Pleyone, hija del Océano y de Tetis, muger de Atlante, de quien tuvo á las pleyadas.

Pleminiānus, a, um. Liv. Lo perteneciente al romano Pleminio.

Plemmyrium, ii. n. Virg. Masa Olivieri, promontorio de Sicilia en la costa oriental.

Plēne, ius, issĭme. adv. Cic. Plena, entera, llena, cumplida, perfectamente. Plenius aequo laudare. Hor. Alabar mas de lo justo. Plenissime dicere. Cic. Hablar elocuentísimamente.

Plēnĭlūnium, ii. n. Col. El plenilunio, luna llena, oposicion diametral de la luna con el sol.

Plēnĭtas, ātis. f. Vitruv. y

Plēnĭtūdo, ĭnis. f. Colum. Plenitud, grosura, amplitud. Plenitudo vocis. ad Her. El énfasis de una palabra. Plenitas cibi. Cels. Repleccion de comida. || Varr. Abundancia de jugo del alimento, su cualidad suculenta.

Plēnus, a, um. Cic. Pleno, lleno. || Completo, cumplido, acabado, perfecto. || Repleto, grueso, gordo. Plena proprietas. Plaut. Entera propiedad. — Domus. Hor. Casa llena, rica. — Mulier. Plaut. Muger preñada. — Plenum votum. Ov. Voto cumplido. Ad plenum nosse. Ascon. Conocer perfectamente, tener un conocimiento perfecto. Plenis vocis. Cic. Voz entera, que llena los oidos. — Officii merces. Ov. Recompensa superior al servicio hecho. — Cibus. Cels. Vianda de mucho alimento. Plenis jam nubilis annis. Virg. Que está ya en edad de ser casada, casadera. Pleno gradu. Salust. Á paso largo. Pleniore ore laudare. Cic. Alabar magníficamente, con esceso. Plenissimus piscium fons. Cic. Fuente llena de peces. Plenissimae cohortes. Cic. Compañías muy completas. Plenissimum testimonium. Plin. ma. Testimonio amplísimo. Plenis velis. Virg. Á toda vela.

Pleōnasmus, i. m. Quint. Pleonasmo, superfluidad de palabras en la oracion. Virg. Vocemque his auribus hausi.

Plērīque, raeque, răque. adj. plur. Cic. Los mas, la mayor parte. Plerique omnes. Ter. Casi todos.

Plērumque. adv. Cic. La mayor parte de tiempo, ordinariamente, por lo comun, las mas veces, la mayor parte.

Plērusque, rāque, rumque. Salust. La mayor parte. Juventus pleraque. Salust. La mayor parte de la gente moza.

† Plesmone, es. f. Repleccion de comida y bebida.

† Plēthŏra, ae. f. y

† Plēthŏrĭāsis, is. f. Pletoris, plétora, plenitud de los cuatro humores.

† Plēthŏrĭcus, a, um. Pletórico, lleno de humores.

† Plēthos, i. f. Abundancia de humores.

† Plēthrum, i. n. Medida de cien pies.

Plăthyntĭcon, i. m. Fig. ret. Cuando se usa de un singular por un plural.

Plētūra, ae. f. Paulin. Replecion.

**Plētus**, a, um. *Lucr.* Lleno, repleto.

**Pleumŏsii**, ōrum. m. plur. *Ces.* Pueblos de los Países Bajos.

**Pleura**, ae. f. *Plin.* Pleura, membrana doble que cubre interiormente la cavidad del pecho.

**Pleurĭtĭcus**, a, um. *Plin.* Pleurítico, el que tiene pleuresía ó dolor de costado.

**Pleurĭtĭdes**, dum. f. plur. *Vitruv.* Registros que se levantan y bajan para dar y quitar el aire á los cañones de órganos.

**Pleurītis**, y **Pleurisis**, dis. f. *Vitruv.* Pleuresía ó dolor de costado, inflamacion de la pleura.

**Pleurōnius**, a, um. *Plin.* Lo perteneciente á Pleurone, ciudad mediterránea de Etolia.

**Plĕvĭtas**, ātis. V. Plebitas.

**Plexus**, a, um. part. de Plecto. *Vitruv.* Entretejido, doblado, entrelazado.

**Plexus**, us. m. *Manil.* Tejido, entrelazado, plegadura.

**Plĭca**, ae. f. *Plin.* El pliegue ó doblez.

**Plĭcātĭlis**. m. f. lĕ. n. is. *Plin.* Plegable, lo que se puede plegar ó doblar.

**Plĭcātio**, ōnis. f. y

**Plĭcātūra**, ae. f. *Plin.* Plegadura, la accion de plegar, de doblar.

**Plĭcātus**, a, um. *Lucr.* Plegado, doblado. part. de

**Plĭco**, as, āvi, ó cui, cātum, ó cĭtum, āre. a. *Lucr.* Plegar, hacer dobléces ó pliegues.

**Plĭniānus**, a, um. *Plin.* Lo perteneciente á Plinio.

**Plīnius Secundus**. (C.) C. Plinio Segundo, varon insigne en la filosofía natural, y en todo género de doctrina. Floreció en tiempo de Vespasiano, dejó escritos 37 libros de historia natural, y murió en el incendio del Vesubio, queriendo investigar su causa. ‖ C. Plinio Cecilio, sobrino del anterior. del cual tenemos las cartas y panegírico á Trajano. ‖ Plinio Valeriano, médico empírico, que floreció poco antes de Constantino Magno.

**Plinthis**, ĭdis. f. *Vitruv.* Ladrillo, baldosa pequeña.

**Plinthĭum**, ii. n. *Vitruv.* V. Plinthis.

† **Plinthŏphŏrus**, a, um. Portador de ladrillo ó baldosa.

† **Plinthurgia**, ae. f. Fábrica de ladrillo.

† **Plinthurgus**, i. m. Fabricante de ladrillo.

**Plinthus**, i. m. *Vitruv.* El ladrillo, baldosa. ‖ Plinto, el cuadrado sobre que sienta el torés de la coluna. ‖ *Higin.* La heredad dispuesta en figura de ladrillo. ‖ Batallon cuadrado. ‖ Tabla ó piedra cuadrada sobre que se traza un relox horizontal, cuadrante.

**Plisthĕnes**, is. m. *Sen.* Plistenes, hijo de Pelops é Hipodamia, padre de Agamemnon y Menelao. ‖ *Sen.* Hijo de Tiestes y de la muger de Atreo, á quien este mató, y se le dió á comer á su propio padre.

**Plisthĕnĭdes**, ae. m. *Sabin.* Menelao, hijo de Plistenes.

**Plisthĕnĭus**, a, um. *Ov.* Lo perteneciente á Plistenes.

**Plistŏlŏchia**, ae. f. *Plin.* Una de las especies de aristoloquia, especie de malva.

**Plistŏnīces**, ae. m. *Gel.* Vencedor de muchos, sobrenombre de Apion gramático.

**Plōdo**, is, si, sum, ĕre. V. Plaudo.

**Plōrābĭlis**. m. f. lĕ. n. is. *Pers.* Digno de llanto, de ser llorado.

**Plōrābundus**, a, um. *Plaut.* Que llora mucho.

**Plōrandus**, a, um. *Estac.* Lo que se debe llorar.

**Plōrātio**, ōnis. f. *S. Ag.* El llanto, lloro.

**Plōrātor**, ōris. m. *Marc.* y

**Plōrātrix**, ĭcis. f. *Sidon.* Lloron, llorona, el, la que llora con lamentos.

**Plōrātus**, us. m. *Cic.* El llanto ó lloro, la accion de llorar.

**Plōrātus**, a, um. *Ov.* Llorado. part. de

**Plōro**, as, āvi, ātum, āre. a. *Cic.* Llorar, derramar lágrimas con voces y lamentos. ‖ Llevar á mal, sentir, dolerse.

**Plostellum**, i. n. *Hor.* Carrito, carro pequeño.

**Ploestrum**, i. n. V. Plaustrum.

† **Plōtia**, ae. Especie de rosal.

† **Ploum**, i. n. Carro, carreta.

† **Ploxus**, a, um. Lo que tiene dos ruedas.

**Ploxĭnum**, i. m. y

**Ploxĭmum**, i. n. *Catul.* Caja, cofre.

**Phŭtēlia**, ae. f. Una de las islas Canarias.

**Pluĭtur**. *Apul.* en lugar de Pluit. Llueve.

**Plūma**, ae. f. *Cic.* La pluma de que estan cubiertas las aves. ‖ *Hor.* El vello, la primera barba. ‖ *Estac.* La escama de metal en las armaduras, que se coloca una sobre otra como las plumas de una ave. Plumis pensilibus vehi. *Juv.* Ser llevado en una litera sobre un colchon de pluma.

**Plūmans**, tis. com. *Gel.* Lo que empieza á echar ó criar pluma.

**Plūmārius**, ii. m. *Cat.* El que trabaja en pluma. ‖ Bordador, recamador, que la imita.

**Plūmārius**, a, um. *Plin.* Lo que es del bordado, del bordador, matizado ó hecho de pluma.

**Plūmātĭlis**. m. f. lĕ. n. is. *Plaut.* Hecho de pluma, ó lo que pertenece al bordado ó al bordador.

**Plūmātum**, i. n. *Petron.* Vestido cubierto de pluma.

**Plūmātus**, a, um. *Cic.* Plumado, cubierto de pluma. ‖ Bordado, recamado. Plumatus auro. *Luc.* Bordado de oro.

**Plumbāgo**, ĭnis. f. *Plin.* Vena de plata con mezcla de plomo. ‖ El color aplomado de ciertas perlas. ‖ La gran persicaria, planta.

**Plumbārius**, ii. m. *Frontin.* Artífice que trabaja en plomo.

**Plumbārius**, a, um. *Vitruv.* Lo que es de plomo, ó lo que le pertenece.

**Plumbāta**, ae. f. *Veg.* Bala de plomo, pelota.

**Plumbātio**, ōnis. f. y

**Plumbātūra**, ae. f. *Dig.* Soldadura, la accion de soldar.

**Plumbātus**, a, um. part. de Plumbo. *Frontin.* Cubierto, hecho de plomo. ‖ Soldado.

**Plumbeus**, a, um. *Lucr.* Plúmbeo, lo que es de plomo. De color de plomo. ‖ Lívido, amoratado, de mal color. ‖ Estúpido, necio. Plumbeus nummus. *Plaut.* Moneda de ningun valor. Plumbea vina. *Marc.* Vinos muy cubiertos, de ninguna estimacion. — Arma. *Cic.* Armas embotadas, sin corte. — Ira. *Plaut.* Ira terrible, duradera. Plumbeus auster. *Hor.* Viento húmedo, de mediodia, que hace los cuerpos pesados.

† **Plumbĭbullium**, ii. n. El sello de plomo de los Papas.

**Plumbĭnensis**. m. f. lĕ. n. is. Lo perteneciente á la ciudad de Piombino en Italia.

**Plumbīnum**, i. n. Piombino, ciudad de Toscana.

**Plumbo**, as, āvi, ātum, āre. a. *Plin.* Soldar. ‖ Cubrir, revestir de plomo, emplomar.

**Plumbōsus**, a, um. *Plin.* Plomoso, plomizo, lo que tiene mezcla de plomo. ‖ Abundante, lleno de plomo.

**Plumbum**, i. n. *Ov.* El plomo, especie de metal. ‖ Bala, pelota de plomo. ‖ *Plin.* Mancha de color de plomo que sobreviene á los ojos, nube. Plumbum liquidum. *Hor.* Plomo derretido. — Album. *Ces.* — Candidum. *Plin.* El estaño.

**Plūmesco**, is, ĕre. n. *Plin.* Empezar á echar ó criar pluma.

**Plūmeus**, a, um. *Cic.* Plúmeo, lo que es de pluma.

**Plūmĭger**, a, um. *Plin.* Plumígero, que lleva plumas.

**Plūmĭpes**, ĕdis. com. *Cat.* Que tiene plumas hasta los piés, paticalzado.

**Plūmo**, as, āvi, ātum, āre. n. *Gel.* Empezar á echar ó criar plumas. ‖ *Vopisc.* Bordar.

**Plūmōsus**, a, um. *Propenc.* Lleno de pluma, que tiene mucha, que está muy cubierto de pluma.

**Plūmŭla**, ae. f. *Col.* La plumita menuda de las aves.

**Pluo**, is, plui, plūtum, ĕre. n. *Cic.* Llover. Pluit de concussa illice glandis. *Virg.* Cae una lluvia de bellotas de la encina sacúdida. — Lapides. *Val. Max.* — Lapidibus. *Liv.* Llueve ó ha llovido piedras.

**Pluor**, ōris. m. *Laber.* La lluvia.

**Plūrālis**. m. f. lĕ. n. is. *Quint.* Plural, lo que es de muchos, del número plural.

**Plūrālĭtas**, ātis. f. *Carit.* Pluralidad, número de muchos.

**Plūrālĭter**. adv. *Sen.* En plural.

**Plūrātivus**, a, um. *Gel.* V. Pluralis.

**Plūres**, ra, ó ria. n. plur. rium. *Cic.* Los mas, las mas cosas.

**Plūries**. adv. *Ces.* Las mas veces.

**Plūrĭfārĭam**. adv. *Suet.* En muchos lugares ó partes. ‖ De muchos modos.

**Plūrĭfārius**, a um. *Suet.* y

Pluriformis. m. f. mē. n. is. *Apul.* Lo que es de muchas maneras, modos, suertes, formas.

Plurimi. *gen. abs. Cic.* Mucho, grandemente, en gran manera. *Plurimi aestimare. Cic.* Estimar mucho, en mucho, hacer grande aprecio.

Plurimum. *adv. Ter.* Muchísimo, por la mayor parte, por lo comun, ordinariamente. *Plurimum aetatis. Cic.* La mayor parte de la edad. — *Jucunditatis afferre. Cic.* Causar, dar muchísimo gusto. — *Cypri vixit. Nep.* Vivió mucho tiempo en Chipre.

Plurimus, a, um. *Cic.* Mucho, muchísimo. ‖ Muy grande. *Plurimus labor. Hor.* Muchísimo, muy grande trabajo. Plurimam salutem alicui dicere. *Cic.* Plurima salute aliquem impertire. *Ter.* Saludar á alguno muy afectuosamente, darle, enviarle muchas espresiones. *Plurima luna. Marc.* La luna llena. *In toto plurimus orbe leger. Ov.* Son mis versos leidos de muchísimos en todo el orbe. *Plurima ales. Ov.* Muchas aves.

Plus, plūris. n. *Cic.* Mas, mayor número ó cantidad. *Pluris est eloquentia. Cic.* La elocuencia es mas estimada ó en mas. *Plus dimidio. Cic. Media plus parte. Ov.* Mas de la mitad. *Pluris aestimare, habere, facere, putare. Cic.* Tener, estimar, apreciar mas ó en mas. — *Fuit Annibale virtute nemo. Cic.* Nadie ha excedido á Anibal en valor, en grandes cualidades. — *Aedificamus. Col.* Fabricamos á mas costa. *Multo pluris. Cic.* Mucho mas. *Paulo plus. Cic.* Un poco mas. *Plura ne te moremur. Lucr.* Para no detenerte mas.

Plus. *adv. Liv.* Mas. *Plus trecenta vehicula amissa sunt. Liv.* Se perdieron mas de 300 carros. *Plus, plusque. Cic.* Mas y mas.

† Pluscŭla, ae. f. *Plaut.* Hebilla, broche.

Plusculum. *adv. cant. Cic.* Un poco ó poco mas. *Plusculum se in coena invitavit. Plaut.* Bebió un poco mas en la cena.

Plusculus, a, um. *Cic.* Un poco mas. *Plusculo sale extendum. Col.* Se ha de echar un poco, un poquito mas de sal.

Plurimus. *ant. Varr.* En lugar de Plurimus.

Plutealis. m. f. le. n. is. *Cic.* Lo que pertenece á la máquina de guerra de los antiguos llamada *Pluteus.*

Pluteum, i. m. *Vitruv.* y

Pluteus, i. m. *Ces.* Máquina de guerra de los antiguos cubierta de maderos y pieles de bueyes, *de que usaban para ir bajo de cubierta á batir las murallas.* ‖ Parapeto, reparo, galería. ‖ *Juv.* Estante, cajon para libros. ‖ Mesa para escribir. ‖ Cabecera de la cama. ‖ Balaustrada de piedra ó de madera. ‖ La orilla de la cama.

Pluto, ōnis. m. *Virg.* Pluton, hijo de Saturno y de Ope, dios de los infiernos.

Plutōnia, ōrum. n. plur. *Cic.* Ciertos parages cavernosos de Asia, que echan de sí muy mal olor, como si fueran bocas del infierno.

Plutor, ōris. m. *S. Ag.* El que llueve.

Plutus, i. m. *Fedr.* Pluto, dios de las riquezas.

Pluvia, ae. f. *Cic.* La lluvia. *Pluvia impendet. Virg.* Va á llover, amenaza lluvia.

Pluviale, is. n. *Virg.* Capa ó sobretodo, capote para las aguas. ‖ *Ecles.* Capa pluvial.

Pluvialis. m. f. le. n. is. *Col.* y

Pluviatilis. m. f. le. n. is. *Col.* Lo que es de la lluvia, ó lo que le pertenece, llovedizo. ‖ *Ov.* Lluvioso.

Pluviōsus, a, um. *Plin.* Lluvioso, abundante de lluvias, que trae ó causa muchas lluvias.

Pluvius, a, um. *Plin.* Llovedizo, de lluvia. ‖ Lluvioso, que trae ó causa lluvias.

## PN

† Pneuma, ătis. n. Soplo, aire, espíritu, respiracion. ‖ Neuma, especie de período de ámbito muy largo y de muchos miembros.

Poeumāticus, a, um. *Vitruv.* Neumático, lo que obra ó se mueve por medio del aire. *Pneumatica organa. Vitruv.* Bombas aspirantes. ‖ Máquinas neumáticas.

† Pneumon, ōnis. m. El pulmon.

† Pneumōnia, ae. f. Pulmonía, enfermedad del pulmon.

† Pneumōnĭca, ōrum. n. plur. Remedios para el pulmon, para el pecho.

† Pneumōnĭcus, a, um. Lo que es del pulmon.

Pnigeus, i. m. *Vitruv.* Cierta máquina ó vaso á modo de infundíbulo inverso, *que en la máquina hidráulica detiene, y como que sofoca el aire ascendente.*

Pnigitis, is, ó idis. f. *Plin.* Cierta tierra semejante á la eretria, *que sofoca si se llega á tragar.*

## PO

Pocillātor, ōris. m. *Apul.* Copero, el que sirve la copa para beber.

Pocillum, i. n. *Cat.* Vaso pequeño para beber, pocillo.

Poculentus, a, um. *Cic.* Bueno para beber, lo que se bebe.

Poculum, i. n. *Cic.* Vaso, copa para beber. ‖ La accion de beber. ‖ La bebida. ‖ Un vaso de veneno. *Poculum alicui dare, infundere. Cic.* Dar, echar á uno de beber. *Ad pocula venire. Virg.* Venir á beber.

Podager, gra, grum. *Claud.* Gotoso, el que padece gota en las pies.

Podagra, ae. f. *Cic.* La gota en los pies.

Podagrĭcus, a, um. *Petron.* y

Podagrōsus, a, um. *Plaut.* Gotoso, el que padece ó tiene gota.

Podalirius, ii. m. *Ov.* Podalirio, hijo de Esculapio, *que por su pericia en la medicina fué llevado con su hermano Macaon á la guerra de Troya.* ‖ *Virg.* Otro troyano, *que siguió á Eneas en su viage á Italia.*

Poderes, is. f. *Tert.* Camisa talar, túnica, *propia de los sacerdotes.*

Podex, ĭcis. m. *Juv.* El ano ú orificio.

Podismatus, a, um. *Front.* Lo que se mide á pies.

Podismus, i. m. *Veg.* Medida de alguna cosa por pies.

Podium, ii. n. *Vitruv.* Balaustrada, galería, balcon. ‖ Lugar elevado en el teatro, donde representaban los mimos, escena. ‖ Puesto destinado en el teatro para los cónsules y emperadores, tribuna, palco.

Podium, ii. n. Pui en Belai, *ciudad episcopal de Francia.*

Poeantĭdes, ae. m. *Ov.* Hijo de Peante, Filoctetes.

Poeantius, a, um. *Ov.* Lo que pertenece á Peante.

Poeas, antis. m. *Ov.* Peante, *varon tesalo de Melibea, padre de Filoctetes.*

Poecile, es. f. *Plin.* Pecile, *pórtico de Atenas, famoso porque en él disputaban los filósofos estoicos.* ‖ Otro del mismo nombre en la Elide, *que se llamó heptafonos porque repetia en él el eco siete veces una voz.*

Poema, ătis. n. *Cic.* Poema, composicion poética, obra de poesía.

Poemătium, ii. n. *Plin.* Poemita, poema corto, breve composicion poética.

Poemenis, ĭdis. f. *Ov.* Nombre de una perra, *que significa pastora.*

Poena, ae. f. *Cic.* Pena, castigo, suplicio. *Poena falsariorum et corruptarum litterarum. Cic.* La pena de los falsarios, de los que falsifican escritos. *Poenarum satis dedi. Hor.* — *Exhaustum est. Virg.* Bien lo he pagado. *Poenas capere in aliquem. Curt.* — *Expetere, petere, repetere, sumere. Cic. Poscere, reposcere, recipere ab aliquo. Virg.* — *Exigere aliquo. Ov.* Castigar á alguno. — *Dare, dependere, expendere, pendere, persolvere. Cic. Solvere. Ov. Exolvere. Catul.* — *Luere. Hor.* — *Reddere alicui. Salust.* Ser castigado por alguno, pagarle su merecido.

Poenālis. m. f. le. n. is. *Plin.* Penal, lo que pertenece á la pena. *Poenalis opera. Plin.* Trabajo impuesto por castigo. *Poenalia claustra. Solin.* Las cárceles, las prisiones.

Poenalĭter. *adv. Amm.* Por castigo.

Poenarius, a, um. *Quint.* Penal. *Poenaria actio. Quint.* Accion que merece pena.

Poeni, ōrum. m. plur. *Virg.* Los cartagineses.

Poenice. *adv. Varr.* Al modo de los cartagineses.

Poenici, ōrum. m. plur. *Varr.* Los cartagineses.

**Poenĭcus, a, um.** *Varr.* Cartaginés, lo perteneciente á los cartagineses.

**Poeninae, ārum.** *f. plur.* Parte de los Alpes que divide la Saboya de la Italia.

**Poenĭtendus, a, um.** *Liv.* Aquello de que uno debe arrepentirse, de que le debe pesar.

**Poenĭtens, tis.** *com. Cic.* Penitente, el que se arrepiente, aquel á quien le pesa.

**Poenĭtenter.** *adv. Min. Fel.* Con arrepentimiento.

**Poenĭtentia, ae.** *f. Liv.* Arrepentimiento, dolor, pesar de algun dicho ó hecho. ‖ Penitencia.

**Poenĭtet, tēbat, tui, tēre.** *impers. Cic.* Arrepentirse, tener pesar, dolor, sentimiento de haber dicho ó hecho. *Poenitere quod possit nihil facere sapientis est. Cic.* Es propio de un sabio no hacer cosa de que haya de arrepentirse. *Poenitet me verbi tui. Cic.* Me pesa de lo que se acabo de oir.

**Poenĭtudo, ĭnis.** *f. Pacuv.* V. Poenitentia.

**Poenĭtūrus, a, um.** *Quint.* El que ha ó tiene de arrepentirse.

**Poenŭlus, i. m.** *dim. de Poenus.* Peñulo, título de una comedia de Plauto, en que introduce á Hannon hablando en cartaginés.

**Poenus, i. m.** *Virg.* Cartaginés, fenicio.

**Poenus, a, um.** *Virg.* Cartaginés, fenicio, de Cartago, de África, de Fenicia. ‖ *Plaut.* Astuto, embustero, falaz.

**Poĕsis, is.** *f. Cic.* La poesía. ‖ El arte poética. ‖ Poema, composicion poética.

**Poĕta, ae. m.** *Cic.* El poeta.

**Poĕtica, ae. f.** y

**Poĕtice, es. f.** *Varr.* La poética, el arte poética ó de la poesía.

**Poĕtĭce.** *adv. Cic.* Poéticamente, de una manera poética, al modo de los poetas.

**Poĕtĭcus, a, um.** *Cic.* Poético, lo que toca á la poesía ó á los poetas.

**Poĕtĭfĭcus, a, um.** *En.* Lo que hace llegar á ser poeta.

**Poĕtilla, ae. m.** *Plaut.* Poetastro, mal poeta.

**Poĕtor, aris, āri.** *dep. En.* Poetizar, hacer versos, hacer de poeta.

**Poĕtria, ae. f.** y

**Poĕtrida, ae. f.** *Cic.* La poetisa.

**Pŏgōnia, ae. f.** y

**Pŏgōnias, ae. m.** *Plin.* Cometa barbato.

**Pol.** *adv. Hor.* por Polux. Fórmula de jurar. ‖ Cierta, verdaderamente.

**Pŏlāris. m. f. rĕ. n. is.** Polar, lo que toca al polo.

**Polatĭcus, a, um.** *Mel.* Lo perteneciente á Pola, ciudad marítima de la Istria.

**Polĕa, ae. f.** *Plin.* Estiercol del buche ó pollino nuevo.

**†Pŏlĕmĭcus, a, um.** *Plaut.* Polémico, lo que pertenece á la disputa.

**Pŏlĕmo, y Polemon, ōnis. m.** *Cic.* Polemon, filósofo ateniense, discípulo de Genocrates, y sucesor suyo en la escuela, maestro de Cenon. *Suet.* Polemon, rey del Ponto, que reinó en la parte que no se redujo á provincia romana del reino que perdió Mitridates; y aun la parte que le quedó la cedió al P. R. en tiempo de Neron.

**Pŏlĕmōnia, ae. f.** y

**Polemoniăcus, a, um.** *Aur. Vict.* Lo perteneciente á Polemon, rey del Ponto.

**Pŏlenta, ae. f.** *Col.* Torta de harina de cebada tostada.

**Polentārius, a, um.** *Plaut.* Hecho de harina de cebada.

**Polentīni, ōrum. m. plur.** *Plin.* Los naturales y habitantes de Polencia en Italia.

**Polentīnus, a, um.** *Plin.* Lo perteneciente á Polencia, ciudad de Italia en la Marca de Ancona. ‖ Otra en el Genovesado. ‖ Otra en la mayor de las islas Baleares.

**Polia, ae. f.** *Plin.* Cierta piedra preciosa, que manifiesta la semejanza del esparto agostado ó seco. ‖ *Ulp.* Plaza de caballos.

**Polichnium, ii. n.** Poligny, ciudad del Franco Condado.

**Pŏlĭmen, ĭnis. n.** *Apul.* y

**Pŏlĭmentum, i. n.** *Plaut.* El testículo, criadilla. ‖ *Apul.* Pulidez, pulimento.

**Polindrum, i. n.** *Plaut.* Nombre de una salsa ó aroma inventado por burla.

**Pŏlio, is, īvi, ītum, īre.** *a. Vitruv.* Pulir, lustrar, poner claro y reluciente, bruñir, alisar. ‖ *Cic.* Unir, componer. ‖ Cultivar, labrar, trabajar. *Hoc politum est. Plaut.* Esto está acabado, concluido. *Polire arma. Estac.* Limpiar las armas. — *Lina. Plin.* Lavar, curar los lienzos.

**Polio, ōnis. m.** *Firm.* El que limpia, pule las armas, armero, arcabucero.

**Pŏliŏdŏpŏlis, is. f.** Estrasburgo, ciudad de Alsacia.

**Polion, ii. n.** *Plin.* Cierta planta olorosa.

**Poliorcētes, ae. m.** *Vitruv.* Poliorcetes, asediador y conquistador de ciudades, sobrenombre que se dió á Demetrio, rey de Macedonia, hijo de Antígono.

**Pŏlīte, ius, issĭme.** *adv. Cic.* Pulida, elegantemente, con pulidez y perfeccion.

**Pŏlitia, ae. f.** *Cic.* Política, el gobierno de la república. ‖ Su estado.

**Pŏlitĭce, es. f.** *Apul.* Política, gobierno, administracion de la república.

**Pŏlitĭcus, a, um.** *Cic.* Político, lo que toca al gobierno del estado.

**Pŏlities, ei. f.** ó

**Pŏlitio, ōnis. f.** *Vitruv.* Pulimento, la accion de pulir, de dar lustre.

**Pŏlitor, ōris. m.** *Cat.* El que pule. ‖ El que cultiva con esmero un campo.

**Pŏlitŭlus, a, um.** *Cic.* Pulidillo.

**Pŏlitūra, ae. f.** *Vitruv.* Pulimento, perfeccion de lustre. ‖ Pulidez, pulcritud, aseo esmerado.

**Pŏlitus, a, um, ior, issĭmus.** *Cic.* Pulido, lustroso, alisado, bruñido perfectamente. ‖ Culto, cultivado, instruido, erudito. *Politus à schola. Cic.* Educado en la escuela. — *Omnibus virtutibus. Varr.* Adornado, dotado de todas las virtudes.

**Polla, ae. f.** *Marc.* Pola Claudia, muger primero de Lucano y despues de Estacio.

**Pollen, ĭnis. n.** *Ter.* La flor de la harina. *Pollen thuris. Col.* Flor del incienso molido. ‖ *Cat.* El polvo de la harina, que se pega á las paredes del parage donde se muele.

**Pollens, tis.** *com. Cic.* Poderoso, pudiente. ‖ El que tiene mucho talento, muchas fuerzas, mucha riqueza, mucha virtud &c. *Pollens opibus. Lucr.* Muy rico.

**Pollenter.** *adv. Claud.* Poderosamente.

**Pollentia, ae. f.** *Plaut.* Poder, capacidad, facultad.

**Polleo, ēs, ēre. n.** *Cic.* Poder, valer mucho. ‖ Tener mucho poder, capacidad, facultad. *Pollere scientia. Cic.* Ser muy sabio, tener mucha erudicion.

**Pollex, ĭcis. m.** *Cic.* El dedo pulgar. ‖ *Ov.* La mano. ‖ *Col.* Renuevo corto y grueso de un árbol. *Pollicem premere. Plin.* Aprobar, favorecer. — *Vertere. Juv.* Desaprobar. Los antiguos apoyaban el dedo pulgar sobre el indice en señal de aprobacion, y le abrian en señal de lo contrario. *Pollice utroque laudare. Plin.* Aprobar enteramente. — *Docto flamina sollicitare.* — Habili praetentare, ó tentare. *Ov.* — *Movere chordas. Estac.* Tocar diestramente un instrumento de cuerdas.

**Pollia, ae. f.** *Liv.* Polia, tribu romana rústica.

**Pollicāris. m. f. rĕ. n. is.** *Plin.* Largo ó grueso de un dedo, lo que tiene un dedo de largo ó de grueso.

**Pollĭcens, tis.** *com. Cic.* El que promete, el que ofrece.

**Pollĭceo, ēs, ēre.** y

**Pollĭceor, ēris, citus sum, cēri.** *dep. Cic.* Prometer, ofrecer. *Polliceri aliquid de aliquo. Cic.* Prometer algo de parte de alguno. — *Operam suam. Cic.* Ofrecer sus servicios á alguno.

**Pollĭcĭtatio, ōnis. f.** *Ces.* Promesa, oferta, ofrecimiento.

**Pollĭcĭtātor, ōris. m.** *Tert.* y

**Pollĭcĭtātrix, īcis. f.** *Tert.* Prometedor, prometedora, el ó la que promete.

**Pollĭcĭtor, āris, ātus sum, āri.** *dep. Cés. frec. de Polliceor.* Prometer mucho ó á menudo.

**Pollĭcĭtum, i. n.** *Col.* Promesa, oferta.

**Pollĭcĭtus, a, um. part.** *de Polliceor. Ces.* El que ha prometido. ‖ *Veley.* Ofrecido, prometido.

**Pollĭnārius, a, um.** *Plaut.* Lo que es de la flor de la harina ó lo que le pertenece. *Pollinarium cribrum. Plin.*

Cedazo para cerner la flor de la harina.

Pollincio, is, inxi, nctum, cire. a. Plaut. Embalsamar un cadáver.

Pollinctor, ōris. m. Plaut. Embalsamador de cadáveres.

Pollinctōrius, a, um. Plaut. Lo perteneciente al que embalsama cadáveres.

Pollinctūra, ae. f. Plaut. La accion de embalsamar un cadáver.

Pollinctus, a, um. Val. Max. part. de Pollincio. Embalsamado.

Pollingo, is, inxi, nctum, gĕre. a. Plaut. Lavar, cuidar, embalsamar un cadaver.

Pollio, ōnis. m. V. Pollinctor.

Pollio, ōnis. m. Hor. Asinio Polion, célebre orador romano, amigo de Augusto, y protector de Virgilio.

Pollis, inis. m. Cat. V. Pollen.

Pollūbrum, i. n. Liv. Palancana, aljofaina para lavarse las manos. ‖ Baño para lavarse los pies.

Pollūceo, es, xi, ctum, cēre. a. Cat. Ofrecer, hacer oblaciones á los dioses. ‖ Dar un festin público y suntuoso. ‖ Plaut. Prostituir, profanar.

Pollūcibilis. m. f. Ie. is. Macrob. Suntuoso, espléndido, magnífico.

Pollūcibiliter. adv. Plaut. y

Pollucte. adv. Plaut. Suntuosa, espléndida, magníficamente.

Polluctum, i. n. Macrob. Sacrificio, convite ofrecido á algun dios. ‖ La parte de la víctima que consumia el pueblo despues de la que se ofrecia al dios.

Polluctūra, ae. f. Plaut. Convite magnífico, espléndido y suntuoso.

Polluctus, a, um. part. de Polluceo. Plaut. Espuesto á todos, comun. ‖ Recibido con un convite espléndido.

Polluo, is, lui, lūtum, ĕre. a. Cic. Manchar, profanar. ‖ Contaminar, violar, pervertir. Polluere faciem coloribus. Sen. Echar á perder la tez del rostro con colores postizos.

Pollūtio, ōnis. f. Palad. Mancha, profanacion.

Pollūtus, a, um. Plin. part. de Polluo. Manchado, profanado, violado, pervertido, echado á perder, contaminado, afeado.

Pollux, ūcis. m. Hor. Polux, hijo de Tíndaro y de Leda, hermano de Castor, de Helena y Clitemnestra.

Polōnia, ae. f. La Polonia, reino de Europa.

Polōnus, a, um. Polonés, polaco, de Polonia.

Polōse. adv. Col. Por los polos.

Polŭlus, a, um. ant. Cat. en lugar de Paululus.

Polus, i. m. Cic. El polo. ‖ Vitruv. Estrella polar. Virg. El cielo. Polus arcticus. El polo ártico al septentrion. — Antarcticus. Polo antártico al medio dia. — Signifer. Luc. El zodiaco.

Polyăcantha, ae. f. 6

*Polyăcanthos, i. f. Plin. Yerba, especie de cardo.

Polyandria, ae. f. Tert. Multitud de hombres.

Polyandrium, ii. n. 6

Polyandrum, i. n. Lact. Cementerio, lugar donde se entierra á los muertos.

Polyanthea, ae. f. Multitud de flores. Título de un libro de lugares comunes.

Polyanthēmum, i. n. Plin. La yerba llamada comunmente pie de cuervo. ‖ Ranúnculo.

Polyarna, ae. com. Varr. y

Polyarnes, ae. com. y

Polyarnus, a, um. El que tiene abundancia de corderos.

Polybūtes, is. com. Varr. El que tiene abundancia de bueyes.

*Polycarpos, i. f. Apul. La yerba sanguinaria.

Polychrōnius, a, um. Jul. Firm. Lo que vive ó dura largo tiempo.

Polyclētēus, a, um. Estac. Lo que pertenece á Policleto.

Polyclētus, i. m. Plin. Policleto, célebre estatuario sicionio, discípulo de Agelades.

*Polycnēmon, i. n. Plin. El orégano.

Polycrătes, is. m. Cic. Policrates, tirano de Samos en tiempo de Pitágoras y Anacreonte, célebre por su muy ponderada y nunca interrumpida felicidad; pero Orontes, sátrapa de Persia, le hizo prisionero, y le ahorcó. Polycrates matrem pascit. In sua re egentissimus, insolens in aliena. adag. Del pan de mi comadre buen zatico á mi ahijado. De piel agena larga correa. ref.

Polydămas, antis. m. Ov. Polidamante, hijo del troyano Antenor y de Telamo, hermana de Hécuba, ó hijo de Panto, compañero y maestro de Hector. ‖ Val. Max. Otro famoso atleta, émulo de Hércules.

Polydamantēus, a, um. Sil. Lo que pertenece á Polidamante.

Polydectes, ae. m. Ov. Polidectes, rey de la isla de Serifo, continuo detractor de su alumno Perseo, á quien este convirtió en piedra por la virtud de la cabeza de Medusa.

Polydōrēus, a, um. Ov. Lo perteneciente á Polidoro, hijo de Priamo.

Polydōrus, i. m. Virg. Polidoro, hijo de Priamo y de Hécuba, reyes de Troya. Sus padres temiendo de su conservacion, le enviaron á educarse á Tracia con el rey Polimnestor su yerno; y este viendo perdido el partido de Troya le mató. Hécuba se vengó de él picándole los ojos.

Polygăla, ae. f. Plin. Yerba, cuyo jugo bebido causa mucha leche.

*Polygămia, ae. f. La poligamia, el estado de tener muchas mugeres.

†Polygămus, i. m. Polígamo, el que tiene muchas mugeres, ó á un tiempo, ó sucesivamente.

†Polygŏnăton, i. n. Plin. Yerba, especie de sanguinaria.

Polygŏnium, ii. n. Escrib. La yerba sanguinaria, centinodia ó corregüela.

Polygŏnius, a, um. Vitruv. Poligono, lo que tiene muchos ángulos.

Polygŏnoides, ae. f. Plin. Clemátide egipcia, yerba eficaz contra las mordeduras de serpientes y áspides.

Polygŏnos, y Polygonus, i. f. Plin. La yerba sanguinaria.

*Polygrammos, i. f. Plin. Piedra preciosa con muchas vetas blancas, y en lo demas semejante á la esmeralda.

†Polygrammus, a, um. Compuesto de muchas líneas.

*Polygynaecon, i. n. Plin. Concurrencia, tertulia, visita de mugeres.

Polyhistor, ōris. m. Suet. El que ha leido y sabe mucho, muy erudito. Asi fueron llamados Solino y Cornelio Alejandro, gramático griego.

Polyhymnia, ae. f. Hor. Polimnia, una de las musas.

Polymachaeroplacĭdes, ae. m. Plaut. Nombre de un soldado fingido por Plauto, que significa bien armado, pero cobarde.

†Polymăthes, is. com. El que sabe mucho, muy sabio.

†Polymathia, ae. f. Saber profundo, grande erudicion.

Polymēlus, a, um. Varr. Rico en ganado lanar.

Polymĭtaria, ae. f. y

Polymĭtarius, ii. m. Bibl. Bordador, ra.

Polymĭtarius, a, um. Bibl. Lo tocante al bordado.

Polymĭtus, a, um. Plin. Polimito, tejido, bordado con muchos hilos y de diversos colores.

Polymeneia, ae. f. Hor. 6

Polymnia, ae. f. Virg. Polimnia, una de las musas.

Polymnestor, ōris. m. Ov. Polimnestor, rey de Tracia, yerno de Priamo y de Hécuba, que dió muerte á su cuñado Polidoro; lo cual sabido por Hécuba, acompañada de otras mugeres troyanas, le picó los ojos.

Polymyxus, a, um. Marc. Velon ó candelero con muchos mecheros.

Polynīces, is. m. Quint. Polinices, hijo de Edipo, hermano de Eteocles, de quien siempre fue enemigo, y su hermano de él, hasta que se mataron en Tebas.

†Polyphăgia, ae. f. Ansia por comer, voracidad.

Polyphagus, i. m. Suet. Comilon, voraz en comer, gran comedor.

Polyphēmus, i. m. Virg. Polifemo, gigante, hijo de Neptuno y de Toa, hija de Forco. Ulises le taladró con un tizon un solo ojo que tenia en la frente, habiéndole antes adormecido con vino generoso.

* Polyplusius, a, um. *Plaut.* Muy rico.
Polypodium, ii. n. *Plin.* Polipodio, yerba llamada tambien serpol.
Polyposus, a, um. *Mart.* El que tiene pólipo ó pulpo en las narices.
Polyptoton, i. n. *Quint.* Poliptoton, traduccion, variacion de casos ó números en la oracion. Fig. retor. v. g. *Pleni sunt omnes libri, plenae sapientum voces, plena exemplorum vetustas. Cic.*
Polyptychus, a, um. *Veg.* Lo que tiene muchos dobleces ó pliegues.
Polypus, i. m. *Plin.* El pulpo, pez marítimo. ‖ *Plaut.* El hombre ratero. ‖ Pólipo, cierta escrescencia de carne, que suele salir en las narices, y es dificil de curar.
Polyrrhizus, a, um. *Plin.* Lo que tiene muchas raices.
Polysemus, a, um. *Serv.* Lo que significa muchas cosas.
* Polysyndeton, i. n. 6
Polysyntheton, i. n. *Quint.* Polisindeton, figura retórica, cuando abundan las conjunciones en la oracion. v. g. *Et justitia, et fortitudine, et liberalitate ceteros omnes superavit. Cic.*
Polyteles. Título del lib. 7 de Apicio, que quiere decir muy costoso, porque en él trata de guisos que son de mucho coste.
Polythricha, ae. f. 6
Polythriches, ae. f. 6
Polythrix, trichis. f. *Plin.* Yerba llamada cabellos de Venus.
Polythrix, trichis. m. *Plin.* Piedra preciosa, que tiene la semejanza de una cabellera.
Polythricon, i. n. *Plin.* Yerba llamada cabellos de Venus.
Polyxena, ae. f. *Ov.* Polixena, hija de Priamo y de Hécuba, á quien despues de la ruina de Troya sacrificó Pirro sobre el sepulcro de su padre Aquiles.
Polyxenus, a, um. *Catul.* Lo perteneciente á Polixena.
Polyxo, us. f. *Estac.* Polixo, una vieja de Lemnos, intérprete de Apolo.
Polyzonos, i. m. *Plin.* Piedra preciosa negra con muchas fajas blanquecinas.
Pomarium, ii. n. *Cic.* El pomar, jardin, huerto de árboles frutales. ‖ Parage donde se guarda la fruta.
Pomarius, ii. m. *Hor.* Frutero, el que vende fruta.
Pomarius, a, um. *Cat.* Frutal, lo que toca á fruta.
Pomerania, ae. f. Pomerania, provincia de Alemania.
Pomeridianus, a, um. *Cic.* Lo que es ó se hace despues de medio dia.
Pomerium, ii. n. *Liv.* Esplanada, espacio dentro y fuera de los muros de una ciudad, donde no se habitaba.
Pometinus, a, um. *Liv.* Lo perteneciente á Pomecia, ciudad del Lacio.
Pometum, i. n. *Palad.* V. Pomarium.
Pomifer, a, um. *Hor.* Pomífero, fructífero, que lleva ó produce frutas.
Pomoerium, ii. n. V. Pomerium.
Pomona, ae. f. *Varr.* Pomona, diosa de las frutas.
Pomonalis. m. f. lě. n. is. *Varr.* Lo que pertenece á Pomona.
Pomosus, a, um. *Tibul.* Abundante de frutas. *Pomosa corona. Propert.* Corona hecha de ramas con frutas pendientes.
Pompa, ae. f. *Cic.* Pompa, magnificencia, ostentacion, aparato de fiestas y solemnidades públicas.
Pompabilis. m. f. lě. n. is. *Treb. Pol.* Pomposo, espléndido, magnífico.
Pompabiliter. adv. *Jul. Capit.* Con pompa.
Pompalis. m. f. lě. n. is. *Capit.* Pomposo, magnífico, de grande aparato.
Pompatice. adv. *Bibl.* Con pompa y fausto.
Pompaticus, a, um. *Trebel.* y
Pompatus, a, um. *Tert.* Pomposo, espléndido, magnífico, de grande aparato.
Pompeiani, orum. m. plur. *Caes.* Los pompeyanos, soldados ó partidarios de Pompeyo.
Pompeianum, i. n. *Cic.* Pompeyano, casa de campo de Ciceron cerca de Nola.

Pompeianus, a, um. *Caes.* y
Pompeius, a, um. *Cic.* Lo perteneciente á Pompeyo.
Pompeius, i. m. *Cic.* Cn. Pompeyo Magno, que despues de muchas hazañas, empleos y triunfos, fue vencido y derrotado por César en Farsalia en la guerra civil, y muerto en Egipto á traicion por los capitanes del rey Tolemeo.
Pompelo, onis. f. *Plin.* Pamplona, ciudad de España, capital del reino de Navarra, que dicen fue fundada por Cn. Pompeyo.
Pompelonenses, ium. m. plur. *Plin.* Los naturales y vecinos de Pamplona, pamploneses.
Pompelonensis. m. f. sě. n. is. *Plin.* Lo perteneciente á la ciudad de Pamplona.
Pompholyx, ygos. f. *Plin.* La flor de la calamina, que se pega á los hornos de metal.
Pompilianus, a, um. *Amian.* y
Pompilius, a, um. *Hor.* Lo perteneciente á la familia romana de los Pompilios, ó á alguno de ellos.
Pompilus, i. m. *Plin.* Pez marino semejante al atun.
Pomponia gens. f. *Nep.* La familia romana de los Pomponios, de la cual fue Tito Pomponio Ático, asi llamado por haber estado mucho tiempo en Atenas, hombre muy rico, de gran literatura, y muy amigo de Ciceron. ‖ *Fest.* L. Pomponio Boloniense, poeta, escritor de fábulas atelanas, de quien solo quedan algunos fragmentos. Floreció entre Lucrecio y Catulo. ‖ P. Pomponio Segundo, varon consular, poeta trágico de gran fama, que floreció en tiempo de los Césares Cayo y Claudio, cuyas obras perecieron. ‖ Sex. Pomponio, jurisconsulto, discípulo de Papiniano y consejero de Alejandro Severo, cuyas respuestas se hallan en el Digesto.
Pomponianus, a, um. *Gel.* Lo perteneciente á alguno de los Pomponios. *Pomponiana pira. Plin.* Peras asi llamadas de cierto Pomponio, que las cultivó, y eran semejantes á una teta, por lo que se llamaron tambien mammosa. — *Insula. Plin.* Una de las islas Estecades.
Pompose. adv. *Sid.* Pomposa, magnificamente.
Pomposus, a, um. *Sid.* Pomposo, grave, serio, magestuoso.
Pomum, i. n. *Virg.* Todo género de fruta de árbol buena para comer. *Dulce pomum dum abest custos.* adag. En el arca abierta el justo peca. La ocasion hace el ladron. ref.
Pomus, i. f. *Plin.* Todo género de árbol frutal. ‖ La fruta.
Ponderabilis. m. f. lě. n. is. *Claud. Mamert.* Lo que se puede pesar.
Ponderale, is. n. V. Ponderarium.
Ponderans, tis. com. *Sid.* Lo que es pesado, que pesa, que tiene peso.
Ponderarium, ii. n. *Inscr.* El peso público, el lugar donde se pesan por mayor los géneros. ‖ El mismo peso con que se pesan.
Ponderatio, onis. f. *Vitruv.* La accion de pesar. ‖ *Bibl.* El precio de las cosas.
Ponderator, oris. m. *Cod. Teod.* El que pesa. ‖ El que examina.
Ponderatus, a, um. part. de Pondero. *Sid.* Pesado, examinado.
Ponderis. gen. de Pondus.
Ponderitas, atis. f. *Ascon.* El peso de una cosa. V. Pondus.
Pondero, as, avi, atum, are. a. *Plin.* Pesar con el peso. ‖ Pesar, meditar, examinar, ponderar. *Ponderate aurium judicia. Cic.* Examinar el juicio, á la delicadeza del oido — *Eveniis consilia. Cic.* Medir los consejos por su éxito. — *Voluptatibus et doloribus omnia. Cic.* Juzgar de todas las cosas por el placer ó pesar que causan.
Ponderositas, atis. f. *Plaut.* Pesadez, gravedad.
Ponderosus, a, um, ior, issimus. *Plaut.* Pesado, grave, de mucho peso. ‖ De peso, de consecuencia, de importancia. *Ponderosa epistola. Cic.* Carta muy llena.
Pondiculum, i. n. *Claud. Mamert.* Peso muy pequeño.
Pondo. indec. n. *Cic.* Peso. Cuando se pone absolutamente, significa peso de una libra romana, que son 12 onzas.
Pondus, eris. n. *Cic.* El peso, la pesadez ó gravedad.

de una cosa. ‖ Peso para pesar. ‖ Peso, autoridad, importancia, consecuencia, crédito, estimacion. ‖ *Virg.* Carga. ‖ *Ov.* Pena, pesar, pesadumbre. ‖ *Varr.* Cantidad, gran número. *Pondera. Liv.* Las pesas. *Pondera verborum. Cic.* Palabras de gran peso, llenas de gravedad, de energía.

Pondusculum, i. n. *Col.* Peso pequeño. ‖ Contrapeso.

Pōne. *prep. de acus. Liv.* Detras, despues de. *Pone nos recede. Plaut.* Retírate detras de nosotros. — *Castra ire. Liv.* Ir detras del campo, marchar en su seguimiento, despues de él.

Pōne. *adv. de lug. Cic.* Detras, despues, por detras.

Pōnendus, a, um. *Cic.* Lo que se ha de poner ó colocar.

Pōno, is, posui, positum, nĕre. *a. Cic.* Poner, colocar. ‖ Sentar, plantar. ‖ Fundar, edificar, fabricar. ‖ Dejar, deponer. ‖ Emplear, poner en un fondo. ‖ Suponer, dar por sentado, por supuesto. *Ponere aras. Virg.* Levantar, erigir altares. — *Ad murum castra. Caes.* Sentar su real, su campo, acampar delante de las murallas. — *Se thoro. Ov.* Acostarse, echarse, meterse en la cama. — *Caput. Virg.* Reclinar, descansar, reposar la cabeza. — *Mensam. Hor.* Poner la mesa. — *Vitem. Col.* Plantar una viña. — *Arma. Liv.* Rendir, batir, deponer, dejar las armas. — *Statuam alicui. Fedr.* Levantar, erigir una estatua á alguno. — *Pudorem. Marc.* Perder la vergüenza. — *Barbam. Suet.* Afeitarse. — *Ova. Col.* Poner huevos. — *Leges. Hor.* Poner, establecer leyes. — *Vitia. Cic.* Dejar los vicios, las malas costumbres. — *Animum in aliqua re. Cic.* Aplicar su talento á alguna cosa. — *In beneficii loco, ó loco beneficii. Cic.* Mirar como beneficio, tener por favor. — *Alicui questiunculam. Cic.* Proponer á uno una cuestion ligera.

Pons, pontis. *m. Cic.* El puente. ‖ Escala de navío. *Pons versatilis. Plin.* Puente levadizo. — *Roboreus. Ov.* Puente de madera, de palo. *Ponti fluvium jungere. Curc.* Hacer, construir un puente sobre un rio.

Pons Aelius. El puente de Sant Angel en Roma.

Pons Aemilius. *V.* Pons Sublicius.

Pons Archus. Pont de l'Archi, *ciudad de Normandía.*

Pons Bellovicinus. Pont Beauvoisin, *ciudad del Delfinado.*

Pons ad Icaunam. Pont Sur Yonne, *ciudad del Jatinés.*

Pons Milvius. Pontemole, *á una milla de Roma.*

Pons Saj. Pont de Ce, *ciudad de Anjou.*

Pons Sanctae Maxentiae. Puente de Santa Magencia, *ciudad de la isla de Francia.*

Pons Sancti Spiritus. Puente del Espíritu Santo, *ciudad de Lenguadoc.*

Pons Sarnix. Sarbruc, *ciudad entre Lorena y Alsacia.*

Pons Scaldis. Conde, *ciudad de Hainaut.*

Pons ad Sequanam. Puente sobre el Sena, *ciudad de Champaña.*

Pons Sublicius. Puente de la madera, *el primero que hubo en Roma.*

Pons Ursonis. Pontorson, *ciudad de Bretaña.*

Pontani, ōrum. *m. plur.* Ciertos mendigos, que se ponian á pedir junto al puente Sublicio en Roma.

† Pontaticum, i. n. Portazgo que se paga por el paso de un puente, pontazgo.

Pontesium, i. n. Pontoise, *ciudad de la isla de Francia.*

Ponticulus, i. m. *Cic.* Puentecillo, puente pequeño.

Ponticum, i. n. Ponthieu, *país de Picardía.*

Ponticus, a, um. *Col.* Póntico, lo que es del reino del Ponto. ‖ *Hor.* Lo que es del mar.

Pontifex, icis. *m. Cic.* Pontífice, *magistrado sagrado que presidia á los ritos religiosos y á los sacrificios: eran ocho, y tenian su superior, que se titulaba Pontifex maximus.* ‖ *Sid.* El obispo. El sumo Pontífice.

Pontificalis. *m. f. lĕ. n. is. Cic.* Lo perteneciente al pontífice, á su dignidad, pontifical.

Pontificatus, us. *m. Cic.* Pontificado, empleo y dignidad del pontífice, su duracion.

Pontificia, ōrum. *n. plur. Cic.* Pontifical, el libro de las ceremonias de los pontífices.

Pontificium, ii. *n. Gel.* Autoridad, derecho, facultad de los pontífices.

Pontificius, y Pontificus, a, um. *Cic.* Pontifical, lo perteneciente á los pontífices, á su empleo y dignidad.

Pontilis. *m. f. lĕ. n. is. Veg.* Lo que toca al puente.

Pontina, ó Pomptina palus. *Plin.* La laguna Pontina ó Aufente de los volscos.

Ponto, ōnis. *m. Caes.* Ponton, barca para pasar los rios.

Pontus, i. *m. Hor.* El mar. ‖ El reino del Ponto, la Bitinia.

Pontus Euxinus, i. *m. Ov.* El Ponto Euxino, el mar negro.

Popa, ae. *m. Pers.* El criado del sacerdote, que mataba las victimas, y las vendia. *Popa venter. Pers.* Hombre goloso, comilon.

Popaea, lex. *Suet.* Una de las leyes papias popeas.

Popanum, i. n. *Juv.* Especie de torta redonda y delgada, de que se hacian oblaciones.

Popeana, ae. *f. Juv.* y

Popeanum, i. n. *V.* Poppaeanum.

Popellus, i. m. *Hor.* El populacho, la gente baja del pueblo.

Popina, ae. *f. Cic.* Hostería, taberna. *Popinam inhalare. Cic.* Oler á vino.

Popinalis. *m. f. lĕ. n. is. Col.* Lo que es de hostería ó taberna.

Popinaria, ae. *f.* Hostelera, tabernera.

Popinarius, ii. *m. Lampr.* Hostelero, tabernero.

Popinatio, ōnis. *f. Gel.* La concurrencia á las hosterías y tabernas.

Popinator, ōris. *m. Macrob.* El que frecuenta las hosterías ó tabernas.

Popino, ōnis. *m. Hor.* El que está continuamente en la hostería, en la taberna.

Popinor, āris, ātus sum, āri. *dep. Jul. Cap.* Darse á comilonas, á frecuentar hosterias.

Poples, itis. *m. Cic.* El jarrete ó corva de la rodilla.

† Poplicitus. *adv.* En Público, públicamente.

Poplicola, y Popliciola, ae. *m. Liv.* Poplicola, *sobrenombre de P. Valerio, por su amor y respeto á la plebe.* ‖ *Sid.* El sugeto afecto al pueblo.

Poplicus, a, um. *ant. en lugar de* Publicus.

Poplus, i. m. *Plaut. síncope de* Populus.

Popolus, i. m. *Varr. ant. en lugar de* Populus.

Poposci. *pret. de* Posco.

Poppaeanum, i. n. *Juv.* Especie de pomada hecha con leche de burra, *inventada ó usada por Popea.*

Poppaeanus, a, um. *Juv.* Lo perteneciente á Popea, muger de Oton y de Neron. *Poppaeana pinguia. Juv.* Afeite inventado por Popea para poner terso el cútis.

Poppysma, ātis. n. *Juv.* y

Poppysmus, i. m. El halago que se hace á los caballos con la voz ó con la mano palpándolos, y regalándolos blandamente.

Popula, ae. *f. Pers.* Verruga muy crecida.

Populabilis. *m. f. lĕ. n. is. Ov.* Lo que se puede talar y abrasar, pillar, saquear.

Populabundus, a, um. *Liv.* El que anda talando, saqueando, pillando lo que encuentra.

Populandus, a, um. *Ov.* Lo que se ha de talar, pillar, robar y abrasar.

Populans, tis. *com. Ov.* El que tala, asuela, roba.

Popularia, ium. *n. plur. Suet.* Lugares desde donde el pueblo veia los espectáculos. ‖ La cávea del teatro. ‖ *Laber.* Sacrificios ofrecidos por la junta del pueblo. ‖ Puerilidades, simplezas.

Popularis. *m. f. lĕ. n. is, ior, issĭmus. Cic.* Popular, lo que es del pueblo, que le pertenece. ‖ El que ama al pueblo, que le acaricia, que se acomoda á su genio, que es afecto á él. ‖ Paisano, de un mismo país. ‖ *Liv.* Bajo, simple, pueril. ‖ *Plin.* Comun, vulgar. ‖ *Salust.* Cómplice, participante, compañero. *Popularis alicujus loci. Cic.* Habitante, vecino de un lugar. — *Meus. Cic.* — *Mihi. Ter.* Mi compatriota, paisano. — *Populare flumen. Ov.* Rio del país. *Populares conjurationis. Salust.* Cómplices de una conjuracion. *Populariam contra vim. Tac.* Contra la fuerza de los naturales del país.

Popularitas, ātis. *f. Quint.* Afecto al pueblo, popularidad, gracia, favor con él, aura popular.

Populariter. *adv. Cic.* Popularmente, al modo del pueblo, de una manera agradable al pueblo. ‖ Con favor del pueblo. ‖ Sediciosamente. ‖ Con afabilidad, humanamente, sin altanería ni orgullo.

Pŏpŭlātim. *adv. Apul.* Por pueblos, de pueblo en pueblo, de uno en otro pueblo.

Pŏpŭlātĭo, ōnis. *f. Liv.* Tala, asolacion, pillage. *Populatio volucrum. Col.* Daño que hacen las aves en los sembrados. — *Morum. Plin.* Corrupcion de costumbres.

Pŏpŭlātor, ōris. *m. Liv.* y

Pŏpŭlātrix, ĭcis. *f. Estac.* Talador, ra, el ó la que tala, roba y asuela los campos.

Pŏpŭlātus, a, um. *part. de* Populor. *Flor.* El que ha talado. ‖ Talado, abrasado.

Pŏpŭlātus, us. *m. Luc.* V. Populatio.

Pŏpŭlētum, i. *n. Plin.* Bosque, alameda de álamos.

Pŏpŭleus, a, um. *Virg.* Lo que es de álamo.

Pŏpŭlĭfer, a, um. *Ov.* Que lleva, cria, produce álamos.

Pŏpŭlĭfŭgia, ōrum. *n. plur. Varr.* Fiestas de los romanos en el mes de Junio *en memoria del dia en que los galos salieron de Roma.*

Pŏpŭliscītum, i. *n. Cic.* Decreto del pueblo.

Pŏpulneus, a, um. y

Pŏpulnus, a, um. *Col.* Lo que es de álamo.

Pŏpŭlo, as, avi, atum, are. *a. Virg.* Talar, robar, pillar, asolar, abrasar los campos enemigos.

Pŏpŭlōnĭa, ae. *f.* y

Pŏpŭlōnium, ii. *n. Plin.* Piombino, *ciudad y fortaleza sobre el mar de Toscana.* ‖ *Sen.* Sobrenombre de Juno, *protectora del pueblo.*

Pŏpŭlor, āris, atus sum, ari. *dep. Cic.* Talar, abrasar, asolar, robar. *Populari ferro, et igni. Luc.* Talar á sangre y fuego.

Pŏpŭlōsĭtas, ātis. *f. Arnob.* La multitud.

Pŏpŭlōsus, a, um. *Apul.* Populoso, muy poblado, abundante de gente.

Pŏpŭlus, i. *m. Cic.* Pueblo. ‖ Populacho. ‖ *Sen.* Tropel, multitud. ‖ *Col.* Enjambre de abejas. ‖ *Liv.* Region, pais, tierra.

Pŏpŭlus, i. *f. Virg.* El álamo, *árbol.*

Por. *m. ant. Inscr.* en lugar de *Puer, servus.*

Porca, ae. *f. Virg.* La puerca ó cerda. ‖ Lomo, la tierra elevada entre dos surcos.

Porcārĭus, ii. *m. Jul. Firm.* Porquero, porquerizo, el guarda de puercos.

Porcārius, a, um. *Plin.* Lo que es del puerco.

Porcastrum, i. *n. Apul.* La yerba verdolaga.

Porcellīnus, a, um. *Apic.* Lo que es de cochinillo.

Porcellĭo, ōnis. *m. Cel. Aur.* V. Oniscus.

Porcellus, i. *m. Suet. dim. de* Porcus. Cochinillo, pequeño puerco, de leche, toston.

Porceo, ēs, ēre. *a. ant. Pacuv.* Impedir, apartar.

Porcetra, ae. *f. Gel.* Puerca, que solo ha parido una vez.

Porcii, ōrum. *m. plur. Liv.* Los Porcios. *Familia romana plebeya, de la qual fue M. Porcio Caton el Censor.*

Porcilāca, ae. *f. Plin.* V. Porcastrum.

Porcīnārius, ii. *m. Plaut.* El que vende carne de puerco ó tocino, tocinero.

Porcīnus, a, um. *Plaut.* Lo que es de puerco, de tocino. *Porcina. Plaut.* Tocino, carne de puerco. ‖ *Val. Max.* Sobrenombre de M. Emilio Lépido. *Porcinum caput. Veg.* Cabeza ú hocico de puerco, formacion triangular de la infantería.

Porcĭus, a, um. *Salust.* Lo perteneciente á alguno de los Porcios romanos.

Porcŭla, ae. *f. dim. de* Porca. *Plaut.* Puerquecilla, cochinilla, lechoncilla.

Porcŭlātĭo, ōnis. *f. Varr.* La cria de los puercos.

Porcŭlātor, ōris. *m. Col.* El que cria puercos, que tiene varas de cerdos.

Porcŭlēna, ae. *f. Plaut.* V. Porcula.

Porcŭlētum, i. *n. Plin.* Tierra dividida en varias suertes para sembrar.

Porcŭlus, i. *m. Plin.* Cochinillo, lechoncillo. ‖ *Plin.* El puerco marino, *pez.*

Porcus, i. *m. Cic.* El puerco, lechon, cochino, cerdo. ‖ *Hor.* El hombre sucio y gloton. ‖ Obeso. *Porcus trojanus. Petron.* Puerco, cocido ó asado, relleno de otros animales. *Porci sacres. Plaut.* Puercos enteros, *propios para sacrificar á los lares por aquellos á quienes nacia un hijo, por los desposados, y por los que volvian de un delirio. Porci caput. Veg.* La formacion de un batallon en forma de hocico de puerco. *Porci effigies. Fest.* El puerco, *era la quinta especie de banderas militares.*

Porgo, is, ĕre. *a. Virg. sincop. de* Porrigo.

Porrĭgam. en lugar de Porrigam. V. Porrigo.

† Pŏrĭsma, ătis. *n.* Consecuencia necesaria de lo que se ha dicho antecedentemente. ‖ Corolario.

† Pŏrŏcēle, es. *f.* Especie de hernia callosa, endurecida, antigua.

† Poromphălŏn, i. *n.* Dureza, callosidad.

† Pŏrōsitas, ātis. *f.* Porosidad, los poros de un cuerpo.

† Pŏrōsus, a, um. Poroso, lo que tiene poros.

Porphyreutĭcus, a, um. *Suet.* Lo que es de pórfido ó hecho de esta piedra.

† Porphyreutĭca, ae. *f.* El arte ó astucia de pescar el pez púrpura.

Porphyriacus, a, um. *Ov.* y

Porphyricus, a, um. *Ov.* Lo que es de púrpura, purpúreo, de color de púrpura.

Porphyrio, ōnis. *m. Plin.* Porfirion ó calamon, *ave.*

Porphyrion, ōnis. *m. Hor.* Porfirion, uno de los gigantes. ‖ *Marc.* El cochero de Neron. ‖ Un comentador muy antiguo de Horacio.

Porphyrītes, ae. *m. Plin.* Pórfido, *especie de mármol de color purpúreo.*

† Porphyrium, ii. *n.* El pez púrpura.

Porrāceus, a, um. *Plin.* Lo que es de puerro ó que se le parece.

Porrectē. *adv. Amian.* Estendidamente.

Porrectĭo, ōnis. *f. Cic.* Estension, la accion de estender, de alargar.

Porrectus, a, um. *part. de* Porrigo. *Cic.* Tendido, estendido. ‖ Ofrecido en sacrificio. *Porrectus somno sub frondibus. Estac.* Tendido; echado á dormir bajo de unos árboles. *Porrecta mora. Ov.* Detencion larga. — *Syllaba. Quint.* Sílaba larga. — *Hostia. Macrob.* Víctima inmolada. — *Manu statua. Cic.* Estatua en ademan de alargar la mano. *Inter caesa et porrecta. Varr.* En un instante, en un momento. *Porrectiore fronte loqui. Plaut.* Hablar con mas seguridad, con mas satisfaccion.

Porrĭcĭae, ārum. *f. plur. Solin.* Entrañas de víctimas quemadas sobre el altar.

Porrĭcĭo, is, ĕre. *a. Virg.* Ofrecer en sacrificio.

Porrīgĭnōsus, a, um. *Plin. Valer.* Tiñoso, el que tiene tiña ó postillas.

Porrīgo, ĭnis. *f. Cels.* La tiña, postillas, *enfermedad.*

Porrĭgo, is, rrexi, rrectum, gĕre. *a. Cic.* Estender, alargar, tender. ‖ Dar, ofrecer, alargar con la mano. *Porrigere dextram alicui. Cic.* Dar á uno la mano en señal de amistad. *Manum ó manus ad aliquam rem. Nep.* Echar la mano á una cosa, arrebatarla. — *Ne digitum quidem in rem aliquam. met. Cic.* No dar un paso en un negocio.

Porrĭma, ae. *f. Macrob.* Hermana ó compañera de Carmenta, madre de Evandro, y adivina ó anunciadora de lo futuro como ella.

Porrĭna, ae. *f. Cat.* Multitud de puerros. ‖ Porrino, la planta del puerro.

Porro. *adv. Plaut.* Mucho antes, de muy lejos, de muy atras. ‖ Ciertamente, por cierto, en verdad. ‖ En fin, últimamente. ‖ Ademas, demas de esto. *Nihil porro tam inhumanum. Cic.* Por cierto no hay cosa mas inhumana. *Perge porro. Cic.* Prosigue pues. *Etiam ne est quid porrò? Plaut.* ¿Hay todavía mas?

Porro. *conj. Cic.* Mas, pero, pues. *Porro consule. Ter.* Pero mira, mira pues.

Porrum, i. *n. Juv.* y

Porrus, i. *m. Cels.* El puerro.

Porsēna, y Porsenna, ae. *m. Liv.* Porsená, *rey de los Clusinos en la Etruria ó Toscana, el cual por proteger á los Tarquinios echados de Roma le puso sitio, y teniéndola muy apretada, le levantó á vista de las hazañas de Mucio Escévola, Horacio Cocles y la doncella Clelia.*

Porta, ae. *f. Cic.* La puerta, la entrada. ‖ *Plin.* Estrecho, desfiladero. *Porta praetoria. Liv.* La puerta principal de los reales á la frente. — *Decumana. Ces.* La puerta de atras por donde entraban los víveres y municiones al campo. — *Jecoris. Plin.* La vena porta que va desde los intestinos al hígado. — *Coeli. Serv.* El aire, el hemisferio, la mitad del cielo. — *Solis. Macrob.* Los dos trópicos, los signos de capricornio y cancer. *Porta utar ea quam primum videro. Cic.* Me valdré del primer medio que se ofrezca, me aprovecharé de la primera ocasion que vea.

Portabĭlis. m. f. lĕ. n. is. *Sid.* Lo que se puede llevar ó transportar.

Portalegra, ae. f. Portalegre, *ciudad de Portugal.*

Porta Augusta, ae. f. Torquemada, *villa de España su Castilla la vieja.*

Portae Caspiae. Las gargantas de los montes vecinos al mar Caspio.

Portae Caucasiae. Las estrechuras de las montañas del Cáucaso.

Portae Ciliciae. Las estrechuras de los montes de Cilicia.

Portans, tis. com. *Ov.* El que lleva, conduce, portea.

Portarius, ii. m. *Bibl.* Portador, conductor.

Portatio, ōnis. f. *Salust.* El acarreo, transporte.

Portatōrius, a, um. *Cel. Aur.* Lo que sirve para conducir, acarrear, portear.

Portātus, us. m. *Sil. Ital.* Porte, acarreo, conduccion, transporte.

Portātus, a, um. *Plin. part. de* Porto. Llevado, conducido.

Portendo, is, di, sum, ó tum, dĕre. a. *Cic.* Anunciar, pronosticar, predecir. *Portendere alicui periculum. Cic.* Pronosticar peligro á alguno.

Portentĭfer, a, um. *Ov.* ó
Portentĭfĭcus, a, um. y
Portentōsus, a, um. *Cic.* Portentoso, prodigioso, estraño, estraordinario, monstruoso.

Portentum, i. n. *Cic.* Portento, prodigio, lo que es contra el órden de la naturaleza. || Monstruo, efecto prodigioso, presagio.

Portentus, a, um. *Liv. part. de* Portendo, Pronosticado, anunciado.

Porthmeus, i. m. *Juv.* Barquero, el que pasa á otro en barco por un rio ó estrecho. || Caron, el barquero del infierno.

Porthmos, i. m. *Plin.* El estrecho de mar. || El de Gibraltar.

Portĭcatio, ōnis. f. *Dig.* El órden, forma y disposicion de los pórticos.

Porticŭla, ae. f. *Cic.* Pórtico pequeño. *dim. de*
Porticus, us. f. *Cic.* Pórtico, lonja, atrio. || *Cic.* La doctrina ó secta de los estoicos, que disputaban en un pórtico de Atenas.

Portio, ōnis. f. *Cic.* Porcion, parte, pedazo. *Portio rerum. Cic.* Proporcion de las cosas. — *Eadem ad decem homines servabitur. Curc.* Se observará la misma proporcion hasta diez personas. *Pro rata portione. Cic.* Á pro rata, á partes iguales. *Pro virili portione. Tac.* Á proporcion de sus fuerzas.

Portiōnālis. m. f. lĕ. n. is. *Tert.* Lo que contiene cierta parte ó porcion.

Portiscŭlus, i. m. *Plaut.* Cómitre de galera.

Portĭtans, tis. com. *Gel.* El que lleva frecuentemente.

Portĭtor, ōris. m. *Varr.* Barquero. || El que cobra el flete del transporte de personas ó géneros. *Portitor orci. Virg.* El barquero del infierno, Caron. — *Ursae. Estac.* Bootes, constelacion.

Portiuncŭla, ae. f. *Plin.* Porcioncilla, porcion, parte pequeña.

Porto, as, avi, atum, are. a. *Cic.* Portear, conducir á porte. || Llevar, acarrear, transportar. *Portare auxilium alicui. Salust.* Llevar socorro á alguno, ir á dársele. — *Alicui fallaciam. Ter.* Engañar á uno, armarle un embuste, una trampa. — *Jurgium ad aliquem. Ter.* Cargar, llenar á uno de oprobrios, ir á alborotarle, á reñir con él. — *In arcam. Hor.* Llevar en una arca ó cofre. *Equus me portat, alit rex. adag.* El rey es mi gallo. *ref.*

Portōrium, ii. n. *Ces.* Portazgo, porte, peage, flete. || *Cic.* Impuesto, gabela que se paga de entrada ó salida.

Portuensis. m. f. sĕ. n. is. *Cod. Teod.* Lo perteneciente al puerto del Tiber junto á Ostia, que se llama tambien *Portus romanus.*

Portugallia, ae. f. Portugal, *reino de Europa.*

Portŭla, ae. f. *Liv.* Puertecilla, portillo, postigo.

Portulāca, ae. f. *Plin.* La verdolaga, *yerba.*

Portumnalia, ium. n. plur. *Fest.* Fiestas y juegos, *que se celebraban de noche cada cinco años en el istmo del Peloponeso en honor de Melicerta, llamado Palemon y Portumno; y en Roma cada año por setiembre, junto al puente Emilio.*

Portumnalis. m. f. lĕ. n. is. *Fest.* Lo perteneciente á Portumno.

Portumnus, i. m. *Cic.* Melicerta, Palemon, Portumno, *á quien veneraban los romanos como presidente de los puertos.*

Portuōsus, a, um. *Cic.* Abundante de puertos.

Portus, us. m. *Cic.* El puerto de mar. || Asilo, refugio. || *Ov.* La embocadura de un rio. *In portu navigare. Ter.* Estar fuera de todo riesgo. — *Impingere. Quint.* Dar al traves al salir del puerto, echar á perder un negocio al empezarle. *Portus. Ulp.* Almacen, aduana.

Portus Alacris. Portalegre, *ciudad de Portugal.*

Portus Augusti. Ciudad y puerto de Toscana.

Portus Dives. San Juan de Puerto Rico, *isla y ciudad de América.*

Portus Gallensis. Ciudad de Portugal.

Portus Gratiae. Havre de Gracia, *ciudad de Normandía.*

Portus Herculis. Villafranca, Havre de Liguria. || Ciudad y puerto de Toscana. || Otra en Calabria.

Portus Herculis Monoeci. Monaco ó Mourges, *ciudad de Liguria.*

Portus Magnus. Almería, *ciudad de España.* || Mazarquivir, *ciudad y puerto de la Mauritania cesariana.* || Portsmouth, *ciudad de Inglaterra.*

Portus Mauritius. Ciudad y puerto de Toscana.

Portus Mnesthei. Puerto de Santa María, *villa y puerto en Andalucía.*

Portus Navonius. Ciudad y puerto de la isla de Córcega.

Portus Orestis. Ciudad y puerto de Italia.

Portus Romanus. Ciudad y puerto de Ostia.

Portus Romatinus. Ciudad y puerto de Carniola.

Portus Sanctonum. La Rochela, *ciudad de Francia.*

Portus Trajanus. Civitavequia, *ciudad de Toscana.*

Portus Velinus. Ciudad y puerto de la Lucania.

Portus Ulysses. Ciudad y puerto de Sicilia.

Porus, i. m. *Plin.* Via, tránsito, camino. || Especie de mármol que conserva los cuerpos sin consumirlos.

Posca, ae. f. *Plaut.* Agua mezclada con vinagre.

Poscinummius, a, um. *Apul.* Pedigüeño de dinero.

Posco, is, pŏposci, cītum, cĕre. a. *Cic.* Pedir como con derecho. *Poscere veniam Deos. Virg.* — *Peccatis. Hor.* Pedir á Dios perdon de sus pecados. — *Aspiciendum. Cic.* Pedir que nos dejen ver. — *Filiam uxorem sibi. Plaut.* Pedir una hija en matrimonio. — *In praelia aliquem. Virg.* Desafiar á alguno. *Poscit usus. Cic.* Lo pide el uso.

Posidianus, a, um. *Suet.* Lo perteneciente á Posidio, que fue un liberto de Claudio César.

Posideum, i. n. Ciudad frontera de Macedonia. || Ciudad de Siria. || Otra en Caria. || Ciudad y promontorio de Jonia.

Posidium, ii. n. Promontorio de Bitinia. || Otro en Caria. || Otro en Phtiotide. || Havre de Epiro.

Posĭtio, ōnis. f. *Cic.* Posicion, asiento, situacion. || *Col.* Aspecto, esposicion. || Plantacion. || *Quint.* Terminacion de las palabras. || Nominativo de singular. || Primera persona de singular de los verbos. *Positio coeli. Col.* Estado, aspecto del cielo. *Per positionem. Sen.* Positivamente. *Positiones rhetorum. Quint.* Asuntos que emprenden los oradores. — *Rei. Quint.* Adjuntos, circunstancias de una cosa.

Posĭtīvus, a, um. *Gel.* Lo que se pone ó impone, como el nombre á las cosas. *Positivum nomen.* Nombre positivo, el adjetivo que llanamente significa las cualidades de las cosas, como *fuerte*, *grande*.

**Pŏsĭtor**, ōris. *m. Ov.* Fundador.

**Pŏsĭtūra**, ae. *f. Lucr.* y

**Pŏsĭtus**, us. *m. Cels.* Positura, postura, posicion, situacion, disposicion, sitio.

**Pŏsĭtus**, a, um. *Cic. part.* de Pono. Puesto, situado, colocado. ‖ Manifiesto, claro, evidente. *Positus in auribus omnium. Cic.* Puesto en boca de todos; de que todos hablan. — *In virtute. Cic.* Que consiste en la virtud, que depende de ella. — *Super armentarium. Curc.* Gefe, intendente, superintendente de un arsenal ó de las armas, ingenios, máquinas de guerra. *Positum id in more est. Cic.* Esto está puesto en costumbre, es costumbre recibida, establecida. — *Corpus. Lucr.* Cuerpo, cadaver enterrado, sepultado. — *Primum sit. Cic.* Sentemos primero, supongamos, demos por sentado. *Positis omnium aliarum rerum curis. Liv.* Dejados, depuestos, dejados aparte los cuidados de todas las demas cosas. *Posito hoc. Cic.* Sentado, supuesto esto.

**Posivi**. *ant.* en lugar de Posui. *pret.* de Pono.

**Posnania**, ae. *f. Posnania*, ciudad de Polonia.

**Posŏnĭum**, ii. *Presbourg*, ciudad capital de la alta Ungría.

**Possedi**. *pret.* de Possideo.

**Possessio**, ōnis. *f. Cic.* Posesion, goce, propiedad. ‖ Bienes, tierras, posesiones.

**Possessiuncŭla**, ae. *f. Cic.* Posesion corta, heredad pequeña.

**Possessivus**, a, um. *Quint.* Posesivo, lo que significa posesion.

**Possessor**, ōris. *m. Cic.* Poseedor, el que posee.

**Possessōrĭus**, a, um. *Dig. V.* Possessivus.

**Possessus**, a, um. *part.* de Possideo. *Tac.* Poseido.

**Possessus**, us. *m. Apul. V.* Possessio.

**Possestrix**, icis. *f. Afran.* Poseedora.

**Possĭbĭlis**. *m. f.* le. *n.* is. *Quint.* Posible, factible, lo que se puede hacer.

**Possĭbĭlĭtas**, atis. *f. Arnob.* Posibilidad, facultad.

**Possĭdĕo**, ēs, ēdi, sessum, dēre. *a. Cic.* Poseer, tener, gozar, tener la propiedad, estar en posesion. *Possidere bona ex edicto. Cic.* Poseer los bienes por decreto. — *In se saecli mores. Plaut.* Conocer bien las gentes, el mundo, poseer, entender perfectamente los usos del tiempo, del dia. — *Plus fidei, quam artis. Cic.* Ser mas sincero que sagaz. — *Totum hominem. Cic.* Penetrar bien á un hombre, beberle su espíritu. — *Inverecundum ingenium. Cic.* Ser descarado.

**Possĭdo**, is, dēre. *a. Lucr.* Poseer.

**Possum**, pŏtes, pŏtest, pŏtui, posse. *anom. Cic.* Poder, tener facultad, potestad. Tener poder, crédito, autoridad. *Posse plurimum gratia apud aliquem Ces.* Tener mucho favor, mucho lugar ó crédito con alguno. — *Plurimum ad morsus serpentum. Cic.* Tener mucha virtud contra las mordeduras ponzoñosas. *Ut potest. Cic.* En cuanto se pueda, sea posible. *Non potest Ter.* Esto no se puede, no puede ser, es imposible. *Possunt oculi, potest, caput latera, pulmones possunt omnia. Cic.* Mis ojos, mi cabeza, mi pecho, mis pulmones, y todo cuanto hay en mí se halla fuerte y robusto. *Non possum quin. Cic.* No puedo menos de, no puedo dejar de.

**Post**. *prep.* de acus. Despues de, detras de. *Post diem tertium. Cic.* Despues de tres dias, tres dias despues. — *Hominum memoriam. Cic.* Desde que el mundo es mundo. — *Legem hanc constitutam. Cic.* Despues de establecida esta ley, despues del establecimiento de esta ley. — *Homines natos.* — *Genus hominum natum. Cic.* Desde que hay hombres.

**Post**. *adv. Cic.* Despues. *Post anno. Cic.* Un año despues. — *Paucis diebus. Cic.* Pocos dias despues, despues de pocos dias. — *Paulo. Hor.* Un poco, ó poco despues. *Post putavit sibi esse omnia prae meo commodo. Ter.* Todo lo pospuso á mis intereses. *Post tergum. Ces.* Atras, á las espaldas. — *Id locorum. Plaut.* Despues de esto, de este tiempo.

**Postautumnālis**. *m. f.* le. *n.* is. *Plin.* Lo que es ó viene despues del otoño.

**Postea**. *adv. Cic.* Despues. *Quid postea? Cic.* ¿Qué se sigue de ahí?

**Posteăquam**. *adv. Cic.* Despues que.

**Postĕo**, is, ire. *n. Sidon.* Ir despues, detras, ser inferior.

**Posterdie**. *ant. Fest.* en lugar de Postridie.

**Postergāneus**, a, um. *Arnob.* Lo que está detras ó á la espalda.

**Postĕri**, ōrum. *m. plur. Cic.* Los descendientes, la posteridad.

**Postĕrĭor**, ius, ōris. *Cic.* Posterior, lo que viene despues, segundo, el último de dos. ‖ Inferior. *Posterior aetate. Cic.* El mas jóven. *Posterior illi suis commodis patriae salus. Cic.* Sus intereses le son mas caros que el bien ó la salud de la patria. *Posterius est nequis isto nihil. Cic.* Es el mas vil y malvado de todos los hombres.

**Postĕrĭtas**, ātis. *f. Cic.* La posteridad, la descendencia, los descendientes. ‖ El tiempo futuro.

**Postĕrĭus**. *adv. Cic.* Despues.

**Postĕro**, ās, āre. *n. Palad.* Diferir, dilatar.

**Postĕrŭla**, ae. *f. Amian.* Senda, camino secreto, oculto.

**Postĕrus**, a, um. *Cic.* Siguiente, lo que sigue despues. *Postero ó postero die. Cic.* El dia siguiente, el dia despues, al otro dia. *In posterum tempus. Cic.* Para el tiempo venidero. *In posterum. Cic.* En adelante.

**Postfactus**, a, um. *Gel.* Hecho despues.

**Postfactum**, i. *n.* Lo hecho despues.

**Postfĕrendus**, a, um. *Plin.* Lo que se ha de posponer ó estimar en menos.

**Postfĕro**, fers, ferre, tŭli, lātum. *a. Plin.* Posponer, estimar en menos, apreciar menos. *Postferre libertati plebis opes suas. Liv.* Preferir la libertad del pueblo á sus bienes.

**Postfuit**. *Salust.* Se dejó, se desechó, no se hizo mas caso ó aprecio. *Ut periculum advenit; invidia, atque superbia postfuere. Salust.* A vista del peligro la envidia y la soberbia se desvanecieron.

**Postfŭtūrus**, a, um. *Vitruv.* Lo que será, vendrá, ó sucederá despues, lo que se seguirá.

**Postgĕnĭtus**, a, um. *Hor.* Descendiente, el que ha nacido ó nacerá despues.

**Posthăbĕo**, ēs, bui, bĭtum, bēre. *a. Ter.* Posponer, estimar, apreciar menos, hacer menos caso, cuenta ó aprecio. *Posthabere seria ludo. Virg.* Posponer las cosas serias á las de diversion y frusleria.

**Posthăbĭtus**, a, um. *Estac.* Pospuesto, estimado, apreciado en menos.

**Posthac**. *adv. Cic.* ó

**Posthaec**. *adv. Cic.* En adelante, de hoy mas, de hoy en adelante, en lo sucesivo.

**Posthinc**. *adv. Virg.* Despues, de aqui adelante ó para adelante.

**Posthŭmus**, a, um. *Virg.* Póstumo, *nacido despues de la muerte del padre*.

**Postĭbi**. *adv. Plaut.* Despues, en adelante.

**Postĭca**, ae. *f. Varr.* La mano izquierda. ‖ El septentrion, la parte septentrional.

**Postīcĭum**, ii. *n. Varr.* La parte de atras de una casa.

**Postĭcŭla**, ae. *f. Apul.* Puerta pequeña, postigo en la parte posterior de una casa.

**Postĭcŭlum**, i. *n. Vitruv.* Pequeña estancia ó pieza en la parte posterior de la casa. Sala trasera.

**Postīcum**, i. *n. Hor.* La puerta de atras, postigo ó puerta falsa, puerta trasera. *Postico recessit. Hor.* Salió por la puerta trasera. — *Fallere. Hor.* Salirse por la puerta trasera.

**Postīcus**, a, um. *Liv.* Posterior, trasero, lo que es de atras. *Postica pars mundi. Plin.* La parte septentrional del mundo. — *Sanna. Pers.* Burla, mofa que se hace por detras. — *Pars aedium. Suet.* La parte posterior de una casa.

**Postīdea**. *adv.* y

**Postīdem**. *adv. Plaut. V.* Postea.

**Postīlēna**, ae. *f. Plaut.* La gurupera.

**Postilla**. *adv. Plaut.* y

**Postinde**. *adv. Plaut. V.* Postea.

Postis, is. *m. Cic.* La jamba de la puerta.

Postlātus, a, um. *part. de* Postfero. *Plaut.* Pospuesto, estimado, apreciado en menos.

Postlimĭnĭum, ii. *n. Cic.* Postliminio, *restitucion al mismo estado de donde uno ó una cosa habia sido sacada violentamente.* ‖ *Derecho de repetir una cosa perdida, y restablecerla en su antiguo estado.* ‖ *Vuelta al lugar de donde uno ha sido echado por sus enemigos.*

Postmĕrĭdĭānus, a, um. *Cic.* Posmeridiano, lo que es ó se hace despues de medio dia.

Postmŏdo. *adv. Liv.* y

Postmŏdum. *adv. Cic.* Despues.

Postŏmis, ĭdis. *f. Lucil.* El acial con que se sujeta á las caballerias por la nariz ó la boca.

Postpartor, ōris. *m. Plaut.* El que despues de nosotros poseerá nuestros bienes, el heredero.

Postpōno, is, pŏsui, pŏsĭtum, něre. *a. Ces.* Posponer, estimar, apreciar menos, hacer menos caso, cuenta, aprecio ó estimacion.

Postpŏsĭtus, a, um. *part. de* Postpono. Pospuesto.

Postprincipia, ōrum. *n. plur. Varr.* Progresos, adelantamientos.

Postpŭto, ās, āvi, ātum, āre. *a. Ter.* Posponer.

Postquam. *conj. Cic.* Despues que, luego que.

† Postrēmĭor, ius, ōris. *Apul. comp. de* Postremus.

† Postrēmissĭmus, a, um. *Gel. sup. de* Postremus.

Postrēmĭtas, ātis. *f. Macrob.* La estremidad.

Postrēmo. *adv. Cic.* y

Postrēmum. *adv. Cic.* Últimamente, en fin, al fin.

Postrēmus, a, um. *Cic.* Lo último. *Postremi homines. Cic.* Los hombres mas viles.

Postrĭdĭe. *adv. Cic.* Un dia, el dia despues.

Postrĭdŭanus, a, um. *Macrob.* Lo que es ó pertenece al dia despues.

Postrĭdŭo. *adv. Cic. V.* Postridie.

Postscēnĭum, ii. *n. Lucr.* La parte posterior del teatro; lo que pasa detras de la escena. *Postscenia vitae. Luc.* Acciones secretas de la vida.

Postscrībo, is, ĕre. *a. Tac.* Escribir despues.

Postsignāni, ōrum. *m. plur. Amian.* Los soldados que van en el ejército despues de las banderas.

Postŭli. *pret de* Postfero.

Postŭlarĭa fulmina. *Fest.* Rayos que denotan haberse despreciado los sacrificios ó ceremonias religiosas, que piden que se renueven estos actos.

Postŭlātĭo, ōnis. *f. Cic.* Súplica, ruego. ‖ Acusacion, queja. ‖ Demanda, pretension, peticion. *Postulationes decretae Jovi. Cic.* Súplicas, oraciones, rogativas mandadas hacer á Júpiter, ó sacrificios de víctimas que Júpiter ha pedido.

Postŭlātĭtĭus, a, um. *Sen.* Lo que se pide con instancia.

Postŭlātor, ōris. *m. Suet.* El que pide ó demanda. ‖ Procurador, abogado.

Postŭlātōrĭus, a, um. *Sen.* Lo que se pide ó sirve para pedir.

Postŭlātrix, ĭcis. *f. Tert.* La que pide.

Postŭlātum, i. *n. Cic.* y

Postŭlātus, us. *m. Liv.* Pretension, peticion, demanda.

Postŭlātus, a, um. *Flor.* Pedido. ‖ *Cic.* Acusado. *part. de*

Postŭlo, ās, āvi, atum, āre. *a. Cic.* Pedir, pretender, rogar, suplicar con instancia. ‖ Demandar judicialmente, acusar. *Postulare aliquem de colloquio. Ces.* Pedir una plática, una conferencia con alguno. — *Pro aliquo. Gel.* Presentar una peticion por alguno. — *In judicium. Cic.* Demandar á uno en juicio. — *In quaestionem servos. Cic.* Pedir judicialmente que se ponga en tortura á los esclavos. — *Impietatis reum. Plin.* Acusar de impiedad. — *Fidem publicam. Cic.* Implorar la fe pública. *Postulare ab aliquo. Cic.* Pedir con instancia á alguno. — *Judicem. Cic.* Poner memorial á un juez, hacer una representacion, suplicar á un juez. *Postulatus repetundarum ó de repetundis ab aliquo. Cic.* Acusado por alguno de cohechos, de peculado. — *De ambitu. Cic.* Acusado de haber sobornado á algunos en la votacion de un empleo.

Postumātus, us. *m. Tert.* El lugar posterior ó inferior.

Postumĭānus, a, um. *y*

Postumius, a, um. *Liv.* Lo perteneciente á la familia patricia romana de los Postumios ó á alguno de ellos.

Postŭmo, ās, āre. *n. Tert.* Ser posterior.

Postŭmus, a, um. *Virg.* Último. ‖ Póstumo.

Postus, a, um. *Lucr. sincop. de* Positus.

Postvĕnĭens, tis. *com. Plin.* El que viene despues ó detras, el que sucede.

Posvĕnĭo, is, vĕni, ventum, nīre. *n. Plin.* Venir despues ó detras, suceder.

Postverta, y Postvorta, ae. *f. Gel.* Diosa que preside al parto inverso *en que salen primero los pies que la cabeza.*

Postvōta, ae. *f. Serv.* Sobrenombre de Venus, *que quiere decir condescendiente á los ruegos.*

Pŏsui. *pret. de* Pono.

Pŏtābĭlis. *m. f. lē. n. is. Auson.* Potable, lo que se puede beber.

Pŏtācŭlum, i. *n. Tert.* La bebida.

Pŏtāmantis, ĭdis. *f. Plin.* Cierta yerba que bebida hace ver fantasmas á los hombres.

Pŏtāmĭcus lacus. El lago de Constancia.

Pŏtămŏgēton, y Potamogiton, ōnis. *f. Plin.* La yerba potamogeton, que nace en lugares aguanosos.

Pŏtandus, a, um. *Ov.* Lo que se ha de beber.

Pŏtans, tis. *com. Hor.* El que bebe. *Potantia succum aquinatem vellera. Hor.* Lana que se tiñe de color de púrpura.

Pŏtātĭo, ōnis. *f. Cic.* El beber, la accion de beber.

Pŏtātor, ōris. *m. Plaut.* El que bebe, bebedor.

Pŏtātōrĭus, a, um. *Plin. Valer.* Lo que es bueno para beber.

Pŏtātūrus, a, um. *Ter.* El que ha de beber.

Pŏtātus, us. *m. Solin.* La bebida.

Pŏtātus, a, um. *Plin. part. de* Poto. Bebido.

Pŏte. *Ter.* en lugar de Potest.

Pŏtens, tis. *com. ior. issĭmus. Cic.* Potente, poderoso, capaz, que tiene poder, fuerza, autoridad. ‖ Poderoso, rico, prepotente. *Potens sui. Liv.* Señor, dueño de sí mismo. — *Deorum. Plin. men.* El supremo Dios, Júpiter. — *Maris. Ter.* Dios del mar, Neptuno. — *Cypri. Hor.* Diosa de Chipre, Venus. — *Voti. Ov.* El que ve cumplidos sus votos, sus deseos. — *Frugum. Ov.* Ceres, diosa de las mieses. — *Nemorum virgo. Hor.* Diana, diosa de los bosques. — *Corporis. Curc.* Fuerte, robusto, de buen cuerpo. — *Uteri Diva. Ov.* Juno, Lucina, que preside á los partos. — *Regni. Liv.* Que está en edad de gobernar, de reinar. — *Forma. Catul.* Rostro hermoso. — *Herba. Virg.* Yerba de mucha virtud. — *Nobilitate. Ov.* Que es de familia muy distinguida. — *Mentis. Sen.* Que está en su juicio.

Pŏtentātor, ōris. *m. Tert.* Potentado, príncipe, poderoso.

Pŏtentātus, us. *m. Ces.* Principado, dominacion, mando, poder.

Pŏtenter, ius, issĭme. *adv. Quint.* Poderosamente. ‖ *Hor.* Proporcionadamente, segun sus fuerzas. *Potentissime dicere. Quint.* Hablar con mucha vehemencia.

Pŏtentia, ae. *f. Cic.* Potencia, poder, poderío. ‖ Autoridad, crédito. ‖ *Ov.* Fuerza, violencia, vehemencia. *Potentia morbi. Ov.* La fuerza de la enfermedad.

Pŏtentĭālĭter. *adv. Sid.* Con poder ó facultad.

Potentinus, a, um. *Plin.* Lo perteneciente á Polenza, ciudad de Liguria.

Pŏtērĭum, ii. *n. Plaut.* Copa, vaso, taza grande.

Potessem. *ant. Lucr.* En lugar de Possem.

Potessum esse. *Plaut. V.* Possum.

Pŏtestas, ātis. *f. Cic.* Potestad, imperio, poderío, soberanía, dominacion. ‖ Principio. ‖ Facultad, libertad de hacer. *Potestas in aliquem vitae, ac necis. Cic.* Potestad, derecho de vida y muerte sobre alguno. — *Aquae parcissime facienda est. Col.* Se ha de dejar beber muy poca agua. — *Simul ac data est. Cic.* Desde luego que se pudo, que hubo libertad ó facultad. — *Hujus rei tua est. Cic.* Esto está en tu mano, tú eres el dueño, el árbitro. *Potestatis suae ó potestatis in sua est. Liv.* Ser dueño de sí, no depender de nadie. *Potestatem sui facere. Cic.* Dar audiencia, dejarse ver ó hablar facilmente, ser accesible.

*Sui facere in campo.* Nep. Salir á campo raso, presentarse en campaña. — *Facere. Cic.* Dar permiso, facultad, ocasion, dar libertad. *De potestate exire. Cic.* Salir de los límites de la razon, no ser ya dueño de sí. *Plumbi potestas. Lucr.* La naturaleza, virtud, fuerza, esencia del plomo.

Potestātes, um. *f. plur. Cic.* Las potestades, los supremos magistrados.

Potestātīvus, a, um. *Fest.* Lo que tiene potestad ó facultad.

Potestur. En lugar de Potest.

* Pothos, i. *m. Plin.* El dios Cupido. ‖ El deseo. ‖ El jazmin, *flor.*

Poti. *En lugar de Potiri. V. Potior.*

Pŏtiens, tis. *com. Cic.* El que goza.

Pŏtĭlis. *m. f. lĕ. n. is. Varr.* Potable, lo que se puede beber, bueno para beber.

Potin? *En lugar de Potesne? Ter.* ¿Puedes?

Pŏtīna, ae. *f. Non.* Potina, diosa que presidía á la bebida de los niños. ‖ Ciudad de Beocia.

Pŏtīna, ae. *f.* Fuente cerca de Tebas en Beocia.

Pŏtĭo, ōnis. *f. Cic.* La bebida, la accion de beber. ‖ Pocion, pócima, bebida medicinal. ‖ Veneno.

Pŏtĭōnātus, a, um. *Suet.* El que ha bebido una bebida ó tomado una pócima ó toma. *Potionatus ab uxore. Suet.* Emponzoñado por su muger, á quien su muger dió un vaso de veneno. *part. de*

Pŏtĭōno, as, āre. *a. Veg.* Dar, administrar una pócima, una bebida medicinal.

Pŏtior, iris, ītus sum, īri. *dep.* Apoderarse, enseñorearse, tomar posesion, gozar de, poseer, ser dueño. *Potiri regni. Vel. Pat.* — *Sceptra. Lucr.* — *Sceptris. Virg.* Reinar. — *Hostium. Plaut.* Ser victorioso de sus enemigos. ‖ *Papin.* Caer en manos, en poder de los enemigos. — *Rerum. Cic.* Ser el señor de todo. — *Laborem. Plaut.* Tener, padecer trabajos. — *Auso. Virg.* Llevar al cabo una empresa, ver el logro de ella.

Pŏtior. *m. f. ius. n. oris. y*

Pŏtis. *m. f. te. n. is. ior, issĭmus. Cic.* El que puede. *Potis es. Lucr.* Tú puedes. — *Non es sanguis consistere. Cic.* No se puede detener la sangre. *Potius nihil mihi fuit. Cic.* No tuve otra cosa mas en mi corazon. *Potior sententia. Virg.* El mejor, mas sano acuerdo.

Pŏtissĭme *y*

Pŏtissĭmum. *adv. Cic.* Especial, principalmente.

Pŏtissĭmus, a, um. *Cic.* Lo principal, lo mejor, mas considerable. *Potissimum quod est dicam. Quint.* Diré lo mas principal, lo mas necesario.

Potitiānus, a, um. *Dig.* Lo perteneciente á alguno de los Poticios.

Potitii, ōrum. *m. plur. Liv.* Los Poticios, sacerdotes de Hércules.

Pŏtĭto, as, āvi, atum, āre. *a. Plaut. frec. de Poto.* Beber á menudo.

Pŏtiuncŭla, ae. *f. Suet.* Bebida corta.

Pŏtius. *adv. Cic.* Antes, bien.

Potnias, ădis. *adj. f. Plin.* Lo perteneciente á Potnias, ciudad de Beocia junto á Tebas.

Pŏto, as, āvi, atum, pŏtus sum, *y* pōtum, āre. *a. Cic.* Beber. *Potare totos dies. Cic.* Pasar los dias enteros bebiendo. *Potat quinis horis lana. Plin.* Deja empapar la lana cinco horas. *Potare. Cic.* Darse á borracheras, á la embriaguez.

Pŏtor, ōris. *m. Hor.* Bebedor, dado al vino, á la embriaguez.

Pŏtōrium, ii. *n. Plin.* Vaso para beber.

Pŏtōrius, a, um. *Plin.* Propio para beber ó beberse.

Pŏtōsium, ii. *n.* Potosí, ciudad del Perú.

Potrix, ĭcis. *f. Fedr.* Bebedora, borracha, muger dada al vino.

Pŏtŭa, ae. *f. Arnob.* Diosa que preside á la bebida.

Pŏtui. *pret. de Possum.*

Pŏtŭlentus, a, um. *Suet.* Ebrio, borracho, el que ha bebido demasiado, embriagado.

Pŏtūra, ae. *f. Varr.* La bebida.

Pŏtūrus, a, um. *Suet.* El que ha de beber.

Pŏtus, us. *m. Cic.* La bebida. *Potui dare medicamen-*

*tum. Cels.* Dar una bebida medicinal, hacerla tomar. — *Aqua idonea. Col.* Agua buena para beber.

Pōtus, a, um. *Cic. part. de Poto.* Bebido. ‖ Bien bebido, beodo, borracho. *Bene potus. Cic.* Bien bebido, lleno de vino. *Potae quo plus sunt, plus sitiuntur aquae. Ov.* Cuanto mas se bebe mas sed se tiene. *Potum senem pota trahebat anus. Ov.* Una vieja bien bebida traia á un viejo que estaba tan bien bebido como ella.

Potus, i. *m. Catul. de Virg.* El jovencito delicado.

## PR

Practĭca, ae. *f. y*

Practĭce, es. *f.* La práctica.

Practĭcus, a, um. *Quint.* Práctico, activo, lo que pertenece á la accion.

Prae. *prep. de ablat. Cic.* Antes, delante de. *Prae nobis beatus. Cic.* Feliz en comparacion, ó respecto de nosotros. — *Ira. Liv.* Por, á causa de la ira. — *Oculis. Cic.* Delante de los ojos. — *Manibus quod fuit aurum reddidi. Plaut.* Le dí todo el oro que tenia entre las manos, en la ó las manos. — *Quod tu velis omnes res relictas habes. Cic.* Lo he dejado ó abandonado todo, sino lo que tú quieres. — *Cunctis. Plaut.* Mas que todos. — *Se aliquid ferre, gerere. Cic.* Manifestar, hacer ver ó parecer esteriormente, manifestar.

Praeacŭo, is, ĕre. *a. Cat.* Aguzar, sacar la punta.

Praeacūte. *adv. Apul.* Muy agudamente, con mucha agudeza ó sutileza.

Praeacūtus, a, um. *Ces.* Muy puntiagudo, muy aguzado.

Praeaedificātus, a, um. *Fest.* Fabricado antes.

Praealte. *adv. En.* Muy alta, honda, profundamente.

Praealtus, a, um. *Liv.* Muy alto. ‖ Muy honrado. ‖ Muy profundo.

Praeambulo, as, āre. *n. Marc. Cap.* Andar antes, delante, preceder.

Praeambŭlus, a, um. *Marc. Cap.* El que va delante, precedente.

Praeaudītus, a, um. *Ulp.* Oido antes.

Praebenda, ōrum. *n. plur. Gel.* Habilitacion, equipage, provision de todo lo necesario de los magistrados que iban con gobierno á las provincias. *Praebenda magistratibus conducere. Gel.* Correr con poner la casa á los magistrados.

Praebenda, ae. *f. Eccles.* Prebenda, canonicato.

Praebeo, ēs, bui, bĭtum, bēre. *a. Cic.* Dar, suministrar. *Materiam igni praebere. Liv.* Añadir yesca ó leña al fuego. *Praebere se attentum. Cic.* Estar atento. — *Se gratum. Cic.* Ser, mostrarse agradecido. — *Aurem. Plin.* Prestar el oido, dar oidos. — *Munimenta. Ces.* Servir de trinchera, de reparo. — *Speciem militum. Ces.* Parecer soldados. — *Ludos. Ter.* Dar que reir. — *Usum. Plin.* Ser útil, bueno para.

Praebia, ōrum. *n. plur. Fest.* Remedios preservativos.

Praebĭbo, is, ĕre. *a. Apul.* Beber antes, el primero.

Praebĭtĭo, ōnis. *f. Ulp.* La accion de dar ó suministrar. ‖ *Aur. Vict.* La habilitacion ó equipage de un magistrado.

Praebĭtor, ōris. *m. Cic.* El que da ó suministra.

Praebĭtus, a, um. *part. de Praebeo. Col.* Dado, suministrado.

Praebui. *pret. de Praebeo.*

Praecădens, tis. *Cel. Aur.* Lo que cae ó está para caer, cadente.

Praecălĕfactus, a, um. *Escrib.* Caliente de antemano. ‖ Muy caliente.

Praecălĭdus, a, um. *Prud.* Muy caliente.

Praecalveo, ēs, ēre. *n. Fest.* Encalvecer por delante.

Praecalvus, a, um. *Suet.* Calvo por delante.

Praecăno, is, ĕre. *a. Tert.* Cantar delante ó antes. ‖ *Plin.* Rechazar el encantamiento.

Praecantatio, ōnis. *f. Quint.* Encantamiento.

Praecantātor, ōris. *m. S. Ag.* Encantador, hechicero.

Praecantātrix, ĭcis. *f. Varr.* Encantadora, maga, hechicera.

Praecantātus, a, um. *Petron.* Encantado, hechizado.

Praecanto, as, āre. *a. Lucil.* Cantar antes. ‖ Encantar, hechizar.

Praecantrix, ĭcis. f. *Varr.* V. Praecantatrix.
Praecānus, a, um. *Hor.* Cano antes de tiempo.
Praecārus, a, um. *Ter.* Muy caro, muy amado.
Praecautĭo, ōnis. f. *Cel. Aur.* La precaucion, cautela de antemano.
Praecautor, ōris. m. *Cel. Aur.* El que precave, previene los accidentes de antemano.
Praecautus, a, um. *Plaut.* part. de Praecaveo. Precavido, previsto. *Praecauto opus est. Plaut.* Es menester precaverse, es necesario guardarse, se ha de tener precaucion.
Praecāvens, tis. com. *Cic.* El que se precave, cauto.
Praecāveo, ēs, cāvi, cautum, vēre. a. *Ces.* Precaver, prever, estar alerta, tener precaucion.
Praecēdens, tis. com. *Hor.* Precedente, que va delante, que precede.
Praecēdo, is, cessi, cessum, dĕre. a. *Ces.* Preceder, ir delante. ‖ *Plin.* Esceder, aventajarse, ser superior. *Praecedere alios virtute. Ces.* Aventajarse á otro en valor.
Praecēler. m. f. rĕ. n. is. *Plin.* Muy ligero, muy veloz, de suma ligereza ó velocidad.
Praecēlero, ās, āvi, ātum, āre. n. *Estac.* Acelerarse, apresurarse mucho, darse mucha prisa.
Praecēllens, tis. com. *Cic.* Muy escelente.
Praecellentia, ae. f. *Tert.* La escelencia.
Praecelleo, ēs, ēre. n. *Plaut.* y
Praecello, is, lui, celsum, lĕre. n. *Plin.* Esceder, aventajar. ‖ *Tac.* Dominar, mandar, tener la superioridad. *Praecellere genti. Tac.* Mandar á una nacion.
Praecelsus, a, um. *Cic.* part. de Praecello. Escelso, muy alto, elevado, encumbrado.
Praecentio, ōnis. f. *Cic.* El toque de las trompetas al empezar los sacrificios y las batallas.
Praecentor, ōris. m. *Apul.* El que entona ó canta primero, el que comienza el canto en un coro de música.
Praecentōrius, a, um. *Sol.* Lo que sirve para dar el tono, para empezar el canto.
Praecentrix, ĭcis. f. *Varr.* La que da el tono, la que comienza un canto en un coro de música.
Praecēpi. pret. de Praecipio.
Praeceps, cĭpĭtis. com. *Cic.* Precipitado, que va cayendo de cabeza. ‖ Escarpado, cortado, fragoso. ‖ *Virg.* Que se precipita, que va muy ligero. ‖ Lo que se arroja precipitadamente. ‖ Improviso, repentino. ‖ Inconsiderado, precipitado, imprudente. ‖ Inclinado, lo que está en su declinacion ó decadencia. ‖ *Hor.* Peligroso, espuesto. *In praeceps. Virg.* Hácia abajo. *Praecipitem aliquem agere. Dejicere. Cic. Dare. Ter. Adigere. Deturbare. Mittere. Projicere. Ruere. Virg. Jacere. Tac. Perturbare. Ad Her.* Precipitar, arrojar, echar de un precipicio. — *Abire. Salust.* Ir en decadencia. — *Rapere. Ov. Trahere. Virg.* Arrastrar á un precipicio. *Ex praecipiti aegrum levare. Hor.* Sacar á un enfermo de un grave peligro. *In praecipiti aegrotus est. Cels.* El enfermo está en gravísimo peligro, corre gran riesgo su vida.
Precepsit. *En lugar de Praeceperit.* V. Praecipio.
Praeceptio, ōnis. f. *Cic.* Enseñanza, doctrina, precepto.
Praeceptīve. adv. *Tert.* Por via de preceptos.
Praeceptīvus, a, um. *Sen.* Preceptivo, que contiene preceptos.
Praecepto, ās, āvi, ātum, āre. a. *Fest.* Mandar á menudo, con frecuencia.
Praeceptor, ōris. m. *Cic.* Preceptor, maestro, el que enseña, que da reglas y preceptos. ‖ *Gel.* El que manda.
Praeceptōrius, a, um. *Plin.* men. Que enseña, que instruye, da preceptos.
Praeceptrix, ĭcis. f. *Vitruv.* Preceptora, maestra, la que enseña, instruye, da reglas, preceptos.
Praeceptum, i. n. *Cic.* Precepto, regla, instruccion. ‖ *Virg.* Mandamiento, órden.
Praeceptus, a, um. part. de Praecipio. *Cic.* Enseñado, instruido. ‖ Mandado, ordenado. ‖ *Liv.* Anticipado, tomado antes ó de antemano.
Praecernens, tis. com. *Cat.* El que preve.
Praecerpo, is, psi, ptum, pĕre. a. *Plin.* Cortar, arrancar antes de tiempo. ‖ Cortar con los dientes.

Praecerptus, a, um. *Liv.* part. de Praecerpo. Cortado, cogido, arrancado antes de tiempo.
Praecertatio, ōnis. f. *Ad Her.* Disputa ó principio de ella.
Praecessi. pret. de Praecedo.
Praecessor, ōris. m. *Tert.* Predecesor, antecesor.
Praeciae, arum. m. plur. *Apul.* Hombres que enviaban delante los sacerdotes para avisar á los artífices que levantasen la mano de sus obras, porque si al pasar el sacerdote los veia trabajando se profanaban los sacrificios.
Praecidāneus, a, um. *Varr.* y
Praecidārius, a, um. *Varr.* Lo que precede. ‖ Lo que se inmolaba primero. ‖ Lo que se inmolaba la víspera de los sacrificios solemnes. *Praecidaneae feriae. Gel.* Las vísperas ó la noche de las fiestas.
Praecīdo, is, di, sum, dĕre. a. *Cic.* Cortar. *Praecidere iter. Plin.* Atravesar el camino. *Linguam oculi praecidĕrunt. Plaut.* La vista, los ojos le hicieron enmudecer. — *Sermonem. Cic.* Cortar la plática, la conversacion.
Praecinctio, ōnis. f. *Vitruv.* Especie de barandilla, que separaba el asiento de los caballeros del pueblo en el teatro, y giraba al rededor de las gradas. *Praecinctio collis. Vitruv.* El circuito de una colina.
Praecinctorium, ii. n. *Vitruv.* V. Praecinctura.
Praecinctōrius, a, um. *Vitruv.* Lo que ciñe, rodea, ata al rededor.
Praecinctūra, ae. f. *Macrob.* y
Praecinctus, us. m. *Non.* El ceñidor, faja ó cíngulo. ‖ El modo y la accion de ceñir.
Praecinctus, a, um. part. de Praecingo. *Ov.* Ceñido, rodeado, atado al rededor. ‖ Coronado. ‖ Regazado, arremangado, pronto, listo para hacer alguna cosa.
Praecingo, is, nxi, nctum, gĕre. a. *Plin.* Ceñir, rodear, circundar. *Praecingere gemmam auro. Ov.* Engastar una piedra preciosa en oro. *Praecingitur ense. Ov.* Se ciñe la espada.
Praecĭno, is, nui, centum, nĕre. a. *Cic.* Preceder con el tono ó canto, con la música. ‖ Pronosticar, anunciar lo futuro. ‖ Curar por ensalmos, por oraciones supersticiosas.
Praecinxi. pret. de Praecingo.
Praecio, is, īre. a. *Fest.* Proclamar, publicar.
Praecipes, is. com. *Plaut.* V. Praeceps.
Praecipio, is, cēpi, ceptum, pĕre. a. *Cic.* Tomar, recibir de antemano. ‖ Ocupar antes, anticiparse, apoderarse el primero. ‖ Enseñar, instruir, dar preceptos. ‖ Mandar, ordenar, dar órdenes. *Praecipere cogitatione futura. Cic.* Figurarse lo que ha de suceder, prever lo futuro.
Praecipiendus, a, um. *Ov.* Lo que se ha de precipitar.
Praecipitans, tis. com. *Cic.* Precipitante, precipitado, inclinado, cadente, lo que está para caer ó precipitarse con ímpetu. *Sol jam praecipitans. Cic.* El sol cuando está ya para ponerse. — *Respublica. Cic.* República que se precipita á su ruina.
Praecipitanter. adv. *Lucr.* Precipitadamente, con precipitacion.
Praecipitantia, ae. f. *Gel.* Precipitacion impetuosa, el acto de rodar ó caer con precipitacion, con ímpetu.
Praecipitatio, ōnis. f. *Vitruv.* Precipitamiento, precipitacion, caida ó carrera precipitada.
Praecipitator, ōris. m. *Quint.* El que precipita, el que arroja ó echa á rodar de alto á bajo.
Praecipitātus, a, um. part. de Praecipito. *Cic.* Precipitado, arrojado, tirado, caido con ímpetu. *Praecipitata aetas. Macr.* Edad decrépita, muy avanzada, que declina. — *Nox. Ov.* Noche muy adelantada. *Pars palmitis. Col.* Punta de un sarmiento que se dobla.
Praecĭpĭtis. gen. de Praeceps.
Praecĭpĭtium, ii. n. *Suet.* Precipicio, lugar precipitado. ‖ *Plin.* Caida precipitada.
Praecĭpĭto, ās, āvi, atum, āre. a. *Cic.* Precipitar, arrojar, tirar de alto á bajo con ímpetu. ‖ Apresurar, acelerar. ‖ Declinar, ir en decadencia, caminar hácia su fin ó su ocaso. ‖ *Plaut.* Obrar precipitadamente, sin consideracion, sin consejo. *Praecipitare mentem. Virg.* Hacer perder el juicio. — *Palmitem. Col.* Encorvar, doblar la punta de un sarmiento. — *Moras. Virg.* Apresurarse, acelerarse, darse prisa. — *Fata. Luc.* Adelantarse la muerte

## PRAE

— *Ad dementiam. Ces.* Hacer perder el juicio: *Praecipitat hiems. Ces.* Se acaba ya el invierno.

**Praecīpue.** *adv. Cic.* Principal, particular, especial, singular, señaladamente.

**Praecĭpuus, a, um.** *Cic.* Particular, propio, peculiar. ‖ Insigne, singular, principal. ‖ *Plin.* Específico, particularmente útil. *Praecipuus in eloquentia. Quint.* Singular, escelente, único en la eloquencia.

**Praecise.** *adv. Cic.* Con precision, breve, sucinta, concisa, lacónicamente. *Praecise negare. Cic.* Negar absoluta, claramente.

**Praecisio, ōnis. f.** *Vitruv.* Corte, cortadura, el acto y efecto de cortar.

**Praecīsus, a, um.** *part. de* Praecido. *Plin.* Cortado. ‖ Breve, sucinto, conciso. ‖ Escarpado, fragoso. ‖ Quitado. *Praecisum utrinque. Salust.* Cortado, escarpado por todas partes.

**Praeclamĭtātio, ōnis. f.** *Liv.* Proclamacion, aclamacion.

**Praeclamĭtātor, ōris. m.** *Fest.* El pregonero.

**Praeclāre.** *adv. Cic.* Esclarecida, ilustre, famosamente. ‖ Muy bien, escelente, bellísimamente. *Praeclare actum est nobiscum. Cic.* Hemos sido muy bien tratados, muy afortunados.

**Praeclārĭtas, ātis. f.** *Bibl.* Gran reputacion, escelencia.

**Praeclārus, a, um, ior, issĭmus.** *Cic.* Preclaro, ilustre, noble, famoso, escelente. *Praeclarus ad aspectum locus. Cic.* Sitio que tiene una hermosa vista. — *Sceleribus. Salust.* Famoso por sus maldades. — *Materno genere. Suet.* Ilustre por parte de su madre. — *Eloquentiae, ac fidei. Tac.* Escelente por su eloquencia y probidad.

**Praeclāvium, ii. n.** *Non.* Boton puesto á la orilla del vestido.

**Praeclūdo, is, si, sum, dĕre. a.** *Ces.* Cerrar delante de alguno. ‖ Cerrar, cortar, impedir, estorbar la entrada ó el paso. *Praecludere effugium. Lucr.* Cortar, impedir la huida. — *Cursus maritimos. Cic.* Cortar, estorbar, impedir la navegacion.

† **Praeclŭeo, ēs, ēre. n.** *Ter. Maur.* Ser famoso.

**Praeclŭis. m. f. e. n. is.** *Marc. Cap.* Ilustre, famoso.

**Praeclūsio, ōnis. f.** *Vitruv.* La accion de cerrar, encerrar, impedir ó cortar el paso.

**Praeclūsor, ōris. m.** *Tert.* El que cierra la entrada, el paso.

**Praeclūsus, a, um.** *part. de* Praecludo. *Ces.* Cerrado, impedido, cortado, estorbado.

**Praeco, ōnis. m.** *Cic.* Pregonero. ‖ Preconizador, panegirista. *Praeconis voci bona civium subjicere. Cic.* Publicar, vender los bienes de los ciudadanos á voz de pregonero, en almoneda.

**Praecōcis.** *gen. de* Praecox.

**Praecoctus, a, um.** *part. de* Praecoquo. *Plin.* Muy cocido, bien cocido. ‖ *Cel. Aur.* Cocido antes ó de antemano.

**Praecōgĭtātio, ōnis. f.** *Tert.* Premeditacion, consideracion anticipada.

**Praecōgĭtātus, a, um.** *Liv.* Premeditado, pensado de antemano. *part. de*

**Praecōgĭto, as, āvi, ātum, āre. a.** *Quint.* Premeditar, pensar de antemano.

**Praecognĭtio, ōnis. f.** *Boet.* Conocimiento previo, anticipado.

**Praecognĭtus, a, um.** *part. de*

**Praecognosco, is, ĕre. a.** *Plan. à Cic.* Prever, conocer, entender de antemano.

**Praecŏlo, is, lui, cultum, lĕre. a.** *Quint.* Aprestar, preparar. ‖ *Tac.* Honrar, respetar mucho.

**Praecommŏdo, as, āvi, ātum, āre. a.** *Cod. Teod.* Prestar, dar anticipadamente.

**Praecommŏveo, ēs, ēre. a.** *Sen.* Mover, conmover mucho, en gran manera.

**Praecompŏsĭtus, a, um.** *Ov.* Preparado, meditado, dispuesto, compuesto de antemano.

**Praecŏnans, tis. com.** *Marc. Cap.* El que pregona.

**Praeconceptus, a, um.** *Plin.* Concebido de antemano, antes.

**Praeconcinnātus, a, um.** *Apul.* Ajustado, compuesto de antemano.

## PRAE 577

**Praecondio, is, īre. a.** *Apic.* Guisar, componer antes ó de antemano.

**Praecōnium, ii. n.** *Cic.* Pregon, el oficio, la voz del pregonero. ‖ Publicacion. ‖ Alabanza, encomio, elogio. *Praeconium facere. Cic.* Pregonar, publicar. ‖ Vender á voz de pregonero.

**Praeconsūmo, is, sumsi, sumptum, mĕre. a.** *Ov.* Consumir, gastar antes.

**Praeconsumptus, a, um.** *part. de* Praeconsumo. Consumido, gastado antes.

**Praecontrecto, as, āvi, ātum, āre. a.** *Ov.* Manosear, manejar, tocar antes.

**Praecŏquis. m. f. quě. n. is.** *Plin.* Precoz, prematuro, maduro antes de tiempo.

**Praecŏquo, is, coxi, coctum, quĕre. a.** *Plin.* Cocer antes. ‖ Hacer madurar antes de tiempo.

**Praecŏquus, a, um.** *Col. V.* Precoz.

**Praecordia, ōrum. n. plur.** *Plin.* El diafragma, membrana del pecho, que separa las entrañas del vientre. ‖ *Cic.* Las entrañas, los intestinos. ‖ *Ov.* El pecho. *Praecordia mentis. Ov.* El asiento del entendimiento.

**Praecorrumpo, is, rūpi, ruptum, pĕre. a.** *Ov.* Corromper, sobornar antes.

**Praecorruptus, a, um.** *part. de* Praecorrumpo. *Ov.* Corrompido, sobornado antes.

**Praecox, ōcis. com.** *Plin.* Precoz, maduro antes de tiempo, temprano, que se adelanta á su edad, á su tiempo, á su sazon. *Praecocia loca. Plin.* Tierras tempranas.

**Praecoxi.** *pret. de* Praecoquo.

**Praecrāsus, a, um.** *Plin.* Muy grueso.

**Praecrūdus, a, um.** *Col.* Muy crudo, muy áspero.

**Praecŭcurri.** *pret. de* Praecurro.

**Praeculco, as, āre. n.** *Tert.* Inculcar mucho ó de antemano.

**Praecultus, a, um.** *part. de* Praecolo. *Cic.* Preparado, estudiado, compuesto, adornado con mucho cuidado.

**Praecumbo, is, ĕre. n.** *Gel.* Echarse, acostarse antes.

**Praecupĭdus, a, um.** *Suet.* Apasionado, muy deseoso.

**Praecūro, as, āre. a.** *Cel. Aur.* Cuidar antes.

**Praecurrens, tis. com.** *Cic.* Antecedente, precedente, lo que va delante.

**Praecurro, is, cŭcurri, cursum, rĕre. a.** *Ces.* Preceder, adelantarse corriendo. ‖ Prevenir, anticiparse, adelantarse, tomar, coger la delantera, ganar por la mano. ‖ Superar, vencer, esceder. *Praecurrere aetate aliquem. Cic.* Ser mayor de edad que otro. ‖ Vivir, florecer antes. — *Aliquem vita. Hor.* Vivir mas que otro.

**Praecursio, ōnis. f.** *Cic.* La accion de preceder, de adelantarse. ‖ Reflexion precedente, conocimiento anterior: *Sine praecursione visorum non fiunt assensiones. Cic.* Jamas se aprueba sin alguna reflexion precedente sobre las cosas.

**Praecursor, ōris. m.** *Liv.* Precursor, batidor. ‖ El que va delante, el que precede.

**Praecursōrius, a, um.** *Plin.* Lo que precede ó va delante.

**Praecursus, us.** *Plin. V.* Praecursio.

**Praecursus, a, um.** *Amian.* Lo que va delante.

**Praecurvus, a, um.** *Plaut.* Muy doblado, corcovado, encorvado.

**Praecŭtio, ŭtis, tĕre. a.** *Curc.* Herir antes ó primero.

**Praeda, ae. f.** *Cic.* Presa, botin, despojo de los enemigos. ‖ Presa en la caza ó pesca. ‖ Ganancia, provecho, lucro.

**Praedābundus, a, um.** *Sal.* El que hace muchas presas, que anda ó viene á pillar, á robar.

**Praedāceus, a, um.** *Gel.* Lo que proviene ó procede de botin.

**Praedamnātio, ōnis. f.** *Tert.* Condena ó condenacion anticipada.

**Praedamnātus, a, um.** *Liv.* Condenado antes. *part. de*

**Praedamno, as, āvi, ātum, āre. a.** *Liv.* Condenar antes. ‖ Antes de tiempo, sin haberse hecho la causa.

**Praedātio, ōnis. f.** *Tac.* Presa, pillage, la accion de robar, de pillar.

**Praedatĭtius, a, um.** *Gel.* Lo que es de la presa, ó lo que proviene de ella.

**Praedātor, ōris. m.** *Salust.* El que hace presas, que anda

Dddd

á pillage. ‖ Ladron. ‖ Corsario, pirata. ‖ Cazador.

Praedatōrius, a, um. *Salust.* Lo perteneciente al ladron ó pirata, y á su oficio. *Praedatoriae naves. Liv.* Naves de corso, corsarias.

Praedātrix, īcis. *f. Estac.* La que roba, hace presas ó anda á pillage.

Praedātum, i. *n. Ulp.* Botin, pillage, presa.

Praedātus, a, um. *part. de* Praedor. *Tac.* El que hace presas. ‖ *Plaut.* Cargado de presa, rico con ella. ‖ *Plaut.* Robado, apresado, pillado.

Praedātus, us. *m. Liv.* V. Praedatio.

Praedātus, a, um. *Cel. Aur.* Dado de antemano.

Praedēcessor, ōris. *m. Rutil.* Predecesor, antecesor.

Praedēlaso, as, āvi, atum, āre. *a. Ov.* Cansar, fatigar de antemano.

Praedem. *acus. de* Praes.

Praedensātus, a, um. *Plin.* Muy denso ó espeso. *part. de*

Praedensor, āris, atus sum, āri. *pas. Estac.* Estar muy espeso.

Praedensus, a, um. *Plin.* Muy denso, muy espeso.

Praedes, ium. *m. plur. Cic.* Bienes hipotecados.

Praedēsignātus, a, um. *Ter.* Señalado, designado de antemano.

Praedestīnans, tis. *com. Liv.* El que forma un plan, se propone un designio en su imaginacion.

Praedestīnatiāni, ōrum. *m. plur. Ecles.* Predestinacianos, *hereges que han negado la predestinacion.*

Praedestīnatio, ōnis. *f. S. Ag.* Predestinacion, destinacion anterior, ordenacion de la voluntad divina, *con que ab eterno tiene elegidos los que, mediante su gracia, han de gozar de la gloria.*

Praedestīnātus, a, um. *S. Ag.* Predestinado. *part. de*

Praedestino, ās, āvi, atum, āre. *Plin.* Predestinar, destinar anticipadamente. ‖ Formar un plan ó un designio en su imaginacion.

Praedester, a, um. *Grac.* Muy á propósito, apto, propio.

Praediātor, ōris. *m. Cic.* Práctico, perito, inteligente en materia de tierras ó heredades.

Praediatōrius, a, um. *Cic.* Lo perteneciente á las tierras ó heredades.

Praediātus, a, um. *Apul.* Hacendado, rico en posesiones, tierras ó heredades.

Praedicābilis. *m. f. lě. n. is. Cic.* Predicable, laudable, lo que se puede publicar, que es digno de alabanza. ‖ Lo que puede decirse de una cosa de un modo universal.

† Praedicabilĭtas, ātis. *f.* Propiedad que tiene una cosa de poder atribuirse á otras muchas.

† Praedicamentum, i. *n.* Predicamento. *Praedicamenta.* Las diez categorías de Aristóteles.

Praedicandus, a, um. *Cic.* Lo que se debe alabar.

Praedicātio, ōnis. *f. Cic.* Celebracion, elogio, la accion de publicar, de predicar ó alabar. ‖ Pregon.

Praedicātor, ōris. *m. Cic.* Pregonero. ‖ *Bibl.* Predicador. ‖ El que alaba ó elogia.

Praedicātrix, icis. *f. Tert.* La que alaba ó elogia.

Praedicātus, a, um. *Plaut.* Aquello de que se ha hablado mucho. *part. de* Praedico.

Praedicens, tis. *com. Cic.* El que predice, anuncia ó pronostica.

Praedico, ās, āvi, ātum, āre. *a. Cic.* Publicar, divulgar, hacer público, decir, contar públicamente. ‖ Predicar, alabar. *Praedicare de seipso gloriosius. Cic.* Hablar con vanagloria de sí mismo, elogiarse, alabarse.

Praedico, is, xi, ctum, cĕre. *a. Cic.* Anunciar, pronosticar, profetizar, predecir, adivinar. ‖ Decir antes ó primero. ‖ Intimar, notificar, hacer saber. *Praedicare diem accusatoribus. Tac.* Señalar dia á los acusadores.

Praedictio, ōnis. *f. Cic.* y

Praedictum, i. *m. Cic.* Prediccion, adivinacion, profecía, pronóstico.

Praedictus, a, um. *part. de* Praedico. *Col.* Sobredicho, arriba dicho, dicho antes, ya dicho. ‖ Determinado, acordado. ‖ Pronosticado, profetizado, predicho. *Praedicto. Tac.* Con intimacion.

Praedidĭci. *pret. de* Praedisco.

Praedifficĭlis. *m. f. lě. n. is. Tert.* Muy difícil.

Praedīgestus, a, um. *Cel. Aur.* Digerido antes, ó bien digerido.

Praediŏlum, ii. *n. Cic.* Posesion, heredad pequeña.

Praedīrus, a, um. *Amian.* Muy cruel.

Praedis. *gen. de* Praes.

Praedisco, is, didĭci, cĕre. *a. Cic.* Aprender antes ó de antemano.

Praedisposĭtus, a, um. *Liv.* Dispuesto, preparado de antemano.

Praedĭtus, a, um. *Cic.* Dotado, adornado. *Amentia praeditus. Cic.* Loco, insensato.

Praedium, ii. *n. Cic.* Predio, posesion, heredad. *Praedia rustica. Cic.* Fondos de tierras. — *Urbana. Cic.* Casas en la ciudad. — *Dotalia. Cic.* Heredades dadas en dote, dotales. — *Bona. Ascon. Ped.* Bienes hipotecados.

Praedīves, vĭtis. *com. Liv.* Muy rico, opulento.

Praedīvinātio, ōnis. *f. Plin.* Presentimiento, presagio, conocimiento de lo venidero, adivinacion.

Praedivinātor, ōris. *m. Tac.* El que prevee, ó adivina, ó presume lo que ha de suceder.

Praedīvino, ās, āvi, ātum, āre. *a. Plaut.* Adivinar lo que ha de suceder.

Praedīvinus, a, um. *Plin.* El que adivina ó anuncia lo futuro, grande adivinador.

Praedīxi. *pret. de* Praedico, is.

Praedo, ōnis. *m. Cic.* Ladron, salteador, pirata, corsario. ‖ *Ulp.* Poseedor injusto, de mala fe.

Praedo, ās, āvi, ātum, āre. *a. V.* Praedor.

Praedŏceo, ēs, cui, doctum, cĕre. *a. Prud.* Enseñar antes, de antemano.

Praeductus, a, um. *Salust.* Enseñado antes, instruido, advertido de antemano.

Praedŏmo, ās, mui, mĭtum, āre. *a. Sen.* Domar, sujetar, amansar antes.

Praedŏnius, a, um. *Ulp.* Lo que es del ladron, ó que le pertenece.

Praedonŭlus, i. *m. Cat. dim. de* Praedo. Ladroncillo, ladronzuelo, raterillo.

Praedor, āris, atus sum, āri. *dep. Cic.* Robar, piratear, pillar, andar á corso, saltear los caminos, asi en tierra como por mar. *Praedari pisces calamo. Prop.* Pescar con caña, con anzuelo.

Praedūco, is, duxi, ductum, cĕre. *a. Plin.* Llevar antes ó delante, conducir adelante. ‖ *Ces.* Hacer, levantar, construir. *Praeducere fossam obsesso. Sen.* Hacer un foso al rededor del que se tiene cercado. — *Ab alique loco murum. Ces.* Tirar, fabricar un murallon, un espaldon desde algun puesto. — *Castris fossam. Liv.* Hacer líneas de circunvalacion y contravalacion al rededor de un campo.

Praeductōrius, a, um. *Cat.* Lo que sirve para llevar, guiar ó conducir delante.

Praeductus, a, um. *part. de* Praeduco. *Sen.* Llevado, conducido delante. ‖ Hecho, fabricado, construido.

Praedulcis. *m. f. cĕ. n. is. Lucr.* Muy dulce, dulcísimo.

Praedūrātus, a, um. *Plin.* Muy duro, endurecido de antes. *part. de*

Praedūro, ās, āvi, ātum, āre. *a. Prud.* Endurecer mucho.

Praedūrus, a, um. *Plin.* Muy duro. ‖ *Col.* Muy robusto, fuerte, vigoroso. *Praedurus viribus. Virg.* Muy fuerte, de muchas fuerzas.

Praeduxi. *pret. de* Praeduco.

Praeēmĭnens, tis. *com. Ulp.* Muy eminente ó elevado, muy sobresaliente.

Praeēminentia, ae. *f. Mamert.* Preeminencia, escelencia.

Praeēmĭneo, ēs, ēre. *n. Tac.* Tener la preeminencia, ser, estar superior, aventajarse. *Cassius caeteros praeminebat peritia legum. Tac.* Casio escedia á los demas en la ciencia de las leyes.

Praeeo, is, īvi, ītum, īre. *n. Cic.* Preceder, ir delante, tomar ó coger, llevar la delantera, adelantarse. *Praeire verba alicui. Liv. ó verbis. Plaut.* Seguir, soplar ó alguno lo que ha ó debe decir. ‖ *Cic.* Prescribir á alguno la forma de las palabras que ha de decir. — *De scripto. Plin.* Hacer escribir, dictar lo que se quiere decir. — *Alicui de efficio judicis. Gel.* Enseñar á uno la obligacion, instruir

## PRAE

le en las funciones de un juez.

**Praeest**, y **Praesse**. *V.* **Praesum**.

**Praeeuntis**. *genit. de* Praeiens.

**Praefăcĭlis**. *m. f. lĕ. n. is. Plaut.* Muy fácil.

**Praefāmen**, ĭnis. *n. Simac.* Proemio, prefaccion, prólogo.

**Praefandus**, a, um. *Quint.* Mal sonante, indecoroso, poco honesto para decirse. *Praefandus honos caetera si appellas. Cic.* Si se nombra lo demas, se ha de decir, salvo el respeto ó decoro.

**Praefans**, tis. *com. Liv.* El que prescribe la fórmula de hablar. *Praefans carmen. Liv.* El que prescribe ó dicta la fórmula de un juramento, de un voto.

**Praefāris**, fātur, fātus sum, fāri. *dep. Cic.* Hablar antes y como de prevencion. ‖ *Virg.* Invocar. ‖ *Col.* Hacer un prólogo, una prefacion, un proemio. ‖ *Cat.* Vaticinar, pronosticar. *Praefari divos. Virg.* Invocar á los dioses en el principio, empezar alguna cosa invocándolos. — *Aliquem. Plin.* Proponer el nombre ó autoridad de alguno, de quien se ha de hablar.

**Praefācĭo**, ōnis. *f. Cic.* Prefacion, prólogo, proemio, preámbulo, introduccion.

**Praefātiuncŭla**, ae. *f. S. Ger.* Prefacion, introduccion corta, breve, prologuito.

**Praefātus**, a, um. *part. de* Praefari. *Paul. Jct.* Sobredicho, susodicho. *Praefatus divos. Virg.* Habiendo invocado antes á los dioses.

**Praefectiānus**, a, um. *Amian.* Lo perteneciente al prefecto.

**Praefectōrius**, a, um. *Ulp.* Lo perteneciente al prefecto, gobernador ó presidente.

**Praefectūra**, ae. *f. Cic.* Prefectura, gobierno, presidencia, intendencia, y el cargo, dignidad y empleo del prefecto ó gobernador, y tambien la provincia que gobierna.

**Praefectus**, i. *m. Cic.* Prefecto, gobernador, presidente, intendente. *Praefectus annonae. Liv.* Magistrado que cuida de la provision de víveres. — *Aerarii. Liv.* Tesorero general. — *Castris. Cic.* Mariscal de campo. — *Classis. Cic.* Comandante ó Almirante general de la Armada. — *Equitum. Tac.* Maestre de campo, general de la caballería. — *Cohortis. Tac.* Coronel de una cohorte, de un regimiento. — *Gymnasii. Plaut.* Prefecto, regente, presidente de la palestra. — *Praetorio. Suet.* Prefecto del pretorio, capitan de la guardia pretoriana. — *Morum. Corn. Nep. Moribus. Cic.* Censor. — *Vigilum. Paul. Jct.* Mayor de una plaza, mayor general de un ejército, cabo principal de una ronda. — *Urbis. Tac. Urbi. Gel.* Gobernador de una ciudad.

**Praefectus**, a, um. *Ov.* Comisionado, á quien se ha dado cargo ó comision.

**Praefēcundus**, a, um. *Plin.* Muy fecundo, feraz, fértil.

**Praefērĭcŭlum**, i. *n. Fest.* Vasija de cobre sin asas, y ancha á modo de bacía de brasero, *de que usaban en los sacrificios de Opis*.

**Praefĕro**, fers, tŭli, lātum, ferre. *a. Cic.* Llevar antes ó delante, llevar clara y descubiertamente. ‖ Mostrar, manifestar, indicar, hacer parecer. ‖ Anteponer, preferir. *Alicui facem praeferre. Cic.* Alumbrar á alguno, llevar luz delante de él. — *Diem. Liv.* Anticipar el dia. *Haec ejus diei praefertur opinio. Ces.* Esta fue la opinion que corrió de aquel dia.

**Praefĕrox**, ōcis. *com. Liv.* Ferocísimo, muy feroz ó fiero, muy arrogante ó presuntuoso, muy cruel.

**Praeferrātus**, a, um. *Plaut.* Atado, ceñido, rodeado de hierro. ‖ *Plin.* Que tiene punta ó cabo de hierro.

**Praefertĭlis**. *m. f. lĕ. n. is. Prud.* Muy fértil.

**Praefervĭdus**, a, um. *Col.* Muy cálido, muy ardiente ó caliente. ‖ *Liv.* Ardiente, abrasado, inflamado, encendido en cólera.

**Praefestīnans**, tis. *com. Tac.* Que se acelera, se apresura mucho, que va muy de prisa.

**Praefestīnātim**. *adv. V.* Praefestine.

**Praefestīnātus**, a, um. *part. de* Praefestino. *Col.* Acelerado, apresurado.

**Praefestīne**. *adv. Plaut.* Acelerada, apresuradamente, con precipitacion.

**Praefestīno**, ās, āvi, ātum, āre. *a. Plaut.* Acelerarse, apresurarse demasiado, precipitar las cosas.

## PRAE

**Praefĭca**, ae. *f. Plaut.* La llorona, plañidera, muger alquilada para llorar, y hacer el duelo en los funerales.

**Praefĭcĭo**, is, fēci, fectum, cĕre. *a. Cic.* Encargar, dar, cometer un cargo, una comision, un comando ó gobierno. *Praeficere ducem populo. Cic.* Dar un gefe al pueblo.

**Praefīdens**, tis. *com. Cic.* Muy confiado, el que se fia demasiado, que tiene demasiada confianza. *Homines sibi praefidentes. Cic.* Hombres muy confiados en sí, que cuentan demasiado consigo mismos, con sus fuerzas.

**Praefīdenter**. *adv. S. Ag.* Con demasiada confianza.

**Praefīgo**, is, xi, xum, gĕre. *a. Col.* Fijar, plantar, clavar delante ó encima de alguna cosa. *Praefigere arma puppibus. Virg.* Clavar las armas en lo alto de las popas. — *Prospectus omnes. Plin.* Cerrar, quitar las vistas, clavar las ventanas.

**Praefĭgūrātĭo**, ōnis. *f. S. Ag.* Representacion, idea, imágen.

**Praefĭgūro**, ās, āvi, ātum, āre. *a. Lact.* Prefigurar, representar de antemano.

**Praefīnĭo**, is, īvi, ītum, īre. *a. Cic.* Prefinir, prescribir, determinar, limitar, arreglar. *Funerum sumptus, ex censu praefinire. Cic.* Determinar el gasto del funeral con arreglo al censo, á la hacienda.

**Praefīnītĭo**, ōnis. *f. Dig.* Determinacion, limitacion.

**Praefīnīto**. *adv. Ter.* Con limitacion, con arreglo y moderacion.

**Praefīnītus**, a, um. *part. de* Praefinio. *Quint.* Determinado, prefinido, prescrito, señalado, limitado, arreglado.

**Praefiscĭne**, y **Praefiscĭni**. *adv. Plaut.* Dígase ó sea dicho, sin vanidad, sin arrogancia.

**Praefixus**, a, um. *part. de* Praefigo. *Ces.* Fijo, hincado, clavado, hincado delante ó encima de alguna cosa. ‖ Lo que tiene punta de hierro. *Praefixas fenestras habere. Dig.* Tener las ventanas cerradas, clavadas. *Praefixus ferro. Tibul.* Traspasado con un dardo. ‖ *Ces.* Lo que tiene punta de hierro.

**Praeflētus**, a, um. *Apul.* Lo que ha sido muy llorado.

**Praeflōrātus**, a, um. *part. de* Praefloro. *Liv.* Desflorado, aquello á que se ha quitado la primera flor. *Gloria victoriae praeflorata. Liv.* La gloria de la victoria despojada de su primer lustre.

**Praeflōrĕo**, ēs, ŭi, ēre. *n. Plin.* y

**Praeflōresco**, is, rui, scĕre. *n. Col.* Florecer antes ó primero.

**Praeflōro**, ās, āvi, ātum, āre. *a. Gel.* Desflorar, coger, quitar la primera flor.

**Praeflōrui**. *pret. de* Praefloreo.

**Praeflŭens**, tis. *com. Plin.* Lo que mana ó corre delante, primero.

**Praeflŭo**, is, fluxi, fluxum, ĕre. *n. Liv.* Correr delante ó primero.

**Praeflŭus**, a, um. *Plin.* Lo que corre delante ó primero.

**Praefōcābĭlis**. *m. f. lĕ. n. is. Cel. Aur.* Lo que tiene fuerza ó actividad para sofocar.

**Praefōcātĭo**, ōnis. *f. Cel. Aur.* La sofocacion.

**Praefōcātus**, a, um. *part. de* Calpurn. Sofocado. *part. de*

**Praefŏco**, ās, āvi, ātum, āre. *a. Ov.* Sofocar, quitar la respiracion, taparla, impedirla, ahogar.

**Praefŏdĭo**, is, fŏdi, fossum, dĕre. *a. Virg.* Cavar delante ó antes, cavar muy profundamente ó muy adelante. *Aurum quod jam praefoderat. Ov.* El oro que habia ya enterrado. *Praefodere portas. Virg.* Hacer fosos delante de las puertas.

**Praefoecundus**, a, um. *Plin. V.* Praefecundus.

**Praefor**. *V.* Praefaris.

**Praeformātĭo**, ōnis. *f. Plin.* Figuracion, la accion de figurar ó formar antes, bosquejo.

**Praeformātor**, ōris. *m. Ter.* El que forma ó dispone antes, de antemano.

**Praeformātus**, a, um. *Quint. part. de* Praeformo. Formado antes.

**Praeformīdo**, ās, āvi, ātum, āre. *a. Quint.* Temer antes, recelar fuertemente.

**Praeformo**, ās, āvi, ātum, āre. *a. Ter.* Formar, disponer, figurar antes, dibujar, modelar.

**Praefortis**. *m. f. tĕ. n. is. Tert.* Muy fuerte, valeroso.

**Praefōtus**, a, um. *Cel. Aur.* Muy caliente. *part. de*

Dddd 2

Praefoveo, ēs, ēre. a. Cel. Aur. Calentar bien antes.

Praefracte. adv. Cic. Porfiada, resuelta, tenaz, obstinadamente, con pertinacia.

Praefractus, a, um. Lucr. part. de Praefringo. Quebrado, hecho pedazos. ‖ Duro, tenaz, obstinado, pertinaz, inflexible, rígido. Praefractum orationis genus. Cic. Estilo duro, intrincado, áspero.

Praefrigidus, a, um. Cels. Muy frio.

Praefringo, is, frēgi, fractum, gĕre. a. Ces. Quebrar, romper, quebrantar, hacer pedazos por delante.

Praefūgio, is, fūgi, fūgitum, gĕre. a. Tert. Huír, escapar antes.

Praefulcio, is, si, tum, cīre. a. Cic. Apoyar, sostener, sustentar, fortificar por delante.

Praefulgens, tis. com. Virg. Presfulgente, muy resplandeciente y lúcido.

Praefulgeo, ēs, si, sum, gēre. n. Fedr. Resplandecer, relucir, brillar mucho.

Praefulgĭdus, a, um. Firm. V. Praefulgens.

Praefulgŭro, as, āvi, ātum, āre. a. Vel. Patere. Hacer brillar ó resplandecer como un relámpago. Praefulgurat. Estac. Relampaguea mucho. ‖ Brilla, resplandece mucho.

Praefulsi. pret. de Praefulcio y Praefulgeo.

Praefultus, a, um. part. de Praefulcio. Apoyado, sostenido, fortificado por delante ó mucho.

Praefūmigo, as, āre. a. Col. Incensar, dar incienso por delante. ‖ Dar mucho incienso.

Praefurnium, ii. n. Vitruv. La boca del horno.

Praefūro, is, ĕre. n. Estac. Enfurecerse mucho.

Praegelĭdus, a, um. Liv. Muy frio, helado.

Praegenitalis. m. f. lĕ. n. is. Fest. Primogénito.

Praegermino, as, āvi, ātum, āre. a. Plin. Brotar, salir, echar, arrojar antes la hoja ó la flor.

Praegĕro, is, ĕre. a. Apul. Llevar antes ó adelante

Praegestiens, tis. com. Hor. El que se alegra mucho, que siente grandes movimientos de alegría.

Praegestio, is, īvi, ītum, īre. n. Cic. Sentir mucho gozo de antemano. ‖ Tener mucha alegría, estar muy gozoso.

Praegestus, a, um. Cel. Aur. Hecho antes.

Praegigno, is, ĕre. a. Plaut. Engendrar, producir, causar, ser autor. Praegigni ex me morem malum nolebam. Plaut. No queria yo ser autor de una mala costumbre.

Praegnans, tis. com. Cic. Preñada, embarazada, que está en cinta. Praegnans arbor. Plin. Árbol que está para brotar. —— Est quatuor menses. Varr. Está embarazada de cuatro meses.

Praegnatio, ōnis. f. Plin. y

Praegnatus, us. m. Ter. El embarazo, la preñez.

Praegracĭlis. m. f. lĕ. n. is. Tac. Muy delgado.

Praegrado, as, āre. a. Pacuv. Preceder, ir delante.

Praegrandia. m. f. dĕ. n. is. Cic. Muy grande, grandísimo.

Praegravans, tis. com. Col. Muy pesado, muy grave. ‖ Liv. Muy incómodo, muy molesto. Praegravantes aures. Col. Orejas grandes, colgantes.

Praegravātus, a, um. Col. part. de Praegravo. Muy agravado ó pesado.

Praegravĭdus, a, um. Est. y

Praegravis. m. f. vĕ. n. is. Plin. Muy pesado.

Praegravo, as, āvi ātum, āre. a. Plin. Pesar mucho, ser muy pesado. ‖ Liv. Incomodar, molestar mucho. ‖ Hor. Esceder, aventajar, sobresalir. Praegravare artes. Hor. Tener la preferencia, esceder á otros en las artes.

Praegredĭens, tis. com. Suet. El que precede, va delante de otro.

Praegredior, ĕris, gressus sum, di. dep. Preceder, ir delante. ‖ Salust. Aventajarse á otros.

Praegressio, ōnis. f. Cic. y

Praegressus, us. m. Amian. La acción de preceder.

Praegūbernans, tis. com. Sidon. El que va delante gobernando.

Praegustātor, ōris. m. Suet. El que gusta ó prueba antes.

Praegustātus, a, um. Plin. Gustado, probado antes.

Praegusto, as, āvi, ātum, āre. a. Ov. Gustar, probar, catar antes.

Praegutiāni, ōrum. m. plur. Liv. y

Praegutii, ōrum. m. plur. Liv. Pueblos de Abruzo.

Praegypso, ās, āre. a. Cel. Aur. Dar antes de yeso, una mano de yeso.

Praehăbeo. V. Praefero.

Praehendo. V. Prehendo.

Praehĭbeo, ēs, ēre. a. Plaut. Dar, suministrar. V. Praebeo.

Praei, Praeiro. V. Praeeo.

Praeiens, euntis. com. Cic. El que va adelante.

Praeinfūsus, a, um. Cel. Aur. Echado, infundido antes.

Praejācens, tis. com. Plin. Situado, colocado, puesto. ‖ Tendido.

Praejăceo, ēs, cui, cēre. n. Tac. Estar situado, puesto, colocado delante. Campus qui castra praejacet. Tac. El campo que está delante de los reales.

Praejăcio, is, jĕci, jactum, cĕre. a. Col. Echar, arrojar delante.

Praejudĭcātio, ōnis. f. Quint. Juicio, sentencia anticipada, dada de antemano.

Praejudĭcātus, a, um. part. de Praejudico. Cic. Juzgado antes ó de antemano. Praejudicata opinio. Cic. Preocupación.

Praejudĭciālis. m. f. lĕ. n., is. Cod. Teod. Lo que pertenece á la sentencia ó juicio anticipado.

Praejudĭcium, ii. n. Cic. Juicio, sentencia anticipada. ‖ Sen. Daño, perjuicio. ‖ Ulp. Cuestion de que se ha de conocer antes que de la principal en un pleito.

Praejudĭco, ās, āvi, ātum, āre. a. Cic. Juzgar, sentenciar anticipadamente. ‖ Ulp. Perjudicar, hacer daño ó perjuicio. ‖ Dar una sentencia que pueda servir de ejemplo en igual caso.

Praejūrātio, ōnis. f. Fest. Juramento que se hacia con la debida fórmula delante de los que debian jurar, los cuales respondian: Idem in me. Lo mismo me suceda.

Praejŭvo, ās, āvi, ātum, āre. a. Tac. Ayudar antes.

Praelābens, tis. com. Cic. Que corre, pasa por delante.

Praelābor, ĕris, lapsus sum, bi. dep. Lucr. Correr, pasar, bañar, regar antes. ‖ Preceder, ir delante.

Praelambens, tis. com. Hor. Que lame ó gusta antes, que prueba con la punta de la lengua.

Praelambo, is, ĕre. n. Hor. Gustar, probar, catar el primero ó antes.

Praelargus, a, um. Pers. Muy largo.

Praelassātus, a, um. Front. Cansado, fatigado antes muy cansado.

Praelātio, ōnis. f. Val. Max. Prelacion, antelacion, preferencia.

Praelātor, ōris. m. Tert. El que prefiere, antepone, da preferencia.

† Praelatūra, ae. f. Prelacía, dignidad de prelado.

† Praelātus, i. m. Prelado, superior.

Praelātus, a, um. part. de Praefero. Plin. Preferido, antepuesto. ‖ Llevado á otra parte, trasportado.

Praelautus, a, um. Suet. Muy espléndido, liberal, magnífico.

Praelăvo, ās, āre. a. Apul. Lavar antes.

Praelaxātus, a, um. Cel. Aur. Muy descansado.

Praelectio, ōnis. f. Quint. Esplicacion anticipada de la leccion,

Praelector, ōris. m. Gel. El profesor que esplica anticipadamente las lecciones, ó el que las da en público.

Praelectus, a, um. Apul. Escogido, elegido con cuidado. ‖ Leido, esplicado de antemano.

Praelēgātus, a, um. Dig. Legado, mandado antes en el testamento.

Praelĕgendus, a, um. Quint. Lo que se ha de leer con el maestro anticipadamente, lo que se ha de esplicar antes.

Praelēgo, ās, āvi, ātum, āre. a. Paul. Jur. Legar, mandar en el testamento, dejar una manda, un legado particular.

Praelĕgo, is, lĕgi, lectum, gĕre. a. Quint. Leer, esplicar de antemano, esplicar públicamente. ‖ Tac. Pasar navegando, de largo.

Praelians, tis. com. Cic. Combatiente, el que combate ó pelea.

Praeliāris. m. f. rĕ. n. is. Plaut. Lo que es del combate,

## PRAE

lo que le pertenece. *Praeliares dies. Fest.* Dias en que se podia aventurar un combate.

Praeliātor, ōris. *m. Tac.* Combatiente, guerreador, el que gusta de las batallas.

Praeliātus, a, um. *Plin.* El que ha peleado.

Praelibātio, ōnis. *f. Fest.* La accion de probar, gustar ó catar alguna cosa ó licor.

Praelĭber, ra, rum. *Prud.* Muy libre.

Praelibo, as, āvi, ātum, āre. *a. Estac.* Probar, gustar, catar antes ó el primero.

Praelĭcenter. *adv. Gel.* Muy licenciosamente, con mucha libertad.

Praelĭgănĕus, a, um. *Cat.* Lo que se hace del primer fruto cogido. *Praeliganeum vinum. Cat.* Vino de las primeras uvas maduras.

Praelĭgātus, a, um. *Cic.* Atado por delante ó por todas partes. *part. de*

Praelĭgo, as, āvi, ātum, āre. *a. Liv.* Ligar, atar por delante ó al rededor.

Praelĭno, is, līni, ó lēvi, lĭtum, něre. *a. Gel.* Embarrar, embetunar, empegar por delante, por encima, al rededor.

Praelio, as, āre. *a. En.* en lugar de

Praelior, āris, ātus sum, āri. *dep. Ces.* Dar la batalla, pelear, combatir. ∥ Disputar con calor, con teson.

Praelītus, a, um. *Gel. part. de* Praelino. Embarrado, empegado, embetunado al rededor ó por encima.

Praelium, ii. *n. Cic.* Batalla, pelea, combate. *Praelia latrunculorum. Ov.* Juego de damas, algedrez ó chaquete. *Praelium committere, conserere, dare, miscere. Virg. Edere. Lucr.* Dar la batalla, pelear, venir á las manos, combatir.

Praelŏco, as, āre. *a. Marc. Cap.* Anteponer, colocar, poner antes.

Praelŏcūtio, ōnis. *f. Sen.* Prólogo, prefacion, proemio, introduccion.

Praelŏcūtus, a, um. *Cic.* El que ha hablado primero, que se ha adelantado ó empezado á decir.

Praelongo, as, āvi, ātum, āre. *a. Plin.* Prolongar, alargar.

Praelongus, a, um. *Liv.* Muy largo. *Praelongus homo. Quint.* Hombre de mucha talla ó estatura, muy alto ó largo.

Praelŏquor, ĕris, cūtus sum, qui. *dep. Sen.* Decir, hablar de antemano, empezar á decir, hablar el primero. ∥ *Plin.* Hacer un proemio, una introduccion ó prólogo.

Praelūcens, tis. *com. Plin.* Que brilla, resplandece, reluce, que alumbra, da luz.

Praelūcĕo, ēs, xi, cēre. *n. Suet.* Alumbrar, dar ó llevar una luz. ∥ *Marc.* Brillar, lucir mucho. ∥ Dar lustre y esplendor, ensalzar la gloria. ∥ *Hor.* Llevar la preferencia, ser mas agradable.

Praelūcĭdus, a, um. *Plin.* Muy lucido, brillante, resplandeciente.

Praelūdium, ii. *n. Cic.* Preludio, principio, ensayo.

Praelūdo, is, si, sum, děre. *a. Flor.* Prepararse, probarse, ensayarse á hacer alguna cosa. *Praeludere meliore vita. Sen.* Ensayarse á mejor vida, á vivir mejor.—*Ad pugnam. Virg.* Prepararse para la pelea, escaramuzar.

Praelum, i. *n.* V. Prelum.

Praelumbo, as, āre. *a. Nov.* Deslomar, moler, apalear los lomos, quebrantarlos.

Praelūmĭnātus, a, um. *Tert.* Esplicado, ilustrado de antemano.

Praelūsi. *pret. de* Praeludo.

Praelūsio, ōnis. *f. Plin.* Prelusion, preludio, introduccion.

Praelustris. *m. f.* trē *n. is. Ov.* Muy ilustre, esclarecido.

Praelŭvium, ii. *n. Escrib.* Gran baño de cobre que habia en los baños públicos.

Praemăcĕo, as, āvi, ātum, āre. *a. Escrib.* Macerar, ablandar antes.

Praemălĕdĭco, is, dixi, dictum, cěre. *a. Ter.* Maldecir antes.

Praemălo, vis, vult, lui, malle. *anom. Apul.* Querer mas, desear con pasion, con preferencia.

Praemando, as, āvi, ātum, āre. *a. Plaut.* Mandar, encargar, dar comision antes, recomendar fuertemente.

Praemando, is, ěre. *a. Gel.* Mascar, masticar antes. ∥ Dar la cosa mascada, esto es, esplicada muy menudamente y con prolijidad.

Praemansus, a, um. *Cic.* Mascado, masticado antes.

Praemātūre. *adv. Plaut.* Prematuramente, antes de tiempo, sin sazon.

Praemātūrĭtas, ātis. *f. Plaut.* Maturidad anticipada, temprana.

Praemātūrus, a, um. *Col.* Prematuro, temprano, maduro antes de tiempo. ∥ Inmaturo, que no está en sazon, demasiado temprano.

Praemĕdĭcātus, a, um. *Ov.* Medicinado á prevencion, el que ha tomado un preservativo.

Praemĕdĭtāte. *adv. Ces.* Premeditadamente, con reflexion, con madurez.

Praemĕdĭtātĭo, ōnis. *f. Cic.* Premeditacion, reflexion de antemano, la accion de pensar, de meditar antes.

Praemĕdĭtātōrĭum, ii. *n. Tert.* Retiro, lugar propio para meditar.

Praemĕdĭtātus, a, um. *Cic.* Premeditado, previsto. ∥ El que ha premeditado. *part. de*

Praemĕdĭtor, āris, ātus sum, āri. *dep.* Premeditar, reflexionar, meditar antes.

Praemensus, a, um. *Tibul.* Medido antes.

Praemercātor, ōris. *m. Liv.* Comprador, mercader, comerciante en grueso, por mayor.

Praemercātus, a, um. *Plaut.* Comprado de antemano, de primera mano, por mayor. *part. de*

Praemercor, āris, ātus sum, āri. *dep. Plin.* Comprar antes ó el primero. ∥ Comprar en grueso, por junto, por mayor. ∥ Anticiparse á comprar, quitar á otro la ocasion. *Praemercari alicui aliquid. Plaut.* Comprar alguna cosa para alguno, ó quitar á alguno la ocasion de comprar, anticipársele.

Praemessium, ii. *n.* y

Praemessum, i. *n. Fest.* Primicia de la mies que se ofrecia á Ceres.

Praemessus, a, um. *Fest.* Cogido, cortado, segado anticipadamente ó lo primero.

Pràemētātus, a, um. *Solin.* El que antes ha medido, demarcado ó señalado un terreno. ∥ *Marc. Cap.* Medido, demarcado, señalado antes.

Praemētium, ii. *n. Fest.* La primicia ó el primer fruto que se siega para ofrecer á Ceres.

Praemēto, is, ěre. *a. Fest.* Segar antes ó lo primero.

Praemētor, āris, ātus sum, āri. *dep. Solin.* Medir, demarcar, señalar un terreno de antemano.

Praemētŭens, tis. *com. Lucr.* El que teme antes.

Praemētŭo, is, tui, ěre. *a. Lucr.* Temer anticipadamente. *Praemetuere sibi. Ces.* Temer por sí.—*Doli. Fedr.* Temer el engaño anticipadamente.

Praemiātor, ōris. *m. Nom.* y

Praemiātrix, ĭcis. *f. Amian.* Ladron y ladrona, ó pirata nocturnos. ∥ El y la que da premios ó mercedes.

Praemĭcans, tis. *com. Apul.* Prefulgente, que brilla mucho, muy lucido.

Praemĭco, as, āre. *n. Apul.* Brillar, resplandecer mucho.

Praemĭgēnĭus, a, um. *Fest.* Primogénito, el que ha nacido primero.

Praemigro, as, āvi, ātum, āre. *n. Plin.* Desalojar, desocupar el domicilio, evacuarle antes.

Praemĭnens, tis. *com. Prud.* V. Praeminens.

Praemĭnĕo, ēs. *Tac.* V. Praeemineo.

Praemĭnister, tri. *m. Macrob.* Primer criado, como mayordomo ó ayuda de cámara.

Praemĭnistra, ae. *f. Apul.* Criada primera, y como camarera, doncella, ama de llaves.

Praemĭnistro, as, āre. *a. Gel.* Servir el primero, ó como el primer criado.

Praemĭnor, āris, ātus sum, āri. *dep. Apul.* Amenazar antes, ó hacer grandes amenazas.

Praemior, āris, ātus sum, āri. *dep. Suet.* Ganar, hacer, tener ganancia. V. Lucror.

Praemiōsus, a, um. *Fest.* Adinerado, acaudalado, muy rico, opulento.

Praemīsi. *pret. de* Praemitto.

Praemissa, ōrum. n. *plur. Plin.* Primicias, primeros frutos de la cosecha.

Praemissus, a, um. *part. de* Premitto. *Cic.* Enviado, mandado ir delante.

Praemistus, a, um. *Apul.* Mezclado antes.

Praemitis. m. f. tĕ. n. is. *Plin.* Muy suave, benigno, dulce, pacífico.

Praemitto, is, misi, missum, tĕre. a. *Ces.* Enviar, despachar, destacar ó mandar ir adelante ó adelantarse.

Praemium, ii. n. *Cic.* Premio, recompensa, merced. ¶ Precio, paga, salario, sueldo. ¶ Presa, botin, despojos de la guerra. ¶ Utilidad, comodidad, provecho. ¶ *Nev.* Dinero.

Praemŏdĕrans, tis. *com. Gel.* El que arregla antes, ó precede arreglando.

Praemŏdŭlātus, a, um. *Quint.* Conducido, arreglado, dirigido con cierta medida.

Praemŏdum. *adv. Gel.* Escesivamente.

Praemoenio, is, ire. a. *Gel. V.* Praemunio.

Praemŏlestia, ae. f. *Cic.* Molestia anticipada, temor del mal futuro.

Praemŏliendus, a, um. *Liv.* Lo que se ha de preparar, disponer de antemano.

Praemŏlior, īris, ītus sum, iri. *dep. Liv.* Preparar, disponer suavemente, de antemano.

Praemollio, is, ivi, ītum, īre. a. *Quint.* Ablandar, suavizar de antemano, primero.

Praemollis. m. f. lĕ. n. is. *Ter.* Muy blando ó muelle.

Praemollītus, a, um. *Quint. part. de* Praemollio. Ablandado, suavizado antes.

Praemŏneo, ēs, nui, nītum, nēre. a. *Cic.* Avisar, advertir, amonestar, aconsejar antes. ¶ *Just.* Anunciar, predecir, pronosticar.

Praemŏnītio, ōnis. f. *Tert.* Aviso, amonestacion anticipada.

Praemŏnītor, ōris. m. *Apul.* El que avisa, amonesta de antemano.

Praemŏnītōrius, a, um. *Tert.* Lo que es apto para avisar ó amonestar con anticipacion. ¶ El que avisa anticipadamente.

Praemŏnītum, i. n. *Gel.* y

Praemŏnītus, us. m. *Ov.* Aviso, amonestacion anticipada. ¶ Prediccion, presagio, pronóstico.

Praemŏnītus, a, um. *part. de* Praemoneo. *Plin.* Avisado, advertido, amonestado de antemano.

Praemonstrans, tis. *com. Estac.* El que enseña ó muestra antes. ¶ El que predice, pronostica.

Praemonstrātio, ōnis. f. *Lact.* La accion de enseñar ó mostrar antes.

Praemonstrātor, ōris. m. *Ter.* El que enseña ó muestra antes.

Praemonstrātus, a, um. *Plin.* Mostrado ó enseñado antes.

Praemonstro, ās, āvi, ātum, āre. a. *Plaut.* Enseñar, instruir antes. ¶ Anunciar, predecir, pronosticar.

Praemŏnui. *pret. de* Praemoneo.

Praemordeo, ēs, di, sum, dēre. a. *Gel.* Morder, ó morder con gran fuerza.

Praemorsus, a, um. *part. de* Praemordeo. *Luc.* Mordido fuertemente.

Praemŏrior, rēris, mortuus sum, ri. *dep. Ov.* Morir antes de tiempo, morir de una muerte temprana, morir antes ó primero.

Praemortuus, a, um. *part. de* Praemorior. *Liv.* Muerto antes. *Praemortua corporis pars. Suet.* Parte del cuerpo amortiguada, muerta, que está sin sentido.

Praemŏveo, ēs, mōvi, mōtum, vēre. a. *Cel. Aur.* Mover antes, ó mucho.

Praemulsus, a, um. *Apul.* Endulzado, suavizado. ¶ *Ov.* Lo que se ha mezclado, ó á que se ha echado mucha miel.

Praemūnio, is, ivi, ītum, īre. a. *Ces.* Fortalecer, fortificar de antemano. ¶ Preparar, prevenir con gran cuidado.

Praemūnītio, ōnis. f. *Cic.* Preparacion, prevencion muy cuidadosa. ¶ Figura retórica, especie de prolepsis, es un género de escusa anticipada de algun dicho ó hecho que es por sí duro ó estraño, para que se reciba con mas suavidad. Como la entrada de Ciceron en la Divinacion contra Verres, en que se escusa de tomar entonces la primera vez el oficio de acusador.

Praemūnītus, a, um. *Tac.* Fortificado, fortalecido de antemano.

Praenarro, as, avi, atum, are. a. *Ter.* Contar, referir antes.

Praenăto, as, avi, atum, are. a. *Plin.* Nadar antes ó delante. ¶ *Virg.* Correr, pasar, bañar por delante.

Praenāvĭgātio, ōnis. f. *Plin.* Navegacion por delante ó mas allá de.

Praenāvĭgo, ās, āvi, ātum, āre. a. *Plin.* Navegar mas allá de, pasar navegando por delante ó

Praeneste, is. n. *Virg.* Palestrina, *ciudad del Lacio.*

Praenestīti, ōrum. m. *plur. Plaut.* Palestrinos, los naturales y habitantes de Palestrina.

Praenestīnus, a, um. *Cic.* Lo que es de la ciudad de Palestrina, ó lo que le pertenece.

Praenexus, a, um. *Solin.* Atado, enlazado por delante, por la parte anterior.

Praenĭmis. *adv. Gel.* Demasiado, escesivamente.

Praenĭtens. tis. *com. Veley.* Muy brillante, lucido, resplandeciente.

Praenĭteo, ēs, tui, tēre. n. *Hor.* Resplandecer, brillar mucho.

Praenŏbĭlis. m. f. lĕ. n. is. *Apul.* Muy noble.

Praenōmen, ĭnis. n. *Cic.* Nombre propio, como Manuel, Pedro. *Era antepuesto entre los antiguos como entre nosotros al de la familia, como Marc. Publ. Quincio.*

Praenōmĭno, ās, āvi, ātum, āre. a. *Varr.* Poner, imponer un nombre propio.

Praenosco, is, nōvi, nōtum, cĕre. a. *Cic.* Conocer, saber antes, presentir.

Praenŏtātus, a, um. *Apul.* Notado, señalado de antemano. *Liber hoc titulo praenotatus. S. Ag.* Libro intitulado asi.

Praenŏtio, ōnis. f. *Cic.* Prenocion, conocimiento anterior, anticipado.

Praenŏto, ās, āvi, ātum, āre. a. *Apul.* Notar, escribir, apuntar al frente. ¶ Intitular, rotular, poner una inscripcion.

Praenūbĭlus, a, um. *Ov.* Muy nublado, oscuro, cubierto de nubes.

Praenum, i. n. *Vopisc.* El rastrillo para rastrillar el lino.

Praenuncŭpātus, a, um. *Prud.* Nombrado antes, aquello á que ya se ha puesto nombre.

Praenuntiātio, ōnis. f. *Ter.* La accion de anunciar ó predecir de antemano.

Praenuntiātivus, a, um. *Plin.* Lo que tiene virtud de anunciar ó pronosticar, lo que anuncia ó pronostica lo futuro.

† Praenuntiātor, ōris. m. y

† Praenuntiātrix, ĭcis. f. *Tert.* Pronosticador, ra, anunciador de lo futuro.

Praenuntio, ās, āvi, ātum, āre. a. *Ter.* Anunciar, hacer saber antes, con anticipacion. ¶ Predecir, pronosticar, profetizar.

Praenuntius, ii. m. *Ov.* Mensagero anticipado.

Praenuntius, a, um. *Cic.* Lo que anuncia, que hace saber con anticipacion. ¶ Lo que predice, pronostica, anuncia lo futuro.

Praeobtūro, ās, āvi, ātum, āre. a. *Vitruv.* Cerrar, tapar, cegar por delante.

Praeoccĭdo, is, cĭdi, cāsum, dĕre. n. *Plin.* Llegar antes al ocaso ó ponerse, ocultarse antes un astro.

Praeoccŭpātio, ōnis. f. *Nep.* Ocupacion anticipada, la accion de ocupar, de apoderarse antes. ¶ *Veg.* Ocupacion del vientre en los animales.

Praeoccŭpātus, a, um. *Ces.* Preocupado, tomado, ocupado antes. *part. de*

Praeoccŭpo, ās, āvi, ātum, āre. a. *Ces.* Apoderarse, tomar, ocupar antes que otro, preocupar. *Praeoccupare ferre legem. Liv.* Anticiparse á promulgar una ley.

## PRAE

*Praeoccupari ulceribus. Col.* Estar cubierto de úlceras.

† *Praeopīmus, a, um. Tert.* Muy grueso, gordo.

*Praeoptandus, a, um. Liv.* Lo que se ha de desear, ó querer antes, preferible.

*Praeoptans, tis. com. Liv.* El que quiere ó desea mas.

*Praeopto, as, avi, atum, are. a. Liv.* Querer, desear mas bien, preferir.

*Praeordinātus, a, um. Cel. Aur.* Ordenado, determinado antes. *part. de*

*Praeordino, as, avi, atum, are. a. Bibl.* Elegir, predestinar.

*Praeostensus, a, um. Tert.* Mostrado, enseñado antes.

*Praepalpans, tis. com. Paul. Nol.* El que palpa ó toca antes.

*Praepando, is, di, sum, dere. a. Cic.* Abrir antes, poner patente, manifestar, descubrir de antemano.

*Praeparatio, onis. f. Cic.* Preparacion, prevencion, apresto, provision.

*Praeparāto. abl. abs. Quint.* ó *Ex praeparato. Sen.* Con preparacion, con prevencion.

*Praeparātor, oris. m. Tert.* Preparador, el que dispone y prepara.

*Praeparātorius, a, um. Ulp.* Preparatorio, lo perteneciente para preparar.

*Praeparātura, ae. f. Tert.* y

*Praeparātus, us. Vel. Pat.* Preparacion.

*Praeparātus, a, um. part. de Praeparo. Cic.* Preparado, prevenido, aprestado, dispuesto, listo.

*Praeparcus, a, um. Plin.* Demasiado parco, mezquino, cicatero, miserable.

*Praeparo, as, avi, atum, are. a. Ces.* Preparar, prevenir, aprestar, disponer, aparejar antes.

*Praeparvus, a, um. Juv.* Muy pequeño.

*Praepedimentum, i. n. Plaut.* Impedimento, estorbo.

*Praepedio, is, ivi, itum, ire. a. Ter.* Impedir, estorbar, enredar, embarazar. *Praepedire se sine modo praeda. Liv.* Hallarse embarazado con la demasiada presa.

*Praepedītus, a, um. part. de Praepedio. Cic.* Impedido, embarazado, estorbado. || *Plaut.* Atado, enredado, cogido, preso. *Praepeditus morbo. Cic.* Detenido por una enfermedad. — *Latera ferro. Plaut.* Amarrado el cuerpo con una cadena.

*Praependens, tis. com. Ces.* Pendiente, colgante, suspenso de delante.

*Praependeo, es, di, sum, dere. a. Ces.* Colgar, suspender delante ó por delante. *Praependet barba mento. Marc.* Le cuelga una larga barba. *Ubi tegumenta praependere possent. Ces.* Adonde, ó de donde pudiesen colgar las cubiertas.

*Praepes, etis. com. Cic.* Que vuela con mucha velocidad, ligero, rápido, veloz, que se remonta muy alto. *Praepes Deus. Ov.* El dios Cupido alado. — *Ferrum. Virg.* Flecha que va volando.

*Praepeto, is, ere. a. Fest.* Ir delante, preceder. || *Lucr.* Desear, apetecer con ansia.

*Praepignerātus, a, um. Amian.* Dado en prendas, obligado por prenda.

*Praepilātus, a, um. Plin.* Lo que remata en forma de boton. || *Liv.* Palo, astil que tiene un boton de hierro á la punta.

*Praepilo, as, avi, atum, are. n. Amian.* Disparar, tirar dardos.

*Praepinguis. m. f. gue. n. is. Col.* Muy grueso, gordo. || *Virg.* Muy feraz, fértil.

*Praepollens, tis. com. Liv.* Muy poderoso.

*Praepolleo, es, ere. n. Tac.* Poder mucho, tener gran poder, valimiento, facultades. *Phoenices, qui mari praepollebant. Tac.* Los fenicios que eran muy poderosos en el mar.

*Praeponderātus, a, um. Solin.* Mas pesado, inclinado con el peso. *part. de*

*Praepondero, as, avi, atum, are. a. n. Cic.* Preponderar, pesar mas que otro, inclinar la balanza, vencer en el peso ó en la comparacion. || *Quint.* Preferir, anteponer, dar la preferencia. *Si neutro litis conditio prae-*

## PRAE 583

*ponderet. Quint.* Si la condicion de la disputa no inclina á ninguna parte.

*Praepōno, is, posui, positum, nere. a. Cic.* Proponer, anteponer, preferir, estimar mas, hacer mas caso. || Poner, colocar antes, delante. || Cometer, encomendar, dar cargo ó mando. *Praeponere aliquem navibus. Cic.* Dar á uno el mando de las naves.

*Praeporto, as, avi, atum, are. a. Cic.* Llevar consigo, delante, llevar descubierto.

*Praepositio, onis. f. Cic.* La accion de dar un gobierno ó presidencia. || Preposicion. *Parte indeclinable de la oracion, que precede á otras en composicion y fuera de ella.*

*Praepositivus, a, um. Prisc.* Lo que se antepone, se pone antes ó delante.

*Praepositūra, ae. f. Lampr.* Prepositura, la dignidad, cargo y empleo del prepósito ó presidente.

*Praepositus, i. m. Cic.* Prepósito, gobernador, presidente, el primero y principal en un gobierno, en un ejército, en una comision particular.

*Praepositus, a, um. part. de Praepono. Cic.* Diputado, comisionado, encargado. || Antepuesto, preferido.

*Praepossum, potes, potui, posse. n. anom. Tac.* Poder mas, prevalecer, vencer.

*Praepostere. adv. Cic.* Desarregladamente, con inversion, perturbacion del órden, al reves, fuera de tiempo.

*Praeposteritas, atis. f. Arnob.* Preposteracion, inversion, perturbacion del órden.

*Praepostero, as, avi, atum, are. a. Declam.* Invertir el órden.

*Praeposterus, a, um. Cic.* Prepóstero, trastornado, perturbado, hecho al reves, fuera de tiempo, contra el órden, contra lo debido y regular. *Praeposterus legibus naturae. Ov.* Contrario á las leyes de naturaleza. — *Ordo. Lucr.* Órden inverso, trastrocado. — *Homo. Cic.* Hombre que obra contra todo el órden y sazon debida, perverso, malo.

*Praepostus, a, um. Lucr. V. Praepositus.*

*Praeposui. pret. de Praepono.*

*Praepotens, tis. com. Cic.* Prepotente, muy poderoso. *Praepotens opibus. Plin.* Muy rico. — *Rerum omnium. Cic.* El todo poderoso, Dios.

*Praepotentia, ae. f. Tert.* Prepotencia, poder muy grande.

*Praepoto, as, avi, atum, are. a. Cel. Aur.* Beber antes.

*Praepotui. pret. de Praepossum.*

*Praeproperanter. adv. Lucr.* y

*Praepropere. adv. Liv.* Con demasiada prisa y celeridad, con precipitacion.

*Praeproperus, a, um. Cic.* Apresurado, precipitado, demasiado pronto, ligero. || *Liv.* Muy vivo, muy pronto.

*Praepulcher, a, um. Juv.* Muy hermoso.

*Praepurgo, as, avi, atum, are. a. Cel. Aur.* Purgar antes ó purgar mucho.

*Praeputiatio, onis. f. Tert.* La conservacion del prepucio, á que se opone la circuncision.

*Praeputiātus, a, um. Tert.* El que conserva el prepucio, incircunciso.

*Praeputium, ii. n. Juv.* El prepucio. *Praeputia ponere. Juv.* Circuncidarse.

*Praequam. adv. Plaut.* Mas que, mas de lo que. *Praequam res patitur. Plaut.* Mas de lo que permite el caudal.

*Praequeror, eris, quaestus sum, queri. dep. Ov.* Quejarse antes, de antemano.

*Praequestus, a, um. part. de Praequeror. Ov.* El que se ha quejado antes.

*Praerabidus, a, um. Sen.* Muy rabioso, muy furioso, enfurecido.

*Praeradians, tis. com. Ov.* Lo que despide muchos rayos de luz ó que alumbra antes.

*Praeradio, as, avi, atum, are. a. Ov.* Iluminar, ilustrar, alumbrar con rayos de luz. || Despedir multitud de rayos ó de luces, brillar, resplandecer, lucir mucho.

*Praerado, is, si, sum, dere. a. Cat.* Raer, raspar por delante ó fuertemente.

*Praerancidus, a, um. Gel.* Muy rancio, pasado.

*Praerapidus, a, um. Sen.* Muy rápido, velocísimo.

*Praerasus, a, um. Paul. Nol.* Raido, raspado por de-

**PRAE**

lante, por la parte anterior.

Praereptor, ōris. m. *S. Ger.* El que quita á otro anticipándose.

Praereptus, a, um. *part. de* Praeripio. *Cic.* Quitado anticipadamente.

Praerigeo, es, gui, ēre. n. *Tac.* Quedarse tieso, yerto de frio.

Praerigidus, a, um. *Quint.* Muy rígido, austero, severo, recto.

Praeripia, ōrum. n. *plur. Apul.* Ribera de los rios.

Praeripio, is, pui, reptum, pĕre. a. *Cic.* Quitar antes, anticipadamente, antes de tiempo. ‖ Arrebatar, robar, quitar por fuerza. ‖ Prevenir, preocupar. *Praeripere se. Ulp.* Huir, escaparse.

Praerobōrātus, a, um. *Cel. Aur.* Corroborado, fortalecido antes.

Praerōdo, is, si, sum, dĕre. a. *Plaut.* Roer por delante, ó roer todo al rededor.

Praerogatīva, ae. f. *Plin.* Prerogativa, privilegio, singularidad ‖ *Cic.* El voto de la tribu que votaba primero. ‖ La palabra ó prenda del que promete hacer alguna merced.

Praerogatīvus, a, um. *Liv.* Llamado á votar el primero, el primero á quien se pide voto, el que tiene privilegio de votar primero.

Praerogātus, a, um. *Cic.* Aquel á quien se ha pedido su voto el primero. ‖ El que ha pagado anticipadamente.

Praerōgo, as, avi, atum, are. a. *Suet.* Preguntar antes, primero. ‖ *Ulp.* Pagar con anticipacion, antes del tiempo convenido.

Praerōsus, a, um. *Hor. part. de* Praerodo. Roido por delante, por la parte anterior.

Praerumpo, is, rūpi, ruptum, pĕre. a. *Ces.* Romper, quebrar ó romper por delante.

Praerupte. *adv. Plin.* Con quebrada, ó quiebra, con subida fragosa, áspera.

Praeruptus, a, um, ior, issimus. *part. de* Praerumpo. *Ces.* Escarpado, cortado, fragoso. *Praeruptior collis. Col.* Colina de una pendiente muy áspera. *Praeruptissima urbis pars. Ces.* La parte mas quebrada de la ciudad.

Praerutilus, a, um. *Tert.* Muy resplandeciente.

Praes, praedis. m. *Cic.* El fiador que se obliga por otro.

Praesagītus, um. *S. Ger.* Hecho ó formado por presentimiento, por adivinacion.

Praesagio, is, ivi, itum, ire. a. *Cic.* y

Praesagior, iris, itus sum, iri. *dep. Plaut.* Presagiar, presentir; acertar, adivinar, predecir. *Praesagio animo Liv. Praesagit animus. Cic.* Me dice, me da el corazon, tengo un cierto presentimiento.

Praesagitio, ōnis. f. *Cic.* Presentimiento, prevision de lo que ha de suceder.

Praesagium, ii. n. *Col.* Presagio, presentimiento, pronóstico. Señal que hace antever y anunciar lo futuro.

Praesagus, a, um. *Virg.* Presago, que adivina ó anuncia lo futuro por presagios. ‖ Adivino.

Praesalsus, a, um. *Col.* Muy salado. ‖ Salado antes.

Praesanasco, is, cĕre. n. *Plin.* Sanar, curarse antes ó primero.

Praesanātus, a, um. *part. de* Praesano. *Plin.* Sanado, curado antes.

Praesanesco, is, scĕre. n. *Plin. V.* Praesanesco.

Praesano, as, avi, atum, are. a. *Plin.* Sanar, curar antes.

Praesātus, a, um. *part. de* Praesero. *Col.* Sembrado, plantado antes.

Praesauciatus, a, um. *Cel. Aur.* Herido antes, muy herido.

Praescātens, tis. com. *Gel.* Superabundante, que rebosa, demasiado lleno.

Praescateo, es, tui, ēre. n. *Gel.* Superabundar, rebosar, estar demasiado lleno.

Praescientia, ae. f. *Tert.* Presciencia, noticia, conocimiento anticipado de lo futuro.

Praescindo, is, cidi, cissum, dĕre. a. *Vitrov.* Cortar antes, de antemano, anticipadamente.

Praescio, ocis, ivi, itum, scire. a. *Tert.* y

Praescisco, is, ivi, itum, cĕre. a. *Virg.* Saber antes, con anticipacion. ‖ *Liv.* Ordenar, mandar antes.

**PRAE**

Praescitio, ōnis. f. *Amian.* La presciencia, ciencia anticipada.

Praescitum, i. n. *Plin.* Presagio, pronóstico.

Praescitus, a, um. *part. de* Praescio.

Praescius, a, um. *Virg.* El que sabe, tiene noticia anticipadamente de lo futuro.

Praescrībo, is, psi, ptum, bĕre. a. *Cic.* Rotular, titular, poner un título ó inscripcion. ‖ Prescribir, ordenar, mandar, dar la ley. ‖ Dar la norma, el patron, el modelo. *Praescribere nomen. Virg.* Tener, llevar un nombre al frente, en el frontispicio, en la fachada. — *Fines. Cic.* Prescribir, dar, señalar los límites. — *Jura civitatibus. Cic.* Dar leyes á los pueblos. *Praescribitur, praescriptum est. Cic.* Se manda, se ha ordenado. *Non si praescribat carmina Phoebus. Catul.* Aunque me dictara Febo los versos.

Praescriptio, ōnis. f. *Cic.* Epígrafe. Inscripcion, título, rótulo. ‖ Precepto, mandamiento, órden. ‖ Limitacion. ‖ Escepcion forense con que se repele estando en posesion de una cosa por el tiempo prescrito por las leyes, la demanda del que la repite.

Praescriptive. *adv. Tert.* Segun la órden ó mandamiento.

Praescriptum, i. n. *Cic.* y

Praescriptus, us. m. Orden, ley, decreto, mandamiento, ordenanza. *Ex praescripto civitatis. Cic.* Segun las leyes de la ciudad.

Praescriptus, a, um. *part. de* Praescribo. *Plin.* Escrito antes. ‖ Determinado, mandado, ordenado, prescrito.

Praesĕca, ae. f. *Varr.* La col ó berza.

Praesecātus, a, um. *Apul.* Cortado.

Praesĕco, as, cui, sectum, care. a. *Liv.* Cortar antes ó por el cabo.

Praesectus, a, um. *part. de* Praeseco. *Colum.* Cortado antes ó por delante.

Praesegmen, inis. n. *Plaut.* Cortadura, mondadura de alguna cosa cortada.

Praesegnis. m. f. nĕ. n. is. *Plaut.* Muy perezoso, tardo, lento, despacioso.

Praesemīnans, tis. com. *Amian.* El que siembra antes. El que traza, dispone, ordena de antemano.

Praeseminatio, ōnis. f. *Vitruv.* La primera semilla, lo primero que se siembra.

Praeseminātus, a, um. *Lact.* Sembrado antes.

Praesens, tis. com. *Cic.* Presente, lo que está á la vista, el que se halla en persona. ‖ Lo que es, pasa, sucede, se hace al presente. ‖ Favorable, propicio, feliz. ‖ *Col.* Eficaz, que hace el efecto deseado. *Praesens rei. Cic.* Asunto de que se trata. — *Pecunia. Cic.* — *Argentum. Plaut.* Dinero contante. — *Sermo. Cic.* Viva voz. — *Deus. Ter.* Dios propicio. — *Animus. Cic.* — *Ingenio. Plin.* Que tiene el ánimo atento, que no está distraido ni turbado. — *Venenum. Sen.* Veneno que al punto mata. — *Medicina. Col.* Remedio eficaz que al instante cura. — *Invisere aliquid. Liv.* Ir en persona á ver alguna cosa. — *In praesenti. Hor.* — *Praesenti tempore. Liv.* Al presente, ahora.

Praesensio, ōnis. f. *Cic.* Presentimiento, presagio.

Praesensus, a, um. *part. de* Praesentio. *Cic.* Presentido, conocido de antemano, previsto.

Praesentālis, m. f. lĕ. n. is. *Dig.* Presente.

Praesentănee. *adv. Prisc.* Presentáneamente, al pronto, sin dilacion.

Praesentāneus, a, um. *Plin.* Eficaz, que obra ó produce sin dilacion el efecto.

Praesentarius, a, um. *Plaut.* Lo que es de contado, que se hace ó se presenta puntualmente, pronto.

Praesentātus, a, um. *part. de* Praesento. *Aur. Vict.* Presentado, ofrecido.

Praesentia, ae. f. *Cic.* El tiempo presente. *Praesentia animi. Cic.* Presencia de ánimo. *In praesentia*, ó *In praesentiarum. Nep.* Al presente. *Praesentiam sui facere. Dig.* Dejarse ver.

Praesentio, is, sensi, sensum, tire. a. *Ces.* y

Praesentisco, is, sensi, sensum, scĕre. a. *Ter.* Presentir, tener anuncios ó presentimiento de lo que ha de suceder, prever, antever, acertar, adivinar. *Praesentire animo. Cic.* Prever. — *Sermonum de se aurium tinnitu.*

*Plin.* Sentir, conocer que hablan de él por el zumbido de los oidos.

Praesento, as, avi, atum, are. a. *Quint.* Presentar, manifestar, poner á la vista, delante de los ojos. ‖ Representar, parecerse, asemejarse.

Praesēpe, is. n. *Virg.* ó Praesepes ó Praesepis, is. f. ó Praesepia, ae. f. Pesebre, establo. ‖ Caballeriza. ‖ Una estrella fija en el pecho de cáncer.

Praesepēlio, is, ivi, pultum, līre. a. *Quint.* Sepultar, enterrar antes.

Praesēpia, ae. f. *Varr.* V. Praesepe.

Praesēpio, is, pivi, ó sepsi, septum, pīre. a. *Ces.* Cercar, cerrar, fortificar al rededor.

Praesēpis, is. f. *Varr.* y

Praesēpium, ii. n. *Apul.* V. Praesepe.

Praeseptus, a, um. part. de Praesepio. *Ces.* Cerrado, cercado por todas partes.

Praesēpultus, a, um. *Quint.* part. de Praesepelio. Sepultado, enterrado antes.

Praesērātus, a, um. *Apul.* Cerrado. part. de

Praesēro, as, avi, atum, are. a. *Apul.* Cerrar antes.

Praesēro, is, sevi, satum, rere. a. *Col.* Sembrar, plantar antes ó primero.

Praesertim. adv. *Cic.* Especial, principal, particularmente, sobre todo.

Praeservio, is, ivi, itum, ire. a. *Plaut.* Servir rendidamente. *Praeservire alicui. Plaut.* Servir de mucho, ser muy servicial á alguno.

Praeservo, as, are. *Col. Aur.* Observar.

Praeses, ĭdis. m. *Cic.* Presidente, el que preside, manda, gobierna, superintendente, gobernador. ‖ Protector, patrono, el que da auxilio, protege, pone en salvo. *Praeses juventutis. Cic.* Mercurio, que preside y tiene bajo su proteccion á la juventud. — *Locus. Plaut.* Asilo, sagrado, lugar de seguridad.

Praesest. ant. en lugar de Praesens est. Está presente.

Praesēvi. pret. de Praesero.

Praesiccātus, a, um. *Apul.* Desecado antes ó del todo.

Praesicco, as, are. a. *Prud.* Secar, desecar antes ó enteramente.

Praesiccus, a, um. *Prud.* Seco antes ó muy seco.

Praesidālis. m. f. lĕ. n. is. *Treb. Pol.* Lo que pertenece al presidente ó gobernador.

Praesidātus, us. m. *Aur Vict.* Presidencia, gobierno.

Praesidens, tis. com. *Tac.* Presidente, el que preside.

Praesideo, es, sedi, sessum, dēre. n. *Cic.* Presidir, ser presidente, gobernar, mandar, tener la suprema autoridad. ‖ Guardar, defender, guarnecer, estar de guarnicion, de guardia. *Praesidere littora. Liv.* Guardar las costas. — *Ludis. Suet.* Presidir en unas fiestas públicas. — *Exercitum. Tac.* Mandar un ejercito.

Praesidērāre. ant. *Fest.* Moverse las tempestades del invierno antes de tiempo. ‖ Adelantarse las estaciones.

Praesidērātio, ōnis. f. *Fest.* Adelantamiento de las estaciones, en especial del invierno.

Praesidiālis. V. Praesidalis.

Praesidiārius, a, um. *Liv.* Lo que toca á la defensa, guarnicion ó presidio. *Praesidiarii malleoli. Col.* Los vastagos que sirven de amparo á las vides viejas.

Praesidiātus, us. m. V. Praesidatus.

Praesidium, ii. n. *Ces.* Guarnicion de tropas. ‖ Fuerte, fortaleza, alcázar, castillo, presidio, lugar en que hay guarnicion. ‖ Apoyo, asilo, refugio, defensa, proteccion, escolta. ‖ Cuerpo de guardia, guardia. *Praesidium agitare alicui. Tac.* Estar de guarnicion en algun puesto. — *Nocturnum Palatii. Cic.* La guardia que está de noche en el monte Palatino. — *In pecunia magnum est. Cic.* Hay un auxilio grande en el dinero. *Praesidio equitum dimittere. Tac.* Enviar con una escolta de caballeria. *Praesidia naturae et doctrinae. Cic.* Los auxilios de la naturaleza y del arte, ventajas naturales y adquiridas. *Praesidium. Ter. Praesidio esse alicui. Cic.* Dar auxilio á alguno, protegerle, ampararle, servirle de proteccion, de defensa.

Praesignātor, ōris. m. *Inscr.* El que señalaba cuanto se debia pagar de cada herencia al erario con nombre de vicésima. ‖ El que firmaba en nombre del príncipe los testamentos, cuya herencia estaba sujeta á pagar la vicésima.

Praesignificātio, ōnis. f. *Lact.* La accion de predecir, de mostrar anticipadamente.

Praesignifīco, as, avi, atum, are. a. *Cic.* Predecir, significar, mostrar, dar á conocer antes por señales ó presagios.

Praesignis. m. f. nĕ. n. is. *Ov.* Insigne, ilustre.

Praesigno, as, avi, atum, are. n. *Plin.* Señalar, marcar, reparar antes.

Praesilio, is, lui, sultum, līre. a. *Plaut.* Saltar. *Praesiliunt mihi prae laetitia lacrymae. Plaut.* Las lágrimas se me saltan de alegría.

Praesīpio, is, ĕre. a. *Fest.* Saber antes.

Praesolĭdus, a, um. *Juv.* Muy sólido, constante.

Praesolus, a, um. *Prud.* Solo, único.

Praesolūtus, a, um. *Apul.* Pagado de antemano.

Praesōno, as, ui, nitum, are. n. *Ov.* Sonar antes.

Praespargens, tis. com. *Lucr.* El que esparce, siembra antes.

Praespeculātus, a, um. *Amian.* Considerado antes.

Praestabilis. m. f. lĕ. n. is. *Cic.* Prestante, escelente.

Praestāna, ae. f. *Arnob.* Diosa de la escelencia.

Praestans, tis. com. *Cic.* ior, issimus. Prestante, escelente, mucho mejor, perfecto, aventajado, sobresaliente, eminente. *Praestans animi virtute. Virg.* Sobresaliente en valor. — *Odium. Ov.* Odio fuerte. — *Corpore. Virg. Forma. Ov.* De gran presencia ó hermosura. — *Valetudine. Cic.* Muy robusto, que goza de perfecta salud. — *Doctrina. Cic.* Muy sabio. — *Omnibus ingenio. Cic.* Que se aventaja á todos, que sobresale entre todos por su talento. *Praestantius nihil est. Cic.* No hay cosa mas escelente.

Praestanter. adv. *Plin.* Escelentemente.

Praestantia, ae. f. *Cic.* Prestancia, escelencia, elevacion, preeminencia.

Praestat, stabat, stitit, stare. impers. *Cic.* Es mejor, vale mas, conviene mas, es mas á propósito, mas conducente. *Praestat tacere, quam loqui. Cic.* Mejor es guardar silencio que hablar.

Praestātio, ōnis. f. *Sen.* La accion de dar, de suministrar, de proveer, de librar á favor de alguno.

Praestātātus, a, um. *Claud.* El que ha ó tiene de dar, de suministrar.

Praestātus, a, um. *Plaut.* part. de Praesto. Dado, suministrado.

Praestauro, as, are. a. *Diom.* Instaurar, renovar, volver á comenzar.

Praestēga, ae. f. y

Praestēgium, ii. n. *Plaut.* Corredor, galeria abierta, balcon, mirador.

Praestergo, is, si, sum, gĕre. a. *Plaut.* Limpiar, fregar, frotar bien.

Praesterno, is, strāvi, strātum, nĕre. a. *Estac.* Tender, estender delante. ‖ *Plin.* Preparar, disponer, abrir el camino.

Praestes, ĭtis. m. *Fest.* Presidente.

Praestigia, ae. f. *Quint.* y

Praestigiae, arum. f. *Cic.* Prestigio, engaño, ilusion, apariencia. ‖ Juego, sutileza, ligereza de manos. ‖ Engaños, falacias, embustes, imposturas.

Praestigiator, ōris. m. *Cic.* Prestigiador, embaucador, embustero, que engaña con juegos de manos y cosas de encantamiento.

Praestigiātrix, icis. f. *Plaut.* Prestigiadora, embaucadora, embustera, que engaña con juegos de manos, adivinanzas y cosas de encantamiento.

Praestigiosus, a, um. *Gel.* Lleno de ilusion. ‖ Prestigioso, engañador, embustero.

Praestinātus, a, um. *Apul.* part. de Praestino. Comprado.

Praestinguo, is, nxi, nctum, guĕre. a. *Lucr.* Oscurecer, ofuscar.

Praestino, as, avi, atum, are. a. *Plaut.* Comprar.

Praestītes, tum. m. plur. *Ov.* Los dioses Lares ó Penates, *custodios de la ciudad de Roma.*

Praestĭti. pret. de Praesto.

Praestĭtor, ōris. m. *Apul.* El que da ó suministra.

Praestituo, is, tui, tutum, ĕre. a. *Cic.* Prescribir, de-

**terminar**, prefijar, señalar, arreglar antes. *Praestituere alicui tempus, quam diu dicat. Cic.* Señalar á alguno el tiempo que ha de emplear en hablar.

**Praestĭtus**, a, um. *part. de* Praesto. *Paul. Nol.* Dado, entregado.

**Praestĭtūtus**, a, um. *Plaut. part. de* Praestituo. Prefijado, señalado, determinado, establecido antes.

**Praesto.** *adv. Ter.* Presto, pronto, prontamente. *Praesto esse. Ter.—Adesse. Cic.* Estar, hallarse pronto, dispuesto. ‖ Venir, acudir presto. ‖ Ayudar, socorrer, favorecer. *Praesto esse alicui. Cic.* Dar favor ó socorro á alguno.

**Praesto**, as, stĭti, stĭtum, ó stătum, stāre. a. *Plaut.* Estar delante, en pie. ‖ Esceder, aventajarse, tener la preferencia, ser mejor, valer mas. ‖ Dar, suministrar, proveer. ‖ Hacer, ejecutar, obrar. ‖ Dar palabra, asegurar, responder. ‖ Cumplir, mantener, guardar la palabra. *Praestare virtute ceteros. Liv.* Esceder en valor á los demás.—*Officium. Cic.* Cumplir su obligacion.—*Silentium. Liv.* Prestar, guardar silencio, callar.—*Fidem. Cic.* Cumplir la palabra.—*Alicui honorem. Ov.* Respetar á alguno.—*Id nemo potest. Cic.* Nadie puede hacer ó salir por fiador de esto.—*Culpam. Cic.* Tomar sobre sí la culpa, la falta, la pena.—*Aliquem parciturum alicui. Cic.* Prometer que uno perdonará á otro. *Quid praestat homo homini, vir viro? Ter.* ¿Qué diferencia hay de un hombre á otro? *Praestare alicui memoriam benevolentiamque. Cic.* Mantener, conservar á uno la memoria y amor, ó el amor y memoria de alguno.—*Alicui damnum, noxam, periculum. Cic.* Salir por garante, tomar sobre sí el daño, pena ó peligro de alguno.—*Se eum qui. Cic.* Mostrarse tal ó el que.—*Re. Cic.* Mostrar con los hechos.

**Praestōlans**, tis. com. *Ces.* El que espera, aguarda, está esperando.

**Praestōlātio**, ōnis. f. *Bibl.* La espera, la accion de esperar, aguardar.

**Praestōlo**, as, āre. a. *Turpil.* y

**Praestōlor**, āris, ātus sum, āri. dep. *Cic.* Esperar, aguardar. *Praestolari alicui. Cic.—Aliquem. Ces.* Esperar, aguardar á alguno.

**Praestrictus**, a, um. *Ov.* Muy apretado. *part. de*

**Praestringo**, is, nxi, ctum, gĕre. a. *Tac.* Apretar, comprimir, estrechar mucho ó fuertemente. ‖ Deslumbrar, ofuscar. *Praestringere praestigias. Cic.* Hacer abortar los embustes, descubrirlos.—*Aciem ingenii*, ó *mentis. Cic.* Ofuscar el entendimiento.—*Tempora sertis. Estac.* Ceñir, coronar las sienes con guirnaldas.

**Praestructim.** *adv. Tert.* Con preparacion, con órden.

**Praestructio**, ōnis. f. *Tert.* Preparacion, fundamento.

**Praestructŏria**, ae. f. *Tert. V.* Praestructio.

**Praestructus**, a, um. *Col.* Edificado, levantado antes. ‖ Preparado, ordenado, dispuesto de antemano. *part. de*

**Praestruo**, is, xi, ctum, ĕre. a. *Col.* Fabricar, edificar, levantar antes ó en la parte anterior. ‖ *Ov.* Cerrar, cegar, tapar. ‖ Preparar, disponer, ordenar de antemano.

**Praestŭpĭdus**, a, um. *Juv.* Muy estúpido, necio.

**Praesūdo**, as, āvi, ātum, āre. n. *Claud.* Sudar antes.

**Praesul**, ŭlis. m. *Liv.* El primero de los salios ó sacerdotes de Marte, *que conducia á los otros saltando ó danzando.* ‖ Prelado, presidente.

**Praesulgus**, a, um. *Col.* Muy salado.

**Praesultātor**, ōris. m. *Liv. V.* Praesultor.

**Praesulto**, as, āvi, ātum, āre. n. *Liv.* Saltar, danzar antes ó delante.

**Praesultor**, ōris. m. *Liv.* El que guia la danza, el que baila el primero ó delante.

**Praesultūra**, ae. *V. Varr.* La accion de guiar la danza, de ir delante ó el primero danzando.

**Praesum**, aees, aeest, fui, esse. n. anom. *Cic.* Presidir, ser cabeza, presidente, tener la direccion, el gobierno, el mando. *Praeesse agro colendo. Cic.* Dedicarse á cultivar un campo.—*Provinciae. Cic.* Gobernar una provincia.—*Classi. Cic.* Mandar una escuadra.—*Juri civili. Cic.* Profesar el derecho civil, hacer profesion de esta facultad.

**Praesūmo**, is, msi, tum, mĕre. a. *Plin.* Tomar antes, anticiparse á tomar, prevenir á otro. *Praesumere in aliquem supplicium. Tac.* Castigar á alguno adelantadamente.

—*Aliquid spe. Virg.* Presumir, esperar algo.—*Gaudium. Plin. men.* Alegrarse anticipadamente.—*Remedia. Tac.* Tomar remedios á prevencion.—*Mollitiem. Hor.* Afeminarse con el tiempo.—*Ciathum ex aliquo liquore. Plin.* Beber ó tomar antes un vaso de algun licor.

**Praesumpte.** *adv. Vopisc.* Con certeza, con precision.

**Praesumptio**, ōnis. f. *Cic.* La accion de tomar antes ó de anticiparse á tomar. ‖ *Plin.* Presuncion, creencia, opinion. *Sulp. Sever.* Presuncion, orgullo, audacia. ‖ *Quint.* Prolepsis. *Figura retórica cuando previene el orador la objecion del contrario. Praesumptioni hominum dare. Sen.* Deferir á la preocupacion de los hombres. *Praesumptione bonae famae perfrui. Plin. men.* Gozar de una opinion adelantada de buena fama.

**Praesumptor**, ōris. m. *Amian. Marc.* Presumido, el que presume con demasiada arrogancia.

**Praesumptŏrie.** *adv. Tert.* Con presuncion, arrogancia.

**Praesumptum**, i. n. *Ulp.* Presuncion, conjetura.

**Praesumptuōse.** *adv. Ter. V.* Praesumptorie.

**Praesumptuōsus**, a, um. *Sid.* Presuntuoso, arrogante.

**Praesumptus**, a, um. *Quint. part. de* Praesumo. Tomado antes, anticipadamente. *Opinio praesumpta. Quint.* Preocupacion, opinion comun.

**Praesuo**, is, sui, sūtum, ĕre. a. *Plin.* Coser antes ó por delante.

**Praesūtus**, a, um. *Ov. part. de* Praesuo. Cosido antes, por delante.

**Praetactus**, a, um. *Cel. Aur.* Tocado antes. *part. de*

**Praetango**, is, ĕre. a. *Cel. Aur.* Tocar antes.

**Praetectus**, a, um. *Cel. Aur.* Cubierto. *part. de*

**Praetĕgo**, is, texi, tectum, gĕre. a. *Plin.* Cubrir, tapar antes.

**Praetendo**, is, di, sum, y tectum, dĕre. a. *Plin.* Tender, estender, poner delante ó por delante. ‖ Prestar, alegar por escusa, causa ó pretexto. ‖ *Dig.* Pretender. *Praetendere retis. Plin.* Tender delante las redes.—*Fessam aetatem. Tac.* Escusarse por su avanzada edad.—*Nomen hominis doctissimi barbaris moribus. Cic.* Cubrir, cohonestar las bárbaras costumbres con el nombre de un varon muy docto.

**Praetĕner**, ĕra, ĕrum. *Plin.* Muy tierno.

**Praetentātus**, us. m. *Plin.* Tentativa hecha de antemano.

**Praetentātus**, a, um. *Cic.* Tentado, probado, esplorado, ensayado antes. *part. de*

**Praetento**, as, āvi, ātum, āre. a. *Plin.* Tentar, examinar antes, ensayar, esplorar. ‖ Ir tentando, á tientas. *Praetentare iter. Plin.* Andar, caminar tentando.—*Judicis misericordiam. Quint.* Sondear, probar la clemencia del juez.

**Praetentūra**, ae. f. *Amian.* Guardia, centinela avanzada, reparo, fortificacion avanzada.

**Praetentus**, a, um. *part. de* Praetendo. *Suet.* Tendido, estendido delante.

**Praetĕnuis**, m. f. nuĕ. n. is. *Plin.* Muy tenue, delgado, sutil, delicado.

**Praetĕpeo**, ēs, pui, ēre. n. y

**Praetĕpesco**, is, pui, scĕre. n. *Ov.* Calentarse antes.

**Praeter.** *prep. de acus. Cic.* Adelante, delante, mas allá de. ‖ Escepto, fuera de, sino. ‖ Mas que. *Praeter unum. Cic.* Á escepcion de uno.—*Rem loqui. Cic.* Hablar fuera del caso, de propósito.—*Spem. Ter.* Contra toda esperanza ó fuera de ella.—*Oculos. Cic.* Delante de los ojos.—*Suorum ora. Tac.* Á la vista, en presencia de los suyos.—*Ceteros excellere. Cic.* Sobresalir entre los demas.—*Speciem insanire. Plaut.* Ser mas loco de lo que parece.—*Aetatem. Plaut.* Mas de lo que promete la edad.—*Modum. Cic.* Estraordinariamente, mas de lo regular, fuera de toda medida.—*Propter. Gel.* Poco mas ó menos, con corta diferencia.—*Haec. Ter.* Ademas de esto.

**Praeter.** *adv. Cic.* Á escepcion de, menos, escepto. *Praeter rerum capitalium condemnatis. Salust.* Menos á los condenados á pena capital.

**Praetĕrăgo**, is, ĕgi, actum, gĕre. a. *Hor.* Llevar, conducir mas adelante.

**Praeterbĭto**, is, ĕre. a. *Plaut.* Pasar delante, por delante.

**Praetercurrens, tis.** *com. Veg.* El que corre mas adelante ó pasa mas allá corriendo.

**Praetercursus, a, um.** *Amian.* Pasado corriendo.

**Praeterdūco, is, xi, ctum, cĕre.** *a. Plaut.* Llevar, guiar, conducir mas adelante.

**Praetĕrea.** *adv. Cic.* Ademas de esto, ademas.

**Praetĕreo, is, ivi, ó rii, rĭtum, rīre.** *a. Cic.* Pasar de largo, delante, mas allá. ‖ Esceder, aventajar, pasar. ‖ *Tac.* Pasar por alto, en silencio, en blanco. ‖ Huir, evitar. ‖ Escluir, no admitir, echar fuera. *Praeterire aetatem alĭquem. Cic.* Ser de mas edad que otro. — *Fratris filium. Cic.* Escluir de la herencia á su sobrino, no hacer mencion, no acordarse de él. *Praeterit aestas. Virg.* Se pasa el verano. — *Hoc me. Cic.* Se me pasa, se me olvida esto, no pienso en esto. *Praeteriri suffragiis. Cic.* No tener bastantes votos, quedar escluido. *Non me praeterit. Cic.* No se me pasa, esconde, oculta, bien sé. *Aliquem cursu praeterire. Virg.* Pasar á uno corriendo. — *Aliquid. Cic.* Omitir, callar, pasar en silencio algo.

**Praetĕrĕquĭtans, tis.** *com. Liv.* El que pasa por delante á caballo.

**Praetĕrĕquĭto, ās, āvi, ātum, āre.** *a. Liv.* Pasar delante ó por delante á caballo.

**Praetĕreundus, a, um.** *Ov.* Lo que se ha de pasar delante.

**Praetĕreunter.** *adv. S. Ag.* De paso.

**Praetĕrfĕror, ferris, lātus sum, ferri.** *dep. Cic.* Pasar adelante, mas allá, por delante de.

**Praeterfluo, is, fluxi, fluxum, ĕre.** *n. Varr.* Correr delante ó por delante de, pasar por algun lugar corriendo lo líquido. *Praeterfluere voluptatem sinere. Cic.* Dejar pasar el deleite.

**Praetergeo, ēs, si, sum, gĕre.** *a. Lucr.* Enjugar suave, ligeramente.

**Praetergrĕdior, ĕris, gressus sum, di.** *dep. Salust.* Pasar por delante, adelante, mas allá de. *Praetergredi alios. Salust.* Pasar, esceder, aventajarse á otros.

**Praetĕrhac.** *adv. Plaut.* De aqui adelante, demas, ademas ó demas de esto.

**Praetĕriens, euntis.** *com. Cic.* El que pasa.

**Praetĕrĭta, ōrum.** *n. plur. Cic.* Lo pasado, los tiempos y cosas pasadas.

**Praetĕrĭti, ōrum.** *m. plur. Cic.* Los escluidos, pasados, por alto ó en silencio en las votaciones de los empleos, en los testamentos y cosas semejantes. ‖ *Prop.* Los pasados, los muertos.

**Praetĕrĭtio, ōnis.** *f. Cod.* La accion de pasar por alto ó en silencio. ‖ *Ad Her.* Preterición. Figura retórica, cuando el orador finge que no dice ó no quiere decir aquello mismo que está diciendo. *Cic. pro Leg. Manil. Itaque non sum praedicaturus, Quirites, quantas ille res domi, militiaeque, terra, marique, quantaque felicitate gesserit &c.*

**Praetĕrĭtum, i.** *n. Quint.* El tiempo pretérito ó pasado en la conjugacion de los verbos.

**Praetĕrĭturus, a, um.** *Ov.* Lo que ha ó tiene de pasar.

**Praetĕrĭtus, a, um.** *Cic. part. de* Praetereo. Lo pasado, cosa pasada. ‖ Omitido, callado, pasado por alto, en silencio. *Praeteriti senatores. Fest.* Los senadores, cuyos nombres callaban los censores al pasar la lista, *con lo cual se tenian por notados de infamia, y tchados y escluidos del senado.*

**Praeterlābor, ĕris, lapsus sum, bi.** *dep. Virg.* Pasar corriendo el agua, correr, pasar por algun lugar. ‖ *Cic.* Escaparse, borrarse de la memoria, olvidarse.

**Praeterlātus, a, um.** *part. de* Praeterfero. *Lucr.* Llevado delante ó por delante de.

**Praeterluens, tis.** *com. Apul.* Lo líquido que corre, pasa delante ó por delante.

**Praetermeo, ās, āvi, ātum, āre.** *n. Lucr.* Pasar mas adelante, mas allá, adelante.

**Praetermissio, ōnis.** *f. Cic.* Omision, la accion de omitir, de callar, de pasar por alto.

**Praetermissus, a, um.** *part. de* Praetermitto. Omitido, callado, pasado en silencio, olvidado.

**Praetermittendus, a, um.** *Cic.* Lo que se ha de omitir, de callar, de pasar por alto.

**Praetermitto, is, missi, missum, tĕre.** *a. Cic.* Omitir, callar, pasar por alto, en silencio, olvidar, escluir, dejar fuera. *Reliqua quaerere praetermittit. Ces.* Dejar de preguntar lo demas.

**Praetermonstrans, tis.** *com. Gel.* El que muestra, señala delante.

**Praeternāvĭgātĭo, ōnis.** *f. Plin.* Navegacion, viage por cerca ó delante de algun lugar.

**Praeternāvĭgo, ās, āvi, ātum, āre.** *n. Suet.* Navegar, pasar por delante, ó adelante.

**Praetĕro, is, trĭvi, trĭtum, rĕre.** *a. Plin.* Moler, machacar. ‖ Frotar fuertemente.

**Praeterpropter.** *adv. Gel.* Poco mas ó menos.

**Praeterquam.** *adv. Cic.* Sino que, salvo que, escepto, escepcion de que. *Praeterquamquod. Cic.* Ademas de que.

**Praeterrādo, is, si; sum, dĕre.** *a. Lucr.* Raer, raspar de paso.

**Praetervectio, ōnis.** *f. Cic.* Pasage, navegacion, la accion de ser pasado ó llevado á otra parte.

**Praetervectus, a, um.** *Cic. part. de* Praeterveho y Praetervehor. Llevado, transportado, pasado á otra parte.

**Praetervehens, tis.** *com. Suet.* El que pasa, navega, costea pasando.

**Praeterveho, is, xi, vectum, hĕre.** *a.* y

**Praetervehor, ĕris, vectus sum, hi.** *dep.* Pasar de largo, adelante, por delante de algun lugar. *Praetervehi aliquid silentio. Cic.* Pasar algo en silencio.

**Praetervertendus, a, um.** *Cic.* Lo que se ha de pasar por delante.

**Praetervŏlo, ās, āvi, ātum, āre.** *n. Cic.* Pasar volando, volar por delante ó delante. *Praetervolare hominum sensus. Cic.* Ser superior, esceder á la humana inteligencia.

**Praetexens, tis.** *com. Tibul.* El que entreteje ó borda.

**Praetexo, is, xui, textum, xĕre.** *a. Plin.* Tejer, hacer un tejido. ‖ Bordar sobre alguna cosa. ‖ Cubrir, tapar. Pretestar, fingir un pretesto, un motivo, una escusa. *Praetexere cupiditatem triumphi. Cic.* Encubrir el deseo del triunfo. — *Nomine culpam. Virg.* Colorear, disfrazar la culpa con un pretesto, título ó escusa.

**Praetexta, ae.** *f. Cic.* La pretesta, vestidura talar, guarnecida por abajo con una tira de púrpura, *que llevaban en Roma los jóvenes nobles de ámbos sexos hasta la edad de 17 años, de la que usaban tambien los sacerdotes, magistrados y senadores en las funciones públicas.* ‖ Pieza de teatro, drama, comedia, tragedia. *Praetexta palla. Fest.* Vestido de luto. — *Cessit facibus maritis. Prop.* La ropa de la infancia ha cedido á la de bodas. *Se dice de quien se ha casado antes de los 17 años. Praetextae anni. Plin.* Años pueriles, de la infancia. — *Actiones, ó comediae. Hor.* Comedias cuyo asunto se tomaba de los magistrados.

**Praetextāte.** *adv. Plaut.* Como niño, como muchacho, aturdidamente, sin juicio.

**Praetextātus, a, um.** *Cic.* Vestido de pretesta. ‖ Niño ó niña, jóven que lleva todavía este vestido. *Praetextata aetas. Gel. ó Praetextati anni. Plin.* La infancia, la puericia hasta los 17 años. — *Mores. Juv.* Malas costumbres, impuras. *Praetextata verba. Suet.* Palabras indecentes. *Praetextatus. Gel.* Sobrenombre que se dió al jóven Papirio, *por la prudencia con que respondió á su madre, que le preguntaba lo que pasó cierto dia en el senado, y no lo dijo.*

**Praetextum, i.** *n. Plin.* Guarnicion, sobrepuesto, orla, bordado y cualquiera cosa de este género que se pone sobre otra por adorno. ‖ *Sen.* Adorno, ornato. ‖ *Suet.* Pretesto, color.

**Praetextus, us.** *m. Suet.* Pretesto, color, título, escusa, apariencia.

**Praetextus, a, um.** *Gel.* Guarnecido, orlado. ‖ *Prop.* Vestido de pretesta. ‖ *Ov.* Cubierto. ‖ *Ov.* Adornado. *Praetextum Augusto nomine templum. Ov.* Templo dedicado á Augusto. *Praetexta calumnia. Cic.* Calumnia encubierta.

**Praetĭdes, um.** *f. plur. Virg.* Las hijas de Preto, rey de Argos, *que imaginaban estar convertidas en vacas.*

**Praetĭmeo, ēs, mui, ĕre.** *a. Plaut.* Temer anticipadamente.

† **Pretĭmĭdus, a, um.** Muy tímido.

Praetinctus, a, um. *Ov.* Mojado, teñido antes ó de antemano.

Praetondeo, ēs, tŏtondi, tonsum, ēre. *a. Apul.* Trasquilar, esquilar antes.

Praetor, ōris. *m. Cic.* Pretor, magistrado romano, *que ejercia jurisdiccion en Roma y en las provincias.* ‖ Juez, alcalde, gobernador. ‖ General, gefe de un ejército. *Praetor aerarius. Tac.* Tesorero general. — *Pedestribus copiis. Nep.* Coronel de infantería. — *Urbanus. Cic.* Corregidor, presidente, alcalde mayor, magistrado que administra justicia en la capital. — *Palaestricus. Cic.* El magistrado que presidia á la lucha. ‖ Gefe de la escuela de la palestra.

Praetōria, ae. *f. Treb. Pol.* La capitana de una escuadra, la nave en que va el general.

Praetōriānus, a, um. *Cic.* Pretoriano, pretorio, lo que pertenece al pretor ó á su tribunal. *Praetoriani milites. Plin.* Guardia pretoriana, los que acompañan ó hacen guardia al pretor en paz y en guerra. *Praetoriana castra. Suet.* Cuartel de la guardia pretoriana, campo de los soldados pretorianos. — *Comitia. Liv.* Comicios, asamblea del pueblo para la eleccion de pretores.

Praetōrītius, a, um. *Marc. V.* Praetorius.

Praetōrium, ii. *n. Cic.* Pretorio, pabellon, tienda del general, casa, palacio del pretor, su tribunal. ‖ *Suet.* Palacio en la campaña, casa de campo magnifica.

Praetōrius, a, um. *Cic.* Pretorio, pretoriano, lo perteneciente al pretor, á su tribunal, á su guardia. *Praetorius vir. Cic.* Sugeto que ha sido ya pretor. *Praetoria cohors. Cic.* Guardia pretoriana. — *Navis. Liv.* La capitana. — *Porta. Ces.* La puerta pretoria, *la que salia del campamento al frente del enemigo, opuesta á la decumana, que era la puerta trasera.*

Praetorqueo, ēs, si, tum, quēre. *a. Plaut.* Torcer, retorcer fuertemente.

Praetorrĭdus, a, um. *Calpurn.* Muy tostado ó caluroso.

Praetortus, a, um. *part. de* Praetorqueo. *Col.* Muy torcido, retorcido.

Praetractus, us. *m. Tert.* Un tratado anterior á otro.

Praetrĕpĭdans, tis. *com. Catul.* El que teme mucho ó anticipadamente.

Praetrĕpĭdus, a, um. *Suet.* Que teme mucho ó anticipadamente. ‖ Que palpita fuertemente ó con grande apresuracion.

Praetrīvi. *pret. de* Praetero.

Praetrunco, as, ávi, átum, áre. *a. Plaut.* Cortar, tajar.

Praetŭli. *pret. de* Praefero.

Praetŭmĭdus, a, um. *Claud.* Muy hinchado.

Praetūra, ae. *f. Cic.* Pretura, el empleo y dignidad del pretor.

Praetūtiāni, ōrum. *m. plur. Plin.* Pretucianos, *pueblos de la Marca de Ancona.*

Praetūtiānus, a, um. *Plin.* Lo perteneciente á los pueblos y territorio pretuciano.

Praetūtius, a, um. *Plin. V.* Praetutianus.

Praeulcĕrātus, a, um. *Cel. Aur.* Ulcerado antes, lo que ya se ha llenado de úlceras.

Praeumbrans, tis. *com. Tac.* Lo que hace sombra ó cubre con ella.

Praeunctus, a, um. *Cel. Aur. part. de*

Praeungo, is, nxi, nctum, gĕre. *a. Id.* Ungir, untar antes.

Praeuro, is, ussi, ustum, rĕre. *a. Col.* Quemar, tostar antes.

Praeustus, a, um. *Liv. part. de* Praeuro. Quemado, tostado antes ó por la punta.

Praeut. *adv. Plaut.* En comparacion ó respecto de. *Praeut alia dicam, hoc nihil est. Plaut.* Esto es nada en comparacion de otras cosas que diré.

Praevălens, tis. *com. Liv.* Muy poderoso, fuerte, pujante, floreciente.

Praevălentia, ae. *f. Paul. Jurisc.* Estado de mayor fuerza y poder, mayor valor.

Praevăleo, ēs, lui, ēre. *n. Fedr.* Sobresalir, aventajarse, prevalecer, valer, poder mas, ser superior. *Praevalere arcus. Estac.* Tirar mejor la flecha, ser mas diestro en tirar la flecha. — *Contra serpentium ictus. Plin.* Ser muy eficaz, tener mucha virtud contra picaduras ó morde duras de animales ponzoñosos.

Praevălesco. is, lui, cĕre. *Col.* Fortificarse, crecer, aumentarse las plantas, arraigarse, prevalecer.

Praevălĭde. *adv. Plin.* Muy fuertemente.

Praevălĭdus, a, um. *Liv.* Muy fuerte, pujante, robusto. ‖ Muy rico, opulento. ‖ Mas apreciable ó estimable, digno de preferirse.

Praevallo, as, ávi, átum, áre. *a. Hirc.* Fortificar por delante.

Praevārĭcātio, ōnis. *f. Cic.* Prevaricacion, colusion, inteligencia con el enemigo, traicion á la confianza y obligacion.

Praevārĭcātor, ōris. *m. Cic.* Prevaricador, el que falta á la confianza, á la fe, el que engaña al que se ha fiado de él, y se entretiene con su contrario, el acusador sobornado por el reo.

Praevārĭcātrix, īcis. *f. S. Ag.* Prevaricadora, muger sin palabra, sin fe, sin obligaciones.

Praevārĭcor, aris, atus sum, āri. *dep. Fest.* Andar torcido. ‖ Prevaricar, faltar á la fe, á la palabra, juramento ó confianza. *Praevaricari accusatori. Cic.* Entenderse con el acusador.

Praevārus, a, um. *Apul.* Muy torcido, zambo.

Praevectus, a, um. *Liv.* El que va delante. *Se dice mas comunmente del que va á caballo. Praevectus, ó praevectus equo. Liv.* El que va delante á caballo. *part. de*

Praevĕho, is, vexi, vectum, hĕre. *a.* y

Praevĕhor, ĕris, vectus sum, vĕhi. *dep. Liv.* Ir, andar, pasar adelante ó á la vista, adelantarse. *Rhenus servat nomen, qua Germaniam praevehitur. Tac.* El Rin conserva el nombre en la parte por donde baña la Germania ó pasa por ella.

Praevello, is, velli, vulsi, vulsum, lĕre. *a. Tert.* Arrancar, desarraigar antes ó de antemano. *Martyria praevellere. Tert.* Quitar, cortar, prohibir del todo los martirios.

Praevēlo, ās, ávi, átum, áre. *a. Claud.* Cubrir antes ó delante como con un velo. *Praevelans fronde secures. Claud.* Cubriendo con ramas ú hojas las seguras.

Praevēlox, ōcis. *com. Plin.* Velocísimo, muy ligero ó veloz. *Praevelox memoria. Quint.* Memoria prontísima.

Praevĕnio, is, vēni, ventum, nire. *a. Liv.* Anticiparse, prevenir, venir, llegar antes. *Non fama solum, sed nuntius etiam praevenerat. Liv.* Se habia anticipado, habia venido ó llegado antes ó delante, no solo la fama sino un aviso. *Nisi aliquis casus consilium ejus praevenisset. Cic.* Si algun caso no hubiera prevenido, no se hubiera anticipado á, no hubiera frustrado su resolucion.

Praeventio, ōnis. *f. Quint.* Prevencion.

Praeventor, ōris. *m. Amian.* El soldado que va en la primera fila, que entra en la batalla de los primeros.

Praeventus, us. *m. Tert.* Prevencion, anticipacion. *Mortis praeventu. Tert.* Con la venida anticipada ó inesperada de la muerte.

Praeventus, a, um. *Tac. part. de* Praevenio. Prevenido, anticipado. *Praeventa gratia. Liv.* Favor anticipado.

Praeverbium, ii. *n. Varr.* Preposicion junta en composicion con otra palabra, ó fuera de composicion.

Praevernat, abat, āre. *n. Plin.* Anticiparse la primavera.

Praeverro, is, ĕre. *a. Ov.* Barrer antes ó de antemano.

Praeverto, is, ti, sum, tĕre. *y*

Praevertor, ĕris, versus sum, ti. *dep. Cic.* Anteponer, preferir, anticipar, hacer antes, hacer una cosa con preferencia de otra. ‖ *Plaut.* Llegar, venir antes, anticiparse. *Praeverti mandatis. Plaut.* Hacer primeramente ó antes que otra cosa lo que se ha encargado. — *Aliam rem non censere. Liv.* No pensar en hacer otra cosa antes. — *Foras. Plaut.* Ser echado fuera. *Praevertamur illuc. Hor.* Pasemos á hablar antes de esto. *Pietatem amori tuo video praevertere. Plaut.* Veo que puede mas ó escede tu piedad á tu amor. *Cursu praevertere ventos. Virg.* Esceder, aventajarse, dejar atras á los vientos en la ligereza.

Praevĕtĭtus, a, um. *Sil.* Vedado antes. *part. de*

Praevĕto, as, tui, tĭtum, āre. *a. Sil.* Vedar, prohibir antes.

Praevexātus, a, um. *Cel. Aur.* Muy molestado ó trabajado, muy quebrantado. *Praevexatus viribus. Cel. Aur.*

Muy cansado ó quebrantado de fuerzas.

Praevexi. pret. de Praeveho.

Praevideo, es, di, sum, dere, a. Cic. Ver antes. ‖ Prever, prevenir, precaver. Nec praeviderant impetum hostium milites, nec si praevidissent. Tac. No habian sentido los soldados el ataque de los enemigos, ni aunque le hubieran sentido ó conocido.

Praevincio, is, nxi, nctum, cire. a. Gel. Atar, ligar, aprisionar antes ó rigorosamente.

Praevinctus, a, um. Gel. part. de Praevincio. Atado, aprisionado antes ó fuertemente.

Praeviridans, tis. com. Macrob. Lo que está muy verde y fresco. ‖ Lo que está en su verdor, en su vigor, en su fuerza.

Praeviridis, m. f. de. m. is. Frontin. Muy verde.

Praevisio, onis. f. Tert. Prevision, prudencia, precaucion de lo futuro ó conocimiento anticipado.

Praevisus, a, um. Ov. part. de Praevideo. Previsto, conocido anticipadamente. ‖ Visto antes.

Praevitiatus, a, um. Cel. Aur. Viciado, corrompido, adulterado antes. part. de

Praevitio, as, avi, atum, are. a. Ov. Viciar, corromper, echar á perder antes. Gurgitem praecipitiare. Ov. Corromper, envenenar el agua de antemano.

Praevius, a, um. Cic. Prévio, lo que precede, va delante, se anticipa.

Praevolans, tis. com. Cic. Que vuela delante.

Praevolo, as, avi, atum, are. a. Plaut. Volar, ir volando delante. Ut praevolet mihi quae tu velis. Plaut. Para que yo entienda antes adonde tú vas á parar.

Praevulsi. pret. de Praevello.

Prag, ae. f. Praga, capital de Bosmia.

† Pragmatica, ae. f. Pragmática, constitucion. Pragmatica sanctio. Dig. Pragmática sancion.

Pragmaticarius, ii. n. Dig. Secretario del príncipe.

Pragmaticus, a, um. Cic. Lo que toca á lo forense, lo perteneciente al foro.

Pragmaticus, i. m. Cic. Hombre práctico, conocedor, hombre de mundo. ‖ Quint. Agente, solicitador de negocios.

Pramnium, ii. n. Plin. Pramnio, piedra preciosa de la India, negra y resplandeciente.

Pramnium vinum. n. Plin. Vino generoso del campo de Esmirna.

Prandeo, es, di, sum, dere. n. Cic. Desayunarse, almorzar.

Prandiculum, i. n. Fest. y

Prandiolum, i. n. Desayuno, almuerzo ligero.

Prandium, ii. n. Cic. El almuerzo ó desayuno.

Pransito, as, are. a. Plaut. frec. de Prandeo. Comer muchas veces.

Pransor, oris. m. Plaut. Convidado á comer, el que come.

Pransorius, a, um. Quint. Lo que sirve para comer, cosa de comer.

Pransus, a, um. part. de Prandeo. Cic. El que ha comido. Pransus, potus. Cic. Bien comido y bien bebido. Pransus et paratus. Varr. Pronto y listo para cualquier negocio ó trabajo.

Prasinatus, a, um. Petron. Vestido de verde, de color verde.

Prasinus, a, um. Varr. Verde, de color verde, verdoso. Prasina factio. Suet. Faccion de la librea verde, favorecida de Calígula y Neron en las carreras del circo.

Prasium, ii. n. Cels. Yerba, especie de orégano y de marrubio.

Prasius, ii. m. Plin. Prasio, piedra preciosa de color verde mas subido que el de la esmeralda.

† Prasocurides, dum. m. plur. Gusanillos que se comen los puerros.

Prasoides, is. m. Plin. Piedra preciosa de color verdoso como el puerro.

Prason, i. m. Plin. Arbusto marino de color verde.

Pratellae, arum. f. plur. Pradelas, ciudad de Vivares.

Pratensis, e. n. is. Hor. Lo que es del prado, ó que nace ó se cria en él.

Pratulum, i. n. dim. de

Pratum, i. n. Cic. Prado, pradera. Prata condita. Plaut. Ensaladas, legumbres compuestas, cocidas, sazonadas.

Prave. adv. Cic. Mal, malamente. ‖ Maliciosa, perversa, depravadamente.

Pravicordius, a, um. S. Ag. Hombre de un corazon, de un ánimo depravado.

Pravitas, atis. f. Cic. Vicio, deformidad, falta de conformidad á la regla ú órden. ‖ Pravedad, malignidad, improbidad.

Pravus, a, um. Cic. Disforme, mal hecho. ‖ Malo, vicioso, maligno, corrompido. ‖ Desordenado, desarreglado. Pravissimus. m. Tac. Malísima costumbre.

Praxis, is. f. Quint. Práctica, uso, costumbre.

Praxiteles, is. m. Plin. Praxiteles, célebre estatuario natural de la Magna Grecia.

Praxitelicus, a, um. y

Praxitelius, a, um. Cic. Lo perteneciente al estatuario Praxiteles.

Precabundus, a, um. Pacat. Que suplica ó ruega mucho.

Precans, tis. com. Virg. Suplicante, el que ruega, suplica.

Precario. adv. Cic. Por súplicas ó ruegos. ‖ A modo de préstamo. Precario quasi regnare. Plin. Reinar como de prestado, con jurisdiccion precaria ó prestada.

Precarium, ii. n. Petron. Lugar de la casa destinado para orar, oratorio. ‖ Ulp. Lo que se obtiene con posesion precaria.

Precarius, a, um. Liv. Lo que se consigue con súplicas. ‖ Precario, lo que se posee durante la voluntad de su dueño, y como de prestada. Precarium, imperium. Curt. Imperio ó poder que se tiene de otro y como de prestado.

Precatio, onis. f. Liv. Deprecacion, oracion, súplica, en especial la que se hace á los dioses. ‖ Plin. Fórmula supersticiosa, en cuyas palabras, precisas si cree estar la fuerza y virtud de lograr lo que se pide con ella.

Precative. adv. Ulp. Por súplicas.

Precativus, a, um. Ulp. Lo que sirve para pedir, suplicar ó rogar.

Precator, oris. m. Tert. Intercesor, el que suplica y ruega por otro.

Precatorius, a, um. Ter. Lo que pertenece y es propio para suplicar y rogar.

Precatrix, icis. f. Ascon. La que intercede por otro con ruegos, intercesora.

Precatus, us. m. Estac. Súplica, ruego.

Precatus, a, um. part. de Precor. El que ha rogado ó suplicado.

Preces, cum. f. plur. Cic. Súplicas, ruegos. En singular se hallan tres casos, como en los ejemplos siguientes. Preci nihil est relictum. Ter. No hay lugar á la súplica, no se admite. Per precem nunc te oro. Plaut. Te ruego ahora con el mayor encarecimiento posible. Nec prece, nec pretio, nec minis movere. Ov. No mover ni con ruegos, ni con dinero, ni con amenazas. Prece emaci poscere. Pers. Acompañar las súplicas con regalos. Ad preces descendere, decurrere. Virg. Acudir, recurrir á los ruegos.

Precius, a, um. Virg. Preciae uvae. Uvas tempranas que maduran antes que otras.

Precopensis Tartaria. La pequeña Tartaria.

Precopia, ae. f. Precope, ciudad de la pequeña Tartaria.

Precor, aris, atus sum, ari. dep. Cic. Rogar, suplicar, orar, pedir con súplicas. Bene precari alicui. Quint. Desear bien á alguno. Precari veniam alicui. Col. Pedir el perdon para alguno.— Ad deos. Liv. Dirigir sus ruegos á los dioses.— Ab aliquo Cic. Pedir con súplicas á alguno.— Dira. Tibul. Maldecir á otro, desearle mal.

Prehendendus, a, um. Ter. Lo que se ha de coger, asir.

Prehendo, is, di, sum, dere. a. Cic. Coger, asir, agarrar, pillar, tomar. Prehendere stilum. Cic. Tomar la pluma, ponerse á escribir.— Aliquem solum. Ter. Hablar á uno aparte, cogerle solo.— Oras Italiae. Virg. Abordar á tierra de Italia.— Aliquem mendacii, ó furti. Plaut. Coger á uno en mentira ó en el hurto, con el hurto en las manos.

Prehensatio, onis. f. Cic. La corte, que hacen los pretendientes.

Prehensio, onis. f. Varr. Aprehension, el acto de coger ó prehder, y asir alguna cosa. ‖ Ces. Máquina, especie de cie de torno para levantar peso.

**Prehenso,** as, avi, atum, are. *a. Hor.* Cojer, agarrar, asir. ‖ Hacer la corte, visitar en las pretensiones. *Prehensare genua. Tac.* Abrazar á uno por las piernas.

**Prehensus,** a, um. *part. de* Prehendo. *Ov.* Cogido, pillado, agarrado. *Prehensus furti manifesti,* ó *furto. Gel.* Cogido en el hurto.

**Prelum,** i. *n. Vitruv.* Prensa para esprimir ó imprimir apretando. ‖ Viga de lagar. ‖ Prensa de impresor.

**Prema,** ae. *f. S. Ag.* Diosa de las bodas.

**Premendus,** a, um. *Plin. men.* Lo que se ha de apretar.

**Premens,** tis. *com. Virg.* El que aprieta, oprime.

**Premo,** is, pressi, pressum, mere. *a. Virg.* Apretar, pisar, cargar sobre alguna cosa. ‖ Oponerse, ser contrario ú opuesto. ‖ Ocultar, callar, encubrir, disimular. ‖ Detener, parar. ‖ *Plin. men.* Insistir, apoyar. ‖ Oprimir, agoviar, perseguir. *Premere alas. Cic.* Batir las alas.— *Crimen. Quint.* Agravar un delito.— *Dolorem. Virg.* Ocultar, disimular la pena.— *Famam alicujus. Tac.* Desacreditar á alguno.— *Fauces. Cic.* Ahogar.— *Gradum. Val. Flac.* 6 *Vestigia. Virg.* Detenerse, pararse.— *Iram. Tac.* Reprimir la cólera.— *Mammam. Plin.* Mamar.— *Oculos alicui. Virg.* Cerrar los ojos á alguno.— *Propositum. Ov.* Seguir su empresa, su designio.— *Silentium. Sil. Ital.* Callar.— *Patris, patruique vestigia. Tac.* Seguir las huellas del padre y del tio.— *Sulcum. Virg.* Hacer un surco.— *Vitem falce. Hor.* Podar la viña.— *Causam testibus. Cic.* Probar, convencer con testigos la causa.— *Urbem servitio. Virg.* Esclavizar á una ciudad, tenerla oprimida con la servidumbre.— *Cervum in retia. Virg.* Ojear á un ciervo hácia las redes ó cogerle en ellas.— *Ab aedibus. Varr.* Echar de la casa, poner en la calle.— *Virgulta per agros. Virg.* Plantar árboles.— *Littus. Hor.* Costear, navegar costeando.— *Opuscula. Hor.* Criticar, censurar los escritos.— *Aliquid in nonum annum. Hor.* Guardar una obra mucho tiempo antes de publicarla.— *Pellicem. Plin.* Favorecer. *Premi aere alieno. Cic.* Estar lleno, oprimido de deudas.— *Angustiis. Ces.* Hallarse en el estremo.— *Servitute. Cic.* Verse esclavo, oprimido con la servidumbre.— *Re frumentaria. Ces.* Hallarse muy escaso de víveres.— *A calore. Vitruv.* Ser ó estar muy incomodado del calor. *Premere acu. Estac.* Bordar.

**Prendo,** is, di, sum, dere. *a. V.* Prehendo.

**Prensans,** tis. *com. Virg.* El que coge, pilla, agarra.

**Prensatio,** onis. *f. Cic.* Pretension. ‖ Corte que hacen los pretendientes.

**Prensito,** as, are. *frec. de* Prehenso. *Sid.* Hacer la corte, visitar, procurar ganar el favor de alguno.

**Prensus,** a, um. *part. de* Prendo. *Virg. Prensi boves.* Bueyes uncidos.

**Presbyter,** eri. *m. Tert.* Presbítero, sacerdote. ‖ *Amian.* Anciano, hombre venerable.

**Presbyteratus,** us. *m. S. Ger.* Presbiterado, la dignidad y oficio, ó cargo del presbítero.

† **Presbyterium,** ii. *n.* Presbiterio, lugar en que habitan los sacerdotes. ‖ Asámblea de sacerdotes. ‖ Presbiterado, dignidad de presbítero. ‖ Coro de la iglesia.

**Pressatus,** a, um. *Col. part. de* Presso. Apretado.

**Presse,** *adv. Cic.* Breve, concisa, sucintamente. ‖ *Gel.* Apretadamente, con opresion.

**Pressi.** *pret. de* Premo.

**Pressim,** *adv. Apul.* Estrecha, apretadamente.

**Pressio,** onis. *f. Varr.* Presion, la accion de apretar ó estrujar.

**Presso,** as, avi, atum, are. *a. Virg.* Apretar, estrujar, prensar. *Pressare parce. Plaut.* No aprietes mucho.

**Pressorium,** ii. *n. Amian.* Prensa para apretar ó estrujar.

**Pressorius,** a, um. *Col.* Lo que es para apretar ó perteneciente á la prensa. *Pressorium vas. Col.* Vasija que recibe el licor que cuela del lagar. ‖ Tarro ú olla para ordeñar la leche.

**Pressule.** *adv. dim. de* Presse. *Apul.* Apretada, estrechamente, pero sin hacer daño.

**Pressulus,** a, um. *Apul. dim. de* Pressus. Algo oprimido ó apretado.

**Pressura,** ae. *f.* y

**Pressua,** us. *m. Cic.* La presion, la accion de apretar, estrujar ó esprimir. ‖ *Lact.* Afliccion, presura. ‖ *Col. Aur.* Letargo. ‖ *Luc.* El mismo licor esprimido.

**Pressus,** a, um. *Liv. part. de* Premo. Apretado, pisado, estrujado. *Pressus gravitate soporis. Ov.* Lleno de sueño. *Pressum lac. Virg.* Queso. *Presso cubito. Hor.* Apoyándose sobre el codo. *Presso gradu. Liv.* Á paso lento, con cautela. *Quis pressior? Cic.* ¿Quién mas conciso.

**Prester,** eris. *m. Plin.* La dipsada, serpiente de África, cuya mordedura causa una sed inestinguible y mortal. ‖ Tifon, torbellino de fuego, viento inflamado, que se precipita de lo alto á modo de una coluna de fuego.

**Pretiose.** *adv. Cic.* Preciosa, rica, esquisitamente.

**Pretiositas,** atis. *f. Macrob.* Preciosidad, precio, valor de una cosa.

**Pretiosus,** a, um, ior, issimus. *Cic.* Precioso, preciosísimo, muy costoso, suntuoso, de mucho precio y valor. ‖ Escelente, esquisito, de mucho gusto. *Pretiosus vapor. Col.* Gusto escelente, delicado.— *Emptor. Hor.* Comprador que no se para en el mucho precio. *Pretiosa nimium operaria. Plaut.* Trabajadora muy costosa.— *Fames. Marc.* Hambre que no se sacia sino á mucha costa.

**Pretium,** ii. *n. Cic.* Precio, valor. ‖ Mérito. ‖ Salario, sueldo, paga, recompensa. *Pretium alicui rei facere. Plin.* — *Arrogare, statuere. Ter.* — *Constituere, imponere. Cic.* Poner precio á una cosa, valuarla, tasarla.— *Darle valor y estimacion.* — *Avellere antequam mercem ostenderis. Hor.* Querer el precio antes de enseñar el género.— *Pretia praediorum jacent. Cic.* Las tierras tienen poca estimacion, un precio muy bajo. *Pretio magno stare. Hor.* Costar muy caro. *Pretii maximi homo. Ter.* Hombre de mucho mérito.

**Prex,** ecis. *Inusitado. V.* Preces.

**Priameis,** idis. *patron. f. Ov.* Hija de Priamo, como Casandra.

**Priameius,** a, um. *Virg.* Lo perteneciente á Priamo.

**Priamides,** ae. *m. Virg.* Hijo ó nieto de Priamo, como Hector, Astianacte.

**Priamus,** i. *m. Virg.* Priamo, hijo de Laomedonte, rey de Troya. ‖ Otro hijo de Polites, hijo de Priamo, á quien llevó Eneas á Italia.

**Priapeia,** orum. *n. plur.* Priapeia, poema obsceno, que trata de las cosas del dios Priapo, y algunos atribuyen á Virgilio, otros á Ovidio.

**Priapeius,** a, um. *Lo perteneciente al dios Priapo.*

**Priapiscus,** i. *f. Apul.* La yerba llamada satirion.

**Priapismus,** i. *m. Col. Aur.* Priapismo, enfermedad en que se alarga el miembro viril, y al mismo tiempo se dobla, sin apetito del deleite sensual.

**Priapus,** i. *m. Virg.* Priapo, hijo de Baco y Venus, á quien veneraban por Dios que presidia á los huertos.

**Pridem.** *adv. Cic.* Tiempo hace, ya ha tiempo. *Non pridem. Ter.* Poco ha. *Quampridem non edisti? Plaut.* ¿cuánto ha que no has comido?

**Pridianus,** a, um. *Suet.* Lo que es de ayer, del dia antes.

**Pridie.** *adv. Cic.* El dia antes, la víspera. *Pridie calendas. Cic.* El dia antes ó la víspera de las calendas.— *Ejus diei. Ces.* Un dia antes de aquel.

**Priene,** es. *f. Plin.* Priene, ciudad marítima de la Jonia, patria del sabio Bias.

**Prieneus,** a, um. *Sid.* y

**Prienensis.** *m. f. se. n. is. Plin.* y

**Prieneus,** a, um. *Auson.* Lo perteneciente á la ciudad de Priene.

**Prilapum,** i. *n.* Ciudad de Macedonia.

**Prille,** es. *f.* Rio y lago de Toscana.

**Prima Justiniana,** ae. *f.* Ciudad de Macedonia.

**Primae,** arum. *f. plur. Cic.* El primer lugar, puesto, grado ó clase. *Primas agere, ferre, tenere. Cic.* Tener el primer lugar.— *Alicui concedere, dare, deferre. Cic.* Dar, ceder, conceder á uno el primer lugar, la primacía.

**Primaevitas,** atis. *f. Inscrip.* La juventud, la adolescencia, la primera edad.

**Primaevus,** a, um. *Virg.* El mayor de edad. ‖ Jóven, el que está en la flor de la edad.

**Primani,** orum. *m. plur. Tac.* Los primeros soldados de una legion.

Primānus Tribunus. *Fest.* El Tribuno que señalaba el tributo á la primera legion.

Primārius, a, um. *Cic.* Primario, primero, principal. *Primario loco esse. Cic.* Tener el primer lugar.

Primas, ātis. m. f. *Apul.* V. Primarius.

Primātes, um. m. plur. *Eccles.* Los próceres ó principales sugetos de una ciudad. || Primados, los prelados eclesiásticos superiores á otros.

Primātus, us. m. *Varr.* Primado, primacía, preferencia.

Prime. adv. *Prisc.* Muy grandemente.

Primicēriātus, us. *Cod.* El oficio y dignidad del primicerio.

Primicērius, ii. m. *Col.* Prefecto, director, rector de una escuela ó colegio. || Primicerio, *dignidad eclesiástica del que gobierna el coro ó canto de la iglesia.*

Primigēnius, a, um. *Cic.* Primitivo, el que no tiene orígen de otro.

Primigĕnus, a, um. *Lucr.* Lo que ha sido criado ó producido primero. || Lo primero. *Primigenus dies. Lucr.* El dia de la creacion.

Primĭpăra, ae. f. *Plin.* La hembra primeriza de cualquier género, la que ha parido la primera vez.

Primipilāris, is. m. *Quint.* y

Primipilārius, ii. m. *Sen.* Centurion ó capitan de la primera de las diez centurias ó compañías de piqueros de una legion.

Primipilātus, us. m. *Cod.* La dignidad y empleo del primer capitan de una legion.

Primipīlus, i. m. *Ces.* Primer capitan de piqueros de una legion.

Primipōtens, tis. com. *Apul.* El primero en poder, el mas poderoso.

Primiscrīnius, ii. m. *Veg.* El asesor del prefecto del pretorio.

Primiter. adv. *Non.* V. Primo.

Primitiae, ārum. f. plur. *Plin.* Primicias, los primeros frutos de todas las cosas. *Primitiae armorum. Estac.* Las primeras espediciones militares.

Primitius, a, um. *Ov.* Primero, principal.

Primitīvus, a, um. *Col.* Temprano, lo que nace ó se cria primero. || Primitivo. *Dícese el nombre ó verbo que no se deriva de otro.*

Primitus. adv. *Varr.* ó

Primo. adv. *Cic.* y

Primōdum. adv. *Ter.* Primeramente, en primer lugar, lo primero, al principio, á lo primero.

Primōgenitālis. m. f. lĕ. n. is. *Tert.* y

Primōgenitus, a, um. *Plin.* Primogénito, mayor, el que ha nacido primero.

† Primōplastus, i. m. *Prud.* El primer hombre criado, Adan.

Primor. *Inusitado.* V. Primoris.

Primordia, ōrum. n. plur. *Quint.* Principios, primeros principios de las cosas.

Primordialis. m. f. lĕ. n. is. *Amian.* Lo que es del principio, lo primero.

Primordium, ii. n. *Col.* Principio, orígen.

Primordius, a, um. *Col.* Primero, originario.

Primōres, um. m. plur. *Cic.* Los primeros, los principales, los magnates, los sugetos mas condecorados.

Primōris, primorem ó primori. *Lucr.* Primero, principal. *Primoris nasi acumen. Lucr.* La punta de la nariz. *Primori in acie. Tac.* En las primeras filas. *Primores dentes. Plin.* Los dientes de adelante.— *Manus. Virg.* Tropas escogidas, las principales. *Primoribus labris gustare. Cic.* Tocar, gustar con la punta de los labios. || Tomar una tintura, unos breves principios.— *In labris versari. Plaut.* Tener en la punta de la lengua.

Primŭlum. adv. *Ter.* Primeramente, lo primero.

Primŭlus, a, um. *Plaut.* Primero.

Primum. adv. *Cic.* Primeramente, primero, lo primero, en primer lugar, ante todas cosas. *Ut primum, cum primum. Cic.* Luego que.

Primus, a, um. *Cic.* Primero. || Principal, lo mas considerable, lo mas aparente y á propósito. *Primus apud aliquem. Ter.* El que tiene mayor crédito con alguno. *Pri-*

*mo aspectu. Virg.* Á primera vista.— *Introitu. Plin.* Á la primera entrada, luego en entrando.— *Quoque die. Col.— Quoque tempore. Liv.* Á la primera ocasion, en el primer dia oportuno.— *Diluculo. Suet.* Al amanecer.— *Mane. Col.* Muy de mañana.— *Accessu, adventu. Liv.* Á la primera llegada, al punto que llegó. *Primum agmen. Ces.* La vanguardia. *A primo. Cic.* Desde el principio. *In primis. Salust.* En primer lugar, lo primero.

Princeps, cĭpis. com. *Cic.* Lo primero. || Principal, el mas considerable. || Autor, cabeza, caudillo, gefe. || Príncipe. *Princeps inire praelium. Liv.* El primero á empezar la batalla, entrar el primero en batalla.— *Mensis Januarius. Col.* Enero, el primer mes del año.— *Esse ad omnia pericula. Cic.* Ser el primero, esponerse el primero á todos los peligros.— *Foemina. Plin.* Señora de la primera distincion.— *Legis. Cic.* Autor de una ley.— *Legationis. Ces.* El gefe ó principal de una embajada.— *Senatus. Liv.* El primer senador en la lista de los censores, y el que votaba el primero despues de los magistrados.— *Juventutis. Cic.* El mozo mas distinguido entre sus iguales por sus nobles prendas. *En tiempo de los emperadores se dió este título á sus hijos.— Primus prioris centuriae. Liv.* El primer soldado de una centuria de infantería, de los escogidos y mas robustos de la tropa.

Principālis. m. f. lĕ. n. is. *Cic.* Principal, primario, primero. || Lo perteneciente al príncipe.

Principālitas, ātis. f. *Macrob.* Principado, primacía.

Principāliter. adv. *Aus.* Principal, particularmente. || *Plin. men.* Á modo de príncipe.

Principātus, us. m. *Cic.* Principado, dignidad del príncipe, autoridad del que gobierna. || Primacía, primado, preeminencia, primer lugar. *Principatum alicujus rei tenere. Cic.* Ser el primero, tener el primer lugar en algun cargo ó manejo.— *Belli ferre. Cic.* Llevar el mando en una guerra. *Dare alicui rei. Plin.* Preferir, dar á una cosa la preferencia entre otras.— *Factionis tenere. Ces.* Ser gefe de una faccion, de un partido.— *Ducere a sanguine Teucri. Ov.* Traer su orígen de Teucro. *Principatu Augusti. Plin.* Bajo el imperio de Augusto. *Principatus regius Cic.* La dignidad real.

Principia, ōrum. n. plur. *Cic.* Principios, rudimentos, primeros elementos. || *Liv.* Plaza de armas de un campo. *Veg.* Los soldados escogidos, los mas fuertes y robustos. *Post principia. Liv.* El lugar mas seguro de un campo, el cuerpo de guardia.

Principiālis. m. f. lĕ. n. is. *Lucr.* Lo que pertenece al principio.

Principio. abl. abs. *Ter.* En primer lugar, primeramente. || *Plaut.* Incontinenti, al punto, desde luego.

Principis. genit. de Princeps.

Principium, ii. n. *Cic.* Principio, orígen, fundamento. || *Tac.* Principado. *Principium capessere. Tac.* Empezar, dar principio.

Princĭpor, āris, āri. dep. *Lact.* Mandar, dominar.

Prior. m. f. ius. n. ōris. *Cic.* El primero. || Precedente, anterior, delantero. || Escelente, sobresaliente. || Preferible. *Prior ad dandum. Ter.* El primero á dar.— *Pueritia. Gel.* La niñez, la primera edad.— *Pars capitis. Plin.* La parte anterior de la cabeza, la frente.— *Omnibus. Apul.* Que sobresale entre todos. *Priore anno. Cic.* El año anterior, pasado.— *Libro. Col.* En el libro anterior. *Loco causam dicere. Cic.* Hablar el primero en un pleito. *Priores nostri. Plin. men.* Nuestros mayores. *Prius nihil fide. Prop.* Nada es preferible á la buena fe.

† Prior, ōris. m. *Prior,* dignidad eclesiástica.

Priorātus, us. m. *Tert.* Primado, primacía, preeminencia. || Priorado, priorato.

Priorīssa, ae. f. *Priora,* la superiora de un convento de monjas.

Priorsum. adv. *Macrob.* Por delante, á la parte anterior.

Prisce. adv. *Cic.* Á la antigua, al modo de los antiguos.

Prisciānus, i. m. *Fabric. Prisciano,* gramático cesariense del tiempo del emperador Justiniano, que escribió diez y ocho libros de gramática, y otras cosas. || Teodoro Prisciano, médico del tiempo de los emperadores Graciano y

*Valentiniano*, que escribió cuatro libros de medicina en un estilo bárbaro y grosero.

**Priscus**, a, um. *Liv.* Antiguo, viejo. *Prisci viri. Cic.* ó *Prisca gens mortalium. Hor.* Los hombres de los primeros siglos. *Priscae fides facto. Virg.* Este hecho tiene una creencia antigua. — *Verba. Suet.* — *Vocabula. Cic.* Palabras antiguas, desusadas. *Priscas graecorum litteras. Cic.* Antigua literatura de los griegos.

**Pristinalis.** m. f. le. n. is. *Col. V.* Pristinus.

**Pristine.** adv. *Gel.* El dia antes.

**Pristinus**, a, um. *Cic.* Pasado, anterior, antiguo. || Lo que es de ayer, del dia antes, sucedido poco ha. *Pristinus mos. Cic.* Costumbre antigua. *Pristinae noctis somnium. Suet.* El sueño de la noche anterior. *Pristinus conjux. Virg.* El primer marido.

**Pristis**, is. f. *Plin.* Priste, pescado cetáceo, semejante á la ballena, aunque menor: tiene un hocico largo y durísimo, guarnecido de fuertes puntas, con que corta el agua, y cuanto encuentra. || Nombre de una de las naves de Eneas.

**Prius.** adv. *Cic.* Antes, primero. *Prius orto sole. Hor.* Antes de salir el sol. *Tua opinione Plaut.* Antes de lo que piensas.

**Priusquam.** adv. *Salust.* Antes que ó de, primero que. *Priusquam dicere incipio. Cic.* Antes de empezar á hablar.

**Privantia**, ium. n. plur. *Cic.* Privativos, una de las especies de contrarios que enseña la dialéctica.

**Privāte.** adv. y

**Privātim.** adv. *Cic.* Privada, particularmente, como persona privada. || Separadamente, en particular, aparte, especial, espresamente. *Vasa caelata privatim, et publice rapere. Salust.* Los particulares y el comun del ejército robaban las alhajas labradas.

**Privātio**, onis. f. *Cic.* La privacion, el acto y efecto de privar ó prohibir alguna cosa.

**Privātīvus**, a, um. *Gel.* Lo que tiene fuerza de privar.

**Privāto.** adv. *Liv. V.* Privatim.

**Privātus**, a, um. *Cic.* Privado, particular, propio, peculiar, lo que pertenece á los particulares. || Privado, el que está sin empleo público, particular. *Privatus census. Hor.* La hacienda del particular. *Privata vita. Luc.* Vida privada. — *Servitus. Plaut.* Esclavitud bajo la autoridad de un particular. *Privati judices. Tac.* Jueces subalternos. *In privatum vendere. Liv.* Vender para el uso particular. *Privatae feriae. Fest.* Fiestas particulares de las familias, como el dia del nacimiento &c.

**Privātus**, a, um. *Cic. part. de* Privo. Privado, despojado. || Libre, exento. || Privado, particular, que no tiene empleo público. *Privatus lumine. Ov.* Ciego, á quien se ha quitado, ó que ha perdido la vista. — *Dolore.* — *Periclis. Lucr.* Libre de dolor, de peligros.

**Privernas**, atis. com. *Cic.* Natural de Piperno.

**Privernum**, i. n. *Cic.* Piperno, ciudad del Lacio en los volscos.

**Privernus**, a, um. *Cic. V.* Privernas.

**Privigna**, ae. f. *Cic.* Hijastra, alnada.

**Privignus**, i. m. *Cic.* Hijastro, alnado.

**Privilegiarius**, a, um. *Ulpian.* Privilegiado, el que tiene, á quien se ha concedido un privilegio.

**Privilegium**, ii. n. *Cic.* Ley hecha contra algun particular. || Privilegio, inmunidad, esencion, prerogativa.

**Privo**, as, avi, atum, are. a. *Cic.* Privar, despojar. || Estorbar, prohibir, vedar. || Eximir, esceptuar, libertar. *Privare aliquem oculis. Cic.* Privar á uno de la vista, sacarle los ojos. — *Somno. Cic.* No dejarle dormir.

**Privus**, a, um. *Liv.* Uno solo. || *Hor.* Propio, peculiar de alguno. || *Liv.* Singular, distinguido, escelente.

**Pro.** *prepos. de ablat. Cic.* Delante de, al frente de. *Praesidia quae pro templis cernitis. Cic.* Las escoltas que veis dentro de los templos. *Pro castris. Caes.* Al frente de los reales. || En, desde. *Pro tribunali. Cic.* En, desde el tribunal. || Segun, conforme, á proporcion. *Pro facultatibus. Nep.* Segun las facultades de cada uno. || Asi como, como si, segun que. *Pro eo ac debui. Cic.* Como debia. *Pro eo quanti te facio. Cic.* Segun la estimacion que hago de tí. *Pro ut cujusque ingenium erat. Liv.* Segun el genio de cada uno. || En favor, en defensa, por. *Pro Milone. Cic.* En favor de Milon. || Por, por causa. *Pro ejus eximia suavitate. Cic.* Por su grande suavidad. || Por, en vez, en lugar de. *Pro consule aliquem mittere. Liv.* Enviar á alguno en lugar de cónsul. || Por, como. *Eduxi a parvulo, amavi pro meo. Ter.* Lo he criado desde niño, y le he amado como si fuera hijo mio, como hijo mio. *Cato ille noster, qui mihi unus est pro centum millibus. Cic.* Aquel nuestro Caton, cuyo testimonio es para mí como de cien mil hombres. *Pro non dicto habendum. Liv.* Se ha de tener por no dicho.

**Pro.** interj. *de esclamacion y de admiracion. Cic.* Ó. *Pro dii immortales! Cic.* ¡Ó dioses inmortales!

**Proaedificatus**, a, um. *Fes.* El sitio que de particular ha venido á ser público.

**Proagōrus**, i. m. *Cic.* Nombre del supremo magistrado entre los sicilianos, que significa el que habla el primero.

**Proamita**, ae. f. *Dig.* Hermana de mi bisabuelo.

**Proasma**, atis. n. Preludio, prólogo.

**Proactor**, oris. m. *Suet.* El primero de una raza.

**Proavia**, ae. f. *Suet.* Bisabuela.

**Proavītus**, a, um. *Ov.* Lo que es del bisabuelo ó bisabuela. || Lo que pertenece á los ascendientes.

**Proavunculus**, i. m. *Dig.* Hermano de mi bisabuela.

**Proavus**, i. m. *Cic.* Bisabuelo, padre del abuelo. || *Hor.* Cualquiera de nuestros mayores ó ascendientes.

**Proba**, ae. f. *Dig.* Prueba, indicio.

**Probabĭlis.** m. f. le. n. is. *Cic.* Probable verisimil, lo que se puede probar. || Lo que merece aprobacion. *Probabilis orator. Cic.* Orador razonable, que puede pasar.

**Probabilitas**, atis. f. *Cic.* Probabilidad, verisimilitud.

**Probabiliter.** adv. *Cic.* Probable, verisimil, creiblemente.

**Probamentum**, i. n. *Cod. V.* Probatio.

**Probata**, orum. n. plur. *Plin.* Todo género de ganado, en especial lanar.

**Probatica**, ae. f. *Bibl.* La piscina probática de Jerusalen junto al templo de Salomon, en que se lavaban y purificaban las reses para los sacrificios.

**Probatio**, onis. f. *Quint.* Prueba, razon para probar. || Prueba, esperiencia, ensayo, examen, tentativa. || Aprobacion, la accion de aprobar.

† **Probatīvus**, a, um. *Declam.* Lo es que propio para probar.

**Probator**, oris. m. *Cic.* Aprobador, el que aprueba, que da su aprobacion. || Examinador.

**Probatoria**, ae. f. *Dig.* Testimoniales, carta de abono, testimonio de aprobacion que se da á alguno.

**Probatorius**, a, um. *Veg.* Probatorio, lo que pertenece ó es propio para probar.

**Probātus**, a, um, ior, issimus. *Ov. part. de* Probo. Aprobado. *Probata opera homo. Cic.* Sugeto cuyos servicios se han aprobado. *Probata venustas. Vitruv.* Hermosura regular. *Probatior nemo primoribus patrum. Liv.* Nadie mas estimado de los principales del senado. *Probatissimus homo. Cic.* Hombre que tiene la estimacion de todo el mundo.

**Probe.** adv. *Cic.* Bien, honrada, honestamente. *Probissime. Ter.* Muy bien, bellisimamente. *Probe errare. Plaut.* Errar muchisimo.

**Probeat.** *Lucr. En lugar de* Prohibeat.

**Probitas**, atis. f. *Cic.* Probidad, bondad, rectitud, honradez.

**Probiter.** adv. *Varr. V.* Probe.

**Problēma**, atis. n. *Sen.* Problema, cuestion, duda.

† **Problemāticus**, a, um. Problemático, dudoso, disputable.

**Probo**, as, avi, atum, are. a. *Cic.* Probar, hacer ver, confirmar, demostrar con pruebas. || Aprobar, alabar, juzgar por bueno y recto. || *Ov.* Probar, examinar, tentar, esperimentar. *Probare se memorem alicui observantia. Cic.* Manifestar reconocimiento á alguno en el obsequio. *Non probantur in vulgus. Cic.* No aprueba estas cosas el vulgo. *Probare se civibus. Cic.* Agradar á los ciudadanos, merecer su aprobacion. *Probat mihi ista, Crassus.*

**PRO**

*Cic.* Me persuades esto, Craso. *Difficile est probatu. Cic.* Es difícil de probar.

\* **Probŏle**, es. *f. Tert.* La accion de dar ó sacar á luz.

**Probŏscis**, ĭdis. *f. Hirc.* La trompa del elefante.

**Probrăchys**, is. *m. Diom.* Pie métrico de cinco sílabas, como *redundaverunt.*

**Probrōse**. *adv. Senec.* Vergonzosa, ignominiosamente, con vileza, con villanía.

**Probrōsus**, a, um; ior, issĭmus. *Cic.* Vergonzoso, ignominioso, infame, lleno de vileza y oprobio. *Probrosa carmina. Tac.* Versos infamatorios.

**Probrum**, i. *n. Cic.* Oprobrio, deshonor, infamia, ignominia, vergüenza. ‖ Accion vil, infame, vergonzosa. ‖ Injuria, modo de hablar injurioso, infamatorio. *Probri aliquem accusare. Liv.* Arguere, incusare. *Plaut. Insimulare. Cic.* Acusar á uno de una accion infame y afrentosa.

**Probus**, a, um, ior, issĭmus. *Cic.* Bueno, recto. *Probus artifex. Ter.* Un buen artífice, hábil, diestro. *Proba oratio. Cic.* Discurso de un hombre de bien.

**Procācia**, ae. *f. Ausan. V.* Procacitas.

**Procācis**. *genit. de* Procax.

**Procācĭtas**, ātis. *f. Cic.* Insolencia, descaro, desvergüenza, avilanteza.

**Procācĭter**. *adv. Liv.* Insolente, descarada, desvergonzadamente. *Procacius stipendium flagitare. Liv.* Pedir la paga con insolencia.

**Procas**, y **Proca**, ae. *m. Virg.* Procas, hijo de Aventino, decimotercio rey de los Albanos.

**Procax**, ācis. *com. Cic.* Insolente, atrevido, descarado, desvergonzado. *Procax otii. Tac.* Vicioso y destemplado en el ocio. *Ore. Tac.* Atrevido de lengua. *Procaces austri. Virg.* Vientos impetuosos de mediodia.

**Procēdens**, tis. *com. Liv.* El que se adelanta, que va ó pasa mas adelante.

**Procēdentia**, ōrum. *n. plur. Cels.* Apófises de huesos, escrescencias.

**Procēdo**, is, cessi, cessum, dĕre. *n. Cic.* Adelantarse, ir, pasar, marchar adelante. ‖ Ir, caminar, marchar, partir, salir ‖ Adelantar, hacer progresos, aprovechar. ‖ Lograr, salir con felicidad. ‖ Presentarse, salir al público. *Procedere è castris. Caes. Castris. Virg.* A castris. *Cic.* Apartarse, salir de los reales. *Alicui obviam. Cic.* Salir al encuentro, ó á recibir á alguno. *Trecenta stadia. Cic.* Hacer trescientos estadios de jornada. — *Ad opus. Plin.* Ir, salir á trabajar. — *Ad pugnam. Liv.* Marchar á la batalla. — *Cum veste purpurea. Cic.* Presentarse con un vestido de púrpura. *Cum tantum in philosophia processerit. Cic.* Habiendo adelantado tanto, habiendo hecho tantos progresos en la filosofía. *Ubi plerumque noctis processit. Salust.* Cuando ya era pasada la mayor parte de la noche. *Procedente tempore Plin.* Andando el tiempo, con el trascurso del tiempo. *Ut ratione, et via procedat oratio. Cic.* Para que camine el discurso con orden y método. *Processit vesper. Virg.* Salió el héspero, el lucero de la tarde. *Res alicui pulcherrime procedere. Cic.* Salir á uno grandemente las cosas.

**Proceleusmatĭcus**, i. *m. Diom.* Proceleusmático, pie de verso que consta de cuatro sílabas breves; por eg. *ărĭĕtĕ.*

**Procella**, ae. *f. Hor.* Borrasca, tempestad, tormenta, temporal. ‖ Tiempo revuelto, calamitoso, de inquietudes y desgracias. ‖ *Liv.* Sedicion, alboroto, motin. *Procellam temporis evitare. Cic.* Evitar la desgracia del tiempo. — *Excitare Liv.* Escitar, mover turbaciones, revoluciones, sedicion. *Procella equestri hostem circumfundere. Liv.* Desbaratar los enemigos con un fuerte choque de la caballería.

**Procello**, is, cŭli, culsum, lĕre. *a. Plin. V.* Percello.

**Procellōsus**, a, um. *Liv.* Proceloso, tempestuoso, borrascoso, agitado de borrascas. ‖ Que trae ó causa la borrasca.

**Procer**, ĕri. *m. Juv.* Un señor, un grande, un sugeto de la primera distincion.

**Procēre**, ius. *adv. Cic.* Alta, elevadamente.

**PRO** 593

**Procēres**, um. *m. plur. Cic.* Los próceres, magnates, grandes, señores. *Proceres castrorum. Lucr.* Los oficiales generales de un egército.

**Procērĭtas**, ātis. *f. Cic.* y

**Procērĭtūdo**, ĭnis. *f. Sol.* Altura, grandeza. ‖ Longitud. *Proceritas colli gruis. Cic.* La longitud del cuello de la grulla. — *Arborum. Cic.* La altura de los árboles.

**Procerŭlus**, a, um. *Apul.* Larguito, algo largo.

**Procērus**, a, um. *Cic.* Alto, grande. ‖ Largo, tendido. *Proceri passus. Lucan.* Pasos largos, tendidos. *Procerior numerus. Cic.* Número mas grave, mas pausado, cuando se juntan varias sílabas largas. *Procerissima populus. Cic.* Alamo altísimo.

**Processi**. *pret. de* Procedo.

**Processio**, ōnis. *f. Veg.* y

**Processus**, us. *m. Cic.* Adelantamiento, la accion de ir ó pasar adelante. ‖ Progreso, incremento, aprovechamiento. ‖ *Sen.* Suceso feliz, ventaja. *Processus officiorum. Sen.* La carrera de los empleos, el pasar de unos á otros. — *In litteris. Suet.* Progreso en las letras.

**Processus**, a, um. *part. de* Procedo. *Escrib. Larg.* Adelantado.

**Procestrium**, ii. *n. Fest.* Entrada, antesala, antecámara. ‖ Defensa, reparo que cubre ó defiende la frente de un campo ó la puerta de una ciudad.

**Prochyta**, ae. *f. Virg.* Prócida, isla del mar tirreno en la costa de Campania.

**Procĭdens**, tis. *com. Plin.* Lo que se cae, cadente.

**Procidentia**, ae. *f. Plin.* Caida. ‖ Absceso, caida de alguna parte ó miembro del cuerpo fuera de su lugar natural, como cuando se caen las tripas, ó cuando la fuerza de una fluxion hace saltar un ojo, una muela &c.

**Procĭdo**, is, di, dĕre. *n. Liv. Caer. Procidere ad pedes alicujus. Hor.* Echarse á los pies de alguno.

**Procĭduus**, a, um. *Plin.* Lo que cae, se desploma.

**Procinctuālis**. *m. f. lĕ. n. is. Casiod.* Lo perteneciente al aparejo y disposicion del que se prepara para alguna cosa.

**Procinctus**, a, um. *Fest.* Pronto, listo, aparejado, dispuesto. *Procincta classis. Gel.* Escuadra lista para hacerse á la vela.

**Procinctus**, us. *m. Plin.* Aparejo, disposicion del soldado para marchar ó entrar en batalla. *Ad procinctum tendere. Plin.* Marchar al frente de los enemigos, á la batalla. *In procinctu esse. Cic.* Stare. *Quint.* Estar pronto, listo, dispuesto. — *Mors habenda. Quint.* Siempre se ha de estar aparejado para morir. — *Testamentum facere. Cic.* Hacer testamento al ir á entrar en batalla.

**Proclāmātio**, ōnis. *f. Quint.* Proclamacion, publicacion en alta voz.

**Proclāmātor**, ōris. *m. Cic.* Proclamador, el que clama ó voces publicamente, en alta voz.

**Proclāmo**, as, avi, atum, āre. *a. Cic.* Vocear, gritar, clamar en altas voces. ‖ Proclamar, publicar, anunciar al público en voz alta.

**Proclīnātio**, ōnis. *f. Vitruv.* Inclinacion, curvatura.

**Proclīnātus**, a, um. *Ov. part. de* Proclino. Inclinado, doblado, encorvado. *Proclinata res. Cic.* Negocio que va ó está en mal estado.

**Proclīno**, as, avi, atum, āre. *a. Caes.* Inclinar, doblar.

**Proclīnor**, āris, ātus sum, āri. *dep. Col.* Inclinarse, doblarse, torcerse, estar inclinado.

**Proclīvis**. *m. f. vĕ. n. is. Cic.* Proclive, inclinado, declive, pendiente. ‖ Inclinado, dado, espuesto, fácil á. *Proclivis sceleri. Sil. Ital.* Inclinado al vicio. — *Ad libidinem. Cic.* Inclinado á la liviandad. *Proclive est. Plaut.* Es fácil. — *Dictu est. Cic.* Es fácil de decir. *In proclivi esse. Plaut.* Ser fácil. *In proclivi quod est id faciam. Ter.* Yo haré lo que sea menester.

**Proclīvĭtas**, ātis. *f. Hirc.* La bajada, pendiente. ‖ Inclinacion, propension, en especial á lo malo.

**Proclīvĭter**. *adv. Gel.* Facilmente.

**Proclīvium**, ii. *n. Front.* Declivio, pendiente de una montaña ó cuesta, declive.

**Proclīvius**. *adv. comp. Cic.* Mas facilmente.

**Proclīvus**, a, um. *Varr. V.* Proclivis.

Fff

**Proco, as, avi, atum, are.** *a. Varr.* Pedir con importunidad. *V.* Procor.

**Procoeton, i. n. ó onis. m.** *Plin.* Antecámara ó antesala, pieza anterior á la de la habitacion.

**Procoma, ae. f.** Cabellera larga y colgante.

**Procomium, ii. n.** Caballos que cuelgan sobre la frente. ‖ El tupé de una peluca. ‖ Topete de la crin de un caballo. ‖ Himno en honor del dios Como.

**Proconia, ae. f.** Harina de cebada reciente, sin secar al sol ni al fuego.

**Proconnesius, a, um.** *Plin.* Lo perteneciente á la isla de Mármora.

**Proconnesus, i. f.** *Plin.* Mármora, *isla de la Propóntide.*

**Proconsul, ulis. m.** *Cic.* Procónsul, *magistrado romano*, gobernador de provincia, ó General estraordinario de un egército.

**Proconsularis. m. f. lě. n. is.** *Tac.* Proconsular, lo perteneciente al procónsul.

**Proconsulatus, us. m.** *Plin. men.* Proconsulado, dignidad y cargo del procónsul.

**Procor, aris, atus sum, ari. dep.** *Cic.* Acariciar, halagar. ‖ Decir cariños á la persona amada.

**Procrastinatio, onis. f.** *Cic.* Dilacion, término.

**Procrastinatus, a, um.** *Gel.* Diferido, dilatado. *part. de*

**Procrastino, as, avi, atum, are.** *a. Cic.* Dilatar, diferir, alargar de un dia para otro, prolongar.

**Procreatio, onis. f.** *Cic.* Procreacion, generacion. *Procreatio vitis. Cic.* Plantacion de la vid.

**Procreator, oris. m.** *Cic.* Procreador, padre criador. *Procreator mundi. Cic.* Dios, criador del mundo.

**Procreatrix, icis. f.** *Cic.* La madre.

**Procreatus, a, um.** *Cic.* Procreado, engendrado. *part. de*

**Procreo, as, avi, atum, are.** *a. Cic.* Procrear, engendrar, criar. ‖ Producir, procurar, ocasionar, acarrear. *Procreare liberos ex aliqua. Cic.* Tener hijos de una muger. — *Alicui periculum. Cic.* Poner á uno en peligro, acarreársele.

**Procresco, is, crevi, cere. n.** *Lucr.* Crecer, aumentarse.

**Procris, is. f.** *Ov.* Procris, *hija de Ericteo, rey de Atenas, á quien su esposo Céfalo dió muerte en un monte, pensando que era alguna fiera.*

**Procrustes, ae. m.** *Ov.* Procrustes, *ladron famoso de la region de la Atica, á quien dicen dió muerte Teseo.*

**Procubitor, oris. m.** *Fest.* Guardia, centinela de noche.

**Procubo, as, bui, bitum, bare. n.** *Virg.* Estar echado ó acostado, descansar tendido. *Et saxea procubet umbra. Virg.* Y se eche en el suelo, ó sobre una piedra á la sombra.

**Procudendus, a, um.** *Cic.* Lo que se ha de forjar ó aguzar, batiéndolo.

**Procudo, is, di, sum, dere.** *a. Lucr.* Forjar, adelgazar á martillo. ‖ *Lucr.* Procrear, engendrar. *Procudere dolos. Plaut.* Forjar, trazar, disponer un engaño. — *Linguam. Cic.* Formar, hacer la lengua á una buena pronunciacion. — *Ingenium. Amian.* Aguzar, adelgazar el ingenio. *Signatum praecente nota procudere nomen. Hor.* Inventar una palabra que tenga el aire del uso comun, como el sello de la moneda corriente. *Procudit enses ira. Hor.* La ira hace correr á las armas.

**Procul. adv.** *Cic.* Lejos, de lejos, á lo lejos. *Procul este. Virg.* Idos, apartaos, alejaos de aqui.

**Proculcatio, onis. f.** *Sen.* La accion de pisar ó estrujar con los pies, pisadura, pisada.

**Proculcator, oris. m.** *Amian.* El que pisa ó estruja con los pies. ‖ Batidor ó esplorador *del egército, que va delante del egército á tomar lengua del enemigo, y á esplorar el camino.*

**Proculcatus, a, um.** *Col.* Pisado, estrujado. *part. de*

**Proculco, as, avi, atum, are.** *a. Col.* Hollar, pisar, estrujar con los pies. ‖ *Sen.* Despreciar.

**Proculejanus, a, um.** *Dig.* y

**Proculianus, a, um.** Lo perteneciente al jurisconsulto Próculo.

**Proculi. pret. de** Procello.

**Proculus, a, um.** *Plaut.* El que ha nacido durante la ausencia de su padre.

**Proculus, i. m.** *Tac.* Licinio Próculo, *jurisconsulto célebre, de quien se dice fue prefecto del pretorio en tiempo del emperador Oton.*

**Procumbo, is, cubui, cubitum, cumbere. n.** *Ces.* Inclinarse, echarse, acostarse. ‖ Postrarse, echarse á los pies de alguno. ‖ Caer, derribarse, venir á tierra. ‖ Ser, caer muerto, morir. *Procumbere terrae, ó in terram toto vultu. Ov.* Inclinarse, postrarse en tierra hasta tocar en ella con el rostro. — *Ad genua. Liv.* — *Genibus alicujus. Ov.* Echarse á los pies de alguno. — *Humi. Virg.* Echarse en el suelo. — *Ante pedes. Ov.* Echarse, postrarse á los pies. — *Bello. Val. Flac.* Morir, ser muerto en la guerra. — *Ad arborem. Plin.* Recostarse junto á un árbol ó debajo de él. — *In caput alicujus. Ov.* Caer sobre la cabeza de alguno.

**Procurandus, a, um.** *Ces.* Aquello de que se ha de cuidar, en que se ha de poner cuidado y diligencia.

**Procurans, tis. com.** *Sil. Ital.* El que procura. ‖ *Apul.* El que pone cuidado, que piensa con cuidado en alguna cosa.

**Procuratio, onis. f.** *Cic.* Procuracion, administracion, comision, cuidado, manejo en especial de negocios agenos. ‖ Espiacion por medio de sacrificios.

**Procuratiuncula, ae. f.** *Sen. dim. de* Procuratio. Procuracion de poca monta.

**Procurator, oris. m.** *Cic.* Procurador, el que se pone en lugar del curador. ‖ Procurador, administrador, encargado, agente de negocios. *Procurator regni. Ces.* Regente de un reino. — *Provinciae. Suet.* El recaudador de los tributos y contador que asistia al gobernador.

**Procuratorius, a, um.** *Ulp.* Lo que pertenece á los procuradores.

**Procuratrix, icis. f.** *Cic.* La muger que cuida y maneja, la que gobierna.

**Procuratus, a, um.** *Apul.* Procurado. *part. de*

**Procuro, as, avi, atum, are.** *a. Cic.* Administrar, manejar, cuidar, tener el cargo, el gobierno, la comision ó procuracion. ‖ *Virg.* Pensar con cuidado en una cosa, procurarla. ‖ *Liv.* Espiar, hacer espiaciones con sacrificios. ‖ *Cat.* Cultivar. ‖ *Varr.* Tener, mantener, conservar en buen estado. *Procurare monstra, prodigia. Liv.* Hacer sacrificios para apartar los males que amenazan los prodigios ó monstruos. — *Sacrificia. Ces.* Hacer sacrificios espiatorios. — *Arbores. Cat.* Cultivar los árboles. — *Se. Plaut.* Cuidarse, tratarse bien.

**Procurrens, tis. com.** *Virg.* Lo que se estiende, sobresale.

**Procurro, is, ri, sum, rere. n.** *Liv.* Adelantarse corriendo, salir corriendo, correr hácia adelante. ‖ Estenderse. ‖ Salir fuera, sobresalir. *Procurrere in aciem, in hostes, in pugnam. Ces.* Salir corriendo á la pelea, contra los enemigos.

**Procursatio, onis. f.** *Liv.* Carrera, ímpetu sobre los enemigos.

**Procursator, oris. m.** *Liv.* Corredor, que hace embestidas sobre los enemigos con piedras ó flechas, ó á caballo. ‖ Batidor, esplorador del camino.

**Procursio, onis. f.** *Quint.* Carrera, corrida. ‖ Digresion del asunto principal.

**Procurso, as, avi, atum, are. n.** *Liv.* Correr hácia adelante, salir corriendo, hacer embestidas corriendo contra el enemigo.

**Procursor, oris. m.** *Salust.* V. Procursator.

**Procursus, us. m.** *Plin.* Carrera, avance, salida corriendo. ‖ *Val. Max.* Progreso, adelantamiento. *Procursus angulosus. Plin.* Salida en ángulo. — *Virtutis. Val. Max.* Progreso en la virtud. V. Procursatio.

**Procurvo, as, avi, atum, are.** *a. Estac.* Encorvar, doblar.

**Procurvus, a, um.** *Virg.* Doblado, encorvado, corvo.

**Procus, i. m.** *Cic.* Galan, enamorado, pretendiente, el que pretende á una muger en casamiento.

† **Procymaea, ae. f.** Dique, mole de piedras para asegurar un puerto, ó cegar alguna parte de él.

**Procyon, onis. m.** *Plin.* Constelacion compuesta de dos estrellas, que precede al oriente de la canícula ó can mayot, por lo que se llama antecanis.

**Prōdactus**, a, um. *Tert.* Gastado, consumido con profusion.

**Prōdeambŭlo**, as, āvi, ātum, āre. *a. Ter.* Salir á paseo, pasearse por fuera.

**Prōdēgi**. *pret. de* Prodigo.

**Prōdĕo**, is, īvi, ó ii, ītum, īre. *n. Cic.* Presentarse, salir al público ó fuera, parecer. ∥ Apuntar, salir, nacer. ∥ *Ov.* Levantar, sobresalir. *Prodire in hostem. Ces.* Salir al enemigo, presentarse á su frente. — *Ex portu. Ces.* Salir del puerto. — *Obviam alicui. Cic.* Salir al encuentro de alguno, á recibirle. — *Utero matris. Ov.* Nacer, salir del vientre de su madre.

**Prōdest**, prodesse. *V.* Prosum.

**Prōdīco**, is, dixi, dictum, cĕre. *a. Cic.* Pronosticar, anunciar, predecir. *Prodicere diem. Liv.* Diferir á otro dia señalado.

**Prōdictātor**, ōris. *m. Liv.* Vicedictador, *magistrado que creaban los romanos cuando no podian crear dictador, y que tenia la suprema autoridad en todo, como si lo fuera en propiedad.*

**Prōdictio**, ōnis. *f. Fest.* Dilacion.

**Prōdictus**, a, um. *Gel. part. de* Prodico. Dilatado, diferido.

**Prōdĭdi**. *pret. de* Prodo.

**Prōdĭgălĭtas**, ātis. *f.* Prodigalidad, profusion.

**Prōdĭgălĭter**. *adv.* y

**Prōdĭge**. *adv. Cic.* Pródigamente, con profusion, con gasto inmoderado.

**Prōdĭgentia**, ae. *f. Tac.* Prodigalidad, profusion, gasto escesivo.

**Prōdĭgĭālĕ**. *adv. Estac.* Prodigiosa, estraordinariamente.

**Prōdĭgĭālis**. m. f. lĕ. n. is. *Plin.* Prodigioso, estraordinario. *Prodigalis Jupiter. Plaut.* Júpiter que aparta los males anunciados por los prodigios.

**Prōdĭgĭālĭter**. *adv. Col.* Prodigiosamente, como cosa de prodigio y portento.

**Prōdĭgĭātor**, ōris. *m. Fest.* Intérprete de prodigios.

**Prōdĭgĭōsē**. *adv. Plin. V.* Prodigialiter.

**Prōdĭgĭōsus**, a, um. *Plin.* Prodigioso, portentoso, milagroso, maravilloso, lo que sorprende y admira, que sucede fuera del orden natural.

**Prōdĭgĭtas**, atis. *f. Non. V.* Prodigentia.

**Prōdĭgium**, ii. *n. Cic.* Prodigio, portento, acaecimiento que suspende y admira, que es fuera del órden natural. *Se toma en buena y en mala parte.* ∥ Prediccion, anuncio. *Prodigium implere. Plin.* Verificar una prediccion.

**Prōdĭgo**, is, ēgi, actum, gĕre. *a. Varr.* Echar, llevar, sacar, conducir fuera. *Dícese propiamente del ganado.* ∥ Disipar, malbaratar, desperdiciar, gastar, consumir con profusion, con prodigalidad.

**Prōdĭgus**, a, um. *Cic.* Pródigo, desperdiciador, malbaratador, el que gasta temerariamente. ∥ *Ov.* Magnífico, espléndido, liberal. *Prodigus animae. Hor.* Pródigo de su vida, el hombre de grande ánimo que la espone sin miedo. — *Nocendi. Estac.* Ansioso por hacer mal.

**Prōdĭguus**, a, um. *Fest.* Lo que se ha de consumir enteramente. *Prodiguae hostiae.* Víctimas que se consumian enteramente.

**Prōdii**. *pret. de* Prodeo.

**Prōdīmus**. *en lugar de* Anteimus.

**Prōdīnunt**. *ant. en lugar de* Prodeunt.

**Prōdispĕro**, as, āvi, ātum, āre. *a. Plaut.* Aflojar, laxar, soltar el vientre.

**Prōdĭtio**, ōnis. *f. Cic.* Traicion, perfidia. ∥ *Plin.* Delacion, denuncia, manifestacion de alguna cosa oculta. ∥ *Fest.* Dilacion, próroga. *Proditio arcanorum. Plin.* Revelacion de los secretos.

**Prōdĭtor**, ōris. *m. Cic.* Traidor, pérfido, que viola, vende la fe, la palabra. ∥ Delator, denunciador, descubridor, el que manifiesta, divulga y revela alguna cosa. *Proditor patriae. Cic.* El que vende á su patria, traidor á ella.

**Prōdĭtrix**, īcis. *f. Lact.* Traidora, pérfida. ∥ *Prud.* La que manifiesta, descubre y revela lo oculto. —

**Prōdĭtur**. *impers. Cic.* Se dice, cuentan, dicen.

**Prōdĭtus**, a, um. *Cic.* Vendido, violado, declarado, revelado indebidamente. ∥ Delatado, divulgado, descubierto, denunciado. *Proditus à socio. Ov.* Vendido por su compañero. *Prodita die qua id futurum. Cic.* Descubierto el dia en que esto se habia de hacer. *Prodita vultu ira. Lucan.* Ira que se manifiesta en el semblante. — *Proditio. Quintil.* Traicion descubierta. *Proditi dictatores. Pompon.* Dictadores nombrados, declarados. *Proditum memoriae est. Cic.* ó *memoria dicunt. Ces.* Se tiene memoria, se ha dejado por escrito, se halla escrito.

**Prōdius**. *adv. Varr.* Mas adentro.

**Prōdīvi**. *pret. de* Prodeo.

**Prōdixi**. *pret. de* Prodico.

**Prōdo**, is, dĭdi, dĭtum, dĕre. *a. Cic.* Manifestar, presentar, producir, hacer parecer. ∥ Divulgar, declarar, revelar, descubrir, publicar. ∥ Nombrar, declarar. ∥ Vender, entregar, hacer traicion. ∥ Diferir, dilatar, prolongar, prorogar. *Prodere exemplum. Liv.* Dar un ejemplo, hacer un egemplar. — *Fidem. Salust.* Quebrantar la fe ó palabra. — *Officium. Cic.* Faltar á su deber. — *Classem praedonibus. Cic.* Entregar la flota á los corsarios. — *Mercede. Cic.* Entregar, vender por interes, por dinero. — *Vitam. Ter.* Ser pródigo de su vida. — *Conscios. Cic.* Declarar, manifestar los cómplices. — *Litteris, memoriae, posteris. Cic.* Dejar por escrito, dejar á la posteridad. *Prodit fama. Cels.* Corre la voz. *Proditur furor vultu. Sen. trag.* Se manifiesta el furor en el semblante. *Prodidit me somnus. Ov.* Me engañó el sueño.

**Prōdŏcĕo**, ēs, cui, doctum, cĕre. *a. Hor.* Decir, declarar, manifestar públicamente.

**Prōdrŏmus**, i. *m. Cic.* Correo que se despacha delante. *Prodromi. Cic.* Vientos de nordeste que suelen preceder ocho dias á la canícula. ∥ *Plin.* Higos tempranos.

**Prōdūco**, is, duxi, ductum, cĕre. *a. Cic.* Prolongar, alargar, estender, dilatar. ∥ Detener, parar, contener. ∥ Retardar, diferir, alargar. ∥ Producir, engendrar, criar. ∥ Presentar, hacer parecer, manifestar, exhibir. ∥ *Ter.* Llevar. ∥ Conducir, acompañar. ∥ *Plaut.* Sacar á vender, esponer en venta. *Producere longius sermonem. Cic.* Alargar mucho la conversacion. — *Convivium vario sermone ad multam noctem. Cic.* Alargar la cena hasta muy tarde de la noche con varias conversaciones. — *In judicium. Ces.* Llamar, citar á juicio. — *Aliquem falsa spe. Ter.* Entretener á uno con vanas esperanzas. — *Funus. Virg.* Acompañar á un entierro. — *Testes. Cic.* Presentar testigos. — *Copias pro castris. Ces.* Formar sus tropas al frente de los reales. — *Quempiam ad aliquam dignitatem. Cic.* Promover ensalzar á alguno á una dignidad. *Audientem dicto, mater, produxisti filiam. Plaut.* Has criado, ó madre, una hija muy obediente.

**Prōductē**. *adv. Cic.* Largamente, alargando. *Producte dicitur. Cic.* Se pronuncia largo.

**Prōductĭlis**. m. f. lĕ. n. is. *Bibl.* Lo que se puede alargar.

**Prōductio**, ōnis. *f. Cic.* Prolongacion. ∥ La accion de pronunciar larga una sílaba.

**Prōductus**, a, um. *part. de* Produco. Prolongado, diferido, dilatado, prorogado. ∥ Largo. *Producta syllaba. Cic.* Sílaba larga. *Productus oratione. Cic.* Sacado al público. *Productum nomen. Cic.* Nombre derivado de otro con algun aumento, como *Pertunus à portu; Neptunus à nando.*

**Prōduis**. *antic. Fest. en lugar de* Prodideris.

**Prōdux**, ūcis. *m. Tert.* Conductor, portador.

**Prōduxi**. *pret. de* Produco.

**Proebia**, ōrum. *n. plur. Varr.* Remedios preservativos que uno lleva consigo.

† **Proectĥēsis**, is. *f.* Esposicion de una cuestion.

† **Proedri**, ó *Proedrii*, ōrum. *m. plur.* Primeros magistrados de Atenas. † Consegeros de estado, palatinos de los emperadores.

† **Proelĕusis**, is. *f.* Procesion solemne.

**Proeliāris**. m. f. rĕ. n. is. De la guerra, perteneciente á ella.

**Proelium**, ii. *n. Cic. V.* Praelium.

**Proemĭātor**, ōris. *m. Petron.* Ladron. ∥ El que premia ó recompensa.

† **Proepiplexis**, is. *f.* La accion de criticarse á sí propio, de prevenir la crítica de otro.

† Proepizeusis, is. f. La colocacion, oposicion de un nombre entre dos verbos.

Proetides, um. f. plur. Virg. Las hijas de Preto, rey de Argos, que se imaginaban estar convertidas en vacas.

Profanatio, onis. f. Plin. Profanacion, violacion.

Profanator, oris. m. Prud. Profanador.

Profanatus, a, um. Petron. Profanado, violado, manchado, contaminado.

Profane. adv. Lact. Profanamente, con profanacion.

Profanitas, atis. f. Superiorum profanitas. Tert. Los autores antiguos, profanos, gentiles.

Profano, as, avi, atum, are. a. Ov. Profanar, convertir en uso comun un lugar sagrado. ‖ Manchar, violar, contaminar.

Profanus, a, um. Cic. Profano, lo que no es sagrado ó consagrado. ‖ Virg. El que no está iniciado en los misterios. Profanum facere aliquid. Cic. No tener respeto á cosa alguna.—Vulgus. Hor. El vulgo ignorante. Profanus usus. Plin. El uso comun, ordinario.

Profaris, fatus sum, fari. dep. Virg. Hablar, decir. ‖ Predecir, anunciar, pronosticar.

Profatum, i. n. Varr. Dicho, sentencia.

Profatus, us. m. Estac. El habla, la pronunciacion.

Profeci. pret. de Proficio.

Profectio, onis. f. Cic. Partida, salida, la accion de marchar.

Profectitius, a, um. Ulpian. Lo que proviene ó dimana de alguno, en especial del padre á los hijos.

Profecto. adv. Cic. Cierto, cierta, verdaderamente, en verdad.

Profecturus, a, um. Ov. Lo que ha de aprovechar.

Profectus, us. m. Quint. Provecho, ganancia, utilidad. ‖ Adelantamiento, progreso.

Profectus, a, um. part. de Profiscor. Ces. El que ha salido, partido ó marchado.

Profero, fers, tuli, latum, ferre. a. Cic. Producir, manifestar, mostrar, hacer parecer, presentar. ‖ Sacar fuera, hacer salir. ‖ Esponer, alegar, citar, traer, poner delante. ‖ Diferir, dilatar, prolongar, alargar, prorogar. ‖ Aumentar, estender, engrandecer, acrecentar, alargar. ‖ Contar. ‖ Proferir, decir, pronunciar. ‖ Reprender, objetar, censurar. Proferre linguam. Plaut. Sacar la lengua.—Pecuniam ex arca. Cic. Sacar dinero del cofre.—Arma ex oppido. Ces. Sacar las armas fuera de la ciudad.—In oculis, gaudium. Plin. Manifestar la alegría, el gozo en los ojos.—Exempla. Cic. Traer, poner, citar egemplos.—Testes. Cic. Presentar testigos.—Lineam. Plin. Tirar una línea.—Legem. Cic. Alegar una ley.—Dolum. Plaut. Usar de engaños.—Imperium. Cic. Estender, dilatar, ensanchar los límites del imperio.

Professio, onis. f. Cic. Deposicion, declaracion, manifestacion de sus bienes ante el magistrado para formar el encabezamiento. ‖ Encabezamiento, censo, matrícula. ‖ Profesion, arte, oficio, facultad, condicion de cada uno.

Professor, oris. m. Ulpian. Profesor, maestro.

Professorius, a, um. Tac. Lo perteneciente al profesor ó maestro. Professoria lingua. Tac. Elocuencia mercenaria.

Professus, a, um. part. de Profiteor. Cic. El que hace profesion de alguna cosa. ‖ Manifiesto, conocido, declarado. Si grammaticum se professus quisquam barbare loquatur. Cic. Si el que hace profesion de gramático habla bárbaramente.

Profestus, a, um. Hor. De trabajo, de labor. Profestus dies. Hor. Dia de trabajo. Profestum facere. Fest. Quebrantar la fiesta, trabajar en dia de fiesta.

Proficiens, tis. com. Hor. Lo que es útil, provechoso, que sirve de, que hace provecho.

Proficio, is, feci, fectum, cere. a. Cic. Aprovechar, ganar. ‖ Adelantar. ‖ Ser útil, provechoso, servir. Nihil alique proficere. Cic.—Apud aliquem. Ces. No ganar, no adelantar cosa alguna con otro.—Auctoritate. Cic. Servir, ser útil por su autoridad.—Partui. Ulp.—Ad partum. Cic. Ayudar al parto.

Proficiscens, tis. com. Hor. El que parte, sale, marcha, marchando.

Proficiscor, eris, fectus sum, sci. dep. Ces. Partir, marchar, salir, ir de camino, ponerse en camino. ‖ Traer su origen. Proficisci de, è loco ad locum. Cic. Partir de un lugar para otro. Omnes ab Aristotele profecti. Cic. Todos los discípulos de Aristóteles, los que vienen ó son de su escuela. Ut oratio mea proficiscatur. Cic. Para que empiece ó tome principio mi discurso.

Profindo, is, fidi, fissum, dere. a. Estac. Hender, abrir.

Profitendus, a, um. Cic. Lo que se ha de confesar ó reconocer.

Profiteor, eris, fessum sum, eri. dep. Cic. Confesar, reconocer, declarar, asegurar francamente. ‖ Prometer. ‖ Hacer profesion, enseñar públicamente. ‖ Deponer, declarar, manifestar un estado de sus bienes al censor. Profiteri nomina. Liv. Declararse pretendientes.—Indicium. Salust. Prometer la delacion ó declaracion.

Proflans, tis. com. Estac. Lo que despide ó echa fuera soplando.

Proflatus, us. m. Col. Viento, aire, soplo del viento, el resoplido.

Proflatus, a, um. part. de Proflo. Apul. Soplado, despedido, echado fuera soplando. ‖ Fundido.

Profligandus, a, um. Liv. Lo que se ha de desbaratar ó arruinar.

Profligator, oris. m. Tac. Destrozador, destructor, disipador, el que disipa, destruye, desbarata.

Profligatus, a, um. Cic. Destrozado, desbaratado, deshecho. part. de

Profligo, as, avi, atum, are. a. Cic. Destrozar, desbaratar, deshacer, arruinar, derribar. ‖ Tac. Acabar, concluir, terminar, finalizar. Profligare hostium copias. Ces. Desbaratar, deshacer las tropas enemigas.—Rempublicam. Cic. Arruinar, perder la república.—Valetudinem. Gel. Echar á perder, estragar la complexion, la salud.

Proflo, as, avi, atum, are. a. Plin. Soplar, despedir, echar fuera soplando. ‖ Fundir los metales. Proflare pectore somnum. Virg. Roncar, resoplar fuertemente en el sueño.—Iram. Plin. Bufar, resoplar, manifestar la ira.

Profluens, tis. com. Cic. Corriente, fluido. Profluens aqua. Cic. Agua corriente y la corriente.—Genus orationis. Cic. Estilo fluido, corriente.

Profluenter. adv. Cic. Con facilidad, con fluidez.

Profluentia, ae. f. Cic. Abundancia, afluencia.

Profluo, is, fluxi, fluxum, ere. n. Ces. Correr lo líquido, fluir. Profluit, et refluit pelagus. Auson. La mar tiene flujo y reflujo. Profluere ad libidines. Tac. Dejarse correr á las liviandades. Cujus ex ore sermo melle dulcior profluebat. Cic. De cuya boca salian palabras mas dulces que la miel.

Profluus, a, um. Col. V. Profluvius.

Profluvium, ii. n. Col. Corriente, abundante, flujo copioso. Profluvium albi. Col. Correncia.

Profluvius, a, um. Priscian. Corriente.

Profluxi. pret. de Profluo.

Profore. Hor. V. Prosum.

Profudi. pret. de Profundo.

Profugio, is, fugi, fugitum, gere. a. Ces. Huir, escapar lejos. ‖ Acudir, recurrir, acogerse, refugiarse huyendo. Profugere conspectum civium. Sen. Huir de la vista de los ciudadanos.—Ex oppido. Ces. Escapar de la ciudad.—Ad aliquem. Cic. Refugiarse á alguno.

Profugium, ii. n. Cic. Refugio, asilo, acogida.

Profugus, a, um. Cic. Prófugo, desterrado, echado de su pais. ‖ Errante, vagabundo. ‖ Fugitivo, escapado. Profugus pudor. Ov. Pudor que desaparece, que se pierde.—A domino servus. Plin. Esclavo que se escapa del poder de su amo.—Vinculorum. Plin. Escapado de la prision.

Profunde. adv. Cic. Profundamente.

Profunditas, atis. f. Macrob. Profundidad, altura.

Profundo, is, fudi, fusum, dere. a. Cic. Derramar, verter, vaciar, echar, echar en abundancia. ‖ Disipar, malgastar, gastar con profusion.—Gastar mucho, hacer grandes gastos. Profundere palmites. Col. Echar muchas ramas, vástagos, renuevos.—Sanguinem pro patria. Cic. Derramar su sangre por la patria.—Lacrymas. Virg. Derramar lágrimas, llorar.—Animam, vitam. Cic. Dar la vida, morir.—Clamorem, vocem. Cic. Dar grandes voces, gritar con gran fuerza.—Vires ingenii. Cic. Emplear toda la fuerza de su talento. —  *Odium. Cic.* Vomitar toda la ponzoña, todo el odio. — *Omnis multitudo se profudit. Ces.* Rompió, salió corriendo, se derramó toda la multitud.

Prŏfundum, i. *n. Cic.* El mar. ‖ El profundo, el abismo, una hondonada. ‖ El vientre. *Profundum rubrum. Lucr.* El mar rojo. — *Liquidum. Lucr.* El aire. *Profunda terrarum. Sen.* Los abismos.

Prŏfundus, a, um. *Cic.* Profundo, hondo, alto, bajo. ‖ Alto, elevado, de grande altura. ‖ *Salust.* Estremo, grande, sumo. *Profundissimae tenebrae. Gel.* Tinieblas muy espesas. *Profundae libidines. Cic.* Liviandades escesivas. *Profundum os. Hor.* Torrente, copia de palabras y espresiones. *Secreta et profunda ars. Quint.* Arte, ciencia profunda, llena de arcanos, de secretos maravillosos. ‖ El arte de adivinar.

Prŏfūse, ius, issĭme. *adv. Liv.* Profusa, abundante, copiosa, inmoderadamente, con profusion y esceso. *Profuse obitare. Liv.* Oponerse fuertemente. *Profussius quaesitui deditus. Salust.* Demasiado pegado á sus intereses. *Profusissime festos dies celebrare. Suet.* Celebrar los dias festivos con grandes dispendios.

Prŏfūsio, ōnis. *f. Plin.* Profusion, dispendio, gasto escesivo. ‖ Efusion, flujo, derramamiento copioso.

Prŏfūsor, ōris. *m. Tert.* Pródigo.

Prŏfūsus, a, um, ior, issĭmus. *Plin.* Derramado, vertido, vaciado. ‖ Escesivo, inmoderado. ‖ Pródigo. ‖ Dispendioso, demasiado costoso. ‖ *Lucr.* Tendido, echado, postrado. *Profusus sui, alieni appetens. Salust.* Pródigo de lo suyo, y apetecedor de lo ageno. *Profusa hilaritas. Cic.* Alegría escesiva. *Profusior cauda. Palad.* Cola muy larga. *Profusissimus in tempore. Sen.* Pródigo de su tiempo.

Prŏgemmans, tis. *com. Col.* Lo que empieza á brotar, á echar yemas ó botones, á salir.

Prŏgemmo, as, āvi, ātum, āre. *n. Col.* Brotar, echar botones, empezar á salir.

Prŏgĕner, ĕri. *m. Suet.* El marido de la nieta, el padre del yerno.

Prŏgĕnĕrātio, ōnis. *f. Plin.* Generacion.

Prŏgĕnĕro, as, āvi, ātum, āre. *a. Plin.* Engendrar, producir.

Prŏgĕnies, ĕi. *f. Cic.* Progenie, estirpe, raza, descendencia, linage, prole, prosapia, línea. *Dícese tambien de los animales y de las plantas, como progenies vitis. Col.* Los vástagos que salen de una vid.

Prŏgĕnĭtor, ōris. *m. Nep.* Progenitor, abuelo, ascendiente.

Prŏgĕnĭtus, a, um. *Claud.* Engendrado, nacido, dado á luz.

Prŏgĕnui. *pret. de* Progigno.

Prŏgermĭno, as, āvi, ātum, āre. *a. Col.* Brotar, echar renuevos ó botones.

Prŏgĕro, is, gessi, gestum, gĕrĕre. *a. Plin.* Llevar, sacar fuera.

Prŏgesto, as, āre. *a. Apul. V.* Progero.

Prŏgigno, is, gĕnui, gĕnĭtum, gnĕre. *a. Cic.* Engendrar, producir.

Prognāre. *adv. Fest.* Abierta, públicamente.

Prognārĭter. *adv. Plaut.* Valiente, fuerte, vigorosamente.

Prognātĭo, ōnis. *f. Marc. Cap.* El nacimiento.

Prognātus, a, um. *Cic.* Descendiente, oriundo. ‖ Hijo. *Galli se omnes ab Dite patre prognatos praedicans. Ces.* Los franceses hacen mucha gala de ser todos descendientes del padre Dite, ó de Pluton. *Romulus deo prognatus. Liv.* Rómulo, hijo de un dios. *Prognati Herculei. Plaut.* Los nietos de Hércules.

Progne, es. *f. Ov.* Progne, *hija de Pandion, rey de Atenas, hermana de Filomela, muger de Tereo, rey de Tracia, transformada en golondrina.*

Prognōsis. is. *f. V.* Prognostica.

† Prognostes, ae. *m.* Adivino, pronosticador.

Prognostĭca, ōrum. *n. plur. Cic.* Pronósticos, predicciones, presagios.

† Prognostico, as, āvi, ātum, āre. *n.* Pronosticar, predecir, adivinar.

Prognostĭcum, i. *n. Cic. V.* Prognostica.

Progrămma, atis. *com. Cod.* Inscripcion, cartel. ‖ Edicto del príncipe.

Progrăxo, as, āre. *ant. Lucr. en lugar de* Indico, ās, āre.

Prŏgrĕdiens, tis. *com. Cic.* El que se adelanta marchando.

Prŏgrĕdior, ĕris, gressus sum, di. *dep. Cic.* Adelantarse, ir delante. ‖ Salir, marchar, ponerse en marcha, en camino. *Progredi magnis itineribus. Ces.* Marchar, á grandes marchas ó jornadas. — *Obviam. Liv.* Salir al encuentro. — *Ad omnia. Cic.* Arrojarse á todo.

Prŏgressio, ōnis. *f. Cic.* Progresion, progreso, adelantamiento. ‖ *Quint.* Progresion ó gradacion. *fig. ret*

Prŏgressor, ōris. *m. S. Ag.* El que se adelanta ó va delante.

Prŏgressus, us. *m. Cic.* Progresion, adelantamiento, aprovechamiento.

Prŏgressus, a, um. *part. de* Progredior. *Cic.* El que se ha adelantado.

Prŏgŭbernātor, ōris. *m. Non.* Vicegobernador, el que sustituye al gobernador y hace sus veces.

Prŏgymnāsius, ii. *m. Sen.* El condiscípulo.

Prŏgymnasma, ātis. *n.* Progymnasma, principio ó ensayo de algun ejercicio ó accion.

Prŏgymnasta, y Progymnastes, ae. *m. V.* Progymnasius.

Prŏh. *interj. V.* Pro.

† Prohaeres, ēdis. *m.* Legatario, heredero beneficiario.

Prŏhedrii, ōrum. *m. plur. V.* Proedri.

Prŏhĭbendus, a, um. *Cic.* Lo que se ha de prohibir.

Prŏhĭbens, tis. *com. Cic.* El que prohibe, impide.

Prŏhĭbeo, ēs, bui, bĭtum, bēre. *a. Cic.* Prohibir, impedir, estorbar, vedar. ‖ Defender, proteger, amparar, apartar del riesgo. *Prohibere aditum alicui, ó aliquem aditu. Cic.* Prohibir á uno la entrada. — *Vim hostium ab oppido. Ces.* Rechazar la fuerza del enemigo de una plaza. — *Aliquem domo exire. Cic.* No dejar salir á uno de casa. *Prohibeat quod Deus. Ter.* Lo que Dios no quiera.

Prŏhĭbessis. *Plaut. antiq. en lugar de* Prohibueris.

Prŏhĭbĭtio, ōnis. *f. Quint.* Prohibicion, veda.

Prŏhĭbĭtor ōris. *m. Arnob.* El que prohibe, veda, impide.

Prohibitorius, a, um. *Ulp.* Prohibitorio, prohibitivo, lo que prohibe, veda ó impide.

Prŏhĭbĭtus, a, um. *Suet. part. de* Prohibeo. Prohibido, vedado, impedido.

Prŏhinc. *adv. Apul.* Luego pues, asi que

Projeci. *pret. de* Projicio.

Projecta, ōrum. *n. plur. Bud.* Las partes ó miembros salientes ó sobresalientes de los edificios, como balcones, galerías.

Projecte. *adv. Tert.* Con desprecio, sin cuidado.

Projectio, ōnis. *f. Cic.* Movimiento, ademan, gesticulacion. *Projectio brachii. Cic.* La accion de mover, de estender un brazo.

Projectĭtius, a, um. *Plaut.* Espuesto, abandonado, arrojado, vil, despreciable.

Projecto, ās, āre. *n. Plaut. frec. de* Projicio. Arrojar, echar á menudo. *Projectare aliquem probris. Plaut.* Llenar á uno de oprobrios.

Projectōrius, a, um. *Emil.* Lo que tiene fuerza y virtud de arrojar, espeler y despedir.

Projectūra, ae. *f. Vitruv.* Corona fuera de la pared ó alero del tejado para resguardo de las aguas.

Projectus, us. *m. Lucr. V.* Projectio.

Projectus, a, um. *part. de* Projicio. *Varr.* Echado, arrojado, espelido. *Projectum in viam tectum. Plin.* Tejado que sale sobre la calle. *Projecto pudore. Ov.* Abandonado, echado á un lado el pudor. *Projectus ad audendum. Cic.* Arrojado, que se atreve á todo. — *Puer. Plaut.* Niño abandonado, espuesto. — *Ad pedes. Ces.* Postrado, arrojado á los pies. — *Ac proditus ab aliquo. Ces.* Abandonado y vendido por alguno. — *Ab undis. Lucr.* Arrojado por las ondas. — *Projectum consulare imperium. Liv.* Imperio consular envilecido, despreciable.

Prŏjĭcio, is, jēci, jectum, cĕre. *a. Cic.* Echar, arrojar, despedir, espeler. ‖ Tirar, lanzar. ‖ Abandonar. *Projicere arma. Ces.* Arrojar, dejar, deponer las armas. — *Se ad pedes alicujus. Ces.* Arrojarse, echarse á los pies de alguno. — *Patriam virtutem. Ces.* Abandonar el valor patrio, de la nacion, envilecerle.—*Aliquem. Ces.* No hacer caso de alguno, no emplearle.

**Proin.** *adv.* y

**Proinde.** *adv. Ter.* Asi que, por lo cual, por esto. *Proinde ac,* y *proinde ac si. Ter.* Como si.—*Expiscare quasi non nosses. Ter.* Infórmate, como si no le conocieras.

**Prŏlābor, ĕris, lapsus sum, bi.** *dep. Liv.* Caer, resbalar, deslizarse. ‖ Engañarse, equivocarse. ‖ Venir á parar, llegar á términos ó á estado. *Prolabi in caput. Liv.* Caér de cabeza.—*Longius. Cic.* Hacer largas digresiones.—*In misericordiam. Liv.* Inclinarse á compasion.—*Ex equo. Liv.* Caer del caballo.

**Prŏlapsio, ōnis.** *f. Cic.* Caida, resbalamiento, la accion de resbalarse ó caer.

**Prŏlapsus, a, um.** *part. de Prolabor. Prop.* Caido, derribado, arruinado. *Prolapsa est huc libido. Cic.* La disolucion ha llegado á tal punto.

**Prŏlātātio, ōnis.** *f. Tac.* Dilacion, prorogacion.

**Prŏlātātus, a, um.** *Tac. part. de Prolato.* Dilatado, diferido. ‖ Estendido, alargado.

**Prŏlātio, ōnis.** *f. Cic.* La alegacion, citacion. ‖ Dilacion, prorogacion. ‖ Pronunciacion. ‖ Narracion, esposicion. *Prolatio rerum. Cic.* Vacacion, suspension, intermision en los negocios públicos.

**Prŏlāto, ās, āvi, ātum, āre.** *a. Col.* Dilatar, ampliar, estender. ‖ Diferir, alargar, prolongar, prorogar. *Diem ex die prolatare. Tac.* Alargar de dia en dia.

**Prŏlātus, us.** *m. Tert. V. Prolatio.*

**Prŏlātus, a, um.** *Cic. part. de Profero.* Llevado, sacado fuera. ‖ Dicho, contado. ‖ Dilatado, diferido, prorogado. *Prolatus de te rumor. Cic.* La voz que corre acerca de tí.—*Ex historiis. Cic.* Sacado de las historias.—*Ira. Luc.* Muy irritado. *Prolatæ res. Cic.* Vacaciones.

**Prolectātus, a, um.** *Marc. Cap.* Deleitado, pagado, enamorado.

**Prŏlectĭbĭlis.** *m. f. lĕ. n. is. Fest.* Lo que atrae, deleita ó puede atraer.

**Prŏlecto, ās, āvi, ātum, āre.** *a. Cic.* Atraer, halagar con palabras lisongeras y cariñosas. *Aliquem spe largitionis prolectare. Cic.* Ganar á uno con esperanza de un regalo.

**Prŏlēgātus, i.** *m. Inscr.* El que hace veces de legado, de gobernador.

\* **Prŏlĕgŏmĕna, ōrum.** *n. plur.* Prolegómenos, discursos, tratados preliminares, prólogos.

**Prolepsis, is.** *f. Asc. Ped.* Prolepsis, *figura retórica.*

**Prōlĕs, is.** *f. Cic.* Prole, descendencia, generacion. ‖ Los hijos. *Proles Ausonia. Virg.* La gente ausonia, los de esta nacion.

**Prŏlētārius, a, um.** *Fest.* Pobre, de baja condicion. *Proletarii. Gel.* Las gentes pobres de Roma, que no contribuian á la república mas que con sus hijos para la guerra. *Proletarius sermo. Plaut.* Estilo bajo y popular.

**Prŏlĭbo, ās, āvi, ātum, āre.** *a. Plin.* Ofrecer, hacer libaciones á los dioses.

**Prŏlĭcio, is, lexi, lectum, cĕre.** *a. Plaut.* Atraer.

**Prŏlĭquātus, a, um.** *Apul.* Liquidado, fluido.

**Prŏlītas, ātis.** *f. V. Proles.*

**Prŏlixe, ius.** *adv. Cic.* Amplia, larga, liberal, magníficamente. *Accipere aliquem prolixius. Ter.* Recibir á alguno con esplendidez, tratarle con magnificencia.

**Prŏlixĭtas, ātis.** *f. Sen.* y

**Prolixĭtūdo, ĭnis.** *f. Arnob.* Abundancia, copia. ‖ Prolígidad.

**Prŏlixo, ās, āvi, ātum, āre.** *a. Col.* Estender, alargar, prolongar.

**Prŏlixus, a, um.** *Ter.* Largo, prolijo. ‖ Liberal, magnífico, espléndido. *Prolixior in aliquem. Cic.* Mas inclinado á una persona. *Prolixo corpore. Suet.* De alta estatura. *Cetera spero prolixa esse. Cic.* Las demas cosas espero que salgan bien.

**Prŏlōgium, ii.** *n. Pacuv.* Argumento, sumario, título de un capítulo.

**Prŏlŏgus, i.** *m. Ter.* Prólogo de una pieza de teatro. ‖ El actor del prólogo, el que le representa.

**Prŏlongo, ās, āvi, ātum, āre.** *a. Plin.* Prolongar, alargar, diferir, dilatar.

**Prŏlŏquium, ii.** *n. Gel.* Proloquio, proposicion completa, máxima, sentencia, axioma, principio, aforismo. ‖ Prólogo de un libro.

**Prŏlŏquor, ĕris, quūtus sum, qui.** *dep.* Hablar, decir, espresar, declarar su sentir.

**Prŏlŏquūtor, ōris.** *m. Quint.* El que habla, dice, se esplica.

**Prŏlŭbies, ĕi.** *f.* ó

**Prŏlŭbīdo, ĭnis.** *f. Varr.* y

**Prŏlŭbium, ii.** *n. Gel.* Capricho, deseo, voluntad, prurito. ‖ Placer, deleite.

**Prŏlūdium, ii.** *n. Gel.* Preludio, ensayo.

**Prŏlūdo, is, si, sum, dĕre.** *a. n. Cic.* Probarse, ensayar, tentar, examinar sus fuerzas, egercitarse de antemano. *Proludere jurgia. Juv.* Empezar por injurias.—*Ad pugnam. Virg.* Hacer, trabar escaramuzas, como preludios de la batalla.

**Prŏlūgeo, ēs, ēre.** *n. Fest.* Llorar largo tiempo.

**Prŏluo, is, lui, lūtum, ĕre.** *a. Plaut.* Lavar, bañar, limpiar. ‖ Rociar, mojar, humedecer. *Proluere ventrem. Col.* Dar cursos. ‖ *Labra fonte caballino. Pers.* Beber el agua de la fuente Ipocrene, ser, hacerse poeta.—*Cloacam. Plaut.* Limpiar el arbañal, la cloaca ó alcantarilla.

**Prŏlūsi.** *pret. de Proludo.*

**Prŏlūsio, ōnis.** *f. Cic.* Prolusion, prelusion, preludio de un discurso ó tratado. ‖ Ensayo, tentativa de las fuerzas antes de empezar.

**Prŏlūtus, a, um.** *part. de Proluo. Hor.* Bien lavado, limpio.

**Prŏlŭvies, ĕi.** *f. Cic.* y

**Prŏlŭvio, ōnis.** *f. Apul.* Inundacion, diluvio, redundancia de aguas. ‖ Corriente de las inmundicias. *Proluvies ventris. Virg.*—*Alvi. Col.* Correncia, cursos.

**Prŏlŭviōsus, a, um.** *Fulg.* Lo que se estiende á modo de inundacion.

**Prŏlŭvium, ii.** *n. Ter.* Prodigalidad, profusion.

† **Prŏlyta, æ.** *m.* El que ha estudiado leyes cinco años.

**Prŏmăgister, tri.** *m. Cic.* Sustituto de un maestro ó vicemaestro, el que hace sus veces.

**Prŏmāno, ās, āre.** *n. Sen.* Manar, estenderse, difundirse largamente.

**Prŏmātertĕra, æ.** *f. Dig.* Hermana de la bisabuela.

† **Prŏmello, is, ĕre.** *a. Fest. antiq.* Poner un pleito.

**Prŏmercālis.** *m. f. lĕ. n. is. Col.* Lo que se vende, lo que se revende, se compra para volverlo á vender. *Promercalium vestium officinas exercere. Suet.* Tener tiendas de ropavegero.

**Prŏmercium, ii.** *n. Jur. Paul.* Mercancía, comercio, en especial de reventa.

**Prŏmĕrendus, a, um.** *Cic.* Lo que se ha de merecer, aquello de que uno se ha de hacer digno ó acreedor.

**Prŏmĕrens, tis.** *com. Plaut.* El que sirve, obliga, hace favor á otro.

**Prŏmĕreo, ēs, rui, rĭtum, ēre.** *a. Tac.* y

**Prŏmĕreor, ĕris, rĭtus sum, ēri.** *dep. Cic.* Merecer, ser digno, acreedor. *Promerere deos dextros marito. Estac.* Merecer que sean los dioses propicios al marido.—*De aliquo ut. Plaut.* Merecer de alguno que, ó merecer que alguno.—*Pœnam. Cic.* Merecer castigo.—*Aliquem. Cic.* Merecer, ganar, conciliarse el favor de alguno con servicios.—*Bene de multis. Cic.* Hacer bien á muchos.—*Male. Plaut.* Hacer mal y daño.

**Prŏmĕrĭtum, i.** *n. Plaut.* Beneficio, favor, servicio, buen oficio.

**Prŏmĕrĭtus, a, um.** *part. de Promereor. Cic.* El que ha hecho bien ó favor.

**Prŏmēthēus, i.** *m. Virg.* Prometeo, *hijo de Japeto, á quien se encargó formar al hombre, y despues de hecho de barro, habiéndole animado con fuego celestial, que tomó con el ausilio de Minerva del carro del sol, fue condenado á que atado en el monte Cáucaso, un buitre le royese eternamente las entrañas; pero al cabo de 30 años de esta pena, mató Hércules el buitre, y Prometeo quedó libre. Hig.*

**Prŏmēthēus, a, um.** *Marc.* Lo perteneciente á Prometeo.

**Prŏmēthĭdes, æ.** *m. Ov.* Hijo de Prometeo, Deucalion.

## PRO

**Prŏmĭco**, ās, āre. n. *Non.* Echar, despedir lejos, estender mucho resplandor.

**Prŏmĭnens**, tis. com. *Liv.* Eminente, elevado, sobresaliente. *Prominens littoris. Tac.* La punta de la ribera, borde elevado de ella. *Prominentes oculi. Plin.* Ojos preñados.

**Prŏmĭnenter**. adv. *Cel. Aur.* Sobresalientemente.

**Prŏmĭnentia**, ae. f. *Vitruv.* Eminencia, parte sobresaliente.

**Prŏmĭneo**, ēs, nui, nēre. n. *Plin.* Elevarse, levantarse en alto, sobresalir, salir hácia fuera, hácia adelante, *Prominere ante frontem. Plin.* Salir en la frente, sobresalir en ella. — *E cetera acie. Liv.* Levantar por cima de todo el ejército, sobresalir. — *In posteritatem. Liv.* Estenderse á la posteridad.

**Prŏmĭno**, ās, āre. a. *Apul.* Llevar, conducir.

**Prŏmĭnŭlus**, a, um. *Plin.* Algo sobresaliente.

**Prŏmiscam**. adv. y

**Prŏmiscē**. adv. *Plaut. V. Promiscue.*

**Prŏmiscĕo**, ēs, ēre. a. *Macrob.* Mezclar confusamente.

**Prŏmiscŭē**. adv. *Cic.* Mezclada, confusa, indistintamente. ‖ Juntamente, en monton, de tropel. *Promiscue stultis ac sapientibus datum. Cic.* Dado igualmente, sin distincion á los ignorantes y á los doctos.

**Prŏmiscŭus**, a, um. *Liv.* Mezclado, confuso. ‖ Comun, indiferente. *Promiscuam operam dare. Plaut.* Ayudarse, servirse mutuamente. *Promiscuum genus. Quint.* El género epiceno en los nombres. *In promiscuo habere aliquid. Plin.* Tener algo en comun.

**Prŏmisi**. pret. de *Promitto.*

**Prŏmissio**, ōnis. f. *Cic.* Promesa, oferta, prometimiento.

**Prŏmissīvē**. adv. *Tert.* Con promesa.

**Prŏmissīvus**, a, um. *Diom.* Lo que toca á las promesas.

**Prŏmissor**, ōris. m. *Hor.* Prometedor, el que ofrece.

**Prŏmissum**, i. n. *Cic.* Promesa, oferta, palabra dada. *Promissi constantia. Cic.* Fidelidad en las promesas. *Promisso teneri. Cic. Promissis manere. Virg.* — *Stare. Cic.* Cumplir la palabra ó promesa.

**Prŏmissus**, us. m. *Manil. V. Promissum.*

**Prŏmissus**, a, um. part. de *Promitto. Cic.* Prometido, ofrecido. ‖ Largo, pendiente. *Promisso capillo sunt Britanni. Ces.* Los ingleses tienen el cabello largo, crecido.

**Prŏmitto**, is, missi, missum, tĕre. a. *Ces.* Tirar, lanzar, arrojar, disparar lejos. ‖ Prometer, ofrecer, dar, empeñar palabra, obligarse. ‖ Dejar crecer, alargar ó colgar. ‖ *Plin.* Estenderse. ‖ *Petron.* Hacer profesion. *Promittere tela. Ces.* Disparar dardos. — *Barbam. Liv.* Dejar crecer la barba. — *Ad fratrem. Cic.* Ofrecer ir á casa de su hermano. — *Alicui ad coenam. Plaut.* Dar á uno palabra de ir á comer con él. — *De voluntate alicujus. Cic.* Salir por fiador de la voluntad de alguno. — *Damni infecti. Cic.* Prometer, hacer obligacion de reparar los daños, ó de que no se seguirán. *Promittin?* en lugar de *Promissistine?* ¿Has prometido?

† **Promnestris**, ae. f. Sobrenombre de Juno, Casamentera.

**Prŏmo**, is, prompsi, promptum, mĕre. a. *Cic.* Sacar fuera. ‖ Hablar, declarar, manifestar, esplicar. ‖ Descubrir, hacer ver, dar á conocer. *Promere vina dolio. Hor.* Sacar vino de una tinaja. *Spicula de pharetra. Ov.* Sacar flechas de la aljaba. — *Justitiam. Plin.* Hacer justicia. *In medium. Plin.* Sacar á luz. — *Consilia. Cic.* Descubrir los designios.

**Prŏmŏneo**, ēs, nui, nĭtum, nēre. a. *V. Praemoneo.*

**Prŏmonstra**, ōrum. n. plur. *Fest.* Prodigios, monstruos, acaecimientos asombrosos.

**Prŏmontŏrium**, ii. n. *Cic.* Promontorio, cabo, punta de tierra que se entra en el mar. ‖ Eminencia, lugar elevado, elevacion. *Promontorium flectere. Cic.* Doblar un cabo ó promontorio.

**Prŏmōtio**, ōnis. f. *Asc.* Promocion, ascenso.

**Prŏmōtus**, a, um. *Estac.* Adelantado, movido hácia fuera, sacado mas adelante. ‖ Promovido, ascendido.

**Prŏmŏvĕo**, ēs, mōvi, mōtum, vēre. a. *Cic.* Adelantar, sacar afuera, adelante. ‖ Promover, ascender, adelantar en dignidad y honor. ‖ Dilatar, diferir, alargar, prorogar. ‖ *Ov.* Estender, prolongar. ‖ Aprovechar, ganar, tener utilidad. *Sed nihil promoves. Ter.* Pero nada adelantas. *Promoveri suis sedibus. Cels.* Apartarse, alejarse de su lugar, de su sitio. *Quantum huic promoveo nuptias. Ter.* Cuanto á este le dilato la boda.

**Prompsi**. pret. de *Promo.*

**Prompte**, ius, issime. adv. *Cic.* Pronta, prontisimamente. ‖ De buena voluntad, de buena gana. *Promptius finire. Cels.* Acabar mas presto.

**Promptim**. adv. *Tert. V. Prompte.*

**Promto**, ās, avi, ātum, āre. a. *Plaut.* frec. de *Promo.* Sacar á menudo.

**Promtuārium**, ii. n. *Cic.* Despensa, cueva.

**Promtuārius**, a, um. *Plaut.* Lo que es de la despensa.

**Promtŭlus**, a, um. *S. Ger.* Algo pronto, prontillo.

**Promtus**, a, um. *Salust.* Sacado fuera. ‖ Pronto, presto, espedito, facil. ‖ *Liv.* Manifiesto, patente, abierto á todo el mundo. *Promta loca. Liv.* Parages abiertos á todos. — *Moenia oppugnanti. Liv.* Murallas faciles de atacar, abiertas al primer ataque. — *Fides. Cic.* Fidelidad que siempre se halla, que no falta jamas. — *Pericula. Cic.* Peligros inminentes. *Promtum quod cuique est. Tac.* Lo que está espuesto á todos. *Promtior, y promtus manu. Liv.* Hombre de valor, pronto para herir. *Promtissimus veritatis exhibendae. Hor.* Prontisimo á declarar, á manifestar la verdad.

**Promtus**, us. m. *Apul.* Salida pronta, prontitud. *In promtu res est. Cic.* Es cosa clara, evidente, está á la vista. *In promtu aliquid habere. Cic.* Tener una cosa al pronto, á la mano. *In promtu quae sunt dicere. Cic.* Decir lo que ocurre de pronto, lo que viene á la imaginacion. *In promtu ponere. Cic.* Descubrir, poner á la vista.

**Prŏmulcum**, ó **Promulcus**, i. n. *Fest.* El remolque.

**Prŏmulgātio**, ōnis. f. *Cic.* Promulgacion, publicacion.

† **Prŏmulgātor**, ōris. m. y

† **Prŏmulgātrix**, icis. f. Divulgador, ra, el, la que publica, divulga.

**Prŏmulgātus**, a, um. *Cic.* Promulgado, publicado. part. de

**Prŏmulgo**, ās, āvi, ātum, āre. a. *Cic.* Promulgar, publicar, hacer saber.

**Prŏmulsĭdāre**, is. n. y

**Prŏmulsĭdārium**, ii. n. *Ulp.* Plato, fuente en que se servia la entrada de la comida llamada *promulsis.*

**Prŏmulsis**, idis. f. *Cic.* Entrada de la comida entre los romanos, que comian, antes de beber la primera vez, alguna cosa para escitar el apetito.

† **Prŏmunctōrium**, ii. n. El moquero, pañuelo de la faltriquera. ‖ Las espabiladeras.

† **Prŏmūrāle**, is. n. El muro anterior.

**Prŏmus**, i. m. *Col.* y

**Prŏmus condus**, i. m. *Plaut.* Despensero. *Promus librarius. Apul.* Bibliotecario.

**Prŏmuscis**, idis. f. *Plin.* La trompa del elefante.

**Prŏmūtuus**, a, um. *Ces.* Anticipado, adelantado.

† **Prŏmylea**, ae. f.

† **Prŏmylius**, ii. m. Divinidad colocada delante de los muelles de los puertos, á quien se hacian votos por una vuelta pronta de un viage.

**Prŏnaia**, ae. f. Minerva, á la que solian poner en las fachadas de los templos.

**Prŏnăon**, i. n. y

**Prŏnaos**, i. m. *Vitruv.* La fachada de un templo.

**Prŏnastae**, arum. m. plur. Antiguos pueblos de Beocia.

**Prŏnăto**, ās, āre. n. *Hig.* Nadar.

**Prŏnātus**, a, um. *Sid.* Inclinado, propenso.

**Prŏne**. adv. *Non.* Inclinadamente, con inclinacion ó propension.

**Prŏnecto**, is, nexui, nectum, tĕre. a. *Estac.* Ligar, atar, ensartar una cosa con otra.

**Prŏnĕpos**, ōtis. m. *Ov.* Biznieto, hijo del nieto.

**Prŏneptis**, is. f. *Pers.* Biznieta, hija del nieto.

**Prōnis**. m. f. lĕ. n. is. *Varr. V. Pronus.*

**Prŏnĭtas**, ātis. f. *Sen.* Pronedad, inclinacion.

**Prŏnius**. adv. *Sen.* Mas inclinado, pendiente.

**Prŏno**, ās, āre. a. *Sid.* Inclinar, doblar.

**Pronoea**, ae. f. *Cic.* La mente del mundo entre los stoicos, que creian presidia á todas las cosas y las gobernaba.

**Prŏnōmen**, ĭnis. n. *Quint.* Pronombre, una de las partes de la oracion, que se pone en lugar de un nombre.

**Prŏnŏmĭnālis.** m. f. lĕ. n. is. *Prisc.* Lo perteneciente al pronombre.

**Prŏnŏmĭnātio,** ōnis. f. *Quint.* Antonomasia, figura retórica, cuando se usa de un nombre apelativo por el que se entiende el propio, como el orador en lugar de Ciceron.

**Prŏnŭba,** ae. f. *Virg.* Casamentera. Sobrenombre de Juno, que presidia á los matrimonios.

**Prŏnŭbae,** ārum. f. plur. Las mugeres que conducian á la esposa á casa de su marido.

**Prŏnŭbi,** ōrum. m. plur. *Lampr.* Los que conducian al marido.

**Prŏnŭbo,** as, āre. a. *Fest.* Presidir á los matrimonios.

**Prŏnŭbus,** a, um. *Cat.* Lo perteneciente á las bodas, que preside al matrimonio, que acompaña á los desposados, que dispone la celebridad de la boda. *Pronubus annulus.* *Ulp.* Anillo del matrimonio, que el esposo da á la esposa.

**Prŏnŭmĕro,** as, āvi, ātum, āre. a. *Sidon.* Contar seguidamente, referir.

**Prŏnuntĭābĭlis.** m. f. lĕ. n. is. *Apul.* Lo que se puede pronunciar, pronunciable.

**Prŏnuntĭātio,** ōnis. f. *Cic.* Pronunciacion. ‖ Proposicion, máxima, sentencia, principio, axioma, aforismo. ‖ Publicacion, intimacion. *Qua pronuntiatione facta.* *Ces.* Hecha la cual intimacion.

**Prŏnuntĭātivus modus.** *Diom.* El modo indicativo en los verbos.

**Prŏnuntĭātor,** ōris. m. *Cic.* El que cuenta, recita ó relata un hecho, historiador.

**Prŏnuntĭātum,** i. n. *Cic.* Axioma, máxima, sentencia, aforismo. ‖ La espresion de una sentencia, auto ó decreto. ‖ Proposicion irrefragable, evidente.

**Prŏnuntĭātus,** us. m. *Gel. V. Pronuntiatio.*

**Prŏnuntĭātus,** a, um. *Cic.* Pronunciado, enunciado. ‖ Promulgado, publicado. ‖ Sentenciado, decretado públicamente. part. de

**Prŏnuntio,** as, āvi, ātum, āre. a. *Cic.* Pronunciar, enunciar. ‖ Contar, recitar. ‖ Juzgar, decidir, sentenciar. ‖ Publicar, promulgar, hacer saber al público, pregonar. *Pronuntiare uno spiritu multos versus.* *Cic.* Pronunciar, recitar muchos versos con un aliento. — *De aliqua re.* *Plin.* Sentenciar alguna cosa ó sobre alguna cosa. — *Pecuniam pro aliquo.* *Cic.* Prometer formalmente, obligarse á dar un dinero por otro. — *Militi praemia.* *Liv.* Prometer premios á la tropa.

**Prŏnūper.** adv. *Plaut.* Ya hace mucho tiempo.

**Prŏnŭrus,** us. f. *Ov.* La muger del nieto.

**Prōnus,** a, um. *Cic.* Inclinado, doblado hácia adelante. ‖ Inclinado, propenso. ‖ Facil. *Pronus in obsequium:* *Hor.* Pronto para obsequiar. — *Ad omne nefas.* *Luc.* Inclinado á todo género de delitos. — *Bibere. Marc.* Inclinado, doblado para beber. *Pronum mittere.* *Cat.* Echar de cabeza, precipitar. — *Ad honores iter.* *Plin. men.* Camino, carrera facil para los empleos. *Proni anni.* *Hor.* Años que se pasan, que van corriendo. — *Crateres.* *Estac.* Copas derramadas. — *Currus.* *Estac.* Carros que ruedan facilmente, ligeros. *Pronas aures accommodare.* *Claud. Pronis auribus accipere.* *Ter.* Oir favorablemente, dar, prestar oidos atentos. *Pronior honori alicujus.* *Estac.* Mas inclinado á favorecer á alguno. *Pronus soli,* ó *ad solem.* *Col.* Vuelto, puesto, espuesto al sol. *Prona fides venit.* *Ov.* Se cree facilmente. *Dies. Estac.* Dia que declina. — *Mens viris ruendi in ferrum.* *Luc.* Ánimo de personas determinado á morir. *Pronum est.* *Luc.* Es cosa facil.

**Proeconomia,** ae. f. *Symm.* Prevencion, preparacion, disposicion de lo que se ha de hacer ó decir, plan.

**Proemior,** āris, āri. dep. *Plin. men.* Empezar, hacer el exordio ó el proemio de un discurso.

**Proemium,** ii. n. *Cic.* Proemio, exordio, principio. ‖ Introduccion, prólogo de un libro.

† **Prŏpaedĕumăta,** tum. n. plur. 6.

† **Prŏpaedia,** ōrum. n. plur. Rudimentos, primeros elementos de las ciencias.

**Prŏpāgandus,** a, um. *Cic.* Lo que se ha de propagar ó estender.

**Prŏpāgātio,** ōnis. f. *Cic.* Propagacion, procreacion. ‖ Amplificacion, estension, prolongacion, acrecentamiento. ‖ La accion de amugronar las vides, de hacer provenas. *Propagatio finium imperii.* *Cic.* La dilatacion de los límites del imperio.

**Prŏpāgātor,** ōris. m. *Cic.* Propagador, el que ensancha, estiende los límites. ‖ *Apul.* Sobrenombre de Júpiter, que dilata los límites del imperio.

**Prŏpāgātus,** a, um. *Col.* Propagado con mugrones ó provenas. ‖ Estendido, dilatado. part. de

**Prŏpāgo,** as, āvi, ātum, āre. a. *Cic.* Propagar, estender, dilatar, ensanchar, amplificar, prolongar. ‖ Amugronar, hacer provenas. *Propagare vites in sulcos.* *Col.* Enterrar vástagos para que prendan y echen raiz, hacer provenas, amugronar las vides. — *Ad sempiternam memoriam alicujus laudem.* *Cic.* Eternizar la gloria de alguno. — *Urbis terminos.* *Tac.* Engrandecer una ciudad, aumentarla. — *Religionem.* *Cic.* Estender la religion. — *Vitam ferino victu.* *Cic.* Vivir de la caza. — *In annum imperium alicui.* *Liv.* Prorogar el mando á alguno por un año. — *Vitam.* *Cic.* Alargar, prolongar la vida.

**Prŏpāgo,** ĭnis. f. *Cic.* Provena, mugron de la vid. ‖ *Virg.* Prole, progenie, raza, línea de descendencia.

**Prŏpāla,** ae. m. f. *Plaut.* Mercader, ra, que estiende ó cuelga en palos sus mercadurías para venderlas.

**Prŏpălam.** adv. *Cic.* Abierta, manifiestamente.

**Prŏpălātus,** a, um. *Oros.* Propalado. part. de

**Prŏpălo,** as, āvi, ātum, āre. a. *Sid.* Propalar, publicar, divulgar.

**Prŏpandens,** tis. com. *Col.* Lo que está patente, manifiesto, abierto á todos.

**Prŏpansus,** y **Propassus,** a, um. *Apul.* Abierto, manifiesto, desplegado, descogido.

**Prŏpător,** ōris. m. *Tert.* Abuelo, ascendiente.

**Prŏpatruus,** i. m. *Dig.* Tio segundo, hermano del bisabuelo.

**Prŏpătŭlus,** a, um. *Cic.* Abierto, descubierto, patente, público. *In propatulo.* *Col.* Á la vista, en público.

**Prŏpe.** prep. de acus. Cerca de, junto á. *Prope me habitat.* *Liv.* Vive junto á mi casa, es vecino mio.

**Prŏpe.** adv. *Cic.* Cerca. ‖ Casi. *Prope solus.* *Cic.* Casi solo. — *Adventat.* *Plaut.* Está ya cerca. — *Est cum alieno more vivendum est mihi.* *Ter.* Ya viene, ya está cerca, ó se acerca el tiempo en que es preciso vivir de otro modo. — *Abest ab infirmitate.* *Tac.* Está próximo á enfermar. — *Jam erat ut sinistrum cornu pelleretur.* *Liv.* Ya estaba para ser, ya estaba á punto de ser desbaratada el ala izquierda. — *Ab muris. Ab domo.* *Cic.* Cerca de los muros, de la casa.

**Prŏpĕdiem.** adv. *Cic.* En breve, dentro de poco, de aqui á poco, dentro de breves dias.

**Prŏpello,** is, pŭli, pulsum, lĕre. a. *Cic.* Echar, arrojar de sí por fuerza, á empellones. ‖ Rechazar, rebatir. ‖ Apartar, prohibir. *Propellere aliquem ad voluntariam mortem.* *Tac.* Incitar, compeler, obligar á uno á darse muerte.

**Prŏpĕmŏdo,** y

**Prŏpĕmŏdum.** adv. *Cic.* Casi.

† **Propempe,** es. f. El cortejo, acompañamiento de la persona que se ausenta. ‖ Propéntico, oracion, discurso con el mismo objeto.

**Propempticum,** i. n. y

**Prŏpemptĭcum carmen.** *Prop.* Poema en honor del que se ausenta, en que se le desea buen viage y felices sucesos.

**Prŏpendens,** tis. com. *Col.* Pendiente, colgante. ‖ Inclinado, doblado hácia abajo.

**Prŏpendeo,** es, di, sum, dēre. n. *Cic.* Pender, colgar, estar pendiente ó colgante. ‖ Ser propenso, inclinado. *Lancem boni propendere.* *Cic.* Preponderar, pesar mas la balanza del bien. — *Ex arbore.* *Plin.* Colgar, estar pendiente del arbol.

**Prŏpendo,** is, di, sum, dĕre. n. *Plin. V. Propendeo.*

**Prŏpendŭlus,** a, um. *Apul.* Lo que cuelga, que pende por delante, pendiente, colgante.

**Prŏpense.** adv. *Cic.* Propensamente, con propension ó inclinacion.

**Prŏpensio,** ōnis. f. *Cic.* Propension, inclinacion.

**Propensus, a, um.** *Cic. part. de* Propendo. Inclinado, propenso. ‖ *Pers.* Colgado, pendiente. *Propenso animo aliquid facere. Liv.* Hacer alguna cosa por inclinacion natural, con afecto. *Propensa munera. Plaut.* Dones magníficos, preciosos, estimables por el buen afecto. *Propensior in neutram partem. Cic.* No mas inclinado á una parte que á otra.

**Propĕrābĭlis.** m. f. lĕ. n. is. *Tert. V.* Properans.

**Propĕrandus, a, um.** *Virg.* Lo que se ha de acelerar ó hacer prontamente.

**Propĕrans, tis.** *com. Cic.* El que se acelera, se apresura, se da mucha prisa. *Properans ad alia. Cic.* Que quiere pasar presto á otras cosas. — *In aliquem locum. Salust.* Que se apresura por ir á alguna parte. *Properantes aquae. Plin.* Aguas rápidas, de curso rápido. *Properante ligere lingua. Ov.* Leer muy aceleradamente.

**Propĕranter.** *adv. Salust.* Aceleradamente, de prisa, pronta, ligeramente.

**Propĕrantia, ae.** *f. V.* Properatio.

**Propĕrātim.** *adv. Cat.* De prisa.

**Propĕrātio, ōnis.** *f. Cic.* La prisa, prontitud, aceleracion, diligencia.

**Propĕrāto.** *adv. Tac.* De ó con prisa.

**Propĕrātus, us.** m. *Gel. V.* Properatio.

**Propĕrātus, a, um.** *Ov. part. de* Propero. Acelerado, apresurado, hecho de prisa. *Properato opus est. Cic.* Es menester diligencia, prontitud.

**Propĕre.** *adv. Ces.* y

**Propĕrĭter.** *adv. Cat.* Prontamente, con prontitud, con presteza y diligencia.

**Propĕro, as, avi, ātum, āre.** *a.* y *n. Cic.* Acelerar, apresurar, dar, meter prisa. ‖ Acelerarse, apresurarse, darse prisa. *Properare ventis remisque in patriam. Cic.* Forzar, hacer fuerza de vela y remo para llegar á la patria. — *Iter. Tac.* Ir, caminar, marchar en diligencia. — *Proficisci. Ces.* Acelerar, apresurar la marcha. — *Mortem. Tac.* Acelerarse la muerte. — *Aliquid. Virg.* Hacer alguna cosa muy de prisa, con prontitud. — *Haeredi pecuniam. Hor.* Amontonar dinero para un pronto heredero. — *Ad metam. Ov.* Apresurarse por llegar, darse prisa por llegar al cabo. *Qui nimium properat serius absolvit. Adag.* Á mas prisa mas vagar. *ref.*

**Propertius, ii.** m. *Plin.* Sesto Aurelio Propercio, *poeta latino de la Umbria elegantísimo, que floreció pocos años antes del nacimiento de Cristo, y escribió cuatro libros de Elegías, con que dice Quintiliano que podia la poesía latina apostar con la griega con esperanza de llevar la palma.*

**Propĕrus, a, um.** *Virg.* Diligente, pronto, solícito. *Properus irae. Tac.* Que fácilmente monta en cólera. *Oblatae occasionis propera. Tac.* Pronta, solícita para abrazar la ocasion ofrecida.

**Propes, ĕdis.** m. y

**Propĕdes, dum.** m. plur. *Turpil.* Cuerdas gruesas que sirven para atar las velas.

**Propexus, a, um.** *Ov.* Peinado á lo largo.

**Prophēta, y** Prophētes, ae. m. *Fest.* Primer sacerdote del templo donde se daban los oráculos, intérprete de ellos, adivino, pronosticador. ‖ *Lact.* Profeta.

**Prophētālis.** m. f. lĕ. n. is. *S. Ger.* Profético, lo que toca al profeta y á la profecía.

**Prophētātus, a, um.** *Tert.* Profetizado.

**Prophētia, ae.** *f. Tert.* Profecía, prediccion.

**Prophētiālis.** m. f. lĕ. n. is. *Tert.* Lo que toca á la profecía.

**Prophētĭce.** *adv. Tert.* Proféticamente, con espíritu profético.

**Prophētĭcus, a, um.** *Tert.* Profético, lo que pertenece al profeta.

**Prophētis, ĭdis.** f. y

**Prophētissa, ae.** *f. Ter.* Profetisa, *muger profeta.*

**Prophēto, ās, āre.** *a. Tert.* Profetizar.

**Propīnātio, ōnis.** *f. Sen.* Propinacion, la accion de alargar á otro el vaso despues de haber gustado el licor, la accion de brindar, de convidar á beber; ó de brindar á la salud de alguno. ‖ *Gel.* Convite, comida ó cena.

**Propīnātor, ōris.** m. *Ov.* El que brinda, coqvida á otro á brindar ó á beber, ó alarga el licor que ha gustado á otro para que le apure.

**Propīno, ās, āvi, ātum, āre.** *a. Cic.* Beber á la salud de otro, convidar á otro á beber, ó á brindar, alargar á otro el vaso despues de gustado el licor. ‖ Dar de beber, servir la copa ó la bebida. *Propinare aliquem aliis deridendum. Ter.* Esponer á uno á la risa y mofa de los otros. — *Patriam hostibus. Liv.* Entregar, vender la patria á los enemigos.

**Propinque.** *adv. Plaut.* Cerca.

**Propinquĭtas, ātis.** *f. Cic.* Propincuidad, vecindad, cercanía, inmediacion. ‖ Parentesco, proximidad de sangre. ‖ *Plaut.* Amistad, trato familiar.

**Propinquo, ās, āvi, ātum, āre.** *a. Cic.* Acercarse, aproximarse. *Propinquare amnem. Salust.* Acercarse á un rio.

**Propinquus, a, um, ior, issĭmus.** *Cic.* Propincuo, cercano, próximo. ‖ Pariente, deudo. ‖ Parecido, que se asemeja. *Propinquius exilium orare. Ov.* Pedir un lugar de destierro menos apartado. *Ex propinquo. Liv.* De, desde cerca. *Propinqua cognatione conjunctus. Suet.* Unido con estrecho parentesco.

† **Propio, ās, āre.** *n. Paul. Nol.* Acercarse.

**Propior.** m. f. ius. n. oris. *Cic.* Mas cercano, mas próximo, mas inmediato. *Propior gradu sanguinis. Ov.* Pariente mas cercano. *Propior tibi me nemo est. Cic.* No tienes persona mas cercana que yo. *Propius est fidem. Liv.* Es mas verisímil. *Propior montem pedites collocat. Salust.* Coloca la infantería mas cerca del monte. *Propius virtutem vitium. Salust.* Vicio mas parecido á la virtud.

**Propĭtiābĭlis.** m. f. lĕ. n. is. *En.* El que fácilmente se puede ó se deja aplacar.

**Propĭtians, tis.** *com. Curc.* El que hace ó vuelve á otro propicio.

**Propĭtiātio, ōnis.** *f. Sen.* Propiciacion, sacrificio propiciatorio, ofrecido para hacerse propicio al cielo.

**Propĭtiātor, ōris.** m. *Bibl.* El que propicia, ablanda, hace favorable á la deidad.

**Propĭtiātōrium, ii.** n. *Bibl.* Propiciatorio. *Tabla ó lámina que cubria el arca del testamento.*

**Propĭtiātōrius, a, um.** *Bibl.* Propiciatorio, lo que es útil para propiciar.

**Propĭtiātus, a, um.** *Tac.* Hecho, vuelto propicio.

**Propĭtio, ās, āvi, ātum, āre.** *a. Plaut.* Propiciar, aplacar, ablandar la ira de alguno, hacer propicio, benigno y favorable.

**Propĭtius, a, um.** *Cic.* Propicio, favorable, benigno, aplacado, indulgente.

**Propius.** *adv. Cic.* Mas cerca, mas próxima, mas inmediatamente. *Propius abesse. Cic.* Estar mas cerca. — *Aspicere. Cic.* Mirar mas favorablemente, con mas benignidad. — *A terris. Cic.* Mas cerca de la tierra.

**Proplasma, ātis** n. *Plin.* Modelo, figura de barro ó cera.

**Proplastĭce, es.** *f. Plin.* El arte de modelar en barro ó cera.

**Propnigeum, i.** n. *Vitruv.* Entrada, boca de un horno. ‖ Cámara ó pieza abrigada del baño, aunque no tan caliente como la que servia para sudar. ‖ Fogon ú hornilla donde se tomaba la lumbre pasada para los baños.

**Propoetĭdes, um.** f. plur. *Ov.* Propetides, *mugeres de Amatunta en la Isla de Chipre, que por haber despreciado á Venus, y negado su deidad, fueron prostituidas en las calles, y al fin convertidas en piedras.*

**Propōla, ae.** m. *Plaut.* Revendedor, recaton, el que compra algunos géneros para volverlos á vender.

**Propōlis, is.** *f. Cels.* Cierta especie de cera glutinosa ó betun, que sirve de fundamento á los panales de las abejas, y los defiende en los corchos de la intemperie.

**Propōma, ātis.** n. *Palad.* Cierta bebida que usaban los antiguos antes de la comida, compuesta de vino y agenjos, ó rosa ó miel.

† **Propompeia, ae.** f. Acompañamiento de una pompa solemne, la accion de acompañar por honor en las solemnidades.

**Propōno, is, pŏsui, sĭtum, něre.** *a. Cic.* Esponer, poner á la vista, hacer ver. ‖ Proponer, esponer, decir, declarar. ‖ Promulgar, publicar, hacer saber. ‖ Establecer, determinar, deliberar. ‖ Prometer, ofrecer. ‖ Cels. Asegurar, afirmar. — *Proponere aliquid animo. Liv.—In animum. Cic.* Proponerse, discurrir, revolver alguna cosa en el pensamiento. — *Aliquid venale. Cic.* Poner una cosa en venta, sacarla á vender. — *Animo vim fortunae. Liv.* Proponerse, ponerse delante, pensar cual es la fuerza de la fortuna. — *Legem in publicum. Cic.* Proponer, esponer una ley al público. — *Praemium alicui. Cic.* Prometer á uno un premio. — *Improbis poenam. Cic.* Amenazar con la pena á los malos. *Propositum est mihi. Cic.* Tengo pensado ó determinado, me he propuesto. — *Omni huic sermoni propositum est. Cic.* Toda esta plática se dirige á.

Prŏpontiăcus, a, um. *Properc.* Lo perteneciente á la Propóntide ó mar de Mármora.

Prŏpontis, ĭdis. *f. Plin.* La Propóntide, el mar de Mármora.

Prŏporro. *adv. Lucr.* Ademas. ‖ Mas allá.

Prŏportio, ōnis. *f. Vitruv.* Proporcion, relacion respecto de una cosa á otra.

Prŏportionălis. *m. f. lĕ n. is. Front.* Lo que toca á la proporcion, proporcional.

Prŏportionātus, a, um. *Jul. Firm.* Proporcionado.

Prŏpŏsĭtio, ōnis *f. Cic.* Proposicion, asunto de un discurso. ‖ Proposicion de un silogismo.

Prŏpŏsĭtum, i. *n. Cic.* Propósito, designio, intencion, blanco, fin. *Propositum premere. Ov.* Callar, encubrir su designio. *A proposito egredi. Cic.* Salir del asunto, apartarse de él, hacer una digresion. *Mutandum tibi propositum est. Fedr.* Has de mudar de sistema.

Prŏpŏsĭtus, a, um. *Cic. part. de* Propono. Propuesto, espuesto, manifiesto, declarado. *Proposita mihi nulla res tam erit, quam ut. Cic.* No tendré otra cosa mas en mi corazon que.

Prŏpŏsui. *pret. de* Propono.

Propraefectus, i. *m. Inscr.* El que hace las veces del prefecto ó gobernador, sustituto.

Propraeses, ĭdis. *m.* Vicepresidente.

Propraetor, ōris. *m. Cic.* Propretor, magistrado enviado á un gobierno con facultades de pretor.

Propriassit. *ant. Fest.* en lugar de Proprium fecerit.

Proprietim. *adv. Arnob.* En particular, propiamente.

Proprie. *adv. Cic.* Propia, peculiar, particular, privadamente. ‖ Verdadera, legítimamente, con propiedad. *Proprie loqui. Cic.* Hablar con propiedad.

Proprietărius, ii. *m. Ulp.* Propietario, dueño, poseedor, el que tiene el dominio y propiedad de una cosa.

Proprĭĕtas, ātis. *f. Cic.* Propiedad, naturaleza, calidad, fuerza, virtud propia y peculiar. ‖ Propiedad, dominio. *Proprietas coeli, et terrae. Liv.* Naturaleza del clima. — *Morborum. Cels.* Cualidad de las enfermedades. *Proprietatis dominus. Ulp.* El propietario.

Proprietim. *adv. Lucr. V.* Proprie.

Proprio, as, āre. *a. Cel. Aur.* Apropiar, hacer propio ó suyo.

Proprium, ii. *n. Cic.* Lo propio y peculiar de uno.

Proprius, a, um. *Cic.* Propio, peculiar, privativo. ‖ Perpetuo, firme, duradero, eterno. *Varietas propria est fortunae. Cic.* La variedad, la inconstancia es propia, es el caracter propio de la fortuna. *Si illud perenne ac proprium manere potuisset. Cic.* Si aquello hubiera podido conservarse perpetuamente. *Omnia quae nostra erant propria. Cic.* Todo lo que era propio nuestro. *Amittit merito proprium. Fedr.* Con razon pierde lo suyo. *Proprium est, aut quod soli accidit, ut homini sermo, risus. Quint.* Propiedad se llama lo que pertenece solo á uno, como al hombre el habla, la risa.

Propter. *prep. de acus. Cic.* Cerca de, junto á. ‖ Por, por causa ó respeto de. *Propter patrem cubare. Cic.* Acostarse junto á su padre. — *Aquae rivum. Virg.* Cerca de un arroyo. — *Propter frigora. Cic.* Por causa de los frios.

Proptĕrĕa. *adv. Cic.* Por esto, por eso, por esta causa, razon ó motivo. *Id propterea. Ter.* Por esta razon. *Propterea quod. Cic.* Porque.

Propterviam. *Fest.* Sacrificio que se hacia á Hércules al tiempo de hacer un viage, *en el cual cuanto sobraba de la comida se consumia al fuego.*

Prŏpŭdiānus porcus. *Fest.* Sacrificio espiatorio de un puerco, *propio de la f m lia Claudia.*

Prŏpŭdiōsus, a, um. *Plaut.* Torpe, desvergonzado, obsceno, sin pudor, sin vergüenza.

Prŏpŭdium, ii. *n. Plaut.* Obscenidad, torpeza, impureza, desvergüenza.

Prŏpugnācŭlum, i. *n. Cic.* Propugnáculo, fuerte, defensa, reparo, bastion, fortaleza, sitio fuerte, fortificado. ‖ Defensa, ausilio, amparo, proteccion. *Propugnaculo esse alicui. Cic.* Servir de defensa á alguno.

Prŏpugnans, tis. *com. Cic.* El que pelea en defensa.

Prŏpugnātio, ōnis. *f. Cic.* Combate, pelea en defensa. ‖ Defensa.

Prŏpugnātor, ōris. *m. Cic.* y

Prŏpugnātrix, ĭcis. *f. Fabret.* Defensor, ra, el que pelea en defensa. ‖ Protector, patrono, padrino.

Prŏpugnātus, a, um. *Gel.* Defendido. *part. de*

Prŏpugno, ās, āvi, ātum, āre. *a. Cic.* Defender peleando. ‖ Defender, amparar, proteger, apadrinar. *Propugnare pro salute alicujus. Cic.* Tomar á su cargo la defensa de alguno. — *Pectus parma. Estac.* Cubrir el pecho con el escudo. — *Alicui. Apul.* Pelear con alguno.

Prŏpŭli. *pret. de* Propello.

Prŏpulsātio, ōnis. *f. Cic.* La accion de apartar, de rebatir á una persona ó cosa.

Prŏpulsātor, ōris. *m. Val. Max.* El que rebate, aparta, rechaza.

Prŏpulsio, ōnis. *f. Plaut. V.* Propulsatio.

Prŏpulso, ās, āvi, ātum, āre. *a. Ces.* Rechazar, rebatir, apartar de sí. *Propulsare bellum moenibus. Liv.* Apartar la guerra de las murallas.

Prŏpulsus, us. *m. Sen.* Impulso, fuerza, empellon para echar á uno de sí.

Prŏpulsus, a, um. *part. de* Propello. *Tac.* Rechazado, echado de sí.

† Prŏpus, ŏdis. *m.* El que tiene muy grandes los pies. ‖ Estrella fija de la cuarta magnitud en la punta del pie izquierdo del primero de los gemelos.

Prŏpylaeum, i. *n. Cic.* Pórtico, atrio, plazuela delante de un templo ú otro grande edificio.

Prŏquam. *adv. Lucr.* Segun, segun que, á proporcion que.

Prŏquestor, ōris. *m. Cic.* Procuestor, sostituto del cuestor ó vicecuestor.

Prŏquĭrītātus, a, um. *Sid.* Publicado, proclamado, pregonado delante del pueblo.

Prŏquĭrito, ās, āre. *a. Apul.* Clamar, vocear, gritar delante del pueblo.

Prōra, ae. *f. Cic.* La proa, parte anterior de un navío. *Proram obvertere pelago. Virg. Proras à littore vertere. Lucan.* Hacerse á la vela. *Prora et puppis.* (proverb. grieg.) *Cic.* Esto es el todo, es lo principal.

Prŏrēpens, tis. *com. Col.* El que anda arrastrando. ‖ El que sale ó escapa sin sentir y escurriéndose.

Prŏrēpo, is, psi, ptum, pĕre. *n. Plin. men.* Andar arrastrando. ‖ Salir, escapar escurriéndose poco á poco y sin sentir. *Prorepere terris. Hor.* Andar arrastrando por la tierra. — *E cavis. Plin.* Salir á gatas de las madrigueras. — *In luxuriam. Col.* Estenderse, difundirse, propagarse viciosamente, demasiado.

Prōrēta, ae. *m. Plaut.* y

Prōreus, i. *m. Ov.* El que sentado en la popa avisa al que gobierna la nave de las mutaciones de los vientos y de las rocas ó escollos, para que los evite.

Prŏrĭpio, is, pui, reptum, pĕre. *a. Cic.* Sacar, retirar fuera, arrancar de presto ó con esfuerzo. ‖ *Virg.* Llevar por fuerza, arrastrando. *Proripere se ex aedibus. Plaut.* Salirse, irse fuera de casa. — *Se porta foras. Ces.* Echarse por la parte afuera, salir con precipitacion. — *Se è manibus sacrificantium. Liv.* Escaparse, desasirse de las manos de los sacrificadores.

Prŏrĭto, ās, āvi, ātum, āre. *a. Plin.* Irritar, provocar. ‖ *Col.* Convidar, atraer, incitar.

Prŏrŏgātio, ōnis. *f. Cic.* Prorogacion, próroga, dilacion.

Prŏrŏgātīvus, a, um. *Sen.* Lo que se puede prorogar.

**Prorogativa fulmina.** *Sen.* Tempestades, rayos cuyas amenazas se pueden evitar.

**Prorŏgātor,** ōris. m. *Casiod.* El que distribuye, gasta ó emplea el dinero, mayordomo.

**Prorŏgātus,** a, um. *Cic.* Prorogado, diferido, dilatado.

**Prorŏgo,** as, ăvi, ătum, āre. a. *Cic.* Prorogar, alargar, prolongar. ‖ Diferir, dilatar. *Prorogare alicui provinciam. Tac.* Prorogar á uno el gobierno, el tiempo de su duracion. — *Moras in hiemes. Plin.* Dejarlo para el invierno. — *Urceis conditum aliquid. Plin.* Conservar largo tiempo, guardar alguna cosa en orzas.

**Prorsi limites.** m. plur. *Fest.* Límites de occidente á oriente.

**Prorsum.** adv. *Plaut.* y

**Prorsus.** adv. *Cic.* Recta, derechamente. ‖ Entera, absoluta, del todo, totalmente. *Rursum, prorsum. Ter.* De acá y de allá, de esta y de aquella parte, aquí y allí. *Prorsus multae facetiae. Salust.* En una palabra, en suma, últimamente tenia muchas gracias.

**Prōrumpo,** is, rūpi, ruptum, pĕre. a. *Cic.* Prorumpir, salir con ímpetu, con fuerza. ‖ Arrojarse, romper, forzar, hacer, abrirse camino por fuerza. *Prorumpere per medios hostes. Caes.* Romper por medio de los enemigos. — *Eo hominum audaciam. Cic.* Llegar á tal punto, á tal eseso el atrevimiento de los hombres. — *In hostes. Virg.* Salir con ímpetu contra los enemigos, atacarlos vigorosamente. — *Atram nubem ad aetera. Virg.* Echar, despedir una nube negra ó espesa de humo á los aires. *Obsessi omnibus portis prorumpunt. Tac.* Salen con ímpetu, hacen una salida los sitiados por todas las puertas. — *Ad summa. Sen.* Se elevan hasta lo sumo ó lo mas sublime.

**Prōruo,** is, rui, rūtum, ĕre. a. *Liv.* Derribar, desbaratar, arruinar, echar por tierra. *Proruere in caput. Val. Flac.* Caer de cabeza. *Albam à fundamentis proruerunt. Liv.* Demolieron á Alba enteramente.

**Prōruptio,** ōnis. f. *Aur. Vict.* Salida, surtida, erupcion, irrupcion de enemigos.

**Prōruptor,** ōris. m. *Amian. Marc.* El que hace una salida, una correría.

**Prōruptus,** a, um. *Caes.* part. de Prorumpo. Roto, desbaratado, deshecho, arruinado, echado por tierra. *Preruptae munitiones. Caes.* Fortificaciones desbaratadas. *Prerupta audacia. Cic.* Audacia temeraria. *Preruptum mare. Virg.* Mar que se estiende con ímpetu.

**Prōrūtus,** a, um. *Liv.* Derribado, demolido, desbaratado, deshecho. part. de Proruo.

**Prōsa,** ae. f. *Quint.* y

**Prōsa oratio.** *Col.* La prosa. *Prosa eloquentia. Vel. Pat.* La elocuencia, la prosa de los oradores.

**Prŏsāicus,** a, um. *Fortun.* Prosaico, lo que está en prosa.

**Prōsāpia,** ae. f. *Plaut.* y

**Prōsāpies,** ēi. f. *Non.* Prosapia, raza, línea, familia. *Homo veteris prosapiae. Salust.* Hombre de casa antigua.

**Prŏsăpŏdŏsis,** is. f. *Quint.* Prosapodosis, figura retórica, cuando se ponen varias proposiciones seguidas, y á cada una se añade su razon: v. g. *Sed neque accusatorem eum metuo, qui sum innocens, neque competitorem vereor, qui sum Antonius, neque consulem spero, qui est Cicero.*

**Prōsārius,** a, um. *Siden.* V. Prosaicus.

**Prōsātus,** a, um. part. de Prosero. *Apul.* Sembrado. ‖ *Auson.* Nacido, engendrado.

**Proscēnium,** ii. n. *Plaut.* Proscenio, sitio del teatro delante de la escena, entre la escena y la orquesta, donde estaban los representantes.

**Proschēmatismus,** i. m. *Fig. gram.* Supresion de una sílaba final, como *Egon* en lugar de *Egone.*

† **Proschōlium,** ii. n. *Plaut.* Plaza, plazuela delante de una escuela pública.

**Proschōlus,** i. m. *Auson.* Pasante de un maestro.

**Proscindo,** is, scĭdi, scissum, ĕre. a. *Cic.* Hender, abrir, romper, cortar, partir. ‖ *Lucr.* Arar, labrar, cultivar la tierra. *Proscindere aliquem dictis. Ov.* Ultrajar á uno de palabras.

**Proscissio,** ōnis. f. *Col.* El rompimiento de la tierra.

**Proscissum,** i. n. *Col.* La tierra arada.

**Proscissus,** a, um. part. de Proscindo. *Col.* Arado, roto, labrado. *Proscissus conviciis. Plin.* Cargado de oprobrios, de injurias.

**Proscrībo,** is, psi, ptum, bĕre. a. *Cic.* Poner carteles, anunciar, avisar al público con carteles, esponer, poner en venta una cosa con carteles. ‖ Proscribir, desterrar, condenar con la pérdida y confiscacion de bienes. *Proscribere aliquid venale. Cic.* Fijar carteles para vender una cosa. — *Aedes. Cic.* Sacar á vender una casa. — *Bona alicujus. Cic.* Vender públicamente los bienes de alguno.

**Proscriptio,** ōnis. f. *Cic.* Fijacion de carteles para vender una cosa. ‖ Proscripcion, destierro con talla y confiscacion de bienes.

**Proscriptor,** ōris. m. *Plin.* El que proscribe, destierra con pérdida de bienes, y con talla sobre la vida del desterrado.

**Proscriptūrio,** is, īvi, ītum, īre. n. *Cic.* Pensar, meditar una proscripcion, tener deseo de publicarla.

**Proscriptus,** a, um. *Cic.* part. de Proscribo. Sacado á vender. ‖ Proscrito, desterrado con pena de muerte, talla y confiscacion de bienes.

**Prŏsēco,** as, cui, sectum, cāre. a. *Liv.* Cortar, partir.

**Prŏsecta,** ae. f. *Lucil.* y

**Prŏsecta,** ōrum. n. plur. *Ov.* V. Prosectum.

**Prŏsector,** ōris. m. *Tert.* El que corta y parte. ‖ Disecador.

**Prosectum,** i. n. *Ov.* Parte de las entrañas de la víctima sacrificada, de las cuales parte se quemaba, parte se daba á los sacerdotes, y parte reservaban para sus mesas los que hacian el sacrificio.

**Prosectus,** us. m. *Apul.* El corto, la accion de cortar.

**Prosectus,** a, um. *Val. Flac.* part. de Proseco. Cortado, partido, dividido.

**Prŏsĕcūtio,** ōnis. f. *Cod. Teod.* Acompañamiento, el acto de acompañar á otro.

**Prŏsĕcūtor,** ōris. m. *Cod. Teod.* Acompañante, el que acompaña á otro por su seguridad ó respeto.

**Prŏsĕcūtōrius,** a, um. *Dig.* El que acompaña por guarda ó custodia.

**Prŏsĕcūtus,** a, um. *Cic.* part. de Prosequor. El que ha acompañado á otro.

**Prōsēda,** ae. f. *Plaut.* Ramera, muger pública, prostituta.

**Prōsēdāmum,** i. n. *Plin.* Falta de fuerzas, desfallecimiento de los caballos padres.

**Prōsēlene,** es. f. Ciudad de la baja Frigia.

**Prŏsēlyta,** ae. f. y

**Prŏsēlytus,** i. m. *Tert.* Prosélito, recien convertido.

**Prŏsēmĭnātus,** a, um. *Cic.* Sembrado, estendido, derramado. part. de

**Prŏsēmĭno,** as, ăvi, ātum, āre. a. *Cic.* Sembrar, derramar, estender, difundir. *Familiae proseminatae sunt. Cic.* Se han difundido varias sectas.

**Prŏsentio,** is, sensi, sensum, tīre. a. *Plaut.* Presentir, llegar á entender, á conocer.

**Prŏsĕquor,** ĕris, quūtus sum, qui. dep. *Cic.* Acompañar, conducir por honor y respeto, seguir de cerca á alguno. ‖ Proseguir, continuar. *Prosequi aliquem amore. Cic.* Tener mucho amor á alguno. — *Exequias,* ó *funus. Cic.* Acompañar á un entierro. — *Rus aliquem. Plaut.* Seguir, acompañar á uno al campo. — *Decedentem demo. Liv.* Acompañar, ir sirviendo á uno que sale de su casa. — *Ad cantum laudes alicujus. Cic.* Cantar las alabanzas de alguno. — *Abeuntem votis. Cic.* Acompañar con buenos deseos al que se ausenta, desearle buen viage. — *Mortem inedia. Petron.* Querer morir, quitarse la vida por hambre. — *Aliquem laudibus. Cic.* Alabar á uno en todas partes. — *Verbis vehementioribus. Cic.* Decir á uno palabras muy fuertes, duras, vehementes. — *Aliquid verbis. Cic.* Discurrir, hablar, tratar sobre una cosa. — *Scripta. Cic.* Escribir, hacer un tratado sobre alguna materia. — *Maledictis. Cic.* Cargar, llenar á uno de injurias. — *Beneficiis omnibus aliquem. Cic.* Hacer á uno todos los beneficios posibles. — *Antiquitatem. Cic.* Seguir los modos y costumbres antiguas. — *Fugientes. Caes.* Seguir el alcance á los que huyen. — *Hostes. Ces.* Perseguir á los enemigos.

**Prosĕro**, is, sēvi, sătum, rĕre, *a. Luc.* Producir, sacar fuera, hacer salir. ‖ Sembrar.

**Proserpina**, ae. *f. Virg.* Proserpina, *hija de Júpiter y Ceres, diosa del infierno.*

**Proserpināca**, ae. *f. Plin.* Yerba, lo mismo que polígono, *que es muy eficaz contra la mordedura del escorpion.*

**Proserpinālis herba**. *Marc. Emp.* La yerba dracónica, *que es eficaz para remediar el flujo de sangre de narices.*

**Prosērpo**, is, psi, ptum, pĕre, *n. Plaut.* Andar arrastrando. ‖ *Plin.* Estenderse, propagarse por la tierra.

**Proseucha**, ae. *f. Juv.* Sinagoga de los judíos. ‖ Lugar donde se juntaban á orar. ‖ Lugar adonde se recogian los pobres. ‖ Lugar adonde acudian los pobres á recoger la limosna. ‖ Oracion á Dios.

† **Proseuticum**, i. *n.* Himno, oracion á Dios.

**Prosiciae**, arum. *f. plur. Arnob.* ó

**Prosicies**, ei. *f. Varr.* y

**Prosicium**, ii. *n. Fest.* Las partes ó pedazos de las víctimas sacrificadas.

**Prosignānus**, i. *m. Front.* Soldado que va delante de la bandera en la segunda fila.

**Prosĭlio**, is, lui, ó lii, sultum, lire. *n. Cic.* Saltar afuera, salir ó echarse fuera saltando. *Prosilire strato. Val. Flac.* Saltar de la cama. — *In altitudinem. Col.* Elevarse, crecer las plantas.

† **Prosimetricus**, a, um. Lo que está escrito en prosa y verso, mezclado de uno y otro.

**Prosimūrium**, ii. *n. Fest.* Lugar espacioso delante de un muro, *donde los romanos consagraban sus pontifices.*

**Prosistens**, tis. *com. Apul.* Lo que está delante, lo que sobresale.

† **Proslambanomĕnos**, i. *m. Vitruv. Nombre griego de un tono musical, que dicen ser el que los modernos llaman A, re.*

**Prosŏcer**, ĕri. *m. Ov.* Abuelo de mi muger.

**Prosŏcrus**, us. *f. Dig.* Abuela de mi muger.

**Prosŏdia**, ae. *f. Gel.* Prosodia, arte de la pronunciacion. ‖ El acento ó pronunciacion acentuada.

**Prosŏdiăcus**, a, um. *Marc. Vict.* Lo que pertenece á la prosodia, prosódico.

† **Prosŏdium**, ii. *n.* Himno que se cantaba á los dioses antes de la entrada del coro.

**Prosŏdum**, ii. *n.* Instrumento músico de cuerdas.

**Prosŏnomasia**, ae. *f.* Paronomasia, *figura retórica, semejanza de las voces en las sílabas: v. g. Consul ipse parvo animo et pravo. Cic.*

**Prosōpogrăphia**, ae. *f.* Prosopografia, *figura retórica, descripcion de la traza y figura de alguno.*

**Prosōpolepsia**, ae. *f.* Acepcion de personas.

**Prosōpopaeia**, ae. *f. Quint.* Prosopopeya, *figura retórica, la introduccion de una persona en un discurso que hable conforme á su carácter.*

**Prospectans**, tis. *com. Catul.* El que mira. *Prospectantia astra. Estac.* Astros que brillan.

**Prospectātor**, ōris. *m. Apul.* Protector, defensor.

**Prospecte**. *adv. Tert.* Con madurez, prudentemente.

**Prospectivus**, a, um. *Cod.* Lo que sirve para ver, lo que da ó tiene vista á alguna parte.

**Prospecto**, as, avi, atum, are. *a. freq. de Prospicio. Cic.* Ver, mirar á lo lejos. *Villa quae mare Siculum prospectat. Fedr.* Casa que tiene las vistas, que mira al mar de Sicilia. *Prospectat quid agamus. Cic.* Está esperando, observando lo que hacemos, está de observacion.

**Prospector**, ōris. *m. Apul.* El que alcanza á ver mucho, muy lejos.

**Prospectus**, us. *m. Ces.* La vista á lo lejos, lo que se alcanza á ver, á registrar con los ojos. *Prospectum impedire. Ces.* Estorbar la vista. *Ad prospectum producere. Cic.* Sacar á la vista, adonde se pueda ver. *Prospectum in urbem agrumque capere. Liv.* Tomar un puesto desde donde se alcance á ver, se registre la ciudad y el campo.

**Prospectus**, a, um. *part. de Prospicio. Liv.* Visto de lejos. ‖ Considerado, examinado, mirado con reflexion. *Commeatus prospectos habere. Liv.* Tener prevenidos los víveres.

**Prospecŭlor**, āris, atus sum, āri. *dep. Liv.* Espiar, registrar, observar de lejos.

**Prosper**, y **Prospĕrus**, a, um. *Cic.* Próspero, feliz, favorable. *Prosper exitus. Cic.* Feliz suceso. *Prospera valetudo. Suet.* Buena salud. — *Fortuna*, ó *res. Cic.* Prosperidad. *Prospera. Plin. Prospera rerum. Tac.* Prosperidades, felicidades.

**Prospĕrātus**, a, um. *part. de Prospero. Prud.* Lo que ha prosperado, salido con felicidad. *Prosperatus Deus. Prud.* Dios propiciado, hecho favorable.

**Prospĕre**, ius, errĭme. *adv. Cic.* Próspera, feliz, favorablemente. *Prosperrime semper dimicavit. Suet.* Peleó siempre con suma felicidad.

**Prospergo**, is, si, sum, gĕre. *a. Tac.* Rociar, regar.

**Prospĕritas**, ātis. *f. Cic.* Prosperidad, felicidad, buen estado y éxito de las cosas.

**Prospĕriter**. *adv. En. V.* Prospere.

**Prospĕro**, as, avi, atum, are. *a. Liv.* Prosperar, dar buen suceso, favorecer, hacer feliz y favorable. *Prosperare alicui. Plaut.* Hacer á alguno su fortuna. — *Victoriam pop. Rom. Liv.* Dar feliz victoria al pueblo romano.

**Prospersus**, a, um. *Tac. part. de Prospergo.* Rociado, esparcido.

**Prospĕrus**, a, um. *V. Prosper.*

**Prospex**, icis. *m. Tert.* El que mira ó ve de lejos, en especial lo que ha de venir.

**Prospexi** *pret. de Prospicio.*

**Prospicienter**. *adv. Gel.* Con prudencia, con reflexion, con madurez.

**Prospicientia**, ae. *f. Cic.* Prudencia, circunspeccion, reflexion, atencion, madurez.

**Prospĭcio**, is, spexi, spectum, cĕre. *a. Cic.* Ver, mirar á lo lejos. ‖ Prever, precaver, considerar, prevenir. *Prospicere Tuscum mare. Fedr.* Tener vistas al mar de Toscana. — *A tergo. Ov.* Mirar hácia atras. — *Ex specula. Cic.* Mirar, registrar, observar desde una atalaya ó garita. — *Sedem senectuti. Liv.* Poner la mira en un retiro para la vejez. — *Casus futuros. Ter.* Prever los accidentes futuros. — *Alicui malo. Cic.* Prevenir una desgracia, precaverse para cuando sobrevenga. — *Longe animo. Cic.* Prever de muy lejos. — *Ab rupe. Virg.* Mirar desde lo alto de una roca. — *In posterum. Cic.* Mirar, pensar en lo que puede suceder en adelante.

**Prospĭcue**. *adv. Apul.* Con prudencia, con reflexion.

**Prospĭcuus**, a, um. *Estac.* Lo que se ve, lo que se alcanza á ver á lo lejos. ‖ *Sen.* Notable, considerable.

**Prospiro**, as, avi, atum, are. *a. n. Apul.* Respirar, salir, brotar, romper hácia afuera algun humor.

**Prostans**, tis. *com. Lucr.* Lo que sale ó sobresale hácia afuera, saliente. ‖ *Juv.* Lo que se espone ó saca á vender.

**Prostas**, ădis. *f. Vitruv.* Atrio, pórtico.

**Prostăsia**, ae. *f. Cod. Teod.* Preeminencia, primer lugar de dignidad entre algunos.

† **Prostătes**, is. *m.* General, comandante, gefe.

† **Prostaxis**, is. *f.* Edicto, mandamiento, decreto.

**Prosterno**, is, strāvi, strātum, nĕre. *a. Plaut.* Echar, sembrar, tender por el suelo. ‖ Abatir, derribar, echar por tierra. ‖ Arruinar, desolar, destrozar, deshacer. *Prosternere se. Cic.* Postrarse, echarse á los pies de alguno. — *Invidias. Cic.* Desvanecer, deshacer, disipar el odio. *Materiam campumque laudibus alicujus prosterni. Plin. men.* Abrirse, disponerse, ofrecerse materia y campo á la gloria de alguno.

**Prosthĕsis**, is. *f. Diom.* Adicion, aposicion, *figura por la que se añade una letra al principio de una palabra, como* Gnatus *en vez de* Natus.

**Prostibĭlis**. *m. f.* lĕ. *n.* is. *Plaut.* Vil, prostituido, despreciable, que se espone en venta ó se prostituye.

**Prostibŭla**, ae. *f. Plaut.* y

**Prostibŭlum**, i. *n. Plaut.* Prostituta, ramera, muger pública.

**Prostĭtuo**, is, tui, tūtum, ĕre. *a. Plaut.* Prostituir, esponer públicamente á toda torpeza y sensualidad.

**Prostĭtutio**, ōnis. *f. Arnob.* Prostitucion, la accion de prostituir, de esponer públicamente á la torpeza.

## PRO

Prostĭtūtor, ōris. m. *Tert.* El que prostituye ó pone en venta la honestidad.

Prostĭtūtus, a, um. *Marc. part. de* Prostituo. Prostituido, puesto en venta.

Prosto, ās, stĭti, stĭtum, stāre. n. *Lucr.* Salir hácia fuera, sobresalir. ‖ Prostituirse, abandonarse, ponerse en venta. ‖ *Hor.* Estar de venta ó para venderse.

Prostrātio, ōnis. f. *Tert.* Postracion, humillacion, abatimiento.

Prostrātor, ōris. m. *Jul. Firm.* El que postra, abate, humilla, derriba.

Prostrātus, a, um. *Cic. part. de* Prosterno. Postrado, abatido, derribado, humillado. ‖ Prostituido. *Prostratus siti. Lucr.* Abatido por la sed.

Prostrāvi. pret. de Prosterno.

Prostȳlus, a, um. *Vitruv.* Lo que tiene colunas por delante.

Prostȳpa, ōrum. n. plur. *Solin.* Figuras de bajo relieve.

Prŏsŭbĭgo, is, ēgi, actum, gĕre. a. *Virg.* Dar patadas en el suelo. — *Fulmina. Val. Flac.* Forjar rayos.

Prŏsum, dēs, dest, fui, desse. anom. *Cic.* Aprovechar, ser útil, provechoso, ventajoso. *Prodesse ad concordiam. Liv.* Ser útil para la quietud, para la paz y concordia. — *Nec sibi nec alteri. Cic.* No ser bueno, no servir para sí, ni para otro. *Quid prodest? Virg.* ¿De qué sirve?

Prŏsūmia, ae. f. *Plaut.* Bastimento pequeño, propio para ir á descubrir.

Prosummus, i. m. *Arnob.* Un amante deshonesto de Baco, que le enseñó el camino del infierno.

Prosymna, ae. f. y

Prosymne, es. f. *Estac.* Prosimna, ciudad y region del país argólico, donde era venerada Juno.

† Prŏtăgōnistes, ae. m. El que hace el primer papel en una pieza de teatro, protagonista.

Protagoras, ae. m. *Gel.* Protágoras, sofista de Tracia, que imbuido en la religion de los magos persas, por sentir mal de los dioses, fue desterrado por los atenienses, y sus libros quemados públicamente.

Protagorēus, a, um. y

Protagorius, a, um. *Gel.* Lo perteneciente al sofista Protágoras.

Protăsis, is. f. *Gel.* Protasis, primera parte de un poema dramático, que espone los antecedentes y el asunto de la pieza. ‖ Primera proposicion de un silogismo. ‖ Primera parte de un período compuesto, antecedente.

Protătĭcus, a, um. *Donat.* Lo que pertenece á la protasis ó antecedente. *Protatica persona. Donat.* La persona que se introduce en la protasis de un poema dramático, y no se vuelve á presentar despues, *como Sosias en el Andria de Terencio.*

Prōtecta, ōrum. n. plur. Balcones, galerías de una casa.

Prōtectio, ōnis. f. *Tert.* Proteccion, defensa.

Prōtector, ōris. m. *Cod. Teod.* Criado que acompaña y guarda la persona de su amo. ‖ Guardia de la persona. ‖ Protector, defensor.

Prōtectōrius, a, um. *Cod. Teod.* Lo perteneciente á la guardia de la persona.

Prōtectum, i. n. y

Prōtectus, us. m. *Ulp.* El alero del tejado.

Prōtectus, a, um. *Ces. part. de* Protego. Protegido, defendido, cubierto.

Prōtĕgendus, a, um. *Tac.* La que se ha de cubrir.

Prōtĕgens, tis. *Plin.* El que cubre, defiende.

Prōtĕgo, is, texi, tectum, gĕre. a. *Cic.* Cubrir, resguardar, defender, poner á cubierto. ‖ Proteger, favorecer, patrocinar. ‖ Cubrir la casa, ponerla á cubierto de las aguas con tejados y aleros. *Scuto aliquem protegere, Ces.* Cubrir á alguno con el escudo.

Prōtēlātus, a, um. *Turpil. part. de*

Prōtēlo, as, āvi, ātum, āre. a. *Ter.* Echar fuera, arrojar lejos de sí. ‖ Alargar, diferir, dilatar. *Protelare saevis dictis aliquem. Ter.* Perturbar, estorbar el hablar, cortar á alguno con palabras injuriosas.

Prōtēlum, i. n. *Lucr.* El mismo tenor, la misma serie ó continuacion. ‖ *Plin.* El trabajo continuo de muchas caballerías juntas puestas en un mismo yugo.

## PRO 605

Prōtendens, tis. com. *Cat.* El que tiende ó estiende.

Prōtendo, is, di, sum, y tum, děre. a. *Plin.* Tender, estender, alargar. ‖ Diferir, dilatar, prolongar. *Nanti protendere manum. Ov.* Dar, alargar la mano al que nada.

Prōtensus, a, um. *Virg. V.* Protentus.

Prōtentātus, a, um. *Avien.* Tentado, esplorado.

Prōtentus, a, um. *Tac. part. de* Protendo. Tendido, estendido.

Prōtĕnus. adv. *Virg.* Lejos de aquí.

Prōtermĭno, ās, āvi, ātum, āre. a. *Apul.* Estender, dilatar, ensanchar, alargar los términos.

Prōtĕro, is, trivi, tritum, rĕre. a. *Plaut.* Pisar, hollar, estrujar. ‖ Despreciar, menospreciar. *Protereré agmina curru. Virg.* Pasar con el carro por encima de los escuadrones. — *Umbram inanem. Ov.* Derribar un árbol que es inútil, que da una sombra inútil. — *Januam. Plaut.* Forzar una puerta, echarla en el suelo.

Prōterreo, ēs, rrui, rritum, rrere. a. *Ter.* Aterrar, espantar, amedrentar, atemorizar. *Proterrere aliquem hinc. Var.* Ahuyentar á alguno, echarle de aquí poniéndole miedo.

Prōterrĭtus, a, um. *Plaut. part. de* Proterreo. Echado, ahuyentado de miedo.

Prōterve. adv. *Ter.* Insolente, atrevida, desvergonzadamente.

Prōtervia, ae. f. *Auson. V.* Protervitas.

Prōtervio, is, ire. n. *Tert.* Obrar con insolencia.

Prōtervĭtas, ātis. f. *Cic.* Protervia, insolencia, soberbia, arrogancia, desvergüenza.

Prōtervĭter. adv. *Nom. V.* Proterve.

Prōtervus, a, um. *Cic.* Proterv0, insolente, desvergonzado, atrevido, arrogante, soberbio. *Proterva lingua. Ov.* Mala lengua, atrevida. *Venti protervi. Hor.* Vientos furiosos.

Protesilaēus, a, um. *Catul.* Perteneciente á Protesilao.

Protesilaodamia, ae. f. *Gel.* Nombre de una tragedia de Livio, antiguo poeta latino.

Protĕsĭlāus, i. m. *Ov.* Protesilao, hijo de Íficlo, natural de Filace, ciudad de Tesalia, uno de los príncipes que fueron al cerco de Troya, y el primero que murió á manos de Hector en el desembarco.

Prōtestor, āris, ātus sum, āri. dep. *Quint.* Protestar, declarar, confesar.

Prōteus, i. m. *Ov.* Proteo, dios marino, hijo del Océano y de Tetis.

Prōtexi. pret. de Protego.

Prōthĕsis, is. f. *Bibl.* Altar pequeño junto á otro mayor.

† Prōthyma, ātis. n. La reduccion en humo del incienso, trigo, cebada y otras primicias antes de empezar el sacrificio.

Prōthȳme. adv. *Plaut.* Con gusto, con placer.

Prōthȳmia, ae. f. *Plaut.* Alegria, gusto, placer.

Prōthȳris, idis. f. *Vitruv.* y

Prōthȳrum, i. n. *Vitruv.* Plazuela delante de una casa.

Prōtīmēsis, is. f. *Dig.* Preferencia, mayor estimacion de uno que de otro.

Prōtĭnam. adv. *Plaut.* y

Prōtĭnus. adv. *Cic.* Al punto, al momento, incontinenti, inmediatamente, al instante. ‖ Desde luego, desde el principio.

† Prōtŏcollum, i. n. Protocolo, libro en que los escribanos guardan los registros de los instrumentos que se han hecho ante ellos.

Prōtŏcomium, ii. n. *Veg.* El primer cabello, ó el sitio y lugar desde donde empieza.

Protŏgĕnes, is. m. *Quint.* Protógenes, pintor famoso de Cauno, ciudad de los rodios; la pintura mas celebrada de él es la de Yaliso.

Prōtollo, is, sustŭli, sublātum, lĕre. a. *Plaut.* Levantar, elevar, estender á lo alto. ‖ Diferir, dilatar, alargar. *Protollere sibi mortem. Plaut.* Dilatarse la muerte. — *Manus. Plaut.* Levantar las manos.

† Prōtŏmartyr, is. m. Protomartir, primer mártir, epíteto de San Esteban.

† Prōtŏmastor, ōris. m. Primer maestro.

Prōtŏmysta, ae. m. f. *Siden.* Primer sacerdote.

Prōtŏno, ās, nui, nĭtum, nāre. n. *Val. Flac.* Tronar,

† Protonotarius, ii. m. Protonotario, primer notario.

Protoplastes, i. m. *Tert.* El que ha sido formado el primero, como nuestro primer padre Adan.

Protopraxia, ae. f. *Plin.* Primera accion, privilegio, prerogativa de un acreedor, que es preferido á otros.

† Protoprohedrus, i. m. Primer presidente.

† Protosecreta, ae. m. Primer secretario.

† Protostasia, ae. f. Primer puesto, primera estancia ó centinela.

† Protostrator, oris. m. General de un ejército. || Caballerizo del rey.

Prototomus, a, um. *Col.* Lo primero que se corta de las plantas y verduras, lo mas tierno y verde.

Protractio, onis. f. *Macrob.* Prolongacion.

Protractus, a, um. *Quint.* part. de Protraho. Prolongado, dilatado. || *Val. Max.* Descubierto, manifiesto. *Ad paupertatem protractus. Plaut.* Reducido á pobreza.

Protraho, is, traxi, tractum, here. a. *Cic.* Sacar á fuera, hacer salir, traer por fuerza. || Diferir, dilatar, alargar. || Revelar, descubrir, manifestar. *Indicem ad indicium protrahere. Liv.* Traer por fuerza al delator á declarar. — *Istam capillo in viam. Plaut.* Sacar á una muger arrastrando por los cabellos á la calle.

Protrepticum, i. n. *Trebel.* Protréptico, poema monitorio ó exortatorio, en que se contienen avisos, preceptos y consejos.

Protrimentum, i. n. *Apul.* Manjar picado y desmenuzado, como gigote ó picadillo.

Protritus, a, um. *Liv.* part. de Protero. Pisado, hollado, estrujado. || *Gel.* Vulgar, trivial. *Protrita hostium acies. Tac.* Ejército de enemigos deshecho.

Protrivi. pret. de Protero.

Protropum, i. n. *Plin.* El mosto que destila la uva antes de pisada.

Protropus, a, um. *Col.* Lo que destila, corre, fluye antes de pisado ó triturado.

Protrudo, is, si, sum, dere. a. *Cic.* Echar, arrojar por delante, echar á empellones. *Comicia protrudere. Cic.* Dilatar, alargar los comicios.

Protubero, as, avi, atum, are. n. *Solin.* Hincharse. *Col.* Echar botones ó yemas las plantas.

Protuli. pret. de Profero.

Protumidus, a, um. *Apul. Protumida luna.* Luna llena.

Proturbatus, a, um. *Tac.* Echado, rechazado. part. de

Proturbo, as, avi, atum, are, a. *Liv.* Echar, arrojar, rechazar de alguna parte. *Aliquem calcibus proturbare. Col.* Echar á uno á patadas. — *A solio aliquem. Val. Flac.* Destronar á alguno, derribarle del solio.

Prototela, ae. f. *Ulp.* Vicetutela, el oficio del tutor subrogado.

Prototutor, oris. m. *Ulpian.* Vicetutor, el que hace las veces del tutor, tutor subrogado.

Prototypum, i. n. *Plin.* Prototipo, original, modelo, primer ejemplar.

Prout. adv. *Cic.* Segun que, como, conforme, á proporcion. *Prout res postulat. Cic.* Segun pide el asunto.

Provectio, onis. f. *Lact.* Promocion, ascenso.

Provectus, us. m. *Aur. Vict.* V. Provectio.

Provectus, a, um. *Cic.* part. de Proveho. Adelantado. *Provectus annis. Liv.* y *Provecta aetate vir. Cic.* Hombre de edad avanzada, provecta. *Provectus alicujus gratia. Tac.* Promovido por favor de alguno. — *Eo usque corruptionis. Tac.* Que ha llegado á tal punto de corrupcion. — *Ad summa militiae. Tac.* Elevado á los primeros empleos ó grados de la milicia. *Bellum longius provectum. Tac.* Guerra dilatada, alargada mas largo tiempo.

Provehens, tis. com. *Liv.* El que lleva, transporta, conduce.

Proveho, is, vexi, vectum, here. a. *Plin.* Llevar, transportar, conducir, portear. *Es mas usado en pasiva. Provehere vitam in periculum. Cic.* Esponer su vida, arriesgar al peligro. *Provehi in altum. Cic.* Engolfarse, entrar en alta mar. *Ad optatos exitus. Cic.* Llegar al cabo de sus deseos, al fin deseado. *Provehor amore. Cic.* Me dejo llevar del amor. *Provectus est in maledicta. Cic.* Prorumpió en injurias.

Provenio, is, veni, ventum, nire. n. *Plaut.* Provenir, venir de fuera. || Nacer, salir. || Suceder, acaecer, acontecer bien ó mal. *Frumentum propter siccitates angustius provenerat. Ces.* Habia salido ó nacido poco trigo por la mucha sequedad.

Proventurus, a, um. *Cic.* Lo que ha de suceder.

Proventus, us. m. *Virg.* Fruto, producto, renta. || Abundancia, gran cantidad, copia. || Suceso, éxito, fin favorable. || *Apul.* Acaecimiento.

Proverbialis. m. f. le. n. is. *Gel.* Proverbial, lo que toca al proverbio.

Proverbialiter. adv. *Amian.* Proverbialmente, á modo de proverbio.

Proverbium, ii. n. *Cic.* Proverbio. || Adagio, refran. *In proverbium cessit. Plin.* — *Abiit. Cic. In proverbio est. Cic. Proverbii in consuetudinem venit.* — *Loco dici solet. Cic.* Es ya proverbio, ha venido á ser, ha pasado á proverbio.

Proversus, a, um. *Plaut.* Recte, derecho, que va via recta, por camino derecho.

Provexi. pret. de Proveho.

Provictus, a, um. part. de Provivo. Vivido largo tiempo.

Provide. adv. *Plin.* Con prudencia, con reflexion y madurez, próvidamente.

Providens, tis. com. *Cic.* Próvido, prudente, el que prevé, cauto. *Providens consilium. Gel.* Consejo prudente. *Providentissimus vir. Cic.* Hombre prudentísimo. *Id est ad reliquas res providentius. Cic.* Esto es mas prudente para lo demas.

Providenter. adv. *Cic.* Con prudencia, con reflexion. Próvida, cautamente. *Providentissime constitutum. Cic.* Establecido con muchísima prudencia.

Providentia, ae. f. *Cic.* Prudencia, cautela, cuidado. || Providencia divina.

Provideo, es, vidi, visum, dere. a. *Cic.* Prever, prevenir lo futuro. || Proveer, resolver, dar disposicion. || Prevenir, acopiar, hacer provision. *Providere ne aliquid accidat. Salust.* Velar, dar las órdenes convenientes, poner gran cuidado en que esto ó aquello no suceda, no llegue á verificarse. — *Sibi. Plaut.* Mirar por sí, por sus cosas, por su bien estar, por la seguridad de su persona. — *Rei frumentariae, rem frumentariam, re frumentaria. Ces.* Hacer provision, proveerse de trigo. — *Rationibus suis. Cic.* Poner en órden sus cosas.

Providus, a, um. *Cic.* Próvido, prudente, cauto, cuidadoso, avisado, que preve lo futuro.

Provincia, ae. f. *Cic.* Provincia, pais de conquista. || Gobierno, comandancia, presidencia. || Cargo, empleo, comision. || Negocio, hacienda. *Provinciam deponere. Cic.* Renunciar el gobierno. — *Alicui tradere. Cic.* Consignarle al sucesor. — *Prorogare. Cic.* Prorogar el gobierno, su duracion. *In provinciam redigere. Ces.* Reducir á provincia ó á modo de provincia. *Esto es quitar á la nacion vencida sus fueros, leyes y gobierno, y sujetarla á las leyes y á un magistrado romano, haciéndola tributaria. Provinciam eam suscepi. Cic.* He tomado á mi cargo este empleo.

Provincialis. m. f. le. n. is. *Cic.* Provincial, lo que es de la provincia. *Provinciales. Ces.* Los naturales y habitantes de ella. *Provincialis scientia. Cic.* El arte de gobernar una provincia. — *Molestia. Cic.* El embarazo de un gobierno.

Provinciatim. adv. *Suet.* Por provincias.

Provindemia, ae. f. *Vitruv.* Estrella fija y muy resplandeciente sobre el hombro derecho de la vírgen.

Provinum, i. n. Provins, ciudad de Francia en la Bria.

Provisio, onis. f. *Cic.* Prevision, prudencia, precaucion.

Proviso, is, visi, visum, sere. a. *Ter.* Ir, salir á ver.

Provisor, oris. m. *Hor.* Proveedor, el que prevé lo futuro ó provee lo necesario. || El que previene ó se provee de lo necesario.

Provisus, us. m. *Tac.* V. Provisio.

Provisus, a, um. *Cic.* part. de Provideo. Previsto, precavido. || Provisto, prevenido, acopiado.

Provivo, is, vixi, victum, vere. n. *Tac.* Alargar, prolongar la vida, vivir largo tiempo.

Provocabilis. m. f. le. n. is. *Cels. Aur.* Lo que se puede escitar, mover.

## PRO

Prŏvŏcābŭlum, i. n. *Varr.* El pronombre, *parte de la oracion que se pone en lugar del nombre.*

Prŏvŏcātĭo, ōnis. f. *Liv.* Provocacion, desafio. ‖ Apelacion de una sentencia.

Prŏvŏcātītius, a, um. y

Prŏvŏcātīvus, a, um. *Tert.* Lo que se puede llamar á fuera ó hacer salir.

Prŏvŏcātor, ōris. m. *Cic.* Desafiador, provocador.

Prŏvŏcātōrius, a, um. *Gel.* Lo perteneciente al desafio. *Provocatoria dona. Gel.* Dádivas, premios que se daban al vencedor en desafio.

Prŏvŏcātrix, īcis. f. *Lact.* Provocadora, la que provoca, desafia, irrita.

Prŏvŏcātus, a, um. *Cic.* Provocado, desafiado. *part. de*

Prŏvŏco, as, āvi, ātum, āre. a. *Cic.* Provocar, desafiar, retar. ‖ Irritar, enfadar, agriar, escitar. ‖ Convidar. ‖ Apelar. *Provocare quippiam ab aliquo. Hor.* Sacarle á uno alguna cosa como por fuerza, á puros ruegos. *Dares Entellum provocas. Fortis in fortiorem incidit. In apes irruisti. adag.* El ansar de Cantimpalos le salió al lobo al camino. Ir por lana y venir trasquilado. *ref.*

Prŏvŏlo, as, āvi, ātum, āre. a. *Plin.* Salir, irse volando, volar hácia adelante ó lejos. ‖ Ir, salir corriendo, acudir pronto, precipitadamente. *Provolare in hostes. Cos.* Echarse á toda prisa sobre los enemigos. *In primum provolant duo Fabii. Liv.* Se adelantan corriendo; vuelan, van, acuden volando los dos Fabios á la primera fila.

Prŏvŏlūtus, a, um. *Tac. part. de* Provolvo. Echado á rodar. ‖ Humillado, abatido, postrado. *Ad alicujus libita provolutus. Tac.* Humillado á todos los gustos de alguno. *—Genibus. Tac. —Ad pedes. Curc.* Echado, postrado á los pies.

Prŏvolvo, is, vi, vŏlūtum, vĕre. a. *Ter.* Echar á rodar, llevar rodando ó revolviendo. *Provolvere se ad genua, ó ad pedes alicujus. Liv.* Postrarse, echarse á los pies de alguno. *Nisi puerum tollis, jam ego hinc in mediam viam provolvam, teque ibidem pervolvam in luto. Ter.* Si no quitas de ahí ese niño le he de arrojar en medio de la calle, y á tí he de revolcarte en el lodo. *Fortunis provolvi. Tac.* Caer en miseria.

Prŏvŏmo, is, mui, mĭtum, mĕre. a. *Lucr.* Vomitar, echar de sí, romper, prorumpir, arrojar.

Prŏvulgātus, a, um. *Suet.* Divulgado, *part. de*

Prŏvulgo, as, āvi, ātum, āre. a. *Apul.* Divulgar, publicar.

Proxĕnēta, ae. m. *Sen.* Mediador, el que media ó tercia entre dos que contratan.

Proxĕnētĭcum, i. n. *Ulp.* Precio, propina del que media ó tercia en los contratos.

Proxĭmans, tis. com. *Solin.* El que se aproxima, se acerca, está cercano, inmediato.

Proxĭmātus, us. m. *Dig.* La dignidad de segundo secretario del príncipe en la milicia.

Proxĭme. adv. *Cic.* Muy cerca, próximamente. ‖ Últimamente, recientemente. *Proxime hostem. Cic.* Muy cerca del enemigo.*—Atque ille. Cic.* Casi tanto como él.*—Ab hoc. Cels.* Inmediatamente despues de esto.*—Quem nominavi. Cic.* El que he nombrado últimamente, el que acabo de nombrar.*—Morem Romanorum. Liv.* Muy semejante á la costumbre de los romanos.*—Solis occasum. Cels.* Luego despues de puesto el sol.

Proxĭmĭtas, ātis. f. *Vitruv.* Proximidad, cercanía, inmediacion, vecindad. ‖ Semejanza, parentesco.

Proxĭmius. adv. *Min. Fel.* Mas de cerca.

Proxĭmo. adv. *Cic. V.* Proxime.

Proxĭmo, as, āvi, ātum, āre. n. *Cic.* Aproximarse, arrimarse, acercarse. *Capiti autem equi proximat aquarii dextra. Cic.* Mas á la cabeza del caballo está inmediata la diestra del acuario.

Proxĭmus, a, um. *Cic.* Próximo, inmediato, lo mas cercano ó arrimado. ‖ El que sigue inmediatamente al primero. ‖ El primero y el último. ‖ Muy semejante ó parecido. ‖ El prójimo. *Sedere proximus alicui. Cic.* Estar sentado junto á alguno inmediatamente. *—Genere. Ter.* El pariente mas cercano. *—A postremo. Cic.* El penúltimo. *—Vero. Hor.—Veritati. Quint.* Mas verisímil. *Proxima via* 

## PSA

*ad gloriam. Cic.* El camino mas corto para adquirir la gloria. *—Nox. Cic.* La noche pasada. *—Aedes. Ter.* La casa mas inmediata. *Proximum ibi est. Ter.* Allí, aquel lugar es lo mas inmediato. *—In senatum deferre. Plin. men.* Dejar, remitir, diferir para el senado próximo, para la primera asamblea del senado. *Proximis his mensibus. Ter.* En estos últimos meses. *In proximo. Ter.* Aquí cerca.

Prūdens, tis. com. *Cic.* Prudente, cuerdo, avisado. ‖ Sabio, inteligente, perito, práctico. *Prudens juris civilis. Gel.—Jure civile. Cic.* Hombre que sabe, que posee el derecho civil, jurisconsulto.*—Rerum. Hor.* Hombre práctico en negocios.*—Locorum. Liv.* Práctico en la tierra.*—Ad interitum ruo. Cic.* Sé que voy á morir.*—Praeterea. Hor.* Paso en silencio de intento. *Prudens, sciens. Cic.* Con todo conocimiento, con ciencia cierta. *Post mala prudentior. Mus piscem gustans. Vulpes non iterum capitur. Cautus metuit foveam lupus. Nunc bene navigavi postquam naufragium feci. adag.* De los escarmentados nacen los arteros, ó los avisados. No hay mejor cirujano que el mas acuchillado. *ref.*

Prūdenter. adv. *Cic.* Prudente, sabia, doctamente.

Prūdentia, ae. f. *Cic.* Prudencia, sabiduría. ‖ Ciencia, conocimiento, inteligencia, práctica. ‖ Ingenio, entendimiento, habilidad, capacidad. ‖ Prudencia, virtud.

Prūdentius, ii. m. *Aurelio Prudencio Clemente, español, natural de Calahorra, poeta latino, el mas elegante de los cristianos, que floreció á mediados del siglo IV de Cristo.*

Pruīna, ae. f. *Cic.* La escarcha.

Pruīnōsus, a, um. *Ov.* Lleno de escarcha, escarchado.

Prūna, ae. f. *Plin.* La brasa ó carbon encendido.

Prūnum, i. n. *Col.* La ciruela, *fruta.*

Prūnus, i. f. *Col.* El ciruelo, *árbol.*

Prūrĭgĭnōsus, a, um. *Dig.* El que tiene comezon, prurito, picazon.

Prūrigo, ĭnis. f. *Cel.* Picazon, comezon, prurito.

Prūrio, is, ivi, ītum, īre. n. *Cels.* Tener prurito, comezon ó picazon. ‖ Tener gana ó mucho deseo de alguna cosa. *Prurire in pugnam. Marc.* Tener comezon por pelear.

Prūrītīvus, a, um. *Plin.* Lo que causa comezon ó picazon, prurito.

Prūrītus, us. m. *Plin.* Picazon, comezon, prurito.

Prūsa, ae. f. *Plin.* Prusa, *ciudad de Bitinia.*

Prūsensis. m. f. sĕ. n. is, *Plin.* Lo perteneciente á la ciudad de Prusa. *Prusenses. Plin.* Los naturales y habitantes de Prusa.

Prusiăcus, a, um. *Liv.* Lo perteneciente á Prusias, *rey de Bitinia.*

Prusiădes, ae. m. *Varr.* y

Prūsias, ae. m. *Liv.* Prusias, *rey de Bitinia.*

Prussia, ae. f. La Prusia, *pais de Polonia.*

Prutheni, ōrum. m. plur. Los habitantes de Prusia.

Prymnesium, ii. n. *Fest.* La amarra de áncora. *V.* Tonsilia.

Prytănes, y Prytanis, is. m. *Sen.* Sumo magistrado de Atenas, á quien tocaba el gobierno de la república. ‖ *Liv.* El mismo nombre tenia en Rodas.

Prytănēum, i. n. *Cic.* Cierto parage en la ciudadela de Atenas y en otras ciudades en donde tenian sus asambleas los magistrados, y donde se mantenia á costa del público á los sugetos beneméritos de la república.

## PS

Psallo, is, lĕre. n. *Cic.* Tocar algun instrumento de cuerdas. ‖ Cantar á la cítara, al son de ella.

Psallŏcĭthărista, ae. m. Tocador de un instrumento de cuerdas.

Psalma, ătis. n. *S. Ag.* El toque de la cítara y el canto al son de ella.

† Psalmĕli, ōrum. m. plur. El gradual de la misa del oficio ambrosiano.

Psalmĭcen, ĭnis. m. *Sidon.* El que canta salmos, salmista.

Psalmista, ae. m. *S. Ger.* El compositor y cantor de salmos.

Psalmōdia, ae. f. Salmodia, canto de salmos.

## PSI

**Psalmŏgrăphus**, i. m. *Tert.* El compositor de salmos.

**Psalmus**, i. m. *Lact.* El toque de la citara ó arpa. ‖ Salmo, el himno ó cántico que se canta á ella.

**Psaltērium**, ii. n. *Casiod.* El salterio, *instrumento*. ‖ La cancion que se acompaña con él. ‖ *S. Ger.* Salterio, el libro de los salmos.

**Psaltes**, ae. m. *Quint.* Tocador de un instrumento de cuerdas. ‖ Cantor.

**Psaltria**, ae. f. *Ter.* Tocadora de un instrumento de cuerdas. ‖ Cantatriz y bailarina, ó misma al son del instrumento.

**Psaltrius**, i. m. *Cic.* Tocador. V. Psaltes.

**Psamăthe**, es. f. *Ov.* Samate, *hija de Crotopo, rey de Argos, madre de Lino, á quien escondido entre unas zarzas despedazaron unos perros.* ‖ *Ov.* Otra ninfa, *hija de Nereo, madre de Foco* ‖ *Plin.* Una fuente de Beocia junto á Tebas. ‖ *Plin.* Otra de la Laconia.

**Psaronios**, ii. n. *Plin.* Piedra de varios colores llamada tambien Pyrrhopoecilos.

**Psĕcas**, ădis. f. *Apul.* La gota de algun licor. ‖ La criada que servia para el peinado de las matronas: *Psecadas natus*. *Cel. á Cic.* Hombre de clase baja y servil.

**Psegma**, ătis. n. *Cod.* La espuma de bronce derretido. ‖ Las raeduras del oro.

**Psephisma**, ătis. n. *Cic.* Decreto dado á votos.

**Psephopaecta**, ae. m. *Jul. Firm.* Jugador de manicordi, de cubiletes y pelotillas, embustero, embaucador, fullero.

**Psetta**, ae. f. *Plin.* El rodaballo, *pescado*.

**Pseudanchūsa**, ae. f. *Plin.* Yerba semejante á la anchusa.

**Pseudapostŏlus**, i. m. *Tert.* El falso apóstol.

**Pseudenĕdrus**, m. *Jul. Firm.* Oculto insidiador.

**Pseudisodŏmon**, i. n. *Plin.* Fábrica cuyas paredes constan de piedras de gruesos desiguales.

**Pseudobunion**, ii. n. *Plin.* Nabo bastardo, *yerba*.

**Pseudŏcăto**, ŏnis. f. *Cic.* Pseudocaton, falso Caton, hipócrita.

**Pseudochristus**, i. m. *Tert.* El Antecristo.

**Pseudocyperus**, y

**Pseudocȳprus**, i. f. *Plin.* El ciprés silvestre.

**Pseudŏdamasippus**, i. m. *Cic.* Falso, fingido Damasipo.

**Pseudŏdiacŏnus**, i. m. *Ger.* Falso diácono.

**Pseudŏdictamnum**, i. n. *Plin.* El dictamo bastardo, *yerba*.

**Pseudŏdiptĕrus**, a, um. *Vitruv.* Lo que no tiene la segunda fila de colunas por la parte de adentro, que tiene una falsa ala.

**Pseudoepiscŏpus**, i. m. *S. Ciprian.* Falso, fingido obispo.

**Pseudŏflavus** color. *Marc. Empir.* Color leonado, que degenera del encarnado ó rojo.

**Pseudŏliquĭdus**, a, um. *Marc. Empir.* Medio líquido, que no está bien ó del todo claro.

**Pseudŏlus**, i. m. Embustero, fraudulento, *título de una comedia de Plauto*.

**Pseudŏmĕnos**, i. m. *Cic.* El sofisma. ‖ Falso, falaz.

**Pseudŏnardus**, i. f. *Plin.* Nardo bastardo, *yerba*.

**Pseudŏpătum**, i. n. *Col.* Pavimento, suelo falso.

**Pseudŏperiptĕrus**, a, um. *Vitruv.* Lo que tiene falsos órdenes ó lados.

**Pseudophilippus**, i. m. *Cic.* Falso, fingido Filipo.

**Pseudŏportĭcus**, i. f. *Plin.* Falso pórtico.

**Pseudŏprŏphēta**, ae. m. *Tert.* Pseudoprofeta, profeta falso.

**Pseudoprŏphetia**, ae. f. *Tert.* Falsa profecía.

**Pseudoprŏphetĭcus**, a, um. *Tert.* Falsa, fingidamente profético.

**Pseudŏprŏphētis**, ĭdis. f. *Tert.* Falsa profetisa.

**Pseudŏselīnum**, i. m. *Apul.* La yerba quinquefolio.

**Pseudosmaragdus**, i. m. *Plin.* Medio esmeralda y medio jaspe.

**Pseudosphex**, ēcis. f. *Plin.* La avispa que vuela sola.

**Pseudŏthȳrum**, i. n. *Cic.* Puerta falsa, secreta, trasera.

**Pseudourbana** aedificia. *Vitruv.* La parte de la casa de campo que el señor habite.

**Psila**, ae. f. *Lucil.* Ropa peluda por una parte y lisa por otra.

## PTY

**Psilocithariste**, ae. m. *Suet.* El que toca un instrumento de cuerdas sin acompañamiento de voz.

**Psilothrum**, i. n. *Plin.* Atanquia, *ungüento para arrancar el vello* ‖ La nueza ó vitisalba, *planta*.

**Psimmythium**, ii. n. *Plin.* El albayalde.

**Psithia**, ae. V. Psythia.

**Psittăcīnus**, a, um. *Marc. Emp.* Lo perteneciente al papagayo.

**Psittăcus**, i. m. *Plin.* El papagayo.

**Psoae**, ārum. f. plur. *Cel. Aur.* Músculos de las nalgas bajo el remate de la espina.

**Psodaicus**, a, um. *Cel. Aur.* El que tiene dolores en las nalgas.

**Psophis**, ĭdis. f. *Plin.* Ciudad de la Arcadia.

**Psōra**, ae. f. *Plin.* La tiña.

**Psŏranthēmis**, ĭdis. f. *Apul.* Yerba especie de romarino.

**Psōrĭcus**, i. m. *Plin.* Lo que sirve para curar la tiña.

**Psychĭcus**, a, um. *Tert.* Carnal, que no se refiere al espíritu, sino á la carne ó parte animal.

**Psychŏmachia**, ae. f. *Prud.* Pelea de las virtudes y los vicios, *título de un poema de Prudencio*.

**Psychŏmantium**, ii. n. *Cic.* Lugar donde acudian á llamar á las almas de los difuntos para preguntarlas del estado de los muertos. ‖ Adivinacion por medio de la evocacion de las almas.

**Psychophthŏros**, i. m. *Cod.* El que mata al alma, *nombre que puso Justiniano al herege Apolinar, que no admitia alma humana en Cristo*.

**Psychŏtrŏphon**, i. n. *Plin.* La betónica, *yerba*.

**Psychrolūta**, y **Psychrolutes**, ae. m. *Sen.* El que se baña en agua fria.

**Psylli**, ōrum. m. plur. *Plin.* Pueblos de la Libia, llamados asi de su rey Psilo, en cuyos cuerpos se dice que habia una ponzoña natural con que mataban las serpientes.

**Psyllion**, ii. n. *Plin.* La zaragatona, *yerba*

**Psythia**, y Psithia vitis. f. *Col.* Especie de uva estrangera, de que se hacian escelentes pasas y vino.

**Psythium**, ii. n. *Plin.* Vino de este género de uva.

## PT

**Ptarmĭca**, ae. f. *Apul.* Planta que hace estornudar.

† **Ptarmus**, i. m. El estornudo.

**Pte**. *Diccion silábica, que se añade á los ablativos de los pronombres posesivos.* Suapte manu. *Cic.* Por su propia mano. Suopte pondere. *Cic.* Por su propio peso.

† **Pterāna**, ae. f. Pie de un mástil.

**Ptĕris**, ĭdis. f. *Plin.* El elecho, *yerba*.

**Ptĕrŏmāta**, um. n. *Vitruv.* y

**Ptĕron**, i. n. *Plin.* Ala de un edificio.

**Ptĕrŏphŏros**, i. f. *Plin.* Pais cerca de los montes rifeos, donde caen continuamente copos de nieve en figuras de alas.

**Ptĕrōtus**, a, um. *Plin.* Alado, que tiene alas.

**Ptĕrygium**, ii. n. *Cels.* Membrana nerviosa, que se estiende desde el lagrimal del ojo hasta la pupila. ‖ Escrecencia de la carne que cubre parte de la uña. ‖ Cierta mancha ó nubecilla en la piedra berilo.

**Ptĕrygōma**, ătis. n. *Vitruv.* Ala de un edificio.

**Ptisăna**, ae. f. *Plin.* Tisana, *bebida de cebada cocida sin la cascarilla*. ‖ La misma cebada sin la cáscara.

**Ptisănārium**, ii. n. *Hor.* La bebida de tisana.

**Ptochēum**, y

**Ptochīum**, ii. n. y

**Ptochotrophēum**, y

**Ptochotrophium**, ii. n. *Cod.* Hospicio donde se recoge y alimenta á los pobres.

**Ptochotrophus**, m. *Cod.* El que sustenta á los pobres en el hospicio.

**Ptŏlĕmaeus**, a, um. *Curc.* y

**Ptŏlĕmaeius**, a, um. *Cic.* Lo perteneciente á Tolemeo, *nombre que tuvieron varios reyes de Egipto*.

**Ptŏlĕmais**, ĭdis. f. *Lucan.* Hija ó nieta de alguno de los Tolemeos. ‖ *Auson.* Muger egipcia. ‖ *Plin.* Tolemaide, *ciudad de la Pentapolis en Libia, hoy Tolometa*.

**Ptyas**, ădis. f. *Plin.* Especie de aspid, que escupe veneno á los ojos de los hombres.

## PUB
### PU

**Pūbĕda**, ae. m. *Marc. Cap.* Joven que entra en la edad de la pubertad.

**Pūbens**, tis. *com. Claud.* El que está en la edad de la pubertad, que se considera á los 14 años en los hombres, y á los 12 en las mugeres. ‖ Que empieza á cubrirse de vello ó pelo. ‖ Que crece, que se eleva con fuerza.

**Pūbeo**, ēs, bui, bēre. *n. Ulp.* Empezar á echar pelo, á cubrirse de pelo ó vello, empezar á barbar.

**Pūber**, ĕris. *com. V.* Pubes.

**Pūbertas**, ātis. *f. Cic.* Pubertad, la edad de los 14 años en el hombre, y de 12 en la muger. ‖ El pelo ó vello que empieza á nacer en esta edad en algunas partes del cuerpo. ‖ *Val. Max.* Los jóvenes.

**Pūbes**, is. *f. Cels.* El bozo, el vello que empeza á salir en la pubertad. ‖ *Virg.* El púbes, el empeine que se cubre de vello desde esta edad. ‖ La juventud, los jóvenes. ‖ El pueblo, la gente, los hombres.

**Pūbesco**, cis, bui, cēre. *n. Cic.* Entrar en la pubertad, en la juventud, empezar á barbar, á cubrirse de pelo ó vello. ‖ Empezar á madurar, á estar en sazon las plantas.

**Pūbis**, is. *f. Prud. V.* Pubes.

**Pūblica**, ōrum. *n. plur. Cic.* Las rentas de un estado.

**Pūblicana**, ae. *f. Cic.* Muger arrendadora de alguna renta pública.

**Pūblicanus**, i. *m. Cic.* Arrendador, asentista de las rentas públicas y otras cosas, publicano.

**Pūblicatio**, ōnis. *f. Cic.* Publicacion, confiscacion, venta, almoneda pública de los bienes de alguno.

**Pūblicator**, ōris. *m. Sidon.* y

**Pūblicatrix**, ĭcis. *f. Arnob.* Publicador, ra, el que publica, divulga.

**Pūblicatus**, a, um. *Suet. part. de* Publico. Publicado, divulgado, hecho público. ‖ Confiscado, vendido públicamente. ‖ Abierto, patente, manifiesto, espuesto á todos.

**Pūblice**. *adv. Cic.* Públicamente, con órden, con autoridad á nombre y representacion del público. *Elatus publice. Nep.* Enterrado á costa del público.— *Aliquem alere. Ter.* Mantener á alguno á espensas del pueblo.— *Custos. Ter.* Guarda puesto por autoridad pública.— *Agere gratias. Cic.* Dar gracias en nombre del público.

**Pūblicitus**. *adv. Ter. V.* Publice.

**Pūblico**, as, āvi, ātum, are. *a. Cic.* Publicar, hacer saber, avisar al público, hacer público. ‖ Confiscar, adjudicar al fisco, vender en pública almoneda. ‖ Dar á luz, dar al público, á la luz pública. *Publicare bibliothecas. Suet.* Abrir bibliotecas para el público, hacerlas públicas. — *Epistolas. Plin. men.* Publicar sus cartas, darlas al público, á la luz pública. — *St. Suet.* Dejarse ver en público. — *Bona. Cic.* Pregonar los bienes, confiscarlos, venderlos en pública almoneda. — *Fortunam suam. Sen.* Hacer partícipes á todos de sus bienes, de su fortuna. — *Crimen. Liv.* Imputar un delito á toda una ciudad, hacerla responsable de él.

**Pūblicŏla**, ae. *m. Liv.* Publícola, *sobrenombre de P. Valerio, uno de los primeros cónsules.* ‖ Popular, que toma sobre sí los intereses del pueblo.

**Pūblicum**, i. *n. Cic.* Alcabala, tributo, gabela, subsidio. ‖ El público, lugar, sitio público. *Publico carere, ó abstinere, in publico non audere esse. Cic.* No presentarse, no atreverse á parecer en público. *In publicum pecuniam referre. Liv.* Poner, meter dinero en el erario, en el tesoro público.

**Pūblicus**, a, um. *Cic.* Público, comun, del público. ‖ Magistrado, persona pública, que tiene cargo público. *Si quis aut privatus, aut publicus eorum decretis non steterit. Ces.* Si algun particular ó persona pública no obedece á sus decretos. *Publicae tabulae. Cic.* Escrituras, instrumentos, libros públicos, como los del censo y otros. *Publica judicia, y causa publica. Cic.* Juicios, causas en que se trata el interes público, de la magestad, la seguridad y los bienes del estado, de la república. — *Vena. Juv.* Vena, númen poético comun, ordinario, trivial.

**Publius**, ii. *m. Cic.* Publio, *nombre de muchos romanos.*

## PUE

**Publio Siro**, *amigo de C. Julio Cesar, escritor de mimos en versos agudos y sentenciosos. Murió 43 años antes del nacimiento de Jesucristo.*

**Pubui**. *pret. de* Pubeo y Pubesco.

**Pucinum**, i. *n. Plin.* Castel Duino, *ciudad sobre la costa del mar Adriático entre Aquileya y Tergesto.*

**Pucinus**, a, um. *Plin.* Lo que pertenece á la ciudad de Castel Duino.

**Pūdefactus**, a, um. *Gel.* Avergonzado, el que se llena, se cubre de vergüenza.

**Pūdendus**, a, um. *Quint.* Pudendo, vergonzoso, torpe, inhonesto, lo que da ó causa vergüenza.

**Pūdens**, tis. *com.* tior, tissimus. *Cic.* Vergonzoso, modesto. *Pudentissima foemina. Cic.* Muger muy modesta, honesta, honrada.

**Pūdenter**. *adv.* ius, issime. *Cic.* Vergonzosa, modesta, honradamente.

**Pūdeo**, ēs, dui, ĭtum, dēre. *n. Plaut.* y

**Pūdesco**, is, dui, ĭtum, cĕre. *n. Prud.* Avergonzarse, tener vergüenza, estar avergonzado, lleno, cubierto de rubor, de confusion. *Pudet non te tui? ¿* No te avergüenzas de tí mismo? *Pudent non te haec? ¿*No te da esto vergüenza? *Pudebit non me hoc dicere. Cic.* No me avergonzaré de decirlo. *Puditum nonne esset? Cic. ¿* No hubiera sido una vergüenza?

**Pūdibĭlis**. *m. f.* le. *n.* is. *Lampr. V.* Pudendus.

**Pūdibundus**, a, um. *Hor.* Vergonzoso, modesto, que tiene pudor y vergüenza. ‖ *Ov.* Lo que causa pudor y vergüenza.

**Pūdice**, ius, issime. *Ov.* Vergonzosamente, con pudor, con honestidad.

**Pūdicitia**, ae. *f. Cic.* Pudicicia, honestidad, castidad, pudor. ‖ *Liv.* La diosa Pudicicia, del pudor. *Pudicitiam publicare. Tac.* Prostituirse, abandonar el pudor.

**Pūdicus**, a, um. *Cic.* Vergonzoso, honesto, casto.

**Pŭdor**, ōris. *m. Cic.* Pudor, modestia, honestidad, vergüenza. *Pudor malus. Hor.* Necia, mala vergüenza.— *Nominibus adest. Ov.* Hay nombres que causan pudor.— *Extinctus. Virg.* Vergüenza perdida.— *Patris. Ter.* El respeto que se tiene á, ó que causa un padre. *Pudorem alicujus vulgare. Cic.* Publicar la infamia de alguno.— *Auferre virgini, ó rapere puellae. Ov.* Deshonrar á una doncella, quitarle su honor. *Oh pudor! Hor.* Proh pudor! *Petron. ¡*Ó qué vergüenza! ¡Qué deshonra!

**Pūdoricŏlor**, ōris. *com. Gel.* De color del pudor, de un color sonrosado, como la auröra.

**Pŭdui**. *pret. de* Pudeo y Pudesco.

**Puella**, ae. *f. Hor.* Muchachita, jovencita. ‖ Niña, doncellita. Se dice igualmente de las niñas tiernas que de las mozas ya hechas y casadas.

**Puellāris**. *m. f.* rĕ. *n.* is. *Ov.* Lo perteneciente á una niña, á una jovencita, á una doncella.

**Puellārĭter**. *adv. Plin. men.* Como muchacha, á modo de niña.

**Puellarius**, a, um. *Petron. V.* Puellaris.

**Puellasco**, is, ĕre. *n. Varr.* Hacerse ó volverse niña, rejuvenecer, afeminarse.

**Puellatorius**, a, um. *Solin.* Lo propio de, y perteneciente á las niñas.

**Puellitor**, āris. *Non.* Tener acto ó coito carnal.

**Puellŭla**, ae. *f. Cat.* Muchachita, jovencita, doncellita tierna.

**Puellus**, i. *m. Lucr.* Niño, muchachito, jovencito.

**Puer**, ĕri. *m. f. Cic.* Niño, chico, muchacho. ‖ Criado, siervo. ‖ Hijo, sea varon ó hembra. *Puer mea, quid verbi ex te audio? Liv.* Hija mia, hijo mio, ¿qué es lo que te oigo decir? *Pueri regii. Liv.* Pages del rey. *A puero. Cic.* Desde niño. *Ex pueris excedere. Cic.* Salir de la niñez, de la puericia. *Se dice tambien de las mozas.*

**Puĕra**, ae. *f. Varr.* Muchacha.

**Puĕrascens**, tis. *com. Suet.* El que entra en la puericia, saliendo de la infancia.

**Puĕrasco**, is. ĕre. *n. Auson.* Entrar en la puericia. ‖ Hacerse jóven, rejuvenecer.

**Puercŭlus**, i. *m. Arnob. V.* Puellus.

**Puĕrīlis**. *m. f.* le. *n.* is. *Cic.* Pueril, lo que toca á la pue-

Hhhh

ricia, cosa de niños, de la infancia. ‖ Vano, inconsiderado, sin juicio. *Puerile est. Ter.* Es cosa de niños, es una niñada.

**Puerilĭtas**, atis. *f. Sen.* Puerilidad, niñada. ‖ Puericia edad pueril.

**Puerĭlĭter.** *adv. Fedr.* Puerilmente, como niño. ‖ Necia, inconsideradamente, sin juicio.

**Puerĭtia**, ae. *f. Cic.* Puericia, edad media entre la infancia y la adolescencia. *Se aplica á los animales.*

**Puerĭties**, ei. *f. Aus. V.* Pueritia.

**Puerpĕra**, ae. *f. Plaut.* Muger que está de parto. ‖ Recien parida.

**Puerpĕrium**, ii. *n. Plaut.* El parto, el tiempo del parto, los dolores y esfuerzo de él. ‖ *Tac.* La misma prole.

**Puerpĕrus**, a, um. *Ov.* Lo que mueve, pertenece ó conduce al parto.

**Puerŭlus**, i. *m. Cic.* Niño.

**Puerus**, i. *m. Plaut. V.* Puer.

**Pugae**, arum. *f. plur. Hor.* Las nalgas.

**Pugil**, ilis. *m. Cic.* Púgil, atleta, el que combate con otro á puñadas ó con el ceston.

**Pugilatĭo**, onis. *f. Cic.* El ejercicio de los atletas.

**Pugilator**, oris. *m. Arnob.* El atleta. *V.* Pugil.

**Pugilatorĭus**, a, um. *Plaut.* Lo que toca al atleta y á su ejercicio.

**Pugilatus**, us. *m. Plaut.* El pugilado, combate del atleta, su ejercicio. *V.* Pugilatio.

**Pugilĭce.** *adv. Plaut.* Fuerte, valientemente, á modo de atletas.

**Pugillares**, ium. *m. plur. Plin. men.* y

**Pugillaria**, orum. *n. plur. Cat.* Tablitas para escribir.

**Pugillaris.** *m. f. tĕ. n. is. Juv.* Grueso como el puño.

**Pugillatorĭus**, a, um. *Plaut.* Lo que se sacude ó bate á puñadas.

**Pugillo**, as, are. y

**Pugillor**, aris, ari. *dep. Apul.* Luchar á puñadas.

**Pugillum**, i. *n.* y

**Pugillus**, i. *m. Plin. men.* Puñadito de alguna cosa.

**Pugio**, onis. *m. Cic.* Puñal, daga. *O plumbeum pugionem! Cic.* ¡O qué argumento, qué prueba tan débil!

**Pugiuncŭlus**, i. *m. Cic.* Puñalito, puñal pequeño, corto.

**Pugna**, ae. *f. Cic.* Pugna, batalla, refriega, choque, pelea. ‖ Contienda, debate, riña, disputa.

**Pugnacĭtas**, atis. *f. Plin.* Pugnacidad, ardimiento, tenacidad, deseo, ansia de pelear. *Argumentorum pugnacitas. Quint.* Contradicion de argumentos. ‖ Calor de la disputa.

**Pugnacĭter**, cius, cissime. *adv. Cic.* Porfiada, recia, tenazmente, con calor, con ardimiento, con ardor.

**Pugnacŭlum**, i. *n. Plaut.* El fuerte, la fortaleza, lugar fuerte de donde se pelea, ó desde el cual se rechaza la fuerza.

**Pugnans**, tis. *com. Ces.* Combatiente, el que pelea. ‖ Repugnante, opuesto, contrario, contradictorio, pugnante.

**Pugnator**, oris. *m. Liv.* Combatiente, el que pelea.

**Pugnatorĭus**, a, um. *Suet.* Lo que sirve, que es propio, útil, á propósito para combatir.

**Pugnatrix**, icis. *f. Prud.* La que pelea.

**Pugnatus**, a, um. *part. de Pugno. Cic.* Peleado.

**Pugnax**, acis. *com.* cior, cissimus. *Cic.* Belicoso, feroz, deseoso de pelear. ‖ Fuerte, fiero, tenaz en la pelea. ‖ Pertinaz, obstinado, tenaz. ‖ *Ov.* Contrario, opuesto. *Exordio pugnax. Cic.* Exordio vehemente. *Ignis pugnax aquae. Ov.* El fuego contrario al agua. *—In vitiis. Cic.* Obstinado en los vicios.

**Pugneus**, a, um. *Plaut.* Lo que es de puños ó puñadas.

**Pugnītus.** *adv. Cecil.* A puñadas, con los puños.

**Pugno**, as, avi, atum, are. *a.* y *n. Cic.* Pelear, pugnar, batallar. ‖ Disputar, contender, altercar. ‖ Intentar, pretender, esforzarse. ‖ Pugnar, porfiar, empeñarse. *Pugnare pugnam. Plaut.* Dar una batalla. *—Cum aliquo viribus. Cic.* Disputar á fuerzas con alguno. *—Amori. Virg.* Resistir al amor. *—Te illud video. Cic.* Veo que pretendes eso. *—Secum. Cic.* Contradecirse á sí mismo. *—In adversas aquas. Ov.* Esforzarse contra la corriente. *—Alicui in ó contra aliquem, cum aliquo. Cic.* Pelear con ó contra alguno. *Pugnaveris. Plaut.* Harás una gran cosa, darás un gran golpe. *Pugnatur. Ces.* Se pelea, se combate. *Male pugnare. Ces.* Quedar vencido, llevar lo peor en la batalla. *Uni cum duobus non est pugnandum. Ne Hercules quidem adversus duos. adag.* Dos á uno sácanle del mundo. Dos gozques á un can mal trato le dan. *ref.*

**Pugnus**, i. *m. Cic.* El puño, la mano cerrada. ‖ Puñado. *Pugnus in mala haereat. Ter.* Dale una puñada en las mejillas. *Pugnum facere. Cic.* Cerrar, apretar el puño. *Contendere, certare pugnis. Cic.* Reñir á puñadas. *Pugnus aeris. Sen.* Un puñado de dinero.

**Pulchellus**, a, um. *Cic.* Bonito, pulido.

**Pulcher**, chra, chrum, chrior, cherrimus. *Cic.* Pulcro, hermoso, bello, bien parecido. ‖ *Virg.* Glorioso, honroso. ‖ *Virg.* Caro, amado, grato. ‖ *Hor.* Alegre, fausto, feliz. *Maximum et pulcherrimum facimus. Salust.* Hazaña muy grande y gloriosa.

**Pulchralis.** *m. f. lĕ. n. is. V.* Pulcher.

**Pulchre**, ius, errime. *adv. Cic.* Bien, grandemente, perfecta, sabiamente. *Pulchre sobrius. Ter.* Muy sobrio. *—Mihi est. Cic.* Me va bien, mis asuntos van bien. *—Dicere. Cic.* Hablar, decir muy bien, sabiamente.

† **Pulchresco**, is, ĕre. *n. Seren.* Mejorarse, ponerse mejor, de mejor semblante.

† **Pulchrĭtas**, atis. *f. Non.* y

**Pulchritūdo**, ĭnis. *f. Cic.* Pulcritud, hermosura, belleza, buen parecer.

**Puleiatum**, i. *Lampr.* Vino compuesto, aderezado con la yerba poleo.

**Puleium**, y **Pulegium**, ii. *n. Col.* La yerba poleo.

**Pulex**, ĭcis. *m. Col.* La pulga. ‖ El pulgon que roe las hortalizas y las viñas.

**Pulicosus**, a, um. *Plin.* Lleno de pulgas.

**Pullarĭus**, a, um. *Veg.* Lo que pertenece á los potros, y tambien á las crias tiernas de otros animales y aves.

**Pullarĭus**, ii. *m. Cic.* El agorero que agüera por el pasto de los pollos.

**Pullastra**, ae. *f. Varr.* La polla gallina.

**Pullatĭo**, onis. *f. Col.* La cria de los pollos.

**Pullatus**, a, um. *Quint.* Vestido de negro, de luto. *Pullata turba. Quint.* La plebe, la gente baja que vestia de negro. ‖ Tropa de gente vestida de luto.

† **Pulleiacĕus**, a, um. *Suet.* Negro, de luto.

**Pullesco**, is, ĕre. *n. V.* Pullulasco.

**Pullicēnus**, i. *m. Lampr.* Pollito de gallina.

**Pulligo**, ĭnis. *f. Plin.* Color oscuro, que tira á negro, negruzco.

**Pullinus**, a, um. *Plin.* Lo que es del potro ó potra.

**Pullĭties**, ei. *f. Col.* La cria, los hijuelos de las aves.

**Pullo**, as, are. *n. Calpurn.* y

**Pullulasco**, as, are. *n. Col.* y

**Pullulesco**, is, ĕre. *n. Col.* y

**Pullŭlo**, as, avi, atum, are. *n. Virg.* Pulular, brotar, echar pimpollos.

**Pullŭlus**, i. *m. Plin.* Pimpollo, renuevo, rama nueva. ‖ *Apul.* Buche, pollino nuevo.

**Pullŭlus**, a, um. *Col.* Negruzco, negrillo, que tira algo á negro.

**Pullus**, i. *m. Cic.* Hijuelo, *nombre general de todas las crias de aves y animales. Pullus aquilae.* El aguilucho. *—Asininus.* El buche ó borrico. *—Gallinaceus.* El pollo de gallina. *—Columbinus.* El palomino. *—Pavoninus.* El pollo del pavon. *—Turturinus.* El de la tórtola, tortolillo. *—Ciconinus.* El cigoñino. *—Pulli ranarum.* Ranillas, ranas chiquitas. *—Apum.* El enjambre de abejas. *—Avium.* Los pajarillos. *—Arborum.* Pimpollos, renuevos de los árboles.

**Pullus**, a, um. *Cic.* Negro, oscuro, negruzco. *Pulla toga. Cic.* Vestido de luto. *—Hostia. Tibul.* Víctima de color oscuro.

**Pulmentaris.** *m. f. rĕ. n. is. Plin.* Lo perteneciente al potage ó menestra. *V.* Puls.

**Pulmentarĭum**, ii. *n. Plin.* Manjar compuesto de harina y legumbres cocidas. ‖ La comida de las aves. ‖ *Hor.* Cualquier manjar.

**Pulmentum**, i. *n. Plaut. V.* Pulmentarium. ‖ Un pedazo de pescado. ¶ Cualquier género de comida.

**Pulmo**, ōnis. m. *Cic.* El pulmon, los bofes, los livianos.

**Pulmonaceus**, a, um. *Veget.* Lo que es parecido al pulmon.

**Pulmonarius**, a, um. *Col.* Enfermo de pulmonía, el que padece inflamacion del pulmon.

**Pulmoneus**, a, um. *Plaut.* Semejante, ó perteneciente al pulmon. *Pulmonei pedes. Plaut.* Pies hinchados, que no pueden andar.

**Pulmunculus**, i. m. *Plin.* Pequeño pulmon: se dice por semejanza la parte del animal carnosa, blanda, hinchada y fofa.

**Pulpa**, æ. f. *Pers.* y

**Pulpāmen**, ĭnis. n. *Plin.* La pulpa, carne momia. ¶ El meollo de la fruta. ¶ El corazon de los árboles. ¶ Pisto, manjar delicado y sustancioso hecho de pechugas de aves ó carne momia.

**Pulpamentum**, i. n. *Tert.* Picadillo ó gigote hecho de la pulpa ó carne momia. *Pulpamentum mihi fames. Ter.* El hambre, el apetito me sirve de salsa.— *Quaerere. prov. Ter.* Andar buscando en todo su deleite.

† **Pulpĭto**, as, āre. a. *Sidon.* Fabricar con pies derechos á modo de púlpitos ó corredores.

**Pulpitum**, i. n. *Vitruv.* La parte del teatro en que representaban los actores, la escena. ¶ *Suet.* Tribuna, cátedra, púlpito, lugar elevado para hablar en público.

**Pulpo**, as, āre. n. *Aut. de Filom.* Graznar el buitre, cuya voz parece que pide la carne y los cadáveres.

**Pulposus**, a, um. *Apul.* Pulposo, carnoso, que tiene mucha carne.

**Puls**, pultis. f. *Plin.* Género de comida hecha de harina ó farro, ó de legumbres cocidas. *Lo primero es una especie de nuestras puches ó poleadas: lo segundo una menestra. Consta por los autores antiguos que los romanos se mantuvieron mucho tiempo con esta especie de puches antes de tener pan de trigo.*

**Pulsabŭlum**, i. n. *Apul.* Instrumento con que se toca la lira; arco, plectro.

**Pulsandus**, a, um. *Ov.* Lo que se ha de pulsar ó tocar.

**Pulsans**, tis. com. *Juv.* Pulsante, el que pulsa ó toca.

**Pulsatio**, ōnis. f. *Cic.* Pulsacion, tocamiento, la accion de tocar, pulsar ó herir.

**Pulsator**, ōris. m. *Val. Flac.* Tocador, el que toca un instrumento de cuerdas.

**Pulsatus**, a, um. *Cic.* Tocado, pulsado. *part. de*

**Pulso**, as, āvi, ātum, āre. a. *Cic.* Pulsar, tocar, herir, batir. ¶ Echar, impeler, empujar. ¶ *Virg.* Tocar instrumentos de cuerdas. ¶ Ofender, violar, quebrantar. *Pulsare saxis. Val. Flac.* Rechazar á pedradas. — *Lyram. Virg.* Tocar la lira. — *Pede tellurem. Hor.* Bailar.

**Pulsuōsus**, a, um. *Col. Aur.* Agitado, conmovido.

**Pulsus**, us. m. *Cic.* Impulso, movimiento, agitacion, golpe, choque. ¶ Pulso, latido de la arteria. *Pulsum venarum attingere. Tac.* Tomar el pulso, pulsar.

**Pulsus**, a, um. *part. de Pello. Cic.* Herido, impelido, tocado. ¶ Echado, empujado. ¶ Desbaratado, destrozado. *Pultus regno. Virg.* Echado del reino.

**Pultarius**, ii. m. *Col.* Olla, perol ó cacerola para cocer las puches.

**Pultatio**, ōnis. f. *Plaut.* V. *Pulsatio.*

**Pultĭcŭla**, ae. f. *Col. dim. de Puls.*

**Pultĭfĭcus**, a, um. *Aus.* Lo que sirve para hacer las puches.

**Pultĭphăgonīdes**, ae. m. *Plaut.* y

**Pultĭphăgus**, a, um. *Plaut.* Comedor de puches ó del manjar significado en la voz Puls.

**Pultis**. *gen. de Puls.*

**Pulto**, as, āvi, ātum, āre. *ant. Plaut.* V. *Pulso.*

**Pulvĕrem**. *Lucr. en lugar de Pulverem.* V. *Pulvis.*

**Pulver**, ĕris. m. *Apul.* El polvo.

**Pulvĕrātĭca**, ae. f. y

**Pulvĕrātĭcum**, i. n. *Cod. Teod.* Salario, paga de la obra, como por el polvo y trabajo. ¶ Donativo que se da á uno antes de empezar la obra.

**Pulvĕratio**, ōnis. f. *Col.* La cava de la tierra junto á las cepas al tiempo de madurar la uva, para que se levante polvo que la cubra y defienda del sol y de las nieblas. ¶ El cubrir las cepas mullendo la tierra ó deshaciendo los terrones secos.

**Pulvĕreus**, a, um. *Virg.* Lo que es de polvo. ¶ *Ov.* Que levanta polvo. ¶ *Ov.* Polvoroso, lleno de polvo. *Pulverea nubis. Virg.* Una nube de polvo, una gran polvareda. — *Palla. Ov.* Vestidura que arrastra y levanta polvo. *Pulvereum caput. Estac.* Cabeza llena, cubierta de polvo.

**Pulvĕris**. *gen. de Pulvis.*

**Pulvĕrĭzātus**, a, um. *Veg.* Hecho polvo, reducido á él.

**Pulvĕro**, as, āvi, ātum, āre. a. *Col.* Mullir la tierra, deshacer los terrones levantando polvo. ¶ Llenar de polvo. ¶ *Calpurn.* Reducir á polvo. *Pulverare st. Plin.* Llenarse de polvo, revolcarse en él. *Pulveret hic nolo. Plaut.* No quiero que haya, se haga, ó levante aquí polvo.

**Pulvĕrŏlentus**, a, um. *Cic.* Polvoroso, lleno de polvo.

**Pulvillus**, i. m. *Hor.* Almohadilla, almoada pequeñita.

**Pulvīnar**, āris. m. *Cic.* Almoada para reclinar la cabeza, ó para sentarse. *Pulvinar geniale. Cat.* El lecho nupcial.

**Pulvīnāris**, m. f. re. n. s. *Petron.* De almoada.

**Pulvīnārium**, ii. *Liv.* V. *Pulvinar.*

**Pulvīnārius**, a, um. *Prud.* V. *Pulvinaris.*

**Pulvīnātus**, a, um. *Plin.* Blando como almoada. *Pulvinata capitula. Vitruv.* Chapiteles abultados como las almoadas, almoadillados.

**Pulvīnŭlus**, i. m. *Col. dim. de*

**Pulvīnus**, i. m. *Cic.* Almoada para sentarse y para dormir. ¶ *La porca, loma ó mullida de tierra que se levanta entre dos surcos.* ¶ *Vitruv.* Mole, dique para cubrir un puerto, para detener las aguas.

**Pulvis**, ĕris. m. *Cic.* El polvo. ¶ Campo, palestra, arena en que se hace ejercicio, trabajo, ó se da batalla. ¶ *Hor.* Trabajo, dificultad. ¶ *Prop.* El suelo, la tierra. *Pulvis eruditus. Cic.* Estudio de los matemáticos, que suelen describir en la tierra sus figuras.— *Crudus. Pers.* Mina que no se ha abierto. *Citra pulverem. Plin. Sine pulvere. Gel.* Sin trabajo, sin dificultad.— *Pulvere in suo currens. Ov.* Ejercitarse, entender en su oficio, en su arte. *Sulcos in pulvere ducere. prov. Juv.* Sembrar en la arena.

**Pulviscŭlum**, i. n. *S. Ger.* y

**Pulviscŭlus**, i. m. *Plaut.* Polvillo, el menudo polvo. ¶ *Apul.* Polvos para limpiar la dentadura. *Res cum pulvisculo auferre. Plaut.* Quitar todas las cosas, hasta el polvo, limpiarlo todo muy bien.

**Pūmex**, ĭcis. m. f. *Plaut.* La piedra pomez. *Pumice aequatus, expolitus. Cat.* Pulido, alisado con la piedra pomez.

**Pūmĭcātio**, ōnis. f. *Papin.* La pulidura ó pulimento con la piedra pomez.

**Pūmĭcātus**, a, um. *Marc.* Alisado, pulido con la piedra pomez. *Pumicatus homo. Plin.* Hombre afeminado, pulido, afeitado con afectacion, con demasía.

**Pūmĭceus**, a, um. *Ov.* De la piedra pomez, parecido á ella. *Pumicei oculi. Plaut.* Ojos enjutos, que no lloran, ó no pueden echar una lágrima.

**Pūmĭco**, as, āvi, ātum, āre a. *Cat.* Pulir, alisar con la piedra pomez.

**Pūmĭcōsus**, a, um. *Plin.* Esponjoso, poroso, parecido á la piedra pomez.

**Pūmĭlio**, ōnis. m. *Marc.* f. *Lucr.* ó

**Pūmĭlius**, ii. m. *Suet.* ó

**Pūmĭlo**, ōnis. m. y

**Pūmĭlus**, i. m. f. *Estac.* Enano. *Pumilio parvula. Lucr.* Enana. — *Arbor. Plin.* Árbol enano.

**Pumŭla**, ae. f. *Plin.* Especie de vid particular del campo amiternino.

**Puncta**, ae. f. *Veg.* Punzada, golpe de punta, estocada.

**Punctariŏla**, ae. f. *Fest.* Escaramuza, choque, encuentro de pocos enemigos.

**Punctātim**. adv. *Claud. Mamert.* Concisa, brevemente.

**Punctillum**, i. n. *Solin.* Puntillo, puntito.

**Punctim**. adv. *Liv.* De punta. *Punctim ac caesim ferire. Liv.* Herir de punta y de corte, apurar al contrario, no dejarle resollar.

**Punctio**, ōnis. f. *Cels.* Picada, picadura, punzada.

Punctiuncŭla, ae. f. Sen. Picadurita, picadita, punzada leve.

Puncto. adv. Apul. En un instante, en un momento, en un punto.

Punctŭlum, i. n. Apul. V. Punctiuncula. ‖ Un punto, un instante.

Punctum, i. n. Plin. La punta. ‖ Picada, punzada. ‖ Picadura. ‖ El punto, parte mínima de una línea. ‖ El voto. ‖ Momento, punto, instante. Puncta argumentorum. Cic. Argumentos breves y agudos, como punzadas. Omne ferre punctum. Hor. Llevar todos los votos, ó la aprobacion de todos. Frons convulnerata punctis. Plin. men. Frente marcada con la nota de esclavo.

Punctūra, ae. f. Veg. Picadura, punzada, puntura.

Punctus, i. m. Plin. Punto. V. Punctum.

Punctus, us. m. Plin. Picada, punzada.

Punctus, a, um. Cic. part. de Pungo. Picado, punzado, herido de punta.

Pungens, tis. com. Plin. Punzante, pungente, que pica, punza, ó hiere de punta.

Pungo, is, nxi, ó pŭpŭgi, ctum, gĕre. a. Cic. Punzar, picar, aguijonear, herir de punta. Pungit dolor. Cic. Es el dolor agudo. Pupugit me epistola. Cic. Esta carta me ha picado, me ha sido muy sensible, me ha dado mucho que pensar.

Pūnĭcans, tis. com. Apul. Que tira á rojo, que bermejea.

Pūnĭcānus, a, um. Cic. De Cartago, cartaginés, fenicio.

Pūnĭce. adv. Plaut. A la moda cartaginesa.

Pūnĭceus, a, um. Virg. Rojo, bermejo, que tira á escarlata ó púrpura. Puniceum malum. Cels. — Pomum. Ov. La granada.

Pūnĭco, as, āre. n. Apul. Rojear, bermejear, ponerse bermejo.

Pūnĭcum, i. n. Fest. Especie de torta ó bollo hecho á la moda cartaginesa.

Pūnĭcus, a, um. Cic. Púnico, cartaginés, fenicio. Punica fides. Salust. Fe púnica, mala fe, perfidia. Punica ars. Liv. Fraude, malicia, traicion muy usada de los cartagineses, en especial en la guerra. Punicum malum. Plin. La granada. Punicus malus. El granado, árbol. Punicus color. Hor. Color bermejo, rojo.

Pūniendus, a, um. Cic. Digno de castigo, lo que ha de ser castigado.

Pūnĭo, is, īvi, ītum, īre. a. y

Pūnĭor, īris, ītus sum, īri. dep. Cic. Castigar. Punire y puniri aliquem. Cic. Castigar á alguno. — Necem alicujus. Cic. Vengar la muerte de alguno.

Pūnĭor, ōris. Plaut. comp. de Poenus. Mas cartaginés, mas diestro en la lengua cartaginesa.

Pūnĭtio, ōnis. f. Val. Max. El castigo.

Pūnĭtor, ōris. n. Val. Max. Castigador, el que castiga. ‖ Cic. Vengador.

Pūnītus, a, um. part. pas. de Punio. Cic. Castigado.

Punxi. pret. de Pungo.

Pūpa, ae. f. Marc. Muchacha, niña. ‖ Pers. Muñeca, de aquellas con que juegan las muchachas.

Pūpilla, ae. f. Hor. La pupila ó niña del ojo. ‖ Niña, chica, chiquita. dim. de Pupa. ‖ Pupila, huérfana de padres, que está al cuidado de un tutor.

Pūpillāris. m. f. rĕ. n. is. Liv. Pupilar, de pupilo, de huérfano. Pupillaris substitutio. Ulp. Sustitucion pupilar. Se llama así la institucion de un heredero, que hace un padre al morir en caso de que sus hijos mueran en la menor edad.

Pūpillārĭter. adv. Dig. Á modo de pupilo ó huérfano.

Pūpillo, as, āvi, ātum, āre. n. Ant. de Fil. Cantar como el pavo real.

Pūpillus, i. m. Cic. Pupilo, huérfano, menor, el jóven que está fuera de la patria potestad por muerte ó emancipacion.

Pūpinia, y Pupiniensis tribus. Cic. Una de las tribus rústicas, llamada así del campo Pupino cerca de Tusculum.

Puppis, is. f. Cic. La popa del navío. ‖ La nave.

Pŭpŭgi. pret. de Pungo.

Pūpŭla, ae. f. Cic. La niña del ojo.

Pūpŭlus, i. m. Cat. Niñito. dim de

Pūpus, i. m. Varr. Niño tierno.

Pūre, iuè, issime. adv. Plaut. Pura, limpiamente. ‖ Castamente. ‖ Integramente. ‖ Clara, abiertamente. ‖ Simple, sencillamente, sin reserva. Pure, et emendate loqui. Cic. Hablar con pureza y propiedad.

Pūrĕfăcĭo, is, ĕre. a. Nen. Limpiar.

Purgābĭlis. m. f. n. is. Plin. Fácil de limpiar, que se limpia con facilidad.

Purgāmen, ĭnis. n. Ov. y

Purgāmentum, i. n. Liv. Inmundicia, porquería, suciedad. Lo que se quita de alguna cosa cuando se limpia. ‖ Ov. Lo que ofrecian en los sacrificios lustrales, que creian tenia fuerza de espiar los delitos, arrojándolo, volviendo la cara á otro lado, al rio ó á la calle.

Purgans, tis. com. Ov. Purgante, lo que tiene virtud y fuerza para purgar.

Purgāte. adv. Non. Pura, limpiamente.

Purgātĭo, ōnis. f. Cels. Purgacion, el acto de espeler los malos humores por medio de la medicina. ‖ Plin. El menstruo, la sangre que evacuan todos los meses las mugeres. ‖ Escusa, justificacion. Alvi purgatio. Cic. La evacuacion del vientre por medio de la purga.

Purgātīvus, a, um. Cel. Aur. Purgativo, purgante, que tiene virtud ó fuerza de purgar.

Purgātor, ōris. m. Jul. Firm. Limpiador, el que limpia. Purgator latrinarum. Jul. Firm. Limpiador de letrinas.

Purgātōrius, a, um. Macrob. V. Purgativus.

Purgātrix, īcis. f. Tert. La que purga y limpia. Habla del agua del bautismo.

Purgātus, a, um. part. de Purgo. Liv. Limpiado. ‖ Escusado, justificado. Purgata vipera. Plin. Víbora, á la que se ha quitado la cabeza, la cola y las entrañas. Purgatus aether. Sil. Ital. Cielo sereno, despejado.

Purgĭto, as, āre. n. frec. de Purgo. Plaut. Escusarse frecuentemente.

Purgo, as, āvi, ātum, āre. a. Cic. Purgar, limpiar, purificar. ‖ Dar medicinas purgantes. ‖ Espiar, lustrar, hacer sacrificios de espiacion. Purgare se. Cic. Escusarse, justificarse. — Factum. Liv. Justificarse de un hecho. — Se alicui de aliqua re. Cic. Justificarse con alguno de alguna cosa. — Pisces. Ter. Abrir, limpiar los peces.

Pūrĭfĭcātĭo, ōnis. f. Plin. Purificacion, espiacion, lustracion por alguna ceremonia de religion.

Pūrĭfĭcātus, a, um. Plin. Purificado, espiado. part. de Pūrĭfĭco, as, āvi, ātum, āre. a. Plin. Purificar, limpiar. ‖ Espiar por medio de alguna ceremonia religiosa.

Purĭme. adv. ant. Fest. en lugar de Purissime.

Purimenstrio. Fest. Los que por causa de algunas espiaciones y ocupados en ceremonias religiosas se abstenian de otras cosas por espacio de un mes.

Pūrissĭme. adv. Gel. Con mucha pureza.

Pūrĭtas, ātis. f. Macrob. Pureza, limpieza.

Pūrĭter. adv. Catul. Pura, limpiamente.

Purpŭra, ae. f. Plin. Púrpura, pescado de conchas, como la del caracol en cuya garganta se halla el licor rojo del mismo nombre. ‖ Color de púrpura. ‖ Ropa, vestido teñido de color de púrpura. ‖ Ov. El magistrado y la magistratura. ‖ La toga pretesta.

Purpŭrans, tis. com. Prud. De color de púrpura. ‖ Cubierto, lleno de sangre, ensangrentado.

Purpŭrārius, ii. m. Inscr. ant. El que tiñe de color de púrpura, el que comercia con este licor.

Purpŭrārius, a, um. Plin. Propio ó perteneciente á la púrpura. Purpurariae insulas. Llama Plinio á las islas de la Madera y Puerto Santo, en que Juva, rey de Mauritania, estableció el tinte de púrpura.

Purpŭrasco, is, ĕre. n. Cic. Ponerse purpúreo, de color de púrpura, purpurear.

Purpŭrāti, ōrum. m. plur. Cic. Purpurados, ministros, magistrados cerca de los príncipes.

Purpŭrātus, a, um. Plaut. Vestido de púrpura.

Purpŭreus, a, um. Plin. Purpúreo, de color de púrpura, rojo. ‖ Vestido de color de púrpura. ‖ Resplandeciente, brillante, hermoso.

Purpŭrissātus, a, um. Plaut. Hermoseado, dado de bermellon ó de púrpura.

Purpurissum, i. m. Plin. Color rojo, como de bermellon ó púrpura, ó mezclado de ambos, para hermosear el rostro, y otros usos de la pintura y tintes.

Purpuro, as, avi, atum, are. a. Apul. Brillar, resplandecer como la púrpura, dar este lustre y resplandor á alguna cosa.

Purulentatio, onis. f. Cel. Aur. y

Purulentia, ae. f. Tert. Purulencia, copia de pus ó de materia.

Purulente. adv. Plin. Con pus ó materia.

Purulentus, a, um. Plin. Purulento, lleno de materia, de pus.

Purus, a, um. Cic. Puro, limpio, sin mezcla. ‖ Inocente, íntegro, incorrupto. ‖ Simple, natural, sencillo. ‖ Absoluto, sin restriccion, sin condicion, sin límite. Pura hasta. Virg. Lanza sin hierro, premio del soldado que hacia alguna hazaña señalada. — Charta. Ulp. Pergamino, papel en blanco. — Toga. Plin. Toga blanca, ó toda de un color. Purus sceleris. Hor. A scelere. Hor. Inocente, exento de culpa, de delito. — A cultu humano locus. Liv. Lugar, sitio sin cultivo, erial. Purum dicendi genus. Cic. Modo de hablar, estilo puro, simple, natural, sin adorno.

Pus, uris. n. Cels. Pus, materia, humor corrompido. ‖ Hor. Hombre perverso, corrompido.

Pusa, ae. f. Varr. Muchacha, niña, jovencita.

Pusilla, ae. f. Hor. dim. de Pusa. Chiquita, chiquilla.

Pusillanimis. m. f. me. n. is. Tert. Pusilánime, de poco ánimo ó espíritu.

Pusillanimitas, atis. f. Bibl. Pusilanimidad, falta de ánimo ó de espíritu.

Pusillanimiter. adv. Bibl. Con pusilanimidad, con poco ánimo.

Pusillitas, atis. f. Tert. Bajeza, poquedad de ánimo.

Pusillulus, a, um. Varr. Pequeñísimo, muy pequeñito. dim. de

Pusillus, a, um. Cic. Pequeñito, chiquito, muy pequeño. Pusillus animus. Cic. Ánimo apocado. Pusillum à veritate discedere. Quint. Apartarse un poquito de la verdad. Hoc leve et pusillum est. Marc. Es cosa de poquísima entidad ó importancia.

Pusio, onis. m. Cic. Muchachito, jovencito, chico.

Pusiola, ae. f. Prud. Muchachita, muchachuela, chica.

Pusito, as, avi, atum, are. n. Aut. de Filom. Chillar, como un estornino.

Pustila, ae. f. Cels. Postilla, costra.

Pustulatio, onis. f. Cel. Aur. Postillacion, la erupcion de las postillas.

Pustulatus, a, um. V. Pustulosus.

† Pustulesco, is, scere. n. Cel. Aur. Apostillarse, llenarse, cubrirse de postillas ó costras.

Pustulo, as, are. n. Tert. Podrirse, encancerarse, corroerse.

Pustulosus, a, um. Col. Postilloso, lleno de costras. Argentum pustulatum. Suet. Plata acendrada, pura, de copela.

Pusula, ae. f. Plin. V. Pustula. Postilla, costra. ‖ Col. Fuego de San Anton.

Pusulatus, a, um. V. Pustulatus.

Pusulosus, a, um. Col. Enfermo de fuego de San Anton.

† Pusus, i. m. Varr. Muchacho, chico.

Puta, ae. f. Arnob. Diosa que presidia á la poda de los árboles.

Puta. seg. pers. del imp. de Puto, as. usada á modo de adv. Sen. Por ejemplo, esto es, á saber.

Putamen, inis. n. Cic. Cáscara, mondadura, corteza de cualquier cosa.

Putans, tis. com. Cic. El que piensa, considera.

Putatio, onis. f. Vitruv. La poda. ‖ Macrob. Cuenta, cómputo. ‖ Dig. Pensamiento, consideracion.

† Putative. adv. S. Ger. Con ó por opinion.

† Putativus, a, um. Tert. Putativo, reputado, tenido por tal.

Putator, oris. m. Col. Podador, el que poda ó limpia los árboles y vides.

Putatorius, a, um. Palad. Perteneciente al, ó propio del podador.

Putatus, a, um. part. de Puto. Pensado, considerado. ‖ Podado. ‖ Limpio, puro. Putatae rationes. Non. Cuentas ajustadas, liquidadas. Putatum aurum. Oro puro, acendrado.

Puteal, alis. n. Cic. El puteal, cobertura de pozo fabricado con una ara encima, donde se ponian los jueces para que la diosa Temis les inspirase las sentencias. Puteal Libonis. Hor. Puteal de Libon, un lugar en el foro romano junto al arco fabiano, donde se juntaban los usureros á tratar sus negocios. ‖ Otro lugar en el comicio, en que estaba enterrada la navaja y piedra de afilar, que mandó cortar Tarquinio Prisco al agorero Acio Navio para probar su ciencia. Cic. de Div.

Putealis. m. f. le. n. is. Ov. y

Puteanus, a, um. Col. Lo perteneciente á pozos, ó propio de ellos.

Putearius, ii. m. Plin. Pocero, el que limpia, hace ó cava pozos.

† Putefactus, a, um. Prud. Apestado, podrido.

Puteo, es, tui, tere. n. Hor. Oler mal, apestar, echar, exalar de sí mal olor.

Puteolani, orum. m. plur. Cic. Naturales ó habitantes de Puzol.

Puteolanus, a, um. Cic. Propio de ó perteneciente á la ciudad de Puzol. Puteolanus sinus. Plin. El golfo de Nápoles. — Pulvis. Plin. Tierra de Puzol, compuesta de alumbre, betun y azufre, célebre por su firmeza.

Puteoli, orum. m. plur. Plin. Puzol, ciudad y colonia de Campania en el reino de Nápoles.

Putesco, is, ere. n. Cic. Empodrecerse, podrirse ú oler mal, apestar.

Puteus, i. m. Cic. El pozo.

Puticulae, arum. f. plur. Varr. ó

Puticuli, orum. m. plur. Fest. Pozos ó cavernas en Roma fuera de la puerta esquilina, en que se enterraban los cadáveres de la plebe.

Putide. adv. Cic. comp. ius. Con afectacion, con demasiada expresion. Nole exprimi litteras putidius. Cic. No se han de espresar las letras con demasiada afectacion.

Putidiusculus, a, um. Cic. Demasiado afectado, espresivo.

Putidulus, a, um. Marc. Fétido, lo que tiene algo de mal olor.

Putidus, a, um. Cic. Pestífero, que huele mal. ‖ Afectado, demasiado espresivo, molesto, desagradable al oido. Sermo, orator putidus. Cic. Discurso, orador molesto, enojoso, afectado.

Putilla, ae. f. Hor. y

Putillus, i. m. Plaut. dim. de Putus. Chiquita, chiquito, parvulito.

* Putis. m. f. te. n. is. Lactr. Que huele mal, que tiene mal olor.

Putisco, is, ere. n. Cic. Podrirse, apestarse.

Putissimus, a, um. Suet. Purísimo, muy correcto.

Puto, as, avi, atum, are. a. Colum. Podar, mondar, limpiar, escamondar, cortar las ramas ó varas superfluas. ‖ Pensar, considerar, imaginar. ‖ Estimar, juzgar, apreciar. Putare lanam. Non. Lavar, limpiar la lana. — Rationes. Plaut. Hacer, disponer, ajustar cuentas, contar. — Rem. Ter. Considerar, pensar una cosa. Putare recte. Ter. Juzgar rectamente. — Neminem prae se. Cic. No estimar á nadie como á sí mismo, en comparacion de sí propio. — Magni. Cic. Estimar mucho ó en mucho, hacer mucho caso, tener en grande estima ó estimacion. — Pro nihilo. Cic. Tener ó estimar en nada, no hacer cuenta ó caso, menospreciar. — Rationem secum. Plaut. Pensar entre sí, echar cuentas entre sí ó consigo, revolver, dar vueltas en la imaginacion. — Aliquem pluris, quam omnes. Cic. Estimar á alguno mas que á todos. — Cum aliquo argumentis. Plaut. Razonar, discurrir, disputar con alguno á razones. Putatur. Cic. Se piensa, se cree, se juzga.

Putor, oris. m. Cat. Hedor, hediondez, mal olor.

† Putramen, inis. n. S. Cipr. y

Putredo, inis. f. Ov. Podredumbre, corrupcion.

Putrefacio, is, feci, factum, cere. a. Colum. Podrir, corromper.

614

PYL

Putrefactio, ōnis. f. Col. Putrefaccion, corrupcion.
Putrefactus, a, um. part. de Putrefacio. Lucr. Podrido, corrompido.
Putrefio, is, factus sum, fieri. pas. Palad. Podrirse, corromperse.
† Putreo, ēs, trui, ēre. n. Plaut. Estar podrido, corrompido.
Putresco, is, trui, cēre. n. Cic. Podrirse, corromperse.
Putrĭcăvus, a, um. Lucr. Comido de podre.
Putridus, a, um. Cic. Pútrido, podrido, corrompido.
Putris, m. f. trē. n. is. Hor. Podrido, corrompido. ¶ Plin. Que se deshace en polvo. ¶ Hor. Lascivo. Putris lapis. Plin. men. Piedra que se deshace como en escamas. Tellus, é putre solum. Virg. Tierra de miga, fértil. Putres oculi. Hor. Ojos lascivos.
Putror, ōris. m. Lucr. V. Putredo.
Putrui. pret. de Putreo, y Putresco.
† Putruōsus, a, um. Cel. Aur. Lleno de podredumbre ó de mal olor.
Pūtus, a, um. Juv. Puro, limpio, purificado. Purus putus est ipsus. Plaut. El mismísimo es. Purus putus sycophanta est. Plaut. Es un gran bribon, un grande embustero. Putissima oratio. Cic. Oracion, estilo muy puro, muy correcto.

PY

* Pyanepsium, ii. n. Mes de los atenienses, que en cierto modo corresponde á nuestro mes de octubre.
Pycnītis, is. f. Apul. La yerba verbasco ó gordolobo.
* Pycnŏcŏmon, i. n. Plin. Yerba desconocida hoy de los botánicos. Su nombre significa espesa de hojas.
Pycnostȳlon, i. n. Vitruv. y
Pycnostȳlus, a, um. Vitruv. Lugar rodeado de colunas muy espesas.
Pycta, ae. y Pyctes, ae. m. Fedr. El luchador, atleta.
Pyctācium, ii. n. Lampr. Tabla en que estan escritos los nombres de los jueces. ¶ Compendio, breviario, sumario. ¶ Cartera de la faldriquera para asientos ó apuntamientos. Librito de memoria.
Pyctăle, is. n. Firm. La lucha ó pugilado.
Pyctălis, m. f. lĕ. n. is. Serv. Lo perteneciente á la lucha.
Pyctomachārius, ii. m. Firm. Luchador, atleta.
Pyga, ae. f. Hor. La nalga. ¶ Agujero por donde se metian en la caja las habas ó tablas para votar.
Pygargus, i. m. Plin. Especie de águila, que tiene la cola blanca. ¶ Plin. Especie de cabra silvestre con la cola ó nalgas blancas.
Pygmaei, ōrum. m. plur. Plin. Pigmeos, pueblos de la India, segun Gelio de dos piés y medio de altos. Juv. Tienen batallas con las grullas.
Pygmalion, ōnis. m. Ov. Pigmalion, famoso estatuario, que enamorado de una hermosísima estatua hecha por sus manos, logró de Venus que la animase, y en ella tuvo á su hijo Pafo. ¶ Otro hijo de Belo, hermano de Dido, que dió muerte á Siqueo, marido de esta, lo que ocasionó su fuga al África, y la fundacion de Cartago. Just.
Pygmaliōnĕus, a, um. Sil. Perteneciente á Pigmalion, á Cartago ó á Sidon.
Pylādes, ae. m. Cic. Pílades, hijo de Estrofio, rey de Focide, grande amigo de Orestes, á quien queriendo dar muerte el rey Toas en Quirsoneso Táurica, no conociéndole, porfiaba Pílades que él era Orestes, para morir en su lugar. ¶ Ov. El amigo íntimo por antonomasia.
Pylădēus, a, um. Cic. Lo perteneciente á Pilades.
Pylae, ārum. f. Curc. Gargantas, paso estrecho entre dos montañas. ¶ Liv. Nombre de algunas ciudades.
Pylaïcus, conventus. m. Liv. Junta de los griegos en Termópilas.
Pylius, a, um. Ov. Lo perteneciente á Pilos, patria de Nestor. V. Pylus.
Pylōrus, i. m. Cel. Aur. El orificio recto del ventrículo inferior, por donde bajan los escrementos al intestino.
Pylus, i. f. Plin. Pilos, ciudad de Elide en el Peloponeso. Pylus Neleia. Aliàs ec. ciudad de Elide en el Peloponeso ó Morea. — Messeniaca. El viejo Navarin, ciudad de la Morea.

PYR

Pyra, ae. f. Virg. Pira, hoguera para quemar los cadáveres.
Pyracmon, ōnis. m. Virg. Piracmon, uno de los ciclopes de Vulcano.
Pyralis, lis. ó Pyralla, ae. f. Plin. Insecto alado, de cuatro piés, que (dice) vive en el fuego, y muere fuera de él.
Pyrăma, ae. f. Plin. Especie de lágrima de un árbol llamada goma espon̄aciaca.
Pirāmeus, a, um. Sen. Lo perteneciente á Piramo, como el moral justamente que se dió muerte.
Pyrămidātus, a, um. Cir. Piramidal, en forma de pirámide.
Pyrămĭdes, dum. f. plur. Plin. Las pirámides de Egipto.
Pyrămis, ĭdis. f. Cic. Pirámide, mole ancha por la base, la que se levanta por diminucion hasta rematar en punta.
Pyrămus, i. m. Ov. Piramo, conocido por el desgraciado amor de Tisbe.
Pyrausta, y Pyraustes, ae. m. Plin. V. Pyralis.
Pyren, ēnis. f. Plin. Piedra preciosa de figura de un hueso de aceituna, en que dice que tal vez se hallan espinas de peces.
Pyrēnaei, ōrum. Plin. Los montes Pirineos, que separan á España de Francia.
Pyrēnaeus, a, um. Plin. Lo perteneciente á los montes Pirineos.
Pyrēnaicus, a, um. Aus. Pirenaico, de los montes Pirineos.
Pyrēne, es. f. Sil. Pirene, hija de Bebris, que forzada por Hércules, despedazada por las fieras, y enterrada en este monte, le dejó su nombre. ¶ Sil. España. ¶ Otra hija de Aquelóo.
Pyrēneus, i. m. Ov. Pireneo, rey de Tracia, que queriendo violentar á las musas, como estas huyesen convertidas en aves, se arrojó de lo alto del Parnaso, y se estrelló.
Pyrēthrum, i. n. Plin. Yerba, que unos llaman salibar, y otros dragon, que quema y muerde la lengua.
Pyrgis, is. f. Apul. Yerba llamada lengua de perro y cinoglosa.
Pyrogopolinīces, ae. y is. m. Plaut. Nombre de un soldado vanaglorioso, que significa vencedor de torres y ciudades.
Pyrgotĕles, lis. m. Plin. Pirgoteles, famoso escultor, por quien solo permitió Alejandro Magno ser esculpido en piedras preciosas.
Pyrgus, i. m. Liv. Torre, fuerte, castillo. ¶ Her. Cubilete ó cazuela para menear los dados antes de echarlos en el tablero.
Pyrio, is, īre. a. Petron. Calentar al fuego.
Pyriphlĕgĕthon, ontis. m. Tert. Flegetonte, rio de fuego del infierno.
Pyrītes, ae. f. Plin. Pedernal, piedra de escopeta. ¶ Piedra mollar, que resiste mucho al fuego, y es á propósito para los hogares. ¶ Piedra preciosa llamada pirite.
Pyritis, is, ó ĭdis. f. Plin. Pitite, piedra preciosa negra, que frotada entre las manos quema.
Pyrobolārū, ōrum. m. plur. Firm. Los que disparan rayos de fuego.
Pyrŏcŏrax, ācis. m. Plin. Pájaro de los Alpes de color negro, y el pico rojo.
Pyrŏdes, ae. m. Plin. Pirodes, hijo de Cilice; el primero que dicen sacó fuego del pedernal.
† Pyrŏmantes, ae. m. Adivino por medio del fuego.
Pyropoecĭlos lapis. m. Plin. Especie de piedra señalada con pintas de fuego.
Pyrōpus, i. m. Ov. El carbunco, piedra preciosa llamada piropo, y consta de tres partes de cobre, y la cuarta de oro, y es del color del fuego.
Pyros, dis, entos, ó entis. m. Colum. La estrella de Marte, uno de los siete planetas. ¶ Ov. Pirois, uno de los caballos del sol.
Pyrrha, ae. f. Ov. Pirra, hija de Epimeteo, muger de Deucalion, á quien ayudó á restaurar el género humano despues del diluvio, tirando hácia atras piedras, que se con-

vertian en mugeres, como en hombres las que tiraba su marido. ‖ *Hig.* Pirra, *nombre que tuvo Aquiles mientras estuvo en la isla de Esciros vestido de muger.* ‖ *Plin.* Ciudad de la isla de Lesbos.

Pyrrhaeus, a, um. *Estac.* Lo perteneciente á Pirra.

Pyrrhias, ădis. *f. Plin.* La muger natural ó habitadora de Pirra en Lesbos.

Pyrrhĭcha, ae, y Pyrriche, es. *f. Plin.* Danza de espadas á pie y á caballo, *usada en Lacedemonia para ejercicio de la juventud.*

Pyrrhĭchārii, ōrum. *m. Ulp.* Danzantes de este género de danzas de armas.

Pyrrhĭchius, ii. *m. Quint.* Pirriquio, *pie de verso compuesto de dos sílabas breves, como* Bonus.

Pyrrho, ōnis. *m. Cic.* Pirron, *filósofo elidense, cuyo sistema era no afirmar nada.*

Pyrrhŏcŏrax, ăcis. *m. Plin.* Especie de cuervo, cuyo pico tira á rojo.

Pyrrhōnii, ōrum. *m. plur. Gel.* Pirrónicos, escépticos, *filósofos discípulos de Pirron, que dudaban de todo.*

Pyrrhus, i. *m. Virg.* Pirro, *hijo de Aquiles y de Deidamia, conquistador de Troya.* ‖ *Cic.* Pirro, *rey de Epiro, que peleó valerosamente con los romanos y con los cartagineses.*

Pyrum, y Pyrus. *V.* Pirum, y Pirus.

† Pyruntes, um. *m. plur.* Las truchas.

Pysma, ătis. *n. Marc. Cap.* Pregunta, interrogacion, cuestion.

Pythăgŏras, ae. *m. Cic.* Pitágoras, de Samos, *el primero que se llamó filósofo, esto es, amante de la sabiduría. Viajó á Egipto, á Babilonia, á Creta, á Lacedemonia por aprender, y al fin se fijó en Crotona en Italia, donde enseñó con gran gloria la filosofía. Fue el autor de la transmigracion de las almas.*

Pythăgŏraei, ōrum. *m. plur. Cic.* Pitagóricos, *discípulos de Pitágoras.*

Pythăgŏraeus, a, um. *Plin.* Pitagórico, de Pitágoras.

Pythăgŏrēus, a, um. *Plin.* Perteneciente á Pitágoras.

Pythăgŏrĭci, ōrum. *m. plur. Cic.* Pitagóricos, *discípulos de Pitágoras.*

Pythăgŏrĭcus, a, um. *Plin.* Pitagórico, de Pitágoras.

Pythăgŏrisso, as, āre. *n. Apul.* Hacerse pitagórico, ser discípulo de Pitágoras.

Pythaŭla, ae, y Pithaules, ae. *m. Suet.* Flautero, flautista, que cantaba y tocaba las alabanzas de Apolo pitio. ‖ *Varr.* El que cantaba y tocaba en las comedias y tragedias, y acompañaba en otros cánticos y alabanzas particulares.

Pythia, ae. *f. Corn. Nep.* La Pitonisa, *sacerdotisa de Apolo en Delfos.*

Pythia, ōrum. *n. plur. Ov.* Los juegos ó certámenes pitios en honor de Apolo, *por haber muerto á la serpiente Piton.*

† Pythĭcum, i. *n.* Poema en honor de Apolo.

Pythĭcus, a, um. *Val. Max.* Pitico, *concerniente á la serpiente Piton, ó á Apolo pitio.*

† Pythii, ōrum. *m. plur.* Los que iban á Delfos á consultar el oráculo de Apolo.

† Pythiŏnīces, is. *m.* Vencedor en los cartámenes pitios.

† Pythium, i. *n.* Templo, altar de Apolo pitio en Delos ó Delfos.

Pythius, i. *m. Hor.* Pitio, *sobrenombre de Apolo, por haber muerto en su infancia á la serpiente Piton.*

Pythius, a, um. *Cic.* Pitio, de Apolo pitio.

Pytho, us. *f. Tib.* Delfos, *ciudad de la Grecia, donde era venerado Apolo bajo el símbolo de la serpiente muerta por él.*

† Pythōmantes, ae. *m. f.* Sacerdote ó sacerdotisa de Apolo pitio.

† Pythōmantia, ae. *f.* Oráculo de Apolo pitio.

Python, ōnis. *m. Ov.* Piton, *serpiente ó dragon muy grande, engendrado de la podredumbre de la tierra, despues del diluvio de Deucalion, al cual mató Apolo.* Python formosus. *adag.* Al negro llamar Juan Blanco. *ref.*

† Pythōnes, um. *m. plur.* Espíritus de divinacion, que se apoderan de ciertas personas, y las hacen profetizar. ‖ Personas que se dicen poseidas de estos espíritus.

† Pythŏnĭci, ōrum. *m. plur.* Hombres poseidos de espíritus de divinacion. ‖ Espíritus de divinacion.

Pythŏnĭcus, a, um. *Tert.* Perteneciente á Piton ó Apolo pitio.

Pythonion, i. *n. Apul.* La yerba dragontes.

Pythŏnissa, ae. *f.* Pitonisa, *sacerdotisa de Apolo pitio.*

Pytisma, ătis. *n. Juv.* El esputo.

Pytisso, as, āre. *n. Tert.* Escupir, *se dice del sorbo de vino que se toma para probarlo, y volverlo á arrojar.*

Pyttăcium, i. *n. Bibl.* Calzado muy antiguo.

Pyxăcanthus, i. *m. f. Plin.* Arbusto espinoso, parecido en las hojas al box.

Pyxagătus, i. *m. Macr.* Buen luchador ó atleta.

Pyxĭdātus, a, um. *Plin.* Hecho en forma de caja ó vaso de madera. ‖ Lo que se mete ó encaja uno en otro.

Pyxĭdĭcŭla, ae. *f. dimin. Cel.* Cajita ó vaso pequeño de madera.

Pyxinum, i. Nombre de un colirio que describe Celso *lib. 6, cap. 6, sec. 25.*

Pyxis, ĭdis. *f. Sen.* Caja ó vaso hecho de box, y con tapa de encage. ‖ Bote, pomo para guardar y conservar medicinas, perfumes &c.

## Q

Qua. *adv. Cic.* Por dónde, por qué parte ó lugar. ‖ Por la parte que, por dónde. ‖ ¿De qué modo? Qua ad meridiem vergit. *Nep.* Por la parte que mira al mediodia. Qua Romanis cohaerent rebus. *Liv.* En cuanto tienen conexion con las cosas romanas. —— Paterna gloria, qua sua insignis. *Liv.* Ilustre, tanto por la gloria paterna, como por la suya particular.—— Vissus erat. Salust. Por todo lo que podia estenderse la vista.

Quacerni, ōrum. *m. plur.* Antiguos pueblos de la España tarraconense.

Quācumque. *adv. Cic.* Por cualquier parte. ‖ Donde quiera que. Quacumque cernatur. *Plin.* Por donde quiera que se mire.

Quădamtĕnus. *adv.* y

Quădantĕnus. *adv. Plin.* En parte, hasta cierto punto.

Quadra, ae. *f. Vitruv.* El cuadro, la figura cuadrada. ‖ *Varr.* La mesa para comer, *que entre los antiguos era cuadrada.* ‖ *Hor.* La cuarta parte. ‖ Un pedazo, un poco. Aliena vivere quadra. *Expr. prov. Juv.* Comer de mogollon.

Quadrāgēnārius, a, um. *Sen.* Cuadragenario, cuarenteno, lo que comprende ó contiene el número de cuarenta.

Quadrāgēni, ae, a. *num. distr. plur.* Cuarenta por parte. Quadragena annua. *Sen.* Cuarenta años.

Quadrāgēsĭma, ae. *f. Suet.* La cuadragésima parte. ‖ *Tac.* Alcabala de la cuadragésima parte. ‖ *Eccles.* La cuaresma.

† Quadrăgēsĭmālis. *m. f. lĕ. n. is.* Cuadragesimal, lo que es de ó pertenece á la cuaresma.

Quadrāgēsĭmus, a, um. *Gel.* Cuadragésimo, lo que cierra el número de 40.

Quadrāgies. *adv. Cic.* Cuarenta veces. ‖ *Cic.* Cuarenta veces cien mil.

Quadrāginta. *num. card. indec. Cic.* Cuarenta.

Quadrangŭlātus, a, um. *Tert.* y

Quadrangŭlus, a, um. *Plin.* Cuadrangular, lo que tiene cuatro ángulos, cuadrado.

Quadrans, tis. *m. Plin.* La cuarta parte de cualquiera cosa. ‖ Cuadrante, tres onzas, la cuarta parte del as romano. Quadrans vini. *Cels.* Un cuartillo de vino, tres ciatos, cuarta parte de un sestario.—— Pedis. *Gel.* Tres pulgadas.—— Haeres ex quadrante. *Ulp.* Heredero de la cuarta parte, *cuando toda la herencia significa un as ó una suma total.*

Quadrans, tis. *com. Cic.* Cuadrante, lo que cuadra.

Quadrantal, ălis. *n. Cat.* El cuadrantal, medida romana de los líquidos, capaz de 48 sestarios, lo mismo que el ánfora. ‖ *Gel.* Un cuadrado, un cuadro, un cubo.

Quadrantālis. *m. f. lĕ. n. is. Plin.* Lo que contiene un cuadrante, la cuarta parte del total de una medida.

**Quadrantārius**, a, um. *Sen.* Lo que pertenece al cuadrante ó cuarta parte de un as romano.

**Quadrārius**, a, um. *Cat.* Lo que es cuadrado.

**Quadrātārius**, ii. m. *Dig.* El picapedrero ó cantero que labra la piedra.

**Quadrāte**. adv. *Man.* Por cuadrantes, por partes, que cada una contenga cuatro.

**Quadrātio**, ōnis. f. *Vitruv.* La cuadratura, la accion de reducir á cuadro alguna figura.

**Quadrātum**, i. n. *Cic.* El cuadrado, figura, cuerpo cuadrado.

**Quadrātūra**, ae. f. *Ulp.* La cuadratura y la figura ó cosa cuadrada.

**Quadrātus**, a, um. *Cic.* Cuadrado. *Quadratus bos, canis. Col.* Buey, perro lucio, bien gordo, bien formado, *Quadrata compositio. Quint.* Estilo cuadrado ó redondeado, bien ajustado al número oratorio. — *Littera. Petron.* Letra mayúscula. — *Roma. Solin.* Un lugar en el monte Palatino, delante del templo de Apolo, *en que se guardaban por buen agüero ciertas cosas empleadas por tal en la fundacion de la ciudad. Quadratum agmen. Liv.* Formacion de un ejército en cuadro, en batalla.

**Quadrīceps**, cĭpĭtis. com. *Varr.* Lo que tiene cuatro cabezas ó puntas.

**Quadrīdens**, tis. com. *Cat.* Lo que tiene cuatro dientes, *como el bieldo.*

**Quadriennis**. m. f. nĕ. n. is. *Aur. Vict.* Cuadrienal, lo que tiene cuatro años.

**Quadriennium**, ii. n. *Cic.* Cuadrienio, el espacio de cuatro años.

**Quadrīfăriam**. adv. *Liv.* En cuatro partes.

**Quadrīfărĭter**. adv. *Dig.* De cuatro modos.

**Quadrīfĭdus**, a, um. *Virg.* Hendido, partido en cuatro partes. *Quadrifidus solis labor. Claud.* Curso del sol dividido en cuatro estaciones.

**Quadrīfīnālis**. m. f. lĕ. n. is. *Goes.* Lo que pertenece al término que abraza cuatro posesiones.

**Quadrīfīnium**, ii. n. *Goes.* El término ó linde que abraza cuatro posesiones.

**Quadrīfluviatus**, a, um. f. *Vitruv.* Lo que tiene cuatro venas ó vetas, á modo de cursos de rios.

**Quadrīfluvium**, ii. n. *Vitruv.* La division del abeto en cuatro partes, que siguen sus venas ó vetas.

**Quadrīfŏris**. m. f. rĕ. n. is. *Plin.* Lo que tiene cuatro puertas ó huecos. *Quadrifores januae. Vitruv.* Puertas de cuatro hojas.

† **Quadrīformis**. m. f. mĕ. n. is. Lo que tiene cuatro formas.

**Quadrīfrons**, tis. com. *Fest.* Que tiene cuatro frentes, *como Jano.*

**Quadriga**, ae. f. *Suet.* La cuadriga, el tiro de cuatro caballos. ‖ El carro del sol y de la luna. ‖ El número cuaternario de cualquiera cosa. ‖ El carro tirado de cuatro caballos. *Quadrigae initiorum sunt. Varr.* Hay cuatro géneros de principios.

**Quadrīgālis**. m. f. lĕ. n. is. *Fest.* Lo que pertenece al tiro ó carro de cuatro caballos.

**Quadrīgāmus**, i. m. *S. Ger.* El que se ha casado cuatro veces.

**Quadrīgārius**, ii. m. *Cic.* El que maneja un carro de cuatro caballos en un tiro. ‖ Q. Claud. Cuadrigario, *historiador romano, contemporáneo de Sisena, de quien solo quedan algunos fragmentos en Gelio, Macrobio, Servio, Prisciano y Nonio.*

**Quadrīgārius**, a, um. *Suet.* Lo que pertenece á la cuadriga.

**Quadrīgātus**, a, um. *Liv.* Lo que tiene impresa ó esculpida la imágen de una cuadriga, *como algunas monedas.*

**Quadrīgĕmĭnus**, a, um. *Plin.* Cuatro. *Quadrigemina cornicula. Plin.* Cuatro cuernecillos.

**Quadrīgŭla**, ae. f. *Cic.* dim. de Quadriga.

**Quadrījŭgis**. m. f. gĕ. n. is y

**Quadrījŭgus**, a, um. *Virg.* Los cuatro caballos puestos en un tiro. ‖ Lo que pertenece á las cuadrigas y sus carreras.

† **Quadrīlătĕrus**, a, um. *Cic.* Cuadrilatero, lo que tiene cuatro lados.

**Quadrīlibris**. m. f. brĕ. n. is. *Plaut.* Lo que pesa cuatro libras.

† **Quadrīlinguis**. m. f. guĕ. n. is. Lo que tiene cuatro lenguas.

† **Quadrīlustris**. m. f. trĕ. n. is. Lo que tiene cuatro lustros, 20 años.

**Quadrĭmănus**, a, um. *Jul. Obseq.* Lo que tiene cuatro manos.

**Quadrīmātus**, us. m. *Plin.* La edad de cuatro años.

† **Quadrīmembris**. m. f. brĕ. n. is. Lo que tiene cuatro miembros.

**Quadrīmensis**. m. f. sĕ. n. is. ó

**Quadrīmestris**. m. f. trĕ. n. is. *Suet.* Lo que tiene cuatro meses.

**Quadrīmŭlus**, a, um. *Plaut.* dim. de

**Quadrīmus**, a, um. *Cic.* Cuadrienal, lo que tiene cuatro años.

**Quadrīgēnārius**, a, um. *Cic.* Lo que tiene 400.

**Quadringēni**, ae, a. num. distr. *Suet.* y

**Quadringentēni**, ae, a. *Plin.* Cuatrocientos.

**Quadringentēsĭmus**, a, um. *Plin.* Cuatrocientos en órden.

**Quadringenti**, ae, a. plur. *Crad. Cic.* Cuatrocientos.

**Quadringenties**. adv. *Cic.* Cuatrocientas veces.

† **Quadringentŭplus**, a, um. Cuatrocientos tanto.

**Quadrĭni**, ae, a. *Plin.* Cuatro.

† **Quadrinoctium**, ii. n. El espacio de cuatro noches.

† **Quadrīnōdis**. m. f. dĕ. n. is. Lo que tiene cuatro nudos.

**Quadrĭnus**, a, um. *Plin.* Lo que es de ó contiene cuatro. *Quadrinis diebus. Plin.* De ó en cuatro dias. *Quadrini circuitus febris. Id.* La cuartana.

**Quadrĭpartĭlis**. m. f. lĕ. n. is. *Plin.* Lo que se divide en cuatro partes.

**Quadrĭpartītio**, ōnis. f. *Varr.* Division en cuatro partes.

**Quadrĭpartīto**. adv. *Col.* En cuatro partes.

**Quadrĭpartītus**, a, um. ó

**Quadrĭpertītus**. *Cic.* Dividido en cuatro partes.

**Quadrĭplĭcātus**, a, um. *Varr.* V. Quadripartitus.

**Quadrĭrēmis**, is. m. *Cic.* Galera de cuatro órdenes de remos.

**Quadrĭvium**, ii. n. *Juv.* El cuadrivio, *lugar donde concurren cuatro calles ó caminos.*

**Quadro**, as, avi, atum, āre. a. n. *Col.* Cuadrar, reducir á cuadro. ‖ Cuadrar, convenir, adaptarse, acomodarse. *Quadrare orationem. Cic.* Cuadrar, redondear la oracion, ajustarla al número oratorio. — *Ad multa.* — *In aliquem. Cic.* Convenir á muchas cosas, á alguno. *Quoniam ita tibi quadrat. Cic.* Puesto que asi te acomoda.

**Quadrŭla**, ae. f. *Sol.* dim. de Cuadra, pequeño cuadrado ó cuadro.

**Quadrum**, i. n. *Col.* El cuadrado ó cuadro. *In quadrum sententias redigere. Cic.* Ajustar las espresiones al número oratorio.

**Quadrŭpĕdans**, tis. com. *Plaut.* El que anda en cuatro pies, cuadrúpedo. ‖ *Virg.* El caballo.

**Quadrŭpĕdus**, a, um. *Amian.* Lo que tiene cuatro pies, cuadrupedal.

**Quadrŭpes**, ĕdis. com. *Cic.* Cuadrúpedo, el animal de cuatro pies.

**Quadrŭplāris**. m. f. rĕ. n. is. *Macrob.* V. Cuadruplus.

**Quadruplātor**, ōris. m. *Cic.* Delator, acusador público, *ó porque lleva la cuarta parte de los bienes del sentenciado en premio de la delacion, ó porque los sentenciados eran condenados en el cuadruplo del interes que se trataba.* ‖ *Sen.* El que pondera escesivamente sus beneficios, y como que pretende le correspondan con el cuádruplo de ellos. ‖ *Sid.* El que arrienda los portazgos por la cuarta parte de su rédito.

**Quadrŭplātus**, a, um. *Dig.* Multiplicado por el cuádruplo.

**Quadruplex**, ĭcis. com. *Cic.* Cuadruplo, cuadruplicado, lo que contiene 4, y lo que se multiplica por 4.

**Quadruplĭcātio**, ōnis f. *Marc. Cap.* La repeticion he-

**QUAE**

cha cuatro veces de alguna cosa. ¶ *Ulp.* Cuadruplicacion, multiplicacion por cuatro.

Quadruplicāto. *adv. Plin.* Cuatro veces tanto.

Quadruplico, as, āvi, ātum, āre. *a. Dig.* Cuadruplicar, aumentar hasta el cuadruplo, cuatro veces mas. *Quadruplicare lucris rem suam. Plaut.* Cuadruplicar, multiplicar sus bienes cuatro veces mas con las ganancias.

Quadrūplo, as, āvi, ātum, āre. *a. Ulp. V.* Quadruplico.

Quadrūplor, āris, ātus sum, āri. *dep. Plaut.* Ser delator ó acusador público, ganar la cuarta parte de los bienes del acusado.

Quadrūplus, a, um. *Suet.* Cuadruplo, lo que contiene cuatro veces la cantidad ó suma de lo que se trata. *Actio quadrupli,* y *Experiri in quadruplum. Ulp.* Accion, demanda en que se pide el cuadruplo; poner un pleito por el cuadruplo.

Quadrurbem. *Fest.* Nombre que dió Accio á la ciudad de Atenas, que se formó de cuatro: *Braurona, Eleusina, Pireo* y *Sunio.*

Quadrus, a, um. *Goes.* Cuadrado.

Quadruus, a, um. *Aus. V.* Quadrus.

Quadrūvium. *V.* Quadrivium.

Quadurcum, i. *n.* Cahors, *capital de Cuerci, provincia de Francia.*

Quaerendus, a, um. *Sen.* Lo que se ha de buscar.

Quaerens, tis. *com. Virg.* El que busca ó buscaba.

Quaerĭtandus, a, um. *Plaut.* Lo que se ha de buscar á menudo ó por todas partes.

Quaerĭto, as, āvi, ātum, āre. *a. Ter.* Buscar con ansia ó diligencia, ó á menudo. ¶ Preguntar. *frec. de*

Quaero, is, sīvi, y sii, sītum, rēre. *a. Liv.* Buscar. ¶ Indagar, inquirir. ¶ Adquirir, hallar. ¶ Procurar. ¶ Informarse. ¶ Mover una cuestion ó disputa. ¶ Preguntar. *Quaerere abs, ex,* ó *de aliquo. Cic.* Preguntar á alguno. — *Doceri. Virg.* Procurar informarse. — *Aliquem. Ter.* Buscar á alguno. — *De morte alicujus. Cic.* Examinar el proceso de la muerte de alguno. *Quaeritur inter medicos. Plin.* Se disputa entre los médicos. *Si verum quaeris. Cic.* Si quieres que se diga la verdad. *Noli quaerere,* y *quid quaeris. Cic.* No hay mas que decir *Nec te quaesiveris extra. Pers.* No salgas de tu caracter natural.

Quaesītio, ōnis. *f. Apul.* La busca, la accion de buscar. ¶ *Tac.* La cuestion de tormento.

Quaesītor, ōris. *m. Gell.* El que busca. ¶ *Cic.* El juez del crimen.

Quaesītum, i. *n. Ov.* La cuestion, pregunta.

Quaesītūra, ae. *f. Tac. V.* Quaestura.

Quaesītus, us. *m. Plin. V.* Quaesitio.

Quaesītus, a, um, ior, issĭmus. *part. de* Quaero. *Tac.* Buscado, indagado. ¶ Adquirido, ganado buscando. *Quaesitum est mihi odium carmine. Ov.* Los versos me han acarreado enemigos. *Quaesitior adulatio. Tac.* Adulacion mas fina. *Quaesita mors. Tac.* Muerte voluntaria. *Quaesita reponere. Hor.* Guardar lo que se ha adquirido.

Quaesīvi. *pret. de* Quaero.

Quaeso, is, sīvi, y sii. *a. Plaut.* Buscar. ¶ Pedir, rogar, suplicar. *Quaeso deos. Ter.* Ruego á los dioses. — *A te. Cic.* Te pido por favor. — *Ut liceat. Ter.* Que me sea permitido. *Tu quaeso crebro ad me scribe. Cic.* Escríbeme, te ruego, con frecuencia.

Quaesticŭlus, i. *m. Cic. dim. de* Quaestus. Corta ganancia.

Quaestio, ōnis. *f. Plaut.* La busca ó indagacion. ¶ Cuestion, duda, disputa. ¶ Pregunta. ¶ El punto principal de una causa entre los oradores. ¶ Examen de un proceso. ¶ Cuestion de tormento. ¶ *Val. Max.* El tribunal y los jueces que le forman. *In quaestione est. Plin.* — *Versatur. Plin. Quaestionis est. Cic.* Se disputa, está en disputa. *Quaestionis judex Cic.* Presidente de un tribunal de jueces. *Quaestiones perpetuae. Cic.* Procesos de delitos públicos, *como de cohechos, de parricidios, de lesa magestad &c. In quaestione mihi sis. Plaut.* Mira que no tenga que buscarte. *In quaestionem servum postulare. Cic.* Pedir que se ponga á un esclavo á cuestion de tormento. *Quaestionem curatoribus meis nemo faciet. Dig.* Ninguno pedirá cuentas, llamará á cuentas á mis procuradores. *Quaestioni prae-*

**QUA** 617

*esse. Cic.* Presidir un tribunal de justicia.

Quaestiōnārius, ii. *m. Dig.* El verdugo que da tormento á los reos.

Quaestiuncŭla, ae. *f. Cic. dim. de* Quaestio. Cuestioncilla, cuestion, disputa de poca importancia.

Quaestor, ōris. *m. Cic.* Cuestor, magistrado romano que presidia á los delitos públicos y al tesoro público. Tesorero, juez del crimen.

Quaestŏrĭtius, a, um. *Inscr.* Lo perteneciente al cuestor ó á la cuestura.

Quaestōrium, ii. *n. Liv.* La casa del cuestor.

Quaestōrius, a, um. *Cic.* Lo perteneciente al cuestor. *Quaestorii agri. Goes.* Campos tomados á los enemigos, y encargados á los cuestores para que los vendiesen. *Quaestorius homo. Liv.* El que ha sido cuestor, el que lo es. *Quaestoria porta. Liv.* Puerta en los reales, junto á la tienda del cuestor militar.

Quaestuārius, a, um. *Sen.* Lo perteneciente á la ganancia y lo que la proporciona.

Quaestuōse, ius, issĭme. *adv. Sen.* Con ganancia ó lucro.

Quaestuōsus, a, um. *Cic.* Cuestuoso, lucroso, que da utilidad ó ganancia. ¶ Interesado, codicioso, avariento. *Quaestuosissima falsorum chirographorum officina. Cic.* Oficina que saca mucho lucro de los vales falsos.

Quaestūra, ae. *f. Cic.* La cuestura, oficio y dignidad del cuestor.

Quaestus, us. *m. Cic.* La ganancia, interes de las artes lucrativas, el logro. ¶ Ganancia, utilidad, provecho. ¶ La prostitucion. *Quaestui habere male loqui. Plaut.* Hacer profesion ó ganancia de hablar mal de otros. — *Servire. Cels.* Ser interesado, pegado al interes. *In quaestu lingua est. Cic.* La elocuencia es venal. *Vel Herculi conterere quaestum posset. Plaut.* (prov.) Podrá acabar aun con las ganancias de Hércules. *Dícese del hombre pródigo, aludiendo á que se sacrificaban á Hércules todas las décimas, de que debia sacarse una ganancia exorbitante.*

Quālĭbet, y Quălĭbet. *adv. Quint.* Por cualquier lugar. ¶ *Plaut.* De cualquier modo.

Quālis. *m. f.* lē. *n. is. Cic.* Cual, de qué género, naturaleza ó propiedad.

Quāliscumque, lēcumque, y

Quālislĭbet, lēlĭbet. *Cic.* Cualquiera.

Quālisnam, lēnam. *Apul.* Cual, que tal.

Quālĭtas, ātis. *f. Cic.* Cualidad, propiedad.

Quālĭter. *adv. Col.* De qué modo ó manera.

Quālĭtercumque. *adv. Col.* De cualquier modo ó manera.

Quālum, i. *n.* y

Quālus, i. *m. Virg.* Cesto de mimbres en figura de meta ó manga inversa, *por el que destila el mosto cuando se esprime la uva, impidiendo que salga la restante materia.*

Quam. *conj. Cic.* Cuan, cuando, que. *Quam facite. Plaut.* Qué grandemente, con qué, con cuánta gracia. *Quam audax est, si tam prudens esset. Cic.* Si fuera tan prudente como atrevido. *Quam vellem ut. Cic.* Cuanto desearia que. *Quam potero. Cic.* Cuanto pueda. *Septimo die quam profectus erat. Liv.* Á los siete dias de haber partido. *Quam multum interest. Plin. men.* Cuanto importa. *Quam quisque pessime fecit. Sal.* Cuanto mas mal se ha portado ó ha obrado uno. *Quam longa est nocte.* Cuanto dura la noche. *Quam acerbissima olea oleum facies. Cat.* Con cuanto mas amarga aceituna hagas el aceite. *Quam pauci Cic.* Muy pocos. *Contra faciunt quam professi sunt. Cic.* Obran al contrario de lo que profesan.

Quamdiu, y Quandiu. *adv. Cic.* Por cuánto tiempo, hasta cuándo. ¶ *Col.* Entretanto, mientras que.

Quamlĭbet. *adv. Fedr.* Cuanto se quiera.

Quamobrem. *adv. Cic.* Por qué, por qué causa ó razon. ¶ Por lo cual.

Quamplūres, a, ium. *com. Cic.* Muchísimos.

Quamprīmum. *adv. Cic.* Cuanto antes, cuanto mas presto.

Quamquam, y Quanquam. *conj. adv. Cic.* Aunque, bien que, puesto.

Quamvis. *conj. adv. Cic.* Aunque. ¶ Por mas que. *Quamvis prudens ad cogitandum sis. Cic.* Por mas prudente y sagaz que seas para pensar.

Quānam. *adv. Liv.* Por qué modo ó camino.

Iiii

Quandiu. V. Quamdiu.

Quando. *adv. Cic.* Cuándo, en qué tiempo ú ocasion. ‖ Siempre que. *Num quando. Cic.* Si alguna vez. *Quando hoc bene successit. Ter.* Ya que esto ha salido bien.

Quandōcumque. *adv. Hirc.* En cualquier tiempo que, siempre que. ‖ *Ov.* En alguna tiempo. *Quandocumque mihi penas dabis. Ov.* Algun dia me le pagarás.

Quandōlībet. *adv. Lact.* En algun tiempo.

Quandōque. *adv. Cic.* En otro tiempo, algun dia, alguna vez. ‖ Cuando, siempre que, en el tiempo que.

Quandōquĭdem. *conj. caus. Cic.* Ya que, puesto, supuesto que.

Quantillum. *adv. Plaut.* Cuan poquito.

Quantillus, a, um. *Plaut.* Cuan poquito.

Quantisper. *adv. Nom.* Por cuanto tiempo.

Quantĭtas, atis. *f. Vitruv.* La cantidad, grandeza, estension de cualquiera cosa. ‖ *Ulp.* La medida. ‖ Una suma de dinero. *Quantitas propositionis. Apul.* La fuerza y sentencia de una proposicion lógica.

Quanto. *adv. Ter.* V. Quantum.

Quantōcius. *adv. Sulp. Sev.* Cuanto mas antes, cuanto mas pronto.

Quantōpĕre. *adv. Cic.* Cuanto.

Quantŭlum. *adv. Cic.* Cuan poco.

Quantŭlus, a, um. *Cic.* Cuan poco, pequeño, corto. *Mulieri reddidit quantulum visus est. Cic.* Volvió á la muger aquello poco que le pareció.

Quantŭluscumque, lăcumque, lumcumque. *Cic.* Muy poquito, ó pequeño, cuan poquito.

Quantŭluslĭbet, lalĭbet, lumlĭbet. *Ulp.* Cuan poquito, ó por muy poquito que.

Quantŭlusquisque. *Gel.* V. Quantuluscumque.

Quantum. *adv. C.* Cuanto.

Quantumcumque. *adv. Cic.* Cuan grande, tanto cuanto.

Quantumvis. *adv. Cic.* Por mas que. ‖ Aunque.

Quantus, a, um. *Cic.* Cuan grande, cuanto. *Quantus in dicendo. Cic.* Qué sobresaliente en la elocuencia. *Quantus maximus poterat honos.* La mayor honra que se podia. *Quanti sapere est. Ter.* Cuanto importa ser sabio. *Homunculi quanti sunt. Plaut.* Cuan pequeñitos son los hombres. *Quanti emit? Ter.* ¿En cuánto lo compró? *Quanti emi potest minimo? Plaut.* ¿Cuál es su menor precio? *O omnium quantum est qui vivunt homo ornatissime! Ter.* ¡O hombre el mas ilustre de cuantos viven!

Quantuscumque, ăcumque, uncumque. *Cic.* Tan grande como, cuanto. *Totum hoc, quantumcumque est. Cic.* Todo esto, cuanto ó tan grande como es.

Quantuslĭbet, ălĭbet, umlĭbet. *Col.* y

Quantusvis, ăvis, umvis. *Liv.* Lo mas grande, lo mayor que. *Quantasvis magnas copias sustineri posse. Ces.* Que se podian sostener las mayores tropas que se quisiesen.

Quāpropter. *conj.* y *adv. Cic.* Por lo cual, por la cual causa ó razon. ‖ *Ter.* Por qué, por qué causa ó razon.

Quaqua. *adv. Plaut.* Por ó en cualquier parte. ‖ *Cic.* Por todas partes.

Quaquam. *adv. Lucr.* Por cualquier lugar.

Quāque. *adv. Cic.* V. Quaqua.

Quāre. *conj. Cic.* Por qué, por qué causa ó razon. ‖ Por lo cual. ‖ *Ces.* Á fin de que, para que. *Nec quid, nec quare. prov. Petron.* Sin saber cómo ni cuándo.

Quāri, ōrum. *m. plur.* y

Quăriātes, ōrum. *m. plur. Plin.* Pueblos de la Galia narbonense.

Quartădĕcĭmāni, ōrum. *m. plur. Tac.* Soldados de la legion décima cuarta.

† Quartallum, i. *n.* Caja, ataud para llevar los muertos.

Quartāna, ae. *f. Cic.* La cuartana.

Quartanārius, a, um. *Pal.* Lo que pertenece á la cuarta parte de alguna cosa.

Quartāni, ōrum. *m. plur. Tac.* Soldados de la legion cuarta.

Quartārius, ii. *m. Col.* La cuarta parte de una medida de cosas secas ó líquidas, un cuarteron, un cuartillo. ‖ *Fest.* Arriero que trabaja á jornal.

Quartāto. *adv. Cat.* En cuatro veces.

Quarto. *adv. Ov.* En cuarto lugar.

Quartum. *adv. Liv.* La cuarta vez.

Quartus, a, um. *num. ord. Ces.* Lo cuarto.

Quartusdĕcĭmus, a, um. *Vitruv.* Décimocuarto.

Quāsi. *adv. Cic.* Como, como si. ‖ Casi. *Quasi vero nescias. Cic.* Como si tú no lo supieras. — *Ad talenta quindecim coegi. Ter.* Junté como quince talentos, casi quince talentos. *Quasi ego quamdudum rogem. Ter.* Como si yo te preguntara cuanto tiempo há.

Quăsillāria, ae. *f. Petron.* Criada que tiene su labor en una cesta, criada de una casa pobre.

Quăsillum, i. *s.* y Quăsillus, i. *m. Cic.* Cestilla, canastilla. ‖ Cestilla de la labor de las mugeres.

Quassăbĭlis. *m. f. lĕ. n. is. Luc.* Lo que ha de ser batido, conmovido ó derribado.

Quassăbundus, a, um. Lo que es batido ó conmovido con vehemencia.

Quassăgĭpennas, annates. Llama Varron á los ánades que baten las alas.

Quassans, tis. *com. Plaut.* El que conmueve, sacude, agita con vehemencia.

Quassātio, ōnis. *f. Liv.* El movimiento, sacudimiento, conmocion violenta.

Quassātūra, ae. *f. Veg.* Contusion, golpe, lesion del sacudimiento.

Quassātus, a, um. *Virg.* Maltratado, batido, agitado violentamente. ‖ Molestado, afligido. *part. de*

Quasso, as, āvi, ātum, āre. *a. Plaut.* Menear, mover, agitar mucho. *Quassare caput. Plaut.* Mover, menear la cabeza á un lado y á otro. *Me tussis frequens quassavit. Catul.* La tos continua me ha molestado mucho ó quebrantado mucho.

Quassus, a, um. *Liv.* Maltratado, destruido, roto.

† Quassus, us. *m. Pacuv.* Movimiento, agitacion frecuente.

Quătĕfăcio, is, fēci, factum, cĕre. *a. Cic.* Conmover, hacer estremecer.

Quătĕnus. *adv. Cic.* En cuanto, hasta cuanto. ‖ *Tac.* Ya que, supuesto que.

Quăter. *adv. Virg.* Cuatro veces.

Quăternārius, a, um. *Col.* Lo que comprende cuatro.

Quăterni, ae, a. *plur. Cic.* Cuatro á cuatro, de cuatro en cuatro. ‖ *Ces.* Cuatro.

Quăternio, ōnis. *m. Marc. Cap.* El número de cuatro.

Quătiens, tis. *com. Virg.* Que conmueve, agita, sacude fuertemente.

Quatinus, a, um. *adv. ant. Fest.* V. Quatenus.

Quătio, is, quassi, quassum, tĕre. *a. Virg.* Mover violentamente. ‖ Molestar, afligir. ‖ Conmover, mover interiormente. ‖ Turbar, perturbar, alborotar. *Quatere alas. Virg.* Batir las alas. — *Aliquem foras. Ter.* Echar á uno fuera á empellones. — *Risu aliquem. Hor.* Hacer reventar á uno de risa. — *Mente solida. Hor.* Apartar de una resolucion. — *Moenia ariete. Liv.* Derribar los muros á golpes del ariete. — *Hastam. Virg.* Blandear, vibrar la lanza. — *Caput. Liv.* Menear la cabeza á un lado y á otro. *Quati aegritudine. Cic.* Ser atormentado por los pesares.

Quatrĭduānus, a, um. *S. Ger.* Cuatriduano, lo que es de cuatro dias.

Quatrĭduo. *adv. Cic.* En cuatro dias. *Quatriduo ante. Cic.* Cuatro dias antes.

Quatrĭduum, ui. *n. Liv.* El espacio de cuatro dias.

Quătuor, y Quattuor. *num. card. Cic.* Cuatro.

Quătuordĕcies. *adv. Plin.* Catorce veces.

Quătuordĕcim. *num. card. Plin.* Catorce. *Sedere in quatuordecim. Suet.* Sentarse entre los del orden ecuestre, á quienes estaban señaladas 14 gradas en el teatro detras de la orquestra, en la cual se sentaban los magistrados y senadores.

Quătuorvĭrātus, us. *m. Asin. Pol. a. Cic.* El magistrado y dignidad del cuadrunvirato.

Quătuorvĭri, ōrum. *m. plur. Dig.* Los cuadrunviros, cuatro magistrados de Roma, instituidos despues de los ediles curules, para cuidar de los caminos. ‖ *Inscr.* En los municipios y colonias eran los magistrados presidentes del gobierno, que se elegian de los decuriones.

Quaxāre. *Fest.* V. Quaxo.

## QUE

Que. *conj. Cic.* y

Quĕbĕcum, i. *n.* Quebec, *ciudad de la nueva Francia en América.*

Queis. *dat. plur. de* Qui, quae, quod. *A quienes, ó para los cuales.*

Quemadmŏdum. *adv. Cic.* Como, al modo, del modo que, de qué modo.

Queo, is, ivi, y ītum, ire. *n. anom. Cic.* Poder, ser capaz.

Quercanus, a, um. *V.* Querquerus.

Quercētum, i. *n. Varr.* El encinar, bosque de encinas.

Querceus, a, um. ó

Querculus, a, um. *Suet.* y

Quercĭnus, a, um. *Suet.* y

Quercŭlānus, a, um. *Plin.* Lo que es de encina.

Quercus, us. *f. Cic.* La encina, *árbol. Umbrata gerunt civili tempora quercu. Virg.* Llevan adornadas las cabezas con la corona cívica de encina. *Aliam excute quercum. adag.* A otro perro con ese hueso. *ref.*

Quĕrēla, ae. *f. Cic.* La queja, lamento. ‖ Disension, discordia, diferencia. ‖ *Virg.* La voz del animal, *como el canto de las ranas, el arrullo de las palomas.* ‖ El gruñido de otros que parecen se quejan. ‖ El sonido de la flauta ó zampoña, que imita la queja. ‖ Demanda judicial, querella.

Quĕribundus, a, um. *Cic.* Quejoso.

Quĕrimōnia, ae. *f. Cic.* Lamento, queja. ‖ *Hor.* Disension entre marido y muger.

Quĕrĭtans, tis. *com. Plin. men.* El que se queja frecuentemente.

Quĕritor, āris, āri. *dep. Paul. Nol.* Quejarse de continuo.

Querneus, y

Quernus, a, um. *Col.* Lo que es de encina.

Quĕror, rĕris, questus sum, queri. *dep. Cic.* Quejarse, lamentarse, dolerse, querellarse. *Se atribuye á los brutos como* Querela, *y al sonido de la lira y flauta. Queri alicui aliquid, ó de aliqua re. Cic.* Quejarse á alguno de alguna cosa. — *Suum fatum. Ces.* Llorar, lamentarse de su desgracia.

Querquĕdŭla, ae. *f. Col.* La cerceta ó zarceta, *ave de tierra y agua como los ánades.*

Querquĕrŭlānus, a, um. *Fest.* Lo que pertenece á los encinares.

Querquĕrum, i. *n. Apul.* La calentura con temblor y escalofrios.

Querquĕrus, a, um. *Fest. Querquera febris.* Calentura que entra con temblor y escalofrios.

Quĕrŭlus, a, um. *Plin.* Quejoso, lamentable. ‖ *Virg.* Sonoro, resonante. *Se atribuye tambien á las voces de algunos animales. Queruli libelli. Plin. men.* Memoriales de quejas, quejas presentadas á un juez.

Questus, us. *m. Cic.* La queja, lamento. *V.* Querela.

Questus, a, um. *Cic.* El que se ha quejado.

## QUI

Qui, quae, quod, cujus, cui *pron. rel.* Que, cual, quien. *Quae tua prudentia est. Cic.* Segun es tu prudencia. *Quem te appellem? Cic.* ¿Cómo te llamaré? ¿qué nombre te daré? *Qui vocare? Plaut.* ¿Cómo te llamas? *Qui fieri poterat? Cic.* ¿Cómo pedia suceder ó era posible!

Quia. *conj. caus. Cic.* Porque.

Quiānam. *conj. Virg.* Por qué.

Quiāne. *conj. Virg.* Acaso, por qué.

Quiatis, en lugar de Cujus.

Quicquam. *V.* Quisquam.

Quicque. *V.* Quisque.

Quicquid. *V.* Quicquis.

Quicum. *abl. de* Quis. *Cic.* Con quien.

Quicumque, quaecumque, quodcumque, cujuscumque cuicumque. *Cic.* Cualquiera que.

Quid. *term. n. de* Quis. *Cic.* Que, qué cosa. *Quid attinet haec dicere? Cic.* ¿A qué viene decir esto? *Quid tu hominis es? Plaut.* ¿Qué hombre eres tú? *Quid rei tibi cum illa est? Ter.* ¿Qué, qué negocios tienes tú con ella? *Quid est cur vereatur? Cic.* Qué razon hay para que tema? *Quid multa? Cic.* ¿Para qué se ha de decir mas? En una palabra *Quid tivi vis? Ter.* ¿Qué quieres tú decir? *Quid ita? Cic.* ¿Por qué así? *Quid tum? Ter.* ¿Y qué? ¿qué tenemos con eso?

Quidam, quaedam, quoddam, y quiddam, cujusdam. *Cic.* Un sugeto indeterminado, uno.

† Quiddĭtas, ātis. *f.* La quididad, *esencia de una cosa.*

Quĭdem. *adv. Cic.* Ciertamente, por cierto, en verdad, en realidad de verdad. *Ne cum periculo quidem meo. Cic.* Ni aun con peligro mio.

Quidnam. *V.* Quisnam.

Quidni? *adv. Cic.* Por qué no?

Quidpiam. *Ter.* y

Quidquam. *Cic. V.* Quispiam y Quisquam.

Quie. *en lugar de* Quiete.

Quies, ētis. *f. Cic.* La quiete, quietud, cesacion del trabajo, reposo, descanso. ‖ El sueño. ‖ Calma, serenidad. ‖ *Virg.* La paz. ‖ La muerte. ‖ *Lucr.* El lugar donde se toma descanso. *Dura quies. Virg.* La muerte. — *Ventorum Plin.* La serenidad de los vientos. — *Quietes ferarum. Lucr.* Cuevas de fieras.

Quiescentia, ae. *f. Jul. Firm. V.* Quies.

Quiesco, is, ēvi, ētum, cĕre. *n. Cic.* Descansar, reposar, cesar, dejar de trabajar. ‖ Estarse quieto, tranquilo, en paz. ‖ Permitir. ‖ Dormir. ‖ Callar. ‖ *Sen.* Dar descanso. *Quiesce hanc rem modo petere. Plaut.* Omite, deja de pedir esto por ahora. *Quiescas caetera. Plaut.* No cuides de lo demas. *Antequam tuas laudes populi quiescant. Sen.* Antes que las gentes callen tus alabanzas.

† Quiētālis. *m. f.* lĕ. *n. is. Fest.* Lo que da quietud.

Quiētālus, i. *m. ant. Fest.* El orco, el infierno, *porque en él descansan perpetuamente los muertos.*

Quiētātor, ōris. *m. Inscr.* El que da quietud y sosiego.

Quiētē, ius, issĭme. *adv. Cic.* Quieta, tranquila, pacíficamente. *Quietissime se recipere. Caes.* Retirarse con mucho sosiego.

† Quieto, as, āre. y

† Quiētor, āris, āri. *dep. Prisc.* Quietar, aquietar, dar quietud y sosiego.

† Quiētōrium, ii. *n. Inscr.* El sepulcro.

Quiētūrus, a, um. *Cic.* El que ha de descansar.

Quiētus, a, um, ior, issĭmus. *Cic.* Quieto, pacífico, tranquilo, reposado. ‖ Moderado, no ambicioso de honras. ‖ *Nemes.* Muerto. *De istoc quietus esto. Plaut.* En cuanto á esto está seguro, no tengas el menor cuidado. *Quieti amnes. Hor.* Rios de corriente mansa.

Quilĭbet, quaelĭbet, quodlĭbet, y quidlĭbet, cujuslĭbet, cuilĭbet. *Cic.* Cualquiera, quien quiera.

Quīmātus, us. *m. Plin.* La edad de cinco años.

Quin. *adv. Cic.* Porque no. ‖ Que no. ‖ Absolutamente. *Quin dic quid est? Ter.* ¿Por qué no dices lo que es? *Quin taces? Ter.* Por que no callas? *Non quin ipse dissentiam. Ter.* No porque yo no sienta de otro modo. *Neque abest suspicio, quin ipse sibi mortem consciverit. Cic.* Y no falta quien sospeche que él mismo se dió la muerte, y no deja de haber sospecha de que &c. *Nihil est quin male narrando possit depravarier. Ter.* No hay cosa que no pueda depravarse contándola mal. *Facere non possum, quin ad te mittam. Cic.* No puedo menos, ó dejar de enviar adonde tú estás. *Nullo modo introire possem quin me viderent. Ter.* No podría entrar de ningun modo sin que me viesen. *Te non hortor ut domum redeas, quin hinc ipse evolare cupio. Cic.* No te exhorto á que vengas á la ciudad, antes bien estoy yo deseando salir de aqui volando.

Quinārius, a, um. *Front.* Quinario, lo que contiene cinco.

Quinārius, ii. *m. Varr.* El quinario, *moneda romana de plata que valia la mitad de un denario.*

Quinavicennāria lex. *Plaut.* Ley que prohibia hacer contratos antes de los 25 años cumplidos.

Quincenti, ae. *a. V.* Quingenti.

Quincuncialis. *m. f.* lĕ. *n. is. Plin.* Lo que tiene cinco pulgadas. ‖ Lo que está dispuesto en filas ó calles en forma de triángulo.

Quincunx, cis. *m. Marc.* Medida capaz de 5 ciatos, que es la mitad de un sestario, menos un ciato. ‖ *Hor.*

Cantidad de 5 onzas. ‖ *Plin.* Cinco partes de una herencia dividida en 12. ‖ *Pers.* La usura de 5 por 100. ‖ La serie de árboles ó plantas dispuestas en figura triangular, de modo que cada tres formen un triángulo por todas partes en un cuadro de cinco árboles por todos sus lados y por el centro: como esta figura.

```
        *   *   *
      *   *   *   *
    *   *   *   *   *
      *   *   *   *
        *   *   *
```

**Quincupedal**, ālis. *n. Marc.* La pértica, regla de 5 pies de longitud para medir los edificios.
**Quincuplex**, ĭcis. *com. Marc.* Lo que se divide en 5.
**Quindĕcies**, *adv. Cic.* Quince veces.
**Quindĕcim**. *num. card. indecl.* Quince.
**Quindĕcimvirālis**. *m. f. le. n. is. Tac.* Lo perteneciente á los quindecinviros.
**Quindĕcimvirātus**, us. *m. Lampr.* El cargo, dignidad ó consejo de los quindecinviros.
**Quindĕcimvĭri**, ōrum. *m. plur. Plin.* Quindecinviros, consejo de quince varones, instituido para repartir las tierras, para leer é interpretar los versos de las sibilas, y disponer las fiestas seculares.
**Quindĕcĭmus**, a, um. *Marc. Emp.* Decimoquinto.
**Quindēni**, ae. s. *plur. Vitruv.* Quince.
**Quingēnārius**, a, um. *Plin.* Lo que pesa quinientas libras.
**Quingēni**, ae. a. *plur. distr. Cic.* Quinientos.
**Quingentārius**, a, um. *Veg.* Lo que contiene quinientos.
**Quingentēsĭmus**, a, um. *Cic.* Quinientos, lo que cierra este número.
**Quingenti**, ae. a. *plur. distr. Plaut.* Quinientos.
**Quingenties**. *adv. Cic.* Quinientas veces. ‖ *Suet.* Quinientas veces cien mil.
**Quīni**, ae. a. *plur. distr. Ces.* De cinco en cinco, cinco á cinco. *Cic. Quini in lectulis. Ces.* Cinco en cada cama. *Fossae quinos pedes altae. Ces.* Fosos de cinco pies de profundidad cada uno.
**Quinidēni**, ae. a. *plur. distr. Liv.* Quince.
**Quinimmo**. *conj. Cic.* Antes bien.
**Quinio**, ōnis. *m. Tert.* El número cinco.
**Quinivicēni**, ae. a. *plur. distr. Liv.* Veinte y cinco.
**Quinpŏtius**. *conj. Plaut.* Antes bien, porque no.
**Quinquagēnārius**, a, um. *Vitruv.* Quincuagenario, lo que tiene 6 contiene cincuenta.
**Quinquagēni**, ae. a. *plur. distr. Cic.* Cincuenta. *Arbores quinquagenum cubitorum altitudine. Plin.* Árboles de cincuenta codos de altura cada uno. *Per quinquagenas brumas. Manil.* Por cincuenta años.
**Quinquagēsies**. *adv. Plaut.* Cincuenta veces.
**Quinquagēsĭma**, ae. *f. Cic.* Alcabala de la quinquagésima parte.
**Quinquagēsĭmus**, a, um. *Plin.* Quincuagésimo, lo que cierra el número de cincuenta.
**Quinquagies**. *adv. Plin.* Cincuenta veces.
**Quinquaginta**. *num. card. indecl. Cic.*
**Quinquatria**, ōrum. y ium. *n. plur.* y
**Quinquatrus**, uum. *m. plur. Fest.* Fiestas de Minerva, que se celebraban el dia 19 de marzo en honra de su nacimiento, en cinco días, en el primero de los cuales se hacian los sacrificios, y en los siguientes combatian los gladiadores en el teatro. Habia otras llamadas menores, que se celebraban en los idus de junio.
**Quinque**. *num. card. Cic.* Cinco.
**Quinquefŏlium**, ii. *n. Plin.* La yerba quinquefolio, lo mismo que cinco en rama.
**Quinquefŏlius**, a, um. *Plin.* Lo que tiene cinco hojas.
**Quinquegentānus**, a, um. *Aur. Vict.* Lo que consta de cinco naciones, como los pentapolitanos en Libia.

**Quinquegĕnus**. *indecl. Aus.* Lo que consta de cinco géneros ó especies, es á saber, de nuez, avellana, castaña, piñon y almendra.
**Quinquelĭbralis**. *m. f. le. n. is. Col.* Lo que pesa cinco libras.
**Quinquelĭbris**, *m. f. bre. n. is. Veg. V.* Quinquelibralis.
**Quinquemestris**. *m. f. tre. n. is. Plin.* Lo que tiene cinco meses de edad.
**Quinquennalia**, ium. *m. plur. Suet.* Fiestas que se celebraban cada cinco años.
**Quinquennālis**, is. *m. Apul.* Quinquenal, magistrado en las colonias y municipios, compuesto de dos ó cuatro varones, cuya potestad duraba cinco años.
**Quinquennālis**. *m. f. le. n. is. Cic.* Lo que se hace cada cinco años. ‖ *Liv.* Lo que dura cinco años.
**Quinquennalitas**, ātis. *f. Inscr.* La dignidad y cargo de los magistrados quinquenales.
**Quinquennalĭtius**, y **Quinquennalĭcius**, a, um. *Inscr.* Lo perteneciente al magistrado de los quinquenales.
**Quinquennis**. *m. f. ne. n. is. Plaut.* Lo que tiene cinco años.
**Quinquennium**, ii. *n. Cic.* El quinquenio, espacio ó transcurso de cinco años. *Quinquennia canere. Stat.* Celebrar en verso las fiestas quinquenales.
**Quinquepartito**. *adv. Cic.* En cinco partes.
**Quinquepartītus**, y
**Quinquepertītus**, a, um. *Cic.* Dividido de cinco partes.
**Quinqueplĭco**. *V.* Quinquiplico.
**Quinqueprĭmi**, ōrum. *m. plur. Cic.* Los cinco primeros varones de un senado ó consejo.
**Quinquerēmis**, is. *f. Cic.* Nave, galera de cinco órdenes de remos.
**Quinquerēmis**. *m. f. me. n. is. Liv.* Lo que tiene cinco órdenes de remos.
**Quinquertio**, ōnis. *m. Fest.* El atleta que se ejercitaba en las cinco especies de juegos de la palestra.
**Quinquertium**, ii. *n. Fest.* El ejercicio de los cinco juegos de la palestra, es á saber, el disco, la carrera, el salto, la lucha y el tiro de flecha, á los cuales, que eran de los griegos, añadieron los romanos la natacion y la equitacion.
**Quinquessis**. *m. Apul.* Moneda romana del valor de cinco ases.
**Quinquevirātus**, us. *m. Cic.* El quinquevirato, magistrado estraordinario de cinco varones para cualquiera ramo del gobierno de la república.
**Quinquevĭri**, ōrum. *m. plur. Cic.* Los quinqueviros, cinco magistrados creados estraordinariamente para diversos cargos. Se halla tambien en singular.
**Quinquies**. *adv. Cic.* Cinco veces.
**Quinquiplĭco**, as. āre. *a. Tac.* Multiplicar, repetir cinco veces.
† **Quinquo**, as. are. *a. Carit.* Purgar, limpiar.
**Quintadĕcĭmāni**, ōrum. *m. plur. Tac.* Soldados de la legion decimaquinta.
**Quintāni**, ōrum. *m. plur. Tac.* Soldados de la quinta legion.
**Quintānus**, a, um. *Plin.* Quinto, lo que se hace en quinto lugar, dia &c. *Quintana porta. Liv.* Puerta en los reales despues del pretorio, que entraba al mercado de los utensilios.
**Quintārius**, a, um. *Vitruv.* Lo que contiene cinco.
**Quintiānus**, a, um. *Liv.* Lo perteneciente á alguno de los Quincios romanos.
**Quintĭceps**, cĭpitis. *com. Varr.* Lo que tiene cinco cabezas ó puntas.
**Quintilianus**, i. *m. M. F.* Quintiliano, retórico famoso español, natural de Calahorra, que llevado á Roma por el emperador Galba, y empleado por algun tiempo con fama en el foro, hizo despues profesion de la retórica. Fue el primero que enseñó públicamente la retórica con sueldo del fisco con tan grande opinion de ingenio, elocuencia y sabiduría, que le encargó Domiciano la enseñanza de los nietos de su hermana. Escribió en doce libros las Instituciones oratorias, obra inmortal; y se le atribuyen unas declamaciones llamadas mayores y menores.

RAD

Quotuscuique, cuique, cumcumque. *Cic.* Cuan poco, corto, pequeño.

Quotusquisque, tisquisque, tumquodque. *Cic.* Cuan poco ó pequeño número.

Quotusvis, tavis, tumvis. *Plaut.* Cualquiera que.

Quousque, *adv. Cic.* Hasta cuando, cuando, cuánto tiempo.

Quovis. *adv. Ter.* Á ó hácia cualquier parte, adonde quiera.

Quum. *en lugar de* Cum.

## RA

Rabbath. *indecl. Bibl.* Filadelfia, ciudad de los amonitas.

† Rabbi. *indecl. Bibl.* Maestro, doctor.

Rabbinus, i. m. Rabino, doctor judío.

Rabboni. *indecl. m. Bibl.* Mi maestro ó doctor.

† Rabia, ae. f. *Non.* V. Rabies.

Rabidè. *adv. Cic.* Rabiosamente, con rabia, furia.

Rabidus, a, um. *Plin.* Rabioso, que rabia, que padece el mal de rabia. || *Ov.* Furioso, fiero, muy airado.

Rabie. *indecl.* Nombre de dos meses de los árabes, que correspondian á noviembre y diciembre.

Rabies, ei. f. *Col.* La rabia, enfermedad. || Furia, ira, furor del hombre y de los brutos. *Rabies edendi. Virg.* Hambre cruel.

Rabio, is, ire. V. Rabo.

Rabiose. *adv. Cic.* Rabiosamente, con rabia y furor.

Rabiosulus, a, um. *Cic.* Rabiosillo, dim. de

Rabiosus, a, um. *Plin.* Rabioso, que padece mal de rabia. || Furioso, sumamente airado.

Rabo, onis. m. *Plaut.* La prenda. V. Arrabo.

Rabo, is, ere. n. Rabiar, embravecerse.

Rabula, ae. m. *Cic.* El abogado hablador y vocinglero.

Rabulatio, onis. f. y

Rabulatus, us. m. *Mart. Cap.* La charlatanería de un abogado hablador y vocinglero.

Raca. V. Racha.

† Racana, ae. f. Cierta especie de calzado. || Vestido de poco valor.

Racatae, arum. m. plur. Tol. Pueblos entre la Moravia y el Danubio.

Racco, is, ere. n. *Aut. de Fil.* Bramar como los tigres.

Racemarius, ii. m. *Col.* El pámpano estéril.

Racematio, onis. f. *Turp.* La rebusca, la acción de coger los racimos que han dejado en las cepas los vendimiadores.

Racematus, a, um. *Plin.* Arracimado, lo que tiene ó forma racimos.

Racemifer, a, rum. *Ov.* Lo que lleva racimos.

Racemor, aris, atus sum, ari. dep. *Varr.* Rebuscar, racimar, coger los racimos que han dejado los vendimiadores.

Racemosus, a, um. *Plin.* Lleno de racimos, arracimado.

Racemus, i. m. *Serv.* Un gajo de uvas. || Racimo de uvas, y de otras frutas ó semillas que se parecen á ellas. || La uva. || El mosto.

† Racha. *indecl. Bibl.* Ligero de espíritu, flaco de entendimiento.

Radesia, ae. f. El país de Retz en Bretaña.

Radendus, a, um. *Tac.* Lo que se debe raer, raspar.

Radens, tis. com. *Lucr.* Lo que rae, raspa.

Radians, tis. *om. Virg.* Radiante, lo que despide rayos de luz. || Brillante, resplandeciente. *Val. Flac.* Floreciente.

Radiatilis. m. f. le. n. is. *Ven. Fort.* V. Radians.

Radiatio, onis. f. *Plin.* y

Radiatus, us. m. El resplandor de los rayos de luz.

Radiatus, a, um. *Cic.* Rodeado, ceñido de rayos de luz. Radiante, radioso, que los despide. *Radiata corona. Suet.* Corona adornada de puntas á modo de rayos. *Rota. Varr.* Rueda formada con rayos. *Radiatum caput. Plin. men.* Cabeza coronada.

Radicesco, is, ere. n. *Sen.* Radicar, arraigar, echar raices.

RAM

Radicis, gen. de Radix.

Radicitus. *adv. Col.* De raiz. || Entera, absolutamente, del todo.

Radicitus, a, um. *Col.* Lo que tiene raices. || Radicado, arraigado, lo que ha echado raices.

Radicor, aris, atus sum, ari. dep. *Col.* Radicar, arraigar, echar raices. *Radicari in fruticem. Plin.* Crecer hasta ser arbusto.

Radicosus, a, um. *Plin.* Lo que tiene, echa muchas raices.

Radicula, ae. f. *Cic.* Raicilla, pequeña raiz. || *Plin.* La yerba llamada lanaria, porque es útil para lavar y limpiar la lana. || *Cels.* Planta, especie de rábano.

Radio, as, avi, atum, are. n. *Plin.* Despedir, arrojar de sí rayos de luz. || *Prop.* Ilustrar, adornar. || Brillar, resplandecer.

Radiolus, i. m. *Col.* Aceituna mejor para comer que para aceite. || *Apul.* Pequeño ó escaso rayo del sol. || Una yerba que nace entre las piedras y en las tapias, que tiene en cada hoja dos hileras de pintas doradas.

Radiosus, a, um. *Plaut.* Lo que despide muchos rayos de luz.

Radius, ii. m. *Virg.* El compas. || La regla ó vara para medir figuras y líneas. || El rasero de los medidores de granos. || Radio ó rayo, la canilla menor del brazo. || Rayo de luz, resplandor. || Rayo de fuego. || La viveza de los ojos. || Rayo de la rueda. || La lanzadera del tejedor. || Espolon que sale á algunas aves en los pies. || Especie de aceituna larga llamada radiolus. || Radio, la linea tirada desde el centro del círculo á la circunferencia. || Radio, una púa ó punta que tiene en la cola el pez pastinaca, cuya picadura es venenosa y de notable actividad.

Radix, icis. f. *Col.* La raiz de las plantas. || La falda, parte inferior de los montes. || Orígen, principio de las cosas. *Radix dulcis. Cels.* El regaliz. *Radice evellere. Ov.* Arrancar de raiz. *Radices agere. Cic.* Echar raices, arraigarse. *Domum à radicibus evertere. Fedr.* Arruinar una casa enteramente, hasta los cimientos. *Radice Apollinis. Plin.* De la estirpe de Apolo. *Vir iis radicibus. Cic.* Sugeto de tantas raices, de tantas riquezas y poder en la república.

Rado, is, si, sum, dere. a. *Lucr.* Reer, raspar. || Barrer, limpiar. || Borrar. *Radere iter liquidum. Virg.* Cortar (las aves) el aire. *Aures. Quint.* Rallar, ofender los oidos. — *Aliquem fastis. Tac.* Borrar á uno de una lista de personas, de los fastos. — *Littus. Virg.* Costear la ribera, pasando muy cerca de ella. *Ripas radentia flumina. Lucr.* Los rios que muerden, lamen las riberas. *Leonem radere, ne vellis. adag.* A perro viejo no hay tus, tus. *ref.*

Radula, ae. f. *Col.* La raedera, el instrumento con que se rae alguna cosa, rallo.

Radulanus, a, um. *Plin.* Lo que se rae ó raspa con la raedera.

† Rages. f. *Bibl.* Rages, ciudad del país de los medos.

† Ragio, is, iri. n. Rebuznar como el borrico.

Ragusium, ii. n. Ragusa, ciudad y república de Dalmacia.

Raia, ae. f. *Plin.* La raya, pescado plano de los cartilaginosos.

Ralla, ae. f. *Non.* Ropa así llamada por ser su tejido muy malo. || Sobrenombre romano de la familia de los Marcios.

† Rallum, i. n. *Plin.* El rallo, instrumento con que se limpia la reja del arado de la tierra que se le pega. Gavilan con que se desempaña el arado.

Rallus, a, um. *Plaut.* Ralo, trasparente.

Ramale, is. n. *Sen.* Rama seca, palo de leña.

Ramen, inis. n. *Marc. Empir.* La raspadura, la acción de raer ó raspar.

Ramenta, ae. f. *Plaut.* V. Ramentum.

Ramentosus, a, um. *Col. Aur.* Lo que abunda de raeduras.

Ramentum, i. n. *Lucr.* La raedura ó raspadura, todo lo que se quita de alguna cosa raspando ó rayendo. *Non scobem, sed ramenta facit. Col.* No hace polvo sino raese quita rayendo ó raspando.

**Rāsi.** *pret. de* Rado.

**Rasĭlis.** m. f. lĕ. n. is. *Virg.* Lo que se puede pulir, limar raspando. ‖ *Cat.* Limado, bruñido, liso. *Rasile argentum. Vel.* Plata bruñida.

**Rāsis,** is. f. *Col.* Pez seca y dura, *que machacada y reducida á polvo se usaba en algunos remedios.*

**Rasĭto,** is, avi, atum, are. a. *Suet.* Raer, raspar á menudo. ‖ Afeitar á menudo.

**Rāsor,** ōris. m. *Fest.* El tocador de la lira. ‖ De cualquiera instrumento de cuerdas.

†**Rasōrius,** a, um. *Cic.* Lo que sirve para raer ó raspar.

**Rastellum,** i. n. El rastrillo, *instrumento propio de los labradores. V.* Rastrum.

†**Rastrāria,** ae. f. *Nov.* Labradora, aldeana, que vive en el campo, y le cultiva.

**Rastri,** ōrum. m. plur. *Virg.* y

**Rastrum,** i. n. *Col.* El rastro ó rastrillo de hierro, y tambien de madera para cavar y mullir la tierra por encima, y para deshacer los terrones. *Parece que no se diferenciaba del azadon sino en tener mas dientes.*

**Rasūra,** ae. f. *Col.* La raedura ó raspadura, la accion de raer. ‖ Raeduras, raspaduras, lo que se quita raspando.

**Rasus,** a, um. *part. de* Rado. *Cic.* Raspado, raido, afeitado. ‖ *Virg.* Limado, pulido, liso. ‖ *Marc.* Limado, corregido, enmendado.

**Ratae,** ārum. f. *plur.* Leicester, *ciudad de Alemania.*

**Ratāriae,** ārum. f. *Gel.* 6

**Ratāria,** ārum. f. *Serv.* Barcas con remos.

**Ratiārius,** ii. m. *Dig.* El que trafica con una barca.

**Ratiastum,** i. n. Angulema ó Limoges, *ciudades de Francia.*

**Ratĭhăbĭtio,** ōnis. f. *Dig.* La ratihabicion, ratificacion, aprobacion.

**Ratio,** ōnis. f. *Cic.* La razon, la mente, el uso de razon, que distingue al hombre de los brutos. ‖ Causa, motivo. ‖ Género, naturaleza, condicion, cualidad. ‖ Orden, disposicion. ‖ Camino, modo, medio, método. ‖ Sociedad, comercio. ‖ Cuestion, disputa, tratado. ‖ Ciencia, facultad, doctrina, enseñanza. ‖ Magnitud, cuantidad. ‖ Cálculo, cuenta. ‖ Regla, medida, proporcion. ‖ Razon de la defensa entre los retóricos, que constituye la causa. *Ratio argumentandi. Quint.* Método de razonar. *Rationibus inferre. Suet.* Poner en cuenta. *Multam rationem obtinent venti. Plin.* Los vientos tienen gran fuerza. *Alicujus habere in comitiis. Liv.* Contar con alguno, hacer consideracion ó propuesta de él en los comicios. *Ratio victus. Cels.* El régimen de la vida. *Rerum. Cic.* El estado, situacion de las cosas. *Accepti et expensi convenit. Cic.* Viene bien la cuenta del cargo y data, de lo recibido y gastado. *Navigii tum jacebat. Lucr.* El arte de la navegacion se ignoraba. ‖ Estaba despreciada. *Quae tibi cum illo intercedit?* Qué, ó qué negocios tienes tú con él? *Morum prior est. Quint.* Lo primero se ha de cuidar de las costumbres. *Habeo rationem. Cic.* Estoy considerando, pensando. *Longis rationibus. Hor.* Con largas cuentas. *Mala ratione rem facere. Hor.* Adquirir hacienda por malos medios. *Epistolae in eamdem rationem scriptae. Cic.* Cartas de un mismo tenor ó asunto. *Solis et lunae ratio. Cic.* El curso del sol y de la luna. *Rationes facere. Cic.* Obrar con prudencia.

**Ratĭŏcĭnabĭlĭter.** adv. *Macrob.* Con razon.

**Ratĭŏcĭnatio,** ōnis. f. *Cic.* El raciocinio, discurso. ‖ Silogismo. ‖ Dialogismo, *fig. ret.* ‖ *Varr.* Demostracion, esplicacion de una fábrica por razon y arte.

**Ratĭŏcĭnativus,** a, um. *Cic.* Lo perteneciente al raciocinio.

**Ratĭŏcĭnator,** ōris. m. *Cic.* El contador ó computista diestro.

**Ratĭŏcĭnatus,** a, um. *Vitruv.* Calculado, pensado.

**Ratĭŏcĭnium,** ii. n. *Col.* La cuenta ó cálculo.

**Ratĭŏcĭnor,** aris, atus sum, ari. *dep. Cic.* Calcular, hacer cuentas, contar. ‖ Raciocinar, hacer discursos, argüir, razonar.

**Ratĭŏnăbĭlis.** m. f. lĕ. n. is. *Quint.* Racional, dotado de razon, que puede usar de ella. ‖ *Dig.* Razonable, conforme á la razon.

**Ratĭŏnăbĭlĭtas,** ātis. f. *Apul.* La racionalidad, la razon, el uso de ella.

**Ratĭŏnăbĭlĭter.** adv. *Apul.* Con razon.

**Ratĭŏnāle,** is. n. *Bibl.* El racional, *una de las vestiduras del sumo sacerdote de los judíos.*

**Ratĭŏnālia,** ium. n. *plur. Dig.* Libros de caja, de cuentas.

**Ratĭŏnālis,** is. m. *Lampr.* El contador que lleva las cuentas del dinero y otras cosas.

**Ratĭŏnālis.** m. f. lĕ. n. is. *Quint.* Racional, dotado de razon, que usa de ella. *Rationalis philosophia. Sen.* Filosofía racional, la lógica ó dialéctica. *Ars, disciplina, medicina. Cels.* Arte, ciencia, medicina racional, que sigue la razon, y no la esperiencia. *Causa. Ad Her.* Causa racional ó raciocinativa entre los retóricos, *aquella en que de lo escrito ó de la ley se deduce lo no escrito, ó aquello para lo que no hay ley.*

**Ratĭŏnālĭtas,** ātis. f. *Tert.* La racionalidad, el uso de la razon.

**Ratĭŏnālĭter.** adv. *Sen.* Racionalmente, por razon.

**Ratĭŏnārium,** ii. n. *Suet.* El libro de caja, de cuentas.

**Ratĭŏnārius,** ii. m. *Dig.* Contador, el que hace ó lleva las cuentas.

**Ratĭŏnārius,** a, um. *Dig.* Lo que pertenece á las cuentas.

†**Ratĭŏnator,** ōris. m. *Dig. V.* Raciocinator.

**Ratis,** is. f. *Cic.* La balsa hecha de vigas ó maderos unidos de plano para navegar en lugar de nave. ‖ La nave ó barca. *Omnem ratam servare.* (prov.) *Plaut.* Conservar toda la hacienda. *Ratis scirpea. Plaut.* Balsa de juncos.

**Ratisbona,** ae. f. Ratisbona, *ciudad de Alemania en el círculo de Baviera.*

**Ratītus,** a, um. *Plin.* Lo que tiene grabada ó esculpida una balsa, *como el tridente y cuadrante, monedas romanas.*

**Ratiuncŭla,** ae. f. *Cic.* Razoncilla, breve ó flaca razon. ‖ *Plaut.* Cuentecilla, breve ó pequeña cuenta.

**Rato.** adv. *Tert.* Cierta, constantemente.

**Ratumēna porta.** f. *Plin.* Una de las puertas de Roma.

**Ratus,** a, um. *part. de* Reor. *Sal.* El que ha juzgado ó pensado. ‖ *Cic.* Fijo, estable, constante, determinado. ‖ Valedero. ‖ Aprobado, confirmado, ratificado. *Ratus nemo est hostes superari. Plaut.* Ninguno pensó que se venceria á los enemigos. *Ratas preces. Ov.* Oraciones atendidas. *Pro rata,* y *pro rata parte,* 6 *portione. Cels.* Á prorata, guardada proporcion en el repartimiento. *Rato tempore. Cic.* Al tiempo determinado. *Ratum habere,* ó *facere. Cic.* Ratificar, confirmar. *In mihi est. Cic.* Apruebo, confirmo esto.

**Rauca,** ae. f. *Plin.* Gusanillo terrestre, *que daña las raices de los árboles y del trigo.*

†**Raucēdo,** ĭnis. *V.* Raucitas.

**Raucĭdŭlus,** a, um. *S. Ger.* Ronquillo, algo ronco.

**Raucio,** is, si, sum, ĕre. n. *Lucil.* Enronquecer, ponerse ronco.

**Raucĭsŏnus,** a, um. *Cat.* Lo que tiene un sonido ronco.

**Raucĭtas,** ātis. f. *Cels.* La ronquera.

†**Raucor,** aris, raucus sum, ari. *dep. V.* Raucio.

**Raucum.** adv. Con un sonido ronco.

**Raucus,** a, um. *Cic.* Ronco. *Se dice tambien de las cosas inanimadas.* ‖ Confuso, no claro. *Rauca fama,* y *raucus rumor. Cic.* Rumor que cesa, como cansado de divulgarse.

**Raudus, Rodus,** y **Rudus,** ĕris. n. *Varr.* El cobre, metal.

**Rauduscula,** y **Raudusculana,** ó **Rauduscŭlana porta.** *Varr.* Una de las puertas de Roma, *así llamada ó por estar cubierta de chapas de bronce, ó por haberse dejado tosca, ó por tener metida dentro la efigie del pretor Genucio Cipo.*

**Rauduscŭlum,** i. n. *Cic.* Pequeña pieza de cobre tosca, sellada ó por sellar. ‖ Una suma muy corta de dinero.

**Raurĭci,** ōrum. m. plur. 6

Rĕcensus, us. *f. Suet. V.* Recensio.
Rĕcenter. *adv. Palad.* Reciente, últimamente.
Rĕcento, ās, āvi, ātum, āre. *a. Non.* Renovar.
Rĕcēpi. *pret. de* Recipio.
Recepissis. *ant. en lugar de* Receperis. *y*
Recepso. *En lugar de* Recepero. *V.* Recipio.
Rĕceptācŭlum, i. *n. Cic.* El receptáculo, toda cavidad que recibe en sí alguna cosa ‖ Acogida, refugio, amparo.
Rĕceptātio, ōnis. *f. Amian.* La acción de recibir.
Rĕceptātor, ōris. *m. Cic.* El receptador, el que oculta ó encubre delincuentes.
Rĕceptībĭlis. *m. f. lĕ. n. is. S. Ag.* Recibidero, lo que es de recibo ó se puede recibir.
Rĕceptio, ōnis. *f. Plaut.* La recepción, el acto y efecto de recibir.
Rĕceptītius, a, um. *Gel.* Lo que se recibe como propio, por donación, venta ú otro contrato. ‖ Reservado, retenido.
Rĕcepto, ās, āvi, ātum, āre. *a. Ter.* Receptar, ocultar, encubrir un delito ó reo. ‖ Retirarse. *Receptare animam. Lucr.* Recibir, volver á tomar vida. — *Natura cuncta sinu receptat. Luc.* La naturaleza lo recibe todo en su seno. — *Se. Ter.* Se retira.
Rĕceptor, ōris. *m. Tac.* Receptador, encubridor de reos ó delitos.
Receptōrium, ii. *n. Sid.* Retiro, asilo, refugio.
Rĕceptōrius, a, um. *Tert.* Lo que sirve de asilo ó que le proporciona.
Rĕceptrix, īcis. *f. Cic.* Receptadora, la encubridora de reos ó delitos.
Receptum, i. *n. Cic.* La promesa.
Rĕceptus, us. *f. Ces.* La retirada, la acción de retirarse. ‖ Retiro, refugio, asilo. ‖ Protección, favor. *Receptui canere. Ces.* — *Signum dare. Liv.* Tocar la retirada, á retirarse. *Receptum habere ad alicujus gratiam. Ces.* Tener acogida en el favor de alguno. *Receptus sententiae pertinacis. Liv.* El retirarse de una sentencia pertinaz. — *Et recursus maris. Eum.* El flujo y reflujo del mar.
Rĕceptus, a, um. *part. de* Recipio. *Liv.* Recibido, admitido. ‖ Acostumbrado, corriente, usado. ‖ Tomado, subyugado. *Receptae preces. Cic.* Súplicas atendidas, oidas, escuchadas. *Receptum officium persolvere. Cic.* Cumplir el servicio prometido. *Receptum est. Tac.* Es cosa recibida, se cree comunmente.
Rĕcessi. *pret. de* Recedo.
Rĕcessim. *adv. Plaut.* Hácia atrás, reculando atras.
Rĕcessio, ōnis. *f. Vitruv.* Retirada, la acción de retirarse.
Rĕcessūrus, a, um. *Ov.* El que ha de retirarse.
Rĕcessus, us. *m. Cic.* La retirada, la acción de retirarse. ‖ Retiro, lugar retirado. ‖ Escondrijo, lugar oculto. *Recessus in animis hominum. Cic.* Dobleces, escondrijos en los corazones de los hombres.
Rĕchămus, i. *m. Vitruv.* La garrucha ó polea.
†Rĕchēdipna, ōrum. *n. plur. Juv.* Vestido particular que llevaban los antiguos á los ejercicios ó academias y á los festines.
†Rĕcĭdīvātus, us. *m. Tert.* La restauración ó reformación de lo que ha pasado ó perecido.
Rĕcĭdīvus, a, um. *Cels.* Lo que renace, se renueva, se restaura, se restablece.
Rĕcĭdo, is, cĭdi, cāsum, dĕre. *n. Cic.* Recaer, volver á caer. ‖ Volver, tornar. ‖ Venir, ir á parar, reducirse á. Recaer sobre. *Contentio nimia vocis reciderat. Cic.* El demasiado esfuerzo de la voz se habia disminuido. *Recidere posse hunc casum ad ipsos. Ces.* Que esta desgracia podia venir á recaer sobre ellos mismos. — *Ad paucos. Ter.* Reducirse á pocos. — *Ad luctum. Cic.* Venir á parar en llanto. *Recidunt haec eodem. Liv.* Estas cosas vienen á parar en, vienen á ser lo mismo.
Rĕcīdo, is, cīdi, cīsum, dĕre. *a. Plin.* Cortar. *Si non reciditur culpa supplicio. Hor.* Si no se corta, se corrige la culpa con el castigo.
Rĕcinctus, a, um. *Ov.* Desatado, desceñido, suelto. ‖ *Val. Flac.* Ceñido, atado. *part. de*
Rĕcingo, is, nxi, nctum, gĕre. *a.* y
Rĕcingor, ĕris, cinctus sum, gi. *dep. Ov.* Desceñir, desatar y desatarse, despojarse. *Recingi ferrum. Estac.* Desceñirse, dejar la espada. *Recingere tunicas. Ov.* Desatarse las ropas.
Rĕcĭnium, ii. *V.* Ricinium.
Rĕcĭno, is, nui, centum, nĕre. *a. Hor.* Volver á cantar, cantar, ó decir frecuentemente. ‖ Resonar, responder con el canto y la voz, como sucede en el eco. ‖ Desdecirse, cantar la palinodia, retractarse de lo dicho.
Rĕcĭpio, is, cēpi, ceptum, pĕre. *a. Liv.* Volver á tomar. ‖ Recobrar. ‖ Tomar, recibir, aceptar, admitir. ‖ Emprender, tomar á su cargo. ‖ Prometer, ofrecer, encargarse. *Recipere mensa. Cic.* Admitir á su mesa. — *Civitate. Cic.* Dar el derecho de ciudadano. — *Se. Cic.* — *Mentem. Animum. Ter.* Entrar dentro de sí mismo. ‖ Recobrarse, cobrar ánimo, espíritu. — *Se in portum. Plaut.* Entrar en el puerto. — *Urbem. Cic.* Recobrar una ciudad ó rendirla, tomarla. — *Se ad ingenium suum. Plaut.* Volver á tomar su carácter. — *Se Romam. Cic.* Retirarse ó volver á Roma. — *Se ad aliquem fuga,* ó *ex fuga. Ces.* Refugiarse á alguno huyendo de la fuga. — *Aliquid in venditionibus. Cic.* Reservarse alguna cosa en una venta. — *Animos ex pavore. Liv.* Recobrarse del miedo. — *Ad bonam frugem. Cic.* Enmendarse, corregirse, retirarse á bien vivir. — *Se in aliquem locum. Cic.* Retirarse á algun lugar. — *Libertatem. Cic.* Recobrar la libertad. — *Aliquid in se. Cic.* Tomar alguna cosa á su cargo ó sobre sí, empeñarse en, encargarse de alguna cosa. — *Se omnia facturum. Cic.* Prometer, ofrecer hacerlo todo. — *Alicui aliquid. Cic.* Asegurar á alguno alguna cosa, asegurarle de ella bajo su palabra de oferta. — *Nomina reorum. Cic.* Reservar para sí las causas criminales. — *Se ad diem. Cic.* Volver al dia señalado. — *Servum. Ulp.* Ocultar un esclavo fugitivo. — *Domum custodiendam. Liv.* Encargarse de guardar una casa. — *Aliquem medio ex hoste. Virg.* Libertar, sacar á alguno de en medio de los enemigos. — *Causam capitis. Cic.* Encargarse de una causa de muerte. — *Recepit usus. Quint.* Lo ha recibido ó admitido el uso. *Recipi in cibum, in mensas. Plin.* Ser bueno para comer.
Rĕcĭprŏcans, tis. *com. Plin.* Lo que vuelve á enviar. ‖ Lo que vuelve, retorna.
Rĕcĭprŏcātio, ōnis. *f. Plin.* Retrocedimiento, retroceso.
Rĕcĭprŏcātus, a, um. *Arnob.* Llevado hácia atras.
Rĕcĭprŏcātus, us. *m. S. Ag. V.* Reciprocatio.
Rĕcĭprŏcē. *adv. Varr.* Recíproca, mútuamente.
†Rĕcĭprŏceĭcornis. *m. f. vĕ. n. is. Tert.* Lo que tiene los cuernos retorcidos como el carnero.
Rĕcĭprŏco, ās, āvi, ātum, āre. *a. Liv.* Reciprocar, mover ó agitar recíprocamente adelante y atras, arriba y abajo, de una á otra parte. ‖ Ir y venir. ‖ *Fest.* Pedir mútua ó recíprocamente. *Reciprocare animam. Liv.* Respirar, tomar y echar el aliento. — *In adversum aestum. Liv.* Ir contra la marea. — *Telum manu. Gel.* Volver á tirar el dardo que habia sido tirado. — *Mare coepit. Curc.* El mar, la marea empezó á bajar. *Reciprocantur isthaec. Cic.* Estas cosas se reciprocan, tienen tal correspondencia entre sí, qué la una se sigue á la otra.
Rĕcĭprŏcus, a, um. *Varr.* Recíproco, lo que va y viene, lo que vuelve al parage de donde ha salido. ‖ Mútuo. *Reciproca argumenta. Gel.* Argumentos que se pueden volver contra el que los pone. — *Pronomina. Prisc.* Pronombres recíprocos, *cuya fuerza pasa á las mismas personas de que se trata, ó á lo poseído por ellas.*
Rĕcĭsāmen, ĭnis. *n. Apul.* y
Rĕcĭsāmentum, i. *n. Plin.* El pedacito cortado de alguna cosa.
Rĕcīsio, ōnis. *f. Plin.* Cortadura, la acción de cortar.
Rĕcīsūrus, a, um. *Hor.* Lo que ha de cortar.
Rĕcīsus, a, um. *part. de* Recido. *Virg.* Cortado. *Recisus ense. Luc.* Cortado de una cuchillada. — *Recisae nationes. Cic.* Naciones destruidas. *Recisum opus. Vel. Pat.* Obra abreviada, compendio. *Recisius tempus. Ulp.* Tiempo mas breve, mas corto.
Rĕcĭtātio, ōnis. *f. Cic.* La recitación, lección en voz alta, en público.
Rĕcĭtātor, ōris. *m. Cic.* El recitador, lector, el que lee en público, en voz alta. ‖ Relator, *el que leia los alega-*

Rĕcordātio, ōnis. f. Cic. La recordacion ó recuerdo, la memoria.

Rĕcordātus, us. m. Tert. V. Recordatio.

Rĕcordātus, a, um. Tac. El que se ha recordado ó se acuerda. ‖ Sid. Acordado, recordado. part. de

Rĕcordor, āris, ātus sum, āri. dep. Cic. Recordarse, acordarse, hacer memoria. ‖ Pensar, reputar, recorrer con el pensamiento. Recordari alicujus rei, aliquem rem, de aliqua re. Cic. Acordarse de alguna cosa. Quae sum pictura recordor. Ov. Pienso, me imagino lo que tengo de padecer.

Rĕcorpŏrātio, ōnis. f. Tert. La restitucion del cuerpo ó de la carne.

Rĕcorpŏrātīva virtus. f. Cel. Aur. Virtud aperitiva, que abre y laxa los conductos del cuerpo obstruidos.

Rĕcorpŏro, as, āvi, ātum, āre. a. Tert. Restituir el cuerpo, volver á darle ó á formarle.

Rĕcorrectus, a, um. Tert. Vuelto á corregir. part. de

Rĕcorrĭgo, is, rexi, rectum, gĕre. a. Sen. Volver á corregir, reformar, enderezar de nuevo.

Rĕcoxi. pret. de Recoquo.

Rĕcrastĭno, as, āvi, ātum, āre. n. Col. Diferir, dilatar de un dia para otro.

Rĕcreātio, ōnis. f. Plin. La recreacion ó refocilacion. Recreatio ab aegritudine. Plin. La convalecencia, restablecimiento de la salud.

Rĕcreātor, ōris. m. Tert. El que recrea. ‖ Inscr. El que crea de nuevo ó restituye.

Rĕcreātus, a, um. Cic. part. de Recreo. Aliviado, restablecido. Recreatus á ó ex morbo. Cic. Convalecido de una enfermedad.

Rĕcrĕmentum, i. n. Col. La escoria. ‖ Las limpiaduras ó acechaduras de los granos. ‖ Gel. El escremento.

Rĕcreo, as, āvi, ātum, āre. a. Luc. Reproducir, rehacer, renovar, instaurar de nuevo. ‖ Volver á crear ó elegir. ‖ Recreat, dar recreo. ‖ Confortar. Recreari ex morbo. Cic. Restablecese de una enfermedad. — Inopiam paulum. Just. Aliviar un poco la falta de víveres.

Rĕcrĕpo, is, āre. n. Cat. Resonar, retumbar.

Rĕcresco, is, crĕvi, crētum, cĕre. n. Liv. Volver á crecer, recrecer.

Recrūdesco, is, dui, cĕre. n. Cic. Volver á encrudecerse, ó tomar la crudeza antigua. ‖ Volver á exasperarse. Recruduit pugna. Liv. Se reforzó, se volvió á renovar la batalla. Se dice de las enfermedades, de las heridas, de los alborotos &c. Siempre en mala parte.

Recta, ae. f. Fest. Cierta ropa propia de los varones que se tejia estando en pie los tejedores, y que cuidaban los padres que tuviesen sus hijos para libertarlos de ciertos agüeros. Plinio dice que tambien la llevaban las novias.

Recta. adv. Cic. Derechamente, en derechura, por camino derecho.

Recte, ius, issime. adv. Cic. Derechamente, en línea recta, por camino derecho. ‖ Bien, rectamente. ‖ Con seguridad. ‖ Con utilidad, con ventaja. ‖ Con razon, justamente. ‖ Simple, sencillamente, sin artificio, sin rodeos. ‖ Con cautela, con diligencia. ‖ Próspera, felizmente. Recte olere. Plaut. Oler bien. — Domi esse. Cic. Estar con seguridad en su casa. — Ferre. Ter. Tolerar con resignacion. — Vivere. Suet. Tratarse bien, tener buena mesa. — Parere. Ter. Parir con felicidad. Quid tam tristis es? Ter. ¿Por qué estás tan triste? No es nada. Recte ne emis? Cic. ¿Está todo quieto, hay alguna novedad?

Rectĭcaulis. m. f. le... is. Plin. Lo que tiene el tallo derecho, recto.

Rectio, ōnis. f. Cic. El régimen ó regimiento, gobierno, administracion.

† Rectĭtūdo, ĭnis. f. Gers. La rectitud.

Recto. adv. Dig. Recta, derechamente.

Rector, ōris. m. Cic. Gobernador, el que rige ó gobierna, regente, presidente. ‖ Rei, soberano. ‖ Val. Flac. Neptuno, Júpiter. Rector navis. Cic. El piloto. — Imperatoriae juventae. Tac. Ayo del jóven emperador.

Rectrix, īcis. f. Sen. Gobernadora, la que rige y gobierna.

Rectum, i. n. Hor. Lo recto y justo. ‖ La recta razon. ‖ La equidad y justicia. In rectum. Ov. En derechura.

† Rectūra, ae. f. Goes. La rectitud.

Rectus, i. m. Varr. El caso recto, el nominativo.

Rectus, a, um, ior, issimus. Ces. Recto, derecho. ‖ Recto, justo, conveniente, correspondiente. ‖ Prudente, juicioso, sensato. ‖ Simple, sencillo, natural. ‖ Sano, robusto. Recta coena. Suet. Cena ó comida espléndida. — Via. Sen. Uno de los caminos de Roma. — Vox. Quint. Voz uniforme. — Oratio. Quint. Oracion sencilla, no adornada. Rectis oculis aspicere. Ov. Mirar en derechura, facha á facha. Rectum aes. Juv. El clarin. Recta via narrare. Ter. Contar sencillamente, sin rodeos.

Rectus, a, um. part. de Rego. Sid. Regido, gobernado.

Recŭbans, tis. com. Virg. El que se recuesta ó se acuesta, se tiende á la larga.

Rĕcŭbĭtus, us. m. Plin. El acto de estar acostado.

Rĕcŭbo, as, bui, bĭtum, bāre. n. Cic. Volver á echarse, á acostarse. ‖ Echarse, acostarse, reposar, descansar, estar tendido.

† Rĕcūdo, is, di, sum, dĕre. a. Varr. Volver á fundir ó acuñar.

Rĕcŭla, ae. f. Plaut. dim. de Res. Cosilla, cosa pequeña ó tenue.

Rĕcultus, a, um. part. de Recolo. Ov. Vuelto á cultivar.

Rĕcumbo, is, cŭbui, cŭbĭtum, cumbĕre. n. Ov. Estar tendido, echado ó recostado. ‖ Ov. Caer, morir. ‖ Sentarse á la mesa. ‖ Inclinarse, doblarse. Pelagus recumbit. Sen. El mar está tranquilo. — Taurus medio sulco. Ov. El toro cae muerto á la mitad del surco. — Servus cum domino. Just. El siervo se sienta á la mesa con su señor. — Cervix in humeros. Virg. La cabeza se cae sobre los hombros.

Rĕcŭpĕrātio, ōnis. f. Cic. La recuperacion, la accion de recobrar ó recuperar.

† Rĕcŭpĕrātīvus, a, um. Goes. Lo que se ha de ó se puede recobrar.

Rĕcŭpĕrātor, ōris m. Tac. Recuperador, el que recupera ó recobra. ‖ Juez señalado por los emperadores ó por los pretores para apreciar los daños y recobrar las cosas entre los particulares y soldados.

Rĕcŭpĕrātōrius, a, um. Cic. Lo perteneciente á los jueces recobradores.

Rĕcŭpĕrātus, a, um. Cic. Recuperado, recobrado.

Rĕcŭpĕro, as, āvi, ātum, āre. a. Ces. Recuperar, recobrar. Recuperare se, y recuperari. Vitruv. Recobrarse, restaurarse, reforzarse.

† Rĕcŭpio, is, īvi, ītum, pĕre. a. Plaut. Desear con grande ansia.

Rĕcūrātor, ōris. m. Cels. El que cura á otro segunda vez. ‖ El que pone mucho cuidado en una cosa.

Rĕcūrātus, a, um. Plin. Pulido, trabajado con mucho cuidado. part. de

Rĕcūro, as, āvi, ātum, āre. a. Cat. Curar, sanar á otro segunda vez ó con mucha diligencia. ‖ Plin. Pulir, trabajar con mucho cuidado.

Rĕcurrens, tis. com. Virg. El que vuelve corriendo.

Rĕcurro, is, ri, sum, rĕre. n. Ov. Volver corriendo, ó volver á correr, ó correr hácia atras. ‖ Volver, recurrir. ‖ Marc. Correr. Recurrere in arcem. Liv. Volver corriendo al alcázar. Recurrit luna ad initia. Cic. La luna se renueva, vuelve á su creciente.

Rĕcursio, ōnis. f. Marc. Cap. La vuelta, la accion de volver.

Rĕcursĭtans, tis. com. Marc. Lo que vuelve muchas, repetidas veces.

Rĕcurso, as, āvi, ātum, āre. n. Plaut. Volver corriendo hácia atras. ‖ Volver muchas veces. Recursat hoc animo. Tac. Esto me viene muchas veces á la imaginacion.

Rĕcursus, us. m. Virg. La vuelta corriendo. ‖ El retorno ó vuelta. ‖ Plin. El rodeo.

Rĕcurvātio, ōnis. f. Veg. La torcedura ó encorvadura.

Rĕcurvātus, a, um. Cels. Encorvado, doblado, retorcido.

Rĕcurvĭtas, ātis. f. Col. La encorvadura.

Rĕcurvo, as, āvi, ātum, āre. a. Col. Retorcer, doblar, encorvar.

rándola. *Redige in memoriam. Tert.* Hazme acordar. *Quod in redigendos fructus impensum est. Dig.* Lo que se gasta en recoger los frutos.

Redii. *pret. de Redeo.*

Redimendus, a, um. *Ov.* Lo que se ha de volver á comprar.

Redimiculum, i. n. *Cic.* Faja ó corbata con que adornaban las mugeres la cabeza y el cuello. ¶ *Plaut.* Lazo para prender á alguno. ¶ *Fest.* Cadenilla que traian al cuello las mugeres por adorno.

Redimio, is, ivi, itum, ire. a. *Cic.* Ceñir, cercar, rodear, coronar, adornar todo al rededor. *Redimere tintinnabulis. Suet.* Adornar todo al rededor con campanillas.

Redimitus, us. m. *Solin.* Liston, cinta, ornamento que sirve para atar la cofia de las mugeres. ¶ Lo que sirve para ceñir ó atar al rededor.

Redimitus, a, um. *Cic.* Ceñido, cercado, coronado, adornado por todo al rededor. *Redimitus tempora lauro. Virg.* Coronado de laurel.

Redimo, is, emi, emptum, mere. a. *Cic.* Rescatar, redimir. ¶ Tomar en arriendo. ¶ Emprender alguna obra por asiento. ¶ *Ces.* Comprar. *Redimere captos. Cic.* Rescatar los cautivos, pagar el rescate ó precio de los prisioneros. — *Sibi amicos. Ces.* Ganar amigos. — *Vectigalia. Cic.* Tomar los arriendos públicos. — *Lites. Cic.* Terminar los procesos por convenio. — *Militum voluntates largitione. Ces.* Ganar las voluntades de los soldados con dádivas, hacer suyo de nuevo el espíritu de sus tropas con liberalidad. — *Pacem. Cic.* Comprar la paz. — *Præteritam culpam. Cic.* Reparar un defecto pasado. — *Opus faciendum. Cic.* Emprender una obra por asiento. — *Delatorem. Ulp.* Corromper á un delator. — *Aliquem concessione aliqua. Ter.* Ponerse bien con alguno concediéndole alguna cosa, alguna gracia, favor.

Redindutus, a, um. *Tert.* Revestido.

Redineunt. en lugar de Redeunt.

Redinteger, gra, grum. *Liv.* Reintegrado, renovado.

Redintegratio, onis. f. *Cic.* Reintegracion, renovacion, renovamiento.

Redintegratus, a, um. *Cic. part. de*

Redintegro, as, avi, atum, are. a. *Plin.* Reintegrar, renovar. ¶ *Ces.* Volver á empezar de nuevo.

Redinvenio, is, veni, ventum, ire. *Tert.* Encontrar otra vez, hallar de nuevo.

Redipiscor, eris, deptus sum, sci. dep. *Plaut.* Recobrar, conseguir, adquirir, alcanzar otra vez lo perdido.

Redisco, is, didici, cere. a. *Varron.* Aprender otra vez.

Reditio, onis. f. *Ces.* Retorno, vuelta, regreso.

Redito, as, are. n. *Plaut. frec. de Redeo.* Volver muchas veces, tornar con frecuencia.

Rediturus, a, um. *Cic.* El que ha de volver, tornar, regresar.

Reditus, us. m. *Cic.* Retorno, regreso, vuelta, el acto de regresar, volverse, restituirse. ¶ *Ov.* Rédito, renta.

Redivi. *pret. de Redeo.*

Redivia, ae. f. *V. Reduvia.*

Rediviosus, a, um. *V. Reduviosus, a, um.*

Redivius, ii. m. *Col.* La garrapata, insecto.

Redivivus, a, um. *Cic.* Renacido, resucitado, rejuvenecido, el que renace, el que resucita, el que remoza, el que rejuvenece. *Redivivus lapis. Cic.* Piedra que quitada de un edificio deshecho, se coloca en otro nuevo.

Redo, onis. m. *Auson.* Un género de pescado.

Redolens, tis. com. *Ov.* Lo que huele, tiene ó despide olor.

Redoleo, es, lui, lere. a. *Cic.* Oler, tener olor, exalar olor. *Redolere antiquitatem. Cic.* Oler á la antigüedad, tener olor de antigüedad, tener aire de antigüedad.

Redonator, oris. m. *Inscr.* El que da otra vez.

Redones, um. m. plur. Los pueblos de Renes en Bretaña y de las cercanías.

Redono, as, avi, atum, are. a. *Hor.* Volver á dar, volver, restituir.

Redopto, as, avi, atum, are. a. *Tert.* Adoptar segunda vez.

Redordior, iris, orsus sum, diri. dep. *Plin.* Deshacer una tela, una trama, desurdir.

Redormio, is, ivi, itum, ire. n. *Cels.* Volverse á dormir.

Redormitatio, onis. *V. Redormitio.*

Redormitio, onis. f. *Plin.* La accion de volverse á dormir.

Redorno, as, avi, atum, are. a. *Tert.* Adornar otra vez.

Reducendus, a, um. *Cic.* Lo que se ha de reducir, volver á llevar, restituir.

Reducens, tis. com. *Cat.* El que vuelve á llevar, á guiar ó conducir.

Reducis. *gen. de Redux.*

Reduco, is, xi, ctum, cere. a. *Cic.* Volver á conducir, guiar, llevar. ¶ Reponer, restablecer. *Reduce uxorem. Ulp.* Tomar otra vez la misma muger despues de divorcio ó separacion.

Reductio, onis. f. *Cic.* La accion de conducir segunda vez.

† Reductivus, a, um. *Cic.* Lo que sirve para reducir un misto, *térm. de Química.*

Reducto, as, avi, atum, are. a. *Aur.* Reducir, guiar, llevar muchas veces.

Reductor, oris. m. *Liv.* El que vuelve á guiar, el que conduce otra vez.

Reductus, a, um. *part. de Reduco.*

Redulceratus, a, um. *Apul. part. de*

Redulcero, as, avi, atum, are. a. *Col.* Ulcerar de nuevo, renovar una llaga, una herida.

Reduncus, a, um. *Ov.* Ganchoso, retorcido hácia dentro.

Redundans, tis. com. *Cic.* Lo que rebosa, que redunda. ¶ Lo que es muy abundante, lo que está muy lleno. *Redundans orator. Cic.* Orador muy difuso. — *Verbum. Cic.* Palabra superflua. — *Hesterna cœna. Plin. men.* El que está muy lleno de cena del dia precedente.

Redundanter. adv. *Plin.* Con redundancia, con esceso, escesiva, muy abundantemente, con superfluidad, mas de lo que es menester.

Redundantia, ae. f. *Cic.* y*

Redundatio, onis. f. *Plin.* La redundancia, esceso, superfluidad, abundancia muy grande. *Redundatio stomachi. Plin.* Plenitud de estómago, ahito, hartazo.

Redundatus, a, um. *Ov. part. de*

Redundo, as, avi, atum, are. n. *Cic.* Redundar, rebosar, estar lleno, tener mucha abundancia. ¶ Ser superfluo. ¶ Ser difuso, estenderse mucho. *Redundare digito. Cic.* Tener un dedo de mas. — *Sanguine. Cic.* Nadar en la sangre. — *In caput alicujus. Plaut.* Recaer, resaltar sobre la cabeza de alguno.

Reduplicatus, a, um. *Tert.* Reduplicado, redoblado.

Reduresco, is, ere. n. *Vitruv.* Endurecerse otra vez, volver á tomar su primera dureza, volver á su primera dureza, volverse duro.

Reduvia, ae. f. *Cic.* Una ulcerilla *que se hace en la raiz de las uñas.* ¶ El panadizo. ¶ El padrastro, pedacito de pellejo *que se levanta de la carne inmediata á las uñas. Reduviam curare. Cic.* Recrearse en una bagatela, ocuparse en pequeñas cosas.

Reduviae, arum. f. plur. *Solin. V. Reliquiae.*

† Reduviosus, a, um. El que tiene la raiz de las uñas llena de padrastros.

Redux, ucis. com. *Cic.* El que está de vuelta, el que ha vuelto sano y salvo. ¶ El que restituye. ¶ El que guia, conduce, lleva. *Reduces choreas. Marc.* Multitud de personas que acompañan á uno obsequiándole.

Reduxi. *part. de Reduco.*

Reexinanio, is, ivi, itum, ire. a. *Apic.* Volver á vaciar, á desocupar.

Reexpecto, as, avi, atum, are. a. *Bibl.* Esperar largo tiempo.

Refabrico, as, avi, atum, are. a. *Dig.* Volver á fabricar, hacer de nuevo.

Refacio, is, feci, factum, cere. a. *Plaut.* Rehacer.

Refeci. *pret. de Reficio.*

Refectio, onis. f. *Vitruv.* Reparacion, restablecimien-

Refloreo, es, rui, rēre. n. V. Reflorasco.
Reflōrescens, tis. com. Sil. Ital. Lo que reflorece.
Reflōresco, is, rui, scĕre. n. Plin. Volver á florecer.
Refluo, is, uxi, uxum, ĕre. n. Virg. Remontar, retroceder contra su curso, contra su corriente. || Rebosar, reverter.
Refluus, a, um. Plin. Lo que rebosa, lo que revierte, lo que retrocede contra su corriente.
Rĕfŏcillātus, a, um. part. de
Rĕfŏcillo, as, āvi, ātum, āre. a. Plin. men. Refocilar, recrear, restablecer, restaurar, rehacer, reponer la salud.
Rĕfŏdio, is, fōdi, fossum, dĕre. a. Plin. Sacar de la tierra, desenterrar, arrancar de la tierra.
Reformātio, ōnis. f. Sen. Reformacion, reforma.
Reformātor, ōris. m. Plin. men. Reformador, restaurador, corrector.
Reformātrix, īcis. f. Ulp. Reformadora.
Reformātus, us. m. Tert. Reforma, reformacion, enmienda, correccion.
Reformātus, a, um. part. de Reformo.
Reformīdātio, ōnis. f. Cic. Miedo, temor, espanto.
Reformīdo, ās, āvi, ātum, āre. a. Cic. Temer mucho, tener mucho miedo, espanto.
Reformo, ās, āvi, ātum, āre. a. Ov. Formar de nuevo, reformar. || Plin. men. Reformar, enmendar.
Refossus, a, um. part. de Refodio.
Refōtus, a, um. Apul. part. de
Refŏveo, es, fōvi, fōtum, vēre. a. Ov. Recalentar, fomentar, volver á dar calor. || Plin. men. Restablecer, volver á poner en pie, en planta, en vigor, en calor.
Refractāriŏlus, a, um. Cic. Algo porfiado, obstinado, terco, pertinaz.
† Refractārius, a, um. Sen. Porfiado, obstinado, terco, pertinaz.
† Refractio, ōnis. f. Refraccion, rebote, recudida.
Refractum, i. n. Plin. Tierra labrada, cultivada, la que se vuelve y revuelve, y se deja reposar, para que se impregne de las particulas nitrosas, salinas y bituminosas de la atmósfera.
Refractus, a, um. part. de Refringo.
Refraeno, as. V. Refreno.
Refraenātio, ōnis. f. Cic. V. Refrenatio.
Refragātio, ōnis. f. S. Ag. Oposicion, repugnancia, contrariedad.
Refragātor, ōris. m. Asc. Ped. Adversario, contrario, opositor, el que se opone á otro.
Refragor, āris, ātus sum, āri. dep. Cic. Oponerse, resistir, contradecir. || Plin. Ser contrario, perjudicial, dañoso. || Quint. Repugnar, tener aversion ó repugnancia.
Refrēgi. pret. de Refringo.
Refrēnātio, ōnis. f. Cic. La brida, el freno. || Refrenacion, represion, retencion, la accion de refrenar, de contener, de retener, de reprimir, de moderar.
Refrēnātus, a, um. Lucr. part. de
Refrēno, ās, āvi, ātum, āre. a. Cic. Refrenar, reprimir, contener, moderar, detener, parar, impedir.
Refrĕquento, ās, āvi, ātum, āre. a. Suet. Volver á poblar de nuevo, hacer mas numeroso un pueblo, aumentar mas la poblacion.
Refrĭco, ās, cŭi, ctum, cāre. a. Col. Refregar, frotar de nuevo. || Cic. Renovar. || Renovarse. Refricare obductam cicatricem. Cic. Volver á abrir una llaga que estaba ya cerrada.
Refrīgeo, ēs, gēre. n. Ter. V. Refrigesco.
Refrīgerātio, ōnis. f. Cic. Refrigeracion, refresco, fresco, el fresco que se toma, la accion de refrigerarse, de refrescarse. || Vitruv. Enfriamiento, resfriamiento.
Refrīgerātor, ōris. m. Plin. Refrigerador, el que refrigera, el que refresca.
Refrīgerātōrius, a, um. Plin. Refrigeratorio, refrigerante.
Refrīgerātrix, īcis. f. Plin. La que refrigera ó refresca.
Refrīgerātus, a, um. Cic. part. de Refrigero.
Refrīgerium, ii. n. Bibl. Refrigerio, refresco, refrigeracion. V. Solatium.

Refrīgero, ās, āvi, ātum, āre. a. Cic. Refrigerar, refrescar. || Enfriar, entibiar, hacer menos ardiente, mas templado.
Refrigescentia, ae. f. Tert. V. Refrigeratio.
Refrigesco, is, frīxi, cĕre. n. Cic. Enfriarse, hacerse frio, entibiarse. || Ter. Ser menos ardiente, no ser ya tan caliente. Refrixerit ubi res. Ter. Cuando la cosa se hubiere enfriado, cuando el calor del asunto se haya pasado.
Refrīgo, is, ĕre. a. Fest. V. Frigo.
Refrīna, ae. f. Plin. V. Refriva.
Refringo, is, frēgi, fractum, gĕre. Ces. Quebrar, romper, despedazar. Refringere opes alicujus. Prop. Arruinar á alguno, causarle la pérdida de sus bienes. _ Castra nobilitatis. Cic. Destruir el poder de la nobleza, abatirla. _ Vim fortunae. Liv. Debilitar la fuerza de la fortuna, hacer inútiles sus esfuerzos. Refringitur in solem radius. Plin. El rayo reflecta al sol.
Refrīva, ae. f. Fest. Haba que se traia á casa de la mies, y de la cual se hacia un sacrificio por la prosperidad de los bienes de la tierra.
Refrixi. pret. de Refrigesco.
Refrondesco, is, scĕre. n. Sidon. Volver á echar hoja.
Refūdi. pret. de Refundo.
Refŭga, ae. m. f. Ulp. El esclavo ó esclava fugitivos.
Refŭgio, is, fūgi, fŭgitum, gĕre. a. Cic. Huir, retirarse, apartarse, refugiarse. || Evitar. || Rehusar. Refugere à re aliqua. Cic. Evitar alguna cosa. _ Ad aliquem. Cic. Refugiarse á alguno, ampararse de él, acogerse bajo su amparo ó proteccion. _ Judicem. Cic. Recusar á un juez. Refugit animus. Cic. Lo repugna el ánimo, lo rehusa el espíritu.
Refŭgium, ii. n. Cic. Refugio, asilo, abrigo, retiro, recurso, lugar donde se le acoge á uno.
Refŭgus, a, um. Tac. Fugitivo, prófugo, errante, vagamundo, el que va huyendo, el que se aparta, se retira, se aleja. || El que se refugia ó resguarda. Refugum mare. Estac. Reflujo del mar, mar que se retira, marea que baja.
Refulgentia, ae. f. Apul. La refulgencia, el resplandor, brillo, brillantez.
Refulgeo, ēs, si, sum, gēre. n. Plin. Brillar, relucir, relumbrar, resplandecer, tener brillo, ser resplandeciente, reluciente, refulgente.
† Refulgĭdus, a, um. Apul. Resplandeciente, relumbrante, refulgente.
Refundo, is, fūdi, fūsum, dĕre. a. Cic. Verter segunda vez, derramar, difundir de nuevo. || Ulp. Refundir. || Reembolsar ó volver las espensas. || Plin. Hacer fundir.
Refūse, ius. adv. Col. Abundantemente.
Refūsio, ōnis. f. Macrob. Derramamiento, efusion.
Refūsōrius, a, um. Sidon. Lo que se remite ó se vuelve á enviar.
Refūsus, a, um. part. de Refundo.
Refŭtātio, ōnis. f. Cic. Refutacion, impugnacion.
Refŭtātor, ōris. m. Arnob. Refutador, el que refuta.
Refŭtātōrius, a, um. Dig. Refutatorio, lo que pertenece á refutar ó impugnar.
Refŭtātus, us. m. Lucr. V. Refutatio.
Refŭtātus, a, um. Suet. part. de
Refŭto, ās, āvi, ātum, āre. a. Cic. Refutar, redargüir, impugnar. || Rechazar, reprimir. || Rehusar, negar, no admitir. Refutare testes. Cic. Rechazar los testigos, recusar su testimonio. _ Testibus. Cic. Probar lo contrario por testigos. _ Alicujus conatum. Cic. Inutilizar los esfuerzos de alguno, reprimir sus empresas, cortar sus intenciones. _ Hostem. Cic. Rechazar al enemigo. _ Plebem. Liv. Reprimir al pueblo, ponerle freno, refrenarle.
† Rēgalia, um. n. plur. La festividad de los reyes. || La regalía, derechos de regalía. || Auspicios favorables.
Regāliŏlus, i. m. Suet. Reyezuelo, avecilla pequeña.
Regālis. m. f. lē. n. is. Cic. Real, lo que es del rey.
Regāliter. adv. Ov. Realmente, como rey.
Regaviŏlus, i. m. Suet. V. Regaliolus.
Regĕlātus, a, um. Marc. part. de

**Regradatio**, ŏnis. *f. Cod. Teod.* Degradacion.

**Regradatus**, a, um. *Solin.* Lo que vuelve por su curso, por sus pasos. *Regradati menses. Solin.* Meses que vuelven.

**Regredior**, ĕris, gressus sum, di. *dep. Cic.* Recular, retroceder, volver atras. ‖ Retornar, volver. *Regredi in memoriam. Plaut.* Acordarse.

**Regredo**, is. *ant. En.* Volver á llamar, á traer.

**Regressio**, ŏnis. *f. Apul.* Regreso, retorno, vuelta, retrocesion, retroceso. ‖ *Quint.* Repeticion. *fig. ret.*

**Regressus**, us. *m. Cic.* V. Regressio.

**Regressus**, a, um. *Quint. part. de* Regredior.

**Regula**, ae. *f. Cic.* Regla. ‖ *Vitruv.* Regla para reglar, para medir. ‖ *Col.* Cesto largo de mimbres para poner las aceitunas, para prensarlas ó apretarlas, y sacar ó esprimir de ellas el aceite. ‖ Cabrio, viga ó madero que sirve para formar con otros el techo de la casa. ‖ Pieza de madera, ó un palo que sirve para tener alguna cosa derecha. ‖ *Estac.* El palenque *que atravesaba la entrada de la palestra, y se dejaba caer cuando se abria para las carreras de los caballos. Ad regulam. Quint.* Segun, conforme á la regla, justa, exactamente. *Lesbia regula. adag.* Allá van leyes do quieren reyes. *ref.*

**Regularis**, m. f. rĕ. n. is. *Plin.* Regular, lo que está segun reglas, el que observa reglas. *Regulare aes. Plin.* El alambre en láminas ó en hojas.

**Regulariter**, *adv. Ulp.* Regularmente, con regla, segun la regla, por reglas, justa, exactamente, con órden.

**Regulatim**, *adv. Veg.* Con regularidad, por regla.

**Regulo**, as, avi, atum, are. *a. Cel. Aur.* Reglar, pautar, tirar líneas. ‖ Regular, medir, ajustar. ‖ Arreglar, concertar, poner en órden, ordenar.

**Regulus**, i. *m. Liv.* Régulo, rei de un estado pequeño, reyezuelo. ‖ *Plin.* Reyezuelo, ave pequeña. ‖ Sobrenombre romano, como M. Atilio Régulo.

**Regustandus**, a, um. *Cic.* Lo que se ha de gustar segunda vez.

**Regustatus**, a, um. *Pers.* Lo que se ha gustado muchas veces.

**Regustatio**, ŏnis. *f. Apic.* La accion de gustar segunda vez alguna cosa.

**Regusto**, as, avi, atum, are. *a. Sen.* Probar, gustar, otra vez.

**Regyro**, as, avi, atum, are. *n. Varr.* Volver á hacer ó dar una vuelta, un giro, una revolucion. *Regyrare in Hispaniam. Flor.* Volver á España, ir á dar una vuelta á España ó por España.

**Rehalo**, as, avi, atum, are. *a. Lucr.* Arrojar, echar, despedir hácia arriba, exalar de nuevo, echar nuevos efluvios, nuevas exalaciones.

† **Rehisco**, is, ĕre. *n.* Volverse á abrir, abrirse de nuevo.

**Reicio**. V. Rejicio.

**Reiculus**, a, um. *Varr.* Lo que es desechable, digno de desecharse ó despreciarse por algun vicio.

† **Reilata**, ae. *f.* La raya, *pescado de mar.*

**Reincipio**, is, ĕre. *a. Inscr.* Volver á empezar, comenzar otra vez.

**Reinvito**, as, are. *a. Bibl.* Convidar de nuevo, volver á convidar.

**Reipsa**. *abl. abs. Cic.* Efectivamente, en efecto, realmente, en realidad.

† **Reipsus**, i. *m.* Arras, dote que el marido da á la muger viuda antes de casarse con ella.

**Reiteratio**, ŏnis. *f. Quint.* Repeticion.

**Reiterator**, ŏris. *m. Tac.* El que vuelve á comenzar, el que reitera.

**Reitero**, as, avi, atum, are. *a. Apul.* Reiterar, volver á comenzar, repetir.

† **Reiva**, ae. *f.* La raya, *pescado.*

**Rejeci**. *pret. de* Rejicio.

**Rejectanea**, ŏrum. *n. plur. Plin.* Las cosas que se desechan, que se arrojan por viciosas ó por inútiles.

**Rejectaneus**, a, um. *Cic.* Desechado, lo que se desecha ó se arroja.

**Rejectio**, ŏnis. *f. Cic.* La accion de desechar, el desecho. ‖ *Plin.* Flujo, escupimiento, salivacion, vómito. ‖ *Cic.* Recusacion. *Rejectio civitatis. Cic.* Renunciacion del derecho de ciudadano.

**Rejecto**, as, avi, atum, are. *a. Luc.* Desechar ó arrojar de sí muchas veces.

**Rejecturus**, a, um. *Ov.* El que arrojará, desechará ó ha de arrojar ó desechar.

**Rejectus**, us. *m. Cels.* Escupimiento, salivacion, vómito. ‖ Flujo. ‖ *Hig.* Sentina de un navío.

**Rejectus**, a, um. *part. de* Rejicio.

**Reji**, ŏrum. *m. plur.* Riez, *ciudad de Provenza.*

**Rejicio**, is, jeci, jectum, cĕre. *a. Virg.* Volver á echar. ‖ Alejar, apartar. ‖ *Cic.* Rechazar. ‖ Menospreciar, desestimar. ‖ Disgustar, fastidiar, repugnar, causar enfado. ‖ Recusar, no admitir, volver á enviar. ‖ Diferir, dilatar, remitir y dejar para otro tiempo. ‖ *Plin.* Vomitar, tener flujo ó vómito. ‖ *Cels.* Lanzar, arrojar. ‖ Acometer, ir en seguimiento. *Rejicere se in aliquem. Ter.* Dejarse ir sobre alguno, dejarse caer sobre alguno ó entre sus brazos. — *Aliquem. Ter.* Abandonar á alguno, dejarle á un lado, despreciarle, no hacer caso de él. *Rejicere por rejicere capellas à flumine. Virg.* Apartar las cabras del rio, impedirles arrimarse á la ribera. *Rejicere judices. Cic.* Recusar los jueces. — *Sanguinem. Plin.* Tener un flujo de sangre, arrojar ó vomitar sangre. — *Aliquem studio ad famem. Ter.* Reducir á alguno á la hambre apartándole del estudio. — *De corpore vestem. Ov.* Desnudarse, quitarse los vestidos, echar á un lado su ropa. *Rejicitur in publicum janua. Plin.* La puerta se abre hácia afuera.

**Rejiculus**, a, um. *Varr.* Lo que es de desecho, lo que es despreciable.

**Relabor**, ĕris, lapsus sum, bi. *dep. Hor.* Recaer. ‖ Remontar á su orígen. *Relabi in sinus alicujus. Ov.* Recaer entre los brazos de alguno.

**Relambo**, is, ĕre. *n. Sedul.* Volver á lamer.

**Relangueo**, es, gui, guēre. *n. Cels.* y

**Relanguesco**, is, gui, cĕre. *n. Ov.* Hacerse ó volverse lánguido. ‖ *Ces.* Abatirse, ablandarse. ‖ *Sen.* Debilitarse, disminuir, perder sus fuerzas. ‖ Volverse pálido.

**Relapsus**, a, um. *part. de* Relabor.

**Relatio**, ŏnis. *f. Cic.* Relacion, narracion, relato, la accion de relacionar, de referir. ‖ Referencia, respeto á ó hácia alguna persona ó cosa. *Relatio commentariorum. Vitruv.* Lo que refieren los libros, lo que se aprende en los libros. — *Gratias. Sen.* Hacimiento de gracias, gracias que se dan, la accion de dar gracias, de reconocer, de pagar un beneficio. *Relationis jus unius, tertiae, quartae &c. Capitol.* Derecho que se daba á los emperadores de proponer una ó mas cosas en el senado siempre que se juntaba.

**Relative**, *adv. S. Ag.* Relativamente, con relacion, con respecto á otra cosa.

**Relativus**, a, um. *Sen.* Relativo, lo que tiene ó hace relacion, ó respecto á persona ó cosa. *Relativa pronomina.* Pronombres relativos, *los que en cierto modo se refieren al nombre antecedente, y le acuerdan.*

**Relator**, ŏris. *m. Cic.* El relator, el que hace la relacion, el que relaciona, refiere, cuenta ó relata. ‖ El que propone algo sobre lo cual se ha de deliberar.

**Relatus**, us. *m. Tac.* V. Relatio.

**Relatus**, a, um. *Cic. part. de* Refero. Vuelto á llevar. ‖ *Ov.* Traido. ‖ *Virg.* Restituido. ‖ Referido. ‖ Anotado.

**Relavo**, as, avi, atum, are. *a. Lucr.* Relavar, volver á lavar.

**Relaxatio**, ŏnis. *f. Cic.* Relajacion, disminucion. ‖ *Cic.* Alivio, recreacion.

† **Relaxator**, ŏris. *m. Cel. Aur.* El que relaja, el que afloja, el que remite y alienta.

**Relaxatus**, a, um. *Vitruv.* Relajado. ‖ *Cic.* Lo que tiene relajacion, soltura, lo que no está unido, apretado, compacto. *Relaxatus paries. Vitruv.* Pared entreabierta, pared que no une ó traba con otra. — *Somno. Cic.* Aliviado por el sueño, á quien el sueño ha dado recreacion.

**Relaxo**, as, avi, atum, are. *a. Cic.* Relajar, ensanchar, agrandar, estender, dilatar. ‖ Dar relajacion, estension, dilatacion. ‖ Abrir, soltar, dilatar. *Relaxare fontibus ora. Ov.* Abrir, aflojar las bocas de las fuentes.

lo restante, por cuanto resta, por lo demas. *Reliqui nihil feci quod ad sanandum me pertineret. Nep.* Nada he olvidado de cuanto podia contribuir á curarme, nada he perdonado en favor de mi salud, todo lo he puesto por obra para mi curacion.

Rĕlīvi. *pret. de* Relino.

Rellĭcuus, a, um. *Lucr. V.* Reliquus.

Relligio, ōnis. *f. Virg. V.* Religio.

Relīsus, a, um. *Prud.* Herido, golpeado.

Rĕlŏco, ās, āvi, ātum, āre. *a. Ulp.* Alquilar, arrendar de nuevo.

Rĕlŏquor, ĕris, qui. *dep. Varr.* Volver á hablar, volver á empezar á hablar.

Rĕlūcens, tis. *com. Liv.* Lo que reluce, reluciente.

Rĕlūceo, ēs, xi, cēre. *n. Virg.* Relucir, resplandecer, brillar.

Rĕluctans, tis. *com. Ov.* Renitente, que resiste, que hace esfuerzo contra.

Rĕluctātio, ōnis. *f. Apul.* Renitencia, resistencia, esfuerzo contra.

Rĕluctātus, a, um. *Quint. part. de*

Rĕlucto, ās, āvi, ātum, āre. *a. Apul.* y

Rĕluctor, āris, ātus sum, āri. *dep. Hor.* Resistir, hacer resistencia ó esfuerzo contra, repugnar.

Rĕlūdo, is, ĕre. *a. Sen.* Burlarse en contrario.

Rĕlūmĭno, ās, āre. *a. Tert.* Iluminar, esclarecer, ilustrar de nuevo.

Rĕluo, is, ĕre. *a. Plaut.* Desempeñar, sacar, recobrar, recuperar lo que estaba en poder de otro por prenda de alguna deuda ó préstamo.

Rĕlŭvĭa, ae. *f.* y Reluvium, ii. *n. V.* Redivia.

Rĕluxi. *pret. de* Reluceo.

Rĕmăcresco, is, ĕre. *n. Suet.* Enmagrecer, perder la gordura natural, volverse magro, enflaquecer.

Rĕmădeo, ēs, dui, dēre. *n. Fest.* Humedecerse, volverse á humedecer.

Rĕmălĕdīco, is, xi, ctum, cĕre. *a. Suet.* Volver injuria por injuria, injuriarse mutuamente.

Rĕmancĭpātus, a, um. *Tert. part. de*

Rĕmancĭpo, ās, āre. *a. Tert.* Enagenar. ‖ Emancipar, sujetar, someter, avasallar nuevamente, de nuevo.

Rĕmando, ās, āre. *a. Eutrop.* Volver á mandar, mandar de nuevo. ‖ Volver á enviar, á decir.

Rĕmando, is, di, sum, dĕre. *a. Plin.* Rumiar, masticar, mascar de nuevo. ‖ *Quint.* Rumiar, considerar despacio ó atentamente, hacer varias y frecuentes reflexiones sobre alguna cosa.

Rĕmănens, tis. *com. Ov.* El que permanece, el que persevera. *Remanens amicus in duris rebus. Ov.* El que es constante en su amistad á pesar de la adversa fortuna.

Rĕmăneo, ēs, ansi, ansum, nēre. *n. Cic.* Morar, demorar, permanecer, quedar. ‖ *Ov.* Perseverar, persistir, ser constante, ser firme.

Rĕmāno, ās, āvi, ātum, āre. *n. Lucr. V.* Refluo.

Rĕmansi. *pret. de* Remaneo.

Rĕmansio, ōnis. *f. Cic.* Mora, demora, mansion.

Rĕmansor, ōris. *m. Dig.* El soldado que permanece fuera del ejército mas de lo que le permite su licencia. ‖ El que por premio de su valor continúa en su casa ganando tiempo y sueldo. ‖ El soldado que está retirado del servicio.

Remant. *Fest. en lugar de* Repetunt. Vuelven.

† Rĕmascŭlātus, a, um. Emprendido de nuevo, con ánimo varonil. *part. de*

† Rĕmascŭlo, ās, āre. *a.* Animar, hacer tomar ánimo, esforzar, alentar.

Rĕmĕābĭlis. *m. f. lĕ. n. is. Estac.* Lo que puede volver.

Rĕmĕācŭlum, i. *n. Apul.* Retorno, regreso, vuelta.

Rĕmĕans, tis. *com. Tac.* El que vuelve, retorna, regresa.

Rŏmĕātus, us. *m. Dig. V.* Remeaculum.

Rĕmĕdĭābĭlis. *m. f. lĕ. n. is. Sen.* Remediable, fácil de remediar, que fácilmente puede hallar remedio.

Rĕmĕdĭālis. *m. f. n. is. Macrob.* Lo que remedia, cura, sana.

Rĕmĕdĭātĭo, ōnis. *f. Escrib. Larg.* Remedio, curacion.

Rĕmĕdĭātor, ōris. *m. Tert.* Remediador, el que remedia.

Rĕmĕdĭātus, a, um. *Escrib. Larg. part. de*

Rĕmĕdĭo, ās, āvi, ātum, āre. *n. Escrib. Larg.* y

Rĕmĕdĭor, āris, ātus sum, āri. *dep.* Curar, sanar, remediar.

Rĕmĕdĭum, ii. *n. Cic.* Remedio, medicina, medicamento. ‖ Medio de remediar, ó de curar, ó procurar el remedio. ‖ Antídoto, preservativo.

Rĕmĕlĭgo, inis. *f. Plaut.* Remora, *pescado.*

† Rĕmĕmŏrātĭo, ōnis. *f. Bibl.* Recordacion, recuerdo.

† Rĕmĕmŏro, ās, āre. *a. Bibl.* Recordar, hacer recuerdo, volver á traer á la memoria.

Rĕmĕmŏror, āris, ātus sum, āri. *dep. Bibl.* Acordarse, hacer memoria ó á la memoria.

Rĕmensis. *m. f. sĕ. n. is.* Natural, vecino de Reims.

Rĕmensus, a, um. *Marc. part. de* Remetior. *Remensus iter. Estac.* El que ha hecho el mismo camino. ‖ Camino repasado, camino por donde se ha pasado y repasado. *Remensum mare. Virg.* Mar repasado, mar navegado segunda vez, recorrido.

Rĕmĕo, ās, āvi, ātum, āre. *n. Varr.* Volver, retornar, tornar, regresar.

Rĕmergo, is, ĕre. *a. S. Ag.* Volver á sumergir.

Rĕmētior, īris, mensus sum, tīri. *dep. Virg.* Volver á medir, repasar lo medido. *Remetiri frumentum pecunia. Quint.* Vender el trigo á dinero contado, pagar de contado el trigo que se ha vendido.

Remex, ĭgis. *m. Cic.* Remero, remador, el que rema.

Rēmi, ōrum. *m. plur.* Los naturales, vecinos de la ciudad de Reims *en Champaña.*

Rĕmīgātĭo, ōnis. *f. Cic.* La accion de remar.

Rĕmīgātor, ōris. *m. V.* Remex.

† Rĕmīgĕro, ās, āre. *n. Plaut. V.* Remigro.

Rĕmīgis. *genit. de* Remex.

Rĕmīgĭum, ii. *n. Virg.* La accion de remar, la agitacion de los remos, su movimiento. ‖ El remo. ‖ La chusma del navío. *Remigium alarum. Virg.—Pennarum. Lucr.* Movimiento de las alas. *Remigio navem sequi. Plaut.* Seguir á un navío á fuerza de remos. *—Meo rem gero. Plaut. prov.* Yo soy el amo, quieran ó no quieran me han de obedecer.

Rĕmīgo, ās, āvi, ātum, āre. *a. Cic.* Remar, bogar.

Rĕmigro, ās, āvi, ātum, āre. *n. Cic.* Volver á su primera morada, tornar á su antiguo sitio. *Remigrare ad argumentum. Plaut.* Volver á su objeto, volver á tomar su objeto, su argumento. *— Ad justitiam. Cic.* Volver á la equidad. *Remigrat animus mihi. Plaut.* Vuelvo á tomar ánimo, me vuelve el aliento, el valor.

Rĕmĭlĭgo, inis. *f. Varr. V.* Remeligo.

Rĕmĭniscendus, a, um. *Cic.* Lo que se debe acordar, de que se debe hacer recuerdo, memoria.

† Rĕmĭniscentĭa, ae. *f.* Reminiscencia, recuerdo.

Rĕmĭniscor, ĕris, ci. *dep. Cic.* Recordar, hacer recuerdo, volver á la memoria. *Reminisci alicujus rei, aliquam rem,* ó *de aliqua re. Cic.* Acordarse de alguna cosa.

† Rĕmĭpes, ĕdis. *com.* Aquello á que los remos sirven de pies, como la nave.

Rĕmisceo, ēs, cŭi, mistum, cēre. *a. Hor.* Volver á mezclar.

† Rĕmissa ae. *f. Tert.* Remision, perdon.

Rĕmissārĭus, a, um. *Cat.* Lo que se puede quitar, remitir, lo que se puede relajar. *Remissarius vectis. Varr.* Palanca de menor longitud, que aprieta menos en los tornos de las prensas.

Rĕmisse, ius, sissĭme. *adv. Sal.* Floja, debilmente. *Cic.* De un modo honesto, con un aire dulce. ‖ Sin molestarse, sin precision, sin severidad.

† Rĕmissĭbĭlĭa. *m. f. lĕ. n. is.* Remisible, lo que se puede perdonar.

Rĕmissĭo, ōnis. *f. Cic.* Remision. ‖ Alivio de pena. ‖ Relajamiento. ‖ Descanso, reposo despues del trabajo. ‖ *Col.* Rebaja, diminucion. *Remissio vocis. Cic.* El acto de bajar la voz. *— Morbi. Cic.* Alivio en una enfermedad, convalecencia, curacion. *— Febris. Cels.* Declinacion de una fiebre. *— Laborum. Quint.* Descanso, reposo que se toma en los trabajos. *— Animi. Cic.* Dilatacion del ánimo, descanso que se da al espíritu, diversion, recreacion. ‖ Des-

á galeras. *Velis, remisque, remis, ventisque. Cic.* Con todo esfuerzo ó conato.

**Remus, i.** *m. Liv.* Remo, hermano de Rómulo, primer rey de los romanos, el cual fue muerto por su hermano en la contienda entre ambos sobre la posesion del reino. Los poetas toman algunas veces su nombre por el de Rómulo.

**Rĕmūtandus, a, um.** *Tac.* Lo que se ha de volver á mudar.

† **Rĕmūtātio, ōnis.** *f. Firm.* Nueva mutacion.

**Rĕmūtātor, ōris.** *m. Tac.* El que vuelve á mudar.

**Rĕmūto, as, āvi, ātum, āre.** *a. Tac.* Recambiar, retrocar, mudar de nuevo, trocar otra ú otras veces.

**Ren, rēnis.** *m. Plaut.* El riñon. V. Renes.

† **Rĕnāle, is.** *n.* El ceñidor.

**Rĕnālis.** *m. f. lĕ. n. is Cel. Aur.* Lo que concierne á los riñones, lo que es de los riñones.

**Rĕnarro, as, āvi, ātum, āre.** *a. Ov.* Narrar, contar, referir de nuevo.

**Rĕnascens, tis.** *com. Plin.* El que renace.

**Rĕnascor, ĕris, nātus sum, sci. dep. Virg.** Renacer, nacer de nuevo, resucitar. *Renascitur malum. Cic.* El mal retoña, resucita, vuelve á empezar. — *Ardor. Estac.* Vuelve á despertar el ardor, se renueva.

**Rĕnātus, a, um.** *Cic. part. de Renascor.* ‖ *Plin.* Reproducido.

**Rĕnāvigo, as, āvi, ātum, āre.** *n. Cic.* Retornar, volver al mar, navegar de nuevo, embarcarse otra vez.

† **Rĕnāvo, as, āre.** *V. Renovo. Renavare operam. Cic.* Hacer nuevos esfuerzos.

**Rĕnecto, is, ĕre.** *a. Avien.* Enlazar, estrechar, juntar, unir estremamente, otra vez, de nuevo, mucho, estremadamente.

**Rĕnedesco, is, ĕre.** *n. Ov.* Hilar de nuevo.

**Rĕneo, ēs, ēvi, ētum, ēre.** *a. Ov.* Hilar de nuevo.

**Rēnes,** *num. n. plur. Cic.* Los riñones. *E venibus laborare. Cic.* Tener, sentir dolores en los riñones, ó de riñones.

**Rĕnĭcŭlus, i.** *m. Marc. Emp.* El riñoncito.

**Rĕnĭdens, tis.** *com. Lucr.* Reluciente, brillante. ‖ *Tac.* Sonriéndose.

**Rĕnĭdentia, ae.** *f. Tert.* El brillo, brillantez, resplandor. *Tac.* Sonrisa.

**Rĕnĭdeo, ēs, ēre.** *n.* y

**Rĕnĭdesco, is, ĕre.** *n. Lucr.* Relucir, brillar, resplandecer. ‖ *Cat.* Sonreirse. ‖ *Hor.* Alegrarse.

**Rĕnisus.** V. *Renixus.*

**Rĕnītens, tis.** *com. Plin.* Reluciente, brillante, resplandeciente, lo que brilla, lo que resplandece.

**Rĕnītens, tis.** *com. Liv.* Lo que resiste, lo que tiene resistencia, fuerza contraria, oposicion.

**Rĕnītor, ĕris, nixus sum, ti. dep. Cels.** Resistir, hacer resistencia.

**Renixus, us.** *Cels.* Resistencia.

**Rĕno, as, āvi, ātum, āre.** *a. Hor.* Volver á nado ó nadando, volver á nadar.

**Rĕnōdans, tis.** *com. Hor.* El que anuda de nuevo, el que religa, el que vuelve á hacer un nudo.

**Rĕnōdātus, a, um.** *Val. Flac. part. de Renodo.*

**Rĕnōdis.** *m. f. dĕ. n. is. Capitolin.* Anudado, ó lo que está en forma de nudo.

**Rĕnōdo, as, āvi, ātum, āre.** *a. Hor.* Volver á anudar, religar con nudos.

**Rĕnosco, is, vi, tum, cĕre.** *Paulin.* Reconocer, conocer de nuevo.

**Rĕnŏvāmen, ĭnis.** *n. Ov.* y

**Rĕnŏvātio, ōnis.** *f. Cic.* Renovacion.

**Rĕnŏvātīvus, a, um.** *Renovativum fulgur. Fest.* Rayo que exige las mismas espiaciones que uno que le precede, y que declara la misma cosa.

**Rĕnŏvātor, ōris.** *m. Inscr.* Renovador, restaurador, el que renueva, el que restaura.

**Rĕnŏvātus, a, um.** *Cic. part. de Renovo. Renovatus ager. Ov.* Campo trabajado de nuevo, campo al cual se ha dado una nueva forma, cultura y aspecto. *Renovatum templum. Cic.* Templo reparado, restablecido, reedificado.

**Rĕnŏvello, as, āvi, ātum, āre.** *a. Col.* Renovar.

**Rĕnŏvo, as, āvi, ātum, āre.** *a. Cic.* Renovar, comenzar de nuevo, hacer revivir. *Renovare lumen. Petron.* Volver á encender la luz, el fuego. — *Humum aratris. Ov. Rastris. Marc.* Labrar de nuevo la tierra, darle nueva forma ó labor. — *Animum. Ces.* Volver á tomar ánimo, espíritu, valor, animarse, alentarse de nuevo. — *Praelium. Ces.* Volver á empezar la batalla, renovarla. — *Annos. Tib.* Rejuvenecer, remozarse, volverse jóven. — *A fatigatione animum. Quint.* Dilatar el ánimo, reponerle, repararle de sus fatigas. — *Memoriam. Cic.* Refrescar la memoria. — *Se nobis opibus. Cic.* Reponerse, restablecer su fortuna. — *In aliquem scelus pristinum. Cic.* Hacer revivir un crimen contra alguno, renovarle, resucitarle.

† **Rĕnūbĭlo, as, āre.** *a.* Alzar el velo, quitar el velo, descubrir, manifestar, descifrar.

**Rĕnūbo, is, ĕre.** *a. Tert.* Casarse otra vez.

**Rĕnūdātus, a, um.** *part. de*

**Rĕnūdo, as, āvi, ātum, āre.** *a. Marc. Cap.* Despojar, desnudar, poner desnudo.

**Rĕnūdus, a, um.** *Tert.* Mas desnudo, desnudo por atras ó por la parte de atras.

**Rĕnuens, tis.** *com. Ov.* El que reusa, el que denota lo que reusa por alguna señal.

**Rĕnui.** *pret. de Renuo.*

**Rĕnūmĕrātus, a, um.** *part. de*

**Rĕnūmĕro, as, āvi, ātum, āre.** *a. Tert.* Volver, restituir lo que se habia recibido de contado. *Renumerare dotem uxori. Ter.* Volver la dote á su muger.

**Rĕnuncŭlus, i.** *m. Bibl.* Riñon pequeño, riñoncito.

**Rĕnuntiatio, ōnis.** *f. Cic.* Relacion, publicacion, la accion de hacer saber. ‖ Narracion, relacion. ‖ *Asc. Ped.* Renuncia del convenio ó pacto que se ha hecho.

**Rĕnuntiātor, ōris.** *m. Dig.* Denunciador, el que da noticia ó aviso.

**Rĕnuntiātus, a, um.** *Ter. part. de*

**Rĕnuntio, as, āvi, ātum, āre.** *a. Cic.* Denunciar, hacer saber, declarar, contar, relatar, referir, dar noticia, anunciar. ‖ Abandonar. ‖ *Asc. Ped.* Desdecirse. ‖ *Ulp.* Renunciar. *Renuntiare emtionem. Cic.* Desdecirse de una compra. — *Repudium. Ter.* Renunciar el matrimonio, disolverle, repudiar á la muger. — *Stoicis. Cic.* Abandonar á los estoicos. — *Consulem aliquem.* Nombrar, proclamar á alguno cónsul. *Cic.* — *Alicui futurum aliquid. Ter.* Advertir á alguno que sucederá alguna cosa. — *Civilibus officiis. Quint.* No quererse mezclar en los negocios del público. — *Ad coenam. Sen.* Escusarse de venir ó ir á cenar. *Renuntiatur in illis tribus. Cic.* Se publica que él es uno de aquellos tres.

**Rĕnuntius, ii.** *m. Plaut.* El que vuelve á traer las novedades, el que trae ó refiere noticias, el mensagero.

**Rĕnŭo, is, nui, nūtum, ĕre.** *a. Cic.* y

**Rĕnūto, as, āvi, ātum, āre.** *n. frec. de Renuo. Lucr.* Rehusar, desechar por alguna señal, hacer alguna señal, algun ademan de que no agrada alguna cosa.

**Rĕnūtrio, is, īvi, ītum, īre.** *a. Paulin.* Nutrir otra vez, nutrir mas y mas. ‖ Repastar, engordar.

**Rĕnūtus, us.** *m. Plin.* La renitencia, señal ó gesto que denota resistencia á alguna cosa ó accion.

**Reor, ĕris, rătus sum, rēri. dep. Cic.** Creer, pensar, imaginar.

**Rĕpăges, is.** *f. Fest.* Cerrojo. ‖ Barra ó tranca que se pone detras de una puerta para asegurarla cerrada.

**Rĕpăgŭla, ōrum.** *n. plur. Cic.* Barras que se ponen detras de las puertas para cerrarlas. ‖ *Ov.* El cerco ó seto en que se encierra el ganado. ‖ Cualquier obstáculo, freno, impedimento. *Repagula juris perfringere. Cic.* Violar el derecho, hacer violencia á las leyes. *Repagulis iram recludere. Cic.* Dejar reventar su cólera.

**Repandĭrostrus, a, um.** *Pacuv.* El que tiene el pico encorvado hácia arriba *como los delfines, ánades y otros animales y aves.*

**Rĕpando, is, ĕre.** *a. Apul.* Volver á abrir. ‖ Encorvar.

**Rĕpandus, a, um.** *Cic.* Encorvado, torcido, combado hácia arriba.

**Rĕpango, is, panxi, ó pĕgi, pactum, gĕre.** *a. Col.* Plantar, sembrar.

repetir en la memoria. ¶ *Plaut*. Desplegar.

Rĕplictus, a, um. *Estac.* en lugar de Replicatus. *part. de* Réplico.

† Rĕpluens, tis. *com*. Superabundante.

Replum, i. *n. Vitruv.* Voz desconocida: quieren unos que sea un bastidor, otros cornisa, otros pilar ó poste.

Replumbātio, ōnis. *f. Plin.* La accion de despegar lo pegado ó soldado con plomo.

Replumbātus, a, um. *part. de*

Replumbo, ās, āvi, ātum, āre. *a. Sen.* Despegar lo que estaba pegado ó soldado con plomo.

Replumbor, āris, ātus sum, āri. *dep. Sen.* Doblegarse como el plomo.

Replūmis. *m. f.* mĕ. *n. is. Paulin.* Lo que se viste nuevamente de plumas.

Repluo, is, ĕre. *n. Sen.* Volver á llover. ¶ Superabundar.

Rēpo, is, repsi, reptum, pĕre. *n. Hor.* Arrastrar, arrastrarse, resbalarse arrastrando. *Se dice de las plantas, de las aguas que corren lentamente, de los hombres que andan á gatas, de los que van en litera, de los que nadan, de las naves, de las máquinas de guerra de madera, de los que se insinuan tácitamente y engañan. Repere in purpuris. Quint.* Ser educado ó criado entre púrpura.

† Rĕpŏtŏcĭlium, ii. *n.* Tapafuego, tapadera de lumbre. ¶ Plancha de hierro colado que se pone en las chimeneas detras del fuego para que no dañe á la pared.

Rĕpōlio, is, ivi, itum, ire. *a. Col.* Pulir de nuevo.

Rĕpondĕro, ās, āvi, ātum, āre. *a. Sid.* Dar, tributar, reponer, y como pesar en pago mutuamente, en cambio.

Rĕpōno, is, pŏsui, pŏsitum, pōnĕre. *a. Cic.* Reponer, poner de nuevo. ¶ Replicar, responder. ¶ Volver. ¶ Colocar, poner en número. ¶ *Tac.* Contar, asegurarse, fundamentarse. ¶ *Virg.* Acumular, amontonar. ¶ Cerrar, guardar, reservar. ¶ *Estac.* Reservar, retener. ¶ *Cat.* Perder, dejar, abandonar, deponer, poner debajo. *Reponere alium pro alio. Cic.* Remplazar á alguno, poner á uno en lugar de otro. — *Alimenta hiemi. Virg. In hiemem. Quint.* Guardar los bienes, hacer prevencion de víveres para el invierno. — *Plus in duce quam in exercitu. Tac.* Contar mas con el General que con el ejército, hacer mas confianza, del General que de los soldados, tener mas seguridad en el comandante que en sus tropas. — *Alicui nummos. Plaut.* Volverle á alguno su dinero. ¶ *Hor.* Dar el equivalente, volver lo mismo, pagar en la misma moneda. — *In deos, ó in numerum, y in numero deorum. Cic.* Colocar en el número de los dioses. — *In suis. Cic.* Poner en el número de sus amigos, contar entre sus amigos. — *Odium. Tac.* Deponer, dejar el odio. — *In aliquem. Val. Flac.* — *In aliquo omnia. Cic.* Fiarse enteramente en alguno, colocar en él todas las esperanzas, esperar de él todas las cosas, ó encargárselo todo. — *Lacrimas. Estac.* Contener sus lágrimas. — *Fulmina. Estac.* Deponer el rayo, detener su brazo pronto á arrojar rayos. — *Fructus in vetustatem. Col.* Encerrar los frutos para guardarlos largo tiempo. — *Capillum. Quint.* Ajustar sus cabellos. — *Cervicem. Quint.* Inclinar la cabeza. — *In aliquo causam. Cic.* Referirse á alguno, poner sus intereses en sus manos, querer con gusto pasar por su juicio. — *Fabulas. Hor.* Representar las mismas comedias, dar una segunda representacion. — *Alicui. Juv.* Replicar á alguno. — *Injuriam. Sen.* Volver el cambio, pagar con la misma injuria.

Rĕporrĭgo, is, exi, ectum, ĕre. *a. Petron.* Dar otra vez, alargar, suministrar nuevamente una y muchas veces.

Rĕportātus, a, um. *Cic. part. de*

Rĕporto, ās, āvi, ātum, āre. *a. Sal.* Volver á traer, traer otra vez. ¶ *Cic.* Alcanzar, conseguir, ganar, adquirir. ¶ *Virg.* Volver con la respuesta, traerla. *Reportare exercitum Britannia. Cic.* Traer ó hacer pasar su ejército de Bretaña. — *Se ad aliquem. Hirc.* Retornar hácia alguno. — *Commodatum. Cic.* Volver lo que se ha tomado prestado. — *Pedem ex hoste. Virg.* Volver de entre los enemigos. — *Victoriam. Virg.* Ganar la victoria.

Rĕposco, is, pŏposci, poscitum, cĕre. *a. Cic.* Volver á pedir, volver á demandar. ¶ Exigir. *Reposcere aliquem simulacrum. Cic.* Volverle á pedir a alguno la estatua. —

*Ad poenas aliquem. Virg.* Pedir la punicion de alguno. — *Poenas ab aliquo. Cat.* Castigar á alguno, vengarse de él.

Rĕposco, ōnis. *m. Amian.* Pedidor molesto, enfadoso, importuno.

Rĕposĭtio, ōnis. *f. Palad.* Reposicion, la accion de reponer.

Rĕposĭtōrium, ii. *n. Plin.* Armario, alacena. ¶ Bufete. ¶ Aparador.

Rĕposĭtus, a, um. *Cic. part. de* Repono. *Repositus in optima spe puer. Cic.* Niño de quien se han concebido muy grandes esperanzas.

Rĕpostor, ōris. *m. Ov.* Restituidor, restaurador, reparador.

Rĕpostōrium, ii. *en lugar de* Repositorium.

Rĕpostus. *en lugar de* Repositus. *Repostus tellure. Virg.* Enterrado. *Repostum alta mente. Virg.* Impreso profundamente en el ánimo, grabado profundamente en el alma, en el corazon.

Rĕposui. *pret. de* Repono.

Rĕpōtātio, ōnis. *f. Varr.* Bebida que se da de unos á otros ó al rededor. ¶ Francachela que se renueva.

Rĕpōtia, ōrum. *n. plur. Hor.* Renovacion de la boda y tornaboda. *Fiesta que se celebraba todos los años en el mismo dia en que habia caido el de las bodas.*

Rĕpōtialis. *m. f.* lĕ. *n. is. Pacuv.* Lo que pertenece á la fiesta de la tornaboda.

Rĕpraesentānĕus, a, um. *Tert.* Lo que se representa, lo que está presente ó á la vista.

Rĕpraesentātio, ōnis. *f. Cic.* Pagamento hecho al mismo tiempo que la compra. ¶ Representacion, la accion de poner á la vista.

Rĕpraesentātor, ōris. *m. Tert.* Representador, el que representa la figura y prendas de otro.

Rĕpraesentātus, a, um. *Plin. part. de*

Rĕpraesento, ās, āvi, ātum, āre. *a. Plin.* Representar, poner delante, á la vista. ¶ *Cic.* Pagar de contado. ¶ Anticipadamente. *Repraesentare vicem alicujus. Plin.* Servir en el lugar de alguno, hacer sus funciones, sus veces. — *Diem promissorum. Cic.* Prevenir el tiempo ó el plazo ó término de sus promesas. — *Judicia. Quint.* Anticipar los juicios. — *Improbitatem suam. Cic.* Publicar su maldad, hacer que se divulgue, que se haga notoria ó manifiesta. — *Mercedem. Estac.* Pagar el salario adelantado. — *Pecuniam. Ulp.* Adelantar un pagamento. — *Praetium rei emptae. Cic.* Pagar una cosa á dinero contado. — *Supplicia. Quint.* Adelantar el suplicio.

Repraesto, ās, āvi, ātum, āre. *a. Dig.* Presentar, dar, exibir, pagar.

Rĕprĕhendo, is, di, sum, dĕre. *a. Curc.* Alcanzar, coger, aprehender, pillar. ¶ *Cic.* Reprender, acusar. *Reprehendere cursum alicujus. Prop.* Detener á alguno en la carrera, pillarle, alcanzarle.

Rĕprehensībĭlis. *m. f.* lĕ. *n. is. Bibl.* Reprensible.

Rĕprĕhensio, ōnis. *f. Cic.* Reprension, acusacion. ¶ Confutacion, la accion de impugnar. ¶ La accion de coger, de detener ó parar.

Rĕprehenso, ās, āvi, ātum, āre. *a. Liv.* Coger, detener fuertemente.

Reprehensor, ōris. *f. Cic.* Represor, el que reprende, el que corrige, enmienda.

Rĕprehensus, a, um. *Curc. part. de* Reprendo.

Reprendo. *Hor.* V. Reprehendo.

Reprensus. *Hor.* V. Reprehensus.

Represse. *adv. Gel.* Estrechamente.

Represi. *pret. de* Reprimo.

Repressio, ōnis. *f. Cic.* Represion, la accion de reprimir, de contener, de detener.

Repressor, ōris. *m. Cic.* El que reprime, el que detiene, el que contiene.

Repressus, a, um. *part. de* Reprimo.

Reprĭmens, tis. *com. Cels.* Lo que detiene. ¶ Astringente.

Reprĭmo, is, pressi, pressum, mĕre. *a. Cic.* Reprimir, detener, contener, retener, forzar á detenerse.

Rĕprŏbātio, ōnis. *f. Bibl.* Reprobacion, la accion de desechar, de reprobar.

Rĕprŏbātrix, icis. *f. Tert.* La que reprueba.

Res, rei. *f. Cic.* La cosa. ‖ Negocio, asunto. ‖ Utilidad, interes. ‖ Hacienda, bienes de fortuna. ‖ Heredad, patrimonio. *Dig.* Gasto, costa. *Res sic se habet. Cic.* Hé aquí el estado de la cosa, este es el estado de la cosa, en tales términos está. — *Artificiosae. Vitruv.* Artes mecánicas. — *Divina. Cic.* Servicio divino, sacrificio. — *Familiaris. Cic.* Familia, bienes de la casa. — *Militaris. Cic.* Arte militar ó estado de la guerra. — *Navalis, nautica. Cic.* La marina, arte de la navegacion. — *Ampla domi est. Juv.* La casa es opulenta, rica. — *Pastoria. Varr.* Ciencia de los pastos. — *Frumentaria. Ces.* Mercancía de trigo, víveres. — *Voluptatum. Plaut.* Deleite, placer. — *Tua agitur. Cic.* En esto van tus intereses, se trata de tu utilidad, es negocio tuyo. — *Si tibi sit cum illa. Ter.* Si tienes que hacer con él, si tienes algun negocio con él. — *Prosperae, secundae. Cic.* Prosperidad, buena fortuna. — *Angustae. Hor.* — *Arctae. Val. Flac.* Pocos bienes, bienes muy tenues, muy cortos. — *Sanguine partae. Ov.* Bienes que han costado sangre, bienes adquiridos á costa de sangre. — *Deficere eum coepit. Cic.* Los bienes comienzan á faltarle, comienza á empobrecerse. — *Prorsus ibat. Cic.* El negocio corria bien, iba favorable. — *Parata est. Plaut.* Está aprontado el dinero. — *Animales. Ulp.* Los animales. — *Nummaria tenet eum. Cic.* Se ocupa en hacer dinero. — *Capitalis. Cic.* Crimen capital, digno de muerte, en que va la vida, la cabeza. — *Amicos invenit. Plaut.* La fortuna hace amigos, grangea amigos, las riquezas dan amigos. — *Avita et patria. Cic.* Bienes de familia, patrimonio, herencia que se tiene de sus mayores. — *Forensis. Quint.* Negocio del foro. — *Rusticae. Cic.* Bienes del campo ó campestres. — *Fractae. Virg.* Negocios perdidos, desordenados. *Romana. Liv.* La armada de los romanos. — *Rem numquam facies. Ces.* Jamas tú harás negocio ó fortuna, jamas estarás rico. — *Male gerere. Hor.* Dirigir, gobernar mal los negocios, manejarse mal. — *Habere cum aliquo. Ter.* Tener negocio con una persona. — *Ampliare. Hor.* — *Augere. Cic.* Enriquecerse, aumentar sus bienes, su hacienda, su caudal, su patrimonio. — *Reperire quo pacto. Plaut.* Hallar medio de. *Ad rem avidus. Ter.* Interesado, avaro, deseoso, ansioso, sediento, hambriento de la ganancia. — *Verba conferre. Ter.* Hacer lo que se dice, trata, pacta, une, junta los efectos á las palabras. *In rem illius est. Ter.* Es interes suyo, es ventaja, es utilidad suya. — *Suam aliquid convertere. Cic.* Convertir alguna cosa en provecho suyo. — *Si est utrique. Ter.* Si es ventajoso á los dos. *Rei alicui esse. Ter.* Ser de algun provecho. *Re, reipsa, revera. Cic.* En efecto, efectiva, verdaderamente. *Dictu quam re facilius est. Liv.* Mas fácil es de decir que de hacer. *E re nata. Ter.* Á propósito, segun la ocasion, segun la ocurrencia, como ofrece la comodidad, la ocasion, el tiempo, la circunstancia. *Rerum potiri. Liv.* Tener la autoridad suprema, soberana, ser el dueño, el señor.

Rĕsaevio, is, īre. *n. Ov.* Volver á entrar en furor, volverse á poner furioso.

Rĕsălūtātio, ōnis. *f. Suet.* Resalutacion, saludo reiterado, ó el que se vuelve.

Rĕsălūtātus, a, um. *Cic.* Á quien se vuelve el saludo, la salutacion, aquel á quien se ha resaludado. *part. de*

Rĕsălūto, as, āvi, ātum, āre. *a. Marc.* Resaludar, volver el saludo, saludar al que ha saludado, ó saludar segunda vez.

Rĕsānesco, is, nui, cĕre. *n. Ov.* Volver á entrar en su sentido, recobrar el juicio.

† Rĕsāno, as, āre. *a. Lact.* Volver á sanar, á curar.

Resapsa, *en lugar de Res ipsa.*

Rĕsarcio, is, si, tum, cīre. *a. Tac.* Remendar, componer de nuevo. ‖ Resarcir. ‖ *Cic.* Reparar lo perdido.

Resarrio, is, ivi, ītum, īre. *a. Plin.* Cavar, escardar segunda vez.

Rĕsarsi. *pret. de Resarcio.*

Rĕsartūrus, a, um. *Suet.* El que ha de remendar.

Resbacum, i. *n.* Rebais, *abadía en la Bria.*

Rescindo, is, scidi, scissum, dĕre. *a. Cic.* Cortar, tajar, rajar, despedazar, hacer pedazos. ‖ Destrozar. ‖ *Ter.* Abolir, anular, abrogar, casar, derogar, destruir. *Rescindere terram. Col.* Volver á arar la tierra. — *Vitrm. Col.* Limpiar, podar. — *Recentem cicatricem. Petron.* Volver á abrir una llaga nuevamente cerrada. — *Pactionem. Cic.* Romper un convenio, un tratado. — *Judicium. Cic.* Revocar una sentencia, anular un juicio.

Rescio, is, ivi, itum, īre. *y*

Rescisco, is, ĕre. *a. Ter.* Saber, aprender, ser advertido, descubrir. ‖ Llegar á entender ó conocer impensadamente lo que se ocultaba con arte.

Rescissio, ōnis. *f. Ulp.* La accion de abrogar, de anular, de derogar.

Rescissōrius, a, um. *Rescissoria actia. Ulp.* Accion, demanda en que se solicita derogar, abolir, anular.

Rescissus, a, um. *Lucan. part. de Rescindo. Rescissa merces. Suet.* Paga disminuida, cortada.

Rescrībo, is, psi, ptum, bĕre. *a. Cic.* Rescribir, volver á escribir, dar respuesta, responder á una carta. ‖ Escribir. ‖ Escribir en contra de lo que se ha dicho. *Rescribere legionem ad equum. Ces.* Montar un regimiento de infantería, hacerle de caballería. — *Alicui argentum. Ter.* — *Nummos. Plaut.* Volver á alguno el dinero, aquel en cuyo poder estaba á ganancias. — *Veteribus orationibus. Quint.* Escribir en contra de los antiguos discursos, contra lo que se ha dicho en ellos.

Rescriptio, ōnis. *f. Dig. y*

Rescriptum, i. *n. Tac.* Rescripto, respuesta del príncipe á los que le consultan.

Rescriptus, a, um. *part. de Rescribo.*

Rescŭla, ae. *f. V. Recula.*

Resculpo, is, si, tum, ĕre. *a. Prud.* Esculpir de nuevo, volver á grabar. ‖ *Ter.* Renovar.

Rĕsĕcātus, a, um. *Apul. V. Resectus.*

Rĕsĕcis. *gen. de Resex.*

Rĕsĕco, as, āvi, y cŭi, sectum, y atum, āre. *a. Cic.* Cortar, tajar, despedazar, hacer pedazos, tajadas, rajas, piezas. ‖ Quitar. *Resecare ad vivum. Col.* Cortar hasta lo vivo. ‖ *Cic.* Llevar las cosas hasta la última precision. — *Spem. Hor.* Quitar la esperanza.

Rĕsĕcro, as, āvi, ātum, āre. *a. Plaut.* Reiterar las súplicas que se han hecho ya, hacer preces ó súplicas contrarias á las que ya se habian hecho. ‖ Levantar la escomunion, volver la facultad de asistir á los sacrificios.

Rĕsectio, ōnis. *f. Col.* La accion de cortar, de raer, de despedazar.

Rĕsector, ōris. *m. Cels.* El que corta.

Rĕsectus, a, um. *part. de Reseco.*

Rĕsĕcūtus, a, um. *Ov. part. de Resequor.* El que ha seguido.

Rĕsēda, ae. *f. Plin.* Planta que resuelve las postemas, y mitiga las inflamaciones.

Rĕsēdi. *pret. de Resideo y Resido.*

Rĕsēdo, as, āvi, ātum, āre. *a. Plin.* Apaciguar, calmar.

Rĕsegmen, ĭnis. *n. Plin.* Cercenadura, cortadura.

Rĕsēmĭnātio, ōnis. *f. Col.* La accion de volver á sembrar.

Rĕsēmĭno, as, āvi, ātum, āre. *a. Ov.* Sembrar de nuevo.

Rĕsĕquor, ĕris, cūtus sum, qui. *dep. Ov.* Responder, seguir hablando.

Rĕsĕrans, tis. *com. Val. Flac.* El que abre.

Rĕsĕrātus, us. *m. Sid.* La accion de abrir, abertura.

Rĕsĕrātus, a, um. *Ov.* Abierto. *part. de*

Rĕsĕro, as, āvi, ātum, āre. *a. Plin.* Abrir lo cerrado. ‖ *Ov.* Descubrir, declarar, dar á entender.

Rĕsĕro, is, sēvi, sătum, rĕre. *a. Plin.* Volver á sembrar, sembrar de nuevo.

Rĕservātus, a, um. *Ces.* Reservado, salvado, conservado, guardado, custodiado. *part. de*

Rĕservo, as, āvi, ātum, āre. *a. Cic.* Reservar, guardar, conservar para lo venidero, para otro tiempo. *Reservare sibi scientiam. Cic.* Reservarse su ciencia, su sabiduría. — *Se ad majora. Virg.* Conservarse para cosas mayores, para cosas mas grandes.

Rĕses, ĭdis. *com. Liv.* Ocioso, holgazan, perezoso, que se corrompe en la ociosidad. ‖ *Varr.* Parado, detenido, corrompido. *Reses aqua. Varr.* Agua corrompida, parada, detenida, estancada.

Rĕsēvi. *pret. de Resero.*

biarse, aliviarse. ‖ *Cæsar.* Exaltar.

Resplendentia, æ. f. *Surg.* El resplandor.

Resplendeo, es, dui, dēre. n. *Cic.* Relucir, brillar, resplandecer.

† Resplendescens, tis. com. Resplandeciente.

Respondens, tis. com. *Quint.* El que responde.

Respondeo, es, di, sum, dēre. a. *Cic.* Responder, volver respuesta, satisfacer respondiendo. ‖ Hablar, decir. ‖ Corresponder. ‖ Parecerse, ser parecido. ‖ *Virg.* Estar colocado enfrente, estar en la parte opuesta. ‖ *Cels.* Acontecer, felizmente, tener un buen suceso. ‖ *Tac.* Declarar. *Respondere perpendiculum ad normam. Plin.* Estar á plomo, estar á nivel. *Ad nomina. Liv.* Comparecer en la revista, venir, acudir á la revista. *Ad diem. Cic.* Comparecer en el dia señalado. ‖ Pagar en el dia prefijado.

† Responsālis, is. m. Procurador, aquel que habla por otro, el que tiene una procura. V. Apocrisiarius.

Responsio, ōnis. f. *Cic.* Respuesta, réplica. ‖ Satisfaccion á la pregunta. ‖ Sujecion, figura.

Responsito, as, avi, atum, are. *Cic.* Responder muchas veces.

Responsive, adv. Asc. Ped. En forma de respuesta, por modo de respuesta.

Responso, as, avi, atum, are. n. *Plaut.* Responder. ‖ *Hor.* Contradecir, oponerse, resistir. *Responsare superbæ fortunæ. Hor.* Probar, resistir los reveses de la fortuna. *Palato. Hor.* Ser desagradable al paladar, al gusto.

Responsor, ōris. m. *Plaut.* El que responde. ‖ *Hor.* Jurisconsulto, que responde á las consultas de derecho.

† Responsoriāle, is. n. Libro de respuestas.

† Responsorius, a, um. El que responde.

Responsum, i. n. *Cic.* Respuesta, satisfaccion á la pregunta. *Responsa deorum. Virg.* Oráculos. *Jurisconsultorum. Cic.* Respuestas de los jurisconsultos.

Responsus, us. m. *Vitruv.* Conveniencia, proporcion, respecto, simetría, congruencia.

Respublica, Reipublicæ. f. *Cic.* La república. El gobierno, el estado en que se comprende el reino ó monarquía en que uno solo manda, la oligarquía, en que pocos, aristocracia, en que los nobles, democracia, en que todo el pueblo, como la república romana despues de echados los reyes hasta C. Julio Cesar. *Ad rempublicam accedere. Cic.* Entrar en el manejo de los negocios de la república, en los cargos, en los empleos públicos.

Respuens, tis. com. *Gel.* El que desecha con desprecio.

Respuo, is, pui, pūtum, puēre. a. *Liv.* Escupir, echar de sí escupiendo. ‖ Desechar con desden, arrojar con desprecio, rehusar desdeñando, menospreciar, desdeñar, no hacer ningun caso de. *Respuere securim. Plin.* Rechazar el golpe del hacha, no resentirse del hierro.

Restagnans, tis. com. *Ov.* Lo que se desenfrena ó desmanda, que sale de madre, que inunda.

Restagnātio, ōnis. f. *Plin.* Inundacion, rebosadura de las aguas.

Restagno, as, avi, atum are. n. *Col.* Inundar, salir de madre las aguas, formar estanques en los campos. *Is locus late restagnat. Cæs.* Este lugar se inunda, forma lagunas por largo trecho.

Restandus, a, um. *Lucr.* Lo que debe quedar, permanecer, restar.

Restans, antis. com. *Virg.* Lo que queda, que permanece, demora, restante. ‖ *Sil. Ital.* Lo que resiste.

Restaurātio, ōnis. f. *Ulp.* Restablecimiento.

Restaurātor, ōris. m. *Just.* Restaurador, el que restablece ó restaura.

Restaurātus, a, um. *Ulp.* part. de

Restauro, as, avi, atum, are. a. *Tac.* Restaurar, restablecer, reedificar, reponer sobre su pié.

Restiarius, ii. m. *Fest.* Soguero, el que vende y hace cuerdas y sogas. V. Restio.

Restibīlio, is, ivi, atum, ire. n. *Pacuv.* Establecer de nuevo, restituir, restaurar, instaurar.

Restibīlis. m. f. id. *Col.* Lo que produce ó fructifica todos los años.

Restīcūla, æ. f. *Varr.* V. Resticulus, as.

† Resticulārius. Educador.

Restīs, is. *Ulp.* Hilo, bramante, cordelito muy delgado hecho de cáñamo.

Restillo, as, avi, atum, are. n. *Prud.* Volver á destilar, volver á caer gota á gota.

Restinctio, ōnis. f. *Cic.* Estincion, apagamiento.

Restinctus, a, um. *Cic.* Apagado. part. de

Restinguo, is, nxi, nctum, guēre. a. *Cic.* Estinguir. ‖ Sofocar, estancar, apagar, calmar, apaciguar, detener, contener.

Restio, ōnis. m. *Suet.* Soguero, el que hace ó vende sogas. ‖ *Plaut.* Colgado, ahorcado.

† Restio, is, ivi, itum, ire. *Col.* Estar en estado de sus sembrados todos los años, producir, fructificar perenemente todos los años, continuamente.

Restipo, as, are. a. *Tac.* Volver á poner espeso, condensar, espesar de nuevo. ‖ Endurecer de nuevo.

Restipulātio, ōnis. f. *Cic.* Estipulacion recíproca.

Restipūlor, aris, atus sum, ari. dep. *Cic.* Estipular recíprocamente.

Restis, is. f. *Ter.* La cuerda, soga, cable ó maroma. *Restis alligere. Plin.* Ristra de ajos. *Restim in saltatione ducere ó ductare. Ter.* Ir bailando enlazados unos con otros por las manos.

Restitātor, ōris. m. *Bud.* El que se detiene, el que se entretiene, el que se recrea en el camino.

Restiti. pret. de Resto.

Restito, as, avi, atum, are. n. *Tert.* Detenerse, pararse, entretenerse, recrearse, divertirse en el camino.

Restitrix, īcis. f. *Plaut.* La que se detiene.

Restituem. en lugar de Restituam.

Restituendus, a, um. *Ov.* Lo que se ha de volver, lo que se ha de restituir.

Restituo, is, tui, tūtum, tuēre. a. *Cic.* Restituir, volver. ‖ Reponer, restablecer, rehacer. ‖ Perdonar. *Restituere aliquem. Cic.* Perdonar á alguno. *Aciem. Liv.* Volver á reunir el ejército.

Restitūtio, ōnis. f. *Cic.* Restablecimiento. ‖ Rehabilitacion, reparacion. ‖ Restitucion.

Restitūtor, ōris. m. *Cic.* El que restablece, el que pone en su primer estado.

Restitutorie. adv. *Ulp.* Con restitucion.

Restitutorius, a, um. *Ulp.* Lo que sirve para restablecer, lo que toca al restablecimiento ó restitucion.

Restitutrix, īcis. f. *Apul.* La que vuelve, la que restituye, la que restablece.

Restitūtus, a, um. part. de Restituo.

Restīvi. pret. de Restio.

Resto, as, stiti, stitum, stare. n. *Cic.* Quedar, restar. Estar de mas, de sobra. ‖ Detenerse, permanecer, quedar, demorar, morar. ‖ Resistir. *Restare audacibus. Cic.* Resistir á los audaces. *Restat, impers. Cic.* Resta, falta.

Restricte. adv. *Cic.* Estricta, rigurosamente, con rigor, con la última exactitud.

Restrictim. adv. *Afran.* V. Restricte.

Restrictio, ōnis. f. *S. Ag.* Restriccion, precision, limitacion, rigurosidad, coartacion.

Restrictus, a, um. *Tac.* Muy exacto, rígido, severo, riguroso. ‖ Cerrado, apretado, estrecho, avaro. part. de

Restringo, is, nxi, trictum, gēre. a. *Plin.* Ligar, atar estrechamente. ‖ *Plin.* Restringir, coartar, reprimir, contener. ‖ *Ov.* Aflojar, no retener, desligar, desatar. *Restringere nauseam. Plin.* Detener el vómito ó las ganas de vomitar. *Dentes. Plin.* Crugir los dientes.

Restructus, a, um. *Tert.* Construido de nuevo, restituido otra vez. part. de

Restruo, is, xi, ctum, ēre. a. *Tert.* Volver á construir, á edificar.

Resūdo, as, avi, atum, are. a. *Curc.* Trasudar. ‖ Sudar, resudar.

† Resulco, as, avi, atum, are. a. *Prud.* Volver á hacer surcos, surcar otra vez.

Resulto, as, avi, atum, are. *Virg.* Resurtir, saltar hácia atrás, rebotar, reflectar. ‖ Resonar, retumbar.

Resūmo, is, psi, mptum, ere. a. *Ov.* Volver á tomar. *Resumere gemitus. Stat.* Volver á comenzar sus gemidos.

Rĕsumtio, ōnis. *f. Cel. Aur.* Recreacion, alivio de un enfermo.

Rĕsumtivus, a, um. *Cel. Aur.* Lo que pertenece á recrear ó á refocilar; á aliviar á un enfermo.

Rĕsumtōrius, a, um. *Col. V.* Resumtivus.

Rĕsumtus, a, um. *Tac. part. de* Resumo.

Rĕsuo, is, ĕre. *a. Suet.* Descoser.

Rĕsŭpinātus, a, um. *Juv. part. de*

Rĕsŭpino, as, āvi, ātum, āre. *a. Liv.* Echar, tender panza ó boca arriba. ‖ *Prop.* Derribar, destruir.

Rĕsŭpinus, a, um. *Ov.* Echado boca ó panza arriba. ‖ *Quint.* Blando, afeminado. ‖ *Ov.* Soberbio, orgulloso.

Rĕsurgo, is, rexi, rectum, gĕre. *n. Tac.* Volverse á levantar, restablecerse, ponerse otra vez en pie, volver á su primer estado. ‖ *Lact.* Resucitar.

Rĕsurrectio, ōnis. *f. Tert.* La resurreccion.

Rĕsurrexi. *pret. de* Resurgo.

Rĕsuscitātio, ōnis. *f. Tert.* Resucitacion, resurreccion, la accion de volver á la vida.

Rĕsuscitātor, ōris. *m. Tert.* Resucitador.

Rĕsuscĭto, as, āvi, ātum, āre. *a. Ov.* Volver á despertar, escitar de nuevo. ‖ *Tert.* Resucitar, volver á la vida. *Resuscitare iram. Ov.* Volver á encender la cólera.

Rĕsūtus, a, um. *Suet. part. de* Resuo. Descosido.

Rētae, ārum. *plur. f. Gel.* Árboles en las márgenes de los rios, que impiden la navegacion. ‖ Espesura de arbustos, de juncos que producen el mismo efecto.

Rĕtalio, as, āre. *a. Gel.* Recompensar con igual derecho, obrar con la ley del talion.

Rĕtanda flumina locare. *Gel.* Tomar por arriendo el limpiar los rios de las ramas ó arbustos que estorban la navegacion.

Rĕtardatio, ōnis. *f. Cic.* La retardacion, tardanza, detencion.

Rĕtardātus, a, um. *Cic.* Retardado, detenido. *part. de*

Rĕtardo, as, āvi, ātum, āre. *a. Cic.* Retardar, detener, causar tardanza ó detencion.

Rĕtaxo, as, āre. *a. Suet.* Reprender, criticar.

Rēte, is. *m. Cic.* La red de pesca y caza; el lazo. ‖ Engaño, falacia, astucia.

Rĕtectus, a, um. *part. de* Retego. *Virg.* Descubierto.

Rĕtĕgens, tis. *com. Ov.* El que descubre.

Rĕtĕgo, is, texi, tectum, gĕre. *a. Hor.* Descubrir, desenvolver, quitar el velo, poner en claro. *Retegere vultum. Luc.* Quitar la máscara, descubrir el rostro.

Rĕtejacŭlum, i. *n. Plaut.* La red de pescar.

Retelium, ii. *n.* Retel, *ciudad de Champaña, capital del Retelois.*

Rĕtendo, is, di, sum, dĕre. *a. Ov.* Aflojar lo que estaba tirante.

Rĕtensus, a, um. *Fedr.* Aflojado, flojo.

Rĕtentātor, ōris. *m. Casiod.* Retenedor.

Rĕtentātrix, icis. *f. Macrob.* Retenedora.

Rĕtentātus, a, um. *Ov.* Retentado. *part. de* Retento.

Rĕtentio, ōnis. *f. Cic.* Retencion, cohibicion.

Rĕtento, as, āvi, ātum, āre. *a. Ov.* Retener, detener. ‖ Ensayar de nuevo, tentar otra vez, tantear, procurar aun. *Retentare coelum à terris. Lucr.* Impedir que el cielo y la tierra no se mezclen, no se confundan. *Tempora male exacta. Sen.* Volver á llamar el tiempo que se ha empleado mal, volverse á acordar de él.

Rĕtentor, ōris. *m. Apul.* Retenedor, el que retiene.

Rĕtentus, a, um. *Cic. part. de* Retineo, *y de* Retendo.

Rĕtentus, us. *m. Claud.* La accion de retener, retencion. ‖ Tenacidad.

Rĕtergeo, es, rsi, tersum, gĕre. *a. Amian.* Limpiar, estregar, restregar, frotar, volver á frotar.

Rĕtĕro, is, ĕre. *a. Col.* Volver á limpiar.

Rĕtexi. *pret. de* Retego.

Rĕtexo, is, xui, textum, xĕre. *a. Cic.* Destejer, deshacer una tela. ‖ Volver á empezar, reiterar, renovar. ‖ Volver á tejer. ‖ Destruir. *Retexere telam Penelopes. Cic.* Hacer y deshacer, arruinar, destruir su obra. *Fata. Ov.* Volver al mundo, resucitar. *Quaeque scriptorum. Hor.* Corregir lo que se ha hecho. *Novas. Stac.* Revisar,

los rayos del sol. ‖ Reviejo, astuto, redomado.

Rĕtorsi. *pret. de* Retorqueo.

Rĕtortus, a, um. *Hor. part. de* Retorqueo. Retorcido.

Rĕtostus, a, um. *Plin.* Retostado.

Rĕtractans, tis. *com. Col.* El que vuelve á tocar.

Rĕtractātio, ōnis. *f. Cic.* Retractacion, la accion de desdecirse. ‖ La accion de retocar, de rever una obra.

Rĕtractātor, ōris. *m. Tert.* El que rehusa hacer algo.

Rĕtractātus, a, um. *Quint. part. de* Retracto. *Retractatius opus. Cic.* Obra mas castigada, revista con mas exactitud.

Rĕtractio, ōnis. *f. Vitruv.* El espacio de un escalon á otro. ‖ Retraccion, la accion de retraer.

Rĕtracto, is, āvi, ātum, āre. *a. Col.* Volver á tocar. *Virg.* Retractar, revocar. *Cic.* Rever, corregir, retocar. *Retractare pedamenta. Col.* Reparar los rodrigones. — *Opus. Cic.* Retocar una obra. — *Adolescentiam. Sen.* Llamar la memoria de su juventud. — *Librum. Sen.* Releer un libro. — *Largitiones. Plin.* Cortar sus liberalidades. — *Vulnus. Ov.* Volver á abrir una llaga. — *Desueta verba. Ov.* Emplear palabras fuera de uso, desusadas.

Rĕtractus, a, um. *Col. part. de* Retraho. Retraido, retirado. *Retractus ex fuga. Sal.* Pillado, caido en la huida, cuando huia, huyendo.

Rĕtractus, us. *m. Tert.* La accion de retraer, retraccion.

Retrādo, is, dĭdi, dĭtum, dĕre. *a. Dig.* Restituir, volver á dar, á entregar.

Rĕtrăho, is, xi, ctum, hĕre. *a. Cic.* Retraer, retirar, tirar hácia atras. ‖ Volver á traer, hacer volver, hacer tornar. ‖ *Ter.* Desviar, alejar, apartar. *Retrahere à studio. Ter.* Desviar, apartar del estudio. — *Se ab ictu. Ov.* Evitar el golpe, librarse de él. — *Aliquid ad sperm. Tac.* Sacar de alguna cosa alguna luz de esperanza, algun fundamento de esperar. — *Ad se argentum. Ter.* Pillar, coger dinero. — *Se. Cels.* Retirarse. — *Aliquem. Cæs.* Traer á alguno que huye. — *Ab interitu. Nep.* Libertar de la muerte, de la destruccion. — *In conditionem proborum ministrorum. Traj. à Plin.* Restituir á la condicion de buenos ministros.

Rĕtransĭtio, ōnis. *f. Prisc.* Transicion repetida.

Rĕtrectans, tis. *com. Col.* Renitente, reacio, terco.

Rĕtrecto, as, āvi, ātum, āre. *V.* Retracto.

Rĕtrĭbuo, is, bŭi, bŭtre. *a. Cic.* Retribuir, recompensar, dar la recompensa.

Rĕtrĭbūtio, ōnis. *f. Bibl.* Retribucion, recompensa.

Retrĭbūtor, ōris. *m. Tert.* El que retribuye, el que recompensa.

Rĕtrĭbūtus, a, um. *part. de* Retribuo.

† Retrices, um. *f. plur. Tert.* Canales fuera de la ciudad, de donde se sacaba el agua para regar los prados y los jardines.

Retrīmentum, i. *n. Varr.* La hez. ‖ *Cels.* Escoria, escremento.

Retrītūro, as, āvi, ātum, āre. *a. S. Ag.* Triturar, machacar mucho ó de nuevo.

Retrītus, a, um. *Cat. part. de* Retero.

Retro. *adv. Ter.* Por detras, detras, atras, hácia atras, al reves. *Retro ambulare. Plin.* Andar hácia atras. — *Fluere. Plin.* Remontar contra su curso. — *Commeare. Cic.* Volver pies atras. — *Vocare aliquem. Virg.* Hacer volver á alguno, volverle á llamar. — *Agere ordinem. Quint.* Comenzar al reves.

Retroactus, a, um. *Quint. part. de*

Retroāgo, is, ēgi, actum, gĕre. *a. Plin.* Echar atras, hacer recular.

Rĕtrōcēdens, tis. *com. Liv.* El que retrocede, el que camina hácia atras, que recula.

Rĕtrōcēdo, is, cessi, cessum, dĕre. *a. Liv.* Retroceder, caminar hácia atras, volver atras, retirarse.

Rĕtrōcessio, ōnis. *f. Boet.* y

Rĕtrōcessus, us. *m. Apul.* La accion de retroceder, la retrocesion, retroceso.

Rĕtrōcĭtus, a, um. *Lucr.* Hecho ir y volver.

Retrōdūco, is, xi, ctum, ĕre. *a. Marc.* Hacer retroceder, concluir, llevar hácia atras.

Retroēgi. *pret. de* Retroago.

Retroĕo, is, ĭvi, ĭtum, īre. *n. Plin.* Ir, andar hácia atras, retroceder, recular.

Retrōfĕro, fers, tŭli, lātum, ferre. *a. Sen.* Llevar hácia atras.

Retrōflecto, is, xi, xum, ĕre. *a. Petron.* Doblar, torcer hácia atras.

Retrōflexus, a, um. *Apul. part. de* Retroflecto.

Retrōgrădior, dĕris, gressus sum, grădi. *dep. Plin.* Ir, andar hácia atras, retrogradar, moverse los planetas contra el órden de los signos.

Retrōgrădātio, ōnis. *f. Marc.* Retrogradacion, el acto de retrogradar un planeta.

† Retrōgrădis. *m. f.*, dĕ. *n. is. Apul. V.* Retrogradus.

Retrōgrădo, ās, āre. *n. Marc. V.* Retrogradior.

Retrōgrădus, a, um. *Plin.* Retrogado. *Dícese de los planetas cuando parece que se mueven contra el órden de los signos.* ‖ Lo que retrocede.

Retrōgrĕdior, ĕris, gressus sum, grĕdi. *dep. Plin. V.* Retrogradior.

Retrogressus, us. *m. Macrob. V.* Retrocessus.

Retroīvi. *pret. de* Retroeo.

Retrōlĕgo, is, ĕre. *a. Quint.* Costear, navegar.

Retrōpendŭlus, a, um. *Apul.* Lo que cuelga por detras.

Retrorior. *m. f. ius. comp. Tert.* Lo que está mas atras, que está mas apartado hácia atras. ‖ Mas antiguo.

Rĕtrōrsum. *adv. Cic.* y

Retrorsus. *adv. Plin.* Hácia atras, al reves, al contrario, á contrapelo, á repelo. ‖ Detras, por detras.

Retrorsus, a, um. *Plin.* Retirado, vuelto hácia atras.

Retroaspĭciens, tis. *comp. Vitruv.* El que mira hácia atras, el que vuelve la vista hácia atras.

Retrōtŭli. *pret. de* Retrofero.

Retrŭvĕho, is, ĕre. *a. Sen.* Conducir, llevar hácia atras, retrocediendo, volviendo hácia atras.

Retrōversim. *adv.* y

Retrōversum. *adv.* y

Retrōversus. *adv. Petron.* Hácia atras.

Retrōversus, a, um. *Ov.* Vuelto hácia atras.

Retrūdo, is, si, sum, dĕre. *a. Plaut.* Rechazar, arrojar hácia atras. ‖ Retirar, esconder, ocultar.

Rĕtrūsus, a, um. *Cic. part. de* Retrudo. Escondido, ocultado, retirado de lo publico á algun lugar secreto.

Rĕtŭdi. *pret. de* Retundo.

Rĕtŭli. *pret. de* Refero.

Rĕtundo, is, tūdi, tūsum, y tunsum, dĕre. *a. Cic.* Embotar, despuntar los filos ó puntas de las armas y otros instrumentos. ‖ Detener, reprimir, disipar. *Retundere linguam, et sermones quorundam. Liv.* Hacer callar á ciertas gentes, reprimirles la libertad de la lengua, poner freno á sus conversaciones.

† Rĕtŭnsus, a, um. *Plaut. V.* Retusus.

Rĕtūro, is, āvi, ātum, āre. *a. Varr.* Abrir. *Returare aures. Varr.* Hacer abrir los oidos.

Rĕtūsio, ōnis. *f. Cels.* Embotamiento, la accion de embotar, de engrosar.

Rĕtūsus, a, um. *Col. part. de* Retundo. *Retusum ingenium.* Ingenio cerrado, tapado, embotado.

Reunctor, ōris. *m. Plin.* Cirujano, barbero ó mancebo que da las unturas, y aplica los remedios tópicos.

Reungo, is, nxi, nctum, ĕre. *a. Cels.* Volver á untar, dar nueva untura ó friccion.

Reus, i. *m. Cic.* Reo, demandado en juicio, acusado. ‖ Culpado, delincuente. ‖ *Ulp.* Fiador. *Reus voti. Virg.* Empeñado por un voto, obligado á cumplirle. — *Ambitus. Cic.* Acusado de haber comprado los votos en las elecciones. — *Satis dandi.* — *Satisfaciendi. Ulp.* El que ha salido por fiador y está obligado á pagar. — *Satis accipiendi. Ulp.* El que ha tomado caucion. *Reum agere.* — *Arguere.* — *Deferre.* — *Facere. Cic.* — *Postulare. Plin. men.* Acusar, llamar á juicio á alguno.

Rĕvălĕo, ēs, lui, lēre. *n. Gel.* y

Rĕvălesco, is, lui, cĕre. *n. Ov.* Recobrar la salud, hallarse mejor en sus males, en su enfermedad, restablecerse, repararse, convalecer.

Rĕvănesco, is, nŭi, cĕre. *n. Ov.* Desvanecerse, desaparecer.

Rĕvestus, a, um. *Liv. part. de*

Rĕvĕho, is, vexi, vectum, hĕre. a. Liv. Volver á traer, á llevar en nave, carro ó caballería.

Rĕvĕlātio, ōnis. f. Arnob. Descubrimiento, la accion de descubrir. ‖ Manifestacion de un secreto, de un arcáno. ‖ Bibl. Revelacion, la manifestacion divina.

Revelātor, ōris. m. Ter. Revelador ó descubridor, manifestador.

Rĕvĕlātōrius, a, um. Ter. Lo que pertenece á revelar, á manifestar, á descubrir, á la revelacion.

Rĕvĕlātus, a, um. Ov. part. de Revelo. Descubierto. ‖ Eccles. Revelado.

Rĕvēlo, as, avi, atum, are. a. Ov. Descubrir, quitar el velo, manifestar. ‖ Revelar, manifestar Dios lo oculto ó venidero.

Rĕvello, is, velli, ó vulsi, vulsum, lĕre. a. Cic. Arrancar ó quitar á fuerza ó con esfuerzo. Revellere ex omni memoria. Cic. Hacer perder enteramente el recuerdo, borrar del todo de la memoria.

Rĕvendo, is, dīdi, dĭtum, dĕre. a. Ulp. Revender.

Rĕvĕnio, is, vēni, ventum, nīre. n. Cic. Volver, venir otra vez, tornar, retornar, regresar.

Rĕventus, us. m. Suet. Vuelta, regreso, retorno, torno.

Rĕvēra. adv. Cic. Á la verdad, en verdad, verdaderamente, en efecto, con efecto, efectivamente.

Rĕverbĕro, as, avi, atum, are. a. Seh. Repercutir, Reverberar, reflectar.

Rĕvĕrēcundĭter. adv. En. Reverentemente, con reverencia, con veneracion.

Rĕvĕrēndus, a, um. Ov. Reverendo, venerable, digno de respeto y veneracion.

Rĕvĕrens, tis, tior, tissĭmus. com. Auson. El que tiene respeto, el que tiene veneracion, el que reverencia, reverente. ‖ Cic. El que teme.

Rĕvĕrenter, tius, tissime. adv. Plin. Respetuosamente, con reverencia, con veneracion.

Rĕvĕrentia, ae. f. Cic. Respeto, reverencia, veneracion. ‖ Ov. Temor respetuoso. Reverentia vero absit. Ov. No haya miedo en decir la verdad, conviene se diga la verdad sin miedo. ‖ Famae. Ov. Mires, atenciones que se tienen por la reputacion, el miedo de perder su honor, su estimacion.

Rĕvĕreor, ēris, vĕritus sum, rēri. dep. Cic. Temer, tener temor. ‖ Reverenciar, tener respeto, veneracion.

Rĕvergo, is, ĕre. a. Claud. Mamert. Recaer en, sobre.

Rĕvĕritus, a, um. part. de Revereor.

Rĕverro, is, ri, sum, rĕre. a. Plaut. Volver á barrer, barrer de nuevo.

Rĕversio, ōnis. f. Cic. Retorno, vuelta, regreso.

Rĕversor, āris, āri. dep. Veg. Volver, tornar, retornar, poner lo de delante detras, ó lo de dentro fuera.

Rĕversūrus, a, um. Ov. El que ha de volver ó tornar.

† Rĕvertĭcŭlum, i. n. Apul. Revolucion.

Rĕverto, is, ti, sum, tĕre. a. Ces. y

Rĕvertor, ĕris, sus sum, ti. dep. Cic. Volver, tornar, retornar, regresar. Revertere adversa. Cic. Repasar sus adversidades, volver á sus infortunios. — In gratiam. Liv. Reconciliarse.

Rĕvestio, is, ire. a. Ter. Revestir, vestir otra vez.

Rĕvestītus, a, um. Ter. Revestido. part. de Revestio.

Rĕvexi. pret. de Reveho.

Rĕvibrātio, ōnis. f. Hig. El reverbero, reverberacion, repercusion de luz.

Rĕvibrātus, us. m. Marc. V. Revibratio.

Rĕvibro, as, avi, atum, are. a. Macr. Reverberar, repercutir, reflectar.

Rĕvictio, ōnis. f. Apul. Comprobacion, refutacion.

Rĕvictus, a, um. part. de Revinco.

Rĕvīdeo, ēs, di, sum, dēre. a. Plaut. Rever, volver á ver, revisar.

Rĕvĭgeo, ēs, ēre. y

Rĕvĭgesco, is, ĕre. n. Col. Volver á tomar vigor.

Rĕvilesco, is, ĕre. n. Col. Volverse vil, envilecerse.

Rĕvincĭbĭlis. m. f. lĕ. n. is. Tert. Lo que se puede convencer.

Rĕvinciens, tis. com. Cat. Lo que ata ó liga fuertemente.

Rĕvincio, is, inxi, inctum, cire. a. Ces. Atar, ligar fuertemente. ‖ Col. Desatar.

Rĕvinco, is, vici, victum, cĕre. a. Cic. Vencer con pruebas manifiestas, convencer.

Rĕvinctus, a, um. Virg. part. de Revincio. Atado, ligado, amarrado fuertemente.

† Rĕvīrens, tis. com. y

Rĕvīrescens, tis. com. Sil. Ital. Lo que reverdece, que rejuvenece. ‖ Que revive, renace, se renueva. ‖ Que se alegra, cobra ánimo y esperanza.

Rĕvīresco, is, rui, cĕre. n. Col. Reverdecer, volver á su antiguo verdor. ‖ Revivir, renacer, renovarse. ‖ Ov. Rejuvenecer.

Rĕviscĕrātio, ōnis. f. Tert. Reparacion, restauracion de las partes interiores enfermas.

Rĕvisio, ōnis. f. Mamert. Revision, repaso, el acto de volver á ver una cosa.

Rĕvisĭto, as, avi, atum, are. a. frec. de Reviso. Plin. Volver á visitar, á ver.

Rĕviso, is, si, sum, sĕre. a. Cic. Visitar, volver á ver.

† Rĕvīvĭfĭcātus, a, um. Tert. Resucitado, revivificado, vuelto, tornado á la vida.

Rĕvīviscens, tis. com. Cic. Lo que revive ó resucita.

Rĕvīvisco, is, vixi, cĕre. n. Cic. Resucitar, renacer, volver á la vida. ‖ Renovarse. ‖ Tomar nuevos alientos, nuevo ánimo, nuevas esperanzas. Reviviscere á metu. Cic. Volver, cobrarse del miedo.

Rĕvīvo, is, ĕre. n. V. Revivisco.

Rĕvŏcābĭlis. m. f. lĕ. n. is. Ov. Revocable; lo que se puede revocar ó mudar en contrario. ‖ Reparable, lo que se puede enmendar.

Rĕvŏcāmen, ĭnis. n. Ov. y

Rĕvŏcātio, ōnis. f. Cic. La accion de volver á llamar. ‖ La vuelta ó retorno.

Rĕvŏcātor, ōris. m. Quint. El que vuelve á llamar. Magus revocator animarum. Quint. Mago resucitador de las almas.

Rĕvŏcātōrius, a, um. Prisc. Propio para volver á llamar. Revocatoria epistola. Cod. Theod. Carta ó oficio en que se manda venir, ó se envia á llamar á uno.

Rĕvŏcātus, a, um. Cic. Vuelto á llamar. Revocato à sanguine Teucri. Virg. De la sangre de Teucro renovada, restaurada. part. de

Rĕvŏco, as, avi, atum, are. a. Cic. Retraer, llamar hácia atras, hacer volver al que se vá. ‖ Volver á llamar, mandar venir. ‖ Restablecer, restituir, renovar, restaurar. ‖ Retirar, apartar, retraer, distraer, abstraer. Revocare aliquem ab incepto. Cic. Retraer á alguno de la empresa, de lo empezado. — Studia intermissa, ó se ad studia. Cic. Volver á emprender los estudios interrumpidos, volverse ó volver á entregarse á los estudios. — Se. Cic. Desdecirse, retractarse. — Gradum ó pedem. Virg. Retirarse, volver hácia atras. — In memoriam aliquid. Cic. Volver á hacer memoria ó mencion de alguna cosa.

Rĕvŏlo, as, avi, atum, are. n. Cic. Volver hácia atras, ó volver volando.

Rĕvŏlūbĭlis. m. f. lĕ. n. is. Ov. Lo que se puede revolver ó volver á hacer rodar.

Rĕvŏlūtus, a, um. part. de Revolvo. Virg. Vuelto hácia atras. ‖ Caido ó arrojado rodando. Revoluta saecula. Ov. Los pasados siglos. — Pensa. Labor, hilaza descogida, desarrollada.

Rĕvolvo, is, vi, vŏlūtum, vĕre. a. Cic. Revolver, volver otra vez ó hácia atras. ‖ Virg. Volver á contar, volver á hacer relacion. Revolvere libros. Liv. Revolver, leer libros. — Her. Volver á hacer. Curas. Sen. Revolver, repasar los cuidados. — Iter. Virg. Volver á andar el camino. — Casus suos. Virg. Repetir, volver á contar sus desgracias. Revolvi eodem. Cic. Volver al mismo punto. — Irritum. Tac. Volverse en, ó reducirse á nada.

Rĕvŏmens, tis. com. Virg. El que vuelve la comida ó bebida, el que vomita.

Rĕvŏmo, is, mui, mĭtum, mĕre. a. Plin. Volver la comida ó bebida, vomitar.

Revortitur en lugar de Revertitur.

Rĕvorto, ās, āre. y

Rĕvortor, ĕris, āri. Plaut. en lugar de Reverto.

Revulsi. *pret. de* Revello.

Revulsio, ōnis. *f. Plin.* El arranque, la accion de arrancar.

Revulsus, a, um. *part. de* Revello. Arrancado.

Rex, ēgis. *m. Cic.* Rey, monarca, soberano. ‖ Gobernador. ‖ *Hor.* Grande, señor, rico, poderoso. *Rex pueritiae. Hor.* El ayo de un niño.— *Convivii. Cic.* Presidente del convite.— *Sacrorum. Cic.* Supremo sacerdote ó sacrificador.— *Carthaginis, Lacedaemoniorum. Corn. Nep.* Supremos magistrados de Cartago, de Lacedemonia.— *Ferarum. Fedr.* El leon.— *Gregis. Virg.* El toro. ‖ El macho cabrio.

Rexi. *pret. de* Rego.

Rezana, ae. *f.* Rezan, gran ciudad de Moscovia.

Rezōno, ās, āre. *n. Nen.* Desceñirse, quitarse el ceñidor ó faja.

## R H

Rha, ae. *m. Cel.* El Volga, rio de la Sarmacia europea.

† Rhabarbarum, i. *n.* El ruibarbo, raiz medicinal.

† Rhabbenus, i. *m.* y

† Rhabbi. *m. indecl.* Doctor, maestro.

† Rhabdomantia, ae. *f.* Divinacion por medio de un ramo de avellano, álamo ó manzano con que algunos creen descubrir las minas, fuentes &c.

* Rhabdos, i. *f. Apul.* La vara, uno de los meteoros. ‖ Nube colorada á lo largo de la vara.

Rhabduchus, i. *m. V.* Lictor.

† Rhaca. *m. indecl.* Loco, demente, insensato.

Rhacinus, i. *m. Ov.* Un pez del mar desconocido.

† Rhacōma, tis. *n.* Vestido hecho de diversos pedazos ó remiendos cosidos, capa pobre.

Rhacōma, ātis. *n. Plin.* El ruibarbo, raiz medicinal purgante.

Rhadagisus, i. *m.* Nombre de un hombre.

Rhadamanthus, i. *m. Virg.* Radamanto, hijo de Júpiter y de Europa, hermano de Minos, legislador de Creta y rey de Licia, que por su justicia fue tenido por juez del infierno.

Rhadine, is. *f. Lucr.* Muger delgada, flaca, estenuada.

Rhaeti, ōrum. *m. plur. Liv.* Los pueblos de Recia, los grisones.

Rhaetia, ae. *f. Claud.* La Regia, region de la Europa, parte de la cual son los grisones y la comarca del Tirol.

Rhaeticus, a, um. *Plin.* Lo perteneciente á la Recia.

Rhagādes, dum. *f.* y

Rhagādia, ōrum. *n. plur. Plin.* Grietas que se hacen en las manos, en los pies, en los labios y en el ano.

† Rhages, um. *f. plur.* Las puntas de los dedos.

* Rhagion, ü. *n. Plin.* Especie de araña llamada asi del nombre griego *rhagion*, que significa el granito ó huesecillo de una uva.

† Rhagma, ātis. *n.* La rotura, abertura.

† Rhagoides, ip. *com.* Parecido á una uva gorda.

† Rhagois, idis. *f.* La túnica oval del ojo.

Rhamnes, ó Rhamnenses, ium. *m. plur.* y

Rhamnes, ium. *m. plur. Liv.* Dos de las seis decurias de caballeros romanos, llamados asi por Rómulo.

* Rhamnos, i. *f. Plin.* Especie de zarza blanca.

Rhamnus, untis. *f. Plin.* Pago de la Atica, insigne por el templo de Anfiarao y Némesis. ‖ Ciudad y puerto de Creta.

Rhamnūsia, ae. *f. Ov.* Venus, Ramnusia ó Nemesis, diosa de la venganza.

Rhamnūsii, ōrum. *m. plur. Ter.* Los habitantes ó naturales de Ramnus.

Rhamnūsis, idis. *f. Ov. V.* Rhamnusia.

Rhamnūsius, a, um. *Ter.* Lo perteneciente al pago de Ramnus.

Rhapeion, i. *n. Plin.* El rapóntico, yerba medicinal.

Rhaphanītis, idis. *f. Plin.* La yerba rafanitis.

Rhaphanus. *V.* Raphanus.

Rhapisma, ātis. *n. Dig.* Golpe dado con vara, báculo ó baston. ‖ Varazo, palo, bastonazo.

Rhapsōdia, ae. *f. Corn. Nep.* Libro, pedazo, cuaderno de un poema, rapsodia.

Rhatōmagus, i. *m.* Montevil, ciudad de Picardía.

Rhea, ae. *f. Ov.* Rea, Cibeles, muger de Saturno, madre de los dioses. ‖ *Virg.* Rea Silvia, hija de Numitor, madre de Rómulo y Remo.

Rhectae, ārum. *m. plur. Apul.* Los terremotos.

Rhēda, ae. *f. Ces.* Carro de carga, de guerra y de camino. ‖ Coche de camino.

Rhēdarius, ii. *m. Cic.* Cochero ó mayoral. ‖ *Capitol.* Carretero, maestro de coches.

Rhēdarius, a, um. *Varr.* Propio del carro ó coche.

Rhēdōnes, um. *m. plur. Ces.* Renes, capital de Bretaña. ‖ Sus moradores ó habitantes.

Rhegenses, ium. *m. plur.* y

Rhegienses, ium. *m. plur.* y

Rhegini, ōrum. *m. plur. Cic.* Los habitantes y naturales de Regio en Italia.

Rheginus, a, um. *Sil.* Propio de la ciudad de Regio.

Rhegium, ii. *n. Plin.* Regio, ciudad de Calabria en Italia. ‖ Otra en la Galia cisalpina. *Regium Julii.* Regio, la de Calabria.— *Lepidi.* Regio, la de la Galia cisalpina.

† Rhegma, tis. *n.* Fractura, raja, hendedura. ‖ Ciudad de Cilicia. ‖ Baía junto al golfo pérsico.

Rhēmenses, ium. *m. plur.* y

Rhēmi, ōrum. *m. plur. Ces.* Los remos, habitantes de la ciudad y territorio de Reims.

Rhēmi, ōrum. *m. plur. Ces.* Reims, ciudad arzobispal, de Champaña.

Rhenānus, a, um. *Marc.* Lo perteneciente al rio Rhin.

Rhēno, ōnis. *m. Ces.* Vestido de pequeñas pieles hasta la cintura, usado de los antiguos galos y germanos.

Rhēnus, i. *m. Ces.* El Rhin, famoso rio de Alemania. ‖ *Sil. Ital.* Riachuelo que baña los campos de Bolonia en Italia.

Rhēsus, i. *m. Virg.* Reso, rey de Tracia, que fue al socorro de Troya. Le mataron Diomedes y Ulises, y le quitaron sus caballos la misma noche que llegó; de los cuales habia respondido el oráculo de Delfos, que si llegaban á gustar los pastos de Troya, y á beber las aguas del Janto, Troya no seria tomada de los griegos.

Rhētor, ōris. *m. Cic.* Retórico, maestro, profesor de retórica ó de elocuencia, el que la enseña. ‖ *Cic.* Orador.

Rhētōrica, ōrum. *n. plur. Cic.* Las reglas y preceptos de la retórica.

Rhētōrica, ae. *f. Cic.* y

Rhēthōrice, es. *f. Quint.* La retórica, arte de la elocuencia.

Rhētōrice. *adv. Cic.* Retóricamente, segun las reglas y preceptos de la retórica, adornada, copiosa, elegantemente.

Rhētōrici, ōrum. *m. plur. Quint.* Libros de retórica.

† Rhētōrico, ās, āre. *n. Nen.* y

† Rhētōricor, āris, āri. *dep. Nen.* Hacer del retórico, hablar como los retóricos.

* Rhētōricotēros, a, um. *Cic.* Mas retórico, mas elocuente. *Comparativo*, formado á la griega.

Rhētōricus, a, um. *Cic.* Retórico, perteneciente á la retórica.

Rhētōriscus, i. *m. Gel. dim. de* Rhetor. Retoriquillo, el que hace del retórico ó se precia de tal.

† Rhētōrisso, ās, āre. *n. Nen.* Hacer del retórico, afectar la ciencia de la elocuencia.

Rhetra, ae. *f. Amian.* Oráculo, ley.

Rheubarbārum, i. *n.* El ruibarbo, raiz medicinal.

Rheuma, ātis. *n. S. Ger.* Reuma, fluxion.

Rheumāticus, a, um. *Plin.* Acatarrado, el que padece de reuma ó fluxion.

Rheumātismus, i. *m. Plin.* Reuma, fluxion.

Rhīna, ae. *f. Plin.* La lija, pez marino, de cuya piel, por ser muy áspera, usan en vez de lima algunos artistas para pulir sus obras.

Rhinion, ii. *n. Col.* Colirio para quitar los callos.

Rhinōcēros, ōtis. *m. Sol.* El rinoceronte, animal cuadrúpedo, de durísima piel, con un cuerno en la frente sobre la nariz. *Nasum Rhinocerotis habere. Marc.* Ser agudísimo en notar los vicios de los otros.

Rhinōcērōticus, a, um. *Sid.* Propio del rinoceronte.

## RHO

**Rhinocolūra, ae.** *f. Plin.* Ciudad de Egipto en los límites de Palestina. *Significa esta palabra nariz cortada, porque un rey de Persia mandó cortar las narices á todos sus habitantes.*

**Rhinthon, ó Rhynthon, ōnis.** *m. Cic.* Rinton, *poeta cómico tarentino, de cuyo nombre llama Donato á algunas fábulas rintónicas.* ‖ *Varr.* Hombre bajo, chocarrero, despreciable.

**Rhipaei, Riphaei, Rhipaei, et Ripei montes.** *m. plur. Plin.* Los montes rifeos de Escitia *siempre cubiertos de nieve.*

**Rhiphaeus, a, um.** *Virg.* Lo perteneciente á los montes rifeos, *como la nieve, la altura &c.*

**Rhium, ii.** *n.* Promontorio de Acaya ó de la isla de Córcega ó de Etolia.

* **Rhizias, ae.** *m. Plin.* El jugo de la raiz del laserpicio.

* **Rhizotomumēna.** *n. plur.* Voz griega que significa *lo que pertenece á los remedios compuestos de raices de yerbas picadas ó machacadas.*

* **Rhizotŏmus, i.** *m. Plin.* Especie de iris morena, *yerba.*

* **Rho.** *Cic.* Nombre de la letra *R* entre los griegos.

**Rhŏda, ae.** *f.* Roses, *ciudad de Francia y Rosas de España en Cataluña.*

**Rhodanĭcus, a, um.** *Plin.* Perteneciente al rio Ródano.

**Rhodanĭtis, idis.** *f. Sid.* Lo que toca ó pertenece al Ródano.

**Rhŏdānus, i.** *m. Ces.* El Ródano, *rio muy profundo y rápido de la Galia narbonense.*

**Rhodiācus, a, um.** *Plin.* Propio de la isla de Rodas.

**Rhŏdienses, ium.** *m. plur.* y
**Rhŏdii, ōrum.** *m. plur. Suet.* Los rodios, *naturales ó habitantes de Rodas.*

**Rhodīnus, a, um.** *Plin.* Lo que es de rosa ó de su color. *Unguentum rhodinum. Plin.* Ungüento rosado.

**Rhodītis, is.** *f. Plin.* Piedra preciosa de color de rosa, *de cuyo color tomó el nombre.*

**Rhŏdius, a, um.** *Cic.* Propio de ó tocante á Rodas.

* **Rhŏdŏdaphne, es.** *f. Plin.* Arbusto, *cuya flor es semejante á la de la rosa, y la hoja al laurel.*

* **Rhŏdŏdendros, i.** *m. Plin.* Arbusto, semejante al almendro en la hoja, y en la flor á la rosa.

**Rhŏdŏmēli, n.** *indec. Pal.* Miel rosada.

**Rŏdōpe, es.** *f. Hig.* Rodope, *ninfa del Océano.* ‖ Reina de Tracia. ‖ *Monte altísimo de Tracia.*

**Rhŏdŏpejus, a, um.** *Plin.* Lo perteneciente á Rodope, tracio. *Rodopejus vates. Ov.* Orfeo.

**Rhodōra, ae.** *f. Plin.* Nombre de una yerba.

**Rhŏdos, y Rhodus, i.** *f. Plin.* Rodas, *isla y ciudad famosa del Asia menor.*

**Rhoeas, ădis.** *f. Plin.* Tercera especie de adormidera llamada errática.

**Rhoetes, is.** *m.* Vino hecho del zumo de la granada.

**Rhoeteum, i.** *n. Plin.* Promontorio y ciudad de Troade.

**Rhŏeteus, a, um.** *Virg.* Perteneciente á la ciudad ó promontorio reteo. ‖ Troyano, frigio. ‖ *Sil. Ital.* Romano, *por ser los romanos descendientes de Troya.*

**Rhoeteus, i.** *m. Virg.* Reteo, *nombre propio de un rútulo.*

**Rhoetus, Rhoecus, y Rhetus, i.** *m. Hor.* Reto, *uno de los gigantes que hicieron guerra al cielo.* ‖ *Ov.* Uno de los centauros.

**Rhomboides, is.** *f. Front.* El romboides. *Se dice de la figura, que ni es equilátera ni rectángula, y solo tiene iguales los lados y ángulos opuestos.*

**Rhombus, i.** *m Marc. Cap.* El rombo, figura geométrica, cuadrada, que tiene los lados iguales, pero los ángulos oblicuos. ‖ *Ov.* Torno para hilar. ‖ *Marc.* El rodaballo, *pez marino.* ‖ *Prop.* Especie de rueda, de que usaban mucho los mágicos en sus encantamientos.

**Rhomphaea, ae.** *f. Liv.* Alfange, cimitarra muy grande para manejarla con las dos manos.

**Rhomphaealis.** *m. f.* lē. *n. is. Prud.* Lo que pertenece á una espada que se maneja con las dos manos.

**Rhonchisōnus, a, um.** *Sid.* Lo que suena ronco. ‖ Burlon, mofador.

**Rhonchisso, ās, āre.** *n. Plaut.* Roncar.

## RID

**Rhonchus, i. m.** *Marc.* El ronquido. ‖ *Marc.* La irrision, la mofa ó burla.

* **Rhomphălon, i.** *n. Apul.* La yerba ninfea, asi llamada porque su raiz se semeja á una clava ó maza.

**Rhosiācus, y**
**Rhosius, a, um.** *Plin.* Lo perteneciente á Roso, *ciudad de la Siria.*

**Rhosos, y Rhosus, i.** *f. Plin.* Roso, *ciudad de la Siria junto al monte Casio.*

**Rhotōmăgus, i.** *f.* Roan, *ciudad capital de Normandía.*

**Rhuselīnon, i.** *n. Apul.* El apio rústico, *yerba.*

**Rhutēni, ōrum.** *m. plur. Ces.* Rodez, *ciudad de Roverge en Francia.*

**Rhyparogrăphus, i.** *m. Plin. Sobrenombre del pintor Pirrico, que significa pintor de cosas sucias.*

**Rhypōdes, is.** *f. Cels.* Cierto emplasto.

**Rhythmĭcus, a, um.** *Cic.* Rítmico, lo perteneciente al ritmo ó metro, numeroso, cadencioso.

**Rhythmus, i.** *m. Quint.* La rima ó ritmo, número, metro, medida, armonía.

**Rhytium, ii.** *n. Marc.* Vaso en figura de cuerno.

## RI

† **Ribes, ium.** *f. plur.* La grosella, *fruta.*

† **Ribesium, i.** *n.* La mata ó arbusto que produce las grosellas.

**Rica, ae.** *f. Fest.* Velo con que se cubrian las sacerdotisas flamínicas para sacrificar. ‖ Especie de capa de muger de color de púrpura y con franjas.

**Ricinĭātus, a, um.** *Arnob.* Cubierto con la especie de capa llamada *rica, que usaban las mugeres romanas.*

**Ricinium, i.** *n. Varr.* Especie de capa que usaban las mugeres romanas.

**Ricĭnus, i.** *m. Varr.* La garrapata, *insecto conocido.*

**Ricinus, i.** *f. Plin.* El arbusto llamado *palmacristi.*

**Ricŏmăgus, i.** *f.* Rion, *ciudad de Auvernia.*

**Ricto, ās, āre.** *n. Esparc.* Bramar, aullar como los leopardos.

**Rictum, i.** *n. Lucr.* y

† **Rictūra, ae.** *f.* ó

**Rictus, us.** *m. Quint.* Abertura de boca. *Rictus ad aures dehiscens. Plin.* Boca hendida ó abierta hasta las orejas. *Rictus columbae. Plin.* El pico de la paloma. — *Diducere. Hor.* Reir con gran boca abierta.

**Rictŭla, ae.** *f. Non. dim. de Rica.* Velo de una doncella.

**Ridendus, a, um.** *Hor.* Digno de risa.

**Ridens, tis.** *com. Cic.* El que se rie.

**Rideo, ēs, si, sum, dēre.** *a. Cic.* Reir, reirse. *Ridere alicui. Virg.* Poner á uno buena cara. — *Aliquem. — Aliquid. Cic.* Reirse, burlarse de alguno, de alguna cosa. — *In stomacho. Cic.* Reir dentro de sí mismo, para consigo. — *Fletu misto. Estuc.* Reir y llorar á un tiempo. — *Dulce. Ov.* Sonreirse dulcemente. *Ridet argento domus. Hor.* La casa brilla con la plata, está rica, magníficamente adornada.

**Ridibundus, a, um.** *Plaut.* El que se rie mucho y á menudo.

**Ridĭca, ae.** *f. Varr.* Estaca, rodrigon, pértiga para sostener las vides.

**Ridicŭla, ae.** *f. Sen.* Pequeña estaca ó rodrigon.

**Ridicŭla, ōrum.** *n. plur. Cic.* Ridiculeces, cosas ridículas.

**Ridicŭlārius, a, um.** *Plaut.* Bufon, chistoso, gracioso, que mueve la risa de los que le oyen.

**Ridicŭle.** *adv. Cic.* Graciosa, ridículamente, con risa.

**Ridiculosissĭmus, a, um.** *Plaut.* Muy ridículo.

**Ridicŭlōsus, a, um.** *Arnob.* Ridiculoso, ridículo, que mueve á risa.

**Ridicŭlum, i.** *n. Cic.* Ridiculez, dicho ú hecho estravagante y gracioso. *Ridiculum jacere. Cic.* Decir un chiste, una gracia. *In ridiculo esse, haberi. Ter.* Pasar por chistoso, por gracioso. *Ridiculi causa. Plaut.* Por motivo de risa, por diversion, por gracia.

**Ridicŭlus, a, um.** *Cic.* Ridículo, risible, digno de ri-

2a. ‖ Gracioso, chistoso, bufon.

**Rido**, is, ĕre. ant. *Lucr.* en lugar de Rideo.

**Ridūna**, ae. *f. Oriñi,* isla de Francia en la costa de Normandía.

**Rienes**, num. *m. plur.* Los riñones. ‖ Los testículos.

† **Riga**, ae. *f.* Raya, línea recta, regla.

**Rĭgātio**, ōnis. *f. Col.* El riego, regadío ó regadura, la accion de regar.

**Rĭgātor**, ōris. *m. Col.* Regador, el que riega.

**Rĭgātus**, a, um. *part. de* Rigo. *Luc.* Regado, rociado, humedecido.

**Rĭgens**, tis. *com. Liv.* Hierto, helado de frio. ‖ *Ov.* Duro, inflexible, inmoble. *Rigens bruma. Luc.* Invierno muy crudo, muy frio. — *Unguis. Ov.* Uña dura, endurecida. — *Corpus. Quint.* Cuerpo tieso, derecho. *Rigentes oculi. Ov.* Ojos inmobles, fijos. — *Vestes auro. Virg.* Ropas, vestidos bordados de oro.

**Rĭgentessĭmus**, a, um. *Sol.* Muy hierto ó helado de frio.

**Rĭgeo**, ēs, gui, gēre. *n. Liv.* Estar hierto, duro, helado de frio. ‖ *Virg.* Endurecerse, atiesarse. ‖ Estar inmoble, inflexible. *Rigent horrore comae. Hor.* Los cabellos se erizan de horror.

**Rĭgesco**, is, ĕre. *n. Plin.* Empezar á endurecerse, á atiesarse. ‖ *Ov.* Endurecerse.

**Rĭgĭācum**, i. *n.* Arrás, *capital de Artois en Francia.*

**Rĭgĭde**. *adv. Vitruv.* Dura, sólidamente. ‖ *Ov.* Áspera, rigurosa, severamente. *Rigide pilam mittere. Sen.* Despedir la pelota derechamente.

**Rĭgĭdĭtas**, ātis. *f. Vitruv.* Rigidez, aspereza, dureza.

**Rĭgĭdo**, ās, āre. *n.* y

**Rĭgĭdor**, āris, āri. *dep. Sen.* Endurecerse, ponerse duro.

**Rĭgĭdus**, a, um. *Virg.* Hierto, helado de frio. ‖ *Virg.* Recto, derecho, tieso. ‖ *Virg.* Duro, firme, inflexible. ‖ *Cic.* Rígido, riguroso, severo, constante, tenaz en su propósito. ‖ *Marc.* Fiero, cruel, bárbaro.

**Rĭgo**, ās, āvi, ātum, āre. *a. Plin.* Regar, bañar, humedecer, rociar. *Venae rigant vitalem sanguinem. Plin.* Las venas difunden, estienden, esparcen por el cuerpo la sangre vital. *Rigare aquam. Liv.* Esparcir, difundir el agua por diversos canales.

**Rĭgor**, ōris. *m. Col.* Rigor, aspereza del frio. ‖ *Col.* Dureza, tiesura, inflexibilidad. ‖ Constancia, severidad, firmeza.

**Rĭgŏrātus**, a, um. *Plin.* Afirmado, corroborado, robustecido.

**Rĭgŏrōsus**, a, um. *Sen.* Rigoroso, rígido, severo.

**Rĭgui**. *pret. de* Rigeo.

**Rĭguum**, ui. *n. Virg.* y

**Rĭguus**, i. *m. Plin.* El agua que baña ó riega.

**Rĭguus**, a, um. *Virg.* Lo que riega ó baña con sus aguas. *Rigua plurimo lacte bos. Sol.* Vaca que da mucha leche.

**Rima**, ae. *f. Cic.* Rendija, resquicio, abertura, hendidura, raja. ‖ Efugio, escapatoria. *Rimas agere, ducere, facere. Cic.* Abrirse, henderse. — *Explere. Cic.* Llenar, tapar los vacíos. *Rimarum plenus. Ter.* Lleno de rendijas, como la vasija que se va por muchas partes. *Se dice del que no puede guardar un secreto.*

**Rimābundus**, a, um. *Apul.* Que contempla, inquiere ó busca con gran cuidado.

**Rimātim**. *adv. Marc. Cap.* Por las rendijas. ‖ Con mucho cuidado.

**Rimātor**, ōris. *m. Arnob.* El que busca, inquiere con gran cuidado.

**Rimātus**, a, um. *Sidon.* Indagado. *part. de*

**Rimo**, ās, āre. *a. Prisc.* y

**Rimor**, āris, ātus sum, āri. *dep. Cic.* Rimar, inquirir, escudriñar, buscar, con sumo cuidado y como registrando todas las rendijas. *Rimari terram. Virg.* Labrar la tierra, escardarla. — *Locum. Tac.* Registrar todos los lugares, todos los rincones. — *Exta. Juv.* Examinar las entrañas ó los intestinos por causa de algun agüero.

**Rimōsus**, a, um. *Col.* Abierto por muchas partes, lleno de rendijas, de hendiduras. *Rimosa cymba. Virg.* Barca que hace agua por muchas partes. — *Auris. Hor.* Oido lleno de rendijas, al que nada se puede fiar.

**Rimŭla**, ae. *f. Cels.* dim. de Rima. Resquicio pequeño, rendija, hendidura pequeña, rajita.

**Ringor**, gĕris, gi. *dep. Varr.* Abrir la boca, arrugar la nariz ó el hocico, y enseñar los dientes, *como hacen los perros y otros animales cuando se irritan.* ‖ Enfadarse, indignarse, airarse, enfurecerse.

**Ripa**, ae. *f. Ces.* Orilla del rio, ribera, borde. ‖ *Col.* La playa. ‖ *Plin.* La costa.

**Rĭpārensis.** y

**Rĭpārienses**, ium. *m. plur. Vopisc.* Guardacostas, soldados que estan de guardia en las costas y riberas.

**Rĭpārius**, a, um. *Plin.* Habitante de la ribera, riberiano ó riberano, riberiego.

**Ripensis**. *m. f.* sĕ. *n.* is. *Amian.* Situado á la ribera.

**Riphaei**. V. Rhiphaei.

**Rĭpŭla**, ae. *f. Cic.* dim. de Ripa. Ribera pequeña.

**Riscus**, i. *m. Plaut.* Alacena, armario. ‖ *Polux.* Cofrecito, caja ó tocador de las mugeres. ‖ *Don.* Cesta ó azafate de mimbres.

**Risi.** *pret. de* Rideo.

**Risilŏquium**, ii. *n. Tert.* El habla acompañada de risa.

**Risio**, ōnis. *f. Plaut.* Risada, risotada, risa desmesurada.

**Risito**, ās, āre. *a. freq. de* Rideo. Reir á menudo.

**Risor**, ōris. *m. Hor.* Bufon, burlador.

**Risus**, us. *m. Cic.* La risa, la accion de reirse. ‖ *Sen.* La burla, mofa, irrision. *Risus factus est. Cic.* Se dió una gran risada, todos echaron á reir. — *Dare alicui. Hor.* Dar que reir, ú ocasion de reir á alguno. *Risus captare. Cic.* Procurar hacer reir. — *Tollere. Hor.* Dar carcajadas de risa. — *Mereri. Quint.* Merecer la risa. — *Alicui concitare. Movere. Cic.* — *Facere. Cic.* — *Elicere.* — *Excutere. Cic.* Hacer reir á alguno. — *Tenere. Cic. Risu moderari. Plaut.* Contener la risa. — *Solvi. Hor.* Reventar de risa. — *Quatere aliquem.* Hacer ahogar á uno de risa. *Risum esse omnibus. Ov.* Ser la risa de todos.

**Risus**, us. *m. Apul.* El dios de la risa.

**Rite**. *adv. Cic.* Segun la costumbre, rito ó ceremonia. ‖ Bien, recta, debidamente. ‖ Segun el uso, la costumbre, como se suele.

**Rituālis**. *m. f.* lĕ. *n.* is. *Cic.* Ritual, ceremonial. *Rituales libri. Cic.* Rituales, libros que contienen los ritos ó ceremonias.

**Rituālĭter**. *adv. Amian.* Conforme á los ritos.

**Ritus**, us. *m. Cic.* Rito, ceremonia. ‖ Uso, costumbre, práctica, usanza. *Ritu latronum. Cic.* Á uso, á modo, á guisa de ladrones.

**Rivāles**, ium. *m. plur. Ulp.* Los que tienen derecho del agua de un mismo arroyo.

**Rivālĭcius**, y **Rivālĭtius**, a, um. *Fest.* Perteneciente á los que usan de agua comun en los campos.

**Rivālis**. *m. f.* lĕ. *n.* is. *Col.* Perteneciente ó próximo á las aguas corrientes. ‖ Rival, competidor concurrente con otro á una misma cosa. *Amare se sine rivali. Hor.* No ser amado sino de sí propio.

**Rivālĭtas**, ātis. *f. Cic.* Rivalidad, competencia, concurrencia, emulacion de los amantes.

**Rivātim**. *adv. Arnob.* Á modo de un arroyo, ó por arroyos diversos.

**Rivernae**, ārum. y

**Rivi**, ōrum. *f. plur.* Ricus, *ciudad del Lenguadoc, provincia de Francia.*

**Rivifānālĭa**. *m. f.* lĕ. *n.* is. *Surf.* Lo que hace límites del campo, por la oposicion de un rio ó arroyo.

**Rivīnus**, a, um. *Plaut.* V. Rivalis.

**Rivo**, ās, āre. *a. Paul. Nol.* Derivar las aguas.

**Rivŭlus**, i. *m. Cic.* dim. de Rivus. Riachuelo, arroyuelo.

**Rivus**, i. *m. Cic.* Arroyo, riachuelo, corriente de agua. *E rivo flumen facere. Ov.* adag. Hacer de una mosca un elefante, ó de una pulga un caballo. *ref.* ‖ Aumentar ó ponderar mucho una cosa muy pequeña. *Argenti rivus. Lucr.* Mina de plata. — *Lachrymarum. Ov.* Un arroyo, un rio de lágrimas.

**Rixa**, ae. *f. Cic.* Riña, pendencia, cuestion, quimera. ‖ *Cic.* Competencia, disputa, altercacion. *Rixam ciere, ex-*

*citare, parere. Plaut.* Mover una pendencia.

**Rixātĭo**, ōnis. *f. Tert. V. Rixa.*

**Rixātor**, ōris. *m. Quint.* Pendenciero, quimerista, dispuesto para mover pendencias.

**Rixātus**, a, um. *Cic.* El que ha disputado, reñido ó contestado con otro.

**Rixo**, ās, āvi, ātum, āre. *a. Varr.* y

**Rixor**, āris, ātus, sum, āri. *dep. Cic.* Rifar, reñir, contender unos con otros. *Rixari de lana caprina. Hor.* Disputar sobre bagatelas ó frioleras. *Rami inter se rixantes. Plin.* Ramos que se enlazan, como si riñeran entre sí.

**Rixōsus**, a, um. *Col.* Rijoso, pronto, dispuesto á armar una pendencia ó disputa.

## RO

**Robeus**, a, um. *Varr. V. Robius.*

**Rōbīgālĭa**, y **Rubīgalĭa**, ium. *n. plur. Fest.* Fiestas en honor del dios Róbigo, *para que apartase la niebla de los campos, que se celebraban á 25 de abril.*

**Rōbīgĭnor**, y **Rūbīgĭnor**, āris, āri. *dep. Apul.* Cubrirse de herrumbre ú orin los metales.

**Rōbīgĭnōsus**, y **Rūbīgĭnōsus**, a, um. *Plaut.* Roñoso, cubierto de orin ó herrumbre.

**Rōbīgo**, y **Rūbīgo**, ginis. *f. Plin.* El robin ó rubin, orin, herrumbre, la roña que crian los metales. ‖ La niebla ó añublo de las mieses. ‖ *Col.* Diosa que apartaba la niebla de las mieses.

**Rōbīgus**, i. *m. Varr.* El dios Róbigo, *á quien veneraban los romanos para que apartase el añublo de las mieses.*

**Rōbius**, a, um. *Col.* Moreno, oscuro, que tira á negro, negruzco.

**Rōbŏrārĭum**, ii. *n. Gel.* Vivar, soto ó cerca en que se crian animales.

**Rōbŏrasco**, is, cĕre. *n. Non.* Robustecerse, adquirir, cobrar fuerzas.

**Rōbŏrātus**, a, um. *Plin.* Roborado, fortificado, reforzado.

**Rōbŏreus**, a, um. *Plin.* De madera de roble.

**Rōbŏro**, ās, āvi, ātum, āre. *a. Cic.* Roborar, fortificar, reforzar, robustecer, dar fuerza y firmeza.

**Rōbŏrōsus**, a, um. *Virg.* El que padece de gota, de contraccion de nervios.

**Rōbur**, ŏris. *n. Cic.* El roble, especie de encina, de madera muy fuerte. ‖ Fortaleza, firmeza, constancia del ánimo. ‖ La dureza, solidez, consistencia de las cosas corpóreas. *Robur letale. Virg.* La lanza mortal. *Exercitus. Liv.* La fuerza del ejército, la gente mas valerosa.

**Rōburneus**, a, um. *Col.* Hecho de roble ó encina.

**Rōbus**, i. *m. Cod.* Trigo rubion, *llamado así por ser de color rubio.*

**Rōbus**, a, um. *Fest.* Rubio, rojo.

**Rōbustārĭi**, ōrum. *m. plur. Inscr.* Los artesanos que trabajan en materia dura y fuerte, *como carpinteros, canteros, carreteros &c.*

**Rōbustē**, ius, issĭmē. *adv. S. Ag.* Robusta, fuerte, firmemente. y

**Rōbusteus**, a, um. *Varr.* Lo que es de roble ó encina.

**Rōbustus**, a, um. *Cic.* Robusto, fuerte, firme, vigoroso. ‖ Duro, macizo, sólido. *Robustus cibus. Cels.* Comida de mucho alimento. *Robustior improbitas. Cic.* Malignidad inveterada.

**Rōdens**, tis. *com. Cic.* El que roe, roedor.

**Rōdĭum**, ii. *n. Roye, ciudad de Picardía.*

**Rōdo**, is, si, sum, dĕre. *a. Fedr. Roer.* ‖ Corroer. ‖ Murmurar, hablar mal de otros. *Dentem dente rodere. Marc.* Morder á otro que tiene igual mordacidad. *Rodere absentem. Hor.* Murmurar del ausente.

**Rōdus**, ĕris. *n. Lucil.* El peso ó masa de un cuerpo.

**Roffa**, ae. *f. Rochester, ciudad de Inglaterra.*

† **Rōga**, ae. *f.* Limosna. ‖ Salario, sueldo, paga.

† **Rōgālĭa**, ium. *n. plur.* Dias en que se hacian limosnas públicas. ‖ Dias de paga.

**Rōgālis**. *m. f. lĕ. n. is. Ov.* Perteneciente á la hoguera.

**Rōgāmentum**, i. *n. Apul.* Pregunta, cuestion.

**Rōgandus**, a, um. *Ov.* Lo que se ha de suplicar. *Rogandis consulibus comitia habere. Cic.* Tener comicios para la creacion de cónsules.

**Rōgans**, tis. *com. Cic.* El que ruega ó suplica, suplicante.

**Rōgātĭo**, ōnis. *f. Cic.* Rogacion, ruego, súplica, peticion con súplica. ‖ Ley propuesta al pueblo. ‖ Ley admitida por el pueblo. *Rogationem accipere. Cic.* Admitir una ley.

*Rogationes. Ecles.* Rogativas, rogaciones públicas.

**Rōgātiuncŭla**, ae. *f. Cic. dim. de Rogatio.* Preguntilla. ‖ *Cic.* Ley de poca monta.

**Rōgātor**, ōris. *m. Cic.* Rogador, el que ruega, suplica. ‖ Mendigo. *Rogator legum. Non.* Promulgador de leyes. — *Comitiorum. Cic.* Presidente de los comicios, que preguntaba á las tribus sobre alguna cosa. — *Sententiarum. Cic.* El que toma los votos ó pregunta los pareceres.

† **Rōgātōrĭum**, ii. *n.* Hospital, casa de caridad.

† **Rōgātrix**, īcis. *f. Sid.* La que ruega ó suplica.

**Rōgātum**, i. *n. Cic.* Pregunta que se hace en derecho.

**Rōgātus**, us. *m. Cic.* Ruego, súplica. *Rogatu alicujus. Cic.* Á ruegos de alguno.

**Rōgātus**, a, um. *part. de Rogo. Cic.* Rogado. *Rogatus sententiam. Cic.* Á quien se ha preguntado su parecer. *Rogatorum primus. Cic.* El primero á quien se ha preguntado su parecer.

**Rōgĭtātĭo**, ōnis. *f. Plaut.* Pregunta frecuente.

**Rōgĭto**, ās, āvi, ātum, āre. *a. Ter.* Preguntar frecuentemente ó con instancia ‖ Preguntar. ‖ Informarse, inquirir, examinar con civilidad. *Rogitare super aliquo. Virg.* Preguntar muchas veces novedades de algun sugeto. *Rogito pisces. Plaut.* Pregunto á como valen los peces.

**Rōgo**, ās, āvi, ātum, āre. *a. Cic.* Preguntar. ‖ Rogar, suplicar, pedir con instancia. *Rogare beneficium aliquem. Cic. Ab aliquo. Gel.* Pedir un favor á alguno. — *Aliquem de aliqua re. Cic.* Suplicar á alguno acerca de alguna cosa. — *Legem. Cic.* Promulgar, proponer una ley. — *Magistratum.* Crear, nombrar, elegir un magistrado, preguntar al pueblo si le admite. — *Milites sacramento. Ces.* Recibir á los soldados el juramento de fidelidad. *Precario rogare. Cic.* Pedir sin derecho, con sola la esperanza en las súplicas. *Malo emere quam rogare. Cic.* Mas quiero comprarlo que pedirlo; *proverbio de los que quieren mas conseguir una cosa á cualquiera costa y trabajo propio, que someterse á pedírsela á otro. Roget quis.* Preguntará alguno.

**Rōgum**, i. *n. Afran.* y

**Rōgus**, i. *m. Cic.* Hoguera, pila ó pira de leña, en que los antiguos quemaban los cadáveres.

**Rōma**, ae. *f. Cic.* Roma, *ciudad de Italia, capital de la república romana, despues del imperio romano, y ahora de la Iglesia católica.* ‖ *Liv.* Roma elevada á diosa.

**Rōmaēa**, ōrum. *n. plur.* Fiestas de la ciudad de Roma.

**Rōmandĭŏla**, ae. *f.* La Romandiola, *pais de Italia, el exarcado de Ravena.*

**Rōmandĭi**, ōrum. *m. plur.* y

**Rōmandui**, ōrum. *m. plur.* Los pueblos de Normandía.

**Rōmānē**. *adv. Gel.* Al modo de los romanos.

**Rōmānensis**, y

**Rōmāniensis**. *m. f. vĕ. n. is. Cat.* Propio de Roma.

**Rōmāni**, ōrum. *m. plur. Ces.* Los romanos.

**Rōmānĭa**, ae. *f.* La Romania, *parte de la Grecia.*

**Rōmānĭcus**, a, um. *Cat.* Romano, de Roma, hecho en Roma ó traido á Roma.

† **Rōmānītas**, ātis. *Tert.* Las costumbres é institutos de los romanos.

**Rōmānŭla porta**. *Varr.* Puerta de Roma en el monte Palatino.

**Rōmānus**, a, um. *Cic.* Romano, de Roma.

**Rōmelĭa**, ae. *f.* La Romelia, *parte de Grecia.*

**Rōmilĭa lex**. *Ulpian.* La ley romilia, que prohibia mezclarse en los sacrificios á los que no fuesen magistrados ó senadores.

**Rōmilĭa**, y **Rōmulĭa tribus**. *Cic.* La tribu romilia, *la primera de las rústicas.*

† **Rōmĭpĕta**, ae. *m. f.* El que va á Roma.

**Rōmŭla**, ae. *f.* La Romandiola, *parte de la Galia cisalpina.*

† **Rōmŭla arbor.** *f.* La higuera, bajo de la cual fueron hallados Rómulo y Remo.

**Rōmŭlensis.** *Plin.* y

**Rōmŭleus, a, um.** *Ov.* De Rómulo, de Roma.

**Rōmŭlīdae, ārum.** *m. plur. Virg.* Los romanos, llamados así de Rómulo.

**Rōmŭlius, a, um.** y

**Rōmŭlus, a, um.** *Virg.* De Rómulo, de Roma.

**Rōmŭlus, i.** *m. Liv.* Rómulo, *fundador y primer rey de Roma.*

**Romulus Momyllus, i.** *m.* Augustulo, *último emperador de Roma.*

**Rōrālis.** *m. f.* lĕ. *n.* is. *Ov.* Lo que rocía ó humedece á modo de rocío.

† **Rōrāmentum, i.** *n. Lampr.* Limadura, raedura del oro.

**Rōrans, tis.** *com. Cic.* Lo que rocía ó cae como el rocío, lo que destila de sí algo como rocío. *Rorantes sanguine capilli. Ov.* Cabellos de que corre sangre. *Rorantia lacrymis ora. Liv.* Rostros bañados en lágrimas.—*Fontibus antra. Ov.* Cavernas de las cuales destila agua.

**Rōrarii, ōrum.** *m. plur. Liv.* Soldados á la ligera, *que antes de la batalla daban una carga de piedras al enemigo, como si le dieran una rociada, ó dispararan una lluvia de piedras.* Honderos que precedían al ejército.

**Rōrārius, a, um.** *Fest.* Lo perteneciente á los honderos que precedían á la batalla.

**Rōrātio, ōnis.** *f. Apul.* El caer del rocío. ‖ Enfermedad de las vides, que estando en flor las infesta el rocío.

**Rōrātus, a, um.** *part.* de Roro. *Ov.* Lo que cae á modo de rocío.

**Rōresco, is, scĕre.** *n. Ov.* Empezar á caer como rocío.

**Rōrĭdus, a, um.** *Prop.* Rociado, húmedo.

**Rōrĭfer, a, um.** *Lucr.* Lo que trae consigo rocío, como la noche.

**Rōrĭficus, a, um.** *Corn. Nep.* Que trae ó causa rocío.

**Rōrĭfluus, a, um.** *Varr.* De donde cae el rocío.

**Rōrĭger, a, um.** *Fulg. V.* Rorifer.

**Rōro, as, avi, atum, are.** *a. n. Lucr.* Rociar, caer el rocío. ‖ Destilar, manar. *Rorare sanguine veprez. Virg.* Rociar de sangre los espinos.—*Imbrem. Plin.* Llover muy menudo. *Rorat. Col.* Cae el rocío.

**Rōrŭlentus, a, um.** *Col.* Rociado, mojado, humedecido con el rocío.

**Ros, ōris.** *m. Col.* El rocío. *Ros liquidus. Ov.* El agua clara.—*Marinus. Hor.* El romero.—*Vitalis. Cic.* Rocío que alimenta. *Rorem stillare. Hor.* Destilar lágrimas, llorar.

**Rōsa, ae.** *f. Plin.* La rosa. ‖ *Plaut.* Término cariñoso. ‖ *Plin.* El rosal. ‖ *Cels.* Aceite rosado. ‖ *Inscr.* El mes de mayo, *que es el tiempo de las rosas.*

**Rōsācĕum, i.** *n. Plin.* El aceite rosado.

**Rōsācĕus, a, um.** *Plin.* Rosado, lo que es de rosa.

**Rosae, ārum.** *f. plur.* Rosas, ciudad de Cataluña.

**Rōsālia, ium.** *n. plur. Macrob.* El acto de esparcir rosas en los sepulcros.

**Rōsālis.** *m. f.* lĕ. *n.* is. *Inscr.* Lo que es de rosa ó perteneciente á ella.

**Rōsārium, ii.** *n. Col.* Sitio plantado de rosales.

**Rōsārius, a, um.** *Suet.* Lo que es de rosa, ó perteneciente á ella.

**Rōsātum, i.** *n. Pal.* Vino compuesto con rosa.

**Rōsātus, a, um.** *Seren.* Rosado, compuesto con rosa.

**Roscia lex.** *f. Tac.* La ley roscia teatral, *publicada por el tribuno L. Roscio Oton, en que se señaló asiento á los caballeros en las gradas inmediatas á la cavea del teatro.*

**Rosciānus, a, um.** *Cic.* Lo perteneciente á Roscio.

**Roscĭdus, a, um.** *Varr.* Abundante de rocío, humedecido.

**Roscius (L.) Otho, ōnis.** *m. Cic.* Lucio Roscio Oton, tribuno de la plebe, *promulgador de la lei roscia, en que señaló asiento á los caballeros romanos en catorce gradas inmediatas á la cavea del teatro, la cual ocupaban los senadores.* ‖ Quinto Roscio, *famoso cómico lanuvino, el primero que usó de máscara, escribió un libro, en que comparaba el arte histriónica con la elocuencia. Fue maestro de Cicerón en el uso de la pronunciacion y accion.*

**Rōseānus, a, um.** *Varr.* Lo perteneciente á la rosa.

**Rōsētum, i.** *n. Virg.* Lugar plantado de rosas, ó en que nacen rosales naturalmente.

**Rōseus, a, um.** *Virg.* Lleno de rocío.

**Rōseus, a, um.** *Plin.* De color de rosa, rosado. *Rosea dea. Ov.* La Aurora. *Roseum vinculum. Sen. Trag.* Corona de rosas. *Rosci flores. Claud.* Las rosas.

**Rōsi.** *pret.* de Rodo.

**Rōsio, ōnis.** *f. Plin.* La roedura ó corrosion.

**Rosmarīnum, i.** *n. Plin.* ó

**Rosmarīnus, i.** *m. Col.* y

**Rosmāris, is.** *f. Ov.* El romero.

**Rostellum, i.** *n. Col.* Pico pequeño, piquito.

**Rostōchium, i.** *n.* Rostoc, *ciudad de Alemania.*

**Rostonium, i.** *n.* Roston, *ciudad de la gran Rusia.*

**Rostra, ōrum.** *n. plur. Cic.* Los rostros, la tribuna desde donde se arengaba al pueblo en Roma, *que estaba adornada con los espolones de los navíos ó de las galeras tomadas á los anciates.* *Pro rostris laudare. Quint.* Alabar en público.

**Rostrālis.** *m. f.* lĕ. *n.* is. *Sid.* Lo que es de espolon de navío ó de pico de pájaro.

**Rostrans, tis.** *Plin.* Lo que pica, hiere ó penetra con el pico ó con la punta: picante, punzante, penetrante.

**Rostrātŭla, ae.** *f.* La becada ó chozа, ave.

**Rostrātus, a, um.** *Col.* Rostrado, que remata en punta ó pico, puntiagudo. *Rostratus impetus. Plin.* Choque del espolon de una nave con otra. *Rostrata corona. Plin.* Corona naval, *que se daba al primero que abordaba á una nave enemiga, ó ganaba alguna victoria naval.*—*Columna. Suet.* Coluna rostrada, adornada con los espolones de las naves. *Se puso en el foro por la victoria y triunfo naval que alcanzó el cónsul C. Duilio de los cartagineses en la primera guerra púnica con una larga inscripcion, que es el primer monumento de la lengua latina, por los años de 492 de la fundacion de Roma. Rostratae naves. Liv.* Naves con espolon.

† **Rostro, as, āre.** *a.* Picar, abrir, partir con el pico.

**Rostrum, i.** *n. Cic.* El pico de las aves. ‖ El hocico de los animales. ‖ El espolon de la nave. ‖ La punta, cabo, parte anterior de cualquier cosa que remata en punta.

**Rōsŭla, ae.** *f. Vet. Inscr. dim.* de Rosa. Rosita, id.

**Rōsŭlentus, a, um.** *Prud.* Abundante, lleno de rosas.

**Rōsus, a, um.** *Estac.* Roido, corroido.

**Rŏta, ae.** *f. Plaut.* La rueda. ‖ Especie de suplicio entre los griegos. ‖ *Virg.* El coche ó carro. *Rota solis. Lucr.* El disco ó globo del sol.—*Anni. Sen.* El curso del año.—*Fortunae. Cic.* La variedad é inconstancia de la fortuna.

**Rŏtābĭlis.** *m. f.* lĕ. *n.* is. *Am.* Lo que se puede rodear ó dar vueltas, ó donde las ruedas pueden rodar.

**Rŏtālis.** *m. f.* lĕ. *n.* is. *Jul. Cap.* Lo que tiene ruedas, rodadero.

**Rŏtans, tis.** *com.* Lo que da vueltas rodando.

**Rŏtārius, ii.** *m. Ulp.* El carro.

**Rŏtātĭlis.** *m. f.* lĕ. *n.* is. *Sid.* Lo que da vueltas.

**Rŏtātim.** *adv. Apul.* En rueda, al rededor, en círculo ó círculo.

**Rŏtātio, ōnis.** *f. Vitruv.* Rotacion, movimiento circular, la accion de rodar.

**Rŏtātor, ōris.** *m. Estac.* Rodador, el que hace rodar.

**Rŏtātus, us.** *m. Estac.* Rotacion, movimiento circular.

**Rŏtātus, a, um.** *Ov. part.* de Roto. Movido en giro ó al rededor. *Rotatus sermo. Juv.* Discurso breve, vivo.

**Rotemburgum, i.** *n.* Rotembourg, *ciudad de Franconia.*

**Rŏtĕrodămum, i.** *n.* Roterdan, *ciudad de Holanda.*

**Rŏthŏmăgus, i.** *f.* Roan, *capital de Normandía.*

**Rothonum, i.** *f.* Redon, *ciudad de Bretaña.*

**Rŏto, as, avi, atum, are.** *a. Lucr.* Rodar. ‖ Tirar rodando. ‖ *Col.* Hacer la rueda el pavo real, estender la cola. *Rotari. Man.* Girar, dar vueltas al rededor. *Rotare saxa. Claud.* Arrojar piedras. *Caput ense. Luc.* Derribar, echar á rodar la cabeza de una cuchillada.

**Rŏtŭla, ae.** *f. Plin. dim.* de Rota. Ruedecilla, ruedecita, rueda pequeña, rodaja.

**Rŏtundātio, ōnis.** *f. Vitruv.* La accion de redondear.

## RUB

Rŏtundātus, a, um. *Apul. part. de* Rotundo. Redondeado, redondo.

Rŏtunde. *adv. Cic.* Redondamente. ‖ Elegante, exactamente.

Rŏtundifŏlius, a, um. *Apul.* Lo que tiene hojas redondas.

Rŏtundĭtas, ātis. *f. Plin.* La redondez, la figura redonda.

Rŏtundo, as, āvi, ātum, āre. *a. Cic.* Redondear, poner redonda una cosa. *Retundare ad volubilitatem. Cic.* Redondear ó rodear una cosa de modo que se pueda tomar en muchos sentidos. — *Summam. Hor.* Redondear una cuenta, concluirla exactamente.

Rŏtundus, a, um. *Cic.* Redondo, de figura redonda. *Rotundus orator. Cic.* Orador armonioso, numeroso. *Rotundo ore loqui. Hor.* Hablar elocuentemente, con armonía. *Rotundiores baccae. Hor.* Las perlas mas redondas.

Roxolāni, ōrum *m. plur.* Pueblos de la Sarmacia europea.

Roxolānia, ae. *f.* La Rusia, *provincia de Polonia*.

## RU

Rŭbēdo, ĭnis. *f. Firm.* El color rojo ó rubio.

Rŭbĕfăcio, is, fēci, factum, cĕre. *a. Ov.* Poner rubio ó rojo, rubificar, enrubiar. *Rubefacere ora alicujus. Sil. Ital.* Hacer salir los colores á alguno, hacerle poner colorado, causarle vergüenza.

Rŭbĕfactus, a, um. *Ov. part. de* Rubefacio. Enrojecido, enrubiado.

Rŭbella, ae. *f. Plin.* La uva roja.

Rŭbelliāna vitis. *f. Col.* Vid que da la uva roja.

Rŭbellio, ōnis. *m. Plin.* El salmonete, *pescado*.

Rŭbellŭlus, a, um. *Marc. Cap.* Rojillo, rubito. *dim. de*

Rŭbellus, a, um. *Plaut.* Algo rojo ó rubio. *Rubellum vinum. Marc.* Vino clarete, tintillo, ojo de gallo.

Rŭbens, tis. *Virg.* Lo que rojea ó bermejea, bermejo, rojo, rubio.

Rŭbeo, ēs, bui, ēre. *n. Lucr.* Ser, estar ó ponerse rubio, rojo, bermejo, colorado. ‖ *Cic.* Tener rubor ó vergüenza, ponerse colorado de vergüenza. *Rubere purpuram. Solin.* Ser ó ponerse de color de púrpura.

Rŭber, bra, brum. *Plin.* Rojo, rubio, bermejo, colorado, encendido.

Rŭbesco, is, bui, cĕre. *n. Virg.* Ponerse rojo, encendido.

Rŭbēta, ae. *f. Plin.* Rubeta, rana venenosa, que se cria entre las zarzas.

Rŭbētum, i. *n. Ov.* Zarzal, lugar cubierto de zarzas ó espinos.

Rŭbeus, a, um. *Col.* De zarzas ó espinos. ‖ Rubio, encendido.

Rŭbi, ōrum. *m. plur.* Rubi, ciudad de la Pulla.

Rŭbia, ae. *f. Plin.* La rubia, raiz bermeja muy usada en los tintes.

Rŭbĭco, y Rŭbĭcon, ōnis. *m. Cic.* El Rubicon, rio de la Galia cisalpina.

Rŭbĭcundŭlus, a, um. *Juv.* Rojillo, coloradillo, algo encendido.

Rŭbĭcundus, a, um. *Plin.* Rubicundo, rubio, rojo.

Rŭbĭdus, a, um. *Plaut.* Rubio, oscuro ó moreno. *Semel rubidus, decies pallidus. adag.* Al pagar ad te suspiramus. *ref.*

Rŭbĭgālia. *V.* Robigalia.

Rŭbĭgĭnis. *gen. de* Rubigo.

† Rŭbĭgĭno, ās, āre. Cubrir de orin.

Rŭbĭgĭnōsus, a, um. *Marc.* Lleno de orin.

Rŭbīgo, ĭnis. *m. Virg.* El orin ó herrumbre de los metales. ‖ Niebla ó añublo de las mieses. ‖ Diosa que presidia á la niebla de las mieses. *V.* Robigo con sus derivados.

Rŭbor, ōris. *m. Cic.* Rubor, pudor, vergüenza. ‖ El color rojo, rubio, bermejo. *Virgineus rubor. Virg.* El pudor virginal. — *In ruborem te totum dabo. Plaut.* Yo te haré salir los colores, te moleré á palos, ó te zurciré á latigazos. *Rubori mi est. Tac.* Me avergüenzo, me da vergüenza. *Verba digna rubore. Ov.* Palabras vergonzosas,

## RUD

torpes, que da vergüenza decirlas.

Rubrensis lacus. *m.* El lago de Narbona, *en Lenguadoc*.

Rubrīca, ae. *f. Plin.* Rúbrica, almagre. *Rubrica Lemnia.* Rúbrica sinópica ó bermellon. ‖ Rúbrica, inscripcion, título, epígrafe en los títulos del derecho.

Rubrĭcātus, a, um. *Pers.* Pintado de rojo ó de bermellon. ‖ Almagrado.

Rubrĭcēta, ae. *f. Plaut.* Bermellon, minio.

† Rubrĭco, ās, āre. *a. Cat.* Enrojecer, poner rojo.

Rubrĭcōsus, a, um. *Col.* Abundante de tierra roja.

Rubrus, a, um. *Solin. V.* Ruber.

Rŭbus, i. *m. f. Plin.* La zarza. *Rubus idaeus. Plin.* La zarzamora. — *Caninus. Plin.* El escaramujo, rosal silvestre, zarza perruna. — *Puniceus. Prop.* La zarza que cria ratones silvestres.

Ructāmen, ĭnis. *n. Prud.* El regüeldo, eructo.

Ructans, tis. *com. Cic.* El que eructa ó regüelda.

† Ructātio, ōnis. *f.* Regüeldo, el acto de eructar.

† Ructātor, ōris. *m.* El que eructa.

Ructātrix, īcis. *f. Marc.* La que eructa ó regüelda, la que hace regoldar.

Ructātus, a, um. *Sil. Ital.* Despedido, vuelto con un regüeldo.

Ructĭtātio, ōnis. *f. Cels.* La accion de eructar frecuentemente.

Ructĭto, as, āvi, ātum, āre. *a. Col.* Regoldar frecuentemente. *frec. de*

Ructo, as, āvi, ātum, āre. *a. Cic.* y

Ructor, āris, ātus sum, āri. *dep. Hor.* Eructar, regoldar. ‖ Echar fuera, despedir.

Ructuōsus, a, um. *Quint.* Que eructa ó regüelda.

Ructus, us. *m. Cic.* El eructo ó regüeldo. *Ructu gravis herba. Plin.* Yerba que comida causa eructos fétidos.

Rŭdens, tis. *m. f. Cic.* Cable de navío, cabo, cuerda, amarra. *Rudentes excutere, laxare, immittere, expedire. Virg.* Hacerse á la vela. *Rudens.* Título de una comedia de Plauto.

† Rudenter. *adv.* Groseramente, rústicamente.

Rŭdentĭsĭbĭlus, i. *m. Pac.* El rechinar de las cuerdas de un navío.

Rŭdĕra, rum. *n. plur. Liv.* La rudera, cascote, ripio, despojo de fábricas.

Rŭdĕrārium, ii. *n. Apul.* Criba para cribar los escombros, arena y cal.

Rŭdĕrārius, a, um. *Apul.* Perteneciente á los escombros de las ruinas.

Rŭdĕrātio, ōnis. *f. Vitruv.* Obra grosera hecha de ripio ó cascote. ‖ El acto de hacer una obra ó un suelo de escombros de otras obras.

Rŭdĕrātus, a, um. *Plin.* Hecho compuesto, solado de escombros. *part. de*

Rŭdĕro, ās, āvi, ātum, āre. *a. Vitruv.* Solar, allanar, igualar con escombros.

Rŭdĕrum, i. *n. Cat.* Lugar lleno de escombros, de cascotes, allanado ó solado con ellos.

Rŭdĭarius, ii. *m. Suet.* Gladiador, á quien se daba una vara en señal de su libertad y su retiro. ‖ *Fest.* El que hace cribas. ‖ Sastre que componia ó hacia los vestidos de los soldados.

Rŭdĭarius, a, um. *Suet.* Lo que pertenece al gladiador ó á la vara que se le daba á cierto tiempo en señal de libertad.

Rŭdĭcŭla, ae. *f. Col.* Cuchara ó cucharon para revolver lo que se está cociendo ó guisando.

Rŭdĭmentum, i. *n. Quint.* Rudimentos, primeros principios de la enseñanza. *Rudimentum deponere. Liv.* Salir de los principios, del noviciado.

Rŭdīnus, a, um. *Sil. Ital.* Perteneciente á Rudia, *ciudad de Calabria, patria del poeta Enio*. ‖ Rudino, rudiano.

Rŭdis, is. *f. Cic.* Vara tosca que servia como de florete á los gladiadores para ejercitarse. *Rudem accipere. Cic. Rude donari. Hor.* Lograr su retiro del oficio de gladiador. *Rudem mereri. Marc.* Merecer la libertad, el retiro. *Ad rudem compellere. Cic.* Obligar á hacer el oficio de gladiador. *Rudibus pugnare. Cic.* Enseñarse á esgrimir, á combatir y batallar con varas á modo de floretes.

**Rŭdis.** *m. f.* dĕ. *n.* is. *Col.* Rudo, tosco, bronco, basto, duro, áspero. *Virg.* Inculto, erial. ‖ *Hor.* Grosero, impolítico, agreste, rústico. ‖ *Cic.* Ignorante, imperito, indocto. *Rudis materia. Luc.* Materiales en bruto. — *Lana. Ov.* Lana en puerco. *Rudes capilli. Sen. Trag.* Cabellos desgreñados. *Rude argentum. Cic.* Plata en barras. *Rudis ad bella. Liv.* Belli. *Hor.* Ignorante del órden militar. — *In communi vita. Cic.* Hombre impolítico, inútil en la sociedad. — *In jure civili. Cic.* Ignorante en el derecho civil. — *Dicendi. Tac.* Hombre sin elocuencia.

**Rŭdĭtas**, ātis. *f. Apul.* Rudeza, tosquedad, rusticidad, ignorancia, impericia, falta de experiencia, de cultura.

**Rŭdĭtus**, us. *m. Apul.* El rebuzno del asno. ‖ El bramido ó rugido de otros animales.

**Rudius**, a, um. *Cic.* Lo perteneciente á la ciudad de Rudia en Calabria, *patria del poeta Enio*.

**Rudo**, is, ūdi, ivi, ĕre. *a. Ov.* Rebuznar. ‖ *Virg.* Bramar, rugir, aullar, ladrar. ‖ *Virg.* Vocear, gritar agreste y toscamente.

**Rŭdor**, ōris. *m. Apul.* El rebuzno. ‖ El bramido, rugido, y toda voz ó sonido agreste y duro.

**Rŭdus**, ĕris. *n. Plin.* Ripio, cascote, escombros, despojos de obras. *Rudus novum. Plin.* Piedra y ladrillo molido y mezclado con cal para los pavimentos. — *Redivivum.* Piedras de ruinas ó demoliciones que se emplean en otras obras. — *Pingue. Col.* Escombros que echados en las tierras sirven para engrosarlas. — *Vetus. Tac.* Pedazos de piedras ó ladrillos, y cal de edificios viejos, molidos y empleados en los nuevos.

**Rŭduscŭlum**, i. *n. Fest.* El cobre en bruto. ‖ Moneda de cobre. ‖ Vaso de piedra grosero, y como naturalmente cóncavo.

**Ruens**, tis. *com. Sil. Ital.* Lo que se cae, se arruina. ‖ Lo que va en decadencia. ‖ *Virg.* Lo que se arroja, se derriba ó precipita.

**Rŭfeo**, ēs, ēre. y

**Rŭfesco**, is, ĕre. *n. Plin.* Enrojecerse, ponerse rojo.

**Rŭfo**, as, āvi, ātum, āre. *a. Plin.* Poner rojo.

**Rŭfŭli**, ōrum. *m. plur. Fest.* Tribunos de los soldados romanos *nombrados por los cónsules*.

**Rŭfŭlus**, a, um. *Plaut.* Rojillo, rubito, *dim. de*

**Rufus**, a, um. *Cel.* Rufo, rubio, rojo, bermejo.

**Rŭga**, ae. *f. Cic.* La ruga ó arruga de la cara. ‖ *Plin.* El pliegue de la ropa. ‖ *Hor.* La vejez, la edad avanzada. ‖ *Cic.* Severidad, rigidez de costumbres.

**Rŭgātus**, a, um. *Plin.* Rugoso, arrugado.

**Rŭginōsus**, a, um. *Col. Aur.* Rugoso, arrugado, arado con arrugas.

**Rŭgio**, is, ivi, itum, ire. *n. Aut. de Fil.* Rugir, bramar el leon.

**Rŭgĭtus**, us. *m. Apul.* El rugido ó bramido del leon.

**Rŭgo**, ās, āvi, ātum, āre. *n. Plaut.* Arrugar. ‖ Estar arrugado.

**Rŭgōsĭtas**, ātis. *f. Tert.* Rugosidad, contraccion del cuero. ‖ Multitud de arrugas.

**Rŭgōsus**, a, um. *Ov.* Rugoso, arrugado, lleno de arrugas. *Rugosior uva pasa facit. Claud.* Cara mas arrugada que una pasa.

**Rugussi**, ōrum. *m. plur.* Pueblos de la Recia, *junto al Rin*.

**Rui**. *pret. de Ruo*.

**Ruĭdus**, a, um. *Plin.* Áspero, tosco.

**Ruina**, ae. *f.* La ruina, caida. ‖ Estrago, desastre. ‖ Derrota, mortandad. ‖ Daño, calamidad, desgracia, pérdida. *Ruina coeli. Virg.* Borrasca, tempestad. — *Fortunarum. Cic.* La pérdida de los bienes. *Ruinam facere. Virg. Dare, Hor.* — *Trahere. Virg.* Arruinarse, caer. ‖ Derribar, destruir, arruinar.

**Ruinōsus**, a, um. *Cic.* Ruinoso, que amenaza ruina.

**Ruĭtūrus**, a, um. *Luc.* Lo que ha de caer.

**Rulla**, ae. *f.* y **Rullum**, i. *n. Plin.* El rallo.

**Rŭma**, ae. *f. Varr.* La teta. ‖ *Fest.* La parte superior del tragadero, *adonde muchos animales atraen la comida del buche para rumiarla*. ‖ El tragadero.

**Rŭmen**, ĭnis. *n. Plin. V. Ruma.*

**Rŭmentum**, i. *m. Fest.* Rompimiento, interrupcion de los agüeros.

**Rŭmex**, ĭcis. *m. Plin.* La romaza, *yerba*. ‖ *Fest.* Un especie de dardo.

**Rŭmia**, ae. *f.* y **Rŭmĭna**, ae. *f. Varr.* Diosa que presidia á los niños de pecho.

**Rŭmĭfĕro**, ās, āvi, ātum, āre. *a.* y

**Rŭmĭfĭco**, ās, āvi, ātum, āre. *a. Plaut.* Esparcir rumores ó nuevas, divulgar.

**Rŭmĭgĕrātio**, ōnis. *f. Lampr.* Esparcimiento de rumores ó nuevas.

**Rŭmĭgĕro**, ās, āvi, ātum, āre. *a. Fest.* Esparcir rumores ó nuevas, divulgar.

**Rŭmĭgĕrŭlus**, a, um. *Amian.* El que trae, lleva ó esparce rumores ó nuevas.

**Rŭmĭgo**, ās, āre. *a. Apul.* Rumiar.

**Rŭmin**, ĭnis. *n. Varr. V. Rumen*, la teta.

**Rŭmĭna**, ae. *f. Ov. V. Rumia. Rumina ficus. Ov.* La higuera, *junto á la cual dió leche una loba á Rómulo y á Remo*.

**Rŭmĭnālis**. *m. f.* lĕ. *n.* is. *Plin.* Que rumia ó masca segunda vez. *Ruminalis ficus. Liv.* La higuera, *junto á la cual dió leche una loba á Rómulo y á Remo*.

**Rŭmĭnātio**, ōnis. *f. Plin.* La rumia, la accion de rumiar. *Ruminatio quotidiana. Cic.* La reflexion diaria. — *Hiemis. Plin.* El retroceso ó vuelta del invierno.

**Rŭmĭnātor**, ōris. *m. Arnob.* y

**Rŭmĭnātrix**, ĭcis. *f. Col.* Rumiante, la que rumia.

**Rŭmĭno**, ās, āvi, ātum, āre. *a. Plin.* y

**Rŭmĭnor**, āris, ātus sum, āri. *dep. Liv.* Rumiar, masticar segunda vez. ‖ Repasar, reflexionar, rumiar.

**Rŭmĭnus**, i. *m. S. Ag.* Sobrenombre de Júpiter, *que significa criador de Ruma*. ‖ La teta.

**Rŭmis**, is. *f. Varr. V. Ruma.*

**Rŭmĭto**, ās, āre. *a. Nov.* Hacer correr rumores ó nuevas.

† **Rŭmo**, ās, āre. *a. Fest.* Rumiar.

**Rŭmo**, y **Rŭmon**, ōnis. *m. Serv.* Nombre antiguo *que se dió al rio Tiber, esto es*, fertilizador de las riberas.

**Rŭmor**, ōris. *m. Cic.* Rumor, fama, voz, runrun esparcido sin cierto autor. *Rumor est. Ter.* Se dice, corre la voz, es fama. — *Venit. Ter.* Se estiende, corre la voz. *Rumore malo flagrare. Hor.* Tener mala reputacion. — *Secundo iter agere. Virg.* Hacer un viage con aprobacion de todos. *Quis erit rumor populi? Ter.* ¿Qué dirá, qué no dirá el pueblo?

**Rumpi**, ōrum. *m. plur. Varr.* Sarmientos largos, que pasan de una á otra vid, y se enlazan entre sí.

**Rumpo**, is, rūpi, ruptum, pĕre. *a. Cic.* Romper, quebrar, partir, rasgar. ‖ Quebrantar, violar, anular. *Rumpere imperium. Tac.* Quebrantar las órdenes, ir contra ellas. — *Se currendo. Plaut.* Reventarse á correr. — *Moras. Virg.* Apresurarse. — *Quaesitus pectore. Ov.* Dar profundos suspiros. — *Jus. Tac.* Violar, quebrantar las leyes. — *Flagris, loris. Mart.* Abrir á uno, abrir en canal á azotes. *Rupit fulmen diem. Luc.* Se ha visto, ha resplandecido un rayo en el aire. *Rumpi invidia. Virg.* Reventar de envidia. — *Malis. Cic.* Estar consumido, abatido con las desgracias. *Rumpere fletus. Sen. Trag.* Dejar de llorar. — *Reditum alicui. Hor.* Estorbar la vuelta á alguno. — *Agmina. Prop.* Romper, desbaratar los escuadrones. — *Iter cursu. Val. Flac.* Tomar el camino con ímpetu. — *Fontem. Ov.* Hacer salir una fuente.

**Rumpōtīnētum**, i. *n. Col.* Lugar plantado de árboles que sirven para sostener las vides.

**Rumpōtĭnus**, a, um. *Col.* Lo perteneciente á los árboles que sirven para sostener las parras.

**Rumpōtĭnus**, i. *f. Plin.* y

**Rumpus**, i. *m. Varr.* Árbol bajo ó arbusto *que sirve para sostener las parras*.

**Rŭmuscŭlus**, i. *Cic. dim. de* Rumor. Rumorcillo.

**Rŭna**, ae. *f. Varr.* Especie de dardo de hierro mas ancho que lo regular.

**Rŭnātus**, a, um. *Hen.* Armado de este dardo.

**Runcatio**, ōnis. *f. Col.* La roza, limpia ó escarda de las malas yerbas.

**Runcātor**, ōris. *m. Col.* Rozador, escardador de las malas yerbas.

**Ruthēni**, ōrum. *m. plur. Ces.* Los pueblos de Rodez, capital de Rovergue.

**Ruthenīcus sinus.** El golfo de Finlandia.

**Rŭtĭlans**, tis. *com. Claud.* Rutilante, resplandeciente.

**Rŭtĭlātus**, a, um. *Liv.* Puesto resplandeciente, brillante.

**Rŭtĭlesco**, is, ĕre. *n. Plin.* Ponerse rojo.

**Rŭtĭliānus**, a, um. *Cic.* Lo perteneciente á Rutillo, ciudadano romano.

**Rŭtĭlis**. *m. f. nĕ. n. is. Col. V.* Rutilus.

**Rutilius**, ii. *m.* Claudio Rutilio Numaciano, frances, obtuvo los mayores empleos en Roma, y dejó el itinerario en dos libros que tenemos faltos, pero en versos puros y elegantes. Floreció á principios del siglo v de Cristo, bajo el imperio de Teodosio el menor.

**Rŭtĭlo**, ās, āvi, ātum, āre. *a. y n. Plin.* Dar el resplandor del oro, hacer ó poner brillante. || Resplandecer, brillar, relucir.

**Rŭtĭlus**, a, um. *Cic.* Rutilo, brillante, resplandeciente, reluciente como el oro.

**Rutlus**, i. *m. Solin.* Barra que se pone detras de la puerta, tranca.

**Rutrum**, i. *n. Cat.* Instrumento rústico para sacar ó arrancar alguna cosa, como azadon &c. || Instrumento para amasar la cal y arena. || El rasero de la medida.

**Rŭtŭba**, ae. *f. Varr.* Perturbacion, trastorno.

**Rŭtŭla**, ae. *f. Cic.* dim. de Ruta. Pequeña mata de ruda.

**Rŭtŭli**, ōrum. *m. plur. Plin.* Los rutulos, *pueblos del antiguo Lacio.* || *Sil. Ital.* Los saguntinos, *por haber sido Sagunto poblada en lo antiguo de los colonos de Ardea, capital de los rutulos.*

**Rŭtŭlus**, a, um. *Virg.* Rutulo, del Lacio.

**Rutupiae**, ārum. *f. plur. Luc.* Sanvich, Rochester ó Richborou, *ciudad y puerto de Inglaterra.*

**Rŭtŭpīnus**, a, um. *Luc.* Perteneciente á la ciudad ó puerto llamado Rutupiae.

## SA

**Saba**. *f. indecl.* Saba, *ciudad de Etiopia.* || *Ciudad de Arabia.*

**Saba**. *m. indecl.* Saba, *hijo de Cus, hijo de Cam.*

**Sabadia sacra**, ōrum. *n. plur. Arnob.* Sacrificios de Baco.

**Săbaei**, ōrum. *m. plur. Plin.* Los sabeos, *pueblos de la Arabia feliz.*

**Săbaeus**, a, um. *Col.* Sabaeo, lo que es de Saba.

**Sabahot**. *nombre griego indecl. gen. de plur. Prud.* De los ejércitos.

**Sabaia**, ae. *f. Arnob.* La cerveza, *bebida que se hace de cebada ó trigo.*

**Sabaius**, ii. *m. Amian.* El que hace ó bebe cerveza.

† **Sabana** ae. *f.* Vestido blanco del recien bautizado.

**Sabănum**, i. *n. Pal.* Sábana, paño para enjugar, flotar ó limpiar.

† **Sabarium**, ii. *n.* Pavimento del templo.

**Sabath**. *m. indecl.* Sabath, *el onceno mes de los hebreos.*

**Sabatia vada**, ōrum. *m. plur. Plin.* Ciudad marítima de Liguria.

**Sabatia stagna**. *Sil. Ital.* Los lagos sabatinos ó de Bracciano en Toscana.

**Sabatīnus**, a, um. *Col.* Lo perteneciente al lago ó campo de Bracciano en Toscana.

**Sabaudia**, ae. *f. Plin.* Saboya, *provincia de la Galia antigua.*

**Săbaŭdus**, a, um. Saboyano, de Saboya.

**Sabazia**, ōrum. *n. plur. Cic.* Fiestas del tercer Baco, *rey del Asia.*

**Sabazius**, ii. *m. Cic.* Sobrenombre del tercer Baco. || De Júpiter entre los cretenses y frigios.

**Sabbatharii**, ōrum. *m. plur. Marc.* Observadores, guardadores del sábado, los judíos.

**Sabbathārius**, a, um. *Sid.* Propio del sábado.

**Sabbăthĭcus**, a, um. *Plin.* Del sábado, perteneciente al sábado.

**Sabbathismus**, i. *m. S. Ag.* La guarda ú observancia del sábado.

**Sabbăthizo**, ās, āre. *a. Tert.* Guardar el sábado.

**Sabbăthum**, i. *n. Hor.* El sábado, *séptimo dia de la semana.* || La semana. Sabbatha festa observare. *Just.* Guardar la fiesta del sábado. — Recutica. *Pers.* Sábados de los judíos. — Tricessima. *Hor.* Lunas nuevas consagradas entre los judíos. Sabathi prima. *Bibl.* El primer dia de la semana. — Secunda. El lunes, y así de los demas. Jejuno bis in sabatho. *Bibl.* Ayuno dos veces á la semana.

**Sabe**. *indecl. m.* El mes de febrero *de los sirios.*

**Săbelli**, ōrum. *m. plur. Hor.* Los samnitas, *pueblos de Italia.* || Los sabinos.

**Săbellĭcus**, a, um. *Virg.* y

**Săbellus**, a, um. *Virg.* Samnita ó sabino, propio de los samnitas ó sabinos.

**Săbīna**, ae. *f. Col.* La yerba sabina.

**Săbīne**. *adv. Varr.* Segun la lengua, costumbre ó modo de los sabinos.

**Săbīni**, ōrum. *m. plur. Cic.* Los sabinos, *pueblos de Italia.*

**Sabīniānus**, a, um. *Ulp.* Lo que pertenece al jurisconsulto Masurio Sabino.

**Sabīnus**, a, um. *Cic.* Sabino, propio de los sabinos ó de su país.

**Sabīnus**, i. *m. Ov. A.* Sabino, *poeta latino contemporáneo de Ovidio.*

**Săbis**, is. *m. Ces.* El Sambre, *río del país bajo.*

**Săbŭlētum**, i. *n. Plin.* Tierra sabulosa, arenosa.

**Săbŭlo**, ōnis. *m. Col.* Sabulo, arena gruesa y pesada.

**Săbŭlōsus**, a, um. *Col.* Sabuloso, abundante de arena, gruesa y pesada.

**Săbŭlum**, i. *n. Plin.* Arena gruesa y pesada, sabulo. || *Apul.* Instrumento músico de cuerdas, ó el plectro con que se toca.

**Săbŭra**, y Saburra, ae. *f. Liv.* Lastre de los navíos, arena gruesa con que se aseguran de la fuerza de los vientos. || Barrio de Roma de mugeres perdidas.

**Săburrālis**. *m. f. lĕ. n. is. Vitruv.* Lo que consta de arena pesada.

**Săburrātus**, a, um. *Plaut.* Lastrado, cargado de arena.

**Săburro**, ās, āvi, ātum, āre. *a. Plin.* Lastrar, cargar de arena. Saburrantur grues. *Plin.* Las grullas se afirman contra la violencia del viento, devorando arena, y levantando una piedra en cada pie.

**Sacea**, ōrum. *n. plur.* El carnaval de los babilonios, *que duraba cinco dias, en los cuales los esclavos tenian el lugar de sus amos.*

**Saccāria**, ae. *f. Apul.* Mercadería de sacos ó costales.

**Saccārius**, ii. *m. Paul. Jct.* Esportillero, ganapan, mozo de esquina ó del trabajo. || El que hace ó vende sacos ó costales.

**Saccārius**, a, um. *Quint.* Perteneciente á sacos ó cargas. Saccaria navis. *Quint.* Nave de carga.

**Saccātus**, a, um. *Plin.* Colado, pasado por una manga. Saccatus humor. *Luc.* La orina.

**Saccellātio**, ōnis. *f. Veg.* La imposicion de bolsas ó talegos para fomentar algun miembro enfermo.

**Saccellus**, i. *m. Petron.* Saquito, taleguito.

**Sacceus**, a, um. *S. Ger.* Hecho de un saco de paño ó lienzo tosco.

**Saccharum**, i. *n. Plin.* Especie de miel *que cogen los persas y árabes de las cañas, ó bien tomado de sus hojas, ó que á modo de goma estas ó las mismas cañas destilan, y solo tiene uso en la medicina.*

**Saccibuccis**. *m. f. cĕ. n. is. Arnob.* Lo que tiene gran boca, como un costal.

**Saccirreus**, a, um. *V.* Sacceus.

**Saccĭpĕrium**, ii. *n. Plaut.* Talego ó bolsa grande.

**Sacco**, ās, āvi, ātum, āre. *a. Plin.* Colar, pasar por una manga ó paño.

**Saccŭlārius**, ii. *m. Aic.* Ladron público. || Embaucador, embustero, sonsacador con artes mágicas y embustes.

**Saccŭlus**, i. *m. Juv.* Saquito, taleguito. Saeculus plenus aranearum. *Cat.* Bolsa llena de telas de araña, vacía.

**Saccus**, i. *m. Cic.* Saco, talego. Saccus vinarius. *Marc.* Manga para colar el vino. — Nummorum. *Hor.* Bolsa de dinero. — Nivarius. *Marc.* Saco lleno de nieve. Jejunii signum est. *S. Ger.* El saco ó túnica es señal del ayuno.

## SAC

**Sacellum**, i. n. *Cic.* Lugar de corto recinto, consagrado á algun dios con ara y sin techo. ‖ Capilla, ermita.

**Sacer**, cra, crum. *Cic.* Sacro, sagrado, consagrado, santo. ‖ Detestable, execrable, abominable. *Sacer liberi patris. Plin.* Consagrado á Baco. — *Ditis. Plin.* Consagrado á Pluton. — *Ignis. Col.* Fuego de S. Anton. — *Morbus. Plin.* Epilepsia, gota coral. — *Sanguis. Tac.* Sangre de las víctimas. *Sacrum est ritum. Plin.* Es una ceremonia inviolable. *In sacro esse. Plin.* Ser tenido por sagrado. *Jura sacerrima lecti. Ov.* Derechos conyugales muy sagrados, inviolables.

**Sacerdos**, ōtis. m. f. *Cic.* Sacerdote ó sacerdotisa. *Sacerdos musarum ó Phoebi. Hor.* El poeta.

**Sacerdōtalis**. m. f. lĕ. n. is. *Plin.* Sacerdotal, perteneciente al sacerdote.

**Sacerdōtissa**, ae. f. *Gel.* La sacerdotisa.

**Sacerdōtium**, ii. n. *Cic.* El sacerdocio, dignidad y oficio del sacerdote. ‖ El beneficio ó renta del sacerdote por su destino.

**Sacerdōtŭla**, ae. f. *Varr.* Pequeña sacerdotisa.

**Sacersanctus**, a, um. *Tert.* Sacrosanto.

**Saces**, ae. y **Sacae**, arum. m. plur. *Plin.* Pueblos de la Escitia, hoy Sarmacanda.

* **Sacodioe**, i. m. *Plin.* Piedra preciosa del color del jacinto.

**Sacōma**, ătis. n. *Vitruv.* Peso, contrapeso, romana.

**Sacopenium**, i. n. *Plin.* El sagapeno, licor de una especie de férula ó cañaheja de la Media y Apulia.

**Sacrāmenta**, ōrum. n. plur. *Juv.* Soldados, tropa, milicia. ‖ *Ecl.* Los sacramentos. ‖ Los misterios de la religion católica.

**Sacrāmentum**, i. n. *Cic.* Juramento. ‖ Depósito que hacian los antiguos litigantes del Lacio en el pontífice. ‖ El pleito ó causa á que precedia este depósito. ‖ *Ecles.* Sacramento, señal sensible de una cosa sagrada, oculta. *Sacramentum accipere. Front.* Recibir el juramento. — *Detrectare, exuere. Tac.* Quebrantar el juramento. — *Justum.* Consignacion del que ganaba el pleito, que se le devolvia. — *Injustum. Cic.* Depósito del que perdia el pleito que se confiscaba, y se aplicaba á los sacrificios. *Sacramento teneri. Suet.* Estar obligado con juramento, alistado para la milicia. — *Obligare. Cic.* — *Rogare. Quint.* — *Adigere. Ces.* Hacer prestar el juramento, obligar por medio de él.

**Sacrārium**, ii. n. *Plin.* Sacristía, lugar donde se guardan las cosas sagradas. ‖ Oratorio, capilla. ‖ Sagrario, interior parte del templo. *Sacrarium scelerum. Cic.* El asilo de todos los delitos.

**Sacrārius**, ii. m. *Inscr.* Sacristan, custodio de las cosas sagradas.

**Sacrātio**, ōnis. f. *Macrob.* Consagracion, el acto de consagrar, de dedicar, de hacer sagrado, religioso, de dedicar á Dios.

**Sacrātor**, ōris. m. *S. Ag.* El que consagra, consagrador.

**Sacrātus**, a, um. part. de *Sacro. Virg.* Consagrado, sagrado. *Sacratae leges. Liv.* Las leyes sacras establecidas por el pueblo en el monte sacro.

**Sacrāvienses**, ium m. plur. *Fest.* Habitantes de la via sacra en Roma.

**Sacres porci.** m. plur. *Plaut.* Lechoncillos acabados de destetar que sacrificaban á los dioses.

**Sacrĭcŏla**, ae. m. f. *Tac.* Sacrificador, sacerdote, el que hace sacrificios ó sirve de ministro en ellos.

**Sacrĭfer**, a, um. *Ov.* Que lleva las cosas sagradas.

**Sacrĭfĭcālis**. m. f. lĕ. n. is. *Tac.* Lo que es del sacrificio, perteneciente al sacrificio ó á sus ministros.

**Sacrĭfĭcans**, tis. *Suet.* El que sacrifica, sacrificante.

**Sacrĭfĭcātio**, ōnis. f. *Cic.* El acto y rito de sacrificar.

**Sacrĭfĭcātor**, ōris. m. *Tert.* Sacrificador, el que sacrifica.

**Sacrĭfĭcātus**, us. m. *Apul.* V. *Sacrificatio.*

**Sacrĭfĭcātus**, a, um. part. de *Sacrificio. Plin.* Sacrificado, muerto, ofrecido en sacrificio.

**Sacrĭfĭcium**, ii. n. *Cic.* El sacrificio.

**Sacrĭfĭco**, ās, ăvi, ātum, āre. a. *Cic.* Sacrificar, hacer un sacrificio, ofrecer en sacrificio.

## SAE 657

**Sacrĭfĭcŭlus**, i. m. *Liv.* Sacerdote de vana supersticion.

**Sacrĭfĭcus**, i. m. *Liv.* Sacrificador, sacerdote.

**Sacrĭfĭcus**, a, um. *Liv.* Que hace sacrificios. ‖ Perteneciente á los sacrificios.

**Sacrĭlĕge**. adv. *Ter.* Sacrílega, impíamente.

**Sacrĭlĕgium**, ii. n. *Liv.* Robo sacrílego, de cosa consagrada, ó de lugar sagrado. ‖ *Nep.* Sacrilegio, violacion de la religion, de cosa sagrada.

**Sacrĭlĕgus**, a, um. *Cic.* Sacrílego, el que roba cosas sagradas. ‖ Impío, malvado, violador de cosas sagradas.

**Sacrima**, ae. f. *Fest.* Oblacion á Baco de las primeras uvas y del vino nuevo.

**Sacriportus**, i. m. *Varr.* Nombre de un lugar en la cuarta region de Roma, entre la *via sacra* y el barrio llamado *del escándalo*. ‖ Nombre de una ciudad marítima en el golfo de Tarento.

† **Sacris**, is. f. La víctima.

**Sacrista**, ae. m. *Gel.* El sacristan. ‖ Tesorero de la iglesia. ‖ Enfermero.

† **Sacristārium**, ii. n. Tesorería, dignidad de tesorero de la iglesia. ‖ Oficio de sacristan ó de enfermero.

† **Sacristia**, ae. f. La sacristía.

**Sacrium**, ii. n. *Plin.* El succino, ambar ó electro.

**Sacro**, ās, āvi, ātum, āre. a. *Plin.* Consagrar, dedicar, votar á los dioses. ‖ Escomulgar, maldecir, proscribir, dar al diablo. *Sacrare vota divis. Virg.* Ofrecer votos á los dioses. — *Foedus Liv.* Jurar una alianza. — *Caput cum bonis alicujus. Plaut.* Pronunciar confiscacion de la persona y bienes de alguno.

**Sacrōsanctus**, a, um. *Cic.* Sacrosanto, sagrado, inviolable, lo que no se puede violar impunemente.

**Sacrōvir**, iri. m. *Tac.* Julio Sacrovir, autunés, autor de una famosa sedicion de su pais, por estar muy cargado de deudas y usuras.

**Sacrōvirĭanus**, a, um. *Tac.* Lo perteneciente á Julio Sacrovir, autunés.

**Sacrum**, i. n. *Cic.* Sacrificio. ‖ Religion. ‖ Derecho sagrado. ‖ *Virg.* Ceremonia, rito, misterio de religion. ‖ Fiesta, solemnidad. ‖ *Dig.* Templo. *Sacram inter et saxum stare. Plin.* Estar entre dos estremos igualmente peligrosos, entre la pila y el agua bendita. *Sine sacris haereditas. Fest.* Carne sin hueso, rosa sin espinas. Proverbio de lo que nos sucede bien, sin ninguna incomodidad. *Inter sacrum, et saxum. adag.* Entre la cruz y el agua bendita. ref.

**Saddūcaei**, ōrum. m. plur. *Tert.* Los saduceos, hereges entre los judíos que negaban la resurreccion, y que hubiese ángeles ni otros espíritus.

**Saecŭlum**, i. n. y sus derivados. V. *Seculum.*

**Saepe**, ius, issĭme. adv. *Cic.* Muchas, repetidas veces, frecuentemente.

**Saepĕnŭmĕro**. adv. *Cic.* Muchas veces, frecuentemente.

**Saepes**, is. f. V. *Sepes.*

**Saepĭcŭle**. adv. *Plaut.* Á menudo, con bastante frecuencia.

**Saepimentum**, i. n. V. *Sepimentum.*

**Saepissĭmus**, a, um. *Cat.* Muy frecuente.

**Saeve**, ius, issĭme. adv. *Col.* Cruel, fieramente.

**Saevĭdictum**, i. n. *Ter.* Palabra picante.

**Saevio**, is, ii, ītum, īre. n. *Liv.* Encruelecerse, ejercer su crueldad, mostrarse cruel, tratar con inhumanidad. ‖ Enfurecerse, ensoberbecerse. Se dice de los afectos humanos y de las cosas inanimadas, como el mar, los vientos, la enfermedad &c. *Saevire in tergum. Liv. Flagellis. Juv.* Dar crueles azotes, azotar cruelmente.

**Saevĭtas**, ātis. f. V. *Saevitia.*

**Saevĭter**, ius, issĭme. adv. *Plaut.* Cruel, fiera, inhumanamente.

**Saevĭtia**, ae. f. *Cic.* y

**Saevĭties**, ēi. f. *Apul.* y

**Saevĭtūdo**, ĭnis. f. *Plaut.* Crueldad, inhumanidad, rigor. *Saevitia hiemis. Salust.* Rigor del invierno. — *Maris. Plin.* Tempestad, furia del mar. — *Annonae. Tac.* Carestía de víveres.

**Saevus**, a, um, ior, issĭmus. *Cic.* Cruel, duro, inhumano. ‖ Violento, impetuoso. ‖ *Virg.* Valiente, podero-

Oooo

so, temible. *Saevus Hector. Virg.* El valeroso Hector. — *Ventus. Cic.* Viento impetuoso.

**Sága,** ae. f. *Cic.* Encantadora, hechicera, supersticiosa.

**Sagācis.** gen. de Sagax.

**Săgăcĭtas,** ātis. f. *Cic.* Olfato fino de los perros. ‖ Sagacidad, destreza, finura, sutileza, penetracion.

**Săgăcĭter,** ius, issĭmē. adv. *Cic.* Sagaz, diestra, astutamente.

**Săgāna,** ae. f. *Hor.* Sagana, *nombre de una famosa hechicera.* ‖ El mortero. ‖ La hechicera.

**Săgăpēnum,** i. n. *Cels.* El sagapeno, jugo espeso del arbusto llamado *ferula.*

**Săgăris,** is. m. *Plin.* El rio Sagaris de Frigia, llamado tambien Sangarius.

**Săgărītis,** ĭdis. f. *Liv.* Propio de Sagaris, *rio de Frigia.*

**Săgărius,** a, um. *Ulp.* Perteneciente al sayo militar. *Sagariam facere. Apul.* Tratar en sayos, ó hacerlos.

**Săgărius,** ii. m. *Inscr.* El que hace los sayos para la guerra, ó comercia en este género.

**Săgātus,** a, um. *Cic.* Vestido de sayo militar.

**Săgax,** ācis, ior, issĭmus. *Cic.* Lo que es de agudo ó fino olfato. ‖ Sagaz, diestro, sutil, agudo.

**Sagda,** ae. f. *Plin.* Piedra preciosa de color verde, *que atrae la madera, como el iman al hierro, segun dice.*

**Săgēna,** ae. f. *Ulp.* La red de pescar.

**Săgēnŭla,** ae. f. dim. de Sagena.

**Sagestre,** is. n. *Lucil.* Capote grueso, basto.

**Săgīna,** ae. f. *Col.* Vianda, cebo que sirve para engordar ó cebar. ‖ *Plin.* La crasitud de la comida. ‖ *Plaut.* Animal cebado. ‖ Sitio en que se ceban los animales. ‖ La comida. *Sagina dicendi. Quint.* Abundancia, amenidad del discurso. — *Gladiatoria. Tac.* Alimentos fuertes, propios de los gladiadores.

**Săgīnārium,** ii. n. *Varr.* Lugar en que se ceban ó engordan animales.

**Săgīnātĭo,** ōnis. f. *Plin.* Cebo, la accion de cebar ó engordar animales.

**Săgīnātus,** a, um. *Liv.* Cebado, lleno, harto de comida.

**Săgīno,** as, avi, atum, are. a. *Plin.* Cebar, engruesar, engordar, llenar, hartar de comida. *Oculus domini saginat equum. Ovium nullus usus, si pastor absit.* Adonde no está el dueño, ahí está el duelo. Quien tiene tienda que atienda. El mejor pienso del caballo el ojo del amo. El ojo del amo estiercol para la heredad. *ref.*

**Săgĭo,** is, īre. a. *Cic.* Presentir, penetrar, sentir, pensar con agudeza.

**Săgitta,** ae. f. *Cic.* Saeta, flecha. ‖ Dardo. ‖ *Veg.* La lanceta. ‖ *Plin.* Yerba llamada lengua de serpiente. ‖ *Plin.* El cabo ó punta del manojo hecho de sarmientos. ‖ La flecha, signo celeste.

**Săgittans,** tis. *Solin.* El que tira flechas ó hiere con ellas.

**Săgittārius,** ii. m. *Cic.* Saetero, flechero, soldado armado de arco y flecha. ‖ *Dig.* El que fabrica las flechas. ‖ Sagitario, uno de los doce signos del zodiaco.

**Săgittātus,** a, um. part. de Sagitto. *Cel. Aur.* Herido con saetas ó flechas, asaeteado.

**Sagittĭfer,** a, um. *Virg.* Que lleva flechas. ‖ El sagitario, *signo celeste.*

**Sagittĭger,** a, um. *Avien.* El que lleva flechas.

**Sagittĭpŏtens,** tis. m. *Cic.* El sagitario, *signo celeste.*

**Sagitto,** as, are. a. *Just.* Disparar flechas ó saetas.

**Săgittŭla,** ae. f. *Apul.* Saetilla, flecha pequeña.

**Sagma,** ătis. f. *Veg.* La albarda ó jalma de las bestias de carga.

**Sagmārius,** a, um. *Lampr.* Lo que es de carga ó perteneciente á jalma ó albarda.

**Sagmen,** ĭnis. n. *Liv.* La verbena, *yerba.*

**Sagochlămis,** ydis. f. *Treb.* Especie de sayo militar, *que tenia parte del sayo romano y de la clámide griega.*

**Sagra,** ae. f. *Cic.* Sagra, *rio de la Magna Grecia.*

**Săgŭlātus,** a, um. *Suet.* Vestido del sayo militar.

**Săgŭlum,** i. n. *Cic.* Sayo militar, vestidura propia de soldado raso.

**Săgum,** i. n. *Cic.* V. Sagulum. *Saga sumere. Ad saga ire. In sagis esse. Cic.* Tomar las armas ó estar sobre ellas.

**Săguntīni,** ōrum. m. plur. *Liv.* Los saguntinos, ciudadanos de Sagunto.

**Săguntīnus,** a, um. *Liv.* Natural de ó lo perteneciente á Sagunto.

**Săguntos,** y Saguntus, i. f. Saguntum, i. n. *Liv.* Sagunto, *ciudad de España, hoy Morviedro, en el reino de Valencia.*

**Sāgus,** i. m. *En. V.* Sagum.

**Sāgus,** a, um. *Prud.* Presagio. El que presiente ó anuncia ó comprende lo que ha de suceder.

**Sāgus,** i. m. *Estac.* Adivino, el que pronostica con encantamientos.

**Sal,** ălis. m. *Cic.* La sal. ‖ Sabiduría, prudencia. ‖ Sal, gracia, chiste, agudeza, donaire picante y satírico. *Virg.* La mar. ‖ *Plin.* Mancha, pinta de una piedra preciosa. ‖ *Nep.* Gracia, elegancia, belleza de las cosas corpóreas. *Sal nigrum. Hor.* Sátira picante, ofensiva. — *Placidum. Virg.* Mar en calma. — *Rapidum. Cat.* Corriente del mar. — *Dicendi. Cic.* Gracia en el decir. *Salem habere. Tert.* Tener prudencia. *Salem vehens dormis? adag.* Besugo da mulo y mata mulo. *ref.*

**Sălăcăcăbia,** ōrum. n. plur. *Apic.* Viandas saladas cocidas en ollas.

**Sălăcĭa,** ae. f. *Cic.* Salacia. Diosa de la mar. ‖ Venilia. ‖ Tetis. ‖ Anfitrite. ‖ Venus.

**Sălăcis.** gen. de Salax.

**Sălăcĭtas,** ātis. f. *Plin.* Inclinacion á placeres ilícitos.

**Sălācon,** ōnis. m. *Cic.* Ambicioso, jactancioso, arrogante, soberbio. ‖ Nombre de un hombre, *que siendo muy pobre, hacia ostentacion de rico.*

**Salamandra,** ae. f. *Plin.* La salamandra, *animal muy parecido al lagarto, aunque mas pequeño, muy venenoso, que echada en el fuego por el pronto lo apaga.*

**Sălămĭnĭăcus,** a, um. *Luc.* Perteneciente á Salamina.

**Sălămĭnĭi,** ōrum. m. plur. *Cic.* Los ciudadanos de Salamina, salaminios.

**Sălămĭnĭus,** a, um. *Tac.* Perteneciente á Salamina.

**Sălămis,** ĭnis, y Salamina, ae. y Salamine, es. f. *Cic.* Salamina, isla y ciudad en el golfo Salónico, en que reinó Telamon, padre de Ayax y Teucro. ‖ Otra en la costa oriental de Chipre, fundada por Teucro, hijo de Telamon.

**Salapia,** ae. f. *Plin.* Salapia, *ciudad de la Pulla.*

**Salapīni,** ōrum m. plur. *Cic.* Ciudadanos de Salapia.

**Salapĭānus,** a, um. y

**Salapīnus,** a, um. ó

**Salapitanus,** a, um. *Liv.* Perteneciente á Salapia, *ciudad de la Pulla.*

**Salapitta,** ae. f. *Arnob.* Bofeton, guantada.

**Salapŭtium,** ii. n. Hombre de pequeña estatura.

**Sălar,** ăris. m. *Suet.* La Trucha, *pescado.*

**Salaria via,** ae. f. *Plin.* Camino de Roma, *que iba hasta los sabinos, por donde se les llevaba la sal de Roma.*

**Salariānus,** a, um. *Plin.* De la vía *salaria de Roma.*

**Sălărĭārius,** ii. m. *Ulp.* Hombre asalariado, que recibe ó gana sueldo.

**Sălāris.** m. f. lē. n. is. V. Salarius.

**Sălārium,** ii. n. *Plin.* Salario, sueldo, recompensa del trabajo.

**Sălārius,** ii. m. *Marc.* Pescadero, el que vende peces salados.

**Salarius,** a, um. *Liv.* Lo que es de ó pertenece á la sal.

**Sălassi,** ōrum. m. plur. Pueblos de la Galia traspadana. ‖ Los habitantes del marquesado de Salucio en Saboya.

**Sălax,** ācis. *Col.* Lujurioso, lascivo, incontinente. ‖ *Ov.* Que provoca ó escita la lascivia. ‖ Del mar. *Salaces Nymphae. Ov.* Ninfas del mar.

**Saldŭba,** ae. m. Guadalquivirejo, *rio de España.*

**Sale,** is. n. V. Sal.

**Sălēbra,** ae. f. y

**Sălēbrae,** ārum. f. plur. Dificultad, embarazo, lugar difícil de pasar en un camino. ‖ Dureza, aspereza, rusticidad del estilo.

**Sălēbrātim.** adv. *Siden.* Por asperezas y dificultades.

**Sălēbrātus,** a, um. *Siden.* V. Salebrosus.

**Sălēbrĭtas,** ātis. f. y

Sălebrŏsĭtas, ātis. f. *Apul.* Escabrosidad, fragosidad, aspereza y dificultad del camino.

Sălebrōsus, a, um. *Apul.* Escabroso, fragoso, áspero, montuoso, dificultoso. *Salebrosa oratio. Quint.* Estilo duro, áspero, nada corriente y fluido.

Sălentīni, ōrum. m. *Fest.* Salentinos, *pueblos de Italia en la Mesapia, hoy provincia hidruntina.*

Sălentīnus, a, um. *Virg.* Salentino, de Salento. *Salentinum promontorium. Plin.* Cabo de Santa María.

Sălernĭtānus, a, um. *Plin.* Lo que es de Salerno.

Sălernum, i. n. *Plin.* Salerno, *ciudad del reino de Nápoles.*

Salgăma, ōrum. n. *Col.* Todo lo que se guarda seco ó con salsa en vasijas para comer.

Salgămarius, ii. m. *Col.* El confitero, el que hace y vende conservas ó frutas conservadas. ¶ Título de un libro de un cierto Cayo Macio, que trataba del modo de conservar las frutas.

Sălia, ae. m. El Sella, *rio de Lorena.*

Sălĭaris. m. f. re. n. is. *Hor.* Perteneciente á los Salios, sacerdotes de Marte. *Saliares epulae ó dapes. Hor.* Comidas abundantes, opíparas, como las de los Salios.

Sălĭatus, us. m. *Cap.* Oficio y dignidad de los Salios.

Salicastrum, i. n. *Plin.* Especie de vid silvestre que nace entre los sauces.

Sălĭcētum, i. n. V. Salicetum.

Sălĭcippius, ii. m. *Catul.* El que se sube sobre un madero, piedra ó monton de tierra para parecer mas alto.

Salĭcis. gen. de Salix.

Sălictarius, ii. m. *Cat.* El que cuida de los sauces. *Salictarius lupus. Plin.* El lúpulo ú hombrecillo, *yerba con que se hace la cerveza.*

Salictētum, i. n. *Dig.* y

Salictum, i. n. *Plin.* Sauzal, sitio plantado de sauces.

Săliens, tis. com. *Virg.* Saltante, que salta. *Salientes. Cic.* Tubos, caños de agua. *Saliens aqua. Virg.* Agua corriente. — *Mica. Hor.* Un grano de sal. — *Vena. Ov.* El pulso que late.

Sălĭfŏdina, ae. f. *Vitruv.* Salina, mina de sal.

Săligĭneus, a, um. y

Săligneus, a, um. *Col.* y

Salignus, a, um. *Hor.* Lo que es de sauce ó que pertenece á este árbol.

Salii. pret. de Salio.

Sălii, ōrum. m. plur. *Liv.* Salios, *sacerdotes de Marte, instituidos por Numa.*

Salillum, i. n. *Cat.* Salerito, salero pequeño.

Sălina, ae. y Salinae, ārum. f. plur. *Plin.* Salina, mina de sal. ¶ *Cic.* Gracia, chiste picante.

Sălĭpăcĭdus, a, um. *Solin.* y

Sălĭpācĕus, a, um. Salado, ácido.

Sălĭnarius, a, um. *Vitruv.* Lo que es de sal, de las salinas.

Sălĭnārius, ii. m. *Vitruv.* y

Sălĭnātor, ōris. m. *En.* Salinero, el que vende sal. ¶ El que la hace. ¶ Sobrenombre romano de los Livios y Opios.

Salīnum, i. n. *Liv.* El salero.

Sălio, is, ii, ó ivi, ītum, īre. a. *Cels.* Salar, echar en sal.

Sălio, is, īvi, ō ii, saltum, īre. a. *Virg.* Saltar. ¶ *Lucr.* Resplandecer, brillar. ¶ *Salii fuera. Salium venas. Ov.* Las venas pulsan, laten.

Sălĭsatio, ōnis. *Marc. Emp.* Palpitacion, pulsacion.

Sălĭsator, ōris. m. *Isid.* El supersticioso, que de latirle alguna vez un miembro imagina que le ha de suceder algun suceso próspero ó adverso.

Sălĭsubsŭlus, i. m. *Cat.* El sacerdote salio que va saltando ó danzando.

Sălĭtio, ōnis. f. *Veg.* El salto, la accion de saltar.

Salītor, ōris. m. V. Salisator.

Sălĭtūra, ae. f. *Col.* La salazon, la accion de salar ó echar en sal, saladura.

Sălĭtus, a, um. *Cels.* Salado, echado en sal.

Saliunca, ae. f. *Virg.* La saliunca, *yerba.*

Sălius, a, um. *Cic.* Salio, perteneciente á los sacerdotes de Marte.

Sălīva, ae. f. *Lucr.* La saliva. ¶ *Plin.* El gusto ó sabor de las viandas. *Salivam ciere, facere, movere. Sen.* Llenar la boca de agua, escitar al apetito. *Cochlearum saliva. Plin.* La baba de los caracoles.

Sălĭvandus, a, um. *Col.* Lo que se ha de purgar por salivacion.

Sălĭvans, tis. com. *Virg.* Lo que echa espuma por la boca, que tiene la boca fresca. ¶ Que echa saliva, que saliva, que babea.

Sălĭvārius, ii. *Varr.* Albeitar, mariscal, que cura los animales, veterinario.

Sălĭvārius, a, um. *Plin.* Salival, perteneciente ó parecido á la saliva.

Sălĭvātio, ōnis. f. *Cel. Aur.* Salivacion, flujo de la saliva.

Sălĭvatum, i. n. *Plin.* Medicamento líquido ó sólido para los caballos y otros animales.

Sălĭvo, ās, ävi, ātum, āre. a. *Plin.* Salivar, escupir. ¶ Babear, espumar. *Salivare medicamine. Col.* Escitar la salivacion, curar por medio de ella.

Sălĭvōsus, a, um. *Plin.* Salivoso, que espele mucha saliva, ó que se parece á ella.

Sălix, icis. f. *Plin.* El sauce, *árbol.*

Sallio, is, ivi, ītum, īre y

Sallo, is, si, sum, lĕre. a. *Suet.* Salar.

Sallustĭānus, y Salustianus, a, um. *Tac.* Perteneciente á Salustio.

Sallustius, y Salustius, ii. m. *Tac.* Cayo Salustio Crispo, *célebre historiador romano.*

Salmăcĭdus, a, um. *Plin.* Salado y agrio.

Salmăcis, idis. f. *Ov.* Salmacis, la ninfa Nais, hija del Cielo y de la Tierra, que abrazó tan estrechamente á Hermafrodito, que quedó hecho de los dos un solo cuerpo con dos sexos. ¶ Estanque ó fuente de Caria junto á Halicarnaso, cuyas aguas escitaban á la liviandad. ¶ *Cic.* Palabra de oprobio, cobarde, afeminado.

Salmantica, ae. f. Salamanca, *ciudad y universidad célebre en España.*

Salmo, ōnis. m. *Plin.* El salmon, *pescado.*

Salmōneus, i. m. *Virg.* Salmoneo, hijo de Eolo, rey de Elide, que pretendiendo honores divinos fue arrojado con un rayo de Júpiter á los infiernos.

Salmōnis, idis. f. *Prop.* Tiro, hija de Salmoneo.

Salŏmon, ōnis. m. *Juv.* Salomon, rey de los judíos, hijo de David y Betsabé.

Salomōnĭacus, a, um. *Sid.* y

Salomōnius, a, um. *Prud.* Perteneciente á Salomon.

Sălor, ōris. m. *Mart. Cap.* El color del mar entre verde y azul, cerúleo.

Salpa, ae. f. *Plin.* La salpa, *pescado despreciable.*

Salpicta, Salpincta, ó Salpista, ae. m. *Arnob.* El trompeta ó trompetero.

Salpinx, ingis. f. *Serv.* La trompeta.

Salpŭga, ae. f. *Plin.* Salpuga, *hormiga ponzoñosa.*

Salsāmen, inis. n. *Arnob.* V. Salsamentum.

Salsămentārius, ii. m. *Cic.* El que vende pescado en sal, pescadero.

Salsămentārius, a, um. *Col.* Perteneciente al pescado salado ó salpresado.

Salsămentum, i. n. *Cic.* Pescado salado ó salpresado. *Salsamenta haec fac macerentur pulchre. Plaut.* Haz que este pescado se ablande bien.

Salse, ius, issime. adv. *Cic.* Salada, chistosa, agudamente, graciosamente. *Salse dicere. Quint.* Satirizar con agudeza.

Salsēdo, ĭnis. f. *Pal.* El sabor salado.

Salsi. pret. de Sallo.

Salsĭfŏdina. V. Salifodina.

Salsīlāgo, ĭnis. f. *Plin.* Sabor salado.

Salsĭpŏtens, tis. m. *Plaut.* Señor del mar, *epíteto de Neptuno.*

Salsĭtūdo, ĭnis. f. *Plin.* Humor salado.

Salsŭgia, ae. f. *Plaut.* El escabeche.

Salsūgo, ĭnis. f. *Plin.* La salmuera, licor salado.

Salsūra, ae. f. *Col.* La saladura ó salazon, el tiempo y modo de salar.

Salsus, ior, issimus. *Plin.* Salado. ¶ Agudo, fino, picante, con chiste y gracia.

Saltabundus, a, um. Gel. El que danza.

Saltātĭo, ōnis. f. Cic. El baile ó danza.

Saltatiuncŭla, ae. f. Vop. Danza, baile de muchachos.

Saltātor, ōris. m. Cic. Bailador, bailarin, danzante. ‖ Quint. El pantomimo, que representa sin hablar, con solos los ademanes.

Saltātōrĭe. adv. Apul. Danzando, bailando.

Saltātōrĭus, a, um. Cic. Lo que es de danza, de baile. Saltatorius ludus. Macrob. Escuela de baile. ― Orbis. Cic. Baile en rueda, rueda de bailarines.

Saltatrīcŭla, ae. f. Gel. Pequeña bailarina. dim. de

Saltātrix, īcis. f. Cic. La bailarina ó danzarina.

Saltātus, us. m. Liv. El baile, la danza.

Saltātus, a, um. Ov. part. de Salto. Recitado ó representado bailando.

Saltem. conj. Ter. Á lo menos, por lo menos.

Saltĭcus, a, um. Tert. El que suele bailar.

Saltim. Aus. en lugar de Saltem.

Saltĭto, ās, āre. a. frec. Quint. Bailar á menudo.

Salto, ās, āvi, ātum, āre. a. Cic. Danzar, bailar. Saltare pastorem. Hor. Representar un pastor danzando. ― In oratione. Cic. Hacer gestos y ademanes de representante en un discurso público. In tenebris saltare. In simpulo aliquid facere. Demisso capite discedere. Á cencerros tapados.

Saltuāres insulae. Plin. Islas flotantes, pequeñas islas del mar ninfeo, que dice se mueven al son de la música y baile.

Saltuārĭus, ii. m. Dig. Guarda de bosques, de dehesas.

Saltuātim. adv. Gel. Á saltos, saltando. Saltuatim scribere. Gel. Escribir saltando, con digresiones, sin órden.

Saltuensis. m. f. sě. n. is. Dig. Perteneciente al bosque, monte ó dehesa.

Saltuōsus, a, um. Sal. Montuoso, que abunda de bosques, selvas y montes.

Saltus, us. m. Cic. Salto, la accion de saltar, y el espacio que se salta. ‖ Bosque, monte, selva, prado, y cualquier lugar de pasto. ‖ Posesion, heredad, hacienda de muchos pastos. ‖ El baile. Aestivi saltus. Just. Pastos de verano. ― Hiberni. Dig. Pastos de invierno. ― Vacui. Virg. Pastos, prados, dehesas sin árboles ni matas.

Salūber. m. bris. f. brě. n. e.

Salūbris. m. f. brě. n. is. brior, berrĭmus. Cic. Saludable, sano, que da la salud ó contribuye á ella. ‖ Sano, robusto. ‖ Util, provechoso.

Salūbrĭtas, ātis. f. Cic. Salubridad, sanidad, buen temple. Salubritas dictionis. Cic. Pureza del estilo.

Salūbrĭter, brius, berrĭme. adv. Cic. Saludable, sana, útil, provechosamente.

Salum, i. n. Virg. El mar, alta mar.

Salus, ūtis. f. Cic. La salud, sanidad. ‖ El saludo. ‖ Conservacion, buen estado. ‖ Curacion, cura, remedio. Salus invisa est mi. Ov. Aborrezco la vida. Salutem alicui dicere. Cic. Saludar á alguno. ‖ Despedirse de él. Saluti esse. Ter. Ser saludable, provechoso. Fue tenida por diosa, hija de Esculapio, y tuvo templo en el monte Quirinal.

Salūtābundus, a, um. Marci Cap. El que saluda con reverencia.

Salūtans, tis. m. Sen. El que saluda ó hace reverencia.

Salūtāris. m. f. rě. n. is. Cic. Saludable, salutífero, sano, que da la vida ó la salud. ‖ Ventajoso, provechoso, útil. Salutaris digitus. Suet. El dedo índice, el cual besaban los romanos al tiempo de saludar. ― Littera. Cic. Letra de consuelo y vida, la letra A, porque se ponia en ella para votar la absolucion de un acusado. Salutaria bibere. Apul. Brindar á la salud de los amigos.

Salūtārĭter. adv. Cic. Saludable, útil, provechosamente para la salud.

Salūtātĭo, ōnis. f. Cic. Salutacion, el acto de saludar.

Salūtātor, ōris. m. Cic. Saludador, el que saluda. ‖ El que visita ó va á dar los buenos dias.

Salūtātōrĭus, a, um. Plin. Perteneciente á la salutacion ó reverencia. Salutatorium cubile. Plin. Sala ó cámara de audiencia, de córte ó cortejo.

Salūtātrix, īcis. f. Marc. La que saluda, visita, hace la corte ó reverencia.

Salūtātus, a, um. Marc. Saludado. ‖ Adorado, reverenciado.

Salūtĭfer, a, um. Ov. Salutífero, saludable.

Salūtĭfĭcātor, ōris. m. Tert. Salvador, el que salva.

Salūtĭger, a, um. Apul. Saludable, salutífero.

Salūtĭgerŭlus, a, um. Plaut. Siervo, criado, page que lleva recados ó los buenos dias de parte de su ama.

Salūtis. gent. de Salus.

Salūto, ās, āvi, ātum, āre. a. Cic. Saludar á alguno, darle los buenos dias. ‖ Saludar, aclamar, proclamar á alguno. ‖ Visitar, ir á ver á alguno. ‖ Hacer la corte. Salutare deos precibus. Cic. Hacer súplicas á los dioses, darles adoracion. ― Sternutamentis. Plin. Decir al que estornuda Dios te ayude. ― Aliquem imperatorem. Tac. Aclamar, proclamar á uno emperador.

Salvātĭo, ōnis. f. Bibl. Salvacion, la salud eterna.

Salvātor, ōris. m. Lact. Salvador, el que salva ó conserva. ‖ El Salvador del mundo N. S. J.

Salve. adv. Ter. Saludable, sanamente, con salud.

Salveo, ēs, ēre. n. def. Plaut. Estar bueno, tener salud, hallarse bueno. Salvere illum velim jubeas. Cic. Te ruego que le saludes de mi parte. Salvebis á Cicerone meo. Cic. Mi hijo te saluda. Salve, salvete, salveto, salvetote. Cic. Te saludo, os saludo, buenos dias ó buenas tardes &c. No se usan mas tiempos ni personas de este verbo.

Salvĭa, ae. f. Plin. La salvia, yerba conocida.

Salvĭfĭcātor, ōris. m. Tert. Salvador.

Salvĭfĭco, ās, āre. a. Sedul. Salvar, dar la salud.

Salvĭfĭcus, a, um. Alcim. Avit. Que da ó trae la salud.

Salvo, ās, āre. a. Bibl. Salvar, poner en salvo. ‖ Dar la gloria, la bienaventuranza.

Salvus, a, um. Cic. Salvo, sano, bueno, que goza de salud. ‖ Intacto, puro, conservado, entero. Salvus sis. Ter. Buenos dias, me alegro que estés bueno. Salvus sum. Ter. Estoy bien, estoy seguro, libre de cuidados, fuera de peligro. ― Venire. Cic. Vinne bueno, con salud. Salva res est. Ter. Esto va bien, está en buen estado. ― Epistola. Cic. Carta que se conserva cerrada, que no se ha abierto. Salvum signum. Plaut. Sello que no se ha quitado, que se mantiene. Salva virginitate, fide, lege. Salva la virginidad, la fe, la ley, sin perjuicio ni menoscabo de ellas. Salvo jure, honore. Cic. Salvo el derecho, la honra. Salvis auspiciis. Cic. Salvos los auspicios.

Salyes, um. m. plur. Plin. ó

Salyi, ōrum. Provenzales, los de la diócesis de Aix en Provenza.

Sam. conj. Fest. en lugar de Sham y Eam.

Sāmăra, ae. m. El Soma, rio de Picardía.

Sāmārĭa, ae. f. Plin. Samaria, region y ciudad de Palestina en la tribu de Efraim.

Sāmārītes, y Samarītes, ae. m. Tac. Samaritano, el natural de Samaria.

Sāmārītānus, a, um. Sedul. y

Sāmārītĭcus, a, um. Juv. Samaritano, de Samaria.

Sāmārītis, ĭdis. Juv. Samaritana, de Samaria.

Sāmărobrīva, ae. f. Ces. Amiens, ciudad capital de Picardía en Francia.

Sambūca, ae. f. Vitrav. El arpa ó sacabuche, instrumento de cuerdas. ‖ Veg. Puente levadizo, máquina de guerra.

Sambūcētum, i. n. Plin. El saucedal, lugar plantado de saucos. ‖ De sauco.

Sambūceus, a, um. Plin. De sauco, hecho de sauco.

Sambūcĭna, ae. f. Plaut. y

Sambūcĭstrĭa, ae. f. Liv. La tocadora del arpa, la que toca y canta al arpa ó sacabuche.

Sambūcus, y Sabūcus, i. f. Plin. El sauco, árbol. Arpista, tocador del arpa.

Same, es. f. Plin. Same, isla del mar Jonio, junto á Cefalenia. ‖ Ciudad de Cefalenia, enfrente de la isla de Asteria.

Sămĕra, ae. f. Col. La simiente ó grana del olmo.

Samia, ae. f. Tert. Especie de torta, que tomó el nombre de la isla de Samos, donde se ofrecian muy buenas en los sacrificios de Juno.

## SAN

**Samiātus**, a, um. *Plin.* Terso, pulido con la piedra de Samos.

**Samii**, orum. m. plur. *Liv.* Samios, los naturales y habitantes de la isla de Samos.

**Samiŏlus**, a, um. *Plaut.* dim. de Samius. Hecho de tierra de Samos.

**Samius**, a, um. *Liv.* Samio, de Samos, natural de la isla de Samos ó perteneciente á ella. *Samia vasa. Plin.* Vasijas de varro de Samos. *Samius lapis. Plin.* Piedra de Samos muy propia para bruñir el oro.

**Samnis**, itis. m. f. *Liv.* Natural de Samnio, samnita.

**Samnītes**, tum, y tium. m. plur. *Cic.* Samnitas, los pueblos de Samnio. ‖ *Liv.* Gladiadores, que tomaron este nombre por usar de la armadura de los samnitas.

**Samnītĭcus**, a, um. *Suet.* Perteneciente á los samnitas.

**Samnītis**, idis. V. Samnis.

**Samnium**, i. n. *Flor.* El pais de los samnitas, region de Italia, que hoy es el Abruzo citerior.

**Samŏlus**, i. f. *Plin.* La yerba samiolo ó pulsatila, eficaz contra las enfermedades de los cerdos y de los bueyes.

**Sămos**, y Samus, i. f. *Plin.* La isla de Samos en el mar icario, patria de Pitágoras. ‖ *Virg.* Otra del mar egeo llamada tambien Samotracia.

**Samothrăce**, es. f. *Liv.* Samotracia, isla del mar egeo.

**Samothrăcēnus**, a, um. *Plin.* Lo que es de Samotracia.

**Samothrăces dii.** *Varr.* Los dioses penates de los samotracios.

**Samothracia**, ae. f. *Virg.* Samotracia, isla del mar egeo. ‖ *Plin.* Piedra preciosa negra, que tomó el nombre de la isla por ser comun en ella.

**Samothrăcĭus**, a, um. *Plin.* Samotracio, perteneciente á esta isla. *Samothracia ferrea. Lucr.* Anillos de hierro, hechos primeramente en Samotracia.

**Sampsa**, vel Samsa, ae. f. *Col.* La carne de la aceituna que da el aceite, se conserva con ciertas yerbas y simientes.

**Samsūchīnus**, a, um. *Plin.* Hecho de mayorana ó almoradux.

**Sampsŭchum**, y Sampsuchus, i. n. f. *Plin.* La mayorana ó almoradux, yerba.

**Sanăbĭlis**, m. f. lē. n. is. *Cic.* Sanable, curable, lo que se puede sanar ó curar.

**Sanātes**, um. m. plur. *Fest.* Pueblos de la comarca de Roma. *Tomaron este nombre de que rebelados al imperio volvieron á poco tiempo á la obediencia, como sanados ó curados de su error.*

**Sanātio**, ōnis. f. *Cic.* Curacion.

**Sanātor**, ōris. m. *Paul. Nol.* El que sana á otro.

**Sanātus**, a, um. *Liv.* Sanado, curado.

**Sancaptis**, idis. f. *Plaut.* Nombre fingido de un aroma.

**Sanchromăton**, in *Apul.* La yerba dragontea.

**Sancio**, is, ivi, ó xi, citum, ó ctum, cire. a. *Cic.* Decretar, ordenar, establecer, mandar. ‖ Confirmar, ratificar, asegurar. *Sancire capite. Cic.* Mandar sopena de la vida. — *Leges de aetate. Cic.* Hacer leyes ú ordenanzas acerca de la edad. — *Alicui carmina. Estac.* Dedicar á uno sus versos. — *Fidem dextra. Liv.* Establecer alianza dándose las manos. — *Poenas. Estac.* Decretar penas. — *Edicto ne quis...... Cic.* Prohibir por un edicto que nadie... *Sanxit Augustus regnum Herodi datum. Cic.* Augusto confirmó á Herodes el reino que se le habia dado.

**Sancĭtus**, a, um. part. de Sancio. *Liv.* Establecido, mandado, decretado.

**Sancītus**, us. m. *Ter.* Ordenanza, ley, sancion.

**Sancte**, ius, issime. adv. *Cic.* Santa, piadosa, religiosamente. ‖ Escrupulosa, diligente, cuidadosamente. ‖ Pura, desinteresadamente. *Sancte adjurare. Ter.* Jurare. *Plaut.* Protestar con juramento.

**Sanctesco**, is, cěre. n. *Nev.* Hacerse santo, santificarse.

**Sanctĭfĭcātio**, ōnis. f. *Tert.* Santificacion.

**Sanctĭfĭcātor**, ōris. m. *Tert.* Santificador, que da la gracia y justifica, Dios.

**Sanctĭfĭcium**, ii. n. *Tert.* Santuario, lugar de santificacion.

**Sanctĭfĭco**, ās, āre. a. *Tert.* Santificar, hacer santo.

**Sanctĭfĭcus**, a, um. *Juv.* Santificante, que santifica.

## SAN 661

**Sanctĭlŏquus**, a, um. *Prud.* Que habla santamente.

**Sanctĭmōnia**, ae. f. *Cic.* La santimonia ó santidad.

**Sanctĭmōnĭālis**, is. f. *S. Ag.* La monja, muger dada á Dios, á la vida santa y religiosa.

**Sanctĭmōnĭālis**. m. f. lē. n. is. *Dig.* Perteneciente á la vida santa y religiosa.

**Sanctĭmōnĭālĭter.** adv. *Dig.* Santa, religiosamente.

**Sanctio**, ōnis. f. *Cic.* Sancion, decreto, constitucion, estatuto, ley.

**Sanctĭtas**, ātis. f. *Sal.* Santidad. ‖ Probidad, bondad, inocencia, integridad de costumbres. ‖ Abstinencia, castidad, templanza.

**Sanctĭtūdo**, ĭnis. f. *Gel.* V. Sanctitas.

**Sanctōnes**, num. m. plur. *Ces.* Santoña, provincia de Francia.

**Sanctor**, ōris. m. *Tac.* Legislador, el que hace leyes ó sanciones.

**Sanctuārium**, ii. n. *Plin.* Santuario, lugar sagrado. ‖ Lugar secreto, reservado, en que se guardan cosas reservadas como archivo.

**Sanctŭlus**, a, um. Santico. dim. de

**Sanctus**, a, um, ior, issimus. *Cic.* Santo, sagrado, inviolable. ‖ Decretado, establecido, ordenado. ‖ Virtuoso, bueno, justo. *Sanctius aerarium. Ces.* El tesoro mas secreto. *Sanctissimum consilium. Cic.* Consejo integérrimo. *Sanctius id mi est. Cic.* Esto es para mí muy respetable.

**Sanctus**, a, um. part. de Sancio.

**Sancus**, ci. m. *Ov.* Nombre de Hércules en lengua sabina, que se le dió por haber purgado el mundo de monstruos con sus trabajos.

**Sandălĭāris**. m. f. lē. n. is. *Inscr.* y

**Sandălĭārius**, a, um. *Suet.* Perteneciente á los chapines ó escarpines.

**Sandălĭgĕrŭlus**, a, um. *Plaut.* El que da los chapines, escarpines ó borceguíes á su ama.

**Sandălis**, ĭdis. f. *Plin.* Especie de palma que da el fruto semejante á una sandalia ó suela de zapato.

**Sandălium**, ii. n. *Ter.* Sandalia, chapin, escarpin, calzado de muger, que solia ser de plata y de oro.

**Sandălum**, i. n. *Plin.* Especie de trigo de la Galia: se cree ser el farro ó escanda.

**Sandăpĭla**, ae. f. *Suet.* El ataud.

**Sandăpĭlārius**, ii. m. *Sid.* El que lleva el ataud para enterrar á los muertos.

**Sandărăca**, y Sandaracha, ae. f. *Plin.* La sandaraca, especie de rejalgar ó arsénico de color rojo, que se halla en las minas.

**Sandărăcātus**, ó Sandarachatus, a, um. *Plin.* Mezclado con la sandaraca.

**Sandărăcĭnus**, ó Sandarachinus, a, um. *Fest.* De color de la sandaraca, rojo.

**Sandarēsus**, i. f. *Plin.* Piedra preciosa de la India y de la Arabia de color de fuego con puntas de oro.

**Sandĭcĭnus**, a, um. *Plin.* De color de sandix, rojo.

**Sandix**, ĭcis, y Sandyx, ycis. m. f. *Plin.* El albayalde preparado al fuego, que toma un color rojo subido.

**Sane.** adv. *Cic.* Sanamente, con salud. ‖ Cierto, ciertamente, en verdad.

**Sanesco**, is, ěre. n. *Cels.* Sanar, curar, convalecer.

**Sangărius**, a, um. *Plin.* Lo perteneciente á Sangario rio de Frigia.

**Sanguen**, ĭnis. n. *Lucr.* V. Sanguis.

**Sanguĭcŭlus**, i. m. *Plin.* Sangrecilla, la sangre cuajada de algunos animales para comer.

**Sanguĭlentus**, a, um. *Estrib.* Sanguinolento, lleno de sangre.

**Sanguĭnālis**. m. f. lē. n. is. *Cels.* Lo que es de sangre, perteneciente á la sangre.

**Sanguĭnans**, tis. *Tac.* Lo que sangra, que echa sangre.

**Sanguĭnārĭa**, ae. f. *Col.* La yerba sanguinaria ó corregüela.

**Sanguĭnārius**, a, um. *Cic.* Sanguinario, sangriento, cruel, inhumano, que se deleita en ver derramar sangre. ‖ Lo que pertenece á la sangre.

**Sanguĭnātio**, ōnis. f. *Cel. Aur.* Erupcion ó disenteria de sangre.

**Sanguineus, a, um.** *Cic.* Sanguíneo, de sangre ó que tiene sangre ó el color de ella. ‖ Cruel, sanguinario. ‖ Ensangrentado, teñido de sangre. *Sanguineus frutex. Plin.* Cerezo silvestre. *Sanguinea virga. Plin.* Rama de cerezo silvestre.

**Sanguīno, as, āvi, ātum, āre. n.** *Quint.* Sangrar, echar, arrojar sangre.

**Sanguĭnŏlentus, a, um.** *Ov.* Sanguinolento, sangriento, cubierto de sangre.

**Sanguĭnōsus, a, um.** *Cel. Aur.* Sanguinoso, sanguino, abundante de sangre.

**Sanguis, ĭnis. m.** *Cic.* La sangre. ‖ La parentela. ‖ Raza, linage, familia, línea. ‖ La viga. ‖ Vigor, fuerza, espíritu, nervio. *Sanguinis auctor. Virg.* El primero de una familia, el tronco de ella. *Sanguinem alternum dare. Sen. Trag.* Herirse mutuamente.

**Sanguisorba, ae. f.** *Plin.* La yerba sanguisorba, semejante á la pimpinela.

**Sanguīsūga, ae. f.** *Plin.* La sanguijuela, *insecto parecido á la lombriz.*

**Sanies, ēi. f.** *Cel.* Sangre corrompida, que aun no ha llegado á ser materia. ‖ Pus, materia. ‖ *Hor.* Veneno, ponzoña de los animales nocivos.

**Sanĭfer, a, um.** *Paul. Nol.* Saludable, salutífero, que da ó trae la salud.

**Sanĭōsus, a, um.** *Plin.* Lleno de corrupcion.

**Sanĭtas, ātis. f.** *Cic.* Sanidad, salud. ‖ Juicio, razon. ‖ Pureza de estilo, buen gusto en el lenguage.

**Sanĭter, adv.** *Non.* Sanamente, con salud. ‖ Con juicio.

**Sanna, ae. f.** *Juv.* Risada, risotada, burla, *que se hace estendiendo los labios y enseñando los dientes con la boca abierta.* ‖ La accion de esta postura.

**Sannio, ōnis. m.** *Cic.* Bufon, burlon, escarnecedor. ‖ Nombre de un siervo en el *Eunuco de Terencio.*

**Sāno, as, āvi, ātum, āre. a.** *Cic.* Sanar, curar, restablecer la salud á alguno. ‖ Enmendar, corregir, remediar. ‖ Reducir á la razon, á la obligacion, á su deber. *Sanare discordiam. Liv.* Apaciguar la discordia.

**Sanquālis, is. f.** *Fest.* El sangual, *especie de águila*, lo mismo que osífraga.

**Santerna, ae. f.** *Plin.* La soldadura del oro.

**Santŏnes, um. m. plur.** *Plin.* y

**Santŏnii, ōrum. m. plur.** *Pomp. Mel.* Los pueblos de Santoña, *provincia de Francia.*

**Santŏnĭcus, a, um.** *Tibul.* De Santoña, lo perteneciente á la Santoña.

**Santŏnus, i. m.** *Luc.* El natural de Santoña, *provincia de Francia.*

**Sānus, a, um, ior, issĭmus.** *Cic.* Sano, robusto, bueno, que tiene buena salud. ‖ Juicioso, prudente, sensato, de buen juicio, de buena razon. *Sanum dicendi genus. Cic.* Modo de hablar puro, propio, correcto. *Bene sanus. Hor.* Hombre prudente, de buen juicio. *Male sanus. Cic.* Que ha perdido el sentido ó el juicio. *Saniores oratores. Cic.* Mejores oradores, mas juiciosos, mas correctos.

**Sanxi.** pret. de *Sancio.*

**Săpa, ae. f.** *Varr.* Mosto que ha cocido la mitad. ‖ *Plin.* Mosto que ha cocido las tres partes.

**Sapai, ōrum. m. plur.** *Plin.* Pueblos de Tracia en la costa del mar euxino.

**Săperda, ae. m.** *Pers.* Pez marino, de bajo precio, llamado coracino. ‖ *Varr.* Sabio, juicioso.

**Saphon, ōnis. m.** *Isid.* Cable de navío puesto en la proa. ‖ Amarra de áncora.

**Săpĭde. adv.** *Apul.* Sabrosamente, con sabor grato.

**Săpĭdus, a, um.** *Apul.* Sabroso, gustoso, de buen sabor.

**Săpĭens, tis, tior, tissĭmus.** *Cic.* Sabio, prudente, inteligente, docto, perito, entendido, juicioso. *Sapiens operis. Hor.* Hombre que sabe bien lo que se hace. — *Rerum humanarum. Gel.* Inteligente en los negocios del mundo. *Dictum sapienti sat est. Ter.* Al buen entendedor pocas palabras. *Sapientissima arborum. Plin.* El mas sabio de los árboles. Llama asi al moral por ser el último que florece cuando ya ha pasado el frio. *Barba tenus sapientes. Leonis exuvium super erchon.* adag. El rosario en el pecho, y el diablo en el cuerpo. ref.

**Săpĭenter, ius, issĭmus. adv.** *Cic.* Sabia, prudentemente.

**Săpĭentia, ae. f.** *Cic.* Sabiduría, prudencia, pericia. Juicio, buena conducta. *Pro copia et sapientia. Plaut.* Cuanto yo alcance. *Per sapientiam mori. Plin.* Morir con todo su conocimiento.

**Săpĭentĭālis. m. f. lĕ. n. is.** *Ter.* Perteneciente á la sabiduría.

**Săpĭentĭpŏtens, tis.** *Cic.* Escelente, sobresaliente en sabiduría.

**Săpīnea, ae. f.** *Vitruv.* La parte inferior del tronco del árbol abeto.

**Săpīnētum, i. n.** *Plin.* Lugar lleno de abetos.

**Săpīneus, Sappineus, y Sapinius, a, um.** *Col.* Lo que es de madera de abeto.

**Săpīnus, i. m.** *Plin.* El abeto, árbol.

**Săpio, is, ĭvi, ó pui, pĕre. n.** *Plaut.* Tener sabor ó gusto, saber bien ó mal. ‖ Oler, tener olor bueno ó malo. ‖ Ser sabio, prudente, juicioso, tener buena razon, buen juicio. *Suam rem sapit. Plin.* Entiende bien su negocio, sus intereses. — *Mel herbam. Plin.* La miel sabe á yerba. — *Crocum. Plin.* Huele á azafran. *Cum sapimus patruos. Pers.* Cuando nos parecemos á nuestros parientes. *Flagitium est foris sapere sibi non posse auxiliari. Aliorum medicus ipse vulneribus scatens. Herculi labores.* adag. Alcaravan zancudo, para los otros consejo, para tí ninguno. ref. *Sero sapiunt phryges. Sero medicina paratur cum mala per longas invaluere moras.* El asno muerto, la cebada al rabo. Despues de ido el conejo viene el consejo. Despues de muerto le comulgan. ref.

**Sapis, is. m.** *Plin.* El Sabio, rio de Italia.

**Saplūtus, a, um.** *Petr.* Muy rico, muy opulento.

**Săpo, ōnis. m.** *Plin.* El jabon.

**Sapor, ōris. m.** *Cic.* El sabor, el gusto. ‖ Gracia, chiste, sal, agudeza en el hablar. ‖ El sentido del gusto. ‖ *Claud.* Nombre de algunos reyes entre los persas, como el de Faraon entre los egipcios, y el de César entre los romanos.

**Săpōrātus, a, um.** *Amian.* Guisado, compuesto.

**Săpōrus, a, um.** *Lact.* Sabroso, gustoso, de buen gusto y sabor.

**Sapphĭcus, a, um.** *Catul.* Sáfico, de Safo. *Sapphicum carmen.* El verso sáfico, endecasílabo, inventado por la poetisa Safo.

**Sapphĭrātus, a, um.** *Sid.* Adornado de zafiros.

**Sapphĭrīnus, a, um.** *Plin.* Zafirino, de zafiro, de su color.

**Sapphīrus, i. f.** *Plin.* El zafiro, piedra preciosa.

**Sappho, us. f.** *Ov.* Safo, *insigne poetisa lírica de Ereso en la isla de Lesbos, inventora del verso sáfico.*

**Sappĭnia tribus.** *Liv.* La tribu Sapinia en la Umbria.

**Sappīnus, a, um.** *Varr.* De madera de abeto.

**Sappium, ii. n.** *Plin.* La tea de pino.

**Saprŏphăgo, is, ĕre. a.** *Macr.* Comer cosas podridas.

*Sapros, a, um. Plin.* Podrido, corrompido.

**Sapsa.** ant. Es. en lugar de Seipsa.

**Sarabella, ōrum. n.** *S. Ger.* y

**Sărăbāra, ae. f.** y

**Sărăbāra, ōrum. n. plur.** *Tert.* Género de vestidura pérsica, como manto real.

**Sărăcēni, ōrum. m. plur.** *Amian.* Sarracenos, *pueblos de la Arabia feliz, llamados primero agarenos, y despues ismaelitas.*

**Sarcasmus, i. m.** *Quint.* Sarcasmo, *especie de ironía que se hace con acrimonia y afrenta.*

**Sarcĭmen, ĭnis. n.** *Apul.* Costura. ‖ Remiendo, compostura.

**Sarcĭna, ae. f.** *Caes.* Carga, fardo de ropa, trastos ó víveres. ‖ El equipage ó fardage. *Effundere sarcinam. Fadr.* Dejar caer la carga, la cria. *Imparti sarcina. Ov.* ó *rerum.* El peso del gobierno. *Sarcinas colligere. Varr.* Recoger su atillo. ‖ Recogerse á buen vivir.

**Sarcĭnālis, m. f. lĕ. n. is.**

**Sarcĭnārius, a, um.** *Caes.* Lo que es ó sirve de carga, perteneciente á las cargas.

**Sarcĭnātor, ōris. m.** *Plaut.* Sastre remendon, que re-

## SAR

mienda ó compone los vestidos.

Sarcĭnātrix, ĭcis. f. Varr. La sastresa ó sastra que remienda ó compone los vestidos. ‖ La costurera.

Sarcĭnātus, a, um. Plaut. Cargado con fardo, alforja ó atillo.

Sarcĭnōsus, a, um. Apul. Pesado, grave, de mucho peso.

Sarcĭnŭla, ae. f. Petr. El atillo, la alforja ó saco de los trastos ó ropas.

Sarcio, is, si, tum, cīre. a. Plin. Coser, componer, remendar. ‖ Resarcir, recompensar, enmendar.

* Sarcion, i. n. Plin. Cierta como vena carnosa, que por defecto se halla en algunas piedras preciosas.

Sarcītis, is. f. Plin. Piedra preciosa, que parece un pedazo de carne de ternera.

Sarcītor, ōris. m. Inscr. El sastre.

Sarcŏcolla, ae. f. Plin. La sarcócola, especie de árbol de Persia llamado azarote y sarcócola, cuya lágrima ó goma cura las llagas.

† Sarcofrăphia, ae. f. Descripcion de los miembros, de las partes carnosas.

† Sarcŏma, tis. n. Escrescencia de carne en las narices.

† Sarcomphălon, i. n. Cierta escrescencia de carne en el ombligo.

Sarcŏphăgus, i. m. Plin. Especie de mármol asiático, llamado sarcófago, de que se hacian sepulcros en que á los 40 dias se consumian los cadáveres hasta los huesos, á escepcion de los dientes. ‖ El sepulcro.

* Sarcoptes, ae. m. Apic. Título del segundo libro de Apicio, que trata de trinchar las carnes y de sus condimentos.

Sarcōsis, is. f. Veg. Enfermedad con que bebiendo se hinchan las caballerías.

† Sarcōtĭcus, a, um. Sarcótico, remedio que restituye la carne perdida por la herida ó llaga.

Sarcŭlātio, ōnis f. Plin. La sacha, escarda de las tierras.

Sarcŭlātus, a, um. Prud. Sachado, escardado, limpio.

Sarcŭlo, ās, āvi, ātum, āre. a. Palad. Sachar, escardar, limpiar. ‖ Cavar.

Sarcŭlum, i. n. Vitruv. y

Sarcŭlus, i. m. Cic. El sacho, escardillo, zarcillo ó almocafre, instrumento para limpiar las tierras sembradas de las malas yerbas.

Sarda, ae. f. Plin. La sarda, pez parecido á la caballa. ‖ La cornalina ó cornelina, piedra preciosa. Sardo.

Sardăchātes, ae. f. Plin. Especie de ágata parecida á la piedra sardo.

Sardănăpālĭcus, a, um. Sid. Propio de Sardanápalo.

Sardănăpālus, i. m. Just. Sardanápalo, último rey de los asirios, hombre viciosísimo y abominable.

Sardāre. ant. Fest. Entender, voz alusiva á los sardos, tenidos por muy astutos.

Sardes, ium. f. plur. Plin. Sardis, capital de la Lidia.

Sardi, ōrum. m. plur. Cic. Sardos, los pueblos de la isla de Cerdeña.

Sardiāni, ōrum. m. plur. Cic. Los naturales y habitantes de Sardis en Lidia.

Sardiānus, a, um. Cic. Lo que es de Sardis, perteneciente á esta ciudad. Sardiana glans, ó Sardianus balanus. Plin. La castaña.

Sardĭca, ae. f. Sardica, ciudad de Tracia.

Sardĭcensis. m. f. sĕ. n. is. De Sardica en Tracia.

Sardīna, ae. f. y

Sardīnia, ae. f. Col. La sardina, pescado de mar.

Sardĭnia, ae. f. Plin. Cerdeña, grande isla de Italia.

Sardĭniānus, a, um. Varr. y

Sardĭniensis. m. f. sĕ. n. is. Nep. Sardo, de Cerdeña, perteneciente á esta isla.

Sardis, is. f. y mas frecuentemente Sardes, ium. f. plur. Plin. Sardis, metrópoli de Lidia.

Sardius, a, um. Plin. Perteneciente á Sardis de Lidia.

Sardŏnĭcus, a, um. y

Sardŏnius, a, um. Plin. Sardo, de Cerdeña. Sardonicus risus. Sol. Risa fingida, forzada, llamada asi de la yerba sardonia.

Sardŏnȳchātus, a, um. Marc. Adornado de piedras sardonices.

## SAR

Sardŏnychus, i. m. Juv. y

Sardonyx, ȳchis. m. f. Pers. La sardonia, piedra preciosa, de color rubio, blanquecino.

- Sardŏus, a, um. Ov. Sardo, de Cerdeña. Sardoa herba. Plin. La yerba sardonia, que comida ó bebida hace hacer gestos como de risa, y causa la muerte.

Sardus, a, um. Plin. Sardo, de Cerdeña.

Sarepta, ae. f. Sarepta, ciudad de Fenicia.

Sareptānus, a, um. Sm. Perteneciente á la ciudad de Sarepta en Fenicia.

Sargus, i. m. Plin. El sargo, pescado que se cria en la ribera del mar entre las peñas y en cavernas.

Sari. n. indecl. Plin. Especie de arbusto que nace junto al Nilo.

Sărissa, ae. f. Curc. Pica, lanza larga, usada de los macedonios. ‖ Macedonio.

Sarissophŏrus, i. m. Liv. Piquero armado de lanza larga como los macedonios.

Sarmadăcus, i. m. S. Ag. Impostor, embustero, embaucador.

Sarmăta, ae. m. Luc. y

Sarmătae, ārum. m. plur. Mel. Los sármatas, moscovitas, polacos y tártaros.

Sarmătia, ae. f. Plin. La Sarmacia, provincia vastísima, dividida en europea y asiática. Esta se llama hoy Tartaria, y la otra Polonia y Moscovia.

Sarmătĭce. adv. Ov. Á modo de los sármatas.

Sarmătĭcus, a, um. Plin. Sármata, sarmático, de Sarmacia, lo perteneciente á esta provincia.

Sarmătis, ĭdis. f. Ov. Muger de Sarmacia, sarmática.

Sarmentĭtius, y Sarmentĭcius, a, um. Col. Hecho, formado de sarmiento. ‖ Tert. Sarmenticios llamaban ignominiosamente á los cristianos, porque firmes en la fe se dejaban quemar con sarmientos.

Sarmentōsus, a, um. Plin. Abundante de sarmientos ó vástagos.

Sarmentum, i. n. Cic. Sarmiento, vástago de la vid cortado. ‖ El vástago de la vid y la vara de cualquier planta. ‖ El pámpano de la vid, de que penden los racimos.

Sarnus, i. m. El Sarno, rio de Italia en la marca de Ancona.

Saronĭcus sinus. m. Plin. El golfo de Engia en el mar egeo.

Sarpēdon, ōnis. m. Virg. Sarpedon, rey de Licia, aliado de Priamo en la guerra de Troya, en la cual murió. ‖ Plin. Promontorio de Cilicia.

Sarpere. ant. Fest. Limpiar, podar.

Saptus, a, um. ant. Fest. Podado, limpio.

Sarra, y Sara, ae. f. Plaut. Antiguo nombre de Tiro, famosa ciudad de Fenicia, llamada hoy Sur por los turcos.

Sarrācŭlum, i. n. y Sarraclum, i. n. Amian. Carro ó carreta pequeña, carrucho.

Sarrācum, i. n. Vitruv. Carro, carreta, carrucho, galera para llevar cargas.

Sarrānus, a, um. Sil. Tirio, de Tiro, perteneciente á esta ciudad. ‖ Virg. Cartaginés, por haber sido Cartago fundada por los tirios.

Sarrāpis, is. m. Plaut. Serapis, dios de los egipcios.

Sarrastes, um. m. plur. Virg. Pueblos de Campania, vecinos al rio Sarno.

Sarrio, is, ivi, ītum, īre. a. Col. Escardar, limpiar los campos de malas yerbas, sachar, cavar la tierra sembrada.

Sarrītio, ōnis. f. Varr. Sachadura, la escarda, la accion y el tiempo de escardar.

Sarrītor, ōris. m. Col. Escardador, el que limpia los campos de las malas yerbas. ‖ El cavador.

Sarrītūra, ae. f. Col. V. Sarritio.

Sarrītus, a, um. Col. Escardado, limpio.

Sarsi. pret. de Sarcio.

Sarsina, ae. f. Marc. Sarsina, ciudad de la Umbría en Italia.

Sarsĭnas, ātis. y Sarsinatis, is. com. Plaut. Natural de la ciudad de Sarsina.

Sarsūra, ae. f. Varr. El oficio de sastre, de remendon ó costurera, sastrería.

Sartāgo, ĭnis. f. Plin. La sarten. Sartago loquendi. Pers.

663

La mezcla de palabras y espresiones propias é impropias en el lenguage.

**Sarte.** *adv. Fest.* Enteramente.

**Sartha,** ae. m. El Sarta, *rio que separa el pais de Maine de la Normandía.*

**Sartio,** ōnis. *f. Col.* síncope de Sarritio. La escarda de los campos.

**Sartor,** ōris. m. *Plaut.* síncope de Sarritor. El escardador. ‖ El sastre. ‖ Resarcidor, enmendador.

**Sartūra,** ae. *f. Col.* Reparacion, resarcimiento, compostura. ‖ Síncope de Sarritura. ‖ *Plin.* La escarda de los campos.

**Sartus,** a, um. *Hor. part.* de Sarcio. Restablecido, compuesto. *Sartum tectum. Cic.* Casa en buen estado, que nada le falta, que no tiene que reparar. — *Tectum aliquem conservare. Cic.* Conservar á uno sano y salvo. *Sarta tecta locare. Liv.* Alquilar las casas con el cargo de su reparacion, de mantenerlas en buen estado. *Tecta exigere. Cic.* Obligar á entregar los edificios íntegros, en buen estado. — *Tecta probare. Cic.* Examinar si estan sin lesion ni menoscabo alguno. — *Tecta praecepta tua habui. Plaut.* He seguido puntualmente tus preceptos, no he faltado en la menor cosa á tus órdenes.

† **Sarus,** i. m. Período de treinta dias, el mes de los babilonios.

**Sas.** *Fest.* en lugar de Eas ó Suas.

**Saso**n, y **Sasson,** ōnis. m. *Plin.* La pequeña isla de Saseno en el mar jonio, enfrente de Calabria.

**Sesse͞ınas,** ātis. *V.* Sarsinas.

**Sat.** *adv. Cic.* Bastante, suficientemente. *Sat scio. Ter.* Bien lo sé. — *Habeo. Ter.* Me basta. *Testium sat est. Cic.* Hay bastantes testigos. *Dictum sapienti sat est.* adag. Al buen entendedor pocas palabras. ref.

**Sata,** ōrum. n. plur. *Virg.* Los sembrados, las mieses.

**Satăgens,** tis. com. *Gel.* Activo, diligente, hacendoso, entrometido.

**Satăgens,** i. m. *Sen.* Activo, diligente, que está en continuo movimiento, que no descansa jamas.

**Satăgĭto,** ās, āvi, ātum, āre. n. *Plaut.* y

**Satăgo,** is, gĕre. n. *Ter.* Tener que hacer, que pensar, que trabajar, estar ocupado, solícito, cuidadoso. ‖ Obrar con diligencia, con actividad. *Satagere rerum suarum. Ter.* Tener mucho cuidado con sus cosas. — *De vi hostium. Gel.* Hacer grande empeño por conocer las fuerzas de los enemigos.

**Satan.** indecl. y

**Satănas,** ae. m. *Tert.* Satanas, el diablo, enemigo, contrario de los hombres.

**Satanaria,** ae. *f. Apul.* La yerba satanaria.

**Satanacum,** i. n. Stenay, *ciudad del ducado de Bar, sobre el Mosa.*

**Satēgi.** pret. de Satago.

**Satelles,** ĭtis. m. *Cic.* Soldado de guardia de un príncipe, como alabardero. ‖ Compañero de la maldad de alguno. ‖ Alguacil, corchete, satélite. *Satelles Jovis. Cic.* El águila que suministra el rayo á Júpiter. — *Orci. Hor.* El barquero del infierno, Caron. *Satellites. Astr.* Satélites de Júpiter, ciertas estrellas pequeñas que le acompañan, y otras que andan al rededor de Saturno.

**Satellĭtium,** ii. n. *S. Ag.* La compañía de guardia de un príncipe y su oficio.

**Satiābĭlis.** m. f. lĕ. n. is. *Plin.* Lo que se puede satisfacer ó hartar, saciable.

**Satianter.** adv. *Apul.* Suficientemente.

**Satias,** ātis. f. *Ter.* La saciedad ó hartura. *Satias eum coepit amoris in uxore. Liv.* Empezó á cansarse, á disgustarse de su muger.

**Satiāte.** adv. *Vitruv.* Abundantemente, á satisfaccion.

**Satiātus,** a, um. part. de Satio. *Cic.* Saciado, harto, satisfecho.

**Satĭcŭlānus,** a, um. *Liv.* De la ciudad de Satículo.

**Satĭcŭlum,** i. n. *Plin.* Satículo, *ciudad de Campania.*

**Saties,** ei. f. *Plin.* y

**Satĭĕtas,** ātis. f. *Cic.* Saciedad, hartura, replecion. ‖ Fastidio, tedio. *Satie necari. Plin.* Morir de replecion. *Satietas cibi. Cic.* Disgusto de la comida. — *Voluptatibus non deest. Plin.* Los deleites no estan esentos de disgusto. *Ad satietatem. Liv.* Hasta hartarse.

**Satin'** interj. *Ter.* en lugar de Satisne? Acaso, por ventura? *Satin' audis? Plaut.* ¿No me oyes? *Satin' samus es? Ter.* ¿Estás en tu juicio?

**Satĭo,** ōnis. f. *Cic.* La siembra, sementera ó plantacion.

**Satĭo,** as, avi, atum, are. a. *Col.* Saciar, hartar, cebar. ‖ Disgustar, cansar, enfadar *Satiare animum. Cic.* Saciar el ánimo. — *Luctu. Cic.* Satisfacer, saciar con el mucho llanto.

**Satĭor.** m. f. ius. n. ōris. *Plin.* Mejor, mas provechoso ó ventajoso. *La primera terminacion no se halla en los buenos autores.*

**Satira.** V. Satyra.

**Satis.** adv. *Cic.* Bastante, suficientemente. *Satis verborum est. Ter.* Bastante se ha dicho. — *Mihi est. Cic.* Me basta. — *Sibi habet. Plaut.* Le basta, se contenta. — *Ego non sum ad tantam laudem. Tibul.* Yo no merezco tantas alabanzas. — *Superque. Virg.* Basta y sobra. — *Abunde. Quint.* Basta, basta, muy bastante. — *Ut non sit aestimare. Plin.* De suerte que no se puede juzgar. — *Eloquentiae.* Bastante elocuencia.

**Satisacceptĭo,** ōnis. f. *Dig.* Aceptacion de la caucion ó seguridad.

**Satisacceptor,** ōris. m. *Ulp.* El que toma, recibe caucion.

**Satisacceptus,** a, um. *Plaut.* Asegurado, con caucion. ‖ Averiguado, cierto. part. de

**Satisaccipĭo,** is, cēpi, ceptum, pĕre. a. *Cic.* Recibir, aceptar la caucion ó fianza.

**Satiscavēre.** a. *Dig.* Tomar caucion, seguridad ó fianza.

**Satisdatĭo,** ōnis. f. *Cic.* Presentacion de caucion, seguridad ó fianza. ‖ La accion de darla.

**Satisdăto.** Mod. adv. *Ulp.* Dada seguridad ó fianza.

**Satisdător,** ōris. m. *Asc.* Fiador.

**Satisdătum,** i. n. *Cic.* Caucion, fianza, garantía.

**Satisdo,** as, dĕdi, dătum, āre. a. *Cic.* Dar caucion, seguridad ó fianza. *Satisdare damni infecti. Cic.* Dar caucion de raparar el daño que suceda. *Judicatum solvi. Cic.* Dar fianza de pagar lo que sea juzgado ó sentenciado.

**Satisexĭgo,** is, ĕre. a. *Dig.* Exigir seguridad ó fianza.

**Satisfăcĭens,** tis. com. *Suet.* El que satisface, da satisfaccion.

**Satisfăcĭo,** is, fēci, factum, cĕre. a. *Cic.* Satisfacer, hacer su deber, cumplir con su obligacion. ‖ Escusarse. ‖ Aplacar, contentar. ‖ Pagar *Donec pecuniam satisfecerit. Cat.* Hasta que haya pagado el dinero. *Satisfacere fidei. Plin. men.* Cumplir la promesa.

**Satisfactĭo,** ōnis. f. *Cic.* Satisfaccion, paga al acreedor. ‖ Escusa, disculpa.

**Satisfactōrius,** a, um. *Gel.* Satisfactorio, lo que satisface ó da alguna satisfaccion por los pecados.

**Satisfĭo,** is, factus sum, fĭĕri. pas. *Cic.* Estar, quedar satisfecho, recibir la escusa ó satisfaccion. *Satisfieri mihi, ut pateret à te. Cic.* Á fin de que yo admitiese tus escusas.

**Satisofferre.** a. *Ulp.* Presentar fiador.

**Satispetĕre.** a. *Ulp.* Pedir fiador.

**Satius.** adv. *Cic.* Mejor, mas útil, provechosamente.

**Satīvus,** a, um. *Plin.* Sativo, lo que se siembra, planta ó cultiva. *Sativum tempus. Col.* La sazon, tiempo ó estacion de la sementera.

**Sator,** ōris. m. *Col.* Sembrador, cultivador, plantador. ‖ Criador, autor, padre.

**Satōrius,** a, um. *Col.* Útil, propio, perteneciente á la sementera ó á los sembrados.

**Satrăpa,** ae. m. y

**Satrăpes,** e, ó is. m. *Ter.* Sátrapa, gobernador de provincia entre los persas.

**Satrăpīa,** y **Satrăpēa,** ae. f. *Curt.* Gobierno del sátrapa ó de provincia entre los persas.

**Satricāni,** ōrum. m. plur. *Liv.* Satricanos, antiguos pueblos del Lacio.

**Satricānus,** a, um. *Liv.* Perteneciente á Satrico, *ciudad antigua del Lacio.*

**Satricum,** i. n. *Liv.* Satrico, *ciudad del antiguo Lacio.*

**Satullātus,** a, um. Saciado, harto. part. de

**Satullo,** ās, āre. a. *Varr.* Saciar, hartar.

**Satullus,** a, um. *Varr.* Saciado, harto.

**Sătur, ra, rum, rior.** *Cic.* Harto, lleno, satisfecho. ∥ *Pers.* Fértil, abundante. *Satur color.* *Plin.* Color cargado, fuerte. *Satura jejune dicere.* *Cic.* Tratar seca y estérilmente los asuntos abundantes.

**Sătŭra, ae.** *f.* *Varr.* Plato lleno de varios manjares. ∥ Manjar compuesto de diversas cosas. ∥ *Fest.* Ley confusa, en que se contienen muchos puntos sin distincion ni órden. ∥ *Fest.* Poema compuesto de varios metros diferentes, y de diversos asuntos. *Per saturam.* *Lact.* Sin distincion, sin órden, confusamente.

**Sătŭrāmen, ĭnis.** *n.* *Paul. Nol.* y

**Sătŭrātio, ōnis.** *f.* *Plaut.* Saciedad, hartura, la accion de hartar, de llenar de comida.

**Sătŭrātus, a, um.** *part. de Saturo.* *Virg.* Saciado, harto, satisfecho. *Necdum saturata dolorem Juno.* *Virg.* Aun no satisfecha Juno de su resentimiento. *Mens epulis bonarum cogitationum.* *Cic.* Llena la mente del pasto de los buenos pensamientos. *Saturatior color.* *Plin.* Color muy fuerte, muy cargado.

**Sătŭrēja, ae.** *f.* *Plin.* y

**Sătŭrejum, i.** *n.* *Plin.* La yerba agedrea.

**Sătŭrejānus, a, um.** *Hor.* Perteneciente á la ciudad de Satureyo.

**Sătŭrējum, i.** *n.* *Serv.* Satureyo, *ciudad de la Apulia.*

**Sătŭrio, ōnis.** *m.* *Fest.* Nombre de una comedia perdida de Plauto. ∥ Nombre de un parasito de la comedia del mismo *intitulada el Persa.*

**Sătŭrĭtas, ātis.** *f.* *Plaut.* Saciedad, hartura, replecion. ∥ *Cic.* Copia, abundancia. ∥ Superfluidad, escremento. *Saturitas coloris.* *Plin.* Color cargado.

*   **Sătŭrites, ae.** *m.* *Plin.* Piedra preciosa que dice se halla en el vientre de un lagarto.

**Sătŭrnālia, ium, ú ōrum.** *n. plur.* *Suet.* Fiestas saturnales que se celebraban en Roma en el mes de diciembre con comidas y dones recíprocos, por espacio de siete ó cinco dias, en que los señores servian á la mesa á los esclavos. *Secundis, tertiis saturnalibus.* *Cic.* El dia segundo ó tercero de las fiestas saturnales.

**Sătŭrnalis.** *m. f. lĕ. n. is.* *Macrob.* y

**Sătŭrnālĭtius, a, um.** *Marc.* Saturnal, perteneciente á las fiestas saturnales.

**Sătŭrnia, ae.** *f.* *Virg.* Juno, *hija de Saturno.* ∥ Ciudad antigua del Lacio, *fundada por Saturno.* ∥ Otra de la Etruria, colonia romana. ∥ *Just.* La Italia. ∥ El planeta Saturno.

**Sătŭrnĭgĕna, ae.** *m.* *Aus.* Hijo de Saturno, *Júpiter.*

**Sătŭrnīnus, a, um.** *Plin.* Perteneciente á la ciudad Saturnia de la Etruria. ∥ Saturnino, *sobrenombre de algunos romanos.*

**Sătŭrnius, ii.** *m.* *Claud.* Júpiter, *hijo de Saturno.*

**Sătŭrnus, a, um.** *Cic.* Perteneciente á Saturno. *Saturnus numerus.* *Hor.* El metro inculto y áspero del tiempo de Saturno. *Saturnia otia.* *Claud.* La paz del tiempo de Saturno, el siglo de oro. — *Falx.* *Ov.* La hoz, *insignia de Saturno, porque preside á la agricultura.* — *Tellus.* *Virg.* La Italia.

**Sătŭrnus, i.** *m.* *Cic.* Saturno, dios de la gentilidad. ∥ Uno de los siete planetas. *Saturni dies.* *Hor.* El sábado.

**Sătŭro, ās, āvi, ātum, āre.** *a.* *Cic.* Saturar, hartar, llenar de comida. ∥ *Plaut.* Enfadar, disgustar, fastidiar. *Saturare terram stercore.* *Plin.* Estercolar bien la tierra. — *Odium.* *Cic.* Saciar el odio.

**Sătus, us.** *m.* *Cic.* La siembra ó plantacion. ∥ Generacion. ∥ Simiente, semilla. *A primo satu.* *Cic.* Desde el principio de la familia. — *Editus Jovis.* *Cic.* Hijo de Júpiter.

**Sătus, a, um.** *Virg. part. de Sero.* Sembrado, plantado. ∥ Producido, engendrado, nacido. *Satus Anchisa.* *Virg.* Hijo de Anquises, Eneas.

**Sătyra, ae.** *f.* *Cic.* Sátira, poema que reprende los vicios. ∥ Composicion en prosa para el mismo fin.

**Sătўrĭăsis, is.** *f.* *Cel. Aur.* Enfermedad de las ingles, con titilacion del miembro é inflamacion.

**Sătўrĭcus, a, um.** *Vitruv.* Perteneciente á los sátiros ó á los poemas satíricos, satírico.

**Sătўrĭcus, i.** *m.* *Sid.* Poeta satírico, escritor de sátiras.

**Sătyrion, i.** *n.* *Petron.* La yerba satirion.

**Sătyriscus, i.** *m.* *Cic.* Satirillo, pequeño sátiro.

**Satyrographus, i.** *m.* *Sid.* Escritor de sátiras.

**Sătўrus, i.** *m.* *Cic.* Sátiro, semidios entre los gentiles, monstruo medio hombre y medio cabra.

**Sauciātio, ōnis.** *f.* *Cic.* Herida, la accion de herir.

**Sauciātus, a, um.** *Col.* Herido. *part. de*

**Saucio, ās, āvi, ātum, āre.** *a.* *Cic.* Herir, hacer una herida ó una llaga.

**Saucius, a, um.** *Cæs.* Herido. *Saucius cura gravi.* *Virg.* Perturbado de graves cuidados. — *Mero, Marc.* Embriagado.

**Saucona, ae.** *m.* Rio de la Galia céltica.

**Saurion, ii.** *n.* *Plin.* La simiente de la adormidera, especie de mostaza.

**Saurītes, ae.** *f.* *Plin.* y

**Saurītis, is.** *f.* *Plin.* Piedra preciosa que dice se halla en el vientre de un lagarto verde.

**Sauroctōnes.** *m.* *Plin.* Nombre de una escultura de Praxíteles, qué representa á Apolo asestando la flecha á un lagarto.

**Saurŏmăta, ae.** *m. f.* y

**Saurŏmatae, ārum.** *m. plur.* *Plin.* Los sármatas ó sauromatas.

**Saurŏmătis, ĭdis.** *f.* *Plin.* La muger descendiente de los sármatas, como las Amazonas.

**Saus, i.** *m.* *Plin. V.* Savus.

**Save.** *f.* *Bibl.* La llanura.

**Sāvia, ae.** *f.* Ciudad antigua de España. ∥ Vindiscland entre la Carniola y la Croacia.

**Savia Pannonia.** *f.* La Esclavonia, *provincia de Hungría.*

**Sāvillum, i.** *n.* *Cat.* Especie de bollo ó mazapan. ∥ Un besito.

**Savium, i.** *n.* *Plaut.* El beso.

**Savo, ōnis.** *m.* Saon, *rio de Campania.* ∥ Ciudad de Liguria, Savona.

**Savus, i.** *m.* *Plin.* El Savo, *rio de Hungría que desemboca en el Danubio.*

**Saxātĭlis.** *m. f. lĕ. n: is.* *Col.* Que habita entre las peñas.

**Saxētānus, a, um.** *Marc.* Que vive entre las rocas ó peñascos, sexatil.

**Saxētum, i.** *n.* *Cic.* Lugar pedregoso, lleno de piedras.

**Saxeus, a, um.** *Luc.* De piedra, de roca, de peñasco.

**Saxĭālis.** *m. f. lĕ. n. is.* *Frons.* De piedra, de peñasco.

**Saxĭfer, a, um.** *Val. Flac.* Que produce piedras ó peñas. ∥ Que las despide, como la honda.

**Saxĭfĭcus, a, um.** *Ov.* Que convierte en piedras, *como el escudo de Palas ó la cabeza de Medusa, que tenian esta virtud.*

**Saxĭfrăga, ae.** *f.* y

**Saxĭfrăgum, i.** *n.* *Plin.* La yerba saxifraga ó saxifragia.

**Saxĭfrăgus, a, um.** *Plin.* Que quebranta las piedras.

**Saxĭgĕnus, a, um.** *Plin.* Nacido de las piedras.

**Saxītas, ātis.** *f.* *Cel. Aur.* La naturaleza del peñasco.

**Saxōnes, um.** *m. plur.* *Claud.* Los sajones, *pueblos de Alemania.*

**Saxōnia, ae.** *f.* *Plin.* La Sajonia, *pais de Alemania.*

**Saxōnĭcus, a, um.** Sajon, de Sajonia.

**Saxōsĭtas, ātis.** *f.* *Cel. Aur.* La dureza del peñasco.

**Saxōsus, a, um.** *Col.* Pedregoso, peñascoso, lleno de peñas, de peñascos.

**Saxŭlum, i.** *n.* *Cic.* Pequeño peñasco.

**Saxum, i.** *n.* *Cic.* Peñasco, roca, escollo. ∥ Piedra. *Inter saxum et sacrum.* *Plaut.* Hallarse entre dos estremos igualmente peligrosos. — *Silex.* *Vitruv.* El pedernal. — *Volvere.* *Ter.* Trabajar continuamente y sin fruto. *Onerare aliquem saxis.* *Fedr.* Cargar á uno de piedras, apedrearle. — *Saxum sacrum,* y *saxum* absolutamente. *Cic.* La roca Tarpeya. *E saxo sculptus.* *Cic.* Esculpido en mármol.

**Saxuōsus.** *V.* Saxosus.

## SC

**Scabellum, i.** *n.* *Varr.* Banquito, escaño ó banco pequeño. ∥ Instrumento músico que tocaba el flautero en el teatro con el pie.

**Scăber, bra, brum.** *Plin.* Escabroso, áspero, desigual,

*Scabri rubigine dentes. Ov.* Dientes comidos, gastados de neguijon ó podredumbre.

† **Scăber,** bri. *m. Vitruv.* El pujavante del albeitar.

**Scăbĭdus,** a, um. *Marc. Emp.* Sarnoso.

**Scăbĭes,** ēi *f. Cels.* La sarna. ‖ Aspereza, desigualdad en la superficie de las cosas. ‖ Deseo, ansia, prurito.

**Scăbillāri,** ōrum. *m. plur. Inscr.* Los que hacen los instrumentos para los flautistas del teatro.

**Scăbille,** is. *n. Cat.* Escaño, banco pequeño.

**Scăbillum,** i. *n. V.* Scabellum.

**Scăbĭŏla,** ae. *f. S. Ag. dim. de* Scabies.

**Scăbiōsus,** a, um. *Col.* Sarnoso, lleno de sarna. ‖ Áspero, desigual, escabroso, arrugado.

**Scăbĭtūdo,** ĭnis. *f. Petron.* La picazon de la sarna.

**Scăbo,** is, bi, ĕre. *a. Hor.* Rascar. ‖ *Plin.* Raer, raspar por encima suavemente.

**Scabrātus,** a, um. *Col.* Puesto áspero al tacto.

**Scabre.** *adv. Varr.* Escabrosa, ásperamente.

**Scabrēdo,** ĭnis. *f. Apul.* y

**Scabres,** ēi. *f. Varr.* Aspereza, escabrosidad.

**Scabrĭdus,** a, um. *Ven. Fort.* Áspero, escabroso.

**Scabrĭtĭa,** ae. *f.* y

**Scabrĭtĭes,** ēi. *f. Col.* La sarna.

**Scabro,** ōnis. *m. Ulp.* El que tiene los dientes cubiertos de sarro ó comidos de neguijon. ‖ Sarnoso.

**Scabrōsus,** a, um. *Plin.* Escabroso, áspero, tosco, desigual al tacto.

**Scabrum,** i. *n. Plin.* Escabrosidad, aspereza.

**Scaea,** ae. *f. Virg.* La puerta Escea de la antigua Troya.

**Scaeva,** ae. *Ulp.* El zurdo que usa de la mano izquierda en lugar de la derecha.

**Scaeva,** ae. *f. Varr.* El agüero.

**Scaevĭtas,** ātis. *f. Gel.* Perversidad, malicia, malignidad, mala intencion.

**Scaevŏla,** ae. *m. Liv.* Cayo Mucio Escévola, *célebre romano, llamado así por haber quedado zurdo, puesta su mano derecha en el fuego delante del rey Pórsena, á quien queriendo dar la muerte, mató por equivocacion á un ministro suyo.* ‖ Q. M. Escévola, *agorero y Pontífice Máximo, célebre jurisconsulto.* ‖ Otro llamado Cervidio Escévola, *en tiempo de Marco Antonino el filósofo.*

**Scaevus,** a, um. *Varr.* Siniestro, de buen agüero. ‖ *Gel.* Malo, perverso, maligno; mal intencionado. *Scaevi ominis mulier. Apul.* Muger de malísimo caracter.

**Scala,** ae. *f. Jct.* y

**Scalae,** ārum. *f. plur.* La escalera, la escala. ‖ Los escalones ó peldaños. *Muros scalis ascendere. Virg.* Escalar las murallas. *Scalla gallinaria. Col.* Escalera de un gallinero.

**Scalāria,** ium. *n. plur. Vitruv.* Escaleras para subir al anfiteatro.

**Scalāris,** m. f. rě. n. is. *Vitruv.* Propio de la escalera.

**Scalārĭi,** ōrum. *m. plur. Inscr.* Los artífices de escaleras ó escalas.

**Scalda,** ae. *m.* y

**Scaldis,** is. *m. Ces.* El Escalda, rio de Flandes.

**Scaldis pons.** Valencienes, *ciudad de Flandes.*

**Scalēnus,** a, um. *Aus.* Escaleno, triángulo de tres lados desiguales.

**Scalmus,** i. *m. Cic.* El escalmo á que se ata el remo dentro de la nave. ‖ La barca.

**Scalpello,** as, āre. *a. Veg.* Raspar, raer.

**Scalpellum,** i. *n. Cic.* y

**Scalpellus,** i. *m. Cels.* y

**Scalper,** pri. *m. Cels.* Escalpelo, la lanceta ó cuchillo de cirujano. ‖ El cincel ú otro instrumento con que se abre, labra ó rompe alguna materia dura.

**Scalpo,** is, psi, ptum, pěre. *a. Cic.* Esculpir, entallar, cincelar, burilar. ‖ Raspar, rascar, escarbar. *Scalpere aures alicujus. Sen.* Escarbar los oidos á alguno, halagarle el oido, diciéndole cosas que le agradan.

**Scalpraeus,** a, um. *Col.* Hecho á modo de lanceta, cuchillo ú otro instrumento de hierro afilado.

**Scalprum,** i. *n. Col.* El cincel. ‖ Lanceta ó bisturí de cirujano. ‖ Todo instrumento propio para raspar, grabar ó cincelar. *Scalprum aduncum. Col.* La podadera. — *Asutum. Col.:* El buril. — *Fabrile. Lip.* El escoplo del carpintero. — *Chirurgicum. Cels.* Lanceta, bisturí, escalpelo, navaja de barbero. — *Librarium. Suet.* Cortaplumas. — *Sutorium. Hor.* Tránchete del zapatero.

**Scalpsi.** *pret. de* Scalpo.

**Scalptor,** ōris. *m. Plin.* Escultor, tallador, grabador, lapidario.

**Scalptōrium,** ii. *n. Marc.* Navaja de barbero. ‖ Escoplo. ‖ Buril.

**Scalptōrius,** a, um. *Marc.* Propio para esculpir ó grabar.

**Scalptūra,** ae. *f. Plin.* La escultura ó entalladura, la accion de esculpir, grabar ó entallar. ‖ La misma obra de escultura.

**Scalptūrātus,** a, um. *Plin.* Adornado de varias esculturas, de obras de escultura.

**Scalptŭrĭgo,** y **Scalpurigo,** ĭgĭnis. *f. Col.* El prurito ó vivo deseo de rascarse.

**Scalptŭrĭo,** is, īre. *a. Plaut.* Escarbar como las gallinas.

**Scalptus,** a, um. *part. de* Scalpo. *Hor.* Esculpido, grabado. ‖ Raspado.

**Scămander,** i. *m. Plin.* Escamandro, *rio de la Misia en el Asia, llamado antes Janto.*

**Scambus,** a, um. *Suet.* Zámbigo, que tiene las piernas torcidas.

**Scamillus,** i. *m. Vitruv.* Banquillo, gradilla, escaño bajo.

**Scamma,** ătis. *Cel. Aur.* La arena ó espacio cerrado para el ejercicio y pelea de los atletas.

**Scammellum,** i. *n. Apul.* Banquillo, gradilla, tarima, escaño bajo.

**Scammōnĭa,** ae. *f. Plin.* La yerba escamonea *que sirve para purgar.*

**Scammōnītes,** ae. *m. Plin.* Vino compuesto con la yerba escamonea.

**Scammōnĭum,** ii. *n. Plin.* El zumo sacado por incision de la escamonea.

**Scamna,** ōrum. *n. plur. Plin.* Ramos gruesos de los árboles *que sirven como de asiento.*

**Scamnātus,** a, um. *Col.* Trabajado, labrado á surcos.

**Scamnellum,** i. *n.* y

**Scamnillum,** i. *n. Diom.* Banquillo, escaño bajo.

**Scamnum,** i. *n. Varr.* Escaño, banquillo, tarima, gradilla para subir á la cama. ‖ Escaño, asiento, banco. ‖ La loma entre surco y surco.

**Scandălizātus,** a, um. *Tert.* Escandalizado, inducido á pecar. *part. de*

**Scandălizo,** as, āre. *a. Tert.* Escandalizar, dar á otro escándalo ú ocasion de pecar.

**Scandălum,** i. *m. Prud.* Tropiezo que se pone á uno para que caiga. ‖ *Tert.* Escándalo.

**Scandĭānus,** a, um. *Col.* Nombre de unas peras que tomaron el nombre de cierto Escandio.

**Scandĭnavĭa,** ae. *f.* Escandinavia, *parte de Europa, que comprende la Suecia, la Noruega y Dinamarca.*

**Scandix,** ĭcis. *f. plur. Plin.* La yerba barbacabruna.

**Scando,** is, di sum, děre. *a. Cic.* Trepar, subir. *Scandere supra titulos majorum tuorum. Ov.* Elevarse sobre los timbres de sus antepasados. — *Viam. Prop.* Subir una cuesta. — *Gradus aetatis adultae. Lucr.* Avanzarse, adelantarse en edad. — *Versus. Claud.* Medir los versos por sus sílabas y pies.

**Scandŭla,** ae. *f. Vitruv.* Tabla, tabloncillo con que cubrian los techos antes de haber tejas.

**Scandŭlăca,** ae. *f. Plin.* La yerba campanilla ó vigorda.

**Scandŭlāris,** m. f. rě. n. is. *Apul.* Perteneciente á las tablas ó tabloncillos con que se cubrian los techos.

**Scandŭlārius,** a, um. *Dig.* El que cubre los techos con tablas en vez de tejas.

**Scansĭlis,** m. f. lě. n. is. *Plin.* Que tiene fácil subida.

**Scansĭo,** ōnis. *f. Varr.* La subida, la accion de subir. *Scansio sonorum. Vitruv.* La elevacion de la voz por grados. — *Versuum.* Medida de los versos.

**Scansōrius,** a, um. *Vitruv.* Perteneciente á la subida, ó bueno para subir.

**Scantĭa silva,** ae. *f. Cic.* Dehesa de Campania muy fértil.

**Scantinia lex.** *Cic.* La ley promulgada por Cayo ó Publio Escantino, *tribuno de la plebe*, en que establece la pena de diez mil ases á los condenados del crimen nefando.

**Scăpha, ae.** *f. Ces.* Esquife, chalupa, lancha que sirve al navío mayor. ‖ Barco ó barca de pescador.

**Scaphārius, ii. m.** *Inscr.* Comerciante que anda en esquifes, barcos ó chalupas.

**Scăphe, es.** *Vitruv.* y

**Scăphium, ii. n.** *Marc.* Cuadrante, vaso cóncavo, *en cuyo centro fija una aguja*, señala las horas con la sombra del sol. ‖ Mostrador, meridiano. ‖ El servicio ó vaso inmundo. ‖ Vaso para beber en figura de un barquito. ‖ *Vitruv.* Cualquiera vasija cóncava.

**Scaphŭla, ae.** *f. Veg.* Esquife pequeño, barquilla.

**Scaphum, i. n.** *Vitruv. V.* Scaphium.

**Scapres.** *Non. V.* Scabres.

**Scaptensŭla, ae.** *f. Fest.* Mina de plata de Macedonia.

**Scaptia tribus.** *f. Plin.* La tribu Escapcia, una de las 35 de Roma, llamada así de la ciudad de Escapcia.

**Scaptiensis. m. f. sĕ. n. is.** *Suet.* Perteneciente á la tribu ó ciudad de Escapcia.

**Scăpŭlae, ărum.** *f. plur. Cel.* Las espaldas. ‖ Los hombros. *Scapulas tegere. Sen.* Vestirse, cubrirse.

**Scapulānus, a, um.** *Cic.* Perteneciente á Escapula, ciudadano romano.

**Scăpus, i. m.** *Varr.* El tallo de las plantas. ‖ El pámpano del racimo de uvas. ‖ El cuerpo de la coluna. ‖ El asta ó astil atravesado del peso. ‖ La lanzadera del tegedor. ‖ El madero en que estriban los quicios de las puertas. ‖ El cuadernillo ó mano de papel. ‖ El montante de la escalera.

**Scărăbaeus, i. m.** *Plin.* El escarabajo, *insecto.*

**Scărĭfĭcātio, ōnis.** *f. Col.* Rascadura, descarnadura.

**Scărĭfĭcātus, a, um.** *Plin.* Arañado. *part. de*

**Scărĭfĭco, as, ăvi, ătum, āre. a. Col.* Rascar, estregar la piel levemente con algun instrumento hasta que salga sangre ú otro humor. *Scarificare dolorem. Plin.* Espeler ó mitigar el dolor estregando ó rascando. — *Dentes ossibus draconis marini. Plin.* Estregar, frotar los dientes con polvos de hueso de dragon marino.

**Scaritis, is.** *f. Plin.* Piedra preciosa de color del pez escaro.

**Scarus, i. m.** *Plin.* El escaro, *pez regalado del mar Carpacio, que se cria entre las peñas, y no se sustenta de otros peces, sino de yerbas, las cuales rumia.*

**Scătĕbra, ae.** *f. Plin.* Manantial de agua.

**Scătens, tis.** *Hor.* Lo que brota, sale de la tierra.

**Scăteo, es, tui, tēre. n.** *Plaut.* Salir, brotar de la tierra ó de las peñas. ‖ Abundar, reventar de lleno. *Scatere vermibus. Col.* Estar lleno de gusanos. — *Ferarum. Hor.* Abundar de fieras.

**Scatinia lex.** *f. Suet.* Ley que prohibia el crímen nefando.

**Scătūrex, ĭcis. com.** *Varr.* y

**Scătŏrĭgĭnōsus, a, um.** *Col.* Lleno abundantemente de manantiales.

**Scătūrigo, ĭgĭnis.** *f. Col.* Manantial de agua, fuente.

**Scătūrio, is, ire. n.** *Col.* Minar, salir, brotar, correr el agua de la tierra ó entre las peñas.

**Scătūrix, ĭcis.** *f. Varr. V.* Scaturex.

**Scauriānus, a, um.** *Marc. Cap.* Perteneciente á Escauro, ciudadano romano.

**Scaŭrus, a, um.** *Hor.* Que tiene los zancajos y talones muy gruesos; *de donde se dió sobrenombre de Escauros á los Emilios romanos.*

**Scazon, ōntis. m.** *Marc.* Verso escazonte, yámbico, trímetro, *compuesto de 6 pies, los 4 primeros yambos ó espondeos, el 5 yambo, y el 6 espondeo, como este de Catulo: Misser Catulle dessinas ineptire.*

**Scedĭcus, a, um.** *Apul.* No labrado, no trabajado.

**Scĕlĕrāte, ius, issĭme. adv.** *Cic.* Con maldad, malvada, impíamente.

**Scĕlĕrātus, a, um.** *Cic.* ior, issĭmus. Malvado, impío, que ha cometido grandes delitos ‖ Nocivo, pernicioso. ‖ Manchado, profanado, contaminado. ‖ Infeliz, desventurado, miserable, calamitoso. *Sceleratus sanguis. Ov.* Sangre, raza infame. — *Campus. Liv.* Campo maldito, *en que*

† Schastērium, ii. *n.* El fleme, *instrumento de albeitar para sangrar á las caballerías.*

Schĕda, ae. *f. Plin.* Hoja de papel, de pergamino, de corteza de árbol, vitela, librito de memoria ó de apuntaciones. ‖ Esquela, cédula.

Schĕdia, ae. *f. Fest.* Barca mal labrada, especie de canoa, balsa.

Schĕdia, ōrum. *n. plur. Fest.* Poemas, versos no acabados, no perfectos.

Schĕdiasma, tis. *n. V.* Schedia, ōrum.

Schedius, a, um. *Fest.* Hecho de pronto, de repente, no acabado, no perfecto.

Schĕdŭla, ae. *f. Cic.* Esquela, cartita, billete.

Schēma, ae. *f. Plaut.* y

Schēma, ătis. *n. Plaut.* Vestido, hábito. ‖ Figura, traza, gesto. ‖ Figura retórica, adorno de la oracion. *Huc processi cum servili schema. Plaut.* He salido aqui con disfraz de esclavo, disfrazado de esclavo.

Schēmătismus, i. *m. Quint.* Modo de hablar figurado.

* Schibbolet. *indecl. Bibl.* La madre del rio.

Schĭbia, ōrum. *n. plur. Vitruv.* y

Schĭdiae, ārum. *n. plur. Vitruv.* Las astillas y virutas de la madera que se labra.

Schīnus, i. *f.* El lentisco, *árbol.*

Schisma, ătis. *n. Tert.* La cisma, division ó separacion.

Schismătĭcus, a, um. *S. Ag.* Cismático.

Schistus, a, um. *Plin.* Lo que se puede partir y dividir. *Schistum lac.* Leche cortada en que se separa la leche del suero.—*Alumen. Plin.* Alumbre de pluma.

Schoenēis, ĭdis. *patron. f. Ov.* Atalanta, *hija de Esqueneo.*

Schoeneius, a, um. *Ov.* Lo perteneciente á Esqueneo, *rey de Arcadia, padre de Atalanta.*

Schoenĭcŭlae, ārum. *f. plur. Plaut.* Las rameras ó malas mugeres que usan de afeites ó perfumes.

Schoenis, ĭdis. *f. V.* Schoeneis.

Schoenŏbātes, ae. *m. Juv.* El bailarin ó bailarina en la maroma.

Schoenŏbătĭcus, a, um. *Cel. á Cic.* Perteneciente al volatin ó bailarin en la maroma.

Schoenum, i. *n.* y

Schoenus, i. *m. Plin.* El junco. ‖ El perfume ó aroma hecho de su frutilla. ‖ La cuerda ó nasa hecha de junco. ‖ Medida de caminos entre los persas y egipcios de cuatro ó cinco mil pasos.

Schŏla, ae. *f. Fest.* La escuela, estudio, academia, aula donde se aprenden y ejercitan las ciencias y las artes. ‖ Los preceptos, lo que se enseña y disputa en la escuela. ‖ Escuela, secta.

Schŏliarcha, ae. *m.* ó

Schŏliarches, ae. *m.* Profesor, maestro, gefe de una escuela ó academia.

Schŏlāris, m. f. rĕ. n. is. *Marc. Cap.* Escolar, lo que es de la escuela.

Schŏlastĭci, ōrum. *m. plur. Petron.* Escolares, retóricos, estudiantes de elocuencia. ‖ Declamadores, retóricos que se ejercitaban privadamente antes de presentarse en público. ‖ Oradores, abogados. ‖ *Cod. Teod.* Erudito, literato.

Schŏlastĭcus, a, um. *Quint.* Escolástico, lo que es de la escuela, de la academia.

Schŏliastes, ae. *m.* Comendador, anotador, escoliador, escritor de escolios, notas ó comentarios breves.

Schŏlĭcus, a, um. *Gel.* Perteneciente á la escuela.

Schŏlion, y Schŏlium, ii. *n. Cic.* Escolio, nota, breve comentario.

Sciadeus. *m. Plin.* Pez marino, llamado sombra.

Sciaena, ae. *f. Plin.* Pez marino, *que dice ser la hembra de Sciadeus.*

Sciagrăphia, ae. *f. Vitruv.* Diseño, dibujo, traza de un edificio entero.

† Sciămăthia, ae. *f.* Ensayo de pelea, esgrima.

Sciather, is. *m.* ó

Sciăthēra, ae. *f.* y

Sciathēras, ae. *m. Vitruv.* Aguja ó puntero de un cuadrante de sol.

Sciathērĭcon, i. *n. Plin.* Relox, cuadrante de sol.

Sciathĭcus, a, um. *Vitruv.* El que padece la ceática.

Scibĭlis. m. *f.* lĕ. n. is. *Marc. Cap.* Lo que se puede saber, entender ó comprender.

Scibĭtur. *Plaut.* Se sabrá.

Scibo. *Plaut. en lugar de* Sciam. Yo sabré.

Scīdi. *pret. de* Scindo.

Sciens, tis, tior, tissĭmus. *com. Cic.* El que sabe, conoce, entiende, sabio, instruido, habil, diestro. *Sciens citharae. Hor.* Diestro en tocar la cítara, ó el arpa. *Scientibus omnibus. Cic.* Sabiéndolo todo el mundo. *Sciens, y sciens prudens, y sciens videns. Cic.* Con ciencia cierta, de propósito.— *Si fallo. Liv.* Si con ciencia cierta peco, fórmula de imprecacion en los juramentos.— *Equum flectere. Hor.* Diestro en manejar un caballo.

Scienter, ius, issĭmo. *adv. Cic.* Con inteligencia, hábil, diestramente.

Scientia, ae. *f. Cic.* Inteligencia, conocimiento, práctica. ‖ Ciencia, doctrina, erudicion.

Scientĭŏla, ae. *f. Arnob.* Pequeño conocimiento ó inteligencia.

Scilĭcet. *adv. Cic.* Es claro, es manifiesto, esto es, así es. Es á saber, esto es, quiere decir. ‖ Cierto, ciertamente, sin duda. *En tono afirmativo y con ironía.*

Scilla, ae. *f. Col.* La cebolla albarrana.

Scillīnus, a, um. *Plin.* y

Scillītes, ae. *com. Col.* y

Scillĭtĭcus, a, um. *Cel.* Perteneciente á la cebolla albarrana, escilítico.

Scim. *Ter. en lugar de* Scis ne? ¿Sabes tú? ¿No sabes?

Scimpŏdium, ii. *n. Gel.* Lecho pequeño, catre.

Scincus, i. *m. Plin.* Animal semejante al cocodrilo.

† Scindapsus, i. *m.* Especie de planta de la India semejante á la yedra.

† Scindapsus, i. *f.* Instrumento de cuerdas de laton.

Scindo, is, scĭdi, scissum, dĕre. *a. Cic.* Rasgar, romper, hender, partir, dividir, cortar. *Scindere comam. Cic.* Arrancar los cabellos.— *Penulam hospiti Cic.* Detener á uno por fuerza.— *Frontem cicatricibus. Petron.* Cortar á uno la cara.— *Aves in frusta. Marc.* Trinchar las aves. — *Necessitudinem. Plin.* Romper la estrecha amistad.— *Verba fletu. Ov.* Interrumpir las palabras con el llanto.— *Dolorem suum. Cic.* Descubrir su dolor.— *Sententiam. Cic.* Dividir su parecer.

Scindŭla, ae. *f. Vitruv.* Lata, hoja, todo lo que se puede cortar ó dividir en pequeñas hojas ó virutas.

Scindŭlāris, m. *f.* rĕ. n. is. *Apul.* Perteneciente á las hojas, latas ó virutas.

Scinne. *Ter. en lugar de* Scis ne? ¿Sabes tú?

Scintilla, ae. *f. Plin.* Centella, chispa, pavesa de fuego. *Scintilla belli. Cic.* Centella, reliquia de la guerra.

Scintillātio, ōnis. *f. Plin.* Resplandor, brillo, el acto de centellear.

Scintillo, ās, āvi, ātum, āre. *n. Plin.* Centellar, brillar, resplandecer, echar de sí chispas ó centellas. *Oculi scintillant. Plaut.* Los ojos echan fuego, centellean.

Scintillŭla, ae. *f. Cic.* Centellita, chispa.

Scio, is, īvi, ītum, ire. *a. Cic.* Saber. *Scire latine. Cic.* Saber latin.— *Fidibus.* Saber tocar instrumentos.— *De aliqua re. Cic.* Ser sabio en alguna cosa.— *Ex ó de aliquo. Cic.* Saber de alguno.— *Quod sciam, ó quod scio. Cic.* Que yo sepa, á lo que sé, á lo que entiendo. *Nihil inanius quam multa scire. Adag.* Aquel que se salva sabe, que el otro no sabe nada. *ref.*

Sciŏgrăphia, ae. *f. Vitruv.* Plan levantado de un edificio.

Sciŏlus, a, um. *Plaut.* Preciado de sabio.

Sciopŏdes, ó Sciapodes, um. *m. plur. S. Ag. Tert.* Especie monstruosa de hombres, *que no doblan la rodilla, y de tan grandes pies, que echados en el estío boca arriba les sirven de sombra.*

Sciŏthērĭcon, i. *n. Plin.* Relox de sol.

Scipiădes, ae. *m. Lucr.* Escipion, *sobrenombre de la ilustre familia Cornelia entre los romanos.*

Scipio, ōnis. *m. Liv.* Báculo, baston. ‖ Rodrigon de las vides. ‖ Escipion, *famoso sobrenombre romano.* ‖ El pezon de que cuelga la uva.

Scipiōnārius, a, um. *Varr.* Propio de los Escipiones.

**SCI**  **SCO** 669

Scīrōma, y Scirrhōma, ătis. *n. Plin.* Esquirro, escirro ó cirrio, tumor duro y sin dolor.

Sciron, ōnis. *m. Plin.* Viento peculiar de los atenienses, el céfiro. ‖ *Esciron, famoso ladron, muerto por Teseo, cuyos huesos arrojados al mar, entre Megara y Pireo, formaron los escollos llamados Saxa Scironia.*

Scirōnĭs, ĭdis. *adj. f. Sen.* De Esciron ó de su nombre.

Scirōnĭus, a, um. *Sen.* Perteneciente á Esciron.

Scirpĕa, ae. *f. Ov.* Cesta ó canasta de junco.

Scirpētum, i. *n. Plin.* El juncar ó juncal, donde se crian muchos juncos.

Scirpeus, a, um. *Plaut.* Lo que es de junco.

Scirpĭces, um. *m. plur. Col.* Instrumentos tirados de bueyes para arrancar los juncos.

Scirpĭcŭla, ae. *f. Plin.* La hoz pequeña para podar. ‖ Cestilla de junco.

Scirpĭcŭlum, i. *n. Col.* Canastillo de juncos.

Scirpĭcŭlus, i. *m. dim. Varr.* Junquito, junquillo.

Scirpo, as, āre. *a. Varr.* Atar con juncos.

Scirpus, i. *m. Plin.* El junco. *Nodum in scirpo quaerere. Ter.* Buscar dificultades ó defectos donde no los hay, *como nudos en el junco.*

Scirrhoma, ătis. *n. Plin.* El esquirro ó escirro, tumor sin dolor.

Sciscĭtātĭo, ōnis. *f. Petron.* Averiguacion, interrogacion, pregunta.

Sciscĭtātor, ōris. *m. Marc.* Preguntador, averiguador, investigador.

Sciscĭtātus, a, um. *Petron.* El que ha preguntado ó examinado. ‖ Averiguado, preguntado, inquirido. *part. de*

Sciscĭto, as, āvi, ātum, āre. *a. Plaut.* y

Sciscĭtor, āris, ātus sum, āri. *dep. Cic.* Preguntar para saber, inquirir, averiguar, informarse, examinar, procurar saber. *Sciscitari sententiam ex aliquo. Cic.* Preguntar á uno su parecer. — *De aliqua re. Cic.* Sobre alguna cosa.

Scisco, is, ĭvi, ĭtum, cĕre. *a. Plaut.* Saber, entender. ‖ Decretar, restablecer, ordenar. ‖ Dar su voto, su parecer. *Sciscere legem, rogationem. Cic.* Comprobar una ley con su voto.

Scissĭlis. *m. f. lĕ. n. is. Cel.* Lo que se puede hender, partir, rajar.

Scissim. *adv. Prud.* Separadamente, con division.

Scissĭo, ōnis. *f. Macrob.* Division, separacion, particion.

Scissor, ōris. *m. Petron.* Trinchante, el que parte las viandas.

Scissūra, ae. *m. Plin.* y

Scissus, us. *m. Varr.* Hendidura, abertura, raja, rendija. ‖ Division.

Scissus, a, um. *part. de* Scindo. *Liv.* Abierto, roto, hendido, partido.

Scĭtāmenta, ōrum. *n. Plaut.* Manjares delicados, esquisitos. ‖ *Gel.* Adornos del estilo.

Scĭtans, tis. *com. Ov.* El que pregunta, inquiere, investiga, se informa.

Scĭtātĭo, ōnis. *f. Amian.* Pregunta, investigacion.

Scĭtātor, ōris. *m. Amian.* Preguntador, inquiridor.

Scĭtātus, a, um. *part. de* Scitor, aris. *Virg.* Preguntado.

Scite, ius, issime. *adv. Cic.* Sabia, doctamente, con pericia y destreza. ‖ Oportunamente, con sal, chiste y gracia.

Scĭto, as, āre. *a. frec. de* Scio. *Amian.* Saber.

Scĭtor, āris, ātus sum, āri. *dep. Cic.* Preguntar para saber, inquirir, averiguar, informarse. *Scitari aliquid ab aliquo. Ov.* — *Ex aliquo. Hor.* Preguntar alguna cosa á alguno. *Scitatum oracula aliquem mittere. Virg.* Enviar á alguno á consultar los oráculos.

Scĭtŭle. *adv. Apul.* Con destreza, habilidad, gracia.

Scĭtŭlus, a, um. *Plaut.* Diestro, habil. ‖ Gracioso, oportuno.

Scitum, i. *n. Cic.* Decreto, mandamiento, ordenanza.

Scītus, a, um. *part. de* Scio. *Cic.* Mandado, establecido, ordenado. ‖ Docto, práctico ‖ Agudo, ingenioso. ‖ Bello, herm so. *Scitum dictum Tac.* Dicho agudo, chistoso, gracioso. *Scitum est. Ter.* Muy bien dicho, bien hecho, oportunamente.

Scĭūrus, i. *m. Plin.* La ardilla, animal silvestre, especie de raton.

Scius, a, um. *Lact.* Sabio, docto, perito.

Sclāvi, ōrum. *m. plur.* Los esclavonios.

Sclāvonia, ae. *f.* La Esclavonia, *pais de Europa.*

† Scleriasis, is. *f.* Tumor duro en el párpado.

† Scleroma, ătis. *n.* Dureza, tumor duro.

† Scliros, i. *m.* La retina del ojo.

Scŏbīna, ae. *f. Varr.* La escofina, lima grande para limpiar y raspar la madera.

Scŏbis, is. *f.* ó

Scobs, is. *f. Cels.* Limaduras ó aserraduras de cualquiera cosa.

Scŏlēcia, ae. *f. Plin.* La escolecia, *especie de cardenillo de que se hace el color verde gris.*

Scŏlēcion, ii. *n. Plin.* Grano de escarlata, *que en muy poco tiempo se convierte en gusano.*

Scolibrŏchon, i. *n. Apul.* Yerba, caballo de Venus.

Scolius, ii. *m. Diom.* El pie métrico, anfíbraquis, *como amoenus.*

Scŏlŏpendra, ae. *f. Plin.* La escolopendra ó cientopies, animal venenoso. ‖ Escolopendra, *pez con muchos pies, que parece galera con remos.*

Scŏlŏpendrium, ii. *n. Apul. V.* Scolibrochon.

Scŏlўmus, i. *m. Plin.* Especie de cardo silvestre.

Scomber, bri. *m.* ó

Scombrus, i. *m. Plin.* La alacha ó caballa, *pez.*

Scomma, tis. *n. Macrob.* Chiste, donaire, gracia, gracejo picante.

Scŏpa regia. *Plin.* La yerba milefólio.

Scŏpae, ārum. *f. plur. Petron.* La escoba. ‖ Manojo de yerbas ó plantas. *Scopae solutae, ó dissolutae. Cic.* Escoba desatada, hombre inútil, para nada. *Scopas dissolvere. prov. Cic.* Inutilizar una cosa.

Scŏpārius, ii. *m. Ulp.* El barrendero.

Scopas, ae. *m. Hor.* Escopas, *célebre estatuario, que floreció en la olimpiada* 87.

Scŏpēlismus, i. *m. Ulp.* Delito *del que en Arabia echaba piedras en el campo de su enemigo.*

Scŏpēlisso, as, āre. *n. Dig.* Echar piedras en el campo de su enemigo.

Scōpes, um. *f. plur. Plin.* Aves desconocidas, *de que hace memoria Homero en el lib.* I *de la Odisea, que algunos llaman nocturnas y buhos.*

Scōpeuma, tis. *n.* Especie de danza. ‖ La accion de poner la mano sobre los ojos para ver mejor.

Scōpio, ōnis. *m. Col.* El escobajo de la uva.

Scōpo, as, āre. *a.* y

Scōpo, is, ĕre. *a. Bibl.* Barrer. ‖ Azotar, dar baquetas.

Scops, cōpis. *f. Plin. V.* Scopes.

† Scoptes, is. *m.* El bufon.

† Scoptŭla, ōrum. *n. plur. Cels.* Las espaldillas ú homoplatos.

Scŏpŭla, ae. *f. Cat.* Escobilla ó manojo.

Scŏpŭlōsus, a, um. *Cic.* Lleno de escollos, de rocas, de peñascos. ‖ Difícil, peligroso.

Scŏpŭlus, i. *m. Cic.* Escollo, roca, peñasco. ‖ *Suet.* Blanco, fin. *Ad scopulum ire. Lucr.* Correr á su perdicion. *Scopulos gestare corde.* Tener un corazon de piedra.

Scŏpus, i. *m. Varr.* El escobajo del racimo de uvas. ‖ Blanco, adonde se tira. ‖ Propósito, fin, designio.

Scoras, ae. *f.* El Isera, *rio del Delfinado.*

Scordālia, ae. *f. Petron.* Quimera, riña vergonzosa.

Scordālus, i. *m. Sen.* Feroz, insolente, impaciente.

Scordĭlon, i. *n. Apul.* y

Scordium, ii. *n. Plin.* y

Scordōtis, is. *f. Plin.* La yerba escordio.

Scōria, ae. *f. Plin.* La escoria de los metales. *Scoria tabescere. Virg.* Morirse de pena, de pesadumbre.

Scōrio, ōnis. *m. Plaut.* Necio, fátuo, tonto.

Scorodium, i. *n.* y

Scorodon, i. *n.* El ajo, *planta.*

Scorpaena, ae. *f. Plin.* La escorpina, *pez que pica como el escorpion.*

Scorpiācum, i. *n. Tert.* Bebida contra la picadura del escorpion.

Scorpinăca, ae. f. Apul. Yerba lo mismo que poligono.

Scorpio, ōnis. m. Plin. Escorpion ó alacran, *animal venenoso*. ‖ Máquina de guerra, que como la ballesta arrojaba piedras y flechas. ‖ El octavo signo del zodiaco. ‖ Monton de piedras que sirve de límite en los campos. ‖ Azote compuesto de varas, guarnecidas de puntas de hierro. ‖ Planta que tiene la figura del escorpion terrestre. ‖ La flecha arrojada por el escorpion. ‖ El pez escorpina.

† Scorpioctŏnon, i. n. Apul. La yerba eliotropio, que tiene virtud contra la picadura del escorpion.

Scorpion, ōnis. f. Plin. Yerba llamada escorpion.

Scorpiŏnius, a, um. Plin. Perteneciente á la yerba escorpion, ó al cohombro del mismo nombre.

Scorpītes, ae. m. y

Scorpītis, is. f. Plin. Piedra preciosa del color ó figura de alacran.

Scorpiūrus, i. m. Plin. El eliotropio mayor, *yerba*.

Scorpius, ii. m. Ov. V. Scorpio.

Scortans, tis. com. Bibl. y

Scortātor, ōris. m. Cic. El hombre vicioso, dado á la deshonestidad.

Scortātus, us. m. Apul. La costumbre y trato con malas mugeres.

Scortea, ae. f. Marc. Vestido de piel, de cuero.

Scorteum, i. n. Sen. Capa ó casacon de cuero para defensa de las aguas. ‖ El carcax, la aljaba de cuero.

Scortillum, i. n. Catul. Ramerilla.

Scortor, āris, ātus sum, āri. dep. Plaut. Putear, tener trato, costumbre con malas mugeres, darse, entregarse á la deshonestidad.

Scortum, i. n. Varr. El cuero ó piel. ‖ Ramera, puta, mala muger. ‖ Plaut. El hombre perdido y dado á la deshonestidad.

Scŏti, ōrum. m. plur. Los escoceses, *los pueblos de Escocia*.

Scŏtia, ae. f. Claud. La Escocia, reino en la isla de la gran Bretaña.

Scotia, ae. f. Vitruv. La escocia, moldura en forma de canal, que rodea la coluna en la parte inferior.

Scoticus, a, um. Claud. Perteneciente á Escocia, ó á los escoceses.

Scotīnus, a, um. Sen. Oscuro, tenebroso.

† Scotodinos, i. m. y

† Scotoma, tis. n. El vahido de cabeza ó vértigo que ofusca la vista.

Scrantiae, ārum. f. plur. Varr. Oprobrio de las rameras, como si se las digese escupideras.

Screātor, ōris. m. Plaut. El que gargagea ó tose á menudo para gargagear.

Screātus, us. m. Ter. El gargagear tosiendo.

Screo, ās, āvi, ātum, āre. a. Plaut. Gargagear, arrancar el esputo con conato y tos.

Scriba, ae. m. Cic. Secretario ó escribano. ‖ Escribiente, amanuense.

Scribae, ārum. m. plur. Bibl. Los escribas, *doctores de la ley entre los judios*.

Scribātus, us. m. Dig. Secretaría, escribanía, notaría, el oficio de escribano &c.

Scriblīta, ae. f. Plant. Especie de torta, *hecha de queso, harina y otras cosas*.

Scriblitārius, ii. m. Non. El que hace ó vende estas tortas. Bollero, pastelero.

Scribo, is, psi, tum, bĕre. a. Quint. Tirar líneas, hacer rayas, notar, señalar, describir. ‖ Escribir. ‖ Hacer, componer una obra. ‖ Delinear. Scribere alicui salutem. Plaut. Saludar á uno por escrito, por carta.— Pluribus. Cic. Escribir por estenso.— Notis. Quint. Escribir en cifras, en abreviaturas.— Servo libertatem. Ulp. Dar la libertad á un esclavo en el testamento. Dicam alicui. Ter. Hacer dar una asignacion á alguno.— Animo, ó in animo. Cic. Grabar, imprimir en el ánimo.— Leges. Cic. Hacer, dictar leyes.— Aliquem haeredem. Marc. Instituir, dejar, nombrar á uno por heredero.— Alicui nummos. Plaut. Dar á uno una letra, un libramiento para tomar dinero.— Supplementum legionibus. Cic. Mandar hacer reclutas para las legiones.— In aqua. Cat. Escribir, hacer una raya en el agua, perder el tiempo y el trabajo, trabajar en balde.— Milites. Liv. Alistar soldados. ‖ Dar orden para hacer levas de gente.— Annum. Ov. Hacer un almanaque, un calendario.— Stigmata fugitivo. Quint. Marcar á un esclavo fugitivo. Nummos, ó pecuniam. Plaut. Hacer papel, vale ó escritura para pagar la deuda.— Testamentum. Cic. Hacer testamento.

Scribonianus, a, um. Fest. Perteneciente á Escribonio.

Scribonius, y Scribonia. Tac. Nombres propios de hombre y muger. ‖ Escribonio Largo, *médico en tiempo de los emperadores Tiberio y Claudio; escribió un libro de composiciones de medicamentos en mal estilo, para aquellos tiempos. Algunos creen que escribió en griego, y que otro tradujo su obra en latin en tiempo del emperador Valeriano*.

Scribsi. en lugar de Scripsi.

Scriniārius, ii. m. Inscr. Archivero, secretario.

Scrinium, ii. n. Sal. Papelera, escritorio, escribanía, arquita ó cajon donde se guarda lo mas precioso, en especial papeles. Scrinia alicujus compilare. Hor. Robar los cuadernos, papeles ó escritos de alguno. Scrinii magister. Cod. Teod. Secretario, archivero. ‖ Guardajoyas.

Scriplum, i. n. Tac. El escrúpulo, nombre del menor peso, la vigésimacuarta parte de una onza.

Scripsi. pret. de Scribo.

Scriptīlis. m. f. lĕ. n. is. Amian. Lo que se ha de ó se puede escribir.

Scriptio, ōnis. f. Cic. Escritura, la accion de escribir. ‖ Lo que se escribe, escrito, composicion. ‖ El ejercicio de componer privadamente.

Scriptĭto, ās, āvi, ātum, āre. a. Cic. Escribir á menudo. Scriptitavit orationes multas; orator numquam fuit. Cic. Escribió, compuso privadamente muchas oraciones; mas nunca fue orador.

Scripto, ās, āre. a. freq. V. Scriptito.

Scriptor, ōris. m. Cic. Escribiente, copiante, el que escribe, secretario, ‖ Escritor, autor. Scriptor falsus. Marc. Historiador mentiroso.— Librarius. Hor. Copiante de libros.— Utriusque linguae. Gel. Escritor en latin y en griego.— Legum. Cic. Legislador.

Scriptōrius, a, um. Cels. Propio para escribir.

Scriptŭlum, i. n. Varr. El escrúpulo, tercera parte de una dracma, y vigésimacuarta de una onza.

Scriptum, i. n. Cic. El escrito, lo escrito. Scripto adire aliquem. Tac. Presentarse á uno con una carta ó escrito.— Sese abdicare. Gel. Renunciar el empleo de secretario.— Dicere. Cic. Recitar por el cartapacio. Lusus duodecim scriptorum. Cic. Juego con doce piedrecitas, que significaban los doce meses del año. ‖ Juego del alquerque ó de tres en raya.

Scriptūra, ae. f. Cic. La escritura, el acto de escribir. ‖ El modo de escribir, el estilo. ‖ El escrito, lo escrito. ‖ Obra, composicion por escrito. ‖ La renta de las dehesas y ganados. ‖ La escritura sagrada, las divinas letras. Scripturae magister. Cic. Administrador de las rentas de ganados y pastos.

Scriptūrārius, ii. m. Non. Administrador, arrendador, asentista de rentas, de pastos ó ganados.

Scriptūrārius, a, um. Fest. Perteneciente á la renta de pastos ó ganados. Scripturarius ager. Fest. Campo, dehesa, por cuyas yerbas ó pasto se paga un tanto.

Scriptūrio, is, ire. n. Sid. Tener deseo de escribir.

Scriptus, us. m. Gel. Escritura, la accion de escribir. ‖ Renta de los ganados ó pastos.

Scriptus, a, um. Cic. part. de Scribo. Escrito. ‖ Delineado. ‖ Notado, señalado. ‖ Marc. Pintado.

Scripŭlāris. m. f. rĕ. n. is. Plin. Lo que contiene un escrúpulo.

Scripŭlatim. adv. Plin. Menuda, escrupulosamente.

Scrobĭcŭlus, i. m. Col. Hoyo, foso pequeño.

Scrobis, is. m. Col. y

Scrobs, is. f. Plin. El hoyo.

Scrŏfa, ae. f. Col. La puerca paridera.

Scrŏfīnus, a, um. Marc. Emp. Perteneciente á la puerca paridera.

**Scrŏfĭpascus**, i. m. *Plaut.* Porquero, porquerizo, el que apacienta puercos.

**Scrŏfŭlae**, ārum. f. plur. *Veg.* Lamparones ó paperas.

**Scrōtum**, i. n. *Cels.* La bolsa de los testículos, escroto.

**Scrŭpēda**, ae. m. *Varr.* y

**Scrŭpedus**, a, um. *Varr.* El que anda con dificultad, como que pisa piedrecitas.

**Scrŭpeus**, a, um. *Virg.* Lleno de piedras, áspero. ‖ Difícil, trabajoso, molesto.

**Scrŭpi**, ōrum. m. *Ov.* Piedrecitas para jugar al alquerque, á las damas ú otro juego semejante.

**Scrŭpōsus**, a, um. *Virg.* Pedregoso, lleno de piedras ó chinas.

**Scrŭpŭlāris**. m. f. rĕ. n. is. *Plin.* Lo que pesa un escrúpulo ó la vigésimacuarta parte de una onza.

**Scrŭpŭlātim**. adv. *Plin.* Por escrúpulos.

**Scrŭpŭlōse**, ius, issime. adv. *Cic.* Escrupulosamente, con demasiada exactitud, con suma diligencia.

**Scrŭpŭlōsĭtas**, ātis. f. *Col.* Escrupulosidad, nimiedad de exactitud, de diligencia, demasiada exactitud. ‖ *Tert.* Solicitud, duda penosa.

**Scrŭpŭlōsus**, a, um. *Cic.* Pedregoso, áspero, escabroso. ‖ Escrupuloso, nimio, prolijo, demasiado exacto y cuidadoso. ‖ Difícil, molesto, enojoso. *Scrupulosissimus cultus deorum. Apul.* Culto muy supersticioso de los dioses.

**Scrŭpŭlum**, i. n. *Marc.* Escrúpulo, peso de la tercera parte de una dracma, ó la vigésimacuarta de una onza. ‖ *Varr.* Espacio de diez pies en cuadro. *Scrupulum primum, secundum, tertium.* Minuto primero, segundo, tercero de la hora. — *Judaicum. Exculg.* La milésima parte.

**Scrŭpŭlus**, i. m. *Solin.* Piedrecita, china. ‖ Escrúpulo, duda. ‖ Solicitud, cautela, diligencia. ‖ *Col.* Espacio de cien pies en cuadro, ó *Varr.* De diez. ‖ Escrúpulo, tercera parte de una dracma.

**Scrŭpus**, i. m. *Fest.* Piedra, canto, china áspera al tacto. ‖ *Cic.* Piedra para jugar al alquerque ú otro juego semejante, como pieza de damas ó chaquete.

**Scrūta**, ōrum. n. plur. *Hor.* Andrajos, trastos y ropa vieja, muebles y utensilios rotos, quebrados.

**Scrūtandus**, a, um. *Plin.* Lo que se ha de buscar é investigar con diligencia.

**Scrūtans**, tis. com. *Lucr.* El que busca, registra, escudriña con diligencia.

**Scrūtāria**, ae. f. *Apul.* El oficio de ropavejero ó de prendero.

† **Scrūtārium**, ii. n. Prendería, tienda de trastos y de ropas viejas.

**Scrūtārius**, ii. m. *Gel.* El prendero ó ropavejero, que vende trastos y ropa vieja.

**Scrūtārius**, a, um. *Luc.* Perteneciente á los trastos y ropas viejas.

**Scrūtātio**, ōnis. f. *Sen.* Escudriñamiento, investigacion, visita, examen, averiguacion diligente.

**Scrūtātor**, ōris. m. *Estac.* Escudriñador, buscador, el que busca y examina con cuidado.

**Scrūtātus**, a, um. part. de *Scrutor. Plin.* El que ha escudriñado y registrado diligentemente. ‖ *Amian.* Escudriñado, registrado.

**Scrūtātrix**, ĭcis. f. Escudriñadora, la que registra y escudriña con cuidado.

**Scrūtillus**, i. m. *Alcim. Avit.* Vientre de puerco lleno de lomo, embuchado.

**Scrūtĭnium**, ii. n. *Apul.* Escrutinio, la accion de recoger los votos. ‖ Escrutinio, averiguacion, examen diligente.

**Scrūto**, āvi, ātum, āre. ant. *Amian.* y

**Scrūtor**, āris, atus sum, āri. dep. *Cic.* Escudriñar, registrar, reconocer, buscar con mucho cuidado y diligencia. *Scrutari aliquem. Cic.* Registrar á alguno. — *Occulta saltuum. Tac.* Reconocer, registrar lo mas oculto de los montes. — *Animum alicujus. Tac.* Examinar, sondear la intencion de alguno. — *Aliquid. Cic.* Indagar, investigar alguna cosa.

**Sculna**, ae. m. f. *Cel.* Depositario.

**Sculpo**, is, psi, tum, pĕre. a. *Vitruv.* Esculpir, entallar, hacer figuras de relieve en madera, metal ó piedra.

**Sculpōnae**, ārum. f. plur. *Plaut.* Zapatos toscos de madera, propios de los siervos, *á modo de nuestras almadreñas*.

**Sculpōneātus**, a, um. *Varr.* Calzado con colodros, almadreñas ó zuecos de madera.

**Sculpsi**. pret. de Sculpo.

**Sculptĭle**, is. n. *Bibl.* La estatua.

**Sculptĭlis**. m. f. lĕ. n. is. *Ov.* Lo que se puede esculpir, grabar ó tallar.

**Sculptor**, ōris. m. *Plin.* Escultor, el que esculpe ó entalla en cualquiera materia.

**Sculptūra**, ae. f. *Plin.* Escultura, el arte de esculpir ó entallar.

**Sculptūrātus**, a, um. *Venan.* Propio de la escultura.

**Sculptus**, a, um. *Cic.* Esculpido, entallado, grabado.

**Scurra**, ae. m. *Cic.* Bufon, chocarrero, truhan. ‖ *Lampr.* Guardia de corps, page de armas, escudero. *Qui semel scurra numquam pater familias. Lignum tortum haud unquam rectum. adag.* De cola de puerco nunca buen virote. De mala manta nunca buena zarza. De ruin cepa nunca buen sarmiento. *ref.*

**Scurrans**, tis. *Hor.* El que hace el bufon, dice chocarrerías ó truhanadas.

**Scurrīlis**. m. f. lĕ. n. is. *Cic.* Truhan, bufon, chocarrero.

**Scurrīlĭtas**, ātis. f. *Suet.* Bufonería, chocarrería, truhanería.

**Scurrīlĭter**. adv. *Plin.* Á modo de truhan, de bufon.

**Scurror**, āris, ātus sum, āri. dep. *Hor.* Bufonear, hacer el truhan, el decidor, el chistoso. ‖ Adular.

**Scurrŭla**, ae. m. dim. *Apul.* Truhancillo, bufoncillo.

**Scŭtāle**, is. n. *Liv.* La correa ó ramal de la honda.

**Scŭtārius**, ii. m. *Plin.* El que hace escudos. *Scutarii Amian.* Soldados armados de escudos.

**Scŭtārius**, a, um. Propio de los broqueles y escudos.

**Scŭtātus**, a, um. *Cic.* Armado de escudo.

**Scŭtella**, ae. f. *Cic.* La escudilla. ‖ *Ulp.* El plato pequeño, platillo.

**Scŭtĭca**, ae. f. *Hor.* Azote hecho de correas.

**Scŭtĭgĕrŭlus**, a, um. *Plaut.* El que lleva el escudo ó rodela de su amo, escudero, page de rodela.

**Scutĭlus**, a, um. *Fest.* Delgado, flaco, que no tiene mas que huesos y pellejo.

**Scutra**, ae. f. *Plaut.* y

**Scutriscum**, i. n. *Cat.* ó

**Scutrum**, i. n. Vasija cóncava, como olla.

**Scŭtŭla**, ae. f. *Cels.* La palanca. ‖ *Tac.* La escudilla. ‖ El ingerto de escudete en los árboles. ‖ El pedazo de tela, de madera, piedra ú otra cosa cortado en forma de escudete ó cuadrado largo. ‖ El rodillo grueso ó cilindro de la catapulta ó ballesta de los antiguos.

**Scŭtŭlātus**, a, um. *Plin.* Hecho en forma de escaques ó cuadrados, ó guarnecido de ellos. *Scutulatus equus. Palad.* Caballo manchado como sembrado de escaques ó escudetes. *Scutulatum rete. Plin.* Tela de araña.

**Scŭtŭlum**, i. n. *Cic.* Escudo pequeño. *Scutula aperta. Cels.* Los homoplatos, dos huesos largos de las espaldas.

**Scūtum**, i. n. *Cic.* y

**Scūtus**, i. m. *Turp.* El escudo largo.

**Scÿlăcĕon**, y Scylaceum, i. n. y

**Scylacium**, i. n. *Virg.* Ciudad de Calabria, hoy *Esquillaci*. ‖ *Plin.* Ciudad de la Misia menor.

**Scÿlăcĕus**, a, um. *Ov.* Perteneciente á la ciudad de Esquillaci.

**Scylla**, ae. f. *Ov.* Escila, roca en el estrecho *llamado Faro de Mesina*. ‖ Roca en el mar peligrosa á los pilotos. *Los poetas hacen á Escila hija de Niso, rey de Megara, convertida en ave por haber sido despreciada de Minos.* ‖ *Fingen otra hija de Forco y de la ninfa Creteide, transformada en escollo por la diosa Circe.* ‖ Es tambien nombre de una yerba y de un pez.

**Scyllacēum**, i. *V. Scylaceon.*

**Scyllaeum**, i. n. *Plin.* Esciglio, *promontorio de Calabria, frente de la costa de Sicilia.* ‖ Ciudad y promontorio del Peloponeso.

**Scyllaeus**, a, um. *Virg.* Perteneciente á Escila, *hija* de Forco. ‖ Y á la Escila, hija de Niso.

**Scyllētum**, i. n. *Cic.* Sitio donde se coge el pez escila.

**Scymnus**, i. m. *Lucr.* Leoncillo, el cachorro del leon.

**Scyphus**, i. m. *Hor.* Vaso, taza para beber.

**Scyrēis**, ĭdis. f. *Estac.* La muger natural de la isla de Esciros.

**Scyretĭcus**, a, um. *Plin.* Propio de la isla de Esciros.

**Scyries**, ădis. f. *Ov.* La muger natural de la isla de Esciros.

**Scyrĭcus**, a, um. *Plin.* y

**Scyrius**, a, um. *Virg.* De la isla de Esciros.

**Scyros**, y **Scyrus**, i. f. *Mel.* Esciros, isla del mar Egeo.

**Scytăla**, ae. y **Scytale**, es. f. *Gel.* Carta escrita en cifra entre los lacedemonios. ‖ *Col.* Musaraña, especie de raton venenoso. ‖ *Col.* Serpiente venenosa, *cuya piel es de sumo resplandor.*

**Scythae**, arum. m. plur. *Plin.* Los escitas, *pueblos de la Escitia.*

**Scytalosagittipellĭfer**, a, um. *Tert.* Voz híbrida, epíteto de Hércules, que significa armado de flechas y maza, y vestido de una piel.

**Scythes**, ae. m. *Cic.* Escita, natural de Escitia. *Pontus Scythes. Sen. Trag.* El ponto escítico ó euxino.

**Scytia**, ae. f. *Just.* La Escitia, la Tartaria, *region vastísima de la tierra al septentrion, dividida en europea y asiática, de tantos pueblos en lo antiguo, que los tuvieron por innumerables.*

**Scythĭca**, ae. f. y

**Scythĭce**, es. f. *Plin.* Yerba dulce, ó mata que se cree ser el orozuz.

**Scythĭcus**, a, um. *Ov.* Escítico, perteneciente á la Escitia, escita.

**Scythis**, idis. f. *Ov.* La muger escita ó escítica.

†**Scythismus**, i. m. Imitacion de las costumbres de los escitas.

**Scytissa**, ae. f. *Nep.* La muger natural de Escitia.

†**Scytisso**, as, are. a. Imitar las costumbres de los escitas, comer y beber desordenadamente.

**Scythius**, a, um. *Virg.* Escita, escítico, de Escitia.

## SE

**Se.** *acusat. y ablat. del pronombre Sui. Ter.* Sé, á sí.

†**Se.** *ant. en lugar de Sine. Cic. Se fraude.* Sin engaño.

**Sebāceus**, a, um. *Apul.* Lo que es de sebo, hecho de él.

**Sebădībae**, arum. f. plur. *Cluv.* Islas Filipinas en Asia.

**Sebālis**. m. f. le. n. is. *Amian.* V. Sebaceus.

**Sebaste**, es. f. *Plin.* Samaria, *ciudad de Palestina.* ‖ Sebaste, *ciudad de Armenia.*

**Sebastēni**, orum. m. plur. *Plin.* Sebastinos. ‖ Los ciudadanos de Samaria. ‖ Los de Galacia, gálatas.

**Sebastēnus**, a, um. *Plin.* Natural de Sebaste, de Samaria, y lo perteneciente á ellas.

**Sebazius**, y **Sebadius**, a, um. *Grut.* Sobrenombre de Júpiter.

**Sebēthis**, idis. f. *Virg.* Ninfa del rio Sebeto, *hoy Formelo en tierra de Labor. Sebethis limpha. Col.* El rio Formelo en tierra de Labor.

**Sebētus**, i. m. *Estac.* El Sebeto, hoy Formelo, *pequeño rio en tierra de Labor.*

**Sebīnus**, ó **Sevīnus**, i. m. *Plin.* El lago de Iseo en el Bresciano.

**Sebo**, as, avi, atum, are. a. *Col.* Ensebar, dar sebo ó de sebo, cubrir con sebo.

**Sebōsus**, a, um. *Plin.* Seboso, lleno, abundante de sebo.

**Sebum**, i. n. *Col.* El sebo, *grasa de los animales.*

**Sebusiāni**, orum. m. plur. *Ces.* Sebusianos, *pueblos de la Galia céltica, hoy del Leonés, de Forez, de Bresa.*

**Secābĭlis**. m. f. le. n. is. *Ausen.* Lo que se puede cortar.

**Secăle**, is. n. *Plin.* El centeno. *Huerta llama á esta especie de mies secal, secala ó fárrago, y dice que era muy amarga.*

**Secāmentum**, i. n. *Plin.* Obra de un pedazo de madera cortada. ‖ Pedazo, fragmento de madera.

**Secārius**, a, um. *Cat.* Perteneciente al pedazo ó fragmento de madera, ó á la obra hecha de él.

**Secatio**, ōnis. f. *Cels.* Cortadura, seccion.

**Secātūrus**, a, um. *Col.* El que ha ó tiene de cortar.

**Secēdo**, is, cessi, cessum, dere. n. *Cic.* Retirarse, separarse, apartarse, hacerse, retirarse aparte. *Secedere ad stilum. Quint.* Retirarse á escribir. — *In hortos. Ov.* Retirarse á un jardin, á una huerta, á una casa de campo. — *De via. Plaut.* Apartarse del camino. — *Ab aliquo. Cic.* Separarse de alguno, dejarle. — *In se ipsum. Sen.* Retirarse dentro de sí mismo. *Secedere. Sen.* Separarse del dictámen de otros.

**Secerno**, is, crēvi, crētum, nĕre. a. *Cic.* Distinguir, separar, apartar, segregar, poner aparte con discrecion y juicio. *Secernere iniquum justo. Hor.* Separar, distinguir lo injusto de lo justo.

**Secespĭta**, ae. f. *Suet.* Cuchillo largo, *de que usaban en los sacrificios.*

**Secessi**. *pret. de Secedo.*

**Secessio**, ōnis. f. *Cic.* Secesion, apartamiento, separacion, retiro. ‖ Sedicion, tumulto, motin, rebelion. *Secessionem facere. Liv.* Hacer bando aparte.

**Secessus**, us. m. *Cic.* Apartamiento, retiro, separacion. ‖ Retiro, el lugar apartado del concurso adonde nos retiramos. ‖ *Plin.* Tumulto, motin. ‖ *S. Ger.* La parte posterior del cuerpo. *Secessus iratae plebis. Plin.* Tumulto del pueblo alborotado. — *Mentis et animi à corpore. Gel.* Enagenacion de los sentidos, éxtasis. *In secessu, quam in fronte beatior. Val. Max.* Mas feliz en lo interior de su ánimo que á la vista.

**Secium**, ii. n. *Fest.* y

**Secius panis**. *Ov.* V. Secivium.

**Secius**. *adv. comp. Virg.* Menos.

**Secivum**, i. n. *Fest.* ó

**Secivium**, ii. n. *Fest.* La torta ó bollo que se cortaba en el sacrificio con el cuchillo llamado secespita.

**Seclūdo**, is, si, sum, dĕre. a. *Ces.* Cerrar aparte ó con separacion, poner aparte, separar. *Secludere montem à flumine. Ces.* Cortar la comunicacion del monte con el rio con una trinchera ó muro. — *Corpore vitam. Plaut.* Matar. — *Curas. Virg.* Sacudir, desechar los cuidados.

**Seclum**, i. n. *Luc.* El siglo. ‖ *Sxo.* género, especie.

**Seclūsa**, orum. n. plur. Secretos, misterios.

†**Seclūsa**, ae. f. La monja.

**Seclūsi**. *pret. de Secludo.*

**Seclūsōrium**, ii. n. *Varr.* Lugar, sitio retirado, donde se guarda alguna cosa.

**Seclūsus**, a, um. *part. de Secludo. Cic.* Cerrado, guardado, puesto aparte ‖ Separado, apartado. *Cic.* Escluido.

**Seco**, as, cui, sectum, āre. a. *Cic.* Cortar, tajar, hender, partir, dividir. ‖ *Hor.* Terminar, acabar, finalizar. *Secare pabulum. Ces.* Hacer forrage, segarle. — *Lites. Hor.* Cortar un pleito. — *Viam ad naves. Virg.* Tomar el camino de las naves, ir á bordo. — *Aethera pennis. Virg.* Cortar el aire con las alas. *In duas secuit partes. Cic.* Dividió en dos partes.

**Secor.** *ant. en lugar de Sequor.*

**Secordia**, ae. f. *Plaut.* Pereza, negligencia, flogedad. ‖ Indolencia.

**Secordĭter**. *adv. m. Virg.* V. Socorditer.

**Secors**, rdis. com. V. Socors.

**Secretārium**, ii. n. *Apul.* Secreto, lugar secreto, interior, retirado, profundo. ‖ *Amian.* La cámara de los jueces, el conclave. ‖ *Sulp. Sever.* La sacristía, y la vicaría ó juzgado, ó cámara del juez eclesiástico.

**Secrēte**. *adv. m.* y

**Secrētim**. *adv. m. Amian.* V. Secreto.

**Secretio**, ōnis. f. *Cic.* Secrecion, separacion.

**Secrēto**, ius. *adv. Cic.* Aparte, separadamente. ‖ Secretamente, en secreto. *Secreto hoc audi. Cic.* Oye en secreto, para tí solo.

**Secrētum**, i. n. *Tac.* Secreto, arcano, cosa secreta. ‖ *Fedr.* Retiro, soledad, lugar secreto, solitario. *Secreta loqui. Ov.* Confiar los secretos. *Secretum petere. Plin. men.* Pedir una audiencia, una plática, una conferencia secreta. *A secretis. Casiod.* Del consejo, de la cámara, secretario.

Secrētus, a, um. *Cic. part. de Secerno.* Separado, apartado, retirado.

Secrēvi. *pret. de Secerno.*

Secta, ae. *f. Cic.* Secta, escuela, doctrina. ∥ Partido, faccion. *Secta vitae. Cic.* Modo de vivir.

Sectābit. *ant. en lugar de Sectabitur.*

Sectācŭlum, i. *n. Apul.* Progenie, raza.

Sectans, tis. *com. Hor.* El que sigue ó acompaña.

Sectārius, a, um. *Plaut.* Que guia ó conduce, el que va al frente. *Sectarius vervex. Plaut.* Carnero castrado, carnero que guia al ganado.

Sectātio, ōnis. *f. Tert.* Seguimiento, el acto de seguir.

Sectātor, ōris. *m. Cic.* Acompañante, el que sigue, es del acompañamiento ó comitiva, el que acompaña por cortejo ó coste á otro. ∥ Sectario, secuaz. ∥ Partidario, el que es de la faccion, que sigue el partido de otro.

Sectĭlis. *m. f. le. n. is. Ov.* Fácil de cortar. ∥ *Plin.* Cortado, dividido, partido en pequeñas hojas y sutiles, ó en trozos. ∥ *Suet.* Hecho, embutido de taracea. *Sectilia pavimenta. Suet.* Pavimento, suelos de piezas diversas, de labor á modo de taracea.

Sectio, ōnis. *f. Varr.* Seccion, cortadura. ∥ *Quint.* Division, particion, repartimiento. ∥ *Cic.* Almoneda, venta pública de bienes confiscados ó de la presa de los enemigos. ∥ *Ces.* El botin ó presa del enemigo.

Sectius. *adv. ant. en lugar de Secius.*

Sectivus, a, um. *Col. V. Sectilis.*

Sector, ōris. *m. Cic.* El que corta, parte, divide. ∥ El que confisca los bienes, los vende en almoneda pública, y el que los compra. *Sector zonarius. Plaut.* Rapa bolsas. — *Sui favoris. Lucan.* El que vende su favor, el que lo aplica al que mas da, como vendiéndole en almoneda.

Sector, āris, ātus sum, āri. *dep. Cic.* Seguir, acompañar, cortejar, ir en la comitiva ó acompañamiento. ∥ Seguir á, ir detras de alguno haciendo burla de él. ∥ *Hor.* Buscar, desear, amar. ∥ *Ter.* Imitar. *Sectari lites. Ter.* Ser amigo de pleitos. — *Mitte sectari. Hor.* No busques.

Sectrix, icis. *f. Plin.* La muger que compra los bienes de una almoneda pública.

Sectura, ae. *f. Varr.* Cortadura, corte, incision, la accion de cortar, cortadura, limadura. *Secturae aerariae. Ces.* Minas de cobre.

Sectus, a, um. *Cic. part. de Seco.* Cortado, partido, dividido.

Secŭbātio, ōnis. *f. Solin.* y

Secŭbĭtus, us. *m. Ov.* Apartamiento, separacion de cama, la accion de dormir solo, aparte, separadamente.

Secŭbo, as, bui, bĭtum, bāre. *n. Ov.* Separar cama, dormir aparte, solo ó sola.

Secui. *pret. de Seco.*

Secŭla, ae. *f. Varr.* Hoz pequeña.

Secŭlāris. *m. f. re. n. is. Plin.* Secular, seglar, del siglo. ∥ Lo que es de un siglo. ∥ Lo que se hace de siglo en siglo, de cien en cien años.

Secŭlum, i. *n. Cic.* El siglo, espacio de cien años. ∥ Tiempo, edad, estacion. ∥ Vida, tiempo de la vida. ∥ Espacio de 30, 50, 120, 1000 años. *Seculum sic est. Tac.* Este es el modo de vivir de hoy, asi van las costumbres.

Secum. *ablat. de Se. Cic.* Consigo.

Secundae, ārum. *f. plur. Plin.* La secundina, membrana que cubre al feto en el vientre de la madre.

Secundāni, ōrum. *m. plur. Liv.* Soldados de la segunda legion.

Secundans, tis. *com. Tac.* Que ayuda ó favorece.

Secundārium, ii. *n. Plin.* Harina de segunda clase ó suerte, á la que se ha sacado la flor.

Secundārius, a, um. *Plin.* Secundario, de segunda clase, de segundo órden, inferior.

Secundārius panis. *Suet.* Pan de segunda suerte.

Secundinae, ārum. *f. plur. Col. V. Secundae.*

Secundo. *adv. m. Cic.* En segundo lugar, lo segundo, la segunda vez, otra vez.

Secundo, ās, āvi, ātum, āre. *a. Virg.* Ayudar, favorecer, hacer próspero ó feliz. *Secundare vissus. Virg.* Hacer felices las visiones que anunciaban malos sucesos.

Secundum. *prepos. que rige acusat. Secundum aurem. Cic.* Al oido, junto á la oreja. — *Ea. Cic.* Despues de esto. — *Hunc diem. Cic.* Mañana. *Ripam. Plaut.* Á lo largo de la orilla de la ribera. — *Quietem. Cat.* Durante, mientras el sueño ó la siesta. *Secundum aliquem judicare. Cic.* Juzgar á favor de alguno. — *Jus fasque. Liv.* Segun razon y justicia. — *Naturam. Cic.* Conforme á la naturaleza, segun sus leyes.

Secundus, a, um. *Cic.* Segundo, lo que está en segundo lugar ó clase. ∥ Propicio, próspero, favorable. ∥ Feliz. *Secundus à Rege.* — *Ad principatum regium. Hir.* La segunda persona del reino, el primero despues del rey. — *Alicui. Virg.* El que cede á otro. — *Haeres. Cic.* Heredero sustituido. — *Nulli virtute. Sil. Ital.* Que no cede á otro en virtud, en mérito. *Secundae res. Cic.* Prosperidad, buen estado ó éxito de las cosas. — *Partes. Cic.* Segundo lugar. *Secundo amni, ó fluvio. Virg.* Siguiendo el curso del rio. — *Vento cursum tenere. Cic.* Navegar con próspero viento, ir las cosas con felicidad. — *Populo facere. Cic.* Obrar con aprobacion del pueblo, teniéndole favorable. *Secundis avibus. Plin.* Con favorables auspicios. — *Auribus accipere. Lic.* Oir favorablemente, dar, prestar oidos gratos. *Secunda mensa. Cic.* Los postres. *Secundus agere. Hor.* Complacer, lisonjear. ∥ Obedecer. *Secundus.* Sobrenombre romano, como *C. Plinius Secundus.*

Secūre. *adv. Vel. Pat.* Seguramente, con seguridad, con confianza, sin temor. ∥ *Plin. men.* Descuidadamente, sin cuidado.

Secūres, ium. *f. plur. Hor.* Dignidades, magistraturas que tenian el derecho de llevar delante de sí haces de varas con segures.

Secŭrĭcla, ae. *f. Vitruv.* Pieza de madera ó tarugo que abraza y asegura dos maderos fuertemente. ∥ Cola de milano.

Secŭrĭclātus, a, um. *Vitruv.* Unido, asegurado, con un madero ó tarugo, á cola de milano.

Secŭrĭcŭla, ae. *f. Plin.* Pequeña segur ó hacha. ∥ *Vitruv.* Pieza de madera, ó tarugo que abraza dos maderos fuertemente. *V. Securicla.*

Secŭrĭdāca, ae. *f. Plin.* Yerba llamada por Laguna la encorvada.

Secŭrĭfer, a, um. *Ov.* y

Secŭrĭger, a, um. *Sen.* Que lleva una segur ó hacha, armado con ella.

Secŭris, is. *f. Cic.* La segur ó hacha para partir ó cortar. *Securim reip. infligere. Cic.* Hacer gran daño á la república.

Secūrĭtas, ātis. *f. Cic.* Seguridad, sosiego, tranquilidad de ánimo, libre de temor y cuidado. ∥ *Quint.* Descuido, negligencia, falta de cuidado.

Secūrus, a, um. *Cic.* Seguro, tranquilo, lleno de seguridad y confianza, que no teme, que nada le perturba ni inquieta. ∥ *Tac.* Descuidado, negligente, que no hace caso, ni se le da cuidado. *Securus famae. Ov.* El que no hace caso de la fama. — *De bello. Liv.* El que está seguro de que no le harán guerra. — *A metu. Plin.* El que cree que nada tiene que temer.

Secus. *prep. de acus.* Cerca de, junto á. *Secus viam. Quint.* Junto al camino.

Secus. *adv. Cic.* De otra manera, diversamente, al contrario. ∥ *Salust.* Mal, malamente. *Secus interpretari. Suet.* Interpretar, esplicar mal. *Recte an secus, nil ad nos. Cic.* Si bien ó mal, nada nos toca.

Secus. *neutr. indec. Liv.* El sexo de varones ó hembras.

Secūtio, ōnis. *f. S. Ag.* Seguimiento, el acto de seguir.

Secūtor, ōris. *m. Cic.* El gladiador que salia en lugar del que habia muerto. ∥ *Apul.* El que sigue ó acompaña continuamente á otro.

Secūtŭlejus, a, um. *Petron.* Que sigue á otro, que va tras ó detras de él.

Secūtus, a, um. *part. de Sequor. Cic.* Que ha seguido ó perseguido. ∥ Que ha imitado. ∥ Que ha buscado ó investigado. *V. Sequor.*

Sed. *conj. advers. Cic.* Pero, mas.

Sēdamen, inis. *Sen. V. Sedatio.*

Sēdāte, tius. *adv. Cic.* Quieta, sosegada, tranquilamente, sin conmocion.

Sēdātio, ōnis. *f. Cic.* Sosiego, quietud, tranquilidad, moderacion, calma.

Sĕdātor, ōris. m. *Arnob.* Pacificador, aquietador, el que sosiega, tranquiliza ó calma.

Sĕdātus, a, um. *part. de* Sedor; ior, issĭmus. *Cic.* Sosegado, calmado, apaciguado, aquietado, aplacado.

Sĕdĕcennis, y Sexdecennis. m. f. nĕ. n. is. *Aus.* El ó lo que es de edad de 16 años.

Sĕdĕcies. *adv. Plin.* Diez y seis veces.

Sĕdĕcim, y Sexdecim. *ind. Ter.* Diez y seis.

Sĕdĕcŭla, ae. f. *Cic.* Sillica, sillita, silla pequeña.

Sĕdens, tis. com. *Plin.* El que está sentado.

Sĕdentārius, a, um. *Col.* Sedentario, lo que se hace ó trabaja estando sentado. ‖ *Plaut.* El que trabaja ó está ordinariamente sentado.

Sĕdeo, ēs, sĕdi, sessum, dĕre. n. *Cic.* Sentarse, estar sentado. ‖ Estarse sentado, estar ocioso. ‖ Estar acampado. ‖ Posar, parar, pararse. ‖ Imprimirse, pegarse, introducirse. *Sedet huic vestis. Quint.* El vestido le sienta bien __ *Nix. Plin.* La nieve permanece dura, no se derrite. __ *Ad gubernacula. Cic.* Tiene el timon. __ *Hoc animo. Virg.* Está resuelto, determinado á esto.

Sĕdes, is. f. *Cic.* La silla. ‖ Asiento. ‖ Domicilio, morada, habitacion, mansion. ‖ Sitio, lugar, puesto en que está ó se pone cualquier cosa. *Sedes belli. Tac.* Plaza de armas. ‖ Cuartel general en la guerra. *Sedem habere. Cic.* Tener lugar, sitio, puesto en cualquier parte.

Sĕdĭcŭla, ae. f. *Cic.* y

Sĕdĭcŭlum, i. n. *Dig.* Asiento bajo ó pequeño.

Sĕdĭgĭtus, a, um. *Plin.* El que tiene seis dedos.

Sĕdīle, is. n. *Virg.* Asiento de cualquier materia ó forma, silla, banco.

Sĕdīmen, ĭnis. n. *Cel. Aur.* y

Sĕdīmentum, i. n. *Plin.* Asiento, suelo, poso de los licores.

Sĕdĭtio, ōnis. f. *Cic.* Sedicion, tumulto, motin. ‖ *Ter.* Riña, discordia particular. *Seditio maris. Estac.* Tempestad, borrasca de mar.

Sĕdĭtiōse, ius, issĭme. *adv. Cic.* Sediciosa, tumultuosa, alborotadamente.

Sĕdĭtiōsus, a, um, ior, issĭmus. *Cic.* Sedicioso, turbulento, amotinador, que causa sedicion.

Sēdo, ās, āvi, ātum, āre. a. *Cic.* Sosegar, mitigar, apaciguar, apagar, calmar, tranquilizar, aquietar, mitigar. *Sedare infamiam. Cic.* Borrar una infamia. __ *Sitim. Ov.* Apagar la sed. __ *Vela. Prop.* Amainar las velas.

Sĕdūco, is, xi, ctum, cĕre. a. *Ter.* Llamar aparte. ‖ Dividir, separar. ‖ Seducir, engañar. *Seducere oculos. Prop.* Mirar á otro lado, apartar la vista. __ *Aliquid. Sen.* Poner una ó mas cosas aparte. __ *Castra. Ov.* Dividir el campo ó el ejército en dos partes.

Sĕductĭlis. m. f. lĕ. n. is. *Alcim.* Fácil de seducir, de engañar.

Sĕductio, ōnis. f. *Cic.* Separacion, apartamiento, la accion de poner aparte. ‖ *Tert.* Seduccion, el acto de engañar con arte y maña. *Corporis animaeque seductio. Lact.* Separacion del alma y del cuerpo, la muerte.

Sĕductor, ōris. m. *S. Ag.* Seductor, engañador, el que con arte y suavidad engaña.

Sĕductōrius, a, um. *S. Ag.* Lo que ó el que es propio para seducir ó engañar.

Sĕductrix, ĭcis. f. *Tert.* Seductora, la que seduce y engaña.

Sĕductus, us. m. *Sen.* Retiro, lugar, sitio apartado.

Sĕductus, a, um. *part. de* Seduco. *Liv.* Separado, puesto aparte. ‖ Separado, dividido. ‖ *S. Ag.* Seducido, engañado. *Seducti homines. Plin.* Hombres retirados.

Sĕdŭcŭlum, i. n. *Fest.* Azote, látigo para castigar á los esclavos.

Sĕdŭlārium, ii. n. *Dig.* Almohadon, almohada, cogin para sentarse.

Sĕdŭle. *adv. Col.* V. Sedulo.

Sĕdŭlĭtas, ātis. f. *Cic.* Diligencia, cuidado, aplicacion, exactitud, deseo ardiente de cumplir con su oficio.

Sĕdŭlius, ii. m. *Ven. For.* Celio Sedulio, poeta cristiano, ingles ó escoces, *que floreció á mediados del siglo v. en tiempo de los emperadores Valentiniano y Teodosio el menor; y escribió en muy buen estilo, para aquellos tiempos, la obra intitulada* Carmen Paschale.

Sĕdŭlo. *adv. Cic.* Diligente, cuidadosamente. ‖ Aposta, de propósito, con estudio.

Sĕdŭlus, a, um. *Cic.* Diligente, cuidadoso, aplicado, sumamente atento.

Sĕdum, i. n. *Col.* La siempreviva ó yerba puntera.

Sĕdūni, ōrum. m. plur. *Ces.* Pueblos de la Galia narbonense.

Sĕdūnum, i. n. *Ces.* Sion, *ciudad de la Galia narbonense en el Valais, en la Suiza.*

Sĕdussi, ōrum. m. plur. *Ces.* Pueblos de Alemania.

Sĕduxi. *pret. de* Seduco.

† Sĕgĕro, is, gessi, gestum, rĕre. a. *Estac.* Separar, poner aparte, guardar.

Sĕges, ĕtis. f. *Cic.* La mies para segar. ‖ Tierra arada ó sembrada. ‖ Multitud, abundancia. *Seges et materia gloriae. Cic.* Campo y ocasion de gloria. __ *Ferrea telorum. Virg.* Una nube de dardos. *In segetem spicas ferre. Ov.* Proverbio, como echar arena en el mar. Añadir al campo espigas.

Sĕgesta, y Segetia Dea, ae. f. *Plin.* Segesta, *diosa que presidia á las mieses.*

Sĕgesta, ae. *Fest.* Segesta, *ciudad de la Sicilia occidental.*

Sĕgestāni, ōrum. m. plur. *Cic.* Los naturales y habitantes de la ciudad de Segesta.

Sĕgestānus, a, um. *Cic.* y

Sĕgestensis. m. f. sĕ. n. is. Lo perteneciente á y propio de la ciudad de Segesta.

Sĕgestre, is. n. *Lucil.* y

Segestria, ium. n. plur. *Plin.* Estera de paja con que cubrian las literas. ‖ Arpillera ó cualquiera lienzo que sirve para envolver ó embalar. ‖ Especie de capote ó sobretodo, que se echaba al que estaba cansado ó sudado.

Sĕgĕtālis. m. f. lĕ. n. is. *Apul.* Parecido á la mies.

Segmen, ĭnis. n. *Plin.* Pieza, retazo, pedazo cortado.

Segmenta, ōrum. n. plur. *Val. Max.* Tira, franja, guarnicion de seda, púrpura ú oro para adorno de los vestidos. ‖ Los vestidos guarnecidos de seda, oro ó púrpura.

Segmentātus, a, um. *Juv.* Hecho de diversas piezas. ‖ De diversos colores. ‖ Vestido con una ropa de diferentes colores, de distintas piezas. ‖ Bordado, guarnecido con varios colores, labores ó piezas.

Segmentum, i. n. *Plin.* Cortadura, corte, division. ‖ Pedazo, parte, trozo. *Segmenta mundi. Plin.* Las cuatro partes del mundo. ‖ Los círculos paralelos de la esfera. ‖ Los diversos climas.

Segnesco, is, cĕre. n. *Cel. Aur.* Hacerse tardo, lento, perezoso.

Segnĭpes, ĕdis. com. *Juv.* El que anda lenta y perezosamente.

Segnis, m. f. nĕ. n. is. *Cic.* Perezoso, lento, tardo, pesado. ‖ Infructuoso, estéril, inútil. ‖ Indolente, insensible. *Segnis ad credendum. Liv.* Que no cree de ligero. *Non segnis occasionum. Tac.* No perezoso en aprovecharse de la ocasion. __ *Dare vulnera. Ov.* Pronto en herir.

Segnĭtas, ātis. f. *Cic.* Pereza, lentitud, negligencia, flojedad, descuido.

Segnĭter, gnius. *adv. Plin.* Perezosa, lentamente.

Segnĭtia, ae. f. *Cic.* y

Segnĭties, ēi. f. *Cic.* Pereza, tardanza, lentitud, flojedad. ‖ *Plaut.* Necedad, estupidez. *Segnitia maris. Tac.* Calma del mar.

Sĕgontia, ae. f. Sigüenza, *ciudad de España.*

Sĕgontiāci, ōrum. m. plur. *Ces.* Pueblos de la gran Bretaña.

Sĕgōvia, ae. f. *Ces.* Segovia, *ciudad de España.*

Sĕgrĕgandus, a, um. *Ter.* Lo que se ha de segregar.

Sĕgrĕgātim. *adv. Prud.* Separadamente, con segregacion, aparte.

† Sĕgrĕgātio, ōnis. f. *Tert.* Segregacion, separacion.

Sĕgrĕgātus, a, um. *Cic.* Segregado, séparado, apartado.

Sĕgrĕgo, as, āvi, ātum, āre. a. *Cic.* Segregar, separar, apartar. *Segregare aliquem à numero civium. Cic.* Separar á uno del número de los ciudadanos, privarle de este derecho.

**Sĕgrex**, ĕgis. *com. Sen.* Solitario, retirado, apartado de los demas.

**Sĕgullum**, i. *n. Plin.* La pinta ó señal de la tierra en el parage que hay mina de algun metal.

**Sĕgusiāni**, ōrum. *m. plur. Ces.* Pueblos de la Galia céltica, hoy el Leonés.

**Seja**, ae. *f. Plin.* Diosa que presidia á la siembra.

**Sejaniānus**, a, um. *Sen.* Perteneciente á Seyano, *privado del emperador Tiberio.*

**Sejānus**, i. *m. Sen.* Seyano, gran privado del emperador *Tiberio, por quien al fin condenado pereció miserablemente.*

**Sejanus**, a, um. *Varr.* Perteneciente á Seyo, ciudadano romano. *Seyanus equus. Gel.* El caballo de Seyo, *que se tuvo por fatal á todos sus poseedores; y en efecto Dolabela, Casio y Antonio, que le poseyeron sucesivamente, tuvieron una muerte desgraciada.*

**Sĕjŭgātus**, a, um. *Cic.* Desunido, apartado, separado, dividido.

**Sĕjŭges**, um. *m. plur. Liv.* Tiro de seis caballos unidos.

**Sĕjunctim**. *adv. Tib.* Separadamente.

**Sĕjunctio**, ōnis. *f. Cic.* Separacion, desunion.

**Sĕjunctus**, a, um. *Cic.* Desunido, separado. *part. de*

**Sĕjungo**, is, xi, ctum, gĕre. *a. Cic.* Desunir, separar.

**Sĕlăgo**, ĭnis. *f. Plin.* Yerba semejante á la sabina.

**Sĕlecta**, ōrum. *m. plur. Liv.* Coleccion de lugares ó discursos escogidos.

**Sĕlecti**, ōrum. *m. plur. S. Ag.* Los 20 dioses mayores, *doce varones Jano, Júpiter, Saturno, Genio, Mercurio, Apolo, Marte, Vulcano, Neptuno, Sol, Orco y Baco; y ocho hembras Telus, Ceres, Juno, Luna, Diana, Minerva, Venus, Vesta.* ¶ Jueces juramentados para sentenciar las causas con los pretores, *que en tiempo de Augusto formaron cuerpo separado de las demas decurias de jueces.*

**Sĕlectio**, ōnis. *f. Cic.* Seleccion, eleccion, escogimiento de una cosa entre otras.

**Sĕlector**, ōris. *m. Plin.* El que escoge ó elige.

**Sĕlectus**, a, um. *Cic. part. de Seligo.* Selecto, escogido, elegido por mejor.

**Sĕlēgi**. *pret. de Seligo.*

† **Selene**, es. *f. Luc.* La luna.

† **Selenĭacus**, a, um. Lunático.

\* **Sĕlenion**, ii. *n. Apul.* La yerba peonía.

**Sĕlēnītis**, ĭdis. *f. Plin.* Selenites, ó piedra lunar, trasparente y de poco peso.

**Sĕlēnĭtlum**, ii. *n. Plin.* Especie de yedra.

\* **Selenogŏnon**, i. *n. Apul. V. Selenion.*

† **Selenographia**, ae. *f.* Descripcion de la luna.

**Selenusium**, ii. *n. Plin.* Especie de trigo muy apreciable.

**Seleucensis**. *m. f. tĕ. n. is. Plin.* y

**Seleucēnus**, a, um. *Cap.* Perteneciente á la ciudad de Seleucia.

**Seleucia**, ae. *f. Plin.* Seleucia, *ciudad de Mesopotamia, de Cilicia, de Siria.*

**Seleuciānus**, a, um. *Cic.* De Seleucia.

**Seleucĭdes**, um. *f. plur. Plin.* Seleucides, *aves del monte Casio, queridas de los labradores, porque apuraban las langostas.*

**Selgĭticus**, a, um. *Plin.* Perteneciente á Selga, *ciudad de Panfilia.*

**Sĕlībra**, ae. *f. Col.* Media libra, síncope de semilibra.

**Sĕlĭgo**, is, lēgi, lectum, gĕre. *a. Cic.* Elegir, escoger.

\* **Selinoides**. *Plin.* Selinada, *epíteto de la berza llamada crespa, por la semejanza de sus hojas con el apio.*

**Selinuns**, untis. *m. f. Plin.* Selinunte, *ciudad y rio de Sicilia, de Acaya y de Cilicia.*

**Selinuntii**, ōrum. *m. plur. Plin.* Los naturales y habitantes de Selinunte.

**Selinuntius**, a, um. *Plin.* y

**Selinusius**, a, um. *Vitruv.* Lo perteneciente á Selinunte, *ciudad y rio de Sicilia, de Acaya y de Cilicia.*

**Sĕlĭquastrum**, i. *n. Varr.* Asiento, silla.

**Sella**, ae. *f. Cic.* Silla, asiento. *Sella curulis. Cic.* Silla curul, propia de los magistrados.—*Gestatoria. Suet.* Silla de manos, litera.—*Familiarica. Varr.* Silla para las necesidades corporales. *Duabus sellis sedere.* Prov. *Sen.* Hacer á dos palos.

**Sellāria**, ae. *Suet.* Sala donde se pone una sillería.

**Sellāriŏlus**, a, um. *Marc.* Adornado de sillas. *Se toma en mala parte por las casas donde los ociosos pasan el tiempo en comer y beber.*

**Sellāris**. *m. f. tĕ. n. is. Cel. Aur.* Perteneciente á la silla de manos ó litera.

**Sellārius**, a, um. *V.* Sellaris.

**Sellisternium**, ii. *n. Val. Max.* El aparato y prevencion de sillas en los templos en tiempo de rogativas ó acciones de gracias.

**Sellŭla**, ae. *f. Varr.* Sillita, sillica, silla pequeña.

**Sellŭlārii**, ōrum. *m. plur. Liv.* Artesanos que trabajan sentados.

**Sembella**, ae. *f. Varr.* Media libra ó medio as, *moneda romana.*

**Sĕmel**. *adv. Cic.* Una vez. *Semel atque iterum. Cic.* Una y otra vez.—*Anno. Plin.* Una vez al año.—*Et in perpetuum. Hor.* Una vez por todas.—*Deperit illa. Ov.* Se perdió para siempre.—*Ut finiam. Quint.* Para acabar de una vez.—*Ut emigravimus. Plaut.* Desde que salimos.—*Ac vicies. Plin.* Veinte y una veces.

**Sĕmĕle**, es. *f. Ov.* Semele, *hija de Cadmo, rey de Tebas y de Ermione, madre de Baco.*

**Sĕmĕleius**, y **Sĕmĕleus**, a, um. *Ov.* Perteneciente á Semele.

**Sĕmen**, ĭnis. *n. Cic.* La simiente ó semilla de que nacen las plantas y animales. ¶ Plantel ó semillero de árboles. ¶ La espelta, especie de trigo. ¶ Raza, casta. ¶ Orígen, principio, autor, causa. *Semina flammae. Virg.* Las centellas de fuego, *que estan como encerradas en el pedernal. In semen abire, exire. Plin.* Brotar, salir la planta. *Semen belli. Cic.* Autor, causa de la guerra.

**Sĕmentātio**, ōnis. *f. Tert. V. Sementis.*

**Sĕmentĭcus**, a, um. *Plin.* Bueno, propio para sembrar.

**Sĕmentĭfer**, a, um. *Veg.* Que lleva ó da semilla ó grana.

**Sĕmentīnus**, a, um. *Ov.* Sementino, perteneciente á la siembra.

**Sĕmentis**, is. *f. Col.* La siembra, la accion de sembrar. ¶ Sementera, el tiempo de la siembra. ¶ La simiente sembrada. ¶ *Ov.* La mies. *Sementis malorum. Cic.* Semillero de males.—*Proscriptionis. Cic.* Tabla, lista de los proscritos. *Semente. Ov.* ó *Sementi peracta. Col.* Acabada la sementera.

**Sĕmentīvus**, a, um. *Plin.* Perteneciente á la siembra ó á las semillas, en especial á las que se siembran en el principio del invierno, semental.

**Semermis**. *V. Semiermis.*

**Sĕmestris**. *m. f. tĕ. n. is. Cic.* Semestre, lo que dura seis meses. ¶ *Apul.* Lo que dura quince dias ó medio mes. *Semestris luna. Apul.* Luna llena, ó en la mitad de su curso.

**Sĕmestrium**, ii. *n. Col.* Medio mes. ¶ Semestre, espacio de seis meses.

**Sĕmēsus**, a, um. *Suet.* Medio comido ó roido.

**Semet**. *acusat. y ablat.* Sí mismo.

\* **Semetrum**, i. *n. Prud.* Cosa sin regla, sin medida.

**Sĕmĭăcerbus**, a, um. *Palad.* Medio maduro.

**Sĕmĭădapertus**, y **Sĕmĭădăpertus**, a, um. *Ov.* Medio abierto, á medio abrir.

**Sĕmĭădŏpertĭlis**. *m. f. tĕ. n. is.* y

**Sĕmĭădŏpertus**, a, um. *Apul.* Medio abierto, á medio abrir. ¶ Á medio cerrar, medio cerrado ó cubierto.

**Sĕmĭagrestis**. *m. f. tĕ. n. is. Aur. Vict.* Medio agreste ó rústico.

**Sĕmĭambustus**, a, um. *Suet.* Medio abrasado, quemado, tostado.

**Sĕmĭămictus**, a, um. *Suet.* Mal vestido, á medio vestir.

**Sĕmĭămirĭcus**, a, um. *Lampr.* Perteneciente á Semiamira, *madre de Heliogábalo.*

**Sĕmĭămpŭtātus**, a, um. *Apul.* Medio cortado ó amputado, á medio cortar.

**Sĕmĭănĭmis**. *m. f. mĕ. n. is. Lib.* y

**Sĕmĭănĭmus**, a, um. *Cic.* Semivivo, medio muerto. ¶ *Luc.* Muerto de miedo.

Sēmiānnǐmus, a, um. *Marc. Cap.* Lo que es de medio año.

Sĕmiapertus, a, um. *Liv.* Medio abierto, á medio abrir.

Sĕmiassus, a, um. *En.* Medio asado.

Sĕmiāter, tra, tum. *y*

Sĕmiatrātus, a, um. *Varr.* Medio negro, negruzco.

Sĕmibarbărus, a, um. *Suet.* Semibárbaro, medio, casi bárbaro.

Sĕmibos, bŏvis. *com. Ov.* Medio buey, *como el monstruo Minotauro.*

Sĕmibrūtus, a, um. *Apul.* Medio bruto.

Sĕmicănălicŭlus, i. m. *Vitruv.* Medio canalito.

Sĕmicānus, a, um. *Apul.* Medio cano ó blanco.

Sĕmicăper, pri. *com. Ov.* Semicapro ó semicabron, medio cabra ó cabron y medio hombre, *epíteto de los sátiros y faunos.*

Sĕmicinctium, ii. *n. Marc.* y

Sĕmicintōrium, ii. *n. Liv.* Ceñidor, faja estrecha.

Sĕmicircŭlāris. m. f. lĕ. n. is. *Col.* Hecho en forma de semicírculo, semicircular.

Sĕmicircŭlātus, a, um. *Cels.* Que tiene figura de semicírculo.

Sĕmicircŭlus, i. m. *Col.* Semicírculo, mitad del círculo, medio círculo.

Sĕmiclausus, y Sĕmiclusus, a, um. *Apul.* Medio cerrado, á medio cerrar.

Sĕmicoctus, a, um. *Col.* Medio cocido, á medio cocer.

Sĕmicombustus, a, um. *Prud.* Medio quemado, tostado, abrasado.

Sĕmiconfectus, a, um. *Sidon.* Medio, casi hecho, á medio hacer.

Sĕmiconspĭcuus, a, um. *Apul.* Lo que se ve á medias ó solo la mitad.

Sĕmicorpŏrālis. m. f. lĕ. n. is. *Firm.* y

Sĕmicorpŏreus, a, um. *Medio corporal ó corpóreo.*

Sĕmicrĕmātus, a, um. *y*

Sĕmicrĕmus, a, um. *Ov.* Medio quemado ó abrasado.

Sĕmicrūdus, a, um. *Col.* Medio crudo.

Sĕmicŭbĭtālis. m. f. lĕ. n. is. *Liv.* Lo que consta de medio codo.

Sĕmicŭbĭtus, us. m. *Vitruv.* Medio codo.

Sĕmidea, ae. f. *Ov.* Semidiosa, *como las sirenas.*

Sĕmideus, i. m. *Ov.* Semidios, héroe, *como Pan, Hércules, Rómulo, á quienes adoraba la gentilidad.*

Sĕmidies, ēi. m. *Auson.* Medio dia, la mitad de un dia.

Sĕmidigĭtālis. m. f. lĕ. n. is. *Vitruv.* De medio dedo de magnitud.

Sĕmidoctus, a, um. *Cic.* Semidocto, semierudito.

Sĕmiermis. m. f. mĕ. n. is. *Liv.* Medio desarmado, mal armado.

Sĕmifactus, a, um. *Tac.* Á medio hacer, imperfecto.

Sĕmifastīgium, ii. *n. Vitruv.* La mitad de la altura de un edificio.

Sĕmifer, y Sĕmifĕrus, a, um. *Lucr.* Medio fiera y medio hombre, *como los Centauros, Sirenas, Escila, Caco.* ¶ Hombre agreste y salvage.

Sĕmiformis. m. f. mĕ. n. is. *Col.* Medio formado.

Sĕmifultus, a, um. *Marc.* Medio apoyado, medio sostenido.

Sĕmifūmans, *com. Sidon.* Que todavía humea.

Sĕmifunium, ii. *n. Cat.* Cuerda, la mitad mas delgada que otra.

Sĕmigaetūlus, a, um. *Apul.* Medio gétulo, que se acerca á los gétulos, por el pais, ó se parece en las costumbres.

Sĕmigermānus, a, um. *Liv.* Medio aleman.

Sĕmigraece. *adv. Lucil.* Medio á la griega.

Sĕmigraecus, a, um. *Varr.* Medio griego.

Sĕmigrăvis. m. f. vĕ. n. is. *Liv.* Medio passado, cargado de vino ó sueño.

Sĕmigro, ās, āvi, ātum, āre. n. *Cic.* Transmigrar, mudar de domicilio, pasarse á vivir á otra parte.

Sĕmihians, tis. *com. Catul.* y

Sĕmihiulcus, a, um. *Gel.* Medio abierto, entreabierto.

Sĕmihomo, ĭnis. m. *Ov.* Semihombre, medio hombre y medio fiera. ¶ *Sil.* Salvage, montaraz, agreste.

Sĕmihōra, ae. f. *Cic.* Media hora.

Sĕmiinānis. m. f. nĕ. n. is. *Plin.* Medio vacío.

Sĕmiinteger, gra, grum. *Amian.* Entero por la mitad.

† Sĕmijejunium, ii. *n. Tert.* Medio ayuno.

Sĕmijūgĕrum, i. *n. Col.* Media jugada ó güebra de tierra.

Sĕmilăcer, a, um. *Ov.* Medio despedazado.

Sĕmilăter, ĕris. *n. Vitruv.* Medio ladrillo.

Sĕmilautus, a, um. *Catul.* Mal lavado, á medio lavar.

Sĕmiliber, a, um. *Cic.* Medio libre.

Sĕmilibra, ae. f. *Apul.* Media libra.

Sĕmilixa, ae. m. *Liv.* Hombre vil, soldado despreciable, que aun no llega á ser mozo de carga.

Sĕmilōtus, a, um. *Catul.* Medio lavado, á medio lavar.

Sĕmilūnātǐcus, a, um. *Jul. Firm.* Medio lunático.

Sĕmimădǐdus, a, um. *Col.* Medio mojado.

Sĕmimărīnus, a, um. *Lucr.* Anfibio, medio marino, que participa de mar y tierra.

Sĕmimas, ǎris. *com. Ov.* Medio macho y medio hembra, hermafrodito. ¶ *Col.* Eunuco, castrado.

Sĕmimascŭlus, i. m. *Fulg.* Capon, eunuco.

Sĕmimătūrus, a, um. *Pal.* Medio maduro.

Sĕmimēdus, a, um. *Apul.* Medio medo, semejante á los medos.

Sĕmimetōpia, ōrum. *n. plur. Vitruv.* Semimetopas, la mitad de la distancia en que se colocan los triglifos sobre los arcos.

Sĕmimitra, ae. f. *Ulp.* Media ó pequeña cofia, ó gorro para la cabeza.

Sĕmimŏdius, ii. m. *Juv.* Medio modio ó celemin.

Sĕmimortuus, a, um. *Catul.* Medio muerto, semivivo.

† Sĕminalia, ium. *n. plur. Tert.* Las mieses.

Sĕminālis. m. f. lĕ. n. is. *Col.* Seminal, lo que pertenece á la siembra ó semilla.

Sĕminārium, ii. *n. Col.* Seminario, semillero, plantal. ¶ *Cat.* Causa, órigen, principio.

Sĕminārius, a, um. *Cat.* Seminal, perteneciente á las semillas.

Sĕminatio, ōnis. f. *Varr.* La siembra, la accion de sembrar.

Sĕminātor, ōris. m. *Cic.* Sembrador, el que siembra. ¶ Autor.

Sĕminātus, a, um. *part. de Semino. Plaut.* Sembrado. ¶ Engendrado.

Sĕminex, ĕcis. *com. Liv.* Medio muerto.

Sĕminis. *genit. de Semen.*

Sĕminium, ii. *n. Plaut.* El semen de que se engendra el animal. ¶ *Lucr.* Casta, raza, naturaleza.

Sĕmino, ās, āvi, ātum, āre. *a. Col.* Sembrar. ¶ Engendrar, producir.

Sĕminōsus, a, um. *Aut. de la Priap.* Lleno de simiente.

Sĕminūdus, a, um. *Liv.* Medio desnudo.

Sĕminumĭda, ae. m. *Apul.* Medio numida, semejante á los numidas ó africanos.

Sĕmiobŏlus, i. m. *Fan.* Medio óbolo, *moneda ínfima.*

Sĕmiobrūtus, a, um. *Apul.* Medio enterrado.

Sĕmionustus, a, um. *Prisc.* Medio cargado.

Sĕmiorbis, is. m. *Sen.* Medio globo ó círculo.

Sĕmipāgānus, a, um. *Pers.* Medio rústico, ó aldeano.

Sĕmipătens, tis. *com. Sid.* Medio patente ó abierto.

Sĕmipĕdālis. m. f. lĕ. n. is. *Plin.* De medio pie.

Sĕmipĕdāneus, a, um. *Col.* De medio pie.

Sĕmipĕractus, a, um. *Paulin.* Medio perfecto ó acabado, concluido.

† Sĕmipĕremptus, a, um. *Tert.* Medio consumido ó aniquilado.

Sĕmiperfectus, a, um. *Suet.* Medio concluido, perfecto, acabado.

Sĕmipes, ēdis. m. *Vitruv.* Medio pie, la medida de ocho dedos.

Sĕmiphălārica, ae. f. *Gel.* Media pica, dardo del largo de un codo.

Sĕmipiscīna, ae. f. *Varr.* Pequeña piscina.

Sĕmiplacentīnus, a, um. *Cic.* Medio placentino, originario de Plasencia por parte de madre.

Sĕmiplēne. *adv. Sid.* Mediadamente.

Sēmiplēnus, a, um. *Liv.* Medio lleno, medio vacío.
Sēmiplōtia, ōrum. *n. plur.* Zapatos de caza.
Sēmiplōtus, a, um. *Cat.* Medio lavado, mal lavado.
Sēmipullātus, a, um. *Sid.* Medio enlutado ó vestido de negro.
Sēmipūtātus, a, um. *Virg.* Medio podado ó cortado.
Sēmirāmis, is, ó ĭdis. *f. Just.* Semiramis, *famosa reina de los asirios.*
Sēmirāmius, a, um. *Ov.* Perteneciente á Semíramis.
Sēmirāsus, a, um. *Apul.* Medio raido ó pelado.
Sēmirēductus, a, um. *Ov.* Algo retirado ó apartado hácia atras.
Sēmirēfectus, a, um. *Ov.* Medio reparado, compuesto.
Sēmirōsus, a, um. *Arnob.* Medio roido.
Sēmirōtundus, a, um. *Apul.* Medio redondo.
Sēmirŭtus, a, um. *Liv.* Medio arruinado ó derribado.
Sēmis. *indecl. m. Vitruv.* La mitad de cualquier cosa.
Sēmis, issis. *m. Cic.* El semis, medio as ó libra romana, seis onzas.
† Sēmisaucius, a, um. *S. Ag.* Medio hérido.
Sēmisĕnex, is. *m. Plaut.* Viejecillo.
Sēmisĕpultus, a, um. *Ov.* Medio sepultado, enterrado.
† Sēmisermo, ōnis. *m. S. Ger.* Habla, lenguage imperfecto.
Sēmisiccus, a, um. *Pal.* Medio seco.
Sēmisicīlĭcus, i. *m. Palad.* Una dracma, la octava parte de una onza.
Sēmisomnis. *m. f. nĕ. n. is.* y
Sēmisomnus, a, um. *Cic.* Medio dormido.
Sēmisŏnans, tis. *com. Apul.* Lo que tiene un sonido medio, imperfecto, *como la letra semivocal.*
Sēmisŏnārius, a, um. *Plaut.* Lo que hace sonar las tres perlas de un pendiente una contra otra.
Sēmisōpītus, a, um. *Liv.* Medio dormido.
Sēmisōpōrus, a, um. *Sid.* Medio dormido.
Sēmispatha, ae. *f. Veg.* Media espada, espada corta.
Sēmissālis. *m. f. lĕ. n. is. Modest.* Perteneciente á la mitad del as romano. *Semissalis usura.* Interes de seis por ciento al año.
Sēmissārius, a, um. *Flor.* Perteneciente á la mitad de la herencia.
Sēmissis, is. *m. Plin.* El semis, medio as ó libra romana, seis onzas. ‖ La mitad de cualquier cosa. *Usurae semissium. Col.* Interes de seis por ciento al año. *Semissis. Veg.* Instrumento en figura de semicírculo para marcar los caballos.
Sēmissis. *m. f. sĕ. n. is. Vitruv.* Perteneciente á la mitad. *Semis homo. Cic.* Hombre de ninguna estimacion.
Sēmisŭpīnus, a, um. *Ov.* Recostado, medio echado boca arriba.
Sēmita, ae. *Cic.* Senda, camino estrecho, sendero. ‖ *Sen.* El camino. *Semita lunae. Claud.* El curso de la luna, la órbita.
Sēmitālis. *m. f. lĕ. n. is. Virg.* Perteneciente al camino. *Dii semitales.* Dioses de las sendas y caminos, *como Mercurio, Hecate &c.*
Sēmitārius, a, um. *Catul.* El que anda por sendas ocultas, por caminos retirados y estrechos.
Sēmitātim. *adv. Tit.* Por sendas, de senda en senda.
Sēmitātus, a, um. *Marc.* Dividido en diversas sendas.
Sēmitertiāna, ae. *f. Cels.* Calentura ó medio terciana.
Sēmito, as, avi, atum, āre. *a. Plin.* Dividir, repartir en sendas. ‖ Dividir los límites con islas.
Sēmitŏnum, i. *n. Boec.* Semitono, sonido imperfecto.
Sēmitractus, a, um. *Tert.* Tratado imperfectamente.
Sēmitrĕpidus, a, um. *Apul.* Medio temblando.
Sēmitritus, a, um. *Col.* Medio trillado.
Sēmiustŭlandus, a, um. *Suet.* Lo que se debe quemar ó chamuscar.
Sēmiustŭlātus, a, um. *Cic.* y
Sēmiustus, y Semustus, a, um. *Suet.* Chamuscado, medio quemado.
Sēmiviĕtus, a, um. *Col.* Medio marchito, macilento.
Sēmivir, ĭri. *m. Ov.* Medio hombre, capon. ‖ Eunuco. *Ov.* Medio hombre y medio fiera. ‖ *Liv.* Afeminado.
Sēmivīvus, a, um. *Cic.* Semivivo, medio muerto.

Sēmivōcālis. *m. f. lĕ. n. is. Quint.* Semivocal, que tiene un sonido imperfecto, sin auxilio de las vocales. ‖ *Varr.* Lo que se acerca á la voz, á la habla. *Semivocale signum. Veg.* Señal que tiene veces de voz en la milicia, como la trompeta, bocina, caja &c.
Sēmivŏlŭcris, is. *f. Sim.* Medio ave, *como las sirenas.*
Sēmizōnārius, ii. *m. Plaut.* El que hace ceñidores ó fajas estrechas.
Semnion, ii. *n. Plin.* Yerba semejante á un pavo real pintado.
Semo, ōnis. *m. Liv.* Dios de los que llaman menores, *como Priapo, Vertumno,* hechos de hombres dioses.
Sēmŏdiālis. *m. f. lĕ. n. is. Cat.* Lo que consta de medio modio ó celemín.
Sēmŏdius, ii. *m. Plin.* Medio modio.
Semōnes, um. *m. plur. Varr. V.* Semo.
Sēmōnia, ae. *f. Macrob.* Nombre de una diosa de las menores *entre los romanos.*
Sēmōte. *adv.* Separadamente, en secreto, á parte.
Sēmōtus, a, um. *part. de Semoveo. Ces.* Retirado, apartado.
Sēmŏvendus, a, um. *Cic.* Lo que se debe retirar, apartar, separar.
Sēmŏveo, es, movi, motum, vēre. *a. Cic.* Retirar, apartar, separar, alejar.
Semper. *adv. Cic.* Siempre, siempre jamas, toda la vida, continuamente. *Semper dum vivam. Plaut.* Mientras yo viva.
Semperflōrium, ii. *n. Apul.* La yerba siempreviva ó puntera.
Semperlenĭtas, ātis. *f. Tert.* Continua blandura, dulzura.
Sempervīva, ae. *f. Apul.* y
Sempervīvum, i. *n. Plin.* La yerba siempreviva ó puntera.
Sempervīvus, a, um. *Prud.* Lo que vive siempre.
Sempĭterne. *adv. Pacus.* Perpetua, eternamente, siempre.
Sempĭternĭtas, ātis. *f. Apul.* Perpetuidad.
Sempĭterno. *adv. Cat.* y
Sempĭternum. *adv. Plaut.* Perpetuamente, siempre.
Sempĭternus, a, um. *Cic.* Sempiterno, perpetuo, continuo. *Vincula sempiterna. Cic.* Prision de por vida.
Semprōnia, ōrum. *n. pl. Fest.* Paneras, graneros públicos.
Semprōniānus, a, um. *Cic.* Perteneciente á alguno de los Sempronios, *como sus leyes, sus decretos.*
Semprōnius, ii. *m. Cic.* Sempronio, *nombre propio romano de familia antigua, de patricios y plebeyos.*
Semuncia, ae. *f. Liv.* Media onza. ‖ *Col.* La venticuatrena parte de un todo. ‖ *Tac.* El interes de 6 por 100 al año.
Semuncialis. *m. f. lĕ. n. is. Plin.* y
Semunciarius, a, um. *Liv.* Lo que pesa ó vale media onza. *Semunciarium foenus.* Ganancia de 6 por 100 al año.
Semurium, ii. *n. Cic.* Campo cercano á Roma, en que habia un templo de Apolo. ‖ *Semur,* ciudad de Borgoña. ‖ Otra cerca de Autun.
Sēmustus, a, um. *V.* Semiustus.
Sena, ae. *f.* y
Senae, arum. *f. plur. Sil.* Sena, *ciudad de la Umbría.* ‖ Sinigalia, *ciudad de Italia, en el ducado de Urbino.* ‖ Siena, *ciudad de Toscana.*
Sēnācŭlum, i. *n. Varr.* Palacio ó casa del consejo, lugar donde se junta el senado.
Sēnāriōli, ōrum. *m. plur. Cic.* Versos senarios de 6 pies.
Sēnārius, a, um. *Cic.* Senario, que consta de 6 cosas, *como versos senarios que constan de 6 pies.*
Sēnātor, ōris. *m. Cic.* Senador, consejero.
Sēnātōrius, a, um. *Cic.* Senatorio, lo que toca al senador.
Sēnātŭlum, i. *n. Val. Max.* y
Sēnātŭlus, i. *m. dim. de*
Sēnātus, us, y ti. *m. Cic.* El senado, el consejo, el cuerpo de senadores. ‖ *Cic.* El lugar donde se junta el senado.
Sēnātusconsultum, i. *n. Cic.* Decreto, sentencia del senado, senadoconsulto.
Seneca, ae. *m. Col.* Séneca, *nombre propio de los dos fa-*

mosos Sénecas el retórico y el filósofo naturales de Córdoba, que florecieron en tiempo de Neron.

Senecio, ōnis. *m. Afran.* Vejete. ‖ *Tac.* Senecio, *sobrenombre romano.* ‖ *Plin.* Yerba llamada buen varon.

Senecta, ae. *f. Cic.* y

Senectus, ūtis. *f. Cic.* La vejez, senectud, ancianidad. *Senectutis exuviae*, ó *senecta serpentum. Plin.* Los despojos, la piel vieja de las culebras. *Senecta aetas. Lucr.* La vejez. *Albani senectus. Juv.* La antigüedad del vino albano. *Plena litteratae senectutis oratio. Cic.* Estilo de una literata madurez.

Senensis. *m. f. sĕ. n. is. Cic.* Lo perteneciente á la ciudad de Sena en Toscana.

Seneo, ēs, nui, nēre. *n. Cat.* Ser viejo.

Senescens, tis. *com. Tac.* Que se envejece, que se hace viejo. *Senescens in salem caseus. Plin.* Queso que de añejo se pone salado.

Senesco, is, nui, cĕre. *n. Cic.* Envejecerse, hacerse viejo. ‖ Decaer, perder su fuerza, su belleza, su color.

Senex, nis. *m. Cic.* El viejo, el hombre ó animal de muchos años. ‖ Viejo, anciano, antiguo. *Bis pueri senes. adag.* Volverse á la edad de los niños. *Senis mutari linguam. Senem erigere. Senis doctor. Lapidem verberare. adag.* Castigar vieja y espulgar vellon dos necedades son. *ref.*

Seni, ae, a. *plur. Cic.* Seis, *num. distr.* y *card. Senorum annorum pueri. Cic.* Niños de seis años.

Senica, ae. *m. f. Plaut.* Viejo ó vieja despreciable.

Seniculus, i. *m. Apul.* Vejete ridículo, despreciable.

Senideni, ae, a. *plur. Tac.* Diez y seis, *numeral distributivo.*

Seniensis. *m. f. sĕ. n. is. Plin.* Perteneciente á la ciudad de Senia, hoy Segna, en *Liburnia.*

Senilis. *m. f. lĕ. n. is. Cic.* Perteneciente al viejo ó vieja, propio de ellos.

Seniliter. *adv. Quint.* Á modo de viejos.

Senio, ōnis. *m. Marc.* El seis de los dados, el dado que pinta el número de seis.

Senior, ius, ōris. *Cic.* Mas viejo, mas anciano. ‖ Viejo, anciano.

Seniores, um. *m. plur. Tac.* Nuestros padres, mayores ó antepasados. ‖ *Cic.* Los senadores, su junta.

Senipes, ĕdis. *com. Sid.* Lo que consta de seis pies.

Senis. *genit. de* Senex.

Senium, ii. *n. Cic.* La vejez. ‖ Tristeza, melancolía, tedio que causa la vejez. ‖ *Ter.* Impertinencia, ridiculez de viejo. ‖ Viejo impertinente, enfadoso. ‖ El viejo. *Senium lunae. Plin.* Menguante de la luna.

Senna, ae. *m.* El Sena, rio de Flandes.

Senogallia, ae. *f. Plin.* Sinigalia, *ciudad de la Umbria.*

Senones, um. *m. plur. Plin.* Los senones, pueblos de la Galia lugdunense, hoy la diócesis de Sens y de Auxerre. ‖ Sens, *ciudad arzobispal de Francia.*

Senonicus, a, um. *Gel.* Perteneciente á los senones.

Sensa, ōrum. *n. plur. Cic.* Pensamientos, juicios, discursos, conceptos del ánimo.

† Sensate. *adv. Bibl.* Prudentemente, con prudencia.

Sensatus, a, um. *Firm.* Sensato, prudente, juicioso.

Sensi. *pret. de* Sentio.

Sensibilis. *m. f. lĕ. n. is. Sen.* Sensible, que se percibe por los sentidos.

Sensibiliter. *adv. Arn.* Sensiblemente, de un modo perceptible por los sentidos.

Sensiculus, i. *m. Quint.* Pensamiento débil, de poca importancia.

Sensifer, a, um. *Lucr.* Lo que causa sentimiento, sensacion.

Sensifico, is, āre. *a. Marc. Cap.* Hacer sensible ó perceptible.

Sensificus, a, um. *Macrob.* Lo que hace sensible ó perceptible.

Sensilis. *m. f. lĕ. n. is. Lucr.* Sensible, perceptible por los sentidos.

Sensim. *adv. Cic.* Poco á poco, insensible, lentamente.

Sensualis. *m. f. lĕ. n. is. Tert.* Sensible, que tiene sentido.

Sensualitas, ātis. *f. Tert.* Sensibilidad, facultad de sentir.

Sensum, i. *n. Cic.* Concepto, pensamiento. *V.* Sensa.

Sensurus, a, um. *part. de* Sentio. *Ov.* Que ha ó tiene de sentir.

Sensus, a, um. *part. de* Sentio. *Arnob.* Sentido, entendido, percibido.

Sensus, us. *m. Cic.* El sentido, la potencia, ó facultad de sentir y percibir por los sentidos. ‖ La accion de sentir, sentimiento. ‖ Pensamiento, sentencia, opinion. ‖ Entendimiento, capacidad, inteligencia, razon, uso de ella. ‖ Significado, sentido de las palabras ó espresiones.

Sententia, ae. *f. Cic.* Sentencia, dictámen, juicio, opinion, parecer. ‖ Voz, voto. ‖ Máxima, dicho sentencioso. ‖ Decreto, resolucion, orden, auto. *Sententia mea. Cic.* En mi juicio, á mi parecer, segun mi juicio, mi dictámen, por mi voto. *Ex sententia. Cic.* Á medida del deseo. *Sententiis omnibus. Cic.* Á voto de todos, de comun consentimiento. *In multis positus. Plaut.* Puesto en opiniones, de que cada uno juzga diversamente. *Ex animi sententia. Cic.* Con sinceridad, de todas veras.

† Sententialiter. *adv. Macrob.* Á modo de sentencia.

Sententiola, ae. *dim. f. Cic.* Breve sentencia, de poca importancia.

Sententiose. *adv. Cic.* Sentenciosamente, de un modo sentencioso.

Sententiosus, a, um. *Cic.* Sentencioso, lleno de sentencias, de máximas, de moralidades.

Sentes, ium. *n. plur. Col.* Abrojos, espinos.

Senticetum, i. *n. Plaut.* El senticar, ó espinar, sitio lleno de abrojos ó espinas.

Senticosus, a, um. *Apul.* Espinoso, lleno de espinas.

Sentina, ae. *f. Cic.* Sentina, el fondo interno de la nave. *Sentina urbis. Cic.* La hez del pueblo, la canalla. ‖ La confusa multitud del pueblo. ‖ Sentina, letrina, albañal, cloaca, alcantarilla.

Sentinaculum, i. *n. Paul. Nol.* El instrumento con que se desocupa y vacia la sentina.

Sentinas, ātis. *com. Liv.* Perteneciente ó propio de un territorio de la Umbria asi llamado.

Sentinator, ōris. *m. Paul. Nol.* El que desocupa ó vacia la sentina.

Sentino, as, āre. *a. Paul. Nol.* Desocupar, vaciar la sentina. ‖ Trabajar, afanarse por salir de algun peligro.

Sentinosus, a, um. *Cat.* Lleno de inmundicia.

Sentinus, i. *m. S. Ag.* Dios que presidia á la perfeccion de los sentidos.

Sentio, is, si, sum, tire. *a. Cic.* Sentir, percibir por los sentidos. ‖ Juzgar, pensar, ser de opinion, de parecer. ‖ Percibir, entender, conocer. ‖ Esperimentar, probar, hacer esperiencia. ‖ *Plaut.* Saber. *Sentire cum*; ó *ab aliquo de aliqua re. Cic.* Ser de la opinion, del parecer de alguno sobre alguna cosa.— *Ab aliquo. Plaut.* Juzgar á favor de alguno.— *Magnifice de se. Cic.* Tener grande opinion ó estima de sí mismo, pensar de sí muy ventajosamente. *Haud mecum sentit. Ter.* No es de mi opinion, de mi parecer, no estamos acordes, no nos conformamos los dos. *Si sensero. Ter.* Si llegare á entender ó á saber.

Sentis, is. *m. Col.* La espina. *Sentis canis. Col.* La cambronera ó zarza.

Sentisco, is, ĕre. *n. Lucr.* Sentir, conocer, percibir, advertir.

Sentosus, a, um. *Paul. Nol.* Espinoso, áspero, lleno de espinas.

Sentus, a, um. *Virg.* Horroroso, inculto, áspero, como lleno de espinas. *Homo sentus. Ter.* Hombre espantoso, desaliñado, sucio.

Senui. *pret. de* Senesco.

Seorsim. *adv. Plaut.* y

Seorsum. *adv. Cic.* 6

Seorsus. *adv. Liv.* Aparte, separadamente. *Seorsum ab aliquo sentire. Plaut.* Ser de distinto parecer que otro.

Separ, ăris. *adj. Val. Flac.* Separado, dividido, apartado.

Separabilis. *m. f. lĕ. n. is. Cic.* Separable, que se puede separar.

Separate. *adv. Cic.* y

Separatim. *adv. Ces.* Separadamente, aparte, en particular. *Separatius adjungere. Cic.* Añadir con separacion, con más particularidad.

**Sĕpărātio**, ōnis. *f. Cic.* Separacion, division, segregacion.

**Sĕpărātīvus**, a, um. *Diom.* Lo que tiene fuerza de separar ó desunir.

**Sĕpărātor**, ōris. *m. Tert.* Separador, el que separa ó desune una cosa de otra.

**Sĕpărātrix**, icis. *f. S. Ag.* La que se separa ó desune.

**Sĕpărātus**, a, um. *part. de Separo. Cic.* Separado, segregado, dividido, apartado. *Separatum exordium. Cic.* Exordio vicioso, separado del discurso, que no tiene conexion alguna con él.

**Sĕpărātus**, us. *m. Apul.* La separacion.

**Sĕpăro**, as, āvi, ātum, āre. *a. Cic.* Separar, segregar, desunir, dividir, apartar. *Separare vera à falsis. Cic.* Discernir, distinguir lo verdadero de lo falso.

**Sĕpĕdes**, dum. *f. plur. Apul.* Insectos de seis pies.

**Sĕpĕlĭbĭlis**. *m. f. lĕ. n. is. Plaut.* Lo que se puede ó debe sepultar ú ocultar.

**Sĕpĕliendus**, a, um. *Cic.* Lo que se debe enterrar ó sepultar.

**Sĕpĕlio**, is, līvi, lii, pultum, līre. *a. Cic.* Sepultar, enterrar, soterrar. ‖ Ocultar, esconder, encubrir. *Sepelire dolorem. Cic.* Encubrir, ocultar el sentimiento. — *Somnium. Plaut.* Desechar el sueño. *Bellum sepultum est. Cic.* Se concluyó, se estinguió la guerra.

**Sēpes**, ĕdis. *m. f. Apul.* Que tiene seis pies.

**Sēpes**, is. *f. Cic.* Seto, cerca, cercado de maderos, ramas ó zarzas.

**Sepia**, ae. *f. Plin.* La sepia ó gibia, *pez que cuando le persiguen vomita una sangre como tinta, con que enturbia el agua y se esconde.* ‖ *Pers.* La tinta para escribir.

**Sĕpĭcŭla**, ae. *f. Apul.* Pequeño cercado ó seto.

**Sĕpimen**, inis. *n. Apul.* y

**Sĕpimentum**, i. *n. Varr.* Seto ó cerca.

**Sēpio**, is, psi, tum, īre. *a. Cic.* Cercar, rodear, resguardar con cerca ó seto. *Inventa memoria sepire. Cic.* Depositar en la memoria las cosas inventadas.

**Sēpiŏla**, ae. *f. Plaut. dim. de Sepia.* Pequeña cerca, seto ó cercado.

**Seplasia**, ae. *f.* y

**Seplasia**, ōrum. *n. plur. Cic.* Plaza de la ciudad de Capua, adonde estaban los perfumeros, perfumería.

**Seplāsiārius**, ii. *m. Lampr.* Perfumero, el que comercia en perfumes ó aromas.

**Sĕpōnendus**, a, um. *Liv.* Lo que se ha de poner aparte ó reservar.

**Sĕpōno**, is, pŏsui, pŏsĭtum, nĕre. *a. Cic.* Separar, poner aparte, guardar, reservar. *Seponere aliquem. Tac.* Desterrar á alguno. *Inurbanum lepido dicto. Hor.* Distinguir las expresiones groseras de las graciosas y cultas. — *Sibi tempus ad rem aliquam. Cic.* Tomarse, reservarse tiempo para alguna cosa.

**Sĕpŏsĭtio**, ōnis. *f. Ulp.* Separacion, reserva, la accion de poner aparte.

**Sĕpŏsĭtus**, a, um. *part. de Sepono. Cic.* Separado, puesto aparte. ‖ Remoto, lejano. ‖ Desterrado. ‖ *Marc.* Esquisito, precioso.

**Seps**, ēpis. *m. f. Luc.* Especie de aspid ó culebra ponzoñosa.

**Sepse**, *en lugar de Sepes.*

**Sepse**, *ant. Cic. en lugar de Seipse.*

**Sepsi**, *pret. de Sepio.*

**Septa**, ōrum. *n. plur. Cic.* Setos, cercas, cercados. ‖ *Marc.* Plaza empalizada con palenques ó barreras, adonde se juntaba el pueblo romano. ‖ *Ulp.* Dique, calzada.

† **Septangŭlus**, a, um. Lo que tiene siete ángulos.

† **Septas**, ādis. *f. Macrob.* El número 7.

**Septejūgis**. *m. f. gĕ. n. is. Septejuges equi. Inscr.* Siete caballos puestos á un tiro, tiro de siete caballos.

**Septem**. *num. card. indec. Cic.* Siete.

**September**, bris. *m. Varr.* El mes de setiembre.

**Septembris**. *m. f. brĕ. n. is. Cic.* Del mes de setiembre.

**Septembōnus**, a, um. *Macrob.* Muy bueno, escelente.

**Septem castrensis regio.** La Transilvania, *provincia de Hungría.*

**Septemdĕcim**. *indec. Cic.* Diez y siete.

**Septemflŭus**, a, um. *Ov.* Que corre por siete derrames, canales, arroyos ó cauces.

**Septemgĕmĭnus**, a, um. *Virg.* Que consta de siete partes.

**Septemmestris**. *m. f. trĕ. n. is. Censor.* De siete meses.

**Septemnerva**, ae. *f. Apul.* La yerba llanten mayor.

**Septempĕda**, ae. *f. Plin.* S Severino, *ciudad de Italia.*

**Septempĕdālis**. *m. f. lĕ. n. is. Plaut.* Lo que tiene siete pies de magnitud.

**Septempĕdānus**, a, um. *Plin.* Perteneciente á la ciudad de S. Severino. V. Septempeda.

**Septemplex**, icis. *Virg.* Siete veces doblado ó multiplicado.

**Septemvĭr**, ĭri. *m. Cic.* Septenviro, uno de los septenviros de Roma. *Magistrados que conducian las colonias, y distribuian las tierras. Septemviri epulones. Liv.* Los siete sacerdotes que cuidaban de los convites que se aderezaban en los templos.

**Septemvĭrālis**. *m. f. lĕ. n. is. Liv.* Perteneciente á los septenviros.

**Septemvĭrātus**, us. *m. Cic.* El septenvirato, la dignidad de septenviro.

**Septēnārius**, a, um. *Plin.* Septenario, número que contiene siete. *Septenarius versus. Cic.* Verso de siete pies.

**Septendĕcim**. *num. card. indec. Cic.* Diez y siete.

**Septēni**, ae, a. *num. distr. Liv.* Siete en número.

**Septennis**. *m. f. nĕ. n. is. Plaut.* De siete años. *Septennis cum sit nondum edidit dentes. adag.* Aun no se le ha cerrado la mollera.

**Septennium**, ii. *n. Prud.* El septenio, espacio de siete años.

**Septentrio**, ōnis. *m. Plin.* El septentrion, polo ártico, norte. ‖ Viento norte. ‖ La osa mayor, *constelacion.* ‖ Pais septentrional. *Septentrio minor. Vitruv.* La osa menor, constelacion.

**Septentriōnālia**, ium. *n. plur. Plin.* Paises, lugares septentrionales, que miran ó caen al septentrion.

**Septentriōnālis**. *m. f. lĕ. n. is. Plin.* y

**Septentriōnārius**, a, um. *Gel.* Septentrional, del septentrion, del norte.

**Septēnus**, a, um. *Cic.* Séptimo.

**Septĭcĭāna libra.** *Marc.* La libra romana, *que en tiempo de la segunda guerra púnica, por falta de metal se redujo de doce onzas á ocho y media.*

**Septĭcollis**. *m. f. lĕ. n. is. Prud.* Que tiene siete montes como Roma.

**Septĭcus**, a, um. *Plin.* Lo que tiene virtud de consumir, de podrir y gastar las escrecencias.

**Septies**. *adv. Plin.* Siete veces.

**Septĭfariam**. *adv. Non.* En siete partes, de siete modos.

**Septĭfolium**, ii. *n. Apul.* Septifolio, *yerba así llamada por el número de sus hojas.*

**Septĭfŏris**. *m. f. rĕ. n. is. Sid.* Que tiene siete agugeros, siete puertas ó ventanas.

**Septĭformis**. *m. f. mĕ n. is. S. Ag.* Que tiene siete formas.

**Septĭmana**, ae. *f. Eccles.* La semana.

**Septĭmāni**, ōrum. *m. plur. Plin.* Soldados de la séptima legion. ‖ *Sid.* Los pueblos del bajo Lenguadoc, de la Galia narbonense.

**Septĭmānia**, ae. *f. Plin.* Parte de la Galia narbonense, *donde fue enviada una colonia de la séptima legion,* hoy el bajo Lenguadoc.

**Septĭmānus**, a, um. *Varr.* Séptimo en órden. *Septimanae nonae. Varr.* Las nonas, *que caen el dia siete en los meses marzo, mayo, julio y octubre.*

**Septĭmātrus**, us. *m. Varr.* Fiesta de Minerva, *que se celebraba siete dias despues de los idus de marzo.*

**Septĭmo**, y **Septĭmum**. *adv. Cic.* La séptima vez.

**Septĭmontiālis**. *m. f. lĕ. n. is. Suet.* Perteneciente al dia llamado Septimontium, ó al sacrificio que se hacia en este dia.

**Septĭmontium**, ii. *n. Varr.* Dia festivo en Roma en el mes de diciembre, *por haberse incluido dentro de los mu-*

ros el séptimo mente. ‖ Sacrificio que se celebraba en memoria de esto.

Septĭmus, a, um. *Cic.* Séptimo.

Septĭmusdecĭmus, a, um. *Vitruv.* Decimoséptimo.

Septingēnārius, a, um. *Varr.* Que comprende el número de setecientos, setecientos.

Septingēni, ae, a. *Plin.* y

Septingentesĭmus, a, um. *Liv.* y

Septingenti, ae, a, *Liv.* Setecientos.

Septingenties. *adv. Plin.* Setecientas veces.

Septio, ōnis. f. *Vitruv.* La acción de cercar.

Septĭpes, ĕdis. *Suet.* Lo que tiene siete pies.

Septizōnium, ii. n. *Suet.* Edificio de Roma, rodeado de siete fajas ó zonas, *que eran otras tantas moles que le ceñian menguando hácia arriba en diminucion.*

Septuāgēnārius, a, um. *Front.* Septuagenario, de setenta años.

Septuāgēni, ae, a. *plur. Plin.* Setenta.

Septuāgēniquīni. *plur. Front.* Setenta y cinco.

Septuāgēnus, a, um. *Plin.* Setenta.

Septuāgēsies. *adv. Marc. Cap. V.* Septuagies.

Septuāgēsĭmus, a, um. *Cic.* Septuagésimo, el último de setenta.

Septuāgies. *adv. Col.* Setenta veces.

Septuāginta. *indec. Cic.* Setenta.

Septuennis. m. f. nĕ. n. is. *Plaut.* De siete años.

Septum, ti. n. *Varr.* Seto, cerca, vallado para resguardar y fortalecer un sitio. ‖ Valla en que estaba el pueblo romano antes de entrar á votar en los comicios; otra que incluía á los magistrados, presidentes y sus ministros. Dique, presa, mole opuesta á las aguas. *Septum transversum. Cels.* El diafragma.

Septunciālis. m. f. lĕ. n. is. *Col.* Lo que es de siete onzas, que contiene siete onzas.

Septunx, uncis. f. *Liv.* Medida ó pesa de siete onzas. ‖ *Col.* La mitad y una duodécima parte de una obrada de tierra. ‖ *Marc.* Siete vasos de vino.

Septuōse. *adv. Non.* Oscuramente.

Septuōsus, a, um. *Prop.* Oscuro.

Septuplus, a, um. *Dig.* Siete veces tanto.

Septus, a, um. *part. de Sepio. Cic.* Cercado, fortalecido, resguardado, rodeado.

Septussis. *Varr.* Seis ases.

Sepulcrālis. m. f. lĕ. n. is. *Ov.* Sepulcral, lo que toca al sepulcro.

Sepulcrētum, i. *Cat.* Cementerio, lugar donde hay muchos sepulcros.

Sepulcrum, i. n. *Cic.* Sepulcro, sepultura.

† Sepultor, ōris. m. *Sil.* Sepulturero, el que sepulta.

Sepultūra, ae. f. *Cic.* Sepultura, exequias, entierro, funeral. ‖ El sepulcro.

Sepultus, a, um. *part. de Sepelio. Cic.* Sepultado, enterrado, soterrado, *Sepultus somno. Lucr. — Vino. Virg.* Sepultado en sueño, en vino. — *Sum. Ter.* Soy perdido. *Sepulta urbs. Luc.* Ciudad arruinada, destruida, sepultada en sus ruinas.

Sequācĭtas, ātis. f. *Sid.* Continuacion, facilidad de seguir á otro.

Sequācĭter. *adv. Arnob.* Siguiendo.

Sequāna, ae. m. *Caes.* El Sena, rio de Francia.

Sequāni, ōrum. m. *plur. Caes.* El Franco Condado, *pueblos de Borgoña, del Franco Condado.*

Sequānĭcus, a, um, y Sequānus, a, um. *Luc.* Lo que es del Franco Condado, del condado de Borgoña.

Sequax, ācis. com. *Virg.* Que sigue continuamente, ó acompaña. ‖ *Plin.* Viscoso, pegajoso, glutinoso. ‖ Flexible, obediente, fácil. ‖ *Man.* Sequaz, sectario, de la opinión ó parcialidad de otro. *Sequax materia. Plin.* Materia fácil, flexible, que se trabaja fácilmente. — *Bitumen. Plin.* Betun que se pega. — *Sequaces curae. Lucr.* Cuidados que no le dejan á uno, que le acompañan continuamente. — *Hederae. Plin.* Yedras que se enredan como se quiere.

Sequēla, ae. f. *Gel.* Secuela, consecuencia, lo que se sigue de cualquiera cosa.

Sequens, tis. *Virg.* Que sigue, va detrás siguiendo.

Sequentia, ae. f. *Front.* La consecuencia.

Sequester, tri, y tris. m. *Gel.* Secuestro, juez árbitro ó mediador. ‖ Depositario de una cosa contestada. ‖ *Quint.* Agente de un proceso. *Sequester pacis. Sil. Ital.* Mediador de la paz. *Sequestro ponere,* ó *dare alicui. Plaut.* Poner en depósito, en secuestro, en manos de un tercero.

Sequester, tra, trum. *Virg.* Secuestrado, puesto en depósito, depositado. *Sequestra pax. Virg.* La tregua.

Sequestra, ae. f. *Estac.* La medianera ó conciliadora.

Sequestrārius, a, um. *Dig.* Perteneciente al secuestro ó depósito judicial.

Sequestrātio, ōnis. f. *Dig.* Secuestración, secuestro, la accion de depositar ó poner en secuestro.

Sequestrātor, ōris. m. *Sim.* Dolor officiorum, familiarum sequestrator. Dolor que impide los oficios de amistad.

Sequestratōrium, ii. n. *Tert.* Lugar del secuestro ó depósito en que se guarda.

Sequestrātus, a, um. *Macrob.* Separado, puesto aparte.

Sequestro, as, āre. a. *Prud.* Secuestrar, poner en secuestro, en depósito. ‖ *Macrob.* Separar, poner aparte. *Vir ab omni infamia sequestrandus. Sid.* Varon á quien se ha de poner á cubierto de toda ignominia.

Sequestro. *adv. Gel.* Aparte, separadamente.

Sequestrum, i. n. *Dig.* El secuestro, depósito. ‖ Juicio de árbitros, medianeros, componedores.

Sequior, ius, ōris. *Liv.* Menor, inferior, peor. ‖ Poco ventajoso, poco favorable.

Sequor, ĕris, quūtus, ó cūtus sum, sequi. *dep. Cic.* Seguir, ir detras. ‖ Perseguir, seguir el alcance. ‖ Acaecer, suceder, acontecer. ‖ Procurar, apetecer, desear. ‖ Imitar. *Sequi feras. Ov.* Perseguir, andar á caza de fieras. — *Funus. Ter.* Acompañar un entierro. — *Vestigiis. Liv.* Seguir los pasos. — *Verbum. Cic.* Tomar una palabra en su significado propio. *Sequitur inde. Cic.* De aquí se sigue.

Sequutulēius, a, um. *Petron.* Que sigue á otro ú otra por causa de amor.

Sequūtor, ōris. m. *Suet.* El que sigue, va tras de otro.

Sequūtio, ōnis. f. *Gel.* El seguimiento ó seguida.

Sequūtus, y Secutus, a, um. *part. de Sequor. Liv.* El que ha seguido ó acompañado á otro. ‖ Que ha perseguido ‖ Que ha imitado. V. *Sequor.*

Sera, ae. f. *Col.* Cerradura, pestillo, cerrojo, tranca de la puerta.

Seranus, Serranus, y Saranus, i. m. *Cic.* Epíteto de Marco Atilio Régulo, *por haberle hallado sembrando los que le llevaron la noticia de su dictadura ó consulado.*

Serapēum, y Serapium, ii. n. *Amian.* El templo de Serapis, Apis ú Osiris en Alejandría.

Seraphim. *indec.* m. *Bibl.* Serafines, uno de los órdenes de la suprema gerarquía de los ángeles, y *significa inflamados.*

Serāphis, ĭdis. m. *Marc.* Nombre de una sierpe que se halla en el Nilo.

Serapias, ādis. f. *Plin.* y

Serapion, ii. n. *Plin.* La yerba orquis ó serapias.

Serapĭcus, a, um. *Tert.* Serapicae coenae. Comidas suntuosas, *como las que se celebraban en honra de Serapis.*

Serāpis, is, ó ĭdis. m. *Macrob.* Serapis, Apis ú Osiris, *dios de los egipcios, y en especial de los alejandrinos, por cuyos nombres se significaba el sol.*

Serārius porcus. *Cat.* El toston ó cochinillo de leche, ó criado con suero.

Serbes, ētis. m. Rio de la Mauritania cesariana.

Serbi, ōrum. m. *plur.* Pueblos cercanos á las lagunas Meotides.

Serbōnis, is. m. y

Serbōnitis, idis. m. Lago de Egipto, inmediato al monte Casio.

Serēnātor, ōris. m. *Apul.* Epíteto de Júpiter, que causa la serenidad del cielo.

Serēnātus, a, um. *part. de Sereno. Sil.* Serenado. ‖ Aplacado.

Serendus, a, um. *Tib.* Lo que se ha de sembrar ó plantar.

Serēnĭfer, a, um. *Avien.* Que trae ó causa la serenidad.

Serēnĭtas, ātis. f. *Liv.* Serenidad, tiempo claro, sereno. ‖ Prosperidad. ‖ *Veg.* Serenidad, *título que se da á algunos soberanos.*

**Sĕrēno**, as, āvi, ātum, āre. *a. Plin.* Serenar, restituir la claridad, poner claro y sereno. ‖ Aplacar, sosegar, mitigar, suavizar.

**Sĕrēnum**, i. *n. Cat.* El sereno de la noche. ‖ La serenidad, el tiempo sereno y claro.

**Sĕrēnus**, a, um. *Liv.* Sereno, claro, sin nubes. ‖ Quieto, tranquilo, alegre. ‖ *Ov.* Próspero, feliz. ‖ Epíteto de Júpiter, que causa la serenidad, y está siempre tranquilo. *Serenissimus. Dig.* Serenísimo, *título de príncipe.*

**Sĕrēnus**, i. *m. Esparc.* Q. Sereno Sammónico, *médico y poeta, á quien mandó matar en una cena el emperador Caracalla. Escribió en verso heróico, no despreciable, de la curacion de varias enfermedades. Tuvo un hijo del mismo nombre, que fué maestro de Gordiano el menor.*

**Seres**, um. *m. plur. Plin.* Los tártaros orientales, *pueblos de la Escitia asiática oriental, famosos por su justicia, y no menos por sus finísimas manufacturas de lana.*

**Sergianus**, a, um. *Cels.* y
**Sergius**, a, um. *Front.* Perteneciente á alguno de los Sergios romanos, ó á la tribu Sergia, una de las rústicas.

**Sĕria**, ae. *f. Ter.* Vasija de barro para vino, aceite &c., *menor que la tinaja*; botijon, tinajilla.

**Sĕria**, ōrum. *n. plur. Marc.* Cosas serias.

**Sērĭca**, ae. *f. se entiende* Vestis. *Marc.* Ropa, vestido de seda.

**Sērĭcāria**, ae. *f. Suet.* La que trabaja en seda, hilandera, tejedora, bordadora.

**Sērĭcārius**, ii. *m. Firm.* Tejedor, bordador ó comerciante en seda.

**Sērĭcātus**, a, um. *Suet.* Vestido de ropa de seda.

**Sērĭceus**, a, um. *Flor.* Lo que es de seda.

**Sērĭchātum**, i. *n. Plin.* Árbol odorífero.

**Sērĭcum**, i. *n. Amian.* Obra hecha ó tejida entre los seres ó tártaros orientales de algodon ó seda.

**Sērĭcus**, a, um. *Plin.* Perteneciente á los tártaros orientales. ‖ Lo que es de seda.

**Sēries**, ei. *f. Curc.* Série, continuacion, orden seguido de las cosas.

**Sērĭĕtas**, ātis. *f. Aus.* Seriedad, gravedad.

**Serilia**, ium. *n. plur. Pac.* y
**Serilla**, ōrum. *n. plur. Fest.* ó
**Serillia**, ium. *n. plur. Fest.* Cuerdas, maromas, sogas, cables de cáñamo ó esparto.

**Sĕrio**. *adv. Cic.* Seriamente.

**Sĕrĭōla**, ae. *f. Pers. dim. de* Seria. Tinajuela, tinajilla, pequeña vasija de barro para líquidos.

**Sĕrĭor**, āris, āri. *dep. Sen.* Poner por órden, por serie ó continuacion.

**Seriphium absynthium**. *n. Plin.* Agenjo de mar, alosna marina.

**Sĕriphius**, a, um. *Cic.* Serifio, natural de ó perteneciente á Serifo, *pequeña isla del mar Egeo.*

**Sĕris**, is. *f. Varr.* La endivia ó escarola, *planta.*

**Sērissĭmĕ**. *adv. sup. Ces.* Muy tarde.

**Sērius**. *adv. comp. Cic.* Mas tarde, mas lenta ó despaciosamente.

**Sĕrius**, a, um. *Cic.* Serio, grave.

**Sermo**, ōnis. *m. Cic.* Lengua, idioma, habla. ‖ Plática, conversacion, discurso. ‖ Estilo. ‖ Rumor, ruido, voz, fama. *Sermo pedestris. Hor.* Estilo bajo. *Versari in pervagato sermone. Cic.* Hallarse presente á lo que comunmente se dice. *Exiguo esse. Cic.* Ser poco nombrado.

**Sermōcĭnantĕr**. *adv. Sid.* Por via de discurso, hablando.

**Sermōcĭnātĭo**, ōnis. *f. Quint.* Discurso, diálogo, conversacion, coloquio. ‖ Figura retórica, *por la cual se introducen personas hablando en la oracion.*

**Sermōcĭnātrix**, ĭcis. *f. Quint.* Parte de la elocuencia propia de los discursos y conversaciones privadas.

**Sermōcĭnium**, ii. *n. Gel.* Conversacion familiar.

**Sermōcĭnor**, āris, ātus sum, āri. *dep. Cic.* Hablar en conversacion, conversar, platicar.

**Sermōnālis**. *m. f. lĕ. n. is. Tert.* Propio de la conversacion.

† **Sermōnor**, āris, āri. *dep. Gel.* Hablar, conversar.

**Sermuncŭlus**, i. *dim. de* Sermo. *Cic.* Hablilla, rumorcillo. *Dícese por desprecio.*

**Sēro**, ius, issĭme. *adv. Cic.* Tarde. ‖ *Cic.* Á la tarde, por la tarde.

**Sĕro**, is, sēvi, sātum, rĕre. *a. Ces.* Sembrar. ‖ *Col.* Plantar. ‖ Escitar, levantar, hacer nacer. *Serere levia certamina. Liv.* Escaramuzar, pelear por escaramuzas, con ataques de poca gente. *Crimina in senatum apud plebem. Liv.* Sembrar entre la plebe rumores contra el senado.

† **Sĕro**, as, āre. *a. Prisc.* Cerrar.

**Sĕro**, is, sĕrui, sertum, rĕre. *a. Liv.* Enlazar, entretejer.

**Sĕrōtĭnus**, a, um. *Plin.* Tardío, lo que viene tarde. *Dícese en especial de los frutos. Serotina loca. Plin.* Tierras tardías.

**Serpens**, tis. *com. Cic.* Que anda arrastrando, reptil. ‖ Que cunde, se estiende, crece, se derrama.

**Serpens**, tis. *m. f. Cic.* La serpiente, sierpe, la culebra.

**Serpentaria**, ae. *f. Apul.* La yerba serpentaria ó dragontea.

**Serpentĭfer**, a, um. *Virg.* Que lleva serpientes.

**Serpentĭgĕna**, ae. *m. f. Ov.* Engendrado de sierpe.

**Serpentĭger**, a, um. *Ov.* Que trae serpientes.

**Serpentīnus**, a, um. *Just.* Serpentino, lo perteneciente á la serpiente.

**Serpentĭpes**, ĕdis. *com. Macrob.* Que tiene pies de serpiente.

**Serperastra**, ōrum. *n. plur. Varr.* Las ligas ú otro adminículo *que ponian en las piernas de los niños que empezaban á andar para que se mantuviesen derechas ó quitarles algun vicio. Serperastra cohortis meae. Cic.* Mis ministros, los de mi comitiva.

**Serpo**, is, psi, ptum, pĕre. *n. Cic.* Andar arrastrando. ‖ Serpear, andar haciendo vueltas ó tornos. ‖ Crecer, dilatarse, estenderse insensible, ocultamente.

**Serpyllĭfer**, a, um. *Sid.* Que lleva ó produce serpol.

**Serpyllum**, **Serpillum**, **Serpullum**, i. *n. Plin.* El serpol, *yerba conocida.*

**Serra**, ae. *f. Plin.* La sierra con dientes ó sin ellos. ‖ El pez sierra. *Serra proeliari. Gel.* Pelear sin interrupcion, con continuos ataques.

**Serrābĭlis**. *m. f. lĕ. n. is. Plin.* Serradizo, que se puede serrar fácilmente.

**Serrācŭlum**, i. *n. Dig.* El timon de la nave.

**Serrāgo**, ĭnis. *f. Cel. Aur.* El serrin, serraduras ó raeduras que despide la sierra cuando corta.

**Serrātim**. *adv. Vitruv.* Á modo de sierra.

**Serrātōrius**, a, um. *Amian.* Hecho á modo de sierra.

**Serrātŭla**, ae. *f. Plin.* La yerba betónica ó meliloto.

**Serrātūra**, ae. *f. Pal.* La accion de serrar.

**Serrātus**, a, um. *Plin.* Hecho á modo de sierra con dientes. *Serratus ambitus. Plin.* Círculo con dientes alrededor. *Serrati nummi. Tac.* Monedas de cordoncillo, cuyo ámbito está áspero, que es prueba de no faltarles nada.

**Serro**, as, āvi, āre. *a. Veg.* Serrar ó aserrar.

**Serrŭla**, ae. *f. Col.* Sierrecilla, sierra pequeña.

**Serta**, ae. *f. Prop.* Cuerda, cordel, soga.

**Serta campanica**. *Cat.* Yerba llamada corona de rey.

**Sertātus**, a, um. *Marc. Cap.* Coronado con corona ó guirnalda.

**Sertōrĭānus**, a, um. *Cic.* Perteneciente á Sertorio.

**Sertōrĭus**, ii. *m. Vel.* Sertorio, *famoso capitan romano, refugiado en España en la guerra civil de Mario y Sila, que, acaudillando á los españoles, deshizo muchas veces las tropas romanas, y al fin murió por traicion de su compañero Perpena.*

**Sertum**, i. *n. Plaut.* La guirnalda ó corona de flores ú hojas. *Es mas usado en plural.*

**Sertus**, a, um. *part. de* Sero, serui. *Luc.* Entretejido, enlazado.

**Sĕrui**. *pret. de* Sero.

**Sĕrum**, i. *n. Virg.* El suero de la leche.

**Sērum**, i. *n. Liv.* La tarde.

**Sērus**, a, um, ior, issĭmus. *Cic.* Tardío, que viene ó sucede tarde. *Serum diei. Liv.* La tarde. *O seri studiorum! Hor.* ¡O tardíos en los estudios, que os habeis aplicado tarde! *Anni. Ov.* La vejez. *Nepotes. Virg.* Posteridad remota.

**Serva**, ae. f. *Dig.* La sierva ó esclava.
**Servabilis**, m. f. le, n. is. *Plin.* Que se puede guardar, librar, salvar ó conservar.
**Servaculum**, i. n. *Ulp.* El áncora del navío.
**Servandus**, a, um. *Cic.* Lo que se debe conservar ó guardar.
**Servans**, tis. com. *Cic.* Observante, que observa ó guarda con mucha exactitud. *Servantissimus aequi. Virg.* Muy observante de la justicia.
**Servasso**, ant. en lugar de Servavero.
**Servatio**, onis. f. *Plin.* La observancia.
**Servator**, oris. m. *Liv.* Conservador, libertador, salvador. || *Claud.* Observador.
**Servatrix**, icis. f. *Ter.* Conservadora, libertadora.
**Servatus**, a, um. part. de Servo. *Cic.* Conservado, libertado, salvado. || Guardado, custodiado, reservado. || Observado.
**Servia**, ae. f. *Plin.* La Servia de Hungría.
**Servianus**, a, um. *Gel.* Perteneciente á Servio Sulpicio, gran jurisconsulto y literato.
**Servibo**, ant. *Plaut.* en lugar de Serviam.
**Servicalus**, i. m. *Tert.* Siervo despreciable.
**Servientes**, ium. m. plur. *Tac.* Los cortesanos, los que hacen la corte.
† **Servientia**, ae. f. *Plaut.* Servidumbre, esclavitud.
**Servile**, adv. *Claud. V.* Serviliter.
**Servilianus**, a, um. *Tac.* Perteneciente á Servilio, nombre romano.
**Servilicola**, ae. m. f. *Plaut.* Que acaricia á los siervos, que se congracia con ellos.
**Servilii**, orum. m. plur. *Liv.* Los servilios, familia romana plebeya, pero ilustre.
**Servilis**. m. f. le, n. is. *Cic.* Lo que es servil ó de siervo || Servil, bajo, humilde, ínfimo.
**Serviliter**. adv. *Cic.* Servil, bajamente, á modo de esclavos.
**Servilius**, a, um. *Cic.* Perteneciente á los Servilios romanos.
**Servio**, is, vi, ó ivi, itum, ire. a. *Cic.* Vivir en la esclavitud, ser esclavo, estar como tal. || Servir, obsequiar, complacer. || Hacer la corte, cortejar. *Servire valetudini. Cic.* Tener gran cuidado de su salud, cuidarse mucho. — *Famae suae. Cic.* Pensar en su reputacion.—*Scenae, tempori. Cic.* Acomodarse al tiempo. — *Aetati. Cic.* Tener consideracion de la edad. — *Incertis rumoribus. Ces.* Fiarse de rumores inciertos. — *Commodis alicujus. Ter.* Cuidar de los intereses de alguno. — *Rei. Ter.* Acumular riquezas. *Servitum ire. Virg.* Ir á servir de esclavo. *Servire praedia alicui. Cic.* Estar sujetas las heredades á algun derecho ó servidumbre de otro.
**Servitia**, orum. n. plur. *Liv.* Los esclavos.
**Servitium**, ii. n. *Ter.* Esclavitud, servidumbre. || El esclavo.
**Servitritius**, a, um. *Plaut.* Esclavo harto de palos ó de azotes.
**Servitudo**, inis. f. *Liv.* y
**Servitus**, utis. f. *Cic.* Servidumbre, esclavitud. *Ad servitutem juris adstringi. Quint.* Obligarse á la obediencia de las leyes.
**Servius**, i. m. *Liv.* Servio, nombre propio romano. || *Macrob.* Servio Mauro Honorato, gramático escelente del tiempo de Valentiniano, anotador de Virgilio.
**Servo**, as, avi, atum, are. a. *Cic.* Conservar, guardar, reservar. || Observar, especular, examinar || Salvar; libertar. || Estar de observacion, de guardia. *Serva. Ter.* Atiende. *Servare vinum in vetustatem. Col.* Guardar, conservar el vino para que se haga añejo. *Servare de coelo. Cic.* Anunciar algun prodigio observado en el cielo. — *Fidem. Cic.* Cumplir la palabra, lo prometido. *Servaveris. Plaut.* Cuidado, guarda, no hagas tal.
**Servula**, ae. f. *Cic.* Sierva, esclava de poca edad ó de poca estimacion.
**Servulus**, i. m. *Cic.* Esclavillo, siervo vil, despreciable.
**Servus**, i. m. *Cic.* Siervo, esclavo. *Servus cupiditatum. Cic.* Esclavo de sus deseos, de sus pasiones.

**Servus**, a, um. *Cic.* Sujeto á un derecho, á una servidumbre. || Sujeto, dependiente. *Serva praedia. Servae aedes. Ulp.* Posesiones, casas sujetas á alguna servidumbre de otro que el dueño.
**Sesach**. f. indec. *Bibl.* Babilonia. || La diosa del descanso, honrada en Babilonia.
**Sesama**, ae. f. *Curc. V.* Sesamum.
**Sesamina**, um. n. plur. *V.* Sesamoides.
**Sesaminus**, a, um. *Plin.* Hecho de la legumbre alegría ó ajonjolí.
**Sesamis**, idis. f. y
**Sesamum**, ii. n. *Plin.* Torta ó bollo hecho con miel y harina de trigo de Indias, de maíz.
**Sesamoidea**, orum. n. plur. Huesecillos de los nudillos de los dedos de los pies y de las manos.
**Sesamoides**, is. com. *Plin.* Yerba semejante al ajonjolí.
**Sesamum**, i. *Col.* Legumbre llamada alegría ó ajonjolí.
**Sescuncia**, ae. f. *Col.* La sescuncia, moneda de peso de onza y media.
**Sescuncialis**. m. f. le, n. is. *Plin.* De onza y media.
**Sescunx**, uncis. com. *Col.* Onza y media.
**Sescuplex**, icis. com. *Cic.* y
**Sescuplus**, a, um. *Quint.* Lo que contiene todo el número, peso ó medida, y la mitad mas. || Lo que contiene vez y media un todo dividido en tres mitades.
**Seso**. *Plaut.* en lugar de Se.
**Seselis**, is. f. *Cic.* La yerba sasifragia.
**Sesmarus**, i. m. El Semois, río que baña el ducado de Luxemburgo.
**Sesostris**, is, y idis. m. *Plin.* Sesostris, rey muy poderoso de Egipto.
**Sesqui**. indec. *Cic.* Vez y media.
**Sesquialter**, tera, terum. *Cic.* Lo que contiene una cuantidad, y su mitad ademas.
**Sesquiannona**, ae. f. *Veget.* Provision de víveres para racion y media.
**Sesquicularis**. m. f. le, n. is. *Vitruv.* Que contiene medida y media del culeo romano, medida de los líquidos que hacia 720 azumbres.
**Sesquicyathus**, i. m. *Cels.* Vaso y medio.
**Sesquidigitalis**. m. f. le, n. is. *Vitruv.* De dedo y medio de dimension.
**Sesquidigitus**, i. m. *Vitruv.* Dedo y medio.
**Sesquihora**, ae. f. *Plin.* Hora y media.
**Sesquijugerum**, i. n. *Plin.* Obrada y media de tierra.
**Sesquilibra**, ae. f. *Col.* Libra y media.
**Sesquimensis**, is. m. *Varr.* Mes y medio.
**Sesquimodius**, ii. m. *Varr.* El sesquimodio, modio y medio, celemin y medio.
**Sesquiobolus**, i. m. *Plin.* Obolo y medio.
**Sesquioctavus**, a, um. *Cic.* Lo que contiene una octava parte, y la mitad mas.
**Sesquiopera**, ae. f. *Col.* y
**Sesquiopus**, eris. n. *Plaut.* La labor, obra y trabajo de dia y medio.
**Sesquipaean**, anis. m. *Cic.* Un pean y medio, especie de pie de verso.
**Sesquipedalis**. m. f. le, n. is. *Vitruv.* y
**Sesquipedaneus**, a, um. *Plin.* Sesquipedal, lo que consta de pie y medio.
**Sesquipes**, edis. m. *Col.* Pie y medio.
**Sesquiplaga**, ae. f. *Tac.* Herida y media, dos heridas, una mayor que otra.
**Sesquiplaris**. m. f. le, n. is. *Virg.* El que recibe racion y media.
**Sesquiplex**, icis. com. *Cic.* Lo que contiene vez y media.
**Sesquisenex**, m. *Varr.* Mas que viejo, decrépito.
**Sesquitertius**, a, um. *Cic.* Lo que contiene tres y medio.
**Sesquiulyses**, i. m. *Plin.* Título de una sátira de Varron, que significa astutísimo, como un Ulises y medio.
**Sessa**, ó **Sessia**, ae. f. *Tert.* Nombre de una coluna en el circo máximo, en cuya cima estaba el simulacro de la diosa *Sesa* ó *Seya*, que presidia á la sementera.
**Sessibulum**, i. n. *Plaut.* El asiento, la silla.
**Sessilis**. m. f. le, n. is. *Ov.* Propio para sentarse. *Sessilis lactuca. Plin.* Lechuga, cuyo tallo no crece, sino que se

# SEV

estiende, y como que se aplana.

Sessimōnium, ii. n. *Vitruv.* Lugar donde hay varios asientos ó basas para simulacros.

Sessio, ōnis. f. *Cic.* El acto de estar sentado ó de sentarse. ‖ El asiento, la silla. ‖ Sesion, plática, conferencia. *Sesionum dies. Ulp.* Dias de audiencia.

Sessitātio, ōnis. f. *Cels.* El acto de sentarse con frecuencia.

Sessitātor, ōris. m. *Sen.* El que se asienta muchas veces.

Sessĭto, ās, āvi, ātum, āre. n. *Cic.* Sentarse con frecuencia.

Sessor, ōris. m *Hor.* El que está sentado. ‖ *Nep.* Habitante, morador.

Sessōrium, ii. n. *Petron.* Lugar para sentarse. ‖ *Cel. Aur.* Silla de manos.

Sessui, ōrum. m. plur. *Ces.* Pueblos de la Galia céltica, hoy los habitantes de *Seez* en *Normandía.*

Sessus, us. m. *Apul.* La accion de estar sentado, de sentarse.

Sestans, tis. m. *Plin.* El sestante, la sesta parte de una libra romana, dos onzas, cuatro cornados.

Sestertiārius, a, um. *Petron.* Hombre despreciable, cuyo caudal se podia comparar con un sestercio romano.

Sestertiŏlum, ó Sestertiŏlus, i. m. *Marc.* Sestercio menor, pequeña moneda romana.

Sestertium, ii. n. *Suet.* Especie de velo de tres hilos ó lizos. ‖ Patíbulo, horca á tres millas y media de Roma.

Sestertius, ii. m. *Cic.* Sestercio, *pequeña moneda de plata, que valia dos ases y medio, ó la cuarta parte del denario.* Los hubo alguna vez de cobre.

Sestiăcus, a, um. *Ov.* Perteneciente á la ciudad ó alcázar de Sestos.

* Sestiăna, ó Sestiana mala. *Col.* Ciertas peras así llamadas, ó del nombre del primero que las llevó á Italia, ó de la ciudad de Sestos *Sestianae arae. Mel.* Aras en honra de Augusto en *España* junto al promontorio *Céltico ó Nereo.*

Sestias, ădis. adj. f. *Estac.* Natural de Sestos, *epíteto de la jóven Ero, célebre por su desgraciado amor con Leandro.*

Sestis, idis. f. *Ov.* La muger natural de Sestos.

Sestos, i. f. *Plin.* Sestos, *ciudad de Tracia en el estrecho de Dardanelos.*

Sēta, ae. f. *Cic.* La cerda, pelo grueso de algunos animales. ‖ *Marc.* El pelo para pescar. ‖ *Vitruv.* El pincel hecho de cerdas.

Setābis, is. f. *Plin.* Játiva, *ciudad de la España tarraconense.*

Setabitānus, y Setavitānus, a, um. *Plin.* y

Setātŭvus, y Saetavus, a, um. De Játiva ó perteneciente á ella.

Setanium, ii. n. *Plin.* Una especie de cebolla. ‖ De níspero. ‖ De ajo llamado escaloña.

Setanius, a, um. *Plin.* Lo que es del presente año. *Setanius panis. Plin.* Pan de trigo del año.

† Setarium, ii. n. y

† Setatium, ii. n. Cedazo, tamiz.

Setia, ae. f. *Plin.* Seza, *ciudad de Campania junto á las lagunas Pontinas, patria de Valerio Flaco.*

Sētĭger, i. m. *Ov.* El javalí.

Sētĭger, a, um. *Virg.* Cerdoso, cerdudo, cubierto de cerdas.

Setīnus, a, um. *Plin.* Perteneciente á la ciudad de Seza.

Setōsus, a, um. *Plin.* Cerdoso, cubierto de cerdas. ‖ Peludo.

Setŭla, ae. f. *Arnob.* Cerda delgada ó pequeña.

Seu. conj. disj. *Cic.* O, ya, ya sea que.

Sēvectus, a, um. *Prop.* Llevado fuera. part. de

Sēvĕho, is, vexi, vectum, vehĕre. a. *Ov.* Llevar fuera, trasportar.

Sĕvēre, ius, issĭme. adv. *Cic.* Severa, grave, seriamente, con rigor, con rigidéz.

Severena, ae. f. San Severino, *ciudad de Calabria.*

Severia, ae. f. Salisburi, *ciudad de Inglaterra.*

Severiacum, i. n. Bellegarde, *ciudad de Borgoña sobre el Saona.*

# SEX

Severiānus, a, um. *Plin.* Perteneciente á Severo, *nombre propio romano.*

Sĕvĕrĭtas, ātis. f. *Cic.* Severidad, gravedad, rigor.

Sĕvĕrĭter. adv. *Apul.* V. Severe.

Sĕvĕrĭtūdo, ĭnis. f. *Plaut.* V. Severitas.

Sĕvĕrōpolis, is. f. San Severo, *ciudad de Gascuña sobre el Adur.*

Sĕvērus, a, um, ior, issĭmus. *Cic.* Severo, riguroso, austero. ‖ Íntegro, exacto. ‖ *Hor.* Acre, áspero, duro. ‖ *Virg.* Triste, tétrico, melancólico. *Severissimus auctor. Plin.* Autor muy grave, de mucha autoridad.

Sĕvērus, i. m. *Quint.* Cornelio Severo, *poeta y declamador del tiempo de Augusto, autor de un poema imperfecto de la guerra de Sicilia, otro poema del Etna, y un fragmento de la muerte de Ciceron.* ‖ Severo Sulpicio, obispo de Berri, *que floreció en el siglo V de Cristo, y escribió la vida de San Martin, historias, diálogos y cartas, no sin elegancia para aquellos tiempos.*

Sevexi. pret. de Seveho.

Sevi. pret. de Sero.

Sĕvir, ĭri. m. *Inscr.* Uno de los seis varones de que *consta algun magistrado: ó el senado de los municipios, colonias y gobiernos.* ‖ Uno de los comandantes de cada una de las seis decurias de los caballeros romanos.

Sĕvirālis. m. f. lĕ. n. is. *Capit.* Perteneciente á uno de los seis varones. V. Sevir.

Sĕvirātus, us. m. *Inscr.* La dignidad u oficio de los seis varones, V. Sevir.

Sēvium, ii. n. *Fest.* Torta ó bollo que se ofrecia en los sacrificios, y se cortaba con el cuchillo llamado *secespita.*

Sēvo, ās, āre. a. *Col.* Ensebar, dar de sebo. ‖ Hacer velas de sebo.

Sēvŏco, ās, āvi, ātum, āre. a. *Cic.* Llamar, hablar aparte. ‖ Separar, apartar, retirar, alejar. *Sevocare animum ab omni negotio. Cic.* Retirarse enteramente de los negocios, dejarlos, renunciar á ellos enteramente, no mezclarse en nada. — *Aliquid ad se. Cic.* Llamar, traer ácia sí.

Sevōsus, Sevum. V. Sebosus, y Sebum.

Sex. num. card. indecl. *Liv.* Seis. *Sex, septem. Ter.* Seis ó siete.

Sexāgenārius, a, um. *Quint.* Sexagenario, de sesenta años de edad. ‖ Que contiene sesenta.

Sexāgēni, ae, a, num. distrib. *Liv.* Sesenta.

Sexāgēniquīni, ae, a. *Front.* Sesenta y cinco.

Sexāgēsies. adv. *Cap.* V. Sexagies.

Sexāgēsĭmus, a, um. *Cic.* Sesenta en órden, ó el último de sesenta.

Sexāgēsis. Título de una de las sátiras Menipeas de Varron, *cuyos fragmentos recogió Nonio.*

Sexāgies. adv. *Cic.* Sesenta veces. *Sextertium sexagies. Cic.* Sesenta veces cien mil sestercios.

Sexāgĭnta. num. card. indecl. *Cic.* Sesenta.

Sexangŭlātus, a, um. *Sol.* y

Sexangŭlus, a, um. *Ov.* De seis ángulos, exágono.

Sexātrus, us. m. *Fest.* El dia sesto despues de los idus. ‖ El dia sesto de una festividad.

Sexcēni, ae. a. *Col.* y

Sexcentēni, ae, a. *Cic.* Seiscientos.

Sexcentēsĭmus, a, um. *Plin.* Seiscientos, el último de seiscientos.

Sexcenti, ae, a. *Plaut.* Seiscientos. ‖ *Cic.* Una infinidad, un gran número.

Sexcenties. adv. *Cic.* Seiscientas veces.

Sexcentoplăgus, a, um. *Plaut.* El que ha recibido seiscientos palos ó azotes. ‖ Molido á palos.

Sexdēcies. adv. *Plin.* Diez y seis veces.

Sexdĕcim. indecl. *Plin.* Diez y seis.

Sexdĕquinque. indecl. *Fest.* Diez y seis.

Sexennis. m. f. nĕ. n. is. *Plaut.* Que tiene seis años.

Sexennium, ii. n. *Cic.* Sexenio, espacio de seis años.

Sexies. adv. *Liv.* Seis veces.

Sexignāni, ōrum. m. plur. *Plin.* Sobrenombre dado á los cocosates, pueblos de Aquitania, *como á los tarbelos el de quatuorsignani, por dejar aquellos seis banderas en las guarniciones, y estos cuatro, segun Arduino.* ‖ Soldados de la legion sesta.

**Sexprĭmi**, ōrum. *m. plur. Cic.* Los seis varones principales en algun órden.

**Sextadĕcĭmāni**, ōrum. *m. plur. Tac.* Los soldados de la legion décimasexta.

**Sextānĕus**, a, um. *Goes.* Sesto.

**Sextāni**, ōrum. *m. plur. Mel.* Los pueblos del territorio de Arlés.

**Sextans**, tis. *m. Plin.* Sestante, moneda de cobre, de peso de dos onzas, la sesta parte del as romano. ∥ *Vitruv.* La sesta parte de un todo. ∥ Pesa ó peso de dos onzas.

**Sextantālis**. *m. f. lĕ. n. is. Vitruv.* De dos onzas. ∥ De peso de dos onzas. ∥ De dos pulgadas.

**Sextantārius**, a, um. *Plin.* De dos onzas, que pesa dos onzas. *Sextantarii asses. Plin.* Ases de dos onzas, *reducidos á este peso del de doce en la primera guerra púnica.*

**Sextarĭŏlus**, i. *m. Macrob.* Vaso pequeño en que cabe un sestario, poco mas de un cuartillo.

**Sextārius**, ii. *m. Cic.* Sestario, medida para líquidos y cosas secas, que contenia la sesta parte del congio ó veinte onzas de peso. ∥ *Cat.* El vaso capaz de un sestario. ∥ La sesta parte de cualquier cosa.

**Sextiliānus**, a, um. *Macrob.* Perteneciente á Sestilio, *nombre propio romano.*

**Sextĭlis**, is. *m. Ov.* El mes de agosto, *asi llamado por ser el sesto empezando por Marzo.*

**Sextius**, y **Sestius**, ii. *m. Liv.* Sestio, *nombre romano.*

**Sextius**, a, um. *Liv.* Perteneciente á alguno de los Sestios romanos. *Sextiae Baiae, Aquae, Sextiae, Salluviorum. Plin.* Aix, *ciudad de la Galia narbonense, colonia romana.*

**Sexto**. *adv. Treb.* La sesta vez. ∥ Seis veces.

**Sextŭla**, ae. *f. Varr.* La sesta parte de una onza, la setenta y dos del as. ∥ *Col.* La parte setenta y dos de una obrada de tierra, que coge cuatrocientos pies, ó de una herencia.

**Sextum**. *adv. Cic.* La sesta vez.

**Sextus**, a, um. *Cic.* Sesto, el último de seis.

**Sextusdĕcĭmus**, a, um. *Vitruv.* Décimosesto.

**Sexu**. En lugar de Sexus.

**Sexuālis**. *m. f. lĕ. n. is. Cel. Aur.* Del sexo.

**Sexungŭla**. *Plaut.* De seis uñas, *nombre que se da á una ramera, que todo lo roba, lo consume.*

**Sexunx**, uncis. *m. Col.* Seis onzas.

**Sexus**, us. *m. Cic.* Sexu, u. *n. Plaut.* El sexo, distincion en la naturaleza del macho y hembra. ∥ *Plin.* De los árboles y las yerbas &c.

## SI

**Si**. *conj. que rige indic. y sub. Cic. Si. Visam si domi est. Ter.* Veré si está en casa. *Si ad coenam summos viros decem vocassem. Plaut.* Aunque hubiera convidado á cenar diez personas principales. *At dares hanc vim Marco Crasso. Cic.* Si se diera esta virtud á Marco Craso (está oculta la conjuncion). *Si minus. Cic.* Si no, pero si no. *Non si me obsecret. Ter.* No, aunque me ruegue. *Si neque nox obscurare coetus nefarios potest. Cic.* Supuesto que ni la noche puede ocultar las malvadas juntas. *Delectus habetur, si hic delectus appelandus. Cic.* Se hace leva de gente, si es que se puede llamar leva. *Herus si redierit. Ter.* Cuando vuelva el amo.

**Sidae**, arum. *f. plur.* Siete islas en la Mancha, á la costa de Francia.

**Siăgon**, onos. *f.* y

**Siagonītae**, arum. *m. plur. Cel. Aur.* Los músculos de la quijada y de las sienes.

† **Sialochus**, a, um. ó

† **Sialochi**, ōrum. *m. plur.* Los que salivan mucho cuando hablan.

† **Sialon**, i. *n.* La saliva.

**Sialus**, i. *m.* Cerdo cebado.

**Siamon**, i. *n. Siran.* Reino de las Indias.

† **Siban**. *indecl. m.* El mes de marzo.

**Sibe**. *ant. Varr.* en lugar de Sibi.

**Sibi**. *dat.* del pronom. Sui. Á ó para sí.

**Sibĭlātor**, ōris. *m. Apul.* Silbador, el que silba.

**Sibĭlātrix**, ĭcis. *Cap.* Silbadora, la que silba.

**Sibĭlātus**, us. *m. Cel. Aur.* El silbo ó silbido.

**Sibilia**, ae. *f.* Sevilla, *ciudad de España.*

**Sibilo**, ās, āvi, ātum, āre. *a. Cic.* Silbar, dar silbidos. *Sibilare aliquem. Cic.* Silbar á alguno, reprobarle, despreciarle, echarle silbidos.

**Sibĭlum**, i. *n. Ov.* y

**Sibĭlus**, i. *m. Cic.* El silbo ó silbido. *Sibilum metuere. Cic.* Temer uno que le silben, que se burlen de él. *Sibilus austri. Virg.* El silbo ó zumbido del viento austral.

**Sibĭlus**, a, um. *Virg.* Silbador, sibilante, que silba.

**Sibimet**, Sibimetipsis. *dat. de sing. y plur. de Se. Cic.* Á sí mismo, á ó para sí mismos.

**Sibina**, ó **Sibyna**, ae. *f. Fest.* Especie de dardo semejante al venablo.

**Sibozates**, ó **Siburzates**, um. *m. plur. Ces.* Pueblos de la diócesis de Bazas.

**Sibus**, a, um. *Fest.* Cosa caliente.

**Sibylla**, ae. *f. Cic.* Sibila, adivina, profetisa, *nombre que los antiguos dieron á ciertas mugeres que creyeron tener espíritu divino. Fueron diez, pérsica, líbica, délfica, cimeria, eritrea, samia, cumea, helespóntica, frigia y tiburtina.*

**Sibyllīnus**, a, um. *Cic.* Sibilino, perteneciente á las Sibilas.

**Sibyna**, ae. *f. V.* Sibina.

**Sic**. *adv. Cic.* Asi, de este modo, de tal modo. *Sic sum, si placee, utere. Ter.* Asi soy yo, si te acomoda usa de mi. *Nil sic celere est. Plaut.* No hay cosa tan ligera. *Nil sic metuebat. Liv.* Nada temia tanto. *Sic satis. Ter.* Basta asi, esto basta. *Sic datur, si quis herum servus spernit. Plaut.* Asi se trata, asi se castiga al esclavo que menosprecia á su amo. *Sic opinor. Cic.* Asi pienso.

**Sica**, ae. *Cic.* Puñal, daga, cuchillo.

**Sicalonia**, ae. *f.* La Soloña, *pais de Francia, cerca del Orleanés.*

**Sicamber**, bra, bum. y

**Sicambri**, ōrum. *m. plur. Ces.* Pueblos de Vestfalia, *en la Germania inferior.*

**Sicambria**, ae. *f. Claud.* La Vestfalia.

**Sicāne**, ae. *f.* Ciudad antigua de España en Cataluña sobre el Cinca.

**Sicāni**, ōrum. *m. plur. Serv.* Sicanos, antiguos pueblos de España en Cataluña, *que con su rey Sicano pasaron á Sicilia antes de la guerra de Troya, de los cuales tomó la isla el nombre de Sicania.* ∥ Los sicilianos.

**Sicānia**, ae. *f. Plin.* La isla de Sicilia.

**Sicānis**. ĭdis. *f. Ov.* La que es de Sicilia, siciliana.

**Sicānius**, a, um. *Virg.* ó

**Sicānus**, a, um. *Virg.* Siciliano, de Sicilia.

**Sicāria**, ae. *f. Plaut.* La alforja.

**Sicārius**, ii. *m. Cic.* El asesino. ∥ El que usa ó maneja armas cortas prohibidas.

**Siccabĭlis**. *m. f. lĕ. n. is. Cel. Aur.* Lo que se puede secar ó desecar.

**Siccānĕus**, a, um. *Col.* ó

**Siccānus**, a, um. *Plin.* Seco por naturaleza.

**Siccātio**, ōnis. *f. Plin.* La accion de secar ó desecar.

**Siccātīvus**, a, um. *Cel. Aur.* y

**Siccātōrius**, a, um. *Prisc.* Lo que tiene virtud de secar.

**Siccātus**, a, um. *part. de* Sicco. *Plin.* Secado, desecado, enjugado.

**Sicce**. *adv. Plaut.* Asi ∥ Secamente. ∥ *Cic.* Sin adorno, con demasiada concision.

**Siccensis**. *m. f. sĕ n. is. Salust.* Perteneciente á la ciudad de Numidia, llamada Sicca, ae.

**Siccesco**, is, ĕre. *n. Col.* Secarse, ponerse seco.

**Siccifĭcus**, a, um. *Macrob.* Lo que deseca, pone seco ó hace secar.

**Siccĭne**. *adv. Ter.* Asi. Con interrogacion ó increpacion.

**Siccĭtas**, ātis. *f. Cic.* Sequedad, sequía, falta de humedad, aridez. ∥ Sequedad de estilo.

**Siccitūdo**, ĭnis. *f. Cic.* Sequedad. ∥ Modales duros, ásperos, desdeñosos. ∥ Estilo árido, seco.

**Sicco**, ās, āvi, ātum, āre. *a. Plin.* Secar, enjugar, desecar. *Siccare calices. Hor.* Apurar las copas. — *Ubera. Virg.* Esprimir las ubres, las tetas, ordeñar. — *Vulnera. Virg.* Curar las heridas.

Siccŏcŭlus. *Plaut.* Seco, enjuto de ojos, que no llora.

Siccus, a, um, cior, cissimus. *Plaut.* Seco, árido, enjuto, sin humedad. ‖ *Plaut.* Que no es bebedor. ‖ Parco, sobrio. *Siccum corpus. Plaut.* Cuerpo enjuto, magro. *Sicca luna. Plin.* Luna serena, que no anuncia lluvia. *Siccus panis. Sen.* Pan seco ó á secas, sin bebida ni otro manjar. *Sicci oculi. Hor.* Ojos enjutos, que no lloran. *In sicco. Virg.* En seco. *Oratores sicci. Cic.* Oradores concisos, áticos, no redundantes.

Sicēlĭcon, i. n. *Plin.* Yerba llamada silion.

Sicĕlis, ĭdis. f. *Virg.* Siciliana, natural de Sicilia.

† Sicelium, i. n. La yerba pulgar.

Sicĕra, ae. f. *Bibl.* Toda bebida que embriaga, escepto el vino.

Sicĭda, ae. f. *Cap.* El Sesio, rio de Lombardía.

Sicillātus, a, um. *Cap.* Lo que pertenece al puñal.

Sicĭlia, ae. f. *Plin.* La Sicilia, *isla del mar mediterráneo.*

Siciles, ó Sicilĭces, cum. f. plur. *En.* Los hierros anchos de las lanzas.

Sicilĭcŭla, ae. f. *Plaut.* Cuchillito, cuchillo pequeño.

Sicilĭcum, i. n. ó Sicilĭcus, i. m. *Plin.* Peso de dos dracmas, la parte cuarenta y ocho de una onza. ‖ La cuarenta y ocho de una hora. ‖ De una güebra de tierra. ‖ La cuarta parte de un dedo.

Siciliensis, m. f. se. n. is. *Cic.* Siciliano, de Sicilia.

Sicilimentum, i. n. *Cat.* La yerba que se siega segunda vez, la que queda de la primera siega.

Sicĭlio, is, ivi, ĭtum, ire. a. *Plin.* Segar la yerba segunda vez.

Sicĭlis, is. f. *En.* El hierro de la lanza.

Sicilīso, as, are. n. *Plaut.* Imitar en el habla á los sicilianos.

Sicinnistae, ārum. m. plur. *Acc.* Pantomimos, *usados en las exequias, que representaban danzando la vida del muerto.*

Siccinnium, ii. n. *Gel.* Danza usada en las exequias.

Siclus, i. m. *Bibl.* Siclo, *moneda de plata de los hebreos, del peso de cuatro dracmas áticas.* ‖ La onza de los hebreos. ‖ Cuarta parte de la onza griega.

Sicŏris, is. m. *Ces.* El Segre, *rio de Cataluña.*

Sicŭbi. adv. *Ter.* Si en alguna parte ó lugar.

Sicŭla, ae. f. *Catul.* Puñalejo, puñal corto.

Sicŭle. adv. *Ter.* A modo de los sicilianos.

Sicŭli, ōrum. n. plur. *Cic.* Los pueblos ó naturales de Sicilia, sicilianos.

Sicŭlus, a, um. *Liv.* Siciliano, de Sicilia.

Sicunde. adv. Si de alguna parte ó lugar.

Sicut, y Sicŭti. adv. *Cic.* Como, así como, al modo que. ‖ Como si.

Sicyon, ōnis. f. *Plin.* Sicion, *ciudad del Peloponeso en la Acaya.*

Sicyōnĭa, ōrum. n. plur. *Fest.* Zapatos á la moda de los sicionios, *demasiado curiosos y pulidos.*

Sicyōnii, ōrum. m. plur. *Plin.* Los naturales de Sicion.

Sicyōnius, a, um. *Virg.* Lo que pertenece á la ciudad de Sicion.

Sicyos agrios, ii. f. *Apul.* Pepino ó calabaza silvestre.

Sidēnum, i. n. *Plin.* Rio de Capadocia.

Sidĕrālis. m. f. le. n. is. *Plin.* Lo que concierne á los astros ó á las constelaciones. *Sideralis difficultas. Plin.* Dificultad en la ciencia de los astros.

Sidĕrātio, ōnis. f. *Form.* Constelacion, oróscopo, estrella, signo del nacimiento. ‖ Sequedad de las plantas por mala influencia de los astros. ‖ *Marc.* Pasmo, sequedad de algun miembro en los animales.

Sidĕrātĭtius, a, um. *Veg.* y

Sidĕrātus, a, um. *Plin.* Lisiado, pasmado, entorpecido por mala constelacion.

Sidĕreus, a, um. *Virg.* Lo que concierne á los astros. ‖ *Marc.* Que se eleva hasta los astros. ‖ Celestial, divino, sidereo. *Sidereus canis. Ov.* La canicula. — *Colosus. Marc.* Coloso, que parece se elevá hasta los astros. *Siderei artus.*

*Estac.* Miembros de alguna divinidad.

Sidĕrion, i. n. *Plin.* La yerba siderea, *que dice sana todas las heridas hechas á hierro.*

Sidĕris. genit. de Sidus.

Sidĕrītes, ae. m. *Plin.* La piedra iman que atrae el hierro. ‖ Especie de diamante de mayor peso, y mas blando que los demas.

Sidĕrītes, is. f. *Apul.* La yerba eliotropio.

Sidĕrītis, is, ó ĭdis. f. *Plin.* Sideritis, yerba de muchas especies, parietaria, yerba judaica, lunaria mayor.

Sideropoecilos, i. m. *Plin.* Piedra preciosa del color del hierro con varias pintas.

Sidĕror, āris, atus, sum, āri. pas. *Plin.* Ser tocado de alguna mala influencia ó constelacion, secarse, pasmarse.

Sidicini, ōrum. m. plur. *Cic.* Sidicinos, *los naturales y moradores de Sidicino, ciudad de Campania.*

Sidicīnum, i. n. *Plin.* Sidicino, *ciudad de Campania.*

Sidicīnus, a, um. *Virg.* Lo perteneciente á la ciudad de Sidicino.

Sido, is, sidi, dere. n. *Plin.* Sentarse, posarse, hundirse, irse á fondo. *Sidere naves. Tac.* Encallar las naves. ‖ Abrirse, irse á fondo. — *Metum. Tac.* Desvanecerse el miedo. — *Fundamenta.* Arruinarse los cimientos.

Sidon, ōnis. f. *Just.* Saide, *ciudad de Siria en Fenicia.* ‖ Sidon, *ciudad de Fenicia.*

Sidōnĭa, ae. f. *Just.* La misma Sidon y su territorio.

Sidōnii, ōrum. m. plur. *Ov.* Sidonios, tirios, *pueblos de Sidon y Tiro.*

Sidonĭcus, a, um. *Salust.* Lo que pertenece á Sidon ó Tiro.

Sidōnis, y Sidōnis, ĭdis. f. *Ov.* Sidonia, tiria, fenicia, la que es de estos paises.

Sidōnius, a, um. *Ov.* Sidonio, tirio, fenicio, perteneciente á estos paises.

Sidonius, ii. m. Cayo Solio Sidonio Apolinar, *natural de Leon de Francia, obispo de Auvernia, de quien tenemos algunos libros de cartas y versos en estilo no muy correcto, aunque con bastante erudicion. Floreció en el siglo V de Cristo.*

Sidus, ĕris. n. *Cic.* Constelacion, signo celeste, astro, estrella, planeta. ‖ *Juv.* El cielo. ‖ La noche. ‖ El clima. ‖ *Hor.* Belleza, hermosura. ‖ *Plin.* Estacion del año. *Sidus dextrum. Estac.* Estrella favorable. — *Natalitium. Cic.* Estrella que preside al nacimiento de alguno. — *Confectum. Plin.* Mala influencia de un astro pasada ya. *Ferre ad sidera. Virg.* Ensalzar hasta las estrellas.

Sien, sies, siet, sient. ant. *Plaut.* en lugar de Sim, sis, sit, sint.

Sigălion, ii. n. *Aus.* Harpócrates, *simulacro de los egipcios con el dedo en la boca, que imponia silencio en el templo de Isis y Serapis.*

Sigēum, i. n. *Plin.* Sigeo, *promontorio ó cabo de la Troade.*

Sigēus, y Sigeius, a, um. *Virg.* Perteneciente al promontorio sigeo.

Sigillārĭa, ium. n. plur. *Macrob.* Fiestas de los romanos, *añadidas á las saturnales.* ‖ Regalos, *que se enviaban unos á otros en estos dias, como bollos, roscas de dulce, y figurillas de confitura.* ‖ Calle de Roma, *donde se vendian estas figuras de dulce y de otras materias, como bugerías, juguetes de feria.*

Sigillārius, ii. m. *Inscr.* El que hace los dones y figuras, *que se regalaban en las fiestas sigilarias.*

Sigillarītius, a, um. *Espar.* Lo que pertenece á las fiestas llamadas sigilarias, ó á los regalos que se hacian en ellas.

Sigillārius, ii. m. *Inscr.* El que hace sellos.

Sigillārius, a, um. *Inscr.* Lo que pertenece al sello ó marca.

Sigillātim, y Singillātim. adv. *Cic.* En particular, con separacion, especificacion, uno por uno.

Sigillātor, ōris. m. *Inscr.* El que hace ó fabrica sellos.

Sigillātus, a, um. *Cic.* Grabado, cincelado, adornado de figuras ó imágenes de relieve.

Sigilliŏlum, i. n. *Arnob.* Figurita, estatuita grabada ó de relieve.

† Sigillo, as, are. a. Varr. Sellar, cerrar con sello. ‖ Grabar, cincelar figuritas de relieve.

Sigillum, i. n. Cic. Figurita, estatuita. ‖ Ov. Figura pintada ó bordada. ‖ La señal impresa en las cartas ú otra cosa con el anillo ó sello.

Sigla, orum. n. plur. Gel. Cifras, abreviaturas para escribir.

Sigma, atis. n. Marc. Almohada ó banco con ella para las mesas redondas.

Signaculum, i. n. Apul. Imágen impresa con el sello.

Signandus, a, um. Prop. Lo que se ha de sellar ó marcar.

Signanter. adv. Aus. Clara, distintamente.

Signarius, ii. m. Veg. Alférez, oficial que lleva la bandera.

Signarius, i. m. Inscr. Escultor, estatuario.

Signate. adv. Gel. Espresa, claramente.

Signatio, onis. f. Tac. La significacion propia.

Signator, oris. m. Salust. Sellador, el que sella con sello ó armas. ‖ Inscr. Sellador de moneda.

Signatorius, a, um. Val. Max. Perteneciente al sello.

Signatura, ae. f. Suet. La señal ó marca que el sello imprime, sello, marca.

Signatus, a, um. part. de Signo. Virg. Señalado, marcado. ‖ Sellado. ‖ Prop. Cerrado con puerta ó llave. Navis plena argenti facti atque signati. Cic. Nave cargada de plata labrada y acuñada.

Signifacio, is, ere. a. Dig. V. Significo.

Signifer, i. m. Cic. Alférez, oficial que lleva la bandera, porta-estandarte. ‖ Capitan, autor, cabeza. ‖ El zodiaco.

Signifer, a, um. Cic. Que lleva una bandera, un estandarte, una insignia. ‖ Val. Flac. Grabado, adornado de figuras.

Significex, icis. m. Apul. Escultor, estatuario.

Significabilis. m. f. le. n. a. Varr. y

Significans, tis. com. Quint. Significante, significativo, lo que significa con propiedad.

Significanter, ius, issime. adv. Espresa, clara, evidentemente, con propiedad.

Significantia, ae. f. Quint. Significacion, espresion enérgica, propia.

Significatio, onis. f. Cic. Indicio, señal, espresion, aviso, notificacion. ‖ Significado, sentido, fuerza.

Significativus, a, um. Ulp. y

Significatorius, a, um. Ter. Significativo, espresivo.

Significatus, us. m. Plin. Indicio, señal, anuncio, pronóstico. ‖ Gel. Significado, sentido de una voz.

Significatus, a, um. Cic. Mostrado, indicado, notado.

Significo, as, avi, atum, are. a. Cic. Significar, querer decir, tener significacion ó sentido. ‖ Mostrar, indicar, manifestar, dar á entender. ‖ Notificar, avisar. Pronosticar, anunciar. Significare aliquid voce, et manibus. Ces. Dar á entender con voces y con las manos. Per gestum. Ov. Dar á entender por señas.

Significus, i. m. Apul. Escultor, estatuario.

Signinum, i. n. Vitruv. Especie de betun de tejuelas machacadas y amasadas con cal, para solar pavimentos.

Signinus, a, um. Plin. Obra hecha con tejuelas machacadas y amasadas con cal.

Signinus, a, um. Plin. Lo que pertenece á Signia, ciudad de los volscos en el Lacio, colonia romana.

Signo, as, avi, atum, are. a. Cic. Señalar, notar con alguna señal. ‖ Marcar, imprimir, sellar. ‖ Indicar, esplicar, manifestar. Signare aurum, argentum. Cic. Acuñar el oro, la plata. Speciem in animo. Cic. Imprimir una imágen ó idea en el ánimo. Vultum alicujus imagine. Mart. Retratar á alguno. Supremas tabulas. Mart. Sellar el testamento. Nomine rem aliquam. Luc. Dar nombre á alguna cosa.

Signum, i. n. Cic. Señal, indicio, signo. ‖ Marca. ‖ Presagio, pronóstico, anuncio. ‖ Prodigio, portento, suceso estraordinario. ‖ Bandera, estandarte, insignia militar. ‖ Señal de la trompeta, de la batalla &c. en la milicia. ‖ Signo del zodiaco. ‖ Estatua, imágen, simulacro, figura. ‖ El sello,

la señal que imprime. ‖ Quint. Insignia, muestra de las tiendas ó fábricas.

Sil, ilis. n. Vitruv. Especie de lodo de color amarillo, que se halla en las minas de oro y plata, ocre.

Silaceus, a, um. Plin. Perteneciente al ocre.

Silanus, i. m. Lucr. El caño por donde sale el agua.

Silarus, i. m. Plin. El Selo, rio de la Basilicata, que convierte en piedras las hojas y ramas sumergidas en él.

Silatum, i. n. Fest. El almuerzo.

Silaus, i. m. Plin. Yerba que nace en los arroyos semejante al apio.

Silena, ae. f. Lucr. Término de cariño que usaban los amantes entre los antiguos. ‖ Muger roma.

Silendus, a, um. Ov. Lo que se debe callar ó pasar en silencio.

Sileni, orum. m. plur. Ov. Silenos, especie de sátiros.

Silens, tis. com. Plin. El que calla, callado, taciturno. Silens coelum. Plin. Cielo, tiempo sereno.

Silentes, ium. m. plur. Ov. Los muertos, los manes. ‖ Virg. Lugares solitarios.

Silenter. adv. Juv. Silenciosamente.

Silentiarii, orum. m. plur. Dig. Silenciarios ó silencieros, ministros que cuidan del silencio.

Silentio. adv. Cic. Silenciosamente, en ó con silencio.

Silentiosus, a, um. Apul. Silencioso, callado, donde se guarda silencio.

Silentium, ii. n. Cic. Silencio. ‖ Liv. Quietud, ociosidad. De Partho silentium est. Cic. Del Parto no se habla palabra. Facere. Cic. Guardar, observar silencio. Facere. Liv. Imponer silencio, mandar callar. De pecunia vendere. Cic. Vender el silencio por dinero, desistir de una acusacion por dinero.

† Silentus, a, um. ant. Gel. V. Silens.

Silenus, i. m. Hor. Sileno, ayo y maestro de Baco. ‖ Nombre de Baco y sus compañeros. ‖ Un historiador griego, que escribió los hechos de Aníbal.

Silenus, a, um. Lucr. Romo, chato.

Sileo, es, lui, lere. a. Cic. Callar, no hablar, guardar silencio. ‖ Estar ocioso. Silere verbum facere. Hirc. Callar, no hablar palabra.

Siler, eris. n. Plin. Arbusto, que algunos dicen ser la mimbrera. ‖ Luc. El rio Silaro de Salerno.

Silesco, is, cere. n. Virg. Empezar á callar. ‖ Aquietarse, sosegarse.

Silesia, ae. f. La Silesia, provincia de Boemia.

Silex, icis. m. Virg. El pedernal. ‖ Cualquier piedra pequeña. ‖ Peñasco, roca. ‖ Quint. Dureza de genio ó de corazon. Silex in corde tibi stat. Tib. Tienes un corazon de piedra.

Silianus, a, um. Cic. Lo que pertenece á Silio, nombre propio romano.

Silicarius, ii. m. Front. El empedrador. ‖ El fontanero.

Silicarius, a, um. Front. Lo que toca al pedernal.

Silicernium, ii. n. Cic. Convite, cena fúnebre que se daba en las exequias. ‖ Arnob. Morcilla ó relleno. ‖ Ter. Viejo chocho, decrépito, cercano á que se haga el convite de sus exequias.

Siliceus, a, um. Cat. Lo que es de pedernal, de piedra. ‖ Sen. Duro como una piedra, inflexible.

Silicia, ae. f. Plin. La planta fenogreco.

Silicis. gen. de Silex.

Silicula, ae. f. Varr. Vainilla de algunas legumbres.

Siliginarius, y Siliginiarius, ii. m. Dig. El panadero ó tahonero.

Siligineus, a, um. Plin. De harina de flor.

Siligo, inis. f. Col. Trigo candeal, selecto. ‖ Plin. La flor de la harina.

Siliqua, ae. f. Virg. Silicua, la vaina de cualquier fruto. ‖ El fruto del garrobo. ‖ La algarroba. ‖ La planta fenogreco. ‖ El peso menor entre los romanos, un grano, la sesta parte de un escrúpulo.

Siliquastrum, i. n. Plin. El pimiento, planta.

Siliquor, aris, atus sum, ari. dep. Plin. Echar la silicua ó vaina, cubrirse de ella.

Siliquosus, a, um. Col. Lo que echa ó se cubre de silicuas ó vainas.

*Liv.* Hacer un seno, un bollo ó hueco en la toga. — *Solvere. Cat. Effundere. Liv.* Soltar el seno ó hueco formado con la ropa. ‖ *Sen.* Ser, mostrarse liberal. — *Subducere bonis. Sen.* Rehusar los bienes ofrecidos. *Sinus nunc dextros, nunc sinistros solvere. Virg.* Virar, revirar de una parte y otra, dar diversos bordos. *In sinu gaudere. Cic.* Alegrarse dentro de sí mismo, para consigo. *Ex sinu alicujus esse. Cic.* Ser íntimo amigo de alguno. *Sinus Arabicus.* El mar de la Meca. — *Gangeticus.* El golfo de Bengala. — *Lugdunensis.* El golfo de Leon. — *Magnus.* El mar del Sur.

Sion, sii. n. *Plin.* ó *suum*, i. La planta sio ó sion.

Sion, ōnis. m. *Bibl.* El monte Sion, *junto á Jerusalen, donde tuvo David su palacio real*.

Sipārium, ii. n. *Cic.* Cortina ó telon del teatro.

Sipărum, i. n. *Luc.* Velo de lienzo. ‖ Vela de navío. V. *Supparus.*

Siphnos, i. f. 6

Siphnus, i. f. *Plin.* Sifano, *una de las islas Cicladas en el Archipiélago.*

Siphnius, a, um. *Plin.* Propio de la isla de Sifano.

Sipho, ōnis. m. y

Siphon, ōnis. m. *Plin.* Cañon, caño con que se dirige el agua á diversas partes. ‖ Geringa de que se usaba en los incendios, bomba, sifon.

Siphuncŭlus, i. m. *Plin.* Cañoncito.

Sipolindrum, i. n. *Plaut.* Nombre de un aroma fingido por un cocinero.

Sipontīnus, a, um. *Cic.* Lo que pertenece á la ciudad de Siponto.

Sipontum, i. n. *Plin.* Siponto, *ciudad de la Apulia dáunica.*

Sipylejus, a, um. *Sen.* Lo que pertenece al monte ó ciudad de Sípilo.

Sipylus, i. m. f. *Sen.* Sipilo, *monte y ciudad de Meonia ó de Lidia.*

Siquando. *adv. Cic.* Si alguna vez, si en algun tiempo, si algun dia.

Siquĭdem. *conj. Cic.* Porque, pues que, ya que, puesto que. ‖ Si, si es que.

Siquis, qua, y quae, quod, y quid. *Cic.* Si alguno.

Siraeum, i. n. *Plin.* Mosto cocido hasta quedar en la tercera parte.

† Sirăpa, ae. f. *Col.* Cierto condimento que se hacia con el jugo de aceitunas esprimidas, sal, anis y otras cosas.

Sircĭtŭla, ae. f. *Col.* y

Sircŭla, ae. f. *Plin.* Especie de uvas asi llamadas.

Siredōnes, um. *Aus.* Las sirenas.

Sirens, y Sirempse. *Plaut.* Voz antigua que significa semejante en todo, ello por ello.

Siren, ēnis. f. *Cic.* La Sirena, *monstruo marino fabuloso, muger con alas de la parte superior, y de la inferior ave con cola y pies de gallina. Otros dicen que la parte inferior era de pescado.* ‖ *Plin.* Especie de zángano de las colmenas.

Sireneus, a, um. y Sirenius, a, um. *Gel.* Lo que pertenece á las Sirenas.

Sirĭăcus, a, um. *Avien.* Propio de la estrella sirio.

Sirĭăsis, is. f. *Plin.* Inflamacion de las membranas del cerebro, ocasionada del calor de la canícula.

Sirion, ōnis. m. El monte Ermon en *Palestina.* ‖ Ciudad de Aquitania.

Siris, is. m. El Seno, *rio del reino de Nápoles.* ‖ *Rio de la Grecia Magna.* ‖ Sobrenombre del Nilo *en Etiopia.*

Siris. *Plaut. en lugar de Siveris. pret. de Sino.*

Sirium, ii. n. *Apul.* La yerba artemisa ó serpol mayor.

Sarius, ii. m. *Hig.* El sirio, *estrella llamada comunmente la canícula.*

Sirĭus, a, um. *Virg.* Lo que es de la canícula.

Sirmiensis. m. f. sē. n. is. *Plin.* Lo que pertenece á la ciudad de Sirmio.

Sirmium, ii. n. *Plin.* Sirmio, *ciudad de Panonia, hoy Esclavonia.*

Sirpātus, a, um. *Varr. part. de Sirpo.* Atado.

Sirpe, is. n. *Sol.* El laserpicio, *planta.*

Sirpea, ae. f. *Varr.* El cesto hecho de mimbres.

Sirpĭcŭla, ae. f. y Sirpiculus, i. m. *Col.* Canasto, cesta de mimbres. ‖ *Plaut.* Nasa de pescadores.

Sirpicus, a, um. *Sol.* Lo que pertenece al laserpicio.

Sirpo, ās, āvi, ātum, āre. a. *Varr.* Atar al rededor. ‖ Teger, entreteger con juncos ó mimbres.

Sirpus, i. m. *Gel.* Enigma, quisicosa. V. *Scirpus.*

Sirŭlŭgus, i. m. *Plin.* Un animal desconocido.

Sirus, i. m. *Varr.* El silo, *granero subterráneo para guardar el trigo.*

Sis. *ant. Cic. en lugar de Sivis.* Si quieres. ‖ *En lugar de Suis.*

Sisăpo, ōnis. f. *Plin.* Sisapona, *ciudad de España en Andalucía.*

Sisaponensis. m. f. sē. n. is. *Plin.* Lo que pertenece á Sisapona, *ciudad de Andalucía.*

Sisăron, i. n. y

Sisărum, i. *V. Siser.*

Sisenna, ae. m. *Cic.* Lucio Cornelio Sisena, *orador é historiador romano.*

Siser, ĕris. n. *Plin.* La chirivía, *raiz parecida al rábano.*

Sisiphthon. *Amian. Epíteto de Neptuno.* Que bate ó hiere la tierra.

Sisonagrion. n. *Apul.* Yerba llamada rabo de puerco.

Sispes, y Sispita. *Inscr. en lugar de Sospes, y Sospita.*

Sissiat, y Sissitat. *ant. en lugar de Sedet.*

† Sistarchia, ae. f. 6

† Sistarcia, ae. f. y

† Sistatria, ae. f. Bolsa ó faldriquera. ‖ Provision anual de trigo dada por meses. ‖ Intendencia sobre la provision de víveres.

† Sistento, ās, āre. a. *Tac.* Ostentar, hacer ostentacion.

Sisto, is, stĭti, stătum, sistĕre. a. *Cic.* Parar, detener, hacer detener. ‖ Hacer alto, pararse, hacer frente, resistir. ‖ Asignar, señalar dia para comparecer en juicio. *Sistere ore. Capite. Plaut.* Caer de bruces, de cabeza. — *Aliquid. Tac.* Poner, colocar una cosa, situarla. — *Se Cle.* Presentarse, comparecer en juicio. — *Vadimonium. Cic.* Comparecer, presentarse en juicio el dia señalado.

* Sistŏle, es. f. Sístole, *movimiento del corazon con que se contrae y encoge en la respiracion, como en el diástole se ensancha.*

Sistrātus, a, um. *Marc.* El que lleva en la mano un sistro.

Sistrum, i. n. *Ov.* El sistro, *instrumento de metal, de que usaban los sacerdotes egipcios en los sacrificios de Isis.*

Sisurna, ae. f. *Amian.* Tapete ó vestido de piel de oveja ó de cabra que servia de lecho.

Sisymbrium, ii. n. *Plin.* El sisimbrio, *yerba.*

Sisypheius, a, um. *Avien.* Lo que pertenece á Sisifo.

Sisyphīdes, ae. m. patr. *Ov.* Ulises, *hijo de Sisifo y Anticlea.*

Sisyphius, a, um. *Prop.* Que toca ó pertenece á Sisifo.

Sisyphus, i. m. *Ov.* Sisifo, *hijo de Eolo, del tiempo de Danao, rei de Argos.* ‖ *Cic.* Otro tambien hijo de Eolo, famoso por sus latrocinios en *el istmo de Corinto, muerto por Teseo, y condenado en el infierno á subir un gran peñasco por una montaña, que en llegando á la cima se le cae, y vuelve á levantarle.*

Sisyrinchion, ii. n. *Plin.* Especie de planta bulbosa.

† Sitagonus, a, um. Que conduce víveres, el que lleva un convoi.

* Sitānion, ii. n. Trigo que se coge á tres meses de sembrado, tremesino.

Sitānius panis. *Plin.* Pan hecho de trigo que se coge á tres meses de sembrado.

† Sitarcha, ae. m. Intendente ó proveedor de víveres.

Sitarchia, ae. f. *Apul.* Provision de víveres para un viage. ‖ Intendencia sobre la provision de víveres.

Sitarchus, i. m. *V.* Sitarcha.

† Sitarcia, ae. f. La alforja ó saco ó talega en que se lleva la provision.

Sitella, ae. f. *Liv.* Urna ó caja pequeña para echar las suertes ó votos.

* Sithon, ōnos. com. *Ov.* Sitonio, tracio, de Tracia.

Sithōnia, ae. f. Sitonia, *parte de la Tracia.* ‖ La Tracia.

Sithōnii, ōrum. m. plur. *Hor.* Los sitonios, los tracios.

Sithōnis, ĭdis. f. *Ov.* La muger natural de Sitonia ó Tracia.

**Sithŏnius, a, un. Ov.** Sitonio, tracio, de Sitonia ó Tracis.

**Sitĭbundus, a, um.** Sediento, árido, seco.

**Sitĭcĭnes, um. m. plur. Cat.** Los que honraban á los muertos con cantos lamentables junto á sus sepulcros.

**Sitĭcŭlōsus, a, um. Vitruv.** Sediento, árido, seco, que carece de humedad. ‖ *Sid.* El que tiene sed. ‖ *Plin.* Lo que da ó causa sed.

**Sitiens, tis. com. Fedr.** Sediento, que tiene sed. ‖ Ansioso, deseoso. ‖ Seco, árido.

**Sitienter. adv. Cic.** Con sed. ‖ Ardientemente, con deseo ardiente, con ansia.

**Sitientia, ium. n. plur. Plin.** Lugares secos, áridos, ardientes.

**Sitio, is, tivi, titum, tire. a. Plaut.** Tener sed. ‖ Desear con ansia. ‖ Estar seco, árido, carecer de humedad. *Sitiuntur aquae. Ov.* Se tiene gran deseo de beber agua.

**Sitis, is. f. Cic.** La sed, apetito natural de agua. ‖ Ardor, sequedad, aridez. ‖ Deseo ardiente, ansia.

**Sitĭtor, ōris. m. Apul.** El que tiene sed, sediento.

**Sitŭive. adv. Tert.** En cuanto al sitio, en orden á la situacion.

**Sitivi. pret. de Sitio.**

**† Sitocapelus, i. m.** Comerciante de trigo.

**† Sitocomia, ae. f.** Intendencia de la provision de víveres. ‖ Provision anual de víveres para viudas y huérfanos.

**† Sitodia, ae. f.** Escasez de trigo.

**† Sitodosia, f.** Donativo de trigo.

**Sitodotes, ae. m.** El que hace donativos de trigo.

**† Sitolŏgus, a, um.** El que recoge ó acopia trigo.

**† Sitometra, ae. m.** Medidor de trigo. ‖ El que distribuye la provision anual de trigo.

**† Sitometrum, i. n.** Medida de cuatro modios de trigo, que se daba á cada esclavo por mes.

**Siton, ōnis. m. y**

**Sitōnes, ae. m. Dig.** Intendente de las compras de granos, de víveres.

**Sitōnia, ae. f. Ulp.** Intendencia sobre la provision de granos, de víveres.

**† Sitonĭcum, i. n.** El granero.

**† Sitophilăces, um. m. plur.** Veinte magistrados de Atenas *que tenian la intendencia sobre la provision de granos.*

**Sitostasius, ó Sitostacius, i. m.** Magistrado que pone la postura al trigo, y preside á su venta. ‖ El que tenia puesto señalado para vender el trigo.

**Sittăce, es. f. Plin.** El papagayo.

**Sitŷba, ae. f. Cic.** El pergamino ú otra membrana con que se forran los libros.

**Sitŭla, ae. f. Plaut.** La urna ó caja pequeña en que se echan las suertes ó votos. ‖ *Plaut. V.* Situs, us.

**Sitŭlus, i. m. Vitruv.** La herrada, cubo ó caldero para sacar agua.

**Sitūrus, a, um. part. de Sino. Cic.** El que ha ó tiene de permitir.

**Situs, us. m. Cic.** Sitio, situacion, asiento, postura. ‖ Pais, region, lugar. ‖ Moho, borrura, porquería, suciedad de las cosas desusadas por largo tiempo. ‖ Suciedad, asquerosidad del cuerpo por descuido ó pobreza. ‖ Estupidez, rudeza por ocio y flojedad.

**Situs, a, um. Nep.** Situado, puesto, fundado. ‖ Enterrado, sepultado. *Situs hic est. Cic.* Aquí está enterrado. *In vobis situm est. Cic.* En vosotros consiste, de vosotros depende, está en vuestra mano, en vuestro poder.

**Sium, i. n. V.** Sion.

**Sivan. m. Bibl.** El mes de Sivan, *que entre los judios correspondia á mayo y junio.*

**Sive. conj. disj. Cic.** O, ya, ya sea.

**Sivi. pret. de Sino.**

**Sivis. Plaut.** en lugar de Siveris.

**Sizata, ae. f.** Larisa, *ciudad de Siria.*

## SL

**Slavi, ōrum. m. plur.** Pueblos de Alemania.

**Slavia, ae. f. y**

**Slavonia, ae. f.** Pais de Alemania.

**Slesia, ae. f.** Pais de Alemania.

**Slesvicensis Ducatus. m.** El ducado de Eslesvic, *en Dinamarca.*

**Slesvicum, i. n.** Ciudad de Holsacia, *en el Quersoneso címbrico.*

**Slusa, ae. f.** Esclusa, *ciudad de los Paises bajos.*

## SM

**Smalkalda, ae. f.** Esmalcalda, *ciudad de Alemania en la Franconia.*

**Smăragdinus, a, um. Cels.** De color de esmeralda, de verde esmeralda.

**Smăragdites, ae. m. Plin.** Nombre de un monte cerca de Calcedonia, *de donde se sacaban muchas esmeraldas.*

**Smaragdus, i. m. Plin.** La esmeralda, *piedra preciosa de color verde transparente.* ‖ El color verde.

**Smăris, ĭdis. f. Plin.** Pececillo que se halla en la ribera del mar.

**Smectĭcus, a, um. Plin.** Detersivo, lo que sirve para limpiar y quitar manchas.

**Smegma, ătis. n. Plin.** Medicamento detersivo, propio para limpiar y purgar.

**Smegmatĭcus, a, um. Plin.** Lo que tiene virtud ó cualidad detersiva, purgante.

**Smerdaleos, a, um. Juv.** Horrible, horroroso, de aspecto terrible.

**Smilax, ăcis. f. Plin.** El tejo, arbol. ‖ La corregüela mayor ó campanela, *yerba.* ‖ Nombre de una joven *que fingian haber sido transformada en esta yerba.*

**\*Smilion, ii. n. Cels.** Nombre de un colirio para curar los males de los ojos.

**Smintheus, i. m. Ov.** Sobrenombre de Apolo *con que era reverenciado en Misia y Frigia.*

**Smintheus, a, um. Sen. y**

**Sminthius, a, um. Arnob.** Lo que pertenece á Apolo esminteo, que vale destruidor de ratones.

**† Smiris, ĭdis. f.** El esmeril, *piedra con que los vidrieros cortan el vidrio, y los lapidarios las piedras preciosas.*

**Smyrna, ae. f. Ov.** Mirra, *hija de Ciniras, rey de Chipre, que fingieron los poetas haber sido transformada en el arbol de su mismo nombre.* ‖ El arbol mirra, y el licor que destila de él. ‖ Esmirna, *ciudad marítima de la Jonia.*

**Smyrnăceus, a, um. Plin. y Smirnaeus, a, um. Cic.** Lo que pertenece á la ciudad de Esmirna. ‖ Lo que pertenece á Homero, *á quien algunos hacen natural de Esmirna.*

**Smyrnion, y Smyrnium, ii. n. Plin.** La yerba levístico.

**Smyrriza, ae. f. Plin.** Yerba llamada mirra y mirriza.

**Smyrus, i. m. Plin.** Pez, *que algunos creen ser el macho de la lamprea.*

## SO

**Soana, ae. f.** Rio de la Sarmacia asiática. ‖ Embocadura de un rio de la Trapobana.

**Soanda, ae. f.** Ciudad de la Armenia menor. ‖ Ciudad de Capadocia.

**Soanes, um. m. plur.** Pueblos del monte Cáucaso.

**Sobala, ae. f.** Ciudad de Caria.

**Sobella, ae. f.** La marta cibelina, *animal especie de comadreja.*

**Sobŏles, is. f. Cic.** Linage, generacion, descendencia, raza. ‖ Prole, familia, los hijos. ‖ Renuevo, pimpollo de las plantas.

**Sobŏlescens, tis. com. Liv.** Lo que renace ó se multiplica mucho.

**Sobŏlesco, is, ĕre. n. Amian.** Renacer, multiplicarse, crecer de nuevo, pulular.

**Sobrie. adv. Cic.** Sobriamente, con templanza y moderacion. ‖ Cauta, prudentemente.

**Sobriefactus, a, um. Apul.** Reducido, vuelto á la sobriedad.

**Sobrĭetas, ātis. f. Sen.** Sobriedad, templanza, moderacion en la bebida y comida. ‖ Frugalidad, templanza en general.

Sobrīna, ae. f. *Plaut.* y

Sobrīnus, i. m. *Cic.* Primo hermano, prima hermana, hijos de hermanos.

† Sōbrio, as, are. a. *Paul. Nol.* Hacer á uno sobrio, reducirle á sobriedad ó templanza.

Sōbrius, a, um. *Cic.* Sobrio, templado, moderado en el beber. ‖ Atento, vigilante, diligente, cauto, prudente. ‖ El que está en su juicio. *Sobria rura. Estac.* Tierras que no llevan vino. — *Uva. Plin.* Vino que no embriaga.

*Sobrius vicus.* Barrio de Roma, *llamado sobrio por no haber en él tabernas, y solo se hacian libaciones de leche á Mercurio.*

Soccātus, a, um. *Cic.* Calzado de zuecos.

Soccĭfer, i. m. *Sid.* El que lleva zuecos.

Soccŭlus, i. m. *Sen.* Zueco pequeño. dim. de

Soccus, i. m. *Cic.* El zueco, zapato con que representaban los cómicos, y era comun á los romanos. ‖ La comedia. ‖ El estilo familiar de ella. ‖ El verso yámbico, en que se escribia la comedia.

Sōcer, ĕri. m. *Cic.* y

Socĕra, ae. f. *Inscr.* La suegra.

Socĕrus, i. m. *Plaut.* El suegro, el padre del marido ó de la muger casada. ‖ Abuelo.

Socia, ae. f. *Ov.* La compañera. ‖ *Plaut.* La muger casada.

Sŏciābĭlis. m. f. lĕ. n. is. *Liv.* Sociable, que fácilmente se une y acompaña con otro.

Sŏciālis. m. f. lĕ. n. is. *Cic.* Social, propio de aliados, de confederados. ‖ Amigable, amigo. ‖ *Ov.* Conyugal. *Socialia carmina. Ov.* Epitalamio, poema nupcial. — *Sacra. Ov.* Solemnidades del matrimonio. — *Sociales anni. Ov.* Los años del matrimonio. *Equitatus socialis. Liv.* Caballería de los aliados, de los confederados. *Bellum sociale. Flor.* Guerra social, *la que los aliados del pueblo romano le declararon por haberles negado el derecho de ciudadanos.*

Sŏciālĭtas, ātis. f. *Plin.* Sociabilidad, afabilidad, facilidad en el trato.

Sŏciālĭter. adv. *Hor.* Amigablemente, con buena armonía.

Sŏciandus, a, um. *Ov.* Lo que se ha de asociar, aliar.

Sŏcians, tis. com. *Ov.* El que asocia, junta, une unos con otros.

Sŏciātio, ōnis. f. *Marc. Cap.* Asociacion, union, compañía.

Sŏciātor, ōris. m. *Estac.* y

Sŏciātrix, īcis. f. *Val. Flac.* El que, la que asocia.

Sŏciātus, a, um. part. de Socio. *Cic.* Asociado, unido, coligado, acompañado.

Sŏciennus, y Socienus, i. m. *Plaut.* El compañero ó camarada.

Sŏcĭĕtas, ātis. f. *Cic.* Sociedad, union, compañía, consociacion. ‖ Alianza, liga, confederacion. ‖ Compañía de comercio.

Sŏcio, as, āvi, ātum, āre. a. *Cic.* Asociar, unir, juntar. ‖ Aliar, confederar. *Sociare se vinclo jugali. Virg.* Casarse. — *Aliquem domo. Virg.* Recibir á alguno en casa. — *Juvencos aratro. Estac.* Uncir los bueyes al arado. — *Dextras. Sil. Ital.* Darse la mano, la palabra. — *Carmina nervis. Ov.* Acompañar la música al canto. — *Curas. Val. Flac.* Comunicar los cuidados, los pensamientos. — *Manus alicui. Sil. Ital.* Acudir al socorro de alguno. ‖ *Sanguinem. Val. Flac.* Emparentar. — *Se participem in casus omnes. Tib.* Hacerse partícipe con otro en todo acontecimiento de fortuna.

Sŏciofraudus, a, um. *Plaut.* El que engaña á su compañero ó asociado.

Sŏcius, a, um. *Virg.* Lo que pertenece á los aliados ó asociados. *Socia agmina. Virg.* Tropas de aliados, auxiliares.

Sŏcius, ii. m. *Cic.* Socio, compañero, partícipe. ‖ Asociado, confederado, aliado, ausiliar. ‖ *Ov.* Pariente, consanguíneo. *Socius consiliorum. Cic.* Partícipe de los designios. — *Ad malam rem. Plaut.* Cómplice de una mala accion. — *In negotio. Ter.* El que entra á la parte de un negocio ó tráfico. — *Haereditatis. Plin. men.* Coheredero. *Socia nocte. Cic.* Al favor de la noche.

Sōcordia, ae. f. *Cic.* Pereza, desidia, negligencia. ‖ *Liv.* Simpleza, tontería.

Sōcordĭter, ius. adv. *Liv.* Perezosa, descuidadamente.

Sōcors, ordis. com. *Cic.* Necio, simple, estólido, tonto, estúpido. ‖ Perezoso, desidioso, descuidado, negligente, lento, tardo, remiso. *Socors futuri. Tac.* El que nada cuida de lo por venir.

Socrătes, is. m. *Cic.* Sócrates, *filósofo ateniense, maestro de Platon, que fue juzgado por el mas sabio de los hombres.*

Socrătĭcus, a, um. *Cic.* Socrático, propio de Sócrates.

Socruālis. m. f. lĕ. n. is. *Sid.* Lo que pertenece á la suegra.

Socrus, us. f. *Cic.* La suegra, madre del marido ó de la muger casada.

Sŏdālis. m. f. lĕ. n. is. *Cic.* Compañero, camarada, amigo. ‖ *Dig.* Concolega. ‖ De un mismo gremio.

Sŏdālĭtas, ātis. f. *Cic.* Amistad, familiaridad, compañía de los que viven juntos ó amigablemente. ‖ Cofradía.

Sŏdālĭtium, ii. n. *Cic.* V. Sodalitas. ‖ El convite entre amigos y compañeros. ‖ La union y conspiracion, en especial para comprar los votos de las tribus.

Sŏdālĭtius, a, um. *Ov.* Lo que pertenece á la sociedad ó compañía de amigos.

Sodes. interj. *Cic.* sincop. de Si audes. Si puedes, si te atreves. ‖ Por favor, por gracia, si no te es molesto, si te agrada.

Sodŏma, ae. f. y

Sodŏma, ōrum. n. plur. y

Sodŏmi, ōrum. m. plur. y

Sodŏmum, i. n. *Tert.* Sodoma, *ciudad de Palestina, una de las cuatro que fueron sumergidas en el mar muerto.*

Sŏdŏmītae, ārum. m. plur. *Prud.* Los sodomitas, habitantes de Sodoma.

Sŏdŏmītĭcus, a, um. *S. Ger.* Sodomítico, de los sodomitas ó de Sodoma.

Sogdiāna, ae. f. La Sogdiana, *pais del Asia.*

Sogdiāni, ōrum. m. plur. y

Sogdii, ōrum. m. plur. Los habitantes de Sogdiana.

Sol, sōlis. m. *Cic.* El sol. ‖ La luz. ‖ El dia. ‖ Sitio, lugar donde da el sol. *Solis defectio. Cic.* — *Defectus. Ov. Labores. Quint.* Eclipse de sol. — *Iniqui plaga. Virg.* Clima abrasado de los ardores del sol. *Sol niger. Hor.* Dia funesto, infeliz. *Dies solis.* El domingo. *Soles arcti. Estac.* Dias cortos. — *Longi. Virg.* Dias largos. — *Candidi. Catul.* Dias felices.

Sŏlāgo, ĭnis. f. *Apul.* El girasol ó heliotropio, *yerba.*

Sōlāmen, ĭnis. n. *Virg.* Consuelo, alivio.

Solāna, ae. m. El Solana, *rio de la Tartaria oriental.*

Solāna, ae. f. Ciudad de la Tartaria oriental.

Sōlandus, a, um. *Ov.* El que ha de ser consolado.

Sōlānum, i. n. *Plin.* El solano ó yerbamora.

Sōlānus, i. m. *Vitruv.* El solano, *viento de levante ó de oriente.*

Sōlāris. m. f. lĕ. n. is. *Ov.* Solar, lo que pertenece al sol.

Sōlārium, ii. n. *Plin.* El relox del sol. ‖ Solana, azotea, terrado donde se toma el sol, el solejar. ‖ *Ulp.* Tributo que se pagaba por el suelo ó solar.

Sōlārius, a, um. *Plin.* Solar, lo que pertenece al sol. *Solarium horologium. Plin.* Relox, cuadrante de sol.

Sōlātĭŏlum, i. n. *Catul.* Pequeño consuelo ó alivio.

Sōlātium, ii. n. *Cic.* Consuelo, alivio, solaz. ‖ Socorro.

Sōlātor, ōris. m. *Estac.* Consolador.

Sōlātus, a, um. part. de Solor. *Hor.* El que ha consolado. ‖ *Cels.* Asoleado, quemado del sol.

Soldurii, ōrum. m. plur. *Ces.* Hombres entregados á la amistad de otros con tal escrechez que participaban de todos sus riesgos, y morian con ellos.

Soldus, i. ó Soldum, i. n. *Marc.* V. So'idus.

Sŏlĕa, ae. f *Cic.* La sandalia ó chinela que cubre solo la planta del pie. ‖ La herradura y la uña ó casco de las caballerías. ‖ *Fest.* La solera de madera del edificio. ‖ *Plin.* El lenguado, *pez.* ‖ *Col.* Instrumento como prensa para sacar el aceite. *Soleas poscere. Plaut.* Pedir los zapatos ó sandalias. *Es querer levantarse de la mesa, porque se las quitaban para ponerse á comer.*

**Sŏleāris.** m. f. rĕ. n. is. *Esparc.* Lo que pertenece á las sandalias.

**Sŏleārius,** ii. m. *Plaut.* El que hace las sandalias, zapatero.

**Sŏleātus,** a, um. *Cic.* Calzado con sandalias.

**Sŏlemne.** is. n. *Cic.* Solemnidad, fiesta. || Costumbre. *Solemne instituere. Liv.* Establecer una fiesta. *Solemnia triumphi. Suet.* Las solemnidades del triunfo. — *Mittere. Virg.* — *Peragere regi. Virg.* Hacer las exequias al rey.

**Sŏlemnis.** m. f. nĕ. n. is. *Cic.* Solemne, festivo, célebre á cierto y determinado tiempo.

**Sŏlemnia sacra.** *Salust.* Sacrificios solemnes. *Solemne habeo facere. Plin.* Tengo costumbre de hacer tal cosa.

**Sŏlemnĭtas,** ātis. f. *Gel.* Solemnidad, festividad, celebridad.

**Sŏlemnīter.** adv. y

**Sŏlemnĭtus.** adv. *Liv.* Solemnemente, con solemnidad y pompa. || *Dig.* Con las formalidades acostumbradas, segun las reglas.

**Sŏlen,** ēnis. m. *Plin.* Cierto pez marino que se asemeja á una caña hueca. || Canal, cañon.

**Sŏlendis.** m. f. dĕ. n. is. V. Solemnis.

**Sŏlens,** tis. com. *Plaut.* El que suele ó acostumbra.

**Sŏlensis.** m. f. sĕ. n. is. *Plin.* Lo perteneciente á la ciudad de Solos ó Pompeyópolis en Cilicia.

**Sŏleo,** ēs, ĭtus sum, lēre. n. *Cic.* Soler, acostumbrar, usar. *Ut solet. Cic.* Segun costumbre, como se acostumbra. El pretérito Solui es anticuado.

**Sŏlers,** y **Sollers,** tis, tior, tissĭmus. *Cic.* Hábil, ingenioso, capaz, industrioso. || *Ov.* Astuto, malicioso. *Solers auditus. Plin.* Oido delicado, fino. — *Cunctandi. Sil. Ital.* Ingenioso para alargar ó retardar las cosas. — *Ambagibus. Plin.* Diestro en hallar dificultades, en poner embarazos, en buscar rodeos.

**Sŏlerter,** y **Sollerter,** tius, tissĭme. adv. *Cic.* Ingeniosa, industriosamente, con mucha habilidad y destreza.

**Sŏlertia,** y **Sollertia,** ae. f. *Cic.* Habilidad, buen talento, capacidad, viveza de ingenio. || Malicia, astucia.

**Sŏleus,** a, um. *Plin.* V. Solensis.

**Sŏli,** ōrum. n. plur. *Plin.* Ciudad de Cilicia, llamada despues Pompeyópolis.

**Sŏlia,** ae. f. La yerba buglosa.

**Sŏliāris.** m. f. rĕ. n. is. *Esparc.* Lo perteneciente al solio ó trono.

**Sŏliārius,** ii. m. *Inscr.* El que hace solios ó tronos.

**Sŏlicănus,** a, um. *Marc. Cap.* El que canta solo.

**Sŏlĭcĭtatio,** ōnis. f. V. Sollicitatio.

**Sŏlĭdāmen,** ĭnis. n. *Ven. Ter.* y

**Sŏlĭdāmentum,** i. n. *Lact.* Firmeza, fundamento.

**Sŏlĭdātio,** ōnis. f. *Vitruv.* Consolidacion, firmeza.

**Sŏlĭdātrix,** icis. f. *Arnob.* La que solida ó afirma.

**Sŏlĭdātus,** a, um. part. de Solido. *Vitruv.* Solidado, consolidado.

**Sŏlĭde.** adv. *Col.* Sólida, firmemente. || Enteramente.

**Sŏlĭdesco,** is, ĕre. n. *Vitruv.* Solidarse, consolidarse.

**Sŏlĭdĭpes,** ĕdis. com. *Plin.* Que tiene los pies sólidos, el casco macizo, y no partido como el buey.

**Sŏlĭdĭtas,** ātis. f. *Cic.* Solidez, firmeza, cualidad del cuerpo sólido.

**Sŏlĭdo,** as, āvi, ātum, āre. a. *Vitruv.* Solidar, consolidar, afirmar, hacer firme y sólido.

**Sŏlĭdum,** i. n. *Cic.* Un todo. || *Plaut.* Sueldo, salario.

**Sŏlĭdum.** adv. *Apul.* En gran manera.

**Sŏlĭdus,** a, um. *Cic.* Sólido, macizo. || *Hor.* Firme, estable, fuerte. || Verdadero, sincero, perfecto.

**Sŏlĭdus,** i. m. *Lampr.* Sueldo, moneda de oro de peso justo y entero. *Valió en tiempos 25 denarios, pero despues se alteró su peso y su valor.*

**Sŏlĭfer,** a, um. *Sen. Trag.* Que lleva el sol. *Epíteto del zodiaco y de la ecliptica por donde pasa el sol. Solifera plaga. Sen.* La zona tórrida.

**Sŏlĭferreum,** ó **Solliferreum,** i. n. *Liv.* Dardo de hierro.

**Sŏlĭfŭga,** ae. f. *Plin.* La salpuga, especie de hormiga venenosa.

**Sŏlĭgena,** ae. com. *Val. Flac.* Hijo del sol.

**Sŏlĭlŏquium,** ii. n. S. *Ag.* Soliloquio, conversacion de uno consigo mismo.

**Sŏlĭlŏquus,** a, um. El que habla consigo solo.

**Sŏlīnus,** i. m. C. *Jul.* Solino, egipcio y de incierto tiempo, que escribió un libro de cosas memorables, intitulada *Polihistor,* en estilo poco culto y afectado; tambien hay de él un fragmento en verso de varios pescados del mar.

**Sŏlĭpŭga,** ae. f y

**Sŏlĭpunga,** ae. f. *Plin.* V. Solifuga.

**Sŏlistĕrnium,** i. n. *Fest.* V. Lectisternium.

**Sŏlistĭmum tripudium.** *Cic.* Buen agüero que sacaban los romanos en los auspicios *de que los pollos dejasen caer del pico algunos granos, y los volviesen á coger con ansia.*

**Sŏlĭtānae cochleae.** f. *Plin.* Caracoles muy grandes del África.

**Sŏlĭtāneus,** a, um. *Prisc.* Solo, separado, de por sí. || *Marc. Emper.* Acostumbrado, ordinario.

**Sŏlĭtārius,** a, um. *Cic.* Solitario, retirado, solo, que ama la soledad ó vive en ella.

† **Sŏlĭtas,** ātis. ant. f. *Apul.* La soledad.

**Sŏlĭtaurīlia,** lium. n. plur. *Liv.* Solitaurilia. *Inmolaciones de toro, carnero y verraco que se hacian en las lustraciones de los campos, del pueblo, del ejército.*

**Sŏlĭte.** adv. *Plaut.* Á solas, sin testigos.

**Sŏlĭto,** as, āre. n. *Gel.* Soler, acostumbrar á menudo.

**Sŏlĭtūdo,** ĭnis. f. *Cic.* Soledad, desierto, yermo, lugar solitario, retirado, solo. || El abandono, desamparo, falta de auxilio.

**Sŏlĭtum,** i. n. *Hor.* Lo acostumbrado, lo ordinario.

**Sŏlĭtus,** a, um. part. de Soleo. *Salust.* El que tiene costumbre de, que suele. || *Tac.* Acostumbrado, ordinario. *Præter solitum. Virg.* Contra la costumbre. *Plus solito. Liv.* Mas de lo acostumbrado.

**Sŏlium,** ii. n. *Cic.* El solio, trono, silla real. || *Ov.* El reino. || *Cels.* El baño ó cubo para bañarse uno solo.

**Sŏlĭvăgus,** a, um. *Cic.* Que va ó se anda solo. *Solivaga cognitio. Cic.* Conocimiento vano, estéril.

**Sollax,** acis. m. El Tigris, rio de Asia.

**Sollĭăcum,** i. n. *Sully,* ciudad del Orleanés.

**Sollĭcĭtandus,** a, um. *Virg.* Que ha ó tiene de ser solicitado.

**Sollĭcĭtans,** tis. com. *Ov.* Solicitante, el que solicita ó instiga.

**Sollĭcĭtātio,** ōnis. f. *Cic.* Solicitacion, instigacion, tentacion.

**Sollĭcĭtātor,** ōris. m. *Sen.* Solicitador, instigador.

**Sollĭcĭtātus,** a, um. part. de Sollicito. *Lucr.* Conmovido, movido de su quicio ó centro. || Solicitado, instigado, tentado. || *Just.* Convidado, atraido.

**Sollĭcĭte,** ius, issĭme. adv. *Plin.* Solícitamente, con gran cuidado y diligencia.

**Sollĭcĭto,** as, āvi, ātum, āre. a. *Lucr.* Conmover, mover, alterar de su centro ó asiento. || Solicitar, instar, instigar, tentar. || Inquietar, turbar, perturbar, agitar. || Atraer, convidar, escitar. *Sollicitare pacem. Liv.* Perturbar, romper la paz. *Ea me cura vehementissime sollicitat. Cic.* Este cuidado me inquieta muchísimo.

**Sollĭcĭtūdo,** ĭnis. f. *Cic.* Solicitud, inquietud, cuidado congojoso, molestia, pena, angustia.

**Sollĭcĭtus,** a, um, tior, tissĭmus. *Cic.* Solícito, inquieto, cuidadoso, acongojado. || *Virg.* Conmovido, agitado. || Lo que da cuidado, congoja y pesadumbre.

**Sollĭcūrius,** a, um. *Fest.* Curioso en todas las cosas.

**Sollus,** a, um. ant. *Fest.* Todo entero, sólido.

**Sŏlo,** as, āvi, ātum, āre. a. *Estac.* Asolar, desolar, devastar, destruir.

**Sŏloce,** es. f. La ciudad de Selencia.

**Sŏlœcismus,** i. m. *Gel.* Solecismo, falta contra la construccion gramatical. *Soloecismum facere. Marc.* Pecar en alguna cosa, caer en un mal latin.

**Sŏlœcista,** ae. m. S. *Ger.* El que comete solecismos.

**Sŏlœcum,** i. n. *Gel.* Solecismo.

**Sŏlœcus,** a, um. *Gel.* Lo que es contra la construccion gramatical.

**Sŏlon,** ōnis. m. *Cic.* Solon, ateniense, uno de los siete sabios de Grecia, que después de Codro dió leyes á los atenienses.

**Sōlor**, aris, ātus sum, ari. dep. Virg. Consolar, confortar, dar consuelo. Solari famem. Virg. Apagar el hambre. Solari cantu laborem. Virg. Aliviar el trabajo con el canto ó cántico.

**Sōlox**, ōcis. com. Fest. La lana basta. ‖ El ganado cubierto de ella.

**Solpūga**, ae. f. Plin. V. Solipuga.

**Solsĕquia**, ae. f. y

**Solsĕquium**, ii. n. Apul. La planta llamada heliotropio ó girasol.

**Solstĭtiālis**. m. f. lĕ. n. is. Cic. Solsticial, lo que pertenece al solsticio. ‖ Estivo, estival. ‖ Solar.

**Solstĭtium**, ii. n. Cic. El solsticio, la entrada del sol en el principio de Cáncer y de Capricornio, en junio y diciembre. ‖ Solsticio estival (por este se toma mas comunmente.) ‖ Hor. El estío, el verano.

**Sŏlūbĭlis**. m. f. lĕ. n. is. Amian. Soluble, lo que fácilmente se desata ó disuelve. ‖ Cel. Aur. Solutivo, lo que tiene virtud de desatar ó disolver.

**Sŏlui**. pret. ant. de Soleo, en lugar de Solitus sum.

**Sŏlum**, i. n. Cic. El suelo, la tierra. ‖ Campo, terreno. Lugar, pais, region. ‖ Dig. El solar en que se edifica. ‖ Lucr. La planta del pié. Solum fossae. Ces. El suelo ó fondo de un foso. — Planum. Plin. El piso llano. — Aquae. Virg. La superficie plana del agua. — Caeleste, stellarum. Ov. El cielo. — Natale. Ov. La patria, pais natal. — Mutare, vertere. Cic. Mudar de pais. Solo aequare. Liv. Arrasar, asolar.

**Sŏlum**. adv. y

**Sōlummŏdo**. adv. Cic. Solo, sola, únicamente, tan solamente.

**Sōlus**, a, um. Cic. Solo, solitario, sin compañía. ‖ Solitario, desierto, inhabitado.

**Sŏlūte**, ius, issime. adv. Cic. Suelta, libremente. ‖ Negligente, descuidadamente.

**Sŏlūtĭlis**. m. f. lĕ. n. is. Suet. Disoluble, lo que fácilmente se desata ó disuelve.

**Sŏlūtim**. adv. Cic. Suelta, anchamente.

**Sŏlūtio**, ōnis. f. Cic. La accion de desatar. ‖ Disolucion. ‖ Solucion de argumento ó cuestion. ‖ Paga, pagamento de deuda. Solutio ventris et stomachi. Plin. Debilidad, flaqueza del vientre y del estómago.

**Sŏlūtor**, ōris. m. Tert. El pagador.

**Sŏlūtus**, a, um, tior, tissimus. Cic. part. de Solvo. Solutus inedia. Petron. Muerto de hambre. — Risus. Virg. Risa inmoderada. — Clamore super. Ov. Sueño interrumpido por un grito. — Somno. Cic. Despertado. Operum. Hor. Desocupado. — Si sim. Plaut. Si me dejan libre, si me dejan hacer. — Animus. Cic. Ánimo libre. Soluta terra. Plin. Tierra suelta, rala. — Oratio. Quint. La prosa. Solutior libido. Liv. Libertinage desenfrenado. Solutissima lingua. Sen. Lengua muy mordaz. Solutum aequor. Estac. Mar en calma. — Stomachum. Cels. Estómago débil.

**Solvendus**, a, um. Lucr. Lo que se ha de ó se debe pagar. ‖ Lo que se ha de desatar. Solvendo esse. Cic. Estar solvente, con posibilidad de pagar. — Aeri alieno non esse. Cic. No poder pagar, estar insolvente.

**Solvi**. pret. de Solvo.

**Solvo**, is, vi, sŏlūtum, vĕre. a. Cic. Desatar, desligar. ‖ Pagar, satisfacer. ‖ Levar áncoras, partir, hacerse á la vela. ‖ Disolver, resolver, quitar la dificultad. ‖ Disolver, desleir. ‖ Soltar, libertar, abrir. ‖ Ablandar. E portu solvere. Cic. Salir del puerto. Obsidionem. Liv. Levantar el cerco. — Alvum. Plin. Aligerar el vientre. — Fidem. Ter. Faltar á la palabra. — Ergastula. Cic. Abrir, forzar la prision. Quaestionem. Cic. Resolver una cuestion. Lacrymas. Estac. Soltar las lágrimas. — Morem. Ter. Abolir una costumbre. — Formidine terras. Virg. Librar del miedo á la tierra. — Aliquem caede. Ov. Absolver á uno de una muerte. — Nivem. Ov. Derretir la nieve. — Legibus. Liv. Dispensar de las leyes. — Aes alienum. Cic. Pagar las deudas. — Vitam alicui. Prop. Vita aliquem. Plaut. Matar, quitar la vida á alguno. — Ebrietatem. Cels. Disipar la borrachera. — Votum. Marc. Cumplir un voto. — Infan-

tiam; delitiis. Quint. Corromper la infancia con las delicias. — Verba impia in Deos. Tib. Vomitar blasfemias contra el cielo. — Se luctu. Virg. Dejar el llanto ó duelo. — A se. Cic. Pagar de su dinero. — Juga tauris. Virg. Desuncir los bueyes, quitarles el yugo. — Linguam ad jurgia. Ov. Desatar la lengua para llenar de injurias. — Vela. Virg. Aparejar, izar las velas. Solvi inedia. Petron. Morirse de hambre.

**Sŏlyma**, ae. f. ó

**Solyma**, orum. n. plur. Marc. Jerusalen, ciudad de Palestina.

**Sŏlymi**, ōrum. m. plur. Tac. Los pueblos de Palestina. ‖ Pueblos del Asia, cercanos á los licios y pisidas.

**Sŏlymus**, a, um. Juv. Lo perteneciente á la ciudad de Jerusalen.

**Sommēriae**, ārum. f. plur. Somieres, ciudad del bajo Lenguadoc.

**Sommurnae**, ārum. f. plur. Varr. Sueños, visiones del sueño.

**Somniālis**. m. f. lĕ. n. is. Fulg. Propio del sueño.

**Somnians**, tis. com. Cic. El que sueña.

**Somniātor**, ōris. m. Sen. Soñador, el que sueña. ‖ El que da crédito á los sueños.

**Somnĭcŭlōse**. adv. Plaut. Soñolientamente, con pereza ó descuido.

**Somnĭcŭlōsus**, a, um. Cic. Soñoliento, lleno de sueño. ‖ Tardo, perezoso. ‖ Gel. Lo que causa sueño.

**Somnĭfer**, a, um. Ov. y

**Somnĭficus**, a, um. Plin. Soporífero, narcótico, lo que causa sueño.

**Somnio**, as, āvi, ātum, āre. a. Cic. Soñar, revolver en la fantasía algunas especies durmiendo. ‖ Discurrir ó hablar neciamente. Somniare aliquem. Ter. Soñar con alguno.

**Somnĭōsus**, a, um. Plin. Soñoliento. ‖ Soñador, que sueña mucho.

**Somnium**, ii. n. Cic. El sueño, vision, especie que se presenta en el sueño. ‖ Especie ú esperanza vana, fantástica. ‖ Virg. Sueño, el acto de dormir. Per somnium, ó in somnis. Cic. Entre sueños.

**Somnŏlentia**, ae. f. Sid. Gana de dormir, soñolencia.

**Somnŏlentus**, a, um. Apul. Soñoliento.

**Somnorīnus**, a, um. Varr. y

**Somnurnus**, a, um. Varr. Lo que se ve ó se representa en sueños.

**Somnus**, i. m. Cic. El sueño, el acto de dormir. ‖ El dios del sueño. Somnus ferreus. Virg. Frigidus. Val. Fla. Inexcitabilis. Sen. El sueño de la muerte, la muerte. Somnium pectore praestare. Virg. Roncar durmiendo. — Petere. Quint. Ir á dormir, á acostarse. — Repetere. Cic. Volverse á dormir. — Capere. Cic. Tomar el sueño, reposar, dormir. Somno se dare. Cic. Entregarse al sueño, dormirse. — Excutior. Virg. Despierto al instante. Somni benignus. Hor. El que ha dormido bien. In somniis, per somnum, per somnos. Cic. Entre sueños. Mortales dediti somno. Cic. Hombres dados á la ociosidad, á la poltronería.

**Somona**, ae. m. Rio de la Galia bélgica. ‖ El Soma, rio de Picardía.

*  **Somphos**, i. m. Plin. La esponja. ‖ Especie de calabacita silvestre vacía por dentro.

**Sŏnābĭlis**. m. f. lĕ. n. is. Ov. Sonante, sonoro, resonante.

**Sŏnans**, tis. com. Cic. y

**Sŏnax**, ācis. Ov. Sonante, sonoro, lo que suena ó hace ruido. Nihil mortale sonans. Virg. Que no se parece á la voz humana. Sonantior meatus animae. Plin. Garganta que despide una voz mui fuerte.

**Sonchus**, i. m. Plin. La yerba cerraja.

**Sŏnĭpes**, ĕdis. com. Grac. Que suena ó toca con el pie. ‖ Virg. El caballo.

**Sŏnĭtus**, us. m. Cic. El sonido, el ruido.

**Sŏnīvius**, a, um. Cic. Lo que suena al caer. V. Solistimum tripudium.

**Sŏno**, ās, nuī, nĭtum, āre. a. Cic. y

**Sŏno**, is, ĕre. a. Lucr. Sonar, hacer ruido. ‖ Resonar, retumbar. ‖ Hor. Cantar, celebrar en verso. ‖ Significar.

*Vox hominem sonat. Virg.* La voz parece humana y de hombre.

Sonor, ōris. *m. Virg.* Sonido, ruido, estrépito.

Sŏnōre. *adv. Gel.* Sonoramente, con ruido ó sonido.

Sŏnōrĭtas, ātis. *f. Varr.* Sonoridad, fuerza ó armonía del sonido.

Sŏnōrus, a, um. *Virg.* Sonoro, resonante. ‖ Armonioso. *Sonorae nugae. Hor.* Frioleras sonoras, pomposas.

Sons, sontis. *com. Cic.* Reo, delincuente, culpado. ‖ *Plaut.* Nocivo, perjudicial. *Stimuli sontes. Stac.* Remordimientos de la conciencia rea.

Sontĭātes, um. *m. plur. Ces.* Pueblos de Guiena, provincia de Francia.

Sontĭcus, a, um. *Gel.* Nocivo, perjudicial, dañoso, maligno. *Sonticus morbus. Plin.* La epilepsia ó gota coral. *Sontica causa. Tibul.* Escusa ó impedimento de alguna enfermedad, y por tanto legítimo.

Sontii, ōrum. *m. plur.* Pueblos de la diócesis de Digne en Provenza.

Sontius, ii. *m.* El Isonzo, rio de Friul en Italia.

Sŏnus, i. *m. Cic.* Sonido, ruido. ‖ Voz. ‖ Canto. ‖ Palabra. ‖ Pronunciacion, acento. *Sonus nervorum. Cic.* Sonido de las cuerdas de instrumentos músicos. *Sonis blandis adire. Cic.* Llegar, hablar con palabras blandas.

Sŏnus, us. *m. ant. Sisen.* V. Sonus, i.

Sŏphēne, es. *f. Luc.* Parte de la Siria, por donde atraviesa el monte Tauro.

Sŏphia, ae. *f. Marc.* La sabiduría.

Sŏphĭānus, a, um. *Corrip.* Lo perteneciente al templo de santa Sofía, *fundado por el emperador Justiniano en Constantinopla.*

Sŏphisma, ătis. *n. Cic.* El sofisma, argumento capcioso y falaz.

Sŏphismătĭcus, a, um. *Gel.* Lo perteneciente al sofisma, sofístico.

Sŏphista, y Sophistes, ae. *m. Cic.* Sofista, filósofo aparente. ‖ Profesor de eloeuencia.

Sŏphistĭce, es. *f. Apul.* El arte y profesion de sofista.

Sŏphistĭce. *adv. Cic.* Sofísticamente, falaz, capciosamente.

Sŏphistĭcus, a, um. *Arnob.* Sofístico, perteneciente á los sofistas. ‖ Capcioso, falaz, doloso.

Sŏphocles, is. *m. Cic.* Sófocles, ateniense, *príncipe de los poetas trágicos griegos.*

Sŏphoclēus, a, um. *Cic.* Perteneciente al poeta Sófocles.

Sŏphos. *adv. Marc.* Sábiamente, bien, grandemente.

Sŏphos, y Sophus, a, um. *Cic.* Sabio.

Sophrŏnia, ae. *f.* Sofronia, *célebre romana, que por no sufrir la violencia del emperador Decio, se atravesó con una espada, con consentimiento de su marido.*

† Sŏphrōnĭcus, a, um. Sabio, prudente.

Sŏphrŏnistae, arum. *m. plur.* Diez censores de las costumbres de la juventud en cada tribu de Atenas.

Sŏphrŏnistēres, um. *m. plur.* Las dos muelas postreras, que suelen nacer hácia los veinte años.

Sŏphrŏnistērium, ii. *n.* Casa de correccion.

† Sŏphrŏsyne, es. *f.* Templanza, modestia, castidad.

Sŏphus, i. *m. Marc.* El sabio.

Sŏpio, is, ivi, ītum, īre. *a. Liv.* Adormecer, causar sueño. ‖ *Sil.* Matar, dar muerte. ‖ *Claud.* Acallar, aquietar, sosegar. *Sopiri. Liv.* Estar ó quedar aturdido, atolondrado, desmayado.

Sŏpītus, a, um. *part. de Sopio. Cic.* Dormido, durmiente, adormecido. ‖ Aturdido, atolondrado. ‖ Apaciguado, mitigado, aquietado. ‖ *Lucr.* Muerto. *Sopitus ictu. Liv.* Aturdido de un golpe. — *Ignis. Virg.* Fuego cubierto. — *Furor armorum. Vel.* Furor de las armas sosegado.

Sŏpor, ōris. *m. Plin.* Sopor, adormecimiento. ‖ El sueño. ‖ *Nep.* Bebida soporífera. ‖ *Est.* El cochero del carro de la luna.

Sŏpŏrātus, a, um. *part. de Soporo. Plin.* Adormecido. ‖ *Virg.* Soporífero.

Sŏpŏrĭfer, a, um. *Plin.* Soporífero que causa sueño.

Sŏpŏro, as, āvi, ātum, āre. *a. Cris.* Adormecer, causar sueño.

Sŏpōrus, a, um. *Lucr.* Soporífero, que causa sueño.

Sōra, ae. *f. Liv.* Sora, *ciudad y colonia del Lacio sobre el rio Liris.*

Sōracte, y Sauracte, is. *n.* y Soractes, is. *m. Virg.* Soracte, *monte de los faliscos en Toscana junto al Tiber, en que habia un templo de Apolo.*

Sōractīnus, a, um. *Vitruv.* Lo perteneciente al monte Soracte.

Sŏrācum, i. *n. Plaut.* Canasta ó cesta en que va el equipage de los cómicos.

Sōrānus, a, um. *Liv.* Lo perteneciente á la ciudad de Sora.

Sōrānus, i. *m. Sirv.* Sorano, ó de Sora, *epíteto de Pluton, por ser allí reverenciado con especialidad.*

Sorbeo, es, bui, ēre, y psi, tum. *a. Plaut.* Sorber. ‖ Beber. ‖ *Ov.* Absorver, abismar, sepultar. *Absorbere odia alicujus. Cic.* Sufrir, tolerar las injurias de alguno. *Sorbet ora sitis. Estac.* La sed consume el rostro. — *Dormiens. Plaut.* Ronca.

Sorbĭlis *m. f.* lĕ. *n.* is. *Col.* Lo que es para sorber.

Sorbillans, tis. *Ter.* El que sorbe poco á poco, que bebe á sorbitos.

Sorbillo, as, āre. *a. Ter.* Sorber poco á poco, beber á pequeños sorbos.

Sorbillum, i. *n. Plaut.* Sorbito, pequeño sorbo. ‖ Comida escasa y miserable.

Sorbĭtĭo, ōnis. *f. Varr.* Sorbicion, el acto de sorber. ‖ Bebida medicinal.

Sorbĭtium, ii. *n. Seren.* V. Sorbitio.

Sorbĭtiuncŭla, ae. *f. Marc. Emp.* Bebida corta.

Sorbui. *pret. de Sorbeo.*

Sorbum, i. *n. Plin.* La serba, *pera, fruta del serbal.*

Sorbus, i. *f. Col.* El serbal, sorbo ó serbo, *árbol, especie de peral.*

Sordeo, ēs, dui, dēre. *n. Marc.* Ser ó estar sórdido, sucio, puerco, asqueroso. ‖ *Virg.* Ser despreciado, tenido en poco. *Sordere quemquam suis. Liv.* Ser mirado uno con desprecio de los suyos.

Sordes, is. *f. Cic.* Suciedad, inmundicia, porquería. ‖ Sordidez, avaricia, mezquindad, miseria. ‖ Deshonor, infamia, deshonra. ‖ La hez del pueblo, la canalla, gente vil y baja. *Apud sordem urbis. Cic.* Entre la hez del pueblo. *Sordes reorum. Suet.* La hediondez y laceria de los presos. *In sordibus jacere.* Vivir con afliccion de espíritu, en miseria y pobreza.

Sordesco, is, cĕre. *n. Hor.* Ponerse, sucio, puerco.

Sordice, es. *f.* El estanque de Lucate *al pie de los Pirineos.*

Sordĭcŭla, ae. *f. Marc. Emp.* Pequeña suciedad.

Sordĭdātus, a, um. *Cic.* Sucio, astroso, asqueroso, vestido con ropas sucias. *Sordidati. Cic.* Los reos y constituidos en grave calamidad, *que se presentaban vestidos puercas y pobremente, desgreñado el cabello, y crecida la barba, para mover á compasion.*

Sordĭde. *adv. Cic.* Con avaricia, con mezquindad y miseria. ‖ Sucia, puercamente. *Sordide loqui. Plaut. Concionari. Cic.* Hablar en particular ó en público bajamente, contra el decoro.

Sordĭdo, ās, āre. *a. Lact.* Emporcar, ensuciar.

Sordĭdŭlus, a, um. *Juv.* Puerquezuelo. ‖ *Plaut.* Vil y bajo. *dim. de*

Sordĭdus, a, um, ior, issĭmus. *Cic.* Sórdido, puerco, sucio. ‖ Avaro, mezquino, miserable. ‖ Vil, bajo, despreciable. ‖ Torpe, infame. ‖ Inculto, pobre, miserable. *Sordidus panis. Plaut.* Pan negro. *Sordida vestis. Virg.* Vestido sucio y viejo. — *Tecta. Cic.* Cabañas, chozas. — *Verba. Quint.* Palabras sucias, del pueblo bajo. — *Vox. Sen.* Voz ronca, rústica, áspera. *Sordido loco natus. Virg.* Hombre de bajo nacimiento.

Sordĭtūdo, ĭnis. *f. Plaut.* Suciedad, porquería.

Sordui. *pret. de Sordeo.*

Sordulentus, a, um. *Tert.* V. Sorditatus.

Sōrex, ĭcis. *m. Col.* El raton silvestre, el topo. *Sorex suo judicio perit. Ter. proverb.* Él mismo da muestras de lo que es, y acarrea su perdicion.

Sōrĭcētum, i. *n. Plin.* Agujero ó madriguera de los ratones.

Sōrĭcīnus, a, um. *Plaut.* Lo perteneciente al raton. *So-*

*vicinae neniae. Plaut.* Chillidos de ratones.

**Sorĭcŭlatus**, a, um. *Plin.* Lo que es de varios colores.

† **Sorillum**, i. n. Especie de batel de que usaban los pueblos de Istria.

\* **Sorītes**, ae, y tis. m. *Cic.* Sorites ó argumento acerval, capcioso, en que de muchas proposiciones enlazadas como por grados se infiere alguna cosa.

**Sorix**, ó **Saurix**, ĭcis. m. *Plin.* Ave atribuida á Saturno por los agoreros, *anunciadora de las tempestades.*

**Sŏror**, ōris. f. *Cic.* La hermana. ∥ *Plaut.* Lo igual y parecido á otro. *Soror Phoebi. Ov.* La luna. — *Jovis. Virg.* Juno. *Sorores. Ov.* Las parcas, las musas, las gracias, las danaides.

**Sŏrŏrians**, tis. com. *Plaut.* Lo que crece igualmente con otro, *como dos hermanas gemelas.*

**Sŏrorcŭla**, ae. f. *Plaut.* Hermanita.

**Sŏrŏrĭcida**, ae. m. f. *Cic.* El ó la que mata á su hermana, sororicida.

**Sŏrōrio**, as, ăvi, ātum, āre. n. *Plaut.* Crecer por igual, juntamente.

**Sŏrōrius**, a, um. *Cic.* De la hermana, lo que le pertenece. *Sororium tigillum. Liv.* Un lugar de Roma consagrado á Juno, *en que puesta una horca con tres palos, y pasando por debajo Horacio, el que mató á su hermana despues de la batalla de los Horacios y Curacios, quedó libre de su culpa. Sororius. Grut.* Cuñado *en las inscripciones de baja latinidad.*

**Sorptus**, a, um. part. de Sorbeo. Sorbido.

**Sors**, tis. f. *Cic.* Suerte, acaso, acaecimiento, accidente, suceso fortuito. ∥ Los instrumentos con que se echan ó sacan suertes. ∥ El hado y fatal necesidad. ∥ Oráculo, sueño, sortilegio. ∥ Estado, clase, condicion particular. ∥ Peculio, capital puesto á ganancias. ∥ *Ov.* La prole, descendencia ó raza. *Sortem trahere. Suet.* — *Legere. Virg.* — *Ducere. Cic.* Sacar la suerte ó por suerte. *Sors contigit me. Vel. Pat.* Me ha caido la suerte. — *Ego prima fui Saturni. Ov.* Yo soy la hija primera ó mayor de Saturno. *De sorte nunc venio in dubium. Ter.* Empiezo á temblar de mi capital. *Sortes fatigare. Liv.* Importunar á los oráculos, á los dioses para alcanzar respuesta.

**Sorsum**. *Plaut.* en lugar de Seorsum. Separadamente.

**Sorte**. adv. *Virg.* Casualmente. ∥ Por suerte, echando suertes. ∥ Por decreto del destino.

**Sortĭcŭla**, ae. f. *Suet.* Suertecilla, pequeña suerte.

**Sortifer**, a, um. ó

**Sortiger**, a, um. *Luc.* Que da ó pronuncia oráculos.

**Sortilĕgium**, ii. n. *Plin.* Sortilegio, adivinacion por suertes.

**Sortilĕgus**, i. m. *Cic.* Sortilego, adivinador ó pronosticador por suertes supersticiosas.

**Sortilĕgus**, a, um. *Hor.* Propio de ó perteneciente á sortilegios.

**Sortio**, is, īre. a. *Plaut.* y

**Sortior**, tiris, ītus sum, īri. dep. *Cic.* Sortear, echar suertes. ∥ Lograr, obtener por suerte. ∥ *Virg.* Dividir, repartir. *Sortiri uter templum dedicet. Liv.* Sortear cual de los dos dedica el templo. — *Ad poenam. Cic.* Echar suertes sobre quién ha de ser el castigado. — *Amicum. Hor.* Tocarle á uno un amigo por casualidad. — *Provincias. Cic.* Sortear las provincias ó gobiernos, lograrlos por suerte.

**Sortĭtio**, ōnis. f. *Cic.* El sorteo, la accion de echar suertes.

**Sortīto**. adv. *Cic.* Por suerte. ∥ *Plaut.* Inevitablemente, por precision del hado ó destino. ∥ Casualmente.

**Sortītor**, ōris. m. *Sen.* Sorteador, el que echa ó saca las suertes.

**Sortītus**, us. m. *Cic. V.* Sortitio.

**Sortītus**, a, um. part. de Sortior. *Virg.* El que ha sorteado ó echado suertes. ∥ *Cic.* Sorteado, sacado por suerte. *Sortitus fortunam oculis. Virg.* El que por dicha ha visto la ocasion favorable.

\* **Sory**, yos. n. *Plin.* El sori, *cuerpo metálico, semejante á la melanteria, aunque mas sólido.*

**Sos**. ant. *En.* en lugar de Eos, y de Suos.

**Sosia**, ae. m. *Ter.* Nombre de un siervo *en las come-*
*dias de Terencio y Plauto.*

**Sosiānus**, a, um. *Plin.* Perteneciente á Sosio, *nombre propio romano.*

**Sosii**, ōrum. m. plur. *Hor.* Los Sosios, *libreros romanos, copiantes, encuadernadores y comerciantes.*

**Sospes**, Itis. com. *Plaut.* Sano, salvo, libre, incólume, *Se dice de las personas y de las cosas.* ∥ *Hor.* Próspero, feliz. ∥ *Fest.* Salvador.

**Sospĭta**, ae. f. *Cic.* La que salva ó conserva de daño ó peligro, *epíteto de la diosa Juno.*

**Sospitālis**, m. f. lĕ. n. is. *Plaut.* El que salva, saca ó preserva de daño ó peligro.

**Sospitālĭtas**, ātis. f. *Macrob.* y

**Sospĭtas**, ātis. f. *Macrob.* Incolumidad, prosperidad, buena salud.

**Sospitātor**, ōris. m. *Apul.* Salvador, el que salva, libra ó preserva de daño.

**Sospitātrix**, īcis. f. *Apul.* La que salva, libra, preserva de daño.

**Sospĭto**, as, āvi, ātum, āre. a. *Liv.* Salvar, sacar, preservar de daño ó peligro, conservar sano y salvo.

**Sotadēus**, a, um. *Quint.* Lo perteneciente á Sotades, *poeta cretense lascivo.* ∥ Lo perteneciente á los versos sotádicos ó sotadeos.

**Sotadĭcus**, a, um. *Plin. V.* Sotadeus.

**Soter**, ēris. m. *Cic.* Salvador, conservador, que libra y preserva de daño.

**Sotēria**, ōrum. n. plur. *Mart.* Regalos que se enviaban á los amigos salvos de algun riesgo ó convalecientes. ∥ Votos, sacrificios por la salud de un amigo, *y tambien poemas ú oraciones á su restablecimiento.*

**Sotericus**, i. m. *Sen.* Maderero, carpintero tosco.

**Sotia**, ae. f. Aire, *ciudad de Guinea.*

**Sotītes**, um. m. plur. *Caes.* Pueblos ó habitantes de la diócesis de Aire.

**Sozusa**, ae. f. *Apul.* La yerba artemisa ó serpol mayor.

## SP.

**Spadĭcārius**, ii. m. *Jul. Firm.* El que da ó pinta de color de castaña.

**Spadĭcēus**, a, um. ó

**Spadĭcīnus**, a, um. *De color castaño.*

**Spadīcum**, i. n. *Amidn. V.* Spadix.

**Spadĭcus**, a, um. Castaño, bayo.

**Spadix**, īcis. m. *Gel.* Ramo de palma con su fruto. ∥ *Quint.* Instrumento músico. ∥ *Virg.* Color bayo ó castaño.

**Spădo**, ōnis. m. *Juv.* El eunuco, capon, castrado. ∥ *Dig.* El que por alguna enfermedad no puede tener sucesion sin ser castrado. *Spadones surculi. Col.* Ramas que no llevan fruto, estériles.

**Spădōnātus**, us. m. *Tert.* La castracion ó condicion del eunuco.

**Spădōnius**, a, um. *Plin.* Lo que pertenece al eunuco. ∥ Estéril, que no da fruto.

**Spagas**, ădis. f. *Plin.* La resina de la tea.

† **Spagiria**, ae. f. Arte de separar lo puro de lo impuro, *parte de la medicina.*

† **Spagirĭcus**, a, um. Lo que pertenece á la separacion de lo puro é impuro.

† **Spagirista**, ae. m. y

† **Spagirus**, i. m. El que ejerce la parte de la medicina que trata de la separacion de lo puro é impuro.

**Sparganium**, ii. n. *Plin. V.* Fasciola.

**Spargendus**, a, um. *Sen.* Lo que se ha de esparcir.

**Spargens**, tis. com. *Sil. Ital.* El que esparce.

**Spargo**, gĭnis. f. *Ven. Fort.* Esparcimiento, derramamiento.

**Spargo**, is, si, sum, gĕre. a. *Cic.* Esparcir, derramar, sembrar, echar por varias partes. ∥ Dividir, disipar, dispersar. ∥ Rociar, humedecer, bañar. ∥ *Estac.* Estender, divulgar, hacer correr la voz. *Spargere humum floribus. Virg.* Sembrar la tierra de flores. — *In fluctus. Virg.* Arrojar en el mar. — *Nebulam. Hor.* Esparcir una niebla, oscurecer. — *Se in aristas. Plin.* Echar espigas. — *In multas* *species. Plin.* Dividir en muchas especies. *Spargitur fama. Estac.* Corre la voz.

**Sparnacum,** i. *n. Eparnais, ciudad de Champaña.*

**Sparnonum,** i. n. *Epernon, ciudad de la Beause.*

**Sparsilis.** m. f. lĕ. n. is. *Tert.* Lo que se puede esparcir.

**Sparsim.** *adv. Apul.* Esparcidamente.

**Sparsio,** ōnis. f. *Sen.* Esparcimiento, derramamiento, la accion de esparcir y derramar por diversas partes.

**Sparsivus,** a, um. *Petron.* Lo que se esparce ó siembra.

**Sparsurus,** a, um. *Ov.* Que ha ó tiene de esparcir.

**Sparsus,** a, um. *Plin.* part. de Spargo. Esparcido, derramado, sembrado por varias partes. ‖ Rociado, humedecido, bañado. *Sparsus albo. Virg.* Manchado de blanco. *Sparsum senatus corpus. Luc.* Cuerpo de senadores dispersado. *Sparso ore mulier. Ter.* Muger de boca rasgada, grande. *Sparsi capilli. Prop.* Cabello esparcido, flotante. *Sparsae humanitatis sale litterae. Cic.* Cartas llenas de civilidad.

**Sparta,** ae. y **Sparte,** es. f. *Plin.* Esparta, *ciudad de Lacedemonia y cabeza de su república, hoy pequeño pueblo, llamado Misitra ó Misistra. Spartam sortitus es, hanc orna. Praesentem fortunam boni consule, Catone hoc contentissimus. Cic. prov.* Que cada uno procure desempeñar con el mayor esmero el cargo que le ha cabido en su suerte. Conténtate con tu suerte.

**Spartani,** ōrum. m. plur. *Claud.* Los espartanos ó lacedemonios.

**Spartanus,** a, um. *Cic.* Espartano, lacedemonio, de Esparta ó Lacedemonia.

**Spartarium,** ii. n. *Plin.* El espartizal, lugar donde se cria mucho esparto.

**Spartarius,** a, um. *Plin.* Lo que es de ó pertenece al esparto.

**Spartes,** ae. f. *Col.* La esparteña ó alpargate de esparto.

**Spartŏli,** ōrum. m. plur. *Juv.* Patrullas de noche, establecidas por Augusto para rondar y evitar los incendios en Roma, llamadas asi ó porque usaban de alpargatas ó esparteñas, ó porque llevaban prevencion de sogas de esparto.

**Sparteus,** a, um. *Col.* Lo que es hecho de esparto.

**Sparti,** ōrum. m. plur. *Amian.* Hombres armados, *nacidos repentinamente de la tierra sembrada de los dientes de la culebra que mató Cadmo, y que se mataron unos á otros, á escepcion de algunos que le ayudaron á fundar á Tebas.*

**Spartiācus,** a, um. *Apul.* y

**Spartiānus,** a, um. *Plin.* y

**Spartiātes,** ae. m. *Cic.* y

**Spartiaticus,** a, um. *Plaut.* y

**Sparticus,** a, um. *Virg.* Espartano, lacedemonio.

**Spartopolios,** ii. m. *Plin.* Piedra preciosa, *asi llamada del color del esparto.*

**Spartum,** i. n. *Plin.* El esparto, yerba de que se forman sogas, esteras y otras obras.

**Spărŭlus,** i. m. *Ov.* Saeta, flecha pequeña. *dim. de* **Spărum,** i. n.

**Sparus,** i. m. *Cic.* Saeta, flecha, dardo corto. ‖ *Plin.* Pez marino.

**Spasma,** atis. n. *Plin.* Pasmo, espasmo, contraccion de nervios, convulsion.

**Spasmicus,** a, um. *Plin.* Lo que pertenece á la convulsion y encogimiento de nervios.

**Spasmōsus,** a, um. *Veg.* Pasmado, el que padece ó está sujeto á convulsiones de nervios.

**Spasmus,** i. m. *Plin.* Pasmo, espasmo, contraccion, encogimiento de nervios.

**Spasticus,** a, um. *Plin.* El que padece pasmo ó contraccion de nervios.

**Spatăle,** es. f. *Claud.* Nombre de una ninfa.

**Spatalium,** ii. n. *Plin.* Brazalete ó manilla de mugeres.

**Spatalocinaedus,** i. m. *Petron.* Hombre lascivo, deshonesto, afeminado.

**Spătha,** ae. f. *Plin.* Espátula, instrumento de cirujanos y boticarios con que mezclan y estienden los ungüentos. ‖ *Senec.* Instrumento con que los tegedores aprietan los hilos en vez de peine. ‖ *Plin.* El ramo de la palma de que cuelgan los dátiles. ‖ *Veg.* La espada. ‖ *Plin.* La palma.

**Spathalium,** ii. *V.* Spatalium.

**Spathŭla,** ae. f. *Cels.* La espátula. *V.* Spatha.

**Spatiāneus,** com. *Plin.* Que se pasea de una parte á otra. ‖ Lo que se estiende ó espacia.

**Spatiātor,** ōris. m. *Macrob.* Corredor, vagabundo.

**Spatiātus,** a, um. *Enn.* Espaciado. part. de Spatior. Que se ha espaciado ó paseado.

**Spatiŏlum,** i. n. *Arnob.* Pequeño espacio.

**Spatior,** āris, ātus sum. āri. dep. *Cic.* Espaciarse, pasearse. ‖ Estenderse, dilatarse.

**Spatiōse,** ius, issime. adv. *Prop.* Espaciosa, larga, ampliamente.

**Spatiōsĭtas,** ātis. f. *Sid.* Espaciosidad, anchura, capacidad.

**Spatiōsus,** a, um, ior, issimus. *Vitruv.* Espacioso, ancho, capaz, dilatado, vasto. ‖ Largo, de larga duracion. ‖ *Ov.* Grueso, abultado.

**Spatium,** ii. n. *Cic.* Espacio, intervalo, distancia de lugar ó tiempo. ‖ El paseo, la accion de pasearse, y el sitio donde se pasea. ‖ Tiempo, lugar, ocio. ‖ Capacidad, anchura, estension. ‖ Grosura. *Spatium vitae. Cic.* La duracion de la vida. — *Academiae. Cic.* La escuela de los académicos. *Spatia fabularum. Vitruv.* Los entreactos ó intermedios de los dramas. *Duobus spatiis confectis. Cic.* Despues de haber dado dos paseos. *Spatium deliberandi. Cic.* Tiempo para deliberar. — *Hominum. Plin.* Estatura, altura, talla de los hombres. *Spatii meta novissima. Sen.* El último término de la vida, la muerte.

**Spatŭla,** ae. f. *Bibl.* Ramo de palma.

**Spatŭlae,** arum. f. plur. *Col.* Las espaldillas ú omoplatos.

**Spĕcellātus,** a, um. *Vopis.* Claro, reluciente como un espejo.

**Specialis.** m. f. lĕ. n. is. *Quint.* Especial, particular, peculiar, singular.

**Specialitas,** ātis. f. *Tert.* Especialidad, singularidad, particularidad.

**Specialiter.** adv. *Cels.* Especial, particular, peculiarmente.

**Speciarius,** a, um. *Ces. V.* Specialis.

**Speciatim.** adv. *Cic.* Especialmente.

**Speciatus,** a, um. *Tert.* Especificado, dividido en varias especies.

**Species,** ēi. f. *Cic.* Especie sujeta al género. ‖ Forma, figura. ‖ Imágen, representacion. ‖ Traza, aire, fisonomía. ‖ Belleza, hermosura. ‖ Pretesto, apariencia, socolor. ‖ Fantasma, sombra, espectro, vision nocturna. ‖ *Col.* Calidad, cualidad. ‖ *Virg.* Vista, aspecto. *Species vitae. Cic.* La conducta esterior. *Speciem hanc non tulit. Virg.* No pudo sufrir tal vista. — *Praebere. Ces.* Dar muestras, aparentar. — *Praeter stultus es. Plaut.* Eres mas tonto que lo que pareces. *Ad, ó in speciem. Cic.* Para apariencia, á la vista, al parecer. *Praeter speciem. Plaut.* Contra la apariencia. *Per speciem, specie, ó sub specie. Plin.* Con ó bajo de título ó pretesto. *Prima specie. Cic.* Á primera vista. *Species. Macrob.* Especias, especerías.

**Specietas,** ātis. f. *V.* Specialitas.

**Spĕcillātus,** a, um. *Tert.* Brillante, claro como un espejo.

**Spĕcillum,** i. n. *Cic.* La tienta del cirujano. ‖ *Varr.* Los anteojos. ‖ *Plin.* Instrumento para destilar algun licor en los ojos. ‖ Para limpiar los oidos.

**Specimen,** inis. n. *Cic.* Especimen, prueba, muestra, indicio, testimonio. ‖ Ejemplo, modelo. ‖ *Virg.* Imágen, especie, insignia. *Specimen sui dare. Cic.* Dar uno muestras de lo que es.

**Spĕcio,** is, pexi, ĕre. a. ant. *Varr.* Ver.

**Speciōse,** ius, issime. adv. *Cic.* Pomposa, magníficamente.

**Speciōsĭtas,** ātis. f. *Tert.* Hermosura, belleza.

**Speciōsus,** a, um, ior, issimus. *Quint.* Vistoso, bello, hermoso. ‖ Magnífico, ilustre. ‖ Especioso, aparente. *Corpora speciosa. Quint.* Cuerpos ó personas de mucho garbo y gracia. — *Locis fabula. Hor.* Drama divertido por sus situaciones. *Speciosus cultu. Petron.* Bien vestido.

Spěcĭto, as, āre. *a. Plaut. frec. de* Specio. Ver frecuentemente.

Spěcium, ii. *n. Pac. V.* Specillum.

Speclarius, ii. *m. Cic. V.* Specularius.

Spectābĭlis. *m. f. lĕ. n. is. Cic.* Visible, lo que se puede ver. ‖ Espectable, admirable, digno de ser visto. *Spectabilis victoria. Tac.* Victoria insigne, famosa.

Spectābĭlĭtas, ātis. *f. Dig.* Apelacion propia de ciertas dignidades, á las cuales se añadia el epíteto Spectabilis en tiempo de los emperadores, como á los prefectos, jueces, procónsules.

Spectābundus, a, um. *Plaut.* El que mira con cuidado ó por todas partes.

Spectācŭlum, i. *n. Cic.* Espectáculo, festejo público. *Calp.* El teatro ó sitio público donde se celebran los espectáculos. ‖ *Plaut.* Los instrumentos y máquinas del teatro. ‖ El parage, asiento, palco ó puesto desde donde ven los espectadores. ‖ Todo cuanto se ofrece á la vista.

Spectāmen, ĭnis. *n. Plaut.* Especimen, prueba, muestra, esperiencia. ‖ *Apul.* Vista, espectáculo. *Spectamen bono servo id est. Plaut.* Esto es prueba de un esclavo honrado.

Spectāmentum, i. *n. Front.* Espectáculo, lo que se ofrece á la vista.

Spectandus, a, um. *Plin.* Espectable, digno de verse, que merece ser visto.

Spectans, tis. *com. Cic.* El que ve ó mira.

Spectātē, ius, issĭmē. *adv. Plin.* Vistosamente, con brillantez y esplendor.

Spectātio, ōnis. *f. Cic.* La vista ó mirada, la accion de ver ó mirar. *Spectatio pecuniae. Cic.* Examen, prueba del metal de la moneda. *Bellum nomine amplius, quam spectatione gentis. Hor.* Guerra mayor en el nombre, que segun la espectacion de las gentes. *Spectatio pompae circensis. Cic.* La vista de los juegos circenses.

Spectātīvus, a, um. *Quint.* Espectativo, contemplativo.

Spectātor, ōris. *m. Cic.* Espectador, el que mira con atencion. ‖ Espectador, el que asiste á los espectáculos. ‖ Juez, examinador. *Spectator coeli, siderumque. Liv.* Observador del cielo y de los astros, astrónomo. *Obstupuit proprii spectator ponderis Atlas. Claud.* Pasmóse Atlante al ver su propio peso.

Spectātrix, īcis. *f. Sen.* Espectadora, la que ve ó mira. *Turba spectatrix scelerum. Luc.* Gente acostumbrada á ver delitos.

Spectātus, a, um. *part. de* Specto. *Hor.* Visto, mirado. ‖ Esperimentado, probado, conocido. ‖ Espectable, considerable, escelente, ilustre. *Spectatissimus sui ordinis. Cic.* El mas respetable de su clase.

Spectĭle, is. *n. Plaut.* Carne del puerco de la barriga.

Spectio, ōnis. *f. Varr.* Inspeccion de los agüeros en la ciencia augural.

Specto, as, āvi, ātum, āre. *a. Cic.* Mirar, ver, ser espectador. ‖ Contemplar, considerar, examinar. ‖ Juzgar, hacer juicio. ‖ Caer, estar situado, puesto ó vuelto hácia. ‖ Tener consideracion, miramiento. ‖ Mirar con estimacion, hacer caso ó cuenta. ‖ Tener por fin, por mira, por designio. *Spectatum veniunt, spectentur ut ipsae. Ov.* Vienen á ver y para ser vistas. *Spectat ad septentrionem. Ces.* Mira, cae al septentrion. *Nihil nisi fugam spectat. Nep.* No piensa sino en la fuga. *Longe alio, Nep.* Tiene muy distinta mira. *Quorsum haec oratio? Cic.* ¿A qué se dirige este discurso? *Finem vitae specta. Catastrophen fabulae adag.* Al fin se canta la gloria. *ref.*

Spectrum, i. *n. Cic.* Espectro, imágen, fantasma que se ofrece á los ojos ó á la fantasía.

Spectus, us. *m. Apul.* La vista ó mirada.

Spēcŭla, ae. *f. Cic.* Esperancilla, alguna, débil ó poca esperanza.

Spěcŭla, ae. *f. Cic.* Atalaya, lugar alto, para descubrir á lo lejos. ‖ *Virg.* Roca, cima, altura. *Esse in speculis. Cic.* Vigilar, estar con grande atencion.

Spěcŭlābĭlis. *m. f. lĕ. n. is. Estac.* Lo que se puede ver ó descubrir á lo lejos.

Spěcŭlābundus, a, um. *Suet.* El que atalaya ó mira desde un sitio elevado para descubrir.

Spěcŭlāmen, ĭnis. *n. Prud.* Especulacion, inspeccion, consideracion.

Spěcŭlāria, ium, y ōrum. *n. plur. Sen.* Las vidrieras.

Spěcŭlāris. *m. f. rĕ. n. is. Sen.* Trasparente, cristalino, diáfano. *Specularis lapis. Plin.* Piedra especular, trasparente, *que cortada en delgadas láminas servia de vidriera.*

Spěcŭlārius, ii. *m. Ulp.* El vidriero.

Spěcŭlātio, ōnis. *f. Amian.* La accion de espiar, de atalayar y acechar, acecho.

Spěcŭlātor, ōris. *m. Cic.* Especulador, contemplador, observador. ‖ Espía, espion, esplorador. ‖ *Tac.* Guardias, guardias de corps, soldados escogidos que guardaban al príncipe, y á veces le servian de verdugos.

Spěcŭlātōrium, ii. *n. Apul.* Atalaya. *V.* Specula.

Spěcŭlātōrius, a, um. *Ces.* Lo que sirve para espiar ó descubrir de lejos, lo que pertenece á las espías. *Speculatoria navis. Liv. Speculatorium navigium. Ces.* Nave ligera para correr y descubrir el mar.

Spěcŭlātrix, īcis. *f. Cic.* La que especula, considera ó contempla.

Spěcŭlātus, us. *m. Plin.* La accion de espiar, de atalayar. ‖ El oficio del espion.

Spěcŭlātus, a, um. *Suet.* El que ha especulado ú observado. *part. de*

Spěcŭlor, āris, ātus sum, āri. *dep. Cic.* Atalayar, mirar desde atalaya, observar. ‖ Contemplar, considerar, examinar. ‖ Estar sobre aviso, en vela, con precaucion.

Spěcŭlum, i. *n. Cic.* El espejo. ‖ *Plaut.* La imágen.

Spěcus, us. *m. Suet.* y

Spelaeum, i. *n. Virg.* y

Spělunca, ae. *f. Cic.* Espelunca, caverna, gruta, cueva tenebrosa. ‖ *Vitruv.* Conducto subterráneo, mina.

Spěluncōsus, a, um. *Cel. Aur.* Cavernoso, tenebroso, á modo de cueva.

Spěrābĭlis. *m. f. lĕ. n. is. Plaut.* Esperable, lo que debe ó puede esperarse.

Spěrans, tis. *com. Virg.* El que espera ó aguarda.

Spěrāta, ae. *f. Plaut.* La prometida esposa. ‖ *Plaut.* La muger casada.

Spěrātus, i. *m. Afran.* El prometido esposo.

Spěrātus, a, um. *part. de* Spero. *Cic.* Esperado, aguardado, deseado.

Sperchen, ae. *f.* y

Sperchia, ae. *f.* Promontorio de Macedonia. ‖ *Virg.* Phtelia, ciudad de Tesalia.

Spercheis, ĭdis. *patron. f. Ov.* y

Sperchiānes, ae. *f. Ov.* Habitadora de las riberas del Esperquio ó cosa que pertenece á este rio.

Sperchius, y Spercheos, i. *m. Plin.* El rio Esperquio de Tesalia, hoy Agrimelo.

Sperchiōnīdes, ae. *patron. m. Ov.* Habitador de las riberas del Esperquio.

Speres. *ant. plur. Non.* en lugar de Spes, ei.

Sperma, ae. *m. Sulp. Sev.* El esperma ó semen.

Spermātĭcus, a, um. *Cel. Aur.* Espermático, lo que pertenece al esperma.

Spernax, ācis. *com. Sil. Ital.* Despreciador, menospreciador.

Spernendus, a, um. *Liv.* Despreciable, digno de menosprecio.

Sperno, is, sprēvi, sprētum, ĕre. *a. Cic.* Despreciar, menospreciar, desechar, desdeñar, tener en poco, mirar con desprecio. ‖ *Plaut.* Segregar, apartar.

Spēro, as, āvi, ātum, āre. *a. Cic.* Esperar, fiar, confiar, aguardar, tener esperanza. ‖ Temer, esperar el mal que puede acaecer. ‖ Creer, pensar. *Sperare dolorem. Virg.* Esperar con temor una pena, un sentimiento. *Ut spero. Cic.* Segun creo.

Spes, ĕi. *f. Cic.* Esperanza, confianza, espectacion. ‖ *Liv.* Diosa de la esperanza. ‖ *Estac.* El temor. *Spes me tenet. Cic.* Tengo esperanza. *Spem facere alicui. Cic.* Dar esperanzas á alguno. *In spe esse. Cic.* Esperar. *In bona spe est. Cels.* Se espera bien de él *In secundam spem haeres. Tac.* Heredero á falta del primero.

Spětĭle, is. *n. Fest. V.* Spectile.

Speustĭcus, a, um. *Plin.* Lo que es hecho de prisa.
Spexēris, y Spexit. ant. *Plaut. en lugar de* Aspexeris, y Aspexit. *pret. de* Aspicio.
*Sphacos, i. m. *Plin.* La yerba salvia.
Sphaera, ae. f. *Cic.* La esfera ó globo sólido, comprendido en una sola superficie con un punto dintro, desde el cual todas las líneas rectas que terminan en la superficie son iguales. || *Varr.* Descripcion del movimiento de los astros. || *Cel. Aur.* La pelota.
Sphaerălis, m. f. lĕ. n. is. *Macrob.* y
Sphaerĭcus, a, um. *Macrob.* Esférico, redondo.
*Sphaerion, ii. n. *Cels.* Nombre de un colirio.
Sphaerista, ae. m. *Sidon.* El jugador de pelota.
Sphaeristērium, ii. n. *Plin.* El juego de pelota, el sitio destinado para él.
Sphaerīta, ae. f. *Cat.* Torta en cuyo suelo ponian muchas pelotas de la misma masa.
Sphaeroides, is. com. *Vitruv.* Esférico, de figura redonda.
Sphaerŏmăchia, ae. f. *Estac.* El juego de la pelota. || Juego en que se ejercitaban los luchadores con unas pelotas de plomo metidas en unas mangas de cuero de buey.
Sphaerŭla, ae. f. *Bibl.* Bola pequeña, bolita, globito.
†Sphage, es. f. El hueco del estómago, ó el que está debajo de la nuez de la garganta.
†Sphagitĭdes, dum. f. plur. Venas yugulares, de la garganta.
†Spheniscus, i. m. Escaleno, *figura cuyos lados son desiguales.*
†Sphenois, ĭdis. m. El hueso esfenoide, *situado entre la cabeza y el hueso de la megilla.*
†Sphincter, ĕris. n. Músculo que sirve para cerrar un orificio.
Sphingium, ii. n. *Plin.* y
Sphinx, ngis. f. *Sen.* Esfinge, *monstruo de Tebas, cuya cabeza y manos eran de doncella, el cuerpo de perro, alas de ave, uñas humana, uñas de leon y cola de dragon.* || *Plin.* Especie de mona con cabellos largos, dos tetas grandes, y larga cola negra, su rostro redondo y de muger. Dice que se domestica, y es capaz de disciplina.
Sphondўlus, i. m. *Col.* Especie de marisco. || La carne de la ostra. || Espondil, huesecillo.
Sphrăgis, ĭdis. f. *Plin.* El sello impreso en el anillo ú otra cosa. || Un género de bermellon de la isla de Lemnos. || Piedra preciosa verde, pero no trasparente. || *Cels.* Ungüento ó cerato para cerrar las heridas.
Sphrăgitis, ĭdis. f. *Prud.* La señal ó impresion del sello.
Spīca, ae. f. *Cic.* La espiga, el agregado de granos de trigo, cebada ú otra semilla, que nacen en lo alto de la caña. || Espiga de Virgo, estrella en el signo de Virgo. *Spica mutica ó mutilica.* *Varr.* Espiga mocha, sin raspas. —*Testacea.* *Vitruv.* Ladrillo mas largo que ancho, puntiagudo. —*Cilissa.* *Ov.* El azafran. —*Allii.* *Cat.* Diente ó espigon de ajo. —*Nardi.* *Veg.* La espicanardi, *planta, especie de nardo.*
Spicātus, a, um. *Plin.* Espigado, lo que echa espigas. *Spicata testacea.* *Vitruv.* Pavimentos de ladrillos ó azulejos, dispuestos en forma de espina de pez. *Spicati nardi unguentum.* *Bibl.* Perfume de espicanardi, de nardo de Siria.
Spīceus, a, um. *Virg.* De espigas ó propio de ellas.
Spicĭfer, a, um. *Sen.* Que lleva ó produce espigas.
Spicĭlĕgium, ii. n. *Varr.* El acto de espigar, de coger las espigas que dejan los segadores.
†Spicĭlĕgus, a, um. Espigador, ra. El ó la que coge las espigas que dejan los segadores.
Spicio, is, spexi, ĕre. ant. *Plaut. en lugar de* Aspicio.
Spico, as, avi, atum, are. a. *Plin.* Espigar, echar la caña espiga.
Spicŭlator, ōris. m. *Suet.* Alabardero, soldado de guardia del príncipe.
Spicŭlatus, a, um. *Sol.* Aguzado, puntiagudo.
Spicŭlo, as, avi, atum, are. a. *Plin.* Apuntar, aguzar, sacar la punta.
Spicŭlum, i. n. *Cic.* Dardo, flecha, saeta. || La punta, el hierro de estas armas. || Espigon, aguijon. || *Prop.* La flecha de Cupido. || *Ov.* Espina, pena, dolor, trabajo.

Spīcum, i. n. *Varr.* y
Spīcus, i. m. *Marc. Cap.* V. Spica.
Spīna, ae. f. *Hor.* La espina ó pua del espino, zarza &c. || El espinazo. || La esquena ó espina de los pescados. || Pua del erizo y espin. || Dificultad, lugar difícil, espinoso. || Diccion concisa. *Spina dorsi.* *Cels.* El espinazo. — *Argentea.* *Petron.* Mondadientes de plata.
†Spinăchium, ii. n. y
Spinăcia, ae. f. La espinaca, *especie de acelga.*
Spinālis, m. f. lĕ. n. is. *Macrob.* Espinal, lo que pertenece al espinazo.
Spinālium, ii. n. Espinal, *ciudad de Lorena.*
Spinĕŏla, ae. f. *Plin.* Especie de rosa de poco aprecio, de muchas y muy menudas hojas.
Spinesco, is, ĕre. n. *Marc. Cap.* Hacerse espinoso, llenarse de espinas.
Spinēticum, i. n. *Porto Primaro*, embocadura del Po.
Spinētum, i. n. *Virg.* El espinal ó espinar, sitio en que hay muchos espinos ó zarzas.
Spinĕus, a, um. *Ov.* Espíneo, hecho de espinas.
Spiniensis, is. m. *S. Ag.* Dios que se creia estirpador ó preservador de los espinos de los campos.
Spinĭfer, y Spinĭger, a, um. *Cic. Prud.* Espinoso, lo que lleva espinas.
Spinĭgĕna, ae. com. *Col.* Nacido entre espinas.
Spinosŭlus, a, um. *S. Ger.* Algo espinoso, dificultoso.
Spinōsus, a, um, ior, issimus. *Plin.* Espinoso, lleno de espinas. || Difícil, duro, áspero, desagradable.
Spintāris, is. f. *Fest.* V. Spinturnix.
Spinther, ĕris. n. *Plin.* Brazalete que llevaban las mugeres en la parte superior del brazo izquierdo. || Nombre de un cómico. || Sobrenombre de P. Cornelio Lentulo.
Spinthria, y Spintria, ae. com. *Suet.* Inventor de nuevos pecados, de disolucion.
Spinturnĭcium, ii. n. *Plaut.* Cara de mona. *dim. de*
Spinturnix, ĭcis. f. *Plin.* Ave desconocida de mal agüero. || Ave horrorosa y fea. || Mona.
Spinŭla, ae. f. *Arnob.* Espinilla, espinita.
†Spinŭlarium, ii. n. *Plaut.* Estuche. || Alfiletero, almoadilla ó acerico para tener alfileres.
†Spinŭlarius, ii. n. *Virg.* El fabricante de alfileres.
Spinus, i. f. m. *Virg.* El espino, *árbol semejante al peral silvestre.*
Spio, us. f. *Virg.* Espio, *ninfa del mar, una de las 50 hijas de Nereo y Doris.*
Spiōnia, ae. f. *Plin.* Especie de uva de Ravena.
Spionĭcus, a, um. *Col.* Lo que es de ó pertenece á la uva y vid de Ravena llamada spionia.
Spīra, ae. f. *Plin.* Espira, *línea curva á modo de caracol.* || Adorno de muger para la cabeza en vueltas ó roscas. || Torta ó rosca de masa. || Rosca de la culebra. || Nudo de los árboles. || *Juv.* Cinta ó cordon que viene debajo de la barba para asegurar el sombrero. || Basa de la coluna.
Spīra, ae. f. Espira, *ciudad de Alemania.*
Spirābĭlis, m. f. lĕ. n. is. *Cic.* Espirable, vital, lo que respira ó se respira.
Spirācŭlum, i. n. *Virg.* Espiráculo, respiradero, agujero por donde respira el aire.
Spirea, ae. f. *Plin.* Yerba propia para hacer coronas.
Spirāmen, ĭnis. n. *Luc.* y
Spiramentum, i. n. *Virg.* Espiráculo, respiradero. *Spiramenta temporum.* *Tac.* Espacios de tiempo. — *Animae.* *Virg.* Conductos de la respiracion, los pulmones, la boca, las narices. —*Ventorum.* *Vitruv.* La respiracion, el soplo de los vientos.
Spīrans, tis. com. *Cic.* Espirante, el que espira ó respira. || Vivo, viviente. || El que está espirando, para morir. || Que exala algun olor. *Spirans aura.* *Virg.* Aire que sopla. —*Graviter.* *Virg.* Que exala un olor fuerte. —*Difficile.* *Plin.* Que respira con dificultad. —*Exiguum.* *Plin.* Que exale muy poco olor. *Spirantia aera.* *Virg.* Estatuas que parecen vivas, que no les falta mas que hablar. —*Exta.* *Virg.* Entrañas todavía palpitantes.
†Spirarchus, i. m. Capitan de la primera compañía de flecheros.
Spirātio, ōnis. f. *Escrib.* La respiracion, la accion de

respirar, de soplar ó exalar.

Spīrātor, ōris. m. *Quint.* Que respira, sopla, exala.

Spīrātus, us. m. *Plin.* La facultad de la respiracion.

Spīrillum. i. n. *Fest.* La barba de la cabra.

Spīrītālis. m. f. lĕ. n. is. *Vitruv.* Espirante, lo que espira ó respira, ó por donde respira el aire. ‖ *Solin.* Espirital, espiritual, perteneciente al espíritu, lo opuesto al cuerpo ó á la materia.

Spīrītălĭter. adv. *Tert.* Espiritualmente.

Spīrītuālis. m. f. lĕ. n. is. *S. Agust.* Espiritual, perteneciente al espíritu.

Spīrītuālĭter. adv. *Bibl.* Espiritualmente.

Spīrĭtus, us. m. *Cic.* El espiritu, sustancia inmaterial. ‖ Respiracion, aliento, élito, soplo. ‖ Viento, aire. ‖ Espíritu vital ó animal del cuerpo. ‖ Exalacion, vapor, olor. ‖ La vida. ‖ El alma. ‖ Ánimo, valor, brio, esfuerzo, valentía, aliento. ‖ Fiereza, orgullo, altanería. *Spiritus dirus. Sen.* Mal olor. — *Angustus. Cic.* Falta de aliento. — *Extremus. Cic.* Ultimus. *Vel. Pat.* El último suspiro ó aliento — *Gravior. Quint.* Sonido muy fuerte. — *Attractus ab alto. Virg.* Profundo suspiro. — *Teter. Hor.* Aliento pestífero. — *Afferre. Cic.* — *Facere alicui. Liv.* Dar ánimos á alguno. — *Sumere. Ces.* Tomar brio. — *Ducere. Cic.* Respirar. — *Frangere. Liv.* Abatir la soberbia. *Ultimum spiritum reddere. Vel. Pat.* Dar el último suspiro ó aliento, espirar. *Spiritu divino afflari. Cic.* Hablar por inspiracion divina, ser inspirado del divino espíritu. — *Uno. Cic.* Con un solo aliento, sin tomar aliento. — *Difflare. Plaut.* Disipar de un soplo. *Dum spiritus hos reget artus. Virg.* Mientras me durare la vida.

Spīro, as, avi, atum, are. a. *Plin.* Respirar, alentar. Exalar, despedir olor. ‖ Vivir. *Spirare aliquid. Liv.* Ostentar, hacer jactancia y ostentacion. ‖ Aspirar á alguna cosa.

Spīrŭla, ae. f. *Arnob.* Vuelta, espira ó rosca pequeña.

Spissāmentum, i. n. *Sen.* Espesor, espesura, densidad de alguna cosa.

Spissātio, ōnis. f. *Sen.* Espesor, espesura ó densidad. ‖ La accion de tapar.

Spissātus, a, um. *Ov.* Espesado, condensado.

Spisse, saius adv. *Plin.* Con espesor ó densidad. ‖ Con trabajo, con dificultad. *Spissius virens. Plin.* Lo que tiene un verde oscuro, mas cargado.

Spissesco, is, ere. n. *Lucr.* Espesarse, condensarse.

Soissigrādissīmus, a, um. *Plaut.* Despaciosísimo, pesadísimo en el andar.

Spissĭtas, ātis. f. *Vitruv.* y

Spissĭtūdo, ĭnis. f. *Sen.* Espesor, espesura, condensacion, trabazon de cosas líquidas. ‖ *Cat.* Crasitud.

Spisso, as, avi, atum, are. a. *Plin.* Espesar, condensar, trabar lo líquido. ‖ Coagular, cuajar. ‖ Apretar. *Spissat corpus aquilo. Cels.* El viento aquilon aprieta los nervios, cierra los poros.

Spissus, a, um, sior, sissimus. *Plin.* Espeso, apretado, condensado, duro, sólido. ‖ Tarde, lento, pesado. *Spissa theatra. Hor.* Teatros llenos de gente. *Spissum opus. Cic.* Obra difícil, de mucho trabajo.

Spĭtăma, ó Spithama, ae. f. *Plin.* Un palmo, medida de doce dedos.

Splanchnoptes, ae. m. *Plin.* El que asa las entrañas. *Nombre de una estatua de Estipax cíprio, que representaba á un esclavo en ademan de asar las entrañas de una res muerta, y de soplar el fuego con los carrillos hinchados.*

Splen, plēnis. m. *Plin.* El bazo.

Splendens, tis. com. *Plaut.* Esplendente, reluciente, resplandeciente, brillante, refulgente. ‖ Esclarecido, ilustre.

Splendeo, ēs, dui, dēre. n. *Cic.* y

Splendesco, is, dui, ere. n. *Virg.* Resplandecer, lucir, brillar, hacerse brillante y claro. *Splendescere oratione. Cic.* Adquirir esplendor con la elocuencia.

Splendĭde, ius, issime. adv. *Cic.* Espléndidamente, con lucimiento y esplendor. ‖ Esclarecida, noble, magníficamente. *Hostis sui filiam splendidissime maritavit. Suet.* Casó (Vespasiano) á la hija de su enemigo muy ventajosamente.

Splendĭdo, as, are. a. *Apul.* Hacer, poner esplendente, reluciente ó brillante.

Splendĭdus, a, um, ior, issimus. *Cic.* Resplandeciente, reluciente, brillante, refulgente. ‖ Espléndido, liberal, magnífico. ‖ Ilustre, esclarecido, noble. ‖ Escelente, sobresaliente.

Splendĭfĭce. adv. *Fulg.* Resplandecientemente.

Splendĭfĭco, as, are. a. *Marc. Cap.* Hacer, poner brillante, reluciente.

† Splendĭfĭcus, a, um. *Fabr.* Lo que da esplendor.

Splendor, ōris. m. *Cic.* Esplendor, luz, claridad, resplandor. ‖ Esplendidez, magnificencia, generosidad, liberalidad. ‖ Gloria, nobleza, lustre, dignidad. *Splendor vocis. Cic.* Claridad, suavidad de la voz. — *Facultatum. Plin.* Esplendor, lustre de la hacienda. — *Verborum. Cic.* Claridad, energía, propiedad de las palabras.

† Splendŏrĭfer, a, um. *Tert.* Que da esplendor ó resplandor.

Splendui. pret. de Splendeo y Splendesco.

Splĕnĕtĭcus, a, um. *Plin.* V. Splenicus.

Splĕnĭātus, a, um. *Marc.* Vendado, que tiene puesta una venda ó un defensivo.

Splĕnĭcus, a, um. *Plin.* Enfermo del bazo.

Splĕnĭum, ii. n. *Plin.* La yerba asplano, medicinal para el bazo. ‖ Venda para contener un emplasto ó defensivo. ‖ El mismo emplasto ó defensivo.

Spŏdium, ii. n. *Plin.* El espodio, ceniza que se halla en las hornazas de cobre, parecida á la atutia. ‖ La ceniza de cualquier cosa quemada.

Spŏdos, i. n. *Plin.* V. Spodium.

Spoletānus, a, um. *Liv.* y

Spoletīnus, a, um. *Cic.* Lo que es de ó pertenece á la ciudad de Espoleto.

Spoletīni, ōrum. m. plur. *Plin.* Los naturales ó moradores de Espoleto.

Spoletium, y Spoletum, i. n. *Liv.* Espoleto, *ciudad de Italia en la Umbria.*

Spŏlia, ōrum. n. plur. *Cic.* Despojos, presa, botin de los enemigos. ‖ Pieles, cueros de los animales.

Spŏlĭārium, ii. n. *Plin.* Pieza de los baños en que se dejaban los vestidos. ‖ Lugar inmediato al circo en que se despojaba á los gladiadores muertos, ó acababan de matar á los que quedaban sin esperanza de vida. ‖ Parage en que uno puede ser robado ó asesinado fácilmente.

Spŏlĭātio, ōnis f. *Cic.* Despojamiento, despojo, robo.

Spŏlĭātor, ōris. m. *Cic.* Despojador, robador, ladron.

Spŏlĭātrix, ĭcis. f. *Cic.* Despojadora, la que despoja ó quita á uno lo que tiene.

Spŏlĭātus, a, um. *Cic.* Despojado, privado. ‖ Robado.

Spŏlĭo, as, avi, atum, are. a. *Cic.* Despojar, privar, quitar. ‖ Desnudar, robar, desplumar. *Spoliare aliquem vita. Virg.* Quitar á uno la vida.

Spŏlĭum, ii. n. *Cic.* Despojo, presa, botin. ‖ Piel, cuero.

Sponda, ae. f. *Virg.* Los pies de una cama de madera, ó la madera ó tablado de una cama de cordeles. ‖ *Marc.* El lado de la cama esterior, ó por donde se sube á ella. ‖ La cama. *Orciniana sponda. Marc.* El ataud, el féretro.

Spondaeus, i. V. Spondeus.

Spondaicus, a, um. *Ter. Marc.* Espondaico, lo que pertenece ó consta de pies espondeos. *Spondaicus versus. Diom.* Verso espondaico, *el exámetro que contiene el quinto pié espondeo en lugar de dáctilo.*

Spondalia, ōrum n. plur. *Cic.* y

Spondaulia, ōrum. n. plur. Especie de versos trocaicos, que cantaban en los sacrificios.

Spondaules, ae. m. *Solin.* El flautista que acompañaba á los versos durante el sacrificio.

Spondens, tis. com. *Ov.* El que promete.

Spondeo, ēs, spŏpondi, sum, dēre. a. *Cic.* Prometer, dar palabra, empeñar su palabra, ofrecer espontáneamente. ‖ Responder por otro, dar seguridad ó caucion. *Spondere fide sua. Plin.* Prometer bajo su palabra. — *Natam uxorem alicui. Plaut.* Prometer la hija por esposa á otro. — *Animo, ó animis. Liv.* Prometerse, esperar.

Spondeum, i. n. *Apul.* Vaso de que usaban en las libaciones ó sacrificios.

Spondēus, i. m. *Quint.* Espondeo, pie de verso que consta de dos sílabas largas, como veráx.

**Spondiaceus, a, um.** *Cens.* Espondaico.

**Spondialia, ium.** *n. plur.* y

**Spondilia, orum.** *n. plur.* V. Spondalia.

**Spondyle, es** *f. Plin.* Espondilo, *insecto pestífero que roe las raices de las plantas.*

**Spondylium, ii.** *n. Plin.* El espondilio, *yerba.*

**Spondylus, i.** *m. Plin.* El espondil, nudo del espinazo. ‖ El callo ó nervio que une las dos conchas de la ostra, y con que está unida la misma carne. ‖ Un pez de concha del mismo nombre.

**Spongia, ae.** *f. Cic.* La esponja, *especie media entre los animales y las plantas.*

**Spongiae, arum.** *f. plur. Col.* Las raices de los espárragos, parecidas á la esponja.

**Spongio, as, are.** *a. Apic.* Limpiar con esponja.

**Spongiola, ae.** *f. Plin.* Pequeña esponja. ‖ *Col.* La raiz enredada del espárrago.

**Spongiolus, i.** *m. Apic.* Especie de hongo.

**Spongiosus, a, um.** *Plin.* Esponjoso, hueco, muelle, blando como una esponja.

**Spongitis, is.** *f. Plin.* Piedra preciosa, parecida á la esponja.

**Spons, tis.** *f. Col.* V. Spontis.

**Sponsa, ae.** *f. Cic.* La esposa, *muger prometida en matrimonio.* ‖ La muger casada.

**Sponsalia, orum,** ó *ium. n. plur. Liv.* Esponsales, promesa mutua del matrimonio. ‖ Convite que se daba al esposo. ‖ *Dig.* Dones, arras entre los esposos.

**Sponsalis.** *m. f. le. n. is. Dig.* Lo que pertenece á los esposos ó al matrimonio.

**Sponsalitius, a, um.** *Dig.* Esponsalicio, lo que pertenece á los esponsales, á los esposos ó á las bodas.

**Sponsio, onis.** *f. Cic.* Promesa, oferta. ‖ Fianza, seguridad, caucion. ‖ Depósito del que pone una demanda, que se pierde si se pierde la demanda. *Sponsione provocare. Val. Max. — Lacessere. Cic.* Querer apostar, provocar al competidor con apuesta ó depósito. *Sponsio fiat. Juv.* Apostemos. — *Voti. Cic.* Promesa de un voto.

**Sponsis.** *ant. Fest.* en lugar de Spoponderis.

**Sponsiuncula, ae.** *f. Petron.* Pequeña promesa.

**Sponso, as, are.** *a. Dig.* Contraer esponsales, darse palabra mutua de casamiento.

**Sponsor, oris.** *m. Cic.* El fiador que se obliga por otro. *Sponsor conjugii. Ov.* El que da palabra de casamiento.

**Sponsum, i.** *n. Cic.* y

**Sponsus, us.** *m. Cic.* Promesa. ‖ Fianza. *Ex sponsu agere. Dig.* Poner demanda sobre una promesa.

**Sponsus, i.** *m. Cic.* Esposo, el prometido en casamiento por palabra de presente ó futuro. ‖ *Hor.* Pretendiente.

**Sponsus, a, um.** *Ter. part. de* Spondeo. Prometido en casamiento. *Sponsa est mi. Ter.* Me está prometida ó concedida por esposa.

**Spontalis.** *m. f. le. n. is. Apul.* V. Spontaneus.

**Spontaliter.** *adv. Sid.* Espontáneamente.

**Spontanee.** *adv. Bibl.* V. Sponte

† **Spontaneitas, atis.** *f.* La accion de hacer una cosa voluntariamente.

**Spontaneus, a, um.** *Sen.* Espontáneo, voluntario, libre, natural.

**Sponte.** *abl. abs. Cic.* Espontáneamente, voluntaria, libremente. ‖ *Tac.* Con consentimiento, con beneplácito. ‖ De suyo, naturalmente. *Sponte sua. Cic.* De sí mismo, de su propio motivo ó movimiento. *Non sponte principis. Tac.* Sin el beneplácito del príncipe.

**Spontis.** *gen. del inusitado* Spons. *Suae spontis homo. Cels.* El que es dueño de sí, que no depende de nadie. — *Aqua. Col.* Agua que corre naturalmente.

**Spontivus, a, um.** *Solim.* V. Spontaneus.

**Spopondi.** *pret. de* Spondeo.

**Sporades, dum.** *f. plur. Mel.* Las islas Espozades del mar Egeo. *Son 19 entre las Cícladas y Creta.*

**Sporta, ae.** *f. Col.* Espuerta ó capacho de esparto, de juncos, palma &c.

**Sportella, ae.** *f. Suet.* Esportilla, *dim. de* Espuerta. ‖ *Cic.* Especie de manjar asi llamado ó por su figura, ó por ser enviado en una esportilla.

**Sportula, ae.** *f. Plaut.* El esportillo ó capacho pequeño. ‖ Porcion de comida que los romanos enviaban á sus clientes. ‖ Su importe en dinero. ‖ Regalo ó donativo.

**Spretio, onis.** *f. Liv.* Desprecio, menosprecio.

**Spretor, oris.** *m. Ov.* Despreciador, menospreciador.

**Spretus, us.** *m. Apul.* Desprecio, menosprecio.

**Spretus, a, um.** *part. de* Sperno. *Cic.* Despreciado, menospreciado, tenido en poco.

**Sprevi.** *pret. de* Sperno.

† **Spudastes, ae.** *m. S. Ger.* Protector, favorecedor.

**Spui.** *pret. de* Spuo.

**Spuma, ae.** *f. Cic.* La espuma, hez rala de algun líquido que hierve ó se agita fuertemente.

**Spumabundus, a, um.** *Apul.* Espumante, lleno de espuma.

**Spumans, tis.** *com. Lucr.* Espumoso, espumoso, lo que hace ó levanta espuma ó baba. ‖ Salpicado ó rociado de espuma.

**Spumatus, a, um.** *Cic. part. de* Spumo. Cubierto, rociado, salpicado de espuma.

**Spumatus, us.** *m. Estac.* El espumajo ó espumarajo, la espuma, y la accion de levantarla.

**Spumesco, is, cere.** *n. Ov.* Llenarse, cubrirse de espuma, hacerse espumoso.

**Spumeus, a, um.** *Virg.* y

**Spumidus, a, um.** *Apul.* y

**Spumifer, a, um.** Espumoso, espumante, que hace ó levanta espuma.

**Spumigena, ae.** *m. f. Marc. Cap.* Nacido ó engendrado de la espuma, *epíteto de Venus.*

**Spumiger, a, um.** *Lucr.* Espumante, que hace ó echa espuma de sí.

**Spumo, as, avi, atum, are.** *a. Col.* Espumar, hacer, levantar espuma. ‖ Hervir, fermentar. *Spumat plenis vindemia labris. Virg.* El mosto hace rebosar las cubas con la espuma de su hervor. *Spumant aspergine salsa, cautes. Virg.* Se cubren las rocas de la salada espuma de las olas.

**Spumosus, a, um.** *Cat.* Espumoso, espumante, lleno de espuma.

**Spuo, is, pui, putum, ere.** *a. Plin.* Escupir.

**Spurcamen, inis.** *n. Prud.* Porquería, suciedad.

**Spurcatus, a, um.** *part. de* Spurco. *Cat.* Emporcado, ensuciado.

**Spurce, ius, issime.** *adv. Col.* Puerca, sucia, impura torpemente.

**Spurcidicus, a, um.** *Plaut.* Impuro, deshonesto en el hablar.

**Spurcificus, a, um.** *Plaut.* El que hace cosas puercas, impuras, deshonesto.

**Spurciloquium, ii.** *n. Tert.* Conversacion, plática impura, deshonesta.

**Spurcitia, ae.** *f.* y

**Spurcities, ei.** *f. Col.* Porquería, inmundicia. ‖ Deshonestidad, impureza.

**Spurco, as, avi, atum, are.** *a. Dig.* Emporcar, ensuciar, manchar.

**Spurcus, a, um, ior, issimus.** *Cic.* Puerco, sucio, inmundo. ‖ Impuro, obsceno, deshonesto. ‖ Vil, bajo. *Spurcus ager. Col.* Campo árido. *Spurcum vinum. Fest.* Vino aguado, adulterado.

**Spurius, a, um.** *Dig.* Espurio, bastardo, que no tiene padre conocido.

**Sputamen, inis.** *n. Prud.* y

**Sputamentum, i.** *n. Tert.* El esputo ó saliva.

† **Sputatilicus, a, um.** *Cic.* Digno de ser escupido.

**Sputator, oris.** *m. Plaut.* Escupidor, el que escupe mucho ó á menudo.

**Sputisma, atis.** *n. Vitruv.* La escupidera. ‖ El esputo. ‖ La enjuagadura.

**Sputo, as, avi, atum, are.** *n. Plaut.* Escupir continuamente.

**Sputum, i.** *n. Cels.* y

**Sputus, us.** *m. Cel. Aur.* La escupidura, el esputo ó la saliva.

## SQ

**Squalens**, tis. *com. Virg.* Sucio, asqueroso, inmundo, mugriento. *Squalens auro. Virg.* Escamado, cubierto de escamas de oro. — *Venena telum. Ov.* Dardo ó flecha emponzoñada.

**Squaleo**, es, lui, lēre. *n. Verg.* Estar sucio, inmundo, asqueroso, mugriento. || Estar desaliñado, en señal de tristeza y luto. *Squalere serpentibus. Ov.* Hormiguear de serpientes. — *Tellurem. Luc.* Estar la tierra árida y seca.

**Squales**, ei. *ant. f. Varr.* V. Squalor.

**Squalide**, ius. *adv. Cic.* Desaliñada, groseramente.

**Squaliditas**, ātis. *f. Amian.* V. Squalor.

**Squalidus**, a, um, ior, ius. *Plaut.* Inculto, desaliñado, sucio. || Bajo, humilde. || Áspero, tosco. *Squalidos teneri. Tac.* Tener á algunos presos.

**Squalitas**, ātis. *f. Luc.* y

**Squalitudo**, ĭnis. *f. Acc.* y

**Squalor**, ōris. *m. Liv.* Porquería, suciedad, inmundicia. || Desaliño, desuso. || Tristeza, luto. || *Lucr.* Aspereza, falta de pulimento y trabajo.

**Squalui**, pret. de Squalo.

**Squalus**, a, um. *En.* V. Squalidus.

**Squalus**, i. *m. Ov.* La lija, *pescado de mar.*

**Squama**, ae. *f. Cic.* La escama del pescado. *Squama aeris. Plin.* La escoria del bronce. — *In oculis. Plin.* Las cataratas. — *Loricae. Virg.* La malla ó cadeneta de la loriga. *Squamae pretium. Juv.* El precio del pescado.

**Squamans**, tis. *com. Man.* Que tiene escamas, escamoso.

**Squamatim**, *adv. Plin.* En forma de, con escamas.

**Squamatus**, a, um. *Tert.* Cubierto de escamas.

**Squameus**, a, um. *Virg.* ó

**Squamifer**, a, um. *Sen.* y

**Squamiger**, a, um. *Ov.* y

**Squamosus**, a, um. *Virg.* Escamoso, cubierto, lleno de escamas, que tiene escamas.

**Squamula**, ae. *f. Cels.* Escamilla, pequeña escama.

**Squarrosus**, a, um. *Luc.* Áspero, tosco, grosero.

**Squatina**, ae. *f. Plin.* La lija, *pescado de mar.*

**Squatoraja**, ae. *f.* y

**Squatraca**, ae. *f.* Pescado de mar, especie de raya.

**Squilla**, ae *f. Palad.* La cebolla albarrana. || *Cic.* El pececillo esquila, que anda siempre en compañía de la concha pina á buscar que comer. *E squilla non nascitur rosa. Nunquam ex malo patre bonus filius. Mali corvi malum ovum.* adag. De buena planta tu viña, y de buena madre la hija. *ref.*

† **Squinancia**, ae. *f.* Esquinancia ó esquinencia, inflamacion ó flemon en la garganta.

† **Squinanthum**, i. *n.* y

**Squinanthus**, ó Squinoanthus, i. *f. Palad.* Junco aromático, planta, ó su flor.

† **Squirrus**, i. *m.* Esquirro ó cirrio, tumor en el hígado.

## ST

**St.** *Ter.* Aquella especie de interjeccion con que puesto el dedo en la boca imponemos silencio. Chiton, silencio.

**Stabiae**, ārum. *f plur. Plin.* Ciudad de Campania.

**Stabianus**, a, um. *Plin.* Lo que pertenece á la ciudad de Campania llamada Stabiae.

**Stabilimen**, ĭnis. *n. Cic.* y

**Stabilimentum**, i. *n. Plaut.* Apoyo, fundamento.

**Stabilio**, is, ivi, ītum, īre. *a. Ces.* Afirmar, consolidar, hacer firme y estable. || Sostener, apoyar, asegurar.

**Stabilis**. *m. f.* lě. *n. is. Cic.* Estable, sólido, firme. Constante, inmutable. *Stabile est. Ter.* Es cosa segura, cierta, está resuelto ó determinado. *Stabilis amicis animus. Cic.* Ánimo firme para con los amigos.

**Stabilitas**, ātis. *f. Cic.* Estabilidad, constancia, firmeza, solidez, permanencia.

**Stabiliter**, ius. *adv. Vitruv.* Estable, firmemente.

**Stabilitor**, ōris. *m. Sen.* Establecedor, el que afirma y hace permanente alguna cosa.

**Stabilitus**, a, um. *part. de* Stabilio. Establecido, instituido, constituido. || Afirmado, asegurado.

**Stabula**, ōrum. *n. plur. Virg.* V. Stabulum.

**Stabulans**, tis. *com. Gel.* Que habita ó mora en su cueva ó madriguera, nido, establo &c.

**Stabularius**, ii. *m. Dig.* El establero ó establerizo, que cuida del establo. || *Sen.* Ventero, mesonero, posadero, huesped.

**Stabularius**, a, um. *Dig.* Lo que pertenece al establo, venta ó meson.

**Stabulatio**, ōnis. *f. Col.* La mansion en el establo ó caballeriza.

**Stabulo**, as, are. *a. Varr.* Admitir, recibir en el establo. || *Virg.* Vivir en el establo.

**Stabulor**, āris, ātus sum, āri. *dep. Ov.* Estar, vivir en el establo ó caballeriza. || Estar en su cueva, establo, redil, nido &c.

**Stabulum**, i. *n. Col.* Establo, caballeriza y todo lugar donde viven y se guardan las aves y animales. || *Sal.* Cualquier lugar de asiento ó habitacion. || Rebaño ó ganado mayor. || Meson, venta, posada. || Choza, majada de pastores. || Lupanar, burdel, casa de prostitucion. *Stabulum confidentiae nusquam est. Plaut.* En ninguna parte hay lugar de seguridad. — *Exercere. Ulp.* Tener posada, fonda ó meson. — *Nequitiae. Plaut.* Establo de impureza, oprobio del hombre perverso y vicioso.

**Stachys**, yos. *f. Plin.* Estachi, yerba semejante al puerro, llamada pituitaria y pedicular, porque mascada mueve la destilacion, y mezclada con aceite mata los piojos.

**Stacta**, ae. y **Stacte**, es. *f. Plin.* El estacte, licor oloroso que suda la mirra ó se saca de ella.

**Stacteus**, a, um. *Plin.* Lo que pertenece al licor ó goma de la mirra.

**Stadia**, ae. *f.* Antiguo nombre de la isla de Rodas.

**Stadialis**. *m. f.* lě. *n. is. Gest.* Lo que contiene el espacio de un estadio ó 125 pasos geométricos.

† **Stadiasmus**, i. *m.* Medida por estadios.

**Stadiatus**, a, um. *Vitruv.* Lo que tiene la longitud de un estadio. *Stadiata porticus. Vitruv.* Pórtico en que se ejercitan los atletas corriendo en los estadios.

**Stadiodromus**, i. *m. Plin.* El que se ejercita ó corre por apuesta en el estadio, corredor.

**Stadium**, ii. *n. Cic.* Estadio, *espacio de 125 pasos geométricos, ó de 625 pies, ó la octava parte de una milla, que consta de 10 pasos, en que se ejercitaban los atletas en la carrera y en la lucha.* || Medida de cualquier espacio de 125 pasos. || Cualquier lugar de certamen, estudio ó disputa, aula, gimnasio, academia.

**Stagira**, ae. *f. Plin.* Estagira, *ciudad de Macedonia.*

**Stagirites**, ae. *m. Cic.* Estagirita, natural de Estagira, como Aristóteles.

**Stagma**, y **Stemma**, ătis. *m. Prud.* La destilacion ó el humor que destila.

**Stagnans**, tis. *com. Plin.* Estancado, inundado, lleno, cubierto de agua estancada.

**Stagnatilis**. *m. f.* lě. *n. ia. Plin.* Lo que es de estanque.

† **Stagnatio**, ōnis. *f.* Inundacion. || Separacion de los metales.

† **Stagnator**, ōris. *m.* El estañador, el que estaña ó suelda.

**Stagnatus**, a, um. *part. de* Stagno. *Col.* Pantanoso, lagunoso, lleno de agua estancada. || Estañado, cubierto, bañado de estaño. || *Estac.* Asegurado, fortalecido.

**Stagnensis**. *m. f.* sě. *n. is. S. Ag.* Propio del estanque.

**Stagneus**, a, um. *Col.* De estaño ó peltre.

**Stagninus**, a, um. *Front.* Lo que pertenece al estanque de agua.

**Stagno**, ās, āvi, ātum, āre. *n. Plin.* Estancar, hacer estanque ó laguna, inundar. || Afirmar, asegurar. || Estañar, soldar.

**Stagnosus**, a, um. *Apul.* Lleno de estanques, de lagunas.

**Stagnum**, i. *n. Cic.* Estanque, laguna, agua detenida, muerta. || *Virg.* El mar.

* **Stagonias**, ae. *m. Plin.* El incienso macho.

**Stagonitis**, ĭtis. *f. Plin.* Jugo á modo de resina de cierta cañeja, que se llama gálbano.

**Stalagmium**, ii. *n.* y

## STA

Stalagmia, ōrum. n. plur. Plaut. Pendientes hechos de bolitas que cuelgan unas de otras.

Stalagmias, ae. m. Plin. El vitriolo destilado, ó la gota del jugo de que se forma.

Stale, is. n. V. Stabulum.

Stamen, ĭnis. n. Varr. El estambre, hebra, hilaza, hilo ó lizo, trama de lana. ‖ La duracion ó estambre de la vida. ‖ Prop. Cualquier hilo. ‖ Ov. Tela de araña. ‖ Cuerda de un instrumento. ‖ Claud. El vestido. ‖ Plin. Hebra, veta, fibra de los árboles, yerbas y flores.

Stamĭnārius, a, um. Gel. y
Stamĭnātus, a, um. Petron. y
Stamĭneus, a, um. Prop. Lo que es de estambre, hecho de estambre, estambrado.

Stampae, ārum. f. plur. ó
Stampe, es. f. Estampes, ciudad de Baucé.

Stanneus, a, um. Plin. De estaño, de peltre.

Stannum, i. n. Plin. El estaño, metal semejante al plomo que se cria en las minas de plata.

Stans, tis. com. Cic. El que está en pie, derecho. ‖ Ov. Firme, permanente. ‖ Parado, quieto. Stantes paludes. Hor. Lagunas estancadas y heladas.

Stăpĕda, ae. f. y
Stapes, ĕdis. m. ó
Staphis, y Stapia, ae. f. Esparc. El estribo.
Staphis, ó Stapis, ĭdis. f. Plin. La yerba albarraz.
Staphylĭnos, ó Staphylĭnus, i. m. Plin. La zanahoria.
* Staphylodendros, i. f. Plin. Árbol semejante al acer, que lleva una fruta como avellanas.
Staphylōma, ătis. n. Veg. El orzuelo, granillo que nace en el párpado del ojo.
Stapia, ae. f. V. Stapes.
Stapŭlae, ārum. f. plur. Estaples, ciudad del Boloñés.
Stasiastes, ae. m. Non. El sedicioso, título de una comedia de Accio.
Stasĭmus, a, um. Ov. Estante, estable. Stasimum melos. Versos que cantaba el coro de la tragedia en pie.
Statamater. f. Fest. Diosa entre los romanos, acaso la misma que Vesta.
Statanum vinum. Plin. Vino generoso de Campania.
Statanus, Statilinus, y Statulinus; i. m. Varr. Dioses que presidian á la puerilidad.
Stătārius, a, um. Cic. Estante, estable, firme, inmoble. ‖ Tranquilo, sereno, quieto, que no se agita ni alborota. Stataria comoedia. Ter. Comedia de poca accion. — Pugna. Liv. Batalla á pie firme.
Statellātes, um. m. plur. y
Statellienses, ium. m. plur. Pueblos de Liguria.
Stater, ĕris. m. Bibl. Estatera, especie de moneda de los griegos, hebreos y otros, su valor de cuatro dracmas.
Statēra, ae. f. Cic. La romana sin balanzas para pesar las cosas. ‖ Suet. La balanza. ‖ Plin. Fuente para servir la comida.
† Stathmus, i. m. Medida geométrica de caminos entre los persas.
† Stătĭca, ae. f. La estática, ciencia que trata de los pesos.
† Stătĭce, es. f. Plin. Planta que tiene siete tallos como botones de rosas. ‖ La estática, ciencia de los pesos.
Stătĭculum, i. n. Plin. Estatuita, estatua pequeña. ‖ Tert. Cualquiera estatua ó ídolo.
Stătĭculus, i. m. Plaut. Especie de danza con poca agitacion y movimiento.
Statilinus, i. V. Statanus.
Stătim. adv. Ces. Al punto, al instante, al momento, incontinenti. ‖ Ter. Á pie firme, constantemente. Statim ut, ac, atque, cum, ó ac, post, quam. Cic. Asi que al punto que.
Stătīna, ae. f. Tert. Diosa que presidia á la puerilidad, á los niños que empezaban á tenerse en pie.
Stătīnae, ārum. f. plur. Estac. Aguas en la isla de Pitecusa en Campania, que brotaron de un terremoto repentinamente.
Stătio, ōnis. f. Cic. Estacion, el acto de estar en pie, quieto ó parado. ‖ Mansion, estada, estancia, habitacion. ‖ Postura, positura, situacion. ‖ Cuerpo de guardia. ‖ Guardia, centinela. ‖ Parage público en las ciudades para pasar el tiempo en conversacion. ‖ Rada, bahía, puerto, abrigo para las naves. ‖ Lugar, puesto, sitio donde se puede estar. Statio rerum. Vitruv. Situacion, estado de las cosas. — Vitae. Cic. El puesto de la vida destinado á cada uno. — Comitiaria. Liv. Lugar donde se celebran los comicios, los estados ó asambleas públicas. — Stationes jus publicè docentium. Gel. Escuelas de jurisprudencia. — Siderum. Plin. Estaciones de los astros, falta de movimiento.

Stătiōnālis. m. f. lĕ. n. is. Plin. Estacionario. Dícese de los planetas que estan ó parece que estan sin movimiento.

Stătiōnārius, a, um. Dig. Lo que pertenece á la estancia ó mansion. Stationarii milites. Ulp. Soldados de guarnicion. Dícese tambien de los mozos de las postas.

Statius, ii. m. Gel. Nombre es un siervo. ‖ Cecilio Estacio, poeta cómico excelente, del que se conservan algunos fragmentos. ‖ Publio Papinio Estacio, napolitano, poeta de grande espíritu, floreció en tiempo de Domiciano, escribió Silvas, la Tebaida y la Aquileida, la cual dejó imperfecta. En sus obras muestra mucha erudicion, pero peca por demasiado atrevido é hinchado.

Stătīva, ae. n. plur. Campo, campamento, que dura mucho tiempo.

Stătīvus, a, um. Varr. Lo que está quieto, parado, detenido. Stativae aquae. Varr. Aguas estancadas. — Feriae. Macrob. Fiestas universales de todo el pueblo, celebradas en ciertos y determinados dias, como las Agonales, Carmentales y Lupercales. Stativa castra. Cic. Campamento de un ejército.

Statonia, ae. f. Plin. Ciudad de la Etruria, célebre por sus vinos generosos.

Statonensis, y Statoniensis. m. f. sĕ. n. is. Plin. Lo que es de ó pertenece á la ciudad de Estatonia.

Statones, um. m. Plin. Naturales y moradores de Estatonia.

Stātor, ōris. m. Cic. Ministro, alguacil, portero, guardia que está pronto al servicio de alguno. ‖ Liv. Guardia de vista, centinela. ‖ Epíteto dado á Júpiter por Rómulo, por haber detenido á los romanos que huian de los sabinos.

Stătua, ae. f. Cic. La estatua, figura de bulto que representa la imágen de alguno. Statua verberea. Plaut. Oprobio del hombre necio, insulso. — Taciturnior. Hor. Mas callado que una estatua. Prov. del fatuo, que no sabe hablar.

Stătuāria, ae. f. Plin. La estatuaria ó escultura, el arte de hacer estatuas.

Stătuārius, ii. m. Plin. El estatuario ó escultor.

Stătuārius, a, um. Plin. Lo perteneciente á la estatuaria, á la estatua ó á su artífice.

Stătui. pret. de Statuo.

Stătulĭber, i. m. y Statulibera, ae. f. Dig. El siervo ó sierva que por testamento adquiere la libertad.

Stătūmen, ĭnis. n. Cic. Palo, horquilla ó estaca para sustentar cualquiera cosa, en especial las vides y parras. ‖ Ces. El costillage del navío.

Stătūmĭnātio, ōnis. f. Vitruv. La posicion ó solidacion del cimiento con piedras.

Stătūmĭno, ās, āvi, ātum, āre. a. Plin. Asegurar, sustentar con palos ó estacas. ‖ Vitruv. Poner, echar los primeros cimientos.

Stătuncŭla, ae. f. ó
Stătuncŭlum, i. y
Stătuncŭlus, i. m. Petron. Estatuita, estatua pequeña.

Stătŭo, is, tui, tūtum, tuĕre. a. Cic. Enderezar, poner derecho ó de pie, levantar, erigir. ‖ Pensar, sentir, juzgar, estimar. ‖ Establecer, decretar, resolver, determinar. ‖ Prescribir, prefinir, asignar. ‖ Virg. Ofrecer, dedicar. Statuere exemplum in aliquo, ó in aliquem. Cic. Hacer un ejemplar con alguno. — De se. Tac. Disponer de sí, darse la muerte. — Aliquem capite primum in terram. Ter. Arrojar á uno de cabeza en tierra. — Statuam alicui. Plin. Levantar estatua á alguno. — Pretium. Ter. Poner precio. Statuitur. Cic. Se determina, se manda.

**Statur.** *impers. Ter.* Se está quieto ó de pie. ǁ No se hace nada. ǁ *Ov.* Se para.

**Statūra,** ae. *f. Cic.* Estatura, altura, cuantidad de un cuerpo derecho de alto á bajo.

**Status,** us. *m. Cic.* Estado, situacion, posicion, postura. ǁ Condicion, cualidad. ǁ El acto de estar de pie. ǁ La estatura. ǁ *Quint.* Estado de la cuestion, punto en que consiste toda la causa. *Status mentis. Cic.* La razon, sanidad de juicio. — *Praeliantis. Petron.* La postura del que pelea. — *Aetatis. Dig.* La edad de los 25 años. — *Mundi, coeli, aeris. Cic.* Sistema, cualidad, clima del mundo, del cielo, del aire. *Mentem è suo statu dimovere. Cic.* Hacer perder el juicio.

**Status,** a, um. *Cic.* Fijo, determinado, definido, señalado. ǁ Mandado, acordado, establecido. *Status dies. Cic.* Dia fijo. — *Reditus. Plin. men.* Renta fija. *Stata forma. Gel.* Forma, figura media entre la mucha hermosura y la mucha deformidad.

**Statutio,** ōnis. *f. Vitruv.* Ereccion, la accion de levantar, de plantar ó poner derecho.

**Statūtum,** i. *n. Cic.* Estatuto, decreto, ordenanza, reglamento, establecimiento.

**Statūtus,** a, um. *pret. de Statuo. Varr.* Plantado, erigido, puesto derecho. ǁ Estatuido, establecido, decretado, prescrito. *Statutus homo. Plaut.* Hombre de grande estatura.

**Steatitis,** is. *f. Plin.* Especie de piedra preciosa.

**Steatōcele,** es. *f.* Especie de hernia ó tumor en las bolsas lleno de una materia crasa semejante al sebo.

**Steatōma,** tis. *n. Cels.* Tumor ó apostema, que contiene una materia semejante al sebo.

**Stega,** ae. *f. Plaut.* Cobertizo de la nave.

**Steganographia,** ae. *f.* Arte de escribir por cifras ó abreviaturas, la taquigrafía.

**Stegnae febres,** *f. plur. Plin.* Calenturas astringentes que impiden la transpiracion de los humores.

**Stela,** ae. ó **Stele,** es. *f. Plin.* Pilar, padron ó coluna en que se graba alguna cosa para memoria de las gentes.

**Stelephūrus,** i. *f. Plin.* Yerba de las espigadas semejantes al alpiste.

**Stelis,** is, ó ĭdis. *f. Plin.* La liga del árbol larice ó del abeto.

**Stella,** ae. *f. Cic.* Estrella, astro. ǁ Constelacion. ǁ El pez estrella. ǁ *Col.* Cualquier cosa que tiene ó se hace en figura de estrella. *Stellae errantes. Cic. Erraticae. Plin.* Los planetas. *Stella comans. Ov. Crinita. Suet.* El cometa.

**Stellans,** tis. *com. Cic.* Estrellado, resplandeciente, brillante. ǁ *Marc.* Pintado, manchado, escamado con pintas ó manchas resplandecientes. *Stellans nox. Cic.* Noche muy clara. — *Coelum. Lucr.* Cielo estrellado.

† **Stellaria,** ae. *f.* Pie de leon, alquimila y estrellada, yerba.

**Stellāris.** *m. f. re. n.* is. *Macrob.* Estrellar, lo que pertenece á la estrella.

**Stellas,** ātis, y **Stellatis,** is. *m. f. Cic.* Llanura de la Campania, cerca de Cales. ǁ De la Etruria, *junto á la ciudad de Capena, de donde tomó el nombre la tribu Estelatina*.

**Stellatinus,** a, um. *Liv.* Lo perteneciente al campo estelate y á la tribu Estelatina.

**Stellatio,** ōnis. *f. Plin.* Enfermedad de los árboles causada de mala influencia.

**Stellatūra,** ae. *f. Lampr.* Ganancia fraudulenta *que hacian los tribunos y otros oficiales romanos, quedándose con alguna parte del pre ó racion de los soldados.* Seña que se daba á los soldados para cobrar su pré ó su racion.

**Stellātus,** a, um. *part. de Stello. Cic.* Estrellado, sembrado de estrellas. ǁ *Virg.* Brillante, resplandeciente. ǁ Pintado, manchado con pintas ó manchas resplandecientes. ǁ Tachonado, taraceado de chapas ó piedras resplandecientes.

**Stellifer,** a, um. *Cic.* y

**Stelliger,** a, um. *Sen.* Estelífero, estrellado, adornado de estrellas.

**Stellimicans,** tis. *Varr.* Resplandeciente con estrellas.

**Stellio,** ōnis. *m. Plin.* La tarántula. ǁ El estelion ó salamanquesa. ǁ *Plin.* El hombre engañoso y fraudulento, *por ser enemigo del hombre como el estelion.* ǁ *Ov.* Un jóven, á quien convirtió Ceres en estelion. ǁ Sobrenombre romano de la familia Afrania.

**Stelliōnātus,** us. *m. Ulp.* El estelionato, *crimen que comete el que vende por suyo lo que no lo es, ó como libre y franco lo hipotecado ó sujeto á alguna servidumbre, y que engaña en general ó atro en cualquier contrato ó proceso.* Con este nombre llamaban los romanos á todo delito que carecia de nombre propio.

**Stelliparens,** tis. *com. Avien.* Que produce estrellas.

**Stello,** as, avi, atum, are. *a. Plin.* Sembrar, adornar, variar con estrellas ó cosa que se les parezca por su figura ó resplandor.

**Stemma,** ătis. *n. Jul. Firm.* La corona ó guirnalda. ǁ *Plin.* Árbol genealógico, genealogia, armas de la familia. ǁ Feston, cenefa de coronas ú hojas enlazadas, *de que penden series de retratos de los mayores.*

**Stena,** ōrum. *n. plur. Liv.* Pasos estrechos, gargantas, desfiladeros.

**Stenaeum,** i. *n. Estenai, ciudad de Champaña sobre el Neuse.*

**Stenoboea,** y **Steneboea,** ae. *f. Hig.* Estenebea, *hija de Preto, rey de Argos y de Yobata, que enamorada de Belerofonte, y desdeñada de él, se dió la muerte.*

**Stenoboejus,** y **Steneboejus,** a, um. *Sid.* Lo que pertenece á Estenebea, *hija de Preto, rey de Argos.*

**Stenocoriasis,** is. *f. Virg.* Enfermedad de los caballos con que se debilita su vista.

**Stenographia,** ae. *f.* Tratado de la sutileza.

**Stentor,** ōris. *m. Estac.* Estentor, *hombre famoso en el ejército griego sobre Troya por su voz tan alta, que igualaba á las de 50 hombres que voceasen á un tiempo.*

**Stentōreus,** a, um. *Eit.* Lo perteneciente á Estentor, ó á la voz muy alta y ruidosa, ó al que la tenga, estentoreo.

*Stephanepŏcus. Plin.* El que hace coronas ó guirnaldas. *Nombre de una pintura de Pausias, en que pintó á Glicera haciendo guirnaldas de flores.*

**Stephanepŏlis,** is. *f. Plin.* La que vende coronas ó guirnaldas.

**Stephanitis,** is. *f. Plin.* Especie de vid ó parra, *que naturalmente forma coronas, ó unos como festones que se les parecen.*

**Stephanomelis,** is. *f. Plin.* Yerba eficaz para detener la sangre de narices.

**Stephanophōria,** ae. *f.* La accion de llevar una corona ó guirnalda de flores.

**Stephanophōrus,** a, um. *El que lleva una guirnalda ó corona de flores.*

**Stephanoplocus,** a, um. *V. Stephanepocus.*

**Stephanopōla,** ae. *m. f.* y

**Stephanopolis,** ĭdis. *f. V. Stephanepolis.*

**Stephanos Alexandri.** *f. Plin.* La yerba vincapervinca ó clemátide.

**Stephanos aphrodites,** ae. *f. Apul.* La yerba sisimbrio.

**Stephanus,** i. *m. Bibl.* Esteban, nombre de hombre. ǁ *Prop.* La corona.

**Stercŏrans,** tis. *com. Cic.* El que estercola, esparce estiercol en un campo, ó le abona con él.

**Stercorarium,** ii. *n. Col.* El estercolero, monton de estiercol.

**Stercŏrātius,** a, um. *Varr.* Que pertenece al estiercol.

**Stercorātio,** ōnis. *f. Col.* La estercoladura ó estercolamiento, la accion de abonar las tierras con estiercol.

**Stercorātus,** a, um. tissĭmus. *Plin.* Estercolado, abonado con estiercol. *Stercorata cortis coluvies. Col.* Monton de basura ó de estiercol de un corral.

**Stercoreus,** a, um. *Plaut.* Lleno de estiercol, de porquería, puerco, sucio, inmundo.

**Stercoro,** as, avi, atum, are. *n. Col.* Esterolar, estercar, abonar la tierra con estiercol. *Stercorare latrinas. Ulp.* Limpiar, echando estiercol, las letrinas.

**Stercorōsus,** a, um, issimus. *Col.* Lleno de estiercol.

*Stercorosa aqua. Col.* Agua apestada, puerca.

**Sterculius, Sterculus, y Stercutius, i. m.** *Lact.* Nombre dado á Picumno, hijo de Fauno, inventor de la estercoladura, y adorado por esto de los romanos.

**Stercus, ŏris. n.** *Col.* El estiercol. ‖ *Escrib.* La escoria y heces de los metales. *Stercus curiae.* Muladar de la curia, hablando de un hombre vicioso. Es una de las metáforas que reprende Ciceron por poco decente.

**Stereŏlytis, ytĭdis. f.** *Plin.* La espuma de la plata endurecida y hecha polvos.

**Stereobăta, ae. f.** *Vitruv.* El macizo de fábrica en que estriba una coluna con su basa.

† **Stereometria, ae. f.** Medida de los cuerpos sólidos.

**Stergēthron, i. n.** *Plin.* La yerba siempreviva.

**Sterilĕfĭo, is, ĭeri, factus sum. pas.** *Sol.* y

**Sterilesco, is, ĕre. n.** *Plin.* Esterilizar, hacer infecundo ó estéril.

**Sterĭlis. m. f. lĕ, n. is.** *Col.* Estéril, infecundo, infructuoso, que no produce fruto. ‖ Inútil, que no sirve de nada. *Sterilis pecunia.* Plaut. Dinero muerto, ocioso, que nada produce.— *Veri. Pers.* El que no conoce la verdad.

**Sterilĭtas, ātis. f.** *Cic.* Esterilidad, defecto de fecundidad. *Sterilitas frugum vel annonae.* Col. Esterilidad, escasez, carestía, falta de víveres, de la cosecha.

**Sterĭlus, a, um.** *Fest. ant.* V. Sterilis.

**Sternax, ācis.** *Virg.* El que echa ó derriba por tierra. *Sternaces cives.* Sid. Ciudadanos humillados, postrados en tierra.

**Sterno, is, strāvi, strātum, nĕre. a.** *Tib.* Echar, tender ó estender en el suelo, en tierra. ‖ Cubrir, tapar estendiendo. ‖ Echar por tierra, abatir, aterrar, derribar. ‖ Aplanar, allanar, calmar. *Sternere viam.* Liv. Empedrar un camino. ‖ Hacer, abrir camino.— *Lectum.* Cic. Hacer la cama.— *Equum.* Liv. Ensillar un caballo.— *Mensam.* Cic. Poner la mesa.— *Hostes.* Liv. Deshacer á los enemigos.— *Ventos.* Hor. Aplacar los vientos.— *Se somno.* Virg. ó sterni. Echarse, acostarse á dormir. *Sternuntur segetes.* Ov. Se atropellan, se pisan las mieses.— *Campi.* Se estienden, se ensanchan ó dilatan los campos.

**Sternūmentum, i. n.** *Plin.* El estornudo. ‖ Lo que causa el estornudo.

**Sternuo, is, nui, nūtum, nuĕre. n.** *Plin.* Estornudar. *Sternuere omen.* Prop. Dar un agüero estornudando.

**Sternutāmentum, i. n.** *Cic.* y

**Sternutātio, ōnis. f.** *Apul.* El estornudo, la accion de estornudar.

**Sternūto, as, āvi, ātum, āre. a.** *Col. frec. de Sternuo.* Estornudar á menudo.

**Sterŏpe, es. f.** *Ov.* Esterope, *hija de Atlante, una de las Pleyadas.*

**Sterŏpes, is. m.** *Virg.* Esteropes, *hijo de Neptuno y de Anfitrite, uno de los oficiales de Vulcano.*

**Sterquilĭnium, ii. n.** *Col.* El estercolero, lugar donde se junta ó recoge el estiercol. ‖ El esterquilinio ó muladar, lugar donde se junta mucha broza y bascosidad.

**Stertens, tis. com.** *Cic.* Roncador, el que ronca durmiendo.

**Stertĕra, ó Sterteia, ae. m.** *Petron.* El que ronca durmiendo. ‖ Ocioso, desidioso.

**Stertĭnius, ii. m.** *Hor.* Lucio Estertinio romano, *filósofo estoico.*

**Stertĭnius, a, um.** *Hor.* Lo perteneciente á Estertinio el filósofo.

**Sterto, is, tui, tĕre. n.** *Cic.* Roncar. ‖ Dormir. *Stertere totis praecordiis.* Cic. Dormir á pierna suelta.

**Stesichorius, a, um.** *Serv.* Lo que pertenece al poeta Estesícoro.

**Stesichōrus, i. m.** *Hor.* Estesícoro, *poeta lírico griego muy celebrado, aunque Quintiliano le critica de redundante, natural de Himera en Sicilia.*

**Stetĕram, Stetĕrunt, Stēti.** pretéritos de Sto.

**Sthenebŏea, y Sthenoboes, ae. f.** *Higin.* Estenobea, *hija de Yobate, rey de Licia, muger de Preto, rey de Argos.*

**Sthenoboeius, y Sthenoboeius, a, um.** *Sid.* Lo perteneciente á la reina Estenobea.

**Sthenēleius, a, um.** *Estac.* Lo perteneciente al capitan griego Estenelo.

**Sthenĕlus, i. m.** *Hor.* Estenelo, *uno de los capitanes griegos en el sitio de Troya.*

**Stibădium, ii. n.** *Plin. men.* Asiento ó lecho de yerbas ó juncos, en que los antiguos se sentaban á la mesa. ‖ *Serv.* Asiento semicircular, especie de canapé para tres personas, para sentarse á las mesas redondas.

**Stibĭnus, a, um.** *Bibl.* Lo que toca al ó es de alcohol.

**Stibium, ii. n.** *Plin.* Estibio, alcohol ó antimonio, especie de mineral usado para el afeite de las mugeres, y para colirios.

**Stica, ae. f.** *Col.* La cáscara del ajo.

**Sticha, ae. f.** *Plin.* Especie de uva llamada apiana.

**Stichus, i. m.** *Nombre de un siervo que le dió á una comedia de Plauto, y significa el marcado ó señalado.*

**Sticŭla, ae. f.** *Col.* V. Sticha.

**Stigma, ătis. n.** *Suet.* Marca, señal del siervo, en especial fugitivo, y de algunos delincuentes. ‖ Cualquiera nota de infamia. ‖ La señal que deja en el rostro la cortadura del barbero. ‖ *Veg.* Marca en la mano ó el brazo de los soldados bisoños con que quedaban alistados. ‖ *Dig.* De los artesanos. ‖ De los fontaneros para que no fuesen empleados en otros oficios.

**Stigmatĭas, ae. m.** *Cic.* El siervo marcado con hierro.

**Stigmatĭcus, a, um.** *Petron.* Marcado á hierro.

**Stigmo, as, āre. a.** *Prud.* Marcar con hierro.

**Stigmōsus, a, um.** *Petron.* V. Stigmaticus.

**Stilbon, ōntis. m.** *Cic.* La estrella de Mercurio.

**Stilĭcho, y Stilichon, ōnis. m.** *Claud.* Estilicon, *famoso capitan vándalo.*

**Stilichōnius, a, um.** *Claud.* Propio de Estilicon.

**Stilla, ae. f.** *Cic.* La gota que cae ó destila.

**Stillatim. adv.** *Varr.* Gota á gota.

**Stillatĭtius, a, um.** *Plin.* y

**Stillatīvus, a, um.** *Plin.* Lo que cae ó destila gota á gota.

**Stillātus, a, um.** part. de Stillo. Ov. Destilado, lo que ha caído á gotas.

**Stillĭcĭdium, ii. n.** *Cic.* La gotera, estilicidio, la accion de estar cayendo ó destilando un licor á gotas. ‖ El canal que recibe y despide las aguas de los tejados. ‖ *Plin.* Espesura del árbol que defiende de la lluvia.

**Stillo, as, āvi, ātum, āre. a.** *Plin.* Destilar ó estilar, gotear, caer el licor á gotas. *Stillare aliquid in aurem.* Juv. Decir una cosa al oido.

**Stilus, i. m.** *Cic.* Estilo, aguja ó punzon con que los antiguos escribian en tablas enceradas. ‖ Col. Vara ó tallo de una planta. ‖ El modo de escribir bueno ó malo, de cualquiera. ‖ El ejercicio de componer. ‖ *Vitruv.* Aguja de un cuadrante. ‖ *Hirc.* Abrojos, pinchos de hierro, ó estacas puntiagudas clavadas en tierra, y cubiertas con yerba ó cesped, en que se clavan los enemigos incautos, en especial la caballería, al acercarse á las líneas contrarias. *Stilum vertere.* Hor. Revocar, corregir lo que se escribe. Volver el estilo, que siendo puntiagudo para escribir, era plano por la parte de arriba para borrar.

**Stimmi. ind. n.** *Cels.* El antimonio, especie de mineral. V. Stibium.

**Stimŭla, ae. f.** *Juv.* La diosa Estímula ó escitadora del deleite sensual.

**Stimŭlātio, ōnis. f.** *Plin.* Estimulacion, instigacion, la accion de estimular.

**Stimŭlātor, ōris. m.** *Cic.* y

**Stimŭlātrix, īcis. f.** *Plaut.* Instigador, ra, el ó la que estimula, incita ó conmueve.

**Stimŭlātus, us. m.** *Plin.* V. Stimulatio.

**Stimŭlātus, a, um.** part. de Stimulo. Col. Punzado, picado. ‖ Instigado, estimulado, incitado, escitado.

**Stimŭleus, a, um.** *Plaut.* Lo que pica ó punza, lo que tiene puntas.

**Stimŭlo, as, āvi, ātum, āre. a.** *Luc.* Estimular, aguijonear, picar, punzar. ‖ Atormentar, dar cuidado, traer solícito y cuidadoso. ‖ Incitar, avivar, conmover, animar.

**Stimŭlōsus, a, um.** *Cel. Aur.* Lleno de estímulos.

**Stĭmŭlus, i. m.** y **Stimulum, i. n.** *Plaut.* El estímulo ó aguijada para picar á los bueyes. ‖ Incitacion, tentacion, pasion. ‖ Lo que incita ó mueve á obrar. ‖ Estaca puntiaguda, clavada en tierra para estorbar la incursion de los enemigos. ‖ Tormento, pena, dolor, congoja. *Stimulos alicui admovere. Cic.* Animar, alentar á alguno.

†**Stinetum, i. n.** La yerba satirion.

**Stinguo, is, nxi, nctum, guĕre. a.** *Lucr.* Estinguir. V. Estinguo.

**Stĭpa, ae. f.** *Serv.* La paja puesta entre vasija y vasija, para que no se tropiecen ni rompan.

**Stĭpans, tis. com.** *Virg.* El que acompaña, hace la corte.

**Stĭpātio, ōnis. f.** *Cic.* La corte, cortejo, séquito, comitiva, acompañamiento. ‖ Tropel de gente muy apretada y espesa. ‖ Amontonamiento, monton de cosas ó de palabras amontonadas.

**Stĭpator, ōris. m.** *Cic.* El que acompaña á otro y va á su lado por defensa, honor ó amistad. ‖ Guardia de corps. ‖ *Serv.* El que arregla, aprieta, estiva y estrecha las cargas y vasijas en una nave.

**Stĭpātus, a, um. part. de Stipo.** *Lucr.* Apretado, comprimido, estivado, recalcado. ‖ Acompañado, cortejado, guardado, rodeado de gentes.

**Stĭpendiālis. m. f. lĕ. n. is.** *Sid.* Lo perteneciente á tributo.

**Stipendiārium, ii. n.** *Cic.* Tributo ó impuesto fijo.

**Stipendiārius, ii. m.** *Cic.* Estipendiario, tributario, pechero, el que paga tributo.

**Stĭpendiārius, a, um.** *Ces.* Estipendiario, tributario, pechero, que paga tributo. *Stipendiarium oppidum. Plin.* Ciudad tributaria. — *Vectigal. Cic.* Impuesto fijo. *Stipendiarii milites. Liv.* Soldados que ganan sueldo. ‖ *Veg.* Los que tienen ya algunos años de servicio.

**Stĭpendiātus, a, um.** *Tert.* Aquel á quien se paga tributo para su manutencion.

**Stĭpendior, āris, ātus sum, āri. dep.** *Plin.* Servir, militar con sueldo.

†**Stĭpendiōsus, a, um.** *Veg.* Veterano, que tiene ó lleva muchos años de servicio.

**Stipendium, ii. n.** *Liv.* Estipendio, sueldo, paga de la tropa. ‖ Una campaña, un año de servicio. ‖ Impuesto, pecho, tributo. *Stipendium numerare militibus, ó stipendio milites afficere. Cic.* Pagar á las tropas. *Stipendia pedibus facere. Liv.* Servir en la infantería. — *Quadraginta explere. Tac.* Cumplir quarenta años de servicio. — *Merere. Cic.* Servir, militar. *Confectis stipendiis. Cic.* Cumplido el tiempo de servicio. *Humo nullius stipendii. Salust.* Hombre que no ha militado.

**Stĭpes, ĭtis. m.** *Ces.* Estaca, palo hincado en tierra. ‖ Tronco, ramo grueso. ‖ *Ov.* El arbol. ‖ *Marc.* La vara ó caña delgada. ‖ *Ter.* Hombre estúpido, necio, fatuo, un tronco, un madero.

**Stĭpĭdōsus, a, um.** *Apul.* Duró como leña ó madera.

**Stĭpo, ās, āvi, ātum, āre. a.** *Col.* Estivar, apretar, recalcar. ‖ Acompañar, rodear á alguno por honor ó custodia. *Stipare se. Prop.* Arrimarse al lado de alguno. *Stipari. Cic.* Estar acompañado, rodeado de gente. ‖ *Claud.* Juntarse mucha gente, apretarse, apiñarse.

**Stips, tĭpis. f.** *Cic.* El vellon, moneda de cobre de los romanos. ‖ Limosna. ‖ Contribucion voluntaria con que muchos concurren para una obra pública, para cultos sagrados ó alimento de pobres. ‖ *Quint.* Lucro, emolumento, ganancia. ‖ *Val. Max.* Multa pecuniaria. *Stipem colligere. Cic.* — *Emendicare. Suet.* Mendigar, recogerla, mendigar. — *Spargere. Plin.* Tirar dinero al pueblo.

**Stĭpŭla, ae. f.** *Virg.* Paja ó caña de la mies, rastrojo. ‖ La espiga que queda de rezago ó por coger despues de la siega. ‖ Churumbela, zampoña, caramillo, flauta pastoril.

**Stĭpŭlans, tis. com.** *Col.* El que estipula ó contrata.

**Stĭpŭlāris. m. f. rĕ. n. is.** *Quint.* De paja. *Stipularis anser. Quint.* Ansar ó ganso del otoño.

**Stĭpŭlātio, ōnis. f.** *Cic.* Estipulacion, promesa, contrato.

**Stĭpŭlātiuncŭla, ae. f.** *Cic.* Estipulacion de poca monta.

**Stĭpŭlator, ōris. m.** *Cic.* Estipulador, el que hace una estipulacion ó promesa jurídica.

**Stĭpŭlātus, us. m.** *Quint.* Estipulacion, su contrato.

**Stĭpŭlātus, a, um.** *Cic.* Estipulado, tratado, prometido con estipulacion. *part. de*

**Stĭpŭlor, āris, ātus sum, āri. dep.** *Cic.* Estipular, hacer un contrato ó mutua promesa con formalidad jurídica, de que resulta igual obligacion. *Stipulari id quod legatum est. Cic.* Estipular la entrega de un legado. — *De aliquo. Plin.* Estipular por alguno. — *Ab aliquo. Ulp.* Pedir á alguno su promesa.

**Stiria, ae. f.** *Virg.* La gota helada ó pendiente que está para caer, carámbano.

**Stiria, ae. f.** La Estiria, *provincia de Alemania.*

**Stiriācus, a, um.** *Solin.* Lo que gotea.

**Stiricĭdium, ii. n.** *Cat.* La gotera.

**Stirpātus, a, um.** *Plin.* Arraigado, que ha echado raices.

**Stirpesco, is, ĕre. n.** *Plin.* Arraigar, echar raiz.

**Stirpĭtus. adv.** *Cic.* De raiz, de cuajo.

**Stirps, pis. f.** *Cic.* Raiz, tronco del arbol. ‖ El arbol. ‖ Planta, mata. ‖ Origen, fuente, causa, principio. ‖ Estirpe, raza, linea, familia, casta, descendencia. *Stirps virilis. Ov.* Linea masculina. — *Quaestionis. Cic.* Fundamento de la cuestion.

**Stĭti. pret. de Sisto.**

**Stĭva, ae. f.** *Cic.* La esteva ó mancera del arado.

**Stĭvārius, ii. m.** *Bud.* El labrador que lleva la mano izquierda en la esteva del arado cuando ara.

**Stlāta, ae. f.** *Fest.* Especie de nave mas ancha que alta, bergantin, chalupa.

**Stlatārius, a, um.** *Juv.* Lo que pertenece á la nave llamada Stlata, á una nave pequeña ó de corso. *Stlataria purpura. Juv.* Púrpura preciosa, esquisita, peregrina.

†**Stlatārius, ii. m.** Capitan, patron de una nave. ‖ Corsario.

**Stlembus, a, um.** *Lucil.* Pesado, tardo.

†**Stlengis, is. f.** Gota de aceite.

**Stlites, ium. ant.** *Fest.* en lugar de *Lites.* y

**Stlocus, i. ant.** *Fest.* en lugar de *Locus.*

**Stloppus, i. m.** *Pers.* El ruido que hace el golpe que se da en los carrillos hinchados.

**Sto, ās, stĕti, ātum, āre. n.** *Cic.* Estar en pie ó de pie, estar, tenerse derecho. ‖ Permanecer, persistir, mantenerse en su opinion. ‖ Hallarse, morar, habitar. ‖ Estar parado, detenido. *Stare animis. Cic.* — *Firmum. Liv.* Tener valor ó espíritu, mantenerse firme. — *Animo. Hor.* Tener talento, gusto. — *In aequo alicui. Sen.* Ir al igual, á la par con alguno. — *Conventis. Cic. Pacto. Liv.* Estar á lo pactado ó convenido. — *Alicujus jurejurando. Quint.* Atenerse al juramento de alguno. — *Decreto. Ces.* Judicata re. — *In eo quod judicatum est. Cic.* Conformarse con la sentencia ó decreto. — *Ab. Cic.* — *Cum. Liv.* Pro aliquo. *Quint.* Ser del partido de alguno, estar por él, á su favor ó de sus intereses. — *Per aliquem. Cic.* Deber su vida ó su conservacion á alguno, subsistir por su medio. — *Magno pretio. Hor.* Ser muy caro, costar mucho. — *Ad cyathos. Cic.* Ser escanciador, suministrar, servir el vino. ‖ Deleitarse en beber. — *Contra aliquem. Cic.* Oponerse á alguno, ser su contrario. — *Suppliciter. Hor.* Estar en acto de suplicante. — *Verbis legis.* Tomar la ley á la letra. *Alicui centum talentis. Liv.* Costar á uno cien talentos. *Stat per me quominus illud fiat. Cic.* Consiste en mí el que esto no se haga. *Stetit fabula. Ter.* La comedia ha salido bien, ha gustado. *Ut stes aeneus. Hor.* Para que se te haga una estatua de bronce. *Steterit ubi jus. Hor.* Cuando el caldo empiece á espesarse, cuando la salsa esté en punto. *Stabat in ducibus victoria. Liv.* La victoria dependia de los Generales. *¿Quid stas? Plaut.* ¿Por qué estás sin hacer nada? ¿Qué haces parado?

**Stŏa, ae. f.** *Gel.* El pórtico. ‖ Granero público de Atenas.

**Stoārius, ii. m.** El Estoer, *rio de Alemania en el ducado de Holsacia.*

**Stochŏlmia, ae. f.** Estocolmo, *capital de Suecia.*

**Stoebe, es. f.** *Plin.* Planta espinosa que nace en el agua, muy gustosa á las bestias.

**Stoechādes, dum. f. plur.** *Plin.* Las islas de Hyeres en la Galia narbonense á la costa de Provenza.

**Stoechas, ādis. f.** *Plin.* Yerba odorífera de las islas de Hyeres, *de donde tomó el nombre.*

Vvvv

Stoice. *adv. Cic.* Estoicamente, al modo de los estoicos.

Stoïci, ōrum. *m. plur. Cic.* Los estoicos, *filósofos discípulos de Cenon.*

Stoïcĭda, ae. *m. Juv.* Estoico, *dícese por burla del que afecta la severidad de un filósofo.*

Stoïcus, i. *m. Cic.* Estoico, *filósofo de la secta de Cenon.*

Stoïcus, a, um. *Cic.* Estoico, lo que pertenece á los filósofos estoicos.

Stŏla, ae. *f. Cic.* Ropa de las damas romanas, talar, hueca y con muchos pliegues que ataban por la cintura. *En Grecia era propia de los dos sexos.* ‖ *Estac.* Matrona, dama, señora de estimacion. ‖ *Apul.* Vestidura sacerdotal. ‖ *Ecles.* La estola.

Stŏlāta, a, um. *Vitruv.* Vestido ó vestida con la ropa llamada stola. ‖ *Marc.* Lo que pertenece y es propio de una dama, de una señora.

Stŏlĭde, ius, issĭme. *adv. Liv.* Estólida, necia, simplemente.

Stŏlĭdĭtas, ātis. *f. Apul.* Estolidez, incapacidad.

Stŏlĭdus, a, um, ior, issĭmus. *Cic.* Estólido, incapaz, bruto, majadero.

Stŏlo, ōnis. *m. Plin.* Renuevo, pimpollo inútil que nace al pie del arbol. ‖ *Aus.* El hombre necio.

Stŏmăchāce, es. *f. Plin.* El escorbuto, *enfermedad que ulcera la boca, y hace caer la dentadura.*

Stŏmăchābundus, a, um. *Gel.* Lleno de enfado, de indignacion.

Stŏmăchans, tis. *com. Cic.* El que está estomagado, enfadado, indignado.

Stŏmăchanter. *adv. S. Ag.* Con enfado é indignacion.

Stŏmăchātus, a, um. *Cic. part. de* Stomachor. El que está enfadado ó indignado.

Stŏmăchĭcus, a, um. *Sen.* Debil de estómago.

Stŏmăchor, āris, ātus sum, āri. *dep. Cic.* Enfadarse, indignarse impacientemente, ponerse de mal humor. *Stomachari omnia. Cic.* Enfadarse de todo.

Stŏmăchōse. *adv. Cic.* Con enfado, con indignacion.

Stŏmăchōsus, a, um. *Cic.* Colérico, fastidioso, iracundo, enfadoso, que se enfada fácilmente. *Stomachosiores litterae. Cic.* Carta escrita con mucha acrimonia.

Stŏmăchus, i. *m. Cels.* El estómago, el principio ó estremidad del esófago. ‖ Orificio del ventrículo. ‖ El ventrículo en que se hace la coccion de la comida. ‖ Cólera, indignacion, enfado. ‖ Genio, gusto, ingenio. *Stomachum facere, movere alicui. Cic.* Enfadar á alguno, mover su indignacion. *Stomachus dissolutus. Plin. Resolutus. Cels.* Estómago debil, que no cuece la comida. *Stomachum adjuvare, confirmare, fovere, corroborare, recreare, reficere, sistere. Cels.* Componer, confortar el estómago. *Stomacho laborare. Cels.* Padecer del estómago. — *Valere. Juv.* Tener un estómago robusto. *Fortiores stomachi. Plin.* Los que son de estómago robusto.

Stŏmătĭce, es. *f. Plin.* Composicion de medicamentos para las enfermedades de la boca.

Stŏmătĭcus, a, um. *Plin.* Estomático, perteciente á la boca. ‖ Propio para curar las enfermedades de la boca. ‖ El que la padece.

Stŏmōma, tis. *n. Plin.* El hierro acerado. ‖ La escara ó escama sutil del bronce cuando se labra.

Stŏrax, ăcis. *m. Virg.* El estoraque, *goma ó licor que destila el arbol del mismo nombre.*

Stŏrĕa, y Storia, ae. *f. Ces.* La estera de juncos, cañas, esparto, cáñamo &c.

Stŏrĕo, as, avi, atum, are. *a. Plaut.* Hacer esteras.

Strābo, ōnis. *m. Cic.* y

Strābōnus, a, um. *Petron.* y

Strābus, a, um. *Ov.* Bizco, bisojo, que tiene la vista atravesada. ‖ Sobrenombre romano de la familia Fania, Pompeya y otras.

Străges, is. *f. Cic.* Estrago, matanza, carnicería. ‖ Ruina, trastorno de cosas.

Străgŭla, ae. *f. Cic.* y Străgŭlăta vestis. *Bibl.* Especie de vestido por el dia, y de cubiertas de cama por la noche.

Străgŭlum, i. *n. Cic.* Tapete, alfombra. ‖ Capa, sobretodo. ‖ La ropa de la cama. ‖ Manta ó jaez de los caballos. ‖ Colgadura, tapiz de las paredes. ‖ *Marc.* Vestido rico, bordado.

Străgŭlus, a, um. *Dig.* Ropa que sirve de cubierta en la cama.

Strāmen, ĭnis. *n. Virg.* La paja ú hoja que sirve de cama.

Strāmentārius, a, um. *Cat.* Lo que sirve para segar la paja ó la mies.

Strāmentātum ire. *Hig.* Ir á recoger la paja.

Strāmentĭtius, a, um. *Petron.* Lo que es de paja.

Strāmentum, i. *n. Ces.* La paja. ‖ La cama de paja para las bestias. ‖ La albarda ó jalma henchida de paja.

Strāmĭneus, a, um. *Ov.* Lo que es de paja.

Strangia, ae. *f. Plin.* Especie de trigo de la Grecia.

Strangŭlābĭlis. *m. f. lĕ. n. is. Tert.* Que puede ser ahogado, sofocado.

Strangŭlans, tis. *com. Plin.* El que ahoga ó sofoca.

Strangŭlātĭo, ōnis. *f. Plin.* El ahogamiento, el acto de ahogar ó sofocar.

Strangŭlātor, ōris. *m. Esparc.* y

Strangŭlātrix, īcis. *f. Prud.* El y la que ahoga ó sofoca.

Strangŭlātus, us. *m. Plin.* Ahogamiento, el acto de ahogar ó sofocar.

Strangŭlātus, a, um. *m. Plin.* Ahogado, sofocado. *part. de*

Strangŭlo, as, avi, atum, are. *a. Cels.* Ahogar, sofocar. ‖ Comprimir el aire, tapar, cerrar la respiracion. *Strangulare divitias arca. Estac.* Tener encerrado el dinero, y como enterrado en el arca.

Strangūria, ae. *f. Cic.* Estangurria, dificultad en la orina cuando sale goteando y á pausas.

Strangūriōsus, a, um. *Marc. Emp.* El que padece estangurria.

Strāpo, ōnis. *m. Ulp.* El que tiene el aliento hediondo ó la respiracion ofendida.

Strāta, ae. *f. Eutrop.* La estrada, calzada, camino empedrado.

Strāta, ōrum. *n. plur. Virg.* Caminos, calzadas.

Strătăgēma, ătis. *n. Cic.* Estratagema, ardid de guerra. ‖ Astucia, consejo, designio astuto.

Strătăgēmătĭvus, a, um. *Front.* Lo que contiene ó incluye estratagemas.

Strătăgēum, y Strategium, i. *n. Vitruv.* El pretorio, la tienda del General, plaza de armas, el sitio donde se juntaban los soldados. ‖ Arsenal, depósito de los despojos enemigos.

Strătēgia, ae. *f. Plin.* Prefectura, gobierno militar de provincia.

Strătēgus, i. *m. Plaut.* Capitan general. ‖ Presidente del convite.

Strătīlax, ăcis. *m. Plaut.* Soldado bisoño.

Stratiota, y Stratiotes, ae. *m.* El soldado.

* Stratiotes, ae. *m. Plin.* y

* Strătĭōtĭce, es. *f. Apul.* La yerba mil en rama ó milefolio.

Strătĭōtĭcus, a, um. *Plaut.* Militar, lo que pertenece á la milicia ó al soldado.

Stratius, ii. *m.* Belicoso, *epíteto de Júpiter en Caria.*

Stratonicea, ae. y

Stratonice, es. *f. Plin.* Estratónice, *ciudad de Caria.*

Stratonicensis. *m. f. sĕ. n. is. Cic.* Lo que es de ó pertenece á Estratónice, *ciudad de Caria.*

Stratonis insulae, ārum. *f. plur.* Las islas del golfo arábigo.

Stratonis turris. La torre de Estraton, ó Cesarea de Palestina.

Stratopĕdum, i. *n. Jul. Obs.* El campo ó campamento de un ejército, los reales.

Strātor, ōris. *m. Ulp.* El que ensilla el caballo á su señor, y le acomoda en él, ensillador.

Strātōrius, a, um. *Dig.* Lo que es ó sirve para tenderse por tapete ó alfombra.

Strātum, i. *n. Liv.* La cama, el lecho. ‖ Tapete ó alfombra. ‖ Silla, albarda, jalma, aparejo de las bestias.

Strātūra, ae. *f. Suet.* El empedrado de los caminos y calles. ‖ La accion de empedrar. ‖ *Pal.* El piso ó la capa de tierra.

Strātus, us. *m. Varr.* Todo lo que sirve para tender en

**STR**

[el suelo, ó para cubrirse con ello ó acostarse encima, ropa de cama, tapete, colchon &c.

**Strātus**, a, um. *part. de* Sterno. *Cic.* Tendido, echado en tierra, postrado ‖ Estendido. ‖ Cubierto, Tapado. ‖ *Virg.* Sembrado. *Stratus lepide lectus. Plaut.* Cama bien hecha. — *Equus. Cic.* Caballo ensillado, aparejado. — *Somno. Liv.* Echado á dormir. *Stratum regnum. Sen. Trag.* Reino asolado, destruido. — *Mare. Virg.* Mar en calma. — *Mare classibus. Juv.* Mar cubierto de naves.

**Strāvi.** *pret. de* Sterno.

**Strebŭla**, ae. *f.* y **Strebŭla**, ōrum. *n. plur. Varr.* Parte de las carnes de las ancas de las víctimas sacrificadas.

**Strēna**, ae. *f. Plaut.* Estrena ó estrenas, dádiva, presente entre amigos, *y que hacian en lo antiguo los príncipes y patronos á sus vasallos y clientes, y al contrario en los dias festivos, y al principio del año.*

**Strenia**, ae. *f. Varr.*

**Strenua**, ae. *f. S. Ag.* Diosa que se cree hacia á los hombres vigorosos y robustos.

**Strēnue**, ius, issime *adv. Cic.* Valerosa, fuerte, esforzadamente. ‖ Con presteza, con diligencia.

**Strēnuĭtas**, ātis. *f. Varr.* Agilidad, prontitud, diligencia. ‖ *Ov.* Valor, rigor, fortaleza.

**Strēnuo**, ās, āre. *n. Plaut.* Mostrarse valeroso y fuerte.

**Strēnuus**, a, um, ior, issimus. *Cic.* Pronto, ágil, dispuesto, diligente, activo. ‖ Valiente, vigoroso, valeroso, fuerte. *Strenuus impetu. Vel. Pat.* Pronto en el acometer. *Strenua mors. Curc.* Muerte repentina. — *Facie adolescens. Plaut.* Jóven de gallarda figura. — *Toxica. Col.* Venenos muy activos.

**Strĕpĭtans**, tis. *com. Tib.* Lo que hace ruido, estrépito.

**Strĕpĭto**, ās, āvi, ātum, āre. *n. Virg.* Hacer estrépito ó ruido.

**Strĕpĭtus**, us, y **Strĕpĭtus**, i. *m. Ces. En.* Estrépito, estruendo, ruido ingrato. ‖ *Hor.* Sonido agradable. ‖ *Quint.* Pompa, fausto, séquito de los grandes.

**Strĕpo**, is, pui, pĭtum, pĕre. *n. Virg.* Hacer ruido, estrépito ó estruendo. ‖ Resonar, retumbar.

**Strepsĭcĕros**, ōtis. *m. Plin.* El estrepsicerote, *animal especie de cabra, cuyos cuernos son derechos, muy agudos, y llenos de arrugas.*

**Streptos**, i. *f. Plin.* Cierta especie de uva.

**Stria**, ae. *f. Vitruv.* Estria, la orla ó borde relevado de la media caña de la coluna.

**Striātura**, ae. *f. Vitruv.* La cavadura, ó la misma figura estriada ó acanalada.

**Striātus**, a, um. *Vitruv.* Estriado, acanalado. *Striata frons. Apul.* Frente arrugada, arada.

**Strĭbilīgo**, y **Strĭblīgo**, ĭnis. *f. Gel.* El solecismo.

**Strĭblīta**, ae. *f. Cat.* Pastel, torta de pastelería.

**Strĭblītārius**, ii. *m. Non.* El pastelero ó repostero.

**Strictabillae**, ārum. *f. plur. Plaut.* Mugeres que andan arrastrando los pies.

**Stricte**, ius, issime. *adv. Cic.* Estricta, rigorosamente. ‖ Apretada, estrechamente, con opresion.

**Strictim**. *adv. Cic.* Concisa, breve, compendiosamente. *Strictim attondere. Plaut.* Pelar á navaja, á raiz de la piel.

**Strictĭpellae**, ārum. *f. plur. Varr.* Mugeres que cuidaban de desarrugar la tez.

**Strictĭvellae**, ārum. *f. plur. Varr.* Mugeres que cuidaban de cortar el pelo ó el vello, velleras.

**Strictīvus**, a, um. *Cat.* Lo que se corta con la mano.

**Strictor**, ōris. *m. Cat.* El que corta ó arranca con la mano las aceitunas en lugar de varearlas.

**Strictūra**, ae. *f. Plin.* Masa de fierro ablando para labrarse. ‖ *Prud.* La acción de labrarle en el yunque. ‖ *Col.* La cogedura de la aceituna con la mano. ‖ *Plin. Val.* Compresion, apretamiento.

**Strictus**, a, um. *part. de* Stringo. *Liv.* Apretado, comprimido. *Stricta lex. Estat.* Ley dura, severa. ‖ Tomada en todo su rigor. *Epistola. Sen.* Carta seca. — *Poma. frondes. Ces.* Frutas, hojas cortadas con la mano. — *Pellis, Pal.* Piel estirada, tirante. *Strictus aper. Estac.* Jabalí tocado, levemente herido. — *Ensis. Virg.* Espada empuñada. *Strictior Cicerone Demosthenes. Quint.* Demóstenes es mas conciso que Ciceron. *Strictissima janua. Ov.* Puerta que se abre con mucha dificultad, que aprieta mucho.

**Strīdens**, tis. *com. Vitruv.* Rechinante, que hace un ruido penetrante y desagradable. *Stridentia plaustra. Virg.* Carros que rechinan.

**Strīdeo**, ēs, di, dēre. y

**Strīdo**, is, di, dĕre. *n. Virg.* Rechinar, hacer un ruido ingrato, penetrante. *Stridere dentibus. Cel.* Rechinar los dientes.

**Strīdor**, ōris. *m. Cic.* Estridor, rechinamiento, rechino, ruido agudo y desapacible. *Stridor suis. Plin.* El gruñido del cerdo. — *Serrae. Cic.* — *Rudentum. Virg.* El rechino de la sierra, de las cuerdas del navío.

**Strīdŭlus**, a, um. *Ov.* Lo que hace un ruido agudo y penetrante, lo que zumba en los oidos, lo que rechina. *Stridula plaustra. Ov.* Carros cuyas ruedas rechinan. — *Cornus. Virg.* Flecha que va zumbando. — *Fax. Ov.* Luz que chispea. — *Vox. Sen.* Voz chillona.

**Strīga**, ae. *f. Col.* Fila, serie, orden continuado de cosas. ‖ *Front.* El surco. ‖ *Hig.* Fila de la caballería.

**Strĭgārium**, ii. *n. Hig.* Sitio en que se enjaezan los caballos, y se arman los caballeros.

**Strĭgātus**, a, um. *Front.* Labrado á surcos.

**Strĭgil**, is. *m. V.* Strigilis.

**Strĭgĭlēcŭla**, ae. *f. Apul. dim. de*

**Strĭgĭlis**, is. *f. Col.* Instrumento, especie de peine de oro, plata, hierro ó piedra pomez *de que se usaba en los baños para raspar y limpiar el cuerpo de la roña y sudor.* ‖ *Cels.* Geringuilla para infundir alguna medicina en los oidos. ‖ Estregadera, limpiadera. ‖ Estria ó canal de la coluna. ‖ *Plin.* Riel, barra ó masa pequeña de oro en bruto.

**Strigium**, ii. *n. Plaut.* Mala capa, vieja, corta.

**Strigmentum**, i. *n. Cels.* La roña, caspa ó inmundicia que sale del cuerpo raspándole ó frotándole. Raeduras.

**Strigo**, ās, āvi, ātum, āre. *n. Fedr.* Parar, tomar aliento, *se dice especialmente de las caballerías.*

**Strigo**, ōnis. *m. Fest.* Hombre recio, doblado, de muchas fuerzas.

**Strigoniensis comitatus**. *m.* El condado de Gran en la Hungría inferior.

**Strigonium**, ii. *n.* Estrigonia, *ciudad de Hungría.*

**Strĭgōsus**, a, um, ior, issimus. *Liv.* Flaco, macilento. *Se dice propiamente de las caballerías que estan muy estiradas de hambre ó trabajo. Strigosior orator. Cic.* Orador seco, ténue, conciso.

**Stringendus**, a, um. *Cic.* Lo que se ha de apretar.

**Stringo**, is, strinxi, strictum, gĕre. *a. Quint.* Apretar, comprimir, estrechar fuertemente. ‖ Cortar, arrancar. ‖ *Sen.* Ofender. ‖ Tocar, herir ligeramente. ‖ *Stringere gladium. Liv.* Empuñar, sacar la espada. — *Ripas. Virg.* Lamer las orillas. ‖ Costear, tocarlas.

**Stringor**, ōris. *m. Lucr.* Percusion ó tocamiento violento. ‖ El dar diente con diente, tiritar de frio.

**Stringotomium**, ii. *n. Veg.* Instrumento de albeitar, *como fleme.*

**Strio**, ās, āvi, ātum, āre. *a. Vitruv.* Estriar, acanalar, hacer medias cañas.

**Strix**, igis. *f. Prop.* Ave nocturna, *incierta, como murciélago.* ‖ Hechicera, bruja. ‖ *Vitruv.* La estria, canal ó media caña.

**Strōbĭlus**, i. *m. Ulp.* La piña del pino.

**Strōbus**, i. *f. Plin.* Cierto árbol de buen olor *que se quemaba para zahumerio, rociado con vino de palmas.*

**Stroma**, tis. *n. Cap.* Estrado, tapete, alfombra.

**Strombus**, i. *m. Plin.* El estrombo, *concha del mar.*

**Strongylos**, i. y **Strongyle**, es. *f. Plin.* Una de las islas Eolias en el mar tirreno. ‖ *Plin.* Especie de alumbre.

**Strŏpha**, ae. y **Strŏphe**, es. *f. Vitruv.* Vuelta de la ligadura ó atadura. ‖ Treta, maula, astucia, engaño, falacia de palabras. ‖ *Macrob.* La parte del himno que se cantaba á la primera vuelta del ara.

**Strŏphădes**, um. *f. plur. Virg.* Estrifvales, *dos pequeñas islas del mar jonio.*

**Strŏphe**, es. *f.* Estrofe ó estrofa, *cierto número de versos cualesquiera, en que se cierra cada pensamiento en una oda ó cancion poética.*

**Strŏphiārius**, ii. m. *Plaut.* El que hace fajas ó pecheras para las mugeres.

**Strŏphiŏlum**, i. n. *Plin.* Pequeña diadema, corona ó guirnalda de flores.

**Strŏphium**, ii. n. *Catul.* Faja de muger para sostener los pechos, pechera. ‖ *Fest.* Corona ó guirnalda de flores, divisa de los sacerdotes.

**Strŏphōsus**, a, um. *Virg.* Sujeto á cólica ó cólico.

**Strŏphus**, i. m. *Cæl.* Dolor de vientre, dolor cólico, dolor de tripas.

**Stroppus**, i. m. *Fest.* Faja, corona que llevaban por insignia los sacerdotes.

**Structe**, ius. adv. *Tert.* Adornadamente, con pompa y aparato.

**Structĭlis**. m. f. le. n. is. *Vitruv.* Compuesto, fabricado de varias piezas. ‖ *Marc.* Apto, á propósito para fabricar.

**Structio**, ōnis. f. *Pal.* Estructura, construccion, fábrica, composicion.

**Structŏr**, ōris. m. *Cic.* Constructor, fabricante, arquitecto. ‖ Disponedor de un convite ó de cualquier otro aparato. *Structor annonæ. Cic.* Comisario ó proveedor de víveres.

**Structōrius**, a, um. *Tert.* Lo que pertenece al constructor ó arquitecto.

**Structum**, i. n. *Lucr.* La obra de fábrica.

**Structūra**, æ. f. *Col.* Estructura, hechura, composicion, orden, método. ‖ Fábrica, construccion, arquitectura. ‖ Obra de fábrica. ‖ Composicion, colocacion de las palabras y sentencias en un discurso.

**Structus**, a, um. part. de *Struo. Cic.* Compuesto, hecho, construido, fabricado, dispuesto con orden. ‖ Bien ordenado, bien colocado en la oracion. *Structa acies. Liv.* Ejército ordenado, formado. *Structæ insidiæ. Tac.* Asechanzas armadas, dispuestas.

**Strues**, is. f. *Liv.* Monton, hacina de cosas unas sobre otras. ‖ La hoguera ó pira. ‖ *Ov.* Oblacion de ciertas tortas compuestas de harina, miel y aceite.

**Strufĕrētārius**, y **Strufertārius**, ii. m. *Fest.* El que hacia sacrificios y ofrendas bajo de los árboles heridos de rayo ó por otras espiaciones. *Estas personas solian ser alquiladas.*

**Struix**, ĭcis. f. *Plaut.* Monton, cúmulo, hacina de cosas. *Struix malorum. Nev.* Cúmulo, tropel de desgracias. *Struices patinariæ. Plaut.* Pila de platos puestos unos sobre otros en algun aparador.

**Strūma**, æ. f. *Cels.* La papera ó lamparon. *Struma civitatis. Cic.* Peste, oprobrio de la ciudad.

**Strumatĭcus**, a, um. *Firm.* El que tiene paperas ó lamparones.

**Strumea**, æ. f. *Plin.* Yerba especie de ranúnculo, bellida.

**Strumella**, æ. f. *Marc. Emp.* Pequeña papera.

**Strumōsus**, a, um. *Col.* El que padece paperas.

**Strumus**, i. m. *Plin.* La yerba estrumo ó estrigno que cura los lamparones.

**Struo**, is, struxi, structum, struĕre. a. *Hirt.* Construir, fabricar colocando unas cosas sobre otras. ‖ Amontonar, hacinar, acumular. ‖ Maquinar, disponer, trazar. *Quint.* Colocar, ordenar, disponer, poner en orden. *Struere aciem. Cic.* Formar un ejército en batalla. — *Mendacium. Liv.* Forjar, urdir una mentira. — *Insidias. Liv.* Armar asechanzas, celadas ó emboscadas. — *Orationem. Gel.* — *Verba. Cic.* Componer una oracion, colocar bien las palabras. — *Epulas. Ov.* Disponer un convite. — *Opes. Liv.* Amontonar riquezas. — *Causas. Tac.* Hallar, fingir pretextos.

**Struppus**. m. *Fest.* Haz de verbena, de los cuales se ponian varios en las almoadas de los dioses, y figuraban las cabezas de ellos. ‖ *Gel.* Cuerda de cáñamo con que se atan los remos á los escalamos.

**Struthea**, y **Struthia**, mala, ōrum. n. plur. *Plin.* Los melocotones.

**Strutheus**, i. m. *Fest.* El miembro viril.

**Struthio**, ōnis. m. *Plin.* El avestruz, la mayor de todas las aves.

**Struthiŏcămēlīnus**, a, um. *Plin.* Lo que pertenece al avestruz.

**Struthiŏcămēlus**, i. m. *Plin.* El avestruz.

**Struthiŏmēla**, ōrum. n. plur. *Catul.* Los melocotones.

**Struthium**, ó **Struthion**, ii. n. *Plin.* La yerba jabonera.

**Strutopŏdes**, um. m. f. plur. *Plin.* Lo que ó las que tienen los pies como el avestruz.

**Struxi**. pret. de *Struo*.

**Strychnos**, i. m. **Strychnum**, i. n. *Plin.* La yerba estrumo ó estrigno.

**Stryme**, es. f. *Plin.* Isla del mar egeo.

**Strymon**, y **Strymo**, ōnis. m. *Virg.* El rio Estrimon de Macedonia ó de Tracia.

**Strymŏnĭcus**, a, um. *Plin.* Lo que toca al rio Estrimon.

**Strymōnis**, ĭdis. Prop. La muger tracia ó habitadora cerca del rio Estrimon.

**Strymōnius**, a, um. *Plin.* Lo perteneciente al rio Estrimon, á Tracia, á Macedonia, á Bitinia.

**Stŭdens**, tis. com. *Plin.* Estudiante, el que estudia.

**Stŭdeo**, es, dui, dēre. n. *Cic.* Estudiar, dedicarse, aplicarse al estudio. ‖ Procurar, desear. ‖ Favorecer, seguir el partido ó faccion de alguno. *Studere alicui. Cic.* Desear con ansia una cosa. — *In aliquid. Quint. In re aliqua. Cic.* Aplicarse á alguna cosa, poner en ella trabajo, atencion, diligencia. *Gloriæ. Cic.* Pretender gloria ó fama. — *Alicui. Cic.* Procurar servir, hacer favor á alguno. *Novis rebus. Cic.* Desear, ser amigo de novedades, de alteraciones. *Qui te nec amat, nec studet tui. Cic.* Que ni te ama, ni desea servirte.

**Stŭdiōse**, ius, issime. adv. *Cic.* Estudiosamente, con aplicacion, con aficion, con cuidado, con diligencia.

**Stŭdiōsus**, a, um, ior, issimus. *Cic.* Estudioso, aplicado, dado al estudio, á las letras. ‖ Favorecedor, afecto, aficionado, servicial, que mira con zelo los intereses de otro, parcial. ‖ Diligente, solícito, deseoso con ansia. *Studiosus rei nullæ. Plaut.* No aficionado á cosa alguna. *Restituendi mei, quam retinendi studiosior. Cic.* Mas solícito por mi restitucion, que por mi permanencia en Roma. *Studiosissimus existimationis meæ. Cic.* Muy amante de mi reputacion. — *Mutandi. Cic.* Muy mudable, inconstante.

**Stŭdium**, ii. n. *Cic.* Estudio, aplicacion. ‖ Aficion, pasion, amistad, benevolencia, amor, favor, parcialidad. ‖ Deseo, cuidado, propension, aplicacion, voluntad, deleite. ‖ *Capit.* Escuela, lugar donde se ejercitan los estudios. *Studium histrionale. Tac.* Profesion del comediante. — *Puellare. Ov.* Diversiones de las muchachas. — *Fallit laborem. Ov.* La pasion hace olvidar el trabajo. *Studio. Cic.* Con estudio, de propósito, de intento, con todo cuidado, de muy buena gana. — *Dissimili est. Ter.* Es de gusto, de humor diferente. — *Quibus militia est. Cic.* Los que tienen pasion por la milicia. *Studia Principum. Nep.* Las inclinaciones, pasiones, costumbres, genios, afectos de los sugetos principales. — *In contraria scinditur vulgus. Virg.* El vulgo se divide en contrarios pareceres.

**Stulte**. adv. *Cic.* Necia, loca, disparatadamente. *Stultissime credere. Cic.* Creer muy de ligero. *Stultius agere. Cels.* Obrar con mucha imprudencia.

**Stultesco**, is, ĕre. n. *Plaut.* Volverse tonto, entontecerse.

**Stultĭlŏquentia**, æ. f. *Plaut.* y

**Stultĭlŏquium**, ii. n. *Plaut.* Tontería, fatuidad, necedad en el hablar.

**Stultĭlŏquus**, a, um. *Plaut.* El que habla necedades, fatuo, tonto.

**Stultĭtia**, æ. f. *Cic.* Locura, necedad, bobería, falta de juicio. ‖ *Plin.* Ignorancia, impericia.

**Stultius**. adv. V. *Stulte*.

**Stultĭvĭdus**, a, um. *Plaut.* Que ve necia y malamente, que en ver se manifiesta necio.

**Stultŭlus**, a, um. *Apul.* Necio, fatuo, tontito. dim. de

**Stultus**, a, um, tior, tissimus. *Cic.* Necio, fatuo, bobo, loco. ‖ *Dig.* Ignorante. *Stultissima persona. Cic.* Personage muy tonto, muy ridículo. *Stultior sed ego. Plaut.* Pero mas tonto ó loco soy yo. *Stultus stulta loquitur.*

*adag.* Hijo de la cabra cabrito ha de ser. *ref.*

Stūpa, ae. *f. Cic.* La estopa.

Stūpārius, a, um. *Plin.* Lo que es de estopa.

Stūpĕfăcio, is, fēci, factum, cĕre. *a. Liv.* Pasmar, dejar á uno absorto, aturdir, sorprender con pasmo ó admiracion.

Stūpĕfactus, a, um. *part. de* Stupefacio. *Cic.* Pasmado, aturdido, absorto.

Stūpĕfio, is, iĕri. *n. Prop.* Pasmarse, aturdirse, quedarse absorto.

Stūpendus, a, um. *Val. Max.* Estupendo, admirable, pasmoso, maravilloso.

Stūpens, tis. *com. Cic.* Pasmado, admirado, absorto, atónito.

Stūpeo, ēs, pui, pēre. *n. Cic.* y

Stūpesco, is, pui, ĕre. *Cic.* Pasmarse, quedarse absorto, admirado, atónito, aturdido. *Stupere in alique. Val.—Flac.—Aliquid. Virg. In aliquem. Cic.* Mirar á alguno ó alguna cosa con admiracion, quedarse pasmado al verla. *Stupet oculorum acies. Hor.* La vista se ofusca, se deslumbra. *Verba stupuerunt. Ov.* Le faltaron las palabras, le faltó el habla.

Stūpeus, a, um. *Virg.* Lo que es de estopa. *Stupea vincula. Virg.* Maromas, cables.

Stūpĭdĭtas, ātis. *f. Cic.* Estupidez, necedad, bobería, tontería.

Stūpĭdo, as, āre. *a. Marc. Cap.* Hacer, volver, poner estúpido.

Stūpidus, a, um. *Cic.* Estúpido, bruto, insensato, estólido. ∥ *Capitol.* Gracioso, arlequin, bufon.

Stūpor, ōris. *m. Cic.* Estupor, pasmo. ∥ Estupidez, estolidez. ∥ *Catul.* Hombre estúpido. *Stupor sensuum. Plin.* Entorpecimiento de los sentidos.

* Stūpŏrātus, a, um. *Tert.* Lo que causa vana y necia admiracion.

Stuppa, Stupparius, Stuppeus. *V.* Stupa &c.

Stuprātio, ōnis. *f. Arnob.* Violacion, fuerza hecha á una doncella.

Stuprātor, ōris. *m. Quint.* Estuprador, el que viola á una doncella.

Stuprātus, a, um. *Cic.* Estuprado, violado por fuerza. *Stupratum judicium. Cic.* Juicio corrompido con dinero.

Stupro, ās, āvi, ātum, āre. *a. Cic.* Estuprar, violar por fuerza, forzar á una doncella, quitarle su honor. ∥ Contaminar, corromper, echar á perder.

Stuprōsus, a, um. *Val. Max.* Inclinado, propenso á estupros, á deshonestidad y lujuria.

Stuprum, pri. *n. Cic.* Estupro, acto ilícito con doncella ó viuda. ∥ Deshonestidad, trato torpe, lujuria. ∥ *Fest.* Torpeza, deshonra.

Stūpui. *pret. ant. de* Stupeo y *de* Stupesco.

Stūrio, ōnis. *m. Juv.* El esturion, *pescado que nada contra la corriente.*

Sturnus, i. *m. Marc.* El estornino, *pájaro muy parecido al tordo.*

Stygiālis. m. f. lĕ. n. is. *Virg.* y

Stygius, a, um. *Virg.* Estigio, de la laguna Estigia ó del infierno. ∥ Infernal.

Stylŏbăta, ae. *m. Vitruv.* y

Stylŏbătes, ae. *m. Varr.* El pedestal, basa ó pie de la coluna.

Stylus. *V.* Stilus.

Stymma, ătis. *n. Plin.* El poso ó heces de un licor.

Symphălĭcus, a, um. *Plaut.* Lo que es de ó pertenece al lago ó monte Estinfálo.

Symphălĭdes, dum. *f. plur. Hig.* Las aves estinfálides, *alumnas de Marte en el monte Estinfálo, que por su multitud se fingió que oscurecian el sol, y haciendo mucho daño en los campos, gentes y ganados de Arcadia, al fin fueron esterminadas por Hércules.*

Symphălius, a, um. *Catul. V.* Stymphalicus.

Symphălus, i. *m.* Symphălum, i. *n. Estac.* Estinfálo, *monte del Peloponeso; y lago y rio que nace de este monte.*

Stypteria, ae. *f. Ulp.* y

Stypterium, ii. *n.* El alumbre, *asi llamado por su virtud astringente.*

res. *Suavitas oris ac vocis. Nep.* Suavidad de la pronunciacion y la voz.

Suáviter, ius, issĭme. *adv. Cic.* Suave, dulcemente.

Suavĭtūdo, ĭnis. *f. Plaut.* Suavidad, dulzura.

Suavĭum, ii. *n. Cic.* Beso, ósculo.

Sub. *prep. de ablat.* cuando se junta con palabras que significan quietud, y de acusat. cuando con palabras que denotan movimiento. *Sub mensa. Petron.* Debajo de la mesa.— *Montem. Ces.* Junto á, á la falda de un monte.— *Ea conditione. Cic.* Bajo de ó con condicion.— *Sole. Virg.* Al sol.— *Ad ventum. Col.* Á la venida.— *Dio. Col.* Á la inclemencia, al cielo abierto.— *Prima frigora. Virg.* Á los primeros frios.— *Eas litteras recitatae sunt tuae. Cic.* Despues de aquella carta se leyó la tuya.— *Urbe. Ter.* Cerca de la ciudad.— *Frigido sudore mori. Cels.* Morir con un sudor frio.— *Idem tempus. Suet.* Al mismo tiempo.— *Oculis. Ces.* Á la vista, delante de los ojos.— *Judice lis est. Hor.* El pleito está en poder del juez. No está el punto decidido. — *Somno sanescere. Cels.* Sanar con el sueño.— *Exemplo. Juv.* Con el ejemplo, tomando ejemplo.— *Hoc tempus. Cic.* Á este ó cerca de este tiempo.— *Alexandro. Cic.* Bajo el imperio de ó reinando Alejandro.— *Vesperum. Cic.* Á la tarde.— *Poena perpetuae servitutis. Suet.* Bajo ó sopena de perpetua esclavitud.— *Eodem tempore. Ov.* Hácia el mismo tiempo.

Subabsurde. *adv. Cic.* Algo necia y disparatadamente.

Subabsurdus, a, um. *Cic.* Un poco majadero.

Subaccūso, as, āvi, ātum, āre. *a. Cic.* Acusar ligeramente ó en parte.

Subăcerbus, a, um. *Fest.* Algo agrio ó amargo.

Subăcĭde. *adv. Tert.* Algo agria ó ásperamente.

Subăcĭdŭle. *adv. Tert.* Algun tantito agria ó ásperamente.

Subăcĭdŭlus, a, um. *Cat.* Alguna cosita áspero ó agrio, ó ácido, acedo.

Subactio, ōnis. *f. Vitruv.* La accion de moler, de machacar y batir una cosa. ‖ Ejercicio, cuidado de cultivar.

Subactor, ōris. *m. Lampr.* El que fuerza ú obliga por fuerza.

Subactus, us. *m. Plin.* V. Subactio.

Subactus, a, um. *part. de Subigo. Cic.* Subyugado, sujeto, vencido, domado. ‖ Cultivado. ‖ Molido, batido. ‖ *Liv.* Aguerrido. ‖ Obligado, forzado, compelido.

Subadjŭva. *m. Dig.* El que coadyuva, el que ayuda á otro bajo sus órdenes.

Subadmŏvĕo, ēs, vi, mōtum, vēre. *a. Col.* Arrimar, acercar un poco ú ocultamente.

Subaeger, gra, grum. *Cel.* Un poco, algo indispuesto.

Subaegre. *adv. Lucr.* Con alguna pena, con alguna dificultad. ‖ Con alguna inquietud, con algun pesar.

Subaerātus, a, um. *Pers.* Forrado por dentro de cobre.

Subăgĭtātio, ōnis. *f. Plaut.* Agitacion, movimiento oculto.

Subăgĭtātrix, īcis. *f. Plaut.* La que agita, mueve ó conmueve, é incita ó toca ocultamente.

Subăgĭto, as, āvi, ātum, āre. *a. Plaut.* Agitar, conmover ocultamente. ‖ *Apul.* Solicitar en mala parte.

Subagrestis. *m. f. tĕ. n. is. Cic.* Algo agreste, un poco rústico.

Subālāris. *m. f. rĕ. n. is. Nep.* Lo que se oculta debajo del brazo ó del sobaco. *Habla de un puñal.*

Subalbens, tis. *com. Casiod.* y

Subalbĭcans, tis. *com. Varr.* Blanquecino, lo que blanquea algo, que tira á blanco.

Subalbĭco, ās, āre. *n. Varr.* Ser blanquecino, tirar á blanco, blanquear un poco.

Subalbĭdus, a, um. *Plin.* y

Subalbus, a, um. *Varr.* Algo blanco, blanquecino.

Subalpīnus, a, um. *Plin.* Situado, colocado, puesto al pie de los Alpes.

Subalternĭcum, i. *n. Plin.* Especie de electro rojo.

Subămārum. *adv. Amian.* Algo amargamente.

Subămārus, a, um. *Varr.* Algo amargo.

Sŭbans, tis. *com. Plin.* Que esta acalorado, enamorado.

Sŭbăpĕrio, is, īre. *a. Arnob.* Abrir ocultamente. ‖ Entreabrir, abrir un poco.

Subăquānĕus, y Subăquĕus, a, um. *Tert.* Que está debajo del agua.

Subăquĭlus, a, um. *Plaut.* Negruzco, moreno, que tira á negro.

Subărātio, ōnis. *f. Plin.* La accion y efecto de mover la tierra por abajo.

Subărātor, ōris. *m. Plin.* El que mueve la tierra por debajo.

Subărātus, a, um. *part. de Subaro. Plin.* Arado, movido por abajo.

Sŭbăreo, ēs, rui, ēre. *n.* y

Sŭbăresco, is, rui, scĕre. *n. Vitruv.* Empezar á secarse, ponerse algo ó un poco seco.

Sŭbărescens, tis. *com. Vitruv.* Lo que empieza á secarse.

Subargūtŭlus, a, um. *dim. de*

Subargūtus, a, um. *Gel.* Delgadillo, delicadillo.

Subārĭde. *adv. Gel.* Con alguna aridez ó sequedad.

Subarmāle, is. *n.* y

Subarmālis. *m. f. lĕ. n. is. Esparc.* Género de vestido que se dobla bajo de la espalda. ‖ Ropa ó jubon de armar, que se lleva debajo de las armas.

Subăro, ās, āvi, ātum, āre. *a. Plin.* Arar, mover la tierra por bajo.

† Sŭbarrŏgans, tis. *com.* Algo arrogante, fanfarron.

Sŭbarrŏganter. *adv. Cic.* Con alguna arrogancia.

Sŭbārui. *pret. de Subareo.*

Subasper, ĕra, ĕrum. *Cels.* Algo áspero al tacto.

Subassentiens, tis. *Quint.* Casi conforme ó de acuerdo.

Subasso, ās, āre. *a. Apic.* Asar lenta ó medianamente.

Subāter, tra, trum. *Plin.* Negruzco, que tira á negro.

Subātio, ōnis. *f.* y

Subātus, us. *m. Plin.* Apetito del coito, ardor de la hembra por el macho.

Subaudio, is, īvi, ītum, īre. *a. Ascon.* Entreoir, medio entender.

Subaudĭtio, ōnis. *f. Serv.* El acto de entreoir.

Subaudītus, a, um. *part. de Subaudio. Ulp.* Entreoido, medio oido, no bien oido.

Subaurātus, a, um. *Petron.* Algo ó medio dorado.

Subauscultātor, ōris. *m. Quint.* El que escucha de paso.

Subausculto, ās, āvi, ātum, āre. *a. Cic.* Escuchar de paso, de oculto, como que no se pone atencion.

Subaustērus, a, um. *Cels.* Un poco amargo al gusto.

Subbalbe. *adv. Sparc.* Algo balbucientemente.

Subballio, ōnis. *f. Plaut.* Vicario de Balio, ó segundo, ó Sota Balio, *que es nombre de su siervo.*

Subbăsĭlĭcānus, a, um. *Plaut.* Paseante, ocioso, novelero, que va á pasar el tiempo al pórtico de palacio.

Subbĭbo, is, bĭbi, bĭtum, bĕre. *a. Plaut.* Beber mas de lo necesario.

Subbĭgo, is, ĕre. V. Subigo.

Subbĭni, ae. *a. plur. Manil.* Dos.

Subblandior, īris, ītus sum, īri. *dep. Plaut.* Halagar, hacer ó decir caricias.

Subbrĕvis. *m. f. vĕ. n. is. Plin.* Algo breve.

Subcaelestis. *m. f. tĕ. n. is. Tert.* Lo que está debajo del cielo.

Subcaerŭleus, y Subcaerŭlus, a, um. *Cels.* Algo cerúleo.

Subcandĭdus, a, um. *Plin.* Blanquecino, que tira á blanco.

Subcāvus, a, um. *Lucr.* Un poco cóncavo ú hondo.

Subcentūrio, ōnis. *f. Liv.* Teniente de centurion, de una compañía de cien hombres.

Subcerno, y Succerno, is, crēvi, crētum, nĕre. *a. Plin.* Separar con el cribo, cribar.

Subcesivus. V. Subsecivus.

Subcĭnĕrĭtius, a, um. *Bibl.* Cocido debajo de la ceniza.

Subcingo, gis, nxi, nctum, gĕre. *a. Liv.* Ceñir, rodear.

Subcingŭlum, i. *n. Plaut.* Cíngulo, ceñidor.

Subcisīnum, i. *n. Quint.* El resto, lo que queda.

Subcisīvus, a, um. V. Subsecivus.

Subcoacta, ōrum. *n. plur. Cas.* Fieltros, lana comprimida, no tegida para hacer sombreros.

Subcoeno, ās, āvi, ātum, āre. *a. Quint.* Cenar de oculto ó á medias.

Subconsul, is. *m. Inscr.* Ministro del cónsul.

**Subcontŭmēliōse.** *adv. Cic.* Algo afrentosamente.
**Subcŏquo,** is, ĕre. *Marc. Empir.* Cocer un poco.
**Subcornĭcŭlārius,** ii. m. *Inscr.* Ministro del corniculario.
**Subcortex,** ĭcis. m. f. *Veg.* La corteza interior.
**Subcrassŭlus,** a, um. *Capitol.* Algo craso ó espeso.
**Subcresco,** is, crēvi, crētum, scĕre. n. *Cel.* Crecer, nacer, criarse por debajo.
**Subcrētus,** a, um. *part. de* Subcerno. Cribado, separado con el cribo.
**Subcrispus,** a, um. *Cic.* Algo crespo de cabello.
**Subcrūdesco,** is, ĕre. n. *Cels.* Madurar ó cocer á medias, estar medio crudo ó cocido.
**Subcrūdus,** a, um. *Cels.* Medio crudo.
**Subcrŭentus,** a, um. *Cels.* Un poco sangriento.
**Subcultrātus,** a, um. *Apic.* Cortado con cuchillo.
**Subcultro,** as, are. a. *Apic.* Cortar con cuchillo.
**Subcumbus,** ó Succumbus, i. m. *Goes.* Coluna, pilastra que sirve de término ó límite. || Término, límite.
**Subchneatus,** a, um. *Vitruv.* Afirmado, apoyado por debajo con cuñas.
**Subcūrātor,** ōris. m. *Dig.* Curador subrogado, sustituido.
**Subcurvus,** a, um. *Amian.* Algo corvo.
**Subcustos,** ōdis. m. *Plaut.* Guarda sustituido por otro.
**Subcŭtāneus,** a, um. *Sol.* Lo que está debajo del cútis, entre cuero y carne.
**Subdēbĭlis.** m. f. lĕ. n. is. *Suet.* Algo debil, flaco.
**Subdēbĭlĭtātus,** a, um. *Cic.* Un poco debilitado.
**Subdēfĭciens,** tis. com. *Curc.* Que va faltando ó muriendo poco á poco.
**Subdēfĭcio,** is, ĕre. n. *S. Ag.* Ir faltando, irse muriendo insensiblemente.
**Subdĭăcōnātus,** us. m. *Eccles.* El subdiaconado, la dignidad y orden de subdiácono.
**Subdĭăcōnus,** i. m. *Eccles.* El subdiácono.
**Subdĭālis.** m. f. lĕ. n. is. *Plin.* Lo que está al aire, á la inclemencia.
**Subdĭdi.** *pret. de* Subdo.
**Subdiffĭcĭlis.** m. f. lĕ. n. is. *Cic.* Algo difícil.
**Subdiffīdo,** is, diffisus sum, dĕre. n. *Cic.* Desconfiar alguno tanto.
**Subdisjunctīvus,** a, um. *Dig.* Disyuntivo, *que de dos cosas ó palabras, supuesta una, se quita ó escluye la otra.*
**Subdistinctio,** ōnis. f. *Diom.* La coma ó distincion que se pone por pausa en la leccion.
**Subdistinguo,** is, inxi, nctum, gĕre. a. *Ascon.* Poner coma ó distincion en la escritura.
**Subdĭtītius,** a, um. *Cic. y*
**Subdĭtīvus,** a, um. *Plaut.* Fingido, supuesto, supositicio.
**Subdĭto,** as, are. a. *Lucr. frec. de* Subdo. Añadir como por debajo, ó tácita ú ocultamente.
**Subdĭtus,** a, um. *Liv. part. de* Subdo. Puesto por debajo. || Sustituido, puesto por otro. || Súbdito, sujeto al imperio ú dominio de otro.
**Subdiu.** *adv. Plaut.* De dia, por el dia.
**Subdival,** ālis. n. *Tert.* El terrado ó tejado de la casa.
**Subdivālis.** m. f. lĕ. n. is. *Amian.* Lo que está al aire, á la inclemencia.
**Subdīvĭdo,** is, vīsi, sum, dĕre. a. *S. Ag.* Volver á dividir, dividir segunda vez, subdividir.
**Subdīvĭsio,** ōnis. f. *Bibl.* Segunda division, subdivision.
**Subdīvīsus,** a, um. *Tert.* Vuelto á dividir.
**Subdo,** is, dĭdi, dĭtum, dĕre. a. *Tac.* Poner, meter por debajo. || Sustituir, subrogar, poner en lugar de ó en el puesto ó sitio de otro. || *Claud.* Sujetar, rendir, domar. *Subdere calcar equo. Ov.* Dar de ó apretar las espuelas al caballo.— *Stimulos animo. Liv.* Estimular, aguijonear el ánimo.— *Reum. Tac.* Acusar á uno falsamente, imputarle el delito de otro.— *Puerum. Plaut.* Suponer un hijo.— *Rumorem. Tac.* Estender un falso rumor.
**Subdŏceo,** ēs, cui, doctum, cēre. a. *Cic.* Hacer veces de maestro, enseñar á horas desocupadas.
**Subdoctor,** ōris. m. *Auson.* Pasante ó repetidor de un maestro.
**Subdoctus,** a, um. *Quint.* Algo, poco instruido.
**Subdōle.** *adv. Plaut.* Astutamente, con engaño.

**Subdŏlus,** a, um. *Tac.* Astuto, engañador, fraudulento.
**Subdŏmo,** as, mui, mĭtum, are. a. *Plaut.* Domar, rendir, sujetar.
**Subdŭbĭto,** as, avi, ātum, are. n. *Cic.* Dudar algun tanto, estar algo dudoso, incierto.
**Subdūco,** is, xi, ctum, cĕre. a. *Liv.* Sacar, levantar de abajo arriba. || Quitar, hurtar, robar á escondidas. || Contar, calcular. || Deducir, sustraer. || Engañar, seducir. *Subducere corpus ab ictu. Petron.* Retirar, libertar el cuerpo de un golpe, hurtar el cuerpo.— *Alicui cibum. Cic.* Quitar á uno la comida.— *Se custodiæ. Sen.* Escaparse de la prision.— *Alvum. Cels.* Facilitar, mover el vientre.— *Copias in collem. Ces.* Retirar las tropas á una colina.— *Rationem. Cic.* Hacer, echar la cuenta.
**Subductārius,** a, um. *Cat.* Lo que sirve para levantar ó elevar de abajo arriba.
**Subductio,** ōnis. f. *Ces.* La accion de sacar, de levantar y de retirar. || La cuenta ó cómputo.
**Subductus,** a, um. *part. de* Subduco. *Plin.* Levantado, elevado de abajo. *Subductum supercilium. Sen. Subductus vultus. Prop.* Entrecejo arrugado, semblante severo. *Subducta ratio. Cic.* Cuenta hecha, sacada, ajustada.— *Navis. Ces.* Nave retirada.— *Lacerna. Marc.* Ropa robada.
**Subdulcesco,** is, ĕre. n. *Cels.* Endulzarse un poco.
**Subdulcis.** m. f. cĕ. n. is. *Plin.* Algo dulce.
**Subdūrātio,** ōnis. f. *Col.* Pequeña dureza.
**Subdūrātor,** ōris. m. *Veg.* El que endurece un poco.
**Subdūrus,** a, um. *Cels.* Algo duro, dificultoso.
**Subduxi.** *pret. de* Subduco.
**Subĕdo,** is, ó es, ēdi, ēsum, dĕre. a. *Ov.* Comer, minar, roer por debajo.
**Subēgi.** *pret. de* Subigo.
**Subeo,** is, ivi, ó ii, itum, ire. n. *Cic.* Entrar, meterse por debajo. || Esponerse, aventurarse. || Sufrir, padecer, soportar, aguantar. || Aceptar, recibir. || Asaltar, atacar. || Subir. || *Virg.* Llegar, arribar, sobrevenir. || Apoderarse, enseñorearse, ocupar el puesto. || Revestirse de un personage, hacer tal ó tal figura. *Subire aleam. Col.* Esponerse á la suerte.— *Fortunam. Liv.* Correr fortuna.— *Conditionem. Ces.* Recibir la ley.— *Odium. Liv.* Padecer el odio incurrido.— *Auxilio alicui. Virg.* Venir, llegar al socorro de alguno.— *Portum. Plin.* Entrar en el puerto.— *Ad hostes. Liv.* Ir contra los enemigos.— *In mare. Plin.* — *Navigationem. Ces.* Hacerse á la mar, navegar.— *Famam temeritatis. Cic.* Pasar por un temerario.— *Deditionem. Ces.* Rendirse á composicion.— *Minus sermonis. Cic.* Dar menos que decir.— *Ad portam. Liv.* Presentarse á la puerta.— *Onus. Hor.* Llevar la carga.— *Negotium. Cic.* Emprender un negocio, encargarse de él, tomarle á su cargo, de su cuenta.— *Aliquem. Val. Flac.* Atacar, acometer á alguno. *Subeunt morbi. Virg.* Acometen, sobrevienen las enfermedades.
**Sŭber,** ĕris. n. *Plin.* El alcornoque, *arbol.*
**Sŭbĕrectus,** a, um. *Apul.* Erigido, levantado.
**Sŭbĕreus,** a, um. *Col.* Lo que es de alcornoque.
**Sŭbĕries,** ēi. f. *Fest. V.* Suber.
**Sŭbĕrigo,** is, rexi, rectum, gĕre. a. *Sil. Ital.* Levantar, elevar, erigir.
**Sŭberrans,** tis. com. *Claud.* Que anda errante por debajo, que pasa ó corre por debajo. *Suberrantes fluvii montibus. Claud.* Rios que corren por debajo de los montes.
**Sŭberro,** as, are. n. *Claud.* Correr, pasar por debajo.
**Sŭbest.** *V.* Subsum.
**Sŭbeundus,** a, um. *Quint.* Que ha de ser ganado, conciliado, acometido, solicitado con arte.
**Sŭbex,** ĭcis. m. *Gel. V.* Subices.
**Sŭbexĭbeo,** ēs, ēre. a. *Arnob.* Exibir, mostrar, presentar, manifestar de algun modo.
**Subexplĭcans,** tis. com. *Arnob.* El que estiende por debajo.
**Subfarrāneus,** a, um. *Plin.* El que recibe de un esclavo la racion de harina, como el esclavo de su patron.
**Subfermentātus,** a, um. *Tert.* Algo fermentado.
**Subfervĕfăcio,** is, ĕre. a. *Plin.* Hacer cocer ó hervir un poco.

Subfervefactus, a, um. *Plin. part. de*
Subfervefio, is, factus sum, fieri. *pas. Plin.* Cocer, hervir un poco.
Subfervidus, a, um. *Cel.* Un poco caliente.
Subfibulatus, a, um. *Veg. part. de*
Subfibulo, as, avi, atum, are. *a. Veg.* Prender con una hebilla por debajo, abrochar.
Subfibulum, i. *n. Fest.* El velo blanco de las Vestales.
Subflavus, a, um. *Suet.* Algo rubio, rojo.
Subfrico, as, cui, ctum, care. *a. Col.* Frotar, estregar un poco.
Subfrigide. *adv. Gel.* Algo friamente.
Subfrigidus, a, um. *Amian.* Algo frio.
Subfusculus, a, um. *Amian. dim.*
Subfuscus, a, um. *Tac.* Algo negro, oscuro, moreno.
†Subgamba, ae. *f. Veg.* El menudillo de las caballerías.
Subglutio, is, ire. *a. Veg.* Tragar con algo de ansia. ǁ Sollozar. ǁ Regoldar, eructar.
Subgrandis. m. f. de. n. is. *Cic.* Algo grande.
Subgravis. m. f. ve. n. is. *Cic.* Algo grave, desagradable, ofensivo.
Subgrunda, ae. *f. Varr.* El alero ó canalon del tejado, que despide las aguas lejos de la pared.
Subgrundarium, ii. *n. Rutil.* Sitio comun para enterrar los niños que no passaban de 40 dias. ǁ Lugar donde se recogen las aguas llovedizas despedidas por las canales de los tejados.
Subgrundatio, onis. *f. Vitruv.* La fábrica del alero de los tejados.
Subgrundium, ii. *n. Vitruv. V.* Subgrunda.
Subgrunnio, is, ire. *n. Paul. Nol.* Gruñir por lo bajo.
Subgularis. m. f. re. n. is. *Grut.* Lo que está debajo del garguero.
Subhaereo, es, si sum, rere. *n. Cels.* Estar un poco pegado, ó por debajo.
Subhastarius, a, um. *Cod. Teod.* Puesto en venta, en almoneda pública, sacado á vender.
Subhastatio, onis. *f. Cod. Teod.* Venta, almoneda, pública subasta.
Subhastatus, a, um. *Cod. Teod. part. de*
Subhasto, as, avi, atum, are. *a. Solin.* Sacar á pública subasta, vender públicamente.
Subhorresco, is, scere. *n. Sien.* Horrorizarse, amedrentarse un poco.
Subhorride. *adv. Gel.* Algo horriblemente.
Subhorridus, a, um. *Cic.* Algo hórrido, horrible. ǁ Agreste, grosero, inculto.
Subhumidus, a, um. *Cels.* Algo húmedo.
Subicito, as, are. *a. Plaut. V.* Subigo.
Subiculum, i. *n. Plaut.* Lo que está sujeto, espuesto á. *Subiculum flagri. Plaut.* Yunque del azote. *Nombre de oprobrio que se dá á un siervo.*
Subidus, a, um. *Gel.* Enardecido de amor.
Subiens, tis. *com. Sil. Ital.* El que llega ó sobreviene.
Subigendus, a, um. *Col.* Lo que se ha de remover, menear ó revolver.
Subigo, is, egi, actum, gere. *a. Col.* Mover, mezclar, menear, revolver. ǁ Obligar, forzar. ǁ Sujetar, vencer, rendir, subyugar. ǁ Frotar, estregar. ǁ *Sen.* Macerar, ablandar, quebrantar. ǁ *Virg.* Afilar, amolar. *Subigere gypsum. Vitruv.* Amasar el yeso. — *Terram. Cic.* Arar, labrar la tierra. — *Fateri. Virg.* Obligar á confesar. — *Vitulos. Col.* Domar los novillos.
Subii. *pret. de* Subeo.
Subiit. *en lugar de* Subivit. *V.* Subeo.
Subimpetrandus, a, um. *Tac.* Lo que se ha de procurar obtener.
Subimpudens, tis. *com. Cic.* Algo descarado.
Subin. *adv. V.* Subinde.
Subinanis. m. f. ne. n. is. *Cic.* Algo vano, de poca monta.
Subinde. *adv. Petron.* Despues, luego, luego despues. ǁ Inmediatamente. ǁ De tiempo en tiempo.
Subindo, is, ere. *a. Aur. Vict.* Añadir.
Subinferens, tis. *com. Bibl. Subinferentes omnem curam.* Poniendo todo cuidado.
Subinflatus, a, um. *Arnob.* Algo hinchado, soberbio.
Subinfluo, is, fluxi, fluxum, fluere. *n. Sen.* Correr por debajo de tierra.
Subinjectus, a, um. *Sen.* Echado mano, aquello á que se ha puesto la mano encima.
Subinjicio, is, ere. *a. Sen.* Echar mano, prender.
Subinsulsus, a, um. *Cic.* Algo insulso, necio, tonto.
Subintelligo, is, lexi, lectum, gere. *a. Sen.* Entreoir.
Subintro, as, are. *a. S. Ag.* Subintrar, suceder, entrar, venir despues.
Subintroduco, is, duxi, ductum, cere. *a. S. Ag.* Introducir por sorpresa, debajo de mano.
Subintroductus, a, um. *Bibl.* Introducido por sorpresa, furtivamente, subrepticiamente.
Subintroeo, is, ire. *n. Arnob.* Entrar, venir despues, suceder. ǁ *Bibl.* Tener alguna entrada, lugar.
Subinvideo, es, di, sum, dere. *n.* Tener alguna envidia secreta, ó envidiar algun tanto.
Subinvisus, a, um. *Cic.* Algo aborrecido, odioso.
Subinvito, as, avi, atum, are. *a. Cic.* Convidar, incitar, instar, provocar en cierto modo,
Subinvitus, a, um. *Plaut.* Obligado en cierto modo á obrar contra su voluntad.
Subirascor, eris, atus sum, sci. *dep. Cic.* Airarse con alguno.
Subirate. *adv. Gel.* Algo airadamente.
Subiratus, a, um. *Cic.* Algo airado, enojado.
Subis, bis. *f. Plin.* Ave que persigue los nidos de las águilas, y les quiebra los huevos.
Subitaneus, a, um. *Col.* Súbito, repentino.
Subitarius, a, um. *Liv.* Súbito, repentino. *Subitarii milites. Liv.* Soldados levantados de pronto.
Subito. *adv. Cic.* Súbita, repentinamente, de improviso. ǁ Presto, pronto, prontamente.
Subitus, a, um. *Cic.* Súbito, subitáneo, repentino, improviso, imprevisto. *Ad subita belli. Tac.* Para los accidentes repentinos de la guerra.
Subivi. *pret. de* Subeo.
Subjaceo, es, cui, cere. *n. Plin.* Estar puesto ó situado debajo. ǁ Ser, estar dependiente de otra cosa ó persona.
Subjacto, as, avi, atum, are. *a. Corrip.* Jactarse, hacer ostentacion, vanidad.
Subjeci. *pret. de* Subjicio.
Subjecta, ae. *f. Vitruv.* La base.
Subjecte. *adv.* Sumisa, humildemente.
Subjectibilis. m. f. le. n. is. *Bibl.* Lo que se puede sujetar, humillar.
Subjectio, onis. *f. Liv.* La accion de poner debajo, de suponer, de poner una cosa por otra. ǁ *Vitruv.* Plan, modelo. ǁ *Cic.* Esposicion clara, espresion evidente, representacion viva, descripcion espresiva. ǁ *Ad Her.* La accion de poner seguidamente, inmediatamente, despues. ǁ *Bibl.* Humildad, sumision. ǁ Subyeccion, *figura de palabras, cuando el orador pregunta y añade la respuesta, Cic. Quis legem tulit? Rullus.*
Subjectissime. *adv. Cas.* Con toda sumision.
Subjective. *adv. Marc. Cap.* Con relacion al sugeto, á la persona.
Subjectivus, a, um. *Tert.* Lo que se pospone ó se pone detrás, despues.
Subjecto, as, avi, atum, are. *a. Virg.* Levantar, echar, tirar, arrojar hácia arriba. ǁ *Hor.* Poner, meter por debajo.
Subjector, oris. *m. Cic.* Falsario, impostor, suponedor de testamentos.
Subjectus, us. *m. Plin.* La accion de poner debajo.
Subjectus, a, um. *part. de* Subjicio. *Cic.* Puesto debajo. ǁ Sujeto, espuesto. ǁ Sujeto, sumiso, sujetado. ǁ Lo que se hace ó se sigue inmediatamente. ǁ *Sen.* Sugerido.
Subjices, um. *plur. En.* Los vasallos.
Subjicio, is, jeci, jectum, cere. *a. Cic.* Poner debajo. ǁ Someter, sujetar, subyugar, rendir. ǁ Levantar, alzar. ǁ Esponer, aventurar, poner á riesgo. ǁ Sustituir, poner en lugar de una cosa verdadera otra falsa ó fingida. ǁ Sugerir, avisar, amonestar, acordar. ǁ Añadir á lo que se habia ó escribe. ǁ *Quint.* Posponer. *Subjicere brachia collo.*

## SUB

*Ov.* Echar los brazos al cuello.— *Sub oculos. Quint.*— *Oculis. Liv. Sub oculis. Cic.* Poner delante de los ojos.— *Rationem. Cic.* Alegar una razon.— *Bona præconos voci. Cic.* Pregonar, vender los bienes en pública almoneda, á voz de pregonero.— *Cogitationi suæ aliquid. Cic.* Acordarse de, traer á la memoria alguna cosa.— *Carmina alicui. Prop.* Sugerir, inspirar versos á alguno.— *Alicui verbo duas res. Cic.* Dar dos significaciones á una palabra.— *Testamentum. Cic.* Suponer, fingir un testamento. *Semper seni juvenculam subjice. adag.* A buey viejo cencerro nuevo. *ref.*

Subjĭcĭto, as, āre. *a. Plaut.* Poner muchas veces debajo. ‖ Echar á lo alto, al aire.

Subjŭgālis, m. f. lĕ. n. is. *Prud.* Que se sujeta al yugo, domado. ‖ Bestia de carga.

Subjŭgātio, ōnis. f. *Col.* La accion de poner al yugo.

Subjŭgātor, ōris. m. *Apul.* Sojuzgador, el que sojuzga.

Subjŭgātus, a, um. *Ascon.* Subyugado, sojuzgado, domado, rendido, vencido.

Subjŭgis. m. f. gĕ. n. is. *Plin.* Puesto, sujeto al yugo, domado, uncido.

Subjŭgium, ii. n. *Col.* La coyunda con que se ata á los bueyes al yugo.

Subjŭgo, as, āvi, ātum, āre. *a. Claud.* Subyugar, sujetar, poner debajo del yugo, domar.

Subjŭgus, a, um. *Apul.* Puesto al yugo.

Subjunctīvus, a, um. *Diom.* Subjuntivo, *uno de los modos del verbo, y se aplica tambien á las conjunciones que rigen al verbo á este modo.*

Subjunctōrium, ii. n. *Cod. Teod.* Cualquier carruage tirado de caballerías.

Subjunctus, a, um. *Cic.* Unido. *part. de*

Subjungo, is, xi, ctum, gĕre. *a. Cic.* Unir, juntar á, ó con otro. ‖ Subyugar, someter. ‖ *Virg.* Uncir. *Omnes artes oratorii subjungere. Cic.* Sujetar todas las ciencias al orador, hacerlas propias de su profesion.

Sublabium, ii. n. *Apul.* La yerba cinoglosa ó lengua de perro.

Sūblābor, ĕris, sus sum, bi *dep. Cic.* Deslizarse, caer hácia atras ocultamente ó poco á poco. ‖ *Virg.* Decaer, descaecer, ir á menos. ‖ *Sen.* Correr, deslizarse por debajo.

Sublabro, as, āre. *a. Non.* Poner, meter la comida dentro de los labios. ‖ Chupar, mamar.

Sublacrĭmans, tis. *Veg.* Algo lloroso.

Sublāmĭna, æ. f. *Cat.* Lámina, lata ó plancha que se pone debajo de alguna cosa.

Sublapsus, a, um. *part. de* Sublabor. *Virg.* Decaido, lo que ha ido en decadencia.

Sublăqueo, as, āre. *a. Grut.* Labrar la vuelta ó cavidad del artesonado.

Sublāqueum, i. n. Ciudad de Campania. ‖ Sublaco, *ciudad del reino de Nápoles.*

Sublāte. *adv. Cic.* Alta, elevada, magníficamente.

Sublāteo, ēs, ēre. n. *Varr.* Estar oculto, escondido debajo.

Sublātio, ōnis. f. *Quint.* Alzamiento, la accion de levantar. ‖ Sustraccion, la de quitar, de sustraer. *Sublatio animi. Cic.* Engreimiento, orgullo, presuncion.

Sublātius. *adv. Cic.* Con mas arrogancia.

Sublātus, a, um. *Cic.* Levantado, elevado, alzado. ‖ Hinchado, soberbio, orgulloso. ‖ Apartado, removido, quitado. ‖ *Virg.* Criado, educado. *Sublatissima vox. Gel.* Voz altísima.

Sublăvo, as, āre. *a. Cels.* Lavar por debajo, lavar un poco, bañar suavemente.

Sublectio, ōnis. f. *Tert.* Eleccion despues de la primera sustitucion.

Sublecto, as, āvi, ātum, āre. *a. Plaut.* Engañar, burlarse de alguno haciéndole caricias.

Sublectus, a, um. *Varr.* Elegido en lugar de otro. ‖ Cogido, recogido despues. ‖ *Plaut.* Quitado, hurtado.

Sublĕgo, is, lēgi, lectum, gĕre. *a. Col.* Coger, recoger por debajo. ‖ Sustituir, poner en lugar de otro. ‖ Escuchar de oculto. ‖ Hurtar.

Sublēgo, as, āvi, ātum, āre. *a. Dig.* Sustituir.

Sublestus, a, um, ior, issĭmus. *Plaut.* Debil, flaco.

## SUB 713

Sublĕvātus, a, um. *Cæs. part. de* Sublevo. Levantado, alzado, sostenido. ‖ Defendido, ayudado.

Sublēvi. *pret. de* Sublino.

Sublēvo, as, āvi, ātum, āre. *a. Cic.* Levantar, alzar del suelo. ‖ Favorecer, ayudar, defender. ‖ Sobrellevar, aliviar. ‖ Disminuir, aplacar, mitigar. *Tuas partes Appius sublevavit. Varr.* Apio ha suplido tu parte, te ha aliviado el trabajo.

Sublīca, æ. f. *Cæs.* y

Sublīcium, ii. n. *Liv.* Pie derecho, puntal, madero que se hinca en tierra para sostener alguna cosa.

Sublicius pons. m. *Plin.* Puente de madera, llamado tambien Emilio, *echado en el Tiber por el rey Anco para unir el Janículo con la ciudad.*

Sublicius, a, um. *Liv.* Lo que es de madera, sostenido en maderos.

Sublīdo, is, di, sum, dĕre. *a. Prudenc.* Herir, tocar suavemente.

Sublĭgācŭlum, i. n. *Cic.* y

Sublĭgar, āris. n. *Marc.* Calzoncillos, calzones, *vestidura que cubre las partes vergonzosas.*

Sublĭgātio, ōnis. f. *Palad.* Atadura por debajo.

Sublĭgātus, a, um. *Marc.* Ligado, atado por debajo.

Sublĭgo, as, āvi, ātum, āre. *a. Plin.* Ligar, atar por debajo. *Subligare ensem lateri. Virg.* Ceñirse la espada.

Sublīmātus, a, um. *Vitruv.* Sublimado, elevado, puesto en alto.

Sublīme. *adv. Cic.* En alto, á lo alto, de un modo elevado, sublimemente.

† Sublīmen, ĭnis. n. *En.* El lintel de una puerta.

Sublīmis. m. f. mĕ. n. is. *Liv.* Sublime, elevado, alto. ‖ Grande, magnífico, escelente. ‖ Noble, ilustre, esclarecido. *Sublimen rapere, arripere, ferre aliquem. Plaut.* Levantar á alguno en alto. *Sublimis anhelitus. Hor.* Respiracion fuerte, anhelante.

Sublīmĭtas, ātis. f. *Quint.* Sublimidad, altura, alteza. ‖ Grandeza, escelencia.

Sublīmĭter. *adv. Col.* Altamente, en alto, á lo alto.

Sublīmius. *adv. comparat. Quint.* Con mas sublimidad.

† Sublīmo, as, āvi, ātum, āre. *a. Cat.* Sublimar, elevar, levantar en alto.

† Sublīmus, a, um. *V.* Sublīmis.

Sublingio, ōnis. m. *Plaut.* Lameplatos, siervo de la cocina, que sirve mas de lamer ó fregar los platos que de ayudar al cocinero, pinche de cocina.

Sublinio, is, īre. *a. Plaut.* y

Sublīno, is, lēvi, lĭtum, nĕre. *a. Plin.* Untar, frotar. ‖ Dar la primera mano en la pintura, aparejar. *Sublinere os alicui. Plaut.* Burlarse de alguno, escarnecerle.

Sublĭtus, a, um. *part. de* Subliuo. *Plin.* Dado de color, untado, pintado.

Sublīvens, tis. com. *Estac.* Lo que se pone un poco lívido, amoratado.

Sublīvesco, is, scĕre. n. *Cels.* Amoratarse un poco.

Sublīvĭdus, a, um. *Cels.* Un poco amoratado.

Sublūcānus, a, um. *Plin.* Del alba, del amanecer.

Sublūcens, tis. com. *Plin.* Un poco lucido, luciente.

Sublūceo, ēs, xi, cēre. n. *Cic.* Lucir un poco.

Sublūcĭdus, a, um. *Apul.* Que luce un poco, que tiene algo de luz.

Sublūco, as, āre. *a. Fest.* Podar, limpiar, abrir los árboles, y como darles luz.

† Sublūnāris. m. f. rĕ. n. is. Sublunar, lo que está debajo de la luna.

Sublūnis. m. f. nĕ. n. is. *Hor.* Donde entra algo la luz de la luna.

Sublŭo, is, lui, lūtum, luĕre. *a. Cæs.* Lavar, bañar por debajo, de paso.

Sublūrĭdus, a, um. *Plaut.* Algo amoratado.

Sublustris. m. f. trĕ. n. is. *Liv.* Algo claro, que da ó tiene alguna claridad. *Sublustria verba. Gel.* Espresiones que tienen alguna elegancia y ornato.

Sublūtĕus, a, um. *Apul.* Algo cerúleo.

Sublūtus, a, um. *part. de* Subluo. *Marc.* Lavado, bañado, regado por debajo.

Sublŭvies, ēi. f. *Col.* Ulceracion, que sale en la inmo-

Xxxx

*diacion de las uñas ó las ovejas.* ‖ Podre, postema, inmundicia.

**Submăgister**, tri *m. Inic.* Pasante, repetidor, ayudante de un maestro.

**Submānans**, tis. *com. Vitruv.* Que mana por debajo.

**Submejo**, is, ĕre. *n. Marc. Emp.* Orinarse, mearse encima, sin sentir.

**Submejŭlus**, *m. Marc. Emp.* El que se mea ú orina en la cama, en los calzones.

**Submentum**, i. *n.* La papada, parte debajo de la barba.

**Submĕreo**, ēs, rui, rĭtum, rēre. *a. Plaut.* Merecer algo, no ser indigno.

**Submergo**, is, si, sum, gĕre. *a. Virg.* Sumergir, hundir, echar debajo del agua. ‖ *Arnob.* Suprimir, ocultar.

**Submĕrĭdiānus**, a, um. *Liv.* Lo que se hace ó sucede cerca del medio dia.

**Submersio**, ōnis. *f. Arnob.* Sumersion, el acto de sumergir ó hundir.

**Submersor**, ōris. *m. Apul.* El que sumerge.

**Submersus**, us. *m. Tert.* V. Sumersio.

**Submersus**, a, um. *part. de* Submergo. *Cic.* Sumergido, anegado, hundido, echado á fondo, á pique.

**Submĕrum vinum**. *Plaut.* Vino casi puro, con muy poca agua.

**Submĭnia**, ae. *f. Plaut.* Ropa, vestidura mugeril de color de bermellon.

**Submĭnistrātio**, ōnis. *f. Tert.* Suministracion, asistencia, servicio, socorro.

**Submĭnistrātor**, ōris. *m. Sen.* Suministrador, el que asiste, socorre, suministra.

**Submĭnistrātus**, us. *m. Macrob.* Suministracion.

**Submĭnistrātus**, a, um. *Ces.* Suministrado, provisto.

**Submĭnistro**, ās, āvi, ātum, āre. *a. Ces.* Suministrar, proveer de lo necesario.

**Submisse**, ius. *adv. Cic.* Bajo, en voz baja, en ó con tono bajo. ‖ Modesta, humildemente. *Submisse dicere. Cic.* Hablar con estilo tenue.

**Submissim**. *adv. Suet.* En voz baja.

**Submissio**, ōnis. *f. Cic.* Sumision, el acto de bajar la voz. *Submissio orationis. Cic.* Humildad, bajeza del estilo.

**Submissus**, us. *m. Tert.* Induccion, inducimiento.

**Submissus**, a, um, ior, issĭmus. *Liv.* Bajo. *Submissa voce. Liv.* En voz baja. *Submissior calamitate. Ces.* Mas humilde con la desgracia. *Submissum dicendi genus.* Estilo tenue. *part. de*

**Submitto**, is, mĭsi, ssum, tĕre. *a. Plin.* Poner debajo. ‖ Enviar secretamente. ‖ Enviar despues. ‖ Sustituir, enviar en lugar de otro. ‖ Bajar, abatir, humillar. ‖ Suministrar. ‖ Dejar crecer. *Submittere latus in herbas. Ov.* Echarse sobre la yerba. — *Se ad mensuram discentis. Quint.* Bajarse, acomodarse á la capacidad del discípulo. — *Se in amicitia. Cic.* Bajarse, humillarse, degradarse en la amistad, acomodarse al grado inferior del amigo. — *Animum. Liv.* Desmayar, perder el ánimo. — *Genua. Plin.* Doblar la rodilla. — *In semen. Col.* Dejar para simiente. — *Capillum, barbam. Plin.* Dejar crecer el cabello, la barba.

**Submoestus**, a, um. *Amian.* Algo triste.

**Submŏleste**. *adv. Cic.* Con alguna molestia, incomodidad, impaciencia.

**Submŏlestus**, a, um. *Cic.* Algo molesto, pesado.

**Submollis**. *m. f. lĕ. n. is. Hor.* Un poco muelle, blando, afeminado.

**Submŏneo**, ēs, nui, nĭtum, nēre. *a. Ter.* Avisar en secreto ó ligeramente, dar á entender, informar, sugerir al paso, brevemente.

**Submŏrōsus**, a, um. *Cic.* Algo impertinente, enfadoso.

**Submōtor**, ōris. *m. Liv.* El que hace plaza ó lugar, retira la gente.

**Submōtus**, a, um. *Cic.* Apartado, removido, quitado de delante, del medio. *Submoto incedere.* (Se entiende *populo.*) *Liv.* Apartada la gente, desviada para hacer paso al magistrado. *part. de*

**Submŏveo**, ēs, mōvi, mōtum, vēre. *a. Cic.* Retirar, desviar, apartar del medio, de delante. ‖ *Plin.* Dividir, separar. *Submovere aliquem urbe. Suet.* Echar, desterrar á uno de la ciudad. — *Officio. Vel.* Deponer del empleo.

† **Submurmŭro**, ās, āre. *n. S. Ag.* Murmurar por lo bajo, secretamente.

**Submūto**, ās, āvi, ātum, āre. *a. Cic.* Cambiar, trocar.

**Subnascens**, tis. *Plin.* Lo que nace ó pulula por debajo.

**Subnascor**, scĕris, nātus sum, sci. *dep. Plin.* Nacer, brotar, pulular por debajo.

**Subnăto**, ās, āvi, ātum, āre. *n. Apul.* Nadar debajo, por debajo.

**Subnāvĭgo**, ās, āvi, ātum, āre. *a. Bibl.* Navegar ó tomar su ruta por debajo. — *Ne temere Abydum subnaviges. adag.* El mejor lance de los dados es no jugarlos. *ref.*

**Subnecto**, is, nexui, nectum, ctĕre. *a. Virg.* Atar, prender, anudar por debajo. ‖ *Quint.* Añadir escribiendo ó hablando.

**Subnĕgo**, ās, āvi, ātum, āre. *a. Cic.* Casi negar, rehusar.

**Subnervo**, ās, āvi, ātum, āre. *a. Tert.* Enervar, debilitar, enflaquecer.

**Subnexus**, a, um. *part. de* Subnecto. *Estac.* Atado por debajo. ‖ Coronado.

**Subnĭger**, gra, grum. *Varr.* Negruzco, moreno, que tira á negro.

**Subnixus**, a, um. *Cic.* Apoyado, sostenido. ‖ Fortalecido, firme, confiado. ‖ Engreido, hinchado, orgulloso, soberbio. *Subnixus innocentia. Liv.* Sostenido de, apoyado en la inocencia. — *Crinem madentem mitra. Virg.* Ceñido el cabello perfumado con una mitra. *Subnixis alis se inferre. Plaut.* Entrar, meterse en alguna parte con los brazos levantados.

**Subnōdo**, ās, āvi, ātum, āre. *a. Varr.* Anudar, atar por debajo.

**Subnŏtātio**, ōnis. *f. Col. Teod.* Suscripcion, escritura, firma puesta por debajo.

**Subnŏto**, ās, āvi, ātum, āre. *a. Marc.* Notar, observar, advertir de oculto, tácitamente. ‖ Reprender encubiertamente. ‖ Suscribir, escribir debajo.

**Subnūba**, ae. *f. Ov.* La manceba ó concubina que se tiene en casa como muger propia.

**Subnūbĭlis**, a, um. *Ces.* Algo nublado, oscuro.

**Subo**, ās, āvi, ātum, āre. *n. Plin.* Estar caliente ó berriondo, apetecer el coito. *Se dice propiamente de las puercas, y por traslacion de los demas animales y de los hombres.*

**Subobscēne**. *adv. Apul.* Algo obscenamente.

**Subobscēnus**, a, um. *Cic.* Algo obsceno ó torpe.

**Subobscūre**. *adv. Gel.* Algo oscuramente.

**Subobscūrus**, a, um. *Cic.* Algo oscuro, difícil de entenderse.

**Subŏcŭlāris**. *m. f. rĕ. n. is. Veg.* Lo que está por debajo del ojo.

**Subŏdĭōsus**, a, um. *Cic.* Un poco odioso ó enfadoso.

**Subŏdōror**, aris, āri. *dep. Amian.* Oler, presentir, penetrar alguna cosa oculta.

**Suboffendo**, is, di, sum, dĕre. *a. Cic.* Ofender, enfadar, degradar algun tanto. *Apud infimam faecem populi Pompejus suboffendit. Cic.* Pompeyo está algun tanto mal visto de, ó mal quisto con la ínfima plebe, de la canalla del pueblo.

**Subŏleo**, ēs, lui, lĭtum, lēre. *n. Plaut.* Oler un poco, echar de sí algun olor. ‖ Tener alguna sospecha, algun indicio. *Subolet mi. Plaut.* Ya lo huelo, lo entiendo. *Subolet jam uxori quod ego machinor. Plaut.* Ya sospecha la muger lo que yo maquino.

**Subolfăcio**, is, cĕre. V. Suboleo.

**Subŏriens**, tis. *com. Plin.* Que nace ó sale despues.

**Subŏrior**, ĕris, īris, ōrtus sum, īri. *dep. Lucr.* Nacer, producirse, proceder sucesivamente, despues de ó en lugar de otro.

**Subornans**, tis. *com. Plin.* El que soborna.

**Subornātor**, ōris. *m. Amian.* Sobornador, el que soborna á otro.

**Subornātus**, a, um. *Sen.* Adornado, vestido. ‖ *Cic.* Pertrechado, provisto. ‖ Sobornado, seducido. *part. de*

**Suborno**, ās, āvi, ātum, āre. *a. Cic.* Proveer, pertrechar. ‖ Seducir, sobornar.

**Subortus**, us. *m. Lucr.* Oriente, nacimiento. ‖ *Manil.* El ocaso.

Subostendo, is, di, sum, děre. a. Tert. Mostrar, manifestar.

Subostensus, a, um. part. de Subostendo. Tert. Mostrado, manifestado.

Subpaetŭlus, a, um. Varr. Algo bizco.

Subpallesco, is, scěre. n. Cels. Ser, estar, ponerse un poco pálido.

Subpallĭde. adv. Cels. Un poco pálidamente.

Subpallĭdus, a, um. Cels. Algo pálido ó amarillo.

Subpăteo, ěs, ěre. n. Apul. Estar patente ó descubierto por debajo.

Subpernātus, a, um. Cat. Desjarretado, que tiene cortadas las piernas por el jarrete ó la corva.

Subpinguis. m. f. guě. n. is. Cels. Algo gordo ó craso.

Subpraefectus, i. m. Inscr. Teniente, lugarteniente del prefecto ó general.

Subpraetor, ōris. m. Inscr. Teniente de gobernador.

Subprocurātor, ōris. m. Inscr. Vicepocurador, el que hace sus veces.

Subrādo, is, děre. a. Cat. Raer, raspar por debajo.

Subrancĭdus, a, um. Cic. Algo rancio, rancioso.

Subrāsus, a, um. Pal. Algo raido ó raspado por debajo.

Subraucus, a, um. Cic. Algo ronco.

Subrectio, ōnis. f. Arnob. El acto de erigir ó levantar.

Subrectum, i. n. Plin. La altura.

Subrectus, a, um. part. de Subrigo. Liv. Enderezado, levantado, recto, enhiesto.

Subrěfectus, a, um. Vel. Algo restaurado, rehecho.

Subregŭlus, i. m. Amian. Régulo, pequeño rey, sujeto á otros.

Subrěmăneo, ěs, něre. n. Tert. Permanecer, quedar.

Subrěmĭgo, ās, āvi, ātum, āre. a. Virg. Remar por debajo.

Subrēnālis. m. f. lě. n. is. Veg. Lo que está debajo de los riñones.

Subrēpens, tis. com. Plin. Que se insinúa ó introduce insensiblemente.

Subrēpo, is, psi, tum, pěre. n. Cic. Entrar, llegar, introducirse, insinuarse blanda, suave, insensiblemente, poco á poco. Subrepere animo. Quint. Introducirse blandamente en, ó hacerse dueño del ánimo de alguno.

Subreptio, ōnis. f. Cod Teod. La accion de introducirse ó insinuarse sin sentir. || Hurto oculto.

Subreptĭtius, a, um. Plaut. Furtivo, robado ocultamente, subrepticio. || Hecho ocultamente, á escondidas.

Subreptĭto, ās, āvi, ātum, āre. n. frec. de Subrepo. Cat. Introducirse, insinuarse muchas veces, y como insensiblemente.

Subreptus, a, um. part. de Subrepo. Cic. Introducido, insinuado insensiblemente.

Subrěsĭdeo, ěs, ěre. n. Tert. Parar, cesar, hacer pausa.

Subrexi. pret. de Subrigo.

Subrĭdens, tis. com. Virg. El que se sonrie.

Subrīdeo, ěs, si, sum, děre. a. Cic. Sonreirse, reirse un poco ó ligeramente.

Subridĭcŭle. adv. Cic. Con alguna burla, irrision ó socarroneria.

Subrĭgens, tis. com. Plin. El que levanta en alto.

Subrĭgo, ās, āvi, ātum, āre. a. Col. Regar, rociar un poco, algun tanto.

Subrĭgo, is, rexi, rectum, gěre. a. Virg. Levantar, enderezar, enhestar, levantar en alto.

Subrĭguus, a, um. Plin. Un poco regado.

Subringor, ěris, gi. dep. Cic. Enfadarse, airarse un poco, suavemente.

Subrĭpio, is, pui, reptum, pěre. a. Cic. Quitar á escondidas, hurtar, tomar sin sentir. Subripere aliquid spatii. Cic. Quitar un poco de tiempo. Subripuisti te mi dudum. Plaut. Te me fuiste ó te escapaste poco há.

Subrŏgātus, a, um. Val. Max. Subrogado, sustituido, puesto en lugar de otro. part. de

Subrŏgo, ās, āvi, ātum, āre. a. Cic. Subrogar, sustituir, poner en lugar de otro.

Subrostrāni, ó Subrostrarii, ōrum. m. plur. Cic. Hombres ociosos, amigos de novedades, que paseaban mucho debajo de la tribuna de la plaza, llamada Rostra, orum.

Subrŏtātus, a, um. Vitruv. Puesto ó montado sobre ruedas, como algunas máquinas militares.

Subrŏtundus, a, um. Col. Algo ó casi redondo.

Subrŭbeo, ēs, bui, běre. n. Ov. Ponerse algo rubio ó rojo, arrebolarse.

Subrŭber, bra, brum. Cels. 6

Subrŭbeus, a, um. Non. y

Subrŭbĭcundus, a, um. Sen. Algo rubio ó rojo.

Subrŭfus, a, um. Plin. Algo rubio, rojo, bermejo.

Subrŭmo, ās, avi, ātum, āre. a. Col. Aplicar los corderillos á las tetas de las madres.

Subrumpo, is, rūpi, ruptum, pěre. a. Arnob. Romper.

Subrŭmus, a, um. Varr. Lechazo, de leche, que mama todavía, propriamente que está debajo de la teta.

Subruncīvi limites. m. plur. Hig. Senderos, límites que denotan la medida de un campo, y sirven de paso.

Subruo, is, rui, rŭtum, ěre. a. Cels. Socavar, cavar por debajo. || Derribar, derrocar, abatir, arruinar. Subruere Reges muneribus. Hor. Vencer á los reyes á fuerza de dádivas. — Animos variis artibus. Tac. Tentar, solicitar los ánimos de mil modos.

Subruptus, a, um. Hirc. Socavado, hundido.

Subrustĭce. adv. Gel. Tosca, groseramente, de un modo algo rústico.

Subrustĭcus, a, um. Cic. Algo rústico, grosero y como de aldeanos.

Subrŭtĭlus, a, um. Plin. Que tira á rubio, algo rubio.

Subrŭtus, a, um. part. de Subruo. Liv. Socavado, cavado por debajo. || Derribado, derrocado, abatido socavando. Subrutus aqua. Hirc. Casi ahogado.

Subsalsus, a, um. Plin. Algo salado.

Subsannātio, ōnis. f. Tert. Burla, mofa, irrision, befa.

Subsannātor, ōris. m. Tert. Mofador, burlon.

Subsanno, ās, āvi, ātum, āre. a. Tert. Mofar, escarnecer, burlarse.

Subsarcĭnātus, a, um. Ter. El que tapa algun envoltorio que lleva. || Algo cargado.

Subsātus, a, um. part. de Subsero. Col. Sembrado debajo ó despues.

Subsaxānus, a, um. P. Vic. Epíteto de la diosa Bona ó de un templo suyo, por haber sido fabricado debajo de una peña.

† Subscribendārius, ii. m. Cod. Teod. Susciptor, anotador, nombre de un oficio, como ministro ó secretario del general.

Subscrībens, tis. com. Suet. El que suscribe ó firma.

Subscrībo, is, psi, tum, běre. a. Cic. Suscribir, escribir debajo. || Intervenir en un proceso, unirse al acusador. || Aprobar, confirmar. || Suet. Escribir de secreto. || Apuntar, anotar, hacer una nota, un estado. || Lampr. Firmar lo escrito. || Poner notas ó posdatas. Subscribere voto alicujus. Col. Cumplir á alguno su deseo.

Subscriptio, ōnis. f. Cic. Suscripcion, escritura puesta debajo de cualquiera otra. || La accion de unirse á un acusador, intervencion contra él. || Posdata. || Decreto de un memorial. || Nota, apuntacion. Subscriptio censoria. Cic. Nota de infamia puesta por el censor.

Subscriptor, ōris. m. Cic. Suscriptor, en especial el que se ofrece por compañero y ayudador del acusador. || Gel. Favorecedor, padrino, protector.

Subscriptus, a, um. part. de Subscribo. Dig. Firmado. || Suscrito, escrito debajo. || Apuntado, notado.

Subscus, ŭdis. f. Vitruv. Pieza de madera ó de otra materia cortada por ambos cabos en forma de cola de golondrina, y sirve para juntar, unir y asegurar dos tablas ó maderos entre sí.

Subsěcīvus, a, um. Gel. Lo que se quita ó corta, lo que resta ó sobra. Subsecivum tempus. Cic. El tiempo que resta de las ocupaciones ordinarias, lugar, ocio, tiempo desocupado.

Subsěco, ās, cui, sectum, cāre. a. Varr. Cortar por debajo, por la parte inferior.

Subsectus, a, um. Col. Cortado por bajo.

Subsěcundārius, a, um. Gel. V. Subsecivus.

Subsēdi. pret. de Subsideo.

Subsellium, ii. n. Cic. Asiento, banco, escaño. || Silla. ||

juicio público. ‖ *Marc.* La persona sentada en una silla. *A subselliis homo. Cic.* Sujeto versado en los negocios forenses. *Versatus in utrisque subselliis. Cic.* Versado en las causas privadas y públicas. *A subselliis in rostra rem deferre. Cic.* Apelar, llevar un negocio del senado á la asamblea del pueblo. *Subsellii imi vir. Plaut.* Hombre de la ínfima clase.

Subsentio, is, si, sum, tīre. *a. Tert.* Sentir, oler, penetrar algun tanto, tener algun presentimiento.

Subsĕquens, tis. *com. Cic.* Subsecuente, subsiguiente, que sigue, que viene detras ó despues.

Subsĕquenter. *adv. Mes. Corv.* Seguidamente.

Subsĕquor, ĕris, cūtus, y quūtus sum, qui. *dep. Plaut.* Seguir, subseguirse, venir detras ó despues, inmediatamente. ‖ Confirmar, apoyar.

Subserĭcus, a, um. *Lampr.* De media seda, lo que tiene sola la trama ó el estambre de seda.

Subsĕro, is, sĕvi, sātum, rĕre. *a. Col.* Sembrar, plantar despues ó en lugar de la planta perdida ó muerta. ‖ *Amian.* Añadir.

Subservio, is, vi, vīvi, vītum, īre. *a. n. Plaut.* Servir debajo de otro. *Tu vide ut subservias orationi meae verbis. Ter.* Tú mira que acomodes tus respuestas á mi plática.

Subsessa, ae. *f. Veg.* Emboscada.

Subsessor, ōris, m. *Sen.* Insidiador, asechador, el que está en emboscada.

Subsēvi. *pret. de* Subsero.

Subsicco, as, āre. *a. Col.* Secar algun tanto, ó poco á poco, lentamente.

Subsicīvus. V. Subsecivus.

Subsīdens, tis. *com. Col. part. de* Subsido. Algo doblado ó encorvado.

Subsĭdens, tis. *com. Virg.* El que se para ó detiene.

Subsīdentia, ae. *f. Vitruv.* Deposicion, asiento, porquería del agua estancada.

Subsīdeo, ĕs, sēdi, sessum, sĭdere. *n. Cic.* Apostarse ocultamente, ponerse en celada, en emboscada. ‖ Pararse, detenerse. ‖ Hundirse, irse al fondo, sentarse, posarse. *Subsidere in via. Cic.* Pararse en el camino. — *Alicui loco. Suet.* Quedarse á vivir en cierto lugar.

Subsīdi. *pret. de* Subsido.

Subsidiālis. m. f. lĕ. n. is. *Amian.* y

Subsĭdiārius, a, um. *Ces.* Subsidiario, de socorro, de subsidio. ‖ De reserva, de refuerzo. *Subsidiarius palmes. Col.* Sarmiento que se deja en la cepa como de reserva, por si los otros no llevan fruto. *Subsidiaria actio. Ulp.* Accion subsidiaria, que pertenece al pupilo contra los magistrados que le dieron tutores poco idóneos.

Subsĭdior, āris, ātus sum, āri. *dep. Hirc.* Servir de subsidio, ir al socorro, socorrer.

Subsĭdium, ii. n. *Varr.* Subsidio, cuerpo, tropa de reserva. ‖ Refuerzo, ayuda, socorro, ausilio. ‖ *Tac.* Guarnicion. ‖ Refugio, puerto, amparo, recurso.

Subsīdo, is, di, dĕre. *n. Col.* Irse al fondo, posarse, sentarse en el fondo, hundirse. ‖ Pararse, quedarse, detenerse, permanecer. ‖ *Cic.* Ocultar, esperar en una emboscada. *Times, et ante rem subsides? Sen.* y antes del lance desaeces? *Subsidere vocem. Quint.* Disminuirse, faltar la voz, perderla. — *Leonem. Sil.* Detener á un leon.

Subsīduus, a, um. *Her.* Lo que se sienta ó posa en el fondo.

Subsignānus, a, um. *Tac.* El que milita ó sirve debajo de otra bandera que el águila romana.

Subsignatio, ōnis. *f. Dig.* Suscripcion.

Subsignātus, a, um. *Dig.* Suscrito.

Subsigno, as, āvi, ātum, āre. *a. Plin.* Suscribir, escribir debajo. ‖ *Notar.* Hipotecar, obligar, empeñar.

Subsĭlio, is, li, ólui, sultum, līre. *n. Plaut.* Saltar hácia arriba ó hácia afuera.

Subsĭmilis. m. f. lĕ. n. is. *Cels.* Algo semejante.

Subsimīlĭter. *adv. Gel.* Con alguna semejanza.

Subsīmus, a, um. *Varr.* Algo romo ó chato.

Subsĭpio, is, pui, pĕre. n. *Varr.* No saber bien, no gustar del todo.

Subsistentia, ae. *f. Cels.* Subsistencia, estabilidad, permanencia.

Subsisto, is, stĭti, stĭtum, tĕre. *n. Liv.* Detener, contener, hacer parar. ‖ Resistir, hacer frente, mantenerse firme. ‖ Pararse, subsistir, detenerse, hacer alto. ‖ Asistir, ayudar, dar ausilio. *Subsistere liti. Ulp.* Llevar el peso de un pleito, sostenerle. — *Occultus. Liv.* Estar en emboscada. *Subsistit unda. Ov.* El agua se detiene.

Subsĭtus, a, um. *Aqui.* Situado, puesto debajo.

Subsōlānus, i. m. *Plin.* Subsolano, *viento del oriente equinoccial.*

Subsōlānus, a, um. *Plin.* Puesto debajo del sol.

Subsŏno, ās, āre. *n. Sisen.* Sonar por lo bajo.

Subsortior, īris, itus sum, īri. *dep. Cic.* Sustituir por suerte en lugar de otro ya elegido y rechazado ó recusado.

Subsortītio, ōnis. *f. Cic.* Eleccion por suerte, sustitucion por suerte en lugar del elegido y recusado.

Subsortītus, a, um. *Cic.* Sorteado, elegido por suerte en lugar de otro.

Subspargo, is, si, sum, gere. *a. Tert.* Sembrar, esparcir oculta, maliciosamente.

Substāmen, ĭnis. n. *Juv.* La trama de la tela.

Substantia, ae. *f. Sen.* Sustancia, esencia, naturaleza, ser. ‖ Patrimonio, bienes, facultades. ‖ *Front.* Materia, argumento de un tratado. ‖ *Prud.* Alimento, comida.

Substantialis. m. f. lĕ. n. is. *Tert.* Sustancial, perteneciente, ó propio de la sustancia.

Substantiālĭter. *adv. Tert.* En sustancia.

Substantĭŏla, ae. *f. dim. S. Ger.* Patrimonio corto.

Substantīvālis. m. f. lĕ. n. is. *Tert. V.* Substantialis.

Substantīve. *adv. Prisc.* Como sustantivo.

Substantīvus, a, um. *Tert.* Sustancial. ‖ Sustantivo, que subsiste por sí.

Substerno, is, strāvi, strātum, nĕre. *a. Ter.* Tender, estender debajo, por el suelo. ‖ Hacer, mullir la cama. *Substernere delicias. Lucr.* Suministrar deleites. — *Colorem. Plin.* Dar el primer color, la primera mano. — *Pullos. Plin.* Hacer la cama á los pollos. — *Animo omnia. Cic.* Sujetarlo todo al ánimo, hacerle superior á todo.

Substīlum, i. n. *Fest.* Humedad, tiempo húmedo antes ó despues de la lluvia. ‖ *Cat.* Estangurria, enfermedad en la via de la orina, cuando la despide á gotas.

Substĭti. *pret. de* Subsisto, *y de* Substo.

Substĭtuo, is, tui, tūtum, tuĕre. *a. Cic.* Sustituir, subrogar, poner en lugar de otro. ‖ *Hirc.* Poner detras, despues. ‖ *Palad.* Colocar, poner debajo. *Substituere aliquem crimini. Plin.* Hacer á un reo. — *Aliquem arbitrio. Dig.* Obligar á uno á estar al arbitrio de otro. — *Aliquid animo. Liv.* Poner delante, representar en el ánimo.

Substĭtūtio, ōnis. *f. Ulp.* Sustitucion, subrogacion.

Substĭtūtus, a, um. *part. de* Sustituo. *Cic.* Sustituido, subrogado, puesto en lugar de otro.

Substo, as stĭti, stĭtum, āre. *n. Cic.* Ser, estar, existir ocultamente. ‖ *Ter.* Resistir, estar, mantenerse firme.

Substŏmăchans, tis. *com. S. Ag.* Algo enfadado, airado.

Substrăho. V. Subtraho.

Substramen, ĭnis. n. *Varr.* y

Substrāmentum, i. n. *Plaut.* Lo que se pone debajo de los animales para cama.

Substrātus, us. m. *Plin.* La accion de tender ó estender debajo.

Substrātus, a, um. *Plin.* Tendido, esparcido, estendido por tierra. *Substratus arena locus. Plin.* Lugar cubierto de arena.

Substrāvi. *pret. de* Substerno.

Substrĕpens, tis. *Apul.* Lo que hace algun ruido, ó poco ruido.

Substrictus, a, um. *Col.* Constreñido, atado, apretado.

Substrīdens, tis. *com. Amian.* Algo rechinante.

Substringo, is, inxi, inctum, gĕre. *a. Nep.* Atar, apretar. ‖ *Juv.* Reprimir, refrenar. *Substringere aurem alicui. Hor.* Acomodar sus oidos á alguno. — *Lintea. Sil.* Amainar la velas.

Substructio, ōnis. *f. Vitruv.* Cimiento de un edificio. ‖ Edificio magnífico y suntuoso.

Substructum, i. n. *Vitruv.* Obra, fábrica.

Substructus, a, um. *Liv.* Fabricado, edificado desde los cimientos. *part. de*
Substruo, is, xi, ctum, ěre. *a. Vitruv.* Fabricar, edificar desde los cimientos.
Subsui. *pret. de* Subsuo.
Subsulcus, i. *m. Col.* Surco que se hace despacio.
Subsultim. *adv. Suet.* Saltando, á saltos.
Subsulto, as, avi, atum, are. *n. Plaut.* Saltar frecuentemente, dar saltos de alegría, ó á pequeños saltos.
Subsultus, us. *m. Liv.* Saltico, pequeño salto.
† Subsultus, a, um. *part. de* Subsilio. Saltado.
Subsum, sŭbes, subfui, subesse. *n. Cic.* Estar debajo, encubierto, oculto. ‖ Estar cercano. *Subest spes. Cic.* Queda alguna esperanza. — *Nox. Caes.* Se acerca la noche.
Subsuo, is, sui, sutum, ěre. *a. Hor.* Coser por debajo, guarnecer con franjas ó listas.
Subsurdus, a, um. *Quint.* Un poco sordo. ‖ Que hace un ruido sordo, que no tiene el sonido claro.
Subsutus, a, um. *part. de* Subsuo. *Hor.* Cosido por bajo, guarnecido.
Subtabidus, a, um. *Amm.* Algo flaco, macilento.
Subtacitus, a, um. *Prud.* Algo callado, taciturno.
Subtal, alis. *n. Sip.* La concavidad del pie por la parte de abajo, el hueco de la planta.
Subtardus, a, um. *Varr.* Un poco tardo ó lento.
Subtectus, a, um. *Vitruv.* Cubierto por debajo.
Subtegmen, inis. *n. Ov.* La trama de la tela.
Subtěgo, is, texi, tectum, gěre. *a. Amm.* Cubrir por debajo.
Subtegulanea, ōrum. *n. plur. Plin.* Enlosado de tejas machacadas, ripio y cal.
Subtegulanus, a, um. *Vitruv.* Lo que está debajo de las tejas, del techo ó tejado.
Subtel, ělis. *n. Prisc.* V. Subtal.
Subtemen, inis. *n. Varr.* La trama de la tela. ‖ *Hor.* El hilo y estambre de las Parcas. ‖ *Tib.* La tela.
Subtendo, is, di, sum, *y* tum, děre. *a. Front.* Estender debajo.
Subtento, as, avi, atum, are. *a. Plaut.* Tentar, examinar, sondear un poco, dar un tiento.
Subtentus, a, um. *Cat. part. de* Subtendo. Estendido. *Subtenti loris lecti. Cat.* Camas suspendidas del techo con cuerdas, hamacas, camas de navío.
Subtenuis. *m. f.* ŭe. *n. is. Varr.* Algo ténue, delgado ó delicado.
Subtepide. *adv. Plin.* Algo tibiamente.
Subter. *adv. Cic.* Debajo, á la parte inferior.
Subter. *prep. de acus. y de ablat. Cic.* Debajo. *Subter littore. Catul.* Debajo de la orilla. *Subter fastigia angusti tecti. Virg.* Bajo del techo de la pobre casa.
Subteractus, a, um. *Cels.* Hecho debajo.
Subteranhelo, as, are. *n. Estac.* Anhelar debajo.
Subtercavatus, a, um. *Solin.* Cavado por debajo.
Subtercurrens, tis. *com. Vitruv.* Lo que corre ó pasa por debajo.
Subtercutaneus, a, um. *Aur. Vict.* Cutáneo, lo que está debajo del cútis.
Subterduco, is, xi, ctum, cěre. *a. Plaut.* Quitar, sacar ocultamente. *Subterducere se. Plaut.* Escapar de oculto.
Subterfluens, tis. *com. Plin.* Lo líquido, que corre ó pasa por debajo.
Subterfluo, is, fluxi, fluxum, fluěre. *n. Vitruv.* Correr, pasar lo líquido por debajo.
Subterfundo, as, are. *a. Lact.* Fundar debajo.
Subterfugio, is, fugi, fugitum, gěre. *a. Plaut.* Huir, escapar secretamente. ‖ Evitar, esquivar, huir, rehusar.
Subterfugium, ii. *n. Macrob.* Subterfugio, escapatoria.
Subterhabitus, a, um. *Apul.* Pospuesto, despreciado.
Subterior, oris. *comp. formado de* Subter. *Emil. Macr.* Inferior, de la parte de abajo.
Subterjaceo, es, ui, ěre. *n. Avit.* Estar puesto ó colocado debajo.
Subterjacio, is, ěre. *a. Pal.* Echar, sembrar, esparcir por debajo.
Subterlabor, ěris, lapsus sum, bi. *dep. Virg.* Correr, pasar lo líquido por debajo. ‖ *Liv.* Escaparse, retirarse sin ser sentido, secretamente, escurrirse.
Subterlino, is, levi, litum, liněre. *a. Plin.* Frotar, untar por debajo.
Subterluo, is, luěre. *a. Claud.* Bañar, regar por la parte inferior.
Subterluvio, ōnis. *f. Claud. Mamert.* Curso ó corriente abundante de algun humor, de humedad.
Subtermeo, as, are. *n. Claud.* Pasar por debajo.
Subternatans, tis. *com. Sol.* Lo que nada por debajo.
Subternus, a, um. *Prud.* Inferior, de la parte de abajo. ‖ Subterráneo.
Subtěro, is, trivi, tritum, těre. *a. Col.* Majar, moler, machacar, desmenuzar. ‖ *Cat.* Consumir, gastar con el continuo uso.
Subterpedaneum, i. *n. Pal.* Camino, paseo, estrada.
Subterpendens, tis. *com. Pal.* Pendiente hácia la parte inferior.
Subterraneus, a, um. *Cic. y*
Subterrenus, a, um. *Apul. y*
Subterreus, a, um. *Arnob.* Subterráneo, lo que está debajo de tierra.
Subterreo, es, rui, ritum, rěre. *a. Plaut.* Amedrentar, atemorizar algun tanto.
Subterseco, as, are. *a. Cic.* Cortar por debajo.
Subtertenuo, as, avi, atum, are. *a. Lucr.* Gastar, consumir, adelgazar por debajo.
Subtervacans, tis. *com. Sen.* Vacío, hueco por debajo.
Subtervolo, as, are. *n. Estac.* Volar por debajo.
Subtervolvo, is, ěre. *a. Amm.* Revolver por debajo.
Subtexi. *pret. de* Subtego.
Subtexo, is, xui, textum, xěre. *a. Juv.* Tejer debajo, añadir, juntar tejiendo. ‖ Añadir, juntar escribiendo. ‖ Escribir una obra, componerla. *Ferro subtexitur aether. Luc.* Se cubre el aire de una nube de dardos. — *Originem familiarum subtexere. Nep.* Componer una genealogía.
Subtextus, a, um. *Luc.* Cubierto. ‖ Añadido, unido.
† Subtililoquentia, ae. *f. Tert.* Oracion sutil, delicada.
† Subtililoquus, a, um. *Tert.* Que habla con sutileza ó delicadeza.
Subtilis. *m. f.* le. *n. is*, ior, issimus. *Cic.* Sutil, delgado, delicado, ténue. ‖ Fino, ingenioso, refinado.
Subtilitas, atis. *f. Cic.* Finura, delicadeza, sutileza. ‖ El estilo ténue. ‖ Pureza de estilo. ‖ Gracilidad, delgadez.
Subtiliter, ius, issime. *adv. Plin.* Sutil, delgada, menudamente. ‖ Aguda, ingeniosamente. ‖ Menudamente, por menor. ‖ Con pureza de estilo.
Subtimeo, es, ui, ěre. *n. Cic.* Temer, recelar un poco.
Subtinnio, is, ire. *a. Tert.* Tocar, sonar un poco.
Subtitubans, tis. *com. Prud.* Algo titubeante.
Substractio, ōnis. *f. Bibl.* Sustraccion, la accion de sustraer ó quitar. *Non sumus substractionis filii. Bibl.* No somos nosotros de los que se retiran.
Substractus, a, um. *Sen.* Sustraído, quitado, sacado, retirado ocultamente. *part. de*
Substraho, is, traxi, tractum, hěre. *a. Ces.* Sustraer, quitar, apartar, retirar. *Substrahere se. Liv.* Huir, escaparse. — *Se labori. Col.* Apartarse del trabajo, huir de él.
Subtristis. *m. f.* te. *n. is. Tert.* Algo triste, melancólico.
Subtritus, a, um. *Plaut.* Gastado por debajo. ‖ Majado, machacado.
Subtrivi. *pret. de* Subtero.
Subtundo, is, tudi, tusum, děre. *a. Tib.* Herir, lastimar á golpes.
Subturpiculus, a, um. *Cic.* Algo torpe, vergonzoso.
Subturpis. *m. f.* pe. *n. is. Cic.* Algo torpe, vergonzoso.
Subtus. *adv. Varr.* Debajo.
Subtusus, a, um. *part. de* Subtundo. *Tib.* Algun tanto lastimado á golpes.
† Sububer, is. *com.* El niño ó niña que mama.
Subucula, ae. *f. Varr.* La camisa ó túnica interior. ‖ *Fest.* Especie de torta ó bollo de que se hacia oblacion.
Subuculatus, a, um. *Quint.* Encamisado, vestido con una camisa.
Subuculum, i. *n. Fest.* Torta, bollo para las oblaciones hecho de la flor de la harina, aceite y miel.
Subula, ae. *f. Col.* La lesna.

**SUB**

Sŭbŭlāris. m. f. tĕ. n. is. *Vitruv.* Lo que pertenece á la lesna. ‖ Al zapatero, albardero ó guarnicionero.

Subulcus, i. m. *Varr.* El porquero, porquerizo, guarda de puercos.

Subŭlo, ōnis. m. *Varr.* El flautero ó flautista, tocador de flauta. ‖ *Plin.* Especie de ciervo de cuernos derechos, no ramosos y puntiagudos, á modo de lesna.

Subŭlo, as, āre. a. Coser con lesna. ‖ Tocar la flauta.

Subur, is. a. Ciudad antigua en Cataluña, y Sor, rio de Portugal.

Sŭbūra, ae. f. *Varr.* Barrio y tribu urbana de Roma, en que estaba la plaza de los comestibles, y el cuartel de las cortesanas.

Sŭbūrānensis. m. f. sĕ. n. is. *Fest.* y

Sŭbŭrānus, a, um. *Cic.* Lo perteneciente al barrio ó cuartel de Roma llamado *Subura*.

Sŭburbāna, ōrum. n. plur. *Plin.* y

Sŭburbāna, ae. f. *Suet.* Casa de campo, granja, cortijo cercano á la ciudad.

Suburbānè. adv. Con alguna civilidad ó cortesanía.

Sŭburbānĭtas, ātis. f. *Cic.* Vecindad, cercanía de la ciudad.

Suburbānum, i. n. *Plin.* Heredad ó casa de campo cercana á la ciudad.

Sŭburbānus, a, um. *Cic.* y

Sŭburbĭcārius, a, um. *Cod. Teod.* Suburbano, vecino á la ciudad.

Sŭburbium, i. n. *Cic.* Suburbio, barrio, arrabal inmediato á la ciudad.

Suburgeo, ēs, ēre. a. *Virg.* Apretar, instar por debajo ó de cerca.

Sŭbūro, is, ussi, ustum, rĕre. a. *Suet.* Quemar, abrasar un poco.

Sŭburra, ae. f. *Varr.* V. *Subura*.

Subus, en lugar de Suibus. dat. y ablat. de Sus, uis. *Lucr.* El cerdo.

Sŭbussi. pret. de Suburo.

Subustio, ōnis. f. *Cod. Teod.* El acto de calentar las termas ó sus estufas.

Subustus, a, um. part. de Suburo. *Paul. Nol.* Medio, ó un poco quemado.

Sŭbūvĭdus, a, um. *Plin.* Un poco húmedo, mojado.

† Subvas, ādis. m. *Gel.* Sustituto de fiador, ó que da caucion por él.

Subvectio, ōnis. f. *Ces.* Acarreo, conduccion, trasporte.

Subvecto, as, āvi, ātum, āre. a. *Plaut.* Acarrear, portear, conducir.

Subvector, ōris. m. *Avien.* Acarreador, arriero, carretero.

Subvectus, us. m. *Tac.* V. Subvectio.

Subvectus, a, um. *Tac.* Acarreado, conducido. part. de

Subvĕho, is, vexi, vectum, vĕhĕre. a. *Ces.* Acarrear, conducir, trasportar. *Subvehere naves. Tac.* Conducir las naves agua arriba.

Subvĕnio, is, vēni, ventum, nīre. n. *Tac.* Sobrevenir, venir despues. ‖ Socorrer, ayudar; venir al socorro. ‖ Curar, medicinar. *Subvenire patriae. Cic.* Socorrer á la patria. ___ *Innocentiae. Cic.* Favorecer á la inocencia. *Huic rei subventum est. Cic.* Se ocurrió tambien á esto.

Subventio, ōnis. f. *Fest.* Ayuda, socorro.

Subvento, as, āre. frec. de Subvenio. *Plaut.* Socorrer, ayudar frecuentemente.

Subventor, ōris. m. *Inscr.* Socorredor, favorecedor.

Subventūrus, a, um. *Ov.* El que ha ó tiene de socorrer ó remediar.

Subventus, us. m. *Plaut.* Socorro, ayuda.

Subverbustus, a, um. *Plaut.* Abierto, abrasado á azotes.

Subvĕreor, ēris, rĭtus sum, rēri. dep. *Cic.* Temer algun tanto, tener un poco de miedo.

Subversio, ōnis. f. *Arnob.* Subversion, ruina, estrago, trastorno, destruccion.

Subverso, as, āvi, ātum, āre. a. *Plaut.* frec. de Subverto. Subvertir, arruinar, trastornar frecuentemente ó del todo.

Subversor, ōris. m. *Tac.* Destruidor, el que arruina, quebranta, trastorna.

**SUC**

Subversus, a, um. *Salust.* Arruinado, trastornado, destruido. part. de

Subverto, is, ti, sum, tĕre. a. *Col.* Levantar, revolver, remover lo de arriba abajo, *como cuando se ara*. ‖ Subvertir, destruir, arruinar, trastornar, demoler. *Subvertere aliquem. Ter.* Arruinar, perder á alguno. ___ *Mores patriae. Just.* Trastornar las costumbres patrias. ___ *Decretum consulis. Salust.* Anular el decreto del cónsul.

Subvespĕrus, i. m. *Vitruv.* El sudueste, cuarta al oeste, ó oeste sudueste, *viento occidental*.

Subvetĕrĭbus. *Plaut.* Sitio en la plaza de los cambios de Roma.

Subvexi. pret. de Subveho.

Subvexus, a, um. *Liv.* Lo que es de suave pendiente, de fácil subida.

Subvillĭcus, i. m. *Inscr.* El que sirve debajo del cachicán ó mayordomo de una granja, ó hace sus veces.

Subvirĭdis. m. f. lĕ. n. is. *Plin.* Verdoso, algo verde, que tira á verde.

Subvŏlĭto, as, āre. a. frec. *Ov.* Revolotear.

Subvŏlo, as, āvi, ātum, āre. n. *Cic.* Volar hácia arriba.

Subvolvo, is, vi, vŏlūtum, vĕre. a. *Virg.* Revolver, llevar alguna cosa dándole vueltas ó rodando.

Sub vos placo. *Fest. en lugar de* Vobis supplico.

Subvulsus, a, um. *Gel.* Pelado, rapado.

Subvultūrius, a, um. *Plaut.* Moreno, mulato, del color del buitre.

Succasses, ium. m. plur. Pueblos de Alemania.

Succāsus, a, um. part. de Succido. Caido.

Succēdāneus, a, um. *Plaut.* Que sucede en lugar de otro, sucesor. *Succedaneus culpae alterius. Ulp.* Castigado por otro, que paga la pena de la falta de otro. *Succedanea, y succidanea hostia. Fest.* Víctima que sucedia y se sacrificaba en lugar de otra, en que no hubiese correspondido el agüero.

Succēdo, is, cessi, cessum, dĕre. n. *Cic.* Entrar dentro ó debajo. ‖ Suceder, entrar en lugar de otro, ser sustituido, subrogado. ‖ Salir bien, con felicidad, prósperamente. ‖ Seguirse, venir detras ó despues. *Succedere ad montes. Liv.* Acercarse, arrimarse á los montes. ___ *Murum, muris. Liv.* Acercarse á las murallas. ___ *In stationem. Cic.* Entrar de guardia ó de centinela despues de otros. *Antequam tibi successum esset. Cic.* Antes que se te hubiese enviado un sucesor. *Si ex sententia successerit. Cic.* Si saliere como pensamos.

Succendo, is, di, sum, dĕre. a. *Ces.* Encender, dar, poner fuego, incendiar por debajo.

Succenseo, ēs, sui, sēre. n. *Cic.* Enfadarse, enojarse, airarse. *Succensere alicui. Ces.* Enfadarse con alguno.

Succensio, ōnis. f. *Amian.* La accion de calentar el baño ó su estufa. ‖ *Tert.* El resplandor, brillantez de los astros. ‖ *Sim.* Ira, indignacion.

Succensus, a, um. part. de Succendo. *Cic.* Encendido, ardiente.

Succentīvus, a, um. *Varr.* El que canta despues de otro, y le acompaña.

Succentor, ōris. m. *Amian.* El que acompaña el canto de otro. ‖ *Isid.* El que guia el canto del coro.

Succenturĭātus, a, um. *Fest.* Añadido por suplemento á la centuria. *Ero in insidiis succenturiatus. Ter.* Yo estaré en emboscada, para acudir al socorro.

Succenturio, as, āvi, ātum, āre. a. *Fest.* Suplir el número de las centurias. ‖ Reemplazar, sustituir.

Succentus, us. m. *Marc. Cap.* El canto que empieza despues de otro, y le acompaña.

Succentus, a, um. part. de Succino. Cantado despues.

Succerda, ae. f. *Titin.* El escremento del cerdo.

Succerno, is, crēvi, crētum, nĕre. a. *Plin.* Pasar por tamiz ó cedazo. ‖ Cribar. ‖ Separar, poner aparte.

Successi. pret. de Succedo.

Successio, ōnis. f. *Cic.* Sucesion, la accion de suceder, entrar despues, ó seguirse. ‖ Sucesion, el acto de suceder á otro en el empleo. ‖ *Lact.* Procreacion. ‖ *S. Ag.* Suceso, evento, éxito.

Successīvè. adv. *Espart.* Sucesivamente.

Successīvus, a, um. *Lact.* Sucesivo, lo que se sigue ó va despues.

Successor, ōris. m. *Cic.* Sucesor, el que sucede en lugar de otro. *Successorem alicui dare. Suet.* Dar sucesor á alguno quitándole el empleo.

Successōrius, a, um. *Amian.* Perteneciente á la sucesion.

Successum, i. n. *Ov.* El suceso.

Successus, us. m. *Ces.* La llegada. ‖ Buen suceso, feliz éxito. ‖ *Arnob.* Lugar al que se puede entrar, como cueva ó caverna. *Temporis successus. Just.* El espacio ó curso del tiempo.

Successus, a, um. *part. de* Succēdo. *Cic.* Sucedido prósperamente. *Omnia velles mihi successa. Cic.* Tú quisieras que todo me hubiera salido bien.

Succīda, ae. f. *Varr.* Lana sucia, en puerco, sin lavar.

Succidāneus, a, um. *Fest.* Sustituido, subrogado. *V.* Succedaneus.

Succidia, ae. f. *Cic.* Carne de puerco salada. *Succidias humanas facere. Gel.* Hacer matanza, carnicería de hombres como cochinos.

Succīdo, is, di, cāsum, dĕre. n. *Plaut.* Caer debajo.

Succīdo, is, di, sum, dĕre. a. *Col.* Cortar, segar, por debajo.

Succĭdus, a, um. *Varr.* Húmedo, lleno de jugo, de humedad. *Succida vellera. Marc.* Vellones sucios y en puerco, por lavar.

Succĭduus, a, um. *Ov.* Lo que se va á caer.

Succincte, y Succinctim. *adv. Amian.* Sucinta, breve, compendiosamente.

Succinctōrium, ii. n. *S. Ag.* El cinto, ceñidor.

Succinctŭlus, a, um. *Apul. dim. de*

Succinctus, a, um. *part. de* Succingo. *Liv.* Regazado, arremangado. ‖ Ceñido. *Succinctus gladio, ferro. Liv.* Que tiene ceñida la espada. — *Succincta veste. Ov.* La que tiene la ropa regazada, enfaldada. — *Ubbs portubus. Cic.* Ciudad circundada de puertos.

Succīneus, a, um. *Plin.* Lo que es de sucino, de ambar.

Succingo, is, nxi, nctum, gĕre. a. *Vitruv.* Ceñir, rodear, circundar por debajo. ‖ Regazar la ropa, ponerse aldas en cinta, enfaldarse para estar pronto y espedito á hacer cualquiera cosa. *Frustra se terrore succinxerit, qui septus charitate non fuerit. Plin.* En vano se arma del terror el que no está fortalecido con el amor.

Succingŭlum, i. n. *Plaut.* Cinturon, tahalí, talabarte.

Succino, is, nui, centum, nĕre. a. *Hor.* Cantar despues, acompañar ó hacer el bajo.

Succĭnum, i. n. *Plin.* Sucino, ambar, electro, *el que destilan los árboles, y el que se cuenta entre los metales.*

Succĭnus, a, um. *Marc.* Lo que es de sucino, de ambar.

Succinxi. *pret. de* Succingo.

Succipio, is. *Lucr.* en lugar de Suscipio.

Succisio, ōnis. f. *Sid.* La corta ó corte de madera &c.

Succisīvus, a, um. *Liv.* Cortado. *Succisivum tempus. Cic.* Tiempo desocupado, ratos, horas perdidas.

Succisus, a, um. *part. de* Succido. *Ces.* Cortado.

Succlamātio, ōnis. f. *Liv.* Vocería, grita, la accion de vocear por indignacion ó por aplauso.

Succlamātus, a, um. *Quint.* Voceado, gritado, recibido con gritos. *part. de*

Succlāmo, ās, āvi, ātum, āre. a. *Quint.* Vocear, gritar por aplauso ó indignacion. *Cum succlamatum esset. Liv.* Despues de haberse levantado gran grita.

Succo, ōnis. m. *Cic.* El que chupa ó saca el jugo. *Se dice de los avaros, cambiantes ó banqueros.*

Succollans, tis. com. *Suet.* El que lleva al cuello ó á las espaldas alguna carga.

Succollātio, ōnis. f. *Suet.* La accion de llevar cargas acuestas.

Succollātus, a, um. *Varr.* Llevado, cargado al cuello ó á las espaldas. *part. de*

Succollo, ās, āvi, ātum, āre. a. *Varr.* Llevar, cargar al cuello ó á las espaldas.

Succonditor, ōris. m. *Turn.* El que se metia debajo del yugo del carro en las funciones del circo, cuando era menester abrir los caballos ó desenredarlos.

Succōsus, a, um. *Col.* Sucoso, jugoso.

Succresco, is, crēvi, crētum, cĕre. n. *Col.* Crecer por debajo ó desde la raiz. ‖ Aumentarse, tomar incremento. *Succrescere gloriae seniorum. Liv.* Levantarse á la gloria de los antiguos.

Succrētus, a, um. *Plaut. part. de* Succerno y de Succresco.

Succrēvi. *pret. de* Succerno y de Succresco.

Succrotĭlus, y Succrotillus, a, um. *Fest.* Delgado, sutil.

Succūba, ae. m. f. *Ov.* La concubina ó el concubino.

Succubi, ōrum. f. plur. Sucuba, ciudad de Africa.

Succubitānus, a, um. *Trib. Pol.* Natural de la ciudad de Sucuba.

Succŭbo, ās, bui, bitum, āre. n. *Apul.* Acostarse debajo ó echarse.

Succubonĕus, i. m. *Tit. V.* Succuba.

Succubui. *pret. de* Succumbo.

Succūdo, is, udi, usum, dĕre. a. *Varr.* Forjar, formar á golpe de martillo.

Succulentus, a, um. *Prud.* Sucoso, jugoso.

Succumbo, is, cubui, cubĭtum, bĕre. a. *Cic.* Caer con la carga, rendirse al peso. ‖ Rendirse al mal, al trabajo, á la desgracia. *Succumbere oneri. Liv.* Llevar, sufrir la carga. — *Somno. Ov.* Dejarse rendir del sueño. — *Culpae. Virg.* Caer en una culpa.

Succurro, is, rri, sum, rĕre. a. n. *Ces.* Socorrer, ayudar, acudir al socorro ó auxilio de otro. ‖ Ocurrir, venir al pensamiento, ofrecerse á la idea, á la imaginacion, á la memoria. ‖ Remediar, aplicar remedios al mal. ‖ Adelantarse, prevenir. *Succurrit illud mi. Cic.* Me ocurre, me viene al pensamiento. — *Nunquam vestra fragilitas. Sen.* Nunca haceis reflexion sobre vuestra fragilidad. *Succursum est potu. Plin.* Se socorrió, se remedió con una bebida.

Succus, i. m. *Cic.* Suco, jugo de los cuerpos y plantas. ‖ Fuerza, vigor. *Succus civitatis. Cic.* La sustancia de la república. — *Ingenii. Quint.* Caudal del ingenio.

Succussārius, a, um. El que sacude de sí la carga que lleva encima.

Succussātor, ōris. m. *Lucil.* Caballo troton, de mal paso, que galopea, y quebranta al ginete.

Succussātūra, ae. f. *Non.* El golpeo ó sacudimiento del caballo troton.

Succussi. *pret. de* Succutio.

Succussio, ōnis. f. *Sen.* El sacudimiento ó golpeo. *Succussio terrae. Sen.* Temblor de tierra.

Succusso, ās, āvi, ātum, āre. a. *Non.* Sacudir, golpear. *Dícese del caballo que tiene mal paso.*

Succussor, ōris. m. *Lucil. V.* Succussator.

Succussus, us. m. *Cic.* Sacudimiento, golpeo del caballo troton.

Succussus, a, um. *Sen.* Golpeado, sacudido. *part. de*

Succutio, is, cussi, cussum, tĕre. *Sen.* Sacudir, golpear, agitar moviendo de alto abajo y de abajo arriba.

Sucerda, ae. f. *Lucil. V.* Succerda.

Sucĭdus, a, um. *V.* Succidus.

Sucōsus, a, um. *V.* Succosus.

Sucro, ōnis. m. *Cic.* El Júcar, *rio de España.* ‖ Sueca, *pueblo en la embocadura del Júcar.*

Sucronensis. m. f. sē. n. is. *Cic.* Lo perteneciente al rio Júcar ó al pueblo llamado Sueca.

Suctus, a, um. *Palad. part. de* Sugo. Mamado, chupado.

Suctus, us. m. *Varr.* El acto de mamar ó chupar.

Sucŭla, ae. f. *Plaut.* Puerca ó cerda pequeña. ‖ Rodillo en que se envuelve el cable de alguna máquina. ‖ *Plaut.* Ropa interior, camisa. ‖ El torno.

Sucŭlae, ārum. f. plur. *Cic.* Las estrellas hiadas de la cabeza del toro.

Sucŭlentus, a, um. *Prud.* Puerco, bestial, brutal. ‖ Sucoso, jugoso, pingüe, obeso.

Sucŭlus, i. m. *Just.* Cochinillo, cerdo pequeño.

Sucus, i. m. *Plin.* Suco, jugo, humor, zumo. ‖ *Hor.* Sabor, gusto. ‖ Fuerza, vigor, nervio, peso. *V.* Succus.

Sudabundus, a, um. *Ov.* Cubierto, lleno de sudor.

Sudariŏlum, i. n. *Apul.* Pañuelito, *dim. de*

Sudarium, i. n. *Cat.* Pañuelo para limpiar el sudor.

Sudātio, ōnis. f. *Sen.* La accion de sudar. ‖ *Vitruv.* Estufa, sudadero, lugar destinado en el baño para sudar.

Sudātor, ōris. m. *Plin.* El que suda.

Sudātōrium, ii. n. *Sen.* Estufa, sudadero, lugar en los baños destinado para sudar.

Sudātōrius, a, um. *Plaut.* Sudatorio, lo que hace sudar.

Sudātrix, īcis. f. *Marc.* La (toga) que hace sudar.

Sudātus, a, um. part. de Sudo. *Quint.* Sudado, humedecido con el sudor. ‖ *Ov.* Espelido por sudor. ‖ Hecho con mucho trabajo y fatiga. *Sudatus labor. Estac.* Trabajo pasado con mucho sudor.

Sudes, y Sudis, is. f. *Ces.* Pértiga, estaca, palo, baston, asta. ‖ *Juv.* Espina aguda del pescado. ‖ Dardo tostado al fuego.

Sudiculum, i. n. *Fest.* Especie de azote, llamado asi porque hace sudar á los castigados con él.

† Sudifĭcus, a, um. *Gel.* Lo que causa serenidad en el cielo.

Sudis, is. f. *Plin.* Un pez de estraña magnitud.

Sudo, as, avi, atum, are. a. n. *Cic.* Sudar. ‖ Trabajar mucho. ‖ Manar ó correr á gotas como el sudor. *Sudare sanguinem. Liv.* Sudar sangre. — *Balsamum. Just.* Destilar bálsamo.

Sudor, ōris. m. *Cic.* Sudor. ‖ Trabajo, fatiga. ‖ *Ov.* Cualquiera humedad que brota como el sudor.

Sudōrus, a, um. *Apul.* Sudado, cubierto de sudor.

Sudum, i. n. *Cic.* Serenidad, cielo sereno, buen tiempo.

Sudus, a, um. *Virg.* Sereno, claro, seco, sin lluvia.

Suēcia, ae. f. La Suecia, reino de Europa.

Suēcōni, ōrum. m. plur. Pueblos de la Galia bélgica.

Suēcus, a, um. Sueco, de Suecia.

Suēdi, ōrum. m. plur. Los suecos.

Suēdia, ae. f. La Suecia.

Suel, lis. f. *Plin.* Molina, castillo antiguo en el reino de Granada.

Suelterī, ōrum. m. plur. Pueblos de la diócesi de Freyus en Provenza.

Sueo, es, avi, etum, ere. n. *Lucr.* V. Suesco.

Suera, ae. f. *Varr.* Carne de puerco.

Sueres, um. f. plur. *Plaut.* Pedazos de puerco, de lardo, de tocino.

Suerina, ae. f. Severin, ciudad de Meclembourg.

Suesco, is, suevi, suetum, scĕre. n. *Tac.* Acostumbrarse, estar acostumbrado, soler, tener costumbre.

Suessa, ae. f. *Aus.* Suesa ó Sesa, ciudad de Campania, colonia romana, patria de Lucilio. ‖ Otra del Lacio antiguo, llamada Pomecia.

Suessāni, ōrum. m. plur. *Inscr.* Los naturales ó moradores de Suesa.

Suessānus, a, um. *Cic.* Propio de la ciudad de Suesa.

Suessiōnensis. m. f. sĕ. n. is. De Soisons.

Suessiōnes, um. m. plur. Los pueblos del condado de Soisons en Francia.

Suetōnius Tranquillus. Suetonio Tranquilo, gramático y retórico romano insigne en tiempo de los emperadores Trajano y Adriano. Escribió con estilo elegante, con mucha erudicion y verdad las vidas de los doce primeros emperadores, y dos libros, uno de los retóricos y otro de los gramáticos ilustres, los cuales tenemos.

Suetri, ōrum. m. plur. *Plin.* Pueblos de la diócesis de Senéz en Provenza.

Suētus, a, um. *Liv.* part. de Sueo. Acostumbrado á.

Suevī. pret. de Suesco.

Suevi, ōrum. m. plur. *Ces.* Suevos, pueblos de Germania.

Suēvia, ae. f. *Tac.* La Suevia, pais de Germania.

Suēvĭcus, a, um. *Tac.* y

Suēvus, a, um. *Ces.* Suevo, de Suevia ó perteneciente á esta region.

Sūfes, ētis. m. *Liv.* Sufete, supremo magistrado de Cartago, como los cónsules en Roma.

Suffarcināmictus, a, um. *Estac.* Cubierto de los envoltorios que lleva como de una capa.

Suffarcinātus, a, um. *Ter.* Cargado por debajo de la ropa. ‖ *Apul.* Repleto, bien comido. part. de

Suffarcino, as, āre. a. *Apul.* Cargar de algun envoltorio, dar que llevar debajo de la ropa ó de la capa.

Suffarrāneus, i. m. *Plin.* Vivandero ó arriero que lleva granos al ejército.

Suffēci. pret. de Sufficio.

Suffectio, ōnis. f. *Arnob.* Sustitucion, subrogacion. ‖ *Arnob.* La tintura ó tinte.

Suffectura, ae. f. *Tert.* El suplemento.

Suffectus, a, um. part. de Sufficio. *Cic.* Sustituido, subrogado. ‖ *Sen.* Añadido. ‖ *Virg.* Teñido, manchado. *Subfectus patri. Tac.* Puesto en lugar del padre. — *In locum alterius. Liv.* En lugar de otro. — *Sanguine. Virg.* Teñido en sangre.

Sufferentia, ae. f. *Tert.* Sufrimiento, tolerancia, paciencia.

Suffĕro, fers, sustŭli, sublātum, ferre. a. *Cic.* Sufrir, soportar, tolerar. ‖ Sostener, resistir. *Sufferre vix anhelitum. Plaut.* Respirar apenas. — *Sumptus. Ter.* Soportar los gastos. — *Ad Praetorem. Plaut.* Dejarse conducir delante del pretor. — *Poenas. Plaut.* Pagar la pena. — *Corium. Plaut.* Poner, esponer su pellejo, su cuero. — *Litis aestimationem. Ulp.* Pagar la sentencia, la tasa del proceso.

Suffertus, a, um. *Suet.* part. de Suffercio. Lleno, repleto, cargado.

Suffervĕfăcio, is, fēci, factum, cĕre. a. *Plin.* Hacer hervir ó cocer un poco.

Suffervĕfactus, a, um. *Plin.* Hervido, cocido un poco.

Suffervĕfio, is, factum sum, fieri. pas. *Plin.* Hervir, cocerse un poco.

Sufferveo, ēs, bui, vēre. n. *Apul.* Cocer, hervir un poco.

Suffes. V. Sufes.

Suffibŭlātor, ōris. m. *Plaut.* El que engancha por debajo.

Suffibŭlum, i. n. *Fest.* Velo blanco á modo de mantilla que se ponian las Vestales en la cabeza cuando sacrificaban.

Sufficiens, tis. com. *Liv.* Suficiente, bastante. *Sufficiens malis. Curc.* Que resiste á los males.

Sufficienter. adv. *Ulp.* Suficientemente.

Sufficientia, ae. f. *Sidon.* Suficiencia, lo que basta.

Sufficio, is, fēci, factum, cĕre. a. *Cic.* Sustituir, subrogar. ‖ Bastar, ser suficiente, poder. ‖ *Virg.* Suministrar, dar, prestar. ‖ *Virg.* Poder resistir. *Vires sufficere. Ces.* Bastar, alcanzar las fuerzas. — *Milites excursionibus. Liv.* Enviar sucesivamente tropas á hacer correrías. — *Vires alicui. Virg.* Dar, añadir fuerzas á alguno. *Sufficit. Sen.* Basta. ‖ *Ov.* Puede resistir.

Suffiendus, a, um. *Col.* Lo que se ha de perfumar.

Suffīgo, is, xi, xum, gĕre. a. *Plin.* Fijar, clavar por debajo. *Suffigere cruci. Suet.* Crucificar. — *In cruce. Hirt. In crucem. Just.* Crucificar, clavar en una cruz.

Suffimen, ĭnis. n. *Ov.* El sahumerio ó perfume.

Suffimento, ās, avi, atum, āre. a. *Veg.* Sahumar, perfumar.

Suffimentum, i. n. *Cic.* Sahumerio ó perfume.

Suffindo, is, ĕre. a. *Plin.* Hender, abrir, rajar un poco ó por debajo.

Suffio, is, īvi, ītum, īre. a. *Col.* Sahumar, perfumar. ‖ Quemar por sahumerio. ‖ *Lucr.* Calentar, fomentar.

Suffiscus, i. m. *Fest.* Bolsa hecha de cuero de las criadillas de carnero.

Suffitio, ōnis. f. *Plin.* Sahumerio, el acto de sahumar ó perfumar.

Suffitor, ōris. m. *Plin.* Sahumador ó perfumador.

Suffitus, us. m. *Plin.* V. Suffitio.

Suffitus, a, um. part. de Suffio. *Col.* Sahumado, perfumado.

Suffixi. pret. de Suffigo.

Suffixus, a, um. part. de Suffigo. *Suffixus cruci. Cic.* Clavado en una cruz, puesto en una horca.

Sufflabilis. m. f. lĕ. n. is. *Prud.* Espirable, que se puede respirar.

Sufflāmen, ĭnis. *Juv.* El madero ó zoquete ó piedra con que se detiene la rueda del carro en un declive. ‖ *Juv.* Rémora, impedimento, retardacion.

**Sufflāmĭnandus, a, um.** *Sen.* Lo que ha de ser suprimido, contenido, retardado.

**Sufflāmĭno, as, avi, atum, are.** *a. Sen.* Calzar la rueda para que no ande. ‖ Comprimir, reprimir, refrenar.

**Sufflammo, as, are.** *a. Sid.* Inflamar, encender.

**Sufflātio, ōnis.** *f. Plin.* La elevacion de las pompas que se hacen en el agua.

**Sufflātus, a, um.** *part. de* Sufflo. *Plin.* Inflado, hinchado de viento. ‖ *Plaut.* Soberbio, altivo.

**Sufflāvus, a, um.** *Suet.* Algo rojo, rubio.

**Sufflo, as, avi, atum, are.** *a. Plin.* Soplar. *Sufflare buccas. Plaut.* Inflar, hinchar los carrillos.

**Suffōcabĭlis, m. f. lĕ. n. is.** *Cel. Aur.* Lo que sofoca ó ahoga.

**Suffōcātio, ōnis.** *f. Plin.* Sofocacion, ahogamiento.

**Suffōcātus, a, um.** *Plin.* Sofocado, ahogado. *part. de*

**Suffōco, as, avi, atum, are.** *a. Cic.* Sofocar, ahogar. *Suffocare urbem fame. Cic.* Hacer perecer á la ciudad de hambre.

**Suffŏco, as, are.** *a. Prop.* Purificar al fuego.

**Suffŏdio, is, fŏdi, fossum, děre.** *a. Col.* Socavar, cavar debajo, por debajo. ‖ *Ces.* Herir por debajo.

**Suffossio, ōnis.** *f. Sen.* La cava ó mina por debajo.

**Suffossus, a, um.** *Cic. part. de* Suffodio. Socavado, cavado por debajo. ‖ Herido, pasado, traspasado por debajo.

**Suffractus, a, um.** *part. de* Suffringo. *Plaut.* Roto, quebrantado.

**Suffraenātio, ōnis.** *f. Plin. V.* Suffrenatio.

**Suffrāgans, tis.** *com. Cic.* El que vota, da su voto. ‖ El que favorece.

**Suffrāgātio, ōnis.** *f. Cic.* Votacion, la accion de votar. ‖ Recomendacion.

**Suffrāgātor, ōris.** *m. Cic.* Votante, el que vota, da su voto.

**Suffrāgātōrius, a, um.** *Cic.* Lo que toca al voto, ó á quien le da.

**Suffrāgātrix, īcis.** *f. S. Ag.* La que da su voto.

**Suffrāgĭno, as, are.** *a. Cat.* Desjarretar, cortar los jarretes ó las corvas.

**Suffrāgĭnōsus, a, um.** *Col.* Que tiene agujas ó vegigas en las cuartillas.

**Suffrāgium, ii.** *n. Cic.* Sufragio, voto. ‖ Recomendacion. ‖ Derecho de votar. ‖ *Fest.* La centuria que vota.

**Suffrāgo, ĭnis.** *f. Plin.* La cuartilla, jarrete ó doblegadura de las piernas traseras de las bestias. ‖ *Col.* Renuevo que sale del pie de la cepa.

**Suffrāgor, āris, ātus sum, āri.** *dep. Cic.* Votar á favor, favorecer con su voto. ‖ Ayudar, recomendar, favorecer, sufragar.

**Suffrēgi.** *pret. de* Suffringo.

**Suffrēnātio, ōnis.** *f. Plin.* Ligazon, union apretada de unas piedras con otras en la fábrica.

**Suffrendens, tis.** *com. Amian.* Lo que rechina.

**Suffrĭco, as, cui, ó cāvi, frictum, ó cātum, are.** *a. Col.* Frotar, fregar suavemente.

**Suffringo, is, frēgi, fractum, gĕre.** *a. Cic.* Quebrar, romper.

**Suffrio, as, avi, atum, are.** *a. Col.* Desmenuzar, reducir á polvo.

**Suffūdi.** *pret. de* Suffundo.

**Suffŭgio, is, gi, gĭtum, gĕre.** *a. Liv.* Huir, escapar ocultamente. *Suffugere in tecta. Liv.* Escaparse á casa. *Tactum. Lucr.* No poder ser tocado. *Sensum. Lucr.* No poder ser entendido.

**Suffŭgium, ii.** *n. Quint.* Refugio, asilo, acogida. ‖ *Ov.* Rodeo, escusa, pretexto.

**Suffulcio, is, si, tum, cire.** *a. Plaut.* Sostener por debajo, apuntalar.

**Suffulcrum, i.** *n. Vitruv.* El puntal.

**Suffultus, a, um.** *part. de* Suffulcio. *Varr.* Apuntalado, sostenido por debajo.

**Suffūmĭgātio, ōnis.** *f. Varr.* El sahumerio, la accion de sahumar ó perfumar por debajo.

**Suffūmĭgo, as, avi, atum, are.** *a. Varr.* Sahumar, perfumar por debajo.

**Suffundātus, a, um.** *Varr.* Fundado debajo, puesto debajo por cimiento ó fundamento.

**Suffundo, is, fūdi, fūsum, děre.** *a. Plaut.* Derramar ocultamente ó debajo. ‖ Esparcir, echar, rociar encima. *Suffundere aciem oculorum. Sen.* Turbar, perturbar la vista. *Ore ruborem. Virg.* Hacer salir los colores al rostro. *Suffusti felle sales. Ov.* Dichos picantes, burlas llenas de hiel. *Suffussus malevolentia animus. Cic.* Animo lleno de ira, de mala voluntad.

**Suffūror, āris, ātus sum, āri.** *dep. Plaut.* Robar ocultamente.

**Suffūsio, ōnis.** *f. Plin.* Esparcimiento, derramamiento. ‖ Derramamiento de humor en los ojos, que impide la vista, catarata. ‖ *Veg.* Enfermedad de los pies en las caballerías por el mucho trabajo.

† **Suffūsor, ōris.** *m.* El que derrama, echa ó rocía.

**Suffūsōrium, ii.** *n. Bibl.* El canal por donde se infunde algun licor.

**Suffūsus, a, um.** *part. de* Suffundo.

**Sugambri, ōrum.** *m. plur. Tac.* Pueblos de Germania, donde hoy está el ducado de Vestfalia.

**Sugambrus, a, um.** *Tac.* Lo que es de ó pertenece á los pueblos de Vestfalia.

**Suggĕro, is, gessi, gestum, rĕre.** *a. Liv.* Suministrar, dar, contribuir, acudir, servir. ‖ Sugerir, acordar, traer á la memoria. ‖ Sustituir, subrogar. ‖ Añadir. *Suggerere materiam criminibus. Liv.* Suministrar materia á los delitos. *Rationes sententiae. Cic.* Añadir razones á un parecer. *Ultro se suggerentibus causis. Flor.* Ofreciéndose de suyo las causas.

**Suggestio, ōnis.** *f. Quint.* Sugestion, consejo, acuerdo.

**Suggestus, a, um.** *Cic. part. de* Suggero.

**Suggestus, us.** *m. Liv.* y **Suggestum, i.** *n. Cic.* Tribuna, púlpito, cátedra. ‖ Lugar elevado, sitio eminente para hablar en público. ‖ *Ulp.* Sugestion.

**Suggillātio, ōnis.** *f. Plin.* Contusion, cardenal hecho en fuerza de algun golpe. ‖ Afrenta, ignominia.

**Suggillātiuncŭla, ae.** *f. Mamert.* Pequeña contusion.

**Suggillātus, a, um.** *Plin.* Magullado, contuso, acardenalado. ‖ Infamado, afrentado. *part. de*

**Suggillo, as, avi, atum, are.** *a. Plin.* Magullar, acardenalar á golpes. ‖ Afrentar, infamar, insultar. ‖ *Prud.* Sugerir.

**Suggrĕdior, ĕris, gressus sum, grĕdi.** *dep. Tac.* Entrar meterse, pasar callandito, ocultamente.

**Suggressus, a, um.** *part. de* Suggredior. *Tac.* El que ha entrado ó pasado ocultamente.

**Suggrunda** y otros. *V.* Subgrunda.

**Sugillo** y otros. *V.* Suggillo.

**Sūgo, is, xi, ctum, gĕre.** *a. Cic.* Mamar, chupar, sacar, atraer el jugo con los labios.

**Sui, sibi, se.** *Pron. rec. tercera persona de ambos números y de todos géneros.* De sí, á sí, se, á sí.

**Suicia, ae.** *f. Schvitz, ciudad de Suiza.*

**Suila, ae.** *f. Plin.* Carne de puerco.

**Suile, is.** *n. Col.* Zahurda, establo de puercos.

**Suillus, a, um.** *Liv.* Lo que es de puerco, de cerdo.

**Suimet, suībimet, sēmet,** y **suimet ipsius, sibimetipsi, semetipsum.** *Cic.* De sí mismo, para sí mismo, á sí mismo.

**Suīnus, a, um.** *Varr.* Lo que es de cerdo, de puerco.

**Suiones, um.** *m. plur.* Pueblos de Alemania. ‖ *Tac.* Pueblos de la Suecia propia. ‖ La Gocia.

**Suitiensis pagus.** *m.* El canton de Schvitz en la Suiza.

**Sulamis, tis.** *n. Bibl. V.* Sunamitis.

**Sulcāmen, ĭnis.** *n. Apul. V.* Sulcus.

**Sulcātim.** *adv. Prop.* Á surcos ó por surcos.

**Sulcātio, ōnis.** *f. Vitruv.* La labor ó surcos, la accion de surcar ó arar.

**Sulcātor, ōris.** *m. Stat.* Labrador, que ara, arador. ‖ Navegante, que surca el mar.

**Sulcātus, a, um.** *Luc.* Surcado, arado. ‖ Navegado.

**Sulco, as, avi, atum, are.** *a. Col.* Surcar, arar, hacer tirar surcos. ‖ Escavar. ‖ Navegar. *Sulcare cutem rugis. Ov.* Arar la piel con arrugas. *Iter. Sen.* Caminar. *Aequor. Ov.* Navegar.

**Sulcŭlus, i.** *m. Col.* Pequeño surco ú hoya. *dim. de*

Sulcus, i. *m. Cic.* Surco, el rastro del arado. ‖ Hoya para plantar árboles. ‖ Canal para riego. ‖ La misma acción de arar. ‖ Cada vuelta que se da á la tierra.

Sulfur, ŭris. *n. V.* Sulphur.

Sulga, ae. *m.* El Sorge, *rio del condado de Aviñon.*

Sulla, y Silla, ae. *m. Sal.* Sila, *sobrenombre de la familia Cornelia romana, de la cual fue el famoso dictador L. Cornelio Sila.*

Sullanus, y Syllanus, a, um. *Plin.* Silano, de Sila, ó lo que le pertenece.

Sullatŭrio, y Syllatŭrio, is, ire. *n. Ces.* Parecerse á Sila, imitar sus costumbres, meditar crueldades, proscripciones como él.

Sulliacum, i. *n.* Sully, *ciudad del Orleanés.*

Sulmo, ŏnis. *m. Ov.* Sulmona, *pequeña ciudad del Abruzo, patria de Ovidio.*

Sulmonensis. *m. f.* sĕ. *n.* is. *Juv.* Sulmonense, lo que es de ó pertenece á Sulmona.

Sulphur, ŭris. *n. Plin.* El azufre. ‖ *Lucr.* El rayo, *por su luz y olor sulfúreo.*

Sulphŭrans, tis. *com. Tert.* Sulfúreo, de azufre.

Sulphŭrāria, ae. *f. Ulp.* El minero de azufre ó el sitio en que se prepara.

Sulphŭrārius, ii. *m. Plin.* El que saca el azufre de la mina ó le prepara. ‖ El que hace ó vende mechas azufradas ó pajuelas.

Sulphŭratio, ŏnis. *f. Sen.* La mistura subterránea del azufre, ó el lugar que le contiene.

Sulphŭratum, i. *n. Marc.* Pajuela, mecha azufrada. ‖ *Plin.* Minero de azufre.

Sulphŭratus, a, um. *Vitruv.* Azufrado, de azufre, azufroso. *Sulphuratae lanae. Cels.* Lanas blanqueadas al humo del azufre. — *Institor mercis. Marc.* Comerciante de pajuelas ó mechas azufradas. *Sulphuratum ramentum. Marc.* Pajuela. *Aquae sulphuratae. Plin.* Aguas que huelen á azufre.

Sulphŭreus, a, um. *Ov. V.* Sulphŭrōsus.

† Sulphŭro, ās, āre. *a. Tert.* Azufrar, dar gusto, olor ó color de azufre.

Sulphŭrōsus, a, um. *Vitruv.* Sulfúreo, lo que es de azufre, ó tiene su naturaleza, color ú olor.

Sulpicia, ae. *f. Marc.* Sulpicia, *noble poetisa romana.*

Sulpicianus, a, um. *Quint.* y

Sulpicius, a, um. De Sulpicio, ó lo que le pertenece.

Sulpicius, ii. *m. Cic.* Sulpicio, *nombre de muchos ilustres romanos, entre los cuales cuenta Ciceron á Cayo, Publio y Servio, célebres en la elocuencia.* ‖ Sulpicio Apolinar, *gramático, preceptor del emperador Pertinaz, que escribió en versos yámbicos los argumentos de las comedias de Terencio.* ‖ Severo Sulpicio, *de nacion frances, contemporáneo de S. Gerónimo, que escribió con bastante pureza para aquellos tiempos la vida de S. Martin, y dos libros de historia sagrada.*

Sultis. *ant. Plaut. en lugar de* Si vultis, Si quereis.

Sum. *ant. en lugar de* Eum, *acus.* de Is.

Sum, ĕs, est, fui, esse. *sust. anom. Cic. Ser,* existir. ‖ Estar. ‖ Permanecer, quedarse. ‖ Tener, *Se construye con nominativo de los pronombres posesivos. Est meum hoc facere. Cic.* Á mí me toca hacer esto. *Est totus vester. Cic.* Soy todo vuestro. *Con genitivo. Est boni judicis. Cic.* Es propio, es obligacion de un buen juez. *Magni esse apud aliquem. Cic.* Ser muy estimado de alguno. *Con dativo.* Mi *desiderio est. Sen.* Tengo deseo, quisiera. *Est mihi magnae molestiae. Cic.* Me sirve de mucha pesadumbre. Esui, potuique esse. *Cic.* Ser bueno para comer y para beber. *Esse oneri ferendo* (se entiende parem.) *Liv.* Ser capaz de llevar la carga, el peso. *Derisui omnibus. Plaut.* Ser la irrision de todos. *Con infinitivo. Bene sperare est. Plin.* Se puede esperar bien. *Con ablativo. Mira sum alacritate. Cic.* Estoy sumamente alegre. *Con dativo y ablativo. Nil poenitet quanto sumptu fuerim tibi. Plaut.* No me pesa cuanto te he hecho gastar. *Con preposiciones. Esse ab aliquo. Cic.* Ser del partido de alguno. *E republica. Liv.* Ser útil á la república. *Ad urbem. Cic.* Estar en la ciudad ó cerca. — *Apud aliquem. Ter.* Estar en casa de alguno. — *Cum imperio.* Estar con potestad ó mando. — *In ditione alicu-jus. Cic.* Estar bajo la jurisdiccion de alguno. — *In aliquo numero. Ces.* Estar en alguna estimacion. — *In bonis. Cic.* Estar en posesion de los bienes. — *In rem communem. Plaut.* Ser útil al bien comun. *Est recte apud matrem. Cic.* Mi madre está buena. — *A me hoc totum. Cic.* Todo esto es á mi favor. — *In quaestione. Plin.* Se disputa, se pregunta. *Esse in eo ut. Nep.* Estar para ó á punto de. *Est quod visam domum. Plaut.* Tengo que hacer en casa, que dar una vuelta á casa. — *Quod gaudeas. Cic.* Tienes por que alegrarte. — *Saepe. Ter.* Sucede muchas veces. *Fuerunt tres horae. Cic.* Pasáronse tres horas. *Erit ubi. Plaut.* Habrá, vendrá tiempo ú ocasion en que. *Ero ut me voles. Plaut.* Seré, haré lo que tu quieras. *Si, ut es. Plaut.* Si segun eres, segun tu costumbre. *Sitis ut hic hodie impetrabo. Cic.* Yo alcanzaré que esteis, que os quedeis aquí hoy. *Sunt qui. Cic.* Hay quienes. *Quanti erat triticum. Cic.* Á como valia el trigo. *Multo pluris est. Cic.* Es, está mucho mas caro. *Cernere erat. Virg.* Era de ver. *Esto. Cic.* Sea así, sea en hora buena.

Sumatra, ae. *f. Cic.* Sumatra, *grande isla de Asia.*

Sume. *imp. de* Sumo, is.

Sumen, ĭnis. *n. Plin.* La ubre de la puerca.

Sumendus, a, um. *Col.* Lo que se ha de tomar.

Sumeriae, ārum. *f. plur.* Somieres, *ciudad del bajo Languadoc.*

Sumes, is. *m.* Nombre de Mercurio entre los egipcios.

Sumicit. *Fest. ant. en lugar de* Subjicit.

Sūmĭnāta, ae. *f. Lampr.* La puerca recien parida.

Sūmĭnātus, a, um. *Arnob.* De ubre de puerca.

Summa, ae. *f. Cic.* La suma, agregado ó total de varios números ó cantidades. ‖ Cantidad de dinero. ‖ El punto, el fin principal. ‖ Suprema autoridad, sumo imperio. ‖ Perfeccion, complemento. *Summa rerum. Cic.* Todas las cosas. *Summa summarum. Sen.* La suma, la conclusion de todo. *Ad summam, in summa. Cic.* En suma, en una palabra. — *Rerum ad te redit. Ter.* Todo el peso de este negocio carga sobre ti. — *Illa sit. Cic.* Sea la suma, la conclusion. — *Est in testibus. Cic.* Todo depende de lo que digan los testigos. — *Hoc est. Virg.* Ve aquí el todo, el punto principal. *Summam habere. Plaut.* Tener el primer lugar. — *Belli alicui credere. Virg.* Fiar á uno todo el peso de la guerra.

Summae Alpes. *f. plur. Ces.* El gran S. Bernardo, *monte de Saboya.*

Summalis. *m. f.* lĕ. *n.* is. *Tert.* Completo, que contiene la suma.

Summānāle, is. *n. Fest.* Torta ó rosca de harina en forma de rueda que se ofrecia á Pluton.

Summāno, ās, āre. *a. Plaut.* Devorar, arrasarlo todo como Pluton.

Summānus, i. *m. Cic.* Sobrenombre de Pluton, *como Summus manium,* príncipe de los dioses infernales.

Summārium, ii. *n. Sen.* Sumario, compendio.

Summārius, ii. *m. Cic.* y

Sumas, ātis. *com. Plaut.* Grande, príncipe, principal.

Summātim. *adv. Cic.* Sumariamente, en compendio, en suma. ‖ *Col.* Suavemente, por encima.

Summātus, us. *m. Lucr.* Imperio, principado, señorío, soberanía.

Summe. *adv. Cic.* Suma, grandemente, mucho, muy.

Summergo y otros. *V.* Submergo.

Summĭtas, ātis. *f. Plin.* La altura ó cima.

Summo. *abl. absol. Quint.* Finalmente, al fin, en fin.

Summoeniānae, ārum. *f. plur. Marc.* Las rameras que habitaban debajo de las murallas.

Summoeniānus, a, um. *Marc.* Que habita ó está debajo de las murallas.

Summoenium, ii. *n. Marc.* Lugar bajo los muros de Roma, donde habitaban las rameras.

Summŏpĕre. *adv. Cic.* En gran manera.

Summŏtĕnus. *adv. Apul.* Hasta arriba.

Summŭla, ae. *f. Sen.* Pequeña cantidad.

Summum, i. *n. Cic.* La cima ó altura. ‖ *Varr.* El fin, el término.

Summum, ad summum. *adv. Cic.* Á lo mas, á lo sumo. *Hodie, aut summum cras. Cic.* Hoy, ó á lo mas mañana.

**Summus**, a, um. *Cic.* Lo mas alto ó elevado. ‖ Estremo, último. ‖ Máximo, amplísimo, perfecto. *Summus fluctus. Virg.* Lo alto de las olas. — *Suus. Ter. Amicus. Cic.* El mayor amigo, el mas íntimo. — *Puteus. Plaut.* El fondo de un pozo. — *Imperator. Cic.* Gran capitan. *Summa aqua. Cic.* La superficie del agua. — *Aetas. Plaut. Senectus. Cic.* Estrema, última vejez. — *Contumelia. Cic.* La mayor, la última afrenta. — *Hiems. Cic.* El corazon, lo mas crudo del invierno. — *In ea omnia sunt. Cic.* Tiene todas las prendas completas. — *Forma. Ter.* Perfecta hermosura. — *Ab immo evertere. Lucr.* Trastornarlo todo de arriba, de alto abajo. — *Summum jus, summa injuria. Cic.* El sumo rigor del derecho, suma injusticia. *Ab summo bibere. Plaut.* Beber en rueda. *Summo loco natus. Plaut.* De ilustre linage.

**Summussi**, orum. m. plur. *Fest.* Murmuradores.

**Summusso**, as, are. n. *Acc.* Murmurar.

**Summuto**, as, avi, atum, are. a. *Cic.* Cambiar, trocar una cosa por otra.

**Sumo**, is, sumsi, ó sumpsi, sumtum, ó sumptum, mere. a. *Cic.* Tomar. ‖ Elegir, escoger. ‖ Atribuir, arrogar, apropiar. ‖ *Plaut.* Emplear, gastar. ‖ Suponer, presuponer. *Sumere operam in re aliqua. Ter.* Tomarse trabajo por alguna cosa. — *Diem hilarem. Ter.* Pasar un dia alegre, en divertirse. — *Mutuum. Plaut.* — *Pecuniam. Cic.* Tomar prestado. — *Celebrare. Hor.* Tomar para elogiar. — *Principium. Cic.* Empezar. — *Sibi spiritus. Ces.* Engreirse. — *Supplicium. Ter.* Castigar. *Sed mihi non sumo ut. Cic.* No pretendo tanto, que. *In amico quaestus est, quod sumitur. Plaut.* Lo que se gasta con un amigo es ganancia. *Frustra operam sumo. Ter.* Pierdo mi trabajo, le empleo en balde. *Beatos esse deos sumsisti, concedimus. Cic.* Has supuesto que los dioses son felices, te lo concedo. *Quae parvo summi nequeunt. Hor.* Lo que no se puede comprar por poco.

**Sumo**, as, are. *Lucil.* V. Simo.

**Sumpse**. *Nev.* síncop. de Sumpsisse.

**Sumpti**. plur. *Varr.* en lugar de Sumptus.

**Sumptifacio**, is, feci, factum, cere. a. *Plaut.* Gastar, hacer gastos.

**Sumptio**, onis. f. *Cat.* La accion de tomar. ‖ La asuncion ó proposicion menor del silogismo.

**Sumptito**, as, avi, atum, are. a. frec. de Sumo. *Plaut.* Tomar frecuentemente.

**Sumptuarius**, ii. m. *Inscr.* Mayordomo, el que corre con el gasto. ‖ Empresario de un teatro.

**Sumptuarius**, a, um. *Cic.* Perteneciente al gasto.

**Sumptuose**, ius. adv. *Cic.* Suntuosamente, con gran gasto y dispendio. *Sumptuosius se jactare. Cic.* Tratarse con demasiada vanidad, con demasiado fausto.

**Sumptuositas**, atis. f. *Sid.* Suntuosidad, gasto, dispendio grande.

**Sumptuosus**, a, um, ior, issimus. *Cic.* Suntuoso, de mucho gasto, magnífico. ‖ El que hace muchos gastos. ‖ El que gasta mas de lo que tiene.

**Sumptus**, us. m. *Cic.* Gasto, dispendio. ‖ Coste, costa.

**Sumptus**, a, um. *Cic.* part. de Sumo. Tomado.

**Sunam**, ind. *Bibl.* Sunam, *ciudad de Palestina en la tribu de Isacar, junto al monte Carmelo.*

**Sunamitis**, idis. f. *Bibl.* Lo que es de Sunam.

**Sunici**, orum. m. plur. *Tac.* Pueblos de Alemania.

**Suo**, is, sui, sutum, ere. a. *Cols.* Coser. ‖ Acarrear, atraer, ocasionar. *Suere aliquid capiti suo. Ter.* Acarrearse algun daño.

**Suopte**. *Cic.* De suyo, de sí propio. *Suopte ingenio. Cic.* De su propio genio.

**Suovetaurilia**. V. Solituarilia.

**Supellecticarius**, a, um. *Dig.* Lo perteneciente á los muebles, al guardaropa, y á quien cuida de esto.

**Supellecticarius**, ii. m. *Ulp.* Siervo que cuida del guardaropa y de los muebles, ayuda de cámara.

**Supellex**, lectilis. f. *Cic.* Los muebles de casa, los trastos, el menage de casa, el ajuar. *Supellex vitae. Cic.* Necesidades de la vida. — *Oratorum. Cic.* Provision de los oradores, los lugares comunes de la retórica.

**Super**, era, erum, ior. *Cic.* De arriba, de la parte de arriba ó superior, de mas arriba.

**Super**. prepos. de acus. cuando se junta con palabras de movimiento, y de ablativo cuando se junta con palabras de quietud. Sobre, encima de. ‖ Acerca de. ‖ Mas allá. *Super Garamantas et Indos. Virg.* Mas allá de los garamantas y los indios. — *Coenam. Plin.* Durante la cena. — *Alii alios trucidantur. Liv.* Son muertos unos sobre otros. — *Quam quod. Liv.* Ademas de que. — *Mille erant. Suet.* Eran mas de mil. — *Aliqua re scribere. Cic.* Escribir sobre, acerca de algun asunto. — *Superque premi. Plaut.* Ser oprimido por todas partes. — *Omnia. Liv.* Ante todas cosas. — *Somnum servus. Curc.* Siervo que guarda el sueño, como ayuda de cámara.

**Supera**. ant. *Prisc.* en lugar de Supra.

**Supera**, orum. n. plur. *Virg.* El cielo.

**Superabilis**, m. f. le. n. is. *Ov.* Superable, lo que se puede superar ó vencer. *Superabilis murus scalis. Liv.* Muralla que se puede ganar con escalas ó escalar.

**Superabluo**, is, ere. a. *Aolen.* Bañar por arriba.

**Superabundans**, tis. com. *Macrov.* Superabundante, escesivo, redundante.

**Superabundanter**. adv. *Bibl.* Superabundantemente.

**Superabundantia**, ae. f. *Bibl.* Superabundancia.

**Superabundo**, as, avi, atum, are. n. *Tert.* Superabundar, abundar con esceso, redundar.

**Superaccommodo**, as, are. a. *Cels.* Acomodar, ajustar encima.

**Superacervo**, as, are. a. *Tert.* Amontonar, acumular montones sobre montones.

**Superadditum**, i. n. *Dig.* Lo añadido ademas ó encima.

**Superadditus**, a, um. *Virg.* Añadido, sobrepuesto.

**Superaddo**, is, didi, ditum, dere. a. *Virg.* Añadir, poner encima.

**Superadjicio**, is, jeci, jectum, cere. a. *Macrob.* Añadir ademas.

†**Superadnata**, ae. f. La túnica esterior del ojo pegada por defuera, á la que llaman córnea.

**Superadduco**, is, cere. a. *Plaut.* Conducir demas.

**Superadnexus**, a, um. *Jul. Cap.* Atado por encima.

**Superadornatus**, a, um. *Sen.* Adornado por encima.

**Superadsto**, as, are. *Virg.* Estar sobre, encima, amenazar. *Superadstitit arci. Virg.* Paró encima del alcázar.

**Superadultus**, a, um. *Bibl.* Que ha pasado de la pubertad, de la flor de la edad.

**Superaedificatio**, onis. f. *Tert.* Fábrica sobre otra.

**Superaedifico**, as, avi, atum, are. a. *Bibl.* Fabricar sobre ó encima.

**Superaggero**, as, avi, atum, are. a. *Col.* Amontonar, hacer un monton de tierra sobre ó encima de.

**Superagnata**, ae. f. V. Superadnata.

**Superago**, is, gere. a. *Tib.* Llevar, conducir sobre alguna cosa.

**Superalligo**, as, avi, atum, are. a. *Plin.* Atar por encima, por arriba.

**Superambulo**, as, are. a. *Sedul.* Andar, caminar sobre, por encima de.

**Superamentum**, i. n. *Ulp.* Lo sobrante, el resto.

**Superandus**, a, um. *Cic.* Lo que se ha de superar ó vencer.

**Superans**, tis. com. *Virg.* Lo que supera ó pasa. *Superans animis. Virg.* Lleno de espíritu. *Superante multa die. Liv.* Quedando todavia mucho dia. *Superantior ignis. Lucr.* El fuego superior. *Superantissimus mons inter juga Alpium. Sol.* El monte mas alto de los Alpes.

**Superanteactus**, a, um. *Lucr.* Pasado, anterior.

**Superargumentans**, tis. com. *Tert.* Argumentante ademas.

**Superaspergo**, is, gere. a. *Veg.* Esparcir, echar por encima.

**Superatio**, onis. f. *Vitruv.* El vencimiento.

**Superator**, oris. m. *Ov.* Vencedor.

**Superatrix**, icis. f. *Inscr.* La vencedora.

**Superattollo**, is, ere. a. *Plaut.* Alzar, levantar sobre ó encima.

**Superattraho**, is, ere. *Avien.* Traer sobre ó encima.

**Superatus**, a, um. part. de Supero. *Nep.* Superado, vencido.

**Superbe, ius, issĭme.** *adv. Cic.* Soberbia, orgullosa, arrogante, fieramente.

**Superbia, ae.** *f. Cic.* Soberbia, arrogancia, altanería, orgullo, insolencia. ‖ *Hor.* Grandeza de ánimo. *Superbia candoris. Vitruv.* La escelencia de la blancura, *porque no admite sin detrimento suyo otro color. In superbiam aliquid accipere. Tac.* Tomar una cosa por soberbia, por un efecto de ella.

**Superbĭbo, is, bĭbi, bĭtum, bĕre.** *a. Plin.* Beber sobre la comida y bebida.

**Superbĭfĭcus, a, um.** *Sen.* Lo que hace á uno soberbio, orgulloso.

**Superbĭlŏquentia, ae.** *f. Cic.* y

**Superbĭlŏquium, ii.** *n. Plin.* Lenguage altivo, fanfarron.

**Superbio, is, ivi, itum, ire.** *n. Cic.* Ensoberbecerse, hincharse, envanecerse. ‖ *Plin.* Distinguirse, señalarse, aventajarse entre otros. ‖ *Estac.* Desdeñarse, no dignarse.

**Superbĭter.** *adv. Non. V.* Superbe.

**Superbus, a, um, ior, issĭmus.** *Cic.* Soberbio, altivo, insolente, orgulloso, altanero, arrogante. ‖ *Virg.* Noble, ilustre, grande. ‖ Precioso, adornado, magnífico. *Superbus, y rex superbus. Cic.* Tarquino el soberbio, último rey de Roma. *Superbas aures. Liv.* Oidos delicados. *Superbum merum. Hor.* Escelente vino. — *Hodie te faciam. Plaut.* Yo te pondré de modo que seas llevado en brazos de otros ó en andas, *esto ó, te moleré á palos, de modo que no te puedas menear.* — *Est. Cic.* Es una insolencia.

**Supercădo, is, cĕcĭdi, căsum, dĕre.** *n. Bibl.* Caer encima.

**Supercaelestis. m. f. tĕ. n. is.** *Tert.* Lo que está sobre, encima del cielo.

**Supercalco, as, ăvi, ātum, āre.** *a. Col.* Pisar encima, recalcar.

**Supercerno, is, crĕvi, crētum, nĕre.** *a. Plin.* Echar encima tierra cribada, limpia.

**Supercertor, āris, āti.** *dep. Bibl.* Combatir por ó sobre.

**Supercĭdens, tis.** *com. Col.* Lo que cae encima.

**Supercĭdo, is, cĭdi, căsum, dĕre.** *n. Col.* Caer encima.

**Supercĭlĭōsus, a, um.** *Sen.* Severo, arrogante, austero, que arruga la frente. ‖ Alto, elevado.

**Supercĭlium, ii.** *n. Cic.* La ceja. ‖ Sobrecejo, ceño. ‖ Arrogancia, orgullo. ‖ Altura, cima, punta, pico de una montaña. ‖ El lintel. *Supercilia conjuncta. Suet.* Sobrecejo arrugado. *Supercilium triste. Lucr.* Ceño, aire triste, melancólico. — *Ponere. Marc.* Deponer la severidad. ‖ *Tollere. Cat.* Encrespar las cejas. *Supercilio censorio examinare. Val. Max.* Examinar con severidad censoria, con rigor. — *Cuncta movere. Hor.* Poner en movimiento toda la naturaleza con una mirada. *Ita supercilium salit. Plaut.* Asi se me ha puesto en la cabeza.

**Superclaudo, is, si, sum, dĕre.** *a. Liv.* Cerrar, encerrar, guardar.

**Supercompōno, is, ĕre.** *a. Apic.* Componer encima.

**Superconcĭdo, is, ĕre.** *a. Apic.* Cortar por arriba.

**Supercontĕgo, is, texi, tectum, gĕre.** *a. Cels.* Cubrir encima, por encima.

**Supercorruo, is, ĕre.** *n. Val. Max.* Caer encima.

**Supercreātus, a, um.** *Cel. Aur.* Adventicio.

**Supercresco, is, crĕvi, crētum, cĕre.** *n. Cels.* Crecer, nacer, criarse, salir encima.

**Supercŭbătio, ōnis.** *f. Varr.* La accion de acostarse sobre, encima.

**Supercŭbo, as, ăvi, ātum, āre.** *n. Col.* Acostarse, dormir encima.

**Supercurro, is, ĕre.** *n. Plin.* Correr, pasar mucho mas allá. *Ager vectigal longe supercurrit. Plin.* El campo da de sí mucho mas de lo que se paga de renta.

**Superdandus, a, um.** *Col.* Lo que se ha de aplicar ó poner encima.

**Superdĭco, is, xi, ctum, cĕre.** *a. Ulp.* Añadir á lo dicho.

**Superdo, as, ăvi, ātum, āre.** *a. Cels.* Aplicar, poner encima.

**Superdūco, is, xi, ctum, cĕre.** *a. Quint.* Traer, conducir otra vez. *Superducere novercam filio. Quint.* Dar madrastra al hijo.

**Superductio, ōnis.** *f. Ulp.* La accion de traer ó conducir otra vez, de contraer segundo matrimonio el viudo que tiene hijos.

**Superductus, a, um.** *part. de* Superduco. *Sid.* Traido de nuevo, introducido.

**Superedĭtus, a, um.** *Lucr.* Muy alto.

**Superedo, is, ēdi, ēsum, ĕdĕre.** *a. Plin.* Comer despues, encima de la comida.

**Supereffluens, tis.** *com. Bibl.* Que se estiende ó derrama por encima.

**Supereffluo, is, ĕre.** *n. Paulin.* Sobreabundar, redundar, rebosar, sobrar. ‖ *Val. Flac.* Correr lo líquido por encima.

**Superegĕro, is, gĕre.** *Tib.* Hacer salir ó parecer por encima.

**Superemĭco, as, āre.** *n. Sid.* Salir por encima.

**Supereminens, tis.** *com. Sen.* Sobresaliente.

**Supereminentia, ae.** *f. S. Ag.* Escelencia.

**Superemĭneo, ēs, nui, ēre.** *n. Virg.* Sobresalir, sobrepujar, esceder.

**Superemŏrior, ĕris, mŏri.** *dep. Plin.* Morir encima.

**Superenascor, ĕris, sci.** *dep. Plin.* Nacer encima.

**Superenăto, as, ăvi, ātum, āre.** *n. Lucil.* Nadar encima.

**Supereo, is, īre.** *n. Lucr.* Ir encima, sobre ó por encima.

**Supererectus, a, um.** *Amian.* Levantado encima.

**Supererŏgo, as, āre.** *a. Dig.* Dar algo mas de lo que se debe.

**Superescit.** *ant. en lugar de* Supererit.

**Superest.** *imperf.* Queda, resta, hay ademas.

**Superevŏlo, as, ăvi, ātum, āre.** *n. Lucr.* Volar sobre ó encima.

**Superexactio, ōnis.** *f. Dig.* Exaccion de mas de lo que se debe.

**Superexaltātus, a, um.** *S. Ag.* Exaltado sobre. *part. de*

**Superexalto, as, āre.** *a. Bibl.* Exaltar, elevar, ensalzar sobre otros.

**Superexcurro, is, ĕre.** *n. Ulp.* Estenderse sobre.

**Superexeo, is, īre.** *n. Aur.* Ir, pasar mas adelante.

**Superexĭgo, is, gĕre.** *a. Dig.* Exigir ademas.

**Superextendo, is, dĕre.** *n. Bibl.* Estenderse por encima.

† **Superexto, as, āre.** *n.* Sobresalir.

**Superextollo, is, ĕre.** *a. Tert.* Levantar sobre otros.

**Superexulto, as, āre.** *n. Simac.* Alegrarse escesivamente.

**Superfĕro, ers, tŭli, lātum, ferre.** *a. Plin.* Llevar encima.

**Superfĕto, as, ăvi, ātum, āre.** *V.* Superfoeto.

**Superficialis. m. f. lĕ. n. is.** *Tert.* Superficial.

**Superficiarius, a, um.** *Sen.* Perteneciente á la superficie. ‖ Fundado en suelo ageno, con ciertas condiciones.

**Superficiens, tis.** *com. Ulp.* Superfluo, sobrante.

**Superficies, ēi.** *f. Plin.* La superficie. La cima. *Entre los jurisconsultos es todo lo que sobresale de la tierra, como edificio, árbol, planta, viña &c.*

**Superficium, ii.** *n. Dig. V.* Superficies.

**Superfio, is, iĕri, ĕre.** *anom. Plaut.* Restar, sobrar.

**Superfixus, a, um.** *Liv.* Clavado encima.

**Superflexus, a, um.** *Sidon.* Doblado encima.

**Superflŏreo, ēs, rui, rēre.** *n. Col.* y

**Superflŏresco, is, scĕre.** *n. Plin.* Florecer por encima.

**Superflŏrescens, tis.** *com. Plin.* Floreciente por encima.

**Superflue.** *adv. S. Ag.* Superfluamente.

**Superfluens, tis.** *com. Cic.* Redundante. ‖ Sobrante, superfluo, que rebosa.

**Superfluĭtas, ātis.** *f. Plin.* Superfluidad, redundancia.

**Superfluo.** *adv. S. Ag.* Superfluamente.

**Superfluo, is, fluxi, fluxum, fluĕre.** *n. Plin.* Correr por encima, rebosar. ‖ Sobreabundar, ser demasiado abundante, redundante.

**Superfluus, a, um.** *Plin.* Que rebosa. ‖ Superfluo. ‖ Sobrante.

**Superfluxi.** *pret. de* Superfluo.

**Superfoetătio, ōnis.** *f. Plin.* Segunda concepcion.

**Superfoeto, as, ăvi, ātum, āre.** *n. Plin.* Concebir la hembra despues de preñada, segunda vez.

**Superforāneus, a, um.** *Sidon.* Ocioso, por demes.

**Superforātus, a, um.** *Escrib. Larg.* Perforado, taladrado por arriba.

**Superfŏre.** *Dig.* Sobrar, restar.

**Sŭperfrŭtĭco**, as, āre. n. Tert. Pulular, brotar de nuevo.
**Sŭperfūdi**. pret. de Superfundo.
**Sŭperfŭgio**, is, ĕre. n. Val. Flac. Huir por encima.
**Sŭperfulgeo**, ēs, ēre. n. Estac. Brillar por encima.
**Sŭperfundens**, tis. com. Liv. Que echa ó derrama por encima.
**Sŭperfundo**, is, fūdi, fūsum, dĕre. a. Col. Echar, derramar por encima. *Superfundere equites*. Tac. Desbaratar, deshacer la caballería.
**Sŭperfŭsio**, ōnis. f. Palad. La accion de echar ó de derramar encima.
**Sŭperfŭsus**, a, um. part. de Superfundo. Liv. Derramado sobre ó por encima. ‖ Esparcido por diversas partes.
**Sŭperfūtūrus**, a, um. Plin. Lo que ha de quedar ó restar.
**Sŭpergaudeo**, ēs, ēre. n. Bibl. Alegrarse con esceso.
**Sŭpergĕro**, is, si, stum, rĕre. a. Col. Amontonar, acumular encima.
**Sŭpergestus**, a, um. Col. Amontonado encima, uno sobre otro.
**Sŭperglōriōsus**, a, um. Bibl. Lleno de gloria.
**Sŭpergrĕdior**, dĕris, gressus sum, di. dep. Plin. Andar, marchar por encima. ‖ Col. Pasar mas allá. ‖ Tac. Sobresalir, esceder, aventajar.
**Sŭpergressus**, a, um. Palad. Que ha pasado mas allá. ‖ Que ha escedido, se ha aventajado.
**Sŭperhăbendus**, a, um. Col. Lo que se ha de tener sobre, encima.
**Sŭperhăbeo**, ēs, ēre. a. Cels. Tener encima.
**Sŭperhŭmĕrāle**, is. n. Bibl. Capa, sobretodo, ropa que cubre las espaldas.
**Sŭperi**, ōrum. m. plur. Virg. Los dioses. ‖ Las potestades de la tierra.
**Sŭperillĭgo**, as, āvi, ātum, āre. a. Plin. Atar, ligar por encima.
**Sŭperillĭnendus**, a, um. Cels. Lo que se ha de untar por encima.
**Sŭperillĭno**, is, nĕre. a. Cels. Untar por encima.
**Sŭperillĭtus**, a, um. Cels. Untado por encima.
**Sŭperimmĭneo**, ēs, nui, ēre. n. Virg. Amenazar, estar para suceder, para venir encima.
**Sŭperimpendens**, tis. com. Catul. Que está encima, que domina sobre otra cosa.
**Sŭperimpendor**, ĕris, di. dep. Bibl. *Superimpendar ipse pro* (I. Cor. 12.) Yo me daré á mí mismo por....
**Sŭperimpleo**, ēs, ēre. a. Virg. Llenar enteramente.
**Sŭperimpōno**, is, pŏsui, pŏsĭtum, nĕre. a. Cels. Sobreponer, poner encima.
**Sŭperimpŏsĭtus**, a, um. Cels. Sobrepuesto, puesto sobre ó encima.
**Sŭperincendo**, is, ĕre. a. Val. Flac. Encender mas.
**Sŭperincĭdens**, tis. com. Liv. Que cae en ó por encima.
**Sŭperincīdo**, is, ĕre. a. Cels. Cortar por encima.
**Sŭperincresco**, is, crēvi, crētum, scĕre. n. Cels. Crecer encima.
**Sŭperincŭbens**, tis. com. Liv. Que está echado encima.
**Sŭperincumbo**, is, bui, bĕre. n. Ov. Estar echado encima.
**Sŭperincurvātus**, a, um. Apul. Encorvado, doblado encima.
**Sŭperindīco**, is, xi, ctum, cĕre. a. Ulp. Denunciar reiteradamente.
**Sŭperindictio**, ōnis. f. Ulp. y
**Sŭperindictum**, i. n. Ulp. Impuesto estraordinario.
**Sŭperindūco**, is, xi, ctum, cĕre. a. Tert. Añadir.
**Sŭperinductio**, ōnis. f. Ulp. La accion de poner alguna cosa sobre lo que se ha borrado. ‖ Lo que se pone en lugar de lo que se ha borrado.
**Sŭperinductĭtius**, a, um. Fest. Supositicio, ficticio.
**Sŭperinductus**, a, um. Plin. Añadido.
**Sŭperindŭmentum**, i. n. Tert. Sobretodo, ropa que se pone encima del vestido.
**Sŭperinduo**, is, dui, dūtum, duere. a. Suet. Vestir encima del vestido, poner alguna ropa encima del vestido.
**Sŭperindūtus**, a, um. part. de Superinduo. Tert. Vestido puesto sobre el vestido.
**Sŭperinduxi**. pret. de Superinduco.
**Sŭperinfundo**, is, ĕre. a. Col. Echar, esparcir por encima.

**Sŭperinfūsus**, a, um. Cels. Echado por encima.
**Sŭperingĕro**, is, gessi, gestum, rĕre. a. Plin. Ir echando encima, amontonando.
**Sŭperingestus**, a, um. part. de Superingero. Estac. Amontonado uno encima de otro.
**Sŭperingessi**. pret. de Superingero.
**Sŭperinjectus**, a, um. Ov. part. de
**Sŭperinjĭcio**, is, jĕci, jectum, cĕre. a. Virg. Echar encima.
**Sŭperinsĕro**. V. Superingero.
**Sŭperinsĭdeo**, ēs, ēre. n. Lucr. Detener. ‖ Estar fuertemente impreso, grabado.
**Sŭperinspĭcio**, is, ĕre. a. Sidon. Tener el cuidado ó inspeccion sobre alguna cosa.
**Sŭperinsterno**, is, ĕre. a. Liv. Tender, estender encima.
**Sŭperinstillo**, as, āre. a. Apic. Echar poco á poco, como destilando.
**Sŭperinstrātus**, a, um. Sil. Cubierto por encima, tendido por encima.
**Sŭperinstrĕpo**, is, ĕre. n. Sil. Rechinar mucho.
**Sŭperinstructus**, a, um. Col. Puesto, colocado uno sobre otro. part. de
**Sŭperinstruo**, is, truxi, ctum, ĕre. a. Dig. Levantar, edificar sobre, encima de.
**Sŭperintectus**, a, um. Plin. part. de
**Sŭperintĕgo**, is, texi, tectum, gĕre. a. Plin. Cubrir encima, por encima.
**Sŭperintendo**, is, ĕre. n. S. Ag. Poner atencion en alguna cosa.
**Sŭperintŏno**, as, nui, nĭtum, nāre. n. Virg. Tronar de arriba, desde lo alto.
**Sŭperinunctus**, a, um. Cels. part. de Superinungo. Untado por encima.
**Sŭperinundātio**, ōnis. f. Plin. Inundacion por encima.
**Sŭperinundo**, as, āre. n. Tert. Inundar por encima.
**Sŭperinungo**, is, xi, ctum, gĕre. a. Cels. Untar por encima.
**Sŭperinvĕho**, is, hĕre. a. Avien. Llevar encima.
**Sŭperinvergo**, is, gĕre. a. Ov. Derramar, echar encima.
**Sŭperior**, ius, ōris. Cic. Superior, mas alto, elevado. ‖ Mas escelente, mejor, mas aventajado. ‖ Anterior, pasado, precedente. ‖ Mas poderoso. *Superior vita*. Cic. La vida pasada. — *Largitione*. Cic. Mas liberal. — *Superiores*. Cic. Los antepasados. ‖ Cæs. Los mas fuertes, vencedores, que llevan lo mejor.
**Sŭperius**. adv. Fedr. Mas arriba; antes. ‖ Sen. Hácia arriba, á lo alto.
**Sŭperjăceo**, ēs, ēre. n. Cels. Estar tendido, estendido, puesto encima.
**Sŭperjăcio**, is, jĕci, jactum, cĕre. a. Col. Echar encima. ‖ Liv. Añadir.
**Sŭperjacto**, as, āre. a. Plin. Saltar por encima. ‖ Echar encima.
**Sŭperjactus**, a, um. part. de Superjacio. Tac. Echado sobre ó encima.
**Sŭperjĕci**. pret. de Superjacio.
**Sŭperjectio**, ōnis. f. Arnob. La accion de echar encima. ‖ Quint. Hipérbole. fig. ret.
**Sŭperjectus**, a, um. part. de Superjacio. Col. Echado encima. ‖ Hor. Estendido.
**Sŭperjectus**, us. m. Col. El salto por encima.
**Sŭperjĭcio**, is, jĕci, jectum, cĕre. a. Liv. Añadir por encima.
**Sŭperjumentārius**, ii. m. Suet. Caballerizo, el que cuida de las caballerizas.
**Sŭperlābor**, ĕris, lapsus sum, bi. dep. Sen. Deslizarse, escurrirse encima de.
**Sŭperlăcrymo**, as, āvi, ātum, āre. a. Col. Llorar, destilar encima.
**Sŭperlatio**, ōnis. f. Cic. Hipérbole, exageracion. fig. ret. ‖ Quint. El grado superlativo de los nombres. ‖ Val. Max. El renombre que se da á alguno por escelencia, como el Orador, el Africano.
**Sŭperlatīvus**, a, um. Prisc. Superlativo, que denota escelencia y superioridad, grado superlativo, el que levanta ó baja la significacion hasta lo sumo.
**Sŭperlatus**, a, um. part. de Superfero. Plin. Levantado encima, en alto. *Superlata nomina*, ó *verba*. Cic. Nom-

bres ó verbos que se emplean para mayor energía y fuerza de la oracion.

**Sŭperlaudabĭlis.** m. f. lĕ. n. is. *Bibl.* Digno de alabanza sobre toda ponderacion.

**Sŭperlēvi.** pret. de Superlino.

**Sŭperlimĭnāre,** is. n. *Plin.* El lintel de una puerta.

**Sŭperlĭno,** is, lĕvi, lĭtum, nĕre. a. *Plin.* Untar por encima, barnizar, embetunar.

**Sŭperlĭtio,** ōnis. f. *Marc. Emp.* La untura y la cosa untada, barnizada.

**Sŭperlĭtus,** a, um. *Plin.* part. de Superlino. Untado, barnizado, embetunado por encima.

**Sŭperlūcror,** āris, ātus sum, āri. dep. *Bibl.* Ganar encima, ademas.

**Sŭpermando,** is, di, sum, dĕre. a. *Plin.* Comer, mascar una cosa encima de otra.

**Sŭpermĕo,** as, āvi, ātum, āre. n. *Plin.* Correr lo líquido, pasar por encima.

**Sŭpermētior,** īris, ensus sum, tīri. dep. *Tert.* Medir, dar con medida superabundante.

**Sŭpermĭco,** as, cui, āre. n. *Sen.* Brillar, sobresalir entre otros.

**Sŭpermitto,** is, si, sum, tĕre. a. *Just.* Añadir, echar ademas.

**Sŭpermundiālis.** m. f. lĕ. n. is. *Tert.* Celeste, lo que está sobre el mundo.

**Sŭpermūnio,** is, īvi, ītum, īre. a. *Col.* Fortalecer por encima.

**Sŭpernans,** tis. com. *Gel.* Lo que nada por encima.

**Sŭpernas,** ātis. *Plin.* Lo que nace, crece, se levanta sobre una montaña, en una altura.

**Sŭpernătans,** tis. com. *Plin.* Lo que nada por encima.

**Sŭpernăto,** as, āvi, ātum, āre. n. *Col.* Nadar sobre ó por encima.

**Sŭpernātūrālis.** m. f. lĕ. n. is. *Eccles.* Sobrenatural.

**Sŭpernātūrālĭter.** adv. *Eccles.* Sobrenaturalmente.

**Sŭpernātus,** a, um. *Plin.* Nacido, crecido despues.

**Sŭperne.** adv. *Virg.* De la parte de arriba. ‖ Encima. ‖ Hácia arriba.

**Sŭpernĭtas,** ātis. f. *Tert.* La altura.

**Sŭpernŭmĕrārius,** a, um. *Veg.* Supernumerario, añadido al número fijo.

**Sŭpernus,** a, um. *Plin.* Superior, puesto á la parte de arriba. ‖ *Luc.* Celeste.

**Sŭpĕro,** as, āvi, ātum, āre. a. *Cic.* Superar, vencer, esceder, aventajar. ‖ Pasar mas adelante. ‖ Sobreabundar, sobrar. ‖ Quedar, restar. ‖ Sobrevivir. ‖ Esceder. *Superatne? Virg.* ¿Vive todavía? *Superante multa die. Liv.* Quedando todavía mucho dia. *Superare Alpes. Liv.* Pasar los Alpes.—*Canum cursu. Hor.* Esceder á un perro en la carrera.—*Ferrum duritiae. Ov.* Ser mas duro que el hierro. *Superet modo Mantua nobis. Virg.* Como nos quede libre Mantua. *Ecce sol superabat ex mari. Plaut.* He aqui que el sol se levantaba del mar, despuntaba el dia.

**Sŭpĕrŏbrŭo,** is, rŭi, rŭtum, rŭĕre. a. *Prop.* Cubrir, agoviar echando algo encima.

**Sŭpĕrŏbrŭtus,** a, um. part. de Superobruo. *Aus.* Agoviado del peso que tiene encima.

**Sŭpĕroccĭdens,** tis. com. *Macrob.* Que muere ó se pone despues de otro, hablando de un astro.

**Sŭpĕrordĭno,** as, āre. a. *Eccles.* Ordenar, colocar, poner por órden.

**Sŭperpendens,** tis. com. *Liv.* Lo que está pendiente sobre ó encima.

**Sŭperpendĕo,** es, ēre. n. *Liv.* Estar pendiente encima.

**Sŭperpictus,** a, um. *Sol.* Pintado encima. part. de

**Sŭperpingo,** is, nxi, pictum, gĕre. a. *Avien.* Pintar encima.

**Sŭperplaudo,** is, ĕre. n. *Sol.* Aplaudir desde arriba.

**Sŭperpondĕro,** as, āvi, ātum, āre. a. *Col.* Pasar exactamente.

**Sŭperpondium,** ii. n. *Apul.* Aumento del peso, añadidura, sobrecarga.

**Sŭperpōno,** is, pŏsui, pŏsĭtum, pŏnĕre. a. *Suet.* Poner encima.

**Sŭperpŏsĭtio,** ōnis. f. *Cel. Aur.* El parasismo, accidente peligroso.

**Sŭperpŏsĭtus,** a, um. part. de Superpono. *Col.* Puesto encima. *Superpositus medicorum. Inscr.* Proto médico.

**Sŭperpŏsui.** pret. de Superpono.

**Sŭperquam.** adv. *Liv.* Ademas de que.

**Sŭperquatio,** is, ĕre. a. *Avien.* Batir, golpear encima.

**Sŭperrādo,** is, di, sum, dĕre. a. *Plin.* Raer, raspar por encima.

**Sŭperrāsus,** a, um. part. de Superrado. *Plin.* Raido, raspado, cortado por encima.

**Sŭperrĭgo,** as, āre. n. *Aus.* Regar, bañar por encima.

**Sŭperrĭmus,** a, um. superl. de Super, y Superior de donde por síncope se dice Supremus. *Varr.* Supremo.

**Sŭperruo,** is, ĕre. n. *Apul.* Caer sobre alguna cosa.

**Sŭperrŭtĭlo,** as, āre. n. *Prud.* Brillar, resplandecer por encima.

**Sŭpersăpio,** is, ĕre. n. *Tert.* Saber mucho.

**Sŭperscando,** is, di, sum, dĕre. a. *Liv.* Subir á lo alto por encima.

**Sŭperscrĭbo,** is, psi, tum, bĕre. a. *Ulp.* Escribir encima.

† **Sŭperscriptio,** ōnis. f. La accion de escribir encima. ‖ *Bibl.* Inscripcion.

**Sŭperscriptus,** a, um. part. de Superscribo. *Suet.* Escrito encima.

**Sŭpersĕdens,** tis. com. *Suet.* El que sobresee ó cesa. ‖ Que está sentado encima.

**Sŭpersĕdĕo,** es, sēdi, sessum, dēre. a. *Liv.* Sentarse, estar sentado encima. ‖ Sobreseer, alzar la mano, cesar, dejar. *Supersedere pugnae. Hirc.* Dejar la batalla, retirarse de ella.—*Labore itineris. Cic.* Descontinuar su viage ó ahorrarse el trabajo del camino.—*Scribere. Plin.* Cesar de escribir.—*Operam. Gel.* Dejar el trabajo.—*Tributo, ac delectu supersessum est. Liv.* Cesó el tributo y la leva.

**Sŭpersēmĭnātor,** ōris. m. *Tert.* El que siembra encima.

**Sŭpersēmĭnātus,** a, um. *Tert.* Sembrado encima.

**Sŭpersēmĭno,** as, āre. a. *Bibl.* Sembrar sobre, encima.

**Sŭpersēdi.** pret. de Supersedeo.

**Sŭpersessus,** a, um. *Apul.* Omitido, dejado.

**Sŭpersĭliens,** tis. com. *Col.* Que salta por encima.

**Sŭperspargo,** is, si, sum, gĕre. a. *Cat.* y

**Sŭperspergo,** is, si, sum, gĕre. a. *Cat.* Esparcir encima, espolvorear.

**Sŭperspēro,** as, āvi, ātum, āre. n. *Bibl.* Esperar mucho, tener una grande esperanza.

**Sŭperspersi.** pret. de Superspergo.

**Sŭperspersus,** a, um. *Col.* Esparcido por encima.

**Sŭperstagno,** as, āvi, ātum, āre. n. *Tac.* Rebosar, inundar, cubrir de agua, formar estanques.

**Sŭperstans,** tis. com. *Liv.* Que está encima, de pie.

† **Sŭperstatumĭno,** as, āre. a. *Pal.* Sostener por encima con palos ó estacas.

**Sŭpersterno,** is, strāvi, strātum, nĕre. a. *Col.* Tender, estender encima.

**Sŭperstes,** tĭtis. com. *Cic.* El que sobrevive á otros. ‖ *Plaut.* Presente, testigo. *Superstes bellorum. Tac.* El que ha escapado de todos los peligros de la guerra.—*Parte dimidia. Ov.* El que sobrevive solo la mitad; el que queda del marido ó la muger.—*Gloriae suae. Liv.* El que sobrevive á su gloria.—*Opus. Ov.* Obra que se sostiene despues de la muerte de su autor.—*Nemo adest. Plaut.* No hay ningun testigo. *Utrisque superstitibus. Cic.* Estando presentes uno y otro, el acusador y el reo. *Superstes sibi. Tac.* El que apenas ha escapado de un gran riesgo.

**Sŭperstillo,** as, āre. a. *Apul.* Destilar, echar, despedir gota á gota.

**Sŭperstĭtio,** ōnis. f. *Cic.* Supersticion, falsa devocion, culto supersticioso. ‖ *Just.* Religion.

**Sŭperstĭtiōse.** adv. *Cic.* Supersticiosamente. ‖ *Quint.* Escrupulosamente, con nimia diligencia.

**Sŭperstĭtiōsus,** a, um. *Cic.* Supersticioso. ‖ *Plaut.* Adivino, pronosticador.

**Sŭperstĭto,** as, āre. n. *Plaut.* Estar sano y salvo.

**Sŭpersto,** ās, āre. n. *Liv.* Estar encima.

**Sŭperstrātus,** a, um. part. de Supersterno. *Liv.* Tendido, estendido encima.

**Sŭperstrictus, a, um.** *Apul.* Atado encima. *part. de*

**Sŭperstringo, is, xi, ctum, gĕre. a.** *Sid.* Atar encima ó por encima.

**Sŭperstructus, a, um.** *Sen.* Fundado, fabricado sobre ó encima.

**Sŭperstruo, is, xi, tum, ĕre. a.** *Tac.* Fabricar encima.

**Sŭpersubstantiālis. m. f. lĕ. n. is.** *Bibl.* Lo que excede á toda sustancia, lo que es el alimento mas sustancial ó esencial.

**Sŭpersum, ĕs, est, fui, esse. a. anom.** *Cic.* Quedar, restar. ‖ Esceder. ‖ Sobrevivir. ‖ Sobrar. ‖ Durar. ‖ Defender, proteger. ‖ *Virg.* Llegar al fin, al blanco, á colmo. *Superesse alicui. Cic.* Sobrevivir á alguno. — *Labori.* Vencer el trabajo. *Quod superest. Virg.* En cuanto á lo demas, lo que resta.

**Sŭpertectus, a, um.** *Just.* Cubierto. *part. de*

**Sŭpertĕgo, is, gĕre. a.** *Col.* Cubrir, y cubrir de nuevo.

**Sŭperterrēnus, a, um.** *Fest.* Lo que está sobre, encima de la tierra.

**Sŭpertrăho, is, xi, ctum, hĕre. a.** *Plin.* Arrastrar por encima.

**Sŭperunctio, ōnis. f.** *Cel. Aur.* Untura por encima.

**Sŭperunctus, a, um.** *part. de* Superungo. *Escrib. Larg.* Untado por encima.

**Sŭperundo, ās, āre. a.** *Paul. Nol.* Sobreabundar, abundar en gran manera.

**Sŭperungo, is, nxi, ctum, gĕre. a.** *Cels.* Untar por encima.

**Sŭperurgens, tis. com.** *Tert.* Que urge ó aprieta por encima.

**Sŭpĕrus, a, um.** *Cic.* Superno, superior, lo mas alto. *Mare superum. Plin.* El mar adriático, el golfo de Venecia. *De supero. Plaut.* Desde arriba.

**Sŭpervăcāneus, a, um.** *Cic.* Superfluo, por demas escusado. *Commemoratio officiorum supervacanea est. Cic.* Es escusado hablar de los servicios hechos.

**Sŭpervăco, ās, āre. n.** *Gel.* Ser escusado ó superfluo.

**Sŭpervăcue. adv.** *Dig. V.* Supervacuo.

**Sŭpervacuĭtas, ātis. f.** *Bibl.* Superfluidad.

**Sŭpervăcuo. adv.** *Plin.* Superfluamente, por demas, sin necesidad.

**Sŭpervăcuus, a, um.** *Cic.* Superfluo, vano, inútil, por demas, no necesario. *In supervacuum. Sen.* Sin provecho, sin efecto.

**Sŭpervădo, is, dĕre. n.** *Liv.* Pasar por encima ó adelante. ‖ Vencer, superar.

**Sŭpervăgāneus, a, um.** *Fest.* Que anda vagueando por las alturas.

**Sŭpervăgor, āris, ātus sum, āri. dep.** *Col.* Estenderse vaga, superfluamente.

**Sŭpervăleo, ēs, lui, lĕre. n.** *Bibl.* Ser, llegar á ser mas poderoso ó fuerte.

**Sŭpervecto, ās, āre. a.** *Tert.* Llevar encima.

**Sŭpervectus, a, um.** *Gel.* Llevado por encima. *part. de*

**Sŭperveho, is, vexi, ctum, hĕre. a.** *Liv.* Llevar por las alturas.

**Sŭpervenio, is, vēni, ventum, nīre. n.** *Liv.* Sobrevenir, llegar de improviso, sorprender, venir sobre. ‖ *Col.* Subir, pasar encima ó de la otra parte. ‖ Llegar, juntarse. *Supervenit annos vis. Estac.* La fuerza, el vigor se anticipa á la edad.

**Sŭperventus, us. m.** *Tac.* La acción de sobrevenir ó llegar de improviso.

**Sŭpervestio, is, īvi, ītum, īre. a.** *Plin.* Vestir, cubrir por encima.

**Sŭpervestītus, a, um. part.** *Apul.* Revestido, cubierto por encima.

**Sŭpervexi. pret. de** Superveho.

**Sŭpervinco, is, ĕre. a.** *Tert.* Superar, vencer.

**Sŭpervīvens, tis. com.** *Apul.* El que sobrevive.

**Sŭpervīvo, is, xi, ctum, vĕre. a.** *Plin.* Sobrevivir, quedar con vida.

**Sŭpervŏlĭto, ās, āvi, ātum, āre. n.** *Virg.* Revolotear por encima. *frec. de*

**Sŭpervŏlo, ās, āvi, ātum, āre. n.** *Virg.* Volar por encima.

**Sŭpervolvo, is, volvi, volūtum. a.** *Avien.* Rodar, dar vueltas por encima.

**Sŭpervŏlūtus, a, um.** *Col.* Rodado, volteado, envuelto por encima.

**Sŭpervŏmo, is, ĕre. a.** *Silv.* Vomitar encima.

**Sŭpia, ae. f.** El Supe, *rio de Champaña.*

**Sŭpĭnālis. m. f. lĕ. n. is.** *S. Ag.* Epíteto de Júpiter, que significa que puede trastornarlo todo de arriba abajo.

**Sŭpĭnātĭo, ōnis. f.** *Cel. Aur.* Indisposición del estómago, que rehusa y vuelve la comida.

**Sŭpĭnātus, a, um. part. de** Supino. *Quint.* Vuelto, puesto boca arriba. ‖ Inverso, vuelto al reves. *Supinato lumine. Claud.* Vueltos los ojos al cielo. *Supinatus humi. Apul.* Echado á tierra de espaldas. — *Tergo.* Caido de espaldas.

**Sŭpīne. adv.** *Sen.* Descuidada, indiferentemente.

**Sŭpĭnĭtas, ātis. f.** *Quint.* La postura supina. ‖ La postura enfadosa y arrogante del que levanta la cabeza, y saca el pecho.

**Sŭpīno, ās, āvi, ātum, āre. a.** *Estac.* Poner, colocar, volver boca arriba. ‖ *Sen.* Hincharse, tomar un aire altanero y arrogante. *Nasum nidore supinor. Hor.* El olor me hace levantar las narices. *Supinare aliquem in terga. Estac.* Tirar á uno de espaldas contra el suelo. *Supinari. Estac.* Aplanarse, inclinarse, estenderse. *Libet interrogare quid tantopere te supinet? Sen.* Me ocurre preguntarte, ¿qué es lo que te da tanta vanidad?

**Sŭpīnum, i. n.** *Prisc.* El supino de los verbos.

**Sŭpīnus, a, um.** *Cic.* Supino, echado, puesto boca arriba. ‖ Vuelto mirando hácia el cielo. ‖ Inclinado, de pendiente ó subida suave. ‖ Puesto, situado en la pendiente. ‖ Descuidado, negligente, holgazán, perezoso. *Supina cathedra. Plin.* Silla poltrona. *Supinis manibus excipere. Suet.* Recibir con los brazos abiertos. *Supinum carmen. Marc.* Verso retrógrado, que se lee igualmente al derecho y al reves. *v. g. Signa te signa, temere me tangis, & angis.*

**Suppactus, a, um.** *Plaut. part. de* Suppingo. Clavado por debajo.

**Suppalpo, ās, āvi, ātum, āre. a.** *Sim.* y

**Suppalpor, āris, ātus sum, āri. dep.** *Plaut.* Halagar, acariciar.

**Suppar, āris. com.** *Cic.* Casi igual, contemporáneo, del mismo tiempo.

**Suppărăsĭtor, āris, ātus sum, āri. dep.** *Plaut.* Lisongear, complacer, condescender con alguno, adularle, servirle en un todo.

**Suppăro, ās, āre. a.** *Tert.* Acomodar, apropiar. ‖ Igualar, equiparar.

**Suppărum, i. n.** *Plaut.* y

**Suppărus, i. m.** *Fest.* El velo ó lienzo. ‖ Vela de navío. ‖ Túnica, ropa interior de lienzo.

**Suppătens, tis. com.** *Apul.* Un poco abierto.

**Suppĕdāneum, i. n.** *Lact.* Escaño, tarima para debajo de los pies.

**Suppĕdĭtātĭo, ōnis. f.** *Cic.* Abundancia, copia, afluencia.

**Suppĕdĭtātus, a, um.** *Cic.* Suministrado. *part. de*

**Suppĕdĭto, ās, āvi, ātum, āre. a. n.** *Cic.* y

**Suppĕdĭtor, āris, ātus sum, āri. dep.** *Plaut.* Suministrar, dar lo necesario, socorrer. ‖ Bastar, ser bastante, suficiente. ‖ Abundar. ‖ *Inscr.* Supeditar, poner debajo de los pies. *Suppeditare ab aliquo aliquid alicui. Cic.* Sacar alguna cosa á alguno para suministrar á otro, ó para emplearla en otra cosa.

**Suppēdo, is, ĕre. n.** *Cic.* Peerse sin ruido.

**Suppendeo, ēs, ĕre. n.** *Col.* Pender, colgar encima.

**Suppernātus, a, um.** *Fest.* Desjarretado, cortado por el jarrete ó corva, á modo de pernil de tocino.

**Suppertŭrbo, ās, āre. a.** *Sen.* Perturbar algún tanto.

**Suppes, ĕdis. com.** *Petron.* Que está debajo de los pies.

**Suppĕtĭae, ārum. f. plur.** *Ces.* Socorro, auxilio. *Suppetias ire, venire. Ces.* — *Ferre. Plaut.* Ir á dar socorro.

**Suppĕtĭātus, a, um. m.** *Non.* Socorro, ayuda.

**Suppĕtĭor, āris, ātus sum, āri. dep.** *Apul.* Socorrer, ayudar, ir, acudir al socorro.

Suppēto, is, ĕre. a. Cic. Se usa en las terceras personas, y en el infinitivo. Estar pronto, ocurrir, venir al pensamiento. ‖ Bastar, ser suficiente. ‖ Ulp. Pedir bajo de mano, en nombre de otro. Suppetit animus, Liv. Hay animo, espíritu. — Mihi lucrum. Plaut. Gano bastante. — Consilium, Liv. Sé lo que debo hacer. — Lingua libertati, Liv. Se puede hablar libremente. Suppetunt facta dictis, Plaut. Corresponden los hechos á las palabras.

Suppilatus, a, um. Non. Despojado. part. de

Suppilo, as, avi, atum, are. a. Plaut. Robar ocultamente. ‖ Despojar robando.

Suppingo, is, gere. a. Plaut. Atar y clavar por debajo. ‖ Avien. Teñir, manchar.

Supplantatio, onis. f. Bibl. Traicion, engaño.

Supplantatus, a, um. Sen. Hecho caer. part. de

Supplanto, as, avi, atum, are. a. Col. Derribar, echar á tierra. ‖ Suplantar, hacer caer, echar la zancadilla. Supplantare judicium, Quint. Corromper un juicio, á los jueces. — Verba, Pers. Ahogar las palabras, no pronunciarlas claramente ó del todo.

Supplaudo, is, dĕre. n. Tert. Aplaudir tácitamente.

Supplausio, onis. f. Cic. La accion de patear, de batir la tierra con el pie.

Supplementum, i. n. Ces. Suplemento, recluta. Supplementum coloniae. Vel. Refuerzo de una colonia. In supplementum milites scribere, Liv. Reclutar soldados.

Suppleo, es, plēvi, plētum, plēre. a. Cic. Suplir, reemplazar, completar lo que falta. Si foetura suppleverit gregem, Virg. Si tuviere tantos corderos como ovejas. Suplere exercitum, Liv. Reclutar, hacer reclutas, completar el ejército. — Damnum alicui, Tac. Resarcir el daño á alguno. — Locum, vicem alicujus, Sen. Hacer las veces de alguno.

Suppletus, a, um. part. de Suppleo. Tac. Completado de lo que faltaba, lleno, reemplazado.

Supplex, icis. com. Cic. Suplicante, el que pide y suplica. Supplex libellus, Cic. Un memorial. — Vester est, Cic. Os suplica á vosotros. — Dei, Nep. El que ruega á Dios. Supplicem esse alicui, Cic. Suplicar á alguno.

Supplicamentum, i. n. Apul. V. Supplicatio.

Supplicans, tis. com. Ter. Suplicante, el que suplica.

Supplicassis, ant. Plaut. en lugar de Suplicaveris.

Supplicatio, onis. f. Cic. Suplicacion, súplica. ‖ Rogativa pública.

Supplicator, oris. m. Prud. Suplicante, el que suplica.

Supplice. adv. Varr. V. Suppliciter.

Supplicimentum, i. n. Tert. V. Supplicium.

Supplicis, gen. de Supplex.

Suppliciter. adv. Cic. y

Supplicitus. adv. Just. Humildemente, en tono, en ademan de súplica.

Supplicium, ii. n. Salust. Súplica, rogativa pública ó privada á los dioses, procesion general en accion de gracias ó en rogativa. ‖ Dones que se ofrecian en las rogativas, y los mismos sacrificios. ‖ Los ramos y lienzos que llevaban los reyes de armas cuando iban á pedir la paz. ‖ Pena, suplicio, castigo de muerte. Supplicium de aliquo sumere, Cic. Condenar á uno al suplicio, ajusticiarle.

Supplico, as, avi, atum, are. a. Plaut. Orar, pedir á Dios, hacer oracion. ‖ Pedir, rogar, suplicar, hacer súplicas. Nemini supplico, Plaut. No necesito de nadie.

Supplicue. adv. Apul. V. Suppliciter.

Supplōdo, is, si, sum, ĕre. a. Plaut. Patear, batir la tierra con los pies. Supplodere pedem, Cic. Dar una patada en el suelo. — Calumniam, Macrob. Destruir, deshacer una calumnia.

Supplosio, onis. f. Cic. La patada, el acto de patear en el suelo.

Suppoenitet, tuit, tēre. a. Cic. Pesarle á uno algun tanto, estar algo arrepentido.

Suppolitor, oris. m. El que usa de muger agena.

Suppōno, is, pōsui, pōsitum, nĕre. a. Cic. Poner debajo. ‖ Sustituir, subrogar. ‖ Suponer, fingir. Supponere aliquem tumulo, Ov. Enterrar, sepultar á alguno. — Puerum, Plaut. Criar, alimentar como propio el hijo ageno. — Testamentum, Cic. Fingir, falsificar un testamento.

Supporto, as, avi, atum, are. a. Ces. Portear, conducir, transportar.

Suppositio, onis. f. Col. La accion de poner debajo. ‖ Plaut. La accion de poner una cosa por otra.

Supposititius, a, um. Varr. Supuesto, puesto en lugar de lo verdadero y nativo. Supposititius sibi ipsi, Macr. Que no puede ser reemplazado. ‖ Invencible.

Suppositorius, a, um. Vitruv. Puesto debajo.

Suppositus, a, um. part. de Suppono. Virg. Puesto debajo. ‖ Sustituido, subrogado.

Suppostor, oris. m. y

Suppostrix, icis. f. Plaut. El ó la que supone una cosa por otra.

Suppostus, a, um. Virg. síncope de Suppositus.

Suppressi, pret. de Supprimo.

Suppressio, onis. f. Cic. Supresion, detencion, retencion. Suppressiones nocturnae, Plin. Pesadillas del que duerme, opresiones del corazon por las especies del sueño.

Suppressius. adv. Gel. Mas secretamente.

Suppressor, oris. m. Dig. Ocultador del siervo ageno.

Suppressus, a, um. Cic. Suprimido, ocultado. ‖ Cerrado, obstruido. ‖ Detenido, reprimido, retenido. ‖ Hundido, sumergido. part. de

Supprimo, is, pressi, pressum, mĕre. a. Cic. Suprimir, detener, ocultar, tapar, callar, disimular. ‖ Hundir, sumergir. ‖ Contener, reprimir.

Suppromo, is, prompsi, promptum, mĕre. a. Plaut. Sacar fuera.

Suppromus, i. m. Plaut. El despensero.

Suppudet, duit, dēre. a. Cic. Dar, tener algo de pudor ó vergüenza.

Suppuratio, onis. f. Cel. Supuracion, postema, coleccion y estraccion de la materia en los tumores.

Suppuratorius, a, um. Plin. Supuratorio, suputativo, lo que tiene virtud de supurar.

Suppuratum, i. n. Plin. V. Suppuratio.

Suppuraturus, a, um. Sen. Lo que ha de supurar, que ha de apostemarse.

Suppuratus, a, um. Plin. Supurado, lleno de materia ó podre.

Suppuro, as, avi, atum, are. n. Col. Supurarse, venir, llegar á supuracion, á apostemarse.

Suppus, a, um. Fest. V. Supinus.

Supputarius, a, um. Tert. Lo que sirve para contar.

Supputatio, onis. f. Vitruv. Suputacion, cuenta, cómputo, cálculo.

Supputator, oris. m. Firm. Computista, calculista, computador, calculador.

Supputatorius, a, um. V. Supputarius.

Supputatus, a, um. Pal. Suputado, calculado. part. de

Supputo, as, avi, atum, are. a. Col. Podar, cortar de una parte y de otra. ‖ Suputar, hacer, echar cuenta, calcular, contar. Supputare rationem, Plaut. Hacer, echar, ajustar la cuenta.

Supra. prep. de acus. Cic. Sobre, encima de. Supra humanam spem, Liv. Mas allá ó fuera de toda esperanza. Supra modum, Col. Escesivamente. Supra fidem, Quint. Mas de lo que es creible. — Bibliothecam esse, Vitruv. Ser bibliotecario. Supra hanc memoriam, Ces. Antes de este tiempo. Supra Alexandriam, Por encima de Alejandría. Supra millia viginti, Liv. Mas de veinte mil. Supra caput est dux hostium, Sal. El General de los enemigos está encima. Supra quam, Sal. Mas de lo que. Supra repetere, Sal. Tomar de mas arriba, mas de su orígen.

Supra. adv. Cic. Arriba, encima. Nihil supra, Ter. Nada mejor, mas bien.

Supradictus, a, um. Quint. Sobredicho, susodicho, arriba dicho.

Suprafatus, a, um. Sid. Sobredicho, ya dicho.

Suprajacio, is, cĕre. a. Col. Echar, poner encima.

Supranatans, tis. com. Vitruv. Que anda, nada, se queda encima del agua.

Suprapositus, a, um. Cels. Sobredicho, susodicho.

Suprascando, is, ĕre. a. Liv. Entrar, pasar por encima. Suprascandere fines, Liv. Entrar por los limites ó términos de un pueblo.

**Suprāscriptus, a, um.** *Vitruv.* Escrito arriba, de que ya se ha escrito.

**Suprāsĕdens, tis. com.** *Bibl.* Que está sentado encima.

**Suprēma, ōrum. n. plur.** *Plin.* La muerte. ‖ Las exequias, el funeral. ‖ *Amian.* Reliquias ó cenizas de los cadáveres. *Suprema sua ordinare. Dig.* Hacer testamento, declarar su última voluntad.

**Suprēmĭtas, atis.** *Amian.* La muerte. ‖ *Claud. Mam.* La dignidad suprema.

**Suprēmo. adv.** *Plin.* y

**Suprēmum. adv.** *Tac.* La última vez. *Liberi à parentibus supremum dividuntur. Ta.* Los hijos se separan de los padres por la última vez, para no volverse mas á ver.

**Suprēmus, a, um.** *Virg.* Supremo, sumo, lo mas alto. ‖ Supremo en dignidad. ‖ Estremo, último. *Suprema nox. Col.* La última parte de la noche. *Agitare de supremis. Tac.* Pensar en darse la muerte. — *Admotus. Tac.* Cercano á la muerte.

**Sura, æ. f.** *Plin.* La pantorrilla. ‖ *Cels.* Sura, un hueso de la pierna. ‖ *Virg.* La pierna. ‖ *Plin.* Sobrenombre romano de algunas familias.

**Sŭrāta, æ. f.** Surata, ciudad de Indias.

**Surclo, as, āre. a.** *Apic.* síncope de Surculo. V.

**Surcŭlāceus, a, um.** *Plin.* Semejante á un renuevo, ó una pequeña rama.

**Surcŭlāris. m. f. rĕ. n. is.** *Col.* Lo que echa renuevos.

**Surcŭlārius, a, um.** *Varr.* Plantado de renuevos. *Surcularia cicada. Plin.* La chicharra, que habita entre los renuevos de los árboles.

**Surcŭlo, as, avi, atum, are. a.** *Col.* Podar, escamondar, limpiar los árboles y plantas de los renuevos inútiles.

**Surcŭlōse. adv.** *Plin.* Por renuevos.

**Surcŭlōsus, a, um.** *Plin.* Lleno de renuevos.

**Surcŭlus, i. m.** *Plin.* Renuevo, pimpollo del árbol ó planta. ‖ Pua de un árbol, que se ingiere en otro. ‖ Planta, mata pequeña. *Surculum defringere. Cic.* Cortar una rama en señal de posesion de un campo plantado de árboles. — *Serere. Cic.* Plantar renuevos.

**Surdaster, tra, trum.** *Cic.* Un poco sordo.

**Surde. adv.** *Afr.* Sordamente. *Surde audire. Afr.* Oir sordamente, que es oir sin atender, ni entender lo que se dice.

**Surdesco, is, ĕre. n.** *S. Ag.* Ponerse sordo, ensordecer.

**Surdigo, iginis. f.** *Marc. Emp.* y

**Surdĭtas, atis. f.** *Cic.* La sordera.

**Surdus, a, um.** *Cic.* Sordo. ‖ *Vitruv.* Que no da sonido, que no resuena. ‖ Que no quiere oir, inflexible. *Surda herba. Plin.* Yerba ó planta de ninguna virtud. — *Tellus. Plin.* Tierra que no corresponde al cultivo. — *Vota. Prv.* Votos no escuchados de los dioses. *Locus surdus. Vitruv.* Lugar sordo, que se come ú ahoga la voz. — *Color. Plin.* Color bajo, y como gastado. *Res surdae. Plin.* Las cosas inanimadas. *Surdi veritati. Col.* Sordos á la verdad, los que no quieren escucharla. *Surdo cantare. (prov.) Virg.* Dar consejos ó preceptos al que los desprecia o rehusa: dar música á un sordo.

**Surēna, æ. f.** *Varr.* Nombre de un pez. ‖ *Tac.* Nombre del primer ministro ó supremo magistrado despues del rey entre los partos.

**Surgens, tis. com.** *Virg.* Que se levanta, se eleva. ‖ Que crece, que se aumenta. *Surgentes partes. Tac.* Facciones que se forman, que se levantan. — *In cornua cervi. Virg.* Ciervos de elevados cuernos, ó que les empiezan á salir.

**Surgo, is, rexi, rectum, gĕre. a.** *Cic.* Levantar, enderezar, poner derecho. ‖ Nacer, brotar, salir, despuntar. ‖ Crecer. ‖ Levantarse. ‖ Levantarse, salir á hablar en público. *Surgitur. Juv.* Se levantan, se despiden. *Surgit mare. Virg.* El mar se encrespa. *Surgite lumbos. Plaut.* Levantaos.

**Sŭrio, is, īre. n.** *Fest.* Apetecer la hembra. Se dice de los cerdos, y por traslacion de los demas animales y del hombre.

**Surpĭcŭlus, i. m.** *Col.* Pequeño cesto de juncos.

**Surpo, is, ĕre.** *Hor.* síncope de Surripio. V.

**Surptus, a, um.** *Plaut.* síncope de Surreptus. V.

**Surpuit.** *Plaut.* y **Surpuerat.** *Hor.* en lugar de Surripuit, y Surripuerat. V. Surripio.

**Surrectio, ōnis. f.** *Bibl.* La resurreccion.

**Surrectus, a, um.** *Col.* Enderezado, levantado.

**Surremit.** *Fest.* en lugar de Sumpsit.

**Surrempsit.** *En.* en lugar de Sustulit.

**Surremptum, i. n.** *Tac.* Sorrento, ciudad arzobispal en el reino de Nápoles.

**Surrentīnus, a, um.** *Plin.* Perteneciente á la ciudad de Sorrento.

**Surrēpo, is, psi, tum, pĕre. n.** *Quint.* Entrarse, insinuarse sin sentir.

**Surreptus, a, um.** *Plaut. part. de* Surripio. Quitado, hurtado, robado á escondidas.

**Surrexi.** síncope de Surrexisse.

**Surrexi. pret. de** Surgo.

**Surria, æ. f.** El condado de Surry en Inglaterra.

**Surrĭgo, is, exi, ectum, gĕre. a.** *Virg.* Levantar en alto, enhestar.

**Surripio, y otros que empiezan por Surr. V. Subr.**

**Sursum, y Sursus. adv.** *Cic.* Arriba, hácia arriba.

**Sursum deorsum.** *Ter.* De arriba abajo.

**Sursum versus.** *Cic.* Versum, y Vorsum. *Lucr.* Hácia arriba, hácia lo alto. *Sursum versus sacrorum fluminum vertuntur fontes.* adag. Abájanse los adarves, y álzanse los muladares. *ref.*

**Surus, i. m.** *Fest.* La vara ó palo.

**Sus.** en lugar de Sursum. *Sus deque,* y *Susque deque. Cic.* De arriba á bajo. *Susque deque esse.* Ser cosa de ninguna importancia, de que no se debe hacer caso. — *Ferre. Cic. Habere. Plaut.* En el mismo sentido.

**Sus, suis. m. f.** *Cic.* El puerco y la puerca.

**Susa, ōrum. n. plur.** *Plin.* Susa, ciudad del Asia, capital de la Persia.

**Suscēpi. pret. de** Suscipio.

**Susceptio, ōnis. f.** *Cic.* Empresa, la accion de emprender algo.

**Suscepto, as, āre. a.** *Apul. freq. de* Suscipio.

**Susceptor, ōris. m.** *Dig.* Emprendedor. ‖ *Dig.* Recogedor ó encubridor de jugadores, ladrones, fugitivos &c. ‖ *Ulp.* Exactor, cobrador de tributos y alcabalas. ‖ Patrono, defensor, protector.

**Susceptum, i. n.** *Ov.* La empresa.

**Susceptus, a, um. part. de** Suscipio. *Cic.* Emprendido, empezado. *Susceptum scelus. Cic.* Maldad cometida. *Susceptus amicus. Ov.* Amigo tomado bajo la proteccion. *Puer à captiva. Just.* Niño engendrado de una esclava.

**Suscio, is, ire.** *Plaut.* en lugar de Scio.

**Suscĭpiendus, a, um.** *Lucr.* Lo que se ha de emprender.

**Suscĭpio, is, cēpi, ceptum, pĕre. a.** *Cic.* Emprender, recibir, tomar á su cargo, sobre sí, encargarse. ‖ Cometer culpa ó delito. ‖ Sostener, apoyar, proteger. ‖ Responder, tomar la palabra. *Suscipere liberos ex filia alicujus. Cic.* Tener hijos de ó en la hija de alguno. *Personam viri boni. Cic.* Contrahacer el hombre de bien. *Deo vota pro aliquo. Plin.* Hacer votos al cielo por alguno. — *Aliquem. Cic.* Tomar á uno bajo su proteccion. *Suscepit consuetudo. Cic.* Se ha introducido la costumbre.

**Suscĭtābŭlum, i. n.** *Varr.* y

**Suscĭtāmen, ĭnis. n.** *Apul.* Incitamiento, incentivo.

**Suscĭtatio, ōnis. f.** *Tert.* La resurreccion.

**Suscĭtātor, ōris. m.** *Tert.* El que resucita á otro. *Suscitator litterarum. Sid.* Protector de las letras.

**Suscĭtātus, a, um.** *Apul.* Despertador. ‖ Resucitado, suscitado. *part. de*

**Suscĭto, as, avi, atum, are. a.** *Cic.* Suscitar, mover, escitar. ‖ Despertar. ‖ *Sen.* Resucitar, volver, restituir á la vida. *Suscitare ignem. Virg.* Volver á encender el fuego. — *Strepitum. Prop.* Hacer estrépito.

**Sŭsiāna, æ,** y **Susiane, es. f.** *Plin.* La Susiana ó Chusistan, *el pais de Susa en Persia.*

**Sŭsiāni, ōrum. m. plur.** *Plin.* Los habitantes de la comarca de Susa.

**Sŭsiānus, a, um.** *Plin.* De Susa, de Chusistan.

**Sŭsīdæ pilæ. f. plur** *Curc.* Gargantas de los montes que van de Chusistan á Persia.

**Sŭsĭnātus, a, um.** *Marc. Emp.* y

Susinus, a, um. *Plin.* Liliáceo, hecho de lirios, se dice del aceite ó ungüento.

Susis, ĭdis. *Sid.* La que es de ó pertenece á Susa, á su region, ó á Persia.

Suspectans, tis. *com. Marc.* Que mira de continuo á lo alto.

Suspectātus, a, um. *Apul.* Sospechado. *V.* Suspectus.

Suspectio, ōnis. *f. Ter.* La sospecha. ‖ *Arnob.* Admiracion, estimacion.

Suspecto, ās, āvi, ātum, āre. *a. Ter.* Mirar hacia arriba. ‖ Sospechar, tener sospecha.

Suspecto. *adv. Dig.* Con sospecha, sospechosamente.

Suspector, ōris. *m. Sid.* Admirador.

Suspectus, us. *m. Plin.* La accion de mirar á lo alto. ‖ *Sen.* Admiracion, estima, veneracion. ‖ *Virg.* La altura.

Suspectus, a, um. *part. de* Suspicio, tior, tissĭmus. Sospechoso, de quien ó de que se tiene sospecha. ‖ Sospechoso, el que sospecha.

Suspendens, tis. *com. Suet.* El que suspende ó cuelga.

Suspendeo, ēs, di, sum, dēre. *a. Col.* Colgar en alto. ‖ Estar colgado.

Suspendiōsus, a, um. *Plin.* Ahorcado.

Suspendium, ii. *n. Cic.* La accion de colgarse, de ahorcarse, la horca.

Suspendo, is, di, sum, dĕre. *a. Plin.* Colgar en alto. ‖ Sostener, apuntalar. ‖ Suspender, interrumpir, diferir, hacer pausa. ‖ Tener incierto y suspenso. ‖ Ahorcar. ‖ Contener, detener. *Suspendere tellurem sulco. Virg.* ó *Vomere. Estac.* Arar, labrar la tierra. — *Aliquem adunco naso. Hor.* Burlarse de uno en sus barbas. — *Aedificium. Plin.* Edificar sobre pilares ó arcos. — *Pedem summis digitis. Quint.* Estar sobre las puntas de los pies. — *Aliquid in trutina. Juv.* Pesar. — *Se de ficu. Cic.* Ahorcarse de una higuera. — *Fluxiones oculorum. Plin.* Detener, corregir las fluxiones de los ojos.

Suspense. *adv. S. Ag.* Con ánimo suspenso.

Suspensio, ōnis. *f. Hier.* Suspension, incertidumbre, duda. ‖ La accion de suspender ó colgar. ‖ *Vitruv.* Lugar elevado sobre bóvedas ó arcos.

Suspensūra, ae. *f. Vitruv.* Obra, fábrica elevada sobre arcos ó pilares.

Suspensus, a, um. *Hor. part. de* Suspendo. Suspendido, colgado en alto. ‖ Elevado, levantado. ‖ Suspenso, incierto, dudoso, indeciso. *Suspensus animus. Cic.* Animo inquieto, desasosegado. — *Ex fortuna. Liv.* Pendiente de la fortuna. *Suspensis auribus. Prop.* Con mucha atencion. *Suspenso gradu. Ter.* Sin hacer ruido. *In suspenso. Plin.* En duda. *Suspensissimum pastinatum. Col.* Tierra muy bien movida con el arado.

Suspexi. *pret. de* Suspicio.

Suspicabilis. *m. f. lĕ. n. is. Arnob.* y

Suspicans, tis. *com. Ter.* y

Suspicatrix, īcis. *f. Varr.* y

Suspicax, ācis. *com. Tac.* Sospechoso, sa, desconfiado, lleno de sospecha.

Suspicio, ōnis. *f. Cic.* Sospecha, desconfianza. ‖ Opinion, conjetura. ‖ Indicio, señal.

Suspicio, is, pexi, pectum, cĕre. *a. Cic.* Mirar hácia arriba, á lo alto. ‖ Admirar, venerar, respetar. ‖ *Sal.* Sospechar, tener sospecha.

Suspiciús, ius. *adv. Cic.* Sospechosamente, con ó por sospecha.

Suspiciōsus, a, um, ior, issĭmus. *Cic.* Sospechoso, inclinado á sospechar, desconfiado, receloso. ‖ Sospechoso, de que ó de quien se tiene sospecha.

Suspico, ās, āre. *a. Plaut.* y

Suspicor, aris, ātus sum, āri. *dep. Cic.* Sospechar, temer, recelar, desconfiar, tener, entrar en sospecha. ‖ Pensar, opinar, conjeturar.

Suspirandus, a, um. *Estac.* Lo que se ha de suspirar, llorar ó echar de menos.

Suspirans, tis. *com. Cic.* El que suspira. *Suspirantes curae. Cic.* Cuidados que hacen suspirar.

Suspiratio, ōnis. *f. Quint.* y

Suspiratus, us. *m. Ov.* Suspiro, sollozo.

Suspirātus, a, um. *Sidon. part. de* Suspiro. Suspirado, invocado con suspiros.

Suspiriōse. *adv. Col.* Con dificultad de la respiracion.

Suspiriōsus, a, um. *Plin.* Asmático, el que respira con dificultad.

Suspirĭtus, us. *m. Plaut.* y

Suspirium, ii. *n. Cic.* Suspiro, sollozo. ‖ *Sen.* Asma, dificultad en la respiracion. ‖ *Luc.* Respiracion, aliento.

Suspiro, ās, āvi, ātum, āre. *a. Cic.* Suspirar, sollozar, dar suspiros. ‖ *Luc.* Exalar, despedir vapores ó exalaciones. ‖ *Respirar.* ‖ *Juv.* Desear mucho, con ansia, con pasion.

Susquedĕque. *adv. Cic.* De arriba abajo.

Sussescia, ae. *f.* El condado de Susex en Inglaterra.

† Sustendo, is, dĕre. *a. Sal. Sustendere alicui insidias.* Armar á uno asechanzas.

Sustentăculum, i. *n. Tac.* Sustentáculo, apoyo, estribo, lo que sirve para sostener.

Sustentatio, ōnis. *f. Cic.* Dilacion. ‖ *Quint.* Suspension, figura retórica. ‖ *Ulp.* Sustentamiento, sustento, alimento. ‖ *Lact.* Sufrimiento, paciencia.

Sustentator, ōris. *m. Quint.* Sustentador, el que sustenta ó sostiene.

Sustentatum est. *impers. Ces.* Se sostuvo, contuvo, resistió.

Sustentātus, us. *m. Apul.* Sustentacion, la accion de sostener.

Sustentātus, a, um. *Cic.* Sustentado, sostenido. ‖ Dilatado, diferido. *part. de*

Sustento, ās, āvi, ātum, āre. *a. Cic.* Sustentar, sostener. ‖ Defender, proteger, socorrer. ‖ Tolerar, sufrir, aguantar. ‖ Resistir, contener. ‖ Dilatar, diferir. ‖ Alimentar, mantener. *Sustentare famem. Ces.* Tolerar el hambre. — *Morbum. Suet.* Resistir una enfermedad.

Sustĭnentia, ae. *f. Bibl.* Sustentáculo, apoyo.

Sustĭneo, ēs, nui, tentum, nēre. *a. Cic.* Sostener, sustentar, mantener. ‖ Contener, detener, defender, conservar. ‖ Resistir. ‖ Padecer, sufrir. ‖ Dilatar, diferir. ‖ Sustentar, alimentar. *Sustinere signa. Ces.* Hacer alto. — *Expectationem sui. Cic.* Corresponder á la esperanza que se tiene de sí. — *Se. Liv.* Pararse. — *Se ab omni assensu. Cic.* Abstenerse de dar su aprobacion, de hacer juicio. — *Causam publicam. Cic.* Sostener en sus hombros la causa pública. — *Personam judicis. Cic.* Hacer papel de juez. *Sustine hoc. Plaut.* Toma esto.

Sustollens, tis. *com. Cat.* El que eleva ó levanta en alto.

Sustollo, is, tŭli, blātum, tollĕre. *a. Cic.* Levantar, alzar, elevar. ‖ Quitar. ‖ Destruir. *Sustollere animos. Plaut.* Engreirse. — *Aliquem laudibus in coelum. Cic.* Levantar á uno con alabanzas hasta el cielo. — *Urbem funditus. Cic.* Destruir una ciudad enteramente. — *Ferro, veneno. Cic.* Dar muerte á uno con hierro, con veneno. — *Sententiam. Fedr.* Pronunciar la sentencia.

Sustŭli. *pret. de* Sustollo, y de Tollo.

Susudata, ae. *f. Stetin,* ciudad capital de Pomerania.

Susum. *adv. ant. Varr. V.* Sursum.

Susurrāmen, ĭnis. *n. Apul.* El susurro, ruido remiso de los que hablan quedo.

Susurrātim. *adv. Marc. Cap.* En ó con voz baja.

Susurratio, ōnis. *f. Cic.* Susurro, conversacion baja, coloquio en voz baja. ‖ Ruido sordo, voz que corre ó sordas, rumor que pasa entre pocos.

Susurrator, ōris. *m.* y

Susurro, ōnis. *m. Sidon.* Murmurador.

Susurro, ās, āvi, ātum, āre. *a. Virg.* Susurrar, hacer un ruido suave, como de agua que corre ú hojas que se menean blandamente. ‖ *Ov.* Hablar en voz baja, al oido. *Susurrare de aliquo. Ov.* Hablar en voz baja, en secreto de alguno. — *Cantica. Marc.* Cantar canciones en voz baja. *Jam susurrare audio.* Ya oigo que se susurra, que se siembra ó corre la voz.

Susurrum, i. *n.* y

Susurrus, i. *m. Virg.* Susurro, murmullo, ruido confuso y sumiso. ‖ Plática dicha al oido, en secreto, en tono bajo. ‖ *Virg.* El zumbido de las abejas.

Susurrus, a, um. *Ov.* Susurrante, lo que hace un ruido sordo, blando.

## SYC

Sŭsurrus, us. *m. Apul. V.* Susurrus, i.
Sŭtēla, ae. *f. Plaut.* Astucia engañosa.
Sutelocapciotrica, ae. *m. Sen.* Sofista contencioso.
Sŭterna, ae. *f. Varr.* La costura, el cosido.
Sŭtĭlis. m. f. lĕ. n. is. *Virg.* Cosido. *Sutilis cymba. Virg.* Barca hecha de cueros cosidos.
Sŭtor, ōris. *m. Fedr.* El zapatero. *Sutor ne supra crepidam. Plin.* Proverbio que amonesta no dar sentencia en lo que no se entiende.
Sŭtōrĭtius, a, um. *Marc. Emp.* y
Sŭtōrius, a, um. *Cic.* Lo que toca al zapatero.
Sŭtrīna, ae. *f. Plin.* La zapatería, el arte y la tienda del zapatero.
Sŭtrīnum, i. *n. Sen.* Zapatería, la tienda del zapatero.
Sŭtrīni, ōrum. *m. plur. Liv.* Sutrinos, los naturales y habitantes de Sutri, *ciudad de los veyentes en Toscana*.
Sŭtrīnus, a, um. *Tac.* Lo que toca al zapatero.
Sŭtrīnus, a, um. *Liv.* y
Sutrius, a, um. *Sil.* Lo que es de ó pertenece á la ciudad de Sutri.
Sutrium, ii. *n. Liv.* Sutri, *colonia romana de los veyentes en la Etruria, hoy Toscana*.
Sutrix, īcis. *f. Inscr.* La zapatera, la muger que hace zapatos.
Sutrus, i. *m. Cat.* Nombre de un elefante.
Sŭtūra, ae. *f. Liv.* La costura ó cosedura, la accion de coser, y el mismo cosido. || *Cels.* La juntura.
Sŭtus, a, um. *Cic. part. de* Suo. Cosido, junto, unido con costura.
Suus, a, um. *pron. poses. Cic.* Suyo, propio, particular, peculiar. *Suus cuique mos. Ter.* Cada uno á su modo. — *Sibi pater. Plaut.* Su propio padre. — *In disputando. Cic.* Señor de sí mismo en la disputa, que está sobre sí, que no se escede, que sabe contenerse. *Sui quid quisque habet. Cic.* Cada uno tiene alguna propiedad particular. *Juris est. Plin* Es libre. *Sua morte defungi. Sen.* Morir de su muerte natural. *Sua sponte. Ces.* De suyo, de su buena voluntad. *Suum. Cic.* Lo suyo, sus cosas propias. *Sui. Cic.* Los suyos, sus amigos, sus parientes, allegados. *Suapte culpa. Plin.* Por su culpa. *Suapte ingenio. Liv.* De su cabeza, de su propio ingenio.
Suusmet, Suamet, Suummet. *Sal.* Su mismo, su misma, su propio, su propia.

## SY

Syăgrus, i. *f. Plin.* Especie de palma que lleva un fruto grande, duro y muy áspero.
Sybăris, is. *m. Sibari, rio del reino de Nápoles*.
Sybăris, is. *f.* Sibari, *ciudad del reino de Nápoles*.
Sybărĭtae, ārum. *m. plur. Plin.* Sibaritas, los ciudadanos y habitantes de Sibari.
Sybărĭtanus, a, um. *Plin.* y
Sybărĭticus, a, um. *Marc.* Sibarítico, de los sibaritas.|| Lascivo, obsceno, afeminado, voluptuoso.
Sybărĭtis, ĭdis. *f. Ov. Sybaritida componere*. Componer obras obscenas, voluptuosas, segun las costumbres de los sibaritas.
Sycămĭnus, i. *f. Cels.* El moral, árbol.
Syce, es. *f. Plin.* La yerba meconio, *llamada vulgarmente escula redonda*. || El jugo de la tea.
* Sycĭtes, ae. *m. Plin.* Vino de higos secos. || Sobrenombre de Baco.
Sycĭtis, is. *f. Plin.* Sicite, *piedra preciosa de color del higo*.
Sycolatrōnĭdae, ārum. *m. plur. Plaut.* Voz estrambótica, inventada por burla para denotar cierta gente.
† Sycōmŏrum, i. *n.* La fruta del sicomoro.
Sycōmŏrus, i. *f. Cels.* La lágrima del moral de Egipto, *llamada sicomoro.* || El sicomoro, *árbol.*
Sycōphanta, ae. *m. Fest.* El calumniador ó delator. || Sicofanta, engañador, embustero. || Adulador, lisonjero.
Sycōphantĭa, ae. *f. Plaut.* Falacia, engaño, embuste.
Sycōphantĭōsē. *adv. Plaut.* Con falsedad, engaño con picardia.
Sycōphantor, āris, atus sum, āri. *dep. Plaut.* Enga-

## SYM

ñar, calumniar, armar chismes ó trampas, enredar.
Sycophyllon, i. *f. Apul.* El malvavisco, *yerba*.
Sydus *y sus derivados*. *V.* Sidus.
Syedra, ae. *f.* Ciudad de Isauria.
Syēne, es. *f. Lucr.* Siene, *ciudad de Egipto*. || Estac. Mármol de la comarca de Siene.
Syenītae, ārum. *m. plur. Plin.* Sienitas, los naturales ó habitantes de Siene.
* Syenītes, ae. *com. Ov.* El ó la que es de Siene.
Syessa, ae. *f.* Ciudad de Toscana.
Syla, ae. *m. Virg.* Sila, *monte de la Lucania*.
Sylla. *V.* Sulla.
Syllăba, ae. *f. Cic.* La sílaba.
Syllăbātim. *adv. Cic.* Por sílabas.
† Syllabĭcus, a, um. Silábico, de la sílaba.
Syllăbus, i. *m. S. Ag.* Indice de un libro.
Syllepsis, is. *f. Diom.* Silepsis, *figura gramatical y retórica cuando uno ó mas nombres en plural se juntan con un verbo en singular*.
Syllŏgismātĭcus, a, um. *Fulg.* Lo que consta de varios silogismos.
Syllŏgismus, i. *m. Quint.* El silogismo ó raciocinio, *argumento compuesto de dos proposiciones y una conclusion, que entre los oradores suele ser de cuatro ó cinco*.
Syllŏgistĭcus, a, um. *Quint.* Silogístico, lo que contiene silogismos ó pertenece á ellos.
Sylva *con sus derivados*. *V.* Silva.
Symaetheus, a, um. *Ov.* Lo que es del rio Simeto, *hoy de Jaretta*.
Symaethĭcus, a, um. *Plin. V.* Symaetheus.
Symaethii, ōrum. *m. plur. Ov.* Naturales y habitantes de las orillas del rio Simeto.
Symaethis, ĭdis. *f. Ov.* La natural ó habitadora de las orillas del rio Simeto.
Symaethum, *y* Symetum, i. *n. y* Symaethus, i. *m. Plin.* Simeto, *rio y ciudad de Sicilia, hoy Jaretta*.
* Symbōtes, ae. *m. Inscr.* El que vive con otro, compañero, camarada.
Symbŏla, ae. *f. Plaut.* El escote, el dinero que ponen por igual los que comen juntos. || *Gel.* Cuestion escitada en el convite.
Symbŏlĭce. *adv. Gel.* Figuradamente, por figuras.
† Simbŏlĭcus, a, um. Simbólico, alegórico, figurado.
Symbŏlum, i. *n. Plin.* Señal, seña, contraseña. || Anillo, sello.
Symmachĭanus, a, um. *Sid.* Lo perteneciente á Simaco, *nombre propio*.
Symmachus, i. *m. Macrob.* Q. Aurelio Simaco, romano consular y prefecto de la ciudad. Floreció en tiempo de Valentiniano y los dos Teodosios, y escribió diez libros de cartas, cuyo estilo es criticado con razon por Erasmo.
Symmetrĭa, ae. *f. Vitruv.* Simetría, proporcion de medidas y partes.
Symmetros. *Vitruv.* Simétrico, proporcionado.
Symmista, ae. *m. Apul.* Sacerdote de un mismo dios ó colegio.
Symmoniacum, ó Symmonianum, i. *n.* y
Symmonium, ii. *n. Col.* La yerba trifolio ó trebol.
Sympasma, ătis. *n. Cel. Aur.* Medicamento de polvos medicinales.
Sympăthĭa, ae. *f. Cic.* Simpatía, conveniencia natural, inclinacion natural.
† Sympăthĭcus, a, um. Simpático, lo que es naturalmente conforme.
† Symperasma, ătis. *n.* Conclusion, epílogo.
† Symphăsis, is. *f.* Emersion de muchos astros que aparecen á un mismo tiempo.
† Symphōnēsis, is. *f.* Union de dos sílabas en un sonido. || Consonancia de las voces.
* Symphōnĭa, ae. *f. Cic.* Sinfonía, consonancia y union de voces concordes, concierto musical. || *Prud.* Trompeta, clarin militar. || Organo.
* Symphōnĭa, ae. *f.* y
Symphōnĭăca, ae. *f. Apul.* La yerba beleño.
Symphōnĭăcus, a, um. *Cic.* Músico, musical, que pertenece á la música.

Zzzz 2

Symphreatides, um. m. plur. Cic. Los que usan de un mismo pozo. ‖ Vecinos.

Symphytum, i. n. Plin. La yerba consuelda. ‖ La consólida mayor.

Sympinium, y Sympivium, ii. n. Arnob. Jarro, vasija capaz, de que pueden beber muchos.

Symplegades, dum. f. plur. Mel. Simplegades, dos islas ó escollos del Ponto Euxino.

Symplegma, atis. n. Plin. Complexion, union.

Symposiacus, a, um. Gel. Lo que pertenece al convite.

† Symposiarcha, ae. m. y

† Symposiarchus, i. m. El presidente ó director de un convite.

† Symposiastes, ae. m. El que da un convite.

Symposium, ii. n. Cic. El convite. ‖ Título de un diálogo de Platon.

† Sympota, ae. m. f. Compañero en el convite, convidado.

† Sympotria, ae. f. La convidada.

Sympsalma, atis. n. S. Ag. Union de voces para cantar ó bailar.

Symptoma, atis. n. Síntoma, señal preternatural ó accidente que sobreviene á la enfermedad.

† Symptomasis, is. f. Obstruccion del conducto por donde los espíritus visuales pasan del cerebro al ojo.

† Symptomaticus, a, um. Lo que toca á los sintomas de una enfermedad.

Sympullum, i. n. Varr. Jarro ó jarra bastante capaz, usada en los sacrificios.

Synaeresis, ó Syneresis, is. f. Quint. Sinéresis, figura gramatical, contraccion de dos sílabas en una.

Synagoga, ae. f. Tert. Sinagoga, congregacion religiosa de los judios, y el lugar de ella.

Synaloepha, ae. f. ó

Synaloephe, es. f. Quint. Sinalefa, cesura, elision de la última vocal de una palabra, cuando la siguiente empieza con otra vocal.

Synanche, es. f. Gel. Esquinencia, angina, garrotillo.

Synanchicus, a, um. Cel. Aur. Lo que pertenece á la esquinencia ó garrotillo.

Synapothenescontes. plur. Ter. Los que mueren juntos, título de una comedia griega de Difilo.

Synaristosae, arum. f. plur. Plin. Mugeres que comen juntas, título de una comedia de Menandro y de Cecilio.

† Synarthrosis, is. f. Articulacion firme de los huesos.

† Synathroesmus, i. m. Figura retórica, por la que se amontonan muchos términos en una frase.

† Synaxaria, orum. n. plur. Compendio de vidas de santos que se leia en las iglesias.

† Synaxis, is. f. Congregacion para orar, oir la palabra de Dios, y participar de los sacramentos. ‖ Celebracion de los misterios sagrados. ‖ La sagrada Eucaristía. ‖ Union con Dios.

‖ Syncacurgema, atis. n. Lo que es hecho para burlarse de alguna accion y del que la hizo.

† Syncatathesis, is. f. Aprobacion, consentimiento.

† Syncategorema, atis. n. Cosa significativa, estando junta con otra.

Syncerastum, i. n. Varr. Todo género de manjar.

Syncerastus, i. m. Nombre de un siervo de Plauto.

Syncere y sus derivados. V. Sincere.

† Synchrisis, is. f. Antítesis, oposicion de palabras ó sentencias.

Synchrisma, atis. n. Veg. La uncion ú untura.

Synchronus, a, um. S. Ger. Contemporáneo, de un mismo tiempo.

Synchysis, is. f. Don. La figura hiperbaton, confusion, perturbacion del orden.

Syncopa, ae. y Syncope, es. f. Diom. Síncopa, figura gramatical, por la cual se quita una letra, ó sílaba de en medio de una diccion. ‖ Veg. Desfallecimiento, falta repentina de fuerzas.

Syncrasis, is. f. Tert. Mezcla de cosas.

† Syncrisis, is. f. Antítesis, oposicion de cosas.

† Synderesis, is. f. Sindéresis, la razon.

Syndicus, i. m. Dig. Síndico, agente, procurador, representante de ciudad, gremio ó comunidad.

* Synecdoche, es. f. Quint. Sinecdoque, figura gramatical, por la cual, suprimida una palabra, se entiende por las demas. ‖ Tropo retórico.

Synecdochiche. adv. S. Ger. Por sinecdoque.

† Synedria, ae. f. y

Synedrium, ii. n. Senado, asamblea, consejo, cámara, consistorio, audiencia.

Synedrus, i. m. Liv. Senador, consejero, asesor.

† Synemmenon, i. n. Gel. Lo conexo, adjunto, unido. Nete synemmenon, trite synemmenon, paranete synemmenon. Vitruv. Nombres de cuerdas musicales, de las que la primera es la última de las concordes, y parece corresponde á la que los músicos modernos llaman D la sol. La segunda, que es la penúltima, á C sol fa. La tercera, que es la primera, á B fa b mi.

* Synephebi, orum. m. plur. Cic. Jóvenes de la misma edad, título de una comedia de Estacio Cecilio.

Synephites, ae. f. Plin. Piedra preciosa de color de leche.

Synesis, is. f. Tert. Inteligencia, perspicacia. ‖ Union de dos cosas en una. ‖ Figura de sintaxis.

† Synestotes, um. m. plur. Penitentes que oraban de pie en la iglesia, y no eran admitidos aun á los santos sacramentos.

Syneurosis, is. f. La sineurosis, trabazon de los huesos por medio de los nervios ó ligamentos.

Syngrapha, ae. f. Cic. Escritura, papel de obligacion.

Syngraphus, i. m. Plaut. V. Syngrapha. ‖ Papel, cédula firmada. Syngraphum sumere à praetore. Plaut. Tomar un pasaporte del pretor. Per syngraphum alicui credere. Cic. Prestar á alguno con vale, recibo ó papel de obligacion. Ex syngrapha agere. Cic. Poner pleito por pedir en justicia el pago de un papel de obligacion.

Synistor, oris. com. Varr. El consocio cómplice, título de una de las sátiras menipeas de Varron.

Synizesis, is. f. Serv. Figura gram. V. Synaeresis.

Synnada, ae. y Synnas, adis. f. y Synnada, orum. n. plur. Cic. Sinada, ciudad mediterránea de Frigia.

Synnadensis. m. f. se. n. is. Cic. y

Synnadicus, a, um. Plin. Sinadenses, lo que es de ó pertenece á la ciudad de Sinada.

Synochites, ae. m. y

Synochitis, idis. f. Plin. Piedra preciosa con que aseguraban los magos que se detenian las sombras sacadas del infierno.

† Synochus, i. f. Calentura continua. ‖ Continuacion.

Synodia, orum. n. plur. Cic. Conferencia, avocamiento, plática con otros.

Synodicus, a, um. Jul. Firm. Unido, junto en el camino. Synodica luna. Jul. Firm. Luna eclipsada enteramente, en conjuncion con el sol.

Synoditae, arum. m. plur. Cod. Teod. Cenobitas, monges ó clérigos que viven en comunidad.

Synodontitis, is. f. Plin. Piedra preciosa que dicen se halla en el cerebro del pescado denton.

Synodus, ontis. m. Plin. El pez denton.

Synodus, i. f. Amian. Sínodo, concilio, congreso, asamblea de eclesiásticos.

Synoeciosis, is. f. Quint. Figura de palabras, por la cual se juntan dos cosas diversas en una oracion.

Synoecium, ii. n. Petron. Cohabitacion, union de los que viven juntos.

Synoneton, i. n. Cod. Teod. La provision ó compra de los víveres por el fisco en tiempo de carestía, obligando á los que los guardaban á venderlos á justo precio.

† Synonyma, orum. n. plur. Sinónimos, palabras que casi significan una misma cosa.

Synonymia, ae. f. Cic. Sinonimia, figura retórica, espresion de una cosa por varias palabras sinónimas.

† Synonymus, a, um. Sinónimo, de la misma significacion. ‖ Del mismo nombre.

* Synophites, ae. f. Plin. Piedra preciosa de color de leche, llamada tambien galactites.

Synopsis, is. f. Ulp. Sinopsis, compendio, sumario. ‖ Inventario, lista, memoria de los bienes. ‖ Modelo, diseño, planta de una obra.

## SYR

**Synŏris**, ĭdis. f. S. Ger. Un par de cosas.

**Syntagma**, ătis. n. Cic. Obra, tratado, libro.

**Syntaxis**, is. f. Cic. Orden, disposicion, composicion de una obra literaria. ‖ *Prisc.* Sintaxis, composicion, construccion de las partes de la oracion.

**Syntectĭcus**, a, um. Plin. Debilitado de fuerzas, enflaquecido, consumido.

† **Synterĕsis**, is. f. Atencion, precaucion de sí mismo, razon que aparta de los vicios.

**Syntexis**, is. f. Plin. Abatimiento de fuerzas, debilidad, languidez.

**Synthĕma**, tis. n. S. Ger. El santo ó seña que se da á las centinelas ó al ejército. ‖ Señal que se daba á los correos públicos para que les diesen caballos. ‖ Salvo conducto, pasaporte. ‖ Sentencia enigmática y misteriosa. ‖ Silla para todos los caballos para correr la posta.

**Synthesĭnus**, a, um. Suet. Lo que pertenece al vestido ó ropa llamada sintesis V.

**Synthĕsis**, is. f. Serv. Sintesis, composicion. ‖ Mezcla de muchos ingredientes, *como en los medicamentos.* ‖ *Estac.* La espetera y vasijas de cocina. ‖ Aparador, vagilla. ‖ *Dig.* Guardaropa, copia de vestidos. ‖ *Marc.* Ropa, *especie de capa ó bata de lienzo que se ponian para cenar, y usaban fuera en las fiestas Saturnales, que era tiempo de convites; y en otros señal de afeminacion.* ‖ Figura de sintaxis, *por la cual la construccion se refiere no á las palabras sino al sentido.*

**Sintōnātor**, ōris. m. Esparc. El maestro de órgano ó director de una orquesta.

**Syntŏnus**, a, um. Quint. Lo que es del mismo tono ó sonido.

**Syntrophium**, ii. n. Apul. La rubia, *yerba.*

**Syphax**, ācis. m. Liv. Sifax, *rey de Numidia.*

**Syrācūsa**, ae. f. y

**Syrācūsae**, ārum. f. Liv. Siracusa, *ciudad de Sicilia.*

**Syrācūsānus**, a, um. Cic.

**Syrācūsius**, y **Syrācōsius**, a, um. Cic. Siracusano, de Siracusa. *Syracosius versus. Virg.* El verso ó estilo de Teócrito, *que escribió églogas.* — *Senex. Claud.* Arquímedes siracusano.

**Syrācūsāni**, ōrum. m. plur. Cic. Los siracusanos, naturales ó habitantes de Siracusa.

**Syreon**, i. n. Plin. La yerba sireo ó la tordile, *que es la simiente del silis.*

**Syri**, ōrum. m. plur. Plin. Los siros, pueblos de Siria.

**Syria**, ae. f. Plin. Siria ó Soria, *provincia del Asia.*

**Syrĭăce**. adv. Bibl. En lengua siriaca.

**Syriăcus**, a, um. Plin. Siriaco, de Siria. *Syriaca radix.* La raiz de angélica.

**Syriarcha**, ae. m. Dig. Nombre del sacerdote de la diosa Syria.

**Syriarchia**, ae. f. Dig. La dignidad y oficio del sacerdote de la diosa Siria.

**Syriătĭcus**, a, um Flor. y

**Syricus**, a, um. Plin. Siriaco, de Siria.

**Syrii**, ōrum. m. plur. Just. Los siros, pueblos de la Siria.

† **Syringa**, ae. f. Fístola, úlcera dificil de curar.

**Syringatus**, a, um. Apic. Hueco á modo de flauta.

* **Syringias**, ae. m. Plin. Caña hueca, *útil para flauta.*

**Syringitis**, is. f. Plin. Piedra preciosa semejante al nudo de la caña.

† **Syringium**, ii. n. Fístola, úlcera. ‖ Agujero del cubo de una rueda.

* **Syringotomos**, i. m. Veg. Cuchillo á propósito para cortar flautas.

**Syrinx**, gis. f. Ov. La ninfa Siringa de Arcadia, *que no pudiendo huir de la violencia del dios Pan, por compasion de los dioses fue transformada en caña, de la cual hizo este dios la flauta, con el nombre de la ninfa.* ‖ Flauta de cañas. ‖ *Amian.* Concavidad subterránea, caverna, cueva.

**Syriscus**, a, um. Asc. Siro, siriaco. ‖ *Dim. de Syrus, nombre de un siervo,* por halago y cariño ó por desprecio.

**Syriscus**, i. m. y **Syriscum**, i. n. Cel. Rod. Cesto para guardar higos, hecho de mimbres.

**Syrissa**, ae. f. Sira, siriaca, la muger de la Siria.

* **Syrites**, ae. m. Plin. Piedra preciosa, *que aice se halla en la vegiga del lobo.*

**Syrium**, ii. n. Plin. El jugo de la flor del lirio.

**Syrius**, a, um. Plin. Siro, siriaco, de Siria. ‖ Lo perteneciente á Siro, *isla del mar Egeo.*

**Syrma**, ătis. n. Juv. Vestidura talar con cola propia de los afeminados y delicados y de los actores trágicos. ‖ El estilo trágico, la tragedia.

**Syrmătĭcus**, a, um. Veg. *Syrmaticum jumentum.* Cabalieria que cogea.

† **Syrmatophŏrus**, a, um. Que tiene ó lleva cola larga.

**Syrocilices**, um. m. plur. Sirocilicianos, *pueblos de Asia en los confines de la Asiria y Cilicia.*

**Syrophoenīces**, um. m. plur. Juv. Sirofenices ó fenicios, *pueblos de la Fenicia maritima.*

**Syrophoenīcia**, ae. f. Sirofenicia, la Fenicia marítima.

**Syrophoenīssa**, ae. f. Bibl. Sirofenicia, la muger natural de la Fenicia marítima.

**Syrophoenix**, icis. m. f. Juv. Sirofenicio, natural de la Fenicia marítima.

**Syrtĭcus**, a, um. Sen. Lo que pertenece á las sirtes.

**Syrtis**, is. f. Sal. La sirte, golfo del mar de Libia, *peligroso por los bancos de arena.* Los bancos de Berbería son dos, mayor y menor: aquella se llama el golfo de Sidra y de Zuloco, y esta golfo de Capes. ‖ Bajio, banco de arena, escollo. ‖ *Luc.* Desierto, arenal, tierra esteril.

**Syrtis**, ĭdis. f. Plin. Piedra preciosa que se halla en las costas de las sirtes.

**Syrus**, i. m. Varr. El hoyo ú hoya. ‖ La escoba. ‖ *Curc.* El silo, *lugar subterráneo para guardar granos.*

**Syrus**, a, um. Plaut. Siro, sirio, siriaco, de Siria ó de Soria.

† **Syscenia**, ōrum. n. plur. Convites públicos de los lacedemonios.

† **Syssitium**, ii. n. Dig. La compañía ó lugar donde comian en comun los lacedemonios.

† **Systĕma**, ătis. n. Sistema, suposicion, hipótesis de cierto estado de una cosa.

**Systŏle**, es. f. Diom. Sístole, *figura poética, por la cual se abrevia la sílaba larga.* ‖ Contraccion de los ventrículos del corazon. ‖ Contraccion del pulso.

**Systȳlus**, a, um. Vitruv. Lugar donde hay colunas distantes entre sí el doble de su espesor.

† **Sytriba**, ae. f. La cubierta de un libro.

† **Syzygia**, ae. f. Union, cópula.

† **Syzygiae**, ārum. f. plur. Conjuncion y oposicion de la luna con la tierra.

## TA

**Taautes**, is. m. Varr. Dios entre los fenicios, como Saturno entre los latinos.

† **Tăbācea**, ae. f. y

**Tăbācum**, i. n. El tabaco, *planta.*

**Tăbānus**, i. m. Plin. El tábano, *moscon.*

**Tăbăfăcio**, is, cĕre. a. Cels. Hacer secar.

**Tăbĕfactus**, a, um. Sol. Liquidado, derretido. ‖ Seco.

**Tăbĕfio**, is, fiĕri. pas. Cels. Secarse, consumirse, podrirse, corromperse. ‖ Ponerse hético ó tísico.

**Tăbella**, ae. f. Cic. Tablita en que los jueces y el pueblo escribian su voto. ‖ *Marc.* Trozo, cuarteron de una torta ó bollo. ‖ *Ov.* El abanico. ‖ Juego de tablas ó damas. ‖ Cuadro, pintura. ‖ Tabla para escribir. *Estas se hacian de encina, abeto, bog, tejo, acer, cedro ó marfil en láminas delgadas dadas de cera.* ‖ La escritura, el escrito, carta, billete, testamento, instrumento público ó privado.

**Tăbellārius**, ii. m. Cic. Portador de cartas, correo.

**Tăbellārius**, a, um. m. Sal. Lo que pertenece á las tablas para escribir, ó cartas. *Tabellaria navis. Sen.* Nave de aviso, que avisa la llegada de una escuadra.

**Tăbellio**, ōnis. m. Ulp. Tabelion, escribano, notario público.

**Tăbens**, tis. com. Virg. Que se seca, se consume.

Tăbĕo, ēs, bui, bēre. n. Ov. Secarse, consumirse. ‖ Corromperse, podrirse.

Tăberna, ae. f. Ulp. Casa, habitacion. ‖ Tienda. ‖ Osteria, taberna. *Tabernae Alsaticae.* Saverna, *ciudad de la baja Alsacia. Tres tabernae.* Bibli. Tres posadas, *ciudad antigua del Lacio. Taberna Hadriae.* Cat. La ciudad de Durazo, *plaza célebre de comercio del mar adriático.*

Tabernaclarius, ii. m. Inscr. El constructor de tiendas, el arquitecto.

Tăbernāculum, i. n. Ces. Tienda ó barraca de campaña.

Tăbernārius, ii. m. Cic. Mercader, tendero, longista de cualquier género.

Tăbernārius, a, um. Apul. Rústico, vulgar, bajo, plebeyo. *Tabernariae fabulae.* Fest. Comedias de asuntos y personas humildes.

Tăbernŭla, ae. f. Suet. Tiendecilla. ‖ Varr. Un parage de Roma asi llamado en la region quinta.

Tabes, is. f. Liv. La liquidacion y el licor ó la cosa derretida y fluida. ‖ Humor corrompido, pus, podre, podredumbre y todo mal de corrupcion. ‖ La tisis. *Tabes fori pecuniam advocatis fert.* Ter. El prurito de pleitear llena la bolsa á los abogados.

Tăbescens, tis. com. Claud. Que se seca ó se consume.

Tăbesco, is, bui, cĕre. n. Cic. Liquidarse, derretirse. ‖ Secarse, consumirse, acabarse, aniquilarse.

Tăbĭdōsus, a, um. Tert. V. Tabidus.

Tăbĭdŭlus, a, um. Virg. dim. de

Tăbĭdus, a, um. Liv. Derretido, liquidado. ‖ Podrido, corrompido, consumido.

Tăbificăbĭlis. m. f. lĕ. n. is. Ac. y

Tăbĭfĭcus, a, um. Lucr. Lo que tiene virtud y fuerza de derretir. ‖ Suet. Pestilente, que causa corrupcion.

Tăbĭflŭus, a, um. Prud. Que fluye ó echa de sí podre y corrupcion. ‖ Que la causa.

Tăbĭtūdo, ĭnis. f. Plin. Consuncion, corrupcion, podredumbre.

Tablīnum, i. n. Plin. Escribanía, secretaría, archivo donde se guardan los instrumentos públicos. ‖ Apul. Galería, pieza adornada de estatuas y pinturas. ‖ Varr. Barraca ó tienda.

Tablisso, ās, āre. a. Diom. Jugar á las tablas ó damas.

Tabor. n. indec. Bibl. El Tabor, *monte de Galilea.*

Tabresium, ii. n. Tauris ó Tebris, *ciudad de Persia.*

Tăbui. pret. de Tabeo y de Tabesco.

Tăbŭla, ae. f. Cic. La tabla. ‖ Sen. Tablero para jugar, como el de damas ó chaquete. ‖ Pintura, lienzo, cuadro. ‖ Mapa geográfico. ‖ Escritura, escrito. ‖ Contrato, instrumento. ‖ Cuaderno, libro de cuenta. ‖ Ley, edicto, privilegio, diploma, patente. ‖ Cartel. ‖ Almoneda, venta pública. ‖ Tabla para votar. ‖ Juv. La proscripcion, lista de los proscritos. ‖ Palad. Porcion de un campo en forma de cuadro, de incierta cuantidad. ‖ Varr. De cuantidad cierta. *Tabulae.* Plin. El testamento. *Tabulae novae.* Cic. Nuevo código de leyes. — *Accepti, et expensi.* Cic. Cuenta, razon, libro de lo recibido y gastado. — *Signatae.* Cic. Testamento cerrado, sellado.

Tăbŭlāmentum, i. n. Front. El tablado ó entablado.

Tăbŭlāria, ae. f. Claud. El archivo. ‖ Dig. El oficio de archivero ó contador.

Tăbŭlāria, ium. n. plur. Sen. Género de tormento con que apretaban y quebrantaban el cuerpo entre tablas.

Tăbŭlāris. m. f. rĕ. n. is. Plin. Propio para hacer tablas ó sutiles hojas de ellas.

Tăbŭlārium, ii. n. Cic. Archivo, secretaría, escribanía, oficio público en que se guardan los instrumentos.

Tăbŭlārius, ii. m. Sen. Contador, computista, el que lleva la cuenta. ‖ Secretario, escribiente de un magistrado.

Tăbŭlāta, ōrum. n. plur. Virg. La disposicion de las ramas de los árboles en forma de piso ó emparrado.

Tăbŭlātim. adv. Palad. Por suertes ó medidas del campo.

Tăbŭlātio, ōnis. f. Ces. El entablado, composicion y juntura de las tablas, tablazon. ‖ Suelo, piso entarimado.

Tăbŭlātor, ŏris. m. Vitruv. El maderero que hace la tablazon.

Tăbŭlātum, i. n. Ces. Piso, suelo, tablado, terrado, sobrado de tablas. ‖ Col. Una serie de cosas que se pone por orden encima de otras, *como una capa de tierra, de paja, de fruta &c.*

Tăbŭlātus, a, um. Plin. Cubierto de tablas, entablado, entarimado.

Tabulejum, i. n. Tolei, *monasterio en el electorado de Saxonia.*

Tăbŭlīnum, i. n. Varr. V. Tablinum.

Tabum, i. n. Virg. Pus, humor, sangre podrida, corrompida, materia.

Tăburnus, i. m. Virg. Taburno, *monte de Campania en los confines de Samia.*

Tacape, es. f. Plin. Tacape, *ciudad de África junto á la Sirte menor.*

Tacapensis. m. f. sĕ. n. is. Plin. De la ciudad de Tacape en África.

Tăcendus, a, um. Ov. Lo que se debe callar.

Tăceo, ēs, cui, cĭtum, cēre. a. y n. Plaut. Callar, enmudecer, guardar silencio, no hablar. *Tacet omnis ager.* Virg. Todo el campo está en gran silencio. *Tacentes loci.* Tac. Lugares en donde no hay gente. *Utque alias taceam.* Ov. Y para no hablar de otras. *Taceri si vis, vera dicito.* Ter. Si quieres que nadie hable, di la verdad.

Tăcĭbundus, a, um. Donat. Callado, taciturno.

Tăcĭte. adv. Cic. y

Tăcĭto. adv. Just. Tácita, calladamente, con silencio. ‖ Ocultamente, de oculto.

Tăcĭtum, i. n. Ov. El secreto, el silencio.

Tăcĭtūrio, is, ire. n. Sid. Desear callar.

Tăcĭturnĭtas, ātis. f. Cic. Taciturnidad, silencio. ‖ Guarda del secreto, exactitud en guardarle.

Tăcĭturnŭlus, a, um. Apul. Calladito. dim. de

Tăcĭturnus, a, um, ior, issĭmus. Cic. Taciturno, callado, de pocas palabras, naturalmente silencioso. ‖ Hor. Quieto, apacible, sosegado, donde no hay ruido.

Tăcĭtūrus, a, um. Cic. Que ha ó tiene de callar.

Tăcĭtus, a, um. part. de Taceo. Cic. Callado, que no habla. ‖ Lo que se calla, de que no se habla. ‖ Secreto, oculto, escondido. *Tacitus sensus.* Cic. El sentido comun, natural, íntimo. *Tacita.* Cic. Entre los jurisconsultos son las cosas que no es menester espresar con palabras en los contratos sabidas de todos. *Non feres tacitum.* Cic. No me obligarás á que calle. *Per tacitum mundi.* Luc. Por lugares subterráneos, por ocultas cavernas.

Tacitus, i. m. Vop. C. Cornelio Tácito, *orador famoso que floreció en tiempo de los dos Vespasianos, de Domiciano, Nerva, Trajano y Adriano. Escribió la historia de los príncipes desde Augusto hasta Adriano, de los oradores esclarecidos, y ademas la vida de su suegro Agrícola, y de las costumbres y situacion de los germanos, todo con un estilo conciso, enérgico, sublime y sentencioso.*

† Tactĭca, ōrum. n. plur. y

Tactĭca, ae. f. La táctica, arte de ordenar las tropas en batalla.

Tactĭcus, i. m. Veg. Táctico, práctico en el arte de la guerra. ‖ Oficial que forma un ejército en batalla.

Tactilis. m. f. lĕ. n. is. Lucr. Lo que se puede tocar ó palpar.

Tactio, ōnis. f. Cic. El tocamiento, tacto, toque.

Tactūrus, a, um. Cic. Que ha de tocar.

Tactus, us. m. Cic. El tacto ó toque, la accion de tocar. ‖ Uno de los cinco sentidos.

Tactus, a, um. part. de Tango. Cic. Tocado, palpado. ‖ Herido. ‖ Conmovido, incitado. *Tactus est probe.* Plaut. Bravamente se le ha engañado. — *De coelo.* Virg. Herido, abrasado con un rayo. — *Cupidine laudis.* Ov. Picado del deseo de gloria. *Tacta tellus.* Ov. Tierra á que se ha tocado ó llegado.

Tăcui. pret. de Taceo.

Taeda y Teda, ae. f. Plin. La tea, *árbol resinoso de que se hacen las teas para alumbrar.* ‖ Antorcha, luminaria. ‖ El matrimonio, la boda. ‖ Sen. trag. Himeneo, epitalamio, cancion nupcial. *Taedae felices.* Cat. Casamiento feliz.

Taeder, is. m. El Segura, *rio de España.*

Taedescit. impers. Min. Fel. y

**Taedet**, debet, duit, dere. n. *imperf. Cic.* Dar tedio, enfado, pena, pesadumbre, molestia, pesar. *Taedet nos vitae. Ov.* Ya estamos cansados de vivir.

**Taedifer**, a, um. *Ov.* Que lleva una tea encendida. *Taedifera dea. Ov.* La diosa Ceres, que encendió una tea en el fuego del Etna para buscar á su hija Proserpina robada por Pluton.

**Taedio**, as, are. n. *Lampr.* V. Taedet.

**Taediose**, adv. *Apul.* Con tedio, con enfado.

**Taediosus**, a, um. *Firm.* Lleno de tedio, enfadoso, fastidioso.

**Taedium**, ii. n. *Salust.* Tedio, fastidio, hastío. ‖ Pesadumbre, molestia, enfado.

**Taedalus**, a, um. *Fest.* Fastidioso, enfadoso.

**Taena**, ae. f. *Ter.* V. Taenia.

**Taenara**, orum. n. plur. El cabo de Matapan en la Laconia.

**Taenarides**, ae. m. *Ov.* y

**Taenaris**, idis. f. *Ov.* El ó la natural de Lacedemonia, como el jóven Jacinto, Elena, muger de Menelao.

**Taenarius**, a, um. *Virg.* Lacedemonio, espartano, de Tenaro, de Lacedemonia. *Taenarias columnas. Prop.* Columnas de mármol verde del cabo de Matapan, de Tenaro.

**Taenarium promontorium**, y

**Taenarus**, y os, i. m. f. y **Taenarum**, y on, i. n. *Sen.* El Tenaro, el cabo de Matapan en la Laconia, donde los poetas fingieron la boca del infierno. Sobre este cabo habia una ciudad del mismo nombre. ‖ *Hor.* El infierno.

**Taenia**, ae. f. *Virg.* Faja, cinta, liston. ‖ Venda para ligar las heridas. ‖ Feston, adorno de flores. ‖ Lista, faja en la arquitectura. ‖ Lombrices del cuerpo. ‖ Un pez larguito y delgado. ‖ Lista blanca de las peñas que se ve debajo del agua.

**Taeniaca**, ae. f. *Varr.* Trozo largo y angosto de vianda ó de pan, cantero, rebanada de pan.

**Taeniensis**, m. f. se. n. is. *Plin.* Lo que toca á las fajas ó vendas.

**Taeniola**, ae. f. *Col.* dim. de Taenia. Listoncillo, faja ó cinta angosta, pequeña.

**Taepocon**, i. n. *Fest.* Modo de escribir de derecha á izquierda como los hebreos.

**Taeter**, tra, trum, trior, terrimus. *Cic.* Horrible, feo, torpe. ‖ Negro.

**Taexali**, orum. m. plur. Pueblos de Bocan en Escocia.

**Tagae**, arum. m. plur. Pueblos del Asia sobre el Oxus.

**Tagasta**, ae. f. y

**Tagaste**, es. f. *S. Ag.* Tagaste, *ciudad de Africa, patria de S. Agustin*.

**Tagastensis**, m. f. se. n. is. *S. Ag.* De Tagaste, *ciudad de Africa*.

**Tagax**, acis. com. *Cic.* Ladronzuelo, ratero.

**Tagenia**, orum. n. plur. *Plaut.* Ciertos peces. ‖ Ciertas tortas ó bollos.

**Tages**, is. m. *Cic.* Tages, hijo de Genio y nieto de Júpiter, inventor de la ciencia augural.

**Tages**, is. com. *Fest.* V. Tagax.

**Tageticus**, a, um. *Macrob.* Lo que pertenece á Tages.

**Tago**, is. ant. *Fest.* en lugar de Tango, is.

**Tagonius**, ii. m. El Henares, rio de España.

**Tagus**, i. m. *Plin.* El Tajo, *rio de España*. ‖ Monte de Portugal.

**Taisali**, orum. m. plur. y

**Taizali**, orum. m. plur. Pueblos de Northumberland en Inglaterra.

**Taizalum**, i. n. Promontorio de Escocia.

**Talaionides**, ae. m. f. *Estac.* Adrasto, *hijo de Talao y de Eurinome*. ‖ *Ov.* Erifile, *hija del mismo Talao*.

† **Talares**, ium. m. plur. Artejos, nudillos de los dedos de los pies.

† **Talari**, orum. m. plur. Artejos, nudillos de los dedos de las manos.

**Talaria**, ium. m. plur. *Cic.* Talares, alas que los poetas atribuyeron á Mercurio en los talones, calzado alado de Mercurio. ‖ *Sen.* Las partes de los pies junto á los talones.

**Talaris**. m. f. se. n. is. *Cic.* Talar, lo que llega ó toca á los talones. *Talaria induere. Cic.* Disponer la fuga. *Talaris vestis. Cic.* Ropa talar, larga hasta los talones.

**Talarius**, a, um. *Cic.* Lo que toca al juego de los dados.

**Talasio**, y **Talassio**, onis. **Talasus**, y **Talassius**, ii. m. *Liv.* Voz nupcial con que se aclamaba á la esposa al entrar en casa del marido. ‖ Himeneo, poema nupcial. ‖ Dios de la virginidad.

**Talaus**; i. m. *Ov.* Talao, *hijo de Biante, padre de Euridice, muger de Orfeo*.

**Talea**, ae. f. *Plin.* Rama del árbol que se corta por los dos cabos para plantarla. ‖ *Ces.* Tejo de hierro que en su tiempo usaban por moneda los ingleses. ‖ Teja ó plancha de madera. ‖ *Vitruv.* Trozo, zoquete de madera con que se asegura la union del muro interiormente.

**Talentarius**, a, um. *Non. Talentariae ballistae.* Catapultas, ballestones que arrojaban piedras del peso de un talento, que es de 60 libras el menor ático, y de 80 el mayor. Las habia tambien centenarias, que disparaban piedras de 100 libras.

**Talentum**, i. n. *Cic.* Talento, peso de 60 libras si es menor, y de 80 si es mayor, ó 6000 dracmas.

**Taleola**, ae. f. *Col.* dim. de Talea. Varita, ramita cortada de un árbol para plantarla.

**Talia**, ó **Talla**, ae. f. *Fest.* La tela de la cebolla. ‖ El cacho de ella.

**Talio**, onis. m. *Cic.* Talion, la pena del talion, castigo igual al delito.

**Talipedo**, as, are. n. *Fest.* No tenerse bien sobre los pies de cansado, andar con los pies arrastrando.

**Talis**, m. f. le. n. is. *Cic.* Tal, igual, semejante.

**Taliscumque**, lecumque, liscujusque. *Aut. de la Priap.* Tal, tal como pueda ser.

**Taliter**. adv. *Marc.* Talmente, de tal modo, suerte ó manera.

**Talitha cumi**. *Bibl.* Levántate, hija, yo te lo mando.

**Talitrum**, i. n. *Suet.* El capirote.

**Talla**, ae. f. *Lucil.* La tela ó piel de la cebolla.

**Talpa**, ae. m. f. *Cic.* El topo, animal como raton negro, y casi ciego, que hace madrigueras en los campos y huertas.

**Talpanus**, a, um. *Plin. Talpana vitis.* Cepa que da el fruto negro ó tinto, del color del topo.

**Talpinus**, a, um. *Casiod.* Lo que toca ó se parece al topo.

**Talus**, i. m. *Plin.* El talon del pie. ‖ *Cels.* Los siete huesos que componen la garganta del pie. ‖ Dado para jugar.

**Tam**. adv. *Cic.* Tan, tanto. *Tam maxime tutus. Sal.* Tanto mas seguro. — *Te amat. Plaut.* Tanto te ama. — *Necessario tempore. Ces.* En un tiempo tan critico. — *Magis. Virg.* Tanto mas. — *Firmior. Cic.* Tanto mas firme.

**Tama**, ae. f. *Lucil.* Tumor, humor que acude á las piernas por haber andado mucho.

**Tamarice**, es. f. *Plin.* 6

**Tamariscus**, i. m. *Palad.* y

**Tamarix**, icis. f. *Col.* El tamariz, atarfe ó tarai, arbusto de un fruto lanuginoso.

**Tamaseus**, a, um. *Ov.* Lo que es de ó pertenece á

**Tamassum**, i. n. *Ov.* Tamaso, *ciudad de Chipre*.

**Tamde**. adv. ant. *Lucil.* V. Tam.

**Tamdiu**, y **Tandiu**. adv. *Cic.* Tanto, por tanto, por tan largo tiempo. *Tamdiu, quoad, dum, quam, donec, us. Cic.* Hasta que, mientras que, por tanto tiempo que.

**Tame**. ant. *Fest.* en lugar de Tam.

**Tamen**. conj. advers. *Cic.* Con todo, con todo eso, no obstante, sin embargo. *Si tamen. Ov. Nisi tamen. Plin.* Si es que, si no es que, á no ser que.

**Tamenetsi**. conj. adv. *Cic.* V. Tametsi.

**Tamesis**, is. m. El Támesis, *rio de Inglaterra que baña á Lóndres*.

**Tametsi**. conj. adv. *Cic.* Aunque, bien que, dado que.

**Tamiacus**, a, um. *Dig.* Fiscal, lo que es de ó pertenece al fisco.

**Tamiatis**, is. f. Damieta, *ciudad de Egipto*.

**Taminia uva**. *Plin.* Especie de uva silvestre, cuyos granos son rojos.

**Tammuz**. indec. m. Adonis. ‖ El mes de junio entre los sirios.

Tamnum, i. n. Bourg, *ciudad capital de la provincia de Bresa en Francia.*

Tamnus, i. f. *Plin.* Especie de vid silvestre, *cuyo fruto es la uva taminia.*

Tanager, gri. m. El Negro, *rio del reino de Nápoles.*

Tanagra, ae. f. *Plin.* Tanagra, *ciudad de Beocia.*

Tanagraeus, a, um. *Cic.* De la ciudad de Tanagra.

Tanagrïcus, a, um. *Col.* V. Tanagraeus.

Tănais, is. m. *Virg.* El Tanais ó Tana, *rio de la Sarmacia europea.*

Tanaitae, arum. m. plur. *Plin.* Los habitantes de las orillas del rio Tana.

Tănaitïcus, a, um. *Sid.* Lo que es de ó toca á los habitantes junto al rio Tana.

Tanaquil, ïlis. f. *Liv.* Tanaquil, *muger de Tarquinio Prisco, que despues de haber hecho rey á su marido, hizo que le sucediese tambien su yerno Servio Tulo.* || *Auson.* Muger imperiosa, dominante.

Tanărus, i. m. El Tanaro, *rio de Italia.*

Tandem. adv. *Cic.* Finalmente, al fin, en fin, al cabo, últimamente, por último.

Tandiu. V. Tamdiu.

Tangendus, a, um. *Prop.* Lo que se ha de ó debe tocar.

Tangïbïlis. m. f. lě. n. is. *Lact.* Lo que se puede tocar.

Tango, is, tětïgi, tactum, gěrě. a. *Cic.* Tocar, palpar. || Manejar, manosear. || Entrar, visitar, ir á ver. *Ov.* Rociar, bañar. || Tomar, quitar, coger, pillar, robar. || Estar contiguo, inmediato. || Gustar, probar. || Engañar. || Mover, agitar, perturbar el ánimo. || Tocar de paso, breve, ligeramente. *Tangere portum. Virg.* Tocar en tierra, tomar puerto ó tierra, llegar á ella. — *Rem acu. Plaud.* Dar en el hito, en el punto de la dificultad. *Tangi odore. Plin.* Sentir un olor. *Si vestri nulla cura tangit. Liv.* Si no se os da nada de vosotros mismos.

Tangōmēnas facere. *Petron.* Beber en comilonas inmoderadamente.

Taniacae, arum. f. plur. *Varr.* Las partes mas largas del cerdo, como las costillas.

Tanis, is. f. *Tanes, ciudad del bajo Egipto.*

Taniticum ostium. Una de las bocas del Nilo.

Tanos, i. m. *Plin.* Especie de esmeralda.

Tanquam, y Tamquam. conj. *Cic.* Como, asi como, como si.

Tantalëus, a, um. *Prop.* Lo que toca á Tántalo.

Tantalïcus, a, um. *Sen.* V. Tantaleus.

Tantalïdes, ae. m. *Ov.* Hijo ó nieto de Tántalo, *como Pelope, Atreo, Agamemnon.*

Tantalïs, ïdis. f. *Ov.* Hija ó nieta de Tántalo, *como Niobe y Hermione.*

Tantalus, i. m. *Ov.* Tántalo, *hijo de Júpiter y de la ninfa Plotone, condenado, por haber descubierto los secretos de su padre, á estar siempre sediento en los infiernos con el agua á la boca, y sin poderla coger.*

Tanti. gen. obs. *Cic.* De tanto precio ó estimacion, de tanto momento, de tanta ó tan grande importancia. *Tanti mi est. Cic.* Me es tan ventajoso. — *Est. Plaut.* Vale tanto. — *Dare. Ter.* Dar tanto. — *Nil mi est. Cic.* Nada me es mas caro ó amado.

Tantïdem. gen. obs. *Cic.* Tanto como, otro tanto.

Tantillŭlum. adv. *Apul.* Poquísimo.

Tantillum. adv. *Plaut.* Un poquito, poquito.

Tantillus, a, um. *Ter.* Poquito, muy poco, un poquito.

Tantisper. adv. *Cic.* Por tanto tiempo, mientras que. *Tantisper dum, y quoad. Ter.* Entretanto que.

Tanto. abl. abs. *Cic.* Tanto. *Tanto ante. Cic.* Tanto tiempo antes. — *Pessimus. Cat.* Tanto peor, tanto mas malo, tan pésimo.

Tantōpěre. adv. *Cic.* Tanto, en tanto grado.

Tantŭlo. abl. abs. *Cic.* Á tan bajo precio, tan barato.

Tantŭlum. adv. *Cic.* Un poco, muy poco, un poquito. *Tantulum morae. Cic.* Un poquito de detencion.

Tantŭlus, a, um. *Cic.* Tan pequeño, tan poco. *Tantulae staturae homines. Cic.* Hombres tan bajos, de tan poca estatura.

Tantum. adv. *Cic.* Tanto, en tanto grado. || Solamente, solo, tan solamente. *Tantum opinor. Cic.* Solo pienso. — *Interest. Cic.* Solo hay esta diferencia, ó tanta diferencia hay. *Id abest ab officio. Cic.* Esto está tan distante de la obligacion. — *Sat habes? Ter.* ¿Tienes bastante? — *Insïdiarum vitae est. Plin.* Tantos peligros tiene la vida. — *Quod veneram. Cic.* Casi al punto de llegar, apenas habia llegado. — *Quod oriente sole. Suet.* Casi al despuntar el dia. — *Non jam captam Lacedemonem. Liv.* Solo que no estaba ya tomada Lacedemonia, pero á punto de rendirse.

Tantumdem. gen. Tantidem. *Cic.* Otro tanto. *Tantumdem est periculum. Cic.* Hay tanto ú otro tanto peligro. *Tantidem ponderis. Dig.* De igual, de otro tanto peso.

Tantummodo. adv. *Cic.* Tan solamente, solo.

Tantus, a, um. *Cic.* Tan grande, tanto. *Tantus natu. Plaut.* Tan viejo. — *Imperator. Cic.* Tan gran General. — *Labor. Ter.* Tanto ó tan gran trabajo. — *Quantus. Cic.* Tan grande que. *Tanta res. Ter.* Cosa de tanta importancia. *Tantum belli. Liv.* Tanta, tan grande guerra. *Sexcenta tanta reddam. Plaut.* Daré seiscientas veces mas. *Tribus tantis minus reddit. Plaut.* De tres tantos menos. *Vestigalia tanta sunt. Cic.* Las rentas son tales, tan pocas. *Praesidii tantum est. Caes.* La guarnicion es tan poca. *Tantum est. Ter.* Así, eso es, ni mas ni menos; tanto y no mas.

Tantusdem, adem, undem. *Dig.* Otro tanto igual.

* Taos, i. m. *Plin.* Piedra preciosa parecida al pavo real.

Tăpanta, ae. m. *Petron.* El todo. *Hablo de la muger que domina al marido.*

Tapes, ětis. m. *Virg.* y

Tăpěte, is. n. *Plaut.* ó

Tăpětium, ii. y

Tăpětum, i. n. *Virg.* Tapete, tapiz, alfombra. || Cubierta de cama.

Taphiae, arum. f. plur. Islas del mar Jonio.

Taphias, ädis. f. Una de las islas del mar Jonio.

Taphii, orum. m. plur. Pueblos de las islas Tafias. || Pueblos del Ponto Euxino hácia el Boristenes. || Pueblos de la Escitia europea.

Taphius, ii. m. *Plin.* El monte Tafio, *junto á Leucade.*

Taphiusius, a, um. *Plin.* Lo propio de, que pertenece al monte Tafio.

Taphiussa, ae. f. Ciudad de la isla de Cefalonia.

Tapinōma, ätis. n. *Sid.* Humildad, bajeza de estilo.

Tapinōphronēsis, is. f. *Tert.* Bajeza, abatimiento del ánimo.

* Tapinōsis, eos. f. *Serv.* V. Tapinoma.

Taprobăna, ae. y Taprobane, es. f. *Mel.* La isla de Ceilan en el océano.

Tapulla, ae. f. *Fest.* Ley que imponia el presidente del convite. || m. *Lucil.* El rey del convite.

Tars, ae. m. El Terrain, *rio que baña al Bevrés.*

Tarandus, i. m. *Plin.* El tarando, *especie de ciervo, aunque mas fuerte y grueso, que se cria en la Escitia.*

Taranis, is. m. Nombre que daban los galos á Júpiter, *á quien hacian sacrificios de sangre humana.*

Tarantasia, ae. f. Tarantesa, *ciudad y region de Saboya.*

Tărăntŭla, ae. f. *Ov.* La tarántula, *especie de araña venenosa.*

Tararia, ae. f. Tarara, *ciudad del Leonés.*

Taras, antis. m. *Estac.* Taras ó Tarante, *hijo de Neptuno, que se cree haber fundado á Tarento.*

Tarasco, ōnis. f. Tarascona, *ciudad de Provenza.*

Taratalla. Nombre forjado por Marcial para nombrar un cocinero.

Tărătantăra. ind. *En.* La tarara, el sonido de la trompeta.

Tarba Bigerionum. f. Tarbes, *ciudad de Gascuña ó Guiena.*

Tarbelli, Tarbellii, y Tarbellini, orum. m. plur. *Plin.* Pueblos de Gascuña.

Tarbellïcus, y Tarbellius, a, um. *Luc.* Gascon, de Gascuña ó Guiena. *Tarbellicus sinus.* El golfo de Bayona.

Tardăbïlis. m. f. lě. n. is. *Tert.* Tardo, tardio; lento.

Tardātus, a, um. part. de Tardo. *Cic.* Retardado, detenido.

Tarde, ius, issime. adv. *Cic.* Tarde, tardiamente, len-

## TAR

tamente. ‖ Tarde, fuera de tiempo.

Tardeo, ēs, ēre. y

Tardesco, is, ĕre. n. *Lucr.* Hacerse tardo, entorpecerse.

Tardĭgĕmŭlus, a, um. *Gel.* El que gime ó suspira lentamente.

Tardĭgrădus, a, um. *Pac.* Despacioso en el andar.

Tardĭlŏquus, a, um. *Sen.* Tardío, lento en el hablar.

Tardĭpes, ĕdis. com. *Cat.* Que anda lentamente ó cojea, *epíteto de Vulcano.*

Tardĭtas, atis. f. *Cic.* y

Tardĭties, ēi. f. *Acc.* y

Tardĭtūdo, ĭnis. f. *Plaut.* Tardanza, lentitud, detencion. ‖ Necedad, estupidez. *Tarditas ingenii. Cic.* Rudeza, torpeza de ingenio.

Tardiuscŭle. adv. *Plaut.* Un poco tardía ó lentamente, con alguna lentitud.

Tardiuscŭlus, a, um. *Ter.* Tardoncillo, lento, algo perezoso.

Tardo, ās, āvi, ātum, āre. a. *Cic.* Retardar, detener, dilatar, causar demora, dilacion ó detencion.‖Tardar, detenerse. *Tardare animos. Cic.* Resfriar los ánimos. — *Addire propius. Ces.* Retardar el acercarse.

Tardor, ōris. m. *Varr.* Tardanza, lentitud.

Tardus, a, um, ior, issĭmus. *Cic.* Tardo, lento, pesado, tardon. ‖ Torpe, rudo. *Tardus ad injuriam. Cic.* No inclinado á hacer mal. — *Fugae. Val. Flac.* Tardo para huir. *Tarda unda. Virg.* Agua apacible, dormida. — *Nox. Virg.* Noche tardía, que tarda en llegar. ‖ *Ov.* Noche larga. *Tardum dictu est. Plin.* No es fácil de decir. *Tardior spe res. Liv.* Cosa que sucede mas tarde de lo que se esperaba.

Tarentasia, ae. f. Tarentasa, *ciudad y pais de Saboya.*

Tarentīni, ōrum. m. plur. Tarentinos, *los habitantes de Tarento.*

Tarentīnus, a, um. *Plin.* Tarentino, de Tarento.

Tarentum, i. n. y

Tarentus, i. f. *Flor.* Tarento ó Taranto, *ciudad del reino de Nápoles, en el antiguo de la magna Grecia, junto al golfo del mismo nombre.*

Targum. ind. *Bibl.* Paráfrasis, interpretacion, version.

Tarĭnes, ĭtis. m. *Vitruv.* Gusano que corroe la carne y la madera, carcoma.

Tarne, es. f. Fuente de Lidia. ‖ Rio de Aquitania. ‖ Ciudad de Acaya. ‖ Ciudad al pie del monte Imolo.

Tarpeia aula, ae. f. *Marc.* El capitolio de Roma.

Tarpeia, ae. f. *Liv.* Tarpeya, *doncella romana, hija de Espurio Tarpeyo, que en tiempo de Rómulo vendió el alcázar á los sabinos por sus joyas, y fue sepultada por ellos bajo de sus escudos, dejando su nombre á la roca ó monte Tarpeyo.*

Tarpeiānus, a, um. *Apic.* y

Tarpeius, a, um. *Liv.* Tarpeyo, lo perteneciente á Tarpeyo y al monte Tarpeyo. *Tarpeius mons. Liv.* El monte Tarpeyo en que está el capitolio.

Tarquinienses, ium. m. plur. *Liv.* Los naturales y habitantes de Tarquinio.

Tarquiniensis. m. f. sĕ. n. is. *Liv.* Lo perteneciente á la ciudad de Tarquinio.

Tarquĭnius, a, um. *Liv.* Lo que toca á los Tarquinios, *familia oriunda de Tarquinio.*

Tarquinius, ii. m. *Liv.* Tarquinio, *nombre de los reyes romanos Tarquinio Prisco y el Soberbio, que fue el último rey de Roma.*

Tarquĭtius, a, um. *Fest.* Nombre fingido por menosprecio de Tarquinio.

Tarrabēni, ōrum. m. plur. Pueblos de la isla de Córcega.

Tarracīna, y Terracina, ae. f. *Tac.* Tarracina, *ciudad del Lacio en los volscos.*

Tarracinenses, ium. m. plur. *Sal.* Tarracinense, los naturales de Tarracina.

Tarracinensis. m. f. sĕ. n. is. *Tac.* Tarracinense, lo que es de ó pertenece á Tarracina.

Tarrăco, ōnis. m. f. *Plin.* Tarragona, *colonia romana, ciudad de España.*

Tarrăconensis. m. f. sĕ. n. is. *Tac.* Tarraconense, lo que

## TAU

es de Tarragona, de la España tarraconense ó citerior.

Tarsenses, ium. m. plur. *Cic.* Tarsenses, los ciudadanos de Tarso.

Tarsensis. m. f. sĕ. n. is. *Col.* Tarsense, de la ciudad de Tarso.

Tarsus, i. f. *Col.* Tarso, *ciudad de la Cilicia en el Asia menor, patria del Apóstol San Pablo.*

Tartăra, ōrum. n. plur. *Virg.* El tártaro, el infierno.

Tartăreus, a, um. *Cic.* Tartareo, infernal, del infierno. ‖ Horrible, espantable. *Tartareus custos. Virg.* El Cerbero ó Cancerbero, guarda, portero del infierno. — *Deus. Ov.* Pluton.

Tartări, ōrum. m. plur. Los tártaros, los escitas.

Tartăria, ae. f. La Tartaria, *gran pais del Asia.* ‖ La Escitia.

Tartărīnus, a, um. *Fest.* Horroroso, terrible.

† Tartărum, i. n. La nata que cria el vino.

Tartărus, i. m. *Virg.* El tártaro, el infierno.

Tartessiăcus, a, um. *V.* Tartessius.

Tartesis, y Tartesis, ĭdis. f. *Col.* La que es de Tarteso ó Tarifa.

Tartessius, y Tartesius, a, um. *Mel.* Lo que es de Tarifa. ‖ Español.

Tartessus, i. f. *Mel.* Tarifa, *ciudad de España en Andalucía.* ‖ La isla de Cádiz.

Tarus, i. m. El Taro, *rio de Lombardía.*

Tarusātes, um. m. plur. Pueblos de Aquitania.

Taruscum, i. n. Tarascona, *ciudad de Provenza.*

Tarvanna, ae. f. Terovana, *ciudad de Picardía.*

Tarvisānus, Tarvisiānus, y Tarvisīnus, a, um. *Plin.* Lo que es de ó pertenece á Treviso, *ciudad de Venecia.*

Tarvisium, ii. n. *Plin.* Trivigi ó Treviso, *ciudad de Venecia.*

Tascodunitariī, ōrum. m. plur. Mirepoix ó Castelnodari, *en Lenguadoc.*

Tascōnium, ii. n. El talque, *tierra blanca de que se hacen los crisoles.*

Tasis, is. f. *Marc. Cap.* Intension, vehemencia.

Tasta, ae. f. Acqs ó Dax, *ciudad de Guiena.*

Tat. interj. *Plaut.* ¡Ah! ¡oh! ¡ay! *V.* Tatae.

Tata, ae. m. *Varr.* Padre, *voz del niño que no puede pronunciar claro, como mama, madre, la comida y bebida, bua y papa.* ‖ Ayo.

Tatae. interj. de alegría y admiracion juglar. ¡Oh! ¡ah! ¡ola! ¡tate!

Tatiānus, a, um. *Fest.* Lo perteneciente á T. Tacio, *rey de los sabinos.*

Tatienses, ium. m. plur. *Liv.* Tacienses, *la tercera parte del pueblo romano, asi llamada de T. Tacio, rey de los sabinos, con quien dividió Rómulo el reino cuando fueron admitidos en Roma los sabinos.* ‖ Una de las tres decurias de caballeros romanos.

Tatius, a, um. *Prop.* De T. Tacio, *rey de los sabinos.*

Tatta, ae. f. *Plin.* Gran lago de Frigia.

Tatteus, a, um. *Plin.* Lo que es de Tata, *gran lago de Frigia. Tatteus sal. Plin.* Sal de Frigia, *remedio para los ojos.*

Tatŭla, ae. m. *Inscr.* Ayo, maestro, el que cria ó educa á otro.

Taulantius, a, um. *Luc.* Lo que es de los pueblos taulancios del Ilírico.

Taura, ae. f. *Varr.* La vaca estéril.

Tauracus, i. m. El Turgau, *pais de la Suiza.*

Taurea, ae. f. *Juv.* El vergajo de buey. ‖ Azote ó rebenque del vergajo de buey. ‖ Vaca estéril ó machorra.

Tauredūnum, i. n. Turnon, *ciudad del Vivarez.*

Taurentīnum, i. n. Ciudad de la Galia narbonense.

Taurentium, ii. n. Ciotat, *ciudad de Provenza.*

Tauresium, ii. n. Taubris, ó Tebris, *ciudad de Persia.* ‖ Ciudad de Media.

Taureus, a, um. *Ov.* Lo que es de buey, de toro.

Tauri, ōrum. m. plur. y

Tauri Scythae. m. plur. *Ov.* Pueblos de Querson eso táurica, de Crimea, de la Sarmacia europea.

Tauricum, i. n. Tury, *ciudad de Beauce en Francia.*

Taurĭca, ae. f. y

Taurĭca Chersonēsus, f. Ov. La Quersoneso táurica, hoy la Crimea en Europa.

Tauricornis. m. f. në. n. is. Prud. Que tiene cuernos de toro.

Taurĭcus, a, um. Ov. Lo que es de la Quersoneso táurica, de Crimea.

Taurĭfer, a, um. Luc. Que cria ó produce toros.

Tauriformis. m. f. më. n. is. Hor. Que tiene figura de toro.

Taurigĕnus, a, um. Acc. Engendrado de un toro.

Taurii, ōrum. m. plur. Varr. y

Taurilia, ium. n. plur. Fest. Juegos y sacrificios que se hacian en Roma en honra de los dioses infernales.

Taurinātes, um. m. plur. Lo perteneciente á los pueblos taurinos, al Piamonte.

Taurini, ōrum. m. plur. Plin. Pueblos taurinos, á la falda de los Alpes, hoy el Piamonte, el marquesado de Saluzo.

Tauriniacum, i. n. Torifni, ciudad de Normandía.

Taurinōrum augusta. y

Taurinum, i. n. Plin. Turin, capital del Piamonte.

Taurinus, a, um. Virg. Lo que es de buey, de toro. || Sil. De Turin, piamontés.

Tauroboliātus, a, um. Lampr. Iniciado en los sacrificios de Cibeles.

Taurobolium, ii. n. Lampr. Sacrificio de toros, que se hacia á la diosa Cibeles.

Tauromenitānus, y Tauromintānus, a, um. Liv. De la ciudad de Tauromenio.

Tauromenium, y Tauromīnium, ii. n. Plin. Ciudad y puerto en la costa oriental de Sicilia.

Taurŭlus, i. m. Petron. Toro pequeño, torete, novillo.

Taurunum, i. n. y

Taururum, i. n. Bellegarde, ciudad de la baja Hungría.

Taurus, i. m. Cic. El monte Tauro de la Asia.

Taurus, i. m. Cic. El toro, el buey no castrado. || El buey. || Tauro, el segundo signo del zodiaco. || Plin. Una avecilla que imita en el canto el bramido del toro. || Quint. La raiz del árbol. || El escarabajo semejante á la garrapata. || Fest. La parte obscena del animal. || El toro de bronce de Perilo, de que usó el tirano Fálaris para atormentar á los reos al fuego.

Taus, i. m. El Tay, rio de Escocia.

† Tautogrammăton, i. n. Verso cuyas palabras empiezan todas con t.

Tautologia, ae. f. Diom. Tautologia, repeticion de una cosa en diferentes términos. Fig. muy usada de los poetas.

Tava, ae. m. El Tay, rio de Escocia.

Tax. ind. n. Plaut. Voz facticia para esplicar el ruido del azote, como entre nosotros zas.

Taxa, ae. f. Plin. Cierta especie de laurel. || Dig. Tasa, aprecio.

Taxātio, ōnis. f. Sen. Tasacion, tasa, precio, aprecio, estima, estimacion. || Dig. Restriccion, contraccion en los contratos, testamentos y otros negocios, cláusula que los determina.

Taxātor, ōris. m. Fest. El que tacha, injuria, dice pullas ó palabras picantes á otro.

Taxātus, a, um. part. de Taxo. Suet. Tasado, apreciado, estimado.

Taxea, ae. f. Afr. El tocino ó lardo entre los galos.

Taxeōta, ae. m. Dig. El que está constituido en algun órden, clase ó dignidad.

Taxeus, y Tazicus, a, um. Plin. Lo que es de ó pertenece al árbol tejo ó tejon.

Taxillus, i. m. Cic. El dado para jugar. De esta voz se formó despues por síncope Talus.

Taxim. adv. Non. Poquito á poco, suavemente.

Taxo, ās, āvi, ātum. āre. a. Gel. Tocar frecuentemente. || Tachar, reprender, censurar. || Tasar, apreciar, estimar, poner precio ó tasa, valorar.

Taxus, i. f. Plin. El tejo, árbol parecido al abeto que lleva una frutilla venenosa, y aun dicen que hasta su sombra hace daño.

Taygĕta, ae, y Taygĕte, es. f. Virg. Taigete, hija de Atlante y de Pleyone, una de las Pleyadas.

Taygĕta, ōrum. n. plur. y

Taygĕtus, i. m. Virg. Taigeto, monte de Laconia muy alto, consagrado á Baco.

Tazus, i. m. Suzaca, ciudad de la Circasia en el Ponto Euxine.

# TE

Te. acusat. de Tu. Te, á tí, y ablat. Por tí, contigo.

Teanenses, ium. m. plur. Inscr. Los ciudadanos de Teanum Marrucinum, i. n. La ciudad de Quieti en el Abruzo citerior.

Teanum Sidicinum, i. n. Tiano, ciudad en la tierra de Labor.

† Teba, ae. f. Varr. La colina, el collado.

Techna, ae. f. Ter. Arte, mafia, treta.

Technici, ōrum. m. plur. Quint. Técnicos, los que escriben preceptos de las artes.

Technĭcus, a, um. Quint. Técnico, artificioso, conforme á los preceptos del arte.

Technopaegnium, ii. n. Auson. Juego artificioso, título del idilio 12 de este autor.

Technophyum, ii. n. Suet. Oficina, almacen, arsenal de astucias.

Technōsus, a, um. Plaut. Artificioso, astuto, lleno de tretas.

Tecolata, ae. f. San Maximino, ciudad de Provenza.

Tecŏlithus, i. m. Plin. Piedra esponja, que bebida en vino es buena para el mal de piedra.

Tecte, ius, isslme. adv. Cic. Encubierta, oculta, secretamente. || Oscuramente. || Cautelosamente.

Tectonĭcus, a, um. Auson. Tectónico, lo que toca á los edificios, á las obras de arquitectura.

Tector, ōris. m. Vitruv. Encalador, albañil, que blanquea las paredes.

Tectoriŏlum, i. n. Cic. dim. de

Tectorium, ii. n. Cic. Capa de yeso ó cal con que se blanquean las paredes y se adorna el pavimento, estuco. || La misma materia del jalbegue ó blanqueo. || Juv. Afeite de las mugeres. || Pers. Palabras blandas, que disimulan la mala intencion ó engaño oculto. Tectorio udo colores inducere. Vitruv. Pintar las paredes á fresco. Tectoriis domum exornare. Ulp. Adornar, hermosear la casa con estuco.

Tectōrius, a, um. Cic. Lo que sirve para blanquear, pintar, hermosear las paredes y pavimentos.

Tectosāges, ārum. m. plur. y

Tectosāges, um. m. plur. Ces. Los pueblos de Lenguadoc. || Pueblos de la Selva Negra en Alemania.

Tectŏsax, ăgis. m. f. El ó la que es de Lenguadoc.

Tectŭlum, i. n. S. Ger. Casita, casa pequeña.

Tectum, i. n. Cic. El techo, el tejado, la cubierta de la casa. || Casa, habitacion, morada, albergue. Tectum displuviatum, ó pectinatum. Vitruv. Tejado en forma de caballete, por el que caen las aguas por dos pendientes. Testudinatum. Vitruv. Techo en pabellon, con cuatro pendientes. Caeca tecta. Ov. Laberinto, como el de Creta.

Tectūra, ae. f. Palad. Cubierta de las paredes, jalbegue, blanqueo, estuco, encostradura.

Tectus, a, um, ior, issĭmus. part. de Tego. Cic. Encubierto, disimulado. || Tapado, cubierto. || Oscuro, oculto. Tecta verba. Cic. Palabras oscuras. Tectior cupiditas. Cic. Deseo mas disimulado. Tectissimus in dicendo. Cic. Oscurísimo en su estilo Tectus innocentia. Cic. Protegido de la inocencia. Tecti ad alienos esse possumus. Cic. Podemos ser reservados con los estraños.

Tecum. Plaut. Contigo.

Ted. ant. Fest. en lugar de Te.

Teda. V. Taeda.

Tedifer, y Tediger. V. Taedifer.

Tedignĭlŏquĭdes, is. com. Plaut. Que habla cosas dignas de tí. Voz facticia.

Tegea, ae. f. y Tegee, es. f. Plin. Tegea, ciudad de Arcadia en el Peloponeso. || La Arcadia.

Tegeatĭcus, a, um. V. Tegeeus.

Tegeatis, ĭdis. f. Sil. La ciudadana de Tegea.

Tegeēus, a, um. Virg. Tegeo, de Tegea, ciudad de Arcadia, árcade.

**Teges, ĕtis.** *f. Col.* Estera, ruedo de esparto, junco ó yerba.

**Tegetĭcŭla, ae.** *f. Varr. dim. de Teges.* Esterilla, estera pequeña.

**Tegeus.** *V. Tegeeus.*

**Tegīle, is.** *n. Apul.* y

**Tegillum, i.** *n. Plaut.* Manta, cubierta pequeña, pobre. ‖ Montera ó sombrero de juncos.

**Tegĭmen,** y **Tegumen, ĭnis.** *n. Ov.* y

**Tegmen, ĭnis.** *n. Cic.* ó

**Tegmentum, i.** *n. Cic.* Cubierta, cobertura, todo lo que sirve para cubrir, tapar y arropar. ‖ *Virg.* La sombra que guarda del sol.

**Tĕgo, is, texi, tectum, gĕre.** *a. Cic.* Cubrir, tapar. ‖ Encubrir, ocultar, disimular. ‖ Defender, proteger, amparar. *Tegere lumina somno. Virg.* Dormirse.— *Vultu animi dolorem. Cic.* Disimular en el semblante la pesadumbre interior.— *Latus alicui. Hor.* Tomar la izquierda de alguno, ponerse á su lado á la mano izquierda. *Strumam dibapho tegere. Victitant succo suo. adag.* Cubrir nuestro fuego con nuestra ceniza.

**Tĕgŭla, ae.** *f. Cic.* La teja del tejado. *Extrema tegula stare. prov. Sen.* Estar para caer, al borde del precipicio.

† **Tegŭlaneus, a, um.** Lo que es de teja.

**Tegulaniae, arum.** *f. plur.* Telliers, ciudad de Normandía.

**Tegŭlarium, ii.** *n.* El tejar, *sitio donde se hace la teja.*

**Tegŭlarius, ii.** *m. Inscr.* Tejero, el que hace la teja.

**Tegŭlatus, a, um.** y

**Tegŭlitius, a, um.** *Inscr.* De teja, cubierto con teja.

**Tĕgŭlo, as, are.** *a.* Tejar, cubrir con teja. ‖ Hacerla.

**Tegŭlum, i.** *n. Plin.* El techo, tejado. ‖ Todo lo que sirve para cubrir la habitacion, teja, paja, cañas, bardas, plomo, pizarra &c.

**Tegŭmen, ĭnis.** *n. Tac.* y

**Tegŭmentum, i.** *n. Ces.* La cubierta ó cobertura del cuerpo.

**Teius, a, um.** *Hor.* Teyo, de la ciudad de Teo en la Jonia.

**Tela, ae.** *f. Cic.* Tela, paño, y todo tegido de lino, lana, seda y algodon. ‖ *Catul.* Tela de araña. ‖ *Virg.* Hilo, estambre, hilaza. ‖ El telar. *Ea tela texitur. Cic.* Tal tela se va urdiendo, tal semblante van tomando las cosas.

**Tĕlămon, ōnis.** *m. Ov.* Telamon, *hijo de Eaco, padre de Ayax y Teucro, uno de los argonautas.*

**Tĕlămones, um.** *m. plur. Vitruv.* Atlantes, *figuras, estatuas de apoyo que sostienen en los edificios las coronas, pilastras, cornisas.*

**Tĕlămŏnĭădes, ae.** *m. Ov.* Ayax, *hijo de Telamon.*

**Tĕlămōnius, a, um.** *Ov.* Telamonio, de Telamon.

**Telanae,** y **Telliane ficus.** *Plin.* Higos negros.

**Telchīnes, um. m. plur.** *Ov.* Telquines, *hijos del Sol y de Minerva, ó de Saturno y Aliope, habitantes de Rodas, y asesores de Cibeles en Creta, llamados tambien ideos, curetes, coribantes, dáctilos.*

**Telchīnis, is.** *f.* La isla de Rodas.

**Teleboae, arum. m. plur.** *Tac.* Teleboos, *pueblos de Etolia ó Acarnania, fundadores de Capreas en el golfo napolitano.*

**Telegōnus, i.** *m. Ov.* Telegono, *hijo de Ulises y de Circe, que mató á su padre en Itaca sin conocerse uno á otro.*

**Telĕphium, ii.** *n. Plin.* La siempreviva silvestre.

**Telĕphus, i.** *m. Ov.* Telefo, *hijo de Hércules y de la ninfa Auge, criado en las selvas, rey de Misia, herido por Aquiles, porque disuadia la expedicion de Troya con una herida incurable, que al fin sanó con las raspaduras de la lanza con que Aquiles le hirió, por respuesta de Apolo.*

† **Tĕlescŏpium, ii.** *n.* Anteojo de vista corta ó larga. ‖ Telescopio.

**Telesia, ae.** *f. Liv.* Telesa, *ciudad en tierra de Labor.*

**Telĕta, ae.** *f. Apul.* Iniciacion, consagracion, espiacion, y el sacrificio y coste de la iniciacion en los misterios.

**Telĕtus, a, um.** *Tert.* Perfecto.

**Teliambus, i.** *m.* Verso que acaba en un pie yambo.

* **Telicardion, ii.** *m. Plin.* Piedra preciosa de color de corazon.

**Telĭfer, a, um.** *Sen. Trag.* Que lleva dardos ó flechas.

**Tĕlĭformis, is.** *f. Plin.* Especie de planta parecida al fenogreco.

**Telĭger, a, um.** *V. Telifer.*

**Telĭnum, i.** *n. Plin.* Bálsamo muy estimado, cuyo principal ingrediente era el fenogreco.

* **Telirrhizos, i.** *f. Plin.* Piedra preciosa de color ceniciento con betas blancas.

**Telis, is.** *f. Plin.* La alholva ó fenogreco.

**Tellēnae tricae.** *proverb. Arnob.* Repeticion de tonterías.

**Telliānae ficus.** *V. Telanae.*

**Tellina vallis.** *f.* La Valtelina, *territorio del pais de los grisones.*

**Tellūmo, ōnis.** *m. S. Ag.* Dios de la tierra.

**Tellūris. gen. de Tellus.**

**Tellūrus, i.** *m. Marc. Cap.* El Dios de la tierra.

**Tellus, ūris.** *f. Cic.* La tierra, el suelo, terreno. ‖ La Diosa Tellus.

**Tellustris. m. f. trĕ. n. is.** *Marc. Cap.* Terrestre, terreno.

**Telmessĭcus,** ó **Telmissicus,** y **Telmessius, a, um.** *Liv.* Lo que es de Telmeso ó Telmiso.

**Telmessis, ĭdos.** *f. Luc.* La que es de la ciudad de Telmeso ó Telmiso.

**Telmessum,** y **Telmissum, i.** *n. Liv.* Telmeso, *ciudad marítima en los confines de Caria y Licia.*

**Tĕlōmartius, ii.** *n.* Tolon, *ciudad de Provenza.*

**Tĕlōnarius, ii.** *m. Dig.* Administrador de rentas y alcabalas.

**Tĕlōneum, i.** *n.* y

**Tĕlōnia, ae.** *f.* ó

**Tĕlōnium, ii.** *n. Tert.* Mesa, caja de los recaudadores de alcabalas.

**Tĕlōnum, ii.** *n. V. Telomartius.*

**Tĕlum, i.** *n. Cic.* Dardo, lanza, flecha, toda arma arrojadiza con la mano ó máquinas. ‖ Espada, hierro, puñal. *Ad, ó intra teli jactum. Ces.* A tiro de dardo.— *Extra jactum. Curc.* Fuera de tiro, adonde no pueden llegar los tiros. *Telum in jugulum innocentis intendere. Plin. men.* Acusar falsamente á un inocente.— *Non mediocre ad res gerendas. Cic.* Arma, medio considerable para la administracion de los negocios. *Tela fortunae. Cic.* Golpes, tiros de la fortuna.— *Diei. Lucr.* Rayos del sol.— *Conjurationis. Cic.* Tiros, esfuerzos, armas de una conjuracion.— *Pavoris. Lucr.* La conmocion del temor.

**Temenites, ae.** *m. Suet.* Epiteto de Apolo, *cuya estatua mas hermosa se veneraba en un lugar de Sicilia llamado Temenos.*

**Tĕmĕrārie.** *adv. Tert.* Temerariamente.

**Tĕmĕrārius, a, um.** *Ces.* Temerario, imprudente, inconsiderado, precipitado. *Temeraria querela. Ov.* Queja sin fundamento.— *Frena. Marc.* Caballo indómito. *Haud temerarium est. Plaut.* No es sin fundamento ó motivo.

**Tĕmĕrātor, ōris.** *m. Estac.* Corrompedor, violador.

**Tĕmĕrātus, a, um.** *part. de Temero. Liv.* Violado, contaminado, manchado, infecto.

**Tĕmĕre.** *adv. Cic.* Temeraria, inconsiderada, precipitadamente, sin razon, juicio ni prudencia. ‖ Casualmente, por acaso, por casualidad. ‖ Fácil, ligeramente, con ligereza. *Non temere est. Ter.* No es sin razon, sin fundamento.

**Tĕmĕrĭtas, ātis.** *f. Cic.* Temeridad, inconsideracion, ligereza, imprudencia, indiscrecion. *Temeritas credendi. Tac.* Ligereza en creer.

**Tĕmĕrĭter.** *adv. Acc. V. Temere.*

**Tĕmĕrĭtūdo, ĭnis.** *f. Pacuv. V. Temeritas.*

**Tĕmĕro, as, avi, atum, āre.** *a. Tac.* Violar, profanar, contaminar, manchar, corromper. *Temerare fluvios venenis. Ov.* Emponzoñar las aguas.

**Temsa, ae,** y **Temesse, es.** *f. Plin.* Temsa, *ciudad del Abruzo.*

**Temesaeus, a, um.** *Plin.* De la ciudad de Temsa.

**Tĕmētum, i.** *n. Hor.* El vino, *voz antigua.*

**Temnītes, ae.** *m. Cic.* Temnita, de la ciudad de Temno *en la Eolide.*

**Temno, is, si, tum, nĕre.** *a. Hor.* Despreciar, menospreciar, tener en poco.

**Tēmo, ōnis.** *m. Col.* El timon ó lanza de coche ó carro. || *Traviesa,* viga de traviesa. || *Juv.* El carro. || *Estac.* El carro de Bootes, los septentriones. || *Dig.* Prestacion, dinero que los que debian suplir el ejército de bisoños pagaban por ellos.

**Tēmōnărius, ii.** *m. Dig.* Recaudador ó cobrador de la tasa de los bisoños.

**Tēmōnărius, a, um.** *Dig.* Lo que pertenece á la prestacion ó paga por los soldados bisoños.

**Tempe.** *n. plur. ind. Liv.* y

**Tempea, ōrum.** *n. plur. Sol.* Tempe, *pequeña region muy amena en un valle de Tesalia.* || *Virg.* Lugares amenos, deliciosos, frondosos.

**Tempĕrācŭlum, i.** *n. Apul.* La mezcla ó mistura.

**Tempĕrāmentum, i.** *n. Cic.* Temperamento, temperatura, mezcla, proporcion de diversas calidades en el cuerpo misto. || Complexion, constitucion, disposicion proporcionada de los humores. || Moderacion, modo, término. || Clima.

**Tempĕrans, tis.** *com. tior, issÿmus. Ter.* Templado, moderado, que tiene moderacion y templanza. *Temperans famae. Ter.* Que mira por su reputacion.—*Rei. Ter.* Cuidadoso de sus bienes.—*In omnibus. Cic.* Moderado en todo.—*Gaudii. Plin.* Que no se abandona á la alegría.

**Tempĕranter, ius.** *adv. Cic.* Templada, parca, moderadamente.

**Tempĕrantia, ae.** *f. Cic.* Templanza, moderacion, continencia, modestia, frugalidad. || *Plin.* Dieta.

**Tempĕrāte.** *adv. Vitruv.* V. Temperanter.

**Tempĕrātio, ōnis.** *f. Cic.* Temperacion, mezcla, mistura. || Gobierno, gubernacion, reglamento. *Temperatio civitatis. Cic.* Gobierno, policía de la ciudad. || *Coeli. Cic.* Temperamento, clima.—*Aeris. Cic.* La mezcla ó mistura de metal.

**Tempĕrātīvus, a, um.** *Cel. Aur.* Temperante, lo que templa ó tempera.

**Tempĕrātor, ōris.** *m. Cic.* Gobernador, director. || *Marc.* El que da el temple á los metales.

**Tempĕrātūra, ae.** *f. Vitruv.* Temperatura, mezcla, mistura, temple. || *Sen.* Temperamento, complexion. || *Varr.* El clima.

**Tempĕrātus, a, um, ior, issÿmus.** *part.* de *Tempero. Cic.* Temperado, templado, moderado. || Mezclado.

**Tempĕri.** *ant.* en lugar de *Tempori.* Á tiempo, á propósito.

**Tempĕries, ēi.** *f. Plin.* La mezcla ó mistura. || Temperie, clima templado. || *Claud.* Moderacion. || Templanza. || *Ov.* Temperamento, complexion.

**Tempĕrint** *ant. en lugar de* Temperent.

**Tempĕrius.** *adv. Cic.* Mas presto.—*Fiat. Cic.* Hágase mas presto, mas temprano.

**Tempĕro, as, āvi, ātum, āre.** *a. Plin.* Mezclar, misturar. || Gobernar, dirigir, arreglar. || Refrenar, contener. || Abstenerse, contenerse. || Temperar, atemperar, templar, mitigar, suavizar. *Temperare civitates. Cic.* Arreglar, dar policía á las ciudades.—*Aquam ignibus. Hor.* Tenplar el agua, entibiarla al fuego.—*Pocula. Marc.* Alargar, servir vasos de vino.—*Aes. Plin.* Mezclar el metal. || Forjarle, templarle.—*Ungues. Estac.* Afilar las uñas.—*Annonam. Suet.* Abaratar los viveres.—*Sibi. Cic.* Contenerse.—*Vino. Liv.* Abstenerse del vino.—*A maleficio. Ad Heren.* Abstenerse de hacer mal.—*Laetitiae. Liv.* Moderar la alegría.—*Aetati juvenum. Plin.* Tener consideracion á la edad de los jóvenes. *Aegre temperatum est quin, Liv.* Con dificultad se abstuvieron de, se contuvo el que.

**Tempestas, ātis.** *f. Cic.* El tiempo, la estacion. || Tempestad, borrasca, tormenta. || El temporal, tiempo bueno ó malo. || Adversidad, desgracia, desdicha, infortunio.

**Tempestīve.** *adv. Cic.* Á tiempo, á su tiempo, en tiempo, en sazon oportuna, á proposito.

**Tempestīvĭtas, ātis.** *f. Cic.* La sazon, el tiempo propio, oportuno. || *Plin.* Temperie, temperamento, complexion.

**Tempestīvus, a, um.** *Cic.* Tempestivo, oportuno, conveniente, á propósito. || *Cic.* Maduro, sazonado.

**Tempestŭōse.** *adv. Apul.* En tiempo de borrasca ó tempestad.

**Tempestŭōsus, a, um.** *Sidon.* Tempestuoso, espuesto á tempestades, ó que las causa.

**Tempestus, a, um.** *Fest.* V. *Tempestivus.*

**Templātim.** *adv. Tert.* Por los templos, de templo en templo.

**Templum, i.** *n. Cic.* Templo consagrado á la divinidad. || *Varr.* Lugar esento, descubierto por todas partes, notado y consagrado por los áugures con ciertas fórmulas. || Lugar donde se tenia el senado, *como la curia hostilia, pompeya, julia,* consagradas tambien por los áugures para este fin. || *Virg.* El sepulcro. || *Plaut.* El mar. || *Vitruv.* Madero pequeño atravesado sobre la tablazon que sostiene el tejado. || La iglesia. *Mentis templa. Lucr.* Los secretos del ánimo.

**Tempŏra, ōrum.** *n. plur. Virg.* Las sienes. || Ocasiones, momentos favorables. || Desgracias, calamidades.

**Tempŏralis.** *m. f. lĕ. n. is. Tac.* Temporal, lo que dura cierto tiempo. || *Curc.* Mudable, variable. || *Veg.* Propio de las sienes.

**Tempŏralĭtas, ātis.** *f. Tert.* La sazon ó constitucion del tiempo, la moda.

**Tempŏrāliter.** *adv. Tert.* Temporalmente, por cierto tiempo.

**Tempŏrāneus, a, um.** *Bibl.* Tempestivo, oportuno.

**Tempŏrārie.** *adv.* Por cierto tiempo.

**Tempŏrārius, a, um.** *Nep.* Lo que no dura sino cierto tiempo, acomodado al tiempo. || *Sen.* Mudable, variable, inconstante.

**Tempŏrātim.** *adv. Tert.* Por tiempos.

**Tempŏre.** *abl. abs. Cic.* y

**Tempŏri, y Temperi.** *Plaut.* Á tiempo, á su tiempo. || Á buena hora, temprano.

**Tempsa, y Temsa, ae.** *f. Liv.* Temsa, ciudad *de Abruzo.*

**Tempsānus, y Temsanus, a, um.** *Cic.* Lo que es de ó toca á la ciudad de Temsa.

**Temptor, y Temtor, ōris.** *m. Sen.* Despreciador, menospreciador.

**Tempus, ōris.** *m. Cic.* Tiempo, espacio, intervalo. || Sazon, ocasion, oportunidad. || El siglo. || Estacion del año ó del dia. || Calamidad, desgracia. || Suceso, acaecimiento. || *Varr.* Tiempo de un verbo. || *Cat.* La sien. *Id tempus.* ó *per id tempus. Cic.* Á este tiempo, entonces. *Ad hoc tempus. Cic.* Hasta este tiempo, hasta ahora ó el presente. *Ad tempus. Cic.* Por cierto tiempo. *Pro tempore. Ces.* Segun las circunstancias del tiempo. *De tempore. Ces.* Temprano. *Ex tempore. Cic.* De repente, inmediatamente. *In omne tempus. Cic.* Para siempre. *Omni tempore. Ces.* Siempre, en todo tiempo. *Post tempus. Plaut.* Tarde. *Tempore, in tempore. Cic. Per tempus. Plaut.* Á tiempo. *Vulnus in tempus. Flor.* La herida en una sien. *Tempus omnia revelat. adag.* El tiempo todo lo descubre.

**Temsi.** *pret.* de *Temno.*

**Temtor, ōris.** *m. Sen. trag.* Menospreciador, el que desprecia.

**Tēmŭlenter.** *adv. Col.* Como un borracho.

**Tēmŭlentia, ae.** *f. Plin.* La embriaguez.

**Tēmŭlentus, a, um.** *Cic.* Ebrio, embriagado.

**Ten.** *Plaut. en lugar de* Te ne? *Ten osculetur, verbero? Plaut.* ¿Qué á tí te bese, bribon?

† **Tĕnācia, ae.** *f.* En Tenacidad, porfía.

**Tĕnācis.** *gen.* de *Tenax.*

**Tĕnācĭtas, ātis.** *f. Cic.* Tenacidad, firmeza, fuerza, perseverancia en apretar ó retener una cosa. || Avaricia, mezquindad, tacañería.

**Tĕnācĭter, ius, issÿme.** *adv. Val. Max.* Tenaz, firme, fuertemente. || Pertinaz, obstinadamente.

**Tĕnācĭtūdo, ĭnis.** *f. Plaut.* V. *Tenacitas.*

**Tĕnācŭlum, i.** *n. Ter. Maur.* Vinculo, cuerda con que se ata ó aprieta algo.

**Tĕnax, ācis.** *com. cior, cissÿmus. Virg.* Tenaz, que tiene ó aprieta fuertemente. ‖ *Ov.* Constante, estable, durable, firme. ‖ *Suet.* Obstinado, porfiado. ‖ *Ter.* Avaro, tacaño, mísero. ‖ *Liv.* Remiso, receloso. ‖ *Virg.* Glutinoso, viscoso. *Equus tenax. Liv.* Caballo duro de boca.—*Sui juris. Col.* Tenaz en mantener sus fueros.—*Propositi. Hor.* Constante en su propósito. *Tenacissimus disciplinae. Plin. men.* Exactísimo observador de la disciplina, de las leyes.

Tencteri, orum. *m. plur. Ces.* Pueblos de Alemania.

Tenda, ae. *f.* Tenda, *ciudad del condado de Niza.*

Tendicula, ae. *f. Cic.* Lazo, trampa, red para cazar aves ó fieras. ‖ *Sen.* Percha para colgar vestidos. *Tendiculae litterarum. Cic.* Falacias de las letras, rodeos capciosos de palabras.

Tendo, onis. *m. Cels.* El tendon.

Tendo, is, tetendi, tensum, ó tentum, dĕre. *a. Cic.* Tender, estender. ‖ Alargar, ofrecer. ‖ Ir, dirigirse, marchar, caminar. ‖ Resistir, hacer frente. ‖ Tener por fin, por blanco. *Tendere arcum. Virg.* Estirar, armar, asestar el arco. *Insidias. Salust.* Armar emboscadas.—*Ad altiora. Liv.* Aspirar á cosas mas altas.—*Tabernaculum. Ces.* Armar la tienda. ‖ Estar acampado.—*Aliquo. Cic.* Ir hácia alguna parte.—*Ad stomachum, ad ventrem. Plin.* Estenderse hasta el estómago, hasta el vientre.—*Iter velis. Virg.* Proseguir el viage.—*Manus diis, ad deos. Cic.* Levantar las manos al cielo.—*Divellere nodos. Virg.* Intentar desatar los nudos, las vueltas.

Tendor, oris. *m. Apul.* Tension.

Tenĕbrae, arum. *f. plur. Cic.* Tinieblas, oscuridad, privacion, negacion de la luz. ‖ La noche. ‖ Oscuridad, ignorancia, olvido. ‖ Perturbacion, confusion ‖ *Salust.* Carcel, calabozo, prision oscura. ‖ *Catul.* Escondite, escondrijo. ‖ *Hor.* El infierno. ‖ *Ov.* La ceguera. ‖ *Plaut.* Deliquio de ánimo, de fuerzas. ‖ *Juv.* Casa pobre. *Tenebrae reipublicae. Cic.* Turbaciones de la república.—*Mihi sunt. Cic.* Nada veo ó entiendo. *Aetatem, vitam in tenebris agere. Plin. men.* Pasar su vida, sus dias en la oscuridad.

† Tĕnebrans, tis. *com.* Que causa tinieblas.

Tenebrarius, a, um. *Vop.* Tenebroso, oscuro.

Tenebratio, onis. *f. Cel. Aur.* Ofuscamiento.

Tenebresco, is, ere. *n. S. Ag.* y

Tenebrico, as, are. *n. Tert.* Oscurecerse, cubrirse de tinieblas.

Tenebricositas, atis. *f. Cel. Aur.* Oscuridad.

Tenebricosus, a, um, issimus. *Cic.* Tenebroso, oscuro. ‖ Oculto, dificil, escondido. *Tenebricosa popina. Cic.* Taberna oscura. *Tenebricosae libidines. Cic.* Liviandades vergonzosas.

Tenebricus, a, um. *Cic. V.* Tenebricosus.

Tenebrio, onis. *m. Varr.* Bribon, que huye de la claridad, que busca las tinieblas por sus engaños y delitos.

Tenebrio, y Tenebro, as, avi, atum, are. *a. Apul.* Oscurecer, cubrir de tinieblas.

Tenebrose. *adv. Macrob.* Tenebrosa, oscuramente.

Tenebrosus, a, um. *Cic.* Tenebroso, oscuro, cubierto de tinieblas.

Tenedius, a, um. *Cic.* De la isla de Tenedos. *Tenedia securis. Cic.* Justicia severa y pronta, *aludiendo al rigor del legislador Tenes.*

Tenedos, i. *f. Virg.* Tenedos, *isla del mar egeo.*

Tenellulus, a, um. *Catul.* Muy tiernecito.

Tenellus, a, um. *Plaut.* Tiernecito, delicadito, pequeñito.

Teneo, es, nui, tentum, nere. *a. Cic.* Tener. ‖ Gozar, poseer, ser dueño, señor. ‖ Retener, reprimir, retardar, detener, contener. ‖ Concebir, entender, comprender. ‖ Guardar, conservar, mantener. ‖ *Plaut.* Convencer. ‖ *Liv.* Obstinarse. ‖ Abstenerse. *Tenere famam. Cic.* Conservar su reputacion.—*Iram. Cic.* Reprimir la ira.—*Risum. Cic.* Contener la risa.—*Oculos. Plin.* Divertir la vista, dar placer á los ojos.—*Se loco. Cic.* Mantenerse en un sitio.—*Dextrum cornu. Liv.* Mandar el ala derecha.—*Vestigia alicujus. Liv.* Seguir los pasos, las huellas de alguno.—*Argumento crimen alicujus. Cic.* Tener pruebas del delito de uno. *Tenet fama. Liv.* Corre todavía la

voz.—*Mos, consuetudo. Liv.* Es, dura la costumbre.—*Magna me spes. Cic.* Tengo mucha esperanza.—*Per se lectores historia. Vitruv.* La historia por sí misma atrae, deleita, detiene á los lectores.—*Lectus eum. Plaut.* Está en cama, enfermo. *Tene tibi. Plaut.* Toma, guárdalo para tí. *Tenes quid dicam? Ter.* ¿Entiendes lo que digo? *Teneri ludis. Cic.* Tener pasion por el juego.—*Vix possum. Cic.* Apenas puedo contenerme.—*De vi. Sen.* Ser convencido de una violencia.—*Testibus. Cic.* Estar convencido por los testigos.—*Agnatione, cognatione alicujus. Cic.* Ser pariente de, tener parentesco con alguno.—*Alicujus dominatu, imperio. Cic.* Estar bajo la potestad de alguno.—*Neque ira, neque gratia. Cic.* Hacer tan poco caso de la ira, como del favor.—*Metu. Liv.* Estar lleno de miedo. *Obsidione. Virg.* Estar cercado ó bloqueado.—*Foederibus alienis. Liv.* Estar empeñado en cumplir las obligaciones ó promesas de otro. *Poena. Cic.* Haber de sufrir una pena.—*Voto. Cic.* Estar obligado á cumplir un voto.

Tener, a, um, ior, errimus. *Cic.* Tierno, blando, mole, flexible. ‖ Joven. ‖ Afeminado, delicado, voluptuoso. *Tenera alvus. Cels.* Vientre corriente. *A tenero, á teneris unguiculis. Cic.* Desde niño, desde la infancia ó puericia. *Teneriore animo esse. Cic.* Ser de un ánimo muy sensible.

Tenera, ae. *f.* Denre, *rio de Flandes.*

Teneramunda, ae. *f.* Dandermunda, *ciudad de Flandes.*

Tenerasco, is, ere. *n. Lucr. V.* Teneresco.

Tenere, ius, errime. *adv. Petron.* Tierna, blanda, delicadamente.

Teneresco, is, ere. *n. Plin.* Enternecerse, ablandarse, ponerse tierno.

Teneriffa, ae. *f.* Tenerife, *una de las islas Canarias.*

Teneritas, atis. *f. Cic.* Terneza, blandura, flexibilidad, delicadeza.

Teneriter. *adv. Caris. V.* Tenere.

Teneritudo, inis. *f. Varr. V.* Teneritas.

Tenesmus, i. *m. Cels.* El tenesmos ó pujo de sangre, *cuando la naturaleza se esfuerza inutilmente en espeler los escrementos endurecidos.*

Teneza, ae. *f.* Tenez, *provincia del reino de Argel.*

Tenitae, arum. *f. plur. Fest.* Las parcas.

Tenor, oris. *m. Cic.* Tenor, serie, continuacion, orden seguido. ‖ *Quint.* Acento de la voz ó sílaba. ‖ Aire, modo, tono, modales. *Tenor legis. Dig.* El tenor ó sentencia de la ley.

Tensa, ae. *f. Fest.* Las andas en que se llevaban las estatuas de los dioses en procesion.

Tensio, onis. *f. Vitruv.* y

Tensura, ae. *f. Veg.* La tension, estension ó dilatacion de alguna cosa.

Tensus, a, um. *part. de* Tendo. *Quint.* Tendido, estendido, estirado, dilatado.

Tentabundus, a, um. *Liv.* Que tienta por todas partes con la mano.

Tentamen, inis. *n. Ov.* ó

Tentamentum, i. *n. Virg.* y

Tentatio, onis. *f. Liv.* Tentativa, esperimento, prueba, esperiencia. *Tentatio morbi. Cic.* Resentimiento, nuevo asalto ó acceso de una enfermedad que se ha tenido. *Tentamenta alicujus pangere. Virg.* Sondear el ánimo de alguno.

Tentator, oris. *m. Hor.* Tentador, el que tienta ó solicita.

Tentigo, iginis. *f. Marc.* El prurito ó estímulo de torpeza.

Tentipellium, ii. *n. Fest.* Medicamento para quitar las arrugas del cútis, para estirarle.

Tento, as, avi, atum, are. *a. Col.* Tentar, tocar, palpar. ‖ Probar, esperimentar, hacer prueba ó esperiencia, examinar. ‖ Buscar, investigar. ‖ Intentar ‖ Acometer. ‖ Tentar, solicitar. *Tentare omnia. Cic.* Tentar todos los medios.—*Aliquem. Cic.* Tentar á uno, solicitarle, procurar ganarle, sobornarle.—*Moenia. Ces.* Atacar las murallas. *Vinum tentat caput. Plin.* El vino ataca, se sube á la cabeza.

**Tentor**, ōris. m. *Inscr.* El que aparejaba los caballos, y los ponia al carro en el circo.

**Tentōriŏlum**, i. n. *Hirc.* Tienda, barraca pequeña.

**Tentōrium**, ii. m. *Suet.* Tienda de campaña.

**Tentōrius**, a, um. *Treb.* Lo que concierne á las tiendas de campaña.

**Tentus**, a, um. *Amian. part. de* Teneo. Detenido, retenido.

**Tentus**, a, um. *part. de* Tendo. *Lucr.* Tendido, estendido, estirado.

**Tentyra**, ae. f. *Plin.* Tentira, isla y ciudad de Egipto en la ribera izquierda del Nilo.

**Tentyrītae**, ārum. m. plur. *Plin.* Tentiritas, los ciudadanos de la isla y ciudad de Tentira.

**Tentyrĭtĭcus**, a, um. *Plin.* Lo que es de la isla ó ciudad de Tentira.

**Tenuābĭlis**. m. f. lĕ. n. is. *Cel. Aur.* Sutil, delicado.

**Tenuătim**. adv. *Apic.* Sutilmente.

**Tenuātio**, ōnis. f. *Cels.* La accion de poner una cosa delgada y sutil.

**Tenuātus**, a, um. *part. de* Tenuo. *Tac.* Adelgazado, sutil, estenuado.

**Tenui**. pret. de Teneo.

**Tenuiārius**, a, um. *Inscr. Vestuarius tenuiarius.* Fabricante de telas muy delgadas. ‖ Sastre que hace vestidos de ellas.

**Tenuicŭlus**, a, um. *Cic.* Muy tenue. dim. de

**Tenuis**. m. f. nuĕ. n. is, nuior, issĭmus. *Cic.* Tenue, sutil, delgado, delicado. ‖ Poco considerable, de poca sustancia ó valor. ‖ Poco, pequeño, corto. ‖ Agudo, ingenioso. ‖ Flaco, debil. ‖ Humilde, de baja condicion. ‖ Pobre. ‖ *Marc.* Ligero, leve. *Tenuis aqua. Liv.* Poca agua. — *Acies. Tac.* y *Tenue agmen. Liv.* Formacion de soldados de poco espesor. *Tenues animae. Ov.* Almas sin vida, sin cuerpo. *Tenuissima valetudo. Ces.* Muy poca salud.

**Tenuĭtas**, ātis. f. *Cic.* Tenuidad, sutileza, delgadez. ‖ Pobreza, escasez. ‖ Agudeza, ingeniosidad.

**Tenuĭter**, ius, issĭme. adv. *Ces.* Sutil, delicadamente. ‖ Poco, escasamente. ‖ Con agudeza. ‖ Pobremente.

**Tenuo**, ās, āvi, ātum, āre. a. *Quint.* Adelgazar, disminuir, estenuar, enflaquecer. *Tenuare carmen. Prop.* Escribir, cantar de cosas humildes.

**Tenus**, us. m. *Plaut.* El lazo, pigüela ó trampa para cazar las aves.

**Tenus**. *Cic.* prep. que se junta con ablat. si los nombres estan en singular, y con genit. si estan en plur., aunque no siempre, y se pospone á su caso. Hasta. *Titulo tenus fungi. Suet.* Gozar solo del nombre ó título. — *Verbo, nomine. Cic.* Solo de voz, de palabra, no de hecho, no en realidad. *Lumborum tenus. Cic.* Hasta los riñones. *Tanaim tenus. Val. Flac.* Hasta el Tanais.

**Tĕpĕfăcio**, is, fēci, factum, cĕre. a. *Cic.* Entibiar, calentar un poco.

**Tĕpĕfactus**, a, um. *Cic.* Entibiado, calentado un poco.

**Tĕpĕfio**, is, factus sum, fĭĕri. pas. *Cels.* Calentarse.

**Tĕpens**, tis. *Virg.* Tibio, algo caliente.

**Tĕpeo**, ēs, pui, pēre. n. *Cels.* Estar algo caliente. ‖ *Marc.* Perder el calor, irse enfriando.

**Tĕpesco**, is, ui, cĕre. n. *Cic.* Calentarse un poco. ‖ Perder el calor, irse enfriando.

**Tephlis**, is. f. *Teflis, ciudad de la Media.*

✶**Tephrias**, ae. m. *Plin.* Especie de marmol de color de ceniza.

**Tephrītis**, ĭdis. f. *Plin.* La piedra lunaria, *piedra preciosa de color de ceniza, que tiene la figura de la luna nueva.*

**Tĕpĭdārium**, ii. n. *Vitruv.* Baño de agua tibia en los baños públicos. ‖ El baño ó vaso que contiene el agua.

**Tĕpĭde**, ius, issĭme. adv. *Col.* Tibiamente, con algun calor. ‖ *S. Ag.* Tibia, friamente, con alguna frialdad.

**Tĕpĭdo**, ās, āvi, ātum, āre. a. *Plin.* Entibiar, calentar un poco.

**Tĕpĭdŭle**. adv. *Gel.* dim. de Tepide. Con algun poquito de calor.

**Tĕpĭdŭlus**, a, um. *Apul.* Algo calentito. dim. de

**Tĕpĭdus**, a, um. *Lucr.* Tibio, templado, que contiene algun calor. ‖ *Ov.* Remiso, lánguido, perezoso, tibio. ‖ Que se enfria, que va perdiendo el calor.

**Tĕpor**, ōris. m. *Cic.* Calor templado, moderado. ‖ *Tac.* Tibieza, lentitud, remision del calor ó viveza.

**Tĕpŏrātus**, a, um. *Plin. part. de* Teporo (*verbo inusitado.*) Templado, tibio, algo tibio.

**Tĕpŏrus**, a, um. *Aus.* Tibio, algo caliente.

**Tepui**. pret. de Tepeo.

**Tĕpŭla aqua.** *Front.* Agua algo caliente, *llevada al capitolio desde el campo Lucano.*

**Ter**. adv. *Cic.* Tres veces. *Ter quatuor. Cic.* Tres veces cuatro *Terque quaterque. Virg.* Tres y cuatro veces, muchisimas veces. *Ter felix. Ov.* Muy feliz.

**Teracatriae campi.** *Marcfolder, region de Alemania.*

**Teraphim.** m. plur. indec. *Bibl.* Imágenes, estatuas que daban oráculos á los hebreos.

**Tercentēni**, ae. a. plur. *Marc.* y

**Tercenti**, ae. a. plur. *Cic.* Trescientos.

**Tercenties**. adv. *Cat.* Trescientas veces,

**Tercentum**. indecl. *Virg.* Trescientos.

**Terdecies**. adv. *Cic.* Trece veces.

**Terdēni**, ae. a. plur. *Virg.* Treinta.

**Terdona**, ae. f. *Tortona, ciudad de Lombardía.*

**Terebella**, ae. f. y

**Terebellum**, i. m. *V.* Terebra.

**Tĕrĕbinthĭnus**, a, um. *Plin.* Lo que es del arbol terebinto, como la trementina.

**Tĕrĕbinthizusa**, ae. f. *Plin.* Piedra preciosa del color de terebinto.

**Tĕrĕbinthus**, i. f. *Virg.* El terebinto, *arbol resinoso.*

**Tĕrĕbra**, ae. f. *Col.* La barrena. ‖ El trépano ó taladro para horadar el casco de la cabeza.

**Tĕrĕbrāmen**, ĭnis. n. *Fulg.* El barreno, agujero hecho con la barrena.

**Tĕrĕbrātio**, ōnis. f. *Col.* y

**Tĕrĕbrātus**, us. m. *Escrib.* La accion de barrenar, taladrar ó trepanar. ‖ *Vitruv.* El barreno ó taladro, agujero hecho con la barrena.

**Tĕrĕbrātus**, a, um. *Vitruv.* Barrenado, taladrado, horadado. part. de

**Tĕrĕbro**, ās, āvi, ātum, āre. a. *Col.* Barrenar, taladrar, trepanar, horadar con barrena ó trépano. ‖ *Plaut.* Penetrar el corazon.

**Tĕrēdo**, ĭnis. f. *Plin.* La carcoma, gusano que corroe la madera. ‖ *Col.* Polilla, gusano que agujerea la ropa.

**Tereïdes**, ae. m. *Ov.* Itis, hijo de Tereo.

**Terensis**, is. f. *Arnob.* Diosa que presidia al trillar las mieses.

**Terentiānus**, a, um. *Cic.* Terenciano, lo que es del poeta Terencio.

**Terentiānus Maurus.** *Fabr.* Terenciano Mauro, *africano, gramático, que escribió en varios metros un poema de las letras, sílabas y pies métricos. Es de edad incierta, y parece que floreció poco despues de Marcial.*

**Terentini ludi.** *Aus.* Juegos seculares, *que se celebraban en la plaza del campo Marcio.*

**Terentinus**, a, um. *Liv.* Lo que pertenece á Terento, *plaza en el campo de Marte.*

**Terentius**, ii. m. *Cic.* Terencio, *africano, el mas elegante y culto de los cómicos latinos.*

**Terentius Scaurus.** m. *Gel.* Terencio Escauro, *gramático del tiempo de Adriano. Escribió de los errores del gramático Caselio Vindex, y de ortografía.*

**Terentus**, i. m. *Val. Max.* Terento, *plaza en el campo de Marte, en que se celebraban los juegos seculares.*

**Tĕres**, ĕtis. com. *Liv.* Redondo, rollizo y largo, cilíndrico. *Teres puer. Hor.* Joven bien hecho, y como hecho á torno. — *Oratio. Cic.* Discurso igual, seguido, fluido. — *Totus. Hor.* Franco, natural, que no anda por rodeos. *Teretes aures. Cic.* Oidos delicados, finos.

**Tĕreus**, i. m. *Ov.* Tereo, *rey de Tracia, hijo de Marte y de la ninfa Bistonide.*

**Tergĕmĭna**, ae. f. *Virg.* La triple Hecate. *Luna en el cielo, Diana en la tierra, Proserpina en el infierno.*

**Tergĕmĭnus**, a, um. *Liv.* Triple, triplicado. ‖ *Hor.* Muy

## TER

grande. *Tergeminus vir. Ov.* Gerion de tres cuerpos. ‖ *Canis. Ov.* El cancerbero de tres cabezas. ‖ *Ignis. Jov. Stac.* El rayo de Júpiter. *Tergemini fratres. Liv.* Tres gemelos, tres hermanos de un parto. *Tergemina porta. Liv.* La puerta trigemina, ostienla de Roma, hoy de S. Pablo.

Tergĕnus. *indecl. Auson.* Lo que es de tres géneros.

Tergĕo, ĕs, si, sum, gĕre. *Ov. V. Tergo.*

Tergeste, es. *f. Hirc.* Trieste, ciudad de Istria.

Tergestīnus, a, um. *Plin.* Triestino, lo que es de la ciudad de Trieste.

Tergestum, i. *n. V. Tergeste.*

Tergilla, ae. *f. Apic.* La corteza de tocino. ‖ Torrezno, magra.

Terginum, i. *m. Plaut.* La correa ó azote de cuero.

Terginus, a, um. *Plaut.* Lo que es de piel, de cuero.

Tergiversanter. *adv. Vel. Pat.* De mala gana, rehusando lo mandado.

Tergiversātio, ōnis. *f. Cic.* Tergiversacion, subterfugio, rodeo, escusa. ‖ *Front.* Tardanza.

Tergiversātor, ōris. *m. Gel.* Tergiversador, el que busca rodeos para escusarse, ó no responder al propósito.

Tergiversor, āris, ātus sum, āri. *dep. Cic.* Tergiversar, interpretar á su modo, rehuir, buscar rodeos ó escapatorias para no darse á la razon ni responder al propósito. ‖ *Dig.* Desistir de una acusacion. ‖ Detenerse, pararse, titubear. *Tergiversari huc et illud. Cic.* Decir ya una cosa, ya otra.

Tergo, is, si, sum, gĕre. *a. Plaut.* Limpiar.

Tergŏro, as, āre. *a. Plin.* Vestir, revestir de una piel ó corteza, hacerla criar.

Tergum, i. *n. Cic.* La espalda. ‖ La parte de atras. ‖ *Virg.* Escudo de cuero. *Terga dare. Quint. — Vertere. Liv.* Volver la espalda, huir. *A tergo. Tac.* Por detras, por la espalda, á la espalda. ‖ *Juv.* Del otro lado. *Tergis. Tac. In tergis. Curc. — Haerere.* Seguir el alcance. *Terga tauri cava. Cat.* El tambor. — *Aquae. Ov.* La superficie del agua.

Tergus, ŏris. *n. Cels.* La piel, el pellejo, cuero, cutis. ‖ *Ov.* Escudo de cuero. ‖ *Fedr.* El cuerpo del animal.

Terina, ae. *f. Plin.* Nocera, ciudad de Calabria.

Terinaeus, a, um. *Plin.* Lo que es de la ciudad de Nocera. *Terinaeus sinus. Cic.* El golfo de Santa Eufemia.

Terjūga. *Auson. V. Tria. Tres.*

Termen, ĭnis. *n. Acc. ant.* en lugar de *Terminus*. El término ó límite.

Termentārium, ii. *n. Varr.* El lienzo usado, gastado.

Termentum, i. *n. Plaut.* Detrimento, menoscabo.

Termes, ĭtis. *m. Hor.* Rama del árbol con hojas y fruto. ‖ *Fest.* La carcoma, gusano que corroe la madera.

Termessus, i. *m. Mel.* Termeso, rio de Beocia.

Terminālia, ōrum, y ium. *n. plur. Liv.* Terminales, fiestas en honor del dios Término.

Terminālis. *m. f. lĕ. n. is. Amian.* Lo que toca á los términos ó límites. *Tarminalis sententia. Dig.* Sentencia definitiva. — *Tuba. Apul.* Trompeta de señal con que terminan las fiestas.

Termināte. *adv.* Con término ó límite.

Terminātio, ōnis. *f. Cic.* Definicion, distincion, separacion. ‖ *Inscr.* Limitacion, terminacion, la accion de poner términos ó límites.

Terminātus, us. *m. Front.* El término ó límite.

Terminātus, a, um. *Cic.* Determinado, confinado, puesto límites. ‖ *Dig.* Concluido. *part. de*

Termino, as, avi, atum, āre. *a. Cic.* Terminar, poner, establecer términos, límites, confines. ‖ Acabar, concluir.

Termĭnus, i. *m. Cic.* Término, confin, límite, linde. ‖ Fin, cabo, estremo. ‖ Término, *dios que presidia á los límites.*

Termiteus, a, um. *Grac.* Lo que es del ramo ó rama.

Termo, ōnis. *m. ant. Fest.* El término.

Termŭae, arum. *f. plur.* Termini, *ciudad del reino de Nápoles.*

Termus, i. *m.* El Bosa, *rio de Cerdeña.*

Ternārius, a, um. *Col.* Ternario, que contiene el número tres.

Terni, ae, a. *plur. Cic.* Tres.

## TER

Ternĭdēni, ae, a. *plur. Plin.* Trece.

Ternio, ōnis. *m. Gel.* El número ternario, de tres.

Ternodorum, i. *n.* Tonerre, *ciudad del Senonés.*

Ternus, a, um. *Virg.* Tres.

Tero, is, trivi, tritum, tĕrĕre. *a. Plin.* Majar, machacar, moler, desmenuzar. ‖ Gastar, consumir frotando. ‖ Echar á perder. ‖ Tornear, pulir. *Terere locum aliquem, viam, iter. Marc.* Frecuentar un lugar, un paseo, un camino. — *Tempus, diem, aetatem, otium. Cic.* Pasar, gastar, pasar el tiempo (por lo comun), perderle. — *Omne aevum ferro. Virg.* Emplear toda la vida en el uso de las armas.

Teroana Morinorum. Terovana, *ciudad de Picardía.*

Terpsicŏre, es. *f. Virg.* Terxícore, una de las nueve musas que preside á la cítara, á los coros y canciones alegres.

Terra, ae. *f. Cic.* La tierra, uno de los cuatro elementos. ‖ Pais, región, provincia. *Terrae filius. Cic.* Desconocido, que no se sabe de su estraccion. ‖ *Quint.* Hombre de linage muy antiguo. *Terram videre. Cic.* Ver la tierra, llegar al término de un largo y penoso trabajo. *Terra marique. Cic.* Por mar y por tierra, por todas partes. *Ubi terrarum? Cic. — Terrae. Virg.* El mundo, el orbe de la tierra, y tambien los hombres y sus negocios. *Terra. Suet.* La diosa Tellus, llamada tambien Vesta, Céres, Madre y Cibéles.

Terrăceus, a, um. *Col.* Terráceo, hecho de tierra.

Terracīna, ae. *f.* Terracina, *ciudad del estado eclesiástico.*

Terraemōtus, us. *m. Cic.* El terremoto ó temblor de tierra.

Terrēnĭfĭcus, a, um. *Plaut.* Lo que causa espanto, terror y asombro.

Terrēnum, i. *n. Liv.* Terreno, tierra, campo.

Terrēnus, a, um. *Cic.* Terreno, terrenal, tostestre, de la tierra. *Terrena via. Ulp. Terrenum iter. Plin.* Camino por tierra.

Terrĕo, es, ui, ĭtum, ēre. *a. Cic.* Atestar, espantar, atemorizar, poner, infundir miedo ó terror, amedrentar.

Terrester, tris. *m. f.* tre. *n. is. Cic.* Terrestre, terrenal, terreno, de tierra, que pertenece á ella. *Terresteis corma. Plaut.* Cena de yerbas, de raices. *Terrestris exercitus. Nep.* Fuerza de tierra. *Terrestri iter. Caes.* Viage, marcha por tierra.

Terreus, a, um. *Cic.* Terreo, hecho de tierra.

Terrĭbĭlis. *m. f. lĕ. n. is. Cic.* Terrible, formidable, temible, espantoso, horrendo.

Terrĭbĭlĭter. *adv. Bibl.* Terrible, espantosamente.

Terrĭcŏla, ae. *m. Apul.* Habitante de la tierra.

Terrĭcŭla, ae. *f. Lact.* y

Terrĭcŭlamentum, i. *n. Apul.* y

Terrĭcŭlum, i. *n. Liv.* y

Terrĭfĭcātio, ōnis. *f. Non.* Fantasma, espantajo, espectro que infunde miedo.

Terrĭfĭco, as, avi, atum, āre. *a. Lucr.* Espantar, amedrentar, atemorizar.

Terrĭfĭcus, a, um. *Virg.* Terrible, espantoso, formidable, que pone espanto ó terror.

Terrĭgĕna, ae. *m. f. Cic.* Nacido, hijo de la tierra.

Terrĭgĕnus, a, um. *Tert.* Nacido de la tierra.

Terrĭlŏquus, a, um. *Lucr.* El que dice cosas espantosas, horribles.

Terrĭsŏnus, a, um. *Claud.* Que atemoriza con su ruido.

Terrĭtio, ōnis. *f. Ulp.* Terror, espanto.

Territo, as, avi, atum, āre. *a. Liv.* Espantar, amedrentar frecuentemente.

Territōriālis. *m. f. lĕ. n. is. Front.* Territorial, perteneciente al territorio.

Territōrium, ii. *n. Varr.* Territorio, distrito cerca de la poblacion.

Territus, a, um. *part. de Terreo. Sal.* Aterrado, espantado, atemorizado.

Terror, ōris. *m. Cic.* Terror, espanto, gran miedo.

Terrōsus, a, um. *Vitr.* Térreo, lleno de tierra, mezclado con mucha tierra.

Tertui. *prét. de Terreo.*

Terrŭla, ae. f. *Dig.* Tierra, heredad pequeña.

Terrŭlente, ó Terrŭlenter. *adv. Prud.* A modo de terreno ó de la tierra.

Terrulentus, a, um. *Prud.* Terreno, terrenal, de tierra.

Tersi. *pret.* de Tergo y de Tergeo.

Tersus, us. *m. Apul.* La limpiadura, la accion de limpiar.

Tersus, a, um. *part.* de Tergeo. *Plaut.* Limpio, puro, terso. *Tersum judicium. Quint.* Juicio perspicaz, delicado, fino.

Tertiadecimāni, orum. *m. plur. Tac.* Los soldados de la legion décimatercia.

Tertiāna, ae. f. y Tertianae febris. *Cic.* La calentura terciana, la terciana.

Tertiāni, ōrum. *m. plur. Tac.* Soldados de la legion tercera.

Tertiānus, a, um. *Cic.* Lo que es de tercera clase, de tercer órden.

Tertiātius, ii. *n. Vitruv.* El tercio, la tercera parte, cosa cuya parte es el tercio del total. ‖ Tercio de la libra romana, peso de cuatro onzas.

Tertiārius, a, um. *Plin.* Tercero en órden, lo que contiene la tercera parte de alguna cosa. ‖ *Vitruv.* Que contiene un número, y la tercera parte de él, como ocho respecto de seis.

Tertiātio, ōnis. f. *Col.* La accion de terciar, de dar la tercera vuelta á una tierra.

Tertiātus, a, um. *Col.* Terciado, arado tercera vez. *Tertiata verba. Apul.* Palabras repetidas tres veces confusamente, de miedo, palabras cortadas.

Terticeps, cipĭtis. *dom. Varr.* Que tiene tres cabezas, tres eminencias ó puntas.

Tertio, as, avi, atum, are. *a. Col.* Terciar, dar la tercera vuelta á la tierra.

Tertio, y Tertium. *adv. Cic.* Tercera vez, tres veces.

Tertius, a, um. *Cic.* Tercero en órden. *Tertio quoque die. Cic.* De tres en tres dias, cada tres dias. *Tertius à Jove Ayax. Ov.* Ayax, *hijo de Telamon, cuyo padre fue Eaco, y su abuelo Júpiter. Nil est tertium. Cic.* No hay medio. *Ad tertias decoquere aliquid. Col.* Cocer hasta la diminucion de la tercera parte, ó hasta quedar en la tercera parte.

Tertius decimus, a, um. *Col.* Décimotercio.

Tertius vicessimus, a, um. *Gel.* Vigésimotercio.

Tertulla, ae. f. *Cic. dim.* de Tertia. La hija tercera.

Tertullianus, i. *m. Lucr.* Tertuliano, *escritor eclesiástico cartaginés, que floreció en tiempo de Severo y Caracalla con mucha literatura, pero cuyo estilo es poco feliz, inculto y oscuro.*

Tertus, a, um. *ant. Varr. part.* de Tergeo.

Tertyllianus, y Tertullianus, i. *m. Dig.* Tertiliano, *jurisconsulto del tiempo de Alejandro Severo.*

Tertyllianus, y Tertullianus, a, um. *Dig.* Lo perteneciente á Tertilo ó Tertulo, *nombre propio de varon.*

Teruncius, ii. *m. Varr.* El cuadrante, pequeña moneda romana, que valia la cuarta parte de un as ó tres onzas. ‖ Moneda ínfima. ‖ Una corta cantidad de dinero. *Teruncii non facere. Plaut.* No estimar en un bledo. *Ex teruncie haeredum facere. Cic.* Dejar á uno por heredero de una cuarta parte.

Tervenēficus, a, um. *Plaut.* Grande hechicero.

Tesca, y Tescua, ōrum. *n. plur. Hor.* Lugares destinados para tomar los agüeros. ‖ *Varr.* Lugares consagrados en el campo á alguna divinidad.

Tesella, ae. f. *Plin.* Cuadrito, pieza, pedacito cuadrado, como los azulejos de los pavimentos, y los embutidos de las obras de taracea.

Tessellārius, ii. *m. Cod. Teod.* El que hace y compone los cuadritos ó azulejos en los pavimentos ó embutidos.

Tesellātim. *adv. Apic.* Por cuadritos ó piececitas pequeñas.

Tesellātus, a, um. *Suet.* Compuesto de cuadritos ó escaques. *part.* de

Tesello, as, avi, atum, are. *a. Inscr.* Cubrir, adornar de cuadritos, hacer obras de taracea.

Tessēra, ae. f. *Cic.* Dado para jugar. ‖ *Marc.* El cubo, figura geométrica que consta de seis lados. ‖ Pieza cuadrada de madera, tela, piedra ó metal para adornos y embutidos. ‖ La seña ó contraseña de la milicia. *Tessera frumentaria y nummaria. Suet.* Boleta ó libreta por la que se cobraba la racion ó sueldo. — *Hospitalis. Plaut.* Seña del hospedage.

Tesserārius, ii. *m. Tac.* El que comunica la contraseña en la milicia.

Tesserārius, a, um. *Amian.* Lo que pertenece al juego de los dados y á las señas de la milicia.

Tesserātus, a, um. *Sust.* Formado en cuadritos, escacado.

Tesserŭla, ae. f. *Varr.* Tablita para votar. ‖ Boleta para cobrar la racion de pan. ‖ Piedrecita, piececita para adornar los pavimentos y otras obras de mosáico.

Testa, ae. f. *Plin.* Toda vasija de barro cocido. ‖ *Varr.* La teja y ladrillo. ‖ Los fragmentos ó cascos de las vasijas de barro y de piedras ó huesos. ‖ Mancha en el cutis del color del barro. ‖ La concha de los peces. ‖ El mismo pez cubierto de concha. *Ov.* El hielo. ‖ *Aus.* El cráneo. *Testarum suffragia. Nep.* Los votos de las tablitas ó tejuelas, el ostracismo ó destierro de diez años entre los atenienses. ‖ *Juv.* Especie de sonajas, tarreñas ó castañuelas de cascos de barro ó de conchas de los peces que tocaban en los bailes.

Testabĭlis. *m. f. lē. n. is. Gel.* Que puede servir de testigo, que tiene derecho de deponer como tal, de dar su declaracion. ‖ Que puede testar, hacer testamento.

Testaceum, i. *n. Plin.* Barro, tierra machacada y mezclada con cal.

Testaceus, a, um. *Vitruv.* De barro cocido. ‖ *Plin.* Testaceo, que tiene concha, está cubierto con ella. ‖ *Plin.* De color de barro cocido.

Testāmen, ĭnis. *n. Tert.* Testimonio, declaracion.

Testamentārius, ii. *m. Ulp.* Notario, escribano, el que hace y escribe los testamentos. ‖ Falsario, el que los falsifica, contrahace ó supone.

Testamentārius, a, um. *Cic.* Testamentario, lo que pertenece al testamento.

Testamentum, i. *n. Cic.* El testamento, disposicion, declaracion de la última voluntad.

Testātim. *adv. Non.* En menudas piezas ó pedazos.

Testātio, ōnis. f. *Quint.* Testimonio, declaracion. ‖ Citacion de un testigo. ‖ Indicio, prueba, argumento para probar una cosa.

Testāto. *adv. Dig.* Habiendo testado, hecho testamento. ‖ Delante, en presencia de testigos.

Testātor, ōris. *m. Suet.* Testador, el que hace testamento. ‖ Atestiguador, testigo.

Testātrix, īcis. *f. Dig.* Testadora, la que hace testamento.

Testātus, a, um. *Cic. part.* de Testor. El que llama, cita, pone testigos. ‖ Cierto, conocido, manifiesto, probado, publicado, confirmado. ‖ *Hor.* El que prueba, da testimonio de algo. ‖ *Dig.* El que ha testado, testador.

Testeus, a, um. *Macrob.* Lo que es de barro cocido.

Testicŭlatus, a, um. *Veg.* Que tiene testículos.

Testicŭlor, aris, atus sum, āri. *dep. Fest.* Echar el macho á la hembra, y la hembra al macho para la procreacion. ‖ *Plaut.* Presentar, producir testigos.

Testicŭlus, i. *m. Cels.* El testículo.

Testificātio, ōnis. f. *Cic.* Deposicion, declaracion de testigos, prueba por medio de ellos. ‖ Prueba, testimonio.

Testificātus, a, um. *Ov.* El que ha llamado, citado ó presentado testigos. ‖ El que ha dado su declaracion. ‖ Testificado, probado. *part.* de

Testifĭcor, āris, ātus sum, āri. *dep. Cic.* Atestiguar, declarar, deponer como testigo. *Testificari aliquem. Cic.* Llamar, citar á uno por testigo. — *Sententiam. Cic.* Declarar, manifestar su parecer.

Testimoniālis. *m. f. lē. n. is. Tert.* Testimonial, que sirve de ó pertenece al testimonio. *Testimoniales. Veg.* Licencias dadas á los soldados por escrito.

Testimōnium, ii. *n. Ces.* Testimonio, declaracion, deposicion del testigo. ‖ Declaracion del ausente. ‖ Prueba, indicio, fe, argumento. *Abstinentiae hoc sat erit testimo-*

*nium. Nep.* Esta será prueba bastante de su desinterés. *Mutuum testimonium dare. adag.* Hazme la barba, hacerte he el copete. *ref.*

Testis, is. m. *Cic.* El testigo. ‖ *Plin.* Testículo. *Testis in aliquam rem.— De re aliqua.— Alicujus rei. Cic.* Testigo de alguna cosa. *Testes facere. Ter.* Poner por testigos.

Testitrahus, i. m. *Tert.* El carnero que parece trae arrastrando los testículos por su mucho volumen.

Testor, aris, atus sum, ari. *dep. Cic.* Atestiguar, deponer, declarar, ser testigo. ‖ Llamar, poner por testigo. ‖ Testar, hacer testamento. ‖ Afirmar, protestar. *Testor deos. Ter.* Pongo por testigos á los dioses.

Testu. *indecl. n. Cat.* La cobertera de barro. ‖ *Varr.* Vasija, olla de barro.

Testucium, ii. n. *Varr.* Bollo ó torta mas delicada, cocida separadamente.

Testudinatum, i. n. *Fest.* El domo, media naranja.

Testudinatus, a, um. *Vitruv.* y

Testudineatus, a, um. *Col.* y

Testudineus, a, um. *Marc.* Abovedado, arqueado en forma de concha de tortuga.

Testudineus, a, um. *Plaut.* De tortuga ó de su concha.

Testudo, inis. f. *Cic.* La tortuga, *animal anfibio.* ‖ Concha de tortuga. ‖ Bóveda. ‖ *Hor.* Instrumento músico que tenia la figura de una tortuga, la lira, citara, laud. ‖ Testudo ó tortuga militar *que formaban los soldados levantados los escudos sobre las cabezas, para resistir los golpes de los enemigos.* ‖ Galería hecha de madera con el mismo fin *que cubria á los zapadores de los muros. Testudo acuta. Marc.* El erizo que endereza sus puas. — *Volat. prov. Claud.* La tortuga vuela, *como entre nosotros volar un buey. ref.*

Testula, ae. f. dim. de *Testa. Col.* Pequeña vasija de barro ó casco de ella, tejuela. *Con tejuelas votaban los atenienses en los comicios. Testularum suffragiis è civitate ejectus. Nep.* Desterrado por las tejuelas, por el ostracismo. *Testula collabefieri. Nep.* Ser condenado á destierro por diez años.

Testum, i. n. *Sulp. Sever.* Vasija de barro. ‖ *Petron.* La teja.

Teta, ae. f. *Serv.* La paloma.

Tetanicus, a, um. *Plin.* Enfermo de convulsion ó rigidez del cuerpo, de los miembros.

Tetanothrum, i. n. *Plin.* Medicamento para quitar las arrugas y estirar el cutis.

Tetanus, i. m. *Plin.* Convulsion, contraccion, rigidez del cuerpo ó de los miembros.

Tetartaeum, i. n. *Col.* El número cuaternario.

Tetartemoria, ae. f. *Marc. Cap.* La mas breve distancia del tono músico que contiene su cuarta parte.

Tetartemorion, ii. n. *Plin.* La cuarta parte, en especial del zodiaco, esto es, tres signos.

Tetendi. *pret. de Tendo.*

Teter, a, um. trior, terrimus. *Cic.* Negro, oscuro, espeso, opaco. ‖ Feo, fiero, horrible, horroroso. ‖ Malo, cruel, torpe, flagicioso. ‖ Infecto, podrido, corrompido.

Tethalassomenum vinum. *Plin.* Vino mezclado con agua del mar.

Tethea, ae. f. y

Tethya, ae. f. *Plin.* Especie de pez marino ú hongo.

Tethys, yos. f. *Virg.* La diosa Tetis, *hija de Celo y Vesta, muger del Occéano, madre de los rios y de las ninfas.* ‖ El mar.

Tetigi. *pret. de Tango.*

Tetinerit. *ant. en lugar de Tenuerit. V. Teneo.*

Tetini, Tetinisse. *en lugar de Tenui, Tenuisse.*

Tetrachordum, i. n. *Marc. Cap.* El tetracordio, la serie de cuatro sones diferentes. ‖ *Vitruv.* Órgano hidráulico con cuatro diferentes sones. *Tetrachordum anni. Varr.* Las cuatro estaciones del año.

Tetrachordus, a, um. *Vitruv.* Que consta de cuatro cuerdas. ‖ De cuatro tonos, de cuatro juegos.

Tetracolum, i. n. *Sim.* Período cuadrimembre, de cuatro miembros. ‖ De cuatro versos. ‖ Lo que contiene el número de cuatro.

Tetradorus, a, um. *Vitruv.* Lo que tiene cuatro palmos de dimension.

Tetradrachma, ae. f. *Cic.* y

Tetradrachmum, i. n. *Liv.* Moneda de valor de cuatro dracmas.

Tetragnathium, ii. n. y

Tetragnathius, ii. m. *Plin.* Especie de araña.

Tetragonon, i. n. *Aus.* El tetrágono, *figura rectilínea de cuatro ángulos iguales.*

† Tetragonus, a, um. Lo que tiene cuatro ángulos.

† Tetragrammaton, i. n. El tetragrámaton, palabra que consta de cuatro letras, *por escelencia el nombre de Dios.*

† Tetrahedron, i. n. El tetraedro, *cuerpo cuya superficie es de cuatro triángulos equiláteros.*

Tetralix, icis. f. *Plin.* La yerba eriza, sísara ó brezo.

† Tetralogia, ae. f. La representacion de cuatro tragedias, *que se hacian en las fiestas de Baco.*

† Tetramenus, a, um. Que es de ó tiene cuatro meses.

Tetrameter, a, um. *Diom.* Tetrámetro, *dícese del verso que consta de cuatro pies.*

Tetrans, tis. com. *Vitruv.* Una cuarta, la cuarta parte. ‖ Lugar en que se cortan dos líneas cruzadas.

Tetrapharmacum, i. n. *Cels.* Emplasto compuesto de cuatro ingredientes, cera, pez, resina y sebo de buey. ‖ *Sparc.* Comida que se compone de cuatro manjares.

Tetraphori, orum. m. plur. *Vitruv.* Portadores que llevan entre cuatro.

Tetrapolis, is. f. Region de Siria, donde habia cuatro ciudades. ‖ Parte del Ática, donde habia otras cuatro.

Tetrapus, odis. *Apic.* El cuadrúpedo, título del libro octavo de Apicio, *en que trata de los manjares y condimento de los cuadrúpedos.*

Tetrarcha, ae. m. *Cic.* Tetrarca, *señor de la cuarta parte de un reino.*

Tetrarchia, ae. f. *Cic.* Tetrarquía, *señorío de la cuarta parte de un reino.*

Tetras, adis. f. *Marc. Cap.* El número cuaternario.

Tetrasticum, i. n. *Marc.* Cuarteta, epigrama, copla de cuatro versos.

Tetrasticus, a, um. *Salmas.* De cuatro órdenes.

† Tetrastrophus, a, um. Tetrástrofo, de cuatro estrofas ó estancias.

Tetrastylum, i. n. *Capitol.* Lugar en que hay cuatro colunas ó cuatro órdenes de ellas.

Tetrastylus, a, um. *Vitruv.* Que tiene cuatro colunas.

† Tetrasyllabus, a, um. Cuadrisílabo, de cuatro sílabas.

† Tetratericus, a, um. Que se hace cada cuatro años.

† Tetre, trius, terrime. adv. *Cic.* Cruel, fea, fiera, torpemente.

Tetrice. adv. *Cic.* Tétricamente, con un ademan triste, severo, fiero.

Tetricitas, atis. f. *Ov.* Mal humor, ceño, aire severo, tétrico.

Tetricus, a, um. *Liv.* Tétrico, triste, severo, ceñudo, de mal humor.

Tetrinnio, is, ire. n. *Aut. de Fil.* Graznar los ánades.

Tetritudo, inis. f. *Acc. V. Tetricitas.*

Tetro, as, are. a. *Non.* Ensuciar, manchar.

Tetrigometra, ae. f. *Plin.* La matriz que envuelve los huevecillos ó cresa de las chicharras.

Tetrigonia, ae. f. *Plin.* Cigarra pequeña.

Tetuli. *en lugar de Tuli. pret. de Fero.*

Teucer. *V. Teucrus.*

*Teuchites, ae. m. *Plin.* Especie de junco oloroso de Nabatea.

Teucri, orum. m. plur. *Virg.* Los troyanos.

Teucria, ae. f. *Virg.* La region de Troade. ‖ La ciudad de Troya.

*Teucrion, ii. n. *Plin.* La yerba esplenio.

Teucris, idis. f. *Sabin.* La muger troyana.

Teucrius, a, um. *Sil.* Troyano, teucro.

*Teucrus, y Teucer, i. m. *Virg.* Téucro, cretense, *hijo de Escamandro, que prófugo de su patria, fue á Frigia, casó con una hija de Dárdano, y dió nombre á Troya y á los troyanos.*

Teucrus, a, um. *Virg.* Teucro, troyano.

## THA

**Teuderium**, ii. n. *Paderborn, ciudad de Vestfalia.*

**Teumessus**, i. m. *Teumeso, monte de Beocia.*

**Teurichanae**, arum. m. plur. *Los turingios, pueblos de Alemania.*

**Teutates**, ae. m. *Luc.* *El Mercurio de los galos, á quien aplacaban con víctimas humanas.*

**Teuthalis**, idis. f. *Plin.* *La yerba sanguinaria ó polígono.*

**Teuthrania**, ae. f. *Trípoli, ciudad de Paflagonia.*

**Teuthrans**, tis. m. *Prop.* *Pequeño rio de Campania.*

**Teuthranteus**, a, um. *Plin.* *Teutranteo, de la region de Teutrancia en Misia.*

**Teuthrantia**, ae. f. *Plin.* *Teutrancia, region de Misia.*

**Teuthrantius**, a, um. *Ov.* *Lo que pertenece á Teutrante, hijo de Pandion, rey de Misia.*

**Teutoburgium**, ii. n. *Ciudad de Geldres.* ‖ *Ciudad de la alta Hungría.*

**Teutones**, um. m. plur. y

**Teutoni**, orum. m. plur. *Ces.* *Teutones, pueblos de Alemania.*

**Teutonicus**, a, um. *Luc.* *Teutónico, lo que es de ó pertenece á los teutones.* ‖ *Aleman, germánico.*

**Texelia**, ae. f. *Tegel, isla de Holanda.*

**Texi**. pret. de Tego.

**Texo**, is, xui, y xi, textum, xere. a. *Tert.* *Tejer, componer, hacer, fabricar.* ‖ *Escribir.* *Texere flores. Ov.* *Hacer una guirnalda de flores.* — *Plagas. Cic.* *Hacer redes.* — *Opus. Cic.* *Componer una obra.* — *Basilicam. Cic.* *Levantar un palacio.* — *Causas lethi. Prop.* *Maquinar la muerte. Ea tela texitur. Cic. Tal tela se va urdiendo ó tramando, tales van las cosas.*

**Texterna**, ae. f. *Apul.* *El obrador del tejedor.*

**Textile**, is. n. *Liv.* *El tejido.*

**Textilis**, m. f. le. n. is. *Cic.* *Tejido, entretejido. Textilis pictura. Cic. Tapicería.* — *Ventus. Petron.* *Ropa sutilísima, que iguala la sutileza del viento. Textilia serta. Marc. Coronas, guirnaldas, festones de flores. Textile aurum. Sen. Oro tejido, ó tejido de oro.*

**Textor**, oris. m. *Plaut.* *El tejedor.*

**Textorius**, a, um. *Col.* *Propio del tejedor ó de su arte, textorio.*

**Textricula**, ae. f. *Arnob.* *Tejedora. dim. de Textrix.*

**Textrina**, ae. f. *Col.* y

**Textrinum**, i. *Cic.* *El arte y obrador ó tienda del tejedor ó bordador.*

**Textrinus**, a, um. *Jul. Firm.* *Lo que pertenece al tejedor, á su oficio, á sus telares y obrador.*

**Textrix**, icis. f. *Tib.* *La tejedora.*

**Textum**, i. n. *Ov.* *El tejido, la obra tejida. Textum vimineum. Marc. Cesta, canastillo de mimbres.* — *Dicendi. Quint.* *El estilo.*

**Textura**, ae. f. *Luc.* y

**Textus**, us. m. *Plaut.* *La tejedura, la accion y obra de tejer, testura.* ‖ *Quint.* *El contesto de la oracion. Textus foederum. Amian.* *El tenor de los tratados.* — *Gestorum. Id.* *Serie, narracion de los hechos.*

**Textus**, a, um. part. de Texo. *Cic.* *Tejido, entretejido. Textum coecis parietibus iter. Virg. El camino intrincado y enredoso del laberinto de Creta.*

**Texui**. pret. de Texo.

## TH

**Thalamegus**, i. m. *Suet.* *Nave egipcia, hecha para diversion y delicia, llamada así porque estaba adornada con lechos y todo género de comodidades de lujo.*

† **Thalamentria**, ae. f. *Camarera, moza de cámara.*

† **Thalamepolus**, a, um. *Camarero, ayuda de cámara.*

**Thalamia**, ae. f. *Ciudad de Tesalia.* ‖ *Agujero por donde se pasa el remo.*

† **Thalamita**, ae. m. y

**Thalamius**, ii. m. *Remero, forzado de galera.*

**Thalamus**, i. m. *Vitruv.* *Cámara, aposento de los casados, alcoba de un matrimonio.* ‖ *De las mugeres.* ‖ *El matrimonio.* ‖ *El tálamo ó lecho nupcial.* ‖ *Colmena, corcho de abejas.* ‖ *La concavidad del ojo. Thalamum eumdem inire. Ov. Casarse á un tiempo.*

## THE

**Thalassa**, ae. n. indecl. *Apic.* *El mar, título de un libro de Apicio, en que trata de los pescados, de sus condimentos y salsas.*

* **Thalassegle**, es. f. *Plin.* *Yerba, cuyo zumo bebido, segun Plinio, hace á los hombres delirantes.*

† **Thalassiarcha**, ae. m. *Almirante de mar.*

† **Thalassiarchia**, ae. f. *Almirantazgo, generalato de mar.*

**Thalassicus**, a, um. *Plaut.* y

**Thalassinus**, a, um. *Lucr.* *Marino, cerúleo, de color verdemar.*

**Thalassio**, onis. m. *Marc. V. Thalassius.*

**Thalassion phycos**. f. *Plin.* *La alga ú ova marina, yerba semejante á la lechuga.*

**Thalassites vinum**. n. *Plin.* *Vino cocido en el mar, que se introduce en él con sus vasijas para que se adelante su sazon.*

**Thalassius**, ii. m. *Cat.* *Talasio, Himeneo, dios que presidia á las bodas.* ‖ *Epitalamio, cancion nupcial.*

**Thalassius**, a, um. *Sid.* *Marítimo, marino del mar.*

* **Thalassomeli**, itos. n. *Plin.* *Agua medicinal, compuesta de iguales porciones de agua del mar, de miel y agua llovediza.*

† **Thalassometra**, ae. m. *Medidor del mar.* ‖ *El piloto.*

† **Thalassurgus**, i. m. *El marinero.*

**Thalassus**, i. m. *Marc. V. Thalassio.*

**Thales**, is, y etis. m. *Cic.* *Tales milesio, uno de los siete sabios de Grecia, el primero que cultivó la física, la astronomía y geometría, de quien procedió despues la secta jónica.*

**Thaleticus**, a, um. *Sid.* *Lo perteneciente á Tales, filósofo milesio.*

**Thalia**, ae. f. *Virg.* *Talia, una de las nueve musas.* ‖ *Una de las Gracias.* ‖ *Una ninfa de Sicilia.*

**Thalietrum**, i. n. *Plin.* *Yerba semejante en las hojas al coriandro, buena para las heridas.*

**Thalliophori**, orum. m. plur. *Los que llevaban ramos de oliva en los panateneos de Atenas.*

**Thallus**, i. m. *Col.* *El tallo ó troncho de las legumbres.* ‖ *El ramo de oliva con hojas y frutos.*

**Thaluda**, ae. m. *Tagaza, rio del reino de Fez.*

**Thalysia**, orum. n. plur. *Fiestas de Atenas en honor de Ceres despues de la recoleccion de granos.*

**Thamarus**, i. m. *El Tamaro, rio del reino de Nápoles.*

**Thamesis**, is. m. *El Támesis, rio de Inglaterra.*

**Thamnum**, y Tamnum, i. n. *Col.* y

**Thamnus**, i. m. *Col.* *Una especie de arbusto.* ‖ *El mes de junio.*

**Thapsia**, ae. f. *Plin.* *La férula ó cañaheja.*

**Thapsus**, i. f. *Plin.* *Tapso, península de África.* ‖ *Ciudad de Sicilia.*

† **Thargelia**, orum. n. plur. *Fiestas en Atenas á Apolo y Diana.* ‖ *El mes de abril.*

† **Thargelus**, i. m. *Pote ó marmita en que se cocian las primicias de los frutos en honor de Apolo y Diana.*

**Tharsis**, is. f. *Tarso, ciudad de Cilicia.*

**Thasius**, a, um. *Virg.* *Lo que es de la isla de Taso.*

**Thasus**, i. f. *Plin.* *Taso, isla del mar Egeo muy abundante de frutas y de mármoles.*

**Thau**. n. indecl. *Bibl.* *Tau, la última letra del alfabeto hebreo.*

**Thaumanteus**, a, um. *Ov.* *Lo perteneciente á la hija de Taumante, á Iris.*

**Thaumantias**, adis. f. y

**Thaumantis**, idis. f. *Cic.* *La hija de Taumante, Iris, la ministra y mensagera de Juno.* ‖ *De Júpiter.*

**Theamedes**, is. f. *Plin.* *Piedra de Etiopia opuesta al iman, que dice despide de sí el hierro.*

**Theatralis**, m. f. le. n. is. *Cic.* y

**Theatricus**, a, um. *S. Ag.* *Teatral, lo que es de ó pertenece al teatro.*

**Theatridium**, ii. n. *Varr.* *Teatrico, teatro pequeño.*

**Theatrum**, i. n. *Cic.* *El teatro.* ‖ *Lugar célebre espuesto á la vista de todos.* ‖ *Cic.* *Los espectadores, los que asisten al teatro.*

**Tebas**, ae. f. *Tebas, ciudad de Cilicia.*

Thebae, ārum, y Thebe, es. f. Plin. Tebas, ciudad célebre de Egipto, capital de la Tebaida. ‖ De Beocia, fundada por Cadmo.

Thebacus, a, um. Claud. V. Tebaicus.

Thebaicae, ārum. f. plur. Estac. Las palmas ó los dátiles, su fruto.

Thebaicus, a, um. Plin. Tebano, de Tebas, propio de la Tebaida.

Thebais, ĭdis. f. Plin. La Tebaida, region de Egipto. ‖ La Tebaida, poema de Papinio Estacio, que contiene la guerra que hicieron los argivos á los tebanos de Beocia, en que se mataron uno á otro los dos hermanos Eteocles y Polinices. ‖ Título de una tragedia de Séneca.

Thebaides, um. f. plur. Ov. Las mugeres tebanas.

Thebāni, ōrum. m. plur. Cic. Tebanos, los habitantes de Tebas.

Thebanus, a, um. Luc. Tebano, lo que pertenece á Tebas, en especial la de Beocia.

Thebe, es. f. Ov. Tebe, ninfa que dió nombre á la ciudad de Tebas. ‖ La ciudad de Tebas.

† Thebet, idec. m. El mes de enero.

Theca, ae. f. Cic. Estuche, caja, gabeta, y todo lo que sirve para guardar alguna cosa de poco volúmen.

Thecatus, a, um. Sid. Guardado en caja, estuche, bolsa &c.

Thedo, ōnis. m. Auson. Cierto pez.

Thela, ae. m. El Tille, rio de Suiza.

Thelygonon, i. n. Plin. Teligono, yerba.

Thelyphonon, i. n. Plin. La yerba escorpion. ‖ La acónito.

Thelyptēris, is. f. Plin. El helecho hembra, yerba.

Thelxiope, es. f. Cic. Telxiope, una de las cuatro musas hijas del segundo Jove.

Thema, ătis. n. Sen. El tema, argumento, materia de un tratado ó disputa. ‖ Suet. Horóscopo, posicion del cielo al tiempo del nacimiento de alguno.

Themis, ĭdis. f. Ov. Temis, diosa de los vaticinios y de la justicia.

Themiscyraeus, a, um. Amian. Perteneciente á la ciudad de Temiscira.

Themiscyra, ae. f. Amian. Temiscira, ciudad marítima de Capadocia.

Themistocleus, a, um. Cic. De Temístocles.

Themistocles, is. m. Nep. Temístocles, famoso general ateniense, debelador de los persas en Salamina, que murió desterrado en Asia.

Thensae, ārum. f. plur. Cic. Andas en que llevaban en procesion los simulacros de los dioses.

Theodamanteus, y Thiodamanteus, a, um. Prop. Lo que pertenece á Teodamente, rey de los driopes en Epiro, padre de Hila, muerto por Hércules.

Theodoreus, a, um. Quint. Lo que pertenece al famoso retórico Teodoro gadareo, como sus discípulos.

Theodoricianus, a, um. Sid. Lo que pertenece á Teodorico, rey de los godos.

Theodosianus, a, um. Lo que pertenece al emperador Teodosio, como el código teodosiano, llamado asi de Teodosio el menor, que vivió en el v siglo de Cristo, y contiene las constituciones de los príncipes cristianos.

Theoenia, ōrum. n. plur. Bacanales, fiestas de Baco.

Theognis, ĭdis. m. Gel. Teognis, poeta griego antiquísimo, de donde vino á ser proverbio Priusquam Theognis nasceretur, para significar una cosa muy antigua.

Theogonia, ae. f. Cic. La Teogonia, genealogía de los dioses, poema de Hesiodo.

Theologia, ae. f. S. Ag. Teología, ciencia que trata de Dios, y de lo que se refiere próximamente á la divinidad.

† Theologice. adv. Teológicamente, segun los dogmas de la teología.

Theologicus, a, um. Amian. Teológico, perteneciente á la teología.

Theologus, i. m. Cic. Teólogo, el que trata de la ciencia de Dios, y contemplacion de las cosas divinas.

Theoninus, a, um. Hor. Lo que pertenece al poeta Teon, satírico terrible. Teonino dente rodere. Hor. Satirizar con acrimonia y malignidad.

† Teophania, ae. f. Aparicion de Dios.

Theopŏlis, is. f. Antioquía, ciudad de Siria.

Theopompeus, y Theopompinus, a, um. ó

Theopompius, a, um. Cic. Lo perteneciente á Teopompo, orador é historiador de Guido, discípulo de Isócrates, muy mordaz en sus escritos.

Theorēma, ătis. n. Cic. Teorema, demostracion de una proposicion sujeta á la especulacion, proposicion cuya verdad se ha de demostrar, especulacion.

Theorematium, ii. n. Gel. Breve teorema.

Theoretica, ae. f. y

Theoretice, es. f. Quint. La teoría ó especulativa, arte que para en la contemplacion de las cosas.

Theoria, ae. f. Cic. Especulacion, estudio.

Theorice, es. f. S. Ger. La teórica ó especulativa.

† Theoticus, a, um. Divino.

† Theotimus, i. m. Amigo de Dios.

* Theotŏcos, i. f. Dig. La madre de Dios, la Virgen María.

Theramnaeus, a, um. V. Therapnaeus.

† Therapeuta, ae. m. El médico. ‖ Salvador. ‖ Monge, sacerdote.

† Therapeutice, es. f. Método de curar las enfermedades.

Theraphim. ind. n. Bibl. Idolos.

Therapnae, ārum. f. plur. Ov. Terapna, ciudad de Lacedemonia, patria de Helena.

Therapnaeus, a, um. Ov. Lo que pertenece á la ciudad de Terapna. ‖ Lacedemonio. ‖ Tarentino. ‖ Sabino.

Therasia, ae. f. Santenin, isla del mar egeo.

† Therates, ae. m. El cazador.

† Thereutice, es. f. El arte de la caza.

Theriaca, ae. f. y

Theriace, es. f. Plin. La triaca, medicina contra todo veneno.

Theriacus, a, um. Plin. Lo que es contra veneno, en especial contra las mordeduras de animales venenosos.

Therioma, ătis. f. Cels. Fístula, especie de úlcera.

Therionarca, ae. f. Plin. Yerba de los magos, con virtud de entorpecer á las serpientes.

Theritrophium, ii. n. Varr. Parque. ‖ Vivar donde se crian animales.

Theristrum, i. n. Bibl. Ropa muy ligera de verano. ‖ Velo que llevaban en especial en verano las mugeres de Egipto.

Therma, ae. f. Parte de Sicilia. ‖ Ciudad de Bitinia.

Thermae, ārum. f. plur. Marc. Termas, baños calientes. ‖ Estufas para calentar el agua de los baños. ‖ El lugar de los baños.

Thermae, ārum. f. plur. Bath, ciudad de Inglaterra. ‖ Ciudad de Tracia.

Thermae Himerenses. Ciudad de Sicilia.

Thermae Selinuntiae. Ciudad de Sicilia.

Thermae Stygianae. Ciudad de Toscana.

Thermaeus, y Thermaicus sinus. Tac. El golfo de Salónica en Macedonia, en el mar egeo.

Thermanticus, a, um. Apul. Que tiene virtud ó fuerza de calentar.

Thermapala ova. Prisc. Huevos calientes y blandos.

Thermarius, ii. m. Inscr. El bañero, el que cuida de los baños.

Thermefacio, is, feci, factum, cĕre. a. Plaut. Hacer calentar los baños.

Thermitānus, a, um. Cic. Lo perteneciente á la ciudad de Termas de Sicilia.

Thermŏdon, ontis. m. Virg. Termodonte, hoy Pormon, rio de Macedonia.

Thermodonteus, a, um. y

Thermodontiacus. y

Thermodontius, a, um. Ov. Lo perteneciente al rio Pormon, y á las Amazonas que habitaron sus riberas.

† Thermodotes, ae. m. El que suministraba el agua caliente en los baños.

Thermopŏla, ae. m. El hostelero que vende viandas calientes.

Bbbbb 2

† **Thermŏpōlium**, ii. n. *Plaut.* Hostería, taberna donde se venden cosas de comer calientes.

**Thermŏpōto**, as, āre. a. *Plaut.* Beber bebidas calientes.

**Thermŏpўlae**, ārum. f. plur. *Liv.* Termópilas, desfiladero del monte Oeta en Tesalia para pasar de la Ftiotide á la Focide, famoso por la resistencia de los lacedemonios, bajo la conducta de Pelópidas.

**Thermospodium**, ii. n. *Apic.* La chofeta ú otra vasija de cocina semejante, llena de ceniza caliente ó rescoldo para calentar alguna cosa, ó para que no se enfrie.

**Thermŏlae**, ārum. f. plur. *Marc.* dim. de Termae. Baños pequeños.

**Therodamantēus**, a, um. *Ov.* Lo perteneciente á Terodamante, rey cruelísimo de Escitia, que criaba con carne humana los leones.

**Theraītes**, ae. m. *Juv.* Tersites, griego feísimo, que hablando mal de Aquiles en el cerco de Troya, fue muerto por él de una puñada. ‖ *Sen.* Maldiciente, mal hablado, murmurador.

**Thesaurārius**, ii. m. *Cod. Teod.* El tesorero.

**Thesaurārius**, a, um. *Plaut.* Lo que pertenece al tesoro.

**Thesaurensis**, is. m. *Dig.* El tesorero.

**Thĕsaurizo**, as, āre. n. *Bibl.* Atesorar, juntar riquezas.

**Thessaurochrysonicochrysēides**. m. *Plaut.* Voz inventada para significar el oro, y los nombres de dos personas Crisónico y Crises. Esto es la avaricia y rapiña de un rico.

**Thesaurus**, i. m. *Cic.* El tesoro, repuesto de dinero y alhajas. ‖ El arca ó lugar en que se guarda. ‖ *Dig.* Depósito antiguo de que ya no hay memoria ni dueño. ‖ *Vitruv.* Almacen. ‖ *Virg.* Panal de miel. *Thesauri maxillarum. Plin.* Los huecos de las encias.

**Thesēis**, ĭdis. f. *Juv.* La Teseida, poema de Codro, que contenia los hechos de Teseo.

**Theseius**, a, um. *Ov.* y

**Theseus**, a, um. *Sen.* Lo perteneciente á Teseo.

**Thēseus**, i. m. *Ov.* Teseo, hijo de Egeo, rey de Atenas, y de Etra, domador de monstruos y de tiranos como Hércules, que desterrado del reino y de su patria, murió en Esciros á manos de Nicomedes.

**Thesēidae**, ārum. m. plur. *Virg.* Los atenienses, cuyo rey fue Teseo.

**Thesēides**, ae. m. *Ov.* Hipólito, hijo de Teseo, despedazado por sus caballos desbocados, por la peticion que Neptuno otorgó á su padre, á quien le habia acusado falsamente su madrastra Fedra.

**Thĕsis**, is. f. *Cic.* Tesis, cuestion universal. ‖ Materia, argumento, tema de una declamacion, de un discurso. ‖ Problema, proposicion.

**Thesmŏphōria**, ōrum. n. plur. *Just.* Sacrificios de Ceres.

**Thesmŏphŏrus**, a, um. *Inscr.* Legislador, legisladora. Dícese de Ceres, la primera que enseñó la agricultura.

**Thesmothetae**, ārum. m. plur. Ciertos magistrados de Atenas.

**Thespiacus**, a, um. *V.* Tespius.

**Thespiădae**, ārum, y dum. m. plur. *Ov.* Los descendientes de los hijos que tuvo Hércules en las cincuenta hijas de Tespio.

**Thespiădes**, ae. m. *Val. Flac.* Tifis, piloto de la nave Argos, natural de Tespias, de quien se dice que inventó el timon para gobernar la nave.

**Thespiae**, ārum. f. plur. *Cic.* Tespias, ciudad de Beocia, domicilio de las musas, donde estaba la famosa estatua de un Cupido de marmol hecha por Praxiteles.

**Thespias**, adis. f. *Ov.* Hijas de Tespio, fueron cincuenta, á todas las que Hércules hizo madres. *Thespiades Deae. Ov.* Las Musas, asi llamadas de la ciudad de Tespias.

**Thespiensis**. m. f. sĕ. n. is. *Cic.* y

**Thespii**, ōrum. m. plur. *Arnob.* Tespios, los moradores de la ciudad de Tespias.

**Thespius**, a, um. *Val. Flac.* Lo que es de la ciudad de Tespias en Beocia.

**Thespius**, ii. m. *Ov.* Tespio, hijo de Teutrante, rey de Misia: tuvo cincuenta hijas, todas mugeres de Hércules.

**Thesprōtis**, ĭdis. f. *Avien.* y

**Thesprōtius**, a, um. *Liv.* y

**Thesprōtus**, a, um. *Col.* Tesprocio, de Tesprocia, region marítima de Epiro. ‖ Cumano, de la costa de Cumas.

**Thessālia**, ae. f. *Plin.* Tesalia, region de Macedonia.

**Thessālĭcus**, a, um. *Plin.* Tesálico, tesalo, de Tesalia.

**Thessālis**, ĭdis. f. *Ov.* Tesalia, ó tesala, la que es de Tesalia. ‖ Mágica, hechicera, porque tenian esta fama las mugeres de Tesalia.

**Thessālius**, a, um. *Ov. V.* Thessalicus.

**Thessălōnīca**, ae. f. y

**Thessălōnīce**, es. f. *Cic.* Tesalónica, hoy Salónica, ciudad de Macedonia.

**Thessălōnicenses**, ium. m. plur. *Plin.* Tesalonicenses, los moradores de Tesalónica.

**Thessălōnicensis**. m. f. sĕ. n. is. *Plin.* Tesalonicense, de la ciudad de Tesalónica.

**Thessălus**, a, um. *Plin. V.* Thessalius.

**Thestiădes**, ae. m. *Ov.* Hijo ó nieto de Testio, lacedemonio.

**Thestias**, ădis. f. *Ov.* Hija de Testio, Altea ó Leda.

**Thestŏrĭdes**, ae. m. *Ov.* Hijo ó nieto de Testor, Calcas, el célebre agorero griego en la espedicion troyana.

**Thēta**. ind. n. *Pers.* Teta, th, letra del alfabeto griego. ‖ Nota de condenacion en los votos, como la C entre los latinos.

**Thētis**, is, y ĭdis. f. *Catul.* Tetis, ninfa del mar, hija de Nereo y Doris, muger de Peleo, rey de Tesalia, madre de Aquiles. ‖ *Marc.* El mar.

**Theumesius**, a, um. *Estac.* Lo perteneciente á Teumeso, monte de Beocia junto á Tebas.

**Theurgia**, ae. f. *S. Ag.* Especie de mágia, que por ciertos sacrificios hacia evocacion de los dioses.

**Theurgĭcus**, a, um. *S. Ag.* Lo perteneciente á la magia ó evocacion de las sombras y de los dioses.

**Theurgus**, i. m. *S. Ag.* El mago ó mágico.

**Thia**, ae. f. *Cat.* Tia, muger de Hiperion, madre del Sol.

**Thiasītas**, ātis. f. *Fest.* La compañia.

**Thiăsus**, i. m. *Virg.* Danza de los bacanales, de las fiestas de Baco.

**Thigernum**, i. n. *Tiers*, ciudad de la baja Auvernia.

**Thinissa**, ae. f. Tunez, ciudad de África.

**Thiodamantēus**, a, um. *Properc.* Lo que es de ó pertenece á Tiodamante, padre de Hila.

**Thisbeus**, a, um. *Ov.* Lo perteneciente á Tisbe, ciudad de Beocia.

✝ **Thlasias**, ae. m. *Dig.* Eunuco, castrado, no á hierro, sino por compresion como los bueyes.

**Thlapsi**. ind. n. *Plin.* y

**Thlaspis**, is. f. *Cels.* La yerba tlaspi.

**Thlĭlias**. m. *Dig. V.* Thlasias.

**Thoantēus**, a, um. *Val. Flac.* Propio del rey Toante.

**Thoantias**, ădis. f. *Ov.* y

**Thoantis**, ĭdis. f. *Estac.* Hija de Toante, Hipsipile.

**Thoas**, antis. m. *Ov.* Toante, rey de Quersoneso táurica. ‖ Otro hijo de Baco y Ariadna, rey de la isla de Lemnos, padre de Hipsipile.

**Toeda**, ae. f. El Tove, rio de Poitou.

**Thoes**, um. m. plur. *Plin.* Especie de lobos velocísimos.

**Thŏlus**, i. m. *Vitruv.* La cópula del edificio. ‖ Edificio de figura redonda, bóveda.

**Thōmix**, ĭcis. f. *Fest.* La tomiza, cuerda ó soguilla de esparto. ‖ Cáñamo, esparto de que se hacen las cuerdas y cables.

**Thoracātus**, a, um. *Plin.* Armado de coraza.

**Thōrax**, ācis. f. *Cels.* El pecho, el estómago. ‖ Coraza, coselete, loriga, y todo género de armadura y vestido que cubre el pecho.

**Thoria lex**. *Cic.* Ley agraria, promulgada por Espurio Torio, tribuno de la plebe.

**Thorunum**, i. n. Thorn, ciudad de la Prusia Real.

**Thot**. ind. n. *Cic.* Nombre del quinto Mercurio entre los egipcios. ‖ El mes de enero entre los mismos.

**Thous**, i. m. *Ov.* Corredor, nombre de un perro.

**Traca**, ae. f. y

**Thrace**, es. f. *Virg.* y

**Thracia**, ae. f. *Mel.* La Tracia, hoy Romanía, *region vasta de Europa.*

**Thracica Chersonesus**. f. La Quersoneso de Tracia.

**Thracidia**, ōrum. n. plur. *Cic.* Armas de los gladiadores armados á la moda tracia.

**Thracius**, a, um. *Virg.* Tracio, de Tracia. *Thracius lapis. Plin.* Especie de piedra que se enciende echándole agua encima, y se apaga echándole aceite.

**Thranis**, is. f. *Plin.* Pez del género cetáceo, llamado tambien gifia.

† **Thrascias**, ae. m. *Plin.* El viento tramontana ó nornordeste.

**Thraso**, ōnis. m. *Ter.* Trason, *nombre de un soldado vanaglorioso.* ‖ Jactancioso, fanfarron.

**Thrasonianus**, a, um. *Sid.* Lo perteneciente á Trason. V. *Thraso.*

**Thrax**, ācis. m. *Virg.* Trace, tracio, el que es de Tracia. ‖ Gladiador armado como los tracios.

**Threce**, es. f. *Ov.* La Tracia.

**Threcidicus**, a, um. *Cic.* Tracio, de Tracia.

**Threciscus**, i. m. *Capit.* Tracio despreciable.

**Threcius**, a, um. *Ov.* y

**Threicius**, a, um. *Cic.* Tracia, de Tracie.

**Threissa**, y **Thressa**, ae. f. *Virg.* La muger tracia.

**Threnus**, i. m. *Auson.* Treno, lamentacion, llanto fúnebre, lastimoso.

† **Threnodia**, ae. f. Lamentacion, llanto fúnebre.

**Threx**, ecis. V. *Trax.*

**Thridacias**, ae. f. y

**Thridax**, ācia. f. *Seren.* La lechuga silvestre ó mandrágora hembra.

**Trips**, ipis. m. *Plin.* Gusano, tinea ó carcoma, que roe la madera.

**Thronus**, i. m. *Suet.* El trono ó solio.

**Thryallys**, ĭdis. f. *Plin.* Yerba de las espigadas. ‖ Otra, cuyas hojas pueden servir de mechas ó torcidas de luz.

**Thucydides**, is. m. *Cic.* Tucídides, *famoso historiador ateniense.*

**Thucydidius**, a, um. *Cic.* Propio de Tucídides.

**Thule**, y **Thyle**, es. f. *Mel.* Tule, *la última de las islas conocidas de los romanos en la playa boreal de Europa, que algunos dicen ser la Islandia.*

**Thumnus**, i. m. *Hor.* El atun, *pescado de mar.*

**Thurarius**, ii. m. *Jul. Firm.* El que vende ó maneja incienso.

**Thurarius**, a, um. *Plin.* Lo que pertenece al incienso. *Vicus Thurarius. Cic.* Barrio de Roma en la region octava.

**Thureus**, a, um. *Ov.* Lo que es de incienso.

**Thuribulum**, i. n. *Cic.* El incensario, turíbulo.

**Thuricremus**, a, um. *Virg.* El que quema incienso. ‖ Lugar donde se quema, se ofrece.

**Thurifer**, a, um. *Plin.* Que lleva ó produce incienso.

† **Thuriferarius**, ii. m. Turiferario, el que lleva el incensario.

**Thurificator**, ōris. m. *S. Ag.* El que ofrece incienso á los dioses.

**Thurii**, ōrum. m. plur. *Plin.* Turios, *ciudad de la magna Grecia, fundada por Filoctetes cerca de donde estuvo Sibaris, ciudad infame por sus delicias.*

**Thurilegus**, a, um. *Ov.* El que coge incienso.

**Thuringi**, ōrum. m. plur. Turingios, *los pueblos de Turingia.*

**Thuringia**, ae. f. Turingia, *provincia de la alta Sajonia.*

**Thurini**, ōrum. m. plur. *Liv.* Los moradores del campo y ciudad de Turios en la magna Grecia.

**Thurinus**, a, um. *Hor.* Lo perteneciente á la ciudad de Turios.

**Thurium**, ii. n. *Col.* Turios, *ciudad de la magna Grecia. V. Thurii.*

**Thus**, ūris. m. *Cic.* El incienso.

**Thusci**, ōrum. m. plur. *Liv.* Los toscanos.

**Thuscia**, ae. f. *Liv.* La Tosc na, *gran ducado de Italia.*

**Thusculum**, i. n. *Plaut.* Granito de incienso.

**Thuscus**, a, um. *Plin.* Toscano, de Toscana.

**Thya**, ae. f. *Plin.* El cedro, *árbol odorífero de Cirenaica.*

**Thyades**, dum. f. plur. *Hor.* Tiadas, Bacantes, *sacerdotisas de Baco.*

**Thyasus**, i. m. *Virg.* Danza en honor de Baco.

**Thyatira**, ae. f. *Plin.* Tiatira, *ciudad de Lidia.* ‖ Isla del mar jónico.

**Thyatireni**, ōrum. m. plur. *Plin.* Tiatirenos, los moradores de la ciudad de Tiatira.

**Thyatirenus**, a, um. *Plin.* Lo que pertenece á la ciudad de Tiatira.

**Thyestes**, ae. m. *Cic.* Tiestes, *hijo de Pelope y de Hipodamia, nieto de Tántalo, á quien su hermano Atreo dió á comer sus propios hijos en venganza del adulterio que habia cometido con su muger.*

**Thyesteus**, a, um. *Ov.* Lo perteneciente á Tiestes.

**Thyestiades**, ae. m. *Ov.* Hijo ó nieto de Tiestes, Egisto.

**Thyiae**, arum. f. plur. Las Bacantes, las sacerdotisas de Baco.

**Thyinus**, a, um. *Bibl.* Cedrina, de madera de cedro.

**Thyites**, ae. m. *Plin.* Piedra muy dura *de que se hacian los morteros.*

**Thymbra**, ae. f. *Col.* La yerba agedrea, timbra.

**Thymbra**, ae. f. *Plin.* Timbra, *ciudad de la Troade.*

**Thymbraeus**, a, um. *Virg.* Lo perteneciente á la ciudad de Timbra, á su campo y monte, *en que habia un templo de Apolo, de que tomó el sobrenombre de Timbreo, en el cual mató Páris á Aquiles.*

**Thymelaea**, ae. f. *Plin.* Arbusto, llamado tambien chamelea, *en que nace el grano gnido, el torvisco.*

**Thymele**, es. f. *Marc.* La orquesta, *tribuna en que estaban los músicos en el teatro de Atenas.*

**Thymelici**, ōrum. m. plur. *Vitruv.* Músicos del teatro de Atenas.

**Thymelicus**, a, um. *Apul.* Escénico, teatral, lo perteneciente á la escena y á la música del teatro. *Thymelicus pes.* Pie métrico, de cinco sílabas, como constituebam.

**Thymiama**, ătis. n. *Cels.* La timiama, *perfume de olor suavísimo.*

**Thymismaterium**, ii. n. *Plin.* y

**Thymiaterium**, ii. n. *Plin.* Incensario, braserillo para quemar perfumes.

**Thyminus**, a, um. *Col.* De tomillo.

† **Thymion**, ii. n. *Plin.* La timia, *especie de berruga.*

**Thymites**, ae. m. *Col.* Vino aderezado con tomillo.

**Thymnus**, i. m. *Plin.* El atun, *pescado de mar.*

**Thymosus**, a, um. *Plin.* Abundante de tomillo.

**Thymum**, i. n. *Plin.* El tomillo, *mata olorosa muy conocida.*

**Thymus**, i. f. *Plin.* La berruga.

**Thyni**, ōrum. m. plur. *Cat.* Los tinios, *pueblos de Tracia.*

**Thynia**, ae. f. *Cat.* Tinia, *region de Bitinia, que habitaron los tinios, pueblos de Tracia.*

**Thyniacus sinus**. *Ov.* El golfo Tiniaco, *en la costa occidental del Ponte Euxino.*

**Thynias**, ădis. f. y **Thyniades**, dum. f. plur. *Prop.* Las ninfas de Bitinia.

**Thynnarius**, a, um. *Ulp.* Lo que pertenece á los atunes.

**Thynus**, a, um. *Hor.* Lo perteneciente á los tinios y á los bitinios.

**Thynus**, i. m. *Plin.* El atun pescado.

**Thyone**, es. f. *Cic.* Tione, *muger de Niso, madre ó nodriza de Baco.*

**Thyoneus**, i. m. *Hor.* Tioneo, *sobrenombre de Baco, de Tione su madre ó nodriza.*

**Thyonianus**, i. m. *Cat.* Lo perteneciente á Baco Tioneo. Habla de un vino puro.

**Thyre**, es. f. *Estac.* Tire, *ciudad de los mesenios.*

**Thyreatis**, ĭdis. f. *Ov.* La ciudadana de Tire.

**Thyroma**, ătis. n. *Vitruv.* La puerta.

**Thyrreni**, ōrum. m. plur. *Liv.* Los tirrenos, toscanos, *pueblos de Italia.*

**Thyrrenus**, a, um. *Liv.* Tirreno, toscano, de Toscana.

**Thyrsagetae**, ārum. m. plur. *Val. Flac.* Los Tirsagetas, *pueblos barbaros de Sarmacia.*

**Thyrsiculus**, i. m. *Apul.* Pequeño tirso.

Thyrsĭger, a, um. *Sen.* Que lleva en la mano un tirso, *sobrenombre de Baco.*

Thyrsus, i. m. *Plin.* El tronco, tallo, troncho de las plantas. ‖ Tirso, vara ó pica, *cuyo hierro estaba cubierto de yedra y hojas de parra, que llevaba Baco y los que asistian á sus sacrificios.* ‖ Ardor, furor, estímulo.

Thysdritānus, a, um. *Plin.* Tisdritano, lo perteneciente á Tisdro, *ciudad de Africa.*

Thysdrum, ó Thusdrum, i. n. ó Thysdris, is. f. *Plin.* Tisdro, *ciudad de Africa, junto á la Sirte menor.*

Thysias, ădis. f. Bacante, *sacerdotisa de Baco.* ‖ El grito ó algazara de las bacantes.

Thyssagĕtae, y Thussagetae, arum. m. plur. *Mel.* Los Tirsagetas, *pueblos bárbaros de Sarmacia.*

## TI

Tiara, ae. f. *Ov.* y
Tiăras, ae. m. *Virg.* La tiara, *ornamento de la cabeza con punta como mitra, y sin ella como turbante, de que usaban los sacerdotes y reyes de Persia y Frigia.*

Tiarātus, a, um. *Sid.* Que lleva una tiara en la cabeza.

Tibarēni, ōrum. m. plur. *Tibarenos, los pueblos de Capadocia.*

Tiberejus, a, um. *Estac.* y
Tibĕriānus, a, um. *Suet.* Lo perteneciente á Tiberio, *el tercero de los emperadores romanos.*

Tibĕrias, ădis. f. Tiberiade, *ciudad de Palestina.*

Tibĕrīna ostia. n. Ostia, *ciudad á la embocadura del rio Tiber.*

Tibĕrīnis, ĭdis. f. *Ov.* Ninfa del Tiber, que habita en el Tiber ó en su ribera.

Tibĕrīnus, i. m. *Virg.* El rio Tiber. ‖ *Liv.* Un rey de Alba, *que ahogado en este rio, le dejó su nombre.*

Tibĕrīnus, a, um. *Liv.* Tiberino, lo que pertenece al rio Tiber.

Tibĕris, y Tibris, is, y ĭdis. m. *Plin.* El Tiber, *rio de Etruria, llamado antes Albula, que nace en el Apenino, é incorporado con otros baña á Roma.*

Tibĕrium, ii. n. *Plin.* Especie de mármol gris.

Tibi. *dat. del pron.* Tu. Á, ó para tí.

Tibia, ae. f. *Cels.* La canilla ó caña de la pierna, el hueso anterior de ella. ‖ La flauta ó pífano. ‖ La pierna.

Tibiăle, is. n. *Suet.* La calza, botin, bota, media, calceta, todo lo que sirve para cubrir la pierna.

Tibiālis. m. f. lĕ. n. is. *Plin.* Lo que pertenece á las flautas, ó es propio para hacerlas. ‖ Lo que toca á las piernas.

Tibiārius, ii. m. *Inscr.* Flautero, el que hace flautas.

Tibīcen, ĭnis. m. *Cic.* Flautista, tocador de flauta. ‖ *Juv.* Puntal, pie derecho que sostiene un edificio rústico. *Ad tibicines mittere. Petron.* Prevenir lo necesario para el entierro, *proverbio de la costumbre de asistir los flautistas á los entierros.*

Tibicīda, ae. m. f. *Lucil.* El que da golpes á otro en las espinillas, en las piernas.

Tibicĭna, ae. f. *Marc.* La tocadora de flauta.

Tibicĭnium, ii. n. *Apul.* El arte del flautista.

Tibicĭno, ās, āre. n. *Fulg.* Tocar la flauta. ‖ *Tert.* Sostener, apuntalar con pies derechos ó puntales.

Tibīnus, a, um. *Var.* Lo tocante á la flauta.

Tibiscus, i. m. El Teise, *rio de Ungría.*

Tibisēnus, a, um. *Val. Flac.* Lo que pertenece al rio Tibiso de la Escitia.

Tibricŏla, ae. m. f. *Prud.* El ó la que habita junto al rio Tiber.

Tibris, is. V. Tiberis.

Tibullus, i. m. *Quint.* Albio Tibulo, *poeta romano elegiógrafo, muy elegante, contemporáneo y amigo de Horacio, Ovidio y Macro.*

Tibŭlus, i. f. *Plin.* Especie de pino delgado sin nudos, y casi sin resina.

Tibur, ūris. n. *Hor.* Tíboli, *ciudad del Lacio.*

Tiburni lucus. m. *Hor.* El bosque sagrado de Tibur ó Tíboli.

Tiburnus, i. m. *Hor.* Tiburno, *dios que presidia á la ciudad de Tibur, y la misma Tibur ó Tíboli.*

Tiburs, urtis. com. *Liv.* y
Tiburtīnus, a, um. *Plin.* y
Tiburtis. m. f. tĕ. n. is. *Liv.* Tiburtino, lo que es de ó pertenece á la ciudad de Tibur ó Tíboli.

* Tichobātes, ae. m. *Vop.* El que anda por encima de paredes elevadas.

Ticinensis. m. f. sĕ. n. is. *Plin.* Lo perteneciente á Pavía, *ciudad del estado de Milan.*

Ticīnum, i. n. *Plin.* Pavía, *ciudad del estado de Milan.*

Ticīnus, a, um. *Sil.* V. Ticinensis.

Ticīnus, i. m. *Plin.* El Tesino, *rio del estado de Milan, que baña á Pavía.*

Tifata, ae. m. *Plin.* Monte de Campania.

Tifernātes, um. m. plur. *Plin.* Tifernates, los habitantes de las dos ciudades de Tiferno, *una junto al Tiber en la Umbría, otra en la misma Umbría, junto á las fuentes del rio Metauro.*

Tifernus, i. m. Biferno, *rio del reino de Nápoles.*

Tigillum, i. n. *Liv.* La vigueta, madero corto.

Tigillus, i. m. *S. Ag.* Sobrenombre de Júpiter, *que como un puntal sostiene el mundo.*

Tignārius, a, um. *Cic.* Lo que pertenece á la madera, á la carpintería ó al carpintero. *Tignarius faber. Cic.* El carpintero ó maderero.

Tigno, ās, āre. n. *Vitruv.* Construir ó cubrir de madera.

Tignum, i. n. y Tignus, i. m. *Ulp.* La madera. ‖ Tabla, pelo, sobradil, pie derecho, toda tabla y madero de carpintería. *Tignum junctum. Ulp.* Madero, puntal metido en la pared agena. *Tigna cava. Prop.* Las naves.

Tigrĭfer, a, um. *Sid.* Que lleva ó cria tigres.

Tigrīnus, a, um. *Plin.* Atigrado, lo que pertenece ó se parece al tigre ó á su piel manchada. *Tigrinae mensae. Plin.* Mesas con vetas largas y seguidas.

Tigris, is. m. f. *Plin.* El tigre y la tigre, *animal fiero y velocísimo con piel manchada.*

Tigris, is, ó ĭdis. m. *Plin.* El tigris, *rio velocísimo de Asia.* ‖ *Ov.* Nombre de un perro de caza. ‖ *Virg.* Nombre de una nave que llevaba en la popa la figura de un tigre.

Tigurīni, ōrum. m. plur. Los habitantes del canton de Zuric en la Suiza, *pueblos de la Galia céltica.*

Tigurīnus, a, um. Del canton de Zuric ó de la ciudad del mismo nombre.

Tigurīnus pagus, i. m. *Ces.* y
Tigur, is. n. Zuric, *ciudad de la Suiza.*

Tileburgum, i. n. Tilburg, *ciudad de Inglaterra.*

Tilia, ae. f. *Plin.* El tilo ó tejo, *árbol frondoso, propio para adornar jardines y paseos; hay macho y hembra.* La membrana que hay entre la corteza y el tronco del árbol *que servia para escribir y para cuerdas.*

Tiliăceus, a, um. *Cap.* y
Tiliagĭneus, a, um. *Col.* y
Tiliāris. m. f. rĕ. n. is. *Cel. Aur.* Lo que es de madera de tilo ó tejo, lo que pertenece á este árbol.

Timaei, ōrum. m. plur. Pueblos de Sicilia.

Timaeus, i. m. *Cic.* Timeo, *uno de los diálogos de Platon.*

Timāvus, i. m. *Plin.* El Timavo, *rio de Carnia.*

Timĕfactus, a, um. *Lucr.* Atemorizado, amedrentado.

Timendus, a, um. *Ov.* Temible, que debe ser temido.

Timens, tis. com. *Lucr.* El que teme ó temia, tímido.

Timeo, ēs, mui, mēre. a. n. *Cic.* Temer, tener miedo, recelarse. ‖ Tener aversion ú horror. *Timere aegro vini noxam. Plin.* Temer que á un enfermo le haga daño el vino. ―*Alicui male. Ter.* Temer mucho el mal de alguno. *Timeo ut sustineas. Cic.* Temo como lo llevará. *Timet ne deseras se. Ter.* Teme no la dejes ó que la dejes.

Timerensis pagus. m. El Timerais, *en la isla de Francia cerca de la Percha.*

Timescens, tis. com. *Amian.* Que teme mucho.

Timethus, i. m. El Naso, *rio de Sicilia.*

Timica, ae. f. y
Timici, ōrum. m. plur. Ciudad de la Mauritania cesariense ó cesariana.

Timĭde, ius, issĭme. adv. *Cic.* Tímidamente, con timidez, con temor, con recelo, con aprension.

Timidĭtas, ātis. f. *Cic.* Timidez, cobardía, falta de valor y espíritu. ‖ Bajeza, abatimiento de ánimo, vileza.

**Timidŭle.** *adv. Apul.* Con algun temor.

**Timĭdus**, a, um. *Cic.* Tímido, temeroso, cobarde, de poco ánimo ó espíritu. *Mater timidi flere non solet. prov. Nep.* La madre del tímido no suele llorar.

**Timoleonteus**, a, um. *Nep.* Lo perteneciente á Timoleon, corintio, *hombre insigne en las artes de la paz y de la guerra.*

**Timor**, ōris. *m. Cic.* Temor, miedo, pavor, opinion del mal que amenaza. ‖ *Hig.* Dios, *hijo del Eter y de la Tierra.*

**Timŏrātus**, a, um. *Bibl.* Timorato, devoto, religioso, temeroso de Dios.

**Timui.** *pret. de* Timeo.

**Tina**, ae. *f. Varr.* Jarra, jarro, frasco, botella de que se echa vino en los vasos en la mesa.

**Tinca**, ae. *f. Plin.* La tenca, *pez de rio.*

**Tinctĭlis**, m. f. lĕ. n. is. *Ov.* Lo que se puede teñir.

**Tinctor**, ōris. *m. Vitruv.* El tintorero.

**Tinctōrius**, a, um. *Plin.* Lo que es propio para teñir. *Tinctoriam mentem habere. Plin.* Maquinar muertes, trazar como ensangrentar ó teñir en sangre la espada ó el puñal.

**Tinctūra**, ae. *f. Plin.* La tintura, la tinta, el acto y efecto de dar ó teñir de color.

**Tinctus**, us. *m. Plin.* El color, tinta ó tinte.

**Tinctus**, a, um. *Plin.* Teñido. ‖ Mojado, empapado. *Tinctus veneno. Suet.* Emponzoñado. — *Litteris. Cic.* Que tiene una tintura de todo género de letras. — *Sensu. Quint.* Que encierra algun sentido.

**Tinea**, ae. *f. Hor.* La polilla, *gusano que roe la lana, el papel, la madera.* ‖ Gusanillo que se cria en las fuentes frias. ‖ Las lombrices que se crian en los cuerpos. ‖ *Col.* Gusano que echa á perder las colmenas. ‖ *Claud.* Los piojos, inmundicia de la cabeza.

**Tineo**, ās, āvi, ātum, āre. *n. Bibl.* Ser comido de gusanos.

**Tineŏla**, ae. *f. Veg.* Pequeña polilla.

**Tineōsus**, a, um. *Col.* Lleno de polilla, de gusanos.

**Tingens**, tis. *com. Plin.* El que tiñe, tintorero.

**Tingi.** *indecl. f.* y

**Tingis**, is. *f. Plin.* Tanger, *ciudad de Berbería.*

**Tingitāna**, ae. *f.* La Mauritania tingitana, *provincia de África.*

**Tingitānus**, a, um. *Mamert.* Tingitano, lo que es de Tanger ó de la Mauritania tingitana, de Berbería.

**Tingo**, y **Tinguo**, is, nxi, nctum, gĕre. *a. Ov.* Teñir, meter en tinte, dar color en él. ‖ Mojar, empapar en algun licor, bañar. ‖ Templar, dar temple á los metales. *Tingere lumine. Lucr.* Iluminar, aclarar. — *Amne faces. Ov.* Apagar las luces con agua. — *Pallade membra. Ov.* Untar, frotar los miembros con aceite.

**Tingomēnae**, arum. *n. plur. Petron.* Borracheras, comilonas en que se riega el suelo con el vino.

**Tinia**, ae. *m.* El topino, *rio de la Umbria en Italia.*

**Tinia**, ōrum. *n. plur. Fest.* Barriles, toneles para vino.

**Tiniaria**, ae. *f. Escr. Larg.* Una planta.

**Tinnimentum**, i. *n. Plaut.* El sonido agudo de los metales; tin, tin.

**Tinnio**, is, nii, ītum, īre. *n. Plaut.* Tocar, sonar los metales, resonar cuando se les toca. *Tinniunt aures. Cat.* Me zumban los oidos. *Expecto maxime ecquid Dolabella tinniat. Cic.* Espero con ansia que me pague Dolabela el dinero prestado, que hagan tin, tin, sonando unas monedas sobre otras.

**Tinnĭto**, as, āre. *a. Aut. de Filom.* Sonar, resonar frecuentemente.

**Tinnītus**, us. *m. Virg.* El sonido de los metales que se tocan. *Tinnitus aurium. Plin.* Zumbido de los oidos.

**Tinnŭlus**, a, um. *Ov.* Sonante ó resonante con sonido agudo, claro.

**Tinnuncŭlus**, i. *m. Col.* El cernícalo, *ave, especie de gavilan manso.*

**Tinnābŭlātus**, a, um. *Siden.* Que tiene ó lleva una campanilla.

**Tintinnābŭlum**, i. *m. Plaut.* La campanilla ó esquila de metal. ‖ El cencerro.

**Tintinnācŭlus**, i. *m. Plaut.* El esclavo que azotaba á los otros.

**Tintinnio**, is, īre. *n. Fest.* y

**Tintinno**, as, āre. *n. V.* Tinnio.

**Tintinnŭlo**, ās, āre. *n. Aut. de Fil.* Piar como el pájaro llamado merops.

**Tintinnus**, i. *m. Fort.* La campanilla.

**Tinus**, i. *f. Plin.* Especie de laurel silvestre.

**Tinxi.** *pret. de* Tingo.

*** Tiphe**, es. *f. Plin.* Especie de trigo particular de Grecia.

*** Tiphion**, ii. *n. Plin.* Una flor desconocida.

**Typhys**, is. *m. Virg.* Tifis, *carpintero célebre de Beocia, de quien dicen fue el primer piloto de la nave Argos, que llevó los Argonautas á Colcos.*

**Tipulla**, y **Tippula**, ae. *f. Varr.* Insecto, especie de araña con seis patas, y de tal velocidad que corre sin daño por encima del agua.

**Tiro**, ōnis. *m. Cic.* Soldado bisoño, nuevo, recluta. ‖ Novicio, aprendiz, principiante, inesperto. ‖ Tiron Tulio, *liberto de Ciceron muy erudito é instruido de su señor, de su hermano y de su hijo. Tiro exercitus. Liv.* Ejército sin esperiencia. — *In usu forensi. Cic.* Orador principiante.

**Tirocĭnium**, ii. *n. Cic.* El aprendizage ó noviciado de cualquier arte ó profesion. ‖ Principio, ensayo. ‖ Reclutas, soldados bisoños. *Tirocinium ponere. Just. Deponere. Id.* Hacer la primera campaña, empezar á servir. *Hostes tirocinia militum imbuebant. Flor.* Los enemigos daban instruccion á la inesperiencia de los soldados bisoños.

**Tirolensis**, m. f. sĕ. n. is. Lo que es de Tirol, tirolés.

**Tirolis**, is. *f.* El Tirol, *pais entre los Alpes.*

**Tirōnātus**, us. *m. Cod. Teod. V.* Tirocinium.

**Tirōniānus**, a, um. *Gel.* Lo perteneciente á Tiron Tulio, *liberto de Ciceron.*

**Tiruncŭla**, ae. *f. Col.* La aprendiza, novicia, principianta. ‖ Primeriza, la que pare la primera vez.

**Tiruncŭlus**, i. *m. Col.* Aprendiz, novicio, principiante, bisoño en cualquier arte.

**Tiryns**, ynthis, y ynthos. *f. Estac.* Tirintia, *ciudad del Peloponeso en que dicen se crió Hércules.*

**Tirynthii**, ōrum. *m. plur. Plin.* Tirintios, *los ciudadanos de Tirintia.*

**Tirynthius**, a, um. *Virg.* Tirintio, *lo que pertenece á la ciudad de Tirintia ó á Hércules, por haberse criado en ella.*

**Tis.** *Plaut. ant.* en lugar de Tui. *gen. de* Tu.

**Tisĭphŏne**, es. *f. Virg.* Tisifone, *hija de Pluton ó Erebo y de la Noche, una de las tres furias.*

**Tisiphŏnēus**, a, um. *Ov.* Lo perteneciente á Tisifone ó á las furias.

**Tissa**, ae. *f.* Tisa, *ciudad de Sicilia.*

**Tissentes**, ium. *m. plur.* Los ciudadanos de Tisa.

**Titan**, ānis. y **Titānus**, i. *m. Cic.* Titan, *hijo de Celo y Vesta, hermano de Saturno, padre de los Titanes.* ‖ *Hig.* Hermano de Japeto, padre de Asterie. ‖ *Tib.* Hijo de Hiperion, el Sol. ‖ *Juv.* Prometeo, nieto de Titan.

**Titānes**, um. y **Titani**, ōrum. *m. plur. Cic.* Los Titanes que hicieron guerra á los dioses.

**Titānia**, ae. *f. Ov.* Circe, *hija del Sol.* ‖ La Luna *su hermana,* Diana.

**Titaniăcus**, a, um. *Ov. V.* Titanius.

**Titānis**, ĭdis. *com. Ov.* Lo que pertenece á Titan ó á los Titanes, ó desciende de unos ú otros.

**Titānius**, a, um. *Ov.* Lo perteneciente á Titan ó á los Titanes.

**Titānus**, i. *m. V.* Titan.

**Titaresius**, y **Titareus**, i. *m.* El Tirascot, *uno de los rios de Tesalia.*

**Tithōnaeus**, a, um. *Avien.* Lo que pertenece á Titono, *marido de la Aurora.*

**Tithōnis**, ĭdis. *f. Estac.* La Aurora, *muger de Titono.*

**Tithōnius**, a, um. *Ov.* Lo perteneciente á Titono.

**Tithōnus**, i. *m. Hor.* Titono, *hijo de Laomedonte, rey de Troya, esposo de la Aurora, padre de Memnon, que fue trasformado en chicharra.*

**Tithymălus, i.** *f. Plin.* El titímalo ó lechetrezna, *planta de jugo blanco y acre.*

**Titia lex.** *Cic.* La ley Ticia, *entre otras la que prohibia recibir regalos por la defensa de las causas.*

**Titiālis.** m. f. lĕ. n. is. *Inscr.* V. Titiensis.

**Titiensis.** m. f. sĕ. n. is. *Ov.* y

**Tities.** *indec. plur. Prop.* y

**Titii sodales.** m. plur. *Tac.* Sacerdotes instituidos por T. Tacio, rey de los sabinos, para la conservacion de los ritos y sacrificios de su pais. ‖ Una de las compañías de caballería establecidas por Rómulo. ‖ Una tribu compuesta de los sabinos por Rómulo.

**Titillamentum, i.** *n. Fulg.* y

**Titillātio, ōnis.** *f. Cic.* y

**Titillātus, us.** *m. Plin.* Titilacion, halago, movimiento blando y amoroso.

**Titillātus, a, um.** *Auson.* Conmovido, halagado, solicitado blanda y amorosamente. *part. de*

**Titillo, as, avi, atum, are. a.** *Cic.* Titilar, mover, solicitar, halagar, hacer cosquillas, provocar blanda, suave, amorosamente. *Titillare levitatem multitudinis. Cic.* Halagar la inconstancia de la multitud.

**Titillus, i.** *m. Cod. Teod.* V. Titillatio.

**Titinius, ii.** *m. Caris.* Titinio, *antiguo poeta cómico latino, de quien hay algunos fragmentos.*

**Titio, ōnis.** *m. Cels.* El tizon de la lumbre.

**Titius, ii.** *m. Cic.* Nombre de una especie de baile y gestos desordenados, que tomó el nombre de su autor. ‖ Ticio, *nombre de varios romanos.*

**Titius, a, um.** *Cic.* Lo perteneciente á alguno de los Ticios romanos.

**Titivillitium, ó Titivillitium, ii.** *n. Plaut.* La hilacha gastada que se cae de la tela: nada.

**Titŭbans, tis.** com. *Cic.* Titubeante, vacilante.

**Titŭbanter.** *adv. Cic.* Titubeando, vacilando, con inconstancia, inquietud ó irresolucion.

**Titŭbantia, ae.** *f. Suet.* y

**Titŭbatio, ōnis.** *f. Macrob.* Vacilamiento, inconstancia.

**Titŭbatus, a, um.** *Virg.* Titubeado, vacilado. *part. de*

**Titŭbo, as, avi, atum, are. n.** *Cic.* Titubear, vacilar, dudar, no tener subsistencia ó firmeza, bambalear. ‖ Trabarse las palabras ó la lengua, balbucir. ‖ Amenazar ruina, estar para caer.

**Titŭlatus, a, um.** *Non.* Titulado, intitulado, inscrito. *part. de*

**Titŭlo, as, are. a.** *Tert.* Titular, intitular, poner título ó nombre.

**Titŭlus, i.** *m. Suet.* Título, inscripcion, rótulo, cartel, letrero. ‖ Epitafio. ‖ Títulos, armas, empresas, timbres de nobleza. ‖ Causa, pretesto, color, nombre.

**Titurianus, a, um.** *Suet.* Lo perteneciente á Titurio, *nombre romano.*

**Titus, i.** *m. Val. Max.* Tito, *pronombre romano.* ‖ La paloma silvestre.

**Titȳrus, i.** *m.* El carnero mayor del rebaño. ‖ El engendrado de oveja y chivo. ‖ Sátiro. ‖ La flauta y la avena. ‖ Títiro, *uno de los pastores que Virgilio introduce en la égloga primera.* ‖ *Prop.* El mismo Virgilio.

**Tityus, ii.** *m. Virg.* Ticio, *gigante, hijo de Júpiter y Elara, á quien mató Apolo por haber requerido de amores á su madre Latona, y fue condenado á que le roan los buitres las entrañas perpetuamente en el infierno.*

## TM

**Tmarius, a, um.** *Claud.* Lo perteneciente á Tmaro, *monte de Epiro, famoso por sus cien fuentes.*

**Tmarus, i.** *m. Plin.* Tmaro, *monte de Epiro.*

**Tmesis, is.** *f.* Tmesis, figura que corta una palabra compuesta, introduciendo algo entre las dos partes. *Quod judicium cumque subierat. Cic.*

**Tmolites, ae, y is.** *m. Plin.* Especie de vino dulce, que se cria en el monte Tmolo.

**Tmolius, a, um.** *Ov.* Lo que es del monte ó rio Tmolo.

**Tmōlus, i.** *m. Plin.* Tmolo, *monte de la magna Frigia en los confines de Lidia.* ‖ *Rio del mismo nombre, que nace del monte.*

## TO

† **Toca, ae.** *f.* Piedra que sirve de límite á un campo.

✢ **Tocos, i.** *m.* La usura.

**Toculio, y Tocullio, ōnis.** *m. Cic.* El usurero ó logrero.

**Todi, y Todilli, ōrum.** m. plur. *Plaut.* Ciertas avecillas pequeñas, *acaso los tordos.*

**Toecharchus, i.** *m. Hig.* El cómitre de la galera.

**Tofaceus, a, um.** y **Tophaceus, a, um.** y

**Toficius, a, um.** ó **Tophicius, a, um.** y

**Tofinus, a, um.** y **Tophinus, a, um.** ó

**Tofūsus, a, um.** *Sid.* Lo que es de la piedra toba ó se parece á ella.

**Tofus, i.** *m. Vitruv.* Piedra toba muy porosa y blanda.

**Toga, ae.** *f. Cic.* La toga, *ropa que vestian los romanos sobre la interior, talar, sin mangas, y recogida en el brazo izquierdo.* ‖ La paz y los negocios politicos.

**Togatarius, ii.** *m. Suet.* Autor de comedias togatas, representadas con togas.

**Togatŭlus, i.** *Marc.* Pobrecillo, que anda haciendo corte á los poderosos. *dim. de*

**Togatus, a, um.** *Cic.* Togado, vestido de toga. ‖ Civil, urbano, político. ‖ Opuesto á lo militar. ‖ Necesitado, que hace corte á los poderosos. *Togatus. Hor.* La mala muger. — *Galia. Plin.* La Galia cisalpina, togada. — *Fabula. Sen.* Fábula togada, *se entiende de dos modos, ó romana que abraza todas las fábulas pretestatas, tabernarias, atelanas y planipedias, con oposicion solo á las paliatas, que eran las griegas, ó á las de acciones y personas bajas, con oposicion á las pretestatas, que comprendian las acciones y costumbres de las personas ilustres.*

**Togisŏnus, i.** *m.* La Fosa Paltana, *rio de Paduano.*

**Togŭla, ae.** *f. Cic.* Pequeña ó pobre toga.

**Tolae, ārum.** f. plur. V. Toles.

**Tolbiacum, i.** *n. Zulc,* ciudad del ducado de Juliers.

**Tolca, ae.** *m.* El Turca, *rio de Normandía.*

**Tolentinas, y Tollentinas, ātis.** com. *Plin.* Morador de la ciudad de Tolentino.

**Tolentinensis.** m. f. sĕ. n. is. *Inscr.* De la ciudad de Tolentino.

**Tolentum, i.** *n. Plin.* Tolentino, *ciudad de la Marca de Ancona.*

**Tolĕrabĭlis.** m. f. lĕ. n. is. *Cic.* Tolerable, soportable, aguantable, sufrible, lo que se puede tolerar.

**Tolĕrabĭliter, ius.** *adv. Cic.* Tolerablemente, de un modo tolerable. ‖ Con paciencia, con resignacion.

**Tolĕrandus, a, um.** *Cic.* Que se puede ó debe tolerar.

**Tolĕrans, tis, ior, issĭmus.** *Col.* Tolerante, paciente, sufrido, que sufre y aguanta.

**Tolĕranter, ius.** *adv. Cic.* Con tolerancia, con paciencia.

**Tolĕrantia, ae.** *f. Cic.* Tolerancia, paciencia, sufrimiento, aguante.

**Tolĕratio, ōnis.** *f. Cic.* El acto de tolerar, tolerancia.

**Tolĕratus, a, um.** *Tac.* Tolerado, sufrido. *part. de*

**Tolĕro, as, avi, atum, are. a.** *Cic.* Tolerar, sufrir, aguantar, padecer. ‖ Llevar con paciencia. ‖ Sustentar, alimentar, mantener. ‖ Pasar la vida, pasarla con trabajos. *Tolerare inopiam, famem, egestatem. Cic.* Sustentar, sufrir la pobreza.

**Tolae, ārum.** f. plur. y

**Toles.** ind. plur. *Fest.* Tumor en las fauces, papera.

**Tolĕtani, ōrum.** m. plur. *Plin.* Toledanos, *habitantes de la ciudad de Toledo y su reino.*

**Tolĕtanus, a, um.** *Grac.* Toledano, que pertenece á Toledo.

**Tolĕtum, i.** *f. Plin.* Toledo, *capital del reino del mismo nombre en España, sobre el Tajo, antiguamente de la España tarraconense.*

**Tolhusium, ii.** *n.* Tollus, *ciudad del ducado de Cleves.*

**Tolistobii, ōrum.** m. plur. Pueblos de la Galacia.

**Tollēno, ōnis.** *m. Just.* La grua ó cigüeña para sacar agua de un pozo.

Tollo, ōnis. m. *Plaut.* El que saca agua del pozo.

Tollo, is, sustŭli, sublātum, lĕre, a. *Cic.* Levantar, alzar, elevar á lo alto. ‖ Quitar. ‖ Llevar. ‖ Tachar, borrar, cancelar. *Tollere risum. Cic.* Soltar la risa, la carcajada. — *Vocem. Cic.* Levantar la voz. — *Anchoras. Ces.* Levar áncoras, hacerse á la vela. — *In crucem. Liv.* Ahorcar, poner en una horca. — *Aliquid oneris. Cic.* Encargarse de un negocio. — *Animos. Liv.* Engreirse, levantarse á mayores. — *Ad coelum laudibus. Cic.* Ensalzar con alabanzas hasta el cielo. — *E medio. Cic.* Quitar del medio, quitar la vida. — *Dolorem. Plin.* Quitar, curar un dolor. — *Freta. Hor.* Alborotar el mar, levantar las olas. — *Liberos. Plin.* Tener sucesion, hijos. ‖ *Ter.* Criarlos, educarlos. — *Spem. Ces.* Hacer perder la esperanza. — *Legem. Cic.* Abolir una ley. — *Gradum. Plaut.* Andar. — *Funditus. Cic.* Destruir enteramente, asolar. *Tollat te qui non novit. adag.* El que no te conoce te compre. *ref.*

Tŏlōsa, ae. f. *Plin.* Tolosa, *ciudad arzobispal de Lenguadoc.*

Tŏlōsāni, ōrum. m. plur. *Plin.* Tolosanos, *los moradores de Tolosa.*

Tŏlōsānus, a, um. *Cic.* y

Tolosas, ātis. com. *Marc.* y

Tolosensis. m. f. ĕ. n. is. *Just.* Tolosano, de Tolosa.

Tŏlŭtāris. m. f. rĕ. n. is. y

Tŏlŭtārius, a, um. *Sen.* Que marcha á paseo. *Dícese del caballo amblador, que tiene paso de andadura.*

Tŏlŭtĭlis. m. f. lĕ. n. is. *Varr.* Que se mueve con agilidad arreglada, como el paseo de andadura.

Tŏlŭtĭlŏquentia, ae. f. *Non.* Volubilidad de la lengua.

Tŏlŭtim. adv. *Plaut.* Con volubilidad y ligereza.

Tŏmăcella, ae. f. *Varr.* y

Tŏmăcina, ae f. *Plin.* ó

Tŏmăcŭlum, i. n. *Marc.* y

Tŏmăcŭlum, i. n. *Juv.* El salchichon ó butifarra.

Tome, es. f. *Auson.* Division, cortadura de un verso, cesura.

Tŏmentum, i. n. *Varr.* Tomento, la borra del lino rastrillado y de la lana. ‖ Almohada ó sitial relleno de lana, pelote, heno, pluma &c.

Tŏmitae, ārum. m. plur. *Ov.* Los ciudadanos de la ciudad de Tomo.

Tŏmitānus, a, um. *Ov.* De la ciudad de Tomo.

Tomix, ĭcis. f. *Vitruv.* La tomiza, cuerda, soguilla de cáñamo, junco, esparto, palma ó de otra materia.

Tomos, y Tomus, i. f. *Ov.* Tomo, hoy Quiovia, *ciudad de Mesia en la costa del Ponto Euxino, célebre por el destierro de Ovidio.*

Tomus, i. m. *Marc.* Seccion, parte de un volúmen. — Tomo, volúmen, libro.

Tŏnans, tis. com. *Cic.* El que truena, tonante. ‖ Júpiter.

Tŏnārium. ii. n. *Quint.* El templador con que se templan las cuerdas y voces de un instrumento.

Tŏnatio, ōnis. f. *Sen.* La accion de tronar, el trueno y su ruido.

Tondeo, ēs, tŏtondi, tonsum, dēre. a. *Cic.* Trasquilar, esquilmar, esquilar al ganado. ‖ Afeitar. ‖ Segar. ‖ *Plaut.* Despojar, robar. *Tondere campum, gramina. Virg.* Pacer, comer la yerba. — *Manu violas. Prop.* Coger las violetas, cortarlas con la mano. *Boni pastoris est tondere pecus, non deglubere. adag.* Basta esquilar sin desollar. *ref.*

Tonesco, is, ĕre. n. *Varr.* Tronar.

Toni, ōrum. m. plur. *Varr.* Las cuerdas de las ballestas.

Tŏnĭtrālis. m. f. lĕ. n. is. *Lucr.* Se dice del parage donde se forma el trueno.

Tŏditru. ind. *Cic.* y

Tŏnĭtrus, ōrum. m. plur. *Cic.* Los truenos.

Tŏnĭtrŭalis. m. f. lĕ. n. is. *Apul.* Tonante, tronante, que truena, que envia truenos.

Tŏnĭtrus, us. m. y

Tŏnĭtruum, i. n. *Cic.* El trueno.

Tonninga, ae. f. Tonningen, *ciudad del ducado de Slewic.*

Tŏno, as, nui, nĭtum, nare. n. *Cic.* Tronar. ‖ Atronar, hacer grande estrépito ó ruido. ‖ Resonar, retumbar, rimbombar. *Tonare ore deos. Virg.* Llamar á grandes voces á los dioses. ‖ *Laudes alicujus. Plin.* Hacer resonar las alabanzas de alguno.

Tŏno, is, ĕre. n. *Varr.* V. Tono, as.

Tonor, ōris. m. *Quint.* El tenor, el acento de la voz, de la sílaba.

Tonsa, ae. f. *Virg.* El remo de la nave. ‖ La pala del remo. Se usa mas en plural.

Tonsĭlis. m. f. lĕ. n. is. *Plin.* Lo que se puede esquilar, lo que se esquila.

Tonsĭlia, ae. f. *Fest.* Estaca á que se amarran las naves.

Tonsillae, ārum. f. plur. *Cic.* Las glándulas de la garganta del cuello.

Tonsio, ōnis. f. *Cat.* El esquileo ó esquilmo del ganado.

Tonsĭto, as, āvi, ātum, are. a. *Plaut.* Esquilar, esquilmar á menudo.

Tonsor, ōris. m. *Suet.* El barbero. ‖ *Arnob.* El podador.

Tonsōrium, ii. n. *Vitruv.* La barbería, tienda del barbero.

Tonsōrius, a, um. *Cic.* Lo que pertenece al barbero. *Tonsorius culter. Cic.* Navaja de barbero, de afeitar.

Tonstrĭcŭla, ae. f. dim. *Cic.* Barberita, la barbera jóven.

Tonstrina, ae. f. *Plaut.* Barbería, la tienda ó casa del barbero.

Tonstrix, īcis. f. plur. *Plaut.* Barbera ó vellera, la muger que afeita.

Tonsūra, ae. f. *Plin.* y

Tonsus, us. m. *Plaut.* El esquileo del ganado. ‖ La poda ó podadura.

Tonsus, a, um. *Cic. part. de* Tondeo. Esquilado, trasquilado. ‖ Rapado, pelado. ‖ Afeitado. ‖ Podado, cortado. *Tonsae valles. Ov.* Valles cortados, pelados. *Tonsus reus. Marc.* Reo acusado, absuelto. — *Puer, minister. Marc.* Criado pelado, tosco. *Porque á los delicados y cultos los traian afeitados y peinados.*

Tŏnui. pret. de Tono.

Tŏnus, i. m. *Vitruv.* El tono de la voz. ‖ El acento. ‖ *Plin.* El claro y oscuro de la pintura.

Tŏparcha, ae. m. *Esparc.* Toparca, *gobernador de una region.*

Toparchia, ae. f. *Plin.* Toparquía, el gobierno de un pais, este empleo y dignidad.

Tŏpazon, i. n. *Prud.* y

Tŏpazium, ii. n. *Plin.*

Tŏpazius, ii. f. *Plin.* El topacio, *piedra preciosa de color de oro.*

Toper, y Topper. adv. *Fest. ant.* Presto y acaso.

Tophaceus, y los derivados de Tophus. V. Tofaceus.

Tŏpia, ōrum. n. plur. *Vitruv.* Paises pintados. ‖ *Esparc.* Labores de los jardines con yerbas ó flores, y con las ramas, y hojas de los árboles.

Topiāria, ae. f. *Cic.* El arte del jardinero, *que hace de las plantas diversas figuras y labores segun las corta.*

Topiārius, ii. m. *Cic.* El jardinero, *que hace varias figuras y labores con las plantas y flores.*

Topiārius, a, um. *Cic.* Lo que es del jardinero, de su arte ó de los jardines.

Tŏpĭca, ōrum. n. plur. *Cic.* Los tópicos, *libros que tratan de la invencion de los argumentos.*

Tŏpĭce, es. f. *Cic.* Arte de inventar los argumentos.

Tŏpŏgrăphia, ae. f. *Cic.* Topografía, *la descripcion de un lugar dado ó verdadero.*

Tŏpŏthĕsia, ae. f. *Cic.* Topotesia, *descripcion de un lugar supuesto ó fingido. De esta usa el poeta; de la anterior el historiador y el orador.*

Tŏral, y Torale, is. n. *Varr.* La cubierta ó colcha de la cama.

Torcŭlar, āris. n. y

Torcŭlāre, is. n. *Col.* y

Torcŭlarium, ii. n. *Plin.* La prensa del lagar. ‖ El lagar donde está la prensa.

Torcŭlarius, ii. m. *Col.* Lagarero, el que esprime la uva ó la aceituna.

Torcŭlārius, a, um. *Col.* Lo que toca al lagar.

Ccccc

Torcŭlo, as, ăre. a. Ven. Fort. Esprimir, pisar en el lagar.

Torcŭlum, i. n. Varr. El tórculo ó prensa. ‖ El lagar.

Torcŭlus, a, um. Cat. Lo que pertenece á la prensa ó al lagar.

Torda, ae. f. Tornburg, ciudad de Transilvania.

† Tordylion, y Tordylon, i. n. Plin. La simiente de la planta siseli.

Tores. ant. en lugar de Torques.

Toretae, arum. m. plur. Pueblos del reino del Ponto.

Toreuma, ătis. n. Cic. Obra, trabajo de bajo relieve, de talla ó á torno. ‖ Alhaja de plata ú oro labrado.

Toreuta, ae. m. y

Toreutes, ae. m. Plin. Entallador ó escultor de bajo relieve.

Toreutĭce, es. f. Plin. El arte de entallar ó de esculpir de bajo relieve.

Tŏri, ōrum. m. plur. Los músculos. ‖ Virg. Mollas, morcillos de la carne. ‖ Cels. Ramages de las venas. ‖ Adornos de la oracion. V. Torus.

Torīni, ōrum. m. plur. Pueblos de Escitia.

Toriniacum, i. n. Toriñy, ciudad de la Normandía baja.

Torinna, ae. f. Turena, ciudad del Limosin.

Tormentŭōsus, a, um. Cel. Aur. Lo que causa tormento y pena.

Tormentum, i. n. Ch. Máquina, ingenio de guerra para disparar armas arrojadizas de mucho peso y de lejos, como ballestas, catapultas &c. ‖ La cuerda de tales máquinas. ‖ Tormento, tortura que se da á los reos. ‖ El potro en que se da el tormento. ‖ Pena, sentimiento, pesadumbre, dolor.

Tormĭna, ōrum. m. plur. Cels. La disentería, dolores acres en los intestinos llagados. ‖ Plin. Dolores agudos en otros males.

Tormĭnalis, m. f. lĕ. n. is. Cels. Lo que pertenece á la disentería.

Tormĭnōsus, a, um. Cic. Que padece disentería.

Tormis, id. m. El Tormes, rio del reino de Leon en España.

Tornacensis ager. El Turnesis en Flandes.

Tornacum, i. n. y

Tornacŭsa, ae. f. Turnai, ciudad de Flandes.

Tornatĭlis, m. f. lĕ. n. is. Bibl. Torneado, lo que está hecho á torno.

Tornator, ōris m. Firm. El tornero.

Tornatūra, ae. f. Bibl. La moldura.

Tornatus, a, um. Lucr. Torneado, redondeado, trabajado á torno. part. de

Torno, as, avi, atum, ăre. a. Cic. Tornear, trabajar, pulir á torno. ‖ Redondear.

Tornodorum, i. n. Tonerre, ciudad de Borgoña.

Tornus, i. m. Plin. El torno para tornear. Versare in laddre tornu. Prop. Limar, pulir los versos.

Torōsŭlus, a, um. S. Ger. Algo carnoso. dim. de

Torōsus, a, um. Col. Carnoso, membrudo, musculoso. Torosa virgula. Sen. Vara nudosa, llena de nudos.

Torpēdo, ĭnis. f. Fac. Torpor, estupor, estupidez, torpeza, pereza. ‖ El pez torpedo, que interpece á los que se acercan á él.

Torpefăcio, is, ĕre. a. Non. Entorpecer.

Torpens, tis. com. Liv. Entorpecido, pasmado.

Torpeo, ĕs, pui, ēre. n. Suet. Entorpecer, pasmarse, quedarse, estar sin sentido, sin movimiento. Torpet unda Claud. El agua está parada, el río apenas tiene curso.

Torpesco, is, scĕre. n. Sch. Entorpecerse, empezar á pasmarse.

Torpetopŏlis, is. f. Santorpez, ciudad de Provenza.

Torpĭde. adv. Gel. Con entorpecimiento, con estupor ó pasmo.

Torpĭdi, ōrum. m. plur. Pueblos de Tracia, en los confines de Macedonia.

Torpĭdus, a, um. Liv. Entorpecido, pasmado.

Torpor, ōris, m. Cic. Entorpecimiento, pasmo, estupor.

Torpōro, ās, āre. a. Non. Entorpecer, pasmar.

Torquātus, i. m. Liv. Torcato, sobrenombre del célebre romano Tito Manlio, que se le dió por haber despojado del collar á un francés, á quien dió muerte en desafío.

Torquātus, a, um. Ov. Adornado con un collar. Palumbus torquatus. Marc. Paloma, pichon que tiene un collar de distinto color que el resto de su cuerpo. Miles. Plin. Soldado á quien el General regala un collar por sus hazañas.

Torqueo, ēs, si, tum, y sum, quēre. a. Liv. Torcer, retorcer. ‖ Lanzar, disparar. ‖ Atormentar, dar tormento. ‖ Volver. Torquere oculos. Virg. Volver, rodear los ojos. Ora. Cic. Torcer la boca, hacer gestos. Aurem. Hor. Apartar, taparse los oidos. Stamina pollice. Ov. Hilar. Capillos. Ov. Rizar el cabello. Coelum. Virg. Sostener el cielo. Terras. Virg. Gobernar el mundo.

Torques, is. m. y

Torquis, is. m. Liv. El collar.

Torrĕfăcio, is, fēci, factum, ĕre. a. Col. Tostar, secar al sol ó al fuego.

† Torrĕfactio, ōnis. f. La accion de tostar ó secar.

Torrĕfactus, a, um. Col. Tostado, secado.

Torrens, tis. m. Cic. El torrente, golpe de agua precipitada con fuerza y abundancia. ‖ La creciente ó crecida repentina de un rio. ‖ Torrente de elocuencia. ‖ De gente armada.

Torrens, tis, tior, tissĭmus. Cic. Ardiente, que quema, abrasa, tuesta. ‖ Rápido, impetuoso, violento, precipitado. Torrens fatum. Liv. Muerte precipitada, violenta.

Torrenter. adv. Claud. Precipitadamente, á modo de torrente.

Torreo, ēs, rui, tostum, rēre. a. Virg. Secar, desecar. ‖ Tostar, quemar, abrasar.

Torresco, is, ĕre. n. Lucr. Abrasarse, quemarse, tostarse, requemarse.

Torrĭdātus, a, um. Marc. Cap. Abrasado. part. de

Torrĭdo, as, āre. Non. Abrasar, tostar.

Torrĭdus, a, um. Liv. Seco, árido, desecado. ‖ Tostado, encendido, ardiente. Torridus fons. Plin. Fuente seca. Frigore. Virg. Aterido, transido de frio.

Torris, is. m. Virg. El tizon ardiendo.

Torror, ōris. m. Cel. Aur. La cualidad de ser una cosa seca, sequedad.

Torrui. pret. de Torreo.

Torsio, ōnis. f. Plin. La torcedura. ‖ El tormento. ‖ Dolor de los intestinos.

Torta, ae. f. Marc. La torta.

Torte. adv. Lucr. Torcida, oblicuamente.

Tortĭlis. m. f. lĕ. n. is. Plin. Torcido, retorcido, doblado.

Tortio, ōnis. f. Jul. Firm. La torcedura, dobladura.

Tortīvus, a, um. Col. Acabado de pisar en el lagar ó bien pisado, esprimido.

Torto, ās, āre. n. Lucr. frec. de Torqueo. Atormentar frecuentemente.

Tortor, ōris. m. Cic. Atormentador, verdugo.

Tortŭla, ae. f. Bibl. La tortita.

Tortum. i. n. Paus. La cuerda ó soga.

Tortuosè. adv. Tert. Tortuosa, torcidamente.

Tortuosĭtas, ātis. f. Tert. Tortuosidad, torcedura.

Tortuōsus, a, um. Cic. Tortuoso, torcido, tuerto. ‖ Doblado, solapado. ‖ Difícil, embrollado, enmarañado.

Tortūra, ae. f. Palad. La torcedura, ó dobladura. ‖ Tortura, tormento.

Tortus, a, um. part. de Torqueo. Cels. Torcido, doblado, retorcido, vuelto. ‖ Disparado, lanzado, arrojado. ‖ Atormentado. Tortus vino. Hor. Embriagado.

Tortus. ūs. m. Virg. Torcedura, dobladura, vuelta.

Torŭlus, i. m. Plaut. El cordoncillo ó torcidillo. Apul. La parte carnosa ó pulposa de los animales. Vitruv. La parte mas tierna, blanda é inmediata al tuétano de la madera. Mart. Especie de peinado de las mugeres atenienses en figura de cono.

Tōrus, i. m. Col. La cuerda delgada, cordel ó cordon. La atadura de las vides. Vitruv. Moldura relevada en redondo en la base de las columnas. ‖ La molla, morcillo, pulpa, parte carnosa. ‖ La almohada de la cama. ‖ El lecho conyugal, cama de matrimonio. ‖ El matrimonio.

## TRA

El trato ilícito y deshonesto. *Tori riparum. Virg.* Partes elevadas y cubiertas de yerbas de las riberas, que pueden servir de asiento y lecho. *Excutiens toros &c. Virg.* Leon que sacude las guedejas ó melenas. V. Tori.

**Torva.** *adv. Virg.* y

**Torve.** *adv. Plaut.* Al traves, de medio lado.

**Torvīnus,** a, um. *Varr.* V. Torvus.

**Torvĭtas,** atis. *f. Plin.* Mirada ceñuda, amenazadora, de medio lado. ‖ Severidad, aspereza, rusticidad.

**Torvĭter.** *adv. En.* Áspera, rigurosamente.

**Torvum.** *adv. Virg.* V. Torve.

**Torvus,** a, um. *Virg.* Ceñudo, fiero, terrible, espantoso de aspecto, como el toro. *Torvus fluvius. Val. Flac.* Rio en figura de toro, *porque pintaban al rio con cabeza y cuernos de toro. Torva vox. Virg.* Voz áspera, bronca, espantosa. *Torvum vinum. Plin.* Vino amargo, áspero.

**Tostus,** a, um. *Col.* part. de Torreo. Tostado, quemado, abrasado. ‖ Seco, árido.

**Tot.** num. plur. indecl. *Cic.* Tantos, tantas, tantas cosas.

**Toti.** dat. sing. y nom. plur. de Totus.

**Totĭdem.** indecl. plur. *Cic.* Otros tantos.

**Toties.** adv. *Cic.* Tantas veces.

**Totjŭgis.** m. f. gē. n. is. y

**Totjŭgus,** a, um. *Apul.* Tan vario, tanto.

**Totondi.** pret. de Tondeo.

**Totus,** a, um, tius. *Cic.* Todo, todo entero. *Ex toto. Cic. In totum. Cels.* Del todo, enteramente.

**Toxandri,** orum. m. plur. Pueblos de los Paises Bajos. ‖ Pueblos de Celandia.

**Toxicum,** i. n. *Plin.* El tóxico, veneno.

**Toxillus,** i. m. *Plaut.* Arquero, flechero.

## TR

**Trabālis.** m. f. lē. n. is. *Hor.* Trabal, lo que pertenece á la trabe ó viga.

**Trabārium,** ii. n. *Varr.* Barco de pescador. ‖ Canoa, piragua hecha de un arbol hueco.

**Trabĕa,** ae. f. *Virg.* La trabea, *toga romana de distincion.* ‖ *Cic.* Un poeta cómico del mismo nombre.

**Trabeālis.** m. f. lē. n. is. *Sidon.* Lo que pertenece á la trabea romana.

**Trabeātus,** a, um. *Tac.* Vestido de una trabea.

**Trabēcŭla,** y Trabicŭla, ae. f. *Vitruv.* La vigueta, viga pequeña.

**Trabes,** is. f. V. Trabs.

**Trabica,** ae. f. *Fest.* La nave hecha de trabes ó vigas. Nave ligera. ‖ Fragata.

**Trabs,** bis. f. *Virg.* La viga. ‖ *Vitruv.* Lintel de una puerta. ‖ *Hor.* Techo de una casa. ‖ Bagel, nave, embarcacion.

**Trabŭāli.** plur. *Fest.* Las partes superiores de los murices y púrpuras, *sobrenombre que se dió á los ciudadanos de Rímini, por ser hombres prácticos en la mar.*

**Trachea,** ae. f. *Aul. Gel.* V. Trachia.

**Trachēlus,** i. m. *Vitruv.* Cierta parte de la catapulta semejante al cuello, *que es lo que en griego significa.*

**Trachia,** ae. f. *Macrob.* La traquea, traquiarteria, áspera arteria ó del pulmon.

**Trachīna,** ae. f. Terracina, *ciudad de Italia.*

**Trachonītis,** idis. f. Trachonite, *provincia de Palestina ó de Arabia.*

**Trachyn** y Trachin, īnis. f. *Plin.* Heraclea, *por sobrenombre Traquis, ciudad de Tesalia á la falda del monte Oeta, fundada por Hércules.*

**Trachynius,** y Trachinius, a, um. *Ov.* Lo que pertenece á Heraclea Traquis, ó á sus habitantes.

**Tracta,** ae. f. y Tracta, orum, pl. *Tib.* Mazorcas de lana hilada. ‖ *Cat.* Pedazos de masa bien sobados y estendidos, para que fermenten mejor. ‖ *Apic.* Especie de torta á modo de hojuela machacada para guisar pollos.

**Tractābĭlis.** m. f. lē. n. is. *Cic.* Tratable, manejable, que se puede tocar ó manejar. ‖ Tratable, apacible, suave, humano.

**Tractabĭlĭtas,** atis. f. *Vitruv.* Facilidad de ser una cosa manejada ó tratada.

## TRA

‖ **Tractabĭlĭter.** adv. *Gel.* Facilmente.

**Tractandus,** a, um. *Cic.* Lo que puede ó debe ser tratado, manejado.

**Tractātio,** onis. f. *Cic.* El manejo y manoseo, tacto de las cosas. ‖ Tratado, escrito, obra literaria. ‖ Tratamiento bueno ó malo de las personas.

**Tractātor,** oris. m. *Sen.* y

**Tractātrix,** īcis. f. *Marc.* El ó la que maneja, usa, trata alguna cosa entre las manos. ‖ *Sidon.* Escritor, autor, el que trata ó escribe de algun asunto.

**Tractatōrium,** ii. n. *Sidon.* El lugar en que se tratan los pleitos y otros negocios.

**Tractātus,** us. m. *Plin.* El manejo ó tocamiento y manoseo de las cosas. ‖ Tratado, discurso, disertacion, comentario. ‖ *S. Ag.* Homilía, sermon de asuntos sagrados.

**Tractātus,** a, um. part. de Tracto. *Cic.* Tratado, recibido bien ó mal. ‖ Escrito. ‖ Tocado, manejado. ‖ *Ov.* Arrastrado, llevado por fuerza.

† **Tractĭlis.** m. f. lē. n. is. Lo que se puede arrastrar ó llevar por fuerza.

**Tractim.** adv. *Virg.* Continuamente, sin interrupcion, largamente, por largo tiempo.

**Tractitius,** a, um. *Aur. Vict.* Lo que se arrastra y lleva por fuerza.

**Tracto,** as, avi, atum, are. a. *Cic.* Tocar, palpar, manosear, manejar con las manos. ‖ Comentar, disertar, escribir, tratar. *Tractare se recte. Cic.* Manejarse, conducirse y portarse sabiamente. — *Vitam. Lucr.* Pasar la vida. — *Bibliothecam. Cic.* Cuidar de una biblioteca. — *Animos. Cic.* Mover, conmover los ánimos. — *Personam aliquam. Cic.* Representar un personage. — *Causam, negotium. Cic.* Administrar, procurar, agenciar un pleito ó negocio, abogar en él. — *Aliquem. Cic.* Tratar á alguno bien ó mal. — *Artem. Ter.* Ejercitar, ejercer un arte. — *Lanam. Just.* Carmenar, hilar, peinar lana. — *Gubernaculum. Cic.* Regir, gobernar un navío. — *Terram. Col.* Cultivar la tierra. — *Telo ó arma. Liv.* Manejar las armas. — *Igni. Lucr.* Cocer, asar al fuego. — *Ventos. Plin.* Tratar, hablar de los vientos. — *Liberaliter. Cic.* Tratar con cortesanía. — *Acerbius. Cic.* Tratar con dureza, con aspereza.

**Tractogalātus,** a, um. *Apic.* Lo que está guisado con pasta de harina y leche.

**Tractomelātus,** a, um. *Apic.* Guisado compuesto con pasta de harina y miel.

**Tractātius,** a, um. *Vitruv.* Lo que sirve para llevar grandes pesos arrastrando ó para levantarlos en alto. *Tractoriae litterae. Dig.* Cartas dadas por el príncipe para que se diese á sus ministros lo necesario en los trabajos.

**Tractuōsus,** a, um. *Cel. Aur.* Glutinoso, viscoso, pegajoso.

**Tractus,** us. m. *Sal.* La accion de traer por fuerza. ‖ Serie, orden. ‖ País, clima, plaga, region. ‖ Curso, espacio de tiempo. *Tractus calami. Prop.* Trazo, rasgo de pluma. — *Corporis. Quint.* Movimiento de un cuerpo. — *Verbi. Quint.* Inflexion, declinacion de una palabra. — *Aquae. Luc.* Trago de agua. — *Fluminis. Luc.* Curso, corriente de un rio. — *Mortis. Tac.* Lentitud, duracion de la muerte. — *Primus, secundus. Claud.* Primero ó segundo lugar, orden, asiento.

**Tractus,** a, um. part. de Traho. *Cic.* Arrastrado, llevado, arrebatado por fuerza. ‖ Dilatado, alargado.

**Tradĭdi.** pret. de Trado.

**Tradĭtio,** onis. f. *Cic.* La accion de entregar ó dar, de poner en las manos, entrega. ‖ Institucion, enseñanza, doctrina. ‖ Tradicion, opinion antigua derivada de unos á otros.

**Tradĭtor,** oris. m. *Arnob.* Dador, consignador, el que da á entrega en manos de otro. ‖ Traidor.

**Tradĭtūri,** en lugar de Traditum iri. ant. Que ha ó tiene de ser entregado.

**Tradĭtum est,** y Tradĭtur. imp. *Cic.* Se dice, dicen, cuentan.

**Tradĭtus,** a, um. part. de Trado. *Cic.* Entregado, dado, consignado.

‖ **Trado,** is, dĭdi, dĭtum, dĕre. a. *Cic.* Dar, entregar,

755

Ccccc 2

poner en las manos. ‖ Vender, entregar por traicion. ‖ Enseñar. ‖ Transmitir, dejar á la posteridad. *Tradere memoriae. Cic.* Encomendar á la memoria. — *Se. Cic.* Darse, entregarse. — *Per manus. Ces.* Dar de mano en mano. — *Memoriam, ó memoria. Cic.* Dar por escrito. — *Carminibus. Liv.* Escribir en verso.

**Trădūco**, is, xi, ctum, cĕre. *a. Ces.* Transferir, transportar, llevar, conducir de un lugar á otro. ‖ Convertir, volver de una cosa á otra. *Traducere copias flumen. Ces.* Pasar las tropas por un rio. — *In assensum. Liv.* Atraer á su parecer. — *Ad admirationem. Cic.* Escitar la admiracion. — *Vitam otiosam. Cic.* Vivir, pasar una vida ociosa. — *In linguam Romanam. Gel.* Traducir en latin. — *Verbum. Gel.* Trasladar una palabra de un sentido á otro, usarla en sentido metafórico. — *Aliquem. Liv.* Pasar por delante, esponer á alguno á la vista y como en espectáculo por vergüenza. — *Se. Just.* Manifestarse, dejarse ver.

**Trăductĭo**, ōnis. *f. Aus.* La accion de transferir de un lugar á otro. ‖ *Sen.* Deshonor, infamia, esposicion á la vergüenza, á la vista pública. ‖ Traduccion, figura retórica. *Traductio ad plebem. Cic.* Tránsito á la plebe, degradacion de la nobleza. — *In verba. Cic.* Metáfora y metonimia. — *Temporis. Cic.* El curso del tiempo.

**Traductor**, ōris. *m. Cic.* El que transfiere ó hace pasar de un lugar á otro.

**Trăductus**, a, um. *part. de Traduco. Ces.* Pasado de la otra parte, transferido, conducido, trasportado de un lugar á otro. *Traductus Rhenum. Ces.* Pasado por el Rin.

**Trăductus**, us. *m. Amian.* El tránsito, lugar por el que se pasa.

**Trădux**, ŭcis. *m. Col.* El mugron ó proven de la vid, atado á otra, ó á un arbol.

**Trăduxi**. *pret. de Traduco.*

**Trăgăcantha**, ae. *f. Plin.* La tragacanta, raiz de que se destila por incision la goma llamada alquitira.

**Trăgăcănthum**, i. *n. Cels.* La alquitira, goma de la raiz tragacanta.

**Trăgănus**, a, um. *Apic.* Cochinillo semejante al macho cabrio en su traza y comidas.

**Tragasaeus**, a, um. *Plin.* Lo que es de Tragasa, ciudad de la Troade.

**Trăgĕlaphus**, i. *m. Plin.* Tragelafo, *animal semejante en la barba y pelo al macho cabrio, y en lo demas al ciervo, que comunmente se dice hircocervo.*

**Tragemăta**, um. *n. plur. Plin.* Los postres de la comida.

**Trăgĭce**. *adv. Cic.* Trágicamente, con modo ó estilo trágico.

**Trăgĭcŏmedia**, ae. *f. Plaut.* Tragicomedia, *comedia en que se introducen personas propias de la tragedia.*

**Trăgĭcus**, a, um. *Cic.* Trágico, perteneciente á la tragedia. ‖ Cruel, atroz, impio, funesto.

**Trăgĭcus**, i. *m. Plaut.* Poeta trágico, escritor de tragedias. ‖ Actor trágico, el que las representa.

**Tragion**, i. *n. Plin.* La yerba tragio.

**Trăgoedia**, ae. *f. Hor.* La tragedia, *poema dramático en que se pintan las calamidades de los reyes ó príncipes, con éxito regularmente infeliz.* ‖ Magnificencia, sublimidad. *Tragoedias agere, movere, excitare. Cic.* Amplificar, exagerar con estilo grave. ‖ Mover tumultos ó sediciones.

**Trăgoedus**, i. *m. Cic.* Actor, representante de tragedias. ‖ *Suet.* Barrio de Roma en la region esquilina.

**Tragōnis**, is, ó ĭdis. *f. Plin. V. Tragion.*

**Trăgŏpan**, is. *m. Solin.*

**Trăgŏpānas**, ădis. *f. Plin.* Tragopana y tragopanada, *ave fabulosa mayor que el águila, con cuernos.*

**Trăgŏpon**, ōnis. *f. Plin.* Barba de cabron, yerba.

**Trăgŏrīgănum**, i. *n. Plin.*

**Trăgŏrīgănus**, i. *m. Col.* El tragorigano, mata especie de orégano: llamase tambien orégano cabruno.

**Tragos**, i. *m. Plin.* El cabron ó macho cabrio. ‖ Mata pequeña con espinas en lugar de hojas, *cuyo fruto son unas uvas como granos de trigo.* ‖ Otra planta medicinal. ‖ Una especie de esponjas muy duras y ásperas. ‖ Cierta tisana hecha de granos de trigo.

**Trăgŭla**, ae. *f. Ces.* Dardo, *escudo, arma arrojadiza.* ‖ Red de pescador, esparavel. ‖ *Veg. V. Trahea.*

**Trăgŭlārius**, ii. *m. Veg.* El soldado que arroja dardos.

**Trăgum**, i. *n. y Tragos, i. Plin.* Especie de tisana hecha de trigo.

**Trăgus**, y **Tragos**, i. *m. V. Tragos.* ‖ *Plin.* Un pez marino, que se cria en el cieno. ‖ *Fest.* Especie de marisco de muy mal sabor. ‖ *Marc.* El mal olor ó fetidez de los sobacos.

**Traha**, ae. *f. Col.* Especie de carro rústico sin ruedas, que se lleva arrastrando.

**Trahărius**, ii. *m. Sid.* El que guia ó tira el carro llamado *traha.*

**Trahax**, ăcis. *Plaut.* Codicioso, arrebatador, que todo lo atrae y apaña hácia sí.

**Traho**, is, traxi, tractum, ĕre. *a. Cic.* Traer, atraer por fuerza, arrebatar. ‖ Arrastrar, traer ó llevar arrastrando. ‖ Sacar de lo hondo. ‖ Pensar, considerar, discurrir. ‖ Alargar, dilatar, diferir. *Trahere aquam, navigium. Sen.* Hacer agua el navío. — *Auras ore. Ov.* Respirar. — *Extremum spiritum. Fedr.* Exalar el último aliento. — *Lanam. Lucr.* Hilar, trabajar la lana. — *Aliquem ad supplicium. Tac.* Conducir á uno al suplicio. — *Rapere. Sal.* Arrebatar, robar. — *Ab incepto. Sal.* Apartar del propósito. — *Pecuniam. Sal.* Malgastar el dinero. — *In diversum.* Llevar á diversos pensamientos. — *Bellum annum tertium. Liv.* Alargar la guerra por espacio de tres años. — *Vitam luxu. Fedr.* Traer, pasar una vida ociosa y regalada. — *Stipendia. Just.* Militar. — *In invidiam. Ad Her.* Hacer odioso. — *Merum auro. Sen.* Beber vino en copas de oro.

**Trajana**, ae. *f.* Montesquio, *ciudad de Italia.*

**Trajana colonia**, ae. *f.* Quellen, *ciudad del ducado de Cleves.*

**Trajana legio**, ōnis. *f.* Coblentz.

**Trajanalia**, m. f. lĕ. n. is. *y*

**Trajanensis**. m. f. sĕ. n. is. *V.* Trajanus, a, um.

**Trajani pons**, tis. *m.* Alcántara, *ciudad de España en Estremadura.*

**Trajanŏpŏlis**, is. *f.* Ciudad de Tracia. ‖ Ciudad de la gran Frigia.

**Trajānus**, i. *m. Plin. men.* Trajano (M. Ulpio), *español, natural de Itálica, el XIV de los emperadores romanos, de tan buenas costumbres, que en las proclamaciones de sus sucesores pedian los romanos á sus dioses, que fuesen mas dichosos que Augusto, y mejores que Trajano.*

**Trajānus**, a, um. *Eutr.* Lo que es de ó pertenece al emperador Trajano.

**Trajanus portus**. *m.* Civitavequia, *ciudad del estado Eclesiástico.*

**Trajēci**. *pret. de Trajicio.*

**Trajectensis**. m. f. sĕ. n. is. De la ciudad de Utrec.

**Trajectĭo**, ōnis. *f. Cic.* El tránsito ó transporte de una parte á otra. ‖ Passage, transfretacion, passage de mar ó rio. *Trajectio verborum. Cic.* Transposicion de palabras. ‖ *Quint.* El contesto de la oracion. ‖ *Cic.* Hipérbole.

**Trajectĭtĭus**, a, um. *Dig.* Lo que es de transporte, de acarreo, lo que se transporta de un lugar á otro.

**Trajecto**, as, avi, atum, are. *a. Cels. frec. de Trajicio.* Pasar de una parte á otra. ‖ Pasar, coser, atravesar con una aguja.

**Trajector**, ōris. *m. Prud.* Transportador, el que transporta ó acarrea.

**Trajectum**, i. *n.* Trayetta, *ciudad del reino de Nápoles.*

**Trajectum Francorum.** Francfort, *ciudad de Alemania.*

**Trajectum inferius.** Utrec, *ciudad de los Paises Bajos.*

**Trajectum ad Moenum.** Francfort sobre el Mein, *ciudad de Alemania.*

**Trajectum ad Mosam.** Mastric, *ciudad de Brabante.*

**Trajectum ad Oderam.** Francfort sobre el Oder, *ciudad de Alemania.*

**Trajectum ad Rhenum.** *V. Trajectum inferius.*

**Trajectum ad Scaldim.** Toicht, *ciudad Hainisia sobre el Escaut.*

**Trajectum Suevorum.** *Sen.* Vindsurt, *ciudad de Alemania.*

**Trajectum superius.** *V. Trajectum ad Mosam.*

**TRA**

Trajectūra, ae. f. Vitruv. La accion de atravesar ó estender al traves.

Trajectus, us. m. Liv. Tránsito, paso, pasage, travesía de mar ó rio.

Trajectus, a, um. Crs. Traspasado, pasado, atravesado con arma de parte á parte. ‖ Transportado, pasado, conducido de una parte á otra. ‖ Pasado, atravesado el mar ó rio. *Trajectus pectora. Ov.* Atravesado por el pecho. *In Africam. Cic.* Transportado al África. *Amnis. Liv.* Rio pasado, atravesado. *Per domum aquae ductus. Ulp.* Acueducto que atraviesa una casa, dirigido por dentro de ella. *In cor. Hor.* Pasado hasta el corazon. *pret. de*

Trajĭcio, is, jēci, jectum, cĕre. a. Cic. Echar, lanzar, arrojar de la otra parte. ‖ Traspasar, atravesar, pasar de parte á parte. ‖ Transportar, pasar, conducir por mar ó rio. ‖ Pasar, atravesar mar ó rio. ‖ *Varr.* Trasegar, pasar de unas vasijas á otras. *Trajicere Cyprum. Plin.* Pasar á Chipre. —*Oculos. Lucr.* Echar los ojos, mirar. — *Exercitum fluvium. Cic.* —*Copias flumini. Liv.* Pasar las tropas por un rio. —*Se. Liv.* Pasar el mar ó rio. —*Culpam in alium. Quint.* Echar las cargas ó la culpa á otro.

Tralatio, y otros. V. Translatio.

Tralles, ium. m. plur. Liv. Tralles, pueblos de Tracia.

Tralles, ium. f. plur. Liv. Trales, ciudad de Lidia.

Tralli, ōrum. m. plur. Habitantes de Tralia.

Trallia, ae. f. Tralia, ciudad de Lidia.

Trallianus, a, um. Cic. Traliano, de Trales, ciudad de Lidia.

Tralŏquor, ĕris, qui. dep. Plaut. Contar una cosa enteramente, desde el principio al fin.

Trama, ae. f. Sen. El tejido de la tela. ‖ La trama de ella. *Trama figurae. Pers.* Un esqueleto vivo, armazon de huesos, el flaco y macilento, que no tiene mas que huesos y pellejo.

Trames, ĭtis. m. Cic. El trámite, sendero, senda, camino estrecho y poco trillado. ‖ El camino. ‖ *Lucr.* Modo, manera.

Tramigro. V. Transmigro.

† Tramosericus, a, um. Lo que es de trama de seda.

† Traneus, i. m. El mes de julio.

Tranium, ii. n. Trani, ciudad de la Apulia.

Tranĭto, ās, āvi, ātum, āre. a. Cat. y

Trāno, ās, āvi, ātum, āre. a. Liv. Pasar á nado ó nadando. *Tranare nubila. Virg.* Hender, cortar las nubes, volar. —*Pericla. Sil. Ital.* Escapar de los riesgos. —*Pectus. Sil. Ital.* Atravesar el pecho.

Tranquillātus, a, um. part. de Tranquillo. Nep. Tranquilizado, sosegado.

Tranquille, ius, issime. adv. Cic. Tranquile, quieto, sosegadamente.

Tranquillĭtas, ātis. f. Cic. Tranquilidad, sosiego, serenidad, quietud, reposo, calma, bonanza. *Tranquillitas tua. Eutrop.* Vuestra serenidad, término de cortesía, introducido en la edad baja de la lengua, para hablar á los príncipes.

Tranquillo. abl. abs. Ter. En tiempo de calma, de tranquilidad.

Tranquillo, as, avi, ātum, āre. a. Cic. Tranquilizar, sosegar, calmar las tempestades y perturbaciones.

Tranquillum, i. n. Plaut. Tiempo tranquilo, serenidad, bonanza.

Tranquillus, a, um, ior, issimus. Cic. Tranquilo, apacible, sereno, libre de tempestades y perturbaciones.

Trans. prep. de acus. Cic. De la otra parte, del otro lado, mas allá, allende.

Transăbeo, is, ĭvi, ó bii, bĭtum, ire. Anom. Estac. Pasar, ir mas allá, mas adelante, de la otra parte. ‖ Virg. Atravesar, pasar de parte á parte.

Transactio, ōnis. f. Ulp. Transaccion, ajustamiento, convencion entre los litigantes sobre una cosa dudosa, y no definida. ‖ Tert. Fin, conclusion de un negocio.

Transactor, ōris. m. Cic. El que transige ó ajusta entre las partes un punto litigioso.

Transactus, a, um. Ter. part. de Transigo. Concluido, terminado, definido. ‖ Ulp. Transigido, compuesto por

**TRA** 757

transaccion. ‖ Luc. Traspasado, atravesado. *Transacto tempore. Nep.* Pasado el tiempo.

Transădactus, a, um. Apul. Atravesado. part. de

Transădĭgo, is, dēgi, dactum, gĕre. a. Virg. Atravesar, traspasar, pasar de parte á parte.

Transalpĭbus. adv. Gel. Del otro lado de los Alpes.

Transalpĭcus, a, um. y

Transalpīnus, a, um. Cic. Transalpino, que es ó está del otro lado de los Alpes.

† Transanĭmatio, ōnis. f. La metemsicosis ó transmigracion de las almas.

Transaustrīnus, a, um. Marc. Cap. Puesto mas allá del austro.

Transbĭbo, is, bĭbĕre. a. Cel. Aur. Beber.

Transcendens, tis. com. Plin. Lo que trasciende y pasa á otros.

† Transcendentālis. m. f. lŏ. n. is. Trascendental, que pasa y se comunica á otras cosas del mismo concepto.

Transcendo, is, di, sum, dĕre. a. Cic. Trascender, pasar de la otra parte, atravesar subiendo. *Transcendere ordinem naturae. Cic.* Trastornar, violar el orden de la naturaleza. —*In Macedoniam. Liv.* Pasar á la Macedonia. —*Aliquem aetate. Sen.* Vivir mas tiempo que otro. —*Ingenio. Sen.* Escederle en ingenio. *Vota transcendi mea. Sen.* He logrado mas de lo que deseaba.

Transcensus, us. m. Amian. La accion de transcender, de pasar subiendo, subida.

Transcensus, a, um. Sex. Ruf. Trascendido, pasado subiendo.

Transcĭdo, is, ĕre. a. Plaut. y

Transcindo, is, scidi, scissum, dĕre. a. Plaut. Maltratar, herir, despedazar.

Transcrībo, is, psi, tum, bĕre. a. Cic. Transcribir, trasladar, copiar. ‖ Vender, enagenar por escritura, transferir el dominio. *Transcribere milites. Val. Max.* Transferir los soldados de una clase á otra. —*Nomina. Liv.* Mudar el nombre del acreedor, transferir á otro el derecho de exigir, ó al contrario, tomar sobre sí la obligacion.

Transcriptio, ōnis. f. Cic. Cesion, enagenacion del derecho propio. ‖ Quint. Escusa, pretesto.

Transcriptus, a, um. part. de Transcribo. Cic. Trasladado, copiado. ‖ Dig. Enagenado, vendido, cedido.

Transcurro, is, ri, sum, rĕre. a. Ter. Pasar corriendo, en diligencia de una parte á otra. ‖ Sen. Tocar ligeramente, de paso. *Transcurrere ad melius. Hor.* Mejorarse. *Transcursu est opus. Ter.* Es preciso ir corriendo.

Transcursio, ōnis. f. Dig.

Transcursus, us. m. Suet. El transcurso, tránsito, pasage. *In transcursu. Plin.* De paso.

Transdanuviānus, a, um. Liv. Que es ó está del otro lado del Danuvio.

Transdo. V. Trado.

Transdūco. V. Traduco.

Transēgi. pret. de Transigo.

Transenna, ae. f. Cic. Reja, berja ó celosía de hierro ó de madera que se pone á las ventanas y á ciertas mercadurías. ‖ Asechanza, engaño, falacia. ‖ Red de cuerda para cazar las aves. ‖ La maroma ó cuerda estendida. *Per transennam dicere. Cic.* Decir de paso. —*Aspicere. Cic.* Mirar ligeramente. *In transennam ducere. Plaut.* Hacer caer á uno en la trampa, en el lazo.

Transeo, is, vi, sii, ĭtum, īre. a. n. Cic. Pasar, ir de la otra parte, atravesar, penetrar. ‖ Pasar por encima, no poner atencion. ‖ Omitir. *Transire in colores varios. Plin.* Tomar diversos colores. —*Silentio. Cic.* Pasar en silencio. —*In alterius sententiam. Cic.* Seguir el parecer de otro. —*Ad adversarios. Cic.* Pasarse á los enemigos. —*Ad aliquem. Ter.* Ir á ver á alguno. —*Legem. Cic.* No hacer caso de la ley.

Transĕro, is, ĕre. a. Cat. Pasar, hacer pasar. ‖ Ingertar.

Transertus, a, um. Estac. Ingertado.

Transeunter. adv. Amian. De paso.

Transfĕro, ers, tŭli, lātum, ferre. a. Cic. Transferir, transportar, llevar, conducir. ‖ Col. Trasplantar. ‖ Varr. Ingerir. ‖ Copiar, trasladar. ‖ Traducir de una lengua á otra. ‖ Usar de metáforas ó translaciones. ‖ Atribuir, echar la culpa ó la carga. *Transferre aliquid ad fortunam. Cic.* Atribuir un suceso á la fortuna. — *Se ad artes. Cic.* Aplicarse á las artes ó ciencias. — *In visus. Cic.* Reducir á risa. — *Verba. Cic.* Usar de metáforas. — *Auctores. Quint.* Traducir los autores.

**Transfígo**, is, xi, xum, gĕre. *a. Ces.* Traspasar, atravesar, pasar de parte á parte.

**Transfigurābilis.** m. f. lĕ. n. is. *Fest.* Transfigurable, que se puede transfigurar, mudar de una figura en otra.

**Transfigurātio**, ōnis. f. *Plin.* Transfiguracion, transformacion.

**Transfigurātus**, a, um. *Suet.* Transfigurado, transformado. *part. de*

**Transfigūro**, as, āvi, ātum, āre. *a. Suet.* Transfigurar, mudar de forma ó figura.

**Transfixi.** *pret. de* Transfigo.

**Transfixus**, a, um. *Cic.* Transfijo, atravesado, traspasado de parte á parte, de banda á banda. *Transfixa hasta. Virg.* Lanza hecha para pasar de parte á parte.

**Transfluo**, is, fluxi, fluxum, fluĕre. *n. Plin.* Pasar, salir corriendo, estenderse por fuera lo líquido.

**Transfōdio**, is, fōdi, fossum, dĕre. *a. Ces.* Traspasar, atravesar, pasar de parte á parte.

**Transformātio**, ōnis. f. *S. Ag.* Transformacion, metamórfosis, mutacion de forma ó figura.

**Transformātus**, a, um. *part. de* Transformo. *Ov.* Transformado.

**Transformis.** m. f. mĕ. n. is. *Ov.* Que se transforma, que muda de forma, *como Proteo.*

**Transformo**, as, āvi, ātum, āre. *a. Virg.* Transformar, mudar la forma ó figura á alguno.

**Transfŏro**, as, āvi, ātum, āre. *a. Sen.* Atravesar, traspasar, barrenar de parte á parte.

**Transfossus**, a, um. *part. de* Transfodio. *Tac.* Traspasado, atravesado.

**Transfretānus**, a, um. *Ter.* Transmarino, ultramarino.

**Transfretātio**, ōnis. f. *Gel.* Pasage, tránsito de un estrecho ó brazo de mar.

**Transfrēto**, as, āvi, ātum, āre. *a. Suet.* Pasar, atravesar un brazo ó estrecho de mar.

**Transfūdi.** *pret. de* Transfundo.

**Transfūga**, ae. f. *Liv.* El desertor, el que se pasa al partido ó ejército enemigo. *Transfuga patrii ritus. Val. Max.* Desertor de las costumbres de la patria.

**Transfŭgio**, is, fūgi, fugĭtum, gĕre. *n. Nep.* Desertar, pasarse al campo enemigo, al partido contrario.

**Transfugium**, ii. n. *Liv.* Desercion de su partido ó bandera.

**Transfulgeo**, es, ĕre. *n. Plin.* Transparentarse, traslucirse.

**Transfūmo**, as, āvi, ātum, āre. *n. Estac.* Humear hácia afuera, evaporarse.

**Transfunctōrius**, a, um. *Tert.* Lo que se hace ligeramente, de paso.

**Transfundo**, is, fūdi, fūssum, dĕre. *a. Col.* Transfundir, echar, pasar de una vasija á otra, trasegar. ‖ Trasladar, referir, atribuir á otro. *Transfundere laudes suas ad alium. Cic.* Ceder sus alabanzas á otro. — *Amorem in alium. Cic.* Pasar su amor á otro.

**Transfūsio**, ōnis. f. *Cels.* La transfusion, la accion de trasladar de una vasija á otra, de trasegar. ‖ Transfusion ó travasacion de la sangre á las arterias.

**Transfūsus**, a, um. *Plin.* Trasegado, pasado de una á otra vasija, transfundido. ‖ Trasladado, entregado á otro.

**Transgĕro**, is, ĕre. *a. Plin.* Transferir, transportar.

**Transgrĕdior**, ĕris, gressum sum, grĕdi. *dep. Cic.* Pasar del otro lado, atravesar, pasar mas allá ó adelante. ‖ Pasar mar ó rio. ‖ Pasar los limites, la raya, el término prescrito. ‖ Vencer.

**Transgressio**, ōnis. f. *Cic.* El tránsito ó pasage. ‖ *Quint.* Transposicion de palabras, hipérbaton.

**Transgressivus**, a, um. *Diom. Transgressiva verba.* Verbos que no guardan la forma de su inflaxion, como *Audeo es, ausus sum, Gaudeo es, gavisus sum.*

**Transgressor**, ōris. m. *Bibl.* Transgresor, quebrantador de la ley.

**Transgressus**, us. *Gel. V.* Transgressio.

**Transgressus**, a, um. *part. de* Transgredior. *Liv.* Que ha pasado. ‖ Pasado, que ha sido pasado.

**Transĭgo**, is, ēgi, actum, gĕre. *a. Sen.* Pasar de parte á parte, atravesar. ‖ Ajustar una controversia, venir á composicion, terminarla de comun acuerdo, transigirla. ‖ Terminar, concluir, finalizar. *Transigere fabulam. Plaut.* Concluir una comedia. — *Vitam, annus, tempus. Sal.* Pasar la vida, el tiempo, los años.

**Transii.** *pret. de* Transeo.

**Transĭlio**, is, ĭlvi, lii, y lui, sultum, lire. *a. Liv.* Pasar saltando, saltar por encima. ‖ Omitir, pasar en silencio ó por alto. *Transilire vada. Hor.* Pasar los mares. — *Lineas. Cic.* Pasar la raya, los términos prescritos.

**Transĭlis.** m. f. lĕ. n. is. *Plin.* Que pasa á otros.

**Transilvania**, ae. f. Transilvania, *region de Europa.*

**Trans Isalana**, ae. f. Pais mas allá de Isel, en las provincias unidas.

**Transĭtio**, ōnis. f. *Liv.* Pasage, tránsito, paso. ‖ Desercion, rebelion. ‖ Transicion de un discurso, en que se propone brevemente lo que se ha dicho ya y lo que se sigue, ó una de las dos cosas.

**Transitīvus**, a, um. *Prisc.* Transitivo, se llama asi el verbo que rige acusativo, cuya significacion pasa á otra cosa, y para en ella.

**Transĭtor**, ōris. m. *Amian.* El pasagero, el que pasa ó va de paso.

**Transitōrie.** *adv. S. Ger.* Transitoriamente, de paso.

**Transitōrius**, a, um. *Aur. Vict.* Que sirve de paso, por donde se pasa, pasagero.

**Transĭtus**, us. m. *Cic.* Tránsito, paso, pasage, travesía, el lugar donde se pasa, y la accion de pasar. ‖ *Lac.* Desercion. *Transitus in alias figuras. Plin.* Transformacion en otras figuras. — *Spiritus. Plin.* El tránsito de la respiracion, la traquiarteria. — *Verborum, et nominum. Varr.* Conjugacion y declinacion de los verbos y nombres. — *In dicendo. Quint.* La transicion del discurso. *In transitu. Quint.* De paso, brevemente.

**Transĭtus**, a, um. *Liv. part. de* Transeo. Pasado. *Lege Julia transita. Cic.* Sin haber tenido consideracion de la ley julia.

**Transivi.** *pret. de* Transeo.

**Transjăcio**, is, jēci, jactum, cĕre. *a. Solin.* Arrojar, echar del otro lado.

**Transjectio**, ōnis. f. *Cic. V.* Trajectio.

**Transjectus**, a, um. *Cic. V.* Trajectus.

**Transjicio**, is, ĕre. *V.* Trajicio.

**Transjugātus**, a, um. *Mel.* Atravesado por la cumbre.

**Transjungo**, is, nxi, ctum, gĕre. *a. Ulp.* Mudar las caballerías en un tiro, poniendo á la derecha la que solía ir á la izquierda, ó al contrario.

**Translapsus**, a, um. *Claud.* Que pasa, atraviesa volando.

**Translātio**, ōnis. f. *Cic.* La translacion, el acto de trasladar de un lugar á otro. ‖ La accion de trasplantar. ‖ Metáfora, translacion. ‖ *Quint.* Version, translacion. ‖ La accion de echar la culpa, de achacar el delito á otro.

**Translatītie.** *adv. Ulp.* Descuidadamente, sin cuidado.

**Translatītius**, a, um. *Cic.* Translaticio, prestado, tomado de otra parte. ‖ Comun, ordinario, usado.

**Translatīve.** *adv. Dig.* Translativa, figuradamente, por metáfora.

**Translatīvus**, a, um. *Cic.* Usado, comun, recibido. ‖ Traslaticio, metafórico. *Translativa quaestio, causa, constitutio. Cic.* Causa ó cuestion que necesita de transaccion ó conmutacion, por no proponerse con las circunstancias debidas.

**Translātor**, ōris. m. *Cic.* El que traslada ó transfiere. ‖ *S. Ger.* Intérprete, traductor.

**Translātus**, a, um. *part. de* Transfero. *Ces.* Trasladado, transferido, transportado. ‖ *Ov.* Transformado. ‖ Metafórico. *Translatum exordium. Cic.* Exordio trasladado, el que se dirige á distinto fin del que pide el género de causa, *como hacer docil al oyente cuando se necesita de su benevolencia, ó usar de principio cuando se debia de insinuacion.*

**TRA**

Translātus, us. m. *Sen.* La accion de pasar con pompa ó aparato.

Translĕgo, is, lēgi, lectum, gĕre. a. *Plaut.* Leer enteramente, desde el principio al cabo.

Translūcens, tis. com. *Plin.* Transparente, diáfano.

Translūceo, es, xi, cēre. n. *Plin.* Traslucirse, ser diáfano, transparente.

Translūcidus, a, um. *Plin.* Transparente, diáfano, que se trasluce ó transparenta.

Tranemarīnus, a, um. *Cic.* Transmarino, ultramarino, de ultramar, que es de la otra parte del mar.

Transmeabĭlis. m. f. le. n. is. *Aus.* Lo que se puede pasar atravesando.

Transmeātio, ōnis. f. *Cels.* La accion de pasar atravesando ó al traves.

Transmeātus, a, um. *Amian.* Atravesado. part. de

Transmeo, as, avi, atum, are. a. *Luc.* Pasar, atravesar, pasar atravesando.

Transmigrātio, ōnis. f. *Prud.* Transmigracion, mudanza de pais.

Transmĭgro, as, avi, atum, are. n. *Liv.* Transmigrar, mudar de pais, pasarse á vivir á otra parte.

Transmissio, ōnis. f. *Cic.* y

Transmissus, us. m. *Cæs.* Tránsito, pasage de mar ó rio.

Transmissus, a, um. *Liv.* Transportado. || Pasado, atravesado. || Omitido. part. de

Transmitto, is, missi, missum, těre. a. *Plaut.* Transmitir, ceder, entregar á otro. || Enviar adelante, ó de un lugar á otro. || Atravesar, pasar de parte á parte. || Omitir, pasar en silencio. *Transmittere tempus. Plin.* Pasar y perder el tiempo. — *Discrimen. Plin.* Evitar el riesgo. — *Cibos. Plin.* Digerir las viandas. — *Pectus cuspide. Sil. Ital.* Atravesar el pecho con una punta, con espada, flecha ó lanza. — *Alicui bellum. Cic.* Encargar á uno la direccion de la guerra. — *Per fines suos. Liv.* Dar paso por su pais. — *In Africam velis. Liv.* Navegar al África, pasar á ella por mar. — *Ad aliquem. Vel.* Pasarse al partido de alguno.

Transmontanus, a, um. *Liv.* Ultramontano, que habita del otro lado de los montes.

Transmōtio, ōnis. f. *Marc. Cap.* La accion de mover alguna cosa de un lugar á otro.

Transmōtus, a, um. *Tac.* Movido, transferido. part. de

Transmŏveo, es, mōvi, mōtum, vēre. a. *Ter.* Transferir, trasladar, mover, mudar de una parte á otra.

Transmūtātio, ōnis. f. *Quint.* Transmutacion, mutacion, mudanza.

Transmūto, as, avi, atum, are. a. *Her.* Transmutar, transferir, mudar de una parte á otra.

Transnāvĭgo, as, avi, atum, are. a. *Fron.* Atravesar navegando, pasar el mar.

Transnāto, as, avi, atum, are. a. *Liv.* y

Transno, as, avi, atum, are. a. *Cic.* Pasar á nado, nadando.

Transnomĭnātio, ōnis. f. *Diom.* La figura metonimia.

Transnomĭno, as, avi, atum, are. a. *Suet.* Mudar de nombre.

Transnŭmĕro, as, avi, atum, are. a. *Ad Her.* Entregar el dinero contado.

Transpădānus, a, um. *Cic.* Transpadano, que vive del otro lado del Po, *rio de Italia*.

Transpectus, us. m. *Lucr.* La vista, la accion de mirar por medio de algun espacio.

Transpĭcio, is, pexi, pectum, cĕre. a. *Lucr.* Mirar mas allá ó adelante.

Transplantātus, a, um. *Sed.* Trasplantado. *Annosam arborem transplantare. adag.* Duro es el alcacer para zampoñas. *ref.*

Transplanto, as, avi, atum, are. a. *Sedul.* Trasplantar.

Transpōno, as, avi, situm, nĕre. a. *Gel.* Trasferir, transportar. || *Pal.* Trasplantar. *Transponere milites. Tac.* Desembarcar las tropas. — *Exercitum in Italiam. Just.* Conducir por mar las tropas, el ejército á Italia.

Transportātio, ōnis. f. *Sen.* Transportacion, conduccion, transporte.

Transportātus, a, um. *Liv.* Transportado, conducido por mar. part. de

Transporto, as, avi, atum, are. a. *Cic.* Transportar, transferir por mar ó rio. || *Suet.* Desterrar.

Transposĭtīvus, a, um. *Quint.* Que traspone, trastrueca, muda el orden.

Transposĭtus, a, um. *Gel.* Transportado. || Trasplantado.

Transposui. *pret. de* Transpono.

Transquiētus, a, um. *Plaut.* Muy quieto, tranquilo, sosegado.

Transrhēnānus, a, um. *Cæs.* Transrenano, que habita el otro lado del Rin.

Transthebaitāni milites. *Treb. Pol.* Soldados que estaban de guarnicion mas allá de la Tebaida.

Transtibĕrīnus, a, um. *Marc.* Transtiberino, que habita de la otra parte del Tiber.

Transtigritānus, a, um. *Amian.* Transtigritano, que habita de la otra parte del Tigris, *rio de Armenia*.

Transtillum, i. n. *Vitruv.* Maderillo, madero pequeño. || Banquillo.

Transtĭneo, es, ēre. a. *Plaut.* Estar atravesado ó en medio de dos.

Transtrum, i. n. *Pers.* El banco de los remeros. || Viga de traviesa de una pared. || Viga que se atraviesa en un plano.

Transtŭli. *pret. de* Transfero.

Transubstantiātio, ōnis. f. *Eccles.* Transustanciacion, mudanza de una sustancia en otra.

Transui. *pret. de* Transuo.

Transulto, as, avi, atum, are. a. *Liv.* Pasar saltando, saltar de una parte á otra.

Transūmo, is, sumpsi, sumptum, mĕre. a. *Estac.* Tomar de mano de otro.

Transumptio, ōnis. f. *Quint.* V. Metalepsis, *fig. ret.*

Transumptīvus, a, um. *Quint.* El que toma de la mano de otro.

Transuo, is, sui, sūtum, suĕre. a. *Cel.* Pasar, atravesar cosiendo con aguja.

Transūtus, a, um. *part. de* Transuo. *Transutus verubus. Ov.* Ensartado, atravesado en asadores.

Transvādor, āris, āri. *dep. Bibl.* Pasar un vado. || Pasar del otro lado.

Transvarĭco, āris, āri. a. *Veg.* Torcer, dislocar los pies y las piernas.

Transvectio, ōnis. f. *Cic.* Transporte, conduccion. || Tránsito. || Muestra, revista de caballería.

Transvector, ōris. m. *Sol.* Conductor, arriero, el que transporta.

Transvectus, a, um. *Sal.* Transportado. part. de

Transvĕho, is, vexi, vectum, vĕhĕre. a. *Cæs.* Pasar de la otra parte, atravesar, transportar por mar ó rio. *Equites trapvehi. Liv.* Pasar revista á la caballería. *Transvectum est tempus. Tac.* Pasóse el tiempo.

Transvĕna, ae. m. *Tert.* El que pasa á nosotros de una region muy lejana.

Transvendo, is, ĕre. a. *Inser.* Trasferir vendiendo, enagenar.

Transvĕnio, is, īre. n. *Tert.* Venir pasando de algun lugar á otro.

Transverbĕrātus, a, um. *Tac.* Atravesado de parte á parte. *part. de*

Transverbĕro, as, avi, atum, are. a. *Cic.* Traspasar, atravesar, pasar de parte á parte. *Transverberare aera. Apul.* Cortar los aires volando.

Transversa. *adv. Virg.* V. Transverse.

Transversa, ōrum. n. plur. *Juv.* V. Adversaria.

Transversārius, a, um. *Vitruv.* Transversal, atravesado, puesto al traves ó de traviesa.

Transverse. *adv. Gel.* y

Transversim. *adv. Vitruv.* Al traves, de traviesa.

Transversio, ōnis. f. *Veg.* Transformacion, metamorfósis, mutacion de forma.

Transversum, i. n. *Fest.* El traves, la traviesa. || El diafragma.

Transversus, a, um. *Cæs.* Atravesado, puesto al traves ó de traviesa. *Transversum agi. Cic.* Ser transportado de alguna pasion. *Digitum, aut unguem discedere. Cic.* Desviarse un dedo ó lo largo de una uña. *Transversos incur-*

*tare. Veg.* Acometer á los enemigos por el flanco. *Transversis praeliis. Sal.* Atacando los flancos. *Ex transverso, de transverso, in transversum, per transversum. Plaut. Cic.* Al través. *part. de*

**Transverto,** is, ti, sum, těre. *a. Apul.* Mudar, convertir en otra cosa. *Inimica transvertere. Arnob.* Apartar los daños, las incomodidades.

**Transvŏlĭto,** as, ăvi, ătum, āre. *n. Lucr.* Pasar volando muchas veces. *frec. de*

**Transvŏlo,** as, ăvi, ătum, āre. *a. Plin.* Pasar volando de la otra parte. ¶ Pasar corriendo, como volando.

**Transvolvo,** is, ĕre. *a. Prud.* Revolver, pasar de un cabo á otro.

**Transvŏro,** as, ăvi, ătum, āre. *a. Apul.* Devorar ansiosamente, consumir del todo.

**Trăpes,** ētis. *m. Cat.* y

**Trăpētes,** um. *m. plur. Varr.* ó

**Trăpetum,** i. *n. Cat.* La piedra de molino de aceite.

**Trăpēzita,** ae. *m. Plaut.* Cambiante, comerciante, banquero.

**Trăpēzium,** ii. *n.* Trapecio, *figura geométrica cuadrada, de lados desiguales.*

**Trăpezŏphŏrum,** i. *n. Cic.* El pedestal ó pie de la mesa.

**Trapezus,** untis. *f. Plin.* Trapisonda, *ciudad del Asia menor sobre el Ponto Euxino ó mar negro.*

**Trasimĕnĭcus,** a, um. *Sid.* Lo que pertenece al lago Trasimeno.

**Trasimĕnus,** i. y Trasimenus lacus. *m. Ov.* El lago Trasimeno, hoy de Perusia en Toscana, *célebre por la derrota que padecieron en él los romanos por Anibal.*

**Traulizi,** ōrum. *m. plur. Lucr.* Balbucientes, tartamudos.

**Trăvio,** as, āre. *n. Lucr.* Pasar.

**Travŏlo.** V. Transvolo.

**Traxi.** *pret. de* Traho.

**Trebācĭter.** *adv. Sid.* Astutamente.

**Trebacius,** ii. *m. Cic.* C. Trebacio Testa, *jurisconsulto del tiempo de Ciceron, á quien éste dirigió sus Tópicos, cuyas respuestas de grande autoridad se hallan en varios lugares del Digesto.*

**Trebax,** ācis. *com. Sid.* Hombre astuto, que sabe vivir, que sabe del mundo.

**Trebelliānus,** a, um. *Dig.* Lo perteneciente á Trebelio, *como el senadoconsulto trebeliano sobre las herencias fideicomisarias.*

**Trebellĭcum vinum.** *Plin.* Vino generoso de Campania, á cuatro millas de Nápoles.

**Trebellius,** ii. *m. Cic.* Trebelio, *nombre romano.* ¶ Trebelio Polion, historiador del tiempo del emperador Constancio ó de su hijo Constantino á los principios del siglo IV de Cristo, escribió las vidas de algunos emperadores que aun subsisten.

**Trebia,** ae. *f. Plin.* Trevi, *ciudad de la Umbría.* ¶ Rio que nace en el Apenino y entra en el Po junto á Placencia, *célebre por la victoria de Aníbal sobre los romanos.*

**Trebiānus,** a, um. *Arnob.* Lo perteneciente á la ciudad de Trevi.

**Trebiātes,** um. *m. plur. Plin.* Pueblos de la Umbría, cuya capital es Trevi.

**Trebŭla,** ae. *f. Plin.* Trebula, *ciudad de los sabinos.* Otra de los mismos sabinos, por sobrenombre Sufenas. ¶ Otra de Campania.

**Trebulānus,** a, um. *Cic.* Trebulano, perteneciente á la ciudad de Trebula.

**Trecēnārius,** a, um. *Inscr.* El que manda trescientos soldados.

**Trecēni,** ae, a. *plur. Liv.* y

**Trecentēni,** ae, a. *plur. Col.* Trescientos en número.

**Trecentessĭmus,** a, um. *Liv.* Trecentésimo, trescientos en órden.

**Trecenties.** *adv. Cat.* Trescientas veces.

**Trechedipna,** ōrum. *n. plur. Juv.* Toga que vestian los romanos para asistir á una cena, ó la espórtula.

**Trecorensis ager.** Trequies, *país de la Bretaña baja.*

**Tredĕcies.** *adv. Cic.* Trece veces.

**Tredĕcim.** *plur. com. ind. Cic.* Trece en número.

**Tredĕcĭmus,** a, um. *Plin.* Décimotercio, treceno.

**Treis,** y Tris. V. Tres, et Tria.

**Tremĕbundus,** a, um. *Cic.* Que tiembla mucho, muy tímido ó temeroso.

**Tremĕfăcio,** is, fēci, factum, cĕre. *a. Cic.* Hacer temblar, amedrentar, atemorizar.

**Tremĕfactus,** a, um. *Ov.* Atemorizado, amedrentado.

**Tremendus,** a, um. *Virg.* Tremendo, terrible, que causa mucho miedo.

**Tremisco,** is, cĕre. *a. n. Virg.* Temblar, estremecerse de miedo. ¶ Temer.

**Tremisius,** ii. *m.* y

**Tremissis,** is. *m.* ó

**Tremissius,** ii. *m. Lampr.* Moneda que valia la tercera parte de un sólido de oro.

**Tremo,** is, mui, mĕre. *a. n. Liv.* Temer. ¶ *Cic.* Temblar, estremecerse de miedo.

**Tremor,** ōris. *m. Cic.* Temblor, estremecimiento del cuerpo de miedo. ¶ *Lucr.* Temblor de tierra, terremoto.

**Tremŭle.** *adv. Apul.* Tremolando al viento.

**Tremŭlus,** a, um. Trémulo de miedo, el que tiembla. ¶ Trémulo por la edad ó enfermedad. ¶ *Cic.* Lo que da temblor, miedo.

**Trepĭdans,** tis. *com. Tac.* Apresurado, azorado de miedo. ¶ Solícito, activo, diligente.

**Trepĭdanter,** ius, issĭme. *adv. Caes.* Con apresuracion, con azoramiento. ¶ Con temor ó miedo.

**Trepĭdarius,** a, um. *Veg.* Tripidarii equi. Caballos de paso de andadura, que menudean el paso compasadamente.

**Trepĭdātio,** ōnis. *f. Cic.* Apresuramiento, prisa, azoramiento, temor y confusion. ¶ Actividad, viveza.

**Trepĭde.** *adv. Liv.* Con temor y confusion, con prisa, con azoramiento.

**Trepidiārius.** V. Trepidarius.

**Trepĭdo,** as, ăvi, ătum, āre. *n. Ter.* Apresurarse, azorarse, discurrir de una parte á otra con miedo y confusion. ¶ Temer, temblar, tener miedo. ¶ Darse prisa, discurrir con prontitud y viveza. *Totis trepidatur castris. Caes.* Se llenan de confusion los reales. *Trepidare defendere naves. Virg.* Temblar de defender las naves. *Lupos. Sen.* Temer á los lobos. *Ante tubam trepidas. adag.* Antes cocho que yerba. *ref.*

**Trepĭdŭlus,** a, um. *Gel.* Que tiembla. *dim. de*

**Trepĭdus,** a, um. *Sal.* Apresurado, azorado, lleno de miedo. *Trepidae res. Liv.* Trabajos, afliciones. *Trepidus rerum suarum. Liv.* Solícito, temeroso de sus cosas.

**Trepondo.** *indec. Quint.* Peso de tres libras.

**Tres.** *m. f. plur.* tria, n. trium. *genit.* tribus. *dat.* y *ablat. Cic.* Tres. *Trium litterarum homo. Plaut.* Ladron, interpretacion de Fur. *Tribus verbis te volo. Plaut.* Quiero decirte una palabra, dos palabras.

**Tressis,** is. *m. Varr.* Tres ases, moneda romana.

**Tressis,** is. *m. f. sc. n. is. Varr.* Lo que vale tres ases, moneda romana. ¶ Cosa de poco precio ó estimacion.

**Tresviri,** ōrum. *m. plur. Plaut.* Los triunviros, en especial los capitales, á cuyo cuidado estaba la custodia de la cárcel, el castigo de los condenados, el conocimiento de los hurtos de los siervos, y otros delitos menores.

**Treva,** ae. *f.* Lubec, *ciudad de Holsacia.*

**Treverensis.** *m. f. sc. n. is. Inscr.* y

**Trevericus,** a, um. *Tac.* Lo que pertenece á la ciudad de Tréveris ó á sus ciudadanos.

**Trevir,** y Treviri, ōrum. *m. plur. Tac.* Tréveris, *ciudad de la Galia bélgica.*

**Triaconta,** ădis. *f. Tert.* Treinteno, que contiene el número de treinta.

**Triangŭlāris.** *m. f. sc. n. is. Col.* y

**Triangŭlus,** a, um. *Cic.* Triangular, que tiene ó forma tres ángulos.

**Triangŭlus,** i. *m.* ó Triangulum, i. *n. Cic.* El triángulo, figura triangular.

**Triarii,** ōrum. *m. plur. Liv.* Triarios, tercer cuerpo de tropas del ejército romano, compuesto de veteranos, y armados de picas ó dardos.

† **Trias**, ădis. *f.* Trinidad, número de tres.

**Tribacca**, ae. *f. Petron.* Pendiente de la oreja, compuesto de tres perlas.

**Triballi**, ōrum. *m. plur. Plin.* Tribalios, *pueblos de la Misia inferior.* || Los bulgaros.

**Tribas**, ădis. *f. Marc.* La que manosea lascivamente.

**Triboci**, ōrum. *m. plur. Ces.* Tribocos, *los pueblos de Alsacia.*

**Tribŏlum**, i. *n. Plaut.* Moneda que valia tres óbolos.

**Tribonianus**, i. *m.* Triboniano, célebre Jurisconsulto, *Cuestor de Justiniano, á quien sirvió de mucho en la formacion del Digesto, igualmente célebre por sus vicios de adulacion, fraudulencia, avaricia y desprecio de toda religion, en especial de la cristiana.*

**Tribrăchus**, i. *m.* y
**Tribrăchys**, yos. *m. Quint.* Tribraquis, *pie métrico compuesto de tres sílabas breves, como* Do-mi-nus.

**Tribuarius**, a, um. *Cic.* Lo que pertenece á una tribu, á un cuartel.

**Tribui**, *pret. de* Tribuo.

**Tribŭla**, ae. *f. Col.* El trillo ó trilla.

**Tribularium**, ii. *n. Col.* Lugar en que los labradores guardan sus aperos.

**Tribŭlātio**, ōnis. *f. S. Ger.* Tribulacion, pena, trabajo, afliccion.

**Tribŭlātus**, a, um. *Pal.* Puntiagudo á modo del abrojo.

**Tribŭlis**. *m. f.* lē. *n. is. Cic.* Que es de la misma tribu ó cuartel. || *Hor.* El pobre necesitado.

**Tribŭlo**, as, āvi, ātum, āre. *a. Cat.* Trillar, hacer saltar el grano de la espiga con el trillo.

**Tribŭlum**, i. *n. Virg.* El trillo ó la trilla.

**Tribŭlus**, i. *m. Virg.* El abrojo, *yerba espinosa.* || Los abrojos de hierro que se esparcen por el campo para mancar la caballería enemiga.

**Tribŭnal**, alis. *n. Cic.* El tribunal, *lugar escelso y arqueado en que tenian su silla curul los cónsules, pretores, ediles y los presidentes y proconsules en las provincias para administrar justicia. Le habia tambien en el teatro para la vista del pretor y el príncipe, y en los reales, desde donde el General administraba justicia, y hablaba á los soldados.*

**Tribŭnatus**, us. *m. Cic.* El tribunado, el magistrado y dignidad de los tribunos.

**Tribūnicius**, a, um. *Cic.* Tribunicio, lo perteneciente al tribuno. *Tribunicius vir. Cic.* Varon tribunicio, *que ha sido ya tribuno.__Candidatus. Cic.* Pretendiente del tribunado. *Tribunitia comitia. Cic.* Comicios para elegir tribunos.__*Intercessio. Ces.* La oposicion de los tribunos á los decretos de otros magistrados.

**Tribūnus**, i. *m. Cic.* Tribuno del pueblo. *Tribunus aerarii, ó aeris. Asc.* Tribuno aerario, *este no era magistrado, sino una clase, especie de tesoreros, que recibian el dinero de los cuestores urbanos, y le remitian á los de las provincias para pagar las tropas. Tribunus celerum. Pomp.* Capitan del cuerpo de guardia, el mas antiguo de todos los magistrados, establecido por Rómulo para mandar los 300 caballos que guardaban la persona del rey, y era diferente de los otros tres que presidian las tres tribus. *Tribunus militaris. Varr.* Tribuno militar, coronel, gefe de mil soldados de infantería. *Al principio eran tres, porque cada legion constaba de tres mil soldados, despues llegaron á ser seis. Tribunus militum consulari potestate. Liv.* Tribuno militar con potestad consular. *Tribunus plebis. Cic.* Tribuno de la plebe, magistrado, *cuyo oficio era prohibir la injuria con su oposicion, y defender los intereses de la plebe contra los padres.*

**Tribŭo**, is, bui, būtum, buěre. *a. Cic.* Atribuir, dar, asignar, conceder. || Distribuir, dividir. || Imputar, achacar. *Tribuere sibi nimium. Quint.* Ensalzarse demasiado.__*In duas partes. Cic.* Distribuir en dos partes.__*Silentium orationi alicujus. Cic.* Prestar silencio á la oracion de alguno.__*Ignaviae. Cic.* Atribuir á desidia.__*Alicui plurimum. Cic.* Hacer mucho caso ó estimacion de alguno.

**Tribus**, us. *f. Cic.* La tribu, *una de las partes del pueblo romano, que al principio fueron tres, y despues llegaron á ser treinta y cinco entre urbanas y rústicas.* **Tribu**

*moveri. Liv.* Ser echado de una tribu por ignominia á otra inferior.

**Tribūtarius**, a, um. *Suet.* Tributario, *que paga tributo. Tributaria necessitas. Just.* Necesidad de pagar un tributo.__*Causa. Dig.* Pleito en que se trata de un tributo. *Tributariae literae, ó tabulae. Cic.* Cartas en que se ofrecen y se presentan regalos.

**Tribūtim**. *adv. Cic.* Por tribus, en tribus.

**Tribūtio**, ōnis. *f. Cic.* Distribucion, division, reparticion. || *Ulp.* Contribucion, consignacion del tributo.

**Tribūtor**, ōris. *m. Apul.* Dador, el que da ó reparte.

**Tribūtŏrius**, a, um. *Ulp.* Lo que pertenece á la distribucion ó reparticion.

**Tribūtum**, i. *n. Cic.* Tributo, imposicion, impuesto, carga, gabela.

**Tribūtārius**, a, um. *Ov.* El que la ha ó tiene de dar ó conceder.

**Tribūtus**, us. *m. Plaut. V.* Tributum.

**Tribūtus**, a, um. *part. de* Tribuo. *Liv.* Atribuido, dado. *Comitia tributa. Liv.* Comicios por tribus, por cuarteles. *Tributus in duas partes. Cic.* Dividido en dos partes.

**Tricae**, arum. *f. plur. Plaut.* Frioleras, bagatelas, simplezas, cosas frívolas é inútiles. || *Cic.* Enredos, embrollos, impertinencias que ocupan y embarazan. || *Non.* Los hilos y pelos que se enredan á los pies de los pajaros y pollos, y no les dejan andar.

**Tricastīni**, ōrum. *m. plur. Plin.* Pueblos de la Galia narbonense, cuya capital es *Augusta tricastinorum,* San Pablo de Trescastillos. Se llaman tambien Tricasaca.

**Tricastīnus**, a, um. *Plin.* Lo perteneciente á los tricasios de la Galia narbonense.

**Tricca**, ae. *f. Avien.* Trica, *ciudad de Tesalia, junto al rio Peneo, donde habia un célebre templo de Esculapio.*

**Tricaeus**, a, um. *Avien.* Lo perteneciente á la ciudad de Trica en Tesalia.

**Tricēnarius**, a, um. *Vitruv.* Treinteno, que contiene el número de 30. *Tricenaria fistula. Front.* Flauta de treinta dedos de luz. *Tricenarius filius. Sen.* Un hijo de edad de treinta años.

**Tricēni**, ae, a. *plur. Plin.* Treinta.

**Tricennalia**, ium. *n. plur. Oros.* Solemnidades, fiestas celebradas cada treinta años.

**Tricennium**, ii. *n. Dig.* Espacio de treinta años.

**Tricentēni**, ae, a. *plur.* y

**Tricenti**, ae, a. *n. plur. Col.* Trescientos.

**Tricentes**. *adv. Marc.* Trescientas veces.

**Triceps**, ipītis. *com. Cic.* Que tiene tres cabezas, como Hecate y el Cerbero. || *Varr.* Triple, de tres partes.

**Tricēsĭmus**, a, um. *Cic.* Trigésimo, el último de treinta.

**Tricessis**, is. *m. Varr.* Moneda romana del valor de treinta ases.

**Trichalmum**, i. *n. Vitruv.* La cuarta parte de un óbolo griego.

**Trichaptum**, i. *n. S. Ger.* Vestido de hilo tan delgado y sutil como el cabello.

\* **Trichias**, ae. *m. Plin.* Pez marino, que dicen ser la sardina.

**Trichĭasis**, is. *f. Cels.* Enfermedad de los ojos cuando se introducen en ellos los pelos de los párpados.

**Trichĭla**, ae. *f. Col.* Cubierta, especie de tejado ó emparrado que se pone á las vides y otras plantas nuevas.

**Trichĭlum**, i. *n. Col.* Vaso de tres bordes ó picos con que echa el agua.

**Trichĭnus**, a, um. *Varr.* Espeso de pelo.

**Trichītis**, is. *f. Plin.* Especie de alumbre.

**Trichŏmănes**, is. *f. Plin.* Una de las plantas capilares.

**Trichordis**. *m. f.* dē. *n. is. Sid.* Que tiene tres cuerdas.

**Trichōrum**, i. *n. Estac.* Casa dividida en tres habitaciones. || Fachada en forma triangular.

**Tribrus**, i. *n. Plin.* Nombre de una piedra preciosa que tiene tres colores, negro, encarnado y blanco.

**Tricies**. *adv. Col.* Treinta veces.

**Tricinium**, ii. *n. Sim.* Canto de tres voces.

**Tricipĭtis**. *gen. de* Triceps.

**Triclinaria**, ōrum. *n. plur. Plin.* Almohadas que se po-

Ddddd

…nlan sobre los lechos para comer. ¶ *Varr.* Piezas de comer, comedores.

**Tricliniarcha**, ae. m. y **Tricliniarches**, ae. m. *Petron.* Siervo que cuidaba de aderezar el convite, y los lechos que habian de servir en él.

**Tricliniāris.** m. f. rĕ. n. is. y

**Tricliniārius**, a, um. *Varr.* Lo perteneciente al triclinio, al cenador ó pieza de comer, y al convite.

**Triclinium**, ii. n. *Vitruv.* Triclinio, lecho ó escaño capaz de recostarse tres personas para comer. ¶ Cenador, pieza de comer. *Triclinium sternere. Vitruv.* Componer, aderezar con alfombras ó tapetes los escaños para comer.

**Trico**, ōnis. m. *Non.* El tramposo, enredador, embrollon, en especial el que discurre embarazos y enredos para no pagar las deudas.

**Tricoccum**, i. n. *Plin.* Flor especie de eliotropio ó girasol.

**Tricōlum**, i. n. *Sen.* Período trimembre, que consta de tres miembros.

**Tricōlus**, a, um. *Quint.* Trimembre, que consta de tres miembros. ¶ Que consta de tres especies de versos, como algunas odas de Horacio.

**Tricongius**, ii. m. *Plin.* Tricongio, sobrenombre que se dió á Novelio Torcuato, milanés, por haber bebido tres congios de vino delante del emperador Tiberio.

**Tricor**, āris, ātus sum, āri. dep. *Cic.* Hablar frioleras ó bagatelas. ¶ Entretenerse en cosas vanas é inútiles. ¶ Tergiversar, buscar enredos y escusas para no pagar.

**Tricornĭger**, a, um. *Aus.* y

**Tricornis.** m. f. nĕ. n. is. *Plin.* Tricorne, que tiene tres cuernos.

**Tricorpor**, ŏris. com. *Virg.* Que tiene tres cuerpos.

**Tricōsus**, a, um. *Non.* Enredador, embustero.

**Tricus**, i. m. *Plin.* V. Trichrus.

**Tricuspis**, ĭdis. com. *Ov.* Que tiene tres puntas.

**Tridacna**, ōrum. n. plur. *Plin.* Ostras tan grandes que tenian tres bocados.

**Tridens**, tis. m. *Virg.* El tridente, cetro de Neptuno. ¶ Arpon de pescadores de tres puntas ó de una triangular.

**Tridens**, tis. com. *Val. Flac.* Que tiene tres puntas ó tres dientes.

**Tridentĭfer**, a, um. y

**Tridentĭger**, a, um. *Ov.* Que lleva ó tiene en la mano un tridente.

**Tridentīni**, ōrum. m. plur. *Plin.* Tridentinos, los habitantes de Trento, ciudad de Italia.

**Tridentīnus**, a, um. *Plin.* Tridentino, perteneciente á la ciudad de Trento.

**Tridentĭpŏtens**, tis. com. *Sil.* Poderoso por su tridente, epíteto de Neptuno.

**Tridentum**, i. n. *Plin.* Trento, ciudad de Italia en la Regia, célebre por el Concilio ecuménico, empezado en ella en 1545 en tiempo de Paulo III, y acabado en el de Pio IV en 1563.

**Triduānus**, a, um. *Apul.* Lo que dura tres dias.

**Triduum**, ii. n. *Cic.* El espacio de tres dias, tres dias seguidos.

**Triennis.** m. f. nĕ. n. is. *Bibl.* Lo que tiene tres años.

**Triennium**, ii. n. *Ces.* Trienio, espacio de tres años.

**Triens**, tis. m. *Cic.* La tercera parte de un todo, el tercio. ¶ *Vitruv.* La tercera parte del número senario, dos. ¶ *Varr.* Tercera parte de un as, cuatro onzas. ¶ Moneda de cobre semejante al óbolo, que valia la tercera parte de un as. ¶ Tercera parte de un pie, de un dedo, de una yugada de tierra, de un sestario, cuatro ciatos. ¶ La cuarta parte de la herencia. *Trientes pensiones. Lampr.* ó *usurae. Dig.* El cuatro por ciento de interes al año.

**Triental**, ālis. n. *Pers.* Vaso capaz de cuatro ciatos, de la tercera parte de un sestario.

**Trientālis.** m. f. lĕ. n. is. *Vitruv.* Lo que tiene cuatro pulgadas ó dedos, ó la tercera parte de un pie.

**Trientārius**, a, um. *Jul. Cap.* Que contiene la tercera parte de un total. *Trientarium foenus. Lampr.* Interes del cuatro por ciento.

**Trientius**, y Tabulius ager. *Liv.* Campo asi llamado por haberle dado el senado por la tercera parte de su valor á los que prestaban dinero á la república en la guerra púnica.

**Trierarchus**, i. m. *Cic.* Capitan de una nave ó galera de tres órdenes de remos. ¶ General de las galeras.

**Triēris**, is. f. *Inscr.* Trireme, nave ó galera de tres órdenes de remos.

**Trietērĭcus**, a, um. *Virg.* Trienal, que se hace ó celebra cada tres años, como los sacrificios de Baco, vencedor de la India, en memoria de los tres años que peregrinó en ella.

**Trietēris**, ĭdis. f. *Marc.* Trienio, espacio de tres años. ¶ Sacrificio que se hace cada tres años.

**Trifāriam.** adv. *Liv.* y

**Trifārio.** adv. *Diom.* De tres modos ó maneras. ¶ En tres partes, ó por tres lugares.

**Trifārius**, a, um. *Sol.* Lo que es de ó se hace de tres modos ó maneras.

**Trifatĭdĭcus**, a, um. *Aus. Trifatidicae Sybillae.* Las tres Sibilas profetisas; porque las mas conocidas de los antiguos fueron tres, la Cumea, Eritrea y Cumana.

**Trifaux**, cis. com. *Virg.* Trifauce, que tiene tres fauces ó gargantas.

**Trifax**, ācis. m. *Fest.* Dardo de tres cortes, de tres codos de largo, que se disparaba con una catapulta.

**Trifer**, a, um. *Col.* Que da tres frutos al año.

**Trifĭdus**, a, um. *Ov.* Partido, dividido en tres.

**Trifĭlis.** m. f. nĕ. n. is. *Marc.* Que tiene tres hilos, tres lizos ó tres pelos.

**Trifinium**, ii. n. *Sic.* El límite ó término de tres campos.

**Trifissĭlis.** m. f. lĕ. n. is. *Aus.* Lo que se parte ó divide en tres partes.

**Trifolīnus**, a, um. *Juv.* Lo perteneciente á Trifolino, monte de Campania, hoy de S. Martin, cerca de Nápoles.

**Trifŏlium**, ii. n. *Plin.* La yerba trifolio ó trébol.

**Triformis.** m. f. mĕ. n. is. *Ov.* De tres formas ó figuras, de tres naturalezas.

**Trifur**, ūris. m. *Plaut.* Ladronazo, un gran ladron.

**Trifurcĭfer**, a, um. *Plaut.* Gran picaron, tres veces digno de la horca.

**Trifurcium**, ii. n. *Apul.* Lo que se eleva en forma de tres puntas.

**Trifurcus**, a, um. *Col.* Que tiene tres puntas.

**Triga**, ae. f. *Ulp.* Carro de tres caballos en un tiro.

**Trigămus**, a, um. *S. Ger.* El casado tres veces, á un mismo tiempo ó sucesivamente.

**Trigārium**, ii. n. *Plin.* Plaza de Roma junto al campo Marcio, en que se hacian los juegos de los carros de tres caballos á un tiro, y servia de picadero á todos los caballos.

**Trigārius**, ii. m. *Plin.* El que guiaba el carro de tres caballos.

**Trigārius**, a, um. *Plin.* Lo perteneciente al carro de tres caballos en un tiro.

**Trigemĭna**, ae. f. Una de las puertas de la antigua Roma. Hoy puerta de S. Pablo.

**Trigemĭni**, ae, a. plur. *Col.* Tres gemelos ó mellizos, tres hermanos de un parto.

**Trigemĭnus**, a, um. *Gel.* Repetido tres veces.

**Trigemmis.** m. f. mĕ. n. is. *Col.* Lo que tiene tres yemas ó botones.

**Trigēsies.** adv. *Vitruv.* Treinta veces.

**Trigesĭmus**, a, um. *Col.* Trigésimo, el último de treinta.

**Triginta.** indecl. plur. *Cic.* Treinta.

**Triglītes**, ae. m. y

**Triglītis**, is. f. *Plin.* Triglite, piedra preciosa asi llamada por su semejanza con el pez trigla ó trilla.

**Triglȳphus**, i. m. *Vitruv.* El triglifo, miembro de arquitectura, que consta de tres canales repartidas en el friso de la coluna de órden dórico.

**Trigon**, ōnis. m. *Marc.* Pelota pequeña y dura, con que jugaban en los baños entre tres personas colocadas en figura de trígono ó triángulo.

**Trigōnālis.** m. f. lĕ. n. is. *Marc.* y

**Trigōnĭcus**, a, um. *Jul. Firm.* Triangular, en figura de trígono ó triángulo. ¶ Lo perteneciente al juego de la pelota ó á la pelota.

**TRI**

Trigōnum, i. n. y.
Trigōnium, ii. n. *Vitruv.* El trígono ó triángulo, figura triangular, de tres ángulos. *Trigonium orthogonium. Vitruv.* Triángulo rectángulo. *In trigono esse. Vitruv.* Estar en trígono, en aspecto trino, en forma de triángulo los signos del zodiaco. ¶ *Plaut.* El pastinaca, pez marino.

Trigōnus, a, um. *Manil.* Triangular, que tiene ó está en figura de triángulo.

Trihōrium, ii. n. *Auson.* El espacio de tres horas.

Trijūgis. m. f. gē. n. is. *Auson.* Tirado de tres caballos unidos.

Trijūgus, a, um. *Apul.* Lo mismo que Trijugis. ¶ Triple, de tres formas ó figuras.

Trilatĕrus, a, um. *Front.* De tres lados ó ángulos, trilátero.

Trilībris. m. f. brĕ. n. is. *Hor.* Que pesa tres libras.

Trilinguis. m. f. guĕ. n. is. *Hor.* y
Trilinguus, a, um. *Prud.* Trilingüe, que tiene tres lenguas.

Trilix, icis. com. *Virg.* De tres lizos ó hilos.

Trilongus pes. *Ter. Maur.* El pie métrico moloso, que consta de tres sílabas largas.

Trimacrus, a, um. *V.* Trilongus.

Trimatus, us. m. *Col.* La edad de tres años.

Trimembris. m. f. brĕ. n. is. *Higin.* Trimembre, de tres miembros. ¶ De tres cuerpos, como Gerion.

Trimestria, orum. n. plur. *Col.* Semillas que maduran á los tres meses.

Trimestris. m. f. trĕ. n. is. *Col.* De tres meses, que tiene tres meses, trimestre.

Trimetallum, i. n. *Petron.* Vaso hecho de tres metales mezclados.

Trimĕter, a, um. *Hor.* Trímetro, de tres medidas, como los versos senarios.

Trimĕtrius, a, um. *Auson.* Senario, que consta de versos senarios, de seis pies.

Trimōdia, ae. f. *Col.* Vasija capaz de tres modios.

Trimōdium, ii. n. *Plaut.* El trimodio, *medida de tres modios.*

Trimōdius, a, um. *Plin.* Que hace ó contiene tres modios.

Trimŭlus, a, um. *Suet.* Niño de tres años.

Trimus, a, um. *Col.* De tres años, que tiene tres años.

Trinacria, ae. f. *Plin.* La Sicilia, *llamada Trinacria de sus tres promontorios, Paquino, Peloro y Lilibeo.*

Trinacris, idis. f. *Ov.* La muger que pertenece á Sicilia, siciliana.

Trinacrius, a, um. *Virg.* Siciliano, de Sicilia.

Trinĕpos, ōtis. m. *Dig.* Hijo del cuarto nieto ó nieta.

Trineptis, tis. f. *Dig.* Hija del cuarto nieto ó nieta.

Trinicium carmen. *Serv.* Verso que consta de un monómetro acataléctico, como *Calidum jubar est.*

Trinĭtas, ātis. f. *Tert.* El número ternario. ¶ La Santísima Trinidad, las tres divinas Personas.

Trinoctiālis. m. f. lĕ. n. is. *Marc.* De tres noches.

Trinoctium, ii. n. *Gel.* Espacio de tres noches.

Trinōdis. m. f. dĕ. n. is. *Ov.* Que tiene tres nudos. Epíteto de la maza de Hércules. ¶ *Auson.* Trisílabo como el pie dáctilo.

Trinummus, y Trinumus, i. m. Nombre de una comedia de Plauto, *en que se introduce un enredador que se alquila por tres monedas para ejercitar sus mañas.*

Trinundinum, i. n. *Cic.* Espacio de veinte y siete dias ó de tres ferias que tenian los romanos cada nueve dias. *Trinundinum. Quint. In trinundinum. Liv.* Dentro de veinte y siete dias, para de aqui á veinte y siete dias.

Trinus, a, um. *Col.* Tres. ¶ Tercero. ¶ Trino, lo que contiene tres.

Triobōlum, i. n. y
Triobŏlus, i. m. *Plaut.* El trióbolo, *moneda que valia tres óbolos ó media dracma.* ¶ Peso de media dracma. *Trioboli homo. Plaut.* Hombre que no vale tres bledos.

Triodeia signa. *Grut.* Simulacros levantados en lugares donde concurren tres caminos.

**TRI** 763

Triōnes, um. m. plur. *Varr.* Los bueyes que aran. ¶ Triones, los dos arctos ú osas, mayor y menor. ¶ El carro de las siete estrellas.

Trionymus, a, um. *Sulp. Sev.* Que tiene tres nombres.

Triophthalmus, i. m. *Plin.* Trioftalmo, *piedra preciosa que representa tres ojos.*

† Triorches, ae. m. *Plin.* Especie de alcon, *llamado así porque dice el autor que tiene tres testículos.*

Triorchis, is. f. *Plin.* La tercera especie de la yerba centaura.

Tripālis. m. f. lĕ. n. is. *Varr.* Sostenido por tres palos ó estacas.

Triparcus, a, um. *Plaut.* Muy parco, demasiado económico, cicatero, ruin.

Tripartīto. adv. *Cic.* En tres partes, en tres trozos, en tres divisiones.

Tripartītus, a, um. *Cic.* Tripartito, dividido en tres partes.

Tripatĭnum, i. n. *Plin.* Convite de tres cubiertos ó servicios, en que se cubre la mesa tres veces.

Tripectŏrus, a, um. *Lucr.* Que tiene tres pechos, como Gerion.

Tripedālis. m. f. lĕ. n. is. *Varr.* y
Tripedāneus, a, um. *Cat.* Que tiene la medida de tres pies, tres pies de dimension.

Tripellis. m. f. lĕ. n. is. *Marc.* Que tiene tres pieles.

Triperditus, a, um. *Non.* Muy perdido, perdido enteramente.

Tripes, ĕdis. com. *Liv.* Que tiene tres pies.

Tripetia, ae. f. *Sev. Sulp.* Escaño ó banco de tres pies.

Triphālus, a, um. *Varr.* Título de una de las sátiras menipeas. ¶ Epiteto de Priapo.

† Triphonĭcus, i. m. El viento nordeste.

Tripictus, a, um. *Prud.* Escrito en tres lenguas.

Triplāris. m. f. rĕ. n. is. *Macrob.* y
Triplāsius, a, um. *Marc. Cap.* Número dos, tres veces contenido en otro mayor, como *tres respecto de uno, quince de cinco &c.*

Triplex, icis. com. *Cic.* Triple, triplicado. ¶ *Marc.* Librito de tres hojas. ¶ *Ov.* Las parcas.

Triplicabĭlis. m. f. lĕ. n. is. *Sedul.* Lo que se triplica, se puede triplicar.

Triplicatio, ōnis. f. *Macrob.* Triplicacion, multiplicacion por tres. ¶ *Dig.* Segunda defensa del actor contra la duplicacion del reo. ¶ Lo que se refiere en tercer lugar, y se expone al juicio despues de la acusacion.

Triplicātus, a, um. *part. de* Triplico. *Plin.* Triplitado.
Triplicia. *gen. de* Triplex.

Triplĭcĭter. adv. *Hor.* De tres modos.

Triplīco, as, āvi, ātum, āre. a. *Macrob.* Triplicar, multiplicar por tres.

Triplinthius, a, um. *Vitruv.* Lo que tiene tres hileras de piedras, de ladrillo &c. de espesor.

Triplus, a, um. *Cic.* Triple, triplicado.

Tripŏdis. *gen. de* Tripus.

Tripōdius, ii. m. *Diom.* Bachio, *pie métrico que consta de una sílaba breve y dos largas.*

Tripŏlis, is. f. *Bibl.* Trípoli, *puerto de mar, y ciudad capital del reino del mismo nombre en Berbería.* ¶ Ciudad de Lidia.

Tripolītanus, a, um. *Eutrop.* y
Tripolīticus, a, um. *Plin.* Lo perteneciente á Trípoli de África y de Siria.

Tripōlium, ii. n. *Plin.* El turbit, *planta marina.*

† Tripondium, ii. n. y
Tripondio. indec. Peso de tres libras.

Triportenta, orum. n. plur. *Pacuv.* Portentos grandes, maravillosos.

Triptolemĭcus, a, um. *Fulg.* Lo perteneciente á Triptólemo.

Triptolĕmus, i. m. *Ov.* Triptólemo, *el primer inventor de la agricultura entre los griegos.*

Tripŭdio, as, avi, atum, are. m. *Cic.* Bailar, danzar.

Tripūdium, ii. n. *Liv.* El baile, la danza. ¶ Voz augural, auspicio del cebo de los pollos, *cuando al coger con ansia las migajas ó granos, dejaban caer algo en tierra.*

**Tripus**, ŏdis. m. *Cic.* La trípode, mesa ó silla de tres pies, ó tres pies sobre que se sostiene. ‖ El oráculo de Apolo.

† **Triquĕtra**, ae. f. V. Triquetrus.

**Triquetra**, ae. f. y

**Triquetrum**, i. n. El triángulo.

**Triquetrus**, a, um. *Cic.* Triangular, que tiene tres ángulos ó lados. ‖ Siciliano, de Sicilia, *llamada triangular por sus tres promontorios*.

**Trirĕmis**, is. f. *Cic.* La trireme, nave, galera de tres órdenes de remos.

**Tris**. en lugar de *Tres*.

**Trisaeclisĕnex**, is. m. *Gel.* Viejo de tres siglos, epíteto de Nestor.

**Trisŭrria**, ōrum. n. plur. *Juv.* Acciones de bufones y gente brava, bufonadas, truanadas.

**Triplex**, a, um. *Marc. Cap.* Triple, triplicado.

**Trisippium**, ii. n. *Col.* Señal que se halla en la mejilla de los caballos escelentes.

† **Trismegistus**, a, um. Tres veces grande.

**Trispastos**, a, um. *Vitruv.* Que tiene tres poleas ó tres ruedas.

**Trispithămi**, ōrum. n. plur. *Plin.* Pueblos de pigmeos, mas allá de los términos de la India.

**Trissāgo**, ĭnis. f. *Plin.* La yerba chamaraz ó camédreos.

**Trisso**, as, āvi, ātum, āre. n. *Aut. de Filom.* Trisar, cantar la golondrina.

**Tristătae**, ārum. m. plur. *S. Ger.* Nombre del segundo grado despues de la dignidad real entre los griegos.

**Triste**, ius. adv. *Cic.* Tristemente.

**Tristĕga**, ōrum. n. plur. *S. Ger.* El tercer alto ó piso de una casa.

**Tristicŭlus**, a, um. *Cic.* Algo triste, melancólico.

**Tristifĭcus**, a, um. *Macrob.* Que causa tristeza.

**Tristimōnia**, ae. f. *Fest.* y

**Tristimōnium**, ii. n. *Petron.* La tristeza.

**Tristis**. m. f. tē. n. is, ior, issĭmus. *Cic.* Triste, melancólico, fúnebre, lúgubre. ‖ Infeliz, infausto. ‖ Rígido, severo, inexorable. ‖ Serio, grave, severo, austero. *Tristes succi*. *Virg.* Jugos amargos. *Tristiora remedia*. *Liv.* Remedios mas fuertes. *Tristia tempora*. *Cic.* Tiempos calamitosos.

**Tristĭtas**, ātis. f. *Pac.* y

**Tristitia**, ae. f. *Cic.* y

**Tristĭties**, ĕi. f. *Apul.* ó

**Tristitūdo**, ĭnis. f. *Apul.* Tristeza, melancolía. ‖ Gravedad, severidad, austeridad. *Tristitia temporum*. *Cic.* Miseria de los tiempos.

**Tristius**. adv. *Cic.* Mas tristemente. *Tristius curari*. *Cic.* Curarse con mas dificultad.

**Tristor**, āris, āri. dep. *Sen.* Entristecerse, apesadumbrarse, afligirse.

**Trisulcus**, a, um. *Virg.* Que tiene tres puntas.

**Trisyllăbus**, a, um. *Varr.* Trisílabo, que consta de tres sílabas.

**Trit**. indecl. *Plaut.* Voz que esplica el chillido de los ratones.

**Trităvia**, ae. f. *Dig.* La quinta abuela.

**Trităvus**, i. m. *Plaut.* Quinto abuelo.

**Trite**, es. f. *Vitruv.* La tercera cuerda ó tono en la escala música.

† **Tritenatae**, ārum. f. plur. Conmemoraciones de los difuntos que se hacian al tercero y noveno dia.

**Trithăles**, is. f. *Plin.* La siempreviva menor, yerba.

**Triticārius**, a, um. V. Triticeus.

**Triticeius**. *Plaut.* Voz fingida por un esclavo para burlarse de un viejo, que habia dicho neciamente *lolligianculas ordeias*.

**Tritĭceus**, a, um. *Virg.* Lo que es de trigo, perteneciente al trigo.

**Triticiārius**, a, um. *Dig. Condictio triticiaria*. *Dig.* Denunciacion personal, por la cual se repiten y denuncian todas las cosas muebles ó inmuebles que consten de peso y medida.

**Triticĭnus**, a, um. *Plin. Val.* V. Triticeus.

**Triticum**, i. n. *Col.* El trigo.

**Tritivilicium**, ii. n. *Plaut.* La hilacha ó pelusa que se cae de la ropa.

**Triton**, ōnis. m. *Cic.* Triton, dios marino, hijo de Neptuno y su trompetero. ‖ *Virg.* Nombre de una nave. ‖ Nombre de un pez. ‖ Rio de África. ‖ Otro de Beocia. ‖ Lago de Tracia, en que la persona que se bañaba y veces fingian los antiguos que se convertia en ave.

**Tritōnia**, ae. f. La diosa Palas ó Minerva, que dicen se apareció la primera vez á los hombres en el África, junto á la laguna llamada Triton.

**Tritoniăcus**, a, um. *Ov.* V. Tritonius.

**Tritōnis**, ĭdis. f. *Virg.* La diosa Palas ó Minerva. ‖ El lago Triton. ‖ *Stat.* El olivo consagrado á Palas. ‖ *Hig.* Nombre de una ninfa. ‖ adj. *Lucr.* V. Tritonius.

**Tritonius**, a, um. *Virg.* Tritonio, lo que pertenece al rio Triton, á la laguna Tritonio ó á la diosa Palas.

**Tritor**, ōris. m. *Plin.* El que machaca ó muele. ‖ Pulidor, escultor, bruñidor. *Compedium, et stimulorum tritor*. *Plaut.* Gastador de los grillos, y de las varas, oprobrio de un hombre perverso.

**Tritūra**, ae. f. *Col.* La trilla, la accion de trillar, y el tiempo ó estacion en que se trillan las mieses.

**Tritūrātio**, ōnis. f. *S. Ag.* V. Tritura.

**Tritūro**, as, āvi, ātum, āre. a. *Sidon.* Trillar las mieses.

**Triturrītus**, a, um. *Rutil.* Que tiene tres torres. *Triturrita*. Lugar de la Etruria á la embocadura del Arno.

**Tritus**, us. m. *Cic.* La frotacion de una cosa con otra.

**Tritus**, a, um, ior, issĭmus. part. de Tero. *Cic.* Trillado. ‖ Gastado, usado. ‖ Paseado, frecuentado, pisado frecuentemente. ‖ Usado, comun, trivial. *Trita vestis*. *Hor.* *Lacirna*. *Marc.* Vestido, ropa usada, gastada. *Verba*. *Cic.* Palabras comunes, triviales. *Tritum iter, trita via*. *Cic.* Camino trillado, pasagero.

**Triumphalia**, ium. m. plur. *Tac.* Los honores triunfales, del triunfo.

**Triumphālis**. m. f. lē. n. is. *Plin.* Triunfal, lo que pertenece al triunfo. *Triumphalis vir*. *Suet.* Varon que ha triunfado. — *Provincia*. *Cic.* Provincia de la que el general ha triunfado. — *Corona*. *Plin.* Corona triunfal, *la que llevaba el triunfador, que al principio era de laurel, despues fue de oro*. — *Causa*. *Suet.* Causa en que se trata de decretar ó no un triunfo.

**Triumphans**, tis. com. *Cic.* Triunfante. *Triumphantes equi*. *Ov.* Caballos que tiran del carro triunfal.

**Triumphātor**, ōris. m. *Apul.* Triunfador, el que triunfa, epíteto de Júpiter.

**Triumphātorius**, a, um. *Ter.* Triunfal, lo que pertenece al triunfo.

**Triumphātus**, a, um. *Virg.* De que se ha triunfado.

**Triumphātus**, us. m. *Plin.* El triunfo, la accion de triunfar.

**Triumpho**, as, āvi, ātum, āre. a. *Cic.* Triunfar, recibir los honores del triunfo. ‖ Ser transportado de gozo, de alegría. *Triumphare triumphos duos*. *Gel.* Celebrar dos triunfos. *Triumphatum est*. *Liv.* Se ha triunfado, se ha celebrado el triunfo. *Triumphat oratio mea*. *Cic.* Triunfa mi discurso, me llena de satisfaccion.

**Triumphus**, i. m. *Liv.* El triunfo.

**Triumvir**, ĭri. m. *Cic.* Triunviro, uno del magistrado de los tres varones. *Triumviri capitales*. *Dig.* Triunviros capitales, *tres magistrados, qui tenian la inspeccion de las prisiones y causas criminales*. — *Mensarii*. *Liv.* — *Monetales*. *Dig.* — *Nummularii*. *Liv.* Tres magistrados, que tenian la intendencia de la moneda y su cuño. — *Epulones*. *Liv.* Tres magistrados que cuidaban de los festines públicos en honra de los dioses. — *Nocturni*. *Val. Max.* Tres magistrados, á cuyo cargo estaba la policía de Roma durante la noche. — *Reip. constituendae*. *Liv.* Triunviros para el arreglo de la república. *C. Octavio, M. Antonio y M. Lépido, cuyo nombre tomaron para disimular su ambicion*.

**Triumvirālis**. m. f. lē. n. is. *Hor.* Triunviral ó perteneciente á los triunviros.

**Triumvirātus**, us. m. *Liv.* El triunvirato, el magistrado ó dignidad de los triunviros.

**Triuncis,** is. m. *Cic.* El cuadrante, moneda del valor de 3 onzas, de un as.

**Triuncis,** æ. f. ó *ch. is. Treb. Pol.* Lo que vale ó pesa tres onzas.

**Triveneficus,** a, um. *Plaut.* Grande hechicero.

**Trivi.** præt. de Tero.

**Trivia,** æ. f. *Ov.* Diana, así llamada por ponerse su simulacro en las encrucijadas. *Triviæ lacus. Virg.* El lago de Nemi en el estado eclesiástico.

**Trivialis.** m. f. lě. n. is. *Sust.* Trivial, común, vulgar, ordinario.

**Trivialiter.** adv. *Arnob.* Trivial, vulgarmente.

**Triviatim.** adv. *Marc. Cap.* Por las calles.

**Triviritim.** adv. *Col.* Por tres personas.

**Trivium,** ii. n. *Cic.* El trivio, lugar en que concurren tres calles ó tres caminos. || Sitio público, frecuentado. *Maledictum ex trivio. Cic.* Palabras injuriosas del pueblo bajo, que se para y junta por las calles.

**Trivius,** a, um. *Marc.* Lo perteneciente al trivio, ó las tres calles ó caminos.

**Trixago,** inis. f. *Plin.* Chamarez ó camédreos, yerba.

**Troas,** ǎdis. f. *Plin.* La Troade, region del Asia menor, donde estaba la ciudad de Troya. || *Virg.* La muger troyana. || adj. Troyano, lo que pertenece á Troya.

**Trochaeus,** i. m. *Cic.* Troqueo, pie métrico, que consta de una sílaba larga y otra breve.

**Trochaicus,** a, um. *Diom.* Trocaico, que consta de pies troqueos.

**Trochilus,** i. m. *Plin.* El troquilo, rey y régulo de las aves. || La escocia, adorno de la arquitectura, cavado como canaleta.

**Trochiscus,** i. m. *Cels.* El trocisco, trozo que se hace de los ingredientes medicinales de que se forman las píldoras.

**Trochlea,** æ. f. *Vitruv.* La polea de pozos, y la grua que sirve en las obras para levantar ó bajar grandes pesos.

**Trochleatim.** adv. *Sid.* Por polea.

**Trochulus,** i. m. *Plaut.* dim. de

**Trochus,** i. m. *Hor.* Rueda ó rodaja de hierro, que tiraban los muchachos para jugar, con un mango de hierro que llamaban llave, la cual tenia ensartados alrededor varios anillos, que hacian mucho ruido al tirarla.

**Trocmeni,** ōrum. m. plur. y

**Trocmi,** ōrum. m. plur. *Liv.* Pueblos de Galacia.

**Troes,** um. m. plur. *Virg.* Los troyanos, los ciudadanos de Troya.

**Troezen,** enis. f. y

**Troezene,** æ. f. *Mel.* Trecena, ciudad del Peloponeso. || Otra en Mesenia. || Otra en el Asia menor.

**Troezeni,** ōrum. m. plur. *Mel.* Los ciudadanos de Trecene en el Peloponeso.

**Troezenius,** a, um. *Plin.* Trecenio, lo que pertenece á la ciudad de Trecene.

**Troglodytae,** ārum. m. plur. Los troglodítas, pueblos de África en la Etiopía, llamados asi de las cuevas en que viven. Se alimentan de serpientes y de la caza, huyen de la muger y de todo trato humano, abundan de perlas y de mirra.

**Troglodytica,** æ. f. y

**Troglodytice,** es. f. *Plin.* La tierra de los troglodítas.

**Troglodyticus,** a, um. *Plin.* Troglodita, lo que pertenece á los troglodítas.

**Troglodytis,** idis. f. *Plin. Troglodytis myrrha. Plin.* Mirra de la tierra de los troglodítas.

**Trogon,** ōnis. m. *Plin.* El ave picamaderos, particular por su pico con que roe y barrena las cortezas de los árboles.

**Trogus Pompeius.** *Just.* Trogo Pompeyo, de nacion frances, filósofo é historiador muy elocuente, del tiempo de Augusto, que escribió en 44 volúmenes la historia universal, en especial de los griegos, la cual no existe, pero sí el epítome que de ella hizo Justino.

**Troia,** æ. f. *Virg.* Troya, célebre ciudad del Asia menor en la Frigia. || *Virg.* Troya, es el juego troyano que hacian los jóvenes á caballo entre los romanos, á modo de parejas. || Un lugar del mismo nombre en el campo Laurentino, adonde hizo el primer asiento Eneas con los suyos en Italia.

**Troiades,** ad. m. Es troyano, natural de Troya.

**Troiades,** dum. f. plur. *Pers.* Las mugeres troyanas.

**Troiani,** ōrum. m. plur. *Virg.* Los troyanos, habitantes de Troya y Frigia.

**Troianus,** a, um. *Virg.* y

**Troicus,** a, um. *Cic.* Troyano, lo que es de ó perteneciente á Troya. *Equus trojanus. Cic.* Peligro oculto, acechanza encubierta, tomada la metáfora del caballo en que entraron los griegos en Troya. — *Porcus. Petron.* Puerco troyano, así llamaban á un jabalí que asaban entero, y relleno de otros animalejos menores.

**Troilus,** i. m. *Virg.* Troilo, hijo de Priamo, que muerto su hermano Hector, venció muchas veces á los griegos, y fue muerto por Aquiles.

**Troiugena,** æ. m. f. *Virg.* y

**Troius,** a, um. *Virg.* Troyano, natural de Troya, y lo que pertenece á esta ciudad ó á su region.

**Tromentina tribus.** f. *Liv.* La tribu tromentina, una de las rústicas, fundada en el campo Tromento de la Etruria, de donde tomó el nombre.

**Tropaeatus,** a, um. *Amien.* Adornado con un trofeo.

**Tropaei,** ōrum. m. plur. *Plin.* Vientos altanos, que se levantan de tierra y corren el mar, y vuelven al continente: los mismos cuando se vuelven al mar se llaman apogeos, porque parten de la tierra. || *Sust.* Los que despues de haber pellizcado ó sacudido á otros por juego, se esconden, como dice este autor que acontecia al emperador Claudio en la hora de la siesta.

**Tropaeophorus,** i. m. *Apul.* Representador de trofeos, sobrenombre de Jupiter.

**Tropaeum,** i. n. *Sid.* Trofeo, monumento insigne de la victoria. || *Nep.* La victoria y los despojos de ella.

**Trophonianus,** a, um. *Cic.* Perteneciente á Trofonio.

**Trophonius,** ii. m. *Cic.* Trofonio, arquitecto insigne, que fabricó un templo subterráneo en Lebadia, region de Beocia, llamado de su nombre la cueva de Trofonio, adonde habiendo dado oráculos por algun tiempo, y muerto al fin de hambre, dicen que le sustituyó un genio. Los que consultaban este oráculo y eran arrebatados á lo profundo de la cueva, decian que no volvian á reirse jamas, lo cual quedó por proverbio.

**Tropici,** ōrum. m. plur. *Hig.* Los trópicos de la esfera, dos circulos paralelos al ecuador.

**Tropicum,** i. n. *Petron.* La conversion ó mutacion.

**Tropicus,** a, um. *Gel.* Figurado. *Tropicus cancri.* El trópico de cáncer ó del estío que está hácia el septentrion. — *Capricornii.* Trópico de capricornio, que está hácia el mediodia, y es del invierno.

**Tropis,** is. f. *Marc.* La senatina de la nave. || El vino cubierto que está en el fondo de la vasija, de que usaban en los baños para bañarse ó provocar el vómito. || El hondon de la vasija.

**Tropologia,** æ. f. *S. Ger.* Tropologia, discurso figurado para la reforma de las costumbres.

**Tropologice.** adv. *S. Ag.* Figuradamente, por figura.

**Tropologicus,** a, um. *Sid.* Tropológico, figurado, espresado por tropos ó figuras.

**Tropus,** i. m. *Quint.* Tropo, figura retórica, metafórica. Mutacion de una palabra ú oracion de su propio significado á otro que no lo es, pero con alguna semejanza: v. g. *Prata rident.* Los prados se estan riendo.

**Tros,** ōris. m. *Virg.* Tros, rey de Frigia, de quien tomó el nombre Troya. || adj. Troyano.

**Trossula,** æ. f. *Plaut.* La petimetra, la muger muy compuesta y delicada.

**Trossulum,** i. n. *Montfaucon,* ciudad del estado eclesiástico.

**Trossulus,** i. m. *Sen.* Caballerete, petimetre, el que vive y viste delicadamente, haciendo vanidad de su nobleza y riquezas. || *Plin. Trosulli.* Caballeros romanos, llamados así porque tomaron á Trósulo, ciudad de Etruria, sin la infantería, los mismos que en tiempo de Rómulo se llamaron Celeres, y despues Flexumines.

**Trous,** a, um. *Ov.* Troyano.

**Trua,** æ. f. *Varr.* El barreñon ó cubo donde ó con que se vierte el agua sucia. || Cucharon agujereado, espumadera con que se espuma lo que está cociendo.

Trucis, gen. de Trux.

- Trucidatio, onis. f. Cic. Matanza cruel, carnicería.

Trucidator, oris. m. S. Ag. El que mata ó despedaza cruelmente.

- Trucidatus, a, um. Tac. Despedazado. part. de

- Trucido, as, avi, atum, are. a. Cic. Despedazar, matar cruelmente, con muchas heridas. Trucidare aliquem fœnore. Cic. Arruinar á uno con usuras.

Tructa, ae. f. Plin. Val. La trucha, pez de rio.

Truculente, y Truculenter, ius, issime. adv. Cic. Cruel, atrozmente.

Truculentia, ae. f. Plaut. Crueldad, fiereza, aspereza.

Truculentus, a, um. Ter. Truculento, fiero, terrible, atroz de aspecto y hechos.

Trudes, ó Trudis, is. f. Tac. La pértiga, varapalo con cabo de hierro.

Trudo, is, si, um, dere. a. Plaut. Empujar, impeler con fuerza. ‖ Plaut. Echar á empujones. ‖ Virg. Echar, brotar las plantas. Trudere aliquem ad arma. Tac. Excitar á uno á tomar las armas. ‖ Hostes. Tac. Seguir el alcance, perseguir á los enemigos vencidos.

Truella, ae. V. Trulla.

Truentini, orum. m. plur. Liv. Los ciudadanos y habitantes de las orillas del rio y ciudad de Tronto.

Truentinus, a, um. Plin. Lo perteneciente á la ciudad y rio de Tronto, en la Marca de Ancona.

Truentum, i. n. Sil. El Tronto, rio de la Marca de Ancona, que la divide del Abruzo ulterior. ‖ Ciudad sobre él del mismo nombre.

- Trulla, ae. f. Varr. Caceta, cuchara ó espumadera, ó concha con mango. ‖ Pal. La llana del albañil para blanquear las paredes. ‖ Cic. Taza para beber.

Trulleum, i. n. Varr. La aljofaina ó palancana para lavarse las manos.

Trullissatio, onis. f. Vitruv. La accion de dar de yeso ó de llana á las paredes.

Trullisso, as, avi, atum, are. a. Vitruv. Dar de yeso con la llana, ú jarrar las paredes el albañil.

Truncatus, a, um. Tac. Truncado, tronchado, cortado.

Trunco, as, avi, atum, are. a. Ov. Truncar, cortar, mutilar por la punta ó cabo, por el estremo. Truncare faciem suam. Front. Desfigurar su rostro.

Trunculus, i. m. Cels. Tronco pequeño. ‖ Las estremidades de los miembros de los animales, como patas, alones &c. Pepitoria. Trunculi suum. Cels. Pies de puerco.

Truncus, i. m. Cic. El tronco de la planta ó del árbol. ‖ El árbol. ‖ El ramo cortado del tronco. ‖ El tronco del cuerpo del hombre, no considerados los brazos y piernas. ‖ Vitruv. El fuste, escapo ó cuerpo vivo de la coluna. ‖ Virg. El cadáver sin cabeza. ‖ Tronco, madero, oprobrio del hombre estúpido.

Truncus, a, um. Liv. Truncado, mutilado, cortado, tronchado. Truncus vultus. Estac. Cabeza humana cortada. Trunca tempora. Ov. Cabeza á la que se han cortado ó arrancado los cuernos.

- Truo, onis. m. Cecil. Hombre de grandes narices. ‖ El ave onocrótalo.

Trusans, tis. com. Cat. El que empuja muchas veces con violencia.

Trusatilis. m. f. le. n. is. Gel. Lo que se mueve ó maneja con la mano. Mola trusatilis. Cat. Muela de mano, para moler.

Trusi. pret. de Trudo.

- Trusito, as, are. a. Fedr. Empujar á golpes ó empellones frecuentes. frec. de

Trusso, as, are. a. Catul. frec. de Trudo. Empeler, empujar muchas veces.

Trusus, a, um. part. de Trudo. Tac. Empujado, impelido muchas veces.

Trutina, ae. f. Vitruv. La balanza ó romana. Popularis trutina. Cic. El juicio popular. — Pensari eadem. Hor. Pesar con el mismo peso, hacer el mismo juicio.

Trutinatus, a, um. Sid. Pesado, examinado. part. de

Trutino, as, are. a. S. Ger. y

Trutinor, aris, atus sum, ari. dep. Pers. Pesar. ‖ Examinar, ponderar.

Trux, trucis. adj. Cic. Terrible, truculento, atroz, fiero de aspecto. ‖ Cruel, feroz, bárbaro. ‖ Áspero, agreste, duro, severo, enemigo de los deleites.

Tryblium, i. n. Plaut. El plato.

* Trycnos, i. f. Plin. Yerba llamada por los latinos vesicaria, que aprovecha para el mal de la vejiga y de las piedras.

Tryga, ind. Fest. El vino.

Tryginon, i. n. Plin. Especie de tinta, hecha de los granos de la uva.

## TU

Tu, tui, tibi, te. pron. pers. sig. pers. Cic. Tú, de tí, á, ó para tí, te, á tí.

Tu, tu. Plaut. Voz para significar el canto de la lechuza.

Tuatim. adv. Plaut. Á tu modo.

Tuba, ae. f. Ces. La trompeta. Tuba belli civilis. Cic. Autor ó escitador de la guerra civil. ‖ Marc. Poema épico, grave. ‖ Vitruv. Máquina compuesta de varios cañones ó tubos para levantar el agua.

Tubarius, ii. m. Dig. El trompetero, y el que hace las trompetas.

Tuber, eris. m. Plin. Hinchazon ó tumor. ‖ La corcova. ‖ La criadilla de tierra.

Tuber, eris. f. Plin. El albaricoque, árbol; y la fruta de él llamada albaricoque ó albérchigo.

Tuberans, tis. com. Apul. Lo que hace ó forma tumor ó hinchazon.

- Tuberatus, a, um. Fest. Lleno de tumores ó hinchazones. ‖ Desigual, quebrado, lleno de cerros.

Tuberculum, i. n. Cels. Tumor pequeño. ‖ Lobanillo ó chichon.

Tubero, onis. m. Cic. Tuberon, sobrenombre romano de la familia Elia, como L. Elio Peto Tuberon, historiador, ó Q. Elio su hijo, jurisconsulto, que acaso tomarían este nombre por tener lobanillos, paperas, corcovas, ó cosa semejante.

Tuberosus, a, um. Varr. Lleno de tumores, de hinchazones, de corcovas.

Tubicen, inis. m. Liv. El trompeta ó trompetero, que toca la trompeta.

Tubilustrium, ó Tubilustrum, i. n. Ov. Fiesta de los romanos, en que se echaba agua lustral á las trompetas, para purificarlas con esta especie de bautismo.

Tubulatio, onis. f. Apul. La disposicion de una cosa en forma de canal.

Tubulatus, a, um. Plin. Cavado, formado en figura de canal.

Tubulus, i. m. Vitruv. Canal, cañon ó tubo pequeño.

Tuburcinabundus, a, um. Quint. Comilon, gloton.

Tuburcinatus, a, um. Apul. Devorado, comido con ansia. part. de

Tuburcinor, aris, atus sum, ari. dep. Plaut. Engullir, devorar, comer con prisa, con ansia.

Tubus, i. m. Plin. Tubo, canal ó cañon redondo y cóncavo. Tubi viscerum. Marc. Las tripas.

† Tucetum, i. n. Especie de salchichon ó longaniza. ‖ Cecina de buey para guardar todo el año.

Tuder, eris. n. Plin. Todi, colonia y ciudad de la Umbria.

Tudernis vitis, is. f. Plin. La cepa de tierra de Todi.

Tuders, tis. com. Sil. De la ciudad de Todi, natural ó ciudadano de ella.

Tudes, itis. m. Fest. El martillo.

- Tudicula, ae. f. Col. La viga ó prensa para esprimir la aceituna. ‖ El cucharon para revolver la olla.

Tudiculo, as, are. a. Varr. Imprimir, grabar, esculpir.

- Tuditans, tis. com. Lucr. El que trabaja con agitacion en alguna cosa, maceando, machacando en ella.

Tuens, tis. com. Virg. El que mira. ‖ El que defiende, guarda, protege.

Tueor, eris, tuitus sum, eri. dep. Cic. Mirar. ‖ Defender, guardar, custodiar, mantener. ‖ Mantener, sustentar. ‖ Proteger, favorecer. *Tuerí* *ladrones a furibus. Fedr.* Guardar la casa de ladrones. — *Aliquem decreto. Ulp.* Favorecer á alguno con una ley ó decreto del pretor.

Tŭgŭriŏlum, i. n. *Apul.*

Tŭgŭriuncŭlum, i. n. *S. Ger.* Pequeña choza ó tugurio.

Tŭgŭrium, ii. n. *Virg.* Tugurio, choza, cabaña, casilla rústica.

Tuĭtio, ōnis. f. *Cic.* Defensa, custodia, guarda, proteccion, conservacion.

Tuĭtor, ōris. m. *Dig.* Defensor, protector, el que defiende, ampara, custodia.

Tŭli. *pret. de Fero.*

Tulliāne. *adv. Diom.* Á modo de M. Tulio.

Tulliānum, i. n. *Sal.* Calabozo así llamado en la carcel de Roma.

Tulliānus, a, um. *Macrob.* Lo perteneciente á alguno de los Tulios romanos. *Tullianus Scipio. Macrob.* Escipion, á quien introduce M. Tulio hablando en el sueño de Escipion. *Tullianum caput. Cic.* El capital de Tulio.

Tulliŏla, æ. f. *Cic.* dim. de *Tullia*. Tulia, hija de Ciceron.

Tullĭus, ii. m. *Cic.* Tulio, *nombre propio romano.*

Tŭlo, is, tĕtŭli, lātum, lĕre. ant. *Plaut.* Llevar.

Tum. *adv. Cic.* Ademàs; despues. ‖ Entonces. *Quid tum inde? Cic.* ¿Qué tenemos con eso? ¿Qué se saca ó se infiere de eso? *Cum græce, tum latine. Cic.* Ya en griego, ya en latin. *Tum autem hoc timet, ne deseras se. Ter.* Y ademas de esto teme no le desampares. *Tum denique, tum demum. Liv.* Entonces, finalmente.

Tumba, æ. f. *Prud.* La tumba, sepulcro, túmulo.

Tŭmĕfăcio, is, fēci, factum, cĕre. a. *Ov.* Hinchar, inflar, llenar de aire.

Tŭmĕfactus, a, um. *Marc.* Hinchado, inflado, vano, orgulloso.

Tŭmens, tis. com. *Cic.* Hinchado. ‖ Engreido, ensoberbecido.

Tŭmĕo, es, mui, ēre. n. *Plaut.* Hincharse, inflarse, estar hinchado. ‖ *Fedr.* Ensoberbecerse, engreirse.

Tŭmesco, is, ĕre. n. *Tac.* Hincharse. ‖ *Quint.* Ensoberbecerse, engreirse.

Tūmet. gen. Tuimet, ó Tumetipse, Tuimetipsius, Tibimetipsi. Tú mismo, de tí mismo &c.

Tumicla, æ. f. *Apul.* Cuerdecilla, soguilla. dim. de *Tomix, icis.*

Tŭmĭde, ius, issĭme. *adv. Plaut.* Hinchada, soberbia, altanera, orgullosamente.

Tŭmĭdĭtas, ātis. f. *Firm.* Hinchazon, tumor.

Tŭmĭdŭlus, a, um. *Apul.* Algo hinchado. dim. de

Tŭmĭdus, a, um. *S. Ger.* Túmido, hinchado. ‖ *Hor.* Airado. ‖ Soberbio, orgulloso. ‖ Hinchado, pomposo, campanudo, *hablando del estilo. Tumidi montes. Ov.* Montes elevados. — *Spiritus. Sen. Trag.* Pensamientos altivos. — *Sermones. Hor.* Pláticas altaneras.

Tŭmor, ōris. m. *Cic.* Tumor, hinchazon, absceso, aposteme. ‖ Motin, alboroto, tumulto de gente airada. ‖ Pasion, perturbacion del ánimo. ‖ Cólera, ira. ‖ Soberbia, orgullo, arrogancia, altanería. ‖ *Quint.* Hinchazon del estilo.

Tŭmui. *pret. de Tumeo.*

Tŭmŭlāmen, ĭnis. n. *Fabr.* Sepulcro, sepultura.

Tŭmŭlātio, ōnis. f. *Varr.* Enterramiento, la accion de enterrar.

Tŭmŭlātus, a, um. *Ov.* Enterrado. part. de

Tŭmŭlo, ās, āvi, ātum, āre. a. *Ov.* Enterrar, sepultar, dar sepultura, poner en el sepulcro.

Tŭmŭlōsus, a, um. *Sal.* Lleno de cerros, de colinas ó collados.

Tŭmultŭāriē. *adv. Amian.* Tumultuariamente, con prisa y alboroto.

Tŭmultŭārius, a, um. *Liv.* Tumultuario, hecho, formado de prisa, de monton. ‖ Repentino, no premeditado.

Tŭmultŭātim. *adv. Sid.* Tumultuaria, apresuradamente, sin consideracion.

Tŭmultŭātio, ōnis. f. *Liv.* Tumulto, sublevacion, el acto de atumultuarse.

Tŭmultŭo, ās, āvi, ātum, āre. n. *Plin.* y

Tŭmultŭor, āris, ātus sum, āri. dep. *Cic.* Atumultuarse, sublevarse, levantarse, mover tumulto, motin ó sedicion. ‖ *Aloysia.* Mover, hacer mucho ruido.

Tŭmultŭōse, ius, issĭme. *adv. Liv.* Tumultuariamente, con alboroto, con desórden.

Tŭmultŭōsus, a, um. ior, issĭmus. *Cic.* Tumultuoso, alborotado, lleno de confusion, alboroto y desórden. ‖ *Liv.* Sedicioso, alborotador, turbulento. *Tumultuosum mare. Hor. Mar* tempestuoso.

Tŭmultus, ūs. m. *Cic.* Tumulto, alboroto. ‖ Estrépito, confusion. ‖ *Hor.* Tempestad, borrasca. ‖ Alarma, guerra repentina ó rumor de guerra que causa gran perturbacion. ‖ *Hor.* Pasion, perturbacion de ánimo. *Tumultus carci. Virg.* Sediciones tramadas ocultamente.

*Tumulti*, por *Tumultus*, *Ter.* en lugar de Tumultus.

Tŭmŭlus, i. m. *Cic.* Montecillo, collado, cerro, colina no muy elevada. ‖ *Virg.* Túmulo, sepulcro. ‖ *Suet.* Cenotafio, sepulcro vacío.

Tunc. *adv. Cic.* Entonces. *Tunc temporis. Just.* Entonces, á este, ó en aquel tiempo.

Tundo, is, tŭtŭdi, tunsum, ĕre. a. *Cic.* Tundir; golpear, dar muchos, reiterados golpes. ‖ Machacar, majar, reducir á polvo. *Tundere aures. Plaut.* Romper los oidos, machacar, repitiendo una cosa. *Eamdem incudem tundere. Cic.* Machacar en un mismo yunque. *Fras. prov.* Perseverar en un mismo trabajo.

Tunes, ētis. f. *Liv.* Tunez de Berbería, ciudad mediterránea de Africa.

Tungri, ōrum. m. plur. *Plin.* Tongres, ciudad de la Galia bélgica.

Tŭnĭca, æ. f. *Cic.* La camisa ó ropa interior pegada al cuerpo, sobre la que se ponia la toga. ‖ Membrana, piel, camisa.

Tŭnĭcātus, a, um. *Cic.* El que está en camisa, sin mas ropa que la camisa. *Tunicatus populus. Hor.* El pueblo ignorante. *Tunicata quies. Marc.* La quietud del campo, donde se ponen las gentes en camisa, sin ropa de cumplimiento. *Tunicatum cæpe. Pers.* La cebolla cubierta de telas.

Tŭnĭco, ās, āvi, ātum, āre. a. *Varr.* Cubrir, vestir de una piel, camisa, membrana ó tela.

Tŭnĭcŭla, æ. f. *Varr.* dim. de *Tunica*. Camisilla, camisa pequeña, corta. ‖ Membrana, piel sutil, camisilla, tela que cubre alguna cosa.

Tunsus, a, um. *Virg.* part. de *Tundo*. Tundido, golpeado. ‖ Majado, machacado.

Tuopte. abl. *Plaut.* De ti propio.

Tŭrarius, ii. m. *Jul. Firm.* El que comercia y trata en incienso. Droguero.

Tŭrārius, a, um. *Sol.* Lo que pertenece al incienso. *Vicus Turarius. Cic.* Barrio de Roma en la region octava, donde se vendian los perfumes. Droguería. *Tibiæ turariæ. Solin.* Las flautas, llamadas tambien lidias, de box, que tocaban mientras se quemaba el incienso en los sacrificios.

Turba, æ. f. *Cic.* Turba, tropel, confusion, multitud de gentes. ‖ Alboroto, rumor, riña. ‖ Monton, multitud de cosas. *Si in turbam exisset. Nep.* Si se hubiese divulgado. *Turba vulnerum. Plin.* Multitud de heridas. — *Inter eos cooperat. Ter.* Se habia armado una quimera, una discordia entre ellos.

Turbāmentum, i. n. *Tac.* Alboroto, tumulto.

Turbātē. *adv. Cæs.* Con perturbacion, confusion, desórden, alboroto.

Turbātio, ōnis. f. *Liv.* Confusion, desorden, alboroto.

Turbātor, ōris. m. *Liv.* Perturbador, el que inquieta y alborota.

Turbātrix, ĭcis. f. *Estat.* Perturbadora.

Turbātus, a, um. part. de *Turbo. Liv.* Perturbado, alborotado.

Turbellæ, ārum. f. plur. *Plaut.* Confusion, perturbacion, desorden.

Turbĭdātus, a, um. *Marc. Cap. V.* Turbidus.

Turbĭde. *adv. Cic.* Confusa, perturbadamente.

Turbĭdo, ās, āre. a. *Sol.* Enturbiar, ensuciar, emporcar el agua.

Turbĭdŭlus, a, um. *Prud.* Algo turbado, perturbado.

Turbĭdus, a, um. ior, issĭmus. *Cic.* Turbio, entur-

768

biado, cubierto. ‖ Confuso, tumultuoso. ‖ Perturbado, conmovido de alguna pasion. ‖ Sedicioso, turbulento.

Turbinatio, ōnis. f. Plin. Cualquier figura de una peza ó de un peon.

Turbinātus, a, um. Plin. y

Turbineus, a, um. Ov. Lo que es de figura cónica, ó modo de una pera ó de un peon.

Turbo, ĭnis. m. Cic. Torbellino de viento. ‖ Multitud. ‖ El peon. ‖ La revolucion ó rotacion en giro de cualquier cosa. ‖ La meta, y todo lo que tiene semejanza con la figura del peon. ‖ El uso. Turbo saxi. Virg. La rotacion de una piedra. — Reipublicae. Cic. Desolador de la república. — Mentis. Ov. Perturbacion del ánimo. — Martis. Ov. El furor de la guerra. — Lethi. Cat. Peligro de muerte.

Turbo, as, ãvi, ātum, āre. a. Cic. Turbar, perturbar, alborotar, descomponer, desordenar, escitar confusion y desorden. ‖ Atumultuar, maquinar discordias, tumultos, sediciones. Turbare turbas. Plaut. Mover sediciones, alborotos. Rationes. Ulp. Quebrar, hacer quiebra, perder su caudal, no alcanzar á pagar las deudas.

Turbor, ōris. m. Cel. Aur. Perturbacion, confusion.

Turbŭla, ae. f. Apul. Alboroto, confusion corta.

Turbŭlens, tis. com. V. Turbulentus.

Turbŭlente. adv. Cic. y

Turbŭlenter. adv. Cic. Confusa, perturbadamente.

Turbŭlentia, ae. f. Tert. Confusion, turbulencia.

Turbŭlento, as, āre. a. Apul. Turbar, perturbar, alborotar.

Turbŭlentus, a, um, tior, issĭmus. Cic. Turbio, enturbiado. ‖ Turbulento, alborotado, confuso. ‖ Sedicioso.

Turbystum, i. n. Plin. Medicamento que obliga á sorber.

Turcae, arum. m. plur. Mel. y

Turci, orum. m. plur. Turcos, pueblos de la Escitia. ‖ Nacion del Asia.

Turcĭcus, a, um. Turco, de Turquía.

Turdārium, ii. n. Varr. Lugar en que se guardan y ceban los tordos, mirlos y otras aves.

Turdārius, ii. m. Varr. El que guarda y cria tordos.

Turdēlix, icis. f. Varr. El tordo pequeño.

Turdetāni, orum. m. plur. Liv. Turdetanos, pueblos de la España ulterior en la Bética. ‖ Plaut. Turdetani, palabra equívoca, que ademas de la significacion de pueblos significa los que ceban los tordos, los venden ó los codician. Capt. act. 1. esc. 1. v. 60.

Turdetānia, ae. f. Liv. Turdetania, region de la España ulterior, en Andalucía.

Turdillus, i. m. Sen. El tordo pequeño.

Turdŭli, orum. m. plur. Varr. Turdulus, pueblos de España, que algunos confunden con los turdetanos.

Turdŭlus, a, um. Luc. Lo perteneciente á los turdulos, pueblos de España.

Turdŭlus, i. m. Plin. dim. de

Turdus, i. m. Hor. El tordo, ave. ‖ Quint. Un pez del mismo nombre.

Tureus, a, um. Col. Lo que es del incienso, lo que toca al incienso.

Turgens, tis. com. Plin. Turgente, lo que se hincha ó inflama.

Turgĕo, es, ēre. n. Virg. Estar hinchado, inflado ó inflamado. Turgere alicui. Estar airado, colérico contra alguno. Professus grandia turget. El que propone escribir cosas grandes, se hincha. Hablando del estilo.

Turgesco, is, ĕre. n. Col. Empezar á hincharse, á inflamarse. Turgescit pagina. Pers. La página se llena.

Turgide. adv. Apul. Con hinchazon.

Turgidŭlus, a, um. Catul. Un poco hinchado.

Turgĭdus, a, um. Cic. Hinchado, inflamado. ‖ Hor. Pomposo, campanudo. Hablando del estilo.

Turgor, ōris. m. Marc. Cap. La hinchazon ó inflamacion.

Turĭbŭlum, i. n. Liv. El turíbulo ó incensario.

Turĭcrĕmus, a, um. Virg. Donde se quema incienso.

Turĭfer, a, um. Ov. Lo que lleva, cria ó produce incienso.

Turĭfĕrārius, ii. m. Eccl. Turiferario, el que lleva el incensario.

Turĭfĭcātor, ōris. m. S. Ag. El que ofrece incienso á los dioses.

Turĭlĕgus, a, um. Ov. Que coge incienso.

Turio, ōnis. m. Col. El cogollito ó ramita tierna en las estremidades de los árboles.

Turma, ae. f. Varr. Compañía de á caballo compuesta de 30 soldados, con 3 decuriones, y luego de 32 con un caballo llamado decurion. ‖ Escuadron de caballería. ‖ Multitud, tropa.

Turmāle. adv. Estac. A modo de una compañía de á caballo.

Turmālis. m. f. lĕ. n. is. Liv. El que es de la misma compañía ó escuadron de caballería. Turmali statua. Cic. Estatua ecuestre, colocada entre un tropel de ellas. Sanguis. Estac. Descendiente del órden ecuestre.

Turmārius, a, um. Cod. Teod. V. Turmalis.

Turmātim. adv. Liv. Por compañías, por escuadrones de caballería.

Turo, ōnis. m. y

Turōnes, um. m. plur. Ces. Tours, ciudad de la Galia lugdunense.

Turōnes, um. m. plur. Ces. Los habitantes de Tours. ‖ Pueblos de Turena, provincia de Francia.

Turōnĭcus, a, um. Sulp. Sev. Lo perteneciente á Tours ó á sus pueblos en la Galia lugdunense.

Turpātus, a, um. Estac. part. de Turpo. Afeado.

Turpe. adv. Plaut. Vergonzosamente.

Turpĭcŭlus, a, um. Cic. Algo torpe, deshonesto. Catul. Algo feo, disforme, mal hecho.

Turpĭdo, ĭnis. f. Tert. V. Turpitudo.

Turpĭfĭcātus, a, um. Cic. Entorpecido, lo que se ha hecho deshonesto, vergonzoso.

Turpĭlius, ii. m. Turpilio, antiguo poeta cómico de quien traen muchos fragmentos Nonio y Prisciano.

Turpĭlŏquium, ii. n. Tert. Conversacion torpe, de cosas deshonestas.

Turpĭlŏquor, ĕris, qui. dep. Plaut. Hablar de cosas deshonestas, decirlas.

Turpĭlucricupĭdus, i. m. Plaut. Codicioso de ganancia torpe ó deshonesta.

Turpis. m. f. pĕ. n. is, ior, issĭmus. Cic. Torpe, deshonesto, indecente, vergonzoso, obsceno. ‖ Feo, disforme, mal hecho. ‖ Virg. Enorme, cruel. Turpe caput. Virg. Cabeza muy grande. ‖ Fea. Turpes phocae. Virg. Focas marinas de una grandeza enorme. Turpius nihil turpi. Cic. Nada es mas torpe que lo que es torpe. Turpe est. Cic. Es cosa torpe y fea.

Turpĭter. adv. Cic. Torpe, vergonzosamente. ‖ Con infamia y deshonra. ‖ Feamente, con fealdad ó deformidad.

Turpĭtūdo, ĭnis. f. Cic. Fealdad, deformidad. ‖ Deshonra, infamia, oprobrio, vileza. ‖ Impureza, deshonestidad.

Turpo, as, āvi, ātum, āre. a. Hor. Afear, poner, volver feo y disforme. ‖ Infamar, deshonrar, disfamar.

Turraniānus, a, um. Plin. Lo perteneciente á Turranio, nombre propio.

Turrĭcŭla, ae. f. Vitruv. Torrecilla, torre pequeña. ‖ Marc. Cajita ó vaso hecho en figura de torre con que tiraban los dados.

Turrĭfer, a, um. Ov. y

Turrĭger, a, um. Virg. Que lleva encima torres, como los elefantes. ‖ Epiteto de la diosa Cibeles coronada de torres.

Turris, is. f. Ces. La torre de los edificios. ‖ Torre, máquina de guerra, por lo comun de madera, con ruedas y ariete en la parte inferior, y en la superior ó media con un puente para combatir las murallas.

Turrītus, a, um. Virg. Torreado, barreado, fortificado con torres. ‖ Elevado, eminente. Hirc. Armado de torres. Turrita dea. Prop. La diosa coronada de torres, Cibeles. — Puppis. Virg. Nave que tiene torres en la popa y en la proa.

Tursio, ōnis. m. Plin. Cierto pez semejante al delfin.

Turtur, ŭris. m. Plin. La tórtola, ave.

Turturilla, ae. f. Sen. La tortolilla, tórtola pequeña.

**TUT**

Turunda, ae. f. *Varr.* Masa de pasta que se da á las aves para cebarlas. ‖ *Varr.* Torta sagrada que se ofrecia en ofrenda. ‖ *Cat.* La planchuela ó clavo de hilas que se introduce en la herida ó llaga.

Tus, tūris. n. *Cic.* El incienso, *lágrima de un pequeño árbol de Arabia, que despues de seca se quema en los templos.*

Tuscanĭcus, a, um. *Vitruv.* y

Tuscaniensis. m. f. se. n. is. *Plin.* ó

Tuscānus, a, um. *Vitruv.* Toscano, lo que pertenece á los toscanos, ó se hace á la moda de ellos.

Tusce. adv. *Gel.* Á la moda toscana.

Tusci, ōrum. m. plur. *Liv.* Tuscos, Etruscos ó Toscanos, *pueblos de Italia.*

Tuscia, ae. f. *Varr.* La Toscana, la Etruria, *region de los tuscos.*

Tusculanensis. m. f. se. n. is. *Cic.* Lo que pertenece á Tusculano, *casa de campo de Ciceron.*

Tusculāni, ōrum. m. plur. *Cic.* Tusculanos, los ciudadanos de Túsculi ó Frascati.

Tusculānum, i. n. *Cic.* Tusculano, *casa de campo de Ciceron.* Frascati.

Tusculānus, a, um. *Cic.* Lo que es de Túsculo, de Frascati ó de su territorio. *Tusculanae questiones.* Las Cuestiones tusculanas *que publicó Ciceron en 5 libros, como originadas de varias conversaciones tenidas en su casa de campo de Tusculano.*

Tusculum, i. n. *Plin.* Frascati, *ciudad del Lacio.*

Tuscŭlum, i. *Plaut.* Un poquito, un granito de incienso.

Tuscŭlus, a, um. *Sil.* Lo que pertenece á la ciudad de Frascati.

Tuscus, a, am. *Hor.* Tusco, toscano, etrusco, de Toscana.

Tussēdo, ĭnis. f. *Apul.* La tos.

Tussicŭla, ae. f. *Cels.* Tosecilla, un poco de tos, ó una tos no muy fuerte.

Tussicŭlāris. m. f. re. n. is. *Cel. Aur.* Útil, bueno, medicinal para la tos.

Tussicŭlōsus, a, um. *Cel. Aur.* Que padece de la tos.

Tussĭcus, a, um. *Firm.* Que tose mucho.

Tussiens, tis. com. *Plin.* Enfermo de tos, que la padece.

Tussilāgo, ĭnis. f. *Plin.* Uña de caballo, *yerba silvestre, útil para la tos.*

Tussio, is, ivi, itum, ire. a. n. *Hor.* Toser.

Tussis, is. f. *Ter.* La tos. *Tussis concoquere.* Cocer un resfriado. *Tussis pro crepitu.* adag. Bien le buscó el consonante. ref.

Tūsus, a, um. part. de Tundo. *Vitruv.* Mojado, machacado, reducido á polvo.

Tutācŭlum, i. n. *Prud.* y

Tutāmen, ĭnis. n. *Virg.* y

Tutāmentum, i. n. *Ov.* Defensa, auxilio, amparo, lo que sirve como de muro ó asilo. *Circumspiciens tutamentis soveniis.* *Apul.* Mirando á todas partes, si seria seguro hablar.

Tutānus, i. m. *Varr.* Dios entre los romanos, segun algunos lo mismo que Hércules, así llamado por haber defendido á los romanos contra Anibal: tenia una ara fuera de la puerta Capena.

Tutātio, ōnis. f. *Firm.* Defensa, custodia.

Tutātor, ōris. m. *Apul.* Defensor, protector.

Tute, y Tute ipse. pron. pers. *Virg.* Tú mismo.

Tūte, ius, issĭme. adv. *Plaut.* Seguramente, con seguridad, sin peligro.

Tutēla, ae. f. *Cic.* Defensa, proteccion, amparo, reparo. ‖ *Ulp.* Tutela, carga y cuidado del tutor. ‖ El patrimonio del pupilo. ‖ *Sil. Ital.* Figura de una divinidad puesta en la popa de una nave, bajo cuya proteccion estaba. *Tutela animalium. Col.* El cuidado y mantenimiento de los animales. — *Aedificiorum. Plin.* El cargo y cuidado de la conservacion de los edificios. — *Navis, proraeque. Ov.* Tutela de la nave. La figura de algun dios puesto en su popa. *Loci. Petron.* El genio ó custodio de un lugar. *Venire, pervenire in tutelam suam, ó tutelas suas fieri. Cic.* Salir de la tutela, de la pubertad. — *Gerere alicui.* *Plaut.* Tener la guardia ó custodia de alguno.

**TYN**

Tutēla, ae. f. *Tulles,* ciudad del bajo Lemosin.

Tutēlāris. m. f. re. n. is. *Ulp.* Tutelar, perteneciente á la tutela. ‖ Tutelar, bajo cuya proteccion está alguna cosa.

Tutēlārius, ii. m. *Plin.* El que toma á su cargo la custodia ó tutela de alguna cosa.

Tutēlīna, ae. f. *Macrob.* Tutelina, *diosa protectora de las cosechas recogidas.*

Tutēmet. pron. pers. *Lucr.* Tú mismo.

Tūto. adv. *Cic.* Seguramente, con seguridad, sin peligro, sin miedo.

Tūto, as, avi, atum, are. y

Tūtor, āris, atus sum, āri. dep. *Cic.* Defender, proteger, guardar, conservar, preservar. *Tutare sese religione. Tac.* Cubrirse con la capa de religion. — *Inopiam. Ces.* Sobrellevar la falta de víveres, remediarla.

Tūtor, ōris. m. *Cic.* Defensor, protector. ‖ Tutor, encargado de la tutela del pupilo hasta los catorce años. ‖ Curador, en especial de las mugeres. *Tutor finium. Hor.* Encargado de la tutela ó guarda de los confines.

Tūtōrius, a, um. *Just.* Lo que pertenece al tutor.

Tutrix, īcis. f. *Dig.* Tutora, la muger que tiene á su cargo la tutela de un pupilo.

Tūtŭdi. pret. de Tundo.

Tūtŭlātus, a, um. *Varr.* Que lleva un moño en lo alto de la cabeza.

Tūtŭlus, i. m. *Varr.* Moño ó mecha de pelo atada en lo alto de la cabeza, *que llevaban las mugeres nobles y las sacerdotisas, atada con una cinta purpúrea.*

Tutūnus, i. m. *Arnob.* El dios Tutuno ó Priapo.

Tūtus, a, um ior, issĭmus. *Cic.* Seguro, defendido, resguardado, protegido, amparado. ‖ Cauto, prudente. *Tuto, ó in tuto esse. Liv.* Estar en salvo, en lugar seguro.

Tuus, a, um. pron. pos. *Ter.* Tuyo. *Tuum est. Plaut.* Es de tu obligacion. *Tempore non tuo. Marc.* En tiempo no á propósito para tí. — *Suo. Cic.* Á su tiempo, á tiempo oportuno. *Unus de tuis. Cic.* Uno de los tuyos, de tus amigos ó favorecedores. *Tua nihil refert. Ter.* Nada te importa.

**TY**

Tyāna, ae. f. *Amian.* Tiane, ciudad de Capadocia, patria del célebre mágico Apolonio.

Tyanaeus. y

Tyaneus, a, um. *Vop.* Lo perteneciente á la ciudad de Tiane, á Apolonio.

Tydeus, i. m. *Estac.* Tideo, *hijo de Oeneo, rey de Calidonia, y de Peribea ó Euribea ó Altea, padre del famoso Diómedes.*

Tydīdes, ae. m. *Her.* El hijo de Tideo, Diómedes.

Tymbus, i. m. *Catul.* El sepulcro.

Tympānia, ōrum. n. plur. *Plin.* Piedra preciosa redonda por la parte superior, y plana por la inferior.

Tympănĭcus, a, um. *Plin.* Hidrópico.

Tympănĭŏlum, i. n. *Arnob.* El timpanillo. dim. de tímpano ó atabal.

Tympanista, ae. m. *Apul.* y

Tympanistria, ae. f. *Sidon.* El timbalero ó timbalera, ó atabalero y atabalera, el ó la que toca el tímpano, el atabal.

Tympānītes, ae. m. *Cels.* Especie de hidropesía en que hinchado el vientre ocasiona el aire un continuo ruido interior.

Tympānĭtĭcus, a, um. *Plin.* Enfermo de hidropesía.

Tympănizans, tis. *Suet.* El ó la que toca el tímpano, timbal ó atabal.

Tympanotriba, ae. m. *Plaut.* El atabalero ó timbalero.

Tympănum, i. n. *Suet.* Tímpano, atabal ó timbal, tambor. ‖ *Serv.* El entoldado de los carros. ‖ *Vitruv.* Espacio, plano triangular en la parte superior de la corona. Entrepaño ó cuadrado de las puertas. ‖ Torno, rueda ó grua para subir pesos con maromas.

Tyndareus, i. m. *Ov.* V. Tyndarus.

Tyndărĭdes, ae. m. *Cic.* Hijo de Tíndaro, como Castor y Polux.

Tyndăris, ĭdis. f. *Virg.* Hija de Tíndaro, Elena. ‖ Tíndaris, *ciudad de Sicilia, colonia romana.*

Tyndărītāni, ōrum. m. plur. *Cic.* Los ciudadanos de Tindaris en Sicilia.

Tyndărītānus, a, um. *Cic.* Lo que pertenece á la ciudad de Tindaris.

Tyndărius, y Tindareus, a, um. *Val. Flac.* Lo perteneciente á Tíndaro. || *Sil.* Lacedemonio, espartano.

Tyndărus, y Tyndareus, i. m. *Hig.* Tíndaro, hijo de Oebalo, rey de Oebalia ó Lacedemonia, que tuvo en su muger Leda, con ayuda de Júpiter, á Cástor y Pólux, á Elena y Clitemnestra.

Typhoeus, i. m. *Claud.* Tifeo, uno de los gigantes, hijo de Titan y de la Tierra, que pretendiendo destronar á Júpiter fue herido por este con un rayo, y sepultado baxo el monte Etna de Sicilia, donde dicen que aun vive y respira llamas.

Typhoïs, idis. adj. *Ov.* y

Typhoïus, a, um. *Claud.* Propio del gigante Tifeo.

Typhon, ōnis. m. *Plin.* Torbellino de viento, uracan, viento tempestuoso que levanta remolinos de polvo. || El gigante Titeo.

Typhonicus ventus, ó Euro aquilo. *Bibl.* El nordeste, viento entre levante y norte.

Typhōnis, idis. *Val. Flac.* Hija de Trifon, las Harpías.

Typhus, i. m. *Arnob.* El humo. || Soberbia, vanidad, arrogancia.

Typicus, a, um. *Sedul.* Figurativo, significativo.

† Typogrāphia, ae. f. La imprenta, el arte de imprimir.

† Typogrāphium, ii. n. La imprenta, la oficina del impresor.

† Typogrāphus, i. m. El impresor.

† Typotheta, ae. m. Director, regente de la imprenta.

Typus, i. m. *Plin.* Señal, huella, vestigio que hace el golpe ó la impresion. || Tipo, molde, modelo, forma, figura. || *Cœl. Aur.* El órden, modo y forma de las fiebres periódicas, *como de la terciana ó cuartana.*

Tyranna, ae. f. *Treb.* Tirana, muger que se apodera de la tiranía.

Tyrannĭce. adv. *Cic.* Tiránicamente, á modo de los tiranos; cruel, violentamente.

Tyrannĭcīda, ae. m. *Sen.* Tiranicida, el que da muerte á un tirano.

Tyrannĭcīdium, ii. n. *Sen.* Tiranicidio, la muerte dada á un tirano.

Tyrannĭcus, a, um. *Cic.* Tiránico, violento, soberbio, propio del tirano.

Tyrannis, idis. f. *Cic.* La tiranía, dominacion tiránica, el imperio del tirano. || *Nep.* El reino.

Tyrannoctŏnus, i. m. *Cic.* Tiranicida.

Tyrannopolīta, ae. m. *Sidon.* Vasallo, súbdito de un tirano, ciudadano de una ciudad donde reina un tirano.

Tyrannus, i. m. *Nep.* Rey. || Tirano, el que se apodera por fuerza é injustamente del poder supremo, y le ejerce violentamente y sin sujecion á las leyes.

Tyranthĭnus, a, um. *Marc.* Lo que es de color violado, purpurado.

Tyrii, ōrum. m. plur. *Luc.* Los tirios, fenicios. || Tebanos. || Cartagineses.

Tyrium, ii. n. *Tert.* La púrpura de Tiro.

Tyrius, a, um. *Virg.* Tirio, fenicio, tébano, cartaginés. De Tiro &c. V.

Tyro, ōnis. V. Tiro.

Tyropatīna, ae. f. *Apic.* Especie de torta á modo de queso, *compuesta de leche, huevos y miel.*

Tyros, i. f. V. Tyrius.

Tyrotarĭcus, i. m. *Cic.* Guisado compuesto de viandas saladas y queso.

Tyrrhēni, ōrum. m. plur. *Virg.* Tirrenos, etruscos, toscanos, pueblos de

Tyrrhēnia, ae. f. *Ov.* La Etruria ó Toscana, *region de Italia.*

Tyrrhēnĭcus, a, um. *Auz.* y

Tyrrhēnus, a, um. *Virg.* Tirreno, toscano, lo que pertenece á esta region. || *Sil.* Romano, italiano.

Tyrrhīdae, ārum. m. plur. *Virg.* Hijos de Tirreo, mayoral de los ganados del rey Latino.

Tyrus, i. f. *Salust.* Tiro, ciudad marítima de Fenicia, fundada por Agenor, cuyos colonos fundaron en varios tiempos á Cartago, Cádiz, Utica, Lebeda en África y Tebas en Grecia.

Tyrus, i. f. *Plin.* Tiro, hoy Sur, isla y ciudad de Fenicia. || *Marc.* La escarlata, la púrpura.

Tysdrītānus, a, um. *Plin.* Tisdritano, lo que pertenece á Tisdro, *ciudad de Africa en el reino de Túnez.*

## UB

Uber, ĕris. n. *Hor.* La teta. || *Palad.* Racimo, enjambre de abejas. || Fertilidad, fecundidad. *Raptus ab ubere. Ov.* Destetado, despechado.

Uber, ĕris, ior, errĭmus. *Cic.* Fecundo, fértil, abundante. || Copioso, rico, lucroso. *Uberior honor. Ov.* Honor mayor, mas señalado.

Ubĕrātus, a, um. *Palad.* Abundante, copioso, fértil.

Ubĕrius, rrĭme. adv. *Cic.* Mas copiosa, mas abundantemente. || Mas á la larga, con mas estension, mas estensamente.

Ubĕro, ās, avi, ātum, āre. a. *Plin. men.* Fertilizar, fecundar, hacer fértil. || *Col.* Abundar, ser fértil, fecundo.

Ubertas, ātis. f. *Cic.* Fertilidad, fecundidad, abundancia. *Ubertas in dicendo. Cic.* — *Verborum. Quint.* Afluencia, copia de palabras.

Ubertim. adv. *Catul.* Abundante, copiosamente.

Uberto, ās, āre. a. *Eumen.* Fecundar, fertilizar, hacer abundante, fértil.

Ubertus, a, um. *Gel.* Fértil, abundante, copioso.

Ubi. adv. *Ter.* Donde, adonde. *Ubi loci, terrarum, gentium? Cic.* ¿En que parte, en qué tierra ó lugar? *Ubi ubi. Cic.* Donde quiera, donde quiera que. *Ubi voles. Ter.* Cuando ó luego que quieras. *Ubi loci fortunae tuae sint facile intelligis. Plaut.* Bien conoces en qué estado estan tus cosas. *Animadvertebat ubi id fecisset, totum exercitum periturum. Nep.* Conocia que haciendo ó si hacia esto perecia todo el ejército. *Hujusmodi res semper communicere, ubi me excarnifices. Ter.* Siempre inventas cosas con que atormentarme.

Ubicumque. adv. *Cic.* Donde quiera, en cualquiera parte ó lugar. *Ubicumque gentium, y terrarum. Cic.* En cualquiera parte.

Ubilĭbet. adv. *Sen.* En cualquiera parte ó lugar, donde quiera.

Ubĭnam? adv. *Cic.* ¿Dónde, en qué parte, parage ó lugar? *Ubinam gentium? Cic.* ¿Dónde, en qué tierra, entre qué gentes?

Ubiquaque. adv. *Apul.* V. Ubicumque.

Ubique. adv. *Cic.* En todas partes, en todo lugar.

Ubivis. adv. *Cic.* Donde quiera, en cualquiera parte, en donde quiera.

## UD

Udo, ōnis. m. *Marc.* El escarpin ó peal de lana, ó peal ó de macho cabrío.

Udo, ās, āre. a. *Marc.* Humedecer, bañar.

Udor, ōris. m. *Varr.* Humedad.

Udus, a, um. *Sen.* Húmedo, humedecido, bañado, mojado. || *Marc.* Bien bebido. *Udum gaudium. Marc.* Alegría mezclada con lágrimas. *Udo colore illinere. Plin.* Pintar á fresco.

## UL

Ulcerāria, ae. f. *Apul.* La yerba marrubio.

Ulcerātio, ōnis. f. *Sen.* Ulceracion, corrosion de humor que causa úlceras. || La úlcera.

Ulcerātus, a, um. *Cic.* Ulcerado, llagado, part. de

Ulcĕro, ās, avi, ātum, āre. a. *Hor.* Ulcerar, llagar, corroer causando úlcera.

Ulcerōsus, a, um. *Tac.* Ulceroso, cubierto, lleno de úlceras. || *Plin.* Corrompido, costroido. || *Hor.* Abrasado de la liviandad.

Ulciscor, ĕris, ultus sum, sci. dep. *Cic.* Vengar, vindicar, castigar. || Vengarse. *Ulcisci aliquem probe. Ter.* Vengarse bien de alguno. — *Fratrem caesum. Ov.* Vengar la

## ULT

muerte de sus hermanos. *Ulciscentur illum mores sui. Cic.* Sus costumbres me vengarán de él.

Ulcus, cĕris. *n. Plin.* La úlcera ó llaga. *Ulcus tangere. Ter.* Renovar la llaga, hacer mencion de una cosa que da pesar. *Tu in hoc ulcere tamquam unguis existeres. Cic.* Tú en esta llaga, en esta calamidad fuiste el que mas la enconaste, *como la uña en la llaga*.

Ulcuscŭlum, *i. n. Sen.* Ulcerilla, llaguilla, pequeña llaga.

Ulex, ĭcis. *m. Plin.* El brezo ó urce, *planta semejante al romero*.

Uligĭnōsus, a, um. *Plin.* Húmedo, acuoso, pantanoso.

Uligo, ĭnis. *f. Virg.* Humor, jugo, humedad natural de la tierra.

Ulixes, is. *m.* Ulises, *rey de Itaca*, uno de los conquistadores de Troya, célebre por su prudencia y sufrimiento de los trabajos.

Ullus, a, um. *Cic.* Alguno.

Ulmārium, ii. *n. Plin.* Semillero de olmos.

Ulmeus, a, um. *Col.* Lo que es de olmo.

Ulmitrība, ae. *m. f. Plaut.* Gastador de varas de olmo, *esclavo en cuyas espaldas se gastaban muchas varas*.

Ulmus, i. *f. Virg.* El olmo, árbol conocido. *Ulmorum Acheruns. Plaut.* Infierno de varas, *en cuyas espaldas mueren ó se quiebran muchas varas de olmo*.

Ulna, ae. *f. Plin.* El codo, el brazo. ‖ Una braza, la distancia de una mano á otra tendidos los brazos. ‖ *Hor.* Un codo.

* Ulophonon, *i. n. Plin.* Yerba especie de cameleon negro.

Ulpianus, i. *m. Lampr.* Domicio Ulpiano, célebre jurisconsulto, natural de Tiro, floreció en Roma en tiempo de Caracalla, y con estimacion de los emperadores inmediatos, en especial de Alejandro Severo, fue perfecto del pretorio; gobernando las Galias murió en una sedicion; escribió muchas cosas pertenecientes al derecho que estan insertas en las Pandectas.

Ulpĭcum, i. *n. Plaut.* Especie de ajo mayor que el comun, llamado salsa del campo.

Uls. ant. *Fest.* en lugar de Ultra.

† Ulter, a, um. *Plin.* Que está mas allá de algun lugar. *Es dudoso, pero no su comparativo*.

Ulterior. *m. f. ius. n. ōris. Cic.* Ulterior, lo que está mas allá de algun sitio, del otro lado, mas adelante. ‖ Futuro, venidero. *Ulterior quis es? Ter.* ¿Quién es el que sigue, el que viene detras de despues? *Ulteriora loqui. Ov.* Decir mas. — *Mirari. Tac.* Admirar las cosas pasadas. — *Audiendi cupidus. Plin.* Deseoso de oir lo restante.

Ultērius. *adv. Ov.* Mas allá, mas adelante, mas lejos.

Ultĭme. *adv. Apul.* y

Ultĭmo. *adv. Suet.* Ultima, finalmente, por último.

† Ultĭmo, ās, āre. *n. Tert.* Estar en la última parte llegar al fin.

Ultĭmum. *adv. Liv.* La última, por la última vez.

Ultĭmus, a, um. *Cic.* Ultimo, final, postrero, ínfimo. *Ultima terra. Cic.* La estremidad, el cabo del mundo. — *Poena. Liv.* El último suplicio, la pena de muerte. — *Platea. Ter.* El estremo de la calle. — *Origo.* El primer principio ú órigen. *Ultima experiri. Liv.* — *Pati. Ov.* Esperimentar, padecer las penas mas graves. — *Ad ultimum. Liv.* Por último, al fin. ‖ Hasta lo último de la vida. *Ultimae cerae. Marc.* El testamento.

Ultio, ōnis. *f. Suet.* La venganza. *Mactare ultioni. Tac.* Sacrificar á la venganza. *Ultionem alicui dare. Just.* Vengar á alguno castigando al que le ofendió. — *Petere ex aliquo. Tac.* Castigar á alguno.

Ultis. ant. *Varr.* en lugar de Ultra.

Ulto. *fut. de subj. ant.* en lugar de Ultus fuero. *V.* Ulciscor, eris.

Ultor, ōris. *m. Cic.* Vengador, el que venga la injuria, el que se venga de ella. ‖ *Suet.* Epíteto de Marte, á quien levantó Augusto un templo en el foro de Roma con este nombre.

Ultōrius, a, um. *Tert.* Lo que pertenece á la venganza.

Ultra. *prep. de acus. Ces.* Mas allá, mas adelante, del otro lado, de la otra parte, allende.

## UMB

Ultra. *adv. Salust.* Despues, mas, mas adelante. *Ultra quam satis est. Cic.* Mas de lo necesario. — *Nec bellum dilatum est. Liv.* Ni se dilató la guerra por mas tiempo.

Ultrājectum, i. *n.* Utrect, capital de una de las siete provincias de Holanda.

Ultramundānus, a, um. *Apul.* Que está fuera del mundo. *Habla de Dios*.

Ultrātus, a, um. *Hig.* Lo que está de la otra parte, del otro lado.

Ultrix, ĭcis. *f. Cic.* La que venga ó se venga. *Ultricia tela. Estac.* en termin. *neut.* Armas vengadoras.

Ultro. *adv. Cic.* Espontanea, voluntariamente, de buen grado, de buena gana ó voluntad, de suyo, de su propio movimiento. *Ultro sibi negotium exhibere. Plin.* Tomar ocupaciones voluntariamente. — *Citroque. Ces.* De una parte y otra, recíprocamente. — *Istum à me. Plaut.* Quitad á este lejos de mí.

Ultrŏneus, a, um. *Sen.* Espontáneo, voluntario.

Ultrorsum. *adv. Sulp. Sev.* Mas allá.

Ultrotribūtum, i. *n. Lib.* Gasto anticipado de las obras públicas que hacian los que las tomaban por su cuenta. *Virtus saepius in ultro tributis est. Sen.* La virtud mas se emplea en dar que en exigir.

† Ultus, us. *m.* La venganza.

Ultus, a, um. *part. de* Ulciscor. *Sal.* El que se ha vengado. *Liv.* Vengado, castigado.

Ulŭbrae, ārum. *f. plur. Hor.* Ulumbras, ciudad ó aldea desierta en el Lacio, junto á Velitras.

Ulubrānus, a, um. *Cic.* Lo perteneciente á la ciudad ó lugar de Ulubras.

Ulubrensis. *m. f. sĕ. n. is. Plin.* Natural de ó perteneciente á Ulubras.

Ulŭla, ae. *f. Virg.* El autillo, ave nocturna.

Ululabĭlis. *m. f. lĕ. n. is. Apul.* Clamoroso, lleno de aullidos ó chillidos, ó lamentos lúgubres.

Ulŭlamen, ĭnis. *n. Prud. V.* Ululatus.

Ulŭlans, tis. *com. Cic.* Que clama con lamentos.

Ululātio, ōnis. *f. Inscr.* y

Ululātus, us. *m. Ces.* Clamor, lamento lúgubre, triste, aullido.

Ululātus, a, um. *Estac.* Clamado con lamentos tristes. ‖ *Virg.* Invocado con ellos. *part. de*

Ulŭlo, ās, āvi, ātum, āre. *n. Virg.* Clamar con lamentos ó clamores tristes. ‖ Aullar los perros, los lobos. ‖ Resonar con lamentos y clamores tristes.

Ulva, ae. *f. Virg.* La ova que se cria en el agua.

Ulyses, y Ulyxes, is. *m. Virg.* Ulises, rey de Itaca. *V.* Ulixes.

Ulyssĭpo, ōnis. *m.* y

Ulyssĭpōna, ae. *f.* Lisbea, capital de Portugal.

## UM

Umbella, ae. *f. Marc.* El quitasol.

Umber, bra, um. *Cat.* El natural de la Umbria.

Umbilicāris. *m. f. rĕ, n. is. Tert.* Umbilical, lo que pertenece el ombligo.

Umbilicātus, a, um. *Plin.* Lo que se parece á ó tiene figura de ombligo.

Umbilĭcus, i. *m. Cels.* El ombligo. ‖ El medio de cualquiera cosa. ‖ Un palito redondo de cedro, bog, de marfil, de hueso ú otra materia, al cual se envolvia el volúmen, y asi quedaba en medio, de donde tomó el nombre. ‖ Los dos estremos de este palito que sobresalian, y en los cuales se clavaban las manecillas con que se cerraba el volúmen. ‖ Pequeño círculo. ‖ Relog de sol. ‖ Concha marina retorcida en forma de ombligo. ‖ La rosa de los vientos. *Umbilicus Veneris. Apul.* Ombligo de Venus, yerba. — *Ovi. Plin.* El germen del huevo. *Ad umbilicum ducere, adducere. Hor.* Acabar, concluir, llevar al cabo.

Umbo, ōnis. *m. Virg.* El medio sobresaliente del escudo. ‖ El escudo ó broquel. ‖ La punta ó cima de cualquier cosa que sobresale. ‖ *Marc.* El codo. *Umbo togae. Pers.* El bulto de la toga regazada en el brazo.

Umbra, ae. *f. Cic.* La sombra. ‖ La de la pintura, el

color mas oscuro. ‖ *Virg.* Todo lo que hace sombra. ‖ Señal, vestigio, apariencia. ‖ Color, causa, pretesto. ‖ Tutela, patrocinio. ‖ Fantasma, espectro. ‖ *Varr.* Un pez asi llamado por su color oscuro. *Timere umbrae. Cic.* Tener miedo de la sombra, temer sin causa. *No umbram quidem vidit. Cic.* No vió la menor apariencia, no ha visto ni una sombra. *Locus est pluribus umbris. Hor.* Lugar hay para mas personas. Habla de los que son traidos al convite por un convidado, que vienen á la sombra de él. *Umbrarum dominus*, rector. *Ov. — Rex. Sen.* Pluton, dios de las sombras del infierno. *— Terrores. Quint.* El miedo que se tiene de las almas de los difuntos. *Ad umbras imas descendere. Virg.* Bajar á los infiernos. *Studia in umbra educata. Tac.* Estudios privados, hechos privadamente, en casa. *Sub umbra Pompeja spatiari. Marc.* Pasearse en el pórtico de Pompeyo. *Ululare canes per umbram. Virg.* Aullar los perros en la oscuridad de la noche. *Umbram pro corpore. adag.* Dejar lo verdadero por lo pintado. *ref.*

Umbrācŭlum, i. *n. Cic.* Sombra, lugar en que la hay, que tiene alguna cubierta de hoja ó fábrica. *Ov.* El quitasol. ‖ La escuela, apelacion tomada de la sombra de los filósofos antiguos en la Academia y en el Liceo donde se paseaban esplicando.

† Umbrālĭter. *adv. S. Ag.* Por sombra ó imágen.
Umbrans, tis. *com. Sen.* Sombrío, que da sombra.
Umbrātĭcŏla, ae. *m. f. Plaut.* El que gusta de la sombra. ‖ Débil, delicado, que no puede sufrir el sol y el polvo.

Umbrātĭcus, a, um. *Plaut.* Que está á la sombra, débil, delicado. *Umbraticae litterae. Plin.* Estudios de casa ó de las escuelas. *Umbraticus doctor. Petron.* Maestro de escuela que enseña en su casa. *Umbraticum negotium. Gel.* Negocio que se hace en casa con poco trabajo.

Umbrātĭlis. *m. f. lē. n. is. Cic.* Privado, particular, lo que se hace en casa, á la sombra, léjos del público. *Umbratilis oratio. Cic.* Discurso, disertacion de los filósofos que se ejercitaban á la sombra, á diferencia de los oradores que hablaban en público.

† Umbratĭlĭter. *adv. Sid.* Ligeramente, por encima.
Umbrātus, a, um. *part. de* Umbro. *Virg.* Cubierto de sombra. *Umbrata tempora quercu. Virg.* Coronadas las sienes con coronas de encina. *Umbratus genras. Estac.* Barbado.

Umbri, ōrum. *m. plur. Plin.* Los naturales de la Umbria, parte de Toscana.
Umbria, ae. *f. Prop.* La Umbría, region de Italia, parte de Toscana, patria de Plauto, Propercio y Joviano Pontano.

Umbrĭcus, a, um. *Plin.* Lo perteneciente á la Umbría.
Umbrĭfer, a, um. *Cic.* Umbroso, sombrío, que da ó hace sombra. ‖ *Estac.* Que lleva las almas de los difuntos.
Umbro, as, avi, ātum, āre. *a. Col.* Dar, hacer sombra. *Umbrare forum velis. Plin.* Cubrir el mercado con lienzos. *Umbrat vitis. Col.* La vid se cubre de hojas.
Umbrōsus, a, um, ior, issĭmus. *Cic.* Umbroso, sombrío, opaco, que tiene sombra. ‖ *Virg.* Que da ó hace sombra.

## UN

Una. *adv. Cic.* Juntamente, en compañía.
Unaetvicesimānus miles. *Tac.* Soldado de la legion veinte y una.
Unaetvicesĭmus, a, um. *Tac.* Veinte y uno.
Unănĭmans, tis. *com. Plaut.* y
Unanĭmis. *m. f. mē. n. is. Virg.* Unánime, concorde, del mismo ánimo, parecer ó voluntad con otro.
Unanimĭtas, ātis. *f. Liv.* Unanimidad, concordia, consentimiento.
Unănĭmĭter. *adv. Tert.* De un mismo ánimo, concordemente.
Unănĭmus, a, um. *Liv. V.* Unanimis.
Uncatio, ōnis. *f. Cel. Aur.* La curvatura ó dobladura.
Uncatus, a, um. *Cel. Aur.* Encorvado, doblado, corvo.
Uncia, ae. *f. Plin.* La uncia ú onza, duodécima parte del as, de la libra romana. ‖ *Cels.* Peso de siete denarios, cada uno de los cuales equivale á seis óbolos griegos. ‖ La duodécima parte de un todo, peso ó medida. ‖ *Plaut.* La cantidad mínima de cualquier cosa. *Uncia agri. Varr.* La duodécima parte de una yugada ó de tierra. *Ex uncia haeres. Sen.* Heredero de una duodécima parte. *Usura unciae. Dig.* La duodécima parte de la usura centésima, que era el doce por ciento al año.

Uncĭālis. *m. f. lē. n. is. Plin.* De una onza de peso ó medida. *Uncialis altitudo. Plin.* Altura de una pulgada.
Unciārius, a, um. *Plin.* De una onza. *Unciarium foenus. Liv.* Ganancia ó usura de un doce por ciento al año. Algunos dicen de uno por ciento; pero se opone á esto la ley de las XII tablas: *Nequis unciario foenore plus exerceret. Tac. anal. 6. cap. 16.*

Unciātim. *adv. Plin.* Por onzas, onza á onza. ‖ *Ter.* Poquito á poco.
Uncinātus, a, um. *Cic.* Lo que tiene garfio ó garabato.
Uncīnus, i. *m. Apul.* Anzuelo, garfio, garabato.
Uncĭŏla, ae. *f. Juv.* Oncita, una pequeña parte, un poquito, un pedacito.
Uncĭpes, ĕdis. *com. Tert.* El que tiene los pies encorvados, doblados.
Unctio, ōnis. *f. Plaut.* La uncion ó untura, la accion de untar.
Unctĭto, as, avi, atum, āre. *a. Plaut.* Untar frecuentemente.
Unctiŭscŭlus, a, um. *Plaut.* Un poco untado. *Unctiusculum pulmentum. Plaut.* Sopa un poco mas crasa.
Unctor, ōris. *m. Juv.* El que unge ó unta.
Unctōrius, a, um. *Plin.* Propio para untar, lo que toca á esta accion.
Unctrix, īcis. *f. Inscr.* La que unge ó unta en el baño.
Unctuārium, ii. *n. Plin.* Lugar en los baños en que se ungian los antiguos.
Unctŭlus, a, um. *Varr.* Algo untado. ‖ *Apul.* Impertire nobis unctulum. Usada como sustantivo. Danos un poco de ungüento.
Unctūra, ae. *f. Cic.* Untura, uncion, en especial la que se empleaba en los cadáveres.
Unctus, us. *m. Apul. V.* Unctura.
Unctus, a, um. *Plaut. part. de* Ungor, ior, issĭmus. Untado, perfumado, lleno de ungüentos ó perfumes. *Uncta popina. Hor.* Taberna abundante. *— Patrimonia. Catul.* Patrimonios ricos. *Cadaver unctum. Hor.* Cadáver embalsamado. *— Ponere. Hor.* Poner una comida espléndida. *Unctior loquendi consuetudo. Cic.* Modo de hablar mas culto.

Uncus, i. *m. Liv.* El garfio ó gancho. ‖ *Cels.* Instrumento con que los cirujanos sacan el feto ó la criatura muerta. ‖ *Val. Flac.* El áncora.
Uncus, a, um. *Col.* Encorvado. *Unca aera. Ov.* Anzuelos. *— Retinacula. Estac.* Áncoras. *— Ora. Estac.* Pico encorvado. *Uncus dens. Virg.* El arado. *Avis unca. Estac.* La lechuza de pico y pies encorvados.
Unda, ae. *f. Cic.* La onda, ola. ‖ El agua. ‖ Cualquiera otro licor. ‖ *Vitruv.* El cimacio. *Unda prima praeli. Plin.* El licor de la primera prensa ó presion de la uva ó aceituna. *— Salutantum. Virg.* Un gran tropel de los que van á saludar á alguno. *Undae comitiorum. Cic.* La multitud de los comicios, que como las olas del mar se acercan á unos, se retiran de otros.

Undabundus, a, um. *Gel.* Ondeante, que hace ondas. ‖ Undoso, abundante de olas.
Undans, tis. *com. Virg.* Undoso, que mueve ó levanta las olas. *Undans chlamys. Plaut.* Clámide ancha, pomposa, que hace ondas. *— Mens. Val. Flac.* Ánimo fluctuante entre muchos pensamientos. *— Cruor. Virg.* Sangre que sale á borbotones.
Undanter. *adv.* y
Undātim. *adv. Plin.* Á semejanza de las ondas. *Undatim crispae mensae. Plin.* Mesas cuyas vetas forman ondas.
Undātus, a, um. *part. de* Undo. *Plin.* Ondeado, hecho á modo de ondas.
Unde. *adv. Cic.* De donde. *Unde gentium? Plaut.* ¿De qué pais? *— Domo?* ¿De qué familia? *Unde unde. Hor.* De cualquiera parte. *Est Diis gratia unde haec fiant.*

*Ter.* Hay á Dios gracias de donde ó de que poder hacerlo. *E praedonibus unde emerat. Ter.* De los piratas á quienes la habia comprado. *Unde petitur aurum. Ter.* El reo á quien se pide el oro en justicia.

Undēcēni, ae. *a. Plin.* Noventa y nueve.

Undēcentesīmus, a, um. *Val. Max.* Nonagésimo noveno, noventa y nueve.

Undēcentum. *indec. Plin.* Uno menos de ciento, noventa y nueve.

Undēcies. *adv. Cic.* Once veces.

Undēcim. *indec. Vitruv.* Once.

Undēcīmus, a, um. *Virg.* Undécimo, onceno.

Undēcirēmis, is. *f. Plin.* Nave de once filas de remos.

Undēcumque. *adv. Plin.* y

Undēlibet. *adv. Cels.* De cualquier parte, de donde quiera.

Undēnārius, a, um. *S. Ag.* Onceno, undécimo.

Undēni, ae, *plur. Plin.* Once.

Undēnōnaginta. *indec. Liv.* Ochenta y nueve.

Undeoctoginta. *indec. Hor.* Setenta y nueve.

Undēquādragesīmus, a, um. *Val.* Trigésimo nono, treinta y nueve.

Undēquādrāgies. *adv. Plin.* Treinta y nueve veces.

Undēquādrāginta. *indec. Liv.* Treinta y nueve.

Undēquāque *adv. Liv.* De todas partes.

Undēquinquāgesīmus, a, um. *Cic.* Cuadragésimo nono, cuarenta y nueve.

Undēsexāgesīmus, a, um. *Censor.* Quincuagesimo nono, cincuenta y nueve.

Undēsexāginta. *indec. Liv.* Cincuenta y nueve.

Undetricēni, ae, a, *plur. Macrob.* Veinte y nueve.

Undetricesīmus, a, um. *Gel.* y

Undētrigesīmus, a, um. *Liv.* Vigésimo nono, veinte y nueve.

Undēvicēni, ae, a, *plur. Quint.* Diez y nueve.

Undēvicēsimāni, orum. *m. plur. Hirc.* Soldados de la legion diez y nueve.

Undēvicesīmus, a, um. *Cic.* y

Undēvigesīmus, a, um. *Col.* Décimo nono.

Undeviginti. *indec. Cic.* Diez y nueve.

Undicōla, ae. *f. Varr.* Que habita en las olas.

Undifrāgus, a, um. *Sen. Fort.* Que quebranta las olas.

Undique. *adv. Cic.* y

Undique secus. *adv.* y

Undíque versum, versus y vorsum. *adv. Fest.* De todas partes.

Undisōnus, a, um. *Val. Flac.* Que hace resonar las olas.

Undisōni dii. *Prop.* Dioses marinos.

Undo, as, avi, atum, are. *a. n. Virg.* Ondear, hacer ondas, mover, levantar olas. ‖ *Estac.* Inundar, rebosar. ‖ *Claud.* Abundar.

Undōse, ius. *adv. Amian.* Con fuerza ó movimiento de las olas.

Undōsus, a, um, ior, issīmus. *Virg.* Undoso, agitado, abundante de olas.

Undulātus, a, um. *Varr.* Que representa ó se asemeja á las olas. *Undulata vestis. Varr.* Vestido, ropa que hace aguas.

Unēdo, ōnis. *f. Plin.* El madroño, *fruta y árbol del mismo nombre.*

Ungellae, arum. *f. plur. Apic.* Uñitas, uñas pequeñas.

Ungo, is, nxi, nctum, gere. *a. Cic.* Untar, ungir. ‖ *Plin.* Bañar, humedecer. *Ungere caules. Hor.* Componer, aderezar las coles. *Quem gloria supra vires vestit et ungit. Hor.* Á quien la vanidad hace vestir y perfumarse mas de lo que permiten sus haberes.

Unguēdo, ĭnis. *f. Apul.* y

Unguen, ĭnis. *n. Virg.* Unto, perfume, esencia, afeite, todo licor que sirve para untar.

Unguentāria, ae. *f. Plin.* Perfumera, la que hace y vende perfumes y afeites. ‖ *Plaut.* Perfumería, el arte y oficio de hacer y vender perfumes.

Unguentārium, ii. *n. Plin.* El dinero que se da para perfumes.

Unguentārius, ii. *m. Cic.* Perfumero, perfumista, el que hace y vende perfumes, esencias, aromas, afeites.

Unguentārius, a, um. *Plin.* De perfumes, aromas y afeites. *Unguentariam tabernam exercere. Suet.* Tener una tienda de perfumes.

Unguentātus, a, um. *Plaut.* Perfumado. ‖ *Gel.* Delicado, afeminado.

Unguentum, i. *n. Cic.* Perfume, pomada, esencia, aroma.

Unguīcŭlus, i. *m. Cic.* Uñita, uña pequeña. *A teneris unguiculis. Cic.* Desde niño, desde la infancia. *Usque ab unguiculo ad capillum summum. Plaut.* De los pies á la cabeza.

Unguilla, ae. *f. Sol. V.* Unguen.

Unguinōsus, a, um. Lleno de perfumes, perfumado. ‖ De mucha grasa.

Unguis, is. *m. Cic.* La uña del dedo. ‖ El casco de los animales. ‖ La uña ó pata hendida de otros. ‖ *Cels.* La nube del ojo. ‖ *Plin.* Las cabezas de las hojas y partes blancas de las flores y plantas. ‖ *Varr.* Una especie de concha. *Unguis transversus. — Latus. Plaut.* El espacio de una uña, un mínimo espacio. *Medium unguem ostendere. prov. Juv.* Hacer mucha burla ó un sumo desprecio. *In ó ad unguem. Hor.* Hasta la perfeccion. *Mordere ungues. Prop.* Morderse las uñas el airado ó el que se arrepiente. *Ungues ferrei. Col.* Uñas de hierro ó tigeras que usaban los vendimiadores. *— Arrodere. Hor.* Comerse las uñas, pensar profundamente, poner toda su atencion.

Unguit. *en lugar de* Ungit. *V.* Ungo.

Ungŭla, ae. *f. Cic.* Uña, casco de los animales. ‖ *Hor.* El caballo. ‖ *Plaut.* Las uñas. ‖ *Prud.* Uñas ó garfios de hierro con que atormentaban á los mártires. *Injicere ungulas. Plaut.* Echar la uña, robar, hurtar. *Omnibus ungulis. prov. Cic.* Con todas las fuerzas.

Ungulātus, a, um. *Marc. Cap.* Que tiene uña ó casco en los pies. ‖ *Fest.* De grandes uñas.

Ungŭlum, i. *n. Fest.* El anillo.

Unguo. *V.* Ungo.

Ungustus, i. *m. Fest.* La vara encorvada, el cayado.

Uniānimus, a, um. *V.* Unanimus.

Unicalamus, a, um. *Plin.* De una sola caña.

Unicaulis. *m. f. le. n. is. Plin.* De un solo tallo.

Unice. *adv. Cic.* Unica, muy grandemente.

Unicŏlor, ōris. *com. Plin.* y

Unicŏlōrus, a, um. *Prud.* De un color solo.

Unicornis. *m. f. ne. n. is. Plin.* De un solo cuerno.

Unicornis, is. *m. Plin.* El unicornio, *animal de un solo cuerno en la frente.*

Unicorpŏreus, a, um. *Firm.* Que tiene el cuerpo entero.

Unicultor, oris. *m. Prud.* El que adora un solo Dios.

Unicus, a, um. *Cic.* Unico, solo, singular. ‖ Escelente, insigne. ‖ *Plaut.* Apto, idóneo, á propósito. *Unicus amicus. Catul.* Amigo íntimo. *Unica nequitia Ad Her.* Insigne malicia. *Unicus ad rem aliquam. Plaut.* Idóneo para alguna cosa, el único para ella.

Uniformis. *m. f. me. n. is. Apul.* Uniforme, de una sola forma, simple.

Uniformĭtas, ātis. *f. Macrob.* Uniformidad, unidad de forma, simplicidad.

Unigĕna, ae. *m. f. Cic.* Unigénito, único. *Pallas unigena. Catul.* Palas engendrada del celebro de Júpiter.

Unigenĭtus, a, um. *Tert.* Unigénito, único, hijo único.

Unijugus, a, um. *Plin.* Atado á un solo yugo. ‖ *Tert.* Casado una sola vez. *Unijugae vites. Plin.* Vides ó parras sostenidas sobre un solo madero atravesado.

Unimammia, ó Unomammia, ae. *f.* Voz fingida por Plauto *para significar una region ó ejército de las Amazonas, que se cortaban un pecho para estar mas espeditas en el manejo de las armas.*

Unimănus, a, um. *Liv.* Que tiene una sola mano.

Unimŏdus, a, um. *Apul.* Lo que es de un solo modo forma ó manera.

Unio, ōnis. *m. f. Plin.* La perla. ‖ *Col.* La cebolla de un solo tallo. ‖ *Tert.* La unidad. ‖ *S. Ger.* La union de varias cosas.

Unio, is, ire. *a. Tert.* Unir, juntar.

Uniocŭlus, a, um. *Varr.* Que no tiene mas que un ojo.

Uniŏla, ae. *f. Apul.* La grama, *yerba.*

**Unionītae**, ārum. m. plur. *Prud.* Hereges, que negaban la Trinidad, negando al Hijo de Dios.

**Unipetius**, a, um. *Marc. Emp.* Que tiene un solo pie ó tallo.

**Unistirpis**. m. f. pě. n. is. *Plin.* Que tiene un solo tronco.

**Unĭtas**, ātis. f. *Macrob.* La unidad, el número uno. ‖ Union de varias cosas, que componen un todo. ‖ Conformidad, semejanza. ‖ Union, concordia.

**Unĭter**. adv. *Lucr.* Unida, juntamente, en uno.

**Unītus**, a, um. *Sen.* Unido, junto en uno.

**Unius**. gen. de *Unus*.

**Uniuscujusque**. gen. de *Unusquisque*.

**Uniusmŏdi**. indec. *Cic.* Del mismo modo, uniforme.

**Universālis**. m. f. lě. n. is. *Quint.* Universal, general.

**Universalĭter**. adv. *Dig.* y

**Universatim**. adv. *Sid.* y **Universe**. adv. *Cic.* y

**Universim**. adv. *Gel.* Universal, generalmente, en general.

**Universĭtas**, ātis. f. *Cic.* La multitud de todas las cosas. ‖ El mundo, el universo. ‖ *Dig.* Cuerpo, gremio de artesanos. *Universitas rusticationis. Col.* La agricultura en general. — *Orationis Plin. men.* El todo de un discurso.

**Universus**, a, um *Cic.* Todo, total, entero. ‖ Universal, general. *In universum. Liv.* Universal, generalmente. *Universi omnes.* (pleon.) *Plaut.* Todos juntos. *Universum odium Cic.* Odio general, universal. — *Triduum. Ter.* Tres dias enteros. *Universa victoria. Liv.* Victoria completa.

**Univĭra**, y **Univĭria**, ae. f. *Tert.* Muger que solo ha tenido un marido.

**Univirātus**, us. m. *Tert.* El estado de monogamia, del que solo se ha casado una vez.

**Univŏcus**, a, um. *Marc. Cap.* Unívoco, lo que conviene en el nombre y en realidad á cosas diversas.

† **Uno**, as, āre. *Tert.* Unir, juntar en uno.

**Unŏcŭlus**, a, um. *Plaut.* Que tiene un solo ojo, como *fingieron los poetas de los Ciclopes*.

† **Unōse**. adv. *Pacuv.* Juntamente.

**Unquam**. adv. *Cic.* Alguna vez, jamas, en algun tiempo ó lugar. *Unquam gentium. Cic.* En todo el mundo, en toda la tierra.

**Unus**, a, um, unīus, uni. *Cic.* Uno solo. ‖ Alguno, uno. ‖ Igual, semejante. *Unus, atque idem. Virg.* Muy parecido, muy semejante. — *Et alter. Cic.* Dos. — *Multorum. Hor. De multis. Cic.* Solo, único entre muchos. *Unus, alter, tertius. Quint.* Primero, segundo, tercero. — *De tuis. Cic.* Uno de los tuyos, de tus gentes. — *Ex multis. Plin. men.* Hombre vulgar, uno de tantos. *Nemo unus erat. Cic.* No habia nadie, ni un alma. *Quisquis unus. Cic.* Quien quiera que sea. *Una nox erat. Cic.* Era la misma noche. *Una opera. Plaut.* De una vez. *Unum te ex omnibus amat. Plaut.* Tú eres el único á quien ama. *Unius in aedibus. Ter.* En una misma casa. *Ex unis geminas mi facies nuptias. Ter.* De una boda me harás nacer dos. *Unos sex dies. Plaut.* Durante seis dias solos.

**Unusquisque**, unăquaeque, unumquodque, y unumquidque. *Cic.* Cada uno, cada cosa.

**Unxi**. pret. de *Ungo*.

**Unxia**, ae. f. *Arnob.* Diosa, que presidia las unciones ó unturas. Marciano Capela dice que era Juno, que presidia á las bodas, y untaba por costumbre, y en señal de buen agüero, las puertas de la casa del varon despues que entraba en ella la esposa.

## UP

**Upilio**, ōnis. m. *Virg.* El pastor de ovejas.

**Upŭpa**, ae. f. *Plin.* La abubilla. ave. ‖ *Plaut.* El pico, *instrumento para sacar piedras, por la semejanza del pico de la abubilla*.

## UR

**Ura scorpin**. f. *Apul.* Cola de escorpin, yerba llamada *heliotropio*.

**Uraea cybiz**. n. plur. *Plin.* Pedazos de carne de junto á la cola del pez, llamado *triton mayor*.

**Urăgus**, i. m. *Hig.* Sobrenombre de Pluton, *que significa atormentador*.

**Urănia**, ae, y **Uranie**, es. f. *Cic.* Urania, *una de las nueve musas, á quien se atribuye la invencion de la Astronomía*.

**Uranoscŏpus**, i. m. *Plin.* Uranoscopo, *pez que tiene un ojo en la cabeza, con que parece mira al cielo, y esto significa el nombre*.

**Urănus**, i. m. *Lact.* Urano, *padre de Saturno*.

**Urbănātim**. adv. *Non*, y

**Urbāne**. adv. *Cic.* Urbana, culta, cortés, cortesanamente.

**Urbanĭce**. adv. *Liv.* Cortesmente.

**Urbanicĭānus**, a, um. y

**Urbanĭcus**, a, um. *Dig.* Lo que es de la ciudad de Roma. *Urbanici* y *Urbaniciani milites*. *Dig.* Soldados de guarnicion en Roma.

**Urbanĭtas**, ātis. f. *Cic.* La vida urbana, las cosas de la ciudad. ‖ Urbanidad, civilidad, cortesanía. ‖ Elegancia, cultura, gracia en el hablar. ‖ Sal, chiste, gracia, jocosidad. ‖ *Tac.* Engaño, burla chistosa.

**Urbānus**, a, um, ior, issĭmus. *Ter.* Urbano, ciudadano, de la ciudad. ‖ Festivo, gracioso, ameno. ‖ Culto, pulido, delicado. ‖ Agradable, grato, afable.

**Urbĭcăpus**, i. m. *Plaut.* Domador de ciudades.

**Urbĭcārius**, a, um. *Dig.* Lo que es de la ciudad ó de cerca de ella.

**Urbicrĕmus**, a, um. *Prud.* Incendiador de ciudades.

**Urbĭcus**, a, um. *Gel.* Ciudadano, perteneciente á la ciudad.

**Urbīnas**, ātis. com. *Cic.* y

**Urbinātes**, um. m. plur. *Plin.* Los ciudadanos de Urbino.

**Urbiniānus**, a, um. *Quint.* Lo que pertenece á Urbinio ó Urbinia, *nombres propios romanos*.

**Urbĭnum**, i. n. *Plin.* Urbino, ciudad de Italia.

**Urbs**, bis. f. *Cic.* La ciudad. ‖ Roma. ‖ Los moradores de una ciudad. ‖ *Dig.* La metrópoli. *Urbis geniter. Ov.* Fundador de una ciudad. *Urbem ponere. Virg.* Fundar una ciudad.

**Urceātim**. adv. *Petron.* Á cántaros.

**Urceolāris herba**. f. *Plin.* La yerba parietaria.

**Urceŏlus**, i. m. *Col.* Orzuela, orza pequeña.

**Urceus**, i. m. *Col.* Orza, olla, jarro ó cántaro.

**Urēdo**, ĭnis. f. *Cic.* Enfermedad de las yerbas, plantas y árboles, llamada quemadura. ‖ Comezon, picazon, escozor, como el que deja la yerba ó pez ortiga.

**Urētĕres**, um. m. plur. *Cels.* Uréteres, *dos vias ó conductos por donde va la orina de los riñones á la vegiga*.

**Urgens**, tis. com. *Cic.* Urgente, que insta, que da prisa, que aprieta.

**Urgeo**, ēs, si, sum, gĕre. a. *Cic.* Urgir, instar, apretar. ‖ Amenazar. ‖ Exortar. ‖ Disputar. ‖ Oprimir. *Urgere occasionem. Cic.* Procurar aprovecharse de la ocasion. — *Aliquid. Cic.* Dar prisa ó gran conato á alguna cosa. — *Forum. Cic.* Asistir continuamente al foro. — *Propositum Hor.* Persistir en su propósito. *Nil urget. Cic.* No hay prisa.

**Urĭca**, ae. f. *Plin.* Corrupcion de las semillas por las escesivas aguas.

**Urĭgo**, ĭnis. f. *Plin.* Comezon, escozor, quemadura con prurito.

**Urīna**, ae. f. *Cic.* La orina. *Urinae angustiae. Plin.* — *Difficultas. Cels.* Dificultad de orinar, retencion de orina.

**Urinālis**. m. f. lě. n. is. *Veg.* Lo que toca á la orina.

**Urinātor**, ōris. m. *Liv.* El buzo ó buzano, *nadador debajo del agua*.

**Urīno**, ās. y

**Urīnor**, āris, ātus sum, āri. dep. *Cic.* Bucear, nadar debajo del agua, nadar á somormujo.

**Urīnus**, a, um. *Plin.* Ventoso, lleno de viento. *Urinum ovum. Plin.* Huevo huero.

**Uriom**, y **Urium**, ii. n. *Plin.* Especie de tierra inútil en los metales, en las minas.

* **Urios**, i. m. *Cic.* Sobrenombre de Júpiter, *dador de viento próspero á los navegantes*.

Urĭto, ās, āre. *a. Plaut.* Quemar.

Urna, ae. *f. Plaut.* Caldero, herrada para sacar agua de los pozos ó de los rios. ‖ *Ov.* Urna sepulcral. ‖ Urna ó caja para echar suertes. ‖ Medida de líquidos que contenia 24 sestarios. ‖ *Juv.* Medida, vasija para vino.

Urnālis. *m. f.* lě. *n.* is. *Plin.* Lo perteneciente á vasija de agua ó vino.

Urnārium, ii. *n. Varr.* Lugar ó mesa de cocina *en que ponian los cántaros, ollas y demas vasijas.*

Urnātor, ōris. *m. Jul. Firm.* El que saca agua con un caldero.

Urnĭger, a, um. *Virg.* Que lleva un cántaro de agua.

Urnŭla, ae. *f. Varr.* Calderito, caldero pequeño. ‖ *Esparc.* Pequeña urna sepulcral.

Uro, is, ussi, ustum, rĕre. *a. Cic.* Quemar, abrasar. ‖ *Virg.* Secar. ‖ Quemar, tostar el frio. ‖ Morder el zapato ú otra cosa que aprieta demasiado. *Urit absque torre. Lybica fera. adag.* Caldo de zorra que está frio y quema. *ref.*

Urŏpygium, ii. *n. Marc.* La rabadilla.

Uspex, ĭcis. *m. Col.* Rastrillo con dientes de hierro para labrar el campo.

Ursa, ae. *f. Plin.* La osa, *animal feroz.* ‖ La osa mayor y menor, *dos constelaciones llamadas la mayor el carro, la menor cinosura.*

Ursi. *pret. de* Urgeo.

Ursīnus, a, um. *Col.* De oso, lo que pertenece al oso. *Ursinum allium. Plin.* Especie de ajo silvestre.

Ursŭla, ae. *f. Inscr.* y

Ursŭlus, i. *m.* Osa y oso pequeño. *En algunas inscripciones de Gruteto son nombres de personas.*

Ursus, i. *m. Plin.* El oso, *animal feroz. Fumantem nasum vivi ursi tentare. Prov. Marc.* Provocar al que puede hacer daño.

Urtĭca, ae. *f. Col.* La ortiga, *yerba conocida.* ‖ Ortiga marina de naturaleza media entre arbusto y animal, como la esponja. ‖ Prurito, comezon *tomado las mas veces por el apetito sensual.* ‖ Sobrenombre de C. Herenio romano.

Urtĭcīnus, a, um. *Plin.* Lo que es de ortiga.

Urtĭcŭla, ae. *f.* Pequeña ortiga. *En una inscripcion de Grutero es nombre de muger.*

Urus, i. *m. Ces.* El uro, *especie de toro silvestre muy feroz y bravo.*

Urvo, y Urbo, ās, āre. *a. Fest.* Señalar ó demarcar un terreno con el arado.

Urvum, ó Urbum, i. *n. Varr.* La encorvadura del arado.

## US

Usio, ōnis. *f. Varr.* El uso.

Usipĕtes, um. *m. plur. Ces.* Usipetes, *pueblos de la Germania antigua, hoy los de Geldres y de Zutfen en el Pais Bajo.*

Usĭtāte. *adv. Cic.* Segun el uso.

Usĭtātus, a, um, ior, issĭmus. *Cic.* Usado, acostumbrado, practicado, recibido. *Usitatus in multis rebus. Cic.* Acostumbrado á, practicado en muchas cosas. *Usitatum est. Cic.* Es cosa recibida. *Usitatius nomen. Cic.* Nombre mas comun. *Usitatissima verba. Cic.* Palabras muy comunes.

Usĭtor, āris, ātus sum, āri. *dep. Gel.* Usar frecuentemente, á menudo.

Uspiam. *adv. Ter.* En alguna parte ó lugar. ‖ En algun asunto ó negocio.

Usquam. *adv. Cic.* En alguna parte ó lugar. ‖ En algun asunto ó negocio. *Usquam gentium. Plaut.* Á alguna parte.

Usque. *prep. de acus. y ablat. Cic.* Hasta. *Sin caso es adv. de lugar y de tiempo. Usque ne valuisti? Ter.* ¿Has estado siempre bueno? *A pueris. Ter.* Desde niños. *A mane ad vesperum. Plaut.* Desde la mañana hasta la noche. *Ad Pompejum omnes assensêrunt. Plin.* Hasta llegar á Pompeyo todos asistieron, menos, escepto Pompeyo. *Adeo. Cic.* Hasta tal punto, tanto que, en tanto grado que. *Adeo donec. Ter.* Hasta tal punto, ó hasta tanto que. *Adhuc. Plaut.* Hasta ahora, hasta el presente, hasta aqui. *Ante diem quintum. Liv.* Hasta el quinto dia.
*Ante hac. Ter.* Hasta ahora, hasta ahora que. *Dudum ó dum. Ter.* Durante, todo el tiempo que. *Ex errore in viam reduxit. Plaut.* Me ha sacado del error para traerme al buen camino. *Eo dum ut. Cic.* Hasta tanto que. *In platea. Plaut.* Hasta en la calle. *Istinc exauditos puto. Cic.* Creo que aun desde aqui se les habrá oido. *Trans. Virg.* Hasta mas allá, hasta de la otra parte de. *Extra. Plaut.* Hasta fuera. *Dum. Cic.* Hasta que.

Usquēquāque. *adv.* En todas, por todas partes. ‖ Siempre, en todo tiempo.

Usquĕquo. *adv. Plin.* Hasta que, hasta cuando, hasta qué fin, término ó punto.

Ussi. *pret. de* Uro.

Usta, ae. *f. Vitruv.* Color facticio, que se acerca al rojo y color de oro.

Ustĭlago, ĭnis. *f. Apul.* Cardo silvestre, *yerba.*

Ustio, ōnis. *f. Plin.* Ustion, la accion de quemar.

Ustor, ōris. *m. Cat.* El que quema. *Dícese del que quemaba los cadáveres por oficio.*

† Ustrĭcŭla, ae. *f. Tert.* La peluquera, *muger que riza á otras el cabello con hierro.*

Ustrina, ae. *f. Plin.* La fragua. ‖ El sitio en que se quemaban los cuerpos de los difuntos.

Ustrīnum, i. *n. Inscr.* El sitio como cementerio, *en que se quemaban los cuerpos muertos para enterrar las reliquias en otra parte.*

Ustŭlātus, a, um. *Vitruv.* Quemado. *part. de*

Ustŭlo, ās, āvi, ātum, āre. *a. Cat.* Quemar.

Ustus, a, um. *Ov. part. de* Uro. Quemado.

Usuālis. *m. f.* lě. *n.* is. *Dig.* Usual, comun, ordinario.

Usuārius, a, um. *Ulp.* Usual. ‖ *Dig.* Usuario, aquello de que se tiene el goce, y no la propiedad.

Usŭcăpio, ōnis. *f. Cic.* Usucapcion, modo de adquirir la posesion de una cosa, pasado el tiempo prescrito por las leyes.

Usŭcăpio, is, cěpi, captum, pěre. *a. Cic.* Usucapir, adquirir posesion de una cosa, pasado el tiempo prescrito por el derecho.

Usŭcaptus, a, um. *part. de* Usucapio. *Suet.* Usucapido, adquirido por larga posesion.

Usŭfăcio, is, cěre. *a. Plaut.* Hacer suyo ó propio por el largo uso.

Usufructuārius, a, um. *Ulp.* Usufructuario, que tiene el usufructo y goce de una cosa, mas no la propiedad.

Usūra, ae. *f. Plaut.* El uso, la accion de usar de alguna cosa. ‖ Provecho, utilidad. ‖ Usura, interes, premio, ó precio que se saca de lo que se ha prestado. *Usura longa inter nos fuit. Cic.* Hemos vivido mucho tiempo juntos. *Usurae consistunt. Cic.* Paran los intereses.

Usūrārius, a, um. *Plaut.* Usual, usuario, del uso. ‖ Usurario, perteneciente á la usura. *Usuraria pecunia. Ulp.* Dinero dado ó tomado á interes.

† Usurpabĭlis. *m. f.* lě. *n.* is. *Tert.* Aquello de que se puede hacer algun uso.

Usurpātio, ōnis. *f. Cic.* El uso ó práctica. ‖ *Dig.* Interrupcion de la usucapion ó posesion. ‖ *Val. Max.* Posesion.

† Usurpative. *adv. Serv.* Por el uso.

† Usurpatīvus, a, um. *Macrob.* Perteneciente al uso.

Usurpātor, ōris. *m. Amian.* Usurpador, el que usa de una cosa, se la apropia sin derecho.

Usurpātōrius, a, um. *Dig.* Perteneciente al usurpador.

Usurpātus, a, um. *Dig.* Usado, practicado. *part. de*

Usurpo, ās, āvi atum, āre. *Cic.* Usar, practicar frecuentemente por obra y de palabra. ‖ Llamar, nombrar. ‖ Adquirir, apropiarse, hacer suyo. ‖ *Suet.* Usurpar, apropiarse sin derecho. *Usurpare sensu. Lucr.* Percibir, entender. *Aliquid. Plin.* Usar de alguna cosa. *Neque oculis, neque pedibus regiones quasdam. Plaut.* No haber visto, ni haber estado en ciertas regiones.

Usus, us. *m. Cic.* El uso, práctica, ejercicio, costumbre. ‖ Utilidad, provecho, ventaja, fruto. ‖ Familiaridad, trato frecuente, amistad. *Usui habere. Tac.* Ser útil, provechoso. *Ex usu meo est. Ter.* Es útil para mí. *Usui est. Cic.* Se necesita, hay necesidad de. *Venit. Cic.* Sucede, ocurre, acaece.

Usus, a, um. *Cic. part. de* Utor.

## UTE

Usufructus, us. m. *Cic.* Usufructo, goce de una cosa de que no se tiene la propiedad.

Usuvenio, is, ire. n. *Cic.* Acontecer, acaecer, suceder.

## UT

Ut. *conj. Cic.* Para que, á fin de que. ¶ Luego que. ¶ Como, asi como. *Ut tute est. Plaut.* Segun tú eres. *Saepe summa ingenia in occulto latent! Plaut.* ¡Oh cómo muchas veces estan escondidos los grandes ingenios! *Vales? Plaut.* ¿Cómo estás? *Ut nunc sunt mores. Ut nunc fit. Ut nunc est. Ter.* Segun las costumbres de hoy dia, segun van las cosas, *Ille tum humilis erat! Cic.* ¡Oh cuán humilde era entonces! *Abstinuit alieno ut siquis unquam. Suet.* Se abstuvo de lo ageno cuanto hombre en el mundo. *Multae etiam ut in homine romano litterae. Cic.* Mucha literatura para un romano. *Ut res dant se se. Ter.* Segun el estado de nuestra fortuna. *Ut abii abs te. Ter.* Apenas me aparté de tí. *Ut quid? Liv.* ¿Para qué? *Ut ut sit. Plaut.* Sea lo que fuere, venga lo que viniere. *Ut numerabatur argentum. Ter.* Cuando se contaba el dinero. *Ut te omnes dii, deaeque perduint. Ter.* Maldito seas de todos los dioses y las diosas. *Si verum est ut populus romanus omnes gentes virtute superavit. Nep.* Si es verdad que el pueblo romano ha escedido en valor á todas las naciones. *Cura ut valeas. Cic.* Procura estar bueno, cuida, ten cuidado de tu salud. *Ut vere dicam. Cic.* Para decir la verdad. *Non sum ita hebes ut ista dicam. Cic.* No soy tan tonto que diga, ó para decir tales cosas. *Gellius non tam vendibilis orator, quam ut nescires quid ei deesset.* Gelio, orador no tan vulgar, cuanto que uno no sabia lo que le faltaba. *Ut desunt vires. Ov.* Ya que falten las fuerzas. *Invitus feci, ut Lucium Flaminium è Senatu ejicerem. Cic.* Obré contra mi voluntad en echar del senado á L. Flaminio. *Ut si esset res mea. Cic.* Como si fuese cosa mia. *Ut plurimum.* A lo mas. *Ut se dant principia. Cic.* Por lo que muestran los principios. *Vereor ut hic dies satis sit. Ter.* Temo que no me alcance este dia. *Ut apud nos perantiquus. Cic.* Para nuestros tiempos muy antiguo. *Ut temporibus illis. Cic.* Para aquellos tiempos. *Ut es homo facetus. Cic.* Como tan gracioso que eres. *Homo ut est furiosus. Cic.* Como hombre furioso que era. *Non nihil ut in tantis malis profertur. Cic.* Para hallarnos entre tantos males algo se ha hecho. *Ut illud non cogitares. Cic.* Puesto que no lo pensases. *Verum ut hoc non sit. Cic.* Aunque esto no sea verdad. *Non ut te instituerem.* No por, ó para enseñarte. *Ut ne sit impune. Cic.* Que no se quede sin castigo. *Potest L. Corn. condemnari ut non C. Marii factum condemnetur? Cic.* ¿Se puede condenar á L. Cornelio sin condenar ó sin que se condene el hecho de C. Mario? *Ut ne longius abeam. Cic.* Para no alargarme mas. *Ut ne dedeceat. Cic.* Para que ó de modo que no desdiga. *Ut ut haec sint. Ter.* De cualquier modo que sucedan las cosas. *Ut semel exivit. Ter.* Una vez que salió. *Ut primum. Cic.* Luego que. *Duas, aut, ut maxime tres. Col.* Dos, ó á lo mas tres. *Celebratur ut tunc maxime. Cic.* Se hacia ilustre mas que nunca. *Ut quisque venerat. Ter.* Conforme iban viniendo. *Ut diei tempus est. Ter.* Vista la hora que es. *Ut optime possumus. Quint.* Lo mejor que podemos.

Utcumque. *adv. Cic.* De cualquier modo. ¶ *Her.* Siempre que.

Utendus, a, um. *Cic. part. pas.* de Utor. Lo que se ha de usar.

Utens, tis. *com. Cic.* El que usa, se sirve de.

Utensilia, orum. *n. plur. Liv.* Utensilios, las cosas necesarias para el uso.

Utensilis. *m. f. le. n. is. Varr.* Útil, provechoso.

† Utensilitas, atis. *f. Tert.* Uso, utilidad.

Uter, teri. *m. Cic.* V. Uterus.

Uter, utris. *m. Virg.* Odre, pellejo para vino, aceite &c.

Uter, tra, trum, trius, tri. *Cic.* Quien, cual de los dos.

Uterculus, i. *m. Plin.* Pequeño vientre ó útero. ¶ *Apul.* Odre pequeño.

Utercumque, tracumque, trumcumque. *Cic.* Cualquiera de los dos.

Uterinus, a, um. *Just.* Uterino, hermano de parte de madre.

## UTR

Uterlibet, tralibet, trumlibet. *Cic.* Uno de los dos.

Uterque, utraque, utrumque. *Ces.* Uno y otro, ambos, los dos, ambos á dos.

Utervis, travis, trumvis. *Cic.* Cualquiera de los dos.

Uterus, i. *m. Cels.* El útero ó matriz *donde se engendra y mantiene el feto hasta el parto.* ¶ El vientre, la barriga.

Uti. *conj. Cic.* Como, asi como. ¶ Para qué, á fin de qué. Que. ¶ V. Ut.

Utibilis. *m. f. le. n. is. Ter.* V. Utilis.

Utica, ae. *f. Liv.* Utica, ciudad del África.

Uticenses, ium. *m. plur. Cic.* Uticenses, los moradores de Utica.

Uticensis. *m. f. le. n. is. Liv.* Uticense, de Utica. ¶ Sobrenombre de Marco Caton, *que se dió la muerte en Utica, por no caer en manos de César.*

Utilis. *m. f. le. n. is, ior, issimus. Cic.* Útil, provechoso, ventajoso, bueno para alguna cosa. *Utilis aegro. Ov.* Bueno para un enfermo. — *Ad nullam rem. Cic.* Inútil, que no es bueno para nada. — *Bis arbor pomis. Virg.* Árbol que da dos frutos al año. — *Ventus. Ov.* Viento favorable. — *Actio. Dig.* Accion útil. Asi llaman los jurisconsultos á la que se acomoda á la especie propuesta, sugiriéndola la equidad ó la utilidad á falta de ley ó edicto que la prescriba. Opónese á la directa y legítima que nace de las leyes.

Utilitas, atis. *f. Cic.* Utilidad, ventaja, provecho, interes. *Utilitatibus tuis carere possum. Cic.* Puedo pasarme muy bien sin tus servicios.

Utiliter. *adv. Cic.* Útilmente.

Utinam. *adv. Ter.* Ojalá, ojalá que, plegue, pluguiera á Dios. *Utinam ne. Ter.* Ojalá que no.

Utique. *adv. Cic.* Cierto, ciertamente, sí, verdaderamente. ¶ *Ulp.* Solo, solamente.

Utor, eris, usus sum, uti. *dep. Cic.* Usar, servirse de, emplear, poner en uso. ¶ Gozar, tener, poseer. *Uti bona, Ter.* — *Bonis alicujus. Cic.* Servirse, gozar de los bienes de alguno. — *Parvo. Her.* Vivir, contentarse con poco. — *Invidia minore. Plaut.* Ser menos envidiado. — *Moribus suis. Val. Max.* Vivir á su antojo. — *Valetudine minus commoda. Ces.* Hallarse, estar algo indispuesto. — *Patre indulgente. Nep.* Tener un padre condescendiente. — *Aliquo familiariter. Cic.* Ser amigo de alguno. — *Temporibus sapienter. Nep.* Aprovecharse prudentemente de los tiempos, de las ocasiones. — *Se, se. Plaut.* Usar de su genio. *Nil te auctore. Plaut.* Nada quiero de tí. *Honore usus. Cic.* Que ha tenido empleo honorífico.

Utpote. *adv. Cic.* Como que.

Utpota. *adv. Cels.* Por ejemplo.

Utquid. *conj. Liv.* ¿Por qué? ¿para qué?

Utralibet. *adv. Plin.* Por cualquiera de las dos partes.

Utrarius, ii. *m. Liv.* Aguador, que conduce agua en pellejos ó zaques para un ejército.

Utricida, ae. *m. Apul.* El que hiere ó rompe un pellejo inflado.

Utricularius, ii. *m. Suet.* Tocador del fole. ¶ *Inscr.* Barquero, que navega por los rios en las barcas á modo de cueros.

Utriculus, i. *m. Cels.* Pequeño odre ó pellejo. ¶ *Plin.* Pequeño vientre ó buche, pequeño útero. ¶ Vainilla de algunas legumbres. ¶ Boton, cáliz de las flores antes de abrirse.

Utrinde. *adv. Cat.* De una y otra parte, de ó desde uno y otro lugar.

Utrinque. *adv. Ces.* De ambas partes, por ambas partes, por una y otra parte.

Utrinsecus. *adv. Luc.* De una y otra parte.

Utro. *adv. Plin.* Hácia qué parte.

Utrobidem. *adv. Ulp.* A cuál, hácia cuál de las dos partes.

Utrobidem. *adv. Plaut.* De una y otra parte.

Utrobique. *adv. Liv.* En una y otra parte, por ambas partes.

Utrolibet. *adv. Quint.* A, ó hácia cualquiera de las dos partes.

Utroque. *adv. Cic.* A una y otra parte.

Utroque versum. *adv. Plaut.* Hácia una y otra parte.

Utrubi. *adv. Plaut.* En cuál de las dos partes.

Utrum. *Adv. Cic.* Si, si acaso. *Utrum pro me, an pro*

## VAC

*me, et pro te. Cic.* Si es por mí ó por tí, ó por tí y por mí. *Percontatus est utrumnam universa classis in portu stare possit? Liv.* Preguntó ¿si por ventura toda la armada podia estar en el puerto? — *Ne possit se defendere? Cic.* ¿Si se puede defender? — *Praelium commiti ex usu esse? necne? Ces.* ¿Si seria conveniente dar la batalla ó no?

Utut. *adv. Ter.* De cualquier modo.

### UV

Uva, ae. *f. Cic.* La uva. ∥ Racimo de uvas ó de otra fruta que forma racimo. ∥ *Col.* Racimo de abejas, enjambre que cuelga á modo de racimo. ∥ *Hor.* El vino. ∥ *Virg.* La cepa, parra, vid. ∥ *Cels.* La campanilla de la garganta.

Uvens, tis. *com. Petron.* Húmedo.

Uvidŭlus, a, um. *Cat.* Algo húmedo, mojado.

Uvĭdus, a, um. *Plaut.* Húmedo, que tiene humedad. ∥ Mojado, humedecido, rociado, regado.

Uvĭfer, a, um. *Estac.* Que lleva, cria, produce uvas.

### UX

Uxor, ōris. *f. Cic.* La muger casada, esposa, consorte. *Uxorem assumere. Plin. men.* — *Sibi adjungere, ducere. Cic.* Casarse. *Uxores olentis mariti. Hor.* Las hembras del macho pestífero, las cabras. *Aequalem uxorem quaere. adag.* Cada cual con su igual. Cada oveja con su pareja. Casar y compadrar cada cual con su igual. Ruin con ruin, que asi casan en Dueñas. *ref.* El hijo de tu vecina quítale el moco, y cásale con tu hija, ó métele en tu casa. *ref.*

Uxorcŭla, ae. *f. Apul.* Mugercica. ∥ *Plaut.* Hija mia, esposa mia, *en términos cariñosos.*

Uxŏrius, a, um. *Cic.* Lo que es de la muger. *Uxoria forma. Gel.* Mediana hermosura. *Uxorius. Virg.* Demasiado complaciente de, ó entregado á la muger. ∥ *Imber. Estac.* Lágrimas del que llora la pérdida de su muger. *Uxoria bibere. Quint.* Beber bebidas que atraen el amor de la muger. *Uxorium pendere. Fest.* Pagar el tributo de los celibatos.

### VA

Vacans, tis. *com. Cic.* Vacante, vacío, carente. *Vacans animus. Ov.* Ánimo ocioso, sin cuidados. — *Mulier. Quint.* Doncella ó viuda. — *Miles. Suet.* Soldado supernumerario, alistado solo para gozar los beneficios de la milicia. *Vacantia. Gel.* Cosas superfluas.

Vacanter. *adv. Gel.* Inútil, superfluamente, en vano.

Vacat. *impers.* Hay lugar ó hay tiempo.

Vacătim. *adv. Plaut.* Despacio, con sosiego.

Vacātio, ōnis. *f. Cic.* Vacacion, cesacion del trabajo. ∥ Esencion, dispensa de él.

Vacca, ae. *f. Virg.* La vaca. ∥ Rio de España en la Lusitania. ∥ *Sal.* Ciudad de África.

Vaccenses, ium. *m. plur. Sal.* Los ciudadanos de Vaca en África.

Vaccinium, ii. *n. Virg.* El jacinto, *flor purpúrea.*

Vaccinus, a, um. *Plin.* Vacuno, de vaca.

Vaccŭla, ae. *f. Catul.* Vaquilla, novilla, vaca jóven.

Vacefīo, is, ĕri. *anom. Lucr.* Vaciarse, quedar vacío.

Vacerra, ae. *f. Fest.* Estaca, madero ó poste para atar las caballerías. ∥ Empalizada, seto para encerrar ganados. ∥ *Suet.* Poste, madero, tronco, *oprobrio del hombre tardo y estúpido.*

Vacerrōsus, a, um. *Suet.* El hombre tardo y negado, que llamamos un tronco, un madero.

Vacillans, tis. *com. Cic.* Vacilante, titubeante, incostante. ∥ De poca fe. *Vacillantes litterulae. Cic.* Caracteres escritos por uno á quien tiembla el pulso. *Fama vacillans. Lac.* Fama dudosa, cuando no se sabe si se habla bien ó mal de alguno.

Vacillātio, ōnis. *f. Quint.* Movimiento frecuente é inconstante, cuando se mueve uno sin reflexion, ya de una parte, ya de otra, hablando en público.

† Vacillo, as, āvi, ātum, āre. *n. Cic.* Vacilar, tamba-

## VAD

learse, no tenerse firme. ∥ Ser inconstante, fácil. *Vacillat res. Cic.* El negocio no está bien asegurado.

Vacīve. *adv. Fedr.* En tiempo de ocio, en las horas desocupadas.

Vacivĭtas, ātis. *f. Plaut.* Vacuidad, el estado de una cosa desocupada. ∥ El estado de la república sin cónsules.

Vacīvus, a, um. *Plaut.* Vacío, desocupado.

Vaco, as, āvi, ātum, āre. *n. Ces.* Vacar, estar vacante, vacío, desocupado. ∥ Estar ocioso, de vagar, no tener que hacer. *Vacare alicui rei.* — *In aliquam rem. Cic.* Darse, aplicarse á alguna cosa. — *Culpa. Cic.* No tener culpa. — *Milite et pecunia. Liv.* Estar sin soldados y dinero. *Vacat mihi. Virg.* Tengo tiempo, lugar.

Vacuātus, a, um. *Col.* Evacuado, desocupado, vacío, vaciado.

Vacue. *adv. Arnob.* Superflua, inútilmente.

Vacuefăcio, is, feci, factum, cĕre. *a. Nep.* Evacuar, desocupar, dejar vacío. *Vacuefactas bello possessiones restituere. Nep.* Restituir sus posesiones á los que por la guerra las habian perdido. — *Faces securibus. Val. Max.* Sacar las segures de los haces de varas. — *Circumcisiones. Lact.* Quitar, abrogar las circuncisiones.

Vacuefactus, a, um. *Cic.* Desocupado, vacío.

Vacuissĭmus, a, um. *Ov.* Muy desocupado.

Vacuĭtas, ātis. *f. Cic.* El vacío, el interregno, vacante de magistrados supremos. *Vacuitas molestiae ó ab angoribus. Cic.* Esencion de pesadumbre y molestias.

Vacūna, ae. *f Ov.* Vacuna, diosa de la ociosidad. *Vacunae fanum. Hor.* Vacon, lugar de los sabinos, donde era venerada esta diosa.

† Vacunālis. *m. f. lĕ. n. is.* Lo que pertenece á la diosa vacuna.

Vacŭo, as, āvi, ātum, āre. *a. Col.* Evacuar, vaciar, desocupar. *Vacuare sarcula. Estac.* Dejar el mundo desierto. — *Colus. Sid. Hilar.* — *Sulcum. Col.* Limpiar los surcos.

Vacŭus, a, um. *Cic.* Vacío, desocupado, que nada tiene ó contiene dentro. ∥ Vacante, que no está ocupado. ∥ Libre, esento, ocioso, que no tiene que hacer, que no tiene ocupacion, que está de vagar. *Vacuus periculo. Ter.* Fuera de peligro. — *Virium. Plaut.* Falto de fuerzas. — *Aer. Virg.* Aire libre, espacioso. — *Equus. Liv.* Caballo desbocado, escapado. — *Ager. Liv.* Campo erial, que á nadie pertenece. *Vacua mens. Cic.* Cabeza vana, sin seso, sin juicio. *Vacua nomina. Tac.* Títulos vanos. *Vacuum laboris tempus. Ter.* Tiempo desocupado. *Vacui nummi. Dig.* Dinero ocioso, que no gana interes. — *Operarii. Col.* Jornaleros que no tienen que trabajar. *Vacuas aures dare. Plaut.* Dar audiencia, oir con atencion. *In vacuum venire. Suet.* Suceder en el puesto vacante, heredar de los bienes vacantes muerto el heredero. — *Pendere. Suet.* Estar insolvente, tener sus bienes puestos al pregon y como vacantes.

Vădātus, a, um. *y*

Vadimōnis lacus. *Sen.* Lago de Vadimon, de Bassanello, *lago pequeño de Toscana.*

Vadimōnium, ii. *n. Cic.* Obligacion de comparecer en juicio cierto dia, por sí ó por sus abogados. ∥ Señalamiento de dia para presentarse en juicio. *Vadimonium constitutum. Cic.* Término del señalamiento. — *Obire, sistere. Cic.* Comparecer, presentarse en juicio el dia señalado. — *Promittere. Varr.* Prometer, comparecer al señalamiento. — *Debere cuipiam. Cic.* Estar comprometido con alguno, estar obligado á comparecer. — *Cum aliquo differre. Cic.* Alargar á uno el término de comparecer en juicio. — *Deserere. Cic.* Faltar á la obligacion contraida de presentarse, caer en rebeldía. — *Concipere. Cic.* Espresar con cierta fórmula de derecho la obligacion de presentarse. — *Missum facere. Cic.* Dar por libre de la obligacion.

Vădis. *gen. de Vas.*

Vădo, as, āvi, ātum, āre. *a. Veg.* Vadear, pasar á vado un rio.

Vădo, is, si, sum, dĕre. *n. Cic.* Ir, marchar, caminar. *Vadere in praeceps. Sen. Trag.* Precipitarse, caer en un precipicio.

Vădor, aris, ātus sum, āri. *dep. Cic.* Citar á juicio,

Fffff

con caucion, promesa ó fianza de comparecer. *Vadari decem vadibus. Liv.* Asegurar, obligar á uno á presentarse en juicio con diez fiadores. — *Aliquem. Cic.* Citar á juicio á uno, pidiendo ademas caucion ó fianza de que se presentará.

**Vadōsus, a, um.** *Ces.* Vadeable, lo que se puede vadear, pasar á vado.

**Vadum, i. n.** *Ces.* y

**Vadus, i. m.** *Sal.* Vado, parage de mar ó rio de agua baja, que puede pasarse á pie. ‖ El fondo, la hondura del mar ó rio. ‖ *Her.* El mar. *Vadum tentare. Gel.* Tentar el vado, esplorar la dificultad de un asunto. *Res est in vado. Ter.* El asunto está en seguro, fuera de peligro. *E vado emergere. Cic.* Salir del apuro, de la dificultad.

**Vae. interj. de dolor.** *Ter.* Ai, malo, mal, mal pecado. *Vae victis. Liv.* Mal para los vencidos, desdichados, tristes de ellos.

**Vafellus, a, um.** *Fest.* Picarillo, astutillo. *dim. de*

**Vafer, fra, frum.** *Cic.* Astuto, sutil, taimado. *Vaferrimus interpres. Cic.* Sutilísimo intérprete.

**Vaframen, ĭnis. n.** y

**Vaframentum, i. n.** *Val. Max.* Astucia, sutileza, cautela maliciosa.

**Vafre. adv.** *Cic.* Astuta, diestra, mañosamente.

**Vafricia, ae. f.** *Sen.* Astucia, agudeza, sutileza.

**Vagabundus, a, um.** *Sol.* Vagabundo, errante, que no tiene asiento ó domicilio fijo.

**Vagans, tis. com.** *Cic.* Vagante, vago, que anda vagueando de una parte á otra.

**Vagatio, ōnis. f.** *Liv.* La accion de vaguear por una y otra parte.

**Vage. adv.** *Liv.* Vagamente, de aqui para alli.

**Vagienni, ōrum. m. plur.** *Plin.* Pueblos de las montañas de Liguria.

**Vagina, ae. f.** *Cic.* La vaina. ‖ Caja, estuche. *Vagina frumenti. Cic.* Vainilla que encierra el grano del trigo. — *Viscerum. Plin.* Membrana, túnica que cubre las entrañas.

**Vaginarius, ii. m.** y

**Vaginātor, ōris. m.** *Vitruv.* El que hace vainas.

**Vaginŭla, ae. f.** *Plin.* Vainita ó vainilla, pequeña vaina ó sutil.

**Vagio, is, ivi, itum, ire. n.** *Cic.* Llorar los niños. ‖ *Auct. de Fil.* Chillar como la liebre.

**Vagito, as, avi, atum, are. n.** Estac. frec. de Vagio. Chillar, gritar frecuentemente, como los niños en la cuna.

**Vagitus, us. m.** *Liv.* El lloro ó el chillido de los niños en la cuna.

**Vago, as, avi, atum, are. a.** *Plaut.* y

**Vagor, āris, ātus sum, āri. dep.** *Cic.* Vaguear, andar vagueando, andar, correr de una parte á otra. ‖ Estar incierto en sus juicios ú opiniones. *Vagari terras. Prop.* — *Per orbem terrarum. Cic.* Correr tierras ó por el mundo. — *In agris. Cic.* Correr los campos, hacer correrias en ellos. — *Tota urbe. Virg.* Discurrir por toda la ciudad. — *Dicendo. Cic.* Hacer digresiones en un discurso, apartarse del punto principal, estraviarse. *Vagatur animus. Cic.* El ánimo anda incierto entre varias opiniones. — *Fama. Liv.* Corre la voz, se estiende. — *Oratio. Cic.* La oracion está llena de digresiones. — *Nomen. Cic.* Se estiende la reputacion, el nombre.

**Vagor, ōris.** *Lucr. V.* Vagitus.

**Vagoritum, i. n.** *Seez,* ciudad episcopal de Normandía.

**Vagulatio, ōnis. f.** *Fest.* Queja llena de injurias.

**Vagulus, a, um.** *Esparc.* Algo quejoso. *dim. de*

**Vagus, a, um.** *Cic.* Vago, vagante, vagabundo. ‖ Inconstante, instable, incierto. ‖ Libre, suelto. *Vagus animus. Cic.* Ánimo irresoluto, incierto. *Vagum nomen. Plin.* Nombre comun de muchos. — *Mans. Marc.* Mañana empleada en andar de aqui para alli. *Vagi gressus. Marc.* Pasos sin destino, dados á la ventura.

**Vah, y Vash. interj.** de admiracion, de dolor, de ira, de alegría y de burla é insulto. *Plaut.* Ah, en castellano.

**Vahalis, is. m.** *Tac.* El Vahal, *el brazo siniestro del Rin, que se pierde en el Mosa.*

**Valde, dius. adv.** *Cic.* Muy, mucho, grandemente, en gran manera. ‖ *Plaut.* Mucho, sí, *en tono de afirmacion.*

**Vale. imp.** *Cic.* Á Dios, pásalo bien. *Vale aeternum. Virg.* — *Supremum dicere. Virg.* Decir el último, un eterno á Dios. — *In biduum. Ter.* Á Dios, hasta despues de mañana. — *Dicere. Virg.* — *Facere. Apul.* Decir á Dios, despedirse.

**Valedīco, is, ĕre. n.** *Ov.* Saludar, decir á Dios á alguno, despedirse.

**Valens, tis, tior, tissimus. com.** *Cic.* Bueno, sano, robusto. ‖ Salvo, libre. ‖ Poderoso, favorecido. ‖ Útil, eficaz, provechoso. *Valens ad omnia. Cic.* Bueno, útil para todo. *Valentior omni ratione amor patriae. Ov.* El amor de la patria escede á otra cualquier consideracion. *Valentissimus cibus. Cels.* Manjar muy sustancioso.

**Valenter, ius. adv.** *Col.* Con fuerza, con robustez. ‖ *Sen.* Con valentía, con energía.

**Valentia, ae. f.** *Macrob.* Valentía, gallardía, fuerza.

**Valentia, ae. f.** *Plin.* Valencia, *ciudad de la España tarraconense sobre el Turia, capital del reino del mismo nombre en España.* ‖ Valencia de Alcántara. ‖ De Francia, de Cerdeña, del Abruzo.

**Valentini, ōrum. m. plur.** *Plin.* Valencianos, los ciudadanos de Valencia.

**Valentinum, i. n.** *Plin.* Valentino, *ciudad de Liguria.*

**Valentinus, a, um.** *Plin.* Valenciano, lo perteneciente á la ciudad y reino de Valencia.

**Valentŭlus, a, um.** *Plaut.* dim. de Valens. Fuertecillo.

**Valeo, ēs, lui, litum, lēre. n.** *Ter.* Estar bueno, sano, tener salud. ‖ Valer, tener poder, autoridad, favor, peso. ‖ Significar, querer decir, tener fuerza de. ‖ Ser eficaz, bueno, útil, tener virtud para. *Valere ab oculis. Gel.* Tener buena vista, sana. — *Auctoritate. Cic.* Tener crédito, autoridad. — *A pecunia. Plaut.* Estar bien de dinero, ser rico. — *Apud aliquem. Cic.* Tener valimiento con alguno. — *Solis verbis. Liv.* No tener mas que palabras. — *Alicui. Cic.* Servir á alguno, favorecerle. — *Amicis. Cic.* Tener muchos amigos, tener favor por ellos. *Ne valeam si. Marc.* Mal haya yo si. *Valeas. Ter.* Vete, anda vete. *Valeat. Cic.* Que se vaya. *Ut valetur? Plaut.* ¿Cómo va? *Quod idem valet. Cic.* Que significa lo mismo. *Id responsum quo valeret. Nep.* Que significaba esta respuesta. *Quasi minime valeret haereditas. Ulp.* Como si la herencia no valiese nada, ó valiese muy poco. *Valetur. impers. Plaut.* Va bien, se pasa bien.

**Valeria, ae. f.** *Plin.* Valeria, *ciudad antigua de la España tarraconense.*

**Valeriānus, a, um.** *Liv.* Lo perteneciente á Valerio, *nombre propio romano.*

**Valeriensis. m. f. oē. n. is.** *Plin.* Perteneciente á la ciudad de Valeria.

**Valerius, ii. m.** *Liv.* Valerio, *nombre propio romano, como P. Valerio Publicola.* ‖ Valerio anciate, *contemporáneo de Sisena y Claudio Quadrigario, por los tiempos del dictador Sila, que escribió mas de 74 libros de anales, y se han perdido, á quien entre otros cita muchas veces Livio, como gran ponderador de todas las cosas.* ‖ C. Valerio Flaco, *natural de Secia en Campania, famoso poeta heroico, de quien tenemos 8 libros de la Argonáutica, aunque el último defectuoso, dirigidos al emperador Flavio Vespasiano.* ‖ Valerio Máximo, *ciudadano romano, historiador del tiempo de Tiberio, á quien dirigió 9 libros de los dichos y hechos memorables, en un estilo no correspondiente á su tiempo, por lo que algunos han creido que su obra se perdió, y que la que tenemos es un compendio dispuesto por Januario Nepociano Afro.*

**Valerius, a, um.** *Cic.* Perteneciente á la familia de los Valerios, nobilísima de patricios y plebeyos.

**Valesco, is, ĕre. n.** *Tac.* Convalecer, reforzarse, empezar á ponerse fuerte.

**Valetudinarium, ii. n.** *Sen.* La enfermería.

**Valetudinarius, a, um.** *Varr.* Enfermizo, valetudinario, que goza poca salud.

**Valetudinarius, ii. m.** *Dig.* Enfermero, el que sirve y cuida á los enfermos.

**Valetudo, inis. f.** *Cic.* La salud buena ó mala. *Valetudini indulgere, inservire, dare operam. Cic.* Cuidar de su salud. *Valetudo mentis. Suet.* Frenesí, locura. *Valetudine tentari, Cic.* Ser acometido de una enfermedad.

**Valgia**, ae. *f. Plaut.* El momo ó gesto que se hace con la boca para hacer burla.

**Valgio**, is, ire. *n. Plaut.* Hacer momos ó gestos con la boca para burlarse.

**Valgiter**, *adv. Petron.* Torcidamente.

**Valgium**, ii. *n. Plin.* Rodillo ó cilindro que sirve para allanar el suelo.

**Valgus**, a, um. *Petron.* Zambo ó zámbigo, que tiene las piernas torcidas en arco. || Torcido.

**Valide**, dius, dissime. *adv. Plaut.* Fuertemente, en gran manera, en estremo. *Validius affectare. Quint.* Afectar demasiado. *Validissime favere. Cic.* Favorecer con todo empeño.

**Validitas**, atis. *f. Apul.* Fuerza, robustez, vigor.

**Validus**, a, um, ior, issimus. *Cic.* Sano, robusto, vigoroso. *Validus sustinere pondus. Plin.* Robusto para llevar el peso. —*Opum. Tac.* —*Opibus. Liv.* Opulento, rico, poderoso. *Validum vinum. Ov.* Vino fuerte. *Validus color. Plin.* Color de hombre sano. *Validissima materia. Cels.* Materia muy sustanciosa. *Venenum parum validum. Tac.* Veneno poco activo.

**Vallaris**, m. f. re. n. is. *Liv.* Lo que toca á la trinchera. *Vallaris corona. Liv.* Corona que se daba al que primero forzaba la trinchera enemiga.

**Vallatus**, a, um. *Plin.* Fortificado con estacada ó palizada. || Resguardado, rodeado, acompañado. *Vallatus sicariis. Cic.* Acompañado, rodeado de asesinos.

**Vallecula**, ae. *f. Fest.* Vallecillo, pequeño valle.

**Vallefactus**, a, um. *Fest.* Cribado, pasado por cribo.

**Valles**, is. *f. Virg.* El valle.

**Vallicula**, ae. *V.* Vallecula.

**Vallis**, is. *f. Ces.* El valle, llanura entre dos cerros.

**Vallo**, as, avi, atum, are. *a. Hirc.* Fortificar con trinchera ó palizada. || Fortificar. *Vallare jus. Cic.* Fortificar el derecho con nuevas pruebas. —*Monitis aliquem. Sil. Ital.* Fortificar á alguno con avisos saludables. —*Fores. Quint.* Asegurar las puertas, echar los cerrojos ó pestillos.

**Vallonia**, ae. *f. S. Ag.* Valonia, diosa que presidia á los valles.

**Vallum**, i. *n. Ces.* Estacada, palizada, fortificacion, trinchera hecha con tierra y maderos. *Vallum aristarum. Cic.* El resguardo de las aristas. —*Pilorum. Cic.* El de las pestañas. —*Ducere. Liv.* Tirar, levantar, formar una trinchera. —*Pectinis. Ov.* La hilera de puas de un peine.

**Vallus**, i. m. *Cic.* Estaca, palo, varal á que se ata la vid. || Estaca de trinchera ó palizada. || *Ces.* La estacada, palizada ó trinchera, valladar ó vallado. || *Varr.* El cribo ó arnero.

**Valor**, oris. *m. Plin.* El valor ó precio de las cosas.

**Valvae**, arum. *f. plur. Cic.* Los batientes de las puertas ó ventanas. || *Plin.* La cavidad ó luz de la puerta ó ventana.

**Valvatus**, a, um. *Varr.* Guarnecido de batientes. *Valvatae fenestrae. Vitruv.* Ventanas que tienen batientes de alto abajo.

**Valvolus**, y **Valvulus**, i. m. *Col.* La vainilla, hollejo, cascarilla de las legumbres.

**Vane**, ae. *Varr. adv. Virg.* Vanamente.

**Vandali**, orum. *m. plur. Tac.* Los vándalos, *pueblos de Germania, hoy mequelburgenses y pomeranios.*

**Vandalicus**, a, um. *Prop.* Vandálico, lo que pertenece á los vándalos.

**Vane**. *adv. Apul.* Vanamente, en balde.

**Vanesco**, is, ere. *n. Cic.* Desvanecerse, desaparecer, disiparse.

**Vanga**, ae. *f. Pal.* El azadon.

**Vangiones**, um. *m. plur. Lucr.* Pueblos de Germania sobre el Rin, *donde hoy es Alsacia.*

**Vanidicus**, a, um. *Plaut.* Hablador, decidor de bagatelas, de fruslerías, embustero.

**Vaniloquentia**, ae. *f. Liv.* Habladuría, jactancia, charlatanería.

**Vaniloquidorus**, a, um. *m. Plaut.* El que da ó vende vanas palabras. *Voz híbrida.*

**Vaniloquium**, ii. *n. Bibl.* Discurso impertinente, inútil, vano.

**Vaniloquus**, a, um. *Plaut.* Vano hablador. || *Liv.* Jactancioso, fanfarron de palabras.

**Vanitas**, atis. *f. Cic.* y

**Vanities**, ei. *f. Amian.* y

**Vanitudo**, inis. *f. Plaut.* Vanidad, mentira, engaño. || Jactancia, vanagloria.

**Vanno**, as, are. *a. Luc.* Cribar ó acribar.

**Vannus**, i. *f. Virg.* El cribo, arnero ó la zaranda.

**Vano**, as, are. *a. Ac.* Engañar.

**Vanum**. *adv. Ter.* Vanamente, en vano.

**Vanus**, a, um. *Cic.* Vano, inútil, frívolo. || Vacío. Hablador, embustero, falaz. || Frustrado, sin efecto. *Vanum est. Plin.* Es falso.

**Vapide**. *adv. Suet.* Sin fuerza, con flaqueza ó debilidad, sin vigor.

**Vapiditas**, atis. *f. Plaut.* Evaporacion, desustanciacion.

**Vapidus**, a, um. *Col.* Evaporado, insípido, desustanciado. *Vapidum pectus. Pers.* Mal corazon, corrompido con los vicios.

**Vapor**, oris. *m. Cic.* Vapor, exalacion. || Calor. || Humo.

**Vaporalis**. *m. f. le. n. is. S. Ag.* Lo perteneciente al vapor ó exalacion.

**Vaporaliter**. *adv. S. Ag.* Á modo de vapor ó exalacion.

**Vaporarium**, ii. *n. Cic.* Conducto que recibe en los baños el calor ó vapor de las estufas.

**Vaporate**. *adv. Amian.* Con vapor ó calor.

**Vaporatio**, onis. *f. Plin.* Evaporacion, exalacion, elevacion de los vapores. || La accion de calentar el baño.

**Vaporatus**, a, um. *Col.* Calentado, lleno de calor, cálido. || *Apul.* Evaporado, exalado, *Vaporatae arae. Virg.* Aras que se calientan y humean con el vapor del incienso.

**Vaporeus**, a, um. *Arnob.* Vaporoso, cálido.

**Vaporifer**, a, um. *Estac.* Que echa de sí vapor ó calor.

**Vaporo**, as, avi, atum, are. *a. n. Virg.* Perfumar. || *Plin.* Exalar vapores ó calor.

**Vaporosus**, a, um. *Apul.* Abundante de vapores y de calor.

**Vaporus**, a, um. *Nemes.* Que tiene ó exala de sí vapor de calor.

**Vapos**, oris. m. *Lucr. V.* Vapor.

**Vappa**, ae. *f. Hor.* Vino desvanecido, evaporado, venteado, que ha perdido el olor y el sabor. || Hombre inútil, para nada.

**Vapularis**. *m. f. re. n. is. Plaut.* El que continuamente es azotado.

**Vapulo**, as, avi, atum, are. *pas. n. Ter.* Ser azotado. *Vapulare sermonibus omnium. Cic.* Ser murmurado en la conversacion de todos. *Peculium vapulat. Plaut.* El dinero se disipa.

**Vara**, ae. *f. Vitruv.* Armazon de maderos metidos en la pared, con sobradiles encima, para fabricar ó revocar paredes.

**Varatio**, onis. *f. Vitruv.* Dobladura, curvatura.

**Vari**, orum. *m. plur. Cels.* Horquillas para sostener alguna cosa.

**Vari**, orum. *m. plur. Plin.* Barros, manchas y berrugas en la cara.

**Varia**, ae. *f. Plin.* La pantera ú onza, variada de colores. || *Plin.* Especie de picaza de gran cola.

**Variabilis**. *m. f. le. n. is. Apul.* y

**Varians**, tis. *com. Plin.* Variable, vario, inconstante, *Varians uba. Col.* Uva que empieza á tintarse de color vario. —*Coelum. Plin.* Tiempo inconstante.

**Variantia**, ae. *f. Lucr.* Variedad, diversidad, diferencia.

**Varianus**, a, um. *Suet.* Lo que pertenece á Quintilio Varo, *nombre propio.*

**Variatim**. *adv. Gel.* Con variedad, de varios modos.

**Variatio**, onis. *f. Liv.* Variacion, diversidad.

**Variatus**, a, um. *Cic. part. de Vario.* Variado, vario, diverso. || *Ov.* Adornado, pintado, variado.

**Varicator**, oris. *m. Ulp.* El que está con las piernas abiertas ó estendidas.

**Varicitus**. *adv. Apul.* Con las piernas estendidas ó muy abiertas.

Varĭco, as, avi, atum, are. a. Quint. Estender y abrir las piernas.

Varĭcōse. adv. Fest. Estendiendo y abriendo las piernas, como hacen los que van cargados con mucho peso.

Varĭcōsus, a, um. Pers. El que estiende ó abre mucho las piernas andando ó estando de pie. || Sid. El que tiene venas muy gordas ó hinchadas en las piernas, varicoso.

Varĭcŭla, ae. f. Cels. dim. de Varix. Pequeña vena hinchada y dilatada.

Varĭcus. adv. Apul. Estendiendo y abriendo las piernas.

Varĭcus, a, um. Ov. El que está ó anda con las piernas abiertas ó estendidas.

Vărĭe. adv. Cic. Varia, diversamente, de varios modos.

Vărĭĕgātus, a, um. Apul. Variado, adornado de varias maneras. part. de

Vărĭĕgo, as, are. a. Aus. Adornar con varios adornos.

Vărĭĕtas, ātis. f. Cic. Variedad, diversidad, en especial de colores. || Diferencia, desemejanza. Varietas coeli. Cels. Inconstancia del tiempo. — Temporum. Tac. Mutacion, vicisitud de los tiempos. — Exercitus. Cic. Inconstancia, infidelidad del ejército. Varietate promptissimus. Plin. Versadísimo en varia erudicion. Varietatibus opera distinguere. Liv. Adornar las obras con cosas varias. Varietates igne factae. Plin. Las cabras que salen en las piernas de estar mucho al fuego.

Vărĭo, as, avi, atum, are. a. Lucr. Variar, adornar, exornar, mudar, diversificar. Variare acu tapetia. Marc. Bordar un paño ó un tapete de diversos colores. || Hacer un tapiz. — Pectora palmis. Cat. Acardenalarse el pecho á golpes. — Otium labore. Plin. men. Mezclar el descanso con el trabajo. Si variant. Liv. Si se dividen los pareceres. Variari virgis. Plaut. Ser acribillado á azotes.

Vărĭus, a, um. Cic. Variado de diversos colores, manchado. || Vario, diverso, desemejante. || Inconstante.

Vărix, ĭcis. m. f. Cels. Varice, vena de las piernas hinchada de una sangre gruesa. || Tumor blando, y sin dolor en la parte interior del jarrete del caballo.

Vāro, as, are. a. Goes. Encorvar, doblar, arquear.

Varro, ōnis. m. M. Terencio Varron, ciudadano romano, contemporáneo de Ciceron, el mas erudito de todos los romanos, escritor de muchísimos libros muy doctos de lengua latina, agricultura, de la vida del pueblo romano, de la educacion de los hijos, sátiras, y otros que por la mayor parte han perecido.

Varro, ó Varo, ōnis. m. Fest. Hombre duro, áspero.

Varrōniānus, a, um. Ov. Lo que pertenece á alguno de los Varrones romanos.

Vărus, i. m. Cels. Barro ó berruga en la cara.

Vārus, a, um. Hor. Patituerto, que tiene las piernas torcidas. || Torcido, encorvado, doblado. Tendere vara brachia. Marc. Estender los brazos para abrazar.

Vas, adis. com. Cic. Fianza, caucion, fiador de que otro se presentará al juicio, en especial en las causas capitales.

Vas, asis. n. Col. Vaso, vasija. || Plaut. Mueble, trasto ó utensilio de casa. || El bagage ó equipage de campaña. || Col. Colmena de abejas. Vasa Samia. Cic. Vagilla de tierra de Samos. — Conclamare. Caes. Gritar, tocar á que se recoja el bagage. — Colligere. Recogerle.

Vāsārĭum, ii. n. Cic. La vagilla, el equipage, los utensilios. || Dig. El archivo.

Vasātĭcus, a, um. Aus. Lo que pertenece á los vasates, pueblos de Aquitania.

Vasātus, a, um. Lampr. Rico, acaudalado.

Vascellus, i. m. Inscr. Vasito, vaso pequeño.

Vascōnes, um. m. plur. Juv. Pueblos de la España tarraconense, entre el Ebro y los Pirineos, los navarros. || Gascones, pueblos de la Galia aquitánica, oriundos de los vascones ó navarros de España, vascos.

Vascōnĭa, ae. f. Apul. Nol. La Navarra, reino de España.

Vascōnĭcus, a, um. Paul. Nol. Navarro, de Navarra, lo perteneciente á este reino.

Vascŭlārĭus, ii. m. Cic. Platero, el que hace vasos ú otras vasijas de oro ó plata.

Vascŭlum, i. n. Plin. Vasito, vaso pequeño.

Vascus, a, um. Vitruv. Vacío, vano. || Demasiado espacioso, desproporcionado.

Vastābundus, a, um. Amian. Que destruye, abrasa, tala los campos.

Vastātĭo, ōnis. f. Sal. Asolacion, tala, ruina.

Vastātor, ōris. m. Virg. Asolador, talador, destruidor.

Vastātōrĭus, a, um. Amian. Que destruye, tala, asola.

Vastātrix, īcis. f. Sen. Destruidora, asoladora, la que arruina y destruye.

Vastātus, a, um. Liv. part. de Vasto. Destruido, asolado. Vastata urbs defensoribus. Liv. Ciudad desierta de defensores.

Vaste, ius, issime. adv. Mel. Ancha, estendida, dilatadamente. Vaste loqui, ó vastius diducere verba. Cic. Hablar con la boca muy abierta, alargando mucho las palabras.

Vastesco, is, ĕre. n. Nem. Ser destruido, desierto.

Vastĭfĭcus, a, um. Cic. Que destruye, asuela, abrasa.

Vastĭtas, ātis. f. Col. Amplitud, estension, espacio ancho y dilatado. || Desolacion, ruina, destruccion. Vastitas soli. Sen. Trag. Estension de un terreno. — Odoris. Plin. Fuerza, actividad de un olor. — Belluae. Col. Corpulencia de una bestia.

Vastĭtĭes, ēi. f. Plaut. y

Vastĭtūdo, ĭnis. f. Cat. V. Vastitio.

Vasto, as, avi, atum, are. a. Cic. Destruir, asolar, abrasar, desolar. Vastare agros cultoribus. Virg. Despoblar los campos de labradores. — Ferro et incendio. Liv. Talar á sangre y fuego.

Vastŭlus, a, um. Apul. Grandecillo. dim. de

Vastus, a, um, ior, tissimus. Cic. Vasto, estendido, dilatado, espacioso. || Sal. Desierto. || Destruido, asolado. Vastus animus. Sal. Espíritu inmoderado, desmesurado. — Impetus. Hor. Esfuerzo poderoso. Vasti atque agrestes. Cic. Bastos, groseros y rústicos.

Vāsum, i. n. Plaut. y

Vāsus, i. m. V. Vas.

Vātes, is. m. f. Cic. Profeta, adivino. || Profetisa, adivina. || Poeta. Vates cothurnatus. Hor. Poeta trágico, escritor de tragedias. — Legum. Val. Max. Intérprete de las leyes.

Vatia, ae. m. f. Varr. El, la que tiene los pies tuertos.

Vatĭcānum, i. n. Plin. El Vaticano, el monte y campo vaticano de Roma.

Vatĭcānus, i. m. Gel. Dios, que se creia presidir á la primera voz de los niños.

Vatĭcānus, a, um. Vaticanus mons. Juv. El monte Vaticano. Vaticana vallis. Tac. Valle entre los montes Vaticano y Janiculo. Vaticana vina. Marc. Vinos que se cogian en el monte Vaticano.

Vatĭcĭnans, tis. Cic. El, la que predice, pronostica.

Vatĭcĭnātĭo, ōnis. f. Cic. Adivinacion, prediccion de lo futuro.

Vatĭcĭnātor, ōris. m. Ov. Vaticinador, que pronostica ó predice lo futuro.

Vatĭcĭnĭum, ii. n. Plin. Vaticinio, prediccion, adivinacion, pronóstico de lo futuro.

Vatĭcĭnor, āris, ātus sum, ari. dep. Cic. Vaticinar, adivinar, pronosticar. || Hablar docta y sabiamente, y como profiriendo oráculos.

Vatĭcīnus, a, um. Liv. Lo perteneciente á los vaticinios.

Vatĭdĭcus, a, um. Plin. Lo que pertenece al adivino ó vaticinador.

Vatĭus, a, um. Plin. Que tiene las piernas torcidas, ó los pies tuertos.

Vatĭnĭānus, a, um. Catul. Lo perteneciente á Vatinio. Vatinianum odium. prov. Sen. Odio capital, implacable, como el que concibieron los romanos contra Vatinio.

Vatĭŏlus, a, um. Plin. Patituerto, patiestebado, patizambo, que tiene las piernas torcidas.

Vatĭnĭus, ii. m. Sen. P. Vatinio, ciudadano romano de perversas costumbres, tan aborrecido del pueblo, que quedó por proverbio Vatinianum odium.

Vatĭus, a, um. Varr. Patiestebado, patituerto.

Vatrax, ācis. com. Nem. Que tiene los pies torcidos ó tuertos como la rana.

**Vaurenses, ium.** *m. plur.* Los habitantes de Lavaur.
**Vaurum, i.** *n.* Lavaur, *ciudad de Languedoc.*

## VE

**Ve.** *conj. disyunt. y partícula enclítica. Cic.* Ó, ó bien, ya sea que. *Albus, aterve fueris ignorans. Cic.* Ignorando si eras negro ó blanco. *Neve cum alio communicet. Cic.* Y que no comunique con otro.

**Vēcordia, ae.** *f. Ter.* Improbidad, malicia, bajeza de ánimo, perversidad. || Furor, demencia, locura. || Fatuidad, necedad.

**Vēcordĭter.** *adv. Plaut.* Con picardía y vileza. || Fatuamente.

**Vēcors, ordis.** *com. Cic.* Vil, bajo, perverso, de mala intención, de mal corazon. || Fatuo, loco, insensato. *Vecordissimus homo. Cic.* Hombre de malísima intención.

**Vectābĭlis.** *m. f. lĕ. n. is. Sen.* Lo que se puede transportar, transportable.

**Vectabŭlum, i.** *m. Gel.* El carro ó carreta.

**Vectācŭlum, i.** *n. Tert.* Aquello en que se lleva alguna cosa, lo que sirve para acarrear, conducir.

**Vectārius, a, um.** *Varr.* Lo que es de carga, ó propio para llevarla.

**Vectātio, ōnis.** *f. Sen.* La accion de ser llevado ó conducido como á caballo, en coche &c.

**Vectātus, a, um.** *Plaut. part. de Vecto, en significación activa. Merces navi vectatus undique. Plaut.* Que había conducido mercadurías en una nave por todas partes.

**Vectiārius, ii.** *m. Vitruv.* El que mueve una máquina ó peso con palanca ó barra. || El que gobierna y maneja en el lagar la viga y el usillo.

**Vectĭcŭlārius, a, um.** *Fest.* El que descerraja ó apalanca las puertas, ó rompe las paredes para robar.

**Vectīgal, ālis.** *n. Suet.* Tributo, alcabala, gabela, impuesto. || Renta pública y particular. || Porte, derechos de porte.

**Vectīgaliārius, ii.** *m. Jul. Firm.* Exactor, cobrador de rentas ó alcabalas.

**Vectīgaliōrum.** *Suet. gent.* En lugar de *Vectigalium.*

**Vectīgalis.** *m. f. lĕ. n. is. Ces.* Tributario, que paga tributo, pechero. || Lo que se saca ó proviene de los tributos ó rentas. || El que gana ó adquiere dinero para su señor. *Vectigales equi. Cic.* Caballos de alquiler.

**Vectio, ōnis.** *f. Cic.* La conducción, transporte ó acarreo.

**Vectis, is.** *m. Ces.* Palanca de madera ó barra para mover grandes pesos. || *Cic.* Para derribar ó alzaprimar, ó romper las puertas, paredes &c || *Virg.* Pasador, cerrojo, barra ó pestillo para cerrar las puertas. || *Claud.* El palo ó vara larga y redonda que usan los mozos del trabajo para llevar cargas, ó las que atraviesan los silleteros en las sillas de manos.

**Vectĭtātus, a, um.** *Arnob.* Llevado, conducido muchas veces, frecuentemente. *part. de*

**Vectĭto, ās, āre.** *a. Gel.* Llevar, conducir frecuentemente. *frec. de*

**Vecto, ās, āvi, ātum, āre.** *a. Virg.* Transportar, llevar, conducir, acarrear.

**Vectōnes, ó Vetones, um.** *m. plur. Luc.* Pueblos de Lusitania, *entre el Duero y el Tajo.* || *Estremeños.*

**Vector, ōris.** *m. Sen.* El que conduce, transporta ó acarrea. || Navegante, pasagero. || El ginete.

**Vectōrius, a, um.** *Ces.* Lo que es de carga, transporte, de acarreo.

**Vectrix, īcis.** *f. Paul. Nol.* La nave que conduce ó transporta.

**Vectūra, ae.** *f. Cic.* La conducción, transporte ó acarreo. || *Plaut.* El porte, la conducción. *Vecturam facere. Quint.* Ejercitar el oficio de conducir ó transportar de una parte á otra.

**Vectŭrārius, a, um.** *Cod. Teod.* Lo que es de carga, de transporte, de acarreo.

**Vectus, a, um.** *Nep. part. de Veho.* Llevado, conducido, transportado en nave, carro ó á caballo.

**Vedius, ii.** *m. Marc. Cap.* Dios que daña, Pluton.

**Vĕgeo, ēs, ēre.** *a. n. Varr.* Escitar, conmover, impeler. *Vegere aequora. En.* Conmover, alterar los mares. *Veget plurimum. Varr.* Está pronto, ligero, ágil.

**Vĕgetābĭlis.** *m. f. lĕ. n. is. Amian.* Vegetable, que puede vegetar ó crecer.

**Vĕgetāmen, ĭnis.** *n. Prud.* La virtud de vegetar, de crecer, vegetación.

**Vĕgetātio, ōnis.** *f. Apul.* Vegetación, el acto de vegetar ó crecer. || La agitación ó movimiento.

**Vĕgetātor, ōris.** *m. Paul. Nol.* El que vegeta, se recrea y corrobora.

**Vĕgetātus, a, um.** *Prud.* Aumentado vegetando.

**Vegetius, ii.** *m.* Flavio Renato Vegecio, *escritor de mediados del siglo IV de Cristo, que dejó cuatro libros del arte militar, compuestos de lo que halló en Caton, Celso, Paterno, Frontino y Varron, y de las constituciones de Augusto, Trajano y Adriano, y así parte está esplicado con muy buen estilo, y parte se resiente del tiempo en que se escribió.* || *Otro mucho mas jóven, escritor de Albeitería, de estilo mucho mas corrompido.*

**Vĕgeto, ās, āvi, ātum, āre.** *a. Gel.* Recrear, reforzar, dar fuerzas. *Vegetare omnia vitali ope. Apul.* Dar vigor á todas las cosas con nutrimento vital.

**Vĕgetus, a, um, tior, tissimus.** *Cic.* Vigoroso, fuerte, robusto. || Vivo, agudo. *Vegetus gustus. Aus.* Sabor, gusto picante. *Vegeti oculi. Suet.* Ojos vivos, alegres. *Vegeta libertas. Sen.* Libertad en todo su vigor, no oprimida.

**Vegrandis.** *m. f. dĕ. n. is. Varr.* Pequeñito, diminutivo, mal hecho y formado. || *Gel.* Muy grande, crecido.

**Veha, ae.** *f. Varr.* El camino.

**Vehātio, ōnis.** *f. Cod. Teod.* Conducción, transporte.

**Vehēla, ae.** *f. Capit.* Carro, carreta ó todo lo que sirve para conducir y transportar.

**Vĕhĕmens, tis, tior, tissimus.** *Gel.* Vehemente, impetuoso, fuerte, violento. || Áspero, fiero, feroz, severo. || Airado, furioso. *Vehemens vitis. Cels.* Vid viciosa, que echa muchos vástagos. *Satis causa. Ter.* Motivo bastante fuerte.

**Vĕhĕmenter, tius, tissime.** *adv. Cic.* Vehemente, fuerte, impetuosamente.

**Vehementesco, is, scĕre.** *n. Cel. Aur.* Acrecentarse, hacerse vehemente.

**Vĕhĕmentia, ae.** *f. Plin.* Vehemencia, fuerza, acritud. *Vehementia odoris. Plin.* La fuerza de algún olor.

**Vehens, tis.** *com. Cic.* En la significación de *Vectus. Vehens quadrigis. Cic.* Llevado, conducido en un carro de cuatro caballos.

**Vehes, is.** *f. Col.* El carro ó carreta. || Carretada, la carga que puede llevar. *Vehes fini. Col.* Carga, carretada de estiércol. *Materiae. Col.* Lo que puede labrar de madera un jornalero en un día.

**Vĕhĭcŭlāris.** *m. f. tĕ. n. is. Dig.* y

**Vĕhĭcŭlārius, a, um.** *Cap.* Lo que es de carga, de transporte, de acarreo, lo que pertenece á esto ó a sus instrumentos. *Vehicularius cursus. Suet.* Las postas y correos establecidos por Augusto, sillas de posta.

**Vĕhĭcŭlārius, ii.** *m. Inscr.* Director de postas, y el que cuidaba de las conducciones del príncipe, *siervo de la familia augusta.*

**Vĕhĭcŭlātio, ōnis.** *f. Inscr.* El cuidado y cargo de las postas y correos en las provincias.

**Vĕhĭcŭlum, i.** *n. Cic.* Carro, carreta y todo instrumento que sirve para transportar y conducir. || Silla, calesa, carruage para viajar. *Vehicula meritoria. Suet.* Carruage de alquiler, de posta para viajar. *Cameratae. Ulp.* Carrozas, literas cubiertas. *Triumphalia. Cic.* Carros triunfales.

**Veho, is, vexi, vectum, hĕre.** *a. Plaut.* Llevar, conducir, transportar, acarrear á cuestas, á lomo, en carro, nave ó á caballo. *Vehere gravem ventrem. Ov.* Estar preñada.

**Vejens, tis.** *com. Cic.* Veyente, de Veyos, perteneciente á esta ciudad.

**Vejentānus, a, um.** *Liv.* Del territorio de Veyos, veyente, veyentano.

**Vejentes, um. m. plur.** *Liv.* Los veyentes, los ciudadanos de Veyos ó moradores de su territorio.

Vejentina tribus. *f. Cic.* La tribu Veyentina, *en el territorio de Veyes.*

Veji, órum. *m. plur. Liv.* Veyos, *ciudad de la Etruria, junto al Tiber, capital del campo veyetano.*

Vejŏris, is. *m. Fest.* Jove tierno ó infante. ‖ *Gel.* Jove maligno, *al cual se suplicaba para que no hiciese daño.*

Vejus, a, um. *Prop. Vejus dux.* Tolumnio, rey de los veyentes. V. Vejens.

Vel. *conj. disj.* Ó, ya, ya sea ó bien. *Isto modo, vel consulatus vituperio vet. Cic.* De este modo aun el consulado es deshonra. *Cum Sophocles vel optimi scripserit Electram. Cic.* Habiendo escrito Sófocles escelentemente la Electra. *Si nullo pacto vel foenore. Tert.* Si de otro modo no, á lo menos con usura.

Velabrensis. *m. f. sě. n. is. Marc.* Lo perteneciente á la plaza de Roma, llamada Velabrum.

Velăbrum, i. *n. Varr.* Barrio de Roma, célebre en otro tiempo junto al monte Aventino, asi llamado ó vehendo, porque en las crecientes del rio se pasaba en barcos desde este lugar al foro; otros dicen haberse llamado asi de ciertos lienzos con que tenian cubiertos los aceiteros los puestos de aceite que ya tenian.

Velāmen, ĭnis. *n. Virg.* y
Velamentum, i. *n. Cels.* El velo ó cubierta. ‖ El vestido. ‖ *Liv.* Ramos de oliva, *cubiertos con fajas, que llevaban los suplicantes para mover á misericordia.*

Velandus, a, um. *Plin.* Lo que se ha de cubrir.

Vēlans, tis. *com. Ov.* El que cubre ó tapa con un velo ó lienzo.

Velaria, ōrum. *m. plur. Juv.* Lienzos con que se cubrian los teatros por encima para defenderse del calor y el agua.

Velāris. *m. f. rě. n. is. Plin.* Lo que es ó pertenece á las velas de las naves.

Velārium, ii. *n. Juv.* V. Velaria.

Velārius, ii. *m. Inscr.* El que está á la puerta y cortina de la cámara del príncipe, y facilita la entrada, como sumiller de cortina.

† Velāto. *adv. Tert.* Oscuramente, y como echado un velo por delante.

Velatūra, ae. *f.* V. Vehela.

Velātus, a, um. *part. de Velo. Cic.* Cubierto, tapado. ‖ Vestido. ‖ *Ov.* Adornado, coronado. *Velati milites. Fest.* Soldados vestidos y desarmados que seguian el ejército, y entraban en el lugar de los muertos.

Velauni, ōrum. *m. plur. Ces.* Los moradores del país de Velai, *en el Lenguadoc.* ‖ Pui en Velai, *ciudad del Lenguadoc.*

Veleda, ó Velleda, ae. *f. Tac.* Cierta doncella de tanta autoridad entre los germanos, que los mas la veneraban por diosa.

Veles, ĭtis. V. Velites.

Velia, ae. *f. Gel.* Velia, *ciudad de Lucania, fundada por los focenses.* ‖ Collado muy alto de Roma.

Velienses, ium. *m. plur. Plin.* Los moradores de la ciudad de Velia.

Veliensis. *m. f. sě. n. is. Cic.* Perteneciente á la ciudad de Velia.

Velĭfer, a, um. *Ov.* Que lleva velas.

Velificatio, ōnis. *f. Cic.* La accion de hacer vela, de estender las velas. *Velificatione mutata. Cic.* Habiendo mudado de bordo ó las velas.

Velificātus, a, um. *part. de Velificor. Prop.* Aparejado de velas. ‖ *Juv.* Navegado, pasado en naves.

Velificĭum, ii. *n. Hig.* El arte y modo de hacer velas de navío.

Velifĭco, ās, āre. *n. Plin.* Hacer vela, estender las velas, navegar.

Velifĭcor, āris, ātus sum, āri. *dep. Cic.* V. Velifico. *Velificari honore suo. Cic.* Ascender á los empleos, no por virtud y méritos de sus antepasados, sino por medios violentos y estraordinarios. ‖ *Favori civium.* Lisongear, halagar, procurar el favor de los ciudadanos con adulacion.

Velitĭcus, a, um. *Plin.* Lo que se hace con las velas, como es la navegacion.

Velim. *pres. de subj. de Volo. Videas velim. Cic.* Quisiera que mirases. *Mittas velim. Cic.* Te ruego que envies. *Id velim sit hujusmodi. Cic.* Quisiera yo, desearia que esto fuese asi.

Velīnus, a, um. *Virg.* Perteneciente á la ciudad de Velia, como su puerto, su region, la tribu de su nombre, su lago en la Umbria, llamado hoy Lago de pie de Luco.

Velītāris. *m. f. rě. n. is. Liv.* Perteneciente á los soldados armados á la ligera.

Velītatim. *adv. Sisen.* Á saltos, saltando por intervalos.

Velītatio, ōnis. *f. Plaut.* La escaramuza, pequeña batalla. ‖ Quimera, riña de palabras é injurias de una y otra parte.

Velītātus, a, um. *Plaut. part. de Velitor.* El que ha escaramuzado. ‖ Riñendo, altercando de palabras.

Veliterni, ōrum. *m. plur. Liv.* Los moradores de la ciudad de Velitras.

Veliternīnus, a, um. *Plin.* y
Veliternus, a, um. Lo que es ó pertenece á la ciudad de Velitras, *ciudad de los volscos en el Lacio.*

Velītes, um. *m. plur. Liv.* Soldados de infantería armados á la ligera con escudo pequeño, espada, honda, dardos cortos arrojadizos. Estos daban principio á la batalla, salian corriendo contra el enemigo, se retiraban prontamente si eran cargados, iban á veces á las grupas de los caballos para saltar, y acometer en llegando á tiro; á veces iban delante de todos, otras á la espalda, otras mezclados en la formacion, sin lugar determinado en el ejército. ‖ Hombres decidores y chistosos, que pican á otros con sus gracias.

Velītor, āris, ātus sum, āri. *dep. Apul.* Dar principio á la pelea, escaramuzar. ‖ *Plaut.* Reñir, altercar con palabras é injurias. *Velitari alicui periculum. Apul.* Disponer un peligro á alguno.

Velitrae, ārum. *f. plur. Liv.* Velitras, *ciudad de los volscos en el Lacio, colonia romana, célebre por haber sido orígen de la familia Octavia, y patria de Augusto.*

Velitrĭni, ōrum. *m. plur. Suet.* y
Velitrinus, a, um. V. Veliterni, y Veliternus.

Velivŏlans, tis. *com. Cic.* Que va á toda vela, á velas desplegadas.

Velivŏlus, a, um. *Virg.* Que va á toda vela, y por donde se va á toda vela, epíteto de la nave y del mar.

Vellatūra, ae. *f. Varr.* El transporte, conduccion ó acarreo. *Vellaturam facere. Varr.* Acarrear, transportar por oficio.

Velleda, ae. V. Veleda.

Vellejānus, a, um. *Ulp.* Perteneciente á alguno de los Veleyos, como *C. Veleyo Tutor,* cónsul con *M. Silano,* del cual tomó el nombre el senadoconsulto veleyano.

Vellejus Paterculus. *m. M. P.* ó C. Veleyo Patérculo, caballero romano, y pretor en tiempo de Tiberio, que escribió en dos libros un compendio de la historia romana con muy buen estilo y elegante, pero lleno de adulacion; y que habiendo entrado en la amistad de Seyano, fue por el mismo Tiberio condenado á muerte á los 50 años de su edad.

Vellereus, a, um. *Asc.* y
Vellerōsus, a, um. ó
Velleus, a, um. *Asc.* De lana, de vellon.

Vellĭcatim. *adv. Gel.* Pellizcando, á pellizcos.

Vellĭcatio, ōnis. *f. Sen.*

Vellĭcātus, us. *m. Plin.* La accion de pellizcar, pellizco. ‖ La accion de censurar, de decir palabras picantes.

Vellĭco, ās, āvi, ātum, āre. *a. Plaut.* Pellizcar, arrancar repelando. ‖ Picar las aves. ‖ Punzar con palabras, censurar, criticar, murmurar. *Vellicari in circulis. Cic.* Murmurar en corrillos. *Absentem. Hor.* Murmurar del ausente. *Ex aliquo se vellicari. Quint.* Ser pellizcado por alguno.

Vellīmen, ĭnis. *n. Varr.* Vellon de lana.

Vello, is, velli, y vulsi, vulsum, llěre. *a. Cic.* Arrancar, sacar de raiz. ‖ Punzar, picar con palabras. *Vellere aurem. Virg.* Tirar de la oreja, avisar, amonestar.— *Munimenta. Liv.* Derribar las fortificaciones, las defensas, trincheras, reparos.— *Barbam. Hor.* Arrancar, pelarse las barbas.

## VEN

**Vellus**, ĕris. n. *Varr.* La lana, vellon de lana trasquilada. ‖ *Virg.* La no trasquilada. ‖ Piel de oveja con su lana. ‖ El cuero de otros animales. *Parnassia vellera.* Estac. Las vendas, fajas y coronas de yedra con que se coronaban los poetas. *Vellera.* Ov. Las hojas de los árboles. *Vellus aquarum tacitarum.* Marc. Copos de nieve, como vellones de lana.

**Velo**, as, avi, atum, are. a. *Cic.* Cubrir, tapar con velo ú otra cosa. ‖ *Virg.* Vestir. ‖ *Sen.* Encubrir, ocultar, paliar. *Velare tempora vittis.* Ov. Ceñir, coronar las sienes. — *Delubra deum festa fronde.* Virg. Adornar con festivas hojas los templos de los dioses.

**Velōcis**, genit. de Velox.

**Velōcītas**, ātis. f. *Cic.* Velocidad, ligereza, presteza. ‖ Viveza de ingenio.

**Velōcĭter**, ius, issime. adv. *Cic.* Velozmente, con presteza, con ligereza.

**Velox**, ōcis. com. *Cic.* Veloz, ligero, pronto. *Velox via.* Ov. Camino que se deja presto. — *Absistere.* Estac. Pronto para retirarse. — *Arbor.* Plin. Árbol que crece presto. *Velocior opio ad mortem herba.* Plin. Yerba que da la muerte mas pronto que el opio. *Decurrere per materiam stilo quam velocissimo.* Quint. Correr por la materia con un estilo fluidísimo.

**Velum**, i. n. *Cic.* La vela de la nave. ‖ Velo, cortina. ‖ Disfraz encubierto. *Vela dare in altum.* Virg. Hacerse á la mar. — *Dare retrorsum.* Hor. Desandar lo andado, mudar de designio, de resolucion, volver la proa al lugar de donde se ha partido. — *Remis velisque, y remis equisque.* Cic. Con todo esfuerzo, conato ó empeño, con todas sus fuerzas, con el mayor esfuerzo posible. *Velis obtendere aliquid.* Cic. Disfrazar, paliar alguna cosa. *Vela contrahere.* Cic. Amainar las velas.

**Velut**, y **Velŭti**. conj. comparat. *Cic.* Como, asi como. *Velut si.* Cic. Como si.

**Vena**, ae. f. *Cic.* Vena. ‖ Arteria. ‖ Veta, mina de metal. ‖ Conducto de agua. ‖ Veta, fibra de árboles, de piedras y de tierra. ‖ *Cic.* La parte íntima de cualquiera cosa. *Tenere venas cujusque generis, aetatis, ordinis.* Cic. Conocer á fondo el natural, el genio, el espíritu de cada género, edad y condicion de los hombres. *Vaenae pejoris aevum.* Ov. Siglo, edad de peor veta, siglo de hierro. *Vena benigna ingenii.* Hor. Vena feliz de ingenio, viveza de ingenio, vena poética muy fecunda.

**Venābŭlum**, i. n. *Cic.* Venablo, cuchillo de monte.

**Venāfrānus**, a, um. *Hor.* Perteneciente á la ciudad de Venafro.

**Venāfrum**, i. n. *Hor.* Venafro, ciudad de Campania.

**Venālis**, m. f. le. n. is. *Cic.* Venal, vendible, que se vende, que está en ó de venta, puesto á vender. ‖ Vil, bajo, que se deja sobornar. *Venalis.* Quint. Siervos que están de venta. *Venalem vocem habere.* Quint. Ser pregonero.

**Venālĭtas**, ātis. f. *Dig.* Venalidad, avaricia con que alguno se deja cohechar.

**Venālĭter**. adv. *Sen.* Con bajeza, con venalidad.

**Venālĭtia**, ōrum. n. plur. *Ulp.* Esclavos de venta. ‖ Alcabala de las mercadurías.

**Venālĭtiārius**, a, um. *Ulp.* Lo que pertenece á la venta de los esclavos. *Venalitiariam exercere.* Ulp. Comerciar en esclavos.

**Venālĭtius**, ii. m. *Cic.* Comerciante de esclavos.

**Venālĭtius**, a, um. *Suet.* Venal, lo que está en ó de venta, *propiamente se dice de los esclavos.*

**Venantius Fortunatus.** Venancio Fortunato, *poeta cristiano del siglo VI de Cristo, en tiempo de Justino el menor, obispo de Poitou, escribió en verso latino cuatro libros de la vida de san Martin y otras cosas en estilo no muy puro, propio de aquel tiempo.*

**Venātĭcus**, a, um. *Cic.* Lo que es de caza, lo que pertenece á ella.

**Venātio**, ōnis. f. *Cic.* La caza, el ejercicio de la caza. ‖ La presa que se saca de ella. ‖ *Cic.* Espectáculo venatorio, en que para diversion del pueblo peleaban los siervos gladiadores entre sí y con las fieras.

**Venātĭtius**, a, um. *Amian.* De caza, lo que pertenece caza.

## VEN 783

**Venātor**, ōris. m. *Cic.* El cazador. ‖ *Plaut.* El que observa de cerca, como espía. *Speculator venatorque naturae.* Cic. Especulador y observador atento de la naturaleza. *Los poetas le usan como adjetivo. Venator canis.* Virg. Perro de caza.

**Venātŏrĭus**, a, um. *Nep.* Venatorio, de caza.

**Venātrix**, icis. f. *Virg.* Cazadora, *epíteto de Diana. Ida venatrix.* Virg. El monte Ida, *abundante en caza.*

**Venātrix**, ae, f. *Plaut.* y

**Venātus**, us. m. *Cic.* La caza. ‖ *Plaut.* La pesca. ‖ *Plaut.* La accion de espiar ó acechar. *Oculis venaturam facere.* Plaut. Cazar con los ojos, acechar lo que pasa.

**Venātus**, a, um. part. *de Venor.* Ov. Que ha cazado ó ido á caza.

**Vendax**, acis. com. *Cat.* Amigo de vender, el que vende fácilmente y con gusto.

**Vendibĭlis**, m. f. le. n. is. *Cic.* Vendible, que se vende fácilmente ó á buen precio, de fácil salida ó venta. *Vendibilis oratio.* Cic. Oracion popular, agradable al pueblo.

**Vendĭco**, &c. V. Vindico. *Aliquid sibi vendicare.* Quint. Atribuirse, apropiarse, arrogarse alguna cosa.

**Vendĭdi**, prét. de Vendo.

**Vendĭtārĭus**, a, um. *Plaut.* Venal, de venta.

**Vendĭtatio**, ōnis. f. *Cic.* Ostentacion, vanidad, vanagloria, jactancia.

**Vendĭtātor**, ōris. m. *Tac.* Ostentador vano, jactancioso.

**Vendĭtio**, ōnis. f. *Cic.* La venta, la accion de vender. ‖ *Ulp.* La cosa vendida.

**Vendĭto**, as, avi, atum, are. a. *Cic.* Poner en venta, desear vender. ‖ Vender frecuente ó continuamente. ‖ Andar vendiendo. ‖ Jactarse, ostentar, ponderar, hacer vanidad ú ostentacion. *Venditare ingenium.* Cic. Hacer ostentacion del ingenio. — *Se alicui.* Liv. Ofrecerse con ponderacion á alguno. — *Perjuria.* Claud. Jactarse de ser perjuro. — *Se se.* Plaut. Prostituirse.

**Vendĭtor**, ōris. m. *Cic.* Vendedor, el que vende.

**Vendĭtrix**, icis. f. *Dig.* Vendedora, la que vende.

**Vendĭtus**, a, um. *Cic.* Vendido. part. de

**Vendo**, is, didi, ditum, dere. a. *Cic.* Vender. *Vendere sua funera.* Juv. Esponer su vida por dinero. — *Auro patriam.* Virg. Entregar, vender la patria por dinero. *Ligarianam praeclare vendidisti.* Cic. Grandemente recomendaste la causa de Ligario.

**Venefĭca**, ae. f. *Ov.* Hechicera, encantadora.

**Venefĭcium**, ii. n. *Cic.* Emponzoñamiento. ‖ Encantamiento, hechizo, hechicería.

**Venefĭco**, as, are. a. *Plaut.* Envenenar, emponzoñar, matar con veneno.

**Venefĭcus**, i. m. *Cic.* Hechicero, encantador que usa de encantamientos ó hechicerías. ‖ Envenenador, el que mata con veneno.

**Venefĭcus**, a, um. *Plin.* Lo que pertenece al veneno, venenoso.

**Venenārĭus**, ii. m. *Suet.* Vendedor de venenos. ‖ El que los prepara, dispone y confecciona. *Venenarius calix.* Tert. Vaso emponzoñado, *usado como adjetivo.*

**Venenātus**, a, um. *Cic.* Envenenado, emponzoñado, cosa en que se ha echado veneno. ‖ Venenoso, que naturalmente tiene veneno. *Venenatus jocus.* Ov. Chanza mordaz. *Venenata virga.* Ov. Vara mágica, creida encantada, llena de encantamientos.

**Venenĭfer**, a, um. *Ov.* Venenoso, que tiene ó trae veneno.

**Veneno**, as, avi, atum, are. a. *Lucr.* Envenenar, emponzoñar. ‖ *Gel.* Teñir. *Venenare commoda alicujus odio.* Hor. Envenenar las comodidades de alguno con el odio.

**Venenōsus**, a, um. *Varr.* Venenoso, ponzoñoso.

**Venēnum**, i. n. *Cic.* Veneno, tósigo, ponzoña. ‖ Encantamiento, hechizo. ‖ Lo que daña al ánimo, *como la avaricia, la envidia, y cualquiera pasion desordenada. Virg.* Ingrediente, droga para teñir. ‖ *Luc.* Para embalsamar. ‖ *Manil.* Espuma del mar condensada al sol, que por su calidad muy amarga y salobre, es contraria á la corrupcion.

**Veneo**, is, ii, ó ivi, venum, ire. pas. anom. *Cic.* Ser

vendido. *Venire auro. Hor.* Venderse á peso de oro. — *Quamplurimo. Cic. Magno. Varr.* Ser vendido muy caro. *Venum eunt omnia. Sal.* Todo se vende.

**Venerābĭlis.** m. f. lĕ. n. is. *Liv.* Venerable, digno de veneracion, de respeto. *Senatus venerabilior in Deum. Val. Max.* Senado muy reverente hácia Dios.

**Venerābĭliter.** adv. *Macrob.* Venerablemente, con veneracion, respeto.

**Venerabundus,** a, um. *Liv.* Reverente, respetuoso.

**Venerandus,** a, um. *Cic.* Venerando, venerable, digno de veneracion.

**Veneranter,** adv. *Tert.* Venerablemente.

**Venerarius,** a, um. *Petron.* V. Venereus.

**Venerātio,** ōnis. f. *Cic.* Veneracion, respeto.

**Venerātor,** ōris. m. *Ov.* Venerador, el que venera, reverencia.

**Venerātus,** a, um. *part. de* Veneror. *Tib.* Que ha venerado ó respetado. || *Virg.* Venerado.

**Veneres,** um. f. plur. *Curc.* Gracias, donaires, chistes, bellezas.

**Venereus,** a, um. *Cic.* Venéreo, de Venus, lo perteneciente á esta diosa y al deleite sensual. *Venerei ó venerii. Cic.* Siervos, ministros de Venus Ericina en Sicilia. *Venereus jactus. Cic.* La suerte de Venus, la mas feliz en el juego de dados. *Venereae res, ó voluptates. Cic.* Los deleites de Venus. *Venereus. Gel.* Dado á los deleites sensuales. *Venereae. Plin.* Ciertas conchas. *Venerea pira. Plin.* Ciertas peras muy coloradas.

**Veneris.** gen. de Venus.

**Venerivagus,** a, um. *Varr.* De vaga Venus, que no fije su amor en un objeto determinado.

**Veneror,** aris, atus sum, ari. *dep. Cic.* Venerar, respetar, reverenciar. || Suplicar, pedir humildemente.

**Venet.** ant. En lugar de Venit.

**Venĕti,** orum. m. plur. *Ces.* Los habitantes de Vanes, en Bretaña. || Los venecianos.

**Venetĭa,** ae. f. *Plin.* Venecia, gran region de Italia. || El territorio de Vanes en Bretaña.

**Venetiae,** arum. f. plur. *Ces.* Vanes, ciudad de la Bretaña baja. || Venecia, capital de la region del mismo nombre. || Toda la region.

**Venetĭānus,** a, um. *Isocr.* y
**Venetĭus,** a, um. *Plin.* y
**Venĕtus,** a, um. *Plin.* Veneciano, de Venecia. || De Vanes ó de la Bretaña baja. *Veneta faptio. Suet.* Una de las cuatro facciones del circo, llamada asi por su color. *Venetus color. Veg.* Color verdoso, verdemar.

**Veni.** pret. de Venio.

**Venia,** ae. f. *Cic.* Venia, licencia, permiso, facultad. || Perdon, remision de la pena. *Venia exilii. Tac.* Restitucion del destierro. — *Sit dicto. Plin. men. Venia bona audies, ó hoc bona tua dixerim. Cic.* Con tu permiso ó perdon, con tu licencia. *Veniam dare. Ces.* Conceder, permitir. || Perdonar. || Conceder un favor, un beneficio. *Cum venia legere. Quint.* Leer con indulgencia, sin severidad censoria.

**Veniabilia,** m. f. lĕ. n. is. *Sidon.* y
**Veniālis.** m. f. lĕ. n. is. *Macrob.* Digno de perdon, leve, venial.

**Venicŭla,** ae. f. *Plin.* Especie de uva llamada asi por Columela.

**Venilia,** ae. f. *Varr.* Flujo, incremento del mar. || *Virg. Venilia Ninfa, muger de Fauno, hermana de la reina Amata, madre de Turno.*

**Venio,** is, veni, ventum, nire. n. *Ter.* Venir, llegar. || Ir, andar. || Volver. || Acaecer. || *Virg.* Prevalecer, crecer. || Ser llevado, traido. *Venire alicui subsidio. Cic. Suppetias. Hirc.* Llegar, ir, acudir al socorro de alguno. — *Viam. Cic.* Ir, seguir su camino. — *In orationem. Quint.* Entrar, tener lugar en el discurso. — *In sermonem. Cic.* Dar que hablar de si. — *In partem impensae. Cic.* Entrar á la parte en el gasto. *Si usus veniat. Ter.* Si se ofrece la ocasion. *De sorte mi venit in dubium. Ter.* Empiezo á dudar de mi capital. *Venit mi in mentem illius temporis. Cic.* Me acuerdo de aquel tiempo. — *Mi in spem. Cic.* Espero, entro en esperanza. *Venire in usum. Plaut.* Usar-

se; *In confessum. Tac.* Ser manifiesto. *In crimen. Tac.* Ser acusado. *In fidem alicujus. Plin.* Entregarse voluntariamente. *In proverbium. Cic.* Pasar á proverbio, quedar por tal. *In religionem.* Entrar en escrúpulo. *In certamen, in contentionem.* Disputar, contender. — *Ad nihilum.* Reducirse á nada, aniquilarse. *Ad manus, ad arma.* Venir á las manos, á las armas. *Facite esse ut ventum gaudeam. Plaut.* Haced que me alegre de haber venido. *Ad judicium venitur. Cic.* Se viene á juicio, al tribunal.

**Venivi.** pret. de Veneo.

**Venor,** aris, atus sum, ari. *dep.* Cazar, ir á caza. || Grangear con halagos, con adulacion, con obsequio. *Venari pisces. Plin.* Pescar. — *Viros oculis. Fedr.* Cazar, ganar los corazones de los hombres con las miradas ó ojeadas. — *Apros in mari. Plaut.* Ir á caza de jabalíes al mar, perder el tiempo, trabajar en balde. — *Laudem modestiae. Ad Her.* Procurar alabanza, ó reputacion de modestia. *I modo venare leporem nunc itin tenes. Felix Corynthus, at ego sum Tencates. adag.* Á falta de pan buenas son tortas. *ref.*

**Venōsus,** a, um. *Plin.* Venoso, lleno de venas.

**Venox,** ōcis. m. *Front.* Sobrenombre del censor C. Plaucio, por haber hallado el venero del agua Claudia.

**Venter,** tris. m. *Cic.* El vientre, la barriga, la panza. Los intestinos, las entrañas. || El estómago ó ventrículo. El hambre, la gula, la voracidad. || El útero. || *Vitruv.* La panza ó barriga de cualquiera cosa. || El tumor ó hinchazon.

**Ventidiānus,** a, um. *Cic.* Lo perteneciente á Ventidio, nombre propio romano.

**Ventigĕnus,** a, um. *Lucr.* El que engendra ú ocasiona viento.

**Ventilābrum,** i. n. *Col.* El bieldo para aventar la mies.

**Ventilātio,** ōnis. f. *Plin.* Ventilacion, la accion de dar ó comunicar aire. || La de esponer al aire.

**Ventilātor,** ōris. m. *Col.* Aventador, que limpia ó avienta los granos levantándolos al aire con el bieldo. || *Quint.* Titiritero, embaucador, que hace creer si le viene á la mano lo que quiere, y va donde él lo manda.

**Ventilātus,** a, um. *Cic.* Movido, agitado. *part. de*

**Ventilo,** as, avi, atum, are. a. *Suet.* Mover, levantar aire, dar, hacer aire. || Esponer al aire, al viento. Menearse, moverse, mudar de puesto, de lugar. || Azotar el aire con las armas los gladiadores antes de empezar el combate. *Ventilare concionem. Cic.* Arengar, hablar sediciosamente al pueblo.

**Ventio,** ōnis. f. *Plaut.* La venida ó llegada.

**Ventĭto,** as, avi, atum, are. n. frec. de Venio. *Cic.* Venir á menudo.

**Vento,** as, are. n. frec. de Venio. ant. *Varr.* V. Ventito.

**Ventōse.** adv. *Apul.* Hinchadamente.

**Ventosĭtas,** atis. f. *Apul.* Ventosidad, espulsion del aire comprimido en el cuerpo. || *Fulg.* Jactancia, vanidad, hinchazon.

**Ventōsus,** a, um. *ior, issimus. Petron.* Ventoso, lleno de viento. || Vano, hinchado, soberbio. *Ventosi equi. Ov.* Caballos ligeros como el viento. *Ventosissimus homo. Cic.* Hombre muy voltario.

**Ventrāle,** is. n. *Plin.* La ventrera, faja, cinta ó ceñidor ceñido al vientre. || Bolsa, fardel que se lleva delante del vientre. || Delantal.

**Ventrālis.** m. f. lĕ. n. is. *Macrob.* Ventral, lo que pertenece al vientre.

**Ventres,** um. m. plur. *Lucil.* Comilones, glotones.

**Ventricŏla,** ae. m. f. *S. Ag.* Que cuida mucho de su vientre, dado ó dada á la gula.

**Ventricōsus,** a, um. *Plaut.* V. Ventriosus.

**Ventricŭlātio,** ōnis. f. *Cel. Aur.* Dolor de tripas.

**Ventricŭlōsus,** a, um. *Cel. Aur.* Tocante al vientre.

**Ventricŭlus,** i. m. *Cels.* El ventrículo, el estómago, receptáculo de la comida. || Las dos cavidades á los dos lados del corazon. || *Juv.* El vientre.

**Ventrifluus,** a, um. *Cel. Aur.* Lo que afloja el vientre, que le pone corriente.

† **Ventrilŏquus,** a, um. *Tert.* Adivino, que finge ha-

blar por inspiracion de un espíritu que tiene en el vientre.

**Ventriōsus, a, um.** *Plaut.* y

**Ventrōsus, a, um.** ó

**Ventruōsus, a, um.** *Plin.* Ventrudo, panzudo, que tiene mucho vientre, mucha barriga ó panza.

**Ventŭlus, i. m.** *Ter.* Vientecillo, airecillo, viento suave.

**Ventūrus, a, um.** *Virg.* Venidero, futuro, lo que ha ó tiene de venir, de suceder ó llegar.

**Ventus, i. m.** *Cic.* El viento, movimiento del aire concitado. ‖ La fortuna próspera ó adversa. ‖ Favor, aplauso. ‖ Rumor, fama. *In vento, et in aqua scribere. Prov.* Perder el tiempo. *Ventis tradere. Hor.* Dar, entregar al olvido. *Ventis ire. Hor.* Ir á toda vela. *Ventus textilis. Petron.* Ropa tan sutil como el viento.

**Venucŭla, ae. f.** *Hor.* Especie de uva de la Apulia, que se guardaba en ollas mucho tiempo.

**Venucŭlus, a, um.** *Plin.* Lo perteneciente á Venusia, ciudad de la Apulia.

**Venulejus, i. m.** *Lampr.* Quinto Claudio Venuleyo Saturnino, jurisconsulto del tiempo del emperador Alejandro Severo, del cual se conservan muchas respuestas en las Pandectas.

**Venum, i. n.** *Liv.* La venta. *Venō exercere. Tac.* Comerciar. — *Posita irritamenta luxus. Tac.* Incentivos de lujo puestos en venta. *Venum ire. Liv.* Ser puesto en venta. — *Dare, tradere. Gel.* Vender, dar para vender.

**Venuncŭla, ae. f. V.** Venucula.

**Venuncŭlum, i. n.** *Col.* Harina de farro ó de escanda.

**Venundātor, ōris. m.** *Marc.* Vendedor, el que vende.

**Venundātus, a, um.** *Tac.* Vendido, *part. de*

**Venundo, as, dĕdi, dătum, dăre. a.** *Cic.* Vender, dar á vender.

**Venus, us. f.** ó **Venu, u. n.** *Apul.* La venta. *Haberet eo venui lac. Apul.* Si tenia leche de venta.

**Vĕnus, ĕris. f.** *Cic.* Venus, diosa del amor, de la hermosura, de las gracias y deleites. ‖ La liviandad del apetito venéreo. ‖ El amor. ‖ Belleza, gracia, elegancia, ornato. ‖ La estrella de Venus, *el tercero de los planetas, que al alba se llama el lucero, y al anochecer vesper ó vespero. Jactus Veneris. Marc.* La suerte de Venus en el juego de los dados, *cuando manifestaban todos diversa pinta, y era la mas feliz.*

**Venusia, ae. f.** *Liv.* Venusia, *ciudad de la Apulia, patria del insigne Poeta Hor. Flaco.*

**Venusinus, a, um.** *Hor.* Venusino, de la ciudad de Venusia.

**Vĕnustas, ātis. f.** *Cic.* La venustidad, belleza, gracia, hermosura agraciada. ‖ *Ter.* La felicidad. *Venustas orationis. Cic.* La belleza y gracia del discurso, del estilo. *Venustatis plenior. Ter.* Lleno, colmado de felicidad.

**Vĕnuste, tius, tissĭme. adv.** *Cic.* Graciosamente, con gracia, con gentileza. *Per quam venuste cecidit. Cic.* Sucedió lo mas agradablemente que se podía pensar.

† **Venusto, as, āre. a.** *Fulg* Adornar.

**Vĕnustŭlus, a, um.** *Plaut.* Graciosito. *dim. de*

**Venustus, a, um, tior, tissĭmus.** *Cic.* Venusto, bello, gracioso, hermoso. ‖ Elegante, adornado.

**Veprecōsus, a, um.** *Gel.* Espinoso, lleno de abrojos, de espinas.

**Veprecŭla, ae. f.** *Cic.* Espinita. *dim. de*

**Vepres, ó Vepris, is. m. f.** Espina, abrojo.

**Veprēta, ae. f.** *Varr.* y

**Veprētum, i. n.** *Col.* Espinar, lugar lleno de espinas, abrojos ó zarzas.

**Ver, ĕris. n.** *Cic.* La primavera. ‖ La juventud. ‖ *Marc.* Las flores. *Ver sacrum. Liv.* Las cosas nacidas en la primavera, y consagradas á los dioses. *Ver sacrum facere, Liv.* Ofrecer y consagrar á los dioses lo que nacia en la primavera. *Vere novo. Virg.* ó primo. *Liv.* Al principio de la primavera. *Vere numerare flores. Ov.* Contar las flores en la primavera, *proverbio de una cosa imposible.*

**Verācĭter. S. Ag.** Verazmente, con verdad.

**Veracŭlus, i. m.** *Suet.* Adivino, prestigiador, embustero, embaucador *de la plebe con falsas predicciones.*

† **Verator, ōris. m. V.** Veraculus.

† **Veratrix, īcis. f.** *Apul.* La adivinadora.

**Verătrum, i. n.** *Plin.* El eleboro, *yerba.*

**Vĕrax, ācis. com.** *Cic.* Veraz, verídico, que siempre habla verdad.

**Verbālis. m. f. lĕ. n. is.** *Fulg.* Lo que consta de palabras, verbal. *Verbalia nomina. Diom.* Nombres verbales, que se derivan de los verbos.

**Verbascum, i. n.** *Plin.* La yerba verbasco ó gordolobo.

**Verbēna, ae. f.** *Liv.* y

**Verbenāca, ae. f.** *Plin.* La verbena ó grama. ‖ *Virg.* Toda yerba tomada de un lugar puro y limpio, y todo ramo, vara, hoja de los árboles sagrados, *como laureles, olivos, mirtos.*

**Verbenārius, ii. m.** *Plin.* El que lleva verbena. *Se decia de uno de los embajadores que llevaba una mata de verbena en la mano cuando iban á pedir satisfaccion á los enemigos de los agravios, antes de declarar la guerra.*

**Verbenātus, a, um.** *Suet.* Coronado con verbena.

**Verber, ĕris. m.** *Ter.* El azote hecho de correas, varas, cordeles ú otra materia. ‖ *Sen.* El golpe, el azote. ‖ *Lucr.* El ímpetu de los vientos. ‖ *Virg.* La cuerda de la honda.

**Verberābĭlis. m. f. lĕ. n. is.** *Plaut.* Digno de azotes.

**Verberātio, ōnis. f.** *Cic.* La accion de azotar, castigo de azotes y de palos, paliza. ‖ Reprension.

**Verberātor, ōris. m.** *Prud.* Azotador, el que da azotes.

**Verberātus, us. m.** *Plin.* El azote. *Habla del agua cuando cae de alto.*

**Verberātus, a, um.** *part. de* Verbero. *Marc.* Golpeado, herido, azotado, apaleado. *Matrona contumeliis verberata. Petron.* Matrona maltratada con injurias.

**Verbĕreus, a, um.** *Plaut.* Continuo merecedor de azotes.

**Verbĕrito, ās, āvi, ātum, āre. a.** *Fest. frec. de* Verbero. Azotar continuamente.

**Verbĕro, ōnis. m.** *Plaut.* Bribon, perpetuo merecedor de azotes ó palos.

**Verbero, as, āvi, ātum, āre. a.** *Cic.* Azotar. ‖ Herir, sacudir, golpear. ‖ Injuriar, maltratar de palabras. *Mi vox aures verberat. Plaut.* La voz me suena en los oidos. *Verberare lapidem. prov. Plaut.* Perder el tiempo y dañarse á sí mismo. *Urbem tormentis. Cic.* Atacar, batir una plaza con máquinas de guerra. — *Aliquem ense. Ov.* Herir á uno con la espada. *Pulsari, et verberari. Cic.* Ser apaleado y azotado.

† **Verbificātio, ōnis. f. Cecil.** El habla, la plática.

† **Verbĭgĕna, ae. m.** *Prud.* Nombre que se da á Jesucristo por haberse hecho carne en la Virgen María *sin concurso de varon, por solo el poder de la divina palabra.*

**Verbĭgĕro, ās, āre. a.** *Apul.* Hablar, charlar.

† **Verbilĕvis. m. f. lĕ. n. is.** *Prop.* Ligero en el hablar.

**Verbivelĭtātio, ōnis. f.** *Plaut.* Disputa de palabras.

**Verbōse, ius. adv.** *Cic.* Con muchas palabras, difusamente.

† **Verbosĭtas, ātis. f.** *Prud.* Verbosidad, locuacidad, afluencia de palabras.

**Verbōsus, a, um, ior, issĭmus.** *Cic.* Verboso, locuaz. ‖ Difuso, dicho ó escrito en muchas palabras.

**Verbum, i. n.** *Cic.* Palabra, vocablo, término, diccion. ‖ Proverbio, refran, adagio. ‖ *Verbo*, una de las partes de la oracion. *Verbi causa*, ó *gratia. Cic.* Verbi gracia, por ejemplo. *Verbo tenus. Cic.* Hasta la menor, la mas mínima palabra. — *Absit invidia. Liv.* Séame permitido ó permitaseme decir. *Verba isthaec sunt. Ter.* Esto no es mas que palabras, nada de verdad, nada de realidad. *Canina. Ov.* Injurias. — *Indomita. Sen. — Ovantia. Sil. Ital.* Palabras altivas, altaneras. — *Reddere. Ov.* Responder. *Dare Ter.* Entretener con palabras, engañar. — *Facere mortuo. Ter.* Hablar con los muertos, al que no quiere oir ó inútilmente. — *Fundere. Cic.* No cesar de hablar. *In pedes cogere. Ov.* Hacer versos. — *Bona quaeso. Ter.* No es menester insultar, suplico que se hable con moderacion, sin alterarse *Verba,* y *Verbum facere.* — *Habere. Cic.* Hablar, disertar en público. *Verbum, de verbo exprimere. Verbo ó pro verbo reddere. Cic.* Traducir, trasladar palabra por palabra. *Meis verbis. Cic.* De mi parte. *Ad*

Ggggg

*verbum. Cic.* Á la letra, sin dejar una palabra. *Uno verbo. Cic.* En una palabra, para decirlo en breve, en pocas palabras.

**Vercellae,** arum. *f. plur. Plin.* Vercelas, *ciudad del Piamonte.*

**Vercellensis.** *m. f.* sě. *n.* is. *Plin.* Lo que pertenece á la ciudad de Vercelas.

**Vĕre,** ius, issime. *adv. Cic.* Verdaderamente, con verdad. ‖ *Nep.* Bien, rectamente. ‖ En efecto, en realidad de verdad.

**Vĕrecundans,** tis. *com. Cic.* Vergonzoso, que tiene pudor ó vergüenza.

**Vĕrecunde,** ius. *adv. Cic.* Vergonzosa, modestamente, con pudor, modestia y verguenza.

**Vĕrecundia,** ae. *f. Cic.* Pudor, modestia, vergüenza. *Verecundia alicujus rei. Cic.* El temor de hacer tal cosa. *Alicujus. Liv.* El respeto, reverencia, consideracion de las prendas ó circunstancias de alguno. *Oris. Suet.* El rubor que sale al rostro. *Adversa oratoriam artem capessentibus. Quint.* El temor, la cortedad es perjudicial á los que profesan la oratoria.

† **Vĕrecundĭter.** *adv. Non. V.* Verecunde.

**Vĕrecundor,** aris, atus sum, ari. *dep. Plaut.* Avergonzarse, llenarse, cubrirse de rubor, cortarse. *Verecundari neminem apud mensam decet. Plaut.* Nadie debe tener cortedad á la mesa.

**Vĕrecundus,** a, um, ior, issimus. *Cic.* Vergonzoso, modesto. ‖ Moderado, templado, parco. *Verecundus color. Cic.* El rubor del rostro. *Verecundum est dicere mi. Quint.* Me da, me causa vergüenza el decir. *Verecunda translatio. Cic.* Metáfora no muy atrevida. *Parum verba. Quint.* Palabras poco decentes.

**Vĕredarius,** ii. *m. Sid. Apol.* Correo, postillon, posta, el que la corre.

**Vĕredus,** i. *m. Aus.* Caballo de posta. ‖ *Marc.* Caballo corredor, veloz en la carrera.

**Vĕrenda,** orum. *n. plur. Plin.* Las partes vergonzosas del cuerpo.

**Vĕrendus,** a, um. *Ov.* Venerable, respetable, digno de veneracion, de respeto. *Alexander Partho verendus. Luc.* Alejandro temible al enemigo parto.

**Vĕrens,** tis. *com. Cic.* Temeroso, que teme por veneracion y reverencia. ‖ Por miedo del castigo. *Verens plagarum. Col.* Temeroso de los golpes.

**Vĕrenter.** *adv. Sen.* Con respeto, con reverencia.

**Vĕrĕor,** ēris, ritus sum, rēri. *dep. Cic.* Reverenciar, respetar, venerar, temer. ‖ Recelar. *Vereri ab aliquo. Ter.* Temer alguna cosa de alguno. *Alicui. Cic.* Temer por alguno. *Dicere. Cic.* Recelar decir. *Vereor ut ipse satis nobis prodesse possit. Cic.* Me temo que él nos pueda aprovechar bastante. *Ne animum ejus offenderet verebatur. Cic.* Temia no ofender su buen ánimo. *Non vereor ne non scribendo te expleam. Cic.* No tengo recelo de no satisfacerte por escrito. *Hic vereri perdidit. Plaut.* Este perdió la vergüenza.

**Veretilla,** ae. *f. Apul.* Pequeño miembro viril. ‖ Nombre de un pez.

**Veretrum,** i. *n. Suet.* El miembro viril.

**Vergens,** tis. *com. Cic.* Lo que se vuelve ó inclina á alguna parte. *Vergens annis femina. Tac.* Muger de edad avanzada. *Vergente die. Suet.* Al caer el dia.

**Vĕrgiliae,** arum. *f. plur. Cic.* Las Pleyadas, *siete estrellas delante de las rodillas del signo Tauro.*

**Vergo,** is, ěre. *n. Cic.* Inclinarse, volver, doblar hácia alguna parte. *Vergit aetas. Tac.* La edad declina. *Vergit venena sibi. Lucr.* Prepararse un veneno á sí mismo. *Nox vergit ad lucem. Curc.* Se acerca el dia. *In meridiem vergit. Liv.* Mira, cae al lado del mediodia. *Verguntur paterae. Estac.* Se inclinan las copas al derramar el licor en las libaciones.

**Vergobrĕtus,** i. *m. Cas.* Vergobreto, *supremo magistratado anual entre los galos.*

**Verianus,** a, um. *Inscr.* Veriano, propio del emperador Vero, *que imperó con M. Antonino el filósofo.*

**Vĕrĭcŏla,** ae. *m. f. Tert.* Amante de la verdad.

**Vĕricŭlātus,** a, um. *Col.* Armado de un chuzo pequeño.

**Vĕrīdice.** *adv. Amian.* Verídicamente, con verdad.

**Vĕridicus,** a, um. *Cic.* Verídico, verdadero. ‖ Que dice la verdad.

**Vĕrilŏquium,** ii. *n. Cic.* Orígen, etimología de palabras.

**Vĕrilŏquus,** a, um. *S. Ger.* Verídico, el que dice la verdad.

**Verimōnia,** ae. *f. Plaut.* La verdad.

**Veris.** *gen. de* Ver.

**Vĕrisimilis.** *m. f.* lě. *n.* is, ior, millimus. *Cic.* Verisimil, probable, que tiene semejanza ó aire de verdad. *Mi quidem non fit verisimile. Ter.* Á mí ciertamente no se me hace verisimil, no lo puedo creer. *Non est verisimile quam sit distinctus Cato. Cic.* No se puede creer cuan distinto es Caton. *Sed veri tamen haec similiora sunt. Cic.* Pero estas cosas son mas verisimiles.

**Vĕrisimĭlĭter.** *adv. Apul.* Verisimilmente, con semejanza ó apariencia de verdad.

**Vĕrisimilĭtūdo,** inis. *f. Cic.* Verisimilitud, probabilidad, semejanza, apariencia de verdad.

**Vĕritas,** atis. *f. Cic.* La verdad. ‖ Justicia, equidad, rectitud, probidad, sinceridad, veracidad.

**Vĕrĭtus,** a, um. *part. de* Vereor. *Hor.* El que ha respetado, reverenciado, temido. ‖ Que ha recelado.

**Vĕriverbium,** ii. *n. Plaut.* Discurso, plática, espresion verdadera.

**Vermĭcŭlāte.** *adv. Quint.* Con labores de gusanillo, de taracea.

**Vermĭcŭlātio,** ōnis. *f. Plin.* El vicio ó enfermedad de las plantas y frutas que se llenan de gusanos.

**Vermĭcŭlātus,** a, um. *Plin.* Trabajado de gusanillo, de mosaico, de escaques, de taracea, de embutidos, de labores menudas. *part. de*

**Vermĭcŭlor,** aris, atus sum, ari. *dep. Plin.* Criar gusanos, tenerlos.

**Vermĭcŭlōsus,** a, um. *Pal.* Lleno de gusanos.

**Vermĭcŭlus,** i. *m. Plin.* Gusanillo, gusano pequeño. *Grat.* Enfermedad que hace rabiar á los perros. ‖ *Inscr.* La obra de taracea en las paredes ó pavimentos.

**Vermifluus,** a, um. *Paul. Nol.* Lo que hierve en gusanos, abunda de ellos.

**Vermina,** um. *n. plur. Lucr.* Retortijones de tripas, dolor de vientre.

**Verminātio,** ōnis. *f. Plin.* Enfermedad de gusanos en las bestias. ‖ *Sen.* Cualquier dolor agudo. ‖ Molestia, incomodidad, tormento en cualquier parte del cuerpo.

**Vermĭno,** as, avi, atum, are. *n. Sen.* Criar gusanos, llenarse, podrirse de ellos. ‖ Sentir dolores agudos, comezon ó picazon como de gusanos.

**Vermĭnōsus,** a, um. *Plin.* Lleno de gusanos, verminoso.

**Vermis,** is. *m. Plin.* El gusano.

**Verna,** ae. *m. Cic.* Esclavo, nacido en casa. *Verna aper. Marc.* Jabalí criado en casa.

† **Vernācŭle.** *adv.* En la lengua del pais.

**Vernācŭlus,** a, um. *Cic.* Vernáculo, doméstico, nativo, de la propia patria. *Res vernacular. Cic.* Cosas familiares. *Vernacula festivitas. Cic.* Gracia propia del pais romano.

**Vernalis.** *m. f.* lě. *n.* is. *V.* Vernilis.

**Vernalĭter.** *adv. Hor.* Servilmente, segun la costumbre ó modo de los esclavos. ‖ *Sen.* Con urbanidad afectada, no natural y noble.

**Vernans,** tis. *com. Plin.* Lo que brota y pulula en la primavera.

**Vernatio,** ōnis. *f. Plin.* El acto de dejar la camisa la culebra en la primavera. ‖ Camisa ó despojo de ella.

**Vernĭcŏmus,** a, um. *Marc. Cap.* Lo que echa hoja en la primavera.

**Vernĭfer,** a, um. *Marc. Cap.* Vernal, que brota ó pulula por la primavera.

**Vernĭlis.** *m. f.* lě. *n.* is. *Quint.* Servil, propio del siervo. ‖ *Tac.* Truanesco.

**Vernĭlĭtas,** atis. *f. Sen.* Urbanidad afectada, no natural y noble. ‖ Truanada, bufonada, graciosidad desvergonzada, muy apreciable en los esclavos romanos, *cuyos*

## VER

señores procuraban que aprendiesen estas gracias, si acaso no las tenían, para su diversión.

**Verniliter.** adv. *Cecil.* Servilmente, á modo de esclavo.
**Verno.** ablat. abs. *Plin.* En la primavera.
**Verno,** as, avi, atum, are. n. *Ov.* Brotar, pulular, reverdecer en la primavera. ‖ *Plin.* Dícese de las culebras cuando en esta estacion renuevan la piel. ‖ De las aves que empiezan á cantar al principio de la primavera, y de las abejas que sacan entonces las nuevas crias, y empiezan á fabricar la miel. *Vernare malas lanugine. Marc.* Empezar á criar vello, el primer bozo. *Vernat aer. Plin.* El aire trae la primavera.
**Vernŭla,** ae. m. f. *Plin.* Esclavillo. *dim. de* Verna ó esclava joven nacida en casa de su señor.
**Vernus,** a, um. *Cic.* Lo que es de ó pertenece á la primavera.
† **Vēro,** as, āre. n. *En.* Hablar, decir verdad.
**Vēro,** ōnis. m. *Aur. Vict.* El dardo.
**Vēro.** adv. *Cic.* Verdadera, ciertamente, por cierto, en verdad. *En las respuestas equivale á sí. Tu nobis orationes explicabis? Vero inquam, Brute. Cic.* ¿Tú nos explicarás las oraciones? Sí por cierto, Bruto. *Minime vero. Cic.* No por cierto.
**Vēro.** conj. adv. *Cic.* Si no, pero.
**Verōna,** ae. f. *Ov.* Verona, ciudad de Venecia, colonia romana, patria de Catulo, de Emilio Marco, de Plinio segundo y de Vitruvio.
**Veronenses,** ium. m. plur. *Tac.* Veronenses, los habitantes de Verona.
**Veronensis.** m. f. lĕ. n. is. *Catul.* Veronés, de Verona, lo perteneciente á esta ciudad.
**Verpa,** ae. f. *Catul.* El miembro viril.
**Verpus,** i. m. *Juv.* Circuncidado. ‖ Judío. *Dáseles este nombre por ser circuncidados.*
**Verres,** is. m. *Hor.* El verraco, puerco no castrado. ‖ *C. Verres, pretor de Sicilia, muy avaro, cruel y lujurioso, contra quien tenemos 7 oraciones de Ciceron.*
**Verreus,** a, um. *Cic.* Lo perteneciente á Verres, pretor de Sicilia. *Verrea. Cic.* Fiestas establecidas por Verres en Sicilia.
**Verriculātus,** a, um. *V.* Vericulatus.
**Verrĭcŭlum,** i. n. *Val. Max.* Red barredera para pescar. ‖ *Veg.* Dardo arrojadizo de tres pies y medio de largo, pica.
**Verrīnus,** a, um. *Plin.* Lo que pertenece al verraco, *Verrinae.* Las oraciones de Ciceron contra Verres, las Verrinas.
**Verrius Flaccus.** *Suet.* Verrio Flaco, *insigne gramático del tiempo de Augusto, que entre otras muchas cosas escribió 20 libros de la significacion de las palabras, que redujo Festo á epítome; lo demas se ha perdido. Fue tanta la fama de su doctrina, que se le levantó en Preneste una estatua en el foro.*
**Verro,** is, ri, sum, rĕre. a. *Virg.* Arrastrar, llevar tras de sí. ‖ Barrer, limpiar barriendo. ‖ Revolver, trastornar. ‖ Quitar. *Verrere mare. Ov.* Navegar. *Aequor retibus. Sil.* Pescar con redes. — *Dapes. Val. Flac.* Barrer la mesa, quitar todo lo que hay en ella.
**Verrūca,** ae. f. *Plin.* La verruga en el cútis. ‖ Altura, elevacion, cumbre. ‖ Granillo de una piedra preciosa. ‖ Defecto, imperfeccion del ánimo.
**Verrucaria,** ae. f. *Plin.* Verrucaria, el heliotropio ó girasol mayor, *yerba cuyo jugo quita las verrugas.*
**Verrucōsus,** a, um. *Aur. Vict.* Lleno de verrugas, sobrenombre de Q. F. Máximo, por una verruga que tenia en un labio. ‖ Inculto, tosco, áspero. *Verrucosa Antiopa. Pers.* La dura Antiopa, *tragedia de Pacuvio, poeta tosco é inculto.*
**Verrūcŭla,** ae. f. *Col.* Verruguita, verruga pequeña.
**Verrunco,** as, āre. a. *Liv.* Volver, tornar. *Dii bene verruncent ea mi. Liv.* Los dioses vuelvan á favor mio estas cosas.
**Versābilis.** m. f. lĕ. n. is. *Sen.* Mudable, movible, variable que se puede volver ó mudar de un lado á otro. *Quam versabilis est fortuna. Curt.* Cuan variable es la fortuna.

## VER

**Versabundus,** a, um. *Vitruv.* Que da vueltas al rededor, que gira al rededor.
**Versātĭlis.** m. f. lĕ. n. is. *Lucr.* Versatil, lo que se puede mudar, volver ó tomar fácilmente. *Versatile ingenium. Liv.* Ingenio vario, facil, apto para cualquier cosa.
**Versātio,** ōnis. f. *Vitruv.* El giro al rededor, rotacion, vuelta.
**Versātor,** ōris. m. *Vitruv.* El que da vueltas, gira, vuelve al rededor. *Magnus versator in re pusilla. adag.* Gran tocado, y chico recado. *ref.*
**Versātus,** a, um. part. de Versor. *Ov.* Movido, llevado al rededor ó de una parte á otra. ‖ Versado, práctico, perito. *Versatus in re aliqua. Cic.* Versado, práctico en una cosa.
**Versĭcŏlor,** ōris. com. *Cic.* Lo que es de varios colores, que los manifiesta meneándose. ‖ Pintado de varios colores, que los tiene. ‖ Teñido.
**Versĭcŏlōrus,** a, um. *Ulp. V.* Versicolor.
**Versĭcŭlus,** i. m. *Cic.* Pequeña línea ó renglon. ‖ *Hor.* Versillo, verso corto.
**Versĭfĭcātio,** ōnis. f. *Quint.* Versificacion, la accion de hacer versos.
**Versĭfĭcātor,** ōris. m. *Quint.* Versificador, versista, el que hace versos meramente.
**Versĭfĭcātus,** a, um. *Lucil.* Versificado, puesto en verso. part. de
**Versĭfĭco,** as, avi, atum, are. n. *Quint.* Versificar, hacer versos.
**Versĭfĭcus,** a, um. *Sol.* Perteneciente á los versos.
† **Versĭformis.** m. f. mĕ. n. is. *Tert.* Lo que muda de forma, de figura.
**Versĭlis.** m. f. lĕ. n. is. *Marc. Cap.* Mudable, facil de mudar.
**Versio,** ōnis. f. *Plin.* Version, traduccion. ‖ Rotacion, movimiento en vuelta, al rededor.
**Versĭpellis.** m. f. lĕ. n. is. *Plaut.* Lo que muda la piel, la facha, la figura, la apariencia, que se trasforma ó disfraza en varias figuras. ‖ Astuto, disimulado, taimado. *Versipelles. Plin.* Los hombres que se creia se trasformaban en lobos, y luego se volvian a su estado natural.
**Verso,** as, avi, atum, are. a. *Cic.* Volver, revolver, mover, menear de una parte á otra. ‖ Mudar, trocar, cambiar. ‖ Manejar, manosear. ‖ Agitar, perturbar. ‖ *Hor.* Pesar, examinar, considerar. *Versare aliquem. Plaut.* Engañar á alguno, hacerle mudar de sistema. — *Se in utramque partem. Cic.* Volverse á todos lados, de un lado y de otro. — *Oves. Virg.* Apacentar, conducir las ovejas de una parte á otra. — *Consilia nova. Virg.* Meditar nuevos designios. — *Causas. Cic.* Tratar, manejar pleitos. — *Animum muliebrem in omnes partes. Liv.* Tentar, solicitar el ánimo de la muger por todos los medios y artes. — *Aliquem probe. Plaut.* Maltratar á alguno, darle una buena tunda. — *Dolos. Virg.* Establecer, perfeccionar el engaño.
**Versor,** āris, ātus sum, āri. *pas. Cic.* Hallarse, estar, residir en alguna parte. ‖ Estudiar, aplicarse, dedicarse á. *Versari in labiis primoribus. Plaut.* Estar en la punta de la lengua. — *In artibus ingenuis. Cic.* Ejercitarse en las artes nobles. — *In ore,* ó *in sermone omnium, in communibus proverbiis. Cic.* Andar en boca de todos, ser el objeto, el asunto de todas las conversaciones. — *Inter manus. Cic.* Estar entre las manos. — *Ob oculis, ante oculos. Cic.* Estar delante de los ojos, presente. — *In angustiis. Cic.* Estar en un grande estrecho, trabajo, peligro ó dificultad. — *In loco difficili. Cic.* Tratar una materia ó asunto difícil. — *In vicinitate. Cic.* Ser vecino, estar cercano, inmediato. — *In munere suo. Cic.* Ocuparse en su oficio. — *In errore. Plin.* Estar en un error equivocado. — *Circa aliquid. Quint.* Tener alguna cosa por objeto, por materia.
**Versōria,** ae. f. *Plaut.* Pie de la vela, cuerda con que se ata su cabo, ó con que se lleva de un borde á otro. *Versoriam capere. Plaut.* Mudar de parecer, desistir del intento, cambiar velas.
**Versum.** adv. *V.* Versus.
**Versūra,** ae. f. *Varr.* Conversion, vuelta. ‖ *Col.* El lugar en que los bueyes toman la vuelta para hacer otro surco. ‖ *Vitruv.* El ángulo esterior ó interior de la pared, el

rincon y la esquina. *Versura tubuli. Vitruv.* La vuelta de un tubo, de un cañon. *Versuram facere. Cic.* Mudar de acreedor, tomar prestado con usura para pagar las deudas. — *Solvere. Cic.* Pagar con usura, desembarazarse de una incomodidad, empeñándose en otra mayor.

Versus, us. *m. Cic.* Línea, renglon. ‖ Verso. ‖ Poesía, cancion. ‖ Hilera, fila. ‖ Espacio de cien pies de tierra en cuadro. ‖ *Plaut.* Cierta especie de baile. *Versus arborum. Virg.* Hilera de árboles. — *Lusciniae accipiunt. Plin.* Los ruiseñores aprenden las canciones. — *Tristis. Hor.* Golpe satírico. — *Atri. Hor.* Versos satíricos.

Versus. *prep. de acus. que regularmente se pone despues de su caso. Cic.* Hácia. *In Galliam versus. Ces.* Hácia Francia. *Quoque versus. Ces.* Á todas partes.

Versus, a, um. *part. de* Verto. *Sal.* Vuelto, mudado á otra parte. ‖ Mirando á alguna parte. *Versus animi. Tac.* De ánimo mudable. — *Ad occidentem. Liv.* Mirando al occidente. *Freta versa lacertis. Virg.* Los mares agitados con los remos. *Versum Illium. Sen.* Troya arruinada.

Versus, a, um. *Plaut. part. de* Verro. Barrido.

Versüte, ius, issime. *adv. Cic.* Astutamente.

Versütia, ae. *f. Apul.* Astucia, malicia, picardía.

Versütilöquus, a, um. *Cic.* Astuto, malicioso en el hablar.

Versütus, a, um, tior, tissimus. *Cic.* Habil, ingenioso, sagaz. ‖ Astuto, malicioso. *Versuta tristitia. Cic.* Tristeza afectada, estudiada.

Vertägus, gi. *m. Marc.* El galgo, perro de caza corredor.

Vertebra, ae. *f. Cels.* y

Vertebrae, arum. *f. plur. mas usado. Cels.* Vértebra, hueso pequeño encadenado con otros en la espina, que da la facultad de doblarse. ‖ *Plin.* Los anillos que proporcionan la flexibilidad del cuerpo de los insectos.

Vertebratus, a, um. *Plin.* Flexible, hecho á modo de vértebra.

Vertens, tis. *com. Virg.* Lo que vuelve ó dobla. *Annus, ó mensis vertens. Cic.* Todo el espacio, vuelta ó curso del mes ó año que corre.

Vertex, icis. *m. Quint.* Lo que da vuelta, ó aquello al rededor de lo cual algo se mueve, vértice. ‖ La cabeza. ‖ La coronilla de la cabeza, desde donde toma su direccion el pelo al rededor. ‖ Los polos. ‖ El punto superior, la cima de cualquier cosa.

Vertibülum, i. *n. Lact.* La juntura ó vértebra.

Verticillus, i. *m. Plin.* Rodaja, boton taladrado, *que se pone al huso por la parte inferior, para que con el peso dé vueltas con mas facilidad.*

Verticordia, ae. *f. Ov.* Sobrenombre de Venus, *que trueca los corazones.*

Verticösus, a, um. *Liv.* Torcido en su corriente.

Verticülae, arum. *f. plur. Fest.* Junturas, vértebras. *Vitruv.* Goznes con que se traban y doblan las máquinas.

Verticülum, i. *n. Cel. Aur.* La encorvadura ó dobladura.

Verticüllus, i. *m. Sol.* Vértebra, anillo ó nudillo del espinazo.

Vertigino, as, are. *a. Tert.* Andarse las cosas al rededor al que padece vahidos.

Vertiginösus, a, um. *Plin.* Vertiginoso, que padece vértigos ó vahidos.

Vertigo, inis. *f. Plin.* Giro, rotacion, movimiento circular. ‖ Vértigo, vahido. *Vertigo rerum. Luc.* Gran mutacion de cosas. *Vertigo quiritem facit. Pers.* Una vuelta hace caballeros. *Al siervo para darle libertad primeramente le daban un pescozon, despues tomándole la mano derecha le daban vueltas al rededor, y así le dejaban libre.*

Verto, is, ti, sum, tere. *a. Cic.* Volver, tornar. ‖ Traducir. ‖ Arar. ‖ Arruinar, destruir. ‖ Atribuir, achacar. ‖ Considerar, examinar, consultar. *Vertere terga. Liv.* Volver las espaldas, huir. — *In fugam. Ces.* Ahuyentar, poner en fuga. — *Solum. Ces.* Mudar su domicilio á otra parte. — *Bene aut male. Plaut.* Suceder bien ó mal. — *Se aliquo. Ter.* Refugiarse, acudir á alguna parte. — *Terram. Virg. Agrum. Plin.* Arar la tierra, cultivar un campo. *Vertitur coelum. Virg. Dies. Prop.* Se acaba el dia. — *In se ipsum. Cic.* Solo piensa en sí mismo. — *In mercaturam.*

*Plaut.* Se hace mercader. — *Utrum. Liv.* Se trata de saber si. *In eo res. Liv.* Toda la dificultad, el punto de ella, el asunto está, consiste en esto, depende de esto. — *Res in meo foro. Plaut.* Este es negocio mio, me toca, me pertenece. — *Pernicies in accusatorem. Tac.* Se vuelve el daño contra el acusador. — *Alicui vitio. Cic.* Se atribuye á vicio, ó defecto á alguno. — *Causa in deos. Liv.* Se atribuye la causa á los dioses. *Vertitur. impers. Liv.* Se trata, se piensa, se delibera.

Vertumnalia, orum, ó ium. *n. plur. Varr.* Fiestas al dios Vertumno en el mes de octubre.

Vertumnus, i. *m. Asc.* Vertumno, *dios entre los romanos, que se trasformaba en todas formas, como Proteo entre los griegos, presidía á la tutela de los árboles, á las compras y ventas, y á los pensamientos humanos. Vertumnis natus iniquis. Hor.* El que no puede regir sus pensamientos.

Veru, u. *n. Varr.* El asador. ‖ Dardo, lanza corta.

Verücülum, i. *n. Plin. dim. de* Veru.

Veruina, ae. *f. Plaut.* V. Verutum.

Verum. *adv. Ter.* Sí, cierto, ciertamente, sí por cierto.

Verum. *conj. advers. Cic.* Pero, mas, sino.

Verum, i. *n. V.* Veru.

Verum, i. *n. Cic.* La verdad.

Veruntämen, y Verumtamen. *conj. adver. Cic.* Pero, sin embargo.

Verus, a, um, ior, issimus. *Cic.* Verdadero, cierto, sincero. ‖ Verídico, veraz, que dice la verdad. *Verum est. Ces.* Es justo, razonable, regular.

Verutum, i. *n. Ces.* El dardo arrojadizo.

Verutus, a, um. *Virg.* Armado de dardo.

Vervacum, i. *n. Col.* Barbecho ó tierra que se ara en la primavera ó al principio del año, y descansa hasta el siguiente otoño en que se siembra.

Vervagëro. *a. Col.* Arar la tierra en la primavera.

Vervëceus, a, um. *Arnob.* Lo que es de castron, hecho á su semejanza, como la estatua de Júpiter Amon.

Vervëcinus, a, um. *Lampr.* Lo que es de castron.

Vervex, ëcis. *m. Cic.* El castron castrado. ‖ *Plaut.* Hombre estúpido, necio.

Vesania, ae. *f. Hor.* La locura, falta de juicio, de seso.

Vesaniens, tis. *com. Catul.* Furioso, enfurecido. Habla del viento.

Vesanus, a, um. *Cic.* Loco, insensato. ‖ Furioso, rabioso, cruel.

Vescor, ëris, sci. *dep. Sal.* Alimentarse, comer. *Vesci caprinum jecur. Plin.* Comer hígado de cabra. — *Ex manu. Plin.* Comer á la mano. — *Aura. Virg.* Vivir, respirar el aire vital. — *Glande. Cic.* Alimentarse de bellotas. *Ad vescendum aptus. Cic.* Bueno para comerlo. *Vescendi causa. Sal.* Por comer.

Vescülus, a, um. *Fest.* Debil, flaco, delgadillo, macilento. *dim. de*

Vescus, a, um. *Lucr.* Comedor. ‖ Flaco, delgado. ‖ Inapetente. ‖ *Virg.* Comestible, bueno para comer.

Vesevus, i. *m. Val. Flac.* El monte Vesubio entre los poetas.

Vesevus, a, um. *Virg.* Lo que pertenece al monte Vesubio de Italia.

Vesica, ae. *f. Cic.* La vegiga, receptáculo de la orina. ‖ *Marc.* La piel delgada y sutil de la vegiga. ‖ *Varr.* Bolsa hecha de la piel de la vegiga. ‖ *Plin.* Tumor ó manera de vegiga. *Vesica libellis á nostris procul est omnis. Marc.* Ninguna hinchazon hay en mi estilo.

Vesicaria, ae. *f. Plin.* Yerba que cura el mal de la vegiga, de la orina.

Vesicarius, a, um. *Marc. Emp.* Lo que pertenece á la vegiga.

Vesicüla, ae. *f. Cic.* Vegiga pequeña. ‖ Vainilla en que está encerrada la simiente de algunas plantas.

Vesiculösus, a, um. *Cel. Aur.* Lleno de vegigas, de empollas, de tubérculos.

Vesontio, onis. *f. Ces.* Besanzon, *ciudad del condado de Borgoña.*

Vespa, ae. *f. Plin.* La avispa, *insecto semejante á la abeja.* ‖ Enterrador, sepulturero. *Vespa cicadae obstre-*

*pens. Catulus leonem allatrans. Pica cum lusciniola certat. Upupa cum cygnis. adag.* Atreverse un pigmeo á un gigante. *ref.*

Vesper, ĕris. *m. Plin.* El véspero ó héspero. La estrella de Venus cuando sale antes de anochecer. ‖ La tarde, la caida de la tarde. ‖ *Ov.* El occidente, el ocaso. *Plaut.* La cena. *Nescit quid vesper serus vehat.* Título de una de las Sátiras Menipeas de Varron. *Virg.* No sabes lo que trae consigo cada tarde. No hay que fiar en la felicidad presente. *Pridie vesperi. Cic.* La tarde antes. *Vesperi. Cic.* Por la tarde. *Parare sibi piscatum in vesperum. Plaut.* Prevenir pescado para la cena. *De vesperi suo vivere. Plaut.* Vivir de su propia mesa, no mendigar, no necesitar las de otros.

Vespĕra, ae. *f. Cic.* La tarde del dia. *Vespera. absol. Plin.* Á la tarde, por la tarde.

Vespĕralis. *m. f. lĕ. n. is. Solin.* Vespertino, de la tarde. ‖ Occidental.

Vespĕrascit. *impers. Ter.* Se acerca la noche, anochece. *Vesperascente coelō. Nep.—Die. Tac.* Al anochecer.

Vespĕrat. *impers. Gel.* Anochece, se hace de noche.

Vespĕratus, a, um. *Sol.* Anochecido.

Vespĕre y Vesperi. V. Vesper.

Vesperna, ae. *f. Fest.* La comida que se hacia á la caida de la tarde. ‖ La cena.

Vespertilio, ōnis. *m. Plin.* El murciélago, *avecilla nocturna. Vespertiliones. Ulp.* Los que solo andan de noche como huyendo de la luz, por no encontrarse con sus señores ó conocidos. ‖ Los que andan á sombra de tejado, escondiéndose de sus acreedores.

Vespertīnus, a, um. Lo que es de ó se hace por la tarde. *Vespertina regio. Hor.* El occidente, el ocaso. *Vespertini matutinisque. Plin.* Por las tardes y tambien por las mañanas.

Vespĕrūgo, ĭnis. *f. Vitruv.* La estrella Véspero. ‖ *Tert.* El murciélago.

Vespĕrus, i. *m. V.* Vesper.

Vespĕrus, a, um. *Plin.* Lo que es de la tarde.

Vespĭces, um. *f. plur. Fest.* Los frutales espesos, cubiertos de hoja, como de vestido.

Vespillo, ōnis *m. Suet.* Sepulturero, enterrador de los cadáveres de los pobres. ‖ *Aur. Vict.* Sobrenombre puesto por chiste al edil Lucrecio, por haber arrojado al Tiber con sus propias manos el cadáver de Tib. Graco, muerto en un alboroto del pueblo.

Vesta, ae. *f. Virg.* La diosa Vesta, *madre de Saturno, llamada tambien Opis, Terra, Cibeles, Berecintia, Rea, gran Madre, madre de los dioses, madre Idea, madre Frigia.* ‖ El fuego. *Servianla vírgenes, como ella lo era, y tenian el cuidado de mantener el fuego público, que llamaban eterno.*

Vestalia, ium. *n. plur. Ov.* Fiestas vestales en honor de la diosa Vesta el dia 9 de Junio.

Vestalis. *m. f. lĕ. n. is. Ov.* Vestal, perteneciente á la diosa Vesta. *Vestalis virgo,* y *Vestalis* absolutamente, vírgen Vestal, dedicada á esta diosa. *Estas eran seis doncellas principales, elegidas por el Pontífice máximo desde seis años á diez, que estaban obligadas á guardar virginidad treinta años. Los diez primeros empleaban en iniciarse de los misterios y sacrificios de la diosa; los diez siguientes sacrificaban, y los restantes enseñaban. Cumplido este tiempo podian casarse. Gozaban privilegio de liberacion de la patria potestad, de testar, y de cederles el lugar en la calle hasta los magistrados. Pero si dejaban apagar el fuego sacro, que se tenia por fatal para la ciudad, ó perdian la virginidad, estaban espuestas á terribles castigos. Por el primer delito era muerta la delincuente á azotes, por el segundo era enterrada viva.*

Vester, tra, trum. *Cic.* Vuestro. *Vestrum est dare. Ov.* Á vosotros os toca dar.

Vestiarium, ii. *n. Sen.* El vestido, la ropa de vestir. ‖ *Plin.* Guardaropa, armario en que se guardan los vestidos. ‖ La pieza donde está. ‖ Arca, cofre.

Vestiarius, ii. *m. Ulp.* El sastre, el ropero que vende vestidos.

Vestiarius, a, um. *Cat.* Lo que toca á los vestidos.

Vestibŭlum, i. *n. Cic.* El vestíbulo, la entrada. ‖ Atrio. ‖ Portal. *Vestibulum artis ingredi. Quint.* Saludar un arte, tomar una tintura de ella ó sus primeros principios.

Vestĭceps, ĭpis. *com. Gel.* Que ha llegado á la pubertad, que ha entrado en los 14 años, que le empieza á apuntar el bozo. ‖ *Apul.* Corrompido, viciado.

Vesticontubernium, ii. *n. Petron.* El concúbito de los que se acuestan debajo de una misma ropa.

Vesticŭla, ae. *f. Ulp.* Vestidito, vestido pequeño, vestidillo de bajo precio.

Vestifĭca, ae. *f. Inscr.* La sastra, sastreza, muger que hace de vestir.

Vestificĭna, ae. *f. Tert.* Sastrería, la obra y arte de hacer de vestir.

Vestifĭcus, i. *m. Inscr.* El sastre.

Vestiflŭus, a, um. *Petron.* Que usa de vestidos anchos y pomposos.

Vestigatio, ōnis. *f. Apul.* Investigacion, pesquisa.

Vestigātor, ōris. *m. Col.* Investigador. ‖ Cazador. ‖ *Sen.* Delator.

Vestigium, ii. *n. Cic.* Vestigio, pisada, huella, rastro, pista, señal de la planta. ‖ Planta del pie. *Vestigium equi. Plin.* Herradura del caballo. — *Movere. Curc.* Irse. — *Fallit locus lubrici. Curc.* Un parage lúbrico hace resbalar. *Vestigio suo haerere non posse. Liv.* No poder tenerse sobre los pies. — *Eodem temporis. Ces.* Al mismo instante. *E vestigio. Ces.* Inmediatamente.

Vestīgo, as, avi, atum, are. *a. Cic.* Seguir la pista, investigar, inquirir como siguiendo los pasos. ‖ *Liv.* Hallar, encontrar. *Vestigare alte oculis. Virg.* Buscar, registrar por todas partes con los ojos. — *Causas rerum. Cic.* Inquirir, buscar con gran diligencia las causas de las cosas. — *Voluptates. Cic.* Buscar por todas partes los deleites.

Vestimentum, i. *n. Cic.* El vestido, toda ropa de vestir.

Vestīnus, a, um. *Plin.* Lo perteneciente á los vestinos, *pueblos de Italia, entre la Marca de Ancona y el Abruzo.*

Vestio, is, ivi, ītum, īre. *a. Cic.* Vestir, cubrir con el vestido. ‖ Dar un vestido ó de vestir. ‖ Cubrir, guarnecer. *Vestire. Apul.* Vestir, usar del vestido. — *Trabes aggere. Ces.* Revestir las vigas con tierra. — *Inventa orationes. Cic.* Vestir, adornar con el estilo las cosas inventadas. — *Se frondibus et ubis. Col.* Vestirse, cubrirse la vid de hojas y racimos.

Vestĭplĭca, ae. *f. Quint.* Doncella, camarera que dobla y guarda los vestidos.

Vestĭplĭcus, ci. *m. Inscr.* Ayuda de cámara, que dobla y guarda los vestidos.

Vestis, is. *f. Cic.* El vestido. ‖ *Lucr.* El primer bozo, el vello. *Vestis araneae. Lucr.* Tela de araña. — *Serpentis. Lucr.* Camisa, despojo de la culebra. *Veste molli pubescere. Lucr.* Empezar á apuntar el bozo al jóven. — *Aurea. Virg.* La barba rubia, que atribuye á los galos. *Vestem mutare. Cic.* Vestirse de luto con toga vieja y sucia, tendido el cabello y crecida la barba, *como acostumbraban en las desgracias.*

Vestispex, ĭcis. *m. V.* Vestispicus.

Vestispica, ae. *f. Varr.* Doncella, camarera que tiene el cuidado de la ropa.

Vestispicus, i. *m. Inscr.* Ayuda de cámara, que cuida de la ropa.

Vestitor, ōris. *m. Lampr.* El sastre.

Vestītus, us. *m. Cic.* El vestido. ‖ Adorno, compostura, gala. ‖ El modo de vestir.

Vestītus, a, um. *Cic. part. de* Vestio. Vestido. *Vestitus genas. Sen. Trag.* Que tiene las mejillas cubiertas de pelo. *Vestitissimum pecus. Col.* Ganado bien cubierto de lana, muy lanudo.

Vestīvi. *pret. de* Vestio.

Vestras, ātis. *com. Cic.* Vuestro, de vuestra patria, secta, partido.

Vesūlus, i. *m. Virg.* Monviso, *monte de Liguria, entre Francia é Italia.*

Vesūvinus, a, um. *Estac.* Lo pertenece al monte Vesubio ó de Soma.

**Vesuvius**, ii. *m. Plin. men.* El monte de Soma ó Vesubio de Campania cerca de Nápoles, *famoso por el volcan de su cima.*

**Vesvius**, ii *m. síncop. de* Vesuvius.

**Vetatio**, ōnis. *f. Cic.* Prohibicion.

**Vetatum**. *supino inusitado de* Veto, ās.

**Vetaturus**, a, um. Que ha ó tiene de vedar.

**Veter**, ĕria. *com. Enn. V.* Vetus.

**Veterāmentārius**, ii. *m. Suet.* Zapatero de viejo, que compone los zapatos viejos.

**Veterani**, ōrum. *m. plur. Ces.* Veteranos, soldados viejos.

**Veterānum**, i. *n. Sen.* Cueva, bodega, despensa en que se guardan las cosas que se quieren hacer añejas.

**Veteranus**, a, um. *Cic.* Veterano, viejo, antiguo.

**Veterarium**, ii. *n. Sen. V.* Veteranum.

**Veterarius**, a, um. *Liv. V.* Veteranus.

**Veterasco**, is, veteravi, scĕre. *n. Col.* Envejecerse, hacerse viejo.

**Veterātor**, ōris. *m. Ter.* Astuto, taimado, malicioso.

**Veterātorie**. *adv. Cic.* Astutamente.

**Veteratorius**, a, um. *Cic.* Astuto, taimado.

**Veteratrix**, īcis. *f. Apul.* La muger muy diestra, muy ejercitada en astucias y fraudes.

**Veteratus**, a, um. *Plin.* Envejecido.

**Veteravi**. *pret. de* Veterasco.

**Veteres**, um. *m. plur. Cic.* Los antiguos, la antigüedad.

**Veteretum**, i. *n. Col.* Tierra dejada de labrar por mucho tiempo, *y como envejecida.*

**Veterīnina**, ōrum. *n. plur. Plin.* Bestias de carga.

**Veterinarius**, ii. *m. Col.* El albeitar, mariscal que cura las bestias, que ejerce la medicina veterinaria.

**Veterinarius**, a, um. *Col.* Lo que pertenece á las bestias de carga, á la veterinaria, á la cura de sus enfermedades. *Veterinaria medicina. Col.* La veterinaria.

**Veterinus**, a, um. *Lucr.* Propio de las bestias de carga.

**Veteris**. *gen. de* Vetus.

**Veternositas**, atis. *f. Fulg.* La torpeza del letargo.

**Veternosus**, a, um. *Plin.* Que padece letargo, aletargado. ∥ *Gel.* Hidrópico. ∥ *Sen.* Tardo, lento, perezoso. *Veternosissimum artificium. Sen.* Artificio muy debil.

**Veternus**, i. *m.* Letargo. ∥ *Plin.* Sueño pesado. ∥ Flojedad, pereza, desidia. ∥ *Col.* Porquería, suciedad envejecida. ∥ *Estac.* Antigüedad, vejez.

**Veternus**, a, um. *Apul. V.* Veternosus.

**Vetero**, ās, āvi, ātum, āre. *n. Col.* Envejecerse, hacerse viejo.

**Vetitum**, i. *n. Cic.* Lo vedado, prohibido. ∥ Prohibicion.

**Vetitus**, a, um. *Ter.* Vedado, prohibido, negado.

**Veto**, ās, tui (*rara vez* tāvi), titum, āre. *a. Cic.* Vedar, prohibir, impedir por orden. *Vetor fatis. Virg.* Me es prohibido por los hados. *Quid vetat?* ¿Qué impedimento hay? *Vetare bella. Virg.* Disuadir la guerra, oponerse á ella.

**Vetula**, ae. *f. Juv.* La vieja, vejezuela.

**Vetuloniensis**. *m. f. lĕ. n. is. Plin.* Perteneciente á Vetulonia, *ciudad antigua de la Etruria.*

**Vetulonii**, ōrum. *m. plur. Plin.* Los ciudadanos de Vetulonia.

**Vetulus**, i. *m. Plaut.* Viejo, viejecillo.

**Vetulus**, a, um. *Cic.* Viejo, anciano, antiguo.

**Vetus**, ĕris, terior, terrimus. *Ter.* Viejo, anciano, antiguo. ∥ Añejo, rancio. *Veteres militiae. Tac.* Veteranos, prácticos, espertos en la milicia.

**Vetusculus**, a, um. *Sid.* Viejecillo, algo viejo.

**Vetustas**, atis. *f. Cic.* Antigüedad, ancianidad, vejez. ∥ Largo espacio de tiempo, pasado ó futuro. ∥ Antiguo conocimiento y trato de los amigos. *Vetustatis patiens. Plin.* Que se conserva ó puede durar largo tiempo. *Tarda vetustas. Ov.* La vejez. *Ulcus occupare. Col.* Encallecerse la llaga.

**Vetuste**, issime. *Adv. Asc.* Á la antigua, segun costumbre de los antiguos. *Vetustissimé in usu est. Plin.* Hace ya mucho tiempo que se usa.

**Vetustesco**, is, ĕre. *a. Col.* Envejecerse.

**Vetustisco**, is, cĕre. *n. Non. V.* Vetustesco.

**Vetustus**, a, um. *Col.* Viejo, antiguo, anciano, envejecido, añejo, rancio. *Ligna vetusta. Hor.* Leña seca. *Scabies. Juv.* Roña envejecida. *Vetustissimum instrumentum. Suet.* Comentario de cosas antiquísimas.

**Vexabilis**, *m. f. lĕ. n. is. Cel. Aur.* Lo que da molestia y pesadumbre.

**Vexabiliter**. *adv. Cel. Aur.* Molesta, penosamente.

**Vexamen**, ĭnis. *n. Luc.* y

**Vexatio**, ōnis. *f. Cic.* Vejacion, trabajo, molestia, mal tratamiento, incomodidad que se da ó se tiene.

**Vexativus**, a, um. *Cel. Aur.* Que aflige ó da molestia.

**Vexator**, ōris. *m. Cic.* El que molesta, maltrata.

**Vexatrix**, īcis. *f. Lact.* La que da molestia, que incomoda, persigue, maltrata.

**Vexatus**, a, um. *part. de* Vexo. *Suet.* Maltratado, afligido, atormentado, incomodado.

**Vexi**. *pret. de* Veho.

**Vexillarius**, ii. *m. Liv.* Alferez, portaestandarte, soldado que lleva la bandera. *Vexillarii. Tac.* Soldados escogidos de las legiones *que militaban separados de ellas con bandera propia.*

**Vexillatio**, ōnis. *f. Veg.* El ala de caballería.

**Vexillifer**, a, um. *Prud.* Que lleva la bandera.

**Vexillum**, i. *n. Cic.* Bandera, insignia militar. ∥ El estandarte que sirve de señal de la batalla. ∥ *Estac.* Cuerpo de tropas que milita bajo de una bandera. ∥ *Tac.* Cuerpo de tropa escogida. *Submittere vexilla. Liv.* Abatir, rendir las banderas. *Submittere fortunae suae. Estac.* Portarse con humildad, deponer algo de su grandeza por civilidad.

**Vexo**, ās, āvi, ātum, āre. *a. Cic.* Vejar, molestar, maltratar, perseguir, infestar ∥ Causar molestia, dolor, pena, pesadumbre, atormentar, afligir. *Vexare annonam. Ulp.* Encarecer los víveres. *Finitimas regiones. Ces.* Correr las regiones cercanas, hacer correrias en ellas. *Vexatur Theophrastus. Cic.* Es reprendido, criticado Teofrasto.

## VI

**Via**, ae. *f. Varr.* El camino, calle, senda. ∥ Viaje. ∥ Método, modo. *Via militaris. Cic. Publica. Plaut. Regia, consularis, praetoria. Ulp.* Camino real. *Strata. Liv.* Calzada, arrecife, camino empedrado. *Viam exigere. Asc.* Exigir á los particulares la contribucion para componer los caminos ó las portadas de sus casas. *Tuam abi. Plaut.* Vete por tu camino. *Facere. Ov.* Abrir, hacer camino. ∥ Caminar, marchar. *Sternere. Ov.* Empedrar el camino. *De via decedere. Suet. De semita decedere. Sen.* Ceder la acera. ∥ Apartarse del camino recto. *Tota errare. Ter.* Cometer un grande error ó estar en él. *Perpetua. Cic.* Especie de maldicion que echaban á los que iban de camino si los tenian ojeriza, pidiendo á los dioses que no llegasen nunca al término de su viage. *Rectam instas viam. Plaut.* Dices bien.

**Vialis**. *m. f. lĕ. n. is. Plaut.* Vial, perteneciente al camino. *Lares viales. Plaut.* Imágenes de los dioses que ponian en los caminos para que presidiesen á su seguridad y la de los viajeros.

**Vians**, tis. *com. Apul.* Viandante, caminante, viajero.

**Viarius**, a, um. *Cic.* Perteneciente al camino.

**Viaticatus**, a, um. *Plaut.* Provisto para el camino.

**Viaticor**, āris, āri. *dep. Plaut.* Hacer provision para un viaje.

**Viaticulum**, i. *n. Ulp.* Corto viático ó provision para el viaje. *dim. de*

**Viaticum**, i. *n. Cic.* Viático, provision para el viaje de comida, dinero y equipaje. ∥ *Suet.* Peculio del soldado adquirido de su sueldo ó de las presas. ∥ *Ulp.* El dinero que gasta en su sustento el que está fuera de su patria. *Vide ut mi viaticum reddas. Plin. men.* Mira que me pagues el gasto del viaje. *Reduxit me in viam suo viatico.*

**Plaut.** Me puso en el camino á su costa. *Exacta via viaticum quaerit. Post bellum machinas (afferre.)* Despues de vendimias cuévanos. El conejo ido, y el consejo venido. *ref.*

**Viatĭcus, a, um.** *Plaut.* Lo perteneciente al viaje. *Viatica coena. Plaut.* Comida de despedida ó de bienvenida.

**Viātor, ōris. m.** *Cic.* Viajero, caminante, pasajero. ‖ Llamador, mensajero que convoca al senado, ó lleva sus órdenes.

**Viātŏrius, a, um.** *Cic.* Lo que pertenece al viaje y al viajero.

**Viatrix, ĭcis. f.** *Inscr.* La que viaja ó va de camino.

**Vībex, ĭcis. f.** *Plin.* El cardenal que deja el azote en la piel.

**Vibilia, ae. f.** *Arnob.* Diosa que presidia á los caminos.

**Vibisci, ōrum. m. plur.** *Plin.* Pueblos de Gascuña, cerca de Burdeos.

**Vibius, a, um.** *Estac.* Anfibio, que habita en el agua y en la tierra.

**Vibonensis. m. f. sĕ. n. is.** *Plin.* Lo perteneciente á la ciudad de Bibovalencia, *colonia romana en el Abruzo.*

**Vibōnes, um. m. plur.** *Plin.* Las flores de la yerba británica, *con las cuales, comidas antes de los truenos, se creian los hombres seguros de los rayos.*

**Vibrabĭlis. m. f. lĕ. n. is.** *Auson.* Lo que se puede vibrar, blandear ó doblar.

**Vibrabundus, a, um.** *Marc. Cap. V.* Vibrans.

**Vibrāmen, ĭnis. n.** *Apul. V.* Vibratio.

**Vibrans, tis. com.** *Virg.* Vibrante, que vibra ó mueve con movimiento trémulo y acelerado. ‖ *Val. Flac.* Brillante, resplandeciente. *Vibrans oratio. Cic.* Discurso vehemente, impetuoso. *Vibrantes sententiae. Quint.* Sentencias agudas, penetrantes. *Sonus lusciniae vibrans. Plin.* Canto trinado del ruiseñor.

**Vibrātio, ōnis. f.** *Fest.* Vibracion, la accion de menear con movimiento trémulo y acelerado.

**Vibratus, us m.** *Marc. Cap.* y

**Vibrātus, a, um.** *part. de Vibro. Virg.* Vibrado, movido aceleradamente. ‖ Arrojado, disparado, lanzado. ‖ *Val. Flac.* Resplandeciente, brillante con luz trémula. *Capillus vibratus, ó crines vibrati ferro. Virg.* Cabellos rizados con hierro.

**Vibrissae, ārum. f. plur.** *Fest.* Los pelos de las narices, llamados asi porque al arrancarlos se menea la cabeza.

**Vibrissāre, ó Vibrissĕre. n.** *Fest.* Trinar cantando.

**Vibro, ās, āvi, ātum, āre. a.** *Cic.* Vibrar, agitar, menear con movimiento trémulo y acelerado. ‖ Disparar, arrojar, lanzar. ‖ Brillar, resplandecer con luz trémula. *Vibrare sicas. Cic.* Manejar puñales. *Mare vibrat. Cic.* El mar brilla con movimiento trémulo.

**Viburnum, i. n.** *Virg.* La mimbrera.

**Vica Pota, ae. f.** *Cic.* Diosa poderosa para vencer.

**Vicānus, a, um.** *Liv.* Aldeano, na.

**Vicariānus, a, um.** *Sid.* Lo que pertenece al vicario eclesiástico.

**Vicārius, ii. m.** *Cic.* Sustituto, vicegerente, lugarteniente, que suple por otro. ‖ Esclavo que depende de otro esclavo. *Vicarius esse nolo. Marc.* No quiero ser criado de otro criado.

**Vicārius, a, um.** *Cic.* El que suple ó sustituye á otro, vicario, lugarteniente, vicegerente, sustituto. *Vicarius alieni juris. Cic.* Sujeto á las órdenes de otro. *Tu sis illi meus. Quint.* Haz por él lo que yo quisiera hacer. *Vicaria mors. Quint.* Muerte que se padece por otro. *Vicarium verbum. Plaut.* Palabra puesta en lugar de otra.

**Vicātim. adv.** *Cic.* De barrio en barrio, de cuartel en cuartel, de calle en calle. ‖ *Plin.* De lugar en lugar, por los lugares ó aldeas.

**Vice, Vices.** *V.* Vicis.

**Vicenārius, a, um.** *Plaut.* De veinte, que contiene el número de veinte.

**Vicēni, ae. a. plur.** *Col.* Veinte.

**Vicēniquĭni, ae. a. plur.** *Front.* Veinte y cinco.

**Vicennālis. m. f. lĕ. n. is.** *Lact.* Lo que tiene veinte años ó los contiene.

**Vicennium, ii. n.** *Dig.* Espacio de veinte años.

**Vicepraefectus, i. m.** *Inscr.* Que hace las veces del prefecto ó gobernador.

**Vicequaestūra, ae. f.** *Asc.* El cargo del lugarteniente de cuestor ó tesorero.

**Vicēsima, ae. f.** *Plin. men.* Vicésima, *impuesto de una veintena parte sobre los bienes, ó cinco por ciento.*

**Vicesimāni, ōrum. m. plur.** *Tac.* Soldados de la décima legion.

**Vicesimārius, ii. m.** *Petron.* Cobrador, exactor de la vicésima.

**Vicesimārius, a, um.** *Liv.* Lo que toca á la vicésima.

**Vicesimātio, ōnis. f.** *Cap.* Suplicio militar *en que era castigado uno de veinte.*

**Vicēsimo, ās, āre. a.** *Cap.* Tomar, cobrar la vigésima parte, cinco por ciento.

**Vicesĭmus, a, um.** *Cic.* Vigésimo, el último de veinte.

**Vicetia, y Vicentia, ae. f.** *Plin.* Vicenza, *ciudad del señorío de Venecia entre Verona y Padua.*

**Vicetīni, ōrum. m. plur.** *Just.* Vicentinos, los habitantes de la ciudad de Vicenza.

**Vicetīnus, y Vicentīnus, a, um.** *Plin.* Vicentino, lo que es de ó pertenece á la ciudad de Vicenza.

**Vicia, ae. f.** *Plin.* La arveja, *legumbre.*

**Viciārius, a, um.** *Col.* Perteneciente á la arveja.

**Vicies. adv.** *Cic.* Veinte veces.

**Vicināsis. m. f. lĕ. n. is.** *Liv.* Lo que es de la vecindad, del vecindario.

**Vicinia, ae. f.** *Ter.* La vecindad, vecindario. ‖ Cercanía, proximidad, inmediacion. ‖ Semejanza, afinidad.

**Vicinĭtas, ātis. f.** *Cic. V.* Vicinia.

**Vicinĭtus. adv.** *Dig.* En la vecindad, en la cercanía, en la inmediacion.

**Vicinor, āris, āri. dep.** *Sidon.* Estar vecino, cercano, inmediato.

**Vicinus, i. m.** *Cic.* El vecino que habita junto á otro. *Vicinus proximus. Ulp.* Vecino mas cercano.

**Vicinus, a, um.** *Cic.* Vecino próximo, cercano, inmediato, comarcano. ‖ Se dice tambien del tiempo. ‖ Semejante, parecido. *Vicina ad pariendum. Cic.* Cercana al parto. *Oppidum in vicino condidit. Plin.* Fundó una ciudad en la inmediacion.

**Vicis. gen. f.** *Liv.* Vici. *dat. Quint.* Vicem. *acus. Curc. Vic. ablat. Hor.* Vices. *num. plur. Hor.* Vicibus. *dat. y ablat. Plin.* Vices. *acus. Virg.* La vez, alternativa, turno, vuelta, succesion de cosas. ‖ Suerte, destino, condicion, situacion, estado. ‖ Plaza, empleo, cargo. *Vice alterna. Plin. men.* Por veces, á la vez, alternativamente. *Vice grata veris. Hor.* Por la agradable alternativa de la primavera. — *Numinis coli. Plin.* Ser reverenciado como un dios. — *Plus simplici. Hor.* Mas de una vez. — *Versa. Ulp.* Al contrario, recíproca, alternativamente.

**Vicissātim. adv.** *Plaut.* y

**Vicissim. adv.** *Cic.* Alternativamente, por veces.

**Vicissĭtas, ātis. f.** *Non.* y

**Vicissĭtūdo, ĭnis. f.** *Cic.* Vicisitud, mudanza, alternacion, variedad de cosas y tiempos. ‖ Remuneracion, correspondencia. *Jucunda vicissitudo rerum, adag.* Al que se muda Dios le ayuda. *ref. Omnium rerum vicissitudo est. adag.* Despues de cien años los reyes son villanos, y despues de ciento diez los villanos son reyes. En linages luengos alcaldes, y pregoneros. *ref.*

**Victĭma, ae. f.** *Liv.* La víctima para el sacrificio.

**Victimārius, ii. m.** *Liv.* Ministro de los sacrificios, *que preparaba el cuchillo, el agua, la salsa mola, ataba la víctima, y cuidaba de lo demas necesario. Victimarius negotiator (como adjetivo). Plin.* El que previene víctimas venales que ha comprado.

**Victĭmo, ās, āvi, ātum, āre. a.** *Apul.* Sacrificar.

**Victĭto, ās, āvi, ātum, āre. n.** *Plaut. frec. de*

**Victo, ās, āvi, ātum, āre. n.** *Plaut.* Alimentarse, mantenerse, sustentarse, vivir. *Parce victitare. Plaut.* Vivir con economía. — *Bene libenter. Ter.* Regalarse bien.

**Victor, ōris. m.** *Cic.* Vencedor. *Victor currus. Ov.* Carro triunfal, de triunfo. *Victor S. n. Virg.* Sinon vencedor, porque habia llevado su empresa al cabo del deseo.

*Victores legiones.* Plaut. Legiones vencedoras.

**Victoria,** ae. f. Cic. La victoria. ‖ Diosa de la Victoria.

**Victorialis.** m. f. le. n. is. Treb. Pol. Perteneciente á la victoria.

**Victoriatus,** i. m. Quint. Victorito, *moneda de plata, acuñada por la ley Clodia con la imágen de la Victoria, que valia cinco ases.*

**Victoriola,** ae. f. Cic. Pequeño simulacro de la Victoria.

**Victoriosus,** a, um. Gel. Victorioso, vencedor, acostumbrado á vencer.

**Victrix,** icis. f. Cic. Victoriosa, vencedora. *Victrices litterae.* Ov. Carta que anuncia la victoria.

**Victualis.** m. f. le. n. is. Apul. Lo que toca al sustento, al alimento, al mantenimiento.

**Victus,** a, um. part. de Vinco. Vencido. *Victas opes.* Cic. Riquezas disipadas. *Flet victus, victor interiit.* adag. Ambos fueron con las manos en la cabeza.

**Victus,** us. m. Cic. Aquello de que vivimos, el sustento, la comida y bebida, el porte y aseo del cuerpo, y todo lo necesario para vivir. ‖ El modo de vivir, el porte ó género de vida.

**Viculus,** i. m. Liv. Pequeño barrio ó cuartel. dim. de

**Vicus,** i. m. Liv. El barrio ó cuartel de una ciudad. ‖ Aldea, lugar corto.

**Videlicet.** adv. Tert. Cierta, verdaderamente, por cierto, en verdad, es á saber.

**Viden?** Ter. en lugar de Videsne? ¿No ves?

**Videns,** tis. com. Virg. El que ve. *Vivus, vidensque.* Cic. Diligente, vigilante.

**Video,** es, idi, visum, dere. a. Cic. Ver. ‖ Mirar. ‖ Visitar. ‖ Entender, conocer. ‖ Advertir, considerar, pensar. ‖ Precaver. ‖ Cuidar, procurar. *Vide ut incedit.* Ter. Mira como anda. *Quid agas.* Ter. Mira bien lo que haces. *Tibi.* Ter. Mira por tí. *Viderint philosophi.* Cic. Dejo á los filósofos, disputen, riñan ellos entre sí.

**Videor,** eris, visus sum, deri. dep. Cic. Parecer. ‖ Pasar. Ser visto. *Videor videre.* Cic. Me parece ver ó que veo. *Videtur si tibi.* Cic. Si te parece, si lo juzgas por conveniente. *Nil videtur.* Cic. No se ve el por qué. *Videbitur.* Plaut. Se verá, se pensará.

**Vidua,** ae. f. Cic. La viuda, la muger que ha perdido su marido. ‖ Plaut. La que le tiene ausente. ‖ La soltera.

**Vidualis.** m. f. le. n. is. Inscr. Propio de la viuda.

**Viduatus,** a, um. part. de Viduo. Col. Despojado, privado. *Viduata.* Suet. La viuda. *Conjux viduata taedis.* Sen. Muger repudiada. *Sedes.* Sil. Silla curul desocupada, vacante, vacía por muerte del cónsul.

**Viduatus,** us. m. Tert. y

**Viduertas,** atis. f. ant. Cat. La calamidad.

**Viduitas,** atis. f. Cic. Viudez, el estado de viuda. ‖ Privacion, pobreza, falta, pérdida.

**Vidularia,** ae. f. Non. Nombre de una de las comedias perdidas de Plauto.

**Vidulus,** i. m. Plaut. Bolsa, balija, maleta de cuero para el viage.

**Viduo,** as, avi, atum, are. a. Virg. Privar, despojar.

**Viduus,** i. m. Ov. Viudo el que ha perdido su muger.

**Viduus,** a, um. Cic. Privado, despojado. ‖ Vacío, desocupado. *Viduum arboribus solum.* Col. Tierra pelada, sin árboles.

† **Viduvium,** ii. n. Sid. La viudez, estado de viuda.

**Vienna,** ae. f. Ces. Viena, *ciudad de la Galia narbonense, colonia romana sobre el Ródano.* ‖ *De la Panonia superior sobre el Danubio.*

**Viennenses,** ium. m. plur. Plin. Los ciudadanos de Viena sobre el Ródano.

**Viennensis.** m. f. le. n. is. Plin. Lo que es de ó pertenece á la ciudad de Viena sobre el Ródano.

**Vieo,** es, evi, etum, ere. a. Varr. Atar con junco ú otra ligadura flexible.

**Vietor,** oris. m. Ulp. El cubero ó tonelero, que ciñe y aprieta las cubas con mimbres y arcos de madera. ‖ Cestero, el que hace cestas ó cestos de mimbres.

**Vietus,** a, um. Cic. Lánguido, flaco, sin fuerzas.

**Viceni,** ae, a. plur. Col. Veinte.

**Vigens,** tis. com. Cic. Vigoroso, fuerte, robusto.

**Vigeo,** es, gui, gere. n. Cic. Tener vigor, ser robusto, fuerte, gallardo. ‖ Florecer, hallarse en prosperidad ó felicidad. ‖ Tener fama, opinion, buen nombre. *Vigere memoria.* Cic. Tener buena memoria. *Studia rei militaris.* Cic. Estar en auge la profesion de la milicia. *Auctoritate et gratia apud aliquem.* Tac. Tener autoridad y favor con alguno.

**Vigesco,** is, scere. n. Catul. Empezar á tomar vigor.

**Vigesies.** adv. Apul. Veinte veces.

**Vigesima.** V. Vicessima.

**Vigesimarius.** V. Vicessimarius.

**Vigesimus.** V. Vicesimus.

**Vigessis,** is. m. Marc. De valor de veinte ases.

**Vigies.** adv. Marc. Cap. Veinte veces.

**Vigil,** ilis. com. Virg. Vigilante, que vela. ‖ Ov. Que hace velar, que no deja dormir. *Vigil ignis.* Virg. Fuego sagrado, que no se apaga jamas. *Auris.* Estac. Oido atento. *Curae vigiles.* Ov. Cuidados que quitan el sueño. *Lucernae.* Hor. Luces á las cuales se vela. *Vigilem noctem capessere.* Tac. Pasar la noche en vela, en centinela.

**Vigilabilis.** m. f. le. n. is. Varr. y

**Vigilans,** tis. com. Ter. Vigilante, el que vela. ‖ Próvido, diligente, atento. *Vigilans somniat.* Plaut. El que imagina muchos bienes y felicidades, y en ellas se complace. *Dormire.* prov. Plaut. Tardo, lento, perezoso en cualquier cosa.

**Vigilanter,** ius, issime. adv. Cic. Vigilante, atentamente, con atencion, cuidado, diligencia.

**Vigilantia,** ae. f. Plin. Cortedad de sueño. ‖ Vigilancia, diligencia, grande atencion y cuidado.

**Vigilarium,** ii. n. Sen. El puesto de la centinela, el lugar en que se hace.

**Vigilate.** adv. Gel. V. Vigilanter.

**Vigilatio,** onis. f. Cel. Aur. La vigilia ó vela.

**Vigilatus,** a, um. Ov. part. de Vigilo. Pasado en vela. ‖ Trabajado velando.

**Vigilax,** acis. com. Col. Vigilante, con mucho cuidado y diligencia.

**Vigiles,** um. m. plur. Cic. Guardias, centineles nocturnas.

**Vigilia,** ae. f. Cic. La vela ó vigilia, la accion de velar. ‖ Ces. Vela, centinela, *una de las cuatro partes en que dividian la noche los romanos, de tres en tres horas, desde el anochecer hasta el amanecer.* ‖ Diligencia, cuidado, obligacion. ‖ Centinela, guardia. *De tertia vigilia.* Ces. Á media noche. *Majorum vigiliarum munus.* Cic. Obra de mayor trabajo, de mas estudio. *Cereris vigiliae.* Plaut. Sacrificios nocturnos de Ceres.

**Vigiliarius,** ii. m. Sen. Guardia, centinela de noche.

**Vigilium,** ii. n. Varr. V. Vigilia.

**Vigilo,** as, avi, atum, are. n. Cic. Velar, abstenerse del sueño. ‖ Cuidar, atender, poner cuidado y diligencia. *Vigilare alicui rei.* Prop. Trabajar en una cosa con mucha vigilancia. *Aliquid.* Virg. Atender, proveer con vigilancia. *Mars vigila.* Gel. Alerta, Marte, *espresion que decian los Generales declarada la guerra, entrando en el templo de Marte, y moviendo su lanza. Noctes vigilantur amarae.* Ov. Pásanse en vela las amargas noches *Vigilat ignis Troicus.* Estac. Permanece el fuego de la diosa Vesta.

**Viginti.** com. ind. Cic. Veinte.

**Vigintiangulus,** a, um. Apul. Lo que consta de veinte ángulos.

**Vigintiviratus,** us. m. Cic. Magistrado de veinte varones que presidian á varios cargos del gobierno.

**Vigintiviri,** orum. m. plur. Suet. Magistrado de veinte varones entre los romanos, *diez que presidian á las ventas públicas, cuatro al cuidado de los caminos y policia de las calles, tres á la fundicion de moneda, y otros tres á las causas capitales.*

**Vigor,** oris. m. Liv. Vigor, fuerza, gallardia, firmeza, robustez.

**Vigorans,** tis. com. Tert. Lo que da vigor. ‖ Lo que le adquiere.

**Vigoratus,** a, um. Apul. Vigoroso, fuerte, robusto.

**Vigui.** pret. de Vigeo.

Vileo, ēs, lui, ēre. n. y

Vilesco, is, lui, ēre. n. *Avien.* Envilecerse.

Vilipendo, is, dĕre. a. *Plaut.* Vilipendiar, menospreciar.

Vilis. m. f. lĕ. n. is, ior, issĭmus. *Cic.* Vil, bajo, despreciable. ‖ Barato. ‖ Comun, vulgar, frecuente, abundante. *Vilĕ vendis. Plaut.* Vendes barato. *Rebus vilioribus multo. Ter.* En tiempo que los víveres estaban mucho mas baratos. *Vilis ipsi salus. Tac.* Hace poco caso de su vida.

Vilissĭme. *adv. Plin.* Á muy bajo precio.

Vilĭtas, ātis. f. *Cic.* Baratura, el bajo precio de las cosas vendibles. *Vilitas sui. Sen.* El menosprecio de sí mismo.

Vilĭter. adv. *Plin.* Á bajo precio.

Vilĭto, ās, āre. a. *Non.* Envilecer, hacer vil y despreciable.

Villa, ae. f. *Cic.* Casa de campo, granja, casería. *Villa rustica. Col.* Parte de la granja que habita el granjero con su familia, y en que tiene los aperos correspondientes.— *Urbana. Col.* La parte en que habita el señor cuando va á la granja.— *Fructuaria. Col.* La parte de la granja en que se guardan los frutos.— *Publica. Varr.* Granja pública en el campo Marcio, *en que se hacia la matrícula del pueblo y otras cosas pertenecientes al gobierno.*

Villaris. m. f. rĕ. n. is. *Plin.* y

Villatĭcus, a, um. *Col.* Lo que es de ó pertenece á la casa de campo.

Villĭca, ae. f. *Col.* La muger del granjero ó mayordomo de la granja, la casera.

Villicatio, ōnis. f. *Col.* La administracion y gobierno de la granja.

Villico, ōnis. m. *Apul.* V. Villicus.

Villĭco, ās, āvi, atum, āre. a. *Apul.* y

Villĭcor, āris, ātus sum, āri. dep. *Non.* Gobernar, administrar una granja, hacer oficio de granjero ó mayordomo de ella. ‖ Vivir en una casa de campo.

Villĭcus, i. m. *Col.* Mayordomo, administrador de una casa de campo que tiene á su cargo el manejo de ella. ‖ *Hor.* El labrador.

Villōsus, a, um. *Virg.* Velludo, peludo, de mucho vello ó pelo.

Villŭla, ae. f. *Cic.* Pequeña casa de campo.

Villum, i. n. *Ter.* Un poco de vino.

Villus, i. m. *Cic.* Un mechon de pelo. ‖ *Virg.* Vellon de lana. ‖ El pelo de los animales.

Vimen, ĭnis. n. *Col.* El mimbre y toda vara delgada y flexible propia para atar.

Vimentum, i. n. *Tac.* V. Vimen.

Vimĭnalia, ium. n. plur. *Plin.* La mimbrera, *nombre comun de todo árbol ó planta que echa mimbres ó varas delgadas.*

Vimĭnālis. m. f. lĕ. n. is. *Col.* Lo que es de mimbres, propio para atar. *Viminalis arbor. Plin.* Árbol que echa mimbres. — *Collis. Varr.* El collado Viminal, *uno de los siete de Roma, llamado asi por una selva de mimbreras nacida en él, junto al ara de Júpiter, de donde se llamó este Viminio.* — *Porta. Tert.* Puerta Viminal, hoy de Santa Ines, *una de las puertas de Roma, por la que se salia al collado del mismo nombre.*

Vimĭnarius, ii. m. *Inscr.* El que hace obras de mimbres, y comercia con ellas.

Vimĭnētum, i. n. *Varr.* Sitio poblado de mimbres, mimbrera, mimbral ó mimbreral.

Vimineus, a, um *Ces.* Hecho de mimbres.

Viminius Jupiter. *Varr.* V. Viminalis.

Vinacea, ae. f. y

Vinācea, ōrum. n. plur. ó

Vinaceae, ārum. f. plur. y

Vinacei, ōrum. m. plur. y

Vinaceum, i. n. y

Vinaceus, i. m. *Col.* El granillo de la uva. ‖ El orujo de la uva esprimida.

Vinaceus, a, um. *Cic.* Lo que es de la uva.

Vinalia, ōrum. n. plur. *Plin.* Fiestas en que se hacian las libaciones del vino nuevo á Júpiter.

Vinālis. m. f. lĕ. n. is. *Mart.* Lo que pertenece al vino.

**Vindiciae**, arum. *f. plur. Cic.* Adjudicaciones fiduciarias ó depositarias hechas por el pretor, dando la posesion de lo que está en controversia. *Vindicias postulare secundum libertatem. Liv.* Pedir provisionalmente la libertad de la persona. — *Dare secundum servitutem. Liv.* Decretar que la persona debe ser tenida por esclava durante el litigio. — *Dicere. Liv.* Pronunciar el juez la adjudicacion de lo que está en tela de juicio. — *Ferre. Fest.* Obtener la cosa por decreto del juez.

**Vindicis**. *gen. de.* Vindex.

**Vindico**, as, avi, atum, are. *a. Cic.* Vengar, vengarse, tomar venganza, vindicar. ‖ Apropiarse, atribuirse. ‖ Defender, libertar, eximir, poner en libertad. *Vindicare à tributis. Cic.* Eximir de tributos. — *In libertatem. Cic.* Restituir á la libertad, sacar de la esclavitud. — *Libertatem. Caes.* Recobrar la libertad. — *Sibi aliquid. Cic.* Apropiarse alguna cosa. — *Aliquid à putrescendo. Plin.* Preservar una cosa de corrupcion. *Vindicari. Liv.* Ganar la posesion en juicio.

**Vindicta**, ae. *f. Tac.* La vindicta ó venganza. ‖ *Ov.* La defensa. ‖ *Liv.* La vara con que el lictor daba en la cabeza al esclavo, á quien el pretor declaraba libre. *Vindicta liber factus est. Cic.* Ha sido libertado por el golpe de la vara, que le ha hecho dar el pretor declarándole libre.

**Vinea**, ae. *f. Cic.* La viña. ‖ La cepa, la vid. ‖ *Veg.* Mantelete, galería, máquina bélica, elevada sobre maderos de ocho pies de altura, siete de ancho, y diez y seis de largo, con cubierta de zarzas y cueros, y de mimbres por los lados, debajo de la cual iban cubiertos los soldados á desbaratar las murallas enemigas.

**Vinealis**. *m. f. lë. n. is.* y

**Vinearius**, a, um. ó

**Vineaticus**, a, um. *Col.* Lo que toca á la viña.

**Vineola**, ae. *f. Inscr.* Pequeña viña.

**Vinetum**, i. *n. Cic.* Viñedo, sitio plantado de viñas, pago de viñas. *Vineta sua cedere. prov. Hor.* Destruir su propia viña.

**Vineus**, a, um. *Sol.* Lo que toca al vino.

**Viniter**, a, um. *Apul.* Abundante de vino, que le da, le lleva ó le cria.

**Vinipotor**, oris. *m. Plin.* Gran bebedor.

**Vinitor**, oris. *m. Cic.* El viñador que cultiva las viñas.

**Vinitorius**, a, um. *Col.* Lo que es del viñador.

**Vinnulus**, a, um. *Plaut.* Suave, blando, atractivo, halagüeño.

**Vinolentia**, ae. *f. Cic.* Vinolencia, embriaguez, borrachera, el vicio de emborracharse.

**Vinolentus**, a, um. *Cic.* Vinolento, destemplado en el vino. *Vinolenta medicamenta. Cic.* Medicamentos de que el vino es la mayor parte.

**Vinositas**, atis. *f. Tert.* Vinosidad, calidad ó propiedad del vino.

**Vinosus**, a, um, ior, issimus. *Plin.* Vinoso, que sabe á vino. ‖ Bebedor, amigo del vino. ‖ Ebrio, borracho.

**Vinum**, i. *n. Cic.* El vino. ‖ *Plaut.* La vendimia. ‖ *Cic.* La comilona y borrachera. *Vinum fugiens. Plin.* Vino que se vuelve. — *Mixtum vel dilutum. Col.* Mosto esprimido. — *Diffusum. Plin.* Trasegado. — *Pendens. Plaut.* La uva no vendimiada. — *Doliare. Ulp.* Vino de la cuba. *Vino vendibili suspensa hedera nihil opus. adag.* El buen vino no ha menester pregonero. El buen paño en el arca se vende. ref. *Vinum caret clavo. Vinum etiam nolentem senem saltare compellit. In vino veritas. adag.* El vino anda sin calzas. ref.

**Vinxi**. *pret. de* Vincio.

† **Vio**, as, are. *n. Amian.* Caminar, andar.

† **Viocurus**, i. *m. Varr.* El que cuida de los caminos, intendente de ellos.

**Viola**, ae. *f. Cic.* La viola ó violeta, *flor de color azul casi morado.* ‖ *Hor.* Color de violeta.

**Violabilis**. *m. f. lë. n. is. Virg.* Lo que es fácil de violar ó de profanar.

**Violaceus**, a, um. *Plin.* Violáceo, de color de violeta.

**Violacium**, ii. *a. Apic.* Jugo ó zumo de violeta. ‖ Vino compuesto con él.

**Violarium**, ii. *n. Virg.* Sitio donde nacen violetas.

**Violarius**, ii. *m. Plaut.* Tintorero, que da ó tiñe de color de violeta.

**Violatio**, onis. *f. Liv.* Violacion, profanacion, la accion de violar.

**Violator**, oris. *m. Liv.* Violador, profanador, corrompedor, infractor, transgresor. *Violator aquae. Luc.* El que inficiona el agua con veneno. — *Casius dictatorius. Macrob.* Casio asesino de César dictador.

**Violatus**, a, um. *part. de* Violo. *Cic.* Violado, profanado, ofendido, ultrajado. *Violatus ab arcu. Ov.* Herido de un flechazo.

**Violens**, tis. *com. Hor.* Violento, vehemente, impetuoso, fuerte.

† **Violente**. *adv.* y

**Violenter**, ius, issime. *adv. Liv.* Violentamente, por fuerza, con violencia. ‖ Con ímpetu, con fuerza. *Tolerare violenter. Ter.* Llevar muy á mal.

**Violentia**, ae. *f. Cic.* Violencia, vehemencia, ímpetu, gran fuerza. *Violentia caeli. Plin.* Terrible tempestad.

**Violentus**, a, um, ior, issimus. *Cic.* Violento, impetuoso. *Violentissimus in suos. Liv.* Muy tirano con los suyos. *Violentus ingenio. Tac. Violentum ingenium. Liv.* De ánimo feroz. *Violentum est. Cic.* Es contra toda razon. *Violentas vires aeris. Luc.* La dureza del bronce.

**Violo**, as, avi, atum, are. *a. Cic.* Violar, profanar, corromper. ‖ Maltratar, injuriar, ultrajar. ‖ Obrar contra razon y justicia, quebrantar, traspasar las leyes. ‖ Romper, violentar, forzar. *Violare aliquid. Caes.* Despojar á una cosa de su flor, de su integridad, de su natural y primitiva pureza. — *Oculos, aures. Ov.* Ofender los ojos, los oidos con dichos, con acciones torpes. — *Urbem. Liv.* Entregar una ciudad al saco. — *Vitam patris. Cic.* Dar muerte á su padre. — *Ebur ostro. Virg.* Teñir el marfil de color de púrpura. — *Venas. Cels.* Abrir las venas.

**Vipera**, ae. *f. Cic.* La víbora, *serpiente venenosa. Tu viperam sub ala nutricas. Petron. prov.* Tú crias una víbora debajo del sobaco, en tu seno alimentas tu propio mal.

**Viperalis herba**. *f. Apul.* La ruda hortense, *yerba que aprovecha contra la mordedura de la víbora.*

**Vipereus**, a, um. *Virg.* y

**Viperinus**, a, um. *Hor.* Viperino, de víbora.

**Vipio**, onis. *m. Plin.* El hijuelo ó polluelo de grulla. La grulla menor.

**Vipsanus**, a, um. *Mart.* Lo que pertenece á Vipsanio Agripa, *yerno de Augusto.*

**Vir**, viri. *m. Ter.* El varon, el hombre. ‖ Marido. ‖ El hombre hecho. ‖ El varon recto y constante. ‖ El macho entre los irracionales. *Bonus vir. Ter.* Pícaro, enredador, embustero. *Vir bonus. Cic.* El hombre de bien. *Ut vir tulit. Cic.* Lo llevó como hombre de espíritu. *Vir gregis. Virg.* El manso que guia el ganado.

† **Vira**, ae. *f.* La muger.

**Virago**, inis. *f. Plaut.* La muger de ánimo varonil, heroina.

**Viratus**, a, um. *Varr.* Varonil.

**Virtus**, us. *m. Sid.* Virtud, constancia varonil.

**Virbiaris**. *m. f. lë. n. is. Inscr.* Lo perteneciente á Virbio ó Hipólito.

**Virbius**, ii. *m. Virg.* Virbio ó Hipólito, *hijo de Teseo.*

**Virectum**, i. *n. V.* Viretum.

**Vireo**, onis. *m. Plin.* El verderon, *pájaro.*

**Vireo**, es, rui, rere. *n. Cic.* Estar verde. ‖ Estar floreciente, fuerte, vigoroso. *Virent pectora felle. Ov.* Los corazones estan llenos de ira. — *Genua. Hor.* Las rodillas, las piernas estan firmes.

**Virens**, tis. *com. Virg.* Verde, lo que está verde. ‖ *Hor.* Floreciente, vigoroso.

**Vires**, ium. *f. plur. Caes.* Las fuerzas. ‖ Las tropas.

**Viresco**, is, scere. *n. Virg.* Ponerse verde. ‖ *Gel.* Adquirir fuerzas.

**Viretum**, i. *n. Virg.* Vergel, lugar ameno, frondoso, lleno de verdura.

**Virga**, ae. *f. Cic.* Vara, verga, mimbre. ‖ *Virg.* Báculo de los magos. ‖ *Virg.* Insignia de Mercurio. *Virgarum*

**supplicium.** *Plaut.* Castigo de azotes.

**Virgātor,** ōris. m. *Plaut.* Azotador, esclavo elegido para azotar á otros.

**Virgātus,** a, um. *Virg.* Rayado, listado, labrado con rayas, listas ó escaques de varios colores.

**Virgētum,** i. n. *Cic.* Mimbrera ó mimbreral en que nacen varas ó mimbres.

**Virgeus,** a, um. *Virg.* Lo que es de varas, de mimbres ó juncos.

**Virgidemia,** ae. f. *Voz inventada por Plauto.* Cosecha ó prevencion de varas para castigar á los esclavos.

**Virgiliae,** ārum. f. plur. V. Vergiliae.

**Virgiliānus,** a, um. *Quint.* Virgiliano, lo que pertenece á Virgilio. *Virgilianae sortes.* *Lampr.* Sortilegios sacados de los versos de Virgilio. *Llegaron á tener tanta autoridad, que los ponian en cédulas y los sorteaban, creyendo hallar en ellos la voluntad divina, y los secretos de lo futuro.*

**Virgilius,** ii. m. P. Virgilio Maron, natural de Andes en el campo mantuano, príncipe de los poetas latinos.

**Virginal,** is. n. *Apul.* La parte vergonzosa de la muger.

**Virginālis.** m. f. lē. n. is. *Cic.* y

**Virginārius,** a, um. *Plaut.* Virginal, propio de la virgen, lo que le pertenece. *Fortuna virginalis.* *Arnob.* Venus que presidia á las vírgenes, como Juno á las matronas con el nombre de *Fortuna muliebris*.

**Virginensis,** y **Virginiensis,** is. f. *S. Ag.* Diosa que en los matrimonios gentílicos presidia al quitar el marido el cíngulo á su esposa la primera noche.

**Virgineus,** a, um. *Tib.* Vírgineo, virginal. *Virgineum aurum Marc.* Corona de oro que se daba al vencedor en las fiestas de Minerva.

**Virginisvendonīdes.** *Voz fingida por Plauto.* Vendedor de doncellas.

**Virginĭtas,** ātis. f. *Cic.* Virginidad, pureza virginal de una virgen.

† **Virginor,** āris, āri. dep. *Tert.* Portarse como vírgen.

**Virgo,** ĭnis. f. *Cic.* Vírgen, doncella. ‖ La santísima Vírgen. ‖ La vírgen vestal. ‖ *Virgo, signo del zodiaco.* ‖ *Ter.* El varon vírgen. *Aqua virgo.* *Front.* Una de las fuentes de Roma, llamada asi por haber descubierto su manantial una doncella. — *Terra.* *Plin.* Tierra vírgen, que no ha sido arada. Dícese de los animales hembras que no han sido tocadas de los machos, y los poetas, y aun Justino y Curcio dan este nombre á mugeres casadas y madres.

**Virgōsus,** a, um. *Sal.* Abundante de varas ó mimbres.

**Virgŭla,** ae. f. *Cic.* Varita. *Virgula divina.* *Cic.* Modo proverbial que denota suceder alguna cosa, no por fuerza ó industria humana, sino por especial favor del cielo, como se creía de las varas de los mágicos ó encantadores, que con tocar con ellas creian habia de venir á sus manos lo que quisieran. — *Censoria.* *Quint.* Vírgula ó línea, nota ó señal con que se apunta lo que se ha de borrar de un escrito, aludiendo á la nota de los censores con que borraban á alguno de la lista de senadores.

**Virgulātus,** a, um. *Plin.* Listado, notado, señalado con listas como varas.

**Virgultum,** i. n. *Ces.* Matorral donde nace multitud de varas.

**Virguncŭla,** ae. f. *Juv.* Doncellita, virgen de tierna edad.

**Viri.** gen. de. Vir.

**Viria,** ae. f. *Plin.* Brazalete ó manilla de marfil, oro, piedras ú otra materia preciosa, propia de los varones, aunque Tertuliano le atribuye tambien á las mugeres.

**Viriatīnus,** a, um. *Suet.* Lo perteneciente al famoso Viriato lusitano.

**Viriatus,** i. m. *Vel.* Viriato, famoso hombre lusitano, que enseñoreado de la Lusitania, dió mucho que hacer á los romanos, hasta que fue muerto á traicion por el consul Q. Servilio Cepion, que vino contra él.

**Viriātus,** a, um. *Lucil.* De grandes fuerzas, forzudo.

**Viricŭlae,** ārum. f. plur. *Apul.* Débiles fuerzas. ‖ Cortas, escasas facultades.

**Viricŭlum,** i. n. *Plin.* Especie de buril ú otro instrumento de hierro para trabajar en marmol.

**Viridans,** tis. com. *Virg.* Verde, lo que está verde ó es de este color.

**Viridārium,** ii. n. *Suet.* Huerto, huerta, jardin, vergel, lugar plantado de árboles, y ameno de yerbas y flores.

**Viridārius,** ii. m. *Inscr.* El jardinero.

**Viride.** adv. *Plin.* De color verde.

**Viridia,** um. n. plur. *Vitruv.* Verduras, árboles, plantas y yerbas verdes. ‖ El jardin ó huerto.

**Viridiānus,** i. m. *Tert.* Viridiano, dios de los narnenses, de especial virtud sobre el verdor y nacimiento de las yerbas y flores.

**Viridiarium,** ii. n. V. Viridarium.

**Viridĭcans,** tis. com. *Tert.* y

**Viridĭcātus,** a, um. *Cic.* y

**Viridis.** m. f. dĕ. n. is, dior, dissĭmus. *Cic.* Verde, de color verde. ‖ *Virg.* Vigoroso, fuerte, robusto. ‖ *Col.* Reciente, fresco. *Viride coelum.* *Plin.* Cielo sereno. *Virides Nereidum comae.* *Hor.* Cabellos verdes de las Nereidas marinas.

**Viridĭtas,** ātis. f. *Cic.* Verdor, el color verde. ‖ Verdor, la flor de la edad, vigor, fuerza, gallardía de la juventud.

**Virĭdo,** ās, āre. a. *Val. Flac.* Poner, dar de verde.

**Virilis.** m. f. lĕ. n. is. *Cic.* Viril, varonil, propio del hombre. *Pro virili parte, ó portione.* *Cic.* Con todas sus fuerzas. *In virilem.* *Ulp.* Por porciones iguales.

**Virilĭtas,** ātis. f. *Plin.* Firmeza, robustez propia del varon. ‖ Virilidad.

**Virilĭter.** adv. *Cic.* Varonilmente, con espíritu, vigor, fuerza propia del hombre.

**Viriŏla,** ae. f. *Ulp.* Pequeño brazalete.

**Viriōse.** adv. *Tert.* Fuertemente.

**Viriōsus,** a, um. *Tert.* Fuerte, robusto. ‖ *Apul.* Venenoso, mortal. ‖ Libidinoso, lujurioso.

**Viriplāca,** ae. f. *Val. Max.* Diosa de los romanos, que tenia la virtud de sosegar las quimeras entre maridos y mugeres.

**Viripŏtens,** tis. *Plaut.* De grandes fuerzas. ‖ *Dig.* Casadera, apta para el matrimonio.

**Viritānus ager.** *Fest.* Campo repartido al pueblo por cabezas.

**Viritim.** adv. *Cic.* Por cabezas, por personas, uno por uno. ‖ *Sen.* Con separacion ó distincion, en particular.

**Viror,** ōris. m. *Pal.* El verdor, el color verde, la verdura.

**Virōsus,** a, um. *Virg.* Fétido, pestilente, de mal olor y sabor. ‖ *Gel.* Libidinoso, lujurioso.

**Virtus,** ūtis. f. *Cic.* La virtud. ‖ Valor, ánimo, espíritu, valentía. ‖ Poder, facultad, potestad, fuerza. ‖ Diosa de la virtud. *Virtus verbi.* *Cic.* La energía, la fuerza de una palabra. — *Formae.* *Cic.* El mérito de la hermosura. *Virtutes orationis.* *Quint.* Las bellezas de la oracion. *Deum virtute.* *Plaut.* Con el favor de los dioses.

**Virŭlentia,** ae. f. *Tert.* V. Virus.

**Virŭlentus,** a, um. *Gel.* Venenoso, lleno de veneno, virulento.

**Virus,** i. n. ó **Virus.** indec. *Col.* El jugo nativo y vital de cualquier cosa. ‖ Veneno, tósigo, jugo venenoso, ponzoña. ‖ Mal olor, fetidez. ‖ *Lucr.* Mal sabor, sabor ingrato. ‖ *Plin.* Picante. *Virus acerbitatis evomere.* *Cic.* Vomitar el veneno de su acerbidad, el odio, la envidia, la rabia.

**Vis,** vis, vim, à vi. f. *Cic.* Fuerza, vigor. ‖ Virtud, propiedad. ‖ Violencia, prepotencia. ‖ Autoridad, crédito, poder. ‖ Abundancia, copia, número, multitud, cuantidad. ‖ Golpe, choque, impresion. *Vim alicui denunciare.* *Cic.* Amenazar á alguno de acometerle. — *Vitae suae inferre.* *Vel.* Darse la muerte. *Vi,* y *per vim.* *Cic.* Á fuerza, por fuerza. *Vi summa.* *Ter.* — *Pro viribus.* *Cic.* Con todas las fuerzas, con todo el poder. *Magna vis auri.* *Cic.* Gran cantidad de oro. — *Amicitiae.* *Cic.* La naturaleza, esencia de la amistad. *Virium ad portionem.* *Plin.* Segun, á proporcion de sus fuerzas. *Vires ad id datae.* *Tac.* Fuerzas, tropas dadas para este fin.

**Viscātus,** a, um. *Plin.* Untado con liga. *Viscata vimina.* *Petron.* — *Virga.* *Ov.* Varetas para coger pájaros, mimbres untados con liga. — *Munera.* *Plin.* Presentes interesados con que se piensa ganar otros mayores.

**Viscera, um.** *n. plur. Cic.* Las entrañas. *Viscera causae. Cic.* Lo mas íntimo, el fondo de una causa.

**Viscĕrātim, adv.** *Non A* pedazos, parte por parte.

**Viscĕrātio, ōnis.** *f. Cic.* Comida de las entrañas de una víctima, que se repartian entre los asistentes al sacrificio. ‖ Comida, convite. ‖ Comida muy costosa *dada al pueblo*.

**Viscĕreus, a, um.** *Prud.* Lo que tiene entrañas.

**Viscĭdus, a, um.** *Prisc.* y

**Viscōsus, a, um.** *Palad.* Viscoso, glutinoso, pegajoso, que tiene liga ó lo parece.

**Viscum, i.** *n.* y

**Viscus, i.** *m. Plin.* Liga, *especie de arbusto que nace de la freza ó estiercol de las palomas y tordos, que cae sobre algunos árboles, y particularmente sobre el roble, fermentado con el sol y alguna humedad. Cria unos granos de color dorado, de los cuales cogidos al tiempo de la mies, despues de podridos en agua y mezcladas con aceite de nueces, se hace la liga para cazar las aves. Crece hasta la altura de un codo, y está verde aun en el invierno.*

**Viscus, ĕris.** *n. Cels.* Las partes interiores debajo de la piel. ‖ Las entrañas. ‖ Las tripas. ‖ El útero. ‖ El vientre. ‖ Las carnes. ‖ Las partes interiores de cualquier cosa.

**Visendus, a, um.** *Cic.* Digno de ser visto. ‖ *Hor.* Lo que se ha de ver, de ir á ver.

**Visĭbĭlis.** *m. f. lĕ. n. is. Apul.* Visible, facil de ver. ‖ *Plin.* Lo que tiene facultad de ver.

**Visibilĭtas, ātis.** *f. Tert.* Visibilidad, la calidad y propiedad de ser una cosa visible.

† **Visibĭlĭter. adv.** Visiblemente.

**Visio, ōnis.** *f. Cic.* La vision ó vista, la accion de ver. ‖ Imagen, fantasma, espectro, sombra en sueños. ‖ Idea, nocion, concepto.

**Visĭtātio, ōnis.** *f. Vitruv.* Manifestacion, aparicion, el dejarse ó hacerse ver, el presentarse. ‖ *Tert.* La visita.

**Visĭtātor, ōris.** *m. Bibl.* Visitador ó protector.

**Visĭtātus, a, um.** *Vitruv.* Visto. *part. de*

**Visĭto, as, ävi, ätum, äre.** *a. Cic.* Ver frecuentemente. ‖ Ir á ver, visitar.

**Viso, is, si, sum, sĕre.** *a. Plaut.* Visitar, ir á ver. ‖ Visitar los enfermos. ‖ Ver.

**Visor, ōris.** *m. Tac.* Esplorador, inspector, espía.

**Vispellio, ōnis.** *m. Dig.* V. Vespillo.

**Vistŭla, y Visula, ae.** *f. Plin.* El Vístula, *rio de la Alemania oriental, que la divide de la Sarmacia.*

**Visuălĭtas, ātis.** *f. Tert.* Visualidad, vista.

**Visŭla, ae.** *f. Mel.* V. Vistula. ‖ *Plin.* Especie de uva menuda y temprana.

**Visum, i.** *n. Cic.* Vision, fantasma, sombra.

**Visurgis, is.** *m. Plin.* El Veser, *gran rio de Alemania, que desagua en el océano germánico.*

**Visus, a, um.** *Cet.* Visto. ‖ Que ha parecido. *Visus sum mihi ambulare. Cic.* Me pareció que me paseaba.— *Est id miki dicere. Ter.* Me pareció que me decia esto. *Visum est diis aliter. Virg.* Al cielo pareció de otra manera.— *Quod tibi fuerit facies. Cic.* Harás lo que te parezca. *Viso opus est. Plaut.* Es necesario ver, veremos.

**Visus, us.** *m. Cic.* La vista, el sentido de la vista. ‖ Vision, imagen, sombra, fantasma. ‖ *Estac.* La mirada ú ojeada.

**Vita, ae.** *f. Cic.* La vida. ‖ Conducta, modo de vivir, costumbres. *Vita mea. Cic.* Vida mia, alma mia, corazon mio. *Term. de caricia. Vita sic erat. Cic.* Así se vivia. *Vitam constituere. Cic.* Formar un plan, un método de vida.—*Tolerare pomis. Cic.* Mantenerse con frutas.— *Edere. Lucr.— Exhalare. Ov.* Morir. *Vita. Plaut. Vitam vivere. Ter.* Vivir, pasar la vida. *In vita mea. Cic.* Durante mi vida, en toda mi vida. *Vitae sine corpore. Virg.* Almas separadas de los cuerpos. *Vita communis. Cic.* Los hombres, los vivientes, la vida ordinaria de los hombres.

**Vitabĭlis.** *m. f. lĕ. n. is. Ov.* Lo que se debe evitar.

**Vit.bundus, a, um.** *Salust.* Que evita cuanto puede.

**Vitālĭa, ium.** *n. plur. Sen.* Las partes vitales, principales, como el corazon, el celebro.

**Vitālis.** *m. f. lĕ. n. is. Cic.* Vital, que da vida, aquello en que consiste la vida. ‖ *Plin.* Que puede vivir largo tiempo. ‖ *Hor.* Digno de vida. *Vitalis aura. Virg.* El aire vital que respiramos.— *Ros. Cic.* La leche del ama que cria.— *Calor. Quint.* El calor natural.— *Cui potest esse vita. Cic.* Para quien puede ser vida que merezca nombre de tal.

**Vitalĭtas, ātis.** *f. Plin.* Fuerza, potencia vital, la vida.

**Vitalĭter. adv.** *Lucr.* Con vida.

**Vitātio, ōnis.** *f. Cic.* Evitacion, declinacion, la accion de evitar.

**Vitātus, a, um.** *Ov.* Evitado.

**Vitelliāni, ōrum.** *m. plur. Marc.* Tablitas, libritos barnizados de color de yema de huevo, *en que escribian cosas amatorias.*

**Vitelliānus, a, um.** *Tac.* Perteneciente al emperador Vitelio.

**Vitellīnus, a, um.** *Plaut.* Lo que es de ternera.

**Vitellius, ii.** *m. Suet.* Vitelio, *noveno emperador romano, que vencido Oton se apoderó del imperio, y le perdió poco despues con la vida, pasándose sus tropas á Vespasiano. Fue hombre bajo y de perversas costumbres.*

**Vitellius, a, um.** *Suet.* Lo perteneciente al emperador Vitelio.

**Vitellum, i.** *n. Apic.* La yema del huevo.

**Vitellus, i.** *m. Plaut.* Ternerillo ó ternerilla. ‖ La yema del huevo.

**Vitĕus, a, um.** *Virg.* De la viña, de la vid ó cepa. *Vitea ligna. Solin.* Sarmientos de la vid.

**Vitex, ĭcis.** *f. Plin.* El agnocasto ó sauzgatillo, *arbusto parecido en las hojas al sauce.*

**Vitiabĭlis.** *m. f. lĕ. n. is. Prud* Facil de viciar.

**Vitiārium, ii.** *n. Col.* Plantel, seminario de vides.

**Vitiātio, ōnis.** *f. Sen.* Corrupcion, la accion de viciar.

**Vitiātor, ōris.** *m. Sen.* Viciador, corrompedor.

**Vitiātus, a, um.** *Cic. part. de* Vitio. Viciado, corrompido, violado, echado á perder.

**Viticarpĭfĕrae, ārum.** *f. plur. Varr.* Tenazas, tigeras á propósito para podar las vides.

**Viticella, ae.** *f. Isid.* Yerba que se enlaza y enreda como la vid á cuanto alcanza.

**Vitĭcŏla, ae.** *m. f. Sil.* Viñador, que cultiva las vides.

**Vitĭcōmus, a, um.** *Avien.* Que tiene los cabellos entretegidos con pámpanos. *Epíteto de Baco.* ‖ Tambien el olmo á que se enreda la vid.

**Vitĭcŭla, ae.** *f. Cic.* Pequeña cepa ó vid. ‖ Las tigeras de algunas plantas que se enredan al modo de la vid.

**Vitĭfer, a, um.** *Marc.* Que cria vides, que las produce, donde se crian.

**Vitĭgĕneus, a, um.** *Lucr.* Lo que es de la vid, de la cepa ó viña.

**Vitĭgĭneus, a, um.** *Col.* Lo que es de la viña ó vid.

**Vitĭlēna, ae.** *f. Plaut.* Viciosa y perversa alcahueta.

**Vitilīgo, ĭnis.** *f. Cels.* Enfermedad de granos ó ronchas blancas, *como lepra, alvarazos.*

**Vitĭlia, ium.** *n. plur. Plin.* Los mimbres y todo lo que se hace de ellos.

**Vitĭlis.** *m. f. lĕ. n. is. Plin.* Hecho de mimbres ó de otra materia flexible como ellos. ‖ Dobladizo, flexible como mimbre.

**Vitilitigator, ōris.** *m. Plin.* Pleitista, amigo de pleitos, picapleitos.

**Vitĭlitĭgo, ās, āre.** *a. Plin.* Litigar con mal pleito. ‖ Acusar, reprender, criticar, calumniar.

† **Vitĭmăgistrātus, us.** *m.* Magistrado creado sin autoridad, contra el orden.

**Vitĭneus, a, um.** *Flor.* Lo que es de la vid.

**Vitio, ās, āvi, ātum, āre.** *a. Col.* Viciar, corromper, perder, echar á perder. ‖ Violar, estuprar. *Vitiare virginem. Plaut.* Deshonrar á una doncella.

**Vitĭōse. adv.** *Cic.* Viciosa, malamente. *Vitiose se habere membrum. Cic.* Estar un miembro afecto de algun mal.— *Ferre leges. Cic.* Promulgar leyes con algun defecto ó impedimento de los auspicios ú otra cosa.

**Vitiosĭtas, ātis.** *f. Cic.* Viciosidad, hábito del vicio, pravedad. ‖ *Macrob.* Corrupcion.

**Vitiōsus, a, um, ior, issĭmus.** *Cic.* Vicioso, corrompido, depravado, perverso, lleno de vicios. ‖ Enfermo. *Vitiosus magistratus. Cic.* Magistrado elegido contra el orden, contra los auspicios.

**Vitis**, is. *f. Cic.* La vid. ‖ La uva. ‖ El vino. ‖ Vara del lictor. ‖ Del centurion para castigar á los soldados. ‖ El empleo del centurion. ‖ *Fest.* La máquina de guerra llamada vinea. *Vitis alba. Plin.* La nueza, *planta que trepa como vid.*

**Vitisátor**, ōris. *m. Virg.* Plantador de viñas. *Epíteto de Sabino y de Saturno.*

**Vitium**, ii. *n. Cic.* Vicio, defecto. ‖ Falta, defecto, deformidad. ‖ Culpa. ‖ Impedimento, mal agüero. *Vitium in tecto. Cic.* Vicio que hace un edificio. — *Facere. Cic.* Hacer vicio, amenazar ruina. — *Oculorum. Cic.* Mal de ojos, falta de la vista. — *Meum fuerit. Cic.* Será defecto mio. *Vitio vini id fecit. Plaut.* El vino le ha hecho hacer esto. — *Alicui dare, vertere. Cic.* Atribuir á delito á alguno. *In vitio verbum ponere. Cic.* Tomar una palabra en mal sentido. *Vitio fortunae, non suo. Cic.* Por una desgracia, por culpa de la fortuna, no por culpa suya.

**Vito**, as, āvi, ātum, āre. *a. Cic.* Evitar, huir. ‖ Precaver. *Vitare se. Hor.* Estar displicente consigo mismo.

**Vitrárius**, ii. *m. Sen.* Fabricante de vidrio. ‖ Vidriero que trabaja en el.

**Vitrea**, ōrum. *n. plur.* y

**Vitreamina**, ōrum. *n. plur. Dig.* Vasos de vidrio, obras de esta materia.

**Vitrearius**, ii. V. Vitrarios.

**Vitreŏlus**, a, um. *Paul. Nol. dim. de*

**Vitreus**, a, um. *Col.* De vidrio. ‖ *Ov.* Claro, transparente, diáfano. ‖ *Hor.* Frágil, quebradizo. *Vitrea unda. Ov.* Agua clara. — *Fama. Hor.* Honra quebradiza. — *Bilis. Petron.* Cólera, bilis pronta.

**Vitriaria**, ae. *f. Apul.* La yerba parietaria.

**Vitriarius**, ii. *m.* V. Vitrearius.

**Vitricus**, i. *m. Cic.* El padrastro.

**Vitrix**, īcis. *f. Plin.* La que ata, enlaza, hace coronas para vender.

**Vitrum**, i. *n. Cic.* El vidrio. ‖ La yerba glasto ó pastel, *que tiñe el vidrio de verde.*

**Vitruvius**, ii. *m.* M. Vitruvio Polion, *famoso escritor del tiempo de Augusto, y el único de arquitectura de aquellos tiempos; su estilo es bajo, su obra está llena de lugares sumamente difíciles, y casi imperceptibles, parte por defecto de los originales, y parte por falta de otro autor de aquella edad, con quien cotejar é ilustrar sus escritos.*

**Vitta**, ae. *f. Virg.* Venda, faja, liston para entretejer los cabellos ó coronas y guirnaldas, adornar las aras, las víctimas y otras cosas.

**Vittātus**, a, um. *Ov.* Vendado, adornado, coronado, trenzado con venda, faja ó liston.

**Vitŭla**, ae. *f. Virg.* La becerra ó ternera que no ha cumplido un año. ‖ Novilla, vaca nueva. ‖ *Fest.* Diosa de la alegría.

**Vitŭlaria** via. *Cic.* Camino en el territorio de Arpino.

**Vitŭlinus**, a, um. *Cic.* De ternera ó ternero. *Vitulina caruncula. Cic.* Un pedacito de ternera.

**Vitŭlor**, āris, ātus sum, āri. *dep. Plaut.* Alegrarse, regocijarse. *Jovi vitulari. Plaut.* Dar gracias á Júpiter con suma alegría.

**Vitŭlus**, i. *m. Cic.* El becerro ó ternero. ‖ El animal pequeño ó joven de cualquier especie. ‖ La foca ó becerra marina, *animal anfibio de tierra y agua.*

**Vitumnus**, y Vitunus, i. *m. S. Ag.* Dios entre los antiguos, *que creían daba la vida, como Sentinus, que daba el sentido.*

**Vitŭperábilis**. m. f. lē. n. is. *Cic.* Vituperable, digno de vituperio.

† **Vitŭperábiliter**, *adv. Cassiod.* Vituperablemente, de un modo reprensible.

**Vitŭperatio**, ōnis. *f. Cic.* Vituperacion, reprension, censura.

**Vitŭperātor**, ōris. *m. Cic.* Vituperador, reprendedor.

**Vitŭperātus**, a, um. *Plin.* Vituperado, reprobado, reprendido.

† **Vitŭperium**, ii. *n.* V. Vituperatio.

**Vitŭpero**, ōnis. *m. Gel.* V. Vituperator.

**Vitŭpero**, as, āvi, ātum, āre. *a. Cic.* Vituperar, reprender, reprobar, condenar. *Vituperare coelum. Fedr. fras. proverb.* Reprender al cielo. *Dícese de los que creyendo ser ellos los únicos sabios, reprenden lo que es aprobado de todos.*

**Vivācis**. *gen. de* Vivax.

**Vivācitas**, ātis. *f. Col.* Vivacidad, vigor natural. ‖ Duracion de la vida. ‖ *Arnob.* Viveza de ingenio.

**Vivāciter**. *adv. Fulg.* Con vigor, fuerza.

**Vivarium**, ii. *n. Plin.* Vivar, *lugar donde se guardan vivos todo género de animales cuadrúpedos, aves, peces &c. para recreo ó para vender.*

**Vivarius**, a, um. *Macrob. Vivariae naves.* Cuévanos agujereados para conducir peces vivos.

**Vivātus**, a, um. *Lucr.* Vigoroso, fuerte.

**Vivax**, ācis, cior, cissimus. *Hor.* Vividor, de larga vida. ‖ Durable, duradero, de larga duracion. ‖ *Ov.* Vigoroso, fuerte, robusto.

**Vivĕbo**. *fut. antiq. en lugar de* Vivam. Viviré.

**Vivens**, tis. *com. Hor.* El que vive, viviente.

**Viverra**, ae. *f. Plin.* El huron, *animal enemigo de los conejos.*

**Vivesco**, is, 'scĕre. *n. Plin.* Vivificarse, adquirir vida. ‖ Adquirir vigor, fuerzas.

**Vivicomburium**, ii. *n. Tert.* Suplicio, martirio de quemar á los hombres vivos.

**Vivĭdē**, ius. *adv. Gel.* Con vigor, con espíritu.

**Vivĭdulus**, a, um. *Cat.* Que vivifica, que da vida.

**Vivĭdus**, a, um. *Lucr.* Vigoroso, fuerte, robusto, valiente. *Vivida signa. Prop.* — *Imago. Claud.* Estatuas, imágenes vivas, á lo vivo, que no les falta mas que hablar. — *Ingenia. Liv.* Ingenios vivos. — *Odia. Tac.* Odios implacables.

**Vivificatio**, ōnis. *f. Tert.* Vivificacion, el acto de vivificar, de dar vida.

**Vivificātor**, ōris. *m. Tert.* Vivificador, que vivifica, que da vida.

**Vivificātus**, a, um. *Tert.* Vivificado. *part. de*

**Vivifico**, as, āvi, ātum, āre. *a. Avien.* Vivificar, dar vida.

**Vivifĭcus**, a, um. *Amian.* Que vivifica, que da vida.

**Vivĭparus**, a, um. *Apul.* Vivíparo, que pare los hijos, la cria viva.

**Vivĭradix**, īcis. *f. Cic.* Planta que se siembra con la raiz.

**Vivisco**. V. Vivesco.

**Vivo**, is, xi, ctum, vĕre. *n. Cic.* Vivir. ‖ Alimentarse, sustentarse, mantenerse. ‖ Pasar la vida. ‖ Divertirse, alegrarse, pasar la vida alegremente. *In diem vivimus. Cic.* Tomamos el tiempo como viene, no tomamos pena por el dia de mañana. *Vixit dum vixit bene. Ter.* Mientras vivió procuró tratarse bien. *Ita vivam. Cic.* Por mi vida. Tan segura tenga yo la vida. *Quando vivemus? Cic.* ¿Cuando tendremos una hora de sosiego? *Si vivo. Ter.* Como Dios me dé vida. *Ne vivam, si scio. Cic.* Muera yo, si sé tal cosa.

**Vivus**, a, um. *Cic.* Vivo. ‖ Fresco, natural. *Vivus amor. Virg.* Amor ardiente. *Viva aqua. Sen.* Agua corriente. — *Lucerna. Hor.* Luz encendida. *Vivos ducere vultus. Virg.* Hacer un retrato á lo vivo. *De vivo detrahere. Cic.* Quitar del fondo, disminuir el capital. — *Ad vivum resecare. Cic.* Cortar hasta lo vivo *Neque id ad vivum reseco. Cic.* Ni yo llevo esto con tanta precision, con tanta escrupulosidad.

**Vix**. *adv. Cic.* Apenas, con dificultad, con trabajo. *Vix aegre. Plaut.* Con mucha dificultad. — *Dum dixeram. Ter.* Apenas lo habia dicho, lo habia acabado de decir. — *Est ut. Plin.* Con dificultad sucederá que.

**Vixet**. *Virg. sincop. de* Vixisset.

**Vixi**. *pret. de* Vivo.

## VO

**Vocabĭlis**. m. f. lē. n. is. *Gel.* V. Vocalis.

**Vocabŭlum**, i. *n. Cic.* Vocablo, palabra, diccion. ‖ El nombre de cada cosa.

**Vocalis.** m. f. lĕ. n. is. *Cic.* Vocal, que tiene voz ó sonido, como las letras vocales. ‖ Que habla. ‖ Que tiene voz sin habla, como algunos animales. ‖ Sonoro, resonante, de gran voz. *Vocales chordae. Tib.* Cuerdas de un instrumento músico. *Vocalissimus. Plin. men.* Que tiene mucha ó muy buena voz.

**Vocalitas,** atis. f. *Quint.* La consonancia ó buen sonido.

**Vocaliter.** adv. *Apul.* Á voces. ‖ *Tert.* De viva voz.

**Vocamen,** inis. n. *Lucr.* Nombre, vocablo.

**Vocatio,** onis. f. *Catul.* Convite á comer. ‖ *Gel.* Citacion á juicio.

**Vocative.** adv. *Gel.* Llamando, en vocativo.

**Vocativus,** i. m. *Varr.* Vocativo, el quinto caso de la declinacion latina.

**Vocator,** oris. m. *Plin.* El que convida ó llama al convite, llamador.

**Vocatorius,** a, um. *Tert.* Lo que sirve para llamar.

**Vocatus,** us. m. *Cic.* Convocacion, llamamiento. ‖ Convite. ‖ *Virg.* Invocacion.

**Vocatus,** a, um. *part. de* Voco. *Plaut.* Convidado. ‖ Llamado, convocado. ‖ *Hor.* Invocado. *Vocata est opera. Plaut.* Estoy embargado, ocupado, ajustado en otra parte.

**Vociferatio,** onis. f. *Cic.* Vociferacion, vocinglería, grito, clamor de muchas voces.

**Vociferator,** oris. m. *Tert.* Voceador, gritador, vocinglero.

**Vociferatus,** us. m. *Plin.* Gritería, vocinglería.

**Vocifero,** as, avi, atum, are. n. *Varr.* y

**Vociferor,** aris, atus sum, ari. dep. *Cic.* Vociferar, vocear, gritar, dar voces, hablar á gritos, á voces.

**Vocifico,** as, avi, atum, are. n. *Varr. V.* Vociferor.

**Vocis.** gen. de Vox.

**Vocitatus,** a, um. *Plin. part. de*

**Vocito,** as, avi, atum, are. a. *Cic.* Llamar, nombrar frecuentemente.

**Voco,** as, avi, atum, are. a. *Cic.* Llamar. ‖ Nombrar, llamar por su nombre. ‖ Convidar. ‖ Traer, conducir, atraer. ‖ Invocar. ‖ Desafiar. *Vocare eum, comessatum, convivam. Plaut.* Convidar á comer. *Hostem. Virg.* Desafiar al enemigo. *Deos. Virg.* Invocar á los dioses. *In jus. Cic.* Llamar, citar á juicio. *In crimen. Cic.* Acusar. *In odium, in invidiam. Cic.* Esponer al odio, á la envidia. *Aliquem in partem alicujus rei. Cic.* Llamar á uno á la parte de alguna cosa. *Concionem. Tac.* Convocar una asamblea. *Ad calculos. Liv. Ad comparationem. Plin. men.* Llamar á cuentas, pedirlas. *In longum sermonem. Cic.* Embarcar en una larga conversacion. *Ad pileum. Cic.* Poner en libertad.

**Voconia lex.** f. *Cic.* La lei Voconia, *promulgada por el tribuno de la plebe Q. Voconio Saxa, para moderar las herencias de las mugeres.*

**Voconius,** a, um. *Cic.* Lo perteneciente á los Voconios, *familia romana del municipio Aricino. Voconia pira. Plin.* Especie de peras, *que tomaron el nombre de alguno de los Voconios.*

**Vocula,** ae. f. *Cic.* Vocecita, voz delicada y poca. ‖ Diccion, vocablo corto. *Malevolorum voculae. Cic.* Rumorcillos de los malévolos, murmuraciones. *Falsae. Cic.* Inflexiones delicadas de la voz, que se pierden fácilmente.

**Voculatio,** onis. f. *Gel.* El acento, acentuacion, cuantidad, pronunciacion de una voz segun su acento.

**Vola,** ae. f. *Cic.* La palma de la mano, y la planta ó concavidad del pie.

**Volans,** tis. com. *Virg.* Volante, que vuela. ‖ Veloz, ligero. *Volantes. Virg.* Las aves.

**Volaterrani,** orum. m. plur. *Cic.* Volaterranos, los moradores de Volaterras.

**Volaterranus,** a, um. *Cic.* Volaterrano, perteneciente á Volaterras, *ciudad antigua de la Etruria.*

**Volatica,** ae. f. *Fest.* La bruja, hechicera, *llamada asi porque hacian creer que se convertian en aves nocturnas, y volaban.*

**Volaticus,** a, um. *Cic.* Volatil, voluble, inconstante. ‖ *Plaut.* Volatil, volante.

**Volatilis.** m. f. lĕ. n. is. *Cic.* Volatil, que vuela. ‖ Veloz, ligero. ‖ *Ov.* Fragil, caduco, perecedero.

**Volatura,** ae. f. *Varr.* y

**Volatus,** us. m. *Cic.* El vuelo, la accion de volar.

**Volcatius,** y **Vulcatius,** ii. m. Volcacio Galicano, romano, *que escribió en tiempo de Diocleciano algunas vidas de emperadores, de las cuales queda la de Avidio Casio.*

**Volemum,** i. n. *Virg.* Pera muy grande, *llamada asi porque llenaba toda la palma de la mano.*

**Volens,** tis. com. *Liv.* El que quiere, que hace algo de buena voluntad. *Volentia alicui. Tac.* Cosas agradables á alguno.

**Volenter.** adv. *Apul.* Voluntariamente, de buena gana, de buena voluntad.

**Volentia,** ae. f. *Apul.* Voluntad.

**Volgiolus,** i. m. *V.* Valgium.

**Volgivagus, Volgi, Volgus.** *V.* Vulg.

**Volito,** as, avi, atum, are. n. *Cic.* Volar frecuentemente. ‖ Andar, correr, discurrir, vaguear por diversas partes. *Volitare per aures. Lucr.* Decirse, oirse por todas partes. *Per ora. Cic.* Ser famoso, nombrado, andar en boca de todos. *Animi vacui cura cupiunt. Cic.* Desean los ánimos divertirse libres de cuidados. *Cupiditate gloriae. Cic.* Levantar el ánimo á cosas grandes por ambicion de gloria. *In aliqua re insolentius. Cic.* Vanagloriarse de algo con insolencia.

**Volnus.** ant. *Lucr. V.* Vulnus.

**Volo,** as, avi, atum, are. a. *Cic.* Volar. ‖ Pasar, ir corriendo, volando. *Volat irrevocabile verbum. Hor.* Vuela la palabra, y no se la puede volver á recoger. *Vola, ne me expectet. Ter.* Vuela para que no me espere. *Omnes sibi melius esse volunt quam alteri. Tunica pallio propior est. adag.* Mas cerca está la camisa que el sayo. Mas cerca estan mis dientes que mis parientes. *ref.*

**Volo,** vis, vult, volui, velle. anom. *Cic.* Querer, desear. *Bene, male velle alicui, ó alicujus causa. Cic.* Tener buena ó mala intencion para con alguno. *Volo omnia, ó valde tua causa. Cic.* No hay cosa que yo no desee hacer por tí, por tu amor. *Te paucis. Ter.* Te tribus verbis. *Plaut.* Oye, escucha, te quiero una ó dos palabras. *Velint, nolint. Cic.* Quieran ó no quieran, de grado ó por fuerza. *Quid istud sibi vult? Cic.* ¿Qué quiere decir, qué significa esto? *Quid tibi vis? Hor.* ¿Qué pretendes? *Terra volat. adag.* Asi es creedero como ver volar á un asno. *ref.*

**Volones,** um. m. plur. *Liv.* Voluntarios, aventureros. *Siervos romanos, que sirvieron voluntariamente despues de la derrota de Canas.*

**Volpes.** *V.* Vulpes.

**Volsce.** adv. *Fest.* Á la manera de los volscos.

**Volsci,** orum. m. plur. *Liv.* Volscos, pueblos del Lacio, hoy la parte oriental de la Campania romana.

**Volsella,** ó **Vulsella,** ae. f. *Cels.* Pinzas para arrancar los pelos.

**Volsiniensis,** y **Vulsiniensis.** m. f. lĕ. n. is. *Liv.* Lo que es de la ciudad de Volsena en la Etruria.

**Volsinii,** ó **Vulsinii,** orum. m. plur. *Liv.* Volsena, ciudad de la Etruria.

**Volsus,** a, um. *Marc. V.* Vulsus.

**Voltinia,** ó **Volsinia tribus.** f. *Cic.* La tribu Voltinia, una de las tribus rústicas.

**Voltinienses,** um. m. plur. *Cic.* Los ciudadanos de la tribu Voltinia.

**Voltumnae,** ó **Volturnae fanum.** *Liv.* Lugar de la Etruria junto al monte Cimino, *donde hoy está la ciudad de Viterbo.*

**Volturnus.** *V.* Vulturnus.

**Voltus.** ant. *V.* Vultus.

**Volubilis.** m. f. lĕ. n. is. *Cic.* Que se vuelve, rodea ó rueda facilmente. ‖ Voluble, inconstante, variable. *Oratio volubilis. Cic.* Oracion copiosa, fluida.

**Volubilitas,** atis. f. *Cic.* Volubilidad, aptitud, facilidad de volverse ó rodarse. ‖ Inconstancia. ‖ Fluidez de la oracion.

**Volubiliter.** adv. *Cic.* Volublemente, con facilidad, con fluidez y copia de palabras.

**Volucer,** cris, cre. *Cic.* Volatil, volante.

**Vŏlucra, ae. f. Col.** El gusano revolton, que roe los pámpanos tiernos de la vid.

**Volucrĭpes, ĕdis. com.** Ligero de pies, veloz, pronto como una ave.

**Volŭcris, is. m. f. Cic. Petron.** El ave, el pájaro.

**Volucrĭter. adv. Amian.** Velozmente.

**Vŏlūmen, ĭnis. n. Virg.** La rosca y cualquiera otra cosa que se dobla y hace giros y vueltas. ‖ Volúmen, libro, tomo. *Volumina sortis humanae. Plin.* Acontecimientos de la fortuna. — *Plumbea. Plin.* Láminas de plomo escritas y envueltas en forma de volúmen.

**Vŏlūmĭnōsus, a, um. Sid.** Lleno de roscas, de dobleces, de vueltas.

**Vŏlūmnĭānus, a, um. Liv.** Lo perteneciente á Volumnio, *ciudadano romano.*

**Volumnus, y Volumnius deus, y Volumna dea. San Ag.** Volumnio, y Volumna, *dioses de los toscanos y romanos, á quienes ofrecian los niños recien nacidos.*

**Vŏluntărie, y Voluntario. adv. Arnob.** Voluntariamente, de suyo, de su propio motivo ó movimiento.

**Vŏluntārius, a, um. Cic.** Voluntario, espontáneo, libre, que obra de su propio motivo. *Voluntaria herba. Plin.* Yerba que nace de suyo.

**Vŏluntas, ātis. f. Cic.** Voluntad, potencia, facultad de elegir y abrazar el bien. ‖ Intencion, propósito, sentencia. ‖ Amor, benevolencia, inclinacion. ‖ Favor proteccion. *Voluntas nominis. Quint.* La significacion del nombre.

**Vŏlŭp, y Volupe. n. indec. Plaut.** Trato agradable, dulce, que da gusto y placer.

**Vŏlŭpia, ae. f. Varr.** Diosa del deleite, *que tenia su templo en Roma, junto á la puerta Romanula.*

**Vŏluptăbĭlis. m. f. lě. n. is. Plaut.** Gustoso, agradable, grato.

**Vŏluptărie. adv. Apul.** Voluptuosamente, con deleite.

**Vŏluptārius, a, um. Cic.** Voluptuoso, delicioso, agradable, que da deleite y placer. ‖ Dado á los deleites. ‖ Delicado, afeminado.

**Vŏluptas, ātis. f. Cic.** Deleite, placer, gusto, gozo. ‖ Espectáculo, fiesta pública. ‖ Apetito, deseo del placer bueno, honesto ó inhonesto. ‖ Diosa, *hija de Cupido y Psiquis.*

**Vŏluptĭfĭcus, a, um. Apul.** Que da deleite y placer.

**Vŏluptor, y Voluptuor, āris, āri. dep. Quint.** Entregarse á los deleites.

**Vŏluptuārius, a, um. Cap.** Que da deleite ó placer.

**Vŏluptuŏse. adv. Sid.** Con deleite ó placer.

**Vŏluptuōsus, a, um. Plin.** Voluptuoso, lleno de deleite y placer.

**Vŏlūta, ae. f. Vitruv.** La voluta ó roleo, *adorno de la arquitectura, que forma como rollo ó caracol.*

**Vŏlūtābrum, i. n. Virg.** La pocilga ó revolcadero de los cerdos.

**Vŏlūtābundus, a, um. Non.** El que se revuelca continuamente.

**Vŏlūtātim. adv. Plaut.** Rodando.

**Vŏlūtātio, ōnis. f. Cic.** La accion de revolcarse. ‖ *Sen.* Agitacion, inquietud.

**Vŏlūtātus, us. m. Plin.** V. Volutatio.

**Vŏlūtātus, a, um. part. de** Voluto. Revolcado.

**Vŏlūtim. adv. Non.** V. Volutatim.

**Vŏlūtĭna, ae. f. S. Ag.** Diosa de los labradores, *que creian protegia las vainillas de las espigas.*

**Vŏlūto, ās, āvi, ātum, āre. a. Col.** Revolcarse. ‖ Rumiar, meditar, pensar. *Volutari ad pedes alicujus. Ad Her.* Postrarse, echarse á los pies de alguno. — *In luto. Varr.* Revolcarse en el lodo. *Volutare vocem. Virg.* Hacer repetir ó resonar la voz.

**Vŏlūtus, us. m. Apul.** Arrastramiento, la accion de arrastrarse como las culebras.

**Vŏlūtus, a, um. part. de** Volvo. *Virg.* Rodado, caido rodando.

**Volva, ae. f. Varr.** La vulva, la matriz de la muger. ‖ La capa, cáscara ó corteza en que estan envueltas las frutas y algunas legumbres.

**Volvendus, a, um. Virg.** Lo que ha ó tiene de dar vueltas como los años.

**Volvens, tia. com. Virg.** Que da vueltas como los años.

**Volvo, is, vi, volūtum, vĕre. a. Liv.** Revolver, voltear, hacer rodar, dar vueltas. ‖ Revolver en el ánimo, meditar, pensar, *Volvere cum animo. Salust.* — *Secum. Cic. Animo pectore. Cic.* Revolver, pensar entre sí, rumiar. — *Libros. Cic.* Revolver, hojear los libros. — *Tot casus. Virg.* Sufrir tantas desgracias, unas despues de otras. *Volvi in caput. Virg.* Caer de cabeza. — *Uno spiritu. Cic.* Ser pronunciado con un solo aliento. — *Ante pedes. Prop.* Postrarse á los piés. — *In se. Virg.* Dar una vuelta.

**Volvox, ōcis. m. Plin.** El gusano revolton, que roe los pámpanos de la vid.

**Vŏmer, ĕris. m. Cic.** La reja del arado. ‖ El arado.

**Vŏmĭca, ae. f. Cic.** Postema, tumor, abseso. ‖ *Quint.* Calamidad, detrimento, daño.

**Vŏmĭcōsus, a, um. Cel. Aur.** Postemoso, lleno de postemas.

**Vŏmĭcus, a, um. Sen.** Dañoso, pestilente.

**Vŏmĭfĭcus, a, um. Apul.** Que provoca á vómito.

**Vŏmĭfluus, a, um. Cel. Aur.** Que ocasiona tumores, postemas.

**Vŏmis, ĕris. m. Virg.** V. Vomer.

**Vŏmĭtio, ōnis. f. Cic.** El vómito, la accion de vomitar. ‖ *Plin.* Lo que se vomita.

**Vŏmĭtium, ii. n. Marc. Cap.** V. Vomitio.

**Vŏmĭto, ās, āre. a. Col.** Vomitar, provocar frecuentemente.

**Vŏmĭtor, ōris. m. Sen.** Vomitador, que vomita.

**Vŏmĭtōria. n. plur. Macrob.** Puertas, entradas de los teatros, vomitorios.

**Vŏmĭtōrius, a, um. Plin.** Vomitorio, vomitivo, que mueve, provoca á vómito.

**Vŏmĭtus, us. m. Plaut.** El vómito, la accion de vomitar. ‖ Lo que se arroja con el vómito. ‖ *Plaut.* Hombre impuro, inmodesto.

**Vŏmo, is, mui, mĭtum, mĕre. a. Cic.** Vomitar. ‖ Arrojar de sí violenta ó copiosamente.

**Vopiscus, i. m.** Flavio Vopisco, *escritor de vidas de algunos emperadores.* V. Capitolinus.

**Vopiscus, a, um. Plin.** El que de dos gemelos queda vivo, muerto uno en el parto.

**Vopte. ant. Fest.** en lugar de Vos ipsi.

**Vŏrăcĭtas, ātis. f. Plin.** Voracidad, ansia insaciable de comer.

**Vŏrācĭter. adv. Macrob.** Vorazmente.

**Vŏrāgĭnōsus, a, um. Hirc.** Voraginoso, lleno de aberturas, de concavidades profundas.

**Vŏrāgo, ĭnis. f. Cic.** Voragine, abertura, concavidad, profundidad inmensa. ‖ Abismo de agua. *Vorago patrimonii. Cic.* Disipador del patrimonio.

**Vŏrātio, ōnis. f. Cic.** La accion de devorar.

**Vŏrātor, ōris. m. Tert.** Devorador, comilon, tragon.

**Vŏrātrĭna, ae. f. Amian.** Voragine, profunda abertura de tierra. ‖ *Tert.* Oficina de devorar, bodegon, hosteria.

**Vŏrātus, a, um. part. de** Voro. *Marc.* Tragado, devorado. *Voratus limo. Aur. Vict.* Enterrado en el lodo.

**Vŏrax, ācis. com. Cic.** Voraz, comilon, tragon, que nunca se harta.

**Vŏro, ās, āvi, ātum, āre. a. Cic.** Devorar, tragar, comer con ansia, engullir sin mascar. *Vorare hamum Plaut.* Tragar el anzuelo. — *Viam. Catul.* Acabar pronto la jornada, darse prisa. — *Litteras. Cic.* Devorar los libros, leer, estudiar con ansia, con mucha aplicacion.

**Vorsim, Vorsum, y otros.** V. Vers.

**Vortex, ĭcis. m. Liv.** Vórtice, torbellino de agua, remolino de viento.

**Vortĭcōsus, a, um. Sal.** Abundante de vórtices ó torbellinos.

**Vortumnus.** V. Vertumnus.

**Vos, vestrum, vobis. pron. Cic.** Vosotros, vos.

**Voster, tra, trum.** V. Vester.

**Vŏtĭfer, a, um. Estac.** Votivo, ofrecido, consagrado por voto.

† **Votivĭtas**, ātis. *f. Inscr.* Obligacion de cumplir el voto.

**Votīvus**, a, um. *Cic.* Votivo, ofrecido, consagrado por algun voto.

**Votum**, i. *n. Cic.* Voto, promesa hecha á Dios. ‖ Deseo. ‖ *Virg.* Lo que se promete por voto. ‖ *Ov.* Lo que se pide y desea en el voto. *Vota divis canere. Virg.* Cantar himnos en honra de los dioses. *In voto est scire. Pers.* Mi deseo es de saber. *Haec erat in votis. Hor.* Estos eran mis deseos. *In vota alicujus succedere. Ov.* Tener los mismos deseos que otro.

**Votus**, a, um. *Liv.* Votado, ofrecido en voto. *part. de*

**Voveo**, es, vōvi, vōtum, vēre. *a. Cic.* Votar, hacer voto, prometer, ofrecer á Dios. ‖ *Hor.* Desear. *Vovere caput pro salute patriae. Cic.* Ofrecer su vida, sacrificarse por la libertad de la patria. *Elige quid voveas. Ov.* Elige lo que quieras.

**Vox**, vōcis. *f. Cic.* La voz. ‖ La palabra. ‖ Dicho, sentencia. ‖ La letra vocal. ‖ El acento. *Vox haec una omnium est. Cic.* Esta es la voz pública, todo el mundo lo dice.

## VU

**Vulcānal**, ālis. *n. Fest.* Cierto lugar de Roma sobre el Comicio.

**Vulcanālĭa**, ōrum. *n. plur. Col.* Vulcanales, *fiestas de Vulcano en el mes de agosto.*

**Vulcanālis**. *m. f.* lĕ. *n. is. Varr.* Del dios Vulcano, lo que le pertenece.

**Vulcānius**, a, um. *Virg.* Del dios Vulcano, lo que le pertenece. *Vulcaniae insulae. Cic.* Islas de Vulcano. *Siete islas en el mar inferior llamadas tambien Eolias, de las cuales una es Lipari, cuya tierra es sulfúrea, y á trechos brota algun fuego, de donde fingieron los poetas que allí estaba la fragua de Vulcano.*

**Vulcānus**, i. *m. Virg.* Vulcano, el dios del fuego. ‖ El mismo fuego.

**Vulgāris**. *m. f.* rĕ. *n. is. Cic.* Vulgar, comun, ordinario.

**Vulgārĭtas**, ātis. *f. Arnob.* El vulgo.

**Vulgārĭter**. *adv. Cic.* Vulgar, comun, ordinariamente.

**Vulgārĭus**, a, um. *Gel.* V. Vulgaris.

**Vulgāte**, ius. *adv. Gel.* Vulgar, comunmente.

**Vulgātor**, ōris. *m. Ov.* Divulgador, el que estiende ó esparce por el vulgo.

**Vulgātus**, a, um, ior, issimus. *Cic.* Divulgado, publicado, estendido. *Vulgato corpore femina. Liv.* Muger prostituida, prostituta. *Vulgatus mundus. Luc.* El mundo conocido.

**Vulgātus**, us. *m. Sidon.* La accion de divulgar.

**Vulgĭvăgus**, a, um. *Lucr.* Vulgar. V. Vulgaris.

**Vulgo**, ās, āvi, ātum, āre. *a. Liv.* Divulgar, estender, esparcir, publicar. ‖ *Virg.* Descubrir, manifestar. *Vulgari cum privatis. Liv.* Familiarizarse con los particulares. — *Corpus. Aur. Vict.* Prostituir su cuerpo. — *Morbos. Plin.* Multiplicar las enfermedades. — *Aliquid in majus. Tac.* Decir de una cosa mas de lo que es. — *Dolorem. Virg.* Publicar el sentimiento.

**Vulgo**. *adv. Cic.* Comunmente, entre todos, por todos, á cada paso, ordinariamente, por lo comun, de ordinario.

**Vulgus**, i. *m. n. Cic.* El vulgo, el pueblo, la muchedumbre, el populacho. ‖ Rebaño, grey. *Vulgus quod servorum solet. Ter.* Como suele el comun de los esclavos. *Caeteri omnes fuimus. Sal.* Todos los demas fuimos mirados como una canalla.

**Vulgus**, us. *m. Varr.* V. Vulgus, i.

**Vulnĕrābĭlis**. *m. f.* lĕ. *n. is. y*

**Vulnĕrārius**, a, um. *Plin.* Vulnerario, que pertenece á las heridas.

**Vulnĕrātio**, ōnis. *f. Cic.* La herida. ‖ Lesion, ofensa.

**Vulnĕrātus**, a, um. *Cic.* Vulnerado, herido, llagado.

**Vulnero**, ās, āvi, ātum, āre. *a. Cic.* Vulnerar, herir, llagar. ‖ Ofender. ‖ *Plin.* Cortar, partir. *Vulnerare voce aliquem. Cic.* Ofender á alguno con las palabras.

**Vulnĭfer**, a, um. *Prud.* y

**Vulnĭfĭcus**, a, um. *Virg.* Que puede herir ó hacer herida.

**Vulnus**, ĕris. *n. Cic.* La herida. ‖ Llaga ‖ *Virg.* El amor, la herida que hace. ‖ Golpe, tajo, hendidura, raja, cortadura de árbol, piedra ó cosa semejante. ‖ El arma con que se hiere ó amenaza. ‖ Calamidad, infortunio, desgracia, adversidad. *Vulnera tabularum. Cic.* Borrones, raspaduras en las listas ó matriculas.

**Vulnuscŭlum**, i. *n. Ulp. dim. de* Vulnus. Llaguita, llaga, herida pequeña.

**Vulpēcŭla**, ae. *f. Cic.* Raposilla. *dim. de*

**Vulpes**, is. *f. Fedr.* La raposa, zorra, *animal fiero muy astuto y ligero. Vulpes marina. Plin.* Raposa de mar, pez de la misma semejanza, astucia y velocidad que la terrestre. *Jungere vulpes. Virg. Prov.* Uncir las zorras. *Dícese de cosas absurdas.* — *Pilum mutat, non mores. Suet. Prov.* Muda la zorra el pelo, no las mañas. *Se dice de aquellos que rara vez dejan los vicios inveterados.* — *Quam facile pirum comest. Prov. Plaut.* En lo que tarda una zorra en comerse una manzana. *Se dice de las cosas que se pueden hacer con mucha prontitud. Congregantur cum leonibus vulpes. adag.* El lobo y la vulpeja todos son de una conseja. *ref.*

**Vulpīnārĭa**. *m. f.* rĕ. *n. is. Apul.* Perteneciente á, propio de la zorra. ‖ Fraudulento, astuto, engañoso.

**Vulpīnor**, āris, āri. *dep. Varr.* Obrar á modo de zorra, engañar.

**Vulpīnus**, a, um. *Plin.* De zorra. ‖ Astuto, engañoso.

**Vulpio**, ōnis. *m. Apul.* Embustero, tramposo, engañador, embaucador.

**Vulsi**. *pret. de* Vello.

**Vulsĭnium**. V. Vulsiniensis.

**Vulsūra**, ae. *f. Varr.* La arrancadura, la accion de arrancar.

**Vulsus**, a, um. *part. de* Vello. *Lucr.* Arrancado. ‖ Pelado. *Vulsi. Plin.* Convulsos, que padecen convulsiones. *Corpora vulsa. Quint.* Cuerpos pelados, rapados.

**Vultĭcŭlus**, i. *m. Cic. dim. de* Vultus. Carita, carilla.

**Vultuōsus**, a, um. *Cic.* Afectado, demasiado en los ademanes del rostro, que exagera con gestos sus afectos.

**Vultur**, ŭris. *m. Plin.* El buitre, *ave de rapiña carnicera.* ‖ *Cic.* El hombre codicioso, arrebatador, el que se introduce con ansia y codicia en las herencias. ‖ *Hor.* El Vultur, *monte de Apulia. Vultur profert cornua. Claud.* El buitre enseña los cuernos. *Prov. de las cosas imposibles.*

**Voltŭrinus**, a, um. *Plin.* Lo que es del buitre.

**Vulturius**, ii. *m. Lucr.* Lo mismo que Vultur. ‖ *Cic.* Ladron. ‖ *Cat.* Intruso en las herencias. ‖ *Plaut.* Una pieza en el juego de los dados llamada tambien canis.

**Vulturnālis**. *m. f.* lĕ. *n. is. Varr.* Del dios Vulturno.

**Vulturnus**, i. *m. Plin.* Vulturno, *rio de Campania. Liv.* La ciudad de Capua en lo antiguo. ‖ *Vitruv.* Viento entre el euro y el noto. ‖ El dios Volturno.

**Vultus**, us. *m. Cic.* La cara, el rostro, el semblante. *Vultus omnes exprimere. Cic.* Mostrar muchas caras, tomar en el semblante diversas formas. *In tempore vultus tui. Bibl.* En tiempo de tu ira.

**Vulva**, ae. *f. Cels.* La vulva ó matriz en que la hembra concibe el feto.

**Vulvŭla**, ae. *f. Apic.* Pequeña vulva.

**Vuor**, ōris. *m. Varr.* La humedad, humor.

## XA

**X**anthēnes, is. *m. Plin.* Piedra preciosa de color de electro, dorada.

\* **Xanthos**, i. *m. Plin.* Piedra preciosa de color dorado claro que tira á blanco.

**Xanthus**, i. *m. Virg.* El Janto, *rio de la Troade.* ‖ *Rio de Licia.* ‖ *Riachuelo de Epiro.*

## XE

**Xeniae balneae**. *f. plur. Cic.* Lugar del Lacio, *que algunos creen ser la ciudad de Bayas.* ‖ Baños de Roma donde se admitia á los estrangeros gratuitamente.

**Xeniŏlum**, i. *n. Apul. dim. de*

**Xenium**, ii. *n. Apul.* Regalo que se da á los huéspedes. ¶ *Plin.* Dádivas que se presentaban á los convidados despues de un banquete. ¶ Cualquiera regalo que se enviaba á las casas de los amigos. ¶ *Ulp.* Los regalos que presentaban los pueblos á los procónsules y gobernadores de las provincias. ¶ *Plin.* Los que se hacian á los abogados por los pleiteantes.

Xenodŏchium, ii. *n. Dig.* Hospital de peregrinos.

Xenodŏchus, i. *m. Dig.* El que recibe los pasageros pobres que no tienen donde hospedarse.

Xenon, ōnis. *m. Dig.* V. Xenodochium.

Xenoparŏchi, ōrum. *m. plur. Dig.* Los que daban sal y leña á los embajadores y á otros huéspedes que eran enviados con cargo público.

Xenŏphon, ōntis. *m. Cic.* Genofonte, *insigne filósofo y capitan ateniense, discípulo de Sócrates, cuyas pláticas escribió, y tambien la Economía, la Ciropedia, el Simposio, la Historia de las guerras del Peloponeso, de la caballería, de la caza, la Apología de Sócrates y otras cosas en estilo muy elegante y fluido.*

Xenophontius, a, um. *Cic.* Perteneciente á Genofonte.

Xerampelĭnus, a, um. *Juv.* De color de hoja de parra ó de rosa seca.

Xerantĭcus, a, um. *Macrob.* Disecativo, disecante.

Xerocollyrium, ii. *n. Marc. Emp.* Colirio hecho de cosas secas.

Xerolybia, ae. *f. Serv.* La parte interior de la Libia árida y desierta.

Xerolŏphus, i. *m. Prisc.* Monton de piedras árido y seco.

Xeromyrrha, ae. *f. Sedul.* La mirra seca.

Xerophagia, ae. *f. Tert.* La comida de cosas áridas y secas, que no ensucian las manos.

Xerophthalmia, ae. *f. Cels.* Legaña seca y dura, *enfermedad de los ojos encarnizados y agravados con dolor.*

✝ Xiphias, ae. *m. Plin.* El pez espada.

✝ Xipbion, ii. *n. Plin.* La gifia ó giride, *yerba parecida en las hojas el cárdeno lirio, llamada en las oficinas Spatula foetida.*

## X Y

Xylĭnum, i. *n. Plin.* El algodon.

Xylobalsămum, i. *n. Plin.* Gilobálsamo, *la madera del árbol que destila bálsamo.*

Xylocassia, ae. *f. Dig.* La madera de la casia ó canela.

Xylocinamŏmum, i. *n. Plin.* La madera de cinamomo.

✝ Xylon, i. *n. Plin.* La madera del árbol que produce el algodon.

✝ Xylophyton, i. *n. Apul.* La yerba consólida ó consuelda.

✝ Xyniasi. *dat. plur. griego de Gyniades, ninfa de la laguna Bebeidos en Tesalia, junto á la ciudad de Ginia.*

Xyris, is. *f. Plin.* Nombre de la íride silvestre, *planta.*

✝ Xystarches, ae. *m.* y

Xystarchus, i. *m. Tert.* El presidente de los ejercicios y juegos de los atletas.

Xystĭci, ōrum. *n. plur. Suet.* Los atletas que se ejercitaban en el pórtico.

Xystĭcus, a, um. *Tert.* Perteneciente al pórtico ó lonja en que se ejercitaban los atletas, ó á sus juegos y ejercicios gimnásticos.

Xystum, i. *n.* y

Xystus, i. *m. Cic.* Pórtico, *lonja en que se ejercitaban los atletas en el invierno, y servia tambien para pasear.*

## Z A

Zabŭlus, i. *m. Lact.* El diablo.

Zacynthius, a, um. *Plaut.* De la isla de Zante.

Zacynthus, i. *f. Nep.* La isla de Zante *en el mar jonio, junto al Peloponeso.*

Zamia, ae. *f. Plaut.* Daño, pérdida. ¶ *Plin.* La piña del pino.

Zancha, ae. *f. Dig.* Calzado de pieles que los Partos adobaban con mucha delicadeza.

Zanclaeus, y Zanclejus, a, um. *Ov.* Siciliano, de Sicilia.

Zancle, es. *f. Ov.* La Sicilia, *llamada asi de la hoz de* Saturno, *que se le cayó en esta isla, aludiendo á su fertilidad.*

Zaplūtus, i. *m. Petron.* Muy rico.

## Z E

Zea, ae. *f. Plin.* La espelta, *especie de trigo.* ¶ *Apul.* Especie de romarino.

Zelivĭra, ae. *f. Tert.* Muger adúltera, celosa del amor conyugal, de la muger legítima.

Zelo, as, are. *a. Tert.* Celar, tener celos, amar con tanta vehemencia, que no se sufre dar parte á otro en el amor.

✝ Zelōtes, ae. *m. Tert.* Amante celoso, que no sufre rival.

Zelotȳpa, ae. *f. Petron.* Muger celosa, que tiene celos de la persona que ama.

Zelotȳpia, ae. *f. Cic.* Celos, pasion de ánimo con que tememos que otro posea lo que deseamos poseer solos.

Zelotȳpus, i. *m. Jul.* V. Zelotes.

Zēlus, i. *m. Vitruv.* El celo, emulacion, fervor del ánimo, á veces virtuoso, á veces envidioso, indiscreto y malo.

Zema, ae. *f. Apic.* La olla ó puchero para cocer viandas.

Zeno, y Zenon, ōnis. *m. Cic.* Cenon, *nombre de dos célebres filósofos, el uno de Elea pitagórico, inventor de la dialéctica; el otro cínico, cabeza de los estóicos.*

Zenonianus, a, um. *Dig.* Del emperador Cenon.

Zenonĭcus, a, um. *S. Ag.* Perteneciente á alguno de los dos Cenones filósofos.

Zephărites, is. *patron. f. Catul.* Muger del Céfiro, Cloris.

Zephyrius, a, um. *Plin.* Del céfiro. Zephyria ova. *Plin.* Huevos hueros.

Zephȳrus, i. *m. Plin.* El céfiro ó poniente, *uno de los cuatro vientos cardinales.* ¶ *Virg.* El viento.

✝ Zeros. *m. Plin.* Piedra preciosa semejante á la íride.

Zerynthius, a, um. *Liv.* De la ciudad de Cerinto *en Samotracia.*

Zeta, ae. *f. Lampr.* Estancia, pieza, sala. ¶ *Auson.* La letra Z.

Zetarius, ii. *m. Dig.* Camarero, ayuda de cámara.

Zetecŭla, ae. *f. Plin.* Cuarto de estudio, de retiro. Alcoba, dormitorio. ¶ Pieza, cuarto pequeño.

Zetes, ó Zethes, ae. ó Zetus, i. *m. Plin.* Cetes, *hijo de Boreas, rey de Tracia y de Orintia.*

Zetius y Zetus, i. *m. Cic.* Ceto, *hijo de Júpiter y Antiopa, hermano de Anfion, á quien ayudó en la fundacion de Tebas.* ¶ *Sidon.* Matemático insigne.

✝ Zeugites, ae. *m. Plin.* Especie de caña del lago Orcomeno, propia para cazar pájaros.

Zeugma, ătis. *n. Cic.* Zeugma, *figura de palabras por detraccion.* ¶ *Lucan.* Sobcha, *ciudad de Siria sobre el rio Eufrates.*

Zeus, i. *m. Col.* El pez dorada.

Zeuxis, is. *m. Plin.* Zeuxis, *pintor famoso de Heraclea, contemporáneo de y superior á Parrasio.*

Zimpibĕri, y Zingibĕri. *indec. n. Plin.* El gengibre, *especia aromática.*

✝ Zinzilŭlo, as, āre. *n. Aut. de Fil.* Gorgear por lo bajo *imitando el gorgeo de la golondrina.*

Zirbus, i. *m. Apic.* La grasa ó gordura.

Zizănium, ii. *n. S. Ag.* La zizaña ó vallico, *grano negro y podrido que nace entre los trigos y cebadas.*

Zizȳphum, i. *n. Plin.* La azufaifa, *fruto del azufaifo.*

Zizyplus, i. *m. Palad.* El azufaifo, árbol.

✝ Zmilăces, is. *m. Plin.* Piedra preciosa que nace en el Eufrates semejante al mármol proconesio.

✝ Zoe, es. *f. Tert.* La vida.

Zodiacteus, a, um. *Marc. Cap.* Perteneciente al zodiaco.

Zodiăcus, i. *m. Cic.* El zodiaco, *círculo máximo del cielo que contiene los doce signos.*

Zoĭlus, i. *m. Vitruv.* Zoilo, *sofista del tiempo de Tolomeo, célebre únicamente por haberse atrevido á reprender en ciertos libros á Homero. Dejó su nombre á todos los envidiosos y malignos críticos de la posteridad.*

Zōna, ae. *f. Hor.* Ceñidor, faja. ¶ Zona, faja, *nombres*

## ZOR

que se dan á los círculos que circundan el cielo y la tierra. ‖ *Escrib. Larg.* Especie de erpe, que como con una faja ciñe el cuerpo. *Zonam perdere. Hor.* Quedarse sin dinero. *Prov.* Porque los antiguos llevaban el dinero en la faja ó cinto. *Zonam solvere. Cat.* Desceñirse la faja. Se dice de las doncellas que iban ceñidas hasta que se entregaban á sus maridos, y entonces la madrina les quitaba la faja, ó la consagraba á Diana.

Zonālis. m. f. lĕ. n. is. *Macrob.* Perteneciente á las zonas.

Zonārius, a, um. *Plaut.* Perteneciente á la bolsa del dinero. *Sector zonarius. Plaut.* Rapa bolsas, el que las roba, las espulga.

Zonārius, ii. m. *Cic.* El que hace bolsas para el dinero.

Zonātim. adv. *Lucil.* Dando vueltas.

Zonŭla, ae. f. *Cat.* Fajita, ceñidor corto ó estrecho.

Zoophŏrus, y Zophorus, i. m. *Vitruv.* El zodiaco. ‖ *Vitruv.* Parte de la coluna entre el pistilo y la corona, *que se suele adornar con figuras de animales y otras cosas, de donde tomó el nombre.*

\* Zophthalmos, i. m. *Plin.* La siempreviva mayor, *yerba.*

Zopissa, ae. f. *Plin.* La pez raida de las naves, que mezclada con cera y sal marina y macerada es mejor para todo que la pez comun.

Zoroastres, is. m. V. Zoroastrus.

## ZYT

Zoroastrēus, a, um. *Juven.* Del rey Zoroastres.

Zoroastrus, i. m. *Juven.* Zoroastres, *rey de los bactrianos, el primero que dicen inventó el arte mágica, y observó los principios del mundo y el movimiento de los astros.*

Zoronysius, ii. m. *Plin.* Piedra preciosa, *que dice Plinio se cria en el rio Indo.*

Zoster, ĕris. m. *Plin.* Erpe, *especie de fuego sacro que circunda el cuerpo y mata.*

Zothēca, ae. f. *Plin.* Estudio, gabinete, cuarto de retiro. ‖ Alcoba. ‖ *Inscrip.* Capilla dedicada á algun dios.

Zothēcŭla, ae. f. *Sidon.* Pequeña alcoba. ‖ Estudio ó gabinete pequeño.

Zura, ae. f. *Plin.* La semilla del paliuro.

## ZY

Zygia, ae. f. *Plin.* Especie de acer, *árbol.* ‖ Nombre de Juno, *presidente de las bodas.*

Zygis, is. f. *Apul.* El serpol silvestre.

Zygostāsium, ii. n. *Dig.* El empleo del fiel de los pesos, fielazgo.

\* Zygostātes, ae. m. *Dig.* El fiel de los pesos, el que cuida de que los pesos sean fieles y sin fraude.

Zythum, i. n. *Plin.* Bebida de cebada disuelta con agua, cerveza.

# DIFERENCIA Y CONTRAPOSICION

## DE LAS VOCES LATINAS.

## A

Abalienare. *se op.* Retinere.
Abdicare. *se op.* Dedicare.
Abducere, y *Abigere*. Se dif. en que *Abducere* se dice de los hombres, *Abigere* de las bestias.
Abesse. *se op.* Adesse.
Abigere, y *Arcere*. Se dif. en que *Abigere* se dice de las cosas que apartamos, habiéndose acercado, *Arcere* de las que prohibimos que se acerquen.
Abjicere. *se op.* Erigere, Expetere.
Abludere. *se op.* Alludere.
Abnuere. *se op.* Annuere.
Abolla. *V.* Paludamentum.
Abrogare, y *Antiquare*. Se dif. en que *Abrogare* se dice de la ley que el pueblo no aprueba ni permite que se promulgue. *Antiquare* de la que recibida y promulgada se anula despues por otra contraria. *V.* Rogare.
Abscedere. *se op.* Accedere.
Abscondere. *V.* Abstrudere.
Absens. *se op.* Praesens.
Absolvere. *se op.* Damnare.
Abstractum, y *Concretum*. Se dif. en que *Abstractum* significa una forma con esclusion de sujeto, *Concretum* significa la misma forma con sujeto: v. gr. *Albor* la blancura, *Album* lo blanco.
Abstrudere, y *Abscondere*. Se dif. en que *Abstrudere* se dice de la naturaleza, *Abscondere* de la industria.
Abundans. *se op.* Inops.
Abundanter. *se op.* Presse.
Abundare. *se op.* Egere, Defici.
Abuti, y *Uti*. Se dif. en que *Abuti* se dice con injuria ó sin razon, *Uti* con honra.
Accedere. *se op.* Abscedere, Declinare, Recedere. *Accedo tibi*, siento contigo ó lo mismo que tú. *Accedo ad te*, vengo á tí.
Accelerare. *se op.* Tardare.
Accendere. *se op.* Extinguere.
Acceptare. *se op.* Expensare.
Accersire, *Arcessire*. Se dif. en que *Accersire* se dice del que se llama, *Arcessire* del que acusa.
Accessio. *se op.* Decessio.
Accessus. *se op.* Discessus. *Accessus, et defectus, diarum. Accessus, et recessus*, maris.
Accidere. *V.* Contingere.
Accipere, *Sumere*, y *Tenere*. Se dif. en que *Accipere* se dice de lo que se da, *Sumere* de lo que está puesto en alguna parte, *Tenere* de lo que está en nuestro poder.
Accipere. *V.* Capere.
Acclinis, y *Acclivis*. Se dif. en que *Acclinis* se dice del hombre, *Acclivis* del lugar.
Acclivis. *se op.* Declivis.
Accola. *se op.* Advena.
Accretio. *se op.* Diminutio.
Accusare, *Postulare*, y *Deferre*. Se dif. en que *Postulare* es pedir licencia de delatar, *Deferre* hacer la delacion, *Accusare* acusar, que era lo último. Tambien se diferencia de *Incusare*, que se dice propiamente del superior, *Accusare* de igual ó inferior.
Accusator, y *Conviciator*. Se dif. en que *Accusator* es el que acusa con verdad, *Conviciator* el que falsamente.
Acerbus. *se op.* Lenis, Mansuetus.

Acies, *Bellum, Praelium*, y *Pugna*. Se dif. en que *Acies* se ordena, *Bellum* se declara, *Praelium* se da, *Pugna* se traba.
Acta, y *Gesta*. Se dif. en que *Acta* pertenece propiamente á la toga, *Gesta* á la milicia.
Activus. *se op.* Contemplativus, Passivus.
Actor, y *Petitor*. Se dif. en que *Actor* se dirige á la persona, *Petitor* á la cosa.
Acuere. *se op.* Obtundere.
Acus. *V.* Palea.
Acutus. *se op.* Hebes, Retusus. En los sonidos *se op.* Gravis.
Ad, y *In*. Se dif. en que *In* significa la llegada al término, *Ad* la cercanía solamente.
Adaugere. *se op.* Extenuare.
Addictiones, y *Adjectiones*. Se dif. en que *Addictiones* se refiere á las cosas, *Adjectiones* al precio.
Addere. *se op.* Demere, Detrahere.
Adducere. *se op.* Remittere, Deducere.
Adeps, y *Pinguedo*. Se dif. lo primero en que *Adeps* está pegada á las estremidades ó membranas de los músculos, *Pinguedo* entre cuero y carne: lo segundo, que *Adeps* se endurece con el frio, *Pinguedo* no se congela ni endurece: ademas *Adeps* se dice de los animales que son abiertos de pesuña, y no tienen cuernos, y *Sebum* se dice de los que tienen cuernos y talones.
Adesse. *se op.* Abesse.
Adimere. *se op.* Dare.
Adjectum. *se op.* Subjectum.
Adjungere. *se op.* Disjungere.
Admonere. *V.* Monere.
Admovere. *se op.* Amovere.
Adoriri, y *Aggredi*. Se dif. en que *Adoriri* es desde cerca, *Aggredi* desde lejos.
Adsectari, y *Appellare*. Se dif. en que *Appellare* se dice del que con palabras tienta la castidad, *Adsectari* del que la persigue sin hablar.
Adsertor, y *Procurator*. Se dif. en que *Adsertor* sigue la causa con peligro propio, *Procurator* solo con el ageno.
Advena. *se op.* Accola. *Advena* se dice del que viene de lejos á una ciudad, *Conveña* de los que vienen de varias partes, *Advena* el que viene desde su patria á otra parte, *Accola* el que habita en pais ageno, y *Incola* el que vive en el lugar de su nacimiento.
Adventus. *se op.* Discessus.
Adversari. *se op.* Suffragari.
Adversus. *se op.* Aversus, Prosper, Secundus.
Adulari, *Assentari*, y *Blandiri*. Se dif. en que *Adulamur* con el gesto, *Assentamur* con la voz, *Blandimur* con el tacto.
Adulterium. Se dice con muger casada, *Stuprum* con doncella, *Incestus* con parienta.
Adumbrare. *se op.* Exprimere.
Adumbratio. *se op.* Perfectio.
Aduncus. *se op.* Reduncus.
Advocatus. No solo significa el que aboga por otro, al cual llamamos *Patronum*, sino tambien el que ayuda, sirve y favorece á otro en su pleito, ó está pronto á defenderle, aunque no lo haga. *Advocatus*, es buscado para

patrocinar, *Evocatus* para servir y hacer obsequio, *Invocatus* para dar ausilio.

Aedes. Significa las partes de la casa, *Domus* todo el edificio, *Templum* el inaugurado y no consagrado; y si lo estaba se decia *Templum* y *Aedes sacra*.

Aeger, y *Aegrotus*. Se dif. en que *Aeger* se dice del ánimo y del cuerpo, *Aegrotus* del cuerpo solo. Se op. *Sanus*.

Aegre. se op. Facile.

Aegritudo, del ánimo, *Aegrotatio*, del cuerpo.

Aegrotare gravissime. se op. Optime valere.

Aegrum. se op. Voluptas.

Aequalis. se op. Impar.

Aerarium, y *Fiscus*. Se dif. en que *Aerarium* es del estado, *Fiscus* del príncipe.

Aestimare. se op. Despicere.

Aestuare. se op. Algere.

Aeternitas. se op. Momentum.

Aeternus, y *Perpetuus*. Se dif. en que *Aeternus* es sin fin, *Perpetuus* sin intermision.

Affabilitas. se op. Austeritas, severitas.

Affectatus. se op. Ingenitus, innatus.

Affines. V. Agnati.

Affingere. se op. Detrahere.

Affirmatio. se op. Dubitatio.

Affligere. se op. Levare.

Ager, *Area*, y *Campus*. Se dif. en que *Ager* se dice del que se cultiva y alinda, *Area* del sitio vacío y seco, *Campus* de una llanura dilatada.

Agere, *Facere*, y *Gerere*. Se dif. en que cuando un poeta hace una comedia *Facit*, non *Agit*, el que la representa *Agit*, non *Facit*. Un general non *Facit*, neque *Agit*, sino *Gerit res*.

Aggredi. V. Adoriri.

Agilis, *Strenuus*, *Fortis*, y *Robustus* se diferencian en que *Agilis* se refiere á la acción, *Strenuus* al movimiento, *Fortis* al ánimo, *Robustus* al cuerpo.

Agitatus. se op. Tranquillus, Quietus.

Agmina, y *Antes*. Se dif. en que *Agmina* se dice de la infantería, *Antes* de la caballería.

Agnati por parte de padre, *Cognati* de madre, *Affines* de la muger, el nombre comun de todos *Propinqui*.

Agnomen. V. Nomen.

Agnoscere, y *Cognoscere*, *Agnoscere* se dice de lo que hemos conocido antes, que se llama reconocer, *Cognoscere* de lo que nunca hemos visto.

Ahenus. V. Cacabus.

Ajo. se op. Nego.

Alae, y *Cornua*. Se dif. en que *Alae* se dice de la caballería, *Cornua* de la infantería.

Album, y *Candidum*. Se dif. en que *Album* es por naturaleza, *Candidum* por arte.

Albus. se op. Ater, Niger.

Alere, y *Nutrire*. Se dif. en que *Alere* se dice de las cosas inanimadas, *Nutrire* de las animadas.

Ales, y *Oscines*. Se dif. en que las aves se dicen *Alites* por las alas ó el vuelo, *Oscines* por el canto, y uno y otro por el suspicio que se sacaba de ellos.

Aleuron. Se dif. de *Alphito* en que esto significa harina de cebada, lo otro harina de trigo.

Alga, y *Ulva*. Se dif. en que *Alga* se dice del mar, *Ulva* de los estanques ó lagunas.

Algere. se op. Aestuare.

Alienare. se op. Reconciliare.

Alienus. se op. Familiaris, Intimus.

Alius. se op. Idem.

Alius, y *Alter*. Se dif. en que *Alius* es uno de muchos, *Alter* uno de dos, y tambien significa el número segundo de cualquiera cosa.

Allevare, y *Alleviare*. Se dif. en que *Allevare* es levantar en alto, *Alleviare* aligerar ó disminuir.

Allodium, y *Feudum*. Se dif. en que *Allodium* es posesion de un bien sin carga alguna, *Feudum* usufructo de cosa inmueble bajo condicion de buena fe.

Alludere. se op. Abludere.

Alphiton. V. Aleuron.

Altare se dice de los dioses del cielo, *Ara* de los de la tierra, *Focus* de los *Sobrehumo* del infierno.

Alter. V. Alius.

Altus, y *Excelsus*. Se dif. en que el primero se dice no solo de lo alto, sino de lo profundo, *Excelsus* solo de lo alto.

Aluta. V. Corium.

Alvus. V. Uterus.

Amabilis. se op. Odiosus.

Amare, y *Diligere*. Se dif. en que *Amare* se dice del afecto, *Diligere* del juicio.

Ambire. V. Cupere.

Ambitio, y *Ambitus*. Se dif. en que *Ambitus* es delito, y *Ambitio* solo deseo.

Ambo. V. Duo.

Amens, y *Demens*. Se dif. en que el primero se dice del que ha perdido parte del juicio, el segundo del que enteramente carece de él.

Amentatos, y *Manipularios*. Se dif. en que el primero se dice de las picas ó lanzas mayores y mas pesadas, el segundo de las mas ligeras.

Amittere. se op. Obtinere, Recipere, Retinere.

Amor. se op. Odium.

Amovere. se op. Admovere.

Amphimaschala. Vestido con mangas largas de los libres, *Heteromaschala* de una manga de los siervos.

Amphora. Vasija grande de barro, *Urceus* pequeña.

Amphoteroplon. Usura náutica con que el usurero asegura la ida y la vuelta, *Hyteroplon* la ida solamente.

Ampliare, y *Augere*. Se dif. en que *Ampliare* pertenece al precio, *Augere* á la cuantidad.

Ampliatio, y *Comperendinatio*. Se dif. en que *Ampliatio* era libre y al arbitrio de los jueces, *Comperendinatio* prescrita y determinada. Ademas esta repetia la accion para dentro de tres dias, la otra la diferia al término que querian los jueces.

Amplifico. se op. Minuo.

Anguis. V. Serpens.

Augusticlavii. V. Clavus.

Angustius. se op. Abundantius, Uberius, Fusius.

Angustus. se op. Latus.

Anima, y *Animus*. Se dif. en que *Anima* es con la que vivimos y sentimos, *Animus* con el que sabemos y entendemos, *Anima* pertenece á la vida, *Animus* al consejo. V. Mens.

Animalis hostia. V. Hostia.

Annuere. se op. Abnuere. V. Nictare.

Annuntiare, y *Obnuntiare*. Se dif. en que *Obnuntiare* se dice del que trae mala nueva, *Annuntiare* del que la trae buena.

Ante. se op. Post, Retro. V. Coram.

Antes. V. Agmina.

Anticum. se op. Posticum.

Antipathia. se op. Sympathia.

Antiquare. se op. Abrogare.

Antiquus. se op. Novus.

Antrum, y *Spelunca*. Se dif. en que *Antrum* es la natural, *Spelunca* la hecha de propósito.

Aperire. se op. Claudere.

Apertus. se op. Clausus, Opertus, Recoaditus.

Aphaeresis, *Syncope*, y *Apocope*. Se dif. en que *Aphaeresis* se hace quitando letras ó sílabas al principio de la diccion, v. g. *Temnitis*, por *Contemnitis*, *Syncope* quitando letra ó sílaba del medio, v. g. *Nantes* por *Natantes*, *Apocope* quitando letra ó sílaba del fin, v. g. *Luxu* por *Luxuria*.

Apochryphus. se op. Canonicus.

Apogaeum, y *Hypogaeum*. Se dif. en que *Apogaeum* denota la parte media del cielo, *Hypogaeum* la última ó mas baja.

Apotheca. V. Officina.

Apparare. se op. Conficere.

Apparare, y *Parare*. Se dif. en que *Apparamus* para la dignidad y pompa, *Paramus* para la necesidad.

Appellare. V. Adsectari.

Appetere. se op. Fugere, Aspernari, Declinare.

## A

Apportare. *se op.* Asportare.
Apprecari. *se op.* Imprecari.
Approbare. *se op.* Improbare, Refellere.
Apricus. *se op.* Opacus.
Aptus. *se op.* Ineptus.
Apud. *V.* Penes.
Aqua. *V.* Unda.
Ara. *V.* Altare.
Arare, tomado latamente es cultivar la tierra, *Prescindere* ararla la primera vez, *Offringere* ararla segunda vez, *Litare* ararla la tercera.
Arbiter, y *Judex.* Se dif. en que *Arbiter* es el arbitro de los litigantes, *Judex* por ley.
Arcere. *V.* Abigere ó Recipere.
Arctus. *se op.* Latus.
Arcus. Es el arco, *Arcuis* el arco iris.
Area. *V.* Ager.
Arguere. *se op.* Purgare.
Argumentatio, y *Argumentum.* Se dif. en que *Argumentatio* es la disposicion ó forma del argumento, *Argumentum* la materia de la argumentacion.
Argumentum, *Historia, Fabula.* Se dif. en que *Argumentum* es cosa fingida que puede suceder, *Historia* narracion verdadera, *Fabula* contexto de cosas fingidas.
Arma, y *Armamenta.* Se dif. en que *Arma* son todas las ofensivas y defensivas, *Armamenta* las que sirven para equipar ó pertrechar alguna cosa, v. g. *Armamenta navis.*
Armamentarium, y *Armarium.* Se dif. en que *Armarium* es para guardar los instrumentos de cualquier arte, *Armamentarium* solo las armas.
Armus. Se dice de los cuadrúpedos, *Humerus* del hombre.
Arquus. *V.* Arcus.
Arrha, y *Pignus.* Se dif. en que *Pignus* se volvia restituyéndose la cosa fiada, *Arrha* no se volvia porque hacia fe. de pagarse toda la suma.
Arridere. *se op.* Deridere.
Arrogantia. *V.* Superbia.
Articuli, y *Artus.* Se dif. en que *Articuli* significa la union de los miembros menores, *Artus* de los mayores.
Artificiosus. *se op.* Naturalis.
Arundo. *V.* Canna.
Asciscere. *se op.* Segregare, Reprobare.
Ascitus. *se op.* Nativus.
Asper. *se op.* Lenis. Se dif. de *Ferox* en que *Ferox* lo es por naturaleza, *Asper* por acaso.
Aspernari. *se op.* Appetere.
Aspicere. *sig.* Mirar, *Despicere* mirar hácia bajo, *Inspicere* mirar con diligencia y atencion; *Intueri* mirar de cerca, *Prospicere* de lejos, *Conspicere* por todas partes, *Respicere* mirar atrás, *Spectare* mirar con atencion, *Suspicere* mirar hácia arriba, *Videre* percibir por la vista, *Visere* ir á ver, visitar.
Asportare. *se op.* Aportare.
Assentari. *V.* Adulari.
Assideo, y *Assido.* Se dif. en que *Assideo* es sin movimiento, *Assido* con él.
Astricte. *se op.* Remisse.
Astringere. *se op.* Laxare, Relaxare.
Astrologus, y *Astronomus.* Se dif. en que *Astronomus* trata del curso y movimiento de los cielos y astros, *Astrologus* finge, pronostica lo futuro por sus movimientos ó situacion.
Astrum, seu *Stella* y *Sidus.* Se dif. en que *Astrum* está fijo en el cielo, *Sidus* se mueve.
Atet. *se op.* Albus y Candens.
Atrox. *se op.* Mitis, Lenis, Mansuetus, Placidus.
Auctus. *se op.* Diminutus.
Audacia, y *Audentia.* Se dif. en que *Audentia* denota fortaleza, *Audacia* temeridad.
Auferre. *se op.* Ponere.
Augere. *V.* Ampliare.
Augurium, y *Auspicium.* Se dif. en que *Augurium* se tomaba del graznido de las aves, *Auspicium* de la inspeccion de ellas, de su vuelo, canto y pasto.

## C

Aulaeum, y *Siparium.* Se dif. en que *Aulaeum* pertenece á la tragedia, *Siparium* á la comedia.
Auspicium. *V.* Augurium.
Austeritas. *se op.* Affabilitas.
Autopyros panis, y *Cibarius.* Se dif. en que *Autopyros* es el pan á que no se ha sacado la flor de la harina, *Cibarius* al que se ha sacado.
Auxilium, *Praesidium, Subsidium, Suppetiae.* Se dif. en que *Auxilium* se da á los que estan en trabajo, *Praesidium* se propara, *Subsidium* se guarda para la necesidad, *Suppetiae* se dan al que se halla en peligro.
Avarus. *se op.* Largus, Liberalis, Profusus.
Aversus. *se op.* Adversus.
Avius, *Devius, Invius, Pervius. Avius* fuera del camino, *Devius* descarriado, *Invius* sin camino, *Pervius* por donde se anda ó camina.

## B

Balneae, y *Balneum.* Se dif. en que *Balneum* se dice del privado, *Balneae* y *Balnea* de los públicos.
Barba. *en sing.* se dice de la del hombre, *en plur.* de los cuadrúpedos.
Barbarismus, y *Soloecismus.* Se dif. en que *Barbarismus* se comete en palabras separadas, *Soloecismus* en el contexto de ellas.
Barbarus. *se op.* Humanus.
Basia, *Oscula, Suavia.* Se dif. en que *Basia* son de afecto honesto, *Oscula* de oficio y ceremonia, *Suavia* de liviandad.
Basterna, y *Lectica.* Se dif. en que *Basterna* es tirada de dos caballerías, *Lectica* es llevada por siervos.
Beatus. Pertenece al ánimo, *Dives* al oro y la plata, *Honestus* á las costumbres, *Locuples* á las posesiones, *Opulentus* de todo género de riquezas, *Pecuniosus* á los ganados. *se op.* Miser.
Bellum, *Duellum, Praelium.* Se dif. en que *Bellum* es entre pueblos y príncipes, *Duellum* entre dos personas, *Praelium* la batalla, *Bellum* la guerra. *se op.* Pax. *V.* Acies.
Benedicere Deo. Alabar á Dios. *Benedicit nobis Deus.* Cuando nos dá felicidades.
Benignus. *se op.* Severus.
Blandiri. *se op.* Saevire. *V.* Adulari.
Bonitas. *se op.* Malitia.
Bonus. *se op.* Malus.
Brevis. *se op.* Longus, Prolixus.
Brevitas. *se op.* Longitudo.
Burdus. *V.* Mulus.
Bustum. *V.* Mors.

## C

Caballus, y *Equus.* Se dif. en que *Equus* se dice de un caballo regular y bueno, *Caballus* del malo por irrision.
Cacabus, y *Ahenus.* Se dif. en que *Cacabus* era para cocer ó guisar la comida, *Ahenus* para calentar agua.
Cadere. *se op.* Oriri, hablando de las estrellas.
Cadere. *se op.* Consistere.
Caduceator, y *Fecialis.* Se dif. en que *Caduceator* servia para dar fin á la guerra, *Fecialis* para declararla.
Caecus, *Cocles, Ocella, Myops, Luscinus, Strabo* y *Paetus.* Se dif. en que *Caeci* son los que absolutamente estan privados de la vista, *Coclites* los tuertos ó ciegos de un ojo, *Ocellae* los que los tienen pequeños, *Myopes* los que casi los cierran para ver, *Luscini* los que los tienen turbios y confusos, *Strabones* los que atraviesan la vista, *Paeti* los que la tienen inconstante, y que se mueve continuamente.
Caelebs. *se op.* Maritus.
Caelare, y *Sculpere.* Se dif. en que *Caelare* se dice en los metales, *Sculpere* en piedras, maderas, vidrios.
Caementum, y *Intritum.* Se dif. en que *Caementum* es de piedra, *Intritum* de cal y arena.
Caeruleus, y *Caerulus.* Se dif. en que *Caerulus* es color natural, *Caeruleus* es imitado.
Caesim. *se op.* Punctim.
Caetus, y *Cestus.* Se dif. en que *Caetus* son armas de luchadores, *Cestus* ceñidor de muger.

Caeteri, y *Reliqui*. Se dif. en que *Caeteri* son los que ignoramos, *Reliqui* los que han quedado.

Calamus. V. Canna.

Caldarium aes, y *Regulare*. Se dif. en que *Caldarium* es el derretido, *Regulare* y *Ductile* el que se forja y labra.

Callidus. se op. Imperitus, Stultus.

Calumniari, *Praevaricari*, *Tergiversari*. Se dif. en que *Calumniari* se dice del que acusa falsamente, *Praevaricari* del que oculta la verdad, *Tergiversari* del que desiste de la acusacion.

Campus. V. Ager.

Camurus, *Patulus*, *Licinus*. Se dif. en que *Camuri boves* se dice de los que tienen los cuernos retorcidos hácia dentro, *Patuli* de los que los tienen inclinados á la tierra; *Licini* de los que vueltos hácia arriba.

Candens. se op. Ater.

Candidum. V. Album.

Canna, *Calamus*, y *Arundo*. Se dif. en que *Canna* es mayor que *Calamus*, y menor que *Arundo*, *Arundo* es la caña por excelencia.

Canonicus. se op. Apochryphus.

Cantharus. V. Scyphus.

Caper. V. Hircus.

Capere, y *Accipere*. Se dif. en que *Accipio* se dice de buena voluntad, *Capere* aun de mala.

Carbo, y *Pruna*. Se dif. en que *Carbo* se dice el carbon apagado, *Pruna* el que está ardiendo.

Carere. se op. Frui.

Caritas, y *Charitas*. Se dif. en que *Caritas* es la falta ó carencia, *Charitas* el amor; tambien se dif. de *Penuria* en que esta es falta de cualquier cosa, *Caritas* la carestía ó precio excesivo.

Carus, y *Charus*. Se dif. en que *Carus* significa caro, hablando del precio, *Charus* amado.

Cassis. V. Galea.

Castigare. se op. Laudare.

Castus. se op. Libidinosus, Lascivus, Obscenus.

Casus. se op. Consilium.

Catavolici spiritus. Son espíritus que maltratan y derriban con furor á aquel de quien se apoderan, *Paredri* son los que están siempre con alguno.

Caterva, y *Turma*. Se dif. en que *Turma* se dice de la caballería, *Caterva* de la infantería.

Caudex, y *Caulis*. Se dif. en que *Caudex* es el tronco de los árboles, *Caulis* el tallo de las yerbas.

Caulis. V. Caudex.

Caupo. V. Hospes.

Cavere, y *Vitare*. Se dif. en que *Cavere* se refiere al cuerpo, *Vitare* al ánimo.

Cedere, y *Concedere*. Se dif. en que *Concedo* es temporal, *Cedo* perpetuo.

Celare. se op. Patefacere, Publicare.

Celebris. se op. Secretus.

Celer. se op. Lentus.

Celeritas, y *Pernicitas*. Se dif. en que *Pernicitas* se refiere á los pies, *Celeritas* á las alas; tambien se dif. de *Velocitas*, porque esta es de los cuerpos y pies, *Celeritas* del ánimo y sus obras.

Cenotaphium, y *Sepulchrum*. Se dif. en que *Sepulchrum* es donde se deposita el cuerpo ó sus reliquias, *Cenotaphium* es monumento para la memoria.

Censere, y *Jubere*. Se dif. en que *Censere* es propio del senado, *Jubere* del pueblo, *Consulta* y *Decreta* son del senado, *Jussa* del pueblo.

Certus. se op. Incertus, Controversus.

Cestus. V. Caestus.

Charitas. V. Caritas.

Charta, y *Papyrus*. Se dif. en que *Papyrus* es la materia de donde sale *charta*, y esta es la membrana preparada y pulida; tambien se dif. de *Membrana* en que esta hecha de pieles la inventó Eumenes, rey de Pérgamo, la otra es *Papyro* inventada por Tolomeo, rey de Egipto.

Charus. V. Carus.

Chlamys. V. Paenula.

Chorographia. V. Geographia.

Cibarius panis. V. Autophyros.

Cibille. Son mesas para la comida, *Cillibantes* para los vasos.

Cibus, y *Victus*. Se dif. en que *Cibus* se dice aun de los manjares delicados, *Victus* de los precisos y mas groseros.

Cicur. se op. Immanis.

Cillibantes. V. Cibille.

Cingula, y *Cingulum*. Se dif. en que *Cingula* es propia de las caballerías, *Cingulum* de los hombres.

Circumire, y *Circumdare*. Se dif. en que *Circumire* significa movimiento, *Circumdare* quietud.

Circus, ú *Orbis*, y *Globus*. Se dif. en que *Circus* es llanura redonda, *Globus* solidez redonda por todas partes.

Cis, y *Citra*. Se dif. en que *Cis* se aplica á los nombres de rios, montes y paises, *Citra* á los demas.

Citra. se op. Ultra.

Civis. se op. Peregrinus.

Civitas, y *Urbs*. Se dif. en que *Civitas* comprende los ciudadanos, *Urbs* el casco de la ciudad.

Clam. se op. Palam.

Claritas. V. Gloria.

Clarus. se op. Confusus, Obscurus, Occultus.

Claudere. se op. Pandere, Aperire, Reserare.

Clausus. se op. Opertus, Reseratus.

Clausus, y *Obturatus*. Se dif. en que *Clausus* se dice de las cosas cerradas con pared y llave, *Obturatus* de lo agujereado y no cerrado, como los oidos.

Clavus, y *Pantagium*. Se dif. en que *Pantagium* era adorno de las matronas romanas, *Clavus* de los senadores y caballeros; estos usaban *Clavo angusto*, de donde se llamaron *Angusticlavii*, los senadores del *Clavo lato*, de donde se llamaron *Laticlavii*.

Clemens, y *Placidus*. Se dif. en que *Clemens* es con los que obran bien, *Placidus* aun con los delincuentes, *Clemens* el que á nadie ofende, *Placidus* el que á todo pone buena cara, *Clemens* se refiere al ánimo, *Placidus* al semblante.

Clementia. se op. Crudelitas, Inhumanitas.

Clericus. se op. Laicus.

Cliens. se op. Patronus.

Cloaca, y *Latrina*. Se dif. en que *Cloacae* son públicas, *Latrinae* privadas.

Clypeus, y *Scutum*. Se dif. en que *Clypeus* era redondo y propio de la infantería, *Scutum* mas largo y mayor, propio de la caballería.

Cogmentare. se op. Dissolvere.

Coangustare, y *Coarctare*. se op. Dilatare.

Coccum, y *Coccus*. Se dif. en que *Coccus* es el árbol, *Coccum* la fruta de él.

Cochlea. V. Concha.

Coclea. V. Caecus.

Coctus. se op. Crudus.

Codex, y *Liber*. Se dif. en que *Liber* es un libro y un volúmen, *Codex* abraza muchos libros.

Coeruleus. V. Caeruleus.

Coetus, y *Colluvies*. Se dif. en que *Coetus* es junta de hombres y ciudadanos, *Colluvies* de gente baja, de ladrones.

Cogitare, y *Deliberare*. Se dif. en que *Cogitamus* dudando, *Deliberamus* confirmando.

Cognati. V. Agnati.

Cognitor, y *Procurator*. Se dif. en que *Cognitor* defiende la causa del presente, *Procurator* del ausente.

Cognomen. V. Nomen.

Cognoscere. V. Agnoscere.

Cohors, y *Coors*. Se dif. en que *Cohors* se dice de los soldados, *Coors* de las casas de campo; tambien se dif. de *Turma*, porque *Cohors* se dice de la infantería, *Turma* de la caballería.

Colere. se op. Negligere.

Collactaneus, y *Collacteus*. Se dif. en que *Collactanei* son los que estan criados á unos mismos pechos, *Collactei* con una misma leche.

Colligere. se op. Projicere.

Colluvies. V. Coetus.

## CON  COR

Colobium, y *Dalmatica*. Se dif. en que *Colobium* era vestido corto sin mangas. *Dalmatica* túnica con mangas.

Columna, y *Pila*. Se dif. en que *Pila* es hecha de fábrica, *Columna* consta de un solo cuerpo. *Columna*, *Epistylium*, *Scapus*, y *Basis*. Se dif. en que *Columna* es la coluna entera, *Epistylium* el capitel que se le pone encima, *Scapus* el cuerpo ó grueso de ella, *Basis* ó *Spira* la basa que se pone debajo.

Comes, *Socius*, *Sodalis*, y *Asecla*. Se dif. en que *Comes* es el que va acompañando á otro, *Socius* el que acompaña en los negocios y casos de fortuna, *Sodalis* en los placeres y cosas de poco momento, *Asecla* en el oficio y ministerio.

Comicus. *V.* Comaedus.

Cominus. *se op.* Eminus.

Commentaria, y *Commentarii*. Se dif. en que *Commentarii* son libros, *Commentaria* volúmenes.

Commodare, y *Mutuare*. Se dif. en que *Commodare* se dice de las cosas que se vuelven en el mismo número y especie, como el caballo, el libro, el vestido. *Mutuare* de lo que no se vuelve sino en la misma especie, como el dinero, el trigo. *se op.* Incommodare.

Commodum. *se op.* Incommodum.

Communis. *se op.* Proprius, Singularis.

Communiter. *se op.* Separatim.

Comoedus, y *Comicus*. Se dif. en que *Comoedus* es el actor ó cómico, *Comicus* es lo perteneciente á la comedia y al poeta que hace comedias.

Comparate. *se op.* Simpliciter.

Compellere. *se op.* Dispellere.

Compendium. *se op.* Damnum, Dispendium.

Comperendinatio. *V.* Ampliatio.

Comperire, y *Comperiri*. Se dif. en que *Comperiri* es hallar por opinion propia, *Comperire* por informacion agena.

Compescere, y *Dispescere*. Se dif. en que *Compescere* es apacentar en un mismo parage, *Dispescere* sacar el ganado del pasto.

Complicare. *se op.* Evolvere.

Compos. *se op.* Impos.

Comprehendere. *se op.* Emittere.

Comprimere. *se op.* Diducere.

Comprobatio. *se op.* Offensio.

Concavum. *se op.* Convexum.

Concedere. *se op.* Abnuere.

Concentor, *Praecentor*, *Succentor*. Se dif. en que *Concentor* es el que canta con otro, *Praecentor* el que en el canto empieza el tono, *Succentor* el que responde al canto.

Concha, y *Cochlea*. Se dif. en que *Cochlea* es una sola, *Concha* son dos tapas que se dividen por igual.

Conciliare, y *Reconciliare* Se dif. en que *Conciliantur* los nuevos, *Reconciliantur* los antiguos.

Concilium, y *Consilium*. Se dif. en que *Concilium* es de personas congregadas para deliberar sobre cosas de la iglesia, *Consilium* para cosas del estado y gobierno.

Concinere. *se op.* Discrepare.

Concitatus. *se op.* Submissus.

Concrescere. *se op.* Liquare.

Concretum. *V.* Abstractum.

Concretus. *se op.* Resolutus.

Concubina. *V.* Pellex.

Concursare. *se op.* Dissultare.

Condere. *se op.* Promere.

Condictio, y *Vendicatio* Se dif. en que *Condictio* es accion á la persona, *Vendicatio* á la cosa.

Conditionalis. *se op.* Simplex.

Confarreatio. *se op.* Diffarreatio.

Confertus. *se op.* Rarus.

Confestim. *se op.* Ex intervallo.

Confidentia. *V.* Fiducia.

Confidere. *se op.* Desperare, Metuere.

Confinium, y *Vicinitas*. Se dif. en que *Confinium* se pone en las heredades rústicas, *Vicinitas* en las urbanas.

Confirmare. *se op.* Infirmare, Refutare.

Confieri. *V.* Fateri.

Confuse. *se op.* Clare, Dilucide, Discrete.

Conglobare. *se op.* Laxare.

Conglutinare. *se op.* Dissolvere.

Congredi. *se op.* Digredi.

Congruere. *se op.* Discrepare.

Congruens. *se op.* Differens.

Conjungere. *se op.* Distinguere, Dividere, Disjungere, Sejungere, Separare.

Consanguinei, y *Uterini*. Se dif. en que *Consanguinei* son hermanos de Padre, *Uterini* de madre.

Conscius, y *Scius*. Se dif. en que *Scius* sabe consigo mismo, *Conscius* con otro.

Consentire. *se op.* Dissentire.

Consequi, y *Insequi*. Se dif. en que *Consequimur* al que vá delante, *Insequimur* al enemigo.

Conserere. *V.* Serere.

Conservare. *se op.* Prodere.

Conservator. *se op.* Desertor, Oppugnator.

Consilium. *V.* Concilium.

Consilium, y *Sententia*. Se dif. en que *Consilium* es el consejo sobre lo que se ha de hacer, *Sententia* la pronunciacion ó declaracion del consejo. *se op.* Casus.

Consimilis. *se op.* Dissimilis.

Consistere. *se op.* Cadere.

Consobrini, *Sobrini*, y *Patrueles*. Se dif. en que *Consobrini* son hijos de hermano y hermana, *Sobrini* hijos de dos hermanas, *Patrueles* de dos hermanos.

Consolatio. *V.* Solatium.

Conspicuus. *se op.* Occultus.

Constans. *se op.* Levis, Varius.

Constantia, y *Pertinacia*. Se dif. en que *Constantia* se dice de cosa buena, *Pertinacia* de cosa mala.

Consternare, y *Consternere*. Se dif. en que *Consternere* se dice del cuerpo, *Consternare* del ánimo.

Constituere. *se op.* Demovere, Destituere.

Constringere. *se op.* Dissolvere.

Construere. *se op.* Destruere.

Consulere con acusativo pedir consejo, con dativo darle ó mirar por.

Consultoria hostia. *V.* Hostia.

Consulto. *se op.* Fortuito.

Consurgere. *se op.* Subsidere.

Contaminatus. *se op.* Purus.

Contemplativus. *se op.* Activus.

Contendere. *se op.* Remittere.

Conticere, *Obticere*, y *Reticere*. Se dif. en que *Conticere* es prestar silencio, *Obticere* callar de mala voluntad, *Reticere* callar, cesar de hablar.

Continere. *se op.* Effundere.

Contingere, *Obtingere*, y *Accidere*. Se dif. en que *Contingere* se dice de los males que tememos, *Obtingere* de los bienes que deseamos, *Accidere* de los bienes y males inopinados.

Continuare. *se op.* Interrumpere.

Contra. *se op.* Pro, Secundum.

Contractio. *se op.* Remissio.

Contrahere. *se op.* Producere.

Controversus. *se op.* Certus.

Contubernium, y *Matrimonium*. Se dif. en que *Matrimonium* no puede contraerse entre libres y siervos, *Contubernium* sí.

Convena. *se op.* Advena.

Convexum. *se op.* Corcavum.

Conviciator. *V.* Accusator.

Copia. *se op.* Penuria, inopia.

Copia. *en sing.* significa abundancia, *en plur.* tropas.

Copiosus. *se op.* Tenuis, Curtus.

Coram. *se op.* Clam. Se dif. de *Palam* en que *Coram* se refiere á ciertas personas, *Palam* á todas: tambien de *Ante* en que *Coram* denota mas proximidad, *Ante* puede ser á mayor distancia.

Cordatus. *se op.* Excors, Vecors.

Corium. Se dif. de *Aluta* en que *Corium* es cuero mas fuerte, *Aluta* mas delgado: tambien se dif. de *Pellis* en que *Pellis* es la piel quitada, *Corium* el cuero adobado; mas, *Corium* es mas duro y de animales mayores, *Pellis* mas sutil, y de animales menores.

Cornicen. V. Tubicen.
Cornua. V. Alae.
Corymbus, *Crobylus*, y *Scorpius*. Se dif. en que *Corymbus* es trenza de pelo de las mugeres, *Crobylus* de los varones, *Scorpius* de los niños.
Cosmographia. V. Geografía.
Crassescere. se op. Rarescere.
Crassus. se op. Liquidus.
Crater, y *Cyathus*. Se dif. en que *Crater* es vasija grande para vino, *Cyathus* jarro en que se sacaba de la otra.
Creber. se op. Languidus.
Crebrè. se op. Interdum.
Crescere. se op. Decrescere.
Crimen, y *Delictum*. Se dif. en que *Crimen* se dice de los delitos mayores, *Delictum* de los menores.
Cruciamentum, y *Tormentum*. Se dif. en que *Tormentum* es de verdugos, *Cruciamentum* de la enfermedad.
Crudelis. V. Saevus.
Crudelitas. se op. Clementia.
Crudus. se op. Coctus, Maturus.
Cruor. V. Sanguis.
Crusta, y *Crustum*. Se dif. en que *Crusta* se dice de las piedras y árboles, *Crustum* del pan.
Crux, y *Furca*, ó *Patibulum*. Se dif. en que *Crux* era de esta figura T, *Furca* de esta Y. *Furca* ó *Patibulum* era menor pena, porque morian en ella los delincuentes al momento, y *Crux* dilataba la muerte con largo tormento.
Cucullus, y *Cuculus*. Se dif. en que *Cucullus* es un vestido, *Cuculus* una ave.
Culpa, y *Facinus*. Se dif. en que *Culpa* se comete por imprudencia, *Facinus* con dolo.
Cultus. se op. Illuvies.
Cumera, y *Cumerum*. Se dif. en que *Cumerum* es vaso nupcial, *Cumera* vaso de otro uso.
Cuncti. V. Omnes.
Cupere, *Desiderare*, y *Ambire*. Se dif. en que *Cupere* se dice de lo presente, *Desiderare* de lo ausente, *Ambire* de los honores.
Cura, y *Solicitudo*. Se dif. en que *Cura* nos agita con esperanza de bienes, *Solicitudo* con el temor de males.
Cursim. se op. Sensim.
Curtus. se op. Copiosus.
Curulis. se op. Pedarius.
Cyathus. V. Crater.
Cymatilis, y *Undulata*. Se dif. en que *Cymatilis* se dice del vestido del color de las aguas, *Undulata* de su hechura y corte en ondas.
Cymbalum. V. Sistrum.

### D

Dalmatica. V. Bitrus, Colobium.
Damnum, *Detrimentum*, *Dispendium Jactura*. Se dif. en que *Damnum* es pérdida de lo que se ha tenido, *Detrimentum* de lo gastado con el uso, *Dispendium* el que se hace en los pesos, *Jactura* lo que se arroja de la carga de una nave.
Dapes, y *Epulae*. Se dif. en que *Epulae* son de los dioses y reyes, *Dapes* de los particulares.
Dare. se op. Adimere.
Debellare, y *Expugnare*. Se dif. en que *Debellare* se dice de los hombres, *Expugnare* de las ciudades.
Debilis. se op. Firmus.
Decet. se op. Dedecet. Se dif. de *Oportet* y *Licet* en que *Oportere* se dice respecto de la obligacion, *Licere* del derecho y las leyes, *Decere* de los tiempos y personas.
Decessio. se op. Accessio, Mansio.
Declinare. se op. Accedere, Appetere.
Declivis. se op. Acclivis.
Decrescere. se op. Crescere.
Decreta. V. Censere.
Decus. se op. Probrum.
Dedicare. se op. Abdicare.
Dedocere. se op. Docere.
Deducere. se op. Abducere.
Deesse. se op. Superesse, Suppetere.
Defendere. se op. Offendere.

Deferre. V. Accusare.
Deficere. se op. Abundare.
Deflorescere. se op. Vigere.
Deformare. se op. Exornare.
Deformis. se op. Formosus, Pulcher.
Defrutum, y *Sapa*. Se dif. en que *Defrutum* es mosto ó vino cocido hasta quedar en una tercera parte, *Sapa* hasta quedar en la mitad.
Degener. se op. Generosus.
Delapidare, y *Dilapidare*. Se dif. en que *Dilapidare* se dice del campo que se le quitan las piedras, *Delapidare* del suelo que se empiedra.
Delator, y *Dilator*. Se dif. en que *Delator* da cuenta para acusar, *Dilator* para alargar.
Deliberare. V. Cogitare.
Delictum. V. Crimen. Peccatum.
Deliquus. se op. Reliquus.
Delitere. se op. Prosilire.
Delitescere. se op. Emergere.
Deluere, y *Diluere*. Se dif. en que *Deluere* es limpiar, *Diluere* templar.
Demens. V. Amens.
Demere. se op. Addere.
Demonstrare. V. Monstrare.
Demovere. se op. Constituere.
Densus. se op. Rarus.
Deorsum. se op. Sursum.
Depellere. se op. Restituere.
Deponere. se op. Restituere.
Deportatio. V. Relegatio.
Deprimere. se op. Erigere, Extollere.
Deridere. se op. Arridere.
Derogare. V. Rogare.
Deserere, y *Relinquere*. Se dif. en que *Deserimus* á los que no quieren, *Relinquimus* á los que quieren.
Desertor. se op. Conservator.
Desiderare. V. Cupere.
Desistere. se op. Incipere, Persistere.
Desperare. se op. Confidere.
Despicere. se op. Aestimare. V. Aspicere.
Despondere. V. Spondere.
Destruere. se op. Construere.
Desultor eques. V. Singulator.
Deterior. se op. Melior.
Deterrere. se op. Exhortari.
Detractor. V. Obtrectator.
Detrahere. se op. Addere, Affingere.
Detrimentum. se op. Emolumentum. V. Damnum.
Devius. V. Avius.
Dextra. se op. Laeva, Sinistra.
Dicere, y *Ferre leges*. Se dif. en que *Dicuntur* á los vencidos, *Feruntur* á los suyos. V. Loqui.
Diducere. se op. Comprimere.
Diffarreatio. se op. Confarreatio.
Differens. se op. Congruens.
Difficilis. se op. Facilis.
Digredi. se op. Congredi.
Digressus. se op. Congressus.
Dilapidare. V. Delapidare.
Dilatare. se op. Coarctare, Coangustare.
Dilator. se op. Delator.
Diligens. se op. Negligens.
Diligere. se op. Rejicere. V. Amare.
Dilucide. se op. Confuse.
Diminutio. V. Accretio.
Diminutus. se op. Auctus.
Dimittere. se op. Retinere.
Dirae, *Furiae*, ó *Eumenides*. Se dif. en que *Dirae* se dicen en el cielo, *Furiae* en la tierra, *Eumenides* en los infiernos.
Discessio. se op. Accessio.
Discessus. se op. Accessus, Adventus.
Discidium, y *Dissidium*. Se dif. en que *Dissidium* se dice del cuerpo, *Discidium* del ánimo.
Discipulus. se op. Doctor.
Discrepare. se op. Concinere, Congruere.

## E

Discrete. *se op.* Confuse.
Disjungere. *se op.* Adjungere, Conjungere.
Dispar. *se op.* Par, Similis.
Dispellere. *se op.* Compellere.
Dispendium. *se op.* Compendium. *V.* Damnum.
Dispescere. *V.* Compescere.
Displicere. *se op.* Placere.
Dissidium. *V.* Discidium.
Dissimilis. *se op.* Consimilis.
Dissimulanter. *se op.* Aperte.
Dissimulare. *V.* Simulare.
Dissolvere. *se op.* Coagmentare, Conglutinare, Constringere.
Dissultare. *se op.* Concursare.
Diutinus, y *Diuturnus.* Se dif. en que *Diutinus* se dice de lo que se hace por mucho tiempo, *Diuturnus* de lo que ha de ser muy duradero.
Dives. *se op.* Inops, Pauper. *V.* Beatus.
Divortium, y *Repudium.* Se dif. en que *Divortium* es entre casados, *Repudium* entre esposos.
Docere. *se op.* Dedocere.
Doctor. *se op.* Discipulus.
Doctus, y *Peritus.* Se dif. en que *Doctus* es el que tiene noticia de una cosa, *Peritus* el que tiene noticia y esperiencia.
Dolere. *se op.* Laetari.
Dolor. *se op.* Voluptas.
Dolus. *se op.* Fides.
Domesticus. *se op.* Externus.
Dominatus, y *Dominium.* Se dif. en que *Dominatus* se dice del imperio público. *Dominium* del particular.
Donum, y *Munus.* Se dif. en que *Donum* es del que da, *Munus* del que recibe. *Dona* se ofrecen á Dios, *Munera* se confieren á los hombres.
Draco. *V.* Serpens.
Dubitatio. *se op.* Affirmatio.
Ductile aes. *V.* Caldarium.
Duellum. *V.* Bellum.
Dulce. Puede ser lo mismo que *Suave, Suave* no siempre es dulce.
Duo, *Ambo,* y *Uterque. Duo* se dice cuando se cuenta, *Ambo* cuando dos obran juntamente, *Uterque* cuando en diversos tiempos.
Duplicatus, *Geminatus,* y *Junctus. Duplicatus* se dice de una cosa puesta dos veces, *Geminatus* lo que consta de dos cosas semejantes, *Junctus* lo que de dos cosas iguales.
Durare *se op.* Mollire.
Dure, y *Duriter.* Se dif. en que *Dure* se dice del genio, *Duriter* del trabajo. *Dure* con relación á otros, *Duriter* á nosotros mismos.
Durescere. *se op.* Liquescere.
Durus. *se op.* Flexibilis, Mitis, Mollis.

## E

Ebrietas. *se op.* Sobrietas.
Ebriosus, y *Ebrius.* Se dif. en que *Ebriosus* se dice del hábito, *Ebrius* del acto.
Edicere, y *Interdicere.* Se dif. en que *Edicere* se entiende de lo que se manda, *Interdicere* de lo que se prohibe.
Educare, *Educere,* y *Instituere.* Se dif. en que *Educere* es sacar fuera, *Educare* criar, *Instituere* dar buena crianza ó mala. *Educit* la comadre, *Educat* el ama de leche, *Instituit* el ayo.
Effundere. *se op.* Continere.
Egere. *se op.* Abundare, Redundare.
Egestas. *V.* Paupertas.
Ejicere. *se op.* Restituere.
Elementum. *V.* Littera.
Eloquenter *se op.* Populariter.
Elucere. *se op.* Occultare.
Embades, y *Embata. Embades* son calzado cómico, *Embata* trágico.
Emere. *se op.* Vendere.
Emergere. *se op.* Delitescere.
Eminus. *se op.* Cominus.
Emittere. *se op.* Retinere.
Emolumentum. *se op.* Detrimentum.
Emptitius. *se op.* Gratuitus.
Enitere. *se op.* Obsolescere.
Enubere. *se op.* Innubere.
Epicedium, y *Epitaphium.* Se dif. en que *Epicedium* es cancion fúnebre antes de dar sepultura al cadaver, *Epitaphium* despues de sepultado.
Epistylium. *V.* Columna.
Epitaphium. *V.* Epicedium.
Epulae. *V.* Dapes. *Epulae* comidas, *Epulum* convite.
Equus. *V.* Caballus.
Erigere. *se op.* Abjicere, Deprimere.
Eruere. *se op.* Obruere.
Evertere. *se op.* Extruere.
Evocatus. *V.* Advocatus.
Evolare. *se op.* Involare.
Evolvere. *se op.* Complicare.
Exaggerare. *se op.* Extenuare.
Exagitare. *se op.* Lenire.
Exanimus, y *Inanimus.* Se dif. en que *Exanimus* es el que está privado del alma. *Inanimus* el que nunca la tuvo.
Excelsus. *se op.* Humilis. *V.* Altus.
Excidere. *se op.* Insidere.
Excitare. *se op.* Affligere, Sedare.
Excolere. *se op.* Negligere.
Excors. *se op.* Cordatus.
Exemplar, y *Exemplum.* Se dif. en que *Exemplum* es el que se ha de seguir ó evitar, *Ejemplar* el que se ha de hacer semejante: aquel pertenece al ánimo, este á la vista.
Exhortari. *se op.* Deterrere.
Exiguus. *se op.* Ingens, Magnus.
Eximere, y *Eripere.* Se dif. en que *Eximere* es tomar ó quitar de cualquiera modo, *Eripere* por fuerza.
Exordiri. *se op.* Perorare.
Exoriri. *se op.* Extingui.
Exornare. *se op.* Deformare.
Expedire. *se op.* Impedire.
Expeditus. *se op.* Laciniosus.
Expellere. *se op.* Impellere.
Expensare. *se op.* Acceptare.
Expensum. *se op.* Acceptum.
Expergere, *Expergefacere,* y *Expergisci.* Se dif. en que *Experrectus* es aquel á quien no se deja dormir, *Expergefactus* á quien se despierta del sueño, *Expergitus* el que despierta de suyo.
Expers. *se op.* Particeps.
Expertus, y *Passus.* Se dif. en que *Expertus* se dice por necesidad, *Passus* por voluntad.
Expetere. *se op.* Abjicere.
Explorator, y *Speculator.* Se dif. en que *Speculator* se dice respecto de los enemigos y en silencio, *Explorator* de lo pacífico y á voces.
Exprimere. *se op.* Adumbrare.
Expugnare. *V.* Debellare.
Exsequiae. *V.* Mors.
Exsistere, y *Exstare.* Se dif. en que *Exsistere* es con movimiento, *Exstare* sin él.
Estare. *se op.* Interdicere.
Extenuare. *se op.* Adaugere, Exaggerare.
Externus. *se op.* Domesticus.
Extinguere. *se op.* Accendere, Incendere.
Extingui. *se op.* Exoriri.
Extollere. *se op.* Deprimere, Submittere.
Extra. *se op.* Intra.
Extremus. *se op.* Primus.
Extruere. *se op.* Evertere.
Exul, *Profugus, Relegatus,* y *Transfuga.* Se dif. en que *Exul* se dice el que es echado de su patria, *Profugus* el que busca su domicilio en tierra estraña, aunque no sea echado de la propia, *Relegatus* el que es echado por cierto tiempo, *Transfuga* el desertor que se pasa á dos enemigos.

## F

Fabula. *V.* Argumentum.
Facile. *se op.* Aegre.
Facilis. *se op.* Difficilis, Morosus, Operosus.

810 F H

Facilitas. *V. Proclivitas.*

Facinus. *V.* Culpa, *Facinus, Flagitium,* y *Scelus.* Se dif. en que *Facinus* es con violencia ó malicia, *Flagitium* con liviandad, *Scelus* de un modo y de otro.

Facere. *V.* Agere.

Facultas. *V.* Occasio.

Fallax, y *Pellax.* Se dif. en que *Fallax* es el que engaña mintiendo, *Pellax* el que con engaños y halagos.

Familiaris. *se op.* Alienus.

Famosus, y *Infamis.* Se dif. en que *Famosus* se toma en buena y en mala parte, *Infamis* en mala siempre.

Fanum. *V.* Aedes.

Fas, y *Jus.* Se dif. en que *Fas* pertenece á la religion, *Jus* á los hombres.

Fatalis. *se op.* Voluntarius.

Fateri, *Confiteri,* y *Profiteri.* Se dif. en que *Fatemur* voluntariamente, *Confitemur* obligados en algun modo, *Profitemur* llevados de nuestro propio impulso.

Fatigatus, y *Fessus.* Se dif. en que *Fatigatus* se refiere al ánimo, *Fessus* al cuerpo.

Faustus. *se op.* Funestus.

Fatuus, y *Insulsus.* Se dif. en que *Fatuus* es en las palabras, *Insulsus* en el ánimo y corazon.

Favere. *se op.* Invidere.

Fecialis. *V.* Caduceator.

Femen, y *Femur.* Se dif. en que *Femen* se dice de la parte interior, *Femur* de la esterior.

Ferox. *V.* Asper. *se op.* Placidus.

Ferus. *se op.* Mitis.

Fessus. *V.* Fatigatus.

Festinare, y *Properare.* Se dif. en que *Properare* se dice del que hace las cosas con prontitud, *Festinare* del que empieza muchas á un tiempo y nada concluye.

Feudum. *V.* Allodium.

Fictio. *se op.* Veritas.

Fictus. *se op.* Verus.

Fidelis, y *Fidus.* Se dif. en que *Fidus* nace, *Fidelis* se hace. *Fidus* se dice del ánimo, *Fidelis* del siervo. *Fidus* en cosas mayores, *Fidelis* en las menores.

Fidenter. *se op.* Timide.

Fides. *se op.* Dolus, Perfidia.

Fiducia, y *Confidentia.* Se dif. en que *Fiducia* se toma en buena parte, *Confidentia* en mala.

Fidus. *V.* Fidelis.

Figura. *V.* Forma.

Filii. *V.* Liberi.

Finis. *V.* Terminus. *se op.* Principium.

Firmus. *se op.* Debilis.

Fiscus. *V.* Aerarium.

Flagellum. *V.* Palma.

Flagitium. *V.* Facinus.

Flagitare, y *Postulare.* Se dif. en que *Postulare* es pedir con ruego, *Flagitare* con ruego y muchas instancias.

Flavus, *Fulvus,* y *Furvus.* Se dif. en que *Flavus* es rojo dorado, *Fulvus* rojo que negrea, *Furvus* negro.

Flere, *Plorare, Lugere,* y *Moerere.* Se dif. en que *Flere* es derramar copioso llanto, *Plorare* llorar á gritos, *Lugere* es con palabras y ademanes lamentables, *Moerere* sentir callando.

Flexibilis. *se op.* Durus.

Florescere. *se op.* Senescere.

Flumen, *Fluvius,* y *Torrens.* Se dif. en que *Flumen* es el rio, *Fluvius* la corriente, *Torrens* el que pasa presto, y luego se seca.

Focus. *V.* Altare.

Foelix, y *Fortunatus.* Se dif. en que *Foelix* es el que goza bienes de naturaleza, *Fortunatus* el que de bienes que da el tiempo y ocasion.

Forceps, *Forfex,* y *Forpex.* Se dif. en que *Forceps* es la tenaza del herrero, *Forfex* la tigera del sastre, *Forpex* la del barbero.

Fores. *V.* Valvae.

Foris. *se op.* Intus.

Formosus. *se op.* Deformis.

Forpex. *V.* Forceps.

Fortis. *se op.* Ignavus.

Fortunatus. *V.* Foelix.

Fosa. *V.* Lacus.

Fragilis. *se op.* Solidus.

Fraus. *se op.* Fides, Integritas.

Fremitus, y *Fremur.* Se dif. en que *Fremitus* es de animales, *Fremur* de hombres.

Frugalitas. *se op.* Profusio.

Frui. *se op.* Carere.

Fucatus. *se op.* Sincerus.

Fugere. *se op.* Appetere.

Fulgetrum, y *Fulmen.* Se dif. en que *Fulmen* es con trueno, *Fulgetrum* relámpago sin trueno.

Fultio, y *Fultura.* Se dif. en que *Fultio* se dice cuando se hace, *Fultura* despues de hecha.

Fulvus. *V.* Flavus.

Funda, *Fundum,* y *Fundus.* Se dif. en que *Funda* es la honda, *Fundus* la heredad, *Fundum* el fondo que despide las aguas con suavidad.

Funestus. *se op.* Faustus.

Funis. *V.* Restis.

Funus. *V.* Mors.

Furca. *V.* Crux.

Furiatus, y *Furiosus.* Se dif. en que *Furiatus* es el que con causa se enfurece, *Furiosus* el que siempre lo está.

Furiosus. *se op.* Sanus.

Furor, y *Insania.* Se dif. en que esta es perpetua, aquel suele ser pasagero.

Furvus. *V.* Flavus.

Fusius. *se op.* Angustius.

G

Galea, y *Cassis.* Se dif. en que *Galea* es de cuero, *Cassis* de metal.

Galerus. *V.* Pileus.

Gaudere, y *Laetari.* Se dif. en que *Gaudere* se refiere al ánimo, *Laetari* al semblante y gesto.

Geminatus. *V.* Duplicatus.

Generatim. *se op.* Membratim, Sigillatim.

Generosus. *se op.* Degener. Se dif. de *Nobilis,* en que *Generosus* se dice del que es de estirpe muy noble, *Nobilis* el que adquiere nobleza con sus hechos.

Gens, y *Genus.* Se dif. en que *Genus* abraza hombres y fieras, *Gens* se dice de una familia que desciende de una cabeza. *V.* Natio.

Geographia, *Cosmographia, Hydrographia, Chorographia,* y *Topographia.* Se dif. en que *Cosmographia* es la descripcion de todo el universo, *Geographia* de toda la tierra, *Hydrographia* de toda el agua, *Chorographia* de un reino ó provincia, *Topographia* de cualquier lugar.

Gerere. *V.* Agere.

Germanus frater, y *Uterinus.* Se dif. en que *Germanus* es de padre y madre, *Uterinus* de madre y de diverso padre.

Gesa. *V.* Pilum.

Gesta. *V.* Acta.

Globus. *V.* Circus.

Gratia. *se op.* Offensio. *Gratias habere, Agere, Referre,* ó *Reddere.* Se dif. en que *Habere gratias* es estar agradecido, y tener en la memoria el beneficio; *Agere* es darlas, *Referre* pagar el beneficio.

Gratuitus. *se op.* Emptitius.

Gratus. *se op.* Incommodus.

Gravida, *Praegnans,* y *Inciens.* Se dif. en que *Gravida* es la que está ya pesada con la preñez, *Praegnans* la que está preñada, *Inciens* próxima al parto.

Graviter. *se op.* Acute.

Gremium, y *Sinus.* Se dif. en que *Gremium* es el seno de la parte adentro del vestido, *Sinus* el que se forma hácia afuera.

Gressus. *V.* Pasus.

Gubernator. *V.* Navarchus.

Gutta, y *Stilla.* Se dif. en que esta es la gota que permanece, la otra cae.

H

Hebes. *se op.* Acutus.

Herbaceus, *Herbeus, Herbidus,* y *Herbosus.* Se dif. en

que *Herbaceus* es lo que echa yerba, *Herbeus* lo que tiene el color de ella, *Herbidus* lleno de yerba, *Herbosus*, abundante de ella.

Hesternus. *V.* Externus.
Heterodoxus. *se op.* Orthodoxus.
Heteromaschalla. *V.* Amphimaschalla.
Heteroplon. *V.* Amphoteroplon.
Hilaris. *se op.* Tristis.
Hilaritas. *se op.* Tristitia.
Hircus, y *Caper*. Se dif. en que este es castrado.
Hispaniensis, y *Hispanus*. Se dif. en que *Hispanus* es el natural de España, *Hispaniensis* el que está en ella. Lo mismo *Parisinus*, y *Parisiensis*.
Homonymia, y *Synonymia*. Se dif. en que *Homonymia* significa muchas cosas con una sola voz, *Synonymia* una misma con muchas voces.
Honoratus. *se op.* Inglorius.
Honestus. *se op.* Turpis. *V.* Beatus.
Hospes, y *Stabularius*, ó *Caupo*. Se dif. en que *Hospes* recibe graciosamente, *Stabularius*, ó *Caupo* por dinero.
Hostia, y *Victima*. Se dif. en que *Hostia* se ofrecia por los que se esperaba vencer. *Victima* por los vencidos. Eran de dos especies, una se llamaba *Animalis*, porque se ofrecia su vida á algun Dios; la otra *Consultoria*, porque consultaban en sus entrañas los agoreros la voluntad de los dioses.
Humanus. *se op.* Barbarus, Inmanis.
Humerus. *V.* Armus.
Humidus, y *Uvidus*. Se dif. en que *Humidus* es humedecido del todo y penetrado de humedad, *Uvidus* solo la mitad.
Humilis. *se op.* Excelsus.
Hypotecha, y *Pignus*. Se dif. en que *Hypotecha* es de cosas inmuebles, *Pignus* de muebles.

I

Idem. *se op.* Alius.
Ignavia, y *Pigritia*. Se dif. en que esta es en emprender, la otra en ejecutar las cosas.
Ignavus. *se op.* Fortis, Navus.
Ignobilis. *se op.* Praeclarus.
Ignominia, y *Infamia*. Se dif. en que esta nace del hablar de muchos, la otra la impone el que puede reprender y castigar.
Ignorare. *V.* Nescire.
Illustris. *se op.* Obscurus.
Illuvies. *se op.* Cultus.
Imago. *V.* Statua.
Imber. *V.* Nimbus.
Immanis. *se op.* Cicur, Humanus, Mansuetus.
Immunis. *se op.* Vectigalis.
Impar. *se op.* Aequalis, Par.
Impedire. *se op.* Expedire.
Impellere. *se op.* Expellere.
Imperare. *se op.* Obedire, Parere. *V.* Mandare.
Imperitare. *se op.* Servire.
Imperitus. *se op.* Peritus, Callidus.
Impius. *se op.* Pius, Religiosus.
Impos. *se op.* Compos.
Imprecari. *se op.* Apprecari.
Improbare. *se op.* Approbare.
Imus. *se op.* Infimus. Se dif. *Imus* el que está mas abajo, *Infimus* inferior en orden.
Inanimus. *V.* Exanimus.
Incendere. *se op.* Extinguere.
Incertus. *se op.* Certus, Constans, Stabilis.
Incestus. *V.* Adulterium.
Inchoare. *se op.* Absolvere, Perficere, Peragere.
Inciens. *V.* Gravida.
Incipere. *se op.* Desistere.
Incitare. *se op.* Reflectere, Retardare, Sedare.
Incola. *V.* Advena.
Incommodare. *se op.* Commodare.
Incommodum. *se op.* Commodum.
Incommodus. *se op.* Gratus.
Increpare. *se op.* Laudare.

Incultus. *se op.* Nitidus.
Incusare. *V.* Accusare.
Industria. *se op.* Socordia.
Iners. Se dif. de los siguientes. *Iners* es sin arte, incapaz de oficio; *Piger* semejante en todo al enfermo; *Segnis* frio, que nada emprende; *Tardus* el que alarga el tiempo.
Inexorabilis. *se op.* Placabilis.
Infamia. *V.* Ignominia.
Infamis. *V.* Famosus.
Infector, y *Offector*. Se dif. *Infector* el que tiñe la lana de color estraño, *Offector* el que al color propio añade otro nuevo.
Inferus. *se op.* Superus.
Infimus. *V.* Imus. *se op.* Summus.
Infirmare. *se op.* Confirmare.
Infirmus. *se op.* Valens.
Ingenitus. *se op.* Affectatus.
Ingens. *se op.* Exiguus.
Ingenuus. Se dice el que goza ilesa su libertad natural.
Inglorius. *se op.* Honoratus.
Ingratus. *se op.* Jucundus, Gratus.
Inhibere. *se op.* Permittere.
Inhumanitas. *se op.* Humanitas, Clementia.
Initium, y *Principium*. Se dif. en que *Initium* es aquello con que se empieza una cosa, *Principium* aquello de que consta.
Injuria, y *Damnum*. Por culpa de otro: *se op.* Officium.
Injuriosus. *se op.* Officiosus.
Innocens, y *Innocuus*. Se dif. en que *Innocens* se dice por la santidad de costumbres, *Innocuus* el que no tiene fuerza para hacer daño: *se op.* Reus.
Innoxius. *se op.* Obnoxius.
Innubere. *se op.* Enubere.
Innuere. *se op.* Nictare.
Inopia. *se op.* Copia.
Inops. *se op.* Abundans, Dives, Potens.
Insania. *V.* Furor.
Inscientia. *se op.* Scientia.
Insequi. *V.* Consequi.
Insidere. *se op.* Excidere.
Inspicere. *V.* Aspicere.
Insulsus. *V.* Fatuus.
Integer. *se op.* Adteger.
Integritas. *se op.* Fraus.
Intendere. *se op.* Remittere.
Intercedere. *se op.* Extare.
Interficere. Se dif. de *Perimere* en que *Interficere* se dice del hecho, *Perimere* de la compra, como quitar de su derecho.
Interrogare. Se dif. de *Percontari* en que *Interrogamus* para saber, *Percontamur* para redargüir ó rebatir.
Ex intervallo. *se op.* Confestim.
Intimus. *se op.* Alienus.
Intra. *se op.* Extra.
Intritum. *V.* Caementum.
Intueri. *V.* Aspicere.
Intus. *se op.* Foris.
Invadere. *V.* Occupare.
Invenire, y *Reperire*. Se dif. en que *Invenimus* lo que buscamos, *Reperimus* lo que nos ocurre sin buscarlo.
Inveteratus. *se op.* Recens.
Invidere. *se op.* Favere.
Invidiosus, y *Invidus*. Se dif. en que *Invidiosus* es aquel á quien se envidia, *Invidus* el que tiene envidia.
Invius. *V.* Avius.
Invocatus. *V.* Advocatus.
Involare. *se op.* Evolare.
Ira, y *Iracundia*. Se dif. en que *Ira* es por poco tiempo, *Iracundia* permanece en el corazon.
Iratus. *se op.* Propitius.
Ire. *se op.* Redire.
Irritare. *se op.* Placare.
Iter, y *Itiner*. Se dif. en que *Iter* es el camino por donde se pasa, *Itiner* el viage ó tránsito por él.
Italicus, y *Italus*. Se dif. en que *Italus* se refiere á las personas, *Italicus* á las cosas.

Kkkkk 2

## J

Jacere. *se op.* Stare, Vigere.
Jactura. *V.* Damnum.
Jejunium. *se op.* Satur.
Joco. *se op.* Serio.
Jocosus. *se op.* Serius, Tristis, Gravis.
Jubere. *V.* Censere.
Jubilatus, y *Quiritatus.* Se dif. en que el primero es el clamor de los rústicos, el segundo de los ciudadanos.
Jucundus. *se op.* Gravis, Ingratus, Odiosus.
Judex. *V.* Arbiter.
Jugum. *V.* Pedamentum.
Jurgium, y *Lis* Se dif. en que *Jurgium* suele ser entre amigos, *Lis* entre enemigos.
Junctus. *V.* Duplicatus.
Jus. *V.* Fas, Lex.
Jus dicere, y *Judicare.* Se dif. en que *Jus dicit* el magistrado, *Judicat* el juez nombrado por aquel.
Jussa. *V.* Censere.
Juvenis. *se op.* Senex.
Juventa, *Juventas,* y *Juventus.* Se dif. en que *Juventa* es la edad juvenil, *Juventas* la diosa de la juventud, *Juventus* la multitud de jóvenes: *se op.* Senectus.

## L

Labium, y *Labrum.* Se dif. en que *Labia* son los labios inferiores, *Labra* los superiores. *Labrum* se dice del borde ó estremidad de una cosa, como de un foso, de un vaso, de la boca; *Labium* solo de la boca.
Labor. *se op.* Otium, Quies. Se dif. de *Opera* en que *Labor* se dice del cuerpo, *Opera* del ánimo.
Laborare. *se op.* Otiari.
Labrum. *V.* Labium.
Laciniosus. *se op.* Expeditus.
Lacrymare. *se op.* Ridere.
Lacus, *Fossa, Palus,* y *Stagnum.* Se dif. en que *Stagnum* es el que contiene agua por cierto tiempo. *Fossa* es hecha con la mano, *Lacus* contiene agua perpetua, *Palus* se seca en el estío.
Laetari. *V.* Gaudere. *se op.* Dolere.
Laetitia. *se op.* Tristitia.
Laetus. *se op.* Tristis.
Laeva manus. *se op.* Dextra.
Laicus. *se op.* Clericus.
Languidus. *se op.* Creber.
Largitas, y *Largitio.* Se dif. en que *Largitas* es propia de la humanidad, *Largitio* de la ambicion.
Largus. *se op.* Avarus.
Lasanum. *V.* Matula.
Lascivus. *se op.* Castus.
Laticlavius. *V.* Clavus.
Latrina. *V.* Cloaca.
Latus. *se op.* Angustus, Arctus.
Laudare. *se op.* Castigare, Increpare, Vituperare.
Laurea, y *Laurus.* Se dif. en que *Laurea* es la corona de laurel, *Laurus* el laurel.
Laxare. *se op.* Astringere, Arctare, Conglobare.
Lectica. *V.* Basterna.
Legatarius. *se op.* Testator.
Legatus, *Orator,* y *Rhetor.* Se dif. en que *Legatus* es elegido para el oficio, y es sagrado, *Orator* es enviado para esponer la pretension en un discurso, *Rhetor* es el profesor ó maestro de la elocuencia.
Lenire. *se op.* Exagitare.
Lenis. *se op.* Acerbus, Asper, Atrox, Vehemens.
Leno, y *Perductor.* Se dif. en que *Leno* ofrecia las rameras á los jóvenes, *Perductor* se las llevaba aun contra la voluntad de ellas.
Lentus. *se op.* Celer, Promptus.
Levare. *se op.* Affligere.
Leuca, *Milliarium* y *Stadium.* Se dif. en que *Milliarium* es una milla, que contiene el espacio de 5000 pies, *Leuca* de 500 pasos, *Stadium* la octava parte de una milla, ó 125 pasos.
Levis. *se op.* Constans, Gravis.
Lex, y *Jus.* Si dif. en que *Lex* es escrita y fijada, *Jus* es no escrito é inmutable.
Liber. *se op.* Pressus, Servus.
Liberalis. *se op.* Avarus.
Liberi, y *Filii.* Se dif. en que *Liberi* se decia de ambos sexos, *Filii* solo de los varones.
Libertas. *se op.* Servitus.
Libidinosus. *se op.* Castus.
Licinus. *V.* Camurus.
Limbus. Se dice por los astrónomos, el zodiaco de los 12 signos, por los teólogos el limbo, parte del infierno.
Liquere. *se op.* Concrescere.
Liquescere. *se op.* Durescere.
Liquidus. *se op.* Crassus, Turbidus.
Liquare. *se op.* Turbare.
Lirare. *V.* Arare.
Litare. *V.* Sacrificare.
Littera, y *Elementum.* Se dif. en que *Littera* es el nombre de la figura ó carácter, *Elementum* de su sonido.
Litteratio, y *Litteratura.* Se dif. en que *Litteratio* es el conocimiento imperfecto de la gramática, *Litteratura* el perfecto conocimiento de ella.
Locuples. *V.* Beatus.
Longitudo. *se op.* Brevitas.
Longus. *se op.* Brevis.
Loquela, y *Sermo.* Se dif. en que *Sermo* es de todas las gentes, *Loquela* de cada nacion.
Loqui, *Dicere* y *Narrare.* Se dif. en que *Dicere* es del orador, *Loqui* de cualquiera, *Dicimus* lo que queremos, *Loquimur* alternativamente, *Narramus* lo que se ignora por otros.
Lucrari. *se op.* Perdere.
Ludicrum, y *Ludibrium.* Se dif. en que *Ludicrum* es con que nos deleitamos sin injuria de nadie, *Ludibrium* con agravio de alguno.
Lugere. *V.* Flere.
Lumen, y *Lux* Se dif. en que *Lumen* es esplendor con humo, *Lux* esplendor solo, *Lumen* el cuerpo lúcido, *Lux* la misma claridad.
Luscinus. *V.* Caecus.
Lux. *V.* Lumen.

## M

Macer. *se op.* Pinguis.
Macrocosmus. *se op.* Microcosmus.
Mactare Deum hostia, es honrar á Dios: *Mactare hostiam Deo,* es sacrificar á honra de Dios.
Madidus. *se op.* Siccus.
Magis. *se op.* Minus.
Magnus. *se op.* Exiguus, Parvus.
Majusculus. *se op.* Minusculus.
Malitia. *se op.* Bonitas.
Malus. *se op.* Bonus. Se dif. de *Pravus* en que *Malus* es por naturaleza, *Pravus* por uso y costumbre.
Mamilla, *Mamma, Papilla* y *Ubera.* Se dif. en que *Mamilla* es toda la teta, *Papilla* el pezon de ella, *Mamma* el pecho de la muger, *Mamilla* del hombre, *Ubera* tambien de los irracionales.
Manceps, y *Praes.* Se dif. en que *Manceps* es el autor de la compra, *Praes* el fiador.
Mancipare. *se op.* Manumittere.
Mancipium. *V.* Nexus.
Mandare, y *Imperare.* Se dif. en que *Mandamus* á un hombre libre, *Imperamus* á un vasallo ó esclavo.
Mane. *se op.* Vespere.
Mansio. *se op.* Decessio.
Mansuetus. *se op.* Acerbus, Atrox, Immanis.
Manubiae, y *Praedae.* Se dif. en que *Manubiae* es el dinero que se saca de las presas, *Praedae* las cosas que se cogen.
Manumittere. *se op.* Mancipare.
Mare, y *Oceanum.* Se dif. en que el Océano circunda toda la tierra, *Mare* baña varias regiones, de las que toma diversos nombres.
Marinus, y *Maritimus.* Se dif. en que *Marinus* es del mar, *Maritimus* cercano al mar.
Maritimus. *se op.* Mediterraneus.

# M

Maritus. *se op.* Caelebs.
Masculus. *V.* Vir.
Mature. *se op.* Tarde.
Matula, *Lasanum,* y *Scaphium.* Se dif. en que este vaso es propio de la muger, y aquellos del hombre.
Maximus. *se op.* Minimus.
Meditare, y *Meditari.* Se dif. en que *Meditare* es pensar consigo mismo, *Meditari* espresar con palabras.
Mediterraneus. *se op.* Maritimus.
Melior. *se op.* Deterior, Sequior.
Membrana. *V.* Charta.
Membratim. *se op.* Generatim.
Meminisse. *se op.* Oblivisci.
Memoria. *se op.* Oblivio. Se diferencia de *Reminiscentia* en que *Memoria* es la facultad de acordarse, *Reminiscentia* la de retener en la memoria. Aquella es propia del hombre, esta de todo animal.
Menda, y *Mendum.* Se dif. en que *Mendum* se dice en significacion de mentira, *Menda* en falta de obra ó de cuerpo.
Mendacium. *se op.* Veritas.
Mendicus, y *Pauper.* Se dif. en que *Mendicus* es el que no tiene y pide, *Pauper* el que teniendo poco vive honradamente.
Mendum. *V.* Menda.
Mens, y *Animus.* Se dif. en que *Animo* vivimos, *Mente* pensamos.
Mentiri, y *Mendacium dicere.* Se dif. en que *Mentitur* el que pretende engañar á otro, el que *dicit mendacium* se engaña á sí mismo.
Metari, y *Metiri.* Se dif. en que *Metari* es elegir, *Metiri* medir.
Metuere. *se op.* Confidere.
Metus, *Pavor,* y *Timor.* Se dif. en que *Metus* considera lo futuro, *Pavor* es movimiento del ánimo, *Timor* repentina consternacion del ánimo.
Microcosmus. *se op.* Macrocosmus.
Milliarium. *V.* Leuca.
Minari. *se op.* Timere.
Minimus. *se op.* Maximus, Plurimus.
Minus. *se op.* Magis.
Minusculus. *se op.* Majusculus.
Miser. *se op.* Beatus.
Miserari, y *Misereri.* Se dif. en que *Miserari* es lamentárse y llorar, *Misereri* es compadecerse del trabajo de otro, *Miseramur* nuestra desgracia ó la comun. *Misereamur* siempre de otros.
Mitis. *se op.* Atrox, Durus, Ferox.
Mobilis, y *Movens.* Se dif. en que *Mobilis res* son las inanimadas, *Moventes* las que por sí se mueven.
Modestus, y *Probus.* Se dif. en que *Probus* es para sí, *Honestus* respecto de otros.
Modicus. *se op.* Nimius.
Moerere. *V.* Flere.
Mollire. *se op.* Durare.
Mollis. *se op.* Durus.
Momentaneus. *se op.* Perennis.
Momentum. *se op.* Aeternitas.
Monere, *Admonere,* y *Submonere.* Se dif. en que *Monemus* lo futuro, *Admonemus* lo presente. *Monemus* por amor, *Admonemus* para asegurar la memoria, *Submonemus* á alguno para que pueda decir con orden.
Monimentum. *V.* Mors.
Monitio. *V.* Objurgatio.
Monstrare, y *Demonstrare.* Se dif. en que *Demonstramus* mas veces, *Monstramus* una vez.
Monstrum y los sig. Se dif. en que *Monstrum* es dado á luz contra la naturaleza, *Ostentum* lo que al instante muestra lo futuro, *Portentum* lo anuncia como futuro, *Prodigium* anuncia que algo ha de suceder.
Morosus. *se op.* Facilis. Se dif. de *Moratus* en que *Moratus* es modesto y de buenas costumbres, *Morosus* el que las tiene impertinentes, desagradables, malas.
Mors y los sig. Se dif. en que *Mors* es la privacion de la vida, la separacion del alma y el cuerpo. *Pyra* la hoguera para quemar el cadáver. *Exequiae* la pompa del funeral, *Rogus* la hoguera encendida, *Fumus* la llama de ella mientras arde, *Sepulcrum* el lugar en que se da sepultura al cuerpo, *Tumulus* el que cubre las cenizas ó los cuerpos, *Monimentum* el que circunda el sepulcro.
Mortalis. *se op.* Aeternus.
Motorius. *se op.* Statarius.
Movens. *V.* Mobilis.
Mulctari, y *Multari.* Se dif. en que *Mulctamur* con azotes, *Multamur* en dinero.
Mulctra y *Mulctrale.* Se dif. en que *Mulctra* es el lugar ó tiempo del ordeñejo, *Mulctrale* el tarro en que se ordeña.
Mulus, y *Burdo.* Se dif. en que *Burdo* es de caballo y burra, *Mulus* de burro y yegua.
Munifex, y *Munificus.* Se dif. en que *Munifex* recibe el don, *Munificus* le hace.
Munus. *V.* Donum.
Murmurare, y *Mussare.* Se dif. en que *Mussant* los que hablan en voz baja lo que no quieren que se sepa, *Murmurant* los que hablan con voz entera y clara.
Mutuare. *V.* Commodare. Se dif. de *Mutuari* en que *Mutuare* es prestar, *Mutuari* tomar prestado.
Myops. *V.* Caecus.

# N

Narrare. *V.* Loqui.
Nasci. *se op.* Occidere, Opprimi.
Natio, y *Gens.* Se dif. en que *Natio* pertenece al suelo patrio, *Gens* á la serie de los mayores.
Navarchus, *Nauclerus,* y *Gubernator.* Se dif. en que *Navarchus* es el capitan de la nave, ó general de las galeras, *Nauclerus* el dueño de la nave, *Gubernator* el piloto que la gobierna.
Navus. *se op.* Ignavus.
Necessitas, y *Necessitudo.* Se dif. en que *Necessitas* es del hado, *Necessitudo* de la sangre.
Nefandum, y *Nefarium.* Se dif. en que *Nefandum* es en la actualidad, *Nefarium* se refiere al tiempo pasado.
Negligens. *se op.* Diligens.
Negligere. *se op.* Excolere.
Negare. *se op.* Ajo, Fateri.
Nemo. *V.* Nullus.
Negotium, y *Negotiatio.* Se dif. en que *Negotium* se refiere á las causas, *Negotiatio* al comercio.
Nequire. *se op.* Posse.
Nescire, y *Ignorare.* Se dif. en que *Nescire* es no saber absolutamente, *Ignorare* no saber bastante.
Nexus, y *Mancipium.* Se dif. en que *Mancipio* se promete, se da, se recibe una cosa, *Nexu* se hipoteca, se obliga.
Nictare, *Annuere,* ó *Innuere* y *Nutare.* Se dif. en que *Nutamus* con la cabeza, *Annuimus* ó *Innuimus* con los labios, *Nictamur* con los ojos.
Niger. *se op.* Albus.
Nimbus, *Imber,* y *Pluvia.* Se dif. en que *Nimbus* es una lluvia tempestuosa y breve, *Imber* lenta y serena, *Pluvia* la que despiden las nubes á impulsos del viento.
Nimius. *se op.* Modicus.
Nisus, y *Nixus.* Se dif. en que *Nisus* se refiere al ánimo, *Nixus* al cuerpo.
Nitidus. *se op.* Incultus, Sordidus.
Nobilis. *V.* Generosus.
Nolle, *Non velle,* y *Non nolle.* Se dif. en que *Nolle* denota una contradiccion absoluta, *Non velle* solo repugnancia de la voluntad, *Non nolle* es permitir que se haga.
Nomen, *Praenomen, Cognomen, Agnomen.* Se dif. en que *Nomen* denota el origen de la familia, como Cornelio, *Praenomen* el que se antepone al nombre de la familia, como Publio, *Cognomen* el sobrenombre que se le añade, como Escipion, *Agnomen* el que se adquiere por algun motivo esterno, como Africano.
Notus. *se op.* Obscurus.
Novus. *se op.* Antiquus, Vetus. *V.* Recens.
Noxa, y *Noxia.* Se dif. en que *Noxia* significa solo la culpa, *Noxa* la culpa y la pena.
Nubilus. *se op.* Serenus.
Nullus, y *Nemo.* Se dif. en que *Nullus* se dice de to-

das las cosas, *Nemo* solo de los hombres.
Nunquam. *se op.* Semper.
Nunc. *se op.* Olim.
Nutare. *V.* Nictare.

## O

Obedire. *se op.* Imperare. Se dif. de *Obtemperare* en que *Obedimus* á las palabras, *Obtemperamus* á lo que se entiende por las palabras.
Obitus. *se op.* Ortus.
Objurgatio, y *Monitio*. Se dif. en que *Objurgatio* es la represion despues de alguna accion mala, *Monitio* es amonestacion para precaverla.
Oblique. *se op.* Recte.
Oblivio. *se op.* Memoria.
Oblivisci. *se op.* Meminisse.
Obmutescere, y *Obtorpere*. Se dif. en que *Obtumescit* la lengua, *Obtorpet* la mano.
Obnoxius. *se op.* Innoxius.
Obnuntiare. *V.* Anuntiare.
Obrogare. *V.* Rogare.
Obruere. *se op.* Eruere.
Obscoenitas, y *Turpitudo*. Se dif. en que esta es de palabras, aquella de acciones.
Obscoenus. *se op.* Castus.
Obscure. *se op.* Palam.
Obscurus. *se op.* Clarus, Illustris, Notus, Perspicuus.
Obsecrare. *V.* Rogare.
Obsidere, y *Obsidere*. Se dif. en que este denota movimiento, *Obsidendum es*, el otro quietud, *Obsessum teneo*.
Obsolescere. *se op.* Enitere.
Obstrui. *se op.* Patere.
Obtemperare. *V.* Obedire.
Obticere. *V.* Conticere.
Obtinere. *se op.* Amittere, Repelli.
Obtingere. *V.* Contingere.
Obtorpere. *V.* Obmutescere.
Obtrectator, y *Detractor*. Se dif. en que *Obtrectator* murmura de otro, *Detractor* disminuye su alabanza.
Obtundere. *se op.* Acuere.
Obturare. *se op.* Returare.
Obturatus. *se op.* Clausus.
Occasio, y *Facultas*. Se dif. en que esta demuestra que se puede hacer una cosa, aquella parece que persuade á hacerla.
Occasus. *se op.* Ortus.
Occidens. *se op.* Oriens.
Occidere. *se op.* Nasci, Oriri.
Occidere, y *Necare*. Se dif. en que *Occisus* se dice de un golpe ó herida, *Necatus* sin ella, como con veneno.
Occulte. *se op.* Aperte.
Occultare. *se op.* Elucere.
Occultus. *se op.* Clarus, Conspicuus.
Occupatus. *se op.* Ociosus.
Occupare, y *Invadere*. Se dif. en que *Occupatur* el descuidado ó desprevenido, *Invaditur* el prevenido y defendido.
Oceanus. *V.* Mare.
Ocella. *V.* Coecus.
Ociari. *se op.* Laborare.
Ociosus. *se op.* Occupatus.
Ocium. *V.* Labor.
Ocius. *se op.* Tardius.
Odiosus. *se op.* Amabilis, Jucundus.
Odisse. *se op.* Amare.
Odium. *se op.* Amor.
Odor, y *Olor*. Se dif. en que *Odor* es bueno, *Olor* malo.
Odoratus, y *Odorus*. Se dif. en que *Odorus* huele por sí, *Odoratus* por el olor que se le junta.
Offa, y *Vipa*. Se dif. en que *Vipa* es del vino, *Offa* de otros licores.
Offertor. *V.* Infertor.
Offendere. *se op.* Defendere.
Offensa, y *Offensio*. Se dif. en que *Offensa* es la accion del que ofende, *Offensio* la que padece el ofendido.
Offensio. *se op.* Gratia, Beneficium.

Officina, *Apotheca*, y *Taberna*. Se dif. en que *Officina* es donde se hacen las mercadurías, *Apotheca* donde se guardan, *Taberna* donde se venden.
Officiosus. *se op.* Injuriosus.
Officium. *se op.* Injuria.
Offringere. *V.* Arare.
Olea, *Oliva*, y *Olivum*. Se dif. en que *Olea* es el árbol, *Oliva* el fruto, *Olivum* el licor.
Olim. *se op.* Nunc.
Olor. *V.* Odor.
Omittere, y *Praetermittere*. Se dif. en que *Praetermittimus* por olvido, *Omittimus* de industria.
Omnis, *Cunctus*, *Universus*, *Totus*. Se dif. en que *Omnes* son todos aquellos de quienes se habla, *Cuncti* cuantos existen en todas partes, *Universi* los que estan en un lugar, *Totus* todo entero, en cuantidad.
Opacus. *se op.* Apricus.
Opera. *V.* Labor.
Operosus. *se op.* Facilis.
Opertus. *se op.* Apertus.
Opes. *V.* Ops.
Opinio, y *Scientia*. Se dif. en que *Opinio* es de cosa incierta, *Scientia* de cosa cierta.
Oportet. *V.* Decet.
Oppidum, *Urbs*. y *Civitas*. Se dif. en que *Oppidum* es menor y menos conocida, *Urbs* mas conocida y mayor, *Civitas* es el conjunto de ciudadanos, y todo un estado.
Opprimi. *se op.* Nasci.
Oppugnator. *se op.* Propugnator, Conservator. *Ops* en singular significa auxilio, socorro, en plural riquezas, poder.
Optimus. *se op.* Pessimus.
Opulentus. *V.* Beatus. *se op.* Inops.
Orare. *V.* Rogare.
Orator. *V.* Legatus.
Orbis. *V.* Circus.
Ordinatim. *se op.* Passim.
Ordiri. *se op.* Terminare.
Oriens. *se op.* Occidens.
Oriri. *se op.* Occidere, Cadere.
Ornare. *se op.* Spoliare.
Orphanus, y *Pupillus*. Se dif. en que *Orphanus* es el que carece de padre y amparo paterno, *Pupillus* el que carece de padre, mas no del amparo paterno, pues tiene tutor.
Orthodoxus. *se op.* Heterodoxus.
Ortus. *se op.* Occasus.
Oscinis. *V.* Ales.
Osculum. *V.* Basium.
Ostentum. *V.* Monstrum.
Otiosus, y *Otium*. *V.* Ociosus.

## P

Pactus, y *Pollicitatio*. Se dif. en que *Pactus* es el consentimiento y convencion de dos personas, y *Pollicitatio* la promesa de solo el que ofrece.
Paenula, y *Clamys*, *Toga*, y *Pallium*. Se dif. en que estas eran mas anchas, aquellas mas estrechas: *Pallium* ademas se dif. de *Toga* en que esta era de los romanos, aquella de los griegos. *V.* Paludamentum.
Paetus. *V.* Caecus.
Palam. *se op.* Clam, Obscure.
Palla, y *Pallium*. Se dif. en que *Palla* es vestidura de muger, *Pallium* de hombre, aunque en la Galia usaban tambien los hombres de la palla.
Pallium. *V.* Paenula, Palla.
Palma, y *Palmus*. Se dif. en que *Palma* es la mano estendida, *Palmus* la medida desde la punta del dedo pulgar hasta el estremo del dedo menique. Tambien se distingue de *Flagellum* en que este es el sarmiento estéril y menor, y *Palma* es el mas robusto y fructífero.
Paludamentum, *Abolla* y *Sagum*. Se diferencian de *Toga* en que de esta usaban en tiempo de paz, los otros eran vestidos de tiempo de guerra.
Palus. *V.* Lacus.

## P

Panagion, y *Pantheron.* Se dif. en que ésta es red para cazar, la otra para pescar.
Pandere. *se op.* Claudere.
Panthera, y *Pardus.* Se dif. en que este es el macho, la otra la hembra.
Pantheron. *V.* Panagion.
Papilla. *V.* Mamilla.
Papyrus. *V.* Charta.
Par. *se op.* Dispar.
Parare. *V.* Apparare.
Parcus. *se op.* Prodigus.
Pardus. *V.* Panthera.
Paredri. *V.* Catabolici.
Parere. *se op.* Imperare.
Parisiensis, y *Parisinus. V.* Hispaniensis.
Paromoeon, y *Paronomasia.* Se dif. en que *Paromoeon* es semejanza de palabras y verbos, y *Paronomasia* de nombres.
Parsimonia. *V.* Largitas.
Particeps. *se op.* Expers.
Parvus. *se op.* Magnus.
Passim. *se op.* Ordinatim.
Passivus. *se op.* Activus.
Passus. *V.* Expertus.
Passus, y *Gressus.* Se dif. en que este es el menor de dos pies y medio, aquel es el geométrico de cinco pies.
Pastoralis. *se op.* Urbanus.
Patagium. *V.* Clavus.
Patefacere. *se op.* Celare, Reticere.
Patens. Se dif. de *Patulus* en que se dice *Patulum* lo que está abierto naturalmente, como las narices, *Patens* lo que se abre y se cierra, como una puerta.
Patere. *se op.* Obstrui.
Paternus, y *Patrius.* Se dif. en que *Paternus* es nacido del padre, *Patrius* lo que viene de él.
Patibulum. *V.* Crux.
Patrius. *V.* Paternus.
Patronus. *se op.* Cliens. *V.* Advocatus.
Patruelis. *V.* Consobrinus.
Patulus. *V.* Camurus, Patens.
Pauci. *se op.* Plures.
Pauper. *se op.* Dives. *V.* Mendicus.
Paupertas, y *Egestas.* Se dif. en que *Paupertas* es aquel estado en que si no hay riqueza, hay lo necesario. *Egestas* es aquel en que falta lo necesario.
Pavor. *V.* Metus.
Pax. *se op.* Bellum.
Peccatum, y *Delictum.* Se dif. en que este es por haber dejado de hacer lo que se debía, aquel cuando se ha hecho alguna cosa mala.
Pecora, y *Pecudes.* Se dif. en que *Pecora* se dice de todos los animales, *Pecudes* de solos los que se comen.
Pecuniosus. *V.* Beatus.
Pedamentum, y *Jugum.* Se dif. en que *Pedamentum* es el que sostiene la vid derecha, *Jugum* el que está atravesado para que se estienda por encima.
Pedarius. *se op.* Curulis.
Pellax. *V.* Fallax.
Pellex, y *Concubina.* Se dif. en que *Pellex* es del marido, *Concubina* del celibato.
Penna, y *Pinna.* Se dif. en que esta es de los muros, la otra de las aves.
Penna, y *Pluma.* Se dif. en que esta es menor y mas blanda, la otra mayor y mas fuerte.
Penuria. *se op.* Copia. *V.* Caritas.
Peragere. *se op.* Inchoare.
Percellere. *se op.* Recreare, Restituere.
Percontari. *V.* Interrogare.
Perculsus, y *Percussus.* Se dif. en que *Perculsus* se dice del ánimo, *Percussus* del cuerpo.
Perdere. *se op.* Lucrari.
Perditor. *se op.* Servator.
Perditus. *se op.* Salvus.
Perductor. *V.* Leno.
Peregrinus. *se op.* Civis.
Perennis. *se op.* Momentaneus.

## P 815

Perfectio. *se op.* Adumbratio.
Perfectus. *se op.* Inchoatus.
Perficere. *se op.* Inchoare.
Perfidia. *se op.* Fides.
Periculum, y *Pernicies.* Se dif. en que *Periculum* se teme acerca de cualquier cosa, *Pernicies* de la muerte.
Perimere. *V.* Interficere.
Peritus. *V.* Doctus.
Permaturus. *se op.* Praecox.
Permittere. *se op.* Inhibere.
Perna, y *Petaso.* Se dif. en que *Petaso* es el pernil del puerco con las costillas, *Perna* la parte mas carnosa del pernil con el pie.
Pernicies. *V.* Periculum.
Pernicitas. *V.* Celeritas.
Perorare. *se op.* Exordiri.
Perperam. *se op.* Recte.
Perpetuus. *V.* Aeternus.
Perseverantia, y *Pertinacia.* Se dif. en que esta se toma en mala parte, aquella en buena.
Perseverare. *se op.* Variare.
Persistere. *se op.* Desistere.
Perspicuus. *se op.* Obscurus.
Persuadere. *V.* Suadere.
Pertinacia. *se op.* Poenitentia. *V.* Perseverantia, Constantia.
Perturbare. *se op.* Sedare.
Pervius. *V.* Avius.
Pessimus. *se op.* Optimus.
Pestilens. *se op.* Saluber.
Pestifer. *se op.* Salutaris.
Petaso. *V.* Perna.
Petere. *V.* Poscere.
Petulans. *se op.* Pudens.
Piger. *V.* Iners.
Piget, y *Pudet.* Se dif. en que *Piget* pertenece á lo futuro, *Pudet* á lo pasado. *Piget* me de hacer, *Pudet* de haber hecho, *Piget* denota arrepentimiento, *Pudet* vergüenza. *Piget* se refiere al sentimiento, *Pudet* al deshonor.
Pignus. *V.* Arrha, Hypotheca.
Pigritia. *V.* Ignavia.
Pila, y *Follis.* Se dif. en que esta es mayor y fofa, aquella menor y mas apretada.
Pileus, *Apex,* y *Galerus.* Se dif. en que *Pileus* es cubierta de la cabeza hecha de pelo, *Apex* mas delgado con una borlita en medio, *Galerus* del cuero de un animal sacrificado.
Pilum, *Gesa* y *Sarissa.* Se dif. en que *Pilum* es dardo romano, *Gesa* de los galos, *Sarissa* de los macedones.
Pilus, y *Capillus.* Se dif. en que este es de la cabeza, aquel de todo el cuerpo.
Pinguedo. *V.* Adeps.
Pinguis. *se op.* Macer.
Pius. *se op.* Impius, Sceleratus.
Placabilis. *se op.* Inexorabilis.
Placare. *se op.* Irritare.
Placatus. *se op.* Turbatus.
Placere. *se op.* Displicere.
Placidus. *se op.* Atrox, Ferox. *V.* Clemens.
Plaga, *Ulcus,* y *Vulnus.* Se dif. en que *Plaga* puede ser golpe de plano. *Ulcus* la llaga que sale por sí, *Vulnus* la herida con hierro ú otra cosa.
Planta, y *Plantarium.* Se dif. en que *Planta* es tomada del árbol, *Plantarium* nace de simiente.
Planus. *se op.* Praeceps.
Plausus. *se op.* Sibilus.
Plenus. *se op.* Vacuus.
Plorare. *se op.* Ridere. *V.* Flere.
Pluma. *V.* Penna.
Plures. *se op.* Pauci.
Plurimus. *se op.* Minimus.
Pluvia. *V.* Nimbus.
Poenitentia. *se op.* Pertinacia.
Polliceri, y *Promittere.* Se dif. en que *Pollicemur* de nuestra voluntad, *Promittimus* á ruegos.
Pollicitatio. *V.* Pactus.

Pomarium, *Pomoetum*, y *Pomoerium*. Se dif. en que *Pomarium* es el lugar sembrado de frutales y en que se guardan las frutas, *Pomoetum* el lugar en que nacen, *Pomoerium* los árboles contiguos á muros ó edificios.

Ponderosus. V. Gravis.
Ponere. se op. Auferre.
Poplites, y *Suffragines*. Se dif. en que *Poplites* se dice de los hombres, *Suffragines* de los animales.
Populariter. se op. Eloquenter.
Portentum. V. Monstrum.
Poscere, *Petere*, y *Postulare*. Se dif. en que *Petimus* con ruegos, *Poscimus* con imperio, *Postulamus* con derecho.
Posse. se op. Nequire.
Post. se op. Ante.
Posthumus, y *Postumus*. Se dif. en que *Posthumus* es el que nace despues de muerto su padre, *Postumus* el último ó postrero.
Postpositus. se op. Praelatus.
Posticum. se op. Anticum.
Postremus. se op. Primus.
Postulare. V. Accusare, Poscere.
Postumus. V. Posthumus.
Potens. se op. Inops.
Potentia, y *Potestas*. Se dif. en que *Potentia* se toma por la fuerza, *Potestas* por la jurisdiccion, *Potentia* en lo que podemos, *Potestas* en lo que es lícito.
Praecentor. V. Concentor.
Praeceps. se op. Planus.
Praeclarus. se op. Ignobilis.
Praecox. se op. Permaturus.
Praeda. V. Manubiae.
Praegredi. se op. Sequi.
Praelatus. se op. Postpositus.
Praelium. V. Acies, Bellum.
Praemium. se op. Supplicium.
Praenomen. V. Nomen.
Praes. V. Manceps.
Praesens. se op. Absens.
Praesidium. V. Auxilium.
Praetermittere. V. Omittere.
Praevaricari. V. Calumniari.
Pravus. se op. Rectus. V. Malus.
Premere. se op. Tueri.
Presse. se op. Abundanter.
Pressus. se op. Liber.
Pretiosus. se op. Vilis.
Primus. se op. Extremus, Postremus, Ultimus. Se dif. de *Prior* en que *Prior* precede á otro, *Primus* á todos.
Principium. se op. Finis. V. Initium.
Prisca, *Antiqua*, y *Vetera*. Se dif. en que *Prisca* son las cosas que ya han perecido, *Antiqua*, y *Vetera* las que todavía duran.
Privatus. se op. Publicus.
Pro. se op. Contra.
Probare. se op. Improbare.
Probrum. se op. Decus.
Probus. V. Modestus.
Proclivitas, y *Facilitas*. Se dif. en que *Facilitas* se refiere á las cosas buenas, *Proclivitas* á las malas.
Procurator. V. Adsertor, Cognitor.
Prodere. se op. Conservare.
Prodigium. V. Monstrum.
Prodigus. se op. Parcus.
Producere. se op. Contrahere, Subducere.
Profanus. se op. Sacer.
Proficisci. se op. Reverti.
Profiteri. V. Fateri.
Profugus. V. Exul.
Profusio. se op. Frugalitas.
Profusus. se op. Avarus.
Progredi. se op. Regredi.
Prohibere. V. Vetare.
Projicere. se op. Colligere.
Prolixus. se op. Brevis.
Promiscuus. se op. Proprius.

Promptus. se op. Lentus.
Pronus. se op. Resupinus, Supinus.
Properare. se op. Retractare. V. Festinare.
Propinquus. se op. Remotus. V. Agnatus.
Propitius. se op. Iratus.
Proprius. se op. Communis, Promiscuus.
Propugnator. se op. Oppugnator.
Propylaeum, y *Prothyrum*. Se dif. en que éste es el vestíbulo de una casa particular, aquel el de una ciudad, templo ó palacio.
Proscindere. V. Arare.
Prosilire. V. Delitere.
Prosper. se op. Adversus.
Prospicere. V. Aspicere.
Protenus, y *Protinus*. Se dif. en que *Protinus* es adverbio de tiempo, *Protenus* de lugar.
Prudens. se op. Temerarius. Se dif. de *Sapiens* en que *Prudens* es en obrar, *Sapiens* en contemplar.
Pruna. V. Carbo.
Publicare. se op. Celare.
Publicus. se op. Privatus.
Pudens. se op. Petulans.
Pudet. V. Piget.
Pudicitia, y *Pudor*. Se dif. en que *Pudor* se refiere al ánimo, *Pudicitia* al cuerpo.
Puerilitas, y *Pueritia*. Se dif. en que esta se dice de la edad, aquella de las costumbres.
Pugna. V. Acies.
Pulcher. se op. Deformis.
Pulsare, y *Verberare*. Se dif. en que *Pulsamus* sin dolor, *Verberamus* con dolor.
Pulvinar, *Pulvinum*, y *Pulvinus*. Se dif. en que usamos de este sentados, de aquel echados; *Pulvinar* es de reyes y príncipes, *Pulvinus* de particulares.
Punctim. se op. Caesim.
Pupillus. V. Orphanus.
Purgare. se op. Arguere.
Purus. se op. Contaminatus.
Pusillus. V. Brevis.
Putare. se op. Certo scire.
Pyra. V. Mora.

## Q

Quadratus. se op. Rotundus.
Quaestuosus. se op. Sumptuosus.
Quies. se op. Labor. Se dif. de *Tranquillitas* en que esta pertenece al ánimo, *Quies* al cuerpo.
Quietus. se op. Agitatus, Turbatus.
Quiritatus. V. Jubilatus.

## R

Rarescere. se op. Crassescere.
Rarus. se op. Confertus, Densus, Vulgaris.
Ratus. se op. Ruptus.
Recedere. se op. Accedere.
Recens. se op. Inveteratus. Se dif. de *Novus* en que *Novus* se refiere á la cosa, *Recens* al tiempo.
Recessus. se op. Accessus.
Recidiva, y *Rediviva*. Se dif. en que *Rediviva* son las cosas que vuelven á ser despues de su muerte, *Recidiva* las que se restituyen por casualidad de sí propias.
Recipere. se op. Amittere, Respuere, Arcere. Se dif. de *Suscipere* en que *Suscipimus* todo, *Recipimus* una parte, *Suscipimus* voluntariamente, *Recipimus* á ruegos.
Reconciliari. se op. Alienare. V. Conciliare.
Reconditus. se op. Apertus.
Recreare. se op. Percellere.
Recte. se op. Oblique, Perperam.
Rectus. se op. Pravus, Reflexus.
Redire. se op. Ire.
Reduncus. se op. Aduncus.
Redundare. se op. Egere.
Refellere. se op. Approbare.
Reflectere. se op. Incitare.
Reflexus. se op. Rectus.

Refutare. *se op.* Confirmare.
Regredi. *se op.* Progredi.
Regulare aes. *V.* Caldarium.
Rejicere. *se op.* Deligere, Segregare, Seligere.
Relaxare. *se op.* Adstringere.
Relegatio, y *Deportatio.* Se dif. en que *Relegatio* es regularmente por tiempo, *Deportatio* para siempre.
Relegatus. *V.* Exul.
Religiosus. *se op.* Impius.
Relinquere. *V.* Deserere.
Reliquus. *se op.* Deliquus. *V.* Caeterus.
Reminiscentia. *V.* Memoria.
Remisse. *se op.* Astricte.
Remissio. *se op.* Contractio, Contentio.
Remittere. *se op.* Adducere, Contendere, Intendere, Urgere.
Remotus. *se op.* Propinquus.
Repelli. *se op.* Obtinere.
Repente. *se op.* Sensim.
Repere, y *Serpere.* Se dif. en que *Repunt* los que tienen malos pies, *Serpunt* los que carecen de ellos.
Reprobare. *se op.* Asciscere.
Repudium. *V.* Divortium.
Repugnare. *se op.* Concedere.
Rescire. *V.* Scire.
Reserare. *se op.* Claudere.
Resolvere. *se op.* Vincire.
Resolutus. *se op.* Concretus.
Respicere. *V.* Aspicere.
Respuere. *se op.* Recipere.
Restiarius, y *Restio.* Se dif. en que aquel hace las sogas, este las vende.
Restis, y *Funis.* Se dif. en que *Restis* es menor, *Funis* mayor y mas gruesa.
Restituere. *se op.* Depellere, Deponere, Ejicere, Percellere.
Resupinus. *se op.* Pronus.
Retardare. *se op.* Incitare.
Reticere. *se op.* Emittere, Patefacere, *V.* Conticere.
Retinere. *se op.* Abalienare, Amittere, Dimittere.
Retractare. *se op.* Properare.
Retro. *se op.* Ante.
Returare. *se op.* Obturare.
Retusus. *se op.* Acutus.
Reverti. *se op.* Proficisci.
Reus. *se op.* Innocens.
Rhetor. *V.* Legatus.
Ridere. *se op.* Lacrymare, Plorare.
Riguus. *se op.* Siccaneus.
Rogare, *Abrogare*, *Derogare*, y *Subrogare.* Se dif. en que *Rogare legem* es promulgar la ley, *Abrogare* quitarla, *Derogare* quitar una parte, *Subrogare* mudar algo de ella. Se dif. de *Orare* y *Obsecrare. Rogare* pedir lo necesario, *Orare* hablar á los aplacados. *Obsecrare* rogar á los airados.
Rogus. *V.* Mors.
Rotundus. *se op.* Quadratus.
Rudis. *se op.* Doctus.
Ruptus. *se op.* Ratus.
Rusticus. *se op.* Urbanus.

## S

Sacer. *se op.* Profanus.
Sacrificare, y *Litare.* Se dif. en que *Sacrificare* es pidiendo perdon, *Litare* impetrando un voto.
Saevire. *se op.* Blandiri.
Saevus, *Tristis, Truculentus,* y *Crudelis.* Se dif. en que *Saevus* es en las palabras, *Tristis* en el ánimo, *Truculentus* en el semblante, *Crudelis* en los hechos.
Sagum. *V.* Paludamentum.
Salacia, y *Venilia.* Se dif. en que esta es la entrada del mar, aquella la retirada.
Saluber. *se op.* Pestilens.
Salutaris. *se op.* Pestifer.
Salvus. *se op.* Perditus.
Sanguis, y *Cruor.* Se dif. en que *Sanguis* es cuando circula en las venas, *Cruor* derramada del cuerpo.

Sanies, y *Tabum.* Se dif. en que *Sanies* es sangre negra, *Tabum* licor pútrido, *Sanies* corrupcion de sangre muerta, *Tabum* de sangre viva.
Sanus. *se op.* Aeger, Furiosus.
Sapa. *V.* Defrutum.
Sapiens. *V.* Prudens.
Sarissa. *V.* Pilum.
Satietas, y *Saturitas.* Se dif. en que esta se refiere á la comida, aquella á todo lo demas.
Satiare, y *Saturare.* Se dif. en que este pertenece al cuerpo, aquel al ánimo.
Satur. *se op.* Jejunus.
Scalpere, y *Sculpere.* Se dif. en que *Scalpuntur* las figuras sobresalientes, *Sculpuntur* las hundidas.
Scamnum, y *Striga.* Se dif. en que esta es un surco á lo largo, aquel á lo ancho.
Scaphium. *V.* Matula.
Sceleratus, *Scelerosus,* y *Scelestus.* Se dif. en que *Sceleratus* es el contaminado en maldad propia ó agena, *Scelerosus* el que se atreve á las mas dificultosas, *Scelestus* el que las piensa ó medita.
Scelus. *V.* Facinus.
Scientia. *se op.* Inscientia. *V.* Opinio.
Scire, y *Rescire.* Se dif. en que *Scimus* las cosas manifiestas, *Rescimus* las ocultas. Certo *scire. se op.* Putare.
Scius. *V.* Conscius.
Scorpius. *V.* Corymbus.
Scrobiculus. *V.* Altare.
Sculpere. *V.* Caelare, Scalpere.
Scutum. *V.* Clypeus.
Scyphus, y *Cantharus.* Se dif. en que este es consagrado á Baco, aquel á Marte.
Sebum. *V.* Adeps.
Secretus. *se op.* Celebris.
Secundum. *se op.* Contra.
Secundus. *se op.* Adversus.
Sedare. *se op.* Excitare, Incitare, Perturbare.
Segnis. *V.* Iners.
Segnitia. *V.* Socordia.
Segregare. *se op.* Asciscere, Rejicere.
Seligere. *se op.* Rejicere.
Sella. *V.* Solium.
Semper. *se op.* Numquam.
Senectus. *se op.* Juventus.
Senescere. *se op.* Florescere.
Senex. *se op.* Juvenis.
Sensim. *se op.* Cursim, Repente.
Sententia. *V.* Consilium.
Separare. *se op.* Conjungere.
Separatim. *se op.* Conjunctim.
Sepulchrum. *V.* Coenotaphium, Mors.
Sequi. *se op.* Praegredi.
Sequior. *se op.* Melior.
Serenus. *se op.* Nubilus, Tranquillus.
Serere. *V.* Conserere.
Serio. *se op.* Joco.
Serius. *se op.* Jocosus.
Serius. *se op.* Temporius.
Sermo. *V.* Loquela.
Sermocinari, y *Sermonari.* Este parece mas rústico, pero es mas puro; aquel es mas usado, pero mas corrompido.
Serpens, *Anguis,* y *Draco.* Se dif. en que *Serpens* arrastra por la tierra, *Anguis* se oculta en el agua, *Draco* habita en los templos ó en las ruinas de ellos y de las casas.
Serpere. *V.* Repere.
Servator. *se op.* Perditor.
Servire. *se op.* Imperitari.
Servitium, y *Servitus.* Se dif. en que *Servitium* es el número de los siervos ó sus personas, *Servitus* su condicion ó estado. *se op.* Libertas.
Servus. *se op.* Liber.
Severitas. *se op.* Affabilitas.
Severus. *se op.* Benignus.
Sevum, ó *Sebum. V.* Adeps.
Sibilus. *se op.* Plausus.
Siccaneus. *se op.* Riguus.

Siccus. se op. Madidus, Viridis.
Sidus. V. Astrum.
Sigillatim. se op. Generatim.
Silere, y *Tacere*. Se dif. en que *Silet* el que deja de hablar, *Tacet* el que aun no ha empezado.
Similis illius. Semejante á aquel en las costumbres, *Illi* asemejarse, parecerse á aquel. se op. Dispar.
Simplex. se op. Conditionalis.
Simpliciter. se op. Comparate, Trebaciter.
Simulare, y *Dissimulare*. Se dif. en que *Dissimulat* el que calla lo que es, *Simulat* el que finge lo que no es.
Sincerus. se op. Fucatus.
Singularis. se op. Communis.
Singulator equus. se op. Desultor.
Sinistra. se op. Dextra.
Sinus. V. Gremium.
Siparium. V. Aulaeum.
Sistrum, y *Cymbalum*. Se dif. en que de este usaban los sacerdotes de Cibeles, de aquel los de Isis.
Sobrietas. se op. Ebrietas.
Sobrinus. V. Consobrinus.
Socius. V. Comes.
Socordia. se op. Industria. Se dif. de *Segnitia* en que esta se dice del cuerpo, aquella del ánimo.
Sodalis. V. Comes.
Solatium, y *Consolatio*. Se dif. en que esta consiste en cosas, aquel en palabras.
Solidus. se op. Fragilis.
Solitarius, y *Solus*. Se dif. en que aquel está siempre sin otros, este es dejado de los otros. Asi *Unus* y *Unicus*. *Unus* es el principio de muchos, *Unicus* por falta de otros.
Solium, y *Sella*. Se dif. en que esta es compuesta de muchas partes, aquel de una sola pieza.
Solicitudo. V. Cura.
Soloecismus. V. Barbarismus.
Solstitium. se op. Bruma.
Solutus. se op. Spissus.
Sordidus. se op. Nitidus.
Spectare. V. Aspicere.
Speculator. V. Explorator.
Spelunca. V. Antrum.
Spissus. se op. Solutus.
Spoliare. se op. Ornare.
Spondere, y *Despondere*. Se dif. en que *Spondet* el padre de la hija, *Despondet* el padre del hijo.
Stabilis. se op. Incertus.
Stabularius. V. Hospes.
Stadium. V. Leuca.
Stagnum. V. Lacus.
Stare. se op. Jacere, Fugere.
Statarius. se op. Motorius.
Statua, y *Imago*. Se dif. en que *Statua* manifiesta el cuerpo entero, *Imago* la superficie solamente.
Stella. V. Astrum.
Stilla. V. Gutta.
Strabo. V. Caecus.
Striga. V. Scamnum.
Stultus. se op. Callidus.
Suavis. V. Dulcis.
Suavium. V. Basium.
Subducere. se op. Producere.
Subjectum. se op. Abjectum.
Submissus. se op. Concitatus.
Submittere. se op. Extollere.
Submonere. V. Monere.
Subrogare. V. Rogare.
Subsidium. V. Auxilium.
Subsidere. se op. Consurgere.
Subter. se op. Super, Supra.
Succentor. V. Concentor.
Suffragari. se op. Adversari.
Suffrago. V. Poplites.
Sumere. V. Accipere.
Summus. se op. Infimus.
Sumptuosus. se op. Quaestuosus.
Super. se op. Subter. V. Supra.

Superbia, y *Arrogantia*. Se dif., en que aquella solo está en las riquezas, esta puede hallarse tambien en la pobreza.
Superesse. se op. Deesse.
Superus. se op. Inferus.
Supinus. se op. Pronus.
Suppetere. se op. Deesse.
Suppetiae. V. Auxilium.
Supplicium. se op. Praemium.
Supra. se op. Subter. Se dif. de *Super* en que *Super* significa estar contiguo, *Supra* denota algun espacio.
Sursum. se op. Deorsum.
Suspicere. V. Aspicere.
Sympathia. se op. Antipathia.
Syncope. V. Aphaeresis.
Synonymia. V. Homonymia.

T

Taberna. V. Officina.
Tabum. V. Sanies.
Tacere. V. Silere.
Tardare. se op. Accelerare.
Tarde. se op. Mature, Ocius.
Tardus. V. Iners.
Telum. V. Arma.
Temerarius. se op. Prudens.
Temeritas. V. Audacia.
Temperantia, *Temperatio*, *Temperatura*, y *Temperies*. Se dif. en que *Temperantia* es de los ánimos, *Temperatio* y *Temperatura* de las cosas, *Temperies* del viento ó del clima.
Templum. V. Aedes.
Temporius. se op. Serius.
Tenere. V. Accipere.
Tenuis. se op. Copiosus.
Tenuitas. se op. Ubertas.
Tergiversari. V. Calumniari.
Tergum, y *Tergus*. Se dif. en que decimos *Terga* de los hombres, *Tergora* de los animales.
Terminari. se op. Ordiri.
Terminus, y *Finis*. Se dif. en que *Terminus* se refiere á la cosa, *Finis* al pensamiento.
Testator. se op. Legatarius.
Timere. se op. Minari. V. Vereri.
Timide. se op. Fidenter.
Timor. V. Metus.
Toga. V. Paenula, Paludamentum.
Topographia. V. Geographia.
Tormentum. V. Cruciamentum.
Torrens. V. Flumen.
Tragoedia. V. Comoedia.
Trahere. V. Ducere.
Tranquillitas. V. Quies.
Tranquillus se op. Agitatus, Violentus. Se dif. de *Serenus*. Decimos *Tranquillum* del mar, *Serenum* del cielo.
Transfuga. V. Exul.
Trebaciter. se op. Simpliciter.
Tristis. se op. Hilaris, Jocosus, Laetus.
Tristitia. se op. Hilaritas, Laetitia.
Truculentus. V. Saevus.
Tubicen, y *Cornicen*. Se dif. en que *Tubicines* tocaban al arma, *Cornicines* á levantar el campo.
Tueri. se op. Premere.
Tumulus. V. Mors.
Turba. en sing. significa multitud, en plur. perturbacion y estrépito.
Turbare. se op. Liquare.
Turbatus. se op. Quietus, Placatus.
Turma. V. Caterva, Cohors.
Turpis. se op. Honestus.
Turpitudo. V. Obscoenitas.

U

Uber. V. Mamilla.
Uberius. se op. Angustius.
Ubertas. se op. Tenuitas.

Ultimus. *se op.* Primus.
Ultor. *V.* Vindex.
Ultra. *V.* Citra.
Ulva. *V.* Alga.
Unda, y *Aqua.* Se dif. en que *Unda* es agua copiosa, *Aqua* tambien la natural.
Undulatus. *V.* Cymatilis.
Unicus. *V.* Solitarius.
Universus. *V.* Omnis.
Unus. *V.* Solitarius.
Urbanus. *se op.* Pastoralis, Rusticus.
Urbs. *V.* Civitas, Oppidum.
Urgere. *se op.* Remittere.
Uterinus. *V.* Consanguineus, Germanus.
Uterque. *V.* Duo.
Uterus. *V.* Venter. Se dif. de *Vulva* en que *Uterus* se dice de las mugeres, *Vulva* de los animales hembras.
Uti. *V.* Abuti, Frui.
Uvidus. *V.* Humidus.

## V

Vacuus. *se op.* Plenus.
Vagus. *se op.* Stabilis.
Valens. *se op.* Infirmus.
Valere. *se op.* Aegrotare.
Valvae, y *Fores.* Se dif. en que estas se abren hácia afuera, aquellas hácia adentro.
Vapulare. *se op.* Verberare.
Varius. *se op.* Constans.
Vecors. *se op.* Cordatus.
Vectigalis. *se op.* Immunis.
Vehemens. *se op.* Lenis.
Velocitas. *V.* Celeritas.
Vendere. *se op.* Emere.
Vendicatio. *V.* Condictio.
Venilia. *V.* Salacia.
Venter, *Uterus*, y *Albus.* Se dif. en que *Albus* se dice de los varones, *Uterus* de las mugeres, *Venter* de unos y otros.
Verberare. *se op.* Vapulare. *V.* Pulsare.
Vereri, y *Timere.* Se dif. en que *Vereri* es propio de hijos, por amor de cosa honesta, *Timere* de esclavos por

Veritas. *se op.* Mendacium, Fictio.
Verus. *se op.* Fictus.
Vespere. *se op.* Mane.
Vestimentum, y *Vestis.* Se dif. en que este es propio de mugeres, aquel de hombres.
Vetare, y *Prohibere.* Se dif. en que *Prohibemus* con hechos, *Vetamus* con palabras.
Vetus. *se op.* Novus. *V.* Priscus. Se dif. de *Vetustus* en que *Vetus* se compara á lo nuevo, *Vetustus* se refiere á la antigüedad.
Vicinia, y *Vicinitas.* Se dif. en que esta se dice de las personas, aquella de los lugares.
Victima. *V.* Hostia.
Victor. *se op.* Victus.
Victus. *V.* Cibus.
Videre. *V.* Aspicere.
Vigere. *se op.* Deflorescere, Jacere.
Vilis. *se op.* Pretiosus.
Vincire. *se op.* Resolvere.
Vindex, y *Ultor.* Se dif. en que este es vengador de la injuria, aquel el que se venga.
Violentus. *se op.* Tranquillus.
Vir, y *Masculus.* Se dif. en que *Vir* se entiende por la especie, naturaleza, casamiento y valor, *Masculus* por el género. *Masculus* se dif. tambien del hombre, como en los animales.
Viridis. *se op.* Siccus.
Virtus. *se op.* Vitium.
Vis. *en sing.* significa ímpetu é injuria, *en plur.* se refiere al bien y á la fortaleza.
Visere. *V.* Aspicere.
Vitare. *V.* Cavere.
Vitium. *se op.* Virtus.
Vituperare. *se op.* Laudare.
Voluntarius. *se op.* Fatalis.
Voluntas, y *Voluptas.* Se dif. en que esta pertenece al cuerpo, aquella al ánimo.
Voluptas. *se op.* Aegrum, Dolor.
Vulgaris. *se op.* Rarus.
Vulnus. *V.* Plaga.
Vulva. *V.* Uterus.

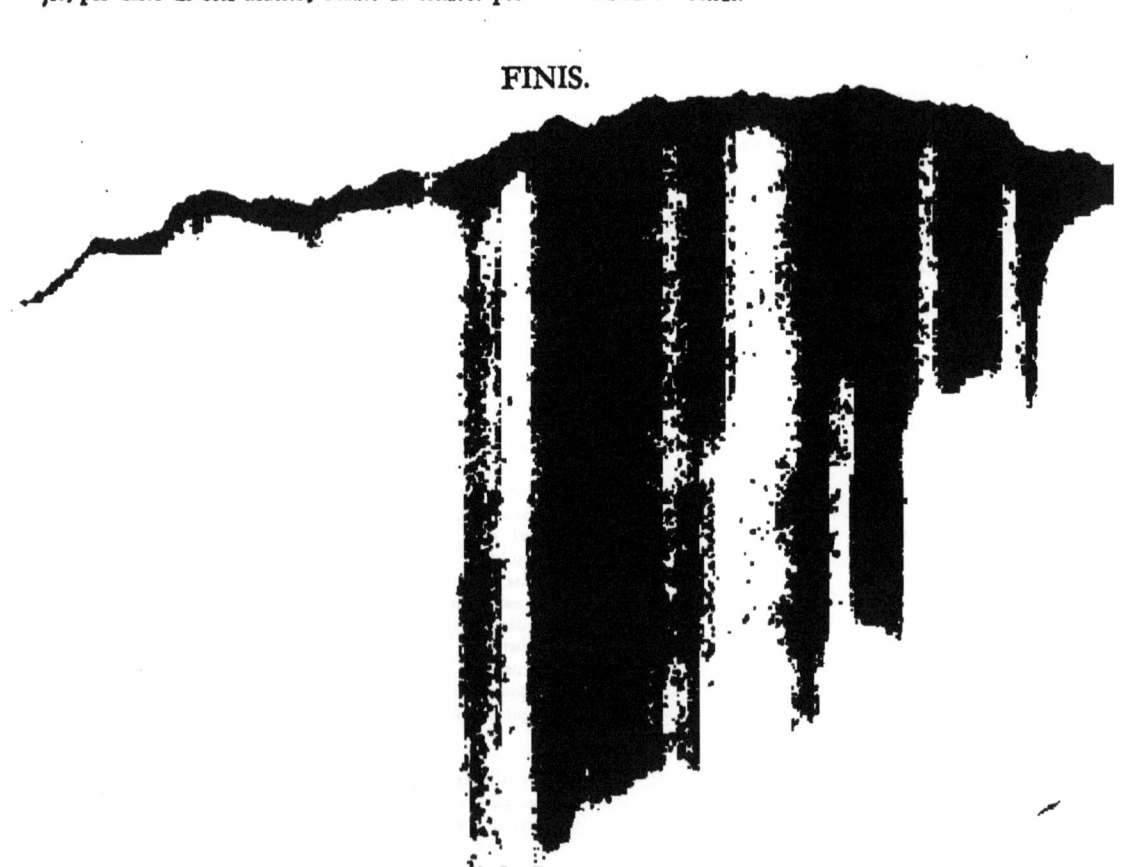

FINIS.